近代日本の
金・外貨政策

齊藤壽彦
Saito Hisahiko

慶應義塾大学出版会

本書の論点
——問題提起と結論——

金・外貨政策（「正貨政策」）の総合的研究

　本書は、金本位制時代に焦点を合わせつつ、明治初期から第2次世界大戦終了までという長期にわたる正貨政策の全貌を明らかにしようとするものである[1]。すなわち、正貨政策の特徴の把握、その決定過程（時代背景やさまざまな関係者・機関の動向）の考察、当局者の政策意図と政策内容の考察、正貨政策の評価を行うこと（その政策が政策当局者の意図どおりの結果をもたらしたかどうか、問題点がなかったかどうかなど）に努め、正貨政策を総合的に解明することを目的とする。

　そのため、考察の対象は財政政策、金融政策、為替政策はもちろんのこと、産業政策、政党、金融機関・各種経済団体・審議会の意思決定、新聞・雑誌の見解、一般大衆の動向、金融財政理論の動向、政策担当者の人物評価など広範囲に及び、さらに国際金融や国際政治を含めた国際的視野から日本の正貨政策を考察することとなる。

　このように、本書の考察は、正貨政策の全体像を描くべく広範囲にまたがるが、重要な点に関しては細部に立ち入って検討することとする。

---

1)　今日の通貨制度は管理通貨制度である。金を中心とした時代は過去のものとなった。しかしながら、金本位制の時代の正しい理解なしに、今日の国内・国際通貨制度を正確に理解することは困難である。貨幣が通用するためには国民がそれを通貨として信認しなければならず、そのためには一定の条件が必要であり、金本位制の時代にも今日においても、それを維持するための経済的・政策的対応が必要となるのである。また、金本位制の研究は、貨幣制度がその時代、その国の経済の発展度や国際環境に規定されることを明らかにする。それは今日の外貨の運用方法にも示唆を与えてくれる。それゆえ、金本位制時代の通貨制度・政策を学ぶことは、今日においても意義のあることなのである。

「正貨政策」研究の意味

　第2次世界大戦前の我が国では金および金に関係する外貨についての政策として「正貨政策」という言葉が用いられていた。正貨（specie）とは、本来は法定の鋳造貨幣で、その名目価値が素材金属の実質価値と一致する本位鋳造貨幣を意味する。金本位国では金貨、銀本位国では銀貨である。しかし一般には、それ自身で価値を有する金地金（金本位制下）または銀地金（銀本位制下）も正貨と称せられている。このような正貨は、対内的には兌換券発行準備金、対外的には国際決済のための準備金として、きわめて重要な役割を果たす。国内に置かれている正貨を在内正貨、外国に置かれている正貨を在外正貨と呼ぶ。

　日本の通貨当局は、在外正貨とは、国際貸借の決済上、正貨の現送に代わる機能を果たすものであって、政府または中央銀行が、国際金融の中心地において、現金で保有するかまたはいつでも容易に回収できる方法で運用したものであると規定している[2]。この規定に従えば、本来の正貨以外のものも正貨の概念に含まれることとなる。すなわち、上記の条件のもとに保有される預金や有価証券も金銀と同じく正貨に包含される。戦前の日本では、それらは金銀貨・地金銀と同様の機能を果たすものとみなされ、正貨の概念は、これらを包含するものとして、広義の意味に用いられていたのである。正貨政策は、金本位制下の日本においては中央銀行たる日本銀行にとっての最重要政策であっただけでなく、国家にとっても最重要政策であった。

---

2) 深井英五［1916］35−38ページ。同［1928］328ページ。元日本銀行総裁井上準之助は、在外正貨とは「日本銀行が外国に持って居る兌換券の準備に入れて居る金」であると定義している（井上準之助［1926］84ページ）。だが、大蔵省では在外正貨の概念をきわめて広義にとらえていた。大蔵省財務官として在外正貨の管理にあたったことのある津島寿一は、大蔵次官辞任後の講演の中で次のように述べている。「正貨と申しますと金貨又は金地金で日本銀行の兌換券の準備となって居るものを指す場合は最も狭い意味であります。然し其れ以外此の準備の外に政府も日本銀行も内地に金貨、金地金を所有して居るものが正貨に含まるるのみならず海外に於いて保有する或る種の資金をも此の正貨に包含せしめて、一括して正貨と言ふ慣用語を使って参ったのであります。その内地にあるものを在内正貨、海外にあるものを在外正貨と言って居ります。此の在外正貨は金貨又は金地金の形式を以て保有しませぬ。英米仏、主として英米の銀行に於ける預金又は短期の大蔵省証券等の形になって居る、然し何時でも金貨又は金地金に換へ得るものであるから、正貨と云ふた訳であります。在外資金と云ふのが或は適当ぢゃないかと考へます。或る人が倫敦にやって来て日本の在外正貨を見たいと云ふので、英蘭銀行へ行って日本の正貨はどれだと云って大分探したさうですが、之が日本の在外正貨だと云って金を保管して居るものではありませぬ」（津島寿一［1968］51−52ページ）。

本書の論点

　本書の書名に金・外貨政策という語句を用いたのは、今日では正貨政策という言葉が一般になじみがないであろうことを考慮したためである。本書は日本正貨政策史を金本位制期を中心として考察したものである。戦前の日本では理論的には正貨の概念が拡大解釈されており、在外正貨は通貨当局保有の在外資金と呼んだ方がよいかもしれないが、歴史研究を行う者として、本書では在外正貨という概念を日本の通貨当局が用いたように用いることとする。

　従来の研究史を超えるには資料の渉猟と分析手法の開拓が必要である。本研究では研究の総合化に努めるとともに、内外の一次資料の発掘を行いつつ資料に基づく実証分析を行った。同時に、本書は貨幣金融の理論を踏まえて日本の貨幣金融史を考察している。さらに、政策担当者の貨幣観、政策ビジョンを研究することはもちろん、財界、評論家、一般国民の意識までも取り入れて政策研究を行った。

　いうまでもなく、金本位制の時代には金が重視された[3]。当時においては、金本位制によって通貨価値と為替相場の安定を通じて経済・貿易の安定的発展を図ることができると考えられたためである。また、対英相場の安定は軍需品の輸入や外貨導入にも寄与すると考えられていた。当時、金本位制の重要性が認識されていたことを改めて確認するとともに、その実際の機能についても検討した。そして、金本位制に対する人々の一般的な信認（一般的信認）が金本位制を支えていたこと、その重要性を研究を通じて改めて確認した。

金本位制の維持メカニズム

　金本位制は金の存在を前提とする。したがって、いかにして金を確保していたのかを解明することが重要な研究課題となる。本書が解明しようとした中心的論点は、第1に、日本の正貨吸収、金本位制の維持メカニズムの特徴を明らかにすることである。

　本書は、日本の正貨政策の特徴を金本位制中心国イギリスと比較検討しつつ解明した[4]。イギリスにおいては、イングランド銀行は公定歩合操作を通じて

3）　金本位制とは、広義には金が価値尺度として機能する貨幣制度である。しかし一般には、金が価値尺度機能を果たすだけでなく、国内の流通通貨が金と結びついている貨幣制度を金本位制と称している。本書では後者の意味での金本位制を考えたい。

金の防衛を図ろうとし、また金施策によって金の維持を図った[5]。

第1次大戦期のイギリスは、外国為替を銀行券発行準備として保有しなかった。本書はこれと対比して、日本の金本位制維持機構を明らかにしている。

日本の明治前期においては、政府の準備金が正貨政策にきわめて大きな役割を果たしていた。日本では政府や日本銀行が正常な貿易を通じて自力で正貨を蓄積できたのは1882（明治15）年から1895（明治28）年までであり、それ以後は正貨吸収は日清戦争賠償金の獲得、外資導入、第1次大戦という他力に依存していた。金本位制の維持は国際的要因に大きく規定されていた。賠償金、外資導入募集金、第1次大戦中の輸出為替手取金買上げに基づく政府在外正貨が、政府の対外支払いを支えるとともに、日本銀行の正貨補充、外国為替銀行への為替資金補充に充当され、これが金流出防衛、正貨蓄積に大きく寄与した。

日本では外貨資金調達が急務となり、国際収支対策が喫緊の課題となった。戦前の日本では正貨の吸収が国家・政府の最重要課題、国家の基本方策の一つ

---

4) 通貨価値や為替相場の安定は、外国に投資された資本の価値を保全し、資本移動に対する制約を打破する。かくして国際金本位制は、資本の輸出入を容易にする。この国際金本位制は、第1次大戦前には先進国イギリスに有利に作用した。すなわち商品価格の比較の容易化は、国際的に低廉な先進工業国工業製品の輸出を助長し、イギリスを世界の工場とする国際分業体制（後進国の工業化の阻害）をもたらした。もっとも、先進国からの技術的に進んだ生産財の輸入は、一定の技術水準の高さと政治的独立を保持する後進資本主義国の先進資本主義国への追上げを助長する一面があった。資本輸出は、資本輸出国イギリスに投資収益をもたらし、またイギリス商品の輸出を助長した。一方、資本輸入国においては、借入利子を支払うとともに、自主的経済建設が阻害されて資本輸出国の利益につながる産業部門が肥大化させられた。ただし、先進国からの資本輸出は、やはり一定の技術水準の高さと政治的独立を保持する後進資本主義国の先進資本主義国への追上げを助長する一面を持っていたが。金本位制のもとでポンドが安定していたことが、イギリスが世界各国と広汎な貿易関係を保持しており、またイギリスで国際金融業務が発展したこととあいまって、第1次大戦前にロンドンを国際決済、国際金融の唯一の中心地となした。イギリスは国際金融上の収益を得るとともに、為替をポンド建てで取組むことによって為替リスクを回避できた（以上の記述については小野一一郎「国際金融——貨幣制度の国際的関連を中心として」信用理論研究会編『講座　信用理論体系』III、日本評論新社、1956年、327－366ページ、関口尚志「市場および金融の発達」大塚久雄編『西洋経済史』筑摩書房、1968年、250－259ページ、を参照）。

5) 田中生夫[1989]　4－25ページ。A. I. Bloomfield [1959], do., [1963]. ブルームフィールド著、小野一一郎・小林龍馬共訳[1975]。西村閑也[1980] 11－14、39－40ページ。イングランド銀行などでは、金準備の減少に際して金流出を阻止するために、公定歩合操作により金利を引き上げる政策手段が重視されていた。これにより海外からの資金流入を促進し、為替相場の安定を図ることに努めた。公定歩合引上げは投資・雇用の縮小を図ることによる貿易収支の改善も期待するものでもあった。

本書の論点

となり、国際収支対策が重要政策として総合的に立案されることとなった。

　本書では、我が国において公定歩合操作が金・正貨流出防遏策としてまったく活用されなかったわけではないことを指摘している。すなわち、金本位制実施時や第1次大戦直前の、外債発行や生産奨励によって正貨危機を克服することができないと考えられたときや、ドル買投機が大規模に進行して金本位制維持を困難にした際などに円資金源を断って投機を抑圧しようとしたときなど、その操作が活用されたのであった。

　だが日本では、公定歩合操作を引き上げて国際的短期資金を流入させ、為替相場を引き上げて金流出を防遏することが期待できなかった。というのも、その引上げが産業に悪影響を及ぼすことが懸念されていたからである。また、特別融通が存在している状況では公定歩合引上げが金融引締効果を期待できないという事情もあった。その操作は、きわめて限られた時期にしか活用されなかったのである。こうした公定歩合操作の正貨防衛機能については、本書の第4、第5、第12章などで検討している。

　イングランド銀行は公定歩合操作以外に金施策（ゴールド・デバイス）を採用したが、それは金価格操作を中心としたものであった。本書では、日本においてもこれが金本位制離脱以前に日本銀行などによる地金銀購入、地金銀購入資金融通施策として行われたことを明らかにしている。これは植民地産金吸収を含むものであった。金本位制成立期から金本位制離脱期までの地金銀購入、地金銀購入資金融通政策の変遷を本書は一貫して叙述した。そして日本においては、1932年に産金時価買上政策が開始される以前には、金施策として金価格引上施策は基本的に採用されなかったことを指摘した。もっとも、松方蔵相は金価格引上げという金吸収構想を金本位実施直前に岩崎日銀総裁への内訓の中で提示しており、日露戦争直前には曾禰蔵相も松尾日銀総裁への内訓の中でこれを示している。また日露戦争期に政府は銀塊をロンドン銀塊相場よりも高い相場で買い取って銀塊を吸収しており、日本銀行は1916年1月に米国金貨の買入価格を引き上げて米貨を吸収し、さらに1919年6月にアメリカが金解禁を断行すると、米国金貨の買取価格を引き上げている。だが、これらは一時的・例外的であった。

　一方、金銀複本位制や1878年以後の跛行金本位制のもとでのフランスでは兌

v

換手数料制度（金貨兌換請求者への手数料請求）が採用されている。また1912年11月にドイツ、ロシア、オーストリア・ハンガリー、ベルギーが金融逼迫に直面して金兌換の際に金に4分の3％のプレミアムを課した[6]。だが、日本では兌換手数料制度による金防止策は採用されなかった。

日本では正貨確保に外債が大きな役割を果たしたが、外債発行は元利金の支払いをもたらす。その募集金が生産に用いられたとはかぎらない。生産奨励による貿易収支好転を通ずる国際収支改善は、時間がかかるため容易にはなしえない。公定歩合操作による金防衛策はその引上げが生産に悪影響を及ぼすことが懸念されて、脆弱な産業構造を有する日本においては金防衛策としてそれを活用することが困難である。このために公私消費節約（輸入抑制）が実施された。だが、これにも限度があった。このような状況において金本位制を維持しようとすれば、金そのものを確保する政策に頼らざるをえない。1894年から1903年までの間に商品輸出入は約4億円の入超で、経常収支は受取超過であったものの、日清戦争賠償金を含めなければ約3億円の赤字であった。この間、植民地からの金銀流入は約2800万円（朝鮮から約2400万円）にすぎなかった。続く1904年から1913年までの10年間に貿易収支は約4億7000万円の入超、経常収支は約8億円の赤字となった。この赤字を補填したのが外資であった。この間、植民地からの金流入は約7800万円にすぎない。外債募集が困難となった後、日本の国際収支危機を救ったのは第1次大戦の勃発による輸出超過であった。したがって、植民地からの金輸入は、金額的には日本の金本位制に小さな役割しか果たさなかった[7]。1903年から1912年までの国内産金買入合計額は約1億3000万円で、この額はこの期間の正貨受取額およそ13億2000万円の約10％を占めるにすぎなかった[8]。日本銀行の金銀購入、産金奨励はかなり限定された効果しか発揮しなかったのである[9]。しかし、その金額は無視できるものではない。金本位制維持のために貴重な役割を果たす金が輸出超過や資本導入や金融政策によって十分に確保できない状況において、金そのものを確保する政策が一定の役割を果たしたことは認めざるをえない。

---

6) 本書第6章第8節で引用の大蔵省内作成「正貨吸収策としての外国為替政策」参照。
7) 大森とく子 [1976] ページ。山澤逸平・山本有造 [1979] 221-224ページも参照。
8) 野地清 [1981] 31ページ。
9) 宮島茂紀 [1995] 64ページ。

本書の論点

　日本銀行は横浜正金銀行に対して低利為替資金供給を実施したが、これは輸出奨励による正貨吸収策として構想されたものである。実際には、正金銀行は外国為替・貿易金融機関として機能するようになったが、一方で正貨吸収機関としての役割も有していた。金本位制確立に際して同行の外国為替・貿易金融機関、正貨吸収機関化が強化されたが、日清戦争後の入超下で同行による正貨吸収は困難であった。第1次大戦期にようやく正金銀行を通ずる正貨吸収政策が大きく花開き、大戦後も1919年まで正金銀行を通じて正貨が吸収された。本書では、このような変遷を明らかにしている。

　産金額が少なく金の自由市場が未発達な日本においては、正貨政策は為替（在外正貨）売買操作、為替相場調整政策と密接な関係を有していた。『東洋経済新報』は木村清四郎日本銀行副総裁の演説を聞いて、日本の正貨政策は為替管理政策にほかならないと木村が述べたと解釈している[10]。これは為替政策の過大評価といえるのであるが、日本の正貨政策においては、為替調整政策がきわめて重要な役割を果たしていたことは確かである。日本では、通貨当局の為替市場への介入は、英米が為替平衡操作を実施するよりもはるか以前から行われており、明治前期から昭和初期まで、国庫金が事実上の為替平衡基金として重要な役割を果たしていた。

　本書は、金本位制の時代にすでにこのような政策が大きな役割を果たしていたことに注目し、日露戦争期から金本位離脱期までのこのような政策の変遷を解明した。日露戦争当初の輸出為替買入奨励、輸入為替取扱抑制、日露戦争以後しばらく行われていた売却相場を金輸出現送点よりも高めに定めた日銀在外正貨の売却、金輸出現送点近くに定めることによって在外正貨の減少抑制を図りつつ行った日銀在外正貨の売却、これらによる金兌換回避策、第1次大戦期の輸出超過を背景とした日本銀行の為替資金供給による多額の外貨確保と政府を中心とする通貨当局の在外資金買上げ中心とする正貨吸収、その買上価格調整などを背景とする正金銀行の輸出為替相場騰貴の抑制、第1次大戦後の為替相場維持の意図を含んだ在外正貨の払下政策、金兌換と併用されつつ実施された金輸出解禁期の在外正貨の売却、正金銀行の為替統制売りによる金本位制へ

10）　木村清四郎［1927］341－345ページ。『東洋経済新報』第1238号、1927年3月5日、396ページ。

の信認維持と為替相場維持策の採用という正貨政策が展開された。本書では、このような政策について、新たな知見を加え、体系的・明示的に整理している。また、オーストリア・ハンガリーの為替調整策と対比して、日本銀行の在外正貨売却操作の特徴を明らかにし、時期によってその方策に違いがあることも指摘した。

正貨の運用方法

　本書における第2の中心的な論点は、得られた正貨の運用方法を検討することである。これについては在外正貨の外債償還への充用、政府対外支払いへの充用（公債利子支払い、軍事費、政府経費支払い）、在外正貨の為替銀行への売却、金の買入資金としての利用、在外正貨の正貨準備繰入れ、日本に為替送金しての財政資金への活用や、金や外貨を当面使用しないでの蓄積（保有額、保有地、保有形態）、生産への利用や対外投資への利用がなされたことについて論述し、それらの内容について具体的に詳述した。在外資金の運用原則についても検討し、その運用原則として①流動性、安全性の重視、②収益性の考慮、③国際金融協力への配慮などがあったが、原則に反する流用もあったことを指摘した。とくに第1次大戦期における累積された在外正貨の処理方法について詳しく検討し、外債償還は不十分であったこと、正貨蓄積には兌換準備金、対外支払い準備の確保とともに戦争準備金の確保が考慮されたこと、第1次大戦中の生産的利用とは生産奨励金融政策の採用にほかならなかったこと、第1次大戦時の対外投資には正貨の利用そのもの以外に国際的受取りを減少させる目的のものが含まれていたこと、対外投資には、通貨膨張抑制とともに、連合国への協力と中国への進出奨励という狙いがあったこと、回収不能なものが含まれていたことを指摘した。

日本金融史と国際金融史の接合

　本書の中心的な論点の第3は、日本金融史と外国金融史の研究を切り離して考察すべきではなく、国際的視点から日本金融史を再検討し、また日本金融史の研究成果から外国金融史をとらえなおすということである。このことについてはすでに言及しているが、さらに立ち入って述べておこう。

本書の論点

　日本では金貨が国内で流通していなくても、金貨が準備金として保有されていた。本書は諸外国の貨幣制度と比較検討しつつ、日本の貨幣制度の特徴を検討した。そのうえで、日本の金本位制は金為替本位制ではなく金貨流通なき金貨本位制であったと規定した[11]。

　20世紀初頭以降の植民地における金為替本位制の採用は、植民地を本国に従属させる槓杆となった。すなわち金為替本位制は、銀貨国であった植民地を、植民地で銀貨を流通させたまま金本位制の体系に組み込み、前述の金本位制の作用によって先進国の利益となる国際分業体系の形成を促進した。しかも本国は植民地への金流出を免れた[12]。

　国内金通貨を伴わず、金為替を準備として自国通貨に対して金本位国通貨を平価付近で売却する制度を金為替本位制と規定するならば、完全な金為替本位制はインドにおいて最初に成立した[13]。インドではルピー銀貨を本位貨とする銀単本位制が導入されていたが、1893年に銀貨の自由鋳造と「銀兌換紙幣」発行が停止され、1ルピー＝1シリング4ペンスの割合で金の提供者にルピー貨が交付されて、ルピー貨の名目価値がルピー銀貨の実質価値以上とされた。1899年の「インド鋳貨および紙幣法」で金貨が銀貨とともに法貨とされた。ルピー貨に対して金貨交付の法的義務はなかった。同法のもとで金通貨（英本国のソブリン金貨）を伴う金貨本位制の導入が意図されていた。だが、その実施は本国の意向で放棄され、結局、金為替本位制が導入されていく。すなわち、1900年に金本位準備金を設置してルピー為替の相場維持を図ることとなった。1902年にインドの保有する金準備はロンドンに移管された。インドでは金貨は

---

11)　金本位制には、①金貨の自由鋳造、自由熔解、銀行券と金貨との自由兌換、金の自由輸出入を認める金貨本位制、②国内で金貨が流通せず、銀行券が金地金と兌換され、金地金が国際決済のために輸出される金地金本位制、③銀行券が金貨本位または金地金本位制国の通貨を受け取れる金為替と兌換され、この金為替を通じて間接的に国内通貨が金と結びつく、あるいは金為替の売却を通じて為替相場を平価の上下の狭い範囲に安定させ、これを通じて通貨価値を安定させる金為替本位制の3形態がある。このうちの金為替本位制は、金地金本位制と同じく国内金貨流通を排除するだけでなく、国際決済手段としての金をも節約させる。

12)　松岡孝児［1936］66−73、91−102、123−27、152−81、199−311ページ。矢内原忠雄『帝国主義下の印度』大同書院、1937年、第2章。新庄博『広域経済と貨幣制度』甲文堂、1943年、73−126ページ）。井上巽［1995］58、83ページ。

13)　インド幣制改革の詳細は、Keynes［1971］、井上巽［1995］第2章、G. B. Jathar & S. G. Beri, Indian Economics, Vol. II, 1939, chap. VII, VIII、東亜研究所訳『印度の通貨と為替』同所、1940年、など参照。本書第3章第1節(4)、第5章第7節も参照されたい。

ix

鋳造されず、イギリス金貨の流通はきわめて乏しく、実際には金兌換を否認された政府紙幣や銀貨が流通した。ロンドンには金本位準備金、紙幣準備金、一般国庫金というインド政府所有の在外資金があった。インドの為替相場の安定は、これを操作基金として、インド省証券および逆インド省証券の売買によって図られた[14]。これによってルピー貨とポンド貨が結びついた。またこの売買によってルピー貨の通貨価値の安定が図られた。このインドの金為替本位制は、為替相場の安定を主要目的として運用され、これがイギリスの利益となったが、さらに上述のインド政府在外資金保有は、次のようなイギリスに対する植民地インドの従属性を示していた。金本位準備金はロンドンに移管されて、イギリス政府証券に投資された。インド政府保有の金の移管は、インドの反対を押し切って、イギリスの要求によって断行されたものであった[15]。インドは貨幣的自主権を喪失し、金を取り戻す自由を持たなかった。イギリスは金本位制の基礎としての金を得て、ボーア戦争によって不足しがちになったイングランド銀行の金準備を補強した[16]。またイギリス政府は、ボーア戦争の資金需要のために値下りしたコンソル公債の価格支持にインドからの金を充当した[17]。その後、金本位準備金は本来の目的から逸脱し、イギリス本国においてインド財政からイギリスに支払われる、インド搾取のパイプとしての「本国費」の支払いにも充当された[18]。紙幣準備金は、インドの紙幣をルピー銀貨に兌換するための準備金であり、その性格上インドにおいて銀で保有されるべきものであったが、1898年以降、ロンドンでインド省証券を売り出して得た金が紙幣準備に加えられてロンドンで保有され、これを準備としてルピー紙幣が発行されることとなった。本国政府のインド大臣がインドの貿易黒字によるルピー為替相場の昂騰を抑制するためにインド省証券を濫発すると、インドで紙幣発行量が増大し、インドは物価騰貴に苦しむこととなった。ロンドンに保管された資金としては一般国庫金もあり、これは本国費の支払いに充当されたが、

---

14) 矢内原忠雄、前掲書、68－93ページ。小竹豊治「金融」満鉄東亜経済調査局『印度概観』同局、1943年、672－674ページ。J. M. Keynes [1971]. ケインズ著、則武保夫・片山貞雄訳「インドの通貨と金融」[1977]。井上巽 [1995] 第2章。上川孝夫・矢後和彦編 [2007] 11ページ。
15) 矢内原忠雄、前掲書、57－58ページ。
16) 吉岡昭彦『インドとイギリス』岩波書店、1975年、171ページ。
17) Marcello de Cecco [1974] p. 70. チェッコ著、山本有造訳 [2000] 75ページ。
18) 吉岡昭彦、前掲書、166－168ページ。

残額の大部分は低利の短期資金としてロンドン金融市場に放出され、イギリスの銀行や企業に対する低利貸出の原資に転用された[19]。インドの金準備が引き出されないことによってイギリスの金本位制の安定性が支えられ、イギリスは国際金融の中心国としての利益を享受できた。

金為替との兌換を認められた（金為替兌換制）わけではないが、金為替を正貨準備に組み入れた（金為替準備制）国は、第 1 次大戦前にベルギーやオーストリア・ハンガリーなどであった[20]。

第 1 次大戦後のドイツの再建金本位制においては、兌換の一形態として金為替兌換が認められた[21]。

日本の金本位制は、かなり多くの人々によって金為替本位制であったとみなされている[22]。しかし、1897（明治30）年に日本で確立した金本位制においては、金貨の自由鋳造（貨幣法第14条）、自由熔解、銀行券と金貨との自由兌換（兌換銀行券条例（1897年改正）第 1 条）、金の自由輸出入が認められていた。金貨は国内では事実上ほとんど流通しなかった[23]。

---

19) 島崎久弥［1983］106ページ。井上巽［1995］ページ。
20) 田中金司［1955］207－211ページ。田中金司［1955］が金為替制の一形態とみなす金為替準備制を、松岡孝児［1936］は金為替本位制とみなしている。
21) 1924年のドイツの貨幣法においては金貨の自由鋳造、金の自由輸出、法定準備の 4 分の 3 以上は金で保有すること（外貨準備は法定準備の 4 分の 1 以内）が定められていた。このような貨幣制度は本来、金為替本位制とはいえない。だが、ライヒスバンクは自らの選択によって金貨、金地金、金為替のいずれによっても銀行券の兌換に応ずることができた。銀行券の所有者には銀行券を金貨や金地金に換える自由がなかったから、この制度は厳格な意味での金貨本位制や金地金本位制でもなかった。ライヒスバンクは銀行券の外貨資金との交換にはなるべく自由に応じたが、金との兌換は、マルク相場が為替売買操作にもかかわらず金輸出点にまで低落したときのみ考慮した。ドイツの再建金本位制は金為替に依存した金本位制であった（加藤栄一『ワイマール体制の経済構造』東京大学出版会、1973年、148－154ページ）。独立国の貨幣制度においては植民地国のような従属性はみられなかった。しかしドイツの金為替は、ドーズ公債を有力な土台とする英米からの借入れによって調達された。このような貨幣制度の採用に対応して、また対抗すべくもない軍事的威嚇を前にして、ドイツの金融政策は、賠償金を確保しようとする連合国の管理、干渉を受けたのである（関口尚志「ドイツ革命とファシズム」東京大学『経済学論集』第34巻第 2 号、1968年 7 月、48ページ）。
22) J. M. Keynes［1971］p. 20, footnote. ケインズ著、則武保夫・片山貞雄訳［1977］、22ページ注。松岡孝児［1936］477ページ以下。
23) 日本銀行以外に統計上存在する金貨は、大蔵省調査によれば、1907年末に2068万余円、1913年末に3080万余円に上っているが、その大部分は工芸上の原料に使用されて貨幣の形状を失っているものとみなしてよいものであった（山崎覚次郎『貨幣銀行問題一斑』有斐閣書房、1912年、114－115ページ、同書第 4 版（1920年）、300ページ。

金兌換は主として対外決済手段としての金を入手するために行われた[24]。この点に関しては、日本の金本位制はイギリスの金貨本位制とは異なっていた。だが、金貨は無制限法貨であり（「貨幣法」第7条）、国内で使おうと思えばいつでも流通手段として用いることができた。このような金本位制は基本的には金貨本位制とみなすことができる[25]。また、日本銀行当局者は日本の金本位制を「金貨の流通せざる金貨本位制」とみなしている[26]。しかし、日本においては、前述の在外正貨が金に代わる国際決済手段として用いられた。また、在外正貨が中央銀行の正貨準備に繰り入れられて兌換銀行券が発行された。

　さらに、国内で準備金として保有されていた金が、兌換準備金としてだけではなく戦争準備金としても機能したことを本書は指摘した。

　対外支払いのために在外正貨が用いられたが、本書は在外正貨が保有されるに至る過程とその保有状況の詳細を明らかにした。

　日本の在外正貨保有は国際金融市場の動向に規定されていた。日本金融史と国際金融史は別々に研究するだけでなく、両者の相互規定関係をも明らかにすべきである。国際金融センターの安定度と変化が日本の在外正貨の保有地に影響を及ぼすとともに、日本の在外正貨保有が日清戦争賠償金受領期にイギリス金本位制や第1次大戦期の連合国の欧米を支えていた。本書は、日本が在外正貨の金での引出しを抑制するという方針が、第1次大戦期のアメリカの金本位復帰を容易にしていたことを明らかにした。

　日本は多額の在外正貨を欧米に保有し、国際金融市場に深く組み込まれていたから、日本の在外正貨研究は国際金融市場研究に寄与することができる[27]。

---

[24] 1912年に2304万円の金貨が兌換に応じられているが、同年に金貨は2112万円輸出されている（日本銀行「金銀輸出取締令ノ実施並ニ其廃止ト本行ノ方策」（1933年10月）日本銀行調査局編『日本金融史資料　昭和編』第20巻、137ページ）。

[25] 大蔵省は「明治三十年法律第十六号貨幣法ハ事実上ノ銀貨本位制ヲ一変シテ純然タル金貨本位制トナシタルモノ」と論述している（大蔵省主計局編「明治三十年幣制改革始末概要」［1899］、大蔵省編集、大内兵衞・土屋喬雄校『明治前期　財政経済史料集成』第11巻、明治文献資料刊行会［1964］315ページ）。

[26] 日本銀行某当局者談「在外正貨の性質」『東京経済雑誌』第66巻第1667号、1912年10月5日、617ページ。

[27] ドラモンドは、日本銀行は金と外国為替準備の大部分をロンドンに保有していたという（I. M. Drummond［1987］p. 25. I. M. ドラモンド著、田中生夫・山本栄治訳［1989］45ページ）。金をロンドンで保有したというのは間違いであるが、このような解釈が行われているということは、いかに日本の金本位制の実態が海外で知られていないかを示すものである。

イギリスでは在外正貨として金が保有され、ことに第1次大戦期や第2次大戦期に金がカナダに輸送されて保有された。これに対して日本では、通貨当局が国際金融の中心国で保有する預金または公債が在外正貨として保有された。本書は、第1次大戦期の在外正貨保有のイギリスと日本の違い（イギリスは在外金準備）を解明しており、日本研究の問題関心からイギリス在外金準備の実態など国際金融の特徴を新たに指摘することができた。

また、高橋是清の報告書や日本銀行監督役の報告の分析など日本資料の研究によって、イギリスの銀行、モルガン商会やパリ・ロッチルド商会など欧米金融業者の動向を把握することもできた[28]。

金井雄一氏は金本位制に関する通説を次のように批判している。金本位制下の金貨流通は本位貨幣としての金貨の流通ではなく、小額通貨への需要を満たすものであった。金本位下の銀行券の信認は金貨兌換によって支えられたといわれているが、通貨の信認にとって重要なのは安定した相場での外貨交換性であって、国際収支均衡に基づく外国為替相場の安定である、と[29]。金本位制についてはさまざまな評価が行われている[30]。だが、その論争においては、日本こそが、金貨本位制を採用しつつ、金本位制時代の早い段階で管理通貨的・為替管理的な政策を採用していたという視点が抜け落ちている。日本の金本位制が国際金本位制下で重要な役割を果たしていたにもかかわらず、海外の金本位制研究をみても、日本の金本位制に対する言及がきわめて乏しい[31]。日本の金本位制について研究することは内外の学界に貢献することとなろう。

本書は日本の金本位制の対外的性格を在外正貨の役割から客観的に明示した。在外正貨に依存した日本の金本位制の成立・確立過程は、英米依存性を示すとともに英米の利益にも寄与するものであることを明らかにした。だが、このこ

---

28) 今日、金融関係の学会においては金本位制の古典的理解に誤りがあるのではないかという問題提起がなされており、それをめぐって論争が展開されている。

29) 金井雄一［2004］87-88ページ、同「金本位制はどのように機能していたのか——両大戦間期イギリスの実態から——」『信用理論研究』第23号、2005年6月、46-56ページ、を参照されたい。

30) 西村閑也「金本位制について」『金融構造研究』第17号、1995年6月、65-77ページ等参照。金井雄一氏の報告に対する西村閑也氏の批判については『信用理論研究』第23号、59-64ページを参照。

31) Ian M. Drummond［1987］, I. M. ドラモンド著［1989］などを参照されたい。

とは、日本の英米への従属を意味するものではなく、自立性を維持するものであり、日本の利益にも寄与した。すなわち、在外正貨は、金現送費の節約、副次的ではあるが金融収益の確保、外債募集への便宜、などから生じたものであり、また政府および民間の対外決済手段として充用されることを通じた金の対外流出の防遏、日本銀行の正貨準備確保、外国為替相場低落抑制とこれによる金の対外流出の防遏などのために役立ったのである。在外正貨依存の貨幣制度が金に厳しく拘束されない弾力的な銀行券発行を可能とし、これが経済発展を考慮した金融政策を可能にしたのである。

　日本における金本位制確立、金本位復帰に対する評価については、国際的要因と国内的要因をどのように取り扱うかが問題となる。本書は日本の金本位制確立、金本位復帰、金本位制離脱を国際的な金本位制をめぐる動向を踏まえて考察した。この際、国際的要因が大きな契機となったことを認めつつ、金本位復帰が日本への国際的圧力の結果であるというとらえ方をせず、金本位制に対する信認、金本位復帰への国際的立ち後れに対する孤立化への恐れの回避（安心への志向）、外債発行のための金本位制採用による国際信認の確保、金本位制実施による国際的威信の確保という、人間の認識が作用したことを重視した。客観的情勢が直接に政策決定に影響を及ぼすのではなく、人間の考えを通じて影響を及ぼすものであるということが看過されるべきではない。

　本書は日本と欧米との関係だけでなく、日本と中国との関係、とくに政治情勢にも配意した。中国情勢の悪化が金解禁を遅延させる要因となったこと、満州事変の勃発、これを背景とする若槻内閣の倒壊が金輸出再禁止の背景をなしたことにも論及した。

　加えて、日本の正貨政策の軍事的性格をも明らかにしている。政府在外正貨は軍艦購入資金に充当された。在内正貨としての金銀は兌換準備金のみならず戦争準備金としても保有された。日清戦争賠償金として正貨が吸収されるとともに、日露戦争のために在外正貨の吸収が図られた。第1次大戦期およびその終了当初には、東洋での戦争に備えることが金輸出禁止の大きな要因となり、その後の金輸出禁止継続も戦争準備金確保がその一因であった。また金解禁後に金輸出再禁止となった背景には、満州事変の勃発があった。その後も金が戦争準備金として蓄積され、日中戦争開始後には軍需品購入のために多額の金が

アメリカに向けて現送されていった。

　国内的要因については、金本位復帰への国内的要請、日本の政策主体の自由的政策選択の余地、産業合理化の意図を重視した。産業合理化の意図については新資料の紹介も行っている。

信頼、信認、信用

　本書における第4の中心的な論点は、信頼、信認、信用が日本の貨幣史を規定するきわめて大きな要因であったことを明らかにするということである。

　本書は金融論と歴史研究との接合を図り、金融の分野で要というべき信用や信認の問題を取り上げた[32]。

　イギリスでは国内通貨としてのポンドが国際通貨としての地位を得て、これによる国際決済が可能となり（具体的には、ロンドンの銀行におけるスターリング・バランスによる決済）、この国際的信認（国際的に高い水準の信認）を維持するために通貨価値の維持が国際的に求められ、通貨価値・為替相場の維持、兌換制の維持が必要となった。ポンドの信認を支えるのに大きく貢献したのは、貿易の入超にもかかわらず国際収支を均衡させることとなった海外投資収益の存在である[33]。財政の均衡も国際通貨ポンドの信認維持に寄与した[34]。一方、日本の円は国際通貨としての地位を獲得する観点から信認確保が求められたわけではなかった。このため、財政膨張、裁量的金融政策実行の余地があった。とはいえ、構造的な国際収支赤字のもとで国際決済手段としての外貨資金の調達が急務となり、また外債発行のためには国際（異種通貨国からの）信認、信用を得ることが必要とされ、このための国際収支対策と財政規律の確立が喫緊の課題となった。戦前の日本では、正貨の吸収が国家・政府の最重要課題かつ基本方針となり、国際収支対策が重要政策として総合的に立案されることとなった。また財政均衡の維持が国際的に求められたのである。日本が金本位制を確立し、あるいは金本位制に復帰するためには国際信認を得る必要があり、このためにも財政信認、財政信用の維持が求められたのである。

---

32) この概念については、齋藤壽彦『信頼・信認・信用の構造』第3版第5刷 [2014] 参照。
33) 海外投資収益の受取超過であった（牧野純夫 [1960] 8-14ページ）。
34) 米倉茂 [1993] 39ページ。

金本位制下のイギリスでは金貨が国内で流通したが、日本では金貨が流通せず、兌換銀行券が通貨として流通した。これは日本銀行券が通貨として一般的に信認されたからである。本書は、日本銀行券が通貨として誰からも信認された理由と信認されるに至る過程を明らかにした。また銀行券発行については信認の維持とともに産業発展が考慮され、弾力的な発行が行われていたことを指摘した。

　本書は、金本位制の確立とその再建においては、政策当局者の信念が重要な役割を果たしたことに注目している。この信念は、政策理念と慎重な考慮のもとでの揺るぎない決断力に基づくものであった。

　また、通貨に対する「一般的信認」(credibility)の形成という新たな視角を提起した。金本位制の確立、金本位制復帰を金本位に対する一般的信認の確立という観点からとらえ、輿論の動向がそれに大きくかかわっていたことを明らかにした。政策決定が当局者だけでなく輿論によっても規定されていることが関係者によって認識されていたことを指摘した。この輿論と世論とは区別されていたが、金本位制復帰時には大規模な世論操作が展開され、これにより金本位制復帰に対する一般的信認への補強が政府によって行われたことを実証した。

　日本の金本位制停止においてきわめて大きな要因となったのはイギリスのポンドに対する信認危機であったこと、これが日本の金本位制停止予想を生み、円に対する社会的信認を低下させドル買いを引き起こす要因となったこと、そしてドルの統制売りが実施されたのは日本の金本位制に対する信認を維持しようとする狙いがあったことを指摘した。従来の研究では、このような視点が忘れられていたのではないかという問題を提起した。

　また、人間個々人の間の信頼関係も国際金融において重要な役割を果たしていた。一般に人間の信頼は人格的信頼と安心としての信頼と人間の能力に対する信頼に基づくものである[35]。国際金融分野においては、とくに国際的信頼が重要な役割を果たしていた。本書は、財務官としての望ましい人間像に関する当時の人々の認識に迫りつつ、国際的信頼（人格的・能力的信頼）を勝ち得ていた国際金融家、国際金融官僚の役割を明らかにした。この国際金融家、国

---

[35] 信頼概念については山岸俊男『信頼の構造』東京大学出版会、1998年、を参照されたい。

際金融官僚の国際的信頼が日本の国際信認、信用を強化していた。1930年にごく短期間で津島が五分半利付米・英貨公債を発行することができたのは、津島財務官が国際的信頼を得ていたことによるところが大きかった[36]。ただし、その国際的信頼は日本の政治経済に対する国際信認・国際信用に規定されており、後者が崩れれば、前者はそれを食い止めることはできなかったのである。

また本書は大蔵官僚、帝国特派財政委員、海外駐箚財務官だけでなく、彼らを補佐した人々の考察も一次資料を活用しつつ行っている。

国際金融を重視する本書においては、とくに国際信用、国際的な（異種通貨国間の）公信用（外債）について立ち入って検討した。日露戦争以後および第1次大戦後などの特定の時期に実施された多額の外債募集は必ずしも正貨吸収を目的としたわけではなかったが、正貨吸収に寄与するものでもあった。そして、外債募集が可能であった条件を日本外債の対外信用、国際信認に注目して解明し、これが確保できた国際的要因、経済的要因について分析した。当時、日本の国際信用（対外信用）の維持が重要な課題となり、このために財政信認（財政維持可能性）の維持が重要視されていたことを本書は明らかにしている。

本書では、英米におけるクレジット契約やモラル・サポートについても言及した。

以上を論述するために、本書では序章で研究史を整理した後、金本位制期を中心として正貨政策の推移を6編に大別して論じ、最後に戦前日本を通貫する正貨政策の担い手について論じた。各章の内容は終章で要約されている。

---

[36] ニクラス・ルーマンは、信頼とは「社会的な複雑性の縮減メカニズム」であると定義した。Niklas Luhmann, *Vertrauen, Ein Mechanismus der Reduktion sozialer Komplexität*, Stuttgart, 1968, 2. erw. Aufl., 1973. ニクラス・ルーマン著、大庭健・正村俊之訳『信頼 社会的な複雑性の縮減メカニズム』勁草書房、1990年。

xvii

目　次

本書の論点——問題提起と結論　　*i*

序　章　日本の正貨政策に関する研究史　1

第1節　正貨政策に関する鳥瞰的研究　1
第2節　金本位制確立前の正貨政策に関する研究　3
　1　明治前期の幣制改革と国際金融　3
　2　外国為替手形低利再割引契約の締結　7
第3節　金本位制確立以後の正貨政策に関する研究　9
　1　日清戦争後の金本位制の確立　9
　2　日露戦争期の正貨維持策　13
　3　日露戦争後の正貨政策　17
　4　植民地金融と正貨政策　23
第4節　第1次世界大戦から昭和初期までの正貨政策に
　　　　関する研究　26
　1　第1次世界大戦期の正貨政策　26
　2　金解禁への模索　30
　3　金解禁実施と金兌換、在外正貨売却、為替統制売り　38
第5節　金本位制離脱後の正貨政策に関する研究　44
　1　満州事変期の外国為替管理政策と金管理政策　44
　2　日中戦争期の外国為替・金管理政策の展開　46
　3　太平洋戦争期の正貨政策　49

第1編　金本位制確立前の正貨政策

第1章　日清戦争以前の正貨政策　55

第1節　明治前期の幣制改革　55
 1　金本位法の成立　55
 2　兌換制度の成立と銀本位制度への移行　56
 3　銀本位制下の松方正義の金本位構想　57

第2節　明治初期の紙幣と信認　61
 1　紙幣と信認　61
 2　紙幣整理政策と正貨蓄積政策による紙幣への信認の向上　63
  （1）　紙幣整理と通貨当局、政策運営への信認　63
  （2）　財政節度の維持と紙幣整理　64
  （3）　日本銀行の正貨準備確保　66
  （4）　紙幣に対する社会的信認の向上　67

第3節　兌換制度による銀行券の信用・信認の維持と弾力的な銀行券発行　67
 1　兌換銀行券の発行開始とその信認の維持　67
  （1）　紙券通貨に対する信認の不十分性　69
  （2）　弾力的な通貨供給の要請　72
 2　信認維持のもとでの弾力的な銀行券発行　76
  （1）　保証発行屈伸制限制度の採用　76
  （2）　日本銀行保証準備発行の限度拡大　78

第4節　「準備金」と正貨蓄積・在外正貨　80
 1　「準備金」の運用と正貨吸収　80
 2　在外正貨の起源としての政府海外預け金　84
 3　政府海外預け金の在外正貨としての機能とその限界　86

第5節　横浜正金銀行の外国為替業務による正貨吸収と日本銀行の外国為替資金融通　88

1　正貨吸収を主目的とする御用外国荷為替制度の成立　*88*
　　　2　日本銀行と横浜正金銀行との為替資金融通契約の締結　*93*
　　　　（1）　外国為替資金貸付契約の締結　*93*
　　　　（2）　外国為替手形再割引契約の締結　*97*
　　　　（3）　外国為替手形再割引契約（外国為替資金供給政策）の効果
　　　　　　　　　　　　　　　　　　　　　　　　　　　　　　　　110
　第6節　日本銀行の地金銀購入および地金銀購入資金融通　*120*
　　　1　旧貨幣および地金銀の購入　*120*
　　　2　地金銀吸収資金の融通　*122*
　第7節　外資導入と公定歩合操作の正貨吸収策としての未採用　*122*
　　　1　外資排除政策の採用　*122*
　　　2　銀本位制度下の公定歩合操作　*124*

第2章　日清戦争賠償金と正貨政策　*129*

　第1節　日清戦争賠償金の獲得と保管　*129*
　　　1　賠償金の獲得　*129*
　　　2　賠償金の保有形態　*130*
　　　3　賠償金取寄論争と賠償金の海外保管の理由　*133*
　　　　（1）　賠償金取寄論争の展開　*133*
　　　　（2）　賠償金の一部を海外保管した理由　*135*
　第2節　日清戦争賠償金保管金の機能　*143*
　　　1　政府の対外決済手段――政府海外支払基金　*143*
　　　2　横浜正金銀行の輸入為替取組資金　*147*
　　　3　在外正貨の正貨準備繰入れ　*151*
　　　4　償金取寄せによる財政上の円資金の確保　*157*
　　　5　金現送を通じた償金取寄せによる金準備の確保　*159*
　　　6　有価証券購入　*163*
　　　　（1）　日本における債券発行への応募・債券購入　*163*
　　　　（2）　外国における債券発行への応募・債券購入　*164*

（3）　賠償金の有価証券運用の評価　　*167*
　7　京仁鉄道への貸付　　*168*

第2編　金本位制確立期の正貨政策

第3章　金本位制の確立　　*173*

　第1節　金本位制の確立過程　　*173*
　　1　金本位制の国際的普及、金本位制への一般的信認　　*173*
　　　（1）　イギリスにおける金本位制の採用　　*173*
　　　（2）　ドイツにおける金本位制の採用　　*174*
　　　（3）　欧米における金本位制の普及　　*175*
　　　（4）　インドにおける金為替本位制の採用　　*176*
　　　（5）　東洋における金本位制の普及　　*178*
　　　（6）　金本位制の国際的普及の日本への影響　　*178*
　　2　貨幣制度調査会の設置と金本位制に対する信認の形成とその限界
　　　　　　　　　　　　　　　　　　　　　　　　　　　　　　　181
　　　（1）　貨幣制度調査会の設置　　*181*
　　　（2）　貨幣制度調査会における利害意識　　*183*
　　3　日清戦争後の金本位制への信認の進展　　*189*
　　　（1）　日清戦争後の物価騰貴　　*189*
　　　（2）　外資導入容認政策への傾斜　　*190*
　　　（3）　賠償金による金準備の確保──金本位制実施を可能とする条件の形成　　*193*
　　　（4）　海外流出円銀の復帰懸念の低下　　*195*
　　　（5）　金本位制実施のための輿論形成　　*196*
　　4　松方正義の金本位制に対する信念とその経済的根拠、経済目的
　　　　　　　　　　　　　　　　　　　　　　　　　　　　　　　197
　　　（1）　松方正義の金本位制に対する信念　　*197*
　　　（2）　松方正義の金本位制実施論の経済的根拠、経済目的　　*200*

目　次

第2節　金本位制実施方針の決定と実施方法の検討　206
　　1　金本位制実施方針の決定　206
　　2　価格の度量標準、金貨の中に含まれる金純分の変更案　207
　　3　銀貨混用金貨本位制案　208
　　　（1）　阪谷芳郎案　208
　　　（2）　政府の甲乙2案の金本位制実施プラン　209
　　　（3）　大蔵省調査「金本位施行方法」　210
　　　（4）　「貨幣条例中改正法律案」と2月11日の幣制改正会議決定　211
　　4　金貨単本位制案　212
　　　（1）　「貨幣条例ニ関スル建議」と「貨幣条例案」、「貨幣条例」案の起草　212
　　　（2）　高橋是清の答申　213
第3節　金本位制の確立――金本位制への一般的信認の確立　216
　　1　貨幣法の制定と金貨本位制の制度的確立　216
　　　（1）　議会内外における貨幣法をめぐる論議と貨幣法の制定　216
　　　（2）　議会などにおける金本位制実施反対論の論拠　220
　　　（3）　貨幣法などの内容と新金貨・日本銀行金兌換券の発行　222
　　　（4）　銀貨の整理　226
　　2　金本位制に対する信認の一般化の達成　228
第4節　金本位制の確立が日本経済に及ぼした影響　230
　　1　通貨価値・物価の安定と内地商工業の発展　230
　　　（1）　通貨価値・物価の安定　230
　　　（2）　内地商工業の発展　235
　　2　外国為替相場の安定と外国貿易の発展　236
　　　（1）　外国為替相場の安定　236
　　　（2）　外国貿易の発展　237
　　3　財政に及ぼした影響　239
　　4　外資導入に及ぼした影響　241
　　　（1）　為替リスクの回避と信用リスクの低減（国際信用の向上）　241
　　　（2）　外資導入の実状　249

第4章　確立期金本位制の機構　253

第1節　金貨の国内流通なき金貨本位制　253
第2節　日本銀行金兌換券に対する一般的信認　257
　　1　銀行券の貨幣としてふさわしい属性　257
　　2　銀行券の過剰発行抑制メカニズム　258
　　3　財政規律の維持　259
　　4　金兌換　260
　　5　金準備の確保　265
　　　（1）　正貨準備　265
　　　（2）　正貨準備としての金の確保　266
　　6　保証準備　268
　　7　中央銀行に対する信認　270
　　8　日本銀行券の法貨性　272
　　9　通貨偽造対策　272
　　10　兌換券を使用する慣行の定着　273
第3節　在外正貨依存の金本位制とその限界　274
　　1　在外正貨保有とその機能　274
　　2　日本銀行による横浜正金銀行保有の外国為替手形再割引　274
　　3　外債募集　277
　　4　在外正貨保有の限界　279
第4節　在内正貨の吸収とその存在意義　281
　　1　正貨政策としての金吸収策採用の必要性　281
　　2　国内産金と植民地産金　283
　　3　金銀地金購入策　288
　　　（1）　政府の金銀地金購入　288
　　　（2）　日露戦争期における政府の銀地金購入　292
　　　（3）　日本銀行の金銀地金銀購入　293
　　　（4）　日露戦争期における日本銀行の古金銀購入　297
　　　（5）　日本銀行の金貨購入　297

　　　　　（6）　金買入価格　*299*

　　4　地金購入吸収資金の融通　*302*
　　　　　（1）　大蔵省の第一国立銀行への地金銀購入資金融通　*302*
　　　　　（2）　日本銀行の地金銀購入資金融通　*304*

　　5　地金銀の造幣局への輸納奨励策　*313*
　　　　　（1）　「造幣規則」と「地金銀精製及品位証明規則」　*313*
　　　　　（2）　造幣局への地金輸納制限緩和による輸納奨励　*315*
　　　　　（3）　日露戦争期における造幣局への地金輸納奨励　*316*

　　6　在内正貨の存在意義　*317*

第5節　金本位制確立期の公定歩合操作と金・正貨維持　*320*

　　1　公定歩合操作の通貨調節政策化　*320*
　　2　公定歩合操作における正貨維持機能の強化　*326*
　　3　公定歩合操作における正貨維持機能の後退　*331*

第3編　日露戦争以後の金本位制維持政策

第5章　日露戦争以後の正貨維持吸収政策と在外正貨　*335*

第1節　正貨維持吸収策　*335*

　　1　国際収支の赤字構造　*335*
　　2　日露戦争直前の蔵相の正貨吸収・蓄積に関する内訓　*337*
　　3　外国払いの節約　*338*
　　4　日露戦争期の輸出為替買入奨励・輸入為替取扱抑制　*339*
　　　　　（1）　輸出為替買入奨励　*339*
　　　　　（2）　輸入為替取扱抑制　*341*
　　5　軍票（軍用切符）の発行　*343*

第2節　日露戦争以後の外債発行と募集金の運用　*345*

　　1　外債発行状況　*345*
　　2　日露戦争英貨公債の発行交渉、その担当者と外債募集金　*351*

3　日本の外貨公債発行を可能にし、容易にした要因　356
      （1）　外貨公債発行方針　356
      （2）　兌換性の維持　357
      （3）　国際信用　357
      （4）　国際的政治環境　370
      （5）　国際金融市場　370
    4　外債募集金の使途　374
  第3節　日露戦争以後の公定歩合操作と正貨政策　375
    1　正貨維持に消極的な公定歩合操作　375
      （1）　公定歩合制度の変化　375
      （2）　公定歩合の引下げ局面　376
      （3）　公定歩合の引上げ局面　380
    2　公定歩合操作の中心的正貨維持政策化とその限界　383
      （1）　公定歩合操作の中心的正貨維持政策化　383
      （2）　公定歩合操作の効果とその限界　386
  第4節　在外正貨保有の増大・恒常化とその保有形態　389
    1　在外正貨保有の増大とその恒常化　389
    2　対外決済、貨幣制度の在外正貨依存構造（正貨保有構造）の概要　390
      （1）　在外正貨の構成　390
      （2）　在外正貨の保有地　392
    3　政府所有在外正貨の保管形態　397
      （1）　政府所有日清戦争賠償金の保管　397
      （2）　日露戦争以後の政府所有在外正貨の増大、恒常化とその保管　399
    4　日本銀行所有在外正貨の保管形態　404
    5　在外正貨保有の根拠　409
  第5節　在外正貨の対外支払手段としての機能と金の取寄機能　417
    1　対外支払手段としての機能と金防衛　417
    2　金の取寄せ　423

目 次

第6節　日本銀行の在外正貨売却政策
　　　　——大口為替売却政策を中心として　*424*
　　1　諸外国における中央銀行の外国為替操作　*424*
　　　（1）　ヨーロッパの中央銀行の外国為替操作　*424*
　　　（2）　オーストリア・ハンガリー銀行の外国為替操作　*425*
　　2　日露戦争前における日本銀行の在外正貨売却政策の不採用　*428*
　　3　日露戦争直前における日本銀行の在外正貨売却政策の萌芽　*431*
　　4　日本銀行の在外正貨売却、とくに大口為替売却の本格化　*435*
　　　（1）　日本銀行の多額の在外正貨保有の開始　*435*
　　　（2）　日本銀行在外正貨の使途　*438*
　　　（3）　日本銀行の本格的大口為替売却の開始　*439*
　　　（4）　当初の大口為替売却価格　*442*
　　　（5）　日本銀行の大口為替売却の継続　*443*
　　　（6）　日露戦争後の大口為替売却相場の引上げ　*446*
　　5　大口為替売却の事実上の中断、外国為替の買操作と金塊購入
　　　　　　　　　　　　　　　　　　　　　　　　　　　　　　　448
　　　（1）　大口為替売却の事実上の中断、外国為替の買操作　*448*
　　　（2）　金塊購入　*449*
　　6　大口為替売却の再開と売却相場の自主的決定
　　　　——輸出奨励・輸入防遏と在外正貨消尽の抑制　*450*
　　7　政府在外正貨の枯渇と日銀大口為替売却の制限、中止　*453*
　　8　日露戦争以後の在外正貨売却、大口為替売却政策の特徴　*456*
第7節　在外正貨の正貨準備繰入れ　*458*
　　1　諸外国における在外正貨の銀行券発行準備　*458*
　　　（1）　イギリスの銀行券発行準備　*458*
　　　（2）　銀行券発行準備金としての金為替準備　*458*
　　　（3）　インドの金為替本位制　*460*
　　　（4）　第1次大戦後の金為替準備と金為替兌換　*462*
　　2　金本位制実施後の臨時的な在外正貨の正貨準備繰入れ　*464*
　　3　日露戦争以後の恒常的な在外正貨の正貨準備繰入れ　*466*

xxvii

　　　　（1）　日露戦争以後の銀行券発行準備　*466*
　　　　（2）　在外正貨の正貨準備繰入れの恒常化　*468*
　第8節　在外正貨の資金運用原則とその実態　*472*
　　1　安全性・流動性確保、収益確保、国際金融協力　*472*
　　　　（1）　安全性・流動性確保　*472*
　　　　（2）　収益確保　*473*
　　　　（3）　国際金融協力　*476*
　　2　在外日本公債への運用　*480*
　　3　在外正貨資金運用の問題点　*481*
　第9節　国際関係と正貨　*483*
　　1　在外正貨保有の安全性　*483*
　　2　戦争準備金としての在内正貨（金）の保有　*486*
　　3　国際政治と日本の外債募集　*487*
　補　論　東アジアをめぐる国際政治関係　*496*
　　1　日清戦争後から日露戦争直前にかけての国際政治関係　*496*
　　2　日露戦争期の国際政治関係　*498*
　　3　日露戦争後の国際政治関係　*499*

第6章　明治末・大正初期の正貨危機対策構想　*509*

　第1節　日露戦争終了時の高橋是清の正貨維持意見（1905年9月）
　　　　　　　　　　　　　　　　　　　　　　　　　　　　509
　第2節　日本銀行の「正貨維持ノ事ニ就キ上申」書（1906年4月）
　　　　　　　　　　　　　　　　　　　　　　　　　　　　510
　　1　上申書の策定　*510*
　　2　産業奨励を基調とする正貨維持方策　*511*
　第3節　正貨準備維持に関する閣議案（1907年）　*514*
　　1　日露戦争後の正貨政策と財政政策　*514*
　　2　正貨収支見込み　*515*
　　3　産業奨励を基調とする正貨維持方策　*517*

目 次

第4節 日本銀行の「再正貨維持上ノ事ニ付上申」書（1908年4月） *522*

    1 正貨危機と信用の失墜 *522*

    2 輸入抑制による応急的正貨維持方策 *523*

第5節 正貨事項会議における外債依存の積極的正貨維持方策 *526*

    1 正貨事項会議の開催（1911年5、8月） *526*

    2 第1号案（松尾日銀総裁の上申書）（1911年5月） *528*

    3 第2号案（高橋日銀総裁の意見書）（1911年7月） *530*

        （1） 正貨準備の現状および正貨収支見込み *530*

        （2） 第2号案における正貨維持構想 *531*

        （3） 財政信用の維持 *536*

    4 大蔵省の「正貨ニ関スル応急擁護策」（1911年8月） *537*

    5 第3号案（大蔵省と日本銀行との合意案）（1911年8月） *539*

    6 正貨事項会議決定とその取扱い *541*

第6節 「正貨準備維持ニ就キ積極、消極孰レノ主義ニ拠ラントスル哉ニ関シ政府ノ方針内示方上申」書（1912年） *542*

    1 上申案の起案 *542*

    2 正貨維持策・経済政策の選択肢と積極的正貨政策 *546*

第7節 大蔵省内作成『正貨吸収二十五策』（1913年） *552*

    1 『正貨吸収二十五策』の立案 *552*

    2 横浜正金銀行関係の正貨吸収策 *553*

    3 日本銀行関係の正貨吸収策 *555*

    4 政府関係の正貨吸収策 *558*

    5 『正貨吸収二十五策』の評価 *560*

        （1） 不徹底な消極的正貨政策 *560*

        （2） 在外正貨依存の貨幣制度の改革構想 *564*

        （3） 政府対外支払資金の確保 *568*

第8節 正貨吸収基本協定の締結（1914年7月） *571*

    1 正貨政策の対立と消極的正貨政策の確立 *571*

    2 正貨吸収基本協定の締結 *573*

    3 外国為替政策としての正貨吸収政策 *577*

第4編　第1次世界大戦期の正貨政策

第7章　第1次世界大戦期の正貨吸収政策　585

第1節　国際収支の大幅黒字下の正貨吸収政策　585

1　国際収支の黒字化と正貨の累積　585
　（1）　国際収支の黒字化——正貨累積の背景　585
　（2）　正貨の累積　587

2　第1次世界大戦期の国際金融市場の変化と正貨の動向　590
　（1）　第1次世界大戦当初の国際金融市場の混乱と日本銀行在外正貨の売却　590
　（2）　国際金融センターとしてのロンドンの地位の後退とアメリカの台頭　592
　（3）　第1次世界大戦による国際金本位制度の機能停止　595

3　第1次世界大戦期の正貨吸収政策の概観　598
　（1）　大戦当初の在外正貨流出抑制——特別為替の売止　598
　（2）　金吸収政策　598
　（3）　日本海軍によるロシア金塊の輸送に伴う金塊の吸収　601
　（4）　輸出為替買入奨励による正貨の吸収　606
　（5）　政府を中心とする在外資金買上げによる正貨の吸収　607

第2節　輸出為替買入の奨励　608

1　銀行の外国為替業務の展開　608

2　日本銀行による外国為替資金貸出の拡充　618
　（1）　正貨政策としての日本銀行外国為替資金貸出の積極化構想　618
　（2）　日本銀行の外国為替資金貸付業務の拡充　621
　（3）　日本銀行の台湾銀行に対する為替資金預け入　623
　（4）　日本銀行の外国為替資金貸出の資金源　628

第 3 節 政府を中心とする在外資金買上政策 *631*
    1 日本銀行の在外資金買上げ *631*
      （1）日本銀行の在外資金買上政策の内容 *631*
      （2）在外正貨の正貨準備への繰入れ *633*
      （3）日本銀行の在外資金買入制限と物価騰貴抑制 *635*
    2 政府の在外資金買上げ *639*
      （1）政府の在外資金買上政策の内容と政府所有在外正貨の増大 *639*
      （2）政府の在外資金買上げの資金源 *642*
      （3）為替相場調節策としての在外資金買上げ *648*
第 4 節 為替資金供給、在外資金買上政策の要約とその行詰り *650*
    1 外国為替銀行業務、日本銀行の外国為替資金貸付、政府を中心とする在外資金買上げの相互関係 *650*
    2 為替資金供給、在外資金買上政策の行詰り——正貨吸収政策の限界 *654*

第 8 章　第 1 次世界大戦期の正貨処理政策 *659*

はじめに *659*

第 1 節 外債償還政策——消極的正貨処理政策 *663*
    1 大隈内閣の外債償還政策 *663*
      （1）外債償還論の台頭 *663*
      （2）外債償還政策の採用——第 1 回内外債借換 *669*
      （3）外債償還の進展——第 2 回内外債借換と国債整理基金特別会計特例法の成立 *672*
    2 寺内内閣の外債償還政策 *676*
      （1）減債基金の5000万円への復元とその再削減 *676*
      （2）内外債借換による外債償還の中断 *678*
      （3）寺内内閣期の外債償還の限界 *678*

第2節　正貨蓄積政策——中間的正貨処理政策　*680*

　　1　大隈内閣の正貨蓄積政策　*680*

　　　（1）　小川郷太郎の正貨蓄積論　*680*

　　　（2）　大隈内閣の正貨蓄積政策の採用　*682*

　　2　寺内内閣の正貨蓄積政策の推進と金輸出の禁止　*684*

　　　（1）　正貨蓄積政策の推進　*684*

　　　（2）　金輸出の禁止　*686*

　　3　日本銀行券の金兌換義務の継続　*691*

　　4　国際決済の中心地の変化とイギリスの在外金準備　*692*

　　　（1）　ポンド・バランスの継続とドル・バランスの形成　*693*

　　　（2）　イギリスの正貨準備　*696*

　　5　日本の正貨保有形態　*703*

第3節　「正貨の産業資金化」政策——積極的正貨処理政策　*711*

　はじめに　*711*

　　1　大隈内閣の「正貨の産業資金化」案　*712*

　　　（1）　正貨の生産的利用論の展開　*712*

　　　（2）　大隈内閣の民間産業奨励の制約性　*716*

　　　（3）　「正貨の産業資金化」案の成立　*722*

　　2　寺内内閣の正貨流出なき産業奨励策　*727*

　　　（1）　産業奨励策とその目的　*727*

　　　（2）　輸入代金の支払い　*732*

　　　（3）　産業奨励資金の源泉とその対内支払い　*739*

　　3　「正貨の産業資金化」政策の展開　*742*

　　　（1）　公定歩合の引下げ　*742*

　　　（2）　日本銀行内国金融制度の改正　*753*

　小括　*763*

第4節　対外投資政策　*770*

　　1　正貨政策としての対外投資　*770*

　　2　連合国公債引受・買入政策　*775*

　　　（1）　概観　*775*

（2） 連合国公債への投資の諸形態　*793*
              （3） ロシア公債元利金の不払い　*798*
        3 正貨処理政策としての対中国借款政策　*799*
              （1） 概観　*799*
              （2） 借款を利用した金券発行問題　*801*
        4 対外投資の通貨膨張抑制効果の限界　*808*
  補　論　対中国投資の展開　*814*
        1 第1次世界大戦前　*814*
        2 大隈内閣期　*818*
        3 寺内内閣期　*820*

第5編　第1次世界大戦後の正貨政策

第9章　正貨吸収と正貨保有、国際信用と日銀券への信認の維持　*837*

  第1節　国際収支構造と国際収支改善策　*837*
        1 国際収支の赤字構造　*837*
              （1） 国際収支の赤字構造　*837*
              （2） 貿易構造　*842*
              （3） 輸入超過の要因　*850*
        2 国際収支改善策　*856*
              （1） 日銀為替資金を通じた正金銀行などによる輸出為替買入奨励　*856*
              （2） 外国為替・貿易金融制度の改革構想　*860*
              （3） 「国際貸借改善ノ方策」（1925年8月17日、大蔵省理財局国庫課）および「国際貸借改善ノ方策要綱」（1925年12月24日、大蔵省）　*860*
              （4） 「経済審議会」ならびに「国際貸借審議会」答申　*864*

第 2 節　外資導入と正貨吸収　*865*
　　1　外資導入と正貨政策　*865*
　　　（1）　第 1 次大戦後の外資導入の特徴　*865*
　　　（2）　外資導入の是非　*868*
　　　（3）　外債と正貨吸収　*872*
　　2　第 1 次世界大戦後の金吸収　*875*
　　　（1）　金貨・金地金買入、対日金現送　*875*
　　　（2）　日本銀行の金吸収資金融通とその終結　*880*
　　　（3）　米国金貨払下価格の変更とその効果　*882*
　　　（4）　日本銀行の産金吸収の中止とその再開　*884*
　　3　金吸収策としての意義を有しない金輸出禁止下の公定歩合操作　*886*
　　　（1）　物価騰貴抑制策としての公定歩合引上げ　*886*
　　　（2）　公定歩合の維持　*887*
　　　（3）　公定歩合の引下げ　*888*
第 3 節　諸外国の金・外貨準備保有と日本　*890*
　　1　諸外国の金保有　*890*
　　2　諸外国の外貨準備（金為替）保有　*897*
　　　（1）　外貨準備（金為替）制度の普及　*897*
　　　（2）　諸外国の外貨準備（金為替）の保有構造　*899*
　　　（3）　ドル・バランスの台頭　*902*
　　　（4）　ポンド・バランスの重要性の維持　*903*
　　　（5）　外貨準備（金為替）保有地としてのフランスとドイツの後退　*905*
　　　（6）　外貨準備（金為替）制度の衰退　*907*
　　　（7）　日本の公的外貨準備保有　*908*
　　　（8）　日本の外国為替銀行の英米における外貨資金保有　*910*
第 4 節　日本の正貨保有構造とその使途　*921*
　　1　第 1 次世界大戦前・大戦期の日本の正貨保有の概観　*921*
　　2　正貨統計の見直し　*922*
　　3　在内正貨（金）保有　*923*

　　　　（1）在内正貨の保有構造　*923*
　　　　（2）在内正貨保有の推移　*927*
　　4　在外正貨保有　*928*
　　　　（1）在外正貨の保有理由　*928*
　　　　（2）在外正貨の運用者　*929*
　　　　（3）日本銀行海外正貨、在外正貨　*931*
　　　　（4）政府所有海外正貨、在外正貨　*932*
　　　　（5）在外正貨外の海外有価証券保有　*935*
　　5　在外正貨の保有地、保有通貨　*938*
　　　　（1）ロンドン（ポンド）およびニューヨーク（ドル）での
　　　　　　在外正貨保有　*938*
　　　　（2）在外正貨、外貨準備の保有地、保有通貨を規定した要因　*943*
　　6　在外正貨の保有・運用原則　*945*
　　7　在外正貨保有額の推移　*950*
　　8　在外正貨の使途　*952*
　　　　（1）外債償還、外債利払い　*952*
　　　　（2）海軍省経費などの対外支払い　*953*
　　　　（3）日本政府の外債買入れ　*953*
　　　　（4）為替銀行への払下げ　*957*
　第5節　震災復興・借換併用外貨国債の発行と国際信用　*957*
　　はじめに　*957*
　　1　国際的政治環境、国際的協調　*959*
　　2　国内の政治と経済の安定性　*964*
　　　　（1）政治的安定度　*964*
　　　　（2）財政の健全性、経済力、経済的安定度　*965*
　　　　（3）支払いの精神、支払義務の忠実な履行　*972*
　　3　外債発行方針　*973*
　　4　外債発行交渉　*976*
　　　　（1）日本側の外債発行交渉関係者と国際的信頼　*976*
　　　　（2）発行地と発行額　*981*
　　　　（3）発行引受業者　*985*

　　　　（4）　発行条件　987
　　5　震災復興・借換併用外債募集金の使途　992
　第6節　金輸出禁止下の日本銀行券信認維持の継続　993
　　1　金兌換の約束による日本銀行券信認の維持　993
　　2　在外正貨の正貨準備繰入れとその廃止　996
　　　　（1）　諸外国の金為替準備の普及とその凋落　996
　　　　（2）　在外正貨の正貨準備繰入論争　997
　　　　（3）　在外正貨の正貨準備繰入制限・廃止　1000
　　　　（4）　在外正貨の正貨準備繰入復活論　1002
　　3　保証準備発行制限による日本銀行券信認の補完　1006
　　4　財政規律と日本銀行券信認の維持　1008
　　5　円の国際通貨としての未成熟　1009

第10章　金輸出禁止下の在外正貨払下政策とその転換　1011

　第1節　第1次世界大戦後の在外正貨払下げの概要　1011
　第2節　第1次世界大戦後の在外正貨払下げ開始　1015
　　1　在外正貨払下げによる為替相場維持策の開始をめぐる諸見解　1015
　　2　第1次世界大戦後の在外正貨払下げの開始　1021
　第3節　在外正貨払下げによる為替相場維持政策の事実上の開始　1030
　　1　1920年末〜1922年9月の大蔵省の為替相場維持の意向　1030
　　2　1921年10月〜1922年6月の在外正貨払下げと為替相場維持策　1036
　　3　為替相場維持政策の目的　1037
　　4　在外正貨払下げの制約　1039
　第4節　在外正貨の払下げによる為替相場維持政策の展開　1043
　　1　在外正貨払下緩和による為替相場維持・回復方針の明確化　1043

（1）　大蔵省の正貨払下緩和による相場維持・回復（安定化）声明
　　　　　　　　　　　　　　　　　　　　　　　　　　　　　　　　　　　1043
　　　（2）　在外正貨の払下げとその限界　　1045
　　2　復興材料輸入などに寄与する為替相場維持策としての在外正貨
　　　払下げ　1049
　　　（1）　関東大震災勃発後の生活必需品・復興材料輸入のための在外正貨
　　　　　　払下げ　1049
　　　（2）　在外正貨払下げの制限　　1051
　　3　絶対必要品輸入などに寄与する為替相場維持策としての在外正貨
　　　払下げ　1052
　　　（1）　1924年1～3月の絶対必要品輸入・国際信用維持のための在外正
　　　　　　貨払下げ　1052
　　　（2）　在外正貨払下制限　　1057
　　　（3）　在外正貨払下制限期の為替政策構想　　1057
　　4　本格的な為替相場維持策としての在外正貨払下政策の採用
　　　　　　　　　　　　　　　　　　　　　　　　　　　　　　　　　　　1060
　　　（1）　内外正貨を利用した為替維持方針の公表　　1060
　　　（2）　政府在外正貨払下げによる為替相場の維持と僅少な実際の払下額
　　　　　　　　　　　　　　　　　　　　　　　　　　　　　　　　　　　1064
　　5　在外正貨払下げによる為替相場維持政策の意義の希薄化　　1068
　　　（1）　1925年8月の金解禁準備のための為替相場回復構想　　1068
　　　（2）　1925年9月の在外正貨払下げによる為替相場維持構想　　1070
　　　（3）　為替相場の上昇による在外正貨払下げの不要化　　1072
　第5節　在外正貨払下政策から在外正貨補充政策への転換過程　　1073
　　1　国際貸借改善方策による為替相場回復構想　　1073
　　2　内地正貨の現送と在外正貨補充、為替相場調節策との関係
　　　　　　　　　　　　　　　　　　　　　　　　　　　　　　　　　　　1076
　　　（1）　政府在内正貨保有　　1076
　　　（2）　為替相場調節策としての内地正貨現送の可否についての検討
　　　　　　　　　　　　　　　　　　　　　　　　　　　　　　　　　　　1078

　　　　（３）　在内正貨現送の遅延　*1079*
　　　　（４）　第１期政府内地正貨現送の目的　*1080*
　　　　（５）　第１期政府内地正貨現送の実施　*1082*
　　　　（６）　第１期政府内地正貨現送の帰結　*1083*
　　３　金解禁実行準備施策　*1085*
　　　　（１）　「金輸出解禁ニ対スル準備事項要綱」の策定　*1085*
　　　　（２）　「金解禁実行ニ対スル準備的施設ニ付テ」の策定　*1086*
　　　　（３）　政府在内正貨現送の再開　*1088*
　　４　金融恐慌以後の在外正貨払下げ　*1092*
　　　　（１）　金融恐慌による国際信用度低下時の横浜正金銀行への在外正貨払下げ　*1092*
　　　　（２）　金融恐慌後の在外正貨払下げ　*1095*
　　５　在外正貨補充構想と外債募集金買入による在外正貨補充　*1098*
　　　　（１）　1926年以降の在外正貨補充構想　*1098*
　　　　（２）　金融恐慌後の在外正貨補充構想　*1099*
　　　　（３）　外債募集金買上げによる在外正貨補充　*1100*
　第６節　在外正貨補充政策の展開　*1101*
　　１　「正貨補充策」の策定　*1101*
　　２　「今後ノ正貨及為替対策ニ就テ」の策定　*1102*
　　３　金解禁準備の進捗――為替の統制買い　*1103*

第11章　金解禁政策　*1105*

　第１節　第１次世界大戦後当初の国際政治環境と金輸出禁止の継続　*1105*
　　１　第１次世界大戦終了当時の国際政治環境　*1105*
　　２　第１次世界大戦後当初の金輸出禁止の継続　*1107*
　第２節　金解禁論の台頭と大蔵省の対応　*1114*
　　１　物価調節と金解禁　*1114*
　　　　（１）　物価調節策としての金解禁実施論の台頭　*1114*
　　　　（２）　大蔵省の金解禁声明と金輸出禁止の継続　*1117*

目 次

  2 関東大震災後の為替相場低落期の金解禁問題 *1120*
   （1） 外国為替相場低落と金解禁論争の積極化 *1120*
   （2） 金解禁に対する大蔵省の対応 *1122*
  3 片岡蔵相の金解禁準備への着手とその挫折 *1123*
  4 金融恐慌後における金解禁の輿論化の進展とその制約要因 *1126*
   （1） 金解禁に関する経済的利害と金解禁の輿論化の進展 *1126*
   （2） 金解禁の輿論化の限界 *1129*
   （3） 日本銀行の通貨統制力回復問題 *1139*
   （4） 中国をめぐる国際情勢と金解禁の困難性 *1141*
第3節 国際的金本位制復帰とその日本への影響 *1149*
  1 金本位制復帰への一般的潮流 *1149*
   （1） 金本位制に対する一般的信認 *1149*
   （2） 国際会議における金本位制復帰への国際的合意 *1152*
   （3） 各国の金本位制復帰 *1156*
  2 国際的金本位復帰による日本の金解禁の促進 *1161*
   （1） 金本位制への信認 *1161*
   （2） 国際的孤立化の不安の回避 *1162*
   （3） 日本の国家的威信の確保と外債借換（国際信用の確保）への考慮 *1162*
  3 日本の金本位制復帰に関するモルガン商会の対応 *1167*
第4節 在外正貨の枯渇 *1175*
第5節 浜口内閣の金解禁方針と政策当局者の政策思想 *1178*
  1 浜口内閣の成立と金解禁方針の採用 *1178*
  2 浜口雄幸の金本位制復帰への信念 *1180*
  3 井上準之助の金本位制復帰への信念 *1182*
   （1） 井上準之助の経歴 *1182*
   （2） 井上準之助の信念 *1183*
  4 金解禁と産業合理化 *1188*

5　日本銀行の深井英五の金本位観　*1193*
　　　　（1）　深井英五の金本位観　*1193*
　　　　（2）　深井英五の金本位理論と輿論　*1195*
第6節　金解禁準備政策　*1196*
　　1　浜口内閣の金解禁準備施策　*1196*
　　　　（1）　財政緊縮、消費節約と国際信用度の回復　*1196*
　　　　（2）　在外正貨の補充と中央銀行による為替調節　*1201*
　　　　（3）　クレジット設定と国際信認　*1202*
　　　　（4）　モラル・サポートとモラル・スエィジョン　*1204*
　　　　（5）　政府決定への追随　*1210*
第7節　金解禁への世論操作と金解禁反対行動の取締り　*1211*
　　1　公私経済緊縮運動（金解禁世論操作）の開始　*1211*
　　　　（1）　公私経済緊縮運動の背景　*1211*
　　　　（2）　公私経済緊縮運動の検討　*1212*
　　　　（3）　公私経済緊縮運動の開始　*1213*
　　2　公私経済緊縮運動の内容　*1217*
　　　　（1）　中央における公私経済緊縮運動　*1217*
　　　　（2）　地方における公私経済緊縮活動　*1225*
　　　　（3）　金解禁実施決定後の公私経済緊縮活動　*1227*
　　3　公私経済緊縮運動の効果と限界　*1228*
　　　　（1）　公私経済緊縮運動の効果　*1228*
　　　　（2）　公私経済緊縮運動の限界、問題点　*1232*
　　4　金解禁反対行動の取締り　*1233*
　　5　金解禁準備期における浜口内閣の金解禁政策批判　*1235*
　　　　（1）　高橋是清の金解禁政策批判　*1235*
　　　　（2）　三土忠造の金解禁政策批判　*1237*
　　　　（3）　農林参与官の金解禁政策批判　*1238*

目　次

第6編　金輸出の解禁実施と再禁止

第12章　金解禁実施下の正貨政策
　　　　──再建金本位制の内実　*1243*

　第1節　金解禁維持政策　*1243*
　　1　金解禁継続支持興論の維持政策　*1243*
　　2　金解禁実施下での産業合理化　*1246*
　　　（1）　金解禁実施と産業合理化　*1246*
　　　（2）　商工省主導の産業合理化政策の展開　*1249*
　第2節　金解禁実施下の正貨吸収政策　*1252*
　　1　国際収支の悪化とその改善策　*1252*
　　　（1）　国際収支の悪化　*1252*
　　　（2）　国際収支改善策　*1254*
　　2　在外正貨の流出抑制・補充策としての外債発行とその限界　*1256*
　　　（1）　五分半利付外貨公債発行方針　*1256*
　　　（2）　五分半利付外貨公債発行交渉　*1261*
　　　（3）　外債発行の限界　*1262*
　　3　金吸収策（金政策）　*1263*
　　　（1）　金吸収の概要　*1263*
　　　（2）　内地産地金の吸収　*1264*
　　　（3）　朝鮮や台湾からの金の受入れ　*1265*
　　　（4）　中国からの金の受入れ　*1266*
　　　（5）　外国金貨の買入、小口金貨の受入れ　*1267*
　　4　正貨維持、金防衛策としての公定歩合操作　*1268*
　　　（1）　金解禁実施当初の正貨維持策としての公定歩合引上げの回避　*1268*
　　　（2）　公定歩合引下げの回避　*1272*
　　　（3）　不況対策としての公定歩合引下げとさらなる引下げの回避　*1272*
　　　（4）　正貨流出防衛策としての公定歩合引上げ　*1274*

第 3 節　金解禁実施の基本方針の策定、基本的枠組み　*1275*
  1　旧平価解禁、金現送費・金現送点、正金建値　*1275*
   （1）　旧平価解禁　*1275*
   （2）　金現送費・金輸出現送点　*1277*
   （3）　正金建値　*1278*
  2　内地正貨兌換と在外正貨売却の併用による金本位制維持方針　*1280*
  3　内外正貨の日本銀行への一元的集中方針とその限界　*1281*
   （1）　内外正貨の日本銀行への一元的集中方針　*1281*
   （2）　在外正貨の日本銀行への一元的集中の限界　*1282*

第 4 節　金兌換と在外正貨売却による金本位制の維持の重視（1930年 1 月〜1930年 7 月）――統制売り開始前　*1286*
  1　解禁実施当初の金兌換回避のための在外正貨売却　*1286*
  2　金兌換回避方針の変更（在外正貨売却の抑制）　*1289*
  3　金兌換の限界（金兌換請求の抑制）　*1294*
  4　金解禁開始から為替特別売却開始までの金流出と在外正貨売却の金額　*1297*
  5　英米市場におけるクレジットの使用問題と国際信認の確保　*1301*
  6　在外正貨売却に基づく正金銀行の為替特別売却と金本位制への信認確保の意図　*1302*

第 5 節　正金銀行の為替統制売り　*1305*
  1　為替統制売りの開始と展開（1930年 7 月31日〜1931年 9 月20日）　*1305*
   （1）　**円貨、金本位制の信認維持策としての為替統制売りの開始**　*1305*
   （2）　為替統制売りの実施　*1310*
  2　ドル買いの殺到と為替統制売りの中止（1931年 9 月21日〜1931年12月12日）　*1312*
   （1）　ドル買いの殺到　*1312*
   （2）　為替統制売りの中止　*1313*

第13章　金輸出再禁止と金兌換停止——日本の金本位制に対する「一般的信認」の事実上の崩壊　1315

第1節　恐慌の深刻化と金輸出再禁止輿論の形成　1315
  1　恐慌の深刻化　1315
  2　金輸出再禁止輿論の形成　1317
    （1）　金輸出再禁止論の台頭　1317
    （2）　金輸出再禁止論の輿論化　1319
第2節　満州事変の勃発　1322
  1　軍事費の膨張　1322
  2　戦争準備金としての金の確保　1323
  3　排日貨運動の激化　1324
  4　外債発行の困難化　1325
第3節　イギリスの金本位制離脱後の外貨・金の流出　1326
  1　イギリスの金本位制離脱　1326
    （1）　オーストリア、ドイツの通貨信認危機　1326
    （2）　通貨信認危機とイギリスの金本位制離脱　1329
  2　在英資金の凍結とドル買い　1332
    （1）　在英資金の凍結　1332
    （2）　在英資金の凍結に伴うドル買い　1333
  3　国際取引における円に対する社会的信認の低落　1336
  4　為替リスク回避のための輸入商の先物取引需要に対応したドル買い——輸入資金の手当　1338
  5　ドル買い思惑　1340
  6　ドル買い思惑を含む本邦外債への投資——資本逃避　1348
  7　ドル買いへの防戦と日本銀行金兌換準備率の大幅減少　1353
第4節　満州事変後の連立内閣構想と民政党内閣の崩壊　1356
  1　安達内相の連立内閣構想と民政党内閣の崩壊　1356
  2　犬養政友会内閣の成立　1359

第5節　金輸出の再禁止と金兌換の停止　*1361*
　　1　深井英五の金輸出再禁止と金兌換停止の進言　*1361*
　　2　高橋是清による金輸出再禁止、金兌換停止の論拠　*1364*
　　3　民政党の管理通貨制への信認　*1367*
　　4　金輸出再禁止後の統制売り事後処理策　*1368*
第6節　金輸出再禁止・金兌換停止後の金・外貨政策　*1370*
　　1　国際金本位制の崩壊　*1370*
　　　（1）　イギリスの為替管理とスターリング・ブロックの形成、およびドイツの為替管理　*1370*
　　　（2）　金の重要性の存続と金本位制維持のための国際協調　*1372*
　　　（3）　アメリカの金本位制離脱、金管理政策　*1373*
　　　（4）　金本位制継続国の存在　*1377*
　　　（5）　ロンドン国際経済会議と金本位再建のための国際協調の崩壊　*1378*
　　　（6）　三国通貨協定成立以後の国際金本位制の崩壊　*1378*
　　2　金管理政策の展開と通貨管理・為替管理の進展　*1379*
　　　（1）　金管理政策の展開　*1379*
　　　（2）　管理通貨制度の完成　*1385*
　　　（3）　外国為替管理　*1386*

第7編　人物からみた戦前日本の国際金融

第14章　海外駐箚財務官制度成立以前の在外国際金融担当者　*1391*

第1節　日露戦争以前──海外派遣大蔵官僚とロンドン駐在外交官僚・正金銀行ロンドン支店支配人　*1391*
　　1　第1回外国公債（九分利付外国公債）の発行と上野景範特例弁務使の派遣　*1391*

目　次

　　2　第2回外国公債（七分利付外国公債）の発行と吉田清成理事官
　　　　（発行交渉委員）の派遣　*1395*
　　3　オリエンタル銀行破綻後の園田孝吉領事による政府外貨資金の
　　　　取扱い　*1399*
　　4　日清戦争賠償金の受取りと公使・正金銀行ロンドン支店支配人の
　　　　活動、償金取寄せのための日銀局長・正金頭取・大蔵書記官のロ
　　　　ンドン派遣　*1402*
　　　　（1）　加藤高明特命全権公使の賠償金受取り　*1402*
　　　　（2）　中井芳楠正金銀行ロンドン支店支配人の賠償金の取扱い　*1404*
　　　　（3）　山本日銀局長、園田正金頭取、早川大蔵書記官のロンドン派遣
　　　　　　　　1406
　　5　第3回外国公債（第一回四分利付英貨公債）の発行と在英代理公使
　　　　監督下の早川大蔵書記官、中井正金ロンドン支店支配人の活動
　　　　　　1407
　　　　（1）　内国債の対外売却と加藤高明駐英公使の役割　*1407*
　　　　（2）　高橋是清横浜正金銀行副頭取の海外市場調査　*1409*
　　　　（3）　第3回外国公債（四分利付英貨公債）の発行と加藤高明・松井慶
　　　　　　　四郎駐英公使の役割　*1411*
　　　　（4）　早川千吉郎大蔵書記官兼参事官の派遣　*1414*
　　　　（5）　中井芳楠正金銀行ロンドン支店支配人の外国銀行との交渉
　　　　　　　　1418
　　6　帝国五分利公債の海外売却　*1421*
第2節　帝国特派財政委員の派遣　*1423*
　　1　高橋帝国特派財政委員の海外派遣と日露戦争期の外債発行交渉
　　　　　　1423
　　2　高橋帝国特派財政委員の日露戦争後の外債発行交渉　*1432*
　　3　帝国特派財政委員と財政の国際信用維持活動　*1436*
　　　　（1）　日露戦争後の財政代理人（帝国特派財政委員）の役割　*1436*
　　　　（2）　若槻礼次郎帝国特派財政委員による財政の国際信用維持活動
　　　　　　　　1438
　　4　大蔵省高等官の海外派遣　*1439*

xlv

第15章　戦前日本の国際金融官僚
——海外駐箚財務官を中心として　*1441*

第1節　海外駐箚財務官制度の成立　*1441*
　　1　高橋是清の海外常駐財務官派遣建議　*1441*
　　2　海外駐箚財務官制度の成立　*1445*
　　3　森賢吾の財務官任命と活動　*1446*
　　　（1）　森賢吾の財務官任命　*1446*
　　　（2）　森賢吾の人物像——国際的信頼を得るための主体的条件　*1448*
　　　（3）　森賢吾の財務官活動　*1450*
第2節　海外駐箚財務官制度展開期の財務官とその協力者　*1451*
　　1　財務官制度の拡充と整理　*1451*
　　　（1）　第1次世界大戦期の財務官の拡充　*1451*
　　　（2）　第1次大戦後の財務官の整理　*1453*
　　2　森賢吾財務官の活動　*1454*
　　　（1）　第1次大戦期の英仏債券の引受など　*1454*
　　　（2）　第1次大戦以後の外資導入政策　*1455*
　　　（3）　森財務官の外債発行への関与——国際的信頼に裏づけられた国際金融官僚としての活動とその限界　*1457*
　　　（4）　財政・金融・経済問題に関する国際会議への参加——国際経済官僚としての活動　*1462*
　　3　財務官の震災復興・借換併用外債募集活動の協力者　*1467*
　　　（1）　震災復興・借換併用外債募集活動協力者の概要　*1467*
　　　（2）　イギリスにおける外債募集協力者　*1468*
　　　（3）　アメリカにおける外債募集協力者　*1476*
　　4　津島寿一の財務官就任　*1483*
　　5　津島寿一財務官の活動　*1487*
　　　（1）　国際金融官僚としての活動とその限界　*1487*
　　　（2）　国際経済官僚としての活動　*1493*

第3節　海外駐箚財務官制度後退期の財務官　*1494*
  1　金輸出再禁止　*1494*
  2　財政金融・経済国際会議への参加　*1495*
  3　津島退任後の人事と政策　*1496*
  　（1）　津島退任後の海外駐箚財務官人事　*1496*
  　（2）　津島退任後の海外駐箚財務官の活動　*1498*

終　章　各章の要約　*1503*

  1　序章　日本の正貨政策史に関する研究史　*1503*
  2　第1編　金本位制確立前の正貨政策　*1504*
  3　第2編　金本位制確立期の正貨政策　*1507*
  4　第3編　日露戦争以後の金本位制維持政策　*1510*
  5　第4編　第1次世界大戦期の正貨政策　*1515*
  6　第5編　第1次世界大戦後の正貨政策　*1519*
  7　第6編　金輸出の解禁実施と再禁止　*1529*
  8　第7編　人物からみた戦前日本の国際金融　*1536*

あとがき　*1541*
主要参考文献一覧　*1547*
索引　*1573*

図表一覧

第1章
図1－1　兌換銀行券の発行高と正貨準備（1885～1904年）　*80*
表1－1　金貨および銀貨に対する紙幣相場（1872～1884年）　*62*
表1－2　金貨および銀貨1円に対する紙幣毎月平均相場表（1882～1885年）　*70*
表1－3　兌換銀行券発行状況（1885～1886年）　*72*
表1－4　正貨準備の推移と構成（1885～1897年）　*74*
表1－5　準備金の正貨収支内訳表（1881年10月～1885年12月合計）　*82*
表1－6　政府海外預け金収支（1877～1890年合計）　*86*

第2章
表2－1　日清戦争の領収賠償金換算高（1895～1902年度）　*131*
表2－2　賠償金の受取地と保管形態（1895～1898年）　*131*
表2－3　償金特別会計部のロンドンにおける受払高（1895年10月～1903年3月）　*145*
表2－4　償金特別会計金回収高表（1896～1906年）　*145*
表2－5　賠償金等の回収と正金銀行の輸入為替取扱高　*149*
表2－6　日本銀行正貨準備高（1896～1908年）　*156*
表2－7　償金特別会計収支計算表（1895年10月～1903年3月）　*158*
表2－8　日本へ回送した償金の金地金受払計算表（清算済みの分）　*162*
表2－9　償金特別会計運用収益の内訳（1895年10月～1903年3月）　*168*

第3章
図3－1　金銀比価変動　*201*
図3－2　日本の長期物価変動　*231*

第4章
表4－1　金貨輸出入表　*257*
表4－2　金本位制下の日本銀行の正貨準備　*262*
表4－3　兌換銀行券発行高と発行準備　*263*
表4－4　兌換銀行券と金貨との交換高（年間）　*264*
表4－5　日本の金輸出入額（相手国別、1897～1913年）　*267*
表4－6　金本位制下の日本銀行の保証準備　*269*
表4－7　日清戦後経営期の在外政府資金収支表　*275*

表4－8　第1次世界大戦前の外資導入　*279*
表4－9　内地、朝鮮、台湾産金高（1897～1930年）　*285*
表4－10　推算金消費高表（1912～1930年）　*289*
表4－11　日本銀行の金銀地金購入資金融通（1899年8月～1909年末）　*307*
表4－12　金吸収の実績　*310*
表4－13　日本銀行正貨準備内訳　*311*

第5章

図5－1　第2次世界大戦前における日本の貿易収支不均衡（1878～1944年）　*336*
図5－2　第2次世界大戦前における日本の経常収支不均衡（1878～1944年）　*337*
図5－3　ロンドン市場における国債価格とイギリス市場割引利率（1902～1926年）　*369*
図5－4　日本のコンドン宛一覧払い売為替相場　*447*
表5－1　第2次世界大戦前における日本の国際収支（1868～1941年）　*335*
表5－2　外国公債引受地別一覧（実収額邦貨換算、1904～1913年）　*346*
表5－3　第1次世界大戦前の日本外貨国債発行条件　*348*
表5－4　日露戦争後の正貨在高（1903～1912年）　*391*
表5－5　イングランド銀行における日本銀行預金　*408*
表5－6　日本銀行在外正貨の運用利益金（1906～1912年）　*414*
表5－7　政府正貨収支表　*418*
表5－8　各省経費外国払高（1903～1906年）　*421*
表5－9　臨時軍事費外国払高（1903～1907年）　*421*
表5－10　外国債券募集金による振替為替取組額表（1905～1907年合計）　*422*
表5－11　日本銀行の在外正貨払出額（1906～1912年合計）　*423*
表5－12　外国債券募集金による金銀塊購入額表（1904～1907年合計）　*423*
表5－13　日本銀行正貨収支表　*436*
表5－14　日英同盟関係年表一覧図（1894～1924年）　*506*

第6章

図6－1　公定歩合と市中割引歩合の推移（1904～1917年）　*551*
表6－1　1903年から1912年までの正貨支払い（公社債関係起債・償還額を除く）　*527*
表6－2　内外正貨内訳表（1913年12月31日）　*581*

第7章

図7－1　第1次世界大戦前後の国際収支（1913～1923年）　*587*
表7－1　正貨現在高（1906～1930年）　*588*
表7－2　内外正貨内訳表（1917年4月末）　*589*
表7－3　所在地別・所有別在外正貨所有高（1915年、1917年）　*595*

表7－4	第1次世界大戦期の主要国の金本位制離脱状況	597
表7－5	第1次世界大戦期の国内銀行金利表（1914〜1918年）	610
表7－6	長野県下における主要銀行の製糸資金貸出残高（1914年、1918年）	612
表7－7	第十九銀行借入先別製糸手形再割引高および製糸資金借入高表（1914〜1918年）	612
表7－8	第1次世界大戦前後の銀行の外国為替取扱高（1913年、1918年）	614
表7－9	特殊銀行コール・マネー残高表（1914〜1918年）	616
表7－10	正金銀行、台湾銀行、朝鮮銀行コール残高調表（1918年末）	617
表7－11	日本銀行の対横浜正金銀行外国為替貸付残高表（1914年、1918年末）	622
表7－12	外国為替手形代用品引当貸付金（1918年）	623
表7－13	日本銀行外国為替貸出金（1914〜1918年）	627
表7－14	日本銀行営業資金一覧表（1914年、1918年）	628
表7－15	日本銀行貸出金一覧表（1914年、1918年末）	629
表7－16	政府当座預金残高と保証準備発行残高（1914〜1918年）	631
表7－17	政府正貨買入高（1914〜1918年）	642
表7－18	日本正貨所有一覧表（1908〜1919年）	643
表7－19	日本正貨所有者別・所有地別内訳表（1914〜1918年）	643
表7－20	国庫資金各部残高対照表（1914年、1918年）	644
表7－21	歳計剰余金ならびに歳入歳出決算額（1914年、1918年）	645
表7－22	会計別正貨買入高（1914〜1919年）	645
表7－23	各会計別政府在外正貨保有高（1918年度末）	645
表7－24	預金部勘定（1914年度、1918年度）	646
表7－25	臨時国庫証券発行条件	647
表7－26	臨時国庫証券所有者	648
表7－27	横浜正金銀行勘定（1914〜1918年）	651
表7－28	台湾銀行勘定（1914年、1918年）	652
表7－29	1914年7月を100とした日・英物価指数（1914〜1918年）	656
表7－30	対米・大英為替相場（1914〜1918年）	656

第8章

図8－1	商業手形割引歩合の最高最低（1914〜1918年）	723
図8－2	商業手形割引歩合（1914〜1918年）	723
図8－3	公定歩合、預金金利、国債利回り（1914〜1918年）	745
表8－1	第1次世界大戦期における受取超過勘定の処理（1914〜1919年）	662
表8－2	国債未償還額（1914年度）	669
表8－3	外債等償還額表（1914年8月〜1918年4月）	672
表8－4	外債等償還額内訳（1914年8月〜1918年4月）	673
表8－5	外国国債償還額（1915〜1918年）	679

目　次

表8－6　国債未償還額累年比較表（1914～1918年）　679
表8－7　正貨在高（1913～1918年）　703
表8－8　内外正貨内訳表（1916年10月末）　704
表8－9　第1次世界大戦期の金貨・金地金輸出入　705
表8－10　第1次世界大戦期の金貨・金地金移出高表　705
表8－11　内外正貨内訳表（1918年12月31日）　707
表8－12　政府預金在高表（1916年10月）　708
表8－13　日銀所有在外正貨償却高とその運用利益収入額との比較（1916年、1918年）　709
表8－14　政府在外正貨価格引直調（1914年、1917年、1918年）　710
表8－15　正貨処分計画の内訳（1917年）　732
表8－16　輸出高と正金銀行為替取扱高（1915～1917年）　733
表8－17　輸入高と正金銀行為替取扱高（1915～1917年）　734
表8－18　三井物産の為替取組高　735
表8－19　三井物産の金融期末明細表　735
表8－20　三井物産の金融期末明細表における外国為替手形支払承諾高および割合　736
表8－21　正貨払出表（1916～1917年合計）　737
表8－22　金貨兌換高、金貨および金地金輸出高（1914～1918年）　737
表8－23　金貨および金地金の輸出入価格国別表（1914～1918年）　738
表8－24　各国金貨流通高（1913年末）　739
表8－25　貨幣総流通高表（1914～1918年）　741
表8－26　全国銀行当座預金（1914年、1916年、1918年）　741
表8－27　第十九銀行の各年別借入金再割引手形コール・マネー最高額一覧表　746
表8－28　全国普通銀行のオーバーローンの状況（1914～1918年）　748
表8－29　都市銀行の借入金（1916～1918年）　749
表8－30　普通銀行の借入金（種類別、1916～1918年）　750
表8－31　普通銀行の借入金（地域別、1916～1918年）　751
表8－32　日本銀行の内国貸出金（1914～1918年）　755
表8－33　日本銀行保証品付割引手形（1915～1918年）　756
表8－34　主要企業の資金調達（1915～1918年）　764
表8－35　主要企業の資金調達構成比率（1915～1918年）　766
表8－36　電力、紡績、鉄道の借入金、社債表　767
表8－37　日本銀行貸出金内訳（1914～1918年）　768
表8－38　日本銀行貸出比率（1914～1918年）　768
表8－39　正貨対外処分の実績と予定（1917～1918年）　775
表8－40　第1次世界大戦期における英仏露の戦費財源調達額　778
表8－41　第1次世界大戦期における英国債の発行条件比較表　788
表8－42　連合国政府債券引受額一覧表　794

li

表8－43	外国公債など買入投資額	*795*
表8－44	政府および日本銀行所有在外正貨の運用投資額表（1917年、1918年）	*797*
表8－45	所有者別在外正貨の連合国公債への運用投資残高（1918年6月末）	*797*
表8－46	対外放資の形態・効果・実績	*809*
表8－47	対中国借款の内訳（1917〜1918年）	*830*

第9章

図9－1	貿易収支でみた多角決済関係	*844*
図9－2	1910年の世界の決済型	*845*
図9－3	日銀・政府在外金融資産残高（1922〜1929年）	*934*
図9－4	外貨準備保有の通貨別構成	*942*
表9－1	第1次世界大戦後の国際収支表（1918〜1930年）	*838*
表9－2	貿易外収支表（1923〜1925年）	*840*
表9－3	日本の市場別貿易収支差額（1925年）	*846*
表9－4	在外正貨買入高表（1920年〜1929年6月）	*873*
表9－5	正貨保有額の推移（1919〜1929年）	*924*
表9－6	正貨・在外金融資産残高表（1921〜1929年）	*936*
表9－7	海外正貨（所在地別）	*941*
表9－8	政府預金、小額紙幣引換準備寄託金および有価証券（1922年10月末）	*946*
表9－9	ニューヨーク市場における内外公債の利回り	*991*

第10章

図10－1	日本の対米為替相場（1919〜1923年）	*1033*
表10－1	在外正貨売却高表（売却者、通貨別）	*1012*
表10－2	政府による正貨買入高（1919年）	*1022*
表10－3	日本の正貨所有一覧表（1918〜1923年）	*1022*
表10－4	正貨売却高表（1920〜1923年）	*1028*

第11章

図11－1	日米英3カ国の物価と円為替相場	*1115*
図11－2	日本の対米為替相場の推移（1923〜1926年）	*1120*

第12章

図12－1	日米英の公定歩合の推移	*1271*
図12－2	金解禁後における対米ドル市中相場の推移（1930年1月〜10月）	*1279*
表12－1	内外正貨（1923〜1937年）	*1285*
表12－2	1930年中の大口兌換状況	*1299*

表12－3　政府・日本銀行の為替（在外正貨）売却高（1930年）　　*1300*
表12－4　為替統制売りの月別推移　　*1311*

第13章
表13－1　1913年9月21日以後の統制売りの売却先明細　　*1345*
表13－2　金解禁中の金流出入　　*1354*

序章　日本の正貨政策に関する研究史

第1節　正貨政策に関する鳥瞰的研究

　まず、日本の正貨政策についてどこまで解明されているかを知るために、戦前日本における金および金に関係する外貨（外貨準備）の政策、すなわち正貨政策に関する研究について本章で概観しておきたい。

　日本の通貨制度と為替政策については信用理論研究会［1981］に掲載された田中生夫・伊牟田敏充・齊藤壽彦・靏見誠良らによる研究史を概観した論文があり、それらは正貨政策に関する記述を含むが、その紙数はきわめて限定されている。石井寛治編［2001］は日本銀行金融研究所が1993年7月に作成した『日本銀行制度・政策論史』を改題のうえ公刊したものであって、日本銀行金融政策史研究を概観したものであるが、正貨政策に関する研究史を詳しく紹介・検討している。本章は同書所載の齊藤壽彦［2001］を基に記述する。また本章の執筆に当たっては、『史学雑誌』掲載の研究史サーベイなども参照しつつ、とくに国際金融関係を中心として正貨政策研究を渉猟（サーベイ）する。

　最初に、正貨政策に関する通史的、鳥瞰的研究を取り上げよう。田中生夫［1989］では戦前日本の通貨史が正貨政策と関連づけて略説されている。なお同書は日本銀行関係者の深井英五や木村清四郎の考察も行っているが、これらは金解禁に関係している。鯖田豊之［1999］は金・外貨準備そのものに焦点を合わせた通史的業績である。同書は外貨準備保有高の純金への重量換算を行っている。吉野俊彦［1955］や鈴木武雄［1963］という円の通史を簡明に述べたものもある。また、日本銀行調査局編（土屋喬雄・山口和雄監修）『図録日本の貨幣』［1973、1974、1975a、1975b］は日本の貨幣の歴史をかなり詳細に通観し

ている。これらは正貨政策にも関係する記述を包含している。森七郎［1960、1986］は第1次世界大戦以後の日本の通貨制度の考察の中で正貨政策について論じている。

　大蔵省は金属貨幣政策や対外金融政策の意思決定において決定的役割を果たし、これを通じて正貨政策の担い手となった。この大蔵省が編纂した『明治大正財政史』は第1巻、14巻、第17巻などにおいて、明治・大正期の正貨政策について記述している。同財政史の編纂事業に加わった吉川秀造は、吉川秀造［1953a、1953b、1954、1958、1969］で、明治時代から大正時代にかけての日本の正貨政策そのものを研究対象として考察している。同省が編纂した『昭和財政史』にも金解禁・金輸出再禁止など正貨政策に関する考察が含まれている。肥後和夫［1960a］は、明治期から昭和初期までの日本の正貨政策と財政を考察し、明治前期から昭和初年まで、円の対外価値を安定させるために、国庫金が為替平衡基金としていかに重要な役割を果たしたかを歴史的に実証している。

　大蔵省とともに、日本銀行が正貨政策の担い手であった。同行は発券準備として正貨を保有し、その維持に努めた。同行の研究も正貨政策に関係している。同行の研究史については加藤俊彦編［1983a］所載の石井寛治や靎見誠良のサーベイ論文もあるが、石井寛治編［2001］は明治初期から高度成長直前までの時期にわたる詳細な日本銀行制度政策論史であり、その中の齊藤壽彦の国際金融研究史サーベイだけでなく佐藤政則や伊藤正直の金融政策に関する研究史サーベイもまた正貨政策に大いに関係している。吉野俊彦［1975、1976、1977、1978、1979］は日本銀行を通史的に考察している。

　日本銀行は、同行の百年にわたる金融政策の歴史を考察する一環として、第2次大戦以前の時期の金融政策を、同行保有資料などを用いつつ、包括的に考察しており（日本銀行百年史編纂委員会編『日本銀行百年史』［1982、1983a、1983b、1984］）、その中で正貨政策について詳しく論述している。皆藤実［1963a、1963b、1966a、1966b、1967a、1967b］は第2次大戦前の公定歩合の変遷を整理しているが、この中で在外正貨の正貨準備繰入れによって正貨準備が公定歩合の変化とは無関係に推移したことが言及されている。田中生夫［1980］は日本銀行の政策的担い手に焦点を当てて金融政策を考察したが、この中で正貨政策に言及している。

横浜正金銀行が外国為替業務や外債業務に従事することを通じて正貨政策の実務を担当した。同行は自行の40年史ともいうべき『横濱正金銀行史』を1920年にまとめている。また、同行の関係者によって設立された東京銀行の編纂による『横濱正金銀行全史』全6巻［1980、1981a、1981b、1982、1983、1984］が発行されており、この中には正貨に関係する記述が含まれている。ただし、横浜正金銀行については別稿で詳しく論ずることとしており、その研究史の検討もそれに譲りたい。

伊藤正直［1980、1982、1986、1987a、1987b、1989］は、一次資料に基づき、日本の対外金融政策や日本銀行の政策を考察する中で正貨政策についても詳しく論じているが、これについては各期の考察の中で改めて論じたい。

小島仁［1981］は日本の金本位制について対外関係を中心として考察している。松岡孝児［1936］は日本の金本位制を金為替本位制ととらえている。齊藤壽彦には在外正貨研究をはじめとする正貨政策に関する一連の研究があるが、これらについては後述する。

岡田俊平［1958］は書名に正貨政策という言葉を含んでいるが、考察は明治前期に限定されている。

バイスウェイ［2005］は金本位制の確立を外国資本の導入を促進したものとして高く評価した。

第2節　金本位制確立前の正貨政策に関する研究

1　明治前期の幣制改革と国際金融

次に正貨政策史を時期区分して、各期の正貨政策に関する研究史を考察する。最初に、金本位制が確立する前の時期の正貨政策に関係する研究について述べる。金本位制確立前に獲得した日清戦争賠償金については次節で述べることとする。まず、明治前期の幣制改革について一瞥する。

幕末の紊乱した貨幣制度を引き継いだ明治維新政府は、幣制改革の必要に迫られた。同政府は1870（明治3）年に銀本位制の導入を立案したが、伊藤博文の主張を入れて1871年に新貨幣条例を発布して法制上の金貨本位制を採用した。しかし、これは開港場での貿易銀の使用を認めた不徹底な金本位制であった。

1878年には貿易銀が国内無制限通用の法貨となり、日本の幣制は金銀複本位制に移行したが、不換政府紙幣と不換国立銀行券の大量発行により本位制自体が形骸化した。1882（明治15）年には正貨政策の担い手として重要な役割を果たす日本銀行が設立された。同行は1885年に銀貨兌換の銀行券の発行を開始した。一方、金貨は金銀比価の関係から流通しなくなっており、日本の貨幣制度は事実上の銀本位制に移行した。幕末から明治前期への貨幣制度の移行については山本有造［1994］の研究がある。

　銀本位制への移行の背景には、明治前期の東洋諸国の貿易にメキシコ銀（メキシコ・ドル）という洋銀が一般に使用されていたという事情がある。また洋銀と兌換される洋銀券が外国銀行などによって発行され、これが1885（明治18）年まで開港場で流通していた。この洋銀については山口茂［1952］、洞富雄［1954、1977］、上坂酉三［1954］、岡田俊平［1958］、小野一一郎［1958、1959a、1959b、1962a、1962b、2000］、三上隆三［1975］、吉川光治［1991］らの研究があり、とくに小野一一郎や洞富雄の研究が詳しい。また立脇和夫［1987a、1992］は外国銀行の観点から洋銀券を考察している。

　生産や軍事のための資材などを海外から輸入しなければならなかった日本においては、国際金融の果たす役割はきわめて大きかった。第１次大戦前、ことに日清戦争以降、経常収支が赤字を続けた。このような状況下では、対外決済手段としての外貨または正貨を獲得することが通貨当局にとって重要課題とならざるを得なかった。その方法としては外債の発行や輸出の奨励があった。

　外債の発行はすでに明治初期から行われており、1870年には九分利付、1873年には七分利付という高利の担保付外貨公債が発行された。しかしその後、先進国への従属を恐れた政府は外資排除の方針を採用したため、新規外債発行の再開は1899（明治32）年まで待たなければならなかった。もちろん、この間に外債発行計画がまったくなかったわけではなく、たとえば1880年に参議大隈重信が不換紙幣整理のために5000万円の外債発行を建議しているが、これも外資排除政策に押されて実現をみるには至らなかった。

　本としてまとめられた外債関係の基本資料としては、何といっても大蔵省内の明治財政史編纂会編の『明治財政史』第8巻［1904b］、大蔵省編『明治大正財政史』第12巻［1937a］、大内兵衛・土屋喬雄編『明治前期財政経済史料集

成』第10巻所載の外債資料を挙げなければならない。そのほかにも戦前日本の外債については、すでにかなりの研究蓄積がある。最も早く包括的で詳細な外資導入研究を行ったものとして、堀江保蔵［1950］の研究が依然として基本文献としての地位を保っている。千田稔［1999］は著者名を「せんだみのる」と表記して、明治・大正・昭和の外債・外資に関する政府の政策・民間の意見を膨大な資料を駆使して詳細に考察している[1]。サイモン・ジェイムス・バイスウェイ［2005］は、外国資本の導入が日本の帝国主義と日本の近代化の両面において、金融的な側面から非常に大きな意味を有することを解明した。

とくに第一回、第二回外貨公債に関しては田中時彦［1963］、藤村通［1973、1977］、千田稔［1984］、立脇和夫［1987a］らの研究がある。外資導入に関しては外国商人の研究も行われているが、本章では割愛する。

さて、日本の貨幣制度のとくに大きな特徴として在外正貨の利用を挙げることができる。在外正貨の定義については、深井英五の「国際経済上ヨリ看タル在外正貨」［1916］を参照されたい。在外正貨の起源となったのは「準備金」中の政府海外預け金（「海外預ケ金」）である。明治初期から政府は「準備金」を運用して、金銀地金の購入、海外荷為替の取扱い、米穀および昆布の直輸出による正貨蓄積を行い、海外で預け金を保有した。『明治大正財政史』の編纂に加わった吉川秀造［1969］が、この正貨政策、在外正貨政策について先駆的で包括的な研究を行っている。とくに準備金については肥後和夫［1960b］、高橋誠［1964］らが立ち入って考察している。Hisahiko Saito［1988a］はこの在外預け金を日本の在外正貨の起源であると述べている。

幕末から明治初期にかけては日本の外国為替・貿易金融は外国銀行によって

---

[1]　外資導入一般の包括的研究としては、このほかに柴田固弘「外資輸入と海外投資」松井清編［1961］、Kanji Ishii, "Japan" in eds. by Rondo Cameron, V. I. Bovykin, *International Banking 1870-1914*, Oxford, 1991がある。

　明治期の財政・金融政策の全体像をとらえようとした神山恒雄「経済政策の『基調』と外資導入――明治期の財政・金融政策をめぐって――」（伊藤隆編『日本近代史の再構築』山川出版社、1993年）の中でも外債が論じられている。また外国商人に関しては海野福寿『明治の貿易――居留地貿易と商権回復――』（塙書房、1967年）、村上はつ「外資と民族資本――居留地貿易を中心として――」（宮本又次・中川敬一郎監修、由井常彦編『日本経済史講座』第2巻、日本経済新聞社、1976年）、石井寛治「幕末開港と外国資本」（石井寛治・関口尚志編『世界市場と幕末開港』東京大学出版会、1982年）、石井寛治『近代日本とイギリス資本――ジャーディン＝マセソン商会を中心に――』（東京大学出版会、1984年）、などの研究がある。

取り扱われていた。この外国銀行の対日進出については佐上武弘［1974］、石井寛治［1979、1999］、立脇和夫［1987a］の研究があり、また外国銀行の対日業務については洞富雄［1977］、石井寛治［1983a、1999］、立脇和夫［1987a、1987b、1994a、1994b、1996］、Frank H. H. King［1987、1988］、Kazuo Tatewaki［1992］、Sir Fred Waner［1991］の研究がある。もっとも、在日外銀の外国為替・貿易金融は日本の正貨政策の一環を構成しているわけではない[2]。

　1880年には横浜正金銀行が設立された。同行は政府の「準備金」の預入れを受けて、この資金を輸出商に貸し出し、海外で取り立てた外貨を政府に納入した。同行は正貨政策と関係がきわめて深く、正貨政策を研究するうえで正金銀行の研究が欠かせない。横浜正金銀行に関する最も基礎的でまとまった資料は、前述の『横濱正金銀行史』や同行の創立から清算までを取り扱った『横濱正金銀行全史』である。また『明治財政史』第13巻［1905b］や『明治大正財政史』第15巻［1937c］にも同行に関する豊富な資料が掲載されている。さらに同行の通史は土方晉［1980］によってまとめられている。同行に関する調査・研究の文献サーベイが加藤俊彦［1983b、1988］や齊藤壽彦［1981a、1983］によって行われている。そこで取り上げられたもの以外にも、山口和雄・加藤俊彦編［1988］に掲載されたもの[3]、明治期の正金銀行の外国為替・貿易金融業務を取り扱った石井寛治［1999］、同行の製糸金融を考察した中林真幸［1997］、ポンド体制下の横浜正金銀行ロンドン支店の活動を考察した横内正雄［1984、1986］、アメリカ国立公文書館所蔵の正金銀行資料を用いた上山和雄［1992］、利付為替手形の取扱いを検討して正金銀行の資金循環構造を再構築した朴竣健［1992］、カリフォルニアの正金銀行の活動を考察した高嶋雅明［1993］、洋銀問題との関連で正金銀行の成立について論じた安倍惇［1996］、正金銀行が活動した全時期を素描した菊池道男［1984、1987、1988、1989、1990、1991、1992a、1992b、1993］などの横浜正金銀行研究がある。

　2）　東アジア国際銀行史については西村閑也「東アジア国際銀行業史」（金融学会『金融経済研究』第5号、1993年7月）が研究史を俯瞰している。
　3）　加藤俊彦［1988］、山崎広明［1988a、1988b］のほか、山口和雄「横浜正金銀行と貿易商社」、石井寛治「横浜本店・神戸支店の生糸金融」、高村直助「シドニー支店の羊毛貿易金融」、小風秀雅「『満州』諸支店の経営動向」、加藤俊彦「金融恐慌と横浜正金銀行」がある。

2　外国為替手形低利再割引契約の締結

　横浜正金銀行の外国為替手形割引とこのための低利資金供給策としての日本銀行のその再割引が、重要な正貨吸収制度として構想された。

　日本銀行の創設に際しては同行に外国為替業務を取り扱わせることが松方正義によって構想されており、事実、日本銀行条例では同行は外国為替手形の割引ができることになっていた。このことは吉野俊彦［1962、1974］によって明らかにされている。1885（明治18）年12月には、日銀の吉原重俊総裁は横浜正金銀行の原六郎頭取に御用外国荷為替の取扱いを日本銀行に譲渡するように懇請したが、これは正金銀行によって認められなかった。その後も両行の対立は解消しなかった。1889年3月の御用外国荷為替取扱い廃止後、富田鐵之助日銀総裁が日銀による外国為替取扱いを要求して、正金銀行と激しく対立した。松方大蔵大臣は、1889年6月に、日本銀行が正金銀行に資金を供給して正金銀行に外国荷為替を取り扱わせ正貨回収に当たらせるよう、富田総裁に勧告した。富田総裁はこれを拒否して辞任した。同年9月に就任した川田小一郎総裁のもとで、翌10月に日本銀行は正金銀行との間に、2％という低利での外国為替手形再割引契約（当初、割引残高は1000万円を限度とした）を締結した。これによって、正金銀行が日本銀行の低利資金に依存した輸出手形買取りを行って正貨の吸収を図るという、通貨当局の正貨政策の根本方針が一応確立した（なお、1891年の園田孝吉頭取の改革によって、正金銀行を完全な外国為替銀行とする方針が最終的に確立している）。

　このような関係はもちろん日本銀行百年史編纂委員会編［1982］が取り上げているが、研究史を回顧してみると、水沼知一［1968］の包括的研究に続いて、伊牟田敏充［1973］が松尾家文書を用いて、横浜正金銀行が日銀資金に依存しなければならない事情を明らかにした。富田・松方論争については、吉野俊彦［1974］が日本銀行の側からこれを論じている一方、今田治弥［1966］は正金銀行の側からこれを考察している。古沢紘造［1977］は政策理念にまで立ち入ってこの論争を考察した。また齊藤壽彦［1985b］は両行の株主の立場からの日銀低利再割引反対論に言及した[4]。

　日銀の正金銀行に対する為替手形再割引の実際の効果について、古沢紘造は

輸出奨励効果があったがこれを過大評価してはならないこと、外国銀行の専横を抑え輸出業者に有利な為替取扱いを保証したこと、松方が当初考えていた正貨吸収はほとんど実現されなかったこと、獲得された外貨は軍備拡張、近代産業育成のための対外支払いに多大の便宜を与えたこと、を指摘している。

　日本銀行と横浜正金銀行との手形低利再割引契約締結後、両行の関係はどのように変化したのであろうか。専修大学相馬永胤伝刊行会編［1982］は、日本銀行と正金銀行との関係は川田小一郎の日本銀行総裁就任後に一変したと述べている。同書によれば、両行はそれまで対等な立場で大蔵大臣の監督指令に従っていたが、以後日本銀行が大蔵省の代理人として正金銀行を指揮することとなった。それにもかかわらず、正金銀行の運営は日本銀行の意に沿わないことが多かったため、川田総裁は1895年に高橋是清を正金銀行に送り込んだという。齊藤壽彦［1986］は、高橋是清が正金銀行改革を断行し、国家のための外国為替・貿易金融機関としての同行の性格を強化したと述べている。この改革によって、正金銀行に対する日本銀行の影響力はますます強まったといえよう。金本位制確立を控えた1897年4月に岩崎彌之助日銀総裁は、兌換準備を強固に維持するために、外国貿易をいっそう奨励し、金融の調節に努めるよう正金銀行に強く要請した。同年5月に正金銀行はこの要求を受諾して、日本銀行に服従した。平智之［1984a］は、金本位制の確立によって正金銀行が初めて日銀に対して従属的立場に移行したという見解を打ち出した。しかし、金本位制確立期における日本銀行の正金銀行に対する影響力の強化は、すでに開始されていた日本銀行の国際金融への介入の進展過程の中に位置づける必要があろう。

　国際金融の実務面は正金銀行が担当しており、日銀の国際金融への関与は間接的なものであった。正金銀行が日本銀行からの借入金を外国為替業務に用いる場合、それをどのような条件で運用するかは正金銀行に任されており、同行は独自に営利を追求することができた。齊藤壽彦［1991b］は、同行の国家機関的性格と営利機関的性格という二面的性格を考察している。

　中林真幸［1994、1997］は日本銀行の正金銀行への信用供与が1890年以降、

4）　丹羽重省「近代日本の為替制度形成の一齣――外国為替と内国為替のはざまで――」（戸田正志・丹羽重省『日本金融史点描』バリエ社、1987年）は、当時の外国銀行の大きな影響力のもとでは、中央銀行が外為業務を正金銀行に委ねることはやむを得ない選択であったと述べている。

ことに1894年から1900年にかけて重要であったが、1901年以降それが縮小した事実を実証している。日本銀行と正金銀行との関係は、このような事実を考慮に入れてとらえる必要がある。

第3節　金本位制確立以後の正貨政策に関する研究

1　日清戦争後の金本位制の確立

ドイツの金本位制採用、ラテン同盟の銀貨鋳造停止、アメリカ大陸における豊富な銀坑の発見、銀貨国インドの幣制改革などを背景に銀価が暴落した。これに対し、政府は1893（明治26）年に貨幣制度調査会を設置して幣制改革の可否を検討し、ここに金本位制の採用をめぐって激しい論争が展開された。結局、日清戦争賠償金の獲得による金準備の充実を背景に、1897年に貨幣法が制定され、金本位制が確立した。この金本位制確立に関する基本資料は大蔵省主計局編「貨幣制度調査会報告」［1895］および同編「明治三十年幣制改革始末概要」［1899］である。大蔵省編『明治大正財政史』第13巻［1939］も貨幣法について記述している。この金本位制の確立については加藤俊彦［1948］、真藤素一［1954］、渡辺佐平［1963］、小野一一郎［1963b、1964a、1964b、2000］、中村尚美［1960］、高橋誠［1964］らの研究があるが、とくに小野一一郎の研究が詳しい。これらの研究によれば、金本位制確立に必要な金準備確保の見通しが立ったのは、日清戦争賠償金を日本がイギリスにおいてポンドで受領する契約の見通しが立った時点である。貨幣制度調査会では金本位制反対論が多かったが、これは実業家が銀価低落による輸出増大を狙ったことなどのためである。大蔵官僚が金本位制の確立を図ったのは、世界的な銀価低落傾向のもとでの銀本位制維持が主力軍艦・兵器・機械の輸入価格を押し上げ、軍拡財政の圧迫要因となること、長い目でみて為替不安が貿易および生産の阻害要因となること、イギリスがインドの銀本位制維持の方針を転換させたことを考慮したこと、などによるものである。

このような小野一一郎らの伝統的な見解に対して、中塚明［1968］、崔柳吉［1971］、村上勝彦［1973、1975］らは金本位制の維持に必要なものとして朝鮮産金吸収の重要性を強調した。これに対して大森とく子［1976］は、朝鮮産金

の輸入は金本位制採用の決定的要因ではなく、外資と賠償金と第 1 次大戦こそが金本位制維持にとって重要であったと反論した。

中村隆英［1982a、1982b、1985］は金本位制の確立は経済的には日本にとって不利であったとみなし、金本位制の採用は政治的な理由すなわち松方の信念の産物によるものであったとする新説を展開した。しかし、このような見解に対しては、銀価格の下落は時間的ずれをもってやがては輸入価格の上昇をもたらし、ひいては国内物価騰貴とこれによる輸出価格の騰貴をもたらさざるをえず、ことに金本位制国イギリスからの軍需品をはじめとする輸入の増大が予想される状況下では、金本位制の確立が長期的にみて経済的に不利であったとはいえないという反論が起こってこよう。松方財政を支えた田尻稲次郎・阪谷芳郎の業績を研究した森田右一［1988］は、幣制改革は予想以上の好結果をもたらしたと論ずる。すなわち、①銀貨の甚だしい暴落が現出し、これが幣制改革の必要を裏づけた、②外国貿易はきわめて好調に推移し、物価も安定した、③我が国の信用が高まった、と述べている。

以上のほか、Olive Checkland［1994］が金本位制の確立に寄与した添田壽一について述べている。また杉山和雄［1997］が金本位制に関する『東洋経済新報』の所説について考察している。金本位制確立の是非に対して日本銀行はどのような態度をとったのであろうか。研究史はこの問題を明らかにしていないが、おそらくは大蔵省に追随したのであろう。

金本位制の確立に重要な役割を果たしたのは、前述のとおり日清戦争賠償金の獲得である。この賠償金に関する基本資料は（大蔵省内）明治財政史編纂会編『明治財政史』第 2 巻［1904a］所載の「自明治二十八年十一月至明治三十三年三月償金収支報告書」（1900年）である。賠償金と財政政策や日清戦後経営全体との関係については、高橋誠［1964］、中村政則［1970］、長岡新吉［1973］、石井寛治［1976］らが論じており、また賠償金と正貨政策との関係については小島仁［1981］や齊藤壽彦［1981b］、Hisahiko Saito［1988b］が立ち入って論じている。とくに齊藤は在外正貨に依存する貨幣制度の生成・確立過程を研究する一環として賠償金を取り上げている。

賠償金の保管出納事務については、政府は日本銀行にロンドン代理店を設置させた。日本銀行はロンドンで保有する在外資金の一切の事務取扱いの代理を

横浜正金銀行ロンドン支店に委嘱した。日本銀行は大蔵省の指図を正金銀行に伝え、正金銀行が日本銀行の指図に従って賠償金を取り扱った。ロンドンに保管された賠償金については今田寛之［1990］が中央銀行間協力（この場合には日本銀行とイングランド銀行との協力）の視点から考察している。賠償金に基づく在外正貨を準備として日本銀行券が発行された。在外正貨を準備とする銀行券発行の外国における事例については田中金司［1929］や松岡孝児［1936］らの研究がある。松岡は賠償金に基づく「預け合」貸借による日銀券発行を日本における金為替本位制の濫觴的成立とみなしている。日本の貨幣制度が金為替本位制度であると考えることには異論があり、深井英五［1928］は、「在外正貨処理の要諦は、国内正貨〔金〕の保有高と在外正貨の保有高とを適当に按配するにある。在外正貨の利用を一概に排斥すべきではないが、金為替本位の場合に於ける如く、単に在外正貨のみによって通貨の金基礎を維持せんとするは、余りに薄弱なる方法である」と論じた。また能地清［1981］、齊藤壽彦［1981b］、森七郎［1986］は在外正貨の重要性を認めつつ、日本の金本位制を金為替本位制ではなく金貨本位制であるとみなしている。この間、小島仁［1978］は在外正貨とともに金塊輸出入構造をも考察している。

　金本位制確立後も日本銀行の横浜正金銀行に対する低利再割引が継続された。また日本銀行は支那為替資金やロンドン為替資金を年利2％という低利で正金銀行へ預け入れるようになった。産業金融による産業の発展を重視する石井寛治［1968、1972、1975、1999］、Kanji Ishii［1994］は、正金銀行の貿易金融における日銀信用の重要性を強調する[5]。

　これに対して平智之［1984a、1984b］は、石井は金本位制移行後に日銀が国際金本位制下の中央銀行として兌換制維持を最優先とせざるをえなくなる契機を捨象していると批判し、1903（明治36）年以降の正金銀行における日銀からの借入金の限界と預金の重要性を指摘するとともに、正金銀行の外国為替放資高の限界と貸出金の重要性を論じている。

　正貨政策としての日銀の外国為替手形低利再割引は、兌換制維持方策としては制約されたものだった。これは次のような事情を反映しているのであろう。

---

[5］　Kanji Ishii［1994］は正金銀行の海外支店網を通じた資金循環が同行の発展を支えたことも指摘している。

すなわち、大蔵省内で1913（大正2）年に作成された資料である『正貨吸収二十五策』などによれば、日本銀行の低利資金供給には運用制限が設けられておらず、正金銀行は通常は輸出業者に対する割引利率を容易に引き下げようとはしなかった。また正金銀行は営業上、為替リスク回避のために、輸出為替と輸入為替のバランスをとらなければならなかった。さらに、正金銀行による輸入為替の取扱いは日本経済の発展のために必要でもあった。正金銀行が輸入為替の取扱いを制限して輸出為替の集中を図ったとしても、入超下では外国銀行へ輸入為替が集中して、外銀が正貨を引き出すことともなった。このように、日銀が正金銀行へ低利資金を供給して正貨吸収を実現することは、実際にはきわめて困難であったのである。

もっとも、日銀低利資金供給に依存していた正金銀行の外国為替取扱いが外国銀行の専横を抑止し、十分とはいえないまでも輸出金融を円滑化し、輸出の助長によって得た輸出為替手取金を対外支払資金へ充当することを通じて正貨の流出が抑制された事実までも否定することはできないであろう。

外貨あるいは正貨の獲得に関しては、外債募集も行われている。神山恒雄［1993a］が日清戦後の外債発行について考察している。1897年6月に預金部所有、額面4300万円の軍事公債がロンドン市場で売却された。新発債に関しては、日清戦後経営のために第1次大隈内閣のときに外債発行が計画されたことが藤井信幸［1989］によって明らかにされている。1899年6月には明治初期以来行われていなかった外債発行が再開された。

1899年の外債発行に際しては、在英大蔵書記官早川千吉郎を通じて政府の意向を受けつつ、横浜正金銀行ロンドン支店支配人中井芳楠が、委任状に基づく日本銀行代理人として実際の外債発行交渉に従事した。この当時、外債発行における日本銀行自体の役割は大きくなかったといえる。なお、朝鮮京釜鉄道の建設資金について、森山茂徳［1980］は、同社の渋沢栄一らの努力により1899年から1902年にかけてアメリカ、ベルギー、イギリスと3度にわたる外資導入の交渉が行われたが、最終的には日本陸軍当局の反対で導入が挫折する経緯を明らかにしている。

1902年には日本興業銀行が五分利公債（内国債）5000万円を香港上海銀行中心のシンジケートに売却することになったが、日銀や正金銀行はこれに抵抗し、

結局売出額の1割を正金銀行が引き受けることとなった。その後、興銀は外貨国債発行業務から排除された。浅井良夫［1982、1985］は、日清戦後の外資導入に際して興銀はその窓口となり得ず、日銀・正金銀行のルートが主流になったと論じている[6]。

地方債については神山恒雄［1993b］が日清・日露戦後期の横浜市債の発行を考察している。

2 日露戦争期の正貨維持策

日露戦争（1904～05年）に際しては、軍事費を中心に政府の対外支払いが巨額に上り、これをそのまま放置すれば多量の正貨が海外に流出する恐れが生じた。そこで政府は次のような正貨維持方策を実行した。

その第1は対外支払いの節約である。政府は外国品の使用節約、内国品での代替など、外国品輸入の節減を図るとともに、輸入品以外の対外支払いについても、極力削減する方針をとった。第2は外国為替政策である。政府は日本銀行に内命を発し、横浜正金銀行をして極力輸出為替の買取りに努めさせるとともに、輸入為替取扱抑制の方針をとらせ、対外支払資金の蓄積に努めさせた。また外国銀行による金の取付けを避けるために、日本銀行が外国銀行に正金建相場よりも幾分高めの相場で在外正貨を売却した。第3は外債募集金の運用である。イギリス、アメリカ、ドイツにおいて4回にわたり英貨債が発行され、その総額は8200万ポンドに達した。政府は外債募集金を日本銀行に売却して借入金の返済に充当するとともに対外支払いや金銀購入に充当し、残額を海外で保管した。この結果、日本銀行は多額の在外正貨を保有するに至った。第4は国内における地金銀の吸収である。政府・日銀は国内で地金銀を購入し、正貨の増殖を図った。在外正貨保有は激増するとともに恒常化するに至り、またこれを準備する日銀券の発行も多額に上った。なお戦地においては軍用切符が使用されたが、これも正貨の節約を図るものとなった。このような正貨政策全体は吉川秀造［1969］によって明らかにされている。輸出為替買入奨励、輸入為

---

6) 波形昭一「日本興業銀行の設立と外資輸入」（『金融経済』第117号、1969年）も参照。

替取扱抑制、在外正貨売却（円相場を高めに計算して）については齊藤壽彦［1991b］でも言及されている。

　日本銀行の在外正貨売却による外国為替相場維持策とこれによる金流出防止については、小島仁［1981］が公的為替操作、ゴールド・デバイスであると論じ、さらに他国の中央銀行の公的為替操作と日銀の公的為替操作とを比較した。ところで、公的資金による為替相場維持や金の防衛は日銀資金のみならず政府資金によっても行える。肥後和夫［1960a］は明治前期はもちろん、その後、昭和初期までの段階においても、円の対外価値を安定させるために、国庫金が為替平衡基金としていかに重要な役割を果たしたかを実証しようとした。肥後は、1930年代以降欧米において為替平衡基金（為替平衡勘定または為替安定基金）が発足したが、それ以前に日本においては政府保有正貨が円の対外価値の維持を目的として運用されたと主張した。実際に、政府所有在外正貨の支払いに為替相場の安定や金の防衛が意図された事実がある[7]。

　したがって、小島仁のように日露戦争前の政府所有在外正貨が為替相場調節をまったく意図しなかったということはできない。また、政府在外正貨が結果として為替相場安定や金防衛に寄与したことは認められてよい。もっとも、明治期の政府所有在外正貨は主として政府の対外支払いを目的として所有され、あるいは政府在外資金を国内へただちに送金することが困難であるために保有されていたのであって、一般的な円相場変動の抑制や民間の海外支払いに伴う金流出の阻止を主目的としたものではなかった。すなわち、政府所有在外正貨が為替相場安定機能や金防衛機能を果たしたといっても、それは①政府在外正貨を対外支払いに充当することが（政府対外支払いによって生ずる恐れのある）為替相場の変動を抑制することにつながったり、②政府対外支払いに伴う金現送を回避することとなったり、③政府在外正貨が一時的に外国為替銀行に流用（その日銀への「利付預け入」を通ずる同行の正金銀行への定期預入れ）されて金の防衛に役立ったり、④政府在外資金を一度に国内に送金することによる為替相場の変動を抑制したり、⑤政府在外資金を国内へ送金する必要がある場合に、海外で政府所有外貨を外国為替銀行に供給する（見返りの円資金を国内で受け取

　7）　齊藤壽彦［1981b］27-30ページ。

序章　日本の正貨政策に関する研究史

る）ことが、結果として正貨（金銀）の防衛に役立った（外国為替銀行は、受け取った外貨を輸入代金などの対外支払いに充当することができ、金の現送をしなくてすむ）ということである。したがって、明治期の政府所有在外正貨が公的為替操作のために用いられたという一面があったとはいえ、それはきわめて制約を受けたものであったということをも指摘しておかなければならない。

　小島仁［1981］は、1904（明治37）年に在外正貨の日銀所有が確定してから公的為替操作が開始されたと主張した。これに対して平智之［1984a］は、すでに1903年初頭に日本銀行がいつでも売却できる対外資産をロンドンで保有しており、同年に日本銀行が公的為替操作を実行したと述べ、小島仁を批判した。公的為替操作について論じる場合には、単なる在外正貨の売却だけでなく、外国為替相場維持、金輸出現送点以下への為替相場低落阻止の意図、あるいはその結果としての為替相場維持、低落阻止があったかどうかが重要な論点となる。小島仁［1979］は、1905年以降に意識的な為替相場調節が行われたと述べている。これに対して齊藤壽彦［1991b］は、1903年10月の日本銀行に対する大蔵大臣の内訓の中に、ロンドンに在外資金を設置して外国為替相場の変動を抑制するとともに金貨流出を防止することが命令されていた事実に注目している。小島仁は日本銀行の在外正貨売却を兌換と呼んでいるが、能地清［1981］、伊藤正直［1978b］は日銀の公的外為操作の主目的が為替相場調節ではなく金兌換の防遏にあったと述べている。ヨーロッパの中央銀行における在外正貨の売却が直接的に中央銀行の正貨準備の防衛を図るよりも外国為替相場の調節を目的とするものであったのに対して、日銀の在外正貨売却は日銀券の金兌換を回避するために金に代えて在外正貨を支払うものであった。小島は、日銀券の提供者が金兌換と在外正貨の払出しのいずれでも選択できることに着目して兌換としての在外正貨売却という表現を用いたわけであるが、この在外正貨売却は日本銀行に売却するかどうかの裁量権があり、この売却請求に同行が応ずる義務がなく、また売却相場は同行が決定できることから、金兌換と在外正貨売却とは区別されるべきであろう。

　日露戦争期に大きな役割を果たした日露戦時外債の発行については、日本側当事者であった高橋是清や深井英五の回顧録などによってかなり知られている[8]。

近年では、藤村欣市朗［1992a］によって1904年の高橋是清の英文日記が翻訳されている。板谷敏彦［2012］の研究もある。

　日露戦時外債については、まず国際政治史の観点からの研究が行われている。この分野の研究としては、信夫清三郎・中山治一編［1959］、黒羽茂［1962、1968］、外務省編『小村外交史』［1953］、鹿島守之助［1957］、齊藤壽彦［1988］、L. M. Gelber［1938］らの研究がある。高橋誠［1964］は財政的観点を中心として日露戦時外債を総合的に考察した。外債発行に従事した国際金融業者の活動については、蒲池敬［1959］、林健久［1968］、Cyrus Adler［1928］、アドラーの研究に基づいた野村乙二朗［1976］らの研究を挙げることができる[9]。

　海外の一次資料に基づく研究は立ち遅れていたが、鈴木俊夫［1990］のベアリング商会資料を用いた研究が登場した。これはイギリス金融史研究の立場から、ロンドン金融市場における外国政府債発行の研究を行ったものの一環であり、第一回日露戦時外債を考察したものである[10]。

　鈴木は、当初ベアリング商会は日露戦時外債の発行を行おうとしたが、結局直接発行業者となることをやめ、下引受業者の1つとして活動することとなったことを明らかにした。同商会はクーン・ローブ商会のイギリスにおける代理人的活動を行っている。その後、鈴木は研究成果を本にまとめており、Toshio Suzuki［1994］において、日英両国の一次資料を用いて19世紀末期から第1次世界大戦までの時期に日本政府がロンドン資本市場で発行した外債の発行過程を分析して、当時のロンドン証券市場のメカニズムを解明した。このなかで日本外債発行についてのイギリス側の事情に関する新事実を明らかにしている。なお、齊藤壽彦［1990］はこうした外債募集が可能であった条件を検討

8）　高橋是清著、上塚司編［1936］（復刻版［1976］）、深井英五「募債苦心談」（時事通信社編『日露戦争を語る　外交・財政の巻』同社、1935年）、同「高橋是清の外債募集事蹟」（深井英五『人物と思想』日本評論社、1939年）、同［1941］、長野広生『波瀾万丈』東京新聞出版局、1979年など参照。

9）　外債募集に協力したシャンド（日本の近代的銀行制度移植に大きく貢献し、帰英後パーズ銀行本店支配人などを歴任）に関しては土屋喬雄『シャンド』東洋経済新報社、1966年、同『お雇い外国人⑧金融・財政』鹿島研究所出版会、1969年、加藤俊彦「御雇い外国人についての一考察——アラン・シャンド Alexander Allan Shand について——」（専修大学『商学研究所年報』第5号、1980年）、Olive Checkland, *Britain's Encounter with Meiji Japan, 1868-1912*, Hampshire and London, 1989, pp. 37-82, p. 250などを参照されたい。

10）　鈴木俊夫には他にも鈴木［1989、1999］などの論文がある。

している。

　日露戦時外債発行に日本銀行はどのように関与していたのであろうか。これについては齊藤壽彦［1991b］が言及している。これによれば、1899年には横浜正金銀行ロンドン支店支配人が日本銀行代理人として外債発行に従事したが（明治初期外債と異なって外国銀行は日本から発行交渉を委託されなかった）、日露戦争時にはこの方式は踏襲されなかった。当初から日本銀行が日露戦時外債の発行交渉に直接従事することが決定していたわけではなかったが、結局、海外の金融事情に通じた日本銀行副総裁高橋是清が政府から帝国日本政府特派財政委員に任命され、全権をもって海外の金融業者と外債発行交渉を行うこととなった。このことは外貨国債発行交渉における日銀の役割の上昇、他面における正金銀行の役割の低下を意味する。

　外債募集金などの外貨（在外正貨）の保管・出納業務は日本銀行が政府から任されていたが、日本銀行は同行在外代理店としての横浜正金銀行ロンドン支店（1896年寄託金保管出納事務代理契約、1897年公債元利支払代理契約追加、1904年公債事務代理契約に発展）、ニューヨーク出張所（1904年公債事務代理契約）にその取扱いを委託し、日本銀行はこれら在外代理店を監督した。監督は当初日本銀行営業局によって行われていたが、1904年11月に日本銀行はロンドン代理店（正金銀行ロンドン支店）監督役を新設し、また1905年にはニューヨーク代理店（正金銀行ニューヨーク出張所）監督役を新設した。この在外代理店監督役の活動については今田寛之［1990］の研究において言及されている。この研究は、戦前における日本銀行と欧米中央銀行の国際協調について論じた貴重なものである。もっとも、在外代理店監督役の活動の全容については内外の一次資料に基づく研究の余地が残されている。なお、とくにロンドンにおける在外正貨については横内正雄［1987］の研究がある。

　外債募集金などに基づく在外正貨の機能については、日露戦後の時期の機能と合わせて論ずることとする。

3　日露戦争後の正貨政策

　日露戦争後、政府は戦後積極経営の名のもとに陸海軍備の大拡張をはじめと

して、鉄道、電話事業、製鉄所などの拡張を行ったため、これらの事業遂行のための輸入が激増した。すでに日露戦争時より我が国の一般貿易は入超となっており、加えて戦時外債の利払いも必要であったため、日露戦争後、我が国の正貨は急速に減少していった。この結果、明治末・大正初期に我が国は正貨危機に直面し、その対策が国家の最重要問題の1つとなった。

　日露戦争後の正貨政策の全体については吉川秀造［1953a、1969］によって論じられている。これによれば、正貨の減少防止対策として、まず第1に正貨の節約が考えられた。1907（明治40）年10月に発生した日露戦後恐慌を契機に、財政政策は積極財政から緊縮財政に移行する。政府海外支払いを節約するためには緊縮財政を採用せざるをえなかったのである。神山恒雄［1989、1995、2000］は、この緊縮財政は消極的正貨政策をただちに意味するものではないことに注目している。すなわち神山は、緊縮財政への転換は、積極的正貨政策（当面は外債によって入超を補填しながら低金利政策をとり、経済拡大によって将来の収支均衡を目指す政策）から消極的正貨政策（外債非募債、金利引上げ、緊縮政策をとり、いったん経済規模を縮小して当面の収支均衡を目指す政策）へただちに転換したのではなく、積極的正貨政策・積極財政→積極的正貨政策・緊縮財政→消極的正貨政策・緊縮財政と2段階の変化を遂げたと論ずる。これは、明治末から大正初期にかけて正貨危機が深刻化した際に、積極的正貨政策と消極的正貨政策とが対立し、1914年に至ってようやく消極的正貨政策が徹底すると、積極的正貨政策のもとでの緊縮財政よりも財政はより緊縮的になったとするもので、この政策転換は「外債による国際収支決済が不健全な経済拡大を招き正貨危機を助長しているので、外債非募債・金利引上などでいったん経済規模を縮小する必要がある、という認識が強まったからである」とした。

　この間、政府・日本銀行による正貨事項会議（1911年）では、正貨準備維持策として当分の間、外資依存の方針を継続せざるをえないとの結論が出された。日本銀行百年史編纂委員会編［1983a］は、1912（大正元）年に作成されたという「正貨準備維持ニ就キ積極、消極孰レノ主義ニ拠ラントスル哉ニ関シ政府ノ方針内申方上申案」を掲げ、日本銀行はこの方針を再認確しようとしたとしている。これについては佐藤政則［2012］の研究もある。これに対し、吉川秀造［1953a］らが紹介した大蔵省の『正貨吸収二十五策』（1913年作成）は非募債主

義を唱え、政府の海外支払いの節約、日本銀行の公定歩合の引上げなどを正貨擁護の基本的方策としたほか、日本銀行の正金銀行輸出為替に対する融資の第1の目的が正貨吸収であることを明らかにし、この役割が十分果たされていないと正金銀行を批判した。なお、日本銀行の正金銀行に対する外国為替資金供給（1911年に為替手形再割引制度から外国為替貸付金制度に改正）の変遷については大佐正之［1975］が明らかにしている。

また兵頭徹［1990］は、大東文化大学東洋研究所所蔵の「松方家萬歳閣資料」（『松方正義関係文書』所収）に基づいて、松方が消極主義の立場に立ち、非募債主義を唱え、輸出産業のための金融・流通面の環境整備を正貨政策の第1施策として位置づけ、このような政策を1913年12月に政府に進言したことを明らかにしている。日本銀行の公的為替操作による正貨流出防止策も継続された。能地清［1981］は、中央銀行である日銀が、銀行間取引として自ら外国為替売買を行う外国為替銀行の役割を果たしたことを指摘している。日露戦争期の公的為替政策においては、日銀は外国銀行の要求に応じて金輸出現送点よりも高めの相場で在外正貨を売却せざるをえなかったが、1909年頃から在外正貨の売渡相場を金輸出現送点付近にまで引き下げることができるようになった。これは、かねてより日本銀行が要望していたものである。日本銀行の深井英五は、同行は在外資金の売却相場を外国銀行に引きずられずに独自に決定することができるようになったと述べている[11]。

このことは、日本銀行の国際金融における役割がより大きくなったことを意味する。この日銀の公的為替操作に関して小島仁［1981］は、日銀の特別為替売却（大口為替売却）が為替相場調節を目的とし、「民間為替相場を金輸出現送点付近の円安相場に誘導するとともに、円金貨の対外流出を防止しようとするものであった」と述べている。それと同時に、この目的のために日本銀行の大口為替売却相場が重要な意味を持っていたこと、この意味においてこの相場に特別の関心が払われなければならないことを指摘しておきたい。なお、日露戦争後に日本銀行が在外正貨の売却相場を金輸出現送点にまで引き下げたことに関しては、齊藤壽彦［1981b］は在外正貨の減少を食い止めることがその主な目的であったとみている。

[11) 深井英五［1941］91-93ページ。

このような為替政策は実際に正貨維持に成功したのであろうか。前述の『正貨吸収二十五策』はこれは正貨吸収には役立たなかったと論じている。同書の提言には日本銀行の正貨準備維持という狙いがあるが、その方策のとりわけ大きな狙いは、伊藤正直［1987b］が指摘したように、（起債によらずに）政府対外支払いのための正貨確保を図ることであった。この観点から同書は、政府が国債整理基金を用いて横浜正金銀行から輸出手形を買い上げて、ロンドン正貨をもって支払わせることや、日本銀行の買入相場よりも有利な相場で民間から政府が外貨を買い入れることを立案している。また同書は、正金銀行に対する日本銀行外国為替貸付金を正貨をもって弁済させることや大口為替売却制限などを提言している。

日露戦争後、政府は外国債の募集を重ねることによって正貨を補充した。ただし、常に外債募集方針が採用されていたわけではなく、正貨対策として外債募集を行うべきかどうかが大きな問題となっている。この問題に関して神山恒雄［1989］は、外債募集方針が積極的外債募集から非募債主義（発行時点において新規財源となる国債を当面発行しない方針であり、財政規模の拡大につながらない借換え・交付、政府短期証券の発行、償還金額の範囲内での新規財源となる外貨国債の発行は可能）へ、さらには大正初期に外債非募債（外債借換えは可能であるが、それ以外の政府関係外債国債・地方債・政府保証付社債は発行しない方針）へと移行していった過程を明らかにした[12]。

持田信樹［1981］は緊縮財政下に都市財政が膨張したことに注目し、この財源として地方債が発行され、これが外貨国債発行に代わって正貨を補充したとした。

外債募集は、政府特派財政委員としての若槻礼次郎（当時大蔵次官）や1910（明治43）年に海外駐箚財務官制度ができてからの水町袈裟六、森賢吾の手によって交渉が行われた[13]。

---

12) 1910年に5分利内国債の4分利借換が行われ、この4分利借換公債発行のために国債引受シンジケート団が結成された。これについては神山恒雄「国債引受シンジケートの成立」（高村直助『日露戦後の日本経済』塙書房、1988年）を参照されたい。
13) 若槻礼次郎は回顧録の中で、日本財政の実状を海外に明らかにし、その信用を高め、状況がよければ外資を獲得することが財政委員の仕事であったと述べている（若槻禮次郎［1950］、復刻版［1983］）。

日露戦争期に日本銀行副総裁高橋是清が外債発行交渉に従事したのと比べると、日露戦争後では発行交渉における日本銀行の役割が後退したこととなる。外債募集交渉については財務官の研究が必要であろう。齊藤壽彦［2000］は海外駐箚財務官制の成立から廃止までの財務官の人事と政策を通観している。

　外債募集金のかなりの額がロンドンなどで在外正貨として保管された。この事情について齊藤壽彦［1981b］や今田寛之［1990］は、外債募集金の多くが金で現送されなかったのは、外債応募国から日本が一方的にこれを強制されたためではなく、日本にとって在外正貨保有の利点があり、日本がこれを求めたのがその一因であるが、またイギリスに日本が協力するためでもあったと述べている。今田やバイスウェイ［2013］は、在外正貨に関する日本銀行とイングランド銀行との協調について立ち入って考察した。

　外債募集金などによる在外資金を政府が独自に所有せざるをえなかった事情について、能地清［1981］は、経常収支の赤字基調のもとで政府海外支払資金の確保が必要であったことと、日銀が多額の外貨資金を購入したりあるいはこれを本邦へ現送することによって通貨膨張をもたらすことを避けるためであったこととを説明した。そして、この政府所有在外資金が、日銀が在外正貨準備を相当期間固定したままで、入超に基づく経常収支赤字の決済をすることを可能にしたと述べる。伊藤正直［1987b］は、日本の金本位制を機構的に支えていたのは政府保有正貨にほかならず、それは政府海外支払いに充当されるとともに、正貨準備および正貨準備外正貨からなる日銀正貨の補塡にも用いられたと論じた。田中生夫［1989］は、国際金本位制下の明治末期に始まる在外正貨制度が、日本では国内経済を金本位制の「ゲームのルール」から一定限度において隔離して成長ないし不況救済のための裁量主義的内国通貨政策の遂行を許す技術装置となったことと、隔離のための基本装置は政府の手に残され、この制度が明治末から大正期にかけてのそれぞれの時期に特有の日銀信用を可能にしたこととを明らかにした。吉川秀造［1969］は、正貨準備の補充を主として在外正貨を用いた人為的手段に依存した結果として、日本銀行の割引日歩が正貨準備の維持上からはほとんど無意味なものとなったこと、すなわちその日歩は正貨準備維持の観点からは操作されないこととなったために、金融市場における権威を失墜するに至ったこと、および正貨準備が極力人為的手段によって

維持されたために世人は正貨準備の増減によって国際貸借の実情を判断することができなくなったことを、日本における在外正貨依存の貨幣制度に関する問題点として指摘した。1914（大正3）年7月に至って政府・日銀・正金が協議のうえ、正貨の維持吸収に関する総合的な根本方針を決定した。このなかで第1に金利引上げ、第2に正貨準備の増減をなるべく経済の実情に相応させることとしたのは、通貨当局がその問題点を認めたからであった。鈴木恒一［1986］は、在外正貨準備の中味が確定されておらず、在外正貨の何を正貨準備に繰り入れるかについて便宜的な取扱いが行われたことを指摘した。

　外債への依存に関しては、これが日本資本主義の対外従属を意味するものかどうか、また外債発行が経済成長や貿易収支改善をもたらしたものかどうか[14]、物価騰貴の原因であったかどうかという議論も行われている。日露戦争後の正貨政策としては、日本銀行による金銀地金の吸収も行われている。能地清［1981］は、1908年以降日銀は金塊を購入して国内に現送し海外準備を減らして国内準備を増加させていったことを指摘している。

　しかし、この内地現送は不十分だったようである。吉川秀造は在外正貨の正貨準備繰入れが行われたことや在外正貨による運用利益が獲得できたことにより、日本銀行は在外正貨の内地回収にきわめて冷淡となる傾向が生じたと記述している。また前述の1914年7月の正貨維持吸収に関する方針の中では、上海その他より金貨・金地金吸収の途を講ずべきことが挙げられている。

---

14) 長岡新吉は外債累積による利払増によって1909年以降における景気の本格的好転が妨げられたと論じた（長岡新吉『明治恐慌史序説』東京大学出版会、1971年、299ページ）。また浅井良夫［1982］は、外資導入は軍事工業の発展を促進したであろうが、貿易収支の改善にはあまり役立たなかったと主張した。さらに宮島茂紀は、日露戦争後の外債発行の目的をみると、経済力の強化（とくに輸出能力の増強）に直結しない案件が少なからず存在し、事業目的のもののシェアは約40％であったが、これも効果顕現に長期のタイムラグを要するものばかりであると述べた（宮島茂紀「明治末期・大正初期におけるわが国の累積債務問題とその対応」金融学会大会報告、1992年6月6日、「同」金融学会『金融経済研究』第5号、1993年7月）。このような見解に対して、橋本寿朗は、外債累積は一面では利払増から景気局面の本格的好転を制約しながら、他面では工業的発展を促すという二面的性格のものであったと主張した（橋本寿朗「景気循環」大石嘉一郎編『日本帝国主義史　Ⅰ』東京大学出版会、1985年、399ページ）。また、山崎隆三は外資導入によって戦前の日本資本主義が急速に発展できたとしている（山崎隆三編『両大戦期の日本資本主義』大月書店、1978年、42ページ）。神山恒雄も、日露戦後の外債依存の正貨政策の展開が経済成長を促進した面を積極的に評価している（神山恒雄［1989］79ページ）。

4　植民地金融と正貨政策

　国際金融の一環をなす植民地金融に関しては、すでに加藤俊彦編『日本金融論の史的研究』[1983a] において波形昭一（第1次世界大戦前）、黒瀬郁二（第1次大戦期・大戦後）、小林英夫（世界恐慌以降）によって研究史の総括が行われている。また波形昭一 [1985] には日本植民地金融史関係文献一覧が掲載されている。

　植民地通貨制度全体については山本有造 [1992] が言及している。したがって、ここでは正貨政策に関与する日本銀行に関係する範囲内で日本植民地金融史に言及しておきたい。

　日本銀行調査局編『図録日本の貨幣　8』[1975a] によれば、日清戦争によって日本が台湾を領有する以前には、台湾には統一した幣制は成立していなかった。台湾領有から数年後に台湾の貨幣は日本銀行券や1円銀貨などの内地貨幣に統一され、日本の金本位制確立後も台湾では日銀券や日本銀貨が流通した。1897（明治30）年に台湾銀行法が制定され、1899年に台湾銀行が開業すると、同行は銀兌換券を発行した。波形昭一 [1985] は「本国による植民地・従属国にたいする通貨的覇権の確立」、つまり台湾を日本の「金の鎖につなぐこと」の困難性が日本の金本位制確立後も台湾において円銀が通用した根本的理由であると論じている。1904年に至り、台湾銀行が金券を発行し、台湾は金本位制へ移行することとなった。この後、金券と銀券が併用されていたが、1906年には改正台湾銀行法によって銀券発行制は金券発行制に変わり、名実ともに金本位制が確立し、1909年末には銀券整理が完了した。さらに1911年には内地の貨幣法が台湾で施行されることとなり、内台共通の金本位制度が確立した。波形の言葉を借りれば、植民地台湾の貨幣制度は金円圏に完全に同化したのであった。

　日本銀行は1896年に台湾に出張所・派出所を開設して国庫事務、為替事務、兌換券・円銀の交換事務を行ったが、同行は台湾業務にきわめて消極的であった、と波形は記している。台湾領有当初は、政府は台湾の貨幣制度を一応日本銀行券で統一するという方針を抱いていたが、この方針はその後変更され、台湾銀行券が台湾で広く流通することとなった。台湾銀行が設立されたのは、①

「商工業並ニ公益事業」への資金融通、②「貨幣整理ノ任」、③「南清地方及南洋諸島」の「商業貿易ノ機関」、④「我国人ガ漸次ニ台湾ニ於テ事業ヲ為スニ便益ヲ与ヘ」て欧米外商を駆逐するという設立目的に掲げられた任務を果たすためであったが、さらに波形昭一は「台湾に一の独立銀行を設けて其経済を平素より本州と分立せしめ」ておくという軍事戦略、つまり一朝有事の際に台湾と日本本土とを遮断するという戦略から同行が設立されたことを明らかにしている。台湾銀行は正貨準備に日本銀行券を繰り入れず、それを同行の発行保証準備に充当するにとどめた。台湾銀行が朝鮮銀行と同じく正貨準備に日銀券を繰り入れたのは1937年の改正からであると、朝鮮銀行史研究会編［1987］は述べている。

　朝鮮では1894年に日本が幣制改革を強要し、新式貨幣と合わせて日本銀貨を法貨とすることとした（これに至る過程については大森とく子［1989］の研究がある）。しかし、高嶋雅明［1978］の指摘によれば、実際には補助貨たる韓貨（銅貨）の鋳造にほとんど終始し、幣制は紊乱状態を呈していた。波形昭一［1985］は、日本によるその後の「朝鮮の貨幣統一事業の要点は、朝鮮の貨幣制度を日本のそれに統一、合体させ、朝鮮を円系通貨圏に完全に包摂することで〔あり〕、それは次の三段階の過程をたどって遂行された」ことを明らかにした。第1段階は制度的統一のため、日本の貨幣法にならって朝鮮政府が発布していた貨幣条例（1901年）を実施させ、かつ日本貨幣の朝鮮内における完全通用を保証させることであり、第2段階は日本の貨幣制度に合わない朝鮮在来の旧貨幣を強制的に処分・淘汰する過程であり、第3段階が朝鮮銀行設立後、朝鮮政府発行の新硬貨を整理し内地補助貨を導入する過程である。朝鮮の貨幣制度については大蔵省編［1939］『明治大正財政史』第13巻にも記述がある。八木慶和［1988b］は従来の実証研究の成果に基づいて朝鮮幣制改革の過程を日本による通貨主権奪取の過程として理論的に再構成している。

　韓国中央銀行設立計画については、1907年頃から韓国統監府や大蔵省が中央銀行制度の再編計画を検討していたようである。朝鮮銀行史研究会編『朝鮮銀行史』［1987］は、当時韓国に新中央銀行を設立するか、または日本銀行の支店を設置して第一銀行（在韓国支店）が行っていた中央銀行業務を引き継ぐかが問題となり、大蔵省はむしろ後者に傾いていたことを明らかにしている。結

序章　日本の正貨政策に関する研究史

局は1909年に韓国銀行が中央銀行として設立され、同行が第一銀行に代わって銀行券を発行した。1910年の「日韓併合」に伴い、韓国銀行が朝鮮銀行と改称され、同行が朝鮮銀行券を発行した。朝鮮で流通する通貨の大部分は朝鮮銀行券となり、日本銀行券はほとんど流通しなかった。日本領土となった朝鮮に日本銀行以外の中央銀行を設立させ、日本銀行券以外の銀行券を流通させたことの理由について、羽鳥敬彦［1986］は1911年3月衆議院朝鮮銀行法案委員会における朝鮮総督府度支部長荒井賢太郎の答弁を引用しながら説明した。それによると1つの理由は、日本銀行の支店を朝鮮に出させる場合には、金融制度が整備されていない朝鮮では日本銀行条例を改正して普通銀行業務をさせなければ効力がないが、それは困難であるということであり、もう1つのより重要な理由は、「朝鮮ト申セバ国境デアルカラ有事ノ日ニアッテモ常ニ経済状態ノ動揺ヲ免レナイ所デアル、此処へ日本銀行ノ兌換券ヲ流通サセルト云フコトハ恐ラクハ日本銀行ノ兌換券ノ基礎ニ動揺ヲ与ヘヤシナイカ」という不安に対する安全弁としての位置づけである。朝鮮銀行史研究会編［1987］によると、このうち後者の理由は松方正義の意見に基づくものであり、松方は朝鮮や台湾でいつどのような事変が起こらぬとも限らず、万一の場合に日本本土の経済が破綻しては大変なことになるから、国家百年の大計から台湾、朝鮮を本国から切り離しておくべきと述べていたという（77-78ページ）。

　朝鮮は1904年、日韓議定書に沿った財政整理の一環として、日本から財政顧問を招き貨幣整理政策を実施した。その際、第一銀行（在韓国支店）の正貨準備に日本銀行兌換券が繰り入れられ、これが同行の正貨準備の中心をなすこととなった。松岡孝児［1936］は、これにより朝鮮において金為替本位制が成立したとしている。これは朝鮮銀行にも引き継がれたが、その理由について朝鮮銀行史研究会編［1987］は、荒井度支部長の衆議院における答弁（1911年）を引用して、①日本銀行券はいつでも金貨と兌換できること、②兌換請求に来るのは内地人が多く、彼らは金貨への引換えよりも兌換券（日銀券）を請求したこと、③朝鮮の産金は日本銀行の庫に積んであるので、朝鮮銀行は兌換券を準備しておく方がよいこと、という理由を挙げている（80ページ）。最後の点に関しては、日本が朝鮮の金を内地に吸収するために日銀券を朝鮮銀行の正貨準備に繰り入れたと言い換えることができよう。

中国では正金銀行が日清戦争後に銀行券を発行した。その後、日露戦争時には満州で軍票が発行された。日露戦争後、満州への日銀券の流入が増加したが、中国・満州では未だ日本通貨による幣制統一はできていなかった。

第4節　第1次世界大戦から昭和初期までの正貨政策に関する研究

1　第1次世界大戦期の正貨政策

深井英五［1941］によれば、第1次世界大戦の頃まで「大蔵省又は日本銀行から立ち入って為替相場に関与する慣行はなかった。只大体の趣旨に就き正金銀行と協議し、又在外資金の処理方によって為替相場に影響を与ふることを期したのみであ」った。しかし、1915（大正4）年に国際収支黒字下でも金がアメリカへ流出するという異常な現象が生じた際に、日銀の深井営業局長は為替相場再検討の必要を主張し、相場基準（諸外国に対する相場の基準となるある一国の相場）の変更（日英相場から日米相場へ）を大蔵省および正金銀行に求めた。これは、不合理な為替相場のもとでアメリカへ金現送して鞘抜きを図る者の存在が判明したためであり、深井の見解が正金銀行によって傾聴されるようになり、「日本銀行と正金銀行との間に為替相場に就いて協議する慣行が漸次成立した」。これは日本銀行の国際金融への関与の進展を示すものといえよう。

第1次大戦期に輸出が激増し、国際収支が大幅な黒字となり、日本は債権国に転化した[15]。

正貨保有高は激増した。これは日本の通貨当局の正貨吸収政策の結果でもある。この政策は第1次大戦勃発後に輸出が増大をみた後も戦争終結後の輸出減退を予想して継続された。この政策は、主として、日本銀行による外国為替資金の貸付および政府と日本銀行、とくに政府を中心とした外国為替銀行所有在外資金の買上げによって行われた。また、金の買上政策も行われている[16]。

この時期の貿易金融については、日本銀行臨時調査委員会編『欧州戦争ト本

---

[15]　小野一一郎［1968］など参照。
[16]　第1次大戦期には、ロシアからカナダのイングランド銀行勘定に向けた金現送を日本海軍が引き受けるとともに、日本（大蔵省であろう）がその一部の金を購入した（斎藤聖二［1991］）。1916～17年のロシアからの金塊購入額は両年の日本の金輸入総額の15%を占めており、重要な意味をもつものであった。

邦金融界』」[1918]が基本資料である。とくに対外金融における日本銀行の施策については同委員会編『戦時ニ於ケル日本銀行ノ施設』[1919]の中に資料が掲載されている。前田薫一[1925]は第1次大戦期の日本の対外金融をきわめて詳細に跡づけており、第2次大戦前におけるこの分野の代表的著作である。

　第2次大戦後の研究では、東京銀行調査部「第1次大戦とわが国外国為替」（上）・（中）・（下）[1954a、1954b、1954c]が早くから第1次大戦期の対外金融を日本銀行の施策も含めて考察した。また齊藤壽彦[1973]は、正貨政策全体の中に第1次大戦期の正貨獲得政策を位置づけた。田中生夫[1980]は、日本銀行の為替資金供給も「低利の為替資金を為替銀行に供給することによって輸出奨励・正貨維持吸収という、政府から与えられた金融施策の目標に対して忠実に協力した」ものにほかならなかったことを指摘した。伊藤正直[1989]は、戦間期の日本資本主義を国際的視角から把握するという課題を達成するために、日本の対外金融を統一的に考察した。その中で、輸出振興・正貨獲得政策が推進されるもとで対外金融機関の再編成や横浜正金銀行に対する資金援助を軸とする日本銀行の為替資金供給が行われたことを指摘している。この間、靏見誠良[1972]が、英米の金輸出禁止措置に伴い、アジア貿易に関する独自の決済機構としての東洋円為替決済圏が構築されたとしたのに対し、伊藤正直[1989]は「ドル決済・ポンド決済依存の構造は、〔第1次世界〕大戦期にも基本的には継続された」と主張した。

　第1次大戦期の経常収支大幅黒字に伴う大量の正貨流入は国内流動性の増大を通じて物価騰貴をもたらした。吉野俊彦[1960、1978]は、第1次大戦期の金融政策の中に通貨膨張抑制策が貫かれていたことを明らかにした。吉野俊彦[1960]は、政府資金による在外正貨の買入れによって銀行券の増発を防止する政策がとられたとし、これを金不胎化政策と呼んだ。これに対し、田中生夫[1980]は、この政策は厳密には在外正貨不胎化政策と呼ぶべきであるとしたうえで、それにもかかわらず「通貨増発はいちじるしく、物価が急騰し」たことを指摘した。日本銀行百年史編纂委員会編[1983a]も、日本銀行内外の資料を用いてこのような通貨膨張抑制策の存在を確認したが、結局は第1次大戦期に物価騰貴を防ぐことはできなかったと結論づけた。また一ノ瀬篤[1990]は、第1次大戦期の過剰流動性対策について、とくに臨時国庫証券の発行が不

十分であったと主張した。

　伊藤正直［1989］は「大戦期の国内・在外正貨激増の過程は、正貨政策と為替政策・通貨政策の関連のあり方に大きな変化をもたらした」として、次の2点を指摘した。第1に為替銀行からの外貨購入が主として政府資金によって行われたため、在外正貨保有主体の日銀から政府への転換が生じ、日銀が（円）資金調達の方面を援助し、政府が為替決済の援助を行うという為替政策主体の二元化＝分離が進行した。第2に「在外正貨の保有形態が、大戦以前のポンドからドル・ポンドへと二元化した」。

　小島仁［1981］は、政府・日銀による外貨資金の買取りも緊急円高対策としての為替相場調節の意義を持つとみて、これを公的為替操作とみなした。そして円高が昂進した第1次大戦期に、公的為替政策の主体が日銀から為替差損や内外金利差による金利差損を背負える政府に移行したと主張した。通貨当局（政府および日本銀行、とくに前者中心）の外国為替銀行からの在外資金買上げが結果的には輸出超過のもとでの為替相場の騰貴を抑制する役割を果たすことは確かである。問題は、通貨当局に為替相場調節の意図があったかどうかである。齊藤壽彦［1973］は、第1次世界大戦期に金輸出禁止の下での国際収支の受取り超過が為替相場を騰貴させ、これが輸出を阻止する恐れがあったことを大蔵省が認識していた、と同省所蔵の『勝田家文書』を引用しつつ紹介している。齊藤壽彦［1973］、田中生夫［1980］および小島仁［1981］は、1918年10月に大蔵省当局者が低為替政策を改め、これまで外国銀行よりも低位に定められていた正金銀行の「為替レートを自然の成行きに復せしめることを声明」したと指摘している。このことは、円高抑制策がそれ以前に行われていたことを物語るものである。さらに田中生夫［1980］は、1915年に日本銀行が政府と結んだ協定の中に「政府は正金銀行から在外資金を日銀経由で買い上げることによって、正金銀行に対して低為替レートを指導した」ことが看取されるとしている。田中はまた、日本銀行の為替資金供給も「直接的には為替銀行に助力を与えるものであるが、しかしこれらの施策を通じて為替銀行つまり正金銀行を指導し、為替レートを輸出業者に有利となるようにきめさせることができ」たと述べている。

　このようなことを考えると、第1次大戦期に公的為替操作が政府や日銀によ

って行われ、とくに政府が政策の主要目的の1つに一般的な（政府対外支払いや政府在外正貨の国内への回金の場合に限定されない）為替相場変動抑制（為替相場騰貴抑制、低為替相場）を掲げ、この政策を実施したとみてよいであろう。政府を中心とした在外資金の買上げという公的為替操作の形態は、明治期のそれとは異なるものであった。とはいえ、第1次大戦期における外国為替相場調節という目的は、正貨政策の種々の目的の1つとして掲げられていたにすぎず、正貨政策がもっぱら為替相場調節を目的として実施されたわけではなく、正貨政策は公的為替操作の側面も合わせ持つというものにすぎなかった。しかも齊藤壽彦［1973］や小島仁［1981］などが指摘したように、低為替相場政策の実施にもかかわらず、結局は大戦期に円の為替相場の騰貴を防ぐことができなかった。したがって、第1次大戦期の公的為替操作には限界もあったのである。

　第1次大戦期には、獲得された正貨をどのように処理するかという問題が新たに起こった。このために正貨処理論争が展開され、実際にさまざまな処理策が実施された。これには外債償還、正貨蓄積、生産的利用・対外投資というものがあった。正貨処理論争については松岡孝児［1936］が早くから注目し、吉川秀造［1969］や吉野俊彦［1978］らが正貨処理政策について述べている。齊藤壽彦［1974、1976］が正貨処理問題を詳しく論じたが、そこでは対外投資の検討は行っていない。

　第1次大戦下の経常収支の大幅な黒字とそれによる正貨の急増は、本格的な資本輸出を引き起こした。これには、対先進国公債投資と対中国借款・事業投資とがあった。これらについては伊藤正直［1989］が言及している。とくに後者については黒瀬郁二［1983］が掲げているように、西原借款に関する数多くの研究がある。また、国家資本輸出研究会編［1986］という詳細な統計資料に基づく対中国借款研究書が刊行されている。

　第1次大戦期に日本は金輸出を禁止し、金兌換は事実上行われなくなった（大蔵省編『明治大正財政史』第13巻［1939］参照）。第1次大戦終了後もこれが継続された。このような事実上の金本位制の停止は、日本資本主義の経済的脆弱性および政治的・軍事的理由によるものであった。第1次大戦期の金輸出禁止の論理は小野一一郎［1966］によって明らかにされている。

　第1次大戦期には、対外進出を積極的に推進しようとする大蔵省や日本銀行

により、横浜正金銀行を総合的貿易銀行化、総合的対外金融機関化しようとする構想が立案された。この構想は実現しなかったが、齊藤壽彦［1983、1987a］が同構想を紹介している。

　第1次大戦直後の1919（大正8）年に、日本銀行は銀行引受手形制度やスタンプ手形制度を創設した。本制度創設の意味については、国内金融の引締め政策か信用膨張政策かという視角からの検討がなされるとともに、井上準之助の「東洋のロンドン構想」に基づくもので円為替圏の拡大とそれに対応する国内手形市場の創設を図るものである、との見方が提示された。後者については伊藤正直［1989］も指摘しているように、新井真次［1958］が強調し、長幸男［1963、1982］が井上準之助の金融思想との関連で言及し、靎見誠良［1976］が勝田主計の金融思想との対抗という視角から検討を加えた。

　近年、正貨に関する統計的研究が進展している。このようなものとして武田晴人［2002］、岸田真［2003a］、Mariko Hatase and Mari Ohnuki［2009］を挙げることができる。正貨政策と関係の深い外債に関する第1次資料を用いた研究も進められている。岸田真［2000、2002］、鈴木俊夫［2001b］、三谷太一郎［2009］がその代表的なものである。

　なお、第1次大戦期の植民地金融については黒瀬郁二［1983］が研究史サーベイを行っており、この中で対満州通貨金融政策論・中国幣制改革論、植民地中央銀行論・植民地銀行改善問題を取り上げている。その後も波形昭一［1985、1987］、朝鮮銀行史研究会編［1987］、金子文夫［1991］などによって植民地貨幣金融制度政策史が考察された[17]。このような研究において、寺内内閣期に中国への金円流通圏拡張策が追求されたことが明らかにされた。

2　金解禁への模索

　第1次世界大戦後、国際収支が再び赤字となり、金輸出禁止の下で、為替相場の動揺や為替相場維持策の是非が大きな問題となった[18]。これを反映して、齊藤壽彦［1983］にみられるように、第2次大戦前に為替問題に関する種々の

17）　須永徳武「台湾銀行の中国資本輸出活動——自己資本単独借款を中心として——」（『土地制度史学』第138号、1993年1月）など、植民地研究はいろいろある。

調査が行われた。その中で最も包括的なものとして、横浜正金銀行調査課「最近十年間に於ける我国の対外為替」[1931] を挙げることができる。

第 2 次世界大戦後には、原信 [1969] が為替政策を概観した。三吉加代子 [1974] は新井真次稿の「正金為替資金の史的発展」（東京銀行作成）に依拠しながら、1920年代の為替政策について横浜正金銀行の市場介入を中心に考察した。

金輸出禁止（1917年）の継続と第 1 次大戦後の入超の下で為替相場は低落を続けたが、この間、相場の変動が放任されていたわけではない。貿易入超の下で為替資金不足に陥った為替銀行の求めに応じて、1920（大正 9）年以降在外正貨の払下げが行われた。齊藤壽彦 [1982] は、初期の払下げは為替資金の補充にとどまり、為替相場の低下を緩和はしたであろうが、為替相場維持の意図はなく、その後為替相場維持策として活用されるようになったとした。それがいつ開始されたかについては、1920年代初期とする大蔵省資料と1924年11月とする深井英五 [1929] とで見解の相違がみられる[19]。これについて伊藤正直 [1979、1989] は「正貨払下にはっきりと相場低落防止という位置づけがなされたのは、1922年 9 月」の市来乙彦蔵相の声明が出されてからであるとした。これに対して齊藤壽彦 [1982] は、より積極的に1921年10月以降の在外正貨払下げ（正金銀行に48ドルでの払下げを決定）に為替相場維持策としての性格を認めるべきである、ただし売却には厳重な審査という厳しい条件が付いていた、と主張した。このような時期の問題もあるが、在外正貨払下げによる為替相場維持（または回復）策が大蔵省のいうように1920年代初期に採用されたことは確かであろう。なお、在外正貨払下げ（売却）は日本銀行所有の在外正貨によっても行われたので、この政策は日本銀行の政策ともかかわっていた。ただし、1920年代には政府所有在外正貨の売却が中心となっており、政府が一般為替市場への外貨資金供給を行うことによって、民間側の要因から生ずる為替相場の変動を抑制し、為替相場の維持（または回復）を図っていたといえよう。この

---

18) 国際収支については津島寿一 [1968]、吉信粛「独占資本主義の確立と外国貿易」（松井清編 [1963] に所載）、松野周治「貿易不均衡と国際収支の展開」（日本貿易史研究会編『日本貿易の史的展開』三嶺書房、1997年）などを参照されたい。

19) 大蔵省資料は「外国為替及正貨に関する件」(1928) 日本銀行調査局編『日本金融史資料　昭和編』第21巻、344ページほか。深井英五 [1929] 77-78ページ。

ことは、政府が一般的な為替相場低落抑制を主要な目的とした公的為替操作を行うようになり、しかもその主要な担い手となっていたことを意味する。第1次大戦期に続いて金輸出禁止下でも外国為替相場の決定に大蔵省が大きな影響力を行使していたのである。小島仁［1981］のように第1次大戦後の公的為替操作の主体を日銀・正金であるということはできない。日本銀行がこれにかかわっていたとはいえ、第1次大戦後（1920年代）には公的為替操作における日本銀行の役割は第1次大戦前と比べて後退したのである。

　1922年9月には、為替相場の回復を目的として在外正貨の払下げを緩和するという、市来蔵相の声明が出された。その後、為替相場は47ドル台から48ドル2分の1～49ドル水準へと回復した。しかし関東大震災勃発後、為替相場は崩落した。この要因については齊藤壽彦［1978a］が考察している。1922年6月の日本銀行正貨売却を最後に停止されていた在外正貨の売却は、関東大震災勃発後に為替相場維持のため再開された。1923年12月には正貨残高の急減からいったん在外正貨の払下げが中止されるが、1924年1月に勝田主計蔵相は絶対必要品の輸入に限って在外正貨を払い下げ、為替相場を維持することとした。入超の持続から、同年3月に在外正貨の払下げは再び中止され、為替維持策は放棄された。だが、為替低落は市場不安を激化するとの判断のもとに、同年11月になって浜口雄幸蔵相は内外正貨を利用した為替相場維持策を採用した。為替相場の低落を阻止すること自体を目的に在外正貨を制限なしに払い下げる政策は、このときに初めて採用されたと深井英五［1929］は主張する。従来の在外正貨払下げは外国為替相場維持の目的に徹し切らず、必要な物資の輸入を確保するために輸入品の品目を考慮しつつ為替銀行の外貨資金を補充することをもう1つの主要目的としており、したがってその払下げには制約があった。これに対し、1924年11月以降の正貨払下げは輸入品の品目を考慮せず、為替相場の維持を第1の目的とするようになり、ここに為替相場維持方針が一段と明確に打ち出されるようになったのである。大蔵省は同月に対米為替相場を最低38ドルに維持しようとし、これを主たる目的として正貨を払い下げようとした。1924年11月の為替政策の画期的意義が看過されてはならないだろう。さらに1925年9月に大蔵省は政府所有内地正貨の現送を声明し、為替回復政策を実施する。この正貨現送は金解禁準備とみられ、広範な円投機と為替相場の上昇を

序章　日本の正貨政策に関する研究史

引き起こした。

　正貨政策と結びついた上述の為替政策については三吉加代子 [1974]、齊藤壽彦 [1978a、1978b、1987]、田中生夫 [1980] などによって論じられている。また寺村泰 [1985] は、1925年9月の在内正貨現送を画期として、為替相場政策は横浜正金銀行に対する在外正貨払下型為替相場維持策から投機土壌利用型為替相場回復策へと転換したと主張した（なお、平智之 [1992] は1920年代の銀貨圏における正金銀行の投機的活動の推移を考察している）。

　以上のような浜口蔵相の為替回復策は1926年5月に動揺し、金解禁即行、準備解禁論へと傾斜した。金解禁準備施策は同年9月以降、片岡直温蔵相によって実施された。このことは田中生夫 [1980] によって論じられている。

　1927年に金融恐慌が勃発すると、高橋是清蔵相は内地正貨の現送を中止し、金解禁を無期限に延期して為替市場放任政策を採用したため、為替相場は漸落傾向を続けた。高橋蔵相の後を継いだ三土忠造蔵相は、当初は高橋の路線を継承した。1929年3月以降、極秘裡に金解禁準備に着手したが、6月の田中内閣総辞職によって金解禁は実施されなかった。同年7月に成立した浜口雄幸内閣は井上準之助蔵相のもとで金解禁準備政策を開始し、これを受けて為替相場は急騰した。

　田中生夫 [1989] は、「大正末年から昭和初頭にかけての政府所有在外正貨の激減は、経常収支赤字を在外正貨でまかなう技術装置が〔対民間信用における大量救済金融による〕日銀信用の固定をカヴァーする機構全体を破綻させ、さらに、政府の対外債務支払の支障を予想させることとなった」と述べている。

　なお、このような為替政策についての横浜正金銀行の営業との関係については三吉加代子 [1974] や齊藤壽彦 [1978b] が言及していたが、その後、平智之 [1989、1990] が正金銀行本店頭取席によって集約された統計資料に基づいて丹念に分析した。

　在外正貨を正貨準備とする銀行券発行は1922年8月に廃止された。松岡孝児 [1936] はこれを日本における金為替本位制の廃止とみなしている。在外正貨の正貨準備充当の是非については田中金司 [1929] が検討した。田中金司は、「在外正貨を正貨準備に繰り入れることは決して不当でないばかりでなく、寧ろ之が普及は国際経済上並に国民経済上多大の利益を齎すものである。……然

33

し……正貨準備の全部を挙げて在外正貨となす訳には行かない」と結論づけた。深井英五［1928］は、中央銀行保有の在外正貨を正貨準備に充当しようと保証準備に充当しようと、すでに国内通貨をもってする代金の授受があれば、通貨の伸縮に及ぼす影響は同じであり、在外正貨を保有してもこれを正貨準備に充当しなければ通貨膨張を来さないという見解は誤りである、と論じた。

第1次大戦後には大戦中に中断されていた外債の発行が再開された。外債募集には在外正貨の不足を補充しようという意図があった。大正・昭和初期に発行された外債については大蔵省理財局外債課編『本邦外貨債関係資料』（同課、刊行年不明）が参考資料となる。大戦後の外資導入政策の推移については伊藤正直［1989］やバイスウェイ［2005］が言及している。1924年に発行された震災復興外貨国債については、発行交渉に従事した森賢吾や津島寿一の回顧談、回顧録[20]をもとにした佐上武弘［1972a、1972b、1972c］や国際信用という観点を重視した齊藤壽彦［1993、1995］の研究がある。地方外債については持田信樹［1981］、坂本忠次［1982、1991］、高寄昇三［1991］、電力外債については松島春海［1961］、橘川武郎［1982、1988］の研究がある。橘川武郎［1988］はハーバード大学ビジネススクールのベイカーライブラリーのラモント文書を用いた研究である[21]。岸田真［2012］は対外信用維持政策を考察している。

山崎隆三編［1978］や山本義彦［1982、1989a］は外資依存の日本資本主義の性格を金融従属と規定したが（山本は自立への衝動をもつことを付け加えている）、浅井良夫［1982］は第1次大戦後に日本は金融的に自立したと反論した。

この間、第1次大戦後には周知のように金解禁論争という大論争が展開されている。櫻谷勝美［1976］や齊藤壽彦［1981a］がこの論争に関する研究史を概観しているが、さらにその後における研究をも取り上げながら改めて金解禁論争研究史を考察してみよう。

金解禁政策に関しては、戦前に大内兵衛［1927］が肯定的に評価し、戦後も

---

20) 森賢吾「外債顚末感想談」『財務通報』9、10号、1924年9月。同「最近の外債成立の顚末」『銀行通信録』78巻463～465号、1924年8、9、10月。森賢吾講述（1930）「国際金融」金融経済研究所編『金融研究会講演集』［1973］。津島寿一［1963、1964］。

21) このほか満鉄外債についての研究もある（三谷太一郎「ウォール・ストリートと満蒙」細谷千博・斎藤眞編『ワシントン体制と日米関係』東京大学出版会、1978年。三谷太一郎［2009］。岸田真［2000］）。

日本銀行調査局特別調査室編『満州事変以後の財政金融史』[1948] が「かれ〔＝井上準之助〕の財政政策が日本財政上珍らしい健全財政主義であり、明治以来の不健全な伝統的膨脹主義に対する良心的な反抗であったことは何人も認めなければならないであろう」と論じた。このような見解は、大蔵省昭和財政史編集室編『昭和財政史』第1巻 [1965] にも踏襲された。その後は吉田賢一 [1988] が井上準之助の金解禁政策を金解禁による緊縮政策と世界恐慌による打撃とに分けて評価すべきであると主張している。すなわち吉田は、井上の金解禁政策それ自体は何ら失敗でも錯誤でもなく、日本資本主義の危機的状況からの脱出を図ろうとする必然的なものであり、成功していたこと、井上の決断力および実行力は評価されてしかるべきものであり、彼の金解禁政策を破綻に導いたのは世界恐慌の波及による恐慌の深化の下でも緊縮財政政策を実施したことであると論じているのである。

　金融恐慌後の金解禁の本質を金融資本の支配権の確立を目指すものととらえていた野呂栄太郎の見解が、第2次大戦後に小野一一郎 [1963a、2000] によって再評価された。このような見解は山本義彦 [1989b] によっても踏襲されている。この見地に立てば、金解禁は失敗であったのではなく、金融資本の支配を拡大したものとなる[22]。

　他方、金解禁政策は失敗であったとみる見解も数多く存在する。深井英五 [1941] は金解禁は巨額の正貨を失わせたので失敗であったと回想している。さらに鈴木嶋吉（当時、日本興業銀行総裁）[1935] は、極端なデフレーション政策、円貨の不自然な高さが産業と経済を犠牲にしたと述べた。この見解は、第2次大戦後、大島清 [1955] に受け継がれた。大島は、金解禁はちょうど日本へ襲来した恐慌をいっそう激化せしめることになり、「緊縮財政への努力は、結果において日本経済を大不況のどん底に叩きこむテコの役割を果たすこととなったのであり、過去何回かの財政整理の失敗の歴史を拡大再生産することに終わったのであった」[23]と述べている。また大内力 [1967] は、「金解禁〔は〕……無謀な措置であった。……それは、日本の重化学工業が当時なお幼弱であって、とうてい対外競争にたえうるものでなかったこと、長いあいだのインフ

---

22) 櫻谷勝美 [1976] 134−135ページ。
23) 大島清「井上財政から高橋財政への転換」『経済評論』1968年5月号、112ページ。

レによって経営の弱点がおおい隠されていたことなどを、じゅうぶん顧慮していなかった。……それらは合理化しようにもしようのない状態にあったことを、まったく過小評価していたのであった」ととらえた。長幸男［1963、1973］は、井上蔵相の金解禁は、19世紀的自由経済の信条に基づいて行われた時代錯誤の政策であったとみている。水沼知一［1976］も、井上の金本位制観には、「金本位制の法律制度的な要件から、それの実質的（歴史的・社会的な）機能条件を区別して問題にする視点が欠如している」と、厳しく批判した。

金解禁政策を激しく批判する森七郎［1986］は、金解禁評価の本質的な客観的基準は、日本における金解禁の特殊性に求められるべきである、とする。この特殊性とは森によれば、まず第1に、脆弱な農林漁業および中小企業と未発達な大資本との対立と矛盾を有する日本資本主義の特殊性に基づいて、「財界の整理」が日本の金解禁の目的として独占資本から要求されたこと、第2に、欧米の資本主義にみられた資本主義としての一時的・部分的な相対的安定が日本資本主義においては欠如していたにもかかわらず、資本主義の相対的安定の指標である金解禁の実施を強行したこと、第3に、欧米においては財政縮小・金融引締め・輸出増大・産業合理化という準備を強行した後に、その仕上げという意味において金解禁を実施したが、日本の金解禁にあっては、その準備であり、その前提であるべきデフレーション政策、すなわち財政縮小・金融引締め・輸出増大・産業合理化が、金解禁の前にではなく、金解禁とほとんど同時にか、あるいはその後に強行されたという齟齬があるということである。森七郎はこれら3つの要因に基づいて、日本の金解禁は誤謬の歴史であり、失敗に終わったものと断ずる。

金解禁が実施される以前に高橋亀吉、山崎靖純、石橋湛山、小汀利得らが新平価解禁論（平価切下解禁論）を主張していた。この新平価解禁論が採用されていたならば解禁時のショックが小さかったであろうということが長幸男［1973、1974］、中村隆英［1971、1978］、江見康一［1965］、神谷克巳［1957］、久世了［1969、1970］によって述べられている[24]。

吉田賢一［1993］は石橋湛山の購買力平価説を中心に新平価解禁論を検討し

24）櫻谷勝美［1976］141ページ。

ている。新平価解禁は、1929年に金解禁準備の一工作としてクレジット設定交渉にあたっていた大蔵省海外駐箚財務官津島寿一に対して、アメリカの金融業者が日本での採用を助言し、津島もこれに同意していたものであった。それにもかかわらず、新平価解禁は政府によって実施されなかった。この理由として森七郎［1986］は、銀行資本家たちが旧平価解禁を要求していたこと、財界の整理が金解禁の最大の目的であり、そのためには旧平価解禁が必要であったことを挙げている。

具体的な金解禁論争の過程については、資料としては日本銀行調査局編『日本金融史資料　昭和編』第20～23巻が参照されるべきである。ことに「金輸出解禁史」（其一）、（其二）が重要である。一方、研究としては、川合一郎［1949］が戦後早くから金解禁問題を考察した。宮本憲一［1960］はこの問題をめぐる財政金融政策の論理構造を総合的に解明した。三和良一［1973］は第1次大戦後の経済構造の分析を踏まえて金解禁政策の客観的意味を検討した。日本銀行百年史編纂委員会編『日本銀行百年史』第3巻［1983b］は金解禁への動きや金解禁論争を考察している。靏見誠良［1982、1983］は学説史的考察を取り入れて金解禁を論じている。

1917～19年の金輸出禁止継続の論理については、小野一一郎［1966］が明言した。1919年には日本銀行副総裁木村清四郎が金解禁を提案して「財界善導」を果たそうとしたことを、田中生夫［1980］が明らかにした。田中はまた第1次若槻内閣の片岡蔵相による金解禁工作の挫折を取り上げている。長幸男［1963、1973］に井上準之助と石橋湛山の経済思想の対立の観点から金解禁政策を考察した。また田中は、井上準之助と高橋亀吉の経済思想の対立の観点から金解禁論争を論じた。さらに田中生夫［1989］は、経済（思想）史的ないし経済政策史的研究に比べて通貨（政策）史的観点からの金解禁に関する研究が少ないとし、深井英五の金解禁論を通貨史的に論述した。この中で田中は、大正期に木村、深井らの人々が日銀内部に中央銀行官僚ともいうべき一団を結成し、中立貨幣論的思考を基礎として自覚的に日銀の金融施策を検討し、発言し始めていたと論じている。

第1次大戦後における世界経済の特色の1つは、国際金融協力が進展したことである。これについては深井英五［1941］が回顧している。戦後においては

大正年代後半から昭和初期にかけての国際金融協力（ブリュッセルやジェノアの国際経済会議の開催や中央銀行総裁会議準備、各国中央銀行に対する信用供与など）や国際決済銀行の設立と日本銀行との関係について日本銀行百年史編纂委員会編［1983b］が記述した。その後、今田寛之［1990］が日本銀行と欧米銀行との個別的協力や各国中央銀行間協調についてさらに立ち入って論述した。齊藤壽彦［2000］は国際経済会議に言及している。

　植民地中央銀行であった朝鮮銀行と台湾銀行は第1次大戦期に異常な膨張を遂げ、第1次大戦後に経営上の困難に陥る。両行の整理問題については波形昭一［1987］が考察している。また、第1次大戦後の植民地金融史における通貨政策に関しては対満州通貨政策が注目される。柴田善雅［1977］は、第1次大戦以後1920年代の対満通貨金融政策のフレームは、1917年に寺内・勝田により形成されたものであり、それは朝鮮銀行を中央銀行に据え、金票を散布し、満州を金本位で統一し、日本の利権扶植の槓杆とすることを目的としていたが、この政策は同時に正金銀行の銀券＝鈔票の流通も是認するという政策上の不徹底を内包していたため、諸矛盾が20年代早期に噴出した、と述べている。松野周治［1977、1978、1979］も日本の対満州通貨金融政策について論じている。安冨歩［1991］は1920年代に為替投機を行っていた大連商人の排除を経て満州幣制統一が実現したとする。金子文夫［1991］によれば、1920年代には朝鮮銀行が固定貸のために経営危機に陥ったのに対し、正金銀行は安定した業績を上げたが、大豆取引の末端機構＝糧桟に融資する中国側金融機関＝官銀号との対立が激しくなっていく。

3　金解禁実施と金兌換、在外正貨売却、為替統制売り

　日本は欧米よりもはるかに遅れて1930（昭和5）年1月に金解禁を実施し、金本位制に復帰した。政府に対して金解禁を促した事情はどのようなものであったろうか。

　日本銀行百年史編纂委員会編［1983b］は、国内経済面、国際金融面での事情とともに政治的背景をも指摘している。浜口内閣は金解禁に対する態度を明確に示さなければならない立場にあったし、また国際協調を基本とする外交政

策を採用していたので、これが経済面での国際協調路線の性格を持つ金解禁政策と結びついていたという。

伊藤正直［1987a］は、金解禁が政策的に不可避となった最大の要因は在外正貨の枯渇にあったと述べている。対外支払い、為替相場回復のために日銀在内正貨の現送が必要となったのである。伊藤はモルガン商会のラモントの資料も用いながら、海外諸機関からの金本位復帰要請も金解禁に大きな影響を与えたとみている。

日本銀行の「金解禁下の財政金融事情について」[25]によれば、我が国が金解禁方針を明示し、また膨大な国債の整理方針を明らかにしなければ、英米両国は応募しがたいとの意向を示していた。しかも1931年1月に満期となる第二回四分利付英貨公債2億2000万円を借り換えるために、1930年当初にはその交渉を行わなければならなかった。そのうえに国際決済銀行へ出資したり、また国際連盟の財政委員会へ出席するなどのことを行うためにも、我が国が完全な金本位制度を維持することを条件とされていた、という。なお、四分利付英貨公債借換えのために金解禁が必要であるということに対しては、三土忠造（田中義一内閣の蔵相）の反論もある[26]。

森七郎［1986］は、銀行資本が遊資対策として、あるいは対外放資政策として金解禁を要求し、また、より根源的には「財界整理」という旗印の下に、金融資本としての制覇と確立を最終的には企図して、銀行資本家たちは金解禁を要求したと記している。森は銀行資本の金解禁要求を日本における金解禁の決定的要因として重視する。

貿易資本、産業資本などの金解禁要求という国内的要因も金解禁への政策転換を促すのにきわめて大きな役割を果たした。金本位復帰の決定にあたって国外的要請と国内的要請のいずれがより重要な役割を果たしたのであろうか。この問題を考える場合には、深井英五が『通貨調節論』［1928］の中で、「金本位の恢復、維持に各国主として自己の力と覚悟とに依って行ふべきで、確たる見込のない他国の援助を頼りとすべきではないが、世界的潮流の嚮ふ所も亦注意して置くべきである」と論じたことが想起されるべきである。

---

25) 日本銀行調査局編『日本金融史資料　昭和編』第20巻、188ページ。
26) 三土忠造「経済非常時の正視」(1930)『日本金融史資料　昭和編』第22巻、665ページ。

金解禁については政策主体内部に理論的対抗が存在したという指摘がある。すなわち、長幸男［1973］は「カンリフ委員会の伝統的理論」（＝貨幣数量説）に立つ井上蔵相と、「マクミラン委員会以後の金本位制観に通ずる物価安定を重視したより弾力的な考え方」（＝所得数量説）に立つ深井日銀副総裁の金本位制認識、通貨観の差異を検出した。ただし、長は、日銀官僚としての官僚的合理性＝「官僚的心術」のゆえに深井は自らの政策理念を展開し得ず、金解禁期の政策は井上の論理によって貫徹されたと評価している。田中生夫［1989］は金解禁消極論の立場に立った深井英五の、再建国際金本位制の脆弱性に関する認識の高さを高く評価し、深井は金解禁準備期には井上に順応していたが、実行期には井上と異なっていたと論じた。ただし、田中も深井が最終的には井上蔵相の指導に順応したことを認めている。このような通貨当局者の思想的対立の考察も重要であるが、深井が金本位制復帰慎重論者から金本位制維持策遂行者となり、さらに金本位制放棄論者へと転換する理由としては、深井がたえず世界的潮流と国内輿論（とくに財界の総意）の動向をみきわめ、これに順応しようとしたことが肝要であろう[27]。

　浜口雄幸内閣は1929年7月に成立すると同時に金解禁を中心とした十大政綱を発表し、金解禁の準備に着手した。財政緊縮、国債整理、消費節約の3つをその対内的準備であるとすれば、その対外的準備施策としては、外国為替市場操作、クレジットの設定、政府所有正貨の日銀への移管声明、外債借換交渉が行われた。外国為替市場操作は在外正貨の補充とともに円相場の段階的引上げのために実施された。政府所有正貨の日銀への移管は、従来、政府自らが在外正貨を保有して海外払いや為替調節を実行していたのを改め、日本銀行が正貨を一元的に管理するようにさせ、今後はもっぱら同行が正貨政策や為替政策を

---

[27]　深井は『回顧七十年』［1941］の中で次のように述べている。金解禁の「時期に就いては経済の実情と人心の趨向とを慎重に考慮しなければならぬ」、「時期の決定に就き自ら如何なる判断を下したるべきやは暫く措き、世〔輿〕論が大体解禁要望に一致し、政府が断行に邁進することとなりたる上は、其の達成に最善を尽すのが、私にとって当然の途であった」、「金本位制の回復が一般社会の希求する目標である間は、其の実現の容易ならざるに拘らず、金と通貨との連繋を利用して通貨の堅実性を維持するのが順調なる経済発達の為めに最善の途であろう」、「金本位制の維持を不可能ならしめた所の主たる原因は……金本位制の再建を試みて失敗した世界的潮流の線に沿うのである」、「世界的には英国の金本位制離脱により、我国に於いては金解禁の失敗により、人心が既に金本位制を去った上は、寧ろ早く金に対する執念を脱却し、通貨政策の規準を求めなければならぬ」（241-242、251、256、258ページ）。

担当するようにさせるというものであった。このような金解禁準備施策については大佐正之［1969］、森七郎［1986］、田中生夫［1989］などによって論じられている。クレジット設定交渉については、東京銀行編『横濱正金銀行全史』第1巻［1980］に資料が掲げられている。また、第二回四分利付外貨公債の借換交渉については日本銀行百年史編纂委員会編［1983b］が記述している。田中生夫［1989］は金解禁準備策として11月21日に出されたシンジケート銀行団の金解禁に対する「道義的支持」声明にも注目し、この声明は大蔵省の「道義的勧告」に起因するものとみなした。

　金解禁期の正貨政策や為替政策についての研究は『日本金融史資料　昭和編』にみられるようにかなりあるが、それが整理された形で論じられ、ことに外国為替の統制売りの実態が解明されるようになったのは第2次大戦後のことである。日本銀行「金解禁後に於ける本行の諸施策」[28]［1962］、大佐正之［1969］、日本銀行百年史編纂委員会編［1983b］、八木慶和［1986］、伊藤正直［1987a］、山崎広明［1988a、1988b］、田中生夫［1989］などがその問題を考察した。

　これらの研究は、まず第1に、金解禁下の正貨政策が時期的変化を伴ったことを明らかにした。その段階区分については論者によって若干の差があるが、次のように区分するのがよいように思われる。第1期は1930年1月11日の解禁実施から同年7月31日の正金銀行統制売り開始までの時期で、日本銀行自らが正貨兌換や横浜正金銀行および一般の外国為替銀行に対する在外正貨の売却を行っていた時期である。第2期は1930年7月31日の正金銀行の外国為替統制売り開始から翌31年9月21日のイギリスの金本位制放棄までの間である。正金銀行の為替統制売りは、日銀・政府所有の在外正貨を正金銀行に売却して正金銀行に原則として無制限に為替特別売却を行わせるもので、政府の命を受けた横浜正金銀行が外国為替維持策の直接的担当者となり、一般市場に向かって確定した相場で直物、先物とを問わず為替を売却し、他日その差額決済のために必要なだけの金を正金銀行が輸出し、これによって金本位制を維持するという、内地正貨を背景とする為替本位的方法であった。この時期にはこの政策は効果

---

28)『日本金融史資料　昭和編』第20巻、152－177ページ。

を収め、為替市場は大した波乱もなく経過した。第3期は1931年9月下旬から12月13日までの時期で、同じく統制売りが行われていたが、満州事変勃発とイギリスの金本位制放棄以降のドル買い投機の激化に伴って統制売りが急増し、これが巨額の正貨を流出させ金輸出が再禁止されるに至った[29]。

　金解禁期において注目すべき事実は、日銀による正貨の一元的管理方針が採用されたことである。森七郎[1986]がこのことに言及している。伊藤正直[1989]は日本の金本位制移行後に初めて「金本位制下の中央銀行としてその使命を果たすべき一応の体制」、つまり中央銀行の手による国際収支調整と通貨量調整の一元的調整機構が成立したと評価する。日銀による正貨の一元的管理が完全に実施されていたならば、日本銀行が政府・大蔵省に代わって国際金融の中核的担い手となっていたに違いない。だが田中生夫[1989]は、政府所有在内正貨の日銀移管は実行されたが、政府所有在外正貨は、少なくとも、1931年1月まではかなりの残額が認められ、しかも横浜正金銀行による統制売りの開始は政策担当機関の方針の修正といってよく、結局、日銀による正貨・為替の一元的管理方針は竜頭蛇尾に終わってしまった、という。正金銀行については、山崎広明[1988a]が金解禁期における正金銀行の経営動向を鳥瞰している。平智之[1989]は私的資本としての正金銀行の外国為替業務を考察し、同行の外国為替業務展開の力量こそが正金銀行に金本位制防衛という国策的課題を遂行させた客観的根拠であったと述べている。

　金解禁後の第1期においては、在外正貨の売却によってではなく、主として無制限の金兌換に日本銀行が応ずることによって金本位制を維持するという方針が採用された。この一因としては、在外正貨が枯渇している一方で在内正貨がかなり多く所有されていたことを挙げることができる。だが、そのほかの理由も挙げられている。すなわち、伊藤正直[1987a]は正貨兌換の選択をカンリッフ的金本位観が採用されたものととらえ、この背後にはストロング、ラモントらが強調した「中央銀行の独立性の堅持」という理念＝観念が存在していたと推定する。そして、後の為替統制売りによる金本位制維持の採用はカンリッフ的金本位システムからの制度的離脱とみなしている。一方、田中生夫

---

29)　金解禁後の金流出については日本銀行調査局「本邦の金に就て」（1932年5月調、『日本金融史資料　昭和編』第20巻所収）などを参照されたい。

[1989]は、すでに金解禁前に深井が「請求に対しては正貨を引渡すの覚悟を要する。若し其の覚悟が出来なければ金解禁に乗り出すべきではない」[30]と述べていたことに注目し、これは外債発行手取金によって在外正貨の補充を行うようなことはしないという考えによるとともに、金解禁消極論が具体的な形をとったものであるとみなしている。田中の考えを敷衍すれば、外債非募債のもとでは対外支払いは金現送によらざるをえず、また金解禁は一時的に為替高騰と日銀券抑制による不景気をもたらすものであって、金解禁を実施するとすれば厳しい金融引締めを伴う金の流出を恐れてはならない、その覚悟がないのならそもそも金解禁は行うべきではないと深井が考えたということとなろう。

ドル買いに対しては、従来から三井銀行のドル買いは思惑・投機ではなく自衛上必要限度のドル買いであるとの主張がなされてきた。その代表的なものは池田成彬[1949]である。これに対して、たとえば八木慶和[1986]は統制売りの計数を分析しつつ、そのドル買いが投機であったと主張するなど、論争が続いている。これについては、石井寛治編[2001]第2章第2節3（伊藤正直執筆）を参照されたい。

財政緊縮・金融引締め・産業合理化による景気の悪化、金解禁当初の当局の予想を超えた正貨流出、満州事変の勃発、イギリスの金本位制離脱、世界恐慌の波及、ドル買い投機による正貨流出、銀行の金解禁に対する道義的支持の崩壊などの結果、1931年12月に金輸出再禁止と金兌換の停止が断行された。この経過については日本銀行百年史編纂委員会編[1983b]、森七郎[1986]などに記されている。また浅田政広[1978a、1978b]は高橋是清が「外交上の重大な働き」をする金準備を確保しようとしたことも金輸出再禁止をもたらしたと論じている。すでに1931年10月上旬に、深井は金本位制維持を不可能であると判断していた。伊藤正直[1986]は、金本位制の最終的局面において深井が中央銀行の独立性ないしはセントラル・バンキングを自ら放棄していたとする。だが深井は10月上旬には積極的に金輸出再禁止を主張せず、金本位制維持を主張する井上に追随した。これは当時の興論、とくに財界首脳の主張の中に金輸出継続を主張するものが依然として根強く存在していたためであると思われ

---

30) 深井英五[1941] 246-247ページ。

る[31]）。世界的にはイギリスの金本位制離脱により、日本においては金解禁の失敗により、人心が金本位制を去ったとき、深井はためらうことなく金本位制の離脱を求めたのであった[32]）。

第5節　金本位制離脱後の正貨政策に関する研究

1　満州事変期の外国為替管理政策と金管理政策

　金本位制離脱後、日本の通貨制度は事実上の管理通貨制度に移行した。この管理通貨制度は通貨＝不換銀行券の管理のみならず、外国為替の管理および金の管理をも含むものであった。外国為替管理や金管理の全体については日本銀行百年史編纂委員会編［1984］、日本銀行調査局特別調査室編［1948］、大蔵省昭和財政史編集室編［1963］、新井真次［1970］、高石末吉［1974a］、東京銀行編［1981-83］、森七郎［1986］などによって叙述されている。また、外国為替管理政策の横浜正金銀行に及ぼした影響については齊藤壽彦［1991a］によって論じられている。

　金輸出再禁止前後に日本銀行副総裁深井英五は高橋是清蔵相に為替管理の必要を進言したが、為替の騰落は自然に任せるべきとする高橋は、当初為替相場低落を放任する方針を採用した。しかし、為替相場が急落したため、為替対策として1932（昭和7）年6月に資本逃避防止法が公布された。さらに同年11月には各方面の為替安定策を求める声を受けて、政府の為替政策は積極的に為替相場低落を阻止する政策へと転換した。翌年3月には外国為替管理法が公布され、政府は円相場安定の広範な権限を賦与された。高橋是清については最近、一次資料に基づく研究書が相次いで刊行されている（井手英策［2006］、鎮目雅人［2009］、スメサースト［2010］）。

　中西市郎［1968］は金輸出再禁止後の外国為替対策の諸類型を検出している。イギリスでは1932年に大蔵省に属する為替平衡勘定を開設し、為替市場メカニズムをあくまで維持しつつ為替平衡操作を行い、またアメリカも1934年に為替

---

31)　1931年11月6日に池田成彬、八代則彦、郷誠之助、稲畑勝太郎を代表とする有力者は政府の意を体して金本位制擁護申合わせを発表した（深井英五［1941］239ページ）。
32)　深井英五［1941］258－261ページ。

平衡基金を設定して、同じく為替市場メカニズムを存続させたまま為替維持策を実施した。これに対してドイツでは1931年外国為替管理を導入し、為替市場における自由な取引を禁止する形で為替相場の安定を図った。この間、我が国の場合は、為替相場が暴落した後に外国為替管理法に基づく為替管理の部分的実施によって為替相場を維持し得たが（低位安定）、1937年に日中戦争に突入して以降国際収支が急激に悪化したため、ナチス政権下のドイツと同様、為替管理を全面的に実施することとなった。このように中西市郎は日本の為替対策を特徴づけている。そして、1937年までの低位安定の時期においては、紡績業が為替相場の低落を利用して輸出を伸ばし、国際収支の改善に中心的役割を果たしたと論じた。

　高橋亀吉［1955b］は、金輸出再禁止直後の高橋是清の外国為替放任政策を大失策であったとみなした。森七郎［1986］も、高橋蔵相は管理通貨制度の対外的側面を深井英五のように十分理解することができず、金輸出（再）禁止という、自由資本主義を否定する強行手段をとりながら、金輸出（再）禁止の影響を直接こうむる為替相場に対しては古典的な自由放任主義で臨むという矛盾、誤謬を犯していたと述べている。だが森七郎は、この高橋蔵相の誤謬は管理通貨制度への認識不足だけからもたらされたものではなく、むしろ積極的には、円為替相場の引下げを目的とするものであったと主張している。森七郎によれば、この円為替相場の低落は、傘下に輸出産業を多く持ち、とくに大陸侵略による中国市場への輸出をもくろんでいた三井財閥・新興財閥の利益となったばかりでなく、旧平価解禁中に大規模な円為替売＝ドル為替買の為替投機を行っていた三井・三菱・住友財閥に投機利潤を与え、さらに円為替相場の暴落による物価騰貴は勤労大衆の実質賃金を切り下げることとなったという。

　伊藤正直［1989］は、日本の為替管理政策の特徴として、①為替放任→為替維持＝安定化という二段構えで進行したこと、②法制面から資金移動を規制したこと、③貿易統制との関連がかなり早くから意識されていたこと、の３点を挙げている。また為替管理政策の影響としては、①輸出促進効果をかなり長期に保持し続けたこと、②長短資金の国際的移動をほぼ完全に規制することができ、結果的には朝鮮・満州への植民地投資資金を創出するという機能を果たしたことを指摘している。

1932〜34年には笠信太郎と猪俣津南雄との間で「為替インフレーション」論争が起こった。「為替インフレ論」とは為替相場の下落から国内物価の一般的騰貴を直接的に説く議論である。浅田政広［1978a］は、猪俣の主張する為替インフレ論によれば為替相場の低落に応じて国内物価の騰貴がなければならないが、不況下でこのような事実は生じなかった、と猪俣説を批判した。

　これまで満州事変期の外国為替管理について考察してきたが、この時期には金管理政策ともいうべき金政策も展開されている。1932年には政府による国内産金の時価買上げ（政府への金集中）が行われ、1934年には日本銀行金買入法が制定された（日本銀行への金集中）。このような金政策の全体像については、日本銀行調査局が戦前に『金輸出再禁止後の我国金事情』（1935）と題する資料を作成しており、戦後も日本銀行調査局特別調査室編［1948］の中で取り上げている。また、浅田政広［1978b］は我が国における金政策の変遷について論述し、伊藤正直［1980］はとくに日本銀行金買入法について考察した。

　中央銀行間協力については日本銀行百年史編纂委員会編［1984］が論述し、今田寛之［1990］が考察を加えた。なお、戦前最後の国際協調に基づく国際会議となった世界通貨経済会議については、伊藤正直［1987c、1991］、木村昌人［1991a、1991b］の研究がある。

　植民地金融史については小林英夫［1983］が満州事変以後に関する研究史を通観している。我が国が外地において発行した通貨については日本銀行調査局編［1974］が全体像について論じている。満州の幣制統一事業については小林英夫［1972］や満州中央銀行史研究会編［1988］が明らかにした。中国の法幣による幣制改革については野沢豊編［1981］が国際関係の観点から論じ、またこの幣制改革に大きな役割を果たしたリース・ロスについて藤村欣市朗［1992b］が述べている。中国幣制改革に際して日本銀行がとった態度については八木慶和［1988a］が明らかにしており、日銀が対英協調のための独自の行動をとらず、大蔵省や外務省と一体の行動をとったと論じている。

2　日中戦争期の外国為替・金管理政策の展開

　1937（昭和12）年7月に日中戦争が勃発し、以後、日本経済は戦時経済へ移

行して経済統制が本格化した。近衛内閣は、①国際収支の適合、②生産力の拡充、③物資の需給調整という財政三原則を掲げたが、軍需の増大に伴って国際収支適合がその後最も緊急を要するものとなった。国際収支を適合させながら軍需物資を重点的に輸入するために、貿易の直接統制と外国為替管理の強化が図られることとなった。こうした日中戦争期の国際収支や外貨決済については原朗［1969、1972a］が詳しく考察した。外国為替管理の強化は大蔵省の権限を強化するものであるともいえようが、管理の担い手の一員として日銀が加わることによって、同行が為替市場に大きな影響力を及ぼすこととなった。すなわち、1938年7月には外国為替基金が日本銀行に設置された。この基金は輸出振興のために活用するという方針から、国内転用の恐れのない輸出商品、たとえば輸出入リンク制度の対象商品の原材料に限り利用された。軍需資材その他の輸入の決済のためには、銀行の外貨資金を中央機関に集中させてプールした資金を重点的に使用させる必要があると考えられた。このために、1938年8月に外国為替銀行の余裕外貨資金を日本銀行に集中させるという措置が、日本銀行と各為替銀行との個別契約によって実施されたのである。これらの「外国為替基金制度」と「外国為替資金集中制度」によって、日本銀行が強力な為替市場統制権を有するようになった。前者については原朗［1972b］の研究がある。後者の資料としては日本銀行「本邦為替集中制ノ概要」（1942年）[33]があり、森七郎［1986］も言及している。

　1941年4月には外国為替管理法が全面改正され、戦時為替管理の体系が構築されて、対外取引は全面的に政府の統制下に置かれた。このために為替持高集中制度と外国為替損失補償制度が実施されることとなり、為替リスクは政府集中勘定に転嫁され、売買差益は政府に収用され、正金銀行は単に手数料を得るだけの存在となった。この制度は6月からポンド系為替について、7月からは米ドル系為替に拡大のうえ、実施された。この結果、横浜正金銀行は本来の外国為替銀行としての機能を果たせなくなり、植民地銀行化、軍事資金供給機関化していった。このような日中戦争以降敗戦に至る時期における正金銀行の業務の変化については、齊藤壽彦［1991a］が考察している。平智之［1993a］は、

---

[33]　『日本金融史資料　昭和編』第29巻、201－202ページ。

アメリカの国立公文書館に保管されている正金銀行ニューヨーク支店旧蔵資料を用いて同支店の活動を考察した研究である。また平智之［1995c］は、日中戦争期の日英経済関係と正金銀行ロンドン支店の活動について考察している。

平智之［1995a］は、米英の経済制裁下の日本の対外経済の変化について述べている。日中戦争期には、金政策は国際収支の調整、対外支払手段の確保と対外為替相場の維持安定を主目的として行われた。1937年8月には、政府は金準備評価法、金資金特別会計法、産金法を制定し（日本銀行金買入法は廃止）、政府への金集中を図った。この金が海外に現送され、対外支払いに充当され、また外国為替相場の安定に寄与した。これらについては、日本銀行百年史編纂委員会編『日本銀行百年史』第4巻［1984］に述べられている[34]。また柴田善雅［1996a、2002］は戦時産金体制と金資金特別会計について詳細に研究した。浅田政広［1999］は戦争遂行のために北海道金鉱山の増産が強行された過程を解明した。植民地における産金吸収については、小林英夫［1967］や波形昭一［1991a］らの研究がある。

満州事変勃発前後からあった「日満ブロック」構想は1933年10月に「日満支ブロック」構想に発展し、さらに1938年11月に「東亜共栄圏」構想を政府が策定し、これが1940年7月の「大東亜共栄圏」構想へと拡張されていった。金融面においては、政府は1940年10月に日本を大東亜共栄圏の金融および決済の中心とする方針を決定し、この方針を1941年7月にも確認した。このような「大東亜金融圏」構想の萌芽がみられるもとで、円貨決済制が拡大していった。円貨決済制の拡大は2国間の支払（決済）協定の締結によって実現をみたが、横浜正金銀行がこの一方の当事者となった。中国における通貨金融政策については小林英夫［1983、1991］が研究史を概観している。この中で紹介されているように、桑野仁［1965］、原朗［1976］、小林英夫［1975］、大竹慎一［1977］、柴田善雅［1981］、野沢豊編［1981］などの研究がある。岩武照彦［1990］という中国における通貨闘争史の研究も刊行された。

とくに軍票については小林英夫［1987］が研究史を整理している。清水善俊が1943年に執筆した『支那事変軍票史』（復刻私家版、1971年）は出色の出来で

34）　20世紀の金についての通史を述べた鯖田豊之［1999］は対米金現送に言及している。

ある。小林英夫［1991］は日中戦争期の日本軍の通貨政策を軍票工作と華興商業銀行に焦点をあてて考察している。中村政則・高村直助・小林英夫［1994］は軍票の価値をはかる軍配組合を研究している。小林英夫［1993］にも軍票についての記述がある。

またとくに満州については、安冨歩［1995］が満州の金融政策について述べている。安冨歩［1997］は「満洲国」をめぐる「貨幣の流れ」を解明することによって「満洲国」の全体像を構成している。

3 太平洋戦争期の正貨政策

太平洋戦争直前に敵国資産凍結が行われ、開戦とともに敵産の管理処分が開始された。これについては高石末吉［1974b］、柴田善雅［1997］が考察している。

齊藤壽彦［1991a］が論じているように、太平洋戦争期には日本と英米との取引関係は杜絶し、横浜正金銀行の英米との外国為替取引はまったく行われなくなった。この結果、大佐正之［1975］が述べたとおり、日本銀行の外国為替資金供給は縮小した。また日本銀行の外国為替基金制度は存在意義を失い、1942（昭和17）年２月に廃止された。正金銀行の外国為替取扱いはまったく消滅したわけではなかったが、同行は国家に損益を帰属させて自らは手数料を受け取るにすぎなくなった。

大東亜金融圏の形成については島崎久彌［1989］が本格的な研究を行っている。それによれば、次のようなことが明らかとなった。1941年12月に大蔵省為替局が「我国対外金融政策ノ根本方針ニ関スル件」を起案して、本邦を中心とする大東亜金融圏を設定し、①圏内各地域の通貨は、円をもってその対外価値基準、発行基準、および対外決済準備とすること、②本邦と共栄圏の各地域、共栄圏内の各地域相互間および共栄圏内の各地域と圏外諸国との決済は円により本邦を通じて行うこと、などを方針とした。これが日本を中心とする大東亜金融圏を運営する基本的な方針となり、その後これを具体化するための施策が次々と樹立されていった。その具体的施策については、島崎が考察したが、山本有造［1997］も「大東亜金融圏」の構想と実態を概観した。また浅田政広

［1980］がとくに特別円決済制度について研究している。この間、大東亜金融圏の形成と発展にあたっては圏内地域間の金融協力が必要とされるが、その指導国をもって任じていた我が国では、太平洋戦争期に日本銀行が円系通貨工作の一環として大東亜金融圏内の中央銀行や政府と特別円決済協定や借款供与協定を締結した。このことが、日本銀行百年史編纂委員会編［1984］などにおいて述べられている。

また島崎久彌［1989］は、東京を大東亜金融圏のセンターとして育成するための中核となる機関について、田中鉄三郎が日本銀行とは別の東亜決済銀行を設立し、これを大東亜金融圏の超国家的な中央銀行に仕立て上げようとした一方、大蔵省は一貫して日銀を大東亜金融圏の中央銀行に改組しようとしていた、と述べている。島崎によれば、大蔵省は日本銀行に綜合清算勘定を開設し、これを利用することによって為替市場を利用しない大東亜共栄圏の決済を行わせようとしたのである。また横浜正金銀行を対外決済、大東亜決済の中枢機関とする案もあった。しかし1942年に日本銀行法が制定され、同法において日本銀行の国際金融業務の拡大が認められた。その後も正金銀行を大東亜決済中枢機関化する構想は、政府によって採用されるには至らなかった。1943年11月には日本銀行の「大東亜決済制度ニ関スル特別委員会」が、大東亜決済制度の中心機関としての役割を、正金銀行ではなく日本銀行に担当させるべきであると主張した[35]。もっとも、実際には日本銀行の大東亜中央銀行化は容易に進んでいない。これは日本銀行法が戦後も存続できた一因になったと考えられる。

---

35) 日本銀行（特別委員会）「大東亜決済制度ニ関スル特別委員会答申」（1943年11月15日）は、横浜正金銀行の改組について次のように述べている。「正金ノ改組ニ関シテハ先ツ次ノ構想アリ (イ)同行ヲ母体トシ鮮銀、台銀、其他為替銀行ノ海外店舗ヲ統合シ新銀行ヲ設立スルコト (ロ)新銀行ハ業務ノ性質上株式組織トシ民間企業ノ性格ヲ保持セシムルモ其ノ業務独占性ニ鑑ミ軽度ノ納付金制度ヲ考慮スルコト 右ハ本邦為替機構整備ノ構想トシテハ理想案タルヘキモ其ノ影響スル範囲広汎ニ亘リ、改組後ニ於ケル鮮銀、台銀等ノ処置ヲ始メ実行上ノ困難不尠ルノ外、新銀行ノ運営カ軌道ニ乗ル迄一時的ニモセヨ金融疏通ヲ阻害スルノ惧アルニ鑑ミ決戦経済下ニ於テ之ヲ断行スルノ適否ハ慎重考慮ノ要アルヘク、為替銀行競合ノ問題ニ付テハ差当リ其ノ甚シキ競争部面ニ於テ業務分野ノ調整措置等ヲ以テ臨ムコトトスヘシトスル自重論アリ 右案ニシテ実行ヲ見送ルヘシトセハ正金ノ改組ハ其ノ積極的ノ意義ノ大半ヲ喪失スヘキモ尚同行自体ノ改組案トシテ主要為替銀行タルト共ニ決済中枢機関タラシムル着想ノ下ニ之ト相容レサル同行組織ヲ是正スル目的ヲ以テ特殊法人組織ヲ採用セントスル案アリ、然ルニ大東亜決済制度ニ於テハ中央銀行タル本行カ決済中枢機関ヲ担当スヘキモノナルコトハ既ニ詳細述説セル処ニシテ正金ヲ斯ル趣旨ヲ以テ改組スルハ適当ナル措置ニ非ルナリ」。

序章　日本の正貨政策に関する研究史

　太平洋戦争期には横浜正金銀行が特別円決済制度のもとで依然として大きな役割を果たしていた。正金銀行や朝鮮銀行が中国の銀行との預け合を利用して資金を確保し、通貨を膨張させたが、これは日銀券の増発による日本国内のインフレーションの激化を抑制する一方、中国でインフレーションを生じさせた。一方、南方開発金庫は南方開発金庫券を発行し、南方でインフレーションを発生させた。このような活動については、大蔵省昭和財政史編集室編［1955a］、東京銀行編［1983］、満州中央銀行史研究会編［1988］、朝鮮銀行史研究会編［1987］、波形昭一［1991b］が記述している。平智之［1994、1995b］は「大東亜共栄圏」の複雑きわまる通貨金融制度とその実態を、戦時期の正金銀行の業務展開を軸に、各地域ごとに手ぎわよく整理している。平智之［2000］が戦後の正金銀行の解散について述べていることも補足しておく。

　満州事変から太平洋戦争全期間にわたる日本の占領地において展開された通貨政策の全貌については、柴田善雅［1999］が明らかにしている。これは尨大な内外の一次資料に基づいて、日本円を中心に据えた通貨帝国の形成を目標とする政策、すなわち通貨帝国主義政策の形成とその実現、さらにその内実の強化という視点から、全占領地経済を把握しようとしたもので、学術的価値がきわめて高いものである。「南方共栄圏」における日本の「経済支配」の実態を解明しようとした疋田康行編［1995］の中には、占領地中央銀行設置構想について検討した柴田善雅の記述がある。柴田［1988、1996b］は日本軍政期香港における通貨金融政策について考察している。

　太平洋戦争期については正貨政策と関連のある国際決済制度などに関して上記のような研究があるが、金政策そのものに関しては、この政策の大幅な後退を反映して、日本銀行百年史編纂委員会編［1984］、浅田政広［1999］、柴田善雅［2002］などの研究があるにとどまる。

　このように正貨政策については数多くの研究がなされているが、新史料の発掘と、本書の問題提起と結論に相当する「本書の論点」において指摘したような新たな分析視角による研究の余地が残されている。

第1編　金本位制確立前の正貨政策

第1章　日清戦争以前の正貨政策

第1節　明治前期の幣制改革

1　金本位法の成立

　幕末の紊乱した貨幣制度を引き継いだ明治維新政府は、幣制改革の必要に迫られた。同政府は、1870（明治3）年11月、銀本位制の採用を立案した[1]。だが、当時の欧米における幣制の大勢は金貨本位制に傾いていた。当時アメリカにあってこの傾向に影響を受けた大蔵少輔（後の大蔵次官、今日の財務次官にあたる大輔に次ぐ）伊藤博文は、大蔵卿（後の大蔵大臣、今日の財務大臣）伊達宗城に書を寄せて、金貨本位制の採用を主張した。政府は、1871年6月（陰暦では明治4年5月）、「新貨条例」を発布して金本位制の一形態である金貨本位制を法制的に採用した[2]。

　だが新貨条例は、通用制限のある銀貨の鋳造とその流通を認めていた。明治初期の東洋諸国の貿易には、メキシコ銀（メキシコ・ドル）という洋銀が一般に使用されており、日本にとって貿易上は銀貨を用いることが便利であったためである。政府は海外貿易の便宜を図るために、本位貨幣である金貨のほかに、品位重量ともにメキシコ銀に等しい貿易1円銀を鋳造し、開港場に限ってこれを通用させた。採用された金本位制は、単純な金貨本位制ではなかったのである。さらに、明治初期の日本においては金の産出がはなはだ乏しかっただけでなく、正貨ことに金貨が海外に流出して消滅する勢いが生じていた。大蔵卿と

1）　明治初期幣制改革については小野一一郎「近代的貨幣制度の成立とその性格」（松井清編［1959］第4章）などを参照されたい。

2）　大蔵省編『明治大正財政史』第13巻［1939］3−18ページなど参照。

なった大隈重信は、日本だけが東洋銀貨国の間に介在して金貨本位制を維持するのは非常に困難であり、むしろ金銀複本位制を採用するのが容易であり、便利であると建議した。政府は1878（明治11）年5月、新貨条例の貿易1円銀の通用制限を撤廃し、これを国内無制通用の法貨とした。1円銀貨は1円金貨と同等の資格を有するものとなり、日本の幣制は、不徹底な金貨本位制から金銀複本位制へと移行したのである[3]。

2　兌換制度の成立と銀本位制度への移行

しかし実際には、明治初期には内地では政府紙幣と国立銀行券（「国立銀行紙幣」）が一般に用いられていた[4]。明治維新政府は、不換政府紙幣を濫発した。これは紙幣価値を低落させ、物価騰貴や投機などの問題を惹起した。1881（明治14）年に大蔵卿となった松方正義は、不換紙幣の整理に着手するとともに、兌換銀行券を発行する中央銀行を設立して通貨価値の安定を図ろうとした。松方は、1882年に日本銀行を設立し、84年、銀貨兌換の日本銀行券発行を規定した「兌換銀行券条例」を制定した。1885年5月、日本銀行は銀貨兌換の銀行券の発行を開始した。一方、法制上は金貨が本位貨幣とされていたけれども、金銀比価の関係から金貨は流通しなくなった。日本の貨幣制度は事実上の銀本位制に移行したのである。日銀券が銀とだけ兌換されたのは、「金本位どころではない、漸く銀の準備金が出来たと言う有様」であったことと、1885年に銀貨と紙幣の値開きがほぼ解消していたのに金貨と紙幣の値開きが残っていたことと、アジアで銀が用いられていたために銀本位が貿易上妥当と考えられたためと思われる[5]。

政府は1886年1月以降、政府紙幣を漸次銀貨と交換し、また後には紙幣と日銀兌換券との交換も行って、政府紙幣を消却していった。また「国立銀行紙

3）　大蔵省主計局編「明治三十年幣制改革始末概要」（1899）大内兵衛・土屋喬雄編『明治前期財政経済史料集成』第11巻［1932a］、315－316、324－332ページ。

4）　民営である「国立銀行」の発行する「紙幣」については白井規矩稚『日本の金融機関』森山書店、1939年、49－65、88－89ページなど参照。

5）　渡辺佐平「明治期日本銀行の発行制度」金融経済研究所編［1965］174－178ページ。「大蔵省・松方正義関係文書」『日本金融史資料　明治大正編』第4巻、1044－1047ページ。渡辺佐平［1963］20ページ。

幣」の整理も行った。通貨は日本銀行の兌換銀券に統一されていった。政府紙幣は1899（明治32）年末に通用廃止となった。明治前期の幣制改革は以上のようなものであり、この時期に金本位制は未だ確立していなかったのである。

3 銀本位制下の松方正義の金本位構想

　政策決定には政策当局者の理念が大きな影響を及ぼす。日本の銀本位制の時代にも金本位制確立構想がなかったわけではない。そのような構想を抱いた者の代表が、大蔵大臣などを歴任した松方正義である。
　松方正義大蔵卿は、金銀複本位制が金銀比価変動に伴う問題点を有することを認識するとともに、日本の貿易が近隣諸国を圧倒するに至らない状況下において、東洋、アジアにおける貿易が銀貨を用いて決済してことを考慮して、銀本位制を採用した[6]。1885年5月に日本銀行券（銀貨兌換）発行が開始され、日本が金銀複本位制から事実上の銀本位制に移行し、翌1886年1月に政府紙幣の銀貨兌換が開始され、銀貨による政府紙幣の廃絶が図られ、日本が銀貨本位国であることがより明らかとなった。兌換準備確保のために松方大蔵大臣（1885年12月の内閣制度確立に伴い、卿は大臣に名称変更）は正貨の吸収に努めた。
　だが、松方は1893（明治26）年9月11日の「日本ハ金貨本位ノ政策ヲ取ラサルヘカラス」において「余ハ紙幣交換準備トシテ正貨ヲ吸収スルニ当リ常ニ金貨ノ蓄積ヲ怠ラサリキ」と述べている[7]。この金貨は内地において購入するとともに外国からも吸収したものであった。1885年から1889年にかけて金貨輸入が金貨輸出を超過しているのはこのためである。銀本位制下でこのような金吸収を図ることへの疑問に対して、松方は「金ハ兎ニ角貴キモノユエ貯蔵スヘシ」と一言述べるにとどまっていた[8]。だが金吸収政策が実施されたのは、実は松方が世界の大勢に順応して金貨本位制を採用する構想を心中深く蔵していたからである[9]。1889年7月30日に松方が作成した「日本銀行ヲシテ正金銀行

6）　松方正義「貨幣条例改正意見書」（1883年10月）『日本金融史資料　明治大正編』第4巻、1045-1047ページ。渡辺佐平［1963］20ページ。
7）　海東記「日本ハ金貨本位ノ政策ヲ取ラサルヘカラス」（1893年9月11日）大蔵省旧蔵：『松方家文書』第45冊第10号。古沢紘造［1977］109ページ。なお、「海東」は松方の号。
8）　上掲「日本ハ金貨本位ノ政策ヲ取ラサルヘカラス」。

第 1 編　金本位制確立前の正貨政策

ヲ責任代理店トナシ外国為替事務ニ従事セシムル等ノ件」の中では松方は、日本銀行の「精神資格」として「金融ヲ円滑ニシ金利ヲ低減シテ全国商業者ノ資力ヲ倍蓰シ其営業ノ進歩ヲ謀ル」ことと「金銀貨ヲ充実セシメ金銀ヲ以テ通貨トナシ之レカ日本銀行兌換券ト併行ノ盛時ヲ期シ我国ヲシテ金銀世界トナス」ことの 2 点を挙げ、「日本銀行カ果シテ能ク其責任ヲ尽シテ金銀貨ヲ内ニ充実セシメ金銀並行ノ時ヲ期シ以テ我国ヲ化シテ金銀世界トナサンニハ唯々努メテ実貨ノ回収ヲ計ルニ在ルノミ」と記している[10]。ここで金の充実が述べられているのは、1 つには銀本位制下において松方が将来金本位制を採用したいと考えていたからである[11]。松方は政府紙幣の銀貨兌換事務を日本銀行が開始した1886年（開始は 1 月）には金本位制への移行を考えていたが、金準備が不足していたためにその実行を先送りすることとした。だが、その準備は必要であると考えていた。すなわち、松方は当時「紙幣交換準備トシテ正貨ヲ吸収スルニ当リ常ニ金貨ノ蓄積ヲ怠ラ」なかったのである[12]。実際に、銀本位制下において金貨が鋳造されたこと[13]、1886年 4 月に兌換銀行券発行準備に金貨が加えられ、1886年から1892年上期までは額は多くないものの金貨も保有されていたこと、1886年 8 月には兌換銀行券発行準備に金塊が加えられ、銀貨・銀塊とともに金塊が日銀正貨準備として保有（蓄蔵）されたことは[14]、金本位実施に備えようとしたものであると思われる。1872～93年についてみた場合、この間に6973万円の銀が輸出されている。また金の流出入がみられ、この間に1805万円の金が輸出され、そのほとんど（1674万円）が日本金貨であった[15]。銀本位制下においても正貨として銀だけでなく金もかなり重要な役割を果たし

9 ）　中村徳五郎編修「侯爵松方正義卿實記（四）」藤村通監修『松方正義関係文書』第 4 巻、大東文化大学東洋研究所、1982年、293ページ。
10）　『日本金融史資料　明治大正編』第 4 巻、1441－1453ページ。日本銀行百年史編纂委員会編『日本銀行百年史』第 1 巻、399ページ。
11）　古沢紘造［1975］32ページ。
12）　松方正義「日本ハ金貨本位ノ政策ヲ取ラサルヘカラス」『松方家文書』第45冊第10号。古沢紘造［1977］108－109ページ。
13）　1889年の金銀貨鋳造高は金貨354万円、銀貨930万円であった（『金貨本位制実施満二十年記念』同記念会、1917年）。
14）　1889年末の正貨準備5741万円中、金は2555万円（金貨 5 万円、金塊2550万円）、銀は3186万円（銀貨3178万円、銀塊 7 万円）を占めていた（大蔵省編［1939］357ページ）。
15）　1890年に金輸出額は169万円であったが、そのうちの166万円は日本金貨であった（大森とく子［1976］60ページ）。

ていたのである。

　松方は兌換制度の基礎を強固にし、銀本位制度から金本位制度への移行を達成すべきであると考えていた。ことに金本位制の採用は、財政経済制度を安定的な基盤に置き、国家の信用を国際的に確立するうえで、何よりも優先すべき課題であると位置づけていた。松方は国際社会の中で日本がどのように進むべきかを考えており、欧米列強と国際社会で伍していくためには、欧米諸国と共通の貨幣制度を採用し、日本財政を強固な基盤の上に置き、日本の国際的な「信用」を確立することが必要であるとの信念を有していた[16]。松方は、1871（明治4）年以降のドイツにおける金本位制の採用を、「英国カ夙ニ金貨本位ヲ行ヒテ世界ノ商業及金融ノ中枢トナレルヲ見テ金貨本位ヲ採用スルニアラサレハ世界共通ノ経済市場ニ於テ優勝ノ地位ヲ占メ難キヲ察シ新ニ貨幣法ヲ制定シ仏国ヨリ得タル償金ヲ利用シ幣制ノ統一ヲ行フト同時ニ金貨本位ヲ実行スルコトトシ」たものととらえていた。「我経済ノ発展ヲ期スル為ニハ世界ノ体制ニ順応シテ我邦ニ於テモ早晩金貨本位制ヲ行ヒ世界共通ノ経済圏内ニ加入セサルヘカラサルコトハ正義カ紙幣整理ノコトヲ行フニアタリテモ亦熟図〔熟思〕シタル所」であった[17]。

　1912年6月における明治天皇への進講の中で開陳されている松方のこのような考えが注目されるべきである。この世界の大勢に順応しなければならないという松方の信念はその後も持続され、1897年における松方の金本位制実施のきわめて大きな動機となるのである。

　三上隆三氏は江戸後期、とくに末期は実質的には金本位制となっており、1871（明治4）年の金本位法の制定が国民生活に混乱を与えなかったことを指摘された[18]。貨幣制度は国民の慣習と深くかかわっていた。このことは松方正義が認識していたことであった。すなわち、松方正義は1893（明治26）年9

16）　室山義正［2005］213−214ページ。
17）　松方正義『財務経営之一班』［1912］94−95ページ。中村徳五郎編纂、前掲書にもこのことが述べられている（藤村通監修『松方正義関係文書』第4巻、293ページ）。大蔵省内にも各国が金本位制を志向しているとの認識があった。1891年に造幣局長遠藤謹助が「銀本位制貨幣法案」を松方蔵相に献策したのに対し松尾臣善出納局長や添田壽一大蔵大臣秘書官が反対した一因として、そのような国際情勢への考慮があった（山本有造［1994］121−125ページ）。
18）　三上隆三［1975］229ページ。山本有造［1994］は幕末に「両」金本位制が成立していたと想定している（306ページ）。

第1編　金本位制確立前の正貨政策

月に記した「日本ハ金貨本位ノ政策ヲ取ラサルヘカラス」の中で、「我邦ハ慶長年間徳川氏金ヲ貨幣ニ造リテ以来金貨ハ国内ニ流通シ明治四年ノ貨幣条例モ現ニ金本位制ニ基ケリ」と述べ、その後、金の海外流失のために銀貨通用の国となったけれども、「多年金ヲ貨幣トシテ使用シタル習慣ハ国民ノ脳裏ニ浸潤スルヲ以テ今日更ニ金本位ヲ採用スルニ至ルモ流通上ニ於テ決シテ差障リヲ見ルコトナシ」と認めていたのである[19]。

だが、松方のこのような金本位制樹立構想、信念は、明治前期には実行に移されるには至らなかった。金貨本位制実施のためには巨額の金準備が必要であるが、これを得ることがはなはだ困難であったからである。松方は日本の貨幣制度をやむをえず銀貨兌換に基づく銀貨本位制として紙幣整理を行ったのであった[20]。松方が回想しているように、当時においては金本位制どころではなく、ようやく銀の準備金ができたというありさまであった[21]。十分な金準備という、金本位制を実施する前提条件が存在していなかった。松方大蔵大臣は、金貨本位制を実施するには巨額の金準備を要するために、とりあえず兌換制の確立に着手し、金貨本位制の実施を将来の目標としたのである[22]。

また、銀貨兌換開始当時、日本に近い諸国が銀貨を主要な貨幣としており、松方が述べているように、欧米諸国においても複本位制を唱えるものが少なくなかった[23]。金本位制の国際的普及の一方で、銀の利害関係者は「国際複本位運動」を展開した。本位制度をめぐって国際貨幣会議（万国貨幣会議）が1867年、1878年、1881年、1892年の4回にわたって開催され、この中で国際複本位制をめぐって議論された[24]。この間、金本位制に対する信認が国際的には未だ確立していなかったのである。金準備の不足という国内的な事情に加え

---

19)　前掲「日本ハ金貨本位ノ政策ヲ取ラサルヘカラス」。1897年2月に蔵相として貨幣法案を閣議に提出した際にも松方は「今日ニ於ケル貨幣ノ基礎ヲ開キマシタノハ実ニ慶長年間デアリマシテ、徳川政府金銀座ヲ開キ大ニ金銀ヲ鋳造シ普ネク世上ニ通用セシメ全国一定ノ実貨ヲ見ルニ至リマシタ」と述べている（大内兵衛・土屋喬雄編『明治前期財政経済史料集成』第11巻、453ページ）。
20)　松方正義、前掲書、94-95ページ。
21)　「金貨本位実施満二十年記念会記事」における松方公爵の講演『日本金融史資料　明治大正編』第17巻、688ページ。
22)　中村徳五郎編修、前出、293ページ。
23)　松方正義［1912］94-95ページ。
24)　上山孝夫・矢後和彦編［2007］14-15ページ。大蔵省理財局「幣制改革参考書」（1897）『日本金融史資料　明治大正編』第17巻、643ページ以下。

て、このような国際的な環境を認識していたことが、松方に金本位制実施を躊躇させていたのであった。

第2節　明治初期の紙幣と信認

1　紙幣と信認

　政府紙幣は国家の強制通用力によって流通する。だが、国民がそれを通貨として受け取るのは、それを信認してのことである。財政基盤の脆弱な明治初期において政府は、その信認維持のために腐心した。財政難に陥っていた1868（明治元）年、政府は三岡八郎（後の由利公正）の献策に基づき、太政官布告を公布し、太政官札という全国通用の不換の紙券貨幣（金札と略称された）を発行した。この太政官札は、その信認保持、通貨価値維持のため、産業振興を名目として、貸与の形態を通じて発行され、しかもその発行が一時的なものとされ、その通用期間に制限（13年限り）が設けられていた。国民の政府への信頼、国家信用が脆弱なもとでその通用力を維持するために、三岡八郎がそのような通用期間制限を設けるよう主張したのである[25]。太政官札には「通用十三年限」という字が印刷されていた。だが、太政官札は発行開始後の流通高の急増に伴い、その価値が急落した。そこで政府はその価値の安定を図り、1869年5月には通用期間の短縮（5年へ）と金兌換化の方針を布告した。ここに、ようやく金札の信認が回復するようになったのである[26]。

　1871（明治4）年の「新貨条例」によって金本位制（金貨本位制）が法制的に採用されたが、1872年4月から布告に基づき不換の新紙幣が発行され、太政官札はこれと交換されることとなった。金貨兌換を予定していた太政官札は結局、不換紙幣となった。その後、多くの不換紙幣や不換銀行券が発行された。

　1872年の国立銀行条例制定に伴って国立銀行が次々と設立された。国立銀行は「国立銀行紙幣」と呼ばれた国立銀行券を発行した。これは当初、兌換銀行券であった。国立銀行券は、1876年には「国立銀行条例」の改正により金貨兌

---

25) 尾崎護『経綸のとき──小説・三岡八郎』東洋経済新報社、1995年、376、409、452-461、468-472ページ。三上一夫・舟沢茂樹編『由利公正のすべて』新人物往来社、2001年、132-134ページ。
26) 日本銀行調査局『図録日本の貨幣　7』[1973] 135ページ。

第 1 編　金本位制確立前の正貨政策

表 1 − 1　金貨および銀貨に対する紙幣相場（1872〜1884年）

（単位：円）

	金貨 1 円に対する紙幣	銀貨 1 円に対する紙幣
1872（明治 5 ）年	—	1.018
1873（　　6 ）	0.999	1.036
1874（　　7 ）	1.004	1.038
1875（　　8 ）	1.008	1.029
1876（　　9 ）	1.019	1.989
1877（　 10）	1.040	1.033
1878（　 11）	1.158	1.099
1879（　 12）	1.339	1.212
1880（　 13）	1.573	1.477
1881（　 14）	1.843	1.696
1882（　 15）	1.690	1.571
1883（　 16）	1.394	1.264
1884（　 17）	1.198	1.089

注：毎月平均相場の年平均。
出所：明治財政史編纂会編『明治財政史』第11巻、429−437ページ。

換が停止され、資本金の 8 割相当の公債証書を政府に納付し同額の銀行券の下付を受けることとなり、不換銀行券化した。これ以降、国立銀行の設立が急増し、これに伴って不換紙幣化した「国立銀行紙幣」（国立銀行券）の発行額も増大していった。

　1877年の西南戦争の勃発以降、政府紙幣の増発が顕著となった。この結果、紙券貨幣（政府紙幣・国立銀行券）の価値低落が生じた。すなわち、表 1 − 1 のとおり金銀貨に対する紙幣相場は、1873年には金貨 1 円に対して0.999円、銀貨 1 円に対して1.036円であったが、1877年から1881年にかけて、金貨 1 円に対して紙幣の相場は1.040円から1.843円へ、銀貨 1 円に対して1.033円から1.696円へと低落傾向をたどっていった[27]。正貨（金銀貨という貴金属貨幣）と兌換されない不換紙券貨幣（政府紙幣・国立銀行紙幣と称された国立銀行券）は、正貨と同じ価値を有するものとして社会から一般的に信認されてはいなかったのである[28]。

---

27)　明治財政史編纂会編『明治財政史』第11巻［1905a］429−437ページ。
28)　不換紙幣貨幣が社会から信認されるためには通貨価値の維持が必要であった。

第1章　日清戦争以前の正貨政策

2　紙幣整理政策と正貨蓄積政策による紙幣への信認の向上

(1)　紙幣整理と通貨当局、政策運営への信認

　金本位制期に、イギリスでは金貨が国内で流通していたが、我が国では金貨に代わって紙券貨幣、銀行券が流通していた。金貨がなぜ国内で流通しなかったのかと考えることは、なぜ銀行券が国内で流通したのかを考えることともなる。そして、日銀券が国内流通する根拠を明らかにするには、日銀券発行に先立って実施された紙幣整理が実現した根拠を明らかにしておく必要がある。

　この紙幣整理に関しては、通貨当局者と政策運営に対する多くの人々の「社会的信認」(social confidence)、通貨に対するすべての人々の「一般的信認」(クレディビリテイ、credibility) を得ることが重要な役割を果たしていた[29]。

　従来の政策を大転換する経済政策が効果を発揮するためには、従来の政策責任者を廃し、新政策を体現する人物が責任者に就任することが必要である。明治期において西南戦争以後インフレーションが顕在化していた。松方正義は1881（明治14）年10月21日に参議兼大蔵卿に就任し、財政経済政策の最高責任者となった。松方は就任すると、紙幣整理を行うことに対して「不退転の決意」を示し、内閣の支持と天皇の裁可を取り付け、「確信」(conviction、個人の信念belief のとくに強いもの) を持って幣制改革に取り組んだ[30]。松方は大蔵卿就任後、大蔵省に次官局長以下の人々を集めて訓示し、「断然自分ガ確信スル所ヲ以テ紙幣整理ノコトヲ決行」することを明らかにした。理念と勇気から成る強固な信念に基づきこれを断行しようとした。松方の「信念」、「確信」、「不退転の決意」が紙幣整理事業実行の機動力となり、それを成功に導くうえで大きな役割を果たしたのであった[31]。

　松方は大蔵卿に就任すると間もなく英国公使パークスを訪ね、その際、「正直」の重要性を論じ、「正直に之を行へは人民必す之を信せん」と述べた[32]。

---
29)　信認の概念については齊藤壽彦［2014］第2章を参照されたい。
30)　中村德五郎編修、前掲「侯爵松方正義卿實記（二）」『松方正義関係文書』第2巻、53ページ。徳富猪一郎編述『公爵松方正義伝』乾巻、同伝記発行所、1935年、843－846ページ。室山義正［2004］166－167ページ、同［2005］183－185ページ。
31)　松方正義談「紙幣整理」『日本金融史資料　明治大正編』第16巻、175－176ページ。室山義正［2004］170ページ。室山義正［2005］191ページ。吉野俊彦［1962］も松方が強固な信念をもって不幣紙幣の整理にあたったと述べている（18ページ）。

63

また前述の次官局長達への訓示の中で、「決して人から心事を疑われるようなことがあってはならぬ」、「世間の信用を失うようなことが」ないようにしなければならないと述べた[33]。松方が正直、信用（信頼、信認）を重視したということは、松方は信頼を得るために必要な誠を重んじたといいかえることもできよう。室山義正氏は、信義を重んじ、正直な政策を実行するという松方の政策哲学が松方財政を成功に導く原動力であったということを指摘されている[34]。松方はこうして政府とその政策に対する社会の「信認」（confidence）を取り付けようとしたのである。

政策当局に対する信認の条件としては、政策スタンスの明確化と政策の一貫性が指摘されている[35]。松方が通貨価値安定の考えを堅持し、そのための政策をその実現まで貫いたということも政府への信認に寄与したといえよう。

民間経済主体は、松方の紙幣整理政策を、十分「信認」に値するもの（途中で放棄されない credible なもの）として受け止めた[36]。こうして財政責任者が大隈重信から松方正義に交替し、松方が確信を持ってぶれずに制度改革を実行したのに伴い、国民のインフレ予想が沈静化し、インフレが長期化することなく収束したのである[37]。

このように紙券通貨に対する信認は、兌換制に基づく信用に基づくとともに、通貨当局、政策運営に対する信認にも支えられていたのである。

（2） 財政節度の維持と紙幣整理

松方はパークスを訪ねたとき、次のようにも述べている。「紙幣下落は財政上に対して人民の信用を失えるに由る」と[38]。松方はインフレの主要な原因の1つを、財政に対する国民の「信用」が失墜していることにあるととらえて

---

32) 「海東侯伝記資料　談話筆記第一」『松方正義関係文書』第10巻、1989年、61ページ。
33) 松方正義談、前掲「紙幣整理」175－176ページ。室山義正［2004］170ページ。
34) 室山義正［2004］170－171ページ。室山義正［2005］211－213ページ。
35) 我孫子勇一、早川英男の両氏は、政策当局に対する信認が成立するための条件として、政策スタンスの明確化と政策の一貫性を挙げられ、とくに金融政策を担当する中央銀行に対する信認が確立するための条件として中央銀行の独立性の維持を付け加えられている（我孫子勇一、早川英男「政策当局に対する『信認』とその意義──金融政策の有効性確保のための基礎条件」『金融研究』第5巻第3号、1986年7月、92－97ページ）。
36) 江口英一［1990］305ページ。
37) 江口英一［1990］305ページ。室山義正［2004］170ページ。室山義正［2005］192ページ。

いたのである[39]。ここにいう「信用」は、今日の言葉でいえば、貨幣を後で支払うという約束を「信頼」するという意味での「信用」（クレジット、credit）ではなく、政府の財政運営に対する国民からの「信認」（confidence）のことであろう。財政が政府紙幣発行に依存しないということになれば、政府は「財政節度」を保たなければならない[40]。

我が国では明治初期に財政バランスの改善に取り組み、西南戦争（1877年）以前には経常的な歳入歳出レベルでは地租改正や秩禄処分などにより均衡財政が達成されていた。西南戦争期には戦費支出のために財政支出が増大し、戦争終結後には殖産興業政策が行われていたが、均衡財政は回復している[41]。松方大蔵卿は超均衡財政の維持に取り組み、就任後の閣議で国家予算の「十五年度以降3カ年凍結」との方針を決定した。1886年には高利公債の低利公債への借換えを実行し、財政支出を削減した[42]。また、酒税などの間接税増税を断行した。中央銀行の設立は、多額の紙券通貨発行をもたらさないための「財政節度」導入に必要な制度改革であった。財政節度維持を保証する制度改革の実施は、通貨当局、政策当局、政策への信認を高め、これが通貨に対する国民の信認を高めるものとなった。

松方は兌換制度による通貨価値の維持安定を構想したが、兌換制の確実性に対する国民の信頼、信認は紙幣の発行量と兌換準備正貨との比率に大きく依存する。そのために松方は正貨蓄積とともに紙幣消却を進めた。それは大隈財政期に一時的に構想されたような外債を発行し、その代り金で不換紙幣を一挙に消却するというものではなかった。財政の黒字化による歳入余剰により紙幣を消却し、また蓄積された正貨をもって紙幣を兌換するというものであった。政府紙幣流通高は1881年末の1億591万円から1885年末の8835万円へと減少した[43]。1886年1月には政府紙幣の正貨兌換が開始された。

---

38) 中村徳五郎編修、前掲「侯爵松方正義卿實記（二）」『松方正義関係文書』第2巻、1981年、55－57ページ。室山義正［2004］163ページ。
39) 室山義正［2004］163ページ。
40) 江口英一［1990］298、303ページ。
41) 大森徹「明治初期の財政構造改革・累積債務処理とその影響」『金融研究』第20巻第3号、2001年9月、150、153ページ。
42) 室山義正［2005］218ページ。
43) 大蔵省主計局編「紙幣整理始末」（1890）大内兵衛・土屋喬雄編［1932a］199ページ。

第1編　金本位制確立前の正貨政策

　　国立銀行券（国立銀行紙幣）の整理（消却）も実施された。1883年3月に松方大蔵卿は国立銀行の営業期限満了に伴う国立銀行券発行の禁止、日本銀行による国立銀行券の消却等を太政官に建議し、その承認を得て、同年5月に国立国立銀行条例が改正された。かくして国立銀行券が消却されていった[44]。

（3）　日本銀行の正貨準備確保

　　支払いに際して紙券貨幣をいつでも受容する（一般的受容性）という、紙券貨幣に対する国民の一般的信認（credibility）は究極的には正貨の支払いが約束されていること、この兌換が保証されていることに依存している。この後で正貨を支払うという約束を信頼して（信用して）授受される兌換銀行券は「信用」（credit）に基づく貨幣（信用貨幣）である。兌換銀行券については信用という言葉を用いることができる。松方はパークスに対して「正貨を積み立て、紙幣を交換せば、信用を回復すべし」とも述べている[45]。松方は、兌換券が兌換の約束によって（信用を得て）通貨価値が維持されることを認識していたといえる。松方は兌換制による通貨の信認維持にも努めたのである。

　　1881年に大蔵卿となった松方正義は、紙幣の価値を回復するためには政府に対する国民の信認を回復することが必要で、そのためには政府が準備正貨を着実に蓄積し、兌換制度の確立という政策目標達成を人々に周知させればよいと考えた[46]。かくして、松方大蔵卿は正貨蓄積を推進した[47]。政府の正貨保有高は1881年末の1270万円から1884年末の3357万円へと2.6倍に激増した。政府紙幣流通に対するその比率も、同期間に10.7％から47.8％に急上昇している[48]。このような正貨蓄積も紙券通貨への信認を高めるものであった。

　　しかし、いかに決意を示したところで、新政策の実行性が担保されなければ人々の新政策に対する「信認」は得られない。すなわち、制度改革が伴わなければならなかった。松方は政府紙幣を整理して中央銀行を設立し、この中央銀

44）　日本銀行百年史編纂委員会編『日本銀行百年史』第1巻［1982］284－304ページ
45）　前掲「海東侯伝記資料」『松方正義関係文書』第10巻、61ページ。
46）　室山義正［2005］211－212ページ。
47）　1887年には松方は大蔵大臣として「正貨ハ信用ノ基礎タリ、故ニ信用ノ厚キヲ欲スレハ必ス先ツ基礎ノ鞏固ヲ謀ルヘシ」と内閣に建議している（「二十一年度予算調整ノ期ニ際シ経済社会ノ景況並ニ救済ノ儀ニ付キ建言」大内兵衛・土屋喬雄編［1931］550ページ）。
48）　日本銀行百年史編纂委員会編［1982］116ページ。

行に兌換銀行券（信用貨幣）を発行させて通貨を統一し、これによって我が国の通貨価値を回復し、安定させようとした。

（4） 紙幣に対する社会的信認の向上

松方正義の幣制改革により、紙幣整理が大きく進行していった。これに伴って、紙幣相場は、1882年から1883年にかけて金貨1円に対して1.690円から1.394円、銀貨1.571円から1.264円へと低下していった。貨幣としては正貨よりも低く評価されていた紙券貨幣に対して社会の信認（社会の多くの人々が貨幣として信じて認め、いつでも受け取ること）の度合が高まっていったのである。

第3節　兌換制度による銀行券の信用・信認の維持と弾力的な銀行券発行

1　兌換銀行券の発行開始とその信認の維持

通貨当局は、貨幣に対する信認を維持しながら、他方、経済発展のための貨幣供給を確保しなければならなかった。このことについて詳しく述べよう[49]。

1882（明治15）年10月に開業した日本銀行は、1884年に制定された「兌換銀行券条例」（5月公布、7月施行）に基づき、翌85年5月から兌換銀行券の発行を開始した。日本銀行の設立と日本銀行券発行との時間的ずれは、正貨（金貨・銀貨）と紙幣との間に相当の値開きが残っており、このような状態で、日本銀行が兌換銀行券という紙券貨幣を発行したならば、この銀行券がただちに正貨に兌換されてしまう恐れがあったからである。1884年になってようやく両者の値開きが縮小し（紙幣相場は金貨1円に対して1.198円、銀貨1円に対して1.089円となった）、日本銀行兌換券が発行されるようになったのである。

1884年の「兌換銀行券条例」に基づき発行されるようになった日本銀行兌換券は、銀貨兌換の銀行券であった（第1条）。これ以後、日本で兌換制度が定着していった。銀貨支払い約束に対する信頼、すなわち信用により日本銀行券

49）　本節は鈴木恒一［1986］に負うところが大きい。

第1編　金本位制確立前の正貨政策

への信認が維持された。

　日本銀行の創設者であり、かつまた「兌換銀行券条例」の草案者である松方正義が予定していた銀行券発行制度は、もともとは3分の1比例準備制度であった。「兌換銀行券条例」の草案は、銀行券引換の準備として金貨ならびに銀貨を置くこととし、銀行券発行高に対する引換準備を最低3分の1としていた。つまり、この草案は、日本銀行券の発券制度として、比例準備制度を採用していたのである。当時ベルギーの発券制度が3分の1比例準備制度であったから、ベルギーの国立銀行を模範として日本銀行を設立した政府はそれに倣おうとしたのであろう[50]。このことは、同大蔵卿が1883年に三条実美太政大臣に提出した上申書に「右発行高ノ義ハ欧州諸国特権銀行ノ例ニ従ヒ準備金ニ対シ三倍迄ヲ発行セシメ可然義ト存候ヘ共」とあるのをみても明らかである[51]。松方はレオン・セイ（フランスの大蔵大臣）の推奨に従ってベルギーの中央銀行に対して深い関心を寄せていたのであった[52]。

　また、松方は銀行券の発行を通じて中央銀行の資金を拡充させる必要があると考えていた。松方は、日本銀行に銀行券の発行を開始させる趣旨の説明の中で「蓋シ銀行券ノ発行ナケレハ日本銀行已ニ創立スルモ其資力薄弱ニシテ大ニ事業ヲ発揮スル能ハス政府モ亦中央銀行ヲ創立スルノ主旨ヲ達スル能ハサレハナリ」と述べている[53]。

　さらに松方が、比例準備制度が最も完備されたものと学理上考えられていると解釈し、この制度が最良の制度であると信じたことが、同制度導入を意図した大きな理由であった[54]。

　松方は、中央銀行の設立によって正貨の蓄積を増大させようと意図し、そのためにも比例準備制度が最良であると考えていたようである。松方は「日本銀行創立趣旨」の中で中央銀行こそ政府に代わって「実貨回収ノ任ニ当ル」機関

---

50)　渡辺佐平［1965］122－125ページ。鈴木恒一「わが国の金属本位制度は硬直的であったか」『日本銀行百年史資料』1979年2月、9－10ページ、鈴木恒一［1986］30ページ。

51)　渡辺佐平［1965］122ページ。大内兵衛・土屋喬雄編『明治前期財政経済史料集成』第1巻［1931］289－290ページ。

52)　渡辺佐平［1965］124ページ。

53)　日本銀行沿革史編纂委員会編『日本銀行沿革史』第1輯第3巻、復刻版［1976b］、5ページ。渡辺佐平［1965］123ページ。

54)　渡辺佐平［1965］123－125ページ。

であると説き、中央銀行による実貨回収に大きな期待を寄せていた。19世紀のベルギー国立銀行は、業務を商業手形の割引に限定しており、とくに海外代理店を通じて外国手形を買い入れることを特徴としていた。銀行券兌換は同銀行の外国手形買入れによる「実貨回収」によって支えられていた。このような中央銀行のあり方を、松方は日本銀行にふさわしいものと考えたと思われる。

しかし、その後、この草案が参事院に提出された段階で、この比例準備制度構想は、参議井上馨の意見によって消滅し、その準備額については「相当ノ銀貨ヲ置」く（第2条）と曖昧に規定されることとなった。また金貨は引換準備からはずされて、銀貨のみを引換準備とすることに改められたのであった[55]。

1884年3月21日付の井上の修正意見は、銀行券をいつでも銀貨と兌換するという規定がある以上、銀行券発行高と銀準備との関係を法定する必要はなく、両者の関係はその時々の政府の判断に委ねようとしたものであった[56]。それでは、当局者がこのように考えた積極的な理由は何であったのであろうか。

（1） 紙券通貨に対する信認の不十分性

その理由として、第1に、当時においては紙券通貨に対する十分な社会的、一般的信認が確立されておらず、紙と同等の正貨準備が必要であると考えられたことを挙げることができる。正貨準備の3倍近くの銀行券発行を可能とする比例準備制を法定してしまえば、銀紙の相場の開きがなお存在する当時の状況において、銀行券の信認が十分に確保できないと考えられたのである。

そもそも政府には、銀行券発行額と同額の準備を日本銀行が永続的に有するということを法律で規定する意図がなかったとしても、「兌換銀行券条例」制定当時においては、日本銀行に銀行券発行額と同額の引換準備を保有させるように監督する意図があった。すなわち、元老院会議において岩崎小二郎（参事院議官補兼大蔵省御用掛）は、質問に対し、次のように答えている。「第二条ノ相当ノ銀貨トハ幾許ノ数額ヲ相当ト為スヤヲ明スハ甚ダ難事ニ属スレドモ引換準備ニ充ツ可キ相当ノ銀貨ヲ置クニ在リ然レドモ時宜ニ因リ銀行券ノ発行額ト

---

55) 内閣記録局『法規分類大全』第一編（紙幣二）、1891（明治24）年、323ページ。日本銀行調査局編『図録日本の貨幣 8』[1975a] 135-136ページ。
56) 鈴木恒一 [1986] 30ページ。

第1編　金本位制確立前の正貨政策

表1－2　金貨および銀貨1円に対する紙幣毎月平均相場表（1882～1885年）

(単位：円)

	金貨1円に対する紙幣	銀貨1円に対する紙幣
1882年1月	1.857	1.700
6月	1.645	1.560
10月	1.705	1.586
12月	1.532	1.398
1883年1月	1.471	1.327
6月	1.463	1.325
10月	1.263	1.151
12月	1.200	1.110
1884年1月	1.196	1.105
6月	1.168	1.067
10月	1.169	1.061
12月	1.291	1.152
1885年1月	1.321	1.171
6月	1.151	1.004
10月	1.181	1.007
12月	1.198	1.002

出所：日本銀行調査局編『日本金融史資料　明治大正編』第17巻、372－373ページ。

同額ナル銀貨ヲ置クヲ要スルコト有ル可シ、是等ハ第二条ニ明掲セザルモ政府ニ於テ十分ニ監督ノ権ヲ有スルヲ以テ敢テ罣慮ヲ要スル可キニ非ルナリ」と[57]。また、兌換銀行券条例の起草者であった松方が当初の3分の1比例準備制度の導入を条例において成文化するのを断念したのは、当時において、「紙幣ノ価額未タ全ク其故ニ復セス」（紙幣の価額が未だ回復せず）という事情にあったから、一挙に比例準備制を施行するのを差し控えて慎重を期したためであった[58]。表1－2にみられるように、松方が上申書を書いた1883（明治16）年10月には銀貨1000円について151円の打歩が生じており、金・銀と紙幣の相場の開きはその後減じていったとはいえ、日本銀行が現実に兌換券を発行した

---

57)　日本銀行調査局編『日本金融史資料　明治大正編』第13巻、122ページ。渡辺佐平［1965］121－122ページ。

58)　1883年10月、大蔵卿松方正義が太政大臣三条実美に対して上申した「兌換銀行券条例発布ノ議」には次のような説明がある。「尤モ右発行高ノ義ハ欧州諸国特権銀行ノ例ニ従ヒ準備金ニ対シ三倍迄ヲ発行セシメ可然義ト存候へ共、目下紙幣ノ価額未タ全ク其故ニ復セス何分其儀ニ難相運事情有之候間、当分ノ内同額ノ準備金ヲ置カシメ、勉メテ実着ナ旨トシ謹慎以テ此ニ従事セシメ候ハヽ、理財上ノ転移極メテ穏滑ナル而已ナラス事務取扱上ニ於テモ亦漸次慣熟ノ便ヲ得可申ト存候」。大内兵衛・土屋喬雄編『明治前期財政経済史料集成』第1巻［1931］、289－290ページ。

第 1 章　日清戦争以前の正貨政策

1885年 5 月以後にも存在していたのである。

　1884年 5 月の兌換銀行券条例の公布（7 月 1 日施行）に伴い、同年 7 月 4 日、日本銀行は大蔵卿から「兌換銀行券発行手続」を命令された。その第 1 条で兌換銀行券の発行限度は200万円と定められた（流通状況によっては大蔵卿が増発を許可することがある）。だが1885年 5 月 6 日、同手続きの改正が行われ、200万円という規定は廃止され、その限度は「融通ノ景況ニヨリ」随時大蔵卿が指定することとなった。これによって日本銀行の裁量の余地を認め、兌換券の発行を機動的・弾力的に行える態勢の基礎ができた。そして 5 月 7 日、情勢の好転（銀紙の開きの縮小）を考慮した日本銀行は200万円の引換準備銀貨を置き、これを超える500万円を限度として兌換銀行券を発行することを大蔵卿に届け出た[59]。これに対し松方大蔵卿は、発行限度を最初500万円としつつ、当分の間、兌換銀行券は引換準備金の額に応じて発行すべきことを同日に日本銀行に令達した[60]。これは当時、なお銀貨と紙幣との間の値開きが若干ながら残っており、紙幣に対する「信認」が完全には回復していなかったために大蔵省が慎重な態度をとったからである[61]。

　日本銀行は1885年 5 月 8 日に「兌換銀行券処務順序」を定め、翌 9 日に兌換銀行券発行を開始した。不換紙幣の弊害を経験した人々は兌換銀行券を歓迎した。日銀券発行開始当時、『中外物価新報』は、政府紙幣兌換の布告があれば「人民は戸々に国旗を掲げ大白（大杯）を挙げて大ひに祝する所なるべく」と書いている[62]。銀行券は人々に貨幣として受け取られ（信認され）、流通した。

　実際の運用をみると、兌換銀行券発行当初の約 3 カ月間は、3 回の例外を除けば、100％の正貨準備を置いていた。表 1 － 3 にみられるように、兌換銀行券発行当時の正貨準備率は100％を超えており、その後もしばらくは80～90％

---

[59]　日本銀行沿革史編纂委員会編『日本銀行沿革史』第 1 輯第 3 巻［復刻版：1976b］19－20、23－26ページ。日本銀行百年史編纂委員会編［1982］287－289ページ。

[60]　大蔵省編『明治財政史』第14巻、307ページ。

[61]　日本銀行百年史編纂資料：「わが国の金属本位制度は硬直的であったか」（鈴木恒一稿）1979年 2 月、39ページ。同資料では「信頼」という用語が使われている。個々の人々の意識に着目すれば「信頼」（trust）という表現でよいが、社会の多くの人々の共通の意識に着目すれば「信認」でよいであろう。

[62]　日本銀行百年史編纂委員会編［1982］287－289ページ。『中外物価新報』1885年 5 月12日付。上掲「わが国の金属本位制度は硬直的であったか」41ページ。

第1編　金本位制確立前の正貨政策

表1－3　兌換銀行券発行状況（1885～1886年）

(単位：千円)

各月末	発行限度	発行高(A)	本支店手元高(B)	流通高(C)=(A)-(B)	準備正貨(D)	正貨準備率(D/C・%)
1885年5月	5,000	3,000	355	2,645	2,807	106.1
6月		4,500	699	3,801	4,058	106.8
7月	↓	4,800	435	4,365	4,260	97.6
8月		5,000	793	4,207	3,964	94.2
9月	6,000	5,600	1,937	3,723	3,029	81.4
10月		4,500	809	3,691	3,338	90.4
11月	↓	5,200	942	4,258	3,682	86.5
12月	7,000	5,400	1,444	3,956	3,311	83.7
1886年1月	↓	3,945	188	3,756	3,390	90.3
2月	9,000	6,786	139	6,647	4,377	65.8
3月	20,000	6,600	102	6,498	4,305	66.3
4月	↓	11,911	2,891	9,020	6,131	68.0

注：1885年中の計数には支店手元在高は含まれていない。また、1886年1～3月については原資料に本店手元在高が掲載されてない。

資料：上記計数については資料により若干の食い違いがあるが、ここでは総合的に判断して最も信憑性が高いと思われる大蔵省「銀行局第八次報告」、「同第九次報告」によっている。

出所：鈴木恒一「わが国の金属本位制度は硬直的であったか」『日本銀行百年史資料』1979年2月、44ページ。

という高率に達していた。

　当初は、紙券である日本銀行券に十分な社会からの信認が与えられておらず、その流通のためには兌換券と同額の銀準備に基づく銀兌換という裏づけが必要であったといえよう。その後も政府は正貨準備の確保によって通貨に対する信認を強固にしたいと願っていたと考えられるのである[63]。

（2）　弾力的な通貨供給の要請

　第2に、正貨準備によって銀行券の価値の安定を図り、その信認を確保する一方で、先進国に急速に追いつかなければならない日本において、経済発展のために金属に束縛されない弾力的な通貨供給が求められたということである。

---

63)　鈴木恒一［1986］30ページ。

第1章　日清戦争以前の正貨政策

当時、正貨準備が乏しく、しかも貿易収支が1882（明治15）年から黒字に転化したとはいえ、それが構造的に定着していない（貿易収支は1890年に入超となる）という状況の中で、殖産興業政策を推進しなければならなかったという事情がその背景にあったと考えられる。

もちろん、比例準備発行制度のもとにおいても銀行券を正貨と結びつけて銀行券の価値を安定させ、銀行券の信認を確保しつつ、しかも正貨の多寡によって制約されない弾力的な通貨供給を行うことができる。

しかし、当時の政策当局者は比例準備制度を非弾力的な欠点の多い制度と解釈したようである。「兌換銀行券条例」制定当時の大蔵卿（1885年12月の内閣制度確立に伴い大蔵大臣となる）松方正義は、その後1888年8月の同条例改正に際し、大蔵大臣として内閣総理大臣に提出した「兌換銀行券条例改正理由書」の中で、各種発券制度を比較検討し、比例準備制度（原文では「準備比例法」）を非弾力的な欠点の多い制度として、「比例伸縮法」（発行高ト準備トノ比例ヲ法律上ニ確定セス市場ノ景況ニ由リ随時之ヲ伸縮スルモノ）をかなり高く評価し、1884年の「兌換銀行券条例」はこの制度を採ったものとしているのである[64]。

「兌換銀行券条例」は、兌換銀行券の準備として銀貨を置くことを明記していたが、実際の兌換券発行においては、兌換券発行の当初数カ月を除き、金銀貨、地金銀を準備とし、公債証書、政府証券、手形等を保証としていた[65]。正貨準備を上回る銀行券の発行、事実上の保証準備発行が行われたのであり、保証準備による銀行券の信認確保も行われていたのである。保証物件の中心は公債であった。1886年3月に大蔵大臣指定の兌換銀行券発行限度が2000万円に引き上げられた際、日本銀行は800万円を銀貨、1200万円は公債を抵当として保有することを大蔵大臣から内達されている[66]。

正貨準備としては銀貨保有が法律上明記されていたが、銀貨は不足していたので、実際には表1―4にみられるように金も引換準備として保有された。

こうした兌換制度の確立は産業発展の基盤を確立するものとなった。

1886年2月以降、日本銀行の正貨準備率は60％台に低下している。だが通貨

---

64) 松方伯財政論策集「兌換銀行券条例改正理由書」大内兵衛・土屋喬雄編［1931］301－306ページ。
65) 日本銀行沿革史編纂委員会編『日本銀行沿革史』第1輯第3巻、275－276ページ。
66) 同上巻、276ページ。鈴木恒一［1986］32－33ページ。

第1編　金本位制確立前の正貨政策

表1－4　正貨準備の推移と構成（1885～1897年）

(単位：千円、（　）内は構成比)

各年末	金		金貨	金塊	銀		銀貨	銀塊	計
1885(明治18)年	—		—	—	3,311	(100)	3,311	—	3,311
1886(　19)	295	(　1)	62	233	23,560	(　99)	23,560	—	23,855
1887(　20)	645	(　2)	62	583	30,935	(　98)	30,935	—	31,580
1888(　21)	14,752	(　33)	72	14,680	30,271	(　67)	30,245	26	45,023
1889(　22)	25,551	(　45)	52	25,499	31,859	(　55)	31,784	74	57,409
1890(　23)	24,994	(　56)	30	24,964	19,629	(　44)	19,549	80	44,622
1891(　24)	27,289	(　43)	50	27,239	35,889	(　57)	29,851	6,038	63,178
1892(　25)	21,806	(　27)	—	21,806	59,352	(　73)	41,469	17,883	81,158
1893(　26)	21,806	(　25)	—	21,806	64,122	(　75)	40,458	23,664	85,929
1894(　27)	32,345	(　40)	—	32,345	49,373	(　60)	22,609	26,764	81,718
1895(　28)	31,511	(　52)	—	31,511	28,860	(　48)	18,910	9,950	60,371
1896(　29)	90,935	(　69)	—	90,935	41,795	(　31)	18,972	22,822	132,730
1897(　30)	96,913	(　99)	63,325	33,588	1,348	(　1)	1,348	—	98,261

出所：日本銀行沿革史編纂委員会編『日本銀行沿革史』第1輯第3巻、301－306ページ。

　当局が想定していた3分の1比例準備制度が銀行券発行制度として採用されなかったとはいえ、正貨準備率は実際には3分の1以上が確保されていた。
　日本銀行兌換券の発行開始以来、その流通はきわめて順調であった。経済の発展に伴いその発行額も増大していった。銀行券発行の増大が兌換請求による正貨流出の懸念をもたらしていない状態下で保証準備発行が実施されるようになったことは、日本銀行券に対する信認（社会的信認、一般的信認）の進展を示している[67]。1888年8月の保証発行屈伸制限制度の採用提案の中で、松方正義大蔵大臣は、7000万円は兌換請求されずに必ず市場で流通するから、この金額は兌換請求を想定する必要のない額であると述べている。このことも日銀券

---

67) 対外支払いのために銀行券の兌換請求の可能性はあった。兌換状況については1887年には日本銀行における兌換券払出しによる銀受入れよりも兌換券受入れによる銀払出しの方が672万円多くなっている（大蔵省編『明治大正財政史』第13巻［1939］375ページ）。これは対外支払いのためであろう。だが当時、国内流通のために銀行券の金兌換請求が生じたという指摘はなく、同年の日本銀行正貨準備額は3259万円で前年よりも増大している（日本銀行百年史編纂委員会編［1986］332ページ）。

第1章　日清戦争以前の正貨政策

が人々から信認されていたことを示している。

「兌換銀行券条例」が1888年8月に改正される以前に日本銀行の正貨準備率は50％以上となっている。このことは通貨当局が銀行券の正貨との兌換によってその価値、その信認を維持しようとしていたことを示している[68]。

と同時に松方は前述のように「発行高ト準備トノ比例ヲ法律上ニ確定セス市場ノ景況ニ由リ随時之ヲ伸縮スル」比例伸縮法を高く評価していた。一方で正貨準備に依拠しつつ、貨幣供給が正貨準備によって制約されずに市場の状況により弾力的に行う方式が兌換銀行券条例施行後しばらくして採用されたのである[69]。正貨の兌換券発行が正貨準備の増減と直結しないという日本の銀行券発行方式が実施されるようになったことは図1-1（後出）からも明らかである。

1886（明治19）年1月から政府紙幣の正貨兌換が開始された。政府紙幣は銀貨と兌換され、整理されることとなり（政府銀貨を受け取り日本銀行が希望に応じて日本銀行兌換券と兌換することも可能）、兌換銀行券を「全国流通ノ基礎」とする過程が進行した[70]。これにより、日本銀行券が紙券通貨として一般的に信認されることがより明確になったのである。

---

68) 松方が日本銀行をイギリスにみられたような商業銀行の中心銀行とすることを理念として掲げ、日本銀行が貸付に厳しい態度で臨み、また実際に日本銀行が条規を定めて割引委員を委嘱し、厳正な審査をしたうえで、手形の割引を行っていたのも、その背景には正貨準備を大きく超えて銀行券を発行して貸出をすることができないと考えられていたからだと思われる。1888年中の日本銀行手形再割引について『日本銀行営業報告』は、割引を謝絶した割合は「本店取引ハ依頼高ノ壱割弱〔実際ハ弐割弱〕支店ハ四割弐分強ニ当レリ」と記している。同行は固定的な資金需要に対処するのではなく、流動的な資金需要に対処しようとしていた（岡田和喜［1966］168、171ページ）。もっとも、実際の日本銀行の業務は商業銀行主義に徹し切れず、松方大蔵大臣は1889年に日本銀行が「動モスレバ融通手形ノ弊害ヲ助長セントスルハ余カ最モ遺憾トスルトコロナリ」と同行を批判している（『日本金融史資料　明治大正編』第4巻、1444ページ）。

69) このことは1885年4月から1886年6月にかけての公定歩合引下げが金融情勢に追随するとともに低廉な資金供給の促進するものであったことからも明らかである。こうしたことが通貨膨張抑制と産業発展につながると考えられたのであろう。1888年には投機を警戒した公定歩合の引上げが行われている。

70) 明治財政史編纂会編『明治財政史』第14巻、269ページ。

2　信認維持のもとでの弾力的な銀行券発行

（1）　保証発行屈伸制限制度の採用

　1888（明治21）年8月、「兌換銀行券条例」の改正が行われた。大蔵当局は欧州諸国の中央銀行の例を参考に、我が国の実情を考慮してこの改正を実施した。従来は銀行券発行高と引換準備との関係が不明確であったが、この改正によって、銀行券発行制度として保証発行屈伸制限制度が採用されることとなり（同第2条）、その関係が明確となったのである。この保証発行屈伸制限制度は、正貨準備発行以外に保証準備発行をも認めるが、保証準備発行額には制限を設け、かつ必要やむをえない場合には、最低5％以上の限外発行税を課するという条件のもとに、大蔵大臣の許可を経てこの制限を超える発行（制限外発行）を認める、というものである。保証発行制限額は1888年の「兌換銀行券条例」では7000万円とされた。

　従来規定のなかった保証準備発行については、1888年条例において明文化された。保証準備発行の保証物件については、公債証書・大蔵省証券その他確実な証券または商業手形であることが明示された。またこの改正において、引換準備資産として「銀貨」以外に実際には「金貨」や「金塊」が含められていた事実が事後追認されることとなり、準備資産の内容が「金銀貨及地金銀」と定められた。1888年以降は正貨準備として多額の金塊が保有され、1894（明治27）年以降はその額は銀準備を凌駕している[71]。

　この兌換銀行券発行制度によって、金銀正貨や制限された保証物件によって銀行券に対する信認を維持しつつ、銀行券の弾力的発行が可能となったのである。

　松方大蔵大臣はなぜ、比例準備法に代えて保証発行屈伸制限制度を兌換券発行方法として採用したのであろうか[72]。この改正の理由としては、第1に、2つの点における通貨、兌換銀行券の信認強化への意図を指摘しておく必要がある。「兌換銀行券条例」の改正により、従来は曖昧であった兌換準備規定が

71）　鈴木恒一［1986］33－34ページ参照。正貨準備の推移と構成については表1－4を参照。
72）　これについては、渡辺佐平［1965］127－132ページを参照。また山口和雄［1969］5－6ページ、『日本銀行沿革史』第1輯第3巻、7ページも参照。

第1章　日清戦争以前の正貨政策

明確となり、「兌換券発行高ニ対シ同額ノ金銀貨及金銀ヲ置キ其引換準備ニ充ツベシ」（第2条）（これ以外に保証準備発行がある）と定められた。正貨準備に基づく銀行券の信認を確実なものとしたのである。また、松方の「兌換銀行券条例」改正の直接的な目的は、日本銀行の発行規定を「正格」化し、そのもとで発行される兌換銀行券をもって不換政府紙幣を完全に整理し尽くそうということにあった。この不換政府紙幣の完全消却のために、日本銀行が政府に2200万円を貸し付けることとしたのである（第2条）。このような措置は、日本銀行兌換銀券を「全国流通ノ基礎タラシメンコト」を達成し、兌換制度の強固化を図るものといえ、通貨の信認を確保しようとしたと考えられるのである。この借入れは1890年10月に実行された。

　一方で、経済発展のために貨幣供給の弾力性が求められた。ヨーロッパの中央銀行の4つの銀行券発行方法を検討した松方は「改正理由書」の中で、比例準備制度の問題点を次のように指摘している。この制度では、信用壊乱や外国貿易の変動により、正貨の需要が増大し、銀行券の兌換により、その準備金が減少するならば、銀行券発行が減少し、ますます市場を狂乱させる、と。松方は比例準備制度を非弾力的な欠点の多い制度とみなすようになったのである。そして、市場の景況により随時発行高を伸縮する制限屈伸発行制度に高い評価を与えた[73]。保証発行屈伸制限制度の採用は、ドイツ帝国銀行のこの制度の伸縮性に大いに惹かれてのことである。この背景には、日本銀行に恐慌救済の力を備えさせようとする松方の意図があった。すなわち、松方は、元老院における改正理由の説明の中で、「商業上ノ恐慌ヲ生スルニ当タリテハ市場ノ景況ニ由リ之ヲ救済スルカ為メニハ紙幣ノ流通高ヲ増加セサル可ラス是レ日本銀行ヲ創設セシ所以ナリ、……本項ノ制ハコレ独逸帝国銀行ノ制ニ拠レル所ニシテ……我国ニ於テモ此ノ名法ヲ取リテ以テ不時恐慌ノ備トナスハ甚必要ナラスヤ」と述べている[74]。

　採用された保証発行屈伸制限制度は、日本銀行券発行は正貨準備を基礎とするけれどもそれを直接反映するものではないという特徴を有していた。

---

73)　前掲「兌換銀行券条例改正理由書」、日本銀行百年史編纂委員会編『日本銀行百年史』第1巻［1982］308－310ページ。

74)　日本銀行調査局編『日本金融史資料　明治大正編』第13巻、140ページ。渡辺佐平［1965］131－132ページ。

第1編　金本位制確立前の正貨政策

（2）　日本銀行保証準備発行の限度拡大

　上述の「兌換銀行券条例」改正後1年半以上経過した1890（明治23）年3～4月の制限外発行は、比較的小規模なものであった。その後同年5月に政府は「兌換銀行券条例」を改正して、保証発行限度を7000万円から8500万円に引き上げた。当時の日本の貿易収支が大幅な赤字で、金銀貨・地金銀が輸出超過となり正貨準備発行が減少していたから、「社会ノ金融ヲ円滑ニ」するために[75]、政府はその引上げに踏み切ったものと思われる[76]。また大蔵大臣松方正義は1890年4月に総理大臣山県有朋のもとに提出した「兌換銀行券発行制限高拡張ノ建議」において、内外貿易の伸長によって通貨の必要が増大したから保証発行を拡大することとなった、と述べている[77]。

　保証発行限度額の引上げで注目されるのは、これが日本経済の発展の結果としての通貨需要に対応するとともに、とくに外国貿易の発展、横浜正金銀行の発展を図るものであったということである[78]。5月17日に改正法が公布されると松方大蔵大臣は日本銀行に対して訓示を出し、条例改正による限度増加額1500万円のうち、1000万円内外は横浜正金銀行の輸出為替資金に振り向け、輸出荷為替手形割引資金に充当し、残り500万円内外は日本市場商業上の金融を幇助するよう命じている[79]。

　保証発行限度額の拡張の使途が限定されているという意味では、兌換制度維持、兌換券の信認維持への配慮がなされているといえる。また輸出奨励は正貨吸収に繋がる可能性もある。だが保証準備発行拡大の主目的は産業奨励、とく

---

75)　同法改正に関する元老院審議に出席した松方蔵相の言。
76)　鈴木恒一［1986］35－36ページ。日本銀行調査局編『日本金融史資料　明治大正編』第13巻、178ページ。
77)　明治財政史編纂会編『明治財政史』第14巻［1905c］281－285ページ。渡辺佐平［1965］141－143ページ。
78)　この改正案が元老院で上程され、審議された際に、制限外発行によって通貨必要の増大に応じられないかという疑問が建野郷三や尾崎三良などから出されている。これに対する松方の答弁は、制限外発行の規定は「非常ノ場合例ハ恐慌ノ時ニ適用ス可キ条項ニシテ通常ノ場合ニ適用ス可キモノニアラス」と答弁している。兌換請求の可能性のある制限外発行に対して松方大蔵大臣は慎重であり、むしろ保証準備制限額の引上げによって貿易伸長に伴う通貨需要に応じようとしていたのである（「元老院会議筆記」『日本金融史資料　明治大正編』第13巻、180ページ）。1890年3月に日本銀行は大蔵省の許可を得て初めて制限外発行を行ったが、それは4月中には回収されている（渡辺佐平［1965］160、164ページ）。
79)　山口和雄［1969］8ページ。

第1章　日清戦争以前の正貨政策

に輸出奨励を通ずる貿易の拡大に向けられることとなったのである。後進国日本にとって外国貿易、とくに輸出貿易の拡大を図ることがとりわけ重要であった。欧米向け輸出を増大することによって初めて日本は産業経済の近代化に不可欠な機械類・原料その他の輸入を増大させることができたのである[80]。

　保証準備発行限度の引上げが1890年に実施された理由としては、貿易収支が大幅な赤字となっていたことを考慮する必要があろう。

　このことは、日本の貨幣制度が産業貿易の発展に寄与するものという性格を有することを意味していた。もともと国内で金貨が流通しておらず、公定歩合の引上げによって短期資金を海外から吸収できず、通貨主義的中央銀行法が採用されたわけではない我が国においては、中央銀行の正貨準備と兌換券発行との関係がイギリスのように明瞭ではなかったが、こうした産業振興という政策目標のために、我が国の兌換券の発行と正貨との直接的な関係はますます希薄化することとなったのである[81]。

　そして、日清戦争以後から制限外発行が頻発し、経済界から保証発行限度の再拡張を要望する声が強くなると[82]、1899年（明治32）年3月に兌換銀行券条例が改正され、保証準備発行限度額が8500万円から一挙に1億2000万円に引き上げられた。政府の説明では、経済規模の拡大に伴って、従来の金額では実情に合わないから引き上げるということであった。しかし、改正法案が公布されると政府は日本銀行に対して、3500万円のうち、2000万円は低利で対欧米および中国貿易の金融の用に供し、1500万円は内地金融の用に供するよう内達した。この場合でも、制限外発行によって得た資金のかなりの部分を日本銀行は横浜正金銀行への資金提供に充当して貿易金融に利用させたのである[83]。それは正貨準備を強化し、銀行券の信認を維持するというよりも、輸出入貿易奨励に寄与するものであったということができよう。

---

80)　山口和雄［1969］21ページ。
81)　兌換銀行券の発行高と正貨準備高との関係を図示すれば、図1－1のようになる。これによれば1890～92年こ両者は上昇傾向をたどるが、1893～94年には正貨準備高が増大していないのに兌換銀行券は増大傾向をたどっている。両者がまったく無関係であるとはいえないが、正貨準備が増大しなくても日本銀行は兌換銀行券を増発することができたのである。1899年には保証発行限度がさらに引き上げられている。
82)　吉野俊彦［1976］476ページ。
83)　山口和雄［1969］12－14、21ページ。

第1編　金本位制確立前の正貨政策

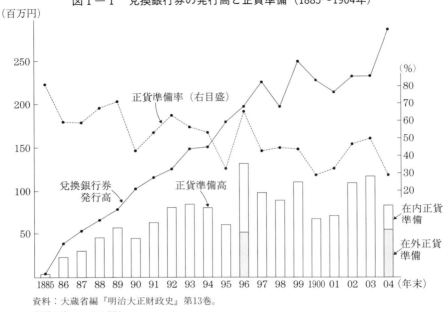

図1－1　兌換銀行券の発行高と正貨準備（1885～1904年）

資料：大蔵省編『明治大正財政史』第13巻。
出所：表1－3と同じ。

なお、銀行券条例の改正はその後1932年まで行われていない。

兌換銀行券の発行高と正貨準備の関係を図示すれば、図1－1のようになる。兌換銀行券の発行高は必ずしも正貨準備額の増減に対応していない。

明治30年代後半（1904年以降）になると、制限外発行が常態化するようになる。これは経済発展が考慮されたことと、兌換銀行券が日常取引の中に定着し、その信認についての懸念がかなり薄らいだためであると思われる[84]。

第4節　「準備金」と正貨蓄積・在外正貨

1　「準備金」の運用と正貨吸収

兌換のための準備金および国際決済手段として、正貨は貨幣制度上きわめて

---

[84]　鈴木恒一［1986］45ページ。

重要な役割を果たす。政府は明治以来、積極的に正貨獲得政策を実施してきた。明治前期においては、「準備金」の運用が明治政府の最初の正貨政策であり、また正貨獲得政策の中心をなした。歴史的にみれば明治前期には、政府は「準備金」の運用によって正貨を獲得しようとした（これは1890（明治23）年3月に廃止されている）[85]。

「準備金」は、1869（明治2）年10月、岩鉄の売却代金を政府が蓄積して、これを「積立金」と称したことに始まる。その後政府は、旧幕府貸付金の返納金、不用物品売却代その他の雑収入を蓄積し、1872年6月、その名称を「準備金」と改めた。「準備金」の主要目的は正貨の蓄積にあった。政府は「準備金」を運用して、金銀地金の購入、海外預け金および海外荷為替の取扱い、米穀および昆布の直輸出による正貨蓄積を行った。金銀地金の購入は、直接正貨の吸収を目的とするもので、「準備金」によって日本の鉱山産出の金銀、「人民」所有の地金および旧金銀貨幣、外国産出金銀地金などが購入された。海外預け金制度は、1877年7月、政府が国内の輸出業者に対して「準備金」中の資金を横浜正金銀行への預入れを通じて貸し出し、その輸出貨物の売却代として彼らが獲得した外国貨幣を外国において準備金部が受け取り、同部がこの外国貨幣を日本の公使館、領事館に預け入れ、さらにこれをその地の確実な外国銀行に預け入れて保管したことに始まる。

1869年10月から1890年3月までの間に「準備金」で購入した金銀の金額は総計で1億426万円に達した[86]。買い上げられた金銀地金は大阪の造幣局へ輸送され、貨幣に鋳造されたり、定型金塊に型鋳されたりした。我が国においては、正貨政策として、当時、このような金銀地金購入による正貨吸収が大きな意義を有していたのである。

海外荷為替および海外預け金制度については、上記期間中に政府の横浜正金銀行を通じた貸出の返納高は6516万円、海外預け金収入は946万円であった[87]。

なお、「準備金」で輸出米および昆布を直接買って輸出したことによる収入

---

[85] 準備金については大蔵省主計局編「準備金始末」（1890）大内兵衛・土屋喬雄編『明治前期財政経済史料集成』［1932a］第11巻所載、および肥後和夫［1960］223-251ページ、高橋誠［1964］第2章、などを参照されたい。

[86] 「準備金始末」大内兵衛・土屋喬雄編［1932a］15ページ。

[87] 同上、37、40ページ。

第1編　金本位制確立前の正貨政策

は666万円であった[88]。

「準備金」の運用は政府が行った本格的な金銀、外貨政策であった。正貨吸収策として「準備金」の運用の果たした役割はきわめて大きかった。表1−5などによれば、1869（明治2）年末においてわずか1万9千余円にすぎなかった正貨は1885（明治18）年末には4227万円に達したのである[89]。

「準備金」が設置されている時期には、政府所有正貨はすべて「準備金」として保有されていた。この設置期間中に政府紙幣の価値が回復し、「準備金」中の正貨が充実し、兌換銀行券の発行が開始されると、松方正義大蔵卿は1885年5月13日に、政府紙幣と銀貨との兌換開始準備を政府に建議した。現存の政府紙幣流通額8991万円に対して政府正貨蓄積高は同年10月に3961万円と流通紙幣額の半額に達する見込みであり、紙幣と「準備金」中の正貨（銀貨）との交換を1886年1月とし、交換事務は日本銀行に委託することとした。まず政府現

表1−5　準備金の正貨収支内訳表（1881年10月〜1885年12月合計）

（単位：千円）

受入項目	金額	払出項目	金額
1881年10月21日正貨現在高	8,674	諸為換払金	14,584
外国荷為換取組高	18,424	正貨交換支出	12,504
逆為換金収入	2,783	造幣局へ輸入地金	19,524
貸出金返納	2,970	地金売却高	18
米穀昆布売却代収入	1,887	金銀地金買上代	16,737
交換正貨収入	19,522	雑支出	402
常用部決算残金受入	74		
鋳造成貨受入	19,524		
為換代リ金受入	8,773		
買入金銀地金高	22,834		
地金売却代収入	9		
雑収入	559		
合計	106,035	合計	63,770
		差引、1886年1月へ繰越高	42,266

出所：大蔵省主計局編「紙幣整理始末」大内兵衛・土屋喬雄編『明治前期財政経済資料集成』第11巻［1932a］、241ページ。

---

88)　同上、40ページ。
89)　吉川秀造［1969］122ページ。

存の正貨を兌換に用い、その後、毎年紙幣消却元資金を正貨に鋳造し、漸次紙幣との交換に備えることとした[90]。

　1890年11月に松方正義大蔵大臣が山県有朋総理大臣に提出した「準備金始末」報告によれば、「準備金」中の正貨をもって交換した政府紙幣の総額は1886年1月から1890年3月までで4335万円であった[91]。「準備金」が1890年3月末をもって「紙幣交換基金特別会計部」に引き継がれたときには「準備金」中の正貨も同会計部に引き継がれ、紙幣整理に充当されることとなった。「準備金」中の正貨で5335万円の政府紙幣が消却されることとなったわけである[92]。

　1885年6月6日の太政官布告第14号では「政府発行ノ紙幣ハ来明治十九年一月ヨリ漸次銀貨ニ交換シ其交換シタル紙幣ハ之ヲ消却スヘシ」と定められていた[93]。日本銀行は紙幣交換基金として「準備金」から銀貨を交付されることとなった。しかし実際には紙幣と日本銀行兌換券との交換が行われていた。「兌換銀行券発行手続」第7条において、日本銀行の都合によって相当の打歩（プレミアム）をもって交換するものとし、その打歩はあらかじめ大蔵卿の許可を受けることが定められていたが、1885年5月6日にこの条項が削除され、兌換券と紙幣相互の交換は日本銀行の便宜に任せることとなった。日本銀行は同月9日、兌換券を紙幣に交換請求する者には同価をもって応じ、紙幣を兌換券に交換請求する者に対しては時価をもって応ずる旨を定めた。1886年1月に紙幣が銀貨と交換され消却されるようになると、日本銀行は、銀貨兌換請求にはもちろん応じたであろうが、紙幣を同行の銀兌換券に交換請求する者に対しては同価をもって交換に応じた[94]。1885年には200万円であった兌換券での紙幣交換は1886年には1200万円に増大している。日本銀行が紙幣を受け入れて兌換

90）「紙幣整理始末」大内兵衛・土屋喬雄編［1932a］254-255ページ。
91）　同上、264-265ページ。
92）　残りの政府紙幣については1888年8月の兌換銀行券条例改正の際に2200万円を政府が日本銀行から借り入れて消却することとなっており、1890年7月の法律第56号に基づき、消却されることとなった。小額紙幣806万円は1890年3月以降一般会計の部から償還されることとなった（大内兵衛・土屋喬雄編［1932a］44-45ページ）。
93）　日本銀行百年史編纂委員会［1982］305ページ。
94）　兌換券をもって紙幣に交換を請求する者にはなるべく請求に応じないようにした。これらについては大蔵省編『明治大正財政史』第13巻［1939］370ページを参照されたい。

第1編　金本位制確立前の正貨政策

券を払い出した金額は1886年から1890年に約4000万円である[95]。

紙幣交換基金として受け取った銀貨は1886年1月から1890年3月までで4335万円であるから、受け取った銀貨の大部分を日本銀行は行内に蓄積していたと思われる。日本銀行が銀行券の発行を開始した当初は、日本銀行内に正貨がわずかしかなかった。1884年における日本銀行の銀貨蓄積高はわずか37万円にすぎず、1886年4月には銀行券の発行に際して必要となる兌換準備銀貨200万円の借用方を大蔵省に願い出ているような状態であった[96]。日本銀行の正貨準備は政府保有正貨の借入れによって発足した[97]。同行の兌換銀行券発行準備は1885年の331万円から1886年の2407万円へと激増している[98]。この増大には政府紙幣交換基金の取扱いが大きな役割を果たしたと考えられる[99]。

荷為替金融などへの準備金の運用による政府在内正貨の蓄積が、紙幣交換基金の日本銀行への交付を通じて日銀の在内正貨、兌換準備金の増大をもたらしたといえる。準備金の運用は財政にとどまらず日本銀行の正貨吸収にも大きな役割を果たしたといえるのである[100]。

2　在外正貨の起源としての政府海外預け金

1880（明治13）年、「海外荷為換法」すなわち「預入金規則」が制定され、これによる海外預け金が生ずるに至った。外国為替・貿易金融機関となる横浜正金銀行が同年2月に創設されると、10月に政府は同行に対して「預入金規則」に基づいて、「準備金」中から300万円を限度として預け入れた。同行はこの紙幣を、海外輸出荷為換証書を取って日本の輸出商に貸し出した。輸出商はその仕向地における売上代金を、その地の通貨（外貨）で正金銀行の出張員ま

---

[95]　日本銀行調査局編『図録日本の貨幣　8』［1975a］208ページ。
[96]　日本銀行百年史編纂委員会編［1982］288ページ。
[97]　伊牟田敏充「日本銀行の発券制度と政府金融」『社会経済史学』第38巻第2号、1972年7月、28ページ。
[98]　日本銀行百年史編纂委員会編［1986］332ページ。
[99]　伊牟田敏充、同上、29－30ページ。1886年には公定歩合は引き下げられているのであるから、この正貨準備の増大は公定歩合操作によるものとは考えられない。
[100]　高橋誠［1964］では、紙幣は兌換銀行券ではなく正貨と交換されたとされているが（127、129ページ）、この解釈では「準備金」の日本銀行の正貨蓄積に果たした役割が無視されてしまうことになる。

たは代理人を経て、日本の公使館または領事館に返還したのである。取立金を海外ではなく内地で返納することがまったくできなかったわけではなかったが、その許可額は136万円と海外返納額と比べてきわめて少なかった。米穀・昆布の直輸出は、政府が「準備金」中の紙幣で米穀および昆布を購入して、米穀は欧米諸国へ、昆布は上海へ直接輸出するものである。この輸出代金（外貨収入金）も海外預け金となった[101]。

すでに明治前期に政府海外預け金がこのように存在していた。この保管に関して考察すると、海外荷為替法（＝預入金規則）が1880年10月に実施される以前においては、在外公館の受け取った外貨は外国銀行に預け入れられたが、外債元利金などの支払いに充当するために、アメリカやフランスにおいて受け取られたものも、その多くはイギリスへ回金され、ロンドンのオリエンタル銀行（The Oriental Bank Corporation、オリエンタル・バンク）に預け入れられた。しかし当時においては政府海外収入金は諸支払いに充当するに足りず、政府は日本内地で準備中の金貨および定型金塊を回送し、これも東洋銀行に預け入れた。

海外荷為替法施行後、政府海外収入金が多くなり、これによる外国貨幣が海外預け金の中で最も多くなった。在外公使・領事館への収入金が前期と同様、さらに外国銀行に預金されたと思われる。

1882（明治15）年2月、大蔵卿松方正義は、「外国為換金取扱規程」を定め、海外荷為替制度の目的が「大蔵省ヘ正貨ヲ収入スル」ことであることを明記し、この目的に沿った制度の拡充を図った。上記規程制定に際して政府海外収入金の増大を想定して「海外預ケ金規程」が制定された。以後、「海外預ケ金」は、少額の場合においてだけ公使領事館で保管され、それが多額の場合はすべて各外国銀行に預け入れられた。

横浜正金銀行の支店出張所が海外各地に開設されるようになると、政府は外国銀行から海外預け金を引き出して、これを横浜正金銀行に預け替えた。政府は「同行ナレハ外国銀行ノ如ク其内部ヲ知悉シ能ハサルノ不便ナク、其監督モ充分施行シ得ヘキヲ以テ、多額ノ金ヲ外国銀行ニ普通預ケトナシ自由ニ其使用

---

101) 大蔵省主計局編『準備金始末』『明治前期財政経済史料集成』第11巻、1、3、14－16、30－44ページ。同「準備金始末参考書」（1891）同巻、105－159ページ、大蔵省主計局編「紙幣整理始末」（1890）同巻、234－241ページ。横浜正金銀行編『横濱正金銀行史』［1920］（復刻版［1976］26－27ページ）、伊牟田敏充［1973］第2章、などを参照。

第1編　金本位制確立前の正貨政策

ヲ許サンヨリハ、寧ロ正金銀行支店出張所ニ保護預ケトナシ、使用ヲ許サヽルノ安全確実ナルヲ発見」したのである[102]。

3　政府海外預け金の在外正貨としての機能とその限界

このような政府海外預け金は、表1－6にみられるように、1890（明治23）年3月に「準備金」が閉鎖されるまで、外国債元利金の支払いや軍艦購入代その他各庁経費の支払いに用いられた。また外国市場での金銀地金購入代としても用いられた。さらに「為換ヲ以テ本邦ニ回金」された[103]。

表1－6によれば1877年から1890年にかけて政府海外預け金によって3289万円の金銀地金が購入されている。御用荷為替制度は、実際にきわめて多くの金銀地金の獲得に寄与したのである。このような成果を納めた背景には、1882年以降の輸出超過という事情があったと考えられる。

政府海外預け金は、対外支払いに用いられた場合には金に代わって政府対外支払いの決済をしていることになる。為替を用いて預け金を日本に回金する場合には、日本で政府が円を受け取ってロンドンの政府所有ポンド払いの手形を

表1－6　政府海外預け金収支（1877～1890年合計）

(単位：万円、四捨五入)

科目	収入	科目	支出
荷為替返納金	6,516	外国債元利為替払い	1,977
準備金扱米穀昆布売却代	666	軍艦代其他各庁経費為替払い	2,822
逆為替収入	946	金銀地金購入代	3,289
預け金利子	41	本邦ヘ回金	490
小計	8,169	雑費	9
本邦から回金	431	棄損払切及常用貸付金へ移管	14
合計	8,600	合計	8,600

注：1877（明治10）年7月～1890年3月。
資料：大蔵省主計局編「準備金始末」大内兵衛・土屋喬雄編『明治前期財政経済史料集成』
　　第11巻、40－41ページ。

---

102)　大蔵省主計局編「準備金始末」大内兵衛・土屋喬雄編、前掲『明治前期財政経済史料集成』
　　第11巻、39－40ページ、大蔵省主計局編「準備金始末参考書」同巻、149－156ページ。
103)　大蔵省主計局編「準備金始末」、「紙幣整理始末」同上集成、第11巻、40、240ページ。

売るか、ロンドンにおいて政府がポンドを支払って日本で円を受け取れる手形を買うかなどをしなければならないが、これは結果としては為替銀行に政府が外貨を供給することとなり、為替銀行がこの外貨を国際決済に用いれば、金に代わってこれが国際決済手段として機能したことになる。海外預け金を金銀地金に換えることもできた。正貨を名目的価値と素材価値の一致する金銀貨や金銀地金とすれば、銀行に預け入れられた海外預け金はただちに正貨であるとはいえず、政府所有在外資金というべきものなのだが、日本の大蔵省は正貨の概念を拡大解釈しており、輸出代り金などからなる海外収入金を「正貨」とみなしていたのである[104]。表1－6によれば1877年から1890年にかけて政府海外預け金による外国債元利為替払いが1977万円、軍艦その他の各庁経費為替払いが2822万円となっている。これによって金銀正貨による海外払いが節約できたのであり、海外荷為替制度に基づく海外預け金はこの意味で正貨維持に寄与したということができる。この政府海外預け金が在外正貨の濫觴であるといえるのである。この在外資金は、正貨を節約しつつ外債元利払い、軍艦購入その他諸官庁の対外支払いに寄与し、また金銀地金の蓄積に寄与し、為替銀行の外貨資金を補充し、日本経済の近代化、軍備増強を支えるものとなったのである。

しかし「準備金」中の政府海外預け金が為替で日本に取り寄せられた金額、つまり政府がその結果として為替銀行に在外正貨を売却した金額は、表1－6によれば1877～90年の合計で490万円となっており、政府対外支払いの為替払高よりもはるかに少なかった。また1882年以降、商品輸出は輸入を凌駕していたから、政府が在外正貨を為替銀行に売却して、一般の商品輸入の決済に必要な外貨資金を補充する必要はあまりなかった。政府は一般為替市場に外貨資金

---

[104]　松方正義は、1881年11月、海外荷為替取扱いによる正貨吸収方針を明らかにした際、「直輸荷換ノ一事ニ向テ保護ヲ与ヘテ、海外正貨ヲ我国ニ吸収スル」と述べて、「海外正貨」という言葉を用いている（大蔵省主計局、前掲「準備金始末」大内兵衛・土屋喬雄編『明治前期財政経済史料集成』第11巻、32ページ）。また1883年の大蔵省の太政官への稟議の中には「準備本部ノ紙幣ヲ以テ北海道収税品ヲ始メ其他専ラ外人ノ嗜好ニ応シ候物産ヲ購取シ、之ヲ海外ニ輸出シ其代リ金即正貨ヲ収得シ以テ大ニ正貨蓄積ノ目的ヲ貫徹致度」と述べられており、ここでは輸出代金の外貨手取金がただちに正貨とみなされている（大蔵省主計局編「準備金始末」同上集成、第11巻、43ページ）。大蔵省の「紙幣整理始末」と題する報告書に掲載された「準備金」に関する正貨受入高には外国為替取組高が含まれており、これは「外国荷爲換高、乃チ海外ニ於テ収入セル正貨ノ高」とみなされていた（大蔵省主計局編「紙幣整理始末」同上集成、第11巻、240－241ページ）。

を供給するよりも、むしろ輸出為替手取金を海外で受け取って為替市場から外貨資金を吸収した。したがって、「準備金」中の海外預け金は、国際決済手段としては、金銀地金購入を別とすれば、政府自身の対外支払いを正貨（金銀）に代わって行うという性格を強く持ち、為替銀行に払い下げられて在内正貨の現送に代わる一般的な対外支払手段として機能したのではなかった。

海外預け金は銀行券発行の基礎ともならなかった。また海外預け金は政府対外支払いや国内への正貨現送に用いられて減少し、1890年3月の「準備金」の閉鎖とともになくなった。在外正貨としては一時的であることを免れなかったのである。

かくして齊藤壽彦［1981b］で述べたように（12ページ）、「準備金」中の海外預け金は在外正貨の嚆矢ではあったが、その在外正貨としての機能は限定されていたのである。

第5節　横浜正金銀行の外国為替業務による正貨吸収と日本銀行の外国為替資金融通

1　正貨吸収を主目的とする御用外国荷為替制度の成立

横浜正金銀行は大蔵卿大隈重信と民間の丸家商店、慶應義塾関係者が合作したものとして、1880（明治13）年2月に設立された。半官半民の特殊銀行として設立された同行は、設立当初から二面的性格を有していた。設立当初の同行には、貨幣政策に寄与する正貨供給という目的と、邦商に便宜を与え、またこれによって日本の商権を回復するという目的とが並存していた。

正金銀行の資本金における政府出資比率は3分の1にとどまった。これは発起人の要請に基づくものであり、大株主である大蔵省の投票権は抑制されていた。したがって、設立当初の正金銀行は民間金融機関的性格がかなり強かった。もとより政府出資の結果、正金銀行は大蔵省管理官の監督を受けることになっていたし、必要があれば大蔵卿が同行頭取を任免できることになっていたから、同行は国家機関的側面をも有していた。

正金銀行は設立後間もない1880年5月に政府から紙幣50万円を借り入れた。これによって同行は政府資金への依存を強め始めた。同行は1880年10月から

「準備金」中の紙幣を原資とする政府預け金を受け入れて、これに基づいて外国為替業務を行い、これによって得た外貨を政府に納入する、御用外国荷為替業務を開始した。いわゆる荷為替法に基づくこの業務が同行の業務の中心となるに至った。同業務においては資金を政府に依存した。得た外貨は政府が保有し、1882年3月から1888年5月まで手数料制が採用され、またこの意味において為替リスクは政府が負担した。したがって、正金銀行は国家業務の代行機関的役割を果たすようになったのである。

　大隈重信は、1880年2月末に大蔵卿の地位を同郷（肥後）出身の佐野常民に譲った後も、会計部担当参議として財政上の実権を握っていた。大隈は同年5月に至り、紙幣専用主義を改め、正貨通用主義を採用すべきことを本格的に主張するようになった。同年9月には、財政を改革して余裕金を創出し、これを紙幣消却原資に加え、さらに外国荷為替などによって正貨を購入して、消却原資の増加を図ることを提案した。大隈の立案した財政改革案は実行に移されることとなり、政府は殖産興業政策を転換して、紙幣消却のための行政改革を進めていった。1881年7月には大隈は、伊藤博文との連名で、紙幣消却によって通貨安定を図るための5000万円の公債募集と一大正金銀行の設立を提起した。かくして大隈らの手によって本格的な紙幣整理が断行されようとしていたのである。だが1881年10月、「明治14年の政変」が勃発し、大隈、佐野が下野した。代わって薩摩出身の松方正義が大蔵卿に就任し、大隈・伊藤案は瓦解したのであった[105]。

　松方正義は、内務卿時代の9月6日に、外債募集も辞さず、一気に貨幣制度を兌換制に移行させようとする大隈・伊藤案を批判する「財政議」を太政大臣三条実美宛に提出していた。この中で松方は、外資導入に反対するとともに、まず「正貨を蓄積して、紙幣償還の元資を充実せしめ」るべきであると論じていた[106]。

　松方正義は不換紙幣の整理を断行するためには、正貨の蓄積が必要であると

105）　中村尚美［1968］182-188、189-194ページ。原田三喜雄［1972］163-172、175-176ページ。大石嘉一郎［1969］58-60ページ。東京銀行編『横濱正金銀行全史』［1980］85-89ページ。肥後和夫［1950］238ページ。
106）　中村尚美［1968］195ページ。大石嘉一郎［1969］60-61ページ。原田三喜雄［1972］178-179ページ。

第1編　金本位制確立前の正貨政策

考え、1881年11月、正貨獲得方法を論じた「準備金運転正貨増殖方略之議」を太政官へ上申した。この中で松方は、直輸出荷為替に保護を与えて、海外正貨を日本に吸収すべきであると主張したのである。輸出荷為替品としては、松方はこれまでの中心であった蚕糸や製茶以外に米穀も重視した[107]（内地で直接的に正貨を獲得できない理由として、上記上申書では内地商業の幼稚性、狭随さを挙げているが、「紙幣整理始末」では、内地現存の正貨や金銀産出量の少ないこと、さらに税の自主権がないことを挙げている[108]）。正貨の獲得は政府の対外支払い手段（政府在外資金）確保のためにも必要とされた。かくして正貨の獲得・蓄積政策輸出金融政策が推進されていったのである。

1881年12月には、正貨獲得をいっそう推進させるために「準備金規則」が改正された。8月の改正では準備本部金中の紙幣で直接金銀地金を購入することが禁止されていたが、これが認められた（新規則第7条）。また新規則第8条では「大蔵卿ハ外国荷為換其他ノ方法ニ依リ準備金中ノ紙幣ヲ内外ノ正貨若シクハ金銀地金ニ交換スルコトヲ勉ムヘシ」と定められた[109]。

正貨獲得機関としては、正金銀行が重要であった。「財政議」では日本中央帝国銀行を設立して正金銀行をこの一部局とすることが構想されていたが、これは実現されなかった[110]。だが正金銀行は、為替金返納延滞などの問題点を持っていた。そこで松方は、正金銀行を正貨蓄積という目的を果たすにふさわしい銀行に改造しようとしたのである。

その第1段階として、松方は1881年12月に従来の正金銀行管理官の廃止と特選（官選）取締役の設置を正金銀行に内命した。翌年1月の同行株主総会で定款第4条が改正され、これが実現した[111]。大蔵省や正金銀行の資料によれば、従来の経験から「実際ノ営業ト官吏ノ干渉トハ自ラ両立シ難キノ事情」があり[112]、官吏に銀行事務を管理させるよりも、民間の適任者を政府の代表者と

---

107)　横浜正金銀行編『横濱正金銀行史　附録甲巻之一』[1920] 130－133ページ。
108)　大蔵省主計局編「紙幣整理始末」(1890) 前掲『明治前期財政経済史料集成』第11巻、217ページ。
109)　大蔵省主計局編「準備金始末参考書」(1891) 前掲集成第11巻、78、80ページ。伊牟田敏充 [1973] 75ページ。
110)　古沢紘造 [1977] 84－85ページ。
111)　『横濱正金銀行史　附録甲巻之一』133－136ページ。
112)　『銀行局第十次報告（明治20年中）』117ページ。

第 1 章　日清戦争以前の正貨政策

して取締役会に加えて置く方が時宜に適するから、官選取締役が設置されたとされている113)。従来の経験とは、旧規定の上では、管理官の許可なしでは営業上の重要事項を施行できないとされて、管理官に絶大な権限が与えられていたにもかかわらず114)、実際には官吏の手によっては銀行事務の内部に立ち入ってその厳重な監督をすることができなかったということである115)。相馬永胤も、「管理官ト雖銀行内部ノ実況ヲ観破シ海外為替ノ危険ヲ予防スルコト能ハサリシ」と述べている116)。従来は為替の取扱いはいちいち管理官の許可を得て行っていたのが、新制度では取締役会でこれを決定できることになったが117)、このことは正金銀行の大蔵省からの自立を意味しない。松方大蔵卿は、出資割合に応じて取締役総数の3分の1の取締役を任命し、この官選取締役を大蔵卿がいつでも更選進退でき、大蔵省所有株式が増減するときは、官選取締役の数もその割合に準じて増減すべきであるとした118)。この官選取締役を通じて、後述のように正金銀行業務の実態調査を進め、正貨を確実に確保できるような業務を同行に行わせるために、正金銀行への大蔵省の監督を事実上強めたのである。

　1882年（明治15）1月に、松方大蔵卿は為替取扱いの危険を除去するための御用荷為替法の改正を太政官に稟議し、同年2月13日にこれが許可された119)。かくして1882年2月、「預入金規則」に基づく別段預金の運用を規定した「別段預金運転規程」の後身である「外国荷為替資本預金運転規程」に代えて、「外国為換金取扱規程」（新荷為替法）が制定され、3月1日から施行されたのである。同規定第1条では「外国為換ハ大蔵省ヘ正貨ヲ収入スル為メ特ニ正金銀行ニ為換元金ヲ預ケ銀行ニ於テハ此規程ニ拠リ外国為換ヲ執行スヘキモノトス」と規定された。従来の御用荷為替制度は、貿易上の意義が重視されていた

---

113)　『横濱正金銀行史』34ページ、『横濱正金銀行史　附録甲巻之一』136ページ。
114)　『横濱正金銀行史　附録甲巻之一』30ページ。
115)　1883年5月25日に松方大蔵卿が三条太政大臣に提出した内申書に、このことが具体的に述べられている（『横濱正金銀行史　附録甲巻之一』、171ページ）。
116)　専修大学年史編纂室所蔵資料：相馬永胤「横浜正金銀行ニ関スル意見書」（原稿は内容から1885（明治18）年作成と推定）『相馬永胤文書』No. 281。
117)　『横濱正金銀行史　附録甲巻之一』143ページ。
118)　同上巻、134－135ページ。
119)　大内兵衛・土屋喬雄編『明治前期財政経済史料集成』第11巻、33ページ。

91

が、新制度のもとでも直輸出業者の奨励がその独自の目的とされなかったわけではなかった[120]。だが、この新荷為替法においては正貨の蓄積が御用荷為替制度の主目的であり、直輸出奨励は主としてその手段にとどまることが明確になったのである[121]。ここに正貨獲得・蓄積を主目的とする正金銀行荷為替業務保護制度が成立したのであった。

前述の御用荷為替制度の弊害を改め、とくに政府が正貨を確実に獲得できるように、御用荷為替の取扱方法が新規定によって改正された。すなわち、為替荷物は横浜正金銀行が厳重に検査することとなった。また為替荷物は送り先の領事館などが保管し、為替金が支払われなければ引き渡さないことになった。さらに為替金の相場は、その取組みの日にその時点の相場で外国貨幣に換算されることとなったのである[122]。なお、新荷為替法の取締規定は厳重すぎ、直輸業者の不便が生じたので、その後いくつかの例外が設けられ、直輸業者の便宜が図られている[123]。

政府在外資金が増大したことから、その管理の正確さを期するために「海外預ケ金規程」が制定され、1882年3月に在外日本公使・領事館へこれが送付された[124]。外国為替取組みが軌道に乗るにつれて、為替資金に不足をきたすようになった。松方は政府の正金銀行への預け金の限度を拡張する代わりに、1881年12月に、横浜正金銀行が内地荷為替業務を廃止して、400万円を限度とする預託金をもっぱら外国荷為替業務に充当するよう要請していた[125]。新規定でこれが採用され、正金銀行は産地から輸出港までの内地荷為替の取扱いを廃止した。しかし、直輸出を奨励すると考えられたこの措置が直輸出に支障をきたすと、1883年6月に直輸出生糸について、9月には茶についても内地荷為替取扱いが復活した[126]。ただし、これは従来のままの復活ではなく、生産者

---

120) 『横濱正金銀行史　附録甲巻之一』144ページ。
121) 同上書、140－141ページ。高橋誠［1964］126－127ページ。
122) 大内兵衛・土屋喬雄編『明治前期財政経済史料集成』第11巻、34、240ページ。『横濱正金銀行史　附録甲巻之一』144－149ページ。
123) 水沼知一［1962］24ページ。
124) 大内兵衛・土屋喬雄編、同上巻、38－39ページ。
125) 原田三喜雄［1972］204ページ。
126) 『横濱正金銀行史』58－59ページ。海野福寿「直輸出の展開」横浜市編『横浜市史』［1961］676－678ページ。

に対する、荷為替取組み前の前貸を含んでいなかった127)。

前述のように、正金銀行の外国荷為替取扱方法が堅固な方法に改められた。これは正金銀行が破産して大蔵省に損失を与え、また一般経済、とくに貿易に外国荷為替の面から（悪）影響を及ぼすのを防ぐための措置でもあった128)。このことは、正金銀行の経営的基礎を安定化させる一要因となったと考えられるのである。

預入れ金の利子は無利子となり、正金銀行は政府の無利子預金に依存して荷為替業務を行った。これによって同行は外国荷為替貸金利を4〜6％と129)、内地金利に比して低く抑えることができたのである。

新制度の下では手数料制が採用されている。この手数料制は、正金銀行の要請で幾度か改正された。たとえば1882年3月1日発効の新為替法では、為替料収入のうち、年2％にあたる金額が手数料として大蔵省から正金銀行に支給され、為替料が増減するときは手数料も増減することになっていた。同年5月26日以降も、大蔵省は為替料収入高の2％を正金銀行に支給したが、それ以降に取り組んだ為替は、為替料が変化しても手数料を変化させないことが認められ、正金銀行は安定した手数料を制度的に得ることができるようになった。また同年9月20日以降は、これ以降に取り組んだ為替について、正金銀行が為替取組高の2％を手数料として大蔵省から支給されることが認められ、正金銀行は為替料収入高に対するよりも有利な手数料収入を得ることができるようになったのである130)。

2　日本銀行と横浜正金銀行との為替資金融通契約の締結

（1）　外国為替資金貸付契約の締結

1888（明治21）年には、日本銀行と横浜正金銀行との間に特別契約が締結された。これによって、日本銀行が正金銀行に特別融通を行い、さらに1889年に

---

127)　水沼知一［1962］25－26ページ。
128)　『横濱正金銀行史　附録甲巻之一』171ページ。
129)　『横濱正金銀行史　附録甲巻之一』141ページ。
130)　同上書、142ページ。大内兵衛・土屋喬雄編『明治前期財政経済史料集成』第11巻、140－141ページ。明治財政史編纂会編［1904c］『明治財政史』第9巻、619－625ページ。

第 1 編　金本位制確立前の正貨政策

は低利再割引契約が締結されて正金銀行は日銀低利資金を運用して正貨の吸収にあたるという、日本の正貨政策の中心的方策の 1 つが成立した[131]。この過程について次に論述しよう。

輸出為替資金需要が増大する一方で、正金銀行へ預け入れることのできる「準備金」中の紙幣が減少していった。1887年頃には正金銀行の政府資金への依存度が低下し、したがって御用外国荷為替業務が後退した。正金銀行業務において民間資金への依存度が上昇し、これに基づく御用外国荷為替以外の外国為替業務のウェイトが増大してくるようになった。

1885年12月に日本銀行の吉原重俊総裁は正金銀行の原六郎頭取に御用外国荷為替の取扱いを日本銀行に譲渡するよう懇請した。その後も両行の対立は解消されなかった。

日本銀行を設立した際、松方正義大蔵卿は横浜正金銀行を日本銀行に合併する意図を有していたが、1887年 7 月の横浜正金銀行条例制定時には、その考えを完全に捨てていた。すなわち、1887年 6 月25日の元老院会議において、松方蔵相は、危険の多い外国為替業務を中央銀行に行わせるべきではないと考えたのである。松方は、中央銀行が荷為替を扱っていると外患が起きたときに中央銀行が窮状に陥ることを、諸外国の事例を挙げながら述べている[132]。

松方蔵相は、為替専門金融機関としての横浜正金銀行の必要性を強調した。「横浜正金銀行条例制定ノ議」に述べられているように、同行は「海外諸国ニ向テ為替荷為替ノ業ヲ開キ彼我貿易ノ間ニ介シテ金融ヲ調理シ之ヲ内ニシテハ直輸出者ノ便益ヲ図リ以テ益々我財源ヲ開キ之ヲ外ニシテハ外国ヨリ正貨ヲ吸収シ以テ金銀輸出入ノ権衡ヲ持ツ機関」であった[133]。日本銀行ではなく横浜

---

131)　政府は、日本銀行をして危険の多い外国為替業務を自ら行わせないで、その正貨準備を充実させようとしたのである（「本行ト日本銀行トノ関係ニ付キ松方侯ノ意見」『横濱正金銀行史　附録甲巻之一』[1920] 414－420ページ参照）。1889年には日本銀行と正金銀行との関係はいっそう強化された。それ以後、日本銀行は正金銀行に対し、外国為替手形再割引の方法によって、年額1000万円を限度とする年 2 分の低利融資を行った。他方、正金銀行は日本銀行に対して上記の再割引手形の取立義務を負うとともに、取立為替金で海外から銀塊または墨銀（メキシコ銀）を輸入し、これを日本銀行に納入することを建前とした。このうち、「銀塊又ハ墨銀」の輸納に関する点は、1897（明治30）年の金本位制の採用に伴い、同年 9 月、「金銀地金又ハ貨幣」に改められた。1911（明治44）年 6 月になって、前記の為替手形再割引方法が廃止され、両行間には新たに外国為替貸付金制度が設けられた。この貸出は 7 月に開始された。

132)　日本銀行百年史編纂委員会［1982］393ページ。

第1章　日清戦争以前の正貨政策

正金銀行がすでに荷為替取組みによる正貨吸収機関としての機能を果していた[134]。これをさらに明確にし、正金銀行の円資金調達の円滑化を図ろうとしたのが1888年9月における日本銀行と正金銀行との協約締結である。これは政府の意思を受けて日本銀行と正金銀行の業務を区別し、両行を協力させて国家の財政を幇助させようとするものでもあった。その主要条文は以下のとおりである[135]。

> 第一条　日本銀行並ニ横浜正金銀行ハ親睦和合シテ共ニ国家ノ財政ヲ幇助スル事
> 第二条　外国ニ関スル銀行事業ハ横浜正金銀行ニ措テ専ラ之ニ任スヘキ事
> 第三条　日本銀行ハ横浜正金銀行ノ外国ニ関スル銀行事業ヲ幇助スル為メ外国為替資金トシテ一ヶ年参百万円ヲ限リ横浜正金銀行ニ貸与スルモノトス……
> 第六条　横浜正金銀行ハ第三条ノ借入レ金ニ対シ其半額ヨリ少カラサル金高ヲ以テ外国市場ニ於テ銀塊ヲ買入レ日本銀行ニ輸入シ返金ノ勘定ヲ立ツヘキ事……

ここに国際金融業務は正金銀行がもっぱら取り扱い、日本銀行が必要円資金を供給し、その返済を正貨で行う体制がひとまずできあがったのである[136]。

ここで注目したいことは、第6条で正金銀行が借入金の半額以上を日本銀行に銀塊で返済することが義務づけられていることである。ここから日銀の低利融資が確かに正貨吸収を目的としたものであることを確認できる。

もっとも、この貸付契約は暫定的なものであった[137]。また、1889年3月限りでひとまず返済することとなっていた。また、この銀塊による返済は必ずしも実行を要しないこととなっていた[138]。

---

133) 横浜正金銀行は「国立銀行条例」に準拠していたが、「国立銀行条例」がもっぱら内国の業務について規定していたために不便があった。他の国立銀行と性格が異なり、かつ外国との取引が進む情勢があったために横浜正金銀行条例が制定されたのである。横浜正金銀行編『横濱正金銀行史　附録甲巻之一』［1920］、306ページ。土方晋［1980］88–89ページ。
134) 齊藤壽彦［1983b］15–60ページ。
135) 横浜正金銀行編『横濱正金銀行史　附録甲巻之一』398–399ページ。
136) 土方晋［1980］95ページ。
137) これによって「わが国正貨政策の根本方針が確立せられた」（吉川秀造［1969］125ページ）とはいえない。

第1編　金本位制確立前の正貨政策

　御用荷為替の取扱いの場合には外貨で政府に支払うことが義務づけられており、内地において円資金で支払うことはほとんどなかったが、上記協定では借入金の一部を国内で円通貨（銀行券）で支払うことが可能となっている。このことは正金銀行が取り立てた外貨の一部を輸入代金の決済に充用することができるようになったことを意味している。日本銀行は正金銀行に低利資金営業資金として供給することで同行の営業を支えるとともに貿易を奨励するという狙いを持つようになったということが指摘できよう[139]。

　1888年9月に至り、年間300万円を限度とする日本銀行から正金銀行への低利資金貸付が開始された。これに依存した外国為替取扱いにおいては、利鞘や外国為替相場変動による損益は正金銀行に帰着する。この意味では御用外国荷為替取扱いの場合よりも正金銀行の国家に対する自立、営利機関的性格が強くなっているといえる。

　ただし、上述の1887年以降の正金銀行の営利機関的性格の回復は、同行の国家機関的性格を大きく変えるものではなかった。同行は1889年3月まで御用外国荷為替を取り扱っていた。また同行が日本銀行からの借入れを通じて正貨を吸収するという、正金銀行の新たな公的役割が登場したのである。

　1888年5月に御用外国荷為替制度における手数料制が廃止され、同行は為替買入額と政府への外貨納入額（為替買入時の為替相場から0ペンス16分の5を差

---

138)　横浜正金銀行編『横濱正金銀行史』108ページ、同『附録甲巻之一』401ページ。
139)　横浜正金銀行は当初輸入為替取扱業務を行っていなかったが、1887年3月以降輸入為替取組みを開始している（齊藤壽彦［1983b］53－54ページ。『横濱正金銀行史　附録甲巻之一』292－293、297－298ページ、『横濱正金銀行沿革史』24－25ページ）。これ以降、大蔵省は政府預金中の外貨を輸入為替基金として正金銀行が使用するのを認めるようになっている。これには外国銀行が日本で銀を入手し外国へ送金するのを防ぐ（銀貨流出防遏）目的があった（『横濱正金銀行史　附録甲巻之一』292－293、297－298ページ）。また外国銀行の輸入独占を排除するという狙いがあった（「正金銀行倫敦支店ニテ逆為替ノ為メ1ヶ年五十万ポンド迄資用セシムル事及利子割合ノ内伺書案」『松尾家文書』第60冊第59号）。さらに正金銀行が将来営業上、成り立っていくように輸出為替と輸入為替をバランスさせることが配慮されたためである。大蔵省が1887年2月頃作成した「外国為替基金処分方」の1887年計画案の中には、正金銀行に輸入為替資金として政府預け金50万ポンドを使用させる理由として「元来海外ヨリ本邦へ向ケ為替ヲ取組ハ銀行営業上欠クヘカラサル事業ニテ将来両為替ニナササルヘカラサルコトニ付試ミトシテ之ヲ執行セシメラレタク候」と記されている（『松尾家文書』第60冊第29号。古沢紘造「明治二〇年代の横浜正金銀行――外国為替政策論争を中心として――」『金融論選集』XXI、金融学会、1975年、141ページ。伊牟田敏充［1973］95ページ）。正金銀行の外国為替業務取組高が1887年に大幅に増大している（『横濱正金銀行史』88－89ページ）。

し引いた相場で算出）との差額を収入として受け取ることとなった。これにより、同行の収入は為替相場の変動によって変化することとなった。だが、正金銀行手取分を除く外貨資金の価値変動による損益は政府に帰属し、また御用外国荷為替取立外貨は政府が保有したから、同為替取扱いによる為替リスクは依然として政府が基本的に負っていた。

　しかし、1889年3月末に正金銀行の御用外国荷為替制度が廃止され、これによって正金銀行の性格が根本的に変化した。外国為替相場変動に伴う損益、為替資金調達金利と貸出金利との差額など、外国為替業務上の損益は正金銀行に帰着することとなった。正金銀行は自らの責任において、営利採算を考慮した経営を行うこととなり、同行が経営の主体性を持つことが明確となった。こうして、同行は本来の（純粋な）外国為替銀行化していくこととなった[140]。

（2）　外国為替手形再割引契約の締結

松方蔵相と富田日銀総裁との対立

　前述の日本銀行と正金銀行との協約締結にもかかわらず、両行の関係には決着がついていなかった。松方正義大蔵大臣は、1889（明治22）年6月7日に日本銀行重役集会に出席して、日本銀行が正金銀行に資金を供給して、正金銀行に外国荷為替を取り扱わせ、これを通じて正貨回収にあたらせるよう日本銀行に勧告した（「外国手形再割引並ニ責任代理店開設ニ関シ大蔵大臣松方正義ヨリ日本銀行ヘ諭告」）。だが、富田鐵之助第2代日本銀行総裁は日本銀行による外国為替取扱いを要求し、松方大蔵大臣と激しく対立した。松方蔵相は同年9月に富田鐵之助総裁との対立の最終局面で黒田清隆首相に「横浜正金銀行ト日本銀行トノ関係ニ付松方正義ノ意見」と題する建議書を提出し、富田総裁の罷免を求めた。この結果、同総裁は同月3日に辞任している[141]。1889年10月に日本銀行と横浜正金銀行との間で外国為替手形再割引ならびに銀塊・メキシコ銀輸入に関する契約が締結され、前年9月の貸付契約は廃止された。

　日本銀行の横浜正金銀行に対する外国為替手形再割引が、日本の正貨政策に

---

140)　本項における正金銀行の本来の外国為替銀行化に関する叙述は、主として齊藤壽彦［1985b］に基づいている。詳細は同論文を参照されたい。

141)　横浜正金銀行編『横濱正金銀行史　附録甲巻之一』［1920］414-420ページ。『日本金融史資料　明治大正編』第4巻、1430-1433ページ。吉野俊彦［1974］135、148ページ。

第1編　金本位制確立前の正貨政策

大きく関係している。そこで、この政策の決定過程について正貨政策の観点から詳しく考察しよう。

正貨吸収の必要性

松方は、正貨の吸収を重要課題とした。それは第1に、正貨が日本銀行の兌換券発行のための準備金として機能するからである。正貨は日本銀行券に対する信認の維持のために必要とされたのである。松方は、前述の建議において、日本銀行が「正貨ヲ蓄積シテ準備金ヲ増殖スルハ同行自己ノ信用ヲ固」くしてその営業を繁盛させることを認めていた[142]。上記建議書の中で松方は「兌換券ノ信用ハ一ニ正貨準備ノ充実ニ依ル正貨ヲ回収シテ準備ヲ増殖」することを重視し、政府が兌換券発行の特権を日本銀行に付与したのは「全国ノ金融ヲ疏通シ正貨ヲ充実シテ国家ノ信憑〔信用〕ヲ固フセシメンカ為」であると論じている[143]。松方は兌換券の正貨支払い約束に対する「信用」(credit)、兌換銀行券の「一般的信認」(credibility) の維持の重要性を認識していたのである[144]。

第2に、将来における金本位制実施の準備のために金吸収が必要とされたことである。松方が早くから金本位制を求めていたことについては本章第1節3で述べておいた。

第3に、正貨は対外決済手段として機能するため、その吸収が必要とされたということができる。松方は「輸出入ノ差ハ必ス正貨ヲ以テ之ヲ補フノ外ナ

---

[142] 横浜正金銀行編『横濱正金銀行史　附録甲巻之一』415ページ。同行は設立当初から実貨回収・正貨蓄積を図るという役割を有していた。すなわち、日本銀行を創設した松方正義大蔵卿は「日本銀行創立旨趣ノ説明」の中で、日本銀行を実貨回収の任にあたる機関とすることを考えていた（日本銀行百年史編纂委員会編『日本銀行百年史』第1巻［1982］131−136ページ）。松方大蔵大臣は、上記「松方正義ノ意見」と題する建議書の中でも、「日本銀行ハ所詮中央銀行ニシテ商業ノ中心ニ立チ経済ノ根軸トナリ兌換券発行ノ特権ヲ占有シテ以テ財政ノ運行ヲ円滑ナラシムヘキモノナリ是ヲ以テ常ニ力ヲ正貨ノ回収ニ用ヒ準備ヲ充実シテ金銀濫出ノ源ヲ塞クハ基本分義務タルコト正義カ明治十五年同行設立建議書ニ於テ明白論陳セシカ如シ」と述べている（横浜正金銀行編、前掲巻、414−415ページ）。

[143] 横浜正金銀行編、前掲巻、418−419ページ。同年6月に松方が日本銀行に対して正金銀行を日本銀行の責任代理店とするよう「告諭」する以前に黒田清隆首相宛の建議書として作成していた「横浜正金銀行ヲ日本銀行ノ責任代理店トスルノ議」と題する建議の中でも松方は「日本銀行ハ兌換銀行券発行ノ権ヲ掌握シ其流通ヲ屈伸シ市場ヲ調和……スルノ大任ニ当ル以テ其正貨準備ノ増殖ヲ増進ヲ図ラサルヤ得サルヤ論ヲ俟サルナリ」と述べている（同巻、423ページ）。

[144] 信用、信認の概念については齊藤壽彦［2007］、齊藤壽彦［2003］27−40ページ、を参照されたい。

第 1 章　日清戦争以前の正貨政策

シ」と述べている[145]。

　松方は1887（明治20）年当時、国際収支の悪化の先行きに対する強い危機感を持っていた。そのため、正貨を対外的に流出させることを恐れていた[146]。たとえば「二十一年度予算書調製ノ期ニ際シ経済社会ノ景況ニ付建言」の中では、「巨額ノ資本ハ或ハ鉄道製糸紡績汽船瓦斯会社等諸器械ノ購買ニ充テ輸入ノ数量ヲ増加スルモノ過半ノ多キニ居ル。右ノ実況ナルカ故ニ、輸入ノ増進スルニ伴ヒ正貨ノ外出スルモノ多キハ自然ノ原則ニシテ免カル能ハス。加フルニ海軍軍備ノ拡張ト云ヒ鉄道ノ布設ト云ヒ、官吏其他洋行人員ノ頻多ナルト云ヒ且ツ日常衣服飲食其他大小ノ用度ニ至ルマテ外品需用ノ夥シキ等一ニ皆輸入ノ増加ヲ助ケサルモノ莫キノ有様ニシテ、今日輸出物品ノ増進ヲ謀ラントスルモ内地生産力ノ現況ニテハ俄ニ並進シ難キモノトス。故ニ今日正貨流出ノ勢ヲ防キ以テ経済ノ基礎ヲ鞏固ナラシムルノ方法ヲ講攻スルハ最モ必要ノ主眼トス」と述べられているのである[147]。

　1887年に輸出は5241万円、輸入は4430万円となっていたが、貿易収支の黒字にもかかわらず松方がこのような意識を有したのは、民間の機械設備輸入のための外貨支払いと政府の外貨支出とが巨額に及んでいたからである。外国機械輸入をもたらしたのは企業の勃興であった[148]。政府の外貨支出の一因となっていたのは陸海軍の拡張・装備の近代化であった[149]。このような当時の状況

---

145)　松方正義「輸入ノ暴進ニ付匡救策」（1887年）大内兵衛・土屋喬雄編『明治前期財政経済史料集成』第 1 巻［1931］545ページ。

146)　「二十一年度予算書調製ノ期ニ際シ経済社会ノ景況ニ付建言」（1887年）、「輸入ノ暴進ニ付匡救策」（1887年）、「二十一年度予算書調製ノ期ニ際シ経済社会ノ景況並ニ救済ノ儀ニ付建言」（1887年）、「二十一年度予算ノ調定着手中経済社会ノ状況ニ付建言」（1888年 3 月）という1887年度の松方の 4 つの建言の中にこのことが示されている（大内兵衛・土屋喬雄編『明治前期財政経済史料集成』第 1 巻［1931］542－553ページ）。

147)　大内兵衛・土屋喬雄編［1931］542ページ。伊牟田敏充［1973］102ページ。日本銀行百年史編纂史料「横浜正金銀行との外国為替手形再割引契約（1）」1978年10月、28－31ページ。

148)　日本の産業革命の開始を告げる本格的な企業勃興が1886年以降に鉄道業からスタートし、次いで紡績業の分野で起こった（石井寛治［1997］68、85ページ）。この結果、民需のための生産の手段としての一般機械類の輸入が1888～90年に大きな額を示した。1887年前後の企業勃興期には海運需要の増大に対応した汽船の輸入もみられ、87～88年にその額が増大している。

149)　軍艦・兵器の輸入は1884～86年に伸びを示していたが、87年当時において100万円以上がそのために支出されており、1889年以降軍艦・兵器の輸入が増大傾向をたどり、1891年に急増することとなる（鈴木淳「機械工業の市場と生産」高村直助『企業勃興』ミネルヴァ書房、170ページ）。

が松方の危機感を醸成したのである[150]。

　松方は国際収支の危機が永続するものとは考えておらず、「諸会社ノ資本外出ノ盛ンナルヘキハ当サニ三四年ノ間ニ在ルヘシ」と1887年当時の建言の中で述べている[151]。企業勃興期とその後1～2年間、輸入した外国機械が稼動して輸出力となるまでに危機が存在すると松方は認識していたのである[152]。

　だが、そのようなことは松方にとって正貨の回収策を講ずることの必要性をなくするものではなかった。すなわち、松方は当時の日本の正貨蓄積の水準の低さと一朝事あるときに備えての正貨ことに金銀正貨の確保の必要性を認識していたのである[153]。

　第4に、正貨確保は戦争準備と結びついており、正貨が戦争準備金として必要とされた。「兌換券準備ノ正貨ハ即国家ノ準備金ナリ一朝海外ト事アリ正貨ヲ要スルトキハ即之以テ使弁セサルヲ得ス如此必要ノ物ナレハ是非トモ正貨吸収ノ策ヲ講セサルヘカラス」と松方は述べている。この場合、とくに金銀貨、金銀地金という実貨の吸収が必要とされたのである[154]。

日本銀行が直接正貨吸収を図ることの困難性

　正貨吸収策として地金銀購入および地金銀購入資金の融通を行うという方策があった。この方策は第5節で述べるように我が国でも採用され、日本銀行はこれに関与した。そして、これが正貨政策のうちの地金銀確保にかなり大きな役割を果たしたことは確かである。

---

150) 伊牟田敏充［1973］102－106ページ。
151) 大内兵衛・土屋喬雄編［1931］543ページ。伊牟田敏充［1973］104ページ。
152) もっとも、軍艦鉄道材料輸入は続いた。1893（明治26）年4月12日に渡辺蔵相が伊藤首相に提出した報告書によれば、既往輸出超過1カ年平均275万円に対して既往10年間軍艦鉄道材料輸入平均は254万円（軍艦は148万円）であって、軍艦鉄道材料輸入額は輸出超過額に匹敵するものであった。将来輸入計画中の軍艦（附属兵器を含む）鉄道材料購入予定額は1893年に505万円、うち軍艦購入額は282万円、1894～1899年に各年とも463万円、うち軍艦購入額は各年とも239万円とされていた（室山義正『近代日本の軍事と財政』東京大学出版会、1984年、196－197ページ）。
153) 松方は日本の正貨蓄積の水準の低さについて次のように述べている。「海外各国ハ今日既ニ金銀世界トナリ幾億万ノ準備ヲ蓄積スルニ我国ハ将サニ各国ノ進度ニ達セント欲シテ未タ其度ニ達セス」と（「日本銀行ヲシテ正金銀行ヲ責任代理店トナシ外国為替事務ニ従事セシムル等ノ件」『日本金融史資料　明治大正編』第4巻、1450ページ）。松方は後進国日本の発展段階をこのように認識していたのである。
154) 『日本金融史資料　明治大正編』第4巻、1452ページ。

第1章　日清戦争以前の正貨政策

　だが、我が国の正貨政策は直接的地金銀購入・購入資金融通策にとどまるものではなかった。また、このような施策には大きな限界があった。それは我が国が金銀の生産国というに値しなかったという事実である。ロンドンのように南アフリカなどの産金国から常に金が輸送されるというルートも存在しなかった。松方正義は「我国ハ固ヨリ金銀生産国ニ位セス金銀吸収ノ道ハ外国貿易ニ依ラサレハ之ヲ開ク能ハス」と論ずるのである[155]。

　日本銀行が正貨を回収する任務にあたることは日本の現状では困難であると松方はみなした。その理由として松方蔵相が挙げる理由の第1は、日本が地理的に国際金融の中心地から遠く離れているという事実であった[156]。

　第2に、日本の国際信用が未だ強固ではないという現実が指摘されているこ

---

155) イングランド銀行は金を確保するために公定歩合を引き上げた。セイヤーズは次のように述べている。1914年までのほとんど1世紀の間、イングランド銀行はまず第1に、金準備の防衛に責任があると考えていた。イングランド銀行は、1870年以前は、金準備が減り銀行預金部準備がゼロ近くになると、信用の割当てや手形の再割引適格条件の変更などの手段によって、信用のアベイラビリティを直接的に制限していた。その1世紀の半分が過ぎた頃までに、同行は国内の取引に最も害を与えないでその金準備を防衛するためには公定歩合（Bank Rate）を有効に操作しなければならないと考えるようになった。同行は1909年にアメリカの全国金融委員会の質問に対し、次のように表明した。「公定歩合は、金の英国からの流出を防止するか、流入を誘因する目的で引上げられる。一方、公定歩合が市場金利と全く乖離し、また周囲の情勢も金の輸入を誘因する必要がない場合は、引き下げられる」。この表明は国際収支や貿易収支を矯正することになんら言及していない。またそれは、物価水準、通貨供給、金融情勢、雇用はもちろんのこと、投機にさえもなんら触れていない (R. S. Sayers, *The Bank of England 1891-1944*, Vol. 1, London, Cambridge University Press, 1976, pp. 28-29. R. S. セイヤーズ著、西川元彦監訳、日本銀行金融史研究会訳『イングランド銀行――1891-1944年――』（上）、東洋経済新報社、1979年、38-39ページ。西村閑也 [1980] 38-39ページ）。西村閑也氏が指摘されているように、ビーチはイギリスの金本位制に関する研究の中で、イギリスの景気上昇→イングランド銀行から国内への金貨流出→同行金準備減→公定歩合引上げ→外国短資流入→ポンド相場上昇→外国からの金流入というメカニズムが存在していたことを明らかにしている (W. Edwards Beach, *British International Gold Movements and Banking Policy, 1881-1913*, Cambridge, Mass., 1935)。しかし金本位制実施以前の日本においては金利を引き上げて外国短資流入を図り金を流入させようとする公定歩合政策は金銀、正貨吸収策としては活用されなかった。その当時においては、マクミラン委員会が述べたような、公定歩合を引き上げて貿易収支に影響を及ぼす政策、これにより正貨を維持するという政策もほとんど採用されなかった。マクミラン委員会報告は、イングランド銀行が公定歩合を引き上げたときの直接的結果として次の点を指摘している。①海外への貸付は長期、短期ともに減少し、海外からの借入れが増大する。②企業は活動を削減し、国内の購買力が減退し、したがって輸入も縮小する。③商品の売行きが停滞して物価が低落する。④物価下落は生産者をして原価引下げを余儀なくさせる。そのことが行われるならば国際貿易上では貿易収支も好転することになる (Committee on Finance & Industry, *Report*, London, His Majesty's Office, 1931, pp. 98-99. 滝口義敏訳『現代金融論　金融及産業について　マクミラン委員會報告』東京書房、1933年、159-161ページ。渡辺佐平『金融論』岩波書店、301-302ページ）。

とが忘れられてはならない。松方は上記のように国際信用を重視しており、国際的資金移動においてそれが重要な役割を果たしており、日本の国際信用度の低さをよく認識していたのである。

第3に、公定歩合操作の活用が産業に及ぼす悪影響を松方は認識していた[157]。後進国日本においては正貨吸収方策は産業の発達を抑制しないような配慮のもとに実施されなければならず、先進国の方策は採用しがたかったのである。

かくして、正貨吸収策は日本銀行の公定歩合操作以外の方策に委ねられることとなったのである。すなわち、「荷為替等ノ方法ヲ継続シテ海外ノ正貨ヲ吸収シ貿易ヲ奨励シテ生産発達ノ謀ヲ為スノ外他ニ奇計妙策アルヲ見サルナリ」とされたのである[158]。

横浜正金銀行の外国為替業務取扱い

しかし、日本銀行が自ら荷為替などの業務を取り扱うのは適当ではないとされた。中央銀行は商業の中心に立って経済の根幹をなすものであって、銀行の銀行として手形の再割引を主要業務とするものであるからである。ことにリスクの伴う外国為替業務を中央銀行が行うべきではないとされた。外国為替業務は為替リスク（為替相場変動に伴う損失の危険性）と信用リスク（貸倒れなど契約どおりに支払いが行われない危険性）を伴う。御用外国荷為替時代には為替リスクは政府が負っていたが[159]、外国為替業務を日本銀行が行うとなれば、そ

---

156) ヨーロッパでは貨幣市場が相互に接近しており、中央銀行の公定歩合を引き上げることによって（国際資金移動に影響を及ぼして）容易に正貨を吸収することができるけれども、日本は「土地遠隔ニシテ運輸ノ費用往復時間ノ利子等少カラス単ニ利子割引歩合ノ作用ニ由テ正貨ヲ吸収スルコト甚タ難ク」、そのうえ、「外国ノ経済社会ニ於ケル本邦ノ信用未タ鞏固ナラサルヲ以テ」外国中央銀行の経済手段（公定歩合操作）を日本が導入することはできない、と松方はいうのである（横浜正金銀行編『横濱正金銀行史 附録甲巻之一』415ページ）。

157) 松方大蔵大臣は、「横浜正金銀行ヲ日本銀行ノ責任代理店トスルノ議」の中で、日本銀行を正貨吸収機関としない理由として、第1に、公定歩合を引き上げて正貨を直接吸収しようとすることが国内産業の妨げとなることを挙げていた。すなわち、松方は、公定歩合を引き上げて正貨を直接吸収しようとすれば、横浜・ロンドン間の現送費（輸送費負担、現送期間中の利子収入放棄など）を考慮すると日本の公定歩合を8％以上に引き上げざるをえないが、このような高金利は日本の商工業の発達を阻害すると述べ、この点から公定歩合引上げによる正貨吸収が不可能であると主張していたのである（横浜正金銀行編、前掲書、423－424ページ）。

158) 横浜正金銀行編、同上巻、415ページ。

第1章　日清戦争以前の正貨政策

れが同行にふりかかることとなった。松方は為替相場変動による損失の危険性についてはとくに懸念していなかったが、為替取引に伴う信用リスクについてはよく理解していた[160]。松方は中央銀行の「信用」（信認）の強化、銀行券を発行する日本銀行の信認維持を何よりも重視していたのであり、これが前記の「松方正義ノ意見」に踏襲されたのである。

　日本銀行が自ら荷為替業務を行うことができないとすれば、他の銀行を正貨吸収機関とせざるをえないが、これを任せることのできる銀行は経験と信用の点からいって横浜正金銀行以外にはなかった[161]。だが、松方は1889年当時、正金銀行の業務を評価しつつ、日本の貿易の発展が遅れており、危険であるとみなしていた[162]。

　松方蔵相は外国為替業務を利益が少ないものと考えていた。そのために、横浜正金銀行に低利資金を供給しなければ同行に外国為替業務を行わせることはできないと考えた。

　そこで松方は日本銀行に正金銀行への融資を行わせ、正金銀行に正貨回収を担当させようとした。これによって得た正貨を日本銀行が得て同行の正貨準備を増殖し充実させて兌換銀行券の信用を厚くし、もって通貨の基礎を強化し、国家の「信憑」（信頼・信認）を強固なものとしようとしたのである。

　かくして「日本銀行ハ内国ヲ経理シテ以テ外国ニ当リ正金銀行ハ海外ヲ経理シテ以テ内国ヲ益シ内国ニ事アルトキハ正金銀行其全力ヲ尽シテ日本銀行ニ補

---

159)　齊藤壽彦［1983b］23ページ、同［2002a］75、78ページ。
160)　上記「責任代理店トスルノ議」では、日本銀行に外国為替業務を行わせて正貨を吸収させることは日本銀行にリスクを負わせることになるので、国家の長計として取るべき方策ではないとされた。松方は輸出貿易奨励を通ずる正貨吸収策を志向していた。だが、国際大商業者の取り扱う外国為替手形は一流手形といえるけれども、日本の貿易が未だ隆盛ではない現状では、日本における外国為替業務が「危険」（リスク）を伴うものとなっており、「信用」の強固さを求められる中央銀行が自ら行うべきではない、と松方は考えたのである。松方がここで述べている「信用」は「信認」をも意味するものであろう。「危険ノ事ニ馳スルコトナク益々信用ヲシテ鞏固ナラシメ中央銀行ノ任ヲ尽ス」ことを日本銀行に求めているのである。
161)　御用外国荷為替時代には輸出為替代り金の取立責任は正金銀行が負っており、設立当初、日本の信用度の低い直輸出商を相手として取引を行っていた同行は経営危機に直面した。1883年3月に第4代頭取に就任した原六郎の改革により再建された同行は、1884年7月に外国人為替組制度が成立して以降、同行の為替組高は著な増加を示し、外商との取引によって輸出為替代り金として外貨を獲得した。
162)　「横浜正金銀行ヲ日本銀行ノ責任代理店トスルノ議」横浜正金銀行編、前掲巻、424ページ。

第1編　金本位制確立前の正貨政策

益シ外国ニ事アル時ハ日本銀行全臂ヲ奮テ正金銀行ヲ賛助シ内外相応シテ以テ国家経済ヲ利益スル」という方策を松方は採用したのであった[163]。

正金銀行を日本銀行の責任代理店とする構想
——輸出為替手形手取金の一部の正貨による日銀納入構想

前述の「横浜正金銀行ヲ日本銀行ノ責任代理店トスルノ議」によれば、松方正義蔵相は当初、日本銀行が正金銀行を責任代理店として、「本店代理店トノ間ニ契約」（代理店契約）を結ばせ、日本銀行が正金銀行に資金を「交付」（預託）して正金銀行に外国為替事業に従事させ、その利益の大部分を正金銀行に交付し、返金の一部を正貨で受け取り、為替事業にかかる損失の一切は正金銀行に負担させようとした[164]。松方は正金銀行を日本銀行の意向を受けて代理業務を行い、リスクは正金銀行がとるようにしようとしたのであり、ここでは外国為替手形の取立てと正貨吸収とが直接的に結びつけられていた。

すでに述べたとおり、松方は、「責任代理店トスルノ議」の中で、日本銀行を正貨吸収機関としない理由として、第1に、公定歩合を引き上げて正貨を直接吸収しようとすることが国内産業の妨げとなることを挙げていた[165]。後進国日本においては、正貨吸収方策は産業の発達を抑制しないような配慮のもとに実施されなければならず、先進国の方策は採用しがたかったのである。

第2に、日本銀行に外国為替業務を行わせて正貨を吸収させることは中央銀行である日本銀行にリスクを負わせることになるので、国家の長計として採用すべき方策ではないとされた。

実際に正金銀行に正貨回収のための為替業務を担当させようとした理由として、このようなことが注目されるべきである。

上記「責任代理店トスルノ議」では、正金銀行を日本銀行の責任代理店とするということが松方によって提起されている。この責任代理店とはどのようなものであろうか。松方は正金銀行が日本銀行の代理店として日本銀行のために手形割引を行うものとしてベルギーの責任代理店制度を日本に導入しようとし

---

163)　同上、418ページ。
164)　横浜正金銀行編、前掲巻、425ページ。日本銀行百年史編纂委員会編［1982］398ページ。
165)　横浜正金銀行編、前掲巻、423－424ページ。

第1章　日清戦争以前の正貨政策

たのである。ベルギーの責任代理店は本店のために割引業務に従事し、手形に関する一切の責任を負い、利益を受け取るものであった[166]。もっとも、ベルギーとまったく同じ代理店を日本に導入しようというのではない。ベルギーの場合、代理店は利益の幾分を受け取るのに対し、正金銀行には利益の大部分を支給することを想定していた。これは、通貨当局の狙いが利益を得ることではなく正貨を確保することにあったからである。

　一般に代理店（agent）とは、本人・本店（principal）と法的に信認関係（fiduciary relationship）にあり、本人・本店と代理店契約を結び、本店から信認（confidence）を受けて行動するものである。代理店は本人・本店から信じて認められた者として、本人・本店のために忠実に義務を果たす（duty of fidelity）ことが求められる[167]。代理店が本人・本店のために忠実に義務を果たそうとして行動しても損失が生じる恐れがある。このリスクは原則として委託者が引き受けるが、委託者ではなくて代理店がそのリスクを負担するというのが責任代理店の意味である。松方は、責任代理店制度のもとで正金銀行に業務を任せる信認関係の原理を導入しようとしていたのである。当初、松方は正金銀行への日銀資金供給方式として交付（預託）方策を構想していた。これは信認の一形態としての財産の信託（trust）に近いものである（名義は変更しない）といえる。

　その後、正金銀行への日銀資金供給方式として1889年6月の松方大蔵大臣の日本銀行への諭告において外国手形再割引方式が採用されている。『日本銀行百年史』は資金の支給形態（交付か手形再割引か）によって責任代理店かそうでないかが決まるととらえている[168]。だが、この手形再割引を受ける者であっても、本店のために忠実に業務を行う者であればこれを代理店とみなし、本

---

166) 『日本金融史資料　明治大正編』第4巻、1435－1436ページ。ベルギーの国立銀行の代理店が本店のためにする割引高は本店やアンウエル支店の割引高よりも多かった。ベルギーの国立銀行は多くの支店代理店を持ち、外国手形買入れを特徴としていた。R. H. Inglis Palgrave, *Bank Rate and the Money Market in England, France, Germany, Holland, and Belgium, 1844-1900*, London, 1903, pp. 181-186.

167) 委託者の財産の権利名義が形式上受託者の名義に移転しないという点で、代理は信託（trust）とは異なる。

168) 日本銀行百年史編纂委員会編［1982］398－399ページ。確かに手形の再割引は信用の一形態であって、資金運用者が後で手形の代金を支払ってくれることを信用して手形を買い取るものであるから、手形代金の支払約束を果たせば、再割引を受ける者の自主性は存在する。

店のために行う業務に対して一切の責任（リスク）を負い、業務から生じる利益の幾分かを受け取るのであれば、この代理店は責任代理店に該当すると、松方はここで拡大解釈したのであろう。正金銀行が日本銀行の代理店であるかどうかは、松方によれば、正金銀行が自行のためではなく日本銀行のために尽すかどうかにかかっていたのであり、松方は日本銀行の手形再割引を受ける正金銀行をなおも責任代理店とみなしていたのである[169]。

松方はなぜ代理店制度に固執したのであろうか。それは日本銀行が正金銀行に資金を供給するだけでは正貨吸収ができなかったからである[170]。このことが松方にはよくわかっていたからこそ、「正金銀行ハ日本銀行ノ指定スル所ニ従ヒ外国為替ノ業務ヲ拡張シテ金銀ヲ回収スル」ことを期するべきであると考えたのである[171]。

松方蔵相のもとでは、日本銀行が正金銀行に低利資金を貸し付けて為替業務を行わせる方式を採用しなかった。これは、正金銀行が当時日本銀行の許容する担保物権を調達することができないから実施困難であると考えていたからである[172]。だが松方は、1889年6月には日本銀行の正金銀行への資金供給方式として外国為替手形再割引という形態での貸出を認めており、この為替手形を貸付担保として貸し付ける方策もありえたのではないかと考えられる。中央銀行が正金銀行に貸し出すとすれば、イギリスやベルギーなど諸外国の中央銀行の手法にならって貸付よりも再割引形態が選択されたのであろう。

横浜正金銀行の原六郎頭取は御用荷為替廃止後も外国為替業務を継続するため、1889年に日本銀行から1000万円の融資を求めていた。富田鐵之助総裁のも

---

169) 『日本金融史資料　明治大正編』第4巻、1433－1435、1444ページ。
170) 正金銀行が日銀からの円資金を用いて輸出為替を買い入れても、その手形の手取り外貨を輸入代金の支払いに充当して日本銀行に円資金を支払ったり、日銀からの円資金を用いて日本で外国から送付されてきた輸入為替手形を買い入れて、後で日本銀行に円資金を支払ったりすれば、正貨吸収を行うことができなかったからである。正貨吸収を図ろうとすれば、日銀為替資金の使途を正金銀行の自由に任せず、正金銀行に輸出為替手形の買取りに努めさせ、その取立代金を正貨に代えて日本に送金させ、この正貨を日本銀行からの再割引手形資金の返済に充当するよう正金銀行に義務づけなければならなかった（忠実義務）。
171) 「日本銀行ヲシテ正金銀行ヲ責任代理店トナシ外国為替事務ニ従事セシムル等ノ件」『日本金融史資料　明治大正編』第4巻、1449ページ。1888年9月の日銀の正金銀行への貸付契約第6条においては貸付金の半額以上を正貨（銀塊）で支払うことが正金銀行に義務づけられていた。
172) 『日本金融史資料　明治大正編』第4巻、1435ページ。日本銀行百年史編纂委員会編［1982］398ページ。

第1章　日清戦争以前の正貨政策

とで日本銀行はこの要求を拒否した。原は1889年4月に松方大蔵大臣宅を訪れ、日本銀行が融資に反対する以上、正金銀行が海外為替業務を続ける自信はないという旨を松方蔵相に申し述べた[173]。

松方蔵相は1889年6月の日本銀行への「告諭」の中で、横浜正金銀行所有の手形を日本銀行が再割引するとともに、同行を為替業務に従事させて「兌換券ノ為メ確固不抜ノ基ヲ開キ」（通貨の基礎を強化させ）、あわせて「外国貿易ノ発達伸張ヲ計ル」という政府の意志を伝えた。

これに対して日本銀行の富田鐵之助総裁は「奉答卑見」や「為替方法案」と題する意見書を松方蔵相に提出して松方の勧告に断固反対した。富田総裁は正金銀行ではなく日本銀行自身が外国為替の売買を行うべきであると考えた。日本銀行が輸出手形をできるだけ買い取り、輸入手形の買取りを抑制し、貿易収支を黒字にして正貨を吸収しようとした。

富田総裁はとくに中央銀行としての日本銀行が外国為替の売買を通じて外国為替相場を変化させて、この相場調節によって輸出を奨励し、輸入を抑制し、兌換準備を確保しようとしたのである[174]。このような富田総裁の考えは中央銀行による為替売買操作（為替相場の調整操作を伴う）、為替市場への介入による正貨吸収策の採用を主張したものとみなすことができる[175]。

上述の富田日銀総裁の主張は松方の採用するものとはならなかった。日銀信用、日銀への信認を何よりも重視する松方が中央銀行に当時のリスクを伴う為替業務を直接取り扱わせることを拒否したのは当然であろう。

松方は日本銀行への「告諭」以前から正金銀行の返金を正貨で行わせること

173）　原邦造編『原六郎伝』中巻、私家版、1937年、126－127ページ。
174）　富田は「奉答卑見」の中で、入超時には日本銀行が日本支払外国商業手形を買手に利益があっても買い入れず、正貨の輸出を抑制し、外国支払商業手形は「高価ノ割ヲ以テモ」買い入れ、（正貨を吸収し）、また、日本銀行の（正貨）準備の消長に応じて手形の売買を制限したりすべきであり、これらのことを実行しなければ日本銀行は「為替相場ノ割合ヲ昇降シ以テ貨物ノ輸出ヲ奨励シ輸入ヲ検束」する実権がなくなると主張したのである。「為替方法案」の中で富田は「成ルヘク外国為替市況ニ悪シキ影響ヲ及ホサ、ル方法ヲ選択シ政府ノ外国支払金事務ヲ処弁スルコト」、「外国為替市場ニ於ケル外国銀行業者ノ相場ヲシテ常ニ相当程度ニ在リ以テ我貿易上ノ不利ヲ生セサラシムル様之ヲ整理スルコト」を主張している（横浜正金銀行編『横濱正金銀行史　附録甲巻之一』427－438ページ）。
175）　横浜正金銀行編、上掲巻、427－438ページ。吉野俊彦［1974］139－147ページ。水沼知一［1968］684－693ページ。古沢紘造［1977］110－111ページ。日本銀行百年史編纂委員会編［1982］407ページ。

を考えていた。この場合、全額正貨によって支払うことを求めずに日本銀行は「返金ノ幾分ヲ正貨ニテ受取」るだけでよいと考えており、御用外国荷為替のときのように外国為替取立金は正貨で返納するということは正金銀行に求めていなかった[176]。その意味では、日銀の正金銀行への資金供給は正貨吸収だけを目的としたものではなかったのである。

だが、松方大蔵大臣は富田日本銀行総裁との対立の最終段階においても正金銀行への日銀資金供給の目的として「実貨回収」を断念していなかった[177]。9月に黒田首相へ提出した意見書においても正金銀行を日本銀行のための「正貨回収の機関」とすることが主張されていた[178]。資金提供者である日本銀行の低利資金供給の目的が正貨吸収であるとすれば、それを受けて日本銀行のために正貨吸収に尽すように行動するということは正金銀行の日銀代理店化を意味するものであった。

松方は9月に同総裁の罷免を要求する「意見」書を黒田首相に提出し、富田日銀総裁は辞任した。

松方は、三菱の岩崎彌之助などの推薦もあり、財界の重鎮として自他ともに許され、私的にも懇意な川田小一郎を第3代日銀総裁に起用した[179]。

日本銀行と正金銀行との外国為替手形再割引契約の成立と正貨政策の変容

1889年9月に就任した川田小一郎総裁のもとでの日本銀行と正金銀行との間で正金銀行再割引手形契約協議がまとまり、この協議に関与した大蔵省の加藤済銀行局長、松尾臣善・田尻稲次郎両日本銀行監理官、鈴木利亨横浜正金銀行監理官は、1889年10月7日に、日本銀行による正金銀行所有外国為替手形の再割引契約にかかわる原案の決済を松方蔵相に要請した。同日、川田日銀総裁も「横浜正金銀行所有之外国為替手形ヲ本行ニ於テ割引致シ且又同銀行ヲシテ海外ヨリ銀塊若クハ墨銀ヲ輸入セシメ」るための約定締結の許可を松方蔵相に要

---

176) 「横浜正金銀行ヲ日本銀行ノ責任代理店トスルノ議」『日本金融史資料　明治大正編』第4巻、1435ページ。前述の1888年9月の日本銀行と正金銀行との協定のように、借入金の半額以上を正貨で正金銀行が日本銀行に返納するということも想定していなかった。
177) 『日本金融史資料　明治大正編』第4巻、1444ページ。
178) 同巻、1432ページ。
179) 山本達雄先生伝記編纂会編『山本達雄』同会、1951年、154ページ。

請した[180]。これが認可され、同年10月12日に日本銀行と正金銀行は2％という低利での手形再割引契約を締結した。正金銀行が買い入れた輸出為替手形の代り金は横浜正金銀行が取り立てて日本銀行にこれを支払うこととなった。日本銀行が再割引した外国為替手形が不渡りとなった場合には、その損失はすべて正金銀行が負担することとなった。

　上記契約においては、正金銀行の正貨による返済という規定は盛り込まれなかった。10月15日には横浜正金銀行本店および海外支店出張所において「日本銀行再割引輸出手形代金取立並ニ戻入手続」が定められ、これが大蔵省に届けられた。これによれば、為替手形の代り金は正金銀行本店または神戸支店が日本銀行に支払い、受け取った外貨は領事の許可を得て正金銀行の所有に振り替えられることとなった。また、同年12月12日には横浜正金銀行神戸支店所有輸入手形に対しても、日本銀行が再割引をすることができることとなった[181]。

　かくして、日本銀行低利資金に依存した正金銀行の輸出為替の買取りによって正貨の吸収を図るという、通貨当局の正貨政策、正貨吸収政策の根本方針の変容がもたらされた。日本銀行の外国為替相場調節政策を通じた正貨吸収・維持策が否定され、また日本銀行の低利資金で得た外国為替取立金を正貨の形態で正金銀行が日本銀行に返済することによる正貨吸収方策も実行されなくなった。日本銀行外国為替手形再割引に対して正金銀行が円資金によって返金する道が切り開かれ、正金銀行所有の輸入手形も再割引の対象となり、日銀の手形再割引が正貨吸収と直接結びつかなくなったのである。正金銀行は、通常は営業上輸出為替と輸入為替とのバランスをとって為替リスクを回避する営業政策をとったから、輸出為替をなるべく買い入れるという方針は必ずしも採用されなかった。正金銀行が銀塊またはメキシコ銀貨の日銀への納入の義務を負うという点に関しては、この納入は日銀為替資金の返済のために実施されるとは限らず、日銀為替資金返済と銀塊納入とが直接結びついていなかった。外国為替

---

180)　『松尾家文書』第82冊第4号。東京銀行［1984］17ページ。
181)　日本銀行沿革史編纂委員会編『日本銀行沿革史』第1輯第2巻、292－294ページ。手形再割引の対象は正金銀行保有輸出、輸入外国為替手形に限定されていた。1911（明治44）年5月に至り、再割引が実際上貸付と差がないところから契約再割引契約が外国為替手形当貸付金契約に代わり、7月から貸付が実施された（日本銀行審査部編『日本銀行沿革史』第2輯第3巻、303－305ページを参照）。

手形の取立代金を正貨で返済しなくてもよい、返済形態は正金銀行が自由に決められるとされ、再割引代金の正貨での支払義務が正金銀行になくなったことは、正貨吸収のために正金銀行を日本銀行の代理店とする方針が放棄されたことを意味したのである。

(3) 外国為替手形再割引契約(外国為替資金供給政策)の効果
正金銀行の外国為替・貿易金融業務奨励

上記再割引契約の締結は、正貨吸収という松方の正貨政策の転換を意味するものであった。このことに関して『日本銀行百年史』は、日本銀行にこれに対する強い反対があり、政府もかなりの譲歩を余儀なくされたためであろうと述べている[182]。だが、そうばかりとはいえない。すでに松方の構想の中に正金銀行の正貨(金銀)吸収機関化構想とは別の構想が胚胎していたのである。それは正金銀行の国家の貿易金融機関化構想である。

明治期における日本の後進国貿易構造は、先進国からの高度な工業製品(諸機械・レール・軍艦に象徴される)の輸入、先進国への生糸・茶など奢侈的消費物資の輸出、後進国からの原料(綿花など)輸入と後進国への軽工業製品輸出(綿糸布など)という構成を持っていたといえる。前述のように、松方は政府の外貨支払いと民間の機械設備輸入のための外貨支払いのために国際収支危機意識を抱いていた。これが日本銀行の正貨準備強化のための正貨(金銀)吸収構想へと繋がったのである。国際収支が改善されれば金銀回収の必要性が低下する。1888年には貿易収支は均衡していたが、「生糸其他ノ輸出貿易盛況ヲ呈シ外国為替相場為ニ騰貴シ」、1889年には出超となった[183]。このことが1889年6月以前の正金銀行に支給した資金の「返金ノ幾分ヲ正貨ニテ」支払わせる方針となり、さらには10月の再割引契約における再割引代金の正貨での返済義務の免除という正貨吸収策の変更をもたらしたのである。

松方は日本銀行の兌換準備金としての正貨の充実を重視していたが、日本銀

---

182) 日本銀行百年史編纂委員会編［1982］418ページ。
183) 川田小一郎日本銀行総裁演説「明治二十二年日本銀行営業報告」『日本金融史資料　明治大正編』第10巻、32ページ。日本銀行統計局［1966］278ページ。これを反映して経常収支は前年の赤字を脱却した(山澤逸平・山本有造［1979］220ページ)。同ページによれば1889年も貿易収支は赤字となっているが、赤字幅は前年に比べて縮小している。

行の正貨所有高は1888年の4734万円から1889年の5961万円へと増大した[184]。このことは、松方や大蔵省の正貨流出に対する危機感を弱化させたと考えられる[185]。

だが、このような国際収支の好転だけで正金銀行の正貨返済要求が免除されたと考えることはできない[186]。

政府、大蔵省（大蔵官僚）は従来から準備金による海外荷為替によって主として先進国向け生糸・茶の輸出による外貨の確保を図り、その外貨を、外債元利払い・在外公館費・留学生費などの政府支出を除くならば、先進国からの工業製品輸入に用いてきた。大蔵省は保護貿易の立場に立っておらず、輸入の必要性を認めていた。正金銀行の手取外貨の輸入への使用を認めたことが兌換券による返済に繋がったのである。

1889年6月の松方の日本銀行への「告諭」の中にも横浜正金銀行への日銀資金供給の目的として兌換券の基礎の強化とともに「外国貿易ノ発達伸張ヲ計ル」ことが挙げられていた。富田日銀総裁との論争の後に松方が作成した「外国為替事務ニセシムル等ノ件」の中で保護貿易主義が否定されている。輸入は免れないものであり、それが多くなればそれを憂えるのではなく、外国貿易を拡張して輸出を奨励すればよいと論じていた。9月の黒田首相への建議書のなかでも兌換券の基礎を強化するとともに「併テ外国貿易ヲ奨励スルノ必要」があることを確認している[187]。大蔵省としては軍備拡張、近代産業育成のために輸入を確保する必要があり、このために取立外貨による対外支払いに配慮しなければならなかったのであろう[188]。

---

184) 日本銀行百年史編纂委員会 [1986] 332ページ。1889年の日本銀行正貨保有の大部分は兌換券発行準備（5741万円）であった。

185) その後も貿易収支は1890年を除いて出超となり、日本銀行所有正貨は1890年を例外として日清戦争以前においては増大傾向をたどっている。

186) 1890（明治23）年には国際収支が悪化し、日銀正貨準備が大幅に減少したため正貨対策として公定歩引上政策が採用されが、輸出為替買入奨励による正貨吸収を義務づけるという正貨政策は採用されなかった。松方は「国家一朝事アリテ貿ノ如何ニ拘ハラス外品ノ輸入ヲ急増スル場合ニ遭遇」した場合には、「兌換準備ノ源泉涸渇」する恐れが生ずることを認めていたが、その場合には日本銀行が「金融ヲ調理」すればよいと考えていた（『日本金融史資料　明治大正編』第4巻、1451ページ）。もっとも、明治期には公定歩合操作は必ずしも正貨吸収を主目的として運営されていたわけではなかった。

187) 『日本金融史資料　明治大正編』第4巻、1432、1434、1450−1451ページ。

188) 古沢紘造 [1977] 126、133ページ。日本銀行百年史編纂委員会編 [1982] 425ページ。

第1編　金本位制確立前の正貨政策

　正金銀行への低利資金供給によって正貨吸収を図るという通貨当局の政策意図とは別に正金銀行の自由裁量が認められ、低利資金をどのように運用し、返済金を正貨で支払うか兌換券で支払うかは正金銀行のリスク負担のもとで同行が自由に決めることができた。実際には、原則として兌換券で返済するようになったのであるが、こうした措置は、正金銀行が輸出手形の手取外貨を正貨に代えて日本に現送すれば、同行が輸入代金の支払いに困り、同行の外国為替業務の運営が困難になると考えられたからでもある[189]。正金銀行の営利性にも配慮がなされたと考えられるのである。

　松方は正金銀行に正貨吸収の役割を期待しただけではなかった。同行に私的立場から利益を追求するだけではなく、国家の立場から貿易を奨励する金融機関としての役割を期待したのである。日本銀行の低利再割引は輸入を含む貿易奨励金融方策でもあり、この意義が前記契約成立後に大きくなっていくのである[190]。

　1889年3月末に正金銀行の御用外国荷為替制度が廃止された後、為替リスクは同行が負うようになり、正金銀行は本来の（純粋の）外国為替銀行化していった。日銀低利資金供給後は日銀が政府の代理人的立場を強め、正金銀行は日銀の監視を受けるようになり、このような状況のもとにおいて正金銀行が外国為替・貿易金融機関としての性格を強めることとなった。正金銀行には内国金融の拡充を主張する株主が存在していたが、原六郎頭取の後を受けて第5代同行頭取に就任した園田孝吉は1891（明治24）年3月に突如として正金銀行改革を断行し、同行を完全な外国為替銀行とするという営業方針を最終的に確立した[191]。同行は外国為替・貿易金融機関としての発展を続けた。日清戦争後、日本が多額の賠償金を獲得すると、正金銀行はこの正金の保管回収取扱いを政府から命じられたことによって内外の信用を増進し、海外各地でもますます優良な大銀行となっていった。金本位制確立期には岩崎彌之助日銀総裁が正金銀行改革を求め、1897年4月に正金銀行頭取となった高橋是清がその改革を実施した。こうして同行は、外国為替・貿易金融機関に純化することとなった[192]。

---

189)　古沢紘造［1977］126ページ。
190)　水沼知一［1968］711-712ページ。
191)　齊藤壽彦［1985b］72-75ページを参照。

日本銀行の低利為替資金供給は、このような外国為替・貿易金融機関としての正金銀行を通じて貿易の発展、輸出の奨励と輸入の確保を図るものとなったのであった。同行は営業上、輸出為替と輸入為替の取扱いのバランスをとって資金調整と為替リスクの回避を図っていたから、日露戦争期や第1次大戦期を除いては、それは必ずしも正貨の吸収を図ろうとするものでもなかった。正金銀行の日本銀行責任代理店化という構想は現実化しなかったのであった。

外国為替手形再割引による輸出奨励と正貨吸収

日清戦争以前に日本資本主義は他の資本主義と角逐しうる段階にまで至っておらず、生糸・茶などの在来産業の製品を先進国に輸出することに依存せざるをえず、綿糸輸出量がその輸入量を超えるのは1897年のことであった。輸出奨励によって外貨を獲得しようとしても軍備増強を図らなければならない政府には財政的に輸出産業を振興する余裕はなかった。外債発行については、金本位制の確立以前には、政府は外資排除政策を採用したため、それによる正貨吸収は困難であった。先進国からの工業製品輸入や工業生産のための原材料輸入に依存せざるをえず、輸入を抑制することができなかった。したがって、日本銀行が製糸などの輸出産業に貸し出したり為替銀行に低利為替資金を貸し出したりして輸出奨励を行うことが期待された。

1890（明治23）年から1897（明治30）年までの8年間における日本銀行の外国手形再割引高の年平均は1900万円に上った。日本銀行の対民間貸出高総額に占める外国為替低利再割引の割合は、1893年までは10％前後であった。1889年から1897年までの平均は6％となっていた。一方、正金銀行にとっては、同行が割引した輸出手形のうち、日本銀行の再割引に付されたものの比率は、1893年までは70％前後に達しており、1894年以降低下をたどったとはいえ、1897年でも26％に及んでいた。他方、輸入手形の同比率は当初からそれほど高くはなく、1897年にはわずか2％にとどまっていた。1890年から1897年の間における横浜正金銀行の輸出手形割引高は連年、輸入手形割引高を上回っており、平均して輸出手形買取高が輸入手形買取高を41.7％上回っていた。このようなこと

192）　齊藤壽彦 [1986a] 55-60ページ。

第 1 編　金本位制確立前の正貨政策

からすれば、日清戦争以前、金本位制確立以前において、日本銀行の外国為替手形再割引は実際に輸出金融の円滑化ならびにこれを通ずる輸出の増大に寄与したといってよいであろう[193]。

　日清戦争以前においては外国銀行の力がきわめて強く、日本の金利が外国と比べてきわめて高い状況において、正金銀行は国家や日本銀行の後ろ盾がなければ外国銀行と競争することができなかった。正金銀行頭取であった園田孝吉は1892（明治25）年に書いた「我対外銀行を援助するは国家の任なり」と題する論文の中で、日銀の低利再割引という保護があったから正金銀行が海外営業を維持することができたと述べている。正金銀行を保護することが日本の外国貿易を保護することになると園田は考えている[194]。そもそも1880年に正金銀行が設立された目的の１つは外国銀行の専横を排除することであった。この専横があれば輸出商は不利益を被ることとなる。この点からすれば正金銀行に対する保護は、「外国銀行ノ専横ヲ制止スルノ効果」により、間接的にあるいは消極的に輸出の奨励となったと認めることができる[195]。

　園田は、貿易が入超の場合には正金銀行がいかに努力しても正貨を輸入することが困難であるが、輸出超過の場合には正貨は滔々と流入してきてかならず日本銀行に集まってくると述べており、「正金銀行を幇助するは、間接に我外国貿易を調理し、以て正貨の流出を防ぎ其流入を促す情勢を助長」するためであると主張している[196]。この見解は日銀再割引代り金としての正貨吸収について述べているものではなく、輸出奨励を通じて間接的に正貨が流入する可能性に言及したものである。ただし、この効果は例外的であった。これについては第４章第３節で立ち入って述べる[197]。

　大蔵省が作成したと推定される「高等金融機関拡張案参考書」（1893年）は、「横浜正金銀行ニ於テ外国輸出品為替手形ノ割引ヲナシ、又日本銀行ニ於テ其再割引ヲナスハ我輸出貿易品ニ対シテハ非常ノ利便ヲ与フルモノニシテ、又、本邦物品ノ生産ヲ増加シ、輸出商業ノ奨励トナルコト実ニ大ナルモノナリ」と

193）　日本銀行百年史編纂委員会編 [1882] 418－420ページ。
194）　荻野仲三郎『園田孝吉伝』1926年、174－188ページ。
195）　大蔵省作成『正貨吸収二十五策』1913年、甲の３ページ。
196）　荻野仲三郎『園田孝吉伝』1926年、174－182ページ。
197）　大蔵省編『明治大正財政史』第17巻 [1940b] 481ページ。

述べている[198]。

　さらに、1896年3月24日の衆議院委員会において、当時大蔵省主計局長であった松尾臣善は、「外国の貿易と云ふものも、実は正金銀行で割引をして居りましたが、其丈は微々たるものでございまして、其割引を日本銀行がすることになってから、余程手も伸びてきまし」た、と発言している[199]。

　このように、日本銀行の外国為替手形再割引は正貨吸収というよりも貿易の発展に寄与するものとなったのである。だが、これによって正貨吸収方策としての意義をまったく失ってしまったわけではない。日清戦争前の輸出超過期には輸出手形の割引を中心とした正金銀行の手形割引による輸出奨励を通じて間接的に正貨が流入してくる可能性があった[200]。

　また、正金銀行に対して日頃日銀が資金を提供しておいて、政府に必要が生じた場合には正金銀行に輸出奨励、正貨吸収を行わせるという方針が日清戦争以後に採用されている。金本位制確立を控えた1897年4月、日本銀行の岩崎彌之助総裁は「今後益々正金銀行を利用して輸出を奨励し、正貨を吸収せしむるの方針に出でざるべからず」と論じ、このために正金銀行の営業方針の変更を松方大蔵大臣に建言し、また正金銀行にこのための改革を要求している[201]。また、1899（明治32）年3月に松方蔵相が日本銀行に正貨吸収策を講ずるよう命じた内訓の中にも、外国為替を利用して正貨を吸収すべきことが述べられている。日露戦争開始直前の1903年10月に曾禰荒助大蔵大臣が日本銀行に発した内訓の中にも正貨吸収策の1つとして正金銀行に海外為替を買い入れさせることが挙げられている[202]。

　日露戦争直前には松尾臣善日銀総裁は、正金銀行を通じて正貨吸収を図ることを考え、軍需品輸入資金確保の観点から、横浜正金銀行に対して、輸出為替買取奨励、輸入為替取扱抑制による正貨維持を強要した。1904年1月に阪谷芳

198）「高等金融機関拡張案参考書」伊藤博文編『秘書類纂　財政資料』上巻、秘書類纂刊行会、1935年、153ページ。古沢紘造、前掲論文、渋谷隆一編著［1977］122ページ。
199）「帝国議会議事速記録中金融資料（上）」『日本金融史資料　明治大正編』第14巻、543ページ。日本銀行百年史編纂委員会編、前掲書、420－421ページ。
200）荻野仲三郎、前掲書、180－182ページ。日本銀行百年史編纂委員会編［1982］420ページ。
201）岩崎彌太郎岩崎彌之助伝記編纂会編『岩崎彌之助伝』上、東京大学出版会、1971年、585ページ。日本銀行百年史編纂委員会編［1983a］21－23ページ。
202）吉川秀造［1969］139ページ。

第1編　金本位制確立前の正貨政策

朗大蔵次官は高橋是清日本銀行副総裁に正金銀行を通ずる正貨維持策の実施を内命し、高橋は正金銀行にこれを命じ、日露戦争期に正金銀行は輸出為替買入奨励、輸入為替取扱抑制を実施している[203]。大正初期には為替政策としての正貨吸収策が大蔵省内で立案された[204]。

日本銀行の正金銀行への低利資金供給は輸出超過期には正貨吸収効果を持つことができたのであり、第1次大戦期の大出超期には日銀資金に依存した正金銀行の大規模な正貨吸収策が展開されたのであった。

このように日清戦争以後において日本銀行の正金銀行に対する低利再割引（1911年7月以降は外国為替手形引当貸付）は正貨吸収の必要が生じた場合の準備として、あるいは第1次大戦期という輸出超過期において、正貨吸収の役割を有していたといえるのである。正金銀行を通じた正貨吸収という構想は、日清戦争以後も、恒常的ではないが間歇的に強調されており、正金銀行の輸出奨励・正貨吸収効果も日露戦争期、第1次大戦期に見出されるのであり、日銀資金供給に依存した正金銀行の為替業務を通ずる正貨吸収策は長期的にみれば再割引協定成立後もその意義を失ってはいなかったといえよう。

日本銀行からの要請に基づく正金銀行の金銀塊購入

正金銀行に日銀が資金を提供しておいて、必要が生じた場合にはいつでも正金銀行に命令して銀正貨を輸入させ、日銀に納入させることができるよう準備しておくということは、この協定に、取立為替金の正貨による返済と直接関係のない直接的な銀政策に関する条項が盛り込まれていることによく表れている。「横浜正金銀行ハ日本銀行ノ為ニ海外ヨリ銀塊又ハ墨銀ヲ輸入スルノ義務アルモノトス而シテ銀塊又ハ墨銀ヲ輸入シタルトキハ之ヲ日本銀行ニ交付シテ以テ取立為換金ノ戻シ入ニ充テ若シ当時戻シ入期日ノ為換ナキトキハ代リ金ヲ受取ルヘキモノトス」（第9条）、そして輸入する銀の金額については別途日本銀行と正金銀行とで協議するという条項がこの協定に規定されたのであった。金本位制確立に伴い、1897年9月に「銀塊又ハ墨銀」は「金銀ノ地金若クハ貨幣」に改められた[205]。

---

[203]　齊藤壽彦［1991b］58−62ページ。
[204]　本書、第6章第8節参照。

第1章　日清戦争以前の正貨政策

　日本銀行が正金銀行に銀（または金）を購入させることがなかったわけではない。恒常的な業務ではないものの、いくつかの事例を挙げることができる。1891（明治24）年7月27日に大蔵省の日本銀行監理官の田尻稲次郎および松尾臣善は、日本銀行が横浜正金銀行に依頼して海外において購入して日本に回送している銀塊は、日本に到着する前でもただちに日本銀行の正貨準備に加えるという指令を日本銀行に出すように松方蔵相に求め、この認可を得ている[206]。この上申書の中で、この件に関し海外領事から電報を受けることも必要とされていた[207]。同年8月17日の榎本武揚外務大臣から松方正義大蔵大臣への回答によれば、日本銀行からの依頼を受けて正金銀行海外支店が銀塊およびメキシコドルを購入した場合には、この旨領事に連絡があれば、領事が日本銀行に電報することになっており、今後この件に関し領事は大蔵省とも直接連絡することとなっていた[208]。

　明治23年勅令第104号により、造幣局所要銀塊買入は日本銀行が取り扱うこととなった。1891年8月13日、大蔵大臣は、造幣局所要外国銀の購入の取扱いを日本銀行に命令した。日本銀行はこの取扱いを正金銀行に依嘱した。正金銀行は、大蔵大臣の「命令書」ならびに「外国銀塊購入順序」に準拠し、在外支店出張所に日本銀行の代理としてその取扱いをさせた。買入代金は日本銀行が金庫資金の中から領事に為替送金し、領事が正金銀行海外支店に支払った。正金銀行は銀塊75万2000オンスを同年11月30日までに購入し終わった。この銀塊は日本に回送され、大阪の造幣局に納付されることとなった[209]。

　1890年には金価（金相場）が低落して銀価が暴騰し、ことに外国貿易の逆調によって正貨準備が減少し、銀行券の銀兌換に支障を生ずる恐れが生じた。日本銀行が保有する金を売って銀を買おうとすると、金の買入価格に比して少なくない差損を生ずることが避けられなかった。それ以来、日本銀行は金価の大勢を注視していた。1891年に金価が暴騰し、1892年に入って日本銀行が以前に

205）『明治大正財政史』第15巻、118−126ページ。
206）『松尾家文書』第82冊第30号。
207）同上。
208）『松尾家文書』第82冊第35号。
209）『日本銀行沿革史　第1輯』第2巻、816−822ページ。『横濱正金銀行沿革史』第1編、38ページ。

117

第1編　金本位制確立前の正貨政策

　金を買い入れたときの価格よりも高くなった。そこで日本銀行は1892年1月29日、正金銀行に日本銀行所有の金貨をロンドンで売却することを依嘱し、2月に正金銀行はこれを承諾した。日本銀行は所有金貨を正金銀行に回付し、正金銀行は金を輸出した。正金銀行ロンドン支店が日本銀行設定の売却手続書に準拠し、日本の金貨をロンドンで売却した。この金貨売却に対して日本銀行は正金銀行に手数料を支払った。日本銀行はその後も金貨、金地金をロンドンで売却した。日本銀行はこれによって準備銀貨の増殖を図ったのである。売却した金貨および金地金は1892年中に約600万円以上に達した[210]。

　1892年4月28日には、正金銀行は英国銀塊購入を大蔵大臣の命令に基づき、日本銀行から依嘱された。正金銀行は前年8月の例に準じて、ロンドン銀塊75万3500オンスを同年8月31日までに購入完了した[211]。

　日清戦争賠償金の金銀購入とその現送は在ロンドン日本銀行代理店である正金銀行ロンドン支店が実務を担った。同店は1896年2月7日に日本銀行から、ロンドンにおいて、大蔵大臣から寄託されている現金、金銀塊および有価証券の保管出納事務取扱いの代理を依嘱された。正金銀行ロンドン支店は日本銀行代理店としてこの事務を取り扱うこととなり、両行の間に代理店契約を締結し、ロンドン支店は3月にその事務を開始した。横浜正金銀行が賠償金の取寄せを担当した。賠償金の回収の基本方針は大蔵省が決定し、同省が日本銀行に命令を下し、日本銀行が正金銀行に大蔵省の意向を伝達し、正金銀行が回収の実務にあたった。当初は金銀併用主義が採用されていたが、9月に政府が金本位制の実施を決定してからは正金銀行は金塊または金貨を主として回送した。賠償金の一部は日本銀行正貨準備に充当された[212]。

　このように日本銀行からの低利資金供給を背景として、正金銀行は日本銀行自身、あるいは日本銀行を通じた大蔵省からの要請を受けて金銀購入にしばしば尽力し、正貨吸収に寄与したのである。

---

210)　横浜正金銀行編『横濱正金銀行沿革史』第1編、38ページ。『日本銀行沿革史』第1輯第2巻、826－827ページ。
211)　『横濱正金銀行沿革史』第1編、38ページ。
212)　同上。

第1章 日清戦争以前の正貨政策

外国為替手形再割引契約（外国為替資金政策）による輸出奨励、正貨吸収の限界

だが、日本の貿易構造は日清戦争以後第1次大戦勃発に至る期間は入超構造となっており、この期間に出超であったのはわずか3年（1895年、1906年、1909年）にすぎなかった。これを反映して正金銀行の外国為替取扱高において、1896年以降、輸出為替取扱高が輸入為替取扱高を上回った年もあるが、輸入為替取扱高の方が輸出為替取扱高よりも多かった年がかなりみられる[213]。日本銀行の正金銀行保有手形再割引は輸出奨励効果を必ずしも持ちえず、輸出超過のときでなければ正金銀行は外貨を確保するのが困難であり、従って正金銀行保有外国為替手形（輸出手形）の再割引によって日本銀行が間接的に正貨を確保することも困難であったといえよう。日清戦争以後第1次大戦前においては、入超構造のもとで日本銀行の外国為替手形再割引によって正貨を確保するのが困難になったと位置づけることができるであろう。正金銀行の入超構造にもかかわらず日本銀行の兌換券に対する正貨準備率が減少しているとは必ずしもいえないが、それは日清戦争賠償金や外債募集による外貨確保があったからである。

第1次大戦前において日本の外国為替取引は主として外国銀行によって担われていた。日清戦争以前においては横浜正金銀行の日本の為替市場における地位はことに低かった。園田孝吉正金銀行頭取の1892年の論文によれば、外国貿易高1億5000万円のうち正金銀行の取扱高はわずか10分の3にすぎず、他は香港上海銀行を筆頭とする外国銀行によって取り扱われていた[214]。

外国為替業務を担った正金銀行は為替リスク（為替相場変動による損失の危険性）を負担したが、経営維持を図るためにこのリスクをできるだけ回避しなければならなかった。そのための対策としては為替の総合持高をできるだけなくしてスクエアの状態にすることが求められた。かくして同行は、一方的に輸出手形を買い入れて外貨を保有するということを回避し、輸出為替手形の代金取

---

[213] 1912年までをみると、1898（明治31）年、1903年、1907年、1910年〜1912（大正元）年に輸入為替取扱高が輸出為替取扱高を凌駕している（大蔵省編『明治大正財政史』第17巻［1940b］478−479ページ）。

[214] 荻野仲三郎、前掲書、177ページ。通商産業省編『商工政策史』第5巻、商工政策史刊行会、385ページ。

立てによって得た外貨を輸入為替手形の買入れに充当した。借り入れた低利再割引資金は国内において兌換券で日本銀行に返納した。通貨当局が正貨ではなくて兌換券による返納を認めたのは、輸出為替手形の代金取立てによって獲得した外貨を近代産業育成、軍備拡張のための対外支払いに充当する必要を認めたからであった[215]。また日露戦争以後には日本銀行からの低利資金を正金銀行が最初から輸入為替資金に充当して入超を助長することさえ行われたのである。

したがって、日本銀行の正金銀行外国為替手形の再割引という外国為替資金政策は、正貨吸収という当局者の当初の政策意図・目的にもかかわらず、実際には日清戦争以後、日露戦争期、第１次大戦期を除いて正貨吸収に直接寄与するところが少なかったといえるのである。正金銀行による金銀回収代行も恒常的にはなされていなかったのであった。

第6節　日本銀行の地金銀購入および地金銀購入資金融通

1　旧貨幣および地金銀の購入

日本銀行は、正金銀行と相協力して正貨の獲得に努めるだけではなく、日本銀行独自の立場からも正貨を維持・吸収しようとした。このために同行は、金銀貨幣や金銀地金を買い入れるとともに銀行や産金会社に金銀地金吸収資金を融資した。外国為替資金供給を通じた正貨維持・吸収だけでなく、金そのものを獲得しようとする金政策（gold devices）も正貨政策として実施されたのである。

日本銀行は、中央銀行として、兌換銀行券を発行し、かつそれを独占していくこととなる。この銀行券の正貨との兌換を可能とするためには、日本銀行は兌換準備としての正貨の維持・吸収に努めなければならない。正貨準備の充実を図るための方策として、日本銀行条例は日本銀行の営業項目の１つに地金銀などの売買を掲げている[216]。地金銀などの買入れは、兌換準備正貨充実のた

---

[215]　齊藤壽彦［1991b］56ページ。『正貨吸収二十五策』甲の13ページ。古沢紘造、前出、125－126ページ。
[216]　日本銀行条例第11条第２号および同行定款第21条第２号を参照。

第1章　日清戦争以前の正貨政策

めの最も直接的方法である。

　1897年の金本位制確立以前の日本銀行の地金銀などの買入れの経過は以下のとおりである。

　政府は1872（明治5）年6月をもって準備金規則を定めた。その第5条において、準備金に臨時の価格を較計してもっぱら金銀地金または古金銀・在来通貨・洋銀類などを購入し、あるいはこれを精製して新貨に鋳造し、あるいはこれを売却してその増殖に勉むべき旨を規定した。ついで1874年9月、太政官布告第93号をもって旧金銀価格表を頒布し、同月大蔵省第93号達をもって旧金銀貨幣引換手続きを定め、府県準備金内の貨幣をもって旧貨と交換することとした。その後、東京においては第一および第三国立銀行にその交換事務を取り扱わせ、大阪においては直接国民と交換することとした。

　1885年（明治18）初めに旧貨幣の市価が交換価格の上に出るものがあって、往々旧貨幣が海外へ流出する傾向が生じた。そこで政府は新たに日本銀行および横浜正金銀行に時価でその貨幣を買い入れさせる必要を認めた。かくして同年1月、大蔵卿は旧金銀貨幣を時価および旧貨幣価格表の価格をもって、大蔵卿の定める手続きにより日本銀行本支店または代理店が買い上げるよう通達した。1885年に、日本銀行は政府の命令により、民間から旧金銀貨幣を買い上げることを開始した。その後引き続いて同行は政府の準備金をもって、内地において民間から地金銀・金銀貨幣の買上代行事務を取り扱った。だが、準備金の枯渇に伴い、1888年3月限りで、政府は準備金による地金銀・金銀貨幣の買上げを廃止した。

　1888年以後、日本銀行が自己の計算により、独自の方針に基づく地金銀の買入れを開始することとなった。金貨相場は、当初外国為替相場をもってただちに算出し、売買上の費用を控除しなかったために、金貨買入れの際には若干の費用を控除する必要があった。したがって、金貨相場に標準相場と買入相場との2種類が生じた。また外国為替相場が各国で異なっていた。そこで1894（明治27）年2月以降ロンドン銀塊相場を標準とし、金貨を日本からロンドンへ回送する費用ならびに銀をロンドンから日本へ回送する費用その他鋳造費を控除したものが金貨相場と定められ、売買もこの相場によることとされた。日本銀行の地金銀買入れは金本位制確立後も継続されている[217]。

2　地金銀吸収資金の融通

　地金銀購入資金の融通は、1884（明治17）年2月に第一国立銀行が大蔵省から渡された30万円の前貸金をもって、中国現銀および朝鮮砂金の買入れを実行したことが濫觴である。

　日本銀行の地金銀吸収資金の融通は、日本銀行が他の銀行または産金業者に対し、地金銀購入または産金納入のために資金の融通を行うものである。これらの地金銀は最終的に日本銀行に輸納されることとなる。『明治大正財政史』は、それが最初に行われるのは金本位制確立以後のことであって、それ以前の時期にはそれは実施されていないと記述しているが[218]、これは正しい表現ではない。日本銀行は1894年に第一国立銀行に対して朝鮮における地金銀吸収のための資金の融通を開始しているのである[219]。

第7節　外資導入と公定歩合操作の正貨吸収策としての未採用

1　外資排除政策の採用

　外債発行の条件は、外国資本家を代表する銀行団が、発行者の信用に対して付する評価によって決定されるものである。発行者が資本コストの低廉化を欲するときは、自ら投資家の満足する保証または担保を提供しなければならない。とくに政治上の不安、財政の紊乱、または幣制の動揺している後進国が外国に借款を求めるときは、税関または専売権を担保として提供することが必要であるだけでなく、しばしば債権国の財政的干渉を甘受しなければならないことがある[220]。

　明治初期の外債発行条件はきわめて厳しいものであった[221]。この背景には明治前期の日本の国際信用度（international credit worthiness）が低かったとい

217）　日本銀行沿革史編纂委員会編『日本銀行沿革史』第1輯第2巻、復刻版［1976a］、第7章。大蔵省編『明治大正財政史』第14巻［1937b］708－710ページ。
218）　大蔵省編、同上巻、710－711ページ。
219）　『日本銀行沿革史』第1輯第2巻、793－794ページ。
220）　外務省特別資料部編［1948］7－8ページ。
221）　富田俊基［2006］209－210、216－218ページ。

う事情があった。これには経済的対外信用の低さと政治的対外信用の低さ（不平等条約によって拘束）という2つの面があった[222]。

このような国際信用度低位の状況下で、明治初期を除いて明治前期、金本位制確立以前の我が国においては外資排除が強く主張されるに至った。ことに松方正義は外債が国を危うくすると論じていた。すなわち、松方は「通貨流出ヲ防止スルノ建議」（1875年9月）の中で、外債発行を外国銀行である東洋銀行（オリエンタル銀行）に依存すれば同行に金権を掌握されると述べて、この弊害の除去策として、政府自ら輸出荷為替金融の方法を採用すべきことを建議している。

松方の外資排斥思想は、1878（明治11）年、彼が万国博覧会の日本側総裁としてパリに赴き、フランスの議官兼博覧会事務官長であるカランツから鉄道建設に関する意見を聞くことによってさらに確かめられている[223]。1879年にアメリカの前大統領グラント将軍が訪日して、明治天皇に面会した際には、南北戦争にヨーロッパ諸国が干渉した経験を有する同将軍は外国資本の侵略性を述べ、これに頼るべきではないと忠告している[224]。グラントの意見は明治天皇に影響を及ぼした。1880年5月に大隈重信参議が外債5000万円の発行と準備金1750万円の払出しを中軸とする一挙紙幣整理案（「通貨ノ制度ヲ改メン事ヲ請フノ議」）を政府に提出したが、これは佐野常民大蔵卿、松方正義内務卿によって排除された。松方内務卿は6月に「財政管窺概略」を上申して大隈建議を批判し、外債に依存せず、準備金と金札引換公債によって漸次紙幣消却を進める一方、準備金の蕃殖に努めて漸進的に兌換制度への移行を達成することを提唱した[225]。

松方正義は前述のように1881年9月に「財政議」を三条実美太政大臣に提出したが、この中で紙幣整理に基づく財政整理の断行を主張するとともに、外債募集を次のように激しく批判した。（不平等条約のもとで）税権も法権も我が国

---

222) 三谷太一郎［2009］3－4ページ。
223) 堀江保蔵［1950］38－39ページ。
224) 多田好問編『岩倉公実記』岩倉公旧蹟保存会、改訂版、1927年、復刻版、原書房、1968年、615－616ページ。三谷太一郎［2009］5－8ページ。三谷太一郎、前掲「明治国家の外国借款政策」2ページ。
225) 原田三喜雄［1976］171－172ページ。日本銀行百年史編纂委員会編［1982］75－80、95ページ。

に帰属せず、劣悪弱体な地位にある我が国の現状を直視すると、知識・財力に富む外国から資金を仰ぐならば、患害が百出し、行き着くところ、エジプト・トルコ・インドのような悲惨な状態に陥ることになっても、ただ手をつかねて待つことになりかねない、と[226]。

かくして明治初期を除いて、日本経済がその基礎を固め、不平等条約改正の見通しが立ち、外資の輸入による植民地化の危険が強く感ぜられなくなるまで、日本では外資の輸入が回避されたのである[227]。金本位制確立以前において正貨政策としては基本的には外資導入方策は排除されたといえるのである。長期資本移動に影響を及ぼすことを通じて正貨を維持するという政策は、金本位制実施以前の日本では採用されなかった。この背景として、当時の日本の資本蓄積と国際信用度の低さによって生ずる輸入外国資本の侵略的性質が、明治の為政者をして忌避の態度をとることを余儀なくさせたことは看過されるべきではない[228]。

2 銀本位制度下の公定歩合操作

金本位制下のイングランド銀行は、公定歩合操作を活用して金を防衛したとされる。また、管理通貨制度下において中央銀行は通貨価値維持を金融政策の目的に掲げ、その目的を達成するための手段として公定歩合操作を実施するとされる。だが日本銀行の成立以来、銀本位制の時代においては、同行の公定歩合操作の目的として通貨価値の維持・物価安定や銀防衛・正貨維持は明示されていなかった。

大蔵卿松方正義は日銀設立構想を示した「日本銀行創立旨趣ノ説明」の中で中央銀行を「一国金融ノ心臓」なりととらえていたが、その目的として「金融を疏通シ財政ヲ救済スル」ことを挙げており、日本銀行設立の大目的もこのようなものと考えていた。その中で通貨価値維持や物価安定は掲げられていない。だが、このことは同行がそれらを重要とは考えていなかったことを意味するも

---

226) 「財政議」日本銀行調査局編『日本金融史資料　明治大正編』第4巻、大蔵省印刷局、983－988ページ。日本銀行百年史編纂委員会編［1982］99ページ。
227) 堀江保蔵［1950］38－39ページ。
228) 高橋誠［1964］196－197ページ。

第1章　日清戦争以前の正貨政策

のではない[229]。通貨価値の維持は兌換制下においても重要であったが、兌換制度によって通貨価値の維持が図られたということが通貨価値の維持・物価安定を中央銀行政策の目的に掲げる必要をなくしたといえるのである[230]。

　もっとも、物価安定が公定歩合引上げの理由としてまったく掲げられなかったというわけではない。すなわち、1894年6、7月の公定歩合引上げの理由として、当時の日本銀行の「一般金融ノ概況並其調節」は貿易収支の悪化を背景とする為替相場の低落に伴う物価騰貴の発生を挙げている。だが、この物価騰貴は通貨膨張に基づくものとはされていない。またこの物価騰貴に対する警戒は金利引上げの1つの理由として挙げられているにすぎなかった[231]。

　周知のように、日本銀行創立にあたって、当時の大蔵卿松方正義の「日本銀行創立ノ議」に付された「日本銀行創立旨趣ノ説明」では、中央銀行設立を必要とする5つの理由の中に、「金融ヲ便易ニスル事」、「国立銀行諸会社等ノ資力ヲ拡張スル事」、「金利ヲ低減スル事」が挙げられていた[232]。創業以来の日本銀行の公定歩合操作には、国内景況あるいは国際収支の状況に応じて、国内信用あるいは通貨を調節するということと、全般的な金利水準の低減に資するという2つの役割が課せられていた[233]。

　金本位制確立前においては、公定歩合の変更は1889年5月のように景気の行過ぎを未然に防止しようとして、このように政策的意図をもって引き上げられ

---

229) 『日本金融史資料　明治大正編』第4巻、992ページ。そもそも松方は通貨価値の維持安定が重要であると考えて紙幣整理を行ったのであり、日本銀行を設立して同行に兌換銀行券を発行させ、そのもとで通貨価値を安定させようとしていたのである。銀本位制下においては、金本位制の場合と同じく正貨の存在を前提とした兌換制度によって、結果として通貨価値が維持されていた。通貨価値の維持は兌換制下においても重要であったが、そのためには兌換を可能とする正貨吸収・正貨維持こそが通貨価値維持のために必要となった。

230) 通貨価値安定、物価安定が日本銀行の公定歩合操作の目的とされていなかったのは、兌換制の維持が前提とされていたからであろう。『日本銀行百年史』では、上述の趣旨説明書の前文が金融の疎通・財政の救済を中央銀行設立の大目的としているようにみられるが、兌換制度の確立ということが前提となっており、「金融の円滑化と並んで通貨価値の安定が数えられなければならないことは、日本銀行創立の経過そのものが示しているというべきであろう」と述べている（吉野俊彦［1962］33ページ。日本銀行百年史編纂委員会編『日本銀行百年史』第1巻［1982］123ページ）。

231) 泉川節［1980］9ページ。物価安定を自己目的とする公定歩合引上げは、まったく例外的なものにすぎなかったのである。

232) このほかには国庫出納のことと「外国手形割引ノ事」が挙げられていた。

233) 泉川節［1980］8-9ページ。

第 1 編　金本位制確立前の正貨政策

たこともあった。1890年 6 月には恐慌救済策として公定歩合が引き下げられている。1895年 7 月には前年来の金融引締め過ぎを緩和し、需要を喚起するために公定歩合が引き下げられた。日本銀行は金融の引締めが生産を妨げ、外国貿易に悪影響を与え、経済社会を困難な状態に陥らせることを恐れたのである。このように、公定歩合操作が景気調整手段として活用されることもあったわけである[234]。

だが概括的にいえば、銀本位制期において、公定歩合は市場金利を調節するために政策的・意図的に変動させられたというよりも、むしろ金融情勢の繁閑に追随して受動的に変動していたのであった[235]。

日本銀行は、イギリスにみられたような商業銀行の中心銀行となることを理念として掲げていた[236]。だが明治20年代には、市中銀行が日本銀行からの借入れに依存し、そのオーバーローンが激化している[237]。産業への資金供給の担い手の 1 つとなっていた日本銀行は、借手企業の金利負担を重くしたり、金利の頻繁な変動によって企業の営利採算計算への悪影響を及ぼしたりする公定歩合操作を正貨吸収策として用いることを回避したと考えられるのである。

[234]　公定歩合政策が市場の状況に応じてまったく受動的に決定されたわけではなく、中央銀行当局によって裁量的に決められることがあったのである。

[235]　したがって、公定歩合操作の景気調整策としての役割は消極的なものにとどまっていた。もちろん、公定歩合は一応金利の標準として早くから一般に意識されていたが、当時において日本銀行の公定歩合にスライドして市中金利が動くような場合はまれであった（皆藤実［1963a］11ページ）。金融の引締め過ぎを緩和あるいは金融市場の需要に追随するための公定歩合の引下げは、「日本銀行創立旨趣ノ説明」において「一国ノ金融……渋滞梗塞ノ患」がないように主張されていたことから明らかなように「金融ヲ疎通スルコト」を図るという目的を有していた日本銀行が信用の拡大を図るために行われたものであった（『日本金融史資料　明治大正編』第 4 巻、994、1003ページ。岡田和喜［1966］167、172ページ）。前述の1895年 7 月の公定歩合引下げは、まさにそのようなものであった。1895年版『日本銀行統計年報』には「 7 月12日ニ至リ貸出利息ヲ引下ケシカ是ヨリシテ経済社会ノ大勢漸面目ヲ恢メ各種ノ企業漸ク振興スルニ至レリ」と記されている（皆藤実［1963a］13ページ）。日本銀行の金利は開業以来、市中金利と比べ著しく低位にあった。このような政策を日本銀行が維持したのは、公定歩合の引上げが後進国日本の産業の発展を抑制することを同行が恐れたからであろう。日本銀行は後進国の中央銀行として取引先の銀行の産業金融を支援していたのである。

[236]　「日本銀行ヲシテ正金銀行ヲ責任代理店トナシ外国為替ジムニ従事セシムル等ノ件」『日本金融史資料　明治大正編』第4巻、1443－1444ページ。また実際に日本銀行は条規を定めて割引委員を委嘱し、厳正な審査をした上で、手形の割引を行っていた（『日本金融史資料　明治大正編』第4巻、1444ページ）。

[237]　明石照男『明治銀行史』1935年、93、269ページ。石井寛治［1999］198、206、210、221、228－229ページ。

第1章　日清戦争以前の正貨政策

　兌換制の維持は前述のように日本銀行にとって重要であったが、公定歩合操作は日清戦争前、金本位制実施前の銀本位制期においては、そのための正貨吸収・正貨維持の手段としては活用されていなかった。すなわち、例外を除いて公定歩合の引上げ理由として正貨吸収が銀本位制期に掲げられてはいなかったのである。これは次のような事情によるものであろう。

　通貨当局は正貨吸収がきわめて重要であると考えていた。日本銀行は設立当初から実貨回収・正貨蓄積を図るという役割を有していた。だがその後、このような構想は前述のように改められた。日本銀行が横浜正金銀行に低利資金を貸し出して輸出を奨励し、外貨を獲得する方式が採用された。これは直接的には正貨吸収に寄与するものとはならなかったが、日本銀行設立以来1895年までは、貿易収支は1890年、1894年を除いて黒字であり[238]、このため日清戦争までは日本銀行が横浜正金銀行への輸出金融を行って間接的に正貨流出を阻止することができた。地金銀購入や地金銀購入資金融通による正貨確保も行われた。さらに日清戦争後は賠償金として正貨を確保することができたのである。

　もちろん、公定歩合操作は正貨吸収とまったく無関係でもなかった。すなわち、日本銀行の公定歩合操作には正貨準備維持を意図した場合もあった[239]。1896年9月7日の公定歩合1厘引上げは、前途を警戒するほかに正貨準備の減少に対応したものでもあった[240]。

　このように公定歩合操作に正貨吸収という意図が含まれることがあったとはいえ、日清戦争後の貿易収支の悪化にもかかわらず、金本位制実施前において公定歩合操作が正貨吸収を大きな目的としていたということはできない。これは、正貨吸収施策としては前述のような理由から公定歩合政策以外の方策が志向されるとともに、当時正貨の不足に対する危機意識が日本銀行にとって深刻

---

[238]　日本銀行統計局編『明治以降　本邦主要経済統計』同局、1966年、278ページ。
[239]　貿易収支が悪化した1894(明治27)年には、公定歩合の引上げ理由に正貨流出への懸念が含まれるようになる。同年6、7月に実施された為替相場の低落に伴う物価騰貴に対する警戒と日清戦争準備のための一般貸出抑制、政府貸出強化のための公定歩合引上げについて、当時の日本銀行の「一般金融ノ概況並其調節」は、「外国貿易ハ歳首以来逆運ニ偏向シテ金銀ノ流出スルコト少カラス」、これを一因として「金利ヲ引上ケ成可成普通貸出ヲ制スルノ方針ヲ取」ったということも記している（泉川節［1980］39、105ページ）。
[240]　『銀行通信録』は後年に（第166号、1899年9月）、日本銀行正貨準備減少と関連があったことをはじめて強調している（皆藤実［1963a］14ページ）。

なものとはなっていなかったからであろう。また、公定歩合の引上げが国内産業や輸入に悪影響を及ぼすことが懸念されたことが貿易収支改善のための公定歩合引上げが回避された理由となったのではないかと考えられる。

第2章　日清戦争賠償金と正貨政策

第1節　日清戦争賠償金の獲得と保管

1　賠償金の獲得

　日清戦争の結果、政府は賠償金を受領した。これは、この時期において正貨増大をもたらす特殊かつ最も重要な要因となった。日清戦争賠償金を日本が獲得したことによって日本の金本位制の確立が可能となったのである。

　1894～95（明治27～28）年に朝鮮の支配をめぐって日本は清国と戦争をした。日清戦争に勝利した日本は、軍費賠償金2億両（テール）、奉天半島（＝遼東半島）還付報償金3000万両、威海衛守備費償却金150万両、計2億3150万両という巨額の賠償金を1898年5月までに受け取った[1]。1895年4月の下関講和条約締結後、同年10月から1898年5月までに総額3808万ポンド（3億5836万円、運用収入を含めて円換算をすると1902年までに3億6407万円）に達する賠償金を中国から受け取っている。

　日清戦争賠償金は、下関講和条約や奉天半島還付に関する条約では、庫平銀で支払われることに定められていたが、日本は清国と協議のうえ、総額を英貨に換算しておき、受取日に国際金融の中心地であるイギリスのロンドンで英貨で受け取ることとした。この理由は以下のとおりである。

　清国は日本に巨額の賠償金を支払うためにはヨーロッパで外債を募集せざるをえなかった。この募集金は英貨または仏貨で受け取ることとなるから、清国

---

[1]　日清戦争賠償金の財政政策との関連については高橋誠［1965］第3章「日清戦争賠償金の研究」、長岡新吉「日清戦後の財政政策と賠償金」安藤良雄編［1973］第3章、賠償金と広く日清戦後経営全体との関係については中村政則［1970］612-634ページ、石井寛治［1976］47-94ページ参照。

が条約どおりに銀で支払おうとすれば、これで銀塊を買い入れて日本に輸送せざるをえなかった。これは清国にとって非常な損失となった。すなわち、賠償金支払い期に一時に巨額の銀塊を清国が買い入れれば、銀塊相場が非常に騰貴する。しかも、ヨーロッパ市場に存在する取引用の銀塊の実際額が少額であったために、一時に巨額を買収することはきわめて困難であり、この意味からも、巨額の銀塊買入れは銀塊相場を昂騰させる。さらに銀塊を日本に輸送する際には、清国は多額の現送費も負担しなければならない。

一時に巨額の銀塊をヨーロッパから日本に現送することは、日本をはじめ東洋一般の損失となるとも考えられた。すなわち、これが為替相場に非常な影響を及ぼして、貿易の混乱をきたす恐れがあった。

一方、賠償金をポンド貨で受け取ることは、日本にとって次のような利益をもたらすと考えられた。

政府は軍備拡張を中心とする日清「戦後経営」を構想したが、これに伴うヨーロッパ、とりわけイギリスからの巨額の輸入が予想された。この対外支払いのためには、国際通貨ポンドを国際決済の中心地ロンドンで保有するのが有利であった。

銀価が低落傾向をたどっている状況では、賠償金を価格変動の少ない金と結びついたポンド貨に一時に換算しこれを受け取るのが日本の利益となり、これは財政計画を安全な基礎の上に立たせることとなった。日本も早晩、金貨本位制を採用する方針が立てられていたことから、政府はこの点からも金貨と兌換されるポンド貨を受け取るのが得策と考えた。

かくして、賠償金が金本位国イギリスのポンド貨で受け取られたのである[2]。

2　賠償金の保有形態

受け取った償金の英貨ポンド総額、受取地、保管形態は表2－1、表2－2のとおりである。

---

2) 以上については「償金特別会計」明治財政史編纂会編『明治財政史』第2巻［1904a、1926］（原資料は『自明治二十八年十月至明治三十三年三月償金収支報告書』1900年4月)、61－62、153－157ページ、齊藤壽彦［1981b］14－15ページなどを参照。

第2章　日清戦争賠償金と正貨政策

表2−1　日清戦争の領収賠償金換算高（1895〜1902年度）

科目	領収年度	領収英貨	円換算
軍費賠償金	1895〜98	32,900,980ポンド	311,072,864円
奉天半島還付報償金	1895	4,935,147	44,907,499
償金運用収入	1896〜1902	—	5,709,728
小計（特別会計資金）		37,836,127	361,690,092
威海衛守備費償却金	1896〜1902	246,757	2,380,103
合計	1895〜1902	38,082,884	364,070,195

注1：円換算高合計には運用収入の合計が入っている。
　2：威海衛守備費償却金は一般会計所属。
出所：明治財政史編纂会編『明治財政史』第2巻、224−225ページ。

表2−2　賠償金の受取地と保管形態（1895〜1898年）

（単位：ポンド、未満切捨）

年月	金額	受取地	保管形態
1895年10月	8,225,245	ロンドン	イングランド銀行当座預け
11月	4,935,147	〃	〃
1896年5月	2,112,622	ベルリン	イングランド銀行へ寄託預け
	2,000,000		ドイツ帝国銀行へ当座預けの後、イングランド銀行へ寄託預け
5月	4,400,505	ロンドン	イングランド銀行へ寄託預け
11月	822,524	〃	〃
1897年5月	2,892,543	〃	〃
11月	685,437	〃	〃
1898年5月	1,000,000	ベルリン	ドイツ帝国銀行へ当座預けの後、イングランド銀行へ寄託預け
5月	11,008,857	ロンドン	イングランド銀行へ寄託預け
合計	38,082,884		

出所：『明治財政史』第2巻、187−217ページ。

　受け取られた賠償金は、しばらくはロンドンに、その一部は一時的にベルリンに保管された[3]。渡辺国武大蔵大臣は、賠償金をすべて日本銀行に寄託する

3）　明治財政史編纂会編『明治財政史』第2巻、187−220ページ。

第1編　金本位制確立前の正貨政策

こととした。

　賠償金の保管出納事務に関しては、政府は日本銀行にロンドン代理店を設置させ、大蔵大臣、在ロンドン公使、ロンドンにおいて特設する日本銀行監理官などの監督下において、この代理店に実務を担当させる方針を立てた。1895年12月、政府は「日本銀行寄託預金事務取扱順序」を定めてこれを同行に通達した。日本銀行はロンドンにおいて保有する貨幣、金銀地金、有価証券の一切の事務取扱いの代理を横浜正金銀行ロンドン支店に委嘱するのが便利であると考え、96年2月、横浜正金銀行との約定書、横浜正金銀行への委任状、「在倫敦代理店寄託金保管出納事務取扱順序」の各案を政府に提出し、同月その認可を受けた。同月には償金保管出納監督のため「在倫敦公使館償金事務取扱順序」、「在倫敦日本銀行監理官監理事務順序」を定めた。日本銀行からロンドンにおける一切の委任を受けたものとしてのロンドン代理店は、1896年3月に開設された。代理店としての横浜正金銀行ロンドン支店は翌4月、在ロンドン公使が領収していた償金を引き継いだ[4]。かくして、正金銀行と日本銀行との間の在倫敦代理店寄託金保管出納事務取扱順序という代理契約のもとに、正金銀行ロンドン支店が日本銀行代理店として償金の保管出納事務を取り扱うこととなり、1896年3月以降、正金銀行ロンドン支店が日本銀行監理官の監督下にこれを行ったのである[5]。

　上述の「在倫敦代理店寄託金保管出納事務取扱順序」第2条によれば、正金銀行ロンドン支店は、政府寄託金をすべてイングランド銀行その他とくに指定された確実な銀行へ預け入れなければならなかった。政府は償金をひとまず最も安全確実な、国際的信用のあるイングランド銀行へ再預入させて保管させた。イングランド銀行は、従来横浜正金銀行ロンドン支店の預金勘定開設要求を拒絶していたが、1896年になって初めてこれを快諾したのであった[6]。

4）　同上巻、291-331ページ。大蔵省編『明治大正財政史』第15巻［1937c、1957］267-277ページ。

5）　前掲『明治財政史』第2巻、291-332ページ。大蔵省編『明治大正財政史』第15巻［1937c、1957］259-271ページ。

6）　横浜正金銀行編『横濱正金銀行史』［1920］175ページ。

3 賠償金取寄論争と賠償金の海外保管の理由

(1) 賠償金取寄論争の展開

　当時、賠償金をロンドンで保管せずに、すぐに日本へ回送すべきであるという議論が存在した。末延道成は、清国より得た賠償金はただちに金に換えてこれを日本に現送すべきであると主張した。すなわち彼は、「一国の国有財産は、其国兵力の及はさる遠隔の地に一日たりとも留置すべきものにあらず」、「安心して其国有財産を他国に存留したるものは、恐らくは古来其例なからん。一日存留せしむるも実に危険の甚しきものにて、万一其国何等かの外交上の行掛りよりして我敵となれは、其財産は直に没収せらるべく、又其国他国と開戦せは、其国中にある物件財産は徴発強用すべく、正貨の輸出を禁止すべし。又我国他国と戦を開き其国中立を厳守すれは、其金を我に輸するを拒絶すべく」、「独立国の国有財産は一日も他国に寄托すべきものにあらず」と政府資金を海外に保有する危険性を指摘した[7]。

　また末延は、「世間には軍艦製造砲台建築を以て軍備の第一着手となすの論者多けれども私見にては正貨を回送するを以て最急務となし国家警備上の第一急務となすなり一週間に数万の軍隊を移動し十二時間内に艦隊の戦闘準備を為し得るも正貨の準備なければ将た能く何事をかなすべき日清戦争に正貨を要せる割合に少かりしを見て今後万一戦争の已むべからざるあるも左まて正貨を要せざるべしと想像するは誤りなり他国の信用証書に依頼して万一意外の辺に戦争起らば遂に巨万の償金を挙げて画餅に属せしむるの恐あり」と論じ、戦争準備金として正貨（金銀）を国内に保有すべきことを主張したのである[8]。

　田口卯吉が主宰する『東京経済雑誌』は、政府が償金を無利子でロンドンで保有し、高利の借入金を日本銀行から借りたままとするのは不利益であると論じた。そして、軍艦などの代価として近々政府が支払うべきものを除いてすべて為替で賠償金を日本に取り寄せるべきであると主張した。また、これによる政府の日銀からの借入金の返済は民間金融緩和にも寄与すると論じた[9]。田口

7）　末延道成「固定資本を論して償金処分に及ぶ」『東洋経済新報』第3号、1985年12月5日、8－9ページ。

8）　末延道成「再ひ償金を現送すへきを論す」同上誌、第6号、1896年1月5日、9－10ページ。

第1編　金本位制確立前の正貨政策

　卯吉は、償金の取寄せは為替相場を変動させ、輸入貿易に利益、輸出貿易に損失を与える恐れがあるが、東インド政府のように、政府が毎週若干額を定めて横浜でロンドン宛の手形（政府ポンド資金払い）を振り出してこれを売り、またはロンドンで（政府所有ポンド資金を支払って）横浜宛手形を買い取れば、為替相場に急激な変動なく償金が取り寄せられる、と述べている[10]。

　『東京経済雑誌』は、賠償金を正貨の現送によって取り寄せることには次のように批判した。償金を金属に換えて（日本へ）現送すれば、政府は現送費を負担しなければならず、輸入品の代価としてこれが（外国へ）輸出されれば、この現送が無駄になる、と[11]。また現金（金銀）で賠償金を取り寄せれば、政府はこの現金を兌換券に換えるために日本銀行に交付するから、日本銀行の正貨準備高が増加し、兌換券の発行高が増加し、したがって物価は騰貴せざるをえない、とも批判したのであった[12]。

　一方『東洋経済新報』誌は、外国に国有財産を置くのは危険であるが、これは個人や会社の財産には国際慣行上、危険はないとした。同誌は、5、6年前にロシア政府が数億ポンドの金貨をロシア銀行の名でイングランド銀行に預け入れていたところ、当時英露間の外交的紛擾から武力衝突まで生じたが、イギリス政府はイングランド銀行中に存するロシア銀行という一会社の預金に手をつけることはできなかった、償金の一部は政府が日本銀行に預け入れて日本銀行がこれをイングランド銀行に保護預けとすればよいと、末延を批判した。さ

---

9 ）（田口卯吉）「償金受取の方法」『東京経済雑誌』第31巻第773号、1895年4月20日、596－597ページ、「清国償金の領収」同誌、第32巻第799号、1895年11月9日、732ページ、「償金を取戻さゞるの結果」同誌、第32巻第804号、1895年12月14日、970ページ、「償金」同誌、第32巻第805号、1895年12月21日、985－986ページ、「償金取寄せず論者は更に迂遠」第32巻第806号、1895年12月28日、1034－1036ページ、「償金移入に就いて」同誌、第33巻第809号、1896年1月25日、111ページ、「償金取寄と金融」同誌、第34巻第837号、1896年8月8日、221－222ページ、「償金取寄に関する謬見」同誌、第34巻第851号、1896年11月14日、841－842ページ、鼎軒田口卯吉全集刊行会編『鼎軒田口卯吉全集』第7巻、同刊行会、1927年、484、489－491ページ。「償金特別会計法及償金取寄」前掲誌、第34巻第855号、1896年12月12日、1019－1027ページ、前掲『田口卯吉全集』第7巻、312－323ページ、「清国償金は為替を以て取寄すべし」前掲誌、第37巻第924号、1898年4月23日、846－847ページ、前掲『全集』第7巻、507－508ページ。梅津和郎［1963］115－125ページ。

10）『東京経済雑誌』第34巻第855号、1024ページ、『田口卯吉全集』第7巻、319ページ。

11）「償金取寄高一千万磅に及ぶ」同上誌、第35巻858号、1897年1月9日、10ページ。

12）同上誌、第32巻第805号、985ページ、「償金の現金取寄」同誌、第38巻第938号、1898年7月30日、227ページ。

134

らに、現金輸送が不経済なために為替作用によって輸入品の代価をロンドンの償金で支払うのはよいが、これにより3500万円の現金を回収しようとすれば、少なくとも1年から2年の歳月を費やすのであり、もし急いでこれを回収しようとすれば、片為替の状態が生じて為替相場が激変し、輸出入貿易が梗塞する恐れがある、と『東京経済雑誌』を批判した。結論として『東洋経済新報』誌は、金属を現送してくる場合には現送費がかかり、その相場騰貴による損失も生じうるため、賠償金の取扱いは慎重にし、政府支出に賠償金を利用するとともに、漸次巧みに為替を利用して損失を避けながら、また漸次金または銀で賠償金を回収すべきであると主張したのである[13]。

小手川豊次郎は、「現金を以て我国に輸入せんか、通貨は直ちに膨脹するや疑ふべからず。通貨増加すれば、物価騰貴し、人民贅沢となり、消費力を増加するに至りて、現金は忽ちにして、国外に飛び去るべし」と述べ、日本への金銀現送法を通貨膨脹を惹起すると批判した。彼は「償金は暫く倫敦の確実なる銀行に蓄貯し置き、其需要あるに随ひ之を引出し、或は軍艦、兵器、機械其他の材料となして我国に輸入し、或は我市場の状勢を洞察し、新事業の起れるが為め、金融必迫せんとするときは、適当の範囲に於て之か輸入を企て以て之を緩和し、能く商業社会をして正確事業の発達を遂げしめんとす」べきであると主張した[14]。戦時準備金に関しては、「之れ平時は庫中に閉置して其効用をなさしめざるを以て、巨額をして遊金となすは実に財政上不得策なるが故に」巨額を要さず、ただ「遼東還付により得たるの償金の幾分若しくは全部を挙げて之に充つる」だけでよいと論じたのであった[15]。

（2） 賠償金の一部を海外保管した理由

このように償金取寄論争が展開される中で、政府は賠償金の一部を海外に保有し続けた。これはなぜであろうか。

この理由の1つとして従来イギリスの要求、圧力によるものであったことが指摘されている。すなわち井上準之助は、「日清戦争の時に日本は支那から三

---

13) 社説「償金可送法を論じて正貨準備に及ぶ」『東洋経済新報』第5号、1895年12月25日、1-5ページ。
14) 小手川豊次郎「償金問題」同上誌、第2号、1895年11月25日、11ページ。
15) 小手川豊次郎「償金問題（承前）」同上誌、第3号、1895年12月5日、11ページ。

第1編　金本位制確立前の正貨政策

億六千万円の償金を取ったのでありまして、それは倫敦で受取ったのであります。それの大部分を日本に持って来て、貨幣制度を変へて金貨本位にしたのであります。然るに英吉利では最初から条件が付いて居りまして、余り急激に此の金貨を日本に持って行かれては困る。倫敦の市場の妨げになるからといふ、注意がありました為に、左程急激に内地に持って来ることは出来なかったのです」と述べている[16]。

　しかし日清賠償金が授受、保管された当時の文献には、後述のようにイングランド銀行が金貨または金地金の特別保管を拒否することによって在外資金を預金などの形態で保有させたことを除けば、イギリスがこのような圧力を日本にかけた事実は見出せない[17]。井上のこの記述をまったく正しいとするには疑問の余地がある。むしろ、一般的には賠償金をどのように取り扱うかは日本の判断に任されていたと考えられ、ロンドン金融市場は日本政府の政策によって影響されていた。すなわち、1895年11月2日のロンドン『エコノミスト』（*The Economist*）誌は次のように記している。日本政府がイングランド銀行に預けた800万ポンドに対して、日本銀行がどのようにこれを処理するかが明らかでないことが、当時のロンドン金融市場に一大影響を及ぼし、このために市場は一般に気迷に沈んだ。多数説は、日本政府の預け金の大部分は同政府がすでにイギリスの工業家に注文した艦船および兵器などの代金として支払われるであろうから、市場資金を増加させるであろうというものである。とはいえ、情報通は、（ヨーロッパには）日本政府による多額の代金未払いのものがないとみる傾向がある。もしそうであるとすると、日本政府がただちに巨額の支払いをするとは考えられず、賠償金の一部は枯渇した日本政府（日本銀行の意か）の準備金を増し準備の力を強めるために引き出されるか、そうでないなら賠償金はイングランド銀行に預け入れられたままであろう。償金に関する日本政府

16）　井上準之助［1926］84-85ページ。
17）　『明治大正財政史』第17巻［1940b, 1957］484-485ページ、に「此等の償金は欧米の金融市場に対する影響を慮り、一時に本邦に回収せざることを条件とせしものなりき」とあるのは上記の井上の記述によるものであろう。1899年の第一回四分利付英貨公債の発行に際しては、ロンドンの金融業者は、募債金を一時に持ち出さないように、交渉にあたった大蔵省の早川千吉郎に要求した。早川は彼らのいいなりにならなかったが、その意向に配慮して『タイムス』の雑報中に日本政府が募集金を一時に日本に取り寄せる意向がないことを記載させた（早川千吉郎「外債募集談」1899年9月13日、『松方家文書』第40冊第45号）。

の方針が判明するまでは、市場は気迷の状態を持続する、と[18]。

　もっとも、日本政府が急に賠償金を引き揚げ、とくに金に換えて引き揚げなかったことは、結果的にイギリスの利益となるものであった。イギリスでは、外国の公的残高が突然に引揚げられる可能性について、繰り返し懸念が表明されていた。『エコノミスト』の編集者であったバジョット（W. Bagehot）は、1873年に刊行した書の中で、ロンドンに保有されたドイツ政府の多額の残高が突然に清算される可能性を指摘し、ロンドン金融市場の安定性に関して、ある種の危惧を明らかにしていた[19]。多額の公的対外残高の移動は、これが引き出された国に対して現実に攪乱をもたらした。たとえば、ベアリング商会の信用が1890年夏に動揺し始めたとき、ロシア政府は在ロンドン残高を引き揚げ、九分九厘まで1890年恐慌を早めた。1894年には、ロンドン市場は、「ロシア政府の残高が攪乱的で気まぐれな方法で移動し、そして時機の悪いときには引揚げがちであることを、経験から学んだ」[20]。日清戦争賠償金3808万ポンドはきわめて巨額であり、1895年11月末のイングランド銀行発行部の鋳貨および地金保有高4000万ポンドに近いものであった[21]。ミッチェル、ディーンの統計によれば、1895、96、97、98年のイングランド銀行発行部金銀貨および地金保有高は、それぞれ3640万ポンド、4200万ポンド、3320万ポンド、3120万ポンドであったから、この4年間は96年を除いて日清戦争賠償金高以下であった[22]。もしも日本政府が賠償金を全額金に換えて日本に現送したならば、イギリス金本位制は根本的に動揺させられたことであろう。

　日本のイギリスからの金現送は多額にのぼった。『スタチスト』（1897年5月8日）によれば、日本政府が最近数カ月に購入した金塊はすこぶる巨額であっ

---

18) *The Economist*, Vol. LIII, No. 2723, November 2, 1895, p. 1425.「預入償金の倫敦金融市場に及ぼしたる影響」『東洋経済新報』第5号、1895年12月25日、20ページ。

19) Walter Bagehot, *Lonbard Street*, London, 1873. バジョット著、宇野弘蔵訳『ロンバード街――ロンドンの金融市場』岩波書店、1941年、284-292ページ。

20) A. I. Bloomfield, [1963] pp. 26-27. ブルームフィールド著、小野一一郎・小林龍馬共訳 [1975] 105、115ページ（注）。

21) S. J. Clapham, *The Bank of England*, Vol. II, Cambridge, 1965, p. 365. J. クラパム著、英国金融史研究会訳『イングランド銀行　その歴史』第2巻、ダイヤモンド社、1970年、403ページ。

22) B. R. Mitchell with the collaboration of Phyllis Dean, *Abstract of British Historical Statistics*, Cambridge, 1962, 1971, p. 445.

第1編　金本位制確立前の正貨政策

て、欧州大陸中その右に出る国はなかった。日本政府はロンドン市場において熱心に金を購入しただけでなく、イングランド銀行を経て巨額の金吸収を行った[23]。同年4月中に日本が多くの金塊をイングランド銀行から引き出した結果として、同行の金準備は100万ポンド近く減少した[24]。それでも、1898年1月以降7月20日までにイングランド銀行の手を経て輸出された金貨および金塊は合計610万9千ポンドで、ロンドンにおける輸入の合計1083万1千ポンドを下回っていた。この間、仕向先のうち最も多額を占めたのはアメリカ合衆国でその額は200万ポンドにのぼり、次はドイツの131万ポンド、アルゼンチンの115万ポンド、日本の76万ポンドであった。ロンドンにはオーストリア、オーストラリア、エジプトなどから金が流入していた[25]。日本のロンドンからの金現送はイングランド銀行の金準備に影響を与えるものであったが、それに深刻な打撃を与えるものではなかった。

　実際には日本が償金の多くを、後述するようにイギリスからの輸入の代金支払いに使い、また金現送を数年にわたって行い、イギリスから日本への金流出は1896～98年の3年間に764万3000ポンド（償金総額の20％）にとどまったから、イングランド銀行やイギリス地金市場は大幅な影響を受けずにすんだのである[26]。

　なお、賠償金の一部は一時期ドイツで受け取られ保有されたが、これは日本政府がドイツの要求に応じたためであった。1896年度に清国はイギリスおよびドイツで外債を募集して賠償金を支払おうとした。ドイツ政府は、ドイツ金融市場の逼迫を避けるために、日本政府が賠償金払込額の一部をベルリンで受け取り、これを政府の銀行である「ゼーハンドルング」（後のKönigliche Seehandlung）に預けることを要求した。日本政府は、経営状態の明らかでない同銀行への預入れを拒否したけれども、ドイツ政府の目的を認め、賠償金の一部を1896年5月にドイツの帝国銀行（Reichsbank、ライヒスバンク）に預けたのである[27]。また1898年には、清国はイギリスの香港上海銀行およびドイツの独

---

23)　『東洋経済新報』第58号、1897年6月25日、20ページ。
24)　同上誌、第56号、1897年6月5日、21ページ。
25)　同上誌、第102号、1898年9月25日、20－21ページ。
26)　小島仁「第1次大戦前の在外正貨制度と横浜正金銀行」札幌大学『経済と経営』第7巻第3・4号、1977年3月、31ページ。

第 2 章 日清戦争賠償金と正貨政策

亜銀行の両行引受けで、外債を発行して賠償金を支払おうとしたが、ドイツ・シンジケートは、ドイツ金融市場の逼迫を避けるために、日本に賠償金の一部のドイツでの受取りおよび預入れを要求し、1898年5月、日本政府はこれに応じている[28]。

　日本政府は、賠償金を急激に日本に取り寄せないことを利益と考え、賠償金を海外に保管した。この理由は、第1に、外国において支払いを要する各省経費の支払いに充当するために、すなわち、イギリスなどから購入する軍艦、鉄道軌道その他のものの支払いに充当するために、政府が在外資金を保有する必要があったためである。対外支払資金は短期間には支出できず、「費途ヲ定メ其必要ニ応シテ漸次支出スヘキモノ」であった[29]。もしも、償金を現送してきて対外支払いのために返送すれば、現送費を損することになる[30]。対外支払いに償金を用いるまで金貨または金地金で国内で保有するよりも、在外正貨を保有した方が利殖上有利でもあった[31]。

　第2に、ロンドンで在外正貨を保有することが安全と考えられたことである。この背景には、ロンドン金融市場が安定していた事実があり、後に述べるように、当局者もこれを認識していた。それと同時に、当時日英同盟が未だ成立しておらず、伊藤、山県、井上、陸奥などの日露協商論者が存在し、満州、朝鮮市場において日英は対立の方向にあったとはいえ、イギリスと接近してロシアに対抗しようとする日英同盟論者も存在しており、日英は敵対関係になっていなかったという事情も考慮されなければならない[32]。現送費を支払って在外正貨を日本に取り寄せるよりも、ロンドンに保管するのを便利と考えた正金銀

---

27) 明治財政史編纂会編『明治財政史』第2巻、193-194ページ。ゼーハンドルングは1772年にプロイセンのフリードリヒ2世によって海外貿易会社（Seehandlungs Societät）として設立され、1810年に政府の銀行となり、1904年に王立ゼーハンドルング（Königliche Seehandlung）に改称された（L. ヨーゼフ著、飛田紀男訳『近代ドイツの銀行——1800年から第一次大戦前夜まで——』巌南堂出版、1991年、70-71、74ページ）。

28) 前掲『明治財政史』第2巻、209-211ページ。

29) 同上巻、225ページ。

30) 大蔵書記官兼大蔵省参事官の添田寿一は、償金を取り寄せない理由の1つとして「正貨運送の費用夥しく入る〔ママ〕」ことを挙げている（『東京経済雑誌』第34巻第851号、1896年11月14日、842ページ）。

31) 軍艦水雷艇補充基金のうち1500万円は利殖運用のために外国公債で保有される方針が立てられた（前掲『明治財政史』第2巻、276-279ページ）。

32) 小野一一郎 [1964] 181-182ページ。

第 1 編　金本位制確立前の正貨政策

行の相馬永胤取締役も、「外交上不穏の形成ありて償金を外国に置くを危険とする場合は勿論例外と知るへし」と述べており[33)]、日英が戦争する情勢が生じたならば、在外正貨はロンドンから引き揚げられていたことであろう。

　第3に、政府は国内経費の支払いに充当するために賠償金の一部を金貨、金銀塊または為替で取り寄せる必要があったが、「世界金融市場ノ景況ヲ参酌シ」なければならず、「到底急速ニ回送スルヲ得」なかったためである[34)]。これについて少し立ち入って検討しよう。

　1895年12月に政府は「賠償金の運用綱要」を定めている。ここでは本邦への資金回金については不利益を被ることのないよう経済金融情勢を十分見きわめるべきものとされていた[35)]。

　大蔵省は、第1回軍事賠償金領収以前から日本銀行および正金銀行に経済事情を報告させていたが、1896年2月、日本銀行に償金運用上参考となる資料の調査を命じ、海外各地の金塊、銀塊、為替、公債の諸相場などを毎週報告させた。さらに同年4月には、ロンドン、リヨン、ニューヨーク、サンフランシスコ、ボンベイ、上海の各領事に経済調査を依嘱した[36)]。1896年4月、渡辺国武大蔵大臣は日本銀行に償金の取扱方について次のように指示した。「償金ハ時機ヲ見テ為替又ハ金銀塊ヲ以テ可成速ニ本邦ニ取寄スルノ手段ヲ取ルト雖モ此数年間ハ英国ニ必ス巨額ノ預ケ金ヲナスコト、ナルヘシ該償金ハ国民ノ生命ヲ失ヒ国民ノ財産ヲ費シ将来ニ於テモ大ニ租税ノ負担ヲ増ス等ノ損失ノ幾分ヲ償フモノナル故ニ其取扱方ニ就テモ極メテ慎重ヲ加ヘ些少ノ利益ヲ量ルヨリハ寧ロ損失セサルノ覚悟ヲナスニ若カス尤モ熟考スルニ極メテ確実ノ方法アラハ其幾分ヲ利殖的ニ運用ヲ為スハ差支ナカルヘシ」[37)]。償金取寄せはきわめて慎重に取り扱われたのである。賠償金を日本に取り寄せるには、先に述べた現送

---

33)　「相馬永胤氏の償金回収談」『東洋経済新報』第25号、1896年7月15日、18ページ。横浜正金銀行頭取園田孝吉は、日本銀行営業局長で正金銀行取締役の山本達雄らとともに償金取寄委員として、1896年5月にイギリスに出張した。同頭取不在中は相馬永胤取締役が頭取の職務を代行した。相馬永胤は園田頭取が1897年1月に帰国後も3月初めまで頭取代理を務め、4月に頭取に就任した（前掲『横濱正金銀行史』169、180ページなど）。
34)　明治財政史編纂会編『明治財政史』第2巻、225ページ。
35)　『明治財政史』第2巻、333ページ。今田寛之［1990］146ページ。
36)　同上巻、333－347ページ。『償金収支報告書』には厖大な金融情勢報告が掲載されている。
37)　前掲『明治財政史』第2巻、351－352ページ。

第 2 章　日清戦争賠償金と正貨政策

費負担による損失以外にも、次のような困難があった。

　まず銀を現送する場合、銀の供給量は多かったものの、ロンドンに実際に存在する銀塊の量はきわめて少なく、即時に大量の銀塊を調達することは困難であった。しかも銀価格の変動は激しく、日本が償金を銀に切り替えるという噂だけで銀相場が騰貴した。政府が一度に大量の銀を買い入れれば非常な損失を覚悟しなければならなかった。しかも銀塊相場の騰貴は、金本位制確立前において、金銀比価の変動により日本の為替相場を騰貴させ、日本の貿易に悪影響を及ぼさざるをえなかった[38]）。

　一方、金を現送する場合、一時期に大量の賠償金を金に換えるのでなければ、金の調達難や金価格の騰貴という問題は銀の場合のようには起こらなかった。すなわち、イギリスでは金貨や金塊が大量に存在していたし、銀行券の金貨兌換、金貨の自由熔解が認められていた。それでも、松方の大蔵大臣就任当時のように、金塊価格が高い時期もあり[39]）、日銀代理店としての横浜正金銀行ロンドン支店の金買上げが金塊価格騰貴の要因ともなったから、このようなときは、ロンドンでの金塊買入れを中止しなければならなかった[40]）。また金貨を輸入する場合には、金貨の磨損分を損することになる。大蔵省主計局長松尾臣善によれば、イギリスの金貨は公差以上に磨損しているものが多く、その損失は100万ポンドについて 9 万円となった[41]）。金本位制確立以前には日銀券は銀兌換券であったから、この段階で金だけを輸入して銀準備を不十分にすれば、（銀準備強化の必要に迫られて）金を再びロンドンに戻して銀と引き換えて現送費を損するという問題も起こりえた[42]）。大蔵省の書記官兼参事官・官房第 3 課長添田壽一は、正貨を日本に現送してくれば、（通貨が膨張し）物価が騰貴し、経済社会が混乱するという問題点も指摘している[43]）。

---

38)　前掲「相馬永胤氏の償金回収談」『東洋経済新報』第25号、1896年 7 月15日、16－19ページ。田尻稲次郎（大蔵次官）「償金談」（1895年）田尻先生伝記及遺稿編纂会編『北雷田尻先生伝記』下巻（同編纂会、1933年）、217－218ページ。『東京経済雑誌』（第34巻第851号、1896年11月14日、842ページ）によれば、添田壽一は「正貨は倫敦に無し之を集めて取寄せるには予め期限を定めざるべからず」と述べているが、これは正貨として銀を考えればとくにそうである。

39)　前掲『明治財政史』第 2 巻、355ページ。

40)　前掲『横濱正金銀行史』174ページ。

41)　大日本帝国議会誌刊行会編『大日本帝国議会誌』第 3 巻、同刊行会、1927年、1616ページ。

42)　『東洋経済新報』第25号、18ページ。

43)　『東京経済雑誌』第34巻第851号、1896年11月14日、842ページ。

第1編　金本位制確立前の正貨政策

　為替で賠償金を回収する場合には、政府が、日本でロンドンの政府所有ポンド資金からの支払いを指図した手形を売って、その代金として円を入手するか、ロンドンで政府所有ポンド資金を支払って日本宛の手形を買って、日本で支払いを指図された人から円資金を取り立てるか、これに類似の為替の手続きを採用することになる。この為替による賠償金の回収は、日本の輸入超過を利用するものである。すなわち、日本における輸入業者が政府からロンドン宛手形を買い、日本へ輸出する業者が政府に日本宛手形を売る。ただし、日本の輸入超過が多くない場合には、短期間に償金を回収することは困難であった。1896年1月頃、予算委員会において政府委員（大蔵省の田尻稲次郎、松尾臣善）は、貿易の結果、我が国へ取り寄せることができる為替金は年に1000万円余りにすぎないと説明した[44]。償金特別会計法特別委員会委員長箕浦勝人も、1896年2月5日、衆議院において、「為替の作用を以て之〔＝償金〕を取入れるかと云ふと、之を以て何千万円と云ふ金を一時に受取ると云ふことは、到底出来難い」と報告した[45]。政府があえて一時に為替で償金を回送しようとすれば、為替相場が騰貴し、輸出が抑制されざるをえなかった[46]。また、もし単に為替の方法のみによるときは、漸次償金の全部を輸入品の代価として使ってしまうことになるから、償金を回収して非常準備としようとする場合には、これは不適当の方法であるとも考えられた[47]。

　政府が、日本銀行に在外正貨を売って、日本銀行が銀行券を発行してこれを買い取って保持すれば、輸入が多額に上らなくても、政府が在外資金を円資金として取り寄せることができたであろう。だが、この場合には通貨膨張という

---

44)　「償金取寄に関する政府の方策」『東洋経済新報』第8号、1896年1月25日、28-29ページ。「償金特別会計法及償金取寄」『東京経済雑誌』第34巻第855号、1019ページ。

45)　前掲『大日本帝国議会誌』第3巻、1617ページ。松方が1896年9月に大蔵大臣に就任した当時、為替は「其種類ヲ限リタルト輸入減少輸出増加ノ期節ニ向ヒタルトノ為メ取組ミ大ニ減少シ」た（前掲『明治財政史』第2巻、355ページ）。

46)　第1回償金受取当時に渡辺蔵相がこれを日本に回送しなかった理由について、「明治三十年幣制改革始末概要」は、「償金ノ回収ヲ初ムルハ益銀価ノ変動ヲ助勢シ、殊ニ毎年下半期ヨリ翌年二月迄ノ間ハ本邦ノ生糸輸出ノ季節ナルヲ以テ之レカ為メ我外国貿易上ニ於テ不利ナル影響ヲ受ケンコトヲ慮リ、直チニ正貨回送又ハ為替取組ニ著手スルコトハ之ヲ避クルコトトシタリ」と記している（前掲『明治前期財政経済史料集成』第11巻、476ページ）。ここでは政府の為替取組みが輸出期に貿易に不利に作用すると考えられているが、これはそれが為替需給のアンバランスを通じて日本の為替相場を騰貴させるからであろう。

47)　『東洋経済新報』第25号、18ページ。

問題が起こる。また発券の基礎が在外正貨となる。当時の段階においては「金貨の国内流通若しくは成るべく之に近似せる状態を維持するを以て、金本位の主旨とする思潮に支配されて居たから」[48]、日本銀行が在外正貨を買い取ることは未だ考えられていなかった。また、当時日英同盟が成立しておらず、通貨発行の基礎がロンドンに存在することの危険性がまったく存在しないわけではなかったために、日本銀行は在外正貨を所有しなかったのではなかろうか。また、政府は自らの対外支払いのために在外正貨を所有しようとしたことから、在外正貨を日本銀行に急いで売却しようとはしなかったのであろう。

このように、賠償金の各取寄方法には種々の問題点があり、最善の取寄方法を採用しようとすれば、時間をかけて慎重に償金取寄せを行わざるをえなかった。この間、政府は在外正貨を保持し続けることとなったのである。これは第1次世界大戦期にみられたように、第1次大戦後の正貨争奪戦に備えて在外正貨を蓄積しようとしたものではなかった。

このほか、賠償金の運用利益をあげるために外債保有が行われたことも、政府在外資金、在外正貨保有の理由の1つとなった。これについては後述する。

第2節　日清戦争賠償金保管金の機能

1　政府の対外決済手段——政府海外支払基金

ロンドンに保有された賠償金の使途を在外正貨との関連で考察しよう。これはまず第1に、軍艦購入代その他の政府海外支払基金に充用された。

『償金収支報告書』には「之レ海外仕払ノ軍艦代及兵器代等ノ為メニ為替上ノ煩ヲ避ケ且為替相場ノ変動ヲ予防シ又金銀塊輸送ノ費用ヲ省クヲ以テナリ」と記されている[49]。1899（明治32）年10月に松方大蔵大臣が閣議に提出した案にも「我邦ヨリ数年ニ亘リ欧米ニ向ケ仕払ニ要スル経費ハ巨額ニ上ルヘキ見込ナルヲ以テ之レカ運搬ノ費用等ヲ節減スル為メ償金ノ内凡一億七千三百余万円ハ軍艦兵器ノ代価仕払基金トシテ之ヲ英国ニ存置」すと記されている[50]。政

---

48)　深井英五［1928］382ページ。
49)　前掲『償金収支報告書』1703ページ。前掲『明治財政史』第2巻、507ページ。
50)　前掲『明治財政史』第2巻、509ページ。

第1編　金本位制確立前の正貨政策

府海外支払基金は、正貨の現送に代わる対外決済手段として、しかも為替相場の変動を防止するものとして用いられたのであり、この意味では正貨の果たす機能と同様の機能を果たしたのである。もしも償金在外保管金がなかったとすれば、政府は対外支払いを行うために正貨を現送するか為替銀行から為替を買ってこれを支払いに充当しなければならず、前者は政府の正貨現送費負担を、後者は日本の為替相場低落を惹起したことであろう。すでにこの当時において、政府在外資金が為替相場変動を抑制するものとして活用されていたことが、日本正貨政策の観点から注目されるのである。

　賠償金による各省経費の対外払高は表2－3、表2－4にみられるとおりである。表2－3によれば、1903年3月までにロンドンにおける償金特別会計部受入額（賠償金以外も含む）の31.5％が各省経費振替払いに充当された。

　各省経費海外払いの大半は海軍省経費であり、その中心は軍艦代であった。1896年度から99年度までに前者1億3119万円のうち軍艦購入費が1億1117万円を占めていたのである。

　軍艦兵器代価支払基金などは対外支払いに用いられるまでの間、一時的に一般的な対外支払手段に流用されることがあった。すなわち1897年に、輸入超過のために外国為替の需要が供給を超過し、為替銀行の外貨資金が逼迫して正貨が流出し、兌換制の基礎が危くなると、政府は、横浜正金銀行の要求に応じて日本銀行を通じて在外正貨を交付し、これを為替資金として用いさせた。政府は軍艦などの支払基金として所有する英貨を為替銀行にも供給して一般的な「金貨ノ輸出ヲ防遏スルノ手段トシテ」用いたのである[51]。この場合、1897年3月に政府が英貨100万ポンドを日本銀行に「利付預ケ入」れ、同行がこれをさらに正金銀行に利付で定期預金として預け入れた。

　政府所有英貨がこのように正貨流出防止、金防衛のために為替銀行の対外支払いに用いられたことは『償金収支報告書』の次の言葉がよく示している。「本邦諸会社ノ海外ニ於テ購入セシ汽船鉄軌等ノ代金仕払額漸次増加スルノ有様ニシテ此際政府ノ売為替ヲ中止スルトキハ横浜正金銀行ノ資力ヲ以テシテ到底為替ノ出逢ヲ付クル能ハス勢ヒ正貨ノ現送ヲ為サヽルヘカラサルニ至ルヘク

---

51)　以上については、『明治大正財政史』第2巻、508－510ページ参照。

第2章　日清戦争賠償金と正貨政策

表2－3　償金特別会計部のロンドンにおける受払高（1895年10月～1903年3月）

（単位：ポンド、未満切捨）

受入		払出	
償金特別会計	37,708,756	金購入	12,631,850
英貨手形取付済	2,034,500	銀購入	3,090,504
四分利付英貨公債買入	1,439,986	為替取組	19,765,261
公債部より返償金	3,608,356	各省経費振替払い	17,533,788
公債部の英貨償金部へ引受	6,100,000	四分利付英貨公債売却	1,530,000
威海衛守備費償却金	246,757		
日本銀行へ預ケ入の英貨利子	91,913		
預金部所有公債利子	68,000		
軍事公債売却代	4,386,000		
合計	55,684,269	合計	54,551,404

注：残高は英貨113万2,864ポンド（イングランド銀行へ寄託）。
出所：明治財政史編纂会編『明治財政史』第2巻、702－704ページ。

表2－4　償金特別会計金回収高表（1896～1906年）

（単位：ポンド）

年次	為替取組高	各省経費振替払高	金購入高	銀購入高	合計
1896年中（明治29）	5,502,000	787,501	2,397,430	2,945,538	11,632,470
97　（30）	4,138,115	3,837,237	5,336,086	144,965	13,456,405
98　（31）	5,869,583	4,156,993	3,840,944	0	13,867,521
99　（32）	3,571,562	3,787,858	415	0	7,359,835
1900　（33）	0	2,788,251	542,560	0	3,330,811
01　（34）	0	1,711,112	0	0	1,711,112
02　（35）	684,000	324,744	508,402	0	1,517,146
03　（36）	0	792,751	6,011	0	798,763
04　（37）	400,000	20,542	0	0	420,542
05　（38）	0	63,988	0	0	63,988
06年3月末まで	0	0	0	0	0
累計	20,165,261	18,270,977	12,631,850	3,090,503	54,158,598

注1：本表為替取組高には、償金のほか償金部において買い受けた英貨（外債募集金など）を回収したものを含む。
　2：1899年10月に償金部所有有価証券（153万ポンド）を預金部に売却してその代金を日本において受け入れた分は含まず。
出所：大蔵省編『明治大正財政史』第15巻、277－278ページ。

第 1 編　金本位制確立前の正貨政策

此情態ヲシテ自然ノ成行ニ放任スルトキハ貨幣制度改正ノ金準備ニ充用スル為メ既ニ本邦ヘ回収セシ金塊ヲ再ヒ海外ヘ輸出スルノ悪結果トナルヘシ故ニ明治三十一年度軍艦代等ノ仕払基トシテ倫敦ニ存置スル所ノ英貨ノ中百万磅迄ヲ限リ明治二十七年法律第十六号ニ拠リ日本銀行ヘ利付預入ヲナシ同行ニ於テハ之ヲ為替資金ニ使用シ正貨ノ輸出ヲ防止セシメ爾後輸出ノ盛時ニ際シ其代金ヲ以テ倫敦ニ於テ英貨ヲ以テ返納セシムルコト、セハ一方ニ於テハ将ニ流出セントスル正貨ヲ防止シテ為替ノ出逢ヲ付ケ一方ニ於テハ償金運用利殖ノ一方法トモナル」と[52]。横浜正金銀行は、預り金のうち30万ポンドをロンドン支店の支払為替資金とし、残りは汽船または鉄道用品など日本の殖産工業に必要な輸入品に対する買為替資金として使用することとした[53]。

この預け金は1899年7月7日に預け入期限が満了となったが、横浜正金銀行はさらなる預け入れを日本銀行に申請した。日本銀行は英貨100万ポンドを2シリング0ペンス4分の3の相場で政府から買い受け、その代り金970万円を政府に納入するとともに、買い取った英貨100万ポンドを「ロンドン為替預ケ金」として年2％の利子付で正金銀行に預け入れた。正金銀行はこの100万ポンドで従来のロンドン支店の預り金を返却した。なお、日本銀行所有英貨の正金銀行への預け金は大正末年まで継続した[54]。

政府の日銀に対する英貨の「利付預ケ入」は1898年、99年にも行われた[55]。これらも正金銀行への為替資金供給、これによる正貨流出防遏を目的としたものと思われる[56]。なお、軍艦兵器代価支払基金の流用は1900年1月に一切禁止されている[57]。

このように政府支払基金は、金現送、為替相場の変動を回避させながら、そ

---

52)　前掲『償金収支報告書』1771－1772ページ。前掲『明治財政史』第2巻、587－592ページ。
53)　横浜正金銀行編『横濱正金銀行史』179ページ。
54)　大蔵省編『明治大正財政史』第14巻、銀行（上）、704－705ページ。970万円の数値は『横濱正金銀行史』207ページ、による。
55)　前掲『明治財政史』第2巻、592－600ページ。
56)　たとえば1898年5月、横浜正金銀行ロンドン支店において、金融逼迫のために為替資金が困窮したため、同行が日本銀行に申し出て、同月政府が日本銀行に年2％利付で英貨50万ポンドを日本銀行に預け入れている。横浜正金銀行は業務拡張のために、英貨60万ポンドを年利1.5％で預け入れてもらいたい旨、1899年2月、日本銀行を経て政府に出願し、同月、政府から日本銀行に利付預け入れが行われている（前掲『明治財政史』第2巻、592－595ページ）。
57)　前掲『明治財政史』第2巻、509－511ページ。

の流用によって日本の産業に必要な商品の輸入を支えつつ、しかも基本的には政府の軍艦輸入を可能にするものとして機能したのである。

2　横浜正金銀行の輸入為替取組資金

賠償金として取得された政府在外資金は横浜正金銀行の輸入為替取組資金としても機能した。償金を日本に取り寄せる場合には、金銀現送とともに輸入為替取組みへの資金充用が利用されたのである。

償金は対外支払いを要する各省経費の為替払いに充てるために外国で保管する一方、一部を日本に取り寄せて日本における経費支払いの資金に充当したり、日本銀行の正貨準備の充実を図ったりする必要があった[58]。1895年10月に日本が中国から第1回賠償金を受け取って以降、民間では賠償金を日本に早急に取り寄せるべきであるという議論が盛んに行われた。だが、急に賠償金を取り寄せるとなると銀相場や為替相場に大きな変動を生じさせ、また金銀で取り寄せるとなると現送費もかかる。第1回償金が受領されると、ロンドン市場においては日本が銀塊をもってこれを回収するとの予想が一般に行われ、銀塊が一時騰貴したから、これを購入するのに便利ではなく、またこの時期に償金を動かせばますます銀価の騰貴を助長すると考えられた。しかも、毎年下半期から翌年2月までは生糸輸出の季節であり、貿易上に不利な影響を及ぼすような輸入為替取組みによって償金を回収することにも、政府は着手しようとはしなかった。政府は、賠償金の回収の方法のいかんは日本の財政上ならびに経済上の利害得失に関係するところがきわめて大きいから、この回収は慎重に行うべきであるとして、1895年当時には償金回収に躊躇したのである[59]。

1896年1月11日に至り、日本銀行総裁川田小一郎は、制限外発行の増加、正貨流出のために兌換制度が「権衡ヲ失スル」ことを憂え、「銀貨ノ輸出ヲ防止シ且為替相場ノ出合ニ依リ銀貨ノ輸入ヲ計リ、以テ兌換制度ノ権衡ヲ維持」しようとして、政府（大蔵大臣）に対して英貨100万ポンドの借入れを申し入れ

---

[58]　償金運用方法の大綱は『明治財政史』第2巻、333ページ参照。また小島仁［1981］第1、第2章、能地清［1981］（能地清遺稿・追悼集編集委員会編［1985］に再録）などを参照。

[59]　『明治財政史』第2巻、348ページ。齊藤壽彦［1981b］17-23ページ。

第1編　金本位制確立前の正貨政策

た。日本銀行は外貨を保有して自らの判断で兌換制度維持のための「公的為替操作」を実施しようとしたのである[60]。これに対し、大蔵省は日本銀行に英貨を貸し渡すことを拒否した。日本銀行は為替取組みの自主性を認められなかったのであった。

だが同省は正貨流出防遏の趣旨は認め、その代案として、1月に英貨100万ポンドを日本銀行に為替元（＝交換元）として交付することで、これをロンドンにおける日本銀行代理店である横浜正金銀行ロンドン支店に渡して為替を取り組ませ、その代り金を国庫に納入するよう日本銀行に命令したのである。

償金の回収の基本方針は大蔵省が決定し、大蔵省が日本銀行に命令を下し、日本銀行が正金銀行に大蔵省の意向を伝達し、正金銀行が回収の実務を行った[61]。為替によるロンドン保管英貨の回収は、表2－5にみられるように政府がロンドンで保有する英貨を、原則として100万ポンドを限度として、繰り返し無利子で日本銀行に預け入れ、同行はこれを日本銀行代理店である横浜正金銀行ロンドン支店に交付し、正金銀行が輸入為替を取り組んで、これを日本に取り寄せ、日本銀行を通じてその代り金を日本で円通貨で国庫に返納することによって行われたのである[62]。

その操作は、一面では英貨を日本円に換えて日本に取り寄せ、政府に前述のような政策遂行のための円資金を確保させるために行われるものであったが、他面では「正貨輸出防止ノ効果ヲ収メンコトヲ期」するものでもあったのであり、輸入業者に賠償金を正貨にかわる対外支払手段として供給するものでもあったのである。日本銀行総裁岩崎彌之助は、「明治二十九年日本銀行営業報告」の中で、「外国貿易市場ノ大勢ヲ察スルニ生糸ノ不捌ト輸入品需用ノ増進トニ依リ貨物輸入ハ毎ニ輸出ニ超過シ上半季ヲ終ルマテニ既ニ二千六百万円以上ノ超入トナレリ信ニ非常ノ変況ニシテ若シ之ヲシテ常時ニ在ラシメハ既ニ多額ノ

---

60) 平智之［1984a］54－55ページ。1889年に正金銀行が日本銀行と外国為替手形再割引契約を締結するに先立ち、松方正義蔵相に対抗して富田鐵之助日銀副総裁が日銀に外国為替業務を行わせようとしたことがあった。1996年1月に日銀は再び自らこれを行おうとしたのであり、しかも外国為替の売買を通じて外国為替相場を調整し、これにより国内正貨準備を維持しようとしたのである。

61) 償金回収実務については小島仁［1981］50－64ページ、齊藤壽彦［1986a］46－55ページ、を参照されたい。

62) 齊藤壽彦［1986a］43－55ページを参照。

第2章 日清戦争賠償金と正貨政策

表2－5 賠償金等の回収と正金銀行の輸入為替取扱高

年次	各省経費振替払高 ①	交換元渡英貨勘定						
		日本銀行へ交付高 ②	賠償金等回収高					
			金購入高 ③	銀購入高 ④	賠償金等 ⑤	円換算 ⑥	賠償金のみ ⑦	円換算 ⑧
	千ポンド	千ポンド	千ポンド	千ポンド	千ポンド	千円	千ポンド	千円
1896年	788	11,400	2,397	2,946	5,502	50,788	5,502	50,788
97年	3,837	9,100	5,336	145	4,138	40,702	724	7,121
98年	4,157	9,686	3,841	0	5,870	57,975	4,898	48,375
99年	3,788	4,561	0	0	3,572	34,849	3,572	34,849
	12,570	34,747	11,574	3,091	19,082	184,314	14,696	141,133

年次	交換元渡英貨勘定		英貨残存高 ⑪	賠償金等回収高合計 ⑫	正金銀行の輸入為替取扱高 ⑬	$\frac{⑥}{⑬} \times 100$	$\frac{⑧}{⑬} \times 100$	平均為替相場（1円につき）
	賠償金等回収高							
	為替取扱高 国庫納入高 ⑨	回収高合計 ⑩						
	千円	千ポンド	千ポンド	千ポンド	千円	％	％	ペンス
1896年	45,734	10,845	555	11,632	46,916	108.3	108.3	26.0
97年	11,114	9,619	36	13,456	67,690	60.1	10.5	24.4
98年	48,158	9,711	11	13,868	110,797	52.3	43.7	24.3
99年	34,688	3,572	1,000	7,360	80,766	43.1	43.1	24.6
	139,694	33,747		46,316	306,169	60.2	46.1	

注：①は償金特別会計部が各省経費を海外へ支払って国内で各省から代り金を受け取るもの。交換元渡英貨は償金特別会計部が賠償金等を国内に取り寄せるために日本銀行に交付した英貨で②はその交付高。③、④は交換元渡英貨による金銀購入高。⑤は償金のほか償金部が買い入れた英貨（軍事公債売却代）を回収するための交換元渡英貨による為替取扱高で、⑥はその円換算高。⑦は賠償金のみを回収するための為替取扱高で、⑧はその円交換高で、⑨は⑦の為替の代り金を国庫に納入したもので⑦とは時間的ずれがある。⑦に対応する金額（翌年納入分を含む）は1896年50,038千円、1897年6,810千円、1898年48,158千円、1899年34,688千円。⑩は③、④、⑤の合計。⑪は日本銀行へ交付した英貨でまだ賠償金等の回収に用いられていないもので12月末残高。⑫は①と⑩の合計。
出所：明治財政史編纂会編『明治財政史』第2巻、377－380、449－473ページ。大蔵省編『明治大正財政史』第15巻、277－278ページ。同書、第17巻、478－479ページ。東洋経済新報社編『日本の景気変動』上巻、1931年、第3篇13ページ。齊藤壽彦[1986a] 50ページ。

第1編　金本位制確立前の正貨政策

正貨ヲ流出スヘキモ本年ハ収入償金ノ倫敦ニ在ルアリ之ヲ以テ為換資金ニ充ツルノ便アリシヲ以テ惟々正貨ノ流出セサルノミナラス其ノ回送〔＝現送〕ニ依リ却テ金銀ノ超入ヲ見シ」と述べている[63]。

　かくして、政府所有在外正貨が正貨（金銀）に代わる為替銀行や輸入業者のための一般的な国際決済手段として機能し、正貨の防衛に寄与するに至ったのである。その後も、上述の趣旨の為替による英貨回収が行われた。したがって1896年当時の償金取寄せは日本銀行の要求に沿うものでもあったのである。

　1896年4月、渡辺大蔵大臣は、為替取扱方はロンドン・横浜間の直接為替を主とはするが、為替相場が偏らないようにするために、ときにはアメリカ、インド、香港、上海などの各地へ向けて為替を取り組み、間接的に償金を日本へ取り寄せる方法をとるよう日本銀行に指示した。1896年9月総理大臣兼大蔵大臣に就任した松方正義は、為替取組みについては従来どおり直接為替と間接為替を取り組むことによって、対英為替相場の昂騰を抑制するとともに、「輸入ヲ防遏スルノ一方法トシテ器械棉花等ノ如キ専ラ我生産ヲ助クルモノニ対シ為替ヲ取組ミ奢侈品ノ如キ不生産品ニ対シテハ成ルヘク取組マサルノ方針ヲ採」った。賠償金による為替資金の供給は、為替騰貴による輸出の阻害を抑制しつつ、また奢侈品輸入を抑制しつつ、生産手段や原材料の輸入を確保して生産を助長するものともなったのである[64]。償金回金政策は政府（大蔵省）と正金銀行による為替相場への配慮を伴うものであったことが、正貨政策の観点から注目されるのである。

　財政当局者は、当初為替作用で海外から償金を取り寄せられる金額は1年に1000万円を超えないと明言していた。だがその後、入超は増大し、1896年から99年までに輸入超過額合計は2億2700余万円に達した。このために巨額の為替を取り組むことができた[65]。表2－3によれば、償金特別会計部のロンドンにおける為替取組高は、1896年1月の為替取組開始から1903年3月までに1976万5000ポンド（賠償金以外も含む）に達した。表2－4から明らかなように、

---

63)　日本銀行「明治二十九年日本銀行営業報告」『日本金融史資料　明治大正編』第10巻、268ページ。

64)　前掲『明治財政史』第2巻、351－355ページ。横浜正金銀行編『横濱正金銀行史』171－173ページ。

65)　前掲『明治財政史』第2巻、726ページ。

為替は1896年から99年にかけて大部分が取り組まれた。日本に回収された償金のうちで為替によって回収されたものは1903年3月末までに約56％に達し、金銀の現送高を凌駕したのである。1896〜1898年において為替取組高は1551万ポンド、各省経費振替払高は878万ポンドと為替取組高の方が政府対外支払高よりも多かった。

3　在外正貨の正貨準備繰入れ

さらに、日清戦争賠償金在外保管金を準備金として、日本銀行券が発行されるに至った。1896（明治29）年5月、政府と日銀との間で預け合勘定が開設され、これが在外正貨の正貨準備繰入れの起源となった。次にこの問題を論じよう[66]。

1896年3月公布の償金特別会計法に基づいて、同年5月、政府と日本銀行の「預ケ合貸借」が開始された。すなわち「政府ヨリハ償金ノ金地金若クハ英貨ヲ日本銀行ヘ預ケ入日本銀行ハ之ヲ準備ニ兌換券ヲ発行シテ之ヲ政府ニ貸付」けることが行われた。預け合貸借には2つの形式があった。第1は「外貨預ケ合」で、政府がロンドンにおいて所有する英貨を日本銀行に預け入れ、同行がこれを正貨準備に繰り入れて、日本で兌換券を発行してこれを政府に貸し付けるものであった。第2は「金地金預ケ合」であり、政府がロンドンで購入した金地金を日本に現送してこれを日本銀行に預け入れ、同行がこれを正貨準備に繰り入れて兌換券を発行して無利子で政府に貸し付けるものである。政府が金地金の一部を売却しないで所有し続けたことは、この段階における、金の所有を日本銀行に任せようとしない、金に対する政府の執着を物語るものである。

在外正貨に関して問題となるのは「外貨預ケ合」である。この場合、政府が、イングランド銀行に保管している政府所有英貨を日本銀行に預け、日本銀行代理店である横浜正金銀行ロンドン支店がこれをイングランド銀行の普通預け金とした。この在外預金を日本銀行が正貨準備とみなして銀行券を発行した[67]。英貨預け合勘定中の日本銀行保有在外資金が、銀行券発行の準備金となり、し

---

66)　松岡孝児［1936］は、日本の在外正貨を兌換準備の観点からとらえている。
67)　前掲『明治財政史』第2巻、569-575ページ。

第1編　金本位制確立前の正貨政策

かも正貨準備金となり、この意味における在外正貨として機能したのである。

預け合勘定が創設されたのは、次のような事情からである。日本銀行は正貨準備額を超えて銀行券を発行することができ、同行の保証準備発行制限額は、1890年5月に8500万円に拡張されたが[68]、日清戦争勃発により金融逼迫が生じ、同行は制限額を超えて銀行券発行を行い、95年末には制限外発行額は5500万円に上っていた[69]。一方、1896年3月法律第10号をもって同年3月限りで臨時軍事費特別会計を終結することが定められ、1895年度追加予算で償金特別会計から7895万余円を臨時軍事費歳入へ繰り入れるべきことが公布されたが、当時償金特別会計の日本における現金はわずか902万余円にすぎなかった。巨額の不足額分を1895年度国庫閉鎖期までにイギリスから回送することは、前述の理由から不可能であった[70]。国内で公債を募集して資金を得ようとすれば、「我金融市場に大劇動を与ふる」(ママ)し、5％以下の低利で多額の国債を一時期に募集することは困難であった[71]。この資金調達問題を解決するためには、政府が日本銀行から借入れを行う必要があった。この場合、日本銀行が日銀券の制限外発行をこれまで以上に増大させて、正貨準備率を引き下げて政府に貸付を行うことは、中央銀行として望ましいことではないと考えられたのであろう。政府は、日本銀行の制限外発行を増大させない通貨発行による資金調達方式を考案した。すなわち、預け合形式で政府が1896年5月に580万4415ポンドを日本銀行に預け入れ、これを準備金として日本銀行に5000万円の兌換券を発行さ

---

68) 1888年に「兌換銀行券条例」が改正されて、日本銀行の銀行券発行方法として保証発行屈伸制限法が採用された。日本銀行は、金銀貨および地金銀を準備として、これと同額の兌換銀行券を発行できた。この正貨準備発行のほかに、7000万円を限度として、公債、確実な証券、または商業手形を保証として、兌換銀行券を発行できた。さらに日本銀行は、市場の景況によって兌換銀行券を増加する必要があるときは、大蔵大臣の認可を得て、この保証準備発行制限額を超えて、公債、確実な証券または商業手形を保証として、兌換銀行券を発行することができた。この制限外発行に対して、日本銀行は国庫に5％以上の発行税を納めなければならなかった。日本銀行券発行は、金銀準備を基礎としながらも弾力性に富んでいた。保証準備発行制限額は、1890年に8500万円に拡張された。1899年3月には、これはさらに1億2000万円に引き上げられた。同時に保証準備制限内発行に対して、日本銀行は1.25％の発行税を国庫に納めることとなった（後藤新一［1962］5−8、13−15ページ。渡辺佐平［1965］121−208ページ）。
69) 前掲『明治大正財政史』第14巻、592−593ページ。
70) 前掲『明治財政史』第2巻、571ページ。
71) 1896年2月5日、衆議院における箕浦勝人「償金特別会計法特別委員会」委員長の答弁（前掲『大日本帝国議会誌』第3巻、1617ページ）。

せ、政府がこれを借り入れて臨時軍事費特別会計へ繰り入れたのである[72]。

かくして、在外正貨を準備金とする銀行券発行方式が創設されたのである。在外正貨準備発行が望ましい銀行券発行方式であるという貨幣論的立場から、政府がこれを実施したのではない。「一時の便法」としてこれを実施したのである[73]。政府は日本銀行に在外正貨を売却して、これを準備金とする銀行券の発行を持続的に行おうとしたのではなかった。賠償金が国内に取り寄せられれば、漸次借入金を返済し、預け入英貨を取り戻そうとしたのである。

在外正貨を準備金とする銀行券の発行は日本が最初ではない。ハンブルグ振替銀行（Hamburger Giro Bank）は早くから準備金の一部をロンドン宛の為替手形で保有していたが、19世紀第4四半期にヨーロッパ大陸の中央銀行でこれにならうものが生じた[74]。すなわちオーストリア・ハンガリー銀行（Österreichisch-Ungarische Bank, Austro-Hungarian Bank）は、1887年の発券特権の更改に際して、政府紙幣が強制通用力を認められる期間中（オーストリア・ハンガリー銀行券の兌換停止期間中）、3000万フローリン（florin）を限度として、金属本位貨幣で支払われる外国為替を正貨準備に繰り入れるのを許された。1892年の金本位制採用の結果、貨幣単位が改められ、従来の3000万フローリンは6000万クローネ（krone）となった[75]。スウェーデンのリクス・バンク（Sveriges Riksbank）は1845年以来、ノルウェー銀行（Norges Bank）は1892年以前に、ベルギー国立銀行（Banque Nationale de Belgique）は1865年以来、在外正貨の正貨準備繰入を認められていた。デンマークのコペンハーゲン・ナショナル銀行（National Bank in Copenhagen）は1886年に、イタリア銀行（Banca d'Italia）は1893年にこれを認められた[76]。だが、このような事実は日本の通貨当局者の注意を惹かなかった。すなわち、外国にある正貨準備を抵当

---

72) 580万4415ポンドが準備価格5000万円と計算された理由については『明治財政史』第2巻、578ページ参照。

73) 吉川秀造［1969］142ページ。

74) L. E. v. Mises, *Theorie des Geldes und der Umlaufsmittel*, München und Leipzig, 1912, S. 396, zweite neubearbeitete Auflage, 1924, S. 345. 東米雄訳『貨幣及び流通手段の理論』実業之日本社、1949年、400ページ。田中金司［1929］338ページ。

75) 田中金司［1929］339-340ページ。松岡孝児［1936］339-341ページ。オーストリア・ハンガリー銀行に関しては、cf. L. E. v. Mises, "The Foreign Exchange Policy of the Austro-Hungarian Bank," *The Economic Journal*, Vol. XIX, No. 74, 1909, p. 201.

76) 田中金司［1929］343-348ページ。松岡孝児［1936］332-333、338-339、341-344ページ。

第1編　金本位制確立前の正貨政策

として兌換券を発行したことがあるかという質問に対して、大蔵省主計局長松尾臣善は、「是まではない」と答弁しているのである[77]。日本の在外正貨の正貨準備繰入れは、現実的要請から生じたものであって、外国の例にならったものではなかったのである。

銀行券発行の基礎の1つが在外正貨ということになれば、通貨制度が外国の事情によって脅かされないであろうか。この疑問は当時から存在していた。すなわち、1896年2月5日の償金特別会計法の審議において、工藤行幹は次のように質問している。「抑々兌換券と云ふものは、抵当が確実でなければならぬ、是が若し不確実であれば紙幣の信用に関る、然れば之を確実にするには、日本の国に在って、日本銀行の倉庫の内に在って、政府が是を十分監督して居るからして誠に安心である」、ロンドンに準備金を置いて兌換券を発行するとすれば、「吾々は外国に置いて何か事があったときには此事はどうなるか分らぬ、万々一それが烏有に帰したときには、此兌換券と云ふものは最早引換の途がなくなって来ると云ふのは、深く憂ふるのである」、どうして地金を日本に持ってこないのかと質問した[78]。

これに対して大蔵省主計局長松尾臣善は、正貨を「外国に置きましても決して政府は危険とは認めませぬ、若し危険と認めるやうなことがありますれば処分を致しますが、さう云ふことは認めませぬ」と答弁している[79]。大蔵省にはロンドン金融市場の安全性に対する信頼があったのである。

田口卯吉も、ロンドンに保有する償金を日本銀行の正貨準備の一部とすることは、兌換制度の基礎を破壊するものである、と政府を批判した。すなわち彼は、海外に存在する貨幣は数カ月後に日本に到着するから保証準備に属するものであって、現金とみなすことはできない、兌換に要する正貨準備は日本に存在する純粋の正貨準備でなければならない、在外正貨準備発行は兌換銀行券発行に反する、と主張した[80]。彼はイングランド銀行の発券方式を念頭に置いていたわけである。

これに関して償金特別会計法特別委員会委員長箕浦勝人は、正貨準備を遠方

---

77)　前掲『大日本帝国議会誌』第3巻、1614ページ。
78)　同上巻、1615ページ。
79)　同上。

第2章　日清戦争賠償金と正貨政策

に置いて兌換券を発行する場合には、兌換請求があったときに正貨を遠方に取りに行かなければ兌換に応じられないとすると、兌換はすぐには応じられないから、兌換の本則からいうと、在外正貨準備発行は不完全な点があるが、「今や日本銀行の正貨準備は五千五百万円……ある、……正貨準備が乏しくなって……一円の引換を求められて直ぐに差支へると云ふやうな……逼迫の有様で……ない……遠方の所に正貨があったからと云って、何も差支ふることはない勿論条例にはどこに置かなければならぬと云ふことを指示してない」と答弁している[81]。国内に金属準備が存在しているために、兌換準備金の一部が外国に存在していてもかまわないと考えられたことも、在外正貨準備発行が認められた一因となったといえよう。

なお田口卯吉は、預け合勘定によって事実上、流通紙幣が膨張を来す、兌換券の過度の増発が低金利政策の必要と背離する、預け合勘定方式による銀行券発行は国庫に損失をもたらすという点からも、預け合勘定を批判していた[82]。

正貨準備に繰り入れられた在外正貨を、普通預けでなく金貨または地金をイングランド銀行に特別保護預けとする形態で保有すれば、通貨発行の基礎がより強固になるとは考えられなかったであろうか。ロンドン駐在の林権助（一等領事で一時的に日本銀行監理官嘱託）の調査によれば、イングランド銀行が英貨（この場合はイギリス金貨のことと思われる）を金庫の中に納めて、閉鎖または封印して預かる方法がないわけではなかった。だがこの方法では、イングランド銀行は金庫中の金に関知しないこととなる。すなわち同行の金準備の一部を特別保管に移せば、この金は同行の通貨の基礎ではなくなる。イングランド銀行は、特別の場合を除いて、金貨、金地金の特別保管を承諾しようとはしなかった。日本側としても、正貨準備に繰り入れられた在外正貨を特別保護預けとすれば、出納などに繁雑な手続きを要することもあり、これを普通預け金とすることに同意したのである[83]。これはイングランド銀行券の金基礎を強固にす

---

80)　同上巻、1569、1614−1618ページ。「清国償金を倫敦に保存するの議」『東京経済雑誌』第32巻第801号、1895年11月23日、811ページ。前掲『田口卯吉全集』第7巻、309−314、480ページ。「償金特別会計法に関して」『東京経済雑誌』第33巻第812号、1896年2月15日、228−230ページ。前掲「償金特別会計法及償金取寄」同誌、第34巻第855号、1020ページ。

81)　前掲『大日本帝国議会誌』第3巻、1617ページ。

82)　前掲『東京経済雑誌』第34巻第855号、1020−1024ページ。前掲『田口卯吉全集』第7巻、314−318ページ。梅津和郎［1963］118−120ページ。

第1編　金本位制確立前の正貨政策

表2－6　日本銀行正貨準備高（1896～1908年）

(単位：千円)

	在外準備	在内準備	正貨準備合計
1896年	51,840	80,890	132,730
97	—	98,261	98,261
98	—	89,571	89,571
99	—	110,142	110,142
1900	—	67,349	67,349
01	—	71,358	71,358
02	—	109,118	109,108
03	—	116,962	116,962
04	53,502	30,079	83,581
05	78,892	36,702	115,594
06	123,134	24,067	147,201
07	124,767	36,974	161,742
08	107,731	61,771	169,504

注：各年12月の金額。
出所：大蔵省編『明治大正財政史』第13巻、364－365ページ。

るものであった。

　日本の在外正貨は第1次世界大戦期や第2次世界大戦期にイギリスがカナダで金の形態で保管していた在外正貨とは異なり、在外預金などの形態で保管されていたのであった。

　上述の英貨預け合勘定中の在外正貨を準備とする銀行券発行による政府への貸付金は、その創設理由の説明のところで述べたように、軍事目的のために使用されるものであった。

　なお、在外正貨を準備金とする銀行券発行方式の創設は、これが前例となって後の在外正貨を準備金とする銀行券発行を容易にしたといえるであろう。

　政府は日本銀行に外貨を「利付預ケ入」れることも行った。外貨資金の多くはそのまま為替銀行に貸し付けられた。前述のように、これは海外支払基金の流用として行われた。だが「利付預ケ入」による外貨を兌換券発行の基礎とすることも行われた。すなわち、1896年12月28日から、翌年1月10日までごく短

---

83)　前掲『明治財政史』第2巻、326－327、574－575ページ。深井英五［1928］318－319ページ。

第 2 章　日清戦争賠償金と正貨政策

期間、政府は日本銀行に100万ポンドを利子付で預け入れて、英貨を発行準備とさせて銀行券を発行させた。同行は、金融市場の情勢に対処するためにこれを民間に貸し付けた[84]。表 2 － 6 における1896年12月の在外正貨準備中には、この100万ポンドにみあう準備金が含まれている[85]。

4　償金取寄せによる財政上の円資金の確保

賠償金の一部は為替で日本に取り寄せられた。国内で円資金を受け取った政府は、これを政府対内支払いに充当した。表 2 － 7 で看取されるように賠償金の大半は軍事目的に使われた。為替での取寄せも軍備拡張を支えるものとなったのである[86]。

賠償金の使途に関しては、政党や財界人などの間ではかなり早くからその使途、利用方法が問題になっていた。たとえば講和条約調印前に立憲改進党の武富時敏は、償金は軍事公債償却の元利払いなどに用いるべきであると論じ、これを軍備拡張に用いることは考慮に入れていなかった。1895（明治28）年 6 月には『東京経済雑誌』は過度の軍拡を警戒しつつ、償金の一部を軍拡に利用することを認めたが、何よりもまず借金の一部で軍事公債を償還し民間資金を潤沢ならしめることを主張した。『東洋経済新報』の天野為之は、償金の半額を軍備に充て、残額をとくに内国債償還に充当するべきであると述べた[87]。資本家は景気浮揚と事業振興を目的とする軍事公債償還を期待し、商工会議所は償金を公債償還原資に充当しようとした[88]。

『東京日日新聞』は償金流入による正貨準備の増大を基礎として日本銀行の信用拡張を図るべきであるとした[89]。この考えは第 1 次世界大戦期に登場し

---

84) 前掲『明治財政史』第 2 巻、584－585ページ。松岡孝児［1936］506－507ページ。
85) 『明治財政史』第 2 巻、576ページ所載の「預ケ合貸借計算表」によれば、1896年12月に政府が英貨78万63€7ポンドの戻入れを日本銀行から受けて、（同年末に政府が同行から5000万円の円貨を依然として借り入れている一方）政府の日本銀行への預け金高は501万8048ポンドとなっていた。しかし表 2 － 6 においては、在外正貨準備は5184万円と、同年 5 月に580万4415ポンドを預け入れて在外正貨準備5000万円を得たときよりも多くなっている。
86) 高橋誠［1964］171－174ページ。
87) 天野為之「償金問題」『東洋経済新報』第 1 号、1895年11月15日、6 － 9 ページ。
88) 長岡新吉［1973］127－130ページ。
89) 『東京日日新聞』1895年 5 月12日、11月27日付。長岡新吉［1973］119－121ページ。

157

第1編　金本位制確立前の正貨政策

表2－7　償金特別会計収支計算表（1895年10月～1903年3月）

（単位：円、未満切捨）

収入	軍費賠償金	311,072,864
	遼東還付報償金	44,907,499
	償金運用利殖高並に差増高	8,529,292
	合計	364,509,656
支出	臨時軍事費特別会計へ繰入	78,957,164
	陸軍拡張費	54,036,776
	海軍拡張費	125,266,705
	製鉄所創設費	579,762
	30年度臨時軍事費及運輸通信部費一般会計へ繰入	3,214,484
	31年度一般会計補足	12,000,000
	帝室御料へ編入	20,000,000
	軍艦水雷艇補充基金	30,000,000
	災害準備基金	10,000,000
	教育基金	10,000,000
	合計	344,054,893
残高	イギリスでの保有高（イングランド銀行に寄託）	11,060,485
	国庫内他会計へ振替	3,599,000
	日本での保有高	5,795,277
	合計	20,454,762

出所：『明治財政史』第2巻、290－291、698－699ページ。

た正貨の生産的利用論と共通する考えである。

　1895年中にこのような議論が行われる一方で、政府は1895年5月に日清戦争賠償金の使用計画の策定に着手した。すなわち、大蔵省主計局において償金の使用計画が立案されていたのであり、これはきわめて軍備拡張的性格の強いものであった。同年8月15日に松方大蔵大臣は伊藤内閣総理大臣に日清戦後の財政計画に関する意見書である「財政前途ノ経画ニ付提議」を提出した。これは大蔵省の日清戦後経営の基本構想を明らかにしたものであり、増加する財源については、経常部関係のものは租税の増徴で賄い、臨時部関係のものは清国からの償金と内国債募集金を充当することとしている。この松方の構想において

は償金を軍備拡張に重点的に用いることとされた。もっとも、この軍拡案は前述の主計局案よりも後退しており、戦後経済の発展の基盤を育成するために製鉄所設置や農業銀行資本補助のために償金を用いることも考慮されていた。8月15日に大蔵省の償金使用基本方針が確定され、渡辺国武蔵相の1895年11月の「財政意見」にも松方の方針が基本的に貫かれていたのである[90]。大蔵省の添田壽一も軍備とともに実業を重視していた[91]。

　日清戦後経営は、世界史の帝国主義への移行に伴う列強の中国分割に対応して日本が朝鮮・中国へ進出するための諸政策を意味するものである。実際に戦後経営は増税・償金・外国債（内国債からの変更）を基とし、軍備の拡張を中心とし、官営製鉄所の設立、鉄道の改良および敷設、電信・電話事業・海運業の拡張、大学・高等専門学校の増設、勧業銀行・農工銀行・北海道拓殖銀行の設立、台湾経営などを行うものとして展開されていく。償金はまさにこの財源に充当されることとなったのである[92]。賠償金は他の会計に貸し付けられるようにもなった[93]。

　償金利用論としての軍事国債償還は実施されなかったけれども、償金流入による正貨準備増大を基礎としての日本銀行の信用拡張を図る政策は、1895年7月12日の公定歩合引下げとして実施された[94]。

5　金現送を通じた償金取寄せによる金準備の確保

　日清戦争賠償金は、為替による取寄せと同じく1896年1月以降、金銀の現送によっても日本に取り寄せられることとなった。次にこれについて言及しよう。「政府ハ為替ノ出合ニ依リ正貨ノ輸出ヲ防遏シ、以テ我カ兌換制度ノ権衡ヲ維持シ、又時機ヲ酌量シテ正貨ノ輸入ヲ計ルノ方針ヲ取ルコトトシ、明治二十九

---

90)　長岡新吉［1973］119－144ページ。
91)　添田壽一「今日の急務は軍備か将た実業か」『東洋経済新報』第1号、1895年11月15日、9－11、第2号、11月25日、7－10ページ。
92)　日清戦後経営については高橋誠［1964］第3章、高橋誠［1965］、石井寛治［1976］、中村改則［1970］等参照。
93)　『明治財政史』第1巻、154－162ページ。1899年、賠償金は歳計上の都合により国庫内地の会計部へ一時繰替運用を行うことができるようになった。
94)　長岡信吉［1973］120－121ページ。

第1編　金本位制確立前の正貨政策

年一月十一日ヲ以テ日本銀行ニ命令シテ漸次償金ノ回収ニ着手シタ」のである[95]。政府はロンドンで交換元英貨を日本銀行に交付したが、それは外貨を金銀購入や為替取組みを通じて円貨に転換するための元金であった。この一部が金貨、金銀塊購入に充当された。

1896年3月頃から政府は次第に償金をもってその借入金の返済に充当することとした。日本銀行は金銀正貨が到着すると同時にその一部を買い取って、政府の日本銀行からの借入金の返済金に充当した。これによって日本銀行の正貨準備が増加した[96]。

渡辺国武大蔵大臣は、市場の景況を考慮しながら、金銀比価の変動によって国家が巨額の損失を被らないように、金銀の両者を取り寄せる方針を採用した[97]。だが同年9月、松方正義が再び大蔵大臣に就任すると、幣制を改革し金貨本位制を実施することが決定され、償金現送法ももっぱら金を取り寄せることに改められた。金塊相場は定位金塊1オンスにつき英貨3ポンド17シリング10ペンス半とされた。1896年において金購入高は239万7430ポンド、銀購入高は294万5538ポンドに及んだ。1897年に金購入高は533万6086ポンド、銀購入高は14万4965ポンド、1898年に金購入高は384万944ポンド（銀購入はなし）に及んでいる。1896年から1898年にかけて金購入高は1157万4461ポンドに達したのである[98]。この金が日本に回送された。

金の購収事務は日本銀行に委任された。同行は金が日本に到着するとこれを造幣局に輸納した。貨幣法が1897年3月に公布されると、造幣局はこの金を新金貨に鋳造した。10月1日以降、この金貨は1円銀貨と引き換えられた。日本銀行所有銀貨もことごとく金貨と交換されることとなった[99]。

かくして、償金保管金は在内正貨の蓄積にも寄与し、ことに金本位制の基礎としての金準備の蓄積に寄与し、金本位制の確立を可能としたのである[100]。

賠償金は政府対外支払いや輸入為替資金として利用される一方で、金そのものを吸収しようとする金政策としても重要な意義を有していたのである。金防

---

95)　大内兵衛・土屋喬雄編、前掲『明治前期財政経済史料集成』第11巻［1932a］476ページ。
96)　前掲『明治大正財政史』第14巻、606ページ。大内兵衛・土屋喬雄編、同上巻、457ページ。
97)　前掲『明治財政史』第2巻、353ページ。
98)　同上巻、354－355、377－379ページ。本書表2－4参照。
99)　前掲『明治前期財政経済史料集成』第11巻、482、491ページ。

衛のために、(外債発行によって得た)在外正貨の売却政策(大口為替の売却という公的為替操作)が重視された日露戦争後とは異なり、また金輸出禁止下において為替相場維持策という意義を持つものとして在外正貨払下政策が展開された第1次大戦後とも異なり、金本位制確立前後においては国内の金正貨確保がきわめて重視されていたのであった。在外正貨の蓄積は第1次大戦期のように戦後の正貨争奪戦に備えるという明確な意思をもって行われたものではなかった。また、在外正貨の正貨準備繰入れも日清戦争賠償金受領当時には例外的に実施されたにすぎなかった。賠償金受領当時、日本の通貨当局は賠償金の運用を金本位実施のための重要な金政策として展開したのである。

表2-8の償金特別会計における「日本へ回送した償金の金地金受払計算表」によれば、償金特別会計は1897〜99年にかけて英国金塊8677万円、日本金貨1893万円、英国金貨584万円を受け入れている。同会計はこの期間に日本銀行に金地金4268万円を交付している。この結果、表2-6の日本銀行正貨準備高によれば、1896年から1899年にかけて日本銀行の在内準備(金銀準備)は8089万円から1億1014万円へと増大している。償金特別会計は1897年から1898年にかけて新金貨鋳造のために6886万円の金地金を払い出している。

正貨準備は日本銀行だけでなく政府も保有しており、1897年には6965万円の国内正貨を有していた[101]。1899年2月には償金の使途未定金のうち、3000万円をもって軍艦水雷艇補充基金が設定されたが、これは軍事資金として保有され、金貨をもって日本銀行に預け入れ、または外国の確実でいつでも金貨に交換できる公債証書で保有されることとなっていた[102]。

---

100) 銀本位制から金本位制へ移行するうえで、金の獲得に最も困難が予想される。大蔵省の阪谷芳郎は、「其銀貨を処分するに付ては、金を沢山吸収しなければならぬ、是れが一番困難であります」と述べている(「金貨本位に就て」『東京経済雑誌』第35巻第866号、1897年3月6日、376ページ)。償金の現送によってこの問題が解決されたのである。松方正義は、1897年3月における貨幣法案提案の理由説明の中で、償金によって金を得て「従来憂ヒテ居タ所ノ金本位施行ニ必要ナル金ノ準備ハモハヤ備ハッタト云フテ宜シイ」と言明した(前掲『明治前期財政経済資料集成』第11巻、457ページ)。

101) 日本銀行百年史編纂委員会編『日本銀行百年史』資料編[1986] 333ページ。

102) 『明治財政史』第2巻、157ページ。当時、ドイツは純然たる戦争準備金を備えていた。フランスおよびロシアはこれを備えていなかったけれども、中央銀行は一方で兌換準備として、他方では戦争準備として準備金を蓄積していた(小手川豊次郎「戦争準備金」『東京経済雑誌』第799号、1895年11月9日、743ページ)。

第1編　金本位制確立前の正貨政策

表2-8　日本へ回送した償金の金地金受払計算表（清算済みの分）

(単位：万円)

		1896年11～12月	1897年	1898年	1899年1月	累計
受	英国金塊購入の分	707	6,090	1,763	116	8,677
	日本金貨購入の分	45	17	1,830	0	1,893
	現送英貨の分	0	584	0	0	584
	計	753	6,691	3,594	116	11,154
払	預け合のため払出高	753	6	△759	0	0
	日本銀行へ交付のため払出高	0	558	3,594	116	4,268
	新金貨鋳造のため払出高	0	6,109	777	0	6,886
	計	753	6,674	3,612	116	11,154
残高		0	18	0	0	0

注：△印は預け入解除により戻入れしたもの。
出所：明治財政史編纂会編『明治財政史』第2巻、711-712ページ。

　1896年当時、金貨の日本への回送が考慮されたが、この場合、摩損した軽量の英国金貨を秤量ではなく額面で現送すると損をすることが予想された。このため、政府は正金銀行に英国金貨摩損に関する調査を求めた。高橋是清同行本店支配人はこの件について中井芳楠同行ロンドン支店支配人に問い合わせ、8月29日付や9月5日付の同支店からの報告内容を1896年10月12日に大蔵省の松尾臣善主計局長に報告している。その内容は、イングランド銀行は外国金貨と異なり英国金貨を秤量で売買することはしないというものであった。同支店は政府がイングランド銀行で軽量貨幣を入手して1年間に14万ポンド余り損失を被った事実を指摘している[103]。このように中井支配人のもとでの正金銀行ロンドン支店や高橋支配人は英国金貨の日本への現送に警告を発し、松尾局長もそのことを知っていた。もっとも、この調査報告は実際の政策には生かされなかった。イングランド銀行は金措置（ゴールド・デバイス）の一環として輸出目的を有する地金業者に対して通用最軽量目を有する金貨を選別して売却することを1900年12月および1904年10月に行っている[104]。日清戦争賠償金回送に際しても、磨減が著しく改鋳するために保留していた不良のポンド金貨を日本

---

103)　明治財政史編纂委員会編『明治財政史』355-358ページ。
104)　春井久志［1991］224ページ。

に渡し、大阪の造幣局で貨幣検査を行って正規の量目を保有していないことに日本が後で気づくという事態が生じている[105]。国際通貨国イギリスのイングランド銀行は日本の金現送は規制しなかったが、金節約は怠らなかった。賠償金の回収はイギリスの金施策の中に組み入れられていたのである。

6 有価証券購入

（1） 日本における債券発行への応募・債券購入

領収賠償金であって急に使用する必要のないものは、無利子で保管するよりも信用の確かな公債証書またはその他の有価証券に換えて保管するのが国庫の利益であった。このために、日清戦争賠償金の余裕金は内外の有価証券の購入に充当された。これはまず第1に内国国債への応募という形で行われた。これは公債消化難の打開や金融市場の逼迫救済（日清戦後の反動恐慌救済）や公債市価維持という意味もあったのである[106]。第1次大戦期の外貨資金の運用においては内国債への資金運用は行われていない。

1896年3月に行われた軍事公債1000万円の公募が不振であった際、公債消化難の打開策として、応募残額850万円のうち500万円を額面価格で政府は賠償金で応募している。償金会計所有軍事公債は1897年6月に従来は預金部所有であった鉄道公債に転換（これと交換された）し、この鉄道公債が1898年1月に五分利公債に転換している[107]。また、1897（明治30）年後半以降の金融逼迫のため、陸海軍拡張費その他の費用に充当する事業公債の募集が不可能とみられた際、償金特別会計は1898年1月と3月に合計1468万円の公債（五分利公債）応募を行っている[108]。これらの公債応募高は合計で1968万円となる[109]。

さらに1998年度には金融逼迫を打開するために、国債3699万円の買い上げ、日本勧業銀行債券374万円の応募が行われた（金融市場救済）[110]。

---

105)　高橋是清談「英蘭銀行のトリック」『大阪朝日新聞』1928年7月21日付。
106)　明治財政史編纂会編『明治財政史』第2巻、626－642ページ。高橋誠［1964］177－179ページ。日本銀行百年史編纂委員会編『日本銀行百年史』第2巻、503ページ。
107)　前掲『明治財政史』第2巻、627、674ページ。
108)　同上巻、627ページ。
109)　同上巻、641ページ。
110)　同上巻、628－641、675－676ページ。

第1編　金本位制確立前の正貨政策

　1899年6月には外債が発行されることとなり、この準備として日本の公債価格を引き上げて維持するために、4月から5月にかけて197万円余りの公債が賠償金で購入された（公債市価維持）[111]。かくして、賠償金をもって応募もしくは金融市場救済、公債市価維持のために買い入れた本邦内国公債の額は5865万円に及んだのである（勧業債券への応募は含まず）。このほかに、1898年12月と1899年3月に預金部所有公債と交換して受け入れた五分利公債297万円があった[112]。

　償金特別会計の国内における受払高において、運用利益など（運用利殖金および有価証券交換差）は1896年2月から1899年12月にかけて、175万円となっており、受入額の0.3％とその額は多くはなかった[113]。

(2)　外国における債券発行への応募・債券購入
外国の債券に関する発行への応募・債券購入

　日清戦争賠償金の余裕金は日本において債券購入に運用されただけでなく、外国における債券購入にも運用されている（外国債あるいは在外邦債の購入）。賠償金を容易に外貨に換金できる外債で保有することは対外支払準備金を保有することとなり、在外正貨として保有することとなった。

　また、外債という形態で在外資金を保有することは外貨利子収入を得ることともなった。今田寛之氏は政府が賠償金の運用利益を極力上げようとしていたことを指摘している[114]。これが、日本が金銀準備を保有する一方で在外正貨、在外資金保有に依存した理由の1つであろう。1899年に設置された軍艦水雷艇補充基金の保有については金貨・金地金の日銀への預託とともに預金部への寄託によって外国の確実な公債への投資を通じて2％の利子を得ることが構想されていた[115]。第1次大戦期の連合国外債への応募と比較すると、輸出奨励・外貨獲得や連合国との国際協調や物価安定を図るという意図から賠償金の外国の債券への運用が行われたわけではなかった。次に、賠償金の外国の債券への

---

111)　同上巻、640-641ページ。
112)　『明治財政史』第2巻、641、668-674ページ。
113)　『日本銀行百年史』第2巻、503ページ。
114)　今田寛之[1990]146-147ページ。
115)　『明治財政史』第2巻、276-277ページ。

運用を立ち入って考察しよう[116]。

　賠償金のうち急に使用する必要のないものは、イングランド銀行において無利子で保管するよりも、いつでも現金に交換できる信用確実な有価証券に投資しこれによって利殖するのが償金運用上の得策であった。賠償金領収当時、政府は償金取寄委員として大蔵省所属の早川千吉郎日本銀行監理官と山本達男日本銀行局長、および園田孝吉横浜正金銀行頭取を派遣し、償金運用調査を行わせ、また正金銀行ロンドン支店や在外日本領事にもこれに関する調査を委嘱したが、これは外国における有価証券運用の検討も含まれていた[117]。

　政府は外国における有価証券購入として償金英貨をもって英国大蔵省証券、インド英貨証券、インド大蔵省証券、清国公債、軍事公債、帝国四分利付英貨公債への発行応募ならびにそれらの購入を行っている。これは外国の債券への運用と在外邦債への運用からなっていた。

　外国の債券への運用に関しては、コンソル公債は相場上昇のため賠償金で購入するに至らなかった[118]。

　英国大蔵省証券は償還が確実であって、また容易に処分することができ、償金の保管ならびに利殖において最も適当であることはコンソル公債と同様であった。そこで1897年2月の早川千吉郎日本銀行監理官の進言に従って、政府は英国大蔵省証券（額面金額114万7000ポンド）を1897年3月と5月に113万469ポンドで賠償金を用いて応募または購入した（3月に額面100万円につき応募し、5月に額面14万7000ポンドにつき買入れ）。償金特別会計は1898年3月にこの英国大蔵省証券の償還を受けて1万6531ポンドの償還差益を得たのである。1898

---

116) 日清戦争賠償金の研究を行った高橋誠 [1964] 第3章はこれについて述べていない。
117) 『明治財政史』第2巻、642ページなど。
118) 林権助在ロンドン領事は1898年8月に西園寺公望外務大臣に対し、イギリスにおいて公債を買い入れるとすればコンソル公債（英国政府2分4分ノ3利付整理公債）が最も信用堅固であって、しかもそれへの投資は年2％の「利足」（利回り）が得られると報告した。この報告が同年9月に小村壽太郎外務次官を通じて田尻稲次郎大蔵次官に送付された。中井芳楠横浜正金銀行支配人もコンソル公債などの性質について同年9月に園田同行頭取に報告した。早川千吉郎在ロンドン日本銀行監理官は同年10月にコンソル公債の市価が107ポンド以下になれば年2分半の「利子」（利回り）が得られるから、そのようになれば購入すべきであると（松方正義大蔵大臣または田尻稲次郎大蔵次官に対してであろう）電信した。政府はその案を採用したが、同公債の相場が騰貴し予定価格を下回らなかったために、コンソル公債は購入するに至らなかった（『明治財政史』第2巻、642－652ページなど）。

年7月には政府は英国大蔵省証券（額面金額96万6000円ポンド）を95万928ポンドで賠償金を用いて応募した。そのうち額面金額12万500ポンドについては同年10月に売却され、残額の額面金額84万1000ポンドについては1899年7月に償還された[119]。

1898年3月には政府はインド英貨証券（額面金額16万ポンド）を15万9257ポンドで購入した。これは6月に2万ポンド、7月に14万ポンドが償還された。1898年6月3日には政府はインド大蔵省証券（額面金額250万ポンド）に応募（あるいは購入）した。これは同年11月から1999年6月にかけて償還または売却された[120]。

1898年3月に同年5月7日の償金残額返済のために清国が外債（第2次英独借款）を香港上海銀行および独亜銀行との契約に基づいて発行した。この清国公債証書が市場で全額募集できない場合にはその一部を日本が引き受けるという清国の希望に基づいて、政府は同年5月に額面200万ポンドを176万ポンドでこの公債を引き受けた。これらは1898年9月から1900年3月にかけて売却あるいは償還され、政府は170万8288ポンドと7万648ポンドの利子収入を得、1900年3月までに1万8937ポンドの利益を得たのである[121]。

これらの購入された証券は日本銀行に寄託され、日本銀行はイングランド銀行に保管を依頼した[122]。

日本の外貨債券発行への応募・在外邦貨債券購入

賠償金は、第1次大戦期のように外貨資金の一部を外債償還に用いるという形では運用されていない。しかし、在外邦貨国債へ運用するということが行われている。これには外貨利子支払いの節約だけでなく、日本外貨公債の消化難の打開や外債発行のための在外邦債市価維持という意味もあったのである。

日本が1899年6月に外債募集を行うこととなったが、これを有利に行うため

---

119) 前掲『明治財政史』第2巻、654－655、665、677－678ページ。1899年11月には政府は英国大蔵省証券の発行に応募した（額面金額100万ポンド、発行価格97万5313ポンド）（同巻、666、678ページ）。
120) 同上巻、655、679－680ページ。
121) 同上。大山嘉蔵『支那国債と列強』文影堂書店、1912年、31－35ページ。田村幸策『支那外債史論』外交時報社、1935年、44－51ページ。
122) 『明治財政史』第2巻、655、665ページ。

には、ロンドンにおいて売却していた日本の内国軍事公債の市価を引き上げる必要があった。このために1899年5～6月にこの軍事公債（額面金額182万6000円）が20万389ポンドの買入価格で賠償金を原資としてロンドンにおいて購入された[123]。

1899年には日本は発行総額1000万ポンドの四分利付英貨公債をロンドンで発行したが、発行条件がロンドンの一般投資家にとって魅力あるものではなく、公債に対するロンドンの一般大衆の応募申込みはわずか98万ポンドにすぎなかった。そこで、償金特別会計が額面249万9050ポンドを100につき90の割合で応募した[124]。

（3） 賠償金の有価証券運用の評価

上述のように賠償金は内外有価証券にも多くの額が運用された。有価証券運用は価格変動リスク（売買差益あるいは売買差損）や利子収入をもたらす。1895年10月から1903年3月までの償金特別会計における有価証券運用に伴う利子収入の内訳は表2－9のとおりであり、日本における運用において362万円、外国における運用において207万円、合計569万円の利子収入が生じている。それが利子収入をもたらしたことはたしかである。

この間に281万9564円の交換差増（差益）が生じているが、これは償金領収英貨をその時点の為替相場で日本通貨に換算して歳入に編入した額とこの英貨を為替または金銀で日本に回収して国庫に納入した額との差増によってもたらされたものである。すなわち、このロンドンから日本への英貨回収によって706万8017円の差益が生じている。これは主として銀価の下落や入超に伴う円為替相場の低落によって利益が生じたものである。

一方、ロンドンにおいて購入した有価証券の売却によって268万8621円の損失が生じている。また、本邦において購入した有価証券の売却によって146万5308円の損失が生じている。結局、内外有価証券の売買差損が415万3929円に達したのであり、これを考慮すると内外有価証券運用益は153万2622円にすぎない。海外では62万2575円の損失が生じているとさえいえるのである。また、

---

123) 同上巻、666ページ。
124) 同上。

表2-9 償金特別会計運用収益の内訳（1895年10月〜1903年3月）

(単位：円)

運用収益項目		合計金額
交換差増（差益）		2,819,564
内訳	日本への英貨回収に付生した差益　　7,068,017 ロンドンにおける有価証券売却損　△2,688,621 日本における有価証券売却損　　　△1,465,308 日本における銀塊交換差損　　　　　　△94,524	
償金運用利殖高		5,709,728
内訳	英国大蔵省証券利子収入　　　　　291,198 インド英貨証券利子収入　　　　　　 7,335 清国公債証書利子収入　　　　　　693,772 在ロンドン本邦公債証書利子収入 1,073,741	2,066,046
	在本邦公債証書利子収入　　　　2,831,482 勧業債券利子収入　　　　　　　　729,623 勧業債券割増金　　　　　　　　　 59,400	3,620,505
	京仁鉄道貸付利子収入　　　　　　 23,178	23,178
交換差増高および償金運用利殖高合計		8,529,292

注：△は差損を示す。
出所：明治財政史編纂会編『明治財政史』第2巻，291-292、696-697ページ。

日本において銀塊交換のために9万4524円の損失が発生している。

　結局、賠償金の有価証券運用にはさまざまな目的があったが、利殖上の役割は実際には小さかったということができよう。

7　京仁鉄道への貸付

　1988年3月にアメリカのジェームス・R．モールスが朝鮮政府から京城・仁川間鉄道布設の特許を受け、その建設に従事した。モールスは資金が不足していた。当時の外務大臣大隈重信は同鉄道が外国の所有となることを恐れ、京仁鉄道引受組合を創設し、同鉄道をこれに引き継がせる契約を締結させた。同組合はモールスに保証金5万ドルを支払ったが、モールスはその増額を要求し、同組合はこれを拒否した。そこで横浜正金銀行が50万ドル（100万円）をモー

第2章　日清戦争賠償金と正貨政策

ルスに貸与し、政府が損失保証をすることが1897年9月に閣議決定された。10月、大蔵大臣松方正義は「朝鮮ニ対スル国家ノ利益ヲ保全セント」して、上記組合が鉄道落成のうえ引き受ける際に資本募集が困難な場合には、政府が100万円を同組合に貸し付けることとした。11月には正金銀行はモールスへの貸付資金として100万円の同行への預入れを政府に願い出た。同月に松方蔵相は、賠償金として受領して日本銀行に交付している為替基金中の英貨の中から100万円相当額（10万1562ポンド）を年2％の利子付で正金銀行に預け入れるよう日本銀行に命令した。

　1897年10月および1899年4月に京仁鉄道引受組合は180万円の貸付を政府に請願し、1998年10月に改めてこれを政府に請願した（委員として渋沢栄一、増田孝、瓜生震連署）。すでに償金部から100万円が貸し付けられていたため、この100万円をいったん返納させ、償金部から180万円を一般会計に繰り入れ、一般会計から京仁鉄道引受組合へ貸与することとなり、1998年12月に追加予算案が閣議に提出され、1899年1月にこの180万円の貸付が行われることとなった[125]。これは年5％の利子付（鉄道益金が組合員出資額の5％を超過する限り）であった[126]。この貸付は1906年7月に政府が京釜鉄道を買収する際に買収価格と相殺された[127]。

　正金銀行への預け入英貨は1899年2月に日本において通貨をもって返済された。日本銀行は100万円を償金部に返納した。これによって償金部と京仁鉄道との関係はなくなった[128]。

　上述のように、賠償金は一時的ではあるが、朝鮮への勢力扶植の観点から対外貸付資金として利用されたのである。その額は多くはなかったが、それは第1次大戦期に登場した、在外正貨を対中国投資に振り向けるという構想の先駆的形態であったといえよう。

---

125)　前掲『明治財政史』第2巻、609－626ページ。
126)　前掲『明治大正財政史』第1巻、161ページ。高橋誠［1964］177ページに1800万円の貸付が行われたとされているが、これは180万円のことである。
127)　『明治大正財政史』第1巻、161ページ。
128)　京仁鉄道への貸付については『明治財政史』第2巻、609－626ページを参照されたい。

169

第 2 編　金本位制確立期の正貨政策

第3章　金本位制の確立

第1節　金本位制の確立過程

1　金本位制の国際的普及、金本位制への一般的信認

　日本の貨幣制度は国際的影響を強く受けるが、日本の金本位制確立の背景にも国際環境の変化があった。

(1) イギリスにおける金本位制の採用

　最初の工業国家イギリスでは、「1816年の金単本位法」の制定、1819年の「金本位実施条例」の制定に基づく1821年の金兌換再開（1844年にピール銀行条例に基づく金属準備発行制度が確立）によって金本位制が確立した[1]。

　イギリスの金本位制は、貨幣制度として内外から「信認」(general confidence という意味での confidence、貨幣に対する credibility、一般的信認) を得た。1893年2月28日のイギリス庶民院において、第4回国際通貨会議（1892年にベルギーのブリュッセルで開催）に関する審議の際にマーチャント・バンカー、ロスチャイルド（Alfred de Rothschild）が述べた次の言葉はこのことを的確に表現しているといえよう。「イングランドはその富の大部分をその貨幣制度が国内および国外において与えている信頼感（confidence）に負っており、その信頼感（confidence）はわが国の銀行券はソブリン金貨を代表し、世界の何処からであれ、イギリス宛に振り出された手形は満期になれば金で支払いをうけるという事実に立脚している」[2]。

---

　1) イギリスにおける金本位制の成立については依光良馨『イギリス金本位制成立史』東洋経済新報社、1967年、などを参照されたい。

第2編　金本位制確立期の正貨政策

　侘美光彦氏は、金銀比価の変動による為替相場の動揺が、銀本位国においては安定した貿易取引とイギリスからの資本輸入を困難にし、さらには政府財政の危機を招来し、複本位国においては金流出ないし金退蔵を惹起したこと、また一般に後進諸国は、国際決済の中心地であるロンドンにポンド残高を置き、またそこからポンド信用を供与される必要上、金本位制を優先せざるをえなかったことが、各国に対して金本位制を強要したことを指摘された[3]。日本の大蔵省も、金銀比価変動が激烈となり（銀価下落）、金銀複本位制国または銀本位制国では非常な困難が生じ、危険の念を抱き、各国とも銀本位制を排斥して金本位制を採用し、または法律上は複本位制でありながら銀貨の自由鋳造を廃止して事実上金貨本位制国となってしまった、と述べている[4]。

　金本位制の国際的普及過程を具体的に考察しよう。

（2）　ドイツにおける金本位制の採用

　金は価値尺度として機能するとともに一般的決済手段である。ドイツは金が銀よりも価格が安定しているだけでなく、巨額の支払いに対する最良の交換媒介物であることを認め、「金貨ヲ以テ銀貨ニ代用スルノ良策タルコトヲ承認シテ」金本位実施の運動に着手する[5]。とくにイギリスを中心とした国際自由貿易体制に包摂されたドイツの貿易決済の必要性から、先進国イギリスに歩調を

2）　*The Parliamentary Debates*（*Hansard*），fourth Series, Vol.9, 1893, column 638. 吉岡昭彦［1999］180ページ。内外の人々がイギリスの貨幣制度に信頼感を持ったということは、内外の多くの人々がそれを信認したことになる。ここで信頼に関する概念の整理をしておけば、信頼性は信頼される側からみた言葉であり、信頼（trust）は信頼をする側からみた言葉であり、信頼感は自分が信頼できるという感覚を持つことである。confidenceは信頼と同じ意味に用いられることもあれば、財産の運用の信託（trust）とは区別された、信認者と信認者に対して忠実義務を負う受認者との間に成立する私的な信認関係（fiduciary relationship）を意味することもある。個々人間に成立する信頼（trust）や私的な信認関係ではなく、社会全体が与える信頼は社会的信認（social confidence）ということができる。この社会的信認はとくに貨幣のようにすべての人が信認する場合にはそれをクレディブル（credible）なもの（どのようなものとも交換できるものとして社会一般が信認し、それを一般的に受容できるもの）と認めることといえる。この場合に貨幣は一般的信認、一般的受容性（クレディビリティ、credibility）を有することとなる。これらについては齊藤壽彦［2010］第1〜2章を参照されたい。

3）　侘美光彦［1976］序章、とくに11−14ページ。

4）　大蔵省主計局編「明治三十年幣制改革始末概要」（1899）大内兵衛［1932a］455ページ。

5）　大蔵省理財局編「幣制改革参考書」（1897）『日本金融史資料　明治大正編』第17巻、607ページ。

合わせてドイツが金本位制を採用することとなる。

　1871年に成立したドイツ帝国は、普仏戦争で得た賠償金をもとにイギリスに続いて金本位制を採用することとなった。1871年の「金貨鋳造法」によるマルク金貨の本位貨幣化、1873年の「鋳貨法」による金本位制に基づく全ドイツ通貨制度の統一の実現（1875年の「銀行法」によりプロイセン銀行がライヒスバンクへ改組、翌76年に弾力的発券規定を有する中央銀行が発足）により金本位制を確立したのである。

　ドイツはマルク金貨を鋳造するとともに、銀貨の自由鋳造を中止し、1873年以降、銀廃貨策として銀の売出しを開始し、これにより銀の価格の低落傾向が生じた[6]。また、これがドイツ以外の銀本位制国の金本位制への移行を促進することとなった。

（3）　欧米における金本位制の普及

　ドイツが金本位制を信認して銀本位制を離脱したことの影響は大きかった。当時ドイツと緊密な貿易関係にあったオランダや北欧はドイツと同様の貨幣制度の導入を迫られ、オランダが1875年に、またデンマーク、スウェーデン、ノルウェーの北欧3カ国が72〜75年に、それぞれ銀本位制から金本位制へと移行した。ドイツの金本位制への移行はラテン通貨同盟諸国（1865年にフランス、イタリア、スイス、ベルギー、1869年にギリシャが加盟）をして複本位制の維持を困難ならしめ、跛行金本位制へと押しやることとなり、ラテン通貨同盟は銀貨鋳造制限および停止を行った。たとえば普仏戦争の影響により1870〜78年まで兌換を停止したフランスは、78年に兌換を再開した際に跛行金本位制へ移行した。これは複本位制の形を残しながら銀貨の自由鋳造を停止した事実上の金本位制であった。フランスも「金貨ヲ以テ銀貨ニ代用スルノ良策タルコトヲ承認」し、金本位制を信認したのである。こうして、ドイツの金本位制への移行はヨーロッパ大陸全体に巨大な影響を及ぼした[7]。

　1878年のフランスの複本位制から事実上の金本位制への移行に続いて、アメ

6）　上川孝夫・矢後和彦編［2007］2ページ。吉岡昭彦［1999］48-52ページ。
7）　上川孝夫・矢後和彦編［2007］2-3、12-13ページ。大蔵省理財局「幣制改革参考書」『日本金融史資料　明治大正編』第17巻、607ページ。

リカも事実上の金本位へと移行する。南北戦争（1861～65年）以前に金銀複本位制をとっていたアメリカは、1873年の「貨幣鋳造法」により、合衆国金貨を本位と定め、75年の「正貨兌換再開法」に基づき79年に兌換を再開し、その際に銀貨の自由鋳造を停止し、跛行金本位制、事実上の金本位制へ移行した[8]。しかし、「自由銀運動」の高揚に対応する銀立法のために金本位制の法的承認は遅延した。銀の復位を求める声が根強く続き、1890年には「シャーマン銀購入法」が制定された。アメリカが金単本位制を確立するのは1900年の「金本位法」（Gold Standard Act）の制定によってであり、主要先進国のうちで最後に金本位制を法定し、国際金本位制の全世界的規模における完成の一画期を告知した。連邦中央銀行という形態で中央銀行が成立するのは1913年のことである[9]。

　1892年、第4回国際貨幣会議は失敗に終わり、19世紀に存続していた国際複本位運動は挫折を余儀なくされた[10]。この後、金本位制の波は国際金融の周辺地域たる東洋にも押し寄せた。

（4）　インドにおける金為替本位制の採用

　インドは東インド会社の統治下で、1835年に比価変動の大きい複本位制を廃してルピー銀貨を本位貨とする銀単本位制によって幣制が統一された。同社から統治を引き継いだインド政庁は1865年に紙幣（銀兌換）の独占的発行権を獲得した。この東洋の銀貨国インドにおいて、1870年代以降の銀価の低落傾向によってルピーの金本位貨ポンドに対する為替相場が下落し、英本国との貿易・資本取引が阻害されるとともに、インド政庁（財政収入は銀）がイギリス本国に支払う費用（金支払いの本国費）の負担が増大した。銀貨を維持し、複本位を実行するための1892年の国際通貨会議が何らの決議もしないで失敗に終わった翌年の1893年に、イギリスは幣制改革に着手した。インドは同年6月にハー

8）　南北戦争や金融危機により1862年から1878年までグリーンバックス（合州国紙幣）の兌換は停止されていた。
9）　吉岡昭彦［1999］73-74ページ。
10）　上川孝夫・矢後和彦編［2007］15ページ。1867、1878、1881、1892年の4回にわたって開催された国際通貨会議に関しては、野口建彦「19世紀国際通貨会議の歴史的意義」日本大学『経済科学研究所紀要』第36号、2006年3月、59-111ページを参照されたい。

シェル委員会（Herschell Committee）報告に基づいて1870年鋳貨法を改正して銀貨の自由鋳造を禁止するとともに、総督布告を通じてルピー銀貨の価値をその中に含まれている銀価値よりも高めて金属的基礎から乖離させ、金為替本位制への移行を開始した[11]。小野一一郎氏はインド幣制改革の画期的意義を指摘されている[12]。

インドではさらに1898年にファウラー委員会（Fowler Committee）が設置され、金本位制の具体案が検討され、翌1899年に「インド鋳貨および紙幣法」（Indian Coinage and Paper Act）によって英本国のソブリン金貨を無制限法貨とする金貨本位制の導入が意図された。だが、インドにおける金貨本位制の厳格な実施は本国の意向で放棄され、インド幣制改革はファウラー委員会勧告路線から徐々に逸脱・乖離し始め、結局は金為替本位制が導入されていく。インドにおける金為替本位制の制度的完成は1906年のことである。インドでは金貨が銀貨とともに法貨とされたが、ルピー銀貨に対して金交付の義務はなく、インドでは金貨は鋳造されず、対内的には金貨の流通は少額にとどまり、事実上金貨は国内では流通せず、ルピー銀貨や政府紙幣が大量に流通した。一方、対外的にはインド政庁が金本位国イギリスのロンドンに保有する在外資金を利用してインド省証券および逆インド証券を売買することを通じてインドの為替相場を安定させ、またこの売買を通じて、ルピー貨の通貨価値の安定が図られた[13]。

小野一一郎氏は、インド幣制改革の重要な意義としてそれが東亜（東洋というべきであろう）における銀貨圏体系をイギリス本国が否定し、それを転換したという意味を持つことを鋭く指摘されている。そのことは、イギリスの植民地インドの金為替本位制への移行はイギリスにおける金本位制への信認の進展

---

11) 小野一一郎 [2000] 128、158ページ。吉岡昭彦 [1999] 8 – 9、150 – 153、178 – 179ページ。
12) それは東洋における銀貨圏・銀市場の維持という伝統的な体系からの本国（イギリス）自らによる脱脚・転換を意味するものであった。銀貨が依然、法貨として流通しているとしても、銀貨の自由鋳造を停止し、ルピー銀貨に実質価値以上の価値を付与する体制をとったこと、すなわち本位としての銀の否定という事態が出現したことは重要である。なぜなら、それは金本位国自体による銀貨圏の否定、つまり銀貨圏の温存をもはや利益とみなしえない段階への移行を物語るものだからである、と（小野一一郎 [1963b] 70ページ）。
13) 上川孝夫・矢後和彦編 [2007] 11ページ。松岡孝児 [1936] 205 – 220ページ。井上巽 [1995] 第2章。

を意味するものである、と換言することができるのである。

（5） 東洋における金本位制の普及

東洋においてはメキシコドルという銀貨が国際通貨として機能していた。だがメキシコドルは1890年代以降の銀価下落の加速化、1897年の日本の金本位制確立、20世紀初頭の東洋における金為替本位制の一般化（フィリピン、海峡植民地は1903年、シャムは1902年に銀の自由鋳造を廃棄し、1908年に金為替本位制を導入）によって衰退、終焉へと向かう[14]。ただし、中国はその後も依然として銀貨圏にとどまっていた[15]。

上述のような金本位制の国際的普及、国際金本位制の成立は、金本位制が望ましい貨幣制度であると国際的に認知されたことを意味する。金本位制が貨幣制度として国際的に信認されることとなったのである。

（6） 金本位制の国際的普及の日本への影響

横浜正金銀行頭取の園田孝吉は、インドの1893年の幣制改革後においても「金単本位ハ全世界ニ普及スルコト能ハサルヘシ」と考えていた[16]。

だが、松方正義は国際情勢の変化を鋭くとらえていた。松方が金本位制への移行の必要を断言できなかった背景には、インドが銀貨国であったという事情があった。だがインドは幣制改革を行い、1893年6月に銀貨の自由鋳造を禁止し、金為替本位制という形態ではあるが金本位制への道を歩み始めることとなった。欧米をはじめとする国際的な金本位制への潮流、イギリスをはじめとして世界が金本位制を信認するようになったという事情が、松方に日本の金貨本位制への移行を公然と主張させることとなったのである。松方は、同年9月に海東という自らの号を用いて記した「日本ハ金貨本位ノ政策ヲ取ラサルヘカラス」の中で、「余ヲシテ未タ余ノ思想〔金本位制への移行の必要〕ヲ公然断言シ

---

14) 小野一一郎［2000］134ページ、松岡孝児［1936］232、261−279ページ。バイスウェイ［2005］54−64ページはシャムの金本位制の成立を1902年の貨幣改革に求めているが、松岡はこの実施が1908年の貨幣法制定まで延期されたとみている。
15) 小野一一郎［2000］164−165ページ。このほかではフランス領インドシナ、ペルシャが1910年以後も依然として銀本位制を採用していた。フランス領インドシナは1930年に金塊本位制を採用することとなる（松岡孝児［1936］461−467ページ）。
16) 大蔵省主計局編「貨幣制度調査会報告」（1895）大内兵衛・土屋喬雄編［1932b］432ページ。

之ヲ実地ニ試ムルニ至ラシメサリシモノハ英国政府ノ印度幣制ニ対スル決心如何ノ明瞭ナラサリシニ在リ　モハヤ今日トナリテハ何ノ遅疑スル所モアルヘキ筈ナシ　日本政府ハ断然速カニ金貨本位ノ政策ヲ取ラサルヘカラス……日本政府ハ断然速ニ金貨本位ノ政策ヲ立テ其方針ニ依テ直行セサルヘカラサルナリ」と述べている[17]。

　海外の情勢変化が松方に金本位制実施を促したのは、松方が銀相場の低落の悪影響を認識したこととともに、松方が貨幣制度においてイギリスを模範としたことによるものである。独立国日本のリーダーである松方は、イギリスから金本位制実施を強制されたのではなく（小野一一郎氏によれば、明治前期には日本の金貨本位制への移行がイギリスの妨害を受ける可能性すらあった）、それを自ら選択したのである。この選択は、松方のイギリスへの単なる憧憬に由来するものではなく、イギリス政府は金本位制が自国に利益をもたらすからそれを選択したのであろう、という松方の現実的認識に基づくものであった[18]。

　前述の「日本ハ金貨本位ノ政策ヲ取ラサルヘカラス」の中に、「印度ハ日本ヨリモ一層強ク金貨政策ヲ取ルヘキ必要ヲ有スルモノナリ　然ルニ財政問題ニ付テハ最モ着実熟練ノ聞アル倫敦政治家ハ何故カ更ニ顧慮スルナキモノノ如クナリキ」という小野一一郎氏が無視された一文がある。熟達したロンドンの政治家が植民地インドでの金本位制採用を顧慮せず、イギリス政府のインド幣制に対する決心が不明瞭であったことが一因となって、日本における金本位制の実施を松方が躊躇していたのであった。このことはロンドンの政治家がインド金本位制を考慮すれば日本もこれを倣うべきであるということになるのである。

　イギリスなどの先進国に遅れて資本主義への道を歩まなければならなかった日本のリーダーであった松方は、世界の中の一員として日本が発展する戦略を構想した。松方は、日本が欧米列強に伍していくためには世界の大勢に順応し、欧米（世界）で信認され採用されている貨幣制度を日本も信認し採用するほか

---

17)　「日本ハ金貨本位ノ政策ヲ取ラサルヘカラス」『松方家文書』第45冊第10号。
18)　阪谷芳郎は「学者が何と云っても世界の英吉利なり、亜米利加なり、算盤の明るい連中が金を採用して居るのだから……此方が得に相違ない」というこの「実際問題」から金本位制実施の最後の決心をしたと述べている（阪谷芳郎男爵の金貨本位実施満二十年紀念会における講演（1917年11月1日）「金貨本位実施満二十年紀念会記事」『日本金融史資料　明治大正編』第17巻、22－25、681ページ）。室山義正［2005］282ページ。

第2編　金本位制確立期の正貨政策

はないと考えたのである。政策担当者となる者のこのような大局的見地からの認識が、貨幣制度のもたらす個別具体的利害状況を超えて、日本の金本位の確立をもたらす大きな起動力となったのである[19]。日本の金本位制の確立はこのような大局的、長期的世界戦略に基づいてもたらされたのであった。

　金本位制実施には大蔵官僚の支持もあった[20]。阪谷芳郎は1897年2月に松方と同様のことを述べている。すなわち、阪谷は日本と関係の多い国は金本位制を採用しており、世界とともに進退する政策を取るのがよいと述べているのである[21]。

　阪谷のこのような考えには、日本を世界の一等国にしたいという精神構造も作用していたと考えられる。東アジアの数にも入らないような小国において、常に欧米諸国との競争を意識するという精神構造が日清戦後経営の構想を準備し、さらには「一等国志向」ともいうべき意識がこの構想を貫いており[22]、金本位制実施も世界の主要諸国と共通の貨幣制度を導入して日本がそれらの国々と肩を並べたいという意識によって促進されたといえよう。

　大蔵省は「貨幣法制定及実施報告」などにみられるように、国際金本位制の成立に大きな関心を寄せていた[23]。松方一人でなく大蔵官僚も国際的に金本位制が信認されるようになったことに注目し、日本の金本位制実施を必要と認

---

19)　松方は、金本位制確立に関して、「正義ノ信スル所ハ我国カ経済上健全ナル発展ヲ遂ケンカ為メニハ我国ハ必ス進ンテ世界共通ノ経済界ニ入ラサルヘカラス世界共通ノ経済界ニ入ランカ為メニハ我国経済ノ基礎ヲ世界共通的貨幣ノ上ニ置カシメサルヘカラストイフニアリ」と1912年6月に明治天皇に進講している（松方正義［1912］101ページ）。

20)　大蔵省主計局貨幣課長の阪谷芳郎は、貨幣制度調査会において、世界では多くの国が金本位制を採用しており、銀本位国であっても大抵は銀貨の自由鋳造を停止しており、純粋の銀本位国は日本と中国だけであるから将来日本が採用する幣制は金貨本位制とすべきである、と述べている（大内兵衛・土屋喬雄編［1932b］389ページ）。世界列国と共通の貨幣制度を採用することが日本の利益となるということを次のように具体的に述べている。「幣制改革を実施すれば、資本共通と云ふものが行はれますから、日本は初めて各文明国の金融の仲間入が出来ます。従って貿易が発達して来る……外資も這入り得る便があ」る、「日本が世界列国の金融仲間に這入りますれば、随分仕事が仕易くなる傾向があります」と（故阪谷子爵記念事業会編・発行『阪谷芳郎伝』1951年、191－192ページ）。

21)　阪谷芳郎「金貨本位に就て」『東京経済雑誌』第35巻第866号、1897年3月6日。小野一一郎［1963b］71－72ページ。阪谷は「印度が金本位に移る以上はもう今日が日本の幣制を改める時機だ、追々東洋も多事になって来る場合だから世界と共に進展する政策を取った方が宜しい」と述べている。松方は、1897年3月に貨幣法案を帝国議会衆議院に上程したときにも、日本の金本位制実施の背景説明として金本位制の国際的普及について論じている。

22)　佐藤正則［2006］62－64ページ。

めるようになった。このことは、金本位制への志向が松方の個人的信念の産物にとどまるものではなく、国際環境の変化のもとで日本において金本位制に対する人々の信認が不十分ながらも形成されてきた結果でもあることを示しているといえよう。

2　貨幣制度調査会の設置と金本位制に対する信認の形成とその限界

（1）　貨幣制度調査会の設置
貨幣制度調査会設置の背景

　日本において金本位制が確立したのは1897（明治30）年のことである。この確立過程の第一段階を画するものは1893年10月の貨幣制度調査会規則公布により、同月に開設された同調査会の設置である。

　世界の銀価の大勢をみると、1873年以前においては金銀比価はほとんど一定しており、おおむね金1に対して銀15.5の割合を維持していた。1873年以降、ドイツが銀廃貨策として銀の売出しを開始し、これにより銀の価格の低落傾向が生じた。ラテン同盟の銀貨鋳造制限および停止はそれを促進した。銀相場の下落は金銀産出高の違い（銀の産出高の増加が金のそれよりも著しい）によるものでもあった[24]。1893年にインドが幣制改革に着手するや、銀価は暴落した[25]。金銀比価は1893年10月には金1に対して銀28.05となった[26]。

---

[23]　大蔵省理財局は、1897年3月1日に貨幣法案を帝国議会に提出するに際し調査した事項中、幣制改革の参考になる部分を7月に採録した「幣制改革参考書」を同年10月に印刷に付したが、その中では「独逸金本位制施行始末」、「独逸国金本位実施要領」、「独逸国ノ仏国償金ニ依テ金本位制ニ変更セシ事情」、「印度幣制改革要領」などの幣制改革がきわめて詳しく調査されている。1898年8月に大蔵省理財局は金本位制実施を中心とする我が国幣制改革の経過を初めて編集した「貨幣法制定及実施報告」を印刷に付し、「償金収支報告書」の添付書類として大蔵大臣に提出した。その中の第3章「世界幣制ノ大勢」において、1871〜73年のドイツの金本位制採用とその後の各国の幣制改革について論じ、「銀貨ノ下落ハ滔々トシテ殆ント其止マル所ナク為メニ世界幣制ノ大勢ハ銀本位制ヲ廃シ金本位制ニ移ルノ傾向ヲ呈セリ」と述べている（大蔵省理財局編「幣制改革参考書」（1897）『日本金融史資料　明治大正編』第17巻、607〜650ページ。同編「貨幣法制定及実施報告」（1898）11〜17ページ）。

[24]　1871年頃から銀の生産額が著しく増加していたが、ことにアメリカ大陸における富饒な銀坑の発見のために銀価は著しく低落した。アメリカは1878年に「ブランド・アリソン法」を制定し銀を購入して貨幣を鋳造し、1890年に同条例を廃止して「シャーマン購銀法」を制定してさらに購銀の額を拡張して、かくして銀購入により銀価下落を阻止しようとしたが、その大勢を緩和することはできなかった。

第2編　金本位制確立期の正貨政策

　事実上の銀本位制を採用していた日本は、このような銀価低落の影響を著しく受けざるをえなかった。日本と金本位制を採用していた欧米諸国との間の外国為替相場はたえず低落傾向をたどり、貿易の投機化、物価の上昇などが日本に現れたのである[27]。そこで、金銀比価変動の原因を考究するとともに、その対策を検討するために、大蔵大臣渡辺国武は1893年10月に貨幣制度調査会（会長は谷干城）を設置したのである。

貨幣制度調査会の調査結果

　同調査会の調査内容（貨幣制度調査会規則第1条）は、①金銀価格変動の原因とその一般の結果、②金銀価格変動の我が国経済に及ぼす影響、③金銀価格変動のために日本の貨幣制度を改革する必要があるかどうか、あるとすれば、新たに採用すべき貨幣本位ならびにその施行方法はどのようなものかというものであった[28]。

　貨幣制度調査会は、①については金銀比価変動の理由9項、その一般的結果を銀貨国に生ずるもの12項、金貨国に生ずるもの12項、金銀貨国間に生じるもの2項を挙げている。②については16項目を挙げている。貨幣制度調査会の特別委員会が1895年3月に提出した上記①、②に関する調査報告においては、銀貨下落が有利である（甲結論）とする者は、金井延、園田孝吉、田口卯吉の3名、不利（乙結論）とする者は、阪谷芳郎、添田壽一の2名であった。同年6月の総会で、甲結論が多数をもって可決された[29]。

　同調査会は③の幣制改革の必要性についても討議した。意見は幣制改正を必要とする者とそれを否定する者とに分かれた。新たに採用すべき貨幣制度については、金貨本位制を可とする者と複本位制を可とする者との2つの見解が存在した。その施行方法にも「直チニ実行ノ準備ニ著手［ママ］」と「準備ニ止ム」と「時機ノ到ルヲ待ツ」との3者があった。その中にあって、金本位制の施行に

---

25)　大内兵衛・土屋喬雄編『明治前期財政経済史料集成』第11巻［1932a］317、422－423、454－455ページ。
26)　同上書、438ページ。
27)　同上書、317、441－4442ページ。
28)　同上書、441－442ページ。
29)　大内兵衛・土屋喬雄編、前掲書、第12巻［1932b］1－2ページ。

第3章　金本位制の確立

着手するとの意見を述べたのは阪谷芳郎ただ1人であった。ただちに改正せよとの意見においても、田口卯吉、荘田平五郎の2人は複本位制への移行を主張したのである。幣制改正委員などにその即行を躊躇させたのは、主として準備金の不足ということであった。また海外に流出している我が国の銀円が逆流してきて金との兌換を求められ、準備金としての金が消尽してしまう恐れも存在していた。6月の総会において、目下だけでなく将来をも含めて貨幣制度改正の必要ありとするかその必要なしとするかの議決が行われ、必要ありとするもの8名（阪谷芳郎、添田壽一、渡辺洪基、河島醇、栗原亮一、益田孝、荘田平五郎、田口卯吉）、なしとする者7名（和田垣謙三、金井延、堀田正養、渋沢栄一、園田孝吉、小幡篤次郎、高田早苗）で、前者がわずか1名差で可決された。採決の方法によっては別個の結論が導かれた可能性すらあった[30]。

1895年7月3日、貨幣制度調査会総会は、金本位制採用が決定的となったとはいえない以上のような結果をとりまとめた調査報告を可決し、ただちに松方蔵相に提出した[31]。

貨幣制度調査会の議論において金本位制実施論が展開されたということは、日本国内において金本位制に対する信認が形成されてきたということを意味する。だが銀本位論に対する支持が根強く存在し、金本位論者の中でもその即時実施を主張するものは1人しか存在しなかったということは、当時の日本においては金本位制に対する信認が未成熟であったということができよう。

（2）　貨幣制度調査会における利害意識
銀本位制維持論、金銀複本位実施論の経済的根拠

貨幣制度のあり方は、それのもたらす利害状況に対する意識によって大きく規定される。貨幣制度調査会の議論の中にもこの利害意識が反映されている。

銀本位制維持論者、金銀複本位制論者は、銀価下落による輸出の増大、輸入の抑制、それによる国内産業の発展に注目した。たとえば当時の東京商業会議所会頭であり、実業界の指導者であった渋沢栄一は、銀本位制維持論者として、銀価下落による金本位国への輸出増進（輸出価格低落）、金貨国からの輸入抑制

---

30)　同上書、1－7ページ。渡辺佐平［1963］25－26ページ。小野一一郎［1963c］40－43ページ。
31)　大内兵衛・土屋喬雄編［1932b］1－7ページ。

第 2 編　金本位制確立期の正貨政策

（輸入価格騰貴）、これらによる国内工業の発展（綿糸紡績、絹織物、木綿織物、洋紙など）という日本の銀本位制の利益を主張している[32]。このような見解は、この段階における産業資本の要求を反映するものであった[33]。と同時に、このような見解は農商務省商工局長の若宮正音らの官僚の支持を得ていた。さらに伊藤博文、井上馨のような元老も金本位の実施に反対であった[34]。このように銀相場下落を経済発展要因とみなす見解が多数存在したのである。

日本の貨幣制度の選択には、日本が欧米との協調路線を追求するかそれとも東洋への覇権を求めるのかという、日本資本主義の戦略構想が大きくかかわっていた。当時の銀本位維持への志向は、東洋市場における覇権を握ろうとする紡績資本をはじめとする産業資本の利益を表現するものでもあった[35]。官僚の中にも東洋市場において覇権を握るために銀本位制を維持すべきであると主張する者がいた[36]。

銀貨の低落は、理論的には、一次的に輸出奨励効果をもたらしてもやがては銀貨国の物価の騰貴をもたらして輸出奨励という利益を消滅させるといえよう。貨幣制度調査会においても、今後銀貨が大きく低落すれば銀貨国の物価が騰貴する可能性を認めていた[37]。だが実際には、物価は銀貨の下落に照応して低落しなかった。銀相場下落の悪影響が未成熟であったことが、銀相場低落の利益を主張する者が多かったことの背景をなしていたと考えられる[38]。物価騰貴が悪いものではないという考えも存在していた[39]。

---

32) 同上書［1932b］431ページ。複本位を可とした三菱の荘田平五郎も、当時の金銀比率変動の効果についてはこれと同様の意見を有していた（同上書、413ページ）。
33) 加藤俊彦［1948］7ページ。
34) 小野一一郎［1963c］51－52ページ。大内兵衛・土屋喬雄編［1932b］441ページ。
35) 加藤俊彦［1948］8ページ。銀本位制維持論者である横浜正金銀行頭取の園田孝吉は、その意見を反映して次のように述べている。「本邦ハ将来清韓両国ニ対スル通商ヲ開発スルニ最モ努力セサル可ラサルノミナラス……本邦ニシテ他国ニ先ンシ清国ノ商権ヲ掌握セント欲セハ、彼我ノ貨幣ヲ統一ナラシムルヲ以テ急務中ノ一ニ数ヘサル可ラス」とし、清国に金貨本位制を採用させることができない以上、日本が清国と同じく銀本位制を維持すべきである、と（大内兵衛・土屋喬雄編［1932b］435ページ）。
36) 若宮正音農商務省商工局長は、「我邦ノ将来大ニ発達増進スヘキモノハ製作品ニシテ、其販路ヲ拡張シ得ヘキ所ハ欧米金貨国ヨリモ寧ロ東洋銀貨国ニ在リトス。然ルニ近時欧米諸国ハ大ニ其製作品ヲ東洋諸国ニ輸出センコトヲ勉メ、市場ニ於ケル競争劇甚ナリ。此時ニ際シテ我製作品ノ販路ヲ拡張シ彼ノ競争ニ当ラントスルニハ、我現行貨幣制度ヲ利用スルコト最必要ナリト信ス」と述べている（大内兵衛・土屋喬雄編［1932b］441ページ）。
37) 大内兵衛・土屋喬雄編［1932b］118ページ。

「貨幣制度調査会報告」は金銀比価貨変動の我が国経済に及ぼす影響の1つとして、銀相場の低落が金貨国から日本への資本投下を減少させることを挙げている。このような事態が生じるのは、金貨資本を銀貨資本に換えて投資することによって為替リスク、為替差損が生じることを、安全と利益を求める金貨国の投資家が回避しようとするからであるとされている[40]。「貨幣制度調査会報告付録」でも、イギリス金銀調査委員会半数者の金貨国の資本放下に関する意見として、金銀比価の変動が金貨国から銀貨国への資本放下を妨げることが紹介されている[41]。外債発行・外貨借入れが金本位国通貨建てで行われれば（投資受入国にとっては外貨建て）、金本位制を採用している投資国の方に為替リスクが生じない。だがこの場合には、投資受入国の側に為替リスク、支払い負担増の恐れが発生することとなる。これによる対外投資、資本導入制限については「貨幣制度調査会報告」では明言されていない。だが銀本位制下のインドでは、銀貨下落によるイギリスへの公債元利払いその他の金貨経費の増大が財政を圧迫し、これがインド幣制改革の大きな要因となったことを貨幣制度調査会は認識していた[42]。

銀貨下落の外資導入抑制効果の評価については、外資排除論者と外資導入論者とで異なってくる。銀相場論者の中には、外資排除のために銀本位維持を主張する者がいた[43]。

銀本位制継続支持論はこのような経済的根拠に基づいていたのである。

金本位制実施論の経済的根拠

金本位制論者は、銀貨下落の利益をまったく認めなかったわけではなかったが、経済発展の起動力としての効果は小さく、それよりも「幣制金融ノ整理ト

---

38) 小野一一郎［1963c］52ページ。金本位制論者が主張したように、物価騰貴が抑制されたのは「学術ノ応用及天然力ノ利用、交通ノ便益及運搬費ノ低減、競争区域ノ拡張、外国物品ノ輸入等生産力及貨物ノ供給ヲ増加シ物価ヲ低下セシムルノ作用非常ニ強大」であったからであった（大内兵衛・土屋喬雄編［1932b］387ページ）。

39) 「金銀比価ノ変動ハ寧ロ銀貨国ニ利アリテ金貨国ニ害アリ」と主張する者は、銀相場の低落による金貨国の物価下落がその国の農工商の不振をもたらし、銀貨国の物価騰貴がその国の農工商の好景気をもたらすとも考えていた（大内兵衛・土屋喬雄編［1932b］381-382ページ）。

40) 大内兵衛・土屋喬雄編［1932b］379ページ。

41) 同上書、561ページ。

42) 同上書、382ページ。

運輸交通ノ発達ト、学術応用ノ普及」という銀価低落以外の要因の方が経済発展の機動力として大きかったと考えていた[44]。金本位制実施論者は銀価低落が一時的には輸出奨励・商工業振興があることを認めていた[45]。だが金本位論者は、やがてはそれが物価騰貴をもたらして輸入超過を生じさせるという不利益があることも指摘していた。また、その物価騰貴が投機奢侈を助長するとも主張した。阪谷芳郎は経済界の健全は物価安定に基づくと考えていた[46]。

このように金本位論者は銀本位制継続の利益の限界、その問題点を物価騰貴と関連づけて指摘したわけであるが、貨幣制度調査会の開催時期においては、金本位論者は銀本位制下の物価騰貴を有力な根拠として金本位制の実施を主張したわけではない。

金本位国との貿易の円滑化、為替相場の安定・為替リスクの回避を図ることも金本位制論の有力な論拠をなした。紡績業の綿糸輸出関税・棉花輸入関税の撤廃に尽力した自由党の栗原亮一は、金本位制採用の立場に立ち、「我邦ト関繋ノ最モ重大ナル欧米各国ト貿易上ノ便利ヲ致シ、為替変動ノ害ヲ免レ取引上ノ信用ヲ堅固ニシ、又外資ノ融通ヲ利用スルニハ其幣制ノ一致ヲ図ルヲ要ス」と論じている[47]。事実、阪谷が指摘したように、日本の1894年における輸出入総計2億3072万8042円のうち、金貨国との取引が7割を占め、銀価国との取引は3割にすぎなかった[48]。

---

43) 我が国農商工業の独立進取発達を促進しようとする若宮正音は、侵入してくる外資によって日本の幼稚な農商工業の発達が抑圧されることのないようにとの観点からも銀本位制度の継続を求めた。若宮は「金貨本位制ノ制ヲ定ムルトキハ忽チ外資侵入ノ便ヲ開キ、豊富老練ナル外人競テ我内地ニ入リ、巨多ノ資本ヲ放下シテ農工商業ノ利ヲ占得センコトヲ努メ、遂ニ企業者及資本主ノ位地多クハ彼等ノ手ニ帰スルノ虞ナキ能ハス。是ニ於テカ我幼弱ナル農工商業者ハ外人ノ使役スル所トナリ、我邦天然ノ福利徳澤ハ殆ト外人ノ吸収スルニ任セサルヘカラサルノミナラス、我農工商業ノ独立進取的発達ハ之カ為ニ抑圧セラル、ニ至ルナキヲ保スヘカラス」と主張したのである（同上書、440-441ページ）。ここには、後進資本主義国日本の産業発達の脆弱性に対する認識がある。

44) 「学術ノ応用及天然力ノ利用、交通ノ便益及運搬費ノ低減、競争区域ノ拡張、外国物品ノ輸入等生産力及貨幣ノ供給ヲ増加シ物価ヲ低下」させなければ銀価の低下によって日本の物価騰貴が著しいものとなるであろうとみなした（大内兵衛・土屋喬雄編［1932b］387ページ）。

45) 金準備の充実後という条件つきの金本位制実施論者であった添田壽一は「銀価下落ノ結果トシテ目下輸出ニ増進ヲ来シ、商工業ヲ振起セシメ、労働者ノ需要ヲ増加スル等一時ニモセヨ幾分カ有益ナル収穫ヲ得ツ、アルハ疑ヲ容レサル」ことと認めている（同上書、395ページ）。

46) 大内兵衛・土屋喬雄［1932b］387-388、392ページ。

47) 同上書、403-404ページ。

第 3 章　金本位制の確立

　銀価下落が銀貨国の政府財政を窮迫させるということを、貨幣制度調査会はインドの事例からよく認識していた[49]。主として官僚に唱導された金本位制論の基礎には、銀価下落のもとでの金貨国からの軍需品などの購入に伴う財政上の金貨支払いの増大、および銀価下落による先進金貨国からの生産手段の購入価格の騰貴によってその輸入が阻止されることに対する憂慮があった[50]。このような主張は大蔵官僚の意見を代表すると同時に、輸入貿易業者、輸入生産手段に依存する産業資本の危惧をも反映していた[51]。渡辺洪基は「欧米各国ヨリ軍防ノ具、器械其他諸般ノ貨物ヲ購求スルノ要アリ」と述べている[52]。金本位論者は欧米先進金貨国との取引関係を重視していた。この場合、彼らは財政負担抑制を考慮しつつ軍需品輸入により軍事力増強を図ることや、生産手段輸入により生産基盤の充実を図ることを重視していたのである[53]。これらは当時の我が国の生産の発展段階において、軍需品輸入や生産手段輸入に依存せざるをえなかったという状況を反映するものである。このようなことが金本位制実施の有力な経済的根拠となっていたのである。

　貨幣制度調査会報告では、前述のように銀価下落が金本位制国から日本への投資を減少させることが主張されている。金本位制論者の中には栗原亮一のように外資の融通を利用するためにも金本位制を採用すべきであると主張するものもいた。だが不平等条約が存在し、治外法権が廃止されていない状況下では外資排除の方針が継続されており、外資導入は金本位制実施の論拠としては薄

---

48)　同上書、389ページ。金本位国との貿易は、輸出貿易においては生糸、茶、輸入貿易にあっては軍需品および生産手段が中心を占めていた（加藤俊彦［1948］9ページ）。また三井物産の益田孝は「貿易上経済上ノ関係最モ厚キ強大国ノ本位貨幣ト出来得ル限リハ同一ノ貨幣ヲ使用シ、為替相場ノ上ニ生スル価格ノ変動ヲ防御スルハ貿易ヲ発達セシムル一大要義トス」と述べている（大内兵衛・土屋喬雄編［1932b］410ページ）。

49)　大内兵衛・土屋喬雄編［1932b］382ページ。

50)　加藤俊彦［1948］8ページなど。

51)　加藤俊彦［1948］8ページ。小野一一郎［1963c］52ページ。金本位論者は、「銀価下落ノ結果トシテ、国庫歳出上金貨ヲ以テ仕払フヘキ経費ノ増加シタルハ実ニ驚クヘキモノアリ。是独リ政府カ、将来益々必要ナル軍用品ノ如キヲ購入スル上ニ於テ然ルノミナラス、民間ニ於ケルモ亦同様ニシテ、百般進歩改良ノ計画ニ必要ナル機械等ヲ金貨国ヨリ買入ルニ当リ、其費用ノ従前ニ比シテ莫大ナルニ依リ、往々之カ決行ヲ躊躇スルアリ、為メニ多少事業ノ進歩ヲ妨害スルノ形跡ナシトセス」と説いている（大内兵衛・土屋喬雄編［1932b］387ページ）。

52)　大内兵衛・土屋喬雄編［1932b］399ページ。

53)　小野一一郎［1963c］51ページ。同［2000］195、197ページ。

弱なものとなっていた。

　金本位制支持論、金本位制に対する信認は、上述のような経済的根拠に基づいていたのである。

金本位制即行への躊躇

　だが幣制改正論の委員の中には、阪谷を除いて金本位制の即行への躊躇が強く存在していた。この要因は主として金準備の不足ということであった。添田壽一は「金貨本位ノ急施ニ逆フ所ノ事由ハ、目下尚ホ金準備ノ不足ナルニ在リ」と述べ、金準備の充実を図って後に金貨本位制を確立すべきであると論じている[54]。金吸収策として貨幣制度調査会において添田が挙げていたのは、①国家の生産力および輸出の増進、②朝鮮の砂金ならびに内国の産金の買収、③海関税の金による徴収、金貨支払いの回避と金納入の奨励、④金貨国における本邦公債売買を盛んにすることであった。償金受納金については、添田はそれを金でもって我が国に現送してくるのではなく、欧米の中心地において公債または為替手形に投資しておくことが最も必要であると論じている。それが金貨本位実行準備となることを否定しなかったが、それは金現送費を要せず、金増大に基づく物価騰貴を招来せず、金銀相場や為替相場の急激な変動を回避させ、また利殖上の便宜を図るとともに為替相場の面から輸出貿易を奨励し、文明国からの利器などの輸入に対する為替差損を回避させ、日本が欧米金融市場における実権を掌握するという利益があるから必要であると述べている[55]。また海外に流失している我が国の銀円が逆流してきて金との兌換要求をもたらし、金準備が消尽してしまう恐れも存在していた[56]。このことは「貨幣制度調査会報告」では表面化しなかったが、即行論の阪谷にしてもただちに銀貨を廃するというのではなくて、その自由鋳造のみを止め、従来発行の１円銀価は新金貨１円につき１円の割合をもって法貨として無制限に授受することを認め

---

54)　大内兵衛・土屋喬雄編［1932b］395-396ページ。阪谷も金貨実施実施については先ずその基礎を強固にする必要があり、十分な安全を確保するためには新金貨１億円の貯蔵が必要であることを認めていた（同書、391ページ）。

55)　大内兵衛・土屋喬雄編［1932b］396ページ。

56)　渡辺佐平［1963］26ページ。「貨幣法制定及実施報告」『日本金融史資料　明治大正編』第17巻、29ページ。

ようとする意見を開陳していた[57]。

上述のように「貨幣制度調査会報告」が作成された当時において、一個人の認識を超えて金本位制を実施しようとする社会的意識（社会的信認）が形成されつつあったとはいえ、それが社会全体の合意形成（一般的信認）に結びつくには至らなかった。すなわち、金本位制に対する信認が形成されつつあったものの、それには大きな限界が存在していたのである。

3　日清戦争後の金本位制への信認の進展

（1）日清戦争後の物価騰貴

大蔵省理財局は金本位制実施を中心とする幣制改革の経過を初めて編集した文献である「貨幣法制及実施報告」を1898年8月に印刷に付し、「償金収支報告」の参考書として大蔵大臣に提出している。この中に、松方大蔵大臣の内命を受けて田尻稲次郎次官、松尾臣善主計局長、阪谷芳郎主計官、添田壽一大蔵書記官が金本位制の施行方法について調査し、添田が起草し、1897年1月に提出された「金本位制施行方法」と題する1編の復命書が収録されている。ここでは貨幣条例改正の理由として、銀貨下落による物価騰貴から日本が享受してきた利益（輸出奨励・輸入抑制・農商工業の発達・労働需要の増加）が減滅して弊害（政府歳出の増加、債権者の損失、賃銀上の困難）が耐え切れないほどとなっていることが挙げられ、このことから金本位制を採用すべきであると論じられている[58]。

これに対して中村隆英氏は、1894～96年の間、金銀比価は銀が金の32倍という水準で安定していたのであるからインフレ激化の原因を銀本位に帰するのは不当であり、物価騰貴の真因は、軍事費の増大をはじめとする財政支出の膨張が国内経済を刺激し、かつ賠償金収入によって外貨準備が増大し、輸入超過を補塡しながら「戦後経営」を継続できたことに求められるべきであると指摘されている。このことから中村隆英氏は、松方が必ずしも経済的に有利とはいえ

---

57) 阪谷は、銀貨を流通させることが幣制改革施行上、一時に多量の金を要しないからすこぶる便利であると述べている（大内兵衛・土屋喬雄編［1932b］390ページ）。
58) 大蔵省理財局編（1898）『日本金融史資料　明治大正編』第17巻、26ページ。

ない金本位制を推進したと批判されるのである[59]。

確かに、日清戦争後の物価騰貴の原因を銀貨相場の下落のみに求めることは不当であろう。だが、銀価水準の下落が物価騰貴の一因となった可能性を否定することはできない。このような銀本位制下の物価騰貴が銀本位制のメリットを減退させ、金本位制実施の機運を高めたのである。

また為政者、政策関係者の現状認識と政策決定との関係に着目するという視点も重要である。松方は物価騰貴を一因として金本位制の実施に踏み切ったのである[60]。銀価下落を当時の物価騰貴の主たる原因とみなすことは錯誤であろう。だが、政治家や官僚、実務家が学者のように真理を探究して、それに基づいて行動するわけではない。たとえそれが錯誤であったとしても、それを事実であると認識すればそれに基づいて行動するということが無視されてはならない。物価騰貴という現象が金本位制実施論者を勇気づけ、銀本位制継続論者の意気を消沈させるように作用し、これが金本位制の実施を助長したという評価も必要であろう。

（2）　外資導入容認政策への傾斜
内国債の海外への売出しと政府外債発行の再開

明治政府は、1899（明治32）年の第1次条約改正によって外国人への裁判権を獲得するまでは、政府・民間ともに外資導入を禁止する政策が採用されていたといわれている[61]。確かに明確な方針転換は1899年のことであろうが、1896年夏に渡辺国武蔵相は内国債の海外売却を閣議決定し、8月に額は少ないながら、ロンドンでこれが売り出されている[62]。

1872年以来途絶えていた政府外債発行が再開されるのは1899年のことである。だが、1897年には政府が外資導入の方向に政策を転換し始めたことは確かであろう。1897年12月の阪谷に対する松方の談話によると、松方は危険を随伴しない形態での外資導入を計画しており、「一時巨額の外資を輸入し、又は未右混

---

59)　中村隆英［1985］71－72ページ。
60)　大内兵衛・土屋喬雄編［1932a］457－458ページ。
61)　石井寛治［2007］6ページ。
62)　1986年の内国債のロンドン市場での売却については、せんだ　みのる［1999］122－128ページを参照されたい。

第3章　金本位制の確立

合企業の当否確実不確実とを精査せずして資本を供給するが如きは甚だ有害なもの」としていた63)。1898年1月以降には横浜正金銀行副頭取高橋是清が井上馨大蔵大臣からの密令を受けて外債発行の可能性について海外調査を行い、井上蔵相に報告書（5月31日付）64)を提出し、「我政府財制[ママ]上ノ信用今日之如ク持続致居候ハヽ別段抵当物ヲ出サズシテ募集シ得ヘキ見込充分ニ有之候」と述べている。高橋はその後も調査を行い、9月に帰国すると、井上の後任の松田正久蔵相にただちに外債募集を提案した。11月8日には松方が大蔵大臣に就任したが、高橋是清の膨大な報告書は高橋是清によって11月15日に新蔵相の松方正義にも提出されている65)。

外資導入容認政策への傾斜の背景

　政府の外資導入容認政策への傾斜の背景としては、まず金本位制の実施による貨幣制度の安定・国際的信認確保により海外から金融上の便宜を受けられるということが挙げられよう。一等国入り志向の強い阪谷は、金本位制を採用すれば、「資本共通と云ふものが行われますから、日本は初めて各文明国の金融上の仲間入りができます。従って貿易が発達して来る。……外資も這入り得る便があ」ると述べている66)。帝国議会衆議院で河島醇は「金貨単本位制ガ施行セラルヽト同時ニ外ニ対スル日本帝国ノ財政上経済上ノ信用ハ著シク増加スル」、このような金貨本位制が施行されたならば外国から低利の資金を輸入するうえでの便宜が与えられると述べている。貨幣法制定当時、このようなことが金本位制賛成論者によって認識されるようになっていたのである67)。

---

63)　「松方伯談話筆記」（1897年12月4日）『阪谷芳郎文書』505ページ。せんだ　みのる［1999］139ページ。
64)　『松方正義文書』第40冊37号。
65)　せんだ　みのる［1998］206－215ページ。同［1999］162－164ページ。
66)　阪谷芳郎「貨幣制度改正に就て」『龍門雑誌』第106号、1897年3月、故阪谷子爵記念事業会編［1951］191ページ。『阪谷芳郎伝』は、次のように述べている。貨幣制度の改革は我が国の信用を拡大するものである。それによって我が国の金融市場がロンドン・パリ・ニューヨークといった世界の金融市場に直結された。すなわち、政府による4300万円の売債計画がロンドン市場で成立し、英米仏各国の金融資本家中に日本の公債あるいは事業債を対象とする取引を希望する者が続々と現れるに至った。幣制改革の実行は日本経済を直接欧米に連結して、外国資本導入の通路を打開し、我が国における近代的資本主義経済機構の発展を促進せしめるうえに、きわめて顕著なる効果を発揮したのである、と（1897年11月7日、専修財政学会における阪谷の講演「経済及財政法問題」『東洋経済新報』第73号。故阪谷子爵記念事業会編［1951］196ページ）。

第 2 編　金本位制確立期の正貨政策

　そのほかの理由としては、第 1 に、1895年の日清戦争の勝利によって、清国が列強の植民地化の道を歩む一方で、日本が一応ほかの資本主義国と角逐しうる段階にまで達するようになったことを挙げることができる。金本位制の確立はこのことを示す金融的標識である[68]。

　日清戦争後、内にあっては資本主義経済の基礎が定まり、外に対しては日本の国力が認識された[69]。日清戦争後の産業発展の結果、外資導入によっても日本産業がそれに支配されない可能性が生まれてきたのである。綿糸生産は激増して1890年には早くも輸入量を超え、1897年には輸出量が輸入量を上回るに至る[70]。日清戦争は日本経済の発展と日本の後進帝国主義化につながった。日清戦争の勝利によって、日本は莫大な賠償金を獲得してこれを日清戦後経営に利用するとともに、朝鮮半島における行動の自由を得、また台湾や澎湖列島を獲得し、さらに、中国の沙市、重慶、蘇州および杭州における商業活動への大幅な進出が可能となった[71]。

　第 2 に、欧米との不平等条約の改正が、関税自主権の点で不十分さを残しながらも実現することとなったことである。江戸幕府が欧米諸国と締結した不平等条約の改正は明治政府の多年にわたる懸案事項であったが、陸奥宗光外相が1993年 7 月から対英交渉に入り、1894年 7 月16日、新しい日英通商航海条約（陸奥条約）が青木周蔵駐英公使とイギリスのキンバリー外相との間で調印された。これにより、5 年後の新条約発効とともに、領事裁判権の廃止、最恵国条約の双務化、関税自主権の部分的回復（発効12年で全面回復）がなされることとなった。これ以後、1999年の第 1 次条約改正発効に向けて法体制が整備されることとなる（1899年 3 月、新商法制定）。かくして日本は国家的独立を主張できるようになった。日本は責任を果たせる、信頼できる国（responsible

---

67)　『日本金融史資料　明治大正編』第17巻、80－81ページ。
68)　「金本位制の採用は、日本資本主義確立の最大の指標であった」（故阪谷子爵記念事業会編［1951］197ページ）。「明治三十年の金本位制の確立は、日本の資本主義的発達が植民地化の危機から全く脱脚せしめ、独立資本主義国として、世界資本主義の一環として、他の資本主義と角逐しうる段階に達せしめたことを示す金融的標識であった」（寺島一夫［1937］65ページ）。高橋誠［1964］197ページも参照されたい。
69)　堀江保蔵［1950］86ページ。
70)　石井寛治［1991］209ページ。
71)　サイモン・ジェイムス・バイスウェイ［2005］42－43ページなど。

power）としてヨーロッパ諸国から受け入れられるようになり、ヨーロッパ諸国と日本との取引はヨーロッパ諸国間で存在するのと同様の対等条件に置かれるようになったのである[72]。

このような外資導入への政策転換も金本位制実施を促す要因となったのである。

（3）　賠償金による金準備の確保——金本位制実施を可能とする条件の形成
国内、朝鮮、清国産金の吸収

日本は国内、朝鮮、清国産金を吸収していた。日本は産金国ではなかったが、国内産金がないわけではなかった。「明治三十年幣制改革始末概要」（1899年）によれば、日本の産金高は植民地となった台湾を含めて毎年170万円であった[73]。朝鮮からも金が吸収できた。朝鮮産金の種類は主に砂金であり、産金高は200万円ないし300万円であった[74]。

清国では山海関以東、満州、韓国国境、四川、雲南地方が主要な金産地であった。北清地方から産出された金はいったん北京に集められ、ここから天津を経て上海から海外各国に輸出された。四川など揚子江上流沿岸地方で産出する金塊はいったん漢口に集められ、その後、上海に輸送された。上海における清国金塊の輸出高は毎年600万両ないし800万両であり、日本が清国から買い求めることのできる金はこの上海経由のものであったので、1両が1円20銭であるとして、日本が清国から吸収できる金の金額は720万円ないし960万円であった[75]。

かくして日本は産金吸収によって毎年多くて1430万円、少なくて1090万円、平均1260万円の金を吸収することが可能であった[76]。

---

72)　石井寛治［1997］128−129ページ。I. H. Nish, *Anglo-Japanese Alliance: The Diplomacy of Two Island Empires, 1894-1907*, London, 1966, p. 10. Olive Checkland, *Britain's Encounter with Meiji Japan, 1868-1912*, Hampshire and London, 1989, p. 13. 1899年の第1次条約改正発効で治外法権が廃止されることとなり（ただし外国人の永代借地権は残る）、外国資本の国内経済支配を排除する制度が整備される。こうしたことが資本輸入の問題点を除去し、その輸入を容易化することとなったのである。この条約改正で外国人への内地解放（内地雑居実施）もできるようになる。関税自主権の回復は1911年の新日英通商航海条約の締結によって達成される。

73)　大内兵衛・土屋喬雄編［1932a］488−489ページ。
74)　同上書、489ページ。
75)　同上書、489−490ページ。

第2編　金本位制確立期の正貨政策

賠償金

　金本位制実施を可能にする第1の条件は、これを維持するために必要な金準備を確保することであった[77]。従来これが困難であったために、金本位論者も容易に金本位制即行を主張することができなかった。松方正義も「日本ハ金貨本位ノ政策ヲ取ラサルヘカラス」（1893年9月）の中で、金本位実施とともにただちに金貨兌換を実行することは得策ではなく、政府や日本銀行が金貨回収方策を実施して中央の金貯蔵高を増加させてから徐々に金貨兌換を行うのが最も安全な政策であると主張していた。

　だが日本は日清戦争の勝利により（1895年4月、日清講和条約調印）清国から巨額の賠償金（約3800万ポンド＝約3億6400万円）を獲得することができるようになり、1895年10月31日には第1回分として7400万円を受領した。貨幣制度調査会報告が提出された時点とは状況は大きく変化し、清国からの賠償金の受領により日本は金本位制を実施することができるようになったのである。

　日清講和条約（下関条約）では賠償金は庫平銀両で受領することとなっていたが、銀価格が低落し、またその変動が激しいなどの理由から、日本政府は清国と協議し、それを英貨に変えてイギリスで領収することとした。償金の一部は日本に回金されたが、それは為替取組みと正貨現送によりなされた。正貨現送は当初は我が国が事実上の銀貨国であった関係上、金銀併収の方針が採用されていたが、1896年9月18日に渡辺国武に代わって松方正義が大蔵大臣に就任すると、同蔵相は金貨単本位制実施の方針をとり、この準備のために政府・大蔵省は同月29日に日本に回送する正貨は金貨・金塊とするよう、日本銀行に通達した[78]。賠償金の使途としてはこれを軍事費などの財政的支払いに用いようとの財政当局の考えも存在したが、通貨価値の維持を重視する松方正義はこれを幣制改革にも用いようとしたのである。政府はロンドンから金を現送してこれを銀貨との交換に用いるとともに、1896年3月公布の償金特別会計法に基づき同年5月に開始された政府と日本銀行との「預ケ合貸借」の返済金として政府は金を日本銀行に支払った。

---

76)　同上書、490ページ。
77)　前掲「金本位制施行方法」『日本金融史資料　明治大正編』第17巻、30ページ。
78)　大蔵省理財局編「貨幣法制定及実施報告」『日本金融史資料　明治大正編』第17巻、25ページ。
　　大内兵衛・土屋喬雄編［1932a］446－450ページ。

第 3 章　金本位制の確立

　松方大蔵大臣は1897年 2 月25日に貨幣法その他の付属法案を閣議に提出したが、その中で次のように述べるに至る。「償金ハ英京ニ於テ金貨ヲ以テ受取ルコトニ追約セリ茲ニ於テ金ノ吸収ニハ非常ノ便益ヲ得リ　今ヤ従来日本銀行ノ兌換準備中ノ金貨参千参百余万円及償金ヲ以テ取寄ニ係ル金貨六千五百余万円合計九千八百余万円（之ヲ新金貨ニ換算スレハ一億九百四十万円余）ノ多キニ上リ金貨本位ヲ実施スルノ機実ニ熟セリト云フヘシ此機ハ実ニ千載一遇ノ好機ニシテ再ヒ得ヘカラス」と[79]。

　すなわち、金準備の充実を根拠に金本位制の即時実施を松方は要求したのである。松方が金本位制実施に踏み切るに至ったのは、日清戦争賠償金などに基づく日本銀行および政府の金準備の確保という、それを可能とする条件の熟成という変化があったからである。この金が日本銀行券の兌換準備金として日本銀行券の信認を支えることになるのである。

　金準備が当面は十分であるとしても将来はこれを維持することは難しいのではないかという懸念もあったが、将来ますます貿易が発達し、生産事業が隆盛をみるからその憂いはない、と松方は考えた[80]。実際には日清戦争以後に貿易収支は赤字基調となり（出超となった年は1895年、1906年、1909年のわずか 3 年にすぎない）、とくに明治40（1907）年代以降の入超は著しかったのであるが。

（4）　海外流出円銀の復帰懸念の低下

　前述のように、日本の 1 円銀貨は1896年10月末に累計で 1 億円以上が海外に輸出されていた。それは主としてシンガポールを中心とする海峡植民地に流出し、さらにそこから近隣に四散していた[81]。それが日本に還流してくれば日本が金本位制を採用した場合にそれが紊乱される恐れがあった。この 1 円銀貨

79）「貨幣法制定及実施報告」『日本金融史資料　明治大正編』第17巻、35ページ。1897年 3 月 3 日の議会におにる法案提出理由でも松方は「金ノ準備ハモハヤ備ハッタト云フテ宜シイ」と述べている（大内兵衛・土屋喬雄［1932a］457ページ）。

80）　1882（明治15）年から日清戦争にかけて貿易収支は輸出超過となり、他時期と比較すると均衡基調であった。松方は、1888（明治21）年以後 8 カ年平均で、銀貨国からの輸入超過額は平均1050万円余であるが、金貨国に対する輸出超過額が1100万円余であるから差引金貨について我が国が取り入れる方が多く、この度合いで進むとすれば懸念はないと述べている（『日本金融史資料　明治大正編』第17巻、48ページ）。

81）　山本有造［1994］159-184ページ。

195

第2編　金本位制確立期の正貨政策

を金貨と兌換することとすれば日本の多額の金が流出することになる。この流出円銀のうちのどれだけが日本に還流してくるかが、金本位制実施にあたっての重大問題であった。

　この1円銀貨は海峡地方各地の通用に供され、さらに中国からの出稼ぎ労働者が円銀を本国に持ち帰って鋳潰していた。したがって1897年2～3月の各地の領事報告によれば、日本に復帰する銀貨は約1000万円と見込まれた[82]。復帰銀貨がこの程度（流出額の約10分の1）であることが明らかになったため、松方蔵相は安心して金本位制実施を断行できたのである。

（5）　金本位制実施のための輿論形成

　貨幣法案上程の報道がなされると、多くの人々の注目を集め、経済学会、国家学会、法理学研究会、専修理財学会、国家経済会、経済事情攻究会などの諸学会のみならず、民間における各種の実業家諸団体も相次いで研究会、講演会、演説会を開催するなど、種々の形式で旺盛な関心を示した。

　大蔵省主計局予算決算課長兼貨幣課長の阪谷芳郎（1897年4月に主計局長となる）は、それらの団体からの招聘を受ければ、努めてこれに応じて、金本位制採用論を反復演説して倦むところがなかった。たとえば、1897年2月20日に経済学協会臨時会において「金貨本位制に就て」演説し（その筆記は3月発行の『東京経済雑誌』第866号に掲載）、同月27日には龍門社総会において「貨幣制度改正に就て」演説した（その筆記は翌3月発行の『龍門雑誌』第106号に掲載）。2月28日には、後に早稲田大学となる東京専門学校で開催された「擬国会」において「金貨本位論」と題する演説を行った（その筆記は同校発行の講義録に掲載）。それらは輿論の動向を決定するうえで、絶大な効果を有したのであった[83]。

　このような金本位への「輿論」（世間に見られる私的な感情としての世論ではなく、社会における理性に基づく多数意見）形成は金本位制への一般的信認形成に寄与するものであったということができよう。この輿論形成は、本書第11章第7節で述べるような金解禁準備期に浜口内閣によって国民感情に訴えるものと

---

82)　大内兵衛・土屋喬雄編［1932a］495－496ページ。
83)　故阪谷子爵記念事業会編［1951］185－193ページ。

して大規模に展開された世論形成とは異なるものであった。

　上述のように貨幣法案を閣議に提出した当時は、貨幣制度調査会報告が提出された当時と比べて金本位制実施機運、金本位制への信認がより進展していたのである。

4　松方正義の金本位制に対する信念とその経済的根拠、経済目的

（1）　松方正義の金本位制に対する信念

　松方は紙幣整理の場合と同じく金貨本位制実施についても「誠心誠意唯正直」をもってこれを実施しようとした。権謀術数を用いることは「信ヲ内外ニ失フニ至ルモノ」とみなした（松方正義［1912］5ページ）。

　1880年代後半から90年代にかけての日本の経済成長が金銀比価（金価格の対銀価格倍率）における銀価低落による輸出増加を景気として可能となったことを論証される中村隆英氏は、金本位制への移行がこの発展要因を放棄するものとみなされ、金本位制への移行は、松方の意志と政治的支配力によって実現したものであり、それは経済的な利害に基づくものではなく、イデオロギーに貫かれた政治過程であった、とみなされる。それは通貨制度を強固な基礎に置くことが経済発展の基礎であると考える不動の信念と欧米列強と肩を並べるという脱亜入欧の発想に基づくものであり、経済的合理性に基づくものではなかったとされる[84]。

　貨幣制度調査会の報告から金本位制の断行までには大きな飛躍があり、金本位制断行への松方の主導性は明らかである。松方は1912年6月における前述の明治天皇への進講の中で、金本位制の確立前に、「正義ノ信スル所ハ」経済の基礎を世界共通の貨幣の上に置くべきであるという「信念」を有していたことを明らかにしている。この信念は「確信」ともいえるものであった。金本位制の採用には伊藤博文などの元老、福澤諭吉などの民間思想家、渋沢栄一、安田善次郎など実業家の激しい反対があった。松方は、首相再就任後、閣議の一致のもとに金貨本位制実施を決意すると、明治天皇の英断がなければこれが実現

---

[84]　中村隆英［1985］58、63、72－74、76ページ。

できないと考え、その理由書を提出して天皇にその裁可を奏請した。明治天皇が松方の奏請した理由書を理解することは困難であったが、天皇は松方に「信頼シテ之ヲ裁可」した。明治天皇の松方に対する「信頼」と支持が金本位制実施に関する松方の信念を支えていたのであり、これが松方の不退転の決意の政治的拠り所であった[85]。この揺るぎのない信念（確信）に基づく金本位制の断行の姿勢は、かつて紙幣整理においてみられたように政策実現への国民の信認を取り付ける大きな要因となったことが評価されるべきである。大蔵省書記官兼参事官、官房第3課長として貨幣法制定に従事した添田壽一は、「松方首相は確固たる信念をもって衆議を排して金単本位制の断行に着手し」たのであり、貨幣法案は元老、学者の反対にあって成立がほとんど絶望とまでみられたが、ある日明治天皇が松方首相を呼び出して奨励と鞭撻の言葉をかけたことから、「松方首相の確信はますます固くいよいよ奮励して難局に当ることとなった」、と回想している。添田壽一は、松方侯が金本位問題について「頑として」「所信を曲げられなかったと云ふ為に」この問題が議会を通過した、と述懐しているのである[86]。

　金本位制の確立に松方の（理念と勇気、不退転の決意に基づく）強い「信念」、確信の産物という側面があることは確かである。ただし、これを経済的合理性に基づかないといって批判するのではなく、日本の金本位制確立を促した要因、起動力としてこれが重視されなければならない。日本の金本位制の実施は日本社会における金本位制に対する一般的信認の形成が不十分な状況のもとで決定されたのであり、このことから松方の信念の重要性が認識されるべきである[87]。

　松方のこの信念は、単なる思いつきではなく、前述の国際金本位制の動向に日本が対応すべきであるという松方の大局的、長期的構想に基づくとともに、日本が慶長以来金をはじめとする貨幣制度の歴史を有していたことによって支えられていたのである。松方正義は貨幣の基礎を強固にしてこそ経済上健全な

---

85)　松方正義［1912］4－5ページ。徳富猪一郎編述『公爵松方正義伝』坤巻、公爵松方正義伝記発行所、1935年、674－676ページ。室山義正［2005］283－284ページ。
86)　添田壽一談「反対の中で金本位制を確立」『大阪朝日新聞』1928年7月22日付。「金貨本位実施満二十年紀念会記事」『日本金融史資料　明治大正編』第17巻、661ページ。添田は金本位制の議会での採択は明治天皇の聖断結果であるとも述べている。

第3章　金本位制の確立

発達を期することができるということを各国の経験（「各国トモ既ニ定論」）と日本の経験からよく認識していた。東京帝国大学教授の山崎覚次郎博士は金本位制がよいか銀本位制がよいかは価値変動、物価変動の観点からはいえないと述べている。また正金銀行頭取の園田孝吉は、金よりも銀の方が変動が少なく、金銀比価の変動は銀の下落ではなく金の騰貴によるものであり、物価騰貴も銀貨下落によってもたらされたものではないと述べている。だが松方正義は「銀よりも金が動揺の少ないと云ふことは明らかなことで」あると考えていた。この信念は、理論的検討というよりも、銀下落の世界の経験（「模様」）とともに、日本が江戸時代に「金の主義を取った国でもある」という歴史認識に支えられていたのであった[88]。

また、この金本位制が日本が社会的、一般的に国際信認、国際信用を得る前提となるとともに、松方の金本位制実施への信念が、松方個人の単なる心理的現象にとどまるものではなく、経済的根拠、経済的目的を有するものであった

---

87)　信念（belief）とは対象に対する個人が有する情報であり、とくに対象とその属性との関連性を主観的にとらえたものである。confidence を信念の意味で用いることもある。信念には思いつき程度の軟弱なレベルのものもあれば、これといった根拠のない魔術的なものもある。確信（conviction）は信念のとくに強いものである。信仰（faith）は宗教上の事柄についての信念や論理性のない信念のことをいう。仮説検証のプロセスを通じて、これに耐えられる信念は人々が共通に受け入れられる知識となる。意志、決意としての信念を示す場合には will が用いられる。これらについては小川一夫監修『社会心理学用語辞典』北大路書房、1987年、148ページ、齊藤壽彦［2010］40ページ、子安増生「経済活動に関する信念と知識」子安増生・西村和雄『経済心理学のすすめ』有斐閣、2007年、Ben Sweetland, *I Will—The Art of Discovering Life's Riches Gracefully*, U.S.A., 1960.（B・スイートランド著、桑名一央訳『信念をつらぬく』創元社、2001年）、などを参照されたい。

88)　金貨をもって本位貨とする考え方は、江戸期以来醸成された国民の一般的感情であった（山本有造［1994］119ページ）。松方正義は貨幣法案を議会に提出した際、「今日ニ於ケル貨幣ノ基礎ヲ開キマシタノハ実ニ慶長年間デアリマシテ」、「金本位実施ノコトハ我邦慶長以来ノ歴史ニ徴シ広ク内外ノ大勢ニ鑑ミ遠ク将来ヲ慮リタルモノ」であると演説している（大内兵衛・土屋喬雄編［1932a］453、461ページ）。江戸時代には三貨制度（金・銀・銭）が採用されたが、松方はとくに金に注目し、幕府が「金を主にして」金銀を取り扱ったとみなし、悪鋳是正のための新井白石の小判（金）の再鋳造を英断と評価している（「金貨本位実施満二十年紀念会記事」『日本金融史資料　明治大正編』第17巻、685ページ。室山義正［2005］282ページ）。山崎覚次郎は「金それ自身が価値の変動が少ないから金本位の方が物価の変動が少い、また銀の方が価値の変動が多いから、従って物価の変動が多いと云ふことは言えぬのであって、両方共に矢張此点に於ては同じと見る」（同巻、668ページ）。園田孝吉は「金貨は変動多く銀貨は却って動かざるものなり」と述べている（大久保義雄編『金本位之説明』上原書店、1897年4月、46-47ページ）。これに対して松方は、銀よりも金の方が動揺が少ないとみていた（『日本金融史資料　明治大正編』第17巻、688ページ）。

199

ということが強調されるべきである。松方の信念は他の人々にも広く受け入れられる考えとなり、金本位制への一般的信認をもたらすものとなっていったのである。この過程について詳しく考察しよう。

（２）　松方正義の金本位制実施論の経済的根拠、経済目的
通貨価値・物価の安定に基づく経済発展

　松方蔵相は貨幣制度調査会設置の背景説明の中で、銀本位制下では銀価低落により物価が騰貴し、国民に投機の観念を養成させることを挙げていた[89]。1897年3月3日、議会における同法案提出理由の中で、金本位実施は「我邦貨幣ノ基礎ヲ鞏固ナラシメ経済上健全ナル発達ヲ望ム為メデア」ると述べ、幣制改革の経済上の必要および利益として、第1に、物価の変動を避ける利益を挙げている[90]。松方は健全な経済発展の前提条件として、何よりもまず金本位制度による貨幣の基礎の強化、通貨価値・物価の安定を重視したのである。

　この場合、松方は前述のように長期的視点から金本位採用による経済の健全な発展を志向していたのであった[91]。

　また、松方は「実際」に照らしても金本位採用の利点を確信していた[92]。

　金銀比価の将来は確定しがたかった。金銀比率は金生産の増大と投機的な動きとを反映して、図3－1にみられるように1897年以降、激しい波瀾を繰り返している。銀価の低落傾向は従来ほどはっきりとはみられなくなっている。それでも、基調としては銀安の傾向が1915年まで持続しているといえないこともない[93]。

　松方正義は、理論上だけでなく現実にも銀価下落に基づく物価騰貴があったことを認めていた。だが、それだけから松方が金本位制実施を主張したわけで

---

89)　松方正義『進講　財務経営之一班』［1912］97ページ。
90)　松方は次のように述べている。貨幣の本位を金にすれば価格の標準の動揺が少ないわけであるから、物価が安定する。物価騰貴は一時的に好況をもたらすけれども、漸次原料ならびに賃金に影響を及ぼし、生産を害し、輸出を減少させるに至る。一方、物価暴落も商業社会、金融社会に損害を与える。物価に急激な変動がないのが一番良い。銀本位制では物価の変動を免れがたいから、是非とも金本位制を採用すべきである、と。松方は、物価の変動を回避すれば生産が発達して輸出貿易が増進すると考えていた（大内兵衛・土屋喬雄編［1932a］460－461ページ）。
91)　大内兵衛・土屋喬雄編［1932a］461ページ。
92)　「金貨本位実施満二十年紀念会記事」『日本金融史資料　明治大正編』第17巻、681ページ。室山義正［2005］282ページ。

第3章　金本位制の確立

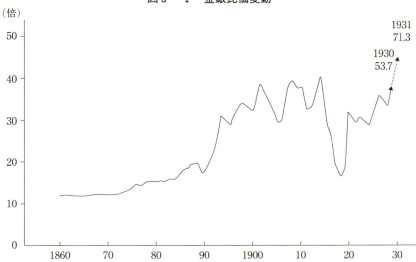

図3－1　金銀比価変動

注：金銀比価は下記によれば1894年には32倍、1902年には38倍となっている。
出所：中村隆英［1985］45ページ（原資料はWarren and Pearson, *Gold and Prices*, 1935.）

はないということも指摘しておきたい[94]。現実の物価騰貴が銀価下落によるものであってこれが金本位制実施の主たる原因であるとは松方は必ずしも述べていないのである。

金本位国との貿易の円滑化、為替相場の安定化

経済的根拠の第2は、金本位制の実施には金本位国との貿易の円滑化、為替

---

[93] 中村隆英［1985］80ページ。Kris James Mitchener, Masato Shizume, and Mark D. Weidenmier［2010］では、日本が金本位制に参加した後、それまでの銀価低落傾向が反転し、銀に対する金価下落が生じたとされる。だが実際に1897年4月以降の金銀比価をみると、銀価格が変動を繰り返しており、ロンドン銀塊相場は、1897年3月に金銀比価は1対して銀32.5であったが、同年3月には37.6、11月に35.1、1898年3月には37.0、11月に33.7と変動している（大蔵省が1901年に編集したと推定される『金貨本位実施ノ本邦経済ニ及ホシタル結果ノ調査』参照）。金銀比価変動を1893年から1915年まで年次別にみると、変動を繰り返しつつ銀価の水準は金価と比較して金本位制実施直前の時期と比べて金本位制の時期の方が低くなっている（『金貨本位制実施満二十年記念』同紀念会、1917年作成と推定）。すなわち同資料によれば、金銀比価は1893年に26.5、1897年に34.2であったが、1900年に33.3、1902年に39.2、1906年に30.5、1909年に41.0、1912年に33.6、1915年に40.0と変動している。

相場の安定・為替リスクの回避を図るという目的があったということである。松方正義には、国際的な銀の低落が金貨国に対する為替相場の切下げ効果をもたらし輸出を促進するという側面への認識がほとんど欠如していた。従来から彼の頭を支配していたのは金貨国との貿易、とりわけ金貨国からの輸入のことであった[95]。同蔵相は前述の議会における貨幣法案提出理由の中で、金本位制実施の経済的利益の１つとして、金貨国との貿易の円滑化を指摘している。金本位制になればその制度を同じくする金本位国との貿易取引がはなはだ便利となる、と松方は物価安定に伴う生産の発達が輸出を増進することにも言及している。

また松方は、銀貨国である日本は銀価の変動に従って常に金貨国との為替に動揺を生じ、そのために商業を渋滞させるが、日本が金貨国になればその弊害を除去できると論じている[96]。松方は外国為替相場の安定を求めたのである。金銀比価は1894〜96年には安定することとなった。しかし、金銀比価の将来は前述のように確定しがたかったし、その後実際に大幅に変動している。横浜正

---

94) 松方大蔵大臣は、銀価下落による物価騰貴を金本位制移行の根拠の１つとしたのであって、貨幣制度調査会の設置の背景を回顧した際にも「物価ハ頻ニ昂騰シ徒ニ国民投機ノ観念ヲ養成スルノ勢ヲ成シ」ということを１つの原因として、「銀貨本位制ヲ維持スルハ到底国家ノ利益ト背馳スルノ倶レアルニ至レリ」ということを指摘していた（松方正義［1912］97ページ）。

松方大蔵大臣が1897年３月３日に帝国議会衆議院で貨幣法案提出理由について演説した際には、日清戦争後の物価騰貴の主たる原因がどこにあるかといえば「物品需要ノ増加モアリマスガ銀貨下落モ亦與ッテカアリト申サナケレバナリマセヌ」と述べている（『日本金融史資料　明治大正編』第17巻、46ページ）。また同年12月に松方が阪谷に語った談話によれば、松方は当時の物価騰貴は通貨膨張の結果ではなく、銀価下落とともに、通貨の一部が消費者に所有されて生産部門に十分に供給されずに消費力が暴進したこと、すなわち、生産に基づく供給に対して消費需要が多すぎることにも求めていた（「松方伯談話筆記」（1897年12月４日）『阪谷芳郎文書』505。せんだ　みのる［1999］139ページ）。1899年５月に松方正義蔵相が山県有朋総理大臣に提出した報告書を印刷した大蔵省主計局編「明治三十年幣制改革始末概要」（1899年）も、松方の前述の主張を取り入れ、日清戦後の物価騰貴の主たる原因について、物品需要の増加もあるが、銀貨相場の下落もまた物価騰貴に寄与したと述べている（大内兵衛・土屋喬雄編［1932a］457－458ページ）。同報告書は、1896年初めに日本では日清戦後に官民事業が拡張され、また日清戦争に際して多くの資金が下級社会に散布されたために物価騰貴が促された、一方欧州における銀塊相場は1895年12月以降平調に復したとも記している（同書、476ページ）。

95) 室山義正［2005］216ページ。松方大蔵大臣は、貨幣制度調査会の設置の背景として「今ヤ我国ノ外国貿易ノ三分ノ二ヲ占ムルニ至リタル所ノ金貨国ニ対スル為替相場ハ銀貨ノ動揺ト共ニ激変シ外国貿易ニ従事スルモノヲシテ殆ト其ノ適従スル所ヲ知ラサラシメ」たということを指摘していた（松方正義［1912］97ページ）。

96) 大内兵衛・土屋喬雄編［1932a］460－461ページ。

金銀行本店支配人の高橋是清も認めているように、金貨本位国に対する為替動揺の危険を除くことができれば、大半を占める金貨国との貿易は非常な便益を受けることになるのであった。

軍需品などの購入による財政上の支払増大の回避

第3に、金本位制の実施には軍需品などの購入に伴う財政上の金貨支払いの増大回避という狙いがあった。

日清戦争前に軍艦橋立建造計画をめぐって国内建艦能力の限界が露呈され、主力艦をすべて輸入に依存せざるをえないことが明らかとなり、その第1着手として富士・八島の2戦艦が英国に発注され、これが折からの銀価暴落と相まって正貨流出を加速させた[97]。松方は、貨幣制度調査会設置の背景説明の1つとして、国の経費が銀価下落に伴い次第に増加する傾向にあったことを挙げている[98]。日清戦争後には戦後経営が計画された。その成否は貨幣制度・正貨問題を別とすれば、財政基盤の整備確立、軍備拡張、産業育成の3つの課題をいかに調整しながら達成するかにかかっていた[99]。松方蔵相は日清戦後経営には軍艦兵器の輸入が必要であることを認識していた。さらに日清戦争前から松方の健全財政路線と伊藤博文や渡辺国武（1892年8月～1895年3月、1895年8月～1896年9月に大蔵大臣在任）の積極財政路線とは対照的な政策指向を示しており、松方は「財政基盤の確立」（軍事公債償還、財政負担軽減）も必要であると考えていた[100]。松方のこの戦後財政計画案は松方の辞任により実現されなかったが、1896年9月18日に再び大蔵大臣に就任すると、松方は翌1897年3月に貨幣法案を帝国議会に提出した際の説明の中で、金本位制の経済的利益の1つとして財政上の便益が生ずることを認めている[101]。もっとも、松方はその内容について説明していないが、そのことは財政負担の軽減という狙いが松

---

97) 室山義正［1984］197-198、243-244ページ。
98) 松方正義［1912］97ページ。
99) 室山義正［1984］240ページ。伊藤博文内閣の松方蔵相は1895年8月15日付で「財政前途ノ経画ニ付提議」を閣議に提出していたが、その中で産業育成・経済発展とともに軍備拡張を計画していた。
100) 同上書、224-234ページ。室山義正［2005］263、280ページ。渡辺国武については森田右一［1990］第3章を参照。
101) 大内兵衛・土屋喬雄編［1932a］461ページ。

方になかったということを意味しない102)。1895年10月第1回償金領収当時、すでにロンドンに軍艦兵器の支払い基金1億7350万円をプールすることが正式に決定されていた103)。

　松方が金本位制実施の理由説明において財政上の便益（財政上の支払い増大の回避）について立ち入って論じなかったのは、これを公言することで財政上の困難が明らかになり、政府の弱みを知られ、「政府の威信」が損なわれることを恐れたからであろう。増田義一は「金本位となる時には軍備拡張と事業費とを節約するの便益是れ大いに注目すべき点なりとす」と述べている。金本位制は「戦後経営」と「臥薪嘗胆」のスローガンが掲げられている時代に確立されたのであって、そこには軍事的・国家的要求が込められていたのである104)。

外資導入の助長

　第4は、外資排除の根拠の減退を背景とする外資導入に便宜を与えるという狙いがあったことである。

　前述のように、銀本位制を採用している場合、銀貨下落が為替リスク（為替相場変動による損失の危険性）をもたらして外資導入を阻止するということが「貨幣制度調査会報告」などでも指摘されていた。これが金本位制への移行の1つの論拠とされていた。だが、松方の認識はこのような利害認識にとどまるものではなかった。

　田尻、阪谷、添田らの大蔵官僚は、金本位制が開明諸国の通制であって、こ

---

102)　当時、増田義一は次のように指摘していた。「貨幣法案の理由に……政府財政上の都合は一辞の及ぶなしと雖、是れ政府としては公言すること能はざるが為に外ならず、如何となれば斯く公言するにおいては内兜を見透かされたるが如く政府の威信に関すればなり、然れども事実財政上の困難は明らかに金本位の決行を促したるや疑いを容れず」、と（増田義一著、天野為之校『金貨本位之日本　幣制改革後の影響』大日本実業学会、1897年、18−19ページ）。渡辺佐平［1963］30ページ。

103)　当時の海外支払基金の予定額をみると、海軍軍艦兵器購入代は1896年4828万円、1897年3263万円、1898年3135万円、1899年2765万円、1900年1670万円、1901年1227万円、1902年460万円が予定されていた（明治財政史編纂会編『明治財政史』第2巻［1904a］244ページ）。室山義正［1984］244ページ。

104)　増田義一、前掲書、18−19、157ページ。渡辺佐平［1965］191、193ページ。Michael Schiltz 氏によれば、同氏は金本位制と日清戦争後の軍備拡張の関係に注目すべきだとする次のような論文の発表を予定されているとのことである。"Money on the Road to Empire: Japan's Adoption of Gold Monometallism, 1873−97," *Economic History Review*.

第 3 章　金本位制の確立

の制度を採用すれば世界経済流域に加入することとなり、日本の地位を高めることになると認めていた[105]。日本の金本位制の実施は日本の金融・経済的安定を対外的に示す指標となるものであるということができる。松方は貨幣法案提案理由の中で日本の幣制が強固になれば海外からの金融上の便を拡張することができると述べている[106]。また、後年（1912年6月）に松方は明治天皇への進講の中で、「我国カ金貨本位制トナリシ為メ資本豊富ナル欧米先進ノ国民カ漸次心ヲ安シテ低利ナル資本ヲ我国ニ放下スルニ至リタルコト」にとくに注意を喚起している[107]。欧米先進国と同様の貨幣制度を採用することができれば、投資国としての欧米諸国に日本が安心感を与え、これが日本への投資を助長する役割を果たすこととなる。金本位国の投資家に、日本市場を確かなものであると信じて認めさせ、将来における日本の債務支払いを信用させるためには、金本位制が必要であったのである。

　松方は国際信認・国際信用の確保という外資導入成立の根本条件を見据えていたといえるであろう。国際金融の中心地から離れた周辺国にとっては、金本位制に忠実であることが健全な財政・金融政策のシグナルとなり、欧米資本へのアクセスを容易化するということがボルドやロッコフの研究によって明らかにされている[108]。このような見解は、前述の外資導入容認政策の説明で述べたように帝国議会貨幣法案審議の際に河島醇によって、金本位制が施行されれば日本の財政経済上の信用は著しく増加し海外から低利資金を導入するのに便利があるとして支持されていたのである。日本の金本位制への移行は、このような意味での国際信認・国際信用の必要性が認識されていた結果ともいえるのである。

　外資排除方針を採用してきた松方の政策は、金本位制採用当時には変化していた。1897年2月25日に貨幣法その他付属法案を閣議に提出した際に松方は、「金本位ノ実施ハ欧米諸国貨幣市場ノ中心ト我国市場トヲ連絡セシメ相互ノ間

---

105)　「金本位制施行方法」（1897年1月）『日本金融史資料　明治大正編』第17巻、32ページ。
106)　大内兵衛・土屋喬雄編［1932a］461ページ。
107)　松方正義［1912］107ページ。
108)　Michael D. Bordo and Hugh Rockoff［1996］pp. 389-416. 鎮目雅人氏がこの見解に注目されている（鎮目雅人「第2次大戦前の日本における財政の維持可能性」日本金融学会報告、2007年1月25日）。

気脈ヲ通スルノ便ヲ開キ貿易ノ発達期シテ俟ツヘキナリ」と述べている[109]。ここには外資導入が明言されてはいないが、その方向性を看取することができる。金本位制の実施は、それが我が国の幣制への国際信認確保を通じて外資導入に便宜を与えるという目的をも含めて考慮されたということができるであろう。

松方の構想は上記のような経済的根拠、目的に裏づけられており、それゆえに松方の強固な信念は他の人をも動かすことができたのである。このような根拠があったからこそ松方の信念は松方一人の考えにとどまらず、多くの人々に金本位制に対する信認をもたらした。金本位制に対する松方の信念は確かな知識、事実として人々の間に受け入れられていったのである。

また、上述の経済的根拠が存在していたということは金本位制の実施が誤った、単なる信念の産物とはみなせないこととなるのである。

第2節　金本位制実施方針の決定と実施方法の検討

1　金本位制実施方針の決定

1895年3月に第2次伊藤博文内閣の大蔵大臣に就任した松方正義は8月に辞任に追い込まれたが、翌1896年9月に第2次松方内閣が成立し、松方は大蔵大臣を兼務した。同内閣が金本位制の実施を最終的に決定した。

金本位制度の実現を最大の課題としていた松方は、前述のように組閣後いち早く金貨本位制採用の方針を明治天皇に上奏した[110]。この決意の具体化として、9月29日に松方蔵相は、まず最初に、1896年1月以来採用していた日清戦争賠償金の正貨での回収＝現送とその金銀併収という渡辺国武蔵相の方針を改め、正貨としては金を主として回収する方針に転じ、日本銀行総裁に対して「本邦ヘ取寄する正貨は専ら金塊又は金貨又は英貨を以って輸入すべし」とする方針（「為替取組及金銀塊購収ノ方針」）を通達した[111]。次に問題となったの

---

[109]　大内兵衛・土屋喬雄編［1932a］453ページ。松方蔵相は、前述の帝国議会における同法案提出理由の中で金融拡張の便を挙げた際にも「現今本邦ハ海外トノ金融ハ殆ド隔離シテ居リマスが、我邦幣制ノ鞏固トナルニ至レバ彼我金融市場ノ間ニ融通ノ便ヲ増スコト、存ジマス」と述べている（同上書、461ページ）。

[110]　徳富猪一郎編述、前掲巻、674－676ページ。

は、どのような形態の金本位制を採用するかであった。

2 価格の度量標準、金貨の中に含まれる金純分の変更案

金本位制実施のための貨幣条例（1871年制定の新貨条例を1875年に改正、改称したもの）を改正するにあたり、政府（松方）が講究すべき要点は２つあった。１つは金貨の金純分（含有純金量）をどのように定めるかということであり、もう１つが１円銀貨をどう始末するかであった[112]。

阪谷芳郎は「貨幣制度調査会報告」の中で、品位900位の金量目２分２厘２毛22をもって本位としこれを円と称することを考えていた[113]。この場合、新金貨は従来の本位金貨の半分の金を含有することとなる[114]。阪谷は1897年１月31日に作成した「貨幣条例中改正法律案」でも、１円金貨の中に含まれる純金量を（旧来の1500ミリグラムでなく）750ミリグラムに改正すべきであるとした[115]。大蔵官僚は「金本位施行方法」と題する調査書を1897年１月29日に松方蔵相に提出し、この中で次のように進言した。従来の金貨を廃止して、１円銀貨の価値、価格に相当する金純分を有する新しい金貨を鋳造すべきである（新１円金貨は現行金貨52銭63157に相当）、と[116]。大蔵当局では1897年１月31日前後には「貨幣条例中改正法律案」をめぐって慎重な協議が重ねられた。

民間では小手川豊次郎が金貨本位制採用の方法として現行の金１、銀16、17の割合をもって金貨を鋳造するよりも、金１、銀32、34の割合をもって金貨を本位貨幣として鋳造する方が望ましいと主張した。政府が実業家代表の意見を徴することも行われた。それは法案に深い利害関係を有する彼らの帰趨を事前に統一しておくことが法案成立に必要な工作であったからである[117]。

松方大蔵大臣が、金本位実施にあたって横浜正金銀行本店支配人の高橋是清（元日本銀行支配役・西部支店長）に相談したのは１～２月頃であったろう。高

111）大内兵衛・土屋喬雄［1932a］476－478ページ。
112）「貨幣法制定及実施報告」『日本金融史資料　明治大正編』第17巻、46ページ。
113）大内兵衛・土屋喬雄編［1932b］389ページ。
114）小野一一郎［2000］185ページ。
115）山本有造［1994］146ページ。
116）「貨幣法制定及実施報告」『日本金融史資料　明治大正編』第17巻、26－27ページ。

橋は、銀の相場が昔の半分になったから金貨の中に含まれる金量を半分にすれば、円銀相場や為替相場や物価や内外貸借関係になんらの変動がなく円滑に金本位制の実行ができると主張した[118]。阪谷や高橋のような考え方が取り入れられて、金本位制実施後、金平価は半分に切り下げられることとなるのである。

3　銀貨混用金貨本位制案

（1）　阪谷芳郎案

金本位制実施にあたっては、跛行本位的金本位制を採用するか、それとも金貨単本位制を採用するかが問題となった。

金本位制実施のための具体的プランとしては、最初に登場したものとして「貨幣制度ニ付諮問案」（1893年に大蔵省内で作成、筆者は阪谷芳郎）や大蔵省主計官阪谷芳郎の意見書[119]にみられる阪谷プランを挙げることができる。

阪谷は、日清戦争後、貨幣法成立以前の最も早い時期に金本位即行案を提示した[120]。阪谷プランは、銀貨の自由鋳造停止、銀貨の法貨としての使用継続を前提とした「銀貨混用金貨本位制」（「跛行本位的」金本位制）を目指すものであった。阪谷プランは償金が受領される以前に作成されたものであって、金準備不足を反映して金貨使用を節約・制限（金貨単位の高額化、金貨交換の制

---

117)　小手川豊次郎『金貨本位制』（1897年2月執筆）八尾書店、1897年3月。故阪谷子爵記念事業会編［1951］193ページ。小手川は金貨本位制採用の方法には、①金1、銀32、34の割合をもって本位貨幣とし、現今の1円銀貨をもって本位貨幣とし、現今の1円銀貨は自由鋳造を停止するが、在来分は合法貨幣とし、無制限流通を認める方法、②金1、銀32、34の割合をもって本位貨幣とし、現今の1円銀貨はことごとく補助貨とする方法、③金1、銀16の比価をもって本位貨幣とし、銀貨はことごとく補助貨とする方法、④金1、銀16、17の比価をもって本位貨幣とし、現今の1円銀貨は自由鋳造を停止するが、在来分は合法貨幣とし、無制限流通を認める方法があるが、③、④には通貨収縮、物価下落などの問題点があるから、政府は①か②のいずれかを選ぶべきであると論じた。

118)　高橋是清『高橋是清自伝』［1936a］537－538ページ、同『高橋是清自伝（下）』［1976］94ページ。同『随想録』［1936b］335ページ。

119)　1895年7月の「貨幣制度調査会報告」第4章所載（大内兵衛・土屋喬雄編［1932b］389－391ページ）。

120)　阪谷は、貨幣制度調査会で「将来我幣制ハ現今欧米諸開明国ニ行ハル、幣制ト一致ヲ保チ、貿易其他一般経済及財政上ノ便益ヲ増進センカ為メ、金貨本位ヲ採用スルヲ可トス」と述べている（大内兵衛・土屋喬雄編［1932b］389ページ）。阪谷芳郎については森田右一［1990］第2章を参照。

限)しようとするものであり、現行銀貨の使用継続(従来発行の1円銀貨は法貨として無制限に授受できる)を前提した幣制改革案であった[121]。

　貨幣制度調査会報告書が提出された時点で賠償金の取得が決定されており、同じく金本位制の主張者であった河島醇が「清国ノ償金ハナルヘク金貨ヲ以テ徴収スルコト」を金準備着手方法の1つに挙げ、栗原亮一が金貨本位制を期するための金吸収策の1つとして償金を「金貨ニテ要求」すべきであると述べていたにもかかわらず[122]、阪谷は賠償金に言及していなかった。阪谷は償金を財政目的、軍需品などの輸入に利用しようと考えていたのであって、償金の運用ではなく、内地の産金および古金銀朝鮮中国の産金吸収、為替の作用による金吸収によって金を確保しようとしていたのである[123]。

　阪谷は、貨幣法制定を前にしてはっきりと賠償金を幣制改革に用いるべきではないと主張するのである。

(2) 政府の甲乙2案の金本位制実施プラン

　次に政府の甲乙2案の金本位制実施プランが作成された。この政府の甲乙2案の金本位制実施プランは、1円銀貨の流通存続、政府による銀貨鋳造権の保留を含むものであって、甲案には兌換銀行券は金貨または銀貨と交換できるという項目も包含されていた。甲案は金準備が乏しいから1円銀貨を当分存続させるべきとし、乙案は急激な改革を避けるために1円銀券および1円銀貨を期限を限って通用させようとするものであって、大同小異であった。これらは銀貨との交換のための金資金の準備困難、急激な銀貨下落による損失の軽減と極東銀市場の存続を強く考慮するものであった。甲案は添田プランとほぼ同様であった。甲乙2案の考え方は「金本位施行方法」に発展的に継承される[124]。

---

121) 小野一一郎[1963b]74-75ページ。山本有造[1994]126-131ページ。大内兵衛・土屋喬雄編[1932b]390ページ。
122) 大内兵衛・土屋喬雄編[1932b]390-391、401、408ページ、崔柳吉[1971]22ページ。
123) 大内兵衛・土屋喬雄編[1932b]390-391ページ。
124) 高橋是清「金貨本位制定ニ関スル卑見」『高橋是清文書』、小野一一郎[1964b]70-72ページ。

（3） 大蔵省調査「金本位施行方法」

　幣制改革の時機が到来したと考えた松方大蔵大臣は、1897年1月に大蔵省の田尻稲次郎次官、松尾臣善主計局長、阪谷芳郎主計官、添田壽一大蔵書記官に金本位施行方法についての調査を内命した。これらの大蔵官僚は同月24日午前に会合のうえ大体の調査方針を打ち合わせ、その結果の起草を添田に託すこととした。添田は自らが起草した「金本位制施行方法」と題する復命書[125]を1月29日に松方大蔵大臣に提出した。小野一一郎氏はこれを添田プランと称されたが、山本有造氏が指摘されたように、これは阪谷と添田の妥協の産物であった[126]。

　日清戦争賠償金の受領を背景として作成された上記大蔵官僚の復命書は、阪谷の「銀貨混用金貨本位制」（「跛行本位的」金本位制）という考えを受け継ぎつつ、金準備の増大を反映して銀貨の使用制限を強調したものであった。

　もっとも、銀貨の自由停止、銀貨の法貨としての使用継続、兌換における金銀両貨の使用規定などにおいて、「金本位制施行方法」にみられるプランは前述の阪谷プランとの同一性を保持していた[127]。

　上記復命書は、金本位制を実施するにあたっての第1条件は金準備の確保いかんにあるとしているが、その不足の懸念は阪谷プランに比べて大きく後退している。現存の金準備で金兌換開始が可能であることを認めたのである[128]。上記復命書は償金の一部も金準備に充当できると述べている[129]。もっとも、大蔵官僚の作成した上記復命書は、日本銀行金準備の中には、政府の財政支出のために日本銀行から借り入れた資金を政府が償金に基づきロンドンから現送

---

125) 明治財政史編纂会編『明治財政史』第11巻［1905a、1927］580－581ページ。
126) 小野一一郎［1964b］57ページ。山本有造［1994］142ページ。
127) 小野一一郎［1964b］60－61ページ。
128) 「貨幣法制定及実施報告」『日本金融史資料　明治大正編』第17巻、30－31ページ。
129) 賠償金総額2億9828万6108円余、遼東還付償金4490万7499円余、合計3億4319万3608円余のうち支出が予定されている2億9025万7013円余（陸軍拡張費、製鉄所創設費1896年度分、臨時軍事費、1897年度台湾歳計補充金など）を差し引けば、残額は5293万6594円余となる。これに償金利子総額3207万6051円を加えれば、償金関係使用未定額は8501万2645円余あることとなる。この中から2200万円を金で分割のうえ、政府が日本銀行から借り入れた無利子紙幣償却金を同行に返済し、金貨準備を充足することも考えられるが、なお不足する場合には残余の使用未定額（軍事資金として金で蓄積すべきもの）を一時準備の用に供させることができる。この「要スルニ〔金〕準備ニ於テハ欠乏スルノ憂ナキモノノ如シ」、と（同上巻、31ページ）。

してきた金でもって日本銀行に返済して得た金があったことについて記載していない[130]。賠償金によって得た外貨や金地金を政府が日本銀行に預け、日本銀行がこれを正貨準備に繰り入れて銀行券を発行したことにも言及していない。償金は日本銀行の金準備充足を通じて日本の金本位制確立に大きな役割を果したが、大蔵省の上記復命書はとくに賠償金の財政的役割について着目していたのである。

また、上記復命書には将来における金準備の不足に対する懸念が記述されている[131]。すなわち同書は、将来における金吸収政策について次のように提言しているのである。償金は数年間は金の調達に便宜を与えるが、将来はこれ以外の金吸収策を講じなければ金準備上の困難が生じる恐れがある。その対策として朝鮮の砂金もしくは内地の産金の買収、ロンドンその他の金貨国市場での日本の公債株券の売買、とくに金貨国への輸出の増進などの策を講ずるべきである、と[132]。

(4) 「貨幣条例中改正法律案」と2月11日の幣制改正会議決定

1897年1月31日には「貨幣条例中改正法律案」が作成された。これは大蔵省の阪谷芳郎が提出したものである[133]。

上記改正案は、「跛行本位的」金本位制の即時断行を掲げ、これを貨幣条例(「新貨条例」を1875年に改称)の全面改定という摩擦の多い方法を避けて、旧条例の改正という便法を用いて実現しようとするものであった。この案は、旧1円金貨は新金貨2円に換算して通用させるとともに、1円銀貨を法貨として無制限に通用させることを認めるものである[134]。これについては慎重な協議が重ねられた。2月11日に大蔵大臣官舎において幣制改正の会議が開催され、同会議でこの案が採用され、幣制改正は現行法令に修正を加えることに止め、1円銀貨の法貨としての無制限通用を認めることが決定した[135]。

---

130) 『日本金融史資料　明治大正編』第17巻、31ページ。
131) 同上巻、31ページ。
132) 同上巻、32ページ。
133) 故阪谷子爵記念事業会編 [1951] 193ページ。
134) 山本有造 [1994] 140ページ。
135) 同上書、138－140ページ。

第 2 編　金本位制確立期の正貨政策

　阪谷の見解は、日本の金準備の不足を危惧するものであった[136]。政府は清国から賠償金を得て金準備を強化したが、阪谷はこの金を幣制改革のために使うべきではないと考えていた。すなわち、1897年2月20日の経済学協会における講演会で阪谷芳郎は次のように演説している。「償金と云ふものは台場を築たとか、軍備拡張とか、日清戦争の費用に充てることになつて居りますから、今度の為に決して償金を使ひはいたしませぬ……今度幣制改革の為には償金と云ふものは使ふのではございませぬ」[137]と。償金は軍備拡張などの費用に充当すべきものであると主張したのである。実際は償金からも金が確保されており、阪谷もこれを認めている[138]。だがこの金は（預け合の作用により）政府が日本銀行から兌換券を借りて使った賠償金を金で返済することによって（結果的に）得られているものであって、「財政上の形」となっているものであると阪谷はみなしたのである。

　賠償金を金本位制確立という幣制改革のためでなく財政目的のために使うべきであるという大蔵官僚阪谷の考えが、金の不足を理由とした銀貨流通維持政策につながっていたと考えられるのである。

4　金貨単本位制案

（1）「貨幣条例ニ関スル建議」と「貨幣条例案」、「貨幣条例」案の起草

　一方、添田壽一は純然たる金貨本位制を実施すべきであると考えており、銀貨の無制限通用を許す阪谷とは見解を異にしていた[139]。ただし、貨幣制度調査会において、将来は金貨本位制を採用すべきであるが、目下はその時期ではなくてその準備に努めるべきであると述べていた。そして、金準備が増加する

---

136)　阪谷は、1897年2月20日に経済学協会で金貨本位制に関する講演会が開かれたときに、以下のように述べている。「如何にして金に移るやと云ふことは是れは大変むづかしい問題で現在発行して居る本位銀貨を処分しなければならぬ、其銀貨を処分するに付ては金を沢山吸収しなければならぬ、是れが一番困難であります。……一円銀貨は当分法貨として従前の通り通用さして置かなければなりませぬ、……そうして置いて一円銀は段々引揚げて五十銭の補助貨幣にする、さうして段々流通上から消滅さする外仕方がありませぬ」（阪谷芳郎「金貨本位制に就て」『東京経済雑誌』第35巻第866号、1897年3月6日、376－379ページ）。
137)　『東京経済雑誌』第866号、379ページ。
138)　同上。
139)　『日本金融史資料　明治大正編』第17巻、657ページ。

第3章　金本位制の確立

と、添田は金本位即行論に意見を変えるのである。

　山本有造氏によれば、前述の幣制改正会議の決定に対し、添田壽一が猛然と巻き返しに出た。すなわち添田は、「貨幣条例案」を付して「貨幣条例ニ関スル建議」を提出した。この中で、貨幣条例は現行法のたんなる修正に止めず完全な形式を備えたものに（抜本的に）改めるべきであり（完全な法案を採用する）、1円銀貨を本位貨として無制限に通用を許せば金銀複本位となってしまい、弊害が生じるから、（幣制は）真正の金本位制に改めるべきである、と論じた。添田は従来発行した1円銀貨の当分の間の無制限通用を認めるという点で阪谷に一定の妥協を示しつつ、金貨単本位制の採用を強く主張したのである。

　添田の主張はついに阪谷や松方を動かした。金貨単本位制実施を内容とする「貨幣条例」案が（添田の意見を取り入れて阪谷の手によって）作成される[140]。同法案が「貨幣法」案のもととなるのである。

（2）　高橋是清の答申

　松方の諮問に対する答申書として作成されたものと考えられる横浜正金銀行本店支配人高橋是清（元日本銀行支配役・西部支店長）の意見書「金貨本位制定ニ関スル卑見」が立案された。高橋プランは純然たる金本位制を目指すものであった。同資料は小野一一郎氏によって紹介されている[141]。同氏はその発表日を1896年9月以降、1897年1月末以前と推定されたが、『高橋是清文書目録』によれば、この答申書の作成日は1897年2月18日である。松方は大蔵官僚に金本位実施方法を検討させることだけで満足せず、国際金融の実務に通じた高橋にも意見を求めたのであろう。

　高橋是清は、金本位制のメリットを従来よりも明確に主張している[142]。

　高橋是清のプランは銀貨を排除して金本位制を金貨本位制に純化させようとするものであった。高橋は1円銀貨の処分に関する政府内で作成されたであろう甲乙2案を批判し、自らの案を提示する。すなわち、高橋は銀貨の自由鋳造禁止にとどまらず、補助貨幣を除く政府自体の銀貨鋳造を禁止すべきであると

140）　山本有造［1994］140－143ページ。
141）　高橋のこの意見書は国立国会図書館憲政資料室所蔵『高橋是清文書』所収。同資料は『松方家文書』第45号にも収録されている。小野一一郎氏の同資料への言及については小野一一郎［1964b］62－73ページ、同［2000］222－231ページを参照。

第2編　金本位制確立期の正貨政策

し、1円銀貨の全廃と1円銀貨の補助貨幣への改鋳を主張した。また1円銀貨を無制限法貨として通用させることを廃止すべきであるとし、条例施行の日からその通用を禁止し、1カ年内を限ってその交換を許すべきであると論じた。さらに、兌換銀行券は金兌換銀行券とすべきであると主張した。高橋は、銀貨を廃止してこそ日本の金本位制が外国人からの「信用」（信認）を得ることができると論じている。高橋は金本位制下で銀貨の通用を認めるならば、銀貨が下落した場合には人々はその銀貨を金貨と交換しようとし、また、海外に流出していた銀貨が流入してきて、金貨が流出し、日本の幣制は危機に陥るであろうと銀貨を法貨として通用させることを批判した。高橋は、台湾については特別の貨幣制度を施行するのではなく、日本と画一の貨幣制度（金本位制度）を施行することを希望した[143]。

　高橋の答申書の作成は、2月18日という、松方が金本位法案を閣議や議会に提出する直前であった。添田壽一の建議以外に高橋是清の金貨単本位制即行論が存在し、彼らの影響を受けて松方が金単本位制の採用を決定したということがいえるのではなかろうか。山本有造氏は1月29日の「施行方法」案や2月11日の大蔵省会議決定と2月25日に閣議に提出された「貨幣法」案の内容との乖離の問題を解決する方策として添田の建議や添田の「貨幣条例案」に注目され

---

[142]　高橋はまず銀価低落の経済効果の限界を次のように指摘する。銀価下落が銀貨国の輸出および工業を奨励するのは、その影響がまず為替相場に現れて（為替相場が低落して）、しかもそれが内地の諸物価などに普及しない間の一時的なものに限られる。もしも銀価の傾向的下落が止まった場合、（過去の）銀価下落の影響が（タイムラグをもって）普及して諸物価などが一般的に騰貴して、原料・金利・賃金などの生産費が増加すれば、（為替相場の水準の低下による輸出奨励効果が打ち消されて）製造家は利益を収めることができなくなるであろう、と。高橋は銀価下落が止まった場合でも銀価水準の低下の影響の普及による物価騰貴が生じることを明らかにしたのである。高橋はまた次のように論ずる。日本が金貨本位制を採用すれば、金貨国に対する為替相場変動の危険（為替リスク）を回避でき、日本の海外貿易の8割を占める金貨国との貿易は非常に便益を受けることができるし、さらにそれが金貨国の財主（投資家）を安心させ日本の公債などへ投資させられるようになれば、従来金貨国資金の流通範囲外に隔絶していた日本は外資輸入の門戸を開き、百般の事業は低利資金を使用するという利益を得ることができる。高橋は対外投資を投資家の観点からとらえ、この場合に安心が必要であるということや、また外資導入は日本にとって低利の資金を得られるというメリットがあることを指摘したのである。また、高橋は、将来銀価が騰貴することがあるかもしれないが、その場合は物価が暴落し、百般の事業は崩壊を免れがたい、と論じ、銀価騰貴が生じる場合の問題点も指摘したのである。高橋は「今日金貨本位採用ノ好時機タルヲ失ハザルベシ」と主張するのである。

[143]　高橋是清「金貨本位制定ニ関スル卑見」。

第3章　金本位制の確立

たが、この間に作成された高橋のプランを重視すべきであろう。高橋是清が「私の意見が多少当局大臣の参考となって貨幣法が確定したので、私は大いに愉快だった」と述べているのは、高橋の意見書が金貨単本位制即行実施に決定的影響を与えたことを示すものであろう[144]。このことが注目されるべきである。

　高橋は上記答申書において、金貨を本位貨として通用させる一方で1円銀貨を無制限法貨として通用させることの問題点を詳細に論じている。添田は従来発行された1円銀貨の当分の間の無制限通用を認めていたが[145]、高橋は1円銀貨の無制限法貨としての通用を排除するという点で、添田よりも徹底していた。松方が貨幣法制定以降、銀貨の無制限法貨としての流通の排除を進めていったことについては、高橋の影響が大きかったのではなかろうか。

　また添田の建議や高橋の答申書が存在したということ、貨幣法案第16条で1円銀貨の法貨としての通用の廃止が方向づけられ、第18条で1円銀貨の鋳造廃止が規定されたことは、金単本位制即行論が松方1人の考えにとどまらず一定の支持を受けるようになっており、それを実施する状況が1897年2月には醸成されるようになってきていたことを示すものである。

　松方が金本位制即行を断行した理由については、高橋らの意見書の影響とともに、松方が日清戦争賠償金を金本位制の実施に必要な金準備確保のために活用しようとしていたことも指摘しておきたい。松方は幣制改革の必要を認め、賠償金回収を金購入によって行う政策を実行した。前述のように、松方は貨幣法案を議会に上程した際に、賠償金などに基づく日本銀行の金準備の確保によって、従来憂いていた金本位制施行に必要な金準備が備わったと論じている。当時、松方は、この金準備額について、現存の金準備3670万円余、銀準備4900万円余のほかに、政府と日本銀行との預け合勘定における政府の日本銀行からの借入金の金による返済7260万円を加えると、準備高は1億5800万円に達すると想定している[146]。松方が現存の金準備が少ないにもかかわらず、これによって金本位施行に必要な金準備が整ったとみなしたのは、政府が賠償金の一部

---

144)　高橋是清著、上塚司編『随想録』［1936b］337ページ。
145)　「貨幣条例案」第19条。山本有造［1994］154ページ。
146)　大内兵衛・土屋喬雄編［1932a］457ページ。

を金に換えて日本に現送してきて、この金で新金貨を鋳造し、また現送されてきた金を日本銀行への政府支払いに充当したり日銀所有銀貨を新金貨と交換したりすることができると想定していたからであろう。松方は対外軍事費支払いの重要性をよく認識していたが、阪谷や添田という財政収支に大きな関心を払う大蔵官僚よりも賠償金を幣制改革に活用することを重視し、幣制改革におけるその意義を高く評価していたといえよう。

第3節　金本位制の確立──金本位制への一般的信認の確立

1　貨幣法の制定と金貨本位制の制度的確立

（1）　議会内外における貨幣法をめぐる論議と貨幣法の制定

1897年2月25日に至り、大蔵大臣松方正義は、金本位制を規定した貨幣法とその付属法案である兌換銀行券条例改正法案などを閣議に提出し、金本位制の「断行の1日も速ならんこと」を望んだ。かくして3月1日、貨幣関係法案が第10回帝国議会に提出され、3月3日に衆議院の議事日程に上った。衆議院は同法案の審査を特別委員会に付託し、同委員会は早くも8日に法案を可決し、その結果を10日に衆議院で報告した。

貨幣法案の議会上程と前後して強力な反対が起こった。法案を議会に提出する以前に元老の了解を求めることとなったが、元老は貨幣法案に反対した。伊藤博文は日本では産金量がきわめて少ないことを理由に金本位制の実施に反対した。室山義正氏は、井上馨は金本位制にとくに反対を唱えなかったが賛成もしなかったと述べられているが、添田壽一は後に「井上侯の反対と来ては……実に想像に餘るものがあった」と述べている。すなわち、井上馨は添田に対して、「貴様は属僚のくせに何を考えとる、松方を誤らせるものは貴様だ、早く官を辞めろ」とまで叱責したのである[147]。政府部内で賛成したのは大隈重信であった。民間の反対論の急先鋒は福澤諭吉であった。渋沢栄一は金準備に対して不安を抱き、金本位制実施に反対した[148]。渋沢は京都において伊藤博文、井上馨に会見して「松方大蔵大臣は金貨本位制度を布くさうだが、若し遣り損

---

147)　「添田壽一談」『大阪朝日新聞』1928年7月22日付。

第 3 章　金本位制の確立

なつたら国家の大変である」として両氏を説得し、両氏を通じて政府の反省を促そうとした[149]。安田善次郎は、もしも金本位制が実現した暁には松方の等身像を純金で造って贈呈するとまで広言して、金本位制に反対した[150]。慶應義塾大学部教授のドロッパースも反対した[151]。

当局は議会の内外において弁明論駁に努めた。貨幣法案はこのような有力な反対を押し切って議会に提出されたのである[152]。

衆議院本会議では賛否両論および修正意見が出た。衆議院では重岡薫五郎や田口卯吉、栗原亮一が反対し、河島醇は賛成、小坂善之助、阿部興人、中野武営や木村誓太郎が修正説を述べた[153]。金本位制実施に関する諸法案は議会においてかなりの反対を受けた。帝国議会に呼び出された大蔵官僚の添田壽一は、貨幣法案に対しては激烈な反対論があったと回想している。添田壽一は苦しい目に遭い、頼みとするのは松方侯であり、松方蔵相が頑として所信を曲げなかったことによって貨幣法案が議会を通過したと後年に述べている[154]。貨幣法案提出当時においては金本位制に対する一般社会の信認は未だ確立してはいなかったのである。

当時の議論を貨幣制度調査会における議論と比較してみるならば、銀本位よりも金本位を不利とする論拠は薄弱となっていた。それでも添田壽一の前述の

---

148)　室山義正［2005］283ページ。「渋沢栄一自叙伝（抄）」渋沢栄一『渋沢栄一』日本図書センター、1997年、355－356ページ。佐藤政則［2006］68ページ。渋沢は、貨幣制度調査会においては、現行貨幣制度は一般の経済に常に利益を与えることが多く、金銀比価の変動が輸出を増進させ輸入を防遏し工業発達を促したと主張し、貨幣制度の改正に反対していた（大内兵衛・土屋喬雄［1932b］429－432ページ）。
149)　「金貨本位実施満二十年紀念会記事」（1917年）『日本金融史資料　明治大正編』第17巻、703ページ。
150)　徳富猪一郎編述、前掲『公爵松方正義伝』坤巻、720ページ。
151)　ドロッパースは複本位を可とし、金銀比価の低落は金貨の騰貴に基づくとし、下落する貨幣を幣制の基礎とするのがよく、日本は銀本位制を維持する方が貿易上利益を得ると主張した（ドロッパース「金貨本位について」『東京経済雑誌』第865号、1987年2月27日、324－327ページ、同「金貨本位について（承前）」同誌第866号、3月6日、370－372ページ）。ドロッパースについては中村隆英［1985］74－76ページも参照されたい。
152)　故阪谷子爵記念事業会編［1951］194ページ。『日本金融史資料　明治大正編』第17巻、703ページ。
153)　「貨幣法制定及実施報告」『日本金融史資料　明治大正編』第17巻、51－115ページ。
154)　「金貨本位実施満二十年紀念会記事」『日本金融史資料　明治大正編』第17巻、658、661ページ。

第 2 編　金本位制確立期の正貨政策

回想にみられるように、帝国議会における貨幣法案をめぐる議論は激しかった。

もっとも、添田壽一の回想は議会での答弁にあたった当事者の回想として、割り引いて解釈する必要があろう。一方、金本位制そのものに対する反対は、いわば「理論的」な立場から複本位を理想とする側から主としてなされた。この意味での代表的反対論者は田口卯吉であった[155]。しかし、田口は金貨単本位制実施という松方提案を打ち破ることはできなかった。

法案への反論の重点は、金本位制を施行するにしてもそれを維持しうるかという点へ移っていった。だが、このような批判も強力なものとはならなかった。賠償金を準備金に繰り入れて利用する方法として政府と日本銀行との間で「預ケ合貸借」（後述）という方式が考案・実行されていたし、海外に流出した1円銀貨が流入し金を引き出すであろうという問題も、政府の予想ではその額も少なく、かつその対策も技術的に考えられていたために、反論の材料としては役立たなかったのである[156]。

金を価値尺度、価格の度量標準として用い、日本の経済上、貿易上、財政上の基礎、対外信用を強化すること、金本位制実施により外資を輸入して低利資金を確保すること、その実施の準備ができていることについては、河島醇らの賛成を得た。松方正義の考えは帝国議会では河島によって支持されており[157]、彼の主張にも松方正義の考えがよく表れている。

すなわち河島は、第1に、価値尺度としては価値が安定しており、世界共通の貨幣となっている金を用いるべきである、これが日本の経済的基礎を強固にするうえで最も必要である、また富国強兵のためには世界市場で購買力を減殺されている銀ではなく貿易上世界共通の通貨となっている金を本位貨幣とすべきである、と主張した。

---

[155] 「貨幣法制定及実施報告」『日本金融史資料　明治大正編』第17巻、59-68ページ。渡辺佐平［1963］29ページ。田口は複本位制を理想としていた。これは世界的複本位の可能性に対する確信と日本および東洋の将来の経済的発展に対する確信とに基礎を置いていた（鼎軒田口卯吉全集刊行会編『鼎軒田口卯吉全集』第7巻、1927年、17-18ページ）。田口は新金貨本位制が金1銀32の比価計算をもとにして施行されることに大きな危惧を表明した（『日本金融史資料　明治大正編』第17巻、60-61ページ）。

[156] 渡辺佐平［1963］29ページ。

[157] 「貨幣法制定及実施報告」『日本金融史資料　明治大正編』第17巻、76-96ページ。Kris James Mitchener, Masato Shizume, and Marc D. Weidenmier［2010］は、河島が帝国議会内では政府を支持する政治団体である議員倶楽部に所属していたことを指摘している（p. 31）。

第3章　金本位制の確立

　第2に、条約改正の準備ができているから、金本位制の実施によって外資の輸入を図り、この低利資本の利用によって我が国の商工業の発達を図ることに努めなければならない、と論じた。

　第3に、金銀比価の変動によって国家の対外支払いが左右されることのないように、金本位制を採用して日本の財政の基礎を強固にすべきである、と言明した。第2、第3に関してとくに注目すべきことは、金本位制の実施によって日本の対外信用・対外的財政信用が高まるということを河島が認識し、これを重視していたということである。すなわち、彼は「金単本位制ガ施行セラルヽト同時ニ外ニ対スル日本帝国ノ財政上ノ信用ハ著シク増加スルノデゴザイマス」と述べているのである。

　第4に、銀本位制のもとで、我が国の物価が金銀比価の変動によって暴騰暴落し、物価の平準が失われたこと、金銀比価の変動に基づく為替相場の変動のために、外国銀行に利益を占有され、内外貿易の不均衡・日本の商業の不安定が生じた、という事実を指摘した。

　第5に、賠償金の獲得によって金本位制度施行の準備ができており、また銀貨通用高が比較的少ないから銀貨処分が容易である、と述べて、金本位実施上の問題がないことを指摘したのである。

　3月11日、衆議院は修正を加えることなく貨幣法案を可決した。同法案は貴族院に送付され、15日に議事日程に上る。貴族院は同法案の審査を特別委員会に付託し、同委員会は金本位制を採用する者が多数で同法案を可決した。銀貨本位制を主張した委員は小幡篤次郎だけであった。同委員会はその結果を23日に貴族院で報告、同院本会議でも賛否両論が出た。小幡篤次郎が反対論、谷干城が賛成論を展開したが、小幡は議院の形勢をみると貨幣法案の大勢は決まっていると認めざるをえなかった[158]。貴族院も修正を加えることなく同法案を可決した[159]。

　こうして、1897（明治30）年3月26日に天皇の裁可を得て、同月29日「貨幣法」および「兌換銀行券条令中改正法律」などが公布され、1897年10月1日から施行されることになったのである。

---

158) 同上巻、109ページ。
159) 大内兵衛・土屋喬雄編［1932a］461ページ。

第2編　金本位制確立期の正貨政策

　金本位制の実施は、立法権を有する議会において国家意思の一般的形態である法律として承認された。普通選挙制に基づき国民が選出された議会でないにもせよ、帝国議会（衆議院・貴族院）は多くの社会的意識を反映するものである。制定された法律は、それが実際には社会の認識を正しく反映しているとはかぎらないにもせよ、社会の共通の意識、一般的意識を反映し、表示するものとみなされる。また法律の成立は、国民が国家を信認し、また国家が強制力を持つという状況のもとで、法律にかかわる社会的認識を共通化し、その共通認識を強化する。かくして金本位実施法が議会で承認されたことにより、金本位制に対する社会的信認が飛躍的に進展することとなったのである[160]。

　また、貨幣法案の提出自体がその広報活動を通じて金本位制支持への輿論形成をもたらすこととなった。それが、金本位制度への信認を助長する役割を果たしたのである。

　松方大蔵大臣が衆議院で行った貨幣法案提案理由に関する演説は速やかに英語に翻訳されて海外に伝わり、日本の財政上の信用（国際的財政信用）をすこぶる高めた。とくに北米においては銀貨自由鋳造論と金貨単本位論の激しい対立のもと、金貨単本位論者が松方の演説を数百万部印刷して広く配布し、大いに自党の声援に供した[161]。この貨幣法案提案理由は国際的にも日本の信認（国際信認）を高めるものとなったのである。

　これらのことと貨幣法制定当時において金本位制反対論が存在していたことを合わせ考えれば、貨幣法の成立は、金本位制に対する一般的信認の形成をきわめて大きく前進させたと評価することができよう。

（2）　議会などにおける金本位制実施反対論の論拠

　貨幣法制定当時、議会をはじめとして金本位制を規定する同法への反対論があったことを指摘したが、その論拠として添田壽一がまとめあげた論点を以下

---

[160] 貨幣法の制定は貨幣、金本位制に対する国民の一般的信認の進展を前提とし、これを法認化したものとみなすことができる。貨幣法に基づき金貨を鋳造する国家、国家権力、貨幣高権に対する国民の一般的信認はカール・マルクスのいう国家信用、国民的信用にあたる。この概念については米田貢「Nationalkredit, Staatskredit の概念をめぐって」、「同(2)」中央大学『経済論纂』第28巻第3・4号、第5・6号、1987年7月、11月、を参照されたい。鋳造貨幣と国民の一般的信認との関係については齊藤壽彦［2010］56－59ページを参照されたい。

[161] 久光重平［1976］198ページ。

に列挙しておこう[162]。

第1は、貿易上不利であるということである。すなわち、安い銀を利用できなくなれば銀貨国中国貿易が不利となり、中国市場を失う恐れがあり、金貨国に対しても競争上中国に負けてしまうという懸念があった[163]。

第2は、金本位制を実施すれば物価が下がって不景気になるということである[164]。

第3は、銀本位制や金銀複本位制のほうが望ましいということである。日本の周囲が銀本位制であるから日本が金本位制を取るべきでないという議論や田口卯吉のような複本位論が論じられた[165]。

第4は、金準備が不足しているということである[166]。

このほか添田壽一は、金銀比価の関係から貸借紊乱が生じるということ、1円銀が還流してきて金準備が不足するということも金本位制反対論の論拠となったことを指摘している[167]。

---

[162] 「金貨本位実施満二十年紀念会記事」『日本金融史資料　明治大正編』第17巻、658-661ページなど。

[163] 重岡薫五郎に銀貨制度のもとでの銀貨下落が外国貿易を盛んにしたと論じた。栗原亮一は金本位制が貿易上の均衡を失わせることを指摘した（『日本金融史資料　明治大正編』第17巻、54、71-73ページ）。三井銀行の中上川彦次郎は「我国は銀価下落の庇蔭を受け大に商工業の発達に好都合を感じ日本大繁昌の実況を呈しつゝ、あるに方リ[ママ]世には金貨論者なる一種の論者を生じ大切なる銀貨を棄て、今の日本商工業の発達を妨げんもの実に不可思議千万の事共なり」と論じている（大久保義雄編『金本位之説明』上原書店、1897年4月、68ページ）。金子堅太郎も「東洋および南洋の貿易市場に我工芸品を売込むには銀本位制ならざる可らず」と主張している（同上書、60ページ）。

[164] 複本位論者田口卯吉がこのようなことを述べている（『日本金融史資料　明治大正編』第17巻、63-64ページ）。

[165] 田口は早くから複本位論者として論壇に現れており、1881（明治14）年に複本位制採用を提唱している。田口は、理論的には金銀複本位制のときには双方の地金の価値の変動にしたがって貨幣価値も変動するが、その変動の幅は金地金のそれに比して小であり、複本位制が価値単位の変動を少くするから有利である、実際にも複本位制を実行することが可能である、と主張していた（大内兵衛「解説」鼎軒田口卯吉全集刊行会編『鼎軒田口卯吉全集』第7巻、1927年、14ページ。田口は貨幣制度調査会においても荘田平五郎とともに複本位制を主張していた。田口は衆議院においても今後金が下落しても騰貴しても不都合が起こると主張した（「貨幣法制定及実施報告」『日本金融史資料　明治大正編』第17巻、61-62ページ）。

[166] 重岡薫五郎は1億5000万円の準備金（金銀）では安心できないと論じている（同上巻、55-57ページ）。栗原亮一は金準備の不足を問題とし、金貨兌換準備の基礎確立をまってから金貨単本位制を実施すべきであると主張している（「貨幣法制定及実施報告」『日本金融史資料　明治大正編』第17巻、69-76ページ）。

[167] 『日本金融史資料　明治大正編』第17巻、660ページ。

第2編　金本位制確立期の正貨政策

金本位制実施にあたっては上記のような理由からの反対があったのである。

（3）　貨幣法などの内容と新金貨・日本銀行金兌換券の発行

貨幣法などの内容

「貨幣法」は金属貨幣について定めたものである[168]。貨幣法第1条で貨幣の発行権は国に属すと規定されている。

松方は貨幣法案議会提出に際した理由説明において、金本位制の実施が物価、賃貸借、租税負担その他の関係に変動を生じないようにするために、金銀比価の実勢をもとに、金貨の金純分を従来の半分にするという平価切下げを行うことを明らかにした[169]。

金平価を旧平価でなく新平価とすることとしたのは、旧平価による金本位制の実施は必然的に激しいデフレーション政策を伴い、社会経済摩擦を生じさせるからであった。このことの問題性は松方自身が政府紙幣整理の過程を通して痛切に体験していたことであった[170]。

貨幣法において、第2条で「純金ノ量目七百五十ミリグラムヲ以テ価格ノ単位ト為シ之ヲ円ト称ス」と価格の度量単位としての金量が定められた。価格の度量単位は2分（0.75グラム、すなわち750ミリグラム）に半減し、この貨幣単位が1円と称されることとなった。新貨条例・後の貨幣条例が純金の量目4分（1500ミリグラム）をもって1円と定めていたのと比べると、円の金平価は半分に切り下げられたことになる。金銀比価、物価の実勢をもとに法的に平価切下

---

168)　「貨幣法」の条文については本銀行調査局編『図録日本の貨幣　8』[1975] 226－228ページを参照されたい。その第1条では、「貨幣ノ製造及発行ノ権ハ政府ニ属ス」と規定されている。これは貨幣に関する政府の権能である貨幣高権（貨幣発行権、造幣大権、高権はドイツ語のHoheitの訳語）を定めた、金属貨幣に関する基本的条項であって、その後も長く効力を有することとなった（「貨幣法」は「通貨の単位及び貨幣の発行等に関する法律」（1987（昭和62）年に制定、1988年に施行）によって廃止されたが、同法では、通貨は大蔵大臣の定めに従って発行される貨幣（金属貨幣）および日本銀行の発行する日本銀行券とされ、第4条で「通貨の製造及び発行の権能は、政府に属する」と規定された。現在、製造については、鋳造貨幣は独立行政法人造幣局、日銀券は国立印刷局によって製造されている）。

169)　「貨幣法制定及実施報告」『日本金融史資料　明治大正編』第17巻、46－47ページ。河島醇も金銀比価を無理に金1銀16とするのでなく現時の相場に準じ金1銀32の比較価格を定め、現在の1円金は1円銀貨2円に値する（新金貨1円の価値は切り下げて半分にする）ものとすれば物価の変動は生じないと述べている（大久保義雄編『金本位之説明』87ページ）。

170)　久光重平 [1976] 202ページ。

が行われたわけである。これは1871年以来20数年の間に生じた銀価格の下落を法律上追認したものにすぎず、物価や契約上の権利義務などに攪乱的な影響を及ぼさなかった。1円金相当の金（1円金貨は鋳造されなくなった）には純金2分（0.2匁）が含有されることとなり、金1匁（3.75グラム）を5円という「価格」で政府（造幣局）は金を買い入れることとなった。

貨幣法第3条において（鋳造）貨幣の種類は9種類とされた。貨幣法では金貨本位制度が採用された。本位鋳貨である金貨として20円、10円、5円金貨が、また補助鋳貨として銀貨（50銭、20銭、10銭）、白銅貨（5銭）、青銅貨（1銭、5厘）が鋳造されることとなった[171]。

第4条で貨幣の算則として十進法が採用された。

第5条で貨幣の品位が、第6条で貨幣の量目が規定されている。

第7条では「金貨幣ハ其ノ額ニ制限ナク法貨トシテ通用ス」と金貨が無制限法貨であることが規定された。銀貨は10円まで、白銅貨および青銅貨は1円までを限って法貨として通用することとされた。無制限法貨、制限付き法貨ということは貨幣法の適用区域内についていえることである。

第8条で貨幣の形式が勅令をもって定められると規定された。

鋳貨の鋳造にかかわる公差については第9条で金銀貨幣の純分が、第10条ではその量目が規定された。

鋳貨の流通にかかわる金貨幣（本位鋳貨）の通用最軽量目については第11条で規定され、その量目を下回るものや銀・白銅・青銅貨（補助鋳貨）で著しく摩損したものは額面金額で政府が摩損していないものと引き換えることと規定された（第12条）。

模様の認識が困難なものは貨幣の効用がないものとされた（第13条）。

新貨条例制定以来、我が国では自由鋳造制が採用されていた。自由鋳造制とは、誰でも本位貨幣の地金を一定量以上造幣局に輸納するときには、僅少の手数料または無手数料をもって本位貨幣に製造交付するものである。貨幣の対外価値ともいえる為替相場の安定を図り、国内における本位貨幣の供給を潤沢にし、海外からの地金吸収を図るうえで、この制度が有効であった[172]。貨幣法

---

171) 鋳貨は大阪の大蔵省造幣局で鋳造された（1871（明治4）年に大蔵省紙幣寮として創設され、1877年に造幣局に改称）。

第2編　金本位制確立期の正貨政策

第14条では「金地金ヲ輸納シ金貨幣ノ製造ヲ請フ者アルトキハ政府ハ其ノ請求ニ応スヘシ」と規定され、金の自由鋳造が定められた。造幣上の規定は従来、金銀地金精錬および品位証明の規定と造幣規定とが1つの規定となっていたが、1897年5月にそれらが分離され、「造幣規則」（勅令138号）、「金銀地金精製及品位証明規則」（勅令139号）が公布され、造幣規則によって金貨鋳造の手数料が廃止され自由鋳造制度は徹底したものとなった[173]。金貨は金属の素材価値をそのまま反映するものとなっていた。

金貨に対する一般的信認

自由鋳造制などに基づいて金貨の中に貨幣として機能する金が包含されていること、すなわち素材としての金地金が金貨の信認の基礎となっていた。

貨幣法による金貨の中に包含される金純分の規定や公差、通用最軽量目や貨幣の形状などの規定は金鋳貨の中に一定の金の純分が含まれることを国家が保証するものであった。これが金貨の信認を支えていた。

このような貨幣に対する国家の役割も、国家と国家の貨幣高権に対する国民の一般的な信認によって支えられていた。鋳貨の中に含まれる金属の重量や純度を国民が調べないで鋳貨を授受するのは、一定の鋳貨形態の中に一定の金属が含まれているはずであり、国家が国民をだますことがないであろうと国民が信ずるからである[174]。貨幣法で金貨が法貨として無制限に通用することが規定されたことは国家が金貨に通貨としての強制力を付与することとなり、金貨の信認を補強するものとなった。

また、造幣局における製造貨幣大試験が鋳貨の信認を維持確保するために行われた[175]。通貨偽造対策も行われたが、これも通貨の信認確保のために必要

---

172)　1871年に金本位法である新貨条例が公布されたときには、本位貨幣については自由鋳造制度が採用され、同条例と並んで造幣規則が制定され、政府は広く内外の人々の要望に応じて、その輸納する金銀地金または旧貨幣をもって新貨を鋳造交付することとした。1883（明治16）年には新造幣規則が制定された（大蔵省編纂『明治大正財政史』第13巻［1939、1959］159-172ページ）。

173)　大蔵省主計局編「明治三十年幣制改革始末概要」（1899）大内兵衛・土屋喬雄編［1932a］465-467ページ。前掲『明治大正財政史』第13巻、172-174ページ。日本銀行調査局編『図録日本の貨幣　8』［1975］230ページ。

174)　齊藤壽彦［2010］56-57ページ。

第3章　金本位制の確立

なことであった[176]。

こうしたことも金貨に対する国民の信認を支えるものとなっていた。

新金貨の発行

貨幣法が公布されるや、松方大蔵大臣はただちに償金をもって購入した金貨、金塊を使って新鋳貨の準備に着手することとした[177]。政府は日本銀行をして造幣局に輸納させつつある金地金をもって9月までに4800万円の新金貨（10円、20円）を鋳造させることとし、この旨4月20日に造幣局に命令した[178]。1897年4月から1898年4月までに7445万5735円分が鋳造された。この金貨を1円銀貨の引換準備に充当した[179]。1897年10月1日、すなわち貨幣法実施の日から1円銀貨の引換が開始され、1898年7月31日まで行われた。なお、1円銀貨は1898年4月1日限りで通用が禁止された。金貨の鋳造はその後も1919（大正8）年まで継続した。

日本銀行金兌換券の発行

また兌換銀行券条例が1897年3月に改正され、銀貨という表示は金貨という

---

175)　明治初期から行われ（第1回は1872（明治5）年）、現在も続けられている製造貨幣大試験（略称貨幣大試験）は、毎年1回大蔵大臣（現在は財務大臣）が執行官となり、造幣局で前年度中に製造した貨幣の量目と品位が法定の公差内にあるかどうかを検査する試験のことである。この試験は金本位制の時代においても実施され、鋳貨の量目と品位が法定のとおりであることを明らかにして鋳貨の信認を維持確保するものであった（久光重平［1976］176ページ）。

176)　新貨条例下の1円金貨は加納夏雄の製作によるもので、細緻な彫を有し、線の相違により色彩を表し、偽造は不可能であった。貨幣法下の新金貨も一定の形状の金属個片に貨幣単位名を刻印する以外に模様が刻まれた。すなわち、表には菊紋・菊桐枝、裏には八稜鏡が刻印された。これにより偽造を防止し、鋳造貨幣の信認を確保する一助とした。通貨偽造には刑罰が科せられた。1880（明治13）年7月に太政官布告によって公布され、1882年1月から施行された旧刑法では「信用ヲ害スル罪」について規定した第4章の第182条において「内国通用ノ金銀貨幣及ヒ紙幣ヲ偽造シテ行使シタル者ハ無期徒刑ニ処ス」と規定された。1895（明治28）年には通貨と紛らわしいものの製造販売を禁止した「通貨及証券模造取締法」が制定された（明治財政史編纂委員会編『明治財政史』第12巻、287－306ページ）。1907（明治40）年4月に公布され、翌年10月から施行された新刑法（部分改正を伴いつつ存続した現行刑法）では通貨偽造の罪が次のように規定されている。「行使の目的で、通用する貨幣、紙幣又は銀行券を偽造し、又は変造した者は、無期又は3年以上の懲役に処する」と。

177)　大内兵衛・土屋喬雄編［1932a］464ページ。

178)　同上書、482ページ。

179)　同上。

225

表示に改められた。同条例第1条で兌換銀行券は金貨をもって兌換するものとされた。金兌換銀行券としては新たに甲5円券、甲10円券、甲100円券が発行されることとなった。

新1円金貨と旧1円銀貨の併存による貨幣制度の混乱、ことに金銀比価変動により両鋳貨の交換比率に変動が生じないようにするためであろうが、1円銀貨の回収が急がれた。新金貨は当初はもっぱら銀貨との兌換に用いられた。新兌換銀行券の発行は遅れ、1円銀貨の回収後しばらくしてから実施されている。すなわち甲5円券は1899年4月から、甲10円券は同年10月から、甲100円券は1900年12月から発行された。

日本銀行券の兌換文言は銀貨と引き換えるという文言が新たな日銀券においては「此券引換ニ金貨」と引き換える旨に改められ、「日本銀行兌換銀券」という表題から「銀」という文字が削除され、表題は「日本銀行兌換券」となった。1899年12月には政府紙幣および国立銀行紙券（銀行券）の通用が禁止され、1900年1月以降、我が国で流通する紙券通貨は日本銀行兌換券に統一されることとなる。

かくして金本位制が10月に実施され、金本位制が制度的に確立することとなったのである。

貨幣法の施行地域は当初、内地のみに限られたが、外地における旧貨幣の整理完了に伴い、台湾では1911（明治44）年4月から、朝鮮では1918（大正7）年4月から施行をみることとなる。

（4） 銀貨の整理

金本位制の実施にあたっては金準備の確保とともに銀貨の整理が大きな課題となった。1897年3月公布の貨幣法によって、従来発行の1円銀貨は金貨1円と交換されることとなり、政府は1円銀貨引換に関する資金を設けるとともに[180]、新金貨の製造を進めた。

同年7月初旬に至り、日本の開港場における外国銀行中には貨幣法の実施に疑念を抱き、その得意先に対し、10月1日以降その銀行から支払う貨幣の種類

---

[180] 同月に「貨幣整理資金特別会計法」を公布。大内兵衛・土屋喬雄編［1932a］463－464ページ。日本銀行調査局［1975］228ページ。

第 3 章　金本位制の確立

は各行が随時に金貨または銀貨を選んで支払うべきであるという通知を発するものがあった。このようなことが進行すれば金銀間に相場の差が生じ、為替相場が変動する恐れがあった。これを防ぐには 1 円銀貨の引換えを敏速に行う必要があった。そこで松方大蔵大臣は、同月に、1 円銀貨引換えについての方針を日本銀行に内達した[181]。政府は1897年10月 1 日から 1 円銀貨と 1 円金貨との交換を開始した。同年 9 月18日の勅令第338号により、円銀貨は31年 4 月 1 日限りで通用が禁止された。貨幣法第16条では通用禁止後の引換期限は 5 カ年と規定されていたが、銀の相場が下落するときは国庫の損失を招く危険があり、また偽造円銀が輸入される恐れがあり、通用禁止後の 1 円銀貨引換期限の短縮が図られた。

　貨幣法制定当時、松方正義は当時海外に出ている日本の銀貨が日本に流入して金兌換請求により金貨が流出することを心配し、高橋に意見を求めている[182]。結局、松方はその通用期限を 3 カ月（1898年 6 月30日まで）とする法律案を議会に提出したが、これは議会解散により成立しなかった。松方に代わった井上馨大蔵大臣が引換期限を1898年 7 月31日までとする 1 円銀貨引換期限短縮法案を議会に提出し、同法案が同年 6 月に公布された。かくして、その引換えは同年 7 月31日限りとされた[183]。

　兌換銀行券のうち、最小券面の 1 円券は兌換銀行券発行総額の約 3 分の 1 を占め、主として民間における日常生活上の小取引に利用されていた。松方蔵相は、一国の幣制の基礎を強固にするには硬貨を使用する必要があり、とくに小取引に硬貨を使用することが最も必要であると考えた。そこで 1 円兌換券を回収して硬貨に代えようとしたが、1 円金貨を作ることはその容量が微少にすぎ、その取扱いがはなはだ不便であるから、新貨幣法のもとでは 1 円金貨を設けず、日常生活の取引用に補助鋳貨（銀貨、白銅貨、銅貨）を使用させるため補助銀貨を増鋳させることとした。また、松方は銀行券を主として商取引に使用させ

---

181)　大内兵衛・土屋喬雄編［1932a］491-492ページ。
182)　高橋是清［1936a］537-538ページ。同［1936b］335-336ページ。同［1976］94-95ページ。
183)　「貨幣法制定及実施報告」『日本金融史資料　明治大正編』第17巻、149-150ページ。大内兵衛・土屋喬雄編［1932a］493-494ページ。この引換期限以後、1 円銀貨は銀地金として取り扱われることとなった（大内兵衛・土屋喬雄編［1932a］493ページ）。

ようとした。1898年2月18日、松方は金庫出納役(日本銀行総裁)に対し、1円兌換銀行券の回収および5円兌換銀行券との交換、補助銀貨の使用を命令した[184]。

回収された銀貨は造幣局へ売却されて補助鋳貨用地金に供用されるとともに、上海、香港へ回送売却され、外国銀行へ売却され、さらに台湾、威海衛、韓国へ回金され、使用された[185]。

2　金本位制に対する信認の一般化の達成

貨幣法制定当時、前述のように金貨本位制実施に関する国論は分かれており、その輿論化は不十分であった。大久保義雄編『金本位之説明』が1897年3月に新聞報道をもとに著名人の金本位制に関する見解を調査している[186]。これによれば、賛成論者は大蔵省主計局予算決算課長兼貨幣課長阪谷芳郎、三井物産社長益田孝、男爵尾崎三良、日本郵船会社取締役荘田平五郎、末延道成、衆議院議員河島醇、日本銀行理事山本達雄、大蔵書記官兼大蔵省参事官・官房第三課長添田壽一、小手川豊次郎であった。

一方、反対論者は横浜正金銀行頭取園田孝吉、第一銀行頭取渋沢栄一、元第2次伊藤博文内閣農商務次官・貴族院議員金子堅太郎、三井銀行頭取中上川彦次郎、合名会社大倉組経営者大倉喜八郎、経済評論家(『東京経済雑誌』刊行者)・衆議院議員田口卯吉、帝国商業銀行会長原六郎、帝国大学(東京帝国大学)教授金井延、松本君平、東京高等商業学校長事務取扱和田垣謙三、帝国大学教授松崎蔵之助、(農商務省工務局長)有賀長文(外資輸入反対)であった。

伊藤博文は日本の産金量が少ないことを理由として金本位制の実施に反対していたが、松方正義の金本位制断行の数年後、伊藤は、「松方の金貨本位制は正鵠を得ている、貨幣法の改正は宜しきをえたものである」と称賛し、公衆に対しても宣伝し、前言を翻した[187]。

財界の大御所的な存在であった渋沢栄一は、日本銀行の正貨準備の充実を懸

---

184)　大内兵衛・土屋喬雄編［1932a］482-483ページ。日本銀行百年史編纂委員会編『日本銀行百年史』第2巻［1983a］5ページ。
185)　山本有造［1994］159-184ページ参照。
186)　大久保義雄編、前掲『金本位之説明』附録。

念していた[188]。渋沢は「金本位制となすに対して園田孝吉、田口卯吉および私は反対したが、後で考えて見ると私達は先見の明がなかったのである、松方さんは之を思い切って断行したのである、先見の明があったのである」と述べている[189]。1917（大正6）年11月1日に東京銀行集会所において開催された「金貨本位実施満二十年紀念会」の講演会の後の晩餐会における講演においても、渋沢は、金本位制が実施されて数年後にその実施に反対したことは失敗であったと公言したことを再説している[190]。

安田善次郎は、前述のように金本位制が実現した暁には松方の等身像を純金で造るといっていた。金本位制確立後に帝国ホテルの会合で松方が安田に出会ったとき、その約束はどうするのかと松方がからかったところ、安田は苦笑しながら頭を掻くだけだったという[191]。

このように、金本位制実施反対論者も金本位実施後に金本位制を支持するようになった。金本位制は既成事実化し、金本位制反対論が表面化しなくなった。かくして金本位制度の確立の数年後に金本位制に対する国民の信認の一般化が達成されたのである。

日本の金本位制の実施過程については、大蔵官僚の添田壽一によって海外に紹介された[192]。1899年に『明治三十年幣制改革始末概要』が英語に翻訳され、各外国新聞はこれを高く評価した[193]。このような海外への情報提供は、日本の金本位制に対する国際的信認の確保に寄与するものであった。

こうした金本位制に対する社会的信認の一般化の達成の背後には、金本位制が通貨価値・物価の安定、外国為替相場の安定、国際信用の強化と外資の流入をもたらし、またそれらを維持するための政策的努力がみられ、これらを前提

---

187) 室山義正［2005］283ページ。民間では福澤諭吉が反対の急先峰であったが、松方の説得に応じた（徳富猪一郎、前掲巻、719ページ）。
188) 大久保義雄編、前掲書、53－55ページ。
189) 『松方正義関係文書』第15巻、362ページ。室山義正［2005］283ページ。
190) 『日本金融史資料　明治大正編』第17巻、703ページ。
191) 徳富猪一郎編集、前掲巻、720ページ。
192) J. Soyeda, "The Adoption of Gold Monometallism by Japan," *Political Science Quarterly*, Vol. XIII, No. 1, Boston, 1898, pp. 61-90. この資料の存在については Olive Checkland の示唆を受けた。添田は1898年7月に大蔵次官となり、同年11月にこれを辞職している。
193) Matsukata Masayoshi, *Report on the Adoption of the Gold Standard in Japan*, Tokyo: Government Press, 1899. *Ibid*., (Reprint), New York, 1978.『松方家文書』第20冊第16号。

として経済発展が進展したという事実が存在していた[194]。渋沢栄一は、金本位制が実施された以後をみて、「どうしても是でなければならぬと云ふいうことが数年の後に始めて分ってから」松方の判断の正しさを認めている。日露戦争時の外債発行による軍事費調達は、金本位制を確立していたからこそ可能であったことを認めたのである[195]。

金本位制は貨幣法の制定だけで金本位制への信認の一般化が達成されたわけではなかったのであって、その慣行の定着、その効果の実績がその達成をもたらしたというべきである[196]。

と同時にその信認は絶対的なものではなくて金準備の確保を大前提としていたものであり、金準備が枯渇すれば動揺を招くものでもあったのである。

第4節　金本位制の確立が日本経済に及ぼした影響

1　通貨価値・物価の安定と内地商工業の発展

(1)　通貨価値・物価の安定

金本位制の確立は日本経済にどのような影響を及ぼしたのであろうか。

前述のように金本位制を実施した松方正義は金の方が銀よりも価値が安定し

---

194)　「金本位制の実施の結果、物価変動の範囲は著しく縮小し、随って一般の商工業は漸く著実なる発達を為し得るの基礎を得、又我貿易国の大半を占むる金貨国に対する為替相場は激変の憂を免かれて、外国貿易の進展を容易ならしむることを得、茲に我経界は駸々として其の進運に向ひたり。……貨幣法実施後における銀貨の変動は実施前の如く甚だしからざりしとに依り、金本位制採用の結果は銀貨国に対する貿易についても大体において阻害を受けたる形跡を認むることを得ざるのみならず、却って益々増加の趨勢を示したり。殊に金本位制採用の効果として注意すべきは、我国金融市場をして世界の金融市場と連絡を通ずるに至らしめ、為に漸次他の金貨国に於ける低利なる資本の流入を来たすに至りしこと之なり。之れ我国爾後の産業の発達に尠からざる効果を齎らせしは言を俟たざる所にして、其後日露戦役に当りて軍費調達の為め欧米に於いて多額の国債を募集するに際し、我国の金貨国たりしことは之に幾多の便宜を与へしものあることは疑を容れざる所なりと云ふべし」（大蔵省編纂『明治大正財政史』第1巻［1940a］196－197ページ）。

195)　前掲「金貨本位実施紀念会記事」703ページ、渋沢栄一「渋沢栄一自叙伝（抄）」同『渋沢栄一』日本図書センター、1997年、355ページ。佐藤政則［2006］72ページ。

196)　深井英五は「一般経済事情をして金本位制維持の条件に順応せしむることが、体制上一般経済の進運を竭くるの結果を生ずる場合が多かった。是が金本位制を経済の枢軸として尊重する心理を発生させた所以である」と述べている（深井英五『金本位離脱後の通貨政策〔増補〕』千倉書房、1940年、39ページ）。慣行の理論についてはここでは割愛する。

第3章　金本位制の確立

図3－2　日本の長期物価変動

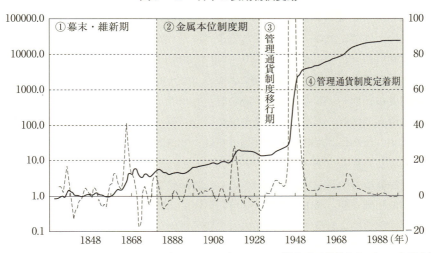

──　新保／大川／GNP デフレータ（1854～56＝1）　　---　3期移動平均前年比（％、右目盛）
注：時期区分は下記論文による。
出所：鎮目雅人［20C1］216ページ。

ていると考え、金本位制に基づき通貨価値、物価の安定を図ることを意図していた。大蔵省は銀よりも金の方が価値、「価格」が安定していたことを前提として、金本位制の実施には貨幣価値、物価の安定という効果があったことを指摘している。すなわち、大蔵省主計局編「明治三十年幣制改革始末概要」（1899年）は、金本位制を実施することで、日本の貨幣（本位貨幣）は金となり、これによって、従来のように銀「価格」の変動によって貨幣の「価格」（価値）に急激な変動が生ずるのを免れ、また物価が銀価の変動によって動揺することがなくなった、と論じている。金本位制実施に多少の物価変動が生じているが、これは商品の需要供給関係から生じたのであって、貨幣「価格」（価値）変動によるものではないとしている[197]。

物価の長期的推移を①日本銀行設立以前の「幕末・維新期」（1831～81年）、②「金属本位制度期」（1882～1931年）、③高橋財政以降の「管理通貨制度移行

---

[197]　大内兵衛・土屋喬雄編［1932a］555－556ページ。明治財政史編纂会編『明治財政史』第11巻、917ページ。

期」(1932〜51年)、④2桁の物価騰貴が終息し、IMFへの加盟を果たした1952年以後の「管理通貨制度定着期」(1952年〜) に分けて考察された鎮目雅人氏の研究によれば、図3－2にみられるように、物価「水準」という点では「金属本位制度期」が最も安定しており（期間中の年平均変化率2％)、「幕末・維新期」と「管理通貨制度定着期」がこれに次いでいた（いずれも同4％)。「管理通貨制度移行期」が最も物価騰貴が著しかった[198]。

　銀本位制期においても銀価相場の低落にもかかわらず物価は実際には比較的安定していたが、これには運輸交通の発達、学術応用の普及などによる物価引下が存在したからであろう[199]。もしもこれがなかったならば、銀本位期において銀価低落の影響が時間の経過とともに物価騰貴を招来していたであろう。

　金本位制確立期、第1次世界大戦前においては物価水準が安定していた[200]。金本位制実施期において金の価値の方が銀の価値よりも実際に安定していたということを前提とすれば、金本位制の実施は確かに通貨価値、物価の安定に大きく寄与したといえるであろう。

　だが、この物価安定が金本位制実施によってもたらされたものであるかどうか、金本位制実施後において、実際に銀価値よりも金価値の方が安定していたかどうかについては検討の余地がある。すなわち、金の価値が銀の価値よりも安定していたということには異論があるのである。1917年11月の「金貨本位実施満二十年紀念会」において山崎覚次郎は、「金それ自身が価値の変動が少ないから金本位制の方が物価の変動が少ない、又銀の方が価値の変動が多いから従って物価の変動が多いと云ふことは言へぬ」と述べている[201]。

　実際の金銀比価（金の銀に対する価格倍率）の変動を考察すれば、図3－1のようにそれは激しく変動している。また、銀行家138名が発起人となって設立

---

198)　鎮目雅人［2001］215－218ページ。
199)　大内兵衛・土屋喬雄編［1932b］387ページ。
200)　中村隆英氏は金本位制実施後、軍事費の増大をはじめとする政府支出の増大によって日本の物価が国際水準から乖離して上昇したことを指摘されている（中村隆英［1985］51、81－84ページ)。また明治末期には物価論争が生じている（日本銀行百年史編纂委員会編［1983a］262－262ページ)。だが鎮目氏が作成された日米英3カ国物価変動図によれば、第1次大戦前に日本の物価は国際的にみても安定していた（鎮目雅人［2009a］4ページ)。
201)　山崎覚次郎『貨幣瑣話』有斐閣、1936年、356ページ。『日本金融史資料　明治大正編』第17巻、668ページ。

した上記記念会が1917年11月1日に配布した冊子『金貨本位制実施満二十年記念』によれば、金本位制実施後、第1次大戦前に年平均で次のように推移している。1897（明治30）年34.2、98年35.0、99年34.4、1900年33.3、01年34.7、02年39.2、03年38.1、04年35.7、05年33.9、06年30.5、07年31.2、08年39.2、09年41.0、1910年39.3、11年38.3、12（大正元）年33.6、13年34.2、14年37.3。金本位制実施後に金銀比価が激しい変動を繰り返している。銀相場が低落傾向をたどったということはできず、銀相場が金に対して上昇した年がかなりある。この期間に銀相場は水準としては大幅な低落は生じていない。

　世界の物価は1870年代初頭から1890年半ばにかけて大幅かつ継続的な低下をみたのであるが、90年代半ばから第1次大戦に至るまで、再び上昇に転じた。この主要国の物価上昇と時期を同じくして、世界の金生産の大幅な増加があった。金の年産量と貨幣用産金の大幅増はトランスヴァールにおける大規模な金鉱の発見と金精錬におけるシアン化法の応用、および金鉱採掘の機械化によって引き起こされたものである。

　オットー・バウアー（Otto Bauer）はその物価上昇の原因は、金鉱業の生産性上昇による金の価値低下であると考えた。これに対してオイゲン・ヴァルガ（Eugen Varga）は、金生産技術の改善と金生産の増加は金価値の低下（そして物価上昇）を引き起こすものではなく（増大した金の中央銀行での退蔵、商品生産量の増大、紙券貨幣の存在を考慮）、物価上昇は、金価値（最も不利な条件のもとで金を生産するために要する社会的必要労働量によって規定）の低下ではなく（金の一定量に付した名称である法定価格は固定されており、金の生産方法が改善されれば、より金含有量の低い鉱石が採掘される）、商品生産における事情によって生じたのであるとして、バウアーの主張に反対したのであった。しかし、このヴァルガの主張に対しても、カール・カウツキー（Karl Kautsky）らの、産金増加のもたらす購買力増加に伴う物価上昇の観点からの批判がある。また西村閑也氏も、ヴァルガの主張する蓄蔵貨幣の増大が利子率の低下を通じて物価騰貴を誘発しまた物価上昇が金鉱山の採掘コストを上昇させ、富鉱の採掘による金価値の低下をもたらすと批判されている[202]。この金価値論争をめぐって理論的な解明が行われているが、いまだに決着がついていない[203]。

　かくして、金本位制実施以降において、金の方が銀よりも価値が安定してい

第 2 編　金本位制確立期の正貨政策

たということ、およびその実施の結果として物価が安定したということは断言できないのである。大蔵省の主張した金本位実施の通貨価値、物価安定効果は過大評価であるといえよう。

「金属本位制期」においては「管理通貨制度定着期」よりも比較的短期の物価上昇と下落を繰り返していた[204]。したがって、金本位制の実施は物価の変動をなくすものではなかったのである。

ただし、金銀比価変動の動向をみると、金本位制の実施以降、どちらかといえば、水準としてはやや銀安となっていたということができるようである[205]。この意味では銀本位制から金本位制実施への幣制改革の通貨価値、物価安定に及ぼす効果は大きなものではなかったが、まったくなかったわけでもないといえよう。

日本の貿易相手国の中心は金貨国であった。日本は1900年において金貨国を相手に9956万円を輸出し、1億8588万円を輸入し、一方、同年に銀貨国を相手に8241万円を輸出し、5593万円を輸入していた[206]。日本の金本位制採用によって日本の主たる貿易相手国であり日本の輸入相手国である金貨国との為替相場は安定し、金銀比価変動によって輸入価格が変動することは基本的になくなった。この意味では、金本位制の実施は金貨国との輸入貿易を通ずる物価安定効果があったことを認めてよいであろう。

202)　西村閑也『国際金本位制とロンドン金融市場』法政大学出版局、1980年、109－115ページ。金価値論争については、ヴァルガ他著、笠信太郎訳『金と物価』我等社（発売所：同人社）、1927年、同、同人社、1932年を参照。『産金増加ト其影響』（Byron Webber Holt, ed., *The Gold Supply and Prosperity*, New York, 1907を訳したもの。訳者、出版社、刊行年不明）においても、金の供給増加が物価を騰貴させるかどうかについての議論が行われている。シャルル・リストも1895年から1914年に至る好況期の金増産と物価との関係を検討している（シャルル・リスト著、天沼紳一郎訳『貨幣信用学説史』実業之日本社、1943年、365－372ページ）。

203)　行沢健三氏は産金部門での生産性上昇に伴う生産費の下落が産金部門の特別利潤をもたらし、この結果、金による商品購買力が増大し物価上昇が生じることを認められたが、これに対して岩見昭三氏は、商品の供給増が生ずれば物価は上昇しないと批判されている（岩見昭三「金の価値──『金価値論争』の提起した問題」『資本論体系』第2巻、有斐閣、246－262ページ）。

204)　鎮目雅人［2001］215－216ページ。これは貨幣の実質価値の変動ではなく商品の需要と供給の変動により生じたと考えられる。

205)　中村隆英氏は金本位制移行後も1915年までは依然として銀安基調を持続したと述べられている（中村隆英［1985］80ページ）。

206)　（大蔵省作成）『金貨本位実施ノ本邦ニ及ホシタル結果ノ調査』（1901年）（齊藤保有）、69－72ページ。

なお、第 1 次大戦中から戦後の1916～20年にかけては 5 年間平均の物価上昇率が20％に達することとなる[207]。これは第 1 次大戦期の輸出の大幅な増加とこれに誘発された国内経済活動の活発化、大戦後の投機による需要の供給超過、国際物価の高騰の影響、国内通貨供給の増加などによるものである。

（2） 内地商工業の発展

金本位実施に伴う通貨価値や物価の安定を前提として、松方正義蔵相や大蔵省は金本位制実施が内地商工業の発展に以下のような効果を及ぼしたことを指摘している[208]。

幣制改革は債権債務の関係を確実にし、取引を安全にし、信用（取引）の発達を奨励した。このことは手形交換高、銀行の行数ならびに資本金高、預金高、貸出高の増大に示されている。債権債務の関係の確実化は確実な経済上の発達に必須のものであって、幣制改革は実際において、おおむね、諸般の農商工業および運輸交通の発達に好影響を及ぼした。このことは各種事業資金の増加、各種生産高の増加などに示されている[209]。大蔵省が1899年にまとめた「明治三十年幣制改革始末概要」は、金本位制確立の商工業に及ぼした効果として、次下のように指摘している。「商工業ヲシテ一般ニ著実ニシテ秩序アル進歩ヲ為スコトヲ得ルノ状況ニ至ラシメタリ」、と[210]。

金本位制の確立に伴う物価の安定、経済安定化の指標としての金本位制の確立は、外資導入の基礎を確立するものともなった。すなわち、金本位制の確立は、安心して、また銀価変動による損失を回避して日本に投資できるようになり、欧米金貨国の低利資本が、後述のような限界を有しながらも漸次に日本市場に流入してきて、日本の事業を支援する傾向が生まれた[211]。

サイモン・ジェイムス・バイスウェイ［2005］は、金本位制の確立が明治後半期における日本経済の発展に大きな役割を果たしたと、その役割を高く評価

---

207) 鎮目雅人［2001］217ページ。中村隆英［1985］116ページ。
208) 大内兵衛・土屋喬雄編［1932a］555－556ページ。明治財政史編纂会編『明治財政史』第11巻、917ページ。
209) 『金貨本位実施ノ本邦ニ及ホシタル結果ノ調査』 1 ページ。
210) 大内兵衛・土屋喬雄編［1932a］555ページ。
211) 明治財政史編纂会編『明治財政史』第11巻［1905a］917－918ページ。

している[212]。

　だが、金本位制実施の通貨価値、物価安定効果は前述のように限定的であったのである。また後述のように外国資本の導入による工業化も限定的であったのであった。したがって、金本位制実施後の通貨価値、物価安定の内地商工業の発展に実際に及ぼした効果は限定的にとらえる必要があろう。

2　外国為替相場の安定と外国貿易の発展

（1）　外国為替相場の安定

　幣制改革により日本は他の金貨国と貨幣本位を同一化することとなった。このために日本と金貨国との間に成立する為替相場は、金銀比価変動の影響を受けなくなり、金平価を中心とする上下金現送点の間で輸出入の関係から生ずる為替需給の影響を受けつつ安定的に変動することとなった[213]。金本位制の実施は金貨国に対する為替の関係を確実にした[214]。実際に、金貨国向け為替相場は金銀比価変動の影響を受けなくなり、安定化している。ロンドン向け為替相場についてみると、横浜正金銀行建値（参着売相場）は、1880年には最高3シリング10ペンス2分の1、最低3シリング8ペンス、1888年に最高3シリング1ペンス8分の7、最低2シリング11ペンス4分の3、1895年に最高2シリング2ペンス8分の7、最低1シリング11ペンス8分1と変化していたが、金本位制移行後には正金建値は法定平価1円＝2シリング0ペンス582を中心に上下金現送点の狭い枠内で変動することとなり、実際にそれは最高、最低とも第1次大戦まで2シリング0ペンス強の水準（電信売相場）のもとにあり、安定的、固定的に変動しているのである[215]。

　一方、銀貨国向け、とくに中国向け為替相場は、金銀比価の変動を反映して大幅な変動を繰り返すようになったのであった[216]。

---

212)　「金本位制の確立が明治後半期における日本経済の成長および発展のもっとも強力な刺激となり、輸出入品の価格はこれによって安定し、西洋からの技術および資本が大量に導入されることとなった」（サイモン・ジェイムス・バイスウェイ［2005］47ページ）。
213)　大内兵衛・土屋喬雄編［1932a］555ページなど。
214)　『金貨本位実施ノ本邦ニ及ホシタル結果ノ調査』1ページ。
215)　大蔵省編［1940b］『明治大正財政史』第17巻、685－687ページ。
216)　中村隆英［1985］109ページ。

（2） 外国貿易の発展

　金本位制国に対する貿易は、幣制改革の結果としての為替相場の安定化によって増進し、確実な発達を遂げることとなった。「明治三十年幣制改革始末概要」は、金本位制確立の外国貿易に及ぼした効果について、次のように述べている。「為替相場ハ……従来ノ如ク銀貨ノ変動ニヨリ非常ナル激変ヲ受クルコトヲ免ル、ヲ得、是ニ於テ対金貨国貿易ヲ以テ其ノ主要ナル部分ヲ占ムル我カ外国貿易ハ投機ノ弊ヲ離レテ次第ニ確実ナル自然ノ発達ヲ遂クコトヲ得ントスルニ至レリ」と[217]。

　金本位制確立当時においては、日本の外国貿易は対金貨国（アメリカ合衆国、イギリス、フランス、ドイツなど）が約7割を占めるようになっていた。金銀比価関係からの低物価によって輸出を増進させる利益は、為替安定によって得られる利益に勝るという関係にはなかったといえる[218]。1896年に設立された農商工高等会議は、1898年10月に、農商務大臣への答申の中で次のように述べている。「我カ外国貿易モ金貨国ニ対スルモノ凡ソ全体ノ三分ノ二ヲ占メ、銀貨国ニ対スルモノハ凡ソ其三分ノ一ヲ占ムルニ過キス。而シテ本邦ノ幣制改革ハ金貨国ニ対スル取引ノ危険ヲ減シ大ニ利便ヲ加ヘタルコト多談ヲ要セスシテ、即チ我貿易ノ大体上ニ利益シタルコト一疑ヲ容レス」[219]。金貨国向け主要輸出品であった生糸は清国の生糸とは競争関係に立たなかったから、銀相場の低落が生じたとしても、日本の輸出に及ぼす影響はきわめて少なかった[220]。輸入においては金貨国からの輸入が重要であった。アメリカからの紡績業原料綿花の輸入、生産力向上に必要であった交通手段、機械などの金貨国からの輸入が金銀比価変動にさらされなくなったのである[221]。

　銀本位制下の銀相場低落に伴う為替相場低落の輸出奨励効果は、それが一因となって国内物価騰貴をもたらすことにより金本位制実施直前には消滅しつつあった[222]。金本位制実施の数年前（1894年）から銀相場変動はなくなってきて

217）　大内兵衛・土屋喬雄［1932］578ページ。
218）　渡辺佐平［1965］183ページ。
219）　大内兵衛・土屋喬雄［1932］579ページ。
220）　同上。
221）　渡辺佐平［1965］183ページ。
222）　大蔵省理財局編「貨幣法制定及実施報告」『日本金融史資料　明治大正編』第17巻、26ページ。

第2編　金本位制確立期の正貨政策

おり、金銀比価は安定していた。また、金本位制実施以後においても銀相場低落傾向はなくなり、それによる為替相場低落とその輸出奨励効果もなくなってきた。金本位制移行に伴う輸出への悪影響は特記するほどのものはなかった[223]。

金本位制実施前後から第1次大戦期にかけて、金銀比価は大幅な上昇と下降を繰り返している。金本位制の採用は、金貨国との貿易が直接金銀比価変動に基づく大幅な為替リスクにさらされることを回避させたのである。金貨国向け為替相場の安定は日本の貿易、ことに金貨国向け貿易の発展、これを通ずる日本の資本主義の発展に大きく寄与したといえよう[224]。日本の貿易の中心を占める金貨国向け貿易の金本位制実施以降の増大は、それを示すものである。1897年から1900年にかけて、金貨国への輸出は9726万円から9956万円へと若干増大し、金貨国からの輸入は1億2270万円から1億8588万円へと増大している[225]。

松方正義蔵相や大蔵省は、金本位制の採用は銀貨国（中国、香港、韓国など）との貿易に悪影響を及ぼさなかったとみなした[226]。だが実際には、日本の銀貨国との貿易は金銀比価変動によりただちに為替相場が変動するリスクにさらされたというべきである。たとえば正金銀行建値を上海向け電信売相場（100円につき両）についてみてみると、金銀比価が1897（明治30）年34.2、1900年33.3、02年39.2、06年30.5、09年41.0、12年33.6、14年37.3と激しく変動しているのを反映して、1897年75両2分の1、1900年72両4分の1、02年86両2分の1、06年68両4分の3、09年86両4分の3、12年74両4分の1、14年81両4分の3と変動している[227]。この金銀比価変動を反映した中国向為替相場の変動（銀価下落のときは中国向け為替相場が上昇）、日本の輸出の20～30％を占めて

---

223)　大内兵衛・土屋喬雄［1932a］578－579ページ。中村隆英［1985］49、71ページ。
224)　大内兵衛・土屋喬雄［1932a］579ページ。
225)　『金貨本位実施ノ本邦ニ及ホシタル結果ノ調査』69－70ページ。
226)　大内兵衛・土屋喬雄［1932a］578ページ。確かに銀貨国向け輸出は1897年から1900年にかけて5216万円から8241万円へと増大している（『金貨本位実施ノ本邦ニ及ホシタル結果ノ調査』70－71ページ）。Mitchener et al.［2010］は、金本位制実施後にそれまでの銀価下落傾向が反転して銀に対する金価下落が生じたと解釈し、これが日本の輸出の増大をもたらしたと主張しているが、この反転認識は疑問である。
227)　大蔵省編『明治大正財政史』第17巻［1940b］、685－687ページ。

いた中国香港向け輸出に大きな影響を及ぼした。国内綿糸相場は特定の時期以外は上海向け為替相場とほぼ連動して変化している。日本綿業の対中国輸出は為替相場変動の影響を受け、日本綿業は銀価の上昇時には利益を、低落時には打撃を受けることとなったのである。銀本位制下の中国向け貿易は、金本位制下の日本の輸出を不規則に変動させる要因となった[228]。『鐘ヶ淵紡績営業実績報告書』によれば、1901（明治34）年下半期において、「11月初旬ヨリハ銀塊相場ノ下落日増シニ其度ヲ強メ、輸出商談ヲ中絶シ」、1902年下半期においては「銀塊相場ノ下落等輸出ヲ阻害シ」、1913（大正2）年上半期においては「前季末ニ引続キ銀塊高調ヲ維持シ輸出盛ンニ行ハレ……其後……銀塊相場ノ漸落ヲ来シ……綿糸ノ輸出数量モ逐次減少シ」た[229]。

とはいえ、金銀比価の水準が金本位制実施前後から低落傾向を脱却していたことは、金本位制実施によって生じる対中国向け輸出に対する悪影響を緩和する役割を果たしたといえよう。

3　財政に及ぼした影響

金の方が銀よりも価値、相場が安定しているということを前提として、松方蔵相や大蔵省は金本位制実施が貨幣価値を安定化させ、財政計画について、確固たる、正確な基礎の上に計算を立てることを可能にしたと評価した[230]。前述のように金本位実施後、金の方が銀よりも安定していると断言できなくなったから、この評価を限定的にとらえることが必要であろう。

幣制改革以前においては金銀比価変動が激しく、これを反映して金貨国との為替相場変動が著しかった。日本政府は金貨国に対して軍艦代その他の多額の対外支払いを行わなければならなかった。為替相場の変動は財政計画を正確な基礎の上に立てることを困難にしたばかりでなく、銀価下落が対英円相場の低落を招き、国庫に巨額の損失をもたらすこととなった。金本位制の確立は金銀

---

228)　中村隆英［1985］109−111ページ。
229)　加藤幸三郎「ロンドン銀塊相場と上海為替相場との構造的関連性について」『地方金融史研究』第39号、2008年5月、18−19ページ。
230)　大内兵衛・土屋喬雄編［1932a］585ページ。明治財政史編纂会編『明治財政史』第11巻、955ページ。

第 2 編　金本位制確立期の正貨政策

比価変動によって金貨国向け為替相場が影響を受けるのを回避させ、為替相場を安定化した。このことは軍艦代をはじめとする金貨国への政府海外支払いを安定化し、これにより財政計画を確実にした。すなわち、金本位制実施後、対英為替相場は平価 1 円＝ 2 シリング 0 ペンス582近辺に安定し、したがって金銀比価変動によって対外支払い額が大きく変動したり、財政上の支払い負担が増大するという問題は生じなくなった。財政計画は正確な基礎の上に立てることができるようになったのである[231]。

また金銀比価が低落傾向を示さなくなったとはいえ、その水準が金本位制実施後にやや銀安の水準となっていたから、金本位制実施は以下のように銀貨相場水準の低落による国庫の損失を免れることを可能にしたのである[232]。

金本位制の実施後も政府対外経費支払いは多額となっており、1897年10月から1899年 3 月までの合計で561万ポンドに達し、実際に英貨振替払い金を支払った額は5539万円となっていた[233]。また、1897年10月から1900年12月にかけて各省経費支払い英貨高は合計1176万8991万ポンドとなったが、これを円銀で支払えば 1 億2374万4614円必要とされたのに（ロンドン銀塊相場をもとに円銀の現送点を算出して英貨支払い額を円換算）、償金部英貨の振替払い（為替相場は 1 円につき24ペンス台）によって 1 億1612万955円（振替払い金を償金部が収入した高）ですみ、円銀払いと比較し、金貨をもとにする支払いにより、762万3659万円も少なくすることができた[234]。

この政府対外支払いにおいては海軍省経費、ことに軍艦代の支払いが多かったから、金本位制実施の軍事的意義が注目されるべきである。金本位制はまさに日露戦後経営（軍備拡張、産業振興など）に寄与するものであったといえる[235]。

---

231)　明治財政史編纂会編、前掲巻、955ページ。『金貨本位実施ノ本邦経済ニ及ホシタル結果ノ調査』 2 ページ。

232)　大内兵衛・土屋喬雄［1932a］585ページ。明治財政史編纂会編『明治財政史』第11巻、955ページ。

233)　明治財政史編纂会編［1905a］『明治財政史』第11巻、955－957ページ。『金貨本位実施ノ本邦経済ニ及ホシタル結果ノ調査』79－81ページ。

234)　『金貨本位実施ノ本邦経済ニ及ホシタル結果ノ調査』79－81ページ。

235)　日清戦後経営の中核をなす陸海軍軍備拡張費のうち、1897年～1903年に支出された海軍省経費海外払い額は 1 億8568万円であった（野地清［1981］24－25ページの表から算出）。

第3章　金本位制の確立

　金本位制実施は国際的に経済、金融の安定化の指標となる。このことは一般的に海外投資家の投資意欲を高め、また発行者の信用度を高め、外債発行条件を有利にし、かくして日本の外貨公債発行を容易化するものである。幣制改革の結果として日本公債に対する信用が高まり、日本の公債が少なからず外国市場で売却できるようになり、ロンドン証券取引所で相場が付けられるようになった。金本位制実施後、外貨公債発行がしばしば実行されている。こうして日本の公債が国際動産となったのである[236]。

　また、ロンドンで保有する償金手取り金（償金部保有）で各省経費の対外支払いをする場合には為替相場変動による損失は政府全体としては被らなかった。

4　外資導入に及ぼした影響

(1)　為替リスクの回避と信用リスクの低減（国際信用の向上）

　金本位制の確立は、日本経済の安定を国際的に示すものであり、また、イギリスと同様の通貨制度の樹立は、理論的には日本の対外信用を高めるものとなった。この貨幣制度改革の重大な効果は「我国の信用の拡大」ということであった[237]。金本位制の確立は健全な金融財政政策を行うことを対外的に明らかにするもの（シグナル）であり、このことが日本の欧米諸国への資本のアクセスを容易にした[238]。これは長期的にみた場合にいえることであり、日露戦争外債もこれを前提として成立した（本書第5章第2節3の2参照）。

　阪谷芳郎は「金貨本位制」を採用するに至った背景には「外資輸入の深意」があったことを明らかにしている[239]。そもそも貨幣法は、金本位制の実施によって「欧米諸国貨幣市場ノ中心ト我国市場トヲ連絡セシメ相互ノ間気脉〔＝脈〕ヲ通スルノ便ヲ開」くことを目的の1つに掲げていた[240]。1901（明治34）年に大蔵省が作成したと考えられる『金貨本位実施ノ本邦経済ニ及ホシタル結

---

236)　大内兵衛・土屋喬雄［1932a］585ページ。このことも金本位制実施の財政上の貢献であった。
237)　故阪谷子爵記念事業会編［1951］196ページ。
238)　Bordo and Rockoff［1996］pp. 389-416. 鎮目雅人［2009］178ページ。
239)　阪谷芳郎「外資輸入の方法を論ず」『実業之日本』第1巻第18号、1988年11月、942ページ。
240)　大内兵衛・土屋喬雄編［1932a］453ページ。浅井良夫［1985］12-14ページ。森田右一［1988］15ページ。

第 2 編　金本位制確立期の正貨政策

果ノ調査』と題する調査書も、金本位制度確立の影響の 1 つとして「幣制改革ハ内外資本共通ノ端緒ヲ開キ我邦ヲシテ世界ノ金融市場ニ接近セシメタルコト」を挙げている。金本位制の確立によって日本の金融市場は「倫敦・巴里・紐育といふような世界の金融市場に直結された」のであった[241]。

金本位制実施の動きは早くも多額の内国債の海外売出しの成功をもたらした。すなわち、1897年 6 月には預金部保有軍事公債4300万円（五分利付内国債、ポンドでの元利金支払い条件付）がシンジケート団を通してロンドン市場で売り出された。それには売出額の 6 倍以上の応募があった[242]。ロンドンで引き受けるならば自分の国でも引き受けたいという希望を持って日本の政府なり銀行なりへと申し込む者がフランスやアメリカあたりから続々と現れた。それは国債のみならず、地方債、社債、鉄道株などをも投資対象とするものであった[243]。

明治初期の日本外債は日本の国際信用度が非常に低い状態のもとで発行されたため、その発行条件は日本にとってきわめて不利であった。その高い信用リスクは高い利回りと担保付ということに反映されている。1870年 4 月に発行された日本の外貨国債（九分利付外国公債）は表面利率（クーポン・レート） 9 ％、発行価格は額面の98％、償還期間が13年で 3 年据え置き後10年間に年 1 回の抽選で均等償還（平均残存年数が7.763年）、関税収入と鉄道純益担保付であって、平均残存利回り（単利）は9.447％であった。発行利回り（クーポン÷発行価格）9.2％を同年にロンドンで発行された外国債と比較すると、ホンジェラスの10％利付国債、トルコの 6 ％利付で発行価格が額面の60.5％の国債に次いで発行利回りが高く、同年におけるイギリスのコンソル公債の年平均3.24％よりもはるかに高かった。それは同年にロンドンで発行されたアルゼンチン国債（表面利率 6 ％、発行価格88％、発行利回り6.8％）、チリ国債（表面利率 5 ％、発行価格83％、発行利回り6.0％）と比較すると、きわめて高かった[244]。同公債は1882年 8 月をもってすべて償還された。

1873年 1 月に発行された日本の外貨国債（七分利付外国公債）は表面利率が

---

241)　故阪谷子爵記念事業会編［1951］196ページ。
242)　神山恒雄［1995］183ページ。
243)　阪谷芳郎「経済及財政諸問題」（1897年11月講演速記）『東洋経済新報』第73号、1897年11月25日、21ページ。速記中の民間の債権は社債とした。
244)　富田俊基［2006］208－210、216－218、261－263ページ。Toshio Suzuki［1994］p. 56.

第 3 章　金本位制の確立

7％、発行価格は額面の92.5％、償還期日が1897年 7 月、減債基金に基づく抽選償還、政府買上米担保付という条件で発行された。その利回りをコンソル方式で単純に計算すると7.567％となる[245]。各国の国債利回りからコンソル公債の利回りを差し引くことで各国国債のリスク・プレミアムを示すことができる。九分利付外国公債の流通利回り（クーポン・レートを時価で割って算出）は1870年 6 月末の9.35％から、1872年末の8.10％に低下した。それはコンソル公債よりも4.8％も高かった。七分利付外国公債の流通利回りは日本の重要な制度改革の実施を反映せず、満期まで 6 ～ 7 ％の水準で推移した。ただし1886年末には一時 6 ％を割り込み、コンソル公債とのスプレッド（利差）は 3 ％まで縮小している。七分利付外債は1897年 7 月には償還されることとなっていたから、国債価格が当時額面金額に収斂し、したがって償還期限の定めのないコンソルとの利鞘は、リスク・プレミアムを表示するものではなくなっていた[246]。

　前記 2 公債は、ロンドン証券取引所で上場取引されるに至らなかった。日本の公債を世界金融の中心地であるロンドン市場で売買させ、かつ公の価格表に掲示させることは日本の対外信用、国際信用上、きわめて望ましいだけでなく日本の金融を世界の金融市場に連絡させ、日本の貿易業者の海外との取引に便宜を与えるということから、政府は銀本位制期にその試みを行っていたが、それは 2 回とも失敗に終わっていた。日清戦争賠償金の取得により日本の対外信用、国際信用が増加したことに乗じて、政府は1896年夏に 3 回目の折衝を行うこととし、加藤高明駐英公使にその折衝に当たらせた。1896年 8 月に整理公債証書の売却がロンドン市場で上場取引されるに至った。だがその額は少なく、その価格も常に動揺して、貿易金融に利するところはきわめて少なかった[247]。加藤高明公使は、1896年10月 9 日付の大隈重信宛書簡の中で、その理由を、銀本位制の公債売却は金本位制下のロンドンでは困難だということに求めていた[248]。

245)　それは同じ方式で計算した九分利付外国公債よりも160ベーシス・ポイント（1.6％）低かった。なお、basis point は0.01％を意味する。
246)　富田俊基［2006］208－210、261－263ページ、Suzuki［1994］pp. 56, 187. 外債の発行過程については立脇和夫［1987a］271－317ページを参照。イギリス国債と各国国債との利回りの差については Paolo Mauro, Nathan Sussman, Yishay Yafeh, "Emerging Market Spreads: Then versus Now," *Quarterly Journal of Economics*, May 2002. を参照。
247)　大蔵省編［1937a］『明治大正財政史』第12巻、413－418ページ。

第 2 編　金本位制確立期の正貨政策

　さらに、政府は1896年11月に預金部保有軍事公債（五分利付内国債）4300万円をロンドンで売却する交渉を行うこととし、同年12月に加藤公使は英国サミュエル商会と予備交渉に入った。しかしまもなく、銀本位制を採用している国からの大量の国債購入は困難であることがわかった[249]。

　金本位制以降決定後の1897年6月1日、預金部保有軍事公債4300万円が、英貨での元金払い条件（1円につき2シリング半ペンスの確定率で金貨支払い）でロンドンで売却されることとなった[250]。このことは、ロンドンなどの投資家にとって為替リスクをなくすものであった。日本の金本位制への移行は、日本への投資から生ずる恐れのある為替リスクをなくすことによって投資家に安心感を生じさせ、これが海外投資家の日本証券への多額の投資を可能としたのである。米国誌『アルガス』も、日本は金貨本位により外国為替の動揺を免れ、日本公債はロンドン証券取引所で売買されて国際的なものとなったことを認めていた[251]。銀貨変動による為替リスクの回避による金貨国からの資本導入促進は、貨幣法制定の目的の1つでもあった。金本位制移行の資本導入における実際的、直接的効果としては、まず為替リスクの回避が挙げられる。

　軍事公債の実質利回りは5.02％であったが、その利回りをコンソル式に計算すると4.93％で、コンソルとのスプレッドは2.48％となる[252]。これを前述の七分利付外債と比較すると、リスク・プレミアムは劇的に変化したことになる。ロンドンの『エコノミスト』誌（1897年4月24日号）は、日本の金本位制採用の推進力は外国から銀本位制下よりも好条件で資金を調達できることであると考えていた[253]。サスマンとヤフェーは、日本の金本位制への参加は信用リス

---

248)　せんだ　みのる［1999］126ページ。
249)　Suzuki［1994］p. 66. 銀相場の下落が金本位制国の銀本位制国に対する資本輸出を減退させることについては、サイモン・ジェイムス・バイスウェイ［2005］35、221－222ページを参照。英国金銀調査委員会の半数者の金貨国の資本投下に関する意見は、金銀比価の変動は双方とも損害を招くため金貨国から銀貨国への資本投下を妨碍するというものであった（大内兵衛・土屋喬雄編［1932b］561ページ）。
250)　大蔵省編［1937a］419ページ。横浜正金・香港上海・チャータードの3行と、〔英国〕サミュエル商会と関係の深いキャピタル・アンド・カウンティ銀行が売出銀行となった（神山恒雄［1995］183ページ）。
251)　せんだ　みのる［1999］141－142ページ。『松原家文書』第20冊。
252)　神山恒雄［1995］181ページ。富田俊基［2006］263ページ。
253)　*The Economist*, 24, April, 1897.

ク、資金調達コストを低下させたと主張している[254]。富田俊基氏も、(プレミアムがどれだけ縮小したかを正確に知ることはできないとしたうえで)「金本位制の導入は、紛れもなくリスクプレミアムの大幅な削減をもたらした」と記されている[255]。

だが前述のように、金本位制への移行当時、七分利付外債のコンソルとのスプレッドはリスク・プレミアムを表示するものではなくなっていた。また、軍事公債の利回りを金本位制への移行前後で比較することもできない。したがって、金本位制への移行がどれだけ信用リスク、資金コストを軽減したかを、これらの利回りの比較検討からただちに判断することは困難である。

そこでミッチェナー、鎮目、バイデンミーアの3人は、金本位制への移行前からロンドンで取引されていた整理公債の利回りの推移を検討し、日本の資金調達コストの劇的な低下は起こらなかったと主張した[256]。

それでは、この問題をどのように評価すればよいであろうか。金本位制への移行が資金コスト低下作用を有していたことは確かであろう。日清戦争の勝利と日本財政への称賛によって、日本の国際信用は金本位制実施前にすでにかなり高まっていた。『バンカーズ・マガジン』(1896年1月号)は、松方の行政手腕に基づく日本財政を高く評価し、また日本の発展に大きな期待をかけていた[257]。1900年には『神戸ヘラルド』(2月22日付)が、「今日にありてはもはや財政上日本の信用を疑うものな」しと述べるに至る[258]。だが、軍事公債の売出交渉は、横浜で日銀とサミュエル商会、チャータード銀行などとの間で進められたが、一方ロンドンでも加藤公使が交渉を進めた。英国サミュエル商会は対日貿易や石油事業で活躍していたものの、外債発行業務の経験がほとんどなかった。同商会に批判的なロンドンの加藤公使は、軍事公債の売出しに下請として参加したパーズ銀行に問い合わせを行った。これに対して同行は、日本外債は年利4～4.25％での発行が可能であるのに、将来の利率を5％に一定した

---

254) Nathan Sussman and Yishay Yafeh [2000] p. 457.
255) 富田俊基 [2006] 263ページ。
256) Kris James Michener, Masato Shizume and Marc D. Weidenmir [2010] pp. 37-45.
257) "Japanese Banking and Finance," *The Bankers' Magazine*, Vol. LXI, No. 622, January 1869, pp. 69-70.
258) せんだ みのる [1999] 142ページ。『松方家文書』第20冊第15、16号。

第 2 編　金本位制確立期の正貨政策

印象をロンドン市場に与えていたと述べている[259]。軍事公債の売出発行をパーズ銀行に引き受けさせていたら、整理公債の利回りも金本位制への移行後低下していた可能性があるのである。

　実際には、軍事公債の売出条件の不利化に引きずられて、金本位制移行期に、4％台であった整理公債（売却額は軍事公債よりもはるかに少ない）の利回りが5％台へと上昇した可能性がある[260]。この軍事公債の売出条件では1000円につき102ポンドという売出引受価格の0.3％が売出手数料とされたが、公債の引渡し後ただちに利子が支払われたため、政府の実際の手取り額は101.69ポンドではなく99.5ポンドでしかなかった[261]。また締結された契約には、10月に公債引渡しが終了してから 1 年間は、日本が〔英国〕サミュエル商会を中心とするシンジケート団を経由しないでヨーロッパで外貨公債を発行しないという条件がついていた。神山恒雄氏が論じられたように、20年振りの外債発行で経験がないうえに、ロンドンの情報が不足していた[262]。また『バンカーズ・マガジン』が言及していたように、日本がヨーロッパと遠く離れ、欧米との金融関係が従来非常に希薄であったために、日本財政の健全化が外国人の間に広く知られていなかった[263]。こうしたことが売出条件を悪くしたのである。せんだみのる氏が指摘されたように、1898年に香港の銀行家ホワイトヘッドは、「日本経済上ノ状況」という意見書を発表し、日本政府は横浜の商人（サミュエル商会）を通してロンドンで430万ポンドを借り入れたことが「国の信用」を傷つけただけでなく将来ヨーロッパにおける借入れの権能を害した、と軍事内国債の売出しを批判している。この文書は『松方家文書』に収録されており、松方はこれを閲覧し、外債発行が容易でないことを痛感したと考えられる[264]。

---

259)　神山恒雄［1995］184ページ。横浜のサミュエル商会は、英国サミュエル商会（M. Samuel & Co.）が横浜に開設した支社であるサミュエル・サミュエル商会（Samuel Samuel & Co.）のことである（山内昌斗「英国サミュエル商会のグローバル展開と日本」『広島経済大学経済論集』第29巻第 4 号、2007年 3 月、117ページ）。

260)　1907年における内国債外国保有額は整理公債1616万円、軍事公債4811万円、五分利公債5875万円であった（『日露戦後ニ於ケル経済整理ニ関スル閣議案（特ニ正貨準備維持策）』1907年）。

261)　せんだ　みのる［1999］145ページ。『松方家文書』第45冊第12号。神山恒雄［1995］181ページ。

262)　神山恒雄［1995］181－182、184ページ。

263)　*The Bankers' Magazine, op. cit.*, p. 70.

264)　せんだ　みのる［1999］145－146ページ。『松方家文書』第 7 冊第 3 号。

第3章　金本位制の確立

　金本位制への移行が、日本の国際信用をただちに大きく高めるものではなかったことは確かである。ロンドンの『タイムス』は1897年にしばしば日本の金本位制について言及しているが、当時は必ずしも高く評価したものではなく、その実施に際し、むしろ日本が入超となっていることから、金本位制を維持できるかどうかに懸念を示していた[265]。英国経済学会会報『経済雑誌』（1990年6月）に掲載されたルイ・フォクスウェルの評論によれば、貨幣法制定当時、東京の輿論に影響力のある在留外人のほとんどは複本位論者であって、政府提案を批判していた。外国新聞の中には日本の金本位制移行を高く評価したものが数多く現れたが、これは日本の金本位制が世界でよく知られるようになった1900年のことである。イギリスの雑誌『サタデイ　レビュー』（7月14日付 Saturday Review)は「低利の外資、日本の輸入せられ、産業を助くるの望みあ」ると報じているが、これは年代未詳である[266]。金本位制実施開始当時、ロンドンの『エコノミスト』のような著名な雑誌には、このような高い評価は現れなかった。高橋是清が1898年に外債発行の可能性について海外調査を行った際には、日本の金本位制に対する国際金融業者の積極的な評価は報告されなかったのである[267]。

　金本位制実施後の1897年10月末のリスク・プレミアム（コンソルとの利差）は2.36％であった。1899年5月末には五分利付内国債のロンドン市場における利回りは4.71％、6月末には4.81％で推移していた。1899年6月のコンソル公債の利回りは2.54％であったから、6月の日本内国債のリスク・プレミアムは2.27％である[268]。このように金本位制実施後、海外における日本国債のリスク・プレミアムは安定的に推移しており、日本の国際信用度に当面、大きな変化は生じなかったといえるのである。

　1899（明治32）年6月には起債総額1000万ポンド（邦貨換算額9763万円）の第一回四分利付英貨公債が発行された。これはクーポン・レート4％、発行価格

---

265)　*The Times*, digital archive, 1785-1985. 徳富猪一郎編述、前掲巻、725－726ページ。当時欧米各国においては、日本の金本位制に関し、これを疑問とするものが多かった（同巻、726ページ）。
266)　せんだ　みのる［1999］142ページ。『松方家文書』第20冊第13～17号（第16号は1900年における「金本位制採用始末ノ報告書〔英文、1899年〕ニ対スル各外国新聞ノ批評」）。
267)　せんだ　みのる［1999］163ページ。
268)　富田俊基［2006］263－267ページ。

第 2 編　金本位制確立期の正貨政策

が額面の90％、償還期日は1953年末、10年据置き後45年間で償還、無担保という条件で発行され、その発行利回りは4.44％という低利であった。これは日清戦争の勝利による日本の国威発揚によって、発行引受シンジケート団（横浜正金銀行、パーズ銀行、香港上海銀行、チャータード銀行）による日本の信用評価が急上昇した結果によるものである。ただし、これは日本の信用度をシンジケート団が過大評価したものといえるのであって、ロンドン市場ではこの公債は不人気で、応募申込額は発行額の1割にも満たず、市況は低迷したのである[269]。このような公募失敗と価格低迷は、日本外債への信用度、日本の国際信用度が日露戦争前において依然として低かったことを示している。とくに欧州大陸や米国では、高利・抵当などイギリスと比べ悪条件を要求されることが多いうえに、応募を勧誘しても申込みは少なかった[270]。

　1902年1月に日英同盟が締結され、これにより日本国債の信用度が高まった。すなわち、ロンドンで売却されていた軍事公債（5％利付内国債）の利回りは1901年4月末の4.96％から1902年5月末の4.73％へと低下し、コンソルとのスプレッドは1.86％に縮小した。これを背景として、1902年10月に預金部所有帝国五分利公債5000万円がロンドンで売却された。その売出条件は、利率5％、売出価格は額面1000円につき102ポンド1シリング8ペンス、1円＝2シリング0.5ペンスという確定換算率の約款付であった。その利回りは1902年10月に4.78％で推移していた軍事外債と比べて好条件であったので、応募は売出予定額の2倍近くに達した[271]。売出発行銀行はベアリング商会、横浜正金銀行、香港上海銀行であった。政府の香港上海銀行を中心とするシンジケート銀行団への売渡価格（預金部の手取り）は1000円につき98ポンドであったが、売却を仲介した日本興業銀行に0.5ポンドの手数料が支払われたため、政府手取りは97.5％、実質利回りは5.24％であった[272]。したがって、外資導入は大幅な資金コストの低下をもたらさなかったといえよう。

---

269)　立脇和夫［1987a］331ページ。
270)　神山恒雄［1995］199ページ。
271)　富田俊基［2006］266ページ。
272)　神山恒雄［1995］193ページ。

第 3 章　金本位制の確立

（2）　外資導入の実状

　金本位制の確立は、前述のように日本の通貨制度安定を通じて外国人投資家に対する日本の信用度を高める可能性をもたらすとともに、外資導入における金銀比価変動に伴う為替相場変動による損失の危険性（為替リスク）を回避させ、そのことが日本の外資導入を促進することとなった[273]。

　阪谷芳郎は、外資輸入恐るべからずという持論を展開した。『阪谷芳郎伝』は「金本位制の採用は、日本資本主義経済確立の最大の指標であった」とまで述べている[274]。

　外資輸入の実際の状況をみると、金本位制実施後、前述のように1899（明治32）年 6 月には起債総額1000万ポンドの第一回四分利付英貨公債が発行された。このほか1897年に軍事公債4300万円、1902年に五分利公債5000万円、合計9300万円にのぼる内国債の海外売出しを行った。これらを加えると合計 1 億9060万円となる。この輸入外資によって政府は日清戦後経営のための諸事業を行ったのである。

　このほかに市債が発行されている。1899年 7 月に神戸市が水道事業費調達のために横浜居留の貿易商引受けで英貨支払いの市債（25万円）を発行している。1902年 5 月には横浜市が第一次水道公債（90万円）を海外（ロンドン）公募の方法によって発行している。同年10月には大阪市が第一回築港公債をロンドンで発行している（邦貨換算308.5万円）[275]。

　直接事業投資も行われている。日本電気株式会社、村井兄弟商会、大阪瓦斯会社、スタンダード石油会社などが外資系として活動した[276]。

　外資が日本の産業発展に一定に寄与をしたことは確かであろう。

　サイモン・ジェイムス・バイスウェイ氏は日本経済の急速な成長および、発

273）　「明治三十年幣制改革始末概要」は「我邦カ金本位制度ヲ採リシカ為メ、金貨国ノ資本家ニシテ我邦ノ事業ニ投資スルモ従来ノ如ク銀貨ノ変動ノ為メ非常不測ノ損失ヲ蒙ルルコトヲ免カル、コトヲ得ルニ至リタルニヨリ、此ニ欧米金貨国ノ低利ナル資本ハ次第ニ我カ金融市場ニ流入シ、我カ有益ナル事業ヲ幇助スルノ傾向ヲ呈シ来レリ」と記している（大内兵衛・土屋喬雄編［1932a］453ページ）。

274）　故阪谷子爵記念事業会編［1951］197ページ。明治初期を除いて外資排除の方針を採用してきた日本が1897年以降外資導入を再開するという方針を採用したことが金本位制実施の大きな理由の 1 つであったが、また、その実施が外資を日本に呼び込む大きな要因ともなったのである。

275）　日本興業銀行外事部『日本外債小史』1948年、14－16ページ。

276）　堀江保蔵［1950］74－82ページ。

第2編　金本位制確立期の正貨政策

展の特徴を総括するとき、それはまさに金本位制の確立の結果としての外国資本の導入によってもたらされたものであるということができる」と、金本位制確立の意義を外国資本導入の観点から高く評価されている[277]。

だが、金本位制のこのような評価は過大であるといえよう。資本主義の基礎が定まり、外に対しては日本の国力が認識され、また、1894年7月に調印された改正日英通商航海条約（領事裁判権の廃止、外国人の内地雑居の許可、関税自主権の部分的回復）が5年後の1898年7月に発効したことが資本輸入を促進したことの有力な条件であったことを確認しておかなければならない[278]。また、1899年に商法が改正されて外資が直接投資（企業参加）の形態で民間企業に注入可能となったことも、外資の投資の条件を整備することとなった[279]。

また、日露戦争前において実際の外資導入額は少なかった。国債以外の大規模な外債は成立せず、外債の総額も2億円足らずであった。しかも、その募債金の多くは政府の戦後経営事業費として用いられたから、その民間企業に対する関係は間接的であった[280]。外国人の直接事業投資額は数千万円を超えなかったであろう[281]。日露戦争以前における産業資本の導入はきわめて微々たるものであって、未だ外資導入における揺籃期の域を脱していなかったのである[282]。

人為的外資輸入の弊害への懸念（経済の不健全な拡大、外貨国債の発行条件の悪化）からの外資輸入抑制方針を政府は採用した。対外信用、国際信用維持、元利払いへの考慮のために地方外債発行は規制されていた[283]。当時の政府には、外債を発行して在外正貨を補充するという意識も希薄であった[284]。

また、日本の対外信用度、国際信用度が低かった。これには日本の外貨国債の発行ルートが確定しておらず、外債発行が不安定であって、継続的に発行する客観的基盤が整備されていなかったという事情もあった[285]。また、金本位

---

277)　バイスウェイ［2005］47、51-52ページ。
278)　堀江保蔵［1950］86ページ。
279)　日本興業銀行外事部『外国資本の本邦投資』同部、1948年3月、12ページ。
280)　堀江保蔵［1950］72-73ページ。
281)　同上書、86ページ。
282)　日本興業銀行外事部、前出、13ページ。
283)　神山恒雄［1995］166、197-198、231ページ。
284)　同上書、200ページ。

第3章　金本位制の確立

制実施後、外資輸入論が盛んに行われたのにもかかわらず振るわなかった理由として、当時大隈重信は民間企業の対外信用が低いことを挙げている。社債の形における外資の輸入はみられなかった。これは日本の企業にはまだ長期社債を起こすことができるだけの信用がなかったという事情によるところが大きい。カントリーリスクが高かったという政治的事情も対日投資を制約したと思われる。これに関して近藤廉平は、日本が早晩ロシアと戦端を開く恐れがあることを指摘している[286]。

さらに対日投資については法的未整備という問題もあった。『銀行通信録』において、外資の流入が進まなかった理由として、日本の法律が土地所有権を認めていなかったこと、日本人が外国人に対して資本の持分だけの権利を与えていなかったことなどを掲げている[287]。

日本の産業発展は基本的には銀行借入金や株式発行などによって、日本自身の資金によって達成されたのであった[288]。

このような事情から、金本位制実施後も日露戦争前においては外資導入が制約されていたのである。金本位制の外資導入に果した役割は、その意義を認めつつ、しかもその意義を限定的にとらえなければならないのである。

---

285) 同上書、199、211ページ。ようやく1905年頃になって、日本銀行・横浜正金銀行を主要なルートとし、日本興業銀行を副次的なルートとする、国家による外貨管理体制ができあがった（浅井良夫［1985］20ページ）。
286) 堀江保蔵［1950］84、86-87ページ。
287) 堀江保蔵［1950］84、86-87、96ページ。1873年の太政官布告第18号「地所質入書入規則」に「地所は勿論地券のみたりとも外国人へ売買質入書入等致し、金子請取又は借入候儀一切不相成候事」という規定があった（同書、96ページ）。ようやく1910年になって「外国人の土地所有権に関する法律」が制定され、この制限が取り除かれた。また、担保上の外資導入制約については、ようやく1905年になって抵当の目的物を明確に定めた財団抵当制度が設けられた（鉄道・鉱業・工場が財産の全部または一部につき財団を設けることができるという鉄道抵当法・工場抵当法・鉱業抵当法が制定された（清水誠「財団抵当法」鵜飼信成他『講座　日本近代法発達史』第4巻、勁草書房、1958年、3-48ページ）。
288) 石井寛治［1997］130ページ。日本産業の資金源については、ワークショップ「戦前期日本の直接金融と間接金融：戦前日本の金融システムは銀行中心であったか」の記録とその関係論文を掲載した『金融研究』第25巻第1号、2006年3月（1～58ページ）を参照されたい。

第4章　確立期金本位制の機構

第1節　金貨の国内流通なき金貨本位制

　確立した日本の金本位制下では、金貨の自由鋳造、銀行券と金貨との兌換、金の自由輸出入が認められており、金貨・金地金が兌換準備、対外支払い準備金として保有されていた。したがって日本の金本位制は、金貨本位制といえるものであり、金為替本位制ではなかった。

　ただし、国内では金貨が流通せず、兌換銀行券が通貨として流通する金貨流通なき金貨本位制であった[1]。兌換銀行券は一般に、金の支払い約束に基づき金に代位して国内で流通手段・支払い手段としての機能を果たす。しかも、銀行券流通には金貨流通のような磨損や携帯上の不便という問題がなかった。このために、国内流通としては兌換銀行券である日本銀行券が流通した。

　大蔵省は日常的な金融上において、正金銀よりも兌換券を用いる方が便利であると論じている[2]。貨幣は商取引に応じて伸縮自在に対応することが求められる[3]。また貨幣は「金融市場ノ需要ニ依リ其供給伸縮自在ナル」ことが必要

---

1) 「金貨ノ流通セザル金本位国」には、日本のほかにオーストリア・ハンガリー、ベルギー、スウェーデン、ノルウェー、デンマーク、インドなどがあった（山崎覚次郎［1920］299－302ページ）。
2) 「正貨幣ニテ受授シ之レヲ正貨幣ニテ運搬スルハ其手数ト費用及時間トヲ費スハ実ニ容易ノ業ニアラス故ニ之レニ代ルニ確実ナル銀行ノ手形ヲ以テ取引上受授ノ利便ヲ得セシメントス」（「金融市場ノ必要ニ依リ兌換券ヲ発行シ又国家経済上必要ニ由リ中央銀行ヲ設立スルノ主意」（大蔵省便箋ニ記載）『日本金融史資料　明治大正編』第4巻、1453ページ。『松尾家文書』第80冊第9号）。大蔵省作成のこの資料の別紙と考えられる日銀の義務、責任に関する資料（『日本金融史資料　明治大正編』第4巻、1451－1452ページ。『松尾家文書』第80冊第9号。「別紙」については同巻、1453ページ参照）は、1880年の横浜正金銀行設立後10数年してから作成されたものである。「中央銀行ヲ設立スルノ主意」というこの資料もそのころ作成されたと思われる。

253

第2編　金本位制確立期の正貨政策

とされる。兌換券は伸縮自在に供給できるという利点を有していた。日常金融上は金銀を用いるよりは兌換券を用いる方が便利であった4)。

　我が国では1888（明治21）年8月の「兌換銀行券条例」の改正によって保証発行屈伸制限制度が採用された。すなわち、正貨準備発行とともに、一定の制限のもとでの保証準備発行が認められ、さらに限外発行税を支払えば制限外発行も認められた。このような弾力的銀行券発行は銀行券への信認確保と経済発展のための貨幣供給という二重の目的を可能とするものであった。

　兌換券発行にはその発行者が多数の場合には、その授受が煩わしいという問題や、1つの兌換券発行者の信用が失われた場合に他の兌換券発行者の兌換券に影響し、その流通を渋滞させる恐れがあるという問題があった。これらに対する最良肝要な対策は、一般に流通する銀行券の発行を1つの銀行に託することであった5)。こうして我が国では兌換券が日本銀行券に統一された6)。

　金保有高が豊富でなかった日本においては金の節約にとくに努めなければならず、日本銀行は比較的低額の額面兌換銀行券をも発行して金貨に替わってこれを流通させた。金貨を兌換準備金として準備額以上の兌換券を発行させることは少量の金で通貨需要を充たすことができ、金を節約するうえで望ましかった。これらのことからも兌換券が流通し、またはその流通が助長された7)。

　日本においては兌換制に対する信認が高かったから、フランスにおけるような通貨としての金貨に対する執着が生じなかった。金本位制下のイギリスでは、1844年に通貨学派の主張を採用したイングランド銀行法（ピール法）が制定されたため、イングランド銀行券の発行額は同行の金準備によって厳しく制約されていた8)。イングランド銀行券の最小額面はかなり高額の5ポンド9)であったから、それ以下の支払いには1ポンドや半ポンドの金貨を使用せざるをえな

---

3)　『日本金融史資料　明治大正編』第4巻、1453ページ。「市場ハ物産成熟ノ期節又ハ商業上ノ時期ニ随ヒ繁閒アリテ其要スル貨幣モ一張一弛時々増減アリ」（同ページ）。

4)　同上資料、1453ページ。

5)　『日本金融史資料　明治大正編』第4巻、1453ページ。

6)　1883（明治16）年5月の国立銀行条例の改正によって、国立銀行は営業期間（開業免許の下付の日から20年）満了後は「国立銀行紙幣」を発行できなくなった。その後、1896年3月の法律第8号により国立銀行券の通用期限は1899（明治32）年12月9日限りとされた（日本銀行百年史編纂委員会編『日本銀行百年史』第2巻、12－13ページ）。

7)　日本銀行臨時調査委員会「金貨ヲ民間ニ流通セシムルノ可否ニ就テ」（1917年9月）同委員会『臨時調査集』第3輯（『勝田家文書』第47冊にも再録）。深井英五［1928］304－305ページ。

254

第4章　確立期金本位制の機構

かった。金本位制下イギリスにおける通貨の構成をみると、1900年において、銀銅貨2730万ポンド、金貨9310万ポンド、イングランド銀行券2940万ポンド、その他銀行券1600万ポンド、銀行預金（定期預金を含む）8億2460万ポンドとなっていた。イングランド銀行券は民間銀行、とくに地方銀行の現金準備として用いられ、賃金支払いおよび小売取引の主たる手段であったものは、1ポンド、10シリングの金貨と銀銅貨であり、とくに金貨の比重が高かった[10]。金貨は1913年当時において現金通貨流通の大部分を形成していた。小切手の使用が普及するにつれて、金貨の使用は次第に小切手に替わられた[11]。日本では銀本位制下で券面10円、5円、1円の日本銀行券が発行され、金本位制下で10円、5円の銀行券が発行され、これが流通したから、携帯に不便な金貨を使用する必要がなかった[12]（もっとも、松方正義蔵相は、金貨は国内でも相当に流通すると計算していたのではないかと想像される[13]）。

---

8) イングランド銀行の発券高中、金で裏づけられない部分は1400万ポンドに制限された。佐藤一『イングランド銀行券流通史』私家版、112ページ。
9) 2003年7月の信用理論研究学会関東部会における西村閑也氏の報告よれば、当時の5ポンドは日本円に換算して今日20万円前後。
10) 西村閑也［1995］69ページ。
11) 西村閑也［1980］313、338ページ。
12) 深井英五［1928］304-305ページなど。
13) 石橋湛山は、松方は4000～5000万円の金貨は国内で流通すると計算していたのではないかと想像している（石橋湛山「我国金本位制の研究」『東洋経済新報』第1381号、1930年1月11日、16ページ）。開港場では銀貨が流通しており、1896年末には国内で旧金貨1281万円、1円銀貨5098万円が現存していた（大内兵衛・土屋喬雄編［1932a］338ページ）。1897年10月1日から1898年7月31日までに金貨を銀貨と引き換えた額は、内地に流通していたもの3474万1904円（内地に流通していた銀貨との直接交換1100万9231円、日本銀行兌換準備銀貨との交換1679万2601円、租税その他に収納してさらに金貨と交換した銀貨397万7099円、台湾で収入と交換した銀貨296万2973円）、海外から復帰したもの1084万6465円、合計4558万8369円、造幣局に銀貨鋳造のために銀塊が輸納されてこれと引換えに交付された成貨払渡証書で金貨（一部は銀兌換券）と引き換えられた銀塊は2950万5453円（直接金貨と交換引上げのもの2567万8149円、1897年10月以前に兌換券と交換されて補助貨鋳造のための銀地金を確保することとなった成貨払渡証書382万7304円）、合計7509万3822円の金貨が1円銀貨回収のために必要とされた。実際に1897年4月から1898年4月までに7445万5735円の金貨が鋳造されて、これが1円銀貨引換えの準備に供されている。このことからすれば、日本銀行兌換準備中の銀貨と交換され保有された金貨、政府保有金貨、海外から復帰した銀貨と交換された金貨、台湾での交換金を除いても、内地に流通していた銀貨と直接交換された1101万円の金貨と成貨払渡証書と引き換えられた金貨の一部とが、当初国内で流通していた可能性がある。この国内流通金貨は開港場で外国銀行や横浜正金銀行などが保有したり、装飾品、工芸品の原料として用いられたのであろう（大内兵衛・土屋喬雄［1932a］482、491、493、528、530ページ）。

第 2 編　金本位制確立期の正貨政策

　このため、金貨は国内ではまったくといってよいほど流通しなかった。国民の大多数にとって金貨はみたことがないものとなった。金貨は1871年以降に毎年発行され、政府は1897年 4 月以降、貨幣法に基づく新金貨（20円、10円、5円）を1924年に至るまで毎年鋳造した。1897年から金輸出が禁止された1917年までに鋳造された金貨は累計で 7 億500万円であった。この金貨は日本銀行保有分を除いて大部分が国外に流出した[14]。金本位制実施後 5 年を経た1902年末の金貨の国内現在高は8900万円で、このうち7100万円が兌換準備として日本銀行に保蔵されていた。そのほかのものは海外に持ち出されたり、鋳潰されたり、あるいは一般人の使用を目的としない保持品になったりして、現実に日常取引に用いられて流通界に置かれたものはほとんどなかった。その後も、この状態に変化はなかった[15]。すなわち、表 4 － 1 にみられるように金貨の輸出入においては1918年に至るまで毎年金貨の純流出のみがみられたのであった。金貨の国内流通がないのに金貨が鋳造されたのは、金が対外決済手段としてだけではなく、兌換制度による日銀券の信認維持のためにも必要とされたからであろう。

　大蔵省調査によれば、日本銀行以外に統計上存在する金貨は1907（明治40）年末に2068万余円、1913（大正 2 ）年末に3080万余円に上っているが、その大部分は工芸上の原料に使用されて貨幣の形状を失っているとみなしてよいものであった[16]。山崎覚次郎は、財産の保障が十分、安固なる我が国においては、とくに金貨を財宝として秘蔵する必要がなく、また利殖の方法が多くあったから怜悧な日本人は金貨を空しく貯蔵する愚をなさず、日常の取引に金貨を使用することは目撃されていない、と述べている[17]。

　日本銀行金兌換券が金貨に代わって流通した最も大きな理由は、それが通貨として一般に信認されたからである。その根拠について詳しく考察してみよう。

---

14)　石橋湛山「我国金本位制の研究」『東洋経済新報』第1381号、1930年 1 月11日、16－17ページ。
15)　日本銀行調査局編『図録日本の貨幣　8 』[1975a] 244ページ。
16)　山崎覚次郎［1920］100、300ページ。
17)　同上書、300－301ページ。

第4章　確立期金本位制の機構

表4－1　金貨輸出入表

(単位：千円)

年	輸出	輸入	輸出超過	年	輸出	輸入	輸出超過
1897(明治30)	8,608	5	8,602	1912(大正元)	21,121	168	20,953
98(31)	45,410	18,359	27,050	13(2)	20,703	215	20,488
99(32)	8,397	147	8,249	14(3)	26,029	861	25,167
1900(33)	51,151	263	50,887	15(4)	40,637	56	40,580
01(34)	11,162	431	10,731	16(5)	20,266	30	20,236
02(35)	402	107	294	17(6)	61,072	1,030	60,042
03(36)	16,583	493	16,089	18(7)	805	0	805
04(37)	105,547	—	105,547	19(8)	0	600	(＋)600
05(38)	14,533	3,434	11,098	20(9)	10	506	(＋)496
06(39)	22,943	1,763	21,180	21(10)	0	423	(＋)423
07(40)	18,691	1,230	17,460	22(11)	0	5	(＋)5
08(41)	3,074	1,330	1,743	23(12)	0	0	0
09(42)	6,444	644	5,800	24(13)	0	0	0
10(43)	22,075	406	21,669	25(14)	0	0	0
11(44)	21,769	485	21,284	26(昭和元)	0	0	0

注：＋は輸入超過。
出所：石橋湛山「我国金本位制の研究」『東洋経済新報』第1381号、1930年1月11日、17ページ。

第2節　日本銀行金兌換券に対する一般的信認

1　銀行券の貨幣としてふさわしい属性

　あるものが貨幣として幅広く利用され、貨幣として信認されるための条件の1つは、貨幣としてふさわしい属性を持っていること、すなわち、十分な耐久性を持っていること、品質が同質であること、分割の可能性が高いことであるが、日本銀行券は金銀が有するこのような性格をかなり受け継いでいた。

　日本銀行券は我が国特産の三椏(みつまた)を原料にしたもので、丈夫であった。金本位制実施に伴い、1899年に甲5円券、甲10円券、1900年に甲100円券という「日本銀行兌換券」(「日本銀行兌換銀券」から名称変更)が発行されたが、その紙料は三椏100％であった[18]。それが損傷した場合には日本銀行本支店において手

---

18)　伊藤浩次編『日本銀行券の百年』私家版、1983年、179、181、183ページ。

257

数料なしで新券と交換することができた[19]。銀行券の品質は均一であった。高額面でないものを含めて各種の銀行券が発行され、その組み合わせによって必要な支払いをすることができた。その使用は便利であった。

2 銀行券の過剰発行抑制メカニズム

貨幣が信認され、授受されるためには、その価値が維持され、安定していなければならない。その価値が減少するようなものを人々は受け取ろうとしないであろう。政府紙幣は政府の必要に応じて財政歳出の手段として流通過程に入っていき、税金の支払いを通じて政府に還流するものがあるものの、市場の必要を超えて過剰に発行される恐れがあり、また兌換が約束されておらず、市中に滞留して減価してインフレーションを生ずる可能性がある。理論的に言えば、銀行券はこのような政府紙幣とは異なり、市場の必要に応じて金融取引を通じて流通過程に入っていく。銀行券は銀行、とくに中央銀行がヘリコプター・マネーのように一方的に供給できるものではなく、主として貸出という取引形態を通じて発行される。すなわち、家計や企業が主として銀行預金の引出しによって銀行券を入手するのであるが、この銀行預金は遊休貨幣の保管、利子取得のために銀行へ預入れられるとともに借り手の預金口座への記帳を通じた貸出によって形成されるのである[20]。

貸出の手段として発行された銀行券は、返済という過程を通じて発行銀行に還流するというメカニズムがある。兌換銀行券は、過剰発行による減価の恐れがあれば、兌換請求を通じて発券銀行に還流するというメカニズムもあった。日本銀行への預金による日銀券の同行への還流もあり、預金引出しによる銀行券発行残高の増加は預金に制約されていた。

このようなことから日本銀行兌換券の過剰発行が抑制されており、その価値の減価が回避されていたのである。

---

19) 大蔵省編『明治大正財政史』第14巻［1937b］628-630ページ。
20) Henry Dunning Macleod, *A Dictionary of Political Economy*, Vol. 1, London, 1863, p.73. H. D. Macleod, *The Theory and Practice of Banking*, 5th edition, Vol. 1, London, 1902. 麓健一『信用創造理論の研究』東洋経済新報社、1953年、213-216ページ。吉田暁『決済システムと銀行・中央銀行』日本経済評論社、2002年、154ページ。

3　財政規律の維持

　また、日本銀行は政府貸出も行っていた。だが、1893年から1926年にかけて、それが同行総貸出の半分、あるいはそれ以上に達したのは日清戦争および日露戦争期および1911年（大蔵省証券の割引を含む）だけであった[21]。そして、政府貸出によって発行された銀行券発行も返済を通じて日本銀行に還流した。日本銀行は公債保有も行ったが、公債は償還を伴うものであった。

　日銀の対政府貸出が抑制された背景として、満州事変以前では日露戦争期を除いて基本的に日本財政の均衡維持が図られていたという事実を指摘しておきたい。日本では明治初期に財政構造改革（秩禄処分、地租改正）と累積債務処理が行われ、日本財政は松方財政期までに平時における財政均衡を基本とする近代的な財政基盤を確立していた[22]。松方正義は、近代国家としての日本が世界に伍していくためには、西欧列強、とくにイギリスに日本が財政的に不安のない国であることを認めさせることが必須であると信じ、その信頼を勝ち取るために全力を傾けた[23]。金本位制の実施は、財政金融の安定を対外的に示すことにより外資導入の円滑化を図ることをその目的の1つとしていた。ロンドンの『バンカーズ・マガジン』1896年1月号は「日本の財政と金融」と題する一文の中で、日本財政の健全性を賞賛している[24]。兌換制度確立後日清戦争前に、日本は日本銀行の産業奨励金融と公債発行に依存しつつ、健全財政を維持していた[25]。日清戦争後に積極財政が展開されたが、1898年度予算からは日本銀行の産業奨励金融を継続しつつ、財政規模を拡大しないという意味での緊縮財政が採用された[26]。1900～01年恐慌以後、従来よりも厳しい緊縮財政方針が採用された。1903年度には大規模な新規財政計画が着手されたが、それは財政規模を拡大しない方向で対応されていた[27]。

　その後、日露戦争期に財政は大幅な赤字となった。この時期、日本銀行は戦費調達のための活動に従事しており[28]、多額の内外公債が発行された。しかし、これを除けば、高橋財政が開始された時期（1932年前後）まで基本的に政

---

21)　大蔵省編『明治大正財政史』第14巻、946－949ページ。
22)　大森徹「明治初期の財政構造改革・累積債務処理とその影響」『金融研究』第20巻第3号、2001年9月。
23)　玉置紀夫［2002］189－190ページ。

府は財政均衡を維持しており、国債発行額も制限されていた[29]。財政規模は1907年度まで拡大されたが、同年の日露戦後恐慌後に行財政整理の範囲内での財政運営を基本方針とする緊縮財政が採用され、公債政策も非募債主義が採用されるようになった[30]。このため、日銀の公債保有額も制約されていた。金本位制という枠組みのもとで、また経済的独立性を維持するために政府が対外的な借入れを忌避する傾向が強く、これら両者に共通する国際収支バランスを維持するという要請から財政規律が保たれていた。このような財政の均衡維持が日本銀行券の過剰発行を抑制し、その信認を維持することとなったのである。

4 金兌換

日本銀行券には金銀正貨の支払い約束が存在していた。日本銀行券の金銀との交換には、兌換券をもって正貨に兌換する場合と、正貨をもって兌換券に交換する場合との2つの場合があった[31]。1884（明治17）年に制定された兌換銀行券条例は、兌換券を銀貨に兌換し、金銀貨を兌換券に交換することを請求し

---

[24] 「日本人は大規模な内乱と不換紙幣の多額の流通という逆境を克服し、健全な財政政策（a good financial policy）によって不換紙幣は数年前にすっかり消却されてしまった。日本の現在の財政機構が賞賛に値するということは最近の日清戦争によってよく示されている。清国が外債に依存する一方で、日本は、比較的貧しい国であるにもかかわらず、同国がこれまで経験した中での最大の戦争を、1度も外債発行を行うことなく遂行した。このことがこの財政機構の〔健全さの〕証拠となる。このことが日本の有能な大蔵大臣〔松方正義〕の優れた行政によって達成されたことは疑いない。しかし、現在みられるような銀行制度がよく組織されていなかったなら、蔵相がこのような成果を達成することは不可能であったであろう。一言でいえば、日本の過去25年にわたる財政史は、最近の輝かしい戦争にも劣らないほどすばらしいものであった。しかしそのことは、日本が欧米の大都市から遠く離れていて、それらとの金融関係が制限されていたために、外国人にはよく知られてはいなかった。しかし、日本の外国貿易の年々の増大と同国の外国人への完全開放の見込みは疑いもなくさらに新しい特徴と一層大規模な発展をもたらすであろう。」("Japanese Banking and Finance," *The Bankers' Magazine* (London), Vol. 61, No. 622, January 1896, pp. 69-70.) 東京銀行編［1980］544-545ページ。

[25] 神山恒雄［1995］110-113ページ。

[26] 同上書、139-145ページ。

[27] 同上書、172-173ページ。

[28] 伊藤正直［1987b］380-386ページ。

[29] 鎮目雅人［2001］245-246ページ。同「第2次大戦前の日本における財政の維持可能性」日本金融学会報告、2007年5月12日。

[30] 神山恒雄［1995］212、250ページ。

[31] 大蔵省編『明治大正財政史』第14巻、620-628ページ。

第4章　確立期金本位制の機構

ようとする者があれば、同行はその多寡を問わず、同額無手数料をもって、同行本支店において営業時間中いつでもこれを実行することを規定していた。

外国では中央銀行券の兌換請求には原則として中央銀行本店だけが応じ、ベルギーだけがベルギー国立銀行のアンヴェルス（アントワープ）支店で銀行券の正貨兌換に応じた。日本では、日銀本店だけで兌換請求に応じようとすれば、準備金が少ないからそのようなことをするのだという疑惑が生ずる恐れがあり、信用維持上、このような制度は採用されなかった[32]。

フランスでは中央銀行の金準備維持策として兌換手数料制度の採用がみられた。この制度は、本書第3章第1節（3）で述べたようにラテン通貨同盟の盟主として金銀複本位制を採用し、その後跛行金本位制をとっていた当時のフランスが金準備維持策として採用したものである。フランスは金貨兌換を請求する者に対しては相当の手数料を徴し、この手数料を支払わない者に対しては銀貨を受領させた。兌換手数料は1000分の1ないし7、8を上下した。この兌換手数料の変化が割引利率と同一の効果を有した[33]。この制度は我が国では採用されなかった。松方正義はこの制度の採用を考慮したが、日本銀行の「信用の力の度」（信用度）が弱かったために、これを押し切って行うことができなかった[34]。この制度は金銀複本位制、跛行金本位制を採用している場合に実施できるものであって、金本位制を採用している国がこれを採用するときは、一種の兌換停止と同様の効果を生ずるから、兌換の安全確実を害するものとなった[35]。

1897（明治30）年の貨幣法制定とともに兌換銀行券条例も改正され、日本銀行兌換券は銀貨兌換から金貨兌換に改められた[36]。

また、従来は金銀貨ともに兌換券との引換えに応じていたのを、金貨を持参して兌換券への引換えを請求する者に対してその請求に応ずることとされた[37]。

---

[32]　金貨本位実施満二十年紀年会における「松方公爵の講演」（1917年）『日本金融史資料　明治大正編』第17巻、690ページ。

[33]〜[35]　「正貨吸収策トシテノ外国為替政策」（1914年に大蔵省内で作成されたと推定）。

[36]　「此券引換ニ金貨……円相渡可候也」（Promises to Pay the Bearer on Demand … Yen in Gold）という兌換文言が甲5円券の裏（和文および英文）、甲10券、100円券の表と裏（和文が表、英文が裏）に記載された。1910年には乙5円券、1915年には乙10円券、1916年には丙5円券、1917年には甲20円券が発行された（伊藤浩次編、前掲書、185−186ページ）。

第2編　金本位制確立期の正貨政策

表4－2　金本位制下の日本銀行の正貨準備

(単位：千円)

年末	金貨	金塊	銀貨	銀塊	合計
1897	63,325	33,588	1,348	—	98,261
98	65,513	24,057	—	—	89,570
99	74,001	29,141	—	7,000	110,142
1900	35,368	29,981	—	2,000	67,349
01	41,122	27,736	—	2,500	71,358
02	71,869	36,250	—	1,000	109,119
03	81,328	35,635	—	—	116,962
04	17,276	62,629	—	3,677	83,581
05	26,898	88,697	—	—	115,595
06	21,007	126,195	—	—	147,202
07	29,098	132,644	—	—	161,742
08	49,320	120,184	—	—	169,505
09	73,369	144,475	—	—	217,843
10	92,887	129,495	—	—	222,382
11	96,835	132,319	—	—	229,154
12	106,447	140,576	—	—	247,023
13	102,569	121,797	—	—	224,366
14	97,248	120,989	—	—	218,237

出所：大蔵省編『明治大正財政史』第13巻、358－359ページ。

　兌換券の交換事務は原則として日本銀行本支店が取り扱ったが、銀本位制下では他行への委託も行われ、とくに横浜正金銀行への委託が実施された[38]。1899年11月以後は、日本銀行本支店だけがこれを取り扱うこととなった[39]。

　兌換券の金銀との支払い約束、金本位制実施後の金支払い約束に対する国民の信頼という信用が日銀券への信認（credibility）を支えていた。この信用は銀行券の価値を金銀正貨の価値に維持することを可能にし、それが日銀券への信認の基礎となったと考えられる。日本銀行は金本位制実施下において銀行券に対する正貨準備として金を保有していた（表4－2）。この金準備は金貨お

---

37)　大蔵省編『明治大正財政史』第13巻［1939］369ページ。
38)　外国貿易の拠点である横浜に日本銀行の支店がなかったことから正金銀行本店が1884年7月に横浜港の兌換券交換事務の委託を受けていたが、1893（明治26）年以降は同行神戸支店もこれを委託されている。
39)　大蔵省編『明治大正財政史』第13巻、371－374ページ。

第 4 章　確立期金本位制の機構

表 4 − 3　兌換銀行券発行高と発行準備

(単位：千円)

年	兌換銀行券年末発行高	正貨準備 A	保証準備 B	$\frac{A}{A+B}$(%)	年末制限外発行高
1897	226,229	98,261	127,968	43.4	47,313
98	197,400	89,570	107,830	45.4	24,017
99	250,562	110,142	140,420	44.0	20,722
1900	228,570	67,349	161,221	29.5	41,221
01	214,097	71,358	142,739	33.3	22,738
02	232,094	109,119	122,975	47.0	2,976
03	232,921	116,962	115,959	50.2	—
04	286,626	83,581	203,045	29.2	83,045
05	312,791	115,595	197,196	37.0	77,196
06	341,766	147,202	194,564	43.1	74,564
07	369,984	161,742	208,242	43.7	88,242
08	352,734	169,505	183,229	48.1	63,230
09	352,763	217,843	134,920	61.8	14,920
10	401,625	222,382	179,243	55.4	59,242
11	433,399	229,154	204,245	52.9	84,245
12	448,922	247,023	201,899	55.0	81,898
13	426,389	224,366	202,023	52.6	82,023
14	385,589	218,237	167,352	56.6	47,352

出所：後藤新一［1970］14−15ページ。

よび金塊からなっていた。

　表 4 − 3 に示されているように、日本銀行の銀行券に対する正貨準備として、1900〜01年（恐慌期）および1904〜05年（日露戦争期）を除いて、金が銀行券発行残高の40%以上保有されていた。

　実際に日本銀行兌換券発行後、毎年銀本位制時代には銀貨、金本位制時代には金貨が兌換券と交換に払い出されている[40]。たとえば1887年には日本銀行は兌換券と引換に3964万円分の銀貨を支払っている。金本位制下においても銀行券は実際に兌換請求され、日本銀行はこれに応じて金貨を払い出した。表 4 − 4 によれば、日本銀行は1898年や1900年に5000万円以上、1903年にも3000

---

40)　同上書、第13巻、375−376ページ。

第2編　金本位制確立期の正貨政策

表4－4　兌換銀行券と金貨との交換高（年間）

(単位：千円)

年中	金貨受入れ 兌換券払出し	兌換券受入れ 金貨払出し
1897	6,285 （銀貨18,695）	13,784 （銀貨22,646）
98	29,830 （銀貨1,679）	53,017
99	19,406	16,232
1900	9,262	51,324
01	18,877	13,123
02	33,212	2,465
03	40,260	30,801
04	60,239	107,112
05	24,528	14,906
06	19,147	25,038
07	5,210	22,602
08	8,487	11,367
09	264	7,419
10	437	25,223
11	2,008	26,900
12	104	23,044
13	1,246	23,854
14	1,025	30,134

注：本表は実際には日本銀行の金貨受払高を示すものであって、兌換券払出を伴わない金貨受入れ（地金の金貨化）を含むと考えられる。

出所：大蔵省編『明治大正財政史』第13巻、375－376ページ。

万円以上、1904年には1億円以上の金兌換を実施している。

　このように、金貨兌換制度は実際に機能していたのである。兌換制度は実際に兌換請求による銀行券の発行銀行への還流メカニズムを通じて、銀行券の過剰発行を抑制し、銀行券の価値を金の価値に維持し、その信認を維持していたのである。

　なお、日露戦争後にも金兌換が実施されているが、年間におけるその額は1914年を除いて3000万円を超えてはいない。これは日露戦争以後に通貨当局が

在外正貨の売却（大口為替の売却）を行うことによって金兌換を抑制する政策が採用されたことを反映するものであろう。

　金準備は日本銀行券の通貨乱発の歯止め効果を果たし、結果的に銀行券の価値減少を回避する役割を果たしていたとも考えられる。日本銀行券の発行額は正貨準備を超えていたが、正貨準備による制約を受けており、それが通貨増発を制約してその通貨価値ひいてはその信認を維持させることとなった。日本銀行券はかなり弾力的に発行されており、保証準備発行が認められていたが、その額には限度が設けられており、その制限を超えた発行には最低年5％の限外発行税を課することとなっていて、その過剰発行が抑制されていたのである。

　もっとも、我が国における兌換券の金への兌換の実行は国内での銀行券に対する信認維持というよりも、対外支払いの必要のために行われたということも指摘しておきたい。たとえば、1900（明治33）年における日本銀行券の発行残高は2億2857万円であるのに対し、同年の金貨払出しは5132万円となっており、相当額の金兌換が行われているが、これは同年のアメリカやイギリスなどへの金貨・金地金輸出額5176万円を反映していると考えられる。金貨払出しが多額に上った1904年には、アメリカや中国などに対して1億603万円の金貨・金地金輸出が行われているのである[41]。1902年に金貨兌換は247万円と少なくなっているが、これは同年の金貨・金地金輸出額が45万円と少なかったことと関係するであろう。

5　金準備の確保

（1）　正貨準備

　金の支払い約束を果たすために日本銀行は金準備を保有する必要があった。日本銀行券は当初は新貨条例という金本位法のもとで銀兌換券として発行されており、兌換銀行券条例第2条には「日本銀行ハ兌換銀行券発行高ニ対シ同額ノ金銀貨及金銀ヲ置キ其引換準備ニ充ツヘシ」という規定が設けられていたが、金本位制の確立に伴って「銀貨及銀地金ハ引換準備総額ノ四分ノ一ヲ超過スル

---

[41] 小島仁 [1978] 68ページ。日露戦争後における、日本の為替相場の低さを背景とする、上海標金市場への円金貨流出については小島仁 [1978] 68、79-94ページを参照されたい。

コトヲ得ス」という但書が加えられた。1898（明治31）年末の日本銀行の正貨準備（金貨・金塊）は8957万円であり、それの兌換券発行総額に対する割合は表4－3にみられるように45.4％であった[42]。

（2） 正貨準備としての金の確保

正貨準備としての金を確保する方法として国際収支の均衡ないし受取超過を図るという方法が考えられるが、この国際収支の重要項目をなしたのは貿易収支である。

正貨準備は、まず輸出代金手取り金を金に換えて現送するという方法があった。これは通貨当局による輸出奨励政策（輸出産業としての製糸業育成のための日本銀行による製糸金融や横浜正金銀行への為替金融、輸出為替買入奨励）によって補強された。産業奨励による輸出奨励・輸入抑制を通じた正貨維持、財政支出の削減を通じた海外支払いの抑制による正貨維持も検討され、実施された[43]。このような国際収支均衡化への努力が金防衛を通じての日銀券の信認を支えていた。

金本位制制定から第1次大戦直前の期間までの日本の金（金貨および金地金）輸出入構造は表4－5のようになっている。輸出は円金貨がほとんど、輸入は金地金と外国金貨がほとんどであった。日露戦争以前には1897年、1899年、1902～1903年と金は輸入超過であった。ただし輸出超過の年もあり、1900年には多額の金輸出が生じている。日露戦争以後には1905～1906年、1908～1909年に金は輸入超過であった。ただし金輸出超過の年もあった。

金は日清戦争賠償金の日本への回送によって補充された。イギリスからの金輸入が日露戦争まで続き、その後はほとんどない。1897、98年にその額が巨額に達しているが、これはロンドンで領収した賠償金を日本に現送した結果である。1899年には賠償金をロンドンから直接現送したもの以外に、受け取った賠償金でロンドンで上海宛の為替を買い、その代り金で上海の金塊（金地金）を買って日本に現送したものがかなりあった。また、アメリカからの金の輸入が日露戦争以後に多くなっており、それは年によって大きく変化している[44]。

---

42) 大蔵省編『明治大正財政史』第13巻、358、367ページ。
43) これらについては本書の第5章第1節などを参照。

第4章　確立期金本位制の機構

表4－5　日本の金輸出入額（相手国別、1897～1913年）

(単位：千円)

		1897年	1898年	1899年	1900年	1901年	1902年	1903年	1904年	1905年
輸入	イギリス	62,619	35,759	7,229	5,264	994	13,882	11,359		
	アメリカ			24		372	3,472	4,317	153	11,540
	韓国	1,009	1,063	2,438	3,131	4,859	4,787	5,425	5,142	5,414
	支那	673	116	8,240	543	2,559	5,072	3,547	161	2,668
	その他									
	合計	64,313	37,028	20,081	8,967	10,651	30,184	25,355	5,456	20,193
輸出	アメリカ	13	13,923	1,010	16,627	5,256	2	5,911	80,349	765
	支那	3	69	103	8,133	749	34	3,842	15,478	10,565
	香港	15	3,228	1,015	7,336	3,300	400	6,779	9,957	3,370
	その他	イギリス 8,334	イギリス 28,891	インド 6,617	インドとイギリス 18,917	ドイツ 2,052				
	合計	8,864	46,281	8,768	51,762	11,478	453	16,698	106,027	14,708

		1906年	1907年	1908年	1909年	1910年	1911年	1912年	1913年
輸入	イギリス			2,939			10		
	アメリカ	10,722			54,066	6,286	4,028	10,094	
	韓国	5,456	5,436	4,920	6,359	10,797			
	支那	1,755	1,531	1,874	4,099	407	890	270	911
	その他	インドとオース・ラリア 19,038		オーストラリア 6,834	オーストラリア 14,156				
	合計	37,022	6,970	16,900	78,751	17,494	4,939	10,381	954
輸出	アメリカ	1,000	400	402		6,000	8,128	500	1,900
	支那	11,447	10,654	1,631	2,056	4,590	4,779	12,675	5,473
	香港	10,535	7,635	1,429	4,365	11,485	8,890	7,775	10,930
	その他								ドイツ 2,400
	合計	22,984	18,696	3,653	6,447	22,577	21,802	21,202	20,704

資料：大蔵省編『大日本外国貿易年表』（各年版）中の「輸出入金銀価額国別表」。
出所：小島仁［1978］68ページ。

44)　小島仁［1973］67－69ページ。

第2編　金本位制確立期の正貨政策

　第1次大戦期を別とすれば、日清戦争後日中戦争勃発（1937年）に至るまで貿易構造が基本的に入超である日本においては、貿易による金の吸収は困難であり、金はさらに政策的に吸収されなければならなかった。金本位制確立以降、1925年までの統計で貿易の出入超と金の出入超との間に対応関係が存在しないのは、これを反映している[45]。

　金吸収は一時的に公定歩合操作によっても行われたが、これには限界があり、産金買入れや金購入資金貸付による金確保も行われた。朝鮮（韓国）から年々一定の金塊が輸入されているが、これは朝鮮産金吸収の結果である[46]。

　金はさらに外債募債による外貨取得によって流出が抑制された。外債募集金は在外正貨を補充し、これが日露戦後とくに重要な金防衛、正貨維持手段となった。金の出入超が日本銀行の正貨準備を増減したことは否定できないが、その関係が明瞭でないのは、外債募集金が在外正貨として保有され、その一部が正貨準備に繰り入れられたからである[47]。日露戦争直前以後には在外正貨売却を通じた金流出抑制政策が実施された。イギリスで行われた金価格政策による金吸収は金本位制期に基本的には採用されなかった[48]。第1次大戦以後には金輸出禁止も実施されたが、これは金防衛をなすものであった[49]。

　このような金準備確保策が日銀券の信認を維持させていたのである。

6　保証準備

　日銀券の信認維持と産業奨励に必要な日銀券供給という2つの目的を果たすために、正貨準備発行以外に保証準備発行が認められていた。保証準備も銀行券信認の基礎をなしていたのであった。保証準備品は政府発行の公債証書・大蔵省証券その他の確実な証券、商業手形からなっていた[50]。その内訳は表4－6のとおりである。

---

45)　土方成美「我国に於ける正貨準備の調節と外債政策（金本位制度運用の三十年）」『経済研究』第3巻第2号、1926年4月、80－81ページ。
46)　これについては本章第4節を参照。
47)　土方成美、前出、81、86、88－98ページ。本書、第2章第2節3、第5章第7節を参照。
48)　本章第4節3（6）、本書第5章第6節を参照。
49)　本書第8章第2節2（2）、第11章第1節、第2節を参照。

第4章 確立期金本位制の機構

表4－6 金本位制下の日本銀行の保証準備

(単位：千円)

年末	各種公債	大蔵省証券	鉄道証券	政府証券	証券	商業手形	合計
1897	33,107	—	—	22,000	31,000	41,861	127,968
98	31,364	—	—	22,000	16,000	38,465	107,830
99	23,807	—	—	22,000	12,316	82,297	140,420
1900	28,717	—	—	34,000	9,619	88,885	161,221
01	35,290	6,495	—	62,000	3,923	35,030	142,738
02	38,638	9,263	—	50,000	3,077	21,997	122,976
03	38,421	—	—	43,000	1,731	32,806	115,958
04	26,779	—	—	116,500	22,544	37,221	203,045
05	42,589	36,005	—	70,000	22,986	25,616	197,196
06	75,057	29,579	—	22,000	31,036	36,892	194,564
07	70,043	25,876	—	22,000	23,333	66,990	208,242
08	58,837	14,776	—	22,000	45,920	41,696	183,230
09	31,803	6,611	—	22,000	68,836	5,670	134,920
1910	40,327	49,061	—	30,800	40,200	18,855	179,242
11	45,499	50,008	—	47,660	45,636	15,442	204,245
12	30,166	17,707	28,982	25,980	58,550	40,513	201,898
13	39,683	—	—	22,000	92,840	47,500	202,023
14	49,823	—	—	22,000	77,629	17,900	167,352

出所：大蔵省編『明治大正財政史』第17巻、361－363ページ。

　保証準備は国内保証を中心としていたが、1900年以降には海外保証準備発行も行われた。同年に国内保証は1522万円、海外保証は900万円となっており、同年に保証準備発行額は1612万円となっていた[51]。

　だが、保証準備は金ほど確実なものとはみなされておらず、保証準備発行には限度額が設けられていた。もっとも、保証準備発行には発行税を負担しての制限外発行が可能であり、実際にこれが行われた。弾力的な銀行券発行が行われていたわけである。保証準備発行限度額は1888（明治21）年の7000万円が正貨保有減少のもとで1890年に8500万円に引き上げられていたが、1894年12月、1895年5月～1896年4月、1897年7月～1898年8月、1898年10月～1899年1月

---

50) 大蔵省編『明治大正財政史』第13巻、356－364ページ。保証準備証券の価格計算については同書、第14巻、612－618ページを参照。
51) 日本銀行百年史編纂委員会編『日本銀行百年史』資料編［1986］326ページ。

に制限外発行が行われていた[52]。経済規模の拡大に伴って保証準備発行限度額は1899（明治32）年3月に1億2000万円に引き上げられた。これにより一次的に制限外発行が解消したが、同年末以降頻繁に制限外発行が行われ、たとえば1900年には4122万円が制限外で発行されている。日露戦争以降は制限外発行が恒常化している。

制限外発行が常態化すれば銀行券発行量は金準備から乖離することとなる。しかし、金本位制実施以降の銀行券に対する信認が定着していたこと、また発行税を課することによってその発行が制約されていたこと、さらに日銀が産業発展のための貨幣供給を図らなければならないという課題を有していたことが、制限外発行の容認の背景をなしていたと考えられる。

保証発行限度額がさらに引き上げられる（10億円へ）のは1932（昭和7）年のことであり、金本位制下においては保証準備発行限度額が抑制されていたのである。

7　中央銀行に対する信認

中央銀行当局者に対する信認が銀行券に対する信認を支えることとなるが、そのために必要となる通貨価値の維持は金兌換によって確保されていた。

日本銀行の財務の健全性と日本銀行実務の堅実性も銀行券への信認確保に寄与する。日本銀行の資産は負債を超過しており、財務は健全であった。日本銀行は払込資本金や積立金からなる自己資本（債務性がない）を一定額有していた。日本銀行の創立以来の長期統計を概観すると、資産サイドでは1930年までは地金と現金の合計が3～4割を占め、これに在外正貨を加えると安全な正貨の保有が5割を超えていた。同行は毎年純益を得ていた[53]。同行は商業手形の再割引にとどまらず、広く産業金融を行ったが、不良債権の発生は回避されていた。最後の貸手機能を有する中央銀行としての日本銀行が第1次大戦後に特別融通を行うことがあったが、この場合にも日銀の損失はなんとしても回避

52）　大蔵省編『明治大正財政史』第14巻、592－593ページ。
53）　同上巻、941－943ページ。日本銀行百年史編纂委員会［1982］537－541ページ、［1983a］311－314ページ、［1986］272－288ページ。鎮目雅人［2001］221ページ。

第4章　確立期金本位制の機構

しようとした。

　このような財務の健全性は、結果として日本銀行への国民の信認を通じて日本銀行券への信認に寄与するものとなったといえよう[54]。管理通貨制度下とは異なり、金本位制下においては金兌換によって銀行券の通貨価値が安定していた。兌換準備の確保を別として、通貨価値安定のために日本銀行が国民からの信認をとりつけようとして、意識的に財務の健全性を保とうとしたという明白な兆候は金本位制期に見出せない。兌換券発行銀行としての日本銀行の性格が、産業発展支援という課題も有する同行の経営をどこまで制約したかについては、今後の検討にまたなければならない。だが、同行の財務の健全性が保たれていなかったとすれば、日本銀行券の信認に傷がついた可能性は否定できないように思われる。財務の健全性が保たれていたために、収益性を確保するために通貨の過剰発行を伴う貸出膨張を図ることが抑制されたとも考えられる。

　日本銀行は、金融政策を担当するとともに発券・預金・貸出という日常業務を行う機関であった。中央銀行の日々の業務をしっかりと行うことが、国民の同行への信頼・信認を維持するために必要なことであった。明治前半、第4代岩崎彌之助、第5代山本達男の両総裁時代に業務体制の整備が進められた。1898年には検査局が設置された発券事務の定型化も行われた。また1899年に「任用内規」および「採用試験規則」が設けられているが、この規則採用にあたっては「銀行員たるものは常に精励格謹、ならびに忠実を要するがゆえに、体格、品行などについても等閑視することのないよう」に厳重注意が付されていた。銀行実務は信用を重んじ、正確迅速に処理すべきものと考えられていた[55]。日本銀行実務の堅実性が同行信認維持のためだけに行われたとはいえないであろうが、それが同行への国民の信認を通じて日本銀行券への信認に寄与したという作用は存在したであろう。

---

54)　中央銀行のバランスシート、財務の健全性と信認との関係については齊藤壽彦［2003］32－33、38ページ、植田審議委員講演要旨「自己資本と中央銀行」『中央銀行調査月報』2003年12月号等を参照されたい。

55)　日本銀行百年史編纂委員会編『日本銀行職場百年』上巻、同行、1982年、214－215、222－225、263、274ページ。

第2編　金本位制確立期の正貨政策

8　日本銀行券の法貨性

　日本銀行兌換券は、兌換制度に支えられた通貨価値の安定性や貨幣としての利便性などによって維持される国民からの信認によって、一般的に受容されていた。日本銀行兌換券は政府紙幣とは異なり、国家から強制通用力を付与されていなくても貨幣として信認されるものであった。

　だが、日本銀行券はその発行当初から強制通用力を付与されていた。すなわち、兌換銀行券条例第4条において「兌換銀行券ハ租税海関税其他一切ノ取引ニ差支ナク通用スルモノトス」と規定されていた。かくして、日本銀行券は法貨性を有することとなった[56]。

　この強制通用力は、決済を日本銀行券によって行うことを義務づけるものではなかった。また、フランスのアッシニア紙幣に対して1790年4月に設けられ、また日本の国立銀行条例第8条第6節によって定められていたような受取拒否の場合の処罰規定はなかった[57]。だが、日本銀行券による支払いの決済完了性という意味での強制通用力が法的に示されることにより、その信認がより高められることとなったのである。

9　通貨偽造対策

　通貨偽造を防止するため、銀行券の用紙には製造段階で透かしの漉入れが行われた。印刷技術は精巧であった。1887年には偽造防止のために人物の肖像を刷入することが定められたが、これは描写の線1本を描き損なっても人相が非常に変わるので、真贋の鑑定に重要なポイントとなるからであった[58]。

　また、偽造に対しては、刑法において通貨偽造罪として処罰が規定され、これを受けて兌換銀行券条例第12条において「兌換銀行券ノ偽造変造ニ係ル罪ハ刑法偽造紙幣ノ各本条ニ照シテ処断ス」という処罰規定が設けられていた[59]。

---

　56)　法貨とは強制通用力を与えられた通貨のことである。
　57)　渡辺佐平『インフレと暮し』新日本出版社、1975年、28ページ。塩野宏監修、日本銀行金融研究所「公法的観点からみた中央銀行についての研究会」編『日本銀行の法的性格——新日銀法を踏まえて——』弘文堂、2001年、41ページ。
　58)　日本銀行調査局編『図録日本の貨幣　8』[1975a] 148、151、158-159ページ。

第4章　確立期金本位制の機構

こうした通貨偽造の防止が図られたことも日銀券の信認維持に寄与していた。もっとも甲5円、甲10円券の偽造券が数多く発見されている。この背景には写真応用の製版技術の急速な進歩があった[60]。

10　兌換券を使用する慣行の定着

　江戸時代には各藩で藩札が流通し、明治初めから政府紙幣や国立銀行券が流通しており、我が国では紙券貨幣流通の慣行が形成されていた。このことが兌換銀行券流通の背景をなしていた[61]。国民は紙券貨幣の使用に慣れ、あえて硬貨を使用する気持を起こさなかった[62]。

　それでも、1885（明治18）年に日本銀行が兌換銀行券条例において初めて兌換銀行券を発行した際には、政府や日本銀行は保証準備発行にきわめて慎重であった。このことは「兌換銀行券条例」において準備資産として認められていた銀貨の不足分を、同条例に規定のない金貨で補填してまで100％正貨準備の形を整えたことにも表れている。当時は、銀行券に対する一般の信認が必ずしも十分ではなかった。しかし、その後20年を経過した明治30年代後半になると、兌換銀行券は日常取引の中に定着し、その信認についての懸念はかなり薄らいだ。こうしたことが銀行券の流通を支えていたのである。また、そうした状況の変化が、制限外発行の出現に対する政府や日本銀行の態度を微妙に変化させたように思われる[63]。

　日本銀行金兌換券はこのような条件に支えられて国民からの貨幣としての信認を確保し、金貨に代わって国内で流通貨幣として機能したのであった。

---

59)　通貨偽造罪については佐伯仁志「通貨偽造罪の研究」『金融研究』第23巻法律特集号、2004年8月号、117－177ページを参照。
60)　伊藤浩次編、前掲書、185ページ。
61)　1868（明治元）年に太政官札、1869年に民部省札、1871年に大蔵省兌換証券、1872年に開拓使兌換証券および新紙幣、1881年以降に改造紙幣という政府紙幣が発行され、1873年以降国立銀行「紙幣」という銀行券が発行され、1884年に公布・施行された兌換銀行券条例に基づいて1885年から日本銀行券が発行され、流通していた。
62)　石橋湛山「我金本位制の研究」『東洋経済新報』第1381号、1930年1月11日、17ページ。
63)　鈴木恒一［1986］45ページ。

第 2 編　金本位制確立期の正貨政策

第 3 節　在外正貨依存の金本位制とその限界

1　在外正貨保有とその機能

　日本の金本位制は在外正貨を基礎とする金本位制であった。ただし、通貨当局の統計においては、政府保有「準備金」中の「海外預ケ金」に関する統計を除けば、1896年の日本銀行在外正貨準備保有を例外として、1882年から1902年に至るまで、日本銀行や政府の在外正貨保有は計上されていない。1903年になってようやく正貨統計に日銀および政府保有の在外正貨が登場しており、日本銀行が1260万円、政府が619万円、合計1879万円を保有したとされている[64]。在外正貨の保有は日露戦争以後に激増し、これが対外決済手段や正貨準備として大きな役割を果たすこととなった。

　だが実際には、政府が償金特別会計部資金としてロンドンで保有するものがあった。この政府海外保有資金は、政府の特定支払い目的のために保有されていたものであって、当時は大蔵省によって在外正貨であるとは認識されていなかった。だが、その実際の機能をみると、在内正貨の確保に寄与するとともに、金現送に代わる国際決済手段としての役割をも果たしており、その意味では広義の在外正貨であったといえよう。この広義の在外正貨が、日露戦争前の金本位制確立期において、重要な役割を果たしていたのである。この政府在外資金のその支払い状況は表 4 − 7 にみられるとおりである。

　政府在外資金は日清戦争賠償金および外債手取金の受入れによって生じたものである。これがロンドンに保管されて海軍省経費などの政府対外支払いに充当された。また金銀購入に充当されて、とくに金本位制下の金の補充に寄与した。為替決済資金に流用されることもあったのである。これらについては本書第 2 章第 2 節においても論じておいた。

2　日本銀行による横浜正金銀行保有の外国為替手形再割引

　国際金本位制への参加によって、円の対外価値の安定を確保し、貿易の拡大、

---

64)　能地清［1981］23−24ページ。

第4章　確立期金本位制の機構

表4-7　日清戦後経営期の在外政府資金収支表

(単位：千ポンド)

		1895年	96年	97年	98年	99年	1900年	01年	02年	03年3月まで	合計		邦貨換算額
												%	千円
受取	日清戦争賠償金a)	13,160	9,335	3,578	12,074	29	30	△91	△160		37,955	68.2	370,555
	内外債関係収入			4,386 b)		8,600 c)	537 d)		903 d)	1,108 c)	15,534	27.9	151,658
	その他共合計e)	13,160	9,335	7,964	13,608	9,199	645	△78	743	1,108	55,684	100.0	543,643
支払	日本銀行へ為替元渡		11,400	9,100	9,686	4,561		543	△1,000	1,197	1	35,488	65.2	346,469
	金塊購入代		2,397	5,336	3,841		543			508	6	12,631	23.2	123,316
	銀塊購入代		2,946	145								3,091	5.7	30,177
	横浜正金銀行為替取組高		5,502	4,138	5,870	3,572				684		19,766	36.3	192,975
	(残額)		555	36	11	1,000	1,000	0	5	0				
	各省経費振替払高		787	3,827	4,162	3,641	2,791	1,711	325		140	17,384	32.0	169,720
	海軍省経費		578	3,625	3,902	3,257	2,791	1,711	325		140	16,329	30.0	159,420
	大蔵省経費		209	△10 212	△5 265	△3 387						1,055	1.9	10,300
	預け合英貨高		5,018	△5,018								0	—	0
	日本銀行利付預金高		1,000	1,102	△1,000	848	△1,880	△70				0	—	0
	外国証券・公債購入代f)			1,130	2,427	△2,480	△1,078					△1	—	△10
	本邦内外債購入代g)					2,441	397	△807	△501			1,530	2.8	14,937
	合計		18,205	10,141	15,275	9,011	773	△166	1,021		141	54,401	100.0	531,117
	年末残高	13,160	4,290	2,113	446	634	506	594	316	1,283	1,283			12,526

注1：a)は日清戦争賠償金、威海衛守備費償却金、運用利殖金及有価証券交換差増減額等の合計額。b)は軍事公債売却代、c)は公債部より振替受入高、d)は預金部所有有価証券買入分、e)合計額には、不用銀貨海外売却代ロンドン渡為替手形取済高を含む。f)は英国大蔵省証券、印度大蔵省証券、清国公債購入代。g)は本邦軍事公債、本邦英貨公債購入代。
2：収入欄の△印は差減を示す。
3：支出欄の△印は寄託金に返済戻入または次年度計算での控除を示す。
4：邦貨換算額は、1ポンド＝9.763円で換算、千ポンド、千円未満四捨五入。
資料：「償金特別会計部倫敦ニ於ケル英貨受払計算表ノ一、二」「交換元英貨受払計算表」「各省経費支払計算内訳表」(明治財政史編纂会編『明治財政史』第2巻所収)。
出所：能地清[1981] 24ページ。

外資の導入に寄与し、その後の経済発展のための軌道が敷かれることとなった。しかし、それによって金平価の維持という重大な責務が課せられたのである。これは、自由放任主義によっては達成できなかった。そこで第1章で述べたように、日本銀行が正金銀行に為替資金を供給し外貨を獲得することによって正貨吸収を図るという、日本の正貨政策が構想されたのである。

　金本位制確立を控えた1897年3月に正金銀行取締役、4月に同行副頭取に就

第2編　金本位制確立期の正貨政策

任した高橋是清は、正金銀行改革を進め、同行の外国為替・貿易金融機関化をいっそう進展させ、同行の国家的性格を強めた[65]。そして同年4月、岩崎彌之助日本銀行総裁は兌換準備を強固に維持するため、ますます外国貿易を奨励し、金融の調理に努めるよう正金銀行に強く要求し、同年5月に正金銀行はこの要求を受諾した[66]。同月に岩崎総裁は、正貨準備の増強は、再割引契約を通じて「今後益々正金銀行を利用して輸出を奨励し、正貨を吸収せしむる方針」以外にはなく、このために「正金銀行各支店の営業方針に多少の変改を加ふるを要」すると松方大蔵大臣に建言している[67]。また1899年3月に産業貿易の発達に伴う資金需要の増大に応じて日本銀行の保証準備発行制限額を1億2000万円に増額する際に松方蔵相が日本銀行に正貨吸収策を講ずるよう命じた内訓の中にも、外国為替を利用して正貨を吸収することが述べられている[68]。

だが実際には、日本銀行の融通金は正貨で返納されず、内地にて日銀券で返済されたため、日本銀行に正貨を供給することにはならなかった。例外的に、正金銀行が外国市場で借り入れた資金を内地で運用しようとする際、または輸出超過、外国人の内地投資、内国債の流出など、どうしても片為替となり正貨を内地に現送せざるをえない場合には、正金銀行が日本銀行に英貨の売却を申し込むことがあった。ただし、その金額は多くない。しかも、この例外は日銀による保護とは直接関係がなく、外国銀行も同様の立場に立っていた。1892年、大蔵省参事官の阪谷芳郎は外国為替手形の再割引による正貨吸収がうまくいっていないのを認めている。また、1899年には大蔵省理財局長であった松尾臣善が、輸出超過のときでなければ外国手形再割引による正貨吸収は困難であると述べている[69]。

日本の貿易構造は日清戦争以後第1次大戦勃発に至る期間は入超構造となっており、この期間に出超であったのはわずか3年（1895年、1906年、1909年）にすぎない。日本は殖産興業・富国強兵政策を推進し、先進国からの工業生産物、

---

65) 齊藤壽彦［1986a］55－60ページ。
66) 横浜正金銀行編『横濱正金銀行史　付録甲巻之二』、568－571ページ。
67) 岩崎彌太郎・岩崎彌之助伝記編纂会編『岩崎彌之助伝』上巻、同会、1971年、577－586ページ。平智之［1984a］57－58ページ。
68) 大蔵省編『明治大正財政史』第14巻、542、653ページ。
69) 大蔵省内作成『正貨吸収二十五策』甲の12－16ページ。大蔵省編『明治大正財政史』第17巻、480－482ページ。日本銀行百年史編纂委員会編『日本銀行百年史』第1巻、423－425ページ。

発展途上国からの工業用原材料輸入、軍需品の輸入に依存せざるをえなかった。これを反映して正金銀行の外国為替取扱高において、1898年以降、輸入為替取扱高の方が輸入為替取扱高よりも多かった年がかなりみられる[70]。輸出超過のときでなければ外国手形の再割引による手取り金として外貨を獲得し、これを金銀正貨で日本に取り寄せることは難しかったのである。

また、後述の『正貨吸収二十五策』が論じているように、日本銀行は金本位制下で正金銀行に対する低利再割引を継続するとともに支那為替預け金やロンドン為替預け金を年2％で預け入れたが、このような低利資金供給にも運用制限が設けられていなかった。そこで、国家的目的すなわち正貨吸収と私的目的すなわち営利との二重の目的を有する半官半民の横浜正金銀行は、日銀低利資金をもとに市中金利を標準として貸し出し、その間の利鞘を収得しようと図った。このために、日銀低利資金供給の輸出奨励効果が減殺されたのであった。

日銀の為替資金供給によっては、十分な正貨（在内正貨および在外正貨）を確保することができなかった。このため、金本位制下においては、新たな正貨吸収策が必要となったのである。このことが外債募集による外貨獲得の背景となったのである。

3　外債募集

日本の金本位制を支えるために、外債による外資導入が必然化した。すなわち、日本の金本位制は、その成立後2、3年を経ずして償金の枯渇に直面し、1899年、英貨1000万ポンドの外債の募集によってようやくその安定を保持しえたのである。金本位制の採用によって日本資本主義は、一応「一人前」の資本主義国になったけれども、他面「国際金本位制」のルールのもとで常に金平価を維持しつつ経済発展を進めなければならなくなった。このため、日本資本主義は、その帝国主義化への高度な「経済成長」と国際収支の恒常的な逆調とのジレンマに悩まざるをえなかったのである。このジレンマは、賠償金や外債によって一応は解決されたが、それは日本の金本位制の特殊な性格を物語るとと

---

70)　大蔵省編『明治大正財政史』第17巻［1940b］478-479ページ。

もに、日本資本主義の対外依存性を示すものといえよう。

　資本主義諸国との競争激化により海外市場への進出が不可避となると、日本は軍事力による独占的市場確保の必要に迫られ、軍備拡張をより積極的に進めようとした。しかし、戦争や戦争準備によって発達した日本の資本主義は、国際収支の面でたえず深刻な危機に直面することになった。すなわち、金兌換・金輸出による正貨準備の減少・流出によって、日本は金本位制を放棄するか、強い引締政策をとるかの岐路に立たされたのである。とはいえ、金本位の放棄は日本の国際的孤立を意味し、軍備拡張のためには強い引締政策も困難であった。金本位制の維持と戦争準備を同時に達成するには、外資を流入させて国際収支の均衡を図り、正貨準備の減少を食い止めるしかなかったといえよう。日清戦争賠償金と外国資本の導入は、この意味できわめて重要な役割を果たしたのであった。

　1899（明治32）年の外債募集は、賠償金の消費に伴う正貨準備の減少を補填した。さらに日露戦争の戦費はその半ばを外債によって賄われたのであり、「戦後経営」も、巨額の外債募集によって可能となったのである。第1次大戦前における外資導入の状況は表4－8に示されているとおりである。外資導入は公債発行を中心とするものであり、それは日露戦争以後に激増した。金本位制確立期の外債募集の動向については、本書第3章第4節において論じておいた。

　我が国はこのようにして、一方で先進資本主義国からの資本の導入に依存しつつ、他方では軍事力を背景としてたえず隣接地域——朝鮮、中国など——に帝国主義的進出を図っていった。すなわち、外資導入により「対外依存性」が形成される一方で、「侵略性」という日本帝国主義の特殊な性格が形成されていったのであった[71]。

　とはいえ、外債募集が本格的に行われるようになるのは日露戦争以後のことである。それ以前では、外債募集は制約されたものであった。

---

71) 以上については、高橋誠［1965］を参照。

表4－8　第1次世界大戦前の外資導入

(単位：万円)

発行年	公債発行額	市債発行額	社債発行額	直接投資額	総額
1870	488.0	0.0	0.0	0.0	488.0
73	1,171.2	0.0	0.0	0.0	1,171.2
97	4,300.0	0.0	0.0	0.0	4,300.0
98	0.0	0.0	0.0	0.0	0.0
99	9,763.0	25.0	0.0	10.8	9,798.8
1900	0.0	0.0	0.0	525.0	525.0
01	0.0	0.0	0.0	0.0	0.0
02	5,000.0	90.0	0.0	200.0	5,290.0
03	0.0	308.5	0.0	91.7	400.2
04	21,478.6	0.0	0.0	0.0	21,478.6
05	82,985.5	0.0	0.0	15.0	83,000.5
06	0.0	1,458.0	1,952.6	50.0	3,460.6
07	22,455.0	310.9	3,905.2	590.0	27,261.1
08	0.0	0.0	6,057.8	0.0	6,057.8
09	0.0	6,323.4	225.0	0.0	6,548.4
10	28,154.3	0.0	500.0	58.3	28,712.6
11	0.0	0.0	5,857.8	0.0	5,857.8
12	0.0	9,271.4	0.0	0.0	9,271.4
13	10,668.8	0.0	1,935.0	0.0	12,603.8
14	2,430.7	0.0	0.0	0.0	2,430.7

出所：サイモン・ジェイムス・バイスウェイ［2005］196ページ。

4　在外正貨保有の限界

　賠償金を主たる財源とした金本位制確立期の在外正貨は種々の重要な機能を果たしたが、これには限界があった。すなわち、まず第1に、在外の賠償金保管金の現送による在内正貨蓄積は、対外決済手段や兌換準備金としての金を節約するものとしての在外正貨の本来の機能ではなかった。また、在外正貨を金に換えて現送してくれば、在外正貨が減少せざるをえなかった。

　国際決済手段としての在外正貨の機能自体も、日清戦後の段階において限界を有していた。すなわち、政府海外支払基金は、一部は為替銀行の資金に流用されたとはいえ、政府自体の、予算で決められた分野への対外支払いの手段に

基本的にとどまるものであった。賠償金特別会計における政府在外資金は、通貨当局によっては本来の在外正貨とはみなされていなかった。

　償金取寄せにかかわる政府所有在外資金の為替銀行への供給は、金流出の阻止を目的とすると同時に、政府が英貨を円貨に換えるためのものであった。1903（明治36）年以前には日本銀行が在外正貨を所有して、金流出の阻止自体を目的として在外正貨を売却するようなことは、未だ行われてはいなかった。

　日銀の独自の在外正貨保有は1903年以降のことである。これ以降、日銀による在外正貨の払下げによる正貨防衛が可能となるのである。

　在外正貨を対外支払いに用いたり、為替取組みによる取寄せのために為替銀行に交付すれば、在外正貨が減少せざるをえない。賠償金による在外正貨は次第に枯渇していった。1899年には外債を募集して外貨不足を補わざるをえない状態となった。この外債募集金も、日露戦争以後のようには多額に上らず、またこれも枯渇していった。

　日清戦争賠償金に基づく在外正貨の、日本銀行正貨準備への繰入額は、在内正貨準備額を下回っていた。また、この正貨準備繰入れは一時的なものにすぎなかった。すなわち、外貨預け合勘定の利子に関しては、政府が日本銀行から年１％の預金利子を取るのに対して、政府は同行に２％の借入利子を支払わなければならなかった。「金繰上ノ都合ヲ見計リ可成速ニ之カ〔＝外貨預け合の〕解除ヲナスハ国庫ノ利益トスル所」であった[72]。しかも、在外正貨の正貨準備繰入れによる銀行券発行は、積極的に推進されたものでなく、情勢上やむをえないものとされていた。これには弊害があり、続けることは良策ではないとみなされていたのである。すなわち『明治財政史』は、「日本銀行が斯の如き変則的準備を設けたるは当時の状勢誠に已むを得ざるものありしも久しく之を存するは決して経済上良策に非ざるなり何となれば制限外の発行は世人をして金融界に於ける資金の需用が平常の程度を超ゆること幾何なるかを推測せしむるを以て此の如く権宜の手段に依り徒に正貨準備を増加するときは其幾何が実際に於て平常以上の需用に属して所謂警戒を要すべきものなるかを知る能はざらしむればなり」と論述しているのである[73]。政府は、1896年12月以降、ロ

---

[72]　前掲『明治財政史』第２巻、572ページ。英貨預け合利子が無利子となるのは1897年１月１日からのことである（『明治財政史』第２巻、573、578ページ）。

第 4 章　確立期金本位制の機構

ンドンで購入した金地金が到着すると、漸次外貨預け合を無利子の金地金預け合に切り替えて、1897年 5 月には残額2917万余円を銀塊ならびに為替取組代り金で返済したのである。なお、金地金預け合も1898年末には解除された[74]。

　在外正貨を銀行券発行の基礎とする仕組みは、基本的に金本位制確立直前における一時的なものにすぎなかった。すなわち、前述の在外正貨準備発行を除いては、日露戦争前に在外正貨準備発行が行われたのは、1902年 2 月から 5 月までと 7 月から10月までに限られる[75]。「預ケ合勘定」による銀行券発行は、在外正貨を基礎とする銀行券発行の端緒、濫觴、嚆矢にすぎなかったのである。

　かくして、多額の在外正貨を保有することに依存する貨幣制度は、日露戦争前においては過渡的性格を免れなかったのである。

第 4 節　在内正貨の吸収とその存在意義

1　正貨政策としての金吸収策採用の必要性

　金本位制の時代には、国内通貨の信認を維持し、異種通貨国への支払いを実行するためには金の存在が不可欠であった。金本位制は金を土台として成り立つものである。また、日本においては円が国際通貨として機能しなかったから、日本は金防衛、対外決済手段確保のために金、在外正貨の吸収に努めなければならなかった。さらに、金は戦争準備金としても重要であった。

　日本の金本位制を支えた主要因として賠償金（約 3 億5000万円）、外債（1897年から1931年までの38億円）、第 1 次大戦期の国際収支黒字（国際収支受取超過27億8000万円）を挙げることができる。いわば他力的 3 要因によって我が国の金本位制は維持されていたのである[76]。

　日露戦争後には在外正貨の売却による金流出の防遏が図られた。だが、この政策は外債募集によって取得された在外正貨の保有を前提とするものであり、それには限界があった。

　正貨維持吸収方策としては国際収支対策として生産奨励、輸入抑制、政府対

---

73)　東洋経済新報社編『金融六十年史』同社、1924年、217ページ。
74)　前掲『明治財政史』第 2 巻、572－573ページ。
75)　日本銀行調査局編（土屋喬雄・山口和雄監修）［1975a］198ページ。
76)　安東盛人『外国為替概論』有斐閣、1957年、680－681ページ。

第2編　金本位制確立期の正貨政策

外支払い抑制が考えられる。従来から日本では輸出奨励政策が採用されていたが[77]、通商政策による輸出奨励も実施された[78]。1896年から1897年にかけて農商工高等会議が開催され、貿易拡張政策が検討されている[79]。貿易金融政策も推進され、日銀の正金銀行への為替資金供給を通じて輸出奨励を行って正貨を吸収するという政策も継承された。1899年には関税の自主権が回復した。もっとも、主要輸入品は依然として低い協定税率のもとに置かれており、この協定税率の廃止は1910年の関税改正をまたなければならなかった[80]。日本銀行の資金に支えられた正金銀行を通ずる輸出奨励による正貨吸収策も、日清戦争後第1次大戦前には、成果を挙げることは実際には困難であった。

賠償金、外債、第1次大戦期の国際収支受取超過による日本の金本位制の維持にも限界があった。それらは特定の時期に登場したものであった。日清戦争賠償金は政府対外支払いや国内への取寄せのために消尽していった。

外債募集は、日露戦争前においては多くなく、また1899年の募集を除いては在外正貨補充機能を有しなかった[81]。日露戦争後には多額の外債募集が行われたが、それは断続的に行われたのであって、非募債主義も登場した。

日清戦後経営における積極財政は1898（明治31）年度から緊縮財政に転換し、1900〜1901年恐慌の後に本格的な行財政整理が実施された[82]。日本の国際収

---

77) 日本銀行が製糸金融などを通じて輸出産業への金融を行ってきたが、これは金本位制確立後も継続されている（石井寛治［1999］217－221ページ）。
78) 農商務省は海外博覧会への邦品出品、商品見本の海外試送、海外調査および報告書の刊行を行った（通商産業省編『商工政策史』第5巻、商工政策史刊行会、283－310ページ）。
79) 同上書、310－338ページ。
80) 同上書、511、544ページ。
81) 金本位制の確立は外債募集に便宜を与え、これが正貨を補充するものとなった。だが、日露戦争以前には外貨国債以外の大規模な外債は成立しなかった。この背景には日本の国際的信用度の低さによる外債発行の困難という事情があり、また抵当制度、社債制度の不備が民間社債の発行を困難にしていた。外貨国債も発行は間歇的であった。かつ外債発行は外貨日本国債価格への悪影響や元利払いを伴うという問題があり、その発行は政府・日銀によって抑制されていた。したがって、外債発行額は日露戦争以前はそれほど多くはなかったのである。しかも、その外貨手取り金も主として海軍軍備拡張のための政府対外支払いに充当されるものであった。消極基調の政策により対外支払いを抑制して経常収支の改善を図ることが可能な状況のもとで、入超決済のために外債発行で在外正貨を補充するという意識は通貨当局にとって希薄であった（神山恒雄［1995］166ページ）。もちろん、外債収入による在外政府資金の一部が国内に取り寄せられる際にそれが為替決済資金として流用され、かくしてそれが正貨の維持、正貨流出防遏に寄与することはあった。だが、その役割は限られていた。また政府在外資金、政府在外資金が日本銀行の正貨（在外正貨）を補充するということは、1903年に至るまでは行われていなかったのである。

支（経常収支、本土収支）は1897～98年、1900年、1903年には支払い超過であったが、1899年、1901年～1902年にかけて黒字となっている[83]。だが、日清戦争後から第1次大戦開始期にかけて日本の国際収支は貿易収支の赤字構造を反映し、基本的に経常収支が赤字であった。

第1次大戦期における大幅な国際収支黒字は世界大戦という国際環境の一時的変化によってもたらされたものであって、それが終了すれば国際収支受取超過が維持できなくなるのであった。

イギリスでは金防衛策として公定歩合操作が活用されていた。日本において、この操作が金本位維持策としてまったく活用されなかったわけではない。だが、後進資本主義国として出発した日本は公定歩合を決定する際に産業の発展を考慮せざるをえなかった。このために公定歩合操作による金の維持は、金本位制実施当初や第1次大戦直前の正貨危機の時期などに限定されていた。

かくして、金を直接吸収しようとする金政策・金施策（gold devices）が我が国において重視されたのである。金施策は諸外国においても実施されているが、我が国における金吸収策はそれとは異なる性格を有していた。金政策・金施策は時期によって変化しており、またこれを包含する日本の正貨政策は広範な内容を有している。本章は金本位制確立期を取り扱う章ではあるが、金政策の把握を容易化するために、本節においては金本位制確立期の金政策のみならず、金本位制実施以前の金政策や日露戦争以後の金施策をも取り扱い、第1次大戦前における我が国の金政策をまとめて論ずることとする。

2　国内産金と植民地産金

在内正貨の確保にかかわる産金業について一瞥しておこう。従来の産金史研究は地質学金属鉱床学的なものか[84]、近世を中心としたものか[85]、戦時期を中心とした北海道産金史か[86]、植民地産金史研究[87]にとどまる。そこで最初

---

82)　神山恒雄［1995］第3章。
83)　山澤逸平・山本有造［1979］223ページ。
84)　資源・素材学会『日本金山誌』1989－1994年、など。
85)　石川博資『日本産金史』厳松堂、1938年。
86)　浅田政広［1999］。

第 2 編　金本位制確立期の正貨政策

に明治期の国内の産金動向を考察しておく。

　我が国産金業は江戸時代に顕著な発展を示した。明治維新後に政府は佐渡鉱山のような有力な金鉱を直営として、英仏その他から専門技師を招聘してこの開発を図るとともに模範官営鉱山として、民間鉱業を奨励した。その結果、1887（明治20）年前後から1897年にわたって鉱山の経営は一般に大規模となり、したがって多額の資金を要するようになったので、金鉱山は合名、合資あるいは株式などの企業形態をとるようになった。産金量は1874年には90キログラムにすぎなかったが、1896年には10倍以上の964キログラムに達した。この間、採鉱には鑿岩機および空気圧縮機の採用、運搬には捲揚機の設置および索道の架設、排水には喞筒（喞筒、ポンプ）の使用、その他動力として水力および電気の応用などがあり、また精錬においては搗鉱機の使用および混汞（水銀）法の採用などがあり、産金が増加したのである[88]。

　金本位制が確立して以降、産金業はますます発達するに至った。すなわち、1897年には産金量は1トンを超え（台湾を含む）、1911年には10トンを超えるに至った（朝鮮を含む）。1912年の産金額は1454万1297円であった。一般鉱業技術の進歩、植民地台湾・朝鮮の領有、交通機関の発達、教育の普及、諸法規の制定による企業奨励などにより、産金業が発達したのである。1913（大正2）年における産金量は内地が5539キログラム、朝鮮が5453キログラム、台湾が1181キログラム、合計12173キログラム（1623万626円）となる。朝鮮が内地に匹敵する産金量を示していたといえる。だが、「産金発達史」掲載統計によれば、内地の産金は1913年以降1932（昭和7）年まで一貫して朝鮮を上回っており、その役割が無視されるべきではない[89]。表4－9では、1909年に朝鮮産金が統計に計上されて以降、内地産金が朝鮮産金を上回っていることが読みとれる。

　日本は1878年に不徹底な金貨本位制から金銀複本位制へ移行し、1885年に事実上の銀本位制に移行した。銀本位制期には銀の輸出入の方が、金の輸出入に比べて圧倒的に大きかった。とはいえ、朝鮮からの金吸収が、日本が金本位制を実施する以前には実質的に日本の銀本位制を補完していた。

87）　小林英夫「朝鮮産金奨励政策について」『歴史学研究』第321号、1967年2月、崔柳吉［1971］、村上勝彦［1973］、［1975］に再録、など。
88）　竹内維彦「産金発達史」『経済知識』第11巻6号、1934年6月、175－185ページ。
89）　同上。

第4章　確立期金本位制の機構

表4－9　内地、朝鮮、台湾産金高（1897～1930年）

(単位：千円)

年中	内地	朝鮮	台湾	合計
1897	1,198		8	1,206
98	1,362		66	1,428
99	2,215		164	2,379
1900	2,832		419	3,251
01	3,300		1,167	4,467
02	3,967		1,686	5,653
03	4,179		1,361	5,540
04	3,680		1,776	5,456
05	4,063		2,065	6,128
06	3,572		1,864	5,436
07	3,868		1,632	5,500
08	4,457		2,190	6,647
09	5,077		2,162	7,239
10	5,671	4,254	2,184	12,109
11	6,059	4,714	2,188	12,961
1912	6,799	5,315	2,193	14,307
13	7,252	6,609	1,555	15,416
14	9,398	6,639	1,911	17,948
15	10,804	7,501	2,294	20,599
16	10,412	8,269	2,008	20,689
17	9,387	6,747	2,168	18,302
18	10,242	5,899	1,060	17,201
19	9,681	4,075	910	14,666
20	10,294	4,086	745	15,125
21	9,719	3,351	1,171	14,241
22	10,012	3,614	908	14,534
23	10,209	4,251	548	15,008
24	10,599	4,972	380	15,951
25	13,154	6,088	374	19,616
1926	12,767	7,904	427	21,098
27	13,170	6,133	621	19,924
28	14,685	5,692	387	20,764
29	14,764	5,874	636	21,274
30	16,120	6,618	647	23,385

注：1912年および1924年については下記資料の合計額を一部訂正。
出所：日本銀行調査局『本邦の金に就いて』1932年、第3表。生産数量については大蔵省編『財政金融統計月報』第5号、1950年2月、80ページを参照されたい。

285

第 2 編　金本位制確立期の正貨政策

　朝鮮（韓国）は金鉱および砂金に富み、年々の産金額が少なくなかった。その余ったものを日本が購入して日本の足りない部分を補った[90]。日本の朝鮮からの金輸入は1876年12月から始まったと思われ、日清戦争までの日本の金輸入額のほぼ全額が朝鮮産にかかわるものであった[91]。日本銀行は、正貨準備として、銀のみならず金もこれに充当していた（1886年4月に兌換銀行券発行準備に金貨が加えられた）。日本の朝鮮貿易が、1886年を除いて1884年以来1893年まで継続して入超であったため、貿易収支によって金銀正貨が流入するはずがなかった。それにもかかわらず、同行朝鮮支店が大蔵省の貸出金に依存して朝鮮産金を吸収してこれを日本に輸出したため、1884年以降の数年間に日本の朝鮮からの金輸入が激増して日本国内産金量のおよそ4倍近くにもなり、日本の金輸入量のほとんど全部に達していた[92]。朝鮮産金吸収が金確保に一定の役割を果たしたことは確かであろう。

　だが、金本位制確立以前において、それは大きな限界を有していたことも指摘しておかなければならない。すなわち、日清戦争前12年間の朝鮮産金輸入額は770万円、年平均64万円である。政府貸出金により積極的に産金吸収を行った年で、年額120万円が輸入額の最高である。一方、1893年における兌換銀行券正貨準備中、金貨および金塊はおよそ2000万円である。金本位制に移行するのに必要な金貨は新金貨1億円（現行金貨5000万円）であると阪谷芳郎が1895年に述べていたのに比べると、その輸入額は大幅に不足していたのである[93]。

　1890〜98年頃には朝鮮からの輸入が停滞しているが、これは日清戦争前の貿易収支の黒字や日清戦争賠償金の獲得により正貨が確保されていたためであろう。金本位制の実施後、政府は朝鮮産金にとくに注意を払った。また、中国や台湾からの金輸入にも政府は関心を払った。金吸収策には国家が積極的に関与し、①日銀融資などの国家的資金による金融的援助、②金銀分析所設置への種々の国家的援助、③低廉運賃政策などを通じて展開された。朝鮮産金吸収は、日清戦後経営期の日本の金本位制期の金を補充した。また日露戦後から第1次

---

90)　第一銀行編『韓国ニ於ケル第一銀行』同行、1908年、復刻版、ゆまに書房、2000年、382ページ。
91)　村上勝彦［1973］41ページ。
92)　崔柳吉［1971］14−20ページ。
93)　大森とく子［1976］60−61ページ。大内兵衛・土屋喬雄編［1932b］391ページ。

第4章　確立期金本位制の機構

大戦までの国際収支難の時期に大きな役割を果たした[94]。金本位制確立後に日銀の金準備維持を目的に、継続的に多額の朝鮮産金が輸入された[95]。

　朝鮮銀行が金地金を朝鮮銀行券によって購入し、これを造幣局に輸納して日本銀行券を受領すれば、日本銀行券の正貨準備（金）を補填し、かつ自行の正貨準備（日本銀行券）をも充足させることになるので、同行は積極的に金地金の買入業務に取り組んだ。朝鮮銀行の1913年における金地金買入額は464万円で、造幣局への純金納入額は約459万円であった。第1次大戦直前数年間で造幣局に納入された日本（内地・台湾・朝鮮）産金のうち朝鮮銀行からの輸納額は平均約40％を占め、朝鮮から輸移出される金地金の80～90％は朝鮮銀行を経由して造幣局に輸納された地金であった[96]。このように朝鮮から輸移入された金地金が日本の金本位制の維持を補完したのである。

　台湾産金もまた日本の金本位制下の金を補充した。領台直後（1896年）に田中長兵衛、藤田組、および木村組が資本を投下し（それぞれ、金爪石、瑞芳、牡丹坑鉱山）、台湾銀行の政策的融資と全額購入（吸収政策）に支えられて、この3社で年々100～200万円の金を産出していた。この3社と島民採取の金産高は、1899年11月から1909年末までの約10年間に1530万円余に達し、そのうち約3分の2の1000万円が日銀へ移送された[97]。

　金価格は、金本位制の採用までは、時々変化しているものの低位にあった。金本位制度採用以降は代替法定価格、すなわち1キログラム1333円であった。金価格は、第1次大戦中に金の輸出が禁止されて以来、金解禁までは漸次騰勢を示し、解禁後は再び法定価格に復した。なお、再禁止後には、さらに高騰している[98]。

　金は一般商品であると同時に貨幣でもあるという2重の役割を有していた。金細工用・歯科医用などの金需要および貨幣用金需要から金の需要が決定された。貿易が入超構造をとっていた我が国では、日本産金（朝鮮・台湾を含む）の大部分は金貨に鋳造されて輸出された。一部は国内で在内正貨として日本銀

94）　村上勝彦［1973］41－46ページ。
95）　崔柳吉［1971］26ページ。
96）　朝鮮銀行史研究会編『朝鮮銀行史』134ページ。
97）　村上勝彦［1975］268－269ページ。
98）　竹内維彦、前掲「産金発達史」、197－199ページ。

行などで保有され、一部が消費された。1897年から1913年にかけて、8万9688キログラムの金が生産され（金本位制実施以降台湾を含み、1910年以降朝鮮を含む）、29万6954キログラムの金が輸入され、30万2478キログラムの金が輸出された。1912年末には10万2000キログラムの金が保有され、543キログラムの金が消費された[99]。表4—10は金消費高を推定したものである。消費量は、供給増加要因（内地産金および輸移入額）から減少要因（輸移出額）を引いたものに在内正貨の額を増減して求めている[100]。

第1次大戦期には大幅な出超のもとで植民地からの産金吸収の政策的意義はほとんど失われた。第1次大戦後、植民地産金は停滞する。ことに台湾の衰退が著しかった。1930年の日本の金解禁後に朝鮮からの移入が激増しているのは、中国政府が1930年5月に金輸出を禁止した結果としての中国の密輸出を多く含んでいるためである[101]。また、不況下での低物価のもとで金解禁による産金需要が強く働くという特殊事情のためでもあった[102]。第1次大戦後から昭和初期には植民地産金の意義は低下する[103]。朝鮮産金奨励政策が本格的に展開されるのは、1932年以後のことである[104]。

3　金銀地金購入策

（1）政府の金銀地金購入

正貨吸収、金吸収策としては地金銀購入施策があった。当初、我が国においては政府がこの施策の直接的担い手であった。政府は前述のように明治前期には準備金をもって多額の地金銀、金銀貨幣を買い上げた。1888年3月に準備金による地金銀の買上げが廃止されるまで、この買上げが実施された。1880年10

---

99)　竹内維彦、前掲「産金発達史」、195−196ページ。
100)　同表は完璧なものではなく、金移出入については内地朝鮮間の内地に台湾を含み、内地台湾間の内地に朝鮮を含んでいる。このため、朝鮮から内地への移入が朝鮮産金額をはるかに超過することがしばしば生じている。
101)　朝鮮銀行史研究会編『朝鮮銀行史』東洋経済新報社、1987年、238ページ。日本銀行調査局『本邦の金に就て』1932年、23、58−63ページ。
102)　朝鮮銀行史研究会編、同上書、395−396ページ。
103)　小畠仁［1981］149−154ページ。
104)　小林英夫［1967］。

第4章　確立期金本位制の機構

表4-10　推算金消費高表（1912～1930年）

（単位：千円）

年	内地産金額	朝鮮から移入	台湾から移入	輸入	小計(a)	台湾へ移出	朝鮮へ移出	輸出	小計(b)	a-b (c)[1]	年中在内正貨増減(d)[2]	推定金消費額(c±d)[3]
1912	6,799	9,141	894	10,380	27,215	192	5	21,201	21,399	5,816	3,000	2,816
13	7,252	9,972	865	954	19,044	398	7	20,704	21,109	2,065	6,000	3,939
14	9,398	10,164	1,490	7,103	28,155	78	4	26,039	26,122	2,035	2,000	4,035
15	10,804	11,366	2,404	24,159	48,734	34	20	40,675	40,729	8,004	9,000	?
16	10,412	15,623	1,603	99,902	127,541	336	35	22,362	22,733	104,808	90,000	14,808
17	9,387	9,620	1,691	386,990	407,690	360	87	150,639	151,086	256,604	234,000	22,604
18	10,242	6,021	768	829	17,860	195	275	922	1,393	16,467	8,000	24,467
19	9,681	4,415	285	325,771	340,153	342	910	1,485	2,738	337,414	249,000	88,414
20	10,294	23,817	507	392,303	426,923	42	1,088	10	1,140	425,782	414,000	11,782
21	9,719	7,308	852	130,058	147,939	0	110	0	110	147,828	109,000	38,828
22	10,012	3,931	670	925	15,570	0	47	0	47	15,522	10,000	25,522
23	10,209	5,586	416	51	16,264	0	19	264	283	15,980	7,000	22,980
24	10,599	4,167	130	18	14,915	31	872	6	910	14,005	33,000	47,005
25	13,154	3,649	0	1	16,805	0	211	22,069	22,280	5,475	20,000	14,524
1926	12,767	5,846	0	140	18,754	0	91	32,101	32,192	13,438	28,000	14,561
27	13,170	4,648	0	1	17,821	0	218	36,108	36,326	18,505	40,000	21,494
28	14,685	3,365	0	409	18,460	0	352	0	352	18,107	2,000	20,107
29	14,764	5,857	0	462	21,084	0	86	0	86	20,998	3,000	17,998
30	16,120	26,659	88	9,042	51,909	0	29	308,634	308,663	256,753	246,000	10,753

注1：aは内地金の増加、bはその減少であるから、日本銀行、政府所有金の関係を除外すれば一応a-b（c）列は内地の金推定消費高となる。aがbより大きい場合を明朝体で、またaがbより小さい場合をゴシック体で表している。
2：（d）列では、在内正貨が増加する場合をゴシック体で、またそれが減少する場合を明朝体で表している。
3：（c±d）列では、
　　cが明朝体の場合、
　　　dがゴシック体であれば、これを引き、
　　　dが明朝体であれば、これを加え、
　　cがゴシック体の場合、
　　　dが明朝体であれば、dからcを差し引いたものが、推定消費高となる。
4：1917年については下記資料第16表をもとに訂正。1921年のc欄、1923年のc±d欄については下記資料の誤植を訂正。
出所：日本銀行調査局『本邦の金に就いて』1932年、第6表。

月から1889年3月まで、とくに1881年12月以降、政府は御用為替の制度により横浜正金銀行をして金銀正貨の吸収にあたらせた。また1884年以来、大蔵省資金による中国現銀および朝鮮砂金の購入も行われた。日清戦争によって賠償金が獲得されると、これによる政府金銀購入が行われた。表4-7にみられるように、1896年から1898年にかけて、政府在外資金を原資として1157万4000ポン

ドの金塊が購入されている。1899年以後1903年3月までについては内外債関係収入として得た政府在外資金をもとに1900年に54万3000ポンド、1902年に50万8000ポンド、1903年1～3月に6000ポンドの金塊購入が実施されている。また、1896年に294万6000ポンド、1897年に14万5000ポンドの政府銀塊購入も行われている。1896年から1903年3月までに、政府金塊購入は1263万1000ポンド（邦貨換算1億2331万6000ポンド）、政府銀塊購入は309万1000ポンド（邦貨換算3017万7000ポンド）に達した。

このように日露戦争前に多額の政府金銀購入が行われたのであり、とくに「準備金」運用期と1896～98年にそれが多かったのである（1897～98年は金塊購入中心）。獲得された金銀を用いて政府は金銀貨を鋳造したのであった。

後述のように、日露戦争期に政府は日本銀行に命令して内地産銀ならびに外国銀塊の購入を実施した。これは日露戦争後にも継続され、その際には買入奨励価格が実施された。すなわち、政府は日本銀行に買入資金を交付して、ロンドン銀塊相場よりも高い相場で（銀現送費を加算）銀塊を買収させた。加算額は当初1000分の14.65と算定されていた。1906年6月以降は1000分の9.83と変更され、銀の買入価格は引き下げられた。この方法によって1904年10月の著手以来1907（明治40）年3月までに購入した銀塊の金額は約760万円に及んだ。1910年になると、政府の需要が充足されたので、同年6月以後は奨励価格を低減するとともに、特約による大口の買入れは漸次、廃止する方針を採った。そして、1914年に政府は銀の買入れを中止することとし、同年9月に日本銀行は大蔵大臣の命令によりいったんこれを中止した。だが、第1次大戦中に補助貨の需要が増加すると、1917年2月に政府は日本銀行に対して銀買入れを内命し、同行は再び銀の買入れを開始した。同行は銀の一般買入れを開始するとともに、特約による買入れ（古川合資、久原鉱業、三井物産、藤田組などと締約しての大口銀購入）を実行した。1925年8月に至り、政府は再び日本銀行に命令して一般買入れ分を中止し、さらに特約による買付けについても同年10月に契約を打ち切った[105]。

松方正義大蔵大臣は1897年4月の岩崎彌之助日本銀行総裁への「内達」の中

105）『日本銀行沿革史』第2輯第3巻、1325－1329ページ。大蔵省編『明治大正財政史』第14巻、755、861－864ページ。

で、日本銀行に金塊吸収、金塊購入を求めており、同年6月に大蔵省は中国、朝鮮などからの金塊吸収を求めている[106]。また1899年3月になると、松方蔵相は日本銀行保証準備発行制限額を引上げるとともに金吸収に努めるよう日本銀行に命令した。大蔵省の「明治三十年幣制改革始末概要」(1899年)をみると、国内、朝鮮、清国産金の吸収に期待していたことがうかがえる[107]。日露戦争が迫った1903年10月に曾禰荒助蔵相は日本銀行の松尾臣善日本銀行総裁に内訓を与え、その中で、「兌換券正貨準備金ハ我国最後ノ準備金ニシテ、之ガ増減ハ市場ノ安寧秩序ニ関シ、又国ノ威信ニ関スルコト」であるとして、市場の安定と国家の威信確保のために日本銀行に地金銀の吸収を要求した[108]。

日銀の金吸収策はこのような大蔵省の指図、期待に応じたものでもあった。

1904年2月に日露戦争が勃発すると、日本は多大の軍事資金を調達せねばならなくなった。1903年10月に始まり、07年3月をもって終了した日露戦争関係臨時事件費特別会計は歳出総額17億1600万円、歳入総額17億2100万円に達した。この歳入の82.5%、14億1800万円は内外公債の発行と日本銀行の対政府一時貸付に委ねられた[109]。開戦にあたって政府は戦争第1年目の戦費を約4億5000万円と想定して（実績は約5億円弱）、1億5000万円の対外支払いが生ずると考えていたが、開戦前の日本銀行保有正貨の余力は約5200万円にとどまり、こ

---

106) 露見誠良［1991］434－437ページ。4月の「金融機関拡張ニ就テ」と題する内達の中で「金貨準備ノ増殖維持スルコト」が取り上げられ、その一策として「金貨準備ヲ増殖スルニ注意ヲ要ス」ということが次のように論じられていた。「(イ) 日本銀行ニ於テ金貨相場ヲ凡倫敦ノ相場ト等シクシ以テ支那朝鮮ノ金塊ヲ本邦ヘ吸収スルコト……豪州及「カリホルニア」ノ金塊ヲ本邦ヘ吸収スルコト。 此両地ニ対シテハ倫敦ヨリ我国ノ方地理ヲ得タルモノナリ (ロ) 金塊吸収機関トシテ上海、天津、釜山等ニ日本銀行ノ代理店ヲ置キ本邦ヨリ輸出スル物品ト荷為替ヲ取組ミ其代金ヲ以テ金塊ヲ購入スルコト 但長崎ニモ吸収機関ヲ置クコト (ハ) 本邦産出ノ銀塊ヲ日本銀行ヘ買入レ、支那地方ヘ輸送シ以テ同国産出ノ金塊ヲ購入スルコト (ニ) 金塊ノ相場ハ倫敦ノ相場ヨリ低カラサルコトニ注意シ金塊取リ入レニ付テ幾分ノ損失又ハ費用ヲ要スルハ常ニ覚悟スルコト」(金融機関拡張方日本銀行ヘ内達ノ件」『松尾家文書』第82冊第53号）。6月10日の大蔵省の松尾壼善理財局長および阪谷芳郎主計局長が日本銀行監理官の名で大蔵大臣あてに提出された意見書（添田壽一監督局長が起案に参加するとともにこれを承認し、さらに田尻稲次郎次官がこの案を承認）の中でも、「金塊吸収ノコト」について、「本邦産ノ銀塊ヲ支那朝鮮ニ送リ金塊ト交換シ又ハ為替ヲ買入レ若クハ確実ナル銀行ニ日本銀行ノ代理ヲ命シ金塊買入資本ヲ前渡シ置等致シ金塊ヲ吸収スルコトニ勉ムヘシ」と述べられている（「日本銀行将来ノ営業方針意見開申ノ件」『松尾家文書』第82冊第52号）。

107) 大内兵衛・土屋喬雄編［1932a］488－490ページ。

108) 大蔵省編『明治大正財政史』第14巻、653ページ。吉川秀造［1969］131ページ。

109) 伊藤正直［1987b］380ページ。

れをすべて対外支払いに充当してもなお1億円の不足を免れなかった。1904年1月末の日本銀行正貨準備1億600万円弱に対し、6月末までに政府分2000万円、民間分1000万円、外国預金者分1000万円、合計4000万円の正貨流出が予想されていた。松尾臣善日本銀行総裁は「国家の存亡に等しき大事件のために国家が資金を必要とするならば、之に対し兌換券を発行して之れが使弁に充てざるべからず」と考えていた[110]。かくして兌換制度の維持が重要問題となった。1904年1月6日に松尾総裁は、開戦と同時に兌換制を停止することまで考慮した[111]。

　日露戦争期に日本銀行は兌換制度の強化を図るために正貨準備を充実させる必要が生じ、外債発行や為替対策を実施するとともに金銀地金の購入もまたその対策として採用したが、これは大蔵省の要求に応じたものでもあった。

（2）　日露戦争期における政府の銀地金購入

　政府は正貨準備の充実を図るために、地金銀の造幣局への輸納を奨励する政策を採用した。また大蔵省は、日露戦争に際して銀の産出を奨励し、かつこれを外国市場へ流出させないために、銀塊を特別価格で日本銀行に買収させて、その吸収を図っている。その買入価格は、①ロンドン銀塊相場を標準とし、②これに、ロンドンから日本へ回送するために要する運賃・保険料その他の諸費を見積もって加算し、③これを本邦からロンドン向けの参着為替相場（特約買入れのものは電信売相場）で換算したものであった。この買入価格によって日本銀行に一手に銀塊を買収させた[112]。獲得された銀塊は政府保有のものであって、造幣局の補助銀貨鋳造の準備金として保有されたと考えられる[113]。

　また、銀塊購入は、いざとなれば日本銀行の正貨準備に転用させるという狙いがあったものと思われる。曾禰蔵相の前述の内訓の中では、「兌換券正貨準備ノ内ニ其幾分ヲ銀塊ヲ以テ蓄積スルヲ許サレタルハ、元来兌換券ノ正貨準備金ハ国家最後ノ準備ナルヲ以テ、国家ノ必要上其ノ幾分ヲ銀塊ヲ以テ蓄積スル

---

[110]　日本銀行百年史編纂委員会編［1983a］162、172ページ。
[111]　同上、174ページ。
[112]　大蔵省編『明治大正財政史』第14巻、755、758－759ページ。
[113]　補助銀貨現在高は1903年から1906年にかけて6792万円から8991万円へと増大している（日本銀行調査局編［1975a］256ページ）。

ハ勿論ノコトニシテ、法律ノ認メル処ナレバ、是等モ相当ノ用意ヲナスベシ」と正貨政策としての銀塊蓄積の重要性が論じられていたのである[114]。実際、1904年末には367万6500円の銀塊が日本銀行正貨準備に繰り入れられている[115]。

銀塊は戦争準備金として購入されたものでもあった。『横濱正金銀行沿革史』は「政府ハ開戦ノ準備トシテ、銀塊ノ買入ヲ本行ニ内命セラレタル〔日本銀行を通じてであろう〕ヲ以テ、本行ハ極力之ガ購入ニ努メタリ」と記している[116]。日露戦争期には、正貨節約および清国や韓国における陸海軍費支払いの便利のために、多額の軍票が発行された。銀が旧1円銀貨として台湾銀行から吸収され、また銀地金が旧1円銀貨と同質の円形銀塊に鋳造され、これらが日露戦争期に発行された軍票の信用維持のためにそれと交換されたのであった[117]。

(3) 日本銀行の金銀地金銀購入

日本銀行条例第11条第2項および同行定款第21条第2項において、日本銀行は地金銀を売買することができると規定されていた。同行は、「準備金」の運用時代には大蔵大臣の命令により、政府の代理店として金銀地金旧貨幣などの買上げを行っていた。また、1884年以来、大蔵省資金をもって日本銀行が中国現銀および朝鮮砂金を購入した。「準備金」が枯渇すると、同行は、1888（明治21）年以降独自にこれらを買い上げるようになった（本店営業部および大阪支店取扱い）[118]。この日本銀行の地金銀の買入れはその後一貫して続けられたもので、同行の準備正貨充実のための最も直接的な方法となっていた[119]。

金貨買入相場は1894年2月19日以降ロンドン銀貨相場により算出していた[120]。1897年5月4日の造幣規則公布により、金貨鋳造手数料は徴しないこ

---

114) 大蔵省編『明治大正財政史』第14巻、654ページ。
115) 『明治大正財政史』第13巻、358ページ。
116) 横浜正金銀行編『横濱正金銀行沿革史』第2編、106ページ。
117) 大蔵省編『明治大正財政史』第15巻、355-408ページ。『日本銀行沿革史』第1輯第6巻、1664-1672ページ。今村忠男『軍票論』商工行政社、1941年、10-46ページ。
118) 日本銀行沿革史編纂委員会編『日本銀行沿革史』第1輯第2巻、786-787ページ。大蔵省編『明治大正財政史』第14巻、707-709ページ。
119) 吉川秀造［1969］132ページ。
120) 従来、金貨相場は外国為替相場をもってただちに算出し、一方金貨買入れの際には若干の費用を控除する必要があったため、金貨相場に標準相場と買入相場との2種類が生じ、かつ為替相場には英国為替相場により算出したものと米国為替相場により算出したものとに相違があった。

第 2 編　金本位制確立期の正貨政策

ととなり、金貨の自由鋳造の主旨が徹底されていた[121]。同年10月 1 日の金貨本位制実施に伴い、純金 2 分（750mg）は 1 円の法定価格を有することとなり、純金100匁（375 g）は500円の価格を有することとなった。金本位制実施後においても日本銀行は内外産出地金銀を購入した。同行の純金100匁の買入価格については、当初鋳造中に利子として100匁につき 1 円 2 銭 7 厘（日数15日間、年利 5 ％）または手数料 1 円（手数料率1000分の 2 ）と計算して、10月 2 日に500円から 1 円を控除した499円と定められた。旧貨幣（大判小判など）の買入価格は1885年の改正貨幣価格表によって計算していたが、1897年10月 7 日に純金100匁につき499円が買入価格と定められた。1898年 1 月以降は、日本銀行は金塊および旧金貨幣を純金100匁につき500円の相場で、買い入れることに改められた[122]。

1899年に施行された内規において、金地金の売買価格は重役集会の決議によって定められることが規定された[123]。日本銀行に金地金の購入を請求する者があった場合、肉眼鑑定でその品位を確認できるものは日本銀行がただちに買い入れ、熔解分析などを要するものについては同行造幣局の東京支局で試験分析を行い品質証明を得てから購入した[124]。

日本銀行は銀地金の売買も行ったが、これは「兌換銀行券条例」が1897年 3 月に改正された際、引換準備（正貨準備）総額の 4 分の 1 以下であれば銀を正貨準備として保有することが認められていたからであろう。

その後、1907（明治40）年 5 月限りで東京支局が廃止されることとなり、同年 1 月に新たに地金分析所の設置が決定され、 6 月から地金銀熔解分析が行われることとなった。同年 5 月には「地金銀売買取扱手続」および「金銀地金買入規程」が定められ、 6 月からこれが施行された。売買価格は金 1 匁につき 5 円、銀は時価で買い上げることとされた。大阪造幣局定型塊の地金買入れについては熔解試験分析を行わないものとされた[125]。

---

121)　大蔵省造幣局編『造幣局八十年史』31ページ。日本銀行調査局編『図録日本の貨幣　8 』230ページ。
122)　日本銀行沿革史編纂委員会編、第 1 輯第 2 巻、788ページ。大蔵省編『明治大正財政史』第14巻、710ページ。
123)　金の買入価格は純度によって差があった。北海道砂金の価格については、同上巻、798ページを参照されたい。
124)　日本銀行沿革史編纂委員会編『日本銀行沿革史』第 1 輯第 2 巻、757ページ。

第4章 確立期金本位制の機構

　地金からの貨幣製造のために、地金所有者が造幣局へ地金を納入したときには、造幣局はその所有者に鋳貨払渡書（「成貨払渡証書」）を交付した。期日が到来すると、地金輸納者は成貨受取りを政府代理人である日本銀行に請求した。日本銀行は、この証書と引換えに、造幣局から払渡期日以前に回送されてきた成貨を払い渡した[126]。日本銀行はこの貨幣払渡証書を割り引くことができた。日本銀行は当初この証書を商業手形とみなしていたが、1899（明治32）年にはこれを地金として買い入れることとした[127]。

　1900年以来、日本銀行は正貨準備充実のために北海道枝幸地方の砂金を購入しており、同行小樽支店が実施にあたった。この購入成績は1900年から1909年までに492貫729匁、200万292円となっている[128]。この買入高は1910年から1913年にかけて39万円、1914年から1918年にかけて31万円となっている[129]。その買入成績は当初相当みるべきものがあったが、その後年々減少し、第1次大戦後にきわめて不振となり、1928（昭和3）年2月に小樽支店の買入手続きが廃止されるに至った[130]。

　日本銀行の1903年から1912年までの正貨収支統計表をみると、同行は産金買入を毎年実施しており、1904〜07年には各900万円強、それ以外の年は1000万円以上を買い入れ、1906年から1912年までの買入総額は8955万円に達している。この額は、この期間の同行内外正貨受取額総計の10.3％を占めていた[131]。1903年から1912年までの日銀産金買入合計額は1億2858万円で、正貨受取額総計の9.7％を占めていた。

　また日本銀行は海外で金地金（外国金貨を含む）を購入し、これを日本に回送して正貨準備を強化することも行った。すなわち、1903年から1912年までの統計をみると、1905年、1908年から1912年までは毎年、日本銀行は在外正貨を支払って金塊を購入し、これを日本に回送している。1909年には4665万円の金

---

125)　日本銀行沿革史編纂委員会編、同上巻、757−763ページ。
126)　日本銀行沿革史編纂委員会編『日本銀行沿革史』第1輯2巻、879、884、903ページ。
127)　日本銀行審査部編『日本銀行沿革史』第2輯第3巻、1311ページ。大内兵衛・土屋喬雄編［1932a］467ページ。
128)　『日本銀行沿革史』第1輯第2巻、797−805ページ。
129)　大蔵省編『明治大正財政史』第14巻、860−861ページ。
130)　日本銀行審査部編『日本銀行沿革史』第2輯第3巻、1271ページ。
131)　能地清［1981］31ページ。

第 2 編　金本位制確立期の正貨政策

塊（金貨を含む）を購入し、4642万円の金を日本に回送して在内正貨を補充している。日本銀行の金回送額は1903年から1912年までの総計1億1149万円、1906年から1912年までの総計9817万円となり、その期間の同行の内外正貨受取額に占める比率は、前者は8.4％、後者は11.2％を占めていた[132]。

　この日本銀行の日本への金現送は、日本の金輸出入構造と必ずしも照応していない。すなわち、1905、1908～09年には確かに金は入超となっており、とくに1909年には7230万円の金入超となっており、これらの年に日本銀行は金を取り寄せていたが、1903、1906年には金の入超にもかかわらず、日銀は金を海外から取り寄せておらず（政府が海外から金銀正貨を内地へ回送）、1910～12年には金が出超となっていたにもかかわらず（兌換に基づき中国等へ金が輸出）、日本銀行は海外で金塊を購入してこれを日本に回送している[133]。

　日本銀行は金吸収の目的から、横浜正金銀行が上海で金塊を買い入れることも奨励していた。すなわち、1908（明治41）年5月には日本銀行は横浜正金銀行が上海で買い入れた金塊が積み出されると同時に正金銀行に相当金額を預け入れ、この金塊が日本に到着すると正金銀行はこれを大阪造幣局に輸納して金貨証書を受け取り、これを日本銀行大阪支店に引き渡した。日本銀行は精算手続きを行うとともにこの証書を兌換準備に組み入れた[134]。

　このように日本銀行は横浜正金銀行と特約を結んで上海方面における金塊の買入れに努めていたが、同じく金吸収の目的をもって中国各地およびウラジオストックなどの金塊も買い入れている。1914（大正3）年12月には正金銀行のハルビン買入金貨に対し、1915年8月にはウラジオストックにおける買入金塊に対し、いずれも当該金塊の各地積出しと同時に、これに相当する金額を正金銀行に預け入れ、その輸納を奨励した。また1915年12月から1916年1月にわたって、1ポンドにつき9円76銭3厘の割合で買い取る条件のもとに、正金銀行に英貨をボンベイから取り寄せさせて、これを日本銀行が買い取った[135]。

132)　野地清［1981］31ページ。
133)　金の輸出入統計については小島仁［1978］68ページを参照。日本銀行や政府の金の受払については「日本銀行正貨受払表」（1912年）『勝田家文書』第49冊第23号、「政府正貨受払表」（1912年）『勝田家文書』第49冊第1号を参照。
134)　日本銀行審査部『日本銀行沿革史』第2輯第3巻、1313-1314ページ。
135)　大蔵省編『明治大正財政史』第14巻、858-859ページ。

第4章　確立期金本位制の機構

（4）　日露戦争期における日本銀行の古金銀購入

　日露戦争期には戦争への協力から古金銀などを日本に提供してその買入れを請求する者が相次いだ。十五銀行頭取の園田孝吉は日本銀行への貴金属提供のために奔走し、1904年2月17日に松尾臣善日本銀行総裁に金銀地金買上げを要請した[136]。日本銀行はこのような篤志家の希望に沿い、かつ兌換準備を充実するという目的から、1904年2月に「古金銀貨幣金銀地金金銀器物買入規程」を設け、買入請求者があるときはこの規程により買い入れることとした。買い入れられた金銀はその買入価格で兌換準備に供された。

　国民の買入請求に応じた古金銀などの買入総額（当初から1909年まで）は、金銀混合地金274貫766匁（金分41万4233円、銀分2万2377円）、旧貨幣32万9404個（金分40万3965円、銀分3万4486円）、英貨45ポンド（443円）、米貨364ドル（728円）、仏貨1630フラン（627円）、独貨55マルク（26円）、露貨100ルーブル（103円）、合計87万6987円となっていた[137]。このように日本銀行は広く民間所蔵の古金銀貨幣および古金銀器物の買入れに努め、90万円近くの金銀を買い入れ、正貨準備の充実を図ったのである[138]。

（5）　日本銀行の金貨購入

　日本銀行は、表4－4にみられるように、日銀券の兌換に関しては、兌換請求を受けて兌換券と引換えに金銀貨を支払っており、これらは主として対外支払いのために行われた。反対に、金銀貨を受け入れて兌換券を払い出すということも行っているが、ほとんどの場合、前者のほうが後者よりも多かった。もっとも、1901～1903年のように兌換によって日銀が金貨の受入超過となる場合もあった。日本の金の輸出入全体（金貨および金地金）では必ずしも金の輸出超過・純流出のみではなかったが、日本金貨（1897年貨幣法に基づき鋳造された金貨）は1897年以降、1918年に至るまで、一貫して出超となっていた[139]。

---

136)　荻野仲三郎『園田孝吉傳』私家版、1926年、210－242ページ。
137)　『日本銀行沿革史』第1輯第2巻、807－815ページ。大蔵省編『明治大正財政史』第14巻、757－758ページ。
138)　大蔵省編『明治大正財政史』第1巻、259ページ。同、第14巻、755－758ページ。
139)　石橋湛山「我国金本位制の研究」『東洋経済新報』第1381号、1930年1月11日、17ページ。日本銀行統計局［1966］298－229ページ。小島仁［1978］68ページ。

第 2 編　金本位制確立期の正貨政策

　日本銀行は、1905年に、日露戦争に際して海外に流出した日本の金貨を、横浜正金銀行を通じて買い取らせた。日本銀行は1908年以後においても同様の購入輸納を正金銀行に行わせている[140]。

　日本銀行は金確保のために外国貨幣の買入れも行っている。外国金貨の買入れは、当初本店のほか一部の支店出張所でも取り扱われ、それらは本店保管地金として保管した。1901年 9 月21日の大阪支店長宛通牒によれば、買入価格は英貨100ポンドにつき973円 5 銭、米貨100ドルにつき200円34銭であった[141]。日銀は1908年10月には正金銀行に依頼して外国金貨の買収にあたらせた[142]。

　1899年 7 月に外国貨幣の正貨準備価格は次のように詳細に定められた。英国金貨 1 ポンドにつき 9 円73銭 5 毛、米国金貨 1 ドルにつき 2 円 3 厘 4 毛、仏国金貨 1 フランにつき38銭 4 厘 5 毛、独国金貨 1 マルクにつき47銭 6 厘 1 毛、露国金貨 1 ルーブルにつき 1 円 2 銭 7 厘。この価格はその後1926年に至っても変わらなかった[143]。1911（明治44）年 4 月に日本銀行は英・米・独・仏・露 5 カ国金貨の買入値段および、最軽標準量目を一定にした。同行は、英国金貨について、単位を100ポンド、その買入値段を973円 5 銭とし、最軽標準量目を212匁 3 分と定めた。また、米国金貨について、単位を100ドル、その買入値段を200円34銭とし、最軽標準量目を44匁 5 分 2 厘と定めた[144]。

　このように日本銀行は外国金貨買入れの最軽標準量目を一定にしたが、それ以下の金貨を買い入れなかったわけではない。従来、最軽標準量目以下の金貨に対しては分析所において熔解のうえ買い受けていたが、1912年 8 月以降は法定品位の1000分の 5 を減じて混合地金としてこれを買い入れることに改めた。

　従来、日本銀行が買い入れた外国金貨の大部分は米貨であったが、米国金貨の買入れについては1915年12月以後、正金銀行の希望により、一般金貨の買入れとは別の取扱いがなされた。すなわち、金の募集に努力していた日銀は正金銀行の希望を容れ、当分の間は同行からの買入れ分に限り米貨標準量目を100

140）『日本銀行沿革史』第 2 輯第 3 巻、1318－1319ページ。
141）日本銀行審査部『日本銀行沿革史』第 2 輯第 3 巻、1291－1292ページ。
142）これは第 1 次大戦期に中止されている（同上巻、1306ページ）。
143）『明治大正財政史』第13巻、348－349ページ。
144）『日本銀行沿革史』第 2 輯第 3 巻、1293ページ。大蔵省編『明治大正財政史』第14巻、857ページ。独・仏・露貨については省略した。

ドルにつき44匁4分7厘に引き下げた（買入値段は200円34銭）。ついで1916年1月には、外国銀行などから大口の米貨売却を申し込まれた場合に、買入最軽標準量目を44匁3分6厘に引き下げ、買入値段を200円62銭（ほぼ平価水準）に引き上げた。このように、日本銀行は第1次大戦期に外国金貨の最軽標準量目を引き下げ、かつその買入値段を引き上げ、米貨を吸収し、内地正貨の充実を図った。実際の買入値段と規定買入値段との差は、日銀の損失となった。

　このように我国において金価格政策がまったく実施されなかったわけではなかったが、米国金貨買入の特別取扱は一時的なものにとどまり、1917年9月1日には米国金貨買入値段が改定されている。特別買入値段は廃止され、金純分1匁につき5円（実価）をもって買い入れることとなった。為替銀行の都合で米国金貨の流入が旺盛となると、金貨流入を奨励する必要がなくなったことと、米金貨輸入に特別の便宜を与えていることがアメリカ政府に知られては同国の金輸出禁止の動機を強めることが懸念されたからである。同年9月10日にはアメリカは金輸出禁止を断行し、それ以降米国金貨の買入は途絶している[145]。

　1919年6月にアメリカが金解禁を実施すると、日本銀行は改めてその買入値段および最軽標準量目を定めた。すなわち、買入最軽標準量目を100ドルにつき44匁3分6厘、買入値段を100ドルにつき200円36銭とした。同年8月1日以後、買入米貨の最軽標準量目は据え置かれたが、米貨買入価格は100ドルにつき200円26銭に引き下げられている[146]。これは摩損による減少を見込んで金平価（100ドルにつき200円61銭）よりもはるかに低く定められたためである。このため、摩損程度の少ない米国金貨ならば地金として日銀に納入した方が納入者にとって有利であった[147]。

　このように日本銀行は外国金貨の買取りによる正貨吸収をも行ったのである。

（6）　金買入価格

　イングランド銀行は金防衛のために公定歩合操作を補完する施策として金買

145）『日本銀行沿革史』第2輯第3巻、1297－1303ページ。大蔵省編『明治大正財政史』第14巻857－858ページ。
146）大蔵省編『明治大正財政史』第14巻、858ページ。
147）1930年1月に日本銀行が政府から米国金貨1590余万円を買取ったが一般から買取ったのは極めて少額であったのはこのためである（日本銀行調査局［1932］69－70ページ）。

第2編　金本位制確立期の正貨政策

入価格を引き上げる操作を行っており[148]、金本位制下の日本大蔵省もこのような施策の存在を知っていた。すなわち、大蔵省内で1914年5月頃に作成されたと推定される「正貨吸収トシテノ外国為替政策」と題する提言案は「正貨吸収策トシテ地金買入相場ノ変更ハ英独其他諸国ノ採用スル所ナリ……此買入価格ノ引上ハ一八八八年迄ハ英蘭銀行ノ全ク実行セサリシ所ナリシカ近年ハ頻繁ニ之ヲ行ヒ其買入価格騰貴シテ全ク正貨ト金塊トカ英蘭銀行兌換券ニ対シ交換比率ノ同一トナルコト稀ナリトセズ」と記している[149]。1903（明治36）年の大蔵大臣曾禰荒助の日本銀行に対する内訓の中でも、正貨吸収の一方策として「金塊買入値段ヲ高ク」することが挙げられていた[150]。だが日本の通貨当局は、1932年に至るまで、この方策を基本的に採用しなかった。

1871（明治4）年制定の新貨条例においては「新貨幣ノ称呼ハ円ヲ以テ起票トシ」と規定され、同法のもとで1円金貨には純金1.5グラム（4分、すなわち0.4匁）が含まれることとなっていた[151]。1897年の「貨幣法」第2条において「純金ノ両目二分ヲ以テ価格ノ単位ト為シ之ヲ円ト称ス」と規定された。価格の度量単位は2分（0.75グラム、すなわち750ミリグラム）に半減し、この貨幣単位が1円と称されることとなった。金銀比価、物価の実勢をもとに法的に平価切下げが行われたわけである[152]。1円金相当の金（1円金貨は鋳造されなくなった）には純金2分（0.2匁）が含有されることとなり、金1匁（3.75グラム）を1897年10月以降に4.99円、1898年1月以降5円という「価格」で日本銀行は金を買い入れることとなった[153]。

だが、金価格引上方策が通貨当局によってまったく無視されたわけではない。1897年4月に松方蔵相は岩崎日銀総裁への内達の中で、金貨・金塊相場をロンドンの相場よりも低くならないようにして金塊を吸収するという構想を示して

---

148) A. I. Bloomfield [1959]. A. I. ブルームフィールド著、小野・小林共訳［1975］63ページ。春井久志［1991］213-216ページ。
149) 大蔵省「正貨吸収トシテノ外国為替政策」大蔵省内作成、1914年。本資料は齊藤がコピーを保有しているほか、中京大学図書館所蔵『正貨吸収二十五策』にも所収されている。
150) 吉川秀造［1969］131ページ。
151) 円の誕生については、三上隆三［1975］『円の誕生――近代貨幣制度の成立――』東洋経済新報社（増補版［1989］）、山本有造［1994］『両から円へ――幕末・明治前期貨幣問題研究――』ミネルヴァ書房、等を参照されたい。
152) 久光重平［1976］『日本貨幣物語』毎日新聞社、202-203ページ。
153) 大蔵省編『明治大正財政史』第14巻、710ページ。

いた[154]。1903年10月の曾禰蔵相の松尾日銀総裁への内訓の中で、金塊値段を高くして金塊を吸収する構想が提示されていたのである。

このような地金価格政策は日露戦争前においては採用されなかったが、日露戦争期には本節(2)で述べたように政府は日本銀行を通じて、銀塊をロンドン銀塊相場よりも高値で買い取り、政府資金を用いた銀塊吸収を実施した。

前述のように日本銀行は1916年1月には米国金貨の買入価格を引き上げて米貨を吸収し、内地正貨の充実を図っている。

だが、これらは一時的・例外的に実施されたにすぎなかった。

イングランド銀行は1819年の金本位実施条例に基づき、平価である金1オンス＝3ポンド17シリング10ペンス2分の1の相場でイングランド銀行券と交換に金貨（sovereign）を支払う義務を負っていた。一方、同行は1844年のイングランド銀行法（ピール法）に基づき、標準金1オンスにつき3ポンド17シリング9ペンスの割合で金地金（gold bullion）と交換に銀行券を発行する義務、すなわちその買取義務を負っていた。したがって、イングランド銀行が最低価格である3ポンド17シリング9ペンス以上の価格を支払えば、金はロンドン金市場から同行に向かって流れ込んだ。このような金価格引上施策が金吸収において効力を発揮したのは、産金国の新産金が国際金融の中心地ロンドンに向けて常に輸送されているという事実があったからである。また、イングランド銀行はソブリン金貨の売渡価格を変更することはできなかったが、金の対外流出が生じた場合に外国金貨に対する売渡価格を引き上げて（ソブリン金貨よりも通常価格が安かった）その流出を防遏した[155]。

国際金融の中心地から遠く離れた日本においては、ロンドンのような自由金市場が存在していなかったから金価格政策に多くを期待することはできなかった。金地金買入価格の引上げは日本銀行の損失を招くという問題もあった。こうしたことが日本銀行の金価格操作を困難にしたと考えられる。我が国では、金本位制下においては金価格政策はまったくみられなかったわけではなかったが、中心的な金施策としては採用されなかったのであった。

---

154) 『松尾家文書』第82冊第53号。
155) 春井久志［1991］219－223ページ。依光良馨『イギリス金本位制成立史』東洋経済新報社、1967年、201ページ。福光寛「ピール法下のイングランド銀行」渡辺佐平編『マルクス金融論の周辺』法政大学出版局、1980年、94－96ページ。

第2編　金本位制確立期の正貨政策

　金買入価格は基本的には長く純金１匁５円に据え置かれ、満州事変後の1932（昭和７）年以降引き上げられることとなる（同年３月に「金地金買上並輸出手続」制定）。政府は、同年３月から産金業者はもちろん、一般の金所有者からも、その所有する金を時価で買い上げることとした。それは1933年10月、アメリカのルーズヴェルト大統領が実施したような、その国の通貨価値を引き下げる目的をもって、政府が直接、または中央銀行その他を通じて、国内および国外市場より金（または金為替）を買い上げる（買上価格引上げ）政策ではなかったが、価格の度量標準の固定性の喪失を国家が制度的に確認したことを意味した[156]。産金時価買上げは、直接的には産金業者保護・産金奨励と政府財政負担の軽減という２点から実施された。すなわち、金輸出再禁止後の為替相場下落による産金業者の経営困難と為替相場下落による政府海外払いへの対応として、産金時価買上げが開始され、金価格政策が本格化したのである[157]。

４　地金購入吸収資金の融通

（１）　大蔵省の第一国立銀行への地金銀購入資金融通

　日本ではイギリスやドイツのような金輸入者に対する無利子貸付という金施策、「金措置」（gold devices）は採用されなかった。イングランド銀行は「金措置」の１つとして金輸入業者に対する無利子の前貸し（advances）による金輸入の促進策を実施した。金輸入業者に対して、金が産金国で船積にされると同時に（金がロンドンに到着する前に）金の代金を支払った。貸付期間はきわめて短く、数日間程度で、金の輸送期間に対応するものと考えられる。輸入された金がイングランド銀行に到着した後に、担保としての金は輸入業者に返還された。この貸付は、金輸送期間中の費用をゼロにしたので金現送点を変化させることができた。この貸付は合計７回実施されたと推測できる[158]。ドイツは金輸入者に対する貸付を1879年に採用した。その貸付期間は５日ないし８日と

---

156)　伊藤正直［1980］194ページ。アメリカの金買上政策については橋爪明男編『金融大辞典』Ⅰ、日本評論社、1934年、465－469ページを参照されたい。
157)　買い入れられた金は海外に現送されたが、それは為替相場安定機能を有しなかった。伊藤正直［1980］187－194ページ。
158)　春井久志［1991］223ページ。

第4章　確立期金本位制の機構

されていたが、その後貸付期間が拡張され、第1次大戦直前に作成された資料は「近来ハ大ニ之ヲ拡張シテ六週間ニ及フコトアリ」と記している[159]。

　イギリスの金施策では金価格操作とともに、王立造幣局が許容する通用最軽法定量目を有する金貨の選別売却という方法も採られた[160]。だが、日本ではこの方法は採圧されなかった。日本では、金施策として地金銀購入資金の融通という方策が実施されたのであり、日本の正貨政策はこれによって補完されていたのであった。

　地金銀購入資金の融通という金政策、金施策はまず、大蔵省からの資金融通として実施された。それは朝鮮産金・中国銀両吸収を目的として、朝鮮に支店を開設していた第一国立銀行に対して以下のように実施された。

　第一国立銀行は1878年に朝鮮釜山に支店を設置して以来、同国地金銀の買入れに着目していた[161]。地金銀購入資金の融通は、1884（明治17）年2月に朝鮮に支店を開設していた第一国立銀行が大蔵省から渡された30万円の前貸金（当初は年利3％）をもって、中国現銀および朝鮮砂金の買入れを実行したことが濫觴である。この貸出金は、銀両および砂金を第一国立銀行が大蔵省に上納することによって決算されることとなった[162]。1886年5月、大蔵省の指令により、地金銀購入につき同行と日本銀行との間に約定が締結された。日本銀行から第一国立銀行に対して、「砂金銀両其他内地産出地金買上基金トシテ其銀行ヘ下渡シタル金銀地金正貨買上基金」という預け置いた基金（利率年2％、第一国立銀行が抵当品を日本銀行に差入れ）の中から15万円を限度とする金銀地金購入資金が渡された[163]。さらに1886年9月には、朝鮮の元山地方での産金量が多いのに着目し、その取入れを拡張するために、第一国立銀行は大蔵省に貸下金の増額を要請した。その結果、買上代前渡金10万円が許可され、年2％の利率で日本銀行が第一国立銀行に資金を預け入れる形式でそれが提供された[164]。この預け金は1889年から1890年にかけて返済された。

　1886年5月から1889年8月までに第一国立銀行から「日本銀行ニ納付シタル

---

159)　大蔵省内作成資料「正貨吸収策トシテノ外国為替政策」。
160)　春井久志［1991］224ページ。
161)　前掲『日本銀行沿革史』第1輯第2巻、788ページ。
162)　第一銀行編『韓国ニ於ケル第一銀行』同行、1908年、372-373ページ。大蔵省編『明治大正財政史』第14巻、710ページ。

地金銀ノ高」は206万余円に達した[165]。

(2) 日本銀行の地金銀購入資金融通

　中央銀行である日本銀行も地金銀吸収資金の融通を行った。これは同行が他の銀行または産金業者に対し、地金銀購入または産金納入のために資金の融通を行うものである。これらの地金銀は日本銀行に納入されることとなる。日本銀行のこの資金融通は大蔵省の地金銀吸収資金融通よりも開始が遅れていた。

　『明治大正財政史』は、日本銀行の地金銀吸収資金融通が実施されるのは金本位制確立以後（1899年以後）のことである、と記している[166]。だが『日本銀行沿革史』によれば、それ以前にも、大蔵省の融通額より少ないとはいえ、日本銀行による地金銀吸収資金融通が行われているのである。それは朝鮮における地金銀吸収を図るものであった。すなわち、1894年には日本銀行は5万円を無利子で砂金買入資金として第一国立銀行に預け入れた。この整理のために日本銀行は「地金買入元」という科目を新設し、これによって資金を第一国立銀行に払い渡しておき、追って第一国立銀行が朝鮮で砂金を購入し、日本銀行がこの代金を支払ったときに「地金」科目と振替決算することとされた。取り入れられた砂金は造幣局へ納入され、精製分析などが済んだ後に地金勘定書が交付され、この勘定書による代り金貨を日本銀行が直に時価をもって買い入れ、その代金を第一国立銀行大阪支店に支払った。この預け金契約は1カ年限りとされていたが、1897年まで継続し、同年5月に預け金5万円が返済された[167]。なお、第一国立銀行は1896年に第一銀行に転換している。

---

163) これは大蔵省の資金を原資としたものであって、第一国立銀行が大蔵省のために朝鮮産出の砂金と中国銀両の購入にあたった。第一国立銀行から日本銀行が6カ月ごとに取り立てた預け基金の利子は大蔵省出納局へ納付された。国庫金に基づく預け金をもって買い上げられた地金銀は、日本銀行本店または同行大阪支店を通じて、政府地金として、大阪の造幣局へ納付された。造幣局では地金を試験した後、試験済み勘定書面の成貨高の中から試験済み当日より成貨払渡期日までの利子を差し引き、その残高を「紙幣」（金貨は時価、銀貨は成貨高）に通算し、これを地金代金として前述の基金を決算した。この場合、精製を要する地金であれば精製分析料、日銀本店で受け取った地金については運賃保険料も代金から差し引かれた（前掲『日本銀行沿革史』第1輯第2巻、788−793ページ）。
164) 第一銀行編、前掲書、375ページ。前掲『日本銀行沿革史』第1輯第2巻、788−793ページ。
165) 第一銀行編、前掲書、375ページ。
166) 大蔵省編『明治大正財政史』第14巻、710−711ページ。吉川秀造［1969］132ページ。
167) 前掲『日本銀行沿革史』第1輯第2巻、793−794、858ページ。

第4章　確立期金本位制の機構

　大蔵大臣松方正義は、1899年に日本銀行の保証準備発行拡張を認めた際、「兌換券正貨準備ノコトハ本邦幣制ノ基礎ニ関シ国家信用上重大ノコトナルノミナラズ、国家最後ノ準備金トモ謂フベキモノ」であるとして、同行に金吸収を図るよう命じた（同年3月命令）[168]。これ以降、同行は本格的に金吸収を図るようになった。正金銀行調査課の調査書は「日銀は内を守つて産金吸収に努め、正金銀行は外に当つて収支関係匡正の為め輸出奨励輸入防遏の為替政策を採つて居た」と述べている[169]。日本銀行は金吸収のための資金を貸し付ける制度を開始した。この貸付については兌換券発行税が免除された。この貸付が1899～1900年という金本位制実施直後の第1の画期であった。第1の画期には朝鮮、台湾産金購入金融が開始された。第一銀行・五十八銀行・十八銀行（朝鮮産金吸収のため）、台湾銀行（台湾産金吸収のため）に対する貸付が始まった。

　1904年の日露戦争期が地金吸収資金融通の第2の画期であった[170]。曾禰荒助蔵相は松尾臣善日本銀行総裁への1903年11月の内訓の中で、「正貨吸収及蓄積ヲ為スニ就テハ」、その一策として「無利子或ハ低利ニテ金塊買入元ヲ貸与」することを挙げていた[171]。

　第2の画期には貸付範囲が拡張され、日本産金購入金融が開始された。浪速銀行（鹿児島産金吸収のため）、藤田組（所有鉱山産金吸収のため）に対する貸付が始まった。このように貸付対象銀行数が増大し、金吸収地も朝鮮以外にも求められるようになり、産金業者への直接貸付も行われるようになった[172]。

　資金融通に際しては、産金業者をしてまずその年度における事業計画と所要資金の見積書を作成させ取引関係銀行に提出させた。日本銀行はその取引関係銀行を経て、無利子で産金業者に所要資金を貸与し、その代わり、産金業者にはその産金をすべて法定価格の金1匁（3.75グラム）5円で必ず日本銀行に納入させることとした[173]。

　1910年末頃の日本銀行の金吸収資金貸付現在額は次のようであった。韓国銀

---

168)　大蔵省編『明治大正財政史』第14巻、653ページ。
169)　横浜正金銀行調査課「最近十年間における我国の対外為替」[1931] 1045－1046ページ。
170)　村上勝彦［1975］265ページ。
171)　大蔵省編『明治大正財政史』第14巻、654ページ。
172)　地金購入資金融通は第1次大戦後も継続された。
173)　橋爪明男編『金融大辞典』第2巻、日本評論社、1934年、821ページ。

行50万円（朝鮮産金購入）、台湾銀行10万円（台湾産金購入）、浪速銀行30万円（鹿児島産金購入）。日本銀行の地金銀購入資金融通の変化（1899年8月～1909年末）の一覧表は表4－11のとおりである。

　その代表的な貸付例をいくつかみてみよう。まず1899（明治32）年8月、韓国産出の金地金購入を目的とする貸付が、第一銀行向けに開始された。これは同年6月に第一国立銀行への20万円無利子預入れが行われていたのを改めたものであった。この貸付は1909年12月に韓国銀行（1909年11月に韓国における第一銀行の業務を継承）へと継承された。1911年8月に同行が朝鮮銀行と改称されるに伴い、この貸付も同行に継承され、その後も1年毎に更新された。貸付金額は1909年5月には50万円（当初は第一銀行に対して、同年12月からは韓国銀行に対して貸付）であったが、1911年以来5万円ずつ減額され（同年8月からは朝鮮銀行に対して貸付。なお1910年5月から5万円ほど減額されるはずであったが、同月に十八銀行引受韓国産金吸収を韓国銀行が引き受けたために同月に5万円増加して結局同月に50万円貸付）、1913年5月以来35万円となっていた。1912年5月における貸付金は、期間1ヵ年、貸付金額は40万円で、貸付条件は国債担保付で無利子であった。輸納契約高は1年間に360万円以上で（1923年4月27日～1924年4月25日は100万円以上）、実際に1912年5月8日～1913年5月7日に708万円の地金銀が輸納されている[174]。

　次に台湾産金についていえば、日本銀行は台湾銀行に対し1900年9月から1904年7月まで地金購入資金を貸し付けた。その後、日本銀行は1906年6月に再びこの貸付を開始し、これを更新継続した。1909年5月の貸付は、期間1ヵ年、貸付金額は10万円で、貸付条件は貸付利率が国債担保付で年2％であった。輸納契約高は100万円以上となっており、実際に253万円の金地金が輸納されている。この契約はその後も1年毎に更新継続されている[175]。台湾の金瓜石、瑞芳、牡丹坑の3鉱山は1898年頃から精錬を開始し、当時日本の産金高の3分の1を占めていた。台湾銀行はこれらの産金を一手に買収して、その一部を同

---

174)　大蔵省編『明治大正財政史』第14巻、864、866ページ。日本銀行沿革史編纂委員会編『日本銀行沿革史』第1輯第2巻、794－797ページ。日本銀行審査部編『日本銀行沿革史』第2輯　第3巻、508ページ。朝鮮銀行史研究会編［1987］133－134ページ。

175)　大蔵省編『明治大正財政史』第14巻、866－867ページ。日本銀行審査部編、同上巻、510ページ。

表4-11 日本銀行の金銀地金購入資金融通（1899年8月～1909年末）

貸付先	目的	期間	金額	利子の有無
第一銀行	韓国産出金地金購入資金	1899年8月10日～1900年5月15日	20万円	無利子
〃	〃	1900年5月15日～1909年11月30日	50万円	〃
韓国銀行	〃	1909年12月1日～同月31日	50万円	〃
第五十八銀行	〃	1899年11月25日～1900年10月1日	10万円	〃
十八銀行	〃	1899年12月26日～1908年12月19日	10万円	〃
〃	〃	1908年12月20日～同月31日	7万円	〃
横浜正金銀行	清国産出金地金購入資金	1899年12月28日～1900年1月10日	7万円	〃
〃	〃	1900年1月11日～同年4月16日	12万9千円	〃
台湾銀行	台湾産出金地金購入資金	1900年9月20日～1904年7月30日	16万円	〃
〃	〃	1906年6月12日～1909年12月31日	10万円	年2%
浪速銀行	鹿児島産出金銀地金購入資金	1904年4月22日～1908年7月20日	40万円	無利子
〃	〃	1908年7月21日～1909年12月31日	30万円	〃
十二銀行	越後国橋立鉱山産出金地金購入資金	1904年4月9日～1905年4月8日	4万円	〃
〃	〃	1905年4月18日～1906年3月31日	1万円	〃
藤田組	藤田組所有鉱山産出金銀地金購入資金	1904年4月6日～1907年9月30日	13万円	〃
〃	〃	1907年10月1日～1908年9月30日	5万円	〃

注：1909年10月29日韓国銀行設立（11月24日開業、第一銀行の中央銀行業務を承継）。
出所：日本銀行沿革史編纂委員会編『日本銀行沿革史』第1輯第2巻、795-796ページ。

行の銀行券発行準備に充当するとともに、その残余を日本銀行に供給しようとした。この目的をもって1900年にそれら3鉱山と産金買収契約ならびに当座貸越による資金供給契約を締結した。1900年11月から1909年までの台湾銀行の金塊買入総額は1530余万円に達し、そのうち、日本銀行に供給した額は約1000万

第2編　金本位制確立期の正貨政策

円に上った[176]。

　なお、日本銀行は、朝鮮や台湾だけでなく清国への産金購入資金貸付も行っており、1899年12月から1900年4月にかけてこのための資金を横浜正金銀行に融通している。ただし、これは一時的なものであった。

　続いて、国内産金に対する購入資金融通の動向をみておこう。正貨充実が急務とされた日露戦争開始直後の1904年4月、浪速銀行に対して鹿児島県産出金銀地金購入資金40万円を貸し付けている。これが日本産金購入資金貸付の嚆矢であった。1908年7月にこの貸付は、期間1ヵ年、貸付金額は30万円で、貸付条件は国債担保付で無利子となった。輸納契約高は1909年7月からの1年間に、30万円の貸付に対して金銀151万円以上となっており、実際にこの間に159万円の金地金が輸納されている。貸付金額は1912年7月には25万円、1913年7月には15万円、1914年7月には20万円、1915年7月には25万円に変更されている。1914年7月からは金輸納契約となった[177]。

　また十二銀行に対して新潟産出金地金購入資金を貸し付けた。これは同じく1904年に開始され、1906年3月まで継続した。

　日露戦争期には兌換制度の基礎を強固にする一手段として、政府は日本における金銀産出の増加を図るために、1904年4月に工科大学長渡邊渡工学博士に委託して、主要な産金銀地を探査させた[178]。金正貨の充実は日露戦争外債の消化促進のために「対外信用」を高めるうえからも必要とされた[179]。同年8月に終了したこの探査の結果、その鉱山の不振が鉱業上の知識の不足と資金の欠乏によることが認められた。大蔵省はさらに同省内に臨時金鉱調査職員を置き、金銀鉱採掘の調査を実施した。その採掘を奨励するために、将来有望と認定された金銀鉱山で、鉱業主の資力が乏しいものに対しては、設計案および資金計画書を精査のうえ、1902年に半官半民の特殊銀行として設立された日本興業銀行に資金を融通させることとした[180]。

　政府は1905年1月に日本興業銀行法改正案を第21回帝国議会に提出したが、

---

176)　台湾銀行史編纂室編・発行『台湾銀行史』1964年、299−302ページ。
177)　大蔵省編『明治大正財政史』第14巻、868ページ。日本銀行審査部編、前掲巻、513ページ。
178)　大蔵省編『明治大正財政史』第1巻［1940a］257ページ。
179)　日本興業銀行臨時調査室編・発行『日本興業銀行五十年史』1957年、54ページ。
180)　大蔵省編『明治大正財政史』第1巻、257−258ページ。

第 4 章　確立期金本位制の機構

これは同行が金鉱山への貸出業務を行うことを含んだものであった[181]。

　政府（預金部）は金銀増産のために波佐見、鷲之巣鉱山事業資金貸付を行うこととし、1905年9月に期限10カ年、第七回四分利興業債券100万円を引き受け、日本興業銀行の金銀鉱山への貸付資金に充当させた。同行はまた1905年7月28日に曾禰荒助大蔵大臣から令達を受け、同年12月6日、日本銀行との間で金銀鉱山貸付資金融通契約を締結し、各金山への貸付を開始した[182]。日本興業銀行は、1905年に波佐見金山（長崎）、鷲之巣鉱山（岩手）、鹿折金山（宮城）に年利8％で貸し付けた。このように日本銀行などからの融通を受けつつ日本興業銀行が金銀鉱山に対して貸し付けた残高は、同年末に183万円、1909年末に288万円、1911年末に386万円となっていた。日本銀行は1906年6月までに、日本興業銀行が金銀鉱山に貸し付けた金額のうち82万9550円を預け金の形で供給した。その後、日本銀行は漸次入金を受けた。この貸付金は金山からの返済がなくても日本興業銀行が日本銀行に返済しなければならなかった[183]。

　日本銀行の産金業者に対する貸付も行われるようになった。日露戦争期の1904年4月、日本銀行は藤田組に対して金銀地金購入資金を貸し出した。1914（大正3）年12月には、久原鉱業株式会社に対して125万円の資金を無利子国債担保という条件のもとで供給し、同社精錬所製出の金塊1カ年400万円

---

181) 『日本興業銀行五十年史』52－54ページ。第21回帝国議会に大蔵次官阪谷芳郎は改正法提案理由の中で次のように述べている（1905年2月）。「内地に於きまして有望な金山が所々にございます。此有望なる金山と申しますものは未だ十分なる規模を立てて経営していないものがある。是等に向って相当資金供給の方法を設けますると今日は未だ僅かな産額でありますものが将来につきましては大にその産額を増加すべき見込のものもあるのでございます。是等に向きましても亦相当なる資本供給の方法を講じなければならない」（同書、54－55ページ）。
182)　その融通条件は当分の限度400万円、無担保、年利5％、資金供給期間1907年12月6日まで、返済期限1912年10月9日までとされた。日本興業債券100万円の償還が終了したときは、融通限度額は500万円までとされた（『日本銀行沿革史』第1輯第2巻、797ページ。同第2輯第4巻、491ページ）。
183)　貸付先鉱山の採掘成績は良好ではなく、この貸付金は金山からの返済の見込みがなかった。1912年10月に日銀資金返済期限が到来すると、日本銀行は残額29万3800円の返納を受け、全額を回収した。1913年に日本興業銀行は金銀鉱山貸付を徹底的に整理することとなる。興業銀行の資金貸付回収のために1915年9月に預金部の資金供給の9カ年の期限延長が認められ、第34回興業債券による借換えが実行され、またこれとは別に一般会計（後に預金部）・日本銀行・正金銀行から興業銀行に対して低利資金融通が行われ、波佐見、鷲之巣鉱山事業資金貸付が整理された（『日本銀行沿革史』第2輯第4巻、491ページ。『日本興業銀行五十年史』80－81ページ、大蔵省編『明治大正財政史』第13巻、944ページ）。

第2編　金本位制確立期の正貨政策

表4−12　金吸収の実績

(単位：千円)

	1899年	1900年	1901年	1902年	1903年	1904年
第一銀行	939	1,558	2,945	3,573	4,159	3,525
台湾銀行	0	61	1,116	1,674	1,344	1,725
五十八銀行	27	428	198	30	0	0
十八銀行	986	935	1,240	1,081	1,473	990
浪速銀行	865	392	634	1,074	1,184	1,711
藤田組	44	159	7	39	165	68
小計	2,861	3,533	6,141	7,472	8,324	8,019
その他一般	12,675	10,387	7,650	28,153	22,719	46,954
合計	15,537	13,920	13,791	35,625	31,044	54,973

	1905年	1906年	1907年	1908年	1909年	1910年11月まで
第一銀行	3,775	3,511	3,098	4,073	5,129	311
台湾銀行	2,007	1,809	1,577	1,386	2,283	1,784
五十八銀行	0	84	212	0	0	0
十八銀行	960	863	309	259	291	292
浪速銀行	2,020	1,856	1,706	1,509	1,516	1,383
藤田組	0	0	0	0	409	585
小計	8,762	8,123	6,902	7,227	9,628	4,355
その他一般	13,934	31,964	2,748	7,851	58,948	14,304
合計	22,695	40,087	9,650	15,078	68,576	18,659

注1：本表は金吸収資金融通に対する実績をみることを主眼としたものであるが、参考のためにその他の分もあわせて掲載している。
　2：金吸収の実績とは金塊を造幣局へ輸納し金貨に鋳造したもの。
出所：大蔵省理財局「国資運用之部」『第二十七議会参考書』1910年末頃。

以上を日本銀行に売却させることとした。この契約はその後も更新継続された。
　金吸収資金貸付の実績、すなわち金塊を造幣局へ輸納し金貨に製造した額は表4−12のとおりである。この特別融通による日銀への実際地金銀（とくに金）輸納高については、第一銀行は1900年以降、1907年までの7年間余の間に、総計5760貫余、2542万3000円余の朝鮮産金を日本銀行に納入している[184]。実際輸納高は、朝鮮銀行については1910年5月10日〜1914年5月6日に金3137万

第4章　確立期金本位制の機構

表4－13　日本銀行正貨準備内訳

(単位：千円)

年末	在内金貨	在内金塊	在内銀塊	在内正貨準備	在外正貨準備	正貨準備
1903	81,328	35,635	—	116,962	—	116,962
04	17,276	9,126	3,677	30,079	53,502	83,581
05	26,898	9,805	—	36,702	78,892	115,595
06	21,007	3,061	—	24,067	123,134	147,202

出所：大蔵省編『明治大正財政史』第13巻、358、365ページ。

円（1909年5月11日～1910年5月10日は不明）、1914年5月6日～1919年5月1日に金5106万円（米国金貨193万円を含む）、台湾銀行については1909年5月29日～1914年5月25日に金802万円、1914年5月27日～1919年5月22日に金1億7966万円（米国金貨8343万円を含む）、浪速銀行については1909年7月19日～1914年7月15日に金銀569万円、1914年7月15日～1919年7月10日に金845万円となっていた。この金吸収については、明治末には朝鮮銀行からの輸納高が多かったが、第1次大戦期には台湾銀行からの金地金輸納高が多くなっている。また久原鉱業については1914年12月16日～1918年12月12日に2130万円となっていた[185]。

　日本銀行が1910年以降も産金吸収資金貸付を継続したのは韓国銀行（後の朝鮮銀行）、十八銀行、台湾銀行、および浪速銀行の4行であった。日本興業銀行には政府と共同で資金融通した。

　表4－12から地金銀吸収資金融通に基づく地金購入は実際に恒常的な日本の金吸収に寄与していたことが明らかである（また、後述の1904年における造幣局への輸納地金の品位制限の緩和も造幣局への金銀地金輸納の増大を助長したと考えられる）。このような日本銀行地金銀購入資金融通に基づく金の確保が国際収支赤字下の金本位制を維持し、金防衛のための公定歩合引上げを回避しつつ日本銀行の産業奨励金融を可能とした条件の1つとなったのである。

　だが実際には表4－13にみられるように、1904年や1906年には日本銀行の在内正貨準備が大幅に減少しており、金吸収資金貸付に基づく産金買入れの在内

---

184) 崔柳吉 [1971] 25ページ。
185) 日本銀行審査部編『日本銀行沿革史』第2輯第3巻、508-513ページ。

第 2 編　金本位制確立期の正貨政策

正貨には限界があったことも指摘しておきたい。前掲の表 4 －12には参考のために金吸収資金貸付を伴わない「その他一般」の分も合わせて掲載している。金吸収には「その他一般」も大きな役割を果たしていた。このことも地金購入資金融通に基づく金吸収策の限界を示すものである。1904年には金貨製造が6750万円に上り、造幣局の金地金受入高（金貨製造高）が 1 万3378貫899匁に達しており、前年と比べて激増している[186]。多額の金貨の素材となる金地金が、日銀融通資金に基づく産金の造幣局への輸納以外に得られていたのである。

大蔵省資料（『議会参考書』）は、「その他一般」の大部分は日本銀行が海外から吸収したものに関する分であると記している。確かに1905年、1908～09年には日本銀行は海外から多量の金地金を国内に回送している。だが、1904年には金輸入額546万円、金輸出高は 1 億603万円に達しており、同年中の日本金貨の輸出超過は 1 億57万円である（日本金貨の輸入はなし）。この年、日銀は金を日本に回送していない[187]。したがって、1904年の金貨製造増大の要因のうちの「その他一般」は、日銀による海外からの金塊回送を意味するものではなかろう[188]。

それでは、1904年における日銀融通資金に基づかない金吸収（造幣局への金輸納）は、どのようにして得られたのであろうか。日本銀行の古金銀の購入は限られたものであった。金銀産出額は736貫137匁と前年に比べて減少し、内地・台湾の産金額は546万円と前年に比べて微減しており、朝鮮の日本向け金輸出額も500万円と前年に比べて減少している。これらがその要因ではないといえる[189]。

1904年末には日本銀行の国内金塊（金地金）保有残高が前年度末と比較して2651万円も減少している。日本の金輸出はほとんど円金貨によってなされており、このことは金輸出額と金貨輸出額の統計額がほぼ等しいことから明らかであり、前述のように1904年に金塊の輸出はほとんど存在しない。日銀在内保有

---

186)　大蔵省編『明治大正財政史』第13巻、244、260ページ。
187)　野地清［1981］31ページ。小島仁［1978］68ページ、大蔵省編『明治大正財政史』第13巻、92ページ、『東洋経済新報』第1381号、18ページ。
188)　1904年に日本銀行は海外で金塊を購入しこれを日本に回送することは行っていない。
189)　大蔵省編『明治大正財政史』第13巻、104ページ。日本銀行調査局『本邦の金に就いて』。村上勝彦［1975］266ページ。

第4章　確立期金本位制の機構

金塊の減少は、金塊輸出によるのではなく、金塊が造幣局に輸納されて金貨形態に転化されたことによると思われる[190]。

5　地金銀の造幣局への輸納奨励策

(1)　「造幣規則」と「地金銀精製及品位証明規則」

我が国では1871年6月（明治4年5月）に新貨条例を発布して金本位法を制定した際に、本位貨幣については自由鋳造制度を採用することとした。同条例と同時に「造幣規則」が制定され、内外人民の要望に応じて、その輸納する金銀地金または旧貨幣、外国貨幣をもって新貨幣を鋳造交付することとした。同規則は、本位貨幣の製造に関し、受け取るべき輸納地金の品位および最低量目、鋳造料および摩損貨幣の再手数料、造幣不当地金の精製手数料その他についても規定していた[191]。1883年には新しい「造幣規則」が制定された。鋳造には鋳造手数料が課されていた。それは当初本位貨幣は100分の1、1円銀貨は100分の2と定められ、その後減額されていったが、鋳造料徴収主義はなくならなかった[192]。

---

190) 当時、外貨吸収のため横浜正金銀行が輸入為替取扱いを制限したため、輸入為替取引需要が外国銀行へ集中した。余剰資金を有した外国銀行は為替相場が低落していたために海外送金方法として為替送金よりも有利な金現送を選択した。かくして、日本銀行は外国銀行から金貨兌換請求を受け、1904年上期における正貨流出額は6983万円に上った。表4－4における日本銀行の金貨受入れ・支払い収支をみると、1904年中の日本銀行金貨受入れが6024万円、金貨支払いは1億711万円（全額、金貨兌換による）で、4687万円（上期4122万円、下期565万円）の金貨支払い超過となっている（『日本銀行百年史』第2巻、176－177ページ、『明治大正財政史』第13巻、375ページ）。日本銀行では、多額の金貨が流出していたのである。当時の金貨製造量の増加は、日銀正貨準備として保有されていた金塊の金貨への製造が大きな要因となっていたのではなかろうか。「日本銀行正貨受払表」において、1904年に内地正貨の受入れは1460万円（産金買入1080万円、政府から買入104万円、交換受入れ234万円、政府から交換受入れ43万円、その他1万円）であり、内地正貨の支払いは1億70万円（兌換による）、差引き9251万円の内地正貨（金）支払い超過であった（野地清［1981］31ページ、「日本銀行正貨受払表」（1912年）『勝田家文書』第49冊第23号）。このことから、日本銀行が円を支払って金貨を受け入れるという意味での兌換は当時ほとんど存在しなかったといえよう。表4－4における金貨受取りは、銀行券との兌換以外の金貨受取りを包含していることとなる。金塊の金貨化がこのことからも推定できる。金塊の金貨化が生じたものの、兌換のよる金貨受取りがほとんど存在せず、銀行券の金貨への兌換による金貨支払いが巨額に上ったために、日本銀行保有金貨が激減したと考えられる。

191) 大蔵省編『明治大正財政史』第13巻、160ページ。大蔵省造幣局編・発行『造幣局八十年史』1953年、29ページ。

第 2 編　金本位制確立期の正貨政策

　当初精製、熔解および試験分析などを行う完全な設備は、我が国では、造幣寮（1869年3月に太政官に設置された造幣局が大蔵省所属の造幣寮に改称）のほかにはなかったので、広く民間の地金所有者の希望に応じて造幣寮が精製または品位証明を行っていた。1877（明治10）年1月に造幣寮は造幣局と改称された。新貨条例とともに布告された「造幣規則」第7条において造幣寮が造幣不適当な金銀を精製のために受け取ることがある旨が記されていたが、1890年の官制改正により、「精製分析」までが造幣局の事業として法制化された。

　1897年の貨幣法制定を契機として、造幣規定と金銀地金精製および品位証明規定とを含む従来の造幣規則が廃止され、同年5月に勅令第138号に基づき、新たな「造幣規則」（造幣規定）が制定された。「鋳造」という語は「製造」という言葉に改められ、その第1条で「金貨幣ノ製造ヲ請ハントスルモノハ金地金ヲ造幣局ニ輸納スヘシ」、第2条で、「貨幣製造ノ為メ受取ル地金ハ品位一千分中九百九十以上ニシテ其ノ含有物ノ性質造幣ニ障害ナキモノニ限ル但シ含有物銅ノミノ時ハ金九百以上トスル」と規定された。輸納者は貨幣払渡証書を受け取った。地金の受取りおよび鋳造貨幣の払渡しの詳細は5月に大蔵省告示第27号によって制定された「造幣地金及成貨受渡取扱順序」に規定された。造幣局は輸納地金を大阪造幣局または東京造幣支局で受け取り、その代り貨幣を日本銀行本店または同行大阪支店で払い渡した。同月に松方大蔵大臣は造幣局および日本銀行に対して、「造幣局成貨払渡手続」を示達した。大阪造幣局または東京造幣支局に輸納した地金の成貨は、造幣局または造幣支局が交付した貨幣払渡証書の持参人に払い渡された。造幣局は貨幣払渡しのために成貨を日本銀行に預け入れた。成貨払渡取扱いのための手数料は交付されなかった[193]。

　新造幣規則のもとでは鋳造料は国家の負担とされ、鋳造手数料は造幣を請う者にとっては無手数料となり、自由鋳造主義が徹底された[194]。自由鋳造主義は金本位制にふさわしいものであった。

192）　大蔵省編『明治大正財政史』第13巻、160－174ページ。
193）　大蔵省編『明治大正財政史』第13巻、160－174ページ。1879年に大蔵省内に造幣局東京支局が設けられ、貨幣製造のための金銀地金の輸納業務を行っていたが、1907年10月にこの東京支局がいったん廃止された。1907年10月に制定された「造幣地金及成貨受渡並精製地金品位証明取扱順序」では、代り貨幣の受渡場所は日本銀行大阪支店のみに改められた（『日本銀行沿革史』第2輯第3巻、1387ページ）。
194）　大蔵省編『明治大正財政史』第13巻、174ページ。

第 4 章　確立期金本位制の機構

　我が国では金貨は国内流通しなかった。金地金の輸納人は払渡期日に払渡証書と引換に金貨幣の払渡しを受けることとなっていたが、実際には払渡期日前に日本銀行が輸納人から同証書を買い取り、その代償として兌換銀行券を交付するのが慣例となっていた。日本銀行は買い取った証書をただちに地金として兌換準備中に加え、期日に至り、造幣局から金貨幣の払渡しを受けた[195]。かくして、造幣局の無手数料による鋳造、製造の助長が金貨の製造の増大と日本銀行の金貨補充をもたらすこととなったのである。

（2）　造幣局への地金輸納制限緩和による輸納奨励

　1899年 2 月には造幣局が貨幣製造のために受け取る地金の最低品位が引き下げられ、地金の吸収、金準備の強化が図られた。すなわち勅令第36号によって、造幣地金のうち、銅のみを含有するものの最低品位が金1000中900以上から898以上と引き下げられた[196]。

　1897年 5 月に地金精製分析に関する規則が「造幣規則」から分離され、別に勅令第139号に基づき、「金銀地金精製及品位証明規則」が制定された[197]。また大蔵省告示第28号により「金銀地金精製及品位証明取扱順序」が定められた。民間の地金所有者の希望に応じた金銀地金の精製または品位証明については、このために造幣局へ輸納された金銀地金は、精製または品位試験後に造幣局が定型塊または品位試験済み地金を輸納者に払い戻した[198]。1899年 2 月には、勅令第32号に基づき、金本位制の基礎をいっそう強化するために、当分の間、金地金精製に対しては精製手数料をとらないこととなった[199]。1904年 4 月からは再び手数料をとるようになったが、1918年以後には金貨の製造を目的としない精製に対してだけ手数料をとることとなっている[200]。

---

[195]　大蔵省編『明治大正財政史』第13巻、207ページ。1920年 3 月には日本銀行買入れの貨幣払渡証書に対しては、日本銀行は希望により成貨の代わりに金地金の払渡しを受けることができた。1920年 4 月から実施された「造幣局成果払渡手続」においては、日本銀行大阪支店が地金輸納人から貨幣払渡証書を買い入れたときは、同支店が同証書をもって金地金（金塊）の払渡しを請求することができる旨が明記されている（『日本銀行沿革史』第 2 輯第 3 巻、1387－1389ページ）。
[196]　大蔵省編『明治大正財政史』第13巻、178ページ。『造幣局八十年史』31ページ。
[197]　大蔵省編『明治大正財政史』第13巻、189－193ページ。
[198]　大内兵衛・土屋喬雄編［1932a］467－468ページ。『明治大正財政史』第13巻、160－174ページ。
[199]　大内兵衛・土屋喬雄編［1932a］470ページ。

第 2 編　金本位制確立期の正貨政策

　1899年以後、通貨当局（政府日銀）は、賠償金運用以外の種々の施策を行うことによって内外産金を吸収しようとした。この方策の 1 つとして金吸収、正貨準備の充実を図るため、地金銀の造幣局への輸納を奨励する方策を採用し、1899年以降、造幣局への金輸納手続きを次のように簡便化した。

① 　前述のように、1899年 2 月に貨幣製造のために納入することのできる地金の中で銅だけを含有するものの最低品位が引き下げられた。

② 　本位貨幣の製造に適した品位の地金以外の金銀混合地金銀は、一定の手数料を徴収して、求めに応じて夾雑物を除き金銀を分離精製することとなっていたが、1899年 2 月勅令第38号により、地金精製手数料が当分の間廃止された[201]。

③ 　金銀地金品位証明手数料は1897年 5 月の品位証明規則でとることとされていたが、1899年 2 月の勅令第37号でそれが低減された[202]。

　金銀地金精製そのものは金貨吸収となるわけではない。精製を求める者に対しては精製後に定型塊が払い戻された。だが精製依頼者は「金銀地金精製及品位証明規則」により貨幣の製造を請うこともできた[203]。この場合、輸納者は地金精製後、精製地金ではなく金貨を受け取ることになる。これによって品位の低い地金から金貨を確保することができるようになった。この意味では金銀地金精製に便宜を与えることは造幣局への金地金輸納を促し、これを通じて金貨製造を増大させることにもなったといえるであろう。

（ 3 ）　日露戦争期における造幣局への地金輸納奨励

　日露戦争期に正貨蓄積が急務となり、政府は金銀の産出奨励、地金吸収に努めこの方策の 1 つとして造幣局への金地金の輸納を奨励することとし、1904年

200）　大蔵省造幣局編・発行『造幣局八十年史』62－64ページ。
201）　大蔵省理財局「国資運用之部　附　貨幣及金銀事項」（「金吸収ニ関スル件」）『第二十七議会参考書』）、大蔵省理財局、1910年末頃。1904年 4 月からは手数料が徴収されることとなるが、金地金の精製手数料は当分徴収されないこととなった。1918年に金地金の精製に手数料がとられることとなったが、金貨製造を目的とする場合は、精製手数料は従来どおり免除された（『造幣局八十年史』63ページ、大蔵省編『明治大正財政史』第13巻、190－191、194、196－197ページ）。
202）　大蔵省編、上掲巻、193ページ。
203）　同規則第 6 条および「造幣規則」第 1 条および第 3 条（大蔵省編『明治大正財政史』第13巻、173、190ページ）。

第4章　確立期金本位制の機構

4月に勅令100号によって金銀地金精製及品位証明規則を改正し、造幣局が輸納金銀精製または品位証明のために受け入れる金銀地金の制限を拡張した。すなわち、輸納金銀の品位最低限を低下させ、正貨の維持の一策とした。同時に、金銀地金精製及品位証明取扱順序を改正し、輸納地金の払戻期日を短縮した。同年10月さらに正貨準備維持の必要ますます緊切なりと認め、勅令第224号によって金銀地金精製及品位証明規則を改正し、精製または品位証明のために輸納することのできる金銀地金の品位をいっそう引き下げた[204]。このような造幣局へ輸納することのできる金銀地金の品位の引下げは、1904年におけるその輸納高の増大と金貨鋳造の増大の一因となったと考えられる[205]。

6　在内正貨の存在意義

在内正貨が重視されたのは、それが兌換制の基礎であったからであり、通貨価値や為替相場の安定もこれによって可能となったからである。松方蔵相は、1899年3月、日本銀行保証準備発行制限額の拡張に際して次のように日本銀行に内命している。「兌換券正貨準備ノコトハ本邦幣制ノ基礎ニ関シ、国家信用上重大ノコトナルノミナラズ、国家最後ノ準備金トモ謂フベキモノナルニ依リ、此点ニツキテハ充分ナル注意ヲ要ス。故ニ外国為替ヲ利用シ正貨ヲ吸収スルハ勿論、特ニ支那朝鮮地方産出ノ金塊ハ必ラズ之ヲ本邦ニ吸収スルノ道ヲ講ズル

---

[204]　大蔵省編『明治大正財政史』第13巻、194－196ページ、第14巻、754－755ページ。従来は輸納できる地金は金銀1000中750以上の品位を有し、量目100匁以上のものとされていたが、1904年4月には金銀1000中750以上の品位を有し量目100匁とするが、それ以下でも金200以上で金銀合計500以上のものは輸納できることとした。10月には輸納することのできる地金は品位1000中金、銀、または金銀合計500以上で量目は100匁以上とされた。

[205]　1904年に精錬および品位証明として造幣局が受け取った金銀地金（純量）は、統計上1貫406匁にすぎないとされている。だが、これは貨幣製造に充当された金銀地金を含んでいないと考えられる。貨幣製造のために造幣局が受け取った金銀量は1903年の4934貫106匁から1904年の1万3378貫899匁へ、また金貨製造高は1903年の2400万円から1904年の6750万円へと激増している（大蔵省編『明治大正財政史』第13巻、260ページ。大蔵省造幣局編『造幣局百年史』資料編、300ページ）。1904年に金生産や金輸入が減少していることを考えると、当時、政府が造幣不適当な品位の低い金銀地金を地金保有者から吸収して金貨生産を増大し、ひいては日本銀行の金貨保有を補充（兌換銀行券と引換え）しようとしていたと考えられる。
　もっとも、1904年における日本銀行の産金買入額は前年末と比べてかなり減少しているから、その効果には限界があったといえよう。

第2編　金本位制確立期の正貨政策

ハ目下ノ急務タリ。依リテ其方法ヲ立テ速ニ之ニ着手スベシ。尤モ之ニツキ多少ノ費用ヲ要スルコトアルモ、其ハ日本銀行ノ本分タルベシ。又本邦産出ノ金塊ハ代金ノ前渡又ハ運賃ノ支弁ヲ為ス等、成ルベク採掘者ニ便宜ヲ与ヘテ之ヲ購入シ、其ノ海外ヘ流出セザル様方法ヲ立テ之ヲ実行スベシ」[206]。

　在内正貨が重視されたのは、それが戦争準備金としての意義を持つからでもあった。ドイツはフランスとの戦争によって得た50億フランの賠償金のうち1億1100万ドルを戦時準備金として国庫に貯蔵し、このうち3000万ドルを金貨で所有していた。フランスやロシアも一方で兌換準備として、他方で戦争準備として金の蓄蔵に努めていた。イギリスの大蔵大臣であるゴッシェンは、今後ヨーロッパの戦争は金貨戦争であると述べていた[207]。『スタティスト』(1897年5月8日) は日露墺3国の金塊吸収の状況に関して次のように評論している。「欧州大国は他年一朝軍事起るに当り其費に供する為め倫敦市場に於て頻に金塊を購入し就中露国政府の如きは既に一億三千万ポンドを購入せり」と[208]。

　松方正義は、兌換のための正貨準備を他方では戦時準備ととらえていた。このことは松方大蔵大臣が1887年に内閣に提出した「建言」の中ではっきりと述べられていた[209]。また松方蔵相は、1889 (明治22) 年6月の日本銀行への告諭の中でも「日本銀行ハ太平無事ノ日ニ於テ正貨基準ヲ厚クシ以テ有事ノ日ニ備ヘサルヲ得ス」と述べている[210]。このことは『松尾家文書』に収録されている、大蔵省が日清戦争以前に作成した資料の中に次のように述べられていることからも明らかである。「兌換準備ノ正貨ハ即国家ノ準備金ナリ一朝海外ト事アリ正貨ヲ要スルトキハ即是レヲ以テ使弁セサルヲ得ス」[211]。また1892年に阪

---

206)　大蔵省編『明治大正財政史』第13巻、296ページ。吉川秀造 [1969] 131-132ページ。
207)　小手川豊次郎「戦争準備金」『東京経済雑誌』第32巻第799号、1895年11月9日、740-747ページ。小手川自身は、戦時準備金としてはロンドンのコンソル公債やアメリカの確実な有価証券を買っておいて、いつでも正貨と交換できるようにしておくのが便利であると考えていた (同号、745ページ)。
208)　「倫敦市場に於ける金塊の需要」『東洋経済新報』第58号、1897年6月25日、19ページ。
209)　松方正義「二十一年度予算調製ノ期ニ際シ経済社会ノ景況並ニ救済ノ儀ニ付建言」(大内兵衛・土屋喬雄編 [1931] 550ページ)。室山義正 [2005] 216-217ページ。
210)　松方正義「外国手形再割引并ニ責任代理店開設ニ付日本銀行ニ告諭ス」横浜正金銀行『横濱正金銀行史　付録甲巻之一』[1920] (復刻版 [1976]) 421ページ。
211)　『日本金融史資料　明治大正編』第4巻、1452ページ。古沢紘造「横浜正金銀行条例の制定と為替政策」渋谷隆一編 [1977] 109ページ。『松尾家文書』第80冊第9号。

谷芳郎（大蔵省参事官・主計局貨幣課長）も日本銀行の正貨準備が戦争準備として重要な意味を持っていることを次のように明瞭に述べている。「今日若シ日本ト外国ト急ニ戦争ノ起ッタト云フヤウナ時ニ忽チ要ルモノハ金デアル、幾ラ兵隊ガアッテモ幾ラ弾薬ガアッテモ幾ラ軍艦ガアッテモ夫レヲ働カスニハ金ガナケレバナラヌ、金銀ト云フ貨幣ガナケレバナラヌ、札デハ通用シナイ、内国ナラバ札デモ通用スルガ外国ニ往ッテハ金銀ホカ通用スルモノハ無イ、其時ニ日本銀行ガドウ云フ働キヲスルカト云フト今日銀行ガ持ッテ居ル、七千万円ニ近イ準備金ヲ挙ゲテ之ヲ軍用ニ供スル事ガ出来ル」[212]。日清戦争後、通貨当局者は、日清戦争に鑑み、将来常に1億5000万円の正貨を保存する計画を立てていた[213]。松方大蔵大臣も前述の1899年の内命で「正貨準備ノコトハ……国家最後ノ準備トモ謂フベキモノ」であると述べているのである[214]。

　松方正義は、日本銀行兌換準備とは別の独自の戦争準備金、非常準備金を持とうとした。すなわち彼は、1899年に日清戦争賠償金残額5000万円を軍艦水雷艇補充基金（3000万円）、教育基金および災害準備金（2000万円）として積み立てて保有することを決定したが、それらは艦艇補充、教育、災害に備えるとともに、非常準備金として、万一事あるときは軍用目的に供するものであった。政府はこれらのうち、軍艦水雷艇補充基金中の1500万円はいつでも金貨に交換できる外国の確実な公債を買い入れて保有し、教育基金、災害準備基金2000万円は内国債を買い入れて保有しいくらかの利殖を図ったが、軍艦水雷艇補充基金の残り1500万円は預金部で金貨をもって保有し、時機により日本銀行に預け入れて運用することに定め、実際に1500万円を金貨・金地金の形態で日本銀行に預け入れた[215]。金こそが戦争準備金として最も確実なものと考えられたの

---

212) 渋谷隆一編［1977］109-110ページ。原資料は阪谷芳郎「日本銀行ト日本ノ経済及ヒ財政トノ関係」『専修大学理財科演説及試験問題』（1892＝明治25年）、22ページ。1892年10月における『東京経済雑誌』の各社説「日本銀行の組織」（同誌第644～649号）を批判した阪谷芳郎は、「日本銀行ノ性質ヲ誤認スルコト勿レ」（『松尾家文書』第80冊第10号）という一文を草した。この中で日本銀行は国家的機関であると述べ、平時においては正貨吸収の道を講じ、「戦時ニ在リテハ貯蔵ノ正貨ヲ以テ軍備資金ニ供シ外国ニ向テハ干戈ヲ輝カスノ余地アラシメ」るべきであると論じている。この論説に『東京経済雑誌』（第649号、1892年11月12日）は反論している。

213) 『東洋経済新報』も、戦争が已むをえないとすればその作戦計画は日清戦争のときよりも広大になるであろうとして、それに賛成した。「三億八千万円の償金中、輸入超過に充つへき正貨僅かに五六千万円に過ぎず」『東洋経済新報』第29号、1896年8月25日、1-3ページ。

214) 吉川秀造［1969］131ページ。

であり、それゆえに金の一部は日本銀行に売却せず、いつでも自由に使えるように政府自らが所有しようとしたのである。

このように国内で正貨が保有されていたから、在外正貨を保有していても安全であると考えられたのである。前述の在外正貨の保有は、一面においては在内正貨の保有によって支えられていたといえよう。

なお、松方が軍備拡張、戦争準備だけでなく産業奨励をも重視していたことは、ここでも付言しておきたい[216]。

第5節　金本位制確立期の公定歩合操作と金・正貨維持

1　公定歩合操作の通貨調節政策化

正貨維持策は財政政策、貿易政策、金融政策、為替政策、産金奨励政策を包含する広範な政策として実施されたものであり、その中心的な担い手は大蔵省および日本銀行である。公定歩合政策は、そのような政策の一環として実施されるのである。金本位制確立期の公定歩合操作について考察する前提として、外債募集が大規模に展開される日露戦争期以前の日本銀行の金融について要約しておこう。

日本銀行の貸出は日清戦争を契機に急増しはじめ、1899年には年末残高がそれまでの最高に達する。だがそれは、1901年を画期に大幅に減少し、普通銀行のオーバーローン傾向は後退し、ことに1900～01年恐慌を画期として財閥系大銀行が日本銀行からの借入れへの依存を脱却する[217]。

日露戦争以前においては公定歩合は依然として低く、市中貸出最低金利（東京）と比較してみると、1902年まで前者は後者より低位にあった。だが、1903年以降は逆に前者が後者を上回るようになる。もちろん、公定歩合が市中貸出平均金利よりも高かったからといって必ずしも懲罰金利としての意義を有していたとはいえない。とはいえ、市中銀行の中央銀行に対する過度な借入依存態

---

215)　前掲『明治財政史』第2巻、271－283ページ。
216)　松方正義の日清戦後経営論については兵頭徹「日清戦後財政と松方正義」（一）、（二）『大東文化大学東洋経済研究所『東洋研究』第121号、1996年11月、103－127ページを参照。日清戦後経営期の軍備拡張については室山義正［1984］を参照されたい。
217)　石井寛治［1999］198－199、206、210ページ。

第 4 章　確立期金本位制の機構

度の是正が図られるようになってきたとはいえるであろう[218]。公定歩合は依然として支店ごとに異なっていたが、主要都市ではしだいに統一されるようになっていった[219]。公定歩合の変動の推移については、金本位制確立以前と同じく市場に追随して変更される場合が多かった。公定歩合が市中金利に先行して変更されたのは1899年の引下時のみであり[220]、1902年3月、6月、10月、12月、1903年3月には市中金利低下に追随して引き下げられている[221]。

公定歩合の変更は、市中金利の変動に追随するとともに政策的、積極的に実施されることもあった。金本位制の時代に入って日本銀行は「公定歩合の引上げ引下げの際、市中金利とにらみ合わせ漸次その鞘を狭める方向をとって」おり、公定歩合が政策的に変更される傾向が強まった[222]。

公定歩合は1897年8、10月、98年2、3月と引き上げられていき、98年3月には日歩2銭4厘となる。それは政策的に変更されるようになった[223]。

日本銀行は1898年2月、3月にも公定歩合を引き上げた。これは「貿易輸出入ノ不権衡貸出資金ノ欠乏等前途大ニ警戒ヲ加フルヘキモノアリ因テ本行ハ予メ之ニ備フルノ必要アルヲ認メ」たことによるものである[224]。日本銀行の公式文書の中で予防的な観点から公定歩合を引き上げたことが明記されたのは創業以来初めてのことである[225]。

このように公定歩合操作は、金本位制確立期に通貨を政策的に調整する施策としての意義を有するようになった。この経緯について考察してみよう。

---

218)　石川通達［1965］72ページ。
219)　皆藤実［1963a］14ページ。
220)　皆藤実［1963a］14ページ。
221)　皆藤実［1963a］18ページ。
222)　吉野俊彦「我国市中銀行のオーバー・ローンに付て」日本銀行調査局『調査月報』1952年2月号。皆藤実［1963a］14ページ。
223)　このことは、定例株主総会で日本銀行総裁が「物価益々騰貴シテ外国貿易ノ失衡ハ愈々甚シク殊ニ時期ハ蚕製茶ノ季節ニ接近シテ資金ノ需要ハ是レニヨリ雅ニ多カラントス此ノ時ニ方リ目前ノ景況ニ安ンシテ前途ノ警戒ヲ忽ニスルカ如キハ事ノ大ニ不可ナルヲ察シ」日本銀行が1897年6月に公定歩合を引き上げた、と述べているのをみても明らかである（岩崎彌之助日本銀行総裁演説（1898年2月）「明治三十年日本銀行営業報告」『日本金融史資料　明治大正編』第10巻、307−308ページ）。
224)　山本達雄日本銀行総裁演説「明治三十年日本銀行営業報告」『日本金融史資料　明治大正編』第10巻、355ページ。
225)　日本銀行百年史はこれを「予防的金融引き締めの嚆矢」であるとみなしている（日本銀行百年史編纂委員会編『日本銀行百年史』第2巻、87ページ）。

第 2 編　金本位制確立期の正貨政策

　松方正義総理大臣兼大蔵大臣は金本位制実施を控えて金融機関の改革を求め、1897 年 4 月に岩崎彌之助日本銀行総裁に「内達」(「金融機関拡張ニ就テ」1897 年 4 月) を与えた[226]。この中で「兌換券ノ伸縮」や「金貨準備ヲ増殖維持維持スルコト」などについて論じた。前者の中で、「（イ）常ニ市場金融ノ繁閑ヲ視察スルコト　（ロ）紙幣流通総額ニ注意シ其発行高非常ノ巨額ニ至ラシメサルコト　但年末等ノ為メ一時ノコトハ格別トス　（ハ）大ニ金貨準備ノ貯蔵高ニ注意シ若モ金貨準備在高減額ノ傾キアリト認ムルトキハ努メテ兌換券ノ収縮ヲ量ルコト　準備ト兌換券発行高トノ釣合上ニ注意スヘキハ単ニ金額ノ多少ニ拠ラス寧ロ趨勢ノ如何ニ拠ルヘキモノトス」と記されている。

　松方正義は「内達」の「金融市場ヲ整理スル要点」の中で、「兌換券ノ伸縮ヲ敏捷ニシテ金融ノ円滑ヲ量ル」ことと「正貨準備ノ維持ノ方法ヲ立テ兌換券制度ノ強固ヲ量ル」ことを求めていた。松方は金貨準備現在高の変化に応じて兌換券発行高を増減し、発行高が「巨額」にならないようにすることを求めていたのである。松方は、兌換券を収縮するには保証準備発行を減少し、日銀が「常ニ余力ヲ蓄ヘ」ておくことが必要であると考えていた。彼は、金本位制実施が数カ月に迫った時点で、保証発行屈伸制限制度だけでは兌換請求によって兌換制度が揺さぶられる恐れがあることを懸念したのであろう。さらにいえば、兌換制度、通貨の信認維持のためには銀行券発行権調節や金準備の増減に合わせた銀行券発行を考慮することが必要であると考えたのであろう。ここには兌換準備の「増蓄維持」による兌換制の維持とこの維持のための通貨発行抑制、これによる通貨信認の維持および市場実勢に応じた弾力的な銀行券発行（金融の円滑化）という考えが示されている。内達の中で金貨準備の増殖維持策に関しては金の直接的吸収策について論じていたが、貿易収支の改善による間接的な金吸収策については具体的に論じていなかった。

　大蔵大臣「内達」を受けた日銀は、本副支配役を中心に検討を開始し、「日本銀行将来ノ営業方針」をまとめた[227]。これをもとに、日銀総裁岩崎彌之助は、1897 年 5 月 26 日に同行営業方針に関する上申書を松方正義大蔵大臣に提出

---

226)　鼇見誠良 [1991] 434－436 ページ。この「内達」は『松尾家文書』第 82 冊第 53 号に所収。
227)　『松尾家文書』第 82 冊第 52 号所収。鼇見誠良 [1991] 436、439－440 ページ。この「営業方針」を 1897 年 5 月 27 日に岩崎総裁は松方蔵相に参考資料として提出した。

した[228]。この上申書(「意見書」)の中で岩崎総裁は「金貨吸収の事」[229]について論じ、「正貨準備ノ増減ハ職〔主〕トシテ外国貿易輸出入ノ差引如何ニ由ル　其貿易常ニ輸入超過シテ我ニ不利ナランカ本位ノ金タルト銀タルトヲ問ハス正貨ハ此差引ヲ償ハンカ為メニ国外ニ流出スルハ自然ノ理勢ナレハ人為ヲ以テ之ヲ阻遏スヘカラ」ず、と正貨準備の充実のためには貿易の輸入超過をなくすことが重要であることを明らかにするのである。しかし、上申書(「意見書」)は金そのものを吸収する政策には言及していない。岩崎総裁も正貨準備の重要性は認識していたが[230]、金の蓄積は貿易収支に基づいて行うことが基本であると考えていたのである。

　岩崎総裁は、(外貨国債の発行などの外資輸入によって)人為的に正貨を補充すべきではないとした。現在入超となっているのは軍備拡張や事業勃興などのために軍需品をはじめ公私企業の輸入が増大して輸出を超過しているからであるということを岩崎彌之助は指摘し、この入超を防止するためには日本銀行ではなくて政府が輸出奨励、輸入節減、政府輸入防止策を講ずることが必要であると述べたのである[231]。岩崎は貿易収支の逆調を抑える力が日本銀行にはないと述べており、同行の公定歩合引上げによる価格調整効果(通貨収縮に伴う物価の低落)や所得調整効果(金利負担増や貸出抑制による設備投資需要など、需要の減退から生じる輸入減少)を通じた貿易収支の改善に期待してはいなかった[232]。この意見書とは別に岩崎総裁は4月23日に「横浜正金銀行ノ方針ニ対

---

228) 日本銀行百年史編纂委員会編、前掲巻、15−19ページ。岩崎彌之助「日本銀行業務ニ関する意見書」岩崎彌太郎岩崎彌之助伝記編纂会編『岩崎彌之助伝』上、同会発行、1971年、(復刻版:岩崎家伝記刊行会編、同巻、東京大学出版会刊、1980年)577−586ページ。
229) 松方正義大蔵大臣は4月の岩崎日本銀行総裁への「内達」(「金融機関拡張ニ就テ」1897年4月)の中で、「正貨準備ヲ増蓄維持」し「兌換制度ヲ強固ヲ量ル」ことを重視し、日本銀行がこのために金塊購入などの金政策を実施することを求めていた(露見誠良[1991]435ページ)。
230) 上申書中で、「金貨本位制」を「実施するの日に於ては、我が正貨準備をして常に不足なからしむこと最も緊要なり」と、正貨準備充実の重要性を強調する。
231) 岩崎は政府・民間ともに輸入を抑制すべきであるという消極的正貨維持策を主張するとともに、国内の生産を発達させて輸出を奨励すべきであるという積極的正貨維持策をも主張し、この輸出奨励、輸入抑制策は中央銀行ではなく政府が行うべき任務であるとみなしている。
232) 日銀の正金銀行に対する手形再割引を通じた輸出奨励による正貨吸収策については、岩崎総裁は「意見書」の中の「海外に対する方針」において、これをますます行うべきであるという積極方針を打ち出している。また、金本位制の採用に伴う正金銀行改革を提言している。さらに、政府紙幣消却のために行ってきた政府貸付2200万円の返済を日銀が受けて、これを原資として正金銀行以外の銀行が為替業務に従事する場合に日銀がこれに相当の便宜を与えようとした。

スル希望」と題する書簡を横浜正金銀行に送付し、兌換準備を強化するためにますます対外貿易の発展に尽力するよう同行に強く要請した[233]。

　松方は「内達」の中で金貨準備減額傾向があるときは努めて兌換券の収縮を図ることを求めていたが、岩崎総裁も通貨調節の必要を認めた。岩崎は「意見書」の中で「兌換券伸縮の事」についても述べており、兌換券の発行は需要供給自然の理にまかせればその発行高が多くなりすぎるという問題が生じるから、金利を高低させて兌換券の伸縮を操縦すべきであると論じている。公定歩合の変動が「金貨吸収の事」とは別のところで述べられていることに注目すべきである。ここには、公定歩合を市場金利に追随させるのではなく通貨（兌換銀行券）の量の調節のために政策的に活用するべきであるという考えが示されている。公定歩合操作の通貨金融政策としての性格が強められたのである[234]。岩崎総裁は「意見書」の中で兌換券発行増加に弊害があると述べ、その発行を金利の高低によって操縦すべきであると主張した。岩崎は兌換銀行券が正貨の支払いを約束され、また制限外発行税制による通貨膨張抑制策だけでは銀行券が十分に社会から一般的信認を得られるとは考えていなかったようである。その増発が制限外発行を招き、これが銀行券の一般的信認に悪影響を及ぼし、実際の兌換請求を生じさせた場合に、日本銀行が正貨準備不足のためにこれに応じられなくなるということを恐れたものと思われる。中央銀行の金利機能の活用によって銀行券発行の増大を抑制し、兌換制度の維持を図ろうとしたとみられるのである。同じ「意見書」中の「日本銀行機関活動の事」で岩崎は、日本銀行が個人取引を開始することを提唱している。これは、民間銀行が恒常的に低利で日本銀行から資金を借り入れる「鞘取銀行」となっているのを改め、民間

---

233)　これに基づく正金銀行改革については齊藤壽彦［1986a］を参照されたい。元日本銀行理事の吉野俊彦氏は、日本銀行の対外関係文書の中でその書簡にみられるような強い調子のものをみたことがないと述べられている（吉野俊彦［1976］494ページ）。それは松方正義大蔵大臣が同月に日本銀行総裁に命令した「内達」の中に、正貨準備を「増蓄維持」し、「兌換制度ノ強固ヲ量ル」ことや「海外貿易ノ為メ外国ニ向テ金融機関ノ拡張ヲナシ為替割引等ノ便益ヲ増進セシムル」ことが示されていたのを受けてのことであろう（靏見誠良［1991］434－436ページ）。

234)　佐藤政則氏は岩崎構想の持つ最大の特徴は、金融政策の有効性を高めようとした点であり、したがってまた貸出の調整に対して金利政策を最重要視したことであると述べられている。そして、金利弾力化の方針は市場統制力を日銀金利が獲得することを意図しており、岩崎は日本銀行金利を市場金利以上の水準にし、懲罰金利とすることを目指していたと主張されている（佐藤政則［1986］56ページ）。

第 4 章　確立期金本位制の機構

銀行を預金に基づく銀行に転換させ、かくして日本銀行の貸出を抑制し、兌換券の膨張を抑制しようとしたためであったといえよう[235]。

　日本銀行は1897年 6 月に公定歩合を引き上げたが、岩崎総裁は定例株主総会における「総裁演説」の中でこれは外国貿易の逆調に対応するとともに資金需要が多くなりすぎるのを警戒するためであったことを明らかにしている。後者は通貨膨張を警戒してのことであろう。日本銀行は同年 8 、10月に公定歩合をさらに引き上げたが、これについて岩崎総裁は、その演説の中で、制限外発行をして資金需要に応じると同時に、「警戒ヲ示シテ資金ノ濫出ヲ防カサルヘカラサルノ要アルヲ認メ」、公定歩合を引き上げた、と述べている。この演説の中で制限外発行に注目しており、公定歩合引上げの背景には銀行券の制限外発行の抑制を図るという考えがあったことは明らかである[236]。

　日本銀行は1898年 2 月、 3 月にも公定歩合を引き上げた。これは「貿易輸出入ノ不権衡貸出資金ノ欠乏等前途大ニ警戒ヲ加フルヘキモノアリ因テ本行ハ予メ之ニ備フルノ必要アルヲ認メ」たことによるものである[237]。貸出資金の欠乏を警戒したというのは、これが日本銀行の貸出を増加させて通貨を膨張させ、制限外発行を招くことを恐れてのことであろう。

　岩崎は1898年 5 月に関東銀行大会の席上で、金利引上げの目的は「貿易の逆流を順調に引直す」ことにあるのではなく「兌換制度を不換制度に変ずるの恐れある」制限外発行を「金利を引上げて回収する」ことにあると述べている。ここにははっきりと、岩崎が金利引上げの効果として入超改善よりも制限外発行消減に力点を置いていたことが示されている[238]。

---

235)　日本銀行は 6 月に個人取引を開始し、民間（普通）銀行の預金銀行化を図っている。その最終的な狙いは、市中銀行の恒常的な中央銀行借入れからの脱却、金融調節の円滑化にあった（吉野俊彦［1976］446－454ページ。日本銀行百年史編纂委員会編［1983a］19ページ）。ただし日本銀行からの借入れに依存したオーバーローンの解消傾向が生じるのは1900～01年恐慌以降のことである（石井寛治［1999］198、206、210ページ）。
236)　岩崎彌之助総裁演説「明治三十年日本銀行営業報告」『日本金融史資料　明治大正編』第10巻、308ページ。1897年12月には日本銀行の制限発行高が4731万円に及んでいる（日本銀行百年史編纂委員会編［1986］327ページ）。
237)　山本達雄総裁演説「明治三十一年日本銀行営業報告」『日本金融史資料　明治大正編』第10巻、355ページ。
238)　「岩崎日本銀行総裁演説」『銀行通信録』第150号、1898年 5 月15日。佐藤政則［1986］60、61ページ。岩崎は金利引上げの入超改善効果については「長日月の間に輸出入超過に間接の抑制を加ふる効果あるのみ」と語っている（佐藤政則［1986］60ページ）。

2　公定歩合操作における正貨維持機能の強化

　岩崎日本銀行総裁の上申に対して松方正義大蔵大臣（首相と兼務）は1897年6月10日に日本銀行に「内訓」を与えた[239]。この中で「金貨吸収の件」が論じられ、金貨そのものを吸収するという「内達」に示された方策が継承されている[240]。この「金貨吸収の件」の中で、貿易収支逆調による金流出に対する対策の１つとして公定歩合の引上げが挙げられた。

　政府対外支払いの抑制という消極的正貨維持策は上記内訓では採用されなかった[241]。松方は貿易収支対策の必要性は認めていたが、入超は機械・原料の輸入増加に基づくものであり、将来の生産・輸出増加に繋がると考え、あまり懸念していなかった。岩崎の上申にあった民間の需要抑制という消極的正貨吸収策もここでは提唱されなかった。

　産業奨励方策の採用を岩崎総裁は政府に提唱していた。松方蔵相も、その必要を認めていたが、税収に基づく財政収入は軍事費などの歳出に充当されており、産業奨励に財政資金を投ずる余裕はほとんどなかった。金本位制は外資導入に寄与すると考えており、これによって生産的事業資金を確保することは認めていた。ただし、通貨膨脹を招くような過激な人為的な外資導入は抑制すべきであると考えていたようである[242]。

　松方蔵相は、為替の取組みについては金吸収策として認めている。だが、正

---

[239]　日本銀行百年史編纂委員会編［1983a］24－26ページ。
[240]　松方蔵相は、金吸収策について次のような考えを示している。本邦産の銀塊を中国・朝鮮に送付して金塊と交換し、あるいは為替を買い入れ、または確実な銀行に日本銀行の代理を命じて金塊買入資金を前渡ししておくなど、金塊の吸収に努めるべきである。また、貿易収支の逆調により金が流出するときは、為替の取組み、金買入価格の引上げ、公定歩合の引上げなど種々の方法を講ずる必要がある（日本銀行百年史編纂委員会編［1983a］25ページ）。その後、日本銀行はこれらの金政策を推進していく。ただし、金買入価格の引上げは長く採用しなかった。
[241]　松方は、当時軍備拡張・産業発展・財政基盤強化のバランスの回復を図ることを考えていた。軍備縮小の必要性は認めていたが、その大幅な縮小は考えていなかった。軍艦兵器購入支払い基金は日清戦争賠償金受領時にロンドンに設置されていたから、対外軍事費支払いは正貨準備に影響を及ぼさなかった。政府事業は日清戦後に拡張された。
[242]　神山恒雄［1995］141－142、144ページ。1897年５月に預金部保有軍事公債（内国債）のロンドンでの売却を政府が決定しているが、そこには産業奨励資金確保の意図はなかった（日本銀行百年史編纂委員会編［1983a］106－108ページ）。もっとも、外資導入については上記内訓には言及されていない。

第4章　確立期金本位制の機構

金銀行以外への日本銀行の支援の必要については岩崎総裁の主張を認めなかった[243]。上記内訓の中で松方蔵相は、「兌換銀行券発行の調節の件」に関して、公定歩合の変更によって兌換券発行量の調節を行うことが最も緊要であることを認めている。だが同時に「内訓」で公定歩合の引上げが金貨吸収策の1つとしても位置づけられていたのである。金貨吸収策として日本銀行の岩崎総裁は政府の輸出奨励・輸入抑制策に期待を寄せたが、大蔵省の松方蔵相は日本銀行の政策に期待をかけてきたのである。

松方は公定歩合操作による兌換券発行の調節を認めつつ、兌換券増発抑制策についてさらに2つの方策の採用を提起した。すなわち日本銀行が定期貸しによる資金の固定化を改め、商業手形の割引に努め、資金の回転を速くすることと、金融機関を活用して現金通貨の授受を節約する方策を講じることである。

「内訓」は大蔵省の命令であるから、岩崎の考えがどうであれ、日本銀行としては受け入れざるをえないものであった。当然内訓の指示を日本銀行総裁として岩崎は受け入れている。公定歩合操作が金、正貨維持吸収策としての意義を持つようになったことは、1897年から1898年にかけての一連の公定歩合引上理由に関して、日本銀行定例株主総会で岩崎総裁が外国貿易が入超となったことを挙げ、また、後任の山本達雄総裁が岩崎総裁の時期における公定歩合引上げの理由としてこれを認めていることからも明らかである[244]。日本銀行が入超を問題としたのは、岩崎の「意見書」に記されているように、それが金、正貨流失をもたらす恐れがあるからであろう。

かくして、金本位制確立当初（岩崎総裁時代）に日本銀行の公定歩合操作は正貨維持吸収策としての意義をも有することになったといえるのである[245]。

公定歩合操作による正貨流出防止は、当時の貿易収支逆調の是正を通じて行おうとしたものとみられる[246]。イギリスにおいては公定歩合操作が金防衛策

---

243)　それは先送りとされ、結局、実施されなかった。それは日本銀行の政府への貸付を民間銀行に振り替えようとするものであったからである（靏見誠良［1991］439ページ）。
244)　『日本金融史資料　明治大正編』第10巻、307－308、355ページ。
245)　岩崎彌之助に制限外発行を抑制する意図があったことを指摘されたことは佐藤政則氏の卓見であるが、当時の日本銀行の政策決定に大蔵省が関与しており、岩崎総裁の意図と日本銀行総裁としての役割を同一視すべきではなかろう。また、日本銀行理事の山本達雄も公定歩合操作に貿易収支逆調是正効果を認めていたと考えられる。
246)　泉川節［1980］48、51ページ。

として重要な役割を果たしていたが、我が国の公定歩合政策は、昭和初期の金解禁実施に至るまでその引上げによる国際的短期資金移動に伴う金、正貨吸収という役割を持ちえなかった。だが、その引上げが国内経済に影響を及ぼすことを通じて貿易収支の改善をもたらすという意味で、正貨吸収策としての意義を持っていなかったわけではない。岩崎総裁は、イングランド銀行が金利を上げ下げして対外資本取引への影響を通じて自由に正貨準備を左右しているのと比べれば、貿易取引への影響を公定歩合変更の主たる狙いとする我が国の場合は大いに趣を異にすると述べていた[247]。

公定歩合は1898年10月から99年7月にかけて6回引き下げられた。1898年3月に日歩2銭4厘となっていた公定歩合は日歩1銭6厘にまで低下した。この一連の金利引下げについて、同年10月には「前途輸出入ノ権衡ハ漸次其ノ順ニ復スヘキノ望アルニ至」り、「最早漸次警戒ヲ緩ムル」を適当と認めたため、同年12月には金融市場の大勢に応じたため、1899年2、3、4、7月には金融緩慢と金の流入のために引き下げられたとされている[248]。1898年10月の引下げは公定歩合変更の認可権を有する大蔵省の要求の結果ともみられる。松田正久大蔵大臣は「金融整理意見」の中で日銀が大蔵省の方針に従うことを求めていた。同省の要求に不満を持った岩崎総裁は同月に辞任をしている[249]。

1898（明治31）年10月に山本達雄が第5代日銀総裁に就任した。山本総裁は日本銀行の公定歩合操作を入超による正貨流出を阻止する正貨維持策として用いる意図を明確に有していた[250]。山本達雄総裁のもとで日本銀行は1899年11月に公定歩合を引き上げている。

この金利引上げの理由には、前述の物価騰貴のほかに、ボーア戦争以来イングランド銀行をはじめとしてヨーロッパの中央銀行が正貨吸収のために金利を引き上げた結果として生じた正貨流出を阻止するということが当時の『日本銀行統計月報』（1899年11月）や『日本銀行統計年報』の中で指摘されている[251]。

247）　日本銀行百年史編纂委員会編『日本銀行百年史』第2巻、117－118ページ。
248）　山本達雄日本銀行総裁演説「明治三十一年日本銀行営業報告」『日本金融史資料　明治大正編』第10巻、356ページ。皆藤実［1963a］16－17ページ。公定歩合操作は市場追随的性格をも有しており、それが常に正貨維持策としての役割を果たしていたわけではなかった。
249）　山本達雄先生伝記編纂会編『山本達雄』同会、1951年、206－207ページ。日本銀行百年史編纂委員会編［1983a］93－94ページ。
250）　佐藤政則［1985］33－35ページ。同［1986］60ページ。

だが、このような理由は明治期においては例外的であったといえるであろう。また、この利上げは資本の対外流出の防止といった外的要因だけからとらえることはできない。山本達雄総裁が後年になってこの利上げについて説明した際には、ボーア戦争の影響について触れず、輸入の増大→貿易収支の赤字→正貨流出→金融の逼迫というメカニズムを想定し、公定歩合の引上げによって輸入抑制を図ろうという意図を示している[252]。

　1900年には、「物価益々騰貴シ物品ノ輸入愈々多キヲ加ヘ……輸出貿易ノ大勢ハ漸次減退ニ赴クニ反シ輸入貿易独リ益々増進ノ一方ニ傾キシヲ以テ正貨ノ流出ハ月ヲ遂テ益々夥夕資金ノ供給ハ漸次欠乏ヲ感スルノ大勢ニ迫レリ」ということから3、4、7月と、相次いで公定歩合の引上げが行われた[253]。公定歩合操作は入超による正貨流出の抑制という正貨維持策として用いられたのである。このことは1900年5月に山本達雄日銀総裁が「金利の引上は輸入を防遏し輸出を増殖するの結果を生ずべく、其結果や延て正貨の流入を見るに至るべきなり」と述べていることからも明らかである[254]。

　金本位制実施期には、物価の安定保持も我が国の対外競争力強化を維持・強化し、貿易収支の均衡を図り、正貨を維持するうえで必要となった[255]。金本位制の確立期において、物価安定が公定歩合操作の目的の1つとして登場してきた。金本位制のもとでは、銀行券と金との兌換というメカニズムを通して通貨価値が金の価値に維持され、これによって、結果的に通貨価値の安定、物価の安定がもたらされる。また、金準備に制約されて通貨の発行額が抑制されていた。したがって、金兌換が維持されていれば改めて物価騰貴抑制を金融政策の目的に掲げなくてもよいように思われる。だが、物価騰貴が種々の原因によって生じた場合（通貨膨張が商品の需要増加をもたらして需給要因から物価が上昇するのはその一例）、それは貿易の入超による正貨の減少をもたらす恐れがある。したがって、正貨維持を求める通貨当局にとって物価騰貴の抑制が必要になっ

---

251)　泉川節［1980］58ページ。日本銀行百年史編纂委員会編［1983a］117ページ。
252)　日本銀行百年史編纂委員会編、前掲巻、118ページ。
253)　同上、58ページ。山本達雄日本銀行総裁演説「明治三十三年日本銀行営業報告」『日本金融史資料　明治大正編』第10巻、443ページ。
254)　日本銀行百年史編纂委員会編、前掲巻、123−124ページ。
255)　日本銀行百年史編纂委員会編、前掲巻、7ページ。

たと考えられる。物価騰貴を抑制することは、通貨価値が金を離れて変動しうる管理通貨制度の場合と異なり、当時において中央銀行政策の独自の目的であったとはいえ、正貨維持に従属していたと考えられるのであり、通貨価値・物価安定が常に政策目的に掲げられたわけではなかった。

山本日銀総裁は日清戦争後に経済社会の変態が醸成され、物価騰貴、無謀の企業の発生、貿易不均衡、資金の欠乏、奢侈の増長が生じたことを嘆き、商工業者が業務の整理に努め、経費を節減することを求めていた。そして、公定歩合引上げによる経済的困難に耐えて資金の蓄積に努めたため貿易の改善による正貨の吸収ができたと、1903年2月の株主総会報告で述べている。金利引上げには物価騰貴抑制によるだけでなく投資減退、経費節減による輸入減退効果も期待されていたことであろう[256]。

1902年に入っても公定歩合は当初1900年7月に決められた日歩2銭4厘という高率の水準に据え置かれていた。これは「我カ外国貿易ハ頻年其ノ権衡ヲ失シ正貨ノ流出夥シク輙モスレハ世人ヲシテ兌換制度ノ基礎ヲ危マシムルノ恐ナキニアラス」、このために日本銀行が「高率ノ金利ヲ維持シ」て「兌換制度ヲ擁護セント」したためである。かくして日本は「貿易上自然ノ作用ニヨリテ巨額ノ正貨ヲ吸収」したと、山本達雄日銀総裁は述べるのである[257]。

1902年3月以降あいついで公定歩合が引き下げられた。これには市場追随の色彩が強いが、他方において正貨準備の増減、兌換銀行券発行余力の増減に焦点が置かれていた。1897年から1902年に至る公定歩合の頻繁な変動には貿易収支の逆調に基づく正貨流出を防止しようとの意図が存在していたのである[258]。

このように金本位制確立期実施当初(1897〜1902年)においては公定歩合操作が金、正貨維持吸収策の1つとして活用されたことは認めてよいのである。山本総裁は上述のように、公定歩合引上げの結果「貿易上自然ノ作用ニヨリテ巨額ノ正貨ヲ吸収」したと演説している。公定歩合操作に正貨維持効果があったことは確かであろう[259]。もちろん、日本銀行は通貨量を調節することを目的とした政策も採用している。それは公定歩合操作に依存しないで貸出量を直

---

256) 山本達雄日本銀行総裁演説「明治三十四年日本銀行営業報告」『日本金融史資料　明治大正編』第10巻、486ページ。同「明治三十五年日本銀行営業報告」同巻、524ページ。
257) 『日本金融史資料　明治大正編』第10巻、524ページ。
258) 泉川節[1980]60ページ。

接コントロールする政策によって実施されることとなった[260]）。

兌換制度を前提とした市場追随型の通貨発行という通貨信認維持策にとどまらず、公定歩合操作に正貨維持機能を持たせ、これによる兌換制維持を通じた通貨信認維持策が採られるようになったのである。

3　公定歩合操作における正貨維持機能の後退

　上述のような公定歩合引上げによる正貨維持策には反対論も存在した。1899年2月に日銀副総裁に就任した高橋是清は1901年2月に山本総裁の金利引上論を公然と批判した。高橋は金利引上げの金流出阻止、海外資金吸収効果を否定し、それが商工業者を窮迫させると主張した。高橋は輸出産業振興による入超改善を主張し、このための日銀貸出の改善を図るべきであるとした[261]）。

　1903年3月の山本総裁時代の公定歩合引下げは、市中金利に鞘寄せするとともに高橋副総裁の意見を取り入れて産業界に活を入れるという性格をも持つものであった[262]）。山本達雄と高橋是清とは政策理念が対立する。山本達雄が1903（明治36）年に再任を拒否され、前理財局長の松尾臣善が同年10月に日銀総裁に就任し、高橋が副総裁として留任された時点で正貨維持のための金利政策が後退し、安定的低金利政策が定着していくこととなる[263]）。高橋は副総裁

---

259) 公定歩合の引上げが効果を要する期間については、寺西重郎・内野裕子「金本位制とゲームのルール」一橋大学経済研究所、Discussion Paper Series、No. 128、1985年10月、を参照。

260) 1898年7月に日本銀行が支店・出張所へ取引先別貸出限度額設定を通達し、1899年11月に営業予算制度（本支店・出張所の貸出全体の最高額を決定）を採用し、これに基づく本支店・出張所貸出限度額規制（取引先別貸出制限制度）を実施したのは、その具体的な表れである（営業予算制度については日本銀行百年史編纂委員会編、前掲書、34－41ページ、を参照されたい）。

261) 佐藤政則［1985］35－37ページ。元来、正貨政策としては国産奨励による輸出振興を通じた外貨獲得という方策があり、これが根本的正貨対策といえ、積極的対策であるともいえるものである。高橋の輸出振興策を通ずる入超改善策は、産業に固定している資金を回収して運転資金に振り向け、とくに重要輸出品である生糸、絹織物、製茶という輸出産業に資金を配分し、ことに製糸金融を重視し、このために日本銀行の貸出政策を改めようとするものであった。この政策は輸出産業への低利資金供給を求めるものともなる（佐藤政則［1985］39－51ページ）。日銀貸出の固定化の回避は前述の松方蔵相の指示を受けて岩崎総裁が着手していた（露見誠良［1991］445ページ）。だが、それは不十分であった。1899年3月に日本銀行副総裁となった高橋是清は、1901年2月の大阪銀行集会所における演説で資金の固定化を排除し、運転資金を貸し出す方針を力説している（石井寛治「第1次大戦前の日本銀行」加藤俊彦編［1983a］46ページ）。

262) 日本銀行百年史編纂委員会編『日本銀行百年史』第2巻、151－152ページ。

を続けた後、1911（明治44）年6月に第7代日本銀行総裁に就任する[264]。高橋の日銀資金供給を通じた輸出産業の育成という政策は日露戦争後も継続され、生産奨励による輸出奨励・輸入抑制を通じた正貨維持、外債発行による正貨補充という構想を高橋は提起している[265]。松尾臣善、高橋是清総裁時代には産業奨励が考慮されたからであろうが、公定歩合引上げによる正貨吸収という方策が明瞭にはみられなくなる。

　日露戦争の開戦が迫ってきた1903年10月、曾禰蔵相は山本日銀総裁を解任し、大蔵省理財局長の松尾臣善を第6代日本銀行総裁に任命した。曾禰蔵相はただちに日本銀行に内訓を発し、同行の「国家の銀行化」を推進した。同行は戦費調達機関化し、内外債の発行とその消化の円滑化、政府対外信用供与に従事した[266]。正貨維持方策としては外債募集が中心的な役割を果たすこととなり、公定歩合操作による正貨維持策の役割は大きく後退することとなった。公定歩合の決定が大蔵省の認可を要することとなっていた慣行が内訓に組み込まれ、この意味でも中央銀行に対する政府の監督権限が強化されたのである[267]。

263）　佐藤政則［1988］67ページ。
264）　佐藤政則［1985］37ページ。
265）　本書第5章参照。
266）　伊藤正直［1987b］380－386ページ。
267）　日本銀行百年史編纂委員会編、前掲巻、158ページ。

第3編　日露戦争以後の金本位制維持政策

第5章　日露戦争以後の正貨維持吸収政策と在外正貨

第1節　正貨維持吸収策

1　国際収支の赤字構造

　金本位制下においては、貨幣の信認維持と対外決済のために金やこれを包含する正貨が必要不可欠である。この保有状況は国際収支の動向によって大きく規定されていた。そこで、正貨政策研究の前提として国際収支の動向について

表5－1　第2次世界大戦前における日本の国際収支（1868～1941年）

（年平均値、単位：万円）

	貿易収支	サービス収支	運輸	投資収益	政府取引	保険・旅行他	移転収支	経常収支	長期資本収支	短期資本収支	総合収支	金銀移動	在外正貨増減
第1期													
Ⅰ(1868～81)	△12.2	△3.6	0.1	△2.0	△2.0	0.3	△0.5	△16.3	0.4				
第2期													
Ⅱ(1882～93)	△1.9	△0.8	1.8	△2.2	△1.6	1.2	1.7	△1.1	△0.8	4.1	2.3	2.3	
第3期													
Ⅲ(1894～1903)	△39.9	△1.4	14.1	△3.1	△20.9	8.5	43.7	2.3	15.6	△16.6	1.4	1.4	
Ⅳ(1904～13)	△55.3	△44.6	26.7	△49.0	△32.6	23.9	7.5	△92.3	125.5	△9.7	23.4	0.72	2.7
第4期													
Ⅴ(1914～19)	222.3	266.0	228.7	1.3	23.8	12.3	25.2	513.4	△278.1	57.2	292.6	109.7	182.8
Ⅵ(1920～29)	△442.4	181.9	145.7	50.6	△41.7	30.0	24.4	△236.1	△108.4	286.2	△58.3	50.5	△108.8
第5期													
Ⅶ(1930～31)	△165.7	136.9	121.4	40.6	△32.1	17.3	△0.8	△20.6	△318.1	△67.6	△406.2	△322.6	△83.6
Ⅷ(1932～36)	△77.4	128.7	153.9	55.1	△134.2	53.9	64.6	115.9	△334.8	191.4	△27.5	△15.7	△11.8
Ⅸ(1937～41)	332.7	△819.8	106.9	133.8	△1075.4	15.1	83.0	△404.1	△1049.7	902.5	△551.2	△547.2	△4.0

資料：山澤逸平・山本有造［1979］62－63ページ（本土統計）より計算。ただし、日清戦争賠償金（1895～98年合計358.800万円、同、221－222ページ）は、長期資本収支ではなく、移転収支に含めて計算。
出所：松野周治［1997］106ページ。

第3編　日露戦争以後の金本位制維持政策

図5―1　第2次世界大戦前における日本の貿易収支不均衡（1878～1944年）

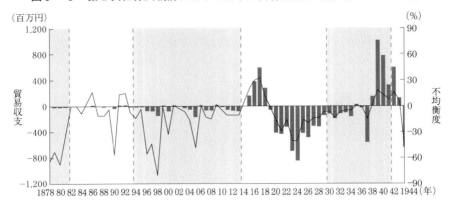

■貿易収支　――不均衡度＝（貿易差額総額÷輸出総額）×100

資料：表5―1に同じ。
出所：松野周治［1997］109ページを基に著者修正。

一瞥しておく[1]。

戦前日本の国際収支を概観した大蔵省『財政金融統計月報』第5号の概説によれば、戦前日本の国際収支は6期にわけることができる。これを統計で示せば表5―1のようになる（第6期の太平洋戦争期を除く）。

貿易収支は、図5―1にみられるように第2期（1882～93年）には均衡基調であったが、日清戦争以後第1次世界大戦直前の第3期（1894～1913年）においては赤字基調となった。また、政府の海外支払いが多額に上った。この結果、経常収支もこれを反映して赤字基調となった（図5―2）。日露戦争後、日本では連年（1909（明治42）年を除いて）貿易入超のために国際収支は逆調であった。1904～13年に貿易不均衡度はマイナス11.6％、経常収支不均衡度はマイナス15.2％となっていた。日本は外資導入によって国際収支の均衡を図った。

このような国際収支の動向は日清戦争以後、ことに日露戦争以後第1次大戦直前期に金、正貨の確保が容易ではなかったことを意味していた。大正初期には正貨の流出が著しく、日本は兌換制の危機に直面した。このことは通貨当局

1）　これについては松野周治［1997］などを参照。

336

第5章　日露戦争以後の正貨維持吸収政策と在外正貨

図5−2　第2次世界大戦前における日本の経常収支不均衡（1878～1944年）

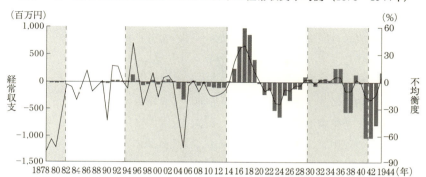

　　■経常収支　　──不均衡度＝(経常収支総額÷経常収支受取総額)×100

資料：表5−1に同じ。
出所：松野周治［1997］109ページを基に著者修正。

の正貨吸収政策の採用を必然化するものとなった。

2　日露戦争直前の蔵相の正貨吸収・蓄積に関する内訓

　従来から政府は正貨準備の充実を重視していた[2]。日露戦争に先立つ1903（明治36）年10月、曾禰荒助大蔵大臣が山本達雄日銀総裁を突如辞任させた翌日に大蔵省が日本銀行に通達した内訓は、正貨準備の維持をきわめて重視していた。同省は、日露戦争直前の日本の正貨準備高が不十分であったことから一般的にも兌換制を擁護する必要性を認識するとともに、日露戦争勃発後の軍需品、戦費の対外支払いに伴う正貨の流出に備えようとし、さらに国家最後の準備金の確保を図ろうとしたのであった[3]。
　この内訓は、次のような正貨吸収・蓄積策を採用するよう日銀に命じていた。「正貨吸収及蓄積ヲ為スニ就テハ（一）海外ノ為替ヲ買入（正金銀行ヲシテ）

---

2)　大蔵省編『明治大正財政史』第17巻、473−485ページ。
3)　吉野俊彦［1977］636ページ。大蔵省編『明治大正財政史』第14巻［1937b, 1957］、653−654ページ。吉川秀造［1969］131ページ。高橋是清著、上塚司編『高橋是清自伝』（下）［1976］181−182ページ。日本銀行百年史編纂委員会編『日本銀行百年史』第2巻［1983］155−156ページ）。

(二) 又ハ無利子或ハ低利ニテ金塊買入元ヲ貸与シ（三）又ハ運賃其他ノ費用ヲ軽減スルノ途ヲ講シ（四）金塊買入値段ヲ高クシ（五）其ノ他種々ノ手段ヲ採リ正貨吸収ノ目的ヲ達スルコトニ勉ムヘキハ勿論正貨ノ減少ヲ防止スル為メニハ機宜ノ手段ヲ執ルコトヲ怠ルヘカラス」[4]。さらに「正貨準備ノ幾分ヲ銀塊ヲ以テ蓄積スルノ用意ヲ為スヘシ」と指図していた。

　こうした内訓に基づいて、日露戦争直前から日露戦争中にかけて、さまざまな正貨吸収・蓄積政策が実施された。その主なものは、①対外支払いの節約、②外国為替の運用、③外債募集金の運用、④地金銀の吸収である[5]。①は財政政策として行われたが、②と③には日本銀行とともに横浜正金銀行が加わった。④は主として日本銀行によって実施されたが、正金銀行もその一端を担った。たとえば日露戦争開始直前の1904年1月に政府は日本銀行に銀塊買入れを内命し、同行は正金銀行にこれを命じ、正金銀行が銀塊買入れに努めている[6]。地金銀の吸収についてはすでに第4章で論じたので、本章では説明を省く。外債募集については節を設けて詳述することとする。

　朝鮮・満州の支配をめぐって日本は1904～05年にロシアと戦争をした。このための軍事費の総額は17億円に達し、軍事費を中心とする政府の対外支払いは巨額にのぼった。そのまま放置すれば国際収支は均衡を失って、正貨が海外に流出する恐れが生じた。政府はこの戦争に際して、種々の正貨維持政策を実行したのである[7]。

3　外国払いの節約

　まず正貨維持吸収策として政府は、第1に外国払いの節約を図った。外国払いを引き起こす原因に対し緊縮を加えることは、正貨の流出防止のために最も必要とするものである。そのため、政府は外国品の使用節約、内国品の代用な

4） 大蔵省編『明治大正財政史』第14巻、654ページ。
5） 大蔵省編『明治大正財政史』第1巻、257－259ページ、第14巻、754－761ページ、第17巻［1940、1957］541－554ページ。
6） 横浜正金銀行『横濱正金銀行沿革史』（1918年頃作成）第二編、106ページ。
7） 大蔵省編『明治三十七八年戦時財政始末報告』（1907年3月までの統計が掲載されている版）757－782ページ。大蔵省編『明治大正財政史』第17巻、541－554ページ。吉川秀造［1969］137－141ページ。

ど、外国品の輸入高の節減を図るとともに、輸入品代以外の外国払いに対しても、極力削減する方針をとることとした。このために大蔵省は1904年3月、海外払いにかかわるものは緊急なもの以外は見合わすべき旨をもって各省と交渉し、また同年5月にこの趣旨を敷衍するとともに1903年末から1904年末に至る各省の外国払い月額を制限し、正貨払いの節約を図った。その後、戦争終了後の1907（明治40）年まで、毎年この方針を継続した。もっとも、時局の展開に伴い、毎年若干制限額を増加したが、実際の支払い額はこの予定の制限額より毎年相当の減少をみた。

1903年末から1907年までの5ヵ年間の政府海外払いの総額は8億5352万円であるが、そのうち5億4607万円は普通支払いに属するものであって、戦争のための直接支払い分は3億745万円であった。軍事費の支出総額に比べて普通支払いがこの程度にとどまったのは、上述の方針が実行された結果である[8]。

4　日露戦争期の輸出為替買入奨励・輸入為替取扱抑制

（1）　輸出為替買入奨励

外国為替の運用によっても正貨維持が図られた。政府は、できるだけ正貨の現送を避けるため、国庫所有の正貨を日本銀行に交付して、同行をしてロンドンにおいて振替払いをさせ、あるいはロンドンで保有する英貨を支払いに充当したほかは、大部分の支払いはもっぱら為替作用によることとした[9]。

政府の対外支払いに備えてすでに1903年11月頃から、正金銀行は、高橋是清日銀副総裁の監督のもとに、売為替や信用状の発行を手控えて外貨の蓄積に努めていた[10]。

1904年1月1日に阪谷芳郎大蔵次官は高橋日銀副総裁に対して正金銀行を通ずる正貨維持策の実行に着手するよう内命した。高橋は早速、正金銀行の三崎亀之助副頭取を呼び、輸入為替取扱制限などの在外資金確保策を通じた正貨維持策を講じさせた[11]。すなわち日露戦争開戦に先立って、政府は日本銀行に

8）　大蔵省編『明治大正財政史』第1巻、252－253ページ。吉川秀造［1969］138ページ。
9）　吉川秀造［1969］138ページ。
10）　高橋是清『高橋是清自伝』（下）［1976］180、184－185ページ。
11）　高橋是清、同上巻、180、184－185ページ。

内命して、横浜正金銀行の各支店をして、極力輸出為替の買入れに努めさせるとともに、輸入為替の取扱いを制限する方針を採用させ、とくにロンドン支店に対しては資金の余力を蓄える施策をとらせ、他の海外支店に対してはロンドンへ向けて送金させ、資金をなるべくロンドン支店に集中させる方針を採用させたのであった[12]。

金本位制確立後に正金銀行の国家機関的性格と営利機関的性格には大きな矛盾はなく日本銀行と正金銀行は両立していたが、日露戦争の勃発を目前にして上述の要請のもとで両者間に深刻な亀裂が生じた。正金銀行は、営業上輸出為替と輸入為替の取扱いのバランスをとることによって、為替リスクを回避する営業政策をとっていた。輸出為替をなるべく買い入れるべきであるという日本銀行の日露戦争直前の方針は、十分に守られていなかった。同行の松尾臣善総裁は、正金銀行の輸出為替取扱いが遅すぎるといって正金銀行を批判した。政府の意向を受けて日本銀行は正金銀行の外貨資金を軍需品輸入資金に充当させようとしたが、このような要求に対して正金銀行は当初強く反対した。同行は、輸入為替の取扱制限が同行の苦心して得た得意先（輸入商）を失う結果を招くことを恐れたのである。大蔵省の意向を実現しようとする日本銀行は、正金銀行と日露戦争勃発直前に激しく対立した。この対立は松尾臣善日銀総裁と相馬永胤正金銀行頭取との対立となって表れた。松尾総裁は、戦争中に相馬永胤のような人物を正金銀行頭取にしておくのは心許無いとして、正金銀行頭取の交代が必要であると考えたのである。

開戦に先立つ1904年1月6日、松尾総裁は輸出為替買取促進、輸入為替取扱抑制を求めた書面を三崎正金銀行副頭取へ交付して、同行営業方針の変更を要求した。また、正金銀行副頭取から日本銀行副総裁となった高橋是清も、正金銀行の輸出為替手取り金を軍事費支払いに充当するよう相馬永胤に要求した。このように日本銀行と正金銀行との対立はきわめて深刻となり、正金銀行頭取の解任問題にまで発展したのであった。1月27日に至り、正金銀行の相馬頭取が日本銀行の松尾総裁に譲歩し、同行の利益を犠牲にしても国家機関としての職責を果たすこととなった[13]。

---

12) 横浜正金銀行編『横濱正金銀行史』［1920］240ページ。前掲『明治大正財政史』第1巻、254ページ、第15巻［1957］、141－142ページ、第17巻、544ページ。

第5章　日露戦争以後の正貨維持吸収政策と在外正貨

　政府は正金銀行に命じて、政府海外払いの為替資金に差支えないように日本の本支店での輸出為替の買取りに努めさせた。政府需要の諸物品の輸入為替のほかは、輸入為替の取引を制限させた。日露戦争開戦後、同行はこの輸出入為替に関する特別方針のいっそうの励行を通貨当局から命じられたのである。

　正金銀行は外国銀行と競争して輸出為替を買い進めるために、買入価格を通常の建相場よりも若干割高の相場（日本の外貨建為替相場を引き下げて円をより多く支払う）で算出した価格とした。この買入為替資金を政府の諸支払いに充当するため政府に提供する場合、通常の為替相場でこれを売却すれば、正金銀行が損失をこうむることになる。そこで政府はその損失が生じないように特別の価格で（円を通常よりも多く支払って）その為替資金を買い上げた。この点では正金銀行の営利性は守られている。こうして政府は8484万円の為替資金を正金銀行から買い上げ、在外正貨を吸収したのである[14]。

　正金銀行海外支店は、中国方面に対する買為替はもちろん、日本への輸入為替も、軍需品関係のほかはその買入れを中止しなければならなくなった[15]。

　横浜正金銀行が獲得した外貨は、政府に売却されるだけでなく政府の対外支払いのための為替払いにも用いられ、これによっても政府正貨流出を防遏した。

（2）　輸入為替取扱抑制

　政府はまた同行の輸入為替については、民間需要の輸入品に関する為替取組

---

13)　日本銀行金融研究所所蔵資料：「松尾総裁直筆メモ」（1903年10月16日〜20日頃作成）、松尾臣善（日本銀行元総裁）『松尾総裁自筆日記』（日本銀行百年史編纂室解読版、1980年2月）1904年1月5日、6日、19日、26日、27日付。横浜正金銀行編『横濱正金銀行沿革史』[1918年頃] 第二編、106-107ページ、復刻版、175-176ページ。専修大学相馬永胤伝刊行会編 [1982]、450-451ページ。横浜正金銀行編 [1920] 240-241ページ。吉川秀造 [1969] 138ページ。高橋是清『高橋是清自伝』（下）[1976]、180、184-185ページ。『明治大正財政史』第15巻、141-142ページ、第17巻、544-545ページ。横浜正金銀行編『横濱正金銀行史　附録乙巻』166-167ページ。日本銀行百年史編纂委員会編『日本銀行百年史』第2巻 [1983a]、176ページ。木村清四郎 [1927] 343ページ。深井英五 [1941] 83-84ページ。この間の経過については齊藤壽彦 [1991b] 59-61ページ、を参照されたい。

14)　大蔵省編『明治大正財政史』第15巻、142ページ、第17巻、544-545ページ。『日本銀行百年史』第2巻、176ページ。表12-13の出典では1905年に政府が正金銀行から3500万円の在外資金を買い上げたという記載があるが、8500万円買上げの記載はない。これは臨時軍事費特別会計で経理されたと思われる。

15)　横浜正金銀行編『横濱正金銀行史』240ページ。

みを制限し、できるだけ政府需要物に関するものを扱うようにさせた（戦地においては軍用切符、すなわち軍票を使用し、これによっても正貨の節約を図った）。

横浜正金銀行は、民間輸入為替をなるべく取り扱わない方針を採用しただけではなかった。政府需要の諸物品に関する輸入為替であっても、輸入商が請求するものについては、政府の注文に基づくものであることを確かめたうえで為替を取り組んだ[16]。

このような国家的要請からの輸入為替取扱制限は、正金銀行にとって営業上きわめて不利であった。相馬正金銀行頭取は1904年9月の株主総会で次のように述べている。「輸出為替の代金は広く普通の輸入為替取組に運用するを得すして時に或は輸入は貿易当業者の愛顧に背かさるを得さる場合ありしは頗る遺憾とする所なり然れとも今日の如き国家未曾有の大事に当りては本行の任務上実に止むを得さる所」である、と。正金銀行は、輸入品中特別の目的のもののほかは、だいたいこれに対する為替取扱いを他銀行に譲るという営業上の不如意を感ずることを免れなかった[17]。

正金銀行はまた政府の指図を受けて、新たに輸入為替を増加させない範囲内で、かつ1カ月間約300万円を限度として、外国銀行以外の貿易業者（会社、個人）を選択したうえで、先物売為替の取組み（売為替の予約）を徐々に開始し、これによっても正貨の海外への現送を抑制し、正貨の擁護に努めた[18]。

正金銀行は営利目的を追求するという目的を保持しつつ、政府の指示を受けた日本銀行の指図に従って、自己の得意先（輸入商）を失うという営業上の犠牲を払ってまでも、輸出為替買入奨励、輸入為替取扱抑制によって政府対外支払い資金の確保、正貨の維持に努め、国家的・公的金融機関としての役割を果たした[19]。日銀の正金銀行を通じる為替政策は、日露戦争直前から日露戦争開始当初には正貨吸収策として大きな役割を果たしたのである。

---

16) 大蔵省編『明治大正財政史』、第15巻、142ページ、第17巻、544－545ページ。
17) 横浜正金銀行編『横濱正金銀行史』附録乙巻、166－167ページ。
18) 横浜正金銀行編『横濱正金銀行史』241ページ。大蔵省編『明治大正財政史』第15巻、142ページ、第17巻、545ページ。
19) 齊藤壽彦［1991b］62－63ページ。

5 軍票(軍用切符)の発行

　政府は正貨準備の減少を防止するために正貨の節約に重きを置き、その支払いには兌換券および補助貨を用い、戦地における支払いには軍票(軍用切符)を使用することとした。そこで、軍票について一瞥しておきたい。日露戦争開始から1907(明治40)年6月までの臨時軍事費の支払いに供した手段の種類は、兌換券および補助貨13億217万5054円(外国為替取組みを含む)、軍用切符1億8058万2456円、円形銀塊1348万4043円、金貨1000万円、一覧払手形213万9192円、韓銭9万1793円であった[20]。

　清韓両国において軍費支払いの便宜のために予算の範囲内において軍票を発行することを曾禰荒助蔵相が1904年1月23日の閣議に提案し、2月6日にこの発行が閣議決定された。同月に日露戦争軍票の発行が開始されている。この軍票は円銀(円形銀塊)と引き換えることができるものであった。これは正貨の支出を節減してその濫出を防止し、さらに軍事上における正貨必要の用に転じることができるとともに、軍事行動において正貨取扱いの不便を避ける(硬貨は不便)ことができるものとされた[21]。

　陸海軍省の要請を受けて大蔵省理財局長が大蔵大臣に軍票の交付を上申し、大蔵大臣がその交付を理財局物品会計管理に命令した[22]。日本銀行がその発行・交換事務にあたった[23]。

　1905年7月、政府は正金銀行に対し一覧払手形を発行させて、これをもって軍票(軍用切符)を整理する方針を定めた。12月に正金銀行は一覧払手形を作成し、政府に貸し上げることとし、政府はこれを各種の支払いならびに軍票との交換に用いた。軍票の取扱いは1906年8月に横浜正金銀行に引き継がれた。同行は政府からの引換基金の交付を受けて軍票の整理を図った[24]。

　軍票の「信用」・信認を高めることがその発行目的遂行上、最も重要なこと

---

[20] 大蔵省編『明治大正財政史』第1巻、250-251ページ。
[21] 「日露戦争に於ける軍用切符」大蔵省編『明治大正財政史』第20巻、1939年、680ページ。
[22] 今村忠男『軍票論』商工行政社、1941年、11ページ。
[23] 日本銀行百年史編纂委員会編『日本銀行百年史』第2巻、175ページ。
[24] 大蔵省編『明治大正財政史』第15巻、355-412ページ。大蔵省編『明治大正財政史』第20巻、746ページ。

第3編　日露戦争以後の金本位制維持政策

であった。そこで政府はこのための各種の施策を行った。政府はその機関を通じて、軍金櫃部における小口軍用切符の円銀との引換え、内地金庫における通貨との引換え、在満韓金庫における引換え、損傷切符の引換え、国庫収納における受入れ、郵便局における授受を行った。横浜正金銀行も、軍票の円銀との引換えおよび時価購入、軍票の為替取組み、軍用切符預金の取扱いを行った。このような「信用」・信認維持策が軍用切符の流通を支えていたのである[25]。正金銀行満州各店は軍用切符による本邦向けおよび中国向け為替を取り扱い、1906年7月までに総額1億88万円に達する為替を取り組んだ[26]。

　軍票の発行高は1905年7月末には9624万円に達した[27]。軍票の延べ発行高は2億873万円にのぼった。軍票の活用が戦費の支出に伴う正貨準備の減少阻止に役立ったことは明らかである[28]。

　正貨政策が、清韓両国における、軍費支払いと関係していたことに注目すべきである。

　だが軍票は正貨の流出をもたらすものでもあった。軍票には貨幣の支払約束はなかったけれども、それは純然たる不換政府紙幣とみなしえないものであった[29]。すなわち、金額は多くないが、957万円（軍票の延べ発行高の4.6%）の軍用切符が円銀もしくは両銀により引き換えられ、または買い上げられた[30]。

　横浜正金銀行の軍票の信認維持策とその回収は在外正貨を中心とする正貨の流出をもたらした。表6－1にみられるように、軍票が発行された1904年から1912年までに軍票決済資金として1億1772万円もの正貨が支払われている。軍票為替および買入資金ならびに引換元として政府在外正貨が1905年に3419万円、1906年に3581万円、1907年に595万円、合計7594万円も正金銀行に支払われて

---

25)　大蔵省編『明治大正財政史』第20巻、689－734ページ。今村忠男、前掲書、18－24ページ。当時は「信用」維持という用語が用いられている。
26)　大蔵省編『明治大正財政史』第15巻、368ページ。日本向けは3348万円、上海、天津、芝罘向けは6741万円であった。
27)　大蔵省編『明治大正財政史』第20巻、688ページ。
28)　日本銀行百年史編纂委員会、前掲巻、175ページ。
29)　大蔵省編『明治大正財政史』第20巻、684ページ。
30)　日本銀行百年史編纂委員会『日本銀行百年史』第2巻、175ページ。日本銀行は日露戦争期に政府の命により銀塊購入にあたったが、これは戦争に伴う補助貨幣需要の増大に備えるとともに、中国への銀塊支払いに対処しようとするものでもあったと考えられる。銀塊購入については日本銀行百年史編纂委員会、同巻、同ページを参照されたい。

いる[31]。表5－7の「外国債券募集金による振替為替取組額表」によれば、1905年から1907年にかけて、外国債券募集金のうち、6040万円が軍票為替資金、284万円が軍票買入資金に充用されている。軍票為替資金への充用が公債利子および発行費に次いで多かったのである。

軍票為替については、満州から日本向けに送金する場合と満州から中国（満州を除く）向けに送金する場合とがあった。前者については、代り金は横浜正金銀行本店において支払われた。後者については、代り金は大蔵省が時々の必要に従って日本銀行を通じて横浜正金銀行に支払われた[32]。銀や在外正貨の支払いは後者に伴うものであろう。

軍用切符の円銀、両銀との交換、またはそれによる買上げが多くなかったとはいえ、軍票為替支払いに伴う在外正貨の支払いは多額にのぼったのであり、軍票発行による正貨節約効果には限界があったといえよう。

第2節　日露戦争以後の外債発行と募集金の運用

1　外債発行状況

日露戦争や戦後経営の遂行のために対外支払いが増大した。これによって流出する正貨は、外債募集によって補充された。日露戦争後も、第1次世界大戦が始まるまで、外債募集が在外正貨の獲得に大きな役割を果たした。表5－2によれば、この期間に政府の外債募集手取り金は7億8199万円に達している。これらの外債募集金によって政府は巨額の在外正貨を獲得したのである。1903年11月頃には、ヨ銀は戦争による正貨流出に備えて金輸出禁止をも検討し、このために高橋副総裁は内密に正金銀行に外国為替などの実情調査を行わせた[33]。もしも日露戦争中に外債募集が行われていなかったら、日本の金輸出や金兌換制はこの時期に停止されていたであろう[34]。

外債発行額をみると、明治初期に外債発行が行われたものの、その後、外債排除方針が採用された。日清戦争後に再び外債発行が行われるようになったが、

---

31)　「自明治三十六年至大正元年満十年間正貨受払実況調」『勝田家文書』第49冊第1号。
32)　大蔵省編『明治大正財政史』第20巻、709－733ページ。
33)　高橋是清『高橋是清自伝』(下)［1976］179－180ページ。
34)　松尾臣善、前掲『松尾総裁自筆日記』1904年1月7日付。

第3編　日露戦争以後の金本位制維持政策

表5－2　外国公債引受地別一覧（実収額邦貨換算、1904～1913年）

(単位：千円)

	発行年月	名称	ロンドン	ニューヨーク	パリ	ベルリンなど	
日露戦争中	1904年5月	第一回六分利付英貨公債	43,417	43,417			
	11月	第二回　〃	50,219	50,244			
	05年3月	第一回四分半利付英貨公債	125,547	125,611			689,591
	7月	第二回　〃	83,698	83,740		83,698	
日露戦争後	11月	第二回四分利付英貨公債	55,187	27,608	101,855	27,593	
	1907年3月	五分利付英貨公債	106,087		105,961		
	10年5月	四分利付仏貨公債			159,347		
	5月	第三回四分利付英貨公債	97,474				781,985
	13年3月	英貨鉄道証券	13,729				
	3月	英貨鉄道債券	14,388				
	4月	仏貨国庫債券			72,756		
		合計	589,747	330,620	439,919	111,291	1,471,577

注：パリでの募集額の合計は訂正した。
出所：高橋誠［1964］192－193、199ページ。

その額は多くなかった。日本の外債発行は日露戦争期に急増し、その後もその残額は多額にのぼった。その中心は国債であった。

　表定利率や発行価格は発行者の証券発行の必要度、発行者の信用度、金融市場の状態などによって変化した。発行条件をめぐって日本側と外国金融業者との間で交渉が積み重ねられた[35]。第1次世界大戦前の日本外貨国債発行条件を示せば表5－3（後出）のようになる。日露戦争期の第一回、第二回六分利付外債の発行条件は日本にとって厳しいものであり、表5－3にみられるように、第二回六分利付英貨公債は表定利率6％、発行価格100ポンドにつき90ポンド10シリング、償還年限7年であったから、応募者利回りは8.13％ときわめて高かった。1904年の日本外債の発行条件はロシア外債のそれよりもはるかに不利であった。起債者の信用が薄弱な場合には、発行金融機関は起債者に担保の提供を求めた。日露戦争中に発行された日本外貨公債には担保がついていた。

---

[35]　大蔵省編『明治大正財政史』第12巻［1937a、1956］、高橋是清『高橋是清自伝』（下）［1976］、森賢吾「国際金融」金融経済研究所『金融研究会講演集（復刻）』Ⅰ、東洋経済新報社、1973年、板谷敏彦［2012］などを参照。

第5章　日露戦争以後の正貨維持吸収政策と在外正貨

　だが、1905年1月の旅順陥落を契機として、ロンドンにおける日本外債の地位が上昇し、日本外債の発行条件は好転した。1905年3月発行の英貨公債の応募者利回りは5.56％となり、日露戦争終了直後の日本外貨公債の利回りも同じであった。その後の英貨公債や仏貨公債の利回りはさらに低くなり、日露戦争後には担保を提供しなくても日本政府は外債発行を行えるようになった。1910年には60年という、きわめて長期の外債が発行されるようになった。1913年発行外貨国債の応募者利回りは上昇しているが、これは国際金融市場の逼迫などによるものと思われる。

　日本の外債は日露戦争前にはロンドンで発行されていたが、日露戦争勃発後ニューヨークでも発行されるようになり、1905年7月にはドイツで、さらにポーツマス講和後の1905年11月にはパリでも発行された。こうして外債発行地の多様化が進展した。

　日本の政府外債の日本側発行引受機関は横浜正金銀行、日本の地方債や社債の日本側発行引受機関は日本興業銀行であった[36]。外貨国債募集交渉においては特派財政委員、後の海外駐箚財務官が日本側を代表して交渉にあたり、興銀引受けの場合にも海外駐箚財務官が同行の代理人として交渉した。正金銀行ロンドン支店は、政府の代理たる日本銀行の海外代理店として、海外特派財政委員、海外駐箚財務官の指揮のもとに外貨公債発行に尽力した。

　外貨公債発行業務に参加した外国側金融機関（発行団、Issuing Group）は、イギリスではパーズ銀行（Parr's Bank、1918年に London, County & Westminster Bank と合併して London, County, Westminster & Parr's Bank となる）、香港上海銀行（Hongkong and Shanghai Banking Corporation）であり、パンミュア・ゴードン商会（Panmur Gordon & Co.）も財界情報に通じた仲買人として発行業務に加わった。ベアリング商会（Baring Brothers & Co.）はロンドン・グループに参加するのを好んだであろうが、背後で日本外債の成立に尽力したにもかかわらず、日露戦争外債発行引受機関とはならなかった。ロシア政府のロンドンにおける金融代理人としてロシアに関係していたことが、同商会の表

---

36) 1905年3月の日本興業銀行法改正およびその前後に実施された一連の措置によって、外資導入機関としての同行の地位が明確となった（浅井良夫「日清戦後の外資導入と日本興業銀行」『社会経済史学』第50巻第6号、1985年、17ページ）。

第3編　日露戦争以後の金本位制維持政策

表5－3　第1次世界大戦前の日本外貨国債発行条件

発行年月	1870年3月	発行年月	1904年5月
銘柄	九分利付外国公債	銘柄	第一回六分利付英貨公債
発行額	1,000,000ポンド	発行額	10,000,000ポンド
応募者利回り	9.39%	同円換算	97,630,000円
		年利率	6%
発行年月	1873年1月	発行価格	100ポンドにつき93ポンド10シリング
銘柄	七分利付外国公債		
発行額	2,400,000ポンド	発行者手取り	90ポンド
応募者利回り	7.90%	発行者実収額	86,834,000円
		償還年限	7年
発行年月	1899年6月		1911年4月5日に額面償還
銘柄	第一回四分利付英貨公債		ただし1907年4月5日以降はいつでも償還可
発行額	10,000,000ポンド		
応募者利回り	4.65%	担保	関税収入
		応募者利回り	7.41%
		発行地	ロンドン・ニューヨーク
		発行引受機関	パーズ銀行
			香港上海銀行
			パンミュア・ゴードン商会
			横浜正金銀行
			クーン・ローブ商会
			ナショナル・シティ銀行
			ナショナル・バンク・オブ・コマース
		発行目的	戦費調達
		応募状況	ロンドン…応募額は募集額の30倍
			ニューヨーク…　〃　　　5倍
		その他	印紙税英国分0.5%を含む
			起債費295,867円（政府負担）
			表面手数料100ポンドにつき3ポンド10シリング
			実額手数料5ポンド
			［内訳：実行引受銀行所得　　2ポンド 　　　　下引受手数料　　　　2ポンド 　　　　下引受仲買人手数料　10シリング 　　　　申込仲買人手数料　　5シリング 　　　　経費　　　　　　　　5シリング］

注：応募者利回り＝$\dfrac{\text{年利子収入}+\dfrac{\text{発行差額}}{\text{償還年限}}}{\text{発行価格}}$

第5章　日露戦争以後の正貨維持吸収政策と在外正貨

1904年11月 第二回六分利付英貨公債 12,000,000ポンド 117,156,000円 6％ 100ポンドにつき90ポンド10シリング 86ポンド15シリング 100,464,000円 7年 1911年10月5日に額面償還 ただし1907年4月5日以降いつでも償還可 関税収入 8.13％	1905年3月 第一回四分半利付英貨公債 30,000,000ポンド 292,890,000円 4.5％ 100ポンドにつき90ポンド 86ポンド15シリング 251,159,000円 20年 1925年2月15日に額面償還 1910年2月15日以降いつでも償還可 煙草専売益金 5.56％	1905年7月 第二回四分半利付英貨公債 30,000,000ポンド 応募者利回り5.56％ 発行地…ロンドン、ニューヨーク、ベルリン、ハンブルグ	1913年3月 第一回英貨鉄道証券 1,500,000ポンド 割引発行　5.5％ 応募者利回り5.82％ 発行地…ロンドン
〈左同	〈左同	1905年11月 第二回四分利付英貨公債 25,000,000ポンド 応募者利回り4.89％ 発行地…ロンドン、ニューヨーク、ドイツ（ベルリンその他）、パリ	1913年3月 英貨鉄道債券（5分利付） 1,500,000ポンド 応募者利回り5.25％ 発行地…ロンドン
		1907年3月 五分利付英貨公債 23,000,000ポンド 応募者利回り5.04％ 発行地…ロンドン、パリ	1913年4月 仏貨国庫債券（5分利付） 200,000,000フラン 応募者利回り5.3％ 発行地…パリ
ロンドン…応募額は募集額の13倍余 ニューヨーク…〃　4倍余	ロンドン…応募額は募集額の11倍 ニューヨーク…〃　7倍半	1910年5月 四分利付仏貨公債 450,000,000フラン 応募者利回り4.27％ 発行地…パリ	1914年2月 第二回英貨鉄道証券 2,500,000ポンド 割引発行　4.75％ 応募者利回り4.99％ 発行地…ロンドン
		1910年5月 第三回四分利付英貨公債 11,000,000ポンド 応募者利回り4.30％ 発行地…ロンドン	

出所：大蔵省編『明治大正財政史』第12巻、日本銀行百年史編纂委員会編『日本銀行百年史』第2巻、日本興業銀行外事部『日本外債小史』、1948年、横浜正金銀行編『横濱正金銀行史』。

第3編　日露戦争以後の金本位制維持政策

立っての参加を妨げたのである[37]。また最上流階級の中には、日英同盟が存在したにもかかわらず、イギリスは中立を保つ方がよい、単独で日本に加担したくないという感情が日露戦争期に存在したためとも考えられる。1905年11月、1907年3月発行のものについてはロンドンのロスチャイルド商会（エヌ・エム・ロスチャイルド・アンド・サンズ：N. M. Rothschild & Sons）も日本外貨国債発行に加わった。

発行団は発行引受金額を起債者に必ず支払うという義務を負った。イギリスでは一般応募者がない証券を引き取ることを約束した、発行引受者とは別の（金融機関やその他の会社や個人からなる）引受者が存在した。この下引受けによって発行団は安心して証券を発行できた。引受者は発行証券がすべて一般投資家に売却された場合には、証券を引き取る必要がなかった。

1924年の震災外債発行後は旧メンバー（Old Members）であるウェストミンスター銀行（1923年に London, County, Westminster & Parr's Bank は Westminster Bank となる）、香港上海銀行、横浜正金銀行、パンミュア・ゴードン商会のほかに、ベアリング商会、ロスチャイルド商会、ヘンリー・シュレーダー商会（J. Henry Schröder & Co.）、モルガン・グレンフェル商会（Morgan Grenfell & Co.）が新メンバー（New Members）として日本外貨国債発行に加わった。前者を旧団（Old Group）と称し、後者を合わせた発行引受金融機関を新団と称した。

地方外債に関しては1907年2月の横浜市事業公債はサミュエル・サミュエル商会（横浜のサミュエル商会）、1909年4月の横浜市瓦斯事業公債は香港上海銀行、1909年6月の名古屋市公債、1912年4月の横浜市瓦斯事業第二公債はセール・フレーザー商会がイギリス側金融機関として発行を引き受けた。

アメリカでは発行の主宰者（Leader）が発行団を組織し、外債発行において卓越した役割を果たした。日露戦争外債発行はクーン・ローブ商会（Kuhn Loeb & Co.）が主宰した。同商会のロンドン代理業者はベアリング商会であった。日露戦争外債発行にはナショナル・シティ銀行やナショナル・バンク・オ

---

37) John Orbell, *Baring Brothers & Co., Limited. A History to 1939*, Baring Brothers & Co., Limited, 1985, pp. 68-69. 各国の外債発行市場構造については大蔵省編『明治大正財政史』第12巻、森賢吾［1930］などを参照。

ブ・コマース（National Bank of Commerce in N. Y.）も加わった。震災外債発行においてはモルガン商会が発行団に加わり、以後同商会がアメリカにおける日本外債発行の主宰者となる。同商会はロンドンのモルガン・グレンフェル商会と連絡を取り合うのである。アメリカにはイギリスにおけるような下引受け（Subunderwriting）はなかったが、売捌き団（Selling Syndicate）があった。新規発行証券はまず発行団が全額買い取り、次いで売捌き団が投資家に証券を売り捌いた。

ドイツではドイツ銀行、ドレスナー銀行、独亜銀行、ウォーバーグ商会をはじめとする12の金融機関が日露戦争外債発行を引き受けた。

フランスでは1905年11月以降ロッチルド・フレール商会（De Rothchild Frères, Paris）が単独で日本外貨国債発行引受けに参加した。同商会は保証団（Guarantee Syndicate）を組織してフランスの大銀行に発行の下引受けを行わせた。ソシエテ・ジェネラル、クレディ・リヨネー、バンク・ド・パリなどからなる保証団は、ロッチルド・フレール商会に対して引受けを保証するだけでなく、同商会の代理として応募申込みを受け付け、発行団と同様の役割を果たした。1909年7月、1912年1月には、三井銀行が取り次いだ。フランス銀行団による京都市事業公債の発行も行われた。

発行団は発行手数料を取得し、引受けに対しては引受手数料が支払われた。

2　日露戦争英貨公債の発行交渉、その担当者と外債募集金

日露戦争期には戦費調達のために政府は内国債の発行と並行して早くから外債の募集を行おうとしていた。これにはまず、この国家のためにきわめて重要な外債発行交渉を誰に担当させるかが重大問題となった。国際金融の分野においては人の役割がきわめて大きかったのである。

1899年には正金銀行ロンドン支店長が外債発行交渉に従事した。だが、日露戦争以降にはこの方式は踏襲されなかった。

松方正義は最初から高橋是清を外国へ派遣しようとしたが、井上馨は高橋を外国との電信往復の要務に従事させようとして、園田孝吉を派遣するのがよいと考えた。高橋も松方に対して外債募集交渉に従事することを固辞し、園田を

推薦した。曾禰荒助大蔵大臣や松尾臣善日銀総裁も大事な正金銀行の業務を指図するのに高橋副総裁がいなくては困ると述べた。だが、園田は健康上の理由から外国へ行くことを固辞した。松方は相馬永胤、早川千吉郎（三井銀行専務理事）、添田壽一（日本興業銀行総裁）ではどうかと考えたが、松尾総裁はこれに反対した。松方は荒川巳次（みのじ）ロンドン総領事に担当させることも考えたが、松尾はこれを承諾しなかった[38]。他に海外の金融事情に通じた有力者が見当たらず、結局、日銀副総裁高橋是清が帝国日本政府特派財政委員に選ばれた。

政府から直接任命された特派財政委員が、全権をもって海外の金融業者と外債発行交渉を行うこととなった[39]。このことは外貨国債発行交渉における政府・大蔵省の役割の強化、正金銀行の役割の低下を意味する。高橋が特派財政委員に選ばれたのは高橋が日本銀行副総裁であったからだけではなかったが、日本銀行副総裁が外債発行交渉にあたることとなったために外債発行における日本銀行の役割が強化されるに至った。1904年2月22日に曾禰大蔵大臣は、同月17日の閣議決定に基づいて高橋をロンドンに派遣すること、および募集または売却に関する往復事務はすべて日本銀行が取り扱うことを日本銀行に命令した[40]。外債発行に関して高橋はたえず松尾日銀総裁と連絡を取った。日露戦争後も高橋は、第3回渡欧中の活動として海外から、1906年10月17日から1907年3月14日にかけて、17回にわたる報告書を松尾総裁を通じて西園寺内閣総理大臣および阪谷芳郎大蔵大臣に提出している。その写しが、元老（松方正義、井上馨）へ届けられたことは、その送り状から明らかである[41]。

高橋是清は1904年2月に日本を出発し、3月初めにアメリカを発ち、イギリスへ向かった。高橋は最初の頃は、正金銀行員を外債発行のための「シンジケート団」の仲間に入れて相談しては、かえって邪魔になると考えた。そこで高橋は正金銀行の山川勇木ロンドン支店長にそのことを断り、1904年10月26日ま

---

38) 松尾臣善『松尾総裁自筆日記』1904年2月1日付。荒川巳次は1896年9月にロンドン領事に任命され、1902年1月に総領事へ昇格している（外務省外交史料館日本外交史辞典編纂委員会編『新版日本外交史辞典』山川出版社、1992年、23ページ）。

39) 大蔵省編『明治大正財政史』第12巻、51－55ページ。高橋是清『高橋是清自伝』（下）[1976] 188ページ。

40) 大蔵省編『明治大正財政史』第12巻、51－52ページ。

41) 日本銀行金融研究所所蔵資料（松尾元日銀総裁旧蔵資料）：高橋是清の松尾日本銀行総裁宛書簡『高橋副総裁ヨリノ来信』（以下『高橋ヨリノ来信』と略記）。

第5章　日露戦争以後の正貨維持吸収政策と在外正貨

では高橋が正金銀行を代表することとした。香港上海銀行やパーズ銀行などとの交渉はもっぱら高橋が行った[42]。高橋には日本銀行秘書役の深井英五が随行した。機密の事項、とくに本国政府との交渉に属することは高橋と深井の2人だけで処理した[43]。かつて第1回日露戦争外債の発行において、正金銀行の中井芳楠が政府の依頼を受けて外債発行に尽力したのとは全然その趣を異にしていた、と高橋是清は述べている[44]。

　1904年10月26日に政府から外債発行価格を87ドル半とすることを承諾する旨の政府の電報を受け取ってから、高橋是清は正金銀行関係者を（正金銀行ロンドン支店長の山川勇木と同副支店長の巽孝之丞の両名の中から）外債発行「シンジケート」会議に参加させるように取り計らった。だが、外債発行団に正金銀行関係者が加わったとしても、依然として外債発行交渉は日本側では特派財政委員の高橋が事実上、政府を代表して香港上海銀行のキャメロンやパーズ銀行側の人々を相手として行った。外国の発行業者は、正金銀行はただ政府の機関銀行として当然発行団に加入しているにすぎないと考えていた。高橋は、政府側のソロバン勘定でいえば、正金銀行が発行団に加入するために手数料が多少余分に必要となるというのが真相であると述べており、外債発行における正金銀行の役割をきわめて低く評価していた。高橋は1904年11月には正金銀行はまったく骨折りもなにもなくて利益の等分配当を受けており、先年に日本銀行が正金銀行に救助として払い戻した手数料15万円を日本銀行へ正金銀行本店から返済せよとさえ述べている。山川も当然のこととしてこれを認め、その旨を相馬正金銀行頭取へ通信するはずである、と高橋は記しているのである[45]。

　第1回日露戦時外債発行に対する貢献度は、高橋是清によれば山川、巽、深井の3人は同等であった。勲章授与はこの3名とも同等に願いたいと、高橋は

---

42)　『高橋ヨリノ来信』1904年11月10日付。
43)　深井英五［1941］65ページ。
44)　「此度ノ募集ニ付テハ先年中井氏カ政府ノ依頼ヲ受ケテ内外尽力シタルトハ全然其趣ヲ異ニシ」と高橋はロンドンから松尾臣善日本銀行総裁に書き送っている（『高橋ヨリノ来信』1904年7月7日付）。中井芳楠は1899（明治32）年の四分利付外債1000万ポンドの発行に際して、大蔵省の財務官も日本銀行の正金銀行監督役も置かれていなかった当時、委任状に基づく日本銀行代理人（attorney of the Bank of Japan）として外債募集に尽力した（東京銀行編『横濱正金銀行全史』第1巻［1980］543-544ページ、第6巻［1984］532ページ）。
45)　『高橋ヨリノ来信』1904年11月10日付。

1904年7月7日に松尾総裁に要望している。政府からみれば山川、巽の尽力と深井の尽力とに優劣はなかった[46]。

高橋は1904年9月6日の松尾総裁宛書簡において、外国人に勲章を与えたうえは正金銀行関係者にも勲章を与えなければ釣り合いがとれないと述べている。彼らに勲章を与えない場合には同行の尽力が認められないことを外国人が不思議に思うだけでなく、正金銀行を軽んずる傾向が生ずるからであった[47]。同行ロンドン支店の山川支配人や巽副支配人に相当の勲章を授与するよう高橋が松尾総裁に尽力を求めたのは彼らの功績を評価したというよりは国際的配慮のためであったのである[48]。

日露戦争の論功行賞を発表した1906年9月27日付の『官報』によれば、外債発行を含む日露戦時金融に貢献した松尾日銀総裁は勲一等旭日大綬章、外債発行や正金銀行の監督に寄与した高橋是清財政委員・日本銀行副総裁は勲一等瑞宝章と、きわめて高い位の勲章を授与された。これに対して相馬正金頭取は、日露戦争期の活動を評価されたとはいえ、勲三等旭日中綬章を授与されたにとどまった。一方、内国債への応募に尽力し、軍資金、兌換準備金補充のために貴金属を日本銀行に提出して買上げを願い出るという運動を展開した園田孝吉十五銀行頭取は、相馬よりも高位の勲二等瑞宝章を授与されている[49]。

上記のことは、外貨国債発行交渉における政府・日本銀行の役割が従来よりもはるかに重要となり、正金銀行のこの分野における役割が相対的に低下したことを示している。

とはいえ、正金銀行が外貨国債発行交渉における補完的役割を果たしたことを軽視することはできない。日露戦争期には国家の強い指揮を受けて外債発行交渉に関係するという正金銀行の性格が明確となった。外債発行交渉において

---

46) 『高橋ヨリノ来信』1904年7月7日付。
47) 『高橋ヨリノ来信』1904年9月6日付。
48) 髙橋是清『高橋是清自伝』(下) [1976] 222－223ページ。高橋是清は山川勇木の営業ぶりには不満であった。山川に注意を与え、日本人と外国人の行員を協力させようとしていたが、1904年8月にはさじを投げ、山川をやめさせて三崎亀之助副頭取をロンドン支店支配人にさせようとさえした(『高橋ヨリノ来信』1904年6月16日、8月26日付)。
49) 『官報』第7275号、1907年9月27日、589－590ページ。なお松方正義、井上馨は大勲位菊花大綬章、阪谷芳郎大蔵次官(日露戦争当時)は勲一等旭日大綬章という高位の勲章を授与された(『官報号外』1907年1月28日)。

第5章　日露戦争以後の正貨維持吸収政策と在外正貨

　高橋に随行した深井英五は、支店支配人の山川勇木と、副支配人の巽孝之丞とが高橋是清の側と発行銀行団とに跨がっていたためにすこぶる便宜であった、と述べている[50]。正金銀行ロンドン支店は、政府の代理店である日本銀行の海外代理店として高橋是清らの指揮のもとに外貨国債発行に必死となって尽瘁した[51]。ことに高橋の帰国中は山川正金ロンドン支店支配人がロンドンの発行銀行の意見を高橋に伝える仲介者としての役割を果たし、またロンドン金融市場の動向を高橋に伝えて、高橋の外債発行計画に影響を及ぼした[52]。

　正金銀行は外債発行を引き受けた。第1回日露戦時外債の発行引受割当額をロンドンの金融機関についてみると、正金銀行のそれはパンミュア・ゴードン商会、香港上海銀行、パーズ銀行に次いでおり、その金額は64万6666ポンド13シリング4ペンスであった。ただし、その一部は再引受けされている[53]。

　正金銀行ロンドン支店は日本銀行海外代理店として外貨国費事務を取り扱い、その取扱高はきわめて多額となった。公債に関する正金銀行ロンドン支店の日本銀行代理事務の範囲は、従来の契約ではたんに「公債元利支払ニ係ル事務」とされていたが、これが1904年7月に広く「公債事務」と改められた。ロンドン支店だけでなく、正金銀行ニューヨーク出張所も日本銀行の代理店として公債事務を取り扱った。このための契約が同月に締結された[54]。

　正金銀行はこの外債事務取扱いとしてまず募集業務を行い、目論見書を発表し、応募申込みを受け付けた。同行は外債利子の支払い事務を行った。また日露戦争後には日露戦時外債の元金償還業務を行うこととなった[55]。

　募集外貨国債の手取金に関しては、日清戦争賠償金と同様、日本銀行代理店としての正金銀行がロンドンやニューヨークにおいてその保管・出納を一手に引き受けた。政府所有在外資金の一部は日銀の所有に帰した。1904年12月には正金銀行の日銀代理店契約の範囲が拡張され、正金銀行は政府から寄託された在外資金以外に日銀自身の在外資金の保管出納をも行うことが明記された[56]。

---

50)　深井英五［1939］64ページ。
51)　横浜正金銀行編『横濱正金銀行史』242ページ。
52)　高橋是清『高橋是清自伝』（下）［1976］220－223ページ。
53)　鈴木俊夫［1990］188ページ。
54)　横浜正金銀行『横濱正金銀行史』247－248ページ。
55)　大蔵省編『明治大正財政史』第12巻、60ページ以下、参照。
56)　同上書、第15巻、281－283ページ。横浜正金銀行『横濱正金銀行史』251－252ページ。

正金銀行は政府・日本銀行の指揮のもとに英貨国債の発行・事務取扱業務や募集金の保管・出納・運用業務を行い、国家的・公的金融機関としての役割を果たしたのである。

　ロンドンやニューヨークにおける政府および日本銀行所有の多額の外貨、在外正貨の正金銀行による保管・出納・運用事務は日本銀行の監督のもとに行われた。この監督は日本銀行営業局によって行われていたが、正金銀行の同事務が繁雑となったため、高橋是清の進言に基づいて、1904年11月に専任の日本銀行ロンドン代理店（正金銀行ロンドン支店）監督役が新設された。1905年2月にはニューヨーク代理店（正金銀行ニューヨーク出張所）監督役が新設された[57]。

3　日本の外貨公債発行を可能にし、容易にした要因

（1）　外貨公債発行方針

　従来の研究では、第一回日露戦争外債募集の交渉にみられるような外債募集の困難性が指摘されているが、募集に成功した条件が十分に考察されていない。表5－3によれば日露戦争期の日本外債へ応募者が殺到し、応募額が募集額を大幅に上回っている。この外債募集を可能にした条件、容易にした条件を明らかにしてみたい。

　外債の成立や外債発行条件を規定していたのは、政府の外債発行方針、意志、そして熱意であった。日露戦争の進展に伴い日本銀行による正貨準備の減少が懸念されるなか、日本政府は戦争遂行が外債の成否いかんに依存すると考え、たとえ高利を甘受し、また関税収入などを担保に提供してでも外債募集を行おうとした。こうした積極的な外債募集方針が、日露戦争時の外債発行を実現した一因となった。

　政府は高利の国債を低利の国債に借り換えて金利負担の軽減を図ることも計画した。このための外債発行も1905年、1907年に実施された。1907年の日露戦後恐慌の後、積極財政は緊縮財政へ転じ、政府は非募債主義を採用した。だがこれは外債不発行を意味するものではなく、政府は非募債主義の範囲内で、外

---

[57]　『高橋ヨリノ来信』1904年7月23日付。日本銀行百年史編纂委員会編『日本銀行百年史』第2巻、170、308－309ページ。

貨地方債、社債、内国国債を借り換えるための外貨国債の発行を実施したのである。非募債の徹底化が図られるのは1914年になってからであった[58]。

（2） 兌換制の維持

日露戦争に際しては戦費調達が政府・日銀にとっての最重要課題となった。1903年末、開戦後の1カ月間日本の正貨の海外流出額は6500万円にのぼり、これを当時日本銀行が所有していた正貨高1億1700万円から差し引けば、残高はわずか5200万円ほどとなり、この中には海外払いとなるべき軍需品の代金は含まれていなかった[59]。このために兌換制度の停止まで考慮された。すなわち、1904年に入って早々の1月6日の朝に日本銀行の松尾臣善日本銀行総裁は、「開戦ト同時ニ兌換券ノ引カヘヲ止ムルヤ否ヤ」などについて、高橋是清同行副総裁と談じている[60]。しかし、戦争遂行に不可欠であった外債発行のためには、海外投資家からの信認・信用を日本が取り付けるうえで、経済金融の安定指標である金本位制の維持が必要であった[61]。周辺国にとっては、金本位制に忠実であることが健全な財政と金融政策を行っていることのシグナルとなり、欧米主要国の資本へのアクセスを容易にするものであった。

兌換制は継続され、このことが外債成立の前提条件となったのである。

（3） 国際信用

外債の国際信用度の規定要因——軍事的勝利と財政管理能力・経済力評価

外貨公債募集交渉において重要な役割を果たすのは発行者の信用である。この信用度は、一国の経済力の発展度、国際収支、国家・地方財政の歳入・歳出、政治的・経済的・金融的安定度（金本位制は安定のシグナルとなる）、担保、軍事力、証券発行者を代表する交渉担当者と外国の発行引受金融機関との信頼関係、他の借入国の状況その他の要因によって影響される。それは外債成立の可能性や発行条件の一環をなす表定利率・発行価格と密接に関係していた。

---

58) 神山恒雄［1989］参照。
59) 高橋是清『高橋是清自伝』下［1976］181－182ページ。
60) 『松尾総裁自筆日記』1904年1月6日付。
61) 日本銀行百年史編纂委員会編『日本銀行百年史』第2巻、174ページ。鎮目雅人［2009b］178ページ。

第3編　日露戦争以後の金本位制維持政策

　日露戦争期の軍事的勝利は日本の対外信用（国際信用）を増大させ、日本の外貨公債発行条件を好転させた。

　日露戦争期の政府債務は巨額に達したが、政府の財政管理能力への外国側の評価が日本外債の国際信用度の低落を抑制していた。日露戦争期に西洋の投資家が日本の経済力、活動力を再認識したことが、この時期に財政事情が好転しなかったにもかかわらず、日本公債の国際信用度を向上させたのであった[62]。

担保

　債券の中には担保付のものがある。この担保は、債務の償還を不履行にすれば起債者がそれを没収されるという損失をこうむることになるから、起債者自身が進んでその償還を行おうとする。また、償還不履行の場合には担保没収による代位弁済を受けることで投資家は債権回収を図ることができる。このことが債券所有者に安心感を与えることになる。この安心感が日露戦争外債の信用を支えた大きな要因のひとつとなった。日露戦争外債に関税担保を付すことについては、『週刊朝日』第408号で高橋是清が語っているように、高橋が外債発行交渉に出発する以前に元老が了承していた。同外債に担保が付されていたこ

---

[62] 1904年当時、日本外貨公債の国際信用度はきわめて低かった。ヘルフェリッヒによれば、1899年発行の第一回四分利付英貨公債のロンドン証券取引所の平均相場は1903年末に額面100に対して77.50であったが、1904年4月に65.03まで低下していた。この年に日本は巨額の内外国債を発行した。だが、第一回六分利付英貨公債発行当時（1904年5月）と比べて第二回六分利付英貨公債発行当時（1904年11月）、日本の国際信用、対外信用は大きく低下はしなかった（第一回四分利付英貨公債の平均相場は11月に74.28）。イギリスの評論界は政府当局の財政施設（施策）が当を得て先見の明に富み、国内の財政経済事情は戦争のために阻害されるところなく、日本の対外信用は少しも衰えていないとみていた（大蔵省編『明治大正財政史』第12巻、109ページ）。このことが日本外債の国際信用度の低落を抑制していたのであった。1905年、巨額の対外政府債務保有にもかかわらず、日本政府外債の国際信用度は上昇した（日露戦争が終結した1905年9月の第一回四分利付英貨公債相場は91.04）。日本の外貨公債の国際信用度は日本の財政状況だけを反映するものではなく、財政を規定する日本の経済力をも反映するものであった。それは外国側の認識の度合いによっても影響を受けた。日露戦争期に日本外貨公債の国際信用が大幅に低落しなかったのは、日本の経済力を西洋の投資家が再認識したことによるものでもあった。ヘルフェリッヒは、日露戦争開戦当初にそれが低下し、その後に高まったのは、日本財政事情が事実として好転したことによるのではなく、西洋人が日本国民の巨大な活動力を認識し、その実力を高く評価するようになった（将来への期待を含む）結果であると述べている（Karl Helfferich, *Das Geld im russisch-japanischen Kriege: Ein finanzpolitischer Beitrag zur Zeitgeschichte*, Berlin, 1906. カール・ヘルフェリッヒ、森孝三訳『日露之戦資（日露戦争ノ財政的方面)』台湾日日新報社、1906年、291−292ページ）。

とが海外投資家に安心感を与え、これが同外債の信用を支えていたのであった。

そのことは、クーン・ローブ商会のシフ（Jacob H. Schiff）も認めていたことであった。第一回六分利付英貨公債の担保としての関税収入は利子の3倍にあたり、第二回六分利付英貨公債にも関税が担保に供され、関税収入1600万円は両外債の利子1300万円を超えていた。1905年7月の第二回四分半利付英貨公債の発行条件については、高橋是清が同月の井上馨宛書簡で述べているように、前回発行の第一回四分半利付英貨公債のそれと同様となり、ロスチャルドがその発行価格をトッププライスと賞賛し、カッセルがその発行を最上の取引と賞賛したが、その背景には担保の付与という事実があったのである。

上記の詳細については本章の注79や本書第14章第2節で述べることとする。

財政整理・国債整理

日露戦争後の国際収支赤字構造のもとで日本外債の国際信用度を支えたのは財政整理、国債整理であった。この過程を立ち入って検討しておこう。

公債を発行するためには国家財政の対外信用を維持することが必要であり、これを一因として財政整理が行われた。非募債主義は、公債の信用を保ってその市価を維持し、後の日本外債の発行を有利にするために唱えられたものであった。政府が地方債の起債統制を行った一因は、資力の薄弱な群小地方団体の起債が国の信用を傷つけるのを恐れたためである。日本外貨公債の発行は、日本財政の対外信用維持、あるいは維持策に支えられていたのである。外債元利払いを遅滞させないことは日本の国際信用を高める作用を持つものであった。

健全な金融財政政策が金本位制維持と、これによる外資導入のために必要であった[63]。オーストリア・ハンガリーではまさに財政均衡達成を前提とする通貨改革、金本位制採用が、安定的な外資導入のための不可欠の要因として必要とされていた[64]。日本も同様であった。

財政維持可能性は一般に政府債務の対GNP比率やプライマリー・バランスから判断できる。日露戦争中の2年間で、日本の国債残高は5億円台から一挙に20億円を上回った。日本財政のプライマリー・バランス（元利払い、公債募

---

63) 鎮目雅人［2009a］7ページ。
64) 藤瀬浩司・吉岡昭彦編［1987］304-310ページ。

集金などを除いた基礎的財政収支)の対GNP比率は日清・日露戦争期とその後のいわゆる「戦後経営」と呼ばれる積極財政が採用された時期において一時的に赤字になったが、とくに日露戦争期のその赤字幅の対GNP比率は30％にも達した[65]。

日露戦争後、巨額の対外債務の元利払いが残存していた。貿易収支は赤字基調であり、政府対外支払いもあり、国際収支は赤字であった。国民の負担の軽減および将来の起債能力の確保の両面から、国債の整理は急務となった。

1905年の日露講和の直後、政府は国債整理に対処するために、第1に高利内外債の低利借換え、第2に臨時国債整理局の設置、第3に減債基金制度の確立、第4に国債法規の整備を検討し、実施に移した[66]。

一方では、日露戦争後当初は積極財政方針が採用された。軍備の拡張、積極的な日露戦後経営などのために歳出は膨張した。日露戦費の不足を充足するための臨時事件費公債の発行、鉄道国有化の実施のための鉄道買収公債の交付の必要から、公債が増発された。

だが1907（明治40）年秋に世界恐慌の一環として日露戦後恐慌が発生すると、政府は積極財政から緊縮財政へと政策を転換した。国際収支が悪化して政府対外支払いの節約が必要になったうえ、内外金融市場の逼迫のために内外債価格が低落したために、ますます公債募集が困難になったからである[67]。1906年から1908年初めにかけて国債価格は内国債、外国債ともに下落した。公債の償還計画を一歩進めて公債整理を断行し公債市価の回復を図ることは、日露戦後経営の最大急務とみなされることとなった[68]。またこの時期に外資導入が不調であった背景には、海外の投資家が日本の過大な公債発行計画など財政膨張に不安を持ち、日本への投資に消極的になっていた、という事情もあった[69]。

第1次西園寺内閣（1906年1月〜1908年7月）はこうした国債消化難を受けて、対外的な信用、国際信用を重視した緊縮的な財政運営への転換を模索した[70]。

---

65) 鎮目雅人［2001］246-247ページ。
66) 大蔵省財政金融研究所財政史室編『大蔵省史』第1巻［1998a］452-465ページ。
67) 神山恒雄［1995］250ページ。
68) 大蔵省財政金融研究所財政史室編、前掲巻、453ページ。
69) 神山恒雄「日露戦後恐慌と公債政策」伊藤正直・靎見誠良・浅井良夫『金融危機と革新――歴史から現代へ――』日本経済評論社、48ページ。
70) 鎮目雅人［2007］30ページ。

第5章　日露戦争以後の正貨維持吸収政策と在外正貨

続いて1908年に成立した第2次桂太郎内閣（1908年7月～1911年8月）は、財政緊縮、増税、当面新規国債の発行を停止するという非募債主義（借換債発行は可能）、既発国債償還方針、国債市価維持対策を採用した。外債発行による内国債の借換えは行われたが、政府債務の削減は進行した。その結果、国債残高はあまり減少していないものの、その残高の対GNE（国民総支出）に対する比率は大幅に低下しているのである[71]。

このような緊縮財政、公債発行の抑制は対外的な信用、国際信用の維持を考慮したことがその一因であろう。財政の基礎の確立による対外信用の維持は、日本の名声や威信を確保するためにも必要であった[72]。1911年から1927年の長期にわたって海外駐箚財務官として外債発行に従事した森賢吾は、外債発行において発行関係者が最も重きを置くべき部分は支払い能力を証明することであり、「対外信用の背後には必ず其国内に於ける信用が控へ居らねばなら」ず、「日本政府の財政、日本の国力、其経済力が此起債の元利を支払ふに充分である」ということを応募者に納得させ、「安心」させなければならない（安心としての信頼、信用確保はここでは支払能力に対する信頼、信用確保と同義）ということを述べており、この中で、財政緊縮による財政健全化が対外信用の維持にとって重要であることを示唆しているのである[73]。

第1次西園寺内閣期には日本財政の国際信用の維持のために、日本の経済界が窮迫に陥ったような観を呈する小額の外貨市債の発行が抑制された。日本の外国債が欧米市場に氾濫し、相場下落の趨勢がみられる状況では、外貨市債の起債統制が不可避であった[74]。1907年3月に成立した五分利英貨公債のフランスでの発行銀行であるパリのロッチルド・フレール商会は、高橋是清に、「日本ノ信用ハ其ノ萌芽ヲ発シタルモノナルカ故ニ之ヲ保護シ発育」するため

---

71) 藤木裕「財政赤字とインフレーション――歴史的・理論的整理――」日本銀行金融研究所『金融研究』2000年6月、56ページ。
72) 鎮目雅人［2009b］180ページ。本章注79。本書第14章注160。
73) 森賢吾［1930］297-298、325ページ。宮島茂紀［1995］5ページ。
74) 持田信樹［1981a］168-171ページ。「外資借入ニ関シ内議ノ件」（1906年9月4日）は、「外国市場ニ於ケル信用ノ薄キモノニ在リテハ、募集条件及募集成績等ニ関シ不利ノ結果ヲ甘ンゼザルヲ得ズ……延テ国債ノ市価ニモ影響ヲ及ボシ、彼我経済トノ利害浅カラザルヲ以テ、外債募集ニ関シテハ特ニ監督ノ必要ヲ相認」めていた（大蔵省編『明治大正財政史』第12巻、719ページ。持田信樹、前掲論文、170-171ページ）。

2年間は公債発行・増税をしないように要望していた[75]。

それはまた金本位制のもとで、均衡財政への信認が求められたためと考えられる[76]。明治末、大正初期の正貨危機に直面して、外資を導入せず、内需と輸入の縮小均衡を図るという考え方を示した松方正義、山本達雄蔵相などが政府債務削減を目指したのは当然といえるが、高橋是清日本銀行総裁のように、産業育成と輸出拡大のために外資を導入し、拡大均衡を目指すという考え方に立つ場合であっても、外資導入のためには緊縮財政と行政整理を行い、将来の金本位制維持に関する信認を高める必要があるという認識を持っていたのである[77]。日露戦争後は財政規律のメカニズムが作用していた[78]。日露戦争後において金本位制が一般的に信認されており、健全な財政金融政策を行っていることのシグナルとなる金本位制が外資導入を容易化した。この金本位制は金維持のための国際収支均衡を前提としたが、この国際収支均衡は財政収支均衡によっても支えられるものであった。

高橋是清の上述の認識は、海外の国際的金融業者との交流によって形成されたものである。高橋はシフから海外からの借入れを行うに際して財政の健全性が必要とされることを学んでいる[79]。

また、1906年11月9日、高橋是清はパリのロッチルド商会の老宰で同商会の意見を代表するノイボルヂェル（原語は不明）と会談した。ノイボルヂェルは「将来ニ渉リ国家財政ノ信用ヲ扶植発揮スルニアラザルベカラズ　換言スレバ国家ノ信用ヲ傷害セザル様ニ深ク注意シ其施設経営ニハ念々信用ノ発展ニ利スル様用意シ　仮リニモ信用ノ基礎ヲ他ニ危惧セラルヽ如キ事ヲ敢テスベカラズ殊ニ其公債政策ニ於テ極メテ慎重ノ注意ナクンバアルベカラズ」（文中のスペー

---

75)　神山恒雄、前掲「日露戦後恐慌と公債政策」43ページ。
76)　藤木裕、前掲論文、56ページ。
77)　同上、56－57ページ。
78)　鎮目雅人［2009b］181ページ。
79)　リチャード・J・スメサースト［2010］383ページ。1905年3月下旬頃にクーン・ローブ商会のシフは、高橋是清に対して、日本が担保を提供して募債をしているからその元利償還に対して何らの心配もしていないと述べるとともに、日露戦争後の外債整理への懸念を表明していた。これに対して高橋は、日本は戦時税を戦後も継続してその一部を公債利払いに充当するとともに、産業の発達を奨励するであろうと述べている。これを通じて政府の財政収入を増加させ、外債整理を行うことができると高橋は考えていた（高橋是清の桂首相および曾根蔵相宛書簡、1905年4月1日付。スメサースト［2010］213－215ページ。本書第14章注160）。

スは齊藤が設定)、「貴国此際深ク注意シ経済財政ノ信用基礎ヲ鞏固ニシテ外ヨリ喚ブ資本ヲ成ルベク割合好キ条件ニテ迎ヘ得ル様ニ心掛ル事貴国ノ為ニ最緊最要ノ務ナルベシ」と高橋是清に語った。ここには国際金融業者の信用重視の姿勢がよく表れている。高橋是清は「永久的信用ノ扶植」という点を離れないノイボルヂェルの意見に「啓発」された点が少なくなかった[80]。この内容は西園寺公望首相および阪谷芳郎蔵相に報告されている。日本が財政健全化、財政規律・財政信用の維持に努めることが外債募集の観点からも必要であると、当時の政策担当者に認識されていたのである。このような外債を募集するために財政の国際信用・国際信認を維持するということが、日本の財政規律確保に大きな影響を及ぼしたと考えられるのである。

国債整理基金制度の創設と国債償還

政府は財政の基礎を強化して内外公債の信用を維持するために、国債整理基金を設置して、毎年度一般会計から相当の金額をこれに繰り入れて国債償還財源の確保に努めようとした。かくして1906年1月25日に帝国議会衆議院に国債整理基金特別会計法案が提出された。議会は、日本財政の信用が厚いから同法を設ける必要はないという意見と、日本財政の信用は薄弱であるから同法を設けるべきであるという意見とに分かれたが、内外公債の信用の基礎を強化することが必要であるという意見が大勢を占めた。同法案が2月8日に衆議院で可決され、2月23日に貴族院でも可決され、3月2日に国債整理基金特別会計法が公布され、第1次西園寺内閣のもとで1906年度から施行されて、一般会計から年々1億数千万円の基金が同会計に繰り入れられた[81]。

同基金はとくに財政の国際信用・国際信認保持の役割を有しており、できるだけ子孫に借金を負担させないという意義も有していた。外債発行交渉を行っていた高橋是清は、1905年7月3日付の井上馨宛の書簡の中で、外債の表面利率を4%とするならば「銷却基金(シンキングファンド)を積」む必要があることを認めていた。ロスチャイルド卿(Nathaniel Mayer, 1st Lord Rothschild)

---

80) 在倫敦特派財政委員・日本銀行副総裁高橋是清の内閣総理大臣西園寺公望、大蔵大臣阪谷芳郎宛報告(第3回渡欧第4回報告、パリ発)、1906年11月10日付(日本銀行金融研究所保有資料『高橋副総裁ヨリノ来信』)。

は、外債交渉を終えて帰国しようとする高橋是清に対して次のように助言していた。日露戦争後に日本国民が税負担に耐えて商工業の発達を期することができるならば、日露戦争中に日本公債に応募した人々に対し、確実に返済の途を考えて安心（この場合は支払能力に対する期待としての信用と同義）を与えるのが日本の信用を維持する途となる、確かな減債制度を樹立すれば諸外国の日本に対する信用はますます高まるであろうと。高橋是清はこれをもっともな忠告と考えて政府に影響力を持つ元老井上馨にこの伝言を伝えている。これは高橋が帰国した1906年1月23日以後のことであろう[82]。

国債整理基金、減債基金は時期をみて国債を買い入れ、だんだんに国債を整理消却していくものである。だがその多くは利払いに充当され、元金償還分は当初年2000～3000万円にすぎなかった。1908年8月に第2次桂内閣がこれによる国債元金償還額を毎年5000万円に増加する方針を採用した。臨時国債整理局がこの方針に基づいて償還計画を作成し、1909年3月に決裁を受けた[83]。

第6章で述べるように、高橋是清日本銀行総裁が1911年7月に桂太郎大蔵大臣に提出した正貨維持に関する意見書において、高橋は産業奨励を主張しつつ、「国家財政ノ根本的信用」の維持の重要性をも強調した。高橋は外資導入のためには財政の信用を厚くする必要があることを認識しており、財政の健全化を図るために、財政の膨張を抑制すること、国債整理基金繰入額を減額しないこ

---

81) 日露戦争の軍事費の大部分は内外国債の発行に依存し、その残額は巨額に達し、しかも日露戦時国債の利率、利回りは高く、しかも日露戦時国債の大部分は外債であり、内外公債の信用維持のための減債制度の樹立が急務であった。国債整理基金制度の創設については次の文献を参照。大日本帝国議会誌刊行会編『大日本帝国議会誌』第6巻、1928年、525－526、540、731－762ページ。大蔵省財政金融研究所財政史室編、前掲『大蔵省史』第1巻、455－456ページ。坂入長太郎『日本財政史』バリエ社、1982年、180ページ。武田勝［2012］61－64ページ。衆議院において、島田三郎は過度の信用を政府に与えるべきではないと主張した。これに対して財政の国際信用・国際認信の維持が不可欠であると考える望月小太郎は、世界からみて日本財政の実力は薄弱であると述べ、井上角五郎も日本財政が強固であることが外国によく知られていないことを指摘し、政府原案に賛成した（『大日本帝国議会誌』第6巻、750、755、758ページ）。
82) 高橋是清「外債に対する私見」『銀行通信録』第59巻第352号、1915年2月20日、205ページ。「高橋是清翁と語る」『週刊朝日』1929年6月2日号、35ページ。N. M. Rothschild & Sons を創設した Nathan Mayer Rothschild(1777～1836)の息子が Baron Lionel Nathan de Rothschild (1808－1879) の息子が Nathaniel Mayer, 1st Lord Rothschild (1840～1915) である（The Rothschild Archive, London による）。
83) 大蔵省財政金融研究所編、前掲書、456－457ページ。若槻礼次郎［1983］141－142ページでは、減債基金の設置と減債基金5000万円への増額が混同されている。

とを政府に求めたのである。

このような減債基金による財政強固策が外債の対外信用保持に一定の効果を及ぼしたと考えられる。

外債発行時期の選択と非募債主義の宣伝

高橋是清はフランスでの外債募集のためにパリに行き、1906年11月7日に午前にヴェルヌイユ（M. de Verneuil: 政府任命のパリ株式取引所仲買委員長）やグンズブルグ男爵（Baron Jacque de Gunzburg: フランス商工銀行重役）を訪問し、午後にパリのロスチャイルド家のエドモン・ロッチルド男爵（Baron Edmond de Rothschild）を訪問したが、この会見には同家一族の主な関係者3人も列席した。ロッチルド家関係者は、当時のように時期が悪いときに外債を発行することは日本の信用を傷つけることになるのではないかと助言した[84]。日本の信用低下を招かないような外債募集のためには、国際金融市場の動向を考察し、その時期を選ぶことも重要であった。

1907年4月13日付で若槻礼次郎が大蔵次官のままで特派財政委員に任命された。特派財政委員の仕事は、「日本の財政経済の信用を維持すること、機を見て公債の募集借換を行うことなど」であり、「状況がよかったら、いつでも外資を獲得する機会を捉える」というものであった。若槻はいつでも「募債の好機を狙っていた」。そのためにも「日本の財政経済の実情を海外に明らかにし」て日本財政の国際信用を高めることが若槻財政委員の主な仕事となった。若槻は「日本は大いに発展しつつある。財政も立ち直った。だから新たに公債を募集したりして国費をまかなわなければならないということはない。日本の財政は堅固に保たれている。すなわちノーローン（非募債）ノータックス（非増税）だということを唱え、これを宣伝した」。「新しい公債が出ないということになれば、今まで出ていた公債は値が上がる。公債の市価が維持されることはてきめんであ」った[35]。

---

84) 在倫敦特派財政委員・日本銀行副総裁高橋是清の内閣総理大臣西園寺公望、大蔵大臣阪谷芳郎宛報告（第3回渡欧第3回報告、パリ発）、1906年11月7日付（『高橋副総裁ヨリノ来信』）。
85) 若槻禮次郎［1983］107、116、124ページ。

非募債主義の抜け道としての外貨地方市債・社債の発行

海外市場で日本の公債がほとんど飽和点に達すると、日本外債はノーローン（国債の新規募債を行わない）ということで声価（信用）を維持していた。日露戦争後に政府が地方大都市外債を発行させたのも、国際信用維持のための非募債主義のもとで、その抜け道として地方外債を発行させ、それによって正貨（在外正貨）を獲得しようという狙いがあったのである[86]。国際収支の慢性的逆調による正貨危機に対処するため、第2次桂、第2次西園寺内閣は外貨起債統制の転換を図った[87]。すなわち、政府は外貨国債を発行するかわりに東京市以下の5大都市の市債を外国で募集させ、また民間諸会社の社債を海外で募集させ、これらの手取金を政府が吸収し、また日本銀行が買い入れ、これらによって在外正貨を補充し、この振替払いによって年々の政府海外払いを支弁し、また日本銀行正貨準備を補充したのである[88]。

外債非募債論の台頭と財政緊縮の困難性

政府の非募債主義と公債償還の増加、2億円に達する内国債の低利借換えは、日本に対する海外の信用を高める結果となった。1910年5月の四分利付仏貨公債、第三回四分利付英貨公債の募集もこのもとで可能となった[89]。

1911（明治44）年8月に第2次西園寺内閣が成立した。国際収支の悪化、正貨の急激な枯渇という状況を背景に、この内閣のもとで外債非募債論者が台頭し、生産事業への資金供給を重視する外債募債論者と対立した。同内閣のもとで、行財政整理案が軍部との対抗を孕みつつ作成された。すでに財界は第2次桂内閣に対し正貨吸収策および財政整理を強く要求していた。銀行業者は不況打開策につき協議し、同内閣成立とともに渋沢栄一を通じて元老井上馨に働きかけ、井上と財界代表者との協議によって、国債償還計画、行政整理と経費節減、税負担の軽減を内容とする「財政整理意見書」を西園寺首相に提出し、政

---

[86] 若槻禮次郎、同上書、140−141ページ。
[87] 持田信樹［1981a］174ページ。
[88] 吉川秀造［1969］151−152ページ。野地清［1981］29−30ページ。サイモン・ジェイムス・バイスウェイ［2005］136−140ページ。
[89] 坂入長太郎、前掲『日本財政史』、203ページ。高利内外債を低利外債に借り換えるこの方策は財政の基礎強化、対外財政信用維持を意図したものであった。

府に財政緊急対策を要望し、正貨流出に対する第2次桂内閣の外債による正貨擁護政策を批判した。西園寺内閣は行財政整理に取り組んだが、当時、一般会計歳出中に占める陸海軍経費が34〜35％を占め、軍事費を除外しては行財政整理を行うことができなかった。そこで政府は1912年10月15日、松方正義、大山巌、井上馨などの諸元老を加えて閣議を開いた（山県有朋は欠席）。松方は元老を代表して、日露戦後の財政状況を縷説し、正貨不足を憂えて10カ条の緊縮財政の意見を述べた。この意見を原敬内相や西園寺首相は無視した[90]。

第2次西園寺内閣は1912（明治45）年度予算編成にあたり、財政収支の均衡と民間経済との調和を基調とした緊縮政策をとることとし、陸軍の師団増設、海軍の建艦計画、帝国鉄道の広軌化など、巨額の経費を要する一切の新規計画を見送る予算案を第28回帝国議会に提出した。だが、一般会計の緊縮案に対して、特別会計、とくに朝鮮、台湾の外地財政は膨張することとなった[91]。

軍部が藩閥機構の完全な一部であった日露戦争までは政府と軍部との対立が問題となることはほとんどなかったが、日露戦争の勝利は軍部（陸海軍部）の政治的地位の強化をもたらした。発言力を強めた軍部は1907年4月、長期的な国防の基本方針を示す「帝国国防方針」、「国防に要する兵力量」、「帝国軍用兵綱領」を独自に（すなわち、政府の了解なく）策定し、天皇の裁可を受けた。この国防方針の内容は、仮想敵国をロシア、アメリカ、フランスの順とし、仮想敵との戦争に必要な兵力を、陸軍は平時25個師団、戦時50個師団、海軍は戦艦8隻、巡洋艦8隻からなる八八艦隊を所要兵力として掲げたものであった。1907年9月には軍令第1号が制定され、統帥権に関する例外的な勅令の形式が軍令で定められることとなり、軍部の地位が強化された。日本は1910年に韓国を併合し、1911年に中国の民族革命（辛亥革命）が開始されると、満蒙の利権を確保し中国への侵略を進めるために、軍事力を用いて中国への干渉を行った[92]。軍部はさらなる軍備増強が必要であるとし、陸軍は師団増設、海軍は艦隊増強を求めた[93]。すなわち、陸軍がロシアとの再戦準備のための軍備増

---

90) 坂入長太郎、前掲『日本財政史』、206ページ。正貨政策をめぐる対立については、神山恒雄［1995］271−282ページを参照されたい。
91) 坂入長太郎、前掲書、206−207ページ。
92) 藤原彰『日本軍事史 上巻 戦前編』日本評論社、1987年、139−140、144−145ページ。
93) 鎮目雅人［2007］27ページ。

第3編　日露戦争以後の金本位制維持政策

強を求めたのに対して、海軍は日露戦争後に対立が激化したアメリカを仮想敵国として海軍力の強化を図った。これはアメリカとの建艦競争を激化し、大艦巨砲の競争時代が到来した。1912年11月22日の予算閣議において陸軍（上原勇作陸軍大臣）は朝鮮における2個師団増設を要求した[94]。

11月30日の臨時閣議において、全閣僚は陸軍増設案を否決した。だがこの旨を伝えられた上原陸相は辞表を提出し、山県有朋は陸相後任の推薦を拒絶し、内閣不統一により、12月5日に第2次西園寺内閣は総辞職となった。軍拡要求のもとで財政の信認、内外債の信用に関係する緊縮財政、行財政整理の実現は容易ではなかったのである。

第2次西園寺内閣の後を受けた第3次桂内閣は短命に終わり、1913年2月に第1次山本権兵衛内閣が成立すると、行財政整理案が一部手直し（海軍拡張費の一部計上）のうえ実施された。だが、外債発行の是非をめぐる政策対立は依然として存在していた。

1914年4月に第2次大隈内閣が成立すると、若槻礼次郎蔵相は緊縮財政方針を採用し、非募債方針を徹底させるに至ったのであった。また償還計画に変更を加え、治水、鉄道、朝鮮事業費を公債、借入金で賄うことをやめ、減債基金繰入額をその経費にあてるなどの方針を樹立した[95]。これは外債を募集しないための財政緊縮であった。

日本外債の国際信用度の推移

ここで日本外債の信用度の推移を外貨国債について考察してみよう。一国政府の国際信用度は具体的にはその国の既発外債（国債）の市場価格でとらえることができる。図5－3は日本の第一回四分利付英貨公債のロンドンにおける市価とイギリスの2.5％利付コンソル公債の市価とを比較し、かつイギリス市場割引利率（3カ月手形）を参照したものである。これによれば（月別推移も参照）、次のようなことが判明する。日露戦争の勃発した1904年には日本外債の相場は大きく低落したが、翌年には急回復しており、一方この間に市場利率や

94）　植民地維持のためにこの設置が1910年以来の陸軍の懸案となっており、この増設が1915年に実現した（藤原彰、前掲書、150ページ）。
95）　大蔵省財政金融研究所財政史室編、前掲巻、453ページ。

第5章　日露戦争以後の正貨維持吸収政策と在外正貨

図5－3　ロンドン市場における国債価格とイギリス市場割引利率（1902～1926年）

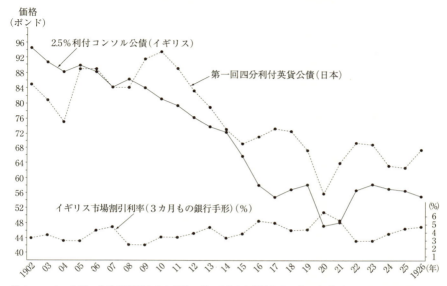

注：コンソル公債、市場割引利率は年平均、第一回四分利付英貨公債は年度平均。価格は額面100ポンドに対するもの（月平均は割愛）。
出所：Sidney Homer and Richard Sylla, *A History of Interest Rates*, 3rd ed., Rutgers University Press, 1991, pp. 444, 456.『明治大正財政史』第12巻、付表。

　コンソル公債の市価に大幅な変動はみられない。日露戦争後の1906年に日本外債相場の上昇はみられず、1907年10月にアメリカで発生した恐慌が日本に波及すると日本外債相場の低落が生じ、1908年にはロンドン金融市場の金利低下を反映してコンソルの相場が上昇したにもかかわらず日本公債の相場は低落したままであった。だが1909～10年になるとコンソル公債の市価低落とは反対に日本外債の市価が上昇している。その後1914年までの市場利率上昇傾向を反映して日本外債、コンソル公債ともに市価が低落しているが、1912年以降日本外債の方が低落の程度が著しい。

　これらのことから、日本政府の国際信用度は次のように推移したということができよう。日露戦争開戦当初は日本政府の国際信用度が大きく低落したが、翌年になり戦闘で日本陸海軍の勝利がみられるようになるとともに、信用度が急回復した。日露戦争後の1906年には国際信用度の増進はみられず、1907年恐

慌の発生は日本の国際信用度を低落させた。だが、1909〜10年には緊縮財政・非募債主義の採用、貿易収支の好転などのためであろうが、信用度が急上昇した。しかし、1912〜14年には信用度は大幅に低落した。これは輸入超過の増大、正貨危機の深刻化、国際金融市場の資金逼迫、国内の政治的不安定などによるものであろう[96]。

（4） 国際的政治環境

日本がイギリスの同盟国であったことは、投資家の感情に影響を及ぼして日本外貨公債への応募を助長した。クーン・ローブ商会が第1回日露戦争外債発行を引き受けたのは、ロシア政府のユダヤ人圧迫に対するシフの怒り、シフの先見的打算、カッセルの勧告やアメリカ政府の日本に対する好意と支持があったからである。また、ドイツの日露戦争外債発行引受けの背景には、ドイツが外交的孤立からの脱出を狙って日本に接近しようとしたことがあった。フランスの場合も、同盟国ロシアと日本が講和したことが、日露戦争後のパリにおける日本外債発行を可能とした。フランスの日本への投資は、フランスの極東への進出を促進するために日本が清国に圧力をかけることを期待して行われたものでもあった。このような国際的政治環境が本章第9節3で詳論するように列強の対日投資を助長したのであった。

（5） 国際金融市場

金融緩和

イギリスにおける市場金利が1904年3月以降低下していったことが、第一回六分利付外債への応募状況がよかった一因であった。第二回六分利付外債の募集が成功したのも、第一回六分利付外債発行後に上昇したイギリスの金利が低下するに至ったことが大きかった。第一回四分半利付英貨公債の発行も、ロンドン金融市場の情勢が好転するまで待ってから交渉が行われた。

フランス国民は貯蓄心に富み、真の投資家が多く（プレミアムを得て巨利を博

---

96) 齊藤壽彦 [1995] 224-227ページ。森賢吾「我国に対する世界諸国の信用程度」『銀行通信録』第83巻第495号、1927年4月、527-532ページ。同「外債に就て」『大阪銀行通信録』第357号、1927年5月、509-515ページ。佐藤政則・岸田真ほか [2012] 11-23ページ（岸田稿）。

第5章　日露戦争以後の正貨維持吸収政策と在外正貨

しようとする者が少なく)、有利な公債募集地であった。一般的には短期金利はフランスの方がイギリスよりも低く、長期金利はフランスの方がイギリスよりも高かったが、フランスの長期金利がイギリスのそれより低いこともあった。

1906年秋頃には、日本はフランスでイギリスにおけるよりも低い金利で国債を発行することが可能となり、これを一因として翌1907年に上記のとおりフランスにおいて外債を発行した。

ドイツが1907年の日本外貨国債発行に参加しなかったのは、同国の金融事情がこれを許さなかったからである。同年にアメリカで日本外貨国債が発行されなかったのも、表定利率が5％であれば発行価格が97ドル半以下でなければ募集が成功しがたかったからである。

1914年前期には、国際金融市場の悪条件のために高橋是清の外債計画が中断されてしまった。日本の外債募集は欧米金融市場の動向によって規定されていた。この市場の緩和が日本外債への応募を容易にしたのであり、この市場が逼迫しているときには外債募集は困難であった[97]。

欧米金融機関の競争

高橋是清は三段構えの陣立てで日露戦争外債交渉に臨み、イギリスにおける金融機関の競争を利用して日露戦争外債発行を実現することができた。すなわち、高橋は従来日本と取引関係のある香港上海銀行およびパーズ銀行に横浜正金銀行ロンドン支店を加えた3行を表面の発行団とし、ロスチャイルド商会、カッセル商会、ベアリング商会などを裏面の大口下引受者とし、そのうえで香港上海、パーズの2行に向かって交渉を開始し、同時にロスチャイルド商会およびカッセル商会と密接に往来し、もし2銀行が応諾しなければロスチャイルド商会またはカッセル商会に転向すべき気勢を示し、かくして2銀行に第1回日露戦争外債発行を認めさせた[98]。高橋是清の松尾臣善日銀総裁宛書簡（1904年8月12日付）によれば、クーン・ローブ商会のシフが日本外債への応募を申し込んだ頃に日本の外貨公債の評判もよくなり、イギリス側から、アメリカ側に自分たちの仕事がとられるのではないかという苦情が出て、香港上海銀行

---

97) 日露戦争以降の国際金融市場については『明治大正財政史』第12巻などを参照されたい。
98) 深井英五［1939］45－50ページ。同［1941］69－70ページ。

のユーエン・キャメロン卿が同商会の発行団への参加のために説得にあたらなければならないほどであった。このような英米金融機関の競争の存在は日本にとって都合がよかった。

第一回四分半利付英貨公債発行への参加をドイツの金融業者が希望したが、香港上海銀行は公債発行における優越権を主張してこれに反対したから、これは実現しなかった。だが、ドイツの競争圧力は日本外債の発行条件をより有利にすることに寄与するものであった[99]。

一方、1907年の日仏間外貨公債発行交渉は難航した。高橋は、フランスで外債を発行できなければ英米独を相手として交渉する態度を示して、外債募集をパリで実現できた。

しかし、フランスが日本外債発行を一手に引き受ければ、これを契機としてフランスが物品を売り込み、国の面目に関することなど種々の注文を出す恐れがあった。また、第14章第2節2で詳論するように、日本はフランスの単独引受けがイギリスに悪影響を与えることを避けなければならなかった。

日本は金融機関の国際競争をうまく利用して外債を募集することができたのであった。鈴木俊夫氏は、当初ロンドン金融に過度に依存していた日本が日露戦争期にロンドンからニューヨークそしてベルリンへとその発行市場を拡大し、日露戦争後その勢いはパリ市場にまで到達し、この結果、日本は国際金融市場において経済的な観点に基づく発行市場の選択が可能となり、日本の信用度（creditworthiness）が高まったということを指摘されている[100]。

1904年発行の日本外債の高利回り

欧米金融業者、投資家にとって日本外債への投資は魅力的であった。ベアリング商会資料にみられるように、高橋が外債募集交渉を開始する前からイギリス側で外債募集に応ずる準備が進んでいた。1904年発行の六分利付外債への投資は利益が大きかった。日露戦争外債は担保付であり、政府の発行意欲がその利回りをきわめて高くしていた。それだけではなく、英仏の日本への資金供給が対露関係を考慮して政治的に制約されたこと、資金が量的にも制約されてい

---

99) 本書注62で引用しているヘルフェリッヒ『日露之戦資』の225ページを参照。
100) 鈴木俊夫［1989］225ページ。

第5章　日露戦争以後の正貨維持吸収政策と在外正貨

たこと、日露戦争前期の日本の対外信用度が低かったことがその利回りを高くした。第二回六分利付英貨公債の応募者利回りは8％に及んでいた。この高利回りが第1回、第2回日露戦争外債への投資家の募集額をはるかに上回る応募を招来したのである。

　日本外債利回りの魅力がその後も外国人投資家の日本外貨公債への投資を支えていたと考えられる。1907年の五分利付英貨公債（応募者利回り5.04％）のロンドンにおける募集額1150万ポンドに対して応募額が1326万ポンドを超えたのはこのためであろう。

内外金利・利回り格差

　日本とイギリスとの間には金利格差構造が存在していた。すなわち、1905～13年にイギリスの市場割引利率が平均2.26～4.46％（図5－3）であったのに対して、東京手形割引利率は5.77～9.27％となっており、また長期金利水準をみると、当時コンソル公債の利回りが約3％であったのに対して日本の内国債の利回りはほぼ5％台であった[101]。明らかに日本の方が金利が高かったのである。

　日露戦後の外貨公債の発行においては、高利の内外債を低利の外債に借り換えることが重視されていた。1910年のフランスやイギリスでの四分利付公債の発行においに、その利回りは低かった（応募者利回りは前者が4.27％、後者が4.30％）。外債発行はヨーロッパ市場の利子率、利回りの低さを日本が考慮した一面があったといえよう。

　とはいえ、外債発行はカントリーリスクを伴うものであって、コンソル公債並みの利回りで日本外債をロンドン市場で発行することはできず、日露戦争後の外貨公債の利回り（4～5％程度）が内国公債の利回りを大きく低下していたわけではなかった。1910年の四分利付内国債の発行条件は当時発行された外債のそれと同等であった。1913年発行の英貨鉄道債券や仏貨国庫債券の利回りは5％を超えていた。

　したがって、日本の外貨国債の発行にとって内外金利格差利用への考慮があ

---

[101]　東洋経済新報社編『日本の景気変動』上巻、第3篇、71、73ページ。高橋是清は低利の外資を生産奨励のために導入しようとした（本書第6章第5節3（2）を参照）。

373

ったとはいえ、その意義は限定的にとらえざるをえず、その発行は外貨資金の確保を意図して実施されるとともに、それは外債発行による内国債償還を通ずる国内金融市場の緩和・生産的事業資金調達の円滑化に寄与するものでもあったということを指摘しておく必要があろう。

4　外債募集金の使途

　政府は外債募集金を日本銀行からの借入金の返済に充当したり、同行に売却したりした。また、為替の取組み（公債利子払い、軍票為替資金など）、陸軍省、海軍省の海外払いなど政府の対外支払資金にも充当した[102]。残額がある場合には外国に預金したり公債を外国で購入したりした。日本銀行は、外債募集金から得た外貨を保有する一方で、これを外国為替銀行に売却し、またこの外貨で金を購入して日本に現送した。こうした外債募集金の運用によって、政府・民間の対外支払資金の補充、在外・在内正貨の蓄積が行われた。外貨市債手取金は、日本銀行によって購入されて在外正貨を補充した。かくして外債発行は、外債借換発行を除けば、発行後一時的に正貨補充に寄与したのである。

　発行された外債の中には市外債や鉄道証券もあったから、その生産助長的側面を無視することはできない。

　だが、日露戦争以後に発行された外債の多くは戦費調達または国債償還のために発行されたものであり、生産上の目的を持つものではなかった。したがって、資本輸入は基本的には日露戦争以後の貿易収支の改善をもたらさなかった。

　しかも外債は元金が償還されなければならず、利子も外国に支払われなければならなかった。輸入資本の利払高は1910年には7400万円弱、1913年には8600万円余であったが、これは1904～13年の貿易収支赤字の平均5500万円をはるかに上回る額であった。このように、支払利子は構造的国際収支の赤字をさらに悪化させる原因となった。

　外債募集は短期的には正貨を補充するものであったが、長期的には正貨流出、正貨危機をもたらす要因となってしまったのである。

---

102)　大蔵省編『明治大正財政史』第1巻、225－257ページ。

外債募債金の使途については本章第5節で詳論する。正貨維持吸収策としての日露戦争以後の金施策についてはすでに論述しているので本章では割愛する。

第3節　日露戦争以後の公定歩合操作と正貨政策

1　正貨維持に消極的な公定歩合操作

（1）　公定歩合制度の変化

　日露戦争期には外債発行が正貨維持吸収の中心的な方策となった。戦争中の経常収支は大幅な赤字であったが、日露戦争期に10億円を超える巨額の戦時外債が発行された結果、日本銀行や政府の所有する内外正貨所有高は急増して4億8000万円に達した。兌換制維持のために外債募集が大きな役割を果たした。日露戦争後、外債発行に依存しない産業奨励策や対外支払いの節約による正貨維持策も検討されたが、それらは入超による正貨流出を阻止できず、多額の外債発行が継続した。明治末期に正貨危機が深刻化すると、外債利払いの増加もあり、外債募集による正貨吸収に対する批判が生じてくる。こうした日露戦争後の時期の公定歩合操作について、正貨維持との関連で考察することとする。

　最初に公定歩合制度の変化について述べておきたい。従来、日本銀行の金利は地域的に異なっていたが、1906（明治39）年7月に公定歩合が全国的に統一された。このときに日本銀行は1899年以来の営業予算制度（取引先別貸出限度制限制度）を継続するとともに、貸出の種類によって金利に最高最低を設ける高率適用制度（担保などの種類に応じた利率を適用）を部分的に開始した。

　1911年11月には営業予算制度に代えて貸出標準制度（取引先別貸出標準額の設定）を採用すると同時に、貸出標準額を超えて借入れを請求する銀行に対しては基準歩合よりも高い金利を適用する高率適用制度の採用を決定した[103]。

---

[103]　日本銀行百年史編纂委員会編［1983a］37－41、209－217ページ。1909年2月に日銀副総裁となり、1911年6月に松尾に代わって第7代日銀総裁となった高橋是清は、日銀金利の引上げに伴う全般的な金利水準の上昇を回避しつつ、選択的・個別的に対応することにより商工業者への影響を限定したうえで、日銀金利引上げと同様の効果を実質的に獲得しようとしたと考えられる（佐藤政則［1988］70－71ページ）。同総裁が1911年10月の日本銀行支店長会議で述べたところによれば、高率適用制度の主眼は、日本銀行の資金融通先銀行による貸出の固定化および不健全化（不謹慎となる用途に充当）を回避し、日本銀行の金融調節を有効に行っていくことにあった（宮島茂紀［1995］100ページ）。

第3編　日露戦争以後の金本位制維持政策

（2）　公定歩合の引下げ局面

1903年10月に第6代日銀総裁となった松尾臣善のもとで1904年7月、12月、1905年6月に公定歩合が引き上げられた。7月の引上げは政府貸付の増進が兌換券の過度の膨張を招く恐れがあったためである。12月の引上げは正貨流出と兌換券の制限外発行の増加に対処するためであった。1905年6月には資金需要の増加の兆候をみて事前的に警戒の態度を示す目的で引き上げている[104]。公定歩合は1903年3月の日歩1銭6厘から1905年6月の2銭2厘へと上昇した。

日露戦争以後第1次世界大戦勃発時までの公定歩合政策は、戦時経済から平時経済への移行に伴い公定歩合を漸次引き下げていった1910（明治43）年までの引下げ局面と1911年9月から第1次大戦勃発時までの公定歩合引上げ局面とに大別できる[105]。

公定歩合は1906年3月に2銭へと引き下げられ、5月にはさらに2厘引き下げられて1銭8厘となった。これは市中貸出金利の低下に追随するものであり、1906年7月の高率適用制度の開始を伴いつつ、1907年12月まで継続する。

1907年12月には内外金利上昇と国内金融逼迫から2厘引き上げられ（日歩2銭）、1909年に至るまでこの水準に据え置かれた[106]。『銀行通信録』はこの公定歩合引上げを市中金利への鞘寄せとみているが、アメリカの金融恐慌の発生から国際金融市場での起債が困難化したことに対する配慮も働いたとみられる。欧米の金利の暴騰を眺めた在日外国銀行が海外への資金送金を増加させ、このことを日本銀行は金融逼迫の一因とみていた。だが『銀行局年報』はこのことから正貨流出に備えて公定歩合が引き上げられたとみていた[107]。

1909年から1910年にかけて公定歩合の引下げが本格化し、1909年5月、8月、1910年1月、3月と引き下げられていった。この結果、公定歩合は日歩1銭3厘と、日本銀行の金利は開業以来の低水準に達した。1908年には2銭5厘を超えていた東京市中割引歩合（平均）も1銭5厘近くにまで低下し、日本は低金利時代を迎えた。このような公定歩合の引下げはすべて市中貸出金利の低下に

---

104)　泉川節［1980］66-67ページ。
105)　宮島茂紀［1995］80ページ。
106)　松尾臣善日本銀行総裁演説「明治四十年日本銀行営業報告」『日本金融史資料　明治大正編』第11巻、45ページ。
107)　『銀行局年報』第32次報告。皆藤実［1963b］18ページ。

第5章　日露戦争以後の正貨維持吸収政策と在外正貨

追随する形で行われている。

　ただし、公定歩合の引下げは相当慎重に行われた。たとえば、1909年5月の公定歩合引下げは同年に入っての市場金利の低下に遅れて実施されており、金融緩和情勢にもかかわらず公定歩合引下げに慎重な姿勢を示していた日本銀行がようやく正貨維持上の問題は生じないとの判断を下した結果であった。公定歩合政策と正貨維持政策とは関係しており、公定歩合変更に際して同行は貿易収支や外債発行による正貨維持・正貨補充に関心を払ったのである[108]。

　この公定歩合引下げ後、金融緩和傾向はさらに強まったが、日本銀行は8月に至るまで第2次公定歩合引下げに踏み切らなかった。これは対外関係が明瞭ではなかったからであって、国内経済の先行きに対し警戒を加えたためではなかった。またその後も、金融緩和傾向が続くなかで日本銀行は第3次公定歩合引下げになかなか踏み切らなかった。これは欧米の金融情勢に注目していたためであり、10月のロンドンの金利高騰（イングランド銀行による公定歩合の引上げ）が我が国の外資輸入を難しくすることが懸念され、それは正貨危機を招く恐れもあった。12月以降イングランド銀行が公定歩合を引き下げるのをみて、日本銀行は第3次公定歩合引下げを実施した（1910年1月）[109]。1910年3月の第4次公定歩合引下げは海外金利と国内金利の低下のもとで実施されている。公定歩合操作と正貨維持政策とは関係があり、その引下げが正貨維持を危うくしないかどうかを配慮する必要があったために、海外情勢に注目したのである。

　また、日本銀行が公定歩合引下げに慎重であったのは、それが日本銀行の警戒的態度の解除とみなされ、これが国際収支改善と逆の結果を招く恐れがあったこと、さらに「海外関係諸国の金融経済情勢いかんによっては、外資導入の途絶・困難化あるいは輸出不振による貿易収支の赤字幅拡大の可能性もあり、

---

[108]　1909年5月の公定歩合引下げに際して発表された声明文では、「貿易上ノ輸入超過ノ状況ハ如何、戦後ニ新設若シクハ拡張セラレタル事業ノ整理ハ如何、我主要輸出先ナル米国及ビ清国ノ状況如何、大会社不始末暴露ニツキテ一般経済社会ニ及ボス影響如何、外資輸入ノ状況如何、バルカン問題及ビトルコ事件ノ成行如何、等正貨ノ維持上並ニ我経済界ニ関係アル重大ナル諸問題ノ解決如何ヲ観察スルコトヲ勉ムル必要アリタル為」であった。当時の状況について、日本銀行は「貿易上ノ輸入超過モ僅々ニシテ輸出時季ニ移ラントシ」、海外景気回復が見込まれ、「外資輸入モ端緒ヲ得スレルモノノ如シ」と判断していた（日本銀行保有資料『本行利子』明治15～昭和4年）。宮島茂紀［1995］82-83ページ。『銀行通信録』第283号、1909年5月。日本銀行百年史編纂委員会編［1983a］243-244ページ。

[109]　日本銀行百年史編纂委員会編［1983a］245-246ページ。

377

正貨準備の急減につながる惧れも十分ありえた」ことから、正貨準備維持重視の立場を示す必要があったためと思われる[110]。

上記の公定歩合引下げ局面における日本銀行総裁は松尾臣善であった。松尾総裁が貨幣制度を確実にするために正貨準備を充実させようとしたことは、第6章で述べる日本銀行の1906年4月における上申書（「正貨維持ノ事ニ付キ上申」）や1908年4月の日本銀行の上申書（「再正貨維持上ノ事ニ付上申」）の記述から明らかである。

「再正貨維持上ノ事ニ付上申」では応急的正貨維持策として輸入抑制策が提唱されていたが、松尾総裁は基本的には産業の発展による輸出奨励による正貨準備維持が不可欠であると考えていた。このことは「正貨維持ノ事ニ付キ上申」（1906年4月）や阪谷芳郎大蔵大臣の内訓（1906年8月23日付）に対する松尾総裁の答申書（同年10月16日付）や、第6章で述べる1911年5月の正貨事項会議における同総裁の上申書から明らかである。1906年10月16日の答申書では、「現に我が国は多額の国債を外国に負担せり、是等事業の興起により商工業を増進し輸出貿易を伸長し以て国力の充実を勉むるに非ざれば外債元利金の支払、兌換制度の維持何を以てか之を支ふることを得ん、此点よりみれば有益なる事業の振興は最希望す可き所」であると述べられている[111]。もっとも、松尾総裁は、事業の振興が急激に国力不相応の資金を要して金融を紊乱させるのは危険であると認め、事業と金融の調和を考えた。同総裁は銀行貸出の慎重さを求め、銀行の信用調査を重視し、資金の固定的貸出を回避すべきであるとした。信用調査については「必ず十分に貸出先の資力信用を調査し、其果して期限に至り正確に返済し得るや否やを確かめざる可からず」としていた[112]。輸出増進策や資金の固定的貸出の回避については高橋是清副総裁の影響を受けていた

---

110) 宮島茂紀［1995］86ページ。
111) 「事業勃興に関する内訓及答申」『銀行通信録』第43巻第255号、1907年1月15日、73－75ページ。また宮島茂紀［1995］87ページも参照。1905年後半から金融緩和に伴う事業熱の兆候が生じ、当時の蔵相阪谷芳郎は中央金融機関（日本銀行、日本興業銀行、日本勧業銀行）の操縦に注意を発していた。松尾総裁は1907年2月の株主総会においても「国運ノ発展ヲ期セントスルニハ必ヤ生産ヲ増殖シ資力ノ充実ヲ図ラサルヘカラス而シテ生産ノ増殖ヲ謀ランニハ国家有益ノ事業ヲ奨励シテ其発達ヲ遂ケシムルニ在リ」と述べている（松尾臣善日本銀行総裁演説「明治三十九年日本銀行営業報告」『日本金融史資料　明治大正編』第11巻、7ページ）。
112) 『銀行通信録』同上号、74－75ページ。宮島茂紀［1995］88ページ。

と考えられる[113]。

　ただし、松尾総裁は、基本的には積極主義の立場に立っていたとはいえ、高橋是清のように国内産業育成のために低金利の必要性を主張することはなかった[114]。日本銀行は1906年7月に、①従来地域的に異なっていた公定歩合を全国的に統一（本支店・出張所を通じての一律化）するとともに、②同行本支店・出張所間の為替に打歩（手数料）を課していたのを廃止し、③さらに「営業予算制度」を継続したまま、公定歩合に最高・最低を設ける高率適用制度を開始した。①と②については国際的に割高であった日本の金利を自然に低落させようという狙いがあったが、積極的に国内金利を引き下げようとするものではなかった。③は貸出の種類・信用の程度・期間の長短などに応じて手心を加える余地を設けるという趣旨によるものであった。それは「放資ノ途に就ては十分慎重の警戒を加へ」過大な信用拡張を抑制するとともに、なるべく国家有益の事業を選択して幇助しようとするものであった[115]。

　日本銀行の正貨準備率は貿易に基づく正貨の入超を反映せず、1905年には37.0％であった正貨準備率は1909年には61.8％に増大している[116]。この正貨準備は外債募集に基づく在外正貨を含んでいた。日本銀行の利子率は必ずしも正貨準備の増減を反映していなかった[117]。公定歩合操作によって貿易の逆調を是正して正貨を維持するという誘因は乏しかった。

　松尾総裁時代の日本銀行は公定歩合を引き上げて積極的に正貨を吸収しようとはしなかった。これは松尾総裁のもとでの日本銀行が輸出産業奨励に積極的であったからであろう。公定歩合は金融市場の動向に追随して低下する傾向が強かったのである。

　かくして日露戦争後の松尾総裁時代には、公定歩合操作による正貨吸収には

---

113) 佐藤政則［1988］67, 69-70ページ。
114) 宮島茂紀［1995］88-89ページ。
115) 日本銀行百年史編纂委員会編［1983a］197-204ページ。『銀行通信録』第255号、75ページ。宮島茂紀［1995］89ページ。
116) 後藤新一［1970］15ページ。
117) 大蔵省証券の発行が大量となるにつれ、「大蔵省証券が発行されれば日本銀行がこれを引き受け、したがって兌換券の膨張をきたし、それが民間に売れただけ兌換券が収縮するという関係にあったから、日本銀行の割引歩合にしても主として大蔵省証券の利率に追随して上下されるという以外には、経済界の実勢に対応するところなく、したがってまた中央銀行の公定歩合としての権威をも失わざるを得なかった」（明石照男・鈴木憲久［1957］260-261ページ）。

日本銀行は消極的であったといわざるをえないのである。

（3） 公定歩合の引上げ局面

　1911（明治44）年6月に松尾総裁が辞任し、高橋是清が第7代日本銀行総裁に就任した（総裁在任期間は1911年6月〜1913年2月）。同年9月に日本銀行は公定歩合の引上げに踏み切った（日歩1銭5厘）。その後1912年2月、10月、11月と小刻みに（1厘ずつ）金利が引き上げられていき、公定歩合は日歩1銭8厘となった。その後、公定歩合は1914年7月にさらに2厘引き上げられる。

　1911年9月の公定歩合の引上げは、同年10月の支店長会議における高橋総裁演説から明らかなように、基本的には金融が今後しだいに繁忙化するとの内外金融情勢の総合的判断に基づき、市場金利の上昇に追随して行われたものである[118]。日本銀行は対外的配慮も行っており、この公定歩合の引上げは国際政治情勢悪化に伴う各国中央銀行の利子の引上げを反映したものでもある[119]。当時、貿易の前途が一時的ではあるが楽観すべき情勢であったのもかかわらず公定歩合引上げが実施されたのは、海外市場での金利上昇によって外資導入が困難化する事態を想定して機敏に手を打ったとみることも可能である[120]。

　日本銀行は1911年11月には営業予算制度に代えて貸出標準制度を採用すると同時に、貸出標準額を超えて借入れを請求する銀行に対しては基準歩合よりも高い金利を適用する高率適用制度の採用を決定した。

　金融の繁忙化が続くなかで日本銀行は1912（明治45＝大正元）年2月、10月、11月に公定歩合を各1厘ずつ引き上げていった。これは市中の金融繁忙の兆候、金利上昇傾向を勘案してこれに追隨したものであって、金利上昇を先導したものではなかった[121]。また、10月、11月の公定歩合引上げは、貿易収支の悪化および世界的金融の緊縮を懸念したものでもあった[122]。このような公定歩合

---

118) 宮島茂紀［1995］91ページ。
119) 髙橋是清日本銀行総裁演説「明治四十四年日本銀行営業報告」『日本金融史資料　明治大正編』第11巻、181－182ページ。当時のヨーロッパ諸国中央銀行の金利引上げは、秋季資金需要期に際し、たまたまモロッコ事件（第2次）が発生したために実施されたものである（「欧州諸国中央銀行金利引上」『銀行通信録』第52巻第312号、1911年10月20日、513ページ）。
120) 宮島茂紀［1995］91－92ページ。
121) 髙橋是清日本銀行総裁演説「明治四十五大正元年日本銀行営業報告」『日本金融史資料　明治大正編』第11巻、215ページ。

第5章　日露戦争以後の正貨維持吸収政策と在外正貨

引上げは正貨維持を考慮するものでもあったということができる[123]。

　高橋総裁は人為的な金利引上げには産業への悪影響を考慮して反対であったが、同総裁のもとで日本銀行は公定歩合を引き上げた。このような金利引上げ、公定歩合の変更には正貨維持への配慮が払われたことは確かである。これはとくに海外利子の上昇から生じる外債募集への悪影響を配慮して行われたものにほかならなかった。

　実際には、この公定歩合引上げは貿易収支を改善するという効果がほとんどみられず、金融市場の状況に追随して引き上げられたという傾向が強かった。この背景には高橋総裁が輸出産業奨励を求めていたことが挙げられる。高橋には日銀資金供給を通じた輸出産業の育成、日露戦争後のこの継続、日露戦争後の生産奨励による輸出奨励・輸入抑制を通じた正貨維持、外債発行による正貨補充という構想があったのである[124]。

　1911年9月の引上げの行われる1カ月半前に開かれた「正貨事項会議」で、高橋総裁の意見書に基づき、外債に基づく正貨収支と自然の経済作用による正貨の出入りとを区別し、自然の経済作用による正貨の出入りを直接正貨準備の増減に影響させることとし、この正貨準備を公定歩合操作の標準の1つとするという原則が定められた。これは正統的金融政策への志向性を強く持つといわれている[125]。だが、高橋総裁はこの観点からのみ市場金利を高めに誘導しようとして、公定歩合を引き上げたわけではなかった。輿論は1911年9月の日本銀行の金利引上げを民間金融の引締り傾向に対応した当然の措置とみなしていた。むしろ、民間金融が春以来すでに緊縮の傾向にあったにもかかわらず日銀は公定歩合を据え置いてきたのであるから、同月の公定歩合の引上げは遅すぎたという批判が当時『時事新報』によって行われている[126]。

　1912年2月7日に公定歩合はさらに引き上げられた。前年8月に蔵相となっ

---

122)　同上巻、216ページ。
123)　泉川節［1980］110ページ。宮島茂紀［1995］94ページ。
124)　正貨事項会議における高橋総裁の意見書（1911年7月）や「正貨準備維持ニ就キ積極、消極孰レノ主義ニ拠ラントスル哉ニ関シ政府ノ方針内示方上申案」という高橋総裁の答申案（1912年）にこの方針がよく表れている。
125)　伊藤正直［1987b］378ページ。
126)　「日本銀行利上」『時事新報』1911年9月28日付。「日本銀行金利引上」『銀行通信録』第312号、510-512ページ。皆藤実［1963b］20ページ。

ていた山本達男はこの利上げを支持した。だが産業に悪影響を与えることを恐れた高橋是清日銀総裁は、内心ではこの利上げに反対だったようである[127]。

　1912年7月、8月に大蔵省証券の割引日歩が引き上げられると[128]、公定歩合引上げ論議が起こった。大蔵省証券日歩引上げは同証券の売不振に対処するとともに、兌換券の膨張を抑制して事業計画の行過ぎを防ぎ、さらには外国貿易の逆調を是正しようとするものであった。山本達雄蔵相のもとで大蔵省はこの目的を達成するために日本銀行の公定歩合引上げを要求したが、日本銀行高橋是清はこれに反対した。このために公定歩合の引上げは遅れた[129]。

　このような高橋総裁のもとでの日銀の金利政策には批判も出ている。1912年（7月30日に大正元年と改元）10月の引上げについて、山本達雄蔵相のもとでの大蔵当局者は、通貨の膨張を防ぎ貿易の逆勢を緩和する効果が十分ではないとして、日本銀行の金利引上げの手ぬるさを暗に批判していた[130]。銀行家やジャーナリズムの中からも、10月の1厘引上げは不十分であるという意見が出た。11月の公定歩合引上げに対して、ジャーナリズムの批判は一段と激しさを増した。『東京朝日新聞』（11月22日付）は公定歩合が1銭8厘にとどまっているために日本銀行の民間貸出が増加し兌換券が膨張し、輸入超過と正貨流出を激成していると批判した[131]。

　金利引上げを回避しようとする高橋総裁のもとでは、公定歩合の引上げによって貿易収支を改善し正貨吸収を図るという方法は、やはり困難であった。

　かくして、明治末大正初期の高橋総裁のもとでの日本銀行の公定歩合操作による正貨吸収は、消極的な役割を果たすほかはなかったのである。

　日露戦争後、1914年7月の公定歩合の変更に至るまで、公定歩合引上げによる正貨吸収方策がほとんどみられなくなる。公定歩合の変更は基本的には市場金利の動向に追随したものであった。この間の公定歩合操作は、それが国際的金利動向への配慮を反映していたという意味で外資導入に基づく正貨維持吸収

---

127)　日本銀行百年史編纂委員会編［1983a］262−265ページ。本書第6章も参照。
128)　従来、大蔵省証券の変更は公定歩合の変更に随伴して行われることが多く、また日本銀行商業手形割引歩合に対して常に多少の利鞘を保っていたのに、そうでなくなった。
129)　日本銀行百年史編纂委員会編［1983a］265−269ページ。
130)　同上巻、271ページ。
131)　同上巻、265−269ページ。

策とまったく無関係ではなかった。しかし、貿易収支の改善による正貨維持政策の意義をほとんど有していなかったのである。

正貨準備維持策に関しては在外正貨を正貨準備に繰り入れるという方策が重視され、通貨当司はこれによる通貨信認維持に頼っていたのであった。

2 公定歩合操作の中心的正貨維持政策化とその限界

(1) 公定歩合操作の中心的正貨維持政策化

1913年2月に第1次山本権兵衛内閣が成立すると、高橋是清が日本銀行総裁を辞任して大蔵大臣となり、第8代日本銀行総裁には三島彌太郎が就任した。三島総裁は公定歩合引上げを提案したが、高橋蔵相がこれに反対し、高橋蔵相在任中は公定歩合の引上げが許されなかったようである[132]。

第6章で詳しく述べるように『正貨吸収二十五策』は、日本銀行の割引政策は外国の中央銀行と同じように正貨準備維持を第1の目標として運用すべきであると主張していた。市中銀行の割引日歩が2銭2厘内外であるのに日本銀行の公定歩合は1銭8厘であり両者に4厘の開きがあったため、正貨準備維持の一方策として、この低すぎる公定歩合を2銭に引き上げて輸入を減少させ、民間における外資の流入を促進し、これにより正貨を調達すべきとしていたのである。だが、勝田主計大蔵次官は、1914年1月24日の衆議院予算委員総会において、金利を引き上げることは、輸入を防ぎ正貨の流出を妨げることにはなるが、国の生産と貿易の発達を妨げると述べ、公定歩合の引上げに慎重な態度を示した[133]。

1914年4月16日に第2次大隈内閣が成立すると、大蔵大臣には高橋是清に代わって若槻礼次郎が就任した。若槻は非募債、貿易の逆勢転換という正貨政策を採用した[134]。財政上の貿易収支改善対策については、同内閣は、①政費を節約して国民の負担を軽減し、②公債の募集を廃して外資の急激輸入を避け、③国庫の収支を改善して兌換券の膨張を防ぐ、という3策を採用した。これに

---

132) 日本銀行百年史編纂委員会編［1983a］289-290ページ。
133) 「議会における正貨問題」『銀行通信録』第57巻第341号、1914年3月20日、325ページ。
134) 非募債については神山恒雄［1995］279ページを参照されたい。

第3編　日露戦争以後の金本位制維持政策

よって物価騰貴を抑制し、ひいては外国貿易の情勢を転換しようとした[135]。

　若槻蔵相は1914年6月3日に実業協会招待会において、「自ら外債募集をせざる方針を立てたる次第なれば、今後は正貨問題は自然の作用に依つて解決せらるべき運命の下に立つに至り随つて今後の正貨問題解決の案は懸つて主として中央銀行の金利調節に存するものとす」と述べた[136]。かくして、公定歩合操作が日本の正貨政策の中心として位置づけられたのである。このことは正貨政策の大きな変化であった。「正貨問題解決の任務は挙て日本銀行に一任」される形となり、日本銀行がどのような政策をとるかを一般銀行業者が注目するようになった[137]。7月6日の公定歩合引上げや7月17日の正貨維持会議における金利政策による金融引締方針は正貨政策の変化を反映するものであった。

　7月6日の公定歩合引上げについて、日本銀行の三島彌太郎総裁は「政府財政ノ方針ト内外経済上ノ情勢ニ鑑ミ」公定歩合を引き上げたと述べている[138]。1914年春以来、金融は緩和の傾向にあった[139]。『東京朝日新聞』は、7月初めに金融は逼迫しておらず、貿易も回復の兆候を示していたことを指摘している[140]。したがって、この利上げに市場は意外の感を抱いていたのである[141]。『東京日日新聞』（1914年7月7日付）は、金融が小康状態にあるときに急激に日本銀行が利上げを行ったことについて、「奇異の感なきを得ず」と記している[142]。この利上げは従来の市中追随的な引上げと趣を異にするものであったのである[143]。

　この公定歩合の引上げの目的が「政府の方針に順応し、且つ日本銀行自衛上の必要に出で、併せて金融市場の前途を警戒せんとする」ことであるとみるの

---

135)　「正貨対策」（本書で引用の必要上つけた名称）（1914年6月25日調べ）（中京大学図書館所蔵『正貨吸収二十五策』所収）参照。
136)　高橋亀吉編『財政経済二十五年誌』[1932]第6巻、財界篇（上）、378ページ。
137)　「東京の金融」『銀行通信録』第58巻第345号、1914年7月20日、1ページ。
138)　三島彌太郎総裁演説「大正三年日本銀行営業報告」（1915年2月）『日本金融史資料　明治大正編』第11巻、283ページ。
139)　同上。
140)　「日銀利子引上」『東京朝日新聞』1914年7月6日付。
141)　日本銀行百年史編纂委員会編『日本銀行百年史』第2巻[1983a]291－292ページ。
142)　もっとも、利上げ当時、公定歩合が「金融界の趨勢を追ふて引上げ」られたという見解が金融界に存在しなかったわけではない。『中外商業新報』にこの事例がみられる（『銀行通信録』第58巻第345号、25ページ）。
143)　泉川節[1980]87ページ。

第 5 章　日露戦争以後の正貨維持吸収政策と在外正貨

が利上げ当時の多数の観測であった[144]。『東京朝日新聞』(1914年 7 月 6 日付)は、この公定歩合引上げは正貨問題に対する大蔵省の方針が一変した結果であると記している。当時、『中外商業新報』などの各新聞紙は、この公定歩合引上げの目的について、政府が貿易の逆勢を転換するために通貨を縮小して物価低落を図り、日本銀行が政府のこの方針に順応したという説と、正貨流出のもとで日本銀行自身が自衛のために金利を引き上げたという説の 2 つがあったことを伝えている[145]。

しかして実際のところは、日本銀行総裁が認めているように、この金利引上げは政府の財政方針に従ったものであり、この財政方針とは非募債主義のもとでの中央銀行の金利調節による正貨問題の解決（正貨確保）であった。正貨現在高は1914年 6 月末に 3 億6094万円となっており、これを 1 年前と比較すれば1045万円の減少となっていた。この減少は政府保有正貨および特別運用金の減少によるものであった。政府は外債元利金や海軍省経費などを対外的に支払わなければならず、このために政府在外正貨補充が求められていたのである[146]。

一方、日本銀行の自衛のためにも正貨補充が必要とされたであろう。日露戦争後に政府対外支払いはとくに政府所有在外正貨（外債募集金などに基づく）から支払われていたから、日本銀行正貨保有高は減少を示さず、大正初期においてもこの状態が続き、1914年 6 月末の日本銀行正貨現在額 3 億676万円は 1 年前と比べれば5516万円の増加を示している[147]。とはいえ、当時日本銀行営業局長であった深井英五は後年に、大正初期に日本銀行の兌換券発行に対する正貨準備率においては心配するに及ばなかったが、対外支払いの困難から正貨兌換制度の維持が不可能になるだろうとの悲観説も唱えられ、いかにして兌換制度を維持するかということが問題となっていた、と回顧している。この兌換制度維持方策としては、貿易上の輸出増進による正貨の吸収と輸入防圧遏による正貨支払いの節約による国際収支の改善を図るほかはない、これを達成するための対内金融方策としては、金融を引き締めるということが金本位制下におけ

---

144)　「日本銀行の金利引上」『銀行通信録』第58巻第345号、28ページ。
145)　同上、25－28ページ。
146)　金額は「自大正二年七月至大正三年六月最近一年間正貨受払実況調」（中京大学図書館所蔵『正貨吸収二十五策』所収）による。
147)　上掲「自大正二年七月至大正三年六月最近一年間正貨受払実況調」による。

る定石であった、と深井は述べている[148]。

　三島総裁は、第 1 次山本権兵衛内閣時代に公定歩合を市場利子率よりも低くする高橋是清蔵相の方式に反対であり、「正当なる」金融調節方法としての公定歩合引上げの時期を待っていた[149]。大蔵省作成の「正貨対策」（1914年 6 月、本章注135参照）の中では、日本銀行の正貨準備維持に関して、「日本銀行ハ適宜ニ其金利ヲ調節シテ自衛ノ策ヲ講セサルヘカラス」と述べられており、当時政府在外正貨確保を重視していた大蔵省が日銀正貨維持にも配慮していたことは明らかである。 7 月17日の正貨維持に関する前述の会議で、日銀が金融を当分引き締めることが決定された。日本銀行は1914年の公定歩合引上げに日本銀行自身の兌換準備のための正貨補充という目的があったことを公表してはいない。だが、こうした経過は1914年 7 月の公定歩合引上げに日本銀行の正貨準備、金準備維持の意図があったことを物語るといえよう。当時『東洋経済新報』も、日本銀行は兌換制度の維持と金融界の最後の貸手機能という 2 つの任務を果たすために金利政策を運営すべきであると論じ、 7 月の公定歩合引上げを支持した[150]。

　日本銀行は、三島日銀総裁が述べているように「政府財政ノ方針」とともに「内外経済上ノ情勢」をも考慮して1914年 7 月に公定歩合を引き上げた。このことは、金融界の趨勢に従うというよりもこれに先んじて警戒の意味から引き上げられたという、金利引上げ当時の『大阪毎日新聞』や『時事新報』の新聞論調を三島総裁が認めたことを意味していると考えられる[151]。

（2）　公定歩合操作の効果とその限界

　公定歩合引上げに関しては、 2 つの効果が考えられた。 1 つは国内経済や貿易に及ぼす影響であり、もう 1 つは国際資金移動に及ぼす影響である。これらは正貨移動にも影響を及ぼすことになる。日本の公定歩合引上げは、伝統的に

---

148)　深井英五［1941］109－110ページ。
149)　坂本辰之助『子爵　三島彌太郎伝』昭文堂、1930年、162ページ。
150)　「日銀金利政策の根本方針」『東洋経済新報』第675号、1914年 7 月15日、 5 － 7 ページ。「重て日銀の金利政策に就いて」『東洋経済新報』第676号、1914年 7 月25日、 7 ページ。
151)　「大正三年日本銀行営業報告」『日本金融史資料　明治大正編』第11巻、283ページ。「日本銀行の金利引上」『銀行通信録』第58巻第345号、24－26ページ。皆藤実［1963b］23ページ。

第5章　日露戦争以後の正貨維持吸収政策と在外正貨

は前者が考慮されていた。

　大蔵省内で策定された「正貨対策」（略称）（1914年6月）提言案は、日本銀行の金利変動の国内的効果について次のように述べている。日本銀行割引日歩の引上げは普通銀行に警戒を促し資金の固定を避けさせ、ひいては新事業計画の不健全な勃興ならびに旧事業の過大な拡張を防ぎ、事業経営の速度を調整し、商業界の景気を順当にして過度の投機を制するなどの経路により事業の急激な経営に基づく輸入または一般商品の見越し輸入を制限し、ひいては貿易決済のためにする正貨の流出額を減じ正貨の維持上重大な作用を呈すると。

　同提言案は、日本銀行の金利変動の国内への作用は間接的であって、その効果が発揮されるまでに時間がかかることを認めていた。また、日本銀行の金利引上げだけではただちに一般金利を引き上げることができない場合があることも認めていた。さらに日本銀行の正貨維持方策が金利の引上げのみに依存するときは比較的高率かつ長期に引き上げざるをえず、いたずらに経済界の苦痛を大きくする傾向にあると、その方策の問題点を指摘していた。そして、結論として、公定歩合の効果を無視することは不当であると論じている。

　大蔵省内作成の「正貨吸収政策トシテノ外国為替政策」（1914年5月頃作成）は、我が国の公定歩合操作が国際的資金移動に及ぼす効果に対して否定的であった。だが前述の提言案は、それは10年前には正しかったが、日本の金融機関と欧米重要金融機関との業務上の連絡は諸般の理由により最近2、3年来多少みるべきものがあるに至っており、かつ内国債の国際的売買もある程度行われるようになっているため、今や欧米諸国からの資金吸収ないし資金流出防止は必ずしも債券の発行売出しによらずともできるようになっていること、1913年8月から12月に至る5カ月間における2800万円あまりの正貨流入はこの実例であることから、今日では「日本銀行割引日歩ノ高低如何ハ資金ノ国際的移転ニ無関係ナリト云フコトヲ得ズ」、と記している。「日本銀行正貨維持方策ノ根底タルヘキモノハ」「金利ノ引上ニ存スル」と述べている。だが同提言案は、この方法だけに依存することはできないとも論じていたのである。

　当時、新聞では『時事新報』や『東京朝日新聞』が日本が金利引上げによって海外から正貨を吸収することが困難であり、公定歩合は輸入抑制、輸出増進を通じて正貨を維持吸収する効果があると報じていた[152]。

387

第3編　日露戦争以後の金本位制維持政策

　こうしたことを総合的に考えると、公定歩合引上げは主として貿易の好転を通して正貨維持に貢献するものであったということができよう。もっとも、それが国際的資金移動に影響を及ぼして正貨を維持するという効果も検討されるような段階になったともいえよう。

　だが、公定歩合引上げの貿易への影響は間接的なものであって、その効果が発揮されるには時間がかかる。公定歩合引上げの後、経済界の不振のため市中金利はほとんど上昇せず、1915年に入って市中金利は低下傾向さえ示した[153]。7月の公定歩合引上げが正貨維持策であることを認識した『東京朝日新聞』は、今後も貿易の事情と正貨の増減の模様によっては日本銀行がさらに金利を引き上げることがあると予想した。だが、これは実施されなかった。その理由は第6章で「正貨対策」に関して述べるように、我が国においては公定歩合引上げの経済界への悪影響が強く懸念されたからであろう。また、1914年7月の公定歩合引上げも大幅なものではなく、1909年5月に公定歩合が引き下げられる以前の水準にまで戻ったというにすぎなかった。1915年初めまで公定歩合は依然として東京市中割引歩合（平均）を下回っており、公定歩合は市中金利よりも高く設定されるという懲罰金利としての意味を持つに至ってはいなかった（貸出標準額を超えた貸出に対する高率適用制度はあったが）。したがって、実際の公定歩合の引上げには限界があったといえるのである。

　貿易はさまざまな要因によって規定される。公定歩合の引上げによって輸出奨励、輸入抑制を図り、日本の貿易の入超構造（1912年、1913年には入超額は1億円近くあった）を転換することは容易ではなかった。1914年に入超額が減少

152）『時事新報』は、「我国の国際金融関係は欧米諸国の如く密接円滑ならざるを以て日銀の利上により直接に正貨を海外より吸収するの力は極めて微弱なり」と述べたが、利上げは「兌換券の収縮物価の下落を誘起して輸入を抑制し輸出を増進し間接に正貨の維持吸収に効果ある」と報じていた（「日銀の利上」『時事新報』1914年7月6日付）。『東京朝日新聞』は、「欧州諸国に在りては……或る一国の中央銀行が金利を引上ぐる時は、忽ちにして四隣の金融界より多額の正貨を吸収し得る」が、「東洋の一隅に僻在し、且国際的商取引の今尚幼稚なる我国に在りては、中央銀行の金利引上は欧州諸国の夫れの如く顕著なる効果を奏せざるべし」と述べ、我国の中央銀行の金利引上は、「兌換券を縮小し、物価を低落せしめ、而して間接に貿易のバランスを回転せしめるの効」が少なくなく、「利子引上のために幾分か外国の正貨吸収の見込」もあると論じている（『銀行通信録』第345号、26－27ページ。「日銀利子引上」『東京朝日新聞』1914年7月6日）。本書386－387ページの大蔵省資料については本書574、577－582ページを参照。

153）　泉川節［1980］89－91ページ。

し、1915年に至って貿易は出超に転ずるが、これは第1次大戦の勃発による輸出の増大、輸入の打撃によるものであった[154]。

したがって公定歩合操作（引上げ）による貿易逆調是正による正貨吸収という政策は、当局者の政策意図にもかかわらず、実際の効果を発揮することが困難であったといえよう。さればこそ、日本の正貨政策は実際には為替政策や補助的対策としての金政策に依存せざるをえなかったのである。

第4節　在外正貨保有の増大・恒常化とその保有形態

1　在外正貨保有の増大とその恒常化

日清戦争賠償金受領後、政府所有在外資金が大幅に減少していた。また、日本銀行は日露戦争以前に基本的に在外資金（在外正貨）を所有していなかった。だが、日露戦争前後に日本銀行副総裁の高橋是清が3回渡欧し（1904年2月、1905年2月、1906年9月）、巨額の外債を募集した。日露戦争後も外債発行がしばしば行われた。かくして表5-4（後出）の正貨在高表にみられるように、日露戦争以後に在外正貨所有が激増するに至った。すなわち、1903年に1879万円であった在外正貨は1905年には4億4241万円に達したのである。また、その所有が恒常化し、1912年に至っても2億1472万円の在外正貨が保有されていたのである。その保有内訳をみると、1910年における在外正貨3億3687万円のうち、政府が2億159万円、日本銀行が海外正貨準備8746万円、海外正貨準備外4782万円、合計1億3528万円であった[155]。

日露戦争前には政府所有の在外資金は政府対外支払い手段としての性格を強く有していた。日露戦争以後も海軍省経費の海外への為替払いや外国に支払う公債利子の振替払いに充当されたが、それにとどまらず、政府所有在外資金が日本銀行に売却されて正金銀行を通じて為替市場に外貨を供給した。かくして、政府在外資金が一般的国際的支払い手段として機能するという性格が明確となった。政府と日本銀行は政府在外資金買入れなどを通じて在外正貨を自ら保有

---

154)　日本銀行臨時調査委員会「欧州戦争ト本邦金融界」[1918]『日本金融史資料　明治大正編』第22巻、152-153、156、160ページ。
155)　日本銀行百史編纂委員会編 [1986] 332-333ページ。

するようになり、これを用いて為替調整・金流出防遏を行うようになった。また、在外正貨を正貨準備に組み入れた銀行券発行を恒常的に行うようになった。さらに在外正貨を用いて金塊を海外で購入し、これを日本に現送した。

かくして、日露戦争以後に日本の対外決済、貨幣制度の在外正貨依存が本格化するようになったのである。政府在外資金が在外日本公債を除いて日本銀行に売却され、日本銀行が対外資金を保有するようになったのは1903年のことであり、1903年以後大蔵省統計に政府・日銀所有在外正貨が登場するようになったのはこのためであると思われる。

2 対外決済、貨幣制度の在外正貨依存構造（正貨保有構造）の概要

（1） 在外正貨の構成

日本の対外決済、貨幣制度の在外正貨依存構造、正貨保有構造の概要は以下のとおりである。

正貨には在内正貨と在外正貨とがあった。イングランド銀行は1925年8月に外国為替準備の秘密保有を開始したが、それ以前に外国為替を準備金として保有してはいなかった[156]。これに対して、日本銀行は1903年から在外正貨を保有するようになっている。

表5－4の正貨在高表にみられるように、正貨は1903年には大部分が在内正貨であったが、1904年以後は主として在外正貨として保有されていた。在内正貨は金の形態で保有された。

在外正貨は金以外の形態（在外預金など）で保有された。ドラモンドが日本銀行は金と外国為替準備を大部分ロンドンに保有していたと述べているのは間違いである[157]。イングランド銀行は第1次大戦開始後、カナダのオタワで金の引渡しを受け、在外金準備（overseas gold reserves）を開始した[158]。これに

---

156) 佗美光彦・杉浦克己編『世界恐慌と国際金融』有斐閣、1982年、316ページ。第1次大戦期に外国為替を保有するようになっているが、これは主として大蔵省勘定のものであった（同書、314ページ）。

157) Ian M. Drummond, *The Gold Standard and the International Monetary System 1900-1939*, The Economic History Society, London, 1987, p. 25. Ian M. ドラモンド著、田中生夫・山本栄治訳『金本位制と国際通貨システム 1900－1939』日本経済評論社、1989年、45ページ。

第5章　日露戦争以後の正貨維持吸収政策と在外正貨

表5－4　日露戦争後の正貨在高（1903～1912年）

(単位：千円)

	政府所有	日銀所有			合計	内訳	
		正貨準備	正貨準備外	計		在外正貨	在内正貨
1903（明治36）年	6,192	116,962	16,040	133,002	139,194	18,793	120,400
04（　37）	625	79,905	16,416	96,320	96,945	70,517	26,428
05（　38）	363,349	115,595	232	115,827	479,176	442,411	36,765
06（　39）	291,962	147,202	55,594	202,796	494,757	440,923	53,834
07（　40）	237,036	161,742	46,416	208,158	445,194	400,632	44,562
08（　41）	165,924	169,505	56,181	225,686	391,609	329,768	61,841
09（　42）	144,305	217,843	83,796	301,639	445,944	329,263	116,680
10（　43）	201,591	222,382	48,025	270,408	471,999	336,873	135,126
11（　44）	112,669	229,154	22,263	251,417	364,086	231,232	132,854
12（大正元）	82,095	247,023	21,633	268,656	350,750	214,715	136,036

出所：大蔵省百年史編集室編『大蔵省百年史』別巻、223ページ。

対して日本では海外で金を保有していなかった。統計上、日本の海外正貨準備が金地金と表示されたが、その実態は金ではなかったのである。

正貨は政府と日本銀行とによって保有された。1903～04年末においては、正貨はほとんどすべてが日本銀行によって保有されていた。1905～07年には政府所有が日銀所有を凌駕するようになった。1908年には再び日銀所有の方が政府所有のものよりも多くなり、ことに1912年以降は政府所有正貨の構成比率は激減し、1912年に政府所有正貨は正貨総額の23.4％を占めるにすぎなくなっている。1914年初め頃には、公債の利子支払いなど政府対外支払いのために必要なものを除いて、日本銀行が在外正貨を保有する方針が採用された[159]。

こうして、政府は在外正貨として保有し、日本銀行は在外正貨および在内正貨（金）として保有した。表5－4によれば、日露戦争以後は日本銀行の在内正貨の構成比率は激減し、1903年の90.5％から1904年には27.4％となり、1907

---

158) R. S. Sayers, *The Bank of England 1891-1944*, Vol. 1, Cambridge, 1976, p. 87. R. S. セイヤーズ著、西川元彦監訳『イングランド銀行——1891－1944——（上）』東洋経済新報社、1979年、118ページ。

159) 衆議院産業奨励基金特別会計法案委員会における高橋是清大蔵大臣の答弁、1914年2月28日、『銀行通信録』第57巻第341号、1914年3月20日、331ページ。

年には21.4%にすぎなくなった。在外正貨が日銀正貨所有の中心となるに至ったのである。その後、在内正貨の構成比率は上昇し（1909年には38.7%）、1910年以後は日銀所有正貨総額の50%以上となっている。

政府所有在外正貨は主として公債募集払込金、地方債・政府保証債払込金を原資とするものであった。1904年から1913年までの政府在外正貨受取総額20億9370万円のうち、外債受取金が16億5320万円とその79%を占めていた[160]。

日銀在外正貨は主として政府からの買入れに基づくものであった。1904年から1913年までの正貨受取総額13億8000万円の79%が在外正貨の受取りによるものであったが、その67%は政府所有在外正貨の買取りによるものであった[161]。日本銀行は一時的ではあるが為替市場から英貨為替を買い入れることもあり、1909年には政府から在外正貨を買い入れず、為替市場から4329万円にのぼる多額の英貨為替を購入している。

日本銀行の在外正貨保有には、日本銀行の正貨準備に組み入れられるものと正貨準備外として保有されるものとがあった。日露戦争以後において、日本銀行在外正貨の多くは兌換銀行券発行のための正貨準備として保有されていた。1907年には日本銀行の海外正貨準備は1億2477万円、正貨準備外海外正貨は3883万円であった。政府所有在外正貨は正貨準備外であった。同年において政府は2億3704万円の在外正貨を所有していた[162]。

（2）　在外正貨の保有地

1913年末現在における世界の公的準備残高（35ヵ国）は金が48億4600万ドル、銀が、11億3300万ドル、外国為替が11億3200万ドルあり、外国為替の構成比率は全体の15.92%、金と外国為替合計の18.94%となっていた。公的外国為替準備のうちロシア大蔵省が2億2000万ドル、インド大蔵省・特別基金が1億3600万ドルを所有していた。日本の外国為替準備は、日本銀行が7800万ドル、日本政府が4200万ドル、合計1億2000万ドルを所有しており、この構成比率は世界の公的外国為替準備の10.6%となる。横浜正金銀行所有外国為替が1億1600万

---

160)　伊藤正直［1987b］391ページ掲載表による。
161)　政府正貨による日銀在外正貨補充は日露戦争期およびその直後に集中していた。伊藤正直［1987b］392ページ掲載表による。
162)　日本銀行百史編纂委員会編［1986］332－333ページ。

ドルあり、これを含めた日本の公的外国為替準備合計2億3600万ドルは世界の公的外国為替準備の20.8%を占めていた。日本の在外正貨所有は、国際金融市場でかなり大きな比率を占めていたのである。

公的外国為替残高のうち4億3200万ドルがイギリスで（ポンドで）保有されていた（全体（横浜正金銀行保有残高を含む）の38.1%）。イギリスでの保有（ポンド残高）のうちの75.3%はインドと日本によって占められていた（インド政府が1億3600万ドル、日本政府と日本銀行が1億200万ドル、横浜正金銀行87万ドル、合計3億2500万ポンド）。当時の日本の公的ポンド残高は正金銀行保有分を含めればインドを凌駕し、ポンド残高全体の43.7%を占めており（横浜正金銀行保有残高を除いても23.6%）、日本の在外正貨は国際金融市場できわめて大きな役割を果たしていたのである[163]。

ポンド相場は、固定的な比率で金とポンドの交換が約束されていることを基礎として、その相場が安定していた。ロンドンで外貨準備を保有していても為替リスクは少なかった。また、イギリスが多くの国と取引をしていて、その決済はロンドンの銀行の預金勘定（ロンドン・バランス）で決済されていた。さらにロンドン金融市場がよく発達していて、ロンドンが国際的信用を勝ち得ており、ロンドン金融市場を利用することは、資金調達上（低利潤沢な資金調達が可能）も資金運用上も都合がよかった。かくして、ロンドンが国際金融、国際決済の中心地（センター）となっており、ロンドンに残高を置くことは決済上も非常に都合がよかった[164]。加えて日英同盟によって日英両国は政治的に協調していた[165]。

外債の継続的な利用のためには、外債募集金を日本が金などの形態で引き出してロンドン金融市場、信用秩序を動揺させないように配慮する必要もあった。このことは日本銀行ロンドン代理店監督役（第3代小野英二郎）から本店に宛てた1909年11月の上申書からも明らかである[166]。

---

163) P. H. Lincert, "Key Currency and Gold 1900-1913," *Princeton Studies in International Finance*, No. 24, 1969, pp. 10-12, pp. 18-19. 島崎久彌『金と国際通貨』外国為替研究会、1983年、92-93、114ページ。日本の外国為替資産に漏れがあるブルームフィールドの計算によれば、1913年末の公的外国為替残高は9億6300万ドルとなっていた（A. I. Bloomfield [1963] Chapter 2. A. I. ブルームフィールド [1975] 88ページ）。

164) 深井英五 [1941] 83ページ。横内正雄 [1987] 144ページ。

165) Marcello de Cecco [1974] p. 105. チェッコ著、山本有造訳 [2000] 114-115ページ。

第3編　日露戦争以後の金本位制維持政策

　このために、日本銀行所有正貨は主として、イギリス（ロンドン）において保有されたのである。1914年5月30日現在の日本銀行在外正貨はイギリス（ロンドン）で海外準備が9441万円、準備外正貨がイギリスで6499万円、アメリカで534万円所有されていた[167]。

　ただし、政府所有在外正貨はイギリス、アメリカ、ドイツ、フランスでも保有されており、イギリス（ロンドン）にて国際通貨ポンドの形態で一元的に保有されたわけではなかった。

　第1次大戦前においてポンドが国際通貨として機能したことに異論の余地はないが、それが唯一の国際通貨であったとは必ずしもいえない。リンダートによれば、1913年末に公的当局の短期資産はイギリスに50.2％、フランスに32.2％、ドイツに17.7％保有されていたのであって、中核的国際通貨ポンドに次いでフランスのフラン、ドイツのマルクがかなりの割合で国際的準備通貨として機能していたのである[168]。もっとも、フラン、マルクはポンドに比べて国際通貨の資格要件で劣っていた[169]。

　第1次大戦前に国際金融センターは単純にロンドンに一元化されてはいなかった。1890年代に大預金銀行や投資銀行の活動を背景に、パリがロンドンに次ぐ第2の国際金融センターにのし上がった。それはドイツに対抗するための対外投資活動という政治的な要因に基づくものでもあり、またパリの金融・資本市場がロンドンよりも有利な条件を提示したためでもあった。ドイツも1913年までにロンドンの地位に対する挑戦を開始し、マルクが大陸でポンド以上に人気のある公的準備としての役割を果たしていた。ベルリンもまた国際金融市場として台頭してきたのであった。国際金融センターは、ロンドンを中心としながらも、ロンドン、パリ、ベルリンが鼎立する形となっていたのである[170]。ただし、ロンドンとパリ・ベルリンとは国際金融市場として発展段階に差があり、ロンドンは世界の国際金融センターであったが、パリ、ベルリンはヨーロ

---

166)　深井英五［1941］81ページ。今田寛之［1990］150－151ページ。
167)　「内外正貨現在高一覧表」（1914年5月30日）『勝田家文書』第48冊所載。
168)　P. H. Lindert, *op. cit*., p. 19. 石見徹『国際通貨・金融システムの歴史』有斐閣、1995年、45－46ページ。
169)　パリ、ベルリンはヨーロッパ大陸内の金融センターにすぎなかった。
170)　島崎久彌、前掲書、113－124ページ。

第 5 章　日露戦争以後の正貨維持吸収政策と在外正貨

ッパ大陸内の金融センターであって、世界的な金融取引を媒介するだけの位置にはなかった。それはイギリスが世界の中継貿易の要石であり、海運力をも背景としてロンドンに情報と資金を集中させていたのとは対照的であった[171]。

　ニューヨーク金融市場が台頭するのは第 1 次大戦以降のことである。1913年末には外国為替の公的残高のうちの 2 億7500万ポンドがフランスで（総額1132万円中の24.3％）、 1 億5200万ポンドがドイツで（同13.5％）保有されていた[172]。

　このような国際金融市場の状況下で、日本の外債募集金の一部は募集地のアメリカ、ドイツ、フランスからロンドンに回金された[173]。資金の保管運用はイギリスにおいてする方が確実かつ便利であって、政府は随時必要に応じ日本銀行へ為替資金を交付し、漸次市場の状況をみてアメリカ、ドイツ、フランスにおける政府資金をイギリスへ為替回金させた[174]。

　だが、外債募集金の一部はこれらの募集地で保有された。1913年末の政府正貨保有状態は、ロンドン寄託金75万円、ロンドン利付預金2796万円、ニューヨーク寄託金185万円、ドイツ寄託金417万円、フランス寄託金2589万円、となっている[175]。1914年 5 月30日現在の内外正貨現在高をみると、政府正貨においては合計4497万円中、在英資金が2851万円、在米資金が505万円、在独資金が215万円、在仏資金が926万円となっていた[176]。

　イギリスとともにアメリカ、ドイツ、フランスでも政府在外正貨が保有されたのは、 1 つには公債償還・利払いの準備のためである[177]。外債募集金の一部をロンドンに集中して外債元利払い期にロンドンから米独仏 3 カ国へ送金する際の為替相場の変動による不利益を避けようとしたためでもあった[178]。

---

171)　石見徹『国際通貨・金融システムの歴史』有斐閣、1995年、48－49ページ。
172)　P. H. Lindert, *op. cit*., pp. 18－19. 島崎久彌、前掲書、114ページ。
173)　横内正雄［1987］145ページ。
174)　大蔵省編『明治大正財政史』第17巻、554ページ。
175)　日本銀行金融研究所保有資料：『内外正貨』1913年12月31日現在。
176)　「内外正貨現在高一覧表」（1914年 5 月30日）『勝田家文書』第48冊所載。
177)　横内正雄［1987］144－145ページ。
178)　野地清［1981］27ページ。「政府ハ相当ノ支払元ヲ所有シ居ルニアラサレハ支払上困難ニ陥リ又ハ送金上不利ヲ甘セサルヘカラサル事情アル以テ」、イギリスに200万ポンド（1952万6000円）、アメリカに300万ドル（601万8000円）、ドイツに600万マルク（286万7000円）、フランスに1600万フラン（619万3000円）、合計3460万4000円を標準として3500万円の「支払元ヲ常備シ置ク必要アリ」（「本邦正貨ノ将来ニ就テ」1912年 9 月16日調）『勝田家文書』第48冊第 3 号）。

第 3 編　日露戦争以後の金本位制維持政策

　また、募債地における外債募集金のロンドンへの送金が金融市場に悪影響を及ぼさないようにすることも考慮された。たとえば、ドイツにおける外債発行払込資金がかなり長期にわたり同国内で運用されたのは、同国における将来の外債発行に支障をきたさないように、日本公債募集金が急激に他国へ移送されてドイツが資金窮迫に陥るという恐れがないという「安心」感をドイツ財界に与えてドイツ金融市場からの信用を得ておきたいという意図が日本にあったからである[179]。

　ロシアが投資国フランスのパリに多額の外国為替残高を保有していたのも外債募集継続への配慮からであろうし、日本も外債募集への配慮を一因としてパリに外貨を保有したと考えられる。1913年には、日本とロシアが将来、東洋ことに中国において危機的状況を迎えることを恐れ、日本がロシアの同盟国フランスで外債を募集して密接な財政関係を構築し、フランスを介在させて日露の平和を維持しようという、高橋是清大蔵大臣の構想も存在していた[180]。

　日本銀行海外正貨準備はイングランド銀行無利子当座預金、横浜正金銀行ロンドン支店通知預金・別口預金、英国大蔵省証券などとして所有された。日本銀行正貨準備外海外正貨は、正金銀行ロンドン支店為替資金、正金銀行・市中大銀行通知預金、イングランド銀行・イギリス市中大銀行定期預金として所有された。政府在外正貨はイギリスにおいてイングランド銀行に寄託されるとともに、市中大銀行や正金銀行ロンドン支店に利付預けされた。また、アメリカやドイツやフランスの銀行に寄託された[181]。

　日本の貨幣制度はこのような在外正貨保有構造に支えられていたのである。

---

179)　日本銀行保有資料：高橋是清の松尾臣善日銀総裁宛電信（1905年8月10日付）『倫敦代理店監督役往復書類綴』、今田寛之［1990］157ページ。ドイツ帝国銀行は外国人と取引を行わないこととしていたが、日本銀行に対しては口座開設を認めた（今田寛之、同論文、156－157ページ）。
180)　「正貨ノ収支ニ関スル方針」1913年。『勝田家文書』第48冊第5号。この正貨収支案は高橋大蔵大臣が1913年2月20日に山本権兵衛大蔵大臣に提出したものを3月27日に修正したものである（藤村欣一郎［1992a］299－304ページ）。
181)　小島仁［1981］75、362－363ページ。

3　政府所有在外正貨の保管形態

（1）　政府所有日清戦争賠償金の保管

　政府在外正貨所有形態について、さらに詳しく考察しよう。1895年10月に賠償金の受取りが開始された。日本政府は当初この賠償金を直接イングランド銀行に当座預金（「当座預け」、無利子）として「日本大臣」である特命全権公使加藤高明名義（The Japanese Minister Takaaki Kato）で預け入れた[182]。

　第2章で述べたように、同年12月に賠償金は大蔵大臣の指図のもとにすべて日本銀行に寄託することとされ、賠償金は同月の「日本銀行寄託預金事務取扱順序」の規程によってイングランド銀行またはその他とくに大蔵大臣の指定する確実な銀行へ預け入れすることとされていた[183]。1896年1月11日に償金の回収が着手され、このために同月以降日本銀行へ交換元として政府所有英貨が毎月交付（寄託）された[184]。実際には正金銀行ロンドン支店が償金回収実務を担当したと思われる。1896年3月には「償金特別会計法」が公布され、償金の保管・回収・運用などは一般会計と区分して処理されることとなった[185]。

　イングランド銀行は取引先を厳選しており、イングランド銀行への日本銀行名義による「寄託預け」は容易に実現しなかった[186]。

　「日本銀行名義」のイングランド銀行預金は、1896年4月16日に至りようやく開設された[187]。ここに初めて、日本銀行は信用度が卓越していた（国際的信用のある）イングランド銀行と業務的な関係を持つこととなった。これ以後、政府所有の外貨準備がイングランド銀行における日本銀行名義で「寄託預け」として保有されることとなったのである。日本がイングランド銀行を信用し、またイングランド銀行が日本銀行を信頼していた。日本銀行が1900年代の初め

182）　明治財政史編纂会編『明治財政史』第2巻、189、192ページ。
183）　今田寛之［1990］145ページ。
184）　大内兵衛・土屋喬雄編［1932a］478-481ページ。
185）　同会計法は1906年3月の法律第6号により1905年度限りで廃止され、償金特別会計部に所属していた残高は1906年度から設置された国債整理基金特別会計に帰属させられることとなった（大蔵省編『明治大正財政史』第15巻、277ページ）。
186）　R. S. Sayers, *The Bank of England 1891-1944*, Vol. 1, Cambridge, 1976, p. 20.　R. S. セイヤーズ著、西川元彦監訳『イングランド銀行（上）』東洋経済新報社、1979年、27ページ。
187）　サイモン・ジェイムス・バイスウェイ「日英中央銀行の関係及び協力の考察：1897-1921年」（日本金融学会報告、2007年5月12日）。実際の所有者は日本政府と考えられる。

の10年間におけるイングランド銀行の唯一の大きな顧客となる[188]。

　政府から日本銀行への寄託金の保管出納事務は1896年2月に「在倫敦代理店寄託金保管出納事務取扱順序」に従って、横浜正金銀行に委託されることとなった。同「順序」第2条において寄託金はすべてイングランド銀行やその他の特に指定する確実な銀行に預け入れることになっていた。寄託金は信用が確実な銀行に預け入れられることとされたのである。

　同年3月に正金銀行ロンドン支店が日本銀行代理店として開設され、日本公使が領収していた賠償金は4月16日に同日本銀行ロンドン代理店に引き継がれた。横浜正金銀行ロンドン支店が前記諸手続きによる政府寄託金取扱実務を実行するようになったのである[189]。

　かくして政府保有日清戦争賠償金は、国際金融の中心地ロンドンにおいて保管され、国際的信用の厚いイングランド銀行に、日本銀行代理店を通じて寄託預けされることになったのである。

　横浜正金銀行が賠償金の保管回収取扱いを認められてから、同行は内外の信用を増進して海外各地でもますます有力な一大銀行と認められるようになった。同年9月には、それまで横浜正金銀行ロンドン支店の預金勘定開設要求を拒絶してきたイングランド銀行が同支店のこの開設を認めるに至った[190]。

　日本銀行名義の口座は第1次世界大戦の勃発まで、イングランド銀行に設けられた最も重要な外国の中央銀行の口座として機能した。同口座は1896年5月18日に、イングランド銀行の日計帳（Daily Accounts）において、その他民間預金（Other Private Deposit）の項目のところに赤インクで記入されていたものと「B」勘定とに分けられたという。バイスウェイ氏は同日に「A」と「B」の2つの勘定に分けられたとされ、A勘定は日本銀行本店普通勘定、B勘定は兌換券発行準備別口勘定を指すとされている[191]。だが、この当時に日本銀行が独自に在外正貨を所有したとは考えられず、この当時の赤インク記入

188）　R. S. Sayers, *op. cit.*, pp. 20-21. 西川元彦監訳、前掲書、27ページ。
189）　大蔵省編『明治大正財政史』第15巻、271ページ。
190）　横浜正金銀行編『横濱正金銀行史』175ページ。大蔵省編『明治大正財政史』第15巻、267-271ページ。東京銀行編『横濱正金銀行全史』第6巻、21ページ。
191）　サイモン・ジェイムス・バイスウェイ、前掲報告（注187）、バイスウェイ［2013］27-29ページ。赤インクで記入された金額は1896年6月1日には1448万ポンドあった。

額（「A勘定」）は、政府の日銀への寄託金勘定を指すと思われる[192]。この朱記は開始5年後に一時的になくなっている。

1896年5月に政府は日本銀行に580万4000ポンドを預け入れ、日本銀行はこの在外正貨を正貨準備に繰り入れた銀行券発行を行った。この金額は同月のB勘定の金額と一致している。B勘定は一時的に保有されたものにすぎなかった。同勘定は1897年11月8日に閉じられている[193]。

日清戦争賠償金の受入れは1898年5月で終了したが、イングランド銀行と日本銀行との政府在外資金に関する業務的な取引関係はその後も継続された。日本銀行への政府寄託金は償金特別会計に専属するものだけではなくなった。日本銀行（ロンドン代理店）は賠償金以外の預金部保有軍事公債の売却代金（1897年）、四分利英貨公債の起債払込金（1899年）、北清事変賠償金（1905年）をイングランド銀行に預け入れた[194]。

（2） 日露戦争以後の政府所有在外正貨の増大、恒常化とその保管

政府在外正貨の保有形態には寄託、預金運用、為替元などがあった。寄託預けは海外経費の支払い基金として保有するもの、資金運用は収益を求めて利付預けするもの、為替元は在外正貨を回金するために為替取組資金として預け入れるものであった。その中心は寄託と預金運用であった[195]。

政府在外正貨は1904年5月の大蔵省令達により、外債募集金のうちロンドン発行にかかわるものについては従来どおりイングランド銀行に預け入れることが義務づけられた。その後、これらの資金のうち、余裕あるものはイギリス大蔵省証券の買入れあるいは確実な銀行の通知預金へと、有利子資産への運用替えが行われることとなった。在外正貨は信用が確実な銀行に預け入れられ、また信用度の高い短期証券に運用されることとなったのである。

日本銀行はこれらの資産の管理を本格的に行うために、同年11月にロンドン

---

192) これは後に General Account あるいは Ordinary Account と称せられたものであろう。
193) サイモン・ジェイムス・バイスウェイ、前掲報告。
194) 大蔵省編『明治大正財政史』第15巻、278－284ページ。今田寛之［1990］149ページ。
195) 1910年に政府在外預金総額1億6628万円中、寄託金は1億2480万円、預金運用は2827万円、為替元は489万円、預金部所有公債810万円、その他22万円となっていた（「国資運用金繰ニ関スル参考書」大蔵省理財局『第35議会参考書』1914年1月。横内正雄［1987］166－167ページ）。

第 3 編　日露戦争以後の金本位制維持政策

代理店監督役を現地に常駐させ、「日本銀行倫敦代理店事務取扱規定」を定め、管理の厳正化を図った[196]。

　イングランド勘定における日本の通貨当局の勘定は、1904年11月の前述の事務取扱規定に従って、同月以降、General Account と Special Account との2種類に分けられた。前者は政府寄託金および日本銀行本店勘定などに属する現貨の預入れ、後者は日本銀行兌換券発行準備に属する現貨の預入れを取り扱うものであった。イングランド銀行預金からの支払いには小切手が使用された。上記の2勘定は1905年6月に政府勘定（政府寄託金）、普通勘定（日本銀行本店勘定）、別口勘定（兌換券発行準備）の3つに改められた[197]。これは日本銀行自身の在外正貨所有の増大を反映したものであろう[198]。

　イングランド銀行では、1905年に日本銀行の"A"Accountが新たに開設されている[199]。これが、普通勘定（日本銀行本店勘定）を指すと考えられる[200]。イングランド銀行は"A"Account以外に日本銀行名義勘定としてGeneral AccountやSpecial Accountを保有していた。前者は1896年以来存在していた政府勘定（政府寄託金）、後者は別口勘定（兌換券発行準備、在外正貨の正貨準備繰入れ）を指すと考えられる[201]。

　1914年における日本銀行名義のイングランド銀行における平均口座残高は、General Accountが11万6979ポンド、"A"Accountが8370ポンド、Special Accountが41万7704ポンドあった。1920年におけるGeneral Accountの平均残高は24万8688ポンドであった[202]。

　政府在外資金は1910年11月末現在や1912年末の正貨統計をみると、イギリス

---

196)　今田寛之［1990］149ページ。
197)　今田寛之［1990］149ページ。
198)　イングランド銀行側では1905年に開設された"A"Accountの目的は開示されなかったととらえていた（イングランド銀行保有資料：Memorandum about Bank of Japan, Chief Cashier's Office, 28th June 1939, 9th April 1953, Bank of England Archives, C44/162＜1920-1959 The Bank of Japan, Overseas Central Banks' Accounts with the Bank＞）。
199)　*Ibid.*
200)　これには在外正貨準備が包含されていなかったと考えられる。
201)　Special Accountは1922年以降、残高が存在しなくなった（イングランド銀行保有資料：Letter from Assistant Chief Cashier to the Manager of Yokohama Specie Bank, 24th March 1936, Bank of England Archives C44/162）。これは在外正貨の正貨準備繰入れが1922年8月末限りで廃止されたことを反映するものであろう。

第5章　日露戦争以後の正貨維持吸収政策と在外正貨

における政府正貨寄託はすべてイングランド銀行に対してなされていた[203]。1912年末において、イギリスでは、44万円が寄託されていた[204]。

　利付預けという預金運用は、イングランド銀行以外に対して行われていた。1912年末には1967万円が利付で預け入れられていた[205]。1912年末における預入銀行には、ロスチャイルド商会、ロンドン・ジョイント・ストック銀行、パーズ銀行、ロイズ銀行、ロンドン・カウンティ・アンド・ウェストミンスター銀行、ベアリング商会、横浜正金銀行ロンドン支店、台湾銀行ロンドン代理店があった[206]。イギリスの預入銀行は、いずれも信用のある一流の銀行であり、ロンドン手形交換所加盟銀行およびマーチャント・バンクであった。中央銀行であるイングランド銀行への利付預け入（通知預金および定期預金）さえも行われた[207]。

　政府在外資金が信用度がきわめて高く流動的な資産であるイギリス大蔵省証券に運用されることもあった[208]。また、政府在外正貨は為替元としても運用された[209]。

　政府在外正貨はイギリス以外でも信用のある一流の金融機関に寄託された。「在外正貨ノ運用」という大蔵省資料では「在仏米独正貨ニシテ日本銀行経由ノ上ロスチャイルド、ソシエテ・ジェネラル、クレディリオネー等各国共第一流ノ銀行ニ預入スルコト英国ト異ナラス」と記されているのである[210]。

---

202)　イングランド銀行保有資料：*The Bank of England 1914-1921*, Vol. Ⅲ, Chapter Ⅷ (Central Banking and central banks), pp. 259-260. なお、同資料は Special Account が1903年に開設されたとしている。1896年に開設されたとされる日本銀行の Ordinary Account（General Account として開設された政府寄託金勘定のことであろう）および1905年に開設された "A" 勘定の両方が、1942年に敵産管理部門（Custodian of Enemy Property）に移された（Memorandum about Bank of Japan, Chief Cashier's Office, 9th, April 1953, Bank of England Archives, C44/162）。
203)　「在外正貨寄託預入銀行別調（政府ノ分）」（1910年11月末現在）『勝田家文書』第48冊第32号。「在外正貨寄託金預入銀行別調（政府分）」（1912年12月末現在）『勝田家文書』第48冊第33号。
204)　1912年末のこの額は大蔵省理財局「国資運用金繰ニ関スル参考書」（1914年1月）所載の英貨寄託金77万円と比較すると過少である。
205)　この額は前掲「国資運用金繰ニ関スル参考書」（1914年1月）と比較すると過少である。
206)　前掲「在外正貨寄託金預入銀行別（政府分）」（1912年12月末現在）。
207)　横内正雄［1987］168-169ページ。
208)　前掲「在外正貨寄託金預入銀行別調（政府ノ分）」（1910年11月末現在）。小島仁［1981］360ページ。
209)　横内正雄［1987］167-168ページ。

第3編　日露戦争以後の金本位制維持政策

　日本銀行代理店は償金特別会計（「償金特別会計」は1906年に「国債整理基金特別会計」に移管）に属する寄託金にとどまらず、一般の政府寄託金を取り扱うようになった。そこで大蔵省は1909年に「在倫敦日本銀行代理店保管金取扱順序」を定めた。これをアメリカ、フランス、ドイツなどにおいて所有する正貨の運用に対しても準用することとした。代理店の監督系統は、これまで大蔵大臣→在外公使→日本銀行監理官であったが、在外公使の代わりに大蔵省の海外駐箚財務官が管理にあたることとなった[211]。

　1904年5月発行の六分利付英貨公債はニューヨーク払込分も当初イングランド銀行に預け入れられるべきものとされていたが、政府は同年7月に正金銀行ニューヨーク出張所を日本銀行ニューヨーク代理店として公債事務一般の取扱いを委嘱することとした。以後、同出張所がニューヨークにおける在外正貨（これを含む政府・日銀在外資金）の保管出納業務を取り扱った[212]。

　ニューヨークでは1905年2月にニューヨーク代理店監督役が設置された。ニューヨークでは中央銀行が存在しなかったために、預け金の運用は民間銀行10行に対して行われた。日本銀行とアメリカの中央銀行との関係が生じたのは連邦準備制度が成立した1913年以後のことである[213]。1912年末において、アメリカで政府所有在外正貨732万円が寄託された。預入銀行はナショナル・シティ銀行、ナショナル・バンク・オブ・コマース、横浜正金銀行ニューヨーク出張所であった[214]。1908年1月31日現在、アメリカでは政府資金のうち利付当座預金266万円がコマース銀行および正金銀行に、定期預金200万ドルがナショナル・シティ銀行に預け入れられていた[215]。

　日本銀行代理店としての正金銀行ロンドン支店は、ロンドンの在外正貨（これを含む政府・日銀在外資金）を取り扱うとともに、ドイツ（ベルリンなど）やフランス（パリ）の外債払込資金を代理店勘定としてドイツやフランスの金融機関で預け入れた[216]。

210）　「在外正貨ノ運用」1912年12月『勝田家文書』第48冊第34号。
211）　大蔵省編『明治大正財政史』第15巻、260－266ページ。
212）　大蔵省編『明治大正財政史』第15巻、283ページ。
213）　今田寛之、159－160ページ。
214）　前掲「在外正貨寄託金預入銀行別（政府分）」（1912年末現在）。
215）　野地清［1981］28ページ所載統計表による。
216）　大蔵省編『明治大正財政史』第15巻、282－283ページ。

第5章　日露戦争以後の正貨維持吸収政策と在外正貨

　ドイツでは314万円が寄託された。預入銀行はドイツの帝国銀行（ライヒスバンク）、北ドイツ銀行、ドイツ銀行であった[217]。

　フランスでは1912年末において、858万円が寄託された。預入銀行には、ロッチルド・フレール商会、クレディ・リヨネー、ソシエテ・ジェネラル、日仏銀行があった。

　「在外正貨寄託金預入銀行別（政府分）」（1912年末現在）という正貨統計では、資金運用のための利付預け入はアメリカ・ドイツ・フランスでは行われないことになっていた。だが、実際には寄託金の中に利付預け入れが含まれていた。1908年1月現在、ドイツでは政府資金が、無利子当座預金3万マルクとしてドイツ帝国銀行に預けられたほか、利率不定当座預金453万マルクが北ドイツ銀行およびドイツ銀行に預け入れられ、定期預金8000万マルクがケーニッヒリッヘ・ゼーハンドルング銀行（王立）に預け入れられていた。同時期にフランスでは寄託された政府資金のうち、200万フランがクレディ・リヨネーに2％利付当座預金として、1400万フランが通知預金、1億3207万円が定期預金としてロッチルド・フレール商会に預け入れられていた[218]。

　ドイツでは政府在外正貨はドイツ大蔵省証券購入にも充当された[219]。

　為替元渡資金のアメリカ・ドイツ・フランスでの運用も行われた。これは1905年にはアメリカやドイツで多く運用され、1910年にはイギリスやフランスやドイツで運用された[220]。

　前記「在倫敦日本銀行代理店保管金取扱順序」は1918（大正7）年12月10日から在紐育政府保管金の取扱いに準用されることとなる[221]。

　1918年末には政府正貨として英貨証券で9860万円、預金部運用英貨証券で1953万円分が保有されていた[222]。

---

217)　前掲「在外正貨寄託金預入銀行別（政府分）」（1912年末現在）。
218)　「日本銀行海外正貨現在高表」（1908年1月）『水町家文書』第6冊第27号、野地清［1981］28ページ、など。
219)　横内正雄［1987］167ページ。大蔵省編『明治大正財政史』第1巻、256-257ページ。
220)　横内正雄［1987］167ページ。
221)　大蔵大臣高橋是清発、海外駐箚財務官田昌宛電信、1918年12月3日、「在倫敦日本銀行代理店保管金取扱順序」（米国公文書館保有資料：Japanese Financial Commission #5 Document in Japanese, National Archives, R.G.131）。
222)　日本銀行金融研究所保有『内外正貨』1918年12月末統計。

403

第3編　日露戦争以後の金本位制維持政策

　外国において支出する海軍省所管経費の支払い順序については、1900年2月に「外国ニ於テ支出スル海軍省所管経費ノ支払順序」を大蔵大臣が通達し、4月からこれを施行した[223]。これにより、外国において支出する海軍省所管経費は、会計上雑部金として処理され、これに属する現金は日本銀行ロンドン代理店が保管し、同代理店はこれをさらにイングランド銀行に寄託した。この支払い順序は1917年1月に一部改正されたが、その根本は変わらなかった[224]。

　海軍省現金前渡官吏は債主に現金を交付する前日にその金額を日本銀行ロンドン（またはニューヨーク）代理店から引き出し、横浜正金銀行ロンドン支店（またはニューヨーク出張所）に当座預けとした。同官吏は同支店（または出張所）に宛てた引出切符（小切手）を債主に引き渡した。債主はこの小切手を正金銀行ロンドン支店（またはニューヨーク出張所）に持参し、現金を受け取った[225]。

　日露戦争直前の1903年12月末の2隻の軍艦購入（代金153万ポンド）のための緊急支払いは、15万3000ポンド（支払い総額の1割）の日本銀行の立替払いと日本銀行所有在外正貨を担保としたイギリスの銀行などからの支払い保証（イギリスの銀行から135万ポンド、正金銀行ロンドン支店から2万7000ポンド、合計137万7000ポンド）とによって行われた[226]。

4　日本銀行所有在外正貨の保管形態

　日清戦争以後第1次大戦までの日本の貿易で出超となったのは1895年、1906

---

[223] これは海軍省所管経費中在外現金前渡官吏へ送金するもので、政府所有の英貨をもって振替払いをなすべきものは、日本銀行ロンドン代理店において保管するイングランド銀行へ寄託預けの中からいったん払い出し、これをただちに日本銀行ロンドン代理店が当該出納官吏からの保管預かり、イングランド銀行寄託金預けとした。日本銀行代理店が現金の受入れ、払出しをしたときは、即日これを日本銀行に電報し、日本銀行はこれを受けてただちに大蔵省へ報告し、これを受けて金庫出納役が雑部金として出納官寄託金の収支を登記した（大蔵省編『明治大正財政史』第15巻、283ページ）。

[224] 改正されたものでは、政府所有の英貨または米貨、ロンドンまたはニューヨークにおいて保管、イングランド銀行または横浜正金銀行ニューヨーク出張所へ寄託というような表現が用いられている。

[225] 「外国ニ於テ支出スル海軍省所管経費ノ支払順序」（1918年1月1日施行）、Japanese Financial Commission #5 Document in Japanese, National Archives, R.G.131.

[226] 『松尾総裁自筆日記』1903年12月26、28、31日。齊藤壽彦 [1991b] 57-58ページ。

第 5 章　日露戦争以後の正貨維持吸収政策と在外正貨

年、09年のわずか3年にすぎなかったから、日本銀行が第1次大戦前に為替銀行から外国為替を買い取る機会はほとんどなかった。また前述のように、日露戦争前に政府は所有在外正貨をほとんど日本銀行に売却しなかった。したがって、日露戦争前に日本銀行はほとんど在外正貨を所有しなかったのである。だが日露戦争以後、日本銀行は多額の在外正貨を所有するに至ったのである。

日本銀行は、政府が外債募集によって得た英貨や米貨を政府への貸付金の返済金として受け取った。また同行が政府の外債手取り金を買い取り、国内で銀行券を発行してその代金を支払い、輸入決済など対外支払いの必要が生じたときに同行が、外国為替銀行などに政府から受け取った外貨資金を売り渡した。同行は、日露戦争後に募集された民間外債の募集金も買い取った。外貨資金の受取りからその売渡しまでの間、日本銀行は在外正貨を保有したのである[227]。

日銀所有正貨の保管出納に関して、日本銀行は、1904年12月、同行所有の現貨、金銀地金および有価証券の保管事務取扱代理を横浜正金銀行ロンドン支店に依嘱した[228]。

日銀所有在外正貨は銀行券発行のための正貨準備や準備外正貨として保有された。その保有内訳をみると、1909年末において、日本銀行所有在外正貨1億8496万円中、銀行券発行準備（正貨準備）が1億168万円とその大部分を占めていた。準備外正貨は8328万円であった。1905年末の日本銀行在外資金7906万円のほとんどすべては銀行券発行準備として保有されていた[229]。

在外正貨準備は銀行預金（主としてイングランド銀行当座預金と正金銀行ロンドン支店預金）、大蔵省証券とから構成されていた。後者がその中心であった。すなわち、1909年末には在外正貨準備1億168万円中、イングランド銀行預金は700万円、正金銀行への通知預金960万円、回送中の金塊が96万円、大蔵省証券が8412万円を占めていた[230]。

日本銀行は信用度が卓越していた（国際的信用のある）イングランド銀行に在外資金を預金した。ここには預金を通ずる中央銀行間の信用関係があった。

---

227)　深井英五［1941］79ページ。
228)　横浜正金銀行『横濱正金銀行史　付録甲巻之二』552ページ。小島仁［1981］88-89ページ。
229)　今田寛之［1990］150ページ。
230)　「正貨運用別月別明細表」(1911年)（日銀所有分）『勝田家文書』第48冊第10号。今田寛之［1990］150ページ。

第 3 編　日露戦争以後の金本位制維持政策

　日本銀行の銀行券発行準備（正貨準備）中のイングランド銀行預金は、通常は無利子の当座預金として預けられたが、その額をみるとかなりの変動があった。1906年末には2536万円あったが、1908年末には1256万円、1909年には700万円となった[231]。イングランド銀行への預金は、在外正貨準備の運用としては次第に重要性が低下していった[232]。

　銀行券発行準備（正貨準備）中の通知預金および定期預金は1904～06年、1908年末にはイングランド銀行預金を下回っていたが、1907年、1909～10年末にはイングランド銀行預金を上回り、1910年末には1392万円となっている[233]。

　正貨準備中の正金銀行ロンドン支店への預金は、1907年2～10月を除いて100万ポンド（960万円）で安定していた。通知預金100万ポンドの正金銀行への預け入は、1905年3月にロンドン金融市場引締りのもとで始まり、第1次大戦直前まで継続している[234]。日本銀行は1907年2～10月に臨時的に正金銀行ロンドン支店への別口預金預け入も行っている[235]。正金銀行の活動は日本銀行からの在外正貨預け金に支えられていたのである[236]。

　1907年12月や1910～11年にはポンド建て定期預金が一時的に発券準備とされている[237]。

　発券準備外日銀正貨は預金、大蔵省証券などから構成されていた。1909年末においては預金が3394万円、大蔵省証券が3139万円、その他が1795万円となっていた[238]。預金は定期預金と通知預金が圧倒的であった[239]。イングランド銀行への定期預金預け入のほか、正金銀行への通知預金、イギリスの商業銀行やマーチャント・バンクへの定期預金への預け入が行われた。ただし、1904～05年、07年、10年、13年末においては大蔵省証券は所有されていない[240]。

---

231)　今田寛之［1990］150ページ。同預金は1910年末には418万円となっている。
232)　前掲「正貨運用別月別明細表」。横内正雄［1987］161、171ページ。
233)　前掲「正貨運用別月別明細表」。今田寛之［1990］150ページ。小島仁［1981］75ページ。
234)　横内正雄［1987］171－172ページ。小島仁［1981］75ページ。
235)　前掲「正貨運用別月別明細表」。横内正雄［1987］172ページ。
236)　正金銀行ロンドン支店の活動については横内正雄［1986］13－80ページを参照されたい。
237)　前掲「正貨運用別月別明細表」。「日本銀行所有正貨運用別明細表」（1911年）『勝田家文書』第48冊第11号。横内正雄［1987］161ページ。
238)　今田寛之［1990］150ページ。
239)　横内正雄［1987］177ページ。
240)　今田寛之［1990］150ページ。

第5章　日露戦争以後の正貨維持吸収政策と在外正貨

　金額は少ないが、1913～14年頃には日本の各種公債が日銀準備外資産として所有されている。その額は1913年末に128万円あった[241]。1914年5月30日現在で、日銀はイギリスにおいて25万ポンドの本邦各種公債を保有している[242]。

　イングランド銀行預金についてさらに述べておこう。「日本銀行名義」勘定はイングランド銀行にとって非常に重要であったので、長年にわたりイングランド銀行の日計帳（Daily Accounts）においてその他民間預金（Other Private Deposits）のうちの一勘定として朱記されていた[243]。表5－5はイングランド銀行日計帳に朱記された日本銀行名義のイングランド銀行預金高を掲載したものである。同表によれば、1905～07年末に2500万円を超える日本銀行名義預金がイングランド銀行に預け入れられていた。なお、同表中のイングランド銀行預金額は日本銀行券発行準備中のイングランド預金額（日本側統計）を大幅に超えてはいない[244]。

　The Bank of England 1914－1921 によれば、1920年における日本銀行のイングランド銀行預金平均残高は、"A" Accountが9754ポンド、Special Accountが190万8333ポンドあった。

　日本銀行所有在外正貨は、ロンドンにおいては、上述のように中央銀行であるイングランド銀行や正金銀行ロンドン支店やシティの大銀行（パーズ銀行、ジョイント・スック銀行、ウェストミンスター銀行、ユニオン銀行、ロイズ銀行、プロビンシャル銀行、ロンドンのロスチャルド商会など）に預け入れられた。日本銀行はイングランド銀行以外のロンドンの信用ある一流銀行に保有在外正貨を預金したのであった。日本銀行とロンドンの一流銀行との間にも、預金を通ず

---

241)　日本銀行金融研究所保有資料「内外正貨」（1913年12月31日現在）『内外正貨』。
242)　「内外正貨現在高一覧表」『勝田家文書』第48冊所載。
243)　R. Sayers. *op. cit*., p. 41. R. S. セイヤーズ、前掲書、53－54ページ。この朱記は一時的に消えていたが1904年7月2日に再び現れた。その金額は335万ポンドであった。この朱記は1916年5月2日の47万4000ポンドを最後に消えている（Daily Accounts, Bank of England Archives）。バイスウェイ氏も前述の報告でこの事実を指摘されている。
244)　イギリスにおける政府寄託金が1905年や1908年に多額にのぼっているが（横内正雄［1987］167ページによれば1908年には1566万円）、これは必ずしもイングランド銀行に寄託されていたわけではない。だがイングランド銀行側の統計における日本銀行預金額は政府寄託金勘定を含んでいる可能性がある。表5－5やバイスウェイ［2013］31－34ページに掲載されているイングランド銀行日計帳赤インク記載額は "A" Account, General Account, Special Account を含むと考えられる。なお、1904年末の預金額が日本銀行側の統計に比べてはるかに少ないが、その理由は不明である。

表5－5　イングランド銀行における日本銀行預金

	イングランド銀行 日計帳(A) (千ポンド)	発券準備預金(B) (万円)	当座預金(C) (万円)
1904年末	320	1155	
05	2155	1886	1887
06	2747	2536	2536
07	2578	1973	1981
08	1383	1256	1114
09	912	700	700
10	792	418	418
11	844		
12	583		
13	352		
14	492		
15	805		

注1：（A）　Daily Accounts of the Bank, Bank of England Archives に赤インク記入されたもの。
　　（B）　日本銀行資料による銀行券発行準備中のイングランド銀行預金（今田寛之［1990］150ページ）。
　　（C）　イングランド銀行当座預金（大蔵省理財局国庫課「正貨ニ関スル参考書」1911年10月、「正貨運用別月別明細表」1911年『勝田家文書』第48冊第10号、小島仁［1981］75ページ）。
　2：1ポンドは9.763円であり、約10円と考えられる。

る国際的な（異種通貨国間の）信用関係があったのである。

　イングランド銀行への預金や正金銀行への預金には無利子預金と有利子預金とがあったが、その他の金融機関への預金は有利子預金であった。

　日銀在外正貨は、上述のような預金以外に信用度がきわめて高く流動資産である英国大蔵省証券などにも運用されていた[245]。証券形態を通ずる国際信用関係も日本銀行とイギリスとの間に存在したのである。

　日本銀行所有の在外正貨は、第1次世界大戦前においては基本的にほとんどすべてが国際金融の中心地ロンドンで保有され、フランスやドイツで保有されることはなかった。この点で、政府在外正貨保有とは異なっていた。

---

245)「日本銀行海外正貨現在高表」（1907年7月20日）『勝田家文書』第48冊第46号、小島仁［1981］363ページ。

第5章　日露戦争以後の正貨維持吸収政策と在外正貨

　1904年2月末から1905年4月にかけてアメリカ（ニューヨーク）で日銀在外正貨が保有されたことがあった246)。だがその後、第1次大戦直前までロンドン以外での保有はみられなくなった247)。1913年になるとニューヨークでも日本銀行在外正貨が保有されるようになる。すなわち、同年12月末にはロンドンで当座預金49万円、定期4464万円が保有される一方で、ニューヨークで228万円、定期預金300万円が保有されているのである。1914年5月30日現在、日本銀行は海外準備正貨9441万円、準備外正貨6499万円をロンドンで保有する一方で、準備外正貨534万円をアメリカで保有している248)。

　政府所有および日銀所有の在外正貨を総合的に考察すれば、表5－4にみられるように、日露戦争以後、在外正貨が激増し、かつその所有が恒常化したといえる。

　日露戦争以後第1次大戦前に、世界の為替決済はほとんどロンドンに集中されていたから、対外決済に充当される政府および日銀所有在外資金はロンドンに集中するのが一番便利であった。在外正貨はその多くがロンドンで保有された。在外正貨の中心をなす外債募集金については、アメリカやフランスやドイツで募集され受け取られた外債の手取金も大部分はロンドンに移されたのであった249)。

5　在外正貨保有の根拠

　日清戦争賠償金に関して在外正貨を海外に保有しないで、日本に回送せよという主張が存在したが、このような主張は日露戦争以後にもみられた。すなわち末延道成は、在外資金の海外蓄積論を批判し、内地現送法を主張した。為替による資金の取寄せは、物品の購買輸入を促進し、ついには輸入超過となる、資金を金属で内地に輸送すれば、一方には輸入の趨勢を抑止し、他方には金融を緩和し、金利の低落をもたらし、輸出を奨励する、現送金は政府の日銀からの借入金の返済に充当すべきである、と主張した250)。

---

　246)　横内正雄［1987］148ページ。
　247)　日本銀行金融研究所保有資料『内外正貨』各年版参照。
　248)　「内外正貨現在高一覧表」（1914年5月30日）『勝田家文書』第48冊所載。
　249)　横内正雄［1987］143、161、178－179ページ。深井英五［1941］83ページ。

第3編　日露戦争以後の金本位制維持政策

　これに対して『東京経済雑誌』は、外債募集金をロンドンやニューヨークに死蔵するのは不利益であるから、速かに為替作用で日本に取り寄せるべきであると主張した。現送法に対しては、現送費がかかるし、取り寄せた現金を日本銀行に交付して兌換券と交換することになるから、正貨準備が増加し、兌換券が膨脹し、この兌換券が軍費として支出され、通貨膨脹による物価騰貴が惹起され、輸入が増加し、せっかく取り寄せた正貨が流出する、と批判した[251]。

　なぜ政府・日本銀行は、外債手取り金をことごとく日本に現送したり、為替で日本に送金したりしなかったのであろうか。

　日露戦争中の外債募集に関しては、金の現送を避けるという内約が付いていたという説がある。これによれば、現送法が一般的に採用されなかったのは、外国からこれが強制されたためであるということになる。だが、外債募集のためにロンドンに出張した高橋是清日本銀行副総裁に随行した日本銀行の深井英五は、「それは大に事実と違ふ。……金の現送を全く差控へると云ふが如きことは先方も求めなかった。……高橋氏は、……本邦資金を外国に存置することは非常の場合に蒙むるべき危険を伴ふのみならず、其の頃はまだ国内兌換の為めに金を必要とすることもあるだらうと思はれたから、現送に関して何等拘束を受けることは出来ないと念を押してあった。高橋氏の担任した募集にはさやうな条件又は内約は全く無かった」と回想している[252]。

　外債募集には、日本政府は公債利子支払いの保証としてロンドンにいくらかの正貨を準備して置くべきである、という契約が存在していたという説もある。だが、日本銀行某当局者は、これは誤解であり、利子支払いのために一定の額以上を積み立てて置くべきであるということはなかったと述べている[253]。

　したがって、外債募集金の多くが金で現送されてこなかったのは、外債応募

---

250)　末延道成「外債処分論」『実業之日本』第8巻第9号、1905年4月15日、7－8ページ。「外債募集金は海外に死蔵すべからず」『東京経済雑誌』第51巻第1282号、1905年4月22日、676ページ、は末延を批判している。

251)　「外債を利用して内債募集を便にせよ」『東京経済雑誌』第49巻第1235号、1904年5月21日、916－918ページ。田口卯吉「外債を利用して内債の募集を便にせよ」同上誌、第49巻第1238号、1904年6月11日、1059－1066ページ。「正貨回収の教訓（第一）」、同「（第二）」同誌、第50巻第1255－56号、1904年10月8日、15日、678－680、722－725ページ。前掲「外債募集金は海外に死蔵すべからず」同誌、第51巻第1282号、675－676ページ。

252)　深井英五［1941］81－82ページ。

253)　『東京経済雑誌』第66巻第1667号、616ページ。

国から日本がこれを一方的に強制されたためではなかったと考えられる。

　日本の金本位制の採用は、先進国、とくにイギリスにとって利益をもたらすものであった。この採用によって、銀貨の変動によって非常に激変していた日本の為替相場は安定し、日本との貿易が投機の弊害を離れて確実に発達するようになった。また、欧米金貨国の資本家は、銀価の変動のために不測の損失を免れることができるようになった日本に対して、安心して資本を輸出できるようになった[254]。

　さらに、在外正貨の設置もイギリスの利益となった。金が金本位国の通貨の基礎であり、イギリスの国際金融の中心国としての地位も、この所有に支えられていた。金本位制下の中央銀行の主要任務は金の防衛であった。日本の在外正貨の設置は、その所在国の金の維持に寄与するものであったのである。イングランド銀行で金貨でなく、預金または公債で在外正貨が保有された一因は、同行が要望したためであった。日本は在外正貨を所有することによって、第1次大戦前にロシアやインドと並んで3大海外残高保有国としての地位を保ち、イギリスを中心とする国際金本位制の構造の重要な一環としての役割を担い、それを支えていたのである[255]。加えて、在外正貨を急に日本に取り寄せないことは、欧米金融市場の変動を回避させるものであった。これによって金価格の騰貴は抑制され、また欧米金融市場は金融逼迫を免れた。

　外債応募国が日本に募集金を急に現送しないよう要求しなかったわけではない。すなわち深井英五は、「英国の外債発行銀行団は急激なる金の現送により金融市場に波動を起すことを成るべく避けるやうに希望した。……先方の希望をも参酌して外債手取金を外国に存置し」たと述べている[256]。外債募集金を日本が急に金現送せず欧米金融市場を混乱させないようにすることは、イギリスをはじめとする外債応募国の利益となるものであった。日清戦争賠償金の一部のドイツでの保管、日露戦争外債募集金の募集国での保管は、これらの国々の要求したものでもあった。

　日本の在外正貨を保有する外国銀行は、これを短期的に運用して金融収益を

---

254) 大内兵衛・土屋喬雄編『明治前期財政経済史料集成』第11巻［1932a］555－588ページ。
255) P. H. Lindert［1969］pp. 10-11, 18-19. 水沼知一［1976］41ページ。
256) 深井英五［1941］82ページ。

あげることもできた。

　また、在外正貨は、イギリスなどからの日本の商品輸入その他のための対外決済手段として機能した。在外正貨は欧米諸国の日本への輸出を支えていた。

　在外正貨の支払いは、欧米金融市場の金融緩和にも寄与した。1896（明治29）年5月16日のロンドン通信によれば、「我政府が倫敦にて受取りたる650万磅〔ポンド〕英蘭銀行に保管預りとなしたるが為めに市場の資金に不足を感じ貸付利子は1朱〔＝％〕より1朱半に引締り割引利子亦随て騰貴して3ヶ月仕払手形は1朱と云へる珍直を示」したが、1週間後の23日の通信によれば「我政府は右の償金中より100万磅を引出して各種の仕払を為したれば市場幾分か潤沢となり加ふるに今後4週間内には又々其幾分を引出すべしとの想像ありて割引利子は16分の13〔1朱の〕に下落した」。『東洋経済新報』は、「我国の償金が如何に世界の金融を支配する勢力あるかを知るべし」と述べている[257]。

　イングランド銀行は、引締政策を効果的にするために、1905年と1907年に日本政府に対してポンド残高を市場から引き揚げて同行の預金勘定に移転するように依頼している[258]。在外正貨を銀行券発行の基礎とすることは、通貨制度が外国の事情によって変動する可能性を持つことになる。

　かくして日本の在外正貨は、イギリスをはじめとする欧米諸国の利益に寄与するものであったが、同時に、日本にも利益をもたらすものでもあった。日本政府が在外正貨の一部を金にかえて内地に現送することは自由であったし、日本の貨幣制度が全面的に在外正貨に依存していたわけでもなかった。したがって、在外正貨に依存した日本の貨幣制度は、対外従属的性格を持つものであったということを意味せず[259]、むしろ自立的性格を保持していたのである[260]。

　深井英五によれば、「元来外債手取金の大部分は結局外国に於ける支払に充てられるべきものであるのだから、必ずしも之を現送するに及ばない、支払の必要の起るまで外国に存置する方が寧ろ有利である。其の点に於て先方の希望と我方の都合とが大体一致する。……我方で差支なしと認める限り……外債手

---

257)　「我国の償金と倫敦の金融」『東洋経済新報』第24号、1896年7月5日、28ページ。
258)　P. H. Lindert［1969］p. 32. 神武庸四郎［1979］170ページ。
259)　森七郎［1964］269－272ページ、古沢紘造［1977］58－60ページ、でこの従属性が指摘されている。
260)　齊藤壽彦［1987］166－167ページ。

取金を外国に存置し、為替売渡の経路により漸次に之を対外支払に充てたのである」[261]。

在外正貨が海外で保有されたのは、日本にとってどのような利点があると考えられたからであろうか。この問題を立ち入って考察しよう。

大蔵省が1908（明治41年）頃に作成した「正貨現在ニ関スル件」においては、「正貨ヲ海外ニ保有スルノ必要」の第1に、「巨額ノ正貨ヲ内地ニ回収スルトキハ兌換券ノ増発トナリ内地経済界ヲ紊乱スルノ虞アリ」ということが挙げられていた。

第2に、在外正貨を金に換えて現送せずに対外支払いに備えて保有しておけば、それを政府または民間の金に代わる対外決済手段として用いることによって、日本と外国の間の金の往復に要する金現送費を節約できた。国際決済の中心地で在外正貨を保有し、これを国際決済に利用することは債務国日本の対外支払いにとって便利であった。在外正貨が金に代わる対外支払い手段として機能することによって金を防衛し、日本の金本位制を支えていた。大蔵省が1913年2月頃作成した『正貨吸収二十五策』は、1億円の在外正貨を内地に金で現送するのに要する費用を、金利5％として、利子45万2050円、現送費（狭義）27万2950円、計72万5000円と計算している[262]。いったん正貨を回収して必要に応じて為替送金を行うことは、不利なだけでなく急を要する支払いに応じることができないということもあった（「正貨ヲ海外ニ保有スルノ必要」）。

日本の在外正貨は、政府所有正貨として出発し、その後も正貨所有高のうちで政府所有在外正貨が大きな比重を占めていた。この政府所有在外正貨は、艦船などの軍事物資の輸入に貢献し、日本の軍事力を強化させた。またその他の政府活動を対外支払い面から支えていた。

第3に、在外正貨保有は、資本投資とは異なり、利殖を目的とするものではないが、国際金融市場における在外正貨保有の結果、副次的に金融収益が得られた。日露戦争後の日本銀行所有在外正貨の運用収益は、表5－6にみられるとおりである。

第4に、外貨資金を金で国内に取り寄せるのは、為替相場が金輸入現送点を

261）　深井英五［1941］82ページ。
262）　大蔵省『正貨吸収二十五策』乙（日本銀行関係）の11ページ。

表5－6　日本銀行在外正貨の運用利益金（1906～1912年）
(単位：千円)

	在外正貨運用利益金	
	在外正貨準備運用利益金	準備外正貨運用利益金
1906年	2,548	1,275	1,273
07	5,131	3,581	1,550
08	3,209	2,742	467
09	2,641	1,825	817
10	4,299	1,887	2,411
11	2,944	1,950	993
12	3,671	2,311	1,360

注：純益金は前期繰越を除く。
出所：大蔵省内作成資料『正貨吸収二十五策』乙の10ページ。

超えなければ困難であった。日露戦争後の金平価は1円につき2シリング0ペンス16分の9で、現送費を大きく見積れば、金輸入現送点は2シリング0ペンス8分の7、金輸出現送点は2シリング0ペンス4分の1であった[263]。しかし、為替相場は対外受取超過がかなり多くなければ金輸入現送点に達せず、これは日露戦争中および戦後には望むべくもなかった。通貨当局は、外貨資金ならば金輸入点以下の為替相場で獲得できた。しかも買入相場を通常の相場よりも低い相場（外貨を高く評価）とすれば、在外資金の獲得を助長することができた（このような在外資金の獲得は、政府・日本銀行に在外正貨を保有する仕組がなければ行えなかった）。したがって、在外正貨の獲得は、金を入手するよりも容易であった[264]。日露戦争中に、政府は在外正貨を蓄積するために、横浜正金銀行に輸出為替の買取りに努めさせた。日本の外国銀行との競争上、同行の買取価格は正金銀行の建相場よりも外貨を若干割高とした。その結果、同行が買い上げた為替金を政府が特別の相場で買い上げ、かくして政府は正貨の獲得に努めたのである[265]。

第5に、在外正貨を保有する仕組のあることは、外債募集にも便利であった。

263)　深井英五［1941］85ページ。
264)　深井『通貨調節論』［1928］343－346ページ。
265)　大蔵省編『明治大正財政史』第17巻［1940、1957］544－545ページ。

第5章　日露戦争以後の正貨維持吸収政策と在外正貨

外債募集金をただちに金に換えて起債国へ現送すれば、応募国の通貨の基礎が弱化し、金融や為替相場に影響が生じ、応募国の応募力と応募の意志を減殺し、外債募集が困難になる恐れがあった。外債募集金の多くは外国物資の購入に充てられるから、起債国の政府または中央銀行が、外債募集金を在外正貨として保有し、必要の起こる度にこれを払い出していけば、起債の目的も達せられ、募債の影響も緩和され、起債が容易となった266)。「正貨ヲ海外ニ保有スルノ必要」では「外国市場ヨリ一時ニ巨額ノ正貨ヲ引出スハ其市場ヲ紊シ不信用ヲ招クノ虞アリ」と記されている。

第6に、巨額の正貨回収の有利な方法がなかったことが挙げられる。大蔵省の「正貨現在ニ関スル件」中の「回収ノ利害」では、次のように述べられている。為替によって多額の正貨を回収することは容易でなく、あえてこれを行おうとすれば為替相場に影響を及ぼして国庫に不利を招く恐れがある。現送を行うにしても、その地の市場に影響を及ぼさない程度にしなければならない。また金現送には非常に日時を要し、回送した金塊を金貨に鋳造して使用することにも時間がかかる。金塊購入資金には利殖の法がなく、この金貨を兌換券と交換すれば兌換券の増発を招く。海外払いに充当する場合には金額に制限がある。

第7に、ロンドンで在外正貨を保有することが安全であると考えられたことが、在外正貨保有を支えていた。1902年の日英同盟の成立は、戦争の場合の没収の恐れを弱め、この安全性をさらに強固なものにしていた。これについては後述する267)。

日本銀行が在外正貨を所有するに至った理由についてさらに言及しておこう。日清戦争に比べて日露戦争に要した戦費は巨額であり、日清戦争時に政府は日本銀行から直接2000万円借り入れたにすぎないのに対して、日露戦争時には日本銀行から巨額の借入れを行わなければならなかった。日本銀行の一時政府貸上高は、1904年末には9550万円、1905年3月には1億1250万円に及び、政府がこの借入金の返済を外債募集金で行う必要があったことが上記の理由としてまず考えられる268)。また、日露戦争以後の外債募集はきわめて多額であり、政

---

266) 深井英五[1941] 81ページ。深井英五『通貨調節論』[1928] 346-347ページ。
267) 服部文四郎『戦争と外資』冨山房、1915年、166ページ。
268) 前掲『金融六十年史』375、445-446ページ。

415

府が外債手取り金を為替銀行に売って国内で円資金を入手しようとすれば、円資金が枯渇せざるをえず、この実行は困難であった[269]。そこで、日本銀行が銀行券を発行して外債を買い取ることとなったのである。日露戦争以後は、中央銀行が在外正貨を所有して、対外支払いにこれを用いて金貨流出を防遏する意義が認識されるようになり、これも日銀在外正貨所有をもたらした。

在外正貨の一部を金に換えて内地に現送することは自由であった。また実際に現送が行われた。

上述のような事情から、日本の通貨当局は入手した外貨の多くを在外正貨として保有したのである。また、在外正貨に依存した日本の貨幣制度は、列強の利益に寄与しつつも、自立的性格を保持していたといえるのである。

この自立的性格は、基本的には、日本が一定の経済発展を遂げていたこと、国際環境に恵まれたこと、これらに規定されて政治的独立を保持していたことに基づく。日本では幕末に中国などに比して経済発展が進展しており、反封建的闘争が高まっていた。しかも当時の国際環境では、インドのセポイの反乱や中国の太平天国の乱を経験したイギリスが、日本への武力的介入を避け自由貿易主義を採用しており、1880年代以降のようなアジア、アフリカへの帝国主義的進出を未だ行ってはいなかった[270]。

このような状況のもとで日本は明治維新を断行した。政府は地租改正を行い、財政収入を確保し、富国強兵・殖産興業政策を展開した。1886年以降、綿糸紡績業、鉄道、鉱山業を中心に低賃金労働のもとで近代的産業が生成し、1897年に綿糸輸出量が輸入量を凌駕し、国産糸による国内市場の確保が基本的に達成された。このようにして産業革命がかなり展開した後に、金本位制が採用されたのである。したがって日本においては、「明治30年の金本位制の確立は、日本の資本主義的発達が、遂に日本を半植民地化の危険から全く脱却せしめ、独立資本主義国として、世界資本主義の一環として、他の諸強国と世界市場に角逐し得る段階に達せしめた事を示す金融的標識」となったのである[271]。

また、日本の産業の発展は、朝鮮、台湾の植民地化によっても支えられるこ

---

269) 深井英五［1941］79ページ。
270) 石井孝『増訂 明治維新の国際的環境』吉川弘文館、1966年、1-54ページ。
271) 寺島一夫［1937］65ページ。

ととなった。植民地を支配することは、日本が列強への従属性から脱却できる一因となったのである。

　日本の金本位制確立を可能にし、日本に多額の在外正貨を保有させたのは、日清戦争賠償金であった。清国は、露仏借款や英独借款を募集することによって、初めてこれを支払うことができた。この外債は、列強の清国分割と利権獲得への導火線の役割を果たすとともに、その返済は清国財政を著しく圧迫し、また増税が長期にわたって同国民衆の生活を窮迫させた[272]。日本の在外正貨は、中国の半植民地への転化によって支えられていたのである。

第5節　在外正貨の対外支払手段としての機能と金の取寄機能

1　対外支払手段としての機能と金防衛

　政府所有在外正貨は、第1に、日本銀行からの国内における借入金の返済に充当するために日銀に売却された。返済金の総額は3億400万円にのぼった。第2に、借入金返済以外にも日本銀行に売却されたものがあった。表5－7によれば、これらの日銀への政府在外正貨売却高は1904年から1912年までに6億7405万円に達した。これが、この間の政府在外正貨売却高合計18億7793万円の35.9％と最も多くを占めていた。もっとも、この間に日銀からの買入れ・買戻しが1億8654万円あり、これを差し引くと、日本銀行への純供給は4億8751万円となる。政府所有在外正貨が日本銀行の在外正貨となり、大口為替売却や金塊購入の資金源となった。これについては本章第6節で詳論する。日本銀行への政府在外正貨売却によって入手された円資金は、国内における財政資金支出の財源となった。

　政府在外正貨は外債償還・在外内国債買入れにも充当された。表5－7によれば、1904年から1912年までに3億2459万円（政府在外正貨売却合計の17.6％）の外債償還が実施されている（このほかに南満州鉄道第二回社債について1953万円の償還が行われている）。この支払いは1903年以降についてみれば、日露戦争後においてなされている。外債償還への充当は公債利子支払いについで多かっ

---

272)　田村幸策『支那外債史論』外交時報社、1935年、第3章。石井寛治［1976］52－53ページ。

第3編　日露戦争以後の金本位制維持政策

表5－7　政府正貨収支表

		1903年	1904年	1905年	1906年	1907年
受取り	●海外正貨					
	公債募集払込金	47,839 a)	104,836	589,649	207,385	212,050
	満鉄社債払込金					21,674
	興業債券等払込金					
	日銀より買入・買戻金		7,005	23,428	8,550	34,775
	支那賠償金			1,634	1,966	2,030
	利子収入			495	2,719	4,039
	特別運用金返戻					18,798
	その他共小計	47,839	111,841	650,206	220,658	340,959
	●国内正貨共合計	57,463	111,841	650,206	250,398	341,994
支払い	●海外正貨					
	公債償還金					212,184
	公債利子	4,644	2,894	29,672	63,789	51,507
	日銀へ売却	26,279	101,022	212,167	143,654	64,548
	海軍省経費	3,408	201			8,397
	その他各省経費					613
	満鉄社債償還・利子					
	特別運用金交付				4,493	15,386
	その他共小計	45,037	115,947	287,481	326,254	363,785
	●国内正貨共合計	55,037	117,408	287,481	326,254	393,524
	差引受取過（△）支払過	2,425 c)	△5,567	362,725	△75,856	△51,531
	年末残高	6,192	625	363,349	287,494	235,963

注1：a) は裏書五分利公債売却代。b) は東京市外債払込金。c) は1902年末残高3,766千円と1903年度差引受取超過額2,425千円との合計額。
2：千円未満四捨五入。

第5章 日露戦争以後の正貨維持吸収政策と在外正貨

(単位:千円)

1908年	1909年	1910年	1911年	1912年	合計	1906~12年合計
					( )内%	( )内%
		256,822			1,418,581 (72.0)	676,257 (58.3)
33,292	18,159		55,063		128,188 (6.5)	128,188 (11.0)
10,935	7,029			17,642 b)	35,606 (1.8)	35,606 (3.1)
19,585	27,825		20,511	44,859	186,537 (9.5)	156,104 (13.4)
2,030	2,030	2,030	1,780	181	13,682 (0.7)	12,048 (1.0)
2,209	981	1,576	1,328	506	13,853 (0.7)	13,358 (1.2)
9,087	5,353	18,961	7,141	9,695	69,035 (3.5)	69,035 (5.9)
77,361	61,377	279,426	98,245	82,640	1,970,554 (100.0)	1,160,665 (100.0)
77,361	61,377	279,426	102,135	82,640	2,014,843	1,195,333
895	25	91,821	10,287	9,379	324,590 (16.9)	324,590 (22.0)
51,154	60,926	60,600	62,973	62,524	450,682 (23.4)	413,472 (28.0)
69,813		23,315	59,530		700,333 (36.4)	360,861 (24.5)
9,381	11,197	9,730	14,198	15,840	72,352 (3.8)	68,744 (4.7)
2,241	277	567			3,699 (0.2)	3,699 (0.3)
2,631	3,697	3,894	26,172	5,580	41,974 (2.2)	41,974 (2.8)
10,407	10,658	47,288	17,624	4,329	110,185 (5.7)	110,185 (7.5)
148,737	88,231	250,061	192,464	104,965	1,922,963 (100.0)	1,474,498 (100.0)
149,771	88,231	250,061	194,409	106,909	1,969,089	1,509,162
△72,411	△26,854	29,365	△92,273	△24,269	45,754	△313,830
163,552	136,698	166,063	73,789	49,520		

資料:『勝田家文書』第49冊第1号「自明治36年至大正元年満十年間正貨受払実況調」(1912年)挿入表「政府正貨受払表」。
出所:能地清[1981] 25ページ。

た。とくに1907年には2億1218万円もの償還が行われている。これは1907年9月に第一回、第二回六分利付英貨公債が五分利付英貨公債の発行に基づき償還されたためであろう[273]。政府在外正貨は海外に流出した内国債の買入れにも用いられた（内地に回送のうえ償還）。海外に流出した在外内国債（六分利付国庫債券など）を海外で買い入れて内地へ回送して償還したものが、1903年から1912年までの10年間に3566万円あった。

　在外正貨は利子支払いにも用いられた。外債利子は毎年恒常的に支払われた。その金額は、1907、1908年にはそれぞれ約5100万円、1909～12年には各年6000万円以上が支払われた。1904年から1912年までの利子支払い額合計は4億4604万円（政府在外正貨支払い合計額の23.8%）となる。この金額は日銀への売却に次ぐものであり、日銀への純供給額に匹敵する。日銀公債利子の支払いは日露戦争後増大し、政府在外正貨支払い額に占める構成比率は1903～12年の23.4%から1906～12年の28.0%へと増大している。

　外債償還と利子支払いの合計額は1904～12年に7億7063万円となり、この金額はこの間の政府在外正貨支払い額中、最も多くなる。在外内国債買入れを加えれば、この金額はさらに多くなる。

　満鉄社債の償還や利子の支払いも行われた。その金額は1904年から1912年までで4198万円となっている。このうち満鉄第二回社債償還が1953万円あった。

　政府在外正貨は、政府経費の対外支払いにも用いられた。各省の対外支払額は、表5－8から明らかなように多額にのぼった。すなわち実際の支払い額は1903年1601万円、1904年1億826万円、1905年1億9620万円、1906年2億6814万円、1907年2億6490万円、合計8億5352万円となる。政府対外支払いは臨時軍事費、各省臨時事件費、普通支払いから構成されていた。日露戦争期には1903年10月から1907年3月まで臨時軍事費特別会計が設けられていた。時局の開始から1907年3月に至るまでの支払い総額は14億9364万円の巨額に達した。臨時軍事費の対外支払い額は表5－9に示されているとおりで、1903～07年合計で2億3631万円に及び、1904～05年には政府対外支払いの中心を占めていた。

273）『勝田家文書』第49冊第1号所載参考資料によれば、上記償還額は外貨公債および裏書付五分利公債および軍事公債の償還額である。その中心をなす第一回、第二回六分利付英貨公債償還が2億1308万円となっていた。大蔵省編『明治大正財政史』第11巻、25、35ページでは、その償還額は2億1477万円となっている。

第5章　日露戦争以後の正貨維持吸収政策と在外正貨

表5－8　各省経費外国払高
（1903～1906年）
（単位：万円）

	金額
1903年	1,601
04	10,826
05	19,620
06	26,814

注：臨時軍事費を含む。
出所：『明治大正財政史』第1巻、253ページ。

表5－9　臨時軍事費外国払高
（1903～1907年）
（単位：万円、未満切捨）

	陸軍	海軍	合計
1903年	—	1,601	1,601
04	4,555	2,003	6,558
05	10,451	1,638	12,089
06	2,318	224	2,542
07	439	142	581

出所：『明治大正財政史』第17巻、539－540ページ。

　なお、臨時軍事費の対外支払いは陸軍が1億7765万円、海軍が5609万円であった[274]。各省臨時事件費は1903～07年合計で7114万円であった。日露戦争後も、政府は戦後積極経営（日露戦後経営）の名のもとに、大陸の権益を確保し拡大させるための陸海軍の大拡張を中心とする財政政策を展開し、また、鉄道、電話、製鉄所の拡張などをも行った。政府の普通対外支払いが1906年に2億1698万円、1907年に2億5318万円へと増大しているのは、このことを反映していると思われる[275]。

　こうした政府の外国払いに際し、政府自ら外国に金を輸送するということはなく、国庫保有資金を日本銀行に交付し、同行にロンドンの日銀在外正貨を振替払いさせるなどの方法がとられた。『明治大正財政史』は、政府対外支払いの大部分は外債募集金の振替払いあるいは為替作用によって支払われたと記している[276]。表5－10によれば、1905～07年には軍票為替資金や軍票買入資金などに6323万円の外債募集金が充当されている。第6章第5節の表6－1でも軍票決済資金として1903年から1912年までに1億1772億円の正貨が軍票決済資金として支払われたことが示されている。在外正貨が対外的軍事費支払いに充

[274]　大蔵省編『明治大正財政史』第17巻、539－540ページ。表5－7によると、1904年から1912年までに海軍省経費の政府在外正貨からの支払い額は6894万円になるが、日露戦争期にその支払いが行われていたことが示されていない。これは在外正貨が臨時軍事費特別会計に組み入れられたものを表5－7は含んでいないからであると考えられる。
[275]　政府普通支払いは1903～1907年合計で5億4607万円であった。大蔵省編『明治大正財政史』第1巻、253ページ、第17巻、538－543ページ。
[276]　『明治大正財政史』第1巻、255－256ページ、第17巻、541、548－553ページ

第3編　日露戦争以後の金本位制維持政策

表5−10　外国債券募集金による振替為替取組額表（1905〜1907年合計）

（単位：千円、未満切捨）

公債利子および発行費	帝国諸公債利札買入代り英貨売却	印紙税	軍票為替資金	軍票買入資金	海軍省経費	計
80,097	3,493	5	60,399	2,835	3,074	149,903

注：1905年3月〜07年3月。
出所：大蔵省編『明治大正財政史』第17巻、548−552ページ。

当されたことは確かであろう。

　政府対外支払いは、横浜正金銀行の外貨資金を政府のための為替資金支払いに充当したことによってなされたとも考えられる。本章の第1節4で述べたように、日露戦争期に同行は政府のための対外支払い資金確保に尽力し、政府に8484万円の為替資金を売却している。また、同行は政府のための為替支払いも行っており、輸出貿易高に対する横浜正金銀行の輸出為替取扱高の比率が1903年の31％から1904年の38％、1905年の54％へと上昇しているのはこうしたことのためであろう[277]。もっとも、日露戦争後の1906年にはその比率は42％となり、1907年には同行の輸入為替取扱高のほうが輸出為替取扱高よりも多くなっているから、同行の政府対外支払い資金補充機能は失われていったといえる。

　要するに、在外正貨が金現送を回避しつつ、公債元利払いや日露戦争時の軍需品の輸入、軍票決済、海軍省経費支払いなどのための政府対外支払い手段として機能し、横浜正金銀行が、為替業務を通じて日露戦争期の政府対外支払いを補完したといえよう。

　政府在外正貨を本邦各種公債購入などに特別運用することも行われた（拡大解釈された在外正貨運用）。これについては本章第8節3で述べることとする。また、日本銀行所有在外正貨は政府に売り戻されたり、政府のための為替払いに充当されたり、金塊購入に充当された。このことについては本章第6節で論述することとする。

---

277)　大蔵省内作成資料『正貨吸収二十五策』甲の8ページ。

第5章　日露戦争以後の正貨維持吸収政策と在外正貨

表5－11　日本銀行の在外正貨払出額
（1906～1912年合計）
（単位：ポンド、未満切捨）

政府へ売却	16,044,440
大口為替	33,358,134
内地へ回送	10,001,769
計	59,404,344

出所：大蔵省内作成資料『正貨吸収二十五策』乙の8ページ。

表5－12　外国債券募集金による金銀塊購入額表（1904～1907年合計）
（単位：千円、未満切捨）

金地金買入元金	29,539
銀地金買入元金	14,546
メキシコ銀塊買入代	5,761
軍票引換元金	6,474
計	56,320

注：1904年6月～07年3月。
出所：大蔵省編『明治三十七八年戦時財政始末報告』（同省、1908年頃）772－776ページ。

2　金の取寄せ

　在外正貨の一部は金銀を買い入れて、これを日本に現送するために用いられたのである。これは表5－11および表5－12から明らかである。すなわち、日本銀行在外正貨は政府への売却、外国為替銀行への大口為替売却とともに内地への回送にも充当された。

　在外正貨は、「中心市場たる国の信用が動くか、若しくは戦争の如き事変の発生するときは、中心市場に保有する資金の価値が減少し、又は之れを回収し得ずして、在外正貨保有国の損失に帰するかも知れぬ。……一国の通貨の基礎が自国以外の事情により動揺することなきを保し難い」という弱点を有していた。「一国の通貨の基礎を全く外国の事情に一任するは、出来るだけ避くべきであ」るとされ、「一国内に於て金の請求の起ったときは、何時にても之れに応じ得るやうにして置く」ために在内正貨が保持されていたと考えられる[278]。

　政府在外正貨の一部は、金塊購入、円銀および補助銀貨鋳造のための銀塊を購入して日本に現送することにも充当された[279]。

278）深井英五［1928］365－370ページ。
279）大蔵省編『明治大正財政史』第1巻、256ページ。

第6節　日本銀行の在外正貨売却政策
　　　——大口為替売却政策を中心として

1　諸外国における中央銀行の外国為替操作

（1）　ヨーロッパの中央銀行の外国為替操作

　各国の金防衛策の1つとして中央銀行などが外国手形または在外資金などを保有し、これによって外国為替を調節する策、あるいは公的為替操作（為替平衡操作）があった。これは金に直接働きかける本来のゴールド・デバイスではなかった[280]。また、公定歩合操作のように、国際短資移動あるいは企業活動への影響を通じて輸出入貿易に影響を及ぼすことなどによって、間接的に金流出を防遏する施策でもなかった。それは外国為替の売買操作を通じて外国為替相場を調節して為替相場変動の国内経済への悪影響を阻止する政策であった。これが為替相場を金輸出現送点以上に維持して金の対外流出を阻止することに用いられることもあった[281]。

　日本銀行の外国為替操作の特徴を明らかにするために、金本位制下の欧州大陸諸国の中央銀行の外国為替操作（為替調整）を考察しておこう。

　第1次世界大戦前に為替操作を行った中央銀行として、ベルギー国立銀行（Banque nationale de Belgique, The National Bank of Belgium）、オーストリア・ハンガリー銀行（Österreichisch-Ungarische Bank）、ロシア国立銀行、ドイツのライヒスバンク（ドイツの帝国銀行：Reichsbank）などを挙げることができる。とくに著名なのが最初の2行である[282]。

　中央銀行は為替政策、為替操作によって利益を得ることができた[283]。オーストリア・ハンガリー、ベルギー、イタリアをはじめとして多くの国が外国手

---

[280]　小島仁［1981］はイギリス流の金政策と欧州大陸諸国の中央銀行の公的為替操作を含めてゴールド・デバイスとみなしているが（93、101ページ）、ゴールド・デバイスと公的為替操作は区別されるべきである。

[281]　A. I. ブルームフィールド著、小野一一郎・小林龍馬共訳『金本位制と国際金融』66-67ページ。

[282]　田中金司「金本位制に於ける為替統制（其一）」神戸商業大学商業研究所『国民経済雑誌』第48巻第4号、1930年4月、40-51ページ。同「（其二）」、同巻第5号、同年5月、47-68ページ。藤瀬浩司・吉岡昭彦編［1987］第4、6、7章。ロシア国立銀行の原語は同書253ページを参照。

形を保有するに至った当初の動機は主として利殖を図るためであった。しかしそれが金為替を所有し為替操作を行うことの主目的ではなかった[284]。

中央銀行は為替政策、為替操作によって金の海外流出を防遏することもできたが、その政策の主目的は為替相場を維持して貨幣制度の安定、経済の安定的発展を図ることであった[285]。金本位制下の為替政策を研究された田中金司氏は、為替相場の変動の国内経済への悪影響の除去をその目的として最重要視され、「為替政策の主要目的とするところは利殖にもあらず、正貨擁護にもあらずして、為替相場の統制によって国内経済と国際経済との接触を合理的に調整するに存するのである」と述べられている[286]。

(2) オーストリア・ハンガリー銀行の外国為替操作

オーストリア・ハンガリー銀行は、1899年の定款改正以後、為替操作を積極的にクローネ通貨の対外価値安定のために利用するようになった[287]。

オーストリア・ハンガリーは政府がドイツならびにフランスを中心とする外国金融市場において「4％利付金国債」を発行することによって金準備を確保し、1892年に金本位法を制定し、新通貨クローネを本位貨に定め、金本位制を

---

283) 所有外国手形、在外資金が利子を生むだけでなく、自国の為替相場が上昇しているときにそれらを買い、自国の為替相場が低落しているときにそれらを売って為替差益を得ることができた（田中金司「金本位制に於ける為替統制（其三）」『国民経済雑誌』第48巻第6号、1930年6月、70ページ）。ヨーロッパの中央銀行は、金輸入点の近くで（自国相場が高い相場で）為替を買い、金輸出点の近くで（自国相場が低い相場で）為替を売ることによって為替差益を得ようとした（ブルームフィールド［1975］67ページ。横内正雄［1987］163ページ）。オーストリア・ハンガリー銀行の外国為替操作は当初は中央銀行の収益性を高める目的でのみ保有されていた（佐藤勝則「オーストリア・ハンガリー中央銀行と世界市場」藤瀬浩司・吉岡昭彦編［1987］311、317ページ）。

284) 田中金司『金本位制の回顧と展望』千蔵書房、1951年、223ページ。

285) マハループ（Machlup）は、外国手形の交付によって人々が実際に擁護しようとしたものは中央銀行の正貨準備ではないと述べている（田中金司、前掲「金本位制に於ける為替統制（其三）」58ページ）。オーストリア・ハンガリーではドイツからの原料や機械の輸入や外国からの長期資本輸入のために為替相場の安定が求められていた（佐藤勝則、前掲論文、308、311-320ページ）。

286) 田中金司、前掲「金本位制に於ける為替統制（其三）」60ページ。田中金司氏は為替操作の一般的な意義として、正貨の節約よりも為替の売買価格の裁量により為替相場変動の振幅を加減し、これを通じて貨幣を調節することの方を重視されている（田中金司、前掲『金本位制の回顧と展望』221-222ページ）。

287) 佐藤勝則、前掲論文、318ページ。

採用した。同国は金の自由鋳造体制を持っていた。だが、銀行券の金兌換義務の適用は金本位制採用と同時に延期された。同国では金貨流通が欠如しており、大量の国家紙幣（強制通用力を有する）が流通していた[288]。

オーストリア・ハンガリー銀行は1910年に特権更新を迎えることとなった。政府紙幣が流通から完全に引き揚げられていた当時の現状に鑑み、銀行券の兌換義務停止を政府紙幣と結びつけることが無意味となっていた。だが、同行が事実上行ってきた為替政策が新たに法律上の義務となって、兌換義務規定の停止が継続されることとなった。すなわち、同行は利用できるあらゆる手段をもってその銀行券の外国為替相場に表現される価値をたえずクローネ貨幣の法定鋳造平価に一致させる義務を有するという条項が定款第１条に挿入されたのである。このもとで、為替相場の安定が図られ、また銀行券の価値、クローネ通貨価値の安定化が図られたのである。

オーストリア・ハンガリーでは金貨の自由鋳造やオーストリア・ハンガリー銀行の金買取義務が存在していたから、為替相場が金輸入点（自国通貨建て）以下に下落する（外貨建てでは金輸入点以上に上昇する）ということはなく、為替操作は為替相場をそれ以上の範囲に（外貨建てではそれ以下の範囲内に）おいて調整することとなった。オーストリア・ハンガリー銀行は為替相場を金輸出点（自国通貨建て）以上に騰貴させない（外貨建てでは金輸出点以下に低落させない）ことをおおよその目標として為替の売却を行っていたと思われる[289]。

金本位制下において為替相場は金平価を中心に上下金現送点の範囲で変動し、その相場は安定していた。これが貿易や輸入品の価格の安定、資本輸入の安定化をもたらした。とはいえ、その変動幅（100円の対ドル金平価49ドル85セントに対し１ドル弱）は無視することができないものであった。外国手形あるいは

---

288) 田中金司、前掲論文、47、59ページ。佐藤勝則「オーストリア・ハンガリー中央銀行と世界市場」藤瀬浩司・吉岡昭彦編［1987］311、317ページ。オーストリア・ハンガリー銀行の定款第83条中に兌換義務が規定されていたが、銀行券の金兌換が停止されていた（金兌換の法定義務は欠如）。兌換義務停止期間は定款111条に規定され、政府紙幣が強制通用力を有する間となっていた。為替政策の巧妙さのために金貨の対外支払いが不要化され、金貨流通の試みも失敗した（田中金司「金本位制に於ける為替統制（其二）」『国民経済雑誌』第48巻第５号、1930年６月、57－60ページ）。1903年にオーストリア・ハンガリー政府は銀行券兌換停止規定撤廃の法案を議会に提出したが、この法案は政治的危機勃発のために討議に付されることなくして終わった（田中金司、同上論文、58ページ）。

第 5 章　日露戦争以後の正貨維持吸収政策と在外正貨

在外資金を為替相場調節に用いることは国内正貨（金）よりも便利であり、為替相場調節について中央銀行の自由裁量の余地が大きかった。なぜなら、国内正貨を用いる場合は為替相場が金現送点に到達した場合に初めて為替相場に干渉できるのに対し、外国手形あるいは在外資金を用いる場合は上下金現送点の範囲の任意の為替相場の点でその相場を調節でき、また外国為替調節策においては金現送時間を要しないで即時に為替相場に影響を及ぼすことができたからである[290]。

オーストリア・ハンガリー銀行の為替政策は、国際収支の順調時に外国為替を購入し、為替ストックとし、外国為替相場が騰貴するときにはこれを売却してクローネ為替相場（クローネ通貨の対外価値）の安定を図るというものであった。オーストリア・ハンガリー銀行の外国為替の売買によるクローネの為替相場安定を目的とするこの政策は、政策発動の大前提として国際収支の順調を不可欠としていた[291]。

為替相場政策は、金防衛のための公定歩合引上げが国内産業に打撃を与えるという問題を回避させる役割を有していた[292]。ベルギー国立銀行は為替政策を用いることによって公定歩合を安定化させ、変動の頻度も縮小することができた[293]。オーストリア・ハンガリー銀行も為替政策によって公定歩合を安定化させることができた[294]。

---

289)　田中金司、同上論文、52－53ページ。同行の自発的な金貨支払いは行われたが、同行の巧妙な為替政策のもとで金貨の大部分は海外に流出せず、国内にとどまった。同行の外国手形ならびに在外資金購入高は金本位制を採用した1892年から1904年までの時期に金地金および金貨購入高を大幅に凌駕していた。もっとも、外国手形ならびに在外資金への市場供給高が多かった（売渡しまたは貸与）（田中金司、同上論文、51－53、58ページ）。1913年末にはオーストリア・ハンガリー銀行の準備の中心は金銀となっている。P. H. Lindert［1969］p. 10.)。オーストリア・ハンガリー銀行では外国為替や外国銀行券も発券準備に繰り入れられていた（松岡孝児［1936］340ページ）。このような貨幣制度は、銀行券の金為替との兌換の義務がなかったとはいえ、金為替本位制的性格を有していたといえよう。

290)　田中金司、前掲「金本位制に於ける為替統制（其三）」59－61ページ。田中金司［1929］333－334ページ。

291)　佐藤勝則、前掲論文、318－320ページ。

292)　頻繁な公定歩合の変更は、国内の産業、商業資本家にとって苦痛であった（渡辺佐平『金融論』岩波書店、1954年、304ページ）。

293)　田中金司、前掲「金本位制に於ける為替統制（其一）」『国民経済雑誌』第48巻第 4 号、49－51ページ。

第 3 編　日露戦争以後の金本位制維持政策

2　日露戦争前における日本銀行の在外正貨売却政策の不採用

　第 1 章で述べたように、日本銀行第 2 代総裁富田鐵之助は、日本銀行が直接為替売買操作を行うことによって輸出奨励、輸入抑制のための為替干渉を行おうとした[295]。だが松方正義大蔵大臣はこれを認めず、日本銀行に正金銀行への低利円資金供給による輸出奨励による正貨、外貨獲得を行わせようとした。松方は危険の多い外国為替業務を中央銀行に行わせようとはしなかったのである[296]。外国為替業務には信用リスクとともに為替相場変動に伴うリスク（為替リスク）があった[297]。松方は正金銀行に外国為替業務を取り扱わせたが、それは同行の外国為替業務の実績を考慮したからでもある。

　第 1 次大戦前のイングランド銀行は外国為替を準備金として保有しなかった[298]。日本銀行は日露戦争直前まで外国為替や在外正貨を所有しておらず、したがって同行が外国為替操作を行うことはできなかった。日清戦争賠償金は政府所有となり、その英貨の日本銀行への寄託は政府に指示に従って日本銀行が運用したものにすぎなかった。賠償金の第 1 回支払いを受けた後の1896年 1 月に日本銀行の川田小一郎総裁は渡辺国武大蔵大臣に対して、為替資金に充用するために政府所有英貨の一部の100万ポンドを借り受けたい旨、上申した[299]。ここには日本銀行が為替操作を行おうとする意図があった。だが、政府はこれを許さなかった[300]。政府は政府所有外貨100万ポンドを賠償金回送のために日

---

294)　イングランド銀行と比較して変動幅が狭く、変動度数が少なかった（田中金司、前掲「金本位制に於ける為替統制（其二）」『国民経済雑誌』第48巻第 5 号、1930年 5 月、55－57ページ）。
295)　古沢紘造［1977］111ページ。
296)　『横濱正金銀行史　附録甲巻之一』、424ページ。
297)　第 1 次世界大戦前のイギリスにおいては、貿易決済がポンド建てで行われていたからロンドンの市中銀行は外国為替業務を行わなくとも貿易金融業務を行うことができた。通貨の切換えは海外で生じ、為替相場の変動による損失（為替リスク）をもたらす為替取引は投機的であるとみなされた。このことが商業銀行、市中銀行が外国為替業務に本格的に進出せず、外国為替業務が国際銀行によって担われた理由であった（齊藤壽彦［1983b］ 2 ページ）。
298)　第 1 次大戦以後、ことに1925年 8 月以後にイングランド銀行は外国為替準備（国内発券準備とは区別されたポンド安定基金）を保有するようになる。同月にその秘密保有が開始され、同行が秘密外国為替操作を行うようになる（米倉茂［1981］88－99ページ、同「イングランド銀行の為替政策」佗美光彦・杉浦克己編［1982］第 5 章）。
299)　大蔵省内明治財政史編纂会編『明治財政史』第 2 巻、348－349ページ。
300)　平智之［1984a］54－55ページ。

第5章　日露戦争以後の正貨維持吸収政策と在外正貨

本銀行に寄託し、同行がこれを無利子で正金銀行に寄託し、これをもとに正金銀行が金銀を回送し、また輸入為替を取り組んで日本銀行を通じて政府に円を支払った。政府はまた1897年に100万ポンドを限度として正金銀行に有利子での預け金をも提供するなど、在外正貨の運用を正金銀行に対して行った[301]。

日本銀行は1899年7月に正金銀行に対してロンドン為替資金預け入を行っているが、この「倫敦為替預ケ金」は日本銀行の外貨資金所有を意味するものではない。1897年7月における政府所有英貨100万ポンドの日本銀行を通じた（日本銀行への預け入を通じた）正金銀行ロンドン支店宛定期預金が1899年7月に満期になった。そこで同月に、正金銀行の懇願を受け入れて、日本銀行が2シリング0ペンス4分の3の相場に相当する邦貨970万円をロンドン為替資金として年2％の利子付きで正金銀行本店に預け入れ、正金銀行はこれをもって100万ポンドの英貨を、日本銀行を通じて政府から買い入れ（日本銀行が政府から買い入れた英貨を正金銀行が日本銀行から買い入れ）、外貨預金返納を終了した（970万円は政府に納入された）。したがって日本銀行のロンドン為替資金預け金は正金銀行所有英貨を意味するものであって、日本銀行にとっては英貨ではなく邦貨での預け金にほかならなかったのである[302]。日本銀行は正金銀行の対中国業務拡張のために1899年4月に正金銀行に年2％の利子付で1000万円を預け入れたが、この「支那為替預ケ金」も日本銀行にとってはやはり円資金の預け金にすぎなかった[303]。

1899年6月募集の四分利付英貨公債募集（発行額1000万ポンド）に際しては募集難のために日本銀行が200万ポンドを引き受けた。これにより、日本銀行は在外資金を保有するようになった。この日本外債はロンドンで売却できれば、外貨に転換できるものであったが、実際には困難であり、1903年に至っても日銀によって保有されている[304]。それはいつでも外貨や金に転換できる本来の

---

301) 大蔵省編『明治大正財政史』第15巻、128－137ページ。
302) 『横濱正金銀行史　附録甲巻之二』564－567ページ、605－607ページ。『明治大正財政史』第15巻、130ページ。なお、『明治大正財政史』第14巻、705ページで、日本銀行が英貨100万ポンドを正金銀行に預け入れたと述べているのは正確な表現ではない。
303) 正金銀行は一部を清国各店およびボンベイ出張所に配置し、残りは予備金としてロンドンに備えておくこととし、このロンドン支店準備高は1903年12月2日に350万相当の英貨となっていた（『横濱正金銀行史　附録甲巻之二』602－607ページ）。
304) 高橋是清［1976］下、183ページ。

在外正貨としてではなく、在外正貨外の海外保管有価証券として保有されていたにすぎなかったのである[305]。

中央銀行の為替操作にはさまざまな限界があった。すなわち、まず第1に、中央銀行が為替リスクを負わなければならなくなる[306]。大蔵省は中央銀行である日本銀行の為替リスクを回避させようとしたのであろう。日本銀行に為替業務を行わせようとはせず、横浜正金銀行に行わせようとした。これは横浜正金銀行の実績が考慮されたからでもある。なお、政府が正金銀行に英貨を提供したのは、賠償金の日本への回金とともに産業の発展に必要な輸入確保の狙いがあったとも考えられる。

第2に、国内経済の資金需要が強ければ、中央銀行が外国為替業務に充用すべき資金の余力が少なくなる。ドイツのライヒスバンクの為替政策がオーストリア・ハンガリー銀行ほどの成功を期待できなかったのはこのためであった[307]。日本銀行も日清戦後経営期には産業奨励のための円資金需要に対応しなければならず、外貨を購入する余力は多くなかったであろう。

第3に、貿易その他の対外活動が盛んであれば、その情勢のいかんにより為替市場がその影響を受けることが大となる。ベルギー国立銀行、ドイツのライヒスバンクなどがロシア、オーストリア・ハンガリーなどの中央銀行におけるよりも為替統制にはるかに多くの苦心を要したのはこのためである[308]。日露戦争前の日本において日本銀行が為替相場調整策を採用しなかった一因として、国際貿易に依存し、入超下にあった我が国において、中央銀行が為替相場調整策によって為替相場を維持することが容易でなかったことが考えられる。もち

---

305) 平智之［1984a］62－65ページ。それは1900年以降、在外保証準備に繰り入れられたにすぎなかった。日本銀行の在外保証準備額が1900年から1902年にかけて900万円となっている（『明治大正財政史』第13巻、365ページ）のは200万ポンドの公債の在外保証繰入額を示すものと考えられる。日本銀行の正貨統計ではこの当時この公債所有が計上されていない（日本銀行百年史編纂委員会編［1986］333ページ）。
306) 田中金司、前掲「金本位制に於ける為替統制（其三）」71ページ。
307) 田中金司、前掲論文、939ページ。
308) 田中金司、前掲「金本位制に於ける為替統制（其三）」71ページ。国際収支が永続的に逆調を呈する場合には、為替管理制が採用されていない金本位制下にあっては、いかなる為替相場政策によっても低落した為替相場を永続的に回復させることはできなかった。この場合の為替相場政策の主要任務は急激な為替変動を調節することとなる（田中金司、前掲「金本位制に於ける為替統制（其一）」48ページ参照）。

ろん、日本銀行が多額の在外正貨を保有することができれば為替相場調整策は効果を発揮できたであろうが、貿易入超下の外貨資金調達難のもとで、日本銀行が多額の外国為替を買入保有することは困難であったし、政府保有在外資金は政府自身の対外支払いに充当されて日本銀行に売却されなかった。

このような事情から、日露戦争直前まで日本銀行の外貨所有、在外正貨保有が実現せず、同行の為替相場調整策が実施されなかったと考えられるのである。

3　日露戦争直前における日本銀行の在外正貨売却政策の萌芽

我が国においては前述のように日清戦争後に政府在外資金運用において為替資金運用、これに伴う相場安定化と金防衛機能がみられたが、日露戦争前後以降においては直接的には日本銀行による在外正貨売却、これによる金防衛策が展開されたのである。

1903年初頭に大蔵省の松尾臣善理財局長は1902年にイギリスで発行した五分利付円公債5000万円（払込金4784万円）の手取り金を金塊に換えて日本に取り寄せようとした。だが、日本銀行の高橋是清副総裁は、外米輸入による正貨流失を見越して、政府に政府所有在外資金の一部を日本銀行へ売却するよう要請した。これが認められて、日本銀行は本来の在外正貨を所有することができるようになった[309]。日本銀行の在外正貨保有は輸入代金補充とともに在内正貨流出防遏を目指す道が切り開かれたのであった。

日本銀行が創立の際にモデルとしたベルギー国立銀行は、日本銀行とは異なり、大銀行から外国手形を買い入れた。これは第1章で述べたように責任代理店を活用することによって行われた。同行は、必要がある場合は自己所有内国手形を政府勘定に移すことによって、国営の貯蓄・養老金庫所有の外国手形を処分することが許されていた。ベルギー国立銀行はこれをもとに為替市場に介入し、為替相場が急激な変動をしないように為替相場を調整し、為替相場の低落が生ずるとこれに対抗し、それがもたらすであろう国内経済の不利な影響を緩和した[310]。

---

309)　高橋是清［1936a］、復刻版『高橋是清自伝（下）』162ページ。平智之［1984a］65ページ。

オーストリア・ハンガリー銀行は、外国手形を市場において獲得するとともに政府の関税収入の預託を受けていた。同行が政府の関税収入を管理し、政府の対外支払いは同行がもっぱら担当した。同行はこれらの外国手形・在外資金をもとに、為替相場を、外貨建てで金輸出現送点以下に低落させないようにすることをおおよその目標として為替の売却を行っていた[311]。

ライヒスバンクは、1908年に外国為替部を創設し外国為替調節を有効に行い、自国幣制を擁護しようとした。その介入の資金源の中心は外国手形であった[312]。

だが日本銀行の在外正貨は、外国為替手形買入れでなく、公債をもととした政府所有在外正貨を前提として、その買入れから得られたものであった。日本銀行は1903年に2623万円の在外正貨を政府から買い入れている。

ロシア国立銀行は莫大な在外資金、在外正貨（金をもって支払われる当座預金など）を保有し、とくに1902年以来その額は他国の中央銀行の追随を許さない規模に達していた[313]。それは外債発行と結びついていた。外債は直接的には帝国政府の借款であるが、借款が成立した時点において、将来受け取るべき金額が国庫勘定からただちに国立銀行勘定に算入された[314]。ロシア国立銀行はベルリンの個人銀行家メンデルスゾーン商会などに巨額の金資金を預託し、これをもってルーブルの為替相場を維持した。同商会はベルリン取引所におけるルーブル相場の動静を観察し、あるいは買いに出、あるいは売りに出て、これ

---

310) 田中金司、前掲「金本位制に於ける為替統制（其一）」『国民経済雑誌』第48巻第4号、42－51ページ。
311) 田中金司、前掲「金本位制に於ける為替統制（其二）」『国民経済雑誌』第48巻第5号、47－53ページ。田中論文では（自国通貨建てのもとで）金輸出点以上に為替相場（の数値）を騰貴させないようにしたという表現が用いられている。
312) 田中金司、同上論文、64－67ページ。
313) 田中金司、前掲「金本位制に於ける為替統制（其二）」『国民経済雑誌』第48巻第5号、63ページ。
314) 中山弘正『帝政ロシアと外国資本』岩波書店、1988年、221ページ。政府は外債募集手取金を外国に存置したまま国立銀行に譲渡し、同銀行はこれに対して銀行券を政府に交付した（田中金司、前掲『金本位制と中央銀行政策』348ページ）。ドイツを筆頭とする西欧諸国との貿易を通じての黒字とともに、フランスを中心とする西欧諸国からの資本の輸入による資本収支の黒字が、対外債務の元利払いを中心とする貿易外収支の支払超過にもかかわらず国際収支の黒字をもたらし、これがロシア金本位制を支えていた（伊藤昌太「ロシア国立銀行と金本位制」藤瀬浩司・吉岡昭彦［1987］259－261ページ）。

第5章　日露戦争以後の正貨維持吸収政策と在外正貨

を平価近くに維持する任にあたった。同商会はロシア大蔵大臣の委託に従い、在外資金の売買を行い、ルーブルの為替相場を平価近くに維持した[315]。

日本銀行は1903年に731万円の大口為替売却を行っている。ここに日本銀行の在外正貨売却、「公的為替操作」が開始されたのである[316]（同年に日本銀行は、小口為替の売却であろうが、正金銀行へ328万円の在外正貨売却も行っている）。

日本銀行の在外正貨売却はヨーロッパの為替政策に強くみられた国内経済の安定的発展のための為替相場安定策としてではなく、対外支払に在外正貨を用いることによる金流出阻止、在内正貨擁護策として行われたものであった。

1903年の為替相場は金輸出現送点以上であった[317]。日本銀行の大口為替の売却は金流出を軽減することとなった。

だが、1903年に日本銀行は政府のために1595万円の為替支払いをも行っている（表5-13には掲載されていない）。同年の日本銀行の在外正貨支払いは大部分が政府対外支払いのために実施されたものであった。この意味では日本銀行の在外正貨売却は為替相場維持や日本銀行の金防衛（金兌換による金流出の防遏）を主目的として行われたものではなかったといえるのである。政府は日本銀行に在外正貨を売却した後、対外支払資金の確保の必要に直面したのであった。1903年の日銀在外正貨売却は政府対外支払を主目的として行われたものであり、またこれを通じて間接的に金流出を防遏するという性格が強かった。この意味で、同年の日本銀行の在外正貨売却は中央銀行の公的為替操作としてはきわめて大きな限界を有していたのである。1903年の日本銀行の在外正貨売却は「公的為替操作」の萌芽をなすにすぎなかったということができる[318]。

1902年における日本銀行の在外正貨所有額は統計上では計上されておらず、この統計には在外日本公債が算入されていないと考えられるが、1903年には在

---

315) 田中金司、前掲「金本位制に於ける為替統制（其二）」63ページ。
316) 平智之［1934a］65ページ。
317) 第1次世界大戦前においては、相場為替はロンドン以外で建てられていた。日清戦争以前においては、為替相場は香港上海銀行をはじめとする外国銀行が決定してから正金銀行が独自の相場を決定していたが、1895年以後、正金銀行は店を開くと同時に独自の相場を発表した。同行の輸入為替は同年以後外国銀行よりも1円につき16分の1ペンスだけ円高にして輸入為替を吸収した（高橋是清『高橋是清自伝』復刻版、下巻、80-83ページ。小島仁［1981］110ページ）。
318) 深井英五は深井がロンドンに出張した1904年になって日本銀行が外国為替払渡しを開始したとみなしている（深井英五［1941］83ページ）。

第３編　日露戦争以後の金本位制維持政策

外保証準備は1400万円に増大しており、1903年末には日本銀行の在外正貨残高は1260万円となっている[319]。だが表５－13の日本銀行正貨収支表によれば、1903年には日本銀行が受け取った在外正貨はすべて支払いに充当されている。1903年の日銀の在外正貨残高統計には海外準備や従来からの在外日本公債などの海外運用資金が含まれていると思われる。

　日本銀行が恒常的に在外正貨を所有し、これを売却して外国為替相場低落を阻止することも大蔵省は構想していた。すなわち、前述の1903年10月の大蔵大臣の日本銀行総裁に対する内訓の第四項目には「外国為替ノ件」が掲げられており、日本銀行保有資料（『日本銀行沿革史』別録稿本第１巻）によれば、「(イ)外国為替ニ付イテハ常ニ最モ周密ナル注意ヲ怠ラス我貿易上ノ取引殊ニ輸出貿易ニ対シ遺憾ナク充分ノ便利ヲ与フルコトニ勉ムヘシ」という文章に続いて、従来は指摘されていないが、実は以下のようなことが主張されていたのである。

　　(ロ)　外国為替相場ノ順逆ニ厚ク注意スヘシ　一朝之レカ処置ヲ誤レハ忽チ金貨濫出シ其結果兌換券正貨準備金ノ減少トナリ我金融社会ノ安寧ヲ破ルノ虞アリ　(ハ)　右等予防上ノ施設且又海外為替相場ヲ制スル為メニ常ニ外国（倫敦）ニ運転金ヲ設置スル等ノ必要アルヘシ　充分ノ注意ヲ以テ是等ノ処弁ヲ為スヘシ

　日本銀行は1903年初頭にロンドンでの在外資産の保有を実現し、「公的為替操作」を名実ともに実行しうる条件が形成され始めてきた[320]。また日本銀行が外貨、在外正貨の売却を通じて為替相場を調整して正貨を防衛するという構想が上記内訓により登場していた。このような準備過程の後、日露戦争期に日本銀行の存外正貨売却政策が本格的に展開されるのである。

---

319)　『明治大正財政史』第13巻、365ページ。『日本銀行百年史』資料編、333ページ。
320)　平智之［1984a］67ページ。

4　日本銀行の在外正貨売却、とくに大口為替売却の本格化

（1）　日本銀行の多額の在外正貨保有の開始

　日本銀行は1904年以降以降本格的に多額の在外正貨を入手し、多額の残額も保有することとなった[321]。同行が多額の在外正貨を入手したことは、表5－4、表5－7、表5－13から看取できる。残額については、日本銀行は1903年に海外に兌換銀行券発行準備外正貨1260万円を保有するだけであったが（ここでは日本政府外債を含むようになっていると思われる）、1904年には在外正貨を発行準備5350万円、発行準備外1639万円、合計6989万円、1905年には発行準備7889万円、発行準備外17万円、合計7906万円を残額として保有している[322]。

　日本銀行在外正貨が主として外債募集金に基づく政府在外正貨の買取りによるものであったことは周知の事実である。ここではこの経過について明らかにしておこう。

　日露戦争の戦費調達のため、日本銀行は政府に対して1903年12月以来227回、4億1475万円に及ぶ一時貸付を行った。政府はこの借入金を外債募集金で返済しようとした。だが、この外債募集金を為替による回収や金現送によって国内に取り寄せることは、本章第4節5で述べたように困難を伴った。そこで日本銀行に外債募集金を売却することとした。日本銀行への売却には大きな問題がないと考えられた。これは日本銀行の正貨準備を充実させるとともに政府借入金の返済にも役立つものであった。

　政府借入金の日銀への第1回返済は、1904年6月9日に受け入れた外債募集金としての英貨が17日に売却され、1100万円が返済する形で実施された。こうした返済が1906年6月まで繰り返し実施された。1905年にも日銀は政府から2億1202万円もの在外正貨を買い入れている。日本銀行の在外正貨払下げの原資は、大部分が外債募集金に基づく政府在外正貨の買入れであった。この間に売却高は英貨合計2736万ポンド、米貨合計3258万ドル、（両通貨合計円換算3億2949万円）となり、3億400万円（英貨合計2億4100万円、米貨合計6300万円）が

---

321)　1904年12月の日本銀行と横浜正金銀行との改定代理店契約には、日本銀行が在外正貨を所有していたことが明記されている（小島仁［1981］89ページ）　。
322)　日本銀行百年史編纂委員会編［1986］332－333ページ。

第3編　日露戦争以後の金本位制維持政策

表5－13　日本銀行正貨収支表

		1903年	1904年	1905年	1906年	1907年
受取り	●海外正貨					
	政府より買入	26,227	100,837	212,023	144,821	64,875
	市外債払込金				14,217	
	外貨社債等払込金			2,450	23,090	
	英貨為替買入		22,663	2,500	7,500	
	利子収入	531	895	1,385	7,803	10,026
	その他共小計 （％）	26,758 (45.4)	129,430 (89.9)	222,490 (89.7)	197,560 (94.1)	74,901 (63.4)
	●国内正貨					
	産金買入	18,876	10,795	9,358	9,002	9,716
	海外より回送			13,314		
	その他共小計 （％）	32,136 (54.6)	14,601 (10.1)	25,425 (10.3)	12,391 (5.9)	43,250 (36.6)
	合計 （％）	58,894 (100.0)	144,031 (100.0)	247,915 (100.0)	209,950 (100.0)	118,151 (100.0)
支払い	●海外正貨					
	政府へ売却		6,988	23,214	8,550	34,626
	大口為替売却	7,310	49,129	172,430	87,245	54,163
	金塊購入代			13,317		
	その他共小計 （％）	27,174 (56.0)	73,600 (40.7)	213,320 (93.4)	97,920 (79.6)	88,972 (78.9)
	●国内正貨					
	兌換	21,183	107,112	14,906	25,038	22,602
	その他共小計 （％）	21,377 (44.0)	107,112 (59.3)	15,088 (6.6)	25,062 (20.4)	23,817 (21.1)
	合計 （％）	48,551 (100.0)	180,713 (100.0)	228,408 (100.0)	122,981 (100.0)	112,789 (100.0)
	差引受取過 （△）支払過	10,343	△36,682	19,506	86,969	5,363
	年末残高 うち正貨準備	133,002[a)] 116,962	96,320 83,581	115,827 115,594	202,796 147,201	208,158 161,742

注1：a）は1902年末残高1億2,265万9千円と1903年差引受取超過額1,034万1千円との合計額。
　2：千円未満四捨五入。

第5章 日露戦争以後の正貨維持吸収政策と在外正貨

(単位：千円)

1908年	1909年	1910年	1911年	1912年	合計	1906～12年合計
					( )内%	( )内%
70,201		23,510	59,258		701,753 (53.0)	362,666 (41.5)
	52,199			67,233	133,649 (10.1)	133,649 (15.3)
					25,540 (1.9)	23,090 (2.6)
14,204	43,292			5,604	95,764 (7.2)	70,600 (8.1)
6,040	4,651	6,084	4,122	4,478	46,015 (3.5)	43,204 (4.9)
90,445 (79.1)	100,142 (61.6)	29,594 (40.3)	63,460 (73.5)	79,473 (73.6)	1,014,254 (76.6)	635,576 (72.8)
12,086	14,811	13,800	15,313	14,818	128,574 (9.7)	89,546 (10.3)
9,746	46,416	27,930	4,012	10,068	111,486 (8.4)	98,172 (11.2)
23,854 (20.9)	62,418 (38.4)	43,928 (59.7)	22,864 (26.5)	28,574 (26.4)	309,439 (23.4)	237,278 (27.2)
114,300 (100.0)	162,560 (100.0)	73,522 (100.0)	86,324 (100.0)	108,048 (100.0)	1,323,694 (100.0)	872,854 (100.0)
19,440	27,360		20,140	44,850	185,168 (15.7)	154,965 (21.5)
60,554	2,883	52,710	52,101	12,013	550,538 (46.8)	321,669 (44.7)
9,765	46,653	26,411	3,993	10,022	110,162 (9.4)	96,845 (13.5)
91,232 (94.3)	79,028 (91.3)	79,271 (75.7)	78,234 (74.3)	67,361 (74.2)	896,113 (76.1)	582,018 (80.8)
4,367	7,419	25,223	24,956	23,054	275,859 (23.4)	132,659 (18.4)
5,540 (5.7)	7,578 (8.7)	25,481 (24.3)	27,080 (25.7)	23,448 (25.8)	281,584 (23.9)	138,007 (19.2)
96,772 (100.0)	86,606 (100.0)	104,753 (100.0)	105,314 (100.0)	90,809 (100.0)	1,177,697 (100.0)	720,025 (100.0)
17,527	75,953	△31,231	△18,991	17,239	145,997	152,829
225,686 169,504	301,739 217,843	270,408 222,381	251,417 229,153	268,656 247,623		

資料：『勝田家文書』第49冊第23号、「日本銀行正貨受払表」(1912年)、大蔵省編『明治大正財政史』第13巻、364－366ページ。
出所：能地清［1981］31ページ。一部数値訂正。

第3編　日露戦争以後の金本位制維持政策

日本銀行に返済された。

　売却英貨は1904年に9122万円、1905年に1億637万円、1906年に6718万円、合計2億6477万円、売却米貨は1904年569万円、1906年に5902万円、合計6471万円（合計3億2948万円）に及んだ。借入金返済のための政府から日銀への在外正貨売却高は1904年に9691万円、1905年に1億637万円、1906年に1億2620万円となる[323]。これを表5－7の在外正貨の政府から日銀への売却高と比べてみると、1904年には同年の政府から日銀への在外正貨売却高のほとんどすべて、1905年には約半分、1906年には88％を借入金返済のための売却高が占めることになる。このように、政府一時借入金の政府外債募集金からの返済が、この時期の日銀正貨補充の中心的財源となっていたのである。日本銀行の多額の在外正貨保有は、日本銀行の在外正貨保有の一元化を政府が目指したためではなく、財政資金運用上の結果として生じた側面が強かったといえるであろう。

　表5－13にみられるように、1907年以降1909年を除き、日銀は政府から在外正貨を買い入れている。ただし、この場合には政府一時借入金の返済という形での在外正貨取得は行われていない。

　また1904年以降、日本銀行は多額の在外正貨売却、大口為替売却を行うようになった。同年のこの資金源のほとんどすべてをなした政府借入金返済のための政府在外正貨売却が開始されたのは1904年6月のことである。同年下期に日本銀行は政府から9691万円の在外正貨を買い入れている。したがって、日本銀行が多額の在外正貨を保有するようになり本格的に大口為替を売却できるようになったのは、1904年6月以降とみなすことができるのである[324]。

　そのほか、1909年などに外国為替銀行から外貨資金を入手している。

（2）　日本銀行在外正貨の使途

　日本銀行在外正貨は主として大口為替売却に運用された。表5－13によれば、日本銀行在外正貨は1904年から1912年までに5億4323万円が大口為替売却のために支出され、この額は同期間中の支出額合計8億6894万円の62.5％を占めて

---

[323]　大蔵省編『明治大正財政史』第1巻、255ページ、第14巻、752－754ページ。
[324]　1904年12月の日本銀行と横浜正金銀行との代理店契約改定に際しては、日本銀行が在外正貨を所有していたことが実態を反映して制度的に明記されるようになった（小島仁 [1981] 89ページ）。

第5章　日露戦争以後の正貨維持吸収政策と在外正貨

いる。日本銀行在外正貨は民間への為替資金供給に用いられたのである。

　だが、日銀在外正貨は政府のための支払いにも充用されている。このことが1903年に行われていたことはすでに指摘しておいたが、1904年以降にもこれが実施されている。すなわち、日銀所有在外正貨は1904年から1912年までに1億8517万円が政府に売却されている。このほかに1904年に392万円、1905年に392万円、合計784万円が政府のための為替支払いに充用されている[325]。両者合計で1億9301万円となり、この金額は同期間中の日銀在外正貨支出額の22.2％を占めている。日本銀行保有在外正貨の、政府への売却や日露戦争期の政府のための為替支払いへの充当が無視されるべきではないのである。

　このほか、日本銀行在外正貨は金塊購入にも支出されている。この額は1909年には4665万円に達している。日銀在外正貨の金塊購入代への支出は1904年から1912年までに1億1016万円となり、この金額は同期間中の日銀在外正貨支出額の12.7％を占めている。日銀在外正貨は為替操作だけでなく金塊購入という金政策にも活用されたのである。

（3）　日本銀行の本格的大口為替売却の開始

　日銀在外正貨が日露戦争以降に主として大口為替の売却として支出されていたことは疑いのない事実である。そこで、この大口為替の売却について立ち入って検討しておきたい。大口為替売却とは、日本銀行が在外正貨として保有する預金を引当てとして外国為替銀行に対して海外宛の大口の為替を売却し、海外で外貨を支払うものであり、具体的にはロンドン宛などの為替を売却し、ロンドンで外貨を支払うものであった[326]。これは銀行券の所有者が兌換請求を日銀に行った場合に固定的比率で日本銀行が金兌換に応じなければならないものとは異なり、その在外正貨支払要求に応ずる義務は日銀にはなく、またその売却相場は固定的ではなく、日本銀行に裁量の余地があるものであった。それは政府の行う在外正貨の払下げとは異なるものである。

　1904年上期の貿易は輸入超過となった。これは外貨獲得商品の生糸の輸出が、

---

325)　「日本銀行正貨受払表」（1912年）『勝田家文書』第49冊第23号。政府のための為替支払いは1903年には1595万円あったが、1906～12年には存在していない。
326)　小島仁［1981］244ページなど。

第 3 編　日露戦争以後の金本位制維持政策

季節的な要因に加えて欧米市場の不況から増大せず、逆に戦争必需品の輸入が増大したからである。これを反映して外国為替相場は金現送点以下に低落した。しかも当時、本章第 1 節 4 で述べたように、政府の横浜正金銀行を通じる輸出為替買入政策、輸入為替取扱制限、これによる政府の対外支払い資金確保が実施されていたために、時局に関する用品その他民間需要の各種輸入品の支払いに関する為替の取組みが外国銀行に集中するようになった。このために外国銀行の手許に円資金が多く集まり、日本における外国銀行の手許資金は過剰となった。外国銀行はこれを本国に回送しようとした。この場合、円の為替相場が金輸出現送点を下回ったために、為替送金するよりも金で本国に現送する方が有利となった。このために日本銀行に対して正貨（金）兌換を要求するものが少なくなかった。この結果、多額の金が海外に流出し、その「正貨の流出は夥しいものあるに至」ったのである[327]。

　1904年上期中の日本銀行金貨受払高は金貨受入れ（兌換券払出し）3799万円、金貨払出し（兌換券受入れ）7930万円で4122万円の払超となっている。この金貨受入額は、日本銀行が兌換券を支払って入手していた地金を造幣局に輸納して金貨で受け取ったものを含んでいると考えられるから、金兌換請求による日銀保有金貨の海外への流出はきわめて多かったといえよう。1904年上期の金純輸出は7871万円に達している。日銀正貨準備は1903年12月の 1 億1700万円から 5 月の6800万円にまで低下した[328]。

　兌換券発行高に対する正貨準備の割合は、1903年12月の5.02％から 5 月末の3.41％へと大幅に低落した1903年10月の曾禰荒助大蔵大臣の日銀総裁への内訓の中では、兌換銀行券発行に関して、「兌換券発行額には其半額以上成るべく

---

[327]　大蔵省編『戦時財政始末報告』761ページ。同『明治大正財政史』第15巻、142ページ、第17巻、491、544ページ。為替相場は、井上準之助［1926］付録「倫敦向電信売相場公定一覧表」、横内正雄［1986］53ページを参照。為替相場の低下は軍艦代支払いなどのために外国において資金が必要となったことや、海上輸送のための運賃保険料の騰貴のためでもあった（『明治大正財政史』第17巻、537ページ）。

[328]　日本銀行百年史編纂委員会編［1983a］176ページ。大蔵省編『明治大正財政史』第13巻、375ページ。横内正雄［1986］48ページ。1904年に金貨輸入（外国金貨は地金となる）はない（『東洋経済新報』第1381号、1930年 1 月11日、17ページ）から、日銀金貨受入れは輸入された日本金貨を受け入れたものではない。1904年に金貨が6750万円も鋳造されているが（大蔵省編『明治大正財政史』第13巻、244ページ）、これは金貨兌換による金の海外への現送に備えたものであろう。

第 5 章　日露戦争以後の正貨維持吸収政策と在外正貨

多額の金貨準備を備ふべし、又大凡正貨壱億円を危険点と心得、其以下に減少せざることを勉むべし」とされていた。正貨準備率はこの蔵相内訓に示された正貨準備率の下限を大幅に下回るに至った[329]。

このため、日本銀行は1904年7月27日にロンドンの日本銀行正貨準備から5万ポンドを横浜正金銀行に譲渡して、外国銀行に対する大口為替の売却を行わせた。同年9月には、外国銀行が正貨への兌換を必要とする場合には、ロンドンの日銀保有英貨を一定限度まで正金銀行に売却することにした[330]。かくして、1904年7月に日銀の在外正貨売却、大口為替売却政策が本格的に開始されるに至ったのである。

1904年には日本銀行は4913万円の大口為替売却を行った。1905年には1億7243万円と、きわめて巨額の大口為替売却を行った。この年の大口為替売却が日露戦争以後の大口為替売却の中で最も多く、日露戦争以後1912年までの大口為替売却総額の32％を占めていた。

この大口為替売却政策は日本銀行の意思によってのみ決定されたものではなく、大蔵大臣の内訓に応じ、在外正貨の売却によって金兌換を防遏するものとして実施されたものでもあった。大蔵大臣の内訓がようやく実現することとなったのである。

もっともその具体的な売却方策については、大蔵省は関与せず、日本銀行が主として横浜正金銀行の意見を参酌して売却した[331]。

日本銀行の大口為替売却の実施にあっては、横浜正金銀行が活用された。在外正貨は主として外国銀行（香港上海銀行、インターナショナル銀行、チャータード銀行など）に対して実施されたが、横浜正金銀行に対しても行われた[332]。売却先が邦銀では正金銀行に限定されていたという点では1920年代の在外正貨売却・払下政策と異なっていた。

---

329) 大蔵省編『明治大正財政史』第13巻、367ページ。日本銀行百年史編纂委員会編［1983a］158、177ページ。
330) 日本銀行百年史編纂委員会編［1983a］176ページ。また、日本銀行は7月7日、19日と8月2日の3回にゎたって10万ポンドずつ正金銀行に預け入れ、同行に直物小口為替を売り出させた。
331) 深井英五［1941］83ページ。
332) 同上。小島仁［1981］357ページ。

第3編　日露戦争以後の金本位制維持政策

（4）　当初の大口為替売却価格

　インドの金為替本位制においては、為替相場は法定レート（1ルピー＝1シリング4ペンス）付近に安定させる政策が採用された。この為替上の相場がインドの貨幣単位ルピーの相場を規定するものであった。しかし、日本の貨幣制度は金為替本位制ではなく金貨本位制であり、金2分（＝750ミリグラム）の価値が1円の価値を規定していた。円の為替相場は金平価を中心に上下金現送点の範囲内に安定していたけれども、その狭い範囲内においては国際収支を反映して変動していた。この範囲内でどのように在外正貨の売却価格を決めるかが問題となった。日本銀行外事部主事であった深井英五は1907年5月に帰国した後に、1908年以前の売却相場について、判然と定まった方針もなく、日本の為替相場があまりに低下に傾くときには、時々の状況に応じて在外正貨を売却していた、と述べている[333]。大蔵省編『戦時財政始末報告』によれば、「日本銀行ハ此等外国銀行ニ対シテハ時々機宜ニ応シ建相場ニ比シ幾分カ割高ニ為替ヲ取組ミ以テ正貨ノ外出ヲ抑制スルノ方法ヲ行」った[334]。1904年下期〜1905年上期には為替相場の一覧払手形の平均相場は金輸出現送点（2シリング0ペンス8分の2＝24.25ペンス）をごくわずかに上回る水準（24.3ペンス）に維持されていた。電信売為替相場の最高、最低値も金輸出現送点程度であった。1905年下期に為替相場には一覧払い手形の為替相場の平均値は若干上昇したが、電信売最低相場、最高相場は依然として、金輸出現送点をわずかに上回る程度（24.3ペンス程度）であった[335]。このような動向から考えて、大口為替の売却相場は、金輸出現送点をわずかに上回る程度（2シリング0ペンス8分の3程度）に売却価格が設定されていたと考えられる。

　日本銀行の大口為替の多額の売却が実施されるようになって、金兌換は減少した。1904年下期中の日本銀行金貨受払高は、金貨受入れ（兌換券払出）2225万円、金貨払出し（兌換券受入れ）2790万円で、前期に比べ、金兌換による金貨支払いが激減し、払超はわずかに565万円となっている。1905年上期には金兌換による金貨支払いはわずか596万円にとどまり、日本銀行金貨受払高は

333）　深井英五［1941］83ページ。
334）　大蔵省編『戦時財政始末報告』（齊藤所蔵）761ページ。同『明治大正財政史』第17巻、544ページ。
335）　井上準之助［1926］付録「倫敦向電信売相場公定一覧表」、横内正雄［1986］53ページ。

第5章　日露戦争以後の正貨維持吸収政策と在外正貨

1306万円の受超となっている。金純輸出は1904年下期には2186万円となっており、大口為替の売却は金兌換と金の対外現送を完全には排除していなかった。このことは、1904年下期には大口為替の売却価格が金輸出現送点を大幅に上回るものではなかったことを示している。だが、金輸出は前期と比べて大幅に減少しており、大口為替の売却が金兌換、金の海外への現送にかなりの効果があったことを示している。1905年上期には金は輸入超過に転化した。1905年下期には金は若干の輸出超過となっているが、1905年全体では金は549万円の純輸入となっている。また表4－1にみられたように、1905年に金貨の純輸出は1110万円で、前年の1億555万円に比べて輸出超過が激減している[336]。

このような日本銀行の大口為替売却による金流出防遏策は日本銀行を通ずる為替売却操作を利用した金政策であるが、これは前述の曾禰蔵相の内訓に沿うものともいえ、大蔵省の構想を部分的に実現（金流出防遏のための日銀在外正貨の売却が結果的・間接的に為替相場の金輸出現送点以下への低落を抑制）したものともいえる。だがそれは、日本銀行が明確な方針のもとで積極的に為替市場に介入して為替相場を操作し、これを通じて金を防遏するというものではなかった。

（5）　日本銀行の大口為替売却の継続

戦局の展開と外債募集の成否に関する見通しからいって、日本が1905年春には兌換制の危機を脱していることがはっきりしてきたといえよう[337]。為替相場は1905年12月には金平価の水準を若干超えるに至った[338]。その後は金平価よりも低いけれども、金平価に近い水準を維持している。このような状況を反映して、大口為替の売却は減少している。だが日本銀行の大口為替売却は、1909年を除いて、日露戦争後に継続している。

在外正貨の政府からの買入額は1907年以降、従来に比べて大きく減少してい

---

336) 大蔵省編『明治大正財政史』第13巻、367ページ。横内正雄［1986］53ページ。『東洋経済新報』第1381号、1930年1月11日、17ページ。日本銀行百年史編纂委員会編［1983a］177ページ。1905年には日本銀行の大口為替売却は大いに金流出防遏効果を発揮するようになったといってよかろう。
337) 日本銀行百年史編纂委員会編［1983a］177ページ。
338) 東洋経済新報社編『日本の景気変動』上巻、同社、1931年、第3篇、14ページ。

る。この政府所有在外正貨の中心的資金源は表５－７にみられるように公債募集払込金であったが（1904～07年および1910年に13億7074万円）、1908～09年および1911～12年には公債募集金の払込みはなかった。すなわち、政府在外正貨の資金源は公債募集払込金だけではなく、ことに日露戦争以後に政府在外正貨の資金源は多様化している。その資金源として、日本銀行からの買戻し・購入（1904～12年に１億8654万円）、南満州鉄道社債払込金（1907～09年、1911年に１億2819万円）、興銀債券払込金（1908～09年に1796万円）、東京市債払込金（1912年に1764万円）、俘虜給養費（1907年に4745万円）、正金銀行からの購入（1905年に3500万円）、中国（支那）賠償金（1905～12年に1368万円）、利子収入（1905～12年に1386万円）、国債整理基金による預金部および特別運用金所属公債買入れ（1911～12年に1900万円）、特別運用金返戻し（1907～12年に6904万円）などがあった[339]。政府在外正貨は国家系機関、特殊金融機関、都市の発行した債券などからも受け入れられるようになったのである。表５－７によれば、政府在外正貨は1906年までは主として日本銀行に支払われていたが、1907年以降は公債償還金・利子支払いが支払いの中心を占め、日本銀行への売却がこれに次ぐようになり、日銀正貨補充の役割は大きく低下した[340]。

　日本銀行はこのような政府在外正貨を在外正貨売却継続の中心的財源とした（表５－13を参照）。だが、日本銀行の資金源は政府からの在外正貨買入れだけではなかった。ことに日露戦争以後に日銀在外正貨の資金源は多様化している。その資金源として、1903年から1912年までに政府からの買入れ７億175万円以外に、市外債払込金（１億3365万円）、英貨為替買入れ（9576万円）、利子収入（1904～12年に4548万円）があった。為替市場からの英貨買入れを日本銀行が行わなかったわけではないが、国際収支悪化のもとではこれは困難であり、1909年を除けばその額は少なかった。貿易収支が黒字となった1909年には日本銀行はもっぱら政府以外から在外資金を入手している[341]。

　このような日銀在外正貨を基礎として、日本銀行は1905年下期以降も1909年を除いて大口為替売却を継続したのである。表５－13にみられるように、同行

---

339)　表５－７の出所を参照。
340)　伊藤正直［1987b］391－393ページ。
341)　表５－13の出所を参照。

第 5 章　日露戦争以後の正貨維持吸収政策と在外正貨

は1906年には8725万円の大口為替売却を行っている。大口為替売却高は前年の約半分となった[342]。1907年には大口為替売却高はさらに減少し、5416万円となった。1908年には若干増加し、6055万円となっている。

　日本銀行は大口為替売却に伴う外貨の支払いを準備外正貨から行うことで、正貨準備を極力安定的に保とうとしたといわれている[343]。

　だが、大口為替売却が本格的に展開された当初（1904～05年）は、それを準備外正貨から払い出すという方針は立てられておらず、在外正貨準備から払い出された。大口為替の売却が準備外正貨から行われるようになったのは1906年以降である[344]。

　表 5 －13によれば、金貨兌換額は1906年には2504万円、1907年には2260万円、1908年には437万円ある。前章の表 4 －1によれば、1904年には金貨輸出超過は1億555万円に達したが、それは1906年には2118万円、1907年には1746万円、1908年には174万円に減少している。為替相場が金輸出現送点を上回っていたことと大口為替売却が実施されていたことが、金兌換と金貨の対外流出を抑制していたと考えられる。日本の金貨輸出入においては金本位制確立から1918年まで一貫して金貨は金貨兌換により出超となっていたが、金地金の入超はあり、金は1906年には1404万円の入超、1907年は1173万円の出超となったものの、1908年には1325万円の入超となっている。

　日露戦争後における日本からの対外金貨流出は、主として近隣の中国への金貨流出のためであった。日露戦争後においては、金は若干がアメリカに向けて輸出されていたほかは、主として中国（支那、香港）に向けて輸出されていた（表 4 －5 参照）。日露戦争後、上海において標金市場が発達してきて、日本金貨が上海に流出した。これは中国にとって日本の円金貨が最も入手しやすい外国金貨であり、金現送費も欧米からの金現送費よりも安くつき、輸入為替を多く取り扱う外国銀行の日本支店が余裕円資金を有していたという事情があった

---

342)　日本銀行の大口為替売却額は1904～06年に 3 億870万円に達し、この額は1904～13年の大口為替売却額合計 5 億8730万円の52.6％を占めることとなるから、日露戦争以後の大口為替売却の半分以上が、日露戦争期およびその直後に行われていたのである（伊藤正直［1987b］392ページ所載の日銀正貨収支参照）。
343)　吉川秀造［1969］145－146ページ。
344)　横内正雄［1987］157－163ページ。

445

第3編　日露戦争以後の金本位制維持政策

ためである[345]）。

（6）　日露戦争後の大口為替売却相場の引上げ

　日露戦争後の日本の為替相場は、対英平価は1円につき2シリング0ペンス16分の9（24.5625ペンス）、金輸入現送点は2シリング0ペンス4分の7、金輸出現送点は2シリング0ペンス4分の1、すなわち24.25ペンスであった。為替相場は図5－4にみられるように1905年後半にやや上昇し、とくに12月には正金建相場は平均24.6ペンスとなり、また、為替相場の最低相場（電信売）は、2シリング0ペンス8分の2（金輸出現送点）あるいは8分の3（24.375ペンス）か、それ以上となった。1906年1月から9月まで正金建値（一覧払手形）は毎月平均24.5ペンス、1906〜08年には年平均24・46ペンス以上であり、金平価よりも低かったけれどもそれにやや近くなり、金輸出現送点よりも少し高くなった[346]）。大口為替売却の必要性は日露戦争後に減退したといえる。井上準之助［1926］掲載統計によれば、1906〜08年には最低相場は2シリング0ペンス16分の6ないし16分7であり、常に金輸出現送点を上回っていた。これが貿易の状況を反映した結果であるとすれば、理論的には金兌換による金流出の可能性は遠のき、金流出防衛のための在外正貨売却は不要となっていたといえる。日露戦争後に日銀大口為替売却が減少しているのは為替相場の上昇を反映していると考えられる。

　だが最低相場が金輸出現送点に近い相場であることを考慮すれば、当時、金が流出していた可能性をまったく排除することはできない。

　実際には、とくに次のような事情から金流出の可能性が存在していたのである。当時、日本の為替市場においては外国銀行が大きな力を有していた[347]）。

345）　小島仁［1981］119－127、146－147ページ。

346）　最高、最低相場は、井上準之助［1926］付録「倫敦向電信売相場公定一覧表」参照。平均相場は、横内正雄［1986］53ページ、正金建値平均相場は東洋経済新報社編『日本の景気変動』上巻、同社、1931年、第3篇、14ページ、を参照。井上準之助［1926］掲載統計は電信為替相場を表示しており、為替相場の水準が一覧払手形の相場を示す『日本の景気変動』所載統計や横内正雄［1987］所載統計よりも低く表示されている。

347）　1911年に至っても外国為替銀行の外国為替取扱高中、正金銀行の占める割合は45％を占めるにすぎず、外国銀行（香港上海銀行、チャータード銀行、インターナショナル銀行、ロシア・アジア銀行、ドイツ・アジア銀行）が54％を占めていた（その他は1％）（大蔵省内作成『正貨吸収二十五策』甲の9ページ）。

第5章　日露戦争以後の正貨維持吸収政策と在外正貨

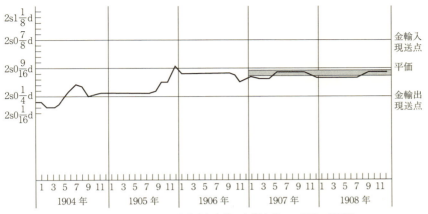

図5－4　日本のロンドン宛一覧払い売為替相場

注1：斜線の範囲は、日銀大口為替売却相場。毎週金曜日の相場の月平均。
　2：金輸出現送点は2s0$\frac{1}{4}$d、すなわち2シリング0ペンス4分の1となる。
出所：横内正雄［1986］53ページ。原資料は『中外商業新報』、『横浜貿易新聞』。

また、日本銀行の正貨準備中の内地現存額が僅少となっていた。日露戦争開始後、在内正貨準備（金）準備が1億円を大きく割って激減し、1904年6月末には4681万円となっていたが、1907年6月末にもこれと同程度の金準備しか日本銀行は有していなかった。このような事情を背景として、外国銀行が、「金貨取付ヲ武器トシ日本銀行ヲ威嚇シテ」、金兌換請求を差し控えるかわりに大口為替を外国銀行にとって有利な相場で売り渡すように日本銀行に要求した。金防衛を求める日本銀行は、必ずしも外国銀行のいいなりになったわけではないが、外国銀行が強く要求したときにはこの要求を受け入れた。横浜正金銀行も円高相場での在外相場売却を受けることによって、外国銀行と利益を均霑したから、この要求に反対しなかった。日本銀行の中に「対外信用」上、為替相場を高く維持するという意見があったことも、この要求を同銀が受諾する要因となった。かくして、外国銀行の要求に引きずられて、日本銀行の在外正貨売却価格は金輸出現送点よりもかなり高めに引き上げられることとなった。1907～08年頃には日本銀行は在外正貨の売却相場を1円につき2シリング0ペンス32分の17、2分の1、32分の15と同行にとってはきわめて不利な相場で売却していたのである[348]）。

447

第3編　日露戦争以後の金本位制維持政策

　1906〜08年には、はっきりとした為替相場調節政策が実施されたわけではなかった。外国銀行の営利的要求などに応じて、日本銀行が在外正貨売却を行い、これによる金兌換、金の対外流出の抑制が図られたのである。とくに1907〜08年にはかなり高めの相場での（円に対して外貨を通常よりも多く渡す）在外正貨売却が実施されたのである。当時の金兌換抑制は為替相場の上昇によるところが大きかったと考えられるが、日本銀行の大口為替売却が結果としてそれに寄与したとはいえる。

　大口為替の高値売却は結果として輸入奨励になったかもしれない[349]。だがこの大口為替売却は、為替売却を手段とした金政策として実施されたものであって、為替相場を維持することによって輸入への悪影響を抑制することを意図したものでもなかった。

5　大口為替売却の事実上の中断、外国為替の買操作と金塊購入

（1）　大口為替売却の事実上の中断、外国為替の買操作

　1909年には日本の貿易収支は例外的に黒字となった。同年の経常収支、総合収支も黒字であった[350]。為替相場の平均値は金平価の水準となった。為替相場の最低値も22.5ペンスと金平価の水準に近くなった。この年に日本銀行は政府から在外正貨を買い入れることを中断した。同行は大口為替売却を288万円と、わずかしか行わなくなった。しかも、この為替売却は横浜正金銀行に対してだけ行ったのであって、外国為替銀行に対しては実施しなかった[351]。同行は同年に大口為替売却を事実上中止したのである。

　日本銀行は一時的ではあるが、為替市場から（横浜正金銀行や香港上海銀行などから）4329万円に上る多額の英貨為替を購入している。日本銀行は為替の買操作を行うようになったのである[352]。国際収支の前年の赤字から黒字へと転

---

348)　大蔵省編『明治大正財政史』第13巻、483ページ。大蔵省内作成『正貨吸収二十五策』乙の12−13ページ。大蔵省編『明治大正財政史』第17巻、483ページ。深井英五［1941］83−87ページ。
349)　大蔵省編『正貨吸収二十五策』乙の27ページ。
350)　山澤逸平・山本有造［1979］223ページ。
351)　小島仁［1981］357ページ。

第5章　日露戦争以後の正貨維持吸収政策と在外正貨

化したことを反映して、為替相場（正金建値）は前年と比べて年平均で24.46ペンスから24.545ペンスへと上昇している[353]。為替相場の上昇がこの程度にとどまったことには、日本銀行の英貨為替買入れが影響しているであろう。また同年には、日本銀行は5220万円の市外債払込金をも受け取っている。

日本銀行は、外国為替市場を対象として、一方的な為替の売操作だけでなく買操作をも行うようになった。かくして、日本銀行の為替操作が本来の外国為替操作に一歩近づいたといえるのである。

だがそれは一時的なものにとどまった。買為替操作を実施するためには輸出超過が必要であるが、本格的な輸出超過は第1次大戦の勃発を待たなければならなかったのである。

(2) 金塊購入

日本銀行は大口為替売却政策を行っただけでなく、金操作をも行っており、両者は密接に関係していた。

表5-13にみられるように、日本銀行は在外正貨を用いて1905年に1332万円の金塊購入を行った。その後1906年、1907年とこれを中断していたが、1908年以後は毎年在外正貨を用いて金塊購入を行い、これを日本に現送した。日本銀行の正貨政策は、1908年以降、為替操作による金流出防遏策と海外における金塊購入・金の日本への回送とを併用して実施するようになったのである。ことに1909年には、海外からきわめて多額の金を日本に回送している。金は主としてアメリカから輸入されたが、一部はオーストラリアから輸入された[354]。日本銀行は、為替買入れや市外債払込金買入れによって得た在外正貨で、表5-13にみられるように4665万円にのぼる金塊を購入し、これをほとんどすべて日本に回送している（4642万円）。このため、『日本銀行百年史』資料編によれば、日本銀行保有在外正貨（金）は同年に前年の倍近い1億1616万円に増大した。1909年には日本銀行の為替操作（今度は為替の買操作）が大口為替の売却による金の流出防止ではなく、外国為替の買入れなどに基づく金塊購入とその現送

---

352) 表5-13の日本銀行正貨収支表、小島仁 [1981] 357ページなど。日本銀行は1912～14年にも正金銀行や香港上海銀行から英貨を買い入れた。
353) 東洋経済新報社編、前掲『日本の景気変動』上、第3篇、14ページ。
354) 小島仁 [1981] 147ページ。

449

による金の積極的蓄積に寄与したのである。

　海外で購入された金は日本に回送され、国内正貨準備を補充した。在外正貨準備が在内正貨準備を強化したのである。1908年末には日本銀行正貨準備中、在外準備は１億773万円、在内準備は6177万円であったが、1909年には在外準備は１億168万円、在内準備は１億1616万円となった。1909年には日本銀行の在内正貨準備が在外正貨準備を凌駕するに至ったのである[355]。

　この金準備の増大が、在外正貨（大口為替）売却に関する日本側の外国銀行に対する交渉力を強化することとなった。またこれは、内地金保有高を増加させて、金兌換請求に応じられるようにして、日銀の外国銀行に対する交渉力を強化することを目的として実施されたものであったのである[356]。

6　大口為替売却の再開と売却相場の自主的決定
——輸出奨励・輸入防遏と在外正貨消尽の抑制

　深井英五が1907年５月に外国から帰った頃には、日本銀行は、前述のように、為替売渡相場の基準がなく、日本の為替相場があまりに低下に傾くときには、時々の状況に応じ、主として横浜正金銀行の意見を参酌して在外正貨の売却相場を決定し、それを売却していた。その相場は金輸出現送点よりもかなり高く設定され、外貨の買手にとって有利となっていた。深井英五は、その売却の在り方を研究し、金輸出点を目安として在外正貨売却相場を定めるべきであると考えるようになった。その論拠は、①輸入超時に為替相場が低落するのは止むをえないが、それが金輸出現送点を割るに至れば、金本位制を傷つけるから、在外資金の利用はこれを防止する趣旨で行うべきである、②在外正貨は為替銀行の為替買持のように寛大に処分すべきではない、③相手方にとって金輸出よりも有利な相場で在外正貨を売り渡せば日本の対外資力はそれだけ早く消耗する、④為替相場を不自然に高く維持することは、輸入を奨励し、輸出を阻害する、為替相場が金輸出点を下回らない限り、為替相場が低いことは国際収支改善のためにむしろ望ましい、というものである[357]。

---

355)　大蔵省編『明治大正財政史』第13巻、365ページ。横内正雄［1987］163ページ。
356)　深井英五［1941］90ページ。

第5章　日露戦争以後の正貨維持吸収政策と在外正貨

　金輸出点付近での相場での日銀在外正貨売却は、貴重な在外正貨の支払いを節約するという狙いを強く持つものであった。日本銀行は為替差益を得ようとしたのではなく、貴重な在外正貨の消尽をできるだけ回避しようとしたのである。このために深井は大口為替売却の自主的決定を行おうとしたのである。

　深井は、外国為替（外貨資金）を外国銀行から買い上げて円相場を低水準に誘導しようとする積極的な低為替相場誘導を行おうとした（為替政策）のではなく、為替相場が金輸出現送点水準に低落した場合に、日本銀行が在外正貨、大口為替の売却に出動して、金流出防止を図り（金施策）、合わせて為替相場を金輸出現送点付近にとどめておこうとするという意味での消極的な低為替相場維持を図ろうとしたのである。深井は金流出の直接防遏策に、為替相場調整による輸出奨励、輸入防遏による国際収支調整という効果を合わせて期待していたといえる。

　深井英五はこうした考えを持って大蔵省や正金銀行と折衝した。正金銀行は在外正貨の買手であるため外国銀行と利害が一致する立場にあり、また半官半民の金融機関として営利採算も考慮したから、深井のこの提案に賛成しなかった。売却相場を厳しくしなくてよく、市場相場に引きつけて在外正貨売却相場を決定すればよいと日本銀行に助言した。日銀の中にも為替相場を高く維持することは「対外信用」（国際的信用、信認）上望ましいという意見があった。そのため、深井の意見がただちに採用されるに至らなかった。ただし、1907年5月に大蔵省国庫課長に就任していた長島隆二は深井に同意した。だが松尾日銀総裁のいうように、正金銀行よりも先に外国銀行に新規準の採用を承服させなければ深井の方策を実行することはできず、この説得はきわめて困難であった。

　外国銀行に金輸出現送点付近での大口為替売却を承服させるために、日本銀行はまず、在外正貨の一部を国内に現送し、国内金保有高を増大させ、外国銀行支店が金兌換を請求してきた場合、いつでもこれに応じられるようにしようとした。1909年に4665万円という多額の金塊購入が行われたのはこのためである。こうしてこそ、在外正貨の購入を望む者に、金輸出点を基準とし、それよりもわずかに高い相場で在外正貨を売却することができたのである。対外支払

---

357)　深井英五［1941］83-88ページ。

第3編　日露戦争以後の金本位制維持政策

手段を求める外国銀行は、円資金を金に兌換するよりも日本銀行から在外正貨を購入する方が有利であったから、日本銀行の決めた売却相場でこれを購入せざるをえなかった。

　自立的相場決定は、在内正貨の充実を条件としていた。金輸出点近くでの在外正貨売却の趣旨が達成できるようになったのは、在内準備が1億円（曾禰蔵相の内訓のいう危険ライン）を超えた1909年以降のことである。同年頃から日本銀行は在外正貨の売却相場を自主的に決定することが可能となった[358]）。

　実際にこれが実現されたのは、1910年のことである。1909年には大口為替の売却は事実上中断していたが、1910年には5271万円、1911年にも5210万円の大口為替売却が行われるようになり、この操作が再開された。その売却相場は2シリング0ペンス32分の13、2シリング0ペンス8分の3（24.375ペンス）など、在外正貨節約のために金輸出現送点2シリング0ペンス8分の2（24.25ペンス）にきわめて近い水準、これをわずかに上回る水準に日本銀行によって自主的に決められた[359]）。

　1909年に為替相場は月平均2シリング0ペンス半（24.5ペンス）かそれ以上であったが、1910〜11年には月平均24.438の水準に低下し、最低相場は金輸出現送点にきわめて近い各月2シリング0ペンス8分の3（24.375ペンス）となった。大口為替売却がなかったならば金兌換、金の対外現送が起きる可能性はあったと考えられる。金輸出現送点にきわめて近い2シリング0ペンス8分の3の相場で金流出を防遏できたのは、外国銀行は金現送に際してロンドンの金利ならびに英米間の為替相場の変動や現送に伴う「多少の煩労」を考慮せざるをえず、「外国銀行ハ金貨取付ニ出テスシテ為替ノ買入ヲ選」んだからである[360]）。表5-13によれば、実際には1910〜12年に2000万円を超える金兌換が行われているが、これは前述のような中国への特殊な金流出によるものであろう。日銀が在外正貨を金現送点近くの相場で払い下げることによって、それより高めの相場で売却した場合よりも在外正貨の減少を少なくすることができた。また為替相場が最低2シリング0ペンス8分の3を維持できたのは、為替相場

---

358)　『正貨吸収二十五策』乙の13ページ。深井英五［1941］87-93ページ。小島仁［1981］101ページ。
359)　大蔵省内作成『正貨吸収二十五策』乙の13ページ。
360)　同上。

がこの水準を下回り、金流出の恐れが生じた場合、日銀が大口為替をこの水準あるいはこの水準以上の相場で売却したからであろう。このように日本銀行は、在外正貨の減少を抑制しつつ、為替相場の低落が生ずると在外正貨を売却してその金現送点以下への低落を阻止し、在内正貨の流出を阻止したといえるのである。

金本位制下での為替レート変動の下限となる金輸出現送点にきわめて近い恒常的円安相場は、前述のように輸出貿易に有利で輸入に不利な相場であった。日本銀行の大口為替売却政策は、売却相場を2シリング0ペンス8分の3などの水準に維持することによって金防衛を図る政策であったが、同時に、輸出奨励、輸入防遏による国際収支改善のための低為替相場維持を意図する政策という為替相場調節政策としての性格を合わせ有するようになったともいえるのである[361]。

7　政府在外正貨の枯渇と日銀大口為替売却の制限、中止

大口為替の売却は在外正貨の減少をもたらした。1903年から1912年までの10年間における正貨受支払いをみると、1912年12月末正貨現在額は3億5075万円であり、これを10年前の1902年12月末現在額1億2643万円と比較すれば2億2433万円の増加となっていた。しかしこの期間に公債、地方債ならびに社債などにより、17億4156万円の起債を行い、同時に公債社債などの償還額が3億4412万円あった。したがって、起債ならびに償還関係を除外すれば日本はこの10年間に11億7312万円の正貨を失った計算になる。この内訳は公債利子4億5068万円、貿易決済および貿易外収支差引（収入4億2523万円、支出11億4766万円）7億2244万円である。この10年間に日本銀行の大口為替売却は5億5054万円に達した[362]。1912年末には日本銀行所有在外正貨は1億3262万円（うち発行準備1億1109万円）存在したが、政府在外正貨は前年に比べ3057万円も減少し、1億円を割り込んで8209万円となった[363]。1913年6月30日において政府在外

---

[361]　小島仁［1931］115ページ。伊藤正直［1987b］394-395ページ。
[362]　大蔵省資料：「自明治三十六年至大正元年満十年間正貨受払実況調」『勝田家文書』第49冊第1号。貿易外支払い11億4766万円の内訳については、本書第6章の表6-1を参照されたい。
[363]　日本銀行百年史編纂委員会編［1986］332-333ページ。

第 3 編　日露戦争以後の金本位制維持政策

　正貨は9248万円、このうち固定分は2063万円あったから、当面使用できる政府正貨高は差引7185万円にすぎなかった。このほかに特別運用金が2731万円あったが、これは当面使用できないものであった。1914年6月30日には政府在外正貨は3961万円まで減少した。このうち固定分は1818万円あったから、当面使用できる政府正貨高は差引わずか2143万円にすぎなくなった。このほかに特別運用金が1458万円あったが、これは当面使用できないものであった[364]。

　日本銀行在外正貨を補充してきた政府在外正貨が枯渇してきた。大蔵省の「本邦正貨ノ将来ニ就テ」（1912年9月16日調）は、同年度末に国庫は1172万円の不足を生ずると予想した[365]。また同案は、1913年度の国庫収支は9300万円の支払超過になると予想している[366]。

　同省はこの不足額を日本銀行からの正貨買上げによって賄おうと構想した[367]。表5—7にみられるように、実際に政府は所有在外正貨を日本銀行に売却するどころか、1912年には4486万円もの在外正貨を日本銀行から買い入れている。1912年には大蔵大臣山本達雄の外債非募債の主張が台頭した。1914年には政府は対外支払いのために正金銀行の外貨資金を吸収する必要さえ生じた[368]。こうした状況のもとで、日本銀行の大口為替売却は1912年には1200万円へと大幅に減少した[369]。

　1913年に入ると、日本銀行の大口為替売却が輸入奨励をもたらしているという、公的為替操作に対する批判が大蔵省内部に台頭した。大蔵省内には「大口為替ハ可成之ヲ売却セサル方針ヲ採リ相場ヲ今日ヨリモ一層廉価ナラシムル」べきであるという提言があった[370]。

　ただし、大蔵省が必ずしも統一見解として日本銀行の為替売却による為替維

---

364)　「自大正二年七月至三年六月最近一年間正貨受払実況調」中京大学図書館所蔵資料『正貨吸収二十五策』所載。
365)　「本邦正貨ノ将来ニ就テ」『勝田家文書』第48冊第3号。1912年9月以降年度末までの支払超過4751万円、固定した正貨を除いた国庫所属正貨3579万円分をもとに算出。
366)　これは清国賠償金200万円、本邦政府海外収入300万円、合計政府正貨収入が500万円と見込まれるのに対して、在外公債償還1000万円、在外公債利子6300万円、海軍省その他各省経費1950万円、南満州鉄道利子550万円、合計政府正貨支出が9800万円と見込まれたからである。
367)　前掲「本邦正貨ノ将来ニ就テ」。
368)　神山恒雄［1995］271−274ページ。伊藤正直［1987b］391−395、401−403ページ。
369)　1913年にはそれは4400万円へと増大したが。
370)　大蔵省内作成『正貨吸収二十五策』乙の27ページ。小島仁［1981］114−117ページ。

持が望ましくないと考えていたわけではなかった[371]。第3次桂内閣の大蔵大臣を勤めた若槻礼次郎は、外債募集に消極的であったが、「我国の如き海外に多額の債務を負ひ年々少なからざる利払いを要する国においては、正貨を外国に置きて其決済に充つるは、実際に於て頗る便利なる方法にして且つ之に伴ふ利益もある」と述べ、在外正貨の意義を認めていた[372]。若槻は第2次大隈内閣蔵相のときに非募債政策を採用したが、在外正貨保有が海外への支払いを便利にして輸入を奨励するということはない、と述べていた[373]。

1912年末に日本銀行在内金準備が1億3604万円、在外正貨が1億3262万円存在していた。だが、年間9000万円以上と予想された政府対外支払いにこの日銀所有正貨を充当すれば、日銀が年間に500万円の正貨の受入超過を達成したとしても、日本銀行正貨は数年後には皆無になる[374]。大蔵省にとって政府対外資金が枯渇している状況での正貨政策、正貨維持吸収策としては、日本銀行の大口為替の為替市場売却により金流出の防遏を図るよりも為替市場からの為替吸収による政府対外支払いのための政府在外正貨確保を図る方が現実的問題として急務となったのである。

かくして、非募債主義をとる三島彌太郎総裁のもとでの日本銀行は、1913年8月から1914年3月にかけて（1914年1月を除く）、大口為替売却を行わなかった[375]。為替相場の最低相場は大口為替の売却中止によってただちに低落したわけではなかったが、それでも1914年3月には2シリング0ペンス16分の3と金現送点を下回っている。

大蔵省の内部では外国為替政策の中枢を日本銀行に移し、同行が正金銀行などの日本の銀行から輸出為替を買い入れ、これをさらに政府が国債整理基金をもって買い入れ、外国支払元英貨を入手するという方策が立案された[376]。

---

371) 大蔵省内には『正貨吸収二十五策』以外に為替売却操作を輸入奨励策として批判した資料はない（神山恒雄［1995］269-270ページ）。

372) 前大蔵大臣若槻礼次郎「在外正貨に就て」『日本経済新誌』第12巻第12号、1913年3月15日、7ページ。

373) 大蔵大臣若槻礼次郎「外資輸入及在外正貨問題」（銀行倶楽部晩餐会、1914年7月2日）高橋亀吉編［1932］第6巻（財界篇上）381-382ページ。神山恒雄［1995］270ページ。

374) 前掲「本邦正貨ノ将来ニ就テ」。同資料は1915年度には日本銀行は正貨の不足さえ生じると予想している。

375) 坂本辰之助『子爵三島彌太郎傳』昭文堂、1930年、161-166ページ。「日本銀行正貨受正貨払表」1913年4月～1914年3月、大蔵省保存文書。小島仁［1981］245、357ページ。

第3編　日露戦争以後の金本位制維持政策

　大蔵省内では外債非募債のもとで「政府ハ如何ニシテ其正貨所要年額九千万円ヲ調達スベキヤ」が検討され、この方策として日本銀行からの金貨取付け・海外現送を最後の手段として、日銀・正金以外の銀行会社などからの正貨買いは困難であるとして、日本銀行からの在外正貨買上げや正金銀行からの輸出為替手形買入れが考慮され、とくに横浜正金銀行が買い上げた輸出手形を政府が国債整理基金をもって割り引き、期限に至り正貨をロンドンにおいて納入させるという案が登場した[377]。1914年7月17日に至り、大蔵省、日本銀行、正金銀行の間で、正金銀行が輸出手形手取り金の中から日本銀行に暫定的に1カ年1500万円以上を日本銀行に納入し、日本銀行がこれを政府に海外支払い資金として提供する方策が決定された[378]。

　ここに、日銀の大口為替の市中売却操作はひとまず終了したのであった。

8　日露戦争以後の在外正貨売却、大口為替売却政策の特徴

　日本の正貨政策はきわめて多様な形態で行われていたのであって、日本銀行の在外正貨売却政策はその政策体系の中に位置づけて把握しなければならない。この政策がきわめて大きな役割を果たしていたことは確かである。1904年後半になって、日本銀行は本格的な在外正貨売却政策を展開するようになった。これはとくに金流出防遏のための為替売却政策として実施された。この政策はその後、為替売却相場が変化するなど、時期によって形態が変化している。

　その特徴はヨーロッパ大陸の中央銀行の外国為替操作と比較することによって把握することができる。日本でも日銀の大口為替売却政策は、中央銀行の為替供給操作にとどまるものではなくて、その売却相場をどのように設定するかということが大きな問題となっていた。また、1909年には外為銀行から外国為替を買い上げた。このような意味では、それはオーストリア・ハンガリー銀行などの外国為替相場政策と類似する特徴を持っていた。

376)　「正貨吸収策トシテノ外国為替政策」中京大学図書館所蔵資料『正貨吸収二十五策』所載。
　　　この資料は大蔵省内で1914年5〜6月頃作成されたと推定できる。同資料には1914年3月までの貿易統計が記載されている。
377)　中京大学図書館所蔵資料『正貨吸収二十五策』所載の1914年6月25日付提言案。
378)　日本銀行百年史編纂委員会編［1983a］293−296ページ。

第5章　日露戦争以後の正貨維持吸収政策と在外正貨

　オーストリア・ハンガリー銀行の外国為替相場政策はかならずしも金の節約を重視したものではなく、為替相場変動の振幅を調整することに力点があった。これに対して日本銀行の在外正貨売却は金の防衛を主眼としており[379]、大口為替売却操作をその金政策の手段として採用したものであった[380]。その売却相場決定が外国銀行によって引きずられるという事態が生じており、それは日本銀行のイニシアティブ、明確な為替調整方針のもとに同行が積極的に為替市場に介入して為替相場を操作するというものではなかった。もっとも、後にはその売却相場の自主決定が行われ、またその売却は一時的に為替相場維持調節策としての側面もあわせ持つようになっている。日本銀行の大口為替売却操作は大蔵大臣の意向を受けて本格的に行われたものであり、その資金源は国際収支順調期に為替市場から買い入れた外国為替ではなく、主として政府在外正貨の買入れであった。

　日本銀行の大口為替売却政策の特徴は、本章において論述する、他の時期の為替政策と比較することによってとらえることもできる。日露戦争以降の大口為替売却は、1920年代に大蔵省・日銀が実施した、大蔵省中心の在外正貨売却・払下政策にみられた、外国為替市場の外国為替相場を維持しようとする政策とは異なるものであった。日露戦争以後の大口為替売却による金兌換防遏政策は、1930年の金解禁実施期にみられたような、日本銀行の金兌換・在外正貨売却併用方策とも異なるものであったのである。

---

[379]　深井英五は「元来在外正貨は世界的に金不足の懸念あり、又国内に金を吸収するの困難なる事情のあることを前提」とするものであるから、在外正貨を保有する国はそれを「哀惜擁護を以て処理の主旨方針」としなければならない」と論じている（深井英五［1938］293、297ページ）。田中金司はこの説に反論し、在外正貨制度は必ずしも正貨の不足勝ちの国が正貨を節約するという趣旨からやむをえず実施するとはかぎらず、その意義は正貨の節約のみならず、その裁量により為替相場変動の振幅を加減することによって国内経済と国際経済との接触を合理的に調整することにある、と論じている（田中金司［1955］222ページ。同「金本位制における為替統制（其三）」『国民経済雑誌』第48巻第4号、60ページ）。

[380]　伊藤正直［1987b］403ページなど。

第3編　日露戦争以後の金本位制維持政策

第7節　在外正貨の正貨準備繰入れ

1　諸外国における在外正貨の銀行券発行準備

（1）　イギリスの銀行券発行準備

　イギリスの通貨ポンドは金との兌換によって信用され、信認されていた。イングランド銀行の金準備は比較的に安定的な推移をみせ、ポンドの信認を維持していた。イギリスが多くの国と取引を行っているということを前提としてロンドンで世界の取引が多角的に決済され、ポンドが国際通貨として機能した。イギリスのポンドは基軸通貨国イギリスの国際収支、とくに経常収支が長期にわたって大幅の赤字を出さないということによって基軸通貨として国際的に信認されていた[381]。

　イングランド銀行の公定歩合引上げは短資と金の吸引にきわめて有効であり、これがポンドに対する信認をいっそう強化した[382]。同行の公定歩合操作によって国際短期資金移動を調整することにより、同行は金を防衛し、少ない金準備で金本位制を維持することができた。誰もポンドが金を離れるとか金に対して価値が変動するとかは考えず、ポンドに対する（内外からの）万全の（self-fulfilling）「信認」（confidence）があった[383]。

　したがって、イギリスでは第1次大戦前にイングランド銀行は外国為替を準備金として保有しなかった。

（2）　銀行券発行準備金としての金為替準備

　第1次世界大戦前に、イギリスを除き金本位制を採用している多くの国々の通貨当局（中央銀行や大蔵省）は、金銀だけでなく、かなりの外国為替資産を公的準備として保有していた[384]。第1次世界大戦前の世界の金本位制の構造

---

[381]　1870年以降、イギリスでは貿易収支が改善し、国際収支の赤字がみられなくなった。イギリスの国際収支が安定し、大幅かつ慢性的不均衡を生じなかったことが、ポンドに対する国際的信認を高めることとなった（西村閑也［1980］51－52、65－66ページ）。

[382]　西村閑也「基軸通貨としてのポンド　1870～1913」法政大学『経営志林』第19巻第4号、1983年1月、1－16ページなど参照。

[383]　Ian M. Drummond［1987］pp. 21-23. Ian M. ドラモンド著、田中生夫・山本栄治訳『金本位制と国際通貨システム　1900－1939』日本経済評論社、1989年、6、39－42ページ。

[384]　Peter H. Lindert［1969］pp. 10-12. 島崎久彌［1983］90－93ページ。

第5章　日露戦争以後の正貨維持吸収政策と在外正貨

は、単純で画一的なものからはほど遠いものであった[385]。

　第1次大戦前の国際金本位制の時代における各国の公的準備の内訳を考察すれば、インド、フィンランド、ギリシャの外国為替所有額は金保有額を大きく上回っていた[386]。

　イギリスでは、ポンド通貨に対する信認は、イングランド銀行券の金貨との兌換によって維持されていた。だが第1次大戦前において、いくつかの国では政府や中央銀行の保有する在外資産が、対外支払い準備としてだけでなく銀行券発行のための準備金として保有されていた。国際決済上金に代わる効用のある状態において保有される資産である金為替準備（Gold Exchange Reserves）、具体的には、金との交換可能な外国為替、在外預金、短期政府外国証券などが、通貨に対する信認を維持し、または補強していたのである[387]。

　ベルギー国立銀行では、確実な外国金手形を正貨準備の一部として算入することが1865年以来慣行として許されていた[388]。オーストリア・ハンガリー銀行では1887年以来、金為替の正貨準備算入が一定の条件のもとに認められていたが、その後1892年および1910年の改正により、算入の条件は著しく緩和された[389]。イタリア銀行では外国手形の正貨準備算入の原則が1893年の銀行法によって認められ、1910年、1926年の銀行法改正においても踏襲された[390]。ロシア国立銀行は1897年以来、在外資金（とくに預金）を正貨準備に繰り入れる

---

385)　ブルームフィールド著、小野一一郎・小林龍馬共訳『金本位制と国際金融』13ページ。ブルームフィールドは、第1次世界大戦の直前における金本位制の態様を次の3つのカテゴリーに分類している。①完全金本位制（イギリス、ドイツ、アメリカ）、②跛行金本位制（フランス、ベルギー、スイス）、③金為替本位制（厳格な金為替本位制を採用したインド、フィリピン、多くのラテン・アメリカ諸国、その他の金為替本位制国としてのロシア、日本、オーストリア・ハンガリー、オランダ、大部分のスカンジナビア諸国、カナダ、南アフリカ、オーストラリア、ニュージーランド）。

386)　P. H. Lindert [1969] pp. 10-12.

387)　金為替準備については田中金司 [1951]、再版 [1955]、206ページを参照。日本の在外正貨は金為替としての性格を有していた。

388)　1926年10月の通貨安定にあたって改定されたベルギー国立銀行の定款は多年の慣行を明文化し、正貨準備の4分の1を限り、外国手形を正貨準備に繰り入れることを許した（田中金司 [1955] 209ページ）。

389)　同行は第1次大戦後に解散し、オーストリア、ハンガリー、チェコ・スロバキア3国がそれぞれ中央銀行を持つことになったが、これら3中央銀行とも、外国為替の正貨準備繰入の原則を継承した（田中金司 [1955] 210ページ）。

390)　田中金司 [1955] 209ページ。

ことが認められていた[391]。

　ヌルクセや松岡孝児、荒木光太郎は、金為替、外貨準備の正貨準備繰入れが行われた貨幣制度（金為替準備制度）、金為替と兌換される通貨を発行する制度を金為替本位制度に含めている[392]。

　だが、厳密な意味での金為替本位制は、金為替と銀行券との兌換が約束された制度である[393]。このような金為替兌換を必須条件とするという意味での金為替本位制は第1次大戦前には実現しなかった。

　金為替本位制のことを「金貨本位制国または金地金本位制国の通貨を外貨準備として保有する国が、自国貨に対して金貨（地金）本位制国の通貨を、平価の上下のせまい幅の中にあるレートで売り渡す制度である」と定義することがある[394]。このような観点に立てば、オーストリア・ハンガリー銀行では為替相場調節が行われ、これを通じて通貨価値の安定化も図られたから、金貨の自由鋳造と同行の金買取義務が存在していたとはいえ、その貨幣制度は金為替本位制的であったといえよう。20世紀初頭に登場したインド幣制は金為替本位制とみなしてよいものであった。

（3）　インドの金為替本位制

　イギリスの植民地インドは1893年に銀貨の自由鋳造が停止された後に、99年

---

[391]　その外国為替政策も比較的早くから実行されていた。第1次世界大戦後ソ連で新国立銀行（ゴス・バンク）が設立され、1922年10月に銀行券発行規定が発布されたが、価値の安定した外国貨幣（外国銀行における預金、外国手形等）が金とともに正貨準備の内容を構成することとなった（田中金司［1955］211ページ）。

[392]　League of Nations (Economic, Financial and Transit Department, (chiefly written by Ragnar Nurkse), *International Currency Experience: Lessons of the Inter-War Period*, Geneva, 1944, pp. 27-30. R. ヌルクセ著、小島清、村野孝共訳『国際通貨——20世紀の理論と現実——』東洋経済新報社、1953年、34－39ページ。松岡孝児［1936］。荒木光太郎『貨幣制度概説』日本評論社、1933年、38ページ。ヌルクセは「金為替本位の採用」ということは、何よりもまず中央銀行に流通銀行券ないしは銀行券と当座預金とに対する法定準備として、金の代わりに外国為替保有を許可する定款が採用されたことを意味した、と述べている（League of Nations, *op. cit.*, p. 30. R. ヌルクセ著、前掲書、39ページ）。

[393]　田中金司［1955］13、16、207ページ。田中金司氏は「金為替本位制とは貨幣発行機関またはその他の公的機関が一定の相場をもって他の金本位国に対する為替（金為替）を売買する義務を負うことにより、換言すれば金との間に転換が行われる外国貨幣を媒介として金と貨幣との転換を確保する制度である」と定義されている（同書、13ページ）。

[394]　西村閑也［1980］16ページ。

第 5 章　日露戦争以後の正貨維持吸収政策と在外正貨

の「インド鋳貨及び紙幣法」により、英本国のソブリン金貨を無制限法貨とする金貨本位制が意図された。だが、金貨本位制の厳格な実施は本国の意向で放棄され、結局、金為替本位制が導入されていく。すなわち、対内的には、金貨の流通は少額にとどまり、ルピー銀貨や政府紙幣が大量に流通する一方、対外的にはインド政庁がロンドン残高（金本位準備（Gold Standard Reserve）、紙幣準備（Paper Currency Reserve）、インド省残高）を保有して、ルピーと金本位貨ポンドとの固定為替相場を維持した。このルピー相場を維持する手段となったのがインド省証券（インド省手形（Council Bill）と電信為替とを総称した Council Drafts）と逆インド省証券（Reverse Councils）にほかならなかった395)。ポンド為替は金と交換可能なものであったから、インド通貨は金為替を通じて金と結びついており、これによってインドは金本位制となっていた396)。金現送によらず、インド省証券、逆インド証券の売却によってインドの為替相場の安

395)　J. M. Keynes, *Indian Currency and Finance*（1913), in *The Collected Writings of John Maynard Keynes*, Vol. 1, London, 1971, chapters 5-6. ケインズ著、則武保夫・片山貞雄訳『インドの通貨と金融』（『ケインズ全集』第1巻、東洋経済新報社、1977年）第5－6章。松岡孝児［1936］214－216ページ。井上巽［1995］第2章。上川孝夫「国際金本位制」上川孝夫・矢後和彦編『国際金融史』有斐閣、2007年、11ページ。金本位準備や紙幣準備はロンドンおよびインドの両方で保有されていた。金本位準備の構成は、ロンドンにおいてはポンド証券が中心であり、インドにおいてはルピー銀貨が中心であった。紙幣準備の構成はインドにおいては金、銀、証券、ロンドンにおいては金および証券からなっていた。インド省証券は英本国のインド担当大臣がインド評議会財務委員会の議を経て発行するインド政庁宛ルピー払い送金為替手形であった。インド省証券は無制限にイギリスの輸入業者に売却され、それによって得られたポンド資金がインド担当大臣管理下のロンドン資産（金本位準備、紙幣準備、インド省残高）を蓄積した。インド省残高は本国費（Home Charge：イギリスにおいてインド担当大臣がインド政庁に代わって負担する、対英利子支払いや本国による軍事費などの植民地経営経費）に充当された（井上巽、前掲書、70、75－76ページ）。インドではこの手形を呈示するインドの輸出業者にインド政庁がルピー貨を支払った。ルピーはインド政庁管理下の資産（金本位準備、紙幣準備、国庫残高）の中から支払われた（井上巽、前掲書、70ページ）。逆インド省証券はインド政庁がロンドンのインド担当大臣宛に発行するポンド払い為替手形であった（満鉄東亜経済調査局編・発行『印度概観』1943年、第10章（小竹豊治稿））。インド省証券の価格は法定レート（1ルピー＝1シリング4ペンス）にロンドン－インド間金現送費8分の1ペンスを加算した1ルピーにつき1シリング4ペンス8分の1を最高限としていた。1908年にインドの為替相場が低落すると逆インド省証券を1ルピーにつき1シリング3ペンス32分の29の相場で無制限に売却する措置が採られた。ルピーの対ポンド為替相場は1シリング4ペンス8分の1と1シリング3ペンス32分の29（下限）との範囲内に安定することとなった。通常の場合はロンドンにおいてインド省証券が売却され、恐慌不況期においてはインドにおいてインド通貨（銀貨または紙幣）を提供するものにポンド払い為替が売られた（井上巽［1995］68－69ページ）。

396)　深井英五［1940］82ページ。

定が図られた（この操作によってルピー貨の数量が変動した）。インドの通貨価値はこのような操作によって安定した。インド幣制は金通貨流通を伴わなかった。このようなインドの幣制は金為替本位制であったといえる。

インドの金為替本位制は貿易収支の黒字に基づく国際収支の受取超過を前提としていた[397]。

もっとも、第1次大戦前において、ほとんどの主要国は、外国為替よりも多額の金を保有していた[398]。1913年にはヨーロッパにおける15の中央銀行の外国為替保有高は全準備の12％を占めるにすぎなかった[399]。第1次大戦前の中央銀行の金為替準備保有には限界があったのである。

（4） 第1次大戦後の金為替準備と金為替兌換

第1次世界大戦期に多数の国の金本位制が停止され、大戦後の金本位制停止下において、為替の安定と貿易の安定のために、主要国の国際協調のもとに、一連の国際会議が開催された。1922年のジェノア国際経済会議において金本位制への復帰という世界の体制の目標が声明され、この会議において、金不足が生じているという認識のもとに、発行準備として在外正貨が認められ、金為替本位制への方向性が明示された[400]。

1925年にはヨーロッパにおける24の中央銀行の金および為替準備中において占める外国為替の割合は27％となり、1928年には42％となるに至った[401]。

第1次大戦後には金為替準備にとどまらず、金為替兌換制度を採用する国が登場した。この金為替兌換は金（金貨・金地金）兌換と併用されていた。金為替兌換が採用されたという意味では金為替本位制が採用されたことになるが、純粋の金為替本位制が採用されたわけではなかった[402]。ドイツのライヒスバンク、ベルギー国立銀行、イタリア銀行にみられるように、兌換における選択

---

397)　松岡孝児［1936］219－220ページ。同氏は金為替本位制の維持は国際収支の黒字、均衡が原則的に必要とすると述べられている（同書、251－252ページ）。
398)　Peter H. Lindert ［1969］ pp. 10-12.
399)　League of Nations（Ragnar Nurkse）, *op. cit.*, p. 29. R. ヌルクセ著、小島清、村野孝共訳、前掲書、37ページ。田中金司［1955］206ページ。
400)　田中金司［1955］205－206ページ。江畠清彦「金為替本位制の特質」成城大学『経済研究』第59・60合併号、1978年2月、388－390ページ。森七郎［1978］78ページ。

第5章　日露戦争以後の正貨維持吸収政策と在外正貨

権は兌換請求者ではなくて被兌換請求者である中央銀行であった[403]。

　ドイツのライヒスバンク、ベルギー国立銀行、イタリア銀行、ポルトガル銀行が金為替の正貨準備算入と金為替兌換を併用した。このほかにも金為替兌換を併用した国があった[404]。もっとも、金為替の正貨準備繰入れには制限がみられた[405]。

　金為替兌換は認められないが金為替の正貨準備算入が認められた国もあった。このような国の中央銀行としては旧オーストリア・ハンガリー後継諸国の中央銀行、ソ連のゴス・バンクがあった。そのほかにも、金為替を正貨準備に算入することを認めた国が相当あった[406]。

　日本の円は国際通貨としては機能しなかった。だが、日本銀行は在外支払いのためだけでなく、金防衛のために在外正貨（外貨預金やイギリス大蔵省証券など）を保有するとともに、在外正貨を銀行券発行のための正貨準備に組み入れて、日本銀行券に対する信認を維持していた。またそれによって、保証準備制

---

401) League of Nations, *op. cit*., p. 29. R. ヌルクセ著、小島清、村野孝共訳、前掲書、37ページ。この背景は次のとおりである。第1に、金の不足という事態があった。世界の産金量は1915年から22年にかけて3分の1ほど減少し、金供給が減退していた（League of Nations, *op. cit*., p. 27. R. ヌルクセ著、小島清、村野孝共訳、前掲書、35ページ）。1913年に世界の産金額は約4億ドルであったのに対し、1922年には約3億2000万ドルとなった。その後、漸次増加して1926年には4億ドルとなったものの、それ以後1929年まで年産金額はほとんど増加していない（日本銀行調査局「国際金本位制の研究」『日本金融史資料　昭和編』第20巻、325ページ）。また第1次大戦後の金本位復帰は金需要の増大を招くということが懸念されていた。第2に、金本位制度の内蔵するデフレ・バイアスが懸念されていたことがあった。第3にイギリスが金為替本位制を普及させることによってロンドンの金融覇権を再び確立しようとしていた。第1次大戦中に金本位制を事実上停止し、1919年4月に法制的にも金本位制を停止したイギリスは1925年には金本位（金地金本位制）に復帰したが、この金本位制復帰はロンドン金融市場の信認を回復するという目的があった。このもとで、金為替本位制を採用しようとする国々に対して信用を供与しようとした（島崎久彌 [1983] 142、144ページ）。

402) 松岡孝児 [1936] では金為替を用いて為替相場の安定を図る貨幣制度および金為替を準備として銀行券を発行する貨幣制度を金為替本位制としている。金為替兌換が認められなくても、金為替が正貨準備の一部として認められるものは、金為替本位制とされる。

403) 松岡孝児 [1936] 46−47ページ。田中金司 [1955] 208−210ページ。

404) 田中金司 [1955] 208−210ページ。

405) 1924年8月のライヒスバンクの改造によって、正貨準備の4分の1までは外国手形をもって充当することができるようになった。ベルギー国立銀行では1865年以来、確実な金手形を正貨準備の一部として算入することが慣行的に行われていたが、1926年の定款改正によってこの慣行が明文化され、正貨準備の4分の1を限り、外国金手形を正貨準備に繰り入れることが許された（田中金司 [1955] 208−209ページ）。

406) 田中金司 [1955] 210−212ページ。松岡孝児 [1936] 135−138ページ。

限外発行税を節約していたのである。

2　金本位制実施後の臨時的な在外正貨の正貨準備繰入れ

　日本銀行は正貨準備として金を保有し、日本銀行券は金貨との兌換という信用によって一般的信認を得た。この信認は貨幣の支払いが約束されている物件を銀行券発行者が所有しているということで銀行券受領者・所有者に安心感を与える金以外の保証準備によって補強された。これには金準備ほどの銀行券信認維持能力はなく、保証準備に基づく銀行券発行には制限が設けられたが、資金需要が旺盛で金兌換に心配がない場合は制限を超えた保証準備発行も認められた。日本銀行は1899年3月に兌換銀行券条例を改正して、保証準備発行の枠を8500万円から1億2000万円に拡張した。これは経済の発展、人口の増加などに伴う金融市場の要望に応じたものであった[407]。経済発展のための貨幣供給を考慮していた通貨当局は、経済規模の拡大に伴って、実情に合わせるために保証準備発行限度を引き上げたのである[408]。またこの限度額の拡張は外国貿易の発展、ことに輸出貿易の発展を図るために外国為替業務の拡張を目指して実施されたものでもあった[409]。このときに政府原案の納付金制度ではなく、保証発行に対する課税制度が採用された。その発行税率（制限内発行税率）は「日本銀行納税ニ関スル法律」により1000分の12.5と定められた[410]。

　銀行券発行準備に占める正貨準備の比率は1897年6月には60％を超えていたが、金本位制実施後やや低落傾向を示し、30〜40％となった。1900年末の正貨準備率は30％を割るに至ったが、1903年には再び50％を超えた。正貨準備は金貨と金塊からなっていたが、金貨が中心であった。保証準備は公債、政府証券と「商業手形」が中心であった。「商業手形」の5〜6割は事実上の「融通手形」とみなせる保証品付手形によって占められていた[411]。

　金本位制実施後においても制限外発行が行われた。ことに、1900年から1901

---

407)　『日本銀行沿革史』第1輯第3巻、14ページ。
408)　鈴木恒一［1986］41ページ。
409)　山口和雄［1969］12－14ページ。
410)　吉野俊彦［1962］225－232ページ。同［1977］507－512ページ。
411)　山口和雄［1969］14－15ページ。

第5章　日露戦争以後の正貨維持吸収政策と在外正貨

年にかけての恐慌期には、制限外発行税率が5％から7％へ、さらには8％へと引き上げられたにもかかわらず、相当巨額の制限外発行が行われた412)。

保証準備は1900年以降、在外正貨をも含むようになった413)。

在外正貨の日本銀行正貨準備繰入れは、日本銀行が1896年5月に政府との間に預け合勘定を開き、償金英貨580万ポンド（5000万円）を正貨準備に充当したのが最初であった。この英貨は1897年5月までに全額返済された414)。その後しばらく、在外正貨準備発行は行われなかった。『正貨吸収二十五策』（1913年2月頃作成）は「在外正貨ヲ正貨準備トスルコトハ明治三十六年十二月十四日大蔵省ノ認可アリシモ其際ハ資金ノ都合上実行セスシテ止ミ明治三十七年六月三十日始メテ実行シテヨリ以来今日迄間断ナク継続セリ」と述べている（乙の3～4ページ）。だが、これは正確な表現ではない。

1902年に至り、2月から4月までと7月から9月まで在外正貨の正貨準備充当が行われている。もっともそれは一時的で、その額も317万円以下にすぎなかった415)。

1903年12月14日には、年末金融に際し資金の需要が増加し、日本銀行は、30日の期限を付して、ロンドン代理店保管英貨を準備とする銀行券の発行を認可された416)。この在外正貨の正貨準備繰入れは実行されたと考えられる。すなわち、日本銀行総裁松尾臣善は、日露戦争直前の軍艦購入資金の支払いに関連して、イングランド銀行に預けている英貨が正貨準備に繰り入れられていたことに言及しているのである417)。

1904年2月10日には、金融上必要な場合にはさらにロンドン代理店保管英貨を兌換準備として銀行券を発行することが許可された418)。実際に2月10日に日銀保有英貨40万ポンドが正貨に繰り入れられている。3月7日の正貨現在高に日銀保有金49万ポンドが計上されている419)。ニューヨーク渡り外国手形も

---

412)　同上論文、15ページ。大蔵省編『明治大正財政史』第13巻、337－339ページ。
413)　1900～1902年に900万円、1903年に約1400万円の在外正貨が保証準備として保有されていた（大蔵省編『明治大正財政史』第14巻、609－610ページ）。
414)　明治財政史編纂会編『明治財政史』第2巻、576ページ。能地清[1981] 33ページ。
415)　大蔵省編『明治大正財政史』第13巻、364－365ページ。同第14巻、609－610ページ。山口和雄[1969] 16ページでは、2月から5月までと7月から10月までの2度にわたって在外正貨の正貨準備繰入れが行われたとされている。
416)　大蔵省編『明治大正財政史』第13巻、352ページ。

正貨準備繰入れが認められるようになった[420]。すなわち、1904年2月29日には、日本銀行再割引ニューヨーク向け輸出手形のうち400万円を限度に正貨準備とすることが認められた[421]。

3　日露戦争以後の恒常的な在外正貨の正貨準備繰入れ

（1）　日露戦争以後の銀行券発行準備

　日露戦争以後第1次大戦前の時期に銀行券発行が相当著しく増大した。これは主として正貨準備の増大に基づくものであった。この時期に保証準備発行も増大している。もっとも、それは正貨準備の増大ほど顕著なものではなかった。保証準備発行限度額は1932年6月まで1億2000万円に維持されていた。

　兌換券需要の増大に伴い、大蔵省は1907（明治40）年や1910年に保証準備を1億7000万円に拡張を計画した。これは日本の経済界が保証準備制限額を1億2000万円に拡張した時代と比較して数倍の膨張を遂げただけでなく、台湾・韓

---

[417]　1903年12月に林董在英特命全権公使はアルゼンチン政府が注文していた軍艦2隻の買入れの仮契約をした。買入代金153万ポンドのうち、28日までに15万3000ポンドを交付し、残金137万7000ポンド（原文では135万7000ポンドとなっている）は所有権が日本政府に移る日（アルゼンチン政府の承諾等の完了日）までは銀行の保証書を交付することとなった（『松尾総裁自筆日記』1903年12月26日付）。松尾は横浜正金銀行ロンドン支店に1903年12月28日に次のように発電した。「第一　日本銀行ノ保証準備ニ充テタル四歩利付公債〔日本銀行所有英貨公債〕及整理公債〔内国債の海外保有分であろう〕ヲ解除シ担保ト為シ、不足分ハ英蘭銀行ヘ預ケアル正貨準備ノ英貨ヲ解除引出シ担保ト為シ、然ルヘキ銀行ヘ相談ノ上信用ヲ与フルコトニ取扱フヘシ　第二　若第一ノ手続ハレ難キトキハ、英蘭銀行ニ預ケアル正貨準備残ラス解除シ、不足分ハ日本銀行通知預金ノ内ヲ以テ正金銀行ヨリ返納補充シテ信用ヲ与フヘシ」（『松尾総裁自筆日記』1903年12月28日付）。ここには正貨準備の英貨が存在していたことが明記されている。31日には横浜正金銀行ロンドン支店から次のような入電があった。「日本銀行準備金残高134万7000ポンドを解除し、引出し、かつ通知預金3万ポンドを正金銀行ロンドン支店から受取り、これをもってパースバンク（50万ポンド）、ユニオン銀行（50万ポンド）、ロンドン・ジョイント・ストック銀行（35万ポンド）、横浜正金銀行ロンドン支店（2万7000ポンド）の信用を得て、〔保証書を〕をギブス氏〔ギブス商会〕に引き渡した」（『松尾総裁自筆日記』1903年12月31日付。齊藤壽彦［1991b］58ページ）。なお、高橋是清［1976］（下）では林公使が約束手形を振り出して先方に渡したとされている（183ページ）。

[418]　大蔵省編『明治大正財政史』第13巻、352ページ。「日本銀行在外正貨兌換準備沿革調」『議会参考書』第43議会、1920年6月。小島仁［1981］292ページ。

[419]　横内正雄［1987］147ページ。

[420]　小島仁［1981］292ページ。

[421]　日本銀行百年史編纂委員会編［1986］34ページ。

第5章　日露戦争以後の正貨維持吸収政策と在外正貨

国・満州などの各地において、兌換券の流通が増加するという事情があったからであった[422]。保証準備の拡張制限額の拡張は日本銀行券の信認確保にとどまらず、日本銀行の資力を増加するものでもあった[423]。民間においても『東京経済雑誌』が1910年12月に保証準備制限高を拡張すべきことを主張した[424]。だがこの拡張は、一国信用の基礎である正貨準備の割合を減少させて兌換制度の基礎を危うくするとか、兌換券を増発させて物価騰貴を助長するとか、財政に利用されるとか、兌換券の需要増加は一時的であるとか、日本銀行の資力を増加する必要はないとかという反対を受け、実現しなかった[425]。日本銀行納付金に関する法律を保証準備発行限度額拡張との抱き合わせで立案したことも、限度額拡張が実現しなかった理由の1つであった。1912（大正元）年に大蔵省は産業の発展および貿易の伸長に鑑み、通貨需要の状況に照らして制限額を8000万円増加して2億円とすることが適当であると認めた[426]。日本銀行は1917年に保証発行限度額を2億5000万円とするのが適当であると論じた[427]。同年、大蔵省も経済界の発展に順応するとともにその発展を助長するため保証準備発行限度額を2億円に拡張することを計画したが、これも実現しなかった[428]。

　保証準備拡張が実現しない状況での兌換券の不足は、在外正貨の正貨準備繰入れの恒常化と制限外発行によって充足されることとなるのである。

　日本銀行の資本金は、同行の資金源であるとともに、債務性のない資金として同行の経営の安全性を確保するものでもあった。日本銀行の払込資本金は1895年に2000万円から3000万円に引き上げられていたが、1910年にこれがさらに6000万円に引き上げられて自己資本の増加が図られた[429]。日本銀行の信

---

422)　大蔵省編『明治大正財政史』第14巻、552－557ページ。
423)　「兌換券ノ保証発行制限額ヲ増加スルハ日本銀行ノ資力ヲ増加スル事トナルモノナリ」（日本銀行「保証準備発行ノ拡張ニ就イテ」（1917年8月27日）『勝田家文書』第54冊第6号）。
424)　山口和雄［1969］19－20ページ。
425)　大蔵省編『明治大正財政史』第14巻、552－559ページ。「兌換銀行券保証準備発行制限額拡張ノ件」（1907年）『勝田家文書』第54冊第1号。「兌換券の保証準備制限高を拡張すべし」『東京経済雑誌』第70巻第1768号、1914年9月26日。山口和雄［1969］19－22ページ。
426)　「兌換銀行券保証準備発行制限額拡張ノ件」（1912年）『勝田家文書』第54冊第4号。
427)　「保証準備拡張ニ就イテ」（1917年8月27日）『勝田家文書』第54冊第6号。
428)　大蔵省編『明治大正財政史』第14巻、559－566ページ。「日本銀行兌換券保証発行制限額拡張ニ関スル件」（1917年）『勝田家文書』第54冊第7号。

用・信認は、準備金保有だけでなく、自己資本の増加による財務の健全性確保を通じても強化が図られたのである[430]。

日露戦争以後には保証準備制限外発行が恒常化した。大蔵大臣が日本銀行の限外発行を認める場合、従来は期限を定めて認可していたが、限外発行が経済界の非常の急に対処するものという立法の精神がほとんど失われるに至った[431]。制限外発行の常態化の背景には、産業の発展に対応するという目的とともに、日本銀行の兌換銀行券が日常取引の中に定着し、その信認についての懸念がかなり薄れてきたという事情があったように思われる[432]。

保証準備の内容については従来と同様、公債・政府証券、「商業手形」が重要であった。この「商業手形」の大部分は「保証品付手形」であり、その実態は「融通手形」であった。普通の証券も1908年以後、重要となっている[433]。

（2） 在外正貨の正貨準備繰入れの恒常化

銀行券発行準備に占める正貨準備の比率は1904年末には30％を割ったが、その後40～60％を占めるようになり、1910年6月には70％を超えるに至った。この正貨準備の増大は主として在外正貨の正貨準備繰入れに基づくものであった。

在外正貨の急増に伴い、日露戦争以後、在外正貨の兌換銀行券正貨準備への充当が恒常化している。銀行券発行高が高い伸びを示していた中で、日本銀行の正貨準備は急減していたから、もし以上のような措置が採られなかったならば、制限外発行は巨額に達し、正貨準備率が著しい低水準に落ち込んだことは明らかである。イギリスのピール法は国内均衡と国際均衡を同時達成するという命題を含んでいた。我が国の金属本位制はピール法が想定したような自動調節作用の枠組みを緩め、日本銀行の行動の弾力性を確保しようとしていた。日本銀行が対外均衡を無視ないし軽視したわけではない。為替相場を安定させようとすれば、対外均衡を軽視しえない。ただ、明治期における我が国の発券制度、さらにはそのもとでの日本銀行の行動は、正貨流出入と国内流通貨幣の増

---

429) 日銀の資本金については吉野俊彦［1978］756−761ページを参照されたい。
430) 大蔵省編『明治大正財政史』第14巻、121、558ページ。
431) 山口和雄［1969］17−18ページ。
432) 鈴木恒一［1986］45ページ。
433) 山口和雄［1969］18−19ページ。

第 5 章　日露戦争以後の正貨維持吸収政策と在外正貨

減を直結させることなく、両者の間にいろいろなバッファーをおいて、貨幣供給の弾力性を確保していた。それは、一方で貨幣に対する信認を維持しながら、他方、経済発展のための貨幣供給を確保しなければならないという現実的要請に応えようとするものであった。その点で、我が国の金属本位は、鈴木恒一氏も指摘されるように管理通貨制的実態を持っていたといってよいかもしれない。この問題にかかわる在外正貨の正貨準備繰入れについて立ち入って考察しよう。

　在外正貨を正貨準備に繰り入れることが1904年以後恒常化している。日本銀行券兌換準備金へ在外正貨を繰り入れる問題に関しては、1903年12月に至り、日本銀行は年末資金需要急増のため、同行ロンドン代理店保管英貨を準備として兌換券を発行することを許可された。日露戦争期に、日本銀行は前述のように多額の在外正貨を所有したけれども、これを一時に取り寄せるときは欧米の金融市場を動揺させる恐れがあるなどの問題があった。このため、政府は、「時局中の変通策として」、1904年6月、イギリス大蔵省証券（通知預金）を正貨準備とする兌換券の発行を許可した。翌年2月には、政府は、対外金融政策の資金を供給するため、日本銀行に横浜正金銀行ロンドン支店への通知預金を正貨準備とする日銀券の発行を許可した。在外正貨の正貨準備繰入れは日露戦争後も続けられた[434]。在外正貨の正貨準備繰入れは恒常化し、かつその額は多額に上ったのである。

　在外正貨を正貨準備に繰り入れることが認められただけでなく、その繰入額ならびにその割合になんらの制限も設けられなかった。このために日露戦争後の数年間は、正貨準備の大部分は在外正貨によって占められた。すなわち、在外正貨の正貨準備高中に占める割合は、1906年には83.7％、1907年には77.1％に上ったのである。1904年6月末には4753万円であった在外正貨の正貨準備繰入額は、1909年6月末には1億3120万円に達した。1906年5月末から1907年2月末まで、1907年10月末から1908年5月末まで、1908年11月から1909年12月末まで、1912年12月に正貨準備中の在外正貨は1億円を超えていた。1904年6月から1912年12月までの期間で正貨準備中の在外正貨が6000万円未満であった期間はわずかに1904年6、11、12月の3カ月にすぎなかった。

---

434)　大蔵省編『明治大正財政史』第13巻［1939、1959］352－353ページ、第14巻［1937b、1957］606－607ページ。吉川秀造［1969］144ページ。

第 3 編　日露戦争以後の金本位制維持政策

　在外正貨準備は1904年6月から1909年9月に至るまで、日本銀行正貨準備中の5割以上を占めていた[435]。日本銀行は、会計上、在外正貨を金塊として取り扱った。1904年以降、金貨に代わって金塊が同行の重要な正貨準備となっているのは主としてこのためである[436]。

　在外正貨を準備金として日本銀行券が増発され、これによって政府の活動や産業の発展の助長が図られたのである。在外正貨は日清戦争賠償金の取得後、銀行券発行の基礎ともなり、日露戦争後には在外正貨の正貨準備繰入れが恒常化し、これによって日本銀行の政府や民間への貸出が容易化されたのである。

　日露戦争以後の日本は前述のように公的為替操作を実施しており、日本の貨幣制度はオーストリア・ハンガリーの外国為替相場調整策を採用した金為替本位制的制度に近似するに至った。だが、日本の貨幣制度は依然として金貨本位制を基本としており、金の防衛を主眼としていた。それはインドのような為替相場安定操作に基づく金為替本位制ではなかった。また、第1次大戦後のヨーロッパ（ドイツ・ベルギー・イタリア）においてみられたような、銀行券の金為替との兌換を認めた金為替本位的制度でもなかった。それは、オーストリア・ハンガリーやロシアにおいてみられたような、金為替を正貨準備に繰り入れるというような金為替本位的制度を採用していたのである。この金為替の正貨準備繰入れが大規模に行われていたのであった。

　1912年2月の銀行倶楽部における高橋是清日本銀行総裁の演説を発端として、公定歩合引上げをめぐる論争から派生的に兌換銀行券の増発と物価騰貴の因果関係についての論争が生じた[437]。在外正貨の正貨準備繰入れについては、これが通貨膨張、物価騰貴をもたらすという批判が全国商業会議所連合会などさまざまな分野からなされている[438]。このような議論に対しては、大蔵大臣経験者の若槻礼次郎は、通貨膨張という点よりいえば、正貨を外国に置くも内地に置くも、その結果において区別できないと反論している[439]。この在外正貨論争について検討しておこう。

　中央銀行が在外正貨を取得するには、中央銀行自らが外国で借金する場合の

---

435)　大蔵省内作成『正貨吸収二十五策』乙の6ページ。
436)　山口和雄［1969］17ページ。
437)　日本銀行百年史編纂委員会編［1983a］262ページ。

第5章　日露戦争以後の正貨維持吸収政策と在外正貨

ほかは、国内において銀行券を発行して、これを代金として在外正貨を買い取ることになる。在外正貨の収支に伴う国内通貨発行高の増減は、その発行が正貨準備発行によるか保証準備発行によるかによって直接的な違いは生じない[440]。貸出金の返済金として中央銀行が在外正貨を受け取るときも、それを正貨準備に繰り入れるかどうかは国内通貨の増減に直接影響を及ぼさない。在外正貨の正貨準備繰入れそのものが貨幣膨張をもたらすとはただちにいえない。

だが、在外正貨を正貨準備に繰り入れるかどうかは、在外正貨の取得保有の難易に影響を及ぼす。中央銀行が銀行券発行によって在外正貨を買い取る場合、在外正貨の正貨準備繰入れを認めることによって、経済の実情からして保証準備制限額が低く抑えられていた当時において、高率の制限外発行税負担を回避して在外正貨を買い取ることができるようになる。在外正貨を金に換えて現送してきて在内正貨準備とすることが欧米金融市場への考慮から抑制され、また在外正貨を運用しても低率の利子しか得られないという事情のもとで、在外正

---

438) 村林彦四郎は通貨膨張が物価騰貴の一因となっているとして、その対策の1つとして、在外正貨を廃止し、兌換制度本来の妙用を十分に発揮するよう提唱した（「兌換券と物価論」『中外商業新報』1912年3月11～13日付。日本銀行百年史編纂委員会編［1983a］263ページ）。全国商業会議所連合会が政府に提出した建議書の中では「在外正貨を以て、臨時中央銀行の準備に利用するが故に、中央銀行の正貨の増減は、直ちに貿易上の大勢と其比例を正しうせず、為に通貨自然の伸縮を損ひ、物価及び貿易の趨勢を調節するに何等の効なき事となり、物価は益々騰貴し、貿易は愈々逆調に陥るの止むを得ざるに至る」と主張されている（高橋亀吉編［1932］第4巻、53ページ）。『東洋経済新報』は、兌換制度の伸縮機能（正貨が流出すれば通貨収縮し、物価が低落し、輸入が抑制され、輸出が増進し、国際貸借が平均化し、正貨流出が止まる）が失われない限り、正貨流出で兌換制度が崩壊することはないと述べたうえで、在外正貨こそがこの自動収縮機能を喪失させて兌換制度の機能を破壊するものであると論じている（「在外正貨を一掃すべし」『東洋経済新報』第623号、1913年2月5日）。同誌は、外資を正貨準備の補充に使用すれば、膨張した日本の通貨は収縮の機会を失うと論じ、外債政策、在外正貨の廃止を主張する（「正貨問題」（五）『東洋経済新報』第663号、1914年3月15日、451－453ページ。淡齋逸士は、本来の兌換制度であれば入超によって正貨が流出すれば兌換券が収縮するのに、現在の正貨による兌換制度は、勝手に準備額を増減し、巨額の限外発行を隠蔽していると論じている（淡齋逸士「正貨準備の人為的増減」『日本経済新誌』第12巻第8号、1913年1月15日。せんだ　みのる［1999］558－559ページ）。『東京経済雑誌』は、在外正貨を正貨準備に加算させないことを主張し、無限に兌換券の限外発行をしたり在外正貨を日銀の正貨準備に加算し、これに対して兌換券を発行し、在外正貨をもって入超の決済をしたりしなければ、兌換制の維持に必要なだけの正貨が皆減することはない、と論じた（「在外正貨問題」『東京経済雑誌』第69巻第1734号、1914年1月31号、143－144ページ）。

439) 若槻礼次郎「在外正貨について」『日本経済新誌』第12巻第12号、1913年3月、8ページ。
440) 深井英五［1928］324ページ参照。

471

貨の正貨準備繰入れを認めることによって、営業上、中央銀行の在外正貨買取り・保有が容易化される[441]。その結果、産業界や財政にとって必要な円資金の供給が容易化されることともなるのである。

　貸出金の返済金として中央銀行が在外正貨を受け取るときには、それを正貨準備に繰り入れて正貨準備を増加することを認めることによって、保証準備制限外発行を減少させて発行税を節約できる。かくして中央銀行の営業上、在外正貨の保有が容易化される。保証準備制限外発行の減少は、資金需要が存在する場合、それに応じた新たな貸出を容易化することともなるのである。

　もっとも、大蔵省内の報告書は在外正貨の正貨準備繰入れの問題点も指摘している。全面的に発券の基礎を在外正貨に依存することは、通貨当局によって必ずしも考えられていなかった。在外正貨の正貨準備繰入れにより人々が国際貸借の順逆を判断することができなくなり警戒心を失うことなどを懸念して、大正初期に大蔵省の田昌理財局国庫課長らは、日本銀行の正貨準備の8割以上、かつ少なくとも1億5000万円以上は内地において金貨金地金で保有させるべきであると考えていた[442]。日露戦争期に高橋是清は、「本邦資金を外国に存置することは非常の場合に蒙むるべき危険を伴ふ」ことを認識していた。また「国内兌換の為めに金を必要とすることもあるだらう」と考えていた。また日露戦争後、深井英五は「国内金保有高を相当に充実して置くことは、非常の場合の準備として万全の途である」と考えていたのである[443]。

第8節　在外正貨の資金運用原則とその実態

1　安全性・流動性確保、収益確保、国際金融協力

（1）　安全性・流動性確保

　1911年3月における日本銀行所有在外正貨（総額1億3734万円）の運用をみると、海外正貨準備8746万円中、イングランド銀行に1250万円が預けられる一

441）　同上書、324－325ページ参照。制限外発行税率は1902年12月1日に5％、1913年1月6日に6％となった（大蔵省編『明治大正財政史』第13巻、333ページ。後藤新一［1970］6ページ）。
442）　大蔵省内作成『正貨吸収二十五策』乙（日本銀行関係）の20－21ページ。大蔵省編、前掲『明治大正財政史』第17巻、482－485ページ。吉川秀造［1969］144－149ページ。
443）　深井英五［1941］82、90ページ。

方で、正金銀行への960万円の通知預金が継続され、6104万円のイギリス大蔵省証券が保有され、432万円が英貨定期預金されている。また、海外準備外正貨4987万円が所有され、その内訳は公債486万円、英貨3158万円、米貨1343万円となっている[444]。

通貨当局は在外資金、在外正貨の資金運用においては「安全性と流動性」を重視し、いつでも大きな損失なく現金化できる形態の資金運用を志向した。このため、通貨当局は高い利回りを求めて在外正貨を株式や社債というリスクの高い証券に積極的に運用することも回避したのであった。在外正貨の一部は正貨準備に繰り入れられたが、そもそも銀行券発行準備は銀行券の信用維持のために保有されるものであって、収益確保のために保有されるものではなかった。

国際通貨ポンドの相場が安定している状況下では、在外正貨保有は大きな為替リスクをこうむらず、そのポンドでの保有は安全であると考えられた。

日本銀行運用明細表によれば、日本銀行は海外正貨準備1億4720万円中の2536万円（約17％）をきわめて安全な流動資産である無利子のイングランド銀行当座預金として所有していた[445]。

（2） 収益確保

だが一方で、在外正貨は利益を求めて資金運用されるという一面を持っていた。ロンドンにおける政府在外正貨寄託高（イングランド銀行への無利子の当座預金）は少なく、1911年末にそれは44万円と預金額の2％を占めるにすぎなかった[446]。

政府は為替払いなどに保有在外正貨を用いても残額がある場合は、明治27年法律第16号により、随時日本銀行に預け入れ、同行をしてイギリスにおいては英国大蔵省証券（Treasury Bill）などを購入させたり、利付預金として運用さ

---

[444]　「日本銀行所有正貨運用別明細表」（1911年）『勝田家文書』第48冊第11号。

[445]　「正貨ニ関スル参考書」大蔵省理財局国庫課『第28議会参考書』1911年10月。「正貨運用別明細表」『勝田家文書』第48冊第10号。小島仁［1981］75ページ。

[446]　「在外正貨寄託金預入銀行別（政府分）」（1912年末）『勝田家文書』第48冊第33号。また1907年7月20日に、日本銀行海外正貨現在高1523万4000ポンド中、イングランド銀行への当座預金に充当されたもの（149万2000ポンド、このうち149万ポンドは海外正貨準備に組入れ）は、全体の9.8％を占めるにすぎなかった（「日本銀行海外正貨在高表」『勝田家文書』第48冊第46号所載統計、小島仁［1981］363ページ）。

473

第3編　日露戦争以後の金本位制維持政策

せたりして、収益を求めた[447]。政府は「海外正貨ハ支払元ニ差支ナキ限リ種々ノ方法ニ依リ之レガ運用ヲ図ルモノニシテ仏国及米国ニ於テハ確実ナル銀行会社ニ預ケ入（其種類、定期、通知、当座）ヲナスノ外市場ノ状況ニ依リ当該国大蔵省証券及国庫債券ヲ購入運用ヲナス」という運用方針をとっていた[448]。

政府は所有在外正貨をいったん日本銀行に預け入れ、同行がそれをイングランド銀行に当座預けするとともに、パーズ銀行その他信用のある第一流の銀行に、支払い上の準備と利殖の都合とを顧慮して、定期預金、3日通知預金などとして預け入れた[449]。1907年7月20日当時、通知預金や定期預金には2％以上の利子がついていた[450]。

日本銀行在外正貨も、イングランド銀行に当座預金として預け入れられる一方で、正金銀行への通知預金（ロンドン為替元金）、イングランド銀行を含む信用度の高い一流銀行への定期預金に運用され、利子を取得した。

表5－6の日本銀行在外正貨運用利益金表によれば、在外正貨準備運用は毎年200万円前後の利益を上げ、それは在外正貨準備外運用による利益よりも多かった。1907年には日本銀行在外正貨運用利益は500万円を超えていた。在外正貨運用の主目的が国際決済・金流出防止の準備にあったとはいえ、その運用によって収益を得ることも配慮され、実際にそれは収益をもたらしたのである。

在外正貨は、収益性と安全性・流動性を求めて、信用度の高い英国大蔵省証券（TB）という短期証券にも運用された[451]。1905年12月における日本の臨時軍事費特別会計におけるTBの保有は1087万5000ポンド（流通TBの約半分）にのぼった[452]。同特別会計は1907年7月以降一般会計に移管された[453]。日本政府所有のイギリス大蔵省証券は日露戦争の戦費調達のためにロンドンで発行された外債の手取り金を運用していた分であって、この政府在外正貨が日本銀行からの政府借入れの返済や日本銀行の大口為替売却のためにその多くが引き

---

447)　大蔵省編『明治大正財政史』第17巻、553ページ。
448)　「正貨現在ニ関スル件」(1907年)『勝田家文書』第48冊第1号。野地清［1981］27ページ。
449)　「在外正貨ノ運用」(1912年末)『勝田家文書』第48冊第34号。
450)　「一般会計所属政府在外正貨の運用 (1907年7月20日)」『勝田家文書』第48冊第19号。横内正雄［1987］169ページ。
451)　TBは1877年に創設された短期国債であった。
452)　横内正雄［1987］170ページ。
453)　同上論文、172－175ページ。

第 5 章　日露戦争以後の正貨維持吸収政策と在外正貨

渡されるようになると、政府の大蔵省証券保有は1906年以降減少して、1908年にはなくなる。これとは逆に1907年4月から1909年に日本銀行所有TBは増大していった454)。日本銀行在外正貨は、1907年7月20日には、673万5000ポンドという多額の大蔵省証券の保有（購入代価から計算）に充当されていた。この額は同行の海外正貨準備総額の65％、海外正貨総額の44％に及んでいた455)。

　政府・日本銀行在外正貨の英国大蔵省証券（TB）への運用額は、イギリス政府のその発行総額のうちのきわめて多くの部分を占めていた。1907年6月29日～12月29日の英国大蔵省証券発行額はすべて日本銀行によって購入されていた456)。外貨準備は、預金以外に、大蔵省証券という流動性の高い証券でも保有されたのである。これは英国大蔵省が短期的借入れのために発行する国債である。TBはイギリス政府の保証を持つ優良証券であり、それはベアリング商会の手形よりも信用度が高く、在外正貨の運用形態としては適合的なものであった457)。しかも、日本銀行はこの購入によって応募平均割引利率3～4％の約半分の割引利率に基づく収益を得た458)。

　日本銀行は利殖を狙うことを第一の目的としてTBを購入したのではなく、あくまでも資産の安全性に最大の注意を払いながら利殖にも配慮したのであった。日本銀行はきわめて低い割引率を提示して多額のTBを買い占めることができたのであった459)。

　政府はアメリカ、ドイツ、フランスにおいても外貨資金を日本銀行へ寄託し、同行にさらに他の確実な一流銀行、会社へ利付預金として保管させた460)。高橋是清は、松尾臣善日銀総裁への1905年8月10日の電信の中で、ドイツにおいて外債募集金を「安全にして有利なる放資」に用いることを提言している461)。

454)　前掲「正貨運用別月別明細表」。横内正雄「第一次大戦前のイギリス大蔵省証券」新潟大学『商学論集』第8号、1986年3月、237－239ページ。イギリスの大蔵省証券、国庫証券、国庫債券の区別については同論文を参照されたい。
455)　前掲「日本銀行海外正貨現在表」。横内正雄［1987］172－175ページ。
456)　横内正雄［1987］172－174ページ。
457)　横内正雄、前掲「第一次大戦前のイギリス大蔵省証券」241ページ。横内正雄［1987］175ページ。
458)　横内正雄、前掲「第一次大戦前のイギリス大蔵省証券」239－240ページ、横内正雄［1987］175ページ。
459)　横内正雄、前掲「第一次大戦前のイギリス大蔵省証券」239－241ページ。
460)　大蔵省編『明治大正財政史』第17巻、553ページ。

1907年7月20日、1910年11月末、1912年12月末現在の政府在外正貨預金統計では、在外正貨は米独仏ではすべて寄託とされ、利付預け入は存在しないこととなっている[462]。だが、この寄託預けの中に利付預けが含まれていた[463]。

ドイツにおいてはドイツ大蔵省証券の購入運用も行われている[464]。すなわち、1905年から1909年にかけて政府在外資金が毎年ドイツ大蔵省証券に運用された。ことに1905年には1255万円の政府資金がそれに運用された[465]。1908年1月現在、政府在外資金として977万マルクの大蔵省証券が購入されている[466]。

（3） 国際金融協力

在外正貨は安全性、収益性だけでなく国際金融市場への配慮、国際金融協力の観点からも運用された。イギリスの外債発行銀行団は急激な金の現送により金融市場に波動を起こすことをなるべく避けるように希望し、日本政府は先方の希望をも参酌して外債手取り金を外国に存置した[467]。これは外債発行を円滑化するために引受シンジケート団の意向に沿うことが必要であったからである。国際社会の中の日本はイギリスとの協調のもとで生き抜こうとしており（1902年に日英同盟成立）、日本銀行はさらにイングランド銀行に対して貸出を行って、イングランド銀行の金融引締・金防衛政策を支援したのであった。このような日本の対英協調姿勢の背後には、日本が国際的な信用確保に努力していたという事情があった[468]。

金本位制下のイングランド銀行は、伝統的に主として公定歩合操作という手

---

461) 今田寛之［1990］157ページ。
462) 「在外正貨寄託金預入銀行別調（政府ノ分）」（1910年11月末現在）『勝田家文書』第48冊第32号。「在外正貨寄託金（純分比価換算額）預入銀行別（政府分）」（1912年12月末現在）『勝田家文書』第48冊第33号。「日本銀行海外正貨現在高表」（1907年7月20日現在）『勝田家文書』第48冊第46号。
463) 1914年5月30日現在の「内外正貨現在高一覧表」においては、政府在外正貨寄託金の一部がフランスにおいて3日通知預金に運用され、ドイツにおいて定期預金に運用され、日本銀行在外正貨の一部がアメリカにおいて定期預金に運用されている（「内外正貨現在高一覧表」1914年5月30日『勝田家文書』第48冊所載）。
464) 大蔵省編『明治大正財政史』第17巻、553ページ。
465) 横内正雄［1987］167ページ。
466) 「日本銀行海外正貨現在高表」（1908年1月）『水町家文書』第6冊第27号、野地清［1981］28ページ所載統計による。
467) 深井英五［1941］82ページ。今田寛之［1990］150－151ページ。

第5章 日露戦争以後の正貨維持吸収政策と在外正貨

段を用いて（公定歩合の引上げ）英貨ポンドの流出抑制・海外からの資本流入助長などを図り、金の防衛を行ってきた[469]。公定歩合の上昇に伴う市場利子率の上昇は短資流入によって自国通貨の為替相場を上昇させ、金流出を抑制し、または金流入を促し、これはロンドン——大陸金融センター——その周辺国という経路で影響を及ぼした[470]。このような公定歩合操作によって国際通貨ポンドの価値も維持された。また金市場に対する直接操作である金価格操作などの金操作、金措置（gold devices）によって金準備防衛策、金本位制維持策を補完してきた[471]。かくしてイギリスは少ない金準備で金本位制を維持できたのである。1913年末に通貨当局の金準備は、イギリス（イングランド銀行）が1億6490万ドル、フランス（フランス銀行）は6億7890万ドル、ドイツ（ライヒスバンク）が2億7870万ドルと、後の2国がイギリスよりもはるかに多額の金を保有していた[472]。

だがイングランド銀行の公定歩合操作による同行の金準備維持には限界があった。その維持は、金措置の採用、同行保有証券の売却、日清戦争賠償金のロンドンでの保有、インドの金為替本位制の採用、インド省（Council of India）からの借入れなどによる支えを必要としていた[473]。

20世紀に入ると、イングランド銀行は金本位制を公定歩合操作などによって維持することが困難になってきた。高い公定歩合がイギリスの経済を不況に陥

---

468) 今田寛之 [1990] 150-151ページ。日本銀行第3代ロンドン代理店監督役小野英二郎は1909年11月23日に「今後本邦財政上の信用を益々鞏固ならしむるには、当方資金の運用上英蘭銀行を始め当地有力なる銀行家に満足を与へ候事最も緊要」と本店に上申している（同論文、151ページ）。

469) 商業や産業活動を抑制するようなことはイングランド銀行の目的ではなかった（R. S. セイヤーズ著、西川元彦監訳『イングランド銀行（上）』57ページ）。

470) 佗美光彦『国際通貨体制——ポンド体制の展開と崩壊——』東京大学出版会、1976年。石見徹、前掲『国際通貨・金融システムの歴史』48ページ。パリ、ベルリンもそれぞれヨーロッパ大陸内の金融センターではあったが、ロンドンのように世界的な金融取引を媒介する力はなかった。

471) 金井雄一「国際金本位制とイングランド銀行金融政策」藤瀬浩司・吉岡昭彦編 [1987] 89-104ページ。春井久志 [1991] 219-226ページ。R. S. セイヤーズ著、西川元彦監訳、前掲書、61-70ページ。

472) P. H. Lindert, *Key Currencies and Gold 1900-1913*, in *Princeton Studies in International Finance*, No. 24, p. 10.

473) R. S. Sayers, *The Bank of England 1891-1944*, Vol. 1, pp. 37-40. R. S. セイヤーズ著、西川元彦監訳、前掲巻、49-53ページ。サイモン・ジェイムス・バイスウェイ [2005] 92-93ページ。

らせるようになったからである。イングランド銀行は外国金融機関からの借入れを求めるようになり、とくに日本銀行にこのための協力を求めるようになった。イングランド銀行は、1905年秋に日本銀行とイングランド銀行に預託されている預金の利用について交渉を始めた。かくして1905年12月14日から1906年1月18日の間に5回イングランド銀行は日本銀行から借入れを行った。その額は50万ポンドから160万ポンドにのぼるものであった[474]。1905年12月14日から1906年4月2日までをみると、イングランド銀行は日本銀行から短期間ではあるが少なくとも10回以上にわたって借入れを行っている。その金額は最低50万ポンド、最高200万ポンド（1906年2月26日）にのぼっていた。借入利率は2～3％であった[475]。イングランド銀行の日本銀行からの借入額がイングランド銀行の全銀行からの借入額の100％を占めるようなこと（1906年4月2日）もあった[476]。結局、1905年12月から1907年9月までに少なくとも18回にわたり、日本銀行はイングランド銀行に対して貸出を行ったのである[477]。

　日本銀行条例上、日本銀行は無担保貸付を行うことができなかったので、日英間の上記の貸付を定期預金として経理した。一方のイングランド銀行は付利預金の受入れを行わず、また営業報告（週報）には借入金の科目もなかったから、経理上、日本銀行からの借入金で同行所有の有価証券を買い入れて借入金を経理上なくし、またこの有価証券を特別の保管に移して同行営業報告書から除外した。このような他の銀行からの借入金は「特別預金」（Special Deposits）と呼ばれるようになり、同行の重要な金融調節手段となっていった[478]。

　このような日本銀行のイングランド銀行への貸出は、イングランド銀行における日本銀行預金の民間銀行への資金流出を抑制するとともに、民間銀行における日銀預金の一部をイングランド銀行に吸収し、イングランド銀行の引締政策を支援することとなった。このようなイングランド銀行の金融調節への協力

---

[474]　Sayers, *ibid.*, pp. 40-41. 西川元彦監訳、上掲巻、53ページ。バイスウェイ［2005］94ページ。
[475]　サイモン・ジェイムス・バイスウェイ［2005］94-95ページ。Histories of the Bank-Prof. R. S. Sayers Research Papers by B/E Staff, 21-24, Bank of England Archives, ADM33/11, 23A, pp. 1-2.
[476]　その比率は1906年2月26日には77％、1906年3月1日、16日には63％を占めていた。
[477]　R. S. セイヤーズ著、西川元彦監訳、前掲巻、54ページ。サイモン・ジェイムス・バイスウェイ［2005］94-96ページ。
[478]　今田寛之［1990］152-153ページ。

第5章　日露戦争以後の正貨維持吸収政策と在外正貨

により、日本は国際的協調を図ったのである[479]。

中央銀行間協力がはっきりとみられるようになるのは第1次大戦以後のことであって、第1次大戦前において、中央銀行間協力は例外的であった[480]。1906～07年の困難に際してフランス銀行はロンドンで短期資産を買い入れて、金をロンドンに供給しているのはその一例である。

だが、すでに第1次大戦前において、国際金融の中心地から遠く離れた日本の中央銀行が国際金融の中心地ロンドンの中央銀行に対して、先駆的に中央銀行間協力を行っていたのである。この事実は看過されるべきではない。

第1次大戦期には償還期間1年または1年を超える外国証券への政府所有在外正貨運用が多く行われるようになるが、第1次大戦前において在外正貨の外国の長期債への運用はほとんど行われなかった。すなわち、在外正貨運用においては1905～10年末に英国国庫債券（Exchequer Bond）・英国国庫証券（Exchequer Bill）は所有されてはいなかった[481]。もっとも、まったく行われなかったわけではなく、一時的に200万円ないし500万円程度が保有されることはあったが[482]。

このように日本銀行や日本政府は英国国庫証券を基本的に購入しなかったから、在外正貨の運用はイギリス財政に寄与するという機能はあまりなかった。第1次大戦期のように連合国への財政援助のために豊富な在外正貨を連合国公債への投資に振り向けるというようなことは第1次大戦前には行われなかった。日本銀行や日本政府は英国大蔵省証券（TB）を購入したが、これは第1次大戦前において、イギリス国債（コンソル公債が大部分を占める）の中ではマイナーな存在でしかなかった[483]。

---

479) 今田寛之[1990]152-154ページ。また、1906年にロンドン金融市場が過度に逼迫するようになると、イングランド銀行は日本銀行と協議し、資金の市場放出要請を行っている（今田寛之[1990]153ページ）。

480) Ian M. Drummond [1987] pp. 20-21. I. M. ドラモンド著、田中生夫・山本栄治訳[1989]37-38ページ。

481) 「一般会計所属正貨現在高表」（1907年7月20日現在）『勝田家文書』第48冊第19号、横内正雄[1987]169ページ。「正貨ニ関スル参考書」大蔵省理財局国庫課『第28議会参考書』、小島仁[1981]75ページ。

482) 1906年3月に282万円、1907年2～3月に286万円、1908年2～3月に221万円、1909年4～9月に538万円の英国国庫債券が海外正貨準備として日銀によって所有されている（前掲「正貨運用別月別明細表」（1911年）『勝田家文書』第48冊第10号）。

第3編　日露戦争以後の金本位制維持政策

2　在外日本公債への運用

　在外正貨は本来、流動性資金運用（大きな損失がなく容易に現金化できるもの）に用いられるものであったが、長期債への運用に用いられなかったわけではない。これは在外正貨というよりも海外保管有価証券ともいうべきものである。このようなものとして、第1次世界大戦前においては日本各種公債の購入が行われている。

　日露戦争中に募集した六分利付国庫債券（内国債）で、外国人応募のために海外に流出したものをロンドンおよびニューヨークにおいて在外正貨を用いて償還期日前に割引買入をすることも行われた[484]。1907年3月までのこの購入代の総額は、ロンドンにおいて275万2775ポンド（券面額2728万円）、ニューヨークにおいて455万2230ドル（券面額927万円）であった。この国庫債券は、時々に日本へ回送され、到着次第償還された。在外正貨は、在外内国債の償還にも運用されたのである[485]。正貨統計をみても、1903年から1912年までに「内国債買入運用ノ分内地ヘ回送ノ上償還」のために3566万円の正貨が支払われている[486]。

　1907年7月20日現在、一般会計所属在外正貨が六分利付国庫債券249万4000ポンド、日本各種公債購入111万9000ポンドの購入に充当されている。これらの合計額361万3000ポンドは預金の合計額324万ポンドを上回っていたのである。また預金部所属英貨が1908年から1911年にかけて各種公債に運用されている。これは日本公債への運用であろう[487]。

---

483)　横内正雄、前掲「第1次大戦前のイギリス大蔵省証券」231－232、242ページ。イングランド銀行はTBの売買を金融調節手段として発展させようとはしなかった（R. S. セイヤーズ著、西川元彦監訳『イングランド銀行（上）』55ページ）。

484)　日露戦争期に利率が5％または6％の巨額の国庫債券が5回にわたって発行されていた。この時期に軍事公債という呼称ではなく国庫債券という名称が用いられたのは、この長期債を短期に償還することを印象づけるためであった（大蔵省財政金融研究所財政史室編［1998a］373ページ）。

485)　大蔵省編『明治大正財政史』第17巻、553ページ。

486)　「自明治三十六年至大正元年満十年間正貨受払実況調」『勝田家文書』第49冊第1号。

487)　「自明治四十年七月至明治四十五年三月一般会計所属正貨現在高表」『勝田家文書』第48巻第19号。「国資運用金繰ニ関スル参考書」『第三十五議会参考書』。横内正雄［1987］167－169ページ。野地清［1981］28ページ。

第5章　日露戦争以後の正貨維持吸収政策と在外正貨

　日本銀行所有正貨統計においては、海外正貨準備外運用として1910年4月以降に公債への運用が登場する[488]。この公債も日本公債であろう[489]。

　政府在外正貨の固定的運用の中に特別運用金があった。それは日本の外貨公債への運用であった。1913年1月末にその残高は額面289万6210ポンド（買持代価287万9268ポンド）であった[490]。

　1914年（大正3）年1月28日、衆議院予算委員総会において町田忠治は、在外正貨の中にこれを売って現金化しようとすれば日本の公債が暴落するような性質のものが入っていないかと質問している。これに対して高橋是清大蔵大臣は、在外正貨として日本の外国公債を保有しているが、これはこの公債の市価を維持するために買い取ったのであると答弁している[491]。日本公債の国際信用を維持するために、日本外債への資金運用が行われたのである。

　政府は、自ら発行した外貨公債を損失が出ない範囲内において売ることができ、最初の頃はこの売却によって利益をあげることができた。その後、公債募集を行うために保有在外日本公債を売却することができなくなり、一時4000万円以上これを保有するようになった。政府は市場を害さないように日本外債を売却するように努め、1913年末頃にはその額は約2000万円となっている[492]。

3　在外正貨資金運用の問題点

　在外正貨の資金運用は、次のような問題点を有していた。第1に、その収益性を求めての運用は、通貨当局が在外正貨の内地への回収に消極的になるという結果をもたらした。日本銀行が準備正貨を内地に回送するときは運用上の利益を失うだけでなく金現送費をも負担しなければならなかった。同行は在外正

---

488)　1910年4月、12月におけるその所有額は486万円である。「正貨運用別月別明細表」『勝田家文書』第48冊第10号。「正貨ニ関スル参考書」『第二十八議会参考書』。
489)　日本銀行は1914年5月30日に準備外正貨として本邦各種公債24万8000ポンドを保有している（「内外正貨現在高一覧表」（1914年5月30日現在）『勝田家文書』第48冊所載）。
490)　その内訳は、代価で表示すれば、第一回四分利付英貨公債73万3484ポンド、第二回四分利付英貨公債9万6288ポンド、第三回四分利付英貨公債132万9504ポンド、第一回四分半利付英貨公債9万9433ポンド、南満州鉄道第四回社債52万9145ポンド、第二回東京市債9万1412ポンドとなっていた（『正貨吸収二十五策』丙の14ページ）。
491)　『銀行通信録』第57巻第341号、1914年3月20日、326ページ。
492)　同上。

481

貨の日本への金現送による取寄せにも配意しており、1908年〜1909年、1912年に国内金準備は増大している。同行は1913年末に1億2995万円の在内正貨（金）を有していた。また若槻蔵相は対外決済のための在外正貨保有に意義を認めていたのであり、同行が正貨回収に「冷淡」であったというのは言い過ぎであろう[493]。だが、在外正貨の内地回収に必ずしも積極的ではなかったことも確かであり、1906年以降1912年までの7年間に在外正貨の正貨準備繰入れは3億916万円に達したが、内地正貨回収額は1000万1000余ポンド（約9700万円）内外にとどまっていた[494]。日銀の正貨準備は日本銀行券の信認の根本的基礎をなす内地金準備の保有を必ずしも意味するものとはならなくなった[495]。

第2に、日本の在外正貨所有の源泉は外債募集という借金であり、それは外債利払いを伴うものであった。在外正貨収支だけでなく財政収支全体を考えれば、在外正貨の有利運用が国家にとっての収益の増大になったとは必ずしもいえないのである。また外債募集が困難になれば、在外正貨の資金運用も困難にならざるをえなかった。

第3に、政府所有在外正貨が大蔵省によって政府所有在外資金として広義にとらえられており、この政府所有在外資金は、流動性資金とはいえない資金としても運用されていた。すなわち長期公債への投資や固定的資金運用にも用いられており[496]、たとえば、本邦各種公債購入（国債整理基金による特別運用金所属および預金部所属、1911年3月現在で特別資金・特別運用金4958万円、預金部796万円）、満州不動産資金・大治借款資金・支那大蔵省証券買入元（いずれも正金銀行預け入れ）、台湾砂糖輸出奨励金（台湾銀行預け入れ）、日仏銀行預金預け入れ金としても運用されていた。これらが第1次世界大戦以前の正貨統計総額、あるいは最広義の正貨統計総計に含まれていた。1911年3月には、特別運用金および固定分の政府在外資金運用は8153万円あったのである。長期公債への特別資金運用および固定資金運用を含めた政府在外資金（最広義の政府正貨）

---

493) 大蔵省内作成『正貨吸収二十五策』は「日本銀行ハ正貨準備ノ運用ヨリ生スル兌換銀行券条例上穏当ナラサル利益ノ獲得ニ馴且正貨回収ノ費用ヲ惜ミ在外正貨準備ノ内地回収ニ冷淡ナルコト」を指摘している（乙の10ページ）。
494) 前掲『正貨吸収二十五策』乙の11−12ページ。吉川秀造［1969］146−147ページ。
495) 1913年末において兌換券発行準備中の国内（金）準備は45.5%にとどまっていた。
496) 長期公債への運用は、その売却によって換金化することが可能であったが、価格変動リスクが生じる恐れがあった。また固定運用は換金化が困難であった。

は 2 億933万円であったが、国庫所属可処分正貨(狭義の政府在外正貨)は 1 億2780万円となっていた[497]。明治末期には政府は「固定セル正貨ノ解放」に努めた[498]。それでも第 1 次世界大戦直前に多額の固定的正貨が残存していたのである。『勝田家文書』第48冊所載の「内外正貨現在高一覧表」(1914年 5 月30日)によれば、政府在外正貨総額4497万円中、固定分は1818万円あったから、使用できる政府正貨は差引2680万円となっていた。このほかに政府の特別運用金(公債への運用)が1401万円あった。政府在外資金(最広義の在外正貨)総計は5899万円となっていた[499]。

在外正貨の資金運用はこのような問題点、限界をも有していたのである。

第 9 節　国際関係と正貨

1　在外正貨保有の安全性

日本の正貨保有のあり方は、国際的関係に大きく規定されていた。それでは、日本の正貨はどのような対外的性格を持っていたといえるのであろうか。

周知のように、日本の貨幣制度は在外正貨の保有に依存していた。在外正貨保有の大前提は、この安全性が確保されることである。在外正貨所有はそれが置かれている国の通貨価値変動による減価や戦争による没収の危険性を伴ったが、日本の当局者は、当時は一応、在外正貨を国際金融の中心地に保管することは安全であると考えていた。また、日本は外国の事情に左右される在外正貨に全面的に依存したわけではなく、国内でかなりの正貨を保有していた。

日本の在外正貨は第 1 次大戦前には主としてロンドンにおいて保有されていた。この一因は、ロンドンでの保有が安全であると考えられていたことであ

---

497)「正貨ニ関スル応急擁護策」(1911年 8 月)『勝田家文書』第48冊第 7 号、「本邦正貨ノ将来ニ就テ」(1912年 9 月16日調)『勝田家文書』第48冊第 3 号、野地清[1981] 38−39ページ。『正貨吸収二十五策』丙の13ページ。
498) 野地清[1981] 38−39ページ。
499) 1913年末に政府正貨(在外正貨)6172万円のうち固定額は2013万円あったから、差引使用できる政府正貨は4158万円(英貨1444万円、米貨185万円、仏貨2108万円、独貨421万円)となっていた。この政府在外正貨以外に政府特別運用金が2927万円あった(大蔵省所蔵:大蔵省理財局国庫課「正貨ニ関スル参考書」(1914年 1 月調)『第三十一議会参考書』)。1914年 6 月30日に政府正貨3961万円中固定分は1818万円あった。このほか当面使用できない特別運用金が1457万円あった。

る[500]）。ポンドは確定された金量と交換され、その価値が安定しており、国際通貨として信認（国際的信認）されていた。また通貨当局はその信認（credibility：クレディビリティ）を維持する責任を国際的に負っていた。

　敵対国において保有することは在外正貨の回収を困難にする可能性がある。もちろん、国際政治関係が必ずしも経済関係に直接的影響を与えるわけではなく、日英の外交関係の変化が在外正貨の保有状態に反映されていることを示す具体的兆候は、日露戦後の時期には見出せない。だが日英の協調関係が進展し、ことに1902年に日英同盟が成立したことは、戦争の場合に在外正貨が没収される危険性を減少させ、ロンドンにおける在外正貨保有の安全性をさらに強固なものにしていたと考えてよいのではなかろうか。この問題についての服部文四郎の次の指摘は重要であると考えられる。

　　在外資金は戦争其他事変の場合に敵国に占領、若くは没収せらるゝの恐あり。又縦令没収せられず共、その没収を防ぐが為めに、事変の爆発する其の前に、至急に電報若くは其他の手段により、其の預金を引出すか、或はこれが預け代へをなさなければならぬ。然るに何分右の如き場合は外交関係、極度に緊張しつゝある時なれば、直ちに其の国の態度、政略を推了せらるゝの憂あり、又之を預りつゝある銀行は直ちに其のことを自国政府に密告すべきを以て、何等かの手段方法により、終には預金までも没収せらるゝに至るの恐がある。之れ一の心配である。蓋し如何にも在外資金が政府勘定の下に於いて外国銀行の預金となり、其の外国と戦端を開くと云ふが如き不幸に際会せば、右の如き危険は慥（たし）かに存在するものである。併し在外資金が中央銀行の勘定となり、其の中央銀行は多くの場合に於けるが如く、普通の株式会社なるときは、私人の財産は之を犯すこと能はざるが、国際公法上の原則なれば、其の預金は没収せらるゝ憂はない。而して在外資金は既に述べたるが如く之は中央銀行の勘定となすべきものである。併し中央銀行にも露西亜、瑞典のそれの如く官立なるものがある。斯る中央銀行は政府の一部局に過ぎざれば、斯る銀行の外国預金は没収せらるゝも致し方がない。但し其の孰れに

500）　齊藤壽彦［1981b］17－18、20－21、33、47ページ。

第5章　日露戦争以後の正貨維持吸収政策と在外正貨

せよ、自国と干戈相見えざるべからざる恐ある国の金融市場に預金を有するは、之れ必ずしも万全の策ではない。之れは宜しく関係最も親密なる国に預金し、更らに尚ほ他国に支払をなさゞるべからざるが如きこと之あらば、その銀行の支店若くはコルレスの関係ある取引銀行を通じて之をなすを以て安全とする。之れ我国が其の同盟国たる英国の倫敦に、露国が同じく其の同盟国たる仏国の巴里に、其の在外資金を置く所以である501)。

時期はかなり後になるが、日本銀行の深井英五は『通貨調節論』の中で在外正貨の弱点の1つとして「戦争の如き事変の発生するときは、……之を回収し得ずして、在外正貨保有国の損失に帰するかもしれぬ」ことを挙げている502)。日露戦後の時期においてもこのことが通貨当局者によって認識されていたのではなかろうか。多額の在外正貨がロンドンに保有されたのも、日本と同盟関係にあるイギリスに保有することがその回収上問題ないと考えられたことによるところが大きいのである。

しかし実際には、1937年の日中戦争開始後、日英関係は著しく悪化し、1941年7月にイギリスは日本の在外資産を敵国資産として凍結する資産凍結令を公布・施行した503)。1942年3月にはイングランド銀行にある日本銀行の勘定を敵国資産管理（Custodian of Enemy Property）に移している504)。このような事態に立ち至っては在外正貨の保有は不可能であった。

なお、日英同盟が間接的に日本の外資導入を容易化し、これが一因となって日本はロンドンに多額の在外正貨を所有するようになったことも指摘しておきたい505)。日本の在外正貨保有は単なる金融技術的な所産にとどまるものではなかった506)。

---

501)　服部文四郎『戦争と外資』冨山房、1915年、164-166ページ。送り仮名は原文のまま。
502)　深井英五［1928］366ページ。
503)　原朗［1972a］63ページ。
504)　イングランド銀行所蔵資料：Bank of England Archives, C44/162 1920-1959、The Bank of Japan, in the file of Overseas Central Banks' Accounts with the Bank.
505)　デ・チェッコは、日本が世界有数のポンド残高を保有するに至った背景として、日英同盟条約を挙げている。彼は日本の在外資金を政治的に動機づけられた預金とみなしている（Marcello de Cecco［1974］p. 105. マルチェロ・デ・チェッコ著、山本有造訳［2000］114-115ページ）。
506)　島崎久彌［1983］117ページ。

2 戦争準備金としての在内正貨（金）の保有

　一方、日本の金本位制のもとで、金は在内正貨として国内でも保有されていた。この一因は対立を孕む国際情勢のもとで、金が戦争準備金としての役割を持っていたことである[507]。

　中央銀行の正貨が戦争準備金としての性格を持っていたことは次の事例からも明らかである。ドイツ帝国は1億2000万マルクの金貨をスパンダウの城砦に貯蓄していた。1913年にはこれを3倍にする計画に着手した。1897年にフランス銀行の特権継続問題が起こると、フランス銀行は普仏戦争（1870～71年）のときのように、いつでもその正貨と信用を祖国の防衛に利用すべきことを政府に約束した。イタリア銀行は正貨準備の最低限を3億リラと定め、この金額の正貨は政府が監視するものであり、戦時に際し政府はただちにこれを借り入れることができた[508]。

　第28回帝国議会の明治45年度予算案討議の際に、後に大蔵大臣となった衆議院議員武富時敏は次のように演説している。「正貨準備と申すものは啻に兌換制度の基礎たるのみならず、一朝国家事あるに当っては、即ち是が軍用の準備になるのである、若し国家緩急事あれば即ち陸海軍の兵力を動かすものは此正貨である……海外に紙幣を以て陸海軍を動かすことは出来ない、そこで此正貨準備の基礎が危くなって所謂正貨なるものが大欠乏を来たした日には、兌換制度は崩れて不換紙幣となって、経済界の混乱名状すべからざる有様に陥ると云ふことは無論の事であるが、尚其上に正貨が欠乏したならば、若し国家事ありと雖も百万の陸軍も六十万噸の海軍も何の用もなさない、それ故に此正貨準備の基礎を危くするのは啻に兌換制度の基礎を乱すのみならず、又延いて国家の存立に危害を及ぼすものと断じて宣しいのである」[509]。武富の指摘は日本の正貨準備の軍事的性格をよくついている。また、第1次世界大戦期に国際収支が大幅な黒字であったにもかかわらず日本が金輸出を禁止した最大の理由は「世界大戦の戦局混沌、ロシア革命などで世界をあげて大不安裡にあり、……わが

507）　齊藤壽彦［1981］36－37ページ。
508）　山崎覚次郎［1920］384－385ページ。
509）　武富時敏「大蔵大臣財政回顧録」渋谷作助『武富時敏』、「武富時敏」刊行会［1934］附録、191ページ。武富時敏は1915年8月から1916年10月にかけて大蔵大臣を勤めた。

国も将来の有事に備えるために金の輸出禁止」が必要であると考えられたからである[510]。

在内正貨の保有は在外正貨の弱点が認識されていたことを示すものである。

3 国際政治と日本の外債募集

明治初期の日本の外債は植民地的条件をつけられていた。明治政府は、外債募集の危険性を認識し、外資排除の方針を採用した。外債募集が増大するのは、日本の力がある程度ついて金本位制が確立するようになる1897年以降からであり、外債募集が本格化するのは日露戦争以降のことである。

日本は日露戦争以後、欧米金融市場で多額の公債を募集した。これに国際政治が直接かかわっていたとは必ずしもいえない。日英同盟の成立にもかかわらず、イギリス政府が日本の起債を直接援助するということはなかったのである。

日露戦争は英米における日本外債の発行なしでは続行が不可能に近かった。日本政府は、開戦前の1903年10月頃から、イギリスでの起債に関して在英林権助公使を通じて英国サミュエル商会と1000万円の起債引受交渉を行った。同商会は、もしもイギリス政府が日本の起債を保証するならば、これに応ずるとの意向を示した。ランスダウン外相は、同商会関係者に、もしも日本政府からの申し出があれば、この保証に関して熱心に考慮すると内話した。小村外相は1904年1月1日に林公使を通じてイギリス政府に財政上の援助を要請した。しかしランスダウン外相は「英国政府は日本の位置に全幅の同情を有するのではあるが、此の際日本の希望に応じることが出来ない。何となれば政府の最近収税期に於ける収入は予算額より三百万磅も少なく、南阿事件臨時費の巨額なること並に陸軍省の経費窮乏に鑑み英政府は自らの為に公債を起さざるを得ない状態にあるからである」と回答した。ランスダウン外相は、結局、イギリス政府の財政難を理由に、イギリス政府の日本外債保証を拒否したのである。林公使はイギリス政府の再考を促したけれども、1月4日にイギリスの出納尚書は「ロンドン市場は曩[さき]に南阿戦争中巨額の借上を為したるため己に政府債権の多

---

510) 小野一一郎 [1966] 20-21ページ。

第3編　日露戦争以後の金本位制維持政策

大に苦しんでゐる状態なので今は新公債を起すに好時機ではない。是が故に英政府も成るべく自国の借入高を制限せんと欲して曩に議会より政府に附与された権能も充分に執行してゐない程である」と述べた。かくして、日本政府はイギリス政府保証による起債を断念したのであった[511]。

　明治末期から昭和初期にかけて欧米における日本公債の発行交渉に従事した大蔵省の森賢吾海外駐箚財務官の1924（大正13）年におけるスピーチによれば、取引の基礎は日英同盟ではなくて森とイギリスの金融業者との友情であったと述べている。彼らはいかなる財政金融上の提案においてもダウニング街（首相官邸などがある）からの援助を求めて外務省に出かけることはなかったし、助力を求めて大蔵省に出かけることもなかったという。イギリス政府は日本外債募集に関与しようとはしなかった。募集交渉はあくまでも経済取引として進められた。金融同盟こそが彼らにとっても最も重要なものとみなされた[512]。

　また日露戦争以後のイギリスにおける日本外債の発行者や応募者が、日英同盟関係の維持・強化のために日本への投資を意識的に行ったということを示す資料はない。とはいえ、満州事変以降、第2次大戦の終結に至るまで、日本政府や日本の都市による新たな外債がまったく発行されておらず、この理由が1931年の金輸出再禁止に伴う為替相場の崩落などとともに日英関係の悪化にあったことを考えるならば[513]、日露戦争以後に日本が多額の外債を募集することができた条件として、日英関係が良好で日英同盟すら存在しており、日本外債募集が政治的批判を受けなかったことを指摘せざるをえない。公募発行される外債は、相対取引として行われる銀行貸出と異なり、一般の大衆や産業資本家の目に触れ、外交的経済的対立が対立国への批判を招きやすく、それによって制約される可能性が強いのである。

　1927年に森が退任した後の海外駐箚財務官に就任した津島寿一によれば、1923年に400万ポンドの満鉄英貨社債（第5回）を発行した後、日本の対満支政策に対して、英国は消極的な態度に傾いた。昭和時代に入り、津島は、政府の命令および満鉄の依頼により満鉄社債の新規発行について努力したのであっ

511）　外務省編『小村外交史』［1953, 1966］、407－409ページ。
512）　津島寿一［1963］附録、16－17ページ。
513）　堀江保蔵［1950］172ページ。

たが、成立間際になって英国政府側から内面的に故障が出て、実現することができなかった。津島は「明治大正と昭和の両時代を対比して、国際外交という歴史の波が金融所作に大きな変動を与えたということを回想せざるをえないのである」と述べている[514]。外資導入における外交関係の重要性はこのことからも類推できるのである。

日露戦争前のロンドン市場における日本公債の相場は、ロシアのそれに比してはるかに低かった。日露戦争の戦費調達のための第一回、第二回六分利付英貨公債発行においては、関税収入が担保となり、表定利率6％、政府手取り金はそれぞれ100につき90.00、86.15となっており、発行条件は日本にとって劣悪であった[515]。1905年1月の旅順陥落を契機として、ロンドンにおける日本公債の地位は急速に上昇し、その相場は大幅に上昇した[516]。戦争が日本にとって有利となるごとに公債募集も成功しやすくなったことは事実であった。そこで阪谷大蔵次官によれば、日本は日本陸海軍の勝利ごとに公債を按排しつつ、この募集に努めた[517]。日本外債の発行条件も、第三回、第四回日露戦争外債において好転した（表定利率4.5％）。一方、フランスの金融業者は、ロシア軍の満州における形成がしだいに不利に傾くとみるや、突然ロシア公債発行の引受けを無期限に延期し、その後ついに本交渉の打ち切りを宣言してしまった[518]。このように戦争の推移が外債発行に大きな影響を与えていたのである。

高橋誠氏は、日英同盟は、その本質からみれば日本をイギリスの「極東における番犬」たらしめ、それによって、とくにロシアを牽制して、イギリスのインド、中国における地位の安定を図ろうとするものであった、そしてイギリスの積極的な日本投資は、この政治的な基本線に由来するものであった、と述べられている[519]。同氏はこの論拠を具体的に示されていないが、日本側は確かに日英同盟を外債募集のために利用しようとした。1901年12月に日英同盟の基

---

514) 津島寿一［1963］343ページ。
515) 日露戦争外債の発行条件については、外務省編『小村外交史』［1953］413ページ、大蔵省編『明治大正財政史』第12巻を参照。高橋誠［1964］では政府手取金は両者とも86.75となっている（同書、200ページ）。
516) 黒羽茂［1958］210、214ページ。
517) 谷壽夫『機密日露戦史』原書房、1966年、621ページ。
518) 黒羽茂、前掲『日露戦争と明石工作』52ページ。
519) 高橋誠［1964］202-203ページ。

第3編　日露戦争以後の金本位制維持政策

本方針の最終的決定を行うために元老会議が開催された。小村外相はこの会議に意見書を提出し、元老会議は小村の主張を認めて日英同盟締結方針を決定した。この小村の意見書の中には、日英同盟によって日本がイギリス官民から財政上の便益を得ることができるということが述べられていた[520]。1903年12月31日に小村外相は林公使に対し、「英政府ニ於テ開戦ニ至ラサル内ニ財政上ノ援助ヲ日本ニ与ヘラルルコトヲ得ハ日本政府ノ位置ハ孰レノ方面ニ於テモ安固ナルヘシ……若シ日本ニシテ勝利ヲ得ン乎日本ノ尽力ノ成果ハ満州ト商業上ノ関係ヲ有スル列強一般ノ均シク享受スヘキ所」なりと訓示した。小村は満州市場の開放を好餌としてイギリス政府の財政的援助を求めたのである[521]。

1902年1月30日に締結された日英同盟協約をロンドン市場は好感し、1897年にポンド建てとして裏書されて売却された5％国債の利回りは、1910年末の4.96％から1902年5月末の4.73％へと低下し、リスク・プレミアムを示すコンソル公債利回りとのスプレッドは1.86％（186ベーシス・ポイント）に縮小した。この機会をとらえて、日本政府は1902年10月初に、預金部が引き受けた1955～56年償還の5％国債5000万円を再びロンドン市場に売却した。その条件が好条件であったこともあるが、応募は売出予定額の2倍近くに達したという[522]。日英同盟の締結は確かに日本の外債発行に有利な環境を提供したといえるのである。

日英同盟のもとで、日本が同盟国であるという投資家の観念がロンドンにおける日露戦争外債募集成功の一因をなしていた。このことが第一回六分利付英貨公債発行当時の海外の新聞（『フィナンシャルタイムズ』など）で認められていた[523]。

ただし、日露戦争外債募集に対してイギリス政府がとくに斡旋した事実は認められない。すでに述べたとおり、イギリス政府は財政難に直面していた[524]。また、イギリス皇室はロシア皇室とは近しい関係にあること、また日露戦争は白色人種と黄色人種との戦争であったことから、イギリス一国が日本を援助す

---

520)　大畑篤四郎、前掲書、72ページ。
521)　外務省編『小村外交史』［1953］408－409ページ。
522)　富田俊基［2006］266ページ。
523)　『明治大正財政史』第12巻、75－76ページ。
524)　外務省編『小村外交史』［1953］409ページ。鹿島守之助［1957］277－278ページ。

第 5 章　日露戦争以後の正貨維持吸収政策と在外正貨

ることには心苦しい気分があった。アメリカが日露戦争外債に参加することになると、イギリスの対日投資が容易となった。ランスダウン外相はアメリカの参加のことを聞いて一方ならず喜んだ。イギリス国王エドワード 7 世は、クーン・ローブ商会の首席代表者シフを午餐に招待し、シフ氏が日本公債の発行に参加したことを非常に満足に思うという旨の謝辞を述べたという[525]。日英同盟を背景としての、日露戦争外債発行に関するイギリス政府、皇室の好意的態度は[526]、間接的ではあるが、日本英貨外債発行を経済取引として行いやすくしたと考えられるのである。

アメリカのクーン・ローブ商会が第 1 回日露戦争外債募集予定額1000万ポンドの半額を引き受けた理由については、クーン・ローブ商会系のハリマンの動きから推定して、多分満州に対する経済的関心から出た措置であろうとするもの、あるいはロシア政府のユダヤ人圧迫に対するユダヤ人シフの強い怒りから出たとするもの、そしてまた当時の国際情勢から判断したシフの明敏な行動に基づくと考えるものなど、さまざまな解釈が行われている。しかし、シフの個人的動機がどうであるにせよ、もしアメリカ政府の日本に対する好意と支持が背景になかったならば、おそらくニューヨークの金融業者といえども日本公債の引受けに乗り出すことは困難であったであろう[527]。

ドイツの銀行家は1905年 3 月の第一回四分半利付英貨公債の発行に参加を希望するようになった。この背景には、日本の信用が著しく改善されたこととともに、ドイツの国際的孤立化からの脱却という狙いがあった[528]。

1905年夏、日本は 3 億円の外債の起債を計画した。シフは 1 億円を引き受けたが、日本政府は同年 3 月に 3 億円の外債を募集したばかりであり、それ以上の発行は困難であった。ちょうどハンブルグでは、ヨットの競技会が開かれる頃であり、ドイツ皇帝や銀行家がやって来た。シフの親戚であるハンブルグの銀行家（ヴァールブルク）は、高橋是清の電報を携えて協議した。一同は初めは日本国債引受けに躊躇した。しかしドイツ皇帝側から「やってやれ」という鶴の一声があり、 1 億円がたちどころに引き受けられることになった[529]。ロ

---

525)　高橋是清『高橋是清自伝』（下）［1976］200、205ページ。
526)　鹿島守之助［1957］272ページ。
527)　黒羽茂、前掲『日露戦争と明石工作』57ページ。蒲池敬［1959］333－334ページ、田畑則重［2005］24－50ページ、二村宮國［2006］ 1－23ページ、なども参照されたい。

491

ンドンでも結局1億円が発行された。このような外債発行の経過をみるとき、ロシアを極東に固着させる政策からさらに進んで日露戦争の開始を促進したドイツ皇帝が日本外債発行を推奨したことが、ドイツにおける日本外債発行の一要因となったことが注目されるのである[530]。

1905年11月やその後においても、日本政府は英仏などで外債を募集した。黒羽茂氏は、これが可能となったことに関して、1905年8月における日英同盟の更新や、その前年における英仏協商の妥結によって生じた国際関係の緊密化が、間接的に大きな役割を果たしていたと述べられている[531]。

イギリスとは異なり、フランス政府は外債発行に直接関与した。日露戦争講和前にロシア政府は内国債を発行したけれども、その結果が十分でなかった。

[528] 『スタチスト』(*The Statist*) 1905年3月25日号は、日本の信用（credit）が著しく改善されたこと、戦争終結後には日本の信用はさらに改善されて遂に年4分の利率で日本が借りることができるようになるであろう、日本の信用が大いに増進したことは今回の発行への参加に対してドイツが熱心であったことを見ても明らかである、と述べている（1905年4月5日付の高橋是清の松尾臣善宛書簡によれば、この雑誌記事の翻訳文を同封）。1905年3月17日にドイツ帝国宰相ビューローは、帝国議会において日本政府のドイツにおける公債募集を妨害しないと述べた（K. Helfferich, Das Geld im russisch-japanischen Kriege, S. 158．ヘルフェリッヒ『日露之戦資』224-225ページ）。ドイツは日露戦後「フランスがロシアを伴い、イギリスが日本を伴って」(Gelber [1938] p. 170) できる四国同盟を恐れて、この四国による中国分割の危険を強調しながらアメリカに接近を試みたが、これが成功しなかったので、まず日本への参加を試みたと考えられる（蒲池敬［1972］339ページ）。イギリスの有力な金融業者アーネスト・カッセルは、1905年7月3日に高橋是清を訪れ、ドイツが政治上の孤立化の傾向を脱することを求めており、ドイツが日本外債の一部を引き受けることは「財政上ニ於テハ決シテ孤立ノ地ニアラザルコトヲ立証スル事」になるとしてこれを喜ぶと伝え、1905年7月11日に再び高橋是清を訪れ、ドイツが第二回四分半利付外債発行に参加するに至ったことについて、「今般独逸ガ仲間入ヲ為シタルニ付イテハ自分ガ曩キニ英米ノ間ニ求メシモノヲ一層独逸ニマデ拡ゲ得タル事ニ相成リ中心欣悦ニ堪ヘズ」と述べている（高橋是清の井上馨宛書簡、1905年7月11日付）。
[529] 高橋是清『高橋是清自伝』（下）［1976］248ページ。谷善夫［1966］620ページ。
[530] 一方、ウォーバーグから確実な情報を得たとして、高橋是清日本銀行副総裁は1905年8月11日に次のように記している。ドイツ皇帝が戦争継続をロシア皇帝に勧告したという説はまったく誤りである。交戦の経過によってロシアがとうてい戦争に勝利を得る望みがないのを認めるに至って、ドイツ皇帝は長文の手紙をロシア皇帝に送り、講和を勧告した。ドイツ皇帝がロシア皇帝とともに心配した点は講和の条件であった。もしも講和条件があまりにロシアにとって不満足であるならば、ロシアの民心はロシアの帝室を離れ、「露国ノ帝室ヲ危殆ナラシメル」だけでなく、これはドイツの帝室にとっても由々しき大事であった。なぜならば、ドイツの政体は皇帝の専制に等しく、ドイツの国情はロシアに近く、ロシアの帝権が失墜すれば、ドイツの帝室もその影響を受けざるをえなかったからである、と。このような点からすると、ドイツ皇帝が日本の外債の発行を抑制する可能性も実際には存在していたに違いない（高橋是清、松尾日本銀行総裁宛書簡、1905年8月11日付）。
[531] 黒羽茂［1968］210ページ。

第5章　日露戦争以後の正貨維持吸収政策と在外正貨

このため、1905年7月頃にその半額をフランスにおいて募集しようとして資本家と相談したが、当時の総理大臣兼大蔵大臣ルーヴィエ（Maurice Rouvier）はこれを拒否した。そして、講和前にロシアに資金を貸さない方針を堅持した[532]。フランスは露仏同盟を結んでいたが、高橋是清とフランス大蔵大臣ルーヴィエの代理人ヴェルヌイユ（パリ株式取引所仲買委員長）との談話の中にみられるように、フランス政府は1905年3月頃、すでに対日接近の意図を有しており、同月末にはその実現に向かって最初の手を打った。フランス側は、日露の講和を望み、日本が賠償金を受け取る代わりに戦争終了後にパリで日本公債を募集するよう高橋に進言した[533]。フランス側が提案した日本公債のパリ市場における起債については、上記の日仏代表の話し合いのとおり、日露戦争の終了とともに実行に移された。

1907年の日仏協約の締結については、日本側にとっては、当時における困難な国家財政を切り抜ける手段として外債の募集を行うという狙いがあったといわれている[534]。また高橋誠氏は、日本に対する欧米の資本輸出は投資収益の獲得や商品輸出促進のために行われただけでなく、日本を通じてイギリス、ア

---

532)　高橋是清、前掲松尾総裁宛書簡、1905年8月11日付。ロシアは1904年5月にパリ、1905年1月にベルリンで、日本よりも好条件で外債を発行していた（蒲池敬［1972］346-349ページ）。だが、日露戦争期のロシアでは、財政は、日本ほど深刻な債務超過ではなかったにせよ、多額の赤字を抱えていた。また、1905年1月9日（ロシア暦）の「血の日曜日」事件を発端として第1次ロシア革命が勃発し、同年には国内で争乱が継続することとなった（中山弘正『帝政ロシアと外国資本』岩波書店、1988年、206-208ページ、ヘルフェリッヒ『日露之戦資』328-341ページ）。さらに、1905年1月1日に旅順が陥落し3月10日に奉天が占領されるなど、ロシアは戦況が悪化していった。かくして、ロシア外債発行は日本のそれよりも不利な状況となった（中山弘正、上掲書、210-212ページ）。そして、1905年3月頃に日本勝利の見通しが立つようになると、フランスは、ロシアに対して、講和締結後でなければ戦債募集に応じないという態度を示している（蒲池敬［1972］342、349ページ）。上記の高橋の書簡によれば、1905年8月3日にウォーバーグは、ロンドンの高橋是清を訪ね、ドイツ皇帝ヴィルヘルム2世が日露講和を希望していると伝えるとともに、「独仏両国トモ平和前ニハ最早露国ニ金ヲ貸サザルコト明ニシテ内国債モ殆ンド見込ナク　過般露国政府ガ内国債ヲ発行シテ其結果充分ナラザリシ為メ其半額ヲ仏国ニ於テ募集セント欲シ資本家ニ相談シタルモ当時総理大臣兼大蔵大臣『ルーヴィエー』氏ハ断然之レヲ排斥シタリ　而シテ戦争中露国ニ金ヲ貸サザルノ方針ハ同氏ノ今日尚ホ固ク執ル所ナリ」（スペースは齊藤）との所見を高橋に明らかにしている。

　なお、外交と国際金融との関係についてはHerbert Feis, *Europe the World's Banker 1870-1914*, London and New Haven, 1930, reprinted, 1964（ハーバート・ファイス著、柴田匡平訳『帝国主義外交と国際金融　1870-1914』筑摩書房、1992年）などを参照されたい。

533)　高橋是清『高橋是清自伝』（下）［1976］274-276ページ。
534)　黒羽茂［1962］189ページ。

メリカ、フランスなどがアジア市場への支配を行うためのものであったということを指摘されている[535]。確かに、フランスの日本への投資は、その極東への進出と結びついていた。たとえば、1907年に日本が五分利付英貨公債をパリで募集した際、フランス政府は、その募集仲介の条件として、南中国における鉄道借款を成立させることについて清国政府に強力に圧力をかけることを日本政府に要求している[536]。

1913年に高橋是清大蔵大臣が正貨危機対策として産業貿易の発達を図り、輸入超過を輸出超過に転換するとともに外資の輸入を行うべきと主張したときには、この外債はフランス市場に仰ぐべきであるとされていた。これは単に経済的理由から立論されていたのではなく、「外交上極メテ緊要ノコト」と信じられていたからである。外交上、日本とロシアとの関係は常に暗雲におおわれていた。東洋、とくに中国における危機がいつ勃発するかわからなかった。日露両国間に戦争が起こらないようにするためには、「露国ノ同盟国タル仏国ト帝国トノ間ニ密接ナル財的関係ヲ作リ置クノ必要アルヘシ斯クスルトキハ同国ハ常ニ日露ノ間ニ介在シテ長ヘニ平和ヲ維持スルヲ得ヘシ」と高橋是清は信じていたのである[537]。

1912年に設立された「日仏銀行」の設立理由は、日本興業銀行総裁として日露戦争後の外債導入にあたった添田壽一によれば、東洋への投資は日本の手を経ることが最も安全であるとフランスの資本家が考えたことであった。同行は日仏合弁の対清投資機関であり、その実質は、フランス資本の対中国投資の仲介機関であった。このフランス資本の日本への導入はもちろん日仏両国の経済関係上の意義を有していた。と同時に、債権国フランスは「国際的平和の維持」を求めており、日仏銀行は単に経済上、商業上のものとみることはできず、「国際的平和の維持に就て大に考量を要する機関」であった。ここにいう「国際的平和の維持」とは後述のように中国の民族運動を抑えることであろう[538]。

---

535) 高橋誠［1964］203ページ。
536) 同上書、204ページ。
537) 財務省財政史関係保存文書：大蔵大臣高橋是清「正貨ノ収支ニ関スル方針」『勝田家文書』第48冊第5号。
538) 高橋誠［1964］203ページ。添田壽一「日仏銀行の設立並に支那六国借款に就て」『東京経済雑誌』第1680号、1913年1月11日、10－11ページ。日仏銀行については波形昭一［1985］285－297ページ、平智之［1986］38－43ページ、参照。

第5章　日露戦争以後の正貨維持吸収政策と在外正貨

　高橋誠氏はアメリカの日本への投資も、アジア市場への間接的な支配を行うという狙いがあったと述べられている[539]。だが、これを論証する資料は必ずしも明らかではない。

　上述のように、イギリス政府が直接的には外債募集に関与しなかったから国際関係を対外金融に直結させることは慎まなければならないが、日本が外債を募集できた背景には国際的政治関係があったことは認められるのである[540]。

　多額の外債募集が可能であり、かつそれが植民地的条件を免れたのは、日本の経済的発展や鈴木俊夫氏が指摘されたように資金運用先を求めるイギリスの投資家が日本への証券投資を利益あるものと考えていたことが大きいであろうが[541]、日本の戦争勝利の動きや日本の当事者が列強の対外投資競争をたくみに利用した事実とともに、列強が日本をアジア支配の手先として使おうとしたことにもよると考えられる[542]。列強にとって日本は絶好の商品・資本輸出市場であったと同時に、極東における日本の軍事的優位を利用して、日本を通じて間接的にアジア市場への支配を行うことができ、このことが列強の日本への投資を促進させたともいえよう[543]。

　これらのために、外債に依存した在外正貨保有にもかかわらず列強への従属を強制されずにすんだといえるのである。

---

539)　高橋誠［1964］203ページ。
540)　日露戦時・戦後における外債募集の国際的位置づけについては、林健久［1968］も参照されたい。
541)　Suzuki Toshio［1994］.
542)　高橋誠［1964］195－203ページ。
543)　同上。

第3編　日露戦争以後の金本位制維持政策

補論　東アジアをめぐる国際政治関係

1　日清戦争後から日露戦争直前にかけての国際政治関係

　日本は国内に金を兌換準備金、戦争準備金として保有する一方で、国際金融の中心地に在外正貨を保有していた。このような正貨保有は国際関係、とくに国際政治関係に大きく規定されていた。日本の正貨の特質を明らかにする前提として、東アジアをめぐる国際関係をまず考察しておきたい。

　日清戦争後に日本資本主義は大きく発展したが、日本の国際的地位は依然として低かった。パリ在住のブロウィッツは、1902（明治35）年に、欧米巡遊中の松方正義に向かって、外国人が日本を称賛するのは子供扱いにしているからであって、喜んではいけない、ほんとうに日本が偉くなればそう楽にはいかないと述べている。大蔵大臣、総理大臣の経験のある松方正義もこれを肯定せざるをえなかった[544]。

　19世紀末以降、世界は帝国主義段階に移行していった。列強は植民地を求めて東アジアにも進出し、東アジアにおいて列強間の植民地獲得競争が展開された[545]。日本は日清戦争の勝利によって巨額の賠償金を得るとともに台湾を植民地として獲得した。西欧列強は日清戦争後に中国に対して長期投資を行うとともに、中国から租借地、鉄道敷設権を得て勢力範囲を拡大した。中国は英・米・仏・露・独・日の支配の脅威を受けたのである。

　日清戦争後、日本は露・独・仏の3国干渉によって遼東半島を放棄せざるをえなかった。日本の中国支配政策は列強によって制約されるという側面も有していた。これ以後、「臥薪嘗胆」が日本の国民的スローガンとなった。日清戦争後、とくにロシアが韓国、満州に進出してきたため、日本はこれらの地域における権益を守る必要に迫られた。こうして、日本は日露戦争を準備するに至り、このために軍備を拡張した。日清戦争から日露戦争に至る10年間の陸海軍の充実はめざましかった。列強に対抗しつつ朝鮮・満州を支配しようとしたことが、日本の軍備拡張を惹起したのである[546]。

　1900年、中国において義和団事件（北清事変）が勃発した。日本はイギリスの要求に基づき、列強との協調のもとに出兵した。8カ国の連合軍が出兵したが、日本軍

---

[544]　深井英五［1941］61ページ。この記述については田中生夫教授の示唆を受けた。
[545]　第1次大戦前の国際関係については、田中直吉『改訂　世界外交史』有信堂、1959年、『岩波講座　世界歴史』第22巻、近代9、岩波書店、1969年などを、またとくに第1次大戦前の東アジアにおける列強の対立については、木谷勤「第1次世界大戦以前の世界対立」『岩波講座　世界歴史』第23巻、近代10、1969年などを参照されたい。
[546]　藤原彰『日本軍事史』上巻（戦前篇）、日本評論社、1987年、103－106ページ。

第5章　日露戦争以後の正貨維持吸収政策と在外正貨

が実質的に主力部隊となった。列強は植民地分割のために対抗する一方で半植民地中国支配のために協調したわけであり、日本が列強の東アジアにおける民族運動抑圧の憲兵としての力を有し、かつその役割を担うこととなった。連合軍は1901年に義和団議定書を清朝政府に調印させ、賠償金と華北への駐兵権を獲得した。

義和団事件鎮圧後もロシアが満州占領を続けると、英米は日本を先頭に立てて反発した。日本は経済的にはまだ後進国でありながら、アジアに位置するという地理的条件と、いち早く近代化した軍事力の優位を認められて、イギリスの代理人としてロシアに対抗するという役割を与えられることとなる[547]。さらに日英同盟さえも成立するに至った。この過程は次のとおりである。

1902年に日英同盟が成立する以前の日本においては、ロシアの満州支配を認めるかわりに日本の朝鮮支配を認めさせようとする日露協商論が根強く存在していた。

元来、イギリス極東政策の最大の眼目は対中国貿易の進展とその擁護にあり、これに脅威を与える日本にイギリスが接近することは困難であった。日清戦争後に清国が弱体化すると、イギリスにとっては自国権益の安全のために対日圧迫政策を見直す必要が生じた。また1891年に成立した露仏2国同盟の強化とシベリア鉄道完成の予想は、イギリスをして次第に日本へ接近せしめる端緒をつくった。とはいえ、イギリスにとっては、日本との提携には露仏両国を敵に回すことに伴う多くの危険があるなどの問題があった[548]。

このように日英協調路線は容易に確立しなかったが、1901年に至り、駐英ドイツ大使館のエッカルドシュタイン参事官が日・英・独極東3国同盟を提起した。これはドイツ外務省の与り知らぬもので、カイゼル・ウィルヘルム2世の独断的訓令に基づくものである。ドイツ皇帝はドイツの東部国境より押し寄せてくるロシア軍の圧力を排除するために、ロシアを極東に固着させようとする世界政策を有していたと考えられる。この提案が契機となって、ロシアの極東侵略に対抗する日英の共同防衛を図るための日英同盟（The Anglo-Japanese Alliance）が成立したのである[549]。

こうして1902年に日英同盟成立が成立したが、この背景には、政治・外交的事情だけでなく、経済的事情もあった。すなわち、両国は財政上、経済上の困難を抱えていた。日本資本主義は国内市場の狭隘性や国際競争力の弱さなどの脆弱性を有し

---

547) 藤原彰、同上巻、107ページ。
548) 鹿島守之助［1957］第3章。同『日本外交政策の史的考察』鹿島研究所、初版、1938年、第5版、1953年、93ページ。黒羽茂［1968］第1章第1節。同『日英同盟の軌跡』（上）、文化書房博文社、1987年、第1部第1章。
549) 黒羽茂［1962］1－25ページ、同［1968］71－85ページ、同『日露戦争と明石工作』南窓社、1976年、第1章、同『日英同盟の軌跡』（上）第2章。

第3編　日露戦争以後の金本位制維持政策

ていたし、日本の国家財政は窮迫していた。一方、世界の工場としてのイギリスの地位は揺らぎ始めており、またボーア戦争（1899〜1902年）はイギリス経済を圧迫していた。したがって、両国が密接に接近することによって財政困難などの問題を打開しつつアジア権益を防衛する必要があったのである[550]。

締結された第1次日英同盟条約は、締約国の一方が他の1国と戦争する場合、同盟国は中立を守ること、2国以上と戦争をする場合、同盟国は参戦することを定めていた。この成立は日本が対露戦争に踏み切る大きな条件となった。

2　日露戦争期の国際政治関係

1904（明治37）年に朝鮮・満州の支配をめぐってついに日露戦争が開始された。イギリスは日英同盟の規定に従って厳正中立を守り、他の列強がロシア側へ荷担することを抑止した[551]。

ドイツ皇帝は日露戦争を促進していた[552]。そしてハンブルグの金融業者ヴァールブルクから直接話を聞いた高橋是清によれば、ヴァールブルクは彼の親友でドイツ皇帝に近接するハンブルグ・アメリカン・ライン汽船社長から、ドイツ皇帝は日露戦争の始まりにあたり、ロシア皇帝に書を送り、自ら戦地に臨み、軍気を一励するよう勧告したということを確聞している[553]。

日本軍は苦戦の末、遼陽会戦、日本海海戦などに勝利した。だが兵力および補給力上、日本が戦争を継続することには限界があった。そこで日本はアメリカのルーズヴェルト大統領に講和斡旋を内密に依頼した。

日露戦争以前の日米関係は良好であった。自らの国内問題に多忙なアメリカは、日本に政治的支配を及ぼす意図を持っていなかった[554]。またロシアが満州を占領・閉鎖しようとしたのに対して、日本はアメリカの主張する中国門戸解放（1899年、

---

550)　黒羽茂［1968］第1章第7節。1899年に南アフリカに戦雲がみなぎるようになると、南アからのイギリスの金輸入は全く杜絶した。イギリスには軍資金の南アへの輸送、イギリスの対米貿易の入超、高い金利を求めての国内資本流出のおそれによる正貨流出の危険性があった（同書、152−153ページ）。

551)　黒羽茂、前掲『日露戦争と明石工作』46ページ。日露戦争に関する文献は信夫清三郎・中山治一編『日露戦争史の研究』（河出書房新社、初版、1959年、再版、1972年）にみられるように数多いが、最近の英語文献として次のものを参照されたい。Ian Nish, *The Origins of the Russo-Japanese War*, London and New York, 1985.

552)　黒羽茂［1962］22−25ページ。

553)　高橋是清日本銀行副総裁（在ロンドン）の松尾日本銀行総裁宛書簡、1905年8月11日付。

554)　高木八尺編『日米関係の研究』（上）、東京大学出版会、1968年、11ページ。日米関係の概観については細谷千博・本間長世編［1982］を参照。

1900年にヘイ国務長官が提唱)を支持していた。またアメリカの日本に対する友好的態度はセオドア・ルーズヴェルト大統領が対日好感情を持っていたからでもある(この一因は、同大統領がハーヴァード大学以来の親友である金子堅太郎を信頼したことにもあろう)[555]。もちろん、ルーズヴェルトは日本に対する警戒心も有していた。彼は日本が戦争に勝利すればアジアにおいて日米間の競争が激化するであろうことを予測し、アメリカの勢力を維持するための対策を立てていた[556]。だが、太平洋への進出を図るアメリカにとって、ロシアの極東進出を阻止しようとする日本を援助することは望ましかったに違いない。

ルーズヴェルトの斡旋によって講和会議が開かれ、難航の末、1905年9月にポーツマス条約が調印された。日本が強国ロシアを破ることができたのはイギリスの支援によるところが大きかったが、またアメリカの援助に支えられたためでもあった。

ポーツマス条約調印前の1905年7月に日本とアメリカとの間で桂・タフト協定が締結された。これは日本がアメリカのフィリピン統治を承認するとともに、アメリカが韓国に対する日本の優越支配を承認するものであった[557]。これによって日米間の勢力分野の調整が図られた。ここにはアメリカの狙いがよく示されている。

3　日露戦争後の国際政治関係

極東の一島国の日本が大国ロシアを撃破したことは、帝国主義の支配下で苦悩していたアジアの民族主義者たちに大きな光明と期待を抱かせた。彼らの日本に対する期待が日本の帝国主義的発展によって裏切られていくのは、しばらく後のことである[558]。

日英同盟の規定と、1905年5月の日本海海戦におけるバルチック艦隊の破滅によって、イギリスは極東艦隊を本国水域へ集結することが可能となった。事実、イギリスは同年10月に極東艦隊を本国へ召喚したのである。これはドイツ海軍勢力の増強に対抗して、ヨーロッパ水域におけるイギリスの地位と優越を保持しようとするものであった。イギリスは極東水域の制圧権を日本海軍に委ねたのである[559]。

日露戦争以後、日本の国際政治上の役割が大きくなり、ことに日本の朝鮮・満州への進出が国際政治に大きな影響を及ぼすこととなった。日露戦争の勝利によって、

---

555)　石塚正英編『金子堅太郎・回顧録　日露戦争・日米外交秘録』長崎出版、1986年、参照。
556)　黒羽茂、前掲『日露戦争と明石工作』32-35ページ。同『太平洋をめぐる日米抗争史』南窓社、1968年、123-126ページ。
557)　黒羽茂、前掲『太平洋をめぐる日米抗争史』126-131ページ。
558)　大畑篤四郎『日本外交史』成文堂、1986年、82ページ。
559)　黒羽茂 [1962] 104-105ページ。

第 3 編　日露戦争以後の金本位制維持政策

日本は帝政ロシアから南樺太の割譲を受け、朝鮮（韓国）の保護国化、ロシアが清国から租借していた旅順・大連と長春以南の鉄道の権利の譲渡などをロシアに認めさせた。日露戦争以後、日本は朝鮮の保護国化を進め、1910（明治43）年には韓国を併合し、植民地として統治した[560]。日本は朝鮮の経済的支配も強化した。日露戦争後、日本の中国大陸に対する領土・権益・政治的影響力などの拡大を説く主張（大陸発展政策ないし大陸政策）が本格的に開始された[561]。満州では1906年に満鉄や関東都督府が設立され、日本の大陸進出の拠点となった。日本は朝鮮・中国支配のために軍備を拡張した。日露戦争における日本の勝利以後、日本政治における陸海軍部の地位が強まり、これが新たな対外武力進出を準備するものとなった。このような日本の対外的発展は、以下のような国際的条件によって規定されていた。

日本と欧米列強との植民地分割競争は、日露戦争前にすでにみられたように日本の大陸への進出を促進する一面を有していた。日露戦後のロシアは依然として強大であり、きわめて警戒を要する相手であった。ロシアの脅威が存在する以上、軍は軍政を撤廃して満州を開放することに消極的であった。とはいえ、これでは清国は納得せず、また英米の対日批判が一段と強まることは確実であった。しかし、満州をただちに解放すれば、経済力の貧弱な日本は、たちまち大幅な後退を強いられるかもしれなかった。1906年5月に当時の最高実力者を網羅した満州問題に関する協議会が開かれた。この会議は、英米の対日批判に神経をとがらせていた元老伊藤博文の主導によって進められ、軍政を撤廃して満州の開放を急ぐことが決定された[562]。しかしそれは、日本の満州からの後退の承認を意味しなかった。軍に代わって日本の勢力を担う中心組織が必要であった。これが南満州鉄道であった。満鉄の創立はこのような事情のもとに急速に進み出したのである[563]。

1905年にアメリカの鉄道王ハリマンが来日し、世界一周交通路計画の一環として、南満州鉄道の日米共同経営を日本政府首脳に提案した[564]。日本政府はひとまずこれを受け入れ、桂・ハリマン協定を締結した。しかし、アメリカから帰国した小村外

---

560)　日本の朝鮮保護国化過程については森山茂徳『近代日本日韓関係史研究　朝鮮植民地化と国際関係』東京大学出版会、1987年、196－197ページ、参照。

561)　北岡伸一『日本陸軍と大陸政策』東京大学出版会、1978年、参照。

562)　日露戦争後、事実上約1年半にわたり満州において続けられた軍政の撤廃を促進したのは英米その他列強の督促であった（鶴見祐輔『後藤新平』第2巻、勁草書房、1965年、654ページ）。

563)　北岡伸一『後藤新平』中央公論社、1988年、78ページ。

564)　ハリマンは、太平洋、日本、満州、シベリア、ヨーロッパ、大西洋を連絡する交通機関を統一し、欧・亜に跨る商権をアメリカの一手に移そうと画策し、まず南満州鉄道を買収しようとした（黒羽茂、前掲『太平洋をめぐる日米抗争史』110ページ）。

第 5 章　日露戦争以後の正貨維持吸収政策と在外正貨

相はこれを破棄させた。1906年に設立された満鉄は日本が単独で経営することとなった565)。満州に進出を図るアメリカ（ハリマンやその背後の金融業者クーン・ローブ）との対立のもとで日本の満鉄経営は継続された。日本はまた列強との強調も図った。これには列強の植民地分割競争下において、日本の朝鮮、満州支配を国際的に承認させるという狙いがあった。日本は朝鮮を保護国化するために列国から承認を取りつけようとした。まずポーツマス講和の開会に先立ち、日本は前述のようにアメリカとの間で桂・タフト協定（覚書）を締結した（1905年7月）。1905年8月に日英同盟条約が改定され、第2次日英同盟が成立した。これによって日本は朝鮮を日本の勢力範囲とすることをイギリスに認めさせることに成功した。一方、同同盟の適用範囲は清韓両国からインドにまで拡大され、イギリスはアジアにおけるインド国境の保障を得た。同年9月のポーツマス講和条約において、ロシアが日本の朝鮮における優越的権利を認めた。かくして同条約調印の時点において、日本は、朝鮮におけるフリー・ハンド獲得について英・米・露3国の公的な承認を取りつけていた566)。日露戦争開始以来、日韓議定書締結などによって朝鮮の保護国化を進めていた日本は、朝鮮保護国化についての欧米列国の事前の承認のもとに、1905年11月、日韓保護協約を韓国政府に強要して結ばせた。これによって日本は韓国の外交権をすべて簒奪し、統監府を朝鮮に置くことが可能となった。ここに日本は朝鮮を名実ともに保護国化したのである567)。

　ポーツマス条約で関東州租借地および東支鉄道南満州支線が清国の同意を得て日本へ譲渡されることが決まり、北京条約（1905年12月）で日本の満州権益が定められたが、日露戦争後において日本の満州権益の国際的正統性の確立は容易には進まなかった。日本は列国との協調関係を維持強化して満州権益の国際的正統性を確立しようとした。1907年6月、日仏協約（Arrangement de 1907）が締結された。これはアジア大陸における相互の地位ならびに領土権を保持することを日仏が認め合うものであった。日本は仏領インドシナにおけるフランスの領土権、広東、広西、雲南におけるフランスの特殊利益を承認するとともに、満州、蒙古、福建における日本の特殊利益をフランスに承認させた。この内容はイギリスにも通報され、英仏は福建省も日本の勢力範囲であることを認めることになった。日仏協約成立の背景には、

---

565)　鹿島守之助『日米外交史』鹿島研究所、1958年、100－104ページ。黒羽茂、前掲『太平洋をめぐる日米抗争史』第5章。
566)　信夫清三郎編『日本外交史1853～1972』第1巻、第6章（中山治一執筆）、毎日新聞社、1974年、227ページ。
567)　森山茂徳、前掲書、196－197ページ。

第3編　日露戦争以後の金本位制維持政策

日本がフランスにおける外債募集を求め、フランスが日本を自己陣営（露仏側）に加担させて対独包囲網を完成させることを求めたという事情があった[568]。

　日仏の協約によって日露の妥協が可能となった。日本は日露戦争以後、ロシアの復讐戦争を懸念し、ロシアの勢力圏に接する満州地域の経営を確実にする必要に迫られた。ロシアとしても日露戦争以後、極東政策からヨーロッパ＝バルカン政策を重視する政策へと、外交政策の軌道修正を図り、後方の安全を求めた。こうした情勢は日本において2つの対応策を採択させた。1つは安全保障のための軍事戦略であり、1つは外交戦略としての日露協約（Russo-Japanese Entente）の締結である。1907年4月に「帝国国防方針」が策定され、日本の仮想敵国をロシア、アメリカ、フランスの順とし、陸軍はロシアを主敵として軍備を拡張することとなった。と同時に、1907年7月にロシアの同盟国フランスの積極的斡旋によって第1次日露協約が締結され、日露関係の改善が図られた[569]。同協約は、満州と蒙古における日本とロシアの勢力範囲を定めたものである。すなわち、同協約は日本がロシアの北満、外蒙古における特殊利益を認める一方、ロシアが日本の南満州における特殊利益、日韓両国間の政治的関係を認めるものであった。満州における勢力範囲を画定することは、日本の朝鮮支配や日本の安全確保のうえからも必要と考えられていた。また、日本の政治指導者はロシアの復讐戦を恐れ、そのために事前に対露防衛網を形成する、あるいは日露両国間に緩衝地帯を設けるという軍事目的などから間島に日本の拠点を築こうとした[570]。

　すでに1904年に英仏協商（Anglo-French Entente）が成立していた。これは、ロシアの軍事力が日露戦争によって極東に拘束されたために孤立感を深めたフランスが、イギリスに接近した結果、生まれたものであった（この背景には英仏がドイツに対抗する必要があったことが考えられる）。また日露戦争が勃発した場合に露仏同盟（Franco-Russian Alliance: 1891年成立）を結んでいるフランスが参戦する可能性があり、イギリスがこれを重要問題視したために成立したものであった。さらに英仏が世界再分割を一歩前進させようとするものでもあった（イギリスのエジプトにおける、フランスのモロッコにおける優越を相互に承認）[571]。

　日露協約が引き金となって、1907年8月に英露協商（Anglo-Russian Entente）が成

---

568)　黒羽茂［1962］189－190ページ、同［1968］262－272ページ。
569)　大畑兼四郎、前掲書、90－91ページ。
570)　森山茂徳、前掲書、229ページ。
571)　小此木真三郎「帝国主義時代の開幕」『岩波講座　日本歴史』第18巻、岩波書店、1968年、89ページ。

第5章　日露戦争以後の正貨維持吸収政策と在外正貨

立した。ペルシャ、アフガニスタン、チベットにおいて英露間の勢力範囲が協定された。上述のように露仏同盟、英仏協商が成立していたから、ここに英仏露3国協商（Triple Entente）が成立した。これによって対独包囲網ができあがった。日英同盟、日仏協約、日露協約を締結していた日本は、独墺伊3国同盟（Triple Alliance: 1882年成立）に対抗する3国協商の立場に立って、アジアにおける強国の地位を承認されていったのであった。日英同盟はしだいに性格を変え、ドイツを主要対象とするものとなっていった。

日露戦後当初から日本の中国大陸政策が満州権益確保に収斂されていたわけではない。桂太郎が1908年7月の第2次桂内閣組閣の際に著した政綱においても、中国南部への進出論の傾向がみられた。だが、小村寿太郎外相が就任早々求めた「対外政策方針」および「満州に関する対清諸問題解決方針」が同年9月に閣議決定され、ここには南進論の主張がみられなくなった。桂内閣は対列国協調関係の維持強化を背景として満州権益の確立を図ることを優先し、列国との利害対立を惹起しかねない南進を当面は棚上げとした572)。

日露戦争後にとくに特徴的なことは、対米移民問題と日本の満州への進出をめぐって、日米間に対立が生まれたことである。前者はカリフォルニアにおける日本人移民排斥問題であって、後者は鉄道の利権・中国借款問題であり、アメリカ国務長官ノックスの満州諸鉄道（経営）の中立化案なども提唱されている573)。このようにアメリカと対立を深める一方で、日本はアメリカとの協調も図っている。この協調としては、まず1908年11月の高平・ルート協定を指摘できる。この協定そのものは太平洋方面における両国の島嶼と清国に関する日米間の政策の合意である。同協定の成立は、ルーズヴェルト大統領が、ドイツ皇帝の申し入れた独・米・清などの協商を拒否して英・日・仏などの連合勢力に協調したこと574)、日本が独・米・清接近の動きを封じたことを意味していた。1909年2月に小村外相はいわゆる満韓移民集中論を明らかにしたが、これは対米関係の改善と満州権益の強化を意図するものであった。

桂内閣は1909年に「安奉鉄道に関する覚書」、「間島に関する日清協約」、「満州5案件に関する日清協約」を締結し、北京条約の実質化をほぼ完成した。満州諸懸案の解決は、満州に関心を持つ列強との関係に影響を及ぼさざるをえなかった。ロシ

---

572)　北岡伸一、前掲『日本陸軍と大陸政策』23-24ページ。
573)　鹿島守之助、前掲『日米外交史』104-115ページ。
574)　萱原信堆『20世紀国際政治史——東アジアと世界の交錯』而立書房、1982年、26ページ。高平＝ルート協定の成立事情については、鹿島守之助、前掲『日米外交史』116-121ページ、参照。

第3編　日露戦争以後の金本位制維持政策

アでは、日本の進出に対する警戒が強まった。しかし、同年以後アメリカが積極的に満州進出を試みた。これを防ぐことが日露共通の利益となり、日露がいっそう接近することとなった。日露両国が満州を勢力範囲化することを防ぐことを意図していたアメリカの満州鉄道中立化提案に日露両国は共同で反対した。英仏も事実上アメリカに反対した。アメリカの提議は、清国に対し重要な利益を持つ列強の支持を十分に得ることができず、失敗に終わった。日露以外の対満投資工作が次々と失敗に終わることは、満州が両国の排他的投資圏であるとのイメージを、国際社会に流布させることとなったのである[575]。

アメリカの満州への進出の試みは日露両国の提携を強化することとなり、1910（明治43）年には第2次日露協約が締結された。同協約は、第1次協約が定めた満州における日露の境界線を、満州における両国の特殊利益地域を分割したものと認め、両国はそれぞれ各自の地域内において必要な措置をとる権利を承認し、また特別利益が侵略されようとする場合には日露が共同行動または相互援助のための協議を行うことを定めた。ここに日露は第三国の満州への進出に対して提携するに至ったのである。この日露協約交渉で、日本が朝鮮を併合することがロシアに承認された。日露間の合意に基づき、欧米列強の干渉を受けることなく、日本は1910年に韓国を併合したのである[576]。

日本の植民地支配を押しとどめようとする抗日運動も存在した。日本の韓国併合は激しい民族的抵抗に直面した。日本はこれを軍事的に鎮圧したうえで韓国併合を断行した。朝鮮では日本の軍事力による植民地統治の体制がつくられた[577]。

前述のように満州に関しては、日露両国が満州を勢力圏とすることを承認する日露英仏の4国ブロックが形成されていき、これを背景として他国の対満州投資計画を次々と挫折させることによって、満州は日本の勢力圏として認知されていった。1909年から1912年にかけて、日本の満州権益の国際的正統性がほぼ確立されている[578]。これと並行して現実に満州経営が現地で展開された。このような日本の満州支配政策に対して、中国の民衆の抵抗は強まった。1908年には最初の日貨排斥運動

---

[575]　江口朴郎『帝国主義の時代』岩波書店、1969年、78-83ページ。北岡伸一、前掲『日本陸軍と大陸政策』27ページ。

[576]　森山茂徳、前掲書、248-249ページ。

[577]　藤原彰、前掲書、123-125ページ。武力闘争を通して直接日本と対決した反日義兵闘争は、1895年から1910年まで、長期間にわたって展開された。これは1895年から1903年までの時期と1904年から1910年までの本格化の時期とに分けられる（宮田節子「朝鮮の植民地化と反帝国主義運動」、前掲『岩波講座　世界歴史』第23巻、1969年、11-32ページ）。

[578]　北岡伸一、前掲『日本陸軍と大陸政策』31ページ。

第5章　日露戦争以後の正貨維持吸収政策と在外正貨

が華南および南洋を中心として起こっている579)。

　日露戦争後の日米対立によって、「帝国外交の骨髄」ともいうべき日英同盟は変質していった580)。日米対立は、日英同盟の弱化をもたらすものであった。万一日米戦争が勃発した場合、イギリスはアメリカと交戦することを極力回避したいと考えた。日英同盟が成立した時点では仮想敵はロシアであったが、1907年には英露協商が成立した。清国では日本商品が高価な英国商品の販路を奪い、満州では英米系の鉄道建設計画を日本が極力阻害した。イギリス国民は日英同盟に冷淡になるようになった。イギリスのグレー外相は、当時の主要敵たるドイツの興隆、その３Ｂ政策こそイギリスのペルシャ湾、インド権益を脅かすことを考慮し、日本との同盟条約は内容を変えて、すなわち日英同盟の仮想敵を変更して存続する意志を固めた581)。

　小村外相は熟慮の末、日英同盟を改正のうえ更新することを決定した。1911年に日英同盟が改定され、日米戦争の場合にイギリスは交戦義務を免除されることになった。

　日英同盟の推移、日英同盟をめぐる国際関係の理解を助けるために、これを年表で示せば表５−14のようになる。1921年にワシントン会議で結ばれた太平洋問題に関する４国条約（発効は1923年）によって廃棄されるまで、日英同盟は変質を遂げつつも存続した。

　アメリカへの対抗が問題であるかぎり、日本はイギリスよりもむしろロシアに依存する度合を深めたのであった。1912年には第３次日露協約が締結され、日露両国はさらに親密な関係を結んだ。勢力範囲は内外蒙古の境界極端まで延長され、新たに内蒙古が東西に分割された。

　このように東アジアをめぐって列強間で植民地、半植民地分割のための複雑な対立と協調が展開された。民族的抵抗も起こった。そして列強間の対立が日本の植民地支配政策を促進する作用を果たすとともに、列強との協調が日本の朝鮮・満州への進出を支えていたのである。とはいえ、列強との対立と協調が日本の対外進出を抑制する作用を果たすという一面があったことも指摘しておかなければならない。

　日露戦争後には中国進出をめぐっての日米対立が表面化した。だが、日本の大陸

---

579)　1908年の第２辰丸事件に関する対日ボイコット運動や1909年の東三省・華北を圏内とする第２回目の対日ボイコット（安奉鉄道改築問題に関する日貨排斥運動）については菊地貴晴『中国民族運動の基本構造——対外ボイコットの研究——』（株式会社大安、1966年）、第２章、第３章を参照されたい。また辛亥革命については狭間直樹「辛亥革命」『岩波講座　世界歴史』第23巻（岩波書店、1969年）、32−72ページ、など参照。

580)　黒羽茂［1968］327−336ページ。

581)　萱原信堆、前掲書、29ページ。

505

第3編　日露戦争以後の金本位制維持政策

表5-14　日英同盟関係年表一覧図（1894～1924年）

	年次	事項	日	英	米	独
成立時代	1894	日清戦争	第2次伊藤内閣	第3次ソールズベリー内閣（保守）	大統領クリーヴランド	ホーヘンローエ内閣
	1895	3国干渉				
	1896					
	1897		松方			
	1898	｛米西戦争、フィリピン、ハワイ占領、ファショダ事件	伊藤		マッキンレー国務長官（ヘイ）	
			大隈			
	1899	｛ボーア戦争（～1902）アメリカ門戸開放宣言	第2次山県内閣			
	1900	アメリカ7月3日通牒 義和団事件 英独揚子江協定				
	1901		第4次伊藤内閣			
	1902	｛シベリア鉄道完成 第1次日英同盟成立	第1次桂内閣			
展開時代	1903			バルフォア内閣（保）	T・ルーズヴェルト（ヘイ・ルート）	ビューロー内閣
	1904	｛日露戦争、英仏協商 ビョルケ密約問題				
	1905	｛桂＝タフト協定、ポーツマス条約 第2次日英同盟成立 フランス外相デルカッセ辞職				
	1906					
	1907	｛日仏協約、第1次日露協約 英露協商、日米紳士協約	第1次西園寺内閣	キャンベル＝バナマン内閣（自由）		
	1908	｛高平・ルート協定 アメリカ艦隊世界周航	第2次桂内閣			
	1909					
	1910	第2次日露協約			タフト（ノックス）	ベートマン・ホルヴェーク内閣
	1911	辛亥革命、第3次日英同盟成立	西園寺	アスキス内閣（自）		
終末時代	1912		桂			
	1913	第3次日露協約	山本			
	1914	第1次世界大戦（～18）	第2次大隈内閣		ウィルソン（ランシング）	
	1915	対華21カ条要求				
	1916	第4次日露協約	寺内内閣			
	1917	｛石井・ランシング協定 ソヴィエト10月革命				
	1918	｛シベリア干渉戦争（～25） ブレスト・リトウスク協定				
	1919	ヴェルサイユ講和条約	原内閣	ロイド・ジョージ内閣（連立）	ハーデング（ヒューズ）	バーデン大公 マックス
	1920					
	1921	｛ワシントン会議、4国条約 日英同盟廃棄	高橋内閣			
	1922	ワシントン会議終了				
	1923					
	1924					

出所：黒羽茂[1968]付録18ページなど。

第 5 章　日露戦争以後の正貨維持吸収政策と在外正貨

政策はこのアメリカの抵抗によって制約されるという一面を有していた[582]。

　また、日英同盟が存在したことは、イギリスの意向を無視して日本が対中国進出を実行することはできないことを意味していた。日本の対外活動は、次のようにイギリスによって規制されていたのである。

　中国の辛亥革命発生後（1911～12年）、日本の大陸政策には分裂がみられた。西園寺内閣は当面の政策として満州の現状維持と「支那本部」における日本の優越的地位の確定を閣議決定した。だが、出先の官憲は政府の基本方針に背反して行動した。とくに軍部およびこれと結託する膨張主義者が、満州問題の一挙解決を図るなどの政府の政策を蹂躙する独自行動をとった[583]。当時、イギリスのジョルダン公使は、中国に対する日本の干渉を恐れ、清国と革命派の休戦の斡旋に奔走していた。日本政府は1911（明治44）年12月24日に元老会議を開き、「此際直ちに英国と協議を進め、其の結果を待ち、更に何分の義」を決定することとした。そして結局、同月26日に「本件を其の成り行きに任すの已むをえざる」ことを認めた。このような日本政府の態度は、日本がいまなおイギリスから離れては何ごともなしえないことを暴露するものであった[584]。1912年には軍の一部および民間人による満蒙独立運動が展開されたが、このような軍事的冒険主義的な動きは、西園寺公望首相、内田康哉外相によってひとまず抑えられた。そしてこれはイギリスの、マクドナルド大使を通じた要請に応じたものでもあったのである[585]。

---

582)　信夫清三郎編、前掲巻、第 7 章（中山治一執筆）、245－247ページ。
583)　第 1 次満蒙独立運動については、栗原健『対満蒙政策史の一面』（原書房、1966年）、139－144ページ、を参照されたい。
584)　信夫清三郎編、前掲巻、243－246ページ。
585)　同上巻、247－248ページ。

第6章　明治末・大正初期の正貨危機対策構想

第1節　日露戦争終了時の高橋是清の正貨維持意見（1905年9月）

　日露戦争後にさまざまな正貨維持策が構想された。ポーツマス条約が締結された1905（明治38）年9月5日頃、松尾臣善日本銀行総裁は、外債募集のために帝国特派財政委員としてロンドンに派遣されていた高橋是清日本銀行副総裁に宛てた極秘電報のなかで、「平和談判の調ひたるは御同慶なるも償金皆無なる故正貨準備の維持甚だ困難なり……向ふ二十ヶ月を出でずして正貨準備は尽くるにいたるべきか、……何とか之を救ふの近途は無きや、貴君の御考へ承り度」と返電を求めた[1]。これに対する高橋是清の返電は、その後、日本銀行が数次にわたり作成した正貨準備維持のための意見書の原型をなすものである[2]。
　高橋是清の返電は、生産を奨励するとともに、財政は国力に応じて健全化を図るべきであるという内容のものであった。すなわち、高橋は「戦争中の如く警戒を弛めず、奢侈を斥け、遊惰を戒め、此の際原料品若くは生産品に属する機械類の如き物品以外の輸入品には国家の力を以て干渉し、関税を重課して其の輸入増進を防遏するの方針を立て一方生産的事業資金は成る可く之れを供給するの途を明け、且欧米観光客の誘致策を案じ、政府は率先して自ら戒め、政府事業中殖産興業に縁遠きものは、当分出来る限り之を繰延べ、海陸軍備の補充拡張の如きも断乎たる決心を以て之を抑へ、決して国力以上の施設を為さざるやう注意肝要なるべし」と主張した[3]。ここには、積極的生産奨励と財政の

1）　高橋是清著、上塚司編『高橋是清自伝』[1936a] 765－766ページ。同復刻版（下）[1976] 278ページ。藤村欣市朗 [1992a] 277－278ページ。
2）　宮島茂紀 [1995] 29ページ。

健全化との両方が正貨維持策として主張されているのである。日露戦後の正貨維持構想の出発点として、この高橋の提言を重視しなければならない。

第2節　日本銀行の「正貨維持ノ事ニ就キ上申」書（1906年4月）

1　上申書の策定

　正貨、正貨準備の維持は日本国家、日本経済の最重要課題であった。松尾臣善日銀総裁は1906（明治39）年4月23日に阪谷芳郎大蔵大臣に正貨維持に関する上申書を提出したが、この中でその必要性について次のように述べている。「国家各種ノ経済ヲ通ジテ根本的重大ノ関係ヲ有スルモノハ貨幣制度ニシテ現今我邦ノ如クニ兌換制度ヲ採用セル国ニアリテハ其安危実ニ正貨準備ノ上ニ存ス然ルニ今回戦役ノ為メ巨額ノ債務ヲ外国ニ負フノ已ムヲ得ザルニ至リシヨリ之ガ元利支払ノ為メ年々要スル正貨頗ル多ク加フルニ戦後諸般ノ経営ヲナスニツキ官民孰レニアリテモ之ガ為メニ海外ニ支払ヲ要スルモノ少カラザル可シ若シ我邦ニシテ此ノ正貨支払ニ堪フルコト能ハズ正貨準備空乏ヲ来スガ如キコトアラバ我邦ノ経済ハ此ニ根本的打撃ヲ蒙ルコト、ナリ謂フ可カラザルノ惨状ニ陥ラントス是レ洵ニ深憂ニ堪ヘザル所ノモノナリ」[4]。

　日本銀行は1906年時点で将来の正貨収支を予想し、当時すでに正貨危機を認識していた。それによれば「直接日本銀行ノ正貨準備ニ影響ヲ及ボス可キ畧ホ〔ほぼ〕確実ナル見込ヲ立テ得ルモノ、ミヲ集計スルニ明治四十一年ニ於テ我邦ノ正貨ハ畧ホ盡クルコト、ナル可ク……尚其他ノモノヲ合計シテ之ヲ見ルモ明治四十三年ニ至ラバ我邦ノ準備正貨ハ殆ド其残額ヲ見ザルニ至ラントス」[5]。このような状況に直面して「如何ニセバ果シテ能ク正貨準備ヲ維持シ我邦経済ノ基礎ヲ安固ナラシムルコトヲ得可キ乎」が問われることとなった。日銀の松尾臣善総裁はこの正貨維持方策を阪谷芳郎大蔵大臣に上申した。

3）　髙橋是清著、上塚司編『髙橋是清自伝』[1936] 766－767ページ。同復刻版（下）[1976] 279ページ。この考えの萌芽は1905年4月1日付の高橋の書簡にみられる（リチャード・J・スメサースト著、鎮目他訳 [2010] 213－215ページ、本書第14章注160）。

4）　日本銀行総裁松尾臣善発信、大蔵大臣阪谷芳郎宛「正貨維持ノ事ニ就キ上申」（1906年4月23日大蔵大臣へ提出済み）日本銀行金融研究所所蔵資料『正貨政策』所収。

5）　同上上申書。以下の引用文は同資料によるものである。

第6章　明治末・大正初期の正貨危機対策構想

2　産業奨励を基調とする正貨維持方策

　この上申書は、高橋是清の提言に基づき、産業奨励による積極政策による正貨危機の克服という方向を基本線としていた[6]。すなわち、同上申書は、「最モ確実ニシテ且ツ緊要ナルコトハ輸出品ノ生産ヲ奨励シテ之カ増加ヲ図リ又輸入品ニ代ハル可キ内地産物ヲ振興シテ輸入ヲ抑制シ又貿易以外ニ正貨ノ受入ヲ増加ス可キ事業ノ改良拡張ヲ行ヒ国際正貨出入ノ関係ヲシテ其ノ平衡ヲ得セシムルコトヲ勉ムルニアル可シ」と述べていた。本上申書は、輸出増加、輸入抑制のための生産奨励を主眼として外貨収入増をも図ろうとするものでもあった。

　新規の生産・事業を奨励するには長期の時間を要するから、生産・事業奨励の実行にあたっては、数年以内に成果をあげるために、従来生産してきた物品またはすでに着手している事業の改良を優先すべきであるとしていた。すなわち、上申書においては次のように述べられている。「此等ノ物品事業ヲ新規ナルモノニ就キテ求メントスル時ハ勢ヒ之ガ為メニ数多クノ歳月ヲ要シ急速数年ノ間ニ其ノ成果ヲ得ルコト頗ル望ミ難キヲ以テ（新規ノ事業ニモ着手スルハ勿論ナリ）応急ノ為メニハ従来生産ノ物品又ハ既ニ着手セル事業ニ就キ之カ改良ヲ実行スルコトヲ最急速ニ着手シ以テ正貨出入ノ権衡ヲ保タシメザル可ラズ」と。

　具体的には、①米・麦、②砂糖、③生糸、④鉄、⑤大豆、⑥綿糸・綿布・銅・燐寸・麦稈真田・経木真田・花莚、⑦本邦汽船外航運賃、⑧外人内地消費（旅館その他の設備改良）、⑨清国その他東洋諸邦に対する日用の諸雑貨の輸出が取り上げられている。改良の成果として①〜⑦合計の生産・収入増約2億1000万円、⑧の収入増900万円増が推計されている。このような生産奨励・事業改良を実行することができるならば、数年以内に正貨収支均衡を回復することが望めないわけではないと考えられた。問題はいかにしてこれを実行するかということであった。

　生産および事業の改良発達を数年以内に期することは、自然の趨勢に一任してできることではなかった。すでに改良途上のものを除き、特殊な生産と事業に対しては、特殊の改良奨励の手段を講じ、また相当の資金融通の途を設ける

6）　伊藤正直［1987b］395ページ。

ことが必要であると考えられた。上記上申書は具体的な方策として、①関税の改正（輸入関税の引上げ）、②鉄道運賃の改正（重要輸出品、輸入品に代替可能な国産品、生産原料の運賃引下げ）、③米麦生産の改良、④砂糖改良計画の実行、⑤生糸の改良（養蚕製糸組合の設立勧奨）、⑥大豆その他北海道農産物の生産増強、⑦外人観光客向けの設備の改良、⑧貯蓄の奨励および、貯蓄機関の改良拡張（各種改良事業に必要な資金の調達）を提起している。

　当時、日銀・政府は外債依存の正貨政策という積極主義を採用していたといわれている。すなわち、神山恒雄氏は、日露戦後の大蔵省・日本銀行は、第1次桂太郎内閣（1901年6月～1906年1月）、第1次西園寺公望内閣（1906年1月～1908年7月）、第2次桂内閣（1908年7月～1911年8月）期に、産業を育成し、そのために資金が不足する場合には外資導入を図るという積極的正貨政策を採用することで一致していたことを指摘されている[7]。神山氏は、積極的正貨政策とは、当面の入超補塡と生産的事業資金を確保するために外債を発行しながら低金利政策をとることで、経済拡大により将来の収支均衡を目指す積極基調の政策構想とされ、これを消極的正貨政策——外債による国際収支が不健全な経済拡大を招き正貨危機を助長していると考え、外債非募債・金利引上げなどによりいったん経済規模を縮小して当面の収支均衡を目指す消極基調の政策構想——と対比されている[8]。

　だが、1906年の日本銀行の上申書の内容を検討してみると、ここでは正貨補充策としての外債募集や外債に依存した生産奨励が提唱されていないことが注目される。現実には外債への依存が避けられず、外債募集を排除できないものの、外債による正貨補充は正貨維持策としては一時的な方策にとどまるのであって、政策理念としては、外債に依存しない生産奨励によって国際収支を改善し正貨を維持する方策が志向されていたということができよう。

　日露戦争後に外債募集が多額にのぼり、また外債募集時に結果として正貨が補充されたともいえようが、それが正貨維持を意図（目的と）していたかについては検討がなされなければならない。日露戦争直後から1910年までに総額5900万ポンドおよび4億5000万フラン、邦貨換算7億5017万円の外貨公債を政

7）　神山恒雄［1995］246ページ。
8）　同上書、239ページ。

第6章 明治末・大正初期の正貨危機対策構想

府は発行した。それは高利の外債あるいは高利の内国債を低利の外国債に借り換えることを主目的としたものであった。外債発行による内債の償還は正貨維持に寄与するものでもあったが、それを主目的としたものではなかった[9]。また、日露戦争以後には外貨市債も発行されていたが、これは日本財政の国際信用の維持のために起債が統制されていた[10]。

積極的正貨政策には外債に依存した生産奨励による正貨維持策と外債に依存しない生産奨励による正貨維持策との2形態があり、1906年の時点では後者が重視されていたといえよう。

日本銀行は1906年3月と5月に各2厘ずつ公定歩合の引下げを行い、積極的

---

9) 日露戦争直後の1905年11月、高利の外国債を低利の外国債に借り換えるために第二回四分利付英貨公債2500万ポンド（邦貨換算額2億4408万円）が発行された（当初発行総額を5000万ポンドとしてその半額を内国国庫債券の償還に、半額を1904年発行の六分利付英貨公債の引換または償還に充当することが計画されていたが、残額については、金利高騰、金融緊縮などのために発行が延期され、1907年3月に五分利付英貨公債2300万ポンドとして発行されることとなった）。日本はこの外債発行によって実収金2億1228万円の外貨を得た。この外債募債金は内国債の償還に充当された。すなわち、第四回、第五回両六分付国庫債券の償還（1億9973万円）が実施され、さらに剰余金が第一回五分利付国庫債券の償還に充用された（『明治大正財政史』第12巻、186、222-223ページ、大蔵省財政金融研究所財政史室編［1998a］372、458ページ）。1907年3月に2300万ポンド（邦貨換算額2億2455万円）の五分利付英貨公債が発行され、日本はこれによって実収金2億1206万円の外貨を得たが、この外債募債金は第一回、第二回両六分利付英貨公債の償還に充当された（『明治大正財政史』第12巻、264-265ページ）。1910年5月には4億5000万フラン（邦貨換算額1億7415万円）の四分利付仏貨公債が発行され、日本はこれによって実収金1億5935万円の外貨を得た。この外債募債金は内債の償還、すなわち整理公債、軍事公債、台湾事業公債、五分利公債の償還に充当された（『明治大正財政史』第12巻、281-283ページ）。また同月には1100万ポンド（邦貨換算額1億739万円）の第三回四分利付英貨公債が発行され、日本は実収金9747万円の外貨を得た。この外債募債金は、軍事公債、五分利公債といった内債の償還に充当された（『明治大正財政史』第12巻、301-302ページ）。

10) 第1次桂内閣期（1901～06年）には6大都市の財政支出は強く圧迫されていたが、日露戦争後から第1次山本内閣期にかけて（1906～13年）都市財政が膨張した。日露戦争前の市営事業建設投資の主要な資金調達源は国庫補助金・市公債であり、外貨市債は限界的な資金不足を補填するものにすぎなかった。日露戦争後、大都市の建設投資は全面的に外貨市債に依存するようになった。しかしながら、外資輸入の円滑化のためには日本財政の国際的信用の維持が絶対的な要件であった。このため、小額の外貨市債の発行が第1次西園寺内閣期（1906～08年）に抑制されることとなった。外貨市債発行は外貨獲得による正貨補塡という役割を有していたけれども、その当時それは厳重な監督を受け、その効果も限られたものであった。「外資借入ニ関シ内議ノ件」（1906年9月4日）は「外国市場ニ於ケル信用ノ薄キモノニ在リテハ、募集条件及募集成績等ニ関シ不利ノ結果ヲ甘ンゼザルヲ獲ズ、……延テ国債ノ市価ニモ影響ヲ及ボシ、彼我経済トノ利害浅カラザルヲ以テ外債募集ニ関シテハ特ニ厳重ノ監督ノ必要ヲ相認」（大蔵省編『明治大正財政史』第12巻、719ページ）と記している。以上については持田信樹［1981a］160-171ページ、同［1993］108-109ページを参照。

な金融政策を行った。生産奨励方法として日本銀行の金融緩和政策による生産奨励も取り上げられてよいようにも思われるが、上記上申書にはこれは指摘されていない。これは、このような生産奨励が輸入を増大させることとなり、正貨維持とは考えられなかったことや、金融緩和が過度の企業勃興熱、景気過熱という弊害をもたらす恐れがあったためであろう。

　日本銀行の上記の路線は、半年後の1906年10月に戦後の金融政策について上申した日本銀行の意見書の中でも変わらなかった[11]。

第3節　正貨準備維持に関する閣議案（1907年）

1　日露戦争後の正貨政策と財政政策

　神山恒雄氏が積極的正貨政策を採用したとされる時期においても、財政規模が拡大する積極財政から行財政整理の範囲内での財政運営を基本とする消極財政への転換がみられる。すなわち、1907（明治40）年秋の日露戦後恐慌を契機に、積極的正貨政策・積極財政から積極的正貨政策・緊縮財政へと転換しているのである[12]。

　日露戦争後、講和条件に対する失望から容易に起こらなかった企業ブームが1906年下半期から翌年1月にかけて猛烈な勢いで生じた。1907年1月22日に第23回帝国議会に提出された第1次西園寺内閣の予算案は第1次桂内閣の積極主義を継承したもので、軍備拡張、鉄道の国有化、製鉄所の拡張、電信電話の拡張、治水事業の改善、植民地経営などを内容とするもので、その財源は公債に依存する（不生産部門は非募債の方針をとり、一般経費節減を図る）というものであった[13]。

　だが日露戦後の企業ブームは短命に終わり、1907年1月下旬の株価暴落を転機として反動状態に陥った。1907年秋にアメリカに勃発した恐慌がヨーロッパに伝播し、日本の貿易に大きな影響を与えることとなって、日本経済は、これ以後1908年にかけて、激しい恐慌状態に陥った（1907～08年の恐慌）。その後も、

---

11)　吉野俊彦［1977］612ページ、藤瀬浩司・吉岡昭彦編［1987］395－396ページ。
12)　神山恒雄［1995］212、246－257ページ。
13)　坂入長太郎『日本財政史』バリエ社、1982年、196－197ページ。

1910(明治43)年から1912(大正元)年上半期の短期的な中間景気を経て、1912年下半期から1914年にかけて不況に陥っている[14]。

　日露戦後恐慌に直面して、第1次西園寺内閣は積極財政の修正、不徹底ながらも財政の緊縮を余儀なくされた。1908年度予算編成にあたっては、不況による減収が見込まれ、歳入の増収計画を立てると同時に、経費節減、事業の繰延べを図り、財政収支均衡維持に努めることとなった。それでも生じた同年度予算案の歳入不足は追加予算による増新税で補塡することとした[15]。公債政策では、非募債主義、つまり、新規財源となる公債＝長期国債を発行しない方針(借換えなどは可能)をとった。これは第2次桂内閣期に明確となった。しかし、正貨政策では、第2次桂内閣までの大蔵省・日銀は、入超補塡と生産的事業資金確保のために、外債発行依存の積極的正貨政策を継続した。この結果、非募債主義の範囲内での外債発行(地方債・社債、内債などを借り換えるための外貨国債の発行)が継続したのである[16]。

2　正貨収支見込み

　このような時期の正貨維持策を具体的に考察しよう。正貨準備は一国貨幣制度の基礎であって、これを健全強固に維持することが日露戦後における経済整理上の主要な眼目となった。大蔵省は1908(明治41)年度概算提出にあたっては、戦後の財政整理に関する意見書とともに正貨準備の維持に関する意見書を提出し、閣議の決定を仰ごうとした。すなわち、阪谷芳郎大蔵大臣は、1907年12月19日に西園寺公望内閣総理大臣宛に「戦後経済整理ニ関スル閣議案」を提出している。この閣議案の内容は従来検討されていないので、これを掲載した『日露戦後ニ於ケル経済整理ニ関スル閣議案(特ニ正貨準備維持策)』に基づいて、その内容を詳しく紹介することとする[17]。これは、以下のような内容の

---

14)　大島清『日本恐慌史論』上、東京大学出版会、1952年、319-358ページ。
15)　坂入長太郎、前掲書、198-199ページ。1908年度一般会計の規模は前年度並みであった。公債非募債は徹底していなかった。
16)　神山恒雄［1995］212-213、251ページ。
17)　『日露戦後ニ於ケル経済整理ニ関スル閣議案(特ニ正貨準備維持策)』大蔵省明治大正財政史編纂係、ロンドン駐箚財務官からの送付書類の一部を1930年7月に複製、現在筆者所蔵。

第 3 編　日露戦争以後の金本位制維持政策

ものであった。

　日露戦争の結果、外国債の元利・軍需品の増加など、外国に向かって支払いを要するものがにわかに増加し、正貨準備の維持上正貨の収支は未だ均衡を保つに至らず、頗る重要な注意を要するものとなった。今後数年間の外国に対する正貨の収支は次のように予想される。同閣議案で正貨収支見込額とされているのは国際収支見込額のことである。

　正貨収入（国際的受取り）見込額は、1907年下半期1億2905万6000円、1908年1億3101万3000円、1909年1億1651万9000円、1910年1億1727万6000円、1911年1億1758万6000円、1912年1億3811万6000円、1913年1億3180万4000円となる[18]。

　正貨支出（国際的支払い）見込額は、1907年下半期2億3102万1000円、1908年1億9870万8000円、1909年1億7375万2000円、1910年2億1548万5000円、1911年2億1252万2000円、1912年1億7338万5000円、1913年1億5807万7000円となる[19]。

　1907年下半期、1908〜13年のいずれの時期も、貿易収支は輸入超過となる。年別輸入超過額は、1907年下半期978万3000円、1908年6986万7000円、1909年5724万7000円、1910年7503万8000円、1911年7790万5000円、1912年5441万6000円、1913年3846万8000円となる。この間の輸入超過合計額は3億8272万4000円となる。貿易外収支（資本収支を含む）は受取超過の年もあれば支払い超過の年もあるが、全体としてみれば支払い超過となる。外債元利支払いは国際収支を圧迫する。

---

[18]　正貨収入見込額の内訳を1908年についてみると、次のようになる。内国船舶運賃および保険料2336万8000円、外国船舶および外国船会社内地消費1511万3000円、外国人内地消費3791万4000円、海外営業利益および出稼人送金など2087万2000円、外国人内地投資2480万円、本邦政府海外収入166万1000円、清国償金元利204万円、在本邦外国公館費その他政府支出金240万7000円、輸入加工品益金190万円、外国投資償還金14万3000円、外国保険会社の内地人に支払う保険賠償金79万5000円（以上、合計1億3101万3000円）。

[19]　正貨支出見込額の内訳を1908年についてみると、次のようになる。輸入超過6986万7000円、在外経費その他政府支出金2100万円、国債元利払い6400万円（内国公債元利払いの一部を含む）、市外債元利払い149万円、内国人が外国船に支払う乗船賃88万5000円、内国船舶および船会社海外消費699万8000円、本邦人海外消費788万9000円、外国人内地営業利益1245万9000円、普通郵便物により輸入する新聞雑誌43万1000円、政府海外投資金200万円、南満州鉄道会社海外投資1168万9000円（以上、合計1億9870万8000円）。

第6章　明治末・大正初期の正貨危機対策構想

　1907年下半期、1908〜13年のいずれの時期も正貨収入（国際的受取り）見込額よりも正貨支出（国際的支払い）見込額の方がはるかに多くなる。正貨受入不足額は、1907年下半期で1億196万5000円、1908年6769万5000円、1909年5723万3000円、1910年9820万9000円、1911年9493万6000円、1912年3526万9000円、1913年2627万3000円となる。1907年下半期から1913年までの正貨国際収支支払い超過見込額は累計4億8158万円の巨額に達する。1907年6月末における正貨現在高（日本銀行および政府所有分）は5億3131万円であった。内国産金額は毎年平均520万円と推定できる（半年分260万円）。これらによって正貨を補充するとしても、正貨は各年とも不足する。

　これらの結果、正貨現在額は漸次減少すると予想される。すなわち、1907年下半期分の4億3194万5000円から1908年の3億6945万円、1909年3億1741万7000円、1910年2億2440万8000円、1911年1億3467万2000円、1912年1億460万3000円、1913年8353万円へと減少する。

　日本銀行の正貨準備予定額は各年1億8000万円となる。正貨現在額からこの金額を差し引いて改めて正貨過不足の累計を計算すると、1907年下半期分の2億5194万5000円、1908年の1億8945万円、1909年1億3741万7000円、1910年4440万8000円と正貨超過額が減少傾向をたどる。正貨現在額は1911年に至って正貨準備として必要な額に対して不足を来すこととなり、正貨不足額は1911年4532万8000円、1912年7539万7000円、1913年9647万円と増大傾向をたどる。

3　産業奨励を基調とする正貨維持方策

　このような正貨不足という状況に対処するための最も緊要な方策として、上記閣議案は次の施策を提唱する。輸出品の生産を奨励して輸出の増加を図り、輸入品に代わるべき内地産物を振興し、かつ輸入品の使用を減少して輸入の防遏に努め、また貿易以外で正貨の受入れを増加すべき事業の改良・拡張を行い、正貨の支払いの原因となるべき事業を減縮して、かくして国際正貨出入の関係を平衡させるということである。同閣議案は、正貨の受入れを増加できる事物として、生糸、綿糸、綿布、銅、燐寸、麦稈真田、経木真田、花莚を挙げている。また正貨支払いを減少できる事物として、米、砂糖、鉄、大豆、汽船汽罐

（ボイラー）、汽関車および車輌の類を挙げている。また貿易以外で正貨の受入れを増加できる事業として内国船舶外航運賃、海外営業利益および出稼人送金を挙げている。これらの事物事業を十分に奨励して、その増進または発達を助長すべきであると主張しているのである。さらに同閣議案は、政府関係による海外支払金を減少させるため、輸入品の使用を制限する方針をとるべきことを主張している。

　このような方針を採用することで正貨受入れの増加、支払いの縮小を図ることによって、1912年以後において年々正貨の受入超過になると上記閣議案は計算している。1907年下半期から1913年までの期間において、相当の手段を講じないときの正貨受入不足額（国際収支支払い超過額）は前述のように合計で4億8158万円となるが、相当の手段を講ずることによる正貨受入増加額は1908年2460万9000円、1909年4331万8000円、1910年6202万7000円、1911年8073万6000円、1912年9944万5000円、1913年1億316万円となり、合計で4億1329万5000円の正貨受入増加を図ることができる。かくして、正貨受入不足額は1907年下半期の1億196万5000円から、1908年の4308万6000円、1909年1391万5000円へと減少傾向をたどり、1910年には3618万2000円と増加するものの、1911年には1420万円と再び減少し、1912年には6417万6000円、1913年には7688万7000円の受取超過が生じることとなる。この結果、差引正貨受入不足はこの期間の累計で6828万5000円にとどまると計算しているのである。

　上述の閣議案は、前述の日本銀行の正貨維持に関する上申書と同じく生産・事業奨励による積極的な正貨維持を提唱している。閣議案の中に収録されている「正貨維持ノ方法」の中でも「一　輸出品ノ生産ヲ奨励シテ輸出ノ増加ヲ図ルコト　二　輸入品ニ代ルヘキ内地産物ヲ振興シテ輸入ヲ抑制スルコト」と記されている。上述の閣議案は貿易以外の事業の改良拡張によっても正貨の維持を図ろうとした。「正貨維持ノ方法」の中でも「四　貿易以外ニ於テ正貨ノ受入ヲ増加スヘキ事業ノ改良拡張ヲ行フコト」と記されている。「正貨維持ノ方法」はこのような方法について各種の物品事業を区分し、その金額がおよそいくらに上るかを考究している。

　だがそれだけではなく、前記「閣議案」は輸入品の使用減少を提唱し、また、財政緊縮を考慮に入れて、政府の海外支払金の減少、輸入品の使用制限をも提

唱している。もっとも、それに徹底するには至っていないが。上記「正貨維持ノ方法」の中でも「三　輸入品ノ使用ヲ減少シテ輸入ヲ防遏スルコト」、「五　貿易以外ニ於テ正貨支払ノ原因トナルヘキ事業ヲ減縮スルコト」と記されている。「正貨維持ノ方法」は輸入品使用の減少可能額は推定できないとしている。貿易以外で正貨支払いを減縮できる事業分野は政府海外払いであって、毎年その約1割、すなわち、200万円を減少することができるとしている。

　閣議案では、前述の日本銀行の正貨維持に関する上申書と同じく外債募集は取り上げられていない。正貨補充策としての外債募集や外債に依存した生産奨励が提唱されていないのである。現実には、生産奨励のための外債募集が実施されることとなるものの、政策理念としては外債に依存しない生産奨励による国際収支の改善による正貨維持が志向されていたということができよう。我が国は、国際収支の悪化にもかかわらず外債募集に安易に依存することを回避しようとした。このことは、我が国が累積債務問題の重圧から経済破綻に陥ることを免れた要因の1つであると考えられるのである。ただし、外債募集を主張しない生産奨励による正貨政策は、積極的正貨政策というには大きな限界を有していたといわざるをえない。

　正貨準備の充実を図るために、閣議案では、具体的に以下のような方針を決定して各省が一致してそれを貫徹することが必要であるとされた。

① 　政府事業ならびに政府関係の事業においては努めて内国品使用の方針を厳守し、もって内国産業の発達を奨励し、かつ外国貨物の輸入を減少させること。
② 　政府公共団体その他政府関係の事業において、とくに海外支払いの原因となるべき経費の節減を励行すること。
③ 　輸出貿易の方法ならびに組織の改良を図り、ことに対清貿易発展の方法を講ずること。
④ 　生糸、綿糸、綿布、銅、燐寸、麦稈真田、経木真田、花莚、米、砂糖、鉄、大豆、汽船汽罐（ボイラー）、汽関車および車輌など重要品の生産または製造の改良および奨励をなすこと。
⑤ 　内国船舶の外国航運を奨励すること。

⑥　本邦人の海外における事業の経営ならびに海外出稼ぎに対し、保護奨励を与えること。
⑦　本邦および韓国における産金を奨励し、満州地方その他外国の産金吸収の方法を立てること。
⑧　韓国における経済的経営を進めること。
⑨　一般に奢侈の風を抑え、勤勉貯蓄を奨励すること。

　正貨支出をもたらす在外公館経費その他の対外政府支出は毎年2000万円を超過すると推計された。このほかに正貨支出をもたらす在外公債元利払いが毎年5800万円以上となり、1910年には8200万円に達すると予想された。政府海外払い見込額（貿易表内外を合算）は各年1億円を超えると推計された。これを省別にみれば、1908年については、外務省293万円、内務省533万6000円、大蔵省7065万3000円、陸軍省502万3000円、海軍省1638万5000円[20]、文部省66万円、農商務省304万9000円、逓信省1703万3000円、合計1億2106万9000円[21]となる。
　そこで政府自体も正貨節約に取り組む必要が生じた。前記の正貨維持策のうち、各省経費の海外払い節約方法については、閣議案では以下のような「外国払取扱順序」を定めて実行することとされた。

①　各官庁需要品にして内国品あるものは、まずもって内国品を購入し、内国品不足の場合において外国品を使用すること。ただし、内国品不足の場合でも多少猶予を与えれば内国で供給できるものは内国品を使用すること。
②　多少物品が劣等であることおよび価格が高いことは、内国品を排斥する理由とはならない。要するに、需用の目的を達するのに差し支えがない限りは内国品を使用すること。
③　内地において需用品を購入するにあたり商人が密かに外国品を混入する恐れがあるから、あらかじめ相当の注意を当該商人に与えること。
④　学術用その他特殊の目的のために外国品に限定される場合は、外国品を

20）内訳は、軍艦代および兵器その他1146万9000円、造船造兵材料および機械その他491万6000円。
21）内訳は、国債元利払い6436万6000円（内国債元利払いの一部を含む）、その他諸払い5670万3000円。

使用することができる。
⑤　現在は内国品がないが、特約その他の方法により内国において供給できるものは、その方法を講じてこれを使用すること。
⑥　以上の各項は大体の綱領を示すものであり、これに基づき各官庁において常識をもって便宜処理すること。
⑦　各省は予定経費要求書とともに外国払所要額調書を調整し、大蔵省に送付すること。
⑧　前項外国払所要額調書はその内容を区別し、かつ外国払いを要する理由を付記すること。
⑨　大蔵省は各省から送付されてきた外国払所要額調書を調査し、外国払い予定額を決定し、これを各省へ通報すること。
⑩　各省は前項決定額の範囲内において外国払いをなすこと。ただし、支払い月割額見込表を調整し、大蔵省へ送付しておくべきこと。
⑪　各省は毎月実際支払済額を取り調べ、大蔵省へ通報すること。ただし、その内容は第8項に準じて取り調べること。

　第2～3節で述べてきた正貨政策構想はどれだけ実施に移されたのだろうか。また効果がどれほどあったのだろうか。これに答えることは困難であるが、あまり実行に移されなかったか、あるいは実効をあげえなかったものが少なからずあったようである。たとえば、生産・輸出促進策に重点を置いた「正貨維持ノ事ニ就キ上申」書の2年後に策定された「再正貨維持上ノ事ニ付上申」書は、「事ニ難易アリ　或ハ其ノ効果ノ未ダ顕著ナラザルモノアリ　或ハ未タ之カ実行ニ着手セラレサルモノアリ」と記している。基本的な対処策と目される輸出促進、輸入抑制についてはもともと実施が容易ではなく、かつその効果が現れるのに時間がかかり、とくに輸出促進の場合はそうであり、策定された対策自体が大きく奏効したことはなかったように思われる[22]。後に外債募集が主張されるのも、これなしでの生産奨励が困難であったり、正貨維持のための緊急対策としてそれが必要とされたからである。

---

22)　宮島茂紀［1995］65ページ。

第3編　日露戦争以後の金本位制維持政策

第4節　日本銀行の「再正貨維持上ノ事ニ付上申」書（1908年4月）

1　正貨危機と信用の失墜

　1908（明治41）年4月頃には年々1億1000万円前後の、もしくはそれ以上の正貨流出が予想され、1910年には日本の正貨の残額がなくなるとの危機感が生じていた。そのうえに、アメリカにおける恐慌の発生後、我が国貿易上の最大顧客である同国が1908、1909年のうちに常態に復帰するとは認められず、また、銀および銅の価格下落が対中国輸出を困難にした（清国では日常取引において銅貨が使用されていた）。こうした状況を背景に、日本銀行（総裁は松尾臣善）は「再正貨維持上ノ事ニ付上申案」を作成し、前回上申書提出から2年後の1908年4月13日付で松田正久大蔵大臣宛に提出した[23]。

　同上申書の原案が日本銀行保有資料に収録されている[24]。これに基づいて日本銀行の上申書の内容を考察することとしよう。

　上申書（案）の冒頭には「貨幣制度ヲ確実ニ維持スルコトハ国家経済ノ全般ニ亘リテ根本ノ重大ナル関係ヲ有スル事項ナリ　我邦ノ如ク兌換制度ノ採用セル国ニアリテハ此事ハ一ニ正貨維持ノ上ニ係レリ　然ルニ我邦ハ明治三十七八年戦役ヨリ巨額ノ債務ヲ外国ニ負ヘルアリ　之カ為メ元利支払ニ要スル正貨ノ額ハ年々頗ル多ク之ニ加フルニ国家上下諸般ノ経営ヲ遂行スルカ為メ海外ニ支払ヲ要スルモノ亦甚少カラス……一朝正貨準備ノ欠乏ヲ来スカ如キ場合ニ到ランカ我経済ハ上下ヲ通シテ此ニ根本的打撃ヲ蒙リ甚シキ惨状ニ陥ラントス」と正貨準備の重要性が論じられている。

　正貨準備の減少は、とくに日本の信用の失墜をもたらすうえから深刻な問題と考えられた。すなわち、同上申書（案）は次のように述べている。「正貨準備ノ額今日ヨリ日々減少スルノ時期ニ至ラハハ国ノ内外ヲ問ハス一般経済ハ危惧不安ノ念ヲ以テ蔽ハレ人心動揺シ其ノ影響スル所極メテ重且大ナルモノアルヘシ　而シテ其ノ結果我国内外ニ於ケル信用モ甚シク失墜スルニ至ルコトヲ免レサルヘシ　之ヲ思フトキハ実ニ寒心ニ堪ヘサルナリ」と。正貨危機は「国家経

---

23)　「再正貨維持上ノ事ニ付上申案」日本銀行金融研究所所蔵資料『正貨政策』。同資料は「明治四十三年ニハ我正貨ハ其ノ残額ヲ見サルニ至ルヘシ」と記している。宮島茂紀［1995］31ページ。

24)　同上「再正貨維持上ノ事ニ付上申案」。

済ノ危機」をもたらすと考えられたのである。

　日本の正貨政策においては、日本の信用の維持がその重要な役割とされていた。正貨準備の確保による信用の維持は国内で必要とされただけでなく、国際的な観点からも必要であると上記上申書が述べていることも、注目されなければならない。

2　輸入抑制による応急的正貨維持方策

　日本銀行が1906年4月に大蔵大臣に提出した前述の上申書においては、生産奨励による輸出奨励、輸入代替産業の振興による輸入抑制を図り、かくして国際収支均衡を達成し、正貨を維持することに主眼が置かれていた。だが1908年の上申書においては、「今日ニアリテ正貨収支ノ権衡ヲ回復セシメントスルニハ奇策アルコトナシ唯官民共ニ海外ヨリ物品ノ購買ヲ減少スルニ努メ以テ正貨ノ支払ヲ減少スルニアルノミ」と輸入抑制が主張されている。日本銀行が生産奨励による正貨維持という根本的政策を放棄したわけではなく、新上申書においても国力培養方策を励行することは認められている。だが、これによって2、3年以内に正貨出入の平衡を得ることは困難であると考えられた。そこで日本銀行は、「応急の施設」として、輸出の奨励よりも官民輸入の抑制を重視するようになったのであり、輸入の抑制も輸入代替産業の奨励によらない輸入抑制を重視したのである。外債募集も提起されていない。

　このようなことは、1907年10月に発生したアメリカの恐慌とそのヨーロッパ諸国への波及で外債の募集が困難となり、かつ対米、対中国（清国）をはじめとする輸出が不振に陥った状況下で、より即効性のある対処策の実施を迫られていたという事情を反映したものとみることができよう[25]。前述のように、アメリカの恐慌により対米輸出貿易が打撃を受け、また銀・銅価格の下落が対中国輸出貿易に打撃を与えていた。また1908年当時の日本の国内経済が恐慌状態にあって、金融も逼迫しており、生産奨励どころではなかったという状況変化が指摘されなければならない。

---

25)　宮島茂紀［1995］32-33ページ。

第3編　日露戦争以後の金本位制維持政策

　前年下半期からの輸出の減退は一般経済の不況をもたらし、金融も逼迫して、かくして国内投資計画は漸次縮小し、この結果、民間輸入は適度に制限されるはずであった。これが「一般経済上ノ理法」であると考えられた。だが当時の日本の特徴は、輸出が減少するほどには輸入が減少しないことであった。このような事態が生じたのは、前々年来計画された諸事業が少なくなく、事業に着手したものでは、すでに海外に注文を出してその品物が到着していないものや、注文を出すには至っていないが、それを中止できないものがあったためである。

　なかでも、政府が日露戦後経営のために陸海軍鉄道およびその他各種の事業費において、少なからざる金額の外国品を購入しなければならなかったことが大きく作用していた。政府事業においては、民間事業のように一般経済上の理法に従って、輸出の減退に応じて輸入が抑制されるという効果がなかった。外国品を購入するかどうかは政府が任意に決定することができた。その支払いには正貨の支払いを要し、それが正貨の減少を助長することとなった。政府が外国品の購入を極力節減することに努めれば、その減少高は少なくない金額にのぼると考えられた。そこで日本銀行の再上申書は、以下のように財政支出の削減を通じた政府の海外支払いの抑制を大蔵大臣に要請したのである。

「第一、公債ヲ財源トスル事業費ハ或ル限度以外ノ支出ヲ見合スコト、サレタキコト」

　公債を財源とする事業費は少なくなく、1908（明治41）年度だけでも7000万円以上の巨額に達する。公債を財源とする事業の進行は外国品の購入を要し、多額の正貨支払いを余儀なくさせる。加うるに公債募集ができなくなれば多額の兌換券を増発せざるをえないこととなり、その結果、外国品の購買が増加し、多額の正貨が流出することとなる。今日のように内外ともに公債募集が困難であるから、ますますこのことを断行する必要がある。

「第二、臨時軍事費残額ヨリ一般会計ニ繰入シタル正貨モ成ルヘク節約スルコト、サレタキコト」

「第三、前二項ノ実行ヲ期シ又併セテ其他ノ費途ニ於テモ正貨ノ使用ヲ節減スル為メ各省ノ外国品購入ニ対シ一定ノ制限ヲ加ヘラル、コト、サレタシ而シテ之カ目的ヲ達スル為メニ正貨支出ノ予算ヲ編成サル、コト、サレタキコト」

　日本銀行の再上申書で海外払い節約、財政緊縮による正貨維持方策が初めて

提起されたわけではなく、それは前述の閣議案を踏襲したものであるといえる。だが、それを前述の閣議案と比較すれば違いもみられる。閣議案では内国品使用による内国産業の奨励という視点がみられたが、再上申書ではこれに言及していない。再上申書では公債を財源とする事業費を抑制することが主張されており、内外公債募集の困難性が述べられるようになっている。再上申書では正貨支出予算を立てて政府の正貨支払い制限を行うことが立案されており、この意味では外貨・正貨管理的性格が表われている。

再上申書では生産奨励や外貨国債の借換えや地方債・社債発行を否定しているわけではないが、生産奨励の必要性ではなく財政緊縮・政府部門の外国品購入抑制による政府正貨使用節約が強調されている。また、新規外貨国債に言及していないだけでなく、外貨国債の借換えや地方債・社債発行の奨励の必要性についても述べていない。神山恒雄は、当時政府や日本銀行は生産的事業を重視したとされているが、再上申案にみられる日本銀行の構想は、正貨政策としては積極的であるとは必ずしもいえない。積極的正貨政策は以前の上申書提出時と比べれば明らかに後退しており、消極的正貨政策の性格が大きく台頭している。なお、1908年7月に第2次桂内閣が成立すると、明確な緊縮財政方針（行政整理、公債償還、非募債主義）が採用されるようになる。桂内閣の方針は緊縮財政論者である井上馨・松方正義の二元老の支持を獲得していた[26]。

再上申書は、輸出の減退に伴って輸入が減退するのが普通の状態であって、「各国相互ノ間ニ資金共通ノ実アルトキハ中央銀行金利ノ引上ヲ以テ速ニ此勢ヲ馴致スルコトヲ得」と、欧米にみられたような中央銀行の公定歩合引上げによる、輸入抑制を通じた正貨維持策に言及している。松尾総裁は、公定歩合引上げによる短期資金の流入の結果として為替相場が上昇し、これによって輸入が抑制されることを想定しているのであろう。同上申案は、「本邦ノ如キニアリテハ資金共通ノ実未夕挙ラサルヲ以テ中央銀行ノ金利引上カ之ニ対シテ効果少ナキ」と述べ、我が国におけるその施策の困難性に言及している。同上申書はまた、日本には輸出の減退ほどには輸入が抑制されない戦後の事業計画や日露戦後経営（陸海軍鉄道その他各種事業における外国品購入）という官民の特別

---

26) 千葉功『桂太郎』中央公論新社、2012年、144ページ。

の事情が存在することを指摘しているのである。

　正貨維持についての日銀の再上申は、実際にどれほどの効果をあげたのであろうか。輸入防圧策の１つとして重視された官庁関係の海外支払い抑制は実行されたといえよう[27]。だが輸入超過は1909年を除けば解消せず、1913年に策定されたとみられる『正貨吸収二十五策』でもなお輸入抑制について言及されており、輸入抑制の実行が容易でなかったことが窺われるのである。

第5節　正貨事項会議における外債依存の積極的正貨維持方策

1　正貨事項会議の開催（1911年5、8月）

　1909（明治42）年に不況となっていた日本経済は1910年から1912年上半期まで中間景気を迎えることとなる。1910年に日本は韓国を併合し、朝鮮開発が日程にのぼってきた。陸海軍拡張費は容易に抑えがたかった。水害復旧のための治水対策も考慮された。こうした背景のもとで1910、1911年頃になると、積極財政方針へ転化する要因が強まってきた。一方、この頃には国際収支が危機的状況に陥り、正貨が逼迫した。このため政・財界から財政緊縮方針に戻ることが強く要望されるようにもなった。従来推進してきた外資導入政策が元利払いによる正貨支払いをもたらし、その再検討が求められるようになった。正貨危機をどう打開するかが国家的課題となった。

　1903（明治36）年から1912（大正元）年までの10年間の内外正貨受払いの実況は次のようなものであった。正貨現在総額は1902年12月末現在１億2643万円であったが、1912年12月末現在３億5075万円（在内正貨１億3604万円、在外正貨２億1472万円）となり、この間に２億2433万円増加したことになる。しかし、この期間に公債、地方債ならびに社債などにより17億4156万円の起債が行われた。一方で、公社債の償還により、３億4412万円分の在外正貨が流出した。し

---

[27]　日露戦争以後、政府は外国払いの緊縮を実施してきた。すなわち、外国払いのために輸入品のうち節約できるものは努めてこれを節約し、内国の生産品をもって代用できるものはこれを使用してきた（大蔵省編『明治大正財政史』第17巻、541－543ページ）。1908年7月に成立した第２次桂太郎内閣は第１次財政整理を実施した。1911年8月に成立した第２次西園寺内閣が行財政整理に着手し、1913年2月に成立した第１次山本内閣の手でこれが実行に移された（大蔵省財政金融研究所財政史室編［1998a］428－432ページ）。

第6章　明治末・大正初期の正貨危機対策構想

表6－1　1903年から1912年までの正貨支払い（公社債関係起債・償還額を除く）

(単位：千円)

失った正貨1,173,118千円の内訳	
公債利子	450,682
貿易決済およひ貿易外収支差引（収入　425,229／支出　1,147,664）	722,435
計	1,173,118
公債利子以外の支払額1,147,664千円の支払い方法の内訳	
政府在外正貨にて振替え（公債元利を除く）	126,654
内国債買入運用の分内地へ回送のうえ償還	35,665
日本銀行大口為替	550,538
〃　　　金貨兌換	275,859
日本銀行にて政府のための為替支払い	23,791
軍票決済資金	117,721
その他（正金銀行へ売却　7,575／地金売却　2,561／価格銷却および準備換算の差　6,916／改鋳の減　184／その他　200）	17,436

出所：「自明治三十六年至大正元年満十年間正貨受払実況調」（大正元年）挿入表『勝田家文書』第49冊第1号。

たがって、起債償還関係を除けば満10年間に日本は11億7312万円の正貨を失った計算になる（表6－1の出所など参照）。この失った正貨の内訳は表6－1のとおりである。

　このような状態のもとで、1911年には入超や政府対外支払いのために正貨が枯渇することが危惧された。

　このような時代背景のもとに、大蔵省・日本銀行の両通貨当局は、1911年になって正貨事項に関する会議を2回にわたって開催した。これらの会議には両者の首脳部が出席した。大蔵省側出席者は、桂太郎首相兼大蔵大臣、若槻礼次郎大蔵次官、橋本圭三郎主計局長、勝田主計理財局長、山崎四男六国債局長、長島隆二書記官兼理財局国庫課長、日本銀行側出席者は、高橋是清日本銀行総裁、水町袈裟六副総裁（水町は8月のみ出席）であった[28]。第1回会議は5月29日に大蔵大臣邸において開催され、日本銀行の松尾臣善総裁が答申していたとみられる第1号案（明治45年予算、財政の組織運用、預金部、特殊銀行の貸出方に関する上申案）について協議した[29]。「本件」に関しては日本銀行総裁が一応

調査を行うことが決定された。その後7月上旬に、日本銀行調査局のスタッフを動員して行った調査に基づいて、高橋是清日銀総裁の意見書（第2号案）が桂大蔵大臣宛に提出された[30]。さらに8月10日に大蔵大臣邸において第2回会議を開催し、第3号案について協議し、一部を修正したうえで（第3号案中、正貨準備最低限度1億5000万円を1億8000万円と修正）、1、2、3号案件すべてを可決した[31]。正貨事項会議は全体として積極的正貨政策の立場に立っていた。すなわち、根本的には国内産業を盛んにして輸出超過を図ることにより正貨を維持するという立場に立ち、外貨導入に一定の制約を課しつつも、それに依存することを容認するというものであった。

2　第1号案（松尾日銀総裁の上申書）（1911年5月）

松尾臣善総裁の名のもとに1911年5月に提出されたとみられる日銀の上申書である第1号案の内容を考察しよう。この中の「第一　四十五年度予算ニ関スル事」においては、最初に「現今ノ情勢ヲ案ズルニ外低利ノ資本ヲ輸入シ内産

---

28)　日本銀行金融研究所所蔵資料『正貨事項会議覚書』1911年8月、による。長島書記官と記載されているのは、大蔵省百年史編集室編『大蔵省人名録——明治・大正・昭和——』大蔵財務協会、1973年により、長島隆二書記であると判断した。ただし、5月29日の会議には日本銀行側は松尾総裁と高橋副総裁が出席し、6月1日に松尾総裁が辞任した後、高橋総裁、水町副総裁が出席したとみられる。日本銀行金融研究所編『日本金融年表（明治元年～平成4年）』[1993] 86ページでは、5月29日に大蔵大臣、次官、日本銀行正副総裁が正貨問題について協議したと記述されている。

29)　日本銀行百年史編纂委員会『日本銀行百年史』第2巻[1983a] 278ページで、この案が大蔵省作成と思われると記述されているのは誤りであろう。日本銀行保有の第1号案の最初のページには「第六代　松尾総裁」という書込みがみられる。宮島茂紀[1995] 33ページでも日本銀行側が第1号案を作成したと推定している。日本銀行保有の『正貨政策』の目次では「四十五年予算、財政組織運用、預金部ノ事、及特殊銀行ノ貸出方ニ就キ大蔵大臣ヘ上申案」と記載されている。

30)　吉野俊彦[1977] 666ページ。この意見書よりも前に、すなわち日銀総裁に就任した1911年6月1日に、高橋是清は「正貨維持に関する意見書」を桂太郎首相兼蔵相に提出している（藤村欣一郎[1992a] 294-295ページ）。

31)　日本銀行金融研究所所蔵資料『正貨事項会議覚書』1911年8月。宮島茂紀[1995] 33ページ。吉野俊彦[1977] 666-667ページに紹介されている第2号案は『正貨事項会議覚書』所載のものとは内容が異なっており、日銀調査局スタッフ作成案ではなかろうか。第2号案（高橋意見書）の作成過程については佐藤政則[2012] 25-35ページを参照されたい。8月9日に作成された第3号案では日本銀行の正貨準備最低限度が1億5000万円と定められていた（「正貨維持ノ方針」『勝田家文書』第48冊第8号）。第3号案に木村清四郎日銀理事の印が逆方向に押されている。これは同理事がこの案に賛成していなかったからかもしれない。

第6章　明治末・大正初期の正貨危機対策構想

業ノ発展ヲ図ルニアラザレバ正貨準備維持ノ目的ハ終ニ之ヲ達スベカラズ」ということが述べられており、積極的正貨政策の考え方の再評価が行われるようになっている。とくに外債募集による生産奨励を正貨準備維持策として明確に位置づけるようになっていることが注目される。

だがこの文章に続いて、「外国ノ資本ヲ輸入セントスルニハ先ヅ国家財政ノ信用ヲ確実ニ維持セザルベカラズ」と述べられており、財政の信用を維持することの重要性が主張されている。この観点から財政の健全化に寄与する国債償還資金を減額することに反対している。一方で松尾総裁は、国民の負担を重くする増税にも反対している。

上記上申書において日銀は「産業ノ発展ヲ図ラントスルニハ財政上ノ施設ヲシテ一般経済界ヲ抑圧セシムルガ如キコトアルベカラズ故ニ正貨準備維持ノ根本ハ国家ノ財政ニアリトス」と述べ、新規経費の増加については産業発達に関係のないものは努めてこれを避けるべきであると主張している。

「第二　財政ノ組織運用ニ関スル事」においては、日本財政の組織運用はすこぶる煩雑であり、「国家ノ信用維持」の点からなるべくこれを直截明白にすることが必要であると主張し、予算決算にかかわる改善の具体例（剰余金計算の明確化、科目の整理減少、繰越金額の減少など）を挙げている。

「第三　預金部ニ関スル事」においても財政の信用を維持することの重要性が論じられている。すなわち、日銀総裁は「預金部ノ経理ハ亦財政ノ信用ニ関係スルコト頗ル大ナリ」と述べ、この信用維持のための預金部改革案（預金部資金運用を法律で制限するとともに、預金部の資産負債の実況を示す計算書を毎年度決算書に添付して公示するなど）を開陳している。

「第四　特殊銀行ノ貸出方ニ関スル事」においては、特殊銀行が、国家経済上の目的を遂行するために国家が設立した金融機関であるにもかかわらず、一面においては株主の出資によって成立した営利会社でもあることから利益の増加に努めている、と述べ、特銀が国家経済上の利害を離れて単に自己の利益の増加に努めるようなことのないようにしなければならないと主張している。

正貨事項会議で上記のような財政問題が取り上げられたのは、正貨の維持を図るためには財政の信用を維持することが必要であると考えられたからである。そのために財政上の施策が必要とされたのである。

第3編　日露戦争以後の金本位制維持政策

　日本の正貨政策や外資導入における財政信用維持の重要性は、正貨事項会議が開催される以前から日本の財政当局者によってはっきりと認識されていた。それが日本の財政の均衡化が図られたことの背景をなしていた。すなわち、元老井上馨は1907（明治40）年12月に、日本財政において「内外人ヲシテ我ガ財政ノ信用ニ少シモ疑念ヲ起サシメザルコトヲ勉ムベキ」であることが日露戦後財政の最大急務であると述べているのである[32]。

3　第2号案（高橋日銀総裁の意見書）（1911年7月）

（1）　正貨準備の現状および正貨収支見込み

　高橋是清日銀総裁が提出した日本銀行の意見書（第2号案）には大蔵省調査の計数に基づき計算した正貨統計が添付されている。これによれば、1911（明治44）年3月末の正貨現在高は4億7730万円であった。その内訳は国庫所有在外正貨2億933万円、日本銀行所有在外正貨1億3882万円、日本銀行所有（在内）正貨1億2914万円であった。

　正貨の中には特別運用のために早急に回収ができないものが8639万円あった。その内訳は国庫の分が8153万円、日本銀行の分が486万円であった。国庫の分の内訳は、本邦各種公債購入（特別資金）4958万円、同（預金部）796万円、満州不動産資金（正金銀行預ケ入）300万円、大冶借款資金（正金銀行預ケ入）1800万円、台湾糖輸出奨励金（台湾銀行預ケ入）300万円であった。日本銀行の分は本邦各種公債（英貨公債）への運用分である。これらのほかに日本銀行正貨準備に充当されている正貨が2億1645万円あった。早急に回収ができない正貨の額と日本銀行正貨準備充当額を合計すれば3億285万円となる。

　正貨現在額から早急に回収ができないものと日本銀行正貨準備充当額とを差し引けば、1911年3月末に使用できる正貨は1億7445万円にすぎなかった。

　1911年度の正貨収支見込みは以下のように計算された。

　同年度内受入正貨見込額は、国庫の分小計342万円（内訳は、清国賠償金217万円、正貨運用利子で英貨以外の分125万円）、日本銀行の分小計3980万円[33]、合

---

32)　井上馨「明治四一年度予算案ニ関スル意見」国立国会図書館憲政資料室所蔵『井上馨文書』第61冊第25号、1907年12月16日。

計4322万円であった。この合計額に、前述の1911年3月末に使用できる正貨の金額を加えた金額は2億1767万円となる。

　一方、1911年度内支払い正貨見込額は、国庫の分小計7427万円[34]、日本銀行の分小計9500万円[35]、合計1億6927万円と見込まれた。

　かくして1911年度末に正貨準備充当外に使用できる正貨現在高は4839万円という少額になると見込まれた。政府直接受払いを除いた貿易外の正貨収支においては年々2000万円の受取超過となる計算であったが、政府収支においては年々8000万円前後の支払い超過となる計算であったから、1912年度からは正貨準備の現在額を維持することができなくなり、1915年度末には正貨準備が皆無となり、各種公債など急に回収することが困難なものを処分したとしても、なお1年内外を支えるにすぎなくなると見込まれた。こうして、正貨維持策の樹立が喫緊の課題となったのである。

（2）　第2号案における正貨維持構想
外資導入に基づく産業奨励

　高橋意見書（日本銀行総裁の桂太郎大蔵大臣宛上申書）は、「正貨準備ノ擁護ハ実ニ一国ノ大事ナリ信用ノ基礎財産ノ安固主トシテ之ニ繋ガル」と正貨準備維持を重視している。

　この高橋意見書には積極的正貨政策の考え方が採用されており、1908年4月の日本銀行の上申書よりもこの考えが強く表われている。すなわち同意見書は次のように述べているのである。「正貨準備維持ノ……根本的解決ハ官民上下共同一致シテ産業ヲ盛大ニシ販路ヲ海外ニ拡張スルニ因リテ始メテ之ヲ達スルコトヲ得ベキモノトス」。同意見書は、産業を奨励して輸出を増加させて国際収支の黒字を達成することに正貨維持の根本的解決を求めたのであった。

　同意見書は、正貨維持について、受動的もしくは一時応急的な対策は大蔵省および日本銀行が担当するが、根本的・能動的対策は官民一般の努力にまたざ

---

33)　内訳は、正貨運用利子480万円、政府直接支払いを除いた貿易外正貨収支差額受入2350万円、内地産金吸収1150万円。
34)　内訳は、在外公債償還500万円、在外公債利子3266万円、国庫債券振替償還586万円、内国公債利札買入れ59万円、海軍省経費459万円、南満州鉄道社債償還1953万円、同社債利子605万円。
35)　内訳は、内地輸入超過8000万円、台湾・朝鮮の対外貿易輸入超過1500万円。

るをえず、後者については輸入品に代替する内国品を使用するかどうかは官民が一致してこの実行を期するかどうかにかかっている、と述べている。

同意見書は、当面は外債利払いに要する正貨支払いに充当するため、および欠乏する生産資本を補充するために外資を輸入する必要があることを認めている。すなわち、「今日ニ於テ尚暫ク外資ヲ輸入シ之ヲ以テ一方ニ利払ニ要スル正貨支払ニ充テ又一方ニ我ガ欠乏セル生産資本ヲ補充シ国力ノ充実ヲ図リ漸ヲ以テ収支ノ権衡ヲ得ルノ方針ヲ採ラザルヲ得ザル所ナリ」と述べている。

同意見書は産業奨励のためには資本が必要であるとし、このために外資導入が必要であると次のように論じている。「我ガ国ニ於テ最モ欠乏ヲ感ズルモノハ資本ナリ勤倹貯蓄ハ資本ヲ集積スルニ最モ必要ノコトナルヲ以テ之ヲ奨励スルニハ尚充分其ノ力ヲ盡スノ必要アリ然リト雖モ新進我ガ国ノ如キニアリテハ欧州低利ノ資本ヲ輸入シテ之ガ利用ヲ図ルモ亦当然ノコトナリトス」と。また同意見書のはじめに次のように述べられている。正貨準備維持の困難は、生産上の目的でなく戦費支弁のために発行された日露戦争外債発行の元利払いから生じたものであって、この元利払いを行うにあたって、貿易その他の経済上自然の作用による国際貸借の関係によって正貨収支の均衡を図ろうとすることは難しい。当面はまず、一方で、外資を輸入して、これによって得た正貨を、外債利子支払いに充当するとともに、産業を盛大にして海外販路を拡大する資金に供する、と。ここには外債募集の必要性が正貨政策の理念として主張されるようになっており、単なる生産奨励論にとどまらず、外債募集による産業奨励を主張するという意味での積極的正貨政策の考えがはっきりと主張されるようになっているのである。

緊縮財政方針を採用した第2次桂内閣は非募債主義を採用したが、それは新規外貨国債を発行しないというものであって、内債借換えのための外貨国債の発行、地方債・社債の発行を容認するものであった。同内閣は外貨市債統制を転換した。1909（明治42）年には横浜、大阪、名古屋、京都の各都市が外貨地方債を発行した。これによって国債非募債主義のもとでの外貨（在外正貨）補充が図られた[36]（1912年にも京都、東京、横浜の各市が外貨債を発行している）。

---

36) 持田信樹［1981a］171-174ページ。サイモン・J・バイスウェイ［2005］138ページ。

高橋意見書も、外国債を募集して内国債を償還するとともに、政府の鉄道に関する債券、地方事業に対する公共団体の債券、民間会社の債券などを欧州市場で発行し、一方でこれによって得た正貨を海外に対する利払資金に充当するとともに、他方で、これによって得た資本（低利資金）を内国産業の発展に利用することに努めるべきであると主張している。正貨事項会議の時期には積極的正貨政策の考えが強化され、しかも外債募集による生産奨励が正貨準備維持策として明確に位置づけられるに至ったのである。

国債管理政策

日本銀行は大蔵省よりも正貨政策として外債発行を重視した。高橋意見書は、外債発行方法について詳しく論じている。同意見書は、国債発行のあり方を財政負担の軽減、国債消化の観点から考える国債管理政策を提示しているのである。この国債管理政策についてさらに論述しよう。

同意見書は、第1に、その発行に際しては財政負担の軽減を図るべきことを主張しており、国債政策を決定する場合には、「国債ニ関スル財政上ノ負担ヲ軽減スル」ことに努めなければならないと述べている。このためには利子費用の最小化すなわち表面利率（クーポン・レート）の低減を図ることが必要となる。これは従来から日本で国債政策を論ずる者が重視したことである。

第2に、国債の募集の円滑化、消化の促進を図ることの重要性を論じている。すなわち、「国債ヲ募集スルニ便利ナル状況ヲ造出」することの重要性を指摘している。このために、国債償還が可能なとき（「事無キノ日」）にこれを行って、一方に国債による負担を軽減するとともに他方に他日の募債の便宜を図ることに努めるべきである、と主張している。経済情勢上、国債の発行が不利な場合にその発行を見合わせることも、やむをえないこととしている。国債の募集においては、政府の安定的資金調達のために、国債相場の安定化が必要となる。そのためには国債価格維持政策が必要となる。このことについて同意見書は次のように述べている。「国債ヲ募集スルニ便利ナラシムル状況ヲ造出シ置カントセバ常ニ発行国債ハ相当ノ価格ヲ維持シ其ノ価格ヲ以テ市場ニ於テ何時ニテモ自由ニ売買セラル、状態ニアラシムルコトヲ努メザルベカラズ」と[37]。このような国債価格維持のためには、財政を健全にして国家の対外信用を高め

第3編　日露戦争以後の金本位制維持政策

る必要があった。そこで高橋意見書は「財政確実ニシテ国家ノ信用外中[ママ]ニ高キヲ要ス」と述べるのである。国債価格維持のためには、国債の信用度を維持するだけでなく、発行条件が投資家に満足を与えるものでなければならない。そのためには国債の応募者利回りが投資家にとって魅力的でなければならない。かくして高橋意見書は次のように論ずるのである。「其ノ利廻リガ金融市場ノ体制ニ相当シテ常ニ多クノ人ヲシテ喜ビテ其ノ国債ニ放資スルコトヲ望マシムルモノト為スコトヲ要ス」、市場の実況を考慮して投資家の「人心ヲ維グ[つな]ニ足ル利率」を国債に付与しなければならない、と。

このほか、一時に多額の国債を発行するのでなく、必要に応じて分割募集することが利子支払いなどからいって得策であるとも論じている。なお、市場の要求にかなった種類や償還期間の国債を発行し、期間構成や残高構成の最適化を図るという国債管理方策については言及していない。

外債募集による正貨維持と公定歩合操作による正貨維持との関係

同意見書（日本銀行の上申書）は、外債募集による正貨補充とは区別される「自然ノ経済的作用」による正貨収支の均衡化をまったく認めないわけではない。同上申書は「日本銀行ハ海外ニ於テ利子仕払ノ為メ常時五六千万円ノ正貨ヲ保有スルヲ必要トスベク而シテ此ノ正貨ハ他日ハ漸ヲ追フテ自然ノ経済的作用ニヨリテ補充セラルヽコトヲ期スル」と述べている。ここでは金本位制の自動調節作用について考えているのであろう。金本位制の自動調節作用の理論にはまずヒューム以来の古典派経済学の通説である物価・正貨流出入機構（price-specie flow mechanism）の理論がある。これは、貿易収支が赤字となれば金流出が生じ貨幣供給量が減少して物価低落が生じ、これが貿易収支を好転させるというものであり、金収支も自動的に均衡するといえることとなる。この古典派理論は後に修正されて、国際収支の不均衡が生じ金が流出すれば金利が上昇し、これが外国短期資本を流入させるとともに国内支出を抑制させて物

---

37)　伊藤正直氏は「正貨準備ノ増減ヲ以テ利子ヲ上下スル重要ナル標準ノート」するという記述とともにこの記述をもって「市場機構の自立性を回復させることを通じて中央銀行政策の有効性を確保しようという構想が前面に登場している」と評価されているが（藤瀬浩司・吉岡昭彦編［1987］379ページ）、この記述は国債募集・国債消化の円滑化のためのものであって、中央銀行政策の有効性を確保しようとするものではない。

第 6 章　明治末・大正初期の正貨危機対策構想

価を引き下げて、かくして国際収支が均衡し金収支も均衡するという理論が登場した。中央銀行はその調整過程を妨害すべきではなく、中央銀行には「金準備増加時には金融緩和、減少時には引締」[38]という行動が求められた。日本銀行の上申書では金本位制の自動調節作用をどのように理解しているかが明示されていない。とはいえ、同上申書は、「日本銀行ノ利子ノ上下ハ必ズシモ正貨準備ノ増減ニ伴フコト能ハザリキ是ヲ以テ日本銀行ノ正貨準備ノ増減ト利子ノ上下トガ我ガ経済市場ヲ警戒シ又ハ安堵セシムル所以ニ於テ十分ナル作用ヲ為スコト能ハザル状態ニ陥キリ」と日本の金融政策の特徴を指摘し、「此ノ如キハ一時ノ変態已ヲ得ザルノ事情ニ出デシモノニシテ永クニ依ルベキモノニアラザル」と述べ、「自然ノ経済作用ニヨル正貨ノ出入ハ直接正貨準備ノ増減ニ影響セシムルコト、シ日本銀行ハ正貨準備ノ増減ヲ以テ利子ヲ上下スル重要ナル標準ノートシ我ガ経済社会ヲシテ之ニヨリテ向フ所ヲ知ラシムルコトトスルハ最モ必要トスル所ナリトス」と提言しており、日本銀行が金本位制のゲームのルールを遵守すべきであるという考えが開陳されている。正貨維持策として金融政策の活用にかなり言及するようになっているという点でも高橋の上申書は注目される。

　だが高橋意見書（上申書）は、「自然ノ経済作用」だけに頼ることはできないと、その限界点を指摘しており、外債募集による正貨補充の必要性を認めている。このことは前述したとおりである。伊藤正直氏は、前述の正貨準備の増減に応じて利子を変動させる政策の提唱を「正統的金融政策への志向を強く表明している」と高く評価され、日本銀行上申書が外債元利償還の資金源確保を最大の眼目とする大蔵省案に対抗するものであると位置づけられ、中央銀行政策の有効性の確保を最も強調したものであったと主張されている[39]。

　このような中央銀行政策の有効性の評価は過大であるといえよう。上記上申書は正貨維持策について述べたものであり、正貨準備の増減に応じて利子を変動させることはその諸対策の1つとして述べられたものにすぎなかったのである。しかも日銀は、産業の発達を図るためには金利の引上げが過度となるのは

---

38) 金本位制のゲームのルール。『大月　金融辞典』大月書店、2002年、123-124、127、451ページ。
39) 藤瀬浩二・吉岡昭彦編［1987］378-379、397-398ページ。

535

好ましくないとの判断もあって、正貨の増減と公定歩合の引上げとの直接的連動について慎重な姿勢を示していた。大蔵省の「正貨ニ関スル応急擁護策」が正貨準備の減少に伴い日銀の利子歩合を引き上げることと述べているのに対して、日本銀行は、正貨準備の増減をあくまでも利子を上下する「重要ナル標準ノ一」としかみていなかったのである[40]。同行が正貨準備の増減に応じて利子を変動させる政策を提唱したことをもって、同行が大蔵省よりも正統的金融政策への志向を強く表明したとはいえない。むしろ同省の方が「正貨ニ関スル応急擁護策」の中でそれをはっきりと主張している。すなわち、大蔵省は「大蔵省証券ノ増発並正貨準備ノ減少ニ伴ヒ日本銀行ノ利子歩合ヲ引上ケ輸入超過並正貨流出ヲ防止スルコト」を主張しているのである。また第 2 回正貨事項会議覚書で「日本銀行ハ準備ノ増減ヲ以テ利子ヲ上下スル重要ナル標準ノ一トシテ以テ財界ヲシテ向フ所ヲ知ラシメントノ日本銀行ノ意見ハ極メテ穏健ニシテ大蔵省ニ於テモ素ヨリ異説ナキ所ナリトス」と記されているのである[41]。

（3） 財政信用の維持

　高橋意見書に積極的正貨政策の理念が存在していたことは前述のとおりである。ただし、同意見書には消極的正貨政策の理念につながる考えがまったく包含されていなかったわけでもないということも指摘しておきたい。同意見書には、次のように消極主義的正貨政策につながる財政信用重視の考え方が示されているのである。「正貨準備ノ維持ハ国家経済上自然ノ作用ニヨルベキモノニシテ之ガ基礎ハ国ノ財政ノ上ニ置カザルベカラザルモノナリ」、また「外資ノ輸入ヲ図ルニツキテ我ノ信用ノ基礎ヲナスモノハ国家財政ノ根本的信用」であって、この「財政ノ根本的信用ヲ厚クスルニ力ヲ致スハ今日ノ急務ナリ」、「財政ノ根本ニ於テ充分内外ノ信用ヲ厚クスル所以ノ道ヲ尽スニ努メラル、コト是レ最モ肝要ナリ」、と。ここでも日本の正貨維持政策における財政信用（財政信認、財政維持可能性）維持の重要性が認識されている。ここには外資導入のために必要な対外信用（国際信用）の維持という国際的観点からの財政信用の確保が包含されているのである。財政規律が国際信用の維持のためにも求めら

---

40)　宮島茂紀［1995］40ページ。
41)　前掲『正貨事項会議覚書』所載第 3 号案。

れていることに注目すべきである。

　財政の内外信用維持のためには財政の健全化を図り、かつ財政を国民にわかりやすくすることが必要となる。そこで高橋意見書では、財政の健全化を図ることが求められ、国債整理を進めるとともに、国民の租税負担の増大を抑制しつつ財政歳出を抑制することが主張されている。同意見書は、今日租税の負担は民力に比して軽微ではなく、断じて増税を行ってはならない、国債整理基金繰入金額を減少してはならない、歳出は膨張を避けなければならない、と主張しているのである。財政の透明化については、「財政ノ組織運用ヲ直截明白ニ」する必要を論じ、「会計ノ組織既ニ頗ル複雑ナルニ加フルニ運用ノ錯綜ヲ以テスルトキハ局外ノ者容易ニ真相ヲ知悉スルコトヲ得ズ却テ種々ノ疑惑ヲ生ズルノ憂ナシトセズ」と述べている。

　もっとも、財政の健全化は、正貨政策として外債募集を重視する日本銀行が、日本の対外信用度（国際信用度）の低下が外債募集に不利とならないようにとの配慮から主張したことでもある。したがって、日本銀行が「財政ノ根本的信用」を厚くするよう主張したからといって、同行が消極的正貨政策の採用を主張したことにはならない。高橋は輸出を増進させるための産業奨励、これを行うための外債募集、この外債募集にとって必要な対外信用を維持するための財政信用の維持が、正貨維持のためにいずれも必要であると考えていたのである。

4　大蔵省の「正貨ニ関スル応急擁護策」（1911年8月）

　第2回正貨事項会議においては、正貨の現状および将来に関しては大蔵省および日本銀行のみるところは大体一致し、また正貨維持策についても両者の所見は概略一致していた、とされた。これらに関する大蔵省側の見解は、同省が1911年8月に作成した「正貨ニ関スル応急擁護策」[42] に示されている。同省と日本銀行の見解には共通の認識が少なくなかったが、相違点もあった。

　大蔵省は正貨危機、国庫所属正貨不足のもとで外貨公債元利払いのための資金の確保に迫られていた。このために同省はその文書の中で、正貨維持の緊急策として、「正貨ノ節約」、「固定セル正貨ノ解放」（正貨の流動性の増大）、「正

---

[42]　大蔵省財政史関係所蔵文書『勝田家文書』第48冊第7号。

貨ノ調達」の3策を提起していた。このうち「正貨ノ節約」と「固定セル正貨ノ解放」について比較的詳しく論じる一方、「正貨ノ調達」については簡単な記述にとどめている。

そのうち、「正貨ノ節約」については、①今後国債償還金、国庫支払金を調達するのに正貨売却によらずに大蔵省証券を発行する、②日銀の正貨準備が逼迫しそれが1億5000万円前後に低下するまでは「国庫ノ正貨保存ノ為」国庫の正貨（政府正貨）を日銀に売却して同行の正貨準備を補充することをしない、③大蔵省証券の増発、正貨準備の減少に伴って日銀金利を引き上げる、④1911年第2次の国債償還を見合わせ、この基金で特別資金所有の公債を引き受ける、これが困難であればその償還の実行を少なくとも年度末まで延期する、⑤英貨公債償還残500万円は預金部所有および特別資金残存の英貨公債で充当し、新たにロンドンでこの買入れを行う、⑥海外支払い経費を節約する、⑦政府事業は内国品を使用する、ということを挙げていた。

「正貨ノ解放」は、①特別資金の枠を縮小ないし全廃、②特別資金および預金部所有の英貨公債の売却、③償金銀行への固定的預金の縮小、によって政府正貨のうち対外決済に利用できない固定的部分をなるべく低減するということを内容としていた。

「正貨ノ調達」については「英仏ニ於テ可成速ニ鉄道公債又ハ借換公債ヲ募集スルコト」を述べるにとどめていた。

大蔵省は産業奨励の必要を認めていた。「正貨ニ関スル応急擁護策」は「根本方針トシテハ今後一般ニ生産費ノ低減並資本ノ集積ヲ助長スルノ政策ヲ行ヒ以テ国力ノ発展充実ヲ計リ依テ自然ニ輸出ノ増進、輸入ノ防遏ノ出現ヲ期待スルノ外ナシト認」め、そのための方策を提起していた。しかしその効果が発揮されるには時間がかかるから、正貨擁護のために前述の緊急の正貨擁護策の採用を重視したのであった。

大蔵省首脳は正貨事項会議で日本銀行総裁の見解を承認しているから、同省は積極主義正貨政策を認めていたといえる。しかし、だからといって同省が積極主義的正貨政策の立場に立っていたとはいえないのである。大蔵省の「正貨ニ関スル応急擁護策」は、外債募集については、鉄道公債または借換公債の発行は認めるものの、日本銀行よりも消極的であり、正貨節約方法、外債にかわ

第6章　明治末・大正初期の正貨危機対策構想

る正貨補填策を模索しており、正貨準備減少に伴う日銀金利の引上げ、海外支払い経費の節約、固定的正貨の流動化などを主張している。このような点においては、大蔵省の見解は消極的正貨政策の考えを少なからず反映していたともいえるのである[43]。

ただし、日銀の正貨準備が逼迫しそれが1億5000万円前後に低下するまでは政府正貨でそれを補充しない、などという点は、伊藤正直氏が指摘されたように、外貨公債元利償還の資金源を確保しようとする大蔵省の狙いが反映されたものとみることができよう。

5　第3号案（大蔵省と日本銀行との合意案）（1911年8月）

正貨に関する第3号案（第1号案、第2号案、「正貨ニ関スル応急擁護策」に基づいた正貨事項に関する方針および日本銀行利子を正貨準備の増減に関連して上下させる方式の細目）が、1911年8月10日の第2回正貨事項会議において大蔵省の日本銀行との合意案として提出され、これが決定された。この内容は以下のようなものであった。

大蔵省も日本銀行も「国債利子支払ノタメノ正貨ノ収支ト自然ノ経済作用ニ依ル出入トハ之レガ取扱ヲ区別シ後者ハ直接正貨準備ニ影響セシムルコト、シ日本銀行ハ準備ノ増減ヲ以テ利子ヲ上下スル重要ナル標準ノート」することに合意する。正貨準備は外債発行でなく自然の経済作用によって確保するという原則（外債発行に節度を設ける）が定められたのである。

第3号案は上記の方針を実行するための細目を次のように定める。日本銀行の正貨収支は次のように分類する。甲、日本銀行の正貨受入れ（①政府より正貨買受け、②公共団体より正貨買受け、③銀行会社より正貨買受け、④日本銀行所有本邦公債等海外売出し、⑤内地産金吸収、⑥日本銀行海外利殖金吸収）。乙、日本銀行の正貨払出し（①政府へ正貨売却、②公共団体へ正貨売却、③銀行会社へ正貨

---

[43]　伊藤正直［1987］397ページでは、外貨公債の元利償還の資金源の確保こそが大蔵省案の最大の眼目であったとされる。伊藤正直説を批判される神山恒雄氏は、当時の正貨政策をめぐる大蔵省と日本銀行の対立点は外債発行の是非にあり、大蔵省の主張は消極的正貨政策のものであったのであり、日銀の自律的金融調整力確保については両者に異論はなかったと述べられている。神山恒雄［1995］270ページ。

第 3 編　日露戦争以後の金本位制維持政策

売却、④日本銀行の本邦公債海外より購入、⑤金貨取付け、⑥日本銀行外国払経費支出など)。この正貨受払いを自然の経済作用によらない正貨受払い（①政府との正貨売買、②公共団体との正貨売買のうち特別市債の募集償還に関するもの、③日本銀行の本邦公債海外売買のうち特別の目的を有するもの）と自然の経済作用による正貨受払い（①公共団体との正貨売買の内特別市債の募集償還に関しないもの、②銀行会社との正貨売買、③日本銀行の本邦公債海外売買のうち特別の目的を有しないもの、④内地産金吸収ならびに金貨取付、⑤日本銀行海外利殖金、経費、その他）とに区別する。

日本の財政経済の大局から観察すれば、日本経済の現状は不自然な状態にあり、日本銀行における自然の正貨払出しは自然の正貨受入れを超えるのが常であるから、日本銀行の所有正貨は正貨準備において激減し、準備外正貨において過剰となり、前記の方針を遂行するのが困難となると懸念される。そこで、実際の正貨取扱いにあたっては、「我国富力一段ノ進境ヲ見自然ノ状態ニ恢復スルマデハ」前記の方針に以下の制限を加えることとなった。

①人為的に正貨準備に一定の平準点（たとえば 2 億円）を定め、正貨準備が自然の経済作用によりこの平準点を下回るに至るときは、日本銀行は次第に金利を引き上げ正貨維持を図る。②正貨準備に一定の最低限度（たとえば 1 億 8000 万円）を設け、日本銀行の金利引上げにもかかわらず正貨準備が自然の経済作用によりこの限度を下回るときは、自然ならざる作用により受け入れた正貨をもって、当該限度まで徐々に正貨準備を補充する。③前記の補充額は、正貨準備が自然の経済作用により増加して 2 億円を超えるに至るときは順次準備外に組み戻す。④これらの例外のほかは自然ならざる作用に基づく正貨の収支は正貨準備に影響させないこととする。すなわち、正貨準備を人為的に最低 1 億 8000 万円（前述の 1 億 5000 万円案からの引上げ）に維持し、これを上回る範囲での正貨の増減は自然の経済作用によることとする。こうして正貨準備は原則として自然の経済作用によって確保することとするが、それが最低 1 億 8000 万円に達しないときにはじめて外債発行など人為的手段によってその額を維持することとなったのである。

上記上申案では為替政策による正貨維持策や産金奨励については、従来の日露戦争後の正貨維持構想と同じく検討されていなかった。

第6章　明治末・大正初期の正貨危機対策構想

6　正貨事項会議決定とその取扱い

　8月の第2回正貨事項会議で上記3案がすべて承認された。「当分の間は外資を導入して正貨問題に対処する一方、産業の発展を促進してその根本的解決をはかるという方針」が採択された[44]。すなわち、外債募集による正貨維持という正貨維持策が明確に打ち出されるとともに（政府外債募集金の日銀正貨補充制限を包含）、外債募集による正貨維持策と外債募集によらない産業奨励・貿易黒字化による正貨維持策とが区別され、それらの関係がこのように位置づけられたのである。このような積極的正貨政策方針が決められたことは『公爵桂太郎傳』でも確認できる。すなわち同書は「外債の利子を仕払うに更らに外債を以てす、是れ決して常規にあらす。然れとも、正貨の増減を自然に一任せんか、外債利子の仕払毎に所有正貨に劇変を来す〔ママ〕。而して所有正貨の劇変は、更に内地通貨に劇変を来たすへく〔ママ〕。是れ左なきたに疲労せる経済界の、到底堪うる所にあらす。故に当分は、公私外債の募集に依りて、之れを補充し、国力の発達を待ちて、漸次常規に復せしむる外なしと云うに在り」と記している[45]。

　だが、その直後の1911年8月25日にこの会議を推進してきた桂内閣が総辞職し、同月30日に第2次西園寺内閣が成立した。蔵相には消極的正貨政策を標榜した山本達雄が就任した。当時、欧米金融市場における日本物の「過飽和」、欧米金融市場の市場条件の悪化により外債の発行が困難であった[46]。また1912年には金融政策運営の力点が「安定」よりも「成長」に移ったとみられないこともないという変化が生じ、同年に高橋日銀総裁は正貨危機対策として金利を引き上げることに反対した[47]。このような状況下で、正貨事項会議の決定事項は第2次西園寺内閣によって忠実に履行されることにはならなかった[48]。

　1912年9月17日付の『原敬日記』によれば、元老の松方正義は「大に政費を減じ、又外債を絶対に募集せずと云ふ極端なる消極論」を唱え[49]、松方正

---

44)　日本銀行百年史編纂委員会編［1983a］『日本銀行百年史』第2巻、279－280ページ。
45)　徳富猪一郎編『公爵桂太郎傳』坤巻、故桂公爵記念事業会、1917年、892ページ、復刻版、徳富蘇峰編著『公爵桂太郎傳』坤巻、原書房、1967年。兵頭徹［1990］116ページ。
46)　藤瀬浩司・吉岡昭彦編［1987］399ページ。
47)　日本銀行百年史編纂委員会編『日本銀行百年史』第2巻、268－269ページ。
48)　同上書、第2巻、282ページ。

義・大山巌・井上馨の元老を加えた10月15日の閣議において、松方は「正貨の不足を憂ふるとて消極説を縷々陳述」した[50]。正貨事項会議の決定が放棄される可能性もあったのである[51]。実際、1911～12年には外債は発行されておらず、正貨事項会議の方策は実施されなかったといえるのである。

だが、正貨事項会議で取り上げられた積極的正貨政策構想は1年後に再び復活することとなる。これについて、節を改めて論ずることとする。

第6節 「正貨準備維持ニ就キ積極、消極孰レノ主義ニ拠ラントスル哉ニ関シ政府ノ方針内示方上申」書（1912年）

1 上申案の起案

1911年8月末に成立した第2次西園寺内閣は積極政策を掲げる政友会を与党としていたが、正貨危機下で山本達雄蔵相は就任当初から外債非募債（外債借換えを除き政府関係外債＝外国国債・地方債・政府保証付社債を発行しない方針）・金利引上げを内容とする消極的正貨政策を主張していた[52]。

この時期から大蔵省内部では外債非募債などを主張する消極的正貨政策が台頭したのである。もっとも、それは第1次世界大戦直前までは徹底しなかったのであるが[53]。元老の正貨危機意識はかなり強く、井上馨の要望により1911年10月5日に井上・西園寺・高橋・山本・原が正貨準備の件につき会合を開いた際、井上は「正貨の欠乏に関する憂慮を述べ」、日本銀行の「調査に係る書類を示して山本に注意を促した」[54]。山本蔵相は消極的正貨政策を提示することによってこれに応えたのである。

山本蔵相は財政については緊縮財政方針を堅持した。財界は正貨吸収策および財政整理策を強く希望していた。経済界の人々、ことに銀行業者は、渋沢栄一を通じて元老井上馨に対外支払いの増大に伴う正貨流出による兌換制の危機

---

49) 『原敬日記』第5巻、乾元社、1951年、114ページ。
50) 原奎一郎編［1951］第5巻、122ページ。
51) 日本銀行百年史編纂委員会編『日本銀行百年史』第2巻、282ページ。
52) 明治末大正初期には若槻礼次郎、三島彌太郎なども消極的正貨政策を主張した。
53) 神山恒雄［1995］266、271、279、288ページ。
54) 原奎一郎編［1951］第4巻、366ページ。

第6章　明治末・大正初期の正貨危機対策構想

への対応を働きかけた。井上は、積極的正貨政策主義者の主張を相当認めていたが55)、11月20日に渋沢栄一を伴って西園寺を首相官邸に訪問し、原敬内相と山本達雄蔵相が列席している折に、国債の既定償還計画維持、行政整理・政費節約、税制整理（国民負担軽減）、正貨準備維持などを内容とする「財政整理意見書」（渋沢栄一・益田孝・水町袈裟六が起草）を西園寺首相に提出し、財政を整理し経済の発達を期すことを要望した56)。11月24日の閣議において政府が緊縮財政と行政整理、減税の方針を打ち出したのは、1つには財界支持獲得のためであろう。それとともに、迫りくる正貨危機のもとでは積極政策をとることが難しかったからであろう57)。

　第2次西園寺内閣が最も苦慮したのは軍事費の取扱いであった。1907（明治40）年に策定された「帝国国防方針」に基づき、陸海軍は国防の充実を要求した。1910（明治43）年の朝鮮併合以来、朝鮮に2個師団を増設することが、元老山県有朋を背景とする陸軍の総意であった。海軍は1907年度海軍拡充計画の実施、1911年には八八艦隊の完成を強く要望していた。第2次桂内閣は海軍拡張費の一部を認め、他は陸軍師団増設案とともに第2次西園寺内閣に引き継がれ、海軍大臣斎藤実もこれを条件に留任していた。第2次西園寺内閣は陸軍の師団増設、海軍の建艦計画、帝国鉄道の広軌化計画など、巨額の経費を要する一切の新規計画を見送る1912（明治45）年度予算を第28回帝国議会に提出した58)。

　1912年1月23日の衆議院における財政演説および24日・25日の衆議院予算委員会における山本蔵相の発言には、正貨事項会議で決定された、当分の間は外資を導入して正貨問題に対処する一方、産業の発展を促進してその根本的解決を図るという方針を窺わせるものはほとんどなく、むしろ、同会議の決定に対する消極的態度すら感じられた59)。1912年度予算は、歳入歳出の均衡を保ち、

---

55)　「財政整理意見書」に積極的正貨政策の主張が一部取り入れられている。同意見書においては産業振興による輸出奨励、輸入防遏による国際収支均衡維持、外資導入そのものは否定されてはいなかった。
56)　国立国会図書館所蔵文書『井上馨文書』第61冊第27号。山本達雄先生傳記編纂会編『山本達雄』同編纂会、1951年、310－311ページ。同書に「財政整理意見書」の概要が紹介されている。
57)　日本銀行百年史編纂委員会編『日本銀行百年史』第2巻、281ページ。
58)　坂入長太郎『日本財政史』バリエ社、1982年、206ページ。
59)　日本銀行百年史編纂委員会編『日本銀行百年史』第2巻、281ページ。

一般経済との調和を図りつつ財政の基礎を強化し、財政の信用を厚くするよう編成されたものであった[60]。もっとも、山本蔵相は当初は急激な経済変化を回避するために外債発行を徐々に減らすなど漸進的な方針を表明していた[61]。

　金融に関しては1912年2月6日に公定歩合が1厘引き上げられたが、当時の山本蔵相は「今日の如くに……物価騰貴し輸入増加し、貨幣海外に出づるは即ち通貨の多きを事実の上に示すもの」であるとすれば、「或る時期を見て漸次之を常態に復せしむるを要」すと述べ、これを支持した[62]。

　一方、高橋日銀総裁は、積極的正貨政策の立場から金利引上げ、兌換券収縮に反対の立場に立っていた。1912年2月の公定歩合引上げに対して日本銀行は公式には反対していないが、同月16日の銀行倶楽部における演説の中で、高橋是清は、市中銀行貸出のほとんどはまじめに商売をし、まじめに物を造っている人たちに対するものであって、1厘金利が上がればこの人たちにどれだけ苦痛を与えるかしれない、「金利を上げ兌換券を縮少すれば、経済が立ち直ると単純に考へる」のは誤りである、と述べている。高橋の真意は公定歩合の引上げに賛成ではなかったと考えられる。これを契機として通貨・物価論争が生じたが、高橋は、貨幣数量説を批判し、兌換銀行券は経済の必要に応じて流通するものであり、物価騰貴はいろいろの原因によって生ずるのであり、物価騰貴を兌換券の膨張によるものとするのは誤りであり、物価騰貴が銀行券の増発を招いていると主張した[63]。一般的には日銀の方が大蔵省よりも通貨膨張抑制的で経済成長よりも通貨価値安定を求める傾向があると考えられているが、当時は（山本達雄蔵相のもとでの）大蔵省よりも（高橋是清総裁のもとでの）日銀の方が産業奨励に積極的で通貨膨張主義的な拡大均衡主義的立場に立っていた。

　政友会の原敬内務大臣も積極的正貨政策を支持していた。山本が財政難だけでなく正貨危機を理由に、「一切の新計画を止めて極めて消極の方針」をとることを主張したのに対し、原は緊縮財政の必要を認めつつも、積極的正貨政策の立場から、鉄道など「国力発展に必要なる費用」を惜しむと、「輸出入の不平均も到底之を料理するの途なく正貨欠乏も之を救うに由なし」と主張し、公

---

60)　山本達雄先生傳記編纂会編『山本達男』同編纂会、1951年、318－320ページ。
61)　神山恒雄［1995］271ページ。
62)　日本銀行百年史編纂委員会編『日本銀行百年史』第2巻、262ページ。
63)　同上巻、262－263ページ。

第 6 章　明治末・大正初期の正貨危機対策構想

償財源の拡大を要求した。正貨政策に基づく財政上の対立は第 2 次西園寺内閣成立当初からみられたのである[64]。

このように山本らと高橋らとは正貨政策の立場を異にしていたが、1912年春までは対立が表面化しなかった。同年夏頃から山本蔵相が消極的正貨政策を明確に推進すると、正貨政策をめぐって明らかな対立が発生した[65]。第 2 次西園寺内閣期に大蔵省内に消極的正貨政策の考えがはっきりと登場するようになり、政策当局者の中で正貨政策をめぐって消極主義と積極主義とが対立するようになった。このような状況下で、同年 8 月頃、日本銀行は高橋是清日銀総裁から西園寺公望総理大臣および山本達雄大蔵大臣に宛てる「正貨準備維持ニ就キ積極、消極孰レノ主義ニ拠ラントスル哉ニ関シ政府ノ方針内示方上申案」[66]を起案した。同案は起案されただけでなく、実際に1912年 8 月に総理大臣、大蔵大臣宛に提出され、元老井上馨の手にも渡ったと思われる[67]。同上申書は当時の正貨政策方針の対立点と日本銀行の方針をよく示している貴重な資料であり、政策評価のための手がかりを大いに与えてくれるものでもある。

高橋上申書（案）に西園寺公望総理大臣宛という文字が付されているのは、次のような事情によるところが大きいと考えられる。1912年 7 月から 8 月にかけて大蔵省証券の割引日歩を 2 度にわたって 1 厘ずつ一方的に引き上げ、従来公定歩合を常に多少下回っていた大蔵省証券の割引日歩が公定歩合と同水準（日歩1.6銭）になるという出来事が生じた。かくして1912年 8 月に公定歩合を引き上げるかどうかということが大問題となった。高橋是清総裁は大蔵省の公定歩合引上げ要求に反対し、そのことを西園寺公望総理大臣に訴えようとしたのである。高橋是清は当時のことを次のように回想している。「第二次西園寺内閣（明治四十四年）の時に私が日本銀行に居つてどうも大蔵省と意見が合はなかつた」、大蔵省は「金利が低いから金利をもつと引上げてデフレーションをやれといふ。さう無理をしてはいかぬと言ふのが私の理論」であった、「す

---

64)　神山恒雄［1995］272ページ。
65)　同上書、266－273ページ。
66)　日本銀行金融研究所所蔵資料『正貨政策』所収。
67)　宮島茂紀［1995］123ページ、日本銀行百年史編纂委員会編『日本銀行百年史』第 2 巻、268ページなど。同書282ページでは上申案は提出されなかったと推定されているが、高橋是清は西園寺公に意見書を出したと回想しているし、『井上馨文書』第61冊第30号に上申案「正貨準備ニ関スル上申」が収められている。

ると大蔵大臣はその権限で大蔵省証券を日銀の金利よりも高く発行して金利を吊上げるといふ。そこで私は、さういふなら日銀をやつて行けないから罷めようと思つた。併し辞めるに就ては自分は大蔵省が相手じやない。総理大臣が相手だ、それで一応西園寺公に意見を述べて、その主張が通つたら留まるがその結果に依つて辞めようと思って、大蔵省の方針と、自分等日本銀行の方針と、何れを採るか正さうといふ決心をし、西園寺公に意見書を出した」[68]。

　前記上申書によれば、当時の日本銀行の正貨準備高は2億1900万円で、これ以外に日本銀行が国内および海外で所有する正貨が約5000万円、政府が海外で所有する正貨が1億300万円強あった。他方、年々外国に支払うべき国債および政府保証社債の利子が約7000万円、その他民間の外国に対する債務の利払いが約1000万円にのぼっていた。さらに貿易収支は入超であった。このため正貨収支は年々支払い超過となっており、1912年1月以降の正貨支払高は累計で約9000万円となっていた。このような状態が続けば、正貨準備以外の政府および日本銀行所有正貨は支払い尽くされ、正貨準備から支払いを行わざるをえなくなり、その結果、正貨準備の維持が困難になると考えられた。

　そこで日本銀行は、「是マデ通リ当分ノ間尚外資ニ依リテ正貨準備ノ補充ヲナスノ方針ヲ執ラルヽカ或ハ又外資ニ依リテ正貨準備ヲ補足スルコトハ今後断然之ヲ廃止スルノ方針ヲ採ラルルカ」のいずれの方針をとるか、政府に内示を求めた。それに応じて日本銀行が施策を講じようとした。この方針は正貨準備に関係するだけでなく、経済政策一般にもかかわるものである。このような方針について日本銀行は3つの選択肢を提示して、その選択を政府に求めた。このために前記上申案が起案されたのである。

2　正貨維持策・経済政策の選択肢と積極的正貨政策

　前記上申書の内容を詳しく紹介しておこう。同書は日本が採用することが考えられる経済政策として消極策（甲）と積極策（乙）の2策を以下のように提

---

[68]　髙橋是清『随想録』[1936b] 18－19ページ。日本銀行百年史編纂委員会編『日本銀行百年史』第2巻、265－269ページ。同月に日本銀行は主張を押し通した。公定歩合が引き上げられるのは10月になってからである。

示し、とくに積極策（乙）について詳しく論じている。これはとくに日本銀行が積極策の採用を求めているためである。

　甲、今日ノ我経済社会ヲ以テ不健全ノ状態ニアルモノトシ　一度之ヲ緊縮シ消費ヲ減退セシメテ輸入ヲ抑制シ　以テ国際貸借ノ権衡ヲ得セシメテ順当ノ経路ニ復セシメントノ思想系統ニ属スルモノノ主張
　　（甲説の説明：日露戦争以来の巨額の外資輸入により、兌換券発行高が著しく膨張した。この結果、物価が著しく騰貴し、また濫りに事業が起こりあるいはその規模が拡張して資本が浪費され、また奢侈の風潮が増長されて消費が増加した。かくして日本の経済社会が不健全な状態に陥った。このために日本の貿易が入超に陥った。この状態を改めるためには外資輸入を避け、金利を引き上げることが必要である。）
　乙、今日ノ我経済社会ヲ以テ相当ノ順路ニ於テ発展ノ途ニ向ヒツツアルモノトシ　我経済ニ於テ緊縮ヲ要スルモノアリトスルモ　民間ノ経済ニ対シテ之ヲ為スコトヲ要スルモノニアラズトシ　我産業ヲシテ成ルベキ順当ノ発展ヲ遂ゲシメ　之ニ依リ輸出ノ増加ヲ致シ若シクハ内地ノ生産ヲ以テ輸入ニ代ヘ　以テ国際貸借ノ権衡ヲ復シ進デ列国経済上ノ競争ニ於テ成ルベク優勢ナル位置ヲ占ムルニ至ラシメントノ思想ノ系統ニ属スルモノノ主張
　　（乙説の説明：輸入超過は主として外資輸入に伴って事業が発展して需要が増進した結果である。我が国の経済社会が不健全な状態にあるためではない。金利を引き上げて経済緊縮することは日本の産業の進歩を挫折させ、経済社会に打撃を与えることになる。「国際貸借上利払ノ為メ足ラザル所ノモノハ外資ニ依リテ補充スルト共ニ内地ニ生産資金ヲ供与シ産業ノ発展ニ伴ヒ」漸次外資による所のものを減少していくべきである。）

　日本銀行の上申書は、さらに上述の甲説、乙説に対応した政府のとるべき方策やその折衷策（丙）を以下のように提示している。その内容は３策を掲げてはいるが、積極主義の経済政策（乙策）を強く推奨したものとなっている。

　甲、今後外資ニ依リテ正貨準備ノ補充ヲナスコトヲ断然廃止スルコト、決定

547

第3編　日露戦争以後の金本位制維持政策

　　（甲策の説明：甲策には次のような問題点がある。甲策を採用しても外債利払い、政府の海外利払いは減少しない。民間の消費減退には相当時間がかかる。このため正貨準備の維持が困難となる。これが外資流出をもたらし、正貨準備の維持はさらに困難となる。不換紙幣の実現をみるかもしれない。そこまでいかなくても、金融は激烈に逼迫し、非常な不景気が発生し、経済は激烈な恐慌状態に陥る。この結果、国民は幾億円もの損失をこうむり、日本の経済上の進歩は頓挫する。

　　このような困難を軽減する方法には次のようなものがある。①将来に起こる困難を周知させておくこと。②兌換券発行の増加を避けること。③民間事業の緊縮を実行すること。④「外国ニ対スル利払ノ正貨ヲ幾分ナリトモ補充スル為メニ又一方ニ輸入ヲ抑圧スル為メニ日本銀行ガ正金銀行ニ対シ融通スル資金ノ返納ハ凡テ外国ニ於テ直ニ正貨ヲ以テセシムルコト」。⑤正貨が甚しく減少する以前に自ら進んで兌換を停止すること。⑥緊縮政策を行うとすればいかなることがあっても変更しないこと。）

乙、正貨準備ノ維持ニツキテハ当分間外資ニ依リテ適当ニ之ヲ補充スルコトヲ継続スルコト、決定

　　（乙策の説明：我が国の経済は順当の途に進んでいるので、適当に資本を供給していけば、数年後に生産の増加により輸出増加、内地製品の輸入代替により国際貸借の均衡を回復できる。このためには努力が必要である。経済社会に対する障害はなるべく除去すべきである。危険な兆候がない限り利子引上げを行わないようにすべきである。当面外資輸入に依存するとすれば、これについてはさまざまの注意が必要である。）

丙、外資ニ依リテ正貨準備ヲ補充スルコトハ出来得ル限リ之ヲナサズ　兌換停止ヲナササルヲ得ザル場合ニ至レバ止ムヲ得ズ其ノ間際ニ臨ミ外資ニ依リテ之ガ補充ヲナスコト、決定

　　（丙策の説明：兌換停止の場合を除き、甲策と同じ。兌換停止となる直前で外資を輸入する場合は非常に不利な条件で行わざるをえない。外資利用ができなくなって兌換停止に追い込まれる恐れもある。この場合は甲策と同様の施策が必要となる。兌換停止直前での外資による正貨準備補充は、緊縮目的を完遂できず、その弊害を受けることとなる。）

第6章　明治末・大正初期の正貨危機対策構想

　上記上申書は、生産奨励を正貨政策と経済発展の基本方策とし、当面はとくに外資輸入による産業奨励とそれによる正貨補充を行い、産業の発展に伴い外債を減少させていくべきことを主として主張したものである。産業奨励を行うべきことについては次のように主張している。「機械工業ニ於テ一方許多ノ資本ヲ擁スルト共ニ他方ニ技師職工ノ熟練ヲ必要トスルガ故ニ之ニ推移スルニツキテハ相当ノ年月ヲ要ス」る。「其間」、「適当ノ度合ニ資本ヲ供給シ施設其ノ方ヲ誤マラズ」、「経済社会ニ対スル障害ハ可成之ヲ除去スルコトノ方針ヲ採リ其ノ危険ナル兆候ヲ示ストキノ外自然ノ作用ニヨラズシテ利子引上ゲヲナシ之ヲ抑圧」するようなことをせず経済社会の「順当ノ発展ヲ遂ゲシメ之ニ依リテ輸出ノ増加ヲ致シ若シクハ内地ノ生産ヲ以テ輸入ニ代ヘヒテ国際貸借ノ権衡ヲ復シ更ニ進ンデ列国経済上ノ競争ニ於テ成ルベク優勢ナル位地ヲ占ムルニ至ラシメン」と。当面はとくに外資に依存せざるをえないことを次のように論じている。「今日ニ於テハ尚国際貸借上利払ノ為メ足ラザル所ノモノハ外資ニ依リテ補充スルト共ニ内地ニ生産資金ヲ供与」する、と。それは外資輸入による生産奨励・正貨維持だけを主張したものではなく、外資輸入に依存しない産業発展による国際均衡を長期的に展望したものである[69]。すなわち、上申書（案）は、「内国産業ノ発展ニ伴」い、漸次外資によるところのものを減少していくべきであると論じている。このような方針はすでに正貨事項会議で決められていたが、改めて主張されたのはその決定がその後の推移の中で実効性を伴わないものとなったからである[70]。

　1912年の高橋の上申書は、外資輸入を主張するだけでなく、乙策の説明の中で、外資輸入に際しての注意点を次のように記述している。①不急事業に資本投下しない。②資本横溢にならないように、日本銀行が兌換銀行券発行屈伸力を利用して、一般経済社会を調節する。このためには財政整理が必要である。③実際に必要な額の輸入にとどめる。④国際貸借の均衡回復を目的としているから、国内産業の発達に伴って次第に減少させる。

　とはいえ、それには外債元利払い増加の問題点が指摘されていなかった。元

---

69) 神山恒雄 [1995] は267−268、270、273ページで、積極的正貨政策の説明として外資導入の主張を重視しているが、その政策における外資の位置づけを明確にすることが必要であろう。
70) 兵頭徹 [1990] 117ページ。

老井上馨は積極的正貨政策と財政緊縮を認めていたが、この井上も外債元利支払いの増大を危惧しており、前述の財政整理意見書の中で、「生産事業ニ要スル資金ノ為メニ外資ヲ輸入スルハ敢テ不可ナシト雖モ　漫然確乎タル計画ヲ立テズ　負債ニ継グニ負債ヲ以テシ　唯之ニノミヨリテ正貨準備ヲ補充スルニ努ムルガ如クンバ　外国ニ対スル正貨ノ支払ヲ年々増加シ遂ニ救フベカラザルニ至ルベキナリ」と論じていた。高橋の1912年の上申案はこのような指摘をしていない。この意味では、上記上申案は外債募集に全面的に依存しようとしたものでないものの、外債募集をきわめて肯定的に評価していたといえるのである。

　上記上申書は金利引上げの抑制を求めたものでもあった。金利については甲策が民間事業の緊縮のために日本銀行の金利引上げが必要であるとしているのに対し、乙策は金利引上げに慎重な姿勢を示している。人為的に金利を引き上げ、兌換券を緊縮することは、経済社会に打撃を与えることになると論じている。本上申案が金利について詳しく述べているのは、日銀が公定歩合の引上げに反対の意向を示すことが本上申案作成の目的の１つであったからである。正貨事項会議決定と本上申案には積極的正貨政策の立場に立つという共通点があるが、金利政策の取扱いには明らかな違いがある。

　公定歩合の引上げが1912年８月になされず同年10月まで引き伸ばされたのは、日銀側の抵抗があったからであるといえよう。高橋上申書がまったく政策に影響を与えなかったわけではないのである。なお、同年10、11月には公定歩合が引き上げられているが、これは「明治四十五・大正元年日本銀行営業報告」に述べられているように、金融引締りによる金利の上昇傾向を勘案し、いわばこれに追随する形で行われたものであり、金利上昇を先導するものではなかった。また図６－１をみてもこのことが確認される[71]。このようなことは高橋日銀総裁の容認するところであった。その引上げは、「外債非募債ノ政策ヲ取リ外債募集ハ金額並時期共絶対的必要ニ迫ラルル限度ニ於テ」実行する方針をとっていた大蔵省が、日銀に対しても、「割引日歩ヲ引上ケ且除々ニ正貨準備ヲ減少シテ」経済への警告と兌換券収縮による輸入防遏を図るべきだと主張して、公定歩合を引き上げるように圧力をかけた結果だ[72]とはいいきれないのであ

---

71)　宮島茂紀［1995］93－94ページ。
72)　『勝田家文書』第29冊第16号、神山恒雄［1995］273ページ。

第6章　明治末・大正初期の正貨危機対策構想

図6－1　公定歩合と市中割引歩合の推移（1904〜1917年）

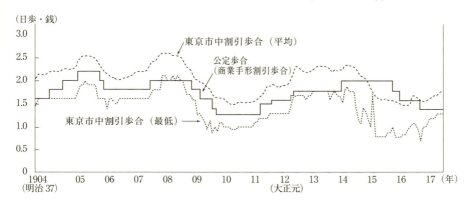

注：公定歩合は商業手形割引歩合（1910年3月7日前では当所割引歩合）。
出所：宮島茂紀［1995］掲載資料。原資料は日本銀行百年史編纂委員会『日本銀行百年史』資料編
　　　［1986］、大蔵省理財局『金融事項参考書』。

る。かくして日本銀行の要求が金融政策、正貨政策に一定の役割をもったことは認めざるをえないのである。

　だがそれを除けば、実際の政策内容全般をみるとき、消極的正貨政策を求める山本蔵相によって同意見書における積極的正貨政策の趣旨が採択されたとはいえない。1913年度予算編成において、原内相は3〜4億円の外債を募集して「鉄道建設改良費の方針を立て併せて正貨準備に備ふる計画」を提案した。しかし、財政上の非募債主義、正貨政策上の外債非募債方針に反するものであったので、山本蔵相や元老の松方正義らが強く反対した[73]。

　1912年11月22日の予算閣議で、陸軍大臣上原勇作は朝鮮における2個師団増設を要求したが、西園寺首相は財政整理の建前から陸軍の要求を拒否し、また11月30日の臨時閣議において全閣僚がその増設案を否定した。すると、12月2日に上原陸相は辞表を提出、西園寺首相は山県に陸相後任を依頼したが拒絶され、陸軍もその後任を出すことを拒否したため、内閣不統一によって12月5日、第2次西園寺内閣は総辞職した[74]。軍部の要求によって正貨政策の基本方針

---

73)　神山恒雄［1995］273ページ。

は決定的なものとはならなくなってしまったのである。

とはいえ、消極的正貨政策と積極的正貨政策との対立はその後も存続したのであるから、その対立内容を明らかにしたものとして上記上申書の存在意義は大きい。

従来の日露戦争後の正貨維持構想には、為替政策による正貨維持策が論じられていなかった。だが、上記上申書には日銀の横浜正金への為替資金融通の正貨による回収（兌換券、円資金でなく）が登場しており、この正貨吸収策が後に『正貨吸収二十五策』に取り入れられるようになる。先駆的にその策を提言したことは注目される。

ただし、それを除けば、上記上申書には為替政策による正貨維持策がほとんど取り上げられてはいなかった。産金奨励についても従来の日露戦争後の正貨維持構想と同じく検討されていなかった。上記上申書は、正貨政策論としてはこのような限界を有するものであったといえる。

第7節　大蔵省内作成『正貨吸収二十五策』（1913年）

1　『正貨吸収二十五策』の立案

1912年12月21日に第3次桂内閣が成立し、大蔵大臣には若槻礼次郎が就任した。若槻蔵相は金本位制維持のためにある程度の外債募集を非募債主義の範囲内で認めていたが、その基本方針は消極的正貨政策を採用したものであった[75]。

明治末・大正初期の正貨危機に直面して、正貨の擁護・吸収を図るために『正貨吸収二十五策』が調査立案された[76]。本意見書は田昌大蔵省理財局国庫課長が立案したものである[77]。これは内容からいって1912年12月頃に執筆が

---

74) 山本達雄先生傳記編纂会編［1951］328－334ページ、坂入長太郎、前掲『日本財政史』207－208ページ。
75) 神山恒雄［1995］274－275ページ。
76) この資料の復刻版が、大久保達正監修『松方正義関係文書』第15巻、大東文化大学東洋研究所、1994年、および渋谷隆一・麻島昭一監修『近代日本金融史文献資料集成』第33巻（第Ⅴ期特殊金融機関編の横浜正金銀行に関する巻の1冊）、日本図書センター、2005年、に所収されている。後者は写真製版したものである。
77) 津島寿一『森賢吾さんのこと（下・事蹟）』［1964］17ページ。

開始され、1913年2月頃まとめあげられたと考えられる。

このような提言書が大蔵省内で作成された背景には、正貨危機の逼迫により即効性のある対策が求められていた事情がもともとあったところへ、かねて外債募集廃止とそのための歳出節減を主張してきた国民党が参加する第3次桂内閣が成立したため、大蔵省の一部スタッフが消極主義を打ち出す好機到来と判断したためではないかと考えられる[78]。

同書は正貨の吸収のために政府が採用すべき方策全25策を挙げ、これを横浜正金銀行関係（甲）5策、日本銀行関係（乙）10策、政府関係（丙）10策に分けて説明したものである。この献策には通し番号がついている。その内容はすでに吉川秀造氏や兵頭徹氏などによって紹介されている[79]。本意見書は正貨対策を総合的かつ詳細に論じており、正貨論の白眉ともいえるものである。そこに提言されたものの多くは、情勢の急転のために実行に移されるには至らなかったけれども、その内容は当時採用されていた正貨吸収方策とその機能をよく示しており、日本の正貨政策の実態をよく描写している。正貨政策史の流れの中に本書を位置づけるとき、新たな論点を指摘することもできる。そこで本節で従来の研究史を参考としつつ、『正貨吸収二十五策』を再検討したい。

2 横浜正金銀行関係の正貨吸収策

政府は1888（明治21）年以来、横浜正金銀行の外国為替取引を利用して、輸出の奨励、正貨の吸収、日本の商権の回復に努める方針を採用してきた。そのために日本銀行に命令して同行に正金銀行への特別保護を与えさせることとした。その保護の主なものは外国為替手形再割引または外国為替貸付金、支那為替預ケ金、当座貸越契約、正貨準備預ケ入などである。これらはいずれも破格の低利であった。『正貨吸収二十五策』はこれらの特別保護が、はたして当初の目的を完全に貫徹したかについてまず検討する。

『正貨吸収二十五策』は、これらの措置は結局、正金銀行の利益は十分に保護し、商権も相当回復したものの、他面輸出を奨励すると同時にいっそう多く

---

78) 宮島茂紀［1995］49ページ。
79) 吉川秀造［1953b］160-179ページ。兵頭徹［1991］など。

輸入を奨励することとなり、特別のほかは正貨の吸収に役立たなかったと論じている。このような結果が生じた理由として『正貨吸収二十五策』は以下のような事情を挙げている。

　第1は、日本銀行の正金銀行への低利融通外国為替貸付金を、日本銀行・正金銀行間の約定では、日本銀行の都合により正金銀行をして海外より金銀地金もしくは内外国貨幣を輸入して返済に充当させることができるという規定があるにもかかわらず、実際においては、兌換券で返済させたことである。正金銀行は、融通された低利資金を用いて買い入れた輸出為替手形の代り金として外国で得た正貨（外貨）を日本に提供せず、内地において兌換券で返済することとし、この資金調達のために、その外国で得た正貨（外貨）を用いて輸入為替手形を買い入れたのである。

　第2は、輸入為替手形を外国為替貸付金の引当として認めたことである。これが輸入を奨励する事実を生じさせた。

　第3は、日本銀行から融通した低利資金を正金銀行が運用するに際して、その利率になんら制限がないことである。すなわち満州為替貸付金を除くほかは、運用利率に制限がつけられていなかったために、正金銀行は融通された低利資金を、普通金利を標準として輸出商に融通し、その間の莫大な利鞘をすべて自ら壟断（ろうだん）して、輸出商には低利資金の恩恵をほとんど均霑（きんてん）させなかった。

　第4は、低利資金のうち、支那為替預ケ金および欧米為替預ケ金はその運用を正金銀行の自由に放任していることである。その結果、正金銀行がそれらの預ケ金を無制限に輸入為替手形の割引に利用できることとなっている。

　第5は、日本銀行の正貨準備の一部（在外正貨100万ポンド）を正金銀行ロンドン支店に預け入れ、その運用方法を制限しないことである。これも正金銀行がこれを輸入為替買取りに利用することができることとなる。

　要するに、正金銀行の特別保護の目的は主要なる部分において貫徹されなかったのである。それではどうすればよいか。正貨吸収・輸出奨励・商権回復・正金銀行の利益増進を同時に達成することは困難である。『正貨吸収二十五策』は正貨吸収目的を達成するために以下のような5つの改善策を提示している。

　第1策は、日本銀行が正金銀行に低利融通する外国為替貸付金は正貨をもって返済させること（今後3年間は年々2000万円ずつ、その後は全部正貨にて返済）。

第6章　明治末・大正初期の正貨危機対策構想

第2策は、輸入為替手形は外国為替貸付金の引当とすることを廃止すること。第3策は、輸出為替手形で外国為替貸付金の引当とすべきものは横浜正金銀行をして4分利を標準として民間から買い入れさせること。第4策は、日本銀行が政府の命令によって行っている横浜正金銀行への1970万円の低利預金はこれを外国為替貸付金制に改め、かつこれに関しても第1～3策を適用すること。第5策は、日本銀行正貨準備100万ポンドを横浜正金銀行ロンドン支店へ預け入れることを廃止すること。

3　日本銀行関係の正貨吸収策

『正貨吸収二十五策』は日露戦争中に講じた弥縫策が「大病根トシテ残存シ不絶経済界ノ健全ナル発展ヲ阻害スルモノ少ナカラス」と述べ、その例として正貨準備の取扱いを挙げている。そして、それには次の5つの「病根」があるとし、①在外正貨を正貨準備としたこと、②正貨準備の大部分が在外正貨であること、③人為的手段によって調達した在外正貨をもって正貨準備を補充ならびに増加させたこと、④為替の取付があっても正貨準備に影響させなかったこと[80]、⑤日本銀行は海外に正貨準備を有するだけでなく正貨準備外の在外正貨を維持していること、を指摘している（乙の3ページ）。

　日本銀行が在外正貨を正貨準備に充当したことがもたらした問題点を同書は次のように指摘している。第1に、日本銀行が在外正貨準備の内地回収に冷淡になった。第2に、内地における正貨準備が比較的少なくなりかつ人為的に準備繰入れを行うために、日本銀行は正貨準備ことに在外正貨準備の内容を秘密とし、この結果、世人の誤解を招くことが少なくないだけでなく、日本銀行はますます正貨の内地回復を怠るに至った。第3に、内地における正貨準備が豊富でないために、日本銀行は外国銀行の金貨取付を恐れ、比較的低廉な相場で（日本銀行に不利な相場で）大口為替を売却せざるをえなくなったことがあった。第4に、日本銀行の正貨準備の変動が少なく、それが（外債発行によって）人為的に維持されることが多くなったために、世人は正貨準備の増減によって国

---

[80]　日本銀行の大口為替の売却は正貨準備外から払い出したものが多かった（『正貨吸収二十五策』乙の9ページ）。

際貸借の実情を了解することができなくなった。ある者は国際債務の累進、輸入超過の連続があっても正貨準備が減少しないのをみて警戒心を失い、輸入超過が多大であるのを恐れず、ある者は国際貸借の趨勢から推測して、兌換停止が近いことを憂えて、健全な正貨準備政策の遂行が阻害された。第5に、在外正貨によって正貨準備が保有されるようになった結果、日本銀行の割引日歩は必ずしも外国中央銀行のように正貨準備維持の必要に応じて変動させられることがなくなり、そのため、公定歩合は金融市場における権威を失墜した。第6に、在外正貨による人為的（正貨準備）補充に依頼する結果、日本銀行は金ならびに正貨の吸収に対し熱心でない。

『正貨吸収二十五策』は、このような結果は経済界に影響を及ぼしたが、とくに日本の国際貸借をいっそう逆調ならしめたとみるのであり、中央銀行の正貨準備政策に根本的大欠点がある以上、その改善を行わなければならないとする。同書は根本策には①在外正貨を絶対に正貨準備としないこと、②国際貸借の趨勢に応じて正貨準備を増減すること、③国際貸借の趨勢を発表して世人を警戒させること、④割引政策は正貨準備維持を第一方針として運用すること、⑤極力正貨流入策（自然的なもの）を講ずるべきであることを認めている。しかし政府対外債務が多額で、正貨吸収方針が未だ確立しない現状では、急激にこの理想策を実行できないとし、過渡的正貨準備改善策として、以下の10策を献策する。『正貨吸収二十五策』が日本銀行関係の正貨吸収改善策として挙げるのはとくに正貨準備の改革である。

第1策（原文では正金銀行関係に続く第6条）は、「在外正貨ヲ日本銀行準備トスルコト殊ニ正貨準備ノ大部分カ在外正貨ナルコトノ二病根ヨリ種々ノ弊害ヲ惹起スルモノナレハ此病根ヲ根治スルコト必要ナレトモ急激ニ実行シ難キ事情伏在スルコト上述ノ通ナレハ幾分之ヲ緩和シテ実行スルノ外ナカルヘク」、日本銀行正貨準備のうち、その8割以上かつ少なくとも1億5000万円は内地において金貨金地金をもって保有させることである。

第2策は、「正貨準備ノ内、在外正貨ハ将来戦争等非常特別ナル事情ナキ限其調達原因ノ自然的ナルト人為的ナルトヲ問ハス五千万円以上ニ上ラシメサルコト」である。

第3策は、(「人為的手段ニ依リ調達シタル在外正貨ハ絶対ニ正貨準備ニ繰入レシ

第 6 章　明治末・大正初期の正貨危機対策構想

メサルコトヲ理想」とするのであるが「此理想ハ正貨吸収方針ノ確定セサル今日急激ニ之ヲ遂行セントスレハ正貨準備ノ激減スル故障アルカ故不得已自然的手段ニ依リ相当ニ正貨ヲ吸収シ得ル暁迄之ニ多少ノ制限ヲ附スル過渡策ニ依頼セサルヘカラス」)、人為的手段によって調達した在外正貨は正貨準備が 1 億 8000 万円以下となった場合にこれを 1 億 8000 万円とするほかは決して正貨準備に繰り入れないこと、かつこの場合でも在外正貨準備は準備総額の 2 割以内でしかも 5000 万円以内に制限することである。

　第 4 策は、(「大口為替ノ取付アルモ正貨準備ニ影響セシメサルハ」「兌換制度ノ機能ヲ麻痺セシメタル大病源」であり)、正貨の取付は大口為替売却であるか金貨兌換であるかを問わず、必ず正貨準備に影響させることである。

　第 5 策は、正貨準備の内容を内地所有と海外所有とに区分して公表することとすること (兌換銀行券条例第 8 条を考慮して、金貨および金地金を本支店保管金貨および金地金と代理店保管金貨および金地金とに区分すること) である。

　第 6 策は、大口為替はなるべく売却しない方針をとり、その売却相場を今日よりも安くならないようにすること (「日本銀行正貨準備中内地現存額僅少ナリシ為メ外国銀行ハ金貨取付ヲ武器トシ日本銀行ヲ威嚇シテ」[81] 日本銀行に不利で外国銀行に有利な比較的低廉な相場での大口為替売却を日本銀行に行わせたが、この結果は外国銀行の利益となっただけでなく、「海外送金ノ便利トナリ輸入ノ奨励トナリ正貨ノ流出トナ」ったのであり、「大口為替相場ヲ可成不廉ナラシメ外国銀行ヲシテ輸入品ノ決済ハ常ニ正貨ノ現送ヲ要スルコトヲ知ラシメ以テ輸入為替手形ノ買入ヲ手」控えさせる必要がある) である。

　第 7 策は、在外正貨は正貨準備以外に所有させないようにすることである。

　第 8 策は、(各国の中央銀行は正貨準備維持を第一目的として割引政策を運用しており、日本では正貨準備問題を軽視して割引政策を運用しているが、今日ではすみやかに割引政策の本体に復帰すべきであり) 各案の遂行により貿易ならびに国際貸借が順調に回復するまでは金融市場引締方針をとり、日本銀行の公定歩合をすみやかに日歩 2 銭に引き上げることなどである。

　第 9 策は、金吸収のために海外より金を輸入しようとするものがあれば、日

---

81)　『正貨吸収二十五策』乙の 12 ページ。

本銀行は無利子資金を貸し出すことである。

第10策は、正金銀行以外の内国諸銀行（三井銀行、住友銀行、十五銀行などの外国為替取扱銀行）にも1000万円を限度として3分利をもって輸出為替を引当として貸付を行い、その返済は正貨で支払わせることである。

4 政府関係の正貨吸収策

『正貨吸収二十五策』は、正貨危機への対応策としては、遠くない将来において、自然に流入してくる正貨をもって対外支払いを行えることが理想であるが、この状態に達する過渡的時代においては、応急策として従来のとおり人為的手段、すなわち起債に依存するほかはないと述べている。ただし、外債発行額はできるだけ少額にする必要があるから、政府自身が海外払いを節約するとともに、民間においても輸入防遏、輸出奨励を図って、極力正貨の流出を防がなければならないとしている。さらに政府関係の正貨吸収策10策を献策している。それは以下のようなものである。

第1策（原文では日本銀行関係に続く第16条）は、政府が外国支払元正貨を自然的手段、すなわち外債発行でなく輸出品の代金から入手するために、「輸入のための外貨資金確保に打撃を与えるかもしれないが」横浜正金銀行が買い入れた輸出為替手形を政府勘定である国債整理基金が2分利で（割引利率年利2％）買い上げ、（手形の支払期日に）正貨をもって支払わせることであった。

第2策は、政府は英貨買入れの一方法として民間に英貨提供者（外資輸入者）があるときは、日本銀行の買入相場よりも売手に有利な電信為替相場でこれを買い入れること（これは日本銀行や正金銀行に不利となる）であった。

第3策は、「公債利子仕払元調達ノ為メニ継続的ニ起債スルハ国家ヲ破産ニ向ハシムルモノナレハ之カ根絶ヲ理想ト」するのであり、政府は将来各策の成功により貿易ならびに国債貸借が順調となるまで外債募集を中止する方針を確立すること、ただし正貨不足の事情もあり、過渡期には正貨不足を補うために1億2000万円を限度として起債すること（鉄道公債約1億円、東洋拓殖債券2000万円）であった。

第4策は、政府は在外正貨の不足を補うために、政府所有の在外正貨にして

固定したものはなるべくすみやかに回収して、かつ今後は正貨を固定しないようにすることであった。

第5策は、政府所有在外正貨の減少を防ぐために南満州鉄道株式会社社債利子の政府による振替払いを廃止すること（その利払いは正金銀行または日本銀行の為替作用によることとする）であった。

第6策は、政府の海外払いを減少するために、官業予算編成に際しては当分消極方針を厳守し（「軍費ニ節約ヲ加フル能ハザル以上」、官業費を節約する）、かつ政府の物品購買方針を改善し（軍費および官業費の予算執行にあたっては）内国品を使用するように努めることであった。

第7策は、（正貨吸収のために内地金融を当分引き締める必要があるが、その結果は輸出品ならびに輸入防遏品の生産費を増加させて正貨吸収の趣旨に多少抵触することとなるから、これらの物品の生産費を軽減するために）、営業税中製造業に課する税率を軽減または全廃し、かつ朝鮮米の輸入税を全廃することであった。

第8策は、（輸入超過に対する世人の誤解により輸入超過に対する警戒心が薄弱とならないようにするために）、貿易旬報の形式を改正する（従来のように内地の輸出入およびその差額だけを示すのでなく朝鮮および台湾を含めた日本全体の輸出入およびその差額を示すようにし、またこれまでは普通物品と金銀を区別してきたが、金本位制への移行に対応して、銀を普通物品に編入する）ことであった。

第9策は、輸入防遏の目的から、輸入品中奢侈品と認められるものを調査発表して、世人を警醒させることであった。

第10策は、（以上の正貨吸収策を実施することによって正金銀行および日本銀行がこうむるであろう不利益の救済策として）日本銀行が正金銀行に2分利で低利資金供給している外国為替貸付金および欧米為替・支那為替預ケ金の利率を1分利に引き下げさせ、そのかわりに日本銀行に対してはこの貸付額に対して兌換券発行税を免除し、この場合、兌換銀行券条例による政府への無利子貸上金の一部を償還するというものであった。

第3編　日露戦争以後の金本位制維持政策

5　『正貨吸収二十五策』の評価

(1)　不徹底な消極的正貨政策

このような『正貨吸収二十五策』は、不徹底な消極的正貨政策、在外正貨依存の貨幣制度の改革、政府対外支払資金の確保という3つの主張をしているという特徴を有するものであった。そこでこの特徴を項目別に分けて考察することとしよう。

『正貨吸収二十五策』はその題から窺えるように、日本の従来の正貨吸収策を再検討して、正貨吸収の目的が達成できるようにその改善案を提起したものであった。それは従来の大蔵大臣への提言とは明らかに性格を異にするものであり、理論的にははっきりとした消極的正貨政策の立場に立ち、現実にはこれに徹底しないで柔軟に対応しようとするという意味での消極的正貨政策の考えを、総合的、詳細かつ明快に打ち出したものであった。すなわち、それは非募債や在外正貨の正貨準備繰入れの廃止などを理想としつつ、過渡的応急策を提示し、また正金銀行に対する低利為替資金供給を容認したものである。具体的には、この中では日本銀行の正金銀行に対する低利為替資金融通の正貨による返済、外債募集の抑制と在外正貨の正貨準備繰入れの抑制、政府海外払い節約のための官業費の抑制、公定歩合の引上げなどが提案されていた。

『正貨吸収二十五策』は産業奨励については、まったく必要がないと考えていたわけではないが、横浜正金銀行に対する低利為替資金供給の継続による輸出奨励（横浜正金銀行関係の第1策、第3策、第4策）、正金銀行以外の銀行への輸出為替引当貸付（日本銀行関係の第10策）、輸出奨励・輸入防遏に関する製造業に対する営業税の軽減または全廃（政府関係の第7策）などについて述べるにとどまっている。

『正貨吸収二十五策』は輸入抑制を重視している。すなわち、低利資金に基づく正金銀行の外国為替貸付における輸入為替手形引当ての廃止（横浜正金銀行関係の第2策）、日本銀行の大口為替売却の抑制により円安化を図ること（日本銀行関係の第6策）、政府が財政歳出抑制を通じて政府海外払い節約を図るための官業費の抑制と官業における内国品使用勧奨（政府関係の第6策）、輸入警戒のための貿易旬報の形式改正（政府関係の第8策）、奢侈品輸入抑制（政府関

第6章　明治末・大正初期の正貨危機対策構想

係の第9策)、公定歩合の引上げ(日本銀行関係の第8策)などを提言している。なお陸海軍費は政府海外払いの中の大きな項目をなすものであったが、それは抑制の対象外とされた。正金銀行への為替資金の正貨による返済も提起されたが、これは輸入抑制を結果としてもたらすものでもあった(正金銀行関係の第1策)。このような輸入抑制は、積極的正貨政策の主張者のように国産品の生産を奨励して輸入代替を進めるというものではなかったのである。輸出品の生産に必要な原材料の輸入の抑制や生産のための需要を生み出す官業費の抑制を通じて、生産を抑制する結果をもたらすものであったともいえる。

このように輸入抑制が重視されるようになったのは、生産奨励や輸出促進には時間がかかるために、即効性が期待される輸入抑制にいっそう重点が置かれるようになったからではないかと思われる。

外債募集については、政府は、貿易ならびに国際貸借が順調となるまで外債募集を中止する方針を確立することとされた。外債募集は生産を奨励するものでなく(対外元利払いを通じて)国家を破産に向かわせるものと位置づけられた。ただし、当面の正貨不足を補うために1億2000万円を限度として認めるとしている(政府関係の第3策)。この意味では『正貨吸収二十五策』の消極的正貨政策構想は実際の政策提言においては弾力的なものであったということができる。これは日本銀行在任中から外債募集論を唱え、1913年2月20日に大蔵大臣となった高橋是清の外債募集の主張に妥協を余儀なくされたのであろう。高橋は大蔵大臣に就任した日に山本権兵衛首相に「正貨収支に関する問題」と題する意見書を提出し、この中で外債募集を求めていた[82]。

前述の正貨事項会議において、原則として、貿易など自然の経済作用によって正貨準備を最低1億8000万円維持し、正貨準備がこれよりも減少するときにはじめて、人為的手段(外債発行など)により、正貨の補充を行うことが決定されていた。『正貨吸収二十五策』はこれを踏襲したのである(日本銀行関係の第3策)。

なお、正貨維持策として日本銀行に大口為替の売却抑制も求めている(日本銀行関係の第6策)。

---

82)　藤村欣市朗[1992a] 299-302ページ。

また、正貨準備維持のために公定歩合の引上げも提言している。同書は正貨準備維持を目的とした中央銀行の割引政策を理想としており、国際貸借回復のための金融引締めを要求している。従来日本では「本邦ハ世界ノ金融市場ヨリ遠ク離ルルノミナラス内外金融疎通ノ関係発達セサリシ為日本ハ英仏独等ト異ナリ其金利ノ高低ハ資金ノ世界的移転トハ全然没交渉ナリト世人ヨリ信セラレ」[83]、前述の日本銀行の「再正貨維持上ノ事ニ付上申」書でもこのようなことが述べられていたが、『正貨吸収二十五策』では「今ヤ世界交通ノ発達内外金融業者ノ連絡有価証券ノ増加等ハ此形勢ヲ一変スルニ至リタルカ如シ」と述べられており[84]、ここには金利の作用の欧米との共通化への認識もある。

『正貨吸収二十五策』は公定歩合の引上げが「一方輸入ヲ減少シ他方民間ニ於ケル外資ノ流入ヲ促」すと述べている。割引政策については大正初期には後述のように大蔵省内にはこれと同じ認識の意見書がその後作成されている。すなわち、1914年6月調の資料（この資料には名前がつけられていないので本書では「正貨対策」と呼称することとする[85]）では割引政策について『正貨吸収二十五策』が述べているのと同様の見解を有している。だが、同じ頃作成されたと思われる「正貨吸収策トシテノ外国為替政策」は、後述のように、割引政策の効用発現の条件は状況によって違うのであって、外国の方策を日銀に移すべきでない、と述べている。公定歩合操作によって正貨維持を図り、そのために公定歩合を引き上げるという『正貨吸収二十五策』の見解について当時の大蔵省内で合意が成立していなかったのではないかと思われる[86]。

上記のほか『正貨吸収二十五策』は金吸収のために日本銀行が無利子資金を金を輸入しようとする者に新たに貸し出すことも提案している[87]。この日銀の第9策によって、日本から香港および上海へ流出する金貨ならびに中国の産金を吸収しようとした。また、横浜正金銀行以外の内国市中銀行に日本銀行が低利外国為替貸付を行うことを提案した。この日銀の第10策によって正金銀行の独占の弊害（正貨吸収不熱心）を除去するとともに市中諸銀行の外国為替業務の発達を図り、これによって正貨吸収の新道を開拓しようとした。だが、これ

---

83) 『正貨吸収二十五策』乙の15ページ。
84) 同上。
85) 本資料は日本銀行所蔵の『正貨政策』とは別の資料であって、中京大学図書館所蔵『正貨吸収二十五策』に収録されている。

第 6 章　明治末・大正初期の正貨危機対策構想

らは実現されなかった。

　上述のような消極的正貨政策は、1913年2月20日に第3次桂太郎内閣（蔵相は消極的正貨政策を採用した若槻礼次郎）に代わって成立した第1次山本権兵衛内閣の大蔵大臣に高橋是清が就任したために、そのまま採用されるものとはならなかったと考えられる。高橋は積極的正貨政策を主張し、産業育成や外資の利用を必要と考え、外債募集を計画したのである[88]。当時、積極的正貨政策主義と消極的正貨主義者との対立は継続しており、1913年2月に高橋に代わって日本銀行総裁に就任した三島彌太郎は非募債主義者で、消極政策を主張し、なるべく緊縮の方針をとり、山本首相にも元老の松方正義にも外資輸入反対を提議したが、また公定歩合引上げを高橋蔵相に提案したようである。だが、高橋蔵相は公定歩合の引上げに反対だったようである[89]。実際に公定歩合は1914年7月まで引き上げられていない。津島寿一は、提案された25策を実行したとしてもなかなか事態に善処することは難しかったであろうと述べている[90]。

　だが『正貨吸収二十五策』で提案された方策はまったく無意味ではなかった。種々の困難を伴っていたとはいえ、中には漸次実行されたものがあった。日本銀行の大口為替の売却は、1913年7月に317万円の売却が行われた後、1914年

86)　1913年10月18日の『東京経済雑誌』によれば、勝田主計大蔵次官は公定歩合の引上げに反対であった（日本銀行百年史編纂委員会編『日本銀行百年史』第2巻、286ページ）。1914年1月24日の衆議院予算委員会において、高橋大蔵大臣は、ロンドンにおいて中央銀行が金利を上げると外国の資本がロンドンに入ってきたり外国に出ている資本が入ってきたりするが、日本ではそこまでいけるほどには進んでいない、と述べている。また、同日の同委員会において、勝田次官は、外債を募集するということはなるべく避けるという方針を大蔵大臣はもっている、政府は生産を奨励し貿易の輸入超過を抑えることに努める方針をもっている、金利を引き上げることは輸入を防ぎ正貨の流出を妨げることになるであろうが、国の生産、貿易の発達を阻害するということになる、日本銀行の金利などを容易に上下して、かえって一般の生産業者の不安を来すということがあっては困るから、この点には非常に慎重な態度をとっている、と高橋蔵相に代わって答弁している（『銀行通信録』第57巻第341号、1914年3月20日、323－325ページ）。

87)　日本銀行関係の第9策。金輸入者に対する無利子貸付は、「正貨吸収策トシテノ外国為替政策」によれば、ドイツが1879年以来採用してきたもので、その貸出期間は5日ないし8日となっていたが、当時は6週間に及ぶことがあった。イングラント銀行は金輸入業者に対する無利子の貸出によって金輸入を促進することを行っていた（春井久志［1991］223ページ）。

88)　神山恒雄［1995］274－278ページ。

89)　坂本辰之助『子爵三島彌太郎伝』昭文堂、1930年、161－167ページ。日本銀行百年史編纂委員会編『日本銀行百年史』第2巻、289－290ページ。

90)　津島寿一［1968］40ページ。宮島茂紀［1995］53ページ。

第3編　日露戦争以後の金本位制維持政策

1月に98万円の売却が実施された以外には、1914年6月まで行われていない。逆に、入超にもかかわらず、日本銀行は1913年7月から1914年6月にかけて、4651万円の在外資金を横浜正金銀行から買い入れている[91]。これには政府の意向が働いているかもしれない[92]。日本銀行理事の木村清四郎は第1次山本内閣や第2次大隈内閣に対し、外国為替貸付金を正貨で正金銀行に返納させるよう進言している[93]。

外債の募集については、政府は、1913年3月に英貨鉄道証券および同債券各150万ポンド（各1500万円）、同年4月に鉄道外債＝仏貨国庫債券2億フラン（7700万円）、同年3月に東洋拓殖会社社債5000万フラン（1900万円）を発行したほかは、外債を発行しない方針を堅持した。

また1913年12月には、閣議決定を経て、大蔵大臣は各省大臣宛て照会を発し、1914年度ならびに同年度の外国払いは、1912年の実績に比し、約1500万円の節約を目標として、物品費3割減、非物品費3分減の割合をもって節減を行うことを要求した[94]。

後述のように『正貨吸収二十五策』執筆後1年以上経過した第2次大隈内閣成立後（1914年7月）に、ようやくその主要部分が実施されるに至るのである[95]。

（2）　在外正貨依存の貨幣制度の改革構想

日本銀行関係正貨吸収策の説明の際に述べておいたように、『正貨吸収二十五策』は在外正貨の正貨準備繰入れや正貨準備外在外正貨保有に反対して、日本銀行の正貨準備の大部分は在内正貨準備（金）をもって保有すべきであることを主張した。このことが『正貨吸収二十五策』の大きな特徴の1つである。

---

[91] 「日本銀行正貨受払表」（中京大学図書館所蔵『正貨吸収二十五策』附属資料）。
[92] 1914年1月24日の衆議院予算委員会総会において、勝田主計大蔵次官は、「横浜正金銀行の為替を取扱ふ上につきましても、やはり成るべく正貨で以て金を送ると云ふやうなことに就きましては、正金銀行等に命令をして、正金銀行は其政府の旨を承けてやって居るのであります」と述べている（「議会に於ける正貨問題」『銀行通信録』第57巻第341号、1914年3月20日、324ページ）。
[93] 木村清四郎「正貨消長と国際貸借の推移に関する事実及び政策の変遷」『銀行通信録』第83巻第494号、1927年3月、343ページ。
[94] 大蔵省財政史関係保存文書「正貨概況」、吉川秀造［1953］177－178ページ。
[95] 吉川秀造［1953］177－179ページ。

第6章　明治末・大正初期の正貨危機対策構想

このことについて立ち入って考察しよう。

　当時、在外正貨問題が正貨政策に関して大きな問題となっていた。たとえば1912年10月、全国商業会議所連合会は、財政経済に関する建議案を政府宛に提出し、その中で在外正貨の準備繰入れに伴う弊害を衝いている[96]。

　このような状況下で『正貨吸収二十五策』が作成されたのである。『正貨吸収二十五策』は在外正貨の正貨準備繰入れを批判しており、「在外正貨ヲ以テ正貨準備ヲ補充並増加スルコトハ尚一層ノ大病根ニシテ為メニ兌換制度ハ殆ント其機能ヲ麻痺スルニ至レリ」（日本銀行関係の第3策、全25策中の第8策）と論じ、その繰入れが兌換制度のもつ機能を麻痺させていると述べている。この大蔵省内の意見書には金本位制度のもつ自動調節作用への期待がある。前述の日本銀行関係の正貨吸収策についての同書の論述を総合すれば、同書は、国際収支赤字のもとで正貨準備が減少するはずであったにもかかわらず、外債発行によって得た外貨資金を日本銀行が買い入れ、これを正貨準備に繰り入れたために正貨準備が減少せず、公定歩合が引き上げられず、金融が引き締められず、この結果、貿易収支を包含する国際収支が改善せず、かくして、正貨危機が解消しない、と主張しているといえよう。同書は正貨危機対応方策として在外正貨依存の日本銀行の貨幣制度の改革を企てたのである。そのために同意見書は、日本銀行正貨準備の大部分は在内正貨準備（金貨金地金）をもって保有するとともに（日本銀行関係の第1、第2、第3策）、日本銀行の準備外在外正貨保有にも反対している（日本銀行関係の第7策）。大口為替の売却を正貨準備の減少と結びつけることなど（日本銀行関係の第4策）、国際貸借の趨勢に応じた正貨準備の増減を求めている（日本銀行関係の13ページ）。正貨準備の状態を世人が

---

[96]　「貿易上の関係に於て、商品の輸入超過は当然正貨の輸出となり、正貨の輸出は当然貨幣準備減少を来たし、而して茲に兌換券の収縮を見るべきは、是れ自然の数理なり。然るに現存正貨を以て、臨時中央銀行の準備に利用するが故に、中央銀行の正貨の増減は直ちに貿易上の大勢と其比例を正しうせず、為めに通貨自然の伸縮を損ひ、物価及び貿易の趨勢を調節するに何等の効なき事となり、物価は益々騰貴し、貿易は愈々逆調に陥るの止むを得ざるに至る。若し斯くのごとき状況を放任せんか、正貨遂に欠乏して、以て兌換券の基礎を危くするに至るなきを保せざるなり。之を要するに今日の在外正貨は、実際上徒らに財政の手段の為めに用ひられ、国民経済自然の趨勢を紊るの用をなすものなれば、吾人は切に政府がその運用を整調して、以て対外貿易の逆調を救済すると共に、国際金融関係の実情を明示し、以て国民の適従する所を知らしめん事を希望に堪へざるなり」（高橋亀吉編『財政経済二十五年誌』第4巻、復刻版、国書刊行会、1985年、53–54ページ）。

誤解しないように正貨準備を在内正貨と在外正貨とに分けて官報に掲載することも求めている（日本銀行関係の第5策）。

『正貨吸収二十五策』の内容をさらに検討してみよう。在外正貨を正貨準備に充当するか否かは、保証発行屈伸制限法という発行制度のもとでは国内通貨の発行力および金利に差異を生ずるけれども、通貨膨張に直接関係はない[97]。『正貨吸収二十五策』は在外正貨準備がただちに通貨膨張をもたらすと述べてはいない。人為的に外債によって正貨準備が補充されたために、国民が国際収支、入超の実情を正しく把握できなくなったという面はあったであろう。だが、人為的に外債によって得られた外貨を前提として、それを在外正貨として正貨準備に繰り入れようと（在外正貨準備）、日本に回送して在内正貨準備（金準備）として保有しようと、国民の国際収支、入超の実情把握には影響はない、ということは補足説明しておきたい。

国際収支が悪化している状態のもとにおいては、在外正貨によって対外支払いを行うことができるが、在外正貨を金に換えて国内に現送しても、結局は対外支払いのために金を海外に現送することとなり、金現送費を二重に損することとなる。在外正貨には金現送費節約という便益があることが忘れられてはならない。あえて正貨準備を大部分在内正貨（金）として保有することを主張するのであれば、在外正貨の弱点[98]や戦争に備えての在内正貨準備（戦争準備金）保有の必要性などを明らかにする必要があるが[99]、『正貨吸収二十五策』はこのようなことを明らかにしていない[100]。割引歩合が必ずしも正貨準備維持の必要から変動しないのは在外正貨により人為的に正貨が補充されたからであるとはただちにいえず、割引歩合は、国内の産業発展と国際収支（経常収支）・正貨収支均衡のどちらを重視するのかという通貨当局者の通貨観に規定されるものでもあるということも指摘しておきたい。このような意味では『正

---

97) 深井英五『新訂 通貨調節論』[1938] 290−291ページ。
98) 国際金融の中心地で保有する通貨の価値が減少して損失をこうむったり、戦争の勃発によって在外正貨を国内に回収することができなくなり、円の基礎が動揺することになるということ（深井英五［1938］302−303ページ）。
99) もっとも、『正貨吸収二十五策』は戦争など非常特別の場合には対外支払に備えて在外正貨が必要になると考えている（日本銀行関係の第2策参照）。
100) 在内正貨準備が豊富でないために外国銀行から金貨取付の威嚇を受けて日本銀行は大口為替の売却相場を低廉にせざるを得なかったことには触れている（同上、乙の12ページ参照）。

第6章　明治末・大正初期の正貨危機対策構想

貨吸収二十五策』は理論的に問題をもっていたということができる。この意味では同書の在外正貨批判は説得力を欠くものであったといえよう。

　在外正貨依存の貨幣制度[101]は当時の日本において存在意義を有していた。元老の松方正義は在外正貨の正貨準備繰入れの弊害を認識していたようであるが[102]、在外正貨『正貨吸収二十五策』作成当時の大蔵大臣であった若槻礼次郎は対外支払いに果たす在外正貨の意義を認め、それを擁護している。すなわち、若槻は次のように主張する。

　「余輩は我国の如き海外に多額の債務を負ひ年々少なからざる利払を要する国に於ては、正貨を外国に置きて其決済に充つるは、実際に於て頗る便利なる方法にして且つ之に伴ふ利益もあることを認めざる能はず。すなわち、若し正貨を海外に存置せざる場合は、年々の利払其他に対し常に正貨を現送せざるべからざるの結果を生ずべし。而して之が為に運賃や保険料を支払はざるべからず。然るに若し正貨を海外に置きて直ちに利払其他に充つるときは、此等運賃や保険料を支払ふの要なく、少なくも之れ丈けは我国の在外正貨のために生ずる幾分の利益として数ふるを得べし」、「通貨膨張と云ふ点より云へば、正貨を外国に置くも内地に置くも其の結果に於て殆と区別を為すこと能はざるが如し、何れに在りとも通貨に影響する所においては異なることなかるべし」、「経済上の原則によりて正貨を海外に置かざるも、国際貸借は自然に平均するの傾きがある故に、其の尽減に任かせて之を補充せず、正貨準備も減少して通貨の縮小を見るに於ては、輸出の増加となりて貿易上の関係において債務を決済し、兌換制度の妙用を発揮するを得べしとの説は、余輩に於ても異論なきところなり」、「然れども之を実際に行ひて毫も掛念を要せざるや」、「在外正貨が空虚となり、海外に対する利払の為めに自然通貨の減縮を生ずれば、物価低く生産費も減少して輸出に便なるを得べしと雖も、我国は今直ちに此の経済上の通則にのみ依頼して全く支障なきを得るか」、「三億内外の正貨は三四年の間に尽減せざるべからず……巨額の利払は如何にして決済すべきか」、「正貨を適当に補充しつつ、漸次常態に復せしむるの要あり。急激に通貨を減少し、物価を下落せ

---

101)　1904年6月に日銀の在外資金の一部を正貨準備に繰り入れる制度が成立したが、この制度を能地清氏は在外正貨制度と名づけられている。だが在外正貨制度という特別の貨幣制度があったわけではない。

102)　兵頭徹［1991］53ページ。

第 3 編　日露戦争以後の金本位制維持政策

しめ、生産費を低下して輸出貿易を助長せんとするも、かかる急激なる通貨の縮小に伴ひて亦自ら多少の弊害なきを得ざるべく、或は之が為めに全体の産業発達の上にも考慮すべき点なしとせず。されば在外正貨の存置は輸出貿易上の多少の妨げとなるやもしれざれど、急に之を転回せんとして、一国信用の根拠に関する危険を招くが如きは、深く之を戒め、以て長き間に回復するの策を取るに如かざる也」と[103]。

　在外正貨批判は大蔵省の共通の意見ではなかったのであり、大蔵省首脳が採用してもいなかったのである。その後、1914年 4 月に再び大蔵大臣となった若槻は、改めて在外正貨を擁護している[104]。日本銀行の三島彌太郎総裁も、外債発行については批判していたが、在外正貨依存の貨幣制度そのものについては是認していたと考えられる[105]。

（3）　政府対外支払資金の確保

　大正初期には政府在外正貨（在外資金）が激減した。すなわち、1911（明治44）年 1 月31日には 2 億543万円あった政府在外資金は1913年 1 月25日には4133万円にすぎなくなった[106]。1911年 7 月に勃発した第 2 次モロッコ事件からバルカン戦争（1912年10月に勃発）、第 1 次大戦へとつらなる国際政治と三悪税廃止・営業税軽減運動や陸軍 2 個師団増設問題[107]による国内政局、両者の不安定化[108]、消極的正貨政策主張者の存在のもとで、外債募集によって政府在外正貨（資金）を補充することは困難になってきた。このような状況下で、政府海外資金の確保が政府にとって深刻な問題となってきた[109]。『正貨吸収二

---

103)　若槻礼次郎「在外正貨に就て」『日本経済新誌』第12巻第12号、1913年 3 月15日、7 － 9 ページ。
104)　対外支払いに金を支払えば金現送費が必要になる、在外正貨はこれを節約するのであって、輸入を奨励するものではない、在外正貨があるために兌換券が収縮しないと考えるべきではなく、外国で正貨を支払えば兌換券が減る、などと述べている（高橋亀吉編［1932］第 6 巻、379－383ページ）。
105)　坂本辰之助『子爵三島彌太郎傳』昭文堂、1930年、161－174ページに三島彌太郎総裁の在外正貨批判の記述はない。
106)　能地清［1981］26ページ。
107)　1910年以来のこの懸案は1915年に増設が実現した。藤原彰『軍事史』東洋経済新報社、1961年、123－128ページ。
108)　能地清［1981］　38ページ。

第6章　明治末・大正初期の正貨危機対策構想

十五策』は政府関係の項目においてそのための対策を検討している。それがこの意見書作成の大きな目的の1つであった。

　同意見書では、第1に、政府の外貨資金の調達方法を献策している。この方法として、横浜正金銀行が輸出為替手形を買い入れることによって得た輸出品の代金（外貨）を政府が買い入れて正貨を入手することが提起された。この方策によれば、政府は輸出手形の買入れによって第1年目に2000万円の正貨を入手し、その後買入額を増大させ、5年目には1億円の正貨を入手することとされた。また、政府は民間外資輸入者などの英貨提供者から日本銀行よりも売手に有利な条件で英貨を買い上げようとした。外債募集は行わない方針であるが、1億2000万円まではそれによる政府正貨補充を認めることとした。

　第2に、前述の大蔵省の「正貨ニ関スル応急擁護策」の中で提起されていた「固定セル正貨ノ解放」も採用することとし、政府対外支払資金を確保するために政府所有の在外正貨を回収することも構想された。

　第3に、政府対外払いの節約も提起された。満鉄社債利子の振替払いの廃止は政府所有在外正貨の減少を防ぐためである。政府の海外払い抑制のために官業予算の抑制なども求めたのである。

　このような方策の趣旨はその後、採用されたとみることができる。日本銀行は政府在外資金確保に協力した。当時の日本銀行理事であった木村清四郎の回顧によれば、日本銀行は第1次山本権兵衛内閣のときに、日本銀行が正金銀行に融通した為替資金に関する手取金を正貨をもって正金銀行に返納させることを政府に進言した。これによって正貨を確保しようとしたわけだが、全部の手取金を正貨で返納させることは貿易資金に差し支えるから、最初は金額を限定し、漸次その額を増していく方針であった[110]。その後、この正金銀行の日本銀行への正貨納入金額を増加させることが提言された。すなわち、日本銀行の深井英五営業局長（1913年11月に局長に就任）や片山貞次郎調査局長は、正金銀

---

109)　伊藤正直［1987b］401－402ページ。日露戦争以後「我国ハ頗ル多額ノ外国債ヲ負フニ至リタル結果年々直接海外ニ仕払ヲ要スル金額ハ国債利子約七千万円軍艦兵器仕等約三千万円合計一億円内外ニ上リシカ我国ノ外国貿易ハ年々概シテ輸入超過ヲ示セル為メ外国貿易ノ差額ニ依リ右ノ海外仕払ヲ弁スルコト能ハス、政府ノ外債募集金及市又ハ特種会社及銀行等ノ外債募集金ヲ以テ振替支弁シ来レ」り（日本銀行臨時調査委員会「戦時ニ於ケル日本銀行ノ施設」［1919］『日本金融史資料　明治大正編』第22巻、331－332ページ）。

110)　木村清四郎［1927］343（37）ページ。

行の輸出手形手取金のうちから政府海外支払いに要する外貨を供給させようとした。1914年に深井は日本の輸出手形手取金（1913年における輸出は6億3200万円）の1割を政府海外支払い（5000～6000万円）のために先取りしようとした。深井は、国家のための在外資金確保を優先すべく政府海外支払金の供給のすべてを正金銀行に負担させるため、『正貨吸収二十五策』の提案（初年度2000万円）よりもさらに多くの金額の外貨を正金銀行に提供させようとしたのである。この点で、政府在外正貨確保に関しては大蔵官僚よりも日本銀行の深井の方が積極的であったといえる。だが、そのようなことを行えば輸入資金が不足する。また為替銀行の営業原則からいえば、輸出為替と輸入為替はバランスがとれていなければならない。日銀の深井の提案に対して、正金銀行の井上準之助頭取は強硬に反対した。日本銀行内部にも、深井の提案は正金銀行に困難を強いるものであるという意見もあった[111]。日本銀行と正金銀行との調整（妥協）過程を経て、1914年7月に、第1次山本内閣当時に提案した金額よりも多いが（木村清四郎の回顧による）深井が提案したよりも少ない金額で、正金銀行の日本銀行への正貨納入が決定されるのである（年額最低初年度1500万円）。

　このような輸出為替代り金として得た外貨を入手した日本銀行による政府代金の支払いは、「在外政府資金勘定」廃止構想と結びついていた。すなわち、正貨危機を背景として「在外政府資金勘定」を原則として廃止することが、次のように構想されるようになった[112]。「政府ハ従来ノ如ク政府自身ニ正貨ヲ所有スルヲ避ケ成ルヘク日本銀行ヲシテ之ヲ保有セシムルノ方針」[113]をとる、と。高橋是清大蔵大臣も1914年1月23日の衆議院予算委員会総会で、次のように述べている。従来、政府は多額の正貨を海外に所有する方針をとり、また所有してきた。そのために余計な借入金をしたり、あるいは大蔵省証券を発行した。今後はそのようなことはせず、正貨はなるべく日本銀行に保有させ、政府は必要やむをえない部分に限って正貨をもつという方針をとることにしたい。政府が公債の利息を払う場合には、日本銀行に金を入れて代り金をロンドンにおいて日本銀行より受け取り、そうしてこれを払わせる、と[114]。

---

111)　深井英五［1941］110－111ページ。
112)　能地清［1981］38－39ページ。
113)　「外債ニ関シ海外駐箚財務官ニ対スル命令案」『勝田家文書』第28冊所収。これは内容からみて1913年秋から14年1月頃のものと思われる。能地清［1981］39－40ページ。

第6章　明治末・大正初期の正貨危機対策構想

　能地清氏は、日銀の正貨準備による国際収支決済機構の一元化を「国際収支の赤字を正貨準備によって調整する金本位制への常道に復帰」[115]ととらえられたが、伊藤正直氏は、政府在外正貨枯渇という局面のなかで、やむをえず登場したものと解釈されている[116]。外債発行による政府正貨補充がまったくできなかったわけではなく、政府在外正貨枯渇という条件のもとで外債発行に依存しないという政策判断をしたことを重視すべきであろう。日銀から政府が正貨を吸収するという政策選択のもとで、政府在外正貨保有を抑制するという方策が採用されたと考えられる。

　また、前述のように一部の外債発行による正貨の補充や政府の外国払い節約による正貨の節約が行われた。これも『二十五策』の提言が生かされたものといえよう。

第8節　正貨吸収基本協定の締結（1914年7月）

1　正貨政策の対立と消極的正貨政策の確立

　大正初期には財政経済政策の緊急課題として「正貨問題」が顕現化し、その打開策として積極的正貨政策と消極的政策とが詮議の焦点となっていた[117]。1913年2月に成立した第1次山本権兵衛内閣では、前者の立場に立つ高橋是清が蔵相、原敬が内相、後者の立場に立つ山本達雄が農商務相、三島彌太郎が日本銀行総裁に就任した。

　高橋是清大蔵大臣は1913年2月20日に山本権兵衛総理大臣に正貨収支に関する意見書を提出した。この中で、従来のように、産業貿易の発達を図り、輸出超過を図るべきであると主張し、外資輸入は生産的事業資金に限り、政府外債は鉄道資金に限り、民間外資を導入し、外債は経済的・政治的理由からフランス市場に仰ぐべきであると論じた[118]。

---
114)　『銀行通信録』第57巻第341号、1914年3月20日、320ページ。
115)　能地清［1981］38ページ。
116)　伊藤正直［1987b］403ページ。
117)　神山恒雄［1995］266ページ。
118)　藤村欣市朗［1992a］299-303ページ。高橋是清「正貨ノ収支ニ関スル方針」（1913年2月20日調、3月27日修正）『勝田家文書』第48冊第5号。

571

第 3 編　日露戦争以後の金本位制維持政策

　高橋是清は1913年3月には第一回英貨鉄道証券および英貨鉄道債券合計300万ポンド、4月には仏貨国庫債券2億フラン、1914年2月に第二回英貨鉄道証券250万ポンドを発行した[119]。

　松方正義をはじめとする山県有朋、井上馨、大山巌らの元老は後継首相の推薦者として組閣に深く関与していた。と同時に、内閣の基本政策にも影響力をもっており、当面の課題である「正貨問題」にも深くかかわっていた。このような経緯の中で、松方正義は1913年12月に山本首相に宛てて『財政意見』を提出した。松方はこの意見書の中で、行政整理は一段落したが、「財政方針未タ確立セス」と述べて財政方針確立の緊急性を訴えた。その具体的方策として、外債募集の廃止、対外債務決済方策の決定、兌換制の維持を図るべきであると主張した。

　松方は、財政については緊縮政策を求めるとともに、「外資により正貨準備の補充をなすことは全く廃止する」という非募債の主張を闡明にするのである。松方は外資依存政策の継続では「負債ハ負債ヲ産ミ殆ント際限」なく外国債務の累積をもたらすから、「濫リニ外国起債ニヨリテ目前一時ヲ弥縫スル政策ハ自今断然之ヲ廃棄セサルヘカラス」と述べている。それでは正貨不足をどのように解決すればよいのか。松方は、応急策として、官庁購入品の輸入抑制と内国製品の調達によって対外正貨支払い額の節約を図ること、永久策として、国内産業の発達によって輸出増進を達成しうることを提唱した。このような松方の意見には、積極的正貨政策の主張である産業奨励と消極的正貨政策の主張である非募債の主張とが混在していた。ただし、この場合の産業奨励策は輸出産業のための金融、流通面の環境整備を図るものであって、輸出産業のための直接的な追加資金の供給という積極的拡大策を意味するものではなかった[120]。松方は基本的には消極的政策の遂行を訴えていた[121]。松方の方針はその後の非募債という政策決定に影響を与えたと思われる。

　三島彌太郎日銀総裁は、外債は不自然に通貨を膨張させ、財界に悪影響を与えると主張し、山本首相にも松方正義にも外資輸入を避けるよう提議した[122]。

---

119)　大蔵省編『明治大正財政史』第12巻、315－344ページ。
120)　兵頭徹［1990］114－121ページ。松方は大蔵省の非募債主義、緊縮財政に基づく『正貨吸収二十五策』の策定案をおおむね支持していた（兵頭徹［1991］57ページ）。
121)　兵頭徹［1991］54－55ページ。

1914年4月に成立した第2次大隈内閣の蔵相には若槻礼次郎が就任した。これによって蔵相と日銀総裁の正貨政策の考えが一致し、消極的正貨政策が徹底したのであった。若槻は、外債による正貨補充が通貨膨張・物価騰貴を通して輸入超過・正貨流出を招き、また外債利払いが正貨危機を招いているとして、外債を募集しない方針（非募債）をとって、中央銀行の金利調節により、正貨問題に対処する方針を表明した。非募債の決定は外債による入超補塡を日本経済の不健全な拡大とする政策が採用された結果であって、外債募集が困難なためにやむなく転換したものではなかった。このような政策決定を前提として、正貨政策の基本協定が締結されることとなるのである[123]。

2　正貨吸収基本協定の締結

第1次大戦直前の1914（大正3）年7月、政府、日本銀行および横浜正金銀行は協議のうえ、正貨の維持吸収に関する総合的な基本方針を決定し、そのための協定を締結した。その重点は、貿易および貿易外収支の好転を図ることによる正貨の獲得であった。決定された方針とは、日本銀行が正金銀行に対して低利の外国為替貸付資金を供給し、正金銀行はこれを用いて外国為替業務を行い、とくに輸入為替を買い上げる場合の利子を引き上げ、できる限り輸出為替を買い進み、輸出為替の海外での取立手取金を日本銀行に正貨をもって返納し、これを外国為替借入の返済に充当し、日本銀行に納入された正貨を政府が買い上げるというものであった。

それはまた、外債募集に依存せず、公定歩合を基礎とする正貨維持策を採用しようとしたものであり、その引上げを要請したものである。正貨準備を外債によって補充せず、経済の実勢に照応させようとした。上述の基本方針には輸入抑制という考えはあるが、それは輸入為替の買入抑制によって行おうとしており、財政緊縮は述べられていない。だがそれは、財政緊縮の方針がすでに定まっていたから、あえて上記の基本方針には盛り込まれなかったとも考えられ

---

122) 坂本辰之助、前掲書、166ページ。三島彌太郎は健全財政論者であった（社団法人尚友倶楽部・季武嘉也『三島弥太郎関係文書』尚友倶楽部、2001年、540ページ）。
123) 神山恒雄 [1995] 266、279–280ページ。日本銀行臨時調査委員会 [1919] も1914年春季に政府が非募債の方針を決定したと述べている（332ページ）。

る。すなわち、大蔵省で作成されたと考えられる1914年6月25日に調査した正貨問題に関する提言案[124]は、「政府ハ如何ナル財政方針ヲ立テテ貿易ノ逆勢ヲ転回セシムヘキヤ」との正貨問題についての第1の問いに対して、次のような回答を作成しているのである（以下にこの提言案を「正貨対策」と略称する）。「現内閣ハ既ニ本問題ノ解決ヲ主眼トシテ財政方針ヲ立案セラレ其方法トシテ　一、政費ヲ節約シテ国民ノ負担ヲ軽減シ　二、公債ノ募集ヲ廃シテ外資ノ急激輸入ヲ避テ　三、国庫ノ収支ヲ改善シテ兌換券ノ膨張ヲ防クノ三策ヲ採リ依テ以テ本邦特殊ノ物価騰貴ヲ徐々ニ軽減シ延イテ外国貿易ノ状勢ヲ転回セントセラレツヽアルカ故ニ政府ノ見地ヨリ見レハ本問題ハ既ニ解決セラレタルモノニシテ只実行上ノ問題ヲ残スニ過キス」と述べているのである。このような意味では、正貨吸収の基本方針と基本協定の締結は、消極的正貨政策を志向するものであったといえる。

　だが上記基本政策は、従来の消極的正貨主義とは異なる性格をも有していた。それが外国為替による正貨吸収策の提唱である。『正貨吸収二十五策』の中に存在していたこの考えが正貨政策の中心に据えられることとなったのである。同意見書が提起していた、横浜正金銀行の日本銀行からの輸出為替借入金の正貨による返済も基本方針で採用された。為替政策による正貨吸収策は直接的な生産奨励策を志向するものではなかったが、正貨吸収のための輸出為替の買入奨励は、結果においては輸出奨励に通ずる生産奨励に寄与するものである。しかしもちろん、それは生産的正貨政策の立場に立つ構想にみられるさまざまの生産奨励策による正貨吸収を提唱してはいないから、それを積極的正貨吸収政策を志向したものとみなすことはできない（神山恒雄氏のように、正貨政策が積極的か消極的かを外債発行の有無によって簡単に割り切ることはできない）。

　前述の基本方針には、『正貨吸収二十五策』が求めていた政府在外正貨吸収を図るという考えが強く出ている。これはまさに為替政策による正貨吸収も、結局は、政府在外正貨枯渇という状況下で当面の政府の対外支払い手段を確保するためのものであって、日本銀行の在外正貨保有の増大を求めたものではない。日本銀行所有の正貨を政府が随時買い取ることも提起されていたのである。

---

124) この資料は中京大学図書館所蔵稀覯書『正貨吸収二十五策』の中に「正貨吸収策としての外国為替政策」とともに綴じられている。この閲覧に際しては鈴木俊夫氏の助力を得た。

第6章　明治末・大正初期の正貨危機対策構想

　このようなことは、当面の正貨危機、政府対外支払い危機のもとでは、外債募集は容易でもなければ弊害もあり（外債発行は利払いのために多額の正貨を流出させる結果を招くし、経済を放漫にさせる恐れもある）正貨危機の解決策とはなりえず、行うべきではないという政策判断が採択され、また外債導入の効果顕現には比較的長期のタイムラグを要するのであり、中長期的な生産奨励、輸出奨励、輸入抑制策を立てる余裕がなくなり、当面の政府支払い危機に対処するために日本銀行や正金銀行によってただちに実施できる政策が求められた結果でもあろう[125]。

　このような正貨維持政策の基本方針と基本協定の内容を詳しく紹介しておこう。

　1914年7月17日、大蔵省官舎において正貨維持に関する会議が開催された。列席者は若槻礼次郎大蔵大臣、浜口雄幸大蔵次官、神野勝之助理財局長、森俊六郎銀行課長、田昌国庫課長、青木徳三秘書官、三島彌太郎日本銀行総裁、水町袈裟六日本銀行副総裁、木村清四郎日本銀行理事、片山貞次郎日本銀行調査局長、井上準之助横浜正金銀行頭取であった。この日の会議で「正貨維持ノ為メ日本銀行及横濱正金銀行ニ於テ左記ノ措置ヲ執ルコト」という基本方針が決定されたのである。細目は大蔵省、日本銀行、正金銀行主務者の間で協議することとなった。この正貨維持に関する基本方針は下記のとおりである[126]。

1．日本銀行が実行すべき方法
　①　日本銀行は、当分の間その金利政策において内地金融市場を相当引締りの状態にしておくこと。
　②　日本銀行の正貨準備は、日露戦争以来、人心に急激な動揺を与えることを避けるためにやむを得ず人為的調節手段をとってきた結果、必ずしも国際貸借の関係を反映しなかった。今後は正貨準備の増減をなるべく経済上の実況に相応させること。
　③　日本銀行は、横浜正金銀行に対して輸出為替に対する巨額の融通を与え

125）　後者については、宮島茂紀［1995］65-66、117ページを参照されたい。
126）　大蔵省理財局長から1914年7月21日に日本銀行に送付されてきた決定事項の写しが、日本銀行金融研究所所蔵の『正貨政策』と題する資料に所載。

ているから、同行にさしあたり年額1500万円を最低限度としてロンドンにおいて正貨を納入させること。この納入正貨は状況に応じて漸次これを増加し、2〜3年内には3000〜4000万円以上に達するよう督励すること。
④ 日本銀行は、従来のように日本が社債募集その他の場合にこの正貨買入れに努めるべきはもちろん、無利子または低利の貸付その他の方法をもって上海その他から金貨、金地金を吸収する方法を講ずること。
⑤ 日本銀行の横浜正金銀行に対する輸入手形引当貸出は、どうしても横浜正金銀行の輸出手形が期限等の関係で担保として提供できないものに制限すること。

2．横浜正金銀行が実行すべき方法
⑥ 横浜正金銀行は、輸入為替の買入れについて、他の外国銀行の追随してくる程度を考慮しながらなるべくこの利子歩合を引き上げること。すでに実行しているこのことを今後も継続すること。
⑦ 横浜正金銀行は、輸入為替の利子歩合の引上げより生ずる利益をもって輸出為替買入れに資することとし、従来日本銀行から提供されている低利資金とあいまって、できるかぎり輸出為替を買い入れるよう努めること。

1914年7月31日には政府の正貨買入れに関する大蔵省、日本銀行、横浜正金銀行3者間の協定が締結された。その内容は以下のとおりである。

甲、横浜正金銀行納入の分
一、正金銀行が日本銀行へ正貨を納入したときは、政府は即時にこの正貨を購入すること。
二、大蔵省証券発行限度を超過する恐れがあるときは、その買入れを猶予すること。
三、政府資金運用の都合により、この買入正貨を一時買戻し条件付きで一定相場で日本銀行に売り戻すことがあること。
四、買入相場は原則として政府買入当時の電信売建相場によること。
乙、9月1日以降外国銀行その他より提供の分、丙、日本銀行8月末所有の分については、前1年間（前日まで）の買入総額（9月1日以後正金銀行から買

い入れる分を除く）の平均相場から32分の3の買持損失保険料を差し引いた相場で随時買い上げること。

　以上のことを1914（大正3）年9月1日より、1915（大正4）年8月31日まで実行し、それ以後は実績に鑑み、さらに協定すること。
付記
　正金銀行が日本銀行の低利資金を使用してもなお横浜正金銀行の資金が足りない場合は、政府の都合によって、正金銀行の参着為替その他の期限付為替をその時の売建相場で政府が買い上げること。

3　外国為替政策としての正貨吸収政策

　当時大蔵省内においては正貨吸収方策をめぐって真剣な検討が行われていた。そこでは先ず欧米諸外国の事例が検討された。1914（大正3）年5月頃大蔵省内で作成されたと考えられる（同年4月の為替手形利率の統計が掲載されている）「正貨吸収策としての外国為替政策」[127]と題する提言案は、欧米諸国で実行されている正貨政策を銀行政策と商業政策の2種類に分けて考察している。

　同調査によれば、銀行政策には割引政策と金為替政策と兌換手数料制度とがあるとされる。

　同資料は公定歩合操作について次のように論じている。中央銀行の割引政策の対外的影響は、外国に対する短期貸付を減縮し（または外国債務者の返還を促し）、もって金の流出を防遏すると同時に、内地物価の下落を来し輸入の減少輸出の増進をもたらし、その結果として金の流入を招くことである。割引政策の運用はイングランド銀行が今日常に行っており、独仏諸国も皆この方策を採用している。しかし、その効用が発生する程度はその国の経済状態、金融の関係、および割引政策を行おうとする銀行の実力いかんによるものであって、一概に論定することができないのである。すなわち、割引政策の効用発現の条件は①その国の世界経済上における実力および地位、②外国手形市場の成立およびその発達程度、割引を行おうとする銀行の外国手形市場における実力いかん

---

127)　中京大学図書館所蔵の『正貨吸収二十五策』にも所収。

にかかるものであり、この条件を具備する程度いかんによってその効果が異ならざるをえない。イギリスが割引政策を有効に実現できるのは、国際短期市場において優越な債権国としての地位を有することによるのであって、その他の諸国においてはその他の方法によってこれを援護しなければ、その効果を収めることができないのである。

イギリス以外の諸国が割引政策を援護する政策としては、金為替政策と兌換手数料政策とがある。金為替政策とは必要に際し引き上げることができる在外資金および外国手形を所有すること、すなわち外国為替政策がこれである。金為替政策はドイツ帝国銀行が最も腐心したものであって、国際貸借が不利であって為替相場が昂騰し金の流出甚だしい秋(とき)がくることを予想し、平時において外国宛手形を購入しておき、これをもって兌換券の準備に充て、1つは恐慌の際における金取寄せの準備とし、1つは片為替の結果として貸借関係が不利となる場合に備え、もって為替相場の激烈な変動を抑圧しようとするものである。フランスは金為替政策に重きを置いていないが、その他の欧州諸国は程度の差こそあれ、金為替政策を実行しないものはなく、オーストリー・ハンガリー、ロシア、イタリー、スウェーデン、ノルウェー、デンマーク、オランダなど、皆これに依っている。

兌換手数料制度は跛行本位制を採用したフランスが金準備維持政策として採用したものであって、金貨を兌換請求する者に対しては相当の手数料を徴し、この手数料を支払わない者に対しては、銀貨を受け取らせるものである。金本位制国がこの制度を採用すれば兌換停止と同様の結果を生じることになる。

商業政策としての金吸収策には、地金買入政策と金輸入者に対する無利子貸付制度がある。イングランド銀行は金買入価格引上げによる金吸収を行っている。金輸入者に対する無利子貸付制度はドイツが1879年以来採用している。

このような正貨吸収方策の中では、割引政策と金為替政策が最も根本的で効果が大きい。日本は国際金融市場において債務者としての立場に立ち、かつ地理上欧州の中央市場と隔絶しており、割引政策の影響はそれほど著明とはならない。割引政策によって内地物価の低落を来し、貨物の輸出を促し、輸入を抑制して、正貨の流入を結果としてもたらす効果がないわけではないが、この影響は急激に来るものではなく、相当の時日を要する。したがって、日本におい

ては日本銀行がとるべき割引政策は外国の情勢に基づいて決定すべきものではなく、むしろ内地市場の調節を目的として高低されるものとなる。また、日本銀行の割引政策の影響は金融市場における勢力いかんによって決まるのであって、同行がよく金融調節を行うようにするためには銀行の銀行たるにとどまらず個人取引にも尽力する必要があるのである。

金為替政策の実行は輸出超過の国にあってははなはだ容易であるが、輸入超過の我が国にあっては一段の工夫を要する。すなわち、為替相場を定めるにあたって輸出為替に特別の便宜を与えることである。さらにこれを具体的に述べれば、我が国において外国為替相場を定めるにあたって利息を低利に見積もり、輸出業者に特別の便宜を与えることである。

従来、日本の改策は、横浜正金銀行の所有する為替手形に対して輸入為替手形と輸出為替手形とを区別せず、これを引当として低利貸付を行ってきた。このため、輸出奨励だけでなく、むしろ輸入奨励の観がないわけではない。そこで為替政策を以下のように改正すべきである。

① 外国為替政策の中枢は日本銀行に移す。
② 横浜正金銀行、台湾銀行に支那で欧州向け金為替手形を購入させる。これによって買い入れた外国為替手形は日本銀行において低利割引する。
③ 横浜正金銀行は輸出為替相場を定めるにあたってはロンドン市場金利より年1分方低利となす。日本銀行の外国為替手形貸付の形式を再割引とし、日本銀行の横浜正金銀行に対する割引利率は年2分とし、輸入手形は年6分以上とする。
④ 日本銀行は横浜正金銀行以外の内国諸銀行に対しても3分利内外で輸出手形の再割引を行う。
⑤ 政府は前記の方法により日本銀行が買い入れた輸出為替手形を国債整理基金をもって買い入れ、これによって外国支払元正貨を入手するようにする。政府の買入価格は日本銀行の割引歩合に相当の手数料を見込むこと。

以上の方策に要するに外国為替政策を有効ならしめ、為替相場を低く定めて輸出業者に特別の便宜を与えるという輸出奨励を加味しつつ、政府対外支払資

金を確保しようとするものである。大蔵省内でこのような検討が行われた後に前述の正貨吸収基本方針が決定されたのである。

前記の「正貨対策」（1914年6月25日調）という提言案もまた為替対策のあり方を検討している。この提言案は、第1に、政府の貿易逆調是正のための政府の財政方針を考察し、その方策として①政費節約、国民負担軽減、②公債募集廃止、外資の急激輸入回避、③国庫収支改善、兌換券膨張抑制の3策を挙げている。

第2に、日本銀行の正貨準備維持策を論じている（「日本銀行ハ如何ニシテ其ノ正貨準備ヲ維持スヘキヤ」という正貨問題についての第2の問いに対する答え）。正貨吸収、正貨準備維持策として日本銀行の金利調節機能を重視し、日本銀行の即時金利引上げを提唱していた。だが、金利引上げが正貨維持の効果を現出するには比較的長期の期間を要することと、それのみに依存するときには比較的高率かつ長期の引上げを行わざるをえず、経済界の苦痛を大きくする傾向を生ずるという、金利引上げの限界も指摘している。同提言案は、日本銀行の正貨準備の維持策として、金利引上げのみに依存するのでなく、補助的手段をも採用するべきであると提言しているのである。

その補助的手段として採用すべきものとされたのは次の4つである。

甲、横浜正金銀行に対する外国為替手形引当貸付金のうち輸出手形を引当とするものは正貨をもって返済させること

乙、横浜正金銀行に対する外国為替手形引当貸付金のうち輸入手形を引当とするものには日本銀行普通割引日歩を適用すること

丙、横浜正金銀行以外の外国為替取扱銀行に対し、約1000万円内外を限度として輸出手形引当で低利貸付を行い、正貨をもって返済させること

丁、正貨準備は1914年末に2億円内外となるまで減少させる方針をとり、徐々に減少させること。

上記甲、乙、丙の提言案は為替政策を通じての正貨準備維持策を提言しているのであり、従来の為替政策がいっそう正貨維持に寄与するよう、その改善を求めているのである。

丁案については、準備外正貨の準備組入れを見合わせ、その自然的減失にまかせるとともに、年内における政府の日銀からの買上正貨額4000万円のうち半

表 6 − 2　内外正貨内訳表（1913年12月31日）

a　正貨内訳
（単位：千円、四捨五入）

日本銀行正貨	
準備外内地地金	364
内地準備	129,953
海外準備	94,413
普通通知預金	685
当座預金	2,772
定期預金	47,644
3日通知預金	5,377
為替資金	51
本邦各種公債	1,277
英国大蔵省証券	0
30日通知預金	2,975
合計	285,510
特別運用金	24,274
別口通知預金	4,991
合計	29,265
政府正貨	
ロンドン寄託金	753
ドイツ寄託金	4,168
フランス寄託金	25,893
ニューヨーク寄託金	1,850
利付預金	27,965
証券	0
為替基金	69
為替元	1,021
合計	61,718
総計	376,492

b　日本銀行海外準備内訳
（単位：千円）

別口預金	2,716
通知預金	9,600
定期預金	―
大蔵省証券	82,097
三日通知預金	―
	94,413

注：ただし、銀を含まない。
出所：日本銀行金融研究所所蔵資料『内外正貨』（bも同じ）。

額を正貨準備中から、半額を正貨準備外から払い出すこととし、年末正貨準備現在額を2億円内外とし、次年度からはすべて準備外から払い出し、当面日銀正貨準備2億円を維持することとされた。

　表6−2にみられるように、政府正貨残高は1913年末には6172万円にすぎなかった。当時、大蔵省では政府対外支払資金をいかに調達するかが大問題であった。前記「正貨対策」という提言案は、「政府ハ如何ニシテ其正貨所要年額

九千万円ヲ調達スヘキヤ」を大きな課題としており（正貨問題に関する第3の問い）、正貨所要年額9000万円の調達方法について以下のように論じている。

　外債起債を打ち切った以上、その方策としては(イ)日本銀行の金貨を取り付けて海外へ現送、(ロ)日本銀行および横浜正金銀行以外の銀行会社または公共団体から正貨買上げ、(ハ)日本銀行から在外正貨買上げ、(ニ)輸出為替手形買上げによる正貨受入れの4方法しかない。だが、(イ)は最も不利である。(ロ)も、正貨調達の常法ではなく、日本銀行および横浜正金銀行の営業を侵害する恐れがあり、断念せざるをえない。(ハ)は今後も「依頼」せざるをえない方策ではあるが、①日本銀行の負担が大きい、②政府海外支払いのための為替需要を減じ、為替相場を高位にし、輸入を奨励し輸出を抑制する、③政府にとっては買入相場の観点からいって最も有利であるとはいえない（日本銀行の英貨売却相場は外国銀行への売却相場と同じであったが、政府の正貨受払いは純分比価に基づいて整理していたから、日本銀行の主張どおりの相場で英貨を買い入れる場合は予算上損失が生じる）という欠点がある。(ニ)は(ハ)の欠点を補う長所があり、採用の価値がある。こうして同提言案は、国庫金を運用して輸出為替手形を買い入れ、これを通じて正貨を受け入れることを推奨するのである。日本銀行から横浜正金銀行への低利為替資金の供給を通じて輸出為替代り金を取得するという従来の正貨政策との違いはあるが、為替政策を通じての正貨吸収（ここでは政府正貨吸収）という方策がここでも主張されているのである。『正貨吸収二十五策』において提言された、国債整理基金を用いて政府が輸出手形を買い入れ在外正貨を確保するという方策がここでも提言されているのである。

　政府対外支払資金確保のために必要な国庫金を調達するために、「正貨対策」という案は満州為替廃止（400万円）、国債整理基金の充実、横浜正金銀行ならびに三井物産の反対があっても満州為替特別保護を打ち切ることも提言している。

　こうしたことは、その当時において正貨確保、ことに政府在外正貨がきわめて重要な政策課題となり、このために外国為替政策の活用がきわめて重視されるようになったということの証左である。

第4編　第1次世界大戦期の正貨政策

第7章　第1次世界大戦期の正貨吸収政策

第1節　国際収支の大幅黒字下の正貨吸収政策

1　国際収支の黒字化と正貨の累積

(1)　国際収支の黒字化——正貨累積の背景

　正貨政策を考察するためには、まずその背景を探究する必要がある。正貨政策のあり方を規定する基本要因をなすのは国際収支の動向である。日本の国際収支は日清戦争、日露戦争の両戦争後に入超を続けており、日本の正貨所有額は1910年の4億7000万円から、1912年には3億5000万円に、政府所有正貨は2億円から8200万円に減少した。第1次大戦直前の時期には、正貨準備のうちの政府の対外支払いに当てられる政府所有正貨が、外貨の元利払いを下回りかねないという深刻な国際収支危機、いわば「国家破産」の危機に日本は直面した。将来は兌換制の維持が困難になるだろうという悲観説も唱えられるに至った。日本銀行総裁三島彌太郎は「交換の停止は電光石火行うべし」と、ひそかに考えていたのである[1]。

　1914（大正3）年7月28日に第1次世界大戦が勃発した。この戦争は、勃発当初は日本の貿易を混乱・縮小させた。第1次大戦による国際金融の混乱、ことに国際決済の中心地ロンドンの混乱は、戦争による貨物輸送、船舶への危険増大と相まって、外国為替取組みに困難を来し、貿易の減少を招き、輸出商品の低落、輸入品の暴騰をみた。海外で補完している正貨残高は次第に減少し、

---

[1]　大蔵省編集『財政金融統計月報』第5号、1950年2月、4-5ページ。小野一一郎［1968］233-238ページ。坂本辰之助『子爵三島彌太郎伝』昭文堂、1930年、163ページ。田中生夫［1980］16ページ。松野周治［1997］112ページ。

第4編　第1次世界大戦期の正貨政策

日本銀行の金準備もわずかではあるが減少した[2]。

　だが1915年の中頃には輸出の急増を背景とした貿易収支の黒字傾向が明瞭となり、日本の国際収支は大幅な黒字となった。これは第1次大戦終結の翌年である1919年まで続いた。

　1913年から大戦の終わった1918年までの4年間の輸出額は54億円にのぼり、これは大戦以前の時期における10年分に相当するほどのものであった。輸出激増の原因として、第1に、東南アジア、南アメリカ、アフリカなどの市場で従来日本商品を圧迫していたヨーロッパ商品の供給が途絶したため、これらの市場への供給が容易になったこと、第2に、兵器などの軍需品を中心とする注文が連合国から日本に殺到したこと、第3に、アメリカなどをはじめ中立国ならびに非交戦地域だった南アメリカ、アフリカなどの市場で戦争景気による購買力が増大したこと、第4に、大戦下の物価騰貴を挙げることができる[3]。

　輸入も増加したが、この4年間の輸入総額は40億円で、これは輸出額の増加に及ばなかった。輸入が輸出ほどに増大しなかったのは、従来我が国に最も多額の製品を供給してきたヨーロッパで戦争が起こったためにその供給が激減したこと、日本が極東の孤立化、世界的供給不足と物価騰貴という条件の中で自己の国内市場を独占しうる便宜を与えられ、従来のヨーロッパ商品に対抗する競争力を持たなかった企業が独立して生産を行うことができるようになったことによるものである[4]。

　地域別貿易構造をみると、輸出面では、ヨーロッパの比重低下、アジア市場の着実な増大、輸入面では、ヨーロッパの急激な低下、北米、なかんずくアメリカの比重の著しい増大傾向がみられる。以後、日本の貿易構造を特徴づけるアメリカ、アジア両極集中構造の原型がここに形成されたのである[5]。

　1914年から1919年までを「第1次世界大戦期」とすれば、この時期の平均貿易収支黒字額は2億2230万円にのぼった。加えて、海上運賃の高騰などを背景とした貿易外収支の大幅黒字により、経常収支もそれまでの赤字から大幅黒字に転換した。同期の運輸収支黒字額は平均2億2870万円、同期の経常収支黒字

2）　小野一一郎［1968］240ページ。
3）　同上書、242－243ページ。
4）　同上書、243ページ。
5）　同上。

第7章　第1次世界大戦期の正貨吸収政策

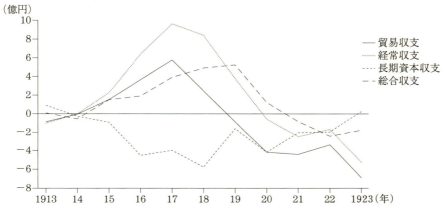

図7－1　第1次世界大戦前後の国際収支（1913～1923年）

出所：伊藤正直［1989］8ページ。

額は平均5億1340万円に達した[6]。

　経常収支の大幅黒字を背景として、第1次大戦期およびその直後には、中国に対する借款供与ならびに直接投資、および連合国公債への投資を主な内容とする大規模な対外投資が展開された。この結果、長期資本収支は大幅な赤字となった。1910年代末に日本は対外債権が対外債務を上回る純債権国となった[7]。

　このような国際収支の変化を図示すれば図7－1のようになる。

（2）　正貨の累積

　対外投資を大きく上回る経常収支の黒字によって、日本は大量の正貨準備を蓄積したのである。表7－1によれば、大正初期には正貨が減少していたが、第1次大戦期には正貨は激増に転じ、1914年から1918年にかけて、政府所有正貨は4900万円から8億5500万円へ、日本銀行保有正貨は2億9200万円から7億3300万円へと増大し、正貨の合計額は3億4100万円から15億8800万円へと激増している。

　正貨の所有者別内訳をみると、明治末、大正初期には正貨は主として日本銀

6）　松野周治［1997］112ページ。
7）　同上。

第4編　第1次世界大戦期の正貨政策

表7－1　正貨現在高（1906～1930年）

(単位：百万円)

	政府所有			日銀所有			合計	内訳	
	小額紙幣準備	その他	計	正貨準備	正貨準備外	計		海外正貨	内地正貨
1906年	—	292	292	147	56	203	495	441	54
08	—	166	166	170	56	226	392	330	62
10	—	202	202	222	48	270	472	337	135
12	—	82	82	247	22	269	351	215	136
14	—	49	49	218	73	292	341	213	129
16	—	262	262	411	42	453	714	487	228
18	77	777	855	713	20	733	1,588	1,135	453
20	178	709	887	1,247	45	1,292	2,179	1,062	1,116
22	151	516	667	1,064	99	1,163	1,830	615	1,215
24	26	399	425	1,059	18	1,077	1,501	326	1,175
26	14	269	283	1,058	16	1,074	1,357	230	1,127
28	12	103	115	1,062	22	1,084	1,199	114	1,085
30	—	122	122	826	11	837	960	134	826

出所：大蔵省百年史編集室編『大蔵省百年史　別巻』[1969] 233ページから作成。

行によって所有されていたが、第1次大戦期には政府の正貨所有が前述のように激増している。第1次大戦後期の1918年には政府が正貨所有の主たる担い手に転化するに至ったのであり、政府の正貨所有高はこの年の正貨現在高の54％を占めることとなったのである。

　正貨の所有地別内訳をみると、在外正貨は1914年から1918年にかけて2億1300万円から11億3500万円へと激増しており、在外正貨の正貨現在高に占める構成比率はこの間に62.5％から71.5％へと高まっている。第1次大戦期における正貨の増大は主として在外正貨によるものであった。この理由については後述する。

　だが、第1次大戦期には在内正貨も増大している。すなわち在内正貨は1914年から1918年にかけて1億2900万円から4億5300万円へと増大している。この在内正貨の増大は主として日本銀行によってもたらされた[8]。

---

8)　伊藤正直 [1989] 54ページ。

第7章 第1次世界大戦期の正貨吸収政策

表7-2 内外正貨内訳表（1917年4月末）

(単位：千円、ドル、ポンド、フラン、千円未満切捨)

政府正貨		日本銀行正貨	
在英国資金	252,130千円	正貨準備	411,088千円
当座預金	14,887	内地準備	238,035 〃
定期預金	23,090	金貨	117,687 〃
英国大蔵省証券	119,853	金地金	120,348 〃
同上（預金部運用）	74,773	海外準備	173,053 〃
英国国庫債券（〃）	19,526	別口預金	46,237ポンド
在米資金	69,502	特別通知預金	1,000,000 〃
当座預金	67,531	英国大蔵省証券	15,730,177 〃
定期預金	1,970	当座預金	6,000,000ドル
在仏国資金	9,091	正貨準備外	58,718千円
当座預金	3,082	内地地金	27 〃
3日通知預金	4,959	在英国資金	30,349 〃
為替元渡	1,049	普通通知預金	46,289ポンド
在独国資金	1,923	定期預金	1,600,000 〃
当座預金	1,894	当座預金	1,839 〃
為替元渡	28	本邦各種公債	215,000 〃
		英国大蔵省証券	995,814 〃
		30日通知預金	307,282 〃
		在米国資金	26,681千円
		定期預金	2,000,000ドル
		当座預金	6,050,710 〃
		本邦各種公債	501,043 〃
		米貨諸公債	4,837,130 〃
		在仏国資金	1,659千円
		当座預金	678フラン
		仏国大蔵省証券	4,907,430 〃
総計	332,647千円	総計	469,807千円

出所：大蔵省理財局国庫課「正貨ニ関スル参考書」（1917年6月調）同課『第三十九議会国庫金参考書』。

　表7-2によれば、1917年4月末において在内正貨はすべて日本銀行によって所有されている。同月末における日本銀行在内正貨所有高は、内地準備2億3803万5000円、内地地金2万7000円、合わせて2億3806万2000円となる。これは同月の日本銀行正貨所有高の50.7％を占めることとなる。日本銀行在内正貨

589

第4編　第1次世界大戦期の正貨政策

はほとんどが日本銀行券兌換準備のための正貨準備として保有され、その形態は金貨あるいは金地金であった。

政府が在内正貨を所有するようになるのは1917（大正6）年に小額政府紙幣が発行されるようになって、その引換準備として保有されるようになってからのことであるが、その引換準備額は日本銀行在内正貨保有額と比べれば、はるかに少なかった。しかも当初は在外正貨として保有されていたのである[9]。

上述のように日本の正貨の所有状況は日本の国際収支の動向によって基本的に規定されていたのである。

この国際収支が第1次世界大戦という戦争によって左右されていたという意味では、日本の正貨の所有状況も国際政治の動向によって左右されていたということもできる。

2　第1次世界大戦期の国際金融市場の変化と正貨の動向

(1)　第1次世界大戦当初の国際金融市場の混乱と日本銀行在外正貨の売却

第1次大戦期といっても、その中では時期的に大きな変化がみられる。日本の正貨政策は国際金融市場の動向によっても規定されていた。大戦開始の当初においては世界金融の中心地であるロンドン市場をはじめ、パリ、ベルリンなどの市場もまた混乱した。とりわけロンドン市場の混乱は国際為替取引を杜絶させて、横浜正金銀行その他の外国為替銀行は一時、外国為替の相場を建てることができない状況となった。戦乱開始に伴う海上輸送の危険もこれに加わっ

9）　日本銀行が作成した行内資料である『内外正貨』によれば、1917年12月31日現在で、小額紙幣引換準備政府寄託金959万7317円がイギリスで保有されたと記されている。1920年12月18日現在では小額紙幣引換準備政府寄託金1億7546万2924円のうち、内地分は300万9000円となる。1921年12月31日現在では海外小額紙幣引換準備寄託金が7510万7620円、内地小額紙幣引換準備寄託金が8613万666円と内地分が海外分よりも多くなっている。同日に内地小額紙幣引換準備寄託金以外に政府在内正貨は存在しない。1922年12月31日現在では政府在内正貨は1億5081万286円、すべて小額紙幣引換準備であって、これ以外で海外に小額紙幣引換準備は存在しない。1923年12月31日現在ではこの金額は小額紙幣引換準備以外に別口預金も含むとされる。1924年12月31日現在では政府所有在内正貨は小額紙幣準備2583万7000円、別口預金9050万2938円からなり、別口預金の方が小額紙幣準備よりも多くなっている。この傾向は1925年12月31日、1926年12月31日にもみられるが、1927年12月31日には政府所有内地正貨の中で小額紙幣準備が別口預金を上回るようになる。この傾向は1928年12月31日にもみられる。1929年12月31日現在では政府内地預金としては別口預金1593万8895円が存在するだけである。以後も小額紙幣準備は存在しない。

第7章　第1次世界大戦期の正貨吸収政策

て、日本の対外貿易は支障をこうむることとなった[10]。第1次大戦の勃発とともにロンドンにおける各種の取引は停止され、1914年9月半ば頃になってもロンドン割引市場は再開せず、ロンドン市場での資金調達は困難となった。開戦当時の混乱について、当時横浜正金銀行であった井上準之助は、日本銀行総裁としての講演の中で次のように述べている。「従来金融は世界中倫敦を中心として動いて居る、在る金は悉く倫敦に貯め、金を借りるのは悉く倫敦で借りると云ふ有様であつた、其倫敦が、大正三年八月一日頃から全く暗闇になつてしまひまして、総ての取引と云ふ取引は停止されたのであります。総てのものが倫敦を中心として動いて居りましたから、其中心点が失くなつた時に、如何に紛雑を起すべきかと云ふことは、あなた方も直ぐに御理解下さるだろうと思ひます。私は当局者として、一番直接に感じたのでありますが、もう何事も全く分らなかつた」、と[11]。

　このような状況において日本はどのように対応したのであろうか。日本銀行は、対外支払資金は原則として正金銀行による輸出為替の買入れによって調達し、在外正貨をできるだけ温存しようという方針をとっていたのであるが、大戦当初のロンドン市場閉鎖による同地横浜正金銀行支店の資金繰り難を放置しておくわけにはいかなかった。我が国の対ロンドン為替がまったく杜絶することになるだけでなく、ロンドンを決済の中心としていた我が国の貿易体制が崩壊してしまう恐れがあったからである。日本銀行は横浜正金銀行の資金繰り難に対する緊急対策を講じた。すなわち、8月前半に横浜正金銀行支店に対し、日本銀行所有在外正貨の預け入（30万ポンド）および買戻条件付売却（60万ポンド）を実施したのである[12]。

　一方、大戦発生当時、イギリスとアメリカに対し支払債務を有していた者は、外国為替銀行が送金に応じなかったため債務決済の方法に窮した。日本銀行は横浜正金銀行に対し、日本銀行が後日在外正貨を売却することを条件として、海外送金需要に応諾するよう要請した。これに応えて正金銀行がセール・フレーザー商会、朝鮮銀行、日本興業銀行に売却したイギリス、アメリカ向け為替

---

10)　日本銀行臨時調査委員会「戦時ニ於ケル日本銀行ノ施設」（1919年1月調）『日本金融史資料　明治大正編』第22巻、332ページ。
11)　井上準之助［1921］48-49ページ。
12)　日本銀行百年史編纂委員会編『日本銀行百年史』第2巻［1983a］326ページ。

は合計35.5万ポンドに及んだが、11月21日、日本銀行は横浜正金銀行に在外正貨9万ポンドを売却した。

このほか日本銀行は、日本興業銀行がフランスで引受け募集した東洋拓殖株式会社社債の利子125万フランを送金することができず窮地に陥っていたので、同行に対し、同利子相当額の在外正貨を売却している。

第1次大戦期に正貨が激増したということを前述したが、大戦期すべての時期において正貨が増加傾向をたどったわけではない。大戦当初は日本銀行は正貨を吸収・獲得するのとは逆に外国為替取組難対策として在外正貨を払い下げるという事態が生じているのである。この結果、日本銀行在外正貨は1914年11月には1億6090万円にまで減少し（7月末比1215万円減）、銀行券発行準備を除いた在外正貨のゆとりは7061万円にすぎなくなっている。

だがこれを底にして、その後それは増勢に転ずることとなる[13]。

（2）　国際金融センターとしてのロンドンの地位の後退とアメリカの台頭
為替の基準相場と対米金流出

第1次大戦前にはロンドンが唯一の国際決済、国際金融の中心地であった。各国は外国に売った商品の代金をロンドンに保管し、その中から輸入代金などを支払い、また国際決済に必要な資金を調達した。世界中の金融がロンドンを中心に動いていた。これを反映して日本の為替相場も基準を対英相場に置き、これを基礎として他国宛相場を定めるのを慣行としていた。日本とアメリカの為替相場も、日本とイギリスとの間の為替相場を基準相場として、イギリスとアメリカとの相場を別において（クロス・レートにして）、この2つから算出して決められていた。

第1次大戦が勃発して以降、イギリスのポンドの価値が下落するとともに日本の国際収支が受取超過となったために日本の為替相場も上昇したが、当局は輸出貿易に不利とならないように為替相場の高騰を抑制する政策を採用した。その結果、為替相場が引き上げられたとはいっても金現送点以下となり、金の流出に都合のよい状況が生じた。その後、イギリスの国際収支の悪化を反映し

---

13)　日本銀行百年史編纂委員会編『日本銀行百年史』第2巻［1983a］326－327ページ。

第7章　第1次世界大戦期の正貨吸収政策

て、英米間為替相場は低落に低落を重ねた。平均1ポンドに対して5ドルくらいであった英米相場は1915年頃から4ドル90セント、4ドル80セント、4ドル60セントというように低落していった。本来ならば日本の対英相場はそれだけ引き上げられるはずであったが、貿易政策の関係からこれを行いがたかった。また、日本の為替銀行がロンドンを為替取引の中心としていた関係から、対英相場を一時に大幅に引き下げることが困難であるとされた。日英為替相場一つを動かせば他の為替相場もことごとく動かさなければならなくなる。そこで、対英相場を少し引き上げる（ほぼ従来どおりとする）とともに他方英米為替の低落に準じて日米相場を大幅に引き下げた。これにより、従来から金現送点以下にあった対米相場はいっそう引き下げられることとなった。

　この結果、日本とアメリカとの貿易は日本が輸出超過であって元来正貨（金）がアメリカから流入すべきはずであるのに、1914〜15年、ことに1915年にはアメリカへ向けて金現送、金流出が生ずるという異常現象が生じた。1915年には輸出超過が1億円あったにもかかわらず、4000万円の金が流出したのである。1億3000万円ほどしかなかった当時の日本の金保有状況からして、これは大きな問題となった。井上準之助がいう「輸出超過にして金の流出せる奇現象」が生じたのは、国際金融市場の変化に日本の国際金融業務・政策が対応できていないことから生じたものであった。

　このような状況に直面して、日本銀行営業局長の深井英五は、為替相場基準の変更を正金銀行に求めている。深井はまず日米関係を考慮して対米為替相場を建て、これを基準として対英相場を裁定すべしと主張した。これには為替相場の引上げをもたらすから輸出貿易奨励の見地から不利益だという反対があって、なかなか決着がつかなかった。その後、貿易構造を反映して日米相場は上昇し、他方1915年末から英米相場は安定し、ことに1916年1月からイギリスはポンドの対ドル相場の釘付け操作に乗り出し、大戦終了までポンド相場は安定している。こうして為替基準がいずれにあるかは重要な問題ではなくなり、日英、日米相場は並行的に上昇するようになった。ただ対英相場を原理的に基準とするような考えは消失した。「パシフィック・メール」の太平洋航路廃止に伴う金輸出の不便もあり、1915年11月以後、対米金流出は収まったのである。なお、1919（大正8）年にイギリスが正式に金本位制を離脱するとともに、ア

第4編　第1次世界大戦期の正貨政策

メリカが大戦中に停止した金本位制を回復すると、日本の為替相場の基準は端的明白に対米相場に移ることとなる。その後、1925年にイギリスが金本位制を再建してから、英米は貨幣制度上同等になったが、貿易決済上の便宜のために、対英相場が基準相場となった。1931年にイギリスが金本位制を離脱したときは、基準相場は対米相場に移ったのである[14]。

正貨の所在地の移動

　第1次大戦が勃発するとイギリスは事実上金本位制を停止し、ロンドンでの資金調達も容易でなくなり、ロンドンの国際金融上の地位が低下した。ロンドンの国際金融の中心地としての役割がなくなってしまったわけではないが、一方で、第1次大戦期の経済発展を背景として第1次大戦以降ニューヨークが国際金融の中心地として台頭した[15]。

　これを反映して、日本の在外正貨保有の中心地もロンドンからロンドンおよびニューヨークへと移動していった。すなわち、1913年3月末における在外正貨の所在国別構成比率は、イギリスが83％、フランスが10％、アメリカが5％、ドイツが2％となっており[16]、第1次大戦前には在外正貨はイギリスで集中的に保有されていたが、第1次大戦中には表7－3から明らかなように在外正貨のイギリス中心からイギリスおよびアメリカ中心へと所有地の移動が生じている。

　在外正貨保有形態のポンドからドル・ポンドへの二元化は第1次大戦後も継続されることになる。これは一面では国際金融センターとしてのロンドンの地位の決定的低下という事態の反映ではあるが、他面では、1920年における我が

---

14) 日本銀行臨時調査委員会「欧州戦争と本邦金融界」『日本金融史資料　明治大正編』第22巻、25－26ページ。井上準之助［1921］81－84ページ。深井英五［1941］122－128ページ。平岡賢司「政府間借款と公的為替操作――第一次大戦期のポンドの釘付け操作を中心として」北海学園大学『経済論集』第28巻第4号、1981年3月、209－256ページ。東京銀行編『横濱正金銀行全史』第2巻（1981年）は1941年7月に正金銀行が為替基準を対英から対米へ乗り換えたと記述されているが（184ページ）、これは一時的であったと考えられる。なお、日本銀行金融研究所の畑瀬真理氏は「1914年から15年以降、徐々に対ポンド基準から対ドル基準に変更された」と推定されている（2008年9月5日における筆者に対する指摘）。
15) 大蔵省理財局「諸外国に於ける金本位問題」大蔵省『調査月報』第15巻特別第2号、1925年10月、1－15ページ。平岡賢司「再建金本位制」上川孝夫・矢後和彦編［2007］38－40ページ。
16) 小野一一郎［1968］236ページ。

表7－3　所在地別・所有別在外正貨所有高（1915年、1917年）

（単位：千円、1917年4月は千円未満切捨）

	政府正貨			日本銀行正貨	
	1915年3月末	1917年4月末		1915年3月末	1917年4月末
在英国資金	48,530	252,130	正貨準備計	215,163	411,088
在米国資金	1,791	69,502	内地準備	127,759	238,035
在仏国資金	5,357	9,091	海外準備	87,405	173,053
在独国資金	1,923	1,923	正貨準備外	91,734	58,718
			内地地金	187	27
合計	57,602	332,647	在英国資金	85,553	30,349
特別運用金	9,188	—	在米国資金	5,994	26,681
			在仏国資金	—	1,659
総計	66,789	332,647	総計	306,897	469,807

出所：1915年4月は松岡孝児『金為替本位制の研究』、543－544ページ、1917年4月は大蔵省理財局国庫課「正貨ニ関スル参考書」（1917年6月調）同課『第三十九議会国庫金参考書』。

国貿易構造の対米比重の上昇によるものでもある[17]。

（3）　第1次世界大戦による国際金本位制度の機能停止

　第1次世界大戦の勃発により国際金本位制の機能は停止された。世界の主要国は金の兌換停止または金輸出禁止を断行せざるをえなかった。これは以下のような理由によるものである。

　戦争遂行のためには戦費調達の必要上、金準備によって裏づけられない通貨の増発を避けがたく、このような事態のもとで銀行券の金兌換は不可能となった。金兌換を停止して、銀行券と金との結びつきを断ち切り、不換銀行券の増発、ひいてはそれに支えられた公債の増発を可能ならしめることが必要とされた。また通貨価値の下落を見越して通貨の金兌換を要求し、金の退蔵が行われるようになれば、金の動員は支障を来さざるをえない。

　さらに金輸出を自由にしておけば金の輸出による資本移動が起こり、その結果、戦争のために動員されうる金がなくなる危険が大きかった。対外決済のた

---

17)　伊藤正直［1989］57ページ。

めに金輸出を自由に行うことを許しておいた場合にも、同様の危険が起こる公算がきわめて大であった。交戦国は、戦争に必要な軍需資材を中立国から輸入しなければならないが、そのためには対外決済手段としての金を動因する必要があった。なぜならば、金は世界貨幣であったからである。したがって、ますます増大する対外決済の必要から、対外決済資金としての金を、中央銀行ないし政府に集中させておくことが必要となった。金は戦争基準金として確保しておく必要があったのである。

中立国の場合には輸入超過ないし資本逃避のために金が流出する危険はなかったが、交戦国が金輸出を禁止して対外債務の支払いが信用によって賄われるようになってからは、中立国への金流入は止んだ。したがって中立国が対外債務決済のための金輸出を自由にしておく場合、金の一方的な減少が起こることが懸念され、金輸出が禁止された。

金兌換の停止、金の自由輸出の禁止は、通貨制度の不安定を招来するものであった。通貨制度の安定が強く求められ、以前にもまして中央銀行への金の集中が企図されることとなった。

要するに、世界の主要国は、戦争による異常事態によって自国の金準備が不当に減少することを防止するために、金兌換停止ならびに金輸出禁止を行ったのである[18]。金本位制の停止とは理念的に金が通貨制度において不要と考えられたからではなかった。金本位制に対する一般的信認そのものは崩壊しておらず、戦後における金本位制復活が想定されていた。それは戦後の正貨争奪戦に備えて金に執着しようとするものであったということもできる。

主要国の第1次大戦期における金本位制離脱状況は表7－4のとおりである。イギリスは大戦中は法制度上は金本位を停止しなかったが、事実上は金本位制を停止している。すなわち金貨使用は制限され（1915年8月5日の大蔵省訓令）、金兌換は事実上停止され（金輸出の目的をもって兌換を請求する者に対しては、愛国心に訴えてこれを思いとどまらせた）、金輸出は制限され、金貨の熔解は禁止されたのである[19]。

このような国際環境が日本の第1次大戦期における金輸出禁止と事実上の金

---

[18] 以上については日本銀行調査局『国際金本位制の研究』同局、1954年5月、19－21ページ、森七郎［1978］61－68ページ、などを参照されたい。

表7－4　第1次世界大戦期の主要国の金本位制離脱状況

国名	金兌換停止	金輸出禁止
ドイツ	1914年8月4日	1915年11月13日
フランス	1914年8月5日	1915年7月3日
イギリス	法律上の停止なし	1919年4月1日
イタリア	従前より事実上停止	1914年8月6日
スイス	1914年7月30日	1915年7月16日
オランダ	1914年8月	1914年7月31日
スウェーデン	1915年5月11日	1914年7月
ベルギー	1914年8月3日	1915年
ノルウェー	1914年8月4日	1914年8月11日
アメリカ	停止を行わず	1917年9月7日
日本	金輸出禁止に伴い、事実上停止	1917年9月12日

出所：日本銀行調査局『国際金本位制の研究』20－21ページ。

本位制停止の背景となったのであり、アメリカの金輸出禁止に追随して日本も金輸出を禁止したのであった。

　第1次大戦中、交戦国は、中立国から軍需資材を輸入しなければならなかったため、金は交戦国から中立国に向けて流出した。その結果、世界の金準備の分布の不均等、金の偏在が始まった。こうして交戦国は、中央銀行への金集中政策にもかかわらず、金準備は著しく減少し、その通貨制度の基礎は弱体化した。アメリカをはじめデンマーク、オランダ、スウェーデン、スイスといった中立国の金過剰は、交戦国の金準備の減少によって招来されたものであり、とりわけドイツの金準備は著しく減少した。こうしたことは第1次世界大戦後の通貨制度の不安定性をもたらす要因となった[20]。

---

19)　大蔵省理財局、前掲「諸外国に於ける金本位問題」大蔵省『調査月報』第15巻特別第2号、1925年10月、1－3ページ。
20)　大蔵省理財局臨時調査課「戦時戦後の金問題」『財政経済調査』第3巻第1号、1922年1月、16－29ページ。森七郎［1978］68－69、77ページ。

第4編　第1次世界大戦期の正貨政策

3　第1次世界大戦期の正貨吸収政策の概観

(1)　大戦当初の在外正貨流出抑制——特別為替の売止

日本銀行は公定歩合操作や金価格政策以外のさまざまな金防衛、正貨防衛政策を採用した。その1つに在外正貨売却制限があった。

第1次大戦が勃発すると、イギリスを除く参戦国の中央銀行が金兌換停止や金輸出禁止を行うのをみて、日本もこれに追随すべきであると主張する有力者もあった。しかし、日本銀行はただちにこれに従うことはせず、まずは最善の手段を尽してその濫出を防ぎ、その吸収充実に努める必要があると考えた。

日本銀行は、1914年8月3日にロンドン代理店監督役に対し、「我在外資金ノ保全ニ付テハ最善ノ顧慮ヲ払フヘキ旨」訓電する一方、「特別為替」の売止めを行って、在外正貨の減少を防いだ。すなわち、日露戦争以後、日本銀行は国内正貨の流出を防止するために、特別為替と称して、外国に送金する必要のある為替銀行に対して日本銀行の在外正貨を売却してきたが、第1次大戦発生後、国債、地方債の元利金や政府保証債務の支払いなど、必要やむをえないもの以外は、特別為替の売却をいっさい中止したのである。

従来、特別為替を利用していた外国銀行などは正貨の現送によらなければならないこともあって、外国銀行などからの兌換請求が一時多額にのぼった。日本銀行は無制限にこれに応じたが、戦時海上輸送の危険や運賃の高騰などから正貨現送はそれほど進まず、1914年8月～11月中の金貨・金地金流出超は1359万円にとどまり、12月にはわずかながらも流入超となった[21]。

(2)　金吸収政策

内地産金吸収

国際金本位制の停止は金の意義をなくするものではなかった。日本銀行は金そのものを吸収する政策を第1次大戦期にも継続した。日本銀行は国内正貨補充、金吸収のために内地産金の吸収に努めた。従来、日本銀行は金の吸収を目

---

[21]　日本銀行臨時調査委員会「戦時ニ於ケル日本銀行ノ施設」(1919年1月調)『日本金融史資料明治大正編』第22巻、376－377ページ。日本銀行百年史編纂委員会編『日本銀行百年史』第2巻［1983］332－333ページ。

的として、朝鮮・台湾・浪速などの各銀行に対して所要資金を無利子または低利で貸し付けていた。さらに内地産金吸収を目的として1914年12月16日、久原鉱業株式会社に対し、年額400万円以上の内地産金を日本銀行に売却するという条件で、125万円の無利子貸付を行ったのである[22]。

中国から日本銀行への金塊現送の奨励

日本銀行は中国からの金流入も奨励している。すなわち同行は、金吸収の目的から横浜正金銀行が日本銀行へ輸納するために上海、ハルビン、天津において金塊を買い入れた場合には、当該金塊積出しと同時に相当金額を預け入れてその輸納を奨励した。日本銀行は1915年12月15日以後、ハルビンから輸送する金塊の手数料を引き上げることによっても地金の吸収に努めたのである[23]。

米貨買入最軽標準量目の低下

日本銀行が米貨を買い入れる際に適用する最軽標準量目は従来100ドルにつき44匁5分2厘であった。この最軽標準が若干引き下げられ、これに対して既定の買入値段200円34銭あるいはそれ以上の代金が支払われることとなった。これによって日本銀行の外国為替銀行からの米国金貨買入れが助長された。

横浜正金銀行の米国からの金貨金塊現送に対する幇助

横浜正金銀行は輸出超過に対する片為替決済の一方法としてサンフランシスコから多額の金貨金塊を日本に回送してきた。日本銀行はこれを買い取って内地正貨の充実を図っていた。しかるに、1916年11月頃からイギリスはイギリスの銀行がアメリカからの金現送を引き受けることを要求するようになり、正金銀行の名義で金をアメリカから現送することが困難となった。そこで日本銀行が正金銀行に回金を委任する形式で金現送を行うこととした。日本銀行は海外に支店を有していなかったから、イギリスの銀行から苦情を受けることがなかったのである。日本銀行はこのようにして金現送を幇助したのである[24]。

---

22) 日本銀行臨時調査委員会、前掲「戦時ニ於ケル日本銀行ノ施設」377ページ。日本銀行百年史編纂委員会編［1983］333ページ。
23) 日本銀行臨時調査委員会、前掲「戦時ニ於ケル日本銀行ノ施設」377ページ。
24) 同上、378ページ。

第4編　第1次世界大戦期の正貨政策

金貨金塊の内地への現送

　内地においてできるだけ多くの正貨を吸収し、もって兌換券発行準備の充実とともに内地産業資金の潤沢を図ることが、第1次大戦期の重要な方策であった。このためには在外正貨をできるだけ多く、内地へ取り寄せることに努めるとともに、内地の正貨が外国に流失することを防止することが必要であった。

　在外正貨の内地現送については、第1次大戦勃発以来、世界各国が争ってその維持に努め、前述のように兌換または金輸出の制限を行ったが、とくに戦前国際金融の中心であったイギリスが開戦とともに金の輸出に制限を加え実際上これを禁止するに及んで、日本の在外正貨の内地現送は非常な困難に遭遇した。この困難な状況は次の事実からも察せられる。1915年の夏か秋頃、日本銀行で正貨の必要があって、1000万円の調達をイングランド銀行に依頼したところ、ロンドンから正貨を輸出するのは困難であるからインドで買い入れることになった。しかし、戦争中のことであるから、運賃も保険料も高いうえに、インドの銀行業者から手数料をとられ、1000万円の正貨を取り寄せるために、50～60万円の費用がかかった[25]。

　日本銀行は兌換制度の基礎をなす金の内地現送に務めた。1916年～17年の2年間で金貨および金地金の輸入高は4億8,689万円にのぼった。このうち80％が国際貸借尻決済および外為銀行の借入金返済資金としてアメリカから流入したものであった。もっとも、このすべてが国内正貨として蓄積されたわけではなく、銀塊相場騰貴による上海向けの投機的金流出や印綿為替資金充当のための金流出により、海外に回金された金貨および金地金高も相当額に達した。とはいえ、金輸入超過額は3億1389万円に達し、そのほとんどが日銀により吸収され、兌換券準備正貨に充当されたのである[26]。

　こうして、日本銀行が内地で所有する正貨（金）は著しく充実した。その額は1914年末において1億2800円にすぎなかったものが1918年末には4億5200万円に達したのであった。

　金貨金塊の内地現送は1915年9月9日からみられるが、1916年3月7日まで

---

[25]　武富時敏「大隈内閣財政回顧録（昭和三年稿）」渋谷作助『武富時敏』付録［1934］56ページ。吉川秀造［1969］166－167ページ。

[26]　伊藤正直［1989］54－55ページ。

に日本銀行が内地正貨を充実させる目的をもって在外正貨を内地に現送した金額は、ロンドンからの回送は50万ポンド、ボンベイからの回送は200万ポンド、シドニーからの回送は14万5000ポンド、となる。

さらに日本銀行が1ポンドにつき9円76銭3厘で買い取る条件で正金銀行にボンベイから金を取り寄せさせ、これを日銀が買い取ったものがあった。この金額は1915年12月13日から1916年2月15日までで、12万ポンドであった[27]。

その後も金の取寄せが行われたが、1917年9月にアメリカが金の輸出を禁止するに及んで、その途が杜絶したのである。

（3） 日本海軍によるロシア金塊の輸送に伴う金塊の吸収

第1次世界大戦中に日本海軍が約450トン、総額約5200万ポンドすなわち約5億円（現在の金額で約2兆円）もの金塊をロシアから太平洋を渡ってカナダまで輸送した。これはロシアが軍需品購入資金を補充する目的で、オタワ（Ottawa）のイングランド銀行勘定に向けて行った金現送であった。日本は連合国間協力（国際金融協力）の一環ということで、これに手を貸したのである。その金現送の総責任者はイングランド銀行総裁であり、アメリカの催促により、英露間の密約に基づいて実施されたのであった[28]。

第1次大戦中にイギリスは、アメリカから金融援助を受けつつ、ロシアに在外資金補充のための多額の借款を供与した[29]。

1914年10月にはロシアがイギリスなどから大量の軍事物資を購入するための対外支払手段を確保する目的で、イギリスは第1回対露借款1200万ポンドを供与する契約を締結した。これにはロシアがロンドンに800万ポンド（約8000万ルーブリ）を現送するという付帯条件がついていた。当時ロシア国立銀行保有の金準備量は世界一といわれており、イギリスは自国の金準備の補充のためにその一部を吸収しようとしたのである。実際にロシアはロンドンに金塊を現送した。まもなくロシアは、アメリカからの軍需品購入に要する支払資金確保のために、イギリスに対して次の借款4000万ポンドを要求し、1915年1月に第2

---

27) 日本銀行臨時調査委員会「戦時ニ於ケル日本銀行ノ施設」『日本金融史資料　明治大正編』第22巻、379ページ。
28) 斎藤聖二［1991］154ページなど。
29) 同上論文、154－155ページなど。

回対露借款が成立した。これには半年以内にイギリスの正貨が1000万ポンド流出した場合に(すなわち所有額が8000万ポンドを割った場合に)露仏の国立銀行に対して1200ポンドを超えない額の金の前貸送付を要求できる権利を有するという条件がついていた。ごく少量の金準備に基づいて展開されてきたイギリスの信用体系が動揺してきたため、イギリスは金(きん)の重要性を認識せざるをえなくなったのである。もっとも、この時点では、金輸送はすぐには現実化していない[30]。1915年8月にロシアはイギリスに対して第3回目の借款3000万ポンドを要請した。ロシアはすでに膨大な量の軍需品をアメリカから購入しており、イギリスはロシアの対米貿易に金融援助を与えていたが、それは飽和状態となっていた。だがイギリスはロシアに東部戦線を支えてもらう必要があったため、借款供与の付帯条件としてアメリカへの大量の金輸送(4000万ポンドの金を対米決済の出先機関となったカナダ政府内のイングランド銀行勘定へ輸送することを通じてロシアに対する累積貸付金の一部を返済)を要求し、この条件つきで同年8月に第3回目の対露借款3000万ポンドが成立した。イギリスがフランスに代わるロシアへの貸手として登場し、イギリスは、ロシア国立銀行に対北米金輸出を行わせることによって、自らはアメリカから信用を得ていたのであった[31]。

英露の密約でロシアの金塊約6億円をイギリスの管理に移して軍事品購入に供することとし、イギリス政府はこの管理をイングランド銀行に命じた。同行はロシア金塊を英連邦内の自治領カナダに輸送することとした。北海を経由して在露金塊を現送することはドイツの潜水艦が出没するので危険きわまりなく、陸路シベリアを経由してウラジオストックに送って船で北米に送ることも船が安全ではなかった。そこでウラジオストックから日本の軍艦がロシア金塊をカナダのバンクーヴァーまで輸送することとされた[32]。

イングランド銀行のカンリフ(Walter Cunliffe)総裁は、1915年12月4日以前に、リスク管理のうえから森賢吾海外駐箚財務官に日本軍艦によるロシア金

---

30) 中山弘正『帝政ロシアと外国資本』岩波書店、1988年、372-374ページ。斎藤聖二[1991]155-156ページ。
31) 中山弘正、前掲書、374-376ページ。斎藤聖二[1991]156-157ページ。
32) 武富時敏「大隈内閣財政回顧録(昭和3年稿)」渋谷作助『武富時敏』附録、「武富時敏」刊行会、1934年、61-62ページ。同資料では密約は英仏露三国間で結ばれたとされている。

第 7 章　第 1 次世界大戦期の正貨吸収政策

塊輸送を依頼した。この際、さらなる安全性への配慮から 2 隻の軍艦による輸送を依頼し、金現送費をイングランド銀行が負担するだけでなく、現送額の 1 割を日本に割愛してもよいと申し込んだ。森は大蔵大臣の武富時敏に電報して指令を請うた。武富蔵相は加藤友三郎海軍大臣の了解を取り付けた。かくして日本海軍が軍艦によってロシア金塊を北米に輸送することとなった[33]。搬送にあたっては、日本銀行は行員を派遣して、政府に代わって金塊を受領した[34]。日本海軍の軍艦 2 隻（常盤および千歳）が、ウラジオストックからバンクーヴァー付近まで、第 1 回輸送分として800万1701ポンドを回送した。1915年12月29日に横須賀を発った両艦が1916年 1 月 3 日にウラジオストックに岐路到着し、 4 日に上記の約800万ポンド（金塊6070万本、949箱、 1 箱平均約72キロ）の金塊を積み込むと同時に、日本への譲渡分約200万ポンド（金塊1247本、232箱）の金塊を積み込み、 6 日にウラジオストック港を出港している[35]。バンクーヴァー付近ではカナダの軍艦が日本の軍艦を無人の港湾へ案内し、そこで金塊が陸揚げされて、そこからカナダの兵に護送されドミニオン・エクスプレス・カンパニーの列車によってオタワに運ばれた[36]。

　イングランド銀行は第 1 次大戦期に在外金準備（overseas gold reserve）を開始していた[37]。ロシア金塊の現送は同行の在外金準備を補充するものであった。イギリスはアメリカから執拗に金での支払いを要求されていた[38]。

　1916年 7 月には相当多量（当初のイギリスの金輸送要求は4500万ポンド）のロシアの対北米金現送を条件に 1 億5000万ポンドの借款をイギリスが引き受けることとなり、第 4 回対露借款が成立した[39]。この月には前回約束分の残りのうちの1000万ポンドの金塊が、春日・日進という 2 隻の日本の軍艦によって第

---

33)　渋谷作助、前掲書、附録、62－63ページ。
34)　今田寛之［1990］155ページ。
35)　斎藤聖二［1991］164ページ。
36)　渋谷作助、前掲書、附録、63－64ページ。バンクーヴァー島のバークレイ・サウンド湾に両艦が到着した後、金塊は英艦レインボーに転載されてバンクーヴァーに運ばれた（斎藤聖二［1991］165ページ）。
37)　R. S. セイヤーズ著、西川元彦監訳『イングランド銀行――1891―1944――』118ページ。
38)　中山弘正、前掲書、375ページ。
39)　斎藤聖二［1991］157ページ。中山弘正、前掲書、375ページ。第 1 次大戦期、ロシアに対しては従来のフランスに代わってイギリスが圧倒的に大きな貸手として登場し、執拗に金輸送を求めながらかつ借換を与えた（同書、376ページ）。

第4編　第1次世界大戦期の正貨政策

　2回目の輸送としてロシアから運び出されている。今回は日本が講和会議を意識し、対英援助の事実を正規の外交記録に残そうという日本側の意図から、駐在英国大使からの依頼に基づくという形態をとった。日本の金購入分が舞鶴で陸上げされ、残りの約800万ポンドの金塊がバンクーヴァー島のエスカイモルト港内でイギリス軍艦に転載された[40]。

　ロシアの政情不安からイングランド銀行はロシア金塊の国外への輸送を急いだ。1916年12月から翌年1月にかけて、前回の残り2000ポンドの金塊が第3回目の輸送としてウラジオストックから薩摩・日進という日本の軍艦によって舞鶴に現送された。今回は金塊の買入れなしで日本が輸送を引き受けた。約2000ポンドの金塊は舞鶴において出雲、磐手、日進という3隻の軍艦に分載された。3隻は1917年1月10日に舞鶴を出航し、2月5日にバンクーヴァー島のエスカイモルト港に到着した[41]。金塊は英艦2隻に転載された。

　1917年3月における第4回目の金輸送時点ではロシア革命（2月革命）が勃発し、革命政府はただちに金貨の積出の阻止を指令したが、間一髪のところで第4回借款で約束されたうちの2000万ポンドの金塊がウラジオストックからロシア国外にから運び出された。鹿島・香取という2隻の軍艦が3月12日にウラジオストックに到着して舞鶴に運んだ金塊は、日銀大阪支店に一時保管された後、日本側への譲渡分を除いた約1600万ポンドの金塊が列車で横須賀に移送され、4月1日に常盤、八雲の日本軍艦に分載され、バンクーヴァー港に直接運ばれた[42]。イングランド銀行が多額のロシア金塊をカナダで得て、同行総裁カンリフは金確保を一生涯の最大快事の1つとして喜んだという[43]。

　オタワにある金の一部はニューヨークに送られた[44]。これはアメリカのニューヨークが国際金融の中心地として、ドルが国際通貨として台頭する基礎の1つとなったと考えられる。またカナダへの金現送と金のアメリカへの支払いは、第2次大戦中におけるイギリスの大西洋を渡ってのカナダへの金現送の先駆的形態といえるものである[45]。

---

40)　斎藤聖二［1991］157、165ページ。
41)　同上論文、158、165－166ページ。
42)　同上論文、158、168ページ。
43)　深井英五［1941］142ページ。
44)　R. S. セイヤーズ著、前掲書、119ページ。

第 7 章　第 1 次世界大戦期の正貨吸収政策

　1916年 1 月のウラジオストックからカナダへの金回送途中、日本軍艦は 1 月 8 日に舞鶴に立ち寄り、日本が受け取るべき約200万ポンド（約2000万円）の金塊を舞鶴工廠兵器庫構内に陸揚げした[46]。金塊はそのまま列車に積まれ、憲兵分隊の護衛のもとに大阪に移送され、大阪造幣局に運び込まれて秤量の後に保管されている[47]。

　上記の第 1 回輸送における200万ポンドの金塊買入れ後も、日本（日本銀行）は第 2 回輸送において200万ポンド、第 4 回輸送において400万ポンドの金塊を買い入れた。この買入分に関し、日本はウラジオストックで日銀調査役が確認したうえで、輸送段階ではロシア所有の金塊を買い取っている（貿易手続上はロシア帝国銀行からの輸入）。その代価として、日本銀行は、それをイギリス所有金塊とみなし、授受と同時に、同行がロンドンにおいて保有する在外正貨の相当額をイングランド銀行に支払った[48]。

　こうして、1915年12月から1917年 5 月までの間に 4 回にわたって総額6001万449ポンド（約 5 億8588万円）のロシアの金塊がウラジオストックからロシア国外に持ち出され、そのうち約800万ポンド（約7812万円）の金塊を日本が買い取ったのである[49]。

　カナダの財政部が第 1 次大戦中にイギリスのために取り扱った金の総額12億

---

45)　ナチスの侵略を前にして、イギリスやフランスやノルウェーやオランダは金没収を逃れようとした（Alfred Draper, *Operation Fish*, Canada, 1979）。1940年 5 月末頃にウィンストン・チャーチル（Winston L. S. Churchill）首相は、70億ドルの価値のある証券や金をカナダに輸送することを決定した（Leland Stowe, "The Secret Voyage of Britain's Treasure," *The Reader's Digest*, November 1955, p. 26）。イングランド銀行は同行のすべての金の荷造りを始めた（Alfred Draper, *op. cit.*, p. 154）。1939年 5 月から1941年 4 月にかけて 4 億7025万ポンドの金がイギリスからカナダやアメリカに向けて大西洋を渡って輸送されている。それはケベック向けの3000万ポンドを除いてはすべてカナダのハリファックスの港に向けて軍艦で送られたものであった。このほかに商船でイギリスからカナダやアメリカに向けて1940年 2 月から 6 月にかけて 3 億5750万ポンドの金が輸送されている（Alfred Draper, *ibid.*, pp. 358-362）。
46)　斎藤聖二［1991］164ページ。日本銀行の三島彌太郎はドイツが軍艦に爆薬を持ち込み爆破を企てることを心配したのであろうが、海上保険をつけることを申し入れた。これは実施されなかった（渋谷作助、前掲書、附録、63-64ページ）。
47)　斎藤聖二［1991］164ページ。
48)　深井英五［1941］142ページ。輸送中のロシア所有金塊は、オタワのイングランド銀行勘定に繰り入れられて初めてイギリス所有の金塊となるはずのものであった（斎藤聖二［1991］164ページ）。
49)　斎藤聖二［1991］168ページ。

400万ドル中、ロシアから運ばれてきた金塊が2億5300万ドルを占めていたのであった[50]。

日本が買い取ったロシア金塊は、大阪造幣局で円金貨に鋳造されて日本銀行に納入され、同行の正貨準備となった[51]。日本はロシアから約65トンの金塊を購入し、金準備を補充し、金貨本位制の基礎を強化したのであった。深井英五はロシア金塊の買取りによって「国内正貨を大いに充実し、戦時の不安に拘らず我が金本位制度を堅固にすることができたのである」と述べている[52]。日本の金本位制は上述のような国際関係やロシアの軍事費支払い、日本海軍の輸送という軍事事情に関係していたのである。

（4） 輸出為替買入奨励による正貨の吸収

通貨当局は為替政策を通じても正貨吸収に努めてきた。この方策が第1次大戦期に拡充されている。この期の輸出は輸出金融によって支えられたが、この金融においては、預金やコール・マネーなどの民間から調達される資金が、外国為替資金源としての重要性を増大した。とはいえ、輸出為替買取資金を供給するための日本銀行の外国為替貸付が激増し、その貸付形態も多様化した。これが正貨吸収獲得のための方策として大きな役割を果たしたのである。

日本銀行は、輸出奨励による正貨吸収という目的をもって横浜正金銀行にできるだけの援助を与え、輸出為替の買取りに努力させた。また台湾銀行に対しても1914年12月以降為替資金を供給し、南支、南洋方面向けの輸出為替を購入させたのであった。

政府や日本銀行はこうして得られた英貨や米貨を次の（5）に述べるように買い入れて、銀行券の信用と信認、対外決済のために必要な正貨の吸収に努めている。

明治中期に松方正義は日本銀行の正金銀行への為替資金供給を通じた外貨、正貨吸収を正貨政策の要と位置づけていた。だが、その意図は輸入依存構造のもとでは容易に実現できなかった。第1次大戦期の輸出超過により、ようやく

---

50) Thomas White, *The Story of Canada's War Finance,* Montreal, 1921, p. 40（Reserved in Bank of Canada Archives）.
51) 渋谷作助、前掲書、附録、65ページ。
52) 斎藤聖二［1991］169ページ。深井英五［1941］142ページ。

それが大きく実現するようになった。為替資金供給による正貨吸収策、正貨吸収策としての外国為替政策が大きく花開いたのである。

それでは、このような政策の意図は、どのようなものであったのか。政策内容の変化は、明治期の正貨政策の構造を、いかなる点において、どの程度変容させたのか。それは、いかなる資金的基礎のうえに可能であったのか。その政策はどのような特徴を有していたか。正貨政策は、はたして政策担当者の意図するとおりに実現されたのか。それは、日本経済にどのような影響を及ぼしたのか、どのような問題点を有していたのか。これらの問題については第2～4節で詳しく考察することとする。

(5) 政府を中心とする在外資金買上げによる正貨の吸収

第1次大戦期には、輸出増大と諸外国の金輸出禁止を背景として、外国為替銀行のもとに多額の在外資金が累積するようになった。これを放置すれば為替銀行の内外資金のアンバランスという問題を生じ、為替相場が騰貴する。これは輸出に悪影響を及ぼし、ひいては外貨獲得を抑制するという結果を招く。そこで通貨当局は、輸出奨励、正貨吸収のためには為替相場の騰貴を抑制する必要があると考え、為替相場調節政策（この場合は為替相場高騰抑制政策）を採用することとした。この方策として政府、日銀による在外資金買入れを行った。この場合、日本銀行が外国為替銀行から在外資金を買い上げれば、通貨膨張という新たな問題が生ずる。このため、金不胎化政策（厳密には在外正貨の増大が通貨膨張をもたらさないように調整する在外正貨不胎化政策）を採用することとし、政府を中心とした在外資金の買上げが実施されることとなった[53]。これは前述の正貨吸収にも寄与するものとなった。通貨当局の在外資金買上政策には為替相場調節、在外正貨不胎化、正貨吸収という3つの目的があったのである。在外正貨は主として政府によって所有されるに至ったのであった。

大戦期には多額の正貨が獲得され、これをどのように用いるべきかが新たな重要問題となった。さらに、第1次大戦期の正貨政策は、物価騰貴の激化などを惹起し、これへの対策が求められた。正貨政策は多岐にわたるが、正貨吸

---

53) 田中生夫氏は在外正貨不胎化政策という言葉を用いるべきであると述べられている（田中生夫［1985］23ページ）。

収・獲得政策が正貨処理政策の前提をなす。そこで本章では、まず第1次大戦期の正貨吸収・獲得政策の変化について詳論し、正貨処理政策は第8章で詳しく論述することとする。

第2節　輸出為替買入の奨励

1　銀行の外国為替業務の展開

　大正初期、日本は正貨流出とこれに伴う兌換制の危機に直面した。外債発行も、その利払いのために多額の正貨を流出させるから、危機の解決策とはなりえなかった。このために第1次大戦直前の1914（大正3）年7月、政府、日本銀行および横浜正金銀行は協議のうえ、正貨の維持吸収に関する総合的な方針を決定した。その重点は、貿易および貿易外収支の好転を図ることによる正貨の獲得であった。決定された方針とは、日本銀行の金利政策による金融引締によって正貨吸収を行うとともに、日本銀行が正金銀行に対して低利の外国為替貸付金を供給し、正金銀行がこれを用いて外国為替業務を行い、とくに輸入為替を買い上げる場合の利子を引き上げ、できるかぎり輸出為替を買い進み、輸出為替の海外での取立手取金を日本銀行に正貨をもって返納し、これを外国為替借入れの返済に充当するというものであった。明治以来、日本銀行と横浜正金銀行は輸出奨励による正貨獲得を構想し、これを実施してきたが、それは必ずしも所期の課題を達成しえなかった。その実効を期することが大正初期当時の政策担当者によって熱心に求められたのである[54]。大正初期には、このように日本銀行と正金銀行は、外国為替金融の疎通を図ることによる輸出の奨励と正貨の獲得に正貨政策の重点を置くこととなったのである。これは、とくに政府の対外支払いのための資金確保に必要とされた。

　そもそも大正初期に日本関係の外国為替を主として取り扱ったのは横浜正金銀行であった[55]。一方、普通銀行は、日本銀行の低利為替資金を受けられなかったから、豊富な資金力を有する外国銀行に対抗して外国為替を取り扱うの

---

[54]　吉川秀造［1953b］など参照。明治期の正金銀行は、契約とは異なり、実際には正貨でなく兌換券で日本銀行からの借入れを返済していた。輸入手形を引当とする日本銀行外国為替貸付も行われ、これは輸入を増進させた。

第7章　第1次世界大戦期の正貨吸収政策

は困難であった[56]。

　だが、第1次世界大戦が勃発すると、本国の戦禍のために外国銀行の活動は停滞萎縮し、外国為替部門における競争圧力が減退した[57]。この外国銀行の後退という機会を利用して、普通銀行は外国為替業務へ進出するようになった。

　第1次大戦期の金融は、輸出の増加と国内景気の好況による利潤増大の影響を受けて、大幅に緩和した。これは表7－5から看取されよう。この結果として普通銀行は、資本金を増額し、預金を累増して、外国為替業務へ進出するための資金的基礎を強化した。これは他面からみれば、普通銀行が、金融緩慢下の資金運用難を打開するために、外国為替業務へ進出したことにもなった[58]。

　横浜正金銀行はその活動をいかに積極的に行おうとしても、その資金量に限界があるために、同行は膨大な出超金融の需要に対して十分に応ずることができなかった。こうして外国為替業務に進出する機会を得た普通銀行、とくに大銀行は、海外に進出して外国為替業務を拡張した。一例を挙げれば、住友銀行は1916（大正5）年にサンフランシスコ、ボンベイ、上海に、三菱銀行と三井銀行は17年に上海で支店を開設している。外国為替取扱業務が、民間資金への依存度を高めたのである。

　ところで、これら普通銀行中の大銀行が外国為替業務へ進出する際の資金源となった預金の増大は、三井銀行を別とすれば、同業者預金に負うところが大きい[59]。中央と地方間の金融の疎通は、日本銀行の支店増設、普通銀行の支

---

55) これは下記の理由によるところが大きい。大正初期における日本の金利は、世界的にみてかなり高かった。たとえば、外国銀行の定期預金の利子が年3分ないし3分半なのに対して、正金銀行のそれは年6分であった。外国銀行、とくに香港上海銀行のごときは、資本金の倍額以上の積立金を有してそれを運用したが、横浜正金銀行の積立金は資本金の半額程度にすぎなかった。しかし横浜正金銀行は、日本銀行の低利貸付を受けることができたため、これによって外国為替銀行に対抗しつつ外国為替業務を行えたのである（山口和雄編著『日本産業金融史研究　紡績金融篇』東京大学出版会、311－312、323ページ）。

56) いうまでもなく歴史的には、普通銀行の外国為替業務が明治末期から開始されていた。たとえば三井銀行は1906（明治39）年6月に、バークレス銀行と当座借越契約を締結している。とはいえ第1次大戦前において、普通銀行で海外支店を設置するものはなく、彼らは外国銀行とのコルレス取引によって、限定された業務を行うのみにとどまっていた（三井銀行八十年史編纂委員会編『三井銀行八十年史』三井銀行、1957、190－191、436ページ）。

57) 表7－8参照。また東京銀行調査部「第一次世界大戦とわが国外国為替（中）」『東京銀行調査月報』1954年4月号参照。

58) 前掲『三井銀行八十年史』202ページ。

表7－5　第1次世界大戦期の国内銀行金利表（1914～1918年）

(イ) 日本銀行利率

改正年月日	商業手形割引歩合（銭）	年利に換算（％）
1914年7月6日	2.00	7.30
16年4月17日	1.80	6.57
16年7月5日	1.60	5.84
17年3月16日	1.40	5.11
18年9月17日	1.60	5.84
18年11月25日	1.80	6.57

注：換算率については大蔵省理財局『金融事項参考書』参照。
出所：「欧州戦争ト本邦金融界」日本銀行調査局編『日本金融史資料　明治大正編』第22巻、80ページから作成。

(ロ) 手形割引歩合、コール・レート、国債利回り

	東京手形割引		東京翌日払コール・マネー		国債利回り
	日歩（銭）	（％）	日歩（銭）	（％）	（％）
1914年中	2.32	8.47	1.26	4.60	5.51
15年	1.93	7.04	0.57	2.08	5.42
16年	1.57	5.73	0.69	2.52	5.19
17年	1.66	6.06	1.14	4.16	5.22
18年	1.79	6.53	1.31	4.78	5.31

注：日歩を年利に換算するには、日歩を365倍して元金に対する割合を算出すればよい。
出所：東洋経済新報社編『日本の景気変動』上巻、1931年、第3篇統計表、71―73ページから作成。

(ハ) 東京重要銀行預金利率協定

協定年月日	定期預金利率（％）
1912年11月19日	6.0
15年3月15日	5.5
15年6月16日	5.0
15年8月7日	4.0
17年10月12日	5.0
18年12月6日	5.5

注：1918（大正7）年12月の預金利子率協定成立までは、第一、第百、十五、三井、三菱、正金の任意協定。
出所：『日本金融史資料　明治大正編』第22巻、80ページから作成。

店制度の発達によって促進された。取引決済も中央市場において行われるようになった[60]。

だが、第１次大戦期の金融緩慢化とはいっても、地方の金融逼迫という明治以来の性格を、根本的に変えるものではなかった[61]。すなわち地方銀行は、金融緩慢時に預金を吸収し、これを大銀行に預けても、節季などの季節的地方資金需要期にはこれを引き出した。したがって、都市銀行が同業者預金に依存して預金を増大させたとしても、それは不安定であった。しかも同業者預金利率は、比較的に高利であった[62]。

いま製糸金融を例にとれば、製糸資金の需要は、11月以後翌年の５月まで減退の一途をたどるが、春繭資金需要が５月中旬に始まって、７月下旬まで続き、８月上旬から10月にかけて、秋繭資金需要が起こる[63]。これは表７－６から明らかである。また、表７－７から看取しうるように、資金逼迫期になると地方銀行は日本銀行や都市銀行から借入れも行っている。

また一般に、日本の金融市場は、季節変動の影響を強く受けていた[64]。

さらに、都市銀行の預金が増大したとしても、「時局ノ成行混沌トシテ経済界ノ前途容易ニ予測シ難キヲ以テ各銀行ハ孰レモ万一ノ場合ニ備」えねばならなかった[65]。

---

59) 第１次大戦の勃発によって輸出が増大し、東京や大阪をはじめとする大都市では、外国為替資金などの需要が増大したので、企業および個人の預金が増大したにもかかわらず、貸出金利は著しく低下しなかった。これに反して、地方においては、株式売却代金、生糸羽二重などの売上資金の流入があり、また船舶収入の増加する地方もあり、預金や返済金が増大したが、これを消化すべき工業は振わなかった。したがって、都市よりも地方において金利の低下する割合が大となり、従来高利であった地方金利が中央金利に接近した。それで地方の遊資は、東京、大阪などの中央市場に移動して運用されることとなった（「日本銀行調査月報」『日本金融史資料　明治大正編』第20巻、679ページ）。

60) 「地方銀行ノ遊資ハ所謂親銀行タル地方有力銀行又ハ其地所在ノ大銀行支店ヲ通シテ東京大阪ノ市中銀行ニ集積シ更ニ大阪ノ準備金ト遊資ノ一部ハ東京ニ向ヒテ集中スルノ傾向ヲ生」じたのである（『日本金融史資料　明治大正編』第22巻、416ページ参照）。

61) 生川栄治氏は、第１次大戦期の金融緩和と金融逼迫との併存を、普通銀行と為替銀行との銀行の類型化によって説かれようとしているが（生川栄治［1971］27－28ページ）、普通銀行自身の資金余剰と資金逼迫との関係を十分把握しなければ、コール・ローン（出手の側からみた短期資金）の増大と預金獲得競争の激化との併存、金融緩慢下での普通銀行自身の外国為替業務拡張の消極性、外国為替銀行の資金源泉の脆弱性といった事実が十分理解されないだろう。

62) 前掲『三井銀行八十年史』379ページ。

63) 横浜商業会議所「製糸金融の現況」（1927年）『日本金融史資料　明治大正編』第23巻、689ページ。

第4編　第1次世界大戦期の正貨政策

表7－6　長野県下における主要銀行の製糸資金貸出残高（1914年、1918年）

(単位：万円、四捨五入)

	6月末	7月末	8月末	9月末	10月末	11月末	12月末	1月末	2月末	3月末	4月末	5月末
1914年	1,877	1,737	2,280*	1,921	1,576	1,246	1,105	1,086	1,102	796	546	△386
18年	3,734	3,840	5,342	6,603*	5,708	4,312	4,050	3,896	3,798	3,478	2,414	△1,675

注：＊は年度内最高残高、△は端境期残高。
出所：『八十二銀行史』同行、1968年、48－49ページから作成（日本銀行松本支店調）。

表7－7　第十九銀行借入先別製糸手形再割引高および製糸資金借入高表（1914～1918年）

(単位：千円)

	1914年7月4日	1915年7月13日	1916年7月4日	1916年9月29日	1917年7月14日	1917年9月28日	1918年7月11日	1918年9月26日
日本銀行	800 8.3%	350 4.1	— —	1,059 6.8	350 2.4	2,343 12.0	1,350 8.7	2,400 11.2
横浜正金銀行	710 7.4	700 8.1	700 7.1	700 4.5	700 4.9	700 3.6	700 4.5	700 3.3
日本興業銀行	750 7.8	750 8.8	1,100 11.1	1,100 7.1	500 3.5	500 2.6	500 3.2	500 2.3
三菱銀行	3,070 32.0	2,670 31.0	3,300 33.4	4,000 25.8	3,500 24.4	5,160 26.4	3,500 22.6	4,360 20.4
三井銀行	200 2.1	200 2.3	600 6.1	600 3.9	600 4.2	500 2.6	800 5.2	800 3.7
第一銀行	250 2.6	250 2.9	250 2.5	250 1.6	300 2.1	300 1.5	300 1.9	300 1.4
十五銀行	450 4.7	460 5.3	410 4.2	840 5.4	710 5.0	1,310 6.7	710 4.6	1,010 4.7
住友銀行	130 1.3	130 1.5	130 1.3	130 0.8	150 1.0	150 0.8	150 1.0	150 0.7
八十五銀行	452 4.5	— —	— —	696 4.5	863 6.0	1,402 7.2	802 5.2	1,540 7.2
八十四銀行	200 2.1	— —	250 2.5	200 1.3	470 3.3	1,050 5.4	300 1.9	630 2.9
その他共 合計	9,630 100.0	8,610 100.0	9,870 100.0	15,475 100.0	14,333 100.0	19,565 100.0	15,472 100.0	21,400 100.0

出所：第十九銀行各年度夏季および秋季「手形再割引及び借入金（最高額）一覧表」から作成。

したがって都市銀行は、預金を増大させたとしても、必要があればただちに回収しうる形態で運用しなければならなかったのである。

普通銀行の外国為替業務への進出の条件となった金融緩慢化は、企業利潤の増大に基づく銀行預金、借入金返済の増大のためだけではない。1915（大正4）年上期には、不況のための資金需要の著減が、その主因であった。その後、戦争景気は漸次台頭するが、戦争の短期終了と講和後の反動を恐れて、16年頃までは設備の新設拡張などは手控えられた[66]。

上述の状況からして、都市銀行としては、預金が増大しても、預金の脆弱性と休戦に備えるために、支店網を拡充して外国為替業務を拡張することを制限せざるをえなかった。しかも、国内産業に対する貸出の増大は外国為替業務の拡大を手控えさせたのである。

そのため、激増する外国為替業務は、主として特殊銀行によって取り扱われるようになった。表7－8によれば、1918（大正7）年の普通銀行の外国為替取扱高は、日本関係外国為替取扱総額の12.6％を占めるにすぎない。いわば、普通銀行中の大銀行は、特殊銀行の外国為替業務の補完的役割を果たすものにすぎなかったのである。

特殊銀行については、単に横浜正金銀行だけでなく、すでに1900（明治33）年に外国為替業務を開始した台湾銀行や、1911年にこれを開始した朝鮮銀行は、大いにこの業務を拡張した。とくに、南洋方面に対する為替業務の拡大を中心

---

64) 1928年5月の日本勧業銀行の「季節金融に関する調査」は、この事情について下記のごとく記している。「毎年末、毎月末、盆節季及租税納入期等に於ける資金需要の如く全国的に影響あるものを初めとし、生糸、棉花、米穀、茶等の生産品売買に関する資金の如き季節に関係を有する産業資金、其他鉱業地に於ける冬物及夏物の資金等は、何れも其需要期に際し一時金融の逼迫、金利の昂騰を惹起するも、一定の時季を経過すれば再び静穏に復帰するを以て、金融業者は此趨勢を達観し、或は手許準備を潤沢にして其需要に備へ、或は債券の発行を企画して遊資を吸収する等資金の繰廻上違算なからんことを期せねばならぬ」と（『日本金融史資料　明治大正編』第24巻、⑧53－54ページ参照）。
65) 『日本金融史資料　明治大正編』第22巻、144ページ。
66) 需要増大に対する生産増強は、主として夜業その他の操業時間の延長によって行われた。1917年頃から設備拡張が顕著となったが、鉄鋼、機械などの資材の自給力は微弱であり、加えて列強はこれらの資材の輸出を禁止した。このために設備資金需要に限界が生じ、これが金融緩和をもたらしたのである。それにもかかわらず、好況下の金融緩和は、投資を刺激した。大戦景気の進展とともに、国内産業の借入金は増大した。ことに1917年末から18年にかけて、これが顕著となった（高橋亀吉［1954］82－85ページ）。

表7－8　第1次世界大戦前後の銀行の外国為替取扱高（1913年、1918年）

（単位：万円、四捨五入、下段％）

		外国銀行	特殊銀行			普通銀行	貯蓄銀行	合計
			横浜正金	台湾	朝鮮			
外国へ向けた分	1913年	43,666 21.9	155,208 78.0	152 0	28 0	4 0	— 0	199,058 100.0
	1918年	56,573 8.6	491,999 75.1	17,604 2.7	30,380 4.6	58,736 9.0	10 0	655,302 100.0
外国から受けた分	1913年	24,954 14.1	152,298 85.9	106 0	27 0	5 0	— 0	177,390 100.0
	1918年	37,959 23.4	47,285 29.1	17,769 10.9	15,022 9.3	44,287 27.3	69 0	162,391 100.0
合計	1913年	68,620 18.2	307,506 81.7	258 0	55 0	9 0	— 0	376,448 100.0
	1918年	94,532 11.6	539,284 66.0	35,373 4.3	45,402 5.6	103,023 12.6	79 0	817,693 100.0

注1：外国為替取扱高は買為替、売為替、利付為替の合計。
　2：1913年の朝鮮銀行取扱高は内地支店分のみ。
出所：大蔵大臣官房銀行課『第三十八次銀行及担保附社債信託事業報告』1913年版および大蔵省銀行局『第四十三次銀行局年報』1918年版から作成。

として、台湾銀行の為替取扱高は激増した。しかし、依然として横浜正金銀行が、外国為替取扱高においては、日本の銀行中の首位の座を堅持した。この特殊銀行の外国為替業務の拡張も、民間資金の利用によって可能となったといってよい[67]。

だが特殊銀行は、圏内における支店網が脆弱であった。たとえば、正金銀行の本支店出張所は、1919（大正8）年末には36カ所あったが、内地には、本店と4支店（神戸、東京、長崎、大阪）1出張所（下関）が18年末に存在したにすぎない[68]。だが、季節的資金需要期に都市銀行から借入れを行う地方銀行は、

---

[67]　1914（大正3）年から18年にかけて、横浜正金銀行と台湾銀行の払込資本金は、それぞれ3000万円から4200万円、875万円から2500万円へと増加している。それぞれの預金も、1億8200万円から5億4100万円、5400万円から3億8900万円へと増加している。この場合、横浜正金銀行の総株数に対する政府出資の割合は、4分の1のまま増加していない（横浜正金銀行『半季報告』（第70回、第78回）による）。

特殊銀行だけでなく、普通銀行中の大銀行に対しても預金を行った。したがって、特殊銀行の開業者預金の増大にも限界があった。台湾銀行預金の増大は、1916年受入開始の高利（6分5厘）の信託預金などによってもたらされたが、これらを為替資金として運用するわけにもいかなかった。一方、景気の昂揚とともに、資金需要が増大してきた。

そこで、預金以外の方法で外国為替資金を吸収する方策が求められた。このようなものとしてまず考えられるのは、銀行引受貿易手形の発行である。

明治以来、日本の割引市場は未発達であった。これは優良手形の出回り不足と、流動的な投資対象を求める短期資金の不足、そしてビル・ブローカーの未発達のためであった[69]。だが、「大戦以来経済界空前の殷盛につれて、手形の出廻り増加と、市場資金の豊富と、ビル・ブローカーの発達とにより、割引市場発達の条件は盛熟した」[70]。かくして、内地金融市場から資金を調達する意味での銀行引受手形が発行されるようになった。その濫觴は、1914年10月の台湾銀行の製糖会社振出手形引受けである[71]。これは事業手形引受けであったが、貿易手形についても、為替銀行引受手形の割引を行う条件は一段と整備された。また、正金銀行頭取井上準之助は、日本を東洋の金融の中心地とするという雄大な構想のもとで、とりわけ東洋貿易を奨励するために、銀行引受貿易手形の市中割引を考えている[72]。

しかし、普通銀行を為替金融に関与させる銀行引受貿易手形の発行は、大戦終了後の1919年における日本銀行の提唱を待たなければならなかった[73]。

この要因について、日本銀行臨時調査委員会は、「我国ノ外国為替ヲ取扱フ銀行…ハ内地ニ於ケル幾多ノ普通銀行ニ比シ諸種ノ点ニ於テ優越ナル地位ヲ占メ居ルガ故ニ、手形引受ノ方法ニ依リ自行ノ取引先貿易業者ヲシテ他行ニ融通

---

68) 台湾銀行は、内地に3支店（神戸、大阪、東京）1出張所（横浜）を設置したにとどまる。そのために、預金の増大には限界があった。むろん、同業者預金を増加させれば、少数の国内支店のもとにおいても、特殊銀行は預金を増大させうる。事実、台湾銀行の預金激増の主因は、同業者預金の増大であった（『台湾銀行二十年誌』266ページ）。
69) 割引市場については、「割引市場について」『東京銀行調査月報』1954年10月号など参照。
70) 野村順之助『日本金融資本発達史』共生閣、1931年、277ページ。
71) 『台湾銀行四十年誌』203ページ。
72) 田中生夫「井上準之助小論」岡山大学『経済学会雑誌』第3巻第3・4号、13－16ページ。
73) 『横濱正金銀行史』504ページでは、1919年の銀行引受貿易手形の発行について、「本行の買取った輸出入手形の割引売出を試行したのは本邦市場に於ける嚆矢である」と記されている。

第4編　第1次世界大戦期の正貨政策

表7-9　特殊銀行コール・マネー残高表（1914～1918年）

(単位：千円)

	横浜正金銀行	台湾銀行	計	朝鮮銀行	計
1914年	3,400	10,400	13,800	?	
15年	500	9,600	10,100	?	
16年	9,500	10,860	20,360	?	
17年	54,800	4,400	59,200	?	
18年	35,950	17,560	53,510	36,000	89,510

出所：大蔵省銀行局『第四十三回議会参考書』から引用。ただし、朝鮮銀行については大蔵省理財局『第四十四回議会参考書』による。

ヲ求メシムルヲ不名誉ナリト心得居ルコト其重ナル原因ナルガ如シ」と述べている[74]。また金融緩慢下においても、普通銀行は、景気高揚とともに増大する資金需要や休戦に備えるために、余裕金を必要があればただちに回収しうる形態で運用するようにした。かくして外国為替資金は、割引市場からは調達されなかった。

ここにコール・マネーが、外国為替業務のための重要な資金源として登場してきた。コール・マネーは、本来は、銀行の支払準備金の運用形態であるが、この金額は、第1次大戦期に飛躍的に増大し、外国為替資金として用いられるようになったのである[75]。

特殊銀行は、普通銀行中の大銀行から、コール・マネーを取り入れた。その中心は、横浜正金銀行である。同行は、第一、三井、川崎などの大銀行から、

---

74) 日本銀行臨時調査委員会「横浜正金銀行ノ業務ヲ拡張セシムルノ件（大蔵省案）ニ対スル批評文　大正七年三月」（国立公文書館所蔵資料『水町家文書』第7冊所載）参照。なお、内国手形引受業務の未発達に関して同文書は、「銀行ガ…資金ヲ有セザル場合ニ於テ手形引受ノ方法ニ依リ其取引先商工業者ヲシテ他行ヨリ融通ヲ受ケシムルガ如キハ我国銀行業者ハ之ヲ以テ不名誉ノ事柄ト心得ヘ居ルノミナラズ、斯クスルトキハ自己ノ取引先ヲ直チニ他行ニ奪ハルノ惧アルガ故ニ斯クノ如キ融通方法ハ断ジテ之ヲ避ケ」たと指摘している。
75) 短資協会編『短資市場七十年史』実業之日本社、1966年、63-72ページ、生川栄治「大正期の成長構造とその崩壊過程」大阪市立大学『経営研究』110・111・112合併号、1971年3月など参照。1901年頃に発足したといわれる日本コール市場がこの期に急速に発達したのは、第1次大戦期に資金量が膨張し、金融圏が拡大し、銀行支店制度の発達によって都鄙金融の疎通が円滑化し、かくして地方遊資が都市銀行に預け入れられ、その手元資金が潤沢となったためである。コール・マネーは、1918年6月末には東西両市場で2億5000万円に達した。

第7章　第1次世界大戦期の正貨吸収政策

表7-10　正金銀行、台湾銀行、朝鮮銀行コール残高調表（1918年末）

(単位：千円)

	コール・マネー				コール・ローン			差引コール吸収高
	正金	台銀	朝銀	計	台銀	朝銀	計	
1918年末	35,950	17,560	36,000	89,510	3,200	4,840	8,040	81,470

出所：大蔵省理財局『第四十四回議会参考書』から引用。

　直接的に多額の長期コール（30日、60日、90日）を取り入れ、藤本ビルブローカーなどを利用して、間接的に一般市場から遊資を吸収した[76]。その各年末残高は表7-9にみられるとおりであるが、1918年7月末には、正金銀行のコール・マネーは、1億4800万円に達した[77]。台湾銀行は、正金銀行よりも広範に、諸方面から直接に長期コールを取り入れた[78]。

　しかしコール・マネーは、その市況に変化が多く安定性を欠いていた[79]。しかもコール・レートは上昇せざるをえなかった[80]。1917年10月の預金利率協定は有名無実となり、利率は安いものでも6分、高いものは7分以上となった[81]。このような預金金利の上昇は、コール・レートにも反映したのである。東京における無条件物コール・マネーの最低レートは、1917年1月には5厘であったが、1918年2月には1銭4厘にまで上昇した[82]。

---

76)　日本銀行「東京コール市場概観」(1919年10月)『日本金融史資料』第24巻、910ページ。
77)　『横濱正金銀行史』480ページ。
78)　同行の取入額は、正金銀行のそれには及ばなかった。それでもそれは、1918年末には正金銀行取入額の49％に達したのである。これは、台湾銀行が「コールノ吸収ニ努力スルコト甚シク歩合ノ如キハ敢テ問フ所ニ非ルノ概ヲ示シ屢々所要以上ノ資金ヲ長期コールトシテ吸収シ」たことによるところが大きい（『日本金融史資料　明治大正編』第24巻、910ページ）。
79)　竹沢正武『日本金融百年史』東洋経済新報社、1968年、266ページ。
80)　事業が進展するにしたがって、預金は漸次引き出された。各銀行は、戦局が混沌としたために、万一の場合に備えて、金融緩慢であろうとも、預金金利を引き上げてその吸収に努めた。自ら大事業を経営する資本家は、その事業に要する資金を得るために銀行を新設して預金を吸収し、この場合には高利の資金を借りるよりも割安となるために、高率の預金利子を支払った。一般に銀行の信用を預金残高の多少によって判定する風潮が盛んとなり、預金争奪戦が開始された。台湾銀行は、信託預金の名義で高利の預金を吸収し、普通銀行も、この対抗に、高利を付すに至った。預金吸収のために増加する経費は大銀行の方が割合が小さいために、大銀行は盛んに預金を吸収した。かくして預金獲得競争が、1917（大正6）年末頃から激化した（「欧州戦争ト本邦金融界」『日本金融史資料　明治大正編』第22巻、144-145ページ）。
81)　『日本金融史資料　明治大正編』第22巻、78、144ページ。

第4編　第1次世界大戦期の正貨政策

このようなコール・マネーの不安定性とコール・レートの上昇のために、外国為替資金をコール・マネーに依存することにも限界があったのである。

上述のように、特殊銀行は、資本金と預金やコール・マネーという民間から調達される資金に依存して、外国為替業務を拡張した。だがそれは、大きな制約を受けていたのである。

2　日本銀行による外国為替資金貸出の拡充

（1）　正貨政策としての日本銀行外国為替資金貸出の積極化構想

金本位制下では、金兌換の約束によって兌換銀行券の価値が結果的に安定するから、この兌換を実行できるようにするための金の防衛が金融政策の目的として重要となる。対外決済手段としての在外正貨確保も我が国では重要であった。このための正貨吸収手段がさまざまにとられていた。公定歩合操作の効果が金防衛に期待できないという状況のもとで、日本銀行の為替資金供給による輸出奨励・正貨吸収が図られた。だが、これはその意図にもかかわらず、入超構造のもとで実際には金本位制下においてその効果が十分に発揮されなかった。

正貨の吸収は国家、政府・日本銀行の基本方針となっていたが、これは第1次大戦期においても継続した。日本銀行の横浜正金・台湾・住友各銀行に対する為替資金の特別融通が第1次大戦期に実施されたが、これは、輸出奨励・正貨吸収の政府方針に即したものであった。1916（大正5）年の晩秋、早くも横浜正金銀行は累増する在外資金の処理に苦しみ、輸出為替の買入れを手控えて在外資金の受入れを減らすほかに道がないとしていたにもかかわらず、日本銀行が特別の措置を講じてまで輸出為替の買入れを支援したのは、1916年11月4日に大蔵省宛日本銀行意見書に記されているように、「目下我ガ輸出ノ順潮ニシテ正貨ノ豊富ナルハ欧州戦争ニヨル臨時ノ事態ニシテ戦争終結後ハ形勢ノ変化アルベキコトヲ覚悟セザルベカラズ故ニ時局ノ変態ヲ利用シ成ルベク輸出貿易ヲ盛ニシテ将来ノ為メニ我カ商工業ノ地歩ヲ強固ニシ出来得ルダケ正貨ヲ吸収シテ国際貸借ノ状態ヲ我レニ有利ナラシメ置クコトハ時務ノ要訣」と考えて

---

82)　同上巻、79－80ページ。

第7章　第1次世界大戦期の正貨吸収政策

いたからであった[83]。ここには輸出奨励・正貨吸収に対する日本銀行の積極的姿勢がみられるのである。

　だが、そのような日本銀行の姿勢は正貨累増の趨勢にいっそう弾みをつけることになり、累増する正貨処理の重要性は一段と増さざるをえない。国際収支の大幅黒字に伴う過剰流動性の問題は、当時は、兌換銀行券増発による弊害として認識されたにとどまっていたと思われるが、いずれにせよ、輸出奨励・正貨吸収の方針を「拳々服膺[ふくよう]」するかぎり、そうした弊害の発生を防止し得るか否かは正貨の処理法いかんによるところが大きかったといえる。その意味では、この時期における日本銀行政策の評価は正貨処理の帰趨によって決まったといっても過言ではない[84]。

　上記意見書においては、「本年十月以降一箇年間政府御買上予定以外ノ正貨処理方ニ付横浜正金銀行ト協議致候処同行ノ見込ニ拠レバ右期間ニ同行ノ売上ゲ得ベキ正貨ノ高三億円以上ニシテ御予定ニ係ル七千五百万円ヲ政府ヘ売上グル外米国方面ヨリ極力金ノ現送ニ務ムベキモ保険ノ関係上一便船ニ積込ミ得ル金ノ高ニ限リアルヲ以テ米国ヨリ金ヲ輸出スルニ何等故障ヲ生ゼザルモノト見テ現送予想額約一億円ニ過ギズ残余ノ一億二千五百万円ニ対シテハ目下確実ナル処理ノ目途ナク百方其ノ処理ヲ求メ之ヲ得ザルニ於テハ不得止輸出為替ノ買入ヲ手控ヘ正貨ノ受入ヲ減スルノ外ナキ趣ニ候　右ハ為替銀行タル横浜正金銀行ノ立場ニ於イテ余儀ナキ次第ナルベキモ正貨吸収輸出奨励ノ方針ハ今後モ尚出来得ルダケ遂行スル……」と記されている。

　中央銀行による輸出為替買取資金供給による正貨の吸収は、輸出の増大を背景とする為替銀行の要求に応じた結果として生じたにとどまらず、政府と中央銀行が意識的に追求したものでもあったのである。上記の意見書には「正貨吸収・輸出奨励ハ従来一貫シテ渝[かわ]ラザル政府ノ御方針ニシテ本行及横浜正金銀行ハ其ノ趣旨ニ順応シテ施設経営致来リ候処欧州時局ノ結果之カ遂行ニ非常ノ便宜ヲ得タル次第ニ有之」と記されている。

　上記意見書において、兌換券膨張抑制が考慮されていた。「相当ニ兌換券ノ

---

83)　1916年11月4日の大蔵省宛日本銀行意見書。日本銀行金融研究所所蔵資料『正貨政策』所収。『日本銀行百年史』第2巻、362－363ページ。
84)　日本銀行金融研究所保有資料：日本銀行百年史編纂室作成「第1次大戦下の日本銀行（3）」1981年3月1ヨ、40ページ。

第 4 編　第 1 次世界大戦期の正貨政策

膨脹ヲ抑制スルノ必要アリ然ラザレバ内地ノ経済界ニ面白カラザル影響ヲ及ボシ他日輸入超過正貨流出ノ勢ヲ激成スルノ因ヲ成スコトト可相成候故ニ正貨処理ノ為メニテモ兌換券増発ヲ要スル所作ハ成ルベク之ヲ避クル様ニ慎重ノ考慮ヲ図ラザルベカラズ本行ノ正貨買入ハ兌換券発行ノ原因トナルモノニシテ輸入正貨買取ノ為ニスル兌換券ノ発行ハ内地ニ於ケル金貨ノ流入ニ代ルモノナレバ固ヨリ已ムヲ得ザルコトナルモ在外正貨ノ処理ニ就テハ成ルベク本行ノ直接買取以外ニ方策ヲ講スルノ必要アル儀ニ有之候」[85]。

　元老井上馨の言を借りれば、第 1 次世界大戦は、まさに「大正新時代の天佑」であった。この勃発によって、ロシアその他の連合国から種々の軍需品を中心とする注文が増大し、ヨーロッパ交戦国がアジア、アフリカから後退して輸出市場が拡大し、アメリカの軍需景気によって消費需要が増加し、かくして輸出は飛躍的に増大した[86]。他方、交戦国の戦後需要の増大によって、鉄鋼、機械などの輸入は制限を受けた。この結果、外国為替銀行の輸出為替買取が増大し、その買取資金の需要が増加したが、それを輸入為替の売却によって十分に賄えなかった。

　一方、戦争経済の拡大のために、欧州列強は金輸出を禁止せざるをえず、1917（大正 6 ）年 9 月には、ついにアメリカも金輸出を禁止した。こうした事情からして、輸出代金を取り立てても、これを金で輸入することができなくなった。このために海外に在外資金が累積し、外国為替銀行は国内円貨に換えうる金を入手できなくなった結果、円資金の欠乏にみまわれた。

　それで、特殊銀行たる横浜正金銀行および台湾銀行は、外国為替資金を、日本銀行に求めざるをえなくなった。

　かかる日本銀行の外国為替貸出は、政府側の、輸出奨励によって景気の振興を図り、増大する租税収入を財源として軍備の充実と産業の育成拡大のための財政支出を増加させようとする方策からも促進された[87]。このような政府の輸出奨励策・外国為替貸出政策は、基本的には、次のような政策的意図から具体化されたものと考えられる。すなわち、政府が、日露戦争以後累積した外債

---

85) この具体策については『日本銀行百年史』第 2 巻、366-367ページを参照。
86) 信夫清三郎『大正政治史』第 1 巻、河出書房、1951年、234ページ、田中生夫［1980］17ページ、松井清編［1963］第 1 章など参照。

を、正貨を獲得することによって償還し財政負担を軽減しようとしたこと、戦後各国の正貨争奪戦に対処し戦争などの有事に備えるために正貨を蓄積しようとしたこと、列強がアジアから後退した千載一遇の好機に国際的支払手段を充実させ、これを基礎として生産を奨励し対外投資を行って日本経済を発展させ、これによって第1次世界大戦後の列強のアジアへの進出に対処しようとしたこと、以上である。

かくして、輸入制限下での輸出の増大が原材料を不足させ、物価を騰貴させるといった弊害を有するにもかかわらず、日銀は、国際収支の大幅黒字下においても、積極的に輸出を奨励し、正貨を獲得しようとしたのである。それでは、この輸出奨励策を裏づける、日本銀行の外国為替貸出は、この時期に、どのように実施されたのであろうか。

（2） 日本銀行の外国為替資金貸付業務の拡充

1911（明治44）年6月に、日本銀行は、手形再割引契約に代えて横浜正金銀行と外国為替貸付契約を結んでいる。それ以後、日本銀行は横浜正金銀行に貸付形態により為替資金を供給している。外国為替貸付金制度が採用されたのは手形の取締りが厳重となったために正金銀行において手形に不足を生じ資金の運用に困難が生じたためであるが、引当手形に輸出手形だけでなく輸入手形も認められるようになったことは輸入の奨励をももたらすこととなった[88]。

この外国為替手形引当貸付額は、第1次大戦期に飛躍的に増大した。表7－11にみられるように、1918（大正7）年にその金額は3億2848万円と、14年の7.5倍に達した。その利率は低利で、1500万円まで年2分であった。なお、限度外については、1913年以降、1500万円以上3500万円までは年6分、それ以上は年6分5厘であった[89]。

ところで、戦争の進展に伴い、輸出が増大して、外国為替資金需要が増大し

---

87) 「国防ノ充実産業ノ奨励並教育ノ振興ハ目下ノ急務ニシテ之力施設ヲ遂行センカ為ニハ恒久的ノ財源ヲ求メサルヘカラス政府ノ租税収入ノ増加ニ依リ此ノ急需ニ応センコトヲ計画セリ増税ヲ断行シ以テ歳計ノ安固ナランコトヲ期セリ」（大蔵省主税局「大蔵大臣演説資料」（1917年度）財務総合政策研究所所蔵資料『勝田家文書』第1冊所載）、また大蔵大臣官房「政府ハ何ヲ為スカ」（1918年5月）（日本不動産銀行旧蔵『各種調査集録』第1巻所載）など参照。
88) 大蔵省内作成『正貨吸収二十五策』甲の13－16ページ。

第4編　第1次世界大戦期の正貨政策

表7−11　日本銀行の対横浜正金銀行外国為替貸付残高表（1914年、1918年末）

（単位：千円、四捨五入）

	外国為替引当貸付金			外国為替手形代用品貸付金	満州為替貸付金	合計
	輸出手形	輸入手形	合計			
1914年	30,528	13,291	43,819	―	2,864	46,682
18年	246,916	81,561	328,477	113,823	1,924	444,225

出所：『日本銀行沿革史』第2輯第3巻、462ページから作成。

たために、横浜正金銀行は日本銀行から外国為替手形を引当に借入れを行うだけでは、それに応じられなくなった。

そもそも、日本銀行の外国為替手形再割引制度から貸付制度への1911年の移行そのものは、貸付の性質からみて、引当物件は必ずしも外国為替手形だけではなく、その他のものをも適格担保となしうるという余地を含んでいた[90]。そこで、新たに外国為替手形代用品貸付が開始された。1917年3月、日本銀行は、横浜正金銀行の在米（預金）資金を担保として特別融資を行い、6月15日には米国金貨・金塊ならびに在米資金を引当に、さらに6月25日には横浜正金銀行がロンドンおよびニューヨークで保有する各種有価証券を引当代用品として融資した[91]。その貸付額の内訳は表7−12のとおりである。外国為替手形代用品貸付残高は、18年末には1億1382万円に達した。

日露戦争以後、横浜正金銀行の対中国業務拡張のために、日本銀行は、横浜正金銀行の取り組んだ満州向け低利為替手形の買入れを行っている[92]。第1

---

89)　吉川秀造［1953a］56−57ページ、および横浜正金銀行『横濱正金銀行史』［1920］480ページ、参照。1500万円以上3500万円までについては、1907年10月に5％とすることが認可されており、1913年1月にこれを6％とすることが認可された。また、3500万円以上については、1912年12月に6.5％とすることが認可されている（『正貨吸収二十五策』甲の2ページ）。日本銀行外国為替貸付金に利率の差があるという田中生夫氏の疑問（田中生夫［1968］89−90ページ）はこれによって解かれよう。

90)　「『日本銀行半季報告』解題」『日本金融史資料　明治大正編』第9巻、45ページ参照。

91)　日本銀行審査部編『日本銀行沿革史』第2輯第3巻、復刻版［1991］、362−363ページ参照。なおこれは、1921（大正10）年6月に消滅した。

92)　満州向低利為替手形については、日本銀行審査部編『日本銀行沿革史』第2輯第3巻、378−384ページ、横浜正金銀行編『横濱正金銀行史』279ページ、参照。なお、これは1919年12月に廃止された。

第7章　第1次世界大戦期の正貨吸収政策

表7-12　外国為替手形代用品引当貸付金（1918年）

（単位：万円、四捨五入）

引受種類別	下半期末	1年総貸付高
米貨	1,400	16,600
米国大蔵省証券	-	2,930
英国大蔵省証券	4,320	8,142
米貨英国大蔵省証券	1,902	6,582
米貨英国政府担保公債	160	160
英仏共同公債	1,856	1,856
米貨英国政府国庫債券	449	449
カナダ政府5分利公債	96	96
ニューヨーク市債	1,200	1,520
総計	11,382	38,334

資料：大蔵省銀行局『第四十三次銀行局年報』1918（大正7）年版。

次大戦期においても日本銀行は、この満州向け低利為替手形を買い入れており、金額はそれほど多くはないものの1918年には192万円に達している。

　以上に述べた日本銀行外国為替貸付金は、1915年に輸出入為替手形の出合が良好となり[93]、また横浜正金銀行の手元資金が金融緩慢によって潤沢となったために[94]、14年よりもかえって減少した。そして15年9月には、ついにその残高は皆無となったが、15年11月中旬から増勢に転じ[95]、その後激増を続け、18年末には、表7-11のように、4億4423万円に達した[96]。

（3）　日本銀行の台湾銀行に対する為替資金預け入

　日本銀行は、横浜正金銀行のみに貸付を行うわけにはいかなかった。という

---

93)　東洋経済新報社編『金融六十年史』同社、1924年、521ページ参照。
94)　『日本銀行調査月報』1915年9月号、『日本金融史資料　明治大正編』第20巻、参照。
95)　同上巻、502ページ参照。
96)　1919年1月には日銀の正金銀行への為替資金融通額は4億4800万円と日銀創業以来の最高額に達した（『横濱正金銀行史』480ページ）。日本銀行は、横浜正金銀行に対して、このような貸付金にとどまらず、広義の貸付を行っている。1899（明治32）年に開始された支那為替預け金およびロンドン為替預け金合計1970万円は、第1次大戦期にも継続した。さらに日本銀行と正金銀行との当座貸越契約も継続した。「預ケ金」については、吉川秀造［1953a］57-58ページ、肥後和夫［1960a］61ページ、など参照。当座貸越契約については、横浜正金銀行編『横濱正金銀行史』134ページ、大蔵省編『明治大正財政史』第14巻、705-707ページ、参照。

623

第 4 編　第 1 次世界大戦期の正貨政策

のは、すでに明治末期頃から横浜正金銀行の外国為替の独占的取扱いから生ずる弊害が、政府内部においても認識されていたからである。1910年10月31日に大蔵省内で作成されたと推定できる「外国為替機関ニ関スル調査」[97]は、「競争上ヨリ生スル刺激……ナキカ為メ正金銀行ハ活動力ヲ欠キ営業ノ方針兎角消極的ニ傾キ人物ノ採用ニ意ヲ注クコト少ク事務ノ取扱ニ於テモ依然旧来ノ典型ヲ継続踏襲スル状態」にあり、ことに同行は「大取引ノミヲ撰択シ小商人ノ取引ハ之ヲ歓迎」しなかったという事実を指摘している。こうした事情から、正金銀行以外の銀行による外国為替業務の拡張が要望され、「一部の者の反対」があったのにもかかわらず、第 1 次大戦期にも大蔵省によってこれが求められたのである[98]。

あたかも、これに応えるがごとく登場したのは台湾銀行であった。同行は既述のように、1900年から外国為替業務を開始していたが、1914年にはじめて、日本銀行から「南方為替資金」という「預ケ金」の形態をとる貸付金を受けており、これによって同行の外国為替取扱高は漸増するに至った。

この措置の基本的背景は、列強のアジアからの後退による日本の南方貿易の発展であった。現に第 1 次大戦期の横浜正金銀行頭取井上準之助は、「其の頃一番日本の輸出貿易の中で他日根拠を得られさうに思はれたものは、印度とか南米とかの貿易であったのであり」、「今申す場所は、今此処で力を尽しておいたならば、他日日本の最も望ましい得意先になるであらう」と述べている[99]。それで、日本銀行は、「正貨吸収及南支南洋方面ニ対スル輸出貿易奨励ノ目的ヲ以テ大正三年十月廿七日台湾銀行ニ対シ為替資金ヲ供給スルコト」[100]とし、それを増大させていったのである。これによって、三井物産が南方貿易金融を補強しえただけでなく[101]、新進の商社も為替上の便宜が得られ、輸出を飛躍

---

97)　『勝田家文書』第44冊第 9 号、所載。
98)　勝田龍夫「中国借款と勝田主計」191ページ、齊藤壽彦［1987］214−215ページ参照。田中生夫氏の筆者に対する指摘によれば、これは、寺内内閣大蔵大臣勝田主計が、1915年から16年にかけて朝鮮銀行頭取であったために、正金銀行に対して対抗意識を有していたからかもしれないという。
99)　井上準之助論叢編纂会編『井上準之助論叢』第 1 巻［1935］299−300ページ参照。
100)　『日本金融史資料　明治大正編』第22巻、372ページ参照。
101)　三井物産は、横浜正金銀行から為替上の便宜を与えられていた。横浜正金銀行と三井物産とは「所謂唇歯輔車ノ間柄デ、物産ノ在ル処正金アリ、正金ノアル処物産ノ無イコトハナイ」（三井物産所蔵資料『三井物産沿革史』第四編業務第二期、121ページ）のであった。

第 7 章　第 1 次世界大戦期の正貨吸収政策

的に増大できたのである[102]。

　日本銀行の台湾銀行に対する低利預ケ金の濫觴は、1914年11月の「南方為替資金」である。この預ケ金契約は、日本銀行が台湾銀行に対して、台湾銀行が「本邦各店ニ於テ買入レタル南支那及南洋（上海香港ヲ除ク）向為替手形相当額ノ資金ヲ年三分ノ利息ニテ預入シ、同時ニ台湾銀行ノ内外各店ニ於テ買入レタル磅手形ニ対シ同行東京支店カ同行倫敦支店宛振出シタル手形ヲ本行〔日本銀行〕ニ於テ買取リ其ノ代金ヲ以テ前記預ケ金ノ決済ニ充ツル」というものであった[103]。

　「南方為替資金」は、1915年10月末に満期となった。このために、日本銀行は、同年11月以降改めて、「台湾銀行為替資金」の預け入を行っている。新契約は、①「南方為替ノ外英米向手形ノ買入相当額ニ対シテ預入ヲナシ、」②「預入限度ヲ累計弐千万円ト定メ、又」③「従来ノ磅手形及弗手形ノ買入ニ代フルニ倫敦又ハ紐育ニ於テ正貨ヲ買取ルコトトナセル」点において従来の取極めと異なっている[104]。

　しかるに、1916年12月以降、棉花を中心とする対印支払勘定の決済手段であった「カウンシル・ビル」の売出しが制限された[105]。17年9月には、アメリカの金輸出が禁止された。このために、印度棉花決済問題が深刻化した[106]。これを打開するために、日本銀行は台湾銀行をして南洋および香港で印度宛為替を買い取らせ、これによって対印支払勘定を決済しようとした。日本銀行は従来よりも多くそれを行うために、18年1月以降、台湾銀行に印度棉花輸入為替資金を預け入れた。この預ケ金は「別口為替資金」と呼ばれた。この契約は、

---

102)　台湾銀行は、第1次大戦期に、「有為新進ノ貿易業者ニ資金ヲ供給スルノ途ヲ開キ第一流ノ貿易業者ニノミ融通スルカ如キヲ避ケ最モ助長ヲ要スヘキ方面ニ便宜ヲ与ヘ」（「欧州戦争ト本邦金融界」『日本金融史資料　明治大正編』第22巻、88ページ）たのである。また服部文四郎「日本の国際金融」『経済学全集』第42巻、175ページ以下参照。

103)　日本銀行審査部編『日本銀行沿革史』第2輯第3巻、384－391ページ、大蔵省編『明治大正財政史』第14巻、827－829ページ、参照。

104)　日本銀行審査部編『日本銀行沿革史』第2輯第3巻、392－397ページ、『明治大正財政史』第14巻、829－831ページ、参照。②に関しては、11カ月間累計2000万円まで年3分の利子で預け入れられた。この契約は、1916年8月、17年9月、18年10月、19年9月に継続更新された。

105)　Indian Council Bill とは、印度省がイングランド銀行の手を経て売り出す一種のルピー払い送金為替、すなわち印度政府宛電信為替をいう。これについては『日本金融史資料　明治大正編』第22巻、238－239ページなど参照。

106)　『日本金融史資料　明治大正編』第22巻、239－240ページ参照。

625

第 4 編　第 1 次世界大戦期の正貨政策

①台湾銀行が、同年 1 月以降 1 カ年間2000万円の印度棉花輸入為替を買い入れる、②台湾銀行が「大正六年九月十七日付依頼書ニ依リ現在実行中ノ南支那、南洋向輸出為替ヲ除ク」南支、南洋向為替を買い入れたときは、日本銀行が、これに相当する金額を 1 カ月累計1000万円まで商業手形割引最低歩合と同率で預け入れる、③預ケ金の返済は①の印度綿花輸入為替代金の回収によって行う、という内容[107]のものであった。

　だが、台湾銀行に対する日本銀行外国為替資金の供給には限界があった。

　台湾銀行は、明治末に福州、厦門、広東に支店を設置し、大正期に、シンガポール（1912（大正元）年 9 月）、スラバヤ（15年 5 月）に支店を、スマラン（17年 4 月）、バタヴィア（18年 1 月）に出張所を設置し、いち早く南支や南洋に進出し、外国為替業務を拡張した[108]。だが同地方との貿易の発展とともに、横浜正金銀行も、シンガポール（16年 9 月）、マニラ（18年 3 月）、スラバヤ（18年 4 月）に出張所を設置し、台湾銀行に遅れてではあるが、南洋に進出した[109]。台湾銀行は、14年10月にロンドン支店、17年 7 月にニューヨーク出張所を設置し、欧米に進出したが、そこにはすでに正金銀行が業務を拡張していた。したがって、台湾銀行と正金銀行は、外国為替業務に関して、欧米と南洋において競合関係に立った。だが横浜正金銀行は、輸出の増加とともに、すでに獲得した契約に基づいて、外国為替資金の増額を日本銀行に求めた。

　本来、銀行の資金コストは、資金量の豊富化によって低下されうる。日本銀行貸付金の総額に限界がある以上、それをいくつかの銀行に与えるよりも、特定の大銀行に集中的に与える方が、その銀行に外貨建為替相場を外国銀行よりも低く建てさせて輸出を奨励し、正貨を獲得するのを容易にする。かくして日本銀行は、外国為替資金を、この期の最大の外国為替銀行である正金銀行に集

---

107)　日本銀行審査部編『日本銀行沿革史』第 2 輯第 3 巻、397－400ページ、大蔵省編『明治大正財政史』第14巻、831－833ページ、東京銀行調査部編「第一次世界大戦とわが国外国為替（下）」［1954c］16ページ、参照。「台湾銀行為替資金」と「別口為替資金」の両預け金は、1920（大正 9 ）年10月、台湾銀行に対しても外国為替手形引当貸付金制度が実施されて、同制度に統一されるまで継続した。このほか日本銀行は、台湾銀行に対して、公債または回送中の金塊を担保として、輸出為替手形を買い取るための特別融資を行っている（日本銀行調査局編『日本金融史資料明治大正編』第22巻、372－374ページ参照）。

108)　大蔵省編『明治大正財政史』第16巻、411－414ページ参照。

109)　同上書、第15巻、65ページ参照。

表7-13 日本銀行外国為替貸出金（1914～1918年）

（単位：千円）

	横浜正金銀行	台湾銀行	合計
1914年末	43,819	1,336	45,155
15	20,787	10,484	31,271
16	118,901	23,308	142,209
17	197,797	11,075	208,872
18	442,300*	17,571**	459,871

注：横浜正金銀行への貸出は外国為替手形引当貸付金と外国為替手形代用品引当貸付金の合計。
出所：大蔵省編『明治大正財政史』第17巻、585-586ページ。
　　　ただし＊は『日本銀行沿革史』第2輯第3巻、464ページ（下記の『議会参考書』では418,911千円）。＊＊は大蔵省銀行局『第四十三回議会参考書』から引用。

中的に貸し付けたのである。日本銀行の台湾銀行への融資額は、1918年には、表7-13のように正金銀行に対する金額の4％にすぎなかった。台湾銀行は、預ケ金の形態による日本銀行からの融資額の制限を受け、日本銀行への融資依存度を高めることができなかった。この結果、台湾銀行は普通銀行から比較的高利のコール・マネーを入手せざるをえなかったのである。

日本銀行外国為替資金は、普通銀行に対しては、制度的に貸し付けられなかった[110]。これについて、「日本銀行カ従来横浜正金並ニ台湾両銀行ニ対シ特別ノ融通ヲ与ヘ居ルハ単ニ外国貿易助長ノ為ノミニアラズシテ正貨ノ擁護並ニ之レカ吸収ノ必要上為シ来レルモノナレバ、住友、三井等ノ銀行カ近時外国為替ノ業務ヲ取扱フニ至リタルトテ、直チニ此等ノ銀行ニ対シテモ右両銀行ト同様特種ノ融通ヲ与ヘシムベシト云フハ理由ナキ議論ト云ハザルベカラズ」と、1917年12月に「日本銀行臨時調査委員会」は指摘している[111]。要するに日本銀行は、横浜正金銀行を中心にして外国為替資金を貸し出し、その金額を増大させる一方で、新たに制限をつけながら台湾銀行にもそれを供給したのである。

---

110) ただ、輸出為替代金の取立てが困難となったために、1917年に日本銀行は住友銀行のニューヨークで保有する米貨証券を担保とする特別融資を行っている（日本銀行調査局編『日本金融史資料　明治大正編』第22巻、374ページ参照）。

111) 日本銀行臨時調査委員会「保証準備発行制限拡張額ノ運用ニ就テ」（1917年12月）『勝田家文書』第54冊第10号参照。

第 4 編　第 1 次世界大戦期の正貨政策

表 7 －14　日本銀行営業資金一覧表（1914年、1918年）

（単位：万円、四捨五入）

	株主勘定				預金勘定				兌換券				
	払込資本金	積立金	合計	総計に対する割合（％）	政府預金	一般預金	合計	総計に対する割合（％）	正貨準備発行	総計に対する割合（％）	保証準備発行	総計に対する割合（％）	総計
1914年	3,750	2,921	6,671	11.74	10,021	1,544	11,565	20.36	21,824	38.43	16,735	29.47	56,795
18年	3,750	3,329	7,079	3.21	93,974	4,817	98,791	44.84	71,293	32.36	43,181	19.60	220,343

出所：大蔵省編『明治大正財政史』第14巻、945ページから作成。

（4）　日本銀行の外国為替資金貸出の資金源

　このような日本銀行外国為替貸出の資金源泉をなしたものは、何であったろうか。それは、まず銀行券の発行である。日本銀行貸出は、基本的には、日本銀行の民間銀行預金口座に貸出額が振り込まれ、事後的にそれが日銀券の形態で引き出されることによって行われる。周知のように、日本の発券制度においては屈伸制限発行制度が採用されていた。この制度では、正貨準備発行と保証準備発行とが認められ、後者に関しては制限外発行も可能であった。それゆえに、資金需要が増大すれば日本銀行は発行高を増大させて、これに対応しえた。事実、この時期に発行残高は表 7 －14のように増大している[112]。

　とはいえ、日本銀行が発行残高の膨張によって外国為替貸出を拡張しえたとは、単純に考えられない。正貨準備発行の場合は、それにみあう正貨所有高が同行資産勘定に存在するし、1918年末の保証準備発行高 4 億3181万円は表 7 －15のような同年末の同行貸出残高 6 億7518万円の64％にすぎないからである。

　日本銀行の負債勘定に記入される営業資金には、兌換券のほかに、株式払込資本金、積立金、および預金とがある。このうち、資本金、積立金および民間預金の増加には、表 7 －14にみられるように、大きな限界があった[113]。

　大戦期に増加率が最も著しく、兌換券を除けば、残高の最も多かったものは政府預金であった。それは、1914年から18年にかけて 1 億21万円から 9 億3974万円へと、実に9.4倍もの増大を示している（臨時国庫証券募債金を含む）。政府

---

[112]　明治以降、制限外発行は常態化していたが、第 1 次大戦期にこれは大規模に行われ、その額は、1914年末から18年末にかけて、4735万円から 3 億1181万円へと増大する。

第7章　第1次世界大戦期の正貨吸収政策

表7−15　日本銀行貸出金一覧表（1914年、1918年末）

(単位：万円、四捨五入)

	内国金融				貿易金融			政府金融				合計 I	A+B+C / I (%)	D+E / I (%)	F+G+H / I (%)
	定期貸A	当座貸B	内国手形C	A+B+C	外為貸付D	預ケ金E	D+E	政府貸F	大蔵省証券G	国債H	F+G+H				
1914年	297	66	3,707	4,070	4,668	3,313	7,981	2,200	−	5,588	7,788	19,839	20.5	40.2	39.3
18年	195	53	12,995	13,243	44,422	4,453	48,875	2,200	−	3,200	5,400	67,518	19.6	72.4	8.0

注1：大戦前については石井寛治［1972］参照。
　2：各年別については表8−37、表8−38に掲載。
出所：日本銀行「半季報告」（第65回、73回）日本銀行調査局編『日本金融史資料　明治大正編』第9巻から作成。

　預金には、使途を指定した預金と当座預金とがあり、前者は資産勘定中のいずれかの科目（在外正貨買入れなど）と対応し、対応科目と併行するから、銀行券の発行高に影響を及ぼさないが、政府当座預金は預け入時点で発行高を減少させる[114]。

　したがって政府当座預金が増大したために、日本銀行は発行高の増大を抑制しつつ、外国為替貸出を増大しえたといえよう。事実、『東洋経済新報』1917（大正6）年8月15日号は、「政府は本年来激増せる政府預金を貸出すことを日銀に許し、日銀が政府預金を民間への貸出に利用せること一億以上に及

113）　まず株主勘定についてみよう。払込資本金は第1次大戦期に増加していないし、積立金は1914年から18年にかけて408万円の増加を示しているものの、その増加額は少なく、かつその運用は、日本銀行定款によって金銀貨地金銀および公債証書の買入れに使用すべきと定められた。したがって、株主勘定が日本銀行券の増発を抑制しつつ外国為替貸付を増大させたとは考えられない。次に預金勘定を考察しよう。民間預金については、民間銀行から日本銀行に預金として還流した日本銀行券に相当する額を貸し出すか、日本銀行が借手の預金口座に払い込んだ金額が日本銀行券の形態で引き出されないで他銀行の預金口座に振り替えられる場合、銀行券の発行残高を増加させずに貸出を増加させうる。だが、金融緩慢化のために、一般預金は1914年から18年にかけて3273万円とかなり増加しているとはいえ、日本銀行預金勘定に占める民間預金の比率は、18年には5％と諸外国の中央銀行の場合と比較してきわめて少なく、大戦期の一般預金額は18年末の貸出金額から保証発行額を引いた金額2億4337万円には遠く及ばない。それゆえ、日本銀行の民間預金が外国為替貸出資金源として果たした役割は小さなものであったといえよう。このほか、営業資金の総額を増加させずに外国為替貸付金を増加させる方法として、政府貸付返還金に相当する額を外国為替貸付に振り向けることが考えられる。だが、第1次大戦期に政府金融が2388万円減少したとはいえ、内国金融は9173万円もの増大をみせているのであり、政府金融と内国金融の総額は6785万円の増大を示しているのである。

114）　深井英五『通貨調節論』新訂版［1938］336−337ページ参照。

んで居る」と述べている。

「国庫金」の取扱方には「金庫制度」と「預金制度」とがある。日本では、1921年の会計法改正まで「金庫制度」が採用された。この場合には、国庫金の取扱いは日本銀行営業部の勘定と区別され、また国庫金は金庫内に固定し、一般金融界と絶縁され、このため財政上の国庫金の受払いに伴い市中金融に大きな繁閑を引き起こすことが避けられなかった[115]。だが、国庫金の日銀営業資金との分離の建前は、「金庫制度」のもとでも崩れつつあった。政府は、国庫金に余裕が生ずる場合、その一部を日本銀行に改めて預け入れ、その運用を委託したのである。このような預金は、早くも1883（明治16）年にみられ、1894年6月実施の「国庫金出納上一時貸借に関する件」の法律によって、法律的にも確認された[116]。大戦期には、租税収入と郵便貯金の増大などに伴い、金庫保有国庫金や政府指定預金とは区別された政府当座預金が増大した。しかもその利子は低利であり、1916（大正5）年10月の預金利子は、1分2厘5毛であった[117]。政府当座預金の運用は、年6分（1913年1月6日〜19年11月20日）の制限外発行税を負担して保証発行を増大するよりも、日本銀行にとってはるかに有利であった。開戦以来、1916年までは、政府当座預金残高は保証準備発行残高より少なかったが、17年2月にはそれを凌駕し、以後、17年4月・12月と18年11月を除いて、一貫して保証準備発行残高を超過していた（表7-16参照）。ことに、18年8月には、政府当座預金残高は3億2100万円に達した。要するに、外国為替貸付額の増加ほど保証準備発行額が増加しなかったのは、政府当座預金が存在していたからである。

このほかに、預金口座への貸出金記入が口座振替に用いられたまま現金の形

---

115) たとえば、国庫金の対民間収支が季節的に多額の受入超となり、このために市中金融が引き締まっても、兌換銀行券発行残高は直接には変動しないので発行余力は変化せず、日本銀行の金融調節能力が制約を受けやすいという問題があった（日本銀行百年史編纂委員会［1982］272ページ、同［1983b］46ページ）。

116) 鈴木武雄『近代財政金融』新訂版、春秋社、1966年、138-140ページなど参照。

117) 大蔵省理財局国庫課「国資運用並貨幣ニ関スル参考書」『第三十八回議会参考書』による。なお、国庫預金制度の採用された1922年度の政府当座預金の利子は年2分であった（日本銀行審査部編『日本銀行沿革史』第2輯第11巻、復刻版［1993］42ページ、参照）。国庫預金制度は1922年4月から実施され、日本銀行が受け入れた国庫金は政府預金となり、国庫金の収支はすべて日本銀行勘定のなかの政府預金口座残高の増減として計理され、これに伴って兌換銀行券発行残高も変動することとなった（日本銀行百年史編纂委員会［1983b］44-46ページ）。

第7章　第1次世界大戦期の正貨吸収政策

表7-16　政府当座預金残高と保証準備発行残高（1914～1918年）

（単位：千円、未満切捨）

	政府当座預金	保証準備発行
1914年6月	28,850	141,854
12月	4,550	167,352
15年6月	15,400	119,678
12月	4,000	181,720
16年6月	15,000	158,713
12月	41,850	190,705
17年6月	120,700	119,397
12月	151,000	181,753
18年6月	223,000	164,070
11月	194,000	221,584

出所：政府当座預金高は「日本銀行調査月報」日本銀行調査局編『日本金融史資料　明治大正編』第20巻から、保証準備発行高は同資料第22巻、19-21ページから作成。

態で引き出されないことから生じる信用創造機能も銀行券の発行を抑制したと考えられる。

　上述のメカニズムによって日銀の外国為替貸出が増大し、これによって、正金銀行と台湾銀行は外国為替業務を拡張し、正貨獲得に寄与しえたのである。

　国際収支の大幅な黒字を背景にして第1次世界大戦期に巨額の正貨が吸収され、日本銀行の外国為替資金供給による正貨吸収策がようやく大きく花開くに至ったのである。当時の正貨吸収策の中心は、この政策と次に述べる通貨当局の在外資金買上策であったのである。

第3節　政府を中心とする在外資金買上政策

1　日本銀行の在外資金買上げ

（1）　日本銀行の在外資金買上政策の内容

　第1次大戦期における輸出の飛躍的増大に伴って、外国為替銀行の買い取った輸出為替の取立手取金は、諸外国の金輸出禁止のために海外に累積するに至った。1918（大正7）年下期に8億円に達するこの在外資金の累積は、為替銀

第4編　第1次世界大戦期の正貨政策

行にとって非常な苦痛となった。つまり為替銀行は、輸出為替買取のための円資金に欠乏し、在外資金の運用金利よりも国内借入金利の方が高率となり[118]、これに加えて為替リスク、要するに為替相場変動による損失の危険をこうむるという諸問題に直面したのである。

　日本銀行が、さらに外国為替貸出を増大させるならば、円資金不足問題は解決されよう。それでも日本銀行から外国為替資金を受けて輸出を拡大すればするほど内外金利差損と為替リスクはますます拡大した規模となり、さらにそれによって通貨が膨張する。

　しかし輸出の増進によって需要が増大し、輸入制限によって機械や原材料などの供給が減少するのに、通貨膨張による金融の緩和が生産を刺激すれば、物価の騰貴を招いてしまう。このために日本銀行は、外国為替貸付を無制限には拡張しえなかった。

　正貨現送によって前述の諸問題を解決するために、日本銀行は、外国為替銀行による金貨輸入を奨励した。1915年12月から17年9月まで日本銀行は、外国金貨の買入れに関する一般規定にもかかわらず、米国金貨の買入価格と最軽標準量目を改めて、その輸入を助成した[119]。この金買入れのために、日銀券が増発された。しかしそれも、アメリカの金輸出禁止のために行き詰まらざるをえなかった。

　そこで次の対策として、政府と日本銀行は、在外資金を外国為替銀行から買い入れて、この問題を解決しようとした。在外資金は、まず直接に日本銀行によって購入された。同行は、インド、南洋および南米への輸出貿易が将来最も有望と考え、在外資金の買取によってこれを「極力援助」しようとした[120]。井上準之助の言をもってすれば、これは「輸出を取扱って為替資金が足りない場合の援助としては、之れは止むを得る」[121]と考えられた。同行は、主として、上記の方面に対する輸出為替の買取資金を為替銀行たる台湾銀行と横浜正

---

118)　井上準之助［1921］60－61ページ。
119)　大蔵省編『明治大正財政史』第14巻、685－688ページ、田中生夫［1968］87、90ページなど参照。
120)　井上準之助［1926］37ページ、井上準之助論叢編纂会編［1935］第1巻、299－300ページ参照。
121)　井上準之助論叢編纂会編［1935］第1巻、130ページ、吉野俊彦『日本銀行制度改革史』255ページ、参照。

金銀行に融資し、その返済代価として在外資金を受け取った[122]。日本銀行に所有された在外資金は在外正貨と称された。その他日本銀行は、1915年、政府が資金の都合上在外資金を買い上げるのが困難なときに、臨機に自ら台湾銀行、大倉組、露亜銀行などから在外資金を買い入れた[123]。日本銀行が14年11月から15年12月までに購入した在外資金の総額は7429万円に達した[124]。その大部分をなした台湾銀行からの買上高は、6336万円であった。

その後も日本銀行は外国為替銀行からの在外資金の買入れを進めている。たとえば、アメリカの金輸出禁止に伴う日本の外国為替銀行の外国為替決済難の救済を目的として、日本銀行は為替銀行がニューヨークで保有する米貨を買い入れ、その代金を国内で交付した。その買入高は、1917年11月27日～18年8月14日の間に、三井銀行から950万ドル、日本興業銀行から530万ドル、住友銀行から125万ドルにのぼった[125]。井上準之助によれば第1次大戦期に日本銀行は1億3000万円という在外正貨を為替銀行から買い取った[126]。日本銀行の正貨統計によれば、同行の在外正貨保有高は1914年末の1億6321万円から2億8050万円へと1億1729万円増加している[127]。第1次大戦期の日本銀行の在外資金買入れ、在外正貨保有の増大が無視されるべきではない。

(2) 在外正貨の正貨準備への繰入れ

上述の在外資金買入れが円滑に行われうるかどうかは、在外預金を主たる形態とする在外正貨が保証準備に繰り入れられるか、それとも正貨準備に繰り入れられるかによって左右される。前者の場合には、日本銀行は、保証発行限度

---

[122] 井上準之助［1926］37ページ、井上準之助論叢編纂会編［1935］第1巻、300ページ、参照。「其の援助の方法は、印度、南洋、南阿、南米に対する為替の資金を内地で貸してやらう、其の代りに、倫敦なり亜米利加なりへ其の代り金をお入れなさい。と、斯ういふことの援助をしてやった為め、結局日本銀行も一億三千万円といふ在外正貨を持たなければならぬことになった」。

[123] 大蔵省編『明治大正財政史』第14巻、855ページ参照。

[124] 同上巻、856ページの統計表による。日本銀行臨時調査委員会編「欧州戦争ト本邦金融界」(1918)『日本金融史資料』第22巻、201ページによれば、1914年8月から18年11月までに購入した在外正貨の総額は7303万円に達したとされているが、これは1916年以降の買入高を含んでいないと考えられる。

[125] 日本銀行百年史編纂委員会編［1983］423ページ。

[126] 井上準之助［1921］71ページ。

[127] 日本銀行百年史編纂委員会編［1986］334-335ページ。

額（1億2000万円）内の発券について1.25％、それを超える発券高については6％の制限外発行税を政府に納入しなければならない。保証準備発行の増大による日本銀行の在外資金買上げは、同行に高率の制限外発行税を負担させるという結果を招いた。このため、在外資金買上げの円滑な遂行は困難であった。それで同行は、政府の許可を受けて在外正貨を正貨準備に繰り入れ、在外資金買取りを容易にしたのであった。

　1915年以来、日本銀行の在外正貨準備充当額は漸次増加した。1917年にはその金額は1億8828万円、1918年には2億6034万円となっている[128]。

　なお、海外保証準備発行は1900年12月25日、日本銀行ロンドン代理店（横浜正金銀行ロンドン支店）の保管する外貨国債（四分利付英貨公債）を兌換券の保証準備発行に充当したのが始まりである。その後、イギリス大蔵省証券、定期預金証書または通知預金証書などが同じく保証準備発行に充当されたが、海外保証準備発行は1915年12月に6923万円に増大したとはいえ、1917年3月31日をもって廃止されたといわれている[129]。

　この在外正貨の獲得と正貨準備繰入れは、金現送費を節約する対外支払手段の確保と輸出奨励という意義を持っていた。すなわち、日本銀行営業局長深井英五（1918年4月以降は日本銀行理事）は、16年4月26日、経済学攻究会における講演において、在外正貨は、外債募集によって取得されるものに限らず、一般経済上の取引の結果としても生ずるが、この国際収支の差額を「在外正貨トシテ保有シ」「他日必要アル」場合に「之ヲ対外仕払ニ充テントス」れば金現送を節約しうると主張している。さらに彼によれば、日本銀行および政府は、金現送費を必要としないために「在外正貨ノ買取ハ流入現送点ニ達セザル相場ニテモ之ヲ行フヲ得ベク」[130]、したがってこれは、輸出に不利な高い外貨建為替相場の出現を防止し、「輸出貿易ニ便宜ヲ与フルノ一助」となるという意見を有していた[131]。このような効果を持つ在外正貨の正貨準備への繰入れは、制限外発行税を必要としない銀行券の増発を可能ならしめ、ひいては輸出金融の疎通を図りえたのであった。

128）　大蔵省編『明治大正財政史』第13巻、366ページ。同巻、352ページによれば、日本銀行は、1915年12月20日に日本銀行ニューヨーク代理店保有の定期預金を、同22日にはニューヨーク代理店保有の当座預金を正貨準備とする兌換券の発行を許可された。
129）　在外保証準備の金額については、同上巻、366ページ、などを参照。

（3）　日本銀行の在外資金買入制限と物価騰貴抑制

　しかし、日本銀行は在外資金の買上げを無制限には行えなかった。第1の理由は為替リスクの問題である。日本銀行としては在外資金を購入する場合に、金利の負担はないが為替リスクを回避しえない。したがって同行は、損益計算上、外貨手持ちの過度の増大を避けねばならなかった。

　第2の理由は、在外正貨の保有に伴う通貨価値の不安定化である。深井英五は、在外正貨の弱点として、一国の通貨の基礎を他国の金によって維持しようとする場合、中心市場の国の信用が動くか、または戦争のごとき事変の発生するとき、中心市場に保有する資金の価値が減少したり、これを回収できなくなり在外正貨保有国が損失をこうむるかもしれず、一国の通貨の基礎が自己以外の事情によって動揺するのが避けがたくなることを指摘している[132]。すでに1916年11月、日本銀行は、政府当局に対して在外資金を政府が買い上げるよう進言している。この頃を回顧して、深井英五は、日本銀行としては、「世界的情勢の不安なる時に当り在外資金を引当とする部分の過大なるは金本位制の下に於ける通貨の信用を堅持する所以ではない」と記したのである[133]。

　第3の理由は、日銀券の増発による通貨膨張の問題である。日本銀行は1916

---

130)　『勝田家文書』第44冊第10号所載の「為替図解」（これは日本銀行の便箋に記載されている点およびこの論文作成当時の為替相場が50.375ドルと記されている点からみて、1916年9～10月頃に日本銀行によって作成されたものと推定される）では、米貨為替の場合、金平価すなわち金純分点は100円につき49.846ドル、金現送費は0.283ドルであるから、金輸入現送点は50.129ドルとなっている。正金銀行のニューヨーク向電信売為替相場（正金建値、月中平均）は、16年7月50.202ドル、8月50.309ドル、9月50.375ドルとなっている。電信買為替相場はこの時期以降、当然それよりもさらに高かったであろう。それゆえに、政府または日本銀行が金輸入現送点以下で在外正貨を買い入れられたのは、それ以前の時期においてであったろう。

131)　深井英五［1916］39、48－50ページ。深井英五『通貨調節論』新訂版、287、315ページ参照。吉野俊彦氏は在外正貨の積極的意義を認めた者として河津暹氏を紹介されているが（吉野俊彦［1962］254－255ページ）、これを詳細に論述したものとして深井英五が注目されねばならない。在外正貨についてはこのほか、田中金司［1929］第2編第3章、松岡孝児［1936］第18章、第19章参照。在外正貨の準備繰入れは、第1次大戦期が最初ではない。1896（明治29）年には償金特別会計法によって、日清戦争賠償金が在外正貨としてはじめて正貨準備に充当された。これについては本書第3章第3節2、第4章第3節3を参照されたい。第1次大戦期には、戦争のために金輸出が禁止された状態のもとで、貿易その他の普通の国際収支の受取超過額が正貨準備に繰り入れられたのであり、これによって輸出が奨励されたのである。

132)　深井英五『通貨調節論』新訂版［1938］、第10章参照。為替リスクについては小島仁［1981］253－254ページを参照されたい。

133)　深井英五［1941］135ページ。

第4編　第1次世界大戦期の正貨政策

年11月4日に大蔵省に提出した意見書の中で、通貨膨張が将来物価騰貴を招来して輸入超過と正貨流出をもたらすと論じ、それを抑制の必要から日本銀行以外（政府）の在外正貨処理（政府の在外正貨買入れ、内外債借換え、対外投資）を進言した[134]。同行が貸付によって日本銀行券を増発する場合には、金利政策によってこれを容易に回収しうるが、同行が在外資金を購入して通貨を増発する場合には、この通貨の回収はとくに困難になると危惧されたのである[135]。

　第1次大戦期の三島彌太郎総裁、木村清四郎理事のもとでの日本銀行は、前述のように外国為替貸付を激増させたとはいえ、田中生夫氏も指摘されたように、過度の通貨膨張を警戒したのであった[136]。

　日本銀行の深井英五は、いつまでも同行が在外資金の買取りを続行すべきでないという方策を提唱し、同行の水町袈裟六副総裁と木村清四郎理事もこれに共鳴した。当初、日本銀行内には正貨充実を望ましいとする見地からの反対もあったが、形勢の進むに従って大体の意向は一致した。

　かくして日本銀行は、在外資金の買取値段を少しずつ安くするなどして在外資金の買入れを制限した。円に対してポンドおよびドルの量を多く受け取ることとしたのである。このような施策は輸出貿易を阻害するとして外国為替銀行や輸出業者の中には日本銀行を批判する者もあったが、日本銀行はこのような反対を押し切った[137]。また日本銀行は、外国為替銀行をして民間金融市場からの借入金によってできるだけの為替買持ちを行わせしめると同時に、政府が在外資金を購入するよう政府に対して進言した[138]。

---

[134] 日本銀行百年史編纂委員会編『日本銀行百年史』第2巻、366－367ページ。「相当ニ兌換券ノ膨脹ヲ抑制スルノ必要アリ　然ラザレバ内地ノ経済界ニ面白カラザル影響ヲ及ボシ他日輸入超過正貨流出ノ勢ヲ激成スルノ因ヲ成ス…本行ノ正貨買入ハ兌換券発行ノ原因トナル…在外正貨ノ処理ニ就テハ成ルベク本行ノ直接買取以外ニ方策ヲ講スルノ必要アル」（スペースは齊藤）（「正貨処理ニ関シ大蔵省ヘ提出セラレタル意見書」（1916年11月）日本銀行金融研究所所蔵資料『正貨政策』）。日銀券への信認慣行の定着と正貨増大のもとで通貨への信認の維持は果たされていたから、その維持は通貨膨張抑制の直接目的には掲げられていない。だが、それをもたらす正貨維持の重要性は忘れられておらず、将来における正貨流出は警戒されていたのであった。
[135] 井上準之助［1926］65ページ参照。
[136] 田中生夫「木村清四郎の金解禁論」金融学会編『金融学会報告』32号、1970年10月、同「井上準之助小論」岡山大学『経済学会雑誌』第3巻3・4号、1972年2月、12ページ。これらは田中生夫［1980］に所収。
[137] 深井英五［1941］135－136ページ。
[138] 同上書、138ページ以下、『日本金融史資料　明治大正編』第22巻、335－336ページ。

第7章　第1次世界大戦期の正貨吸収政策

　政府の在外資金買上げは、政府が豊富な資金を有しており、日本銀行と異なって半季ごとに利益勘定をするものでもなかったから、為替リスクを同行ほど問題としなかったために可能であった[139]。在外資金買入に伴う為替リスクは主として政府が負担した。

　日本銀行の深井英五は、「中央銀行ノ在外正貨買取ハ、其ノ代金ノ仕払アルニヨリテ兌換券発行ノ原因」となるが、政府が在外資金を買い入れる場合には、「租税、内国債募集等ノ原因ニヨリ国民ノ一方ヨリ収納スル所ノ資金ヲ以テ、在外正貨ノ提供者タル為替銀行等ニ仕払ヲ為スモノナルガ故ニ、国内関係ニ於ケル直接ノ影響ハ単ニ資金ノ移動アルニ過ギ」ないから通貨膨張の問題も生じないと考えていたが[140]、その抑制を政府が考慮せざるをえない事情も存在した。それは下記のようなものである。

　政府は、第1次大戦前半から、輸入を減退させ、輸出を増大させるために、通貨膨張に伴う物価騰貴を抑制しようとした。1915年12月7日、第37回帝国議会の衆議院において、大隈内閣の後期大蔵大臣武富時敏は、「濫りに国の通貨を膨脹せしめて貿易の逆調を招く如きは、国家の経済上極めて不利なりと云ふの主張を現内閣は持って居る、此主張は何時になつても現内閣は決して変更は致しませぬ」と論じている[141]。大隈内閣のかかる政策は、前内閣蔵相高橋是清に代表される、外債と日本銀行信用を槓杆として生産業を発展させて、国富を増進させようとする積極的政策とは対立するものであった。高橋の属する政友会のように、外債を募集して正貨を補充するのではなく、大隈内閣は、兌換券の不自然的膨張を抑制して、輸入を減少させ、輸出を増加させて国際収支を改善し、これによって外債利払いなどのための正貨を獲得しようとしたのである[142]。ただ1916年になると、国際収支の好転化とともに、大隈内閣のもとでも産業奨励方針が重視されるようになり[143]、物価騰貴抑制に基づく輸出増進や国際収支改善方針が政策体系から後退した。この傾向は、16年10月の寺内内

---

139) 井上準之助［1921］72ページ以下参照。
140) 深井英五［1916］53-56ページ。
141) 『大日本帝国議会誌』第10巻、234ページ。
142) 同上巻、139-158ページ、「高橋男の大隈内閣財政非難を読む」『東京経済雑誌』第1788号、1915年2月20日、280-283ページ、『日本金融史資料　明治大正編』第21巻、1193ページ、参照。田中生夫氏の着目される木村清四郎の国際収支均衡重視論は、前期大隈内閣のもとで援用されたといえる。

637

閣の成立以降、一段と明確になった。これは、積極的産業奨励方針の採用に基づくとともに、物価騰貴が主として需給のアンバランスから生じたことによるものと考えられたからであろう[144]。また戦時経済下の諸列強では物価騰貴が日本よりも著しく、また、日本の物価騰貴が実質賃金の切下げとなって労働者にしわよせされて、国内物価の騰貴がただちに輸出の減退をもたらさなかったからであろう。

　だが寺内内閣も通貨膨張の抑制を政策の１つに掲げた。これは主として輸出奨励、輸入抑制や社会不安回避抑制が考慮されたからであった[145]。ことに政府が物価騰貴に伴う社会不安の激化に対処する必要に迫られたためである。事実、1916年後半頃から物価騰貴は、国民生活を急悪化させ、社会不安を惹起した。政府は、物価調節に乗り出さざるをえなくなり、17年９月１日には「暴利取締令」が公布された[146]。寺内内閣の大蔵大臣勝田主計も、「通貨膨脹が…物

143)　「在外正貨処分に関する世論」『東京経済雑誌』第1849号、1916年４月29日号、835ページ、『銀行通信録』1916年５月12日号、26ページなど参照。
144)　大蔵省作成と考えられる「物価騰貴抑制ト政府ノ施設（特ニ通貨膨脹ニ付テ）」（1917年９月末）（『勝田家文書』第32冊第15号）は、当時の物価騰貴は投機的行為、運賃の騰貴、物資供給の減少、需要の増加が重大原因をなすものと断定し、「通貨ノ膨脹ハ重大ナル原因ヲナスモノニアラス」と論じていた。通貨膨張は取引の増大や物価騰貴の結果として生じたと考えていたのであった。もっとも、通貨膨張が物価騰貴の１つの原因であることは認めており、通貨収縮方策を検討する必要はあるとした。しかし、この検討は慎重な考慮を要すると主張した。内地生産業の振興を妨げず、輸出貿易を阻止せず、戦時戦後における経済発展を阻害しない方案を求めたのである。民間には、政府に同調する者もいれば、通貨膨張が物価騰貴の原因だとする者もいた（翠坡生「物価調節策としての通貨収縮問題」『中央銀行会通信録』第186号、1918年９月28日、10－17ページ）。福田徳三「戦後の世界経済当面の大問題」（1918年１月号）は、当時の物価騰貴を不換銀行券などの過剰発行に基づくインフレーションであるとみなし、日本で初めて「インフレーション」という用語を用いてそれについて論じた（渡辺佐平『金融論講義』法政大学出版局、1975年、81－82ページ）。だが、個別の商品価格の推移にはバラツキがあり（1915～17年上期頃までは食料品および純国内向け商品価格の異常安）、物価指数の総平均では当時の物価変動はとらえきれない。1917年下期には商品投機熱が最高調に達し、1918年にも投機が続いた。これらを考慮すれば、第１次大戦期の物価騰貴は、主として輸入制限や海運賃の騰貴、輸出需要の増大、投機などに基づくもので、貨幣減価によるものでなかったといえる（高橋亀吉［1954］61－74、79ページ）。もっとも、通貨膨張は輸出奨励や投機の助長をもたらして物価騰貴の１つの要因となったとはいえよう。
145)　臨時調査局金融部の1917年８月４日の「物価調節方策ト官吏増俸」『勝田家文書』第32冊第13号）では「凡ソ物価調節ノ目的ニ二アリ一ハ外国貿易上ノ目的ニシテ可成内地ノ物価ヲ低廉ニシ以テ輸出ヲ奨励シ輸入ヲ抑圧セントスルコト是ナリ他ハ国民生活上ノ目的ニシテ物価ノ暴騰ニ依リテ著ルシク生活難ニ陥レル社会一部階級ノ窮困ヲ救済セントスルコト是ナリ」と主張されている。
146)　高橋亀吉［1954］109ページ参照。

価騰貴の一原因たるを認むる以上、通貨の膨脹を阻止せむが為、適宜の方策を講ずるの要あるは勿論」であると述べざるをえなかった[147]。

第1次大戦末期になると、政府は、さらに景気の沈静化を配慮して通貨膨張を抑制しようとするようになった。すなわち寺内内閣当時、大蔵省臨時調査局金融部が作成した「兌換券縮少方策ニ付テ（大正六年九月調）」[148]という一文は、兌換券縮小の意義として、物価騰貴抑制をあげるとともに「経済上ノ危機ヨリ受クル打撃ヲ軽少ナラシム」ことをも指摘し、正貨の対外処分や日本銀行の公定金利引上げなどを主張していたが、1918年9月に大蔵省内で立案されたと思われる「物価調節ニ関シ施設スヘキ事項」[149]では、「兌換券縮少方策ニ付テ」の内容のほかに、産業濫興に対する取締りの強化、会社の利益分配の制限（企業の戦時利得1万円以上のものに対して強制積立を行わせる制度）を新たな項目として加えたのであった。

2　政府の在外資金買上げ

（1）　政府の在外資金買上政策の内容と政府所有在外正貨の増大

在外資金は主として政府によって購入されることとなった。これには日本銀行がその買上げを抑制せざるをえなかった前述の事情があったが、さらに政府が為替リスクを自ら引受けて積極的に在外資金を買い入れた背景には、これを外債償還、正貨蓄積、産業奨励および対外投資のために用いて、日本経済の基礎を強化し、それを飛躍的に発展させようとする政策的意図があったからである。

---

147)　高橋亀吉編『財政経済二十五年誌』[1932] 第6巻、93ページ。
148)　『勝田家文書』第43冊第3号所載。ただし、日本銀行金利が引き上げられるのは、1918年9月になってからである。
149)　『勝田家文書』第32冊第18号所載。また勝田龍夫 [1972] 54-55ページ参照。1917年6月19日の「戦時超過利益特別積立法案」では戦時利益が払込資本金の年100分の12を超過するとき、または超過金に1カ年の月数を乗じ事業年度の月数をもって除した額が5000円を超過するとき、超過利益（戦時営業利益－平時平均営業利益）の100分の50を戦時特別積立金として積み立てることを要すと規定されていたから（『各種調査集録』第2巻参照）、18年9月の戦時利得が1万円を超過するとき、戦時利得税金額の2割を積み立てるという案は、それよりも一歩後退である。しかも衆議院、参議院『議会制度七十年史』に前記の法案が記載されていないことから考えると、この法案は制定されなかったと考えてよい。

第4編　第1次世界大戦期の正貨政策

　本書第6章第8節で述べたように、1914年7月31日、欧州戦局の発展を見越して、政府と日本銀行と横浜正金銀行との間に、日本銀行所有の正貨ならびに横浜正金銀行および外国銀行が日本銀行に提供する正貨を、さらに政府が買い上げる協定が締結されていた。15年8月末のこの協定の満期に際して、政府は日本銀行および正金銀行との間で、次の1年間に日本銀行経由で正金銀行と台湾銀行から合計1億円の正貨を買い入れる協定を結んだ。3者間で締結された正貨吸収に関する新たな協定の内容は以下のようなものであった[150]。

　甲、正金銀行納入の分
　① 正金銀行が日本銀行へ正貨を納入したときは、政府は即時にこの正貨を購入する。この購入予定額は1年約8000万円とする。
　② この買入時期は、大蔵省証券が発行限度を超過する恐れがあるときは猶予する。
　③ 政府資金運用の都合によりこの買入正貨を一時買戻条件付一定相場で日本銀行へ売り戻すことがある。
　④ 買入相場は、原則として政府買入当時の電信売建相場に32分の1ペンスまたは16分の1セントを加えた相場による。
　⑤ 正金銀行は輸出奨励、正貨吸収の趣旨をもって英国向けならびに米国向け為替相場を定める。ただしこの相場が日本の金貨のロンドン現送相場またはニューヨーク現送相場とはなはだしい開きを生じないように注意する。
　⑥ 正金銀行は当分の間なるべく多くの米貨を納入するように努める。
　⑦ 買入相場は都合により改正することがある。
　乙、台湾銀行納入の分
　政府は日本銀行が台湾銀行と特約をして買い入れた正貨を甲号の規定に準じて購入する。日本銀行はその方針をもって台湾銀行と協議する。その購入予定額は約2000万円とする。
　以上を大正4（1915）年10月1日から大正5（1916）年9月30日まで実行し、それ以後は実績に鑑みさらに協定する。ただし、その協定は期限満了3

---

150)　日本銀行金融研究所所蔵資料「正貨吸収ニ関スル大正四年九月一日協定」『正貨政策』参照。

第7章　第1次世界大戦期の正貨吸収政策

カ月前に行う。大正4（1915）年9月中は大正3（1914）年7月31日の協定を適用する。

　翌年の9月30日にこの協定満期に先立って、次の1年間にほぼ同じ条件で1億2000万円の正貨を買い上げる追加協定が結ばれた[151]。1917年8月15日には、1917年10月1日以降の1年間に正金銀行から1億円、台湾銀行から2000万円の正貨を買い上げる、前記と同様の協定が結ばれた。1917年には、朝鮮銀行からも正貨が買い上げられた。協定は更新されて、20年まで継続した。
　1914年から18年末までに政府が買い上げた正貨の総額は、表7―17のように、14億748万円に達した。政府は、特別協定以外に、18年に日本興業銀行、三井銀行、三菱合資会社銀行部および住友銀行から、1678万円の正貨を買い上げた[152]。政府の正貨買上高は、特別協定に基づく横浜正金銀行からのものが最も多く、次いで台湾銀行からの買上分が多かった。政府は、国内産金および流入した地金銀とくに金地金（外国金貨を含む）の買入れについては日本銀行にあたらせたので、前記の政府の正貨買上高は、政府の在外正貨買上高と考えてよい[153]。事実、表7―18、表7―19で明らかなように、政府所有在内正貨は第1次大戦期には存在しない。政府所有正貨（在外正貨）残高は、表7―18、表7―19にみられるように、18年末には8億5457万円に達し、それは日銀所有在外正貨2億8050万円を大幅に上回るとともに、日本銀行所有内外正貨残高7

---

151) 上記協定が1916年9月30日に満期となることとなり、1916年7月27日に3者はさらに政府が1916年10月1日以降1年間に買い入れる正貨に関して以下のように協定した。日本銀行金融研究所蔵資料「正貨購入ニ関スル大正五年七月二十七日協定覚書」『正貨政策』所載。
　　甲、正金銀行納入の分
　　① 正金銀行から日本銀行へ正貨を納入したときは、政府は即時にこの正貨を購入する。この購入予定額は二年間に1億円とする。
　　②～⑥（正金銀行は当分の間なるべく多くの米貨を納入するように努めるという項目がないことを除けば、従来の協定内容と同じ。）
　　乙、台湾銀行納入の分
　　（従来の協定内容と同じ。）
　　　以上を大正5（1916）年10月1日から大正6（1917）年9月30日まで実行し、それ以後は実績に鑑みさらに協定する。ただしその協定は期限満了3カ月前に行う。
152) 『明治大正財政史』第14巻、849-855ページ。
153) 『明治大正財政史』第14巻、857-870ページ参照。『明治大正財政史』第14巻、849ページ以下、『日本金融史資料』第22巻、201ページ、でも政府の正貨買入と在外正貨買入とは同様の意味に用いられている。

第4編　第1次世界大戦期の正貨政策

表7－17　政府正貨買入高（1914～1918年）

(イ)　特別協定の分　　　　　　　　　　　　　　　（単位：千円、四捨五入）

	横浜正金銀行	台湾銀行	朝鮮銀行	合計
1914年中	12,966	0	0	12,966
15年	214,592	5,221	0	219,814
16年	250,112	34,588	0	284,700
17年	211,897	38,012	0	249,910
18年	494,164	102,464	43,465	640,094
合計	1,183,731	180,285	43,465	1,407,484

(ロ)　普通の分　　　　　　　　　　　　　　　　　（単位：千円、四捨五入）

	日本興業銀行	三井銀行	三菱合資会社銀行部	住友銀行	合計
1918年中	4,618	7,720	1,930	2,509	16,777

出所：大蔵省編『明治大正財政史』第14巻、854ページから作成。

億3310万円をも凌駕するに至ったのである。

（2）　政府の在外資金買上げの資金源

　このような政府の在外資金買上げの資金源は国庫金であった[154]。表7－20のように、国庫資金残高は1918（大正7）年度末に12億4819万円となっており、これを14年度と比較すれば、この期間に10億7272万円も増加したことになる。これを用いて、政府は、「巨額ノ在外正貨ヲ有スルニ至ッタ」[155]のである。同年度末の国庫金残高の大半は在外正貨の形態で保有されていた。

　国庫資金のうち政府の在外資金買入れの中心的財源となったものは歳計剰余金である。これは一般会計年度の歳入歳出総決算に計上する歳入合計額と歳出合計額との差引上に生ずる歳計超過金のことである。歳計剰余金は大戦前において歳入の1割から2割内外にとどまっていた。だが「大正五年度ヨリ欧州大

---

154)　肥後和夫［1960a］、肥後和夫「国際収支と財政」鈴木武雄等編『金融財政講座』第5巻、有斐閣、1960年、など参照。ただし肥後論文では、国庫金と金融市場との関係について立ち入った考察はされていない。

155)　日本銀行調査局『大正三年度以降国庫資金変遷ノ概況』同行、6ページ。「其ノ大半ノ財源ハ剰余金ニ依ルモノニシテ大正六年度以降剰余金増加ハ特ニ顕著ナルモノ」があったのである（同ページ）。国庫金の収入と支出については「国庫金出納事務報告」『日本金融史資料　明治大正編』第11巻を参照。

第7章 第1次世界大戦期の正貨吸収政策

表7−18 日本正貨所有一覧表（1908〜1919年）

（単位：千円）

	正貨現在高			日本銀行所有					政府所有			
	総額	所在地別		合計	兌換銀行券発行準備		その他		合計	小額紙幣引換準備その他		
		国内（金）	海外		国内（金）	海外	国内（金）	海外		国内（金）	海外	海外
1908年末	391,608	61,840	329,768	225,685	61,772	107,733	68	56,112	165,923	—	—	165,923
09	445,942	116,380	329,262	301,638	116,162	101,681	518	83,277	144,304	—	—	144,304
10	471,999	135,127	336,872	270,408	134,919	87,463	208	47,818	201,591	—	—	201,591
11	364,085	132,354	231,231	251,417	130,843	98,311	2,011	20,252	112,668	—	—	112,668
12	350,750	136,335	214,715	268,656	135,937	111,086	98	21,535	82,094	—	—	82,094
13	376,490	130,316	246,174	285,508	129,953	94,413	363	60,779	90,982	—	—	90,982
14	341,118	128,509	212,609	291,716	127,952	90,285	557	72,922	49,402	—	—	49,402
15	516,081	136,785	379,296	362,658	136,668	111,750	117	114,123	153,423	—	—	153,423
16	714,444	227,504	486,940	452,630	227,466	183,053	38	42,073	261,814	—	—	261,814
17	1,104,836	461,345	643,491	718,667	461,338	188,280	7	69,042	386,169	—	9,597	376,572
18	1,587,669	452,602	1,135,067	733,101	452,587	260,338	15	20,161	854,568	—	77,443	777,125
19	2,045,147	702,048	1,343,099	994,354	702,016	249,960	32	42,346	1,050,793	—	126,219	924,574

出所：日本銀行百年史編纂委員会［1986］332−335ページ。

表7−19 日本正貨所有者別・所有地別内訳表（1914〜1918年）

（単位：千円）

		合計	内地正貨	海外正貨
1914年末	日銀正貨	291,716	128,509	163,207
	正貨準備	218,237	127,952	90,285
	正貨準備外	73,479	557	72,922
	政府正貨	49,402	—	49,402
16年末	日銀正貨	718,667	461,345	257,322
	正貨準備	649,618	461,338	188,280
	正貨準備外	69,049	7	69,042
	政府正貨	386,169	—	386,169
18年末	日銀正貨	733,101	452,602	280,499
	正貨準備	712,925	452,587	260,338
	正貨準備外	20,176	15	20,161
	政府正貨	854,568	—	854,568

出所：日本銀行百年史編纂委員会［1986］334−335ページ。

第 4 編　第 1 次世界大戦期の正貨政策

表 7 −20　国庫資金各部残高対照表（1914年、1918年）

（単位：千円、未満切捨）

	1914年度末	1918年度末
一般会計	△17,362	306,967
国債整理基金	8,527	56,945
専売局	34,324	53,067
臨時国庫証券	−	45,752
臨時軍事費	29,149	119,599
其他各特別会計	71,230	168,536
預金部	29,047	328,083
雑部その他勘定	20,557	169,239
合計	175,473	1,248,192
内訳　在外正貨	67,070	943,779
日本銀行当座預金	28,750	164,550
同特殊預金	13,226	8,322
金庫保有高	66,426	131,540

出所：日本銀行調査局『大正三年度以降国庫資金変遷ノ概況』（1919年 9 月） 1 − 3 ページから作成。

戦乱ノ影響ニ因ル経済界ノ活躍ハ租税其他諸収入ニ多大ノ増加ヲ示シ」剰余金は激増した[156]。その額は、表 7 −21にみられるように、1918年度に 4 億6208万円に達し、歳入の31％に及んだ。剰余金は、ただちに減税や内国債償還に振り向けられたりはせず、政府の在外資金買入れに用いられた[157]。表 7 −22から看取されるように、開戦以来19年10月までに一般会計資金で14億157万円の正貨が買い入れられた。18年度末に一般会計においては、表 7 −23に示されるように、 4 億4236万円の在外正貨が所有されている（一般会計買入に基づく政府在外正貨の一部は小額紙幣準備に移管された。同年度に小額紙幣引換準備として 1 億156万円の政府在外正貨が保有されている[158]）。今日の我が国の外貨準備の大部

---

156)　日本銀行調査局『歳計剰余金ノ要領』同行、1921年 4 月、参照。
157)　稲田周之助「国庫剰余金論」『国民経済雑誌』第19巻第 2 号参照。租税については高橋誠「大正デモクラシーの財政学」川合一郎等編『講座日本資本主義発達史論　II』、日本評論社、1968年、210−213ページ、同「現代所得税制の展開」『経済志林』第 2 巻第 1 号、大蔵省百年史編集室編『大蔵省百年史』上巻、大蔵財務協会、1969年、270−277ページなど参照。
158)　補助貨幣の払底に対処するために、1917年10月の勅令に基づいて、政府は同年11月から小額紙幣の発行を開始した。政府は同年12月以降、在外正貨の一部を小額紙幣引換準備に充当した（大蔵省編『明治大正財政史』第13巻、271−276ページ）。

第7章　第1次世界大戦期の正貨吸収政策

表7−21　歳計剰余金ならびに歳入歳出決算額（1914年、1918年）

（単位：千円、未満切捨）

	歳計剰余金	歳入決算額	歳出決算額	歳入100に対する剰余金
1914年	86,227	734,648	648,420	12
18年	462,080	1,479,115	1,017,035	31

出所：日本銀行調査局『歳計剰余金ノ要領』（1921年4月）による。

表7−22　会計別正貨買入高
（1914〜1919年）

（単位：千円、四捨五入）

一般会計	1,401,566
預金部	141,119
臨時国庫証券収入金会計	171,523
合計	1,714,208

注：1914〜19年10月まで。
出所：大蔵省編『明治大正財政史』第14巻、854−855ページ。

表7−23　各会計別政府在外正貨保有高（1918年度末）

（単位：千円、未満切捨）

一般会計所属	442,363
小額紙幣引換準備	101,556
預金部所属	279,252
臨時国庫証券収入金所属	115,979
政府在外正貨保有額	939,151

出所：大蔵省理財局『第四十四回議会参考書』から引用。

　分が外国為替資金証券の発行によって調達された資金に基づいているのとは異なり、歳計剰余金で大部分の政府正貨が買入れられたのである。
　しかし、税の自然増収には限度があった。この一部は、表7−20に明示されているように、軍事費をはじめとする臨時の歳出の膨張や物価騰貴による歳出の増大などに充当するために金庫に保管され、一部は日銀外国為替貸付を増大させるために当座預金として日本銀行に預金された。
　次いで、在外資金買取財源である一般会計剰余金を補充するものとして、大蔵省預金部資金が用いられた。第1次大戦期において、郵便貯金の増加は著しく、それは表7−24にみられるように1914年の2億1419万円から18年の6億1334万円へと激増した。これは国内景気の活況によるものであるが、普通銀行金利との均衡を図るために、政府は15年4月から従来の貯金利率を4分8厘に引き上げたので、貯金累増の傾向は一段と助長された。郵便貯金は、預金部資金総額の約8割を占めた。かくして預金部資金残高は、一般会計剰余金とともに、国庫金残高の最大資金源となるに至った[159]。政府は、この預金部資金を

645

表7－24　預金部勘定（1914年度、1918年度）

負債　　　　　　　　　　　　　　　　　　　　　　　　　（単位：万円、四捨五入）

	貯金局預金	貯蓄債券売却代預金	各特別会計・その他預金	預金利子支払元積立金	一般会計繰入未済額	純益	合計
1914年度	21,419	1,720	3,145	4,718	－	496	31,488
18年度	61,334	1,509	6,384	8,330	－	930	78,486

資産　　　　　　　　　　　　　　　　　　　　　　　　　（単位：万円、四捨五入）

	国債証券	外国債	地方債	特殊銀行会社債券	貸付金	日本銀行預金	在外預金	現金	合計
1914年度	5,253	3,305	1,779	8,933	9,314	－	－	2,905	31,488
18年度	7,056	13,997	1,888	16,691	13,849	－	20,897	4,108	78,486

出所：大蔵省編『明治大正財政史』第13巻、1057－1060ページ。

も用いて在外資金を買い入れた。この最初のものは、1915年度の英国大蔵省証券買入れである[160]。表7－22にみられるように、1914～19年に預金部は1億4112万円の在外正貨を買い入れた。表7－23によれば、1918年度末に大蔵省預金部は2億7925万円の政府在外正貨を保有している。預金部政府在外正貨の一部は国家の信用を背景とした郵便貯金を基礎とする有償の財政資金に基づいて保有されていたのである。

だが預金部は、国内貸出も増大させざるをえなかった。たとえば、その地方資金融資の各年度末現在高は、17年度までは7000～8000万円程度であったが、18年度には1億円に達している[161]。したがって、預金部資金による在外資金買入れには限界があった。このために政府は、国債発行の手取金によって在外資金買上資金の不足を補った。

大隈内閣は、内国国債を発行して在外資金を購入し、これによって外債償還を実施した。この内外債借換総額は寺内内閣期になって実施されたものを含めて約9000万円であった[162]。また寺内内閣は、「臨時国庫証券法」（大正6年法律第7号）を1917年7月に公布し、「輸出為替資金の疎通を図り又は連合国に対

---

159)　日本銀行調査局「郵便貯金制度創始以降ニ於ケル貯金増減並沿革概要」1918年、1、7ページ。預金部の資料としては、大蔵省理財局資金課編『大蔵省預金部史』（同課、1941年）を参照。
160)　上掲『大蔵省預金部史』220ページ。
161)　大蔵省理財局資金課、前掲『大蔵省預金部史』138ページ。
162)　東京銀行調査部［1954c］19ページ。

第7章　第1次世界大戦期の正貨吸収政策

表7－25　臨時国庫証券発行条件

年度	名称	発行額	利回り	起債目的
1917年度	い号	100,000千円	5.78%	輸出軍需品決済
17年度	ろ号	50,000	6.141	〃
18年度	は号	100,000	6.28	輸出為替資金疎通

出所　大内兵衛『日本財政論　公債篇』改造社、1932年、附録統計表、23ページから作成。

する輸出軍需品代金の決済を便にし其の他連合国の財政を援助」(同法第1条)した。臨時国庫証券の起債額は、当初は2億円であったが、その後3億円増加されて合計5億円(18年現在)となった。1918年12月において、露国軍需代金決済のため2億6300万円、中国兵器代金決済のため1300万円、為替資金調達のため1億5000万円、合計4億2600万円の臨時国庫証券が発行されている[163]。政府在外正貨の一部は、今日の日本の外貨準備と同じく国家の債券発行による債務性資金の調達に基づくものであった。だが現在の外国為替資金証券の発行とは異なり、臨時国庫証券発行は日銀引受によるものではなかったのである。

輸出増大による好況の結果、企業利潤は増加し、日本銀行貸付も累増し、結局は、金融基調は緩慢となった。1918年にはコール・レートはおおむね5%内外であった[164]。このかぎりでは、表7－25にみられるように利回りが6%を超える臨時国庫証券は、金融市場を通じて市中消化されえたのである。これは個人、会社および銀行などによって応募されたが、応募の中心は、表7－26から明らかなように、国債引受シンジケート団をはじめとする銀行であった。開戦から1919年10月までに、臨時国庫証券収入金によって、1億7152万円の正貨が購入された。なお、18年度末で臨時国庫証券収入金に所属する在外正貨は、1億1598万円に達した。

政府と日本銀行は、在外資金累積問題を上述のように処理し、これによって正貨の獲得を図ったのである。

---

163)　『東京銀行調査月報』1954年9月号、19ページ。臨時国庫債券については大蔵省編『明治大正財政史』第12巻［1937a、1956］429－436ページを参照。
164)　『横濱正金銀行史』480ページの数値による。

第 4 編　第 1 次世界大戦期の正貨政策

表 7 - 26　臨時国庫証券所有者

(単位：千円、未満切捨)

所有者別	い号 (千円)	(%)	ろ号 (千円)	(%)	は号 (千円)	(%)
官庁	1,000		71		49	
公共団体	2,296		737		1,508	
学校	6		—		—	
社寺	42		175		138	
銀行	50,893	50.9	45,102	56.1	81,898	61.2
会社	16,253	16.3	14,020	17.4	20,042	15.0
社団法人および財団法人	2,115		200		1,208	
法人に非ざる組合その他の団体	—		562		373	
個人	26,775	26.8	15,814	19.7	26,891	20.0
公債売買業者	496		3,691		1,741	
外国人	120		22		7	
合計	100,000	100.0	80,397	100.0	133,858	100.0

出所：大蔵省『国債統計年報』1917（大正 6 ）年度および1918（大正 7 ）年度版より作成。

（ 3 ）　為替相場調節策としての在外資金買上げ

　第 1 次世界大戦期の在外資金買上政策は、正貨吸収、金（在外正貨）不胎化政策（通貨膨張抑制）、為替相場調節という 3 つの課題を同時に達成するというものであった。前 2 者についてはすでに詳しく述べておいたから、ここでは為替相場調節について立ち入って論述することとする。

　第 1 次世界大戦期の輸出激増下で、円為替相場が高騰した。これが輸出や正貨吸収に打撃を与えるのを抑制するため、政府が在外資金を外国為替銀行から買い入れ、為替相場高騰を抑制する政策が推進された。しかも、買入価格政策を通じて横浜正金銀行の為替相場を低為替相場（円安）になるように誘導したのである。すなわち政府が第 1 次大戦期に日本銀行や正金銀行と結んだ前述の協定の中では、正金銀行は輸出奨励、正貨吸収の趣旨をもって為替相場を定め、政府が正金銀行から買い入れる在外資金の買上相場を電信売相場よりも32分の 1 ペンス 3 または16分の 1 セント高めに設定して（外貨資金買取に際して正金銀行の電信売相場による支払額よりも多くの円を政府が同行に支払い）、正金銀行が為替相場を低位に設定しても（輸出為替買取に際して正金銀行がその為替相場を

第 7 章　第 1 次世界大戦期の正貨吸収政策

引き下げて外国銀行よりも円を多く支払っても）、同行が損をしないようにしていたのである。このような政策は正金銀行が輸出奨励、正貨吸収の趣旨をもって対英、対米為替相場を定めるようにすること、低為替相場を正金銀行に誘導することを意図したものであった。こうした低為替相場政策は日本銀行の正金銀行への為替資金供給によって補強されていたのであった。このような形態での為替相場調節政策が第 1 次大戦期に展開されたのである。もっとも、低為替相場が金輸出現送点を下回り、金流出を招くようなことがないように政府は配意した。このことは、台湾銀行についてもいえることである[165]。

　実際、正金銀行の為替相場は、外国銀行よりも低位に定められた。正金銀行の輸出為替相場は、外国銀行のそれに比して不自然に 2、3 ポイント低位に置かれた。このことは、輸入為替が外国銀行のもとに集まる結果をもたらした。1917年夏以降、外国銀行の対英および対米為替相場は、正金銀行の相場よりも 2 ポイントないし 5 ポイント高かった。1917年10月頃には、正金銀行と外国銀行との間に、対米相場において約 1 ドル 4 分の 3、対英相場において約16分の11ペンスの相違が生じていた[166]。

　このような低為替政策を通じて政府は輸出奨励、正貨吸収を図ったのである。為替相場政策を通じた正貨吸収、擁護政策は、第 5 章で論じたように日露戦争直前や日露戦争期、1910〜1914年に展開されていた。第 1 次大戦期には政府が中心的な役割を果たすという形態で、本格的にそれが実施されるようになったのである[167]。

　政府がもしも在外資金の買上げをせずに為替の決済をつけなかったとすれば、1916年中に早くも為替銀行は輸出為替の買入れをすることができなくなり、為替相場もいっそう上昇したことであろう。1916年末に巨額の為替買持ちがあったにもかかわらず、為替相場が比較的低位に置かれたのは、政府の輸出奨励ということが大いに与って力があったといわざるをえない[168]。

　通貨当局が第 1 次大戦期に為替相場の騰貴を抑制し、しかも大戦期の在外正

---

165)　田中生夫 [1980] 20、23ページ。
166)　前田薫一 [1925] 209－212ページ、小島仁 [1981] 252、255－262ページ。為替相場の刻み目を示す 1 ポイントは対英相場で16分の 1 ペンス、対米相場で 8 分の 1 ドルとなる。
167)　小島仁 [1981] 273－274ページなど。
168)　前田薫一 [1925] 189－190ページ。

貨蓄積は、大戦後の為替相場の低落を阻止するために通貨当局が為替市場に外貨を売却するうえで必要となる外貨の確保を図るという意義を有していた。このような意味では、金為替政策的な、公的為替政策的な正貨政策が大幅出超の生じた第1次大戦期にまさに本格的に展開されていたといえるのである。

第4節　為替資金供給、在外資金買上政策の要約とその行詰り

1　外国為替銀行業務、日本銀行の外国為替資金貸付、政府を中心とする在外資金買上げの相互関係

　外国為替業務を取り扱った日本の銀行は、第1次大戦期に、その資金源泉を、資本金、預金およびコール・マネーという民間資金に求めた。しかし、民間資金の運用には限界があった。外国為替を取り扱った銀行は、日本銀行の外国為替貸付を仰がざるをえなかったのである[169]。

　一方において、輸出の増進に伴い、在外資金累積問題が生じた。この問題は、政府を中心にして、一部は日本銀行によっても行われた在外資金の購入によって解決が図られた。

　ところで、民間資金が為替資金として利用できたのも、政府と日本銀行の資

---

[169] いまコール・マネーと日本銀行外国為替貸付金との関係を考察すれば、次の事実が指摘できる。横浜正金銀行は、「日本銀行の融通に対しては、予て約定のある低利資金の限度以外二千円迄は年六分の利息を支払ひ、其以上になると六分五厘を支払うことになって居た」。だが、「近来東京又は大阪の銀行間では『コール』借用の利息が年五分内外であったので」、同行は「漸く此方面に融通を求めることにした」のである。1918年7月末にはその金額は1億4800万円に達した。同行は、コール・レートに最高限度を付し、それを超える利率でのコール・マネーの取入れには容易に応じなかった。同行は、コール・レートが著しく騰貴すれば、コール・マネーの取入れを手控えて、日本銀行から融資を受けたのである。表7―27の横浜正金銀行勘定を考察すれば、同行の1918年末の外国為替資金需要高の64.3％は、日本銀行外国為替貸付金によって充足された。第1次大戦期の他の年についても、日本銀行外国為替貸付金は、外国為替資金需要高の30～40％を占めており、為替資金源としてきわめて重要な役割を果たしたのである。台湾銀行は、日本銀行からの預ケ金に限度があったから、コール・レートを無視してまでもコール・マネーを積極的に取り入れた。それでも表7―9、13、28から看取できるように、同行の日本銀行外国為替資金取入高は、1915年、16年、17年末にはコール・マネー残高以上、18年末にはそれと同額に達している。このように、日本銀行外国為替資金は、第1次大戦期に依然として外国為替銀行の重要資金源となっていたのである（『横濱正金銀行史』480ページ。『日本金融史資料大正昭和編』第24巻、910ページ。田中生夫［1968］88ページ）。「為替資金調節問題」『大阪銀行通信録』第253号1918年9月号、21―22ページ、では、為替銀行は「日本銀行の外国為替貸付金利とコール利率とを比較して低廉なる資金を以て為替の買入を行ひたり」と記されている。

第7章 第1次世界大戦期の正貨吸収政策

表7−27 横浜正金銀行勘定（1914〜1918年）

(イ) 負債勘定　　　　　　　　　　　　　　　　　　　　（単位：万円、四捨五入）

	払込資本金A	積立金B	A+B	預金C	借用金D	再割引手形E	D+E	うち日銀外為貸付F	コール・マネーG	売為替手形H	銀行券I
1914年末	3,000	2,009	5,009	18,194	5,419	4,736	10,154	4,668	340	1,578	628
15	3,000	2,135	5,135	17,567	4,260	3,976	8,236	2,079	50	1,515	720
16	3,000	2,311	5,311	27,296	14,970	4,051	19,021	12,054	950	1,991	1,805
17	3,600	2,493	6,093	52,528	24,481	4,871	29,352	19,912	5,480	3,635	2,002
18	4,200	2,696	6,896	54,119	55,222	14,064	69,286	44,423	3,595	4,647	2,260

(ロ) 資産勘定　　　　　　　　　　　　　　　　　　　　（単位：万円、四捨五入）

	政府貸上金J	貸付金K	当座貸L	割引手形M	J+K+L+M	利付為替手形N	為替当座貸O	N+O	買為替手形P	預け金Q	公債R	金銀S
1914年末	160	5,151	1,037	3,670	10,018	3,658	542	4,200	13,525	2,530	2,245	3,661
15	98	5,448	694	2,122	8,362	3,218	1,169	4,387	14,474	5,417	2,033	2,579
16	112	6,351	1,613	3,581	11,657	4,207	1,639	5,846	25,573	7,647	2,153	3,297
17	139	7,412	2,877	4,638	15,066	12,846	2,878	15,724	41,177	17,836	2,578	4,339
18	169	9,828	5,455	21,365	36,817	11,906	6,207	18,113	55,643	16,261	10,327	5,161

(ハ) 外国為替資金需要高　（単位：万円、四捨五入）

	外為資金需要高T T=N+O+P−H	F/T	G/T
1914年末	16,147	28.9%	2.1%
15	17,346	12.0	0.3
16	29,428	41.0	3.2
17	53,266	37.4	10.3
18	69,109	64.3	5.2

注1：積立金＝積立金＋特別積立金＋滞貸準備金
　　預金＝公債元利支払基預金＋別段預金＋軍票引換基預金＋定期預金＋当座預金＋通知預金＋為替預金
　　借用金＝借用金＋別途借用金＋当座借用金
　　貸付金＝貸付金＋滞貸金
　　預け金＝別段預託金＋公債元利支払務預託金＋当座預託金
　　金銀＝地金＋金銀
　2：明治期については『社会経済史学』第38巻第2号、66−67ページ。
出所：横浜正金銀行『半季報告』（第70、72、74、76、78回）から作成（日本銀行貸付とコール・マネーは前掲表から引用）。

表7－28　台湾銀行勘定（1914年、1918年）

(イ)　負債　　　　　　　　　　　　　　　　　　（単位：万円、四捨五入）

	資本金	積立金	預金	うち日銀預け金	コール・マネー	銀行券
1914年	1,000	379	5,419	133	1,040	1,425
18年	3,000	603	42,807	1,757	1,756	4,211

(ロ)　資産　　　　　　　　　　　　　　　　　　（単位：万円、四捨五入）

	諸貸出金	コール・ローン	外国為替	うち利付為替	買為替	有価証券	金銀	現金・預け金
1914年	5,287	—	913	—	—	874	403	1,097
18年	25,555	320	20,172	7,250	12,922	6,604	754	6,252

出所：台湾銀行史編纂室編『台湾銀行史』同編集室、1964年から引用（ただし日銀預け金と外国為替の内訳とは『議会参考書』から引用）。

金散布があったからである。すなわち外国為替銀行は、日本銀行から資金を借り入れ、これを輸出手形の買取代金として貿易業者に支払った。ついでこれは、貿易関連資本をはじめとする産業資本の手に移っていった。これはまず銀行に預金され、借入金の返済に振り替えられるか生産に投下された。未だ資金需要が多くない好況の前期においては、これが金融緩和の要因となった。これによって外国為替銀行は、預金やコール・マネーを為替資金として運用できたのである[170]。政府と日本銀行の在外資金買上げも、金融を緩慢にした。日本銀行がこれを買い取る場合には、買取代金としての日本銀行券が膨張したし、政府買入れの場合も、企業活動を刺激し、産業利潤を増加させて、預金やコール・マネーをやはり増大させたのである。

以上のように、日本銀行の外国為替貸付や、政府と日本銀行の在外資金買上げが行われたからこそ、外国為替銀行は、預金の引出やコール・マネーの回収に備えることができ、それらに依存して業務を拡張しえた。つまり外国為替銀行は、日本銀行から準備金の補充を受けられることを確信し、また在外資金買上げを期待できたから、民間資金に依拠しつつ、外国為替業務を拡張した[171]。

---

170)　大阪市立大学『経営研究』110・111・112合併号、1971年3月、24－25、32ページ。

第7章　第1次世界大戦期の正貨吸収政策

このような状況下での外国為替銀行の金融が外貨の獲得を支援して政府や日銀の正貨吸収の条件を形成した。

また日本銀行の外国為替貸付と政府を中心とする在外資金買上げの両者には次のような密接な関係もあった。日本銀行は、政府を中心とする在外資金買上げが行われたからこそ、外国為替貸付を増加しえた[172]。他方、政府の在外資金買上げが可能であったのは、日本銀行外国為替貸付の増加が景気の高揚と企業利潤の増大を導き、それによって租税収入が増加し、郵便貯金が増加して預金部預金が増加し、さらに民間銀行預金の累増を基盤として国債消化が促進され、国庫金が増加したためである。

上述のように、密接な関係を有する日本銀行の外国為替貸付と政府を中心とする在外資金買入れとによって、政府と日本銀行は、外国為替金融の側面から積極的に輸出を奨励し、正貨の獲得に努めたのである。

これは、歳入財源の確保、外債償還、正貨蓄積、産業奨励および対外投資という政策を遂行するために行われた。

この場合、日本銀行は日本銀行券発行残高の増大と政府当座預金の運用とによって、外国為替貸付を増大できた[173]。日本銀行が通貨発行によって外国為替貸付を増加させようとすれば、政府預金を運用しうる場合よりも、物価騰貴を刺激して、それは行き詰らざるをえなかったであろう。政府が在外資金を購入できたのも、国庫金を運用できたからである。この運用は、日本銀行の在外

---

[171] 事実『東洋経済新報』は、「市中銀行をして、思ひ切って其の手元資金を空虚にして、之を為替銀行に融通（コールの形で）させ、為替銀行をしてまた安んじて此のコールに依頼させたのは、市中の普通銀行から為替銀行がコールの回収に逢ふ時日銀に駈けつければ直ちに低率にて融通を受け得るからではないか」と主張している（「日銀の利上を促す」『東洋経済新報』第823号、1918年8月15日、196ページ）。

[172] 『東洋経済新報』によれば、「日銀の外国為替貸出金が三億以上の恐るべき巨額になったのも、民間銀行が全く政府の尻拭ひを当てにして、その信用を極度に拡張…した波及に外ならぬ」のである（「通貨収縮策」『東洋経済新報』第825号、1918年9月5日、294ページ）。ここにいう政府の尻拭いとは政府が民間銀行とくに外国為替銀行から在外資金を買い上げることを意味する。

[173] とくに後者は重要である。もしも政府預金が運用されなかったならば、外国為替貸付の増大に伴って制限外発行が増加し、これによる限外発行税が原因となって、日本銀行が低利で為替資金を貸し付けたり、低利の国内貸付によって生産を奨励したりすることは、困難になったであろう。第1次大戦期に発行額が保証準備発行限度を超過したにもかかわらず、公定歩合は表7－5のように当時の制限外発行税率（6％）以下に引き下げられた。これは在外正貨の正貨準備繰入による銀行券発行が認められたことと銀行券発行が抑制されていたことにより可能となったといえよう。

資金買上による通貨膨張を抑制しつつ正貨獲得政策を遂行することを可能とした。このように国庫金は、日本銀行の外国為替貸付と政府の在外資金買上げの資金源となったから、正貨獲得政策の中心的財源であったといえよう。

2　為替資金供給、在外資金買上政策の行詰り——正貨吸収政策の限界

　以上のように総括できる輸出奨励、正貨獲得政策の展開のうちにも、その弊害を当局者は考慮せざるをえなかった。このことは、日本銀行が通貨膨張抑制のために、為替銀行をしてできるだけ民間資金を利用せしめるとともに、政府に対して在外資金買取りを進言したことなどにみることができよう。とはいえ、依然として輸出と生産を奨励するのが政府と日本銀行の主要課題であったのである。日本銀行理事深井英五は、通貨膨張、国内物資の不足が進展するならば「輸出超過必ずしも喜ぶべきにあらずと言う見解が成立」するかもしれないが、「矢張り我が商品の販路を拡張し、将来の為に対外資力を充実することに重きを置く所の常識に従って施設を為すべき」であると考え、「日本銀行全体の見解も同じ」であった[174]。また、「通貨ノ膨脹カ…物価騰貴ノ一原因タルコトヲ認ムル以上…通貨膨脹ヲ阻止シ以テ物価騰貴ヲ抑制スルノ方策ヲ攻究スルノ必要アル」が、「此時ニ当リ最モ慎重ナル考慮ヲ要スルハ通貨ヲ収縮セシムルカ為ニ内地生産業ノ振興ヲ防遏シ輸出貿易ヲ防止シ…戦時並戦後ニ於ケル経済的発展ヲ萎縮セシムルカ如キヲ避クルヲ必要トスルコト是ナリ」[175]というのが、寺内内閣の考えであった。

　こうした輸出奨励方策に支えられた輸出の増大は、輸入制限下において、原材料不足による生産の行詰りを惹起したことから、早晩困難となった[176]。

　さらに輸出の増進によって需要が増大し、輸入制限によって機械や原材料などの供給が減少し、船舶も欠乏しているのに、外国為替金融の側面から輸出を奨励し、生産を刺激すれば、物価は騰貴せざるをえなかった[177]。輸出奨励政策の展開は、通貨を膨張させて投機熱を煽り、米をはじめとする買思惑からも

---

174)　深井英五『回顧七十年』137ページ、田中生夫[1980]22ページ。
175)　大蔵省「物価騰貴抑制ト政府ノ施設」（1917年9月末）『勝田家文書』第32冊第15号、7－9ページ。髙橋亀吉編『財政経済二十五年誌』[1932]第6巻、93ページ。
176)　髙橋亀吉『大正昭和財界変動史』上巻[1954]110－113ページ。

第7章　第1次世界大戦期の正貨吸収政策

物価を騰貴させた。物価騰貴は熾烈化し（表7-29参照）、1918（大正7）年7～8月にはついに米騒動が勃発するに至った。『東洋経済新報』は、「為替資金の融通は国家の禍なり。勝田蔵相の輸出奨励策は、之を一言に尽せば在外正貨を増加するのみで国内の物資を欠乏せしめ、国民を飢饉の深淵に投ずるものである」[178]と鋭く政府の為替政策を批判した。もはや政府は、従来のような「物価騰貴の勢を助長し社会生活不安の原因を醸成する」[179]為替政策を実施するのが困難となったのである。

輸出奨励政策の展開は、為替相場の高騰を惹起した。第1次大戦期の外国為替業務の拡大は、既述のように、日本銀行の外国為替貸付と政府および日本銀行の在外資金買上げによって支えられていた。前者に関しては、金利負担を加重し通貨膨張を招来することから、その無制限の拡大は困難であった[180]。後者の中心的財源をなしたものは国庫金であった。しかし、歳計剰余金や預金部預金は、量的に限界があった。それで為替資金問題の解決を図るために臨時国庫証券が発行された。これは最初の頃は一般会社および個人によっても消化された。表7-26から明らかなように、景気の高揚とともに国債引受シンジケート銀行を中心とする銀行のその所有額は増加した[181]。それも、「内地各種事業が発達するに従い金融の漸次繁忙を呈」[182]するに至っては限界があった。その発行は、貸出金利を上昇させて政府の産業奨励方針とも矛盾した。さらにその発行は、通貨膨張を生じさせた[183]。臨時国庫証券発行による為替資金調達にも限界があったのである。かくして、外国為替銀行の円資金不足問題は依然として解決されなかった。一方、金輸出禁止下の輸出超過のために海外において

---

177) 川合一郎「両大戦間のインフレーション」高橋幸八郎編『日本近代化の研究』下巻、379ページ以下、1928年9月大蔵省理財局「物価騰貴ト其抑制方策」など参照。
178) 「為替資金の融通は国家の禍なり」『東洋経済新報』824号、1918年8月25日、249ページ。
179) 戦時為替調査委員会第1回総会（9月19日）における勝田主計蔵相の発言（翠坡生「物価調節策としての通貨収縮問題」『中央銀行会通信録』第186号、1918年9月28日号、15ページ。「為替調査会における勝田蔵相の挨拶」『大阪朝日新聞』1918年9月21日付）。
180) 政府の在外資金買上げの増大や、国庫金そのものの量的限界のために、政府預金の増大にも限界があったから、日本銀行貸付の増大は発券残高を増大させざるをえなかった。事実、1918年10月の制限外発行高は1億3335万円に達している。
181) 岩間昌生「為替資金問題の一斑」『中央銀行会通信録』第185号、1918年8月28日、7-8ページ、参照。
182) 日本銀行「世界大戦終了後に於ける本邦財界動揺史」『日本金融史資料　明治大正編』第22巻、422-423ページ。

表7－29　1914年7月を100とした
　　　　日・英物価指数
　　　　　（1914～1918年）

	日　本	ロンドン
1914年7月	100	100
14年12月	95	109
15年12月	113	142
16年12月	137	191
17年12月	175	228
18年6月	198	238

出所：日本銀行調査局編『日本金融史資料　明治大正編』第22巻、31ページから引用。

表7－30　対米・対英為替相場
　　　　　（1914～1918年）

	ニューヨーク	ロンドン
1914年6月	49.596ドル	24.375ペンス
14年12月	49.125	24.125
15年12月	49.664	25.313
16年12月	50.500	25.563
17年12月	51.000	25.750
18年12月	52.250	26.375

注1：正金建値、月中平均。
　2：金平価：100円＝49.846ドル、1円＝24.582ペンス。
出所：東洋経済新報社編『日本の景気変動』上巻、第3編、統計、14－15ページ。

外貨が充溢した。18年末の横浜正金銀行の買持為替は5億5000万円を超え、これに台湾、朝鮮両特別銀行の買持為替を加えれば、その額は8億円を凌駕した[184]）。1918年4～5月頃から、輸出金融の行詰りがとくに顕著となった。このようになると、外貨建為替相場は上騰せざるをえない（表7－30参照）。累積した在外資金を金現送によって内地に取り寄せることができなかったために、為替相場は金現送点を越えて上昇した[185]）。さらに外国為替銀行は、為替相場が将来どれほど高騰するかの見込みが立たないために輸出為替の買取りを渋り、また先物為替の予約を停止するようになった。為替相場の高騰は一輸出業者の採算を不利にした。また、先物為替予約の停止は一輸出業者自らに為替リスクを負担させることになった。かくして輸出は、外国為替金融難という隘路のために停頓することとなった[186]）。

183）『日本銀行調査月報』1918（大正7）年9月号では、「臨時国庫証券ノ発行ニヨリ一時政府当座預金ノ増加ヲ告クルモ其ノ払込金ハ直チニ為替資金ニ轉輾シテ市場ニ復帰スルノミナラス証券ノ発行ハ一面ニ於テ資金融通ノ根柢タル信用ノ拡張ヲ促ス場合モアリ現ニ前月末ニ於ケル本行割引保証品トシテ差入レラレタル各種有価証券四千三百万円中其ノ約三分ノ一以上ニ相当スル一千五百万円ハ臨時国庫証券ノ差入ナリ、加フルニ利廻良好ナル国庫証券ノ続発ニヨリコール資金ニ振向ケラルヘキ市場資金減退センカ勢ヒ為替銀行ハ本行貸付金ニ依頼セサルヲ得サル事情モアル為メ兌換券ハ尚幾分膨脹ヲ免レス」と記されている（『日本金融史資料　明治大正編』第20巻、1034ページ）。
184）東洋経済新報社編『金融六十年史』531ページ。

第 7 章　第 1 次世界大戦期の正貨吸収政策

　寺内内閣は、物価騰貴を抑制しつつ外国為替資金調達を行いうる方法を検討するために、1918年9月、戦時為替調査委員会を設置した。しかし輸出奨励の根本方針が揺がない以上、同委員会が有効な打開策を見出すのは困難であった。

　寺内内閣は瓦解して、18年9月末、原内閣が成立した。同内閣は、従来の輸出偏重主義を修正すべく、18年10月16日、従来の低為替政策を改め、為替相場を自然に委ね、なるべく輸出入為替の取扱いが並行的に行われるようにしたのである[187]）。

　ちなみに18年10月16日、為替相場変更に関して大蔵省当局の発表した理由は次のごとくである。「従来為替方針は輸出奨励策に終始せる為め、正金銀行の為替相場と外国銀行の夫れとの間に著しい懸隔があったが、現政府に於ては漸次従来の方針を改めて、為替相場を自然の状況に復せしめんとし、着々その方針を実行しつつある。而して従来正金銀行の為替相場、例えば対米為替の如き外国銀行に比して二弗以上の開きがあり、其当然の結果として輸出為替は正金銀行に輸入為替は外国銀行に集中して為替のバランスの変調を益々甚だしからしめたるのみならず、間接為替、即ち上海・紐育間、大連・紐育間の為替の如きも、為替相場の関係上日本を経由するを有利とする故に、其の決済尻までも正金銀行に於て背負い込むの状態であった。斯くては正金の為替資金の需要益々増加し、従って日本銀行の貸出高もいよいよ増加する外なき次第であるが、政府に於ては此状態を改善する為め正金の為替相場を漸次引上げて、其騰落を対外関係自然の成行に任すを以て至当と認めた」[188]）。正金銀行は10月に建

---

185)　注130所載の「為替図解」は当時の為替相場の特質を次のように記している。「今日ノ如キ受取勘定ノ超過ニ際シテハ為替銀行ノ資金ハ内地ノ邦貨ニ於テ涸渇シ海外ノ外貨ニ於テ充溢ス其結果トシテ外国為替上邦貨ハ貴ク外貨ハ廉ク邦貨ノ単位ニ対シテ外貨ヲ以テ唱ヘラルル『為替相場』ハ上騰ス……金貨又ハ金塊ヲ輸送スルコトノ自由ナル平時ニアリテハ……堆積シタル外貨資金ヲ取寄セ内地資金ノ涸渇ヲ回復スルコトヲ得ヘク仍テ為替相場ノ上騰スル程度ハ我ガ金貨ノ純分比価ニ右輸送費用ヲ加ヘタル率即チ所謂現送点ヲ越ユルコトナキヲ原則トス　然ルニ現今ニ於テハ海外ヨリ内地ヘ金貨金塊ヲ輸送スルコトハ種々ノ制限アリテ自由ナラズ輸出為替ノ相当外貨ヲ海外ニ取立ツルモノ之ヲ本邦ニ回収シテ更ニ輸出為替引受ノ資源ト為スノ途ナク為替銀行トシテハ輸出為替ノ取組ヲ避ケ或ハ之ヲ抑制スル為メ為替相場ヲ引上グヘシ　サレバ今日ノ為替相場ニ付テハ現送点ノ問題ナク之ヲ超越シテ猶ホ上騰シ……而シテ為替相場ノ上騰ハ輸出貨物ノ価ヲ高クスルモノナルガ故ニ終ニ我ガ貨物ノ需要ヲ減スルニ至ルヲ免レズ従テ輸出貿易ノ勢ハ阻止セラルヘシ」。

186)　『日本金融史資料　明治大正編』第22巻、422-423ページ。
187)　前田薫一[1925] 208ページ。

相場を漸次引き上げることを明らかにした。

　しかし、外国為替銀行が数億円に達する在外資金を保有し、かつ依然として巨額の受取超過が継続した状態では、たとえ為替相場引上げによって多少の為替の自然的調節が行われるとしても、従来の片為替の状態を一挙に緩和することは困難であった。しかも、このような外国為替のための円資金不足の状態のもとでの政府の低為替政策の修正は、為替相場を高騰させるという結果を招来せざるをえなかった。事実、対米4カ月買為替相場は、1918年8月29日の53ドル8分の5（100円につき）から同年11月1日には54ドル8分の3へと大幅に上昇した[189]。加えて、為替政策の変更は、従来に比して為替相場の変動を頻繁とさせ、為替相場の頻繁な引上げは、輸出業者をして輸出の前途に不安をいだかせることとなった[190]。物価騰貴によるコスト高、原材料不足などによって輸出困難となっていた状態でのこのような外国替為銀行の輸出為替取組みの困難、為替相場の高騰および変動は、輸出業者の困難を加重した。しかも、為替相場問題を輸出価格引上げによって解決しようとすれば、輸出が減退せざるをえなかった。かくして、輸出は萎縮することとなった。

　第1次大戦期に、正貨獲得のための輸出奨励政策が積極的に展開された。それは輸出の増大に寄与した。だが同時にそれは、物資不足に基づく生産の行詰り、物価騰貴、為替銀行の輸出為替買取困難、為替相場高騰という、輸出拡大を困難とする問題を惹起した。第1次大戦期の正貨獲得政策は、このような自己矛盾に逢着し、行き詰まらざるをえなかったのである。

---

188) 前田薫一、同上書、210-215ページ。「対外為替政策の一新」『大阪銀行通信録』第255号、1918年11月、22ページ。『東京銀行調査月報』1954年9月号、24ページ。小島仁［1981］261-262ページ。間接為替については、18年8月下旬の上海におけるニューヨーク向け電信売為替相場は100両につき130ドルであって、日本の上海向け電信売は100円につき42両であったから、日本のニューヨーク向け電信相場が54ドル60セントならば裁定の行われる余地はなかった。だが、当時日本のそれは51ドル50セントであった。したがって米国から上海への送金は日本を経由すれば100両について122ドル62セントで足り、手数料を計算外にすれば、その差7ドル38セントの利鞘が得られた。

189) 『東京銀行調査月報』1954年9月号、22ページ、の金額による。

190) 前掲「対外為替政策の一新」『大阪銀行通信録』第255号、24-25ページ。

第8章　第1次世界大戦期の正貨処理政策

はじめに

　大正初期の日本は、重大な国際収支危機に直面していた[1]。すなわち「外国債の利子丈で年々六七千万円はある上に、陸海軍、重もに海軍の買物代も年々尠からず、何としても一億二三千万は海外払を要」し、「貿易は年々入超であり、若し日本銀行の準備を取出して現送したならば、一二年で皆無になるであらふ」というありさまであった[2]。

　当時の世界は、植民地の再分割をめぐってイギリス主導下の3国協商グループとドイツ主導下の3国同盟グループとが、激しく対立していた。1914（大正3）年7月末に至り、オーストリア＝ハンガリーがセルビアに宣戦し、これが世界大戦に発展した。第1次世界大戦の勃発直後は、国際金融市場が混乱し、外国為替取引が途絶したため、日本の貿易は大きな打撃を受けた。しかし、この金融上の混乱は、ほどなく収束した。このような帝国主義戦争の進展は、輸出市場を拡大させ、1915年春以降、日本の輸出が飛躍的に増大した。加えて、政府や日本銀行の対外金融政策が、輸出拡大の支えとなり、さらに低賃金労働が輸出拡大の基盤となった。他方、欧米交戦国の戦時需要のために、日本の輸入は制限を受けざるをえなかった。この結果、1915年から1918年にかけて、輸出超過が14億円にのぼった。運賃、傭船料、保険料収入が増加し、連合国に対する政府の兵器売却代金も増加した。かくして、貿易外収入も飛躍的に増加し

1）　小野一一郎［1968］237-238ページ。
2）　武富時敏「大隈内閣財政回顧録」（1928年稿）渋谷作助『武富時敏』附録、同刊行会、1934年、10ページ。

第 4 編　第 1 次世界大戦期の正貨政策

た。この間に、日本の国際収支経常勘定の受取超過額は、28億円に達した。第1次大戦期に、日本は債務国から債権国へ転化したのである。

　巨額にのぼる受取超過の結果、多額の正貨が日本に流入した。正貨の増大は通貨を膨脹させて物価騰貴や投機を招くと主張する識者が現れた。獲得された正貨を用いて日本経済の基礎を強化しようとする種々の方策が提起され、正貨処理をめぐって論争が展開されることとなった。

　当時世上に唱えられた正貨利用策を日本銀行臨時調査員会「欧洲戦争ト本邦金融界」(1918年12月調)は次のように要約している[3]。

一ハ外債償還ノ消極論ニシテ飽迄外債ノ買入鎖却ヲナスヘシトノ提唱。
二ハ中間政策トシテ将来ノ為メ正貨ノ蓄積ヲ為スヘシトノ説。
三ハ積極的ニ産業奨励、販路拡張、支那市場投資論ニシテ之レニ関連シテ満蒙、日支銀行ノ設立ヲ唱道スルモノ。
四ハ外国ヲシテ内地ニ於テ国債ヲ募集セシムヘシトノ説。

　このような論争があったことはよく知られており、たとえば『日本銀行百年史』第 2 巻に次のように記されている。「いわゆる正貨利用問題は大正 4 年末ごろから財界における論議の的になった」[4]。

　これを当時の状況に即してみるならば、以下のような論争が展開されている。
　東京大学の河津暹博士は、日本の対外債務が多いことを懸念し、消極的ではあるが、正貨を外債償還に用いるべきであると論じた。これに対して、京都大学の小川郷太郎博士は、兌換制の基礎を強化して、戦後の正貨争奪戦に備える必要があると考え、正貨を蓄積すべきであると主張した。同大学の神戸正雄博士は、千載一遇のこの機会に、内国や中国、南洋の事業に投資して、日本の飛躍的発展を図るべきであると考え、正貨を積極的に生産的に利用すべしと高唱した。3 者は論争を行った[5]。上記 3 説のほか、連合国外債に応募する方法が積極論の神戸正雄によって主張されている。
　1915年 9 月に大隈首相の自邸で正貨処理に関する大蔵省、日本銀行首脳によ

---

　3)　『日本金融史資料　明治大正編』［1958］24－25ページ。
　4)　日本銀行百年史編纂委員会編［1983a］319ページ。

第8章　第1次世界大戦期の正貨処理政策

る会議が開かれた。外債償還を行い、また、在外正貨を維持するもよし、できるかぎり海外放資にも努めようということで、意見は一致した。だが、正貨処理の配分をどうするかは未定であったのである[6]。

ある者は外債償還を唱え、ある者は産業奨励利用論を唱え、正貨利用についての議論が沸騰し[7]、1915年12月1日に開会された第37回帝国議会でも在外正貨の処理方法が論議された。当時主張された正貨利用論には、①外債の買入償却、内国債募集のうえでの外債償還、両者の併用による外債償却論、②将来に備えての正貨蓄積論、③産業奨励・本邦製品の販路拡張・対中国投資など積極的活用論、④外国債券の国内募集促進論などがあった[8]。

1916年4月に至り、ようやく正貨処理に関する政府の方針が確定した。それは正貨の蓄積、正貨の利用（外債償還）、正貨の資金化という3策をともに行うというものであった[9]。当時においては、外貨準備運用を積極化して収益を高めるべきだとの議論は大きな問題とはなっていなかった。前述の日本銀行臨時調査委員会は、第1次世界大戦期に採用されたこの政策を次のように要約している。

　　正貨利用策ニ付種々ノ説行ハレ居リタルカ政府ハ之ニ対シ大正五年四月頃（一）正貨ノ蓄積（二）正貨ノ利用（三）正貨資金化ノ方針ヲ採ルコトトセリ而シテ第一策ハ我カ正貨ヲ蓄積スル目的ヲ以テ短期ニシテ有利ナル外国証券ヲ購ヒ之レヲ利殖スルコト、第二ハ正貨ノ増加ヲ利用シ内債ヲ発行シ以テ

5）　河津暹「在外正貨処分問題ニツキテ」『国家学会雑誌』第30巻第1号、1916年1月、同「再ビ在外正貨処分問題ニ就テ」同誌第30巻4号、1916年4月、同「在外正貨処分策ニ就テ、神戸小川両博士ニ応フ」同誌第30巻8号、1916年8月、小川郷太郎「在外正貨処分ニ就テ」京都大学『経済論叢』第2巻3号、1916年3月、同「続正貨蓄積論」同誌第3巻1号、1916年7月、同「在外正貨ト兌換券トノ関係ヲ論ス」同誌第3巻2号、1916年8月、同「兌換券ト物価ト輸出入ノ関係ヲ論ス」同誌第3巻3号、1916年9月、神戸正雄「在外正貨ノ処分ニ就イテ」同誌第2巻6号、1916年6月、同「重ネテ在外正貨問題ヲ説イテ河津博士ニ答フ」同誌第3巻4号、1916年10月、参照。
6）　武富時敏、前掲「大隈内閣財政回顧録」22ページ。
7）　社説「外債償却の方針を確立せよ」『東洋経済新報』第724号、1915年11月15日、7ページ。
8）　日本銀行「日本銀行調査月報」1915年12月『日本金融史資料　明治大正編』第20巻［1959］518ページ。日本銀行臨時調査委員会「欧洲戦争と本邦金融界」『日本金融史資料　明治大正編』第22巻［1958］24-25ページ。
9）　日本銀行百年史編纂委員会編『日本銀行百年史』第2巻［1983a］350-351ページ。

661

第 4 編　第 1 次世界大戦期の正貨政策

表 8 — 1　第 1 次世界大戦期における受取超過勘定の処理（1914〜1919年）

（単位：千円）

本邦外債、市債、社債償還	244,676
在内外正貨の増加	1,704,000
連合国公債引受	537,809
連合国公債買入（見込）	100,000
対中国借款	181,539
合計	2,778,024

注：受取超過額30億6313万6000円との差額2億8500万円は銀行
　　会社の対外借入金返還または為替銀行手持資金の増加と推定。
出所：津島寿一『我国の国際貸借及び対外金融』芳塘刊行会
　　　［1968］45ページ。

外債ノ償還ヲ行フコトニシテ此ノ二策ニ付テハ時局発生以来絶エズ行ヘル所ナルカ第三策タル正貨資金化ハ第一第二策ニ呼応シ時局関係ニテ激増セル正貨ノ一部ヲ内地産業資金ニ振向ケシメ以テ産業ノ奨励ヲ図ラントスル新政策ナリトス而シテ政府ハ今日ニ至ル迄大体以上三方針ニ基キ適宜此ヲ按配シテ正貨問題ヲ処理シ居レルモノノ如シ

　実際の正貨利用、正貨処理方策としては上記以外に対外投資も行われている。
　第 1 次大戦期の正貨処理政策を鳥瞰的に把握するために、その統計を示しておきたい。第 1 次大戦期の国際収支受取勘定は表 8 — 1 のように処理されている。これによれば、処理策を受取超過抑制方策を含めて広義に解釈するなら、正貨は主として正貨蓄積と対外投資に利用されたといえる。なお、この統計には正貨資金化は含まれていないが、これが採用されなかったことを意味しない。正貨資金化を受取超過勘定処理統計で示すのは困難である。また連合国公債への投資は、実際には本章第 4 節 2 で述べるように表 8 — 1 よりも多い。
　それでは、このような政策の背景となる当時の国際的・国内的情勢はいかなるものであったのであろうか。基本的な正貨処理構想はどのようなものであったのか。実際に、正貨は、いかなる分野に、いかほど運用されたのであろうか。政府が目指した課題は、はたして実現されたのであろうか。正貨処理政策は、いかなる問題を有していたのであろうか。

これらについては、すでに吉川秀造『明治財政経済史研究』や日本銀行百年史編纂委員会編『日本銀行百年史』などによって部分的に考察されている[10]。しかしながら、いまだ総合的に解明されるに至っていないように思われる。当時は金本位制という基本的な枠組みと日本経済の経済的脆弱性という状況のもとで正貨利用問題が考えられたのであるから、この問題の考察がそのまま今日の政策判断に応用できるわけではない。しかし今日の外貨準備増大下の日本経済の今後の方向性や進路を考えるうえで、重要な示唆を与えてくれると考えられるのである。正貨処理政策を分析する今日的意義は大きいと思われる。

研究の進展のためには、各処理政策に立ち入ってその内容を考察することが必要である。以下において、外債償還、正貨蓄積、正貨の産業資金化、対外投資に項目を分けて、その内容を検討しよう。

第1節　外債償還政策——消極的正貨処理政策

1　大隈内閣の外債償還政策

（1）　外債償還論の台頭

大隈内閣成立当初の非募債

多額の戦費を支出した日露戦争の後、政府は、さらに陸海軍や官営事業を拡張した。戦費やこれらの所要資金を確保するために、多額の公債が発行された[11]。国債利払は激増し、財政に重圧を加えた。1907（明治40）年に恐慌が起こり、国債市価が低落した。もはや政府は、国債の累積を放置できなくなった。1908年7月に成立した第2次桂内閣は、公債政策について、新規財源となる公債（長期国債）、一般会計における公債を発行しないという原則国債非募債主義を決定した[12]。この方針は、西園寺（第2次）、桂（第3次）、山本（第1次）内閣へと受け継がれていった。

---

10)　第1次大戦期の正貨処理政策の概要については大蔵省編『明治大正財政史』第1巻、第5章第2節、吉川秀造［1969］157-175ページ、大蔵省百年史編集室編『大蔵省百年史』上巻［1969a］第4期第1章、日本銀行百年史編纂委員会編『日本銀行百年史』第2巻［1983a］第4章。
11)　大内兵衛『日本財政論　公債篇』改造社、1932年、第2章第3節、第4節。
12)　大蔵省百年史編集室編『大蔵省百年史』上巻［1969a］226-228ページ。

とはいえ、日本財政は多額の内外公債を抱えており、国債の利子負担は、容易に軽減されなかった。非募債主義でも借換・交付・承継の公債と政府短期証券の発行は可能であった。非募債主義のもとでも、一般会計から独立した鉄道会計負担の鉄道公債をはじめ、治水事業、朝鮮の経営などは公債や借入金で賄われた。外債発行は行われていたのである。

1914（大正3）年4月、いわゆる非政友会派を基礎とした第2次大隈内閣が成立した。若槻礼次郎蔵相は従来よりも徹底した非募債政策を採用し、治水、鉄道、朝鮮事業費を公債、借入金で賄うことをやめた。国債償還金5000万円を3000万円に減額して、浮いた2000万円を鉄道会計に繰り入れて、鉄道の建設改良費に充てることとした。また外債は非募債となったのである[13]。

減債基金の削減

減債基金制度は内外に対する日本公債の信用を維持し、財政の強固を図るために1906（明治39）年に国債整理基金法に基づき設置されたものである。減債基金2000万円削減の経過は以下のようなものである。

1914年、大隈内閣は、1909年度以来行われてきた5000万円の減債基金を2000万円削減するための法案を、第35議会に提出した。この「国債整理基金特別会計法中改正法律案」は、翌15年、第36議会に再度提出された。同法案は、大隈内閣前期の大蔵大臣若槻礼次郎の提案理由説明にもあるように、減債基金を削減して、減額分を鉄道資金に振り向けようとするものであった[14]。これには高橋是清が反対した。高橋は鉄道という営利事業は租税で賄うものではなく、また鉄道改良に外債を発行して3000万円を投ずべきであると考えていた[15]。

---

13) 同上巻、226、277ページ。
14) 1915年5月31日の帝国議会貴族院における若槻蔵相の提案理由は、次のようなものであった。鉄道資金が2000万円前後不足した。公債募集によって資金調達をしなければならない。しかるに、外国国債利払元本償還のために、年々1億円以上の正貨が、外国に支払われなければならない。このような状態のもとでは、鉄道資金を外国債募集によって調達するのは困難である。外債募集には、募集のたびに外国から急激に正貨が流入して通貨状態に変動を生じ、内地経済を一時攪乱する恐れもある。ひいては輸入を促進して輸出を妨げるという問題もある。内国債募集は、事業資金調達に圧迫を加える。かつ国債発行条件を悪化させる。それゆえに、内外ともに国債を募集しない方がよい。そこで減債基金を2000万円減額し、この減額分を、一般会計から直接鉄道会計へ貸し付けるのである（大日本帝国議会誌刊行会編『大日本帝国議会誌』同刊行会、第9巻1928年、1094－1095ページ）。

また床次竹次郎は、第36議会衆議院において、今日においては力の続くかぎり償還しうべきだけ償還しておくのが当然であると主張した。床次は、鉄道の資金のことはどうでもよい、国家の信用を維持するうえにおいて、さようなことで公債整理の根本策を変更すべきものではない、鉄道自身の資力をもって鉄道は今日経営しうる、と論じたのである[16]。こうした反論を押し切って政府は、1915年6月、減債基金削減法案を成立させたのであった[17]。正貨危機が回避され、正貨が累積されるようになった状況下で、国家の債務を減少させることによって国家の信用を保持することの必要性が減退したのである。

河津暹の外債償還論

第1次大戦期の輸出増大に伴う正貨の累積は、正貨利用問題を惹起した。その方策の1つとして外債償還論があった。この戦略は、正貨を外債償還に用いて外貨準備、正貨保有を減少させようとするものである。この議論の代表者は河津暹である。彼の外債償還論は以下のようなものであった[18]。

正貨は著しく増大した。これを利用する道を講じなければ、兌換券発行額の膨張、物価の投機、投機熱の勃興などが相次いで起こり、日本の経済社会を錯乱させる恐れがある。我が国の外国に対する負債ははなはだ多く、国債だけでも15億1483万9469円（1915年9月末現在）もある。その中にはすでに据置期限を過ぎて1926（大正15）年までに償還期限の到来するものとして第一回四分半利付英貨公債（2億7500万円）、第二回四分半利付英貨公債（2億7500万円）がある。また、いまだ据置期限が到来してはいないが同年までに償還すべきもの

---

15) 前大蔵大臣高橋是清は、1915年1月26日、銀行倶楽部晩餐会において、「外債に対する私見」を発表した。席上高橋は、減債基金を2000万円減らすならば、鉄道に向けずに、減税廃税に向けるべきであると主張した。高橋は、これによって民間事業を振興しようとした。高橋も、鉄道が産業発展や軍事上重要であることを認めていた。ただ、「鉄道経営の為に新に要する所の資本は、政府の信用を以て外国で借りるが宜い」と考えていたのである（『銀行通信録』第352号、1915年2月20日、50-52ページ）。

16) 大日本帝国議会誌刊行会編『大日本帝国議会誌』第9巻、1290ページ。高橋の大隈内閣批判については「高橋男の大隈内閣財政政策非難を読む」『東京経済雑誌』第1788号、1915年2月20日、4-6ページを参照。

17) 減債基金については、『明治大正財政史』第1巻、374-378ページ、参照。

18) 河津暹「在外正貨処分問題ニツキテ」『国家学会雑誌』第30巻1号、同「再ビ在外正貨処分問題ニ就テ」同誌第30巻4号、同「在外正貨処分策ニ就テ、神戸小川両博士ニ応フ」同誌第30巻8号。

には仏貨国庫債券（7700万円）、旧北海道炭礦鉄道社債（300万円）がある。外国債をなるべく償還するようにすれば日本の負担はそれだけ軽減されるから、在外正貨をもって償還すべきである。これに対して、政府が据置期間が過ぎていないものを償還しようとすれば、外国市場で日本外債を買い入れて償却しなければならないが、この場合にはその価格が上昇して適度の価格での売物を求めるのが困難だという問題が指摘されている。だが、財務官などが市場の形勢を察知して適宜の措置を行えば、それは実行できることである。

　外債の買入の財源については、まず減債基金の活用が考えられる。外債償還には予算上の制限があるという批判があるが、大隈内閣が3000万円にまで減額した減債基金は法律を改正して5000万円の水準に戻すべきである。さらに、内債を募集して得た資金で外債を償還すべきである。これは金融調節と財政負担軽減の効果がある。巨額の内債を募集することは困難だという批判もあるが、金融が緩慢なときに相当の条件をつければ募集は可能である。

　河津は、在外正貨処理策として、在外正貨を処分せずに蓄積すべきであると主張する小川郷太郎の正貨蓄積論を次のように批判した。日本の財政状態が不健全であり、公債が多すぎることに着目する必要があり、正貨蓄積に努めるよりも外債償還を行うべきである。外債を1年8000～9000万円ずつ償還することができたならば日本財政の基礎はかなり強固になる。正貨蓄積論は戦後の正貨争奪戦、戦後恐慌、戦争に備える必要から主張されているが、正貨争奪戦に対処するためには国際貸借関係を我が国に有利にすればよいのである。過剰な在外正貨をもって外債を償還しておけば、毎年海外諸国に支払う利子を大いに減少することができる。在外正貨の激増は物価騰貴、投機をもたらすという危険を伴うが、また、兌換券の膨張を誘致する恐れのある正貨準備の増加を図ることは、輸出増進輸入減退をもたらす。戦後恐慌や戦争に備えての正貨蓄積の必要もない。

　河津は、在外正貨処理策として正貨を生産的に利用すべきであると主張する神戸正雄の生産的利用論を次のように批判した。正貨を日本に取り寄せたり正貨を事業機械輸入に充当することは困難であるから、正貨の生産的利用は実行が困難である。また生産的利用説はその範囲が明確でないが、いかなる事業にいかなる方法で正貨を利用すべきかが明らかにされなければ、投機業者が不確

実な事業を起こしたり、国家保護を濫請して事業基礎が強固でなくなる、と。

日本銀行理事木村清四郎の内外債借換論

　外債償還には政府所有正貨を外債償還に充当するという方法が考えられるが、これでは増大する国内通貨を抑制する効果はない。そこで日本銀行理事の木村清四郎は、1915（大正4）年に、内国国債を発行して、その手取金で為替銀行から政府が在外資金を買い取り、その在外資金で外債を償還するという、内外債借換による外債償還を政府に提案した。この理由は次のようなものであった。「国民の気風は自然に浮華に流れ物価は益々奔騰して其弊害は漸く顕著となりつつあった」。「故に之を調節し其弊を矯正する事」が中央銀行の任務と考えられた。ここにおいて「此激増しつつある正貨を利用し先づ之を以て我国の外債を償還し、正貨横溢の弊を矯め通貨の膨脹を阻止する必要を認め、其方法として内外債借換」を行い、「浮調子の根源をなす増大せる正貨を調節利用し」て、「財界を善導」すべきであると木村は考えたのである[19]。

　正貨の処理策として、正貨を蓄積すべきであるという考え方がある。在外資金を外債償還に使えば消えてしまって在外正貨は増大しなくなる。第1次大戦後には対外資力の欠乏を感ずることになるかもしれないから、在外資金を期限到達前の外債償還に使用するのは惜しいとも考えられた。この見地から内外債借換には、はじめ日本銀行内にも政府にも、世間にも反対論があった。日本銀行営業局長深井英五は主として国内通貨政策上の見地から木村の発案に賛成した。かつて予想もできなかったほどの在外資金が蓄積されているから、その資金の一部で将来の債務を返済しておくことは必ずしも不可能ではないと深井は思慮した。内外債の借換は立法事項であったから政府の決意と議会の協賛とが必要であった。これを推進するために木村と深井が日本銀行の意向をとりまとめるのに尽力し、木村が政府などとの交渉にあたった[20]。

　1915年9月に大隈首相の私邸で正貨処理問題が討議された際、水町袈裟六日本銀行副総裁に、木村清四郎らの日銀関係者の意見を代表して、金融緩慢の状

---

19)　木村清四郎「正貨の消長と国際貸借の推移に関する事実及政策の変遷」［1927］38ページ。木村清四郎「金解禁と財政経済の関係」藤本ビルブローカー銀行、1929年7月、1ページ。田中生夫［1985］73-74ページ。
20)　深井英五［1941］139-140ページ。

態を説き内債募集を主張したのであった[21]。

　当時、日本経済の方向性にかかわる正貨利用論には内外債借換論以外に生産的利用論があって、せっかく得た在外資金・在外正貨を外債償還にのみ充当するのは不可であって、これを国内の産業資金に振り向け、千載一遇の好機会において大いに一国産業の開発を図らなければならないという主張があった。「通貨及信用の過度の膨張の弊害」、「正貨横溢の弊」を排除しようとする木村らの内外債借換論は、このような正貨の産業資金化論という積極的生産奨励論に対立する景気過熱抑制論であって、大戦期に物価騰貴が深刻化する以前からこのようなことが主張されていたのである。

銀行関係者の内外債借換論

　銀行関係者の中には、このような内外債借換による外債償還に対する支持があった。第1次大戦が勃発し、輸出や貿易外収入が増加するに伴って、企業利潤が増大する一方、事業の前途を警戒して、事業資金の需要は、ただちに起こらなかった。かくして、1915年から17年上期にかけて、内国金融が大幅に緩和し、金利は低下した[22]。遊資を抱えた普通銀行の関係者は、有利な貸付対象を求め、好条件の内国国債を発行すべきであると主張した。この手取金をもとにして外債償還を行えば、外債元金利子支払の財政負担が軽減されるとも論じた。これは、第一銀行取締役佐々木勇之助（1916年7月に頭取）や、十五銀行副頭取成瀬正恭の見解に明確にみられる[23]。早川千吉郎（三井）、池田謙三（第百）・佐々木勇之助（第一）・串田万蔵（三菱）ら主要銀行代表も東京銀行集会場で会議を開き、内債を募集して外債を償還すべしとの結論を得た[24]。

　しかし普通銀行関係者は、内外債借換のみを主張していたわけではない。産業の発達とともに、そのための資金需要が生じてくる。これを反映して、第百銀行頭取池田謙三のような、正貨を、まず第1に内地の商工業発展のために用

21）　武富時敏、前掲「大隈内閣財政回顧録」21－22ページ。
22）　金利の推移については、「欧洲戦争と本邦金融界」（1918）『日本金融史資料　明治大正編』第22巻、73－81。高橋亀吉『大正昭和財界変動史』上巻［1954］82－85ページ、参照。
23）　『銀行通信録』第363号、1916年1月20日、19－20、23－24ページ、第375号、1917年1月20日、23－24ページ。
24）　社説「在外正貨及融資の処分法如何」『東京経済雑誌』第1825号、1915年11月6日、6ページ。

第 8 章　第 1 次世界大戦期の正貨処理政策

表 8 － 2　国債未償還額（1914年度）

(単位：千円、未満切捨)

		発行年度	未償還額
内国債			991,531
外国債			1,514,839
外国債内訳	第一回四分利付英貨公債	1899（明治32）年	92,748
	第一回四分半利付英貨公債	1905年	275,782
	第二回四分半利付英貨公債	05年	275,796
	第二回四分利付英貨公債	05年	244,070
	五分利付英貨公債	07年	224,544
	四分利付仏貨公債	10年	174,146
	第三回四分利付英貨公債	10年	107,392
	仏貨国庫債券	1913（大正2）年	77,400
	旧北海道炭礦鉄道株式会社社債	1906（明治39）年	3,905
	旧関西鉄道株式会社社債	06年	9,763
	英貨鉄道債券	1913（大正2）年	―
	英貨鉄道証券	15年	29,289
総計			2,506,371

出所：大蔵省『国債統計年報』1914（大正3）年度版から作成。

いて、その余りを海外に投資し、さらに残ったもので外債償還を行えばよいという主張も出てくる[25]。三菱合資会社銀行部専務理事串田万蔵は、銀行家というよりも、財閥本社の立場に立っていた。彼は、正貨処理には外債償還、新事業、対外国投資などの方法があるが、事前にどれだけをどの部分に振り向けるかを決める必要はないと考えた[26]。

（2）　外債償還政策の採用──第1回内外債借換
多額の外債を抱える国家財政
　大隈内閣は外債償還問題にどのように対処したのであろうか。
　第1次大戦勃発当時の日本の国家財政は、外国債に大きく依存していた。表8－2に示されているように、外国国債未償還額は、1914（大正3）年度末に

25）　『銀行通信録』前掲第375号、25ページ。
26）　同上号、28ページ。

15億1484万円に達していた。政府は、同年度に、4673万円もの外債利子を支払わなければならなかった[27]。

かかる多額の外債利払は、財政や国際収支に重圧を加えていた。しかも、大戦後に、政府は期限の到来した多額の外国債を償還しなければならなかった。日露戦争のために募集した外国国債の残額5億数千万円は、1925年が償還期限であった[28]。外債借換が可能であるならば、戦後に生ずるこの問題を切り抜けることができるであろう。しかし、大戦後の各国は自国の整理に忙殺されて他国に貸付を容易に行わないであろうことが予想された。それゆえ、外債借換は困難となり、たとえ可能であるとしても、日本に不利な条件で行わざるをえなくなると憂慮される。正貨受入超過の大勢はいつまで続くかは疑問であるが、正貨累増の好機会に遭遇した現状においては、2〜3年間に、なるべく多額の外債を償還することが必要である。日本銀行総裁三島彌太郎は、このような見解を持っていた。これに大隈首相は賛成した[29]。上記の問題を回避するためには、大戦期に豊富となった在外資金を買い上げて、これで外国債を償還するのが望ましいとも考えられたのである。戦争前期には、いまだ郵便貯金も一般会計剰余金も多額にのぼらず、正貨の買入資金は不足の傾向にあるように思われた。この不足を補うものとして、内国債発行が考えられたのである。

通貨膨張、物価騰貴抑制策の必要性と非募債主義の転換

1915年9月に大隈首相の私邸で、大蔵省、日銀、正金首脳会議が開催された。大隈首相は輸出超過は喜ばしいが正貨流入を放置できない、対外投資が必要であるといって退席した。水町日銀副総裁は前述のように金融緩慢の状態を説き、内債募集を主張した。このとき水町は非常の決心で、もし内債募集が行われなければ副総裁を辞するつもりで辞表を懐にしていた。このような日本銀行の見解を武富時敏蔵相は無視できなかった。ほかにも政府の非募債主義は困ったものであるという意見が出た。そこで武富蔵相は次のように述べたのである[30]。

---

27) 1914（大正3）年度『国債統計年報』の数値による。なお同年度の内国債利払高は4867万円であった。したがって、同年度内外国債利払高は9541万円にのぼったのである。

28) 大日本帝国議会誌刊行会編『大日本帝国議会誌』第10巻、159ページ。『銀行通信録』前掲第352号、203ページ。

29) 坂本辰之助『子爵三島彌太郎伝』昭文堂、1930年、235-236、240ページ。

第8章　第1次世界大戦期の正貨処理政策

非募債の根本主義は通貨膨張、物価騰貴を防ぐにある。今、通貨膨張、物価騰貴を防ぐために内債を募集するのは、取りも直さず、非募債の根本主義を遵守するものであるというべきである。もし議会で政府の矛盾を非難するものがあれば自ら弁明する、と。それには誰も異論はなかった[31]。

かくして、大隈内閣の非募債主義が転換されることとなったのである[32]。武富時敏蔵相は、国内の需要に応じて内国債を発行し、在外正貨を利用して対外債務を償還整理する方針を決定したのである。

第1回内外債借換

実際に、翌月（10月）に、鉄道債券3000万円が国内で募集され、大正初年以来、短期で借換を続けてきた英貨鉄道債券300万ポンドが償還された[33]。大戦期における内債発行による外債償還が開始されたのである。このことは1916年4月の手形交換所における武富蔵相の演説からも明らかである[34]。

だが、外債償還政策が採用されたものの、それはなかなか進展しなかった。1915年11月6日の『東京経済雑誌』は大隈首相が日本外債の償却を指向した発言をするようになったことを伝えている[35]。だが、それは内外債借換による通貨収縮策の進展につながらず、1915年における政府外債償還は前述の英貨鉄道債券300万ポンドにとどまった。表8－3によれば、同年における政府外債

---

30) 『日本金融史資料　明治大正編』第21巻、1193－1194ページ。ここで武富時敏の経歴について若干説明しておく。武富は1855（安政2）年12月9日、佐賀（大隈重信の出身地）で生まれた。1883（明治16）年佐賀県県会議員、87年佐賀郡長に選出され、90年国会議員に当選した。彼は九州改進党に所属した。同党は、自由党と合同して立憲自由党となった（第1議会が終わると、まもなく立憲の名ははずされた）。彼は、93年秋に自由党から除名されるに及んで、星亨に反対する脱党派とともに革新党を結成した。同党は、後に改進党と合同して進歩党となった。98年に自由党と進歩党とが合同して憲政党が結成され、同年6月、大隈、板垣の憲政党内閣が成立した。武富は、大隈首相の参謀長格で同内閣の書記官長に就任した。同内閣は同年11月総辞職し、憲政党は分裂した。武富は、進歩党の流れをくむ憲政本党の指導者となった。1907〜09（明治40〜42）年に大隈邸内で「予算詳解」を編輯するなど、大隈との関係は深かった。彼は、13（大正2）年2月、桂らと提携して立憲同志会を設立し、その領袖となった。第2次大隈内閣の設立に際しては、通信大臣として入閣した。大浦兼武内相の瀆職事件後、内閣改造が行われ、15年8月、若槻蔵相の後を継いで大蔵大臣に就任した。なお、立憲同志会は、中正会、公友倶楽部と合同して、16年10月、憲政会となった（「武富時敏伝」渋谷作助、前掲『武富時敏』所載、など参照）。
31) 武富時敏、前掲「大隈内閣財政回顧録」20－22ページ。
32) 大蔵省百年史編集室編『大蔵省百年史』上巻［1969a］277ページ。
33) 同上。

表 8 − 3　外債等償還額表（1914年 8 月～1918年 4 月）

（単位：円）

	1914年 （8～12月）	1915年	1916年	1917年	1918年 （1～4月）	合計
政府外債償還	195	31,446,817	107,176,262	36,266,385	18,354,636	193,244,295
市外債償還	44,900	129,453	1,748,587	2,273,847	—	4,196,787
銀行会社社債 借入金返済	12,193,143	25,572,781	3,685,235	差引借 (8,852,936)	—	32,598,223
内外債買戻し	3,837,669	19,686,413	31,555,384	6,357,645	765,150	62,202,261
合計	16,075,907	76,835,464	144,165,468	36,044,941	19,119,786	292,241,566

注：期間中借入または買戻しの分は控除。
出所：大蔵省編『明治大正財政史』第 1 巻、391ページ。

償還額は3145万円にすぎないのである。

（3）　外債償還の進展
―― 第 2 回内外債借換と国債整理基金特別会計特例法の成立

第 2 回内外債借換

　大隈内閣は、正貨の増大が物価騰貴を引き起こし、貿易の逆調を招くことは避けねばならないと考えた[36]。そこで、1916（大正 5 ）年に入ると同内閣はさらに外債償還を推し進めることとした。すなわち、同年 4 月に鉄道債券4000万円が発行され、これにより、仏貨国庫債券の約半額が借換償還されたのである。

国債整理基金特別会計特例法の成立

　さらに大隈内閣は1916年に入り、1905年に発行された第一回・第二回四分半

---

[34] 「欧羅巴ノ戦争ガ起ツタ以来、此時局ノ影響ヲ受ケテ、正貨ガ日本ニドシドシ這入ツタ、……ソコデ今度ハ此正貨ノ激増ヲ何トモ処分セズニ此儘ニ抛棄シテ置ケバ、……通貨膨脹、物価騰貴、輸入超過、正貨流出ト云フ結果ヲ見ルノ虞ヲ玆ニ生ジテ来タノデアリマス、ソコデ政府ハ爰ニ初メテ決心ヲシテ、之ヲ此儘抛棄シテ置ク訳ニイカヌニ因テ、従来ノヤリ方トハ全ク反対ニ、内地ニ於テ公債ヲ募集シテ外国ニ在ルトコロノ日本ノ国債ヲ償還スルノガ、今日ノ正貨ヲ利用シ将又内地ノ金融ヲ調節スルノ一ツデアルト信ジテ、昨年以来政策ヲ定メテ遂行シテ来タノデアリマス」と武富蔵相は述べている（「手形交換所連合会における会長、大蔵大臣並に日本銀行総裁の演説」『日本金融史資料　明治大正編』第21巻、1193−1194ページ）。
[35] 日本銀行百年史編纂委員会『日本銀行百年史』第 2 巻、349−350ページ。社説「在外正貨及び遊資の処分法如何」『東京経済雑誌』第1825号、1915年11月 6 日、6 − 7 ページ。
[36] 大隈侯八十五年史編纂会編『大隈侯八十五年史』III、同刊行会、1926年、376−377ページ。

表 8 — 4　外債等償還額内訳（1914年8月〜1918年4月）

(単位：円)

(1)本邦政府外債償還		(4)内外債買戻し	
第一回四分半利付英貨公債	61,673,849	甲号五分利公債	13,992,900
第二回四分半利付英貨公債	54,169,420	特別五分利公債	4,533,100
仏貨国庫債券	38,341,639	支那五分利鉄道公債(内国発行の分)	2,717,900
（そのほか同上内国人所有の分償還）	(1,126,170)		
英貨鉄道債券および同証券	39,052,000	その他諸公債	1,231,400
その他	7,387	諸株券	6,487,402
計	193,244,295	小計（内債）	28,962,702
(2)市外債償還		四分利付英貨公債	12,156,485
東京市英貨公債	3,365,480	四分半利付英貨公債	2,106,455
大阪市英貨公債	28,000	五分利付英貨公債	1,674,060
横浜市英貨公債	681,182	仏貨国庫債券	7,622,086
名古屋市英貨公債	122,125	東京市英貨公債	4,595,395
計	4,196,787	南満州鉄道社債	4,156,835
(3)銀行会社社債借入金償還		その他	928,243
銀行社債	1,382,277	小計（外債）	33,239,559
銀行借入金	13,876,337		
会社借入金	17,339,609	内外債買戻し合計	62,202,261
計	32,598,223		

出所：『明治大正財政史』第1巻、392ページ。

利付英貨公債の一部を内国債発行によって償還する計画を立てた。国債整理基金特別会計法によれば、公債の借換発行は低利でなければならないと定められていた。すなわち、同法の第5条では、「政府ハ計算上利益アリト認ムル場合ニ於テ国債ヲ募集スルコトヲ得」と規定されていた。そこで、低利の外債を高利の内国債に借り換えて内外債借換を一層進展させようとした大隈内閣は、同条の除外例を議会に求めたのである。

　この提案は、政友会の高橋是清らの反対を受けた。すなわち前蔵相高橋是清は、1916年2月24日、貴族院本会議において政府提案に反論した。その論拠は次の2点であった。第1に、高利内債の発行は国家の利子負担を重くする。第2に、正貨を中央銀行の正貨準備として中央銀行の力を強め、かつその力を利

用して内地の経済政策を定めるべきである。都会では金融が緩慢だというが、地方では資金が涸渇している。このような状態では、戦後の列強との経済競争に対して我が国は安心してはいられない[37]。高橋は日露戦争中に募集した四分半利付外貨公債の残高が5億円以上存在することが日本の財政上の大きな暗礁となっており、1925年に償還期限を迎えることに対して対策を講ずるべく、減債基金の活用によって外債の減債に努める必要を認めていたが、内外債借換までは主張しなかった[38]。高橋は、消極的に内債発行による外債償還を行うよりも、正貨準備の増大を図り積極的に産業を奨励すべきことを主張したのである。だが大隈内閣は、高橋ほどの積極方針を採用しなかった。

1916年4月、法律第34号が公布された。この法律は、「政府ハ外国債ヲ整理償還スル為必要アルトキハ国債整理基金特別会計法第五条ノ規定ニ依ラス内国債ヲ発行スルコトヲ得」と定めるものであった。この法律の制定により内外債借換による外債償還の道がいっそう開けたのである。

この法律に基づき、政府は、四分半利付英貨国債償還のために、五分利付国庫債券2000万円の発行を計画する。この第三回内外債借換が実施されるのは1916年10月（寺内内閣期）のことである。

減債基金

外国国債償還には、内外債借換のほかに、減債基金による買入償却という方法があった。大隈内閣は、従来から行われてきたこの方法も採用した。表8─3によれば1916年に政府外債償還額は1億718万円となるが、同年に内外債借換が行われたのは6000万円であるから、同年に減債基金も用いられたと考えてよい。

外債償還と正貨支払い

内外債借換による償還と正貨支払いとの関係は次のようになる。政府は、内国債を発行して、その手取金を、政府代理店としての日本銀行の手を経て外国為替銀行に支払い、在外資金を買い取った。そして、その在外資金をもって外

---

37) 大日本帝国議会誌刊行会編『大日本帝国議会誌』第10巻、158－160ページ。
38) 高橋是清「外債に対する私見」『銀行通信録』第352号、1915年2月20日、49－51ページ。

債を償還した。政府が購入した在外資金は政府所有在外正貨を構成することになるが、それがただちに外債償還のために支払われたわけである[39]。ここに述べた外国為替銀行の代表が、横浜正金銀行であった。また日本銀行は、外国債元利金支払銀行として指定された外国銀行に外貨を支払って、外債償還に応じさせた[40]。大戦期に、外国国債取扱銀行の変化はなかった[41]。

減債基金が用いられる場合は、これが一般会計に繰り入れられて在外資金が購入され、これが外債償還に充当された[42]。在外資金を購入せずとも、政府所有正貨をそのまま外債償還に充当することもできたであろう。

大隈内閣の外債償還の限界

大隈内閣は、生産力の発展を第一義的に主張する政友会の積極的政策をそのまま採用しなかった。この意味では、外債償還の意義を認めたといえる。しかし同内閣は、外債償還を本格的に行おうとはしなかった。日本銀行よりも、はるかに消極的であった。すなわち、「日本銀行辺では三億位成丈巨額の内国債を募集して外国債を減ずる計画を立つべしと云ふ論もあったが」、武富蔵相は「之を斥けた」のである。

武富蔵相は、正貨処理策としては通貨収縮に資する外債償還よりも、産業発展に資する正貨の産業資金化を重視した。武富は次のように述べている。「在外正貨を利用して外国債を償還するは固り善し、併し亦在外正貨を内地の事業資金に使用するは更に善し、……巨額の内国債募集を決定するは新事業の勃興を妨ぐるの結果となる。今日の様な金融状態が続いたならば、追々に内国債を募集し、外国債を償還して可い、遂に三億にも五億にも達するかも知れぬけれども、最初から巨額の募集を決定するは不可、要するに在外正貨の利用は資金化を主としなければならぬ、……此の資金化と云ふ語は、……向ふから機械なり原料なりを購入して来たり、又は何等かの方法で取り寄せて内地の事業資金に供することを謂った」、と[43]。このような考えの結果、大隈内閣によって実

---

39) 深井英五『回顧七十年』［1941］139ページ。
40) 大蔵省編『明治大正財政史』第12巻、国債（下）［1937a、1956］を参照。
41) 外国国債取扱銀行の詳細については、大戦期の『国債統計年報』を参照。
42) 大蔵省百年史編集室編『大蔵省百年史』上巻［1969a］265ページ。
43) 渋谷作助、前掲『武富時敏伝』174ページ。

施された内外債借換による外貨公債の償還は、前述の9000万円にとどまったのである。外債償還を図る方法としては、内国債を募集して外債償還原資を調達する以外に、減債基金を活用する方法がある。だが大隈内閣は基金を増額するどころか、削減さえしたのである。

武富蔵相は、在外正貨を利用して外国債を償還するよりも、在外正貨を内地の事業資金に使用するのを望ましいと考えていた。ただ、「内地の事業界は戦争の成行を気構へて容易に新事業を起さふとせぬ」から、事業資金需要の起こるまでの「間に合せの手段」として外債償還を行ったにすぎなかった[44]。さらに大隈内閣は、外債償還の切実性を、正貨蓄積、対外投資ほどに痛感しなかった。大隈首相は、対外投資を正貨処理の第一に考えていた[45]。これでは外債償還が不徹底に終らざるをえないのも当然であった。

2　寺内内閣の外債償還政策

（1）　減債基金の5000万円への復元とその再削減

減債基金の5000万円への復元

1916（大正5）年10月、「挙国一致」を標榜する寺内内閣が成立した。1917年1月、同内閣は、大隈内閣によって削減された減債基金を、3000万円からもとの5000万円に戻そうとした。

寺内内閣大蔵大臣勝田主計は、外債利払いによる財政負担を軽減しようとした[46]。また、大戦後の外債借換の困難性を懸念した勝田蔵相は、「欧州戦後ノ外国金融市場ノ状況ハ今日ニ於テ予メ測リ知ルヘカラスト雖モ借換ノ予想ノ下ニ晏如タル能ハサルモノアリ殊ニ敵国人所有ノ外債ノ如キ特ニ注意ヲ要スヘキモノナリ」と、外債償還の急務を主張した[47]。減債基金を還元することによ

---

44)　同上書、174ページ。
45)　大隈侯八十五年史編纂会編、前掲『大隈侯八十五年史』第3巻、376－378ページ、参照。
46)　1917（大正6）年1月23日、「衆議院における勝田主計蔵相の、総予算、国債政策、内外経済政策に関する演説」高橋亀吉編『財政経済二十五年誌』第1巻、実業之世界社、1932年（復刻版：国書刊行会、1985年）、382ページ、参照。また大日本帝国議会誌刊行会編『大日本帝国議会誌』第10巻、1929年、1058ページ、参照。勝田主計については、勝田龍夫［1972］参照。
47)　『勝田家文書』第26冊所載、大蔵省理財局『国債償還額還元ニ関スル参考書』（1918年）中、「還元問題ノ経過」中の「大正六年一月二十四日予算委員会ニ於ケル本問題ニ関スル議論」参照。

って不足する鉄道資金は、公債で支弁すればよいと考えた。外債償還に、金融調節の効果も期待した。景気昂揚に基づく歳入、ことに租税収入の増大の趨勢に鑑み、2000万円程度の歳出増加は、財源上不安はないように思われた。かくして勝田蔵相は、減債基金還元を実施しようとしたのである。

このような減債基金還元には、議会で反対もあった。たとえば1917年1月24日、予算委員会席上、浜口雄幸は、軍事費などのために財源の捻出が困難であると主張した[48]。これに対して勝田は、一応2000万円程度ならば、外債償還の意義の方がかかる懸念に優越すると判断したのであった。

1917年度予算案は、議会で不成立に終わった。しかし追加予算が組まれ、これによって17年度に5000万円の国債償還の方針が貫徹した[49]。18年度も5000万円の償還が実施された。

減債基金の増額によって不足する鉄道資金は、公債募集によって調達された。減債基金の還元は、あくまでも鉄道事業の発展を阻害しないかたちで行われたのである。

国際収支は、寺内内閣の時期に大幅に好転した。租税収入や預金部預金も激増し財源も潤沢となったため、その意味では大幅な外債償還が可能であった。だが、政府は、国防を充実し産業を奨励する方針を断じて揺るがすことができなかった。基本的には、このためにこそ政府財源を用いるべきであると考えた。それゆえに、勝田蔵相は、減債基金を第1次大戦前の水準に戻したとはいえ、それ以上に増額しようとはしなかったのである。

減債基金の再削減

それどころか寺内内閣は、せっかく還元された減債基金を1919（大正8）年度以降2000万円ほど削減する計画さえ立てた。この削減額を国防の財源に充当しようとしたのであった[50]。この縮減を含む1919年度予算案が、次の原内閣のもとで成立するのである[51]。

---

48) 大蔵省理財局、前掲『国債償還額還元ニ関スル参考書』参照。
49) 大蔵省編『明治大正財政史』第11巻、440ページ。
50) 1918年4月4日、手形交換所連合会における勝田大蔵大臣の演説『日本金融史資料　明治大正編』第21巻、1215ページ、参照。
51) 大蔵省編『明治大正財政史』第11巻、441ページ、参照。

（2） 内外債借換による外債償還の中断

前述のように、外債償還の方法には、減債基金の活用以外に内外債借換があった。大隈内閣期の計画に従って1916年10月に第3回内外債借換が実施され、英貨公債償還のために2000万円の国庫債券が発行された。

1916年11月4日、日本銀行は、正貨処理に関する意見書を大蔵省に提出した。その中で、産業発展を直接目的としない消極的正貨政策（消極的正貨処理政策）である内外債借換を進言した[52]。しかし、政府は、内国債を発行して民間資金を吸収すれば、事業資金が不足して産業奨励に支障をきたす恐れがあると考えた[53]。産業発展を阻止するような外債償還を認めがたかったのである。したがって寺内内閣は、日本銀行の進言にもかかわらず、内外債借換を打ち切った。外債償還のための内債発行は、寺内内閣成立直後の1916年10月における、大隈内閣時代に計画された五分利付国庫債券2000万円の発行をもって最後としたのである。

（3） 寺内内閣期の外債償還の限界

かくして、寺内内閣の実施した外国国債償還額は、表8－3にみられるように、1916年度1億718万円のうちの大隈内閣分を除いた部分、17年度3627万円、18年度1835万円にすぎなかった。寺内内閣の外債償還政策も、大隈内閣と同じく不徹底に終わったのである。寺内内閣の全期間の貿易収支黒字幅は、大隈内

---

[52] 『日本金融史資料　明治大正編』第22巻、335－336ページ、参照。

[53] 1918年1月23日、帝国議会衆議院における答弁の中で、勝田大蔵大臣は、次のように述べた。「政府は成るべく」「公債の募集に依って内地の通貨を引揚げて、さうして産業の発達を阻害すると云ふことはやらぬことに致して居るのであります」（大日本帝国議会誌刊行会編『大日本帝国議会誌』第11巻、184ページ）。内国債を発行して円資金を吸収したとしても、この募入金が外債償還のための在外資金買入の資金として横浜正金銀行に支払われ、同行がこれをさらに輸出為替手形買取資金として貿易商社に支払えば、国内の円貨は必ずしも減少しない。内外債借換は、円で直接外債償還を行う場合を除けば、国内通貨を収縮する効果を必ずしも持つものではないのである。のみならず、将来、日本銀行が民間に保有された内国債を買い取れば、通貨が膨脹する。また、外債償還金をもとに外国が日本からの輸入を増大すれば日本の輸出が増大し、産業発展が助長される。それゆえに、外債償還を産業奨励とまったく対立するものとみることはできない。ただ勝田蔵相は、いち早く通貨を膨脹させ、より積極的に産業を奨励しようとしたのである。外国をして対日支払代金を確保させるためには、外債償還によらずとも日本が直接に対外融資をすればよかった。政府は、連合国への財政援助の方が外債償還よりも日本の発展に寄与すると考えたのである。

第 8 章　第 1 次世界大戦期の正貨処理政策

表 8 － 5　外国国債償還額（1915～1918年）

（単位：万円）

1915年度	1916年度	1917年度	1918年度	計
5,370	9,093	3,143	2,764	20,370

注：外国債新規発行は上記年度にはないため、前年度末未償還額から当該年度未償還額を差し引いて償還額を算出した。

表 8 － 6　国債未償還額累年比較表（1914～1918年）

（単位：万円、四捨五入）

	1914年度末	1915年度末	1916年度末	1917年度末	1918年度末
内国債	99,153	102,809	109,749	115,996	174,064
外国債	151,484	146,114	137,021	133,878	131,114
合　計	250,637	248,923	246,770	249,874	305,178

注：1918年度内国債に臨時国庫証券を含めた。
出所：大蔵省『国債統計年報』1918年度版による。

閣の時期のそれを大幅に上回った。租税収入が激増し、郵便貯金も増大したから、正貨買取財源も豊富となった。多額の外債償還が可能であるはずであった。それにもかかわらず、表 8 － 5 から明らかなように、17年度、18年度の償還額は15年度のそれに及ばなかった。寺内内閣は、正貨処理政策上、外債償還については大隈内閣よりも低い意義しか見出さなかったのである。

上述のごとく、外債償還は、大戦期において正貨処理政策の一環として行われた。政府外債償還額は、表 8 － 3 によれば1914（大正 3）年 8 月から18年 4 月にかけて 1 億9324万円に達した[54]。その内訳は表 8 － 4 に示されている。

とはいえ、1918年度末の国債未償還額は、表 8 － 6 に示されているように30億5178万円であり、そのうち外債は13億1114万円にのぼった。こうして、多額の外債が第 1 次大戦後に持ち越されたのである。

深井英五は外債償還政策について次のように回顧している。「戦時中に蓄積された所の正貨及び在外正貨の大部分は戦後の輸入超過によって必ずしも有効

---

54)　この期間に、市外債償還は420万円、銀行・会社外債、借入金返済は3260万円、内外債買戻しは6220万円に達した。政府外債償還額にこれらを加えると、この期間に 2 億9224万円の外債償還および外国からの借入金返済が行われたことになる。

ならざる用途に消耗された。輸出減退の時期に入っても輸入力尚存したるが故に、国内産業の規模は縮小すべきときに縮小せず、反動の禍根を一層大にした観がある。されば戦時中の輸出手取り金の一部を、在外資金として蓄積する代りに外債償還に振り向けたのは、寧ろ国家の利益であったと思われる」[55]。

　正貨処理政策として、対外債務を軽減させる外貨償還政策は妥当な政策であったといえるであろう。だが、第1次大戦中の消極的正貨処理策というべき外債償還は、正貨蓄積、正貨の生産的利用、正貨の対外投資利用という要求のもとに不十分に終わってしまった。そのことが多額の対外債務を戦後に持ち越しただけでなく、国民経済の堅実化を阻害するという結果をもたらすことになってしまったのである。

　また、多額の対外債務の繰越しは日本外債の国際的信用、対外信用の維持という課題を第1次大戦後に残す結果を招くこととなったのであった。

第2節　正貨蓄積政策——中間的正貨処理政策

1　大隈内閣の正貨蓄積政策

（1）　小川郷太郎の正貨蓄積論

　1916年、京都大学の小川郷太郎は、以下のような正貨蓄積論を展開した[56]。正貨は兌換制の基礎である。中央銀行は、いつにても兌換に応じられなければならない。さもなくば、信用は根底より動揺し、経済社会は収拾がつかなくなる。我が国は産金国でなく、対外債務も多い。是非とも正貨を確保して兌換制を維持しなければならない。戦時中、各国は多額の紙幣を発行した。戦後、各国は兌換制回復策をとるため、正貨吸収に努めるであろう。我が国は、正貨争奪戦の余波を受け、外債の募集や借換が困難になるであろうから、正貨を蓄積しておかなければならない。戦後は、いつ輸入超過があるかもしれない。恐慌

---

55)　深井英五［1941］140ページ。

56)　小川郷太郎「在外正貨処分ニ就テ」京都大学『経済論叢』第2巻3号、1916年3月、同「続正貨蓄積論」同誌第3巻1号、1916年7月、同「在外正貨ト兌換券トノ関係ヲ論ス」同誌第3巻2号、1916年8月、同「兌換券ト物価ト輸出入ノ関係ヲ論ス」同誌第3巻3号、1916年9月。飯島幡司も、1916年に、「正貨重視ノ思想排ス可カラズ」と論じた。『国民経済雑誌』第20巻第6号、1916年6月所載の同名論文参照。

第8章　第1次世界大戦期の正貨処理政策

が起こるかもしれない。これに備えるために正貨準備を強化し、また恐慌準備金を置くべきである。将来は、戦争が起こるかもしれない。戦争に備えるためにも戦争準備金としての正貨蓄積が必要である。すなわち「平時ニ於テ信用制度ヲ維持スル上ニモ、欧州戦後ノ正貨争奪戦ニ対抗スル上ニモ、又更ニ来ルベキ戦争ニ備フル為ニモ正貨ヲ蓄積セネバナラヌ」のである。

　さらに小川は、次のように論ずる。正貨蓄積の方法に関しては、在外正貨の一部は内地に取り寄せるべきであるが、他の一部は外国において積み立ててもよい。外債償還論、在外正貨処分論は、正貨が増大すると兌換券が増大するとしているが、正貨の増大と兌換券の増大とに直接の関係はない[57]。外債償還論、正貨処分論は、利子損失を根拠としているが、外債償還で節約した利子を減税に向けたところで、十分な輸出超過を保障することはできない。また、外債償還の手段としての内外債借換は、国庫に非常な損失を与える[58]。

　正貨蓄積は、外債償還に勝る積極的意義を有する。正貨蓄積は、蓄積自体を目的とするのではなく、万一に備えるために行うのである。国際支払を決済する必要のある場合、恐慌の起こる場合、戦争その他の非常の場合が来れば、正貨を用いるのである。兌換券発行額に該当する正貨準備は、遊んでいるものとみることはできない。兌換券が正貨の身代りに出て利殖を行っているとみてよい。準備外の正貨も、日銀が英国大蔵省証券を買ったり英国の銀行などに融通したりして、利子を得ることができる。戦争準備金の場合には、利子を得ることはできないが、電光石火の軍事的行動をとることができる。さらに開戦のために動揺すべき（恐れのある）信用制度を維持することができる。利子を得な

---

[57]　小川の論理は次のようなものであった。「政府所有の正貨は兌換券の増発に没交渉である。日本銀行所有の場合は、外国において受領した正貨に対して、内地において兌換券を発行することはある。しかし内地金融が緩慢である。その兌換券は、ただちに、普通銀行を通して同行の民間預金となって復帰する。したがって兌換券の増発は起こらない。また兌換券の増発は、常に物価の騰貴を来すものではない。商業上の必要から兌換券が増発されるときは、物価は騰貴しない。また、兌換券の増発は、物価騰貴の結果であることがある。最近の物価の変動は、兌換券から来たというよりも、戦争のため財の需給関係が乱れたから生じたのである」（前掲小川「在外正貨ト兌換券トノ関係ヲ論ス」、同「兌換券ト物価ト輸出入ノ関係ヲ論ス」からの要約）。

[58]　これは、「第一ニハ一方ニ起債シ他方ニ還債スルニヨリ二重ノ手数ヲ要スルカラデアル、第二ニハ、高利ノ公債ヲ起シテ低利ノ公債ヲ償還スルカラデアル」「第三ニハ」「償還ニ充テルカ為メニ内債ヲ起スストスレハ、償還額丈ノ手取金ヲ得ネハナラヌカラ、起債額ハ償還額ヨリ大ナルコトトナルカラデアル」（『経済論叢』第2巻第3号、16ページ）。

くとも、さらにすぐれた利益がある[59]。このように小川は論ずるのである。

これに対しては、1915年から外債償還論を唱えていた東大の河津暹は、次のように批判した[60]。戦争が終結すれば、諸列強の経済戦争、正貨争奪戦が起こることは確かであろう。この場合、各国ともに融通することを避け、すでに融通したものは回収することに努めるだろう。とすれば、それに対処するためには、今、在外正貨の増加を機会として外債償還をするのがむしろ得策ではなかろうか。外債を償還すれば利払が減少する。これで租税負担を軽減して経済力の涵養を図る。さすれば輸入が減少し輸出が増大する。これも正貨争奪戦の備えとなる。正貨争奪戦は、小川博士ほど悲観的にみる必要はない。これに対する方法として、国際貸借関係を日本に有利にすればよいのである。また、戦後恐慌は、それほど悲観的に考える必要はない。戦争など非常の場合の備えについては、現下の経済政策として、その必要はない。正貨を日本銀行が買い入れれば、兌換券が増発する。その一部は日本銀行に預金として復帰するとしても、兌換券の流通額は、容易に増加できる状態にある。また日本銀行の正貨準備が増加すれば、日本銀行は兌換券を多く発行できる状態にある。「故ニ正貨ガ増加スレバ兌換券ノ膨脹スル蓋然性ガ増加」し、物価騰貴、投機熱が生じ、不確実な事業が起きる傾向がある。これを防ぐためには、正貨を処分することが必要である。これが河津の反論である。

（2） 大隈内閣の正貨蓄積政策の採用

国際収支の好転化とともに兌換制の危機は遠のいたから、外債償還の可能性は存在したと思われる。しかし政府は、兌換制の基礎強化、外債償還準備、正貨争奪戦への対処を理由として、正貨蓄積の必要を感じた[61]。

戦後の正貨争奪戦は確かに予想された。この場合、外債償還は、戦後の正貨による外債の元利払いを減少させる意味において、正貨争奪戦に対する備えとなりえたであろう。しかし政府は、外債元本や利子の支払いという正貨流出要因を十分に除去しないで、正貨蓄積がその対応策になりうると判断した[62]。

---

59)　前掲小川「続正貨蓄積論」、61－74ページ。
60)　前掲河津「在外正貨処分問題ニツキテ」、同「再ビ在外正貨処分問題ニ就テ、」同「在外正貨処分策ニ就テ、神戸小川両博士ニ応フ」参照。
61)　武富時敏、前掲「大隈内閣財政回顧録」渋谷作助『武富時敏』附録、74－75ページ。

第 8 章　第 1 次世界大戦期の正貨処理政策

　第 1 次大戦期の正貨の激増は、大戦という特殊な事情によるものであった。大戦期に生産性が向上して国際競争力が強化されないかぎり、戦争が終結すれば、輸出超過が逆転する恐れがあった[63]。外債償還に生産性の上昇は期待できなかった。とはいっても、正貨を国内産業資金に振り向けてこれを果たそうとしても、国内工業の発達には、原料品輸入の容易、企業設立の比較的容易という条件が必要であり、現状はこの条件に乏しく、日本の産業界は資金を消化しきれないように政府には思われた[64]。それゆえに、政府は、とりあえず正貨を蓄積することによって、戦後に生ずるであろう逆調による金の流出に備えようとした。これはまた、恐慌や戦争に対する対応策でもあったわけである。

　かくして大隈内閣は、日本銀行総裁の賛成を得て[65]、正貨の蓄積に努めたのである。

　しかし大隈内閣は、第 1 節の 1 で述べたように、外債償還の意義をまったく認めないわけではなかった。また武富蔵相は、正貨増加をもってただちに国富が増加したとみる見解は誤りであるとみなした。正貨を蓄積するよりも、これを輸入代金支払に充てて産業を拡張することができれば、国の富はいっそう増加しうると考えた[66]。

　一方、政友会の高橋是清は、正貨をことごとく日本銀行の正貨準備に供せしむべしと論じた。高橋は、これによって産業資金を豊富ならしめようとした。これに対して武富蔵相は、産業発展を望ましいとしながらも、日本銀行の正貨受入によってこれを行えば、通貨を膨張させて物価騰貴を招来し、輸出貿易は不利となり、正貨増加の趨勢は逆転する、と警戒した[67]。正貨買入には資金

---

62)　大隈内閣蔵相武富は、1916 年 7・8 月の頃「平和恢復後は各交戦国は所謂戦後の財政整理として激烈なる経済戦争を行ひ、今日にも勝る正貨争奪を惹起するものと覚悟せざる可からず」、「故に今日に於て正貨の蓄積を図り以て他日形勢の変転に備ふる所あること頗る緊要のことなり」と考えた。同上「大隈内閣財政回顧録」75－76 ページ。

63)　「今日こそ非常の輸出超過なりと雖も、戦争終結後は逆転するやも測り知る可からず」（同上「大隈内閣財政回顧録」75 ページ）。

64)　武富時敏「正貨の激増と其の利用」『東京経済雑誌』第 1859 号、1916 年 7 月 8 日、13－14 ページ。

65)　日本銀行総裁三島彌太郎も、「増加する正貨の一部は、之を蓄積するの必要あるべし」と大隈首相に進言した（坂本辰之助、前掲『子爵三島彌太郎伝』237 ページ）。

66)　武富時敏、前掲「大隈内閣財政回顧録」73－74 ページ、参照。

67)　大日本帝国議会誌刊行会編『大日本帝国議会誌』第 10 巻、140－141、157 ページ。前掲「大隈内閣財政回顧録」76 ページ。

的制約が加えられた。

　かかる意味において、大隈内閣は、小川郷太郎の主張するほどには正貨蓄積に熱中できなかった。それにしても、やはり大隈内閣は、正貨処理策として正貨蓄積を重視したというべきである。1914年から16年にかけて、3億7333万円もの正貨が蓄積されたのである[68]。

2　寺内内閣の正貨蓄積政策の推進と金輸出の禁止

（1）　正貨蓄積政策の推進

　寺内内閣のもとで、多額の正貨が獲得された。もはや大隈内閣当初のように、国際収支の赤字から兌換制が震撼される恐れはなくなった。それにもかかわらず、寺内内閣は正貨準備をいっそう増大させようとした。それは以下の事情によるものである。

　同内閣は、産業発展の条件は十分存在すると考え、また国内の生産を奨励しなければならないと考えた。このためには、通貨を増発して内地産業資金の潤沢を期さねばならなかった。そしてこれを実現するために、正貨準備を充実させる必要があった。

　寺内内閣は、戦後の輸入超過や恐慌に備えるために正貨を蓄積することにはあまり注意を払わなかったように思われる。むしろ同内閣は、正貨を大戦中に産業発展に用いて経済力を強化することによって戦後に備えるべきであると考えたようである。ただ、政策担当者の意図にもかかわらず、戦争のために、外国品、とりわけ機械や原料の輸入は容易ではなかった。一方、輸出円滑化のために、政府の在外資金買上の必要がますます増大した。この結果として、在外正貨が次第に増大せざるをえなかった。

　寺内内閣は、中国の利権を積極的に獲得しようとした。当時の国際環境は、我が国と列強との対立をいっそう深めた。戦争に備えることが現実問題となり、正貨準備の充実が戦費調達を行ううえにも必要となった。すなわち1918（大正7）年4月、大蔵省臨時調査局金融部は「将来大規模ノ動員」を予想し、「我

---

68)　表8－7から計算。

国ノ金融動員計劃　第一前提事項」を立てた。それは、戦費調達源として日本銀行が考えられるが、通貨の増発が中央銀行の地位を揺るがせてはならない、このためには「極力正貨準備ノ充実ニ努メシム」べしというものであった69)。戦争準備のためにも正貨、金準備の充実が求められたのである。

　寺内内閣は、中国に積極的に投資を行おうとした。円でこれを行えれば多額の投資が可能となる。このためには、正貨を準備しておくことが必要になった70)。

　日本銀行総裁三島彌太郎は、寺内内閣期に、戦後の正貨争奪戦に対処すべしと述べた71)。寺内内閣も、これに同意した。日本は開戦以来、1918年4月までの間に「日本銀行金準備総額ハ約二一六、五〇〇、〇〇〇円ヨリ約六四五、〇〇〇、〇〇〇円ニ増加セリ、内、内地金準備額ハ約一三一、〇〇〇、〇〇〇円ヨリ約四五七、〇〇〇、〇〇〇円ニ増加セリ、即チ約三二六、〇〇〇、〇〇〇円ノ増加ヲ見タ」のであるが、しかし、「戦局ノ推移スル所逆睹シ難キアルモノニ想到スルトキハ内地正貨準備増加ノ我財界ノ安定ヲ維持スルニ最緊要ナルコト言フヲ俟タサル所ナリ」として、何よりも金準備の強化に努めていた72)。「近キ将来ニ於テ現戦争ノ終熄ヲ期待スルヲ得サルノミナラス戦争終熄後ニ於ケル国際競争ノ激烈ナルヘキハ予想スルニ難カラス我経済界ノ受クヘキ影響漸次深甚トナル」ことを憂慮する勝田蔵相は、金準備確保を緊急の課題としていた73)。

---

69)　「我国ノ金融動員計画　第一前提事項」『勝田家文書』第43冊第21号。
70)　すでに大隈内閣の時期に貴族院議員目賀田種太郎男爵（彼は勝田蔵相の大蔵官僚時代の元上司であった）は、対外投資のための正貨蓄積を主張していた。彼は、「我が邦は日支銀行及び満州銀行を設立し、之に紙幣発行権を特許する時は、其の紙幣に対し、相当の準備を置かしめざるべからず、此の準備は日銀の兌換券及び有価証券等には不可なるを以て、在外正貨を蓄積し、以て他日此等銀行の設立を待って正貨準備として之に供給すべし」と唱えたのである（『東京経済雑誌』第73巻第1849号、1916年4月29日、社説「在外正貨処分に関する世論」、4ページ）。勝田主計は1917年11月15日に大阪経済会における「国際収支及米国の金輸出禁止問題に就て」と題する講演において、「対支投資を充分ならしむがためには、我国正貨の充実を、必要の条件となすべきなり」と述べている（高橋亀吉［1932］第6巻、404ページ）。
71)　1917（大正6）年11月、東京銀行倶楽部における三島の演説による（坂本辰之助、前掲『子爵三島彌太郎伝』254ページ、参照）。
72)　勝田主計「国際収支及米国の金輸出禁止問題に就て」高橋亀吉［1932］第6巻、404ページ。勝田龍夫［1972］161-162ページ。
73)　勝田主計、税関長会議における演説、1918年4月15日、同上書、162ページ。

第4編　第1次世界大戦期の正貨政策

（2）　金輸出の禁止

　それのみならず、寺内内閣は、大戦期の正貨争奪戦に対処するために金を確保する必要に迫られた。日本の国際収支の黒字にもかかわらず、国際環境の変化によって、大戦中に金が流出する恐れが生じたのである。

　金流出の可能性は、まず列強の戦時下の金確保政策、金輸出禁止政策にあった。第1次大戦前から、欧州各国は金確保政策を実施していた[74]。第1次大戦が勃発すると、欧州交戦国では、戦時需要に対応して通貨を増発する必要が生じた。さらに、交戦国は戦争遂行に必要な軍需資材を中立国から輸入しなければならなくなった。そのための対外決済資金として、金が必要となった。このために、欧州交戦国は、対内的には金の兌換を停止し、対外的には金の自由輸出を禁止したのである。

　金が戦争準備金、最後の対外支払準備金としての役割を果たしていたこと、そして必要な金を確保するために、金兌換、金輸出が交戦国で禁止されたことを、1915年3月当時、山崎覚次郎は以下のように明らかにしているのである[75]。

　「一九一四年七月ノ末、欧州列強ノ関係俄然険悪ト為リテ危機一髪ノ形勢ヲ呈スルヤ、欧州大都会ノ経済界ハ非常ナル混乱状態ニ陥ルト共ニ、正貨殊ニ金貨ノ蓄蔵ハ猛烈ニ実行セラレタルガ如シ」。この結果、「仏露独ノ中央銀行」は、「其保有スル金貨ノ非常ニ富豊ナルニ拘ラズ、急速ニ兌換ヲ停止」した。このことは「兌換能力ノ欠乏シタルガ為メ」ではない。

　「金ノ吸収ハ、欧州諸中央銀行ガ多年大ニ苦心スル所ナレドモ、最近ニ於テ独仏露ノ三国ガ此点ニ関シテ特ニ努力セル直接ノ動機ハ、彼ノ一九一一年ノモロッコ問題ニシテ、当時独逸ガ遂ニ開戦ヲ回避セルハ、同国ノ銀行家ガ経済上ノ準備不十分ナル所以ヲ政府ニ警告セルコト與テ大ニ力アリシト云フ。是ヲ以テ独逸ハ直ニ『財務上ノ戦争準備』（Finanzielle Kriegsbereitschaft）ノ充実ヲ

---

74)　山崎覚次郎「欧州交戦国ニ於ケル金貨匿蔵ト兌換停止」『国家学会雑誌』第29巻第3号、1915年3月、11－12ページ。同『改訂増補　貨幣銀行問題一斑』有斐閣書房、改訂増補第4版、1920年、332、341－349ページ。森七郎［1978］174－175ページ。

75)　山崎覚次郎、上掲論文、345－364ページ。森七郎［1978］61－62ページ。M・S生「欧州中央銀行の金準備争奪戦」（上）・（中）・（下）『大阪銀行通信録』第205－207号、1914年10－12月。

第8章　第1次世界大戦期の正貨処理政策

計画シ、一九一三年ニ於テ彼ノ『戦争準備金』（Kriegsschatz）ヲ三倍ニ増加スルノ法律ヲ定メテ、金貨ヲ民間ヨリ吸収スルコトニ着手シタルハ其最モ露骨ナルモノトス。仏露モ袖手傍観スルコトヲ得ズ、亦大ニ金ノ蓄積ヲ謀」ったのである。

「開戦前両三年間ニ於ケル仏露独ノ金ノ吸収ハ決シテ無意識的ニ行ハレタルニ非ズ」。「中央銀行ノ保有スル正貨ノ目的ハ（第一）銀行券ノ兌換準備、（第二）一覧払ノ債務ニ対スル支払準備、（第三）対外関係ニ於ケル貨幣制度ノ擁護、（第四）戦時ノ準備ニ区別」できる。

第4の目的の場合に「兌換停止ヲ必要トスル場合」がある。「中央銀行ノ正貨準備ガ戦争準備金タル性質ヲ帯ブルコトハ、伊太利銀行ノ場合ニハ明ニ現ハレ、仏蘭西銀行ノ場合ニハ政府ト銀行トノ間ニ一種ノ黙約」が存在する。「其他ノ諸国ニ於テモ、中央銀行設立ノ一理由ガ此点ニ在ル」と推定できる。「中央銀行ノ正貨準備ガ戦時」にどのような作用を果たすかというと、「正貨ヲ基礎トシテ発行セル銀行券ヲ政府ニ貸出シテ以テ軍事費ノ支払ニ用」いさせるのである。「独逸帝国ガ特ニ『戦争準備金』トシテ多年スパンダウノ城砦ニ貯蔵スル金貨モ、戦時ニハ之ヲ帝国銀行ニ引渡シテ同行ノ銀行券発行力ヲ強大ナラシムルモノニシテ、同行ノ金貨保有額ガ開戦後」にわかに増加した一大原因はここにある。「兌換停止ハ中央銀行ヨリ正貨ノ流出スルコトヲ防止シテ銀行券ノ基礎ヲ擁護シ、以テ能フ限リ十分ニ軍事費ノ要求ニ応ゼシムル所以ナリ」ということができる。

「兌換停止ハ正貨ノ必要ヲ減ズルモノニ非ズ、其必要ヲ感ズルコト甚ダ切ナルガ故ニ、兌換停止ヲ以テ其散逸ヲ防止スルニ他ナラ」ない。不換銀行券は発行方法がよければ良好な成績を収めることが困難ではないが、対外価値の維持に特別の施設（施策）を要するし、兌換の回復のためには多額の正貨が必要となる。最初から中央銀行が巨額の正貨を保留しておけば、戦争終結とともに、兌換を容易に回復することができる。「兌換停止中ト雖モ、中央銀行ガ正貨ヲ十分ニ保有スルトキハ、間接ニ不換紙幣〔不換銀行券〕ノ信用ヲ保持スルノ効力」が著しい。「今回仏独露ノ中央銀行ガ急速ニ兌換停止ヲ行ヒタル理由ノ一ハ」、「他日ノ兌換回復ヲ容易ナラシメ、併セテ不換紙幣〔不換銀行券〕ノ信用ヲ維持セシメル」ためであろう。しかし、戦争が長引けば、輸入が大いに増大

687

第4編　第1次世界大戦期の正貨政策

し、支払いが増大し、爲替相場を調節しようとすれば、中央銀行の正貨を支払わざるをえない。中央銀行が金準備を保有する理由の1つは、金でなければ支払いを拒絶されるとき、それが外国に対して緊急の買入をなすための基金となるからである。「仏露独ノ三中央銀行ガ兌換ヲ停止シタルノミナラズ、益々正貨ノ蓄積ニ努メタル第二ノ理由ハ、外国ニ対スル最後ノ支払準備」とすることにあったといえよう。

　世界大戦の戦局は混沌として、ロシア革命などで世界が大不安となった。ことにそれが極東情勢の変化に及ぼす影響に、政府は対処しなければならなかった。戦争に備える必要が、大隈内閣の頃にも増して高まった[76]。政府は、金輸出を禁止してさえも戦時対外決済手段としての金を確保することを緊急課題としたのである。日本において戦争準備金として金を確保しようとしたことが、ここでも指摘できるのである。

　1917（大正6）年4月にアメリカも参戦し、同年9月、欧州に続いてアメリカも金輸出を禁止した[77]。これは、日本にとって最大の金流入のルートが閉鎖されたことを意味し[78]、のみならず日本へ金注文が集中する恐れさえ生じたのである。

　しかも第1次大戦中に銀価格が騰貴した[79]。この影響を受けて、中国投機業者が金取付を行おうとしたのであった[80]。また印棉輸入決済手段であった

---

76)　『大阪朝日新聞』1928年7月19日付、勝田主計談話参照。また小野一一郎［1966］20－21ページ、参照。
77)　森七郎［1978］61－63、164－185ページ。堀江帰一「戦争と信用通貨並に財政（五）」慶應義塾大学『三田学会雑誌』第12巻第9号、1918年9月。日本銀行臨時調査委員会「北米合衆国ノ金銀擁護ニ関スル戦時施設」（1918年10月調）同委員会編『臨時調査集』第3輯（1919年11月）。なお、『臨時調査集』はフジミ書房によって1995年に復刻版が刊行されている。
78)　日本は、アメリカからの巨額の受取勘定を直接的に、また開戦当初から金輸出を禁止していた欧州交戦諸国その他に対する受取超過額をアメリカを経由して間接的に、受け取っていたのである。
79)　銀価格の騰貴は、主としてメキシコ国内の擾乱による銀生産の減少によるものであった。また、メキシコ以外の地方において、銀と同時に産出される鉱物、すなわち鉛、亜鉛、銅の価格が騰貴した。この結果、銀の生産が中止され、これらの産出に全力が傾注された。インドを中心として銀需要が増大した。これらも銀価格を騰貴させた（大蔵省理財局「銀ニ関スル研究」、横浜正金銀行調査課「世界市場に於ける銀の地位」（*Federal Reserve Bulletin* 誌所載の Silver Situation の訳）参照）。

インド省のカウンシル・ビルの売出しがロンドンにある同省によって制限された。これは、インドへの金現送を余儀なくさせた[81]。これらの事情が、日本をして自衛上、金輸出の禁止を余儀なくさせ、かくしてアメリカの金輸出禁止に続いて1917年9月12日、寺内内閣は、国際収支の黒字にもかかわらず、金輸出禁止を断行したのである。

同月24日付の日本銀行調査局長梶原仲治発、同行大阪支店長結城豊太郎宛書簡には、この貨幣制度の変化に関して次のように記されている。「金貨引換に

---

80) 1916年以来、銀塊相場が騰貴し、これによって上海における日本向為替相場が低落した。これは、同地の金塊相場の低落よりも甚しかった。さらに、将来金価格が回復する見通しがついた。このために、16年12月以来、日本から中国、香港に向けての金流出が激増した。中国投機業者は米国からも盛んに金を取り寄せていた。しかし米国は、17年9月に金輸出を禁止したため、投機が日本に集中する恐れが生じた。日本は、これに対処しなければならなくなった(『明治大正財政史』第13巻、94-95ページ)。

81) 対インド貿易は、日本の一方的な入超であった。日本の対インド輸入額の約8割は、棉花が占めていた。入超の決済は、ロンドンでポンドを支払って、インド省が売り出すインド省証券 Indian Council Bill を買い、これをインドに送ることによって行われていた。カウンシル・ビルとは、インド省(ロンドンにあるインド政府の財務出張所)がイングランド銀行の手を経て売り出す一種のルピー払送金為替、すなわちインド政府宛電信為替をいう。この売出しが、1916年12月20日以後は制限されることになった。これは次のような事情によるものであった。大戦は、連合国へのインドの輸出を増大させた。この結果、多額の輸出超過額を決済するために、カウンシル・ビルの需要が激増した。これは、インドにおける通常国庫資金による支払いを不可能にした。そこで、インド省証券の売却代金をロンドンに在置するインド紙幣準備に繰り入れ、インドにおいてこれを引当に紙幣を発行し、これをカウンシル・ビルの支払いに充てた。したがって紙幣発行量は増大し、インドにおけるルピー銀貨準備額は相対的に逓減した。インド政府がイギリス本国政府のために巨額の経費を負担せねばならなかったことは、ルピー準備をいっそう減少させた。銀価格の騰貴という当時の情勢のもとでは、銀塊を購入してルピー準備を補充することも困難であった。かくして、インド政府は、16年12月20日以降、通貨制度の基礎を危うくするカウンシル・ビルの売出しを制限したのである。この問題は、日本のインド棉花輸入に大きな打撃を与えることになった。日本銀行と横浜正金銀行とは協議し、次の方策をとった。横浜正金銀行は、インド宛の手形を買い入れ、できるかぎり為替の手段によって貿易差額の決済に努めた。さらに上海に所有する銀の一部を現送した。不足分は、日本銀行から正貨を供給して現送した。すなわちアメリカに蓄積された日本の在外正貨を金貨または金塊で日本に取り寄せ、さらにこれをインドに現送したのである。かくして印棉決済問題は、格別の問題を生ずるに至らなくなった。しかし、17年9月にアメリカが金輸出を禁止したため、為替決済のほか、インドに向けて直接に内地の金を現送しなければならなくなった。このために、なるべく金を内地に留保しておくことが必要になったのである(『日本金融史資料 明治大正編』第22巻、238-239、375-376ページ、Jathar & Beri, *Indian Economics*, vol. II, Chapters VII and VIII (東亜研究所訳『印度の通貨と為替』とくに80ページ以下)参照)。17年1月から8月までに、約9410万円の正貨現送が、インドに向けて行われている(『明治大正財政史』第17巻、647-648ページ、参照)。勝田主計蔵相は、インド棉花買入資金の決済問題が日本の紡績業者に及ぼす影響は軽微であるとみていた(高橋亀吉[1932]第6巻、404ページ)。

689

来る者をナンノカンノと日銀にてナンクセツケ候達しは小生少しも承知不致明日あたり□□を一見の上其後ヘヅッコミ度と考居候　金貨多過ぎて困る時に於て国民に不換紙幣の如き感を起させるを大に残念に存し候ソーサイ事経済及理財の理無之ソレに木村〔清四郎〕理事が顧問にて□トンナ素人的のこと致し困ったことに御坐候　金貨禁輸出のことは兎も角（コレも小生大反対なるは過日の物価調節論にて御承知の通り）鋳潰し禁止等大不賛成に存候　文書営業両局長及理財局長とも略同様に申居り　唯ソーサイが一人のみトキワの宴会の時大臣より相談受け直に賛成したるらしく候　銀貨の場合と全然異なることわからぬは浅薄のものに御坐候」（□内は判読不能）。この書簡は、日本銀行が金貨兌換に来る者に難癖をつけて事実上兌換を行わず、日本銀行券が「不換紙幣」（不換銀行券）の観を呈したことを明言している。大蔵省令による金輸出、金貨鋳潰の禁止、事実上の金兌換停止を三島彌太郎総裁や木村清四郎理事が認めたことに対し、日本銀行の局長の反対があった事実を明記している。このような反対論の存在は、日本の金輸出禁止断行の最大の理由が極東での戦争に備えての軍事的政治的考慮であったことを裏づけるものと考えられるのである[82]。

　金輸出禁止は日本銀行券に対する信認を崩壊させなかった。金貨が国内で流通せず、事実上の金兌換停止となる日本の金輸出禁止に対する批判が、日銀内部を除けば当事の日本ではほとんど存在していないのである。そのことは、すでに日銀券に対する国民の信認が確立していたこと、その信認を動揺させるほどの通貨膨張、通貨価値の低下が生じず、また金輸出禁止が一時的であると考えられていたことなどによって説明できよう。

　かかる正貨蓄積政策は、貿易や産業発展を促しても、物価騰貴をもたらすとする反対を受けざるをえなかった。軍備充実についても批判があった。しかし、『東洋経済新報』などにみられるこれらの批判に対して、十分に耳を傾ける余裕は政府に乏しかった。在外正貨を日本銀行でなく政府に買わせて通貨膨張を抑制するなどの配慮を加えつつも、政府は前述の路線を歩み続けた。対外投資も、列強や中国などの批判にさらされた。政府はこれに制約されつつも、自らの主張を貫こうとした[83]。金輸出禁止には、原料を海外に依存している産業

---

[82] この書簡は山形県の臨雲文庫に所蔵。齊藤壽彦「田中生夫『戦前・戦後日本銀行金融政策史』」岡山大学『経済学会雑誌』第13巻第4号、1982年3月、294ページ。

資本からの抵抗もあった。すなわち1917年11月、政友会は紡績業者と謀り、印棉購入に要する正貨輸出の除外例を設けるべきであると主張した。しかし、政府や日本銀行は、金現送以外の輸入決済方法を探りつつ、政友会の主張に対して反対論を固守した[84]。寺内内閣は、上記の批判にもかかわらず、巨額の正貨を蓄債したのである。

このような第1次大戦期の正貨蓄積政策が、大戦後の在外正貨払下げを可能としたのである。

3　日本銀行券の金兌換義務の継続

金輸出禁止下で日本銀行は金兌換要求にいろいろと難癖をつけて事実上は応じようとしなかったが、金兌換の義務そのものは廃止されなかった。それはなぜであろうか。その手がかりを与えてくれるのが、大蔵省臨時調査局金融部が1918年5月に作成した「我国ノ金融動員計画　其一　通貨ニ関スル施設」と題する調査報告書である。同調査は日本が戦時経済に陥っても日本銀行の兌換義務を継続すべきであると主張している。その理由として挙げられているのは以下のようなものである[85]。

① 兌換停止は中央銀行の金準備擁護を目的とするが、この擁護は中央銀行が兌換を停止しなくても、金の輸出禁止令の励行によって大体においてその目的を達することができる。

② イングランド銀行が苦を忍んでも（形式上は）兌換を継続しているのは、世界の金の自由市場としての地位と声望を将来長く維持するために、兌換停止の一大汚点をその歴史に残さないようにするためである。日本も将来

---

83) 産業奨励・対外投資という正貨処理政策については本章第3、第4節で論ずる。
84) 政府は、①南洋、香港方面におけるインド向為替の買収、②インド方面に日本の船舶を廻航ないし傭船提供し、貿易外収支によっていくらかでも貿易差額を緩和せんとし、③これらの方法によっても不足を生ずる場合に、内地の産金額を限度として、金現送を行うこととした（前掲『子爵三島彌太郎伝』300－301ページ、東京銀行調査部『東京銀行調査月報』［1954b］37ページ、参照）。なお後に、鐘紡の武藤山治は黒字下の金輸出禁止そのものに反対している。また楠見一正も同様に反対している（小野一一郎、前掲論文、21ページ、参照）。
85) 『勝田家文書』第47冊第7号所載。

国際決済市場として重きを成そうとすれば、犠牲を払っても兌換停止を避けるべきである。
③　欧州諸国で（兌換）銀行券が信用あるものとして取引上使用されるのは、それが金貨を代表し、それがいつでも金貨と兌換されるからである。だから一度戦争となり、信用が危機に瀕するとただちに争って銀行券を金貨と交換しようとする事実が生ずるのである。しかし、日本において日本銀行券の有する流通上の根拠は大いに異なり、「世人ハ銀行券ヲ授受スルニ当リ銀行券自身ヲ価値アルモノトシ其ノ金貨代表券タル性質ハ多ク注意」されないのである。それゆえに戦争に際しても人々は銀行券の価値を疑わず、したがって兌換を要求する者がないと考えられるのである。金兌換の必要があると考えられるのは対外債務の支払いの場合と内地の金細工業者（の金需要の場合）であるが、前者に対しては日本銀行が在外正貨に向けて大口為替を売却し、後者に対しては相当必要額の金塊を売却すれば、（金兌換をしなくても）別に支障はない。
④　「本来本邦人ノ日本銀行兌換券ニ対スル看念ハ前項ニ述フル如ク兌換券其物ヲ信用シ其金貨ノ代表タルノ点ハ全然之ヲ念頭ニ置カサルノ慣習ヲ成シ来リシニ今若シ兌換ヲ停止スルニ於テハ兌換券ハ金貨ヲ代表セルモノニシテソノ価値アルハ何時ニテモ金貨ト兌換セラレ得ル点ニアルコトノ自覚ヲ新タニ」してその「結果兌換券ノ信用ヲ害シ其価値ノ低落ヲ来シ」「物価騰貴ノ趨勢ヲ更ニ煽ルコト」となる。

ここには、当時において日本銀行兌換券が通貨として人々から十分に信認されるに至っていること、その信認の背景には銀行券が金と兌換されるということがあること、このことが、やがて兌換が行われなくても兌換銀行券が通貨として通用する慣習を生み、この慣習によってそれが通用することとなっていることが示されているのである。

4　国際決済の中心地の変化とイギリスの在外金準備

日本の正貨保有形態を考察する前提として、本章第1節1で述べた国際決済

第 8 章　第 1 次世界大戦期の正貨処理政策

の中心地の変化とイギリスの在外金準備について詳しく論じておこう。

（1）　ポンド・バランスの継続とドル・バランスの形成
ポンド・バランスの継続とその役割の低下

　第 1 次大戦前には、イギリスの国際収支の安定とイングランド銀行券の金兌換に基づいてイギリスの通貨価値が安定しており、またイギリスが多角的貿易決済機構の中心に位置し、さらにロンドン金融市場がよく発展していた。このことを前提として、国際金本位制は、ロンドンという 1 つの世界の信用および決済の中心地を持つ世界的な信用機構の内部で機能した。ロンドン宛のスターリング為替手形の利用を介して国際的取引の決済がロンドン金融市場に集中されるとともに、決済資金の調達が容易なロンドン金融市場に世界各国の資金が預託されることとなった。諸外国は、ロンドンの銀行に預金残高（ロンドン・バランス、ポンド・バランス）を保有した。世界中の資金の移動は、究極的には、世界の決済の中心地であるロンドンの銀行の帳簿上に貸借を記入することによって行われた。イギリスは資本輸出も行ったが、投資資金がロンドンの銀行の預金口座に振り込まれ、また元利金がロンドンの銀行の預金口座から支払われた。このようにロンドン・バランス（ポンド・バランス）が形成されることによって、ポンドが国際通貨として機能していた[86]。第 1 次大戦前のロンドンではポンド建て手形が取引され、ロンドンは外国為替市場の中心地ではなかったが[87]、ポンド・バランスを利用した国際決済の中心地であった。

　第 1 次大戦前にフランスのパリが預金銀行や投資銀行の活動を背景にロンドンに次ぐ国際金融の中心地として台頭し、またドイツもベルリンを中心として国際金融の中心地として台頭していた。この意味では第 1 次大戦前において国際金融センターが鼎立していたといえる[88]。だが、フランスやドイツにおける公的外貨保有は地域的な偏りを免れなかった[89]。

---

86)　W. A. Brown, Jr., *The International Gold Standard Reinterpreted 1914-1934*, New York, 1940（reprinted, 1970）, Vol. 1, pp. xiii-xvi. 平岡賢司「『スターリング為替本位制』とロンドン・バランス」九州大学大学院経済学会『経済論究』第35号、1975年12月、122ページ。国際決済取引の具体的事例については同論文、124-129ページ、小野朝男・西村閑也編『国際金融論入門』第 3 版、有斐閣、1989年、80-93ページ（深町郁彌稿）などを参照されたい。

87)　三村称平『日本銀行と金融市場』森山書店、1935年、452-454ページ。

88)　島崎久彌［1983］113-124ページ。

第4編　第1次世界大戦期の正貨政策

　第1次大戦中、諸外国のロンドン・バランスは継続したが、ロンドンにおけるスターリング為替手形（ポンド建て手形）、ことに外国手形の発行高が激減した。このことはロンドン・バランスの役割を低下させざるをえなかった[90]。

　ドル・バランスの形成

　第1次大戦期に国際金融市場は分裂した。アメリカのニューヨークが国際金融の中心地として台頭し、諸外国はニューヨーク・バランス（ドル・バランス）を保有するようになった。

　この背景には次のような事実があった。アメリカは1900年の「金本位法」によって金本位制を導入し、第1次大戦期に国際収支の大幅黒字と金準備の充実によって通貨価値安定の基礎を強化した。元来アメリカは農業国であって外国貿易はあまり盛んではなかった[91]。だが南北戦争以後のアメリカの発展は急速であり、1913年には世界第1位の工業国となり、世界貿易に占めるシェアはイギリス、ドイツに次いで世界第3位となっていた[92]。第1次大戦期にはアメリカの生産力がさらに発展し、アメリカが世界経済の中心国として大きく台頭し、貿易取引が拡大した。アメリカは第1次大戦前には大債務国であったが、第1次大戦期にアメリカの対外投資が増大した。ニューヨーク金融市場が発展し、各国はニューヨークの銀行に預金勘定を開設して、とくに公的準備を保有するようになった。公的ドル・バランス保有の先駆的形態は、ポンドの対ドル相場釘付のためのイギリスのニューヨークにおける金・外貨保有である。第1次大戦以後にはニューヨークにおける銀行引受手形の取扱高が増大し、外国銀行は一定の残高をアメリカに置くようになり、民間ドル・バランスも形成された[93]。

---

89) 1913年末における主要国の公的外貨準備保有残高は、イギリスにおけるものが4億3200万ドルであるのに対して、フランスにおけるものが2億7500万ドル、ドイツにおけるものが1億5200万ドルであった。フランスにおいて保有されていたものの大部分（2億2200万ドル）はロシアが所有していたものであった。ドイツにおいて保有されていたものの4分の3はヨーロッパ諸国が所有するものであった（Peter. H. Lindert [1969] pp. 18-19）。
90) 平岡賢司「国際金融市場の分裂とドル・バランスの形成」九州大学大学院経済学会『経済論究』第38号、1976年12月、118、135-137ページ。
91) 三村称平、前掲書、457-458ページ。
92) 山本栄治 [1988] 5ページ。

第8章　第1次世界大戦期の正貨処理政策

　第1次大戦期にイギリスはアメリカから軍需物資を購入したが、ニューヨークの投資銀行である J. P. モルガン商会が英仏連合政府のためにアメリカでの軍事物資調達に携わることとなった。1915年1月15日の協定によって、同商会がイギリス陸軍省と海軍省の商業代理人（Commercial Agent）となり、イギリス政府のアメリカにおける物資調達を一手に引き受けた[94]。同商会は、アメリカにおけるイギリス政府の財務代理人（Financial Agent）ともなった[95]。

　イギリスでは1915年11月18日付の大蔵大臣からの書簡に基づいてロンドン為替委員会（ロンドン為替委員会）が設置され、同委員会によって1916年1月からポンドの対ドル釘付操作が実施された。同委員会で実質的に為替操作を担当したのは、イングラン銀行と大蔵省であった。ニューヨークでは、モルガン商会がイギリスの代理人としてポンドを買い支えた[96]。ポンドの対ドル釘付操作は、イギリスからの金流出を抑制するとともに、ポンド為替減価のために生じるであろう輸入商品（軍需品輸入を含む）の価格上昇・物価騰貴・財政需要増加を抑制するために実施された[97]。

　アメリカにおけるイギリスの政府勘定は、ニューヨークの J. P. モルガン商会内に置かれた。フランス政府の支払いも同様に処理された。イギリスは対米経常収支黒字によって対米決済に必要なドル資金を調達することが不可能であったので、①金の売却、②対米短期債権の生産、③アメリカ証券などの売却、④アメリカでの借入、という方法でドルの調達を行わざるをえなかった。同商会が主幹事となってイギリス政府などの連合国外債を引き受けた[98]。その手取金がドル預金としてニューヨークに置かれ、公的ドル・バランスが形成されるようになった。それがアメリカ財務省による借款供与によって急増した[99]。

　第1次大戦の過程を通じてアメリカは巨大な債権国に転化した。1918年末に

---

93) 平岡賢司、前掲「国際金融市場の分裂とドル・バランスの形成」118-114ページ。山本栄治［1988］30-33ページ。

94) R. S. セイヤーズ著、西川元彦監訳『イングランド銀行（上）』116ページ。

95) 平岡賢司「第一次大戦期の戦費金融とドルの台頭」熊本学園大学海外事情研究所『海外事情研究』第37巻第1号、2009年9月、84-88ページ。モルガン商会の対英協力については山本栄治［1988］37-51ページを参照されたい。

96) 平岡賢司、前掲「政府間政府間借款と公的為替操作」245-248ページ。

97) 侘美光彦・杉浦克己編［1982］314ページ。平岡賢司、前掲「政府間政府間借款と公的為替操作」255ページ。第1次大戦が終了すると、大蔵省の対アメリカ戦債の支払いに備え、ドル為替が積み立てられていた（侘美光彦・杉浦克己編［1982］314ページ）。

は諸外国保有のドル・バランスは12億ドルに達し、ドルはポンドと並ぶ国際通貨となった。もっとも世界貿易金融では、ニューヨークはロンドンを凌げなかったが[100]。

ニューヨークにおけるイギリスの公的ドル・バランスは第1次大戦中にはJ.P.モルガン商会に置かれた。それはイングランド銀行保有のものもあったが、イギリス大蔵省の保有を中心とするものであった。第1次大戦中に開始されたポンドの対ドル相場釘付政策は1919年3月に打ち切られた。1925年のイギリス再建金本位制下においてはイングランド銀行によって公的為替操作が行われるようになる。第1次大戦後の1925年以後にはイングランド銀行がニューヨーク連邦準備銀行にその勘定を設置するようになる。

（2） イギリスの正貨準備

イングランド銀行は兌換準備として金を保有していたが、ベルギー、オーストリア＝ハンガリー、ロシアなどの中央銀行と異なり、第1次大戦前に外国為替・外貨を準備金として保有してはいなかった[101]。

しかし、イギリスは第1次大戦期に金本位制を事実上停止するとともに金集中を図り[102]、イングランド銀行は金保有を増加させた[103]。

また、イングランド銀行は第1次世界大戦期に自己勘定による外国為替・外貨保有を開始した。すなわち、同行は1915年2月以降、モルガン商会を通じて

---

98) 平岡賢司「ドルの台頭と投資銀行──第一次大戦期を中心として──」『証券経済学会年報』第39号、2004年5月、225－226ページ。1915年10月には英仏共同公債が発行された。1917年4月6日のアメリカ参戦以降、アメリカ財務省は、自由公債の発行によって調達した資金の中から、イギリスをはじめとする連合国に対して借款を供与した。アメリカは第1次大戦中に自由公債170億ドル、1919年3月に戦勝公債44ドルを発行し、これを資金源として、イギリスへ42億ドル、フランスへ30億ドルなど、合計95億ドルを連合国へ供与した（平岡賢司、上掲「ドルの台頭と投資銀行」226ページ。また平岡賢司「アメリカの資本輸出と公的ドル・バランス」九州大学経済学会『経済学研究』第43巻第4号、1977年10月、58－61ページ）。
99) 平岡賢司、前掲「第一次大戦期の戦費金融とドルの台頭」89－97ページ。
100) 平岡賢司、前掲「ドルの台頭と投資銀行」2004年5月、225－226ページ。
101) 侘美光彦・杉浦克己編［1982］314ページ。
102) 平岡賢司「第一次世界大戦とイギリス金本位制の変貌」熊本商科大学海外事情研究所『海外事情研究』第14巻第1号、1986年10月、14－18ページ。法律的には金兌換は停止されなかったが、イギリス政府は愛国心に訴え、民衆の金兌換の波及を阻止することに努力した。1917年のドイツ潜水艦の無差別攻撃により、金の輸出は事実上不可能となっていた（島崎久彌［1983］132ページ）。

ポンドの買い支えを行い、同商会にイングランド銀行名義の当座貸越勘定を有していた[104]。

さらにイングランド銀行は、ニューヨーク連邦準備銀行と相互に勘定を持ち合って為替相場の安定を保ち、金が過多に移動しないように相互金融する体制を整えることとなった。1917年5月にイングランド銀行はニューヨーク連銀にドル勘定を設定している[105]。

従来、公的為替操作は国際金融中心地の周辺国で行われていたが、これが国際金融の中心国で行われるようになったのである[106]。

第1次大戦期のイギリスの公的為替操作は、ポンドの為替相場低落を抑制するために実施されたものであった。この点で、日本の当時の公的為替操作が円の為替相場上昇を抑制しようとしていたのとは異なっていた。

第1次大戦終了から1925年のイギリスにおける金本位復帰時点までは、イングランド銀行の自己勘定における外国為替・外貨所有は少なかった。それが増大するのは1925年4月のイギリスによる金本位復帰後のことである[107]。同行は1925年8月に外国為替準備の秘密保有を開始し、1927年以降その額を増加させ、これを用いて秘密裏に外国為替操作を行い、ポンド防衛を行うようになる[108]。

イギリスのオタワにおける在外金準備

イングランド銀行は第1次大戦期に在外正貨保有、在外金準備（overseas gold reserve）保有を開始した。この在外金準備はカナダ（モントリオールおよ

---

103) イングランド銀行の金準備は、1913年末の3600万ポンドから1918年末の8000万ポンドへと増加した（平岡賢司、上掲論文、18ページ）。1916年12月におけるイギリスの金保有額は、イングランド銀行が5500万ポンド、その他の銀行が3500万ポンド、公衆が5000万ポンドとなっていた（金井雄一［2004］24ページ）。

104) 平岡賢司「政府間借款と公的為替操作――第一次大戦期のポンド釘付け操作を中心として――」北海学園大学『経済論集』第28巻第4号、1981年3月、244ページ。ケインズは、為替調整は1915年8月に始まったと述べている（J. M. ケインズ著、小泉明・長澤惟恭訳『貨幣論』I（『ケインズ全集』第5巻）、東洋経済新報社、20ページ。平岡賢司、前掲「政府間政府間借款と公的為替操作」230ページ）。

105) 侘美光彦・杉浦克己編［1982］314ページ。

106) 平岡賢司、前掲「政府間政府間借款と公的為替操作」254－255ページ。

107) 侘美光彦・杉浦克己編［1982］314－342ページ。

108) 同上書、316－328ページ。

びオタワ)、アメリカ (ニューヨーク) で、政府勘定とともに保有されていた[109]。イングランド銀行は南アフリカ連邦 (ヨハネスブルグ) でも金を在外金準備として保有した[110]。

　第1次大戦期にはとくにオタワの在外金準備が大きな役割を果たしていた。第1次大戦中、オタワにあるカナダ財政部の金庫室には、大戦直前にイングランド銀行を含むすべてのイギリスの金融機関によって保有されていた金の総額の約2倍の金が保有されていたと、当時のカナダの大蔵大臣トーマス・ホワイトは述べている[111]。

　1914年8月の第1次大戦開戦当初はアメリカの貿易が混乱しており、ドルが極端に弱化していた。ポンドの相場は8月には1ポンドにつき7ドル (金平価は1ポンドにつき4.86ドル) にまで上昇した[112]。ポンドの対ドル相場は1914年末近くまで金平価を超えていた。この状態を緩和するために、同年8月10日、イングランド銀行はカナダの高等財務官 (大蔵大臣の財務代理人) および総収入官 (Canadian High Commissioner for the Minister of Finance and Receiver General of Canada) と金預託に関する協定を結んだ。すなわちカナダ財政部がイングランド銀行のためにオタワで金を預かり、イングランド銀行がその預託金を買い入れてその正貨準備に算入した[113]。ドル相場低落のために、イギリスで満期となる手形や勘定を有するアメリカやカナダの商人などが為替に代え

---

109) Bank of England Archives: *The Bank of England 1914-1921*, Bank of England, 1926, Vol. 2, Chapter V, Gold held abroad, pp. 241-307.
110) 大蔵省理財局臨時調査課「戦時戦後の金問題」『財政経済調査』第3巻第1号、1922年1月、38-40ページ。イングランド銀行の海外正貨準備の嚆矢はオタワにおける金預託であった。同行が1914年8月10日に発表した覚書によれば、カナダ大蔵大臣およびその総収入官は、イングランド銀行のためにオタワにおいて金預託を受けることを承諾した。イングランド銀行はその預託金を次の相場で買い入れた。買入価格は金塊1オンス=77シリング6ペンス、英国金貨1オンス=76シリング0.5ペンス、日本貨幣1オンス=76シリングであった。
111) Sir Thomas White, *The Story of Canada's War Finance*, Montreal, 1921, pp. 36-37 (Reserved in Bank of Canada Archives).
112) R. S. セイヤーズ著、西川元彦監訳『イングランド銀行──1891-1944──』118ページ。
113) *The Bank of England 1914-1921*, Vol. 2, p. 247. Thomas White, *op. cit.*, p. 40. イングランド銀行の8月10日発表の覚書によれば、カナダ大蔵大臣および総収入官はイングランド銀行のためにオタワで金預託を受けることを了承し、イングランド銀行はその預託金 (金塊・金貨) を買い取った。カナダ大蔵大臣が在ロンドン財務委員 (財務官) を経由して金預託があったことを通知すると、イングランド銀行はロンドンの〔金〕受取人に〔金〕買入代金を支払った (大蔵省理財局臨時調査課、前掲「戦時戦後の金問題」38-39ページ)。

第8章　第1次世界大戦期の正貨処理政策

て金で支払うことが可能となっていた。1914年8月12日から同年12月16日まで、イギリスは金を主としてアメリカのさまざまな部門からカナダ（オタワ）で受け取った[114]。ここにイングランド銀行の海外正貨準備、海外金準備保有が開始された。当初のイギリスの在外金準備としての金は、アメリカからもたらされたものであった。当初のアメリカからの金の受取りは1億400万ドルであった。この金は、その後、アメリカにおけるイギリスの多額の購入によって為替相場が逆転したために、1915年初めにニューヨークのイギリス政府やイングランド銀行の勘定に転送された[115]。

第1次大戦の勃発に伴い、イギリスでは軍需品や食料をはじめアメリカなどからの輸入が増大したが、この支払いをポンドで行うことができなかった[116]。1914年末からポンドの為替相場が低落するようになった。この1915年2月のアメリカの借款によって支えられたときのポンドの相場は4.81ドルであった[117]。今度は、ポンドの対ドル相場の低落を維持するために金を利用することとなった。イングランド銀行はアメリカ以外から金を吸収してオタワの財政部に預けることとした。イギリスからは4億9100万ドル、南アフリカからは3億5300万ドル、ロシアからは2億5300万ドル（このほかにボルネオから69.2万ドル、ブラジルから17.2万ドル）の金がカナダに運ばれてきた[118]。

カナダの財政部（Department of Finance）が取り扱った上記の金の総額は12億400万ドルであった。このうち、5億4600万ドルはイングランド銀行勘定によるものであり、6億5800万ドルはイギリス政府勘定によるものであった。金の形態はイギリスのソブリン金貨や外国金貨（アメリカ、ロシア、ドイツ、オーストリア、日本、フランスの金貨）であったが、金総額の4分の3以上は延棒によるものであった[119]。

イングランド銀行資料によれば、第1次大戦期にはオタワで1億5081万ポンドの金がイングランド銀行勘定で受け取られた[120]。これらの多くはイギリス

---

114) Thomas White, *op. cit.*, p. 38. *The Bank of England 1914-1921* (Cf. note 109), Vol. 2, p. 249.
115) Thomas White, *op. cit.*, pp. 38, 40.
116) *Ibid.*, p. 37.
117) R. S. セイヤーズ著、西川元彦監訳『イングランド銀行史』上巻、119ページ。
118) Thomas White, *op. cit.*, p. 40.
119) *Ibid.*, p. 40.

第4編　第1次世界大戦期の正貨政策

大蔵省に売却され（7046万ポンド）、一部がイギリス大蔵省のものとの交換（1400万ポンド）、モルガン商会やカナダ商業銀行などへの譲渡（2053万ポンド）、ニューヨーク連邦準備銀行への譲渡（735万ポンド）などに用いられた。この金はポンド相場釘付政策の一環を形成していたといえよう。

　第1次大戦が終了しても、オタワにはイングランド銀行所有の金準備が保有され続けていた。だが、その残額3331万ポンドが、第1次大戦後（1919年3月～4月）に9回に分けて（1隻の船には400万ポンド以上を積み込むべきではないとされた）、ロンドンに回送された[121]。金は、ドミニオン・エクスプレス・カンパニーの列車に積み込まれた後、セント・ジョンからリヴァプールまで、カナダのパシフィック・オーシャン・サービスの船で運ばれた。

　また、1億7250万ポンドの金がイギリス政府勘定で受け取られた（イングランド銀行から買い入れたものやイングランド銀行のものと交換したものを含む）[122]。

　これらの大部分はモルガン商会（J. P. Morgan & Co.）に譲渡され（1億5244万ポンド）[123]、一部がイングランド勘定と交換された（1400万ポンド）。

イギリスのニューヨークにおける在外金準備

　イギリスは第1次大戦期にニューヨークでも金を保有するようになった。1915年2月初めにイギリスの対米相場が通常の変化の限界以下になると、イングランド銀行は、モルガン商会を通じてポンド為替を買い入れることによる為替相場維持政策を始めるようになった。それによって生じるモルガン商会に対する債務は金で同商会に支払われることとなった。イングランド銀行は5月10日にオタワからニューヨークに金を送ることを取り決め、同月半ばにその第1回払込みがアメリカン・エクスプレス・カンパニー（The American Express Company）の列車を利用して行われた。その後も同行は前貸金返済のための金現送を実施した。1915年、イングランド銀行は、カナダのオタワ（オタワにはイングランド銀行勘定があった）から金1222万ポンドを、またモントリオール（モントリオールにもイングランド銀行勘定があった）から金24万ポンドをニュー

---

120) *The Bank of England 1914-1921*, Vol. 2, pp. 244-246.
121) *Ibid.*, pp. 262-263.
122) *Ibid.*, pp. 264-266.
123) *Ibid.*, pp. 284-285.

第8章　第1次世界大戦期の正貨処理政策

ヨークに送っている[124]。

イングランド銀行はポンド相場維持のために1915年9月にモルガン商会に金の支払いを行うこととなり、このために1915年7月と8月にイギリスから軍艦によって3回の金の輸送が行われた。イギリスの港でイングランド銀行の代表者によって金が渡され、この金が軍艦アドミラルティ（Admiralty）によってカナダのハリファックス（Halifax）まで運ばれ、そこでアメリカン・エクスプレス・カンパニーの列車に積み込まれた。モルガン商会がハリファックスからニューヨークまでの損害保険を手配した。このようにして1915年に、ニューヨークに船などを通じて直接に送られてきた金1200万ポンドをイングランド銀行勘定（モルガン商会内にあった）が受け取っている[125]。

アメリカにおけるイギリスの政府勘定は、ニューヨークのJ. P. モルガン商会内に置かれた。イギリス政府はオタワ（オタワにはイギリス政府勘定があった）から金1億5244万ポンドをニューヨークに送った[126]。これはモルガン商会に手渡されたといえる。

第1次大戦期には、上記のとおりイギリスの在米政府勘定に向けて、船を通じたイギリスなどからの金現送が実施されている。1915年12月に金貨（ロンドンの銀行から8月に集められていたソブリン金貨およびフランス金貨）の北米（カナダ経由）への海上輸送が開始され、1916年12月に金の延棒の海上輸送が開始されている。金はロンドン、フランス、オーストリアから運ばれた。金の輸送には軍艦や商船が用いられた。このほかに1916年8月24日のカレー合意（Calais Agreement）に基づいて受け取られた金（フランス政府がフランス銀行の要請を受け入れてイギリス大蔵省が自由に使えるようにした金であろう）で、オタワからニューヨークに運ばれてきたものもあった（一部はロンドンから）。このようにして送られてきた金（合計9444万ポンド）をニューヨークのイギリス政府勘定が受け取った[127]。

こうして、イギリスの中央銀行や政府はニューヨークで2億7134万ポンドの金を取り扱ったのである。このうちカナダから送られてきた金が1億6491万ポ

---

124)　*The Bank of England 1914-1921*, Vol. 2, pp. 1-2, 242-243, 307.
125)　*Ibid*., pp. 306-307.
126)　*Ibid*., p. 307.
127)　*Ibid*., pp. 298-305.

ンドもあった[128]。このカナダから送られてきた金の額は、カレー合意に基づいてアメリカに送金されてきた金の額（総額4525万ポンド）を除いている。

かくしてニューヨークではイングランド銀行勘定で2446万ポンド、イギリス政府勘定で2億4688万ポンド、合計2億7134ポンドの金が取り扱われたのである。これは政府勘定によるものが大部分を占めていた。この金がイギリスの対米軍需品購入代金の支払いとポンド相場維持のために、アメリカに支払われたと考えられる。

イギリスのヨハネスブルグにおける在外金準備

イギリスは植民地の豊富な産金を吸収するために、南アフリカ連邦政府と協定した。これにより、イギリスはイングランド銀行勘定において預け入れられた金塊を金1オンス＝77シリング9ペンスの相場で買い入れた。南アフリカ連邦の大蔵大臣は、この金塊をイングランド銀行勘定でアフリカ銀行その他の2銀行に預託し、預入者の氏名、預金銀行、ロンドンにおける代金受取人の名称を在ロンドン南アフリカ財務委員（財務官）経由でイングランド銀行に通知した。同行はこの通知を受けたときにはただちに金の代金を支払った[129]。金は南アフリカ連邦からロンドンに輸送されるとともにオタワなどに直接輸送された[130]。

上述のように第1次大戦期には、イギリスは在外正貨として金為替ではなく金そのものを所有し、それを運用するようになったのである。ドラモンドは日本銀行が金と外国為替準備を大部分ロンドンで保有したと述べている[131]。日本が金をロンドンで保有したと解釈したのは正しくはないが、これはイギリスの在外金準備念頭に置いていたのであろう。

---

128) *Ibid.*, p. 307.
129) 大蔵省理財局臨時調査課、前出、38-40ページ。
130) *The Bank of England 1914-1921*, Vol. 2, pp. 327-338.
131) I. M. Drummond ［1987］p. 25. I. M. ドラモンド著［1989］45ページ。

5　日本の正貨保有形態

　日本の第1次大戦期における正貨所有状況はどのようなものであったろうか。この総括表が表8－7である。同表によれば1914（大正3）年から18年にかけて、正貨保有高は3億4112万円から15億8767万円へと12億4655万円も増加した。

　正貨は、政府と日本銀行とによって保有され、1917年までは主として日本銀行によって保有されていたが、1918年には政府の所有額の方が日本銀行の保有額よりも多くなっている。

　正貨には在内正貨と在外正貨とがあり、在内正貨は金で占められていたが、これは金貨および金地金からなっていた。この在内正貨は、1914年から18年にかけて、3億2409万円ほど増大した。在内正貨は、ほとんど日本銀行によって保有された。たとえば表8－8によれば、1916年10月末の政府所有正貨のすべては、在外正貨として保有されていた。在内正貨はほとんどすべてが正貨準備に繰り入れられていた。政府は金貨を外部から受け入れたり、日本銀行から金貨を受け入れたり、海外正貨を回収して受け入れたりしたが、これらによって得た在内正貨は1917年、1918年において全額が外部や日本銀行への金貨の支払

表8－7　正貨在高（1913～1918年）

（単位：千円、未満切捨）

	政府所有			日本銀行所有			総計	内訳	
	小額紙幣準備	その他	計	正貨準備	正貨準備外	計		海外正貨	内地正貨
1913年（大正2）	—	90,983	90,983	224,366	61,144	285,510	376,492	246,175	130,317
14年	—	49,402	49,402	218,237	73,480	291,717	341,119	212,610	128,510
15年	—	153,423	153,423	248,418	114,242	362,660	516,083	379,298	136,785
16年	—	261,814	261,814	410,519	42,112	452,631	714,445	586,940	227,504
17年	9,597	376,572	386,170	649,618	69,050	718,668	1,104,838	643,492	461,346
18年	77,443	777,126	854,569	712,925	20,177	733,102	1,587,671	1,135,069	452,602

出所：大蔵省百年史編集室『大蔵省百年史』別巻、223ページ、から引用（原資料は『議会参考書』）。

第4編　第1次世界大戦期の正貨政策

表8－8　内外正貨内訳表（1916年10月末）

（単位：千円、ポンド、ドル、フラン）

政府正貨		日本銀行正貨	
在英国資金	186,812千円	正貨準備計	316,885千　円
当座預金	12,370	内地準備	219,875　〃
3日通知預金	1,933	金貨	108,691　〃
定期預金	17,760	金地金	111,184　〃
英国大蔵省証券	105,575	海外準備	97,009千　円
同上（預金部運用）	49,174	当座預金	327,386ポンド
在米国資金	24,937千円	特別通知預金	1,000,000　〃
当座預金	22,940	英国大蔵省証券	8,777,725　〃
定期預金	1,997	正貨準備外計	128,724千　円
在仏国資金	10,653千円	内地地金	162　〃
当座預金	574	在英国資金	88,844　〃
3日通知預金	6,354	普通通知預金	86,497ポンド
為替元渡	3,723	定期預金	2,100,000　〃
在独国資金	1,923千円	当座預金	587　〃
当座預金	1,894	本邦各種公債	215,000　〃
為替元渡	28	英国大蔵省証券	6,370,860　〃
		30日通知預金	307,282　〃
		在米国資金	38,095千　円
		定期預金	2,000,000ド　ル
		当座預金	11,840,891　〃
		本邦各種公債	419,006　〃
		米貨諸公債	4,837,130　〃
		在仏国資金	1,622千　円
		当座預金	4,028フラン
		仏国大蔵省証券	4,806,450　〃
総計	224,326千円	総計	445,609千円

出所：大蔵省理財局国庫課「正貨ニ関スル参考書」同局『第三十八回議会参考書』1916年12月。

い、金地金の売却に充用されている[132]。

　政府および日銀による金確保の努力にもかかわらず、1915年にはアメリカに向けて金が流出するという事態が起こった。また16年下半期から17年9月まで中国に向けて多額の金が流出した[133]。1917年9月のアメリカの金輸出禁止以

---

132)　日本銀行調査局「正貨毎月総括表」1919年12月分、1920年3月10日調（筆者がコピー保有）。
133)　『日本金融史資料　明治大正編』第22巻、25－26ページ。

第8章 第1次世界大戦期の正貨処理政策

表8－9 第1次世界大戦期の金貨・金地金輸出入

(単位：千円、未満切捨)

	輸出			
	支那(香港上海その他)	米国	その他	計
1914(大正3)年	7,448	16,000	2,591	26,039
17年	44,245	0	106,393	150,639
18年	300	114	507	922
1904年～20年10月	229,289	156,575	115,068	500,934

	輸入					差引
	支那(同上)	朝鮮	米国	その他	計	
1914(大正3)年	7,048	0	0	55	7,103	－18,935
17年	2,266	0	344,338	40,385	386,990	236,351
18年	0	0	0	828	829	－92
1904年～20年10月	135,233	43,522	903,199	189,867	1,271,823	770,889

出所：大蔵省理財局『第四十四回議会参考書』1920年12月。

表8－10 第1次世界大戦期の金貨・金地金移出高表

(単位：千円、未満切捨)

	移出			移入			差引
	台湾	朝鮮	計	台湾	朝鮮	計	
1914年	78	0	78	1,490	12,234	13,725	13,646
18年	195	0	195	768	4,503	5,271	5,076
1904年～20年9月	7,562	2,777	10,340	22,379	100,286	122,666	112,325

出所：上掲『第四十四回議会参考書』。

後は、金の内地への現送が困難となった。表8－9によれば、18年には金の輸出額はその輸入額を上回った。表8－10のように、朝鮮や台湾からの金移入もあったが、17年から18年にかけて在内正貨は874万円ほど減少した（表8－7参照）[134]。

結局、正貨の多くは在外正貨の形態で保有するほかはなく、1918年には正貨保有高の71.5％が在外正貨によって占められた（表8－7参照）。日本銀行資料

---

[134] この日銀在内の減少は、外部への金貨支払い、金地金売却、政府への金貨支払いによるものであった（前掲「正貨毎月総括表」）。

に基づく内外正貨の内訳は、1918年末において表8－11のようになる。第1次大戦中においても、欧米金融市場に対する信頼、信認は揺るがず、国際金融市場との連関を維持しつつ、日本の正貨が蓄積されたのである。

在外正貨は、第1次大戦期のイギリスにおいてみられたような在外金準備の形態ではなく、在外預金や公債の形態で保有されていた。

在外正貨は政府および日本銀行、とくに政府によって所有された。政府は日銀を通じてそれを買い入れた。1918年にその額は6億5687万円に及んだ[135]。

政府は、日本銀行を通じて、正金銀行在外支店または海外銀行に再預入を行った。その詳細は表8－12のごとくである。海外銀行に対する寄託は中央銀行のみならず市中金融機関に対してもなされている。日本銀行は在外正貨の一部をイングランド銀行に預け入れた。1918年におけるその平均残高は、一般勘定が19万1000ポンド、A勘定が3万4000ポンド、特別勘定が7万6000ポンドであった[136]。ニューヨーク連邦準備銀行への預け入れを日本銀行が行うようになるのは1920年3月のことである[137]。

国際金融の中心地の変化を反映して、在外正貨の保有形態は第1次大戦前のポンド中心から大戦後のポンド・ドルへと二元化した。すなわち、1915年3月時点で在外正貨は93％がロンドンで保有されていたが、1916年10月にはポンドが82.8％、ドルが14.0％、フランが2.7％、マルクが0.4％となり、1921年12月には在外正貨はポンド4億9200万円、ドル3億5200万円、フラン890万円、マルク190万円となっていた[138]。1914年度以後も英貨は重要であったが、国際金融市場におけるアメリカの地位の向上とともに、18年度末には表8－13のごとく米貨で総額の過半が保有されるに至った。

在外正貨の運用原則は安全性・流動性の確保、収益性への配慮、国際金融協力への配慮であった。表8－8にみられるように在外正貨の一部は流動性の高い無利子の当座預金、通知預金の形態で保有されており、対外支払いのために保有された在外正貨は必ずしも利子の取得を目的とするものではなかった。

---

135) 前掲「正貨毎月総括表」。
136) *The Bank of England 1914-1921*, Vol. 3, pp. 259-260. 日本銀行のイングランド銀行における預金勘定についてはバイスウェイ［2013］も参照されたい。
137) 日本銀行百年史編纂委員会［1983a］462－468ページ。
138) 伊藤正直［1989］56－58ページ。表8－8。

第8章　第1次世界大戦期の正貨処理政策

表8－11　内外正貨内訳表（1918年12月31日）

（単位：千円、四捨五入）

日本銀行正貨		
準備外内地金		15
内地準備		452,588
海外準備		260,338
準備外海外保管金		
普通通知預金	£12,034[4/10]	
当座預金	£214[19/4]	
定期預金	£200,000[-/-]	
3日通知預金	£100,000[-/-]	
30日通知預金	£307,282[11/11]	
為替資金	£0	
本邦各種公債	£202,500[-/-]	
英国大蔵省証券	£0	20,162
当座預金	$180,835[30]	（　　ロンドン　7,268）
定期預金	$500,000	（ニューヨーク 11,201）
本邦各種公債	$477,343[67]	（　　フランス　1,693）
米貨諸公債	$4,050,000	
米国大蔵省証券	$0	
米貨英国大蔵省証券	$0	
当座預金	fcs. 4,453,318[65]	
仏国大蔵省証券	fcs. 811,800	
合計		733,102
政府正貨		
英貨寄託金		2,324
独貨寄託金		1,895
仏貨寄託金		1,490
米貨寄託金		291,264
英貨利付預金		0
独貨為替基金		29
仏貨為替基金		3,086
英貨証券		98,601
預金部運用英貨証券		19,526
預金部運用英貨利付預金		160,601
小額紙幣引換準備政府寄託金		77,443
英貨臨時国庫証券収入金寄託金		587
米貨臨時国庫証券収入金寄託金		94,418
英貨臨時国庫証券収入金利付預金		35,133
預金部寄託金		68,172
合計		854,569
総計		1,587,671

注：準備外海外保管金という表現を1918年末の下記統計に追加記入した。
出所：日本銀行金融研究所所蔵資料：『内外正貨』。

第4編　第1次世界大戦期の正貨政策

表 8－12　政府預金在高表（1916年10月）

(単位：千円、未満切捨)

預入先	再預入先別	預入種別	金種別	金額	始期	利率	目的別
日本銀行	イングランド銀行	在外正貨寄託金	英貨	12,176	1895年10月	0	海外払経費支払のため
〃	正金ロンドン支店	〃	〃	193		0	
	小計		〃	12,370			
〃	横浜正金銀行ニューヨーク出張所	〃	米貨	5,963		市場利率	〃
〃	ナショナルシチーバンク	〃	〃	2,995	1904年12月	〃	〃
〃	ナショナルバンクオブコンマース	〃	〃	1,997		〃	〃
〃	チェーズナショナルバンク	〃	〃	4,993		〃	〃
〃	ナショナルパークバンク	〃	〃	998	1916年6月	〃	〃
〃	バンカーズトラストコンパニー	〃	〃	1,997		〃	〃
〃	ギャランチートラントコンパニー	〃	〃	1,997	1916年3月	〃	〃
〃	クーン・レーブ商会	〃	〃	1,997		〃	〃
〃	ニューヨークトラストコンパニー	〃	〃	998	1916年4月	〃	〃
〃	ユナイテッドステーツトラストコンパニー	〃	〃	998		〃	〃
	小計		〃	24,937			
〃	クレデリオネー	〃	仏貨	574		〃	〃
〃	ソシエテジェネラール	〃	〃	0	1905年12月	〃	〃
〃	ロッチルド兄弟商会	〃	〃	2,809		〃	〃
〃	日仏銀行	〃	〃	3,545		〃	〃
	小計		〃	6,929			
〃	ドイツ帝国銀行	〃	独貨	12		〃	〃
〃	北ドイツ銀行	〃	〃	0	1905年7月	〃	〃
〃	ドイツ銀行	〃	〃	1,882		〃	〃
	小計		〃	1,894			
〃	ロンドンジョイントストックバンク	在外正貨預金運用	英貨	3,834		〃	正貨保管かつ利殖のため
〃	ユニオンオブロンドンエンドスミスバンク	〃	〃	2,861		〃	〃
〃	パースバンク	〃	〃	4,784		〃	〃
〃	ロイズバンク	〃	〃	2,414	1898年5月	〃	〃
〃	ナショナルプロヴィンシャルバンク	〃	〃	961		〃	〃
〃	ロンドンカウンチーエンドウェストミンスターバンク	〃	〃	957		〃	〃
〃	日本興業銀行ロンドン代理店	〃	〃	3,880		〃	〃
〃	イングランド銀行保護預け（英国大蔵省証券）	〃	〃	154,749		〃	〃
	小計		〃	174,442			
〃	正金ロンドン支店	在外正貨為替資金	仏貨	3,723	1895年7月	0	為替取組のため
〃	〃	〃	独貨	28	〃	0	
〃	〃	海軍省現金前渡官吏寄託金	英貨	1,205	1900年2月	0	海外経費支払のため
	海外預金総計			225,532			
	内地預金総計			67,738			
日本銀行	内地指定銀行	鉄道合計余裕金	通貨	22,793	1909年4月	各地区ごと	各地金融調節
	総計			316,064			

出所：大蔵省理財局国庫課「国資運用並貨幣ニ関スル参考書」『第三十八回議会参考書』。

第 8 章　第 1 次世界大戦期の正貨処理政策

表 8 －13　日銀所有在外正貨償却高とその運用利益収入額との比較（1916年、1918年）

(単位：千円、未満切捨)

	在外正貨	償却高	収入利息
1916（大正 5）年上期	222,242千円	906	4,346
下期	225,126	1,876	3,584
18年上期	268,791	7,578	6,550
下期	280,500	9,399	5,593

出所：『第四十三回議会参考書』から作成。

　ただし、在外正貨の多くは、表 8 －8、表 8 －12、表 8 －13のように利子を生む形態で保有された。正貨保管以外に利殖をも目的として運用される在外正貨もあり、大蔵省証券などの証券にも運用された。1918年には日本銀行は1214万円の利殖金を得た。また、政府は同年に政府寄託金利息208万円、為替金利息10万円、小額紙幣引換準備金寄託金利息131万円、膃肭獣皮分配金 2 万円、預金部所属73万円、国債整理基金部所属利殖金49万円、合計473万円を得た[139]。

　日本の国際収支が黒字を続けたために、邦貨に対して外貨の相場が低落した。外国為替銀行から外貨を買い上げて為替リスクを負担した日本の通貨当局は、在外正貨の円建保有額の減少という損失を受けた。この為替相場の変動がもたらす損失によって在外正貨の利子収入は食い潰されていった。政府所有在外正貨の減価額は、表 8 －14によれば、1917（大正 6）年度には1028万円に達した。休戦前約 1 カ年のドル貨値下り率は約 4 ％に及んだから[140]、日銀所有在外正貨は、目減りさえも生ずるに至ったのである[141]。

　国際金融協力として連合国公債への在外正貨運用が行われたが、これについては後述する。

　政府海外正貨の一部は海軍省経費や外債償還、外債元利払、対外証券投資のために支払われた。1918年に政府在外正貨は次のように外部に払い出された。海軍省経費2351万円、英貨公債償還元または買入元2528万円、英貨公債利払元4211万円、仏貨公債または仏貨国庫証券利払元 1 万円、買収鉄道社債利払元62

---

139)　前掲「正貨毎月総括表」。
140)　東京銀行調査部『東京銀行調査月報』1954年 9 月号、17ページによる。
141)　国際収支が逆転して円の相場が下がれば、この問題は解消する。しかしこの場合には、円換算対外債務支払額の増大という問題が生ずる。

709

第4編　第1次世界大戦期の正貨政策

表8-14　政府在外正貨価格引直調（1914年、1917年、1918年）

（単位：千円、未満切捨）

	種類	原価	保有単価	保有価格	改め単価	改め保有価格	差引引下高
1914（大正3）年度末	英貨	5,926千ポンド	9.839円	58,310千円	9.763円	57,859千円	451千円
	米貨	892千ドル	2.029	1,811	2.006	1,790	20
	仏貨	13,842千フラン	0.387	5,369	0.387	5,357	12
	独貨	4,023千マルク	0.476	1,915	0.478	1,923	引上7
	計			67,406		66,930	475
17年度末	英貨	27,832	9.604	267,304	9.416	262,084	5,220
	米貨	31,515	1.964	61,926	1.820	57,358	4,567
	仏貨	24,447	0.361	8,840	0.341	8,352	487
	独貨	4,023	0.478	1,923	0.478	1,923	0
	計			339,995		329,718	10,276
18年度末	英貨	38,842	9.514	369,571	9.416	365,748	3,823
	米貨	289,438	1.9415	561,883	1.909	552,623	9,259
	仏貨	16,276	0.354	5,773	0.335	5,452	320
	独貨	4,023	0.478	1,923	0.478	1,923	0
	計			939,151		925,748	13,403

出所：1920年12月、大蔵省理財局国庫課『第四十四回議会参考書』正貨ノ部から作成。

万円、英国政府円貨大蔵省証券為替代り金7507万円、英国国民軍事債券買入資金966万円、合計1億7625万円（4捨5入合計では1億7626万円）。また日本銀行にルピー代り金として1976万円が払い出された[142]。

　第1次世界大戦期において多額の正貨が蓄積されたことが、大戦後の金輸出禁止下の日本の対外決済を支えていくことになる。その意味では、正貨の蓄積には、批判があったとはいえ、一定の意義があったといえよう。だが、そのことは、大戦期の多額の正貨の蓄積は支払うべく予定されていた正貨の蓄積であったともいえる。要するに、日本の国際競争力が十分に強化されないかぎり、巨額の蓄積は、それを保持しようとしても長く維持されるものではなかったのである。第1次大戦後にはそれが取り崩されていくこととなるが、これについては次章で論ずることとする。

---

142)　前掲「正貨毎月総括表」。

第3節 「正貨の産業資金化」政策——積極的正貨処理政策

はじめに

　日露戦争後、正貨の流出は著しく、大正初期には兌換制の危機が叫ばれるに至った。正貨をいかに吸収するかが、当時の財政金融上の重大問題であった。だが第1次大戦の勃発後、正貨の流入が激増したため、この正貨をいかに利用するかが新たな問題となった。この方策の1つとして、正貨を国内産業資金に振り向ける政策が考えられた。当時、こうした政策が検討されたことは、日本銀行の「欧洲戦争ト本邦金融界」の記述からも明らかである[143]。また田中生夫教授は、木村清四郎が「折角得た正貨を外債償還のみに充当するのは不可であって、之を国内の産業資金に向け、斯る千載一遇の好機会において一国産業の開発を図らねばならぬ」とする意見に対抗して、内外債借換を進言したという事実を紹介されている[144]。これによってみても、当時、正貨を国内の産業資金に振り向けようとする構想の存在したことを知りうる。しかし、『明治大正財政史』[145]やその編者である吉川秀造氏の「大正時代の正貨政策」なる論文[146]は、この施策には触れていない。そもそも正貨を国内産業資金に振り向けるというのは、何を意味したのであろうか。これらの政策は実施されたのか、それともされなかったのか。いずれにせよ、その理由は何であったのか。それはいかなる矛盾を有していたのだろうか。本節では、正貨政策史研究の一環として、これらの問題を解明することとする。

　正貨を国内産業資金として利用する政策は、渋谷作助『武富時敏』（173-174ページ）によれば、当時2様に解されていた。第1は、金を海外から取り寄せて、正貨を基礎として日本銀行券を増発し、産業資金を貸し出す（内地の事業資本に供給）ことである。これは本来は金融政策に属するもので、広義の正貨処理政策というべきものである。第2は、機械や原材料の輸入代金の支払いに在外正貨を充当し、産業の発達を促進することである。このような政策は、

---

143) 『日本金融史資料　明治大正編』第22巻、24-25ページ、参照。
144) 田中生夫「木村清四郎の金解禁論」『金融学会報告』第32号、1970年10月、35ページ。
145) 『明治大正財政史』第1巻、第5章第2節5款、6款、参照。
146) 『同志社商学』第10巻6号、1958年12月、39-59ページ。本論文は吉川秀造［1962］に収められている。

「正貨の産業資金化」、「在外正貨の資金化」、「カピタリゼーション」などと称された。「正貨の産業資金化」政策が上述の内容を含むものとすれば、この政策の分析は、産業や産業奨励政策および産業金融の状況の考察を基礎として行わなければならないであろう。

1　大隈内閣の「正貨の産業資金化」案

（1）　正貨の生産的利用論の展開

　1915（大正4）年春以降の輸出の増大に伴って、正貨の保有量が増加した。これを背景として、正貨を内地の生産の発展のために用いるべしとの主張が台頭した。

　その第1の主張は、日本銀行が正貨準備の増加を基礎として金利を引き下げ、貸出を拡張すべきであるというものであった。これによって日本の商工業を振興しようとしたのである。『東京経済雑誌』はさまざまな正貨利用策を提起しているが、同誌はその1つとして、この方策を採用すべきであると論じたのである[147]。同誌は正貨の死蔵に反対し、兌換券の増発を主張した。豊富な資金を有する独占的大資本は、こうした方策を積極的に支持したわけではない。だが、「在外正貨を取寄せ、既に閑却せる金融をして益々緩和せしめ、以て企業の興起発展に資せんことを主張」する産業資本家は多かった[148]。

　第2の主張は、正貨を処分して、生産のための資金として利用しようとするものである。京都大学の神戸正雄博士は、『新日本』誌1916年3月号において在外正貨の処分問題を論じた。同博士は、「在来の在外正貨すら多きに過ぎ、一億余りの正貨準備に充当せられたる分を日本内地に持帰り」、これとは別に、「一億許の支払及為替資金を残して、其他は全部適当に処分すべし」と結論す

---

147)「正貨の豊富と中央銀行の利率（第一）」『東京経済雑誌』第71巻第1784号、1915年1月23日、7ページ。「同（第二）」同第71巻第1785号、1月30日、9ページ。「日銀利子引下げの急務」同第71巻第1797号、4月24日、6-7ページ。「産業及び資本の独立と保護政策」同第71巻第1798号、5月1日、6ページ。「在外正貨の処分法如何」同第73巻第1847号、1916年4月15日、5ページ。「利子引下に関する世論の誤謬を解く」同第73巻第1848号、4月22日、4-7ページ。「在外正貨処分に関する世論」同第73巻第1849号、4月29日、5ページ、参照。

148)「在外正貨を利用するの一策」『東京経済雑誌』第71巻第1830号、1915年12月11日、6ページ、参照。

第 8 章　第 1 次世界大戦期の正貨処理政策

る。彼は、在外正貨の処分方法として、外債償還や外国証券買取も考えた。だが、生産資金として利用するのが一番重要であるとした[149]。

　ここに正貨を生産資金として利用するというのは、国際的支払手段であると同時に貨幣資本でもある正貨を支払って、国内の生産のための資材を輸入し、または海外への事業投資を行うことを意味するものと解される。

　神戸博士は、『経済論叢』1916年 6 月号および10月号において、大戦という「此好機ニ乗ジテ」「在外正貨ヲ内外ノ生産的事業ニ放下シテ」「我国ノ将来ノ大発展ヲ計」るべきであると主張した。かかる政策を、正貨利用政策として、外債償還政策や正貨蓄積政策に優越するとみなした。彼の主張に、正貨の生産的利用論の意図が最もよく示されている。

　神戸は、「対外債務ノ多キコトヲ」「心配ニ及バヌ」、「其債務ノ利子ヨリモ大ナル利子ヲ産出シ」またはその債務によって有することとなる「資金ヲ有益ニ使用シテ其国ノ地位ノ向上ヲ計ルコトニカヲ用ユルノガ肝要デアル」、外債が減少しても内債が増えるならば、「日本ノ公債額ノ多キニ過グル心配ハ解ケナイ」、「日本ノ経済力ヲ強クシ置キサヘスレバ、借換ナドハ心配スルニ及バナイ」、「外債ヲ」「買入ルルトナルト其市価ガ大ニ上ツテ政府トシテ不利デアル」、「外債償還ハ予算ノ制限ヲ受ケル」と外債償還論を批判した。他方、正貨蓄積論に対しては、「日本ノ経済力及経済上ノ基礎ガ強大トナツテ居ルナラバ、正貨争奪戦ガ初マツテモ全ク安心デアル」と弁明した。「詳シクイヘバ夫ノ正貨ガ此際国内生産業ノ発展ノ為メニ並ニ航海業及海外企業ノ発展ノ為メニ使用セラルルコトトナレバ、原料ハ必要ニ応ジテドシドシ輸入スルコトガ出来、之ヲ以テ盛ニ製造加工シテ得タル製品ヲ復タドシドシト輸出シ、更ラニ航海業や海外企業ヨリノ利益ヲモ受入ルルコトトナリ、外国ヘ支払フヘキ勘定ヨリモ、外国ヨリ受取ルヘキ勘定ガ多クナツテ、自然ニ正貨ヲ取入ルルコトヲ得ル」と論じた。また神戸は、「蓄積スル所ノ正貨多ケレバ、ツイ内地ニテ発行スル兌換券モ多発ノ傾大トナルヲ免レズ、通貨膨脹ノ勢大ニ、随テ輸入ヲ容易トシ輸出ヲ不利トスル情勢ヲ作ルコトトモナリ」、「折角蓄積シタル正貨ヲ喪失スルコ

---
149)　神戸正雄「外債減少よりも生産的利用」『新日本』第 6 巻第 3 号、1916年 3 月、39－40ページ、参照。神戸は、正貨を利用して、鉄鋼、機械、化学工業、鉱業、鉄道、海運業等の発展を図るべきであると主張した。

713

第 4 編　第 1 次世界大戦期の正貨政策

トトナラウ」、「正貨争奪戦ニ応ズル為メニ正貨ヲ備ヘテ置クノハ抑々末デアツテ、正貨ヲ取込ミ得ル経済上ノ基礎ヲ作ルノガ本デアル」、そのまま「蓄積スルコトニナレバ、全ク利子ヲ失フコトトナリ、之ヲ利殖スルニシテモ」、正貨蓄積論の立場から行えば、「薄利ニシカ利殖ハ出来ナイ」、正貨の所在国が正貨の輸出を禁止するかもしれず、戦時下の現送は危険でもある、と正貨蓄積論を批判した[150]。

　正貨を利用して積極的に生産を発展させるという見解は、議会においても表明された。貴族院では、1915年末から16年初頭にかけて、正貨を外債償還に用いるべしとの意見が強かった[151]。だが同時に、正貨の一部を生産に用いるべしとの議論も行われた。すなわち、15年12月7日、鎌田勝太郎は、「激増せる正貨の一部を以て外債を払って消極的に財政を鞏固にすると同時に、此激増せる正貨の一部を以て積極的に内地の事業を保護奨励せらるるが宜からう」と論じた[152]。政友会の高橋是清は、16年2月23日、貴族院において、「幸ひ正貨が激増して来た」、「それを利用して」「殖産興業発達の政策を著々行」うのが「適当である」と演説した。また「政府において徹底したる所の殖産興業政策と云ふものがない」と政府を論難した[153]。さらに翌24日、高橋は、日本銀行に正貨を保有させて同行の貸出額を増加させることを提案し、これによって地方金融の緩和を図ろうとした[154]。ここには、地方産業の発展を志向する政友会の立場が看取できる。

　このような正貨の生産的利用論に対して次のような反対論が起こった。

---

150)　神戸正雄「在外正貨処分ニ就イテ」『経済論叢』第2巻6号、109－113ページ、同「重ネテ在外正貨問題ヲ説イテ河津博士ニ答フ」『経済論叢』第3巻4号、91－103ページ、参照。
151)　たとえば1916年1月17日、貴族院において、男爵田健治郎は、「五千万円は矢張り償還基金として据置いて鉄道財源は公債等の手段に依って」求めるべきであると論じた。正貨の流入、「通貨の膨脹と云ふ事は必ず其影響として謂はゆる投機熱の煽揚となる」と主張し、投機熱は、物価を騰貴させ、輸入超過を惹起すると演説した（大日本帝国議会誌刊行会編『大日本帝国議会誌』第10巻、44－45ページ参照）。貴族院の減債基金削減反対に直面して、大隈内閣は予算案の成立を危ぶみ、対外投資のために提出した日支・満州銀行法案を廃案として、貴族院の妥協を取り付けようとした。貴族院は、予算案の不成立や倒閣を図ってまでも、減償基金還元を固守するつもりはなかった。1916年2月12日、予算案が成立した（若槻禮次郎『古風庵回顧録』241－243ページ、『大日本帝国議会誌』第10巻、90－98ページ、参照)。
152)　『大日本帝国議会誌』第10巻、7ページ。
153)　同巻、140－141ページ。
154)　同巻、158－160ページ。

第8章 第1次世界大戦期の正貨処理政策

　外債償還論者であった河津暹博士は、「理論上ヨリイヘバ」在外正貨をもって「外債ヲ償還スルヨリモ其資金ヲ以テ我国幼稚ナル事業ヲ興シ」「我国民経済ノ基礎ヲ鞏固ニシテ戦後ノ経済戦争ニ当」たる方が優れていることを認めた。しかし、それを実行するのは困難であると主張した。その論拠は、第1に、在外正貨を生産事業に利用するにあたり、戦乱中にこれを取り寄せることは困難であるということであった。輸送上きわめて危険を伴うというのである。また「正貨ヲ取リ寄スニ非ズシテ事業ニ必要ナル機械等ヲ輸入スルモノトセバ、原料等サヘ輸入困難ナルノ時更ニ輸入困難ナリ」と述べた。これが可能であるとしても、欧米の物価騰貴時にこれを購入するのは不利であるとした。第2に、「如何ナル事業ニ如何ナル方法ヲ以テ資本ヲ利用スルカ」が明確になっていないと、在外正貨を生産的に利用することは困難であるというのであった。河津は、これが明らかでなければ、「投機業者等ガ国家的事業ノ美名ノ下ニ不確実ナル事業ヲ起シ、若クハ」「国家ノ保護ヲ濫請シテ其結果発達スベキ事業ヲシテ却テ鞏固ナル基礎ヲ得ル能ハザラシメ、折角ノ在外正貨ヲ濫費スルニ至ラズトモ限ラ」ずと論じた[155]。正貨の生産的利用論には、確かに河津の指摘するような問題点があった。

　堀江帰一博士は、「正貨の資本化は空言なり」と主張した。政府の産業政策は未知数であり、生産的補助品の輸入が困難であったのに加えて、「戦後外国が我国の産業に加へんとする競争の状況定まら」ないから、公定歩合の引下げによって産業の発展を期するのは「至難の業」であると堀江は論じた[156]。『中外商業新報』も、正貨を資金化してこれを産業上に利用して経済的発展を遂げようとするためには、まず「産業政策を確立し」、「之に順応すべく更に日銀をして金利の引下を行はしめざるべからず」と述べている。「産業政策確立せずして資金の供給を放漫に」せんか、「兌換券は徒に膨脹し、事業濫興、物価騰貴、輸出衰退、輸入促進、正貨流出」が生ずる恐れがあったのである[157]。

　上述のように、正貨を生産の発展に用いることには賛否両論があった。賛成論にも2種類あった。それでは大隈内閣は、正貨の生産的利用に対していかに

---

155)　河津暹「在外正貨処分問題ニツキテ」『国家学会雑誌』第30巻第1号、141ページ、河津「再ビ在外正貨処分問題ニ就テ」『国家学会雑誌』第30巻4号、110-111ページ。
156)　堀江帰一「大隈内閣の財政金融政策」『太陽』第22巻第7号、1916年6月、55ページ。
157)　「日本銀行の金利引下」『銀行通信録』第367号、1916年5月20日、28ページ。

対処したのであろうか。

（2） 大隈内閣の民間産業奨励の制約性

　第1次大戦の勃発とともに、交戦国は自国の需要、とりわけ軍需を満たすために、重化学工業製品の我が国向け輸出を制限した。これは、日本に対する先進国の競争的圧力の減退を意味した。大戦期は、技術的に立ち遅れた日本の重化学工業にとって、発展の好機となった。輸出の増大に伴う産業の発展は、国内の産業連関需要を喚起した。1915年11月から16年1、2月にかけて、戦争景気は一般化した[158]。この結果、鉄の不足が顕著となり、生産の拡大に伴って産業基盤の整備も必要となった。

　1915年8月、大蔵大臣に就任した武富時敏は、同年12月6日、16年度予算案を、ついで翌年2月に追加予算案を議会に提出した。政府は、八幡第3期拡張[159]、電話事業第3期拡張[160]を計画し、その経費の一部を予算案に計上した。前年度と同じく、減債基金を2000万円削減し、削減分を一般会計から鉄道特別会計に貸し出すこととした。これによって、鉄道の建設改良を行おうとした。民間産業奨励費も一部増額された。

　大隈内閣は、上述の理由から産業政策の必要を認め、上記の財政政策を通ずる産業奨励策を実施したのである。だが、これは、正貨を用いて輸入を増加させ、これによって生産を拡大させることを意図したものではなかった。

　そもそも日本の産業奨励政策は、正貨処分とは逆に、正貨の維持、獲得の任務を背負わされていた。軍事工業を除けば、政府の保護の対象となったのは、主として輸出工業であった。産業奨励は、輸入防遏を目的としたものでもあった[161]。大隈内閣前期の大蔵大臣若槻礼次郎も、輸入を防遏するために国産奨励論を唱えた[162]。武富の財政政策を通ずる産業奨励策は、鉄、染料医薬品などの国産振興によって、正貨流出の原因となる輸入を防遏するという一面をも有していたのである。大隈内閣は、『東京経済雑誌』の主張するような保護主義によらない産業発展論をそのまま採用しようとはしなかった[163]。

158）　高橋亀吉『大正昭和財界変動史』上巻、53ページ。
159）　寺谷武明「第一次大戦期における鉄鋼政策」安藤良雄編『日本経済政策史論』上巻、東京大学出版会、1973年、215ページ、参照。
160）　『明治大正財政史』第1巻、364ページ、参照。

第 8 章　第 1 次世界大戦期の正貨処理政策

　政府の内国産業奨励政策は、正貨の利用を目指すものではなかった。また内国産業奨励政策を実施して生産を拡大し、機械や原材料の輸入を増大させようとしても、これは容易ではなかった。戦時下において、ヨーロッパ諸国は、機械や銑鉄、鋼材などの輸出を制限した。日本においては、これらの輸入は困難であったのである。

161)　たとえば、1907（明治40）年、阪谷芳郎大蔵大臣の作成した「正貨政策ニ関スル閣議案」は、「輸出品ノ生産ヲ奨励シテ輸出ノ増加ヲ図リ輸入品ニ代ルヘキ内地産物ヲ振興シ且輸入品ノ使用ヲ減少シテ輸入ノ防遏ニ努メ又貿易以外ニ於テ正貨ノ受入ノ増加スヘキ事業ノ改良拡張ヲ行ヒ正貨仕払ノ原因トナルヘキ事業ノ減縮シテ以テ国際正貨受入ノ関係ヲシテ其ノ平衡ヲ得セシムル」と論じている。1911年 8 月、大蔵省の作成した「正貨ニ関スル応急擁護」は、根本的方針として、「今後一般ニ生産費ノ低減並資本ノ集積ヲ助長スルノ政策ヲ行ヒ以テ国力ノ発展充実ヲ計リ依テ自然ニ輸出ノ増進、輸入ノ防遏ノ出現ヲ期待スルノ外ナシト認」めている。1913（大正 2 ）年の「正貨ノ収支ニ関スル方針」においても、大蔵大臣は、「普通輸出品及ヒ輸入防遏品ノ生産ニ一層便宜ヲ与ヘ改良ヲ加フルコト」を主張した。同年 8 月末の大蔵省の「正貨補充策及正貨現在高」は、米の自給策の樹立をも正貨の維持策として注目しているのである。上記の正貨政策資料は、いずれも『勝田家文書』第48冊、所載。「正貨ニ関スル応急擁護」および「正貨補充策及正貨現在高」は、大蔵省の便箋に記載されている。両資料とも大蔵省作成と考えてよい。内容も大蔵省の立場からのものである。明治末、大正初期の正貨政策については、吉川秀造『明治財政経済史研究』第 4 章 9 節、『大蔵省百年史』上巻、240、241ページ、など参照。産業奨励による正貨の維持はきわめて困難であった。

162)　1914年 4 月、若槻礼次郎を大蔵大臣とする第 2 次大隈内閣が成立した。同内閣は、産業の奨励を政綱に掲げた。それは、経済上の自足主義を目指すものであった（『大隈侯八十五年史』第 3 巻、130－132ページ、参照）。14年10月 5 日、大浦兼武農商務大臣の内意で国産奨励会が設立された（前田薫一［1925］22ページ）。政府はこれに補助金を与え（社説「産業及ビ資本の独立と保護政策」『東京経済雑誌』第1798号、1915年 5 月 1 日、 5 ページ、参照）、これによって内国品の生産と消費を助長しようとした。15年 4 月、若槻蔵相は、「国産ノ振興ニ依リテ我主要ナル工業ノ基礎ヲ一ニ輸入品ノ上ニ置クノ弱点ヲ救済セサルヘカラス」と述べ、改めて国産振興方針を明らかにした（『日本金融史資料　明治大正編』第21巻、1184ページ）。この頃、大浦の後任の河野広中農商務大臣（1915年 1 月に就任）も国産の発達を奨励し、殖産興業に努めるべきことを強調した（『東京経済雑誌』上掲号、 5 － 6 ページ、参照）。だが、こうした国産奨励方針は、正貨を産業の発展に用いることを意図したものではなかった。逆に輸入を防遏するために国産の奨励が主張されたのであった。したがって、これは正貨の流出を防止するものであったとも考えられる（大戦当初の内国品の使用奨励、国産奨励会については、前田薫一［1955］21－22ページにこのことが明記されている）。また、輸入杜絶のために、やむを得ず国産奨励が主張されたのであった。しかも15年度に実行された国産奨励策は、同年 6 月、補助金交付を内容とする染料医薬品製造奨励法が制定され、10月以降これが実施されたにとどまった（『日本金融史資料　明治大正編』第22巻、42ページ参照）。若槻蔵相の国産奨励は看板倒れに終わったのである。若槻蔵相は、産業奨励策として、大戦当初に救済融資も行っている（『日本金融史資料』第22巻、100、105、339－345ページ、参照）。だがこれも、正貨を用いた生産奨励を意図したものではなかった。

163)　『東京経済雑誌』第1798号、 6 ページ。社説「保護政策と財政」同誌第1809号、1915年 7 月17日、 8 ページ。社説「寺内蔵相自給自足経済論の誤謬を悟らず」同誌第1882号、1916年12月16日号、 5 ページ。

717

第4編　第1次世界大戦期の正貨政策

　また国内においては、基幹産業であった鉄鋼業の原料である鉄鉱石や石炭が不足していた。これらの原料を大量かつ廉価に確保することが日本製鉄業発展の鍵であったが、国内対策だけでは製鉄業の発展を期し難かった。発展のためのより確かな方法は、資源の豊富な植民地朝鮮や半植民地中国の鉱山への投資、またはこれらの地域への製鉄事業投資を行うことであった[164]。

　1915～16年当時、資本家は、戦争の短期終了と戦後の反動を恐れ、設備の新設拡張に慎重であった。15年12月当時、武富蔵相も、大戦景気に対して、これを一時的であるとみなして、警戒的態度をとっていた[165]。技術水準の低位な日本が早急に重化学工業を発展させるのも困難であった。武富蔵相は、産業、ことに民間産業の奨励に慎重とならざるをえなかった。

　さらに、大隈内閣が国防の充実を希求した。このことは、同内閣が民間産業を奨励するのを困難にした[166]。

　国防充実方針のもとで産業奨励が抑制されることに対する批判が当時なかったわけではない。その第1は、自由主義の立場からの批判である。『東洋経済新報』の石橋湛山は、軍事費、領土拡張費、愚かなる補助費など財政上の浪費

---

164)　劔持通夫『日本鉄鋼業の発展』、432－435、468－470ページ、参照。
165)　高橋亀吉『大正昭和財界変動史』上巻、43－44、83－84ページ。
166)　大隈内閣は、1914年4月の成立当初から、中国への進出を目指した。すでに同年1月、大隈は、『後援』誌上に「国防新論」を発表している。大隈は、日本の支那、朝鮮、満州への発展を是認し、これに伴う列強との対立の激化に対処するため国防の充実が必要であると主張した。大隈は、1914年臨時議会を開くに先立って、『新日本』誌において「支那は日本にとって所謂唇歯輔車の関係があるから、常にそこに発生する問題に対して強大なる発言権を保留しなければならぬ。そして此の発言権に十分なる威力あらしめんとするには、是非とも国防を充実せしめなければならぬ」と論じた。大戦が勃発すると、大隈内閣は、千載一遇の好機を利用して中国に積極的に進出しようとした。日本は、イギリスが希望しなかったにもかかわらず、日英同盟を楯に参戦し、青島を占領した。14年12月、35議会に提出された予算案には、海軍軍備の充実費と、日韓併合に伴う朝鮮の治安の維持および満蒙の特殊権益擁護のための、かねてからの懸案であった陸軍2個師団の増設費とが計上されていた。15年、大隈内閣は、対華21カ条要求を袁世凱政府に突きつけた。日本の露骨な中国への帝国主義的進出は、列強および中国からの激しい抵抗を受けざるをえなかったが、これに対処する基本方策の第1はやはり軍備の充実に求められた。同年12月、武富蔵相は、財源が不確実であるのにもかかわらず、八四艦隊の編成を絶対に必要なものと認めた。その経費の一部として4500万円を予算案に計上した。軍備充実は、利権の維持獲得を目的とするかぎり、産業の発展と不可分の関係にある。だが、これに伴う歳出は、産業奨励費を圧迫せざるをえなかった。減税計画を立てることも不可能にした（『大隈侯八十五年史』第3巻、144、152－153ページ。高橋誠「大正デモクラシーの財政学」『講座日本資本主義発達史論』第2巻、201－203ページ）。

第8章　第1次世界大戦期の正貨処理政策

を一掃し、歳出を半分に縮小すべきであると主張した。節約分を生産事業などに使おうと説いたのである167)。『東洋経済新報』の軍備拡張批判には鋭いものがあった。しかし、これを支える基盤は弱体であった。

他方、議会では、政府に対して民間産業奨励が積極的に要求された168)。しかし議会は、軍拡反対を打ち出せなかった169)。したがって、内国産業奨励要求は、政府の方針を覆すものとはならなかった。

政友会は、国民に租税負担を課する軍事公債を償還すべしとの見地から、政府の減債基金の削減案に反対した。一方、生産的公債の発行を望ましいものと考え、鉄道公債の発行によって鉄道業を発展させようとした170)。だが政府は、そうした方策を採用しなかった。

上述の批判にもかかわらず、武富蔵相は、軍備充実方針を堅持した。民間産業の奨励には多額の経費を支出しようとせず、減税も行わなかった。正貨を生産に利用する方針は、財政に関するかぎり、1916年10月の大隈内閣総辞職まで採用されなかったのである。

---

167)　社説「戦後の経済競争に処する用意如何（七）」『東洋経済新報』第726号、1915年12月5日、5ページ。本論文は、『石橋湛山全集』（東洋経済新報社、1971年）第2巻に収録されている。とくに216-218ページ、参照。

168)　1915年12月7日、貴族院において鎌田勝太郎は、政府の産業奨励施策の不十分性を非難した。立憲国民党の小橋藻三衛は、大戦後の列強との激烈な競争を予測したうえで、産業の貧弱かつ幼稚な現状に鑑み、政府に対して産業発展の助長策を要求した。こうした主張は、中小工業の広範な存在と、重化学工業の立ち遅れた日本の現状とを反映したものである。また産業資本の利害を代弁するものであるともいえよう（『財政経済二十五年誌』第1巻、345-346ページ。『大日本帝国議会誌』第10巻、713-714ページ）。また、立憲国民党の高木益太郎も小橋提案に賛成した（同巻、706ページ、参照）。

169)　安藤実「第一次大戦と日本帝国主義」岩波新講座『日本歴史』第18巻、14ページ。

170)　政友会の基本的立場は、本章の注15で記述した高橋是清「外債に対する私見」において明瞭に窺える。1915年12月26日、衆議院において政友会の山本悌二郎は、軍事外債償還、鉄道公債発行を主張した。15年初めの高橋是清と同年末の山本悌二郎との違いは次の点にある。高橋は、年3000万円を外国から借り入れ、鉄道資金に充当しようとした（『銀行通信録』前掲第352号、50ページ）。これに対して山本は、内国鉄道証券の発行を考えた（『大日本帝国議会誌』第10巻、501、503ページ、参照）。政友会が外債償還を主張したのは、日本の外国公債の信用を維持するためでもあった（1916年2月22日、衆議院における山本悌二郎の演説、『大日本帝国議会誌』第10巻、828ページ）。公債発行論者の立場からも、公債発行余力を高め、かつ発行条件を有利にする必要があったのである。政友会は、内外債借換に対しては、国庫の損失を忍んでまでも内外債借換を強行する理由はないと主張した（『大日本帝国議会誌』第10巻、825-826ページ、所載の山本悌二郎の質問参照）。政友会の児玉亮太郎や三土忠造も、内外債借換に反対した（同巻、723、825ページ参照）。

第4編　第1次世界大戦期の正貨政策

　一方、金融政策を考察すると、増大した正貨を基礎とする公定歩合の引下げは、1916年4月に至るまで行われなかった[171]。14年7月6日、日本銀行は、「金融界に先んじて金利を高低すべからず」という高橋是清総裁時代以来の金利方針を転換した[172]。金利を2厘引き上げて、「一般財界に先んじて警戒的予告を与」えた[173]。その後も同行は、普通銀行の金利低下にもかかわらず、日銀金利を据え置いた。同行は、兌換券膨脹抑制、物価下落、輸入防遏、輸出奨励、正貨増殖を目指したのである[174]。

　さらに1915年春以降の正貨流入の増大後も、公定歩合が据え置かれた。これは2つの事情によるものであった。第1には、前述のように、正貨蓄積政策が重視されたためである。第2には、民間の金融の緩和によって、あえて中央銀行が内国貸出を増大する必要がなかったからであった[175]。このような状態のもと、日本銀行は、あえて公定歩合を引き下げようとはしなかったのである。明治時代には、日銀金利が東京の銀行の割引歩合の平均を上回ることはなかった。だが、1915年7月以降、これが実現した[176]。

　かくして正貨を産業の発展に利用する方針は、1916年4月に至るまで採用さ

---

171)　これは次のような事情によるものであった。若槻蔵相は、日本が兌換制の危機にみまわれた1914（大正3）年5月、非募債主義を標榜した。外債募集は、負担を過重にし、通貨膨脹、物価騰貴、輸入超過、正貨流出を招くとみなしたのである。若槻蔵相は、正貨擁護の対策を、貿易および貿易外収支の黒字による正貨獲得に求めた。この方法として、日本銀行が正金銀行に為替資金を貸し出し、輸出為替の海外における手取金を、正貨をもって返納せしめることを考えた。これとともに、公定歩合の引上げを重視した。1897（明治30）年の金本位制採用後、金準備を確保するために、公定歩合が引き上げられたことはあった。だが日本の公定歩合は、産業発展助成のために低く抑えられた。日露戦争後は、主として大蔵省証券の利率に追随して上下していた。1914年、兌換制の危機に直面してはじめて、「今後ノ正貨問題解決ノ鍵ハ懸テ主トシテ中央銀行ノ金利調節ニ存スルモノトス」という公定歩合を基礎とする正貨政策が、明確に打ち出されたのである。大蔵省百年史編集室編『大蔵省百年史』別巻［1969b］254ページ。1914年6月3日、日本実業協会招待席上における「若槻大蔵大臣演説」『勝田家文書』第1冊。吉川秀造、前掲書、154－155ページ。皆藤実「金本位制確立前後の公定歩合」全国銀行協会連合会『金融』199号、参照。明石照男、鈴木憲久『日本金融史』第1巻、260－261ページ。前掲「若槻大蔵大臣演説」参照。これより先の1913年9月15日、大蔵省便箋に記された「日本銀行ノ金利ニ就テ」（『勝田家文書』第52冊）は、次のように論じている。「日本銀行ノ金利カ久シク低廉ニ失シツツアル」、ために「普通銀行ニ利鞘ヲ漁スルノ余地ヲ与フルコト多大ニシテ累ヲ日本銀行ニ及ホシツツアル」、「正貨関係ニ於テ日本銀行カ最大ノ弱点ヲ有シ現状ヲ維持スルニ於テハ不遠正貨準備ヲ維持スル能ハサルニ至ルヘ」く、「金利低廉ノ悪影響並日歩引上ノ必要ハ此関係ニ於テ最大ナリ」と。
172)　高橋は、1911（明治44）年6月、日本銀行総裁に就任、13年2月、大蔵大臣に就任した。
173)　皆藤実「日露戦後より震災までの公定歩合」『金融』201号、1963年12月、23ページ。
174)　『銀行通信録』前掲第367号、24－25ページ。

第8章　第1次世界大戦期の正貨処理政策

れなかった。これ以前における正貨利用策としては、外債償還、正貨蓄積、対外投資政策が重視され、これが実施されたのである。

　1915年9月、「戦時経済政策の根本方針」を「確立」する会議が、大隈の私邸で開かれた。列席者は、内閣総理大臣大隈重信、大蔵大臣武富時敏、大蔵次官菅原通敬、日本銀行総裁三島彌太郎、同行副総裁水町袈裟六、同行理事木村清四郎、横浜正金銀行頭取井上準之助であった。この会議で正貨処理問題が討議された。席上、大隈首相は、対外投資を行うことを主張、列席者はこれを支持し、この方針が決定された[177]。この後、対中国投資計画に拍車が加えられた。また政府・日銀は、対外投資の一環として、連合国公債の買上げを実行し、またそれを奨励した。これは、国際金融市場で公債を買い入れて保有するかぎり、正貨蓄積策ともなった。大隈内閣は、1915年から16年初期の大勢としては、正貨蓄積策に正貨利用政策の重点を置いた。この方法として、短期にしてかつ有利な外債の購入、日本銀行の金の保有などを行った[178]。これによって兌換制の基礎を強化しようとしたのである。前述の会議で、水町日本銀行副総裁は金融緩慢の状態を説き、内債の募集を主張した。武富蔵相は、非募債の根本主義は通貨膨脹、物価騰貴を防ぐにある、内債募集はこの主義を遵守するものと認めた。この会議で、内国債を発行して得た資金で外国債を償還する方針が採用された[179]。この後、これが実行に移されたのである。

---

175) 輸出の増大に伴って、景気が回復に向かった。だが資本家は、戦争の短期終了を恐れ、設備の新設拡張などを手控えた。また交戦国の戦時需要のために生産資材が不足を呈し、この結果、産業資本家が設備を拡張しようとしても容易ではなかった。そこで、需要の増大に対応する生産の増強は、主として夜業その他の操業時間の延長に求められた。これによって得られた巨額の利潤を、企業は、預金するか、または借入金の返済に充当した。このために、金融は大幅に緩和し、市中金利は低下、銀行は遊資の運用に苦しむに至った（高橋亀吉、前掲書、82－84ページ。『日本金融史資料　明治大正編』第22巻、75ページ）。金融が緩漫となった1915年末、銀行業者は、正貨の利用に関して、「内債を募集して、外債を償還せんことを希望し」た（『東京経済雑誌』1915年12月11日号、6ページ。また『国家学会雑誌』第30巻1号、144ページ）。

176) 東京の銀行の割引歩合は、東洋経済新報社『日本の景気変動』上巻、71ページ、公定歩合は日本銀行『明治以降本邦主要経済統計』254－257ページ、を参照。また『日本の景気変動』下巻、第37図、参照。

177) 『大隈侯八十五年史』第3巻、375－378ページ。

178) 『銀行通信録』前掲第367号、25－26ページ。

179) 武富時敏「大隈内閣財政回顧録」渋谷作助『武富時敏』21－22ページ。

（3）「正貨の産業資金化」案の成立

1916（大正5）年4月15日、公定歩合の2厘引下げが発表され、17日に実施された。この利下げについて、『銀行局年報』は、「金利ハ既ニ前年来低位ニアリシヲ以テ此引下ハ市中金利ニ鞘寄セヲ為シタルニ過キス」と記している[180]。確かに、公定歩合の引下げは、市中金利に鞘寄せする意味を持っていた。しかし、このためだけであるなら、もっと早い時期に実施されていたはずである[181]。この利下げは、もう1つの意味を含んでいたのである。

武富蔵相は、生産の奨励に積極的ではなかったが、その必要は認めており、1916年4月にそれを一歩推し進めようとした。これは同月10日、手形交換所連合会における同蔵相の演説において明らかである。すなわち同蔵相は、「時局ノ影響ニ因テ得タルトコロノ資金ヲ成ルベク生産事業ニ化シテ、国ノ生産ノ発達ヲ図ラナケレバナラヌ」と論じた。「此千載一遇ノ好機トモ謂フベキ時ニ当ッテ」、「官民共ニ力ヲ協セテ」、「我経済ノ発展」に尽力しなければならないと主張した。ことに「平和克復ノ後ニハ一層世界列国ノ経済上ノ競争ガ劇烈ニナ」ると予測されたから、それを切望したのである[182]。

正貨準備は増大したから、生産の発展を促進することは可能であると考えられた。武富蔵相は、正貨の利用方針を修正し、正貨を国内の生産に利用することも考慮した。しかし、1916年度予算案はすでに成立しており、同蔵相は補正予算案を組んでまで生産を奨励する必要を認めなかったため、新たな生産の刺激策を安あがりの金融政策に求めた。同蔵相は、正貨を内地産業資金に振り向け、産業の奨励を図る政策を正貨の「資本化」または「資金化」と名づけた。この目的をもって公定歩合を引き下げたのである[183]。

日本銀行は、公定歩合の引下げに反対しなかった。公定歩合は、図8－1から明らかなように、1915年11月から1916年3月にかけて全国の最低割引歩合を上回ったが、16年4月以降に再びそれを下回り、1916年7月5日、さらに2厘引き下げられた。日銀手形割引日歩は1銭6厘となり、図8－2にみられるよ

---

[180] 大蔵省『銀行局年報』1916年版、729ページ。
[181] 『銀行通信録』前掲第367号、25ページ、所載の『中外商業新報』および『東京朝日新聞』の記事参照。また皆藤実「日露戦後より震災までの公定歩合」23－24ページ、参照。
[182] 『日本金融史資料 明治大正編』第21巻、1197－1198ページ。
[183] 『銀行通信録』前掲第367号、25－28ページ、「正貨蓄積と資金化」同号、92－94ページ。

第8章　第1次世界大戦期の正貨処理政策

図8－1　商業手形割引歩合の最高最低（1914～1918年）

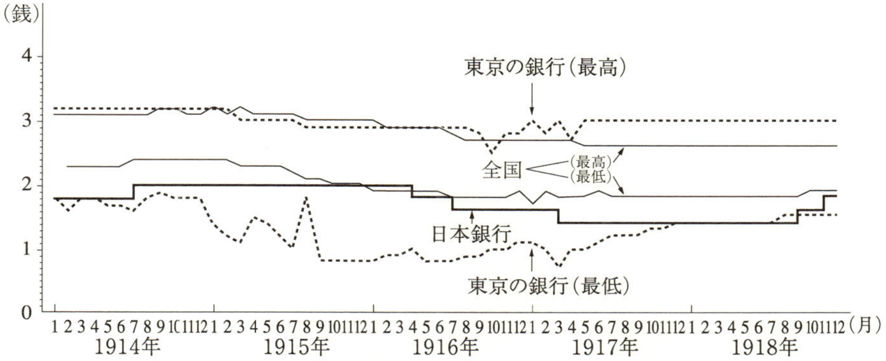

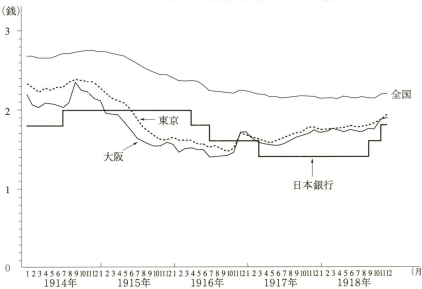

出所：『金融事項参考書』（1919年版）から作成。

図8－2　商業手形割引歩合（1914～1918年）

出所：『金融事項参考書』（1919年版）から作成。

うに、東京銀行金利をわずかに上回る程度となったのである。

　前述の「正貨の資金化」とは、何を意味したのであろうか。これについて武富蔵相は、次のように説明している。「正貨の資金化は」、「激増したる正貨の

第4編　第1次世界大戦期の正貨政策

一部を内地の産業資金に振向けんとするものにして」、「日銀今回の利下は直接(一)我財界に対する警戒を解き(二)一般銀行に対する日本銀行の融通力を滑かならしめ延いて(三)激増する我正貨の一部を産業資金に転化し得るの効力あることは余の信じて疑はざる所なり」と。菅原大蔵次官は、「政府も是迄は正貨の蓄積を主としたるが今後は正貨益々流入す可きに就き今日は寧ろ蓄積せる正貨を兌換券の形にて内地産業界に使用せしむるの途を講ぜざるべからず蓋し正貨は徒らに之を蓄積するのみにては産業界の発展を実現し得ず之を一般事業資金となすにおいて始めて正貨は資本化され爰に経済界に重大の影響を及ぼすべし」と述べた。また「日本銀行の今度の利下は事業家に対して其丈低利の資金を利用し得る機会を得せしむることとなるべし」と[184]。

ここでは、まず、正貨を基礎に兌換券を増発し、これを内地の産業資金として運用するのが「正貨の産業資金化」であると理解されている。公定歩合引下げがそのための手段であるとされている。菅原次官は、正貨を「兌換券に変形」して、これを内地産業資金として使用せしめるという表現を用いている。

保有正貨を引当に兌換券を発行した場合、正貨が兌換のための準備金として保有されたままであれば、兌換銀行券が産業資金に充用されたとしても、正貨そのものは内地産業資金として使われたことにはならない。このような政策は正貨政策というよりも正貨保有に基づく金融政策というべきものである。なお、大蔵省は正貨を資本に化すると述べているが、金融市場で必要とされるのは通貨か追加的貨幣資本かという視点は同省にはなかった。

公定歩合引下げが金貨の国内への流出を惹起すれば、産業資本家が正貨を貨幣資本として現実に用いたといえなくもない。しかし日本においては、貨幣は本来、金でなければならないと考えて国内で流通する貨幣の形態として金貨に執着するという考え方は一般化していなかった。この経済的基礎をなしたのは、肝心の金の不足という事実であった。加うるに通貨当局は、兌換券を国内で流通させて多額の資金需要に応じようとした[185]。しかも兌換券の最低額面をイギリスのように高額とはしなかった。かくして、金本位制であるにもかかわらず、国内では金貨に代わって兌換券が流通した[186]。それゆえに、公定歩合の

---

184)　同号、92-93ページ。

引下げは、兌換制に対する信頼が崩壊しないかぎり、金の対内流出を惹起するものではなかったのである。

　産業の発展を奨励し、外国からの機械や原料品の輸入を増加させ、その決済手段として正貨を支払った場合に、正貨が資本化されたことになる、といった解釈が当時行われていた[187]。武富蔵相のいう「正貨資金化」にはこの意味も含まれていたと考えられる。

　1916年6月29日、武富は、「正貨の激増とその利用」と題する東京経済学協会における講演で、次のように述べている[188]。「国富の増加は生産増加以外に無い」、「漫然拱手して正貨を保有して居るよりも、寧ろ我が産業促進の為めに、大に海外より機械原料等を輸入し之れによって我が産業を発展せしめ、輸出を旺盛ならしめて真の国富増加を期す可きであ」ると。武富は、「正貨を産業資金に化し、詳しく言へば在外正貨を以て機械や原料を購入し内地の産業を旺盛にし」と明言しているのである[189]。

　上述のごとく、「正貨の産業資金化」が構想され、この意図をもって公定歩合が修正された。だがその実施は、次のような制約を受けていた。

　金融緩和は継続しており、大資本の金融は円滑に行われた。輸出産業には日本銀行の外国為替貸付を通ずる援助も行われた。このため政府は、低金利政策の実施による生産の助長の必要を痛感しなかったのである。しかも、いたずらに公定歩合を引き下げれば投機を刺激する恐れがあった。政府は、投機を助長

---

185)　日本はこれまで正貨の不足に悩まされてきた。しかも日銀貸出を増加させて、資本主義の発展を促進しなければならなかった。このために、中央銀行が金を保有してこれを対外支払準備に充当するとともに、兌換券を正貨準備を上回って発行したのである。日本銀行臨時調査委員会「金貨ヲ民間ニ流通セシムルノ可否ニ就テ」(1917年9月調)同委員会編『臨時調査集』第3輯(『勝田家文書』第47冊にも再録)は、「従来我国ニ於テ金貨ノ民間ニ流通セサリシ重ナル原因ハ、畢竟スルニ金保有高ノ豊富ナラサリシニ職由スル」と述べている（2ページ）。また深井英五『(新訂) 通貨調節論』250－254ページ参照。

186)　「発券銀行の信用が動かないかぎり、平生の流通には兌換券が使用され、ただ外国輸出のため、または地金として使用する必要のある場合にかぎり金貨兌換の請求が起きる、これがわが国の金貨本位制の実情であった」(日本銀行調査局編『図録日本の貨幣』第8巻、245ページ)。

187)　堀江帰一「大隈内閣財政金融政策批判」『太陽』1916年6月号、参照。ただし堀江は、公定歩合引下げによる産業奨励に批判的である。

188)　武富時敏「正貨の激増と其の利用」『東京経済雑誌』第1859号、1916年7月8日、11－14ページ。渋谷作助『武富時敏』所載の「大隈内閣財政回顧録」73ページ以下に記されている1916年7、8月頃の経済協会講話とはこれを指すものと考えられる。

189)　上掲「大隈内閣財政回顧録」77ページ。

第4編　第1次世界大戦期の正貨政策

しない範囲で利下げを考えざるをえなかったのである[190]。

　公定歩合を引き下げても、これによって産業の発展が促進されるとはかぎらない。正貨を産業資金に用いる政策が効果を収めるためには、「原料品輸入の容易なること」、「企業」化「の比較的容易なること」などの条件が必要であった。しかし当時においては、前述のように、原料品輸入は困難であった。また日本の「産業界には」「最も困難なる企業のみが取り残されて居」た。正貨を国内産業資金として利用する政策が「効果を挙ぐるに多大の障礙」が横たわっていたのである。武富蔵相は、こうした事実を無視できず[191]、公定歩合の著しい引下げには慎重とならざるをえなかった。

　政府は、正貨を減少させたくはなかった。戦後の逆調、戦後の正貨争奪戦に備えるために、正貨の蓄積をあくまでも重視したのである。したがって、正貨の対外流出をもたらすような公定歩合のいっそうの引下げは抑制された。当時においては、蓄積された正貨が戦後の輸入を支え、景気の過熱をもたらし、反動を激化させることになろうとは、政府は思い及ばなかった。

　政府は、正貨の利用策として対外投資を重視し、たとえば対支投資によって中国大陸へ進出しようとしていた。また連合国への財政援助を行おうとした。外債償還も行われた。かかる正貨利用策の採用によって、正貨を輸入代金の支払いに用いる方策は制約を受けざるをえなかった。

　こうして公定歩合の引下げは、前述の水準にとどめられた。実際において、公定歩合の引下げは、「一般市場ノ警戒心ヲ緩和シ」、「諸種ノ事業ヲ刺戟シ」、また「株式市場ニ多少ノ活気ヲ副ヘ」た[192]。だが一般の市場金利水準には何らの影響も与えなかった[193]。公定歩合の引下げが産業の発展に及ぼす影響には限界があったのである。ことに輸入の増大による正貨の対外支払いを惹起しなかった。「正貨の産業資金化」政策は、大隈内閣期には正貨利用政策としては重要な役割を果たさなかったのである。

---

190)　菅原次官は、大正5年4月の公定歩合の引下げに際して、「若し財界に空景気の浮動する兆候あらんか或は再び利子を引上げずとも限らず」と条件をつけている（『銀行通信録』前掲第367号、94ページ）。
191)　『東京経済雑誌』前掲第1859号、13－14ページ。
192)　大蔵省『銀行局年報』1916年版、729ページ。
193)　『日本銀行調査月報』1916年4月号、7月号。『日本金融史資料　明治大正編』第20巻、582、632ページ。『金融』201号、2ページ。

第 8 章　第 1 次世界大戦期の正貨処理政策

2　寺内内閣の正貨流出なき産業奨励策

（1）　産業奨励策とその目的

　大隈内閣期の中国政策は、欧米との協調関係を配慮しつつ中国への進出を図ろうとする外務省路線と、軍部の軍事介入路線とに分裂した。また後者においても、参謀本部と出先とで軍事介入方式が統一されていなかった。この中国政策の混乱から、1916（大正5）年10月4日に大隈内閣は総辞職し、同月9日に寺内内閣が成立した。同内閣は、大隈内閣にも増して生産奨励の必要に迫られた。それは以下の事情によるものであった。

　戦時景気に刺激されて、1916年頃から設備の新設・拡張が始まり、17年以降、これが顕著となった。産業奨励策によって現実に産業の発展が助長される可能性が高まったのである。産業の発展に伴って鉄鋼の需要が激増し、しかも17年7月にアメリカが鉄材輸出を禁止したため、日本の鉄不足が深刻化した。ことに造船業は大きな打撃を受けた。一方、産業基盤を整備する必要もますます増大しており、鉄道業に関しては、17年11月末の調査で全国鉄道の滞貨が77万トンに達していた。

　総力戦[194]であった第一次大戦の終結後には、列強との激しい経済戦争が予想された[195]。ことに中国政策では列強が一致して日本に対抗することは明ら

---

194)　秋山真之海軍少将は、造船協会において、「今次の欧州大戦の実況を視るに海戦は勿論陸戦に於ても機械の力が七分通りを働き」、「人間の力が機械に使役されているかの観がある」、日露戦争当時までは人力を主とした陸戦は、海戦と同様に機力を主とするようになった、戦争は「工業の戦争」である、官営工廠だけでは軍需を充足できず、「我が民間工業の発達を希望」する、と演説した（「欧州大戦と工業」『時事新報』1917年2月2日、4日付所載）。商工局長岡実も、『太陽』1917年2月号において、「今や国際競争は経済的方面に、将た軍防的方面に、愈益多端にして且つ激甚ならんとして居る。而して軍防の施設は一に豊富なる経済上の地盤の上に為されなければならない」と述べたのである（岡実「戦時に於けるわが事業界の趨勢」『太陽』第23巻第2号、1917年2月、62ページ）。

195)　1917年4月4日、全国手形交換所連合会懇親会において、寺内首相は次のごとく演説している。すなわち、「他日平和が克復する暁に於ては、列国が従来戦争に傾注して居りました所の生産の能力を挙げて、世界の経済戦に臨むことは必至の勢であろう」、「此場合に際して我帝国は能く外来の圧迫に対抗して、内は産業の隆昌を図り、外は商品の販路を拡張し、平和の戦争に於ても亦常勝国たることを期待せねばならぬ」と（『銀行通信録』1917年4月20日号、24ページ、参照）。勝田主計蔵相も、18年5月1日、関西銀行大会において、「産業の種類の向上に意を致し、戦後における国際経済上の競争に耐え得るの素地を作るを緊要とすと謂はざるべからず」と述べている（『財政経済二十五年史』第6巻、90ページ）。

第4編　第1次世界大戦期の正貨政策

かであった。戦後の講和会議に先制し、満蒙、山東、福建の「特殊権益」を確保することが日本資本主義の急務となった。寺内内閣は、政治経済借款を中国に与えることによって、大陸の利権を獲得しようとした。かかる経済的進出は、軍事上の保護を必要とした[196]。寺内内閣は、軍事工業の発展を促進しようとしたのである。

かくして寺内内閣（寺内正毅首相、勝田主計蔵相）は、「積極方針」と「経済的立国主義」（「内は生産事業の促進を助長し、外は海外発展を伸張する」）とを根本方針の中に据え、生産の奨励を行おうとしたのである[197]。

財政政策を通ずる産業奨励政策としては、まず、製鉄業の拡張が図られた。鉄道業も建設・拡張費が追加された。電話事業に関しては、第3期拡張計画がいっそう拡張された。工業試験所、絹業試験所、窒素研究所の設置、緬羊飼育の奨励、水産業その他の産業の発展に必要な予算も計上された。工科大学や実業学校の拡張・増設が図られた[198]。

---

196)　大戦期の日本の中国進出による日米矛盾の進化、ロシア帝政の崩壊による日露協約の瓦解によって、日本の孤立化の危機が深まった。危機脱却のために、寺内内閣は、いっそう日中「経済提携」を図り、日本の自給自足圏を確保しようとした。同内閣は、これを国防充実によって支援しようとしたのである。元老山県有朋は、1918（大正7）年6月、「我帝国ノ国防ハ独リ帝国ノ領土ヲ守備スルニ止マラス又更ニ進ンテ支那全土ヲ防衛スルモノナラサルヘカラス」と考え、国防の充実を建議している。また、シベリア出兵が考慮された。すでに大隈内閣当時から、軍事上の見地から工業の保護奨励の必要が叫ばれていた。宇垣一成は、経済と軍事との唇歯輔車の関係を明確に把握している（『宇垣一成日記』第1巻、125、164ページ、参照）。小林幸男「帝国主義と民本主義」『日本歴史』現代2、90ページ。山県有朋「帝国国防ノ沿革並現時世界ノ大勢ト帝国ノ地位トヲ叙シ以テ国防充実ノ急ヲ論ス」（国会図書館憲政資料室所蔵『後藤新平伯関係文書』所載の「山県有朋公意見書」）参照。本意見書は、大山梓編『山県有朋意見書』に転載されている。1916（大正5）年7月31日、造船、造兵、造機を中心として工業保護を必要とする海軍の中野直枝海軍艦政局長は、内閣総理大臣官邸において、「軍事上ノ見地ヨリ工業ノ保護奨励ニ就テ」を論じた（『勝田家文書』第85冊所載）。

197)　大蔵省「現内閣成立後一箇年間ニ於ケル財政経済方策並施設概要」（1917年11月調、勝田蔵相提示）（（一）と（二）に分けて『東京経済雑誌』第1934号、1917年12月22日、13−21ページ、第1935号、13−20ページに再録）、大蔵大臣官房『寺内内閣成立後二箇年ニ於ケル財政経済方策並施設概要』同官房、1918年9月24日、参照。

198)　軍事工業の保護策としては、1918年2月、「軍用自動車補助法」が公布された。同年4月、「軍需工業動員法」が公布された。同法は実施されなかったが、その目的は、「従来国家ノ経営ニ係ル兵器弾薬其他ノ軍需品及之ト密接ナル関係ヲ有スル民間ノ工場事業場等ニ対シ国家ニ於テ適宜ノ保護奨励ヲ与ヘテ其ノ製造能力ノ増進ヲ図リ以テ国家万一ノ事変ニ備ヘヤウトスルニア」った。大蔵大臣官房「政府ハ何ヲ為スカ」1918年5月、勝田主計編『各種調査集録』第1巻、34ページ。

第8章　第1次世界大戦期の正貨処理政策

　寺内内閣が財政政策で最も重視したのは国防の充実であった。1918年度歳出中、軍事費は53%に達した。軍備拡張に対しては、『東洋経済新報』は、その実施に反対した[199]。しかし各政党は、軍拡政策を支持した。17年に設立された大資本家団体である日本工業倶楽部も、軍拡そのものには反対しなかった。政府の意図は容易に実現された。かかる国防費の膨張は軍事関連産業を発達させるものであったことはいうまでもない。

　だがこれは、産業の振興費を圧迫せざるをえなかった。政府は、産業奨励を強調したにもかかわらず、軍事関係を除けば、それを実行することが困難であった。電話事業は、需要を充足するのにほど遠かった。産業奨励費は増額されたとはいえ、財政支出に占める割合が少なかった。また、軍事費財源の調達が問題となった。政府がこれを増税に求めたことは、産業の発達と対立する側面を有したのである。

　財政政策を通ずる産業奨励には限界があり、政府は金融政策を通じて産業の奨励を図らなければならなかった。

　日本の金融市場においては、規模別較差が大きかった。大工業の金融は概して円滑に行われたが、中小工業の金融は容易ではなかった。政府は、中小工業金融の円滑化を図る必要に迫られた[200]。さらに政府は、前述の産業奨励方針から、積極的に金融の疎通を図ろうとしたのである[201]。

　工業金融の円滑化を図るために、日本興業銀行に改善が加えられた。だが興業銀行の工業金融は第1次大戦期にはふるわなかった[202]。日本勧業銀行法、農工銀行法、産業組合法も改正された[203]。とはいえこれも、普通銀行や興銀

---

199)　社説「軍備と増税を延期せよ」『東洋経済新報』第799号、1917年12月15日、4－6ページ。
200)　日本銀行臨時調査委員会「工業金融ニ関スル調査」（1917年10月）『日本金融史資料　明治大正編』第24巻、344－348ページ。
201)　寺内首相は、1916年12月20日の銀行倶楽部晩餐会において、「国家の経済の基礎を鞏固にする確信のある事業に対しては、少しく放胆に其資金を供給して、以て我帝国商工業の発展に資」することを要望した。勝田主計蔵相も、1917年4月4日、手形交換所連合会において、国内の豊富な資金の利用に関して、「安全第一」も結構であるが、「生産第一」主義が経済の一番の眼目であるとした。「銀行家と生産事業家の連絡提携の助長」を切望した。と同時に、政府としても産業資金を潤沢ならしめる政策を実施した。「我国カ時局ノ為得タル多額ノ資金ハ之ヲ内地産業資金トシテ利用スルコトニ留意シ」た。政府は、海外投資を重視したが、「徒ニ海外投資ニ急ニシテ内地産業ノ発展ヲ阻止」すべきではないと考えた。『銀行通信録』第375号、1917年1月20日、68ページ。同誌、第378号、1917年4月20日、26－28ページ。『寺内内閣成立後二箇年ニ於ケル財政経済方策並施設概要』66－67ページ。

第4編　第1次世界大戦期の正貨政策

の進出、好況による工業者の資金の豊富さなどのために制約を受けた。

　要するに、工業金融を行う特殊銀行の業務の拡大には限界があったのである。上記の特殊銀行に共通する工業金融の不振の原因としては、大企業や中小企業の上位のものの資金調達が、利益金、増資、社債発行、普通銀行からの借入によって容易になされた事実を指摘できる。

　大中企業向け工業金融機関としては、普通銀行が最も重要であった。普通銀行の金融を円滑に行うためには、日本銀行の普通銀行に対する貸出の改善が図られなければならなかったのである。

　上述のように、寺内内閣は、積極的に生産を奨励しようとした。だがそれは、正貨を支払って機械や原材料の輸入を増大させることを目的とするものではなかった。また産業の奨励は財政金融政策を通じて行われたが、これには限界があったのである。

　寺内内閣の産業奨励策には、国産を奨励して輸入を防遏しこれによって正貨の流出を防ごうとする意図さえ含まれていた[204]。

　『東京経済雑誌』は、外国品の輸入を排斥すべきではなく、「諸外国の物産を輸入するも亦之に依りて利益するものなり」と論じた[205]。『東洋経済新報』は、製鉄業保護政策に反対した[206]。堀江帰一博士も、孤立主義は「必ず我国産業の存立を危」くする、と自給自足主義を批判した[207]。だが政府は、これらの国際分業論を採用しなかった。しかし政府の国産奨励の意図は、容易に実現できるものではなかった。

---

[202]　日本興業銀行は、中小工業金融の疎通を図るために、1917年3月、産業組合に対する貸出を開始した。また地方産業資金の疎通を図るために、同年6月以降、地方の普通銀行と代理貸付契約を結んだ。同行の資本金も増額され、株式の応募引受けや船舶金融の兼営も認められた。しかし同行は、本店以外には、東京と大阪に各1支店、1918年7月に神戸支店を有したにすぎず、預金高に限界があった。興業債券の発行も、「普通銀行ノ資金需要旺盛ナルトキハ」困難であり、やはり資金量には限界があった。一方貸出については、同行は、不確実な鉱山に多額の資金を固定させていた。また同行は、対外投資の役割を担わされていた。かくして興銀の工業向け金融は大戦期にふるわず、18年末には、貸出残高の13.5%を占めるにすぎなかった。興業銀行の株式引受は、大戦期に、国内工業に対しては行われなかった。船舶金融も、主として船舶会社の自己資本や普通銀行からの借入金によって行われたため、興銀のこの分野での活動もふるわなかった。

[203]　金融緩慢下で、普通銀行の資金は豊富となり、普通銀行は、短期貸出の形式で長期貸出の分野に進出し、他方で不動産抵当貸付も盛んに行った。金融の緩慢化によって、農工銀行は、勧銀から資金の供給を受けずとも自ら債券を発行して資金を獲得し、貸出を増加させることができた。かくして勧業銀行は、工業者に対する貸出を減少させたのである。

第 8 章　第 1 次世界大戦期の正貨処理政策

　寺内内閣は、大隈内閣よりも積極的に産業を奨励しようとしたが、正貨を機械や原材料輸入に用いるという政策は採用しなかった。寺内内閣は、正貨処理策としては正貨蓄積策を重視した[208]。これは、戦後の正貨争奪戦に備えるものであり、また戦争準備金として金を保有する必要があったためであった。1917（大正 6）年 9 月のアメリカの金輸出禁止に対抗して日本が金の輸出を禁止する必要も生じた。一方、寺内首相は対外投資策も重視し、「我カ過剰セル資力」を中国に投資し、「彼ノ匱乏ヲ補ヒ市場ヲ善隣ニ開拓シテ双互ノ利益ヲ増進スル」のが「戦後ノ経済戦ニ備フル唯一ノ良策ナリ」と主張した[209]。

　中国への投資は、日本と中国とが軍事同盟を締結する基盤ともなる。この意味からも、対支投資が必要となった。また政府は、連合国への財政援助を行おうとした。これは、輸出を維持・拡大するために必要なものであったが、日本が中国に対する権益拡張を円滑に行うのに寄与するものでもあった。さらに軍事外債を償還して、財政基盤を強化しなければならなかった。1917年にこれらのために計画された受入外貨処分金額は表 8 —15のとおりである。かかる正貨政策が採用された以上、政府は、正貨を機械や原材料の輸入に用いようとはしなかったのである。

204)　寺内首相は、全国商業会議所において、輸出の増進に努め、「従来輸入を仰ぎたる内地需要品は、此の機会において自作自給し、以て正貨の流出を防遏」すべきであると述べた。「自給自足経済ヲ樹立スルノ趣旨ヲ以テ予算上各種ノ施設計画ヲ為ス所アツタ」のである。製鉄所の拡張や製鉄業奨励法は、その具体化であった。1917年 2 月の臨時産業調査局の設置も自給自足の意図を有していた（社説「寺内蔵相自給自足経済論の誤謬を悟らず」『東京経済雑誌』第1882号、1916年12月16日、5 － 6 ページ）。なお寺内首相が蔵相兼務をやめ、勝田主計を大蔵大臣に任命するのは16年12月16日のことである（「政府ハ何ヲ為スカ」第三章、参照）。
205)　上掲「寺内蔵相自給自足経済論の誤謬を悟らず」5 － 6 ページ。
206)　社説「製鉄保護の愚策」『東洋経済新報』第784号、1917年 7 月15日、11－12ページ。
207)　堀江帰一「反動的経済政策を排す」『太陽』第23巻第 3 号、1917年 3 月、63ページ、同「自給自足の経済生活を排す」同巻第 6 号、1917年 6 月、41－48ページ。
208)　1916年11月10日、大蔵省で作成された「正貨ニ関スル件」（『勝田家文書』第48冊所載）は、戦後、「貿易ハ今日ノ如キ輸出超過ノ好況ヲ維持シ難ク外資ノ利用モ亦困難ナルハ予想シ難カラス……今日激増シツツアル正貨ハ主トシテ間接直接ノ方法ヲ以テ之ノ蓄積シ以テ将来ノ需要ニ応スルノ手段ヲ取ルヲ要諦トス」と記している。
209)　首相意見書「政界廓清ノ急務」（1915年 1 月衆議院解散後の政府所信）『寺内正毅関係文書』。

第4編　第1次世界大戦期の正貨政策

表8－15　正貨処分計画の内訳（1917年）

(単位：万円)

		外債償還	正貨蓄積	対外投資
外債償還	8,000	○		
外債利子	6,000	○		
政府諸払	1,000			
流出内債買戻	1,200	○		
外債買戻	700	○		
外国債券買入	3,400		○	○
支那政治借款	10,000			○
支那経済借款	5,000			○
正貨買入高	20,000		○	
正貨流入	10,000		○	
英露蔵券等	14,600		○	○
合計	79,900			

注：本表は貿易・貿易外受取超過見込額の処分計画を示している。原資料では合計は約80,000円とされている。
出所：「帝国財政経済政策並施設概要（第一次案）」（『勝田家文書』第1冊所収）所載の計画（坂本辰之助『子爵三島彌太郎伝』昭和堂、1930年、218ページにも掲載されている）から作成。

（2）　輸入代金の支払い

　政府が、輸入による正貨の支払いを増大させようとしても容易にできるものではなかった。列強は、重化学工業製品の日本への輸出を制限していたのである。紡績機械の輸入が困難なために、紡績業は新設拡張計画の一部しか遂行できないありさまであった。輸入できたとしても、中古の高炉や平炉、紡績機械を輸入せざるをえない場合もあった。中国の鉄鉱石や鉄鋼用石炭を対支投資を行わずに輸入によって大量かつ安価に確保することは困難であった。国防充実方針のもとでは、産業奨励費を大幅に増額することはできず、生産奨励に伴う原材料輸入の増大には限界があった[210]。

　輸入の代金支払いは、外国為替銀行の所有する正貨以外の在外資金によって行われた。輸入が制限を受けていた一方、輸出の増大は著しかった。日本の外国為替銀行は、輸出為替の取扱高を増大させ、多額の在外資金を保有した（表8－16参照）。この正貨以外の在外資金で対外支払いが可能となったのである。

　日本は、開戦後約2年間は、大戦前と同様、ロンドンに輸出為替の代り金を

第8章 第1次世界大戦期の正貨処理政策

表8－16 輸出高と正金銀行為替取扱高（1915～1917年）

(単位：万円)

	1915（大正4）年			1916年			1917年（6月まで）		
	輸出高	為替取扱高	％	輸出高	為替取扱高	％	輸出高	為替取扱高	％
生糸屑糸等	16,126	11,512	71	28,262	17,659	62	15,091	8,594	57
絹織物	4,595	1,575	34	5,673	1,411	25	3,086	877	28
茶	1,540	328	21	1,608	372	23	322	61	19
銅	5,097	849	17	7,001	958	14	5,665	1,416	25
米	967	370	38	1,119	566	51	990	385	39
綿糸	6,671	3,052	46	8,197	4,203	51	5,631	2,629	47
綿布類	9,461	3,306	35	13,565	6,288	46	8,066	4,466	55
燐寸	1,474	601	41	2,110	645	31	2,119	355	17
花蓙	231	96	42	293	54	18	130	41	31
麦稈真田	1,413	508	36	1,632	603	37	581	254	44
雑品	23,254	8,116	35	43,287	16,304	38	29,170	10,619	36
クリーンビル	—	11,154		—	24,740		—	20,075	
総計	70,830	41,466	59	112,746	73,811	65	70,851	49,772	70

出所：『勝田家文書』第54冊所収の『横浜正金銀行ノ業務ヲセシムルノ件』参考資料から引用。1910年および1919年については横浜正金銀行編『横濱正金銀行史』本史391－392、518－519ページに掲載されている。

集中させ、ロンドンにおける資金で輸入為替の決済を行った。だが大戦期に、イギリスの国際金融上の地位が低下したため、1916年頃から漸次、輸出為替代り金をニューヨークに蓄積し、これをもって輸入替為の決済に充てた[211]。

---

210) もちろん、寺内内閣は、輸入そのものをまったく否定したわけではない。日本銀行は、輸入為替手形を引当とする貸付を横浜正金銀行に対して行った。造船業における鉄不足の解決のために、アメリカと船鉄交換を交渉した。米価騰貴抑制、低賃金維持のために、米の輸入税を減免した。寺内内閣の構想する自給自足圏は、中国を含むものであった。対支投資を行って、中国の資源を独占的に確保しようとした。産業の発展とその奨励の結果、原材料の輸入が増大せざるをえなかった。第1次大戦の勃発当初から、1916年4、5月までは、輸入は戦前水準に及ばなかった。その後、17年8月にかけて、輸入が回復した。それ以後、輸入は激増した。かかる輸入の増進は、一面では内地産業の発展に伴う、原料品、原料用製品、機械類の輸入の増大を反映したものであった。だが輸入額の増大は、主として、輸入価格の騰貴によるものであり、生産の拡大に直結するものではなかったのである（勝田主計「菊の根分け」鈴木武雄監修［1972］291ページ）。

211) 前田薫一［1925］74－86ページ。輸入代金の決済を綿花について考察しよう。横浜正金銀行ボンベイ、ニューヨーク支店は、産地インド、アメリカにおける三井物産、日本棉花、江商などの綿花商に対して、インド向けルピー資金、アメリカ向けドル資金を綿花買付資金として支払った。その金額に対して、内地綿花商宛に荷為替手形を作成させた。綿花到着後、同行大阪支店などが円で取り立てた。大冶の鉄鉱石に関しては、日本の為替銀行は、上海でこの関係の円為替を買い取り、銀資金で支払った（『日本金融史資料 明治大正編』第23巻、946－950、1039－1040ページ。東京銀行調査部『戦前の円為替について』9ページ）。銀貨国との輸出入はほぼ円建で行われた。

第４編　第１次世界大戦期の正貨政策

表８—17　輸入高と正金銀行為替取扱高（1915〜1917年）

（単位：万円、四捨五入）

	1915（大正４）年			1916年			1917年（６月まで）		
	輸入高	為替取扱高	%	輸入高	為替取扱高	%	輸入高	為替取扱高	%
機械・金属	8,404	2,583	31	19,836	5,002	25	12,106	4,558	38
砂糖	1,491	262	18	1,312	68	5	135	12	9
綿花	21,732	9,527	44	27,560	16,862	62	16,203	6,355	39
綿糸、織物、同材料	5,738	2,131	37	6,488	2,496	38	4,194	1,246	30
米	489	72	15	309	30	10	286	60	21
石油	846	—		548	1		167		
大豆、豆粕	3,920	869	22	3,848	884	23	3,169	801	25
雑品	10,625	4,565	43	15,741	8,032	51	8,535	4,314	51
クリーンビル	—	4,270		—	8,472		—	5,199	
総計	53,245	24,278	46	75,642	41,845	55	44,795	22,544	50

出所：表８—16と同じ。

　日本の外国為替銀行で輸入為替取扱の中心となったのは、横浜正金銀行である。表８—17によれば、同行は1917年上期に、輸入高の50％を取り扱い、機械・金属の38％、綿花の39％、雑品の51％を取り扱った。これに対して台湾銀行の輸入為替取扱高の輸入高に占める割合は、13年の２％から18年の19％へと増大した[212]。朝鮮銀行や都市銀行も外国為替業務を行った[213]。

　外国為替銀行は、貿易商社と取引を行った。日本の貿易の中枢的担い手は、三井物産であった。同社は、大戦期に輸入品の取扱高を増大させ、1918（大正７）年には日本の輸入の18.5％を取り扱った[214]。外国為替銀行の輸入為替業務は、この独占的大商社の発展を支えるものとなった。表８—18は、三井物産の為替取組高を示したものである。輸出と輸入の区別は判明しないが、取引銀行として、正金、台湾、三井銀行の重要性がうかがえる。これらの銀行は、表８—19にみられるように、貸出を行うことによっても三井物産の発展を支えて

---

[212]　『台湾銀行四十年誌』85ページ。
[213]　輸出超過のために、日本の為替相場は上昇せざるをえなかった。だが正金銀行は、輸出を振興するために、それを低く抑えようとした。これは輸入業者に不利に作用したのである。出超によって同行は、在外資金が増加する一方となり、円資金が枯渇し、少しずつ市場相場の上昇に追随せざるをえなくなった。それでも正金建値は、外国銀行の相場よりも低かった。この結果、輸入為替は、外国銀行に集中する傾向をたどったのである。低為替相場の維持による輸入の抑制、外国銀行の輸入為替取扱によっても、正貨を用いない対外支払いが可能となったのである。前田薫一『円為替の研究』57－60、89－90ページ。『東京銀行調査月報』1954年９月号、24ページ。
[214]　『三井物産会社小史』162ページ。

第8章　第1次世界大戦期の正貨処理政策

表8－18　三井物産の為替取組高

(単位：金額は万円、割合は％)

	1916（大正5）年度		1917年度		1918年度	
	金額	％	金額	％	金額	％
正金	7,998	36.4	18,608	42.3	29,913	41.0
三井	2,807	12.8	5,951	13.5	4,880	6.7
台湾	4,159	19.0	6,626	15.1	15,400	21.1
香上	2,787	12.7	3,404	7.7	3,911	5.4
インターナショナル	175	0.8	520	1.2	819	1.1
渣打	439	2.0	597	1.4	1,055	1.4
朝鮮					5,168	7.1
日本興業					630	0.9
住友	1,638	7.5	4,684	10.6	2,545	3.5
その他					4,554	6.2
社内	1,940	8.8	3,593	8.2	3,998	5.5
合計	21,943	100	43,983	100	72,871	100

出所：1916（大正5）年度下期、18年度上期、下期『三井物産事業報告書』から作成。

表8－19　三井物産の金融期末明細表

(単位：万円)

		三井	正金	台湾	香上	朝鮮	住友	その他	合計
借入金	1914（大正3）年10月30日	783	114	488					1,385
	16年10月27日	489	508	411	20	1,624			3,052
	17年10月26日	830	472	833	26	305	106	3,190	5,761
	18年4月26日	2,136	1,032	674	143	681	525	4,405	9,596
割引手形	14年10月30日	53	50	1,271					1,374
	16年10月27日	38	3	190	702				933
	17年10月26日	163	—	32	—	39	—	806	1,040
	18年4月26日	216	—	93	—	7	65	1,104	1,484

出所：1914（大正3）年度、16年度、17年度各下期、18年度上期『三井物産事業報告書』から作成。

いる。表8－20に三井物産に対する外国為替銀行の支払承諾高を掲載しておいた。ここにみられる支払承諾は輸入に寄与したと考えられる。

　第1次大戦期に、金を現送することがまったく行われなかったわけではない。為替銀行は、日本やアメリカが金輸出を禁止する以前においては、アメリカから金を取り寄せ、これを海外への支払いに充当することができた。表8－21や

第 4 編　第 1 次世界大戦期の正貨政策

表 8 —20　三井物産の金融期末明細表における外国為替手形支払承諾高および割合

(単位：万円、%)

		三井	正金	台湾	香上	渣打	インターナショナル	住友	その他	合計
金額	1916（大正 5 ）年 10月27日	534	3,243	490	516	223	54	1,557		6,615
	17年10月26日	798	5,552	1,622	507	99	71	366	1,937	10,952
	18年 4 月26日	1,337	5,217	2,343	437	91	102	1,036	3,794	14,357
割合	16年10月27日	8.1	49.0	7.4	7.8	3.4	0.8	23.5		100
	17年10月26日	7.3	50.7	14.8	4.6	0.9	0.6	3.3	17.7	100
	18年 4 月26日	9.3	36.3	16.3	3.0	0.6	0.7	7.2	26.4	100

出所：1916（大正 5 ）年度および17年度下期、18年度上期『三井物産事業報告書』から作成。

　表 8 —22にみられるように、日本銀行に対して兌換請求して金貨を入手し、または同行から金地金を購入し、これらを現送することができた。事実、表 8 —23から明らかなように、1916、17年に中国へ多額の金が現送されている。しかしこれは、積極的に輸入の増進を図るために行われたのではなかった。上海における日本の対支為替相場が銀塊相場の高騰などによって低落し、これが同地における金塊相場の低落よりも甚しかった。かつ将来、金塊相場の回復する見込みがついた。かかる事情は「同地ニ於ケル本邦向為替ノ買附ヲ促シ、其ノ結果盛ンニ我国ヨリ」中国へ向けて「金ノ流出ヲ見ルニ至」ったのである[215]。

　1916年末には、カウンシル・ビルの売出制限が行われた。これを買い入れてインド棉花輸入代金の支払いに充当することが困難になった[216]。このために、金の現送が必要となった。17年 1 月から 8 月にかけて9410万円、アメリカの金

---

[215] 『日本金融史資料　明治大正編』第22巻、218－219ページ。『明治大正財政史』第13巻、94－95ページ。

[216] 三井物産は、「三井銀行ノ絶大ナ尽力ヲ得テ此難局ヲ切抜ケルコトガ出来タノデアル。」（三井物産所蔵資料、稿本『三井物産沿革史』第四編第四部業務第四期（下）、375ページ）。当時の会計課長は、1917年、支店長会議において次のように報告している「三井銀行ガ当社ノ為メニ尽シテ呉レマシタ尽力及ビ便宜トイフモノハ、真ニ絶大ナモノデアリマシテ、在印度日本商ノ多クハ資金ニ困窮シテ居リマシタ際ニ、或ハ同行ノ信用状ニ依ル爪哇糖代金ノ中倫敦ニ電送スベキモノヲ振替へ、或ハ多少ノ犠牲ヲ忍ンデモ印度向積出品ニ対スル為替ヲ買集メテ同地ヲ為替資金ニ利用スルコトヲ得セシメタノデアリマシタ。大正五年十一月以来翌六年三月迄ニ同行ガ孟買棉買付資金ニ融通シマシタ額ハ実ニ合計千五百四十五万留比デアリマシテ、是等ノ送金ハ他ニ同業者ニ於テハ殆ンド期待スルコトノ出来ナイ利便デアリマシテ、棉花季節ノ初メニ当ツテ正金銀行ニ予約シテ置キマシタ四百万留比ノ送金、社内為替ノ取組及ビ香上銀行信用ノ振替融通等ト相俟ツテ此Council Bill問題ニ伴フ難局ニ処スル上ニ於キマシテ大過ナキヲ得マシタ」（上掲巻、380ページ）。

第8章　第1次世界大戦期の正貨処理政策

表8−21　正貨払出表（1916〜1917年合計）

(単位：万円)

日本銀行正貨			政府正貨	
海外正貨	政府へ売却	27,542	公債償還	7,506
	その他	643	国債買上資金	−1,838
	小計	28,185	公債利子	4,838
			預金部において公債買入	−32
			海軍省経費	361
			金塊購入代	5,476
			在外正貨保有価格引下	627
			小計	16,938
内地正貨	金貨兌換	7,841	日本銀行へ金塊売却	5,561
	地金売却	5,267		
	その他	―		
	小計	13,108		
合計		41,293	合計	22,499

注1：1916（大正5）年3月から17年7月までの合計。
出所：『勝田家文書』第49冊所載統計から作成。

表8−22　金貨兌換高、金貨および金地金輸出高（1914〜1918年）

(単位：千円)

	金貨兌換高	金貨輸出高	金輸出総高
1914(大正3)年	30,133	26,029	26,039
15年	41,706	40,637	40,675
16年	31,503	20,266	22,446
17年	79,413	61,072	150,711
18年	3,505	805	922

出所：日本銀行調査局編『日本金融史資料　昭和編』第20巻、137ページ。

輸出禁止後の同年9月2268万円、同年10月には650万円の金がインドに現送された。しかし、インドへの金の現送は、これによって積極的に紡績業の発展を図ろうとしたものではなかった[217]。

　外国為替銀行は、豊富な在外資金を保有していた。1918年1月、政府は、輸出産業として重要な紡績業の原料輸入を円滑化するために、所有する在外正貨

第4編　第1次世界大戦期の正貨政策

表8−23　金貨および金地金の輸出入価格国別表（1914〜1918年）

(単位：万円)

年次	輸出入	中国	香港	英領インド	露領アジア	イギリス	ドイツ	アメリカ	オーストラリア	その他	合計
1914（大正3）年	輸出	138	622	0	0	0	243	1,601	0	0	2,604
	輸入	701	0	0	7	0	3	0	0	0	710
	差引出入超	−563	622	0	7	0	240	1,601	0	0	1,894
15年	輸出	90	25	0	0	0	0	3,953	0	0	4,068
	輸入	711	0	1,464	1	195	0	0	44	1	2,416
	差引出入超	−621	25	−1,464	−1	−195	0	3,953	−44	−1	1,652
16年	輸出	1,660	381	195	0	0	0	1	0	0	2,236
	輸入	160	0	605	3,919	195	0	5,008	98	4	9,990
	差引出入超	1,499	381	−410	−3,919	−195	0	−5,008	−98	−4	−7,754
17年	輸出	2,458	1,967	10,061	0	0	0	0	277	301	15,064
	輸入	127	100	0	3,906	0	0	33,817	0	749	38,699
	差引出入超	2,331	1,867	10,061	−3,906	0	0	−33,817	277	−449	−23,635
18年	輸出	30	0	0	51	0	0	11	0	0	92
	輸入	―	0	0	1	0	0	0	0	82	83
	差引出入超	30	0	0	50	0	0	11	0	−82	9

注：中国は関東州を含む。
出所：『金融事項参考書』1920年版による。

2000万円（米貨）をイギリス所有のルピー貨と交換し、これを印棉買付資金に充当させた[218]。だがこれを除けば、政府や日本銀行は、在外正貨を払い下げて、これを輸入資金に充当させる必要を認めなかった。これが行われるのは大戦後のことである。正貨以外の在外資金を支払うことで、大戦期の産業の発展は可能であった。しかも政府は、できるかぎり、これによる対外支払いに努めさせた。1917年9月の金輸出禁止によって、金以外の在外資金による対外支払いはますます決定的なものとなった。

要するに、正貨の累増のもとにおいても、政府の正貨獲得、正貨蓄積方針は揺るがず、寺内内閣は、正貨を対外支払いに用いて輸入を増大させ、積極的に産業の発展を図る政策を基本的に採用しなかったのである。

---

217)　政府や日本銀行は、横浜正金銀行や台湾銀行に対して、香港、上海、南洋において、インド向輸出為替の買取りに努めさせた。また日本の対印輸出貿易を奨励した。この受取代金によって、できるかぎり綿花の輸入代金の決済を行わせた。そのうえで、不足額をやむなく金で送金させたのである（『日本金融史資料　明治大正編』第22巻、375−376ページ。『東京銀行調査月報』1954年4月号、35、37ページ）。
218)　『日本金融史資料　明治大正編』第22巻、376ページ。

第 8 章　第 1 次世界大戦期の正貨処理政策

表 8 — 24　各国金貨流通高（1913年末）

(単位：万円、1人当たり金額は円)

	金額	1人当たり金額
イギリス	67,160	15.26
アメリカ	76,120	7.75
ドイツ	126,200	19.41
フランス	103,440	26.12
オーストリア＝ハンガリー	8,820	2.76
ロシア	55,620	3.39
日本	3,076	0.57

出所：「金貨ヲ民間ニ流通セシムルノ可否ニ就テ」日本銀行臨時調査委員会『臨時調査集』第3輯、2ページ。

(3)　産業奨励資金の源泉とその対内支払い

　前述の財政政策を通ずる産業奨励策の資金源は何に求められたのであろうか。政府は、租税、官営事業の営業利益および公債にこれを求めたのであった[219]。

　産業資金の供給は特殊銀行によっても行われたが、その源泉をなしたのは、預金および日本銀行券または金融債募集金であった。

　上述の資金源に基づく産業資金の供給は、国内に向けた金貨の支払いによって行われたのではなかった。国内では、表 8 — 24 にみられるように、金貨はほとんど流通していなかったのである[220]。

　第 1 次大戦期に、日本銀行の正貨準備が豊富になったことに基づいて、金貨

---

[219]　景気の高揚とともに、租税収入は増加した。その一部は、農商務省所管の産業奨励費に充当された。しかし、政府は租税収入の多くを軍事費に充当した。この結果、租税収入は、産業の奨励に要する経費の財源としては、きわめて不十分とならざるをえなかった。産業奨励のためには、租税以外の財源が必要となったのである。官営事業の資金源は、まず営業利益に求められた。大戦期に、製鉄所、国有鉄道、電話事業における営業利益の増加は著しかった。製鉄所、電信電話の益金は、大戦期の拡張費を支払って余り有るものであった。鉄道の益金も多かったが、鉄道事業はこの益金だけでは不十分であった。政府は、政友会のこれまでの主張を受け入れて、生産的公債を増発することとした。政府は、多額の在外正貨を保有する一方で、国内で多額の国債を抱え込んだのである。

[220]　日本銀行臨時調査委員会『臨時調査集』第3輯、所載「金貨ヲ民間ニ流通セシムルノ可否ニ就テ」は、金本位制採用後20年を経ても、いまだ民間には金貨が流通しないと述べている。1916年3月末において、金貨の現在高は1億3132万6000余円であった。そのうち正貨準備充当高9836万5000余円を控除すると、残り3296万1000余円の金貨が民間に流通した勘定となる。だがその大部分は「工芸用ノ原料ニ使用セラレテ貨幣ノ形状ヲ喪ヘルモノ」であったのである。

を民間に流通させるべきであるという議論が起こった[221]。日本銀行臨時調査委員会は、1917年9月1日、「金貨ヲ民間ニ流通セシムルノ可否ニ就テ」と題する論文において、その議論に反論を加えている。その論拠は、次のようなものである。

第1に、十分な正貨準備を有し、兌換制度が完全に行われる場合には、銀行券の流通が多いことは心配するに及ばない。第2に、一国保有の正貨の一部が民間に流通している場合、その幾分かは溶解され、または減失し、あるいは海外に流出する。これに対して正貨全部が中央銀行に集中している場合には、中央銀行の準備金はすべて存在する。したがって、後者の方が海外に対する一国幣制の信用を高める。第3に、「民間流通ノ正貨ヲ有事ノ場合ニ引揚グルハ莫大ナル努力ヲ要」する。かつ「全部ノ引揚ヲ了スルハ到底不可能」である。第4に、金貨を民間に流通させれば、金貨の磨滅、毀損の損失がある。さらに輸入超過その他国際貸借上の関係が不利な場合に、金貨が海外に流出するのを防遏するのが困難である。これに反して、「金貨ヲ政府若クハ中央銀行ノ一手ニ集中シ置クトキハ金ノ海外流出ヲ防キ外国為替市場ヲ比較的容易ニ支配スルコトヲ得又輸出ヲ奨励シ輸入ヲ防遏シ得ルノ利益」がある。中央銀行が金貨を流通させればそれだけ兌換券が収縮する。だが、これによって通貨量は変化しない。かつ金準備高を減少させ、金準備率を低下させる。金貨流通は、金を死蔵させる習慣を生じる。また「有事ノ場合ニ於テハ国民ヲシテ兌換券ヨリモ金貨ヲ重要視スルノ風習ヲ養フ」。工芸装飾用に使用するものを多くする不利がある。金貨は運搬にも不利である。第5に、現在の金流入は「時局ノ影響ニ基ク一時的ノ現象」である。「国際貸借関係ハ我国ニ不利トナリ再ヒ金ノ流出」するおそれがある。「平時ニ於テモ我国ノ国際貸借関係ハ常ニ有利ナリトノ確信ヲ得タル上ニ於テ緩ロニ之カ実施ヲ試ムルモ決シテ遅キニ過グルコト」はない。

以上からは、第1の根拠にみられる兌換券流通の一般的理論とともに、日本銀行への金の集中を極度に重視する立場を読み取ることができる。金の対外流出におびえなければならない日本資本主義の姿を看取しうる。戦争準備金を中央銀行が確保しようとする意図も見出しうる。日本銀行は、金の国内流通を図

---

221) 貴族院議員中島永元の主張（社説「在外正貨処分に関する世論」『東京経済雑誌』第1849号、1916年4月29日、5ページ）。

表8－25　貨幣総流通高表（1914～1918年）

(単位：万円、四捨五入)

	貨幣流通高			旧韓国貨幣	政府紙幣	銀行券			合計	銀行券準備充当額	差引流通高
	銀貨幣	銅貨幣	計			日本銀行券	朝鮮銀行券	台湾銀行券			
1914(大正3)年末	11,538	1,806	13,344	256		38,559	2,185	1,425	55,769	612	55,157
15	11,423	1,810	13,233	190		43,014	3,439	1,761	61,637	1,060	60,577
16	11,712	1,815	13,527	190	小額紙幣	60,122	4,663	2,545	81,048	1,610	79,438
17	12,565	1,855	14,419	160	1,983	83,137	6,736	3,351	109,787	3,478	106,309
18	13,971	2,020	15,991	160	9,121	114,474	11,552	4,211	155,509	5,745	149,764

出所：『金融事項参考書』1919年版。

表8－26　全国銀行当座預金（1914年、1916年、1918年）

(単位：万円、四捨五入)

	当座預金	特別当座預金
1914(大正3)年末	50,516	28,716
16	79,518	61,440
18	145,472	112,418

注：特別当座預金とは、臨時払の預金であるが、支払いのために小切手が振り出されず、所得者の所得使用または貯蓄のために利用せられるものをいう（中谷実・大野栄一郎『預金通貨の研究』190ページによる）。
出所：『金融事項参考書』1920年版。

ろうとはしなかった。しかも1917年9月12日、金輸出が禁止された。兌換は法律上は禁止されなかったが、日本銀行は兌換に容易に応じようとはしなかった[222]。したがって、産業奨励資金の供給は、金の対内流出を惹起するものではなかったのである。

　国内では産業資金が兌換券や預金通貨の形態で支払われ、これが流通した。少額取引の需要の増大に応じるために、補助貨の製造も増大した。補助貨の不足を補うために、1917年10月、久しく中絶していた政府紙幣の発行も断行された。これらも流通手段として機能した。要するに、信用貨幣や補助貨幣、政府紙幣の流通によって国内の生産が支えられたのである[223]。通貨流通高は表8－25、26のとおりである。

222）　鈴木嶋吉「円貨の価値に就て」金融経済研究所編『金融研究会講演集』第3巻、387ページ。
223）　日本銀行調査局編『図録日本の貨幣』第8巻、244－247ページ。

第4編　第1次世界大戦期の正貨政策

3　「正貨の産業資金化」政策の展開

（1）　公定歩合の引下げ

　寺内内閣下の日本銀行は、産業の発達を助長すべきことを要請された。当時、日本銀行の正貨準備は激増し、これによって日本銀行の貸出が容易となった。2（2）で述べたように、日本銀行が貸出を増大しても、正貨が流出するおそれはなくなった。大蔵省は、「我国の獲得したる対外債権は之を内地産業資金として利用することに留意し」た。「日本銀行の正貨増加に伴ひ之を産業資金として供給し以て其の潤沢を図」り、「徒に海外放資に急にして内地産業の発展を阻止するようなことがない方策を常に支持」したのである[224]。「海外からの正貨現送に努力し内地正貨準備の充実を図り我幣制並中央銀行の地位を鞏固ならしむると共に内地産業資金を潤沢ならしめ事業勃興の機運を助成」した。

　かくして日本銀行の内国貸出において、「正貨の産業資金化」政策が実施されることとなったのである。金融政策としての性格が強いこの方策は、2つの方向で具体化されていった。第1は公定歩合の引下げである。第2は、日本銀行の制度改正である。「正貨の産業資金化」はとくに公定歩合に関連して提唱されていたから、この前者について詳論し、後者は補足として論じよう。

　寺内内閣成立当初においても「正貨の資金化」は容易ではなかった。『東洋経済新報』1916（大正5）年12月5日号によれば、当時は「物資が多く戦争需要の方面に吸取られて企業拡張の方面に振向け得る余裕が極て乏し」かった。「若し強いて企業の拡張に必要なる物資を得ようとせば、恐らく方外に高価を払はねばならぬから、到底安全な算盤は取れな」かった。「正貨増殖金融緩慢の此際」、企業は拡張「計画だけは立てるが、実際に着手するものとては、戦争中に其投下元金を回収し得る如き事業の外には、殆んどあり得な」かった[225]。かかる状態のもとで日本銀行が公定歩合を引き下げて生産を奨励するのは困難であった。1916年11月当時、大蔵省内には通貨膨脹の抑制を考慮すべ

---

224)　前掲「現内閣成立後一箇年間ニ於ケル財政経済方策並施設概要」18ページ。大蔵省臨時調査局金融部1917（大正6）年9月調査「兌換券縮少方策ニ就テ」（『勝田家文書』第43冊）は、正貨を内地産業資金として使用することを正貨処分政策の1つに数え、これを「兌換券膨脹ヲ阻止スルヲ得サルヘシ」とみなしている。

225)　社説「正貨の利用策」『東洋経済新報』第762号、1916年12月5日、4－5ページ。

第 8 章　第 1 次世界大戦期の正貨処理政策

しとする主張があった。「正貨ニ関スル件」は、「内地ニ於テ膨脹シツツアル金融市場ハ之ヲ放鄭セハ物価ノ騰貴、不急事業ノ濫興、株式界ノ沸騰等諸種ノ弊害ヲ生」ずるから「適度ニ市場ノ通貨ヲ吸収スルノ必要アル」と論じている[226]。寺内内閣成立当初、日銀商業手形割引歩合は 1 銭 6 厘に据え置かれたのである。

だが1917年 3 月16日に至り、公定歩合の 2 厘引下げが断行された。これは、一面においては、金融市場の動向に追随しようとしたものであった。1917年に入り、輸出はますます増大し、正貨の流入が激増、金融は緩和した。政府や日本銀行は、今後この傾向がいっそう強まると予測し、公定歩合を引き下げる必要を認めたのである。通貨当局は、当時の経済情勢下に、企業の乱興、物価騰貴、有価証券市場の変調など、「憂慮すべき徴候」を見出さず、「利下に伴う弊害」は生じないと判断した[227]。公定歩合の引下げに、大隈内閣の時期にみられたような抵抗を感じなかった。

しかしとくに注目すべきことは、当局が、「世界大戦乱は日本に対して経済上の雄飛を試むべき千載一遇の好機を与へ居ることなれば日本は此機に乗じて各種産業を発展せしめざるべからず而して日銀の金利引下は一面に於て事業経営費を逓減せしむると共に他面に於ては企業資金を豊富ならしむる」と考えた事実である。公定歩合の引下げにより「低利ナル産業資金ヲ供給スルノ途ヲ開」いたのである[228]。生産奨励という積極的意図をもって、公定歩合の 2 厘引下げが断行されたのである。大戦景気は、すでに1916年 9 、10月頃から最盛期を迎えていた[229]。それにもかかわらず、政府や日本銀行は、これを一段と助長しようとしたのである。

前記の公定歩合の引下げは、「正貨の産業資金化」を図るものであった。寺内内閣は、正貨の蓄積と日本銀行の公定歩合引下げとは矛盾しないものと考えた。前者を基礎として後者を実現しようとしたのである。なお、1918年 9 月16日には公定歩合は市場に順応して 2 厘引き上げられることになるのであるが、

---

226)　「正貨ニ関スル件」(1916年11月10日)『勝田家文書』第48冊。これは理財局長が大蔵大臣に宛てた形式をとっている。後に理財局長という字は赤で抹消されている。
227)　「日本銀行利下」『銀行通信録』第378号、1917年 4 月20日、73ページ。
228)　同上。前掲『寺内内閣成立後二箇年ニ於ケル財政経済方策並施設概要』67ページ。
229)　高橋亀吉『大正昭和財界変動史』上巻、99ページ。

第4編　第1次世界大戦期の正貨政策

この時点に至っても大蔵省は「内地正貨準備ノ充実ヲ図…ルト共ニ内地産業資金ノ潤沢ヲ図」るという考えを失っていない[230]。

1917年3月16日以降、日本銀行の商業手形割引歩合は、日歩1銭4厘（年利5.11％）となり、3月以降、これは、東京、大阪の割引歩合を下回るに至ったのである[231]。

上述の低金利政策は、はたして産業の発展に寄与したのであろうか。当時は今日と同様、イギリスにおいてみられたような、公定歩合に追随して市場金利が変化する機構的メカニズムが存在していなかった。したがって公定歩合の引下げは、同行から借入を行っていない銀行の金利を低下させることはできなかった。図8－1、2、3から明らかなように、普通銀行の金利は公定歩合に連動して低下しなかった[232]。政府の意図にもかかわらず、公定歩合の引下げによって産業の発展を助長することは容易ではなかった。

ただし、公定歩合の引下げは、直接的には、日本銀行からの借入金に依存する銀行の金利負担を軽減させ、また日本銀行からの借入金を増加させる効果を有した。これは普通銀行の貸出を増加させて産業の発展を助長するものとなったのである。図8－1から明らかなように、全国の最低割引歩合は、公定歩合

---

230) 前掲『寺内内閣成立後二箇年ニ於ケル財政経済方策並施設概要』72ページ。
231) その後の金利情勢は、以下のように推移した。大戦景気の中で金融緩和に刺激されて、1917年以降、企業の新設拡張が顕著となった。輸出が増大し、為替銀行は輸出為替買取資金調達のために遊資を吸収した。政府の見通しに反して、内外の需要の増加のために物価が騰貴した。資金需要は旺盛となった。開戦後の全国の商業手形割引歩合の低下傾向は、前掲の図8－2から明らかなように、1917年5月頃以降はみられなくなった。資金需要は、地方よりも大都市において著しかった。これまで地方の金利をはるかに下回っていた都市の金利は、地方金利に接近していった。東京の銀行の割引歩合は、同年6月以降、大阪のそれは7月以降、上昇に転じた。上述のごとく、17年後半以降、金融は漸次引締りの傾向を呈したのである。しかし、公定歩合は18年9月16日に至るまで引き上げられなかった。当時の銀行の貸出金利は大銀行と中小銀行との格差を反映して、最高値と最低値との較差が大きかった。図8－1から明らかなように、東京の銀行の割引日歩の最低値は全国銀行の最低値をはるかに下回っていた。公定歩合は、1917年12月以降、この東京の銀行の最低値と等しくなるに至ったのである（『日本金融史資料　明治大正編』第22巻、76ページ）。明治前期の地方金利の高利性については、岡田和喜「わが国銀行金利の考察」『金融経済』第80号、1963年6月、45－53ページを参照。
232) 預金金利は公定歩合に追随しないばかりか、1917年末から顕著となった預金争奪のために上昇さえ示した。すなわち全国定期預金金利は、17年3月以降、日銀割引歩合とほぼ等しくなり、18年1月以降、これを超過するに至ったのである。預金金利の上昇は、一般貸出金利を上昇させるおそれを生じさせた。日本銀行は預金利子率協定の勧誘に乗り出さざるをえなかった。かかる統制を行うことなしには、市場金利の低下は困難であったのである。

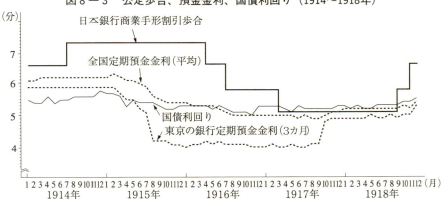

図8−3　公定歩合、預金金利、国債利回り（1914〜1918年）

注：公定歩合は日歩を年利に換算した（毛の位を四捨五入）。
出所：日銀割引歩合および預金金利は『金融事項参考書』、国債利回りは東洋経済新報社『日本の景気変動』上巻、第3篇、73ページから作成。

よりも高かった。日本銀行との取引を認められた銀行は、日本銀行から低利で借り入れて、より高利で貸し出せたのである。

　日本銀行の貸出金に依存した産業としては、周知のように、まず製糸業があげられる。製糸業は、日本における最大の輸出産業であり、正貨の獲得にも寄与するものであった。それゆえにこそ日本銀行は、製糸業の発展を助長してきた[233]。第1次大戦期に同行は、製糸業に対していっそうの便宜を与えたのである[234]。

　たとえば、長野県の代表的な地方銀行であった第十九銀行は、表8−27にみられるように、日本銀行からの借入金を増加させた。同行借入金中に占める日銀借入金の構成比率も、1916年9月29日の6.8％から1917年9月28日の12.0％へと増大した。日本銀行に支えられて、長野県内の銀行は、大戦期に製糸金融を増大させた[235]。

　棉花の輸入に関しては、綿花商は、思惑によってそれを輸入する場合があった。その決済期日に至ると、棉花商は多くの場合、倉荷証券を担保として日本

---

233) 山口和雄編『日本産業金融史研究　製糸金融篇』、石井寛治『日本蚕糸業史分析』、参照。

第4編　第1次世界大戦期の正貨政策

表8—27　第十九銀行の各年別借入金再割引手形コール・マネー最高額一覧表

(単位：千円)

	1916(大正5)年		1917年		1918年	
	7月4日	9月29日	7月14日	9月28日	7月11日	9月26日
日銀本店	—	180	180	1,080	1,180	1,180
日銀松本支店	—	879	170	1,263	170	1,220
日銀合計	—	1,059	350	2,343	1,350	2,400
その他とも合計	9,870	15,475	14,333	19,565	15,472	21,400

出所：八十二銀行資料室作成資料。

銀行その他の銀行から融資を受けた[236]。また1917年2月12日、日本棉花株式会社は、日本銀行と割引取引を開始した[237]。公定歩合の引下げはこれらの綿

---

234)　製糸業においては、原料繭購入資金の調達が重要問題であった。1918年においてこれに要した資金は、3億9802万円に達した。養蚕家は現金取引を求めた。製糸業者は、売込問屋、地方銀行、中央の大銀行から借入を行わなければならなかった。日本銀行は、本店、福島支店、松本支店、名古屋支店などを通じて、原料繭購入資金の需要に応じた。日本銀行内国貸出は、季節的変動を示し、繭購入資金需要の減退する5月が最低となる。これは、同行の製糸金融の動向を反映したものである。製糸金融において日本銀行の果たした役割は大きかった。「本邦重要産業奨励助長ノ趣意ヲ以テ、本行ハ従来一部ノ取引先ニ対シ製茶製糸米穀出廻等ノ季節資金需要ニ当リ、特ニ成規ノ方法ニ據ラスシテ融通ヲ許容セリ。就中製糸ニ対シテハ年来本店ノ外名古屋、福島、松本等ノ支店ニ於テモ特殊ノ貸出ヲ行ヒ殊ニ大正三年七月欧州大戦勃発以後一層其ノ便宜ヲ図ルコトトナリシ」と『日本銀行沿革史』第2輯第3巻、36ページに記されている。製糸資金特別手形の割引の事例については、同巻、36—47ページ、参照。臨時産業調査局「製糸金融ニ関スル調査」同局『調査資料』第47号、1919年12月、125ページ。日本銀行松本支店「製糸金融」(1924年4月)『日本金融史資料　明治大正編』第23巻所載、676ページ。長野においては、1914年7月に開設された日本銀行松本支店が、地方銀行に対して製糸資金を融資した。その額は、最高約300万円に達した。同支店は、信用確実な大製糸業者に対しても融資した。その額は、150〜160万円にのぼった。名古屋においては、日本銀行名古屋支店が貸し出した。同支店の18年春繭資金の最高貸出額は、約1000万円に達した。そのうち、静岡、岐阜、三重県下の銀行に融資されたものは、約400万円であった。日本銀行福島支店の18年7月上旬における春繭資金貸出高は、最高約280万円に達した（前掲「製糸金融ニ関スル調査」144、170、158ページ）。大蔵省理財局『金融事項参考書』1919年4月、148—149ページ。横浜商業会議所「製絲金融の現況」(1927年)『日本金融史資料　明治大正編』第23巻、683—687ページ。

235)　製糸金融には、短期間に多額の資金を要し、海外の事業に左右されて危険性が大きいという特色があった。このために、製糸業に対する貸出金利は一般の手形割引歩合よりも高かった。日本銀行は1918年の春繭資金を、1銭6、7厘で融資した。当時、長野の地方銀行におけるこの金利は最低1銭7厘、最高2銭5厘であり、2銭または2銭1厘のものが最も多かった。愛知県の地方銀行の同年春繭買入時期における協定利率は1銭7厘〜1銭9厘であった。福島の地方銀行の同年春繭資金金利は最低1銭9厘、最高2銭2厘であり、2銭〜2銭1厘が普通であった。要するに、日本銀行貸出金利は普通銀行金利を下回っていたのである。公定歩合の引下げは、製糸金融においては金融疎通の効果を有したと考えられる。『八十二銀行史』47—48ページ。前掲「製糸金融」676ページ。前掲「製糸金融ニ関スル調査」136—137、145ページ参照。143ページでは長野の最低金利は、1銭8厘となっている。

第8章 第1次世界大戦期の正貨処理政策

花商の金利負担を軽減させて、棉花輸入を容易ならしめるものであった。

　日本銀行は織物業に対しても貸出を行った。すなわち同行は普通銀行を通じて、福井、金沢の羽二重などの絹織物[238]や、遠州織物[239]などの綿織物に対する資金を補充した。公定歩合の引下げは織物金融の疎通を図るものともなった。

　上記以外にも、日本銀行はとくに年末の決済資金を貸し出して、一般産業の発展を助長した。利下げはこれを容易ならしめるものであった[240]。

　しかし、製糸業を除けば、日本銀行への借入依存度は少なかった。日本銀行は、織物に対する貸出を製糸に対するようには積極的に行っていない[241]。遠州織物手形を割り引いた西遠銀行は、1918年には借入金への依存を脱却している[242]。他の産業の日本銀行からの借入金に対する依存度も大きくなかった。表8―28によれば、普通銀行の自己資本、預金、日銀からの借入金の合計額に占める日銀借入金の比率は、大戦期には2％であった（都市銀行、全国銀行の借入金については表8―29、30、31を参照）。1897（明治30）年前後にこれが15％に達していた[243]ことを考えると、大戦期の普通銀行の日銀借入依存度は低かったといえるのである。

---

236) 『日本金融史資料　明治大正編』第23巻、953ページ。
237) 『日本金融史資料　明治大正編』第22巻、366ページ。
238) 山口和雄編『日本産業金融史研究　織物金融篇』635－638、728ページ、以下参照。
239) 岡田和喜・本間靖夫「地方産業の発展と地方銀行（三）」『金融経済』第130号、1971年10月、59－60、71、88、96ページ。
240) 大蔵省の「兌換券縮少方策ニ就テ」は「日本銀行公定歩合ハ目下ノ金融市場ノ状況ニ照シテ低ク従テ兌換券ノ膨脹ヲ誘致シツツア」り、「市中金利ハ日本銀行ノ金利ヨリ高位ニアルノ趨勢ヲ有シ」、「一方ニ於テ投機熱、事業熱ノ旺盛ナルアリ従テ日本銀行民間貸出高ハ自然増加セサルヲ得ス」、「特ニ本年六月以降ニ於テ貸出高増加ノ傾向著ルシキハ現在日本銀行公定歩合ノ低キ結果トモ見ルヲ得ヘシ」と述べている。臨時調査局金融部（大正6年9月調査）「兌換券縮少方策ニ就テ」『勝田家文書』第43冊。また『大阪銀行通信録』1918（大正7）年4月号は、同年3月30日に日本銀行大阪支店の貸出高が2680万円にのぼったのは、「金融緊縮の反映なるべしと雖亦近時ビルブローカー銀行の日銀金利の市場金利より低きを以て日銀支店に再割引額の著しく激増せるに因る」と記している。ここにも公定歩合引下げが日銀の貸出増加に寄与した事実を看取しうる。
241) 十二銀行福井支店は、1918年9月、日本銀行金沢支店に対して融資を願い出た。日本銀行は、200万円の申込みに対して、70万円だけを許可した（山口和雄編『日本産業金融史研究　織物金融篇』733、741ページ）。
242) 前掲「地方産業の発展と地方銀行（三）」42ページ。
243) 吉野俊彦「我国中央銀行のオーバーローンに付て」日本銀行『調査月報』1952年2月号、参照。

第4編　第1次世界大戦期の正貨政策

表8－28　全国普通銀行のオーバーローンの状況（1914～1918年）

(単位：金額は百万円)

年末	自己資本および預金〔A〕					貸出〔B〕	〔B〕(d)	〔B〕〔A〕	日銀借入金〔C〕	〔C〕〔A〕+〔C〕
	自己資本			預金(d)	合計(c)+(d)					
	払込資本金(a)	積立金(b)	(a)+(b)=(c)							
1914(大正3)年	401	132	533	1,519	2,052	1,726	114%	84%	40	2%
15	357	127	484	1,699	2,183	1,728	102	79	29	1
16	373	134	507	2,256	2,763	2,232	99	81	68	2
17	436	141	577	3,233	3,810	2,978	92	78	71	2
18	511	161	672	4,639	5,311	4,146	89	78	132	2

出所：吉野俊彦「我国市中銀行のオーバーローンに付て」（日本銀行『調査月報』1952年2月号所載）、『日本金融史資料　昭和続編』第5巻、286－287ページから作成。

　公定歩合の引下げは、もう1つの産業奨励効果を有していた。日本銀行は、いつでも低利で貸し出す用意があることを示した。これは、普通銀行が安心して貸出を増大させることを可能とした[244]。普通銀行が貸出を拡張して資金不足が生じた場合、いつでも日本銀行に駆けつければ低利で融資を受けることができたからである。

　上述の低金利政策による民間銀行貸出の助長は、問題を孕んでいた。大戦期においては、輸入が制限されているのに輸出が激増し、物資が不足した。船舶も不足した。かくして、物価が高騰した。民間銀行の貸出の増大、日本銀行の貸出によるこの助長は、物価騰貴を反映したものであった。これは高生産費での生産を支えたのである。銀行貸出の増大は生産の質的向上、量的拡大をただちにもたらすものではなかったのである。

　しかも、高物価のもとでの低金利政策の実施は、投機を刺激し、物価をさらに騰貴させ、また反動の惨禍を甚しくするおそれがあった。これを鋭く指摘し

---

244)　普通銀行の支払準備金の保有額はきわめて少なかった。表8－28によれば、普通銀行は、預金のほぼ9割以上を貸出に用いたのである。さらに普通銀行は、借入金に依存して業務を拡張した。表8－30にみられるように、普通銀行の総資本に占める借入金の比率は、5％を越えていた。表8－29、表8－30から明らかなように、安田銀行を例外として、豊富な資金を有する財閥銀行の借入金への依存度はきわめて低かった。その他の都市銀行の借入金への依存度も低かった。だが、地方銀行の借入金への依存率は、表8－31にみられるような地域的差異を伴いつつも、表8－30に示されているように全体として10％に達していた。銀行は景気の変動によっては取付に遭遇しないとも限らない。借入金の返済に窮することも起り得る。それにもかかわらず、普通銀行は払込資本金、積立金、預金の総計を上回る貸出を行ったのである。

第 8 章　第 1 次世界大戦期の正貨処理政策

表 8 - 29　都市銀行の借入金（1916〜1918年）

(単位：万円)

銀行名	1916(大正5)年				1917年	1918年			
	払込資本金	積立金	預金	借入金	借入金	払込資本金	積立金	預金	借入金
第一	1,464	996	14,697	850	―	2,055	1,330	33,072	―
三井	2,000	840	15,231	―	―	2,000	1,402	30,545	―
住友	1,500	135	12,348	―	341	3,000	410	26,999	193
三菱	100	―	10,106	224	―	100	―	22,475	400
安田	1,000	270	6,010	300	407	1,750	436	11,982	550
山口	100	266	5,926	―	150	1,000	50	15,322	―
近江	350	61	5,620	―	―	1,050	181	14,740	300
三十四	1,000	408	5,968	40	―	1,397	575	14,723	―
浪速	875	289	6,161	205	50	1,125	364	14,596	400
川崎	100	227	5,954	60	―	100	305	14,130	―
第三	435	340	6,053	203	730	750	420	12,099	570
第百	600	406	6,275	694	480	600	442	12,088	―
加島	100	140	5,384	―	―	500	55	11,523	―
名古屋	257	150	2,900	252	―	474	212	7,448	220
百三十	500	28	4,180	640	―	750	70	7,467	40
十五	2,350	544	4,155	―	―	2,350	635	7,231	―
愛知	160	103	1,832	314	298	341	166	7,038	200
村井	200	147	2,634	180	―	500	15	5,997	200
中井	100	127	2,897	12	70	100	165	5,608	―
明治	234	47	2,006	―	―	460	65	5,058	714
鴻池	300	290	4,225	140	120	300	370	4,725	110
合計	13,725	5,814	130,562	4,114	2,646	20,702	7,668	284,866	3,897

注 1 ：上表では都市銀行とは、東京、名古屋、大阪に本店を有する大銀行であるとし、大銀行を1918年末の預金額が5000万円以上の銀行とした（鴻池銀行の18年末の預金額は5000万円を若干下回っているが、同行は当時の有力銀行であるから都市銀行に入れた）。都市銀行の概念については石井寛治「地方銀行の成立過程」（地方金融史研究会『地方金融史研究』第 3 号所載）参照。
　 2 ：上表の積立金には純益金中の積立金を含まず。
　 3 ：借入金に再割引手形を含む。
出所：『時事新報』1917（大正 6 ）年 1 月12、14、16、17、18、19、22、24、25、28、29、31日。18年 1 月10、16、17、18、19、20、23、24、25、27、29、31日、 2 月 2 、19年 1 月16、17、18、22、23、24、26、27、30日、 2 月 3 日、『大阪朝日新聞』17年 1 月24日、 2 月 2 日、18年 1 月25日、 2 月 2 日、19年 1 月25日、 2 月 2 日版から作成。

たのは『東洋経済新報』である[245]。もっとも、1916年12月 5 日号社説で、同誌は公定歩合の引下げを主張している。これは国内で産業の発達が困難であるから「正貨利用の途は主として海外投資の外にない」として、海外投資を奨励しようとしたためである[246]。当時の『東洋経済新報』は、「我が財界は既に過度の信用膨脹に陥」っており、これは「投機の結果」であると考えていた[247]。

---

245) 井上清・渡部徹編『大正期の急進的自由主義』395－397ページ。同誌は商工立国主義を唱えていた。だが、投機を惹起するような生産刺激策を採用することには反対であった。

第4編　第1次世界大戦期の正貨政策

表8−30　普通銀行の借入金（種類別、1916〜1918年）

(単位：万円)

	1916 (大正5) 年			1917年			1918年		
	A	B	B/(A+B)	A	B	B/(A+B)	A	B	B/(A+B)
4大財閥銀行	49,540	524	1.0%	71,195	748	1.0%	101,099	1,143	1.1%
その他の都市銀行	100,561	3,590	3.4	148,703	1,898	1.3	212,137	2,754	1.3
(安田系3銀行)	18,816	1,143	5.7	25,390	1,137	4.3	35,724	1,160	3.1
都市銀行合計	150,101	4,114	2.7	219,898	2,646	1.2	313,236	3,897	1.2
地方銀行	126,504	13,272	9.5	161,417	18,294	10.2	218,170	24,860	10.2
全国普通銀行	276,605	17,386	5.9	381,315	20,940	5.2	531,406	28,757	5.1

注1：Aは銀行の運用資本。Bは借入金＋再割引手形。
　2：4大財閥銀行とは三井、三菱、住友、安田の各銀行。
　3：その他の都市銀行とは表8−29の都市銀行から4大財閥銀行を除いたもの。
　4：安田系3銀行とは、安田、第三、百三十銀行。なお1918年において、第三銀行の頭取は安田善四郎、百三十銀行の頭取は安田善三郎である。
　5：地方銀行は、全国普通銀行から都市銀行を除いたもの。
　6：全国普通銀行の1914年、15年の借入依存度はそれぞれ5.6％、4.2％である。
出所：表8−29、表8−31の資料から作成。

　1917年に入ると、1月5日号では、金融緩慢の助けにより、物価が総騰貴したと述べたのである[248]。同誌は、「我が生産者及び銀行家が相依り相率ゐて、意想外に盛んに信用を濫用しつゝあ」り、「日銀は宜しく率先して其金利を引上げ、必要なる警戒を与へねばならぬ」、「信用を過度に拡張せしめた一大原因は、日銀が今春其の利子を引下げ、警戒の建札を撤して、低利にて盛んに貸出を行ひ、財界をして放胆ならしめたことにある」と主張したのである[249]。

　投機の主因は「戦乱の永続するに従ふて、愈々生産供給の不足を加へ来れること、、海陸運輸の欠乏と運賃の暴騰と」[250]にあるが、銀行貸出が投機の一因をなしたことは確かであろう[251]。

　『東洋経済新報』は、1917年9月5日号社説で、「三たび金利引上の必要を論」[252]じ、9月15日号社説において、「四度金利引上の必要を論」じた[253]。

　『東洋経済新報』は、大戦景気を支え、物価騰貴をもたらした政府の輸出奨励政策に反対した。この意味からも「日銀の利上を促」した[254]。

---

246)　社説「正貨の利用策」『東洋経済新報』第762号、1916年12月5日、4−5ページ。社説「日銀は金利を引下ぐべし」同誌、第755号、1916年9月25日、4−6ページ。社説「重ねて日銀利下の必要を論ず」(同誌、第759号、1916年11月5日、4−6ページ)は海外投資を奨励するために公定歩合を引き下げるべきであり、これは投機抑制策ともなると論じていた。

247)　社説「怖るべき信用の大膨脹」『東洋経済新報』第763号、1916年12月15日、4−7ページ。

第 8 章　第 1 次世界大戦期の正貨処理政策

表 8 −31　普通銀行の借入金（地域別、1916〜1918年）

(単位：万円)

地方別		1916(大正5)年			1917年	1918年		
		A	B	$\frac{B}{A+B}$	$\frac{B}{A+B}$	A	B	$\frac{B}{A+B}$
全国		276,605	17,386	5.9%	5.2%	531,406	28,757	5.1%
北海道		4,685	148	3.1	3.8	8,865	464	5.0
東北	青森	970	0	0	1.2	1,558	22	1.4
	岩手	351	39	10.0	7.2	540	35	6.1
	秋田	877	16	1.8	0	1,606	3	0.2
	山形	1,722	19	1.1	0.4	2,955	66	2.2
	宮城	1,819	10	0.5	4.4	3,442	82	2.3
	福島	1,563	73	4.5	7.0	3,133	287	8.4
北関東	茨城	2,356	45	1.9	0.5	3,656	30	0.8
	栃木	2,097	22	1.0	1.2	2,369	52	2.1
	群馬	2,368	78	3.2	0.9	3,329	26	0.8
	埼玉	2,753	112	3.9	1.8	4,412	88	2.0
南関東	千葉	2,015	33	1.6	1.0	3,488	10	0.3
	東京	32,361	8,830	9.7	8.0	153,567	11,806	7.1
	神奈川	8,468	999	10.6	8.6	15,017	1,194	7.4
北陸	新潟	2,914	67	2.2	0.9	4,407	88	2.0
	富山	2,302	227	9.0	8.3	3,440	316	8.4
	石川	2,195	109	4.7	6.8	3,831	257	6.3
	福井	962	44	4.4	0.4	1,796	3	0.2
東山	長野	2,485	136	5.2	10.0	3,417	530	13.4
	山梨	1,343	54	3.9	8.1	2,172	180	7.7
東海	岐阜	2,872	124	4.1	1.7	5,856	15	0.3
	静岡	6,372	372	5.5	2.2	10,123	336	3.2
	愛知	11,061	954	7.9	5.4	24,452	1,306	5.1
	三重	2,990	55	1.8	1.4	5,235	209	3.8
近畿内陸	滋賀	2,182	12	0.5	0.1	3,398	29	0.8
	京都	10,747	56	0.5	0.9	19,561	131	0.7
	奈良	2,105	12	0.6	0.7	3,052	0	0
近畿臨海	兵庫	18,329	374	2.0	3.0	41,797	1,894	4.3
	大阪	52,063	3,669	6.6	6.5	116,035	7,883	6.4
	和歌山	3,362	1	0	0.1	5,274	0	0
山陰	鳥取	1,162	19	1.6	0.1	2,161	13	0.6
	島根	1,410	43	3.0	1.6	2,338	102	4.2
山陽	岡山	3,270	206	5.9	3.0	5,871	232	3.8
	広島	4,626	23	0.5	0.7	8,413	89	1.0
	山口	3,934	10	0.3	0.2	7,923	44	0.6
四国	徳島	325	0	0	0	618	—	—
	香川	456	36	7.3	5.4	892	29	3.1
	愛媛	2,620	63	2.3	1.1	4,206	58	1.4
	高知	836	50	5.6	0.8	1,906	27	1.4
北九州	福岡	5,630	20	0.4	0.5	11,363	175	1.5
	佐賀	2,209	46	2.0	1.5	3,582	61	1.7
	長崎	2,437	30	1.2	0.7	3,739	32	0.8
南九州	大分	1,913	37	1.9	2.5	3,300	46	1.4
	熊本	1,697	64	3.6	2.1	3,412	102	2.9
	宮崎	1,168	0	0	0	1,863	1	0.1
	鹿児島	1,557	17	1.1	1.1	2,518	46	1.8

注1：A＝払込資本金＋積立金＋預金、B＝再割引手形＋借入金。
　2：支店は各所在の府県に算入。
　3：合計は上掲地方以外を含む。
　4：地方分類は通商産業省『工業統計50年史』第3巻、152ページによる。
出所：大蔵省銀行局『銀行局年報』(第41〜43次)から作成。

第4編　第1次世界大戦期の正貨政策

　『東洋経済新報』は、物価騰貴や投機の主因を、輸入の制限下での輸出の奨励によって物資が不足したことに求めていた。同誌は福田徳三らの通貨膨脹が物価騰貴の原因だとする考え方には与していなかった[255]。正貨処理をめぐる論争が輸出の増加による正貨の獲得を前提としていたのに対し、『東洋経済新報』は前提そのものに批判の目を向け、輸出の制限を行って物価騰貴やこれに伴う投機を抑制すべきであると主張した[256]。だが、上述のように公定歩合の引上げが投機を抑制し、また投機に伴う物価騰貴、輸出の奨励による物資不足から生じる物価騰貴を抑制するのに有効な手段であることを認めていたのである。公定歩合政策には、かように鋭い批判が存在していた。それにもかかわら

248）「乱初以来の物価」『東洋経済新報』第765号、1917年1月5日、10ページ。『東洋経済新報』は、5月5日号において、兌換券の大膨脹が投機熱、物価狂奔を招いていると指摘した（社説「兌換券の大膨脹」同誌、第777号、4－6ページ）。8月5日号社説においては「投機の盛行」を論じた（同誌、第786号、4－6ページ）。8月15日号社説において同誌は、従来の主張を修正した。「今や我が財界は、之れを企業計画の濫興から見ても、物価の暴騰、通貨の膨脹の迹に就て見るも、明かに投機に乱酔しつつある」として、公定歩合の引上げを主張したのである。「日銀が、本年の三月中旬に二厘下げを行ふて、現率にしたのが、既に間違であった。而して日銀の此の利下げは、亦た確かに、我が財界を今日の如き乱酔暗黒に投入した一大原因だと信ずる」、「三月の日銀の利下が、財界の人心を刺激し、資金の需要を喚起させ」た、と論じたのである（社説「金利を引上ぐべし」同誌、第787号、4－5ページ）。『東洋経済新報』は、同じく8月15日号社説において、「海外投資は物価抑制の力なし」と論じて海外投資に批判的となった（同号、5－6ページ）。同誌は、8月25日号社説において、「再び金利引上の必要を論」じ、「信用が過度に膨脹せる事実」を指摘した。「信用の膨脹の他面は、物価の騰貴、通貨の膨脹であり、従って亦、投機の濫行に外ならぬが、同時に亦、通貨の膨脹が、其の必然の結果として、其の前途に、外品輸入の激増、正貨の濫出、物価下落の、暗黒を孕み居るが如く、信用の拡張は、早晩必らず、支払不能に陥りて、恐慌の惨禍に、財界を覆没させる危険を予示して居る。故に信用の貸与が漸く過大となれるの兆ある時は、早きに迨んで、其の抑制に努めなければならぬ。而して其の抑制策は現在の経済組織の下では、中央銀行が率先、其の金利を引上げて、警戒を与ふる外にない」と論じた（同誌、第788号、4ページ）。

249）社説「金利を引上ぐべし」同誌、第787号、1917年8月15日、参照。
250）社説「投機の盛行」同誌、第786号、1917年8月5日、参照。
251）大戦期に船舶投機が甚しかった。船成金の内田信也の経営する内田汽船は、借入に依存して船舶投機を行い、1916年には60割にのぼる株式配当を行った。『日本銀行調査月報』1917年8月号は、「近時頻リニ勃興シ来リシ海運業ヲ目的トセル会社ノ設立ハ船舶売買ヲ助長シ之ニ伴フ資金ノ需要ハ巨額」にのぼり、これが一因となって、「市中銀行ノ貸出ハ益々膨脹シ」、「従テ本行」の「民間貸出金モ甚シク膨脹」したと記している。『東洋経済新報』によれば、「我が商品市場は、何れも此れも、殆ど其の全部に亘りて、只だ時に、先後の差はあれ、悉く投機に襲はれ」たという。かかる状態のもとでの銀行貸出の増大は、投機の助長のそしりを免れ難い。公定歩合の引下げは、これを促進するものであったといえよう（後藤新一『狂乱物価と米騒動』56－60ページ。『時事新報』1918年1月18日付。『日本金融史資料　明治大正編』第20巻、820ページ。前掲「投機の盛行」4ページ）。

第 8 章　第 1 次世界大戦期の正貨処理政策

ず、通貨当局は、正貨の資金化をめざして低金利政策を維持したのである。

（2）　日本銀行内国金融制度の改正

日本銀行は、すでに第 2 次大隈内閣時代に、金融制度の改正を行っており、

---

252) 『東洋経済新報』は企業の払込資本の使途の点から、公定歩合の引上げを論拠づけた。同誌によれば、大戦期に企業熱は凄まじかった。だが「戦争及び交通上の故障から、物資欠乏を極め、折角企業計画を定め資金を払込でも、工場の建設に着手が出来ない。工場の家屋位は出来ても、機械の輸入難から其の据付が出来ない。こんな事情から、払込資本の大部分は空しく銀行に預入し置きて、時期の来るのを待って居」た。「銀行は此の資金払込から、絶えず資金の供給に接し、其の供給に接するに従て亦之を貸出し、其の結果は」「信用の大膨脹とな」って、物価騰貴、「企業濫興を刺激し」たのである（同誌、第789号、1917年 9 月 5 日、5 ページ）。払込資本金が銀行「預金カラ引出サレテ機械工場其他予定ノ生産準備ニ固定」され始めるのは、1918年 4 月以後のことである。また大戦期においては、銀行借入に依存せずとも、企業内に積み立てた豊富な利潤を資金源として投機は行われえた。それゆえに、公定歩合の引上げのみでは投機を防ぎきれなかったであろう。だが日本銀行が「早きに迫んで金利引上を断行し、熱狂せる人心に警戒を与へて、危険を未発に防禦し、将た之れを出来るだけ小化させる」責任を負っていたことも確かである。だが、かかる公定歩合の引上げは、1918年 9 月に至るまで、断行されなかった（『日本銀行調査月報』1918年 4 月号『日本金融史資料　明治大正編』第20巻、952ページ。また『東洋経済新報』第810号、1918年 4 月 5 日、1 ページ、第811号、4 月15日、7 ページ、も参照）。

253) 政府や日本銀行が、海外投資を行うことによって通貨を収縮させ、物価を抑制しうると考えたのを批判した。同誌によれば、「金利の低下は」、「海外投資を奨励せずして、却って内地の投機を奨励した」という（同誌、第790号、1917年 9 月15日、7 ページ）。『東洋経済新報』1917年 8 月15日号は社説「海外投資は物価抑制の力なし」を掲載していた（第787号、5 － 6 ページ）。

254) 同誌1918年 8 月15日号社説は、「英蘭銀行の利率は金融市場の標準として仰がれた。而して市場の預金利率は英蘭銀行利率の一分乃至一分半の下鞘を以て、後者の高低に追随して高低するのが戦前の常であった」、「日銀の利率が市中銀行の預金利率及び公債社債の利廻に比して一分から以下なるは、之れを一方から見れば、中枢機関たる本来の職能を忘れて一般銀行と競争の位地に降れるものとも云ふべく、他方からは、日銀から借りて一般銀行に預金し又は公社債を買ふて利鞘を儲けるが如き悪用の機会を作るとも云ひ得る」、「成程、日銀から借りてそれを露骨に他銀行に預入して利鞘を儲けるものはない。併し乍ら、市中銀行をして、思い切って其の手元資金を空虚にして、之れを為替銀行に融通〔コールの形で〕させ、為替銀行をしてまた安んじて此のコールに依頼させたのは、市中銀行から為替銀行がコールの回収に逢ふ時日銀に駈け付ければ直ちに低率にて融通を受け得るからではないか」と論じたのである（「日銀の利上を促す」『東洋経済新報』第823号、4 ページ）。日銀の正金銀行に対する金利は公定歩合の引下げ後も引き下げられなかったが、貸出額の激増にもかかわらず引き上げられることもなかった。金利引上げが実施されるのは1919（大正 8 ）年 8 月以降のことである（『横濱正金銀行史』505、506ページ、参照）。

255) 福田徳三　戦後の世界経済と其最根本的問題『太陽』第24巻第 1 号、1918年 1 月号、93ページ、参照。

256) 小評論「輸出制限の必要」『東洋経済新報』第784号、1917年 7 月15日、13ページ。社説「輸出を制限すべし」同誌、第785号、7 月25日、4 － 6 ページ。社説「輸出禁止と価格制限とを」同誌、第790号、1917年 9 月15日、8 － 9 ページ。社説「為替資金の融通は国家の禍なり」同誌、第824号、1918年 8 月25日、8 － 9 ページ。渡部徹「経済・財政政策論」『大正期の急進的自由主義』東洋経済新報社、1972年、417－420ページ、参照。

第4編　第1次世界大戦期の正貨政策

これによって産業資金の供給を増加させようとした。寺内内閣は、正貨準備の増加を背景として、これをいっそう推進しようとしたのである。

日本銀行は、創立以来、普通銀行に対して直接貸出を行った。これが民間に対する貸出の中心を占めた。すでに大隈内閣の時期に日本銀行は、同行が再割引に応ずる銀行の数をいっそう増加させた[257]。さらに同行は、銀行以外の会社や個人の取引先を増加させようとした[258]。しかしこの金融疎通策は、産業の発展を助長するには不十分であったのである。

日本銀行の内国金融は、日本銀行条令や定款によれば、定期貸、当座貸、内国手形再割引の3形態で行うことができた。表8―32にみられるように、国債を担保として定期貸、当座貸が大戦期に行われたが、その金額は少なかった[259]。日本銀行の内国金融は、主として手形の再割引によって行われた。

日本銀行は、商業手形の割引を行ったが、その金額も少なかった。日本銀行は、創設以来、保証品を提出させて、単名手形の割引に応じてきた。1890（明治23）年の恐慌以後、主としてこの保証品付手形の割引によって普通銀行に対する貸出額を増大させてきた。日本銀行が金融の疎通を図ろうとすれば、この制度の改善が必要であった。

---

257)　『日本金融史資料　明治大正編』第22巻、357－366ページ。また同行は1916年9月29日、日本興業銀行に対して、一般取引銀行に対するのと同様の手形割引を開始した（同巻、354ページ）。

258)　それは商工業の助長を目的としたものであった。寺内内閣の時期に日本銀行は取引先増加の方針を一段と推進した。さらに同行は1917年に秋田、熊本、1918年に松江の3支店を増設した。これによって地方金融の疎通を図った。しかし日本銀行が取引を行ったのは中央市場の大銀行と地方の有力銀行とであった。1917年8月27日に作成された日銀の「保証準備拡張ニ就テ」によれば、普通銀行の総数は2100余であった。だが日本銀行が取引を行ったのは、そのうちの150余にすぎなかった。前述の取引先の増加をもってしても、多数の小銀行は日本銀行の援助を受けることができなかった。また、取引銀行数の増加だけでは貸出額の大幅な増加を期待できなかった。さらに、民間銀行でさえも貸出を避ける部門に、中央銀行自らが進出するのは容易ではなかった。日本銀行の会社や個人に対する貸出は、表8―32から明らかなように、1915～18（大正4～7）年末には、1914年末の金額にも及ばなかった。増設された支店の貸出額も微々たるものであった（『日本金融史資料　明治大正編』第22巻、366ページ。日本銀行名古屋支店長結城豊太郎「日本銀行の個人取引」（1916年4月）『大阪銀行通信録』第224号、1916年5月、11－12ページ）。また同行は1914年12月18日、北海道拓殖銀行に対して、一般手形割引取引を開始した。『日本金融史資料　明治大正編』第22巻、354ページ、366ページ。日本銀行臨時調査委員会「保証準備拡張ニ就テ」『勝田家文書』第54冊、参照。同資料は、当時の日本銀行の会社、個人の取引先は12にすぎないとも述べている。なお、同論文に記載された普通銀行総数は『銀行局年報』のそれよりも多い。大蔵省銀行局『銀行及担保附社債信託事業報告』第39次、同『銀行局年報』第40～43次。

259)　石井寛治「日本銀行の産業金融」『社会経済史学』第38巻第2号、1972年7月、49ページ。

第8章　第1次世界大戦期の正貨処理政策

表8−32　日本銀行の内国貸出金（1914〜1918年）

(単位：万円)

	定期貸				当座貸				内国手形				
	取引先別			抵当	取引先別			根抵当	取引先別				
	銀行	会社	合計	国債	銀行	個人	合計	国債	銀行	会社	個人	雑	合計
1914年末	172	125	297	297	66	—	66	66	3,464	110	133	—	3,707
15	70	125	195	195	84	—	84	84	2,679	—	—	813	3,491
16	320	125	445	445	3	1	4	4	6,311	43	2	—	6,355
17	345	125	470	470	118	—	118	118	6,403	50	115	152	6,720
18	70	125	195	195	53	—	53	53	12,850	35	110	—	12,995

出所：1914年は大蔵省銀行局『銀行及担保附社債信託事業報告』（第39次）から、その後は同局『銀行局年報』（第40〜43次）から作成。

　保証品付手形の割引の形態には、まず第1に商品を保証とする割引があった。これを行う場合、日本銀行は保証となる商品を同行の指定する倉庫に保管させ、指定倉庫の発行する倉庫証券を担保に徴した。同行は、大戦期にこの指定倉庫を増加させた[260]。これによって、地方金融の疎通を図ったのである。

　だが借手となる銀行にとっては、借入のたびに商品を指定倉庫に預け入れるよりも、有価証券を差し出して日本銀行から借りる方が便利であったと思われる。銀行は、有価証券を支払準備として保有し、資金が必要となった場合にただちにこれを売却して必要な資金を入手することもできた。かくして日本銀行の保証品付手形割引の大半は、有価証券を保証品として行われたのである。

　日露戦争以後、日本銀行手形再割引の保証品の中心は株式から公債へと移行した。大戦勃発当初、国債を保証品とする手形割引が日本銀行の有価証券保証品付手形割引の大部分を占めていた。大戦期にその額は増大し、1918年には日本銀行の国債保証品付手形割引高は1億円を超えた（表8−33）。これは同年の日銀の内国手形割引高の78.8％を占めたのである。

　有価証券には、国債以外に地方債、外国政府証券がある。日本銀行は、このうちの特定のものを指定して、これを保証とする手形割引を認めていた。1915（大正4）年2月、16年6月、8月に続いて、同年11月、17年4月、9月に日銀はその品目を追増した[261]。

　日本銀行は、特定の株式や社債を保証品とする手形割引も行った。これには

---

260)　『日本銀行沿革史』第2輯第3巻、802−812ページ。
261)　『日本金融史資料　明治大正編』第22巻、348−349ページ。

表8-33　日本銀行保証品付割引手形（1915～1918年）

（単位：万円）

	日本銀行内国割引手形に占める割合				保証品別割引金額							
	割引手形A	保証品付手形B	合計A+B	B/(A+B)	国債	地方債	社債	株券	外国証券	各種連帯	商品	合計
1915年末	1,283	2,208	3,491	63.2%	2,109	—	7	18	—	14	60	2,208
16	2,056	4,300	6,355	67.7	3,296	—	10	64	421	329	180	4,300
17	702	6,018	6,720	89.6	5,146	7	1	24	330	111	400	6,018
18	1,071	11,924	12,995	91.8	10,243	14	244	20	311	753	339	11,924

出所：表8-32と同じ。

日本興業銀行の、日本銀行を商業金融の中央銀行とすべきであって、それを廃止すべきであるとの反対があった。工業金融の中心機関としての日本興業銀行こそが「信用利益共ニ確実ナル」会社の有価証券を担保に貸出を行うべきであると主張したのである[262]。しかし当時の日本興業銀行は資金が不足していたから、これを行うのは困難であった。資金不足を補うために、日本銀行が興業銀行に普通利率での貸出を行えば、「普通銀行ハ興銀ノ収得スル利鞘ダケ高利ノ資金ヲ借入レサル」をえない。日本銀行は、同行の見返担保品「ヲ拡張シテ普通銀行ニ対スル融通ノ範囲ヲ広クスルノ」が「直截簡明」であるとみなした。また興銀への固定的低利資金の供給は、中央銀行として避けなければならなかった[263]。

日本銀行は、工業証券を保証とする手形割引を認めただけではない。さらに「日本銀行に担保品として提供し得る社債、株式の範囲を大に拡張」しようとした。これによって「預金の支払其他金繰上の必要あるときに日本銀行から融通を受くるの途を従来よりも大に拡大し」ようとしたのである[264]。

大蔵省も、日本銀行の有価証券担保貸出を拡張して産業の発展を助長しようとした。しかも有価証券担保貸出は、軍事費調達の目的にも合致するものであったのである。1917年にロシア革命が勃発すると、陸軍や本野一郎外相は、この機に乗じてシベリアを日本の勢力範囲に取り込もうとして、シベリア出兵を

---

[262] 『日本金融史資料　明治大正編』第24巻、424ページ。添田壽一「工業金融機関と日本興業銀行」『銀行通信録』1916年12月20日号、参照。

[263] 日本銀行臨時調査委員会「工業金融ニ関スル調査」（1917年10月）『日本金融史資料　明治大正編』第24巻、433-434ページ。

[264] 深井英五［1941］131ページ。

第8章　第1次世界大戦期の正貨処理政策

画策した。大蔵省は出兵を想定し、18年4月から5月にかけて将来巨額の戦費を要した場合の対策を立案した。日銀貸出の増大（制限外発行税の撤廃、勅令による保証発行限度の拡大、3分の1比例準備発行制の採用）と、国債発行による資金調達を考えた[265]。後者に関して、民間銀行に保有された有価証券を担保として日本銀行が貸出を行い、この資金で国債を買わせることを計画したのである[266]。

1917年11月16日、日本銀行は、株式、社債、地方債および外国政府証券を保証品として認める場合の方針を改めた。従来これは、特定の品目に限定されていた。当時、指定された有価証券は見返担保品とも称された。今後は品目列挙主義を廃し、優良な有価証券と認められるもののなかから見返品を任意に採択することに改定された[267]。この方針に従って、26銘柄の株式、84銘柄の社債が見返担保品に取り入れられた[268]。

有価証券担保融通は、直接的には、日本銀行が月末決済資金等、短期資金を供給するものであった[269]。この資金に依存して、または資金が不足した場合に日本銀行から借り入れることができるという保証を得て、民間銀行は、原料購入などのための産業資金を貸し出した。普通銀行は、商業金融機関であることを標榜した。しかし実際においては、短期貸出の更新継続によって、長期の工業資金をも供給した[270]。日本銀行の有価証券担保融通は、かかる金融制度

---

265)　大蔵省臨時調査局金融部「我国ノ金融動員計画第一前提事項」（大正7年4月）『勝田家文書』第43冊、同「我国ノ金融動員計画其一通貨に関する施設」（大正7年5月）『勝田家文書』第47冊、同「有価証券動員案」（大正7年4月）『勝田家文書』第43冊。靎見氏は、日本銀行が一定の有価証券を適格担保と認めることによって証券の流動性を強化し、証券市場の発展を促進することに見返担保制拡張の意義を見出している（靎見誠良「日本金融資本確立期における日銀信用体系の再編成」『経済志林』第44巻第1号）。だが「見返品制度は重化学工業化にともなう固定資本のための厖大な資金需要に対し、証券市場を媒介とする間接的な融資集中機構を日銀信用の介入によって構築することをめざし」たものではなかったと考えられる。

266)　前掲「有価証券動員案」参照。

267)　『明治大正財政史』第14巻、811－812ページ。

268)　『日本銀行調査月報』1917（大正6）年11月号によれば、「十六日ヨリ実施セル本行見返品制度ノ改正ハ金融界稀有ノ閑散ニ際シタレハ貸出ノ上ニハ格別其ノ影響ヲ及ホスニ至ラサリシモ財界ノ前途ニ多大ノ安慰ヲ与ヘ能ク金融界ノ変調ヲ阻止スルノ効著シキモノアルヘシトテ一般ニ嘱望セラ」れた。『日本金融史資料　明治大正編』第22巻、349－350ページ。吉野俊彦『歴代日本銀行総裁論』125－126ページ。『日本金融史資料　明治大正編』第20巻、870ページ。

269)　『日本金融史資料　明治大正編』第24巻、433ページ。

270)　『日本金融史資料　明治大正編』第22巻、263ページ。

第4編　第1次世界大戦期の正貨政策

を支えるものともなった。

　普通銀行は、ドイツの信用銀行の営んだような株式の発行、引受業務を行わなかった[271]。しかし、株式担保貸出を行っており、その貸出総額に占める割合も高く、かつ大戦期に増大している[272]。すでに1916年12月、日本銀行は、ドイツの講和提議の報に接し混乱に陥った株式市場を救済するために、はじめての本格的な株式市場救済融資を行った[273]。これによって民間銀行の株式担保貸出の発展を支えた。1917年11月の見返担保の拡張は、これをさらに発展させるものであった。しかしこの拡張は、日本銀行が株式や社債に同行の保証を与えて証券市場を一般的に発展させようとするものではなかった。見返品の品目については、経済界に及ぼす影響を考慮し、17年11月以降、その公表を中止したのである[274]。手形の担保に供すべき証券をあらかじめ預け入れるとの名目で見返品目を確かめようとする銀行があった。このために同年12月22日、日本銀行は、その品目を秘密にするのを目的として、国債、地方債および外国政府公債以外の有価証券、つまり株式、社債を据置保証として新規に受け入れるのをみあわせている[275]。だが見返品の拡張によって、普通銀行の優良株式や社債（危険の伴う株式よりもとくに社債）への投資が行いやすくなったことは確かであろう。

　だが、有価証券保証品付手形割引制度の改正による産業奨励にも、限界があったのである。すなわち、国債領収証を担保とすることは根本的な改正とはいえなかった。見返品として採択された株式や社債は、とくに優良なものに限られており、株式や社債を見返担保とする日本銀行の手形割引は、量的にはきわめて少なかったのである。

　日本銀行は、上述以外にも、積極的に短期資金を供給する構想を有していた。

---

271)　「銀行ハ社債ヲ引受クルコトアルモ株式ノ発行ヲ引受クルコトナシ。是レ株式ノ相場ハ其ノ変動多ク時トシテ投機ヲ試ムルノ結果トナリ危険ナルニ依ルヘシ」（『日本金融史資料　明治大正編』第24巻、376ページ）。
272)　『金融事項参考書』1920年版所載の「普通銀行貸出金抵当別割合表」によれば、1918年末には株式担保貸出が貸出金の33.8％を占めていた。
273)　『日本金融史資料　明治大正編』第22巻、351－353ページ。志村嘉一『日本資本市場分析』359－360ページ。
274)　大蔵省編『明治大正財政史』第14巻、811ページ。
275)　『日本銀行沿革史』第2輯第3巻、729ページ。

第 8 章　第 1 次世界大戦期の正貨処理政策

　日本銀行臨時調査委員会は、1917（大正 6）年 8 月27日、「保証準備拡張ニ就テ」[276]をまとめ、兌換券保証準備発行制限額を 1 億2000万円から 2 億5000万円に拡張すべきことを提案している。

　日本銀行臨時調査委員会は、1918年 3 月11日、内国取引および外国取引において手形引受業務を行う慣行を養成しようとした。この方法として、日本銀行が銀行引受手形を普通の商業手形よりも低利で割り引くことを提案した[277]。日本銀行は、銀行引受手形制度の導入によって、市場資金の利用を推進し、産業貿易、銀行業の発展を促進しようとしたのである。ただし日本銀行は、この制度の導入によって同行の貸出を抑制し、通貨膨脹を抑制するという明確な意図をもっていなかった[278]。

　だが、日本銀行保証準備発行制限額の拡大や銀行引受手形の導入は、大戦期に実施されなかった。上述のように、日本銀行は、制度改正を通じて産業資金の供給を増加させようとしたが、これには限界があったのである。

　正貨の産業資金化補完策としての日本銀行の制度改正が不十分に終わった理由としては、まず第 1 に、生産設備の拡張が容易ではなく、産業資金需要に限界があった事実を指摘できる。生産資材の輸入は依然として困難であった[279]。資本家は、休戦後の反動を恐れて設備拡張を躊躇する傾向が少なくなく、生産

---

[276]　日本銀行臨時調査委員会「保証準備発行制限拡張額ノ運用ニ就テ」（大正 6 年12月）（『勝田家文書』第54冊所収）は、「保証準備拡張ニ就テ」を別冊であると記しており、これが日本銀行臨時調査委員会の作成したものであることは明らかである。同行は、保証準備拡張によって資力を増加させようとしたのである。「日本銀行ヲシテ　（一）国庫ニ対シ多額ノ預金ヲ返付シ、且ツ相応ノ貸上又ハ国債証券ノ所有ヲナサシメ」、「（二）海外ニ於テ相当ノ準備外資金ヲ保有シ」、「（三）外国為替ニ対シテ適当ノ融通ヲ与ヘ」るとともに、「（四）節季資金ノ融通ヲ差支ナカラシメ」「（五）尚民間一般経済ノ発展ニ伴ヒ常時ニ於テモ之ニ対シテ相当ノ融通ヲナサシメ」るためには「保証発行ノ制限額ヲ拡張シ其運用資金ヲ増加スル」ことが「極メテ必要」であると、日本銀行は考えた。日銀の保証準備発行制限拡張額が、これを 2 億円とする大蔵省案を上回っている点は注目すべきである。
[277]　日本銀行臨時調査委員会「横浜正金銀行ノ業務ヲ拡張セシムルノ件（大蔵省案）ニ対スル批評」（総裁宛。委員に深井の印がある。『水町家文書』第 7 冊、参照）。
[278]　すなわち、1918年 5 月、日本銀行臨時調査委員会は、「銀行ノ手形引受ニ就テ」の中で、手形引受制度の利点として、有利な投資対象を市場に提供することを強調している。本書は、日銀貸出を減少させる効果については触れていない。逆に欠点として、銀行が濫りに手形の引受けをなし、信用を濫用することと、融通手形の濫発の弊害があることを指摘しているのである。田中生夫「井上準之助小論」岡山大学『経済学会雑誌』第 3 巻第 3 ・ 4 号、1972年 2 月、鷲見誠良、前掲論文、170ページも銀行引受手形について論じている。

759

第4編　第1次世界大戦期の正貨政策

の増大を労働強化に頼ることが多かった[280]。技術的に立ち遅れた日本の重化学工業が早急に発展するのも困難であった。

第2に、普通銀行の中小工業金融に限界があった。大工業者の金融は概して円滑に行われ、資金難に悩んだのは中小工業者であった。だが普通銀行は、土地を所有しない中工業者の事業拡張資金、信用の薄弱な中工業者の流動資金や小工業者の流動資金を貸し出そうとはしなかった[281]。普通銀行は、危険の伴う、また鉱業知識を必要とする鉱業者への貸出、とくに中小鉱業者への貸出を行おうともしなかった[282]。かくして日本銀行に対する産業資金需要に限界があったのである。

第3に、日本銀行が、中央銀行の立場から通貨膨張や物価騰貴の抑制を考慮したことが考えられる。同行は、「不健全なる設備の膨脹を来たして反動の惨害」を甚しくするのを避けようともした。それで同行は、同行自らが長期の産業資金を供給することには反対した[283]。1917年、大蔵省は、日本銀行の保証準備発行制限額を1億2000万円から2億円へと拡張する法案を作成した。同法案には、日本銀行が日本興業銀行に対して1000万円を工業資金として低利融通する計画が含まれていた[284]。これに対して日本銀行は、兌換券に対して責任を負うものとして、長期の固定的融通は慎まなければならないと考え、上述の大蔵省の方針に反対した[285]。大蔵省も、物価騰貴が社会不安を激化したり、財政上の経費の膨張[286]をもたらしたりするのを警戒せざるをえなかった。こ

---

279)　社説「金融資金の過多と生産資本の欠乏」（上）、（下）『東洋経済新報』第757号、1916年10月15日、6－8ページ、および第758号、同月25日、6－9ページは、正貨の流入に伴って通貨が膨張したのに輸入が困難であり輸出によって物資が払底した、金融資産は過多であるのに生産資本は払底した、と述べている。
280)　髙橋亀吉、前掲書、112－113ページ。
281)　『日本金融史資料　明治大正編』第22巻、261－262ページ。臨時産業調査局「工業金融に関する調査」（1918年7月16日）同局『調査資料』第14号、由井常彦『中小企業政策の史的研究』66－68ページ。
282)　上野景明、三上徳三郎『本邦鉱業と金融』（1918年11月）334－335、490ページ、日本銀行門司支店『筑豊石炭調査』（1917年11月）第15章、参照。
283)　深井英五『回顧七十年』130ページ。
284)　『明治大正財政史』第14巻、559－566ページ。
285)　前掲「保証準備発行制限拡張額ノ運用ニ就テ」参照。
286)　予算上の物価騰貴対応策については、前掲「寺内内閣成立後二箇年ニ於ケル財政経済方策並施設概要」28－29ページ、参照。

第 8 章　第 1 次世界大戦期の正貨処理政策

のため、日本銀行の興銀に対する固定的貸出は回避された。さらに、日本銀行に対して船舶資金を求めるものもあったが、これも固定貸を避けられず、とくに危険性があったため、日本銀行はこれに反対した。大蔵省も興業銀行に船舶金融を行わせる方針を採り、これが実現した。日本銀行に不動産資金の供給を要求するものもあった。普通銀行は自ら保有する不動産抵当債権を担保として勧業銀行、農二銀行から資金を得ようとした。だが日本銀行は、「普通銀行ノ不動産抵当債権資金化」の目的で特別融通を勧銀、農工銀行に与えることに反対した[287]。政府も日銀の方針を支持し、この方針を採用した。

　政友会は積極的に内国産業資金の供給の増加を図るべきであると政府を批判した[288]。だが、通貨当局は政友会の主張するほどの通貨膨張主義を採用しなかった。

　政府や日本銀行は産業の発展を重視したため、当局の通貨膨張抑制策には限界があった。それにもかかわらず、内国金融制度の改正が前述のものにとどまったのは、通貨当局の輸出奨励、正貨獲得政策が内国産業資金を潤沢にしたことによるところが大きい[289]。

　政府や日本銀行の円資金供給に支えられつつ、大企業や上位の中小企業の資金調達は、次のようなメカニズムで円滑に行われた。円資金のかなりの部分は、利潤として企業に受け取られた。大戦期に企業は、業種別の差異を伴いつつも、巨額の利潤を獲得した[290]。その一部は資本として生産に投下され、他の一部は預金された。『日本帝国統計年鑑』（第39次）所載の「営業種類大別会社数、其ノ払込資本金及積立金」によれば、1914年から1918年にかけて、工業、運輸

---

[287]　前掲「保証準備発行制限拡張額ノ運用ニ就テ」参照。
[288]　政友会の山本悌二郎の質問（『大日本帝国議会誌』第11巻、181－182ページ）。
[289]　日本銀行の外国為替貸出金が、貿易業者の手を経て国内産業資本家の手に移っていった。日本銀行の在外資金買上代金は、民間に支払われた。増発された兌換券は、必ずしも預金となって同行に還流せず、国内の取引を媒介した。政府の在外資金買入れは、兌換券を新たに吸収するものではなく、国家のもとに吸い上げられた資金を、為替銀行を通じて市場に復帰させるものにほかならなかった。政府は、在外資金買取資金調達の一方法として臨時国庫証券を発行し、これを通貨収縮策とみなしている。だがこれは、上記の理由から明らかなように、通貨を収縮させるものではなかったのである。しかもこの国債は、日本銀行に買い取られ、または同行の貸出の担保となって、通貨を膨張させた。かくして、国内に多額の円資金の供給が行われた。通貨当局は、日本銀行制度をあえて大幅に改正して内国貸出を増大させる必要を認めなくなったのである。
[290]　『東洋経済新報』第849号、1919年5月5日、8ページ、によれば、平均払込資本に対する利潤率は、1914年下期には1.42割であったが、1918年下期には6.33割に達した。

第4編　第1次世界大戦期の正貨政策

業の積立金はそれぞれ2.9倍、4.2倍に増大した。『日本帝国統計年鑑』（第38次および39次）所載の「営業種類細別会社数、其ノ払込資本金及積立金」によれば、工業部門における株式会社の積立金は、1917、1918年に、払込資本金の約2割に達した。利潤の一部は借入金の返済に充当された。普通銀行の預金の増加は著しかった[291]。普通銀行は、これに依存して貸出を増加したため、金融は緩和し、金利は低下し、または上昇を阻止された。これによっても産業の発展が助長された。利潤の増大に伴って、株式、社債市場も発展した[292]。これにより設備資金が調達された。1918（大正7）年3月頃までは、払込資本金の多くが預金され、銀行貸出を助長した。この預金に依存して銀行は、株式の応募者に株式担保貸出を行い、株式市場の発展を促進した[293]。銀行の社債買入、社債担保貸は、社債市場を発展させた。大資本は、株式・社債の発行、銀行借入が容易であり[294]、巨額の利潤も獲得できたから、資金調達は円滑に行われた。財閥資本や巨大紡績資本は独占的高利潤が得られたから、他人資本への依存の必要を減殺できた。主要企業の資金調達について総括表を作成したのが表8－34～36である。これによれば、大資本の大戦期における発展は、主として払込資本金および内部資本に依存して行われた[295]。銀行は、不動産を有する中工業の事業資金貸出、信用ある中工業に対する流動資金供給を行った[296]。銀行は、商人に対する貸出も行った。上述のようにして、大資本や中小企業の上位のものの資金調達が円滑に行われたから、日本銀行は、あえて同行の制度を大改正して産業資金供給を増加させようとはしなかったのである。

　資金調達が容易となったことは、投機を助長する一因となった[297]。公定歩

291）　後藤新一『日本の金融統計』86ページによれば、全国銀行の総預金は、1918年末には1914年末の3倍に達した。
292）　『金融事項参考書』1920（大正9）年版所載「社債及株式払込金業別表」によれば、1915年から18年にかけて、株式は5563万円から6億1534万円、社債は9533万円から1億8969万円へと増大した。社債の発行条件については、日本興業銀行調査部『社債之十年』参照。
293）　『東洋経済新報』1918年4月15日号、6ページ参照。
294）　『日本金融史資料』第24巻、344－347ページ参照。合名会社、個人経営の大工業の事業創設資金は多額の資産を有する個人の出資によって調達された。
295）　1916（大正5）年以降、5大銀行（三井、三菱、住友、安田、第一の各銀行）および全国普通銀行の貸出は主として貸付によって行われるようになったから、表8－34、35にみられる大資本の借入金への依存の低さは大資本の手形割引への依存の低さをも意味するものと考えられる。前掲『日本の金融統計』86、90ページ参照。
296）　『日本金融史資料　明治大正編』第24巻、347－348ページ参照。

合の引下げや為替資金の供給などによって投機を助長しつつあった日本銀行が、これをさらに助長するわけにはいかなかった。大幅に制度を改正して産業資金の供給を増加させようとしても、投機や物価騰貴の著しい状態のもとにおいては、日本銀行がこれを実施することは困難であったのである。

見返担保制拡大の一大根拠をなしたシベリア出兵に関しては、寺内や山県は、日本がシベリアを勢力下に置こうとすることに対するアメリカの反対を無視できなかった。また山県は、交戦による「疲弊ノ後」に日本が米英の「指頭ニ翻弄」される危険を恐れた。かくして彼らは出兵に慎重とならざるをえなかったのである。シベリア出兵が断行されるのは1918年8月に至ってのことである。その後も内外の情勢は戦争の拡大を容易ならざるものとした。かくして、出兵によって約10億円の軍事費が浪費されることになるとはいえ、軍事費の膨張には限りがあったのである[298]。これも日本銀行見返担保制の大拡張が実施されずにすんだ一因をなしていた。

小括

第1次大戦期の正貨の流入を背景として、正貨を内国産業の発展に利用する方策が提起された。だが大隈内閣は、当初、かかる方策を採用しなかった。1916（大正5）年4月に至り、「正貨の産業資金化」構想が成立した。だがその実施は、大きな制約を受けていた。寺内内閣が、千載一遇の好機に内国産業を発展させようとして、「正貨の産業資金化政策」を展開した。これは、日本銀行が正貨準備の増大を基礎として、貸出を増加させ、内国産業の発展を積極的に奨励するものであったのである。これは本来は正貨政策といえるものでは

---

297) 『東洋経済新報』1918年4月25日号によれば、当時「既設会社の増資は、五年以来引続き好景気の為めに、而して欧米諸国から輸入の困難の為めに、又物価の騰貴一方なる為めに、競ふて之れを諸材料の買溜めに投下しつつあったが、最近の輸入増進と相待て、大抵の増資会社の倉庫及工場は、其の買溜材料を以て充満して居る、就中、造船所に於て最も著し」といわれていたという（『東洋経済新報』1918年4月25日号、5ページ）。信用の膨張と思惑の盛行については、同誌社説「暗黒なる信用の膨張」同誌1918年8月5日号、4ページも参照。

298) シベリア出兵に関しては、井上清『日本の軍国主義』II、第3篇、前掲『帝国主義と民本主義』96ページ、升味準之助『日本政党史論』第3巻、352ページ以下、高橋治『派兵』、『勝田家文書』第1冊および第121冊など、参照。

第4編　第1次世界大戦期の正貨政策

表8-34　主要企業の資金調達（1915～1918年）

業種別	1915（大正4）年					1916年				
	総資本	払込資本金	内部資金	借入金	社債	総資本	払込資本金	内部資金	借入金	社債
石炭	4,480	3,097	559	224	600	5,280	3,214	576	290	1,200
ガス	7,077	5,925	285	867	—	7,033	6,007	346	680	—
電力	15,357	11,543	580	1,294	1,940	17,103	12,603	931	1,178	2,391
鉄鋼	2,693	1,660	13	20	1,000	3,164	1,775	224	195	970
製鋼	1,893	1,240	621	9	23	4,218	2,340	1,874	—	4
造船	3,848	1,786	575	397	1,090	5,676	2,795	937	444	1,500
電気機械類	962	670	181	101	10	1,572	784	497	281	10
その他の機械	225	183	27	15	—	309	239	61	9	—
化学	1,169	861	273	30	5	1,794	1,208	540	41	5
化学肥料	2,324	1,658	219	67	380	2,689	1,953	347	29	360
セメント	2,039	1,283	183	324	249	2,292	1,397	294	376	225
製紙	3,569	2,192	365	320	692	4,575	2,528	697	278	1,072
紡績	12,343	6,224	4,188	426	1,505	14,648	7,566	5,290	297	1,495
製粉	510	347	108	55	—	569	392	151	26	—
ビール	2,105	1,592	297	216	—	2,163	1,592	365	206	—
鉄道	23,534	18,297	2,411	603	2,223	25,089	19,013	2,992	890	2,194
海運	13,667	6,600	5,778	163	1,126	17,935	7,759	9,103	3	1,070
合計	97,795	65,158	16,663	5,131	10,843	116,109	73,165	25,225	5,223	12,496

注1：内部資金は積立金、引当金、準備金、減価償却金、利益分配表から社外分配を除いたもの。ただし、貸借対照表の負債項目中、職工保護基金、退職給与引当金は含むが、納税引当金、手当、使用人積立金は含まず。
2：当座借入金が掲載されているものは借入金に含めた。
3：借入金と支払手形とを統計上分離できないものは借入金として上表に表示。
4：調査対象は下記の通り。（○印内は決算時期）。内地に本店を有する、統計が連続して得られた企業を掲載した。新設企業は掲載した。電力、紡績、鉄道は『株式会社年鑑』に掲載されている企業にしぼった。

石炭 ……北海道炭坑汽船⑫、磐城炭鉱⑫、九州炭坑汽船⑩、茨城無煙炭砿業⑫、入山採炭⑪、石狩石炭⑫（1915年のみは⑥）日本煉炭⑫
ガス ……東京⑫、大阪⑫、神戸⑫、名古屋⑫、京都⑫、広島⑫、岡山⑪、泉州⑫、奈良⑪、和歌山⑬（1916年のみは⑨）、西部合同⑪、尾州⑪、知多⑪、岡崎⑪、静岡⑪、浜松⑪、北海道⑫
電力 ……東京電燈⑫、東邦電力⑪、宇治川電気③、大阪電燈⑪、九州水力電気⑪、鬼怒川水力電気⑪、猪苗代水力電気③、富士水電⑪
鉄鋼 ……日本製鉄所⑫、東洋製鉄⑪（1917年設立）、東京鋼材⑫（17年設立）、日本鋼管⑪（18年は⑫）、富士製鋼⑪（18年設立）、大阪製鋼⑪（1916年設立）、東海鋼業⑪（16年設立）、電気製鉄⑪（17年設立）、安来製鋼所⑪（16年設立）、大島製鋼所⑪（17年設立）
製鋼 ……久原鉱業⑪、明治製錬③、大阪電気分銅③
造船 ……川崎造船所⑪、大阪鉄工所⑫、横浜船渠⑫、東京石川島造船⑪、函館船渠⑫（1915年のみは⑥）、大阪造船所⑪（17年設立）
電気機械類 ……芝浦製作所⑪（1915年は⑫）、東京電気⑪、大阪電機製造⑪、大阪電球⑪、大日本電球⑪
その他の機械……愛知時計製造⑪、発動機製造⑪、豊田式織機③（1917年は18年4月）、新潟鉄工所⑪
化学工業 ……日本化学工業⑫、電気化学工業⑪、東京硫酸⑫（1915年は不明）、新潟硫酸⑫、富士化学工業⑪（16年設立）、日本舎密製造⑪、大阪舎密工業⑫、北海曹達⑩（18年設立）、大阪曹

764

第 8 章　第 1 次世界大戦期の正貨処理政策

(単位：万円)

	1917年					1918年				
	総資本	払込資本金	内部資金	借入金	社債	総資本	払込資本金	内部資金	借入金	社債
	5,996	3,540	593	663	1,200	7,050	4,223	998	629	1,200
	7,218	6,487	403	328	—	7,516	6,689	473	354	—
	18,372	13,542	1,161	878	2,791	21,510	14,731	1,360	1,269	4,150
	4,438	2,555	723	218	942	8,315	5,187	1,366	352	1,410
	7,957	4,386	3,571	—	—	9,039	4,627	4,412	—	—
	8,399	3,486	3,376	242	1,295	13,768	4,805	7,282	486	1,195
	2,276	1,045	600	621	10	2,835	1,344	1,017	474	—
	469	313	98	58	—	654	452	141	61	—
	2,950	1,916	972	62	—	3,613	2,479	1,073	61	—
	3,946	2,669	690	17	570	4,686	3,133	794	59	700
	3,128	1,882	436	616	194	4,133	2,062	539	594	938
	5,689	3,179	1,270	180	1,060	7,855	4,029	2,002	466	1,358
	19,392	8,295	8,822	50	2,225	22,754	9,729	10,850	0	2,175
	789	543	227	19	—	832	543	277	12	—
	2,494	1,826	468	200	—	2,744	1,953	603	188	—
	27,596	20,913	3,985	844	1,854	31,101	22,870	5,444	1,138	1,649
	27,290	11,073	15,154	313	750	40,398	14,371	24,918	359	750
	148,399	87,650	42,549	5,309	12,891	188,803	103,227	63,549	6,502	15,525

　　　　　　　達⑪、南海晒粉⑪、大阪晒粉⑪、日本染料製造③、日本ペイント⑩
化学肥料　……大日本人造肥料⑫、大阪アルカリ⑫、日本窒素肥料⑫、硫酸肥料⑪、電気化学工業⑪、関東酸曹⑫、新潟硫酸⑫
セメント　……浅野⑫、小野田⑪、磐城⑪、土佐⑫、日本③、東亜⑪、中央③、桜⑫（借入金に仮受入金含）、愛知③、木津川⑪、佐賀③
製紙　　　……王子⑪、富士⑪、樺太⑪、東洋⑪、四日市⑫、土佐⑩、中央⑪、岡山⑪、中之島⑫、東京板紙⑪
紡績　　　……鐘淵紡績⑫、東洋紡績⑪、尼崎紡績⑪、摂津紡績⑪（尼崎と摂津は1918年に合併して大日本紡績となる）、富士瓦斯紡績⑪、日清紡績⑪、大阪合同紡績⑪、内外綿⑫、福島紡績⑪、倉敷紡績⑫
製粉　　　……日清⑪、日本⑪、東亜⑪
ビール　　……大日本麦酒⑪、日本麦酒鉱泉⑪、麒麟麦酒⑫、帝国麦酒⑪、加富登麦酒⑫
鉄道　　　……東武⑪、京浜電気⑪、玉川電気⑪、京成電気⑪、王子電気⑪、京王電気⑪、小田原電気⑪、富士身延⑪、南海③、阪神電気③、京阪電気③、大阪電気軌道③、阪神急行電鉄⑪、九州電気軌道⑪
海運　　　……日本郵船⑪、大阪商船⑫、東洋汽船③、日清汽船③、東京湾汽船⑪、大湖汽船⑫、湖南汽船⑫、神戸汽船信託⑪（1916年設立）、組合汽船⑪（17年設立）、太洋海運⑪（17年設立）、日本海運③（17年設立）、共同運輸⑪、神戸桟橋⑫、東京海運⑪（17年設立）、大阪汽船信託⑪（18年設立）

出所：野村商店『株式年鑑』1916年～1919年版掲載の貸借対照表および利益分配表から作成。東洋経済新報社『株式会社年鑑』第1巻によって補足。

第4編　第1次世界大戦期の正貨政策

表8－35　主要企業の資金調達構成比率（1915～1918年）

(単位：％)

業種別	1915（大正4）年					1916年				
	総資本	払込資本金	内部資金	借入金	社債	総資本	払込資本金	内部資金	借入金	社債
石炭	100%	69.1	12.5	5.0	13.4	100%	60.9	10.9	5.5	22.7
ガス	100	83.7	4.0	12.3	—	100	85.4	4.9	9.7	—
電力	100	75.2	3.8	8.4	12.6	100	73.7	5.4	6.9	14.0
鉄鋼	100	61.6	0.5	0.7	37.1	100	56.1	7.1	6.2	30.7
製銅	100	65.5	32.8	0.5	1.2	100	55.5	44.4	—	0.1
造船	100	46.4	14.9	10.3	28.3	100	49.2	16.5	7.8	26.4
電気機械類	100	69.6	18.8	10.5	1.0	100	49.9	31.6	17.9	0.6
その他の機械	100	81.3	12.0	6.7	—	100	77.3	19.7	2.9	—
化学	100	73.7	23.4	2.6	0.4	100	67.3	30.1	2.3	0.3
化学肥料	100	71.3	9.4	2.9	16.4	100	72.6	12.9	1.1	13.4
セメント	100	62.9	9.0	15.9	12.2	100	61.0	12.8	16.4	9.8
製紙	100	61.4	10.2	9.0	19.4	100	55.3	15.2	6.1	23.4
紡績	100	50.4	33.9	3.5	12.2	100	51.7	36.1	2.0	10.2
製粉	100	68.0	21.2	10.8	—	100	68.9	26.5	4.6	—
ビール	100	75.6	14.1	10.3	—	100	73.6	16.9	9.5	—
鉄道	100	77.7	10.2	2.6	9.4	100	75.8	11.9	3.5	8.7
海運	100	48.3	42.3	1.2	8.2	100	43.3	50.8	0.0	6.0
合計	100	66.6	17.0	5.2	11.1	100	63.0	21.7	4.5	10.8

業種別	1917年					1918年				
	総資本	払込資本金	内部資金	借入金	社債	総資本	払込資本金	内部資金	借入金	社債
石炭	100%	59.0	9.9	11.1	20.0	100%	59.9	14.2	8.9	17.0
ガス	100	89.9	5.6	4.5	—	100	89.0	6.3	4.7	—
電力	100	73.7	6.3	4.8	15.2	100	68.5	6.3	5.9	19.3
鉄鋼	100	57.6	16.3	4.9	21.2	100	62.4	16.4	4.2	17.0
製銅	100	55.1	44.9	—	—	100	51.2	48.8	—	—
造船	100	41.5	40.2	2.9	15.4	100	34.9	52.9	3.5	8.7
電気機械類	100	45.9	26.4	27.3	0.4	100	47.4	35.9	16.7	—
その他の機械	100	66.7	20.9	12.4	—	100	69.1	21.6	9.3	—
化学	100	64.9	32.9	2.1	—	100	68.6	29.7	1.7	—
化学肥料	100	67.6	17.5	0.4	14.4	100	66.9	16.9	1.3	14.9
セメント	100	60.2	13.9	19.7	6.2	100	49.9	13.0	14.4	22.7
製紙	100	55.9	22.3	3.2	18.6	100	51.3	25.5	5.9	17.3
紡績	100	42.8	45.5	0.3	11.5	100	42.8	47.7	0	9.6
製粉	100	68.8	28.8	2.4	—	100	65.3	33.3	1.4	—
ビール	100	73.2	18.8	8.0	—	100	71.2	22.0	6.9	—
鉄道	100	75.8	14.4	3.1	6.7	100	73.5	17.5	3.7	5.3
海運	100	40.6	55.5	1.1	2.7	100	35.6	61.7	0.9	1.9
合計	100	59.1	28.7	3.6	8.7	100	54.7	33.7	3.4	8.2

出所：表8－34から作成。

第 8 章　第 1 次世界大戦期の正貨処理政策

表 8 —36　電力、紡績、鉄道の借入金、社債表

(単位：万円)

	1915(大正4)年		1916年		1917年		1918年	
	借入金	社債	借入金	社債	借入金	社債	借入金	社債
電力	3,629	2,313	3,417	2,717	2,875	3,497	3,736	5,018
紡績	605	1,555	554	1,605	352	2,335	279	2,285
鉄道	1,345	2,501	1,808	2,820	1,799	2,460	2,300	2,201
満鉄	—	11,716	—	11,716	—	11,716	—	12,736

注1：電力は49社、紡績は23社、鉄道は46社を集計。会社は表8—34と同じ基準で選択。社名は省略。
　2：満鉄は内地産業ではないが、鉄道業として重要であるから参考までに掲載した。
　3：電力、紡績、鉄道は『株式年鑑』に掲載された企業の数が多いから、表8—34では当該期間に連続して得られる統計のすべてを集計することを行わなかった。本表では、これらの業種の借入金、社債額を統計の連続して得られる限り集計した。
　4：これらの業種の資金調達は、『金融事項参考書』1920（大正9）年版に掲載されている。ただし、これには借入金と社債の区別はない。
出所：野村商店『株式年鑑』1916年〜1919年版から作成。

なく積極的な金融政策というものであったが、正貨累積を背景に、これを利用するものとして、正貨処理政策の名のもとに推進されたのである。

　日本銀行の内国貸出は、表 8 —37にみられるように、大戦期に増大した。それは貿易金融の増加には及ばなかった。それでも1917年には、表 8 —38にみられるように、日本銀行貸出の約20％を占めていた。日本銀行が直接に貸し出さずとも、同行が貸出に容易に応ずることを明らかにしたことは、普通銀行の貸出を助長した。

　大戦期に「正貨の産業資金化政策」によって、産業の発展が助長された。とはいえ、これには限界があった。機械や鉄などの輸入を増大させようとしても、これらの輸入は困難であった。強いて産業の発達を奨励しようとすれば、対外投資によって中国の原料を確保しなければならなかった。大隈内閣期には、戦争の終結に伴う反動が警戒され、寺内内閣期にもこのおそれがなくなったわけではなく、資本家は設備の拡張に躊躇した。さらに軍備充実方針のもとでは、産業奨励のための財源に限界があった。かくして政府や日本銀行が「正貨の産業資金化政策」を行おうとしても、これは容易にできるものではなかったのである。内国産業奨励には限界があり、重化学工業は自給を達成できなかったのであった。

　政府や日本銀行は、正貨を外債償還、正貨蓄積、対外投資に用いる方針を採

第 4 編　第 1 次世界大戦期の正貨政策

表 8 — 37　日本銀行貸出金内訳（1914〜1918年）

（単位：金額は万円、四捨五入）

	内国金融				貿易金融			政府金融				合計
	定期貸 A	当座貸 B	内国手形 C	A+B+C	外国手形 D	預け金 E	D+E	政府貸 F	大蔵省証券 G	国債 H	F+G+H	
1914年末	297	66	3,707	4,070	4,668	3,313	7,981	2,200	—	5,588	7,788	19,839
15	195	84	2,679	2,958	2,079	4,247	6,326	2,200	813	4,395	7,408	16,692
16	445	4	6,355	6,804	12,054	5,471	17,525	2,200	—	3,672	5,872	30,201
17	470	118	6,568	7,156	19,912	4,133	24,045	2,200	152*	3,453	5,805	37,006
18	195	53	12,995	13,243	44,422	4,453	48,875	2,200	—	3,200	5,400	67,518

注 1 ：＊は臨時国庫証券（第11巻、389ページ所載数値による）。
　 2 ：Cは資料中の数値からGを除いたもの。
出所：日本銀行調査局編『日本金融史資料　明治大正編』第 9 巻から作成。

表 8 — 38　日本銀行貸出比率（1914〜1918年）

（単位：％）

	内国金融	貿易金融	政府金融	合計
1914年末	20.5	40.2	39.3	100.0
15	17.7	37.9	44.4	100.0
16	22.5	58.0	19.4	100.0
17	19.3	65.0	15.7	100.0
18	19.6	72.4	8.0	100.0

出所：表 8 — 37から算出。

用した。為替銀行の在外資金は豊富であったから、輸入品の支払いはできるかぎりこれによって行わせた。かくして正貨を輸入のための対外支払いに用いる政策は実施されなかった。政府や日本銀行は正貨蓄積政策を重視したため、正貨を国内で支払って産業を奨励しようともしなかった。

　普通銀行は、中小企業の資金需要に十分に応じようとはしなかったため、日本銀行の民間銀行に対する貸出の増大には限界があった。大戦期に企業利潤は豊富となり金融は緩慢化した。これによって金融政策を通ずる産業奨励の必要性が減殺された。また通貨当局は、通貨膨脹の弊害をまったく考慮しないわけにはいかなかった。金融政策には大きな制約があったのである。

第8章　第1次世界大戦期の正貨処理政策

　実施された金融政策としての「正貨資金化」政策は、高利潤を求めての投機およびこれに基づく物価騰貴、景気の過熱を助長するものとなってしまうのである。この事実は、大隈内閣の時期に指摘されていたが、1917年3月の公定歩合の引下げによって現実化した。かかる問題の発生によって、「正貨資金化政策」の展開は制限されざるをえなくなったのである。

　大戦末期には、「原料資材機械の不足激化が根幹的隘路となり、更に労働力の不足化の面と相俟って、わが経済は」、「生産そのものの拡大に行き詰」った。「原料資材高、賃金高の歩調がいよいよ急調化し、しかも、製品価格の高騰率は鈍化し、企業採算は急速に不利化」した。労働の強化の続行によって労働者が疲労困憊してしまったことも、生産の拡大を困難にした[299]。1918年7、8月頃から、経済界は、講和による反動を警戒し始め、9月にこれが本格化した[300]。もはや「正貨の資金化政策」の実施は困難になった。かかる事態に立ち至って、ようやく公定歩合が9月16日、2厘引き上げられたのである。もっとも、この利上げは、次のような意味をもつものにすぎなかった。すなわち日本銀行当局者によれば、「近来市中銀行は日銀の公定日歩より常に高歩を保ち殆んど二厘方の開きを生ぜるを常態とする有様にして」、「今回の利上は日銀の公定日歩を市中日歩に接近せしめたるに止まるを以て其金融市場に及ぼす影響は微弱なる」ものであったのである[301]。だが、『東洋経済新報』1918年9月25日号によれば、「日銀の利上は甚しく時期を失し」た、「昨年秋頃ならば2厘の引上」でも「善かったが、今日に於ては是位の利上では足ら」ない、日銀日歩を少なくとも「2銭以上とせねばな」らなかった、この金利で「確実なる担保あるものに対して」融通を与えなければならなかったのである[302]。1918年11月、休戦を迎え、同月25日、日本銀行は、公定歩合を2厘引き上げて、1銭8厘とすることを余儀なくされた。ここに「正貨の資金化政策」は行き詰まったのである。

　大戦期に正貨の資金化が唱えられたけれども、この実施は容易ではなかった。

299)　高橋亀吉［1954］113ページ、東洋経済新報社調査「物価騰貴と生計費」『東洋経済新報』第821号、1918年7月25日、11－13ページ。
300)　高橋亀吉［1954］100、127、129ページ、参照。
301)　『銀行通信録』第396号、1918年10月20日、73ページ。
302)　『東洋経済新報』第827号、1918年9月25日、1、4ページ、参照。

限界をもちながらも実施されたものは投機を助長するものにほかならなかった。正貨の流入は増大する。産業貿易を発展させるためになんとかこれを用いたい。列強に対抗するためには中国を原料供給地、商品販売市場として独占的に確保したい。政治的、軍事的にも中国への進出が必要である。かように考えた当局は、「正貨の資金化」を抑制して、また「正貨資金化」実施の困難に直面して、正貨の利用策として対外投資政策を推進していくのである。

第4節　対外投資政策

1　正貨政策としての対外投資

　神戸正雄の正貨処理論は正貨の生産的利用を中心とするものであったが、同時にそれは対外投資をあわせて行うことを主張するものでもあった。第1次大戦期には正貨の利用策として正貨の対外投資への充当政策が展開された。在外正貨の対外投資への充用は確かに在外正貨処理策であるといえようが、民間の対外投資によって国際的受取勘定を縮小させる政策も、正貨増大を抑制するという意味で広義の正貨処理政策であると当時みなされていた。

　勝田財政は、非常な好況局面に遭遇したのを機に積極財政を展開し、国際収支の好転によって蓄積された外貨を海外に投資しようとした。大蔵省が1917年後半に作成したと推定される「帝国財政経済政策並施設概要（第一次案）」の中の「金融政策の根本」では次のように表現されている[303]。

（一）　時局ノ為メニ生シタル豊富ノ資金ヲ利用スルニ当タリテハ積極的方針ニ準拠スルハ勿論緩急宜シキヲ期スヘク大体左ノ順序ニ従ハントス
（二）　資金利用方法
　　一、政府ノ財政計画実行ニ必要ナル公債ノ募集ニ充ツルコト
　　二、内地生産事業ニ投資スルコト（生産事業資金ハ大正六年分約四億五千万円ノ見込ナリ）
　　三、海外ニ放資

---

303)　『勝田家文書』第1冊所収。勝田龍夫［1972］49-50ページ。

第8章　第1次世界大戦期の正貨処理政策

イ、対支投資
ロ、ソノ他ノ外国
　一、軍需品注文代金決済ノタメニスル投資
　二、対外為替調節上ノ投資
　三、与国援助ノタメノ投資

　対外投資における支払いは、次のような形態で行われた。連合国公債への投資においては、外国が日本に対する支払いに充当するための募債金の日本国内での保有[304]、日本から外国への円募債金の為替送金[305]、通貨当局が外国で保有する在外正貨の外債への振替などによって行われた。
　西原借款においては借款金額は日本金貨建で表示された。借款金額が金貨表示されることもあった。たとえば西原借款のうちの交通銀行第2次借款契約書や有線電信借款契約書には、「本借款金額ハ日本金弐千万円トス」と記載されている[306]。日本興業銀行を代表者とする銀行団の交通銀行第1次借款金は上海において交付され、台湾銀行が為替送金した。黒竜江及吉林両省金鉱並森林借款は東京（貸手代表である日本興業銀行の本店）で交付された。交通銀行第2次借款金、有線電信借款金、吉会鉄道借款金、満蒙4鉄道借款金、山東2鉄道借款金も東京で交付された。これらの資金は中国へ為替送金されることとなる。参戦借款金は中華民国国防軍隊を直接主管する経理主任に交付された[307]。
　正貨の吸収・獲得政策は通貨膨張・物価騰貴を伴うものであった。通貨当局が正貨の吸収・獲得政策を継続しようとすれば、その弊害に対する対策が講じられなければならなかった。正貨政策は物価対策を必然的に伴うものであった。対外投資はこのような物価抑制政策としても展開されることとなった。
　大戦期、ことに寺内内閣期には物価が騰貴し、国民生活に重大な影響を及ぼ

---

304)　第1回露国大蔵省証券発行では、各取扱銀行（シンジケート銀行）は払込金をそのまま預金勘定に保有し、正金銀行は払込金額を払込期日にロシアに交付し、ロシアはこれを正金銀行に預け入れ、正金銀行はロシア政府が必要に応じ預金の引出請求をするときは、シンジケート銀行に対する預け合い勘定を払い込ませた（『日本金融史資料　明治大正編』第22巻、227ページ）。
305)　イギリスの英米為替調節のための英国円貨大蔵省証券発行では、8000万円をアメリカに為替送金した（日本銀行臨時調査委員会「欧洲戦争ト本邦金融界」223ページ）。
306)　鈴木武雄監修［1972］143、145ページ。
307)　鈴木武雄監修［1972］141－143、145－146、150、153－154、159、161、163－164ページ。

第4編　第1次世界大戦期の正貨政策

した。物価騰貴の原因には商品に対する需要の増大、供給の減少、生産費の増加、通貨膨張などさまざまな原因が考えられる。通貨膨張、国内流動性増大の根本は経常収支の大幅黒字に伴う大量の正貨流入であり、さらにこれを背景とする金融機関による多額の信用創造が拍車をかけた[308]。物価抑制政策としてさまざまな施策が採用された。すなわち、当局は①輸出制限、②輸移入の促進および生産の奨励、③船舶の管理および保険の補償、暴利取締令および定期取引の制限、④外米の管理または穀類の収用、⑤増加資金の処分という施策を講じた。物価抑制政策の1つに通貨膨張抑制策があった。これに通貨当局としての日本銀行と政府・大蔵省が取り組んだ。政府が取り組んだのは増加資金の処理であった。これには内国債の募集、連合国に対する貸付、中国借款の引受け、外国証券の買入その他海外投資の奨励、外債の償還、為替資金の吸収または郵便貯金の奨励ならびに小額勧業債券発行による零細資金の吸収があった[309]。

1916（大正5）年11月4日、日本銀行は大蔵省に対し意見書を提出し、正貨処理策について提案を行った。この中に対外投資が挙げられていた。この意見書の内容は以下のようなものである[310]。

民間において実施すべき正貨処理の方策としては、①外国における短期資金の運用、②在外本邦有価証券の買入、③本邦における外国債募集に対する応募がその主なものとなろうが、対外投資は不慣れのことであるうえ、為替相場の変動や債務国の信用などについて多かれ少なかれリスクが伴うので、民間に任せておくだけでは急速な効果を期待することは難しい。

これまで日本銀行は正貨問題にいろいろな角度から対処してきた。今後も、できるだけの施策をするつもりであるが、たとえ正貨処理のためであっても、兌換銀行券の増発をもたらすような措置はなるべく避けるよう慎重に考慮しなければならないので、日本銀行の直接買取以外に方策を講ずる必要がある。

政府もこれまでのように正貨処理のため一般会計、国際整理基金および預金

---

[308]　日本銀行百年史編纂委員会編『日本銀行百年史』第2巻、451ページ。
[309]　日本銀行臨時調査委員会「欧洲戦争ト本邦金融界」『日本金融史資料　明治大正編』第22巻28－54ページ。
[310]　日本銀行金融研究所所蔵の『正貨政策』に収録されているこの意見書の内容は、日本銀行臨時調査委員会「戦時ニ於ケル日本銀行ノ施設」（1919年1月調）『日本金融史資料　明治大正編』第22巻、1958年、335－336ページ、『日本銀行百年史』第2巻、366－367ページで紹介されている。

第8章　第1次世界大戦期の正貨処理政策

部の資金を利用し、また内外債借換を進めると同時に、下記の方策を実行することを希望する。

① イギリスとフランスに単独または共同で、本邦において円貨払いの短期国債を発行させる。
② 預金部所有の有価証券を適宜売却し、その代り金を外国に投資する。
③ 鉄道特別会計で内国債を発行し、預金部からの借入金の全部または一部を返済させ、預金部はその返済金をもって対外投資を行う。
④ 政府は新たに法律を定め、短期国債を発行してその代り金で正貨を買い上げ、外国公債に投資する。
⑤ 国債整理基金特別会計に対し、市場の状況により、一定金額まで随意に内国債を発行しうる権限を与える。
⑥ 外国で発行した本邦国債で、従来本邦において一定相場で元利金を支払う旨の定めがないものについても、新たに、その特典を付与する。
⑦ 対中国借款で相当の条件をもって成立し、本邦でその大部分を引き受けることになるものがあれば、その進捗を図る。

深井英五の手を経たこの意見書の最後の項目の原文は「支那借款ニシテ相当ノ条件ヲ以テ成立シ本邦ニ於テ其ノ大部分ヲ引受クルコトトナラバ正貨処理ノ上ニモ尠カラザル効果可有之候ヘバ成ルベク其ノ進捗ヲ図ラレンコトヲ希望仕候」となっており、日本銀行が中国借款を正貨処理策として推進しようとしたことがはっきりと読み取れるのである[311]。

中央銀行としての立場上、日本銀行は第1次大戦期に対中国借款に直接参与することは避けたが、無関係ではなかった。たとえば対中国借款を仲介する日中合弁の為替銀行である中華匯業銀行の設立に関与しており、1918年の同行開業に際しては、日本銀行福島支店長の柿内常次郎がその専務理事に就任している[312]。日本興業銀行、朝鮮銀行、台湾銀行が対中国借款に深く関係したが、これら以外の有力市中銀行の資金も動員する必要があると考えられ、1918年5月25日に「海外投資銀行団」が組織されている。同年4月29日に作成された同

---

311) この意見書は日本銀行金融研究所所蔵の『正貨政策』に収録されている。この原稿に深井の印が押されている。
312) 日本銀行百年史編纂委員会編『日本銀行百年史』第2巻［1983a］373ページ。

第 4 編　第 1 次世界大戦期の正貨政策

銀行団申合案の起草委員に、日本銀行副総裁水町袈裟六が名を連ねていた。また日本銀行は、政府保証興業債券を適用公定歩合・担保価格の点で国債並みに取り扱い、第 1 回の同債券が発行されるまでの「つなぎ」資金を供給したほか、借款供与銀行に対する借款前貸も承認した[313]。

政府は輸出貿易の発展、産業の振興を阻害しない範囲内で通貨膨張の阻止に努めた。その方法として寺内内閣が掲げた具体的な方法には次のようなものがあった。①内国債の募集、②海外投資の奨励、③外債償還、④為替資金の疎通の円滑化（臨時国庫証券の発行、政府の正貨買入）、⑤零細資金の吸収（郵便貯金の奨励、小額勧業債券の発行）[314]。

当時、対外投資政策が広義の在外正貨処理政策として位置づけられていたのであった。それが金融対策・兌換券縮小対策としても推進されたことは、第 1 次大戦期の兌換券膨張と物価騰貴という状況のもとで、大蔵省が「兌換銀行券縮少方策について」（1917年9月調）[315]を作成し、兌換券をある程度縮小する方策を立案し、その第 1 に正貨の対外処分政策の実行を十分ならしめることを挙げ、その内容として、①対外投資の奨励、②臨時国庫証券の発行増加、発行条件の改善、③対支投資の奨励などを挙げていることからも明らかである[316]。この「兌換券縮少方策について」という調査報告の中で、兌換券縮小策の中心である正貨処分策がどのように具体化されたかが、実績と予定とに分けて、表 8 － 39 のように示されている。

このような方針は1918年7月の大蔵省内部案「為替資金問題解決方策」でも継続され、「為替資金問題解決方策（第二次案）」では詳細かつ具体的な施策まで提示されていた[317]。

正貨利用策、通貨収縮策としての政府の対外投資奨励には連合国に対する財

---

313) 日本銀行百年史編纂委員会［1983a］373ページ。これらの背景には、当時、中国借款が正貨政策として位置づけられていたことが考えられるのである（日本銀行臨時調査委員会「欧洲戦争ト本邦金融界」には「寺内内閣設立当時既ニ我国内ニ正貨処分問題ヲ生シ対支放資ノ方面ニ活躍スルノ必要アリ」と記されている。『日本金融史資料　明治大正編』第22巻、315ページ。

314) 大蔵大臣官房『寺内内閣成立後二箇年ニ於ケル財政経済方策並施設概要』1918年9月、80－83ページ。

315) 『勝田家文書』第43冊。

316) 勝田龍夫［1972］46－54ページ。この中では正貨の対外処分に続いて公定歩合の引上げも挙げられている。

317) 『勝田家文書』第41冊所収。伊藤正直［1989］60、62ページ。

表 8 − 39　正貨対外処分の実績と予定（1917〜1918年）

（単位：千円）

項目	実績 （1917年1月〜8月）	予定 （1917年9月〜1918年3月）
正貨収入超過額	582,000	567,650
臨時国庫証券発行（ロシアへ）	27,000	—
中国借款	19,730	82,830
仏国大蔵省証券および国庫債券	66,000	8,000
英国円貨国庫債券	70,000	—
政府の外国に対する公債元利払	62,500	80,000
政府払・流入内外債買戻・外債買入（見込）	42,000	36,750
預金部の外国証券・外国債買入	60,200	79,800
計	347,430	287,380
差引　正貨収入超過額	234,570	280,270

出所：「兌換銀行券縮少方策について」（1917年9月調）『勝田家文書』第43冊。

政上の援助と対中国投資とがあった。これらについて政策の背景、政策意図・政策決定過程、政策内容、政策結果を立ち入って考察しよう。

2　連合国公債引受・買入政策

（1）　概観

連合国公債への投資の理由

1）　輸出奨励、外貨獲得・正貨蓄積

　第1次世界大戦期には、外国有価証券の中でもとくに連合国（連合与国）公債への投資を行うことが資本家や国家にとって必要とされた。これは以下のような理由によるものである。

　まず第1に、日本の輸出増大を図り、外貨を獲得するためである。これについてさらに説明しよう。

　輸出の増大は、外国の金輸出禁止政策のもとで、日本の外国為替銀行の在外

資金(輸出為替保有分・輸出為替取立代金)累積問題を生じさせた(片為替に伴う為替リスクの増大・円資金不足)。外国為替銀行としての横浜正金銀行は為替の出合を得るのに苦慮するところが大であった[318]。これを放置すれば、外国為替銀行の輸出為替買取りを困難にさせ、円の為替相場を高騰させて、輸出や外貨獲得の障害とならざるをえなかった。第1次大戦前に法定平価4.86ドル8分の5を中心とし、4.87～4.85ドルの間を往来した円の為替相場は大戦期に高騰していき、遂に52ドル8分の1というところまでいった。これにより日本の輸出はだんだんと困難になっていった[319]。

この問題を解決する一方策として、日本が外国有価証券、とくに連合国公債への投資を増大させることにより、日本の対外支払いを増大させることが考えられた。加うるに、これによって得た資金を連合国が日本からの商品の輸入に充当すれば、日本の連合国向け輸出の増大が期待できた。これは、政府・銀行などの連合国公債応募者が輸出業者・外国為替銀行の対外債権を肩代わりすることにほかならない。1916年に政府が公表した英国円国庫債券応募理由書の中にも、その発行が海外貿易の発展を助長する旨が記載されている[320]。英国円貨大蔵省証券の発行目的の1つは、その発行が輸出為替資金の疎通を得る便益があるということであった[321]。このように外債への運用という正貨処理政策は、貿易の奨励を通じて産業奨励に寄与するという役割を果たすものであったのである。

輸出の増大は外貨・正貨の獲得に寄与するものともなった。また、外貨公債への投資は正貨蓄積に寄与するものともなった。前述の英国円国庫債券応募理由書の中にも、その発行が正貨の蓄積となり好都合であるということが記載されている。第1次仏国円国庫債券発行が日本にとって正貨蓄積上にも好都合であったことが一因となって、その発行交渉が円満に進捗したのである[322]。またフランスやロシアへの輸出軍需品代金決済のための円建外債への応募には、日本にとっては軍事的支援だけでなく軍需品輸出奨励という意義があった。正

---

318) 大蔵省編纂『明治大正財政史』第15巻、183ページ。
319) 井上準之助［1926］45－46ページ、などを参照。
320) 大蔵省編纂『明治大正財政史』第17巻、619ページ。
321) 同上巻、620ページ。
322) 同上巻、619－620ページ。

第8章 第1次世界大戦期の正貨処理政策

貨の吸収・獲得の結果として必要とされた外債への運用という正貨処理政策が正貨の吸収・蓄積に寄与するものとなったのである。

連合国外債への投資は政府によって奨励され、為替相場の高騰がそれによって抑制された。また政府所有在外正貨の一部がその買入れに充当された。このことは、第1次大戦期の連合国外債への投資が為替相場安定のための公的為替操作としての意義を有していたということができよう。

2) 連合国との国際協調——連合国の戦費調達支援とポンド相場支持

第2に、日本と連合国との協調を図るためである。列強と対抗関係を有するとはいえ、貿易関係において日本は連合国と密接な関係を有していた[323]。また、連合国との協調は極東における日本の利権の確保のためにとりわけ必要なこととされたのである。極東において日本は連合国と権利および利益を共同で防衛し、あるいはそれを相互に確認し合うことを利益と認めた。帝国外交の基礎は日英同盟にあった。本野一郎外務大臣は、帝国議会において、第1次大戦において日英両国民は両帝国の権利および利益を防衛し、極東の平和とその秩序とを維持するために、この同盟がますます必要であるということを確信するに至った、と演説している。日露協約のもとで日露両国は極東において共同の利害関係を有していた。本野外相は、日露両国間の共同一致は極東における平和の維持、および帝国の利権擁護のため、最も必要な保証であると、演説している[324]。日本とフランスとの間には日仏協約が結ばれていた。そこで政府は連合国に財政上の援助を与える必要を認めた。正貨政策は国際政治の影響を受けるものであり、正貨処理政策は連合国との協調を図る手段という対外的性格を有するものであった。欧米への依存、協調という日本の正貨制度の特徴は、正貨処理政策においても貫かれることとなったのである。

連合国支援の内容は、連合国の戦費調達支援と国際通貨であるポンド相場の

---

[323] この観点から神戸正雄はドイツなどの同盟国側ではなくイギリスなどの連合国側に付くべきであると主張した。神戸正雄「戦後列強経済戦の趨勢と日本の地位及対策」『太陽』第23巻第7号、1917年6月15日、477−478、481ページなどを参照。

[324] 本野一郎外務大臣の1917年1月23日の衆議院における演説「欧州大戦並びに対列国関係と対支外交一般」高橋亀吉編『財政経済二十五年誌』第1巻政治篇上、実業之世界社、1932年、復刻版、国書刊行会、1985年、374−376ページ、など参照。

第 4 編　第 1 次世界大戦期の正貨政策

表 8 －40　第 1 次世界大戦期における英仏露の戦費財源調達額

	イギリス	フランス	ロシア
	ポンド	フラン	ルーブル
政府一時借入金	345,198,000	19,145,862,500	—
内外大蔵省証券	1,121,001,000	39,874,911,000	15,167,500,000
内外国庫債券	2,177,146,000a)	679,000,000	950,000,000
内外公債	1,922,603,000b)	62,424,379,000d)	13,018,000,000
新税および増税	1,172,094,000	—	1,515,712,000
国庫剰余金	—	—	—
その他	807,984,000c)	13,107,202,000	6,877,000,000e)
調達財源合計	7,546,526,000f)	135,231,354,500	37,528,212,000
同上邦貨額（円）	73,796,733,338	52,234,433,192	38,727,114,784

注： a) 戦費証券および戦時貯蓄債券、国民軍事債券、国民軍事債券を含む。
　　 b) 外国発行の大蔵省証券、国庫債券、担保付短期債券を含む。
　　 c) 減債基金繰入・郵便電信・電話料金引上げおよび米国政府貸付を含む。
　　 d) 外国発行短期債券を含む。
　　 e) 外国銀行団借入および米国政府貸付を含む。
　　 f) イギリスについては本表の大蔵省証券、国庫債券は内国発行分を指すと考えられる。
出所：大蔵省臨時調査局金融部『世界戦争ニ於ケル戦費及財源要覧』（1919年 3 月調）7、23－25、181ページ。

支持である。第 1 次大戦は、交戦国の戦費を膨張させた。イギリスの臨時事件費実際支出額は、開戦から1918年10月19日までで74億6376万9000ポンドに達した[325]。主要交戦国の戦費財源調達額を連合国である英仏露について示せば、表 8 －40のようになる。戦費は政府一時借入金、内外大蔵省証券、内外国庫債券、内外公債、新税および増税、その他で調達された。急激に膨張した戦費を一挙に租税によって調達することは不可能であったから、その多くの部分は公債発行に依存することとなった[326]。イギリスの戦費調達額の公債発行への依存度は69.2％に達した[327]。イギリス資本主義は第 1 次大戦前の債権国家から第 1 次大戦期の巨大な戦争国家へと変貌を遂げ、膨大な公債発行に依存するものとなった[328]。

軍事資金需要によるポンド・財政逼迫下での、日本による英国円国庫債券や

325)　大蔵省臨時調査局金融部『世界戦争ニ於ケル戦費及財源要覧』（1919年 3 月調）3 － 4 ページ。

第8章　第1次世界大戦期の正貨処理政策

円・ポンド貨大蔵省証券の引受けによるイギリス政府への資金供与は、英米為替調節を目的としていた。だがそれは、上述の状況下においては、それによって浮いた資金を軍事費に充当できるという意味で、間接的に軍事財政を支援する結果となったといえよう。大蔵省臨時調査局金融部『世界戦争ニ於ケル戦費及財源要覧』は、イギリスが日本で1916年12月に発行した国庫債券や1918年1月に発行した大蔵省証券を軍事費資金調達財源確保の中に入れている。

また、1916年10月に日本市場で売り出された英国6分利付国庫債券を日本は買い入れているが、『世界戦争ニ於ケル戦費及財源要覧』は、この債券発行を軍事費資金調達財源確保の中に入れている。また1916年12月に英国5分利付軍事公債が日本市場で売り出され、日本側がこれを買い入れている。後者は直接的に軍事費調達を目的として発行されたものであった。

このように、英国債券への投資はイギリスの軍事資金調達を支援するものでもあり、日本の正貨政策はそのような意義を有していたのである。

英国円国庫債券の発行過程は次のようなものであった。イギリスその他のヨーロッパ諸国がアメリカから購入する物品は巨額にのぼり、その結果、英米為替は大いに下落した。このためイギリス政府は英米為替調節に力を注いでいた。このようなときにイギリスが米貨蓄積増加の一手段として公債を発行して、日本における余裕資金を吸収してこれをアメリカに送金したり、在ニューヨーク日本政府所在在外正貨を吸収したりすることは、イギリスの在米資金を増殖し、英米為替調節に貢献するところが少なくなかった。1916年になって、従来日本に金を貸していたイギリスが外貨資金に困って、当時アメリカにおいて多額の

326）　森七郎『通貨制度論』文人書房、初版、1960年、改訂版、1974年、61ページ。上記要覧7ページによれば、イギリスの戦費調達額75億1679万5000ポンド（邦貨換算額737億9673万3338円）は、政府一時借入金（Ways and Means Advances）3億4519万8000ポンド、新税および増税11億7209万4000ポンド、その他8億798万4000ポンド（米国政府の貸付7億6948万4000ポンド、減債基金繰入1100万ポンド、郵便電信電話料金引上増収2750万ポンド）以外に、大蔵省証券（Treasury Bills）11億2100万1000ポンド、国庫債券（Exchequer Bonds）6億1251万8000ポンド、戦費証券（War Expenditure Certificates）389万ポンド、戦時貯蓄債券（War Savings Certificates）1875万ポンド、国民軍事債券（National War Bond）12億417万3000ポンド、内国公債18億7260万3000ポンド、外国公債1億8983万4000ポンド（外国発行の大蔵省証券、国庫債券、担保付短期債券を含む）という合計51億9151万9000ポンドの公債発行によって調達された。

327）　大蔵省臨時調査局金融部『世界戦争ニ於ケル戦費及財源要覧』（1919年3月調）1－32ページ。

328）　河合正修「第一次大戦期のイギリス公債政策」『証券経済学会年報』第9号、1974年。

ドル・バランスを保有していた日本から金を借りたいという相談を森賢吾海外駐剳財務官の所へ持ってきた[329]。1916年10月頃、日本政府はイギリスに対する金融援助および日本内地金融調節の一策として英国円国庫債券引受のことについて、日本銀行および正金銀行と協議を開き、同意を得て、森財務官がイギリス政府と交渉を行って、同債券発行を引き受けた。横浜正金銀行は政府の内命により日本銀行団と協議のうえ、在ロンドン森財務官を銀行団の代理人としてイギリス政府当局者との間に引受契約を締結した[330]。発表された応募理由の中には、それは英米為替調節に貢献するということが挙げられていた。約1000万ポンドに相当する6％利付の3カ年期限の円国庫債券（発行額1億円、額面発行）が1916年12月に日本で発行され、その手取金は為替操作によってアメリカに送金され、日本の勘定でアメリカに保有されているドルの買入に充てられた。その額は約5000万ドルであった[331]。また、英国円貨大蔵省証券の発行において、イギリス政府は英米為替調節に資する目的をもって1917年末に1億円を日本市場で起債し、これを米国に回金する希望を日本政府に伝え、日本政府は連合国の財政援助をなすは喜びであるということを一因としてこれに応じたのである[332]。

このような英国国庫債券発行引受を通じた英米為替調節への貢献は、国際的には国際通貨ポンド体制維持、ポンドに対する国際的信認の維持、ポンド防衛金融の一環を構成するものである。日本の正貨政策はこのような役割を果たしていたのである。

第1次大戦前の国際金本位制は、ポンドの金兌換を基礎とし（固定的金量との兌換の保証による通貨としての確保）、ロンドン金融市場を中核的担い手とした、イギリスの国民通貨ポンドを国際通貨とする金本位制であった。このようなポンド体制は1914年7～8月の金融恐慌によって崩壊する[333]。

その後、ロンドン金融市場はその機能を回復するに至ったが、第1次大戦の

---

329) 津島寿一［1968］43ページ。日露戦争期の日本の外債発行については、本書第5章のほか板谷敏彦［2012］も参照されたい。
330) 横浜正金銀行『横濱正金銀行史』［1920］442ページ。
331) 平岡賢司「政府間借款と公的為替操作――第一次大戦期のポンドの釘付け操作を中心として――」北海学園大学経済学会『経済論集』第28巻第4号、1981年3月、240ページ。
332) 大蔵省編纂『明治大正財政史』第17巻、619－620ページ。

第8章　第1次世界大戦期の正貨処理政策

勃発に伴う貿易収支赤字の激増によってもたらされたイギリス国際収支の赤字は、1915年にポンドの急落を生じさせた。イギリスの為替相場は平価1ポンド＝4.866ドルを大きく下回り、8月末には4.61ドルにまで低下した。このためにイギリスは1916年からポンドの釘付け政策を採用するようになった。イギリスが1931年の金本位制離脱によって不安定化したポンド相場を安定させるために1932年に「為替平衡勘定」を設置するはるか以前の第1次大戦期に「公的為替操作」がイギリスによって行われるようになっていたのであり、1925年以降のイギリス再建金本位制下のイングランド銀行による外国為替操作はそれを引き継ぐものであったのである。ケインズによれば、「1916年1月13日から1919年3月19日まで、ポンドは合衆国ドルで表わしてほぼ4.76 1/2ドルの価値に保たれていたが、それは、J. P. モルガン商会がイギリス大蔵省の代理人として活動し、ニューヨーク外国為替市場で、この相場で売りに出されるポンドをどれだけでも買い、あるいはこれと逆に4.77の相場をもって、ポンドでドルを買う用意を常にもっていたからである」[334]。

　第1次大戦期、アメリカにドルをポンドに代わる国際通貨として機能させたいという期待が台頭してきたとはいえ、未だその条件は成熟しておらず、ポンドは依然として国際通貨として機能していた。それはポンド相場の維持によって支えられていたのであり、その低落は連合国の決済体系、為替相場体系を崩壊させるものとなる。ここにポンド相場維持、ポンド相場釘付け操作が展開されることとなった。このために、外国為替相場規制の権限を大蔵大臣から与えられた「ロンドン為替委員会」（この勘定は当初はイングランド銀行名義であり、後に大蔵省名義となった）が設置された。ニューヨークにおける為替操作に従事したのはモルガン商会であった。この釘付け操作は、通貨当局の為替市場市場介入のための資金を必要とした。これを入手する方法としては、①イギリス人保有の外国証券の動員、②ニューヨーク金融市場などでの借入、③1917年4

---

333)　侘美光彦『国際通貨体制――ポンド体制の展開と崩壊――』東京大学出版会、1976年、西村閑也『国際金本位制とロンドン金融市場』法政大学出版局、1980年、平岡賢司「『スターリング為替本位制』とロンドン・バランス」九州大学大学院経済学会『経済論究』第35号、1975年12月、などを参照。

334)　J. M. ケインズ『貨幣論』Ⅰ（『ケインズ全集』第5巻）、東洋経済新報社、1979年、20ページ。

第 4 編　第 1 次世界大戦期の正貨政策

月のアメリカ参戦後のアメリカ政府借款という 3 つの形態を通ずるドルの獲得があった。このほかに金現送があった。

　この主要な資金源泉となったのは、イギリスの海外での政府借入および外国証券売却の手取金である。とくにアメリカの信用供与、とりわけ政府借款の供与が大きな役割を果たしていた。アメリカ参戦前までのアメリカにおけるイギリス政府の起債額は、総額で10億5000万ドルに達している。1917年 4 月 6 日にアメリカが参戦に踏み切ると、アメリカ財務省から連合国政府に対し、借款が供与されることとなり、アメリカ財務省はイギリス政府に対し、1917年から1919年にかけて42億7000万ドルの借款を供与した。

　イギリス政府はこの手取金をもってアメリカから軍需品などの戦争遂行に必要な物資を購入したのみならず、為替相場維持政策を展開したのである。日本において早期的に展開されていた公的為替操作はいまやイギリスにおいても展開されることとなった。モルガン商会がイギリス大蔵省の代理機関となって1915年から1919年までの期間中に購入したポンドは、約 8 億4000万ポンドにのぼるといわれている。このような公的為替操作によって、1916年から1918年までポンド相場は安定した。すなわち、ポンド・ドル為替相場は、1916年初めには 1 ポンド＝4.77　8 分の 3 ドルに上昇し、その後小幅な変動を経て、1916年末から大戦の末までの間、 1 ポンド＝4.76 16分の 7 ドルに安定させられたのである[335]。

　日本の英国国庫債券、大蔵省証券引受という正貨処理政策は直接的には英米為替調節を目的としたものであり、それによるイギリスのドル保有の補充は、アメリカを中心とするポンド支援体制を補完するものであった。とはいえ、英米為替調節を目的とした英国国庫債券、大蔵省証券の日本国内での発行は 2 億8580万円にとどまるのであり、それはあくまでもアメリカのポンド支援体制の補完にすぎなかったのである。

　次に、フランスの1917年12月までの臨時事件見積額は1482億8954万4790フランであり、その財源調達額は1352億3135万4500フランであった[336]。

---

[335]　平岡賢司「政府間借款と公的為替操作」、同「国際金融市場の分裂とドル・バランスの形成」『経済論究』第38号、1976年12月、侘美光彦・杉浦克己編［1982］第 5 章（米倉茂稿）、などを参照。

第 8 章　第 1 次世界大戦期の正貨処理政策

　フランス政府は我が国で購入する軍需品その他注文品の代価支払の便宜上、円貨公債発行の希望をもって日本政府に交渉を求めてきた。連合国から、運命を1つにして戦争をしているのであるから、こちらで金を拵えて軍器弾薬を我々に供給しろという要求が外国から多数きた。日本が連合国に対し財政上の援助をすると同意したことが一因となって、仏国大蔵省証券・仏国円国庫債券発行交渉が成立した。日本政府は臨時国庫証券という短期国債を発行して、この募債金を連合国の軍需品購入代金の決済に充当するために、大蔵省預金部が買い取った仏国円大蔵省証券を買い取った。また、1915年10月にフランス政府は、同年11月発行の5分利付軍事永久公債（国防公債）の一部を日本市場で募集することとした。1916年10月にフランス政府は同年9月発行の第2回5分利付軍事永久公債を日本市場で売り出した。1917年11月には仏国第3回4分利付軍事公債が売り出され、日本側がこれを買い入れた[337]。

　こうしたことは日本がフランスを軍事的に支援することになるのであった。それは①仏国円大蔵省証券の日本における引受けによる、募債金の日本からの軍需品購入代金の支払いへの充当、②第1次仏国円国庫債券の日本における引受けによる、募債金の日本からの軍需品その他注文品購入代金の支払い、③仏国軍事公債の日本市場での売却による、一般的な軍事費支払いへの充当という形態で行われた[338]。なお、第2次仏国円国庫債券の日本における引受けの募債金は、日本におけるフランス政府またはその関係者の買物代金に充当された[339]。

　フランスに対する日本の公債投資による資金供給は、フランの為替相場を維持するという意図はなかった。日本で発行されたフランス政府の円建債の募入金のうち日本からの軍需品購入に充当されたものについては、欧米にあるフラ

336）　大蔵省臨時調査局金融部『世界戦争ニ於ケル戦費及財源要覧』35－59ページ。この財源調達額の内訳は、フランス銀行およびアルジェリー銀行の政府への戦費金191億4586万2500フラン、内外大蔵省証券および国防証券398億7491万1000フラン、国防債券6億7900万フラン、内国公債601億4517万9000フラン、外国発行公債および借入金153億8640万2000フランである。

337）　日本銀行臨時調査委員会「欧洲戦争ト本邦金融界」（1918年12月調）『日本金融史資料　明治大正編』第22巻、231－233ページ。大蔵省編纂『明治大正財政史』第1巻、389ページ。同第17巻、390ページ、井上準之助［1926］36ページ。

338）　日本銀行臨時調査委員会「欧洲戦争ト本邦金融界」（1918年12月調）、224、232－233ページ。

339）　『横濱正金銀行史　附録甲巻之三』、1920年、1130－1131ページ。

第4編　第1次世界大戦期の正貨政策

ンス政府の口座に為替送金されず、そのまま日本で保有され、日本国内での支払いに充当されたのであった。この政策は、たんに連合国財政援助というにとどまらず、連合国の軍事的支援という性格を有していたのであって、このことはロシアに対してもいえることであった。

日本国内で軍需品などの購入のために募債金が充当される場合は、正貨が減少しない。当時、連合国公債への投資が正貨処理政策とみなされていたけれども、厳密にはそれは投資金が海外送金されたり在外正貨が対外投資に振り替えられる場合にいえることである。日本国内で軍需品などの購入のために募債金が充当される場合は、本来は正貨処理政策とはいえない。それが日本への外貨流入、正貨増大を抑制するという意味で、拡大解釈された正貨利用・処理政策とみなされたのである。このことは、次に述べるロシアに対する日本の軍需品輸出に関連したものについての円建債券発行引受についてもいえることである。

ロシアの臨時事件見積額は540億9850万ルーブルであり、これに対する財源調達額として明らかなものは375億2821万ルーブルであった[340]。

第1次大戦期にロシアでは従来のような形の信用制度は崩壊したが、それに伴い、武器、食料の対価としては世界貨幣としての金がただちに出動を要請された。とくに、ロシアに対しては、イギリスが従来のフランスに替わって圧倒的な貸し手として登場し、執拗に金輸送を求めながらかつ借款を与えた。1914年10月17日、ロシアはイギリスから1200万ポンドの信用を獲得したが、これには800万ポンド（約8000万ルーブル）に及ぶ対イギリス金輸送という付帯条件があった。2月革命までの対イギリス金輸送は約6億430万ルーブル（6043万ポンド）にも及んだ。1917年の3月末の時点までに、イギリスがロシアに与えた信用は総計45億ルーブル、フランスの信用は12億6000ルーブルに達し、1914年から1917年にかけてロシアに流入した外資は80億ルーブルに及んだ[341]。

1915年春頃から、ロシアは、日本に対し軍需品を注文するようになった。この代金決済方法として、日露間で研究が重ねられたが、日本政府は、①直接ロシアから日本に正貨を輸送し、代金を支払うこと、②ロシアがアメリカで調達

---

340)　大蔵省臨時調査局金融部、前掲『世界戦争ニ於ケル戦費及財源要覧』101−115ページ。その内訳は、大蔵省証券151億6750万ルーブル、国庫債券9億5000万ルーブル、公債130億1800万ルーブル、増税および新税15億1571万2000ルーブル、その他68億7700万ルーブルであった。

341)　中山弘正『帝政ロシアと外国資本』岩波書店、1988年、362、372−376ページ。

した資金によりニューヨークで日本に支払うこと、③ロシアが日本で大蔵省証券を発行し、これにより得た資金を代金の支払いに充当すること、の三方法を併用しようとして、ロシア政府に交渉した[342]。こうした過程を経て、ロシア政府も日本から購入する軍需品代金支払に充当するために日本で公債発行を求めてきた。これに応じて日本政府がロシア政府と交渉した。第1回露国大蔵省証券に対して日本はロシアが連合国である交誼上これに賛成した。1916年2月、5000万円の露国大蔵省証券が発行され、日本のシンジケート銀行によって引き受けられた。その後もロシアの軍需品注文はますます増加する。第2回露国大蔵省証券はロシア大使の求めに応じてロシア大使と横浜正金銀行との間で仮契約が調印された。同証券7000万円は銀行団引受のもとに、1916年9月に発行された。

　第2回露国大蔵省証券募集引受の際における日露両国代表者間の口約束では、この資金をもって新規注文の軍需品代金を支払うことになっていたが、ロシア政府はこの払込金を既成注文品の代金支払に充当した。そこで日本政府は第2回露国大蔵省証券7000万円は旧注文品の決済資金8500万円の一部に振り向け、残金1500万円および新注文品の資金は改めて第3回の大蔵省証券引受けにより調達することとした。1917年に入り、3月10日を期して銀行団の引受けのもとに、1億円の露国大蔵省証券発行のことが、両国間で交渉されつつあった。だがロシア革命勃発のため、ロシアの政情が不安定であったから、3月20日、ついに銀行団はひとまず交渉を打ち切ることを通告した。そこで1917年9月に日本政府が露国大蔵省証券1億500万円を引き受けた。これは1917年9月満期の7000万円の借換のためと、日本に対する軍需品注文代金の支払いに募債金を充当させるためであった。このうち、1666万7000円は預金部が引き受け、6年10月満期の1550万円の償還資金に充当された。残金5000万円は、1917年10月発行の臨時国庫証券5000万円の収入金をもって引き受けたもので、ロシア軍需品の未決済代金の支払いに充てられた[343]。ここにみられる日本の対外投資政策は広義の正貨処理政策といえるものであった。

　ロシア政府は、日本における軍需品その他の購入代金の支払資金の確保のた

---

342)　前田薫一［1925］134ページ。
343)　前田薫一［1925］135-137ページ。

第4編　第1次世界大戦期の正貨政策

めに、日本における円建債券の発行を求めてきたのであり、日本がこれを引き受けることは同国を軍事的に支援することとなるのであった[344]。

円建外債の発行は連合国が日本政府に求めてきたものであり、日本政府または特殊銀行である横浜正金銀行がこの要求に応じて発行交渉に当たったのである。日本政府が発行を斡旋し、また自ら大蔵省預金部資金を用いて発行を引き受けたのであった。正金銀行はアメリカにおける英仏外債への投資の奨励している。ただし、英国国庫債券の日本市場での売出しにはセール・フレーザー商会が関与し、前述のフランス軍事公債の日本市場での売出しには日仏銀行が取扱銀行となっている。またロシアのルーブル公債の日本市場における投機的売出しには露亜銀行、セール・フレーザー商会、日本の業者が関与している。

だがロシアについてはロシア革命の勃発により、日露協約が崩壊し、ロシア外債への応募は中断する。

3）　投資収益の確保

第3に、連合国債券への投資は、投資収益を我が国にもたらすものであった。また、国内金融市場が緩慢であって、国内に資金運用先を求める資金が存在しており、このことが日本の連合国公債への応募の可能性を与えた。英国円国庫債券などは日本の銀行団が引き受けた[345]。また引受銀行以外に日本の証券会社なども応募申込を取り扱った[346]。その発行条件は日本の要求を満たすものであった。発行交渉過程を英国円国庫債券についてみれば、森財務官とイギリス政府との交渉は容易に進捗し、1916年11月26日に日本銀行に招致された国債引受シンジケート銀行の代表者18名が協議を重ね、その結果が同日にロンドンの森財務官に打電され、29日にロンドンにおいてイギリス政府とシンジケート銀行団代表者との間に引受契約が成立した。その利率は年6％であり、発行価格は額面金額と同額であった。利回りは6％ということになる。日本が引き受

---

344)　大蔵省編纂『明治大正財政史』第17巻、622－625ページ。
345)　引受銀行団は第一、三井、三菱、十五、第百、日本興業、安田、第三、朝鮮、台湾、横浜正金、住友、鴻池、浪速、三十四、山口、近江、加島の各銀行から構成されている。ただし三菱は三菱合資会社銀行部。
346)　小池合資会社、合資会社福島商会、竹原友三郎商店、野村徳七商店、高木又次郎商店、合資会社紅葉屋商会、黒川幸七商店、株式会社藤本ビルブローカー銀行、同益田ビルブローカー銀行、浜崎健吉商店。大蔵省編纂『明治大正財政史』第17巻、616－621ページ参照。

第 8 章　第 1 次世界大戦期の正貨処理政策

けた英国ポンド貨大蔵省証券の利率は年 6 ％であった。

　表 8 −41により、イギリスが第 1 次大戦期に発行した国債の発行条件を比較すると、1917年 1 月にアメリカで発行したものは利回りが 6 ％を超えていたが、大部分は 5 ％台であって、日本が引き受けた債券の利回りが 6 ％というのは日本にとって好条件であったといえる。

　仏国円公債も利率が年 6 ％であった。円貨大蔵省証券は割引発行であり、第 1 次円国庫債券は額面発行、第 2 次円国庫債券は額面100円につき98円であった。フランスが1917年 3 月にアメリカで発行した国債は利回りが6.06％であったが、フランスの内国債や1915年にアメリカで発行した英仏共同国債の利回りはほぼ5.5％であった。1917年 7 月に発行された第 1 次仏国政府円国庫債券についてみれば、当時、各銀行の資金が潤沢であり、社債類で良好なものが少なく、かつ社債類は総額が数百万円にすぎなかったため、まとまったもので 6 ％以上の利回りのものは仏債に求めざるをえず、またそれは日本銀行の見返品と認められたから、銀行や保険会社にとっては格好の投資物件とみなされ、それに対する需要は盛んで、応募は好況であった[347]。

　第 2 回露国大蔵省証券の場合は金融緩慢を背景として予約申込が巨額であって、申込初日の午前10時には申込みを締め切っている。発行総額7000万円に対して、その応募総額は、引受銀行団および下受現物団の申込みを加入しないで 1 億4594万1000円に及んだのである[348]。

　また円建債への応募には為替リスクが日本側に発生しなかった。

　日本市場で売り出された連合国政府公債の消化状況も良好であった。すなわち、1916年10月発行で同月に日本市場で売り出された英国国庫債券については、同表面利率は年 6 ％と投資魅力があり、日本市場の資金が潤沢で、第 1 次大戦終了後にポンドの相場が回復すれば投資家は為替差益を得ることもできた。また、債券を内地に取り寄せずロンドンで保管する場合には低料金で同地の一流銀行が保管を取り扱ってくれ、買入れはもちろん利子の取立ても無手数料であったので、同証券は好個の投資物とされ、その売行はなかなかの好調で、その

---

347)　日本銀行臨時調査委員会「欧洲戦争ト本邦金融界」（1918年12月調）『日本金融史資料　明治大正編』第22巻、1958年、225ページ。
348)　大蔵省編『明治大正財政史』第17巻、628ページ。

第4編 第1次世界大戦期の正貨政策

表8-41 第1次世界大戦期における英国債の発行条件比較表

起債地	発行日	発行許可額	応募額	発行価格	利率	払込方法	償還期限	利回り
内国	1915年3月5日	50,000,000ポンド	1917年9月22日現在 21,831,000	95ポンド18シリング1ペンス	3%	申込みの際2ポンド、残額は3月19日および3月29日に分割払込	1920年3月24日（5カ年）	3.96%
アメリカ	1915年10月15日	250,000,000ドル（総額500,000,000ドル中英国分担額）	—	98%	5	—	1920年10月15日（5カ年）	5.51
内国	1915年12月17日～1916年10月22日	無制限	1917年9月22日現在 237,829,000	100	5	申込みの際全額払込	1920年12月1日（5カ年）	5.00
〃	1916年2月16日以降	（戦時貯蓄証券）無制限	1918年10月19日現在 187,500,000	（1ポンド券）15志6片	—	〃	1920年12月（5カ年）	5.81
〃	1916年6月2日～10月20日	無制限	1917年9月22日現在 96,759,000	100%	5	〃	1919年10月5日（3カ年）1921年10月5日	5.00
〃	1916年6月3日～同年12月30日	（戦費証券）無制限	1918年10月19日現在 3,890,500	90 1916年9月以降89	5 1916年9月以降5 1/2	〃	（2カ年）	5.56 6.18
アメリカ	1916年8月22日	250,000,000ドル	—	99	5	—	1918年9月1日（2カ年）	5.25
内国	1916年10月2日～12月30日	無制限	1918年3月31日現在 161,000,000	100	6	申込みの際全額払込	1920年2月16日（4カ年）	6.00
アメリカ	1916年10月30日	300,000,000 3カ年債券 150百万ドル 5カ年債券 150百万ドル	—	3カ年償還の分98 1/4 5カ年償還の分98 1/2	5.50	—	1919年11月1日（3カ年）1921年10月5日（5カ年）	5.79 5.88
日本	1916年12月2日	100,000,000円	—	100	6	—	1919年12月15日（3カ年）	6.00
アメリカ	1917年1月18日	250,00,000ドル	—	1年券99 1/2 2年券99	5 1/2	—	1年券1918年2月 2年券1919年2月	6.03 6.06
内国	1917年4月13日～9月22日	無制限	1918年3月31日現在 82,274,000	額面	5	申込みの際全額払込	1922年4月1日（5カ年）	5.00
〃	1917年10月2日以降	（軍事債券）無制限	1918年10月19日まで 1,204,173,000	100	甲 5 乙 4	〃	1922年11月1日～1927年10月1日	甲 5.40 5.43 5.49 乙 4.00
〃	1918年1月19日～25日	無制限	1918年10月19日現在 12,825,000	額面	3	〃	1930年1月28日（12カ年）	—

出所：大蔵省臨時調査局金融部『世界戦争ニ於ケル戦費及財源要覧』（1919年3月調）24、183ページ。

売却総額は517万4390円にのぼった[349]。

1915年11月にフランス政府が日本市場で売り出した第1回5分利付軍事公債は、永久公債であったが、政府がこれを償還または借り換えることは明らかであった。またフランの為替相場が通常の2フラン57、58サンチーム見当に回復すれば、すこぶる好利回りの投資対象として一般に歓迎され、応募申込総額は228万9000フランであった。申込者のうち内国人は総応募高の約3分の1見当で、他は日本在留の外国人であった[350]。

なお、1916年12月の英国円国庫債券の引受けについては、発行金額1億円に対して、歳末決算期を控えていたため、応募額は8200余万円にとどまったので、その残額は引受銀行で等分して引き取った。

1916年10月発行の仏国第2回5分利軍事公債については、好利回りにもかかわらず、年末金融を控え、かつ内債払込が終わった矢先であったために、応募が不振であった[351]。

このように連合国公債への投資は連合国支援という政治目的だけでなく、投資家の利益からも行われたのである。ただし、国内金融市場の状況によっては応募が不振となることもあったのである。

4） 金融調節と物価安定

第4に、連合国債券への投資は、市場遊金を吸収し内地金融を調節し、物価の高騰を防ぐ一策となった。前述のように対外投資は通貨縮小・物価騰貴抑制策としても行われたのであって、対外投資の一環としての連合国債券への投資もこのような意義を有していたのである。日本が英国円国庫債券に応募する理由として政府当局が公表したことの中に、これを意図していたことが含まれている。外国政府が日本で公債を募り、募債金を海外へ持っていく場合には、発行銀行が投資家から円資金を受け取り、海外で所有している外貨を代り金として外国政府に支払うことになるから、円通貨の膨張を防止することになる。政

---

[349] 日本銀行臨時調査委員会「欧洲戦争ト本邦金融界」『日本金融史資料　明治大正編』第22巻、231－232ページ。
[350] 同上巻、232－233ページ。
[351] 日本銀行臨時調査委員会「欧洲戦争ト本邦金融界」『日本金融史資料　明治大正編』第22巻、233ページ。

府は徒に市場緊縮を図り、穏健な商工業発展に資する資金が不足するようなことは回避したが[352]。外債への運用という正貨処理は金融政策としての意義も有していたのである[353]。

連合国公債への政府投資と投資奨励政策

　連合国公債への投資においては政府自らが投資を行い、またそれを奨励した。すなわち、これらの公債の発行の内容については、政府自らが、所有する在外正貨をもって応募したり、大蔵省預金部資金をもって引き受けたり、国債引受団に引き受けさせたりした。後には政府は臨時国庫証券を発行して、この収入金をもって直接引き受けたり、預金部引受および銀行団引受の分の一部を肩代わりしたりした。発行時点においては日本政府が１億円、臨時国庫証券特別会計が5000万円、大蔵省預金部が１億3563万円を引き受け、３億5500万円を銀行団が引き受けた（後掲の表８－42）。銀行団および預金部の引受けにかかるものも、その一部は、引受発行の後、さらに一般に売り出された。

　銀行団引受の場合においても政府が関与している。すなわち、英国円国庫債券発行に際しては、イギリス政府の希望を受けて、政府の内命により、横浜正金銀行が日本の銀行団と協議し、在ロンドンの森賢吾帝国財務官が銀行団の代理人となってイギリス政府当局者との交渉に当たり、イギリス政府とシンジケート銀行団代表者との間の引受契約を成立させている。元利支払場所は正金銀行内地本支店であった[354]。

　第１次フランス円国庫債券はフランス政府が発行を希望してきて、日本政府と交渉した。横浜正金銀行頭取の井上準之助が東京駐在のフランス大使（フランス政府代表）とフランス政府国庫債券に関する引受契約を締結している。元金支払場所は正金行内地本支店であった[355]。

　第１回露国大蔵省証券発行においても、日本政府がロシア政府と交渉している。ロシア大蔵省証券引受については、最初日本の民間においては気乗りがし

---

352)　大蔵省編『明治大正財政史』第17巻、619ページ。
353)　ただし、政府・日銀所有在外正貨の連合国公債への充当は在外資産の構成上の振替であって、国内通貨収縮の意義は有しない。
354)　大蔵省編『明治大正財政史』第15巻、185ページ。
355)　同上巻、186ページ。

第 8 章　第 1 次世界大戦期の正貨処理政策

なかったが、連合国に対する財政的援助という趣旨で、政府が銀行団を慫慂し、引き受けさせたのである[356]。実際には特殊銀行としての横浜正金銀行がこの発行に関与した。同行は外国公債を買い入れるとともに、本邦銀行団の代表者となって、露・英・仏など諸国の日本における公債の発行を引き受け、日本資金の海外投資を行っただけでなく、金融市場に対し、この斡旋の労をとった[357]。正金銀行が、引受銀行の預金勘定に保有された募債金を必要に応じてロシアに交付し、ロシアはこれを正金銀行に預け入れた。第 1 回露国大蔵省証券の発行に際しては、正金銀行は、政府の内命により日本銀行団と協議のうえ、山川勇木副頭取が銀行団の代表者となり、ロシア政府の代表者と数次にわたり商議を行い、この引受けに関する契約を締結した。第 2 回露国大蔵省証券の発行に際してはロシア大使と日本の銀行団代表者である横浜正金銀行（特殊銀行）の井上準之助頭取との間に仮契約が調印された後に、銀行団がこれを承認している。第 3 回露国大蔵省証券の発行にも横浜正金銀行が発行交渉に従事している[358]。元金償還取扱銀行は横浜正金銀行であった[359]。

　連合国公債への買入れには、半官半民の特殊銀行である横浜正金銀行が深く関与していた。当時、正金銀行頭取を務めていた井上準之助は、後に、大戦期にアメリカで発行された英仏共同公債を英仏両国の連帯責任であるから非常に確かなものだということで、それを日本の投資家に買わせたと述べ、また、非常に勧誘に努めて、ありとあらゆる方法を講じて外国にある外国政府の公債を日本の投資家に買わせようとした、と述べている[360]。1917年 5 月、同行は日本の資本家のために、ニューヨーク市場において英仏公債または英国公債の買入取扱を開始した。これは一面では政府の意向に沿って内地資本家の海外への投資を奨励するとともに、同行自身の利益、つまり、米国における為替買持を緩和して、内地本支店の金融の円滑化を図ることを目的としたものといってよい。この買入は一般に有利であると認められていたが、外貨の為替相場の低落の危険を恐れて躊躇する者が少なくなかった。そこで正金銀行は、元利受取時

---

356)　前田薫一［1925］137ページ。
357)　大蔵省編『明治大正財政史』第15巻、183ページ。
358)　同上巻、184－185ページ。『明治大正財政史』第17巻、625－630ページ。
359)　大蔵省編『明治大正財政史』第15巻、184－185、第17巻、626、628、629ページ。
360)　井上準之助［1926］42－43ページ。

第 4 編　第 1 次世界大戦期の正貨政策

の為替相場をあらかじめ約束して買入れの便宜を図ったのである。同行は、自らが為替リスクを負うという犠牲を払ってまでも海外公債への投資を奨励したのである。正金銀行はこの方法によって正金銀行が買い取った公債は、1918年5月までに額面米貨のものが1500万ポンド以上にのぼり、そのうち為替相場を予約したものが1200万ドル以上であった[361]。

　日本銀行も連合国公債発行を奨励した。すなわち、日本銀行が前述のように1916年11月4日に正貨処理に関する政府宛の意見書を提出した後、イギリス政府は同年12月になり、日本銀行は横浜正金銀行を中心として主要銀行に引受シンジケートを結成させ、シンジケート銀行の代表者を日本銀行に招致して、引受・募集に関する協議を行わせるなど、引受契約の成立を促進した。フランス政府の第 1 次円国庫債券が1917年7月に5000万円発行された際には、日本銀行は東西シンジケート銀行の起債に関する協議の取りまとめに当たるとともに、さらに5000万円の募集について「金融市場の状況に依り事情の許す限り好意を以て尽力す」ることを政府と協議し、その成功を期した。こうして第 2 次仏国円国庫債券5000万円は1918年11月に発行された。1918年1月に英国円貨大蔵省証券8000万円が大蔵省預金部引受で発行され、日本銀行を通じて市中に売却された[362]。日本銀行は英仏露 3 国の円建公債発行に際して、それらを担保品として認めるなどの方法により、それらの消化を幇助した[363]。

　このように、政府や横浜正金銀行や日本銀行が連合国公債の発行を引き受けたり、それへの投資を奨励したのは、それが正貨政策として当局によって位置づけられていたことによることが大きいと考えられる。

　ただし、フランスの第 1 回 5 分利付軍事公債や第 2 回 5 分利付軍事公債や第 3 回 4 分利付軍事公債の日本市場での売出しについては、後述のように日仏銀行が取扱銀行となっており、正金銀行は申込取扱銀行となっているにすぎない。

---

361)　大蔵省編『明治大正財政史』第15巻、187ページ。買入人の便を図る方法については『横濱正金銀行史』450－451ページを参照されたい。
362)　『日本銀行百年史』第 2 巻、366－368ページ。
363)　深井英五［1941］138ページ。

（2） 連合国公債への投資の諸形態

連合国政府債券引受

　連合国（連合与国）公債への投資には3つの方策があった。まず第1に、連合国が日本で発行した円貨公債や外国で発行した外貨公債を日本側が引き受けることによって行われた。その総額は6億4062万8000円に達した。それはイギリスへのポンド貨証券投資（1億円）を除けば、すべて、円建てで日本国内で発行されたものを日本が引き受けるという形態で行われた。

　その内容は表8－42に示されているとおりである。これについて説明しておきたい。

　1916（大正5）年から1918年にかけて、日本と連合する国のうち、イギリスはその対米為替の調節のため、またフランスおよびロシアは、日本において購入する軍需品その他一般注文品の代金支払のため、我が国において数回にわたって円貨公債を発行した。

　我が国が連合国政府の円貨公債を引き受けた額は、イギリスに対しては①英国円国庫債券1億円（1916年12月発行）、②英国円貨大蔵省証券8580万円（1918年1月）であった。③このほか我が国はポンド建公債も引き受けたのであり、1916年7月および8月に英国ポンド貨大蔵省証券1億円を引き受けている。このポンド証券への投資は、我が国政府がドル貨をもって、アメリカにおいて払い込んだものであった。我が国のイギリス公債への応募額は合計2億8580万円となる。

　我が国はフランスに対しては合計1億3316万1000円の円建公債の発行を引き受けている。その内訳は、①仏国円大蔵省証券3316万1000円（1917年3月～10月発行）、②仏国円国庫債券5000万円（1917年7月発行）、同5000万円（1918年11月発行）となる。

　ロシアに対しては露国大蔵省証券5000万円（1916年2月発行）、同1億500万円（1916年9月発行）、同1666万7000円（1916年4月発行）、同5000万円（1917年10月発行）、合計2億2166万7000円の円建公債を引き受けている[364]。

外国公債買入奨励

　政府は民間に対して連合国政府公債の買入を勧奨することも行った。すなわ

第4編　第1次世界大戦期の正貨政策

表8−42　連合国政府債券引受額一覧表

国名	証券名	発行額（円）	利率（％）	期限	発行年月	発行目的	引受者	備考
イギリス	円国庫債券	100,000,000	年6.0	3カ年	1916年12月	英米為替調節	銀行団	
	円貨大蔵省証券	85,800,000	5.5（割引発行）	1カ年	1918年1月	〃	大蔵省預金部	1918年1月80,000,000円発行、19年1月借換の際85,800,000円に増額
	磅貨大蔵省証券	100,000,000	6.0	1カ年	1916年7月 1916年8月	〃	政府	英貨にて10,000,000ポンド、在米正貨にて払込
	計	285,800,000						
フランス	円大蔵省証券	33,161,000	6.0（割引発行）	最長1年9カ月、最短1カ年	1917年3月 1917年5月 1917年8月 1917年10月	我が国における軍需品購入代金支払充当	大蔵省預金部a)	1917年3月〜10月、4回に分割して26,246,000円発行、18年10月第1回借換、爾後数回借換増額のため、結局33,161,000円となる
	円国庫債券	50,000,000	6.0	3カ年	1917年7月	軍需品その他注文品代価支払充当	銀行団	
	〃	50,000,000	6.0	3カ年	1918年11月	〃	〃	
	計	133,161,000						
ロシア	大蔵省証券	50,000,000	5.0	1カ年	1916年2月	我が国より購入する軍需品代金支払充当	銀行団b)	
	〃	105,000,000	6.0	1カ年	1916年9月	〃	〃	1916年9月70,000,000円発行、17年9月借換の際105,000,000円に増額
	〃	16,667,000	5.0	半カ年	1916年4月	ロシア政府へ売渡軍艦3隻代金	大蔵省預金部	1916年4月15,500,000円発行、同年10月借換、17年10月再借換の際16,667,000円に増額
	〃	50,000,000	6.0（割引発行）	1カ年	1917年10月	軍需品および一般貿易品代金支払充当	臨時国庫証券特別会計	
	計	221,667,000						
	合　計	640,628,000						

注：a）後臨時国庫証券特別会計にて引受け。
　　b）後臨時国庫証券特別会計にて引受け。
出所：大蔵省編『明治大正財政史』第1巻、388−389ページ。

第 8 章　第 1 次世界大戦期の正貨処理政策

表 8 －43　外国公債など買入投資額

1914年 8 ～12月	1915年	1916年	1917年	1918年 1 ～ 4 月	計
707,874円	8,262,131円	46,010,565円	59,178,766円	19,750,000円	133,909,336円

出所：大蔵省編『明治大正財政史』第 1 巻、390ページ。

ち、開戦以来、連合国政府の公債がしばしば我が国の市場において、日本興業銀行、日仏銀行、露亜銀行、セール・フレーザー商会、その他日本の商会など、内外の業者の手によって売り出された。これに対して政府は大いに勧奨を行った。これは本来の正貨政策とはいえないが、資金の対外流出をもたらして政府の外貨準備の増大、在外正貨の増大を抑制するという意味で間接的な正貨処理政策としての性格を有していたといえよう。

これらに対する買入投資額は、開戦以来1918年 4 月までにおいて表 8 －43のように合計 1 億3391万円に達した。その公債の主なものは、英国 6 分利付国庫債券（1916年10月売出し）・同 5 分利付軍事公債（1916年12月売出し）、仏国第 1 回 5 分利付軍事永久公債（1915年11月売出し）・同第 2 回 5 分利付軍事永久公債（1916年10月売出し）・同第 3 回 4 分利付軍事公債（1917年11月売出し）、露国 5 分 5 厘利付短期公債（1918年 3 月売出し）などであった。

英国 6 分利付国庫債券はセール・フレーザー商会が日本市場に売り出した。利率は年 6 ％で、額面英貨100ポンドにつき943円53銭の割合であった。横浜正金銀行も同様の条件で売り出した。

仏国第 1 回 5 分利付軍事永久公債は日仏銀行東京支店をその取扱銀行とし、同店はさらに横浜、大阪、神戸、長崎で正金銀行、京都、名古屋で第一銀行支店、函館で北海道銀行支店を申込取扱店として売り出した。利率は年 5 ％で、発行価格は額面100フランにつき87フラン25サンチームであった。仏国第 2 回 5 分利付永久軍事公債は日仏銀行東京支店を取扱店として日本市場で売り出された。利率は年 5 ％で、発行価格は100フランにつき88フラン75サンチームで

364）　吉川秀造 [1969] 171-172ページ。日本銀行臨時調査委員会「欧州戦争ト本邦金融界」『日本金融史資料　明治大正編』第22巻、221-231ページ。大蔵省編『明治大正財政史』第 1 巻、388-389ページ。同書、第17巻、616-634ページ。ロシア発行の円建債については三十四銀行頭取小山健三の提言により日本政府の保証付きであった。これにより日本の銀行はロシア政府の債務不履行による損失を免れた（大島堅造 [1963] 198ページ）。

あった。日仏銀行はさらに1917年11月に仏国第3回4分利付軍事公債の一部を日本市場で売り出した。利率は年4％で68フラン60サンチームであった。

ロシア公債については、ロシア内地で発行されたルーブル建の公債を日本に回送して低落したルーブルに対する一種の投機の意味で売り出したものがあった。この中では1916年10月発行の5分5厘利付ルーブル公債が多く、その売出人の主なものは、露亜銀行、セール・フレーザー商会、鈴木辨蔵、牧野暎次郎などであった。

これらに対する民間の買入投資額は、1914（大正3）年8月～12月に70万7874円、1915年に826万2131円、1916年に4601万565円、1917年に5917万8766円、1918年1～4月に1975万円で計1億3390万9336円にのぼった[365]。

政府はこれら内地売出の分のほか、外国市場において売り出された公債の買入を勧奨したこともあった。すなわち、1917年5月に正金銀行は、日本の資本家のために、ニューヨーク市場において英仏共同公債およびイギリス公債の買入取扱を開始した。これは日本の資本家の海外投資を奨励するとともに、同行自身の為替金融の便を図るためであった。英仏共同公債発行は英仏の軍事費調達や外貨資金調達の意味があったが、その発行は1915年であったから、正金銀行は英仏の軍事費調達支援のためにその買入勧誘を行ったわけではない。当局がありとあらゆる方法を講じて既発の海外の外国政府公債の買入を勧誘した。英仏共同公債の場合には、投資家の為替リスクを回避させるために、正金銀行は、将来元利金を投資家が受け取るときに適用する為替相場を公債買入時の為替相場とする（為替相場保証）ことまで認めた。にもかかわらず、日本の投資家は当時においてはこのような投資に慣れていなかったため、その成果については1918年5月までにわずか1500万ドルの買入れにとどまったのである[366]。

在外正貨運用投資

政府はニューヨークで発行された英国大蔵省証券1000万ポンドの発行を引き受けたり、民間に外国公債の買入を奨励しただけではなかった。政府自らが外

---

365) 吉川秀造［1969］172ページ。大蔵省編『明治大正財政史』第1巻、390ページ。同書、第17巻、634－638ページ。
366) 横浜正金銀行編『横濱正金銀行史』1920年。井上準之助［1921］76－77ページ。井上準之助［1926］43ページ。吉川秀造［1969］172－173ページ。

第8章　第1次世界大戦期の正貨処理政策

表8－44　政府および日本銀行所有在外正貨の運用投資額表（1917年、1918年）

(単位：千円)

国別	種類	戦前現在高	1917年12月末現在高	1918年4月末現在高	戦前と1917年末比較増加	戦前と1918年4月末比較増加
イギリス	英国大蔵省証券	53,732	305,007	187,284	251,275	133,552
	同　国庫債券	—	19,526	19,526	19,526	19,526
	同　米貨証券	—	9,764	19,237	9,764	19,237
	計	53,732	334,297	226,047	280,566	172,315
アメリカ	米貨諸証券	—	7,909	7,910	7,909	7,910
フランス	仏国大蔵省証券	—	1,703	1,723	1,703	1,723
	合計	53,732	343,909	235,680	290,177	181,948

出所：大蔵省編『明治大正財政史』第1巻、390－391ページ。

表8－45　所有者別在外正貨の連合国公債への運用投資残高（1918年6月末）

政府所有		日本銀行所有	
英貨証券	1億287万7089円	米貨諸公債	405万ドル
預金部運用英貨証券	5972万545円	米貨英国大蔵省証券	986万7933ドル
		仏国大蔵省証券	510万8400フラン

出所：大蔵省編『明治大正財政史』第17巻、640ページ。

国で保有する正貨をもって既発の連合国公債の買入れを行った。日本銀行自身もその在外正貨を連合国国債に運用した。これらは正貨の利用を図るとともに、（外国公債の流通を支えることでその発行を支援し）間接的に連合国の財政援助を行うものであった。また、これは大きな損失なくすぐに換金できるという意味では、正貨蓄積の継続ともいえるものであった。表8－44から明らかなように政府および日本銀行所有の在外正貨の連合国公債への運用額は第1次大戦期に著しく増加している[367]。

　政府および日本銀行の在外正貨運用として第1次大戦前には5373万円（英国大蔵省証券）しか対外投資していなかったが、1918年4月には2億3586万円も対外投資するようになり、この間に1億8195万円も増加している。この金額はニューヨークにおける政府のイギリス大蔵省証券引受分1000万ポンドを含まない。政府および日本銀行は1918年6月末には表8－45のように連合国公債を所有するに至るのである。

---

[367]　吉川秀造［1969］173ページ。大蔵省編纂『明治大正財政史』第1巻、390－391ページ。同書、第17巻、638－640ページ。

第 4 編　第 1 次世界大戦期の正貨政策

（3）　ロシア公債元利金の不払い

　海外投資を行う場合には、この投資が安全であるかどうかをまず考えなければならない。1916年当時、戸田海市はロシアに対する投資は何人も正確に答えることをえない、これは戦争がどのようになるかにかかっている、またロシアに対する輸出代金貸付は戦争終結と同時にその償還を受けることが困難なことを覚悟しなければならぬ、と述べている[368]。このようなリスクの高い海外投資を行うことには問題があった。

　ロシアは輸出が途絶に近いという条件下で、外債の利払い、軍需品の支払いにほとんど直接に外資が消費されてしまった。現実資本も崩壊していくなかで、国内信用体系の中枢、ロシア国立銀行は紙幣を乱発し、インフレーションを惹起させ、全面的経済崩壊をもたらした。貿易の途絶、信用体系の崩壊、労働者・壮丁の戦争への大量動員のなかでロシアの民衆は決起した。ロシア帝政は第 2 次ブルジョア革命（1917年の 2 月革命）により崩壊した。さらに1917年11月に10月革命が起こり、ブルジョア革命の社会主義革命への転化とソヴィエトによるプロレタリアートの独裁を主張するボリシェヴィキ派のソヴィエト政府が組織された[369]。このことは日本がロシアと提携することを不可能とした。

　日本のロシアへの投資をみると、日本は臨時国庫証券5000万円を発行してそれを行おうとした。だが、日本や連合国政府はこの政府を正式に承認しなかったため、日本政府はその借換について協議すべき相手がいないこととなり、対露債権の始末は遷延されることとなった。日本政府が銀行団に露国大蔵省証券の引受けを慫慂していた関係上、いまさら借換を延期して民間の露国大蔵省証券所有者に迷惑をかけることは政府としては忍び難かった。このため政府は1918年 1 月に臨時国庫債券5000万円を発行して臨時 2 月期限の露国大蔵省証券は額面をもって、この臨時国庫債券の払込代金に代用できるようにした。ソヴィエト政府はロシア暦1918年 1 月21日、すべての国債を廃棄するという公文を

---

[368]　戸田海市自身は、対ロ輸出代金決済対策を立てることは国内軍需工業の発展に寄与するし、ロシア政府を債務者として大蔵省証券を発行させて軍需品を輸出することは安全であると考えていた。また対ロ債権の現金償還を受ける代わりにロシア領の富源開発のための投資に転換を行う見込みもあると考えていた。戸田海市「対露輸出代金決済方法」『経済論叢』（京都大学）第 3 巻第 4 号、1916年10月、2 – 3、8、13 – 14、19ページ。

[369]　中山弘正［1988］377ページ。

発表した、ということが伝わってきた[370]。

　結局、日本はロシアに対して軍需品を輸出して代金を受け取ることができなくなり、日本のロシア向け2億2167万円の資金が無駄になってしまった。民間業者の救済のため、政府は臨時国庫証券を発行し、日本銀行団その他の債権を肩代わりすることとなった。その総額は2億8329万8225円の巨額に達したのであった。ロシアの革命情勢を十分に認識できず、正貨・外貨の連合国外債への運用は貴重な正貨・外貨資金の少なからぬ部分を無駄にするものとなったという意味において、日本の正貨政策は大きな問題を抱えることとなったのである[371]。

3　正貨処理政策としての対中国借款政策

（1）　概観

　第1次大戦期に国際収支の大幅な黒字を背景として、はじめて本格的な対外投資・資本輸出が展開され、とりわけ寺内内閣期にこれが著しく増大した。これは対中国投資についてもいえることである。これには民間と政府の両方から実施された[372]。この詳細については補論で論述することとする。

　対中国投資の一環として政府が関係した対中国借款政策が展開された。この政策としては中国政府第2次善後借款（幣制改革を名目にした借款）と兵器代借款と西原借款、とくに西原借款を中心として行われた。

　泰平組合が1917年12月と18年7月に実施した兵器代借款3208万円の原資は、臨時国庫証券収入金特別会計（後に一般会計）が提供したものであった。この資金は兵器購入代に用いられて兵器を中国政府に売り渡して中国政府に対する債権となったものであって（現金および証券払い）、兵器売買契約の形態で中国側に提供されたことから、もともとは中国政府に貸し出されたものではなく、厳密な意味での借款とは言い難いものであった[373]。資金提供は泰平組合が受

---

370)　前田薫一［1925］137-138ページ。
371)　吉川秀造［1969］171-172ページ。大蔵省編『明治大正財政史』第1巻、388-389ページ。同書、第17巻、616-634ページ。井上準之助［1926］42ページ。
372)　伊藤正直［1989］59-76ページ。田村幸策『支那外債史論』外交時報社、1935年、改訂版、1936年、381-422ページ。

799

第4編　第1次世界大戦期の正貨政策

け取った北京政府発行の国庫証券を大蔵省が買い上げる形式で実行された[374]。

西原借款8口1億4500万円の原資は、第1次交通銀行借款500万円が日本興業銀行、台湾銀行、朝鮮銀行の3銀行自身の資金をもって融通したのを除けば、第2次交通銀行借款および参戦借款4000万円が預金部資金（参戦借款は後に臨時国庫証券収入金特別会計、さらには一般会計が資金を負担）、残りの5口、1億円は政府保証興業債券によって国内で調達した[375]。

対中国投資政策は、保有正貨そのものを日本から現送したり、保有在外正貨を直接対外投資に充当しようとしたりするものではなかった。その意味で、それは狭義の正貨政策ではなかった。それは、受取りの増大によって増加する在外資金を対外投資による対外支払いの増大によって減少させようとするものであり、国際収支の受取超過を減少させようとするものであった。海外駐箚財務官を務めた津島寿一は受取超過勘定処理策の1つとして対中国借款を挙げている[376]。

だがそれは、円資金の中国への投資に伴う為替送金が外貨流出をもたらし、ひいては正貨流出を招く可能性があった[377]。この意味では、それは正貨増大を抑制する広義の正貨政策ともいえるものであった。前述のように、1916年11月の日本銀行の正貨処理に関する意見書や、寺内内閣の勝田蔵相が1917年1月の第1次交通銀行借款成立の後に取りまとめた「帝国財政経済政策並施設概要（第一次案）」[378]や、同年に大蔵省が作成した「兌換銀行券縮少方策について」は、対中国借款を正貨処理方策の1つに掲げている。勝田主計元蔵相は、「正貨を一面隣国援助の為に利用する。即ちその一部を支那之の連合国維持の為に若しくは経済的開発の為に使用すると言ふ事は、内地の経済関係から言へば、とりも直さず物価の平調を得しめ経済界の動乱を防ぐ一つの手段にもなり得て

---

373)　大蔵省理財局国庫課作成「寺内内閣時代成立諸借款関係書類」1923年1月、鈴木武雄監修［1972］245ページ。岡部三郎「西原借款を論す」1931年2月、鈴木武雄監修［1972］512ページ。
374)　多田井喜生『大陸に渡った円の興亡（上）』東洋経済新報社、1997年、268ページ。
375)　勝田龍夫［1972］102ページ。1916年9月に横浜正金銀行が興亜公司に貸し付けたが、この興亜公司の原資は預金部資金であった（同書、59ページ）。
376)　津島寿一［1968］45ページ。
377)　ポンド建て借款を供与した場合には、中国政府に金を渡すとき上海でロンドン向けを売り出す（ポンドを売り出す）ことになる（嶋芳蔵「対中借款の楽屋裏」新井眞次編『ものがたり正金史──前編──』1961年、65ページ、東京銀行編［1984］461ページ）。
378)　『勝田家文書』第1冊第14号所載。

頗る時宜を得た措置であったのである。斯やうな目的からして要するに対支借款と言うものは着々歩を進め来ったものであった」と1928年7月に回想している[379]。

　横浜正金銀行をはじめとする日本の特殊銀行団は、政治借款として（日本政府が中国政府に相当の資金を提供することを必要と認め）、中国政府第2次善後借款を1917年8月、1918年1月、7月に日本貨幣1000万円ずつ前貸しした[380]。

　1917年8月28日に中国政府を代表する財政総長梁啓超と日本政府を代表する横浜正金銀行取締役小田切万寿之助との間で、次のような第2次善後借款契約が取り交わされた。中国政府が大蔵省証券を発行し、日本の銀行団がこれを引き受ける。手数料および証券作成費用を除いた手取金が横浜正金銀行本店（横浜）に設置された中国政府勘定に貸方記入される。これによる預金を、中国政府を代表する財政総長がその銀行を経て中国に回金し、中国の行政費に充当する[381]。

　西原借款の場合の原資も日本で調達された。それを中国側に支払う方式には、前述のように、東京で中国側に支払い中国に為替送金する場合と、中国へ為替送金して中国側に支払う方法とがあった[382]。

　このように日本の正貨政策（広義）は対中国政策・戦略と結びついていたのである。

(2)　借款を利用した金券発行問題

　だが対中国投資構想の中には金の現送を行おうとする本来の正貨政策も存在していた。このようなものである金券発行借款について立ち入って考察しよう。

　西原借款は中国の北方政権、とくに段政権をテコ入れ強化し、親日安定統一政権を樹立するための政治・軍事資金として貸し出したものであり、同時に製鉄原料の確保・通貨問題・鉄道敷設権などの年来の懸案を、国際収支が空前の

---

379)　勝田龍夫［1972］182－183ページ。
380)　『寺内内閣成立後二箇年ニ於ケル財政経済方策並施設概要』1918年9月、106－108ページ。田村幸策、前掲書、381－382ページ。
381)　「支那政府一千萬円前貸契約」横浜正金銀行編『横濱正金銀行史　附録甲巻之三』、1149ページ。
382)　鈴木武雄監修［1972］141－143、145－146、150、153－154、159、161－164ページ。

第4編　第1次世界大戦期の正貨政策

黒字となり、かつ第1次大戦によって列国の中国政策が手薄となったこの時期に、大量の資金を注ぎこむことで一挙に解決しようとしたものであった。この西原構想には、実現しなかったとはいえ、金それ自体を注入する構想をも包含していた。すなわち西原は、借款を利用して中国側に金券を発行させ、日本から金地金を中国に現送することも行い、「日支貨幣混一併用」（金券である朝鮮銀行券と中国の銀行が新たに発行する金券をリンクさせて流通させる）を実現させようとしたのである[383]。

中国における幣制改革は、1902年の英清通商条約で統一貨幣制度の確立が約束されて以来、国際的な懸案となり、日本もこれに深い関心を寄せていた。中国の幣制改革について日本は、満州の金券による幣制統一→（正金銀行が1913年に満州で金券を発行、朝鮮銀行が満州への業務を拡張、朝鮮銀行が1917年に正金銀行から金券発行業務を引継ぎ）→中国の幣制統一（金本位制）という方向で進めた。中国の幣制改革は1914（大正3）年の「国幣条例」によってその第一歩を踏み出した。しかし金為替銀本位制確立の準備として、当面、銀本位制による貨幣統一を目指すこの構想は、中国幣制の紊乱によって阻害された。1916年5月に中国政府が「支払猶予令」を発令して中国・交通両銀行の銀票の兌換を停止し、中国の金融市場が混乱した。

この結果、西原亀三が同年7月に「時局ニ応ズル対支経済的施設ノ要諦」を起案し、中国の財政整理と「日本貨幣ノ混一併用ヲ漸進」させるための幣制改革を立案した。すなわち、日本からの借款を基礎として省立銀行に金券を発行させ、中国政府に「日本貨幣ト形状量目称呼同一ノ基準ニ依ル」金券発行を法定させ、日本金円（朝鮮銀行券）と等しいこの省立銀行券の流通を促進し、省銀行の政府貸上金により、中央政府の財政を整理しようとした。また、この金券発行を日本の経済的影響の強い東三・直隷（河北）・山東などの各省で始め、漸次これを全国に普及させ、「日支貨幣混一併用」を図ろうとした。西原は「要綱」において「別考」として交通銀行を救済してこれに金券を発行させようとも考えたが、幣制改革借款は日本がその一員である国際借款団の事業であるために日本が国際借款団と相談なしに進めることができず、交通銀行借款は

383）　大森とく子［1975］51ページ。波形昭一［1985］406ページ。

第 8 章　第 1 次世界大戦期の正貨処理政策

銀行救済資金供与とし、幣制改革につながる金円流通圏の拡張は打診に留めた[384]。

　1916年の袁世凱の死後、中国では黎元洪大総統と段祺瑞総理との間に確執が絶えず、1917年 5 月に段は罷免され、 7 月には張勲復辟運動も起こったが、同月に段政権が復活した。新たに財政総長に就任した梁啓超は、同月に国際借款団代表としての小田切万寿之助正金銀行取締役に、新たに幣制改革借款2000万ポンドおよびその前借金1000万円の借入を非公式に申し入れ、あわせて中国政府の幣制改革計画の大要を示し、 8 月 6 日には林権助在中国特命全権公使にも同様の申入れを行った。ここには、ただちに金為替本位制を採用し、金票を発行することが構想されていた。正金銀行が借款団加盟国の意見を求めたところ、借款団は、中国銀行救済が先決であり、関税の金票払いは実行困難であるなどの理由で構想に反対であった。そこで、 9 月に梁財政総長は前案を修正し、改めて国際借款団に2000万ポンドの幣制改革借款を正式に申し入れた。翌日提示した中国政府の幣制改革案では、第 1 に紙幣整理、第 2 に銀貨統一、第 3 に金貨本位制という段階で幣制改革を行い、第 3 段階は欧州大戦の終了後決定するという漸進主義を採用し、金為替本位制を採用する案が後退していた[385]。

　勝田蔵相は、中国の金本位制の採用は困難であるが、それは日本にとって利益となるものであり、必要であると考えていた[386]。西原亀三も「支那に金券が流通さゝることになれば日支間の貿易は勿論、支那と列国との貿易に対しても非常なる好結果を招来すると同時に、支那の産業開発に対しても少からぬ効果」があると考えた[387]。

　金券発行は1917年の交通銀行借款交渉においてすでに検討されていた[388]。1918年 4 月に本格的に西原借款の交渉が始められると、西原は金券発行を他の

---

384)　大森とく子［1975］45－46ページ。勝田龍夫［1972］158ページ。波形昭一［1985］371－373ページ。
385)　大森とく子［1975］47－48ページ。「支那政府第二次善後借款ノ経過」1918年 1 月、鈴木武雄監修［1972］75－85ページ。
386)　勝田龍夫［1972］157－158ページ。
387)　西原亀三「対支借款弁明」『東京日々新聞』1918年10月30日から 5 日間掲載。鈴木武雄監修［1972］281ページ。
388)　大森とく子［1975］51ページ。藤原正文の勝田蔵相宛書簡、1917年 9 月11日付、『勝田家文書』第101冊第 5 号。

借款供与の条件として提示した。これを受けて中国側では金券発行について検討が行われた。1918年1月に西原がまとめた「対支政策ノ要諦」の中では、中国に「日支貨幣混一併用」に着手させることが述べられていた[389]。4月13日に西原亀三と陸宗輿との間で交わされた「日支両国親善ニ関シ協約施設ニ対スル両国政府代表覚書」の中で、「中華民国政府ハ幣制ニ対シ適良ノ方法ヲ講究シ将来金鋳貨本位制度ノ確立ヲ期スル事」、日本が幣制改善などに最善の援助をすることが記載されていた[390]。西原は4月17日、陸・西原覚書交換の成果をもって帰国した。1918年5月22日、寺内正毅首相、勝田主計蔵相、後藤新平外相の3人は総理大臣官邸に集まり、「日支親善ト日支経済的提携」具体化の方針を決めた[391]。この3者会談で西原は前記覚書の承認を取り付けた[392]。翌々24日、「予定の対支政策をいよいよ実行に移す」ため、西原は北京に向かって出発した。その際に勝田から「幣制ニ関シ適当ノ方法ヲ攻究シ招来金貨本位制度ノ確立ヲ期スルコト」という指示を受けていた[393]。

この間、中国政府は金券発行条例案の作成作業を進め、1918年5月14日に次のような決定を行った。「（一）中国・交通銀行ニテ金券ヲ発行スルコト（二）財政部ハ右ニ必要ナル条例ヲ発布スルコト　（三）金券ハ対外支払ノ為メ為替兌換ヲナスノホカ国内ニテ兌換ヲナサザルコト　（四）金単位ヲ日本ト同一ニセザルコト」[394]。これは西原の構想とは違っていた。ここでは金貨本位制ではなく金為替本位制を目指すとされている。金券の単位となる中国の金円（1円は金746.021ミリグラムを包含）は日本貨幣（1円金貨は金750ミリグラムを包含）と比較すると金含有量が1000分の5減量となる計算となっていた。西原は中国の金単位を日本と同一とし、「日支貨幣同一ノ蛹ヲ造ルハ最モ我国策上緊要トスル所ナリ……帝国貨幣ト同量貨幣ノ流通区域ヲ拡大スルハ帝国ノ経済領域ヲ拡大スル所以デアル」と日本の対中国進出を構想していた。これに

---

389)　波形昭一［1985］410ページ。
390)　「日支両国親善ニ関シ協約施設ニ対スル両国政府代表覚書」1918年4月13日、鈴木武雄監修［1972］184-185ページ。
391)　同上書、多田井喜生「解題」16-17ページ。
392)　波形昭一［1985］416ページ。
393)　鈴木武雄監修［1972］、「解題」20ページ。
394)　勝田主計蔵相宛小林丑三郎財務官電報、1918年5月15日付、鈴木武雄監修［1972］、217ページ。

対して中国側は中国貨幣が有名無実化することを恐れた。曹汝霖（1918年3月に財政総長・交通総長兼任）は、「日本貨幣ト同量トセバ日本ノ各銀行ハ中国各所ニテ金貨紙幣ヲ発行シ全国ニ流通スルニ至リ中国貨幣ハ有名無実トナルノ恐アリ」と弁明している[395]。

　5月から中国が金券条例を交付した8月10日までの期間は、金券発行をめぐる日中の交渉が西原を仲介者として煮詰められた時期とみられる。1918年6月19日に在中国（在北京）財務官小林丑三郎が6月19日に勝田蔵相に宛てた電報によれば、西原の金券発行構想は以下のようなものであった[396]。

　①金券の発行は急務である。②金券を発行する以上はこれを金貨または（金）為替と兌換する方法をとらざるをえない。これを条例に規定し、しかも実際には当分は金貨を鋳造せず金貨兌換を行わないで在外正貨によって為替兌換とするほかはないが、（兌換準備を）すべて在外正貨として金券を発行するのは国内の信用を維持しがたい。したがって500万円ないし1000万円の地金を（日本から）取り寄せ、そのままこれを（中国）国内準備とする。③中国の金単位量を日本の金単位量と同一にするように（中国案を）改めて、（金円を）日本・中国経済の共通の基礎となるようにする。④以上の主張は総理大臣および大蔵大臣の意を受けて中国側に申し入れて決着済みのことである。

　上記について、北京駐在の小林丑三郎中国駐箚財務官は、勝田蔵相に次のように進言した[397]。①金券条例を発布させるべきである。②兌換問題は中国側の原案（金貨を鋳造するまでは為替兌換）の方法を採用する。③金貨兌換を行わないのであれば為替兌換を行うということを明らかにすべきであり、500万円ないし1000万円の金を国内準備の見せ金として中国に取り寄せるということは（貴重な）日本帝国の正貨準備の例外をつくることになるからなるべくこれを行わないのがよいのであり、兌換されない金準備として地金500万円を中国に取り寄せ保有させるべきである。④金単位の同一問題は大きな問題ではない。

　勝田は中国の交通銀行または省立銀行に金券を発行させ、これを朝鮮銀行券にリンクさせることにより、「日鮮満支」金円ブロックを確立するという遠大

---

395) 勝田蔵相宛西原亀三書信、1918年5月31日付、外務省編『日本外交文書』1918（大正7）年第2冊、下巻、外務省、813－814ページ。波形昭一［1985］416ページ。
396) 勝田蔵相宛小林財務官電報、鈴木武雄監修［1972］225ページ。
397) 鈴木武雄監修［1972］225－227ページ。

な構想を描いていた398)。

だが、阪谷芳郎元蔵相は1918年3月に中国に赴いて「各地通貨の状況、造幣局の状況、中国・交通両銀行の状況を視察」し、段総理に、金本位制採用に至るには少なくとも10年以上を要するという幣制改革実行案を提出した。阪谷案はまず銀本位制によって中国幣制改革を行い、その間に金本位制の準備を進めるというものであった。この中国金本位制時期尚早論は勝田蔵相を強く拘束することとなった399)。

しかも正貨・金蓄積を重視する勝田主計蔵相は、日本の金を中国の金円の兌換準備として中国に現送することに慎重となった。勝田は西原とは意見を異にし、一刻も早く金券条例を発布し中国の幣制改革に着手したいという西原に、勝田は6月11日に「アマリ急クコトニモナルヘク当方ノ都合モアレハ後廻トセラレタシ」と伝えている400)。また、6月13日の西原宛の電報の中で「交通銀行券発行ノ問題ハ結局ハ金準備ヲ支那ニ割愛シ得ルヤ否ヤニ存ス而テ目下戦局ノ前途ハ尚ホ逆睹スヘカラス帝国ハ正貨保有ニ付キ厳密ノ用意ヲ要ス」と述べている401)。さらに勝田蔵相は、6月15日の小林中国駐箚財務官への電報の中で、「準備トシテ金ヲ現送スルコトハ帝国ノ政策ニ添ハス若シ準備ヲ日本ニ置クトスルモ其準備ハ為替作用ニ依リ忽チ消尽シ金券ノ信用ヲ維持スルコト困難」になると述べている402)。

1918年7月27日には大蔵省内で『支那幣制改革実行尚早論』が作成されている。これは勝田蔵相の考えを反映したものと考えられる403)。この資料は、日本の正貨を中国幣制改革に利用することが日本の正貨擁護策と背馳するものであることを認めている404)。

勝田の変心に対し、西原は不満をぶつけ、6月30日に「大臣カ支那ノ実状ヲ了解セラレス吾カ固執スルモノヽ如ク解セラル、ヲ遺憾トス　吾ハ最後ノ提起

---

398)　波形昭一［1985］406ページ。
399)　多田井喜生、前掲書、277ページ。
400)　在北京西原亀三宛杉大蔵大臣秘書官電報、1918年6月11日付、前掲『日本外交文書』1918（大正7）年第2冊、下巻、836ページ。波形昭一［1985］419ページ。
401)　西原宛杉大蔵大臣秘書官電報、1918年6月13日付、外務省編、同上巻、839ページ。
402)　小林財務官宛勝田蔵相電報、1918年6月15日付、鈴木武雄監修［1972］、223－224ページ。
403)　多田井喜生、前掲書は『支那幣制改革実行尚早論』を勝田蔵相が作成したとみなしている（237ページ）。

ヲセン」と勝田に最後通牒を突きつけた[405]。これに対して7月3日に勝田は次のような西原宛の伝言を小林に発電し、西原に譲歩して金現送を条件付きで是認した。それは「我正貨政策上金ノ輸出ハ甚夕苦痛ニ感スル所ナルモ」、「交渉案件全部成立ノ後ニ於テ実行スルコトヲ条件トシテ」、次のことに同意する。「(一) 南北満洲ヲ除キ当分ノ間日本諸銀行ヲシテ支那本土ニ於テ現在以上金券ヲ発行セシメサルコト但シ満洲ニ於テ発行セル金券ノ自然ニ支那本土ニ流入スルコトハ已ムヲ得サルモノトス　(二) 金借款ノ内兼テノ貴電ノ通リ五百万円乃至一千万円ノ地金ヲ割愛ス金額ハ出来得ル限リ少キヲ希望スルモ万已ムヲ得サレハ貴下ノ裁量ニ任ス但シ一千万円ナラハ一ケ年内ニ二三回ニ分割現送スルコト」というものであった[406]。

8月6日には西原亀三は「金紙幣発行意見書」を取りまとめた[407]。この中で西原は金為替本位制ではなくて金単本位制を採用すべきであると主張していた[408]。

中国側では1918年8月に曹汝霖財政総長が金券条例を策定し、これが同月10日に大統領の名をもって公布された[409]。

---

404) もしも日本が独力で幣制改革資金を供給するとすれば、3、4億円を中国内地に現送するか、この一部を在外正貨準備として「イアーマーク」して日本内地に保有するほかなく、いずれにしても日本は巨額の正貨を失うこととなり、このことは「我正貨準備擁護ノ財政方策ニ背馳スルモノナリト謂ハサルヘカラス」と論じている（鈴木武雄監修［1972］189ページ）。

405) 勝田龍夫［1972］158ページ。

406) 小林財務官宛勝田蔵相電報、1918年7月3日付、鈴木武雄監修［1972］232-233ページ。

407) 北村敬直『夢の七十年』平凡社、1965年、214-215ページ。これは『勝田家文書』所載の「金紙幣発行意見」と同一と思われる。

408) 「金紙幣発行意見」『勝田家文書』第101冊第8号。「金紙幣発行意見」の内容は次のようなものである。金為替本位制下では国内銀流通が容認され、金銀比価の公定が必要となるが、金銀比価の維持が困難で、銀貨変動が悪影響を及ぼし、また、銀貨の通用を強制することが必要となるが、中国では銀貨の円滑な流通がみられない、さらに金為替本位制を実施して成功をおさめることができるのは国際貸借上常に有利な国においてであって、中国のような貿易逆調の国においてはこの維持は困難であると主張されていた。金貨単本位を実施するためには兌換準備金の充実を期することが必要とされた。このためにはさしあたり借款金をもってこれに充てるが、今後は紙幣を整理し、雑種の貨幣を回収して金準備の蓄積に努めることとされた。兌換準備金を在外正貨として運用すること（在外金準備）は容認された。金券に対しては金準備が必要とされたが、政府から発行権を付与された銀行は金兌換の義務を負わず、対外支払いのための兌換請求に対しては金為替手形を発行することとされた。金券が漸次国定貨幣の流通にとって代わるよう、その流通を助長する方策が提言された。将来発行銀行の統一に支障ないように注意することが必要であるとも主張された。

第 4 編　第 1 次世界大戦期の正貨政策

　こうして日本は正貨処理政策の一環として第 1 次大戦中に獲得した金を活用して中国の金券発行を実現し、中国における「日支貨幣混一併用」、金本位制樹立による対中国進出の円滑化を図ろうとしたのである。日本の正貨政策にはこのような植民地通貨政策を進めるという側面が存在していたのである。

　金券条例が公布されると、中国国内で反対論が起こり、国際借款団と国際借款団側外交団からも抗議が発せられ、そのうえ諸案件解決後に金を割愛するという勝田蔵相の証言を頼りに公布された条例であったために、国立製鉄所借款・団匪事件賠償金放棄などが日本政府の事情で中止となり、しかも寺内内閣が 9 月 29 日に退陣したため金準備の目途が立たず、金券発行のための幣制改革借款はついに実現しなかった。かくして金券発行構想は空文と化してしまったのである[410]。西原亀三は幣制改革借款などが実行できなかったことを「まことに竜を描いて瞳を点ずることのできなかった痛恨事である」と嘆いている[411]。

4　対外投資の通貨膨張抑制効果の限界

　前述のように対外投資は通貨膨張、物価騰貴抑制を理由の 1 つとして当局によって推進された。一ノ瀬篤氏によれば、第 1 次大戦期の経常収支黒字 31 億円のうち、10 億円が資本流出によって相殺された（外債償還を一部含む）[412]。

　臨時国庫証券を発行してこれによる募債金を政府が対外投資に充当したり、大蔵省預金部が吸収した預金を円建外債の購入に運用したり、国内で鉄道債券や五分利付国庫債券を発行して国内から資金を引き上げ、従来からの外債を償

---

409)　これは次のような内容のものであった。①政府は金本位制採用の準備として、幣制局指定の銀行をして、金券を発行させる。②金券の単位を 1 金円とし、1 金円は純金 752.318 ミリグラムを含むものとする。③金円貨が鋳造される以前においては、金券の所有者は指定の銀行を通じ内外に為替送金することができる。金円貨が鋳造された後においては、金券は金円に兌換することができ、また為替送金することができる。金券は指定銀行において外国金貨または金地金と兌換することができる。④指定銀行は発行金券の額に対して、十分の金準備を保有することとする。この金準備は本国金円、金地金、為替銀行に預金された外国金貨とする（鈴木武雄監修［1972］、「解題」26 ページ）。

410)　大森とく子［1975］50 ページ。

411)　北村敬直編、前掲書、206 − 207 ページ。

412)　一之瀬篤「1920 年反動恐慌前の過剰流動性対策」『経済学会雑誌』（岡山大学）第 22 巻第 2 号、1990 年 9 月、64 − 65、69 ページ。

第8章　第1次世界大戦期の正貨処理政策

表8−46　対外放資の形態・効果・実績

形態	経常収支黒字相殺効果	国内流動性吸収効果	累計金額(億円：1914〜18年、推計)
①　政府・日銀が既保有の在外正貨を対外証券投資に切り替え	あり	なし	1.9 a)
②　政府が国内で新たに資金を調達して、これを放資	あり	あり	
・臨時国庫証券(軍需品代金決済、連合国財政援助)			2.6 b)
・その他の債券 c) 本邦債務償還			1.1 c)
③　預金部が外債を購入	あり	あり	0.4
④　民間資金による外債（英仏露支）購入	あり	あり	4.0
①〜④　合計			10.0

注：a) 1918年6月末の残高は、大戦開始時にはゼロだったので、この間の振替額の累計を示すとみてよい。
　　b) 1918年11月末の残高は、上と同様、この間の対外融資額の累計額とみてよい。
　　c) 1915〜17年に発行された鉄道債券1億1000万円（3回分）のうちの9000万円（2000万円は鉄道事業費に用いられた）と五分利付国庫債券2000万円の合計（以上、概数）。これらによって、既往の対英、対仏債を償還した。政府はこれ以外にも外債の償還をしており、実際の償還合計額はこの表の数値よりも大である。
資料：大蔵省編『明治大正財政史』第17巻、590、638−642ページ。日本銀行百年史編纂委員会編『日本銀行百年史』第2巻、351、367−368ページ。
出所：一ノ瀬篤「1920年反動恐慌前の過剰流動性対策」『経済学会雑誌』（岡山大学）第22巻第2号、1990年9月、63ページ。

還したり、民間銀行団が吸収した預金を対中国投資に運用すれば、通貨収縮効果が期待できた（表8−46参照）。

　だが通貨収縮・物価騰貴抑制という意図にもかかわらず、その実際の効果は限定的なものであった。1914年7月から1918年10月までに卸売物価は123％も上昇したが、このような物価の大幅上昇は日本銀行創立以来のことであった[413]。

　第1次大戦期の物価騰貴の主因は、輸出の大幅増加とこれに誘発された国内

---

413)　日本銀行百年史編纂委員会編［1983］451ページ。

第 4 編　第 1 次世界大戦期の正貨政策

経済活動の活発化による総需要の急激な増大が供給に対する需要超過額を拡大させたことにあった。したがって、物価の上昇を抑制するためには輸出ならびに国内経済活動全般の拡大テンポを鈍化させる以外には根本的な対策はなかった。実質経済成長率の推移をみると、第 1 次大戦前の1911年から1914年までの 4 年間は毎年 1 ％前後の低水準で推移していたのに対し、大戦中の1915年から1918年までの 4 年間には毎年 6 〜 9 ％程度の高い伸びを示していた。このような経済活動の急激な拡大にブレーキをかけるためには、経済拡大を支えてきた国内通貨を抑制するほかはないが、正貨吸収という基本政策のもとで為替資金は供給され続けたし、正貨の産業資金化の名のもとに公定歩合の引下げによる産業奨励が図られた。日本銀行の通貨膨張抑制策は弱体であった[414]。1918年9 月と11月の公定歩合の引上げはごく穏健なものにとどまり、その引上げは休戦後の熱狂的好況を迎えた1919年の10、11月まで遅延し、遅きに失することとなった[415]。政府の採用した通貨抑制策は輸出貿易の発展と産業の振興を阻害しない程度で行われたから、それには限界があった[416]。

対外投資にも通貨膨張抑制策として限界があった。対外投資は主として資金需要の強い交戦国に対して行われた。仏露円建債券の発行による募債金が両連合国に対する日本からの軍需品などの輸出の決済資金として日本で支払われる場合には、正貨は減少せず、通貨も収縮しなかった。イギリスの為替調節のための日本における債券引受や海外にある公債への投資の場合のように、せっかく資金がいったん海外に流出しても、その相当部分は日本からの輸入代金の決済に用いられて国内に還流してきたとみられる[417]。また、政府・日銀保有正貨の対外証券投資への振替（英国ポンド貨大蔵省証券の在ニューヨーク政府資金による引受けあるいは既発の連合国公債の買入運用）には、国内通貨収縮効果はなかった。外国為替銀行自身が投資家となり、在外資金を外債投資に充当すれば、国内通貨はやはり収縮しなかった。

---

414) 同上書、451－455ページ。
415) 日本銀行百年史編纂委員会編［1983］440－442、445－447、454－455、530－540ページ。一ノ瀬篤［1990］77ページ。
416) 大蔵大臣官房『寺内内閣成立後二箇年ニ於ケル財政経済方策並施設概要』1918年 9 月、80－81ページ。日本銀行臨時調査委員会［1918］48ページ。
417) 一ノ瀬篤［1990］71ページ。

連合国外債への応募状況、とくに連合国円建外債の応募状況をみると、前述のように多くの場合、良好であった。だが仏国第1回5分利付軍事公債売出に対する申込者の3分の2は在留外国人であり、仏国第2回5分利付軍事公債の売出しについては年末金融を控えかつ内債払込みが終わった矢先で、応募成績がはなはだ不振であった[418]。日本の投資家は当時海外投資に慣れていなかった。外国為替についての知識が欠けていた。英仏共同公債への買入れに関しては、為替リスクを恐れる投資家に対して横浜正金銀行が為替リスクを引き受け、投資家に対して買入時の相場の保証をするということまでしたが、このような投資勧誘をしても日本の投資家は1500万ドル、すなわち、3000万円程度しかそれに投資しなかった[419]。

大戦期好況のもとで日本国内には投資機会がいくらでもあった。当時における資本の過剰現象は、それがただちに資本の輸出を担いうるほどのものではなかった。「内地ですらも充分なる金利で資金を回す余地は幾らでもある、それを何を苦しんでか支那の如き場所に、其資金を投ずる必要があろうか」というのが当時の実情であり、「我朝野の議論は対支投資に向かって余程傾いて来たが、イザ資金を調達して之を実行しやうといふ場合には、尚決心に躊躇する傾があるという」状況に日本はあった[420]。

寺内内閣が通貨縮小・物価騰貴抑制策として対中国投資、西原借款政策を展開していったことは確かである。正貨政策の内容はこの意味では拡大解釈されていたということになる。だが、それが妥当なものであったかどうかは改めて検討しなければならない。兌換券縮小方策は通貨・金融政策として展開されていった。西原借款は日本側が国内で円資金を調達して、東京でこれを中国側に引き渡して、その後為替送金するか、日本の円資金を為替送金して中国に交付することとなる。いったん市場から借款供与銀行に吸収された円資金も、それが外国為替銀行の手を通じて（輸出手形の買取代金として支払われて）国内市場に還流すれば、円資金の減少効果は減殺される。対中国借款の通貨縮小効果はあまり期待できないものであったといえよう[421]。

---

418) 日本銀行臨時調査委員会［1918］232ページ。
419) 井上準之助［1921］76-77ページ。
420) 勝田主計述「菊の根分け」（1918年）鈴木武雄監修［1972］298、313ページ。

第4編　第1次世界大戦期の正貨政策

　対中国投資はカントリー・リスクがきわめて高いものであった。西原借款は政治的な性格を有する、長期かつ不確実な海外投資であった。中国の国情を顧みると、西原借款が供与された段祺瑞政権はきわめて不安定な政権で、経済開発事業などに進出するような余力はほとんどなく、ひとたび政変が生じたら借款契約がどうなるかわからないということが当然考慮されなければならなかった。だからこそ、それは民間では困難で、預金部・臨時国庫証券特別会計・一般会計などの財政資金が動員されることとなったのである。特殊銀行は政府の支払保証を求めたり、債権を政府に譲渡したりしてリスク回避に努めている[422]。またシンジケート銀行団の対中国投資は安定的回収・高利潤の獲得を前提として、政府保証・国策的機関への投資貸付確保に限定してなされている[423]。実際において、西原借款において全額償還となったのは交通銀行第1次借款のみであった。だが国家資本等にしても、このような危険度がきわめて高い投資に貴重な資金を用いることは妥当ではなかったといえるであろう。明石照男氏や鈴木憲久氏は、通貨・金融政策上からして通貨をそのような用途に用いることは否認されるべきものであると論じられている[424]。中国借款は前述のように困難をきわめるものであって、西原借款には内外で激しい反対があった。勝田蔵相にしても、金を防衛したいという点では幣制改革借款などに制約を受けていた。西原借款は西原や勝田の構想どおりには進まなかったのである。

　結局、正貨政策の負の側面を抑制するための対外投資による通貨収縮という

---

421)　勝田龍夫氏も、対外投資「政策が通貨の吸収ないし物価騰貴の制御のために、実際どれほど貢献したかについては、今日の目で見れば検討の余地があろうし、また試行錯誤があると思われるのも、やむをえまいと思う。……現実には……景気が過熱する中で、消費者物価が上昇し、米貨の上昇がついに……米騒動となって破局に至る」と述べられている（勝田龍夫［1972］53−54ページ）。

422)　第1次大戦後最初のまとまった借款である交通銀行第1次借款は、経済借款といいながら、実際は乱脈をきわめた政府財政の尻拭いに終わっているので、借款を引き受けた日本興業銀行、朝鮮銀行、台湾銀行の3行は危険負担につき、日本政府の承認を得ている。参戦借款は南方圧迫費に流用されるものとされ、中国でも非難が多かったため、3行は引受後、即日預金部に売却している。日本興業銀行臨時調査室編・発行『日本興業銀行五十年史』1957年、236、241ページ。

423)　伊藤正直［1989］71−72ページ。

424)　明石照男・鈴木憲久『日本金融史』第2巻、東洋経済新報社、1958年、61−63ページ。高橋誠「西原借款の展開過程」『経済志林』（法政大学）第39巻第1・2合併号、1971年3月、246ページ。

812

第 8 章　第 1 次世界大戦期の正貨処理政策

意図は、達成されなかったのである[425]。

　多額の投資を行った西原借款の元利金は返済されず、西原借款という正貨処理政策は失敗に終わってしまった。この西原借款そのものについては、補論で対中国投資政策全体の中に位置づけて論述する。

425)　一ノ瀬篤［1990］75－76ページでは、臨時国庫証券の発行を大々的に行って不胎化資金を拡大し、6億6000万円ではなく8億6000万円の正貨買入を実施すべきであったと主張されている。臨時国庫証券については大蔵省編『明治大正財政史』第12巻、経済往来社、1956年、第4章を参照。

第4編　第1次世界大戦期の正貨政策

補論　対中国投資の展開

1　第1次世界大戦前

日本の対外投資概観

　正貨の大量流入を背景に、第1次世界大戦期には中国への投資が積極的に行われることとなり、政府がその中心的な役割を果たした。このような対中国投資政策を生じさせた背景には、中国を取り巻く国際情勢が大きくかかわっていた[426]。

　1914年時点における日本の対外投資の圧倒的部分は半植民地中国に集中していた。満州では南満州鉄道株式会社が設立された。日本は漢冶萍公司へも貸し付けた[427]。投資対象の中心は鉱山と鉄道であった。

　日本の対外投資の資金的基礎は脆弱であった。もちろん、私的資本の輸出の量が少なかったとはいえ、私的資本による対外投資を無視することはできない[428]。だが大戦前の日本の資本輸出の主流を占めたのは国家資本または外資を原資とする資本輸出であったのである[429]。特殊銀行である日本興業銀行が資本輸入および資本輸出の両業務を行った。第1次大戦前の同行関係外資のうちの25.8％は対外投資に充当されている[430]。同じく特殊銀行である横浜正金銀行も資本の輸出入に関与した。

---

[426]　中国において1911年10月に辛亥革命が勃発してまもなく、第2次西園寺内閣は「対清政策に関する件」を閣議決定し、かつ上奏した。これは、明治末において、日本当局者の中国に対する最も重要な課題は、乗ずべき機会を利用して、遼東半島および南満・安奉両鉄道の領有期限の延長を含む満州問題の「根本的解決」を図ることであり、さらに中国「本部」に勢力を扶植することであったことを明らかにしている。日露戦争に至るまでの日本の対外発展の対象は朝鮮であった。朝鮮の支配権をめぐってまず中国と争い、日清戦争後はロシアと争った。日露戦争によって朝鮮に対する支配権を掌握するとともに満州におけるロシアの利権を継承した日本は、満州に支配権を確立しようとした。だが、これは列強の強い反対に遭い、ただちに実現することはできなかった。欧米列強が投資競争を展開するという状況のもとで、日本もすでに第1次大戦前に植民地圏に資本を輸出していた。すなわち植民地台湾に対して、糖業への直接投資を行ったり台湾銀行が融資をしたりした。また同じく植民地の朝鮮に対して、朝鮮銀行や東洋拓殖などが金融業務などを取り扱った。

[427]　柴田固弘「外資輸入と海外投資」松井清編『近代日本貿易史』第2巻、107－124ページ。我が国の対中国投資研究はレーマー『列国の対支投資』（C. F. Remer, *Foreign Investments in China*, 1933, New York）、樋口弘『日本の対支投資研究』1939年など数多く存在する。

[428]　平智之「第一次大戦以前の対中国借款と投資主体」国家資本輸出研究会編［1986］28－45ページ。

[429]　高村直助『日本資本主義史論』ミネルヴァ書房、1980年、142－150ページ。

[430]　日本興業銀行臨時史料室編『日本興業銀行五十年史』同室、1957年、98ページ。

第8章　第1次世界大戦期の正貨処理政策

列強の対中国投資の競争と協調

まず第1次大戦前の対中国投資の国際関係を立ち入って考察しておこう。

列強は日露戦争以後も中国に借款を供与するとともに事業投資を行った[431]。日清戦争後における清国に対する列強の利権の競争がとくにいわゆる勢力範囲の設定にあったとすれば、日露戦争後のそれはとくに鉄道投資競争であったといわれている[432]。だが、この鉄道借款競争は政治的意味を有する勢力扶植競争でもあった[433]。中国への政治借款もまた勢力扶植の手段としての意味を持っていた[434]。

日米間での投資競争が日露戦争後に生じた[435]。だが日本の満鉄に対する並行線を計画した英人フレンチは1909年に奉天総領事であった米人ストレートと接近し、両者が共同で錦愛鉄道敷設を計画した。また同年にはアメリカ政府（タフト大統領のもとでのノックス国務長官）自身が、満州における日露の勢力を抑えるために、満州諸

---

431) 日清戦争に敗北した清国は、賠償金を日本に支払うために外国借款に頼らざるをえなかった。清朝は、露清銀行から4億フラン（1895年5月）、イギリス・ドイツから1600万ポンド（1896年2月）の借款を受けた。列強の借款供給をめぐる競争は激しく、残りの7000万両の借款をめぐって、イギリスとロシアの間で一時は旅順港内で両国艦隊がにらみあうほどの緊張を示した。日清戦争前には借款に依存することの少なかった清国は、日清戦争後に多額の借款を抱えることとなったのである。下関条約第6条第4項の「日本人は各開市場、開港場において自由に各種の製造業に従事しうること、またその製品は関税、産税などに関し、日本からの輸入品と同様な特権をもつこと」という条項は、最恵国待遇によって列強にも承認された。これが列強の中国への資本輸出を呼び起こした。日清戦争前の外国資本の在華工場は、商品輸出と原料購入に関する船舶の修理工場や加工工場が主であった。ところが日清戦争後は鉱山、鉄道、紡績、製鉄、水道、電気などあらゆる部門に浸透した。列強は中国と条約を締結することによって、租借地を得、また鉄道敷設権を得た。そして租借地を拠点に鉄道を敷いた。1899年までには中国の主要な地域は各列強間の「勢力範囲」として分割され、中国の半植民地化が完成した。河原宏・藤井昇三『日中関係史の基礎知識』有斐閣、1974年、83ページ。

432) 鹿島守之助、前掲『日英外交史』307ページ。

433) すなわち「支那ニ於ケル列国ノ利権競争」は次のように述べている。「鉄道借款ハ何レモ工事ノ請負又ハ技師及材料ノ供給ヲ附帯条件トシ且其借款ノ政府之ヲ保証シ其鉄道又ハ地方ノ収入ヲ担保トスルカ故ニ政治上頗ル重要ノ関係ヲ有シ加之鉄道ノ性質上並行線ノ敷設ヲ容サヽルヲ以テ其鉄道ノ通過スル地方ニ対シテハ他国ニ比スレハ経済上及政治上種々ノ点ニ於テ優越ノ地位ヲ占メ若夫レ一朝支那ニ事アル時ハ此等ノ諸国ハ軍事上ニ於テ最モ優越ノ地位ニ立ツヘシ是レ各国ノ競争激裂ナル所以ナリ」（農商務省臨時産業調査局「支那ニ於ケル列国ノ利権競争」（1917年）鈴木武雄監修［1972］34ページ）。

434) すなわちこれは「関税、塩税、地租其他ノ租税ヲ担保トスルノミナラス之ニ関連シテ種々ノ特権便宜ヲ得甚シキハ財政監督権ヲモ有スルモノ」もあった。借款の当事者は外国の銀行その他の私立会社であったが、その背後には「支那ニ対シ政治上ノ野心ヲ有スル外国政府」があってこれを操縦していた。したがって、「支那ノ借款競争ハ即チ各国ノ勢力扶植競争ニ外ナラ」なかった。鈴木武雄監修、同上書、34ページ。イギリスの外交と金融との関係については、E. W. Edwards, *British Diplomacy and Fnance in China 1895-1914*, Clarendon Press, Oxford, 1987 を参照されたい。

鉄道経営の中立化を各国に提案した[436]。アメリカ政府も対中国投資に関与したのである。

日英間にも対立があった。満鉄並行線としての1907年の法庫門鉄道の計画は日英間の投資競争を示すものである[437]。

日露戦争前に満州にロシア資本が進出した[438]。

対中国投資は列強間の対立と協調のもとに展開された。列強が個別的に中国に投資を行う一方では、列強の対中国協調融資も行われた[439]。

日本の対中国投資

このような列強の対中国投資競争とその協調に日本も参加した。日本は中国との経済的提携を図り、日本の資本をもって中国の富源を開発しようとした。

日露戦争に勝利した日本は、ロシアとの講和条約で、ロシアが南満州で所有していたすべての特権を譲り受けた。鉄道支配は軍事輸送、経済的対外進出の基礎として重要であった。このような状況のもとで南満州鉄道会社が1906年に創設されたのである[440]。列強に対抗しての日本の対外進出という国際関係は、日本の対外投資に

---

[435] 1905年のハリマンの南満州鉄道に関する日本政府への日米共同経営提案においては、アメリカではブルジョアジーが前面に立ち、その点でこのアメリカの対外投資は政治的・軍事的性格の強い日本のそれと著しい相違を示している（大畑篤四郎、前掲書、90ページ）。アメリカの鉄道王ハリマンはアメリカの有力金融業者クーン・ローブと結びついていた。ハリマンはクーン・ローブのシフとともに日露戦争外債の消化に尽力し、日本が日露戦争に際して戦時外債を発行したとき、大口500万ドルを引き受けた（黒羽茂、前掲『太平洋をめぐる日米抗争史』110－113ページ）。

[436] 鹿島守之助、前掲『日英外交史』、310－311ページ、同『日米外交史』100－115ページ。

[437] 日本政府はイギリス政府などを通じてそれを断念させることに努めた。だか、日英同盟のもとで日本とイギリスとの外交対立は明白には起こらず、イギリス政府は日本に同調した。1909年には日清協定において日本政府との協議なしにはこの新線を敷設することはなくなった。前掲『日英外交史』308－309ページ。

[438] ロシア資本は、同じく満州への進出を図ろうとする日本資本と衝突していた。日露戦争後は日露間に東アジアにおける満州分割協定が結ばれ、これを反映して日露の協調が進んだ。1907年には「満州における日露両国鉄道の連絡協約」、日露間の通商条約、漁業条約が調印された。アメリカの満州鉄道中立化案に対してはロシア政府は日本と共同して反対した。ロシアはアメリカの進出に対しては英・仏とくにフランスに訴えて、抵抗するということも行った。アメリカの資本は結局孤立するという形に終わった（ヴェ・アヴァリン『列強対満工作史――帝国主義と満州――』（ロシア問題研究所訳）、復刻版、原書房、1973年、第4章、第5章。江口朴郎、前掲書、83ページ）。日米シンジケートによって満鉄買収計画が立てられたとき、小村寿太郎はこれに反対した。小村には、アメリカに派遣されていた金子堅太郎の斡旋によって、南満州鉄道経営に必要な資金調達の見込みが立っていた。ハリマンの野心を挫折せしめたものはクーン・ローブに対立するモルガン系の財閥資本であった。満鉄はニューヨークのモルガン系の銀行から資金を得ることができたのである（黒羽茂、前掲『太平洋をめぐる日米抗争史』116－119ページ）。

第8章　第1次世界大戦期の正貨処理政策

おける鉄道事業投資額の多さとなって反映した。日本政府は表面上、列強との共通の利害を保持する姿勢を示しながら、実際には日本の南満州独占を目指してあらゆる手を打った[441]。この満鉄への事業投資に日本の金融機関が関係していた[442]。

欧米ことにヨーロッパ諸国が、日清戦争以来、対中国政府、中国会社への借款を供与する一方で、日本も対中国借款供与を行った。

6国借款団において世界の列強から注目されている日本の役割は、日本興業銀行総裁、日仏銀行副総裁添田壽一によれば、「支那に火事あらば、先づ第一に」日本が外交を伴いつつ「消防夫を送る」ということであり、列国と中国との中間にある日本が「支那を善導」して「支那の保全開放交商平和」を保つということであった[443]。軍事的・外交的に日本が中国の民族運動を抑えることが欧米列強から期待されてい

---

439) 中国に対する経済競争の中で、互いに共同連合して投資する機関として、1909年に英仏独の3国が3国借款団を組織した。1909年頃から、アメリカ大統領タフトは清国摂政の醇親王に遣いを送り、同3国の銀行団と清国との間に締結された鉄道借款にアメリカも加わるよう要求し、それに成功した。この湖広鉄道借款において、1910年に4国借款団が成立した。日露はこれから排除されていた。辛亥革命（1911〜12年）により清朝が1912年に滅亡すると、成立した共和国政府の財政的窮乏に乗じて4国団は大統領袁世凱との間に大借款契約を締結しようとした。1912年2月に北京で軍隊の暴動があると、4国借款団は不安を感じ、万一の場合を考えて日露両国を投資連合に加えようとした。4国借款団は4国政府に要請して日露両国政府と交渉させた。両国資本団は勧誘に応じ、両国は4国借款団への加入を申し入れ、1912（大正元）年に6国借款団が成立した。日本からは正金銀行がこれに参加した。6国借款団の協議で、経済借款は列強の自由競争に任せることにして6国借款から除かれることになった。同年には日仏銀行も設立された。翌1913年に、アメリカのウィルソン大統領は、6国借款団の活動が中国の行政的独立に抵触する恐れがあるとして米国資本団の6国借款団脱退を宣言し、アメリカが6国借款団から脱退した。6国借款団は5国借款団となり、同借款団は総額2500万ポンドの政治借款を中国政府に供与した（鈴木武雄監修、前掲書、34−35ページ。6国借款については鹿島守之助、前掲『日本外交政策の史的考察』第11章も参照されたい。平智之、前掲論文、38−42ページ。鈴木武雄監修［1972］3ページ。農商務省臨時産業調査局（吉田虎雄稿）『支那ニ於ケル列国ノ利権競争』同局、1917年（鈴木武雄監修、上掲書所載）、田村幸策『支那外債史論』外交時報社、1935年、波形昭一『日本植民地金融政策史の研究』［1985］280−297ページ。）。

440) 日露戦争初期に参謀本部の児玉源太郎と後藤新平は戦後に起こるべき大陸の経営について、額を集めて凝議した。彼らは東インド会社を念頭に置いた。児玉の命を受けた後藤新平はその具体化にとりかかる。かくして「満州経営策梗概」ができあがった。この中では「戦後満州経営唯一ノ要訣ハ、陽ニ鉄道経営ノ仮面ヲ装ヒ、陰ニ百般ノ施設ヲ実行スルニアリ」と述べられていた。これが南満州鉄道会社設立構想の萌芽であった（鶴見祐輔、前掲巻、650−651ページ）。

441) 会社設立までのいろいろな準備工作、法的手続き、株式の半数の所有と実物出資、民間株式への配当保証、社債募集のための特殊銀行日本興業銀行の動員と社債元利の保証、重役その他社員の官僚からの送りこみなどである（河原宏他、前掲書、151ページ）。

442) 1906年に政府は満鉄の金銭出納保管を横浜正金銀行に取り扱わせること、同社の事業金融は日本興業銀行に取り扱わせることとした（横浜正金銀行編『横濱正金銀行史』［1920］298−299ページ）。

443) 添田壽一、前掲論文、11−12ページ。

たのである。

　このように日本が対中国投資を実施したにもかかわらず、第1次世界大戦までは、日本の対中国投資は欧州列強に比べてはるかに少なく、その総額は1億2130万円にすぎなかった[444]。

2　大隈内閣期

中国をめぐる国際政治関係

　明治末・大正初期において、日本は満州問題の根本的解決と、中国本部への勢力扶植の機会を狙っていた。第1次世界大戦の勃発は、こうした日本にとってまさに千載一遇の好機として受け止められたのである[445]。第1次世界大戦が勃発すると、イギリスが希望しなかったにもかかわらず、日本は日英同盟を楯に参戦し、ドイツ軍と戦い、膠州湾を占領した。

　「満蒙におけるわが優越地位を確保すると共に東洋平和の上に不安の影を投げかける障害物を勉めて排除せねばならぬ」として、山東問題善後処分の提案と並んで、中国領土保全を図り、あわせて南満州および東部内蒙古における日本の優越的地位を中国に確認させるため、大隈内閣は1915（大正4）年に中国に対し、対華21カ条の要求を提出した。これにより、①旅順、大連の租借期限延長、②南満州鉄道・安奉鉄道の経営期限延長、③南満州における土地商租権および内地雑居権の獲得、④大冶鉱山の日中合弁を実現した[446]。

　しかしながら、このような対中国政策は列強や中国から激しい批判を受けることとなった。このような事態に直面して、大隈内閣の対中国政策は分裂した。すなわち、外務省主流は日英関係の悪化を恐れ、対中国政策に積極的なイメージを確立しえなかった。対欧米との協調関係を慎重に配慮しつつ対中国進出を図るべきであると考え、軍部の強硬な軍事的行動には批判的であった。これに対して、元老、とくに山県有朋は、日英同盟は頼むに足りないとして日露提携促進を図り、1916年7月には第4回日露協約を締結させ、日露の中国進出を推進しようとした。軍部は強硬な軍事介入方針を採り、とくに満蒙分離論者（関東都督府陸軍部や右翼浪人）は、袁世

444）　5国借款分担額を含む。大蔵省編『明治大正財政史』第1巻、393ページ。
445）　波多野善大「西原借款の基本的構想」『名古屋大学文学部十周年記念論文集』1－2ページ。
446）　『大隈侯八十五年史』Ⅲ、260ページ。大隈内閣の対中国政策については、信夫清三郎『大正政治史』第2巻、升味準之助『日本政党史論』第3巻第9章、堀川武夫『中国侵略史序論——大正四年の日華交渉に関する一研究』出版社不明、1955年、などを参照。

第8章　第1次世界大戦期の正貨処理政策

凱に反発する南方派を支援すると同時に、宗社党・蒙古部族、日本浪人を満州で挙兵させ、南北呼応して袁政府を転覆させ、満蒙を日本の勢力下に置こうとする第2次満蒙独立運動を試みた。大隈内閣の対中国政策はいよいよ混乱を深め、対中国関係は悪化の一途をたどった。

大隈内閣期の対中国投資政策

　第1次大戦の勃発によって国際収支は好転した。これを背景として日本の対中国投資は急増した。日本の対中国投資は累積した正貨の処理政策の一環としての性格を新たに帯びるようになったのである。

　日本の対中国投資機関は開戦当時において横浜正金銀行・日本興業銀行・台湾銀行・南満州鉄道株式会社・大倉組・三井物産会社・東亜興業会社および旭公司の8つを数え、開戦直後において朝鮮銀行および中日実業株式会社の2つを数え、さらに一時的ながら興亜公司も出現した[447]。

　大隈内閣は対中国投資を奨励する方針を採用した。1915年9月には出超に基づく資金を国債発行によって吸収し、これを対外投資に振り向ける方針を決定した。だが大隈内閣の対中国政策は、対華21カ条要求に典型的に示されるように、「日本の支那に対する所謂侵略政策の最も顕著なるもの」であった[448]。したがってこれは、中国の排日運動を燃え上がらせ、日本とアメリカとの対立を深めた。大隈内閣の対中国政策は行き詰った。この立直しは寺内内閣に求められざるをえなくなる。

　大隈内閣は、1916年に第37議会に対して日支銀行法案、満州銀行法案の2つの特殊銀行設立案を提出した。だが、これは貴族院で否決され、成立しなかった[449]。

　日本の対中国政策は、大隈内閣から寺内内閣に交代する過程で、武力を中心とした進出から経済借款に重きを置いた方向へと変わっていった。この背景には、日本が債務国から債権国へと転化したという事情があった。すでに大隈内閣末期に中国への大規模な資本輸出構想が具体化された。興亜公司借款がそれである。これこそが、西原借款の原型である[450]。とはいえ、本格的な対中国資本輸出は寺内内閣期の

---

447)　大蔵省編纂『明治大正財政史』第1巻。
448)　勝田龍夫［1972］32ページ。
449)　21カ条の要求をめぐる対中国外交に対して不満を持つ山県有朋の意を受けて倒閣を画策していた後藤新平、平田東助、田健治郎らの働きかけによって、貴族院の研究会を中心とする山県系議員が、政府攻撃の材料に減債基金の還元問題とこの日支・満州銀行法案を選んだからであった。大隈内閣期に勝田主計は朝鮮銀行総裁に就任した。このことも一因となって、彼は大隈内閣の日支・満州銀行法案に反対した。これらについては勝田龍夫［1972］37-38ページを参照。
450)　勝田龍夫［1972］59-61、73-79ページ。

西原借款によって行われることとなる。

3 寺内内閣期

中国をめぐる国際政治関係

　1916（大正5）年10月に成立した寺内内閣は、大隈内閣期の分裂した中国政策を統一することが求められた。寺内内閣は、参謀本部による直接的軍事進出という強硬路線に代わって、政府による借款の方針を打ち出し、これにより利権を獲得しようとした。袁世凱の帝政問題や彼の突然の死（1916年6月）によって中国の政情不安は極度に高まり、南北両派間や中央・地方両政府間の対立だけでなく、同一派内における各軍閥の対立もその極に達したが、これは究極的には中国の財政破綻と幣制紊乱を招き、その再建のための借款依存の対外構造を決定的にしてしまった。このことは、日本にとって、相対的に親日的な北洋軍閥勢力の伸長という条件とも相俟って、借款をもとにした金円による中国幣制統一、つまり、金円流通の拡張・確保の好機到来と受け止められた451)。段祺瑞を援助して親日政権をつくり、その安定を図ることにより利権確保を目指したのである452)。かくして「西原借款」が構想されたのであった453)。

経済的背景

　対中国投資政策、ことに「西原借款」には経済的背景もあった。このようなものとして第1に、日本の正貨保有が増大し、また資金余剰が存在していて、資本輸出の経済的・資金的基礎が形成されたことを挙げることができる。

　第1次大戦前には、「満蒙における日本の権益を確保し、経済競争に参加するには、

---

451) 波形昭一［1985］371ページ。
452) 高橋誠、前掲「西原借款の展開過程」235ページ。
453) 「西原借款」は、日本が国際的孤立に対処するうえからも求められた。列強が戦後数年間に国力を回復して対中国政策で共同一致して日本に対抗することが「火ヲ睹ルヨリ明」らかであった。戦後の講和会議に先制し、満蒙・山東・福建の「特殊権益」を確保して優越的地位を保持することが日本の当面の急務となった。国際的孤立化の危機感は日米矛盾の深化とロシア帝政の崩壊によって激化した。中国民族運動も激化した。山県も危機脱脚の方途は「日支親善互ニ其カヲ戮セテ此強大圧力ニ当ルノ一途アルノミ」と述べた。寺内内閣は、大隈内閣の加藤高明、石井菊次郎外相の日英同盟方針を転換した。内は生産事業を助長し、外は海外発展を伸長し、日中「経済提携」を図り、日本の自給自足圏を確保して国際的孤立に対処しようとした。日中両国民の「意思疎通・経済的融合渾一」を前提とする「親善」関係の樹立、「アジア人のアジア」を説いて中国への進出を図った。「西原借款」はその具体的表れであった（小林幸男「帝国主義と民本主義」『日本歴史　現代2』岩波書店、67−92ページ）。

第8章 第1次世界大戦期の正貨処理政策

日本の経済力はまだ足りなかった。そしてなによりも金(正貨)が不足していた」。日本は正貨不足に常に悩まされ、経済競争場裏で涙を飲まなければならないことが多かった。第1次大戦期の正貨流入を背景にはじめて「西原借款」という「円外交」を行うことができるようになったのである454)。高橋誠氏は、「いちおう『自前の』資本輸出の経済的基盤が形成されたことは、なんといっても西原借款の展開にとってはもっとも重要な経済的背景をなすものであることは否み難いところであろう」と述べられている455)。伊藤正直氏も大戦期資本輸出が究極的には大戦期の経常収支受超によってもたらされた正貨の蓄積という条件によって支えられていたことを指摘されている456)。

だが石井金一郎氏は、「当時における資金の過剰現象は、それが直ちに資本輸出の役割を荷いうるものではなかった」という見解を示されている457)。高橋誠氏も、西原借款のための政府保証のついた興業銀行債の市中消化が困難であったことから、自主的に資本輸出を推進する条件は当時の日本では未成熟であったと述べられている458)。すなわち、西原借款の資金源は、財政資金と政府保証興業債券募集金によって構成されているが、興業債券1億円の公募は、その消化のために政府が積極的な手段をとらざるをえず、元利払いに政府保証がつけられ、政府が銀行団を結成させて、一般応募分の残額を引き受けさせ、しかも日銀には国債並みの見返品として取り扱わせ、発行差額は預金部引受けとした。加えて、興業債券の一般消化に、地方長官・税務監督局長を動員し、応募の勧誘に努力させ、全国の郵便局においても取扱いを行わせた459)。当時の日本においては民間資本が資本輸出を自主的に行うほどには国内の経済的・金融的条件が成熟してはいなかったのである460)。したがって、正貨の増大を背景とする対中国投資は何よりもまず国家資本系資本の投資として行われざるをえなかったのである。

第2に、「西原借款」には「東洋自給圏構想」が前提されており、「西原借款」は中国を、日本に対する廉価な原料と労働力の供給地、日本の資本および商品の輸出

---

454) 勝田龍夫[1972]、「はじめに」および本文の7ページ。
455) 髙橋誠、前掲「西原借款の展開過程」236ページ。
456) 伊藤正直『日本の対外金融と金融政策 1914〜1936』名古屋大学出版会、72ページ。
457) 石井金一郎氏は西原借款は過剰資本とは無縁に発想されたものではなく、民間資本の輸出は遅々として進まず、対中国借款は結局、国家資本によって担われざるをえなかった、と述べられている。石井金一郎「西原借款の背景」『史学雑誌』第65巻第10号、52、54ページ。
458) 髙橋誠、前掲「西原借款の展開過程」237ページ。
459) 同上論文、225ページ。
460) 同上論文、225−226ページ。

第4編　第1次世界大戦期の正貨政策

先とする、いわば植民地とすることを狙ったものであった[461]。このようなことには三井をはじめとした資本の支持があった[462]。後に論ずる西原借款政策の背後には、財界に日中同盟構想が形成されてきたことを指摘しておく必要がある[463]。

第3に、第1次世界大戦の勃発によって、これまで中国に資本を提供してきた欧州諸国が投資を中断し、中国側が借款の供給を日本に求め、日本側がこれを資本輸出の好機とみなしたことである。

第4に、アメリカが1916年に中国進出を積極化してきたために、日本がこれに対処することが求められたことである。アメリカが1913年に国際借款団から脱退して以降、日本は戦争に忙殺中の欧米列強に比べて有利な立場にあったが、1916年に至り、一方の債権国であるアメリカが再び中国進出を積極化してきたために、日本の有利な立場は急速に不安定な状態に陥ったのである。しかもアメリカは国際借款団に再加盟しなかったから、借款団の規制内に同国を封じ込めることができなかった。これに対処する方策が求められたのである。

第5に、正貨蓄積、通貨膨張という状況下において、西原借款の当事者である寺内内閣の勝田蔵相が、金融の調節手段として対中国借款を正当化したことである[464]。

---

461) これについて詳しくは波多野善大、前掲論文、参照。このような構想については後で詳しく述べる。

462) 三井銀行常務取締役の早川千吉郎は、「支那ノ富源ヲ開発シテ彼我国民ノ利益ヲ図ルニ付テ最モ必要ナルモノハ資金デアル、今日迄ハ英米仏独白等ノ各国ガ投資ヲ為シ鉄道ト云ヒ鉱山ト云ヒ航海業ト云ヒ其他諸般ノ事業経営ノ資金ヲ供給シテ居ッタノデアルガ、戦後此形成ハ一変セザルヲ得ヌモノガアルトスレバ、矢張リ日本ガ之ニ対スル資金ヲ供給シテ其富源開発ノ資ヲ与フルコトハ、我国ノ任務ト言ハザルヲ得ヌノデアル」と述べている（早川千吉郎「新年に於ける経済観」『銀行通信録』第387号、1918年、34－35ページ）。

463) 寺内内閣の援段政策が、日華軍事協約（1918年5月調印）にまで到達したときには、財界の有力者であった三井銀行理事の米山梅吉から次のような賛辞と激励が贈られている。「日本は今や支那と軍事協定を策した、之れは誠に結構の事であるが、誰も是丈で満足をしては居るまい。日中両国の間にはさらに経済同盟と云うものが本当に出来なければならぬ。否進んで攻守同盟が出来なければならぬ」。石井金一郎「『西原借款』の背景」『史学雑誌』第65巻第10号、1956年10月、56ページ。

464) 同蔵相は、「巨額ノ輸出超過等ノ関係ヨリ内地金融界ニハ資金ノ過剰ヲ来シ一般物価労銀ノ投機ヲ招キ一方国際貸借ノ関係ニ於テハ多大ノ受取勘定超過ニ因リ巨額ノ正貨蓄積ヲ来シ為ニ為替資金ノ疎通ヲ害シ此ノ儘放任スルニ於テハ甚シク経済上ノ調節ヲ失ヒ其ノ結果我国民経済ノ将来ニ憂フ可キ情勢ヲ誘致ス可キ虞カアッタ而シテ之ニ処スル方策トシテハ結局海外投資ヲ行ヒ之ニ依リテ金融ノ調節ヲ図ルノ外ナク其ノ投資ノ相手トシテハ時恰モ両国提携ノ必要痛感セラレテ居タ支那ヲ撰ンタノハ自然ノ帰結ト謂ハネハナラヌ」と述べている（勝田主計述「対支借款ニ就テ」（1924年4月）鈴木武雄監修［1972］344ページ）。

第8章　第1次世界大戦期の正貨処理政策

対中国投資政策構想

1) 後藤新平案

　西原借款は、後藤新平、西原亀三、勝田主計らの「対支政策」の構想のもとに展開された。だが、3名の見解には差異がみられた。後藤の「対支政策ノ本案」は、「東亜経済同盟ノ基礎ヲ確立」するために「四国団ノ検束ノ外ニ立チ……巨資ヲ放下シ」、その償還財源を、実態が輸入阿片販売促進法ともいうべき阿片漸禁法の断行による専売利益に求めたものであった465)。

2) 西原亀三案

　北村敬直氏、波多野善大氏という日本の東洋史学者は、西原借款が謀略色一色にぬりつぶされていた従来からの評価に対して、「東洋自給圏構想」といった明確なポリシー、政策ビジョンが存在していたことを明らかにされた。

　西原借款の基礎となったものは日中経済同盟、東亜経済圏形成の構想である。それは黄色人種の闘争という明治以来の図式に根ざし、アジアの独立国日本によるアジア諸国の解放、独立保持、日本のもとにあるアジアの構築という発想である。その点において朝鮮銀行嘱託の西原亀三の考え方は他の大陸浪人、陸軍軍人と共通していた。だが西原には「アジア諸国の開放、独立保持」は念頭にはなかった。中国に対する西欧列強の進出を防ぎ、日本がそれらの国に代わることが西原の主要な狙いであった。しかし、彼は長い間の植民地における経験から、軍事的支配の無力さを知っていた。それゆえに「日中親善」による中国支配を計画したのである466)。西原亀三の東洋自給圏の考え方は、1917年11月に書かれた「東洋永遠の平和策」の中

---

465)　勝田龍夫［1972］83－84ページ。西原借款研究には、①大蔵省や日本興業銀行など西原借款の事務を担当した機関の資料に基づく研究、②『西原亀三関係文書』や北村敬直編『夢の七十余年――西原亀三自伝――』東洋文庫、1965年に基づく研究、③外務省編『日本外交文書』などを資料とする研究などがある。鈴木武雄監修『西原借款資料研究』東京大学出版会、1972年という資料集もある。勝田龍夫氏は、122冊に及ぶ『勝田家文書』や『勝田家所蔵資料』を用いて、大蔵大臣勝田主計を分析基軸として、西原借款の成立過程、内容、結果を総合的に明らかにされている。高橋誠氏は財政史の観点から西原借款の意義を考察されている（『経済志林』（法政大学）36巻2号および第39巻第1・2合併号参照）。後藤新平は「日支経済提携論」に基づく対中国金融機関の設立を先駆的に提唱していたが、これについては波形昭一『日本植民地金融政策史の研究』早稲田大学出版部、1985年、『後藤新平文書』後藤新平記念館所蔵、雄松堂マイクロフィルムを参照。

466)　谷寿子「寺内内閣と西原借款」『東京都立大学　法学会雑誌』第10巻第1号、1969年10月、113ページ。西原亀三については北村敬直編『夢の七十余年　西原亀三自伝』平凡社、1965年、山本四郎編『西原亀三日記』京都女子大学、1983年、西原『西原亀三関係文書』国立国会図書館所蔵、なども参照されたい。

第 4 編　第 1 次世界大戦期の正貨政策

で表明されている467)。

　西原亀三の「対支方針」は、「我ヨリ有余ノ資金ト智能ヲ提供シテ彼ノ無限ナル富源ト勤勉ナル労力ヲ化合シ之カ開発ヲ実ニセンカ支那ハ米国ヲモ凌駕スヘキ大経済的発達ヲ促進スヘキナリ而テ此大事業ニシテ我国ノ資本ト智能ニ拠リテ啓発セラルルヲ得ハ帝国ハ諸般工業ノ原料ヲ支那ニ仰キ其製品ノ市場ヲ亦支那ニ求メ日支経済ノ融合渾一ハ茲ニ実顕シ帝国ノ自給自足策ハ自ラ確立スヘキナリ」468)というものであった。西原は、「日支親善」の具体化にひたすら邁進した。このような西原の構想と国内外の情勢を考慮する勝田主計との間には対立がみられる。

　西原が独自の対中国構想を持っていたが、高橋誠氏は波多野氏のように「徹底的に中国に親切をつくし、中国国民をして全幅的に日本を信頼させる」といった徹底的親善方針式と理解するのはあまりに単純すぎると、波多野氏を批判されている469)。

　西原借款の政治的意義は次のようなものであった。21カ条要求という威圧外交は中国政府の背後に中国人民が立ち、アメリカがこれを指示するという情勢の前に失敗に終わった。この情勢の中から元老山県有朋があみだした新しい政策は、財政援助によって中国政府を日本側に取り込むことにより、中国人民と帝国主義列強の日本に対する反対を回避するというものであった。山県は袁世凱の獲得を目指し、大隈内閣は反袁世凱勢力の擁立を目指し、寺内内閣は段祺瑞を援助しようとした。かくして日中親善の名のもとに日本が中国において、借款を利用して政治上優越的地位を得ようとしたのである470)。西原の政治的任務は、その対中国構想の具体化ということの以前に、北京政府において、親日派「政権」を擁立し、これをして日本に従属した政策を行わせるための政治的工作にあったと考えるのが妥当であろう。このことは、西原の自伝が最も如実に物語っているところである471)。

---

467)　「東洋永遠ノ平和ヲ求ムルノ要諦ハ、先ヅ日本帝国ノ国基ヲ鞏固ニシ、支那ノ領土保全ヲ確実ニスル前提トシ、更ニ東亜ノ安固ヲ保維スルノ障壁タル英領印度並ニ濠州、及ビ其ノ間ニ介在シテ最モ重要ナル連鎖トナリ、将タ東洋ノ禍根ヲ伏在地域タル可キ米領比律賓諸嶋及ビ和蘭東印度諸嶋ノ将来ヲ考察シ、且西伯利亜ト露本国トノ将来ノ関係ニ想到シ、以テ万全ノ策ヲ確立スルニ在リ」波多野善大「西原借款の基本構想」『名古屋大学文学部十周年記念論集』1959年、403ページ。
468)　西原亀三「日支親善ト其事業」『勝田家文書』第106冊20号、勝田龍夫［1972］91ページ。
469)　高橋誠氏は、西原亀三は中国に対する日本帝国主義の進出を経済的な方法によることを主張したのであって、「日本と中国とを一体化した経済自給圏」といっても、中国を日本帝国主義に対する廉価な原料と労働力の供給地、また日本の主要な資本および商品の輸出先という植民地体制として定着することを狙ったものであり、この前提のもとで「王道主義」を主張したにすぎなかったといえる、と論じられている。高橋誠、前掲「西原借款の展開過程」240ページ。
470)　石井金一郎、前掲論文、53－58ページ。
471)　高橋誠、前掲「西原借款の展開過程」243ページ。

第 8 章　第 1 次世界大戦期の正貨処理政策

3 ）　勝田主計案

　勝田の「日支親善策」は、資源の面では中国と親善関係を深めることによって日本経済の弱点をカバーできるというものであった。これは、後藤案から阿片に関する部分を削除し、ひたすら「巨資放下」を純然たる資本の海外放資形態で行おうとするものであった[472]。

　西原借款という、中国に対する経済的方策は、「わずか 2 年で消滅する方向に向かい、寺内内閣においてもう 1 つの潮流になっていた日支軍事協定、兵器代借款、シベリア出兵につながる武断派の勢力が日本の外交・政治を牛耳ることになる。そしてこのような事態の進行の裏には、日米の経済規模の圧倒的な較差があった」[473]。西原借款は経済借款にとどまらず政治的・軍事的性格をも有していた[474]。

4 ）　外務省の妨害

　北京駐在公使の林権助は西原借款に徹頭徹尾反対した。外務省が西原借款の進行を妨害した裏には、「勝田→西原・小林（北京駐箚財務官）→中国政府という外交ルートが新たに活動をはじめ、日中間の主要な経済問題がすべてこのルートで交渉されることに対する反感があった」[475]。西原借款に関しては外務省はこの借款を「外務省の窓を通さぬ、いわば闇取引外交」と考えていた[476]。さらに西原借款の交渉過程で、陸軍大将寺内正毅を首相とする内閣の進める借款交渉に、坂西利八郎大佐や田中義一参謀次長までもが参画した事実を指摘しておく必要がある。軍部までも巻き込んだ西原借款の交渉ルートに外務省が反発したのであった[477]。

472）　勝田龍夫［1972］85－88ページ。勝田は日本経済に対してきわめて深刻な不安感を持ち、来たるべき経済戦争において、資源はなく、資本は劣弱であり、「物質的文明に必要な智識」でも劣る日本が、どうしたら生き延びられるかを、第 1 次大戦期の国際収支黒字化という局面において考え、考えられる唯一の有効策として、対中国投資による「日支経済親善」、「日支経済提携」を構想した。このためには対中国投資機関を統一整備し、また日中合弁事業を奨励することが必要であると考えた。大戦中の潤沢な正貨を有効に利用して、日中の友好親善関係を強化しておくのが最も得策であると考え、対中国借款を推進していった。この作業は海外情勢と国内事情を常に秤量的にみながら行わなければならず、大戦の動向、アメリカの対応、中国の政情、国内の金融事情、さらには正金銀行、外務省、財閥の利害をもにらみながらの、困難な政策であった。

473）　勝田龍夫［1972］98－99ページ。

474）　齊藤壽彦「勝田龍夫著『中国借款と勝田主計』」『三田学会雑誌』第66巻第11号、1973年11月、80－85ページ、岡部三郎「西原借款を論す」（1931年）鈴木武雄監修［1972］485ページ、池田誠『中国現代政治史』法律文化社、1962年、136ページ、宇垣一成『宇垣一成日記』125、164ページ。『日本金融史資料　明治大正編』第21巻、1213ページをも参照。

475）　勝田龍夫［1972］116ページ、参照。

476）　谷寿子、前掲論文、71、129ページ。

477）　同上論文、112－114ページ。

第4編　第1次世界大戦期の正貨政策

　外務省と西原の対立は、いわば外務省が、「徒ニ命ヲ他国ニ聴キ、一切主導的ニ出ツル能ハサルノ状」であったのに対し、寺内―田中―坂西の陸軍系グループと勝田―後藤―西原の植民地経営者が結合して新しい対中国政策を施行しようとしたことから生じたのであった[478]。外務省筋の寺内・勝田・西原ルートへの批判の背景には、伝統的な対欧米外交のバランスを重んずる外務省の深刻な危惧があった。とくに勝田、西原らが製鉄所借款のための担保として狙っていた煙酒公売収入は、外務省・正金ルートが主管する第2次善後借款の担保としても将来的に重要であり、かつアメリカ、フランスなど煙酒収入に若干の既得権をもつ列強との担保争奪合戦を引き起こしかねなかった[479]。1917年9月、財政総長梁啓超は4国借款団に対して幣制改革借款2000万ポンドを申し込むと同時に幣制改革構想を具体的に提示してきたが、さらに11月には日本外務省に対して総統府ないし国務院の顧問という名義で元大蔵大臣阪谷芳郎を招聘したい旨の申入れを行ってきた。この招聘問題は一時中断してしまったが、日本の外務省は中国幣制改革をあくまでも国際借款団の枠組みの中で自らが主導権を握ったかたちで遂行しようとの姿勢が強く、とりあえず、個人の資格で阪谷芳郎を北京に派遣する計画を立てた。翌1918年1月の閣議でその承認を得て、阪谷は3月に北京に向けて出発した。阪谷は国際借款団の枠組みの中で外務省・正金銀行ルートを通して中国幣制改革に取り組もうとした。阪谷の中国幣制改革実行案は同年6月に完成したが、阪谷はこの実行案を決めるに際して「外国外交団並びに銀行筋との了解を遂げ」ており、「英米仏露四国公使との別宴を終へた」うえで帰国している。阪谷が作成した「中華民国幣制改革実行ノ計画ニ付意見大要」の主旨は、中国の「幣制改革ハ少クモ十ケ年ヲ要スル大事業ナルヲ以テ」、まず、「現在ノ不換紙幣ハナルヘク速ニ之ヲ整理シ全国ニ通用スル統一的兌換銀行券ヲ採用スル」とともに、「銀貨ヲ整理統一シテ、最終的ニハ幣制改革ハ金本位タルコトヲ目的」とする、というものであった。6月に東京に帰着した阪谷は、ただちに後藤新平外相、勝田主計蔵相のほか、山県有朋、松方正義らの元老、さらに市来乙彦大蔵次官、神野勝之助理財局長、水町袈裟六日銀副総裁、井上準之助正金頭取らと会談して、中国政府の中の財政総長曹汝霖、勝田蔵相配下の小林丑三郎財務官や西原らが進めようとしている金券即時発行計画に反対の旨を述べた。中国の現状において、ただちに金本位制を採用することは困難であるので、まず銀本位によって幣制の大整理を行い、その間着々と金本位制確立の準備を進め、最終的に金本位制を確立す

478）　『後藤新平』第3巻、839ページ。谷寿子［1969］132ページ。
479）　波形昭一［1985］417－418ページ。

第 8 章　第 1 次世界大戦期の正貨処理政策

べきであるというのが、ほとんどの財政家の一致した意見であった。市来、神野、水町、井上らは皆、阪谷の意見に同意したという[480]。

5)　横浜正金銀行の妨害

　対中国借款供与機関としては、政治借款については従来どおり横浜正金銀行に当たらせた。経済借款は日本興業銀行・台湾銀行・朝鮮銀行の 3 特殊銀行団を組織させて、これに引き受させることとした。 4 国借款団（ 5 国借款団からドイツが1916年に排斥された）の範囲に属するものを除いた経済借款はすべてこの特殊銀行団が取り扱うこととなった。これは正金銀行などと対立するものであった。さらに1918年 1 月には日中合弁の中華匯業銀行を設立して経済借款に関する日中間の仲介機関の役割を与えた。また満蒙における金融機関については、横浜正金銀行に代えて朝鮮銀行に満州における発券業務および国庫金取扱業務を行わせることとした。正金銀行の満州における特別貸付（不動産抵当貸付）は東洋拓殖会社にその事務を譲渡した。民間資本も対外投資、対中国投資に加わった[481]。

6)　大倉組を中心とする国内財閥などの勢力の反対

　製鉄所借款については、従来漢冶萍公司への投資を続けてきた大倉組を中心とする国内財閥などの勢力および横浜正金銀行が、外務省までも巻き込んできわめて強力な反対運動を起こしたのであった[482]。鉄鉱資源確保のためにこれまで中国に相当の投資を行い、それなりの既得権を保証されていた資本側が、勝田、西原らの東洋鉄自給権構想と対決することとなったのである[483]。

---

480)　故阪谷子爵記念事業会編・発行『阪谷芳郎伝』1951年、450－455ページ。勝田龍夫［1972］163－164ページ。

481)　正金銀行が西原借款を非難したのは、次のような理由のためである。第 1 は、満州における幣制整理である。第 2 は、正金銀行以外の銀行の外国為替取扱が認められたことである。第 3 は、対中国借款のうちの経済借款が、日本興業銀行、台湾銀行および朝鮮銀行によって取り扱われたことである。第 4 は、政府は日露戦争後、満州経営の 1 つとして横浜正金銀行を同地方における中枢機関としていたにもかかわらず、寺内内閣は満州における国庫金の取扱いを朝鮮銀行に当たらせ、その特別貸付を東洋拓殖会社に移すことにした。こうした勝田主計の政策は、正金銀行の営業分野を制限することになったのであった。勝田はこの地で金券を発行しようとしたが、これは為替銀行が金銀比価と日支為替手数料収入とによって利益を得るのを妨げた（鈴木武雄監修『西原借款資料研究』［1972］25－26ページ参照）。横浜正金銀行編『横濱正金銀行史』［1920］463－465ページ。

482)　勝田龍夫［1972］150、169－172ページ。

483)　波形昭一『日本植民地金融政策史の研究』早稲田大学出版部、1985年、417－418ページ。

第 4 編　第 1 次世界大戦期の正貨政策

7 ）　諸列強、4 国借款団の牽制

　イギリス主導下に1913年に第 1 次改革善後借款2500万ポンドが成立したが、その後第 1 次世界大戦の勃発でヨーロッパ列強は対中国借款を行う余裕がなくなった。英仏米は、大戦で手いっぱいの間に日本が対中国投資において抜けがけするのを防ごうと躍起となった。

　1916年にアメリカは対中国借款を次々と成立させている。アメリカは大戦によって蓄積された資本をバックに、「四国借款ノ検束ノ外ニ立チ」米国版西原借款を展開しようとしたのであった。これに対して 4 国借款団は抗議している。1917年11月 2 日には日本とアメリカとの間で中国に関する公文である石井・ランシング協定が取り交わされている[484]。1916年 9 月に中国政府は 4 国借款団に対して第 2 次善後借款（幣制改革借款）1000万ポンド（約 1 億円）を申し入れたが、このときの交渉はまとまらなかった。その後、他 3 団体の同意を得たうえで1917年 8 月に日本と中国との間で1000万円前貸契約が成立している。中国政府はさらに1917年10月に 4 国借款団に対して第 2 次善後借款200万ポンドの前貸しを申し込んできた。この借款は1918年 1 月と 7 月に日本がそれぞれ1000万円の前貸契約を締結して全額引き受けた。第 2 回前貸契約締結の前日（1918年 1 月 3 日）に、英米両国政府の合意を得て、フランス政府が参加を申し込んできた。英仏米が日本の抜けがけを牽制しようとしたのである。

　日本は、一方では 4 国借款団の一員として 3 回にわたる第 2 次善後借款をとりまとめ、またアメリカと共同で運河借款契約を検討しながら、一方では「四国団ノ検束ノ外」に立った西原借款の準備を着々と進めた。西原の進めた金券発行は、阪谷が考えていたものとはまったく相容れないものであった。列国の日本に対する牽制は日増しに強まった[485]。

　西原借款は正貨処理政策としての対外投資策であるとはいえ、連合国との協調を図るための連合国公債への投資という対外投資策とは対立するものであったのである。

　このような対抗関係を孕みつつ、対中国投資が展開されていったのである。

西原借款の展開

　1916年10月に寺内内閣が成立した。同内閣の勝田主計蔵相は「非常な好況局面に遭遇したのを機に積極財政を展開し、政策の中心を国際収支の好転によって蓄積さ

---

484)　この協定は、第 1 に中国の領土保全と門戸開放、機会均等の原則をうたい、第 2 にアメリカ合州国政府が日本の中国における特殊利益を承認するというものであった。
485)　鈴木武雄監修［1972］4 － 5 ページ。勝田龍夫［1972］141、150、164ページ。

れた外貨を中国に投資することに置き、そのための金融政策と金融機関の再編成を行おう」とし、「さらに多年にわたる日本財政金融の懸案事項を解決し、将来にわたって財政経済政策の基礎を固めようという壮大な意図をも」っていた[486]。

対中国投資政策は金融対策・兌換券縮小対策としても推進された。前述のように兌換券膨張と物価騰貴に対する対策として大蔵省は「兌換券縮少方策について」（大正6年9月調）を作成し、兌換券をある程度縮小する方策を立案し、その第1に「正貨の対外処分政策の実行を充分ならしめること」を挙げ、その内容として、①対外投資の奨励、②臨時国庫証券の発行増加、発行条件の改善、③対支投資の奨励などを挙げていた。

政府の中国投資の具体策として実行されたのは「西原借款」であった。西原借款とは、寺内首相の腹心西原亀三が大蔵大臣勝田主計と結託して供与した次の8件、総額1億4500万円の借款を指す。①交通銀行第1次借款（500万円）、②交通銀行第2次借款（2000万円）、③有線電信借款（2000万円）、④吉会鉄道借款（1000万円）、⑤黒竜江・吉林両省金鉱森林借款（3000万円）、⑥満蒙4鉄道借款（2000万円）、⑦山東2鉄道借款（2000万円）、⑧参戦借款（2000万円）[487]。

このほかに政府が直接関与したものとして兵器代借款（3208万円）がある（表8-47参照）。この日本側の交渉窓口は泰平組合（大倉組・高田商会・三井物産などで組織）であり、また経済借款ではなかった。

中華匯業銀行と日本銀行

政府が推進した対中国借款の担い手となった金融機関は、寺内内閣期には政治借款は横浜正金銀行、経済借款は日本興業銀行、台湾銀行、朝鮮銀行という区分があった。このことはよく知られている。

対中国投資は正貨政策としても展開された。とすれば日本銀行もこれに関与したはずである。日本銀行の関与が具体的に把握できるのは中華匯業銀行であるが、同行の研究はほとんど行われていない。そこで、同行と日本銀行とのかかわりを考察することによって、第1次大戦期に果たした中国投資における日本銀行の役割を明らかにしよう。

中華匯業銀行は1918年1月19日に創立され、同年2月に開業した。日中両国間の金融の円滑を図り、兼ねて日中経済提携の実を挙げるために、日本・中国両国政府

---

486) 勝田龍夫［1972］49ページ。
487) この詳細については高橋誠「西原借款の財政問題（一）」『経済志林』（法政大学）第36巻第2号、同、前掲「西原借款の展開過程」、などを参照されたい。

第4編　第1次世界大戦期の正貨政策

表8-47　対中国借款の内訳（1917～1918年）

借款名	契約年月	金額（円）	債権者	利率（%）	期限	資金の出所
兵器代借款	1917年12月 18年7月	32,081,548	泰平組合	年7.0	1920年9月	合　　計 52,081,548円 最初大蔵省預金部、後臨時国庫証券特別会計
参戦借款	18年9月	20,000,000	興業・台湾・朝鮮3銀行	7.0	1カ年	
第1次交通銀行借款	17年1月	5,000,000	〃	7.5	3カ年	3銀行
第2次交通銀行借款	17年9月	20,000,000	〃	7.5	3カ年	大蔵省預金部
有線電信借款	18年4月	20,000,000	〃（中華匯業経由）	7.0	5カ年	合　　計 100,000,000円、内 95,000,000円 は政府保証興業債券募集金 5,000,000円 は大蔵省預金部
吉会鉄道借款前貸	18年6月	10,000,000	興業・台湾・朝鮮3銀行	7.5	6カ月ごとに切替	
黒吉両省林鉱借款	18年8月	30,000,000	〃（中華匯業経由）	7.35	10カ年	
満蒙4鉄道借款前貸	18年9月	20,000,000	興業・台湾・朝鮮3銀行	8.0	6カ月ごとに切替	
山東2鉄道借款前貸	18年9月	20,000,000		8.0	〃	
合　計		177,081,548				

注：西原借款、および兵器代借款。
出所：大蔵省編『明治大正財政史』第1巻、396-397ページ。勝田龍夫［1972］178ページ。

の援助によって設立された日中合弁銀行である。資本金は1000万円で、日中均分出資であった。同行は3銀行団からの借入金を原資として、西原借款のうちの有線電信借款2000万円と吉黒林鉱借款3000万円を中国政府に貸し付けた[488]。同行の営業範囲は日中間為替業務ならびに経済借款の取扱いを主とするものであった[489]。同行の本店は北京にあり、東京に支店が置かれた。総理および支配人は中国人、専務理事および副支配人は日本人から選出されることとなった。中華匯業銀行設立要綱ともいうべき「中華匯業銀行設立ニ関スル覚書」（1917年）には、中国側代表陸宗輿、日本興業銀行総裁志立鉄次郎、台湾銀行頭取桜井鉄太郎、朝鮮銀行総裁美濃部俊吉の4人が名を連ねている[490]。中国側代表当初の総理には陸宗輿（前駐日公使、交通銀行会長）、専務理事には日本銀行福島支店長であった柿内常次郎が就任し、日本側重役

---

[488] 日本銀行臨時調査委員会「欧洲戦争ト本邦金融界」（1918年12月）『日本金融史資料　明治大正編』第22巻、313、316ページ。高橋誠「西原借款の財政問題（一）」『経済志林』（法政大学）第36巻第2号、41、43ページ。

[489] 『日本金融史資料　明治大正編』第22巻、125ページ。同行に金券を発行させて日本独自の中国幣制改革の基礎を作るという構想も存在したようであるが、これは実現しなかった（大森とく子［1975］48ページ）。

[490] 日本銀行金融研究所所蔵資料、日本銀行百年史編纂室（八木慶和稿）「中華匯業銀行と日本銀行」1981年4月。

は日本興業銀行（小野英二郎同行副総裁が理事に）、朝鮮銀行（木村雄次同行理事が理事に）、台湾銀行（山成喬六同行理事が理事に）、三十四銀行（小山健三同行頭取が監事に）および三井銀行（早川千吉郎同行専務取締役が監事に）が選出された491)。中華匯業銀行は1928年に休業している。

同行の設立に際しては、政府当局および日本銀行が斡旋し、日本銀行総裁が日本興業銀行、朝鮮銀行、台湾銀行の3銀行が協議している492)。

便宜上、日本銀行が創立準備行為を担当していたが、やがて日本興業銀行理事に準備行為が引き継がれた493)。当初の株主名簿案では興銀、台銀、鮮銀の3行を中心としつつ、1000株を日本銀行に割り当てることが構想されていたが、これに代わって柿内が1200株を引き受けることとなる。

西原借款の挫折──国内での反対と金準備の確保の必要性

日本内個々の借款契約の締結は順調に進んだ。だが金券発行や製鉄所借款は、財閥や正金銀行の反対を受けて実現しなかった。勝田や西原の構想した「日支経済的融合」は、彼らの意図どおりには実現しなかったのである。

西原借款は経済借款を標榜していたけれども、実際にはその目的どおりには用いられなかった。西原借款は日本政府が中国の段祺瑞政権の安定と強化のために、政治資金および軍事資金として機能したのである494)。参戦借款だけが、その目的が軍事事項であるだけに、例外的に契約どおりの実をあげたのである。西原借款は北洋軍閥の段祺瑞を富ましめ、南閥用兵器購入の資金を与えるため、あるいは北方内部を分裂させるために使用される結果を招いた。つまり、それは日中経済提携の目的を達成することもできず、中国側の望んだ国内統一の夢も実現できずに終わった495)。

西原借款は国内での反対を受け、その中心課題であった製鉄所借款と金円発行を

---

491) 日本興業銀行臨時調査室編『日本興業銀行五十年史』1957年、236ページ。日本銀行百年史編纂室、前掲「中華匯業銀行と日本銀行」5、24ページ。
492) 桜井台湾銀行頭取から山成喬六台湾銀行理事宛の専務理事人選に関する発電（1917年10月1日）の中では、「匯業銀行ノ件、日本銀行総裁ト三銀行間左ノ通リ打合シタル」（日本銀行百年史編纂室「中華匯業銀行と日本銀行」19ページ）。匯業銀行監査役の人選は三島弥太郎日本銀行総裁に一任され、水町袈裟六日本銀行副総裁と麻生二郎日銀大阪支店長がこれにつき検討している（水町副総裁から麻生支店長宛の、匯業銀行監事に小山を選出することに関する発電（1917年12月12日）日本銀行百年史編纂室、前掲「中華匯業銀行と日本銀行」23ページ）。
493) 同巻、125ページ。
494) 大森とく子［1975］36ページ。
495) 谷寿子「寺内内閣と西原借款」『東京都立大学　法学会雑誌』第10巻第1号、1969年10月、113ページ。

実現できなかった[496]。前者は中国官営製鉄所設立を支援し、その見返りとして日本の製鉄原料を確保しようとするものであったが、これには前述のように漢冶萍公司への投資を続けてきた大倉組や久原、三井、住友などの財閥諸勢力の妨害工作があった。財閥諸勢力が製鉄所借款に反対したのは、この借款は「民業圧迫ノ弊ニ陥ルモノ」であったからである[497]。

後者は、勝田蔵相や西原亀三らが借款を利用して中国において金券発行による即時幣制統一（金本位制の採用）を図り、日本金円の流通圏を拡張しようとしたものであった。金券発行が実現しなかったのは、第1に、中国国内の幣制改革の困難な事情によるものであった。大蔵省は、中国の政治的分裂、「文明的制度」の未整備、国民の「公共的精神」の欠如の実情において「幣制改革ノ如キ大事業ヲ完成スルヲ得ヘキヤ危惧無キ能ハサルナリ」と記している[498]。第2に、4国借款団（英仏露日の政治借款団）、外務省らの反対により葬られたためである[499]。4国借款団は中国幣制改革の準備を進めており、勝田・西原の支援を受けて1918年8月早々に中国側が「金円発行条例」を公布すると、国際借款団と借款団側外交団から抗議が発せられた。外務省、正金銀行、大蔵省次官・理財局長らは前述のように西原案と対立する阪谷の幣制改革案に賛同したのであった。第3に、日本が第1次大戦終結後の国際競争の激烈化に備えて金準備を確保することが緊要であると考えられたからでもあった。正貨政策史研究に関わりの深いこの最後の点について、さらに詳しく論述することにしよう。

日本が借款金のうちから「五百万円乃至一千万円ノ地金ヲ割愛」して中国に「金券発行条例」を公布させて金券を発行させることが考えられた。しかし、「戦局ノ推移スル所 逆睹(ぎゃくと)シ難キモノアルニ想到スルトキハ内地正貨準備増加ノ我財界ノ安定ヲ維持スルニ最緊要ナルコト言ヲ俟タサル所ナリ」として、日本は何よりも金準備の強化に努めていた。「日支経済上根本的ニ連絡ノ見込立チ幣制ニ関スル大綱ヲ考ヘ」るという段階に到達していない時点では、金地金を中国に現送することは、「近キ将来ニ於テ現戦争ノ終熄ヲ期待スルヲ得サルノミナラス戦争終熄後ニ於ケル国際競争ノ激烈ナルヘキ予想スルニ難カラス我経済界ノ受クヘキ影響漸次深甚トナル」[500]ことを憂慮する勝田主計蔵相にとって、なるべく引き伸ばしたい問題であった[501]。勝

---

496) 大森とく子［1975］37ページ。
497) 勝田龍夫［1972］150、170ページ。
498) 大蔵省内作成「支那幣制改革実行尚早論」（1918年7月27日）勝田龍夫［1972］162、164-165ページ。
499) 鈴木武雄監修［1972］22-24ページ。
500) 1918年4月15日の税関長会議における勝田の演説（勝田龍夫［1972］162ページ）。

田蔵相が金券発行問題の即時解決を躊躇したのは、大戦後の正貨政策を脅かしかねない中国への金準備の割愛はできるだけ避けるべきだと判断するに至ったことが、その大きな要因である。勝田は西原宛の電報で、「交通銀行券発行ノ問題ハ結局ハ金準備ヲ支那ニ割愛シ得ルヤ否ヤニ存ス而テ目下戦局ノ前途ハ尚ホ逆睹スヘカラス帝国ハ正貨保有ニ付キ厳密ノ用意ヲ要ス」と述べている[502]。勝田は西原からの連日のような督促に応じて、最終的に日本からの金現送による中国における金券発行を決断したが、そこには以下にみられるような条件がついていたのである[503]。

　　金券問題ニ付テハ当方ノ意見是迄屢々申進メタル通リナルカ目下交渉諸案件全部ノ成立ヲ可能ナラシムルナラハ我正貨政策上金ノ輸出ハ甚タ苦痛ニ感スル所ナルモ此見地ヨリ交渉案件全部成立ノ後ニ於テ実行スルヲ条件トシ左ノコトヲ同意ス
　　（一）　南北満州ヲ除キ当分ノ間日本諸銀行ヲシテ支那本土ニ於テ現在以上金券ヲ発行セシメサルコト但満州ニ於テ発行スル金券ノ自然支那本土ニ流入スルコトハ已ムヲ得サルモノトス
　　（二）　金借款ノ内兼テノ貴電ノ通五百万円乃至一千万円ノ地金ヲ割愛ス金額ハ出来得ル限リ少キヲ希望スルモ万已ムヲ得サレハ貴下ノ裁量ニ任ス但シ一千万円ナラハ一ヶ年内ニ二三回ニ分割現送スルコト

　寺内内閣は1918年9月に退陣し、金現送の目途が立たなくなった。金券条例は公布されたが、中国への金準備の割愛は「交渉案件全部成立ノ後ニ於テ実行スルヲ条件」としていたため、金現送や金券発行は不可能であった。国際情勢の変化のもとでの金の確保・蓄積の必要性が対中国投資を制約したのである。
　金券問題、西原借款は中国国民からの支持や共感を得てはいなかった。それに対する中国国内の反対は激烈であり、中国の反感を招き、日支親善の看板を汚すこととなった[504]。加うるに、西原借款は全世界の疾視をも誘発するという悪影響を生じたのである[505]。

---

501)　勝田龍夫［1972］161－164ページ。
502)　在北京西原亀三宛杉大蔵大臣秘書官電報、1918年6月13日付『日本外交文書』1918年、第2冊、下巻、8‐9ページ。波形昭一［1985］419ページ。
503)　勝田龍夫［1972］161ページ。波形昭一［1985］421ページ。
504)　岡部三郎「西原借款を論ず」鈴木武雄監修［1972］483、485、494－495ページ。
505)　同上論文、495ページ。

第 4 編　第 1 次世界大戦期の正貨政策

対外投資資金の浪費

　西原借款は投資すべき事業や担保とすべき資産の調査もせず、担保中の重要な国庫証券の価値も見極めずに杜撰な貸出をするものであった[506]。中国の国民党政権が成立すると、同政権は債務負担を拒否した[507]。このように多額の正貨保有を背景とした西原借款の元利金は返済されずに、我が国の損失に帰したのである。すなわち、「西原借款」は第 1 次交通銀行借款と臨時軍事費特別会計から出された参戦借款2000万円を除き、1億2000万円が焦げ付きとなり、さらに1926年までに4000万円近い利子が蓄積されて、日本興業、朝鮮、台湾の 3 銀行は大打撃をこうむったが、第 1 次若槻礼次郎内閣（1926～27年）のときに救済措置がとられ、すべての債務が国庫によって肩代わりされたのである[508]。

　かくして正貨処理、正貨利用政策の 1 つとしての対中国投資政策はまったくの失敗に終わったのである。

---

506)　岡部三郎、前掲論文、503ページ。
507)　大森とく子［1975］36ページ。
508)　大蔵省財政史室編『大蔵省百年史』上巻、267－269ページ。大蔵省編纂『明治大正財政史』第 1 巻、393－397ページ。高橋誠「西原借款の財政問題（一）」『経済志林』（法政大学）第36巻第 2 号、1968年 6 月、高橋誠「西原借款の展開過程」『経済志林』第39巻第 1・2 合併号、1971年 3 月。勝田龍夫［1972］第 6 章。鈴木武雄監修［1972］。谷寿子「寺内内閣と西原借款」『東京都立大学　法学会雑誌』第10巻第 1 号、1969年10月。国家資本輸出研究会編［1986］。外務省外交史料館日本外交史辞典編纂委員会編『日本外交史辞典』新版、山川出版社、1992年、678ページ。

第5編　第1次世界大戦後の正貨政策

第9章　正貨吸収と正貨保有、国際信用と日銀券への信認の維持

第1節　国際収支構造と国際収支改善策

1　国際収支の赤字構造

（1）　国際収支の赤字構造

国際収支の概観

　正貨収支について論ずる前に、それを基本的に規定する国際貸借・国際収支を考察しておこう。この最も大きな構成要素をなしたものは貿易収支であった。日露戦争後、日本では1909（明治42）年を除いて連年貿易入超のために国際貸借は逆調であった。日本は日常的な取引とはいえない外資導入によって国際収支の均衡を図ったが、それでも大正初期には国際収支は日本の支払超過であった。第1次大戦が勃発すると、巨額の貿易出超と貿易外受取超過を生じ、日本の国際収支は未曾有の順調となり、対外投資は多額にのぼった。だが、第1次大戦終了後に貿易収支は再び逆調となり、国際収支も同様であった。この状況は表9－1で示されているとおりである。

貿易外収支

　第1次大戦後の時期の国際収支を貿易収支と貿易外収支とに分けて考察すると、表9－1から明らかなように、前者は赤字、後者は黒字となる。貿易収支については（2）で詳しく考察することとして、貿易外収支についてまず述べることとする。第1次大戦後の貿易外収支の内訳を、1923～25年について表9－2に掲げておいた。

第5編　第1次世界大戦後の正貨政策

表9－1　第1次世界大戦後の国際収支表（1918～1930年）

区分		1918(大正7)年	1919年	1920年	1921年	1922年	1923年
貿易収支 (1)	受取	2,014,208	2,160,162	2,015,094	1,297,264	1,687,685	1,502,507
	支払	1,749,062	2,337,465	2,515,157	1,739,265	2,023,833	2,119,862
	差額	265,147	△177,303	△500,064	△442,001	△336,149	△617,356
貿易外収支 経常項目 (2)	受取	895,276	914,965	837,145	562,335	479,879	460,720
	支払	317,273	410,573	416,414	366,558	325,340	290,924
	差額	578,003	504,392	420,731	195,777	154,539	169,796
貿易外収支 臨時項目 (3)	受取	58,124	297,027	526,401	675,696	291,627	493,114
	支払	578,681	334,597	752,712	748,008	419,779	278,432
	差額	△520,557	△37,570	△226,311	△72,313	△128,152	214,682
(1)、(2)、(3)	差額	322,593	289,519	△305,644	△318,537	△309,762	△232,878
金 (4)	受取	922	1,486	10	—	—	264
	支払	868	325,784	407,531	132,531	1,092	138
	差額	54	△324,298	△407,521	△132,531	△1,092	126
収支合計 (1)、(2)、(3)、 (4)	受取	2,968,530	3,373,640	3,378,650	2,535,295	2,459,191	2,456,605
	支払	2,645,884	3,408,419	4,091,814	2,986,362	2,770,044	2,689,356
	差額	322,646	△34,779	△713,164	△451,067	△310,853	△232,751

出所：大蔵省編『財政金融統計月報』第5号、1950年2月、38—39ページ。

　貿易外収支の黒字が貿易収支の赤字を補塡した。だがそれは、通常、貿易収支の赤字を埋め合わせるほどにはならなかった。これは、貿易外収支の黒字をもたらした各対外取引の受取超過に限界があったうえに、外国人への本邦証券利子および配当等の支払、政府海外支払、1923年の本邦人海外投資、1924、1925年の外国人本邦投資回収が、それに対応する受取額を上回ったためである。

　国際収支の赤字は正貨減少をもたらさざるをえなかった。これについては後述する。貿易外収支をさらに検討しよう。表9－2によれば、貿易外収支の黒字は、海外事業および労務利益、海運関係収入、外国人本邦内消費、外国人本邦投資が、それに対応する支払額を上回ったために生じたのである。貿易外収支をさらに経常収支と臨時収支とに分けて考察すると、貿易外収支の黒字は1923～24年を除けば経常収支の黒字によってもたらされているということができる。

　貿易外収支では、第1次大戦中に受取りでは海運収入、支出では海外投資が

838

第9章　正貨吸収と正貨保有、国際信用と日銀券への信認の維持

(単位：千円)

1924年	1925年	1926年	1927年	1928年	1929年	1930年
1,871,990	2,378,132	2,122,618	2,078,620	2,041,436	2,221,070	1,520,888
2,601,704	2,734,887	2,565,020	2,367,535	2,375,165	2,388,859	1,681,024
△729,714	△356,754	△442,403	△288,915	△333,729	△167,790	△160,136
520,810	549,939	509,236	518,923	550,507	608,739	524,836
356,606	395,021	369,222	371,073	389,311	421,489	391,821
164,204	154,918	140,014	147,850	161,196	187,250	133,015
687,689	253,272	264,313	200,412	342,941	367,632	430,755
432,176	189,657	227,382	286,807	317,874	460,053	578,673
255,513	63,615	36,931	△86,395	25,067	△92,421	△147,918
△309,997	△138,221	△265,458	△227,460	△147,466	△72,961	△175,039
6	22,070	32,101	36,108	—	—	308,634
27	82	294	113	443	547	21,884
△21	21,988	31,807	35,995	△443	△547	286,750
3,080,495	3,203,413	2,928,268	2,834,063	2,934,884	3,197,441	2,785,113
3,390,513	3,319,647	3,161,918	3,025,528	3,082,793	3,270,948	2,673,402
△310,018	△116,234	△233,650	△191,465	△147,909	△73,507	111,711

最も多かった。

　貿易外経常収支においては、第1次大戦後には海運収入の比重が高く、これが黒字要因となっていた。だが、その額は大戦期に比して大幅に減少している[1]。

　「運賃および傭船料収入」に次いで重要な貿易外経常収支は「海外事業および労務利益」であり、それによる黒字は1億円程度である。

　資本収支は表9－1や表9－2では貿易外臨時収支の項目に抱摂・掲載されている。第1次世界大戦期には日本は資本輸入国から資本輸出国に転化したが、

---

1) ことに、1918年に5億円を記録して貿易外経常収入の55％（貿易外総収入の52.1％）を占めていた「運賃および傭船料収入」は、1922年にはわずか1億5000万円となり、この間に3億5000万円も減少し、その額はこの間の貿易外経常収入減少分4億2000万円の83％を占めるのである。この結果、同項目は、貿易外経常収入の31％（貿易外総収入の18.2％）へと激減した（林健久「慢性的入超と金解禁の挫折」宇野弘蔵監修『講座　帝国主義の研究』第6巻、青木書店、1973年、202ページ）。

第5編　第1次世界大戦後の正貨政策

表9－2　貿易外収支表（1923～1925年）

(単位：百万円)

受取勘定				支払勘定				差額		
	1923年	1924年	1925年		1923年	1924年	1925年	1923年	1924年	1925年
経常的収入	461	521	550	経常的支払	291	357	395	170	164	155
外国証券利子・配当等	28	20	19	外国人払本邦証券利子・配当等	66	82	106	△38	△62	△87
海外事業・労務利益	112	123	133	外国人内地事業・労務利益	6	7	7	106	116	126
海運関係収入	165	185	196	海運関係支払	60	68	67	105	118	129
保険関係収入	76	104	117	保険関係支払	69	89	97	7	15	20
外国人本邦内消費	36	48	47	本邦人海外消費	27	29	27	9	19	20
政府海外収入	32	24	21	外債元利払政府海外支払	62	81	87	△30	△57	△66
その他	13	15	17	その他	1	1	4	12	14	13
臨時的収入	493	688	253	臨時的支払	278	432	190	215	256	64
外国人本邦投資	123	566	186	本邦人海外投資	196	96	91	△73	469	95
本邦人海外投資回収	370	104	67	外国人本邦投資回収	83	336	99	288	△232	△32
その他	0	18	0							
収入合計	954	1,208	803	支出合計	569	789	585	384	420	219

出所：大蔵省編『財政金融統計月報』第5号、1950年2月、50－51ページ。

　1919年には海外投資についての回収・返還が受取超過に転じて、投資・受入をあわせた貿易外臨時収支総計で払出超過が縮小し、1923年には、本邦人海外投資回収が貿易外臨時収支の黒字に寄与するに至った。外資輸入は大戦期から大戦後にかけて減少していたが、1923年以後増大する。とくに1924年の外国人本邦投資は多く、これが同年における貿易外収支受取超過の最大の要因である。同年には外資受入が海外投資を大幅に上回り、日本は再び資本受入国に戻ることとなった[2]。日本の貿易収支の赤字は資本収支の黒字によって補填されていたが、総合収支は均衡しなかった。

資本輸出

　資本輸入（外資導入）の動向については後にさらに詳しく述べることとし、次に資本輸出の動向を立ち入って考察しておこう。欧米列強が投資競争を展開するという状況のもとで、日本も外資導入に依存する一方で、すでに第1次大

---

[2]　林健久、前掲論文、209－210ページ。

第 9 章　正貨吸収と正貨保有、国際信用と日銀券への信認の維持

　戦前に植民地圏に資本を輸出していた。日本は植民地台湾に対して、糖業への直接投資を行ったり、台湾銀行が融資したりした。また同じく植民地の朝鮮に対して、朝鮮銀行や東洋拓殖などが金融業務などを取り扱った。1914年時点における日本の対外投資の圧倒的部分は中国に集中していた。満州では南満州鉄道株式会社が設立された。日本は漢冶萍公司へも貸し付けた[3]。投資対象の中心は鉱山と鉄道であった。大戦前の資本輸出の主流を占めたのは、国家資本または外資を原資とするものであった[4]。私的資本の輸出は量的には少なかったが、それでも私的資本による対外投資を無視することはできない[5]。日本の資本輸出は列強からの資本輸入に依存するところが大きかった。日本興業銀行は資本輸入および資本輸出の両業務を行った。第1次大戦前における同行関係外資のうちの25.8％は対外投資に充当されている[6]。対中国投資は列強との対立と協調のもとに展開された[7]。

　第1次大戦期には国際収支の黒字を背景に、正貨処理政策の一環として積極的な対外投資が展開された。これは外資に依存したものではなく、日本自身の資本が輸出された。この対外投資は国家資本を中心としていたが、投資主体が拡大した[8]。

　第1次大戦後、日本の国際収支は赤字となり、日本の資本輸出は停滞基調に転じた。1920年には新4国借款団が成立したが、これは実際には投資をしなかった。だが在華紡、満鉄、朝鮮の農業金融機関や官業投資などがやや例外的な発展傾向を示したのであった[9]。中国、アジアでは鉄鉱石の確保、満州では石

3）　柴田固弘「外資輸入と海外投資」松井清編［1961］107-124ページ。
4）　高村直助『日本資本主義史論』ミネルヴァ書房、1980年、142-150ページ。
5）　平智之「第一次大戦以前の対中国借款と投資主体」国家資本輸出研究会編［1986］、28-45ページ。
6）　日本興業銀行臨時史料室編『日本興業銀行五十年史』同室、1957年、98ページ。
7）　中国に対する経済競争の中で、互いに共同連合して投資する機関として、1909年に英仏独の3国が3国借款団を組織した。アメリカもこれに参加することを要求して1910年に4国借款団が成立した。日露はこれから排除されたが、辛亥革命後には4国借款団への加入を申し入れ、1912年に6国借款団が成立した。日本からは正金銀行がこれに参加した。同年には日仏銀行も設立された。1913年にはアメリカが6国借款団から脱退した。鈴木武雄監修『西原借款資料研究』東京大学出版会、1972年、3ページ、農商務省臨時産業調査局（吉田虎雄稿）『支那ニ於ケル列国ノ利権競争』同局、1917年（鈴木武雄監修、上掲書所収）、田村幸策『支那外債史論』外交時報社、1935年、波形昭一『日本植民地金融政策史の研究』早稲田大学出版部、1985年、280-297ページ、などを参照されたい。

炭、銑鉄生産のための投資がなされた。また、満州、朝鮮では、化学肥料の生産が開始された。植民地では農業投資、交通基盤整備が実施された[10]。大戦後も対外投資は外資依存の傾向を残していたが、満鉄は、本国資本への依存を強めた。大戦後には、財閥系都市銀行と証券会社および預金部が、現地特殊会社の社債や植民地公債に間接投資し、現地機関がそれを直接・間接投資に向けた。すなわち、国家・国家資本と民間資本の共同のもとに、対外投資が推進されたのである[11]。

以上のような資本輸出によって日本は商品輸出市場、工業原料・食料などの輸入の確保を図ったのである。

（2） 貿易構造

第1次大戦後の時期の国際収支の赤字は、貿易収支の支払超過によるものである。そこで次に輸入超過に特徴づけられる貿易構造を究明しよう。

世界貿易は、全体としてみれば、第1次大戦のためにその発展を著しく阻害されたが、1925（大正14）年までの間に大戦前の水準を回復した。世界貿易はその後1929（昭和4）年まで好調な発展を持続したが、世界恐慌下で激減した。これに対して日本の貿易は第1次大戦期に飛躍的に発展し、その後戦後衰退の情勢を示したが、1925年には震災後の為替低落の影響もあり、輸出が増大し、輸入も震災後激増した結果、輸出入とも未曾有の記録を示した。その後の日本の貿易は、1929年下期の輸出を除いて一般に衰退し、世界恐慌下で輸出入とも

8） 寺内内閣成立後、興銀、台銀、鮮銀の特殊銀行団が組織され、4国借款団（5国借款団からドイツが1916年に排斥）の範囲に属するものを除いた経済借款はすべてこの特殊銀行団が取り扱うこととなった。民間資本も対外投資に加わった。第1次大戦期には新たに先進国への公債投資が実行された。また列強のアジアからの後退を利用して、多額の対中国借款・事業投資が行われた。後者の代表としての西原借款は列強との対立、中国民族主義の反発をもたらした。高橋誠「西原借款の財政問題」『経済志林』（法政大学）第36巻第2号、1968年6月、同「西原借款の展開過程」同誌、第39巻第1・2合併号、1971年3月、勝田龍夫『中国借款と勝田主計』ダイヤモンド社、1972年、第6章、鈴木武雄監修、前掲書、大森とく子「西原借款について——鉄と金円を中心に——」『歴史学研究』第419号、1975年4月、伊藤正直［1989］59－77ページ、能地清・大森とく子「第一次大戦期の日本の対中国借款」国家資本輸出研究会編［1986］第2章。
9） 金子文夫「資本輸出と植民地」大石嘉一郎編『日本帝国主義史』第1巻、東京大学出版会、1985年、371ページ。
10） 岩水晃「対外投資」小野一一郎編『戦間期の日本帝国主義』世界思想社、1985年、122ページ。
11） 同上、123ページ。

第9章　正貨吸収と正貨保有、国際信用と日銀券への信認の維持

激減した[12]。

　世界貿易総額に占める日本の貿易額の構成比率は、三菱経済研究所調査によれば、1913（大正2）年に輸出が1.7％、輸入が1.8％であったが、1929年には輸出が2.9％、輸入が2.8％となる[13]。また大阪府貿易館の調査によれば、日本の貿易額は、1921年に世界貿易の3.6％、1928年に世界貿易の3.0％を占めている[14]。世界における日本の貿易上の地位は、第1次大戦前と比べて大戦後に向上した[15]。

　世界貿易においてアジア貿易（大洋州を含む）が占める割合は、1928〜29年に輸出が約18％、輸入が約16％であった。このアジア貿易における日本貿易の比率は、1913年に6.1％であったが、1929年には9.2％となっている。アジア貿易においても日本の地位は大戦前と比べて大戦後に向上している[16]。

　日本の世界貿易上の地位が第1次大戦後に向上したとはいえ、日本の貿易額は英米の貿易額にはるかに及ばず、また独仏の貿易額の後塵を拝していたのである[17]。

　アジア貿易では、1929年にイギリスが21.1％、アメリカは18.8％を占めていた。アジア貿易においても日本の国際的地位は英米よりもはるかに低かったのである[18]。

　世界貿易においては、多角貿易のネットワークが形成されていた。第1次大戦の前と後とでは世界貿易の地域構造に変化がみられ、イギリス―大陸ヨーロ

---

12)　三菱経済研究所編『東洋及南洋諸国の国際貿易と日本の地位』同研究所、1933年、1－5、402－403ページ。
13)　同上書、8ページ。
14)　大阪府貿易館「最近十年間における我国の外国貿易」全国経済調査機関連合会編『日本経済の最近十年』改造社、1931年、824ページ。
15)　武田晴人「国際環境」一九二〇年代史研究会編『一九二〇年代の日本資本主義』東京大学出版会、1983年、6－8ページ。
16)　三菱経済研究所編、前掲書、8、13ページ参照。アジア貿易については、向寿一「両大戦間アジアの貿易構造と国際収支」小野一一郎・吉信粛編『両大戦間期のアジアと日本』大月書店、1979年、第2章も参照されたい。
17)　貿易額が世界貿易総額の10％以上を占める国を貿易上の1等国とし、それが5％以上の国を2等国、2％以上の国を3等国とすると、第1次大戦後にイギリスとアメリカは1等国、フランスとドイツが2等国となり、日本はカナダおよびインドとともに3等国の中堅の位置にあった。大阪府貿易館、前掲論文、826ページ。
18)　三菱経済研究所編、前掲書、12－13ページ。

843

図9－1　貿易収支でみた多角決済関係

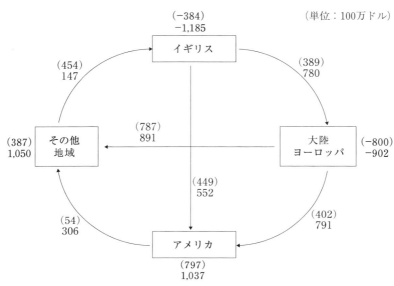

注：矢印は決済の方向（資金の純流出の方向）を示す。（　）内は1913年、他は1928年。
出所：平川喜彦「多角貿易の展開、1900－1928年（1）」『経済志林』第50巻第3・4号、1983年3月、400ページ。

ッパ間、イギリス・大陸ヨーロッパ―その他地域間貿易の比重が低下する一方、アメリカ―その他地域間貿易の比重が上昇するという変化がみられた[19]。

だが図9－1にみられるように、1913年と1928年とでは地域別貿易収支のパターンに基本的な変化はなかった[20]。貿易取引を通ずる決済関係をみれば、各地域は、いずれも、ある地域に対する入超を他の地域への出超をもって決済していた。このような多角決済網に日本も組み込まれており、図9－2や表9－3にみられるように、日本はアメリカに対して出超、イギリスやインドに対して入超であった。このような貿易構造は、世界貿易の均衡化に寄与するもの

---

[19]　平田喜彦「多角貿易の展開、1900－1928年（1）」『経済志林』第50巻第3・4号、1983年3月、399－402ページ。
[20]　同上。すなわち、①イギリスはアメリカと大陸ヨーロッパに対して入超であるが、その他地域に対しては出超、②イギリスに対して出超であったアメリカは、大陸ヨーロッパに対しても出超であったが、その他地域に対しては入超、③イギリスに対して出超であった大陸ヨーロッパは、アメリカとその他地域に対して入超、④大陸ヨーロッパとアメリカに対して出超であったその他地域は、イギリスに対して入超であった。

第9章　正貨吸収と正貨保有、国際信用と日銀券への信認の維持

図9－2　1910年の世界の決済型

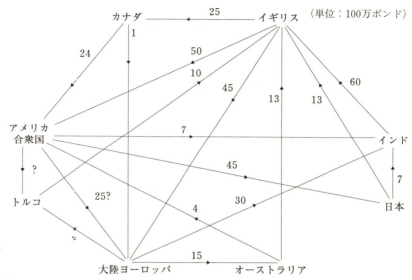

出所：S. B. Saul, *Studies in British Overseas Trade*, *1870-1914*, Liverpool, 1960, p. 58.（S. B. ソウル著、堀晋作・西村閑也訳『世界貿易の構造とイギリス経済』法政大学出版局、1974年、67ページ。）

であった[21]。

　日清戦争後の日本の貿易構造は、対欧貿易において、軍器を含む重化学工業製品を輸入し、原料用半製品である生糸を輸出するという後進的な貿易関係となっていた。一方、対東北アジア貿易は、日本が原綿や農産物を輸入し、綿糸を輸出するという、日本が先進工業国として農業国に対する関係となっていた[22]。

　日露戦争後においても、日本の対欧米貿易は、軍器を含む重化学工業製品を輸入し、原料用半製品である生糸を輸出するという後進国的な貿易関係を有しており、全体として入超構造をとった。重化学工業品はヨーロッパから輸入し、生糸は主としてアメリカに輸出していた。また対アジア貿易は、原料・食料輸

---

21) 橋本寿朗「国際関係」大石嘉一郎編『日本帝国主義史』第1巻、東京大学出版会、1985年、42、46ページ。
22) 高村直助『日本資本主義史論』ミネルヴァ書房、1980年、63-70ページ、参照。

845

第5編　第1次世界大戦後の正貨政策

表9－3　日本の市場別貿易収支差額（1925年）

（単位：万円）

項目	アジア州				香港	英領インド	蘭領インド
	合計	中国	関東州①	中国（①を除く）			
輸出	100,056	57,009	10,165	46,844	7,363	17,341	8,556
輸入	121,382	39,126	17,660	21,466	48	57,356	10,337
差引	△21,326	17,883	△7,495	25,378	7,315	△40,015	△1,781

ヨーロッパ州				北アメリカ州		南アメリカ州	アフリカ州	大洋州	総額②
合計	イギリス	フランス	ドイツ	合計	アメリカ				
15,260	5,972	5,885	1,184	103,269	100,625	1,771	4,295	5,908	230,559
44,777	22,729	3,338	12,382	70,497	66,499	841	4,148	15,414	257,266
△29,517	△16,757	2,547	△11,198	32,772	34,126	930	147	△9,506	△26,707

注1：各州の合計は内訳以外のものを含む。
　2：②は保税工場分、不詳を含む。
出所：東洋経済新報社編『日本貿易精覧』同社、1935年、349－368ページ。

入、工業製品輸出という先進国型、工業国型の貿易関係を展開した。日本は欧米列強の植民地に対しては大幅な入超を克服しえず、インドからは多額の棉花を輸入していたが、対朝鮮・中国貿易においては、綿糸・綿織物の輸出と豆類・油粕（豆粕など）の輸入の著増により、その貿易の比重が増大し、とくに貿易収支の黒字額が増加したのである[23]。日露戦争後、とりわけ満州が重要な意義をもってくる[24]。

第1次大戦期には、重化学工業品の輸入途絶などによってヨーロッパからの輸入の比重が低下し、日本の貿易におけるアメリカの比重が著しく増大した。日本の輸出の最重要品である生糸は大部分がアメリカに向け輸出されたが、ことに世界大戦中には生糸輸出に占めるアメリカの割合は圧倒的となった[25]。

---

[23]　大石嘉一郎「資本主義の確立」『岩波講座　日本歴史』第17巻、岩波書店、1976年、103－107ページ。
[24]　日露戦争後の満州は、モノカルチュア型経済構造へと傾斜しつつ急速に世界市場との結合を深化させていく。その結合環は、特産大豆・豆粕の世界市場への搬出および綿布・雑貨の輸入であった。日露戦争によって朝鮮市場の独占に成功した日本綿業は、さらに満州において圧倒的地位を占めていたアメリカ綿布を駆逐し、満州市場支配に成功した。満州大豆・油粕（豆粕など）の輸出は増大し、満州経済を大豆生産に特化させていったが、日本は大豆と豆粕、とくに肥料として重要な大豆粕を満州から多く輸入した（金子文夫「日露戦後の『満州経営』と横浜正金銀行」『土地制度史学』第74号、1977年1月、36－40ページ）。

第9章　正貨吸収と正貨保有、国際信用と日銀券への信認の維持

また第1次大戦期には、アメリカからの綿花や機械輸入も増大しており、輸入におけるアメリカへの依存性は質量ともにその形を整えるに至った[26]。

第1次大戦期には、対アジア貿易が輸出入とも着実に増加し、かつ多様化した。綿糸布輸出は、そのほとんどが地理的に接近している朝鮮・中国市場に向けられた。大戦期以降、日本の植民地の食料基地化が進展した[27]。また大戦期にはアジア方面において、戦争の結果減少した欧州製品に代わって日本の輸出品が増大した[28]。

貿易品の類別構成では、輸出における全製品の割合の増大、原料用製品の低下、輸入における全製品の低下、原料、原料用製品の増大という変化がみられた。これは日本の工業化の発展を示すものでもあった[29]。

第1次大戦後には大戦中に増加していたアメリカ向け輸出がさらに増大した。大戦中に減退していたヨーロッパからの輸入は、大戦後には増大に転じている。だがアメリカは、大戦後において日本の輸入貿易における地位を揺るぎないものにしたのである[30]。

第1次大戦以後に日本の重化学工業が発展したとはいえ、その国際競争力は脆弱であり、重化学工業品をはじめとするヨーロッパからの輸入は増加に転じている。だが、輸出入合計で明治末期に日本貿易の約30％にのぼった対ヨーロ

25)　生糸は景気変動の影響を受けやすい奢侈的消費財用の原料用製品であったから、生糸輸出のアメリカに対する決定的依存性は、日本の輸出構造の脆弱性、日本製糸工業の不安定性と投機性をもたらすものとなったのである。小野一一郎［1968］252－253ページ、参照。生糸相場の変動の激しさについては、横浜正金銀行頭取席調査課『生糸貿易と外国為替』同行、1926年、33－34ページ、佐藤和夫「日米貿易と日本経済の不均衡成長」細谷千博・斉藤真編『ワシントン体制と日米関係』東京大学出版会、1978年、498ページ、参照。
26)　吉信粛「独占資本主義の確立と外国貿易」松井清編［1963］34ページ。
27)　朝鮮市場からインド綿糸を駆逐していた日本綿糸は、同期に中国においてインド綿糸を圧倒した。日本綿布は大戦期に中国においてイギリス綿布を圧倒した。中国からの鉄鉱石輸入も増加した。植民地朝鮮は原料・食料品輸移出、全製品（完成品）輸移入という貿易構造をとっており、とくに日本への原料・食料の供給地、日本の工業製品の販売市場となっていたが、大戦期以降はさらに朝鮮から日本への米の移出が激増した。植民地台湾の貿易においても日本が圧倒的な地位を占めており、大戦期以降に台湾から日本への砂糖の移出が増大した（小野一一郎［1968］276－283ページ）。
28)　すなわち、英領インドと蘭領インドなど従来イギリス・オランダ綿布輸出先であった諸国への日本綿布の進出などが大戦期にみられるのである（石井寛治「産米・市場構造」大石嘉一郎編、前掲書、115ページ）。
29)　吉信粛、前掲論文、36－37ページ。

ッパ貿易は、戦後（1920年代）には15％以下に縮小した。かくして、日本のヨーロッパへの重化学工業製品や毛織物の輸入依存は持続されたけれども、日本貿易に占めるヨーロッパ貿易の地位は低下したのである[31]。

アジアに関しては、日本貿易に占める比重が輸出入とも第1次大戦後には停滞基調にあった。だがその構造には変化もみられるのである。中国は依然として日本綿布の重要な輸出先であり、中国市場における日本綿布の優位は動かなかった。だが中国に対する輸出は大戦後に伸び悩み、日本貿易に占めるその比重は第1次大戦前よりも低下した。輸入市場構成においても大戦後に中国は減退した。これらの要因としては民族資本の発展と在華紡の進出、大戦を契機とする海外新市場の拡大、銀価の下落、日貨排斥運動や動乱の影響などが考えられる。

もっとも、関東州は大戦後に日本の輸入先としての構成比率を上昇させた。1920年代には満州はモノカルチュア輸出経済を完成させており、この時期に満州から日本への大豆、石炭という1次産品の輸出額が急増している[32]。ただし、油粕輸入は徐々に硫安に取って代わられた。

第1次大戦後には日本の貿易における植民地の役割がより重要となっている[33]。

さらに第1次大戦後には日本の対東南アジア（インドを含む）貿易が変化を示している[34]。

---

30) 日本の輸入品の第1位を占める綿花輸入において、1921年に初めて、アメリカ綿花がインド綿花を凌駕し、1927年以降にこの凌駕が決定的となる。大戦後の機械輸入に占めるアメリカの地位は大戦中と比べると低下しているが、大戦前よりははるかに高かった。かくして対アメリカ貿易は、日本資本主義の再生産構造により深く組み入れられたのであり、日本のアメリカに対する貿易依存が大戦以後に強まったのである。日本の対米貿易収支は黒字であり、これによって対ヨーロッパ貿易の赤字が賄われていた。同上、68、81ページ。

31) 同上、68ページ。

32) 松野周治「半植民地――『満州』――」小野一一郎編『戦間期の日本帝国主義』世界思想社、1985年、162-164ページ。

33) すなわち、朝鮮、台湾の移出入の輸移出入合計に占める比重が高くなっている。移出品は軽工業製品から重化学工業製品に至るまで多様化し、とくに日本の重化学工業の発展を反映して鉄鋼・機械器具移出が拡大した。移入品は農産物、食料品に片寄り、朝鮮から米、台湾からは砂糖（これに次いで米）が主として移入された。三和良一[1973] 277-278ページ。松本俊郎「植民地」一九二〇年代史研究会編、前掲書、302ページ。金子文夫「資本輸出と植民地」大石嘉一郎編、前掲書、371-382ページ、参照。

第9章　正貨吸収と正貨保有、国際信用と日銀券への信認の維持

　第1次大戦後の輸出構造においては、全体として生糸などの特産品輸出から綿織物や雑貨などの軽工業品の輸出への移行が進行していた[35]。このために類別輸出構成において全製品の比率が上昇している[36]。

　日本の輸出において中小工業製品の占める比重は高かった[37]。

　輸出をめぐっては列強間に激しい競争が展開された[38]。在華紡は中国市場を現地生産体制のもとで再び掌握し、1920年代後半以降、インド、蘭印から中東に及ぶ中・下級綿糸布輸出体制を構築した。これは、日本国内からの輸出に加え、英帝国市場に重圧を加えることになった[39]。

　第1次大戦以後、植民地・半植民地において工業が発展してきた。イギリスの伝統的工業阻害政策によって工業発展が阻止されていたインドにおいて、第

---

34)　松井清氏は、第1次大戦後に日本が出超を示し始め、さらに輸出商品の中から1次産品が急減していると述べている。第1次大戦後も対南アジア貿易はほとんどの地域で依然として日本の入超となっているが、大戦前と比べて大戦後は南アジアに対する輸出の増大が著しいことは確かである（松井清「日本経済と南洋貿易」『東亜経済論叢』第2巻第1号、1942年、230-240ページ。杉野幹夫「貿易」小野一一郎編、前掲『戦間期の日本帝国主義』72-73、77ページ）。

35)　杉野幹夫、前掲論文、73-74ページ。

36)　この点では日本経済の工業発展の成果が貿易に反映されていたといえよう。輸入においては原材料輸入が大戦後も輸入の半ば以上を維持している。もっとも、類別輸入構成において大戦後に全製品の比率が大戦期よりも高まっているから、この点では大戦後に日本の貿易構造の高度化あるいは先進国型化、工業国型化が進行したとは必ずしもいえなくなる。三和良一［1973］279ページ。

37)　とくに雑貨輸出はそうであった。第1次大戦後に日本の中小企業製品がアジア向け輸出を中心として世界各地に輸出され、その額が増大した。雑貨などの中小企業製品は、ヨーロッパ品よりも質が悪くかつ安価であり、中国品よりも質が良くて高価な商品を生み出す日本の国際分業上の地位をよく反映したものであった。比較的小規模で簡単な機械を用いて低賃金を利用して生産された中小企業製品が、国際競争力をもって輸出されたのである（杉野幹夫、前掲論文、81-84ページ）。

38)　東アジアに対する貿易においては、第1次大戦前には日英両国を先頭として米、独、英印、露などの諸国が競争関係に立っていたが、大戦後はイギリスの後退に反してアメリカの進出がめざましく、1929年までにはアメリカはイギリスを凌駕して日本に次ぐ地位を獲得した。南部アジアに対する貿易においては、イギリスが第1位を占め、とくにインドを主要市場とした。もっとも、イギリスの地位は戦後には戦前ほどではなく、イギリスは日、米、独などの追随に対して晏如としてはいられなかった。とくに日本の輸出は戦前にはイギリスの18分の1にすぎず、独、米の輸出にもはるかに及ばなかったが、戦後はアメリカと肩を並べて第2位を争った。1932年には日本の輸出はアメリカの輸出を斥けてイギリスの輸出に脅威を与えた。西アジアは元来イギリス、ついで独、仏、伊などの競争市場であったが、第1次大戦後に日本も西アジア市場で主要競争国の列に加わった。三菱経済研究所編、前掲書、15-18、56-103ページ。東亜経済調査局「最近十年間に於ける我国の対支貿易」全国経済調査機関連合会編、前掲書、908-915ページ、参照。

39)　伯井泰彦「世界経済の発展段階と日本帝国主義」小野一一郎編、前掲『戦間期の日本帝国主義』40-41ページ。

第5編　第1次世界大戦後の正貨政策

1次大戦以後、民族資本などによる工業が発展してきた[40]。また中国においても、第1次大戦以後、民族資本が発展してきた。日本資本はインド資本、中国資本と競争することとなった。また大戦後には中国において日貨排斥運動が展開された。日本の貿易はこれらの抵抗に直面することとなったのである。

アジアは世界市場における原料・食料供給地、完成品の販売市場、いわゆる農業国としての位置にあったが[41]、この中で日本の貿易は1920年代末、昭和初期に至っても前述したような対欧米貿易での後進的性格、対アジア貿易での先進国的性格を基本的に維持している。この基本構造下で第1次大戦期以降には前述のような変化がみられたのであった。そして、このような対外経済状況に基本的に規定されつつ、正貨政策、対外金融政策が展開されることとなったのである。

（3）　輸入超過の要因

次に輸入超過の原因を考えてみたい。ここでは、はじめに日露戦争後の入超原因について述べておこう。日露戦争後の輸入の大部分は生産財であって、綿花、鉄類、機械、油粕（豆粕など）などが輸入されていた。これらは内地産業の基礎をなすものであった。また国内重化学工業の未発達という事情もあった。このために輸入の抑制が困難であったのである[42]。入超は日露戦後経営の結果でもあり、とくに軍需が入超の一因である。1912年には兵器弾薬および爆発物、1913年には軍艦という特別輸入もかなりあり、特別輸出入は大正初期に入超となった[43]。

日本経済は国際経済の動向に大きく規定されていた。1907（明治40）年秋に起こったアメリカの恐慌と、これが波及したヨーロッパの恐慌は、当時の日本の輸出を激減させた[44]。その後もアメリカの経済成長は鈍化しており、これも輸出超過が困難であったことの原因であると考えられる[45]。また『東洋経

---

40)　春山四朗「工業」満鉄東亜経済調査局編『印度概観』同局、1943年、第5章。
41)　三菱経済研究所編、前掲書、35ページ。
42)　尾上登太郎「正貨ト日本ノ経済」『国家学会雑誌』第29巻第5号、1915年5月、157－158ページ。
43)　東洋経済新報社編『大日本外国貿易五十六年対照表』同社、1925年、371－372ページ。
44)　楫西光速・加藤俊彦・大島清・大内力『日本資本主義の発展』第3巻、東京大学出版会、1959年、490－492ページ。

第 9 章　正貨吸収と正貨保有、国際信用と日銀券への信認の維持

済新報』は、1911年の輸入超過の原因として、関税改正に伴う見越輸入、通貨の膨張、アメリカの不況を挙げているが、アメリカの不況に関しては、政治上の動揺およびトラスト制圧政策が財界を不安に陥れ、日本の輸出に打撃を与え、またアメリカの不振はヨーロッパに影響し、ヨーロッパの不振は東洋に影響し、ますます日本の輸出を減退させた、と記している[46]。棉花価格の上昇を綿糸価格に転嫁できず、貿易赤字が拡大したともいわれている[47]。

　第1次大戦期には一転して出超激増となったが、この原因としては、第1に東南アジア、南アメリカ、アフリカなどの市場で従来、日本商品を圧迫していたヨーロッパ商品の供給が途絶したため、これらの市場への輸出が容易となったこと、第2に兵器など軍需品を中心とする注文が連合国から日本に殺到したこと、第3にアメリカなどをはじめ中立諸国ならびに非交戦地域だった南アメリカ、アフリカなどの市場で戦争景気により購買力が増加したこと、第4にヨーロッパからの全製品、重化学工業品の輸入の激減に伴って国内の重化学工業が発展したこと、第5に開戦以来の世界的物価騰貴によって輸出額が増大したこと、などを挙げることができる[48]。

　第1次大戦後の輸入超過の要因として、三和良一氏は、国内市場の急激な拡大に際して、国内供給力が不足または欠如していたことを指摘している[49]。これに関連して、次のような日本産業の輸入依存構造について述べておきたい[50]。

　農業生産の規模は零細であった。小作農は高率小作料に苦しめられていた。農業生産の発展は抑えられ、農工間の発展は不均等となり、食料品輸入が増加せざるをえなかった。零細農耕で多収穫を確保しようとすれば、多量の肥料を土地に投ずる必要があった。このことは中国からの油粕や欧米からの硫安の輸入をもたらした。

　鉱業部門においては、大戦前に絹・綿2部門に次いで重要輸出産業の座を占

---

45)　橋本寿朗、前掲論文、47ページ。
46)　「大輸入超過の原因及其影響」『東洋経済新報』第565号、1911年7月、6－8ページ。
47)　橋本寿朗、前掲論文、48－49ページ。
48)　「第一次大戦とわが国外国為替（上）」『東京銀行月報』第6巻第2号、1954年2月、38ページ。小野一一郎［1968］242－243ページ参照。
49)　三和良一、前掲論文、295ページ。
50)　この詳細は、齊藤壽彦［1978a］54－66ページを参照されたい。

めていた石炭・銅産業は、大戦後輸入産業化した。国内炭価格は、豊富な資源と低賃金に支えられた撫順炭よりも高かった。外国で新興銅山が開発されたのに対し、日本の銅山は老衰化した。鉄鉱石の国内産出高は少なく、その多くは朝鮮や中国からの輸移入に依存しなければならなかった。昭和初期には東南アジアのマレー鉱石への依存が強まった[51]。

日本綿業は国産綿花を原料として用いることを放棄し、安価な輸入綿花を用いていた[52]。大紡績資本は原棉価格の変動などを利用した原棉の投機的売買を行い、これによって一時的ではあるが棉花輸入を増大させた[53]。毛織物工業の原料である羊毛も、国内生産は乏しかった。これはオーストラリアから輸入されなければならなかった。

重化学工業部門は、軍需関連部門以外では、外国との技術格差が大きかった。その国内市場にも限界があった。軍需関連部門を除けば、4大財閥資本は重化学工業に進出しようとはせず、日本の重化学工業の発展は遅れていた。このことは重化学工業品の輸出を困難としただけでなく、重化学工業品の日本への輸入を許容することともなったのである。

関東大震災は日本の国際収支を悪化させるものとなった。すなわち、横浜の生糸在庫は焼失し、また復興のために建設資材などの輸入が増大した。

さらに、国際価格関係における日本の商品の割高化も入超要因と考えられる[54]。

だが、国際的環境の変化が日本の入超を促進した事実も指摘されなければならない。すなわち、まずアメリカ産業の発展と、イギリス、ドイツの世界市場への復帰である[55]。かくして欧米諸国への日本商品の輸出は困難であった。

---

51) 山崎広明「絹・綿業の発展と新産業主導型の重化学工業」宇野弘蔵監修、前掲書、第6巻、143－149ページ、小島精一『日本金融資本論』千倉書房、1929年、121－123、208ページ、商工省鉱山局編『製鉄業参考資料』同局または日本鉄鋼協会、各年版、参照。
52) 林健久、前掲論文、宇野弘蔵監修、前掲書、第6巻、235－236ページ、西川博史「1920年代日本資本主義の貿易・産業構造——日本帝国主義分析の一試論——」北海道大学『経済学研究』第25巻第3号、1975年9月、225ページ。
53) 水津弥吉「現今に於ける為替相場の変動に就て」『経済論叢』第23巻4号、1926年10月、110ページ、「為替見越輸入の内容」『東洋経済新報』第1140号、1925年3月、29ページ、参照。
54) 物価割高の原因として、三和良一氏は、不均等発展による食料品の供給不足、労賃騰貴を生産性向上によって吸収できないことによる生産費の上昇、カルテル活動、個人消費支出・政府支出の増大、通貨の膨張などを挙げている。三和良一［1973］306－307ページ。

第9章　正貨吸収と正貨保有、国際信用と日銀券への信認の維持

また、日本が列強に対抗して中国への輸出を増大することも困難であった。さらに、高い競争力を有する欧米製品が日本国内に輸入された[56]。これに加えて、欧米諸国が日本市場回復、確保のためにダンピング的性格を持つ輸出攻勢をかけたことも日本の輸入を増加させたのであった[57]。

対米生糸・絹織物輸出にも限界があった。すなわち、生糸は低廉ではなく、必ずしも必需品となっておらず、その需要には限界があった[58]。不況期における生糸需要の減退はとくに激しかった[59]。また第1次大戦後の人絹工業の発展は、日本の生糸輸出をおびやかすものとなった。人絹は品質が改良され、価格は低廉となった。しかも価格変動が少なかったから、人絹を用いる織物業者は企業上の危険を感ずることがなくなったのである[60]。生糸を加工して絹織物を輸出しようとしても、絹織物は高い関税障壁に突き当たって、その増加が困難であった。アメリカ政府は生糸の輸入を無税とし、その加工品である絹織物の輸入に対して高率関税を課して、自国絹織物業の発展を助長していた。しかも絹織物税率は1922年には従価税55％に引き上げられた[61]。日本の為替相場の低落は生糸輸出を助長する効果をまったく持たないわけではなかったが、為替相場の低落予測はアメリカの織物業者の買控えをもたらすものでもあった[62]。

55) アメリカの製造工業の生産高は、1923年に第1次大戦期の水準を凌駕した。1921年以降、商務省および産業界ぐるみの消費節約および標準化運動がアメリカ全土で展開された。この過程でアメリカの生産性は飛躍的に上昇した。これはアメリカの輸出品の価格を低下させるものでもあった。イギリスの世界市場における地位は大戦後に後退した。それでもイギリスは、製品によっては高い技術水準を維持しており、ドイツとともに、日本の競争相手としての地位を保持していた。吉信粛、前掲論文、58ページ、宇野弘蔵監修、前掲書、第3巻、150ページ、有沢広己・阿部勇『産業合理化』改造社、1930年、245－249、269－273ページ、東洋経済新報社編『日本貿易精覧』同社、1935年、698、707ページ、参照。
56) 鋼材を例にとれば、戦後の相対的安定期において、先進諸国は、高炉・平炉の大型化、燃料経済組織の発展、圧延機の大量生産化・連続化・高速化によって品質の高級化とコストの切下げを実現しつつあった。とくにヨーロッパ鋼材の進出は日本鉄鋼にとって脅威となった。広岡治哉・市川弘勝「日本鉄鋼業の史的発展と技術の進歩」今井則義編『現代日本産業講座』第2巻、岩波書店、1959年、44ページ。
57) 武田晴人、前掲論文、38－43ページ。
58) 生糸は若い女性にとっては必需品であった（佐藤和夫、前掲論文、494ページ）。
59) 「昨年の国別貿易」『東洋経済新報』第1096号、1924年5月、26ページ。
60) 信濃毎日新聞社編『信濃蚕糸業史』下巻、同社、1975年、864－865ページ、参照。
61) 横浜正金銀行頭取席調査課、前掲書、6ページ。佐藤和夫、前掲論文、504、510ページ。

853

第5編　第1次世界大戦後の正貨政策

　生糸・絹織物などのヨーロッパ向け輸出を増大させることも困難であった。第1次大戦以後の世界各国の対英競争条件の変化はイギリス諸産業の困難をもたらし、失業者は増加した[63]。フランスの経済は不安定で国内投資の拡大は容易に進まなかった。増税は、企業を圧迫するとともに、国民大衆の消費財需要を制限した[64]。戦後のドイツはアメリカの金融的支援によって経済復興を達成したが、米英との競争関係から多くの失業を抱えている事情もあり、日常品に対するドイツの需要も制約されていた[65]。1923年1月のフランスのルール占領によって惹起されたヨーロッパ主要国の政局不安は、日本のヨーロッパ向け輸出を減少させた[66]。

　植民地・半植民地における工業の発展も、日本にとって大きな脅威となった。インドでは、大戦中にイギリスに銑鉄を供給する必要から製鉄能力が異常に発展した。製鋼部門が少なかったインドでは、その余剰の販路を日本に求めた。しかもインドでは、原料や賃金が低廉であり、インド銑鉄は日本国内の民間銑鉄よりも安価であった。かくして、インド銑鉄の日本への輸入を防遏することは困難であったのである[67]。

　第1次大戦はヨーロッパ製品の中国への輸出を激減させ、紡績業をはじめとする中国民族産業発展の機会を与えた。同産業は、大戦終了後も、低賃金を基礎に外国商品排斥運動や関税率改正に支えられて発展した[68]。日本紡績資本の中国への進出は目覚しく、いわゆる在華紡は、中国民族資本を圧迫した[69]。

---

62)　外交資料館所蔵資料、「在紐育西商務官来電」(1924年3月19日発、外務大臣宛電報)『本邦経済雑件　一』参照。

63)　Great Britain. Committee on Finance and Industry, *Committee on Finance & Industry Report*, London, 1931, pp. 46-47（滝口義敏訳『現代金融論』東京書房、1933年、76-77ページ）参照。

64)　鈴木武雄「ポアンカレー」の『奇蹟』とその手品——フランス財政復興史の一齣——」『社会科学』改造社、1929年9月号、4ページ。森恒夫『フランス資本主義と租税』東京大学出版会、1967年、225-252ページ。

65)　中村隆英『明治大正期の経済』東京大学出版会、1985年、154-155ページ、橋本寿朗「戦間期日本資本主義分析の方法」『歴史学研究』第507号、1982年8月、34ページ参照。

66)　前掲「昨年の国別貿易」(『東洋経済新報』所載) 26ページ。

67)　広岡治哉・市川弘勝、前掲論文、44ページ。劔持通夫『日本鉄鋼業の発展』東洋経済新報社、1964年、493-496ページ。

68)　東亜経済調査局、前掲「最近十年間に於ける我国の対支貿易」877ページ、高村直助『近代日本綿業と中国』東京大学出版会、1982年、第4-5章参照。

第9章　正貨吸収と正貨保有、国際信用と日銀券への信認の維持

　このような中国における産業、ことに紡績業の発展は、日本の対中国輸出不振の原因となったのである[70]。

　銀価は1920年代に低落し、ことに1928年下半期以来暴落を続けた。銀安に伴って日本の対中国為替相場が上昇し、日本の対中国輸出は不振となった[71]。

　日本の中国への進出は、中国における排日・排日貨運動を激化させた。1915（大正4）年に対華21カ条要求問題、1919年に山東問題に関連して、従来よりも激しい日本商品排斥運動が展開された。1923年に旅順・大連回収問題に関連して発生した日貨排斥運動は、これまでの「不買同盟型」から「経済絶交型」へと発展した。この背景には、一方には1921年の中国共産党の成立と労働運動の高揚、他方には世界資本主義の後進国への侵略強化、とくに日本の大陸投資の激増、民族資本の破産があった。

　ロシア革命に始まる資本主義の全般的危機（一般的危機）のもとにおいて訪れた、1923〜24年以降の相対的安定期には[72]、革命的情勢は植民地および半植民地に移行した。1925年の5・30事件発生後、中国各地でストライキが行われた。対外ボイコット運動は、資産家中心の民族運動から、労働者を中心とする全人民的闘争に転換し、反帝国主義運動が高まった。1923年の経済絶交運動は、日本の対中国輸出を減少させた。25年には対外ボイコットの矛先がイギリスに向けられたから、同年には日本の対中国輸出は前年よりもかえって増大しているが、1927年には経済絶交運動の矛先はイギリスから日本に転換した。同年に蒋介石が4・12クーデターを引き起こして国共が分裂し、国民党が右傾化し、翌年に国民政府による中国統一が行われた。国共分裂後に反日運動は組織化され、恒常化したけれども、経済絶交による民衆運動は大幅に後退し、日本に対する直接的経済圧力は軽減された。とはいえ、日本経済に打撃を与えたこ

---

69)　飯島幡司『日本紡績史』創元社、1949年、176−180ページ。楫西光速編『現代日本産業発達史　繊維』上巻、交詢社出版局、1964年、441−442ページ。高村直助、前掲『近代日本綿業と中国』第4−5章。臼井勝美『日本と中国――大正時代――』原書房、1972年、196ページ。

70)　1913年においては中国の綿糸消費高の70％を輸入品が占めていたが、1921年には21％を占めたにすぎなかった（「綿糸輸出の変化」『東洋経済新報』第1088号、1924年3月8日、14ページ）。

71)　東亜経済調査局、前掲論文、874−877ページ。

72)　1918年に始まり、1921年に頂点に達した資本主義国の労働者階級の直接的革命的行動は、1923年秋のドイツ労働者階級の敗北をもって終わり、1924年にはドーズ・プランの成立により、外資に支えられてドイツ経済が安定化する（野々村一雄「資本主義の一般的危機」大阪商科大学経済研究所編『一般的危機と日本資本主義』蘭書房、1949年、45−81ページ、などを参照）。

とは確かである。山東出兵、済南事件に続いて満州事変が勃発すると、対日経済絶交運動の規模と組織は未曾有のものとなるのである[73]。また、中国における動乱も日本の輸出に悪影響を及ぼした[74]。

オーストラリアは関税政策上、自国で生産できるもので自国民が生産に従事する場合には、産業保護法の規定を遠慮なく適用した[75]。

国内経済状況、その脆弱性が日本の入超の基礎にあったことはいうまでもない。だが、上述のような第1次大戦後の国際的経済環境の変化が日本の入超をもたらす大きな要因となったことが注目されなければならない。そして、このような貿易動向が日本の正貨政策を大きく規定することとなるのである。

2　国際収支改善策

（1）　日銀為替資金を通じた正金銀行などによる輸出為替買入奨励

前述のように明治以来、日本の外国為替・貿易金融業務において横浜正金銀行が大きな役割を果たしていた。しかし、第1次大戦以降に普通銀行がこの分野に大きく進出するようになった[76]。正金銀行のこの分野におけるシェアは第1次大戦後に低下するようになった。だが大戦後においても同行は依然として日本の外国為替・貿易金融業務において重要な役割を果たしており、第1次大戦後において同行の取り扱った外国為替は日本の輸出入の40％以上に達していた。同行の為替取扱高の中で、輸出については生糸、綿糸布が従来どおり大きなウエイトを占めていた[77]。第1次大戦期に外国為替・貿易金融業務に大

---

73)　菊池貴晴『中国民族運動の基本構造 ―― 対外ボイコットの研究 ――』大安、1966年、第5－7章、361ページ。
74)　東亜経済調査局、前掲論文、869ページ。
75)　また同法によって、相手国の為替下落に対抗する課税を実施した。戦後各国は保護関税政策を採用する傾向をとるようになった。イギリスの絹織物関税引上げは日本の絹織物輸出不振の一因となった。オーストラリアは1921年の関税のダンピング・エクスチェンジ・デューティに準拠して、1925年春、日本からの主要輸入品に対する税率を引き上げた。「各国保護関税政策の傾向」『東洋経済新報』第1175号、1925年11月、18－19ページ、「輸出絹物界の不振事情」同号、33ページ。外交資料館所蔵資料、「在シドニー総領事代理山崎壯重の外務大臣宛報告」（1925年5月29日）『円為替下落ノ我対外貿易ニ及ボシタル影響ノ件』。前掲「各国保護政策の傾向」19ページ。
76)　伊藤正直 [1989] 159－175ページ。
77)　齊藤壽彦 [1987a] 226－231ページ。

第9章　正貨吸収と正貨保有、国際信用と日銀券への信認の維持

きく進出した台湾銀行は、大戦後にこの市場から大きく後退した[78]。一方、第1次大戦期に日本市場から大きく後退した外国銀行は、戦後に日本市場に復帰してきた。ことに米系銀行が日本に進出してくるようになった。かくして、昭和初期の貿易金融において外国銀行の役割が高まってくる。だが、もはや外国銀行は大戦前の地位を確保することはできなかった[79]。

　正金銀行は為替営業資金を為替の売買方式や自己資金によって確保したが、それでも資金が不足した。そこで同行は内外で資金を借り入れ、日本銀行からも借り入れたのである[80]。

　外国銀行に対抗して日本銀行が横浜正金銀行へ低利で為替資金を供給し輸出を奨励したことの意義は、大戦後には減退した。大戦後には正金銀行とともに三井銀行をはじめとする普通銀行が日本の外国為替業務に大きな役割を果たすようになったことも、その低利為替資金供給の意義を低下させるものとなった。後述のように、大蔵省の国際貸借改善案の中で正金銀行への為替資金供給はその一案にすぎなかった。為替相場安定策として正貨、とくに在外正貨の払下げが重視されるようになった。かくして、日銀の正金銀行への低利為替資金供給による輸出奨励を通じた正貨吸収の意義は、大戦後には減退したのである。

　横浜正金銀行からの政府の在外資金買上げは1919年に実施された（本書第10章第2節2）後、中断する。それが再開されるのは1929年7月のことである（本書第10章第6節3）。1919年には日本銀行の外国為替貸付金利は引き上げられ、貸付金の減少も促された。同年には貿易は入超となった。

　それでも、中央銀行である日本銀行の正金銀行への為替資金供給の意義は、まったくなくなってしまったわけではない。1924年4月2日公布の官制で帝国経済会議という諮問機関が設立された。議長は首相（設立当時は清浦奎吾）、副議長は蔵相（同じく勝田主計）および農商務相（同じく前田利定）であった。諮詢第2号「対外貿易特ニ輸出貿易ノ振興ニ関スル方策」の中で、帝国経済会議は1924年6月7日に最初に次の3項目を決議した。第1に貿易為替および金融に関する件、第2に営業税および所得税に関する件、第3に鉄道運賃に関する

---

78)　伊藤正直［1989］175ページ。
79)　同上書、26-27、160-161ページ。個別外国銀行の動向については立脇和夫［2002］29-83ページ、同［2004］106-129ページを参照されたい。
80)　齊藤壽彦［1987a］226-231ページ。

第 5 編　第 1 次世界大戦後の正貨政策

件、である。その第 1 の中に「輸出為替資金ノ融通及為替元地払」という項目があった。この中で以下のように決議されていた[81]。

　政府ハ輸出為替手形（輸出前貸金ヲ含ム）ニ対シ日本銀行ノ再割引又ハ其ノ他ノ方法ニ依リ為替銀行ヲシテ左〔次〕ノ諸項ニヨリ資金ヲ融通セシムルコト。（一）利率　年六分以内（二）期限　一覧後四箇月以内（三）取組人ノ申出アルトキハ為替銀行ヲシテ円手形ヲ取組ミ且可成元地払ト為サシムルコト

このように、日本銀行の為替資金供給の必要性は、当局によって依然として認められていたのである。

日本銀行の横浜正金銀行に対する外国為替貸出の第 1 次大戦後の変化について立ち入って考察しよう。日銀外為資金供給は当初は再割引の形態で行われ、その割引料率は、1907年以来、再割引額1500万円までは低利の年2.0％、それ以上は5.0％となっていた。1911（明治44）年 6 月に日本銀行は正金銀行に対し外国為替貸付金の制度を設けることとし、これに関する約条を締結した。貸付形態への制度改正は 7 月から実施された。その貸付限度（特別契約分）は従来の額を踏襲して1500万円とされ、利率も従来と同様年 2 ％、特別契約分以上は年 5 ％であった。この貸付金は日本銀行の都合により、海外から金銀地金または内外貨幣を輸入して弁済に充当することができるようになった。しかし実際には正貨による返済の効果はあがらなかった。

正金銀行に対する外国為替貸付金の利率は、1911年12月に至り、3500万円以上は年6.5％となった。さらに1913年 1 月には1500万円以上3500万円までは年 6 ％に改められ、それ以上については6.5％であった。1919（大正 8 ）年 6 月に至り、貸付契約の全文が改正された[82]。1919年 8 月に正金銀行売出手形の再割引による輸出金融の疎通を日本銀行が実行することなり、日本銀行外国為替貸付金の利子を貸付金額の増加に従って逓増させる必要が生じた。そこで日

---

81)　国立公文書館所蔵帝国経済会議関係文書「帝国経済会議答申書」『帝国経済会議要覧（続）』。同会議資料は渋谷隆一・伊牟田敏充編集・解題『史料　帝国経済会議』国書刊行会、1987年、に復刻されている。同史料、第 1 巻、14－15ページ参照。

第9章　正貨吸収と正貨保有、国際信用と日銀券への信認の維持

本銀行は同年7月31日に大蔵大臣に上申し、貸付残高3500万円までは従来のままとし、3500万円以上1億円までは日歩1銭8厘（年6.57％）、1億円以上2億円までは日歩2銭（年7.30％）、2億円以上3億円までは日歩2銭2厘（年8.03％）を徴することとした。もっとも、日銀貸付を抑制するためのこの外為貸付利率の引上げの打撃は大きかったので、この改定をただちに実施することはせず、過渡的方法が採用された。すなわち日歩1銭8厘の限度が3億円まで拡張され、それ以上5000万円ごとに2厘ずつ累加することが協定された。最終的には次のような協定が成立し、1920年1月19日以降実施されることとなった。1500万円まで（低利限度）年2％、1億円まで（平常特融限度＝8500万円）商業手形最低歩合、それ以上5000万円ごとに日歩1厘（年0.365％）増[83]。

正金銀行は、日本銀行からの資金援助を受けつつ、輸出為替買取を進め、この取立てによって得た外貨で輸入為替資金を補充した。これは正貨減少を抑制したといえる。だが、1929年7月以降を別とすれば、1920年代における正貨吸収効果は入超下で期待できなかったといえよう。

日本銀行は台湾銀行に対しても外国為替資金を貸し付けるようになった。すなわち、日本銀行は1920年11月に台湾銀行に対して外国為替資金を貸し付ける契約を締結した。これは日本銀行が台湾銀行の請求により、輸出入為替手形を引当としてその手形金額の8割までの金額を貸し付けるというものであった。貸付金限度額は2000万円とされ、その後増額された。利率は1000万円までは年5％、それを超える金額に対しては日本銀行最低割引歩合が適用されることとなり、その後改定がなされた。

同契約締結に伴い、日本銀行が台湾銀行の外国為替資金として供給してきた、正貨吸収および南方に対する輸出奨励のための1914年10月以降の南方為替資金（1915年10月以降は台湾銀行為替資金）2000万円の預入れ、およびインド棉花買入れのための1918年1月以降の限度1000万円の別口為替資金の預入れは、廃止

---

82) 『明治大正財政史』第15巻、149－154ページ。吉川秀造［1969］125－126ページ。前約条においては1ヵ年間の貸借金額を両行協議のうえ、あらかじめ月割額を定め、なお実際貿易の景況に従いこの予算額を増減するものとなっていたが、改正約条においては貸借額を予定することを廃止した。貸付金返済の期日等についても改正が行われた（大蔵省編纂『明治大正財政史』第14巻、820－821ページ）。

83) 『明治大正財政史』第14巻、821－822ページ。東京銀行本店調査部「正金為替資金の史的発展（その二）」34－40ページ。

された[84]。

　1919年5月には井上準之助日本銀行総裁の提唱に基づき、銀行引受手形制度が、同年8月には正金銀行の発意に基づき銀行売出手形（輸出スタンプ付手形）制度が創設された。前者はほとんど輸入商が利用するものであった。後者は主として輸出金融に利用された。これらは市場メカニズムを通じた為替資金供給を目指したもので、日本銀行がそれを支援した。だが、このような制度は1920年代後半に破綻している[85]。

（2）　外国為替・貿易金融制度の改革構想

　第1次大戦後の輸入超過、円相場の低落という情勢のもとで、貿易の振興、輸出の金融の改善を求める声が強くなった。この中には正金銀行の特権を廃止せよという議論がある一方で、正金、台湾、朝鮮の3特殊銀行を合併させて外国為替・貿易金融の統一機関を設立させたり、この3特殊銀行を、長期金融を取り扱う貿易金融機関に改造したりする議論があった。だが、大蔵省や正金銀行はこのような政策を採用しなかった。長期貿易金融の拡充はこの時期に大きくは進展しなかった。

　政府は中小企業政策、輸出奨励政策として中小企業を組合組織化する政策を採用し、1925（大正14）年に重要輸出品工業組合法および輸出組合法を制定した。輸出貿易の振興策として輸出補償制度が採用されることとなり、1930年に輸出補償法が成立した。こうして部分的な貿易金融改善はみられた[86]。これによる正貨吸収策が結果的に存在したこととなる。

（3）　「国際貸借改善ノ方策」（1925年8月17日、大蔵省理財局国庫課）および「国際貸借改善ノ方策要綱」（1925年12月24日、大蔵省）

　1920年代は、日本の貿易収支赤字が最大規模に達した時期であった。国際収支の改善を図ることは、日本の為替相場の回復上必要なだけでなく、日本経済の局面展開上、最緊急のことに属するものであった[87]。ことに国際金本位制

84）　大蔵省編纂『明治大正財政史』第14巻、824－833ページ。
85）　伊藤正直［1989］116－122ページ。東京銀行本店調査部、前掲資料、27－34ページ。
86）　これについて詳しくは、齊藤壽彦［1987a］241－246ページを参照されたい。

第 9 章　正貨吸収と正貨保有、国際信用と日銀券への信認の維持

の再建が求められており、国際収支の均衡を実現することが是非とも必要であった。大蔵省は第1次大戦後に金輸出禁止を異常の措置であるとして、金本位制という経済の常道に復帰すべきであると考えていたが、そのためには国際収支の順調化と為替相場の回復が必要であると考えていた。このことを背景として、以下のように国際収支改善が求められることとなったのである[88]。

　国際収支、国際貸借改善方策の策定にあたっては、どの程度まで均衡を保持できるかの目標水準を定め、そのために必要な施策を講ずる必要があった。1925年3月4日時点においては、今後1カ年約2億5000万円だけは輸出奨励または輸入抑制などの方法を講じ、国際収支を調整する必要があると考えられた[89]。

　第2次加藤高明内閣（浜口雄幸蔵相）のもとでの大蔵省理財局国庫課は、後述の省議決定に先立ち、1925年8月17日に「国際貸借改善ノ方策」をまとめている。これは以下のような広範な内容のものであった。

甲、貨物ノ輸入及貿易外支出ノ抑制
　　第一、国産品愛用及製造奨励ニ関スル施設ヲナスコト
　　第二、各省海外払節約ノ実行ハ今後モ之ヲ継続スルコト
　　第三、産米増殖計画ヲ樹立シ之カ実行ヲ期スルコト
　　第四、民間外資輸入抑制方策ヲ徹底的ニ実行スルコト
　　第五、政府ハ外国起債ヲ為ササル方針ヲ採ルコト
乙、輸出ノ促進及貿易外収入ノ増加策

---

87)　大蔵省理財局国庫課「国際貸借改善ノ目標（未定稿）」（1925年3月4日）『国際貸借改善ノ方策』同課、1925年8月17日、附録甲、筆者所蔵。「外国為替ノ改善ハ極力中央及地方政府ノ財政ヲ緊縮シ一般国民ノ消費節約ヲ励行シ物価ノ低落ヲ図リ産業ノ組織ヲ改良スル等諸般ノ方策ヲ尽シ官民共ニ最善ノ努力ヲ傾倒シテ輸入ノ抑制輸出ノ進展及貿易外収入ノ増加ニ帰シ国際貸借関係ヲ我国ニ有利ナラシムルヲ以テ根本義トナス」ものであった（帝国経済会議議長清浦奎吾の内閣総理大臣清浦奎吾への「外国為替改善方策及金銀輸出解禁ノ時期ニ関スル答申」1924年5月29日）『帝国経済会議要覧（続）』1924年10月1日調、内閣総理大臣官邸、7ページ）。渋谷隆一・伊牟田敏充編集・解題『史料　帝国経済会議』前掲巻、12ページ。
88)　同上『国際貸借改善ノ方策』附録甲、大蔵省「金解禁賛否両論ノ批判」（1924年5月頃）『日本金融史資料　昭和編』第21巻、311-312ページ、松野周治[1997]124ページ以下、参照。金解禁の前提としての国際収支改善による為替相場回復構想については、本書第10章第5節1を参照。
89)　前掲「国際貸借改善ノ目標（未定稿）」。

第5編　第1次世界大戦後の正貨政策

> 第一、一般的輸出促進策（1、重要輸出品工業組合法及輸出組合法による組合組織の奨励援助。2、重要輸出品工業組合及輸出組合に対する資金援助（A為替上の援助。すなわち、道府県の検査合格品に対する確実な輸出利付手形について、年5％で正金銀行、台湾銀行の両行が買い入れることとし、この利付手形買入所要資金限度は差し当たり4000万円とし、買入限度見込みは1億6000万円とする。両行は各限度額の半額見当とし、事情が変化した場合は利付手形の利率および所要金額の改正を考慮する。B勧業銀行または正金銀行を通じ組合の固定的設備資金を低利融通）。3、輸出品原料に対する関税の減免または戻税制度を拡張。4、重要輸出品およびその原料品に対する鉄道運賃の引下げ）
>
> 第二、特殊輸出品ニ対スル輸出促進策（A綿製品に対する輸出促進策。B絹織物に対する輸出促進策）
>
> 第三、商務書記官領事等ヲ招集シテ貿易促進会議ヲ開催スルコト
>
> 第四、駐露大蔵事務官ヲ任命スルコト
>
> 第五、無条約国ニ対シテハ速ニ通商条約ヲ締結スルコト
>
> 第六、貿易外収入増加策
>
> 丙、結論（関係各省協議会を開催すること。会長は大蔵大臣、会員は大蔵政務次官、大蔵次官、内務次官、商工次官、農林次官、逓信次官、その他必要に応じて関係各省主任官中より会員および幹事を適宜任命または嘱任）

　甲は国際貸借改善の消極的方策ともいうべきものであって、国際貸借改善に大きな貢献はしないものとみなされた。外資輸入は抑制する方針が採用されたが、これについては後述する。

　乙は国際貸借改善の積極的方策ともいうべきものであった。このうち貿易外収入の増加を図ることは困難であったから、輸出の促進が重視された。

　1925年末、第2次加藤高明内閣、浜口雄幸大蔵大臣のもとで、国内税制の全面的改正と包括的関税改正とともに、それらを前提とした国際収支の改善策が検討されている。検討の結果をまとめた大蔵省議決定「国際貸借改善ノ方策要綱」（1925年12月24日）は、以下の3分野の計19項目からなっている[90]。

第9章　正貨吸収と正貨保有、国際信用と日銀券への信認の維持

甲、輸入抑制策

　1、勤倹奨励運動の継続、2、国産品愛用の奨励、3、政府各省の海外払い節約の一層の励行、4、地方自治体の海外払い節約の励行、5、産米増殖計画の樹立・実行（国内、朝鮮）、6、関税改正による内地産業の保護発達（ただし対象は、将来その維持を必要とする重要産業もしくは現に存立しないが将来発達の見込みある重要産業とし、なるべく内地一般物価の騰貴を来さないようにすることを要件とする）

　なお輸入管理については産業の基礎を危うくし、その製品の国際競争力を薄弱とし、国際貸借改善に悪影響を及ぼすとし、輸入禁止的高率関税についても、物価騰貴を通じる悪影響を及ぼすとして退けている。

乙、輸出増進策

　7、重要輸出品工業組合法および輸出組合法による組合の設立および活動を奨励援助、8、輸出品原料に対する輸入税の減免、9、輸出品原料に対する戻免税および再輸出品に対する免税範囲の拡張、10、輸出品の販路拡張の見込みある地方に対する航路の新設・延長、11、為替銀行の支店・出張所設置、12、無条約国との通商条約締結、13、商品の海外への紹介、14、広幅織物の製造奨励、15、東洋南洋における官民合同の貿易関係者会議の開催

丙、貿易外収支改善策

　16、移植民の保護奨励、17、海外投資の保護奨励、対支固定債権の整理、18、政府の新規海外起債の停止、震災復興都市公債の外国起債抑制、19、民間外資輸入を極力抑制

　ここでは、国際収支黒字要因としての側面を持つ外資輸入について、投資収益支払の増大を防ぐという点から可能な限り抑制し、国際収支赤字要因としての側面を持つ海外投資について、投資収益の受取の拡大を目指すという観点から奨励し、投資拡大の障害となっている対中国不良債権の整理が提言されている。

---

90)　日本銀行調査局編『日本金融史資料　昭和編』第21巻、1968年、330－334ページ。

(4) 「経済審議会」ならびに「国際貸借審議会」答申

　田中義一内閣のもと、重要経済政策を審議するために「経済審議会」（1928年9月発足）が設置された。同審議会に対して大蔵省は、前述の「国際貸借改善の方策要綱」について、甲の1、2、3、5、6、乙の7、8、9、10、11、13、14、丙の16を実施したと報告している[91]。

　同審議会の国際収支問題についての審議結果である「国際収支ノ均衡ヲ図ル為施設スベキ方策ニ関スル答申」（1928年12月）の内容は以下のとおりであった[92]。

　1、「成ル可ク速ニ」金輸出禁止を解除。ただし、金融上の激変を回避し、内地産業への影響を軽減する措置を採用、2、適宜重工業輸入関税増減権を政府に付与、3、輸出補償制度を採用、4、外国為替銀行に対する低利資金の供給、支店などの増設、5、邦人企業の海外投資および海外輸出商業から生ずる利益に対する租税の減免、6、海運業補助制度の整理調節、7、外国人観光客の招致

　田中内閣に続く浜口内閣が設置した「国際貸借審議会」（1929年7月設置）の諮問第1号「本邦国際貸借改善ノ具体的方策如何」に対して、同年11～12月に以下の答申がなされた。

　1、輸出補償制度に関する答申、2、船舶金融に関する答申、3、貿易行政機関の統制に関する答申、4、外客誘致に関する答申、5、諮問第1号に関する一般的答申

　第1号答申に基づき、危険の多い未開拓市場への為替金融についての補償制度を新設し、輸出を促進することとなり、輸出補償法が1930年5月に成立し、8月に公布されている。
　第3号答申に基づき、輸出を促進するための「貿易行政の中枢機関」を設置

---

[91] 大蔵省「国際貸借改善に関し実行したる方策要綱」（1928年10月26日、「経済審議会」諮詢第2号特別委員会提出）、松野周治［1997］126ページ。
[92] 後藤靖・山本義彦・松野周治編集『昭和初期商工・産業政策資料集』第2巻、柏書房、1989年、20－21ページ。松野周治［1997］126－127ページ。

することとなり、その一環として1930年5月、商工省に貿易局が新設されている。

　第2および第4号答申は貿易外収支にかかわるものである。第2答申は、日本興業銀行経由で、政府が低利の造船資金を提供し、老朽船の新造船による置き換えなどを進め、海運業の振興と海運収入の増大を図ろうとするものであった。また、第4答申は観光収入の増大を目指すものであった。

　以上のように、国際収支赤字構造のもとで国際収支の改善のためにさまざまの政策が国家の攻策として検討されたのである。このような政策が採用された背景には外国為替相場の回復と金解禁準備の意図があったと考えられる。

第2節　外資導入と正貨吸収

1　外資導入と正貨政策

（1）　第1次大戦後の外資導入の特徴

　国際的受取りと支払いにかかわる外資導入、外債発行は、在外正貨補充や在外正貨からの元利払いをもたらすという点で正貨政策と関係を持つ。

　日本における外資輸入の構造的特徴は、国内投資においては国内貯蓄ほどの重要性を持たず、外資への依存度は国際的にみても高いものではなく、国債形態での外資輸入が圧倒的で、私的資本による外資輸入、とりわけ直接投資が少なかったことである[93]。外国人の対日事業投資が少なかった一因は、日本への直接投資、株式投資に対する国際信頼、信認が低かったことにある[94]。

　日本の外債政策の推移を概観すれば、明治初期に金額はそれほど多くはない

---

[93]　浅井良夫［1982］49ページ。浅井氏は山崎隆三［1978］や山本義彦［1982、1989］らの日本資本主義の外資への依存を強調する見解を批判されている。最近ではバイスウェイ［2005］が日本経済における外国資本の役割を高く評価している。

[94]　外国人投資家が社債権者となるか株主となるかはその信頼、損失の危険性（リスク）の程度に大きな違いがある。社債の場合は元金や利子の支払いが約束されているが、株式や配当金の場合はそうではない。社債の場合は起債市場の貨幣で元利の支払いを受けるから投資家は為替の危険（為替リスク）を負担しないが、株式投資の場合は会社の国の通貨で配当を受けるから、投資家は為替リスクを負担しなければならない。社債権者は会社の国の税金を負担しないが、株主は会社所在国の税金の影響を受ける。株式投資は債券への投資に比べてこのような困難があった。しかも当時の日本の事業界は、外国市場においてこの株式発行に応じさせるだけの全幅の信頼、信認、信用を得てはいなかった（森賢吾［1930］356-357ページを参照）。

が、1870年と1873年に合計1659万円の外貨公債を発行した（第1期）。その後、明治14年の政変（1881年）後に外資排除政策が採用されたこともあり、外債発行は行われなくなった（第2期）。日清戦争後の1897年に外資導入を再開し（当初は内国債の海外売出し）、日露戦争期に多額の外債を発行し、その後も外債をしばしば発行した（第3期）。だが、第1次大戦期中の1916年には外債を発行しなくなり、これが第1次大戦後の1922年まで継続した（第4期）。1923（大正12）年には外債発行が再開され（東洋拓殖、東京電燈、南満州鉄道による外貨社債発行）、以後1931（昭和6）年まで毎年外債が発行されている（第5期）。満州事変後には外債は発行されなくなり、直接投資も一般的に行われなくなる（第6期）。日清・日露戦争後、第1次大戦当初が外債発行が最も多かった時期であり、第1次大戦後、満州事変勃発前がそれに続いている[95]。外国人事業投資も第1次大戦後に行われている[96]。

　第1次大戦後の外資導入の特色は、第1に、日本経済における外資の役割が日露戦争後よりも低下したことである[97]。1916年から1923年にかけて外貨公債は発行されておらず、1924年にこれが再開された後、1925年から1929年まで外貨国債の発行は中断されている。日本の国債・地方債・社債の外国での発行額は、1897年から1915年にかけては22億8385万円に達した（国債19億165万円、地方債1億7787万円、社債2億433万円）が、1923～31年には16億3478万円（国債8億944万円、地方債1億3959万円、社債6億8576万円）に減少している。外資の対日直接投資は1897年から1915年にかけては1541万円、1916～22年には520万円、1923～31年には3274万円となっており、第1次大戦後にその額は増大している。だが1923～31年の外資導入総額が16億6752万円であるのに対して直接投資が2％を占めるにすぎず、直接投資の増大は第1次大戦後の外資依存度の低下という傾向を崩すものではなかった[98]。

　第2に、外資の中で民間の外資（とくに社債）や地方債の割合が大きくなっ

---

95)　浅井良夫［1982］53ページ、公社債引受協会編『日本公社債市場史』公社債引受協会、1980年、50ページ、など。
96)　洪純一・ハロルド・ジー・モールトン『日本財政経済論』千倉書房、1931年、附録24、29－30、36－37ページ。柴田固弘「外資輸入と海外投資」松井清編［1961］85－87ページ。バイスウェイ［2005］第9章。
97)　浅井良夫［1982］49ページ。
98)　バイスウェイ［2005］196ページから算出。

たことである。地方債は東京や横浜という都市の復興を発行目的としていたものであり、それは都市債であった。社債の発行の増大は国内における長期資金の調達が困難であったという事情もあるが、また日本の事業に対する信用が増加したためでもあった[99]。

第3に、社債の内容は電力業と特殊機関（満鉄・東拓・興銀）の債券に限定されていた。大正末期から昭和初期にかけては莫大な額の電力外債が発行されている。外債発行第2期の最も典型的な外債は米貨電力社債であった。電力外貨社債発行は長期資本調達による産業発展という側面を有していた[100]。電力以外の外貨社債は植民地経営資金の調達を目的としていた。

第4に、財閥系銀行の外貨社債取扱いが増大していることである[101]。この外資導入は在外正貨の補充のために重要な役割を果たしていた。1924年から1928年にかけて、外債を発行した日本興業銀行、東京市、横浜市、東京電燈株式会社、東洋拓殖株式会社から2億965万円の正貨が買い入れられている[102]。

第5に、ニューヨークが国際金融の中心地として台頭してきたことを反映して、外資の調達がイギリス中心からアメリカ中心に変わったことである。大戦後の世界経済は、アメリカの対独・新興農業国資本輸出と対熱帯入超とに基づくドル散布体制に依存していたが、日本もまたアメリカの資本輸出に依存していたのである[103]。第1次大戦後には多額の米貨債が発行された。

外資への依存に対する評価に関しては、従属か自立かという論争がある。震災外債に関しては、「国辱公債」といわれるほど発行条件が日本に不利であった。電力外債の発行条件には、5大電力の将来の資金調達を制約する内容も含まれていた[104]。だが、日本が狭義の金融従属国であったとは、とうていいえないように思われる。すなわち、第1に、基幹産業は電力を除けば外資に依存していなかった。また大戦後には、しばしば外資導入抑制政策が政府によって採用されている[105]。第2に、金解禁は外債借換の絶対的条件ではなかった。

---

99) 堀江保蔵［1950］149ページ。
100) バイスウェイ［2005］153−162ページ。
101) 伊藤正直［1989］147−155ページ。浅井良夫［1982］58−59ページ。
102) 持田信樹［1981b］123−124ページ。坂本忠次［1982］257−259ページ。
103) 伯井泰彦「世界経済の発展段階と日本帝国主義」小野一一郎編『戦間期の日本帝国主義』世界思想社、1985年、30−31ページ。
104) 橘川武郎［1982］411ページ。

三土忠造は、日本が金解禁を行わなければ借換に応じないということを英米で聞いたことがない、と井上に反駁している[106]。第3に、日本の力が強くなったために、1923年と1928年の満鉄外債のアメリカにおける発行が、日本の中国進出を助けるものであるから好ましくないというアメリカ政府の意向で失敗している[107]。第4に、電力外債などの外貨社債の発行は電力業の発展、長期固定資金の必要性によるもので、また、日本の事業に対する外国の信頼、信認が増加したために可能になったともいえる[108]。また米英投資銀行は、5大電力を自らの影響下におくことを意図して電力外債を引き受けたのではなく、他の外国債の場合と同様に、手数料の収取を目的としていた。アメリカの証券市場において、日本の電力外債はヨーロッパ債とほぼ同格に評価されていたのである[109]。

（2） 外資導入の是非

外債の不発行

第1次大戦後の外資導入は不発行、抑制、抑制の転換という変化を示している。第1次大戦当初の1915年に第三回英貨鉄道証券が発行された後、国際収支大幅黒字下で外債発行は中断されており、第1次大戦後も当初はこの政策が継続されていた。積極主義を標榜する立憲政友会内閣期（1918～22年）に外債は発行されなかった。

外債発行の再開とその抑制

1923年に東拓米貨社債発行により外債発行が再開され、同年には東京電燈という電力外債の発行も開始された。1924年には震災外債が発行され、外債発行が増大する。だが、外債発行再開後もしばらくは外資輸入抑制方策が採用されていた。すなわち、1923年には、低利外債輸入によって財界整理・回復を促進

---

105) 1923年、1925年に大蔵省は外資導入抑制方針を打ち出している（伊藤正直［1989］155－156ページ）。
106) 三土忠造「経済非常時の正視」（1930年）『日本金融史資料　昭和編』大蔵省印刷局、第22巻、665ページ。
107) 浅井良夫［1982］60ページ。
108) 堀江保蔵［1950］149、152－154ページを参照。
109) 橘川武郎［1982］42－43、51ページ。

第9章　正貨吸収と正貨保有、国際信用と日銀券への信認の維持

すべきであると民間事業家が唱えたにもかかわらず、「外資ノ輸入ハ政府ノ方針トセル緊縮政策ニ背反シ通貨ノ膨脹ヲ来シ通貨膨脹ハ不健全ナル企業熱ヲ旺盛ナラシメ折柄整理ノ歩ニ進メル財界ヲシテ後戻リセシムコトヽナシ政府ハ之ニ反対ノ意見ヲ有シ」ていた。政府はこの方針に基づき、なるべく外資の輸入を防遏することに努め、政府の認可を要する外債に対しては認可を与えないこととした[110]。

関東大震災という異常事態が生じると、1924年2月には多額の震災外債が発行された。

だが、その後も外債発行抑制方針が採用されている。すなわち、1925年に大蔵省理財局国庫課が作成した「民間外資輸入抑制ニ関スル件」（7月16日）、「外資輸入抑制ニ関スル件」（8月12日）、「民間外資輸入抑制ニ関スル件」（10日30日）はこの方策を主張した[111]。

このような方針が、同年12月の大蔵省議決定「国際貸借改善ノ方策要綱」の中でも採用された。この中で、外債の元利払いが将来長期間にわたって対外支払上の負担を加重し、国際貸借の逆調を促進するとともに、通貨膨張、物価騰貴を惹起すると述べられていた[112]。浜口内閣の国際収支改善方策はとくに輸出奨励、輸入抑制に求められていた[113]。大蔵省の「民間外債輸入抑制ニ関スル件」は外債の利払いによる正貨流出の阻止を目的としていた[114]。

だが、外資導入抑制は日本の国際信用（対外信用）保持の必要から要請されていたことにも注目されるべきである。国際金融業者は日本の債務累積を警戒していた。1924年の震災借換用外債発行に際して、日本政府は、今後1931年（同年1月1日が四分利付外債が償還期日）より前に、新規公債を発行しないことを目論見書の中で宣言していた。そのために外貨国債を発行することが困難となっていたのである[115]。

---

110)　日本銀行調査局「世界戦争終了後ニ於ケル本邦財界動揺史」『日本金融史資料　明治大正編』第22巻、696ページ。伊藤正直［1989］155－156ページ。
111)　『昭和財政史資料』5－103。「国際貸借改善ノ方策」（8月17日）は、国際貸借改善の方策として「甲、貨物ノ輸入及貿易外支出ノ抑制」の対外支出の抑制の中で、官民外資導入の抑制を主張し、「政府ハ海外起債ハ今後絶対ニ之ヲ実行セザルノ方針ヲ採」ることを明言していた。
112)　『日本金融史資料　昭和編』第21巻、333ページ。伊藤正直［1989］155ページ。
113)　「浜口大蔵大臣ノ演説」『銀行通信録』第78巻第467号、1924年12月、23ページ。
114)　岸田真［2002］56－57ページ。

第 5 編　第 1 次世界大戦後の正貨政策

　前述の大蔵省の「国際貸借改善ノ方策」は、1926年春に償還期が到来する旧関西鉄道株式会社英貨社債（鉄道買収により継承）については、借換ではなく現金償還を行うべきであると結論づけた。為替政策の観点からは、為替相場の維持回復のために在外正貨を擁護蓄積すべきである、減債基金は保持すべきである、為替相場低落の現状では国庫は損益計算上、現金償還は不利であるという借換論もあった。これに対して対外信用維持、借換時期不適当、引受団問題（引受団であった英国サミュエル商会の処遇問題）、在外正貨の存在、金額少なく減債基金に悪影響を及ぼさないなどの理由から現金償還が主張された。「対外信用維持ノ為本社債ハ現金償還ヲ実行スルヲ有利ナリト認ム　蓋シ近時本邦財政経済ノ現状ニ対シ諸外国ニ於テ危惧ノ念ヲ抱クモノ少カラス　為ニ本邦ノ対外信用著シク失墜セルノ感アリ、依于之カ維持回復ヲ図ルコト緊要ナリトス」いうのがその大きな論拠であった[116]。このような見解の存在は、日本の国際信用、対外信用の維持を図ることが大蔵省の外債発行抑制の根拠をなしていたことをよく示すものである。

外債発行容認策の採用

　だが、その後大蔵省の外債発行抑制方針は転換し始めた。まず1926年 5 月にこの方針転換、外資導入抑制方針の事実上の緩和が大蔵省内で検討された[117]。

　政府は1926年10月に外資輸入を抑制しない方針を公表するに至った[118]。1926年11月17日には片岡直温蔵相が大蔵省幹部、日本銀行総裁、横浜正金銀行頭取など金融界首脳を招いた会議において金解禁実施方針が決定した。11月に

---

115)　バイスウェイ［2005］141ページ。大蔵省「正貨補充策」（1929年 1 月）『日本金融史資料　昭和編』第22巻、354、358－359ページ。
116)　大蔵省理財局国庫課『国際貸借改善ノ方策』1925年 8 月17日。大蔵省はこの賛成論を採用し、同社債は1926年 3 月20日に償還された（大蔵省編『明治大正財政史』第11巻、26ページ）。
117)　伊藤正直［1989］156ページ。大蔵省「金輸出解禁ニ関スル準備事項要綱」（1926年 5 月）の中で「外資輸入ニ関スル施設」について「目下懸案中ノ東京横浜両市債ハ出来得ル丈速ニ其ノ発行ヲ了シ在外資金ノ充実ニ資スルコト」、「其ノ他一般民間外資抑制ノ方針ハ今日之ヲ変改スルノ必要ヲ認メサルモ金解禁実行前ニ於テ在外資金ノ充実並金融市場緩和ノ必要切ナル今日ニ於テハ外資輸入ニ対スル政府方針ノ実行上多少手心ヲ加ヘ……生産的目的ヲ有スル外資ノ輸入ノ如キハ此際特ニ寛大ニ取扱フ」方針が示されている（『日本金融史資料　昭和編』第21巻、337ページ）。
118)　伊藤正直［1989］156ページ。

民間外債起債抑制方針が修正されることになった[119]。

このような外資輸入政策の転換、非募債主義のもとでの地方外債発行が、緊縮を進めてきた憲政会内閣の手によって行われたことが注目される[120]。このような転換をもたらした大きな要因は、在外正貨の減少のもとでの、金解禁実施計画の策定である[121]。

大蔵省は、金解禁に伴う外貨資金の流出に備えることが要となるという状況のもとで、外資導入抑制という憲政会の事実上の公約と外貨国債を発行しないという事実上の国際的約束を変更しない形で正貨補充を行おうとして、とくに都市外債の発行を奨励するようになったのである[122]。

1927年4月に政友会内閣が成立する。同内閣が外資導入に積極的方針を採っていたわけではない[123]。同年には未だ外貨社債募集金購入による在外正貨補充は実施されていなかった。1927年11月14日の時点で政府は民間外債（電力外債）資募債金を買い上げない方針を採用しているが、その理由は、①為替リスクが存在すること、②政府には当分金解禁を行う意思がないこと、預金部から在外正貨を補充していけば、在外正貨に不足を生じることはない、ということであった[124]。

だが1928年には在外正貨の減少、枯渇化が大きな問題となるようになった。これが大蔵省の「外国為替及正貨ニ関スル件」（1928年1月10日）の策定となって表れてくる。この中で、「外資輸入ヲ抑制スルノ必要ハ今日殆ド消滅スルニ帰セリ」と述べられている[125]。1927年から続けられてきた南満州鉄道外債発行交渉は1928年にも在外正貨補充のために継続された。それは政治・外交上の理由から実現しなかったが[126]。

---

119) 岸田真［2002］57、63-65ページ。1926年12月13日には「在外正貨補充ニ関スル件」が策定された。この文書は、1927年夏までに発行する外債として第二回東京市債4000万円、興業債券3000万円、満鉄社債6000万円の3件を挙げていた（岸田真［2000］27-29ページ）。
120) 持田信樹［1981a］158ページ。
121) 1926年11月には大蔵省「金解禁実行ニ対スル準備的施設ニ付テ」が策定され、金解禁の準備として正貨補充の必要を認めている。
122) 持田信樹［1981b］118-120ページ。
123) せんだ みのる［1999］843-845ページ。
124) 『東京朝日新聞』1927年11月15日付。せんだ みのる［1999］845ページ。
125) 伊藤正直［1989］156ページ。
126) 岸田真［2000］25-43ページ。

1928年には民間外資導入推進策が採用されるに至る。電力外債発行が奨励され、東京電燈の募債金が在外正貨として買い上げられた[127]。この背景には在外正貨の減少・枯渇のために正貨準備の補充が必要となったという事情があったのである。

（3） 外債と正貨吸収

第1次大戦期には政府は輸出為替調節のために為替銀行の買持となっていた在外資金を買い上げた。すなわち、特別協定に基づき横浜正金銀行、台湾銀行、朝鮮銀行から外貨を買い取ったり、特別協定に基づかないで、日本興業銀行や三菱合資会社銀行部や住友銀行から外貨資金を買い上げて多額の在外正貨を保有した。第1次大戦後においてもこのようなものとして政府は1919（大正8）年に特別協定分として、横浜正金銀行から英貨資金・米貨資金（2億1445万円）、台湾銀行から英貨資金・米貨資金（6257万円）、朝鮮銀行から英貨資金（690万円）を買い上げて、2億8393万円の在外正貨を確保した。また、同年に政府は日本興業銀行から米貨資金を買い上げて602万円の外貨を確保した。だが、その後長くこのような外貨資金の買上げは行われなかった[128]。外国為替銀行からの政府の為替資金買入れが再開されるのは、本書第10章で述べるように1929年7月に為替の統制買いが行われるようになってからのことである。

1920年以後の在外正貨の補充方策として実施されたのは、後述の政府保有在内正貨の現送を除けば、政府自身の外債発行と政府以外からの外債手取金の買上げであった。

第1次大戦後には1924年に震災復興・借換併用外債が発行された。外債発行手取額4億6585万円（発行額5億4497万円）が外債償還金や在外正貨の補充にあてられた[129]。

表9－4は1920年から1929年6月までの在外正貨買入高を示したものである。震災借換併用外貨公債発行手取金や1929年7月以降の在外正貨補充のための外貨買入れは含んでいない。

---

127) 伊藤正直［1989］156ページ、など。
128) 大蔵省理財局国庫課『第五十七議会国庫金参考書』正貨ノ部。
129) これについては、本章第5節5を参照されたい。

第9章　正貨吸収と正貨保有、国際信用と日銀券への信認の維持

表9－4　在外正貨買入高表（1920年～1929年6月）

（単位：万円）

	1920～1923年	1924年	1925年	1926年	1927年	1928年	1929年	合計
日本興業銀行		5,103						5,103
三井銀行								0
三菱合資会社銀行部								0
住友銀行								0
東京市				(1,472)	3,607			5,079
横浜市				3,593				3,593
東京電燈株式会社						5,063		5,063
東洋拓殖株式会社						2,128		2,128
合計	0	5,103	0	5,065	3,607	7,190	0	20,965

注1：1920～1923年は買入高は存在しない。
2：（　）内は英貨、他は米貨。
3：1929年は6月まで。
出所：大蔵省理財局国庫課『第五十七議会参考書』。

　1924年には対中国借款資金獲得のために政府の援助のもとに発行した第五回政府保証興業債券（発行総額2200万ドル、発行価格100ドルに付き96ドル半）の募集金の買入により、5103万円の在外正貨が補充された[130]。なお、1930年には日露戦争直後に発行された第二回四分利付英貨公債の借換が行われている。

　森賢吾財務官が発行交渉にあたった政府支払保証付の東京市債、横浜市債という外貨市債の手取金は全額が直接に在外正貨を補填した。すなわち、1926年に発行された東京市五分半利英貨公債（発行額600万ポンド、5858万円）の手取金のうち1472万円、1927年に発行された東京市五分半利米貨公債（発行額2064万ドル、4140万円）の手取金のうち3607万円、合計5079万円、1926年に発行された横浜市六分利復興公債（発行額1974万ドル、3960万円）の手取金のうち3593万円、総計8672万円が政府によって買い取られ、在外正貨に充当され、その代り金が財政資金から支払われた[131]。

　電力外債などの民間社債の手取金は地方債とは異なり、外国為替銀行によっ

---

130)　日本興業銀行外事部『日本外債小史』同行、1948年、75ページ。大蔵省理財局国庫課『第五十七議会国庫金参考書』正貨ノ部。
131)　大蔵省理財局国庫課『第五十七議会国庫金参考書』正貨ノ部。坂本忠次[1982] 254－255ページ。伊藤正直[1989] 150ページ。持田信樹[1981b]は外貨市債手取金が全額在外正貨に補填されたと述べている。持田信樹[1981b] 123－124ページ。だが、東京市五分半利英貨公債などについてはこのようにはいえない。

第 5 編　第 1 次世界大戦後の正貨政策

て買い入れられた[132]。これによって貿易金融などを営む外国為替銀行の外貨資金が確保された。1923年については、東洋拓殖（3月）、南満州鉄道（7月）、東京電燈（6月）などの外貨社債が発行されると、正金銀行は、それらの社債の代金回金にあたり、その大部分を買い取った[133]。1924年に発行された大同電力第一回米貨社債については手取金を政府に売却するための交渉を受託会社である日本興業銀行の小野英二郎総裁が大蔵省に対して行ったが、この交渉はまとまらなかった[134]。1925年に発行された大同電力第二回米貨社債（発行額1350万ドル）についてみてみると、手取金1080万ドルのうち、在外ドル資金として170万ドルをニューヨークに預金とし、残り総額の85％は内地へ取り寄せた。外貨資金は三井銀行、三井信託銀行、三菱銀行、朝鮮銀行などに売却された。在外預金の大部分は利払い、減債基金などに引き当てられた[135]。

このような特殊機関債、都市外債、民間外債募集金が外為銀行の外貨資金を補充した。それが1920年代後半の在外正貨払下げの抑制の背景をなしていた。

東京電燈顧問として森賢吾が発行交渉を行い、また在外正貨の枯渇という問題が迫る状態のもとで政府が内々に発行を慫慂した1928年6月の東京電燈外貨社債発行については、米貨債（7000万ドル）、英貨債（450万ポンド）、合わせて手取額1億5626万円のうち、米貨債手取分5063万円が政府によって買い取られ、在外正貨を補充している[136]。東京電燈はその発行額のうち、ロンドンで360万ポンド、ニューヨークで2400万ドルを旧債の償還などに充当することとした。結局、日本に取寄せられるものは3400万ドルとなり、政府買取分2400万ドルを除いた1000万ドルを47ドル2分の1の相場で正金銀行と三井銀行が買い取ることとなった[137]。

さらに1928年11月には東洋拓殖株式会社社債（発行額1990万ドル、3992万円）

---

132)　持田信樹［1981b］123-124ページ。
133)　東京銀行編『横濱正金銀行全史』第2巻、424ページ。
134)　師尾誠治『事業金融人物（大同電力二十年金融史考）』私家版、1935年、207-211、219-220ページ。
135)　師尾誠治、同上書、1935年、271ページ。
136)　津島寿一［1964］255-284ページ。橘川武郎『日本電力業の発展と松永安左ヱ門』名古屋大学出版会、1995年、110ページ。バイスウェイ［2005］157ページ。大蔵省理財局国庫課『第五十七議会国庫金参考書』正貨ノ部。
137)　東京銀行編『横濱正金銀行全史』第3巻、274ページ。

第9章　正貨吸収と正貨保有、国際信用と日銀券への信認の維持

が発行され、政府はその手取金の中から2128万円を買い取って在外正貨を補充している。だが1920年代には特殊会社の外貨社債発行募債金を政府が買い上げて在外正貨を補充することを必ずしも行ってはいない。たとえば1923年発行の東洋拓殖社債や南満州鉄道社債は手取金を政府が買い上げていないのである。

　1920年代における在外正貨補充は政府の震災借換併用外債発行手取金と興銀債、市債、東洋拓殖社債発行手取金買取りとによって行われ、その合計額は3億5980万円となる。このうち最もウエイトが高いのは震災借換併用外債より得たもの（1億5015万円）で、全体の42％を占めているが、外貨市債手取金がそれに次いで24％を占めている[138]。併用外債は六分半利付米貨公債発行額3億90万円、六分利付英貨公債発行額2億4408万円（額面）となっていたが、政府以外からの買取によって得た在外正貨は、発行額の少ない東京市五分半利英貨公債を除き、すべて米貨資金であった。

　外債発行がただちに在外正貨を補充することとはならなかった。また長期的に利払いの増大による対外支払いをもたらす。だが貿易収支が赤字で国際収支が支払超過のもとで、震災公債、東京・横浜市債、電力債や特殊機関債という外債の手取金の一部が、減少していく在外正貨を一時的には補塡した、ということは確かである。

2　第1次世界大戦後の金吸収

（1）　金貨・金地金買入、対日金現送

金貨・金地金買入

　第1次世界大戦後の金吸収方策について考察しよう。

　第1次大戦後に日本はドイツから賠償金を得ていない。したがって、この時期の日本の正貨維持は賠償金によってもたらされたものではなかった。第1次大戦後には外債募集が臨時的・間歇的に実施されている。だが日本経済および日本の正貨政策における外債の役割は、日露戦争以後の時期よりも小さくなっている。第1次大戦後にも日本銀行資金に依存した外国為替銀行の輸出奨励政

138）　伊藤正直［1989］150ページ。持田信樹［1981b］124ページ。

第 5 編　第 1 次世界大戦後の正貨政策

策が実施されているが、正貨政策におけるその意義はそれ以前よりも小さくなっている。また大幅な黒字となった日本の貿易収支、国際収支は第 1 次大戦後には再び赤字構造となっており、その政策が金吸収の効果をあげることは困難であった。第 1 次大戦後には在外正貨の払下げによる為替相場維持策も採用されたが、金輸出禁止期におけるその政策の採用は金防衛の意義を持つものではなく、その政策には限界があった。金輸出禁止期において公定歩合操作は金吸収の意義を有していなかった。

　第 1 次大戦後の金輸出禁止期においても直接的な金吸収、金政策が行われている。

　日本銀行小樽支店による砂金の買入れについては、開始後数年間を除けば不振となっていた。第 1 次大戦後も効果があがらず、1928（昭和 3）年 2 月にはそれは廃止されている[139]。

　朝鮮からは金が毎年内地（台湾を含む）に移入されてきた。その額は毎年300万円を超え、1920年には2273万円に達している[140]。この金が日銀の金受入れに寄与したと考えられる。

　台湾から日本への金移入は多くはなかった[141]。だがこれとは別に日本銀行は、1920年 9 月以降台湾銀行の求めに応じて台湾銀行の金貨または正貨証書500万円以上の買取りを行った。日本銀行が買い入れた正貨証書の金額は1920年 9 月20日から同月30日の間に合計842万円余であった。この買取りは限度額などの変遷を伴いつつ1926年末まで継続している[142]。

　1920年から1921年にかけて、多額の金が中国から日本に流入している。中国では銀が騰貴する場合に金を買い入れ、銀が下落する場合にこれを売ってその間の利鞘を得るという金銀比価変動を利用した投機が行われていた。1919年にアメリカが金解禁を行うと、中国は当時の銀貨投機に乗じてアメリカから巨額の金を流入させ、1920年 3 月に銀が下落し始めると、金は日本を主として中国

---

139)　大蔵省編『明治大正財政史』第14巻［1937b］860－861ページ。
140)　日本銀行調査局『本邦の金に就て』第16表「金移出入高調」。
141)　同上。
142)　1920年 9 月に至り、台湾銀行はその発行兌換券に対する正貨準備の割合が高率となっていたために、自行保有の金貨または正貨証書500万円以上の買取りを日本銀行に依頼した。これは台湾銀行が正貨準備の増加を必要とするような場合における売戻条件付きであった（大蔵省編、『明治大正財政史』第14巻、859－860ページ）。

第9章　正貨吸収と正貨保有、国際信用と日銀券への信認の維持

から各地に向けて流出した。このために中国から日本に金が流入してきて、その額は1920年には3759海関両（1海関両は2.38円）、1921年には2691海関両（1海関両は1.57円）に及んだ[143]。中国からの流入金は、日本で市中消費されるとともに日本銀行に納入されたと考えられる。

銀地金の買入れは第1次大戦後も継続していた。だが、1925年8月以降はその一般買入れの分は中止された。また特約にかかる買入れについても、同年10月の契約期間満了を機として打ち切られた[144]。

米国金貨買入れも実施された。アメリカが1919年6月に金輸出を解禁すると、同国の金輸出禁止以来途絶していた同国金貨買入れを日本銀行は再開した。日本銀行は米国金貨買入れにおける最軽標準量目価格を100ドルにつき44匁3分6厘とし、買入値段を200円36円とし、一時的に米国金貨の流入を促進した。だが、同年8月1日以後は100ドルにつき200円26銭に引き下げられている。金価格引上げによる金吸収はごく一時的なものにとどまり、金買入価格の引下げさえ行われたのである[145]。

アメリカからの対日金現送

アメリカの金解禁実施後、同国から日本への金流出はかなり多い。1919年6月から同年9月までに正金銀行はアメリカから日本向けに4950万ドルの金現送を実行している。金解禁後にアメリカから各国に向けて金が大幅に流出し、その額は1919年6月から流出の止まった1920年3月までに4億300万ドルにのぼり、この間9200万ドルの金が日本に流入している。1919年におけるアメリカからの金流入は2億899万円に達した。これは主として輸出決済、日本銀行からの為替銀行の借入金の返済のために行われたのであるが、結果として日本銀行の金準備の充実がもたらされたのであった[146]。

アメリカの金解禁開始当初において、日本銀行は対米協調などを考慮してアメリカからの金取寄せを抑制した。この間の事情は次のようなものである。ア

---

143) 日本銀行調査局『本邦の金に就て』59ページ、第22表「支那金輸出入国別調」。
144) 大蔵省編『明治大正財政史』第14巻［1937年］862-864ページ。
145) 同上巻、858ページ。
146) 日本銀行調査局編「金輸出解禁史（其一）」『日本金融史資料　昭和編』第20巻、2、4ページ。日本銀行調査局『本邦の金に就て』［1932］附録統計第15表。今田寛之［1990］163ページ。

第5編　第1次世界大戦後の正貨政策

　メリカは金解禁を実施する際に、日本が在米資金を金に兌換して輸出することによって多額の金が日本に流出することを恐れていた。金解禁実施が迫った当時、パリ講和会議にアメリカ全権の随員として米国連邦準備制度理事会のアルバート・シュトラウス（Strauss）副議長がパリに来ていた。シュトラウスは、この懸念を日本の全権委員の随員としてこの会議に出席していた日本銀行の深井英五理事に表明した。深井はアメリカが金解禁を実施した際には、我が国がニューヨークに保管している資金を急速に引き上げて日本に現送するようなことはしないとシュトラウスに伝えた。その資金は戦時期の受取勘定の結果であって、日本は将来の輸入超過に備えて在米資金を保有する必要があった。また深井は世界の中の日本として日本が進むべきであると構想しており、日本銀行が国際政策協調、対米協調を図る必要があると考えていた。したがって、深井は日本の金準備強化のためにアメリカから金を現送するようなことは、日本銀行は抑制すべきであると考えていたのである。これは日本銀行を代表する見解であった[147]。アメリカの金解禁実施当初に正金銀行の対日金現送が4950万ドル程度にとどまったのは、日米両当局者間に1億円相当額を限度とする旨の事前了解があり、これを日本側が尊重したからである[148]。

　為替銀行の借入金返済のための金取寄せに加えて1920年恐慌によって招来された内地金融市場逼迫状況を緩和するための海外からの金取寄せも行われるようになり[149]、1920年には2億180万円の金がアメリカから日本に現送されている。この結果、日本銀行の在内（金）準備は1918年の4億5259万円から1919年の7億202万円、1920年の11億1328万円へと増大している。この間に日本銀行券発行高は11億4474万円から14億3924万円に増大している[150]。

　政府の小額紙幣引換準備のために政府在外正貨が設置されていたが、それは常道ではないと考えられ、1920年に政府在内正貨が設置され、政府紙幣の信認の維持が図られた。小額紙幣引換準備用の政府在外正貨が1920年、1921年に政府在内正貨準備に組み替えられていった。アメリカからの現送金の一部はこの政府在内正貨を構成したと考えられる。1921年1～10月には政府小額紙幣引換

---

147)　深井英五［1941］151－154ページ。今田寛之［1990］162－163ページ。
148)　東京銀行編『横濱正金銀行全史』第2巻、194ページ。
149)　日本銀行（調査局）「金輸出解禁史（其一）」『日本金融史資料　昭和編』第20巻、4ページ。
150)　日本銀行百年史編纂委員会編『日本銀行百年史』資料編［1986］328、334ページ。

第 9 章　正貨吸収と正貨保有、国際信用と日銀券への信認の維持

準備在外正貨が為替銀行に払い下げられ、為替銀行が、インドや中国で買い集めた金地金を內地に回送して支払うことが実施され、かくして政府在内正貨準備が激増した。1922年9月には政府小額紙幣引換準備在外正貨が全額解除され、この代り金として日本銀行内地保有金が引き出され、政府紙幣引換準備在内正貨に充当された151)。

　為替銀行の在外資金の減少とともに、アメリカからの金取寄せは1921年に減少した。アメリカからの金輸入は1922～23年に皆無となり、1924年には微々たるものとなった。1925～27年には日本からの対米金輸出さえ生じている152)。

ロマノフ王朝・ロシア共和国の金貨・金地金の取得

　第 1 次大戦が勃発する直前（1914年 7 月 1 日）にロシア国立銀行は16億ルーブル（金換算1240トン）の金準備を国内に保有していた。これは米国に次いで世界第 2 位、世界の金準備の 2 割を占めるものであった（ほかにイギリスなどの銀行に110トンを預託していた）。1917年 3 月にロマノフ王朝は滅び、11月に成立した革命政府はただちにペトログラードの国立銀行を占拠して、12億6000万ルーブル、976トンの金を差し押さえた。戦争中の 3 年ほどの間に260トン余りの金が減少していた。1918年 3 月18日、ソビエト人民委員会はペトログラードなどで押収した金を安全のためにカザンに移すことを決定した。カザンに運びこまれた金貨と金塊は約500トンであった。この金がチェック軍、反ソヴィエト全ロシア臨時政府、コルチャック軍事独裁政権、セミョーノフ軍と転々として、1919年に8000万ルーブル（金塊62トン）がハルビンに運ばれてきた。その半分くらいを朝鮮銀行ハルビン支店が買い取った。この金が朝鮮銀行大阪支店に運ばれて大阪造幣局に納入され、日本金貨に鋳造された。朝鮮銀行は五百数十万円の金塊を造幣局に納入した。これとは別に旅順に80箱の金貨・金塊が到着し、朝鮮銀行が 1 匁（3.75g）につき 4 円80銭（法定平価 1 匁＝ 5 円の0.96掛け）の相場で490万円分の金を買い入れ、造幣局に納入した153)。

　朝鮮銀行と正金銀行が1919年10月にロシア国立銀行ウラジオストック支店と、

---

151)　日本銀行調査局「世界戦争終了後における本邦財界動揺史」『日本金融史資料　明治大正編』第22巻、682－684ページ。齊藤壽彦 [1982] 233ページ。岸田真 [2003a] 74ページ。

152)　日本銀行調査局『本邦の金に就て』附録統計第15表「金輸出入相手国調」。

153)　多田井喜生『大陸に渡った円の興亡（下）』東洋経済新報社、1997年、47－83ページ。

ルーブル金貨担保による融通契約を結んでいた。この契約によって大阪造幣局に流入した金が約20トンほどあった[154]。

このようにして日本はロマノフ王朝・ロシア共和国の金貨・金塊を入手し、内地正貨を補充したのである。

（2） 日本銀行の金吸収資金融通とその終結
日本銀行の金吸収資金融通

地金銀吸収資金貸付は第1次大戦終了後も継続された。元来この資金融通は金地金および銀地金を吸収することを目的としていたが、大正時代にはもっぱら金地金の吸収を目的とするようになっていた。1924（大正13）年末に至るまで、日本銀行は金価格安定のもとで引き続き諸銀行や産金会社などに対して資金の融通を行って山金の吸収に努めていた[155]。日本銀行の金受入額はかなり多額にのぼった[156]。

1923年初頭における地金吸収資金の貸付先は朝鮮・台湾両行および久原鉱業株式会社の3者であった[157]。

朝鮮銀行の発足に際して継承された日本銀行の朝鮮銀行に対する地金銀吸収資金融通契約（契約期間1年、無利息、国債担保）は、1924年12月に解約されるまで毎年更新されていた。貸付金額は1923年4月には35万円から15万円に減額されている。金輸納契約高は1910年5月以降、360万円以上となっていた。1923年4月にはこれが100万円以上に減額されている。1920年には実際には4407円の金が輸納されている（米国金貨を含まず）[158]。

台湾銀行に対して日本銀行は台湾産出金地金購入資金を貸し付けた。貸付契約は1921年5月に期間6カ月、輸納契約高50万円以上に改められた。この契約は、更新継続された後、1923年11月に解約されている[159]。

日本銀行の浪速銀行に対する金吸収資金貸付は第1次大戦後も継続された。

---

154) 多田井喜生、同上巻、71ページ。
155) 吉川秀造［1969］132ページ。
156) 日本銀行調査局『本邦の金に就て』64ページ。
157) 大蔵省編、第14巻、865ページ。
158) 同上巻、865－866ページ。
159) 同上巻、869ページ。

第9章　正貨吸収と正貨保有、国際信用と日銀券への信認の維持

だが、これは1920年7月に契約解除されている[160]。浪速銀行は同年8月に十五銀行と合併することとなり、これを機会に日本銀行は契約満期となる7月に貸付金25万円を回収した[161]。

第1次大戦以後の産金業者への金吸収資金融通は、久原鉱業に対するものであった。1923年6月には期間6カ月、輸納契約高200万円以上に契約内容が変更されている。久原鉱業に対する金塊購入のための日銀貸付は、1924年12月に解約されるまで更新継続されている。

朝鮮銀行については1919年5月～1924年12月に5433万円（米国金貨126万円を含む）、台湾銀行については1919年5月～1923年11月に1億5216万円（米国金貨6057万円を含む）、浪速銀行については1918年7月～1920年7月に109万円、また久原鉱業については1918年12月～1924年12月に2599万円となっていた[162]。

このように、第1次大戦後も数年間は日本銀行の特別融通によって金吸収が継続されていたのである。

日銀金吸収資金融通の終結

日本銀行の地金吸収資金の融通は政府の内命により実施してきたものであった[163]。日本が金輸出を禁止していて、金流出の危険がなく、日本銀行が多額の金を保有しており、また本邦金貨の熔解（鋳潰し）が禁止されている状態のもとで国内における金消費需要が旺盛であった。このためであろうが、大蔵省理財局長は1923年以降、日本銀行に対して朝鮮銀行や台湾銀行や久原鉱業に対する金吸収貸付資金を契約満了とともに回収するよう通牒した。このため、日銀特別融通が浪速銀行に対して1920年7月に解約されたあと、台湾銀行に対して1923年11月に解約され、さらに朝鮮銀行および久原鉱業に対して1924年12月に解約された。かくして1899年以来実施されてきた日本銀行の産金吸収のための特別融通は1924年12月にいったんすべて終結することとなったのである[164]。

ただし1931年4月には久原鉱業の後身である日本鉱業株式会社が日本銀行か

---

160) 同上巻、869ページ。
161) 同上巻、864ページ。
162) 同上巻、866－869ページ。
163) 同上巻、864、869ページ。
164) 同上巻、869－870ページ。

らの融資を受けて産金の全額を日本銀行に納入するようになる。だが同社も金輸出再禁止後は日本銀行に金を納入しなくなるのである[165]。

（3） 米国金貨払下価格の変更とその効果
米国金貨の払下価格の変更

第1次大戦後には金吸収とは逆に金貨の払下げも行われている。金輸出禁止期には日本からの金輸出が禁止されただけでなく本邦金鋳貨の熔解も禁止されていた[166]。これにより加工用金地金の払底が生じた。諸外国の金輸出禁止あるいはその制限のために海外からの金輸入もほとんど不可能となった。このため国内の金需要は増加し、年額3000万円内外にのぼった。金細工業者や歯科医などは内地市場において金地金需要を満たすことが困難となった。

かくして日本銀行は、同行所有の米国金貨を、横浜正金銀行を通して払い下げて市中の金の不足を補うこととした[167]。

イギリスでは「金措置」（ゴールド・デバイス）として金価格の変更や金輸入業者に対する無利子貸付とともに最軽法定量目の金貨を選別して売却する方法が採用された[168]。日清戦争賠償金の一部を日本がポンド金貨で取り寄せた際には、イングランド銀行は、イギリスで使い古して磨滅がはなはだしく改鋳するために保留していた不良のポンド金貨を正規の量目を含む金貨として日本に渡すということさえ行った[169]。だが日本では、最軽法定量目の金貨を選別して売却し、金を防衛するという方法はとられなかったようである。

米国金貨の払下相場は大体法定平価（金貨）あるいは造幣価格（金地金）となっていた。このため金の市中価格は1匁（=3.75g）につき5円内外に安定

---

165) 日本銀行調査局『本邦の金に就て』16ページ。
166) 1878（明治11）年の太政官布告で、通用貨幣の熔解またはその体面棄損は禁じられていた。だがそれには制裁規定がなく、金貨を日本銀行から引き出して、これを工業その他の原料にすることが従来常に行われていた。これが1917年9月の金輸出禁止令によって罰則を伴って禁止されたのである（銀行問題研究会『金輸出禁止史』1929年、102ページ）。
167) 第1次大戦期の米国金貨払下げについては、日本銀行「金銀輸出取締令ノ実施並ニ其廃止ト本行ノ方策」（1933年10月）『日本金融史資料　昭和編』第20巻、138−144ページ、日本銀行百年史編纂委員会編『日本銀行百年史』第2巻［1983a］415−416ページを参照されたい。
168) 春井久志［1991］221−224ページ。
169) 高橋是清は造幣局の貨幣検査でこのような悪貨を日本が受け取ったことがわかったという事実を指摘している。高橋是清談（1928年7月11日）『大阪朝日新聞』（1928年7月21日付）を参照。

第9章 正貨吸収と正貨保有、国際信用と日銀券への信認の維持

していた。米国金貨の払下げは東京や大阪で実施された。日銀の正金銀行を通じた米国金貨払下額は金輸出禁止が実施された1917年9月から1924年10月まで行われ、その総額は1億26万ドルに達している[170]。なお、アメリカからの金貨輸入は金消費者や地金問屋によっては行われていなかったと考えられる。

第1次大戦後には一般物価が戦前と比較して異常な騰貴を生じたが、米国金貨が平価売却という割安な価格で供給され、内地の地金相場が1匁5円見当に釘付となった。この結果、金の奢侈品需要を助長するとともに産金業者を苦境に陥らせ、産金額を減少する結果を招いた。また法定平価による金貨の払下げは対米為替相場の低落を利用しようとする金の密輸出という弊害をも招くこととなった[171]。

かくして密輸出防止を主目的として、奢侈防止や産金奨励という目的も加えて金価の払下価格が変更されることとなった。すなわち1924年11月1日に、米国金貨または金地金の横浜正金銀行を通じた市中への払下げは、政府保有の金を、為替相場を標準として行うことに改められたのである[172]。金価格引上げによる金吸収策は採用されなかったが、金の払下価格の引上げによる産金業者の衰退抑制は考慮されていたのである。なお、政府所有金を売却することとしたのは米国金貨の引上げから生ずる利益を日本銀行の所得とせず国庫に帰属させるようにするためであった[173]。日本銀行の米国金貨の売出しは1924年10月末をもって停上された。

米国金貨払下価格変更の効果

金払下相場の変更によって金商品の市場価格は上昇した。久原鉱業の地金商

---

170) 日本銀行調査局『本邦の金に就いて』37、39ページ、附録統計第33表「米国金貨払下調」。当初、金貨の払下価格は、秤量により1匁5円換と定められていた。1918年に至り日本銀行は正金銀行に対して100ドルの金貨を200円61銭と日米金貨の平価で払い下げることに改められた。正金銀行は手数料として100ドルにつき9銭を加算した200円70銭をもってそれを市中に売り出すこととなった。正金銀行の金売却の相手方は地金商、貴金属品製造業者、歯科医など特定の金消費者に限られた。その不正使用を防ぐために当局は諸種の防止策を講じた（日本銀行調査局『本邦の金に就て』37ページ）。

171) 深井英五［1929］75ページ。内地で金1匁5円2銭で正金銀行から払下げを受けてこれを上海あたりに持っていくと、はるかに高い価格で売れた（銀行問題研究会、前掲書、104ページ）。

172) 銀行問題研究会、前掲書、104ページ。

173) 深井英五［1929］74-75ページ。日本銀行調査局『本邦の金に就て』39ページ。

に対する卸売相場は1924年11〜12月には6円27銭となった[174]）。

　金貨払下相場の変更により、金の密輸出の可能性が解消した。またそれによる金価格の上昇により産金額が増加した。さらに産金業者はその産金を日本銀行に納入するよりも市中に売り出す方がはるかに有利となった。

　金の市中価格の上昇にもかかわらず、産金業者の金の市中への供給の増加により、金の市中相場は正金銀行の金払下相場をはるかに下回ることとなった。このため米国金貨の払下げは激減することとなった。1924年11月から1930年1月金解禁に至るまでの米国金貨の払下額はわずか168万円にすぎなかった。1929年7月に浜口内閣が成立し、金解禁気配が濃厚となり、為替相場が49ドルにまで回復し、金価格が造幣価格に復帰の見込みがつく一方、内地不況の深刻化のために金の需要は激減し、供給過剰に陥ったために、同年7月以降年末までは米国金貨の払下げは皆無となったのである[175]）。

（4）　日本銀行の産金吸収の中止とその再開

　1924年末以降、金の市場価格が造幣価格を上回って上昇し、また日本銀行の産金吸収資金融通による金吸収が中断された。かくして山金（鉱床から産出する自然金）の日本銀行への納入は1925年以後数年の間ほとんど皆無となるに至った[176]）。

　日本の金鉱は北海道北部、本州東北部ならびに中部、九州中部南部などに分布していた[177]）。

　日本の産金の8割までは日本鉱業、古河、三菱、藤田、住友、三井の6大産

---

174)　1924年10月29日に金貨または金地金の払下手続きが制定された（日本金融研究所編『日本金融年表（明治元年〜平成4年）』同研究所、128ページ）。政府は所有金貨・金地金の中から必要額をいったん正金銀行に預け入れた。同行は、米国金貨を払下げ当時の為替相場（対米電信売建値）よりも1000分の5低い相場をもって払い下げることとし、その売却代金から1000分の2.5を手数料として控除した額を国庫に納入した（日本銀行調査局『本邦の金に就て』39ページ）。金地金の払下げもこれに準じていたといえよう。装飾用などに用いられる金商品の価格騰貴は貨幣価値の低落を意味しなかった。自由鋳造制度は維持されており、1匁の金は従来どおり5円金貨に鋳造され、金貨は従来どおりの金含有量を含んでいた。日銀券は名目上、金貨との自由兌換を約束されていた。実際に米国金貨払下価格の引上げは物価騰貴を促さなかった（銀行問題研究会、前掲書、106ページ）。

175)　日本銀行調査局『本邦の金に就て』40ページ。

176)　同上書、64ページ。

第9章　正貨吸収と正貨保有、国際信用と日銀券への信認の維持

金業者によって産出されていた[178]。大産金業者は消費者に直接産金を販売することは稀であって、ほとんどすべて地金問屋に卸売りした[179]。1928年12月には、為替相場の動揺による金価格の変動による金取引の不安定を回避するために、6大産金業者と地金商との間で金地金売買協定が締結された。この協定においては、産業者が精製金塊の全量を地金商に売り渡すこととなっていた[180]。

　1929年7月の浜口内閣成立後に為替相場が回復し金の価格が漸次造幣価格に接近したことと、不況の深刻化のために金消費量が減退した。地金問屋は多額の金在庫を抱えることとなった。このために同年10月〜12月には前年の12月に締結された産金業者と地金商との売買協定が変更された。従来は地金商が産金の全額を引き取る契約であったのがその一部を日本銀行に納入することとなり、産金業者が直接もしくは地金商の手を通して日本銀行に納入し始めたのである[181]。

177) 同上書、14ページ。北海道については、明治30年代の北見枝幸地方におけるゴールドラッシュ（砂金ブーム）が北海道産金が全国的に脚光を浴びた嚆矢である。次いで注目すべき大きな産金地となったのは1916（大正5）年に発見された鴻之舞金山である。そこは戦前の最盛期には東洋一（実際は日本一）といわれるほどの産出量を誇る金山となった。近代以降、北海道産金にはその産出量において大きな2つの山があった。1つは明治30年代であり、2つ目は1940（昭和15）年前後であった。これは同時に、北海道における砂金採取時代から鉱山産金（山金）採取時代への移行をも示している。明治30年代のゴールドラッシュ後、1907（明治40）年から大正前半期を通じての拮抗期を経て以降は完全に山金時代に移行し、産金事業における近代資本主義化が達成された（浅田政広［1999］433ページ）。
178) 三井が鉛、亜鉛とともに金を産出するのを除いて、ほかは銅主体の鉱山であった（日本銀行調査局『本邦の金に就て』15ページ）。
179) 地金問屋は、鉱山から山金を、古金の買い集めを営業とするものから古金を、また日本銀行から米国金貨を大量に仕入れて、これを金の直接消費者である金細工業者、金箔業者、歯科医および金の仲介機関である仲次商に販売をすることを営業とするものであった。その他の貴金属の売買も行っていた。東京と大阪に営業拠点があった。東京の徳力商店が代表的な地金問屋であった。大産金業者と地金問屋との取引において、品位1000分の999以上の金はすべて純金として取引された。実際には大産金業者の産金品位はこの標準以上であった。造幣局に地金を輸納する場合には品位1000分の1000が純金とされ、不純分が差し引かれて代金を支払うこととなっていたから、造幣局納めと市中売りとが同じ価格である場合には産金業者にとって市中売りの方が有利であった。
180) 日本銀行調査局『本邦の金に就て』24−35ページ。

第5編　第1次世界大戦後の正貨政策

3　金吸収策としての意義を有しない金輸出禁止下の公定歩合操作

（1）　物価騰貴抑制策としての公定歩合引上げ

　第1次大戦直後には物価騰貴を背景として物価調節策として通貨収縮を図るべきであるとする議論が高まり、公定歩合を引き上げるべきであるとの議論が盛んに行われるようになった。だが当時、世界の大勢に順応して産業貿易海運など日本経済の発展を図ろうとしていた高橋是清大蔵大臣は、日本の経済、景気に悪影響を与えるとして、これに反対であった。第1次大戦後の1919年7月に高橋是清は「物価調節ト金利政策トニ付テノ私見」を取りまとめている[182]。この意見書が8月1日の閣議で持ち出され、7日の新聞に発表されている。高橋蔵相は当時の物価騰貴を抑制する必要を認めたが、金利を引き上げて通貨を収縮することによって物価騰貴を抑制することには反対であった。公定歩合の引上げによる通貨収縮は、事業会社の破綻・労働者の失職・農村の疲弊などにより全国一般の不景気を招来する、それは通貨増発の主要原因である輸出などの対外的発展を抑圧しこれを委縮させる、金利の引上げは国際資本市場において債権国として資金供給を行うべき日本の地位を不利にする、東亜の情勢からも国交関係や経済関係に鑑みて得策ではない、と高橋蔵相は主張したのである。日本銀行は8月に「物価調節ニ関スル意見」を取りまとめ、このような主張に反対している。

　井上準之助総裁のもとでの日本銀行は、国民生活の安定のためには物価調節が必要であり、その方策の1つとして公定歩合の引上げが必要であると主張したのである。結局、公定歩合の引上げは遅れて、1919年10月、11月にそれぞれ2厘の引上げが実施されている。この引上げは市場利率に鞘寄せするとともに投機思惑の抑制と財界一般に対する警戒を明らかにするものであった[183]。

---

[181]　同上書、33、64－65ページ。産金額の3分の1以内を、造幣局を経て日本銀行に輸納し、残りを地金商に売却することとなった。日本銀行への輸納に関しては、実際には、地金商の保有する多額の金ストックを処分するために、産金業者に代わって地金商が手持金180貫を日本銀行に納入し、地金商が先物で輸納相当額（金180貫）を1匁5円という相場で購入することとなっていた（同上書、34ページ）。

[182]　この資料は東京大学経済学部図書室所蔵。

[183]　皆藤実［1963b］24－25ページ。日本銀行百年史編纂委員会編『日本銀行百年史』第2巻［1983a］513－517、535－538ページ。

第9章　正貨吸収と正貨保有、国際信用と日銀券への信認の維持

　10月の公定歩合引上げは、市場金融の引締りとともに、井上準之助日本銀行総裁が述べているように、投機旺盛が反動を招くことを恐れていたことによるところが大きい。当時高橋是清蔵相は公定歩合引上げによって物価調節を行おうとすれば商工業者が打撃を受けると考えており、原敬首相は10月の公定歩合引上げは物価調節のためではなく一般経済界の趨勢と金融市場の状況に鑑み実施したものであると述べている。11月の公定歩合引上げに際しての発表文の中には「投機」という字が入れられるようになっており、市場金利上昇への対応とともに投機抑制のために公定歩合が再引上げされたといえるのである[184]。

（2）　公定歩合の維持

　1920年反動恐慌時の特別融通がいわゆる「日本銀行の救済機関化」の端緒となった[185]。関東大震災以降、満州事変前には反動恐慌期の救済融資、関東大震災における震災手形による特別融資、1927（昭和2）年における金融恐慌の際の別口特別融資などにみられる特別融資という信用秩序維持政策が日本銀行にとっての大きな課題となった。日本銀行は救済機関化し、公定歩合を操作することによって貸出全体を統制する能力は漸次低下し始めた[186]。公定歩合の変更は1919年11月以降、1925（大正14）年4月まで5年5カ月の長きにわたって行われなかった。

　1923年12月17日には元老松方正義は、山本権兵衛総理大臣に書簡を送った。松方は、同封した「時弊ノ匡救国力ノ充実ヲ論ス」（同年12月）という別冊の中で、国力を充実させるために日本銀行が金利を引き下げて産業の発達を図るべきであると論じている。松方は書簡の中でこのことを大蔵大臣または農商務大臣と相談するよう主張したのである[187]。

　財界は1920年反動後の債務負担の過重を緩和するよう幾度か金利引下げを要請した。1924年4月にも全国商業会議所は決議をもってこれを要請した[188]。

　だが、金利低下は財界整理の進捗を妨げるものであるとして公定歩合は引き下げられなかった[189]。このことは結果的には通貨膨張を抑制して通貨価値の

---

184)　日本銀行百年史編纂委員会編［1983a］535－540ページ。
185)　日本銀行百年史編纂委員会編『日本銀行百年史』第3巻［1983b］22ページ。
186)　田中生夫［1980］33ページ。

第5編　第1次世界大戦後の正貨政策

維持に寄与するものとなったとはいえるであろう。

（3）　公定歩合の引下げ

　1925年4月に至り、日歩2銭2厘を維持してきた公定歩合が2厘引き下げられた。これは市中金利の低下を反映するとともに、借り手の金利負担を軽減し、その経理・財務の改善を推進することを目指すものであった[190]。市中金利の低下を反映した公定歩合の引下げは資金需要に応じたものであって、それが通貨膨張をもたらすことを意味しない。

　1926年10月には公定歩合はさらに2厘引き下げられた。これには日本の財界の整理促進、事業採算の改善、企業の財務改善の意図があった[191]。これは片岡蔵相の金解禁準備施策の一環をなすものであった[192]。

---

187)　これらの資料が井上家に所蔵されていたことから、これらが井上蔵相へ回付されたと考えられる。この書簡および別冊は『井上元総裁関係書簡および揮毫』（日本銀行百年史史料）に所収。別冊の中で、「現今ノ急務ハ時弊ヲ匡救シテ国本ヲ培養シ国力ヲ充実シテ富強ヲ致シ以テ益々世界ニ於ケル帝国ノ地位ヲ向上シ福利ヲ永遠ニ増進スルニアリ……其国力ヲ充実スルハ専ラ産業ノ発達ヲ図リテ財力ヲ豊富ヲ期スルヨリ急ナルハナク之ヲ期スル必海外貿易ヲ隆盛ナラシメ大ニ輸出ヲ増加シ輸入ヲ減少セシムルニアリ　凡ソ輸入ヲ減少スルハニ国民ノ奢侈ヲ戒メ浪費ヲ省キ日常ノ供給ニ努メテ之ヲ内国品ニ需メシムヘク更ニ輸出ヲ増加スルハ廉価ニシテ且優良ナル生産品ヲ多量ニ製出シ以テ世界市場ニ一大声価ヲ博セサルヘカラス　其之ヲ博スル所以ノ途ハ必スヤ金利ノ低下ヲ待ツヲ要ス　金利ニシテ低下スレハ則チ生産費ヲ軽減シ従テ各種ノ事業自ラ盛大ニ赴キ物価モ亦低廉ナルニ至リ仍チ以テ輸出ヲ増加シ国富ヲ増進セシムルヲ得ヘキナリ……今ノ時須ラク先ツ金利ノ低下ヲ断行シ以テ民力ノ萎縮ヲ救ヒ産業ノ発達ヲ促サシムヘシ　其任固ヨリ政府ニ存シテ而シテ之ヲ実現スルハ日本銀行ニアリ　苟モ財界ノ中枢機関トシテ金融上ノ鍵鑰ヲ握リ兌換券発行ノ特権ヲ附与セラレタルノ使命ニ鑑ミ日本銀行タルハ奮テ金利ヲ低下シ以テ奉公ノ実ヲ示シテ可ナリ」と述べられている（文中に空欄を設け、読みやすくした）。

188)　高橋亀吉［1954］496ページ。

189)　高橋亀吉［1954］496ページ。皆藤実［1966a］10－11ページ。1924年6月、第1次加藤高明内閣成立以降、緊縮政策が断行された（高橋亀吉［1954］504ページ）。1924～25年の深刻な不況期において、財界は金利低下政策をしきりに要請したが、日銀や政府はこれに反対した。常に金利高の基因が銀行貸出の固定にあり、その整理が進まないかぎり金利の低下は期待しがたいというのがその理由であった（同書、519ページ）。

190)　田中生夫［1980］34ページ。当時の日本の事業基盤、事業の採算基礎は脆弱であった（高橋亀吉［1955a］565－566ページ。高橋亀吉［1955a］567ページ）。

191)　『銀行通信録』1926年10月号にみられるように、田昌大蔵次官が引下認可理由の中でこのようなことを述べている（「日本銀行金利引下」同誌第489号、81ページ）。皆藤実［1966a］16ページ）。また、田中生夫［1980］98ページも参照。

192)　田中生夫［1980］97－99ページ。安んじて金解禁を実行するためには企業の収支均衡、事業基礎の確実化、一般財界の整理安定がその前提として必要であった（高橋亀吉［1955a］621－622ページ）。

第9章　正貨吸収と正貨保有、国際信用と日銀券への信認の維持

　公定歩合は1927年3月には2厘、金融恐慌後の同年10月にはさらに1厘引き下げられて日歩1銭5厘となった。この2度の引下げは市中金利低下の大勢に追随したものであった[193]。その後、市中金利はさらに低下した。これには日本銀行の特別融通が関係していた。1928年後半に入り市中金利はやや上昇したが、公定歩合は1927年10月から1930年10月に至る3年間変更されなかった。日本銀行の貸出が固定されており、中央銀行の市中銀行に対する統制力が低下していた[194]。

　日本では、公定歩合操作は金吸収策としての意義を必ずしも有していなかった。金輸出禁止下の公定歩合政策はまさにそうであった。上述の経過は、第1次大戦後の金輸出禁止期において公定歩合政策が金防衛の手段としては活用されていなかったことをよく示している。この時期には日本銀行券に対する一般的信認はすでに確保されていた。銀行券に対する名目上の金兌換と日本銀行の金準備と保証準備屈伸制限発行制度によって、これが保持されていた。このような状態のもとで、産業奨励に悪影響を与えると考えられる公定歩合の引上げによる金吸収策は採用されなかった。また、金輸出が禁止されており、かつ戦争に備えての軍需物資輸入のための金の充足が大きな課題とはなっていない第1次大戦後の時期においては、金防衛が金融政策の大きな課題とはならなかった。

　金輸出禁止期において、日本銀行理事の深井英五は、通貨調節による通貨価値安定の必要性をよく認識していた[195]。金本位制を施行しながらその制度と運用とに通貨管理の趣旨を加味することによって通貨価値を安定することができると深井は『通貨調節論』の中で論じている[196]。すでに通貨管理の考えが1928年に登場しているのである。だが、まだ銀行券と金との関係が断ち切れていない第1次大戦後においては、通貨価値維持を目的として日本銀行が金融政策を展開するということが、当時の公定歩合操作には明確にはうかがえないのである。

---

193)　皆藤実［1966b］25ページ。
194)　同上論文、28－30、34ページ。
195)　深井英五［1928］を参照されたい。「通貨の価値を成るべく安定せしめることが、通貨調節の主たる目的である」と深井は論じている（同書、92ページ）。
196)　深井英五［1928］300－302ページ。

当時の公定歩合の変更は、景気過熱の抑制や市中金利への追随、また企業の事業基盤強化のために実施された。もっとも、これらの政策は、結果的には通貨膨張の抑制によって通貨価値の低落を抑制し、通貨の信認を維持するという効果を有していたといえよう。

第3節　諸外国の金・外貨準備保有と日本

1　諸外国の金保有

日本の正貨保有の特徴を国際的に位置づけたい。このために第1次大戦後の各国の金・外貨保有状況を概観しておこう。まず、金保有について考察する。

世界

国際金本位制は、第1次世界大戦期に戦争という特殊事情によって一時的に崩壊した。だが、大戦の終結後は、金本位制こそが理想的なものとして一般的に信認され、国際的に金本位制の再建が推進された[197]。

第1次世界大戦後、金生産は増加せず、再建金本位制下において戦前水準を下回った。国内金貨流通や金貨本位制が後退し、金地金本位制や金為替制度が普及した。だが、金の重要性は失われず、各国の中央銀行および政府の金保有額は、戦前に比して増加した[198]。

金準備は、第1次大戦後には、アメリカとフランスに偏在するようになった[199]。金はアメリカ、イギリス、カナダ、日本では、中央銀行以外に政府でも保有されていた[200]。

1930年代には、金本位制は崩壊する。だが、国際決済機能、中央銀行券信認維持の一環としての機能を果たす金の役割は失われず、各国間で金争奪戦が展

---

197)　日本銀行調査局「国際金本位制の研究」（1954年5月）『日本金融史資料　昭和編』第20巻、319－320ページ。

198)　世界50ヵ国の金保有高は1913年末の48億5700万ドルから1928年末の100億2800万ドルへと増大している（同上、326－327、332－335ページ）。

199)　アメリカとフランスが巨額の金を有し、イギリスの金は不十分であった（Paul Einzig, *World Finance since 1914*, London, 1935. ポール・アインツィヒ著、木村春海訳『大戦後の世界金融史』政経書院、1935年、172－173ページ）。

200)　日本銀行調査局「国際金本位制の研究」317、327ページ。

第9章　正貨吸収と正貨保有、国際信用と日銀券への信認の維持

開されることとなる。

アメリカ

アメリカは第1次世界大戦期に、連合国への商品・資金の供給を通じて従来の債務国から世界最大の債権国へと転化した[201]。1920年代および30年代初期に経常収支が恒常的に黒字であった。これは貿易収支の巨額の黒字とサービス収支の黒字転化によるものであった。アメリカは長期資本輸出を行い、長期資本収支は赤字であった。にもかかわらず、基礎収支は黒字（1919～21、1923～25、1928～31年）であった[202]。1928～29年の国内株式ブームによって新規外国証券発行は急減した[203]。

なお、短資移動をみると、1924、1926～27年に短資が流入し、1925、1928、1930～31年に短資が流出している[204]。

アメリカはすでに1913年に世界最大の金保有国となっていたが、上記のような状況下で第1次世界大戦期の1915～16年にアメリカへの金流入が激増した[205]。アメリカは、大戦後も引き続き金保有を増加させ、公的金準備の最大の保有国としての地位を維持した。1924年末には世界50カ国の中央銀行ならびに政府の貨幣用金の約46％をアメリカが占めていた[206]。世界の金はまさに偏在していた。1925年末から1928年末にかけて、アメリカの金保有額がかなり減少しているが、これはその間巨額の対外投資が行われ、戦債、賠償、輸出超過などによる金の流入を相殺してなお余りあったことを示すものである[207]。

---

201)　アメリカは1870年代から1890年代にかけて「成熟した債務国」の段階にあり、1890年代から1910年代にかけて「債務返済国」の段階に移行し、1910年代の中葉から投資収益収支の黒字化とともに「未成熟の債権国」の段階に移行した（経済企画庁編『経済白書』1984年版、大蔵省印刷局、1984年、108－109ページ。平岡賢司「経常収支の黒字累積と長期資本収支――1920年代のアメリカの基礎収支動向を中心として――」熊本商科大学『海外事情研究』第20巻第2号、1993年2月、1－6ページ。

202)　平岡賢司［1993］99－105ページ。平岡賢司、前掲「経常収支の黒字累積と長期資本収支」8－19ページ。

203)　平岡賢司、前掲「経常収支の黒字累積と長期資本収支」20ページ。

204)　平岡賢司［1993］102－103ページ。

205)　大蔵省理財局「諸外国における金本位問題」大蔵省『調査月報』第15巻特別第2号、1925年10月20日、87ページ。平岡賢司、前掲「経常収支の黒字累積と長期資本収支」6－7ページ。

206)　日本銀行調査局、前掲「国際金本位制の研究」328ページ。

207)　同上、327－328ページ。

第5編　第1次世界大戦後の正貨政策

1927年後半から上昇傾向を強めていたニューヨークの株価は、28年後半にはいっそう騰貴し、これに加えてニューヨークの各種金利が上昇し、アメリカの新規外国証券発行額は1928年下半期に激減し、この傾向が1929年も持続した。アメリカは1928年1〜7月にかけて4億3640万ドルの金流出となっていたが、1928年8月〜29年10月にかけて3億719万ドルの金を吸収した。1928年の第4四半期から1929年10月のニューヨーク株式ブーム崩壊までのアメリカへの短資流入はアメリカへの金流入を伴うものであった。その結果、アメリカの公的金準備は28年7月末の37億3720万ドルから29年10月末には40億2300万ドルへと2億8580万ドルの増大となった[208]。アメリカの金保有額は巨額に達した。1913年にはアメリカの公的金準備は世界（50カ国）のそれの26.6％を占めていたが、1924年末には同45.7％と半分近くに及び、1928年末においても、アメリカの中央銀行および政府の貨幣用金保有高は37億4600万ドルと、世界50カ国の公的金準備（中央銀行および政府の貨幣用金保有高）合計100億2800万ドルの37.36％も占めていたのである[209]。

イギリス

イギリスの国際収支は、第1次大戦前に貿易収支が入超、貿易外収支が受取超過（海運、保険、利子収入）、資本収支が流出超過となっており、貿易外収入の中では海外投資に基づく収益が最も多く、これが国際収支を均衡させて金本位制を維持させていた[210]。1920年代、輸出産業の国際競争力の低下などを反映して、貿易収支は大幅に悪化し、入超額が大幅に拡大した。貿易外収支は、1929年まではやや漸増気味に黒字幅を維持した。貿易収支に貿易外収支を加え

---

208) 平岡賢司「アメリカの短資資本収支と金移動、1919−1933年」熊本学園大学『経済論集』第1巻第3・4合併号、1995年3月、171ページ。同「短期資本移動と金流出入——1929〜30年を中心として——」『証券経済学会年報』第35号、2000年5月、194ページ。アメリカの資本輸出の急減はニューヨーク株式ブームだけでなく、不健全な外国証券が過剰に発行されていたためでもあった（侘美光彦・杉浦克己［1982］123ページ）。
209) 日本銀行調査局、前掲「国際金本位制の研究」327−328ページ。
210) 牧野純夫［1969］9−13ページ。1901年〜13年には海外向け新規資本発行が経常収支黒字を上回ることもあったが、全体的には後者が前者を上回っていた（侘美光彦・杉浦克己編［1982］308ページ）。1860〜1913年では基礎収支が赤字となっていたが、短資収支の黒字により総合収支は黒字となっていた（西村閑也「イギリスの金本位制復帰と短資移動」玉野井昌夫・長幸男・西村閑也編［1982］27ページ）。

第9章　正貨吸収と正貨保有、国際信用と日銀券への信認の維持

た経常収支は、1928年を除けば大幅に悪化し、1926年には赤字さえ生じている。長期資本収支は、資本輸出が1927、28年を除けば、戦前水準に比べて停滞傾向に推移し、赤字幅は縮小した。経常収支に長期資本収支を加えた基礎収支は1928～29年を除けば戦前よりも悪化し、ことに1925～27年には大幅な赤字となっていた（1929年は黒字）。イギリスの対外短期ポジション（金融機関の対外短期資産保有額と対外短期債務保有額との差額）は悪化し、イギリスは大幅な短期債務超過に直面した211)。このような国際収支の悪化と短期債務超過に基づく短期資本流出の恐れは、多額の金流出をもたらす恐れがあるというイギリスの脆弱な金保有構造を形成することとなったのである。大戦後には、戦前のようにイギリスを中心とした強固な国際金融システムは再建されなかった。もっとも、イギリスからの金流出は、実際にはイングランド銀行の外国為替操作や中央銀行間協力、アメリカによる長期資本輸出を梃〔てこ〕とする国際的な（異種通貨国に対する）信用供与などによって一応は抑制されていた212)。

だが、上記のような状況のもとで、1920年代にイングランド銀行の金保有高は増大しなかった。さらに、1929年や1931年5月から9月21日にかけて、金保有額の減少さえ生じたのである213)。1929年1～10月にイギリスからドイツ、アメリカ、フランスに向けて金が流出した214)。この背景にはニューヨーク証券市場の株式ブーム昂進に伴うアメリカからの長期信用供与の激減および諸外国からアメリカへの資金の大量流入とフランスによる金蓄積とがあった215)。

なお、イギリスの中央銀行（ならびに政府）保有の金の額は、世界（50カ国）中、1922年～24年末に第2位で、1928年には第3位で、同年に世界の中央銀行

---

211) 平岡賢司「再建金本位制期のイギリスの国際収支と対外短期ポジション」『熊本商大論集』第31巻第1・2合併号、1985年3月、111－144ページ。平岡賢司［1993］85－99ページ。
212) 米倉茂「イングランド銀行の為替政策」侘美光彦・杉浦克己編［1982］314－328ページ。平岡賢司「再建金本位制と『中央銀行間協力』」北海学園大学『経済論集』第26巻第4号、1979年3月、89－132ページ。イギリスの金本位復帰はアメリカからの金融支援、中央銀行間協力に支えられていた。1927年7月の英米独仏4カ国中央銀行総裁会議での取決めがイギリス再建金本位制崩壊の危機を一時的に回避させた。中央銀行間協力については次の文献を参照されたい。Stephen V. O. Clarke, *Central Bank Corporation 1924-31*, New York, 1967.
213) 大蔵省理財局、前掲「諸外国における金本位問題」34－36ページ。平岡賢司［1993］94－99ページ。
214) 平岡賢司、前掲「短期資本移動と金流出入」200ページ。
215) 同上論文、194、200ページ。平岡賢司、前掲「短期資本移動と資本逃避」熊本学園大学『経済論集』第6巻第3・第4合併号、2000年3月、1－65ページ。

ならびに政府の保有金の7.5%を占めていた[216]。したがって、イングランド銀行の金保有が国際的に一定の役割を果たしていたことを否定することはできない。

フランス

1913年末には、フランスがアメリカ、ロシアに次ぐ公的準備としての金の保有国であった[217]。第1次大戦後のフランスは経常収支が黒字であり、大規模な長期対外投資を再開しなかったので、基礎収支は黒字であった[218]。フランスは第1次大戦後には1922～24年末にはイギリスに次ぐ公的金準備保有国となったが、1925年以降は世界第2位の金準備保有国となった[219]。

フランスの1928年6月制定の「貨幣法」はフランス銀行の金準備充実を重視していた。同法の第4条でフランス銀行は流通銀行券および当座預金の合計に対して、最低限35%の金準備（金地金および金貨）を保有しなければならないと規定されていた[220]。

フランス銀行は、1928年後半から、保有する外貨を金に切り替え始めた。フランスへの金移動により、フランスは1928年7月から1929年10月までに4億3400万ドルの金を蓄積した。1928年6月のフランの法律上の安定から1930年末に至る期間中に、金準備を245億8800万フラン増大させ、他方、外貨準備を100億1800万フラン減少させることによって、金準備率を13.13%上昇させた[221]。フランスの公的金準備の世界の中央銀行および政府の金保有額に占める比率は1926年末には7.7%となっていたが（世界第3位）、1928年末には12.5%を占めるようになった（世界第2位）のである[222]。フランスへの金流入をもたらした直接的要因については、平岡賢司氏によって指摘されている[223]。

---

216) 日本銀行調査局、前掲「国際金本位制の研究」327ページ。
217) P. H. Lindert [1969] pp. 10-12.
218) 平岡賢司「フランスの金蓄積とポンドへの重圧――1928年から1930年までを中心に――」熊本学園大学『経済論叢』第7巻第1・2・3・4合併号、2001年3月、225、238－241ページ。
219) 日本銀行調査局、前掲「国際金本位制の研究」327ページ。
220) 平岡賢司、前掲「フランスの金蓄積とポンドへの重圧」234ページ。
221) 同上論文、241－258ページ。
222) 日本銀行調査局、前掲「国際金本位制の研究」327ページ。
223) 平岡賢司、前掲「フランスの金蓄積とポンドへの重圧」255－256ページ。

第9章　正貨吸収と正貨保有、国際信用と日銀券への信認の維持

　フランス銀行が巨額の金を持つようになった背景には、国民の貯蓄心が旺盛であるにもかかわらず人口の増加が遅々としていたなどにより資金需要に限界があったことや、政治が不安定でフランの安定性が脅威にさらされていた経験があること、さらにロシア革命による海外投資における大損失の経験などの事情もある。貨幣として金に対する信認（la Confiance）が強固であったのである[224]。

　フランスはイギリス、ドイツ、アメリカから金を吸収した[225]。

　このようなフランスへの金集中は、ポンドに対して厳しい緊張と圧力をもたらした[226]。これがイギリスの再建金本位制崩壊の1つの要因となったのである[227]。

ドイツ

　ドイツは第1次世界大戦前に貿易収支は赤字でサービス収支が黒字であり、経常収支の黒字は定着していなかった。第1次大戦期に金本位制を停止し、1924年に金本位制を再建したが、再建金本位制下のドイツの国際収支は構造的な脆弱性を有していた。ドイツは資本輸入国にして「世界最大の債務国」となり、利子・配当の海外投資収益収支は1925年に入超に転じ、以後赤字幅を拡大した。経常収支の大幅赤字傾向が定着した。この赤字を外国資本の大量取入れでファイナンスした。長期資本は主としてアメリカから流入した。短期資本もアメリカなどの銀行から大量に流入した。経常収支の赤字を資本収支の黒字によってカバーし、これによって賠償金の支払いが可能になるとともに、金・外貨準備が1928年まで増加した[228]。だが1929年には、賠償改定問題の行き詰まりから4月にドイツから多額の短資の流出が生じた。1930年10月には財政危機、

224）　大島堅造『最近の為替と国際金融』一元社、1935年、340－344ページ（同書では la Confiance を「信用」と訳している）。1913年末における各国の一人あたり金保有額をみると、イギリスが37.7円、アメリカが38.74円であったのに対してフランスが60.6円と最も多かった（日本銀行臨時調査委員会「金貨ヲ民間ニ流通セシムルノ可否ニ就テ」同委員会編『臨時調査集』第3輯、476ページ）。

225）　平岡賢司、前掲「フランスの金蓄積とポンドへの重圧」242－245ページ。

226）　日本銀行調査局、前掲「国際金本位制の研究」327ページ。平岡賢司、前掲「短期資本移動と金流出入」198－199ページ。平岡賢司、「フランスの金蓄積とポンドへの重圧」241－243ページ、257－265ページ。

227）　上川孝夫・矢後和彦編［2007］55－56ページ。

政治体制危機に伴って多額の外資が流出した。このような激発的な短資流出が、多額の金流出、ライヒスバンクの金・外貨準備の急減をもたらしたのである[229]。

日本の金保有の国際的比較

日本は第1次世界大戦中から1919〜21年末にかけて金準備保有額を増加させた後、やや減少傾向がみられたものの、1929年末までほぼ保有額を維持していた[230]。日本の公的金準備保有額は1928年末には5億4100万ドルと、同年の世界の公的金準備の5.4％を占めていた。日本の公的金準備は1922〜27年には世界第4位であったが、1928年末にはドイツに次いで世界第5位となっている[231]。日本の公的準備としての金保有は、国際的には中心的でなかったとはいえ、無視できないものであった。

日本では、第1次世界大戦後には、アメリカのように貿易収支の黒字から金を吸収するということはなかった。1919年6月のアメリカの金輸出解禁の時期に在外正貨を金に換えて日本に取り寄せるということは行われた。だがこれを除けば、1929年以後のフランスのように、対外短期債権を金に換えて蓄積するということはなかった。日本は1917年9月中旬から1931年12月中旬まで、欧米よりも長く金輸出禁止が継続されたから、この間に政府の金現送を除いて金が輸出されることはなかった。1920年代に金保有額が基本的に維持されていた。国際収支赤字下での国際決済は、金に代わる在外正貨の支払いによって行われた。在外正貨が減少すると、これは長期外資導入によって補充された。

日本では金準備は主として中央銀行によって所有されたが、第1次大戦後には政府によって金準備が保有されることもあった。

---

228) 平岡賢司、前掲「短期資本移動と資本逃避」20−46ページ。1927、28年には大量の短資が流入したが、これはアメリカなどの銀行からドイツの諸銀行、とくにベルリン大銀行に対する、引受信用および外国現金信用の供与（短期貸付に他ならない外国預金）という形態を中心とするものであった（同論文、22−31ページ）。1931年7月におけるドイツへの外国投資統計については東京銀行局［1981］581−582ページも参照。

229) 平岡賢司、前掲「短期資本移動と資本逃避」。46−65ページ。同、前掲「短期資本移動と金流出入」198−200ページ。

230) 日本銀行百年史編纂委員会編［1986］334ページ。

231) 日本銀行調査局、前掲「国際金本位制の研究」327ページ。

第9章　正貨吸収と正貨保有、国際信用と日銀券への信認の維持

日本は短期外資に依存せず、ドイツのように、外資依存の脆弱な体制から生ずる激発的な短期資本流出に伴って、多額の金が流出するということはなかった[232]。

金解禁実施後には多額の金が流出したが、これについては第12章で論述する。

2　諸外国の外貨準備（金為替）保有

（1）　外貨準備（金為替）制度の普及

第1次世界大戦後に金為替準備制度および金為替兌換制度の両者を包含する金為替制度が普及した[233]。

ドイツ（ライヒスバンク）、ベルギー（ベルギー・ナショナル・バンク）、イタリア（イタリア銀行）では第1次世界大戦前から外国為替の正貨準備算入が認められていた。ドイツは1924年8月に、ベルギーは1926年10月に、イタリアは1927年に、兌換銀行券について金兌換以外に金為替兌換も認めるようになった。ポルトガル（ポルトガル銀行）も1931年に金為替の正貨準備繰入れと銀行券の金為替兌換を認めた。そのほかにも第1次大戦後に金為替兌換が認められた国があった。第1次世界大戦後に、金為替兌換は認められないが金為替の正貨準備算入が認められた国もあった。旧オーストリア・ハンガリー諸国（第1次大戦後のオーストリア・ハンガリーの解体後のオーストリア・ナショナル・バンク、ハンガリー・ナショナル・バンク、チェコ・スロヴァキア・ナショナル・バンク）、ソ連のゴス・バンク（1921年にロシア共和国国立銀行が設立され、23年にソ連邦国立銀行＝ゴス・バンクに改組）などである[234]。

1922年春にジェノア会議で金為替本位制の採用が正式に承認された。中央銀

---

232) 日本には、ドイツやイギリスとは異なり、外国から入っている短期資金がなかったから、金解禁実施下においてもこの資金の持ち出しによって金が流出する恐れはなかった（井上準之助大蔵大臣「日本商工会議所第4回定期総会懇親会席上に於ける演説」『日本金融史資料　昭和編』第21巻、528－529ページ）。

233) 田中金司［1955］207ページ。第1次世界大戦後に金為替本位制が普及したといわれているが、金為替本位制は金為替の売買を通じた為替相場の平価付近での安定化による通貨価値の維持または銀行券の金為替との兌換を本質的特徴とする。金為替本位制を採用したといわれる国でも金貨兌換が併用されていたから、本章では田中金司氏の見解に従って、金為替本位制という言葉は用いないこととする。金為替制度は外貨準備制度ともいえる。

234) 松岡孝児『金問題研究』有斐閣、1933年、第1章。田中金司［1955］208－212ページ。

行による外国為替の保有が一般的となり、かつ増加した[235]。1913年において ヨーロッパの中央銀行が保有する外国為替の構成比率は準備総額の約12％にとどまっていた。ヨーロッパの24の中央銀行が保有する金ならびに外国為替（外貨準備）の推移を考察すると、1924年末から1928年末にかけて、金保有額は22億8100万ドルから34億9000万ドルの増加にとどまったのに、外国為替保有額は8億4500万ドルから25億2000万ドルへと大幅に増加している。金および為替準備総額において占める外国為替の割合は1924年末には27％であったが、1928年には42％となるに至った[236]。

中央銀行および政府が保有する対外金融資産（外国為替、外貨準備）については、フランス銀行の外国為替保有高は1926年末に50億1000万フラン、1927年末に265億5000万フラン、1928年6月21日に313億500万フランと増大している[237]。連邦準備制度理事会の統計によれば、フランス銀行は1928年12月28日に327億2600万フランの外貨準備を有していた（金準備は319億7700万フラン）[238]。中央銀行および政府が保有する対外金融資産は、ドイツでは1924年末に金準備を凌駕し、イタリアでは1927年末、1928年末に金準備を凌駕した[239]。

このような金為替制度普及の背景には、産金額が経済界の必要額に対して不足しており、金を節約する方法として金為替準備が必要であり、また、金の国際的分配が不平等であり、金の国際的移動が不自由であるという事情があった[240]。また、イギリスが金為替本位制を採用しようとする国に対して信用を

---

235) 日本銀行調査局、前掲「国際金本位制の研究」329－331ページ。
236) League of Nations (Economic, Financial and Transit Department, written by Ragnar Nurkse), *International Currency Experience: Lessons of the Inter-War Period*, [Geneva] 1944, pp. 29, 35. R. ヌルクセ著、小島清、村野孝共訳『国際通貨——20世紀の理論と現実——』東洋経済新報社、1953年、37、46ページ。田中金司 [1955] 206ページ。
237) Philip F. Vineberg, *The French Franc and the Gold Standard*, 1938, p. 21. 島崎久彌 [1983] 145ページ。
238) 平岡賢司、「フランスの金蓄積とポンドへの重圧」247ページ。
239) 日本銀行調査局、前掲「国際金本位制の研究」330ページ。同統計ではフランスの公的対外金融資産は1926年末に4億1800万フラン、1927年末に2億5200万フランにすぎないが、この数値は過少のように思われる。
240) 松岡孝児『金問題研究』有斐閣、1933年、11－24ページ。世界の産金量は1915年から1922年にかけて、約3分の1がた減少した（ヌルクセ著、小島清、村野孝共訳、前掲『国際通貨』35ページ）。産金状況については日本銀行調査局、前掲「国際金本位制の研究」326ページを参照されたい。

第9章　正貨吸収と正貨保有、国際信用と日銀券への信認の維持

供与することによって、ロンドンの金融覇権を再び確立しようとした事情もあった[241]。

多くの国の中央銀行はアメリカやイギリスからの借款の手取金の一部として外国為替を入手した。ある国の中央銀行は国際収支を改善して対外準備を獲得しようと努力した[242]。フランスの通貨当局は、フランの上昇を防ぐために、1926年12月26日にフランを売ってポンドとドルを買い、こうして「フランの事実上の安定」を図るために外国為替残高を保有した[243]。

ドイツは公債発行によってアメリカの資本を導入し、ドイツの中央銀行ライヒスバンクは、外債手取金を準備通貨として保有し、この保有外貨をもって外国為替市場に介入し、マルクの安定を図った[244]。ドルは準備通貨、為替市場介入通貨としての国際通貨機能も果たした。

(2)　諸外国の外貨準備（金為替）の保有構造

国際決済の準備のために準備通貨が、周辺国によって中心国の金融市場に、短期資産から構成されている外国残高という形態で保有されていた[245]。

第1次大戦前には外貨準備は主としてポンドの形態でロンドンに保管されていた[246]。

大戦後においては、外貨準備（ことに公的外貨準備）は主としてポンドおよ

---

241)　島崎久彌［1983］142－144ページ。1925年以降イングランド銀行のノーマン総裁は、フランスとは異なり、金為替本位制の価値を宣伝していた（山本栄治［1988］97ページ）。
242)　League of Nations, *op. cit*., p. 32. ヌルクセ著、小島清、村野孝共訳、前掲書、41－42ページ。
243)　Philip F. Vineberg, *op. cit*., pp. 19-20. 島崎久彌［1983］145ページ。日本の『エコノミスト』誌の1931年9月15日号は、フランス銀行の保有にかかる在外バランスが約256億フラン、国庫の保有にかかるものが約50億フラン、民間諸銀行の保有にかかるものが約100億ないし120億フラン、合計406億ないし426億フラン（法定平価で換算すれば約3億2700万ないし3億4300万ポンド）と推算している（芝五朗「英・仏の『金』抗争」『エコノミスト』第9巻第18号、390ページ、田中金司［1955］229ページ）。
244)　平岡賢司「アメリカの資本輸出と公的ドル・バランス──賠償問題との関連を中心として──」九州大学『経済学研究』第43巻第4号、1977年10月、80ページ。
245)　外国残高は、①当座預金、一覧払い預金、②通知預金、定期預金、③短期貸付市場で運用されている預金、④商業手形や大蔵省証券の保有、外国の銀行券の保有から構成されていた（P. Einzig, *Foreign Balances*, London, 1938, pp. 5-6. 山本栄治［1988］84ページ）。準備通貨は貿易決済用の準備資金として保有され、また短期資本などとして運用されたものであった（山本栄治［1988］86ページ）。

899

びドルの形態で保有されるようになった。1927年には4億1900万ポンド、1928年には5億300万ポンドのポンド残高（ポンド預金、ポンド手形保有、ロンドン割引市場への貸付）がロンドンにおいて諸外国によって保有されていた。他方、ドル残高は、それぞれ6億3700万ポンド、5億9500万ポンド相当額がニューヨークにおいて諸外国によって保有されていた[247]。1931年におけるフランスの在外バランスは約3億ポンドに達するが、そのうち在ロンドンのものが約1億ポンド、在ニューヨークのものはさらに多かったといわれている[248]。

外貨資金は公的機関と民間機関によって保有された。公的外貨準備は、日本を除けば、中央銀行によって保有されていた。たとえばフランスでは公的準備はもっぱらフランス銀行によって所有されていた[249]。ヨーロッパの中央銀行が保有していた外国為替（外貨準備）の額は、前述のように1928年末に金・為替準備中の42％に達していた。

ポンドやドルが民間の対外支払準備として保有されるとともに、公的外貨準備として保有され、為替介入通貨等としての役割も果たし（金為替保有国の公的機関は、自国通貨の対外価値を維持するために準備通貨を為替市場への介入操作

---

246) 1913年末における公的外貨準備保有においてイギリスは38.1％を占めていた（Lindert [1969] p. 19）。1913年末には、世界の外貨保有高（foreign holdings of major currencies）17億1770万ドル中、公的保有が11億3210万ドル（横浜正金銀行保有分を含む）、民間保有が5億8560万ドルとなっていた（所在地不明のものを含む）。そのうち、イギリスで公的保有が4億3160万ドル、民間保有が2390万ドル（合計4億5550万ドル）となっていた（Lindert [1969] p. 19）。リンダートのいう外貨保有高は外国為替保有高と等しいものである（Lindert [1969] pp. 10-12, 18-19）。この外貨保有高、外国為替保有高は在外の預金、手形、短期証券を含むと考えられる。リンダートの公的保有外貨残高統計は、ブルームフィールドの外国為替資産の公的保有総額統計（1913年末）が日本銀行および日本政府保有額を含まないことを除いて、ブルームフィールドのものと残高がほぼ一致しているが、ブルームフィールドは、外国為替資産の公的保有総計の大部分は、スターリング手形、ロンドンの銀行預金およびその他の短期スターリング資産から成っていたと述べているのである（Bloomfield [1963] pp. 8, 14. ブルームフィールド著、小野一一郎・小林竜馬訳 [1975] 88、92ページ。島崎久彌 [1983] 91、95ページ）。

247) P. Einzig, op. cit., Appendix Ⅰ. Committee on Finance & Industry, op. cit., pp. 112-113. 滝口義敏訳、前掲書、188－189ページ。加藤三郎・西村閑也訳、前掲書、90－91ページ。山本栄治 [1988] 84－85ページ。

248) 田中金司 [1955] 229ページ。

249) 1928年末の対外資産は328億4500万フランあったが、これはフランス銀行所有のものであった（日本銀行調査局、前掲「国際金本位制の研究」317、330ページ）。同年12月28日にフランス銀行は327億2600万フランの外貨準備を保有していた（平岡賢司、前掲「フランスの金蓄積とポンドへの重圧」247ページ）。

第9章　正貨吸収と正貨保有、国際信用と日銀券への信認の維持

に用いた)、かくして基軸通貨として機能した250)。

　第1次大戦後に、オランダ(オランダ銀行)、デンマーク(中央銀行)、ノルウェー(ノルウェー銀行)、スイス(中央銀行)、スウェーデン(スウェーデン国立銀行)、カナダ(銀行)、オーストラリア(オーストラリア連邦銀行)、南アフリカ連邦(諸銀行)、フランス(フランス銀行)、イタリア(イタリア銀行)、ドイツ(ライヒスバンク)、ベルギー(中央銀行)、日本(日本銀行および政府)など各国が金とともに金以外の対外資産(対外金融資産、外貨準備)を公的準備(公的対外残高)として保有した。1928年末の中央銀行および政府の保有する対外資産を国際連盟の統計により考察すれば、イタリアでは対外資産は78億5500万リラと金準備50億5200万リラの1.5倍以上に達していた。フランスは金準備高に匹敵する対外資産を有していた。対外資産額の金保有額に対する比率はスウェーデンでは90％以上、カナダ、南アフリカ連邦では80％以上となっていた251)。

　公的対外資産保有額の金準備保有額に対する比率は、第1次大戦後に大戦前と比べて上昇している国がかなりあった。1913年末と1928年末を比較すると、イタリア、フランス、オランダ、カナダ、南アフリカ連邦、オーストラリアではその比率が大幅に上昇している。デンマーク、スイスでもその比率が上昇している。だが1913年末にその比率が国際的に高かった国については、ノルウェーや日本のように大戦後にその比率が大幅に低下している国もあった252)。ドイツでは一時的ではあるが、1924年末には公的対外金融資産保有額が金準備額を凌駕した。スウェーデンやベルギーではその比率が大戦後に大幅に低下した後にその比率が回復に向かっている253)。

　主要国の通貨流通高に対する対外金融資産の比率は、第1次大戦前に比べて大戦後に増加しているとは必ずしもいえない。だが、1928年末にその比率は、南アフリカ連邦では109.2％、カナダでは81.3％、フランスでは52.8％となっていた254)。

---

250)　山本栄治［1988］87ページ。
251)　日本銀行調査局、前掲「国際金本位制の研究」317、330ページ。同統計による日本の対外資産の額は大蔵省統計による在外正貨額と一致する。
252)　同上、330ページ。
253)　同上、330ページ。
254)　同上、330-331ページ。

第5編　第1次世界大戦後の正貨政策

　アメリカは国際金融の中心国として自らは公的対外金融資産を持たなかった255)。イギリスも公式的には同様であった。イングランド銀行は第1次大戦前に外国為替を保有しておらず、第1次大戦以降に外国為替準備を自己保有するようになるが、その額は少なかった。だが1925年以降に秘密外国為替準備、外貨準備を保有するようになり、その額は1928年まで増大傾向をたどり、その後も秘密外国為替準備は保持され続けた。そのほとんどすべてはドルで保有されていた256)。

（3）　ドル・バランスの台頭

　公的外貨準備の保有地としてアメリカの占める比率は、第1次大戦前にはきわめて低かった。1913年末においてアメリカで保有されていた外貨準備は、公的保有1630万ドル、民間保有1億4160万ドル、合計1億5790万ドルとなっており、アメリカにおける諸外国の公的保有は世界の公的保有全体のわずか1.4％を占めるにすぎなかった257)。

　連邦準備制度成立以降、アメリカの銀行の国際業務への進出が始まり、第1次大戦がこの進出を大いに促進した258)。ニューヨークの銀行引受手形市場が大戦後に急成長し、1929年以降はロンドンの銀行引受手形市場とほぼ同様となった259)。また1913年12月の連邦準備法によって設立されたアメリカの連邦準備銀行は、外国中央銀行勘定でドル建銀行引受手形を買い入れた260)。

　1920年代にアメリカ国内で形成された過剰資金はニューヨークに集中し、資本市場へ流入した。その流入資金の一部は外国証券に投資され、国際金本位制の再建と維持に重要な役割を果たした261)。アメリカの第1次世界大戦後の資本輸出（海外証券投資）はヨーロッパ、とくにドイツに向けられていた。この

---

255)　日本銀行調査局、前掲「国際金本位制の研究」330ページ。
256)　R. S. Sayers, *The Bank of England 1891-1944*, Appendixes, Cambridge, 1976, pp. 349-355. 平岡賢司［1993］96－97ページ。侘美光彦・杉浦克己編［1982］316－319ページ。
257)　Lindert［1969］p. 19. 同ページでは合計額は1億5780万ドルとなっている。
258)　侘美光彦・杉浦克己編［1982］126－127ページ。
259)　山本栄治［1988］82ページ。
260)　平岡賢司、前掲「アメリカの資本輸出と公的ドル・バランス」80－81ページ。
261)　柴田徳太郎「ニューヨーク金融市場と大恐慌（1927～31年）」侘美光彦・杉浦克己編［1982］119ページ。

第9章　正貨吸収と正貨保有、国際信用と日銀券への信認の維持

外債手取金がドイツの準備通貨として保有された[262]。

このような事情から、ドル・バランスが第1次世界大戦以降、アメリカの資本輸出を軸として形成された。1927年6月には、外国中央銀行保有のドル・バランスは約10億ドルになったといわれる[263]。

ドル・バランスは再建金本位制下のアメリカの通貨価値の安定に支えられたものでもあったと考えられる。

(4)　ポンド・バランスの重要性の維持

第1次世界大戦前の金本位制下においてはロンドンのシティの金融機関が世界の貿易に金融をつけていた。当時のシティは多角的貿易決済機構において取引の決済が集中し、国際金融センターとして機能していた。ロンドン宛に振り出されたポンド建の外国手形の決済はシティの金融機関の帳簿上の残高(ロンドン・バランス)により行われていた[264]。この預金貨幣が決済機能を果たす国際通貨ポンドとして機能していた。

第1次大戦後の再建金本位制は、依然としてイギリスを中心として再編成された金融システムであった。ただし、ポンドは第1次大戦以降は大戦前のような安定した国際通貨機能を十全に果たしえず、ロンドン市場による世界の貿易金融の独占は崩れた。とはいえ、ドルはポンドに取って代わることができなかった。

国際通貨の第1の機能として、国際的取引通貨、決済通貨としての機能を考えるならば、ドルはポンドを上回ってはいなかった。これは次のような事情による。①世界貿易は依然としてイギリスを中心として編成されていた。②時差の存在もあった。③世界貿易金融におけるロンドン金融市場の伝統的な強さが存在した。④戦後台頭したニューヨーク金融市場は長期証券市場を中心に編成され、ドル建手形引受・割引市場は未だ十全には成熟してはいなかった[265]。またイギリスの資本輸出国としての役割も失われてはいなかった。全体的な規模を比較するかぎり、各国の対外支払準備金保有においてドルがポンドを上回

---

262)　平岡賢司、前掲「アメリカの資本輸出と公的ドル・バランス」80－81ページ。
263)　同上、81ページ。
264)　鈴木俊夫「第一次世界大戦前イギリスの海外投資とシティ金融機関」『社会経済史学』第65巻第4号、1999年11月、20－21ページ。

第5編　第1次世界大戦後の正貨政策

っていたが、ロンドン国際金融市場が行う引受信用とともに海外資本発行が、顧客に一定のポンド残高を維持させる作用をもたらしたのである[266]。

　第1次大戦後に世界の貿易金融・国際決済の中心地の役割は、部分的にはニューヨークに移ったが、主要な貿易金融・国際決済センターとしての地位は、依然としてロンドンに維持されていた[267]。オルドクロフトの推計によれば、1928年の公的ポンド残高は約25億ドル、公的ドル残高は約6億ドルであった。基軸通貨としてのポンドの地位はドルを圧倒していた。再建金本位制はポンドを中心に再編された国際通貨体制であったのである[268]。

　第1次世界大戦後のイギリスの金本位制停止期にも金本位制復帰は予想されており、金準備に基づいて発行されているイングランド銀行券に対する信認は失われていなかった。このことは通貨価値低落から生ずるポンド為替相場の低

---

265) 平岡賢司、前掲「アメリカの資本輸出と公的ドル・バランス」82ページ。ドルはアメリカの輸出入取引の決済においては大部分使用されたし、ラテン・アメリカ、アジアの一部においても決済通貨として使用されたであろうが、それ以外の第三国間の取引の決済通貨としてポンドを凌いだとはいえない（平岡賢司、同上論文、82-83ページ）。自国の輸出入を除外した第三国間の貿易金融を比較すると、ロンドン市場でこの目的に使用された引受手形量は、1927年に1億4000万ポンド、1928年に2億100万ポンド、1929年に1億7600万ポンドであったが、ニューヨーク市場ではそれぞれ、8300万ポンド、1億400万ポンド、1億7100万ポンドであった。当時においても、原材料商品の国際市場は依然としてロンドンとリヴァプールに集中しており、また、世界の貿易・海運業の中心地でもあったため、第三国間貿易の取引通貨としてのポンドの役割は、相対的に低下したとはいえ、依然として大きなものであった（Committee on Finance & Industry, Report, London(HMSO), 1931, pp. 112-113. 滝口義敏訳『現代金融論：金融及産業についてマクミラン委員会報告』東京書房、1933年、188-189ページ。加藤三郎・西村閑也訳『マクミラン委員会報告書』日本経済評論社、1985年、90-91ページ。山本栄治［1988］82-83ページ）。貿易金融においては、戦前からロンドン金融市場が、金融技術・情報の蓄積において他の追随を許さない強さを保っていた。1920年代末になっても貿易通貨、公的準備通貨としては、ポンドがドルを凌ぐ地位にあった（石見徹『国際通貨・金融システムの歴史　1870〜1990』有斐閣、1995年、64、67ページ）。

266) 山本栄治［1988］84-86ページ。第1次大戦前においてはイギリスが世界第一の資本輸出国であったが、戦後の世界の対外投資は主に英米2国によって担われることとなった。戦後、イギリスの対外投資能力が低下し、また対外投資規制を行い、イギリスの対外投資の重要性は低下した。新規の対外証券発行では、アメリカがイギリスの約2倍の規模に達していた。国際資本市場の第一人者の地位はロンドンからニューヨークに移行した。だがロンドンの国際資本市場としての役割は第1次大戦後も依然として失われてはいなかった（山本栄治「再建金本位制下のイギリス対外投資と帝国」玉野井昌夫他［1982］62-63ページ。鈴木俊夫「戦間期のロンドン外債市場」『三田商学研究』第43巻第6号、2001年2月、131-144ページ。石見徹、前掲書、67ページ）。

267) 侘美光彦・杉浦克己編［1982］127ページ。

268) D. H. Aldcroft, From Versailles to Wall Street, 1919-1929, California, 1977, p. 174. 山本栄治［1988］序文、86-89ページ。

904

第9章　正貨吸収と正貨保有、国際信用と日銀券への信認の維持

落を抑制していたと考えられる。実際には金本位制停止期には国際収支の悪化を反映してポンドの為替相場は低落した。また、国際金融市場の分裂（中心地がロンドン中心からロンドンとニューヨークへ）に伴い、短資が金利差や通貨の信認の変化に応じて、ロンドンとニューヨークの間できわめて移動しやすくなったという事情もあり、ポンドは常に投機的な動きにさらされていた[269]。再建金本位制期においてもポンド為替相場の低落が生じている。このことは諸外国の外貨準備のドルでの保有を助長したといえよう。ポンドには脆弱性があった。1920年代にはポンドに対する信認は低下した。だがそれは、ポンドの国際通貨としての信認を喪失させるまでには至らなかったのである。1927年のポンド危機は中央銀行間協力によって一時的ではあるが回避された[270]。

（5）　外貨準備（金為替）保有地としてのフランスとドイツの後退

　フランスでは1913年末に世界の公的外貨保有11億3210万ドル中2億7510万ドルが保有されていた。フランスにおける公的外貨保有額は、イギリスに次いで、24.3％を占めていた[271]。1913年末にヨーロッパの国々が保有していたフラン残高は、マルク残高の2.3倍、ポンド残高の3.4倍に達していた。フランスは第1次大戦直前にイギリスに次ぐ世界第2の資本輸出国であった。これがヨーロッパ（ロシアを含む）の国々に外貨資金のフランスでの保有をもたらしていた。ヨーロッパ各国の公的フラン残高の大部分をロシアの残高（2億2180万ドル）が占めていた[272]。

　フランスは第1次世界大戦期に金本位を停止していた。フランスは、第1次大戦後の1919年3月に、それまで1ポンド＝25.97フラン、1ドル＝5.45フランで為替相場の釘付けを実施していたのを停止するに至った。その結果、フラ

---

269)　西村閑也、前掲「イギリスの金本位制復帰と短資移動」32－35ページ。

270)　平岡賢司、前掲「再建金本位制と『中央銀行間協力』」88－132ページ。山本栄治 [1988] 93－109ページ。石見徹、前掲書、55ページ。

271)　Lindert [1969] pp. 18-19.

272)　1913年末の諸ヨーロッパ各国のフラン残高は、そのポンド残高の52.8％を占めるにすぎなかった（Lindert [1969] p. 18. 島崎久彌 [1983] 119ページ）。ブルームフィールドによれば、1914年1月1日のロシアの公的外国為替保有高合計5億9400万ルーブル（3億600万ドル）のうち、対イギリス向債権が4600万ルーブル、ドイツ向けが1億300万ルーブル、その他の諸国に対するものが1400万ルーブルにすぎないのと比較して、対フランス向債権は4億3100万ルーブルにものぼった（Bloomfield [1963] p. 14. 小野一一郎・小林龍馬訳 [1975] 93ページ）。

第 5 編　第 1 次世界大戦後の正貨政策

ンは対ポンド、対ドルに対して下落し始め、この下落は1920年恐慌に至るまで持続した。その後小康状態を保ったとはいえ、1924年にはフラン通貨危機が勃発した。その後一時的にフランは回復したが、1926年に再度フランは暴落した。1926年 7 月21日にはフランの対ポンド相場は243フラン、対ドル相場は49フランにまで下落した。このようなフランの下落をもたらした最大の要因は財政危機であった。これはインフレーションをもたらすことを通じてもフランを下落させた273)。1926年 7 月にポアンカレが政権に復帰して、財政均衡の回復、国債整理、海外逃避資本復帰という方策を実施し、フラン相場の安定をもたらした。1928年 6 月にフランスは金本位制に復帰した（金地金本位制の採用、フランを旧平価の 5 分の 1 に切り下げた新平価解禁）274)。金本位制復帰前のフランは不安定であった。ロシア革命により多額の長期資産を喪失するという苦い経験から、戦後、大規模な新規外国証券発行を再開しなかった275)。このようなフランスには諸外国の在外バランス、公的バランスが保有されなくなったと考えられる276)。

　もっとも、フランスで外国がまったく対外準備を保有しなかったわけではない。イングランド銀行は1931年に若干のフランス・フランを外貨準備として保有するに至っている277)。また、日本政府も在外正貨のごく一部をフランスで保有していた。

　1913年までにドイツのマルクは、ヨーロッパ大陸でポンド以上に人気のある公的準備となっていた。1913年末には世界の公的外貨準備中、 1 億5230万ドル（全体の13.5％）がドイツで保有されていた。ドイツにおける公的外貨準備の保有額はフランスに次いでいた。貿易と資本取引の両面でドイツと密接な関係に置かれていた周辺国、とくにロシアが中心であった278)。リンダートによれば

---

273)　平岡賢司、前掲「フランスの金蓄積とポンドへの重圧」228－229ページ。
274)　鈴木武雄［1929］129－129ページ、渡辺勉「財政規律・国債市場と金融政策」RIETI Discussion Paper 04-J-011、2004年 3 月、 9 －10ページ、など参照。
275)　平岡賢司、前掲「フランスの金蓄積とポンドへの重圧」239ページ。
276)　第 1 次大戦後の各国のフランスにおける外貨保有についての研究がないように思われる。
277)　平岡賢司［1993］97ページ。
278)　Lindert［1969］pp. 18-19. 島崎久彌［1983］　113－114、120－122ページ。世界大戦前夜の好況期に、ドイツは、ロシアの全輸入額の43％を占めていた（中山弘正『帝政ロシアと外国資本』岩波書店、1988年、364ページ）。

第9章　正貨吸収と正貨保有、国際信用と日銀券への信認の維持

民間における外貨準備中のマルク残高は皆無となっているが、実際にはこれも存在したのではないかと思われる[279]。ベルリン大銀行は海外の輸出業者に対して自己引受信用を供与した。ドイツはヨーロッパやオットマン帝国などに資本輸出を行った。

だが、第1次世界大戦後にドイツは激しいインフレーションに見舞われ、マルクの為替相場は暴落した。ドイツが金本位制に復帰した（新平価解禁）のは1924年のことである。第1次大戦期に貿易相手国であったロシアが崩壊した。第1次大戦後には、海外の輸出者によるドイツの銀行宛の為替手形の振出しは激減し、ベルリンの大銀行が行ってきた自行引受信用も激減した[280]。戦後のドイツは資本輸出国ではなく、外資導入（長期・短期）に依存していた。前述のように1929年4月、1930年10月には激発的な短資流出が生じた。このようなドイツには、第1次世界大戦後、外国の外貨準備、公的外貨準備が保有されなくなったのではないかと考えられる[281]。

（6）　外貨準備（金為替）制度の衰退

第1次大戦後において、国際通貨システムの不安定性が増大するなかで、安全資産としての金が公的準備として保有され続けた。また、これは金地金本位制または金為替制度の採用による金本位復帰のためでもあった[282]。

フランスは、前述のように1928年後半以降、保有外貨を金に転換していった。1929年末と比べて1931年末は、フランス銀行では金準備高が倍増する一方で、外貨準備が1929年末の64％にまで減少した。フランス銀行の金準備率（銀行券

---

279)　デ・チェッコによれば、第1次大戦の前夜までにドイツの輸出業者は、ドイツ商会の海外本支店との取引のみならずラテン・アメリカの国々やロシアとの取引にもマルク建の決済を導入することに成功した。また外国顧客に対して、自店またはドイツの銀行に預金勘定を開設することを要求した（Cecco [1974] pp. 108-109. マルチェロ・デ・チェッコ『国際金本位制と大英帝国1890－1914年』117－118ページ。島崎久彌 [1983] 121ページ）。

280)　平岡賢司、注215掲載の「短期資本移動と資本逃避」30ページ。1927年以後に外国銀行の引受信用供与は増大している（同論文、30－31ページ）。

281)　マルク安定以降、外国現金信用による外国預金が増大するが、これは準備金の保管形態ではなく貸付形態にほかならず、それは投機的性格がきわめて強いものであった（平岡賢司、前掲「短期資本移動と資本逃避」31ページ）。

282)　石見徹、前掲書、71ページ。「国際金本位制の研究」『日本金融史資料　昭和編』第20巻、332ページ。

および当座預金に対する金準備の比率）はこの間に38.5％から60.5％へと大幅に上昇している[283]。金為替制度が衰退に転じ始めたのである。

　1930年代には国際金本位制は崩壊した。世界はいくつかの通貨圏に分裂した。為替相場の安定が破られると、各国の中央銀行の既存の外国為替準備は続々引き揚げられ、金の争奪が激化した[284]。ヨーロッパ24カ国の中央銀行の外国為替・金準備保有額中に占める金の比率が高まった。外国為替準備の占める割合は1930年には35％であったが、1932年には8％にすぎなくなった。金為替制度は衰退することとなったのである[285]。

　その衰退の原因としては、資本逃避、為替投機などの理由から諸国の在外残高が適当な限度を超えて生じていたものが少なくなかったこと、市中銀行保有在外残高を中央銀行が統制できなかったこと、国際的に頻繁な金移動が生じ、その移動について十分な連絡調整がみられなかったこと、多くの債務国は世界不況による長期資本移動の中絶と原品料価格の下落のためにその支払超過を在外残高および金をもって支払わざるをえなかったこと、などを挙げることができる[286]。

（7）　日本の公的外貨準備保有

　リンダートの推計に基づき、1913年末の各国の公的外貨準備保有高をみれば、日本の保有額が1億2020万ドル（日本銀行が7830万ドル、日本政府が4190万ドル保有）となり、日本の保有額はロシア、インドに次いで多かった。その額は世界の保有額（正金銀行を除くと9億8640万円）の10.6％を占めていた。半官半民の特殊銀行である横浜正金銀行の保有分（1億1570万ドル）を含めれば、日本の保有額は2億3590万ドルとなり、ロシアに次いで多く、世界の公的外貨準備（11億3210万ドル）の20.8％を占めていた[287]。日本銀行・政府保有額と正金銀行保有額とはほぼ等しかった。

---

283)　平岡賢司、前掲「短期資本移動と金流出入」198－200ページ。平岡賢司、前掲「フランスの金蓄積とポンドへの重圧」247ページ。
284)　牧野純夫［1969］18ページ。
285)　League of Nations, *op. cit*., p. 35.　R. ヌルクセ著、小島清、村野孝共訳、前掲書、46ページ。田中金司［1955］225－226ページ。
286)　田中金司［1955］225－229ページ。
287)　Lindert［1969］pp. 10-11.

第9章　正貨吸収と正貨保有、国際信用と日銀券への信認の維持

　日本の公的外貨準備は、第1次大戦前にその大部分がイギリスで保有されていた。イギリスにおける公的外貨準備保有額の状況をみてみよう。日本銀行・政府の外貨準備保有額が1億170万ドル（日本銀行・政府保有額の84.6％）、横浜正金銀行保有が8680万ドル（同行保有額の75％）となっていた[288]。日本銀行・政府の外貨準備保有高はイギリスにおける世界の公的準備保有額（正金銀行保有分を除くと3億2990万ドル）の30.8％を占めていた。日本の公的外貨準備保有高は、正金銀行保有額を含めると1億8850万ドルとなる。これは世界の公的準備保有額（正金銀行保有分を含むと4億3160万ドル）の43.7％に達していたのである。

　日本の公的準備といえる在外正貨は、1913年末には2億4617万円と、金準備1億3032万円の実に2倍近く（189％）が保有されていた。第1次大戦期から大戦直後にかけて激増し、1919年には13億4310万円に達した。だが、金為替制度の普及という世界の流れに反して1920年代にそれは激減した。大蔵省統計における在外正貨は、1928年末においては1億1432万円と金準備保有額のわずか10.5％を占めるにすぎなくなった。第1次大戦後における金準備に対する公的外貨準備の減少率は、国際的にみて主要国中最も減少率が高かったのである。

　第1次世界大戦後に金為替の銀行券兌換が国際的に広がったにもかかわらず、日本では早期的に認められていた在外正貨の正貨準備繰入れが1922年8月に廃止された。

　だが、このようなことは日本の在外正貨、外貨準備が第1次大戦後に大きな役割を果たさなかったことを意味するものではない。

　公的外貨準備は、フランスなどでは中央銀行によって保有されていた。日本では当初外貨準備は政府によって所有されていた。日露戦争前後以降は政府および日本銀行によって所有されていた。1903～04年には日本銀行所有の方が多くなり、1905～08年には政府所有の方が多くなり、1909年以降再び日本銀行所有の方が多くなった。第1次大戦中の1916年以降は1941年に至るまで政府所有の方が日本銀行所有よりも多くなった。1924～27年、1930年以降は90％以上、1920～24年、1928～29年は80％以上を政府が所有していた。第1次世界大戦以

---

[288]　Lindert［1969］p. 19. 第1次大戦後の公的外貨準備については、前掲「国際金本位制の研究」327、330－335ページを参照。

後は在外正貨（大蔵省統計）の大部分を政府が保有していたわけである[289]。

　第1次世界大戦後には、公的外貨準備はロンドンおよびニューヨークで保有されるようになった。これについては次項で詳しく述べる。

（8）　日本の外国為替銀行の英米における外貨資金保有

横浜正金銀行の国際的資金循環

　正貨の動向は外国為替銀行の外貨資金の状況によって規定されていた。そこで正貨政策を分析する前提として、第1次大戦以後の日本の為替銀行の外貨資金保有状況を考察しておきたい。これを国際的連関からみてみよう。これをまず代表的な為替銀行である横浜正金銀行の資金の流れから論述しよう。同行は民間金融機関と国家的金融機関の二面的性格を有する特殊銀行である。

　第1次世界大戦前の横浜正金銀行は、海外支店においてはロンドン支店の比重が圧倒的であった。横浜正金銀行はロンドン金融市場を利用して貿易金融の決済を行った。正金銀行の国際信用度は高かった。1897年には数十万ポンドにすぎなかったロンドン市場低利資金の利用限度が1912年には200万ポンド近くにも達するほどの発展を示した[290]。正金銀行は外国資本家の信用を利用することを金融の要諦としていた。このために世界の金融の中心地であるロンドンの銀行家の信用（credit）を得る政策を採ってきた。同行が世界中から借り入れた金額は1億円にも達した。この政策により同行の信用が向上し、かつ金融の利便を得たことが少なくなかった[291]。

　1913年の正金銀行の資金循環をみると、日本から中国へ向かい、ヨーロッパ、インドを経て日本へ回流する流れが基軸をなしていた。正金銀行は中国への綿糸布の売上代金をロンドンに資金移転してからインド棉花資金をインドへ資金移転を行った。日本はアメリカ合衆国に対して大幅黒字だったにもかかわらず、正金銀行の資金の流れが逆方向であった。これは同国への生糸輸出の3分の2がロンドン宛ポンド為替によって決済されたためである。正金銀行ニューヨー

---

289)　日本銀行百年史編纂委員会編［1986］332-335ページ。
290)　東京銀行本店調査部（新井真次稿）『正金為替資金の史的発展（その二）——第一次大戦前後の資金事情——』東京銀行、2ページ。
291)　横浜正金銀行「東洋支店長会議要録」同行（1918年4月）渋谷隆一・麻島昭一監修、齊藤壽彦編『近代日本金融文献資料集成』第33巻、2005年、261ページ。

第9章　正貨吸収と正貨保有、国際信用と日銀券への信認の維持

ク出張所は、輸出生糸代金の一部しか入手できないにもかかわらず、日本の輸入金融を担当しなければならず、資金が不足気味であった[292]。外貨資金はロンドンで蓄積されていたのである。

第1次世界大戦期にニューヨーク支店の比重が高まった。1920年代における正金銀行海外支店は、「頭脳は東京の頭取席・両腕は上海と大連・両脚はロンドンとニューヨーク・胴体は残余の各店としてつながりあったもの」と比喩できるものであったが、海外支店における外国為替決済の基軸は、ロンドン・ニューヨーク両支店にあった[293]。これは国際金融市場の変化を反映するものであった。

第1次大戦後の正金銀行の資金移動の基本線は、日本→ニューヨーク→ロンドン→インド→日本にあり、ニューヨークからロンドンへの回金が円滑な為替決済を保証していた。1921年から25年の間における正金銀行ニューヨーク支店の為替資金流出入は次のようになっていた。同支店には10億4300万ドル（内地各店から9億5300万ドル、中国各店から3200万ドル、サンフランシスコ・ロサンゼルス・ハワイから4700万ドル、南米から1100万ドル）の資金が流入した。一方、同支店からは10億8700万ドル（ニューヨーク支店の買為替：内地向け5億600万ドル、中国向け700万ドル、シアトル支店買為替9900万ドル、南洋・インド・オーストラリア各店向け2000万ドル、ヨーロッパ向け4億5500万ドル：主としてロンドン向け回金）の資金が流出した。ニューヨークからロンドンへの回金（ドル資金のポンド化）は、同期間中に4億5500万ドルにのぼったのである。流入した資金に市場調達資金4400万ドルを加えた10億8700万ドルの58.2％はニューヨークおよびシアトルの同方面向け買為替などによって還流し、41.9％が欧州に回金されたのである。その大部分はロンドンに回金された。ロンドン支店はこれを南洋・インド・中国その他各店からの売出準備金に引き当てた[294]。

横浜正金銀行決算報告書所載の為替売買取引高（各地域宛）をみると、イン

292）　石井寛治［1999］254-255ページ。
293）　伊藤正直［1989］165ページ。東京銀行（新井真次執筆）『正金為替資金の史的発展（その四）――昭和金融恐慌とその前後――』同行、1957年、2ページ。『日本金融史資料　昭和編』第24巻、758ページ。
294）　伊藤正直［1989］165-167ページ。東京銀行（新井真次執筆）『正金為替資金の史的発展（その三）――自由為替の激動面に映る諸史像――』同行、1956年、70-72ページ。『日本金融史資料　昭和編』第24巻、154-155ページ。

ド各店宛では毎年為替の売越し、アメリカ各店宛では毎年為替の買越しとなっていた。1922年から29年の間において、インド各店が7億2660万円にのぼるポンドの売越しとなっており、ボンベイ支店が棉為替買取りのためのロンドン資金の引出店となっていた。一方、アメリカ各店宛に対しては主として生糸為替の買取のために9億7420万円の買越しとなっていた。差額は2億4760万円となる。主として生糸為替と棉為替の売買差から生ずる余剰ドル資金を、ニューヨーク支店がロンドンに回金したのである[295]。

正金銀行は、基本的には、内地本支店が円資金で輸出為替を買い取り、その代り金がポンドないしドル資金となってロンドンおよびニューヨーク両支店（ニューヨーク出張所は1919年5月に支店に昇格）に集中され、海外各店がこれを引当てとして日本向けの輸出為替を買い取って日本内地に円資金を回帰させるという構造となっていた[296]。

この場合、内地本支店からみて、為替の買為替額（日本からの輸出為替買取りなど）が売為替額（日本の輸入為替取組など）よりも多ければ、外国為替の売買差額である外国為替持高（エクスチェンジ・ポジション）が買持となり、英米両支店がポンド・ドルの受取超過となる（内地本支店は円資金を支払って海外各店に対し資金の貸越しとなる）。逆に買為替額よりも売為替額の方が多ければ（為替持高が売持）、英米両支店がポンド・ドルの受取超過となる。為替の売買は海外支店でも行われる。為替リスクを回避するためには持高調整を行って買為替額と売為替額を均衡させて持高（総合持高、オーバーオール・ポジション）をなくす（スクエアの状態にする）のが為替銀行の原則であった。したがって、同行は、外貨資金を海外で保有したり外貨資金不足にならないようにしたりすることが求められていた[297]。

だが、実際には売持や買持が生じている。与えられた営業目的を達するためには為替銀行はある程度の在外資金を保持することが必要であり、ロンドン・ニューヨーク両店が世界中の第三国支店からの資金需要に応えるためには、本支店からみて相当量の（外貨）為替買持ポジションを維持することが不可避で

---

[295] 伊藤正直［1989］167ページ。東京銀行（新井真次執筆）『戦前の円為替について』同行、1958年、80－82ページ。
[296] 平智之［1993b］789ページ。
[297] 同上。

第9章　正貨吸収と正貨保有、国際信用と日銀券への信認の維持

あった[298]。第1次大戦期、大戦後には正金銀行はロンドンおよびニューヨークで外貨資金を保有していた。

正金銀行の為替持高の推移と英米資金

　正金銀行（本店勘定）の為替持高は、第1次大戦期から大戦終了当初にかけて、輸出超過を背景に多額の為替買持を有し、外貨資金を蓄積した。1917年末に正金銀行内地各店が為替基以外に有した為替買持は2億7000万円以上に達し、この額は戦前の額を2億円以上も上回るものであった。1918年4月に東洋支店長会議が開催された当時、ロンドンおよびボンベイに蓄積された資金は5億円に達した。英米両地に堆積した資金を日本にどのようにして回収するかが東洋支店長会議の大きな議題となった[299]。1918年末における内地各店の海外各店に対する貸残高は5億9700万円に達していた[300]。外貨資金はロンドンやニューヨークで保有された。正金銀行の外貨資金はニューヨークでも準備金として保有されるようになった。

　第1次大戦期に在米資金が豊富なために対米為替相場は金輸入現送点をはるかに超過した。1917年上半期に約1億2000万円、下半期に約2億円の金がアメリカから輸入された[301]。だが、アメリカの金輸出禁止のために同国からの金輸入が中断された。

　1919年6月にアメリカが金解禁を実施し、多額の在米資金を有していた正金銀行はこれ以後9月までの間に4950万ドルを金に兌換して日本に現送して、この金を日本銀行に売却して同行からの借用金を返済している[302]。正金銀行は豊富な在米資金を基にした為替資金の移動も行った。ロンドン支店においても1800万ポンドにのぼる巨額の買持、ポンド資金を有していた。第1次大戦後当初はロンドン支店の資金は潤沢であった[303]。

---

298)　平智之［1989］24−41ページ。同［1990］41−42ページ。同［1993b］789−790ページ。齊藤壽彦［1978b］78−95ページ。
299)　横浜正金銀行「東洋支店長会議要録」263、265ページ。東京銀行本店調査部、前掲『正金為替資金の史的発展（その二）』10ページ。
300)　東京銀行本店調査部、前掲『正金為替資金の史的発展（その二）』10ページ。
301)　前田薫一［1925］192ページ。
302)　東京銀行本店調査部、前掲『正金為替資金の史的発展（その二）』5、78ページ。
303)　同上書、22−24ページ。

第 5 編　第 1 次世界大戦後の正貨政策

　1919年 3 月20日にニューヨークのモルガン商会がイギリス政府勘定によるポンド為替買入れの停止を発表し、ポンド相場支持策が停止されるとポンド相場が低落した。当時ポンド買持は1800万ポンドもあり、 7 月には正金銀行頭取席は500万ポンドのニューヨークへの回金を検討していた。この回金計画は、英米相場急落のために実行前に中止を余儀なくされている。だが、1919年10月14日付の頭取席総務部の各店宛書信は次のようなことを明らかにしている。その後の反動の利用、中国・南洋各店の注文出合、政府への売上げなどにより漸次買持の売埋めを行い、ポンドの買持は800万ポンドに減少した。このロンドン支店の為替資金（本店の買持）はロンドン支店の営業資金のみならず、中国・南洋各店の売出しに応ずるためにも必要なものであった。東洋および南洋各店の主な取引先は依然としてロンドン向けであろうが、アメリカ向け取引も戦前に比しはるかに増加しているから、各店ともこの趨勢を助長して取引決済の中心をニューヨークに移すことを心懸けるようにしたい。そうすればロンドン支店の為替資金は減少するであろう、と[304]。

　政府に対する外貨売上げ、アメリカからの金現送、入超の傾向が強くなってきたことのために英米両店の資金繰りが窮屈となるようになった。1919年12月13日付の頭取席総務部から各店に宛てた通牒によれば、ロンドン支店においては資金が枯渇して各店の売出しに応ずることができず、ニューヨーク支店保管の諸公債をすべて処分し、その売上金をロンドン支店に回金した[305]。

　正金銀行は各店に低利資金を供給するためにロンドン・ニューヨーク・リヨンなどで低利資金調達に努めた。英米両店は為替基を有していた（為替資金準備として常時保有）。前者が成功の見込みがないときには為替基を各店に分割しようとした[306]。

　1920年初めに正金銀行の在外資金は前期以来の巨額の入超のために極度に逼迫していた。そこで、1920年 1 〜 3 月中に3700万ドルの在外正貨が払い下げられている[307]。

　1920年 4 月 1 日から正金銀行東洋支店長会議が本店で開催された。席上、鈴

---

304)　同上書、42-48ページ。
305)　同上書、58-59ページ。
306)　同上書、63ページ。
307)　同上書、79、84ページ。

第9章　正貨吸収と正貨保有、国際信用と日銀券への信認の維持

木嶋吉副頭取は、当時ロンドンに対しては200万ポンド、アメリカに対しては3000万ドル（輸入信用状残高、為替予約などを含む）の売持を有するに至ったことを明らかにした。同年に至り、為替持高が買持から売持に逆転し、正金銀行英米支店の外貨資金が不足するに至ったのである[308]。

正金銀行は為替資金補充に苦慮したが、同年4月末からは英米支店に余裕が生じている。下半期には正金銀行の為替ポジションは再び買持に転換した。正金銀行の買持は3億1600万円となった[309]。1920年末に為替持高は2億5000万円減少した。1921年初頭においても正金銀行は2億5000万円の買持を続けている[310]。正金銀行は1921年秋に一時的に売持となったけれども、政府の為替相場維持方策のもとで、同行は11月以降在外正貨の払下げを受け、結局1800万ドルの買持で越年している。だが、正金銀行の買持は前年末に比べて大幅に減少した[311]。

貿易入超のために正金銀行の英米資金は1921年下期以来逼迫を続けていたが、1922年1月末、ついに本店の対英為替は2500万ポンドの売持、対米為替の買持は皆無となった。海外各店の日本向け買為替資金の出合注文（持高をなくすためのカバー）がニューヨーク支店に対する英貨注文に集中した。正金銀行はニューヨークにおいて在外正貨の払下げを受けて外貨資金の補充を継続しなければならなかった[312]。

正金銀行は英米資金の充実に努めた。本店のポンド売持は解消し4月に入りロンドン支店の資金繰りは容易となり、ニューヨーク支店の銀行借入金（日銀から1000万ドルを借り入れていた）を返済した。英米資金は豊富化したのである[313]。

正金銀行はポンドの対米相場が回復すると考え、英米相場が低位にある間に

---

308) 同上書、81、84ページ。
309) 同上書、90ページ。当時同行は日本貿易によって生ずる為替取引の約80％を取り扱っていた（同書91ページ）。
310) 東京銀行『正金為替資金の史的発展（その三）』11-13ページ。『日本金融史資料　昭和編』第22巻（同書転載）、136ページ。
311) 同上書、13ページ。同上巻、137ページ。
312) 伊藤正直［1989］は国際収支入超下での外貨資金、とりわけポンド資金の枯渇を強調している（165、167ページ）。
313) 東京銀行、前掲『正金為替資金の史的発展（その三）』14-15ページ。『日本金融史資料　昭和編』第22巻、137ページ。

第5編　第1次世界大戦後の正貨政策

できるだけドル資金をポンド資金に乗り換えていくのが有利であると考えた。1922年にドル資金のポンド化、ポンド買持方針が採用された。米貨買持が6000万ドルに達していた同年6月初旬当時、正金銀行本店はニューヨーク支店に対して500万ポンドの買い注文を発した。当時のニューヨークからロンドンへの資金回金、ドルのポンド化は、ロンドン支店のポンド資金不足に応じるだけではなく、英米為替相場の変動への顧慮から実施されたものでもあったのである[314]。

1922年8月初旬に本店の英米貨買持は2億円に回復した。10月初旬には本店買持はロンドン向け800万ポンド、アメリカ向け1億ドルに達した。英米で外貨資金が保有された。同年末には本店の英米貨買持は約2億5000万円あった[315]。

1923年初旬にロンドン支店の資金には相当の余裕があった。また、正金銀行がロンドンの市中銀行から受けるファシリティ限度は200万ポンドから415万ポンドに増額された。だがインド各店のポンド需要（インド棉花輸入資金需要）、アメリカ棉花輸入資金需要のために英米両店の資金繰りは窮屈となるようになった[316]。正金銀行の為替持高（為替ポジション）は同年4月には3200万円に減少した。5月中には売持に転じて6月末の売持は6800万円に達した。関東大震災後に正金銀行は在外正貨の払下げを受けている。それでも同銀行は1923年末には7000万円の売持を抱えていた[317]。正金銀行の外貨資金が不足するようになったのである。

だが、1924年3月以降正金銀行の為替持高は再び買持となっている。1924年8月末の英米資金は1億5000万円に達している[318]。1925年上期には正金銀行は買持処分に努めている[319]。だが内地各店の海外各店に対する貸越残高は1925年末に2億3600万円、1926年末に1億2100万円あった[320]。

1927年4月には持高は均衡するようになった[321]。金融恐慌勃発当時、正金銀行は入超と金解禁気構えに対応して、為替の買持から売持へ転換しようとし

---

314)　同上書、16－17ページ。同上巻、137－138ページ。
315)　同上書、18－19ページ。同上巻、138ページ。
316)　同上書、22－24ページ。同上巻、140ページ。東京銀行編［1981a］415－416ページ。
317)　東京銀行、前掲『正金為替資金の史的発展（その三）』30ページ。『日本金融史資料　昭和編』第22巻、142ページ。

第9章　正貨吸収と正貨保有、国際信用と日銀券への信認の維持

ている最中であった。海外店の非常外貨資金需要やその後の入超もあった。金融恐慌後数ヵ月間は正金銀行の外貨ポジションは窮屈となった[322]。

だが、その後買持となった。1927年7月以降年末までの内地各店の欧米向け買越しは月平均約220万ポンドとなっており、10月初旬の頭取席の買持は1500万ドル（約300万ポンド）となっていた[323]。正金銀行頭取席は9月下旬以来買持抑制方針を採用している[324]。これ以後買持は減少していったが、買持は1929年2月上旬まで続いた[325]。

正金銀行は1920年代にはロンドンおよびニューヨークにおいて外貨資金を保有していた。もっとも、それは両店の資金が潤沢であったことを必ずしも意味しない。

貿易は入超構造となっていた。正金銀行は為替リスク回避のための持高調整を行わなければならなかった。両店に対して内外各店が買持となった場合でも、両店は海外各店からの資金需要に応じなければならなかった。英米両店の資金状況が内地本支店の為替持高に規定されていた。だが、それだけで両支店の資金の過不足が決定されるわけではなかった。1927～30年におけるニューヨーク、ロンドン両店の金操予算表をみると、1927年下半期を除いて、出金超過、資金

---

318) 国際収支が赤字であったにもかかわらず同行の持高が買持となったのは、①3月までに巨額の在外正貨が優先的に同行に払い下げられていた、②民間で導入した外資の買為替が大部分同行を経由していた、③為替相場維持策のために市場相場よりも高かった正金建値が市場相場の水準に引き下げられたことなどによるものであろう（東京銀行、前掲『正金為替資金の史的発展（その三）』38ページ。『日本金融史資料　昭和編』第22巻、144ページ。齊藤壽彦［1978b］86ページ）。

319) 東京銀行、前掲『正金為替資金の史的発展（その三）』41-51ページ。『日本金融史資料　昭和編』第22巻、145-148ページ。

320) 東京銀行、前掲『正金為替資金の史的発展（その三）』110ページ。『日本金融史資料　昭和編』第22巻、167ページ。平智之［1989］25ページ。同［1993b］800ページ。

321) 平智之［1993b］801ページ。

322) 東京銀行、前掲『正金為替資金の史的発展（その四）』9、124-127ページ。『日本金融史資料　昭和編』第22巻、761、803-804ページ。

323) 東京銀行、前掲『正金為替資金の史的発展（その四）』169、171ページ。『日本金融史資料　昭和編』第22巻、820-821ページ。

324) 東京銀行、同上、167-168ページ。『日本金融史資料　昭和編』第22巻、819-820ページ。

325) 平智之［1993b］801ページでは買持は1929年上旬まで続いたとされている。だが後掲「金解禁ニ関スル諸計表」によれば、1929年1月上旬から2月上旬までは買持となっていたが、同年2月下旬から6月下旬までは売持となっている。正金銀行内地本支店は欧州に対しては売持であったが、米州に対しては買持となっていた（平智之［1993b］801ページ）。

第5編　第1次世界大戦後の正貨政策

不足の基調で推移している[326]。

　かくして、1920年代には、正金銀行は外貨資金が不足したり為替相場維持を通貨当局から要請されたりした場合、在外正貨の払下げを受けて外貨資金を補充した。ロンドン支店の資金不足を補充するためにニューヨーク支店からロンドン支店への資金回金が行われた。ロンドン支店やニューヨーク支店は金融市場からの資金の調達を行った[327]。

　在外正貨払下げについては章を改めて論ずることとし、正金銀行の金融市場からの資金調達についてさらに述べよう。1923年1月下旬にロンドン支店はロンドン銀行団との借入協定の限度額（ファシリテイ）を従来の200万ポンドから415万ポンドに増額している。同年1月現在のニューヨーク支店のアメリカの銀行（5行）からの借入限度額は3300万ドルとなっていた[328]。1921〜25年にはニューヨークからロンドンに資金を回金するに先立ってニューヨーク支店が市場から借入金などによって資金を調達し、回金を実行することも行われた[329]。正金銀行ロンドン支店の1927年営業報告によれば、同行ロンドン支店の、ロンドンの銀行からの借入金は、1927年4月以降毎月平均高500万ポンドの巨額にのぼっていた[330]。1927年6月中、ロンドン支店は188万ポンド（邦貨換算1956万円）、ニューヨーク支店は1560万ドル（3339万円）、両支店合計5295万円、7月中、ロンドン支店は247万ポンド、ニューヨーク支店は380万ドルの資金不足に陥っていた[331]。正金銀行はニューヨーク支店でも資金が不足し、現地借入れを行った。

　正金銀行の国際信用度は高かった。ロンドン・ニューヨークの両金融市場における正金銀行の対外信用（受信）は、金融恐慌に際しても、なんら重要な変化はなかった。金融恐慌に際してジャワや上海で生じた同行の対外信用危機は地域が限定されており、しかも一時的であった[332]。

---

326)　平智之［1989］35ページ。同［1993b］805ページ。
327)　平智之［1993b］790−791、801−805ページ。
328)　東京銀行編［1981a］415−416ページ。
329)　東京銀行、前掲『正金為替資金の史的発展（その三）』72ページ。『日本金融史資料　昭和編』第24巻、155ページ。
330)　東京銀行編［1981b］245ページ。
331)　東京銀行、前掲『正金為替資金の史的発展（その四）』124−126ページ。『日本金融史資料　明治大正編』第22巻、803−804ページ。

第9章　正貨吸収と正貨保有、国際信用と日銀券への信認の維持

　1929年1月初め頃の正金銀行借入金残高はロンドン支店が560万ポンド、ニューヨーク支店が2400万ドルであった。3月末における両地借入金の総合残高は1億7000万円に達した。1929年4月における正金銀行ロンドン支店の借入残高は660万ポンドに達した[333]。このような借入れは、ニューヨーク支店からロンドン支店への資金回金や、ロンドン支店の日本内地各店との取引から生じる資金不足や、ロンドン支店以外の世界各店からの資金需要へのロンドン支店の対応から生じたものと考えられる[334]。

　1929〜30年には再び正金銀行の為替ポジションに売持が生じている。「金解禁ニ関スル諸計表」に掲載された正金銀行為替売買持高（月央、月末）をみると、1929年1月15日、31日、2月15日、7月15日、31日、8月15日、9月、10月の15日、30日を除いて、1929年は月央、月末に売持であった。12月31日には売持額は1億9335万円に達した。1930年には毎月、15日、31日（2月は28日）に売持であった[335]。

　1930年上期末における正金銀行の海外借入残高は、ロンドン市場において5260万円、ニューヨーク市場において6830万円となっていた[336]。

民間外国為替銀行の外貨資金保有

　民間金融機関についてみよう。1920年代に普通銀行の外国為替取扱額の比率が急上昇した。三井銀行は上海支店を1917年に設置していたが、22年にニューヨーク、24年にロンドン・ボンベイ、25年にスラバヤ支店を開設した。同行では上海支店取扱いのウエイトが高かった。同行の外国為替資金循環は、日本→上海→インド・ヨーロッパ・アメリカ→日本という構造をとっていた。同行上海支店の為替売買活動が同行にとって大きな役割を果たしていた[337]。

　三井銀行は金融恐慌後、遊金運用のために国外に投資口を求め、資金をロン

---

332)　東京銀行、前掲『正金為替資金の史的発展（その四）』10、54−75ページ。『日本金融史資料明治大正編』第22巻、761−762、777−785ページ。
333)　東京銀行編［1981b］337、340、342ページ。平智之［1993b］802−805ページ。
334)　平智之［1993b］801−805ページ。
335)　筆者所蔵：日本銀行営業局海外代理店係調「金解禁ニ関スル諸計表」（1931年）日本銀行作成『雑書』。
336)　東京銀行編［［1984］429ページ。
337)　伊藤正直［1989］159−175ページ。

第 5 編　第 1 次世界大戦後の正貨政策

ドンで英国大蔵省証券、インド省証券、英・独両国銀行の預金などに運用し、その額が1233万ポンドに達した。これによるロンドン残高が形成された。これに伴うポンド相場低落による損失への対策（為替リスク対策）は採られていなかった[338]。

　住友銀行は、金利の安いロンドン、ニューヨークで資金を借り入れ、それを内地向けの輸出手形買入れに利用し、利鞘を稼いだ。巨額の英貨、米貨日本債をロンドンとニューヨークの取引銀行に根抵当として預け、必要に応じて資金を借り入れ、その金(かね)で日本向け輸出手形を買った。これは内地店舗の開設する信用状の元に振り出された。住友銀行は積出人に送り状の全額を支払い、利子を稼いだ（内地の輸入商のための代金の立替払い）。ロンドン、ニューヨークにおける借入金の返済は、横浜市場に出回る生糸輸出手形の買入れによった。この手形がニューヨークに着くと住友銀行はすぐに割り引いて現金化した。為替銀行は持高を持つことは禁物だから、住友銀行はポンド残高を最小限度にとどめた。住友銀行は輸入手形の決済があると、まとめて出合（カバー）を取った。生糸手形の買入れは売為替のカバーと借入金返済の二重目的を果たしていた。住友銀行がロンドン、ニューヨークに預託している本邦外貨債にはその大部分について、ポンド、ドル間のレートが公式パリティで保証されていた。住友銀行は為替のリスクを冒してまでも海外市場で資金を運用しようとはしなかった[339]。

　外国為替銀行はこのように国際取引の結果生ずる為替持高の調整や資金過不足の調整に努力し、外貨資金が不足すると国際金融市場から借り入れたのである。在外正貨払下げはその調整の一環としての意義を持つものであった。日本の公的準備の保有状況については節を改めて論ずることとする。

---

338)　大島堅造［1963］183－187ページ。
339)　同上書、183－188ページ。

第4節　日本の正貨保有構造とその使途

1　第1次世界大戦前・大戦期の日本の正貨保有の概観

　日本国内では一般に金貨は流通しなかったにもかかわらず、国内で金が保有された。日本の貨幣制度は金為替本位制というよりも、「金貨の流通せざる金貨本位制」というべきであろう[340]。金はもちろん兌換準備として保有された。金兌換が保証されたことによって、通貨価値の安定が可能となった。金兌換は金を海外に支払う必要が生じた場合に実行されるのが、日本において一般的であった。したがって、金は対外支払手段として保有され、機能したともいえる。この金の現送は日本の為替相場の安定に寄与するものともなった。さらに金は戦争準備としても通貨当局によって保有された。第1次大戦中に交戦国が金兌換・金輸出を停止したのは、第1に、戦費調達のために銀行券発行を容易にするためである。このために通貨当局者は金と銀行券の関係を断ち切るとともに、中央銀行からの金流出を防止して銀行券発行の基礎を擁護したのである。第2に、軍需資材を輸入するために必要な世界貨幣としての金を確保しようとしたためである。第1次大戦期にヨーロッパの中央銀行は金準備の充実を図ったが、それは戦争準備金としての金の争奪戦ともいえるものであった[341]。日本では、当局者は日清戦争以前から兌換準備を戦時準備ととらえており、金本位制確立後も金を戦争準備金として保有していた。第1次大戦期の日本の金輸出禁止や大戦終了当初のその継続の大きな理由として、有事、戦争に備えて日本が金を保持する必要を通貨当局者が感じていたことを挙げることができる。このように日本が国内で金を保有していたことは、日本の貨幣制度が欧米に対して自立性を保持しえた条件の1つであったといえよう。

　日本の金本位制は在外正貨に依存していた。この在外正貨は第1次大戦前には主としてロンドンに保管されていた。第1次大戦期には国際金融市場としてのニューヨークの台頭を反映して、ニューヨークでも多くの在外正貨が保有されるようになった。このようなことは、日本の金本位制の英米依存性を示すも

---

340)　日本の在外正貨の対外的性格についての詳細は、齊藤壽彦［1981b］、本書第4章第1節を参照。

341)　森七郎［1970］61－62ページ、M・S生「欧州中央銀行の金準備争奪戦」（上）、（中）、（下）『大阪銀行通信録』第205～207号、1914年10～12月、など参照。

第5編　第1次世界大戦後の正貨政策

のである。在外正貨を銀行券発行の基礎とすることは、通貨制度が外国の事情によって変動する可能性を持つことになる。日本の在外正貨に依存した貨幣制度は、英米に依存し、英米の利益に寄与するものであったが、同時に自立的性格を保持するものであった[342]。

2　正貨統計の見直し

　第1次大戦前における日本銀行・政府の海外正貨（在外正貨）統計には、在外銀行への外貨預金に加え、資金運用として購入された有価証券（外国政府証券等）の残高が合算されていた。

　第1次大戦直後の1919年、投機思惑が熾烈化するもとで、日本銀行在外正貨の正貨準備繰入れを通貨膨張の一大原因とみなし、その制限もしくは廃止を促す議論が盛んになってきた。日本銀行も在外正貨のすべてを正貨準備に繰り入れることは適当ではなく、これを整理する必要があることを認めていた。同行は、1919年5月19日に整理の第1段階として、従来在外資金をもって買い入れ海外で保有していた内外の長期公債を海外正貨（在外正貨）の中に含めていたのを改め、これを別勘定（海外代理店保管金）に移管する旨を大蔵大臣に上申し、同月21日に認可を受けていた。

　同年10月15日、同行は在外資金（在外正貨）の正貨準備繰入額に一定の限度を設け、「機会あるごとにそれを減少していく方針を採るとともに、海外準備は原則としていつでも引き出すことのできる性質の預金としておくことにする」旨を大蔵大臣に上申し、同月27日、その認可を得た。その後、日本銀行は在外正貨準備の縮小に努めた[343]。そして、1922年8月末をもって在外正貨準備は廃止された[344]。

　このような状況のもとで、在外正貨統計の見直しが行われた。日本銀行の管

---

342) P. H. Lindert [1969] pp. 10-11, 18-19. A. I. Bloomfield [1963] pp. 26-27. ブルームフィールド著 [1975] 105、115ページ。深井英五 [1941] 83-93ページ、小島仁 [1981] 第2章、など参照。
343) 日本銀行百年史編纂委員会編 [1983a] 553-554ページ。
344) 松岡孝児 [1936] 573ページでは、これによって日本の金為替本位制は廃止されたと述べられている。

第9章　正貨吸収と正貨保有、国際信用と日銀券への信認の維持

理する正貨勘定は、1922年4月の国庫預金制度の創設に際し、3億7000万円の政府勘定の有価証券を払い出すなどして、海外保管有価証券勘定が正貨勘定から分離されて大きく組み替えられている。そのため、日銀正貨勘定に計上されるのは、在内正貨のほか、「寄託金」、「利付預金」、「為替基金」、「預金運用証券」などの流動性が高いと推測される運用資金だけとなった。保管有価証券は預金部と臨時国庫証券収入金を原資とする「運用証券」であった[345]。

在外正貨は狭義には在外銀行預金（当座預金・通知預金・定期預金）および英国大蔵省証券から構成される日本銀行の「海外正貨」と、政府一般会計に所属する在外預金および短期有価証券と、預金部の普通勘定に所属する預金から構成される政府の「海外資金」（「海外正貨」）を意味することとなった。日本銀行の『正貨受払月表』では、日本銀行が保有する外国政府証券と日本政府外債が正貨勘定から日銀海外代理店保管の有価証券勘定（海外保管有価証券）へ移管された。政府勘定では預金部保有海外有価証券および臨時国庫証券保有収入金運用証券が政府海外正貨勘定から切り離された。

しかし、『金融事項参考書』は狭義の「海外正貨」以外の外国政府証券を在外正貨に含めている。これらがより広い意味での在外正貨（一般にいう在外正貨）となる。

海外保管有価証券の中の政府保有日本政府外債を含めたものが岸田真氏のいう日銀・政府在外金融資産（在外正貨はその一部）である[346]。

正貨統計の見直しのもとでの正貨保有構造とその推移は表9－5、表9－6、図9－3にみられるとおりである。その内容について以下において詳しく論述する。

3　在内正貨（金）保有

（1）在内正貨の保有構造

在内・在外正貨は日本銀行および政府によって所有・保有された。第1次世界大戦後に正貨の大部分は日本銀行によって所有されていた。日本銀行統計に

---

345)　武田晴人［2002］23－24ページ。
346)　岸田真［2003a］64－67ページ。

第5編　第1次世界大戦後の正貨政策

表9－5　正貨保有額の推移（1919～1929年）

	1919(大正8)年	1920年	1921年	1922年
正貨保有額				
日本銀行勘定	994,354	1,236,781	1,289,536	1,163,233
内地正貨	702,049	1,052,351	1,139,189	1,063,898
内地準備	702,016	1,007,253	1,139,184	1,063,886
準備外	33	45,098	5	12
海外正貨	292,305	184,430	150,347	99,335
海外準備	249,960	137,657	106,391	77,456
海外預金等	42,345	46,773	43,957	21,879
政府勘定	620,957	473,320	330,089	296,680
内地正貨　小額紙幣引換準備、別口預金		3,009	86,130	150,810
海外正貨	620,957	470,311	243,959	145,870
小額紙幣引換準備	126,219	175,463	75,108	0
英貨	189,258	87,979	87,684	44,741
一般会計普通勘定	37,222	9,923	73,116	26,337
一般会計短期証券勘定	102,737	47,414	0	13,616
預金部普通勘定	49,101	30,630	14,548	4,777
臨時国庫証券収入金普通勘定	197	12	21	11
米貨	296,499	199,265	71,788	89,765
一般会計普通勘定	182,750	64,077	61,025	58,147
一般会計為替元勘定	0	6,356	1,618	
一般会計短期証券勘定	106,686	115,261		21,867
預金部普通勘定	6,176	13,526	8,172	9,393
臨時国庫証券収入金普通勘定	887	45	973	358
国債整理基金普通勘定				
仏貨一般会計普通勘定	7,057	5,705	7,480	9,466
独貨	1,924	1,899	1,899	1,899
一般会計普通勘定	1,895	1,870	1,870	1,870
一般会計為替元勘定	29	29	29	29
合計	1,615,311	1,710,101	1,619,625	1,459,913
内地	702,049	1,055,360	1,225,319	1,214,708
海外	913,262	654,741	394,306	245,205
海外保管有価証券			616,456	614,184
日本銀行勘定	不明	不明	114,367	182,232
政府勘定	429,836	411,078	502,089	431,952
英貨　預金部諸証券	161,045	179,447	205,969	223,559
臨時国庫証券収入金諸証券	36,192	39,205	42,288	43,979
米貨　預金部諸証券	170,592	172,821	184,242	94,012
臨時国庫証券収入金諸証券	62,008	19,605	28,320	8,728
その他	不明	不明	41,270	61,674
総計	2,045,148	2,121,179	2,236,081	2,074,097
日本銀行勘定	994,354	1,236,781	1,403,903	1,345,465
政府勘定	1,050,794	884,398	832,178	728,632
参考　政府保有分のうち一般会計分	564,596	426,098	220,246	131,332
同上　預金部保有分	386,914	396,424	412,931	331,741
同上　臨時国庫証券収入金分	99,284	58,867	71,602	53,076

注1：1918～19年は総計に海外保有有価証券日本銀行分および政府勘定その他が不明のためこれを含まない。
　2：1921年の仏貨は『議会参考書』では890万円となっている。
　3：各年12月末の数値。
　4：日銀海外正貨については、1922年（9月）以降は海外資金と読み替えることが必要（『内外正貨』による）。
　5：正貨保有額中の政府勘定中の米貨は1922～24年について出所記載の合計額を訂正。

第 9 章　正貨吸収と正貨保有、国際信用と日銀券への信認の維持

(単位：千円)

1923年	1924年	1925年	1926年	1927年	1928年	1929年
1,127,328	1,076,555	1,070,052	1,074,116	1,081,544	1,084,133	1,122,606
1,057,501	1,059,026	1,057,000	1,058,133	1,062,737	1,061,636	1,072,277
1,057,472	1,059,024	1,056,999	1,058,132	1,062,737	1,061,636	1,072,275
29	2	1	1	0	0	2
69,827	17,529	13,052	15,983	18,807	22,497	50,329
67,295	10,635	12,031	14,524	16,064	19,742	34,437
2,532	6,895	1,021	1,459	2,743	2,755	15,892
267,865	253,962	204,056	182,432	120,292	74,325	194,592
150,810	116,390	98,439	68,980	24,645	23,391	15,939
117,055	137,572	105,617	113,452	95,647	50,934	178,653
52,608	49,868	58,483	50,004	36,290	29,352	26,034
18,244	3,504	19,483	3,401	972	1,331	810
12,170			5,983			6,928
22,183	46,364	39,000	40,620	35,318	28,021	18,296
11						
52,764	77,692	37,913	59,661	57,797	21,296	152,530
12,215	32,180	12,530	11,412	4,952	576	15,778
				30,856		
	3,096	10,552	37,769			17,910
40,494	11,641	14,831	10,480	21,989	20,720	118,842
55						
	775					
9,784	10,012	9,222	3,788	1,560	286	89
1,899	0	0	0			
1,870						
29						
1,395,193	1,330,517	1,274,108	1,256,548	1,201,836	1,158,458	1,317,197
1,208,311	1,175,416	1,155,439	1,127,113	1,087,382	1,085,027	1,088,216
186,882	155,101	118,669	129,435	114,454	73,431	228,981
369,621	249,582	227,030	232,702	186,040	192,879	205,869
55,543	58,382	68,738	71,923	74,865	78,232	66,097
314,078	191,200	158,292	160,779	111,175	114,647	139,772
240,493	170,557	133,574	97,899	49,048	12,325	17,320
17,123						
		4,990	3,018	22,607	28,561	8,707
56,462	20,643	19,728	59,862			
1,764,814	1,580,099	1,501,138	1,489,250	1,387,876	1,351,337	1,523,066
1,182,871	1,134,937	1,138,790	1,146,039	1,156,409	1,162,365	1,188,703
581,943	445,162	362,348	343,211	231,467	188,972	334,364
54,312	78,792	51,787	62,353	38,339	2,193	41,515
303,170	228,562	192,395	152,017	128,963	89,627	163,164
17,189	0	0	0	0	0	0

6：海外保管有価証券中の政府勘定合計額は1927～29年については内訳記載以外のものを含む。その合計額も1928～29年については表9－6より少なく表示されている。

資料：日本銀行『内外正貨』1919～1926年各年下半季、および日本銀行財政金融係『内外正貨』1923年8月末～1929年12月末。日本銀行『正貨受払月表』。表の形式を1922年現在で統一。

出所：武田晴人［2002］22－23ページに基づいて作成（1924年の数値を資料に基づき訂正）。

第 5 編　第 1 次世界大戦後の正貨政策

基づく表 9 － 5 によれば、1929年末に、正貨所有額13億1720万円中、日本銀行が11億2261万円、政府が 1 億9459万円を所有していた。

　第 1 次世界大戦後の金輸出禁止期においても、正貨は国内で金として保有され、海外では金以外の在外正貨として保有された。日本銀行の『内外正貨』や『正貨受払月表』によれば、1919（大正 8 ）年を除けば、正貨の大部分は海外で保有された。表 9 － 5 によれば、1929年末に正貨は内地で10億8822万円、海外で 2 億2898万円所有されていた。

　在内正貨（金）の大部分は日本銀行によって保有された。日銀内地正貨のほとんどすべては内地準備に繰り入れられていた。金輸出が禁止されたとはいえ、条件が整えば金本位制に復帰することが当然視されていた状況において、金所有は金兌換に基づく日本銀行券の信用確保によりその信認を維持するために必要であった。金は将来在外正貨が不足したときにはこれを現送して在外正貨を補充し、対外支払いを継続するための準備としても保有され、温存されていた。在外正貨が減少してから金が現送され、在外正貨が枯渇するようになってから金解禁が実施されたことは、このことを物語るものである。

　また、金は戦争準備金としても保有されていた。第 1 次大戦終了当初は東洋における政治的軍事的危機から金輸出禁止が継続された。大蔵省が1924年10月に内地正貨現送の可否を検討した際にも、金は国民経済の基礎を強固にするだけでなく、「一朝事アル場合ニ於ケル最後ノ準備トモナリ居レルモノ」であるということが金現送を否とする論拠の 1 つとなっていた[347]。また深井英五日本銀行理事は在外正貨の弱点として、「中心市場たる国の信用が動くか、若しくは戦争の如き事変の発生するときは、中心市場に保有する資金の価値が減少し、又は之を回収し得ずして、在外正貨保有国の損失に帰するかもしれぬ」ことを指摘している[348]。

　1920年以後には政府も在内正貨を保有するようになった。だが政府の在内正貨保有額は、日本銀行の在内正貨保有額よりもはるかに少なかった。

　政府保有在内正貨は小額紙幣引換準備および別口預金として保有された。

---

347)　大蔵省「為替調節策トシテノ内地正貨現送ノ可否ニ付イテ」（1924年10月15日）『日本金融史資料　昭和編』第21巻、305－306ページ。
348)　深井英五［1928］366ページ。

第9章　正貨吸収と正貨保有、国際信用と日銀券への信認の維持

1924年末〜1926年末には別口預金の方が多かったが、1927年末〜1928年末には少額紙幣準備の方が多くなり、1929年末には小額紙幣準備はなくなった[349]。

　小額紙幣内地準備に関しては、政府は、通貨収縮・物価騰貴抑制の目的を達成するために小額紙幣を回収整理・消却することとし、このための一方策として、補助鋳貨としての銀貨や白銅貨と引換えに回収を行うだけでなく、日本銀行所内地保有の金を政府の政府紙幣交換準備金に充当させ、これと引換えに小額紙幣を回収しようとしたのである[350]。

（２）　在内正貨保有の推移

　在内正貨にかかわる金の輸出入の推移をみると、1916、17年には金が国内に急激に流入していたが、アメリカの金輸出禁止後、それが止まった。第1次大戦後、アメリカの金輸出解禁により、1919〜21年に集中的に国内に金が流入した[351]。1919年に日本銀行は輸入金を取り入れ、内地正貨を増大させた。

　第1次大戦後に金輸出禁止が継続されている。1922、23年に金流出が生じているが、その額は限られたものであった。日銀内地正貨は1929年まで10億円の水準を保っている。

　金輸出解禁に1930年まで待たなければならなかった。

　政府保有在内正貨は1920年に設置された[352]。これはその後増大していったが、1924年以降減少傾向をたどっていった。

　1925年9月に政府正貨現送が開始され、1926年2月までこの現送が行われている。また1926年10月に政府金現送が再開され、1927年4月まで実施からされている[353]。

---

349)　日本銀行金融研究所所蔵『内外正貨』による。
350)　『日本金融史資料　明治大正編』第22巻、683−684ページ。大蔵省編『明治大正財政史』第13巻、275−281ページ。日本銀行調査局編［1975a］264−266ページ。
351)　林健久、前掲「慢性的入超と金解禁の挫折」200−201ページ。表9−1では金収支が1919年に支払超過となっているが、これは国際収支上、金の輸出は、金の喪失ではあるが、輸出した金に対して外国から対価の支払いがあり、またはあるはずだという観点から受取勘定に計上され、金の輸入の場合にはその逆で、支払勘定に計上されるためである。これについては大蔵省編『財政金融統計月報』第5号、1950年、23ページを参照されたい。
352)　政府在内正貨は1922年まではその全額が小紙幣引換準備であったが、同年2月以降、小紙幣引換の消却に伴って、その準備から除外された。

第 5 編　第 1 次世界大戦後の正貨政策

4　在外正貨保有

（1）　在外正貨の保有理由

　在外正貨は、金現送費を節約するために保有されるものであった[354]。これは国際的支払上の便宜を得るために、在外正貨は国際金融の中心地に置かれた[355]。第 1 次大戦後にそれがロンドンおよびニューヨークに置かれたのは、これらが国際金融のセンターであったからである。我が国が多額の在外正貨を保有するようになったのは日露戦争以後に多額の外債を募集するようになってからのことであるが、外債の元利払いのためには在外正貨を保有することが便利であった。外債募集金を一挙に日本に取り寄せないことは、外債募集上も便宜が得られることであった[356]。巨額の在外資金を日本に回収するための有利な方法がなかった[357]。在外正貨を置くに至った大きな要因の 1 つは、第 1 次大戦期にみられたように、輸出貿易奨励という政府の方針を助けるためであった[358]。第 1 次大戦後には国際収支の逆調のために在外正貨を存続させて支払超過を決済することが必要となった[359]。井上準之助日銀総裁は、1921年11月の東京商科大学における講演において、日本が外国からの借入金の利子支払いおよび輸入超過の決済のために在外正貨を金に代わる決済手段として保有しな

---

353)　この金現送は、1925年下半期から27年上半期に内地正貨9027万円を減少させ（政府内地勘定から地金現送による支払い）、政府海外正貨勘定に移管（現送外貨受取り）するという形で会計処理されている（岸田真［2003a］72、74、78ページ）。
354)　深井英五［1928］340ページ。
355)　同上書、334ページ。
356)　同上書、346－349ページ。
357)　大蔵省旧蔵「正貨現在ニ関スル件」（1908年）には、「正貨ヲ海外ニ保有スルノ必要」の理由として、次のようなことが指摘されている。イ、巨額の正貨を内地に回収するときは兌換券の増加となり内地経済界を紊乱する恐れがある。ロ、政府が公債元利その他各種の海外払いの必要があり、いったん正貨を日本に回収し、さらに必要に応じ為替送金または金現送を行うのは不利益なだけでなく、急を要する支払いに応ずることもできない。ハ、外国市場から一時に巨額の正貨を引き出せば、その市場を紊乱し、不信用を招く恐れがある。ニ、巨額の正貨を回収するための有利方法がない（①為替による回収は、為替相場に悪影響を与える、②金現送は、その地の市場（金市場）に影響を与えるだけでなく、時間がかかるし、金貨と交換を通じての兌換券の増発を免れない、③各省海外経費の支払いに充用することは、金額に制限がある、④日本銀行に売却することは、日本銀行の必要に制限がある）。
358)　井上準之助日本銀行総裁の華族会館における演説、1919年11月21日、日本銀行百年史編纂委員会編［1983a］552－553ページ。
359)　深井英五［1928］383－385、349ページ。

けなければならない、と述べている[360]。

ロシア革命、シベリア出兵、日本の対中国進出に伴う第1次世界大戦終了前後の国際的不安下においては、輸出禁止とその継続による金確保が実施され、対外支払いのための在外正貨保有は継続された。1922年8月に日英同盟は解消したけれども、新たにワシントン体制が成立し、このもとで日本と米英との国際関係が安定化した。これによって米英における在外正貨保有の危険性は減退し、主として経済的金輸出禁止継続とともに、米英における在外正貨保有が継続された。

かくして在外正貨が保有されたのである。

（2） 在外正貨の運用者

1920年代には政府を主導者として在外正貨の為替銀行への売却が行われた。国際収支調整・対外金融調整といった直接の政策手段が日銀から切り離され、調節の政策主体は政府＝大蔵省によって一元化されたということを伊藤正直氏は指摘した[361]。これに対して岸田真氏は、日本銀行自身が在外正貨を保有し、自ら在外正貨の為替銀行への売却を行っているし、政府正貨の売却は日本銀行を経由して（政府在外正貨をいったん日銀の海外正貨勘定に移管してから）行われていたから、日本銀行も正貨政策の主体としての役割を果たしていたと主張されている[362]。1920年代の正貨政策は確かに政府＝大蔵省と日本銀行とによって担われた。だが、それは前者を主導者とするものであった。

第1次大戦後の為替銀行への在外正貨売却は、日露戦争後のように政府から在外資金の売却を受けつつ日本銀行が金防衛のための（金兌換防遏）大口為替売却操作として行ったものではなかった。在外正貨の多くは政府によって所有された。政府を中心として在外正貨が為替銀行に売却された。これによって為替資金の補充と為替相場の維持が図られた。1922年の在外正貨の正貨準備繰入廃止は日本銀行の在外正貨保有をいっそう減少させた。政府・大蔵省は、日銀とともに対外決済資金を補充しつつ、日本の為替相場政策を決定した。日本銀

---

360) 井上準之助『戦時及戦後に於ける我国の対外金融』1921年11月、113－115ページ。
361) 伊藤正直［1989］207ページ。
362) 岸田真［2003a］77ページ。

第 5 編　第 1 次世界大戦後の正貨政策

行自体が為替銀行の要請に応じて事情を調査して自己が保有する在外正貨を売却することもあったが、1924年に入って日本銀行が「政府ノ内示ヲ受ケテ」在外正貨の売却を実施した。同年3月に在外正貨の売却余力がなくなると、政府から在外正貨の分譲を受けて、その売却を実行するということが行われた[363]。在外正貨は政府の対外支払いの手段としての役割を持つものでもあった。

1920代には在外正貨に関する制度改革が試みられた。大蔵省内には為替調節の実施機関として正金銀行を利用する従来の制度を改め、日本銀行に為替調節の実施を担当させようとする構想が存在していた[364]。

横浜正金銀行ニューヨーク支店支配人柏木秀茂は金解禁の早期実現を期待し、1927年1月付書信をもって児玉謙次頭取に「在外正貨ニ就テ」の私見を開陳した。この中で、政府の在外正貨を日銀に移管して同行に在外正貨を全額所有させることが最も適当であると主張した。これによって政府の対外支払いが為替市場を利用して行われることとなり、日本の国際貸借が為替相場に反映されることとなる、日本銀行が正貨擁護にあたる常道に復帰させ、在外資金をも正貨準備に加算して日本銀行が兌換券の対外価値を維持する（為替相場の安定を図る）べきであると論じた。このような従来のような政府在外正貨所有を廃止するという意見は当時の政策当局者に採用されなかった[365]。

1928年1月に大蔵省は政府の海外支払いを在外正貨の振替払いから原則として為替払いによって行う方策を策定した[366]。

1931年1月の金解禁断行に際しては、政府、日銀、正金銀行の間で、政府所有の在外正貨制度を廃止し、解禁後はもっぱら日本銀行が正貨の維持ならびに為替調節の衝にあたることが協議され、決定された[367]。ここに在外正貨に基

---

363)　日本銀行調査局「関東震災ヨリ昭和二年金融恐慌ニ至ル我財界」1933年9月『日本金融史資料　明治大正編』第22巻、805－806ページ。

364)　大蔵省「為替対策ノ根本的改定ニ関スル件」（1925年8月）の中では次のことが述べられている。①日銀は常に為替市場の実情を調査し、なお為替銀行当業者に接触してその観測希望を徴し、適切なる為替回復の対策の樹立に資すること、②日銀は随時適当なる為替回復の対策を立て政府に提案すること、③為替銀行に対する正貨の払下げは従来のような正金銀行の一手取扱いの方法を廃止し、インド証券の売出しの方法に倣い、日本銀行が取り扱うこと（『日本金融史資料　昭和編』第21巻、316ページ）。

365)　東京銀行編［1981b］205－206、239ページ。

366)　大蔵省「外国為替及正貨ニ関スル件」『日本金融史資料　昭和編』第21巻、348ページ。

367)　大蔵省昭和財政史編集室編［1963］73－74ページ。

第9章　正貨吸収と正貨保有、国際信用と日銀券への信認の維持

づく貨幣制度が大転換されることとなった。

だが、実際にはその実行性は乏しかったのである。

（3）　日本銀行海外正貨、在外正貨

「海外正貨」（狭義の在外正貨、「海外資金」）、在外正貨（政府保有外国政府証券を含む）は、在外銀行預金やイギリス大蔵省証券など（証券形態）で保有されていた。これは政府や日本銀行によって保有されていた。だが、その大部分は政府によって所有されていた[368]。

日本銀行海外正貨について立ち入って考察しよう。これは、預金や政府短期証券などの形態で保有された。アメリカでは、1922年末にアメリカ大蔵省証券やアメリカ国庫債券で保有されることもあったが、1923〜29年（年末）はすべて預金形態で所有されていた。だがイギリスでは、1925〜28年（年末）には大部分がイギリス大蔵省証券の形態で所有されていた。

1929年末には、日本銀行は、海外資金として、イギリスにおいて3444万円、アメリカにおいて1589万円、合計5033万円を保有していた。このうち、イギリスで、預金を240万8715ポンド（当座預金3124ポンド、通知預金5591ポンド、定期預金240万ポンド）、イギリス大蔵省証券を179万6356ポンド、合計420万5071万ポンド保有していた。アメリカでは預金を778万228ドル（当座預金93万8353ドル、通知預金85万ドル、定期預金599万1875ドル）保有していた[369]。1929年末に政府海外正貨は普通勘定（預金）において1億5382万円（一般会計1668万円、預金部1億3714万円）、一般会計短期証券勘定において2484万円が保有されていた。

日銀所有海外正貨は、1922年8月19日に政府から同月末限りで在外正貨準備解除を命じられるまでは、そのほとんどすべてが海外正貨準備に繰り入れられていた[370]。表9−5によれば、1919年末には日本銀行は、内地正貨7億円余と海外正貨2億9000万円の合計10億円弱の正貨を保有していたが、そのうち9億5000万円が発券準備となっていた。日銀海外正貨は1922年6月に1億681万円あったが、このうち在外準備は8829万円あった[371]。1922年9月以降は在外

---

368)　1924年に日本銀行は1753万円、政府は1億3680万円の海外正貨を保有していた。同年に日本銀行は1753万円、政府は3億814万円の在外正貨を保有していた。
369)　日本銀行財政金融係『内外正貨』1912年8月末〜1929年12月末。
370)　日本銀行金融研究所編『日本金融年表』［1993a］118ページ。

第5編　第1次世界大戦後の正貨政策

正貨の正貨準備繰入れはなくなった。表9－5の統計に示されている日銀海外準備は、同表の注4に示したように1922年9月以後は実際には海外で保有されている正貨準備ではなく、海外準備外正貨（海外資金としての在外正貨）ととらえるべきである。

（4）　政府所有海外正貨、在外正貨

　政府海外正貨は主として在外預金の形態で保有された。表9－5によれば、政府海外正貨はイギリスやアメリカを中心とし、主として一般会計および預金部の普通勘定において保有されている。この普通勘定は預金形態で保有されていたと考えられる。だが、政府海外正貨の一部は一般会計の外国短期証券の形態でも保有されていた。

　政府海外正貨の一部は、1921年までは小額紙幣準備金として別置されていた。それは小額紙幣の信認を保証するものであった。

　小額紙幣準備金（一般会計所属）は、1921年10月末現在において、海外では、8458万円のうち、英貨1795万円（イングランド銀行およびロイズ・バンク）、米貨6521万円（ナショナル・バンクオブ・コマース外8行）、仏貨143万円（日仏銀行）が預託されていた[372]。

　だが、1922年9月29日には、小額紙幣準備として充当されていた在外正貨は引換準備から除外された[373]。

　政府海外正貨は主として一般会計および預金部勘定で所有された。政府海外正貨を一般会計と預金部とに計算すれば、1922年末にはそれぞれ1億3133万円と1417万円、1923年末には5431万円と6268万円、1924年末には7879万円と5801万円、1925年末には5179万円と5383万円、1926年末には6235万円と5110万円となる[374]。預金部の政府海外正貨保有比率はそれぞれ9.7％、53.5％、42.2％、51.0％、45.0％となる。1923～26年には、政府海外正貨保有は、一般会計保有

---

371)　岸田真［2003a］69ページ。大蔵省編『明治大正財政史』第13巻、366ページ。
372)　大蔵省理財局国庫課『第四十五議会国庫金参考書』国資運用ノ部（1921年12月調）。
373)　大蔵省編『明治大正財政史』第13巻、275－276ページ。日本銀行金融研究所編［1993a］118ページ。
374)　表9－5に基づき、預金部保有在外金融資産から海外保管有価証券を除いて預金部保有海外正貨を算出しても預金部の政府海外正貨保有額はこの計算と一致する。

第 9 章　正貨吸収と正貨保有、国際信用と日銀券への信認の維持

分と預金部保有分で二等分されていたといえるのである。政府海外正貨中の預金部普通勘定は預金部在外指定預金を指す。この預金は1925年度末に7182万円あった[375]。

岸田真氏は、従来の正貨統計では前述のように上記の海外正貨に海外保管有価証券中の政府所有外国政府証券を加えたものが広義の海外正貨（いわゆる「在外正貨」）として計上されていたといわれている[376]。

大蔵省理財局議会参考書『議会参考書』によれば、在外政府正貨は、1922年に6億6695万8000円、1923年に5億2548万2000円、1924年に4億2452万9000円、1925年に3億4262万1000円、1926年に2億8335万円、1927年に1億9194万8000円、1928年に1億1521万2000円、1929年に2億2061万8000円となっている[377]。

この数値は、表9－5の政府海外正貨に政府保有外国政府証券を加えた額が1922年に5億1614万7000円、1923年に3億7467万1000円、1924年に3億736万3000円、1925年に2億4418万円、1926年に2億1436万8000円、1927年に1億6730万2000円、1928年に9182万円、1929年に2億467万9000円となっているから、当時の大蔵省統計による政府在外正貨はこの額よりも多いといえる。大蔵省統計による政府在外正貨は、1922年から1926年までは表9－5の政府在外金融資産合計よりも多くなっており、1927年から1929年までは政府在外金融資産合計よりも少なくなっている。したがって、大蔵省統計による在外正貨が海外正貨に政府所有外国政府証券を加えたものであるということは、厳密な意味では正確ではない。

政府所有外国政府証券の所有額は、図9－3にみられるように、1921～27年に多額に達していた（図の起点は1921年12月）。正貨統計見直し以前においては、政府正貨に外国政府証券を含んでいた。表9－6の政府海外正貨（海外資金）は政府海外正貨に海外証券を含めないで計算し直した統計である。1921～26年

375）　預金部資金の在外資金への運用は第1次大戦中に激増し、1919、20年の頃にはその総額は4億円に達し、運用総額に占める割合も40％にせまったほどであった。しかしその後、1925年の預金部改造までの間に、この金額は逐年低下し、1927年度末現在高は1億576万円（運用総額の4.74％）程度であった。同年度末のその内訳は英国大蔵省証券3698万円、米国大蔵省証券2099万円、米国自由公債203万円、在外指定預金4577万円であった（大蔵省昭和財政史編集室編［1962］66－69ページ）。

376）　岸田真［2003a］66－67ページ。本書第5章第8節2、3も参照されたい。

377）　大蔵省百年史編集室編［1969b］223ページ。

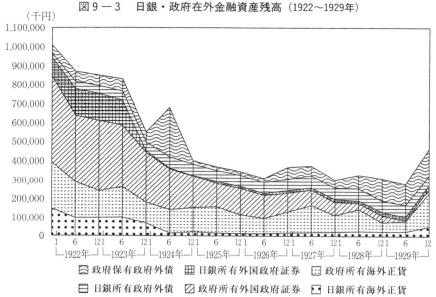

図9－3　日銀・政府在外金融資産残高（1922～1929年）

注：「在外正貨」は下層部3項目（日銀所有海外正貨・政府所有海外正貨・政府所有外国政府証券）の合計となる。
出所：岸田真［2003a］68ページ。

には政府海外正貨よりも政府保有外国政府証券の方が多かった。1927～29年には政府海外正貨の方が政府保有外国政府証券よりも多くなったり少なくなったりしている。

　1921年末の海外保管証券運用を含む広義の政府正貨の保有状況表（正貨統計見直し前）によれば、政府は、イギリスで3億3594万円（預金2661万円、証券3億933万円）、アメリカで2億8435万円（預金5246万円、為替基金162万円、証券2億3028万円）の在外正貨を保有した。さらにフランスで748万円、ドイツで190万円の在外正貨を主として預金の形態で保有した（前者は預金のみ、後者は預金および為替基金3万円）。海外小額紙幣準備寄託金7511万円を除く在外正貨の合計6億2967万円中、預金で8842万円、為替基金で165万円証券で5億3961万円が保有されていた[378]。

　政府所有外国政府証券を含めた「在外正貨」を考慮しても、前期の内外正貨や日銀政府所有正貨の保有構造、保有構成の特徴は変わらなかった[379]。

第9章　正貨吸収と正貨保有、国際信用と日銀券への信認の維持

表9−6にみられるように、海外正貨に含まれない政府保管有価証券（外国政府証券および日本政府外債）は、一般会計では保有されず、預金部または臨時国庫証券勘定で保有されていた[380]。

政府在外正貨の預入先は、1921年10月末には、次のようになっていた。ロンドンでは、イングランド銀行、横浜正金銀行ロンドン支店、ロイズ・バンク、ロンドン・ジョイント・シティ・アンド・ミッドランド・バンク、アメリカでは正金銀行ニューヨーク支店、ナショナル・バンク・オブ・コマース、バンカース・トラスト・カンパニー、フランスではクレディ・リヨネー、日仏銀行、ドイツではライヒスバンクなどである[381]。

（5）　在外正貨外の海外有価証券保有

日本銀行は表9−6にみられるように海外正貨（日本銀行所有在外正貨）以外に海外保管有価証券（外国政府証券および日本政府外債）を保有していた。政府も海外正貨や外国政府証券という政府所有在外正貨以外に日本政府外債を保有していた。日本銀行や政府は、同表にみられるように、1924年6月や1928年以後に、いわゆる在外正貨に含まれない、海外保管有価証券中の日本政府外債を多く保有していた。

政府は1919年末に6億2000万円強の海外正貨を所有していたが、これに4億3000万弱の海外保管有価証券（日本政府外債を含む）を加えると、政府在外正貨は10億5000万円強保有されていたことになる[382]。

1929年6月には、在外正貨（日銀・政府保有海外正貨および政府所有外国政府

---

378)　日本銀行「内外正貨」（1921年12月31日）『自大正十年七月至大正十年十二月　内外正貨』。預金は寄託金、利付預金、為替基金を含む。証券は外国政府証券以外に日本政府外債を含む可能性がある。

379)　大蔵省百年史編集室編『大蔵省百年史』別巻［1969b］223ページ（原資料は大蔵省理財局『議会参考書』）。日本銀行百年史編纂委員会編『日本銀行百年史』資料編［1986］334−335ページ（原資料は大蔵省『財政金融統計月報』第5号）。

380)　1924年3月に「臨時国庫証券収入金特別会計」が廃止された。この際、同会計に属する正貨および英国大蔵省証券は一般会計に移管し、海外正貨勘定に算入された（岸田真［2003a］80ページ。

381)　「国資運用ノ部」中の「政府核種預金及寄託金現在高調」（1921年10月末現在）理財局国庫課『第四十五議会国庫金参考書』国資運用ノ部（1921年12月調）。

382)　武田晴人［2002］24ページ。

第5編　第1次世界大戦後の正貨政策

表9－6　正貨・在外金融資産残高表（1921～1929年）

	日本銀行勘定					在外金融資産合計(A+B+C)
	内地正貨	海外正貨(A)	海外保管有価証券			
				外国政府証券(B)	日本政府外債(C)	
1921（大正10）年12月	1,139,189	150,347	114,367	89,858	24,509	264,714
1922年 6月	1,135,146	106,813	174,019	136,356	37,663	280,832
12月	1,063,898	99,335	182,232	141,800	40,432	281,567
1923年 6月	1,053,280	100,761	181,502	134,149	47,353	282,263
12月	1,057,500	69,827	55,543	5,527	50,016	125,370
1924年 6月	1,061,474	13,071	59,963	0	59,963	73,034
12月	1,059,025	17,529	58,382	0	58,382	75,911
1925年 6月	1,059,003	12,356	66,411	8,029	58,382	78,767
12月	1,056,999	13,052	68,738	10,356	58,382	81,790
1926年 6月	1,058,126	13,814	70,956	9,853	61,103	84,770
12月	1,058,132	15,983	71,923	10,819	61,104	87,906
1927年 6月	1,062,713	17,411	72,884	11,781	61,103	90,295
12月	1,062,737	18,807	74,865	13,762	61,103	93,672
1928年 6月	1,062,738	20,598	76,842	15,738	61,104	97,440
12月	1,061,636	22,496	78,232	17,128	61,104	100,728
1929年 6月	1,064,234	23,282	80,658	19,555	61,103	103,940
12月	1,072,275	50,328	66,096	19,726	46,370	116,424

注1：原資料では、1922年3月まで政府勘定「海外正貨」残高(A)に「外国政府証券」残高(B)を含んでいたが、1922年4月に外国政府証券約3億7200万円を有価証券勘定に移管し、両者を分離した。しかし、1928年7月以降両者は再度統合された。本表では「海外正貨」と「外国政府証券」の残高を明確にするため、すべて両者を分離して示している。

証券）所有額8340万円に対して、在外正貨外の海外保管有価証券保有額は1億9534万円（海外保管有価証券中の日銀所有外国政府証券の額1956万円、日銀・政府所有日本政府外債の額1億7579万円）に達していた（日銀・政府金融資産合計額は2億7874万円)[383]。

　政府保有在外金融資産（海外正貨および海外保管有価証券）は表9－5の「参

第 9 章　正貨吸収と正貨保有、国際信用と日銀券への信認の維持

(単位：千円)

政府勘定						日銀・政府在外金融資産合計		
内地正貨	海外正貨(A)	海外保管有価証券			在外金融資産合計(A+B+C)		構成比(%)	
			外国政府証券(B)	日本政府外債(C)			日銀	政府
86,130	243,959	502,539	460,819	41,720	746,498	1,011,212	26.2	73.8
86,130	182,911	412,093	357,395	54,698	595,004	875,836	32.1	67.9
150,810	145,870	431,411	370,277	61,134	577,281	858,848	32.8	67.2
150,810	164,176	389,676	324,416	65,260	553,852	836,115	33.8	66.2
150,810	117,055	314,078	257,616	56,462	431,133	556,503	22.5	77.5
129,630	131,367	479,608	217,526	262,082	610,975	684,009	10.7	89.3
116,389	136,797	191,200	170,566	20,634	327,997	403,908	18.8	81.2
116,389	141,015	150,973	131,244	19,729	291,988	370,755	21.2	78.8
98,439	105,617	158,292	138,563	19,729	263,909	345,699	23.7	76.3
85,079	84,543	142,798	123,069	19,729	227,341	312,111	27.2	72.8
68,980	113,452	160,779	100,916	59,863	274,231	362,137	24.3	75.7
24,745	146,582	136,375	86,705	49,670	282,957	373,252	24.2	75.8
24,645	95,647	111,175	71,655	39,520	206,822	300,494	31.2	68.8
23,411	123,672	103,170	30,487	72,683	226,842	324,282	30.0	70.0
23,391	50,934	155,533	40,886	114,647	206,467	307,195	32.8	67.2
22,960	59,821	114,977	293	114,684	174,798	278,738	37.3	62.7
15,938	178,653	165,797	26,026	139,771	344,450	460,874	25.3	74.7

2：政府勘定「外国政府証券」残高(B)は、大蔵省預金部勘定および臨時国庫証券収入金勘定（1924年3月に廃止）に所属する外国政府証券を指す。
資料：日本銀行『正貨受払月表』。
出所：岸田真［2003a］69ページ。

考」にみられるように、1919～20年を除けば主として預金部によって保有されていた。1923年には一般会計、預金部、臨時国庫証券収入金保有額の合計3億7467万円中、預金部が3億317万円とその大部分を保有しており、一般会計保

---

383)　岸田真［2003a］68－70ページ。

第 5 編　第 1 次世界大戦後の正貨政策

有分は5431万円、臨時国庫証券収入金分（1924年 3 月に廃止）は1719万円にとどまった。

5　在外正貨の保有地、保有通貨

（1）　ロンドン（ポンド）およびニューヨーク（ドル）での在外正貨保有

　日本銀行の在外正貨の大部分は、「海外準備」から成っていた。これは1922年 8 月までは海外における日本銀行兌換券発行準備を意味していた。1914年 5 月30日の「内外正貨現在高一覧表」（『勝田家文書』第48冊所載）によれば、日本銀行の「海外準備」9441万円はすべてロンドンで保有されていた。

　日本銀行はロンドンで準備正貨や準備外正貨を保有し、市中銀行預金、英国大蔵省証券の形態で保有するとともに、イングランド銀行にも預金してきた[384]。1920年において日本銀行名義にかかわるイングランド銀行預金は、General Account で平均24万8688ポンド（政府預金であろう）、"A" Account で平均9754ポンド、Special Account で平均190万8333ポンドであった[385]。

　日本銀行の準備外海外正貨は、1907年 7 月にはすべてロンドンで保有されていたが[386]、第 1 次大戦直前にはニューヨークでもこれを保有するようになっている。1914年 5 月30日の「内外正貨現在高一覧表」によれば、日本銀行の「海外準備」9441万円はすべてロンドンで保有されていた。1913年末には日本銀行の準備外正貨中、当座預金277万円のうち49万円がロンドンで、228万円がニューヨークで保有され、定期預金4764万円中の4464万円がロンドンで、300万円がニューヨークで保有されている[387]。前述の「内外正貨現在高一覧表」（1914年 5 月30日）によれば、日本銀行の準備外正貨はイギリスとアメリカで保有され、在英国資金が6499万円、在米国資金が534万円あった。

　第 1 次大戦期にはニューヨークにおける在外正貨の保有が増大した。1918年

---

[384]　小島仁［1981］363ページ。1910年末における「海外準備」8746万円中、イングランド銀行預金が418万円、通知預金が960万円、大蔵省証券が6936万円、定期預金が434万円となっていた（「内外正貨概算」1910年12月31日現在『内外正貨』）。
[385]　The Bank of England, *The Bank of England 1914－1921*, Vol. 3, pp. 259-260.
[386]　小島仁［1981］363ページ。
[387]　『内外正貨』1913年12月31日現在。

第9章　正貨吸収と正貨保有、国際信用と日銀券への信認の維持

末には、日本銀行準備外海外正貨2016万円のうち、ロンドンで727万円、ニューヨークで1120万円、フランスで169万円が保有されている[388]。

　第1次世界大戦以後においては、前述のように国際通貨はポンドとドルの複数となった。諸外国の公的対外準備は主としてイギリスおよびアメリカで保有されていた。これを反映して、日本の在外正貨も英ポンドと米ドルで大部分が保有されるようになった。1922年末において、日本銀行の海外正貨（海外資金）9934万円中、7746万円はイギリスで、2188万円はアメリカで保有されている。また1925年末では、日本銀行の海外正貨1305万2330円のうちイギリスにおいて177万7763ポンド（1203万1396円）、アメリカにおいて50万8654ドル（102万935円）が保有されている。1929年末においても日銀海外正貨はイギリスに3444万円、アメリカに1589万円保有されていた。フランスやドイツではそれは保有されなかった[389]。

　日本銀行海外正貨保有地としてのイギリスの重要性の存続とアメリカのこの役割の台頭がここで確認できるのである。

　政府所有在外正貨は、イギリス、アメリカ、フランス、ドイツなどで保有されてきた。政府所有在外正貨の預託は外債募集金の運用と関係していた。アメリカにおいては連邦準備銀行が設立される（ニューヨーク連邦準備銀行は1914年11月に開業）以前において、ナショナル・シティ銀行などの民間銀行に政府資金が預託されていた。

　第1次大戦後には、日本銀行はアメリカの連邦準備銀行にも政府寄託金の一部を預金するようになった[390]。すなわち、1920年3月に日銀とニューヨーク連邦準備銀行との間で相互預金取引契約が締結され、この契約に基づき、日銀は同月に政府寄託金のうち2000万ドルをニューヨーク連銀に預入した[391]。

　1910年末には政府在外正貨2億159万円中、利付預金、証券、為替基金および回送金、特別資金を除いて、ロンドン寄託金が240万円、ニューヨーク寄託金が272万円、パリ寄託金が1億1070万円、ベルリン寄託金が900万円となっていた。また1913年末には政府在外正貨6172万円中、利付預金、（証券は残高無

---

388)　同上。
389)　『内外正貨』1922年末、1925年末、1929年末現在。
390)　小島仁［1981］360。今田寛之［1990］159ページ。
391)　日本銀行百年史編纂委員会編［1983a］466ページ。今田寛之［1990］160ページ。

し、) 為替基金、為替元を除いて、ロンドン寄託金が75万円、ニューヨーク寄託金が185万円、フランス寄託金が2589万円、ドイツ寄託金が417万円となっていた（『内外正貨』参照）。

第1次世界大戦期には、政府在外正貨保有額におけるアメリカでの保有の比重が増大した。第8章の表8－3によれば、1914年度末から1918年度末にかけて、英貨の比率が86.5％から39.4％に低下する一方で、米貨の比率が2.7％から59.8％へと激増している。この間に仏貨は8.0％から0.6％へ、独貨は2.8％から0.2％へと低落している。

1921年末の前述の政府在外正貨の内訳表によれば、海外小額紙幣準備寄託金を除く在外正貨の合計6億2967万円中、政府は、イギリスで3億3594万円（53.4％）、アメリカで2億8435万円（45.2％）と、英米でほとんどすべての在外正貨を保有していた。一方、フランスでは748万円、ドイツで190万円と、両国での在外正貨保有額はきわめて少なかった。なお、ドイツは1924年に海外正貨所在地として登場しなくなる[392]。

表9－5においても、1921年末に、政府海外正貨所有2億4396万円中、小額紙幣準備を除いて、英貨8768万円、米貨7179万円、仏貨748万円、独貨190万円となっており、英米でその大部分が所有されていたことが示されている。政府海外保管有価証券をみても、政府は同年に5億209万円を所有していたが、そのうち英貨が2億4826万円、米貨が2億1256万円と、英米貨がその大部分を占めていた。1924年以降、ドイツでの政府海外正貨保有はなくなり、1928年以降はフランスでもその保有がほとんどなくなった。

第1次大戦以後の国際通貨金融構造の変化は、日本においても、ロンドン市場での在外正貨保有の継続とニューヨーク金融市場での在外正貨保有のウエイトの増大として表れているのである。

日本銀行在外正貨と政府在外正貨を総合して、地域別の在外正貨保有状況を統計的にまとめたのが表9－7である。

表9－7をみると、「海外正貨」（狭義の在外正貨）の所在地は1920年代にはロンドンとニューヨークで年によって構成比率の順序に入替りが生じており、

---

[392] 『内外正貨』各年末による。

第9章　正貨吸収と正貨保有、国際信用と日銀券への信認の維持

表9－7　海外正貨（所在地別）

（単位：千円、％）

年末	日本銀行			政府							合計
	イギリス	アメリカ	合計	イギリス	アメリカ	合計	イギリス	比率	アメリカ	比率	
1922	77,456	21,879	99,335	44,741	89,765	145,871	122,197	49.8	116,644	47.6	245,206
23	67,295	2,532	69,827	52,609	52,764	117,056	119,904	64.2	55,296	29.6	186,883
24	10,635	6,895	17,530	49,868	77,692	137,572	60,503	39.0	84,587	54.5	155,102
25	12,031	1,021	13,051	58,483	37,913	105,618	70,514	59.4	38,934	32.8	118,669
26	14,524	1,459	15,983	50,004	59,661	113,453	64,528	49.9	61,120	47.2	129,436
27	16,064	2,743	18,807	36,290	57,797	95,647	52,354	45.8	60,540	52.9	114,454
28	19,742	2,754	22,496	29,352	21,296	50,934	49,094	66.9	24,050	32.8	73,430
29	34,437	15,892	50,329	26,034	152,530	178,653	60,471	26.4	168,422	73.6	228,982

注：合計は仏独貨を含む。
出所：日本銀行『内外正貨』年末分。

どちらがより重要であるとはいえないものとなっていた。ニューヨークが台頭してきたとはいえ、ロンドン市場は依然として重要な地位にあり、両地がともに重要な役割を果たしていたのである。もっとも、1929年にはアメリカがはっきりと優位を占めるようになっている。

フランスやドイツは、ほとんど日本の在外正貨保有地としての役割を果たしていなかった。もっとも、まったく所有されていなかったわけではなく、フランスなどに若干所有されていたことは表9－5にみられるとおりである。

国際金融市場の変化は、このような日本の在外正貨保有地の変化となって表れたのである。

Hatase, Mariko and Ohnuki, Mari [2009] は、日本銀行総勘定元張に基づいた戦間期の「外貨準備」(foreign exchange reserves) の分析を行っている。これは主として総勘定元帳のロンドンおよびニューヨークの日本銀行代理店の政府・日銀保有外貨建資産を考察したものである。日銀分については、1919年から1921年までの外貨準備が『内外正貨』における日銀海外正貨額よりもはるかに少ないことに注意する必要がある。1922年以降はおおむね『内外正貨』統計と計数が一致する。政府分については『内外正貨』の残高よりも金額が多くなっている。これは、政府所有外貨準備には『内外正貨』に計上されない政府保有の外貨建資産が計上されているためであろう。同表の外貨準備は海外正貨よりも範囲が広いものである。

第5編　第1次世界大戦後の正貨政策

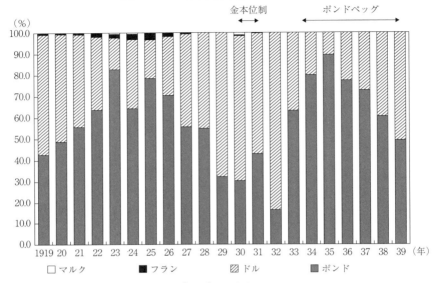

図9－4　外貨準備保有の通貨別構成

出所：Hatase, Mariko and Ohnuki, Mari［2009］, pp. 12, 25.

　同論文に基づく図9－4から在外正貨に代表される外貨準備の通貨別、地域別保有状況を検討しておこう。

　図9－4により外貨準備中の構成比率の推移をみれば、1919～20年（年末）には外貨準備の50％以上をドルが占めていた。1920年代にはポンドが再び支配的な通貨としての地位を回復した。外貨準備に占めるポンドの構成比率は1921年には55.4％、1922年には63.4％となり、1923年には80％を超えていた。とはいえ、1920年代後半には低下傾向をたどった。1929年にはポンドとドルの構成比率は逆転し、1929～32年にはドルが日本の外貨準備の50％以上を占めるに至った。フランの構成比率は1925年の3.6％が最高で、マルクの構成比率はほとんどなかった[393]。

　図9－4の外貨資金保有状況を「海外正貨」保有状況表と比較すると、前者の方がロンドン市場（ポンド）のウエイトが高くなっている。

---

393)　統計数値については Hatase, Mariko and Ohnuki, Mari［2009］p. 25を参照。

第9章　正貨吸収と正貨保有、国際信用と日銀券への信認の維持

外貨準備、海外正貨の所在地、通貨構成の調整はロンドン、ニューヨーク間の資金回金によっていたかもしれないが、在外正貨払下げの際の通貨の種類の選択によっても影響されていたとも考えられる。すなわち、正金銀行が米貨を売却したものに対し、政府が英貨の払下げを行っている場合がみられるのである。これは在外正貨におけるポンドの比率を引き下げる操作と考えられるのである。この操作は、政府によって1924年に317万1000ポンド（3530万円）、1925年に11万9000ポンド（148万円）分が行われている[394]。

（2）　在外正貨、外貨準備の保有地、保有通貨を規定した要因

在外正貨、外貨準備（以下、外貨準備と総称）の保有地、保有通貨を規定した要因について言及しておこう。それらの保有は保有地の通貨の価値の安定を前提とする。また貿易などの取引決済需要に規定される。

第1次世界大戦中はポンドの相場は釘付政策のもとで安定化したから、ポンド相場の不安定さから在外正貨のロンドン保有が回避されるということはなかった。第1次大戦期の円相場の上昇による外貨準備の為替リスクは、主として政府が負担して、外貨準備が保有され続けた。

第1次大戦期に日本の基準外国為替相場の対英相場から対米相場への移行が進展し、1919年に、イギリスが正式に金本位制を離脱する一方（4月）、アメリカが金本位制を回復した（6月）。すると、日本の基準の為替相場は明白に対米相場へ移った[395]。基準相場は国際取引の便宜のために定められるものであるが、この基準相場の移行はアメリカとの貿易取引の増大とドルの通貨価値の安定を反映したものとみなすことができる。外貨準備ドルの保有はこれに支えられていた。1919〜20年の外貨準備におけるドルのウエイトの高さはこれによるものであろう。

第1次大戦後数年間はポンド相場が低落し、不安定化した。このために在英在外正貨の価値が低落した。このためにロンドンの在外正貨をニューヨークに回送したとただちにいうことはできないが、外貨準備保有地の分散（第1次大

---

394)　大蔵省理財局国庫課『第五十七議会国庫金参考書』(1929年調)。各年における在外正貨売却高については表10-1を参照されたい。
395)　深井英五 [1941] 122-127ページ。Hatase, Mariko and Ohnuki, Mari [2009] 13ページ。

943

戦以降、ニューヨークでの在外正貨が増大）が為替リスク回避の役割を果たし、ドル保有が継続されたということはできるであろう[396]。

ポンド相場は1921年末から回復傾向をみせる。正金銀行は前述のように1922年にドル資金のポンド化を図っているが、外貨準備についても1923年には日本の外貨準備（日本銀行および政府所有）におけるポンドの構成比率が増大している。これは為替銀行のようにニューヨークからロンドンへ資金を回送した結果だといえるかもしれない。また在外正貨の為替銀行への払下げが当時英貨ではなくて米貨で行われ、ポンド在外正貨の保持を図った結果であるとも考えられる。1925年4月にイギリスは金本位制を再建し、ポンド安定化の基礎を得る。イギリスの金本位再建はポンドでの外貨準備保有に安心感を与えるものである。1920年代前半における外貨準備に占めるポンドの比率の増大は、ポンド相場の上昇を反映したものとみることができるのである。

1920年代の日本の貿易構造は、輸出はアメリカに対する生糸と羽二重などの絹織物、中国および東南アジアに対する綿糸・綿布がその大部分を占める。輸入はインドおよびアメリカからの綿花輸入が第1で、続いて欧米諸国からの鉄鋼や機械類、オーストラリアからの羊毛、などが目立ったものである[397]。アメリカやイギリスとの貿易取引の多さが決済資金としてドルとポンドを中心に外貨準備を保有する基礎となったと考えられる。1925年4月にイギリスが金本位制を再建してから、英米は貨幣制度上、同等となったが、貿易決済上の便宜のために、基準為替相場として、対英相場が漸次重きを加えつつあった[398]。当時の日本のイギリスとの貿易取引は多く、貿易取引の決済のためにポンド資金が需要され、これに応ずるために外貨準備がイギリスで保有され続けたと考えられる[399]。

外債利子、海軍省経費などの政府対外支払いは、英米での外貨準備保有を必要とした。日本は多額の外債に依存し、1927年末においても外債発行残高が14億6000万円以上存在していた[400]。表9－8から明らかなように、在外正貨の

---

396) 日本銀行百年史［1983a］553ページ。
397) 平智之［1993b］786ページ。
398) 深井英五［1941］127－128ページ。
399) 日本の通貨当局は、アメリカとの貿易取引とポンド圏との貿易取引との量的比較をしながらポンド資産の保有量を増減した（Hatase, Mariko and Ohnuki, Mari［2009］p. 19）。

第9章　正貨吸収と正貨保有、国際信用と日銀券への信認の維持

一部は外債元利金払いを目的として保有されている。第1次大戦後、外資導入はロンドン金融市場やニューヨーク金融市場を通じて行われ、ことに後者への依存度を高め、パリ金融市場は後退した[401]。これが外貨準備の英米での外貨準備保有をもたらし、パリにおける保有の激減をもたらしたと考えられる。もっとも、外債利払いは第1次大戦前の長期外債募集によって規定されたものでもあることを考慮する必要がある[402]。

政府在外正貨の一部は海軍省経費払いを中心とする政府経費支払いのために保有された。表9－8からこのことは明らかである。イギリスやアメリカでの外貨準備、在外正貨保有はこのことを反映するものである[403]。

在外正貨の保有地に関しては、日米間の密接な関係、ならびに世界の金融の中心がロンドンからニューヨークに移動したため、日本の在外正貨を主としてニューヨークに置くのが妥当であるという見解が存在した。すなわち1927年1月31日付の前述の書信で、柏木秀茂正金銀行ニューヨーク支店支配人は、在外正貨はニューヨークにわずかに8100万ドルしか配置されておらず、これは総額の4割強にすぎないことから、金解禁の準備として徐々にこれをニューヨークに移すべきである、と児玉頭取に進言した[404]。在外正貨、外貨準備の配置が1929年からニューヨーク中心となるが、これは日米間の密接な関係、ならびに世界の金融の中心がロンドンからニューヨークに移動しつつあったことによるものであると考えられるのである。

6　在外正貨の保有・運用原則

在外正貨の保有・運用原則についてまとめておこう。在外正貨は第1に、対

---

400)　大蔵省編「外国為替及正貨ニ関スル件」『日本金融史資料　昭和編』第21巻、348ページ。
401)　バイスウェイ［2005］188－191ページ。
402)　Hatase, Mariko and Ohnuki, Mari［2009］p. 13.
403)　1921年10日には一般会計とは別に、海軍省寄託金として、海軍省所管海外経費支払いのために（海軍省現金前渡官吏分）、横浜正金銀行ロンドン支店に英貨334万円、同行ニューヨーク支店に米貨113万円が無利子で預け入れられることも行われている（「政府各種預金及寄託金現在高調」（1921年1)月末現在）大蔵省理財局国庫課『第四十五議会国庫金参考書』国資運用ノ部（1921年12月調））。
404)　東京銀行編［1981b］205－206、238－239ページ。

第5編　第1次世界大戦後の正貨政策

表9－8　政府預金、小額紙幣引換準備寄託金および有価証券（1922年10月末）

会計別		預入先	金種
一般会計所属		イングランド銀行、正金銀行ロンドン支店　ほか3行	英貨
		正金銀行ニューヨーク支店、準備銀行　ほか8行	米貨
		日仏銀行　ほか2行	仏貨
		ドイツ帝国銀行　ほか2行	独貨
		小計	
		正金銀行ロンドン支店	英貨
		正金銀行ニューヨーク支店	米貨
		ロスチャイルド商会	仏貨
		小計	
		正金銀行ハンブルグ支店	独貨
		正金銀行ロンドン支店	英貨
		正金銀行ニューヨーク支店	米貨
		小計	
		イングランド銀行へ保護預け	英貨
		バンカース・トラスト・カンパニー　ほか3行へ保護預け	米貨
		小計	
		計	
預金部所属		イングランド銀行　ほか2行	英貨
		正金銀行　ほか4行	米貨
		計	
臨時国庫証券収入金所属		イングランド銀行	英貨
		正金銀行ニューヨーク支店	米貨
		計	
合　計			
在外有価証券（本邦公債を除く）	A	イングランド銀行へ保護預け	英貨
		バンカース・トラスト・カンパニー　ほか3会社へ保護預け	米貨
		計	
	B	イングランド銀行へ保護預け	英貨
		バンカース・トラスト・カンパニー　ほか3会社へ保護預け	米貨
		計	
A＋B			

注：Aは預金部所属、Bは臨時国庫証券収入金所属。
出所：大蔵省理財局国庫課『第四十六議会国庫金参考書』国資運用ノ部（1922年12月調）。

第9章 正貨吸収と正貨保有、国際信用と日銀券への信認の維持

(単位:万円)

	金額	利率		
(普通勘定)	3,280	無利子〜1.5%	⎫	
(〃)	5,891	2.5〜3.5%	⎬	政府海外払経費支払のため
(〃)	922	0.5〜4%	⎪	
(〃)	187	市場利率	⎭	
	10,280			
(国債元利払勘定)	1,086	無利子	⎫	
(〃)	1,340	〃	⎬	外債元利支払のため
(〃)	70	〃	⎭	
	2,495			
(為替元勘定)	3	無利子		為替取組のため
(出納官吏預託金勘定)	114	〃	⎱	海軍省所管海外払支払のため
(〃)	149	〃	⎰	
	266			
(短期証券勘定)	1,369	1 5/8〜2 5/16	⎱	運用利殖のため
(〃)	2,194	3 3/4〜4 1/4	⎰	
	3,564			
	16,605			
(普通勘定)	490	無利子〜1 1/4	⎱	預金運用のため
(〃)	889	2 1/2〜3	⎰	
	1,380			
(普通勘定)	4	無利子	⎱	臨時国庫証券収入金運用のため
(〃)	20	2 1/2	⎰	
	25			
	18,010			
(英国大蔵省証券および英国国庫債券)	22,275	1 11/16〜5 3/4	⎱	預金運用のため
(米国大蔵省証券および戦勝公債)	9,425	3 3/4〜4 3/4	⎰	
	31,700			
(英国大蔵省証券および英国国民軍事公債)	5,298	2〜5%	⎱	臨時国庫証券収入金運用のため
(米国大蔵省証券)	875	3 3/4	⎰	
	6,173			
	37,873			

第 5 編　第 1 次世界大戦後の正貨政策

外支払準備のために「安全性と流動性」を求めて保有された。1919年11月21日、井上準之助日本銀行総裁は華族会館での演説において、在外正貨は利殖金を得るために保有されたのではない、第 1 次大戦前のイングランド銀行預金（当座預金）は無利子であった、（第 1 次大戦期の）輸出貿易奨励という政府の方針を助けた結果である、と述べている[405]。

1925年末に日本銀行の正貨統計をみると、同行の海外正貨（海外資金）は、流動性預金（無利子の預金当座預金、通知預金）や短期の英国大蔵省証券の形態で所有されている[406]。同年末に一般会計の普通勘定および短期証券勘定、預金部普通勘定で保有されていた。

在外正貨はイギリスとアメリカとに分散して保有された。在外正貨は第 1 次大戦後に金本位制にいち早く復帰したアメリカでも保有され、これによって、イギリスの第 1 次大戦後の制度的金輸出禁止に伴うポンド相場の低落の危険性という為替リスクが軽減された。井上準之助は前述の演説において、在外正貨 2 億5000万円を戦前から全部イギリスのみに所有していたとすれば、これによる損失は4000万～5000万円にのぼっていたであろう、と述べている[407]。

在外正貨は第 2 に、収益を求めて運用されるという一面を持っていた。在外正貨は利子取得を主目的としてはいなかった[408]。対外投資は利殖を目的としていたが、在外正貨は国際貸借決済の用に充当することを目的とするものであった。利殖は在外正貨の本来の趣旨に沿うものではなくて、付帯の作用に属するものであった。国際貸借決済の範囲を超えて在外正貨を運用するときは、対外投資となってしまう[409]。だが、在外正貨は実際には対外支払準備としてだけでなく、利子取得のためにも有利運用されたのである。ヌルクセは、後進国にとっては、金と違って外国為替準備には利子収益の魅力が存在していた、と

---

405)　日本銀行百年史編纂委員会編［1983a］552ページ。かっこ内は筆者が追記。この演説にHatase and Ohnuki［2009］も注目している。第 1 次大戦前の借入れのためのイングランド銀行特別預金や第 1 次大戦期の外資引留めのための同行預金は利子付であった。

406)　1925年12月31日現在において、当座預金は172ポンドおよび8654ドル、通知預金は 8 万2609ポンドおよび50万ドル、英国大蔵省証券は169万4982ポンド保有されていた（日本銀行財政金融係『内外正貨』1912年 8 月末～1929年12月末）。

407)　日本銀行百年史編纂委員会編［1983a］553ページ。

408)　同上書、552－553ページ。

409)　深井英五［1916］36ページ。

第 9 章　正貨吸収と正貨保有、国際信用と日銀券への信認の維持

述べている[410]。このことは日本にもあてはまる。1922～29年に日本銀行は海外勘定で5863万円の利息収入を得た。政府はこの間に海外勘定で9871万円の利息収入を得た[411]。この利息収入は副次的効果としてもたらされたとはいえ、外貨資金の補充という役割を果たしたのである。表9－8によれば、在外正貨は無利子で預金されることもあったが、預金によって2～3％の利率を得ることができたし、短期証券運用によって3～4％、また在外有価証券運用によって5％の利回りを得ることもできた。

表9－8によれば、一般会計において、海外経費支払いのためのイングランド銀行・横浜正金銀行ロンドン支店寄託金には無利子のものがあった。正金銀行ロンドン支店・ニューヨーク支店などへの外債元利払預金、海軍省所管海外経費支払いのための寄託金も無利子であった。だが、ほとんどの場合、有利子で預けられていた。海外経費支払いのためのアメリカでの預金は有利子であった。正貨運用利殖を目的としたものは当然、有利子であった。イングランド銀行に保護預けされた英国大蔵省証券、バンカース・トラスト・カンパニーなどに保護預けされた米国大蔵省証券などの短期証券運用は運用収益確保を目的としていた。

1921年10月末には小額紙幣引換準備寄託金（英貨1795万円、米貨6521万円、仏貨143万円）が市場利率で預託されていた[412]。

預金部資金には無利子のものもあったが、預金運用のために利付預金も行われた。1922年には預金部資金の大部分が有価証券で運用されており、当時においては預金部の在外資金運用は収益確保を目的としていたといえよう。

預金部の在外資金運用（英国大蔵省証券、米国大蔵省証券、米国自由公債、在外指定預金運用であって、日本外貨公債や外国国庫証券として計上されている中国政府債券を含まず）は、第1次大戦中に激増し、1919～20年頃にはその総額は4億円に達し、運用総額に占める割合は40％に迫ったほどであった。その後1925年の預金部改革までの間に、その運用は逐年低下した[413]。この背景には政府

---

410) Ragnar Nurkse, "International Monetary Policy and The Search for Economic Stability", *American Economic Review*, May 1947, p. 59.　今田寛之［1990］146ページ。
411) 岸田真［2003a］75－76ページ。この金額は海外保管有価証券による利息収入を含む。
412) 大蔵省理財局国庫課『第四十五議会国庫金参考書』国資運用ノ部（1921年12月調）。
413) 大蔵省昭和財政史編集室編［1962］66ページ。

が預金部で保有していた証券を処分して海外正貨を入手し、これを為替銀行に売却したことがあった[414]。1927〜31年には英国大蔵省証券、米国大蔵省証券運用よりも在外指定預金の方が多くなる[415]。

預金部資金の一部が在外金融資産中の海外正貨（在外指定預金）として保有されていたといえるが、1929年9〜12月はまさにそうである。金解禁準備のための海外正貨補充策として、預金部資金で横浜正金銀行から外貨が買い入れられて在外正貨として保有された[416]。

なお、昭和の初めには後述のように海外正貨運用、在外正貨運用とはいえない預金部の日本外貨公債への運用が多くなるが、これは収益確保を大きな目的の1つとしていたと思われる。

臨時国庫収入金勘定でも収入を得るための在外有価証券運用が行われていた。

第3に、在外正貨の保有にあたっては国際金融協力も考慮された。1919年にアメリカが世界に先駆けて金輸出解禁を実施した際には、日本は「ニューヨークに置いている資金を急速には引き上げない」という政策面の協力を行った。前述のように日本のこの協調姿勢がアメリカを金解禁に踏み切らせる要因となった。アメリカの金輸出解禁実施後も多額の在外正貨がニューヨークで保有され続けられたのは、日本が将来の輸入超過に備えてニューヨークに資金を保有する必要があっただけでなく、日米両当局者間に、ニューヨークで保有している日本の在外正貨を金に兌換してアメリカから日本へ金現送する金額は1億円を限度とするという事前了解があったからである[417]。

7 在外正貨保有額の推移

在外正貨は1928年にかけてほぼ一貫して減少傾向をたどっている。1920年代を通じて売却された在外正貨は約10億円に達した[418]。

日本銀行および政府によって所有された在外正貨には、狭義の在外正貨と海

---

414) 武田晴人［2002］27ページ。
415) 大蔵省昭和財政史編集室編［1962］41-43、68-69ページ。
416) 同上巻、67-71ページ。
417) 今田寛之［1990］162-163ページ。
418) 伊藤正直［1989］138-139ページ。

第 9 章　正貨吸収と正貨保有、国際信用と日銀券への信認の維持

外保有有価証券を含めた広義の在外正貨とがある。いずれの在外正貨も第 1 次大戦後に減少傾向をたどったことは表 9 － 5 や表 9 － 6、図 9 － 3 から明らかであるが、その内容を検討すれば、そのように単純にはいえない点がある。

　まず、日本銀行の海外正貨は、1919年以降1925年まで減少傾向をたどり、その後1926年から1929年にかけて増大傾向に転じている。次に、同行所有の海外保管有価証券も1923年に減少した後、1924年から1928年にかけて増大傾向をたどっている（表 9 － 5、表 9 － 6）。表 9 － 6 にみられるように1929年12月末における日本銀行の在外金融資産残高（広義の在外正貨）の残高は 1 億1642万円で、その内訳は海外正貨5033万円、海外保管有価証券6610万円（外国有価証券1973万円、日本政府外債4637万円）であった。日銀・政府在外金融資産中の日本銀行の保有割合は25.3％であった。

　第 1 次大戦期には在外正貨が主として政府資金によって買い取られた結果、在外正貨保有主体は日銀から政府に転換した[419]。1920年代においても在外正貨の多くは政府によって保有されていた。表 9 － 6 によれば日銀・政府在外金融資産中の政府の保有割合は1920年代に60～70％を占め、1924年には80％を超えていた。

　だが、第 1 次大戦後においては政府保有在外正貨の減少が著しい。政府海外正貨残高は、1919年には 6 億2096億円あったが、1922年末には 1 億5000万円、1923年には 1 億1706万円となり、1928年には5093万円になっている。

　政府在外正貨保有の減少は、第 1 には一般会計において保有していた小額紙幣引替準備を1920年以降は内地正貨に振り替えたことによるものであった。1922年 9 月には、在外正貨をその引換準備に充当することが中止されることとなった（『明治大正財政史』第13巻275ページ参照）。小額紙幣消却による在外正貨準備除外もあった。

　第 2 の理由は、外国為替資金補充のための在外正貨の払下げであった。在外正貨の払下げは、さらに為替相場維持という役割も持つようになる。1919年から1922年にかけて、政府勘定の海外正貨および海外保管有価証券が10億5000万円から 5 億8000万円へと大幅に減少したが、そのうち 1 億5000万円は内地正貨

---

419)　伊藤正直［1989］56ページ。

に転換されており、差引3億2000万円の政府在外正貨が対外支払い、為替相場維持のために減少したことになる[420]。

政府正貨減少の中で特徴的なことは、1922年まで海外保管有価証券の残高水準に大きな変化はなく、減少分はもっぱら海外正貨におけるものであり、その中心が一般会計の剰余金を原資としたものであったことである[421]。

海外正貨の減少が進行し、その払下げの余地が限られていた関東大震災の前後には、それまで留保されていた、預金部資金を原資とする海外証券の売却が進んだ。政府勘定の海外保管有価証券は1922年には4億3195万円あったが、1924年には1億9120万円にまで減少し、1925年には1億5829万円にすぎなくなっている[422]。

このようにして政府在外正貨払下げの余地が失われてくると、日本銀行所有海外保管有価証券が1923年に売却され、また、日本銀行所有海外正貨の引出しも1925年まで継続された。

さらに1924年以降、政府所有在内正貨の現送が実施されている。すなわち、表9－5に示されているように、1924～27年に相当額の政府所有在内正貨の払出しがみられる。

また、有力企業や自治体発行外債の手取金が買い上げられて正貨の補充が行われている。すなわち、表9－4から明らかなように1924、1926～28年に政府が興銀などから外貨を買い入れて海外正貨を補充している。また、1929年末には政府保有日本政府外債が前年末に比して2512万円増大している[423]。

8　在外正貨の使途

（1）　外債償還、外債利払い

在外正貨の使途について考察してみよう。

在外正貨の1つの大きな使途は外債償還、外債利払いであった。岸田真氏の1922年から28年までの海外正貨勘定の収支構造に関する研究によれば、1922年

---

420)　武田晴人［2002］24－25ページ。
421)　同上、25ページ。
422)　同上、26－27ページ。
423)　表9－6から算出。

第9章　正貨吸収と正貨保有、国際信用と日銀券への信認の維持

から24年まで海外資産残高の急激な減少がみられた。1922年から24年までに政府海外正貨の2億9102万円が外債元利払いに充当された。1925～28年には外債利払費（3億4601万円）が最大の政府海外正貨支出項目となっていた。1920年代における対外決済においては政府の対外支払い、とくに外債元利払いが重要な役割を果たしていた。1920年代後半がとくにそうであった[424]。

大蔵省は1929年3月に、2月末の在外正貨所有額を1億1012万円とみていたが、1929年3月から1930年までの外債元利払いは6501万円に及ぶと推計している。いかに外債元利払いによる正貨流出が日本の在外正貨保有に深刻な影響を及ぼしていたかが、これによって明らかとなる[425]。

（2）　海軍省経費などの対外支払い

1922年から24年まで政府海外正貨の2772万円が海軍省経費として支払われた。1925～1928年には海軍省経費の政府支払額は5551万円となっていた[426]。

1929年3月から1930年2月までの海軍省経費海外払所要額は1846万円と推計された。在外正貨は第1次大戦後においても引き続き軍事目的に使用された。海軍省経費の対外支払いも在外正貨保有を圧迫する要因となっていたのである[427]。

（3）　日本政府の外債買入れ

1925～28年における政府海外正貨支出で注目すべき点は政府海外正貨による日本政府外債の買入れである。政府外債および国債買入資金への支出額が1億466万円に達した。政府外債残高も9401万円増加している[428]。表9－6にみられるように日本政府の日本政府外債保有高は、1926年6月の1973万円から1929年12月の1億3977万円へと増大している。とくに1928年から1929年のかけての増加が著しい。在外正貨は日本政府外債買入れにも使用されたのである。

---

424)　岸田真［2003a］81－86ページ。
425)　大蔵省「今後ノ正貨及為替対策ニ就テ」『日本金融史資料　昭和編』第21巻、359ページ。
426)　岸田真［2003a］81－84ページ。
427)　『日本金融史資料　昭和編』第21巻、359ページ。
428)　岸田真［2003］84ページ。1926年度には六分半利付米貨公債買入資金として878万円、第二回四分利付英貨公債買入のための海外払いとして843万円の在外正貨が振替払いされている（大蔵省「正貨補充策」（1929年1月10日）『日本金融史資料　昭和編』第21巻、356ページ）。

第5編　第1次世界大戦後の正貨政策

　政府所有海外有価証券（在外正貨に計上されたものを除く）はほとんど預金部勘定で日本政府海外代理店において保管されていた。日本銀行調査局の「正貨受払月表」によれば、1928年12月18日現在、ロンドンでは、9279万円中9220万円と、ほとんどすべてが預金部によって保有されていた。国債整理基金所有のものは59万円にすぎなかった。在ロンドン政府所有有価証券の大部分は日本政府外債（第一回、第二回、第三回四分利付英貨債、五分利付英貨債、六分利付英貨債、六分半利付米貨債）であったが、一部は満鉄社債・東拓社債および東京市債・横浜市債であった。預金部の六分利付英貨公債所有高は6410万円に達した。ニューヨークでは、2363万円中、預金部が2244万円とそのほとんどを保有していた。国債整理基金は119万円しか保有していなかった。当時、政府所有海外有価証券はロンドンを中心に保有されていた（1億1642万円中9279万円）。在ニューヨーク政府所有有価証券は日本政府外債および東京、横浜市債がほとんどを占めていた。東京市市債（五分半利付）が最も多く、次いで六分半利付米貨公債、横浜市債（六分利付）であった[429]。

　日本銀行も正貨外の在外有価証券を保有していた。その一部は米国大蔵省証券であったが、大部分は日本政府長期外貨証券であった[430]。

　政府所有在外政府証券は、必要な場合には売却して正貨補充に利用可能な金融資産として政府によって認識されていたと岸田氏は強調される。そして、このような金融資産の存在があるから金解禁の原因は在外正貨の枯渇ではなかったと結論づけられる[431]。

　確かに大蔵省「正貨補充策」（1929年1月10日）は、政府日銀が保有する外貨証券を資金化することを正貨補充策の1つに挙げている。だが同時に「正貨補充策」は、現在高1億9000万円に及ぶこれらの証券を急速に資金化しようとすれば、証券価格を低落させ、政府日銀が損失をこうむるだけでなく、日本の対外信用を傷つけ、日本の新規証券発行に悪影響を及ぼすから、その資金化は徐々に行わざるをえないことを指摘しているのである。大蔵省「今後ノ正貨及為替対策ニ就テ」（1929年3月）もこのことを認めている。その資金化には大き

429）　日本銀行『自昭和三年八月至昭和六年十二月　正貨受払月表及正貨ニ関スル諸表』（齊藤所蔵）。銘柄ごとの金額は大蔵省、前掲「正貨補充策」357ページを参照。
430）　『日本金融史資料　昭和編』第21巻、357ページを参照。
431）　岸田真［2003a］89-90ページ。

第9章　正貨吸収と正貨保有、国際信用と日銀券への信認の維持

な限界があるからこそ、在外正貨の枯渇を認識し、その補充の必要性を認めたのである[432]。

すでに1927年1月31日付書信で、正金銀行の柏木秀茂ニューヨーク支店長が、政府・日銀所有の在外正貨（最広義のものであって、在外金融資産というべきもの）中、容易に資金化できない投資額が多すぎること（全体の35％）、最も資金化が困難なのは日本公債であることを、児玉謙次頭取宛に伝えていたことが忘れられるべきではない[433]。海外保管有価証券としての日本外貨公債を多く保有していることが在外正貨枯渇問題の深刻さを否定することにはならないのである。

政府海外正貨による日本政府外債買入れが増大した理由として、岸田真氏は、政府外債利払い負担の軽減、外債借換準備、市場における政府公債相場の維持、日本政府外債を保有している為替銀行への資金供給を指摘されている[434]。

1907年から1924年までに融通された大蔵省預金部の海外事業資金（その大部分は中国大陸への投資）と内地事業資金（その多くは事業救済資金）は大部分が回収不能の状態に陥っていた。そこで1925（大正14）年に預金部改革（3月に預金部預金法、大蔵省預金部特別会計法公布、4月1日に大蔵省に預金部設置、預金部資金運用規則公布）が実施された。この内容は、第1に大蔵大臣個人の判断によって運用を行うのではなく、預金部資金運用委員会に諮問して運用を決すること、第2に運用の方法は有利確実であること、第3に運用の目的は国家公共の利益を図ることであった。官吏および民間選任委員からなる合議制の預金部資金運用委員会は、大蔵大臣の諮問機関であるが、実際上はほとんど決定機関として機能した。有利確実の原則が法律上採用されたのは、預金部資金が有償の貯蓄的預金であるからであるが、預金部改造以前に不利無謀な投資が行

---

432) 『日本金融史資料　昭和編』第21巻、352－353、362ページ。
433) 東京銀行編［1981b］237－238ページ。日本政府外債は在外正貨の勘定に入れられなかった。これは、これらの外債がいずれも長期のものであるから、預金や大蔵省証券のようにいつでも現金と換えることができるものとは違うからである。それは海外で売り払うことができなかったわけではないが、海外市場におけるその取引範囲がごく狭く限られていたから、一時に売却すると、たちまちにしてその値段が暴落するので、一時に多くの現金に換えることはなかなか困難であった（前原久夫「金解禁問題の解説」井上準之助述、前原久夫編『国民に訴ふ』修文社、1929年、59ページ）。
434) 岸田真［2003a］81－84ページ。

われていたのを矯正するという意味も含まれていた。この場合、有利とは積極的に収益をあげるということではなく、放漫な投資を抑制して不利益なことは行わせないという消極的なものであるが、なるべく利益を図るという意味は含まれていた。確実性とは投資元本の安全性を確保するということであり、預金部資金は国債あるいは特殊銀行の社債などに運用が制限された。国家公共の利益の原則が明記されたのは、従来の預金部資金が国家の財政的目的にのみ利用されていたのを矯正しようとするものであって、営利的でない社会的事業にも資金運用を行うためであった。預金部改革のもとで、有利確実で国家公共の目的に役立つ投資対象の１つとして国債が選ばれ、国債への応募、引受、買入れに力が注がれた。預金部資金運用においては日本政府外債への投資は国債への投資に包含されている。このような国債への投資の一環として日本政府外債への投資が進展したのである。それは政府外債利払軽減、政府外債借換準備、政府外債相場維持という国家目的に寄与するものであったであろう。1926年に政府在外正貨を用いて第二回四分利付英貨公債843万円の買入れが行われたのは政府外債借換準備が考慮された可能性がある。だが日本外債への運用は、貯金者のために有利確実な資金運用を果たすためのものであったということが看過されるべきではない。1928年末に六分利付英貨公債買入保有が預金部の日本政府外債への資金運用の中で最も多かったのはこのためであろう[435]。

　預金部は歳入歳出外現金の運用利殖機関であるが、資金源の中心は貯金局預金であった。1927年の金融恐慌後、国民の預貯金の安全な逃避先として、大銀行とともに、国営貯蓄機関である郵便貯金が選ばれ、この結果、預金部資金が飛躍的に増加した。郵便貯金は常に国家によって保管される安全な貯蓄であるという国民の信頼感に裏打ちされて、1927年度に貯金局預金は前年度に比べて一挙に４億円以上増えた。これに伴って、国債証券、日本政府外債への預金部資金運用が増加した。これが政府在外正貨の日本政府外債への買入増加をもた

---

[435]　大蔵省昭和財政史編集室編『昭和財政史』第12巻［1962］６－７、19－23、42－43ページ。前尾繁三郎述『預金部概説』（1930年12月稿）（千葉商科大学付属図書館所蔵）80－90、174－179ページ。前掲、大蔵省「正貨補充策」356－357ページ。1928年12月18日現在、預金部は6410万円もの六分利付英貨公債を保有していた。ロンドンでは日本公債の相場は額面を下回っていた（『日本金融史資料　昭和編』第21巻、357ページ）から、同公債への投資は利回りのよい投資であったといえよう。

らしたのである。表9－6から明らかなように、日本政府外債への投資は1926年下半期とともに1928年下半期に急増している。1928年下半期の急増は郵便貯金の増加がその背景をなしていると考えられるのである[436]。

　1928年3月の第20回運用委員会では、遊資を抱えた大銀行の内国債への需要に応じるために、日本銀行が同行所有の日本政府外債を預金部に売って、その代わりに預金部から内貨債を得るということが決定された[437]。だが表9－6をみるかぎり、これは実行されなかったようである。

（4）為替銀行への払下げ

　海外正貨、在外正貨の外国為替銀行への払下げも在外正貨の大きな使途であった。これはとくに1920年代前半に大きな役割を果たしていた。1922～24年の海外正貨支払額は、6億9653万円（日銀2億4925万円、政府4億4728万円）と、この時期の最大の海外正貨流出要因となっていた。1925年から1928年までについては、政府海外正貨勘定から為替銀行への正貨売却が6180万円と大幅に減少し、日本銀行正貨勘定から為替銀行への海外正貨売却が途絶した[438]。

　在外正貨払下げについては第10章で詳細に検討することとする。

第5節　震災復興・借換併用外貨国債の発行と国際信用

はじめに

　戦前日本の外債発行は次のように要約することができる。明治初期には九分利付（1870年）、七分利付（1873年）という高利の担保付外貨公債が発行されたが、その後、先進国への従属を恐れた政府は外資排除方針を採用し、外債発行は中断された。新規外債発行の再開は1899（明治32）年まで待たなければならなかった。日露戦争期に多額の外債が発行された。日露戦争後には外債発行方針は積極的募集から非募債主義（財政規模の拡大につながらない借換・交付、政府短期証券の発行、償還金額の範囲内での新規財源となる外貨国債の発行は可能）

---

436)　前掲『昭和財政史』第12巻、38－39、45－50ページ。
437)　同上巻、62－63ページ。
438)　岸田真［2003a］81－84ページ。

へ、さらに大正初期には外債非募債（外債借換は可能であるが、それ以外の政府関係外債は発行しない方針）へと移行していった。1913年の仏貨国庫債券の発行以降中断されていた外債発行が再開されたのは、第１次大戦後の1923（大正12）年のことである。1923年９月に関東大震災に見舞われると、日本は国債や市債の海外募集によって復旧費の一部を調達した。また大正末期から昭和初期にかけては膨大な額の電力外債が発行されている。世界恐慌や金解禁に伴う不景気の深刻化、満州事変の勃発による国際関係の悪化、金輸出再禁止後の為替相場の崩落などのために1932年以降は外債発行がまったく行われなくなる。日中戦争が勃発した後も、訴訟でもめていた東京市仏貨公債を除き、日本外債は元利支払がすべて契約どおりに実行されていた。だが、太平洋戦争の勃発とともに、その実行は事実上不可能となったのである[439]。

　大正期に発行された外債として重要なものは震災・借換併用外貨国債と地方外債と電力外債であるが、地方外債については持田信樹［1981］や坂本忠次［1982、1991］、電力外債については橘川武郎［1982、1988］らの研究がある[440]。そこで本節では、震災復興・借換併用外貨国債の発行過程を解明することとする。

　この外債発行は在外正貨補充と関係を有していた。また外債償還、震災復興資材輸入のための外貨確保の役割を有していた。したがって、正貨政策を論ずるうえで同国債の分析が是非とも必要となるのである。

　1924（大正13）年２月に米英で発行された震災復興・借換併用外貨国債（13日にロンドン、14日ニューヨークで公募）については発行交渉に従事した森賢吾や津島寿一の回顧談・回顧録[441]をもとにした佐上武弘氏のすぐれた研究がある[442]。ロンドン金融市場における発行過程については鈴木俊夫［2001b］がある。だが、震災復興外債の成立を考察するにあたって最も重要なことは、起債

---

439) 外債を含む戦前日本の国際金融の研究史については日本銀行金融研究所編［1993］所載の「国際金融」（齊藤壽彦稿）を参照されたい。
440) 橘川武郎［1988］はハーバード大学ビジネススクールのベイカーライブラリーのラモント文書を用いた研究である。
441) 森賢吾「外債顛末感想談」『財務通報』第９～10号、1924年９月。同「最近の外債成立の顚末」、同「（承前）」『銀行通信録』第78巻第463～465号、1924年８月20日、９月20日、10月20日。同「国際金融」『金融研究会講演集（復刻）Ｉ』金融経済研究所［1973］。津島寿一［1963、1964］。
442) 佐上武弘［1972a、b、c］。

第9章　正貨吸収と正貨保有、国際信用と日銀券への信認の維持

成立の可能性や外債発行条件を規定する日本の国際信用（対外信用）の程度やその維持機構を分析することである443)。佐上氏は外国市場における日本の信用の限界のもとで発行交渉を行う森財務官が大蔵省と外国金融機関との板挟みになって苦悩する姿を描かれたが、外債発行に際して信用の度合（信用度：creditworthiness）がどのようにして判定されていたのかを十分に解明されてはいない。国際信用の把握は財務官の活動関係の叙述だけにとどまらない、国内の政治と経済、国際政治の総体という幅広い考察を必要とするのである。そこで本節では併用国債の発行過程を考察し、とくにこの過程における国際信用の程度や意義を明らかにしたい。なお、同外債の発行交渉担当者の活動については本書の第15章で詳しく考察する。

1　国際的政治環境、国際的協調

外債発行には国際的政治環境が大きなかかわりを持っているから、発行過程分析の前提として第1次大戦後の国際的政治環境の変化を外債発行と関係する範囲内において一瞥しておく。

第1次大戦終了後に欧米諸列強はアジアに復帰、進出できることとなり、東洋、とくに中国市場をめぐって日米英の対立が激化した。第1次大戦中に実施された金輸出禁止を大戦後も日本が継続したのも、この政治・経済的対立のもと、戦争に備えて金を確保しようとしたためであった444)。原首相は対米協調主義を標榜していた。後の幣原外交も原の外交方針を継承したものといえる。だが1921年5月当時、高橋是清大蔵大臣は、その詳細が秘密とされた「東亜経済力樹立ニ関スル意見」において、「所謂八紘一宇と大東亜共栄圏とを予見していた」445)。また、第1次大戦後にドイツという共同の敵を失い、日米が中国を舞台に対立を深めるという国際情勢を反映して、大戦中に下火となっていたアメリカにおける日本人移民排斥運動、排日運動が再び燃え上がってきた446)。

---

443)　森は「対外信用」という用語を、津島は『芳塘随想　第十六集　外債処理の旅——国際信用の回復・外資導入への途——』1966年、の中で、「国際信用」という用語を使っている。外債発行交渉を担当していたこれらの財務官は、国際信用（対外信用）を最も重視していた。なお、森賢吾は1927年3月25日に「我国に対する世界諸国の信用程度」と題する演説を行っている。

444)　宮本憲一［1960］163－165ページ。小野一一郎［1966］22－29ページ。

第5編　第1次世界大戦後の正貨政策

外務省では1921年7月当時、日米関係が危機的状況にあることを鋭く意識していたのであった[447]。

　1921年8月13日、アメリカ政府は日本政府に対して軍縮と極東問題を討議するワシントン会議への正式の招請を行った。かくして1921年末から22年初頭にかけて同会議が開催され、列強間の利害の調整が図られることとなった。

　会議の主催国アメリカの狙いは、財政負担を伴う軍備を縮小するとともに、中国における門戸開放および機会均等の原則を確立し、日英同盟を廃棄させることによって、日本の中国における優越的な地位を打破し、アメリカの中国への経済進出の体制を保障することであった。ワシントン会議ではアメリカの外交が日本の外交に勝利したといえ、アメリカの狙いは実現した[448]。すなわち、海軍主力艦の総トン数を制限する海軍軍縮条約が締結された（1922年2月）。また中国の領土と主権を尊重する9カ国条約が締結され（同月）、日本は山東の利権を放棄した。さらに太平洋における相互の利権を尊重する4カ国条約が結ばれ（1921年12月）、これに伴い日英同盟は廃棄された。ここにワシントン体制と称される、東アジアでの日米英協調体制が成立したのであった[449]。この国際協調体制は、欧米列強、ことにアメリカが日本の中国進出や軍備増強を牽制・抑制するという性格を持っていたのである。

　米英が日本と協調した理由として、日本が国際関係において「極東における憲兵」の役割を課され、日本がこれに応じたということも指摘しておきたい。米英は、反帝国主義運動の激化や共産党の躍進を望まず、極東におけるこれら

---

445)　横浜正金銀行編『自大正九年至大正十二年　横濱正金銀行史（未定稿）』（作成年不詳、千葉商科大学図書館所蔵）1921年分の51－52ページ。高橋は、その具体的方法としては日本の財力と支那の天然資源と、日本の工業能力と支那の労力とを渾然結合し、これによって東亜の経済力を伸長し、物資の産出を旺盛にすべきことを説き、もし日支の関係が阻隔し、亜細亜の経済的潜勢力がその実力を発揚できない状態となれば、英米の経済力はたちまち侵入して来て、容易に東亜の支配権を掌握し、支那および日本はその勢力下に屈服する外はない、したがってどうしても世界の経済的一単位たるべき亜細亜の経済的勢力を伸張し確立せねばならない、と高調した。「東亜経済力樹立ニ関スル意見」は小川平吉文書研究会編『小川平吉関係文書』第2巻、みすず書房、1973年、144－149ページおよび『昭和財政史資料』3－034－1に所収。
446)　若槻泰雄『排日の歴史』中央公論社、1972年、137ページ。
447)　麻田貞雄「ワシントン会議と日本の対応――『旧外交』と『新外交』のはざま――」入江昭・有賀貞編『戦間期の日本外交』東京大学出版会、1984年、23ページ。
448)　信夫清三郎編『日本外交史　II』毎日新聞社、1974年、第9章（岡本宏執筆）、318ページ。
449)　細谷千博・斉藤真編『ワシントン体制と日米関係』東京大学出版会、1978年。

第9章　正貨吸収と正貨保有、国際信用と日銀券への信認の維持

の動向の阻止については日本に期待するところが多かった。米英が日本の既得権益を認める態度をとったのも、このような事情があったからである[450]。

一方の日本が米英と協調する政策を採用した背景には、過大な建艦競争に日本が財政上耐えられなかったことや、日米間に経済力格差が存在していたこと、また日本が貿易・金融面で米英に依存していたという事情があった。すなわち、海軍では日本の主力艦保有比率を米英の7割以上とすることを要求したが、財界では軍縮による負担の緩和を歓迎したのであった[451]。またワシントン会議提案を伝えられたとき、松平恒雄欧米局長は、日米戦争を予防することこそ「目下の急務」であると、部内メモに記していたし、外務省や政府首脳の間では「会議ノ好機ヲ捉ヘテ日米戦争ノ憂慮ヲ除斥」すべきことについて、合意が再確認されたが、この背景には対米戦争は「両国力ノ比較、財力ノ懸隔」からしても不可能だ、という考え方があったのである[452]。日本は明治期には、外債・技術の導入・貿易などを通じてイギリスに依存する点が大であったが、とくに第1次大戦期から、アメリカに対する依存を強めていた。すなわち、生糸・絹織物・茶などの最重要市場として、また棉花・機械・石油などの供給国としてアメリカに対する依存度はさらに高まった。しかも電気機器・石油・自動車などの新産業の導入にあたっては、アメリカ資本（一部ヨーロッパ資本）の輸入（合弁）を伴わざるをえなかった[453]。日本は外資に依存していたし、加藤友三郎全権による主力艦の対米6割受入れを促したのは、日米戦争が想定されても、資金がなければ戦争はできず、その資金は当の相手のアメリカの外債に依存しなければならないということであった[454]。

だが、また幣原外交に代表される日本の対外協調主義、対中国不干渉主義は、日本が米英との摩擦を避け、中国における排日運動を抑制しながら、米英の容認する範囲内において、中国における既得権益を擁護し、貿易・投資市場としての中国市場を確保するための協調主義であった。そもそもワシントン体制は、

---

450) 安藤良雄「両大戦間の日本資本主義――その歴史的概観――」安藤良雄編『両大戦間の日本資本主義』東京大学出版会、1979年、15－16ページ。
451) 信夫清三郎編、前掲書、318－319ページ。
452) 麻田貞雄、前掲論文、24ページ。
453) 安藤良雄、前掲論文、15ページ。
454) 信夫清三郎編、前掲書、315ページ。外務省百年史編纂委員会編『外務省の百年』上巻、原書房、1969年、833ページ。

第5編　第1次世界大戦後の正貨政策

列強の中国における利権を放棄するものではなく、日米英の協調は、中国の共同支配を図るものといってもよいものであった。そして幣原喜重郎外相（1924年6月に外相に就任）は、既得権益擁護、中国市場維持のためにワシントン体制を容認したのである[455]。

日本海軍は、主力艦保有問題で譲歩したが、基地建設では、両大洋を防衛しなければならないアメリカと全世界に艦隊を分散しなければならないイギリスに対して有利な地位を確保した[456]。これも日本が海軍軍縮を受諾した一因と考えられる。

1921年に創立された中国共産党は、ワシントン体制に対して、従来の帝国主義の競争的侵略が共同的侵略に変わり、中国人民は生死の関頭に立たされたと評し、厳しい対決の姿勢を示した[457]。このようなワシントン体制は、中国支配システムの打破を求めるナショナリズムの力の成長とともに変容を余儀なくされた[458]。日本国内にも幣原の協調外交に反対し満蒙における特殊権益擁護を主張する勢力が力を強め、1927年に幣原外相は辞任に追い込まれる[459]。だが、震災復興外債が発行された当時においては、ワシントン体制は維持されていた。これが震災外債成立の前提条件をなしたのである。外国人が金を貸し、または事業に投資するのは、その借手の返済の力が確実なこと、または事業の有利なことを認めたうえでのことである。一国内のすべての経済取引においては、信用がその基礎となっているが、国際金融においてはとくに信用がその基礎として重要であり、一国の信用がその出発点として測定された[460]。

日本が米英との戦争を構想したとすれば、日本の支払能力への危惧という経済的要因を通して日本の国際信用は失墜し、外債募集は困難となったことであろう。また公債発行は、公債の買手である投資家の心理状態に反して強行する

---

455) 小野一一郎「対外政策構想の転変」小野一一郎編『戦間期の日本帝国主義』世界思想社、1985年、56－57ページ。
456) 信夫清三郎編、前掲書、316ページ。
457) 同上書、318ページ。藤井昇三「ワシントン体制と中国――北伐直前まで（国際政治と国内政治の連繋）――」日本国際政治学会編『国際政治』第46号、1972年10月、5ページ。
458) 細谷千博「ワシントン体制の特質と変容」細谷千博・斎藤真編、前掲書、34ページ。
459) 信夫清三郎編、前掲書、第10章（岡本宏執筆）、335ページ。『宇垣一成日記』第1巻、1968年、470ページ。大畑篤四郎「中国国民革命と日本の対応――不平等条約改正提議を中心に――」入江昭・有賀貞編、前掲書、146－148ページ。

第9章　正貨吸収と正貨保有、国際信用と日銀券への信認の維持

ことはできない[461]）。日本が米英と敵対していたとすれば、米英の金融業者や投資家の日本への信頼の喪失という広義の（心理的）信用の崩壊から、日本外債の募集はやはり困難となっていたことであろう。さらに日本と米英との外交関係が悪化していたとすれば、米英の政府や通貨当局者によって日本外債の発行が抑制されていたことだろう。

イギリスにおいては起債市場はいわゆる自由市場であって、外債募集に政府が干渉しないことを主義としていたが、第1次大戦以来、金の流出を防ぐために外国債の発行に政府が干渉を加えるようになった。この干渉は法律によるものではなく、当初は取引所が証券売買を認めること（上場）について大蔵省の承認を要することとして行われ、その後は政府はこの取締りを除く代わりに外債発行団に対して発行に際しイングランド銀行総裁の了解を求めさせることによって、事実上の取締りを実施していた。震災外債発行当時、発行関係者はイギリス政府に了解を求めに出かける必要はなかったが、イングランド銀行の了解を得る必要はあり、イギリス市場は完全なる自由市場とはなっていなかった[462]）。このような状況のもとで日英が外交的に対立していたとすれば、イギリス政府の日本に対する信頼の喪失がイングランド銀行のイギリス側発行団に対する日本外債発行引受牽制を招く可能性があったといえよう。イギリスが完全な自由市場に復帰するのは1925年11月、すなわち同国が金解禁を行って金本位制に復帰（同年4月）した後、当時の大蔵大臣チャーチルが起債の事実上の取締廃止を宣言してからのことである[463]）。

アメリカでも起債市場は法律上自由市場であったが、政府の政策的配慮によ

460）　森賢吾によれば、この一国の信用が外国市場で測定される標準としては、①一国の政治が安定しているかどうか、②その国民が平和を好む国民であるか、それとも戦争を好む国民であるか、③その国の支払能力すなわちその国の資源が十分であるかどうか、またたとえ天然資源が乏しくとも、その国民の知能、勉強、発明工夫の力が天然資源の不足を補い富を創出する能力があるかどうか、換言すれば天然資源や人間の能力によって富を創造し、元利支払の基金を作り上げるのに十分な力があるかどうか、④国民に支払いの精神があるかどうかを挙げることができる。森賢吾、前掲「国際金融」297－298ページ。

461）　森賢吾、前掲「最近の外債成立顛末」『銀行通信録』第463号、1924年8月、47ページ。

462）　同上、44ページ。森賢吾、前掲「国際金融」322－323ページ。「Mr. Mori's reply to the toast "The Prosperity of Japan" at the Dinner given by Westminster Bank at Savoy Hotel, London, on the 27th March, 1924」津島寿一［1963］附録、16ページ。

463）　森賢吾、前掲「国際金融」323ページ。

963

って資本輸出はさまざまな規制を受けた。とくに1922年3月にハーディング政府はすべての外債の発行は国務長官の了解を求めるよう命じた。この制限は経済上の理由というよりもむしろ外交上の理由に起因したものであって、アメリカの外交に妨げのあるような外債の発行を起こさせないためである。したがって、アメリカの日本に対する外交的信頼、信認関係の喪失は、ただちにアメリカでの日本外債募集の困難を生じさせることとなるのであった[464]。

上記のことから明らかなように、ワシントン体制のもとでの日本の米英との国際政治的協調が、日本の国際信用を維持させて日本外債募集を可能にした一要因となったといえるであろう。事実、大正末期になり日本の対中国政策に対してイギリスが消極的な態度に傾き、昭和に入ると、津島寿一が満鉄社債の新規発行について努力しても、成立間際になってイギリス政府側から反対が出て、実現できなかった。国際外交という歴史の波が金融所作（業務）に大きな変動を与えたのである[465]。

2　国内の政治と経済の安定性

（1）　政治的安定度

前述のように政治的安定度は国際信用の度合を規定する一要素である。国内政治が不安定では海外市場で日本が信用を得ることは困難である。森賢吾が強調するように、国際信用（対外信用）の背後には必ずその国内における信用が控えていなければならず、外国市場で信用を得るためには、その本国で信用を得ていなければならなかった。政治的不安定は経済的不安定を招くであろうし、また国内において国民に信頼されていないような政府の発行する公債は外国では売れなかったのである[466]。

森財務官がイギリス発行団との交渉の後アメリカに渡ろうとした1923年12月、東京から2つのニュースが森に届いた。その1つは、第2次山本内閣（井上蔵

---

464)　同上、323ページ。三谷太一郎「ウォール・ストリートと満蒙——外債発行計画をめぐる日米関係——」細谷千博・斎藤真編、前掲書、323ページ。Herbert Feis, *The Diplomacy of the Dollar*, W. W. Norton & Co., New York, 1966, p. 11.
465)　津島寿一［1964］343ページ。
466)　森賢吾、前掲「国際金融」298ページ。

第9章　正貨吸収と正貨保有、国際信用と日銀券への信認の維持

相）の提出した震災善後予算案が衆議院で政友会の反対のために紛糾し、復興院新設の予算は削除され、また復興事業費も相当大幅に削減されたというものであった。これは日本の政局の不安定を表すものであった。もう1つは皇太子が虎の門付近で発砲された（虎の門事件）というものであった。外債折衝を前にして起こったこうした事件は、日本の政治の安定度を測定する物差ともなり、発行交渉に従事する森財務官にとっては憂慮されるものであった。この虎の門事件の責を負って山本内閣は総辞職し、1924年1月に清浦内閣が成立したが、このような内閣の更迭、これに伴う政局の動揺は、日本外債起債にとっては不幸な出来事であった。新内閣の与党は政友本党だけで、憲政会、革新倶楽部、政友会の3派は憲政擁護運動を起こし、特権内閣打倒などの政府攻撃を行った。このような政情不安は、日本の起債交渉担当者にとっては折衝に差障りを生じさせるもので頭痛の種であった[467]。また『東洋経済新報』社説の中で石橋湛山は、震災外債の条件が日本に不利であったことを遺憾であったと論じ、我が国の政情が安定してから外債を募集する方がよかったと述べている[468]。このようなことから、政治不安は日本の国際信用度を低下させるものであったといえるであろう。もっとも、日本の政治対立は中国のように内戦を起こさせるほどのものではなかったから、募債を不可能にさせはしなかった。

(2)　財政の健全性、経済力、経済的安定度

森賢吾が述べているように、日本の国際信用にとって最も重要なものは日本の支払能力であり、その基礎となるのが日本の財界の信用である。投資家は起債者の支払能力に特に大きな関心を持つ。発行関係者は投資家に対する応募の勧誘のために目論見書を作成するが、この目論見書には発行条件が記載されているにとどまらず、起債者の支払能力を証明する事項が折り込まれている。発行関係者（財務官および発行銀行）は発行条件の交渉を行うとともにこの支払能力の証明を重視するのであり、計数や事実の精髄を選択し文字を洗練しながら、日本政府の財政、日本の国力、その経済力がこの起債の元利を支払うのに

---

467)　津島寿一［1964］194－195、199－200ページ、などを参照。
468)　「外債成立の結果」『東洋経済新報』第1086号、1924年2月23日、330ページ。石橋湛山全集編纂委員会編『石橋湛山全集』第5巻、東洋経済新報社、1971年、168ページ。

第5編　第1次世界大戦後の正貨政策

十分であるということを応募者に了解納得させて安心させるのに苦心努力する[469]。目論見書中の支払能力を証明すべき部分をみることによって、外国が日本の信用をどのような規準で判断しようとしていたかが明らかとなる。

　津島がモルガン商会の経済専門家クラークやド・シャンツェと協議のうえ作成した[470]アメリカにおける震災外債（六分利付米貨公債）目論見書所載の日本についての説明文[471]には、以下のようなことが記載されていた[472]。

　まず最初に外債の内容とその目的について説明がある。すなわち、発行額や発行方法、この外債は四分半利付外債の借換と震災復興資材購入のために発行される、減債基金を設ける、などということが述べられている。

　第2に財政の堅実性、財政収支の均衡について次のように記述されている。政府は過去10年間に3億2500万円以上の対外債務を削減してきた。また政府債務の4分の1以上は、利益をもたらす鉄道事業の建設や改良に伴うものである。国富は政府債務の21倍以上もあり、国富と政府債務の関係はアメリカよりも良好である。政府の利払いは政府の通常歳入の12％よりも少ない。過去15年間、政府は減債基金を用いて毎年平均3900万円以上の債務を消却してきた。ワシントン会議に基づく軍縮と歳出の一般的削減政策のおかげで、次年度の政府歳出は数年前の歳出を実質的に下回る。今年度や次年度は歳出が歳入を上回るが、この超過額は必要があれば政府の積立剰余金で支払われるだろう。政府歳入は税収にかかっている。

　第3に、貨幣制度や正貨準備について記されている。①日本は1897年に金本位制を採用し、金貨1円は49.85セントと等しかった、②唯一の発券銀行である日本銀行は発行残高の79％という高率の金準備を保有している、③加うるに日本銀行や政府はニューヨークやロンドンに2億5000万円以上の預金や政府短期証券（外貨準備）を保有している、と。

　第4に、日本の地理的位置、人口、農業、製糸業、電力、工業、海運などが

---

469)　森賢吾「我国に対する世界諸国の信用程度」『銀行通信録』第83巻第495号、1927年3月、528、531－532ページ。同「欧米事情と我国の信用」『大阪銀行通信録』第355号、1927年3月、266ページ。森賢吾、前掲「国際金融」325－326ページ。
470)　津島寿一［1964］217ページ。
471)　森賢吾、前掲「国際金融」附録17－23ページに全文所載。
472)　この説明文は『明治大正財政史』第12巻所載の目論見書では削除されている。大蔵省編『明治大正財政史』第12巻、復刻版、経済往来社、1956年、366－375ページ。

第9章　正貨吸収と正貨保有、国際信用と日銀券への信認の維持

次のように説明される。日本はアジアの入口であり、その背後には天然資源が豊かで製品市場でもある広大な大陸が控えており、将来の経済発展において有利な位置にある。日本には産業に従事するエネルギッシュな5600万人の人々がおり、人口は植民地を含めると約8000万人となる。日本では米が最大の食料であり、生糸の世界最大の生産国であり、鉱山からは石炭、銅などを産出し、水力資源も豊富にある。工業では綿工業が中心であり、綿糸、綿織物の世界3位または4位の生産国である。海運もよく発達している、と。

第5に、外国貿易が過去30年間に急速に拡大しており、商品の輸入超過は海運その他の貿易外収支の受取超過によってカバーされているということが指摘されている。また貿易の主要相手国についても述べられ、日本の貿易にとってアメリカが最も密接で重要であると記されている。

最後に関東大震災の被害が大きくなく、また震災復興計画が立てられているということが論述されている。

上述の事実から、以下の結論を導き出すことができるのではなかろうか。

① 外債発行にあたっては発行形態、資金使途などが明確でなければならない。

② 外貨国債の信用度は元利払いが可能かどうかを決定づける国家（起債者）の財政状態に依存しており、財政の健全化、減債基金による債務償却を図ることが日本外債信用維持の一手段となる。ちなみに、1923年の関東大震災勃発直後に蔵相に就任した井上準之助は、当初から外債発行を意図しており、同年10月9日の在東京外国新聞通信記者に対して、「政府は囊〔さき〕に財政計画上絶対的緊縮主義を採用するように声明し、本年度の実行予算は勿論、明年度の予算編成に際しても極力緊縮節約することに決し、之を声明したのである」と述べたのである[473]。

③ 金本位制や金準備について言及されているのは、貨幣制度の安定が経済の安定と発展の基礎であり、貨幣制度が安定しておりインフレーションが発生していないことが国際信用の維持にとって重要であったことを反映していると考えられる。

---

473) 井上準之助論叢編纂会編『井上準之助論叢附録　井上準之助伝』1935年、244ページ。

④　元利金の対外支払いが可能であるためには金や外貨準備の保有が必要であり、この保有が国際信用の維持に寄与した。

⑤　緊縮財政や財政整理だけで国の信用が保てるものではなく、産業の発展も国の対外信用のために必要である[474]。地理的位置や人口は経済、産業の背景をなすものである。地理的位置はアメリカの投資家に日本の存在を知らせるためにも必要となる。政府の支払能力はその国の農業、鉱業、工業、海運などの産業の力に規定されており、日本の生産力が国際信用を支えていたのである。

⑥　貿易や海運について論じられているのは、元利金の対外支払能力とこれに基づく信用が国際収支上の経常収支の動向（黒字か赤字か）に規定されていたことを反映している。貿易相手国も評価の対象となる。

⑦　震災の損害額が過大に海外に伝わることは日本の国際信用にとって打撃が大きかった。また森賢吾は、「最近の外債成立の顛末」と題する講演の中で、実際に震災による損害が巨額に伝えられたことがイギリスにおける日本の信用を失墜させた主因の1つであることを認めている。そこで、その被害が大きくないとの情報を海外に提供することが、日本の国際信用の動揺を防ぐ一方策となっていた。この震災による日本の国際信用の崩壊を日本の情報提供によって防ぐ試みは、すでに関東大震災勃発当初からなされていたのである。具体例を挙げれば、その後に東京税務監督局の一部長が震災による損害の見積高を新聞に話したのが過大に伝えられると、井上準之助蔵相は外債募集への悪影響を憂慮し、1923年10月9日に在東京外国新聞通信記者に対して、「今回の震災より生ぜる破壊を以て、之れを我国の生産力に比せば寧ろ其の災害の僅少であったとも謂ひ得るのである」という声明を行ったのであった[475]。

このほか目論見書からは必ずしもはっきりとはしないが、経済などの環境が激変した場合の対応能力にも外国の金融業者、とくにモルガン商会は注目し、日本のこの能力を高く評価していた[476]。日本の危機管理能力の高さが日本の

---

[474]　森賢吾、前掲「国際金融」は「有形無形天然人為総て富を創造し以て元利支払の基金を造上げるに充分な力」があるかないかが信用度を規定すると述べている（297ページ）。

[475]　前掲『井上準之助伝』242－243ページ。

第9章　正貨吸収と正貨保有、国際信用と日銀券への信認の維持

対米国際信用の維持に寄与したのである。

　目論見書は日本外債の販売を目的として作成されたものであるから、日本の国際信用にとって不利なことは書かれていない。その記載事項は日本経済を楽観視しすぎており、それから日本の国際信用度の実態を判定することには問題がある。

　財政緊縮については、これが十分に実行されなかったという批判がなされている。すなわち『東洋経済新報』(1924年2月23日号社説)は、「〔募債は〕我国の政情が安定し、財政計画も、間に合わせのものでなく、十分の整理をして確立し、其前途に就て疑惑の存せざるに至った時が好かったであろう。例えば吾輩が毎々論ずる如く、歳出(復興事業は別とせる)を十億円近くにも縮少した予算が出来たとせよ、我国の信用は、幾許大に高まったか知れぬ〔・は引用者〕。而してそれは、努力次第で、来る臨時議会に於て実現し得ることである。政府は(斯くも不利の条件ならねば外債が出来ぬとすれば)何故先ず財政の整理確立に努め、而して後外債の募集は企てなんだか」[477]と論じている。来日した際にラモントが用意していた質問事項の中には「日本はなぜ緊縮政策を追求しなかったのか。大震災によって経済状態の悪いときに、鉄道網を拡張し、電化まで行い、港の整備や地下鉄建設に乗りだしたのか」[478]という一項目があった。

---

476)　これは次の事実から明らかである。モルガン商会の組合員の1人であって同商会の総理格の地位にあったトーマス・ラモントが1927年10月に日本を訪れたとき、ラモント歓迎の晩餐会が東京銀行倶楽部において開催されたが、席上で井上準之助が「私が特にモルガン商会の行為に対して感謝し度い事は、大震災後日本の信用が国際市場に於きまして動揺せんと致して居た時に方(ママ)りまして、日本の前途に信頼して巨額の復興公債を大胆に引受けられた点であります」と述べ、これに対してラモントは「欧米各国は日本の非常な惨害に驚愕したのでありましたが、今又此処に出席して居られる方々が、日本人の先達として、此の大災害の結果に打勝った其の大なる意気と成功に対して、驚きの眼をみはったのであります。貴国人が一人の如く相一致して平然其の災害の恢復に当られた勇気は、実に全世界にある日本の友人に対する一つのインスピレーションでありました。此の貴国人の卓越せる精神が発揮せられました為めに、我モルガン商会は敢然として千九百二十四年二月に只今井上総裁の申されました一億五千万弗といふ巨額の公債の発行を引受けることになったのでありまして……本公債の成功はとりもなほさず、日本の海外における信用の確固たることの証左でありました」と述べている(同上、392－395ページ)。ラモントは天皇を訪問した際には「日本国民の見せた勇気が、我々に多額のローンを引き受ける勇気を与えたのです」と述べている(NHK"ドキュメント昭和"取材班編『ドキュメント昭和　6』[1986] 65ページ)。

477)　『東洋経済新報』1924年2月23日号、330ページ。前掲『石橋湛山全集』第5巻、168－169ページ。

478)　前掲『ドキュメント昭和　6』77ページ。

969

第5編　第1次世界大戦後の正貨政策

これをみても、日本の財政緊縮は日本の対外信用を維持するには不十分であったと考えられる。

　また、日本は1917年に金輸出を禁止したまま大戦後もこれを継続し、金兌換も事実上行われていなかった。金本位制は停止されていたのである。金解禁の実施は「資本主義の相対的安定の指標」であるが[479]、不況・恐慌、経済的脆弱性を抱えた日本における救済融資、金兌換に制約されない通貨増発の必要性、増大する入超と在外正貨の減少という事態で金解禁を実施した場合の金流出の恐れといったことを前にして、金解禁は容易に断行できなかった。1928年9月にモルガン商会のパートナーであったレフィングウェルは、（日本が金本位制を維持するための）能力と意欲を持っているという world's confidence（世界の信頼・信認）を立証するためには日本の財政上の名声（financial honor）を世界が信じる必要があると述べている[480]。当時は日本には財政規律が十分ではないとみなされていたのであろう。

　大戦後の国際収支の悪化のもとで在外正貨の払下げが行われた。これは1920年から開始され、当初は為替銀行に対する為替資金の補充にとどまっていたが、1921年10月以降は為替相場維持の手段としても実施された。正金建値は市場相場よりも高めに維持された。この過程で在外正貨が減少していったのであった。しかも、正貨払下げにもかかわらずそれは不徹底なものにとどまり、為替相場の低落を阻止できなかったのである[481]。

　戦後日本経済は1920年の反動恐慌、1922年末の銀行恐慌を経た後、1923年9月の関東大震災により大打撃をこうむった。すなわち、この震災による国富の被害は55億円にのぼり、京浜地方の経済活動は一時中断され、同年末まで混乱が続いた[482]。日本の金本位復帰は立ち遅れていた。

　産業構造をみると、農業は生産の発展が零細土地所有と高率小作料によって抑えられていた。戦前に重要輸出産業の座を占めていた石炭・銅産業は大戦後に輸入産業化した。脆弱な中小工業が広範に存在した。大戦後の人絹工業の発展は日本の生糸輸出をおびやかした。日本の重工業の発展は立ち遅れており、

---

479)　野呂栄太郎『日本資本主義発達史』岩波書店、1954年、265－266ページ。
480)　Russel Leffingwell to Kengo Mori, Sept. 10. 1928, Thomas W. Lamont Papers, Baker Library Historical Collections, Harvard Business School, Box 188, Folder 30. 伊藤正直［1989］136ページ。第11章第3節3も参照されたい。

第 9 章　正貨吸収と正貨保有、国際信用と日銀券への信認の維持

大戦後にインド銑鉄の輸入が日本の鉄鋼業の脅威となった[483]。

　上記の産業構造と国内供給力を上回る国内市場の急激な拡大、日本商品の国際的割高化、震災復興用建設資材輸入、国際環境の変化などのために輸入が増大した[484]。国際収支は関東大震災後にいっそう悪化した。

　上述の事情は日本の国際信用度を低下させる作用を果たすものであった。一国政府の信用度（程度）は、既発行の市場価格により大体定まっている。すなわち公債の利回りがおおよそ代表している[485]。勝田主計蔵相は1924年 2 月20日に次のように演説している。関東大震災後、日本の海外で発行している公債の価格は暴落した。あるものは 6 〜 7 点、あるものは 4 〜 5 点も低下した（額面を100点として）。その後だんだん回復したといっても、震災前と比較すると相当の差があった。このように日本の公債は安くなり、その利回りもいずれも

---

481)　横浜正金銀行の児玉謙次頭取が1925年 1 月 1 日に同行ニューヨーク支店の相木秀茂支配人に宛てた内報の中では1924年 1 月以来の正貨政策、為替相場政策が次のように述べられている。「昨年〔1924年〕正月ハ震災復興ノ業未ダ目鼻モ付カサルニ山本内閣辞職シ後継内閣未ダ成立セサリシ時ニシテ本行ハ当時売持七千万円（留比売持加算以下モ同様）ヲ擁シ前年来ノ行懸リニテ建相場〔正金銀行の相場〕48$\frac{1}{2}$〔ドル〕ヲ維持シ居リシモ市場ハ45乃至44内外ヲ彷徨シテ底意軟弱一月七日清浦内閣成立スルニ至リ新蔵相勝田氏ハ相場喰ヒ止メノ為相当努力スルノ意アルヲ声明シ本行ヘ此相談ニ参与スルコトニ相成極力信用状〔発行〕制限ヲナスト共ニ他方正貨払下ヲ願出テ一月十五日迄ニ47$\frac{1}{2}$迄引下ヲナシタルガ払下手続ハ兎角隙取リテ本行在外資金ノ補充捗々シカラス輸入為替取極メ続々殺到シテ応接ニ遑ナキ有様ニシテ営業自由ナラス而モ前年来紐育倫敦ニテ交渉進行中ナリシ外債募集成立迄ハ相場暴落好マシカラサル事情モアリ只管一時ヲ糊塗シテ其日暮シノ方針ヲ採リ居リシガ二月上旬成立後ニ至ルモ固ヨリ市場ヘ払下金額多キニ上ル能ハサルコト其手続キノ緩和ヲ望ミ得サルコトヲ見透シ居ルコトトテ買気依然トシテ旺盛他方ニ於テ復興材料輸入税減免期間ノ終了期ノ近ツクト共ニ輸入額予想以上ニ達シ本行ノ売持ノ減少スル能ハスシテ為替position日々悪化シ建相場ト市場トノ二重ノ取引ヲナシツ、三月ニ及ヒ此間本行ハ政府ニ対シ其維持策ノ不徹底不合理ナルコト反覆力説シ政府ニ於テモ区々タル小策ノ到底頽勢ヲ挽回シ得サルコトヲ覚ルト共ニ正貨払下モ一段落ヲ告ゲル事ニ相成リ本行モ漸ク相場引下ニ関スル其筋ノ諒解ヲ得ルニ至リタルニヨリ三月中旬ヨリ矢継早ニ三回ノ引下ゲヲ断行シ四月一日42〔ドル〕トナリテ略ボ市場相場ト一致スル事ニ相成申候之ハ結局払下ノ資源最早豊富ナラス従来ノ方針ニテ本行ヲシテ為替崩落ニ対スルBulwark〔防壁〕ノ役目ヲ勤メシムルコト不可能ナルコトカ各方面ニ於テ認メラル、ニ至リタル為メ」である（Archives of the National Archives of the United States, *Records of the Office of Alien Property*, RG 131, 頭取席内報、大正13、14年、H. O. Letter on economics and finance 1924, in Records of the New York Agency of Yokohama Specie Bank, Ltd., Box 51）。

482)　原朗「景気循環」大石嘉一郎編『日本帝国主義史 2　世界大恐慌期』東京大学出版会、1987年、369−370ページ。

483)　齊藤壽彦「対外金融機関　概観」第 1 節、渋谷隆一編著［1987］147−152ページ。

484)　三輪良一［1973］294−295、306−307ページ。齊藤壽彦、前掲論文、147−152ページ。

485)　森賢吾、前掲「国際金融」313ページ。

第 5 編　第 1 次世界大戦後の正貨政策

7％見当であり、なかには 8％にも達するものがあるというような状況になっていたのである[486]。以上のことから関東大震災後に日本の国際信用の度合が低下したことが明らかである。

（3）　支払いの精神、支払義務の忠実な履行

富源が豊かで支払いの精神の乏しい国民もあれば、富源が乏しくとも支払いの精神に富み義務を履行する決心が強固で、勉強努力をしてその支払いを完全に行いうる国民もある[487]。国際信用は後者の方が高いといえよう。第 1 次大戦前に南アメリカ諸国、トルコ、ギリシャ、エジプトの外債はしばしば支払不能に陥った[488]。アメリカでは第 1 次大戦中から生じた多数の投資銀行による外債引受は大量の不良債権を伴っており、しかも後年にいくほど債務不履行が多発し、不履行額は1929年までに元本だけで 2 億8700万ドルに達した[489]。

日本は支払いの精神が強かった[490]。

一国（日本）の信用の測定においては、日本の支払能力が一番大切であるが、一国の支払いの精神が日本の信用を測定する要素となる。明治10年代に吉原重俊がロンドンに外債募集に出かけた際（森賢吾は1882（明治15）年としているが、吉野俊彦は1885（明治18）年であったことを日銀所蔵文書によって確認している[491]）、起債契約直前になって政府からの電報により吉原は契約の断念に追い込まれた。約束を破った責任をとろうとして旧武士の吉原は腹を切って自決しようとしたという。森賢吾はこれを日本人が支払いの精神に富んでいることを証するものであるとしている[492]。

---

486)　「勝田大蔵大臣の演説」『銀行通信録』第77巻第458号、1924年 2 月20日、25ページ。
487)　森賢吾、前掲「国際金融」298ページ。
488)　鈴木俊夫 [1989] 224ページ。
489)　森杲「第一次大戦～1920年代のアメリカ資本主義」宇野弘蔵監修、鎌田正三他編『講座帝国主義の研究　第 3 巻　アメリカ資本主義』青木書店、1973年、122ページ。C. Lewis, *America's Stake in International Investments*, Wisconsin, 1938, p. 399.
490)　司馬遼太郎は次のように述べている。鎌倉時代の坂東武者の心は信で支えられており、北条執権家から恩を受けると、いざという場合、ためらわず死をもって返すという精神構造を坂東武士はもっていた。信というのは、後に室町時代や江戸時代に商業が栄えると、カネを借りれば必ず返すという商人の倫理になった（もっとも鎌倉末期から室町時代にかけて、幕府などはしばしば貸借関係の破棄を命ずる徳政令を出している）。司馬遼太郎『この国のかたち　三』文藝春秋、1992年、147ページ。
491)　吉野俊彦『歴代日本銀行総裁論』毎日新聞社、1976年、20ページ。

第9章　正貨吸収と正貨保有、国際信用と日銀券への信認の維持

　明治以来の日本の海外における信用の度合の変遷については森賢吾の「我国に対する世界諸国の信用程度」と題する東京銀行倶楽部晩餐会演説[493]を参照されたい。また海外市場における日本外貨国債の市価の推移については大蔵省編『明治大正財政史』第12巻所載の附表を参照されたい。

　森とモルガン商会との交渉がまとまり起債契約書案の最終検討を行っていた頃、ミネアポリスの新聞に、日本の信用に対する攻撃記事が出ているという電話情報が入った。ラモントは即刻その新聞の社主を電話に呼び出して、これを難詰し、最後に、「一言以て、日本の信用を証明するに足ることを教えてやろう。日本は神武以来、二千五百八十四年間、外債の元利払いを怠ったことがない国だ」と告げた[494]。この事実は、過去に日本が元償利払いをきちんと行っていたことを海外の金融業者が高く評価していたことを示すものである。元利払いの完全履行の意志、その経験が日本の国際信用を強化していたのである。津島寿一は「対外債務の誠実、適確な履行国として海外で無比の名声を保ち、国際信用はいやが上にも高きを加え、この国際信用はさらに外資の導入を誘引する原動力を形ち作った」と述べている[495]。

3　外債発行方針

　外債募集が成立するためには起債者側に外債募集の希望、熱意、決断がなければならない。高利外債募集に対する批判に対して大蔵省は1924年4月に「新外債に就て」と題する反駁文を発表しているが、この中で外債募集の必要性が次のように説かれている[496]。

　まず第1が震災復興事業の財源として公債（外債）を発行しなければならなかったということである。「昨年ノ震災後ニ山本前内閣ハ復旧復興事業ノ為ニ大正十七年度迄ニ約十五億円ノ経費ヲ計上シ其ノ財源ハ全部公債ニ依ルト云

---

[492]　森賢吾、前掲「我国に対する世界諸国の信用程度」37－42ページ。森賢吾、前掲「欧米事情と我国の信用」268ページ。
[493]　森賢吾、前掲「我国に対する世界諸国の信用程度」529－530ページ。
[494]　津島寿一［1963］52ページ。
[495]　津島寿一［1966］4ページ。
[496]　藤村欣市朗編［1992b］70－72ページ。

フ財政計画ヲ樹テラレテ居ツタ」、「然シナカラ此ノ様ナ巨額ノ公債ヲ発行スルコトハ極メテ至難ナ事テアルト共ニ又一方ニ於テハ今日此ノ財政計画ヲ急ニ変更スルコトノ出来ヌ立場ニアルノテ出来得ル丈ケ公債ノ額ヲ減シタイト云フ考テ震災復旧費ノ一部ヲ普通財源ニ求ムルコトトシ公債発行額ヲ約十四億円ノ程度ニ止メタノテアル」、「右ノ様ナ大体ノ計画テアルカ帝都復興事業ヤ震災復旧事業ノ如キハ何レモ出来ル丈ケ速カニ実行スル必要カアルノテアルケレトモ之ヲ実行スルノニハ大正十四年度末迄ニ七億円余ノ公債ヲ募集セナケレハ帝都ノ復興ハ勿論ノコト各般ノ震災復旧其他経済復興ハ到底望マレナイト云フ困難ナ事情ニ立チ至ツテ居タノテアル、然ラハ如何ニシテ此ノ差迫ツテ居ル公債ヲ募集スルカ、震災後ノ我経済界ハ多大ナル打撃ヲ蒙ツテ内債ニ応募スル力ハ乏シイ、ヨシ震災ノ結果ヲ除クモ政府ハ過去四五年間ニ巨額ノ短期ノ公債ヲ募集シタノテ茲二三年間ハ毎年三四億円ノ公債借換ヲ行ハネハナラヌノテ此ノ借換タケテモ中々容易ナコトテハナイ然ルニ此ノ上更ニ一ケ年三四億円ノ新規ナ公債ヲ募ルト云フコトハ震災後ノ我経済事情テハ到底出来ナイ事柄テアル故ニ財源ノ一部ハ是非共外債ニ俟タナケレハナラヌ次第テアツタ」。

第2に、「国際貸借ノ均衡ヲ図」り金流出を防止するためにも外債募集が必要とされた。「以上ノ事由ノ外ニ更ニ重要ナコトハ外国貿易ノ関係テアツタ、最近我外国貿易ハ非常ナル輸入超過ヲ示スニ至ツタ、殊ニ震災後ニ於テハ我国ノ復興材料ヲ輸入セネハナラヌノニ加ヘテ当時ノ事情已ムヲ得ス復興材料等数十ノ品目ニ亘ツテ輸入税ノ減免ヲ行ツタ為ニ此ノ種ノ物資ノ輸入カ激増シタノミナラス、関税ノ減免ニハ必ス附随スル所謂見越輸入ト云フ現象ヲ生シテ其ノ額ハ容易ナラヌ巨額ニ達シテ居ル、其ノ結果昨年我貿易ノ輸入超過ハ五億三千万円本年一月及二月分丈ケテモ既ニ二億九千二百万円（昨年同期間ノ入超八千六百万円）ノ多キニ上ツテ居ルカラ本年上半期ノ輸入超過ハ頗ル巨額ニ達スヘキ形勢ヲ示シテ居ル、而シテ此ノ輸入超過其ノ他国際貸借上ノ決済ノ為メニ政府又ハ日本銀行ノ内地ニ保有シテ居ル正貨ヲ海外ニ輸出スル様ナ結果ヲ生スルコトハ現下ノ内外ノ情勢ニ鑑ミテ容易ナラサル事テアル、故ニ此ノ場合ニ処スル手段トシテハ外債ニ依ツテ在外正貨ノ補充ヲスルヨリ外良策カ無イ状態ニ在ツタ」。

とはいえ、どのように不利な条件であっても震災外債を発行するということ

第 9 章　正貨吸収と正貨保有、国際信用と日銀券への信認の維持

が当時の唯一の選択肢ではなかった。世間の一部には後述のように高利外債の発行に対する激しい批判があった。また初めからこの外債の募集に賛成した『東洋経済新報』も発行条件を無視しての賛成ではなかった。同誌は1924年2月23日号の社説の中で「我国は、如何なる不利の条件を忍んでも、唯今即座に外債を募集せねばならぬほど、財政は逼迫していない。復興材料の輸入に依る正貨の流出と、明年二月及七月に迫れる英債三億五千万円の償還とは、我朝野の近時の心配の種であるが、併し之とても、吾輩の見る所に依れば必ずしも恐るゝに及ばない……災後の復興事業の為めには、結局外債を募るの必要はあると雖も、差当って大急ぎで募らねばならぬことはない。時機を選む[ママ]余裕は十分に我れに存した。蓋しそは、我国の政情が安定し、財政計画も、間に合はせのものでなく、十分の整理をして確立し、其前途に就て疑惑の存せざるに至つた時が好かつたであろう」、「歳出（復興事業は別とせる）を十億円近くにも縮少した予算が出来たとせよ。我国の信用は、幾許大に高まったか知れぬ」、と主張した497)。また大蔵省内でも青木得三国債課長が1924年2月の起債調印間近に高利外債の発行に反対していた。冨田勇太郎理財局長も高利外債の発行に決断を下さなかった498)。

　震災外貨公債の発行は、第2次山本内閣時代の井上準之助大蔵大臣が計画し、清浦内閣の勝田主計大蔵大臣が森財務官の要請を受け入れて自らの責任において決断を下して成立したものである499)。この井上の外債募集方針の背景には、前述の経済的事情とともに井上のモルガン商会のパートナー、トーマス・ラモントに対する期待があったと考えられる。

　戦後の中国に対する新4国借款団を結成するための諸国（政府および銀行団）間の交渉は日本のいわゆる満蒙留保要求をめぐって難行し、1920年3月から5月にかけてラモントが局面を打開するために来日した。日本側を代表してラモントとの交渉にあたったのが当時の日本銀行総裁井上準之助であった。井上がラモントと会ったのはこのときが最初であった。ラモントは井上の初印象について日記に次のように書いている。「私は日本銀行で井上と長時間の満足すべ

---

497)　前掲「外債成立の結果」330ページ。前掲『石橋湛山全集』第5巻、168－169ページ。
498)　佐上武弘［1972b］38ページ。
499)　佐上武弘［1972c］55－56ページ。

き会談を行った。私は彼が大変好きになった。彼は率直で、威厳があり、そして頭が良い」[500]。新4国借款団は1920年に成立したが、この結成を通じて井上はラモントから信頼されるようになった。1932年2月9月に井上が暗殺されたときに井上夫人に宛てた手紙（英文）の中で、ラモントは井上との関係についてこう述べている。中国共同借款に関することについて一緒に仕事をして以来、私は井上の高い人格ときわめてすぐれた能力と賢明さを大いに感嘆するようになった、我々は心からの友人となり、この幸福な関係は最後の最後まで変わらなかった、と[501]。また井上は新4国借款交渉と併行してラモントとの間で満鉄借款交渉を行い、ワシントン会議中も随員として派遣された日銀理事深井英五に現地での交渉を続行させた。井上は満蒙問題の解決は米国資本の導入による日米経済協力体制の実現以外にはありえないと考えていた。ラモントはこれに共感し、それが資本の論理にも適合すると考え、国務省の反対から実現しなかったとはいえ、極力井上の満鉄借款構想の実現に努力する。井上は国際的金融業者の信頼と支持を背景として日本と米英との金融的提携を強化しようとしたのであり[502]、その一環として震災外債の発行が構想されたのであった。

4　外債発行交渉

（1）　日本側の外債発行交渉関係者と国際的信頼

　外債の発行に際しては、日本政府は外国金融機関に発行交渉をすべて任せるようなことはせず、日本の代表者、日本の金融機関に発行交渉を行わせた。外債発行交渉の中心となったのは日本側では海外駐箚（ちゅうさつ）財務官の森賢吾であった。

　外債は発行担当者、発行関係者間の発行交渉のもとに成立するから、その成立において果たす人間の役割は大きい。井上蔵相は1923年9月中旬に当時帰国していた森賢吾財務官を招いて発行交渉を依頼した。森は1911（明治44）年6月に財務官心得となり、1913年6月に財務官に就任し、数多くの外貨公債発行交渉に従事してきており、森が震災外債発行交渉の日本側代表者として選ばれ

---

500)　三谷太一郎［1974］142ページ。　Thomas W. Lamont's Diary, March 4, 1920, in *Thomas W. Lamont Papers*, Box 273, Folder 3.
501)　前掲『井上準之助伝』389－390ページ。
502)　三谷太一郎［1974］143－146ページ。

第 9 章　正貨吸収と正貨保有、国際信用と日銀券への信認の維持

たことは、これまでの慣例に従ったものであった[503]）。

　森は個人として国際金融家[504]）にふさわしいすぐれた資質を有していた。森の語学力は優秀であり、欧米人の胸に焼きつけるような印象深い用語・表現を自由に駆使し、聴者の理解と共鳴を勝ち取る至妙のテクニックの保持者でもあった。森の風貌は日本人離れした鋭さと叡智とを印象づけ、しかも、その態度、挙措においても世界の大家に伍し、堂々たる構えを示したのであった。森は多年海外に駐在し、戦前・戦後を通じ国際財政金融の研究に没頭し、とくに実践的な修練を積み上げ、知識・経験ともに諸外国の最高権威者に対し、一歩もひけをとらなかった。このような森が心血を注いで欧米金融業者を相手に折衝を重ねたことが、震災外債成立の一因であろう。また森は、上記の資質のために欧米金融業者から絶大な信用と尊敬と称讃を勝ち得たのであった[505]）。

　日本でも欧米の金融業者と互角にわたりあえる国際金融家が登場してきて欧米の金融業者から信頼・信用を得たということが、震災外債起債交渉にとり有利に作用したと考えられる。外債発行交渉においては発行者と発行引受業者との利害が激しくぶつかるが、それにもかかわらずその取引の基礎は信頼であるからである[506]）。秘密裡に情報を得たり、イングランド銀行総裁などから助言を得るのに信頼関係は重要であった。また森は、モルガン商会に引受を依頼した際に、クーン・ローブ商会をも参加させるが、万一クーン・ローブが参加しない場合でもモルガンが起債を引き受けるという言質をとることができた。こ

503）　財務官制度の変遷については津島寿一［1963］26－30ページを参照されたい。
504）　国際金融の専門家としての国際金融家はアメリカでは私人であったが、日本では公人である場合が多く、大蔵省・日本銀行・横浜正金銀行などに集中していた（三谷太一郎［1974］123ページ）。
505）　津島寿一［1963］33、60－61、135－139ページ。海外生活が長かった森が接触した外人は、欧米の政界、官界、財界、投資界、新聞雑誌界など非常に広い範囲にわたり、その大部分は、国際的知名人であり、また斯界の権威者であった。これらの人々の間に、ケンゴ・モリ（Kengo Mori）という名は喧伝された。1927年10月にJ・P・モルガンに勲1等が授与されることとなり、津島がロンドン滞在中のモルガンにこの旨を伝達しに行ったとき、モルガン・グレンフェル商会重役の居並ぶ前でモルガンは「私たちと同じ立場、そして共通の理解を以て交渉し、仕事を為しうる人として、外人ではKengo Mori 一人である」と述べた。三井銀行の池田成彬（しげあき）は1929年にロンドンに行ったとき、森が外国で相当名が売れており、信用もあることを体験した。森がイギリスを発って帰国するときには、帰国後は総理大臣になるのではないかと森はロンドンの知己からいわれていた（津島［1963］、135－140ページ）。
506）　森賢吾、前掲「国際金融」297ページ。

れは、パリ平和会議における同僚として、森とラモントが最も密接に提携し、相互いに敬愛する間柄となっており、上記のような微妙な問題についての話合いに、心中を吐露しうる相互信頼が物をいったのである[507]。

　森の海外派遣には大蔵省の津島寿一らが随行した。津島は理財局臨時調査課長（1920年5月〜1924年5月）であったが、また大蔵大臣秘書官事務取扱（1923年9月〜1924年1月）および理財局国庫課長（1924年1月〜1927年5月）を兼務した。森とラモントとの交渉には津島が常に参与しただけでなく、大綱の協調ができた後のモルガン商会の専門家との協議は常に津島がその衝にあたった。この津島の有能性が震災外債成立に寄与した。津島はアメリカやイギリスの外債関係者から称讃を受けた[508]。津島もまた欧米の金融業者から信頼を得たのである。

　震災外債は森の経験した最大の難事業であり、この交渉のために横浜正金銀行取締役巽孝之丞と同行副頭取一宮鈴太郎の協力を必要とした。巽取締役は矢野勘治ロンドン支店支配人、一宮副頭取は柏木秀茂ニューヨーク支店支配人を指揮して英米財界の首脳と折衝し、その意向を打診し、かたがた両地市場の情勢を検討した[509]。

　巽は30年間にわたってロンドン支店に奉職し、1908年から1919年までの12年間は正金銀行ロンドン支店の支配人を務めた。日本の外債の発行に際しては、これに尽力してきた。西山勉氏は巽を達人と称している[510]。巽はイギリスの財界に深く通暁しており、イギリス市場を知り尽くしていた。森は巽の知恵を借りて震災外債成立上の難問を解決したことが何度かあった。巽はイギリスの金融業者に重きを置かれ、信頼・信用を博していた。イギリスの金融業者は日本に関する事業知識について、巽に重きを置いただけでなく、イギリス市場自身の観察・測定についても巽の意見を聞いて、その判断の助けとしていた。巽はアメリカにおいて発行団の組織化を開始し、アメリカでの震災外債条件交渉においても有力な貢献を行い、イギリスにおいては発行団との交渉は森の事実

507）　津島寿一［1964］209ページ。
508）　森賢吾、前掲「外債顛末感想談」津島寿一［1964］230−231ページ。森は津島、巽、一宮がいなかったらこの募集事業の成立は覚束なかったと述べている（同書、228ページ）。
509）　東京銀行編［1981b］49ページ。
510）　西山勉「達人－巽孝之丞」東京銀行編［1984］470ページ。

第 9 章　正貨吸収と正貨保有、国際信用と日銀券への信認の維持

上の代理者として活躍し、外債成立に導いた511)。この巽の震災外債成立への寄与の背景には、イギリスの金融業者から受けた信頼があった。

　一宮鈴太郎はアメリカに関する知識、ニューヨーク市場における経験において、日本の最大権威であった。一宮はアメリカにおける震災外債発行について森を援助し、その成立を助けた512)。

　このように国際金融に関するすぐれた資質を有する日本の外債発行交渉担当者、関係者が欧米の金融業者から受けた信用を背景として交渉成立に尽力したことが、震災外債の成立を導く1つの要因となったのである。

　もとより、外債交渉関係者が得た人間的信頼を起債成立の要素として過大評価することができないことも確かである。後述のようなノーマン・イングランド銀行総裁が行った森に対する助言、日本の起債に対する同情ある態度、イングランド銀行の起債支持が起債成立にとって大きな役割を果たしたが、この背後には森に対する信頼だけでなくイングランド銀行と日本銀行との中央銀行間協力という事実があったということを指摘しておきたい。

　関東大震災が起こると間もなく、ノーマン総裁は日本に同情の意を示し、日本銀行総裁の自由になる5000ポンドの寄付を行っている（日銀総裁はこれを日本政府に提供した）。日本銀行の中根貞彦はロンドンで発行されるであろう震災外貨国債についてノーマン総裁と会談した。また日本銀行総裁は、ロンドンの中根貞彦日銀代理店監督役を通じてノーマン総裁に、日本の外債募集に対する思いやりを求める井上蔵相や森財務官（在東京）の意向を伝えている513)。森に対するノーマンの態度は、このような1923年9月中の日英中央銀行間関係の結果であるともいえるのである。

　大蔵省の海外駐箚財務官が外債発行交渉担当者となるということは、国家の信用を背景として交渉にあたるということを意味する。財務官が交渉を行い、発行団に半官半民の特殊金融機関である横浜正金銀行が加わることによって、日本は外国の金融業者のいいなりになることなく、国家信用を背景として独自

---

511)　津島寿一 ［1964］228-229ページ。
512)　同上、229-230ページ。
513)　Bank of England Archives, OV 16/106, Letter from Otohiko Ichiki to Norman, 19th September 1923, Letter from Sadahiko Nakane to Norman, 21st September 1923. 中根は日本銀行総裁（市来乙彦）からの電文の内容を手紙でノーマン総裁に伝えている。

性をもって交渉を行うことができたのであった。

　森に対する欧米の金融業者の高い評価は、日本という国に対する評価と結びついていた。第1次大戦を契機として日本は連合国の一員として、その国際的地位がとみに向上したのであった。すなわち、第1次大戦中にヨーロッパ諸列強が中国への政治的・経済的圧力を後退させると、日本は中国に積極的な帝国主義的進出を図った。1914年8月、日本は日英同盟に基づき（だがイギリスの意図に全面的に沿わずに）ドイツに宣戦し、アジアのドイツ勢力を一掃した。また経済上において第1次大戦期に日本は急激な発展を遂げた。さらに軍事とくに海軍力の面でも日本は英米に次ぐ強大国となり、東洋を代表する大国の列に伸し上がったのである[514]。第1次大戦後の1919年1月にパリで講和会議が開かれると、日本はイギリス・アメリカ・フランス・イタリアとともに5大国の1つとして参加した。同年6月にヴェルサイユ条約が調印された。これによってドイツへの制裁が決まり、ヨーロッパの戦後秩序（ヴェルサイユ体制）が成立した。日本は山東の利権を同条約によって確保した。また日本は1920年に創設された国際連盟に加盟して常任理事国となった。日本は世界の中心国ではなかったが、アジアの「政治大国」としての地位を占め、アジアの秩序は日本の同意なしには維持できなくなったのである[515]。

　もとより、このような日本の国際的地位は、欧米列強とまったく対等となるほど強固に維持されたものではなかった。新4国借款団の交渉において、日本の中国における既得権の一部が国際財団の共同事業として提供させられることになるなど、国際情勢は必ずしも日本の意のようには動かなかった[516]。第1次大戦後の日本は国際的孤立感に噴まれていた。戦後の日本にひろく行きわたっていた考え方は、国際環境の大変動——ロシア革命、ドイツの敗北、ヨーロッパ諸国の疲弊——によって、日本は孤立してしまう、という懸念であった[517]。陸軍の実力者、宇垣一成大将は、第1次大戦によって東アジアの多角的な勢力均衡システムが崩れ去った結果、日本の国際的地位が危うくなったと

---

514)　津島寿一［1963］62ページ。
515)　橋本寿朗「国際関係」大石嘉一郎編『日本帝国主義史1　第一次大戦期』東京大学出版会、1985年、63ページ。
516)　勝田龍夫［1972］204－211ページ。
517)　麻田貞雄、前掲論文、23ページ。

第9章　正貨吸収と正貨保有、国際信用と日銀券への信認の維持

さえ憂慮していた[518]。だがこのような日本の孤立化は、前述のようにワシントン体制すなわち日米英の協調体制の構築によって防がれることとなったのである。

森に対する欧米人の高い評価の背景には、このように第1次大戦期やヴェルサイユ体制下での日本の国際的地位の高まりやワシントン体制下での日本の米英との協調という国際環境の変化があったことが、忘れられてはならないであろう。前述の人的要素には限界があった。また、森らの必死の努力にもかかわらず、決定した外債の発行条件は起債者にとってきわめて厳しいものであり、不利であったともいえるものである。人間的信頼関係も結局は国家の信用度を基本的に変えるものではなかったのであった。募集交渉成立後に国内から高利外債発行に対する批判を浴びた森賢吾は「凡そ一国の海外市場に於ける信用は、其国力経済力の測定せられたる結果、市場に定められたる標準があります。如何に有能力の人と雖も、其国の経済力を代表する一定の信用程度を超越したる仕事は、絶対に不可能であります」と述べている[519]。

（2）　発行地と発行額

森は1923年11月3日にロンドンに到着すると、12月下旬までイギリス市場の情勢を検討するとともに、イギリス金融業者と起債についての予備的話合いに専心した[520]。

当時のイギリスでは大震災が市場に与えた影響は深刻であった。震災が伝えられると日本公債の市価は暴落し、その後市価は徐々に回復したが、いったん暴落した影響は大きく、その上昇は抑えられていた。大損害の結果として日本が必ずイギリス市場に資金調達に出てくるとの一般の予想が、さらに市場を圧迫した。加うるに、地震の再来の恐れが投資界に不安を与えていた。

当時のイギリス金融証券市場は資金が逼迫していた。すなわち、第1次大戦後世界的に資金が不足し、ことにヨーロッパ復興に要する資金の需要が巨額であったが、かつて豊富な投資市場であったフランスがその地位を失い、アメリ

---

518)　同上。
519)　森賢吾、前掲「国際金融」293－294ページ。
520)　森賢吾、前掲「最近の外債成立顛末」『銀行通信録』第463号、43－47ページ。津島寿一［1964］179－196ページ。

カ市場は未だ成熟しておらず、外国が資金調達を求めたイギリスでは自国政府ならびに自治領のために発行計画が輻輳していた。

また自由市場であったイギリス市場は、大戦後に政府（大蔵省）または中央銀行から干渉を受けるようになった。

イギリスの政局も不安であった。1923年12月の総選挙の結果は、政府保守党の258人に対して野党（労働党192人、自由党156人、その他）357人となり、政府は絶対多数を失い、3党鼎立の形となり、政局の収拾が難問題となった。

このように、イギリス市場は一般的には緊縮市場、欧州復興資金の涵養市場、不自由化市場であり、我が国にとっては八方ふさがりの「災厄市場」（カラミティ・マーケット）となっていたのである。

不利な投資環境のもとで、森は多年にわたり日本の外債を引き受けてきた発行引受団と予備的協議を行い、主としてウェストミンスター銀行のジョン・レイ、香港上海銀行のチャールズ・アジスやニュートン・スタッグ、証券会社であるパンミュア・ゴードン商会のアラン・キャメロンらと会談した。正金銀行ロンドン支店支配人（支店長）の矢野勘治も団員の一員として連絡に努めた。その間、イングランド銀行のノーマン総裁が森に対し再三にわたり有力な助言を与えた。

外債発行に際してはまず発行額が問題となる。当時、震災外債の発行のみでなく1925年2月に満期となる四分半利付外貨公債の借換が計画されており、この両者をどのように調整するかが大きな問題となった。これに対する方策としては①四分半利付借換公債の発行を先行させ、震災公債を後回しにする（発行規模3億5000〜6000万円程度）、②震災公債を先行させ、四分半利付公債の借換を後回しにする（同2億〜3億円程度）、③震災公債と四分半借換公債を同時に発行する（同6億円程度）という3案が考案された。

日本政府は当初四分半利付公債借換を先行させようと考えていたが、イギリス発行団は両公債を同時に発行すべきであると主張した。日本政府は後から発行される債券の方に投資家にとって有利な発行条件をつけるから、後債の発行によって前債の価格が下落するであろう、したがって前債の発行は失敗に終わり、その影響を受けて後債の発行も覚束なくなるだろうと発行団は考えたのである。森も同様の結論に達した。最終的な結論を出すための裏付けを目的とし

第9章　正貨吸収と正貨保有、国際信用と日銀券への信認の維持

て、森は最も公正で最高の権威があり、起債の際には同意を求める立場にあるイングランド銀行のノーマン総裁に助言を求めた。同総裁も同時発行、すなわち併用公債発行を推奨した[521]。

これに対して、井上蔵相や青木得三理財局国債課長らの大蔵本省の人々は、森の併用公債構想に当初反対であった。青木はこの構想を電報で読んだとき、これを森財務官の野望であると直感した。青木は後年度に大きな財政負担を残すような高利の（英国側で6分、米国側で6分半の利付発行）国債発行を行うべきではないと考えたのであろう[522]。1923年12月17日に至り、アメリカのモルガン商会とつながりの深い井上大蔵大臣は、イギリス市場の状況が悪いようであるからアメリカ市場で震災復興外債だけを発行するように森に訓令した。本省の訓令がたとえ海外市場の実情に即していないとしても大蔵大臣の命令を守らなければならない大蔵官僚としての森財務官は、1923年12月29日、リヴァプールを出発してニューヨークへ向かった。

アメリカでは森は連邦準備銀行のストロングやモルガン商会のラモントとも会ったが、両者とも併用公債発行に賛成であった。森は井上大蔵大臣に公債の併用発行を行うように打電した。山本内閣は1923年12月に総辞職し、1924年1月7日に清浦内閣が成立した。井上の後を継いだ勝田蔵相から同月18日に併用公債の決行が差し支えないという訓令が届いた[523]。ここにようやく震災復興と外債借換の2目的を有する併用公債の発行ができるようになったのである。

イギリスは海外投資の本場であったが、アメリカの海外投資はきわめて立ち遅れていた。アメリカは世界第一の富国となっていたが、債務国から債権国に転化するのは第1次大戦以降のことで、海外投資が増大するのは大戦後数年のことであった。アメリカの公衆は未だ外国投資に慣れておらず、カナダ、南米を除き海外投資には冷淡であった。公衆はことに外国政府の公債に対しては、興味がすこぶる薄く、国際的金融業者が相当信用すべきであると判断する外国政府といえども、公衆は同様の信用を抱かなかった。そもそも日本の証券になじんでいなかった。震災外債に関しては、イギリスで引き受けることができな

---

521)　以上については注440の資料を参照。
522)　佐上武弘［1972b］38ページ。同［1972c］55ページ。
523)　勝田の募債理由については注485の「勝田大蔵大臣の演説」21－26ページを参照されたい。

983

第5編　第1次世界大戦後の正貨政策

ければアメリカ側で安心して引き受けることができなかった524)。アメリカの金融業者も有体(ありてい)に告げた。「英国において発行できざれば、米国においては引き受けられぬ。英国において充分に成功せざれば、米国においては失敗に終りましょう」525)。実際にイギリスでの起債成功は日本外債のアメリカでの信用を維持させ、アメリカでの起債を成功させたのである。

　起債交渉はイギリスとアメリカの両方で行われることとなった。森は英米同時発行の折衝については時間的関係から渡英する暇がなく、ニューヨークを本拠とし、イギリス側との交渉は旧団（ウェストミンスター銀行などの発行団、後に新旧合同団）と電報によって行い、また不在中、関場偵次大蔵事務官を通じて行うこととしたが、森の助言者であり、またイギリスの旧団の一員（横浜正金銀行）の巽孝之丞は1月にニューヨークを出発してロンドンに向かい、イギリスでの発行に重要な役割を果たすこととなった。

　発行額は当初震災、借換をあわせて両市場で6億円とされていたが（英米折半）、イギリスでは資金難などから2億5000万円以上は困難となった。結局イギリスで2500万ポンド、アメリカで1億5000万ドル（計5億5000万円）に決定したのである。

　1924年2月13日に米貨公債および英貨公債の発行に関する勅令および六分半利付米貨公債発行規定・六分利付英貨公債発行規定の2省令が公布施行されて、震災復興・借換併用外債（composition loan）が発行されたのである526)。

　六分半利付米貨公債の目論見書においては、日本政府外債の信用度、信用格付を上げるために、政府は1931年以前に満期となる（既存の）日本政府のほとんどすべての外債をこの公債発行によって償還するとともに、今後追加の震災復興外債を政府が行わないことが述べられていた527)。

　ロンドン引受団は日本政府が今後1カ年くらいは外国市場において起債しないことを約束する文章を目論見書中に挿入することを要求した。これに対して

---

524)　森賢吾、前掲「最近の外債成立顛末（承前）」『銀行通信録』第464号、1924年9月、32-33ページ。
525)　佐上武弘［1972b］38-39ページ。
526)　大蔵省理財局外債課『本邦外貨債関係資料　第一編　国債・地方債及ヒ政府保証債ノ部』1-4、125-127ページ。
527)　サイモン・ジェイムス・バイスウェイ［2005］141ページ。

ニューヨーク側はこのような拘束をすることは日本政府に対する信頼が厚くないことを公衆に示すに等しく、むしろ引受団にとって好ましくないと主張した。その結果、上記の表現が採用されることとなったのである[528]。

（3） 発行引受業者

ロンドン市場において外債発行団の各領域はだいたい決まっており、各金融機関はその定まった分野を侵さないのが一般的であった。発行団の変更は従来の発行団から発行を拒絶されたのではないかという疑いを投資家に抱かせ、起債者の信用が疑われることとなる。日露戦争以後において、パーズ銀行（クリアリング・バンク）、香港上海銀行（英系海外銀行）、横浜正金銀行（日系外国為替・貿易金融機関）、パンミュア・ゴードン商会（証券ブローカー）という「旧グループ」によって日本外債の発行が行われていた（パンミュア・ゴードン商会は発行引受は行わない）。ロンドンのロスチャイルド商会は日露戦争直後には日本政府外債発行に加わったけれども、1910年の日本政府外債の発行には加わらなかった。

戦災・借換併用外債の発行については、イギリスにおいて、六分利付英貨公債が、従来からの4金融機関（パーズ銀行は1918年にロンドン・カウンティー・アンド・ウェストミンスター銀行と合併し、1923年に行名を改称して成立したウェストミンスター銀行（クリアリング・バンク）となって、同行が発行団に参加）という「旧グループ」からなる外債発行団および、ベアリング商会、N. M. ロスチャイルド商会、ヘンリー・シュローダー商会、モルガン・グレンフェル商会という4社のマーチャント・バンクからなる「新グループ」からなる「拡大ロンドングループ」によって発行された。アメリカのモルガン商会の一統であるロンドンのモルガン・グレンフェル商会が参加したのは、英米両発行銀行団の連絡を図るためであった[529]。

併用外債の発行はその発行額が巨額に達したために旧発行団が上記の超一流のマーチャント・バンクの参加を勧誘したものであった[530]。発行団の拡大は

---

528) 星埜章ニューヨーク代理店監督役の市来乙彦日本銀行総裁への外債募集経過の大要報告、1924年2月13日付、日本銀行金融研究所保有資料：『大正十三年　外債募集関係資料』。
529) 大蔵省編『明治大正財政史』第12巻、361-362ページ。鈴木俊夫 [2001b] 167-168ページ。
530) 鈴木俊夫 [2001b] 167ページ。サイモン・ジェイムス・バイスウェイ [2005] 132ページ。

第5編　第1次世界大戦後の正貨政策

なんら旧団の日本への信用を低落させたことに基づくものではなかった。

　アメリカにおいては、日露戦争以後、クーン・ローブ商会を中心として、日本政府外債の発行が行われていた。ナショナル・シティ銀行、ナショナル商業銀行もその発行に加わっていた。六分半利付米貨公債が、クーン・ローブ商会に加えて、J・P・モルガン商会（J. P. Morgan and Company）、ファースト・ナショナル銀行、ナショナル・シティ銀行（商会）の4社が幹事銀行となった。1907年恐慌以後クーン・ローブ商会に代わって最も有力な投資銀行となっていったJ・P・モルガン商会が主幹事となった531)。星埜章日本銀行ニューヨーク代理店監督役は、1924年1月18日に、「予テ難関ト目セラレタルクーンローブ商会ハモルガン商会ヲ leader トスルコトニ承服セル趣テ仍テモルガン商会ヲ leader トシ近ク本交渉ヲ開始スル段取リトナル」と記している532)。クーン・ローブ商会は予期されたほどの不服も唱えず、モルガン商会のリーダーシップを承服した533)。1月18日にモルガン商会へ正式に引受依頼を申し入れた534)。ファースト・ナショナル銀行はモルガン商会と同系統であるから引受団に当然加わった。ナショナル商業銀行はこれに加わらないことを快諾した535)。オランダが米国発行分中の500万ドルの引受を申し入れたことについては、モルガン商会はこれを歓迎した。

　ニューヨークグループのもとに全国の有力な金融業を糾合した下受銀行団が組織されて併用外債が発行された。アメリカでの発行額中500万ドルはオランダで売り出されることとなり、この売出団としては、モルガン商会宰領のもとに、ホープ商会を中心とする5社が関与した536)。

　このようにして英米市場における最も有力な金融業者を網羅し、欧米諸国と日本との経済関係を従来と比べてさらに広範な地盤のうえに築いたことが、将来の日本の対外信用上、国際信用上に有形無形の利益を与えるものとなっ

---

531)　モルガン＝ファースト・ナショナル集団の制覇とクーン・ローブ集団の衰退については呉天降『アメリカ金融資本成立史』有斐閣、1971年、281－362ページを参照されたい。
532)　日本銀行ニューヨーク代理店監督役来電、1924年1月21日着、日本銀行金融研究所保有『震災善後外債募集ニ関スル電報』。
533)　星埜章監督役の前述の市来総裁への1924年2月13日付報告。
534)　ニューヨーク代理店監督役来電、1924年1月22日着。
535)　星埜章の市来総裁への1924年2月13日付報告。
536)　大蔵省編『明治大正財政史』第12巻、360－361ページ。

第9章　正貨吸収と正貨保有、国際信用と日銀券への信認の維持

た[537]。また英米市場における有力な金融業者を網羅した発行団による発行が、日本外債の国際的信用を高め、多額の併行外債の発行を容易化したということができよう[538]。三井銀行常務取締役の池田成彬は、モルガン商会が主役となり一流の銀行団を網羅した引受団が組織されたことを成功とみなしていた[539]。

（4）発行条件
発行条件の決定

上記の日本外債の発行条件は、英国発行が2500万ポンド（2億4407万5000円）、表面利率が年6分、発行価格が100ポンドにつき87ポンド10シリング、担保が米貨公債と同じ、印紙税が新規発行分2％、乗替応募分政府負担、償還期限が15カ年据35カ年据置35カ年となっていた[540]。応募者利回りは6.96％となった。

米国発行が発行総額1億5000万ドル（3億90万円、うち500万ドルはオランダ売出）、表面利率が年6分5厘、発行価格が100ドルにつき92ドル50セント、消極担保付（将来特殊の歳入または資産を担保として公債を発行する場合は本公債も同様に担保される）となった。印紙税は米国発行にはなかった[541]。オランダ売出しの分5万ドルについては印紙税を日本政府と米国銀行団が折半負担することとされた。償還期限が15カ年据30カ年据置30カ年となっていた[542]。応募者利回りは7.10％となった。

併用公債の発行条件は日本にとって厳しく、応募者利回りはきわめて高かった。このような発行条件を外国の公債の発行条件と比較してみると、その条件はノルウェー、スイス、フィンランドなどの「三等国」の公債よりも高利回りで、わずかに財政的破産に瀕していたオーストリアの公債よりも高条件であるにすぎなかった[543]。

イギリスの投資家にとっては日本外債の発行条件は十分に魅力的であっ

---

537) 同上。
538) 齊藤壽彦［1995］230ページ。
539) 『東京朝日新聞』1924年2月11日付。
540) 大蔵省編『明治大正財政史』第12巻、360－361ページ。
541) 森賢吾財務官のニューヨークから富田勇太郎大蔵省理財局長宛の電信、1924年2月25日着電、『震災善後外債募集ニ関スル電報』。
542) 大蔵省編『明治大正財政史』第12巻、360－361ページ。

た544)。アメリカの国務省当局は日本公債の発行条件に満足していた545)。英米で併用公債の募集が開始された。両国とも併用外債は応募申込み開始後ただちに募集額を超過した（売り切れた）546)。

このような高利回りの併用外債は「国辱外債」であるとの批判が新聞などで発表されたのである。『東京朝日新聞』はこの外債の成立を忍びがたき不利をもたらすものであり、その発行条件は「屈辱的条件と称すべきであるとの論財界に有力であ」り、その成立は非常な失敗であると非難した547)。

震災外債の支払不能に備えて投資家を安心させるためにイギリスの金融業者は担保の提供を要求してきた。ロンドンは担保を欲し、ニューヨークは必ずしもこれを要求しなかった548)。日本政府は担保の提供を日本の国家の国際信用と国際的な（国際社会における）威信の低落をもたらすものとして容認できなかった。政府は、森を通じてそれを拒否した549)。ロンドンの引受銀行団は1924年1月31日に担保請求を撤回した550)。

だがロンドンの引受銀行団は消極担保条項（negative security clause）の挿入を条件としてきた。政府はアメリカにおける外債発行と同様に消極担保条項は受け入れ、将来公債を担保付で発行する場合には併用外債にも担保を提供することとした。外国政府の米国起債の場合にはフランスやベルギーなどの政府がこの約款を受け入れた実例があり、また実際上は実害のないものと確信し、政府は先方の要求に応ずることとしたのである551)。

震災・借換併用外債には従来の外国債と異なり、減債基金の制度が設けられた。減債基金を設けることはすでに1月21日時点において米国側が希望を申し

---

543) 『東京朝日新聞』1924年2月13日付。『東洋経済新報』（1924年2月23日号）も、今回成立した外債はその条件が頗る不利で、遺憾であると論じた。
544) 鈴木俊夫［2001b］172ページでは発行時利回りは6.857％とされている。
545) 『東京朝日新聞』1924年2月13日付。
546) 同上紙、1924年2月15日付夕刊、同17日付夕刊。
547) 同上紙、1924年2月13日付。
548) 1月21日に星埜章日本銀行ニューヨーク代理店監督役が記し、森財務官の承諾のもとに発電、1924年1月28日着、『震災善後外債募集ニ関スル電報』。
549) 鈴木俊夫［2001b］170ページ。
550) 星埜章日本銀行ニューヨーク代理店監督役からの来電（1月31日電文作成）、1924年2月4日着、『震災善後外債募集ニ関スル電報』。
551) 『銀行通信録』1924年3月20日号。『東京朝日新聞』（1924年2月14日付）はこの消極的担保を不名誉なものであると非難している。

第9章　正貨吸収と正貨保有、国際信用と日銀券への信認の維持

出ていた[552]）。アメリカ側は最初から担保に重きを置かず、減債基金の設置を絶対条件としていた[553]）。英貨公債においては6カ月ごとに90万3324ポンドを支出して元利金の支払いに充当することとし、米貨債においては毎年一定額を支出して元金の償還に充当することとした。この減債基金を用いることにより、外債時価が額面以下のときには買入消却を行うことができ、また、据置期間経過後には抽選償還を行うことができた。この減債基金制度には外債の信用維持、信用補強の役割があったと考えられるのである[554]）。

　ロンドン側は当初、発行不良の場合には日本政府が一定額を買い戻すことを約束することを要求した。この要求は撤回されたが、森財務官は日本政府が発行後相当市価維持の手段を講じるというロンドン側の希望を含みとして聞いていた[555]）。

併用外債の利回りが高利回りとなった理由

　併用外債が高利回りとなり、とくにニューヨークの利回りが高かった理由としては、以下のような理由を挙げることができる。第1に、金融逼迫などが生じていたことである。イギリス金融市場では金融逼迫が生じ、金利は一般的に高騰していた[556]）。ロンドン市場では第1次大戦以来、資本が不足していた[557]）。また、ロンドンにはヨーロッパ各地から戦災復興のための巨大な資金需要が殺到していた[558]）。イギリス政府自身も本国ならびに自治領のために新たな資金需要・旧債借換などに頭を悩ませつつあった[559]）。さらに、ロンドン金融市場はもはや第1次大戦前の「自由市場」ではなく、大蔵省とイングランド銀行の厳しい規制に置かれていた[560]）。アメリカにおいても1924年春から発行条件が不利となっていた。森賢吾財務官は、1924年2月13日にニューヨークから「当

552）　ニューヨーク代理店監督役来電、1924年1月28日着、『震災善後外債募集ニ関スル電報』。
553）　星埜章ニューヨーク代理店監督役の前掲日銀総裁宛1924年2月13日付報告。
554）　大蔵省編『明治大正財政史』第12巻、395ページ。齊藤壽彦［1995］232ページ。
555）　星埜章ニューヨーク代理店監督役の前掲日銀総裁宛2月13日付報告。
556）　大蔵省編『明治大正財政史』第12巻、360ページ。
557）　同上巻、356ページ。
558）　鈴木俊夫［2001b］163ページ。
559）　大蔵省編『明治大正財政史』第12巻、356ページ。
560）　鈴木俊夫［2001a］131－133ページ。

地発行条件ノ不利トナリシ理由」（以下「ニューヨーク発行条件の不利な理由」と略記）を記して、勝田主計蔵相宛に発電している[561]。この中でこのことを指摘している。

第2に、アメリカ資本市場がロンドン市場ほどに成熟してはいなかった[562]。アメリカにおける外国発行の利回りは一般に高く、投資家は内地事業の確実なものに投資することを喜び、外国投資に慣れていなかった[563]。戦時戦後を通じてアメリカ人は多額の外国証券に投資したが、いずれも損をしていた。アメリカ内地証券には有利確実なものが多く存在していたから、一般投資家は外国投資に対して乗り気にならなかった。ニューヨークのジャパン・ソサエティ（Japan Society）の前会長のラッセル（Russel）が2月15日にアメリカでの日本起債が困難な事情としてこのことを指摘した[564]。

第3に、ラッセルによれば、日米関係の将来の紛糾について危惧を抱く者があった。これによる投資上の不安が一掃されなかった[565]。

第4に、日本の国際信用度の著しい低落が大きく作用していた[566]。第一回四分利付英貨公債における市価とイギリスの2.5％利付コンソル公債の市価とを比較し、かつイギリスの市場割引利率（3カ月）を参照して日本の外貨国債の信用度の動向を推定すると、それは1911〜13年に大きく低下した。第1次大戦期にその回復がみられたが、その程度は国際収支の大幅黒字から期待されるほど顕著なものではなかった。1920年以降、日本の国際収支は再び赤字となった[567]。表9－9は1923年5月初旬のニューヨーク市場における内外公債利回りを示したものである。同表によれば、日本外貨公債の利回りは第二回四分利付公債が6.77％、第一回四分半利付公債が7.00％、第二回四分半利付公債が7.25％であって、チェコスロヴァキア国債、チリー国債よりも低いが、デンマーク国債、ノルウェー国債、カナダ市債、キューバ国債よりも高く、米国国債

---

561) 1924年2月15日着電、『震災善後外債募集ニ関スル電報』。
562) 鈴木俊夫［2001a］143－144ページ。
563) 森賢吾、「ニューヨーク発行条件の不利な理由」。
564) ニューヨークからの、森賢吾財務官の勝田主計蔵相宛電信、1924年2月16日着電、『震災善後外債募集ニ関スル電報』。
565) 同上。
566) 大蔵省編『明治大正財政史』第12巻、360ページ。
567) 齊藤壽彦［1995］224－227ページ。

第 9 章　正貨吸収と正貨保有、国際信用と日銀券への信認の維持

表 9 − 9　ニューヨーク市場における内外公債の利回り

(単位：％)

カナダモントリオール市債	5.20	米国第 2 回自由公債	4.22
キューバ国債	5.20	連邦土地貸付債	4.45
ノルウェー国債	6.10	フィリピン政府債	4.61
デンマーク国債	6.20	日本第二回四分利付公債	6.77
チリー国債	7.40	日本第一回四分半利付公債	7.00
チェコスロヴァキア国債	8.80	日本第二回四分半利付公債	7.25
米国第 1 回自由公債	3.33	東洋拓殖社債	6.60
米国第 1 回乗換自由公債	4.18	上記 4 種日本公債平均	6.15

注 1：1923年 5 月初旬における内外公債の利回り。
　 2：上表中の日本公債平均利回りの数値が小さすぎるように思われるがそのままとした。
出所：『銀行通信録』1923年 7 月20日号、111ページ。

よりもはるかに高い。第 1 次大戦後の日本政府の国際信用度はニューヨークで売買されている公債を発行している国の中で最低クラスとはいえないが、かなり低いものであったのである[568]。1923年 9 月の関東大震災の発生はその信用度をさらに低下させる作用を持つものであった。日本の既発公債の時価からみても利回り7.1％見当はやむをえないことと考えられた[569]。横浜正金銀行副頭取の一宮鈴太郎は、過般の外債に内地で種々の批判があるのは承知しているが、外債の発行条件は大局的にみれば日本の国力の反映であり、従来内外ともに日本の国力を過信していたと述べているのである[570]。

　第 5 に、内外の政治的不安があった。ドイツ賠償問題の解決は困難であった。イギリスの政界は不安定であった[571]。

　第 6 に、起債額が巨額であった[572]。「今回ノ起債ハ英仏共同公債並ニ英国ノ米国起債ヲ除キ記録ヲ破ル巨額ノ発行」となっていた[573]。

　第 7 に、当該起債は震災公債としての役割を持っていた。世人は再び震災があるのではないかとの危惧の念を抱いていた。とくに 1 月15日の強震は重大な

---

568)　同上論文、227−228ページ。
569)　「ニューヨーク発行条件の不利な理由」。
570)　『東京日日新聞』1924年 4 月22日付。
571)　大蔵省編『明治大正財政史』第12巻、356−357、360ページ。
572)　同上巻、360ページ。
573)　前掲「ニューヨーク発行条件の不利な理由」。

打撃を与えた[574]。

　以上のような事情から日本外債の発行条件の不利化が生じたのである。それは日本外貨公債の国際信用度の低さだけによるものではなかったが、それに規定されたものであったことは確かである。

5　震災復興・借換併用外債募集金の使途

　在外正貨との関係でいえば、伊藤正直氏は新規募集金9959万円、乗換分の一部である預金部乗換分5146万円（527万ポンド）、計1億5015万円が在外正貨の補充に充てられたとされている[575]。

　震災復興資材の一部はその供給を海外に仰ぐほかはなく、その代金を決済するためには海外に相当の正貨を準備しておく必要があった。震災善後公債法による発行額は、米貨公債分1143万785円、英貨公債分1億507万284円、計1億1650万1069円であった。これが一般会計に繰り入れられることとなった。これは併用公債発行総額5億4497万5000円のうち、21.4％を占めていた。併用公債発行実収総額は4億6585万5612円であったが、外債償還実際充当額3億6716万6009円を差引けば、実際には9868万9603円が在外正貨を補充したといえる[576]。この在外正貨は、第10章で述べるように、払下げを通じて震災復興資材の輸入代金の支払いなどに充当、また為替相場維持に寄与した。

　併用公債発行額の大部分は第一回、第二回四分半利付英貨公債の償還に充当されることとなった。米貨公債分2億8946万9215円、英貨公債分1億3900万4716円、合計4億2847万3931円（発行額）は、四分半利付英貨公債償還資金に充当するために、一般会計に繰り入れられた後に、さらに国債整理基金特別会計に繰り入れられた。借換発行分の実収額3億8938万8150円が第一回および第二回四分半付英貨公債の償還に充てられることとなった。これらの公債は、乗替応募分は買入消却（2億1890万9305円）、残額は全部償還（1億3228万8845円）の形式により1924年10月1日をもって全額償還（額面3億5119万8151円、実際額

---

574)　同上。
575)　伊藤正直［1989］150ページ。
576)　大蔵省編『明治大正財政史』第12巻、390ページ。

第9章　正貨吸収と正貨保有、国際信用と日銀券への信認の維持

3億6716万6009円）されたのであった[577]。

第6節　金輸出禁止下の日本銀行券信認維持の継続

1　金兌換の約束による日本銀行券信認の維持

　金本位制への復帰にもかかわらず、日本国内では金貨は依然として通貨として流通しなかった[578]。日銀券の金兌換の約束（日銀券の信用）は日銀券の信認を保証した。金兌換は銀行券過剰発行阻止メカニズムによる日銀券の通貨価値の維持をもたらすものであり、この意味でも日銀券の信認が結果的にもたらされた。日本では日銀券が貨幣としてふさわしい属性を備えていた。それは20円券（1917年以降）、100円券以外に10円券、5円券、1円券という比較的小額の券面額の銀行券が発行されていたから、比較的少額の現金支払いに携帯不便な金貨を使用する必要がなく、これらの支払いには兌換銀行券が使用された。これにより金の使用が節約されていた。日銀券に対する信認が金本位制復帰以前にすでに成立していた。また、日銀券の国内における使用の慣行が成立していた[579]。

　日本銀行券が通貨としての信認（credibility:クレディビリティ）を日本社会から得て流通手段として機能し続けていた[580]。さらに少額の支払いには補助貨が使用された。

---

577)　同上。
578)　第1次大戦前のイギリスではイングランド銀行券の最小券面が5ポンドであったために1ポンドや0.5ポンドの支払いには金貨を使用せざるをえなかった（第1次大戦期には大蔵省が1ポンドおよび10シリングという額面のカレンシー・ノートを発行し、これが金貨に代わって流通している）。1925年にイギリスが金本位制に復帰した際には金貨兌換と金貨自由鋳造が廃止されて金貨本位制が廃止され、金の自由輸出を認める金地金本位制が採用され、イングランド銀行券は金貨ではなく金地金と兌換されることとなった。兌換の単位は約400オンスの純金を含む延棒の形態をとるものであって、それは約1699ポンド（労働者の年収の9～10倍）という高額のものであった。1928年にはイングランド銀行が1ポンドおよび10シリングという額面の銀行券を発行し、カレンシー・ノートがこれに統合されることとなった。かくして低額面のイングランド銀行券が金貨に代わって国内で流通するようになった（金井雄一［2004］第1章～第3章など参照）。
579)　国内における金貨流通を廃止する傾向が第1次大戦後に各国で見られるようになったが、「我国民ハ多年銀行券ノ使用ニ慣レ金貨ノ流通殆ド絶無」であった（大蔵省日本銀行調査会作成）「日本銀行券発行制度改正ニ関スル件」（千葉商科大学附属図書館所蔵）1930年12月、4ページ）。
580)　深井英五［1928］304-305ページ。

第 5 編　第 1 次世界大戦後の正貨政策

　この日銀券の信認は、基本的には日本銀行の正貨準備、金（金・金地金）準備を背景としての銀行券の金兌換によって支えられていた。

　金輸出禁止期において、金兌換は事実上は実施されなかった。1917年 9 月12日に金貨幣または金地金の輸出取締りに関する大蔵省令第28号（罰則規定を伴う）が公布されると、同月13日に日本銀行は次のことを支店長に通牒した。①日本銀行は、地金銀商で兌換請求を行う者または相当巨額の兌換請求者に対しては、政府の特許がないかぎり輸出が不可能であるから兌換を行っても、いたずらに手数を重ねるだけで、双方にとりなんらの利益がないことを注意する。②それでも兌換を強要するものに対してはその住所・職業・指名を問い、請求に応じ兌換金額と合わせてその筋（警察であろう）に報告する。1918年12月28日に警視総監は、日本銀行において金貨兌換を行ってこれを加工して時計の「メタル」および帯留めの金具として販売する者があり、このような者に対しては警視庁は、これは大蔵省令第28号第 3 項の金貨幣熔解禁止に違反するものであるから今後このようなことを行わないよう説得した、ということを大蔵省理財局長に報告した。これを受けて1919年 1 月 7 日に同局長は日本銀行に対して、このような兌換には応じないよう通牒し、同行は同月16日、各支店にこのような兌換を行わないよう通牒した[581]。

　とはいえ、法的には銀行券の金兌換は禁止されておらず、一般大衆の小口の金兌換は可能であった。一般大衆の日銀券への信認に対し配慮が払われていたのである。また、金準備は依然として兌換準備金として保有され続けており、将来における金解禁による金兌換の再開が期待されていた。1899（明治32）年 7 月に実施され、1932（昭和 7 ）年 8 月の金準備評価法施行まで変更されなかった兌換銀行券取扱順序における準備充当価格に関する規定によれば、金貨は法定価格、金地金は金貨証書が券面額、外国貨幣が各国の貨幣単位よる価格、旧貨幣が種類別価格、定型金塊や雑金塊が純金量目による価格によって評価された[582]。日本銀行は造幣局が金の輸納者に対して発行する成貨払渡証書を商業手形とみなして割引していたが、1899年以降はこれを地金として買い入れる

---

581)　日本銀行「金銀輸出取締令ノ実施並ニ其廃止ト本行ノ方策」『日本金融史資料　昭和編』第20巻、133－137ページ。
582)　日本銀行調査局編『図録　日本の貨幣』第 8 巻 [1975a] 199－201ページ。

第 9 章　正貨吸収と正貨保有、国際信用と日銀券への信認の維持

取扱いに改めていた[583]）。

　在内正貨準備は、1913年には 2 億円台であった。第 1 次大戦期とその終了後に激増し、1920年末には12億円を超過し、1922年末以降1929年末まで10億円の水準を維持している。1904年以後、金貨に代わって金塊が重要な正貨準備となったが、これは在外正貨準備が外国貨幣であるために金塊として取り扱われたことによるところが大きい[584]）。第 1 次大戦以降はアメリカをはじめとする外国からの金貨・金塊輸入のために金塊保有が増大したと考えられる[585]）。1926年末の日本銀行券発行高15億6971万円のうち10億5813万円は在内正貨準備（金準備）発行によるものであった[586]）。この正貨準備発行の内訳は金貨準備が 2 億5141万円、金塊準備が 8 億672万円で金塊準備が大部分を占めていた[587]）。

　金本位制停止下における国際収支の悪化は為替相場の低落をもたらしたが、これが日銀券に対する信認の低下を基本的にもたらさなかった。このことは、国際収支均衡や為替相場の安定よりも銀行券の金との兌換の方が日本銀行券に対する信認の維持にとって重要であったことを示している[588]）。

　もとより国際収支の均衡や為替相場の安定が日本で無視されたわけではない。対外依存しなければならない日本では、それを達成するための努力が金本位制期や金本位制停止期においてなされている。それらは金の確保、輸入原材料輸入や政府の対外支払いのために必要な外貨の確保、輸入の便宜や外債募集の円滑化（為替相場の安定）のために必要なことであった[589]）。

---

583)　日本銀行沿革史編纂委員会編『日本銀行沿革史』第 1 輯第 2 巻［1913a］915ページ。
584)　山口和雄［1969］17ページ。
585)　金輸入相手国については日本銀行調査局『本邦の金に就て』［1932］附録統計第15表を参照されたい。
586)　日本銀行百年史編集委員会編［1986］329ページ。
587)　大蔵省編纂『明治大正財政史』第13巻、360ページ。
588)　金井雄一氏は、次のように主張されている。通貨の信認にとっては金との兌換保証よりも、安定した相場での外貨交換性の方が重要である。安定した相場での自由な外貨交換性があれば、兌換保証がなくても通貨は信認される。通貨信認は、兌換ではなく国際収支に規定される。通貨は、大量の金準備を保有して兌換を維持しても信認は失われる。実際に1931年には巨額の金準備を保有してもポンドが売られ続け、ポンドは信認を喪失した。このポンド危機に対しては国際収支対策が議論された。通貨の信認にとっては兌換の有無や金準備の多寡よりも外為相場安定すなわち国際収支均衡こそが本質的問題であった（金井雄一［2004］6 － 7 、107－108、119、122－124ページ）。
589)　鎮目雅人［2009］は金本位制を離脱した「高橋財政期」においても固定為替相場制が維持されたことを論じている（79－83ページ）。

国内金貨流通がなかったことは銀行券と金貨、金地金との兌換が行われなかったことを意味しない。日銀券と金との兌換は、金本位制実施期に現実に金の対外支払いの必要な場合に実施されていた。このことは金防衛のための国際収支均衡を要請するものとなり、また為替相場の安定を結果としてもたらすこととなった590)。

2　在外正貨の正貨準備繰入れとその廃止

（1）　諸外国の金為替準備の普及とその凋落

第1次世界大戦後には、金生産の減少、金分配の著しい変化（アメリカへの金集中とその後のヨーロッパの回復）、各国による金の移動の制限政策の採用を背景として、金為替準備が普及した591)。

1922年のジェノア会議は金為替本位制を提唱し、前述のようにライヒスバンク、ベルギー国立バンク、イタリア銀行、ポルトガル銀行などが金為替兌換を認めた。1913年にはヨーロッパにおける15の中央銀行の外国為替保有高は全準備の12％にすぎなかったが、1925年にはヨーロッパにおける24の中央銀行の金および為替準備総額において外国為替の占める割合は27％となり、1928年には42％となるに至った592)。

だが、1928年にはフランスが受取超過をすべて金で決済する方針を採り始め、金為替準備制度の凋落の萌芽がみられた593)。1931年のイギリス金本位制の再停止を契機として金為替準備制度は凋落の傾向を表した。為替相場の安定が破られると、諸国中央銀行の外国為替準備は続々引き上げられ、金の争奪はいっそう甚だしくなった。ヨーロッパ24カ国中央銀行の外国為替保有高の金および

---

590)　「金本位制には為替相場を安定させる力はない」（金井雄一［2004］119ページ）とみるのは言いすぎであろう。
591)　松岡孝児『金問題研究』有斐閣、1933年、第1章。アメリカの金移動については、平岡賢司「アメリカの短期資本収支と金移動、1919－1933年」熊本学園大学『経済論集』第1巻第3・4合併号、1995年3月、171－204ページを参照されたい。
592)　田中金司［1955］205－225ページ。
593)　フランスの金蓄積については平岡賢司「フランスの金蓄積とポンドへの重圧──1928年から1930年までを中心に──」熊本学園大学『経済論集』第7巻第1・2・3・4合併号、2001年3月、225－277ページを参照。

第9章　正貨吸収と正貨保有、国際信用と日銀券への信認の維持

外国為替準備総額中における割合は1932年にはわずか8％にすぎなくなり、金為替準備制度は衰退した594)。

（2）　在外正貨の正貨準備繰入論争

日本では金為替兌換制度は採用されなかったが、日本銀行が金為替準備を日露戦争以後恒常的に保有し、必要に応じてその売却を行っていた。また同行は日露戦争以後在外正貨の正貨準備繰入れを恒常的に認めるようになっていた。これにより、日本銀行券の信認を維持するとともに、日本経済の発展に寄与するよう日本銀行券発行の弾力化を図ってきた。すなわち、日本銀行は1896（明治29）年5月に在外正貨（在外資金）の正貨準備繰入れを開始し、1905（明治37）年2月以来それを恒常的に保有するようになり、これに基づく銀行券発行を行ってきた。同行の海外準備（在外正貨）保有額は1916（大正5）年末には正貨準備の44.6％、兌換銀行券発行額の30.4％に及んでいたが、1920年末に至ってもそれぞれ12.0％、9.6％を占めていた595)。

在外正貨（資金）の正貨準備への充当は、その是非をめぐる論争を呼び起こすこととなった。とくに大正年代において、かなり華やかな論争のテーマとなった596)。すなわち、その措置を非とする見解は、「兌換銀行券条例」第2条は、兌換銀行券の正貨準備を日本銀行本支店に置くことを規定したものであり、したがって在外正貨準備を認めることは、この条例に違反するものであるとした。たとえば、福田徳三は、そうした見解を述べた代表的な学者の1人であった597)。福田は次のように主張した。在外正貨の中身は正貨そのものではなくて、いつでも正貨に交換できる銀行券や有価証券であって、これを正貨と呼ぶことは乱暴な話である。国内における兌換のために在外資金を日本に取り寄せるには手間も日数も要し、とくに戦争中は事実上不可能な場合もあるので、在外資金を正貨準備として兌換銀行券を発行することは、鰹節屋が土佐沖で遊泳している鰹を引当てに鰹節の「切手」（手形）を発行するようなものである。在外正貨準備発行によって日本銀行が制限外発行税を免れているのは許される

---

594)　田中金司［1955］225－232ページ。
595)　日本銀行［1983a］549ページ。
596)　吉野俊彦［1962］253ページ。
597)　鈴木恒一［1986］43ページ。

第5編　第1次世界大戦後の正貨政策

べきではない、と[598]）。

　このような考え方が大正時代の多数説ともいうべき地位を占めていたといわれている[599]）。当時、政府や日本銀行自身が、在外正貨を正貨準備に算入することは、法律上やや問題があると考えていたふしがある。たとえば、1919～23年当時、日本銀行総裁であった井上準之助は、1926年、京都帝国大学で行った講演の中で、在外正貨準備が法律上は違反であることをある程度認めている[600]）。

　また、第1次大戦後には在外正貨準備の正貨準備繰入れが日本銀行の二重利得をもたらすという批判が盛んに行われるようになった。これは、在外正貨準備繰入発行が日本銀行の在外正貨保有に伴う金融収益（預金利子・短期債券利子収入）をもたらすとともに、日本銀行貸出に伴う利子収入をもたらしている、これは日本銀行が発行銀行という特権を利用して労せずして二重に利得を取得している、という議論である[601]）。

　だが、在外正貨準備の意義を積極的に評価する見解も存在していた。すなわち、河津暹は、正貨準備は兌換準備であるとともに国際貸借決済の基礎をなすものであり、その目的に最も適合する土地に置く方がよい、発行銀行の所在地に置かなくてもよいと論じ、在外正貨準備を支持した[602]）。また、1916年に、当時日本銀行営業局長であった深井英五は、「国際経済上ヨリ看タル在外正貨」と題する論文の中で、在外正貨の存在は国際経済の発展に伴う世界的傾向であると説いた[603]）。

　このほか、田中金司は諸外国の在外正貨準備発行の事例を紹介しつつ、在外正貨を正貨準備に繰り入れることは決して不当ではなく、むしろこの普及は国民経済上多大の利益をもたらすものである、と結論づけた。田中金司は、在外正貨の対外支払機能重視（これは兌換請求の目的の大部分は対外支払決済のためで

598）　福田徳三『流通経済講話』（第10版）、大鐙閣、1925年、741－757ページ。日本銀行［1983a］548ページ。
599）　吉野俊彦［1978］836ページ。
600）　『井上準之助論叢』第1巻、1935年、347ページ。
601）　日本銀行調査局編「本邦財界動揺史」［1923年頃作成］480ページ。
602）　河津暹「在外正貨処分問題ニツキテ」『国家学会雑誌』第30巻第1号、1916年1月、145ページ。
603）　深井英五［1916］34－57ページ。

第9章　正貨吸収と正貨保有、国際信用と日銀券への信認の維持

あるということを背景としているといえる)、戦争その他の場合における危険性の過大視批判、在外正貨が貨幣膨張を起こすという議論への批判という観点から、在外正貨の正貨準備繰入れに対する批判に反論した。在外正貨準備の利点として、金の節約、為替相場の調節上の意義、利殖上に有する意義を挙げている604)。

前述の二重利得論については日本銀行の井上準之助総裁は、次のように反論している。在外正貨を購入した場合には代金として支払った銀行券は貸出利息を生まず、また在外正貨保有は金融収益を生む一方で為替差損というリスクにさらされており、第1次大戦開戦後イングランド銀行が外資引留めのために預金に利子を付するようになった結果、在外正貨保有により日本銀行が利得を得た一方で、為替相場の変動により、英貨などの価値が著しく下落し、日本銀行がこれによる損失をこうむった、と述べている605)。

第1次大戦期後半から物価騰貴が進行し、物価調節策が提起されるようになった。当時の物価騰貴は貨幣減価を伴わない物価騰貴であったが、物価膨張の原因の1つとして在外正貨の正貨準備繰入れの是非が問われるようになった。第1次大戦後も物価調節が大きな課題となり、在外正貨の正貨準備繰入れはむしろこの観点からの議論が盛んに行われるようになり、通貨収縮論を動機として在外正貨の正貨準備繰入制限問題が台頭するに至った。すなわち、政府の任命した国民経済調査会は、食料価格騰貴を背景として1919年3月24日に内地米産不足の場合における臨時対応策に関する決議を政府に報告しているが、その10項目の対策の中に、通貨調節の1つとして在外正貨準備の制限が挙げられていた606)。

戦後景気が勃興して物価高騰が顕著となり、投機人気が少なからず盛んになった1919年6、7月以降、物価調節問題が新たに重大問題として登場した。同年9、10月頃から投機人気の熱狂化が目立ち始め、投機思惑熱が激化し、物価調節がさらなる重要問題となった。1920年3、4月以降に反動恐慌が発生した後、1921年の後半から1922、23年（関東大震災前）にかけて物価問題が再び台

---

604)　田中金司『国民経済雑誌』第40巻第6号、1926年6月。田中金司［1929］319－363ページ。
605)　井上準之助、1919年11月21日の華族会館における演説（日本銀行金融研究所保有資料『日本銀行総裁演説集』(1915年〜23年)。日本銀行［1983a］552－553ページ)。
606)　高橋亀吉［1954］210ページ。

頭した。それは従来のような大衆の生活問題としてではなく、1920年の反動恐慌後の財界整理不徹底、我が国物価の国際的割高から問題視されるようになったものである。だが生産面への対策は副次的にしか取り扱われず、物価対策は主として需要面から取り上げられ、政府に対して財政緊縮、通貨収縮、消費節約が主として要望されるようになった[607]。これらの対策が政府によって本格的に取り上げられるようになったのは1922年6月12日、高橋是清政友会内閣の後を受けて成立した加藤友三郎内閣によってであった。同内閣が8月18日に発表した物価引下策の中に、「在外正貨を兌換準備から除外する事」があった。

　日本銀行が正貨を買い入れることが通貨膨張をもたらすことは事実であるが、それは在外正貨であるか在内正貨であるかを問わず生ずることであり、在外資金の正貨準備繰入れによる銀行券発行が直接通貨膨張に影響すると理解するのは誤りである[608]。だが、在外正貨の正貨準備繰入れが制限外発行における発行税負担を日本銀行に免れさせるとともに発行税減免分だけ低利で日本銀行に資金を融通させることを可能にし、この意味から通貨膨張を招くということは当然である[609]。かくして、日本銀行は在外正貨の正貨準備繰入れを制限するに至るのである。

（3）　在外正貨の正貨準備繰入制限・廃止

　在外正貨の正貨準備繰入れに関しては、明治時代から政府関係者もその問題点を指摘していた[610]。日本銀行は在外正貨（資金）のすべてを正貨準備に繰り入れておくのは適当ではなく[611]、在外正貨を整理する必要のあることは認

---

607)　同上書、446、452－467ページ。
608)　深井英五［1928］354ページ。吉野俊彦［1962］256－257ページ。
609)　日本銀行［1983a］554ページ。
610)　たとえば『明治財政史』は、「抑も日本銀行が斯の如き変則的準備を設けたるは当時の情勢誠に已むを得ざるものありしも久しく之を存するは経済上良策に非ざるなり何となれば制限外の発行は世人をして金融界に於ける資金の需用が平常の程度を超ゆること幾何なるかを推測せしむるを以て此の如く権宜の手段に依り徒に正貨準備を増加するときは其幾何が実際に於て平常以上の需用に属して所謂警戒を要すべきものなるかを知る能はざらしむればなり」と述べていた。東洋経済新報社編『金融六十年史』同社、1924年、217ページ。また、吉川秀造［1969］142－149ページを参照されたい。
611)　深井英五は在外正貨の便益を認める一方で、その弱点として一国の通貨の基礎が自国以外の事情によって動揺することを挙げていた（深井英五［1928］337－348ページ）。

第9章　正貨吸収と正貨保有、国際信用と日銀券への信認の維持

めていた。

　その第1段階として、1919（大正8）年5月19日に、従来在外資金で買い入れ海外で保有していた内外の長期公債を在外正貨（資金）の中に含めていたのを改め、これを別勘定（海外代理店保管金）に移管する旨を大蔵大臣に上申し、同月21日に認可を受けていた。その後、同年9月12日の原敬首相の日記によると、政府も在外正貨を銀行券発行の準備とすることは変則であると考え、これを廃止するか大いに制限することを意図していたようである。同年10月15日、日本銀行は在外資金の正貨準備繰入額に一定の限度を設け、機会あるごとにそれを減少していく方針を採るとともに、海外準備は原則としていつでも引き出せる性質の預金としておく旨を大蔵大臣に上申し、同月27日、その認可を得た[612]。

　上記の上申以後、日本銀行はその方針に従って在外正貨準備の縮小に努め、とくに1920年8月以降、国内正貨の増大を機に着々と海外準備を解除していった。その結果、1922年6月末の在外正貨準備高は8829万円と1919年6月末の3分の1程度にまで縮小し、兌換銀行券発行高に対する比率も6.6％にすぎなくなった（1919年6月末24.6％）[613]。

　1922年8月18日、政府（加藤友三郎内閣）は19カ条よりなる物価調節策を発表した。その第1項目に「在外正貨を兌換準備より除外する事」が挙げられていた[614]。すなわち、「日本銀行所有の在外正貨を正貨準備に充当するは、多少兌換券の増発を容易ならしむるものと言ふを得べく、従って此際一時的の処置として之を除外するは多少其膨張を抑制する結果となるべきに依り、現在保有の在外正貨は全部之を準備より除外することとせり」と述べられていた[615]。翌19日、日本銀行に対し、「日本銀行券準備トシテ現在充当セル在外正貨ハ本月三十一日限リ之ヲ解除スへ」き旨を令達した。これにより、在外正貨準備はまったく姿を消すことになった[616]。同月末限りで在外正貨の正貨準備繰入れは廃止された。松岡孝児はこのことを日本内地における金為替本位制の廃止と

612）　日本銀行［1983a］553ページ。
613）　同上書、554ページ。
614）　高橋亀吉［1954］453、455ページ。
615）　高橋亀吉編［1932］第6巻、財界篇上、865－866ページ。
616）　日本銀行［1983a］554ページ。

第 5 編　第 1 次世界大戦後の正貨政策

位置づけている[617]。

だが、在外正貨はその後も国際的支払いのための準備金として機能したのであった。

（4）　在外正貨の正貨準備繰入復活論

1930年 2 月に「日本銀行制度改善ニ関スル大蔵省及日本銀行調査会」が設置され、 2 月から同年12月までに59回にわたり会合が重ねられた。最終的な合意事項は1931年 4 月に「日本銀行条例中改正法律案説明」としてまとめられている[618]。同調査会は調査の一環として発券制度に関する調査を行った。そこでとくに問題となったのは、保証発行屈伸制度を続けるのがよいのか、それとも新しい比例準備制度を採用すべきかという点と、保証物件の内容をどのように規定すべきかという点であった[619]。

同年 5 月27日までの会議において発券制度改革の考えが「日本銀行ノ兌換銀行券発行制度改正ニ関スル件」としてまとまっていた。 6 月 3 日と 6 日にこれについての審議を行い、10日には成案ができ、 6 月12日から審議は「日本銀行業務ノ整備改善ニ関シ考慮スヘキ事項」に審議が移っていった。12月には「日本銀行券発行制度改正ニ関スル件」がまとめられ、「日本銀行券発行制度改正法律案」が策定された[620]。「日本銀行券発行制度改正ニ関スル件」においては次のように記されていた。「発行制度ノ最モ主眼トスル処ハ兌換ノ確実ヲ期スルト共ニ通貨ノ伸縮スルコトニアル」。発行制度においては銀行券の信認・信用の維持と経済の発展が考慮されたのである[621]。この「発行制度改正ニ関スル件」についてさらに検討しよう。

第 1 に、「兌換ニ関スル事項」において、「日本銀行券ハ同額ノ金貨又ハ純金

---

617)　松岡孝児［1936］572－575ページ

618)　吉野俊彦［1962］307－317ページ。日本銀行百年史編纂委員会［1983b］522－538ページ。井出英策『高橋財政の研究』有斐閣、2006年、46－47ページ。委員は大蔵省側が荒井誠一郎、青木一男、大野竜太、日本銀行側が司城元義、島居庄蔵、岡本兵太郎の 6 人であった。

619)　日本銀行『日本銀行制度改善ニ関スル諸調査書類　第一巻其一之一』。日本銀行百年史編纂委員会［1983b］523ページ。

620)　ただし、この法律は制定されなかった。

621)　前掲「日本銀行券発行制度改正ニ関スル件」 1 ページ。注579を参照。吉野俊彦［1962］308ページにも記載されている。

第9章　正貨吸収と正貨保有、国際信用と日銀券への信認の維持

一匁ニ付五円ノ割合ヲ以テ金地金ト引換フ」というように兌換を金貨兌換に金地金兌換を加えたものとしている[622]。兌換請求できる場所は日本銀行本店以外に支店では大阪支店に限定された。1円券の兌換は5枚またはその倍数に限り兌換請求できることが明定された。これは「我国民ハ多年銀行券ノ使用ニ慣レ金貨ノ流通殆ド絶無ナルヲ以テ特ニ金地金本位制度ニ急変スルノ」必要がなかったこと、兌換請求が対外決済の必要に基づくことが多かったことを法律に反映しようとしたことによるものである[623]。金地金本位制度を法律上加味したという変化はあるが、銀行券の信認の基礎は依然として金兌換（銀行券と引換えに金を支払うという約束とその実施）に置かれたのである。

　第2に、「準備正貨ニ関スル事項」において、金貨、金地金以外にとくに大蔵大臣が指定する種類の在外資金を正貨準備に充当できることとされた[624]。日本の金本位制度としては金貨本位制度が実施されていた。在外正貨準備は1896年に一時的に保有された後、1904年以降1922年まで恒常的に多額の在外正貨準備が存在しており、日本の金本位制は金為替本位制的性格を付与されていた。1930年には、大蔵省日本銀行調査会は再び在外資金を正貨準備に充当できることにしようとしたのである。

　在外正貨の正貨準備繰入れは政府の方針によって前述のように1922年8月に物価対策の一環として廃止されたけれども、日本銀行がその後在外正貨を正貨準備として保有することを認めていなかったわけではない。すなわち、深井英五日本銀行副総裁（1928年6月に副総裁に就任）は、通貨の基礎である金を実際に使用するのは対外支払いのためであるが、国際決済において金を使用するよりも金現送費を節約できる在外正貨を使用するのが便利であると考え、国内通貨の基礎として、もしくは一国の対外支払準備として在外正貨が擁護せられるべきものであると論じていた。中央銀行保有の在外正貨を正貨準備に充当すれば通貨が膨張するという考えを批判していた。深井は在外正貨を正貨準備に充当すべきであるという意見に固執しなかったが、在外正貨の正貨準備充当を不可とすることも妥当ではないと考えていた[625]。

---

622)　同上、4－5ページ。
623)　同上、4ページ。
624)　同上、5ページ。

第5編　第1次世界大戦後の正貨政策

　第1次大戦後のヨーロッパ諸国の再建金本位制のもとでは金為替本位制の考えが普及していた[626]。金本位制のもとで金地金本位制を採用したイギリスも発券準備とは別の秘密の外貨準備をポンド安定資金として保有していた[627]。

　大蔵省日本銀行調査会の会合において3月18日に在外正貨を正貨準備に充当するかどうかについての検討がなされた。ある程度は在外正貨を正貨準備に充当することについては意見の一致をみた。ただし、その種類については預金および短期大蔵省証券以外に外国の例に従って外国手形までを含めることには反対論があった。また、在外正貨の正貨準備充当額に制限を設ける必要があるとされた。4月18日の会合で兌換は金兌換を原則とし、1万円以上は金地金兌換を認めるとともに、在外資金の準備充当額は原則として準備総額の4分の1以下とすることが決定された。在外正貨を正貨準備に充当することには大蔵省日本銀行調査会では異論はなかった[628]。12月の「日本銀行券発行制度改正ニ関スル件」において、在外正貨は「今後中央銀行ノ為替並ニ通貨調節ニ関スル方策ノ実行上一定ノ限度内ニ於テ之ヲ正貨準備ニ充当シ得ルコトヲ適当ナリ」と認められた。在外正貨準備の種類は大蔵大臣が指定することとし、外国金融市場における金、特定の銀行の当座預金・通知預金など、特定の外国政府短期証券などの中から指定することとした[629]。

---

625) 深井英五［1928］327-328、340-341、354-355、361ページ。同［1938］269-270、280-281、291、296ページ。

626) 銀行券はドイツでは銀行の選択により金貨、金地金、外国通貨払いの小切手または支払指図証書と、ベルギーでは銀行の選択により、金、銀、外国宛金払手形と、スイスでは金貨、金塊、金為替と交換されることになった（前掲「日本銀行券発行制度改正ニ関スル件」119、122、125ページ）。第1次大戦後の金為替本位制的貨幣制度については松岡孝児『金為替本位制の研究』日本評論社、1936年、第13章～第17章を参照されたい。

627) イングランド銀行は購入した外国為替資金を金兌換せず同行勘定の「その他証券項目」のスターリング証券として偽装表示して保有していた。再建金本位制下のイングランド銀行は、イングランド銀行券と金地金との兌換だけでなく、秘密の外国為替操作（外国為替準備の保有とそのポンド防衛の緩衝資金としての充用、ポンドの買支え）によってもポンドの信認を維持しようとしていた（米倉茂［1981］88-91ページ）。1932年4月には為替平衡勘定（the Exchange Equalization Account）が設置され、イギリス外国為替準備は国内発券準備と分離された対外準備（ポンド安定資金）として保有されることとなる（為替平衡勘定については、田中金司、前掲『金本位制の回顧と展望』233-276ページ、峰本晫子『国際金融システムの変革　1797～1988』近代文藝社、1993年、第4章を参照されたい）。

628) 日本銀行『日本銀行制度改善ニ関スル諸調査書類　第一巻其一之一』、3月18日第11回会合、4月18日第18回会合参照。

629) 前掲「日本銀行券発行制度改正ニ関スル件」5-6ページ。

第9章　正貨吸収と正貨保有、国際信用と日銀券への信認の維持

　深井英五も大蔵省日本銀行調査会も、在外正貨の弱点を認めていた[630]。上記発行制度改正案は、在外資金の兌換準備充当額を準備正貨総額の4分の1以下と定め、特別の事由がある場合は日本銀行が大蔵大臣の認可を得て、その割合を増加することを認めたのであった[631]。

　在外正貨の正貨準備充当額は1922年8月30日に皆無となっていたが、深井英五は前述のように在外正貨を通貨政策に利用し、これによって国際収支を決済することを重視していた[632]。制度的・法制的には日本では金為替本位制は採用されなかったし、1922年9月以降は、在外正貨は正貨準備に繰り入れられなかった。とはいえ、在外正貨の利用によって円通貨の「対外価値」としての為替相場（外貨との交換比率）の維持、低落抑制がなされていたのであった。また、日本銀行の在外正貨保有は金準備の減少を抑制して日本銀行券信認を維持していたのである。

　大蔵省日本銀行共同調査会の7月15日の会合においては外国有価証券を保証準備に充当しても差し支えないという説が登場した。この一方で、保証発行準備というものはその処分によって銀行券の回収を伴うことが要件となるのであって、外貨証券の売却は銀行券を収縮させないからそれを保証準備として銀行券を増発することは妥当ではないという反対論があった[633]。7月22日の会合で決定された保証準備の種類の中に外国有価証券は含まれていなかったと考えられるが、その一因として、このようなことが懸念されたことが挙げられよう。

630）　在外正貨によって通貨の金基礎を維持するということは在外正貨の売買によって一国の通貨を中心市場である金本位国の通貨と交換し、それによって金と連絡を保つことであるが、在外正貨を設置している国際金融の中心市場である国の信用が動くか、もしくは戦争のような事変が発生するときには、中心市場に保有する資金の価値が減少し、またはこれを回収できなくなり在外正貨保有国の損失に帰するかもしれず、これによって通貨の金基礎が破壊を免れなくなると論じている。一国の通貨の基礎が自国以外の事情によって動揺する恐れがあることを深井は認識していたのである。したがって、「在外正貨処理の要諦は国内正貨の保有高と在外正貨の保有高とを適当に按配するにある」と主張したのである（深井英五［1928］365－368ページ。同［1938］300－302ページ）。深井はどれだけを在内正貨として保有し、どれだけを在外正貨として保有するかについて係数的に一定の標準をたてることは困難であり、裁量的に決めるべきであり、国内に金請求が起こったときにはいつでもこれに応じることができるようにしておくことが標準となると論じていた（深井英五［1928］369－370ページ。同［1938］303ページ）。

631）　前掲「日本銀行券発行制度改正ニ関スル件」6－7ページ。

632）　深井英五［1928］386ページ。同［1938］316ページ。

633）　日本銀行『日本銀行制度改善ニ関スル諸調査書類　第一巻其一之一』、7月15日第32回会合参照。

第5編　第1次世界大戦後の正貨政策

結局、在外正貨の正貨準備繰入れの復活は実現されなかったが、これは1928年以降の金為替準備制度の衰退という世界の流れに沿ったものであったといえる。

大蔵日銀調査会案では金本位制度のもとで銀を正貨準備に充当することは適当ではないとして、銀貨および銀地金は準備正貨から取り除くこととされた[634]。実際には、1905年以降日本銀行は銀を正貨準備として保有することはなかった[635]。

3　保証準備発行制限による日本銀行券信認の補完

保証準備も日銀券の信認を補完するものとして保有された。それを処分すれば売却額相当の日銀券を回収して消却できることとなっていたのである。兌換銀行券条例（1888年改正）第2条の規定によれば、保証準備は政府発行の公債証書・大蔵省証券、その他確実な証券または商業手形から成っていた。1926（昭和元）年末の保証準備額は5億1158万円であった。そのうち、公債（広義）準備が1億5648万円、商業手形準備が2億7310万円となっていた[636]。資本証券（社債や株式）は保証準備に含まれていなかった。

大蔵省日本銀行共同調査会は1930年7月22日の会合で、銀行券の伸縮力に最も重大な関係を有するとともに中央銀行業務と不可分の関係にある保証物件の範囲を次のように定めた。①国債、②大蔵省証券およびこれに準ずべき政府証券、③政府債務証書、④商業手形、銀行引受手形その他の割引手形または買入手形、⑤担保付手形、⑥貸付金証書。12月の「日本銀行券発行制度改正ニ関スル件」でこのことが確認された。

保証準備の中には在外正貨保証が1900年から1904年まで、1906年、1908年から1911年まで、1913年から1916年まで存在していた。だがこれは、1917年以降

---

634)　同上、5、7ページ。1897年に改正された兌換銀行券条例では、銀は兌換準備総額の4分の1以下であれば兌換準備として保有することが認められていた。
635)　大蔵省編纂『明治大正財政史』第13巻、358－360ページ。大蔵省日本銀行調査会作成「日本銀行券発行制度改正ニ関スル調査参考資料」1930年12月、17－29ページ。前掲「日本銀行券発行制度改正ニ関スル件」6－7ページ。
636)　大蔵省編『明治大正財政史』第13巻［1939］364ページ。

第9章　正貨吸収と正貨保有、国際信用と日銀券への信認の維持

は存在していない。

　保証準備発行制限額の拡張については、政府は、1907（明治40）年に1億2000万円から1億7000万円に拡張することが適当であると考えた。1911年には「兌換券保証準備発行制限額拡張ノ件」は、保証準備発行額を8000万円拡張し、これを産業とくに農業資金、対清貿易資金、商工業資金に充当しようとした。1912（大正元）年の「兌換銀行券保証準備発行制限額拡張ノ件」は産業の発展および貿易の伸張に鑑み、2億円に拡張するのが適当であると認めた。日本銀行臨時調査委員会が1917年8月27日に作成した「保証準備拡張ニ就テ」は、保証準備発行制限額を今後相当の期間中に2億5000万円とするのが適当であり、「兌換券ノ保証発行制限額ヲ増加スルハ日本銀行ノ資力ヲ増加スルモノナリ」と論じた。同年作成の「日本銀行兌換券保証発行制限額拡張ニ関スル件」は、保証準備発行制限額を2億円に拡張するための法律案を起草した。この拡張の理由として、①我が国経済力の膨張と通貨需要の趨勢、②工業金融および海外銀行業務助長の必要、③日本銀行業務を発揮させる必要が挙げられていた。保証準備発行限度拡張の程度としては、日本銀行兌換券の毎年平均発行額が4億円以下になることはないであろうから、保証準備発行制限額をその半額の2億円に拡張するのが適当であると認めたのである[637]。

　日本銀行臨時調査局は1926年12月に作成した「保証準備制限額拡張問題」は、保証発行に関する部分は「兌換ナクシテ市場ニ流通セシメ得ル高」であって、この額は経済界の膨張発展に伴って増大するものであって、過去の実績と金解禁準備に伴う財界の変動への対策を考慮して、保証準備制限額を3億円見当に拡張することが適当であるとした[638]。

　保証準備発行制限額については、通貨の信認維持のための制限の維持ととも

---

[637]　大蔵省編『明治大正財政史』第14巻、552－566ページ。「兌換券保証準備発行制限拡張ノ件」1907年『勝田家文書』第54冊第1号、「兌換券保証準備発行制限額拡張ノ件」1911年『勝田家文書』第54冊第3号、「兌換銀行券保証準備発行制限額拡張ノ件」1912年『勝田家文書』第54冊第4号、「保証準備発行拡張ニ就テ」および日本銀行作成の同付属書類、1917年8月27日『勝田家文書』第54冊第6号、「日本銀行兌換券保証発行制限額拡張ニ関スル件」1917年『勝田家文書』第54冊第7号、臨時調査委員会「保証準備発行制限拡張額ノ運用ニ就テ」1917年12月『勝田家文書』第54冊第10号（上記の「保証準備発行拡張ニ就テ」はこの別冊）。

[638]　日本銀行調査局「保証準備制限額拡張問題」（1926年12月）渋谷隆一・麻島昭一監修『近代日本金融史文献資料集成』第30巻、日本図書センター、2005年、309－319ページ。

第5編 第1次世界大戦後の正貨政策

に、経済発展のための制限額の拡張が検討されていたのである。

　金本位制度、金輸出禁止下において通貨膨張抑制政策が採用され、これが通貨に対する信認をもたらした。すなわち、日本銀行券発行制度として兌換銀行券条例（1888年改正）により保証準備屈伸制限発行制度が採用されていた日本において、保証準備発行制限額が1899（明治32）年3月に兌換銀行券条例の改正によって8500万円から1億2000万円に拡張されたまま、その後、日本の経済力の発展にもかかわらず、その制限額が維持されていた。そのもとで日銀券に対する信認が失われなかったのである[639]。

　もっとも、日本銀行は1890年以来しばしば制限外発行を実施し、ことに1922年8月から1932年5月までの間は毎月制限外発行を継続し、この発行がほとんど常態化していた。だがこれには制限外発行税率の負担が課せられており、その税率は1920年代後半、1930年代初めには5〜6％となっており、このような課税により銀行券の過剰発行が抑制されていたのである[640]。日本銀行券への信認への慣行は定着していたから、制限外発行によっても、その信認は失われなかった。保証準備発行制限額が引き上げられるのは1932（昭和7）年のことである[641]。

4　財政規律と日本銀行券信認の維持

　金本位制の実施は放漫財政による通貨膨張を抑止する作用を有していた。このことも日銀券に対する信認を結果としてもたらしたといえる。このことについてさらに述べておこう。

　諸外国がイギリスにポンド残高を保有し、その多くがイギリス公債で保有さ

---

[639]　イングランド銀行は金準備の規制を受けない通貨増発を厳しく控えていた（米倉茂「イギリス―『ポンドの崩壊』（？）」『信用理論研究』第10号、1993年5月、38ページ）。

[640]　日本銀行調査局編［1975a］203−206ページ。保証準備発行拡張問題については東京商工会議所『保証準備拡張問題に関する参考資料』（同所、1928年9月）も参照されたい。

[641]　大蔵省昭和財政史編集室編『昭和財政史』第9巻、6−16、26、69−70ページ。保証準備発行制限額は、産業の振興を図る必要と正貨保有減少の現状に鑑み、1932年7月に1億2000万円から約8倍の10億円に引き上げられることとなる。これについては大蔵省銀行局「日本銀行関係法案ニ関スル想定質疑応答」（1932年6月）渋谷隆一・麻島昭一監修、前掲書、第30巻、411−428ページも参照されたい。

第9章　正貨吸収と正貨保有、国際信用と日銀券への信認の維持

れているという状況のもとで、イギリスでは国際通貨ポンドの信認維持のために財政均衡の維持が不可欠の条件となっていた[642]。

　これに対して日本においては、第1次大戦後の経済的困難のもとで金本位制への復帰が遷延され、財政膨張と金融における救済融資がしばしば展開された。それでも金本位制への復帰が目標に掲げられており、財政膨張には歯止めがかけられ、財政緊縮も試みられた。また、外資導入の観点から財政規律（財政信認、財政維持可能性）の維持が必要とされた。金本位制のもとで健全な財政金融政策を採用せざるをえず、このことが外国の投資家に安心感を与え、欧米主要国からの資本導入を容易にすることとなるからである[643]。

　日銀券は中央銀行に対する信認、法貨性、通貨偽造対策によっても支えられていたが、これらについてはすでに述べておいたので、その説明は割愛する。

5　円の国際通貨としての未成熟

　円は国際社会においては国際通貨、基軸通貨としては信認されていなかった。すなわち、日銀券の確定された金量との自由な交換が保証されていたとはいえ、

---

[642]　イギリス大蔵省資料には「もしイギリスが財政節度の伝統を放棄すればイギリスの信用とポンドの国際的信認に対する打撃となり、公共福祉全般で皆が損失をうけるであろう。我々の金融センターとしての卓越性は損なわれ、我々の銀行制度は危険なまでに圧迫されよう」（Treasury Papers, 1889/17, Jan.-June 1935）という記述がみられる。海外諸国保有のポンド残高は主にイギリス公債に運用されており、また、イギリス大蔵省にとってそれは公債の低利借換消化、流動債整理を容易にしており、国債費削減・財政均衡化に寄与していた。こういう状況においては財政赤字・インフレなど、ポンドの対外価値低下の要因を招く恐れのある公共事業支出（積極的赤字財政支出）による景気浮揚策は大蔵省には採りようはなかった。両大戦間のイギリス大蔵省は19世紀以来の均衡財政原理による「小さな政府」を志向する立場を維持し続けている。公共事業投資を失業対策として提唱していたケインズも財政均衡化を金本位制維持には欠かせないものとみていた。ケインズは1931年3月5日、マクドナルド首相に宛て、信認恐慌〔危機〕が近づきつつあり、真の危機と金融瓦解のあるときは財政を均衡化させる必要があると警告しており、減債基金や公共投資の扱いについては意見を異にするとはいえ、金本位通貨ポンドの信認回復のために健全財政主義を貫くという点では大蔵省とまったく一致していたのである（米倉茂［1993］38-40ページ）。1931年にはドイツ銀行恐慌のロンドン金融市場への波及とともにイギリス財政事情の悪化がポンド不信（ポンド信認危機）を惹起し、イギリスからの資金流出、金流出をもたらし、イギリスは金本位制を離脱する（米倉茂［1981］89-91、96ページ）。その後、イギリスは財政均衡・反インフレ政策のもと、ポンドの国際的信認を急速に回復させていく（米倉茂［2000］第1編）。なお、金井雄一氏は、金本位制はそれ自体として均衡財政を敷いたり発券額を制限したりするものではなかったと主張されている（金井雄一［2004］123ページ）。

第 5 編　第 1 次世界大戦後の正貨政策

各国が東京に円預金勘定（円バランス）を保有して円預金の移転によって国際決済を行うというメカニズムは成立していなかった。また、日本の国際金融市場としての発展、国際的な資金調達・資金運用の発展が不十分であって日本は国際金融の中心地とはなっていなかった[644]。かくして円はポンドやドルのような国際通貨として機能することはできなかったのである。

643）　第 2 次大戦前の日本の財政運営を概観すれば、日露戦争と日中戦争から第 2 次大戦という 2 度の戦争期に財政歳出、政府債務残高、財政支出の対 GNP 比率の赤字幅が大きく拡大している。基礎的財政収支（政府債務の元利払いを除いた財政収支、プライマリー・バランス）の対 GNP 比率が10％以上の赤字となったのはこの時期であった（鎮目雅人［2009］141－153ページ）。金本位制の確立は健全な財政政策と金融政策を行っていることのシグナルとなり、欧米からの日本の外資導入を容易にするために求められ、これを前提として日露戦争期に多額の外債が発行された。日露戦争後には、外債発行のために金本位制下での財政緊縮が求められた。1920年代にも外債募集のために財政緊縮と金本位制復帰が求められた。金本位制には通貨を金の一定量と交換しなければならないという制約があった。このもとで金流出をもたらす放漫な通貨膨張は抑制せざるをえず、かくして金本位制のもとで健全な財政金融政策を採用せざるをえない。このことが外国の投資家に安心感を与え、周辺国の欧米主要国からの資本導入を容易にしたのである（鎮目雅人［2009］177－187ページ）。金本位制が崩壊すると、財政規律を担保していたメカニズムが有効でなくなった。このもとで財政赤字が拡大し、インフレーションが発生すれば、市場における自国通貨に対する信認が崩れる。このことは高橋是清大蔵大臣は1935年にすでに認識していた（鎮目雅人［2009］189、243－244ページ）。「高橋財政期」（1932～36年度）以降、政府債務残高が増加するなかで基礎的財政収支を改善するような財政運営が行われなくなり、財政が維持可能でなくなった。高橋是清という個人の能力と意思に依存したしていた財政規律は、高橋の暗殺によって崩壊した。これが戦時統制と急激なインフレーションにつながった（鎮目雅人［2009］172、246ページ）。1920年代の財政緊縮を含む対外信用回復策については岸田真［2012］77－87ページを参照されたい。

644）　井上準之助はロンドン金融市場を理想として日本を東洋におけるロンドンとする構想を有していた（井上準之助「東洋に於ける日本の経済上及び金融上の地位」1918年 6 月、財政経済攻究会における講演、井上準之助論叢編纂会編『井上準之助論叢』第 2 巻［1935］153－195ページ）。だがこれは実現できなかった。「大東亜金融圏構想」が登場するのは太平洋戦争期のことである。

第10章　金輸出禁止下の在外正貨払下政策とその転換

第1節　第1次世界大戦後の在外正貨払下げの概要

　第1次世界大戦中、政府や日本銀行は累積した外貨資金を外国為替銀行から買い上げた。この結果、政府・日銀には豊富な在外正貨が蓄積された。大戦後（1920年以後）、政府・日銀は一転して在外正貨を為替銀行に売却するようになった。政府を中心とするこの売却は当時、払下げと呼ばれた。この払下政策について本章で考察する。在外正貨の払下げは、狭義には政府在外正貨の売却を意味するが、本章では日銀在外正貨の売却を含めて広義の意味に用いる。これによって、本書の第5章第6節で論じた日露戦争以後の日銀中心の在外正貨売却とは異なる、第1次大戦後の在外正貨売却（政府中心）の特徴を明確にする。

　政府所有在外正貨（2億5724万ドル、英貨1322万ポンド）、日本銀行所有在外正貨（米貨1億1375万ドル、英貨1089万ポンド）、合計米貨3億7099万ドル、2411万ポンドが1920年1月から1929年9月にかけて外国為替銀行に売却された。この払下げの状況の一覧を示したのが表10－1である。

　表10－1によれば、在外正貨の売却総額は1920年から1929年までに約10億円に及んだ。この売却は1920年代前半に集中し、とくに1923～24の2年間に総額の56％が売却された。売却額は、政府が6億6678万円、日銀が3億3260万円に達し、政府による正貨売却の比率は売却総額の約67％に及んだ。在外正貨売却は政府所有在外正貨を中心とするものであった。だが、日本銀行所有在外正貨の売却も行われたのである。売却された通貨はドルが7億6900万円、ポンドが2億3038万円であり、売却通貨はドルが中心であった。

第5編　第1次世界大戦後の正貨政策

表10－1　在外正貨売却高表（売却者、通貨別）

(単位：万円)

	政府正貨売却			日銀正貨売却			合計
	米貨	英貨	小計	米貨	英貨	小計	
1920年1月	2,013		2,013				
2	6,103		6,103				
3	1,258		1,258	1,050		1,050	
4				420		420	
年計	9,374		9,374	1,470		1,470	10,844
1921年10月	417		417				
11	3,125		3,125				
12	1,563		1,563				
年計	5,105		5,105			0	5,105
1922年1月	3,125		3,125				
2	3,448		3,448				
3	4,896		4,896				
4	2,531		2,531				
5	1,051		1,051				
6				1,579		1,579	
年計	15,051		15,051	1,579		1,579	16,630
1923年2月	619		619				
7				3,327		3,327	
8				204		204	
9	1,224		1,224	3,204		3,204	
10	204		204	6,031	919	6,950	
11	3,469		3,469	2,041		2,041	
12	4,697	645	5,342	2,122		2,122	
年計	10,213	645	10,858	16,929	919	17,848	28,706
1924年1月				7,348		7,348	
2	2,653	3,977	6,630		1,174	1,174	
3	3,396	1,343	4,739	3,432	317	3,749	
4		529	529		65	65	
5		234	234		27	27	
10		3,103	3,103				
年計	6,049	9,186	15,235	3,432	8,931	12,363	27,598
1925年1月	463	148	611				
2	391		391				
年計	854	148	1,002			0	1,002
1927年4月	1,224		1,224				
7	26		26				
8	4,522		4,522				
年計	5,772		5,772			0	5,772
1928年5月		3,209	3,209				
年計		3,209	3,209			0	3,209
1929年9月	1,072		1,072				
年計	1,072		1,072			0	1,072
合計	53,490	13,188	66,678	23,410	9,850	33,260	99,938

注1：売却相場でドル、ポンドを円換算。
　2：1927年4～5月に日本経済の動揺の際在外資金逼迫を救済するために朝鮮銀行へ米貨400万ドル、住友銀行へ米貨200万ドルを買戻条件付で売却したものは、同年6～8月に全額買戻済のために本表に計上されていない。
出所：大蔵省理財局国庫課『第五十七議会国庫金参考書』（1929年12月調）正貨ノ部、から作成。

第10章　金輸出禁止下の在外正貨払下政策とその転換

　正金銀行の市場へのドル売却に対して、政府がポンドを払い下げたこともあった（1924年4月、10月、1925年1月）[1]。在外正貨は外国為替銀行を対象として実施され、その中心は横浜正金銀行であった（約68％）。同行以外に、台湾銀行、朝鮮銀行、日本興業銀行などの特殊銀行や三井銀行、住友銀行、三菱銀行などの財閥銀行、インターナショナル銀行などの外国銀行に対しても売却が行われている[2]。

　売却相場は原則として正金銀行電信売相場（正金建値）で行われた。この売却は為替資金需要に応ずるだけでなく為替相場維持をも目的としていたから、正金建値が市中相場よりも高くなることがあった[3]。売却相場が正金建値よりも高いこともあった（政府正貨売却のうちの1920年1月、2月の一部、1924年4月の一部、10月、1925年1月売却分）。もっとも、売却相場が正金建値よりも低いこともあった（1920年2月の一部、3月の政府正貨売却、同年3月の一部と4月の日銀正貨売却）[4]。

　第1次大戦後の在外正貨払下げ（売却）政策の推移は以下のようなものであった。

　第1次大戦後、1920年に入って政府・大蔵省と日本銀行は在外正貨の払下げ政策を開始した。これは主として外国為替銀行の外貨資金を補充するものであった。為替相場維持という狙いは例外的にごく短期間存在したにすぎなかった。1921年10月以降、在外正貨払下げは為替相場維持策としての意義をも事実上持つようになった。

　1922年9月に市来乙彦蔵相が在外正貨払下げによる為替相場維持・回復方針を公表し、この方針が対外的に明確となった。1923年9月の関東大震災勃発の後に復興資材の輸入確保だけでなく、為替相場維持のためにも多額の在外正貨が払い下げられた。1924年11月には本格的な在外正貨払下げによる為替相場維持策が採用された。だが、1925年には正金銀行の為替買持や為替相場の回復のもとで政府・大蔵省の在外正貨払下げによる為替相場維持が不要化していき、また日本銀行は在外正貨の払下げを行わなくなり、在外正貨払下げの為替相場

---

[1] 大蔵省理財局国庫課『第五十七議会国庫金参考書』正貨ノ部。
[2] 伊藤正直［1989］138－139ページ。
[3] 三吉加代子［1974］69－77ページ。齊藤壽彦［1978b］81－91ページ。
[4] 大蔵省理財局国庫課『第五十七議会国庫金参考書』正貨ノ部。

第 5 編　第 1 次世界大戦後の正貨政策

維持策としての意義は希薄化した。

　1925年12月頃から為替相場回復政策として国際収支改善策が重視されるようになった。政府在内正貨現送が為替調節策として検討され、1925年9月に内地正貨現送が開始され、1926年10月にこれが再開されたけれども、これは在外正貨払下げよりも政府対外支払いのための在外正貨補充を基本的目的としていた。さらに1926年11月に金解禁準備政策が採用され、正貨政策は在外正貨払下政策から在外正貨補充構想へと転換し始めた。政府在外正貨補充策としての政府在内正貨現送も金解禁準備政策としての性格を帯びるようになった。金融恐慌後には金解禁政策が遷延された。金融恐慌後にも在外正貨払下げによる為替相場維持構想は存在したが、為替相場が維持相場を上回る状態のもとで、この政策は有効性を発揮しえなかった。さらに在外正貨減少・枯渇のもとで在外正貨払下げによる為替相場維持政策は放棄され、為替放任政策が採用されるようになる。その後、以前から進められてきた在外正貨補充策がいっそう推進された。1929年7月に浜口内閣が成立すると、正金銀行からの外貨の特別買入れを通ずる政府の在外正貨補充策が実施された。かくして在外正貨払下げ政策は在外正貨補充政策に転換したのである。

　日本のこのような正貨政策については、在外正貨の保有や在外正貨の為替銀行への払下げ、政府対外支払いの振替支払いにおいて、輸入代金の支払いや政府対外支払いの維持とともに、多額の外債発行残高を抱える日本の対外信用、国際信用の維持への配慮が働いていたのであった。このことは震災外債発行に備えての為替相場維持、政府在内正貨現送による政府在外正貨補充、金融恐慌以後の在外正貨補充策においてみられたのであった。また、金融恐慌期には正金銀行という外国為替銀行の英米からの対外信用、国際信用の低下、外貨資金不足を補うための在外正貨払下げもみられたのである。

　以下において、1920年代の在外正貨払下政策の展開を総合的に考察しよう。

第2節　第1次世界大戦後の在外正貨払下げ開始

1　在外正貨払下げによる為替相場維持策の開始をめぐる諸見解

　アメリカの金輸出禁止に続いて1917年9月に日本も金輸出を禁止した。第1次大戦終了後も1930年1月に至るまで、金輸出や金貨溶解の禁止、兌換の制限は継続された。金本位制下では為替相場は平価を中心に上下金現送点の範囲内で動く。だが、金本位制停止下では為替相場は限りなく変動しうる。事実、1921年から金本位復帰に至るまで、日本の為替相場は金輸出点を下回っていた。為替相場の大幅な低落は、輸入品価格を騰貴させて原材料輸入を阻害したり一般物価を騰貴させたりし、また貿易外支払いを増大させる。為替相場の頻繁な変動は、輸出入契約の締結や生産計画の樹立を阻害する。日本の通貨当局が第1次大戦後の激しい為替相場変動をまったく放任する政策を採っていたわけではない。未だ為替管理政策が登場していない段階において、金輸出禁止下における為替相場の安定化は在外正貨の払下げによって図られた。

　それでは金輸出にかわる在外正貨払下げによる為替相場維持政策は、大戦後のどの時期に採用されたのであろうか。払下開始当初から為替相場低落阻止が意図されていたと考えてよいのであろうか。また在外正貨払下げはどのような形態で行われたのであろうか。これは為替相場を実際に維持させることができたのであろうか。この問題に関して、従来2つの見解が対立している。

　第1の見解は、大蔵省資料にみられるものである。1920年代初期にすでに在外正貨払下げによる為替相場の維持が政府によって企図され、1922年には政府・大蔵省は在外正貨払下げ緩和による為替相場回復さえ意図し、在外正貨払下げは現実に為替相場の維持（または回復）に寄与したとする見解である。

　1928年1月大蔵省作成の「外国為替及正貨ニ関スル件」と題する調査報告は、「大正九年財界反動後為替相場低落ノ趨勢顕著ナルヤ政府ハ在外正貨ノ払下ニ依リ極力之ヲ防止シタリ」と述べている[5]。1924年6月大蔵省作成の「震災以来ノ正貨及為替政策経過概要」と題する調査報告は、「大正十一年中金輸出解禁ノ是非ニ関スル論議旺ナリシ際政府（市来乙彦大蔵大臣）ハ当時内外ノ経済状態尚充分ノ安定ヲ告クルニ至ラサルヲ以テ未タ解禁ヲ実行スルニ適当ナラスト思惟シタルカ輸出禁止ノ為替相場ニ及ホス不利ナル影響ニ付テハ別ニ考慮ヲ

第5編　第1次世界大戦後の正貨政策

払ヒ在外正貨ノ払下ヲ成ルヘク容易ナラシメ以テ其ノ影響ヲ緩和スルコトニ決シ同年九月右ノ方針ヲ声明シタリ　右声明当時正金ノ対米電信売建相場四十七弗台ナリシカ爾来貿易状態ノ好況ニ向ヒタルト政府カ前記方針ノ下ニ為替銀行ニ対シ正貨ノ払下ヲ実行シタルトノ結果為替相場ハ漸騰シ」と記している[6]。また前記の「外国為替及正貨ニ関スル件」も、加藤内閣は「為替相場ノ回復ニ付テハ出来得ル限リ方策ヲ講スルコトトシ之カ為メ引続キ在外正貨ノ払下ヲ実行シタリ」と記述している[7]。大蔵省調査資料は、1923年9月の関東大震災勃発後、同年末まで政府がほとんど無制限に在外正貨を払い下げて為替相場の維持に努め、1924年1～3月には絶対必要品の輸入に限り在外正貨を払い下げて為替相場の安定を図り、同年11月には内外正貨を利用して為替相場を維持する声明を出したことを明記している[8]。

　第2の見解は、日本銀行副総裁深井英五の『通貨問題としての金解禁』にみられる見解である。在外正貨払下げが行われたとしても、それが輸入品目などを考慮のうえ、必要な商品の輸入を行うために対外決済手段としての外貨資金を供給するにとどまるならば、それは為替相場の維持まで目的としたものとはいえないと深井は考える。在外正貨を制限なしに払い下げて為替相場の低落を阻止すること自体を目的とする政策は、1924年11月にはじめて採用されたと深井は主張する。また彼は、1921～22年の在外正貨払下げの為替相場維持効果を軽視し、22年下期～23年上期に在外正貨払下げが為替相場を回復させる結果を招いたことを否定する。すなわち、深井は次のように論じているのである。

　1921年から22年にかけて為替相場が48ドル台を示したが、深井によれば、「我が為替相場が四十八弗台に下ったのは、日露戦争中にも、世界戦争初期の大正四年にも経験した所であるし、平価又は輸出現送点との差も僅少で、実際生活、殊に輸入品の価格に大なる影響を及ぼす程でもなかったから、甚だしく人心を刺激するには至らなかった」のである[9]。深井は、1922年8月から翌年

---

5)　日本銀行調査局編『日本金融史資料　昭和編』第21巻、344ページ。反動恐慌は1920年3月15日の株式市場の崩落に始まり4月に恐慌が一般化し、6月以降深刻化し、年末に向かう（大島清『日本恐慌史論　下』東京大学出版会、1955年、122－123ページ）。
6)　『日本金融史資料　昭和編』第21巻、304ページ。
7)　同上巻、344ページ。
8)　同上巻、304、344－345ページ。大蔵省「震災後ニ於ケル為替政策概要（1925年6月）」同上巻、313－314ページ。

第10章　金輸出禁止下の在外正貨払下政策とその転換

5月にかけての為替相場の漸騰が貿易の趨勢と合致しないから在外正貨の売却がこの為替相場の回復をもたらしたとみる説を批判する。彼はいう。「当時の在外正貨売却は、必要なる貨物の輸入の為め、已むを得ずと認むる場合にのみ之を行つたに過ぎぬ。為替相場維持の為めに売向つたのでもなく、輸入資金を入用とするものに対しても、請求次第之に応じたと云ふ訳でもない。之を事実に徴するに、為替相場の低落した大正十一年の上半季には、在外正貨の売却が多かつたが、其の恢復に向つた同年下半季には全く在外正貨の売却がなく、大正十二年上半季にも極めて僅少の売却があつたのみである。左れば在外正貨売却の為めに大正十一年下半季からの為替相場恢復が出現したと看るのは当つて居らぬ。要するに、的確に捕捉し難き貿易外の収支関係と、種々なる形に於ける外資の輸入と、戦時中蓄積せられた民間の在外資力の尚ほ残存するものがあつて、各所有者の手許の都合によりて取寄せられたと云ふ事情等によつて為替相場の高低を来たしたと看る外はない」と10)。関東大震災後の為替相場については、1923年下半季の多額の在外正貨の売却は、「震災後の非常手段の一であつて、応急的貨物輸入の為めに必要なるのみならず、我国の経済的信用を維持する為めに必要なりと考えられたのである。経済的信用を維持することは、特に為替相場の低落を防ぐの意味ではなく、種々の対外債務の支払に故障なからしめんとしたのである」が、在外正貨払下げの結果においては「為替相場をも維持することとなつたのである」、というのが深井の主張である11)。在外正貨の払下げに日本の経済的信用を維持するという効果をも期待していたとの指摘は注目される。

また深井は、在外正貨払下げの目的が為替相場維持となったのは1924年11月の浜口雄幸蔵相の内外正貨を利用しての為替調節声明においてであると考え、次のように主張する。「大蔵大臣は大正十三年十一月二十三日の手形交換所連合会等に於いて、為替相場の低落を防止する為め必要の場合には、現在保有して居る所の内外正貨を利用して為替の調節に資するの決心を声明せられた。此の声明に基く正貨の売却は、従来の如く輸入の品目等を必ずしも考慮せず、為

---

9)　深井英五 [1929] 68ページ。
10)　同上書、69-70ページ。
11)　同上書、70-71ページ。

第５編　第１次世界大戦後の正貨政策

替市場の模様に応じて適宜に行はるべき筈であった」[12]。後に深井は、『金本位制離脱後の通貨政策〔増補〕』において、上述と同様の考えをより明快に論述している。同書において、第１次大戦後「国際収支が不利に転ずるや、為替相場は漸次軟調を呈した。当時は正貨及び在外資金が豊富であつたから、之れを以て外国向為替を売れば相場を維持することは容易に出来たのであるが、金本位制離脱の状態に於ては其の必要もなく、在外資金の使用は為替相場維持を目的とせずして必要なる物資の輸入を賄ふに止めた。それで大正九年（一九二〇年）には対米為替相場が平価の下に落ちて四十七弗四分の三に至つた。爾後動揺常なく、大震火災後の大正十三年、十四年の交には三十八弗二分の一と云ふ相場が出現した。当時に於ては実に驚心駭魄〔がいはく〕とも云ふべき事柄にして、此の時政府は始めて為替相場維持の為めに在外資金を使用し、正貨の現送輸出をも辞せざるの決意を表明した」と論じているのである[13]。

　大蔵省と日銀の深井英五の在外正貨払下げに関する評価の対立をどのように考えたらよいのであろうか。

　大蔵省調査資料には記述が正確でない点がみられる。政府の在外正貨払下げよる為替相場維持政策の開始を同資料が、1920年１～３月の政府保有在外正貨払下げに求めているのか、それとも1921年10月～1922年６月の在外正貨払下げに求めているかは判明しない。もしも前者であるとすれば、その時期は大蔵省資料のいう「大正９年財界反動後」ではなく反動恐慌（３月15日株価崩落、４月商品市場瓦解、恐慌一般化）直前になってしまう。もし後者であるとすれば、その時期は1921年の中間景気とその反動期と表現した方がよいようにも思われる。たとえそれは置くとしても、正金建値は1921年１月から1922年４月にかけて48ドル台を続けているから、大蔵省資料のように「為替相場低落ノ趨勢顕著」となって在外正貨が払い下げられたとはいえなくなる。また、為替相場維持政策がなぜ、どのようにして行われたか、市来乙彦蔵相期に在外正貨の払下げが実際にどのような点で従来よりも緩和されたかを大蔵省調査資料は明らかにしていない。さらに、同資料が関東大震災勃発後「各為替銀行ニ対シ殆ト無

---

12) 同上書、77－78ページ。
13) 深井英五［1940］334ページ。横浜正金銀行調査課「最近十年間における我国の対外為替」も、1918年10月以降震災前において、為替政策は金輸出禁止の続行ということ以外に人為的施策はなかったとしている（『日本金融史資料　昭和編』第22巻、112－113ページ）。

制限ニ在外正貨払下ヲ実行シ」た[14]と記述しているのは、強すぎる表現のように思われる。これでは在外正貨払下げにもかかわらず、為替の売却高が買入高を超過するいわゆる為替の売持（oversold position）を横浜正金銀行が解消できなかったことを説明できない。

一方、深井の見解に関しては、在外正貨払下げ政策の当事者である大蔵省が早くから為替相場維持の狙いがあったことを認めているのに、前述の説明だけでこれを否定できるかという問題がある。それに関東大震災勃発後、1924年初めにかけて正金建値が市場相場よりもかなりの高値を保ち、正金銀行は売持に偏したが、これは正金銀行が相場維持政策に協力した結果だと考えるのが妥当ではなかろうか[15]。

戦後の研究に関しては、三吉加代子氏が為替政策を詳細に研究されており、すでに大蔵省調査資料と深井の考えの違いを認識されている。「大震災以前には外貨資金の必要な向きに適宜払下げる程度で為替相場も大して低落せずにすんだため相場の維持という政策意図もあいまいなままに終り大震災以後には為替という現実過程の激動に応じて、政策当事者の意識も自ら明確とならざるをえなかったということができよう」そして「政府の意図がどうであれ結果的に正貨の払下は為替相場低落を緩和する傾向をもったはずであるという点で、大震災以前の時期を後の為替政策に向けた試行錯誤の過程とおさえておけば足りる」と述べることで、前記の問題の解決を図られている[16]。だが、このように解釈すると、震災前に通貨当局に為替相場維持という政策意図があったかどうかという問題には答えられないことになる。なお、実際の分析では、政府が1920年末に正貨払下げをもって為替相場にテコ入れしようとしたとされているが[17]、これは依拠された資料（「正金為替資金の史的発展（その3）」）に照らせば1921年末とされるべきである[18]。また同氏は1922年においても政府は対米為替48ドル堅持の方針を続けて正貨の払下げを行ったと述べられているが[19]、

---

14) 『日本金融史資料　昭和編』第21巻、313、344ページ。
15) 齊藤壽彦［1978b］79－85ページ。
16) 三吉加代子［1974］35ページ。
17) 同上、36－37ページ。
18) 東京銀行（新井真次稿）『正金為替資金の史的発展（その三）』（1956年9月）、『日本金融史資料　昭和編』第22巻、136－137ページ。
19) 三吉加代子［1974］38ページ。

第5編　第1次世界大戦後の正貨政策

この点の指摘だけでは深井の見解が生かされないことになる。

伊藤正直氏は、明快で注目すべき正貨問題の考察をされている。同氏は1922年9月の市来蔵相の「将来在外正貨の払下を成るべく容易ならしむる方針」に注目され、「正貨払下げにはっきりと相場低落防止という位置付けがなされたのは、22年9月であった」と明言されている[20]。この表現では1922年9月以前にあいまいな形での為替相場維持が図られたことを同氏が認められているようにも思われるが、一方同氏は1924年1月に再び、24年11月に三たび為替維持・正貨払下げの方針が決定されたと述べられており[21]、1922年9月以前に為替相場維持策がなかったと考えられているようでもあり、ここには1922年9月以前の在外正貨払下げ政策をどのようにとらえるべきであるかという研究課題が残されている。また伊藤氏の見解に対しては、払下げ緩和声明は為替相場の維持よりもさらに進んでその回復を目指すものであったという前述の大蔵省資料の見解を考慮に入れる必要があるといえるのではなかろうか。また同氏の立論のためには、22年9月以降ではそれ以前よりも在外正貨払下げのどこが緩和されたかが明らかにされる必要があろう。同氏は市来蔵相の声明以降正貨払下は急増を示したとされているが[22]、払下げが急増を示すのはその1年後の関東大震災以降のことであるから、これは必ずしも正確な表現とはいえないように思われる。

このように在外正貨払下政策の評価は未だ定まっていない。関東大震災以後の在外正貨払下げに為替相場維持の意図があったということは、すでに拙稿で指摘しておいた[23]。在外正貨払下緩和声明後の在外正貨払下額は多くない。

第1～第4節では在外正貨払下げによる為替相場維持策の採用過程について考察したい。

---

20)　伊藤正直［1979a］86ページ。同［1989］139ページ。
21)　伊藤正直［1989］140ページ。『日本金融史資料　昭和編』第21巻、389ページ。
22)　同上書、139ページ。
23)　齊藤壽彦［1978b］78-85ページ。

第10章　金輸出禁止下の在外正貨払下政策とその転換

2　第1次世界大戦後の在外正貨払下げの開始

　第1次大戦が終了すると、日本の貿易は入超に転化した。1919年の入超は、内地物価騰貴、対欧為替相場暴騰、軍需激減、日貨排斥などによる輸出困難によるものであった。しかし1919年には多額の貿易外受取超過があり、貿易収支および貿易外収支からなる国際収支（金収支を除く）は表9－1にみられたように依然として日本の受取超過であった[24]。しかも外国為替銀行の買持輸出手形の取立未済のものが3億円以上もあった[25]。したがって、1919年の外国為替銀行の在外資金はますます増加したのである[26]。この累積は、為替銀行に対して円資金不足や内外金利差損（国内円資金借入金利が外貨資金運用利子、利回りよりも高い場合に発生）、為替相場変動に伴う外貨資金価値下落の危険をもたらす。休戦後、日本の対米為替相場の高騰はなくなったから、現実の為替銀行手持在米資金の値下りはなくなった。だが、対英為替相場高騰、金利差損は依然として存在していた[27]。円資金は日本銀行や市中銀行からの借入れによって確保できていたが、7月下旬以降、日銀が金融引締政策を採用したことによって、為替銀行は、後述のように日銀からの借入れを縮小しなければならなくなった。

　これらに対処するために為替銀行は、政府および日銀に、大戦期に引き続いて在外資金を売却した。政府および日銀は、1919年に3億円近くに達する在外資金を買い入れた[28]。買入れの大半は、大戦中と同じく政府によって行われた。1919年における政府の在外資金買入高は、表10－2にみられるように2億8995万円に及んだ。この大部分は横浜正金銀行からの米貨買入れであった。台湾銀行、朝鮮銀行、日本興業銀行からも一部が買い上げられた。政府の在外資金買入れが一因となって、政府および日銀所有正貨は、表10－3に示されるように、1918年末の15億8767万円から1919年末には20億4515万円に激増した。

---
24)　日本銀行調査局「世界戦争終了後ニ於ケル本邦財界動揺史」［1923年頃］（『日本金融史資料明治大正編』第22巻所収）463－464、473－474ページ。
25)　『報知新聞』1920年3月9日付。
26)　前掲「本邦財界動揺史」474ページ。
27)　井上準之助［1926］56、62ページ。ポンド為替買持処分問題は後述。
28)　井上準之助［1921］（1921年講演）95ページ。

第 5 編　第 1 次世界大戦後の正貨政策

表10−2　政府による正貨買入高（1919年）

（単位：千円、未満切捨）

		米貨 （千ドル）	英貨 （千ポンド）	買入代計 （千円）
特別協定分	横浜正金銀行	66,375	9,300	214,453
	台湾銀行	12,850	4,200	62,574
	朝鮮銀行	—	780	6,902
	小計	79,225	14,280	283,930
※	日本興業銀行	3,050	—	6,017
	合計	82,275	14,280	289,947

注1：※は普通分。
　2：本表の正貨は政府が輸出為替調整のために各為替銀行の買待ちにかかわる在外資金を買い入れたもの。
出所：大蔵省理財局国庫課『第五十七議会国庫金参考書』（1929年12月調）正貨ノ部、による。

表10−3　日本の正貨所有一覧表（1918〜1923年）

（単位：万円）

年末	政府所有			日本銀行所有			総計	内訳	
	小額紙幣準備	小額紙幣準備外	合計	正貨準備	正貨準備外	合計		内地正貨	海外正貨
1918（大正 7）	7,744	77,713	85,457	71,293	2,018	73,310	158,767	45,260	113,507
19（　　8）	12,622	92,458	105,079	95,198	4,238	99,435	204,515	70,205	134,310
20（　　9）	17,847	70,852	88,699	124,669	4,495	129,164	217,863	111,630	106,233
21（　 10）	16,124	62,967	79,091	124,557	4,396	128,954	208,045	122,532	85,513
22（　 11）	15,081	51,615	66,696	106,389	9,935	116,323	183,019	121,471	61,548
23（　 12）	6,800	45,748	52,548	105,747	6,986	112,733	165,281	120,831	44,450

出所：大蔵省百年史編集室編［1969b］223ページ。

　政府によって在外資金の買入れが行われたのは1919年10月までで、11月にはこれは必要なしとして中止された[29]。1920年初期には、外国為替銀行の在外資金が極度に逼迫化した。同年1〜3月には政府は逆に自己の保有する在外資金（この場合は在外正貨）を為替銀行に払い下げるに至った。これはいかなる事情に基づくものであろうか。
　政府・日銀の在外資金買入れは、為替銀行の在外資金の増大を抑制する、または減少させる作用を持つ。1919年にこれが進行していた。

第10章　金輸出禁止下の在外正貨払下政策とその転換

　在外資金をアメリカから金で取り寄せたことも為替銀行の在外資金増加の抑制・減少をもたらす要因となった。1919年6月26日、アメリカが他国に率先して金輸出を解禁した。日本の通貨当局は、アメリカから金を取り寄せるのを制限する政策を採用した。これは日本のアメリカへの中央銀行間協力を示すものである[30]。だが、実際には多額の金がアメリカから日本に流入した。1919年6月11日から同年12月10日までに9261万ドルの金が日本に輸出された[31]。正金銀行は、アメリカの金解禁以後9月までにアメリカから日本向けに4950万ドルに達する金を現送した[32]。6月11日から10月10日までの日本への金輸出は5810万ドルであったから、この期間の金現送は主として正金銀行によって行われたといえる。1919年に正金銀行がこの程度に金現送をとどめたのは、日米両当局者間に金現送を1億円相当額を限度とすることについての事前了解があり、これを日本側が尊重したからであった[33]。当時、横浜正金銀行副頭取であった鈴木嶋吉は、正金銀行はアメリカ政府の依頼に同情して遠慮しながら金を積み出したが、「台湾銀行は或る商人の手を経て、遠慮なく巨額に金を輸入した。在内正貨の増加に就ては台湾銀行は大に与って力があった。正金銀行は一寸鼻毛を抜かれた」と述べているが[34]、台湾銀行が金現送の中心的役割を果すのは10月以降のことであろう。

　為替銀行が金を取り寄せた1つの要因は、為替銀行が「大きな金(かね)を内地で借りて、大きな金(かね)を外国に持って居りますから、金利の差損は依然としてあり……此の金を何とかして日本に取寄せ」て借入金を返済する必要があったこと

---

29) 吉川秀造 [1958] 49ページ。在外資金買上げは財政上の制約もあったと考えられる。1919年10月9日に横浜正金銀行頭取席総務部は次のように発信している。1919年9月以降1年間に正金銀行は為替買持中から8000万円を政府に売り上げる了解を政府から得て、2000万円の売却を実行し、1000万円の売上げ手続きを完了したが、残額5000万円は政府金繰りの都合上しばらく実行困難で、これを実行する場合もドルに限り、(価値の低落する)ポンドは買い上げない旨の内報を受けた、と(東京銀行本店調査部(新井真次稿)『正金為替資金の史的発展(その二)』東京銀行資料、刊行年不明、49-50ページ)。
30) 今田寛之 [1990] 162-163ページ。
31) 大蔵省「戦時戦後の金問題」『財政経済調査』第3巻第1号、1921年、165-166ページから算出。
32) 前掲『正金為替資金の史的発展(その二)』5、78ページ。
33) 同上、5ページ。
34) 鈴木嶋吉「円貨の価値に就いて」金融経済研究所編『金融研究会講演集(復刻)』III、東洋経済新報社、1973年、383-384ページ。

第5編　第1次世界大戦後の正貨政策

である[35]。と同時に金現送は、「実際為替〔円〕資金調達ノ為メ必要ナリシ」と考えられたことからも生じたのである[36]。さらにそれは「当時為替相場ノ関係上米国ヨリ金ノ現送ヲ企ツルコト採算上有利ナリシ」ことからも生じたのである[37]。金利差損を強め、円資金調達難を生じさせたものは、日本銀行総裁井上準之助が1919年7月下旬に日本銀行の政策を「積極的整理」政策から引締政策に転換して[38]、為替銀行に対する日銀貸付金利を引き上げ[39]、日本銀行の外国為替貸付を抑制しようとしたことである。このことは横浜正金銀行についてとくにいえる。日本銀行は、8月1日にスタンプ手形の再割引制度を開始して日銀貸出の収縮を図るとともに、8月2日、横浜正金銀行に対して外国為替金利の引上げを申し入れた[40]。同行はさらに正金銀行に借入額の減少を督促した。1919年9月3日付正金銀行頭取席総務部の各店宛書信によれば、日本銀行が外国為替貸付金利の利子引上げを実行しただけでなく正金銀行に借入額の減少を督促したのは、①現在、正金銀行の取引の中には戦時気分で膨張した不良・不健全なものがあり、これを永続的不景気の襲来前に整理する、②日銀の援助が正金銀行に偏するという非難を避ける、③巨額の融通を一銀行に与えているのは、平和克服後においてはゆるがせにすべきでない、という理由に基づくものであった[41]。かくして横浜正金銀行は、「外貨資金所要量の増大と日銀借入金の縮減という互に矛盾する二大要請の調整に苦しむこととなった」のである[42]。上記書信によれば、正金銀行は為替資金の大部分を依然として日銀借入金に待つほかなく、その残高は3億2000万円に達し、最高日歩2銭2厘（8.03％）の高利を支払っており、これに対する担保材料も不足を生じ月末

---

35)　井上準之助［1926］56ページ。
36)　前掲「本邦財界動揺史」479ページ。
37)　同上。
38)　田中生夫［1980］57－59ページ。
39)　横浜正金銀行に対する日本銀行の外国為替貸付金利は、1920年1月に最終的な協定が成立するまで数回にわたって引き上げられた（伊藤正直、前掲論文、90ページ）。
40)　前掲『正金為替資金の史的発展（その二）』35－38ページ。従来3500万円以上の借入金利が6.5％であったのを1億円まで日歩1銭8厘（年6.57％）、2億円まで2銭（7.30％）、3億円まで2銭2厘（8.03％）とした日銀の金利引上案は正金銀行にとって相当の負担となるので、過渡的便法として、日歩1銭8厘の限度を3億円までに拡張し、それ以上5000万円ごとに2厘ずつ累加する協定が結ばれた。
41)　前掲『正金為替資金の史的発展（その二）』37－38ページ。
42)　同上書、6ページ。

第10章　金輸出禁止下の在外正貨払下政策とその転換

の苦痛が甚だしい状態にあった。このような利上げや借用減少督促問題を解決するために、正金銀行は、事情の許すかぎりアメリカから金塊輸入を図り、または英米両店における為替買持の政府への売上げによって、日銀借用金の減額に努めたのである[43]。同行は、前述の4950万ドルの現送してきた金を日銀からの借用金の返済に充当したのであった[44]。金取寄せは在外資金を支払って金を入手することによって行われた。これは為替銀行保有在外資金の増加抑制・減少を惹起した。

　正金銀行がイギリスの為替相場低落に対する方策として実施したポンド為替買持の処分が、前述の在外資金の政府への売却や東洋・南洋への輸入代金の支払いによる在外資金の減少を促進した。1919年3月、イギリスは為替調節、為替相場釘付政策の廃止を公表した。その後、英米為替相場は4ドル76 16分の7から低落していった。釘付廃止公表当時、正金銀行は1800万ポンドのポンド買持を有していた。同行は、釘付廃止当初はポンドの回復を予想してポンド資金のドルへの乗換えを逸したが、やがてポンド下落による損失を防ぐために10月までポンド買持の減少に努めた。1919年10月14日付同行頭取席総務部の各店宛書信によれば、ポンド資金500万ポンドをアメリカへ回金する計画が7月に中止された後、反動の利用、中国、南洋各店の注文取合、政府への売出しを行って、ポンド買持は800万ポンドに減少した[45]。

　在外資金の政府・日銀への売却、アメリカからの金現送、ポンド買持処分によって在外資金の増加抑制・減少が生じているところに、1920年初期の入超が前年初期をはるかに上回る規模で発生した。1919年上期の入超額が下期の出超額を上回った日本の貿易は、1920年に入るとさらに大幅な支払超過を示し、1〜3月にかけて入超は増大の一途をたどった。1920年に入り、生糸価格暴騰のため米国向け輸出は不振となった[46]。また中国、アメリカを除くほか、輸出はおおむね前年よりも減退した[47]。しかし1〜3月に2億6023億円にのぼった輸入超過の主要原因は、白熱的好況下における輸入の激増であった。内地物価暴騰、消費需要の増大、事業盛況のために、棉花、外米、羊毛、砂糖、肥料その他諸種原料および機械類の輸入が月々多額にのぼり、ことに商品投機熱の

---

43)　同上書、37ページ。
44)　同上書、78ページ。

第 5 編　第 1 次世界大戦後の正貨政策

流行に伴って思惑輸入が盛んに行われたのである[48]。

　また貿易外収支関係も、漸次日本に不利な状況に変化した[49]。

　このような対外支払いの増大は、為替に対する需要供給関係を変化させて為替銀行の外貨資金を減少させざるをえなかったのである。

　1920年に入って急に為替銀行の在外資金逼迫が生じたのは、当時アメリカにおいて金融引締政策が採用されたためでもあった。アメリカの金解禁後、アメリカから日本、アルゼンチン、中国、インド、スペインなどに向けて多額の金が流出した。これらの国々は、アメリカに対する原料品の供給者として対米出超と為替相場の順調とを保持した諸国であった。この金流出は、連邦準備銀行の金準備を減少させ、その準備率を低下させることとなった[50]。また物価騰貴や投機が1919年に発生していた。にもかかわらず、1919年末まで連邦準備銀行は低金利政策を継続していた。1919年11月、12月の公定歩合引上げにもかかわらず、商品投機は鎮まらず、銀行信用は膨張し、連邦準備銀行の再割引残高は増大し、金準備率は大幅に低下した。金防衛を主目的として、連邦準備銀行は、1920年1月末から2月初めにかけて、公定歩合を1.25％も引き上げて6％

---

45)　同上書、40－50ページ。中国、南洋支店の出合注文を正金本店が引き受ける場合のポンド買持の減少は、次のような為替操作によって行われた。1919年上半期に日本の貿易は入超に転じたから東洋、南洋各店の円為替ポジションは概して買越し（買持）とならざるをえなかった。上記各店の（円為替）買越資金はロンドン向け為替売出し（ポンドの売り）によって賄われた。（為替の売りと買いを釣り合わせるために）これに見合って各店は本店に対してポンドの買注文を発した。本店は為替市場にポンドの買出動をせずに、既成のポンド買持を買注文店に売却することによってこれに応じた。かくして本店のポンド買持が減少したのである。なお円資金関係においては、ロンドン支店では（東洋・南洋）各店によるロンドン支店宛（為替）の売出しに相当する金額だけポンド資金が減少する一方、本店では（東洋・南洋）各店の日本向け買為替に相当する金額（輸入為替代り金（＝日本国内の輸入業者から取り立てた円資金）だけ本店の円資金が増加した。すなわち、ポンド買持処分はポンド資金を円資金化する効果を生じ、正金銀行はこの円資金を日銀からの借入金の返済に充当することができた（同上『正金為替資金の史的発展（その二）』48－49ページ）。10月当時のポンド買持高800万ポンドは、中国・南洋各店の〔ロンドン支店宛為替〕売出しに応ずるために、ロンドン支店の営業資金として当面必要と考えられた。各店の取引決済の中心をアメリカに移行できれば、この買持高を減少できると考えられた（同上書、47－48ページ）。なお本文中の「反動の利用」とは戦時中に抑制されていた反動としての輸入の増大を指すのではなかろうか。

46)　前掲「本邦財界動揺史」464ページ。

47)　前掲『報知新聞』。

48)　前掲「本邦財界動揺史」464、498－499ページ。

49)　同上、474ページ。

50)　前掲「戦時戦後の金問題」163－164、175－177ページ。

第10章　金輸出禁止下の在外正貨払下政策とその転換

とした51)。「米国ニ於ケル金融逼迫ノ度愈高」まった。日本の為替銀行がアメリカで借入れを行うことが容易ではなくなった。これも為替銀行が在外資金に窮する一因となった52)。

かくして1920年初期に、為替銀行は著しい在外資金難に陥ったのである。正金銀行の持高は急に買持から売持に逆転した53)。信用状の発行制限によって在外資金逼迫に対処することは必要な商品の輸入を阻害し、また輸入商に打撃を与え、銀行にとっても顧客を失うことになるから、この実施も容易ではなかった54)。外国為替銀行は、在外資金補充のために政府に対して在外正貨の払下げを要求するに至ったのである。

政府は、為替銀行の懇願を受け入れて、在外正貨の売却を行った55)。表10－4にみられるように横浜正金銀行に対するものを中心に1920年1～3月に5100万ドルの政府保有在外正貨を払い下げた。同年4月には日銀保有正貨も200万ドルが三井銀行に払い下げられた。この在外正貨払下げが、第1次大戦後の在外正貨払下げの最初のものであったのである。この在外正貨払下げの原資は輸出為替の代り金の備蓄金であった。

この在外正貨払下げは、直接的には外国為替銀行の外貨資金を補充するものであった。この外貨資金は輸入為替資金として使われたのであるから、政府が為替銀行の要求に応じた背景には必要な商品の輸入を可能にさせる狙いがあったと考えられる。

外貨資金が不足する場合には、日本の為替銀行は外貨為替を買おうとし、その売却を制限しようとするから、日本の為替相場は低落する傾向を持つ。在外

51)　加藤正秀「1920年代前半におけるドルとポンド」（一）立正大学『経済学季報』第16巻第2号、1966年12月、229－234ページ。同論文は1.25％という引上幅は「今日までの」連邦準備制度の歴史のなかで最大幅であると述べている。
52)　前掲『本邦財界動揺史』474ページ。
53)　前掲『正金為替資金の史的発展（その二）』58－60、78－84ページ。
54)　1920年4月1日から開かれた正金銀行東洋支店長会議において鈴木副頭取は、輸入為替資金の不足の補塡には大いに苦心している、過日来信用状発行を査定することとしたが、その多くはいずれも必需品の輸入にかかわるものである、それゆえ輸入為替資金としては政府所有の在外正貨の払下げまたは借入でこれを賄うつもりであると述べている（前掲『正金為替資金の史的発展（その二）』82ページ）。ここに必需品の輸入を阻害しない意向を看取できる。
55)　前掲『本邦財界動揺史』474ページ。1920年初頭における正金銀行の海外資金繰りの極度の逼迫から同行は大蔵省および日本銀行に在外正貨の払下げを要請した（東京銀行編『横濱正金銀行全史』第2巻［1981a］238－240ページ）。

1027

第5編　第1次世界大戦後の正貨政策

表10—4　正貨売却高表（1920〜1923年）

	政府正貨売却高					
	正金銀行	台湾銀行	朝鮮銀行	住友銀行	三菱銀行	三井銀行
1920（大正9）年1月	1,000	0	0	0	0	0
2月	2,200	500	200	100	0	0
3月	0	200	150	250	0	0
4月	0	0	0	0	0	0
年計	3,200	700	350	350	0	0
1921年10月	0	0	0	200	0	0
11月	1,500	0	0	0	0	0
12月	750	0	0	0	0	0
年計	2,250	0	0	200	0	0
1922年1月	750	400	250	100	0	0
2月	750	300	250	50	100	0
3月	1,750	0	0	100	100	300
4月	750	0	0	150	0	200
5月	400	0	0	0	0	100
6月	0	0	0	0	0	0
年計	4,400	700	500	400	200	600
1923年2月	0	0	0	0	0	300
7月	0	0	0	0	0	0
8月	0	0	0	0	0	0
9月	600	0	0	0	0	0
10月	0	0	0	0	0	100
11月	1,000	100	300	0	100	200
12月	2,000	300 (70)	0	0	0	0
年計	3,600	400 (70)	300	0	100	600

注：1923年の日本銀行正貨売却高計には正金銀行および三井銀行以外に払い下げた金額を含む。

　正貨払下げによる外貨資金の補充は、結果的に為替相場の低落を緩和する作用を持つものであったともいえる。
　この在外正貨払下げは、為替相場維持策と認められるであろうか。1920年1〜4月の在外正貨払下げに為替相場維持の意図があったことを示す資料が、ま

第10章 金輸出禁止下の在外正貨払下政策とその転換

(単位:万ドル、ただし( )内は万ポンド)

第百銀行	インターナショナル	香港上海銀行	計	日本銀行正貨売却高			合計
				正金銀行	三井銀行	その他共計	
0	0	0	1,000	0	0	0	1,000
0	0	0	3,000	0	0	0	3,000
0	0	0	600	500	0	500	1,100
0	0	0	0	0	200	200	200
0	0	0	4,600	500	200	700	5,300
0	0	0	200	0	0	0	200
0	0	0	1,500	0	0	0	1,500
0	0	0	750	0	0	0	750
0	0	0	2,450	0	0	0	2,450
0	0	0	1,500	0	0	0	1,500
35	70	100	1,655	0	0	0	1,655
0	0	100	2,350	0	0	0	2,350
15	100	0	1,215	0	0	0	1,215
0	0	0	500	0	0	0	500
0	0	0	0	750	0	750	750
50	170	200	7,220	750	0	750	7,970
0	0	0	300	0	0	0	300
0	0	0	0	1,000	200	1,630	1,630
0	0	0	0	0	0	100	100
0	0	0	600	1,000	160	1,570	2,170
0	0	0	100	2,650 (100)	0	2,955 (100)	3,055 (100)
0	0	0	1,700	500	0	1,000	2,700
0	0	0	2,300 (70)	0	200	1,040	3,340 (70)
0	0	0	5,000 (70)	5,150 (100)	360	8,295 (100)	13,295 (170)

出所:大蔵省理財局国庫課『第四十六議会国庫金参考書』(1922年12月調)(正貨ノ部)および同課『第五十七議会国庫金参考書』(1929年12月調)(正貨ノ部)による。

ったくないわけではない。反動恐慌直前の政府在外正貨売却については1920年1～2月の2700万ドル(5442万円)について正金銀行電信売相場よりも若干高い相場(100円につき0.0625ドル高)で払い下げられている。これについては為替相場維持の意図があったといえよう。

第5編　第1次世界大戦後の正貨政策

　もっとも、それはごく一時的なものであった。すなわち2～3月の政府売却1900万ドル（3932万円）、3～4月の日銀売却7000ドル（1470万円）については逆に正金建値よりも低い相場（0.125ドル安）で売却されているのである[56]。また当時きわめて多額の在外正貨が存在しており、為替相場を維持しようと思えば当時の入超の規模ならば在外正貨の払下げによって十分に為替相場が維持できたと思われるのに、正金銀行の在外資金難を解消するのに十分な在外正貨払下げは行われていない[57]。また実際において為替相場は、対米正金建値が1919年12月の49.5ドルから20年3月に48.1ドルへと低落している。正金建値が政府の意向によって人為的に釣り上げられて市場相場と乖離したことを示す資料もない。

　要するに為替銀行の要求に応じて為替資金の補充のために政府・日銀による在外正貨の払下げが開始され、部分的・一時的には為替相場維持の意図もみられたが、第1次大戦後の在外正貨払下げ開始期に通貨当局にしっかりとした為替相場維持の意志がなく、為替相場維持に必要な額が実際に払い下げられず、在外正貨払下げはそれを維持する効果がなかったといえよう。

第3節　在外正貨払下げによる為替相場維持政策の事実上の開始

1　1920年末～1922年9月の大蔵省の為替相場維持の意向

　1920年初頭以来の巨額の入超に鑑み、為替銀行は、なおその後の大輸入を予期して相当多額の在外資金を海外ことにアメリカに準備していた。同年4月初めの正金銀行東洋支店長会議においても在外資金補充対策が検討され、鈴木副頭取は、引き続き在外正貨の払下げを受ける予定であることを明らかにした。同会議は、当面の在外資金不足対策として、在外預金吸収などによる資金獲得、輸入信用状の発行制限などによる在外資金流出制限などを提案していた[58]。

　反動恐慌が勃発すると、内地市場で滞貨が山積し、また金融の梗塞が極度に

---

[56]　『第五十七帝国議会参考書』正貨ノ部。
[57]　上記会議において鈴木副頭取は、昨今はロンドンに対しては200万ポンド、アメリカに対しては3000万ドル（輸入信用状残高、為替予約などを考慮に加えて）の売持を有するに至ったと述べている（前掲『正金為替資金の史的発展（その二）』81ページ）。
[58]　前掲『正金為替資金の史的発展（その二）』79－87ページ。

第10章　金輸出禁止下の在外正貨払下政策とその転換

達した。このために、新規注文の輸入がほとんど途絶したことはもちろん、既発注文の大部分は解約され、輸入品の海外への転売が盛んに行われた。かくして巨額の輸入決済のために英米両国に準備した為替銀行の在外資金が不要となった[59]。また反動恐慌（4、5、6月最高潮）勃発後、日本の貿易は輸出入ともに萎靡凋落しつつ入超を示していたが[60]、例年下期に貿易は出超に転じており、1920年においても7月に入超はわずかとなり、8～10月に出超がみられるに至った。

これらの結果、為替銀行の在外資金不足問題は解消した。『読売新聞』（1920年11月16日付）は、「昨年末には3億円台迄下りし為替銀行の在外資金が現今6億円に上れるの状態」であることを伝えている。正金銀行の為替持高は、売持から買持に逆転し、同行は、年末に3億1600万円の買持を有していた[61]。為替銀行の手持資金状況を反映して、為替相場は、4月末から10月にかけて上騰した。このような状況下では、在外正貨払下げ請求は起こらず、5月以降年末まで在外正貨の払下げは一切行われなかった。

1920年初期に為替銀行が準備した在外資金が、前述のとおり反動恐慌後に不要に帰した。国内では為替銀行は日本銀行からの借入金を返済する必要があった。かくして1920年6月頃から再び金の流入が多くなった。正金銀行は、前年に引き続き海外から在外資金を金で取り寄せて日銀外国為替借入金の返済に充当した[62]。為替相場が輸出の不振にもかかわらず日本に順調となり、正金対米建値が8月末から11月中頃まで金輸入点を超えていた。このために金の輸入が有利となり、これが金の流入を促進した[63]。1920年における日本の金輸入額は4億円にのぼった[64]。正金銀行がアメリカから金現送を行った額は、1億1700万円に達した[65]。このような金の取寄せは、前年と同じく為替銀行の

---

59) 前掲「本邦財界動揺史」500、682、686ページ。横浜正金銀行調査課「最近十年間に於ける我国の対外為替」（1931）『日本金融史資料　昭和編』第22巻、113ページ。
60) 前掲「本邦財界動揺史」501、646－648ページ。
61) 前掲『正金為替資金の史的発展（その二）』90ページ。
62) 横浜正金銀行調査課「最近十年間に於ける我国の対外為替」『日本金融史資料　昭和編』第22巻、113ページ。
63) 同上。
64) 前掲「本邦財界動揺史」682ページ。
65) 東京銀行、前掲『正金為替資金の史的発展（その三）』136ページ。

第5編　第1次世界大戦後の正貨政策

在外資金を減少させていった。

　日本の貿易は、1920年下期から輸出入の頽勢がはっきりした。ことに輸出の減退が著しかった。1920年11月以降22年6月に至る20カ月間、毎月入超が継続した。輸出不振は、世界的な不況の継続による各国の購買力の減退、内地物価が外国よりも高位を保ったことなどによるものであった[66]。

　金現送によって為替銀行の在外資金が減少しているところに1920年11月以降入超が生じたから、為替相場は、図10—1にみられるように、11月以降低落していった。同年12月末に、正金建値（電信売相場）は48ドル4分の1に低落し、1921年1月に48ドルとなった。1921年中、正金建値は48ドル台を続けた。1921（大正10）年の為替政策について、「正金為替資金の史的発展（その3）」は次のように記している。「政府・日銀は公債発行及び兌換券増発を冒してまで在外正貨の保有に努め、これによって円高為替維持の政策を持続した。その結果〔大正〕9年末に輸入為替カバーのためにする銀行筋の為替需要が殺到し、このため市中実際の取引相場が47　8分の3に落込んだ際にも、当局は為替が48ドル以下となることを好まず、爾来大正10年中正金建値はこの関門を堅守するよう指示されていた」[67]。

　上の引用文中、政府が「円高」為替維持政策を持続したとする表現は疑問である。在外正貨を通貨当局が保有するよりも、むしろこれを売却した方が外貨資金の供給を増加させて外貨の為替相場が下がり円相場が高くなるはずであり、第1次大戦中に政府・日銀はむしろ低為替維持または為替相場高騰抑止のために円資金を供給し、また在外正貨買入れに努めている。

　だが上の引用文で、1920年末、1921年当初から当局が為替相場48ドルを維持するよう正金銀行に指示していたという事実が指摘されていることは、注目される。この見解は「其筋に於ては公定相場が四拾八弗以下となるを好まず」という『横濱正金銀行史（未定稿）』（1921年版、3ページ）の記述に基づくものである。大蔵省は市場相場が48ドルを割る動きを見せ始めた時点で為替相場維持の意向を有したと考えてよいであろう。

　だが、このような大蔵省の正金銀行への指導により1920年末、1921年初めか

---

66)　前掲「本邦財界動揺史」646-647ページ。
67)　東京銀行、前掲『正金為替資金の史的発展（その三）』136ページ。

第10章　金輸出禁止下の在外正貨払下政策とその転換

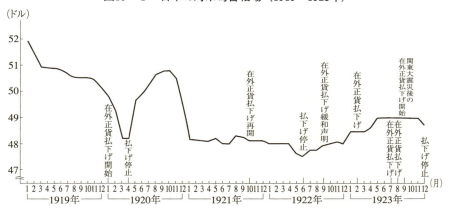

図10－1　日本の対米為替相場（1919～1923年）

注1：100円につき対米ドル相場。
　2：1921年までは参着、22年以降電信売為替相場（本文中ではすべて「最近十年間に於ける我国の対外為替」所載の電信売相場を用いた。『日本金融史資料　昭和編』第22巻、104－105ページ）。
出所：東洋経済新報社『日本の景気変動（上巻）』1931年、第3編、15ページから作成。

ら大蔵省が為替相場維持政策を採用、実施したと考えてよいであろうか。大蔵省が為替相場維持の意向を有したとしても、市場相場が低落しているときに正金銀行のみが為替相場の維持を続ければ、輸入為替が正金銀行に集中し、輸出為替が正金銀行以外の銀行に集中して、正金銀行の為替持高が売持となり、為替リスクや在外資金の枯渇を避けるために、結局、正金銀行の為替相場維持策が中止されることになるはずである。また他銀行が為替相場を引き下げているのに、正金銀行のみが外貨資金の補充策なしに建値を維持すれば、同行が売持になるのがわかっているのに、営利採算を考慮する正金銀行が政府のいいなりになって為替相場の維持に努める、とは考えにくい。正金銀行が為替相場維持を実施するためには、そのための保証が通貨当局から与えられなければならない。それが金または在外正貨の払下げである。金本位制停止下で当時金の払下げが行われなかったことは明らかだから、為替相場維持策が実施されたかどうかを判断するためには、在外正貨の払下げが行われたかどうか、またはその決定がなされたかどうかを検討しておかなければならない。

　1921年1月から10月まで、政府は、特別の在外正貨売却として小額紙幣在外準備中の正貨を為替銀行に払い下げている。この小額紙幣は、1917年に通貨の

不足を補うために発行を開始したもので、紙幣であるけれども政府は海外にその発行準備金を保有していた。しかし政府は、「小額紙幣ノ発行準備ヲ海外ニ置クコトハ常道ニ非サルヲ以テ漸次機会ヲ見テ之ヲ内地ニ移替フヘキ意思ヲ顧慮」していた[68]。アメリカの金解禁後、アメリカから一番多くの金を現送したのは上海、香港、孟買(ボンベイ)であった。1921年になると市場の狭小なこれらの地域は現送してきた金を維持することができなくなり、今度はアメリカに送り返す大勢が生じた。同地で金を買い取ると有利となった[69]。また入超の結果為替銀行の在外資金が次第に減少して、「〔大正〕10年春頃ニハ一方尚金ノ流入ヲ見ナカラ他方紐育ニ於テハ為替銀行ハ早ヤ輸入資金ノ必要ヲ感」じた[70]。そこで政府がニューヨークにおける小額紙幣準備正貨を為替銀行に払い下げ、その代金として為替銀行が中国またはインドにおいて買い集めた金を内地に回送して政府がこれを受け取れば、小額紙幣在外準備を内地に移し換えることができ、為替銀行としてもインドや中国から金をアメリカに回金する手数と損失を免れることになった[71]。かくして小額紙幣準備中の在外正貨の払下げが行われたのである。また、これによって政府は内地で金を所有するようになった。

　為替銀行がインドや中国から金地金をニューヨークに回金すれば、紙幣準備在外正貨の払下げがなくても為替銀行はニューヨークの在外資金の不足を補うことができた。また小額紙幣在外準備正貨の払下げは、ニューヨークの在外資金を補充したいという為替銀行の意向を利用して政府所有在外正貨を在内正貨に転換するという狙いを持つものであった。したがって、紙幣在外準備正貨の払下げを為替相場の維持を目指すものであったと考えることはできない。小額紙幣在外準備正貨の払下げと一般の在外正貨払下げとは区別されるべきであり、大蔵省の『議会国庫金参考書』(正貨ノ部)はこの小額紙幣在外準備正貨の売却高を正貨売却高に含めていない。

　為替銀行の外貨資金を補充する一般の在外正貨の払下げは、1920年5月〜1921年9月には実施されていない。またこの間にその方針の決定も行われていない。『横濱正金銀行史（未定稿）』（1921年版）には、当時の大蔵省が正金建値

---

68)　前掲「本邦財界動揺史」683ページ。
69)　井上準之助［1926］139－140ページ。
70)　前掲「本邦財界動揺史」682ページ。
71)　同上、682－683ページ。

を48ドル台に維持するよう正金銀行に指示したという表現はない。それゆえに、この期間は為替相場維持政策が採用されたとみなすことができないのである。在外正貨払下げという裏付けを欠く大蔵省の為替相場維持の意向は、為替銀行が必ずしも為替相場の維持に努めるとは限らないが、大蔵省が為替相場維持を要望するにとどまるものであったといえよう。

それでは入超にもかかわらず正金銀行電信売為替相場が1920年5〜12月には50ドル前後、1921年1〜9月に48ドル台を持続した事実をどのように考えればよいであろうか。これには前述の政府の方針が部分的に作用しているかもしれないが、これは何よりもまず、正金銀行に外貨資金の余剰が当時存在していたために可能であったと考えられる。1921年初頭に正金銀行為替持高は2億5000万円の買持となっていた[72]。1921年上期中、正金銀行保有の英米資金に余裕があったことは、同行の頭取席と英米両支店との往復電信によって明らかである[73]。

しかし、入超が継続するにつれて為替銀行の在外資金が減少せざるをえなかった。1921年7月に入ると、正金銀行ニューヨーク支店は、年内に1000万ドルの資金が不足するであろうと予想している。秋に正金銀行は外貨資金の逼迫を感じ始めた[74]。このような事態の進行下で為替銀行は為替相場を引き下げて輸入に悪影響を及ぼす代わりに、通貨当局に在外正貨の払下げを要請するに至ったのである。『東京朝日新聞』（1921年11月18日付）によれば、「輸入超過の累増と共に為替銀行在外資金の欠乏と云ふことが先頃から問題となって」おり、金の輸出が禁止されているから「在外正貨で貿易の決済をなす外は」なかった。『横濱正金銀行全史』も、「ひとえに本邦貿易の入超に」よって「正金の英米貨買持が消化されたうえ、なお在外正貨の払下げを受ける必要に迫られるに至った」[75]と記述している。

---

72) 前掲『正金為替資金の史的発展（その三）』136ページ。
73) 東京銀行編『横濱正金銀行全史』第2巻、295-296ページ。
74) 同巻、296-297ページ。
75) 同巻、302-303ページ。

第5編　第1次世界大戦後の正貨政策

2　1921年10月〜1922年6月の在外正貨払下げと為替相場維持策

　1921年10月初めに正金銀行ニューヨーク支店は金融が非常に逼迫し、10月8日発の頭取席宛電信において、「在外正貨の払下げをぜひとも希望」した。そこで同行頭取席はただちに政府・日銀両当局と協議を行った。在外正貨払下げには政府と日銀の両者が関与していた。かくして、10月から翌年3月までの間に4500万ドルの在外正貨を正金銀行に電信為替で払い下げることが決定された（10月10日頭取席発電信）。頭取席は「これから先48ドルを実際上維持するには在外正貨の払下げを絶対に必要とする。よって、日銀と協議の結果、政府所有正貨4,500万ドルを来年3月まで徐々払下げ〔ママ〕の了解を得た」と10月11日発の電信で正金銀行ニューヨーク支店に通知している[76]。

　1921年10月に住友銀行へ在外正貨が払い下げられたのを皮切りに、22年6月まで在外正貨の払下げが行われた。貿易入超のために正金銀行の英米資金は1921年下期以来逼迫を続け、同行は同年11〜12月に在外正貨の払下げを受けた。だが、1922年1月ついに同行本店の対英為替が250万ポンドの売持、対米為替は買持皆無となり、同年上期にも同行は在外正貨の払下げを受けた[77]。1921年10月から1922年6月にかけて、表10−1にみられるように、前回を上回る在外正貨の払下げが行われた。その大半は政府保有在外正貨を正金銀行に払い下げるものであった。台湾銀行や三井銀行などに対しても、在外正貨が払い下げられた。

　前述の経過から明らかなように、在外正貨の払下げは直接的には為替銀行の在外資金を補充するために行われた。それが輸入を行うのに必要であったから、政府は為替銀行の要求に応じたのである。『大阪朝日新聞』（1921年12月4日付）は、正貨中の「政府所有の分を輸入為替資金としてニューヨーク市場に於て為替銀行に払渡した」、正貨の激減は「輸入超過決済の為め政府が為替銀行に弗資金の払下をなしたことに基く」、と伝えている。1921年以来、大蔵省理財局国庫課事務官あるいは国庫課長（1927〜33年）として外国為替操作の事務を担

---

76)　前掲『正金為替資金の史的発展（その三）』136ページ。東京銀行編『横濱正金銀行全史』第2巻、297−298ページ。

77)　理財局国庫課『第四十五議会国庫金参考書』正貨ノ部。前掲『正金為替資金の史的発展（その三）』137ページ。

第10章　金輸出禁止下の在外正貨払下政策とその転換

当した青木一男は、大蔵省は「出超で日本の円価が高くなったときに安い外貨を買入れ、入超で円が安くなったときに、保有外貨を高く払下」げたが、「売買とも日本の対外決済の円滑化、貿易持続の手段としてやむなく実行したものにほかならな」かった、と回想している[78]。

「正金為替資金の史的発展（その三）」は、政府は1921年に正金建値を48ドル台に維持させるために在外正貨を正金銀行に払い下げたと記している。また同資料によれば、22年1月末に同行本店の対英為替が250万ポンドの売持、対米為替が買持皆無となると、「政府は対米為替48ドル堅持の方針を続行しながら、正貨の用途を厳重審査した後、内外銀行に対し47ドル15/16の相場で払下げることとしたが、正金に対しては従来どおり48ドルで払下げたから、正金本店は建値48ドルを維持し、常得意先に対しては引続き同相場で売出すこととした」。正金建値は市場実際相場よりも高かったのである[79]。

これらのことから、1921年10月以降の在外正貨払下げには為替相場維持も意図されるようになったといえよう。

正金銀行に実際に在外正貨が払い下げられたのは11月になってからのことであるが、これは同行が利潤追求のために在外正貨の払下げに基づく為替相場維持策の実施を遅らせたためである。1921年10月上旬に在外正貨の払下げが決まったとき、正金銀行の為替持高は買持となっていた。同行は、為替相場維持のために在外正貨の払下げを受けることを後回しとして、まず自己の総資力を動員して自己の買持分を（円貨の）低い実際相場で有利に売ろうとしたのである。政府もこれを了解した[80]。

3　為替相場維持政策の目的

為替相場維持策が採用されたとすれば、その目的は何であったのであろうか。

---

78)　青木一男［1959］、287ページ。
79)　前掲『正金為替資金の史的発展（その三）』136-137ページ。
80)　同上、136-137ページ。正金銀行は政府在外正貨の払下げを後回しとして、日本銀行所有財務省証券1000万ドル、および利子約4万ドルおよび同証券代り金125万ドルを売戻条件付で日本銀行から買い取るということを行ってまでも低い実際相場で為替を売却したのである（『横濱正金銀行史（未定稿）』1921年版、3ページ、東京銀行編［1981a］298-299ページ）。

第5編　第1次世界大戦後の正貨政策

金輸出が禁止されていたから、これが金流出防遏策でなかったことは明らかである。梶原仲治正金銀行頭取は、一般論としてではあるが「為替銀行として最も望ましい状態は相場の動揺激しからず貿易業者が安心して銀行と取引し得る状態であってかかる場合に於て初めて銀行の実際的利潤も増加し資金の運転も容易である」と語っている[81]。1922年3月に梶原の後を継いだ児玉謙次頭取は、「為替金融上特殊の使命を感じて居る正金銀行の立場としては為替相場の動揺は好ましくありませぬ。又対米相場の引下は輸出貿易を促進するからとて歓迎されるやうですけれども、日本の現状から見て輸入貿易を妨げるのも考へ物なので正金は永らく電信売48弗を維持して居りました」と語っている[82]。正金銀行は為替銀行としての営業上、また輸入の円滑化のために為替相場の安定を求めていた。『時事新報』(1922年4月30日付)は、「輸入業者を困難に陥れない為めに政府が48弗の仕切り相場で為替銀行に在外正貨を払下げて居る」とみなしている。大蔵省も輸入の円滑化を考えていたのではなかろうか。前述の青木一男の回想はこの推定に一論拠を与えているように思われる。

『横濱正金銀行全史』第2巻においては48ドル為替相場維持策の狙いが次のようにとらえられている。「この48ドルは、……いつか近い将来において、旧平価対米49.846ドルによる金本位復帰までの暫定的な支持点として考えられたものに過ぎなかった。いいかえれば、政府当面の目的は、円貨を法定平価からなるべく下離れさせず、かつ、それを安定的ならしめ、金解禁の好機と見れば直ちにそれに向って行動し得る態勢を崩すまい、というところにあった。正貨払下げを基本とするこの暫定的為替安定策は実際上ほとんど期待どおりに成功した」と[83]。大蔵省が金解禁に備えての暫定的為替安定という明確な目的意識を持っていたということについては、大蔵省側の資料は明言していない。だが在外正貨払下げによる為替相場安定策が結果的に金解禁をやりやすくする作用を持っていたとはいえるであろう。

政府の在外正貨払下政策には1922年当時、次のような反対があった。ある銀行家は、在外正貨の払下げを中止して為替相場を暴落させるべきであり、為替

---

81) 『大阪朝日新聞』1922年1月12日付。
82) 同上、1922年5月4日付。『東京朝日新聞』1922年5月5日付。
83) 東京銀行編『横濱正金銀行全史』第2巻、367ページ。

第10章　金輸出禁止下の在外正貨払下政策とその転換

相場の採算上輸入が不可能となる点に至って暴落が止まり、輸出が始まるのである、「正貨の払下を頗る制限して而も対米為替の48弗維持を試みんとするに於ては為替関係から見て輸出は一向奨励されず反対に物価の下落を妨げて輸入超過は何時迄も続き結局在外正貨も急激に涸渇するか又は漸次に涸渇するかの差異より外に何らの意味を為さぬ事となる」、と主張した[84]。鈴木商店の金子直吉は、輸入超過を制止する方法は在外正貨売却停止あるのみであり、これを断行すれば、弔相場が低落し、これが輸出を促進し、輸入を抑制し、また国内物価騰貴を惹起することによって生産を盛んにしてしかも（為替相場の関係から）生産物を輸出できると主張した[85]。48ドル維持のための在外正貨払下政策は、このような為替相場の自由放任主義とは対立するものであった。

4　在外正貨払下げの制約

しかし1921年10月～1922年6月の在外正貨払下げは、きわめて大きな制約を受けていた。この事実はすでに知られているが、これを具体的に明らかにしておこう。その筋（大蔵省）は、内地銀行が輸入資金を得ようとする場合には、その銀行の取り扱う輸入品目、数量、金額などをいちいち申し出させ、そのうえで正金銀行を通じて在外正貨の払下げを行った。正金銀行が当局の意に反して同業者に自由に為替を売り出すと、これを中止させた（『横濱正金銀行史（未定稿）』1921年版、4ページ）。『大阪時事新報』（1922年1月25日付）によれば、正金銀行その他の為替銀行は、輸入にすこぶる吟味を加えたうえで発行した信用状がいちいち日本銀行を経て主務官庁に報告されるという手続きを経て在外正貨の払下げを受けた。『大阪朝日新聞』（1922年2月5日付）によれば、「政府は輸入激増の形勢を見て大いに憂慮し不必要品の輸入多きを口実として輸入防遏の意味から在外正貨の払下に手加減するの政策を採り来つた」。同紙（2月7日付）は、「寒心すべき輸入超過を示すに至った。高橋首相は例の正貨擁護策から、或は信用状の発行を制限し、或は在外正貨の払下を渋りて、極力輸入防止の窮策を弄した」と記している。入超の継続に伴って在外正貨の払下額が増

---

84)　『時事新報』1922年1月21日付。
85)　『神戸新聞』1922年5月18日付。

大し、在外正貨保有高は減少していった。このために在外正貨の払下制限はますます厳重となっていった。『大阪毎日新聞』（1922年4月5日付）はその状況を次のように述べている。「昨秋来入超の継続より為替銀行の決済資金として我が所有在外正貨が漸次払下げられ昨年の9月頃はなほ9億円台にあつたものが3月15日現在では7億4500余万円となりその間約1億1000余万円の在外正貨の減少となつたがこの中外債利払ひその他の諸費は極めて少いからこの減少は殆んど為替銀行に対する払下げと見るも大過なく今後なほ継続する入超に対しては更に払下げ続行さるべく一方在外正貨の中で1925年迄には4億円余の外債を償還せねばならずその他利払等の諸費を控除すれば今後払下げ得べき額は2億円足らずとなるので当初より政府は制限的に払下げを行つて来たのであるが最近においてはこの傾向が漸次著しく銀行の要求額に対しても手加減を加ふるやうになりこれがため為替銀行も漸次信用状の発行を手控ふるに至つた」、「最近においては信用状の発行条件を愈厳しくするやうになつた例へば金額を減少せしめるとか期限を短期にするとかその他担保品に対しても制限を加へんとしてゐる」〔原文での数字表記は漢数字〕。

　1922年4月末頃の在外正貨の払下げがいかに厳重な審査を伴ったかは、『大阪時事新報』（1922年5月2日付）の次のような記事から明確となろう。政府および日本銀行は、所有正貨を民間の為替銀行に払い下げるに際して第1条件として輸入品種の区別に対して絶対の保証を要求し、原料品、必需品以外の輸入を絶対に禁止しようとして正貨の禁止的払下げ制限を行い、為替銀行をして信用状の発行に際して品種の選択を厳重にして必要品あるいは再輸出の可能性を欠くものは絶対に輸入の余地をなくしたのである。このように記されているのである。政府は1922年4月前半に、為替銀行が隠匿資金を所有しているとの理由から、為替銀行がこれを否定したにもかかわらず、在外正貨の払下げの中止すら行い、正貨対策の徹底を期している。実際には為替銀行の資金逼迫程度が政府の予想外であったために、政府は同月後半に従来どおりの条件付在外正貨払下げを行ったのであるが、その実態はこのようなものであったのである[86]。

　1922年5月初めに児玉正金銀行頭取は、在外正貨の無くなる事は驚くべき事

86）『大阪時事新報』1922年5月2日、4日付。

第10章　金輸出禁止下の在外正貨払下政策とその転換

ではありません、「在外正貨が無くなつたら金輸出禁止を解いて内地の正貨を出せば宜いのです」と語って、在外正貨の払下げは将来においても期待できると考えた[87]。だが、金解禁に反対し正貨の防衛を重視する高橋是清首相兼蔵相（1918年9月〜1922年6月蔵相、1921年11月〜1922年6月首相）はこのような考えを採らなかった。このような厳しい制限を伴う在外正貨の払下げでは、入超が多額にのぼったために多額の在外正貨が払い下げられたとしても、それは為替維持策としてはきわめて不徹底とならざるをえなかった。1922年1月末頃についてみると、政府は在外正貨を正金銀行に正金建値の48ドルで払い下げたけれども、他銀行には47ドル16分の15で払い下げた。正金銀行の他行への払下げは容易に許可されなかった[88]。したがって、市場相場は実際には47ドル4分の3以上に上がらなかった。また、これに対応して正金銀行本店の各店出合引受相場も47ドル4分の3を持続した[89]。為替相場48ドルが維持できたのは、大企業を中心とすると考えられる正金銀行常得意先に対してだけであった。もっとも、為替相場間に乖離が存在することは、為替相場の人為的維持策が採用されていたことを示すものであるが。

　1922年4月には為替相場維持策はますます崩れている。正金建値は対米為替だけは在外正貨払下げを受けた手前48ドルを維持していたけれども、市場相場は47ドル8分の3見当であり、ニューヨークの日本向け為替相場は47ドル4分の3ないし2分の1を彷徨するのが常態であった。正金建値に他の相場は容易に接近しなかった。相場の差による損失を避けるために、正金銀行は、対米為替については実際取引においては極限された例外を別としては市場相場の47ドル8分の3見当でなければ応じなかった。正金建値は統一性を欠き、対米相場を48ドルに維持する一方、対英為替相場以下各国向け為替相場に至っては、正金銀行は、47ドル8分の3見当を基準相場として裁定するという矛盾をあえてした。為替相場を48ドルに維持するという政府の企図は徹底しがたかったのである[90]。

---

87)　『大阪朝日新聞』1922年5月4日付。
88)　以前は在外正貨の払下げを受けた正金銀行が手持資金を他の同業銀行へ売り渡すことがあったが、1921年12月に日銀の希望で正金は売渡しを止めた（『東京朝日新聞』1922年1月19日、21日付）。
89)　前掲『正金為替資金の史的発展（その三）』137ページ。

第5編　第1次世界大戦後の正貨政策

　対米正金建値と市場相場の開きが関東大震災後ほど大きくなかったうえに、営利を追求する正金銀行が48ドル維持策を不十分にしか履行しなかったために、入超下での不十分な在外正貨払下げのもとでの為替相場維持策の実施にもかかわらず、正金銀行は為替売持ちによる営業上の困難を回避できたのである。

　政府が正金銀行の要求する48ドルの仕切相場で在外正貨を同行に払い下げたにもかかわらず、正金銀行が48ドル相場維持を対米為替に関してしかも限定された取引についてだけしか実行しないことは、大蔵省当局者の意外とするところであった[91]。実際の売買相場が正金対米建値からかけ離れ、貿易関係から市場相場が48ドルの建相場に接近するようにも思われなかった。かくして正金建値は引き下げられざるをえなかった[92]。5月1日に対米正金建値は4分の1ドル引き下げられ47ドル4分の3となり、15日には47ドル2分の1に低落した。ここに在外正貨払下げによる為替相場維持策は放棄されたのである。もっとも、在外正貨払下げが行われているかぎり、それは為替相場低落緩和作用を持っていた。

　1922年6月に至ると、輸入信用状の発行は減少し、生糸の輸出手形が盛んに出回るようになり、為替銀行の在外資金が増加し、市場相場が48ドルに上昇した。47.5ドルで在外正貨払下げを受けるのは不利となり、為替銀行の払下げ要求は途絶した[93]。制限付正貨払下げは6月をもって一応終わりを告げたのである。

　上述のように第1次大戦後の在外正貨払下政策は、その開始当初は主として単なる為替資金の補給策にとどまり、1921年秋以降、為替相場維持策としての性格をも事実上持ち始めるが、それはきわめて大きな制約を受けていたのである。深井英五のように為替相場維持策が関東大震災前に採用されなかったとはいえないにしても、深井英五の注目すべき主張が出てくるだけの素地は十分にあったといえるのである[94]。

---

90)　『時事新報』1922年4月30日付。『大阪時事新報』1922年5月2日付、6月22日付。
91)　『時事新報』1922年4月30日付。大蔵省は5月1日から払下相場を47ドル4分の3に引き下げた。
92)　『大阪朝日新聞』1922年5月4日付。『東京朝日新聞』1922年5月5日付。
93)　『中外商業新報』1922年6月6日付、6月20日付。
94)　本章の作成にあたっては神戸大学経済経営研究所の新聞記事文庫を利用した。なお新聞の日付は版によって1日ずれることがある。

第4節　在外正貨の払下げによる為替相場維持政策の展開

1　在外正貨払下緩和による為替相場維持・回復方針の明確化

（1）　大蔵省の正貨払下緩和による相場維持・回復（安定化）声明

　金本位制期には1円に対する対英為替相場は金平価2シリング0ペンス16分の9を中心に、金輸出現送点2シリング0ペンス8分の3、金輸入現送点2シリング0ペンス4分の3（1シリング＝20分の1ポンド＝12ペンス）の範囲で変動していた。これを100円に対する対米為替相場に換算すれば、円相場は金平価49ドル8分の7を中心に、金輸出現送点49ドル8分の3を下限とし、金輸入現送点50ドル8分の3を上限とする範囲内で変動した（概算）。ただ貿易は入超の傾向を示し、外債利払いの圧迫を受け、金輸出現送点近くを彷徨することが多かった[95]。金流出を防衛するために日露戦争以後において公的為替操作が実施され、為替相場の金輸出現送点以下への低落が抑制されていた。在外正貨の売却相場は金輸出現送点を上回っていた。

　1917年9月の金輸出禁止後、円相場変動の上下の限界点が撤去され、1917〜1919年前期には円相場（ニューヨーク宛電信売相場）は輸入現送点を超えて騰貴した。1919年8〜10月には輸入現送点の水準となり、その後この点を下回ったり上回ったりした。1920年上半期の入超期や1920年末以降には金輸出現送点を下回るほどに低下し、1931年1月に金解禁が実施するまでは金輸出現送点を下回ったままであった。それでも1921年1月から1922年4月までは48ドルの水準を維持している。これには1921年10月以降の在外正貨払下げという形態における公的為替操作が関与していた。この意味では、日露戦争以後の在外正貨売却による公的為替操作が復活したといえる。だが、その売却価格は金本位制下のように拘束されず、裁量の範囲が拡大した。実際においては金輸出現送点以下に決められた。金輸出禁止下においては、金兌換・金輸出回避、金防衛という目的が在外正貨売却の目標に掲げられていなかったのである。第1次大戦期の在外正貨払下政策は政府所有の在外正貨売却を中心としていた。こうした点が日露戦争期の公的為替操作と大きく異なっていたのである。

---

95)　横浜正金銀行調査課「最近十年間に於ける我国の対外為替」［1931］1045－1046ページ。同論文は『日本金融史資料　昭和編』第22巻掲載の復刻版と表現が一部異なる。

第5編　第1次世界大戦後の正貨政策

　1922年4月末頃に政府が日本の貿易の趨勢に照らして48ドル相場堅持方針を放棄することとし、正金銀行が5月に為替相場を若干引き下げた[96]。在外正貨払下げが同年6月に行われた後、在外正貨払下げは中断されている。だが為替相場（正金建値）は9月に48ドルを回復している。

　1922年6月に加藤友三郎内閣が成立し、大蔵大臣には市来乙彦が就任した。当時、物価調節問題などに関して金解禁の可否が議論されていた。市来は同年9月7日および8日の両日、東京および大阪の有力実業家を大蔵省に招待して金解禁懇談会を開催した。この懇談会で武藤山治が解禁即行論を唱えたが、市来蔵相、井上準之助日本銀行総裁、木村清四郎同行副総裁など参加者の多くは時期尚早論者であった[97]。

　このような状況のもとで、1922（大正11）年9月16日に、閣議決定を経て、同日に大蔵省は一般声明書を発表した。大蔵省のこの発表は、金解禁を後日のこととするとともに、将来に在外正貨払下げを緩和して為替相場の安定化を図る方針を明らかにした。すなわち大蔵省は、「金輸出禁止の為替相場に及ぼす不利なる影響に就てはとくに考慮を払い、将来在外正貨の払下をなるべく容易ならしむる方針なり」と声明したのである[98]。この声明について市来蔵相および小野義一理財局長は、解禁はしないが在外正貨の払下げを従来より自由にして輸入に対する不自然な障害を排するつもりである、正貨払下げに対する手続きに変更はないが、正貨払下げにより為替相場が高騰しだしたからといって払下げを中止して回復を阻止するような干渉は行わない、解禁による打撃の少なくなる期の到来するのを希望しこれを助長する方針であると補足説明を行っている[99]。かくして在外正貨払下げによる為替相場の安定化、維持・回復方針が対外的に、公式に明らかにされたといえるのである。この方針は大蔵省によって決定された。

　上記声明書は、金解禁に対する政府の態度を明確にした最初のものである。金解禁を時期尚早としつつ、市来蔵相は「対米為替相場が法定平価たる四十九ドル八十五セントに近づき、しかも貿易状態がこの為替相場を安定させるに足

---

96)　東京銀行編『横濱正金銀行全史』第2巻、370ページ。
97)　『大阪朝日新聞』1928年7月27日付。
98)　『中外商業新報』1922年9月17日付。『日本金融史資料　昭和編』第21巻、389ページ。
99)　『日本金融史資料　昭和編』同上ページ。

第10章　金輸出禁止下の在外正貨払下政策とその転換

るという見込みがついたときには、金解禁をいよいよ断行しようと決心して」いたのである[100]。

市来大蔵大臣が「在外正貨の払下げを緩和して、輸入為替になるべく便宜を与へる」こととしたのは、1つには物価調節を重視し、19項目の物価調節策を発表していた加藤友三郎内閣のもとで輸入為替に便宜を与えて内地物価の下落を促そうとしたためである。市来蔵相はこれを認めている[101]。井上準之助も、在外資金を持っている政府は輸入に便利な相場を立てさせることができるのであって、加藤内閣が物価政策の方面から為替相場を高くしてあまり不便をかけずに輸入をさせて内地の物価を安くしようとしていたと述べている[102]。

もう1つは「金解禁こそしないが、なるべく解禁に近いやうな効果を期待せんとした」ためである。後年に市来元蔵相が語ったところによれば、「物価政策と解禁政策の2つの意図」からそれは出たのである[103]。伊藤正直氏は、将来の金解禁に備えて暫定的為替安定を図る（すなわち「為替相場を法定平価からなるべく下離れさせず、かつそれを安定的ならしめ、金解禁の好機とみれば直ちにそれに向かって行動する態勢を崩すまい」[104]とする）という明確な目的意識を最初に表明したものとして、大蔵省声明を評価されている[105]。

（2）　在外正貨の払下げとその限界

上記のような構想が示されたものの、しばらくの間は実際の為替施策に大きな変化は生じていない。当初は方針の表明にとどまり、同声明後に在外正貨の払下げは実施されていない。当時の大蔵省は具体的な払下計画を有していなかった。同省が払下げに応ずる準備を整えたのは1923年に入ってからのことである[106]。前記声明に関して深井英五は、在外正貨の払下げを容易にして為替の不利を矯正するというが、それがいかなる程度でいかなる方法で行われるかが

---

100)　市来乙彦談（上）、『大阪朝日新聞』1928年7月27日付。
101)　市来乙彦談（下）、同上紙、1928年7月28日付。
102)　井上準之助［1926］96－97ページ。
103)　『大阪朝日新聞』1928年7月28日付。伊藤由三郎『金輸出禁止史』銀行問題研究会、1929年、129ページ。
104)　東京銀行編『横濱正金銀行全史』第2巻、367ページ。
105)　伊藤正直［1989］145ページ。
106)　『大阪時事新報』1923年1月28日付。

問題である、蔵相声明による影響といってもたいしたことはあるまい、と評している[107]。浜口雄幸は、金解禁尚早理由はすこぶる不徹底と考え、将来は在外正貨の払下げを容易ならしむる方針を取るということが何を意味するのか理解できない、量において払下げを自由ならしめると同時に払下価格を自由にすれば為替相場は当然回復するが、量的払下げだけでは為替相場の回復に失敗する、と当時の政策を批判している[108]。在外正貨払下緩和の程度については為替市場は気迷いの状態であった[109]。その声明が出された直後に為替相場はとくに大きな変化はみせていない。その声明が出されてからもしばらくは在外正貨の払下げが実施されなかったし、またその声明は心理的な影響として為替相場の維持回復に寄与するものでもなかったのである[110]。

1923年1月に大蔵省は在外正貨払下げの具体案を定めるに至った。すなわち、約3億円の払い下げることのできる在外正貨があり、①正金銀行の建値をもって払下げの仕切価格とし、②銀行によって払下げの額、方法などを区別せず、③払下げに輸入品別表の作成を要せず、その他の手続きもすこぶる簡略にし、要求に応じてきわめて迅速に払下げを実行することを決定したのである[111]。

実際に在外正貨の払下げが行われるのは払下緩和声明が出されてからしばらく後のことであった。1923年に2月に300万ドル、7月に1630万ドル（これは日本銀行保有在外正貨の払下げ）、8月に100万ドルの在外正貨の払下げが行われている。

だが、その金額はそれほど多くない。しかも2月の払下げは三井銀行に対するものであり、7月にも三井・三菱・住友などに630万ドルが払い下げられているから、この間に正金銀行に払い下げられたのは1000万ドルにすぎなかった。7月の正金銀行などへの在外正貨の払下げは正金銀行などの外国為替銀行の在外資金枯渇、資金繰り悪化を反映し、為替銀行の要請に応じたものであったも

---

107) 「非解禁声明の反響」（神戸大学附属図書館デジタルアーカイブ新聞記事文庫によれば、『東京朝日新聞』1922年9月19日付とされているが、掲載新聞は調査中）。
108) 『大阪時事新報』1922年9月18日付。
109) 『大阪時事新報』同月19日付。
110) 当時、正金銀行神戸支店は、金非解禁声明は市場の予想を裏切り、48ドル以上で為替を売るものはない、と頭取席に報告している。11、12月の若干の建値引上げは貿易の出超を反映した市況に追随したものであった（前掲『横濱正金銀行全史』第2巻、371－372ページ）。
111) 『大阪時事新報』1923年1月28日付。

第10章　金輸出禁止下の在外正貨払下政策とその転換

のであった[112]。

　実際に在外正貨の払下げが小規模にとどまったのは、1つには在外正貨が第1次大戦後に減少していたから、在外正貨払下げ緩和によって為替相場を高めに維持しようとすれば在外正貨がなくなっていくことを政府が恐れたからであろう。在外正貨は、表10－4にみられるような形態で、1920年に1億842万円、1921年に5104万円、1922年に1億6630万円が外国為替銀行に払い下げられ、政府の対外支払い（海軍省経費や外債利払いなど）もあり、表10－3から明らかなように在外正貨保有高は1919年の13億4310万円から1922年の6億1548万円へと半減している。井上準之助は「為替相場をずっと高く維持して行つても、其の維持する在外資金は段々無くなることは目前に分つて居る」と述べている[113]。かくして市来蔵相は、実際には為替および貿易の状態を注意してみるという態度をとったのである[114]。

　在外正貨払下げが少額にとどまったのは、貿易の改善が生じていたことと外国為替銀行に外債手取金が入手されていたことによるものでもある。1922年3、4月に巨額の入超を示していたが、この額は5、6月には激減し、7月以降は連月出超を示し、翌1923年の入超期に入っても入超額は半減し、3月には東洋拓殖外債2000万ポンド、6月には東京電燈外債300万ポンドが発行されてその手取金が外国為替銀行に入手され、かくして外国為替銀行の外貨手許資金が潤沢となっていたのである[115]。当時、横浜正金銀行は東洋拓殖・満鉄・東電などの社債代金の回金にあたり、同行はその大部分を買い取っている[116]。貿易の改善と外国為替銀行の外債手取金取得の結果、前記声明後も外国為替相場が48ドル台を維持し、1922年4月末以降49ドル相場を維持しているのである。在外正貨が減少してきたとはいえ、多額の在外正貨が保有されていた当時、通貨当局としての政府や日銀は外国為替銀行からの外貨買取りによる在外正貨補充策を採用せず、輸入決済資金などに充当するための外国為替銀行の外貨吸収を放任していた。通貨当局の外国為替銀行からの在外資金買取りによる在外正貨

---

112)　前掲『横濱正金銀行全史』第2巻、420－421ページ。『中外商業新報』1923年7月20日付。
113)　井上準之助［1926］97ページ。
114)　市来乙彦談（下）、『大阪朝日新聞』1928年7月28日付。
115)　横浜正金銀行調査課［1931］1059ページ。
116)　東京銀行編『横濱正金銀行全史』第2巻、424ページ。

第5編　第1次世界大戦後の正貨政策

補充は、1919年に日本興業銀行から602万円の買取りが行われた後、1924年に同行から5103万円の買取りが行われるまでは実施されていないのである[117]。

　在外正貨の払下金額が限られており、抑制されているもとでの外貨資金の不足に対しては、正金銀行は国際金融市場からの資金調達の増大で対応している。すなわち、正金銀行が1923年1月に入超期に入り英米資金が逼迫した際、同行が国際金融市場からの借入れを行い、ロンドン支店が銀行借入協定限度額を従来の200万ポンドから415万ポンドに増額しているのである[118]。

　在外正貨の払下げには在外正貨を構成する政府預金の減少が対外信用、国際信用の低下をもたらすのではないかという懸念も当時存在していた。ことに海外からの資金調達に依存している横浜正金銀行は、政府在外預金の減少を、同行が最も重視する対外信用の維持のうえから憂慮していた[119]。

　このような在外正貨払下げ緩和声明のもとでの在外正貨払下げは、為替相場安定に対する実際的効果が少なかったといえるであろう。だが、それがまったくなかったということもできない。横浜正金銀行調査課資料は、「前年九月の声明もあり、七月以降在外正貨の払下げを再開し、建値を支持するが如き有様となった」のであると述べている[120]。為替相場は6月以降軟調をたどって正金建値以下となり、正金銀行はこれに対抗しつつ建値49ドル維持に努めた[121]。この頃すでに市来蔵相は49ドル維持方針を確定したといわれ、為替銀行の外貨資金繰り悪化、正金銀行の為替持高売持のもとで在外正貨の払下げが行われ

---

117)　大蔵省理財局国庫課『第五十七議会国庫金参考書』所載の正貨買入高表。
118)　増加後のファシリティの銀行別内訳は、ロイズ銀行125万ポンド、ロンドン・ジョイント・シティ銀行＆ミッドランド銀行（ミッドランド銀行）100万ポンド、ロンドン・カウンティ・ウェストミンスター＆パーズ銀行（ウェストミンスター銀行）90万ポンド、ナショナル・プロビンシャル＆ユニオン銀行100万ポンドとなっていた（東京銀行編、『横濱正金銀行全史』第2巻、415ページ）。
119)　1923年2月13日に柏木秀茂正金銀行ニューヨーク支店支配人は、在外正貨を構成する政府在外預金の減少を憂慮し、頭取席宛の電信で、「外国銀行における政府預金残高が次第に減少することは対外信用維持上面白くない」から、利払基金事情が許すかぎり、大蔵省証券を売却充当することに財務官、日本銀行ニューヨーク代理店監督役、正金銀行ニューヨーク支店支配人の意見が一致し、本省の同意を得て1922年12月以来この方針で進行中であった、だが今後の在外正貨払下げは政府預金から引き出されるようになったようであるが、この場合には同支店の手形再割限度に影響が出る、と具申している（東京銀行編『横濱正金銀行全史』第2巻、417ページ）。
120)　横浜正金銀行調査課 [1931] 1059ページ。
121)　同上論文、1056ページ。

た[122]）。為替相場は 7 月以降49ドルの水準を維持している。このようなことは 7 月の在外正貨払下げに為替相場維持という役割が実際にあったことを示すものであろう。

かくして在外正貨払下げ緩和政策の政策意図が為替相場維持政策の実施をもたらしたとはいえ、その払下げの規模は抑制されており、大蔵省、市来蔵相の在外正貨払下緩和方針は実際の為替政策には大きな変化を生じさせるには至らなかったということができよう。

1923年上期に日本の対外貿易が好転し、為替相場も次第に高騰して 4 月に対米相場が49ドルとなると、市来蔵相は金解禁の好機が来るかとひそかに期待していた[123]。市来蔵相はなおも為替および貿易の状態に注意していた。しかし、下期に入って貿易の状態が思ったほどよくならず、なかなか出超に転化しなかった。貿易の好転を待っているうちに 8 月24日に加藤首相が病没し、26日に内閣が総辞職し、金解禁は市来の在任中はできなくなったのである[124]）。

2 復興材料輸入などに寄与する為替相場維持策としての在外正貨払下げ

（1） 関東大震災勃発後の生活必需品・復興材料輸入のための在外正貨払下げ

1923（大正12）年 9 月の関東大震災直後から1924年にかけて日本は大規模な貿易逆調に陥った。大震災のために内地財界は甚大な打撃を受け、とくに横浜港の破壊などのために輸出は頓挫し、これに反し復興材料などの輸入が激増したために入超がますます助長され、1923年の外国貿易は内地植民地を合わせて 6 億2700万円の入超を示すに至った。これを反映して為替相場は図10— 1 にみられるように低落した。

第 1 次大戦後、在外正貨は1920年、1921年、1922年に続いて1923年には 8 月までに4149万円が払い下げられ、関東大震災までに総額 3 億6725万円もの正貨

---

122) 三吉加代子［1974］40ページ。
123) 『大阪朝日新聞』1928年 7 月28日付。井上準之助は1923年で関東大震災前が金解禁断行の絶好の機会であったと後年に述べて（『大阪朝日新聞』1928年 7 月25日付）、1923年の為替相場回復時に金解禁を断行しなかったことを失策であると批判している（井上準之助［1925］210ページ）。
124) 市来乙彦談（下）、『大阪朝日新聞』1928年 7 月28日付。以後、金解禁の実施は1930年まで遷延されることとなる。

第 5 編　第 1 次世界大戦後の正貨政策

が払い下げられ、その保有額が減少していった[125]。

　政府（第 2 次山本権兵衛内閣、大蔵大臣は井上準之助）は生活必需品ならびに復興材料の輸入が急務であることに鑑み、それに寄与する為替相場の低落を阻止し、為替相場を維持する政策、49ドル相場維持継続方針を採用した。政府はそれらの輸入資金確保と為替相場上それらの輸入に便宜を与えるために為替銀行に対して、必要に応じて、在外正貨を政府および日本銀行から払い下げた。その払下手続きにおいては払下要求銀行が在外正貨を充当する輸入手形の内容や払下要求銀行の海外資金状況を日銀が調査した[126]。在外正貨は 9 月、10月、11月、12月と毎月払い下げられている。在外正貨払下げの額はきわめて多く、11月までの累計は約 1 億7000余万円、12月までの累計は 2 億4755万円の巨額にのぼった[127]。

　市中相場の低落にもかかわらず、正金銀行が為替相場を売買する際の為替相場である正金建値は 9 〜11月に49ドルと、市場相場よりも高めに維持されている。このような在外正貨の払下げは、単なる外国為替銀行への外貨資金の補充でなく、これが為替相場維持策の性格をも併せ持つものであったことを示している[128]。大震災後の正貨払下げの規模は、1921年10月から1922年 6 月まで払下げ額よりも多かった。当時の為替相場維持策、在外正貨払下げを通ずる為替市場介入は現実にも大きな役割を果たしたといえるのである。

　関東大震災後には再び、公的為替相場維持として在外正貨払下げ施策が実施されたのであり、このことが従来よりも明確となった。日本の正貨政策が為替政策としての性格を強く持つことがここでも明らかとなったのである。それは金輸出禁止のもとで為替相場が金輸出現送点を下回って低落したことの輸入に及ぼす弊害を抑制しようとするものであった。金現送点よりも低位の49ドル水準に相場を釘付ける政策が採用されたのである。

---

125)　大蔵省「外国為替及正貨ニ関スル件」（1928年 1 月10日）『日本金融史資料　昭和編』第21巻、344ページ。
126)　『大阪朝日新聞』1924年 1 月19日付。
127)　大蔵省「震災以来ノ正貨及為替政策経過概要」（1924年 6 月19日）『日本金融史資料　昭和編』第22巻、304ページ。大蔵省「震災後ニ於ケル為替政策概要」（1925年 6 月 2 日）同巻、313ページ。大蔵省「外国為替及正貨ニ関スル件」『日本金融史資料　昭和編』第21巻、344ページ。
128)　『大阪毎日新聞』1923年11月22日付もこの正貨払下げが為替相場の低落を阻止し、為替相場を維持する手段であることを認めている。

とはいえ、当時のこの為替相場維持政策は生活必需品・復興材料輸入に便宜を与える方策の１つとして採用されたものであり、為替相場維持を主目的としたものではなかった。また金防衛を目的としたものでもなく、金解禁を目標に掲げて暫定的為替安定を意図したものでもなかった。さらには、外資導入のために為替相場の安定化を図るものでも物価安定を図るものでもなかった。円はポンドのような国際通貨ではなかったから、国際通貨としての信認を維持するために実施されたものでもなかった。それは貿易上の目的から実施されたものであり、第１次大戦期のように輸出のために為替相場の上昇を抑制しようとするものではなくて、為替相場の低落を阻止して生活必需品・復興材料輸入に便宜を与えることを目的としたものであった。これは物価安定までは考慮されてはいなかった。

（２）　在外正貨払下げの制限

外国為替銀行の申込みに応じて在外正貨を払い下げては、瞬く間に正貨が枯渇する恐れがある。大蔵省の「震災後における為替政策概要」は、政府が「各為替銀行ニ対シ殆ント無条件ニ在外正貨払下ヲ実行シ以テ為替相場低落ノ防止ニ努ム所アリ」と述べている[129]。だが、これは正確な表現ではない。実際には国家の為替相場維持という政策を遂行する横浜正金銀行に対して十分な在外正貨は払い下げられていないのである。貴重な在外正貨を無制限に払い下げることは抑制されていた。このために正金銀行は為替相場を維持するのに十分な在外正貨の払下げを受けることができず、買為替よりも売為替の方が多い為替持高売持という問題に苦しむことになる。在外正貨払下げが為替相場維持という役割を持っていたにしても、それを主目的としていたとはいえないのである。

私的利益をも追求する正金銀行は、1923年10月頃以降、信用状の発行を制限して輸入抑制を行った。さらに11月７日以降、対米輸入ドル信用状を全廃して円信用状に変更し、ドル信用状の場合のように通貨の切換えが日本側で起こって政府の49ドル相場維持方針を遵守しなければならないのを回避しようとした。輸入為替取決めの際にニューヨークにおける日本向けの相場（正金建値よりも

---

[129]　『日本金融史資料　昭和編』第21巻、313ページ。

低い相場である48ドル4分の3の相場）で仕切って損失を回避しようとしたのである[130]。政府が49ドル相場を維持しようとして正金がその相場を建てていたとしても、現実にはこの為替を離れた相場が現出し、49ドル相場維持策は崩れつつあったのである。

対外決済は将来が憂慮される状況となり、正貨払下げによって為替相場を維持することが困難となった[131]。このために12月6日に政府は「輸入ハ輸出ヲ以テ補ハル、金額ニ止メ原則トシテ正貨ノ払下ヲ為サザル」旨を、日本銀行を通じて為替銀行に伝達した[132]。外国為替銀行の輸入信用状の発行は制限され、これにより正貨払下げ要求はほとんど途絶した[133]。実際には12月もかなりの額の在外正貨が払い下げられているが、これは12月以前の要求に属する分に対して少額ずつの払下げが継続されたためである[134]。

この結果、正金建値は1923年12月初めの49ドルから1924年1月16日の47ドル半へと低落した。為替相場維持策は正貨所有上の制約を受けており、その減少によりひとまず中断されることとなったのである。

3　絶対必要品輸入などに寄与する為替相場維持策としての在外正貨払下げ

（1）　1924年1〜3月の絶対必要品輸入・国際信用維持のための在外正貨払下げ

1924（大正13）年1月に清浦奎吾内閣が成立した。大蔵大臣となった勝田主計は為替相場の変動を放任すれば経済界に悪影響を及ぼし、ひいては復興需要の進捗を阻害することを恐れた。また、震災復興・借換外債の交渉成立が間近に迫っており、円相場の低落がこの交渉に不利な影響を与えることを恐れた。日本の為替銀行は一般に翌年上半期の輸入資金を下半期出超の折に調達するという方法を採っていたが、1924年1月に輸入期に入ると綿花その他の輸入のた

130）　三吉加代子［1974］40－41、60－61ページ。齊藤壽彦［1978b］83ページ。
131）　『日本金融史資料　昭和編』第22巻、304ページ。
132）　日本銀行調査局「関東震災ヨリ昭和二年金融恐慌ニ至ル我財界」『日本金融史資料　昭和編』第22巻、806ページ。
133）　『大阪毎日新聞』1923年12月7日付。『大阪時事新報』同月18日付。
134）　『中外商業新報』1924年1月17日付。

第10章　金輸出禁止下の在外正貨払下政策とその転換

めの外貨資金が不足してきた[135]。

　このために政府1月半ばに新たな在外正貨払下げ計画を樹立した。これは為替相場維持のために4月までに約2億円の正貨を払い下げる決心をすること、為替相場は当分47ドル半を維持すること、外債成立のうえはこの政策を再考することを決定した。外部に対しては、16日に大蔵省は「絶対必要品の輸入に限り出来得る丈左外正貨の払下を緩和し、以って為替市場の不安を除去するに努めんとす」という在外正貨払下の緩和を声明した[136]。この声明とともに発表された大蔵省の説明によれば、払下価格は正金建相場で、当時の相場47ドル半とされた[137]。払下げを受けることができる銀行は震災後と同じく日本の為替銀行に亘ることとし、あまり豊富でない在外正貨であるから絶対必要な輸入品に限って正貨を払い下げるもので、たとえば棉花、機械、食料品、復興材料などで、もしも在外資金で贅沢品を輸入したことが明瞭となればその銀行には正貨払下げを中止することとし、為替銀行の監督は日本銀行に依頼することとなった[138]。かくして、在外正貨による為替相場維持策が復活したのである。

　この相場維持策は1つには貿易上、輸入に便宜を与えるために採用されたのである。それは絶対に必要な品物の輸入のための資金を供給するとともに、それらの輸入に為替相場上の便宜を与えようとしたのである。日本の正貨政策は貿易に関係するものであった。それはまた、外債に依存せざるをえなかった日本が外債成立を控えて日本の国際的信用（対外信用）を維持しようという意図を有するものでもあったのである。日本の正貨政策は国際信用維持と深く関係していたのである。当時の為替相場維持は金解禁の準備のためではなく、金本位制停止下のもとでの為替相場低落の輸入や外債への悪影響を緩和しようとするものであったといえるのである。

　国際信用維持についてさらに述べておこう。外債発行交渉においては発行条件の決定がきわめて重要となるが、これは発行者（起債者）、起債国の信用度によって大きく規定される。信用度は、第9章第5節で論じたように経済力・

---

135) 三吉加代子［1974］57ページ。『中外商業新報』1924年1月17日付。
136) 『日本金融史資料　昭和編』304、313ページ。
137) ポンド貨は、1924年1～3月に約2シリング2ペンス半～2シリング1ペンスの相場で売却されている。
138) 『東京朝日新聞』1924年1月17日付。伊藤由三郎編、前掲『金輸出禁止史』33ページ。

経済的安定度によって規定され、この経済力・経済的安定度は国際収支や貨幣制度、通貨価値の安定などによって決定づけられる。さらに国際収支や通貨価値の安定は為替相場に反映され、したがって、為替相場が信用度を測定する指標の1つとなったと考えられる。井上準之助は為替の下落と一国の信用とは非常に重要な関係があることを指摘している[139]。その国の為替相場が下がることはその国の「財的信用」〔国際信用のことであろう〕が非常に落ちることを意味する[140]。『横濱正金銀行全史』は、1924年1月15日に43ドル4分の3という異常に低い電信為替相場が出現すると、「円はどうなるか」が内外市場において論議の的となり、政府はこれが外債募集に影響することを恐れて市場支持策を講究し、16日に勝田蔵相が正貨払下緩和を声明したことを指摘している[141]。井上準之助は、1924年11月に為替相場が38ドル半に下がったことに関して、「為替相場は非常に下落をしまして日本の対外的の信用は地に堕ちた」、外債はよほど悪い条件でなければ発行できない、と述べている[142]。

1924年1月から3月までに政府所有正貨1億478万円、日銀所有正貨8839万円、総額1億9317万円という、震災後の在外正貨払下げの規模に次ぐ多額の在外正貨が払い下げられたのである[143]。1月から3月にかけて、4500万ドル、1564万ポンド（政府保有正貨2870万ドル、583万ポンド、日本銀行在外正貨1630万ドル、981万ポンド）という多額の在外正貨が払い下げられている[144]。これを関東大震災以後の在外正貨1億1265万ドル、70万ポンドと比較すれば、ドルの払下げが大幅に減少する一方でポンドの払下げが激増しているといえる。円換算すれば、売却相場を100円につき47.5ドルとして1ドルは2.1円となる。また1円につき2シリング2ペンス半として、1ポンドは約9.1円となる。

---

139) 井上準之助［1925］220-221ページ。岸田真［2012］81ページも為替相場が対外信用の重要な指標であったことを指摘している。

140) 井上準之助「為替相場の恢復と金解禁問題」(1926年5月28日)『国家学会雑誌』第40巻第7号、1926年7月、54-55、57ページ。井上準之助は、為替相場が下がることは輸入に不利である、と考えており（同上論文、55ページ）、輸入超過の場合の決済資金の困難を危惧していた（井上準之助［1926］209ページ）。また井上は為替相場が低落したために17、18億円の日本の公債を握っている世界の人々は、日本が遂に滅びるようなことがあるのではないかということを感じた、と述べている（同上論文、55ページ）。

141) 東京銀行編『横濱正金銀行全史』第3巻［1981b］、53ページ。

142) 井上準之助［1926］187、209ページ。

143) 大蔵省「外国為替及正貨ニ関スル件」『日本金融史資料 昭和編』第21巻、345ページ。

第10章　金輸出禁止下の在外正貨払下政策とその転換

　第1次大戦後の金輸出禁止下における在外正貨払下げの大部分は、このときまでに行われている[145]。

　上記声明以後、このような在外正貨払下げを通ずる通貨当局（政府、日本銀行）の為替市場介入によって、正金銀行は47ドル半の相場を維持したのである。その正貨政策としての為替政策の決定権は政府が掌握していた。この在外正貨払下げのもとで正金銀行建値は、金現送点よりも低位の水準ではあるが、市場相場よりも高めに維持（釘付け）されていた。

　だが貴重な在外正貨を安易に払い下げることは抑制されていた。この在外正貨払下げには絶対輸入品に関するものという制約・制限がついていたのである。在外正貨の払下げの運用手続きについては日本銀行が関与した。同行は払下げ要求銀行に対してその輸入額全部にわたって内容を記載した表を要求し、必需品とみなしがたいものやオーバー・ストックの傾向が歴然としたものは輸入手続計算から削除することとなった。払下げ要求銀行の要求額が過大でないかどうかも調査した[146]。

---

144)　1924年に入ると、政府所有在外正貨は、2月に1260万ドル、439万ポンド（正金銀行に930万ドル、300万ポンド、台湾銀行に330万ドル、98万ポンド、三井銀行に35万ポンド、安田銀行に6万ポンド）が払い下げられた。3月には1610万ドル（正金銀行に1425万ドル、台湾銀行に85万ドル、三菱銀行に100万ドル）、144万ポンド（全額正金銀行向け）が払い下げられた。日本銀行の在外正貨は、1月に816万ポンド（正金銀行に700万ポンド、台湾銀行に116万ポンド）、2月に130万ポンド（台湾銀行に70万ポンド、住友銀行に35万ポンド、三菱銀行に23万ポンド、日本興業銀行に2万ポンド）、3月に1630万ドル（これは政府所有在外正貨を日本銀行経由で払い下げたもので、正金銀行に950万ドル、台湾銀行に480万ドル、三菱銀行に50万ドル、三井銀行に150万ドル）、35万ポンド（全額住友銀行向け）が払い下げられた（大蔵省理財局国庫課『第五十七議会国庫金参考書』同課、1929年12月調べ、正貨ノ部）。

145)　すなわち、1923年9月の関東大震災勃発後1924年3月までの在外正貨払下額合計4億4000万円は1920年から29年までの在外正貨払下げ総額の44％に及び、1920年から1924年までの在外正貨払下げ額合計8億9000万円は第1次大戦後の在外正貨払下げ総計の89％に及んでいる。1924年4月以降は同年に8300万円、1925年に1000万円、27年に5800万円、1928年に3200万円、29年に1100万円の在外正貨が払い下げられているにすぎないのである（伊藤正直［1989］139ページなど）。

146)　『大阪朝日新聞』1924年1月19日付。その払下手続きは次のようなものであった。①日銀は払下要求銀行に対してその輸入手形輸出手形全部にわたって商品名、品目、内容数量、金額を記入した表を要求して輸入手形と輸出手形との差額を調査する。②輸入手形中の品目については贅沢品および比較的必要ではない品目を削除して計算する。③絶対的必要品であってもオーバー・ストックの傾向があるときは削除し、または注意する。④別に銀行の海外資金関係の表を求め、その売持・買持、手許資金などの関係を調査して正貨払下げ要求額が過大であるか否かを調査する。⑤払下要求銀行外国部の平常における営業状況を考慮し、提出表が正確か不正確かを調査のうえ正貨払下額を決定する。

第５編　第１次世界大戦後の正貨政策

　正貨払下げは窮屈で、実際には輸入制限のため信用状の発行が手控えられ、綿花輸入も制限され、貿易業者からの非難が生じている[147]。

　第１次大戦後の在外正貨の減少という状況のもとで、絶対輸入品の輸入などのための在外正貨払下げには、このような大きな制約が課せられていたのである。それは為替相場維持という役割を持っていたにしても、それを主目的とするものではなかった。それは絶対必要品の輸入などに便宜を与える方策の１つとして採用されたものであった。それは金解禁準備のためでもなかった。

　貿易入超が巨額にのぼり、国際収支の将来が憂慮すべき状態を呈するという状況のもとで市場相場は41ドル半にまで低落し、47ドル半相場を維持していた正金銀行の建値との間に６ドルもの間隔が生ずるに至った。このような状態で正金銀行に在外正貨の払下げを継続すれば在外正貨が枯渇せざるをえない[148]。1924年２月に震災復興・借換外債が成立すると国際信用維持のための為替相場維持の必要性が薄らいだ。輸入減免税の期間も３月をもって終了し、復興材料の輸入も一段落となった。政府は国際貸借の状勢に順応した為替相場を建てさせることとした。輸入増加などのため市場相場は低落した。在外正貨は減少していった。このような状況下で、在外正貨の払下げという正貨政策は転換を迫られた。

　かくして３月18日に政府は正貨の払下げを原則として中止することを言明し、47ドル半相場維持策を放棄したのである。この結果、正金建値は３月18日以来徐々に引き下げられ、４月23日についに40ドルとなり、ようやく市場相場に近接することとなった[149]。

　在外正貨払下政策は第１次大戦後に継続的に一貫して行われたものではなく、在外正貨払下げを必要とする特別の事情と在外正貨保有量を考慮して時々に選択されたものであったのである。

---

147)　『時事新報』1924年２月20日付。
148)　井上準之助は外国貿易の結果輸入が増えて外国に金が段々なくなる場合に、人為的に為替相場を維持するということは絶対に不可能である、外債募集金も為替相場を維持することはできなかったと当時の政策を批判している（井上準之助 [1926] 114－115ページ）。
149)　『日本金融史資料　昭和編』第21巻、305ページ。

（2） 在外正貨払下制限

　1924年3月の在外正貨の払下制限以後も在外正貨の払下げが行われているが、その払下額は激減している。同年には政府在外正貨は正金銀行に対して、4月に52万ポンド、5月に21万ポンド、10月に275万ポンドが払い下げられているにすぎない。日本銀行所有在外正貨も、1924年、3月の在外正貨の払下制限以後は、日本興業銀行に対して4月に6万ポンド、5月に3万ポンドとわずかしか在外正貨を払い下げていない。合計357万ポンドが払い下げられているだけである。

　為替相場は3月18日以後崩落した後、一時小康状態を呈したが、9月以降11月まで中国の動乱、上海筋の投機的円売り、輸出不振などのため為替相場は急落した。3月における在外正貨払下制限以後の在外正貨払下げが為替維持策として機能したとはみなしえないのである。

（3） 在外正貨払下制限期の為替政策構想

　為替相場維持策の放棄後も為替相場急落は大きな問題となっていた。1924年4月初めに内閣総理大臣の監督のもとに各大臣の諮問に対して答申する帝国経済会議が設置された。同会議は財政経済・社会政策の諮問機関であって、この会議に有力財界人や官僚が参加した。同会議（議長は清浦奎吾）は同年5月29日に清浦奎吾内閣総理大臣に対する「外国為替改善方策及金銀輸出解禁ノ時期ニ関スル答申」案を可決した。

　貿易の逆調が甚だしく、為替相場の暴落した状況のもとで、金融部にかかわる同答申は金解禁を時期尚早とした。この答申案の中では外国為替改善の根本策は国際貸借、国際収支の改善に求められた。だが、為替相場安定の一方策として正貨の払下げを実施することは認められていた[150]。

　帝国経済会議総会（清浦議長）は6月7日に「対外貿易特ニ輸出貿易ノ振興ニ関スル方策」について清浦総理大臣への答申案を決議した。その中の「貿易為替及金融ニ関スル件」において「対外為替方策」の項目で「為替相場ハ自然ノ成行ニ放任シ調節ヲ加ヘサルコト然レトモ異常特別ノ場合ニ於テ其ノ安定ヲ期スル為メ又ハ絶対必要ト認ムル輸入品ノ決済ノ為メ必要アル場合ニハ相当ナル正貨ノ払下ヲナスコト」が提言された。同答申中の「輸出為替資金ノ融通及

第5編　第1次世界大戦後の正貨政策

為替元地払」の項目で、同答申は日本銀行が輸出為替手形に対して再割引その他の方法によって為替銀行に対して資金を融通することを提言していた[151]。

　為替相場維持策の放棄後、大蔵省内部において為替相場の低落と在外正貨の減少に対する具体的方策が検討されていたが、6月に大蔵省は正貨および為替対策を決定するに至った。同省は金解禁を時期尚早としたが、国際貸借および為替相場の状態が改善し、金解禁を断行しても多額の金流出を惹起し、為替相場の暴騰を来たし一般財界に異常な影響を及ぼす恐れがない時期に至れば金解禁を断行すべきであるとした。同省は外債政策を通じる正貨充実方策を立案した。その内容は、政府外債発行の打切り（これによる対外元利払いの抑制）、都市外債その他政府保証債の発行（これによる在外正貨の吸収）、民間外資輸入の助長（これによる在外正貨払下抑制）であった。同省は内地産金の保護の必要も認めた。同省は貿易改善の根本策については内地の通貨に関して徹底的な方策を講ずるほか、奢侈品その他の生活必需品でないものの輸入を抑制するとともに輸出を増加する具体的方法を攻究すべきであると主張した[152]。外国為替方

150)　『帝国経済会議要覧（続）』1924年10月、7－8、19ページ。「一　外国為替ノ改善ハ極力中央及地方政府ノ財政ヲ緊縮シ一般国民ノ消費節約ヲ励行シ物価ノ低落ヲ図リ産業ノ組織ヲ改良スル等諸般ノ方策ヲ尽シ官民共ニ最善ノ努力ニ傾倒シテ輸入ノ抑制輸出ノ進展及貿易外収入ノ増加ヲ期シ国際貸借関係ヲ我国ニ有利ナラシムルヲ以テ根本義トナスコト　二　為替相場ノ安定ヲ期スル為又ハ絶対必要ト認ムル輸入品ノ決済ノ為ニ必要アル場合ニハ相等ナル正貨ノ払下ヲナスコト之カ為メ正貨準備ノ減少スルコトアルモ已ムヲ得サルコト　三　前項ノ実施ニ就テハ政府日本銀行及為替銀行ノ当局者ヲ以テ組織シタル委員会ノ審査ニ拠ルコト　四　金銀ノ輸出解禁ハ之カ為メ一時ニ巨額ノ正貨ノ流出シ為替相場ノ急激ナル変動ヲ惹起スル等一般財界ニ異常ナル影響ヲ与フルカ如キコトノナキ時期ニ於テ之ヲ実行スルコト　五　内地産金ノ輸出ニ対シ特許ヲ与フルコト」と総会で決議された。帝国経済会議については山本義彦［1989a］392－396ページ、同編『第一次大戦後経済・社会史料集』柏書房、1987年、渋谷隆一・伊牟田敏充編『史料帝国経済会議』全8巻、国書刊行会、1987年、を参照。

151)　『帝国経済会議要覧（続）』19－20ページ。

152)　『東洋経済新報』第1103号、1924年6月21日、33ページ。横浜正金銀行調査課［1931］1070ページ。当時大蔵省内で作成された「大正十三、十四両年ニ於ケル正貨政策綱要」（大蔵省編『昭和財政史資料』第5冊112号）は、日本の国際貸借の根本矯正策として貿易の改善、すなわち輸出奨励および輸入防遏以外にはなく、とりわけ奢侈品その他の必要度の低い物の輸入を防止することが刻下の急務であると主張している。同綱要は、1924年における国際貸借を予想し、貿易入超額から貿易外受取超過1億6000万円を差し引くと3億4000万円の支払超過となり（1924年6月18日推計）、政府在外正貨収支から政府海外支払勘定を差し引くと為替銀行に対し払い下げる在外正貨余力が1億3000万～4000万円を超えないことを考慮すると、2億円内外の正貨不足を生ずる、したがって目下懸案中の東京横浜両市債、満鉄社債などの公私外債の発行を考慮せざるをえない、だが外債は一時的な効果をもたらすとしても結局国家の負担を増大し、国際貸借の将来に累を残す、と述べている。

策については、人為的相場維持策は用いないが、米のような絶対必要品の輸入のため必要あるときは正貨を払い下げ、また為替投機が為替市場の安定を阻害する恐れがある場合は適切な対抗策を講ずるという為替政策を決定した[153]。

大蔵省が在外正貨払下げ、為替投機対策として為替市場への介入が検討されていることは注目される。だが、このような政策が政府によって採用され実行される前に清浦内閣は総辞職した。

震災以来1924年5月末までに約5億円の在外正貨を払い下げ、在外正貨は4億2500万円に減少し、その中から翌年10月1日に償還すべき四分半利付英貨公債1億3000万円の償還資金、その他払下予約中のものを控除すれば、将来わずかに2年間の政府対外支払いができるにすぎなくなった[154]。

1924年6月に第1次加藤高明内閣が憲政会、立憲政友会、革新倶楽部の護憲三派内閣が成立した。憲政会の中には金解禁によって金本位制の常道に復帰すべきであるという意見があったが、農商務大臣として入閣した政友会総裁高橋是清は金解禁に反対した。高橋是清は、国際収支の均衡を維持しうる見込みが十分にあるか、外債によって兌換制度を維持する覚悟がなければ金解禁を行うことができず、国際収支均衡の回復は主として産業の発達に待たざるをえない、金解禁を実行して通貨を収縮することは危険であると考えていた。高橋は正貨を為替相場の安定に利用しなくても正貨の保有は根本的に「円ノ信用ヲ維持」する効果があるという意見を有していた[155]。日本の対外信用を維持するために在外正貨を保有するという考えは、その後の大蔵省にもみられる[156]。円に対する国際信認維持のために正貨を所有するという考えが当時存在していたのである。このような高橋の考えも、外債に依存していた我が国の状況のもとで在外正貨の払下げを抑制するものとなったであろう。

1924年3月以降低落傾向をたどった為替相場は5月半ば以降9月上旬まで一時小康状態を呈したが、9月以降翌年2月まで、中国の動乱、上海筋の投機的

---

153) 『東洋経済新報』上掲ページ。横浜正金銀行調査課[1931] 1070ページ。
154) 横浜正金銀行調査課[1931] 1070ページ。
155) 日本銀行(調査局)「金輸出解禁史(其一)」『日本金融史資料 昭和編』第20巻、19-20ページ。
156) 大蔵省「外国為替及正貨ニ関スル件」(1928年1月10日)、「今後ノ正貨及為替対策ニ就テ」(1929年3月)『日本金融史資料 昭和編』第21巻、348ページ。

第5編　第1次世界大戦後の正貨政策

な円の売り進み、輸出不振のために再び急落した[157]。

4　本格的な為替相場維持策としての在外正貨払下政策の採用

（1）　内外正貨を利用した為替維持方針の公表

　第1次加藤高明内閣の蔵相に就任した浜口雄幸は、就任以前に金解禁論を口にしていたけれども、即時解禁の意志は持っていなかった。しかし、為替相場が40ドル以下になるのは好ましくないとの意向を漏らしていた[158]。10月初旬に正金銀行が命により政府保有在外正貨275万ポンド（払下相場で円換算額3103万円）を他の為替銀行に売却したのは、40ドル相場維持策を政府が考慮したからである。だが、この在外正貨払下げによる相場維持策は効果がなく、正金建値は10月17日、ついに市場相場に順応して38ドル半にまで低落した[159]。平価に対し2割2分がた暴落したのである[160]。40ドル相場維持策は放棄された。
　かくして政府は、38ドルをもって最終防衛線として為替相場の崩落を食い止める計画を立てた。10月から11月にかけて為替維持政策が関係者の会議で協議され、正金銀行も相談を受けた。11月20日に為替対策の基本方針が確立した[161]。
　これを受けて1924年11月21日、浜口雄幸大蔵大臣が、内外正貨を利用しての為替維持政策を断行する方針を公表した。同大蔵大臣は、東京手形交換所連合会（1924年11月21日）において、財政整理の急務について述べるとともに、為替の低落が「内地物価の昂騰を招き、産業の振興を妨げ、貿易の発展を阻礙し、其他財政経済各方面に亙りまして容易ならざる影響を惹起する虞があります」、「為替相場の低落を防止し其安定を期するが為に、臨機有効なる方策を実行する方針であります」と演説した。その方法の1つとして、必要な場合には、保有している内外正貨を利用して為替調節に資する決心を表明したのである[162]。

---

157)　横浜正金銀行調査課［1931］1063ページ。
158)　東京銀行編『横濱正金銀行全史』第1巻［1980］、549ページ。
159)　同上書、第3巻、54ページ。
160)　横浜正金銀行調査課［1931］1063ページ。当時の為替相場の下落は国際収支の逆調のほかに円貨の前途を悲観した円売り思惑にもよると思われる（深井英五［1929］77ページ）。
161)　東京銀行編『横濱正金銀行全史』、第1巻、549ページ。「震災後ニ於ケル為替政策概要」『日本金融史資料　昭和編』第21巻、314ページ。

第10章　金輸出禁止下の在外正貨払下政策とその転換

　為替安定の目的としては物価安定、貿易の発展、財政への悪影響の排除などさまざまな目的を掲げるが、最も重視されているのは輸入を通じての物価、産業貿易への悪影響の排除である。すなわち浜口蔵相は関西銀行大会（11月26日）において「為替相場の著しき低落は財政経済各方面に亘り幾多の不利なる影響を齎すこと勿論にして殊に工業原料の大部分を輸入せざるべからざる我邦としては其の物価、産業及貿易に及ぼす影響容易ならざるものあり」と演説しているのである[163]。金解禁そのものは否定していなかったがそれを時期尚早と考えていた同蔵相は、「今後財政経済の整理進捗し国際貸借の逆調緩和せられ一般財界の安定恢復せられ」解禁の悪影響がないと認められる時期に至ったならば金解禁を決行すると論じたけれども、当時の為替相場安定策を金解禁準備策とはとらえていなかった。

　「為替回復の根本策」と考えられたのは国際貸借、国際収支の改善、とくに経常収支における輸入の抑制と輸出の増進であった。これは積極的に産業を奨励するというものではなく、奢侈品や投機的輸入を抑制するとともに、「生産及貿易の組織を改善致しまして、能率を増進し商品の声価を高むると共に、消費節約に依って物価の低落を促し、資本を蓄積して金利の低下を来し、生産費の低減を期する」ことが必要とされた[164]。

　異種通貨の交換比率として表示される為替相場は国際的な受取りと支払いとの差額によって規定される外国為替の需給関係と両国通貨の相対的価値変動とによって基本的に規定されるが、第1次大戦後に日本の物価水準が国際的に割高になり、また1920年の反動恐慌以後に日銀が救済金融機関化していったとしても、日本の通貨価値減価が為替相場低落の要因とはみなされていなかった。

　浜口蔵相は為替回復の根本策の中に資本輸出による輸出の増加や投資収益の確保を挙げていない。資本収支上の外資導入は為替相場回復の根本策とはみなされなかった。

　第1次大戦後に外資導入政策は抑制策が基調として採用されており、震災外債発行後政府は非募債政策を採用していた。ただし、浜口蔵相は前記演説の中

162）「濱口大蔵大臣の演説」『銀行通信録』第78巻第467号、1924年12月20日、617-619ページ。
　　伊藤由三郎編、前掲『金輸出禁止史』136ページ。
163）『大阪銀行通信録』第328号、1924年12月、676ページ。
164）『銀行通信録』第467号、619ページ。

1061

で、償還能力を備え我が国の産業貿易に寄与する民間社債の発行を抑制するつもりはないと述べている[165]。ここでは為替相場暴落という状況下で民間の外資導入を抑制しようとはしていないことが注目される。

為替相場は理論的に金利変動の影響も受けるといえるのであるが、浜口蔵相は公定歩合引上げによる国際的短期資本流入の促進も提言していない。

ともあれ、在外正貨払下げは為替相場維持のための根本策ではなく、その調節の一手段であることが浜口蔵相によって認識されていたということができる。

為替相場安定策の1つとして、本格的な公的為替操作、為替市場介入、為替平衡操作が動員されることとなった。浜口蔵相は「必要の場合には現在保有して居る所の内外正貨を活用致しまして、為替の調節に期する決心」を明らかにしたのである[166]。政府は内外正貨を利用して38ドル台相場を維持する政策を明確に採用した。その内容を詳しく考察しよう。

横浜正金銀行は、政府とともに38ドルを最終防衛線として為替相場の崩落を食い止める計画を進め、11月15日に為替相場の維持に必要な金額を2億円相当の外貨であると算定した。同月22日に大蔵大臣官邸において為替首脳会議が開催された。出席者は浜口雄幸大蔵大臣、田昌大蔵次官、市来乙彦日本銀行総裁、木村清四郎同行副総裁、児玉謙次正金銀行頭取であった[167]。

この会議で第1に、対米為替相場は38ドル台を維持することが決定された。明白な為替相場維持策が採用されるに至ったのである。

第2に、この相場を維持する手段として政府が在外正貨1億7000万円を限度として為替銀行に対して払い下げることが決定された。ただし将来、東京市債その他民間の外資の輸入計画が実現した場合には、為替決済資金の調達に資した金額はこの払下金額から減額することとされた。後に地方外債（都市外債）の募債金は政府によって吸収されるが、民間外貨社債の募債金は政府ではなくて外国為替銀行によって吸収されている。為替管理はまだ確立されておらず、市場メカニズムを尊重して、民間外貨社債によって調達した外貨資金を為替資金として充用することは認められていた。

---

165) 『大阪銀行通信録』前掲号、676ページ。
166) 『銀行通信録』、前掲第467号、619ページ。
167) 東京銀行編『横濱正金銀行全史』第3巻、47、54－55、73－74ページ。

第3に、政府は外債元利払い・海軍省経費など在外正貨振替払いをなすものについては、政府保有内地正貨を現送することとされた。また、この現送は翌年春の適当な時期に実行することとされた。内地正貨の現送は先のこととされたのであり、内地正貨現送は政府対外支払いのためのものであって、直接的には為替相場維持手段とはされていなかった。11月以降1年間の外債関係などの政府勘定外貨支払い額は7700万円と推定され、これに充当するために8000万円くらいの在内金貨が現送されることになった。

　第4に、在外正貨払下げの方法については、従来どおり正金銀行に払い下げ、同行が他の為替銀行の要求に応じて適宜売り向かうこととされた。その払下相場は他銀行への売却相場に16分の1％の手数料を加えたものとされた。

　正金銀行の自行用為替資金が不足する場合には、政府在外正貨の一部を同行が自らの為替資金に充当することができたが、この場合の払下相場は公定相場（正金建値）とされた。

　この件の実行については、大蔵省および日本銀行において責任者を設け、実行の方法その他について協議し、かつ正金銀行の所作を監督することとされた。

　10月15日に大蔵省は「為替調節策トシテノ内地正貨現送ノ可否ニ付テ」を作成し、政府海外支払いのための正貨現送が為替銀行に払い下げることのできる政府在外正貨の余裕を増加させて為替調節上の効力を有することを認めていた[168]。同月20日の為替対策会議では為替維持の必要に応じて払下正貨の半額までは内地正貨を現送することとされていた[169]。だが、22日の為替首脳会議ではこの項目は削除されている。

　大蔵省は「為替対策実行細目」を決定し、12月6日に田昌大蔵次官はこの実行に遺漏のないよう児玉謙次正金銀行頭取に通達した[170]。

　浜口蔵相が採用した在外正貨払下政策は、単に避けることができない対外支払いのためにそれを行っただけでなく、在外正貨の売却によって為替相場の調節をも期したものである。それは従来行ってきた在外正貨払下政策よりも為替相場維持策としての性格が強いものであり、具体的な払下計画を準備して為替

---

168) 『日本金融史資料　昭和編』第21巻、305ページ。
169) 同上巻、314ページ。
170) 東京銀行編『横濱正金銀行全史』第3巻、74ページ。

相場維持そのものを目指したものであった。このことは、当時の為替相場38ドル半見当で為替を需要する者には必ずしもその用途を糾さないで自由に在外正貨を売却し、為替相場がさらに低落するのを防止することを第１目的としていたということから明らかである。この点が、必要な物資の輸入その他避けることのできない対外支払いのために在外正貨の払下げを行った大震災後の在外正貨払下げと異なっていたのである[171]。

　浜口蔵相の内外正貨を利用しての在外正貨払下声明によって、為替相場維持を主目的とする在外正貨払下政策が採用されるに至ったのであり、為替相場が暴落するに及んで本格的な為替相場維持方針が採用されることとなったのである。浜口蔵相の上記声明とその後の在外正貨払下げの意義を、このように位置づけることができるのである。

　金本位制下の日露戦争期やその後の公的為替操作（在外正貨払下げによる金防衛策）においては、維持相場は金輸出現送点をやや上回る水準に定められていた。これと比較すると、浜口蔵相の政策は為替相場調節の水準の範囲が広く裁量的であった。それは金防衛や金解禁、金本位制への復帰準備を目的としたものではなかった。それは円の国際通貨としての信認を維持するためのものでもなかったし、国際通貨ポンドの信認維持のための国際金融協力として行われたものでもなかった。それは輸入品の支払いなどの高騰を抑制しようとするものであったのである。

　為替相場維持策としては公定歩合引上げによって国際的短期資金移動（資本流入）や貿易（輸入抑制）に影響を及ぼす方法が考えられるが、この方策はその当時は採用されなかった。これは公定歩合引上げが産業に悪影響を及ぼすことが懸念されたからであろう。

（２）　政府在外正貨払下げによる為替相場の維持と僅少な実際の払下額

　浜口蔵相の前記声明後に実施されたのは、在内正貨としての金の払下げではなく在外正貨の払下げであった。また政府保有在内正貨の現送も先に延ばされた。在外正貨の払下げは1924（大正13）年11月から12月にかけては実行されず、

---

[171]　日本銀行（調査局）「金輸出解禁史」（其一）」『日本金融史資料　昭和編』第20巻、22ページ。深井英五［1929］77－78ページ。

第10章　金輸出禁止下の在外正貨払下政策とその転換

　1925年に入り、1月20日に、かねて正金銀行が請求していた在外正貨約600万円の払下げを決行する旨が声明された[172]。同月22日に浜口蔵相は為替安定のために在外正貨の払下げおよび必要により国内から海外へ正貨現送を行う旨を言明した[173]。

　在外正貨は正金銀行だけに対して1925年1月に178万ドル、12万ポンド、2月に151万ドルが払い下げられている。これらはすべて政府所有在外正貨の払下げであった。日本銀行所有正貨の払下げは1924年5月を最後としており、その後は金解禁実施に至るまで払い下げられなかった[174]。第1次大戦期から政府が在外正貨を多く所有していたのに、震災後における在外正貨の売却には日本銀行保有分と政府保有分がほぼ等分に使用された[175]。すなわち、政府在外正貨は7570万ドル、1001万ポンド、日銀正貨は8195万ドル、1089万ポンドが払い下げられている[176]。したがって日本銀行保有在外正貨がわずか1700万円見当となり、政府在外正貨を使用するほかはなくなったのである[177]。

　このような政策に対しては、井上準之助は1925年2月28日の講演で為替相場の人為的維持は絶対的に不可能であり、それは商売の常道に反すると批判している[178]。津島寿一も為替相場の人為的維持策を批判している[179]。

　この329万ドル、12万ポンドの払下げ以降、在外正貨の払下げは1927年3月まで存在しない。前記の政府声明以降における政府在外正貨の払下額は、1925年1～2月の1004万円という比較的少額にとどまった[180]。払下げ実績は従来の相場維持策と比較してはるかに少なかった。従来のように必要やむをえない

---

172)　横浜正金銀行調査課［1931］1071ページ。
173)　日本銀行金融研究所編［1993a］128ページ。
174)　理財局国庫課『第五十七議会国庫金参考書』正貨ノ部。
175)　日本銀行（調査局）「金輸出禁止史（其一）」『日本金融史資料　昭和編』第20巻、22ページ。
176)　『第五十七帝国議会参考書』正貨ノ部。
177)　「金輸出禁止史（其一）」『日本金融史資料　昭和編』第20巻、22ページ。
178)　井上準之助［1925］241－246ページ。
179)　津島寿一は為替の動揺は最も避けなければならないが、為替相場の人為的調節は避けるべきである。政府が在外正貨を払い下げて為替の維持を図るようなことは国際貸借の実勢を顧みない所作となり勝ちで結局において維持できないか為替の高値維持に依る経済界にとっての不利益を誘致することとなる、このような正貨払下げによる人為的調節策は世界の整理を遅延せしめ、自動的調整を妨げたと述べている（津島寿一［1968］65－66ページ）。
180)　大蔵省理財局国庫課『第五十七議会国庫金参考書』正貨ノ部、1929年12月調べ。大蔵省「震災後ニ於ケル為替政策概要」『日本金融史資料　昭和編』第21巻、314ページ。

第 5 編　第 1 次世界大戦後の正貨政策

海外支払いのみに限定されない寛大な在外正貨方針売却のために、外国為替銀行は急遽外国為替送金を行う必要がないだけでなく、為替高騰の際には外貨保有は損失をこうむる危険があったために、在外正貨売却の請求が僅少にとどまったのである[181]。かくして、正貨払下げによる相場維持という政府の政策意図と現実の正貨払下げとには、ずれがあったことを指摘せざるをえない。

だが、そのことは浜口蔵相の在外正貨払下政策の意義が小さかったことを意味するものではない。実際には払下可能額に限度が設けられていたにもかかわらず、浜口蔵相は為替相場維持をどこまでも貫徹するとして、無制限に必要なだけ在外正貨を払い下げ、内地正貨もいくらでも出すことまで外部に語っている[182]。在外正貨、内外正貨払下げ声明とこれに伴う為替調節方策の実行は市場に安心を与えたのである[183]。同声明直後に『東京朝日新聞』のロンドン特派員は、内閣の為替方針は一般市場に「此上の崩落は日本政府が救済する方針なり」との安心感を与える効果があったと報じている[184]。当事者の 1 人であった深井英五は、「其の心理的影響は覿面(てきめん)」であったと述べている[185]。大蔵省および日本銀行は専任者を設け、為替対策の実行細目を協議し、12 月 1 日に専任者による「為替対策実行細目ニ関スル申合」が成立した。冨田理財局長はこの申し合わせが大蔵省で承認されたことを深井日銀理事に通知している[186]。この中では、正金銀行は他銀行から 38 ドル半よりも低い相場で買いの申し込みを受けたときは、適宜これに売り向かうこととされていた。

在外正貨払下げを受けることを前提として正金銀行は 11 月下旬から毎日、東西市場で相当額の為替を売却した[187]。1925 年に入っても正金銀行は為替相場

---

181) 日本銀行「金輸出解禁史（其一）」『日本金融史資料　昭和編』第 20 巻、22 ページ。
182) 『東京朝日新聞』1924 年 11 月 23 日付。『東京日日新聞』同日付。
183) 『日本金融史資料　昭和編』第 20 巻、23 ページ。
184) 『東京朝日新聞』1924 年 11 月 30 日付。
185) 深井英五［1940］334 ページ。
186) 大蔵省理財局長冨田勇太郎から日本銀行理事深井英五に宛てた通達による為替対策実行細目申合せについては東京銀行編『横濱正金銀行全史』第 3 巻、93、126－127 ページを参照されたい。この申合せでは、正金銀行は建相場以下で他銀行に売却したものに対してのみ正貨の払下げを当局に請求することができることになっていたが、翌年 1 月には得意先でない商社に対して建相場で売却したものについても在外正貨払下げを請求できることになった（東京銀行編『横濱正金銀行全史』第 3 巻、93－94、130 ページ）。
187) 同上書、第 1 巻、549 ページ。

第10章　金輸出禁止下の在外正貨払下政策とその転換

維持方針のもとに、他銀行の英米向け為替需要や顧客取引における輸入為替や送金為替需要に対しても正貨払下げを引当てとして売り向かった[188]。1924年11月以降の相場維持策の効果としては心理的影響が大きかったといえるのであるが、このような正金銀行の実際の為替需給調節行動もまた相場維持に寄与するものであったといえるであろう。

このような政策の採用の結果、市場は棉花為替取決め、輸入手形切替需要があったにもかかわらず、円の相場は1924年11月～1925年1月まで38ドル半の相場を維持したのである[189]。

2月には相場は上昇し、3月には40ドル以上に回復している。このような相場の回復が実際の在外正貨払下げを不要なものとしていったのである。この相場回復は外国為替相場の低落自体が輸入に不利、輸出に便利な作用を生じて国際収支をやや改善したこと、政府の声明を実現する準備が整えられたために円貨に対する信認が回復したこと、これ以上の為替低落が生じないとの観測が行われ始め、上海筋その他による円買思惑が台頭したことなどによるものである[190]。

1925年2月以降の相場急回復の過程、要因は次のようなものであった。同年2月以降、為替相場は外資輸入談、貿易改善、正貨政策、中国およびアメリカの円思惑買いなどに刺激されて騰貴し、1927年3月まで急回復の過程をたどっていった。これを1925年9月までについてみてみよう。1925年2月末には外資輸入談のために正金建値が39ドル4分の1に上昇し、3月には宇治川電気、東邦電力などの外債も実際に成立した。加えて上海投機筋の思惑買いがあった。

---

188)　同上書、第3巻、99-100ページ。
189)　同上書、第1巻、549-550ページ。
190)　『日本金融史資料　昭和編』第20巻、23ページ。為替相場の低落は輸出奨励・輸入抑制効果をもたらし、1925年の貿易は多少改善された。そこに中国(支那)から投機が出てきた。中国投機筋は、自分たちの持っている銀貨はいつかは下がると考え、世界で下がらないものを探していた。日本の為替相場の低落により、日本の貿易は多少改善されつつあった。日本は1924年から1925年にかけて約5億5600万円の併価外債を発行し、このほかに資金を外国から2億円以上借りた。このために中国投機筋は日本の為替相場は下がらないと考え、1925年2月頃から総額で1億円程度の円投機を行った。彼らは上海で銀をもって日本の為替を買った。売った為替銀行はこの銀をもって英貨または米貨を買った。このために日本の外貨資金保有が増えた。この結果、日本の為替相場は38ドル50セントから42ドルまで上昇したのである（井上準之助、前掲「為替相場の恢復と金解禁問題」57-60ページ）。

かくして建値は数次引き上げられて41ドルとなった。4月中には下半期出超も考慮されて41ドル半となり、市中相場では42ドル半も出現した。5月下旬の但馬地方の地震が中国に誇大に伝えられると上海投機筋の円売りが進み、市中相場が低落し、正金建値も6月に40ドル4分の3に引き下げられたが、下旬に貿易は出超に転換し、7月に入りますます増進し、連月順調であった。為替相場はこのような貿易改善の実勢を反映していよいよ高騰することとなった。7月には貿易改善に加えて大同電力、東京電燈の外資輸入談も進捗しあるいは成立し、中国投機筋は円の買進みに転じ、正金建値は41ドル4分の1に引き上げられた。8月には棉花輸入取決増加のために為替相場が低落し、正金建値は9月初めに40ドル2分の1に低落したが、出超期の出超額がますます増進し、為替相場は先行き強調を呈した[191]。

このように貿易の好転、外債の成立、中国筋の円投機などが為替相場の上昇をもたらし、在外正貨払下げによる38ドル台への為替相場維持を不要なものとしていったのである。電力外債などの民間外債の発行によって得られた外貨が政府でなく外国為替銀行に吸収されていたのであった。

5　在外正貨払下げによる為替相場維持政策の意義の希薄化

（1）　1925年8月の金解禁準備のための為替相場回復構想

1925年8月13日に大蔵省内で「為替対策ノ根本的改定ニ関スル件」と題する検討案が策定された[192]。これは「今後ノ為替対策ハ単ニ当面ニ於ケル為替相場維持調節ニ止マラス我金輸出解禁問題ト関連シテ更ニ根本策ヲ樹ツルノ要アリ」とするものであって、為替相場の回復を金解禁準備のために求めたものであった。同案は「対外為替ノ根本方針ハ従来ノ為替相場ノ低落防止、乃至ハ維持ノ消極方針ヨリ為替回復ノ積極方針ニ一転」すべきであるとして、為替維持策から為替回復策へと為替政策を転換することを求めている。この為替回復を金解禁の準備のために必要なことと認め、「成ルヘク速ニ平価迄回復スル為必要且適当ノ方策ヲ講スルコト」、この「方針ト共ニ金輸出解禁ノ実行時期ヲ大

---

191)　横浜正金銀行調査課［1931］1063－1064ページ。
192)　『日本金融史資料　昭和編』第21巻、315－318ページ。

体明年ヨリ遅カラシメサルコトニ内定シ之カ実現ヲ期スル為各方面ニ亘リ適当ノ手段ヲ講スルコト」と論じている。

　上記の案は為替調節の機関として正金銀行を利用する従来の制度を改め、日本銀行をしてこれにあたらせようとしている。日本の為替調節の担当機関が中央銀行ではなかったことを同案は問題視しているのである。

　同案は、当面の為替回復策として対米相場が41ドル4分の1を割らないようにし、貿易その他の関係から市場相場が高騰するときはその高騰した相場を維持し、いわゆるアプト式回復策を採ることとした。この為替相場回復のために正貨払下げを予定した。この払下方策の実行に必要な正貨は1925年上半期までの分として数億円見当が予定された。

　だが実際には金解禁準備のための金平価水準を目指して「従来ノ為替政策ヲ一変シテ為替回復ノ積極政策ヲ採ル」べきであるとするこのような為替相場回復案は大蔵省では採用されなかった。この背景には海外の金融関係者と深く交流し、金本位制復帰のために必要な条件を熟知する森賢吾海外駐箚財務官が、イギリスの金融事情に精通している横浜正金銀行取締役であった巽孝之丞の「金準備擁護論」と「銀行法改善意見」を前提として、「金輸出解禁ノ条件及準備ニ関スル上申」という意見書を9月10日に浜口大蔵大臣に提出し、金解禁のためには信用膨張の抑制と金利政策による信用調節を可能とする日本の金融制度改革の必要性や金解禁のための準備施策（国際収支の改善、民間外資輸入の管理、米貨クレジットの設定、金兌換・金輸出に対する穏当な留保）が必要であることを指摘したことが挙げられる[193]。浜口雄幸蔵相は金解禁実施を依然として時期尚早と考えていたのである。金解禁を断行して為替の安定を図るほかはないという考えが実業家の間に台頭してきても浜口は、田中生夫氏が指摘されたように、解禁の必要性は認めつつも軽々に実行することを避け、財政経済全般の準備態勢を整備してしかる後に実行するという腹案を立てていた。その準備

---

193)　森賢吾「金輸出解禁ノ条件及準備ニ関スル上申」『日本金融史資料　昭和編』第21巻、319－322ページ。岸田真［2002］55－56ページ。巽孝之丞は、貿易不均衡のもとでの金の自由輸出に反対であった。巽は、金の保有が必要であり、貿易の均衡を図るためには生産の増大、勤倹貯蓄、事業の整理、銀行信用（banking credit）の整理が必要であるとし、このための銀行法を提言した（巽孝之丞「金準備擁護論」、同「銀行法改正意見」『日本金融史資料　昭和編』第21巻、322－328ページ）。

工作の中核は財政の緊縮であり、財界の整理促進であった[194]。

(2) 1925年9月の在外正貨払下げによる為替相場維持構想

1925（大正14）年8月2日に憲政会単独内閣の第2次加藤高明内閣が成立し、浜口雄幸は蔵相に留任した。1926年1月30日に第1次若槻礼次郎憲政会内閣が成立した後も浜口が当初蔵相に留任した。

1925年9月14日には大蔵省は新たな為替政策「対為替方策ニ関スル件」を省議で決定した。これは第1に、対米市場相場を40ドルを割らないようにするために適当な手段を講ずること、第2に、この為替維持の手段として政府は在外正貨1億6000万円を限度として為替銀行に払い下げること、（今後払い下げる正貨のうち半額までは政府国内保有正貨および日銀の政府預金によって行い、さらに不足する場合には日銀準備正貨を充当する）、第3に、政府外債元利払いなど在外正貨所要に充てるために政府保有内地正貨を現送する、ということを内容とするものであった[195]。

この案には金解禁の準備のために金平価を目指しての為替相場回復という構想が記されていないが、この案を田中生夫氏や岸田真氏は為替回復策とみなされた[196]。だが浜口蔵相期に決定されたこの大蔵省案は、金解禁準備のための為替相場回復を目指すには至らない為替維持策と解釈するのが妥当であろう[197]。為替対策として日銀準備正貨の払下正貨への充当が考慮されたが、それは将来、政府国内正貨および日銀への政府預金で不足する場合のこととされ、実際には金解禁以前に日銀準備正貨の外国為替銀行への売却はもちろん、日銀金現送による在外正貨の補充も実施されなかった。「対為替方策ニ関スル件」という大蔵省省議決定案は1924年11月の為替方策の延長上にあるのであって、為替相場が当時よりも上昇してきたのを反映して為替維持の最低水準が30ドル台から40ドルに引き上げられたことに1924年11月の方策との違いがあるのである。為替調節の機関として正金銀行を利用する制度を改め、日本銀行にあたら

---

194) 青木一男［1959］223ページ。
195) 大蔵省「外国為替及正貨ニ関スル件」（1928年1月10日）『日本金融史資料　昭和編』第21巻、345ページ。財務省所蔵資料「対為替方策ニ関スル件」『昭和財政史資料』Z809-12-1。岸田真［2002］56ページ。
196) 田中生夫［1980］89-90ページ。岸田真［2002］56-57ページ。

第10章　金輸出禁止下の在外正貨払下政策とその転換

せるという案も採用されなかった。

　寺村泰氏は在内正貨現送を為替相場回復方策とみなされた[198]。だが、この方策は為替相場回復方策ではなく、政府対外支払いに充当する政府在外正貨を補充するための政府在内正貨現送策と位置づけるべきものである。この方策を投機土壌利用型為替相場回復策への転換とみなす寺村説には、在内正貨現送の意図せざる結果としての投機による為替相場の回復を、当初から意図したものとみなすという問題があるといえよう。

　前述の1924年12月6日付大蔵省通達による「為替対策実行細目申合」は1925年9月17日付新通達（大蔵次官田昌から正金銀行頭取児玉謙次に宛てた通達）による「為替対策実行細目申合」に変更された。新申合せにおいては、正金銀行から他銀行への売為替の直物または当月物については、政府正貨の払下げはこれを売却があった月の末日までに実行することなどが決められた。正貨払下予定額は1億6000万円となった（為替首脳会議では政府在外正貨払下限度額は1億7000万円とされていた）。そのうち、正金銀行の自行用為替資金の補足に充当す

---

[197]　岸田氏はこの案を為替相場を平価水準まで引き上げようとするものであって、金本位復帰政策の一環をなすものと位置づけられている（岸田真［2002］57、66ページ）。だがこの案にはこのような為替相場回復構想は存在せず、また当時濱口蔵相は金解禁を時期尚早と考えていたのである。大蔵省「外国為替及正貨ニ関スル件」（1928年1月10日）では、日銀正貨現送が取り上げられていない（『日本金融史資料　昭和編』第21巻、345ページ）。浜口蔵相は、正貨現送は為替相場維持のためではなかったと回想している（浜口雄幸談［上］『大阪朝日新聞』1928年7月29日付）。浜口は為替相場を人為的に吊り上げることに賛成しなかった（浜口雄幸談［下］『大阪朝日新聞』1928年7月31日付）。1925年9月に開始された政府所有正貨現送は、1926年2月20日に、これが金解禁の前提または準備として行うものではないという声明とともに中止されてしまった（伊藤由三郎編、前掲『金輸出禁止史』138－139ページ、『日本金融史資料　昭和編』第21巻、392ページ）。浜口蔵相は、1925年3月19日の衆議院本会議において金解禁時期尚早を力説していた。11月19日の手形交換所演説で金解禁に言及しなかった（「浜口大蔵大臣の演説」『銀行通信録』第80巻第479号、1925年12月20日、761－764ページ）。1926年2月23日の衆議院本会議においても浜口蔵相は、金解禁の結果経済界に著しい波瀾が惹起する恐れがないと認めた場合のほかは金輸出の解禁を行わないと答弁して、金解禁時期尚早を主張した（伊藤由三郎編、上掲書、137、140ページ）。1926年4月29日の手形交換所演説で、金解禁は国際貸借が改善され、金解禁を行っても経済界に著しい波瀾が惹起される虞がないと認められる場合に初めて解禁をするのである、最近の為替相場暴騰の原因の一部は円の思惑に帰するものであって、為替相場が投機思惑などによって回復をみてもこのために直ちに金解禁を行う意思を持っていない、と述べている（「浜口大蔵大臣の演説」『銀行通信録』第81巻第484号、1926年5月20日、638－639ページ）。岸田真［2002］は、片岡蔵相は金解禁を主導したというよりはその実行者にすぎなかったと評価しているが（66ページ）、浜口蔵相が金解禁を主導したとはいえないであろう。

[198]　寺村泰［1985］24、31ページ。

第5編　第1次世界大戦後の正貨政策

る金額は7000万円、他行への売却に充当する額は残額の9000万円とされた。自行用為替資金中には正金銀行の得意先に対する売却だけでなく為替銀行以外の商社（得意先でないもの）に対する売却が包含されていた[199]。

（3）　為替相場の上昇による在外正貨払下げの不要化

1925年9月の在外正貨払下げによる40ドル相場維持策の採用にもかかわらず、在外正貨払下げによる相場維持策はその後実施されなかった[200]。政策意図と政策の実行との間にずれが生じていたのである。

1925年に横浜正金銀行の為替持高は買持となっていた[201]。このような状態（この持高を総合持高の買持とみて）で為替相場が回復すれば、同行は損失をこうむる恐れがあった。そこで、同行在外正貨の払下げを求めるどころか、外貨買持を処分するための方策を採用したのである[202]。同年9月当時、このような状況下で同行が在外正貨の払下げを受ける必要はなかった。在外正貨払下げによる40ドル相場維持策は政府の構想にとどまり、その払下げを実行する必要性はなかった。為替相場が40ドル水準を下回る恐れも差し迫ってはいなかったから、その政策の心理的影響はほとんどなかったと考えられる。

10月15日に頭取席から内外各店へ発した通達の中では、下半期貿易順調で来年上半期の入超は激減する見込みであり、東京市債も追々実現する見込みであるから正金銀行は市場に順応して建相場を41ドルまで引き上げたいと述べられている。1925年に至って日本の国際収支が大いに改善の兆候を示し、入超額の見通しもついてきたので、為替漸騰は当然の成行きと予想され、したがって正金銀行としてはできるだけ買持を回避し、また、騰勢の頭を叩きながら徐々の

---

199)　東京銀行編『横濱正金銀行全史』第3巻、97、129－130ページ。
200)　政府所有在外正貨は1925年3月から27年3月までまったく払い下げられておらず、日本銀行所有在外正貨は1924年6月以降1929年12月までまったく払い下げられていないのである（大蔵省理財局国庫課『第五十七議会国庫金参考書』（1929年12月調べ）正貨ノ部）。
201)　正金銀行の児玉謙次頭取は、同年7月29日に内外各店に対して送付した書信の中で、為替基約300万ポンドならびに頭取席勘定外貨公債時価約1500万ポンドの合計1800万ポンドは目下正金の固定的買持であり、さらに本店の買持を加算すればその金額は決して小さいものではない、本店はその買持をできるだけ減少させるべきである、と述べている（東京銀行（新井真次稿）『正金為替資金の史的発展（その三）』同行、1956年、77ページ、『日本金融史資料　昭和編』第22巻、156ページ）。
202)　東京銀行編『横濱正金銀行全史』第3巻、101－102ページ。寺村泰［1985］25ページ。

第10章　金輸出禁止下の在外正貨払下政策とその転換

建値を引き上げていくことが最も重要な課題となった[203]。かくして、正金銀行の建相場は10月29日に41ドルに引き上げられた。9月下旬の政府の正貨現送声明後生じた上海筋の円思惑買いやアメリカ方面における投資的傾向を有する円買注文増加により10月以降為替相場は急騰し、12月には43ドル2分の1となった。1926年以降4、5月までの貿易は前年下半期と趣を異にし、入超額が相当多額に達したが、上海およびニューヨーク筋、とくに前者の円の投機的買進みにより円相場は急騰し、4月末には47ドル4分の1となり、3ドル4分の3もの上昇をみたのである。為替相場はその後5～7月に海外投機筋の態度に応じ、浮動状態を呈したが、8月以降、上海投機筋の円買いが進み、内地正貨現送実行後の金解禁への期待による外国投機筋の円買煽りにより円貨は高騰の一途をたどった。正金銀行は既存の買持を処分しながら市場相場の上昇に応じて建値を引き上げ、正金建値は9月8日には48ドル、1927年3月4日には49ドルにまで上昇した。為替相場は金輸出現送点に近い関東大震災勃発前の水準にまで回復することとなったのである[204]。

　このような為替相場上昇のもとで、在外正貨払下げによる為替相場維持は不要化したのである。

　為替相場維持政策の展開過程は、以上のようなものであった。在外正貨払下額は1925年以後に激減し、1926年11月には正貨政策は在外正貨払下政策から在外正貨補充策へと転換し始めた。この転換過程について、次節で論述することとする。

第5節　在外正貨払下政策から在外正貨補充政策への転換過程

1　国際貸借改善方策による為替相場回復構想

　浜口大蔵大臣に為替相場の回復の考えがまったくなかったわけではない。だが、この実現は主として在外正貨払下げではなく国際貸借改善方策に求められたのである。毎年8000万円程度の外債元利払いを限られた在外正貨の中から支

---

203)　東京銀行、前掲『正金為替資金の史的発展（その三）』82-85ページ、『日本金融史資料　昭和編』第22巻、158-159ページ。
204)　横浜正金銀行調査課［1931］1064-1067ページ。

第5編　第1次世界大戦後の正貨政策

払わなければならなかった政府は、限りある貴重な在外正貨を為替相場回復の手段として用いるわけにはいかなかったのである。津島寿一は正貨の払下げをできるだけ避けるという措置が1925年から実行されたと述べている[205]。

　加藤高明内閣が緊縮政策を掲げて登場したのは1924年6月のことであるが、同内閣の為替対策の根本方針は、人為的手段で形式的に為替相場を維持するのではなく、緊縮的金融財政により国際収支の改善を図り、国際収支の実勢によって円為替の低落を防止するというものであった。浜口雄幸蔵相は、同年7月2日の帝国議会貴族院本会議において、為替相場を人為的に吊り上げることは行うべきではない、為替相場の回復の唯一の方法は相場低落の根本原因である逆調の緩和である、このために政府は行政財政の思い切った整理緊縮の断行を行わなければならない、と述べている[206]。浜口蔵相のもとで1924年11月に大蔵省は前述のように日銀・正金各当局者と協議のうえ、11月に内外正貨を利用しての明確な為替相場維持策（38ドル相場維持）を決定し、同蔵相もこの方針を了承したが、このことは浜口蔵相の本来の趣旨とはいえないように思われる。当時、同蔵相は為替回復の根本策として国際貸借の改善を主張していた[207]。

　浜口蔵相の国際貸借改善方策による為替相場回復構想は、1925年11月25日の関西銀行大会における彼の演説に明瞭に示されている[208]。この演説の内容は次のようなものである。1925年に外国貿易の好転により為替相場は回復した。それでも為替相場は平価に比して約1割6分がた下にある。したがって官民が一致して国際貸借の改善を図り、為替相場の回復を期するのが現下の急務である。このために政府は、勤倹の気運を奨励するとともに、国産品の使用その他の方法により極力政府の対外支払いの減少に努めつつある。また、輸出品の原料である輸入品の関税に付戻税の率を高め、もしくはその適用の範囲を拡張し、もって輸出の増進を図った。また、1926年度予算の編成についても一般に緊縮

---

205)　津島寿一［1968］54ページ。
206)　高橋亀吉［1954］486ページ。高橋亀吉・森垣淑『昭和金融恐慌史』講談社、1993年、89ページ。
207)　『銀行通信録』、前掲第467号、617−619ページ。1928年7月に、浜口雄幸は、大蔵大臣時代を回想して、為替相場の人為的な吊上策は講じなかった、在外正貨の払下げによる為替相場維持策は行ったが、その額はわずかであった、蔵相時代には為替相場を（基本的には）自然に放任したと述べている（『大阪朝日新聞』1928年7月29日付）。
208)　『大阪銀行通信録』第339号、1925年11月、549−550ページ。

第10章　金輸出禁止下の在外正貨払下政策とその転換

の方針を継続したにもかかわらず、貿易に関する商務職員の増員、移殖民の保護奨励、重要輸出品の品質改善、輸出品販路の開拓および外国航路の拡張など国際貸借の改善に関する施策については、できうるかぎりこれを計上した。こうして為替相場の回復を助長しようとした。民間の外資輸入については、これが元利払いのために将来の対外支払いを増加し、ひいて国際貸借をいっそう逆調に導くだけでなく、急激に巨額の外資を輸入することは我が国の財界に悪影響を及ぼすとした。

　大蔵省は1925年12月24日に「国際貸借改善ノ方策要綱」を省議決定し、輸入の抑制、輸出の増進、貿易外収支勘定の調整を期するべきであるとした[209]。このことは当時、対外決済手段の確保と為替相場の回復に寄与する国際収支改善が大きな課題となっており、為替政策の力点が在外正貨の払下げによる為替相場維持から離れていったことを示している。

　浜口蔵相は1926年2月23日の第51回帝国議会（衆議院）で、前年来の為替相場の上昇が貿易の改善を基礎としつつも、我が国の財政の基礎ならびに経済界の前途に対する信用の高まりから生じた思惑や、政府の為替政策の真意を誤解した金解禁予想から生じた円思惑（円買投機）によるものでもあることを認めた。金解禁については、すでにしばしば声明してきたように、まず財界の整理安定を促進し、外国貿易の均衡などによって実質的に日本の国際貸借の改善を図り、その結果として為替相場が平価近くまで回復し、解禁を行ったとしても為替相場が激変せず、正貨が急激に流出せず、経済界に著しい波瀾が惹起されないと認められるようになったときに初めて解禁を行うと論じた。為替相場が投機思惑によって回復したとしても金解禁を行うようなことはせず、国際収支改善による為替相場の回復を待つ方針を明らかにしたわけである[210]。金解禁時期尚早の立場に立つ同蔵相は、同年4月29日の東京手形交換所銀行連合会懇親会でも、財界の整理安定を図り、外国貿易貿易の逆調を制し、実質的に我が国貸借を改善し、その結果として為替相場が平準に回復するようにすべきであると述べている[211]。

---

209)　『日本金融史資料　昭和編』第21巻、330－334ページ。本書、第9章第1節2。
210)　同上巻、81ページ。

第5編　第1次世界大戦後の正貨政策

2　内地正貨の現送と在外正貨補充、為替相場調節策との関係

（1）　政府在内正貨保有

　第1次大戦期の経済界の隆盛に伴い、賃金の支払いや消費の支出用に補助貨の需要が増大し、補助貨が不足するに至った。このために市中の両替料は暴騰し、一時1000円につき25円ないし30円を唱えるに至った。補助貨の不足を補うための対策が種々立てられたが、ついに政府は小額政府紙幣（額面50銭、20銭、10銭）を1917（大正6）年10月の緊急勅令に基づいて同年11月から発行するに至った。小額紙幣の発行は臨時の措置として行われたものであって、当初は講話条約調印の日（1919年6月28日）から1カ年を経過した後には発行しないことになっていた。しかし、その発行は銀相場の高騰と小額通貨需要のために1920年7月の法律第6号に基づいて1921年3月まで継続された。

　1922年2月における政府紙幣発行額は2億1800万円（最高額）に達し、1921年におけるその流通高（発行額から回収償却高を差し引いた発行残高）は2億1650万円に至った。額面が小額といえどもその発行額は多額にのぼり、小額政府紙幣は重要な役割を果たしたのである。

　小額政府紙幣は金銀の支払いが約束されておらず、兌換券ではなかった。だが政府の命により、日本銀行が同額の通貨（日本銀行券と金属貨幣）を引換準備金として保管することとされた。小額といえども政府紙幣が通貨として一般国民からの信認を得て流通するためには、それが国家から強制通用力を付与されるだけでは不十分であって、日本銀行券や金貨などの準備金による裏付けを必要としたのである。

　実際に小額紙幣引換準備に充当された通貨は、日本銀行券（1917～18年）・金貨・補助貨（補助銀貨）、政府保有の在外正貨・金銀塊・貨幣払渡証書であった。1917年12月22日、勝田主計大蔵大臣は森賢吾英国駐箚財務官に、政府寄託金の中から英貨または仏貨を小額紙幣発行高に対する引換準備に充当するよう電報を発した。同日、田昌米国駐箚財務官に対しても同様の訓電を発した。

211）　高橋亀吉編『財政経済二十五年誌』［1932］第6巻、497－503ページ。濱口蔵相は正貨の急激な流出を伴うことがなく、経済界に著しい波瀾を発揮する恐れがないと認められ、かつ解禁後に発生するであろう財界の変動に対して必要な準備を整えたうえで初めて解禁を実施しようと考えていた（同巻、500ページ）。

第10章　金輸出禁止下の在外正貨払下政策とその転換

　1918～20年には小額紙幣引換準備の中心を占めたのは政府保有在外正貨（ニューヨーク保管米貨やロンドン保管英貨・仏貨）、とくにニューヨーク保管米貨であった。小額紙幣引換準備は小額紙幣流通額と同額が保有された。小額紙幣引換準備合計額は1920年に2億円、1921年に2億1650万円であった。1920年における小額紙幣引換準備のうち政府在外正貨は1億7546万円と、小額紙幣引換準備合計額の87.7％を占めていた。同年に小額紙幣引換準備中のニューヨーク保管米貨は1億5108万円に達していた。

　小額紙幣の発行準備を海外に置くことは常道ではなかった。物価騰貴を通貨収縮の方法により抑制しようとする見地からの在外正貨保有批判もあった。そのため、小額紙幣引換準備在外正貨を国内移管する方策が採用されることとなった。政府保有内地正貨が1920年に設置されており、ここに政府金準備を保有することとなった。1921年1月から10月までは政府は小額紙幣在外準備の中の正貨を外国為替銀行に払い下げ、その代り金として為替銀行はインドや上海で買い集めた金を内地に回送して政府に引き渡している。第9章の表9－5によれば、1922年には6468万円の日本銀行所有在内正貨の小額紙幣在内準備への移替えが行われている。この結果、小額紙幣準備は在外準備が著減し、内地準備が著増した。『内外正貨』によれば、1922年末の小額紙幣引換準備内地正貨は1億5081万円に達している。1922年9月29日に物価調節策の1つとして小額紙幣在外準備は全部解除され、この代わりとして日本銀行内地保有金が引き出され、小額紙幣在内準備に充当されている。このために同行の内地保有正貨が減少している。1922年末の小額紙幣準備1億5858万円の内訳は、補助貨2万円、米国金貨301万円、金塊8312万円、金貨6468万円、銀塊775万円となっている。

　1919年5月に政府は小額紙幣の発行限度をだいたい1億2000万円とした。そこで日本銀行はその限度を基礎として1923年度までに小額紙幣を全額消却（回収整理）する計画を定めた。政府の小額紙幣収縮方針にもかかわらず実際にはその後その発行額は増大しているが、1922年6月に成立した加藤友三郎内閣は一段と収縮方針を進め、同年8月16日に小額紙幣の整理に関する声明書を発表した[212]。

　かくして小額紙幣の回収整理が進捗した。1922年1月までは政府保有在内正貨（金）はその全額が小額紙幣引換準備として保有されていたが、小額紙幣の

消却によって同年2月に8281万円の政府保有在内正貨（金）が準備から除外され、その後も徐々に小額紙幣引換準備在内正貨が縮小されていった。準備から除外された正貨は政府の一般会計に移されていった。このようにして、またこのような形態で政府は第1次大戦後に内地正貨（金）を保有するようになっていたのである[213]。

（2） 為替相場調節策としての内地正貨現送の可否についての検討

1924年10月15日、大蔵省は為替相場安定策として内地正貨の現送の可否について検討した[214]。同省は正貨現送として、政府所有在内正貨（1億1000万円余）の現送を想定した。この政府保有内地正貨の現送を行う理由は、第1に、外債元利払いおよび海軍省経費など政府の直接海外支払いに充当するためであった。第2に、在外正貨による政府対外支払いの負担を免れ（軽減）させ、それだけ在外正貨を為替銀行に払い下げうる余裕を増加し、これにより為替相場を調節するうえでの効果をもたらすためであった。当時においては内地正貨現送には為替相場安定策としての意図もあったのである。

政府在内正貨現送には賛成論と反対論とがあった[215]。

大蔵省は賛否両論比較考察して、次のように結論した。①相当額の内地正貨現送はやむをえない。②為替相場低落の時期を見計らって現送を実行する。③ニューヨーク連邦準備銀行に事前に正貨現送を伝えておく。④ニューヨーク連邦準備銀行はアメリカへの正貨現送を好まないであろうから、正貨現送以外の為替相場維持策について同行と日本銀行とで、ニューヨーク連邦準備銀行の日本銀行へのクレジット供与などについて協議する。⑤両行間で協定が成立したときには公表し、為替相場に好印象を与える。⑥クレジットを設定できたときは正貨現送は当分差し控える、為替差損補填方法については別途講究する[216]。

---

212) 以上については次の文献を参照した。日本銀行臨時調査委員会調査局編「欧州戦争と本邦金融界」(1918)『日本金融史資料　明治大正編』第22巻、64-67ページ。日本銀行調査局編「世界戦争終了後における本邦財界動揺史」同巻、477、682-684ページ。大蔵省編『明治大正財政史』第13巻［1939］271-276ページ。日本銀行調査局編『図録日本の貨幣　8』［1975a］257-266ページ。

213) 岸田真［2003a］71ページ。

214) 大蔵省「為替調節策トシテノ内地正貨現送ノ可否ニ付テ」『日本金融史資料　昭和編』第21巻、305-308ページ。

第10章　金輸出禁止下の在外正貨払下政策とその転換

　この中でとくに注目されるのは、内地正貨の現送は財政経理のうえから実行すべきであるということが、内地正貨現送の賛成論の大きな論拠の1つとなっていたことである。在外正貨は約7500万円程度にすぎず、国債の現利払いや海軍省経費払などの支払いのために将来在外正貨が不足することは明らかである。金現送により為替差損を補塡すれば、財政上の負担が緩和されるという財政当局者の考えが早くも登場しているのである。

（3）　在内正貨現送の遅延

　だが在内正貨の現送は遅延した。これは第1に、対米協調への配慮によるものであった。アメリカは自国に集中した金が国内に不当のブームを巻き起こすことを恐れて、1920年後半から流入した金を通貨膨張を招かないように不胎化する政策をとっており[217]、金流入を歓迎していなかった。大蔵省はこれに配慮したのである[218]。第2に、在外正貨の売却が僅少であって金現送の必要が起こらなかったためである。第3に、正貨現送は在外正貨が枯渇したために行われるものであるという疑惑を招かないように、当局が慎重な態度をとってい

215）　現送反対論の論拠は次のようなものであった。第1に、民間に金輸出を禁止しておいて政府にだけ内地正貨現送を認めるのは不公平である、第2に、政府保有在内正貨の存在を知らない者に日銀正貨準備の減額への疑惑を招き、その存在を知る者になぜ現送を政府保有正貨に限り日銀正貨準備を現送しないのかという批判を招き、結局金解禁問題に対する政府の態度不徹底が攻撃される、第3に、外債元利払いなどのためにはまず在外正貨を使用すべきである、第4に、金は国民経済の基礎を強固にし、有事の場合における最後の準備として保有しておくべきものである、第5に、為替調節策としては内地正貨現送以外の方法を採用すべきである、第6に、金の流入を喜ばないアメリカが内地正貨現送を迷惑に感ずる、ということであった。
　これに対して現送賛成論の論拠は次のようなものであった。第1に、正貨現送は政府の為替相場維持の決意を示し、為替相場調節のうえで心理的に大きな効果がある、第2に、在内正貨保有が多すぎる、第3に、政府内地正貨現送は部分的金解禁となり、為替相場調節に寄与し、金輸出禁止に伴う不利益を緩和する、第4に、政府所有内地正貨は国庫剰余金であって、財政の都合上この維持は困難であり、これを処分するとすれば内地において内地保有正貨を日本銀行に売り渡して通貨膨張を助長するよりも海外へ現送する方が金融政策上妥当である、第5に、為替相場不利のために一般会計対外支払いにおける為替差損金が1924年度に約1400万円ないし1500万円にのぼる予定であって、内地正貨を現送すれば為替差損を補塡でき、財政上の負担を緩和できる、第6に、内地正貨現送は国民に日本の財政経済の難局を自覚させる効果がある、ということであった。

216）　大蔵省「為替調節策トシテノ内地正貨現送ノ可否ニ付テ」『日本金融史資料　昭和編』第21巻、306－307ページ。
217）　牧野純夫［1960］14ページ。
218）　『日本金融史資料　昭和編』第21巻、307ページ。

たためでもあった[219]。第4に、1925年2月の高田商会の破綻などによる財界不安も政府がその実行を見合わせる要因となった[220]。田昌大蔵事務次官は、2月頃に同商会の破綻などがあって正貨現送を断行すれば経済界に著しい打撃を及ぼすことを考えてその実行を見合わせることとしたと述べている[221]。

（4）　第1期政府内地正貨現送の目的

1925年9月16日に至り、政府（浜口蔵相）は大蔵省の名において内地正貨の現送に関する声明を発表した。同声明によれば、この「政府保有内地正貨ノ現送ハ我［政府保有］在外正貨ノ補充トナリ之ニ依リ政府カ外国債ノ元利払其他ノ対外支払ニ当ツテ生スル為替上ノ差損額ヲ減少シ我財政上ノ負担ヲ緩和スル有利ナル結果ヲ生スル」ようにするというのが、その主目的であった[222]。一般会計および特別会計の歳出予算の純計額は数十億円の巨額にのぼっていたが、この支出の中で海外払いに充当される金額も相当多額にのぼっていた[223]。

政府在内正貨の現送はまず第1に、政府対外支払いの必要とこれをを背景として為替差損による財政負担の軽減を図ろうとするものであったのである。1926年2月に発表された「内地正貨ノ現送ニ関スル声明」においては、このことがよりはっきりと述べられている。すなわち「正貨現送ノ目的ハ屢々声明セル如ク政府ノ元利払其他ノ対外支払ヲ為スニ当リ為替送金ニ依ルトキハ歳計上巨額ノ為替差損ヲ生スルヲ以テ成ルヘク之ヲ減少セントスル財政上ノ理由ニ出テタルモノ」であると述べられている[224]。

金現送については、「現送ノ実行ニヨリ自然［結果として］銀行ニ対スル正貨［在外正貨］払下ノ余力ヲ増加セシメルコトトナルノテアルカラ対外為替ノ調節ニ資スル所アルハ勿論テアル」と1925年9月16日の内地正貨現送声明が述べているように、当初は政府在外正貨を補充して為替相場の維持回復を図る意図が副次的には含まれていた[225]。浜口蔵相は1925年11月25日の関西銀行大会に

---

219)　日本銀行（調査局）「金輸出解禁史（其一）」『日本金融史資料　昭和編』第20巻、23ページ。
220)　『中外商業新報』1925年9月17日付（『日本金融史資料　昭和編』第21巻、391ページ）。
221)　『東京日日新聞』1925年9月17日付。
222)　『日本金融史資料　昭和編』第21巻、391ページ。
223)　1925年度の政府海外払実績は外債関係8500万円、普通経費1億700万円、作業会計経費3500万円、合計2億2500万円となっている（津島寿一［1968］68ページ）。合計額は同書による。
224)　『日本金融史資料　昭和編』第21巻、392ページ。

第10章　金輸出禁止下の在外正貨払下政策とその転換

おいても正貨現送を「在外正貨を補充し必要に応じて為替銀行に対し正貨を払下げる能力を増加する」ことが為替相場の回復に資するところ少なくないと述べている[226]。在外正貨払下げによる為替相場維持政策以外に正貨現送による為替相場調節構想がまったくなかったわけではなかった。

だが、正貨現送は為替相場維持回復を主目的とするものではなかった[227]。『東京日日新聞』は、正貨現送が為替相場回復のための積極的な手段ではないとはいえ、為替相場維持効果があることは認めていた。だが、正貨現送には為替維持はできないとする批判も当時存在した[228]。正貨現送による為替相場維持効果は一時的に指摘されたにとどまり、後年に元蔵相、民政党総裁の浜口雄幸は、「正貨の現送は為替相場を吊り上げるためではなく、政府の対外支払いにおける為替差損を減ずるために外ならなかった」、正貨の現送は為替維持策を目的としたものではなかった、それがたまたま為替相場維持策のようにみえるようなことがあっても、それは政策の目的でなく結果にすぎなかったと述べているのである[229]。

正貨現送に対外信用、国際信用向上、これによる為替相場回復の意図がまったくなかったわけではない。一時的ではあるが、浜口蔵相は前述の関西銀行大会において、政府正貨の現送は「海外における邦貨の信用を増進するを以て……為替相場の回復に資する所少からざるべきを信ず」と述べている[230]。だが深井英五は、外国における信用を維持するために、いわゆるみせ金として在外正貨を設置することの意義を認めていない[231]。それは外国民衆の目に触れるものではないからである。この問題については後で検討する。

---

225)　同上巻、391ページ。
226)　『大阪銀行通信録』第339号、1925年11月、550ページ。
227)　岸田真氏は正貨現送が為替相場を平価水準まで引き上げる政策であり為替回復のシグナルとして開始されたとみなされているが（岸田真［2002］57、66ページ）、これは疑問である。
228)　前某閣僚は、為替回復の根本策は輸出貿易の促進、海運事業発達に伴う船舶収入の増加、外国旅客の招来などを主眼とし、まず国内産業政策の確立、生産力の充実を第一の要務としなければならない、今回の単なる正貨現送で為替の維持はできるはずはなく、上海あたりの商人の攪乱する力の方が強大であろうと述べている（『東京日日新聞』1925年9月17日付）。
229)　濱口雄幸談、『大阪朝日新聞』1928年7月29日付。
230)　『大阪銀行通信録』第339号、1925年11月、550ページ。『東京日日新聞』（1925年9月17日付）は在外正貨の一部は常時に対外信用上保有しなければならなかったと述べている。
231)　深井英五［1928］364－365ページ。

第5編　第1次世界大戦後の正貨政策

　実施された金現送は政府保有の金にかかわるものであって、日本銀行保有の金を現送するものではなかった。それは内地正貨現送声明において述べられているように、日本銀行の正貨準備とは関係がなく、これにより直接に内地金融に影響を及ぼすものではなかった[232]。政府所有正貨の現送は日本銀行に無利子の政府預金の形式で預けている自由資金9600万円（小額紙幣回収済みとなり小額紙幣準備金から解除された金）の中から送付するものであった[233]。

　金解禁前において、日本銀行保有内地正貨（金）は海外に向けて現送されなかった。それは日本銀行券に対する信認を維持するための兌換準備金（正貨準備）として保有されていたのであり、金を現送することは、それによる正貨準備の減少が銀行券発行残高の収縮を招いて内地金融に影響を及ぼし、産業発展に悪影響を及ぼすとして回避されていたのである。

　イギリスのチャーチル（W. Churchill）蔵相が1925年4月28日に下院における演説の中で金解禁の実行を宣言した際に、浜口蔵相は日本が金解禁を実行するわけにはいかない、貿易が順調に回復するか、イギリスのように貿易外の受取勘定が著増して入超を差し引いても余りあるようにならなければ、それは実行できないと述べていた[234]。同蔵相は同年にその立場を持続した。同年9月の大蔵省の内地正貨現送に関する声明には金解禁準備の意図は含まれていなかったのである。

（5）　第1期政府内地正貨現送の実施

　政府在内正貨（金）現送は1925年9月に開始され、同月20日に第1回分として200万ドルの政府在内正貨が春洋丸という船でアメリカに向けて現送されている[235]。

232）　内地正貨現送声明は次の文献にも掲載されている（「内地正貨ノ現送ニ関スル声明」大蔵省理財局国庫課、『第五十七議会国庫金参考書』1929年12月、伊藤由三郎編、前掲『金輸出禁止史』138ページ、『日本金融史資料　昭和編』第21巻、391ページ）。
233）　『東京日日新聞』1925年9月17日、18日付。
234）　『都新聞』1925年4月30日（『日本金融史資料　昭和編』第21巻、390－391ページ）。
235）　現送費用は8407ドル（現送額の0.42%、その内訳は運賃6000ドル、保険料2020ドル、諸雑費387ドル）であったから政府手取額は199万ドルとなり、邦貨換算額401万円の政府所有内地正貨が現送されたわけである。1925年9月から1926年2月までに8回金現送が実施され、この間の内地正貨現送の合計額は3009万円であった（大蔵省理財局国庫課『第五十七議会国庫金参考書』正貨ノ部）。

金現送については前述のように当初は政府在外正貨を補充して為替相場の維持を図る意図が副次的・一時的には含まれていたが、実際には政府対外支払いをはるかに下回る額しか政府在内正貨は現送されなかった。現送された正貨を政府対外支払いに充当すれば、それは在外正貨保有額の減少を食い止めることはできず、また金現送によって得た在外正貨を為替銀行に払い下げる余地はなかった[236]。

さらに為替相場が投機などのために上昇したから、在外正貨を為替相場維持のために外国為替銀行に払い下げる事態は生じなかった。

したがって、在内正貨現送は、実際には在外正貨の民間銀行への払下げを通じて為替相場を調節するという効果を発揮しなかったといえるのである。

(6) 第1期政府内地正貨現送の帰結

政府在内正貨現送は政府在外正貨を補充し、為替差損を回避しつつ政府対外支払いを行うことに寄与した。政府対外支払いにおける為替差損は1924年度で1650万円、1925年度で1100万円余にのぼっていた[237]。正貨現送はこの負担を緩和するものであった。

関東大震災後において、為替の騰落には実需以外の投機取引がその一大原因となっていた[238]。在内正貨現送は財政上の理由から生じたにもかかわらず、海外為替市場は政府保有正貨現送（金現送）を金解禁の前提または金解禁準備であると誤解した。かくして、海外市場において大規模な円投機が惹起されるに至った。円に対する投機的需要の激増のために、日本の対外為替相場は急激な上昇を示した。政府在内正貨現送は、このような経路を通じて、結果的には為替相場の急騰をもたらしたといえるのである。

このような円投機が生じた背景には、各国の金本位制復帰という国際的な環境における金本停止下の日本の変動相場制の持続という事情があった[239]。ま

---

236) 1924年10月15日作成の大蔵省資料によれば、政府海外支払い所要額は1925年度に8649万円と推計されていた（『日本金融史資料　昭和編』第21巻、305ページ）。1925年下期～1926年上期における海軍省経費、国債元利払いなどの政府対外支払額は1億1461万円であった（岸田真［2003a］79ページ）。

237) 津島寿一［1968］56-57ページ。

238) 同上書、66ページ。

第5編　第1次世界大戦後の正貨政策

た上海市場が投機市場として大きな役割を果たしていたことも、その投機を助長した。上海における投機者の空売買のために、上海における為替取組高は貿易による実際取組高の5倍に及んだ[240]。ことに1921年11月に通常の外国為替市場とは別に創設された標金取引所（上海で通貨の代用とした長方形の金塊の取引所で、株式会社組織名は上海金業交易所股份有限公司）が標金売買と為替売買を行い、投機的性格の強い取引を行っていた。標金の定期を売買し、他方にほとんど同額の為替を取り組み、一方の売りは他方に買い繋ぎ、一方の買いは他方に売り繋いで、その鞘をとった[241]。為替投機には中国投機業者だけでなく日本の金融機関も関与していた[242]。

円為替相場の高騰は、輸出上に不利な影響を及ぼし国際収支の根本的改善を妨げるものであった[243]。投機に基づく為替の不安定は事業界・貿易界が堅実な基礎に基づいて安心して仕事をすることを妨げるものであった[244]。為替投機は金解禁政策の実施予想と結びついていた[245]。

1926（大正15）年2月20日、ここにおいて政府は一般の誤解を避けるため、大蔵省の名において「内地正貨ノ現送ニ関スル声明」を発表した[246]。正貨現送は為替差損を避けるための財政上の理由に基づくものであることを明らかに

---

239) 投機とは将来における価格変動を予想して利益を得ようとする売買行為であり、将来の価格と現在の価格との差を利益として確保することを目的として商品、証券、為替という価格変動を有するものを売買する行為である。為替投機は為替相場の変動幅が大きい場合に生ずる。金本位制下では為替相場は金平価を中心として上下金現送点の間で変動したが、その相場は固定的で安定していた。円については、日本が金輸出を禁止し、為替相場がかなりの変動をみるようになってから為替投機が始まり、とくに上海において円為替の投機が始まった（東京銀行『正金為替資金の史的発展（その三）――自由為替の激動面に映る諸史像――』同行、1956年、237ページ、などを参照。
240) 早阪喜一郎『銀価と銀為替』大阪屋号書店、1925年、303ページ。
241) 同上書、310ページ。
242) 寺村泰［1985］27－30ページ。伊藤正直［1989］141－143、171－175ページ、など。
243) 日本銀行（調査局）「金輸出解禁史（其一）」『日本金融史資料　昭和編』第20巻、23－24ページ。
244) 津島寿一［1968］66ページ。
245) 「金輸出禁止史(其一)」『日本金融史資料　昭和編』第20巻、23ページ。
246) 正貨現送の目的は、従来しばしば声明してきたように「政府ノ外国債ノ元利払其他ノ対外支払ヲ為スニ当リ為替送金ニ依ルトキハ歳計上巨額ノ為替差損ヲ生スルヲ以テ成ルヘク之ヲ減少セントスル財政上ノ理由ニ出テタルモノニシテ金輸出禁止解除ノ前提トシテ行フモノニアラサルナリ」として一般の誤解を避けるために重ねて声明した（『日本金融史資料　昭和編』第21巻、392ページ）。

したのであった。また実際に、同年2月の金現送を最後として正貨現送は一時的に停止されたのであった。

3 金解禁実行準備施策

(1) 「金輸出解禁ニ対スル準備事項要綱」の策定

　為替相場の上昇は輸出および産業界の不振、銀行財務の悪化をもたらすに至った。このために浜口内閣の国際収支均衡策による為替相場回復策は動揺するに至った[247]。

　為替相場が昂騰し、金平価との開きが縮小するとともに金解禁即行論が輿論化していった[248]。金解禁即時断行を批判してきた井上準之助は、1926年5月14日の講演では「為替相場が今日の如く上つて四十八弗にも近づいた以上は、金の解禁をすることに決定しまして、さうしてそれに到る用意をすることが絶対的必要であると考えます。私は今日は金解禁の準備時代だと考へるのであります」と論じるに至った[249]。このような状況下で金解禁を時期尚早と考えていた浜口蔵相の政策は、国際収支均衡策を基礎とする為替相場維持回復策から金解禁準備施策（具体的な金流出への対策・在外正貨補充策、金解禁に伴う問題に対する対策など）へと傾斜することとなった。

　1926（大正15）年5月24日、大蔵省内で「金輸出解禁ニ対スル準備事項要綱」が策定された。これは国際収支の均衡達成を待たないで金解禁を断行することとし、これに備えての準備施策を検討したものである。これは1926年中に金解禁が実施されるものと仮定して立案されていた。同案における準備施策としては、正貨現送が掲げられるとともに、在外正貨の払下げを行うどころか政

---

[247] 田中生夫［1980］95、103ページ。
[248] 「金輸出解禁史（其一）」『日本金融史資料　昭和編』第20巻、24ページ。田中生夫［1980］93ページ。
[249] 井上準之助［1926］179ページ。金解禁準備策として井上は、①外国為替銀行の買持資金を日本政府が買い入れること、②日本銀行が正貨準備として保有している金貨を積み出して海外に必要な資金を準備し、またこれにより通貨を収縮し物価を引き下げることを提言した。井上は貿易収支の改善を待っていたらいつまでたっても金解禁はできず、さらに根本的均衡を早急に期待することはできないと考え、国際収支改善策として海運業の奨励を推奨した（井上準之助［1926］189、192-194、196、240-244ページ）。

第 5 編　第 1 次世界大戦後の正貨政策

府による為替銀行からの在外資金の買上げが検討され、為替相場がほとんど金現送点に復した場合において政府が為替銀行から在外資金を買い上げて在外正貨を補充する方策が挙げられていた。在外正貨を外国為替銀行に払い下げて為替相場を維持するという方策は、もはや考えられなくなったのである。外資輸入による在外正貨補充の必要性も認められている[250]。

　上記要綱の中では、金融緩和方策や物価低落政策とともに「輿論教育」の重要性が指摘されている。これは金解禁実施のためには一般世人が金解禁の与える一時的苦痛について十分に理解することが必要であると考えられたからであった。金本位制への復帰に対する国民の信認を得るためにはこれが必要とされたのであろう。

（2）「金解禁実行ニ対スル準備的施設ニ付テ」の策定

　1926年6月に浜口に代わって蔵相に就任した早速整爾〔はやみ〕が病死した後、同年9月に片岡直温が第1次若槻礼次郎内閣の蔵相に就任した。大蔵省は1926年11月13日に「金解禁実行ニ対スル準備的施設ニ付テ」を策定した。同案は国際貸借改善施策を金解禁実行のための広義の準備施策とみなしていた。同案では金解禁準備施策そのものとしては、金解禁実行そのものに対する具体的準備施策ならびに金解禁に伴って生ずる財界の悪影響防止または緩和策ならびに正貨補充維持策を指していた。

---

[250]　金解禁を実行するとすれば、1926、1927両年における対外資金流出は約1億6500万円見当と予想された。これらを外国為替銀行の在外資金または政府日銀所有在外正貨で振替決済するとすれば、1927年末における在外資金残存額は、東京市外債、横浜市外債成立による募債金8200万円を含めたとしても、2億4000万円にとどまった（在外正貨3億5500万円、正金銀行および台湾銀行買持高5000万円、合計4億500万円から1億6500万円を振替決済）。金解禁準備のためにはこれでは不足するから、まず政府所有内地正貨を現送し、ついで必要があれば日銀所有内地準備正貨を現送することとされた。また、政府が在外正貨補充のために為替銀行から在外資金を買い上げることについては、現時点ではこれを行うべきではないが（将来における為替相場上昇の場合における為替リスク回避のために）、為替相場がほとんど平価水準となった場合にはこの買入れを行ってよいとされた。外資輸入による在外正貨補充についても、東京市外債、横浜市外債発行や、生産的目的を有する民間外債の寛大な取扱いによって行うことが適当であると認められた。また、在外資金が不足する場合には日本銀行がイギリスまたはアメリカにおいてクレジット契約を締結することとされた。金解禁時の通貨収縮に対する方策として金融緩和策を講ずることとされた。また、物価の低落を図る政策や金解禁に対する輿論教育も求められた（大蔵省「金輸出解禁ニ対スル準備事項要綱」『日本金融史資料　昭和編』第21巻、335－338ページ）。

第10章　金輸出禁止下の在外正貨払下政策とその転換

　金解禁準備施策の第1は、内地財界の整理をいっそう促進することであった。この内容は、内地金利の低下による解禁に伴う打撃の緩和、震災手形の整理、台湾銀行・朝鮮銀行の整理、日銀保有準備正貨の一部の準備外正貨への移管と金解禁後の正貨流出に際してのその使用、国債政策における非公募主義の持続と現金償還の能否の講究などであった。第2は、在外正貨の維持補充方策であった。その内容は内地正貨の現送、政府ならびに日銀保有外債の資金化、朝鮮銀行に対する在外指定預金の返還、政府預金による為替銀行の買持為替の買取り、外資輸入施策（横浜・東京市債の発行、特殊会社の外債発行、民間外資輸入抑制方針の緩和）、外資輸入による手取外貨の政府買上げによる在外正貨の補充、クレジットの設定であった[251]。第3は、その他の件であった。その内容は金解禁実行までの為替相場の高位維持、金解禁実行実行における日本銀行の活用、輿論教育の実施であった[252]。

　この中で注目すべき点は、在外正貨の払下げに代わって在外正貨の維持補充方策が項目として掲げられ、その中で正貨現送とともに、政府が内地預金をもって為替銀行から買持為替を徐々に買い取ることが挙げられ、また、外資の輸入による在外資金はなるべく政府が買い上げて在外正貨の補充に資することとされていることである。政府の正貨政策は在外正貨払下政策から在外正貨維持補充策へと転換し始めたのである。

　なお、「金解禁実行ニ対スル準備的施設ニ付テ」においては「金輸出解禁ニ対スル準備事項要綱」で述べられていた輿論教育の重要性が再説されている。これは、金本位制への復帰のためには国民の金本位制への信認が必要であり、これを形成するために輿論教育が必要であると考えられたからであろう。

　11月17日には金融当局者を招いて大蔵大臣が官邸で行われた会議が開催され、「金解禁ノ実行ニ将来ニ於ケル我国正貨収支関係」をもとに金解禁実施方針が決定した[253]。

　金解禁の実行にあたっては日本の将来における正貨収支関係を考察し、正貨の補充維持上必要な方策を確立しておくことが肝要であった。このために1926

---

[251]　東京市外債、横浜市外債の発行交渉は1924年に開始され、1925年9月に交渉再開が訓令され、これが在外正貨補充策と位置づけられていた（岸田真［2002］46、57ページ）。
[252]　『日本金融史資料　昭和編』第21巻、338－339ページ。
[253]　昭和大蔵省外史刊行会編［1967］261ページ。岸田真［2002］63－64ページ。

年11月17日には大蔵省は「金解禁ノ実行ト将来ニ於ケル我国正貨収支関係」を作成し、正貨収支を推計している。これによれば1927年末には在外正貨は3704万円にまで減少し（正金銀行の為替買持高を含む）、その後も毎年1億6000万円以上の対外支払超過が予想され、1928年末には国際収支の支払超過のために在外正貨は皆無となり、国際決済のために日銀内地準備正貨が流出せざるをえないとされている[254]。

　片岡蔵相は、金解禁即行論がますます活発化するなかで、当初は金解禁断行の意図を秘していたが、11月17日に政府が金解禁実施方針を決定すると、同月27日の関西銀行大会において金本位復帰方針を明言した[255]。

（3）　政府在内正貨現送の再開

　政府は大蔵省の名のもとに1926年10月16日に「内地正貨ノ現送ニ関スル声明」を発表した。この声明は内地正貨の現送の再開方針を明らかにしたものであった[256]。同声明によれば、「内地正貨の現送は我在外正貨の補充となり、之に依りて政府が外国債の元利払ひ其他の対外支払ひに当り生ずる為替上の差損額を減少し、財政上の負担を緩和することにある」のであった。為替相場が回復して安定してきたのに内地正貨現送を再開するのは財政目的からであって、これは在外正貨を補充して政府対外支払いと財政上の為替差損を軽減するために行われたものであって、田中生夫氏が述べられたような為替相場の平価水準への回復を目的としたものではなかったのである[257]。正貨現送が外国為替銀行への在外正貨払下余力を増加させることによる為替調節作用を持つことには上記声明は触れていない。在外正貨補充が重視される一方で、正貨現送を通じての在外正貨払下余力の増大による為替相場調節の意義が喪失されるようになったといえるのである。

---

254)　『日本金融史資料　昭和編』第21巻、339－343ページ。

255)　かくして、①政府現送の再開、②東京・横浜両市の外債発行の推進・実現と民間外債発行の規制緩和、③国庫余裕金を公債償還資金に充当する制度の採用、④日銀金利の引下げ、⑤製糸業者の救済、⑥震災地銀行の整理、⑦金融機関の整備などが金解禁準備施策として実施されることとなったのであった（田中生夫［1980］96ページ。『大阪朝日新聞』1928年8月1～4日付。岸田真［2002］63－65ページ）。

256)　『日本金融史資料　昭和編』第21巻、392ページ。

257)　田中生夫［1980］96ページ。

第10章　金輸出禁止下の在外正貨払下政策とその転換

　正貨現送は日本の対外信用維持向上策としても実施されたのである。すなわち、片岡直温は蔵相として正貨現送再開を行ったことについて、後年次のように回想している。海外で金(かね)を要する場合に日本が海外に投資したもの、すなわち外国の債券などを売ればただちに金(かね)になるわけであるが、このようなもの（正貨外政府保有在外金融資産）を売り払って公債の利払いや政府の購入物品の代金支払いに充てるような窮迫な様子をみせずに、払う金は別に備えていくことにした方が外国の安心を買う所以(ゆえん)だと考えたから、毎月少しずつの金(きん)を送って、政府の利払いや買入物品の代金支払いに充てるという方策を実行したのである。また対外的に信を得なければならないから「対外信用の向上策」として外国に正貨を置いた。このことについては反対する者もいる。しかし公債を募集するときに利子はこの地で支払うという以上それだけの準備をすることが条件になっているから、その金(かね)だけは置かなければならぬ、この意味からも金を現送した、と。外債に依存している日本の実情を反映して、また今後の外債募集を考慮して、対外的に信を得るために外国に正貨を置くことの必要性を片岡蔵相は認識していたのである258)。日本銀行理事の深井英五は外国に在外正貨を見せ金として保有することが国際信用の維持、「対外信用の維持」に寄与するとみることを否定している。国際金融の実状を熟知している深井英五は、見せ金ということが民衆の心理状態に多少の影響を与えるかもしれないが、正貨を外国に保有しても、それは外国民衆の目に触れるものではなく、金融界の玄人にしか感知されず、国際金融の中心となる市場の玄人は（対外信用の判断に際しては）一国の保有する在外正貨の多少よりもその保有する正貨の全体に重きを置き、さらにその国の一般経済状態に重きを置くであろう、と論じている259)。だが片岡の前述のような考えは大蔵省内にも存在したのである。大蔵省「外国為替及正貨ニ関スル件」（1928年1月）の中では、日本は外債が約14億6000万円存在し、これに対し常時相当額の資金を保留することは「対外信用維持」のうえで望ましいことであると述べられている260)。また、異説があることを知りつつ、大蔵省は「今後の正貨及為替対策ニ就テ」（1929年3月）の中で、

---

258)　片岡直温談（5）、『大阪朝日新聞』1928年8月5日付。
259)　深井英五〔1928〕364－365ページ。
260)　『日本金融史資料　昭和編』第21巻、348ページ。

第5編　第1次世界大戦後の正貨政策

在外正貨の増減が巨額の外債を有する、政府、日本の「対外信用」に影響を与えるから、「政府ノ対外信用ヲ維持スル為メ」、ある程度の在外正貨を常に準備として保有する必要があるということを認めていたのである[261]。ここに国際信用、ことに国家の国際信用の維持に努めようとした日本の実状を看取できるのである。

中断されていた正貨現送が再開されたのは、為替相場が著しく高位にあり（正金建値48ドル2分の1）、かつ相場も比較的安定し、金現送を再開しても為替投機を醸成する恐れがなくなったと認められたからでもある[262]。

大蔵省内では前述のように1926年5月に金解禁準備の検討が進められ、11月13日には「金解禁実行ニ対スル準備的施設ニ付テ」が立案されていた。この中で在外正貨の維持補充策として内地正貨の現送が掲げられていた。これは第1に、政府保有内地正貨の現送を全額完了するまで続行すること、第2に、金解禁後における急激な正貨流出ならびに金融逼迫に備えるために、日銀保有在内準備正貨を日本銀行券発行余力の出現に応じて日銀保有準備外正貨に移し換え、金解禁後の金流出にあたってはまずこの準備外正貨を使用することを含んでいた。金解禁準備のための在外正貨補充の意図も存在していたといえよう。

前述のように11月17日に金解禁実施方針が決定した。津島寿一は正貨現送再開が金解禁の準備工作という色彩が濃くなったと述べている[263]。

1926年10月の正貨現送再開声明では現送正貨は政府保有のものに限られており、日本銀行所有の内地正貨は現送されないことになっていたが、その後、片岡直温蔵相は将来の日銀所有内地正貨の現送に金解禁準備の意図を含ませるようになった。すなわち、「金解禁実行ニ対スル準備的施設ニ付テ」において日銀正貨現送が考慮されていたのを受けて、1926年11月27日に大阪で開かれた関西銀行大会において片岡蔵相は、「今後金解禁準備の為適当と認める時期において、日本銀行保有の内地正貨の現送をも併せ行ひ、出来得る限り在外正貨の

---

261) 『日本金融史資料　昭和編』第21巻、360ページ。
262) 正貨現送再開声明にこのことが述べられている。
263) 津島寿一［1968］57ページ。片岡道温も内地正貨現送再開に金解禁準備の意義を認めていた（前掲片岡直温談（5）を参照）。上記「準備的施設」においては、移し換えられた日銀準備外正貨は、日銀勘定で保管するとともに政府預金に移し換えることとし、後者は適宜現送することとされており、これによる政府在外正貨の維持補充と政府による金流出抑制策の採用が考慮されていた。

第10章　金輸出禁止下の在外正貨払下政策とその転換

充実を図らんとする考であります」と演説したのである[264]。三土忠造大蔵大臣は、1927年11月29日に大阪において、当初正貨現送の目的は財政負担の減少であったが、後に金解禁の準備として正貨現送の必要なことが声明されたと演説している[265]。もっとも、日本銀行保有在内正貨の現送は金融恐慌時における若槻内閣の総辞職によって実現しなかった。

1926年10月に政府保有内地正貨（金）の現送が再開された。政府正貨の現送は1927年4月上旬まで継続し、1927年4月までに1回あたり200万ドル（手取額邦貨換算401万2200円）を船で運び、15回にわたって内地正貨現送を行い、合計3000万ドル（手取額邦貨換算6018万3000円）をアメリカに現送した。1925年10月以降1927年4月までに9027万円の内地正貨をアメリカに現送したこととなる[266]。正貨現送はことごとく米国金貨をもって実施された[267]。

1926年下期～1927年上期の現送外貨手取金6018万円では同期間中の海軍省経費、国債元利払いなどの政府海外支払い9571万円を賄えなかった[268]。したがって政府在内正貨現送は、政府対外支払いのための在外正貨補充となりえても、金解禁準備の意図にもかかわらず、金解禁準備のために在外正貨を補充することは実際には行われなかったといえよう。また、日銀正貨の現送も実施されなかった。日銀正貨の現送による在外正貨の充実という金解禁準備施策は構想にとどまったのである。

だが政府正貨の現送再開は、政府の各種声明と相俟って人々に金解禁の時期が遠くないことを思わせ、円貨の投機思惑を助長した。かくして為替相場は益々上昇し、国際貸借の実勢以上に高騰し、1927年3月4日についに49ドルとなったのである[269]。

片岡蔵相は金解禁準備のために財政整理緊縮と財界の整理の進捗を図り、震災手形の整理と金融機関の整備を進めた。だが、1927年3月14日の衆議院予算委員会での失言を発端として金融恐慌が勃発し、金融機関全体が非常な打撃を

---

264) 『大阪銀行通信録』第352号、1926年12月、21ページ。
265) 『第五十七議会国庫金参考書』正貨ノ部。
266) 大蔵省理財局国庫課『第五十七議会国庫金参考書』正貨ノ部。
267) 『日本金融史資料　昭和編』第20巻、23ページ。
268) 岸田真［2003a］78ページ。
269) 大蔵省「外国為替及正貨ニ関スル件」『日本金融史資料　昭和編』第21巻、346ページ。1927年11月29日における三土大蔵大臣の演説（注270参照）。

受け、ことに信用の収縮は著しいものがあった。このような時期において金解禁を実施することは困難であるだけでなく、内地正貨を現送することはきわめて機微の状態にある日本の財界に多大の衝動を与える恐れがあった。かくして、4月20日に成立した田中義一内閣は在内正貨の現送を中止することとしたのである[270]。

4　金融恐慌以後の在外正貨払下げ

（1）　金融恐慌による国際信用度低下時の横浜正金銀行への在外正貨払下げ
横浜正金銀行の貿易金融の英米金融市場への依存

　横浜正金銀行は短期貿易金融を中心とする営業活動を行った。同行は内地本支店が円資金で輸出為替を買い取り、その代り金がロンドンおよびニューヨーク両支店に集中され、海外各店がこれを日本内地に円資金として回帰させていた。為替銀行の営業の中心は為替の売買であるが、対顧客取引の結果として為替の売りと買いのアンバランスがしばしば生じ、これにより為替リスクが発生したり円・外貨資金の過不足が生じたりするから、正金銀行は売買差額である為替持高の調整や資金調整を行わなければならなかった。業務上も円資金調達や外貨資金調達という資金調整が必要となった。正金銀行は第1次大戦後も短期外貨資金を依然として国際金融の中心地で借り入れている。正金銀行ロンドン支店は世界各店に資金を供給するために、ニューヨーク支店からの回金とロンドンにおける資金調達に常に依存していた。ニューヨーク支店はロンドン支店とその他の世界各店からの資金需要に応ずるためにニューヨークにおける資金調達に常に依存していた[271]。

　正金銀行のロンドン・ニューヨーク両国際金融市場における国際信用度は高かった。1927年に同行ロンドン支店は平常時におけるファシリティ（facility：信用供与枠）500万ポンド以上の一時借入金を得ている[272]。1928年末にはロンドン支店は総額700万ポンドの借入可能力（ファシリティ限度）を得ている[273]。

270）　大阪中之島中央公会堂における官民合同歓迎会席上での三土大蔵大臣の演説、『大阪朝日新聞』1927年11月30日付。
271）　平智之［1993b］789-791、804ページ、など。
272）　東京銀行編『横濱正金銀行全史』第3巻、211ページ。

第10章　金輸出禁止下の在外正貨払下政策とその転換

　1929年1月頃の正金銀行の銀行借入金残高はロンドン支店が560万ポンド、ニューヨーク支店が2400万ドルであった。3月における正金銀行の両地借入金の総合残高は1億7000万円に達した[274]。1930年4月29日付のニューヨーク支店支配人席の頭取席為替課宛書信によれば、ニューヨーク支店が供与されたファシリティは22の金融機関合計4725万ドルであった[275]。

　このような短期国際信用が正金銀行の対外活動を支えていたのである。

　満州事変後に国際環境が悪化し、市場取引である外債発行が行われなくなるが、相対取引である金融機関の金融取引は継続した。イギリスの金融機関の日本の金融機関に対する信用・貿易金融は日中戦争に至るまで崩れることはなかった[276]。

国際信用度低下時での正金銀行への在外正貨払下げ

　1927（昭和2）年3月に金融恐慌が発生し、銀行の休業が相次いだ。4月に成立した田中義一立憲政友会内閣は高橋是清蔵相のもとで国内均衡優先の政策

---

273) 同上巻、276ページ。
274) ロンドン支店が取引銀行から供与されていたファシリティを銀行別にみれば、ロイズ・バンクが200万ポンド、ミッドランド・バンクが100万ポンド、ナショナル・プロビンシャル・バンクが100万ポンド、ウェストミンスター・バンクが90万ポンドとなる。ロンドン支店は前年末以来ファシリティ限度以上の借入れを行い、同年4月の借入残高は660万ポンドに達した。12月のロンドン支店の借入金残高は600万ポンドに及んでいた（同上巻、337-340、342-343、370-371ページ）。
275) 同上巻、427-428ページ。
276) 日中戦争当時、正金銀行ロンドン支店は950万ポンドの借入能力（ファシリティ）を有していた。これは当時1行としては世界に例をみないものであった。しかし、日中戦争後にはイギリスの金融機関は対日金融を制限するようになった（東京銀行編『横濱正金銀行全史』第4巻、東京銀行、1982年、355-356ページ）。イギリスの対日信用は減退・崩壊過程に入る。やがてアメリカも厳しい対日金融取引制限をするようになる。イギリスにおける対日金融取引制限過程については、イングランド銀行史料室所蔵の日本ファイル 'Financial & Economic Position' (OV 16/114, 115, 116) を参照されたい。ウェストミンスター銀行のイングランド銀行への報告によれば、イギリスの金融機関のロンドンにおける対日金融リスク（ほとんどが5大銀行に集中）は1938年1月から1940年9月にかけて、割引額を除く制限額で1729万ポンドから309万ポンドに削減され、この間に貸出や割引などによる日本のロンドンへの依存額は634万ポンドから214万ポンドに縮小している。日本がロンドンに有していたポンド金融資産も1080万ポンドから316万ポンドに減少しているから、後者から前者を差し引いた日本のポンド資産余剰は446万ポンドから102万ポンドに減少している (Chief General Manager's Office of Westminster Bank to Peppiatt, January 6, 1938, Bank of England Archives, OV 16/114, Lidbury: Director and Chief General Manager of Westminster Bank, to Peppiatt: Chief Casher of the Bank of England, February 18, 1941, OV 16/116).

第5編　第1次世界大戦後の正貨政策

を採り、金解禁を引き伸ばした。6月に高橋蔵相に代わって大蔵大臣となった三土忠造も金解禁時期尚早政策を継続した。1928年10月に東京や大阪手形交換所は政府に対し金解禁を建議し、輿論は金本位復帰論に傾いてきた。だが高橋是清前蔵相は、金解禁即行を行えば金融・物価を変動させ、金利を高くして、商工業者を困難に陥らせ、産業の発展を妨げ、悪くすると金解禁を実行しても確実に兌換の維持ができず、もしこのために外国から借金を重ねなければならなくなれば日本の対外信用は失墜するという由々しい結果が生ずる恐れがあるとして、これに反対した[277]。

金融恐慌は日本の対外信用、英米における対日信用を次第に低下させた。日本の銀行や会社に対する警戒が日ごとに厳重となり、正金銀行在外各店の金融は逼迫してきた。同行は対外信用、国際信用、外貨資金調達上の難局に直面した。このため、同行はニューヨークで4月20日に500万ドルの政府在外正貨の払下げを受け、またニューヨーク支店の要請に基づき4月23日に1000万ドルの在外正貨預入れを受けた。さらにロンドン支店の借入金残高が575万ポンドと限度一杯に達したため、4月23日には100万ポンドの政府所有在外正貨の2ヵ月預入れを受け、加えてロンドン支店の銀行借入金担保に供するために100万ポンドの日銀所有英国大蔵省証券を2ヵ月借り入れる了解を得た。こうして、5000万円という多額の資金援助を政府・日銀から受けたのである。同月の正金銀行への在外正貨の払下げは、円為替相場維持のためではなく、国際信用の低下から生じた日本の外国為替銀行の外貨資金を補充するためのものであったといえる[278]。

当時、正金銀行への政府・日銀の外貨資金援助がこの程度で済んだのは、正金銀行がそれまで築き上げてきた国際信用、対外信用が崩壊しなかったからである[279]。金融恐慌期の正金銀行への在外正貨払下げや在外正貨預入れは、同

---

277) 東京銀行編『横濱正金銀行全史』第3巻［1981b］279-280ページ。
278) 同上巻、206-208ページ。大蔵省「最近ニ於ケル在外正貨異動ニ関スル説明」大蔵省所蔵『津島文書』では、金融恐慌期の4月4日から5月2日の期間中に、為替銀行の在外資金調達のために在外正貨が払い下げられただけでなく為替調節資金として正金銀行へ500万ドルの在外正貨が払い下げられたとされているが（岸田真［2000］29ページ）、正金建値は4月19日の48ドル4分の3から30日の47ドル4分の3へ低落している。
279) 東京銀行編『正金為替資金の史的発展（その四）――昭和金融恐慌とその前後――』同行、1957年、5-6、10ページ。

（2）　金融恐慌後の在外正貨払下げ

為替相場維持を意図しない在外正貨払下げ

在外正貨払下げとして、1927年4月および5月中に日本の財界動揺の際に在外資金逼迫を救済するために朝鮮銀行へ米貨400万ドル、住友銀行へ米貨200万ドルが買戻条件付きで売却されているが、それらは同年6月から8月にかけて全額買い戻されている。それらの払下げは為替相場維持を意図したものではなく、在外資金不足を一次的に補うものにすぎなかった。

そのほか金融恐慌後から1929年にかけての在外正貨払下げとしては、1927年7月に正金銀行に12万ドル、8月に日本興業銀行に2143万ドル、1928年5月に朝鮮銀行に309万ポンド、1929年9月に正金銀行に500万ドルが払い下げられているだけである[280]。これらは各銀行の外貨資金の不足を補うものであったと思われる。

金融恐慌後の在外正貨払下げは為替相場維持策としての性格を持つものではなかったのである。

為替相場放任政策

1927年4月5日、鈴木商店が突如破綻し、台湾銀行不安の報に接して市場相場は低落したが、若槻内閣は為替相場維持策を採用し、正金銀行はこの政策に追随し、正金建値は1～3ポイント下回るようになった。17日に若槻内閣が総辞職し、20日に田中義一内閣が成立した。同内閣（高橋蔵相）は4月23日に正貨現送の停止を発表するとともに、25日に「前内閣の人為的な円高支持策を一擲し、市場における日米為替の自然的推移を見極めたうえで適策を講ずる」という新方針を明らかにした[281]。正金銀行頭取席は4月27日に海外各店へ次のように発電した。新内閣はさしあたり為替維持をなさず市場成行きに放任しておき、相当下落の結果、適当な時期が到来したときに初めて何らかの策を講じるとのことである、正貨払下げは今のところ問題にならない、と[282]。金融恐

---

280)　大蔵省理財局国庫課『第五十七議会国庫金参考書』正貨ノ部。
281)　東京銀行編『横濱正金銀行全史』第3巻［1981b］、212ページ。

慌以後に田中内閣は為替相場変動放任政策を採用したのである。

在外正貨払下げによる為替相場維持構想

1927年4月19日以後、正金建値は低落した。その後、5月に金融恐慌が一段落して若干回復を見せたが、9月以降に再度低落し、11月には45ドル台に陥った。このような状況下で同月21日、大蔵省は省議をもって対米為替相場45ドル相場維持対策を決定した。このために必要な場合には、2000万円を限度として政府所有在外正貨を正金銀行に払い下げることとした。この政府の方針は正金銀行に伝えられ、頭取席はその方針を主要各店支配人に電報で伝えた。

だがその後、為替相場は45ドルを上回り、在外正貨払下げは実施されなかった[283]。金融恐慌後に在外正貨払下げによる政府の為替相場維持構想が再現したが、未実現に終わったのである。

為替相場放任政策の復活

1928年1月10日に大蔵省は「外国為替及正貨ニ関スル件」を策定した。これは、為替相場が45ドルを割るという不自然な事態が発生した場合には、在外正貨払下げという対策を講ずる必要があることを認めている。だが同省は、為替相場は今後だいたい自然の推移に任せるべきであって、為替銀行に対する在外正貨払下げは原則として避けるべきであり、非常の場合を除くほかは実行しないことと主張した。金解禁は国際貸借の改善と内地財界の安定をまって実行するのが適当であって、内地正貨の現送や在外正貨の払下げなどによって為替相場を人為的に吊り上げる必要はないと論じた。上記方策は為替政策に関して45ドル相場を下回らせないという制約条件付きではあるが、原則として人為策を避け、放任主義をとるべきであるとしたのである[284]。

このように上記案では、在外正貨払下げによる為替相場維持よりも為替相場変動放任の方が強調されたのである。この背景には在外正貨保有高の減少とい

---

282) 東京銀行編、前掲『正金為替資金の史的発展（その四）』78ページ、『日本金融史資料 昭和編』第24巻、786ページ。

283) 大蔵省「外国為替及正貨ニ関スル件」『日本金融史資料 昭和編』第21巻、346ページ。東京銀行編『横濱正金銀行全史』第3巻、218ページ。

284) 大蔵省「外国為替及正貨ニ関スル件」『日本金融史資料 昭和編』第21巻、346-348ページ。

第10章　金輸出禁止下の在外正貨払下政策とその転換

う事実があった。政府が従来どおりの在外正貨の振替払いによって対外支払いを行うとすれば、在外正貨保有額は半年以内に最低必要とされる金額1億円を割ると予想されていたのである[285]。

　1929年初めには横浜正金銀行の英米資金が不足した。当初政府は45ドル相場を維持することとし、このために同年1月にニューヨークにおいて1000万ドル、ロンドンにおいて100万ポンド、政府が同行に預金を6カ月間預け入れることが決定した。前者は即時、後者はそのうちに振り込まれることとなり、3000万円相当の外貨は7月返済を条件に預け入れられた。しかし、2月初めに至って政府の在外正貨はいよいよ減少し、政府は相場維持のために十分な資金を正金銀行へ預け入れることができなくなり、45ドル相場維持方針は放棄された。正金建値は45ドルを下回ったままとなっていた[286]。

　1929年3月に大蔵省は「今後ノ正貨及為替対策ニ就テ」を立案している。同案は、1年後には在外正貨の残額は2000万円台にすぎなくなると推定している。在外正貨払下げによる為替相場維持策については、在外正貨の補充が困難であるために、とうてい為替維持のために在外正貨を使用する余裕が存在しない、金解禁を決意しあるいは声明しないかぎり為替相場は自然の成行きに任せるほかはない、と断じた[287]。在外正貨の枯渇という現実に直面して、大蔵省は明らかに在外正貨払下げによる為替相場維持策を放棄し、為替放任政策を採用したのである。正金建値は1929年3月以降45ドルを下回るようになり、同年6月末、7月初めには43ドル台にまで低落しているのである。

　このような為替政策のもとで、為替相場は1927年4月から1929年6月にかけて、変動を伴いつつ低迷している。為替相場は1927年4月半ば以降5月末に至る金融恐慌直後の急落期、6月以降8月末に至る貿易改善に伴う回復期、9月から12月末に至る外貨日本債買付けおよび中国筋策動に伴う低落期、1928年1月から3月末までの金解禁気構えによる高騰期、4月から6月に至る対中国問題紛糾を主要材料とする反落期、7月から9月に至る日米金利の隔差に基づく

---

285)　政府所有在外正貨現在高は1927年末に1億6700万円余にとどまり、これに日本銀行分を加えても1億8600余万円にすぎず、これから朝鮮銀行指定預金3000万円を控除すると在外正貨残額は1億5000万円余にすぎなかった（同上巻、347－348ページ）。
286)　東京銀行編『横濱正金銀行全史』第3巻、338－339ページ。
287)　大蔵省「今後ノ正貨及為替対策ニ就テ」『日本金融史資料　昭和編』第21巻、360ページ。

1097

円資金流出による相場の低落期、10月中の金解禁論の再沸騰による相場急騰期、11月以降1929年6月末までの解禁期待望み薄による相場の気迷反落期、1929年7月以降の金解禁準備進展による為替相場の急回復期というように変動している[288]。

5　在外正貨補充構想と外債募集金買入による在外正貨補充

（1）　1926年以降の在外正貨補充構想

大蔵省は1926年以降、在外資金を外国為替銀行から買い上げて在外正貨を補充する政策を進めていた。この過程は以下のようなものであった。

大蔵省の「金輸出解禁ニ対スル準備事項要綱」（1926年5月）は、政府が在外正貨保有のために為替銀行から在外資金を買い取ることは政府が為替リスク（為替相場回復に伴う為替差損の危険性）を抱えこむことになるとしてこれに反対し、為替相場が平価水準に復帰した後に買入れを行う場合にだけ認めた。また、外資導入による在外資金の充実を認めた[289]。

同省の「金解禁実行ニ対スル準備的施設ニ付テ」（1926年11月13日）は、在外正貨の維持補充方策の必要を論じ、円思惑により流入した資金が金解禁前後に急激に流出する悪影響を緩和するために政府が内地預金を用いて為替銀行から買持為替（資金）を徐々に買い取っておくとともに、外資輸入を進め、これによって得た外貨をなるべく政府が買い上げて在外正貨を補充すべきであると論じた。同省の「金解禁ノ実行ト将来ニ於ケル我国正貨収支関係」（1926年11月17日）は、金解禁の実行にあたっては正貨の補充維持上必要な方策を確立しておくことが肝要であると論じた[290]。

1926年11月17日、金融当局者を招いて大蔵大臣官邸で行われた会議において金解禁の実施方針が決定した。同月27日に片岡直温蔵相は金本位制復帰への意向を明言した[291]。在外正貨補充策が金解禁準備のために本格的に展開されるはずであったが、金融恐慌の発生によって挫折した。

---

288)　横浜正金銀行調査課［1931］1073－1078ページ。
289)　『日本金融史史料　昭和編』第21巻、337ページ。
290)　同上巻、338－339ページ。
291)　岸田真［2002］63－65ページ。

（２） 金融恐慌後の在外正貨補充構想

　大蔵省は1928年１月10日に「外国為替及正貨ニ関スル件」を策定した。この中で在外正貨保有の是非を検討している。在外正貨の使途は為替相場維持のための為替銀行に対する払下げと政府の外債利払いその他の海外払いとであるが、前述のように大蔵省は今後為替銀行に対する在外正貨の払下げは非常の場合を除くほかは実行しないこととした。

　一方、政府は巨額の海外支払いを要したが、為替市場を通して（外国為替銀行経由で）海外送金することは為替市場を圧迫するから、政府自らが賠償金や外貨国債発行によって海外支払い資金を調達するとともに地方債や民間社債募集金や第１次大戦期の為替銀行の輸出為替手取金を買い上げ、得た外貨資金を在外正貨として保有して政府対外支払いに充当してきた。このような在外正貨保有は、政府に関するかぎり、対外支払いや外債募集金などの資本移動を為替市場に反映させないから常道ではないとした。そこで大蔵省は、今後は政府の海外払いについては従来の在外正貨の振替払いを改め、一部を除いて原則として（為替銀行を通ずる）為替送金の方法によって行うことを提唱した。このような主張が現れたのは、前述のように在外正貨が減少してきたため、政府対外支払いを在外正貨の振替払いという方法を継続することによって行うとすれば、半年以内に在外正貨の保有額がその最低必要額を割り込むことが予想されたからである。同省は政府海外払いの負担を為替市場に転嫁することによる為替市場の負担を緩和するために、民間外資輸入の抑制を排除する政策をも提唱するようになった[292]。

　だが、大蔵省は在外正貨の保有そのものを否定したわけではない。日本外債の発行残高は約14億6000万円に達しており、これに対し常時相当額の在外資金を保有することは日本の対外信用、国際信用の維持のうえから望ましかった。とくに1931年に満期となる第二回四分利英貨公債（現在額２億4000万円）の償還に際しては、それを現金償還と借換のいずれで行うにしても政府が相当額の在外正貨準備を保有することが望ましかった。かくして、１億円ないし１億5000万円の在外正貨保有が必要とされた[293]。

　292）『日本金融史資料　明治大正編』第21巻、347－349ページ。

第5編　第1次世界大戦後の正貨政策

政府の海外払いを在外正貨の振替払いから為替送金払いに切り替えることは為替市場を圧迫することとなる。これを緩和しようとすれば、在外正貨保有による振替払いを一部残さざるをえなかった。実際にこの転換は構想にとどまり、在外正貨の振替払いは継続していた。このために在外正貨は減少していったのである。

（3）　外債募集金買上げによる在外正貨補充

1920年以後1929年6月までは、外国為替銀行から外国為替を買い上げて在外正貨を補充することは行われなくなった。

この間に実施された在外正貨補充策は、政府在内正貨現送を別とすれば、併用外債募集による在外正貨獲得と外債募集金の銀行などからの買入れであった。第9章第2節で論じたように、これも1925年までは、外債発行抑制方針のもとで1924年に実施されただけであった。だが1926年5月以降、在外正貨が減少してくると外債発行抑制方針が緩和され、さらに同年11月には金解禁実行準備施策が策定された。これらを背景として、第9章の表9－4にみられたように1926、27年には都市外債（地方外債）発行募集金が在外正貨として政府（一般会計、預金部、臨時国庫証券収入金）によって買い入れられた。さらに1928年には電力会社（東京電燈）や東洋拓殖株式会社の外債募集金を政府は在外正貨として買い上げた。

かくして在外正貨の補充は、構想だけでなく、1926年以降に外債募集金の買上げという限定された形態ながら、実行されるようになったのである。このように正貨政策はさまざまな経過をたどりながら在外正貨払下政策から在外正貨補充政策へと転換していったのであった。

293）　1927年中の政府の在外正貨振替海外払額は外債利払い7094万円、海軍省経費1534万円、6分半米貨公債買入351万円、第二回四分利英貨公債買入381万円、毀損証券買入消却代36万円、合計9397万円であった。1億円は1年間の所要額に相当し、1億5000万円は1カ年半の所要額に相当した（「外国為替及正貨ニ関スル件」『日本金融史資料　昭和編』第21巻、348ページ）。大蔵省の「正貨補充策」（1929年1月）によれば、1927年度の在外正貨振替政府海外払いは、国債元利払い7075万円、六分利付英貨公債買入資金266万円、海軍省経費1636万円、第二回四分利付英貨公債買407万円、合計9384万円となっている（同巻、356ページ）。

第6節　在外正貨補充政策の展開

1　「正貨補充策」の策定

　1929年には在外正貨払下政策とは逆の在外正貨補充政策が本格的に展開されることとなる。本節ではこの展開過程について論述することとする。大蔵省は1929年1月10日に「正貨補充策」を策定し、在外正貨補充策を具体的に立案した。この内容は以下のように要約できる[294]。

　日本の在外正貨保有額は1928年11月末において、政府保有額9668万円、日本銀行所有2232万円、計1億1900万円であり、一方、政府の在外正貨振替対外支払い額は1927年度に約9000万円であったから、したがって、在外正貨は1年2、3カ月後には消尽されてしまうと推定できる。政府日銀は狭義の在外正貨とは別の海外保管有価証券を有していた。このため、この外貨証券を売却して資金化して在外正貨を補充することが考えられる。だがこれを急激に行えば、これらの証券価格が低落し、これらを所有する政府日銀が損失をこうむることとなり、また日本の対外信用、国際信用を傷つけ、日本外債の新規発行にきわめて不利な影響を及ぼす。したがって、この資金化は相当長期にわたって行わざるをえない。

　かくして、日本の在外正貨保有高が手薄なことに鑑み、この補充が必要となる。この在外正貨の補充は次の3つの観点から考慮できる。第1に、政府普通海外払資金（外債元利払いおよび海軍省支払い）の補充、第2に、金解禁準備としての正貨補充、第3に、1931年1月期限到来の第二回四分利英貨公債の借換所作準備、である。

　第1については、政府支払いを在外正貨振替払いから為替銀行経由の為替送金に転換することが考えられる。だが、急激にこれを行えば為替相場が著しく低下することになる。したがって、金解禁までは在外正貨の振替払いが継続されることとなる。このことは、もしも1年半が経って金解禁が実行されていないときには在外正貨がなくなっているのであるから、独立の在外正貨補充問題を攻究する必要があることを意味する。

294）『日本金融史資料　昭和編』第21巻、352−356ページ。

第5編　第1次世界大戦後の正貨政策

　第2については、金解禁時の金流出額を算定する必要がある。この金額は国際収支の支払超過額1億8000万円と内地遊金の海外流出予想額1億2000万円の合計3億円と推定できる。これに対し、現行の金準備を確保しておくとして、対外金流出に備えて使用可能な資金は政府・日銀保有の前述の在外正貨1億1900万円と今後1カ年に資金化可能な海外所有有価証券3000万円の合計1億4900万円となる。3億円から1億4900万円を差し引いて約1億5000万円の在外正貨補充があれば、現行の金準備を維持できることになる。だが、在外正貨余裕資金を保有する必要があり、ことに第二回四分利英貨公債の借入れを有利にするために（対外信用、国際信用維持を目的として）相当額（約1億円）の在外正貨を保持する必要がある。結局、2億5000万円ないし3億円の在外正貨調達の方策を講ずる必要がある。

　第3については、借換準備を良好とするために現金償還ができる在外正貨準備保有が必要となる。現存債額2億3000万円のうち日本人が所有する約1億2000万円は内債で借換可能と推定できる。残額1億7000万円が海外市場での借換必要額となる。この借換実行の前に〔対外信用、国際信用維持のために〕約1億円くらいの正貨（在外正貨）保有を必要とする。

　当面の正貨補充策としては、外債の発行ないしクレジットの設定をせざるをえない。

2　「今後ノ正貨及為替対策ニ就テ」の策定

　1929年3月に大蔵省は「今後ノ正貨及為替対策ニ就テ」を策定した[295]。この中で在外正貨は1年後には残額が2000万円台になるとして、在外正貨の枯渇を予想した。このような状態のもとで、在外正貨払下げによる為替相場維持は実行困難であるとした。

　同案は正貨政策として正貨補充の必要を考察している。正貨は次のような理由から補充が必要とされた。第1は政府の対外信用を維持するためである。これは為替相場にも少なからず影響するとされた。第2は政府海外払い資金補充

---

295)　『日本金融史資料　昭和編』第21巻、359－364ページ。

のためである。第3は金解禁準備のためである。第4は第二回四分利英貨公債償還のためである。今日、為替調節のための正貨補充は適当でないとされた。

在外正貨維持補充策については次の方策が考えられるとしている。第1は、政府対外支払いに伴う在外正貨減少を防止するための為替送金の採用である。第2は、在外正貨補充のための内地正貨の現送である。これは解禁の決意をしてから実行すべきものとされた。第3は、政府および日銀所有外貨公債の資金化である。第4が、政府外債の発行である。第5が、クレジットの設定である。第6が、公共団体および民間外債の買上げである。どの方策を採用するかは、近い将来に金解禁を行うかどうかによって違ってくるとされた。

3　金解禁準備の進捗——為替の統制買い

1929年7月2日、田中内閣の辞職に伴い浜口雄幸民政党内閣が成立し、大蔵大臣には井上準之助が就任した。浜口内閣は7月9日に十大政綱を発表し、金解禁の実施を表明し、そのための準備として緊縮政策（財政緊縮など）を採用した。

濱口内閣の成立は金解禁近しの思惑を生んだ。政府は為替相場の急騰を避けるために横浜正金銀行に金解禁見越しの外貨売りに対して買い応じるようにさせた。当時、横浜正金銀行が当局の意向によって為替市場に出動することを「為替の統制」と呼んだ。同行の為替リスクを回避するため、政府は正金銀行が買い取った為替をただちに買い上げることとした。このような操作を行うために7月10日に政府、日銀、横浜正金銀行の3者間で、横浜正金銀行の為替買出動と政府の米貨または英貨の正金銀行からの買入れに関する取決めが行われた。

上記取決めに基づき正金銀行は外貨資金買出動を行い（為替の統制買い）、政府が同行からその外貨資金を買い上げたのである。この「政府特別買入れ」は7月12日から9月27日まで続けられた。この間、直物・先物合計で円換算2億1690万円の外貨が買い上げられた。当時の我が国は在外正貨が枯渇状態にあったから、このような正金銀行の為替の統制買いに基づく「政府特別買入れ」は、単に円相場の急騰を避けるだけでなく、その買入資金全額が正貨に組み入れら

第5編　第1次世界大戦後の正貨政策

れて在外正貨を補充するという点においても大きな意味を持っていたのである。

　この結果、我が国の在外正貨は10月以降急増し、11月末には2億1700万円となり、1927年当時の水準に回復することができた。金解禁断行前の浜口内閣のもとで、正貨補充策は、外資導入ではなく、為替銀行からの外貨買入れに基づく在外正貨補充策として展開されたのである。

　このようにして、正貨政策は在外正貨払下政策から在外正貨補充策へと明確に転換したのである。

　為替相場は、「為替の統制」、外貨資金の統制買いにもかかわらず、金解禁予想などのために急上昇し、正金建値は7月2日の44ドル8分の1から11月18日の48ドル8分の5に上昇している[296]。

　浜口新内閣は在外正貨の充実に努めていたが、在外正貨の水準は必ずしも安心できるものではなかった。政府や日本銀行は円に対する国際信認を一段と強固なものにしておきたいと考えた。政府は津島寿一海外駐箚財務官を通じて英米の金融関係者と協議し、かくして、11月19日には横浜正金銀行と英米銀行団との間で1億円のクレジット契約が成立した。11月21日には金解禁を断行する大蔵省令が発令され（1930年1月11日施行）、同時に金解禁実施についての首相声明や蔵相声明が発令されたのであった。

　1930年1月11日に金輸出が解禁され、こうして日本は金本位制に復帰したのである。

---

296)　『日本銀行百年史』第3巻［1983b］394－397ページ。

第11章　金解禁政策

第1節　第1次世界大戦後当初の国際政治環境と金輸出禁止の継続

1　第1次世界大戦終了当時の国際政治環境

　第1次世界大戦の終結、中国国内の政治情勢の変化、帝政ロシアの終焉、中国をめぐる列国の力関係の変化という情勢のもとで、日本の対中国政策は変更されることとなった。米騒動などのために寺内正毅内閣が総辞職を余儀なくされて原敬内閣が成立すると、同内閣は、援段政策をやめて、中国の南北の騒乱を助長する恐れのある借款その他による中国への財政援助は行わないことを閣議決定し、対中国政策の転換を内外に印象づけた[1]。

　1918（大正7）年11月にドイツが連合国に降伏して第1次大戦は終結した。第1次大戦終了後に民族自決主義が広まり、東アジアの植民地・半植民地諸民族の間にも独立・解放要求が強まった。土地調査事業によって多くの農民が土地を取り上げられていた朝鮮では、1919年3月1日に万歳事件（3・1独立運動）が勃発し、独立闘争が朝鮮全土に広がった[2]。中国では1919年5月に山東の利権を日本が継承することに反対する5・4運動が発生した。これは中国の民族解放運動に大きな影響を与えるものとなった。

　1919年1月にパリで講和会議が開かれ、日本はイギリス・アメリカ・フランス・イタリアとともに5大国の1つとして参加した。同年6月にヴェルサイユ条約が調印された。これによってドイツの制裁が決まり、ヨーロッパの戦後秩

---

1) 勝田龍夫 [1972] 196−204ページ。
2) 山辺健太郎「日本帝国主義と植民地」『岩波講座　日本歴史』第19巻、1968年、239−246ページ。

第 5 編　第 1 次世界大戦後の正貨政策

序（ヴェルサイユ体制）が成立した。また日本は山東の利権を同条約によって確保した。日本は1920年創設された国際連盟に加盟して常任理事国となった。日本は世界の中心国ではなかったが、アジアの「政治大国」としての地位を占め、アジアの秩序は日本の同意なしには維持できなくなった[3]。

だが、このような日本の国際的地位は、列強とまったく対等となるほど強固に維持されたものではなかった[4]。新 4 国借款団の意義は1920年代のワシントン体制を若干先取りして樹立したことに求められるが、それは中国をめぐる日米 2 国間の歴史的な対立の一齣でもあった[5]。

第 1 次大戦直後の日本に広く行きわたっていた考え方は、国際環境の大変動——ロシア革命、ドイツの敗北、ヨーロッパ諸国の疲弊——によって、いまや世界は「英米の支配する国際秩序」、否、「まさに米国万能主義に支配」される時代（伊東巳代治）となり、日本は孤立化してしまう、という懸念であった[6]。陸軍の実力者、宇垣一成大将は、第 1 次大戦によって東アジアの多角的な勢力均衡システムが崩れ去った結果、日本の国際的地位が危うくなったと憂慮さえしていた[7]。

第 1 次大戦終了後、欧米諸列強はアジアに復帰・進出できることとなり、東洋、とくに中国市場をめぐって日米英の対立が激化した。第 1 次大戦中に行われていた金輸出禁止を日本が継続したのも、後述のようにこのような政治的・経済的対立に備えて金を確保しようとしたためであった。原首相は協調主義を

3) 橋本寿朗「国際関係」大石嘉一郎編『日本帝国主義史』第 1 巻、東京大学出版会、1985年、63ページ。ヴェルサイユ会議において日本は外交史上はじめて、そして東洋近代史において最初の、有色人種の国として国際会議の主役を演ずることとなった。若槻泰雄『排日の歴史』中央公論社、1972年、137ページ。
4) 1920年10月に結成された中国に対する投資団である新 4 国借款団の交渉では、日本の中国における既得権の一部が国際財団の共同事業として提供させられることになるなど、国際情勢は必ずしも日本の意のようには動かなかった。勝田龍夫［1972］196-204ページ。
5) 外務省外交史料館・日本外交史辞典編纂委員会編『新版　日本外交史辞典』1992年、山川出版社、430ページ。
6) 麻田貞夫「ワシントン会議と日本の対応——『旧外交』と『新外交』のはざま——」入江昭・有賀貞編『戦間期の日本外交』東京大学出版会、1984年、23ページ。小林龍夫編『臨時外交調査会会議筆記等』原書房、1965年、611ページ。
7) すなわち、戦争に乗じて日本が儲けた「黄金の光よりも、大戦前における英・独・米・露の均衡の光は、より大きかった。しかるに独露が一時的にせよ光を没し、英米全盛の光輝の内に伍しては、たしかにわが帝国の影は薄くなった」というのである。入江昭・有賀貞編、同上書、23ページ。

標榜していた。後の幣原外交も原の外交方針を継承したものといえる。だが、日本の既得権益を守ることと中国や列強との協調を図ることとの間には矛盾があった[8]。

また、前章で述べたように、第1次大戦後にドイツという共同の敵を失い、日米が中国を舞台に対立を深めるという国際情勢を反映して、大戦中に下火となっていたアメリカにおける日本人移民排斥運動、排日運動が再び燃え上がってきた。外務省では1921（大正10）年当時、日米関係が危機的状況にあることを鋭く認識していた。対米戦争が「両国力ノ比較、財力ノ懸隔」からしても不可能だとされたとはいえ、外務省や政府首脳の間には「日米戦争ノ憂慮」があった。松平恒雄欧米局長は、「日米戦争を予防することこそ目下の急務である」と部内メモに記している[9]。

列強の協調体制としてのワシントン体制（1921年11月〜1922年2月のワシントン会議で成立した協定に基づく国際協調体制）が成立する以前の日本を取り巻く国際情勢は上述のようなものであったのである。

2 第1次世界大戦後当初の金輸出禁止の継続

金輸出禁止が行われたのは、前述のように第1次世界大戦中の1917年9月のことであり、12日に金輸出禁止に関する大蔵省令第28号が公布・施行された（アメリカは同月7日に金輸出禁止令公布、10日施行）。これは当時、金の受取超過国であった日本にとっては、諸外国の輸出禁止に対応する防衛的措置であるとともに、国際情勢の不安に対処しようとするものであった。

第一銀行取締役明石照男は1929年に配布したパンフレットにおいて、1917年に我が国は金の輸出を禁止する必要はなかったと述べている[10]。

しかし大蔵官僚であった青木一男は、その当時の輸出禁止はきわめて妥当な措置であったと述べている[11]。

---

8) 外交調査会には枢密院顧問官牧野伸顕に対する批判者が多く、原・牧野の外交は著しく制約されていた。信夫清三郎編『日本外交史』第2巻、毎日新聞社、1974年、294−295ページ。
9) 入江昭・有賀貞編、前掲書、24ページ。
10) 青木一男（大蔵書記官）『金解禁問題に付て』埼玉県、1929年9月、34ページ。
11) 同上書、34−38ページ。

第5編　第1次世界大戦後の正貨政策

　第1次大戦終了後の1919（大正8）年6月にアメリカがいち早く金輸出を解禁した。

　我が国の正貨保有高16億円、為替相場は対米50ドル4分の3ないし8分の5で、この点においては解禁の経済的条件を日本は備えていた。早くも日本銀行副総裁木村清四郎が金解禁を提案して「財界善導」を果たそうとした[12]。日本銀行は高橋是清大蔵大臣宛「物価意見書」（1919年8月）の中で金輸出特許の緩和を主張した。片岡直温は木村の政策を次のように要約している。「木村君は、日銀理事時代から、我財界の放漫に流るゝを慨して、専ら之が抑制に苦心し、大隈内閣以来の正貨政策を採って、戦争により内地に流入せる巨額の正貨を海外に振り向け、金融界を統制せんことに、非常に力瘤を入れてゐた。それゆゑに、大正八年六月において、愈々米国の金解禁となるや、同君は、正貨保有の潤沢、為替高其の他、我国当時の経済状態より推し、此の際、我国も米国と同様、金解禁を即行して金本位制の常態に復するとともに、物価を引下げて、入超を防ぎ、戦時膨張せる経済機構の建て直しを行ふことの急務なるを力説して止まなかった」[13]。

　にもかかわらず、太平洋における一朝有事（戦争）の際の準備のために国内に正貨を多量に保有すべきである、また列国の対中国投資戦に優越的地歩を占めるためには多額の正貨を保有するを要する、という2つの理由から、日本は金解禁を実施しなかった[14]。高橋是清大蔵大臣や井上準之助日本銀行総裁はこのような考えをもって金輸出禁止を継続した。

　高橋はいう。「当時の吾が朝野の対支意見は、今から思へば、可成り積極的、アグレッシヴなものであつた。しかし私は武力的侵略には反対であつた。……支那に対して我が国力を発展せしめやうとするためには、どうしても経済的でなければならない……支那は今でこそ国乱れ、混沌としてゐるがいづれは国情安定する時が来るだらう、その時に国を治め民を鎮めるためには、鉄道を敷いたり、産業を興したりして、先づ要るのは金だ、支那がかうして多額の資金を外国に求めるのは、余り遠い将来のことではない……その場合に日本が五、六

---

12)　田中生夫［1980］64－76ページ。
13)　片岡直温『大正昭和政治史の一断面』西川百子居文庫、1934年、256ページ。
14)　小野一一郎［1966］21－29ページ。

第11章　金解禁政策

億ぐらゐの金を立ちどころに貸せるだけの用意をして置かねばならぬ。そうでなければ世界の現状からいつて、英国か米国のいづれか必ず独占して貸すに違ひない。……日本はどうしても、列国に先立つて、たとへ列国と借欵〔款〕団を組織するにしても、その借欵団をリードする立場に立たねば駄目だ……どうしてもこの際五億や六億の金は内地に余分に備へて置かねばならぬ……海外に置いてある正貨は、一度事があれば、全く当にはならぬ。だから内地に保有する金は極力殖やすことに努めて、出て行くことを制すべしといふので（大正八年六月）米国が金の輸出を解禁した時にも、又その後金が続々と我国に入つて来た時にも、我国の金解禁は断行する気がなかつた」15)。

高橋是清蔵相が当時、対中国投資に備えて資金を確保しようとしていたことは1919年7月に高橋是清が原稿をまとめ、8月6日に公表した高橋意見書「物価調節ト金利政策トニ付テノ私見」から明らかである。この意見書は高橋が公定歩合引上げに反対したものであるが、その論拠の1つとしてシベリア出兵や中国借款に備える必要があることが挙げられていたのである16)。

高橋是清蔵相は1921年5月には「東亜経済力樹立ニ関スル意見」という日中経済提携についての意見書をまとめた。この意見書の中で、高橋是清は、「日支両国提携共存ノ実ヲ挙ケ依リテ東亜ノ経済的勢力ヲ樹立シテ世界ニ重キヲ示ササル可ラサル」所以を切言した。高橋は「日本ノ財力ト支那ノ天然資源ト日本ノ工業能力ト支那ノ労力トヲ渾然結合シ以テ東亜ノ経済力ヲ伸張シ物資ノ産出ヲ旺盛ナラシムルニ於テ……日支共存ノ実ヲ完フ」すべきであると主張し、「日本政府ハ我カ経済力ノ一部ヲ割愛シテ支那政府ノ為公然年額五六千万円程度ノ行政費不足額ヲ供給スルハ日本ノ立場トシテ……止ムヲ得」ないとした。また、「日支ノ関係阻隔シ亜細亜ノ経済的潜勢力カ何等其ノ実力ヲ発揚シ得サ

---

15) 高橋是清氏談話（上）『大阪朝日新聞』1928年7月21日付。伊藤由三郎編［1929］7－8ページ。金解禁に関する『大阪朝日新聞』の談話記事を掲載した『朝日経済年史』（1929年版、大阪朝日新聞社）には乱丁がみられる。
16) 「東亜ノ情勢ヲ察スルモ西比利亜〔シベリア〕ノ政情尚ホ未タ安定ヲ見ルニ至ラス我駐屯軍ノ如キ何時引揚ケ得ルヤ分明ナラス其ノ他露国政府ニ対スル財政援助ノ問題及対支借款問題ノ如キ我帝国ノ前途ニ於テ資金ノ需要頗ル旺盛ナルモノ存スルヲ以テ今日ニ於テ単ニ物価調節ヲ目的トシテ公定歩合ノ引上ヲ為スコトハ国交関係ニ将タ経済関係ニ鑑ミテ為シ得タルモノニアラス」と述べられている（東京大学経済学部図書室所蔵：高橋是清稿「物価調節ト金利政策トニ付テノ私見」1919年7月、5－6ページ）。この意見書については日本銀行百年史編纂委員会編『日本銀行百年史』第2巻、513－514ページ、八木慶和［2007］127－129ページも参照されたい。

1109

第 5 編　第 1 次世界大戦後の正貨政策

ル状態ニ在ランカ英米ノ経済力ハ忽チ侵入シ来リテ容易ニ東亜ノ支配権ヲ掌握シ支那及日本ハ其ノ勢力下ニ屈伏スルノ外アル可カラス」と論じ、さらに「日支ノ提携ヲ実現シ以テ東亜経済力ノ樹立ヲ期スルノ緊要」なことを主張し、「亜細亜ノ経済的勢力ヲ伸張シ確立セン事ヲ期シ」、「帝国将来ノ隆替興亡ハ一ニ此ノ問題ニ」関係すると断言した[17]。高橋是清蔵相が将来の対中国投資に備えて金輸出を禁止し内地で金を保有しようとした背景には、このような戦略が存在したのである。後述するように、高橋は1928年 7 月にも金輸出を禁止すべきであると主張している。

　1919年 3 月から1923年 9 月まで日本銀行総裁であった井上準之助の回想によれば、井上は、1922年のワシントン会議において中国・太平洋問題を英、米、仏、日の 4 国で協定する以前の、1919年のヴェルサイユ講和条約締結下の東洋情勢という国際政治への考慮から、次のように金解禁継続を主張した。「世界の状態は未だ安定して居らぬ、欧羅巴の戦争は漸く済んだけれども未だ安定して居らぬ。就中ヴェルサイユ会議中の空気や、又亜米利加の態度から測って見ると云ふと、若し世界に事があるならば必ず東洋にある。東洋に必ず事があることを考へなくちやならぬ。さう考へて見ると、……手許に四億円の正貨があり、外国には十三億円の金がありますが、……手許に在る金貨は金として十分の役を為すけれども、外国においてある金は用をなさぬのだ。若し一旦世界に事が起れば海外においてある金は、金として当にならぬのである。従て海外に在る金は使つても宜いが、手許に在る正貨と云ふものは使ひたくないと云う考、……政治上の考からして此金解禁は其時はしない。斯う云ふことの状態であったのであります」[18]、と。井上総裁は東洋の政治的危機下での在外正貨の弱点を認識して金輸出禁止を継続したのである。

　このような第 1 次大戦直後の金輸出禁止継続政策をどのように評価すればよいのであろうか。

　第 1 次大戦終了後の高橋是清や井上準之助らの金輸出禁止継続政策に対しては、後に山崎靖純、石橋湛山、高橋亀吉らが激しく批判することとなる。山崎

---

[17]　高橋是清「東亜経済力樹立ニ関スル意見（大正十年五月稿）」1 －14ページ。本資料は『昭和財政史資料』第 3 号第34冊に所収されている。
[18]　井上準之助［1925］206－207ページ。

靖純は次のようにいう。「この戦争が仮に太平洋上で起り得るにしても、今日の戦争に於ては最早金塊などは大なる問題でなく、寧ろ一国の旺盛こそ重大なる原動力を為すものである。……仮に百歩を譲って戦争には或程度金の保有が重要であるとしても太平洋上の戦争を欧州戦争後直ちに起ると観たのは余りに乱暴である」[19]。石橋湛山は高橋蔵相の意見を「実に驚くべき妄想」と断定し、「金輸出解禁の好機を逸」したことを批判している[20]。高橋亀吉は、解禁の機会を逸したことが大投機白熱時代を現出させ、その反動期において徹底的整理の代わりに過大な救済政策と放漫財政を可能にする金融基盤を温存する結果となり、この時以来日本の金解禁は財界に相当の打撃を与える問題となり、金解禁の実施が困難となるに至った、と述べている[21]。大蔵官僚の青木一男も、アメリカの金本位復帰に際して日本も金本位制に復帰すべきであったということを認めている[22]。

　宮本憲一氏は、太平洋―中国市場における日本帝国主義の苦悩が金本位復帰を阻んだと評価している[23]。井上らの政治的判断は、太平洋戦争は先のこととなったが、中国市場をめぐる日英米の闘争が激化したことからいって、当時

---

19) 山崎靖純『金輸出解禁問題』立命館大学出版部、1929年、45ページ。
20) 石橋湛山『金解禁の影響と対策』東洋経済新報社、1929年。石橋湛山『石橋湛山全集』第6巻、東洋経済新報社、1971年、258ページ。
21) 高橋亀吉『大正昭和財界変動史』中巻［1955a］859-861ページ。
22) 「今日から考へれば、今迄に適当な機会があった様であります。例えば大正八年にアメリカが金の解禁した、其の時は我国の解禁にも最も好機会であったと思ふのであります。…八年は貿易は輸入超過になりましたが貿易以外の受取勘定は頗る大きいのであります。国際貸借全体のバランスと云ふものは、日本の方が遙かに受取勘定であった。さう云ふ時に金の輸出を解いて置けば、一番無難であったと思ひます。米国の解禁に依って水の補給口が明いたのです。況〔ん〕や我が国の当時の内外に保有する正貨は弐拾億円に上り、つまり大きな桶に水が充満して居ると云ふ状況でありました。従〔っ〕て多少底に穴が明いても差支なかった。若し当時解禁しておいたならば大正九年の財界の反動や昭和二年の金融界の動揺と云ふものも、あれ程の大事件にはならなかったのではないか……解禁すれば通貨を自然に調節する働きに依つて、物価の暴騰を抑へ、従つて其の反動もあんなに大きくなくて済んだと思ひます」（青木一男、前掲『金解禁問題に付て』39ページ）。
23) 宮本憲一［1960］163-165ページ。当時、戸田海市は正貨保有（金輸出禁止継続）賛成論に次のような見解があったことを紹介している。「正貨保有は我国の地位を一般に有利ならしむるのみならず、今日の国際事情を見るときは、一方には政治的経済的の不安容易に鎮静せず、特に我国の利害に密接の関係を有する支那及西比利亜方面に於ては、何時我国の政治的経済的の出動を必要とするやの測られざる状況に在り、他面には今尚ほ米国を除きて一般に金輸出禁止が行はれ、……我国が必要に臨んで外債に由り正貨を獲得し来ることも困難なり」（戸田海市「金輸出解禁問題」京都大学『経済論叢』第15巻第5号、1922年11月、764ページ）。

としては卓見であろうとも述べられている。だが同氏は、そのために金を保有しなければならぬかどうかは疑問であるとも述べられている。当時の高橋＝井上の判断は、政治的なものであり、資本家階級からみて判断を誤ったといわれてもしかたがない、と[24]。

ワシントン体制成立以前の欧米列強との厳しい国際的政治経済対立が日本の金本位復帰を阻止したことは確かである。そして、戦争準備金、中国への経済的進出準備のために金を保有しようとする日本の正貨政策の特質をきちんとおさえておく必要があろう。金は単に兌換準備や国際決裁手段として保有されていたのではなかった。それであれば在外資金を活用すればよい。外貨準備の豊富な当時、金の輸出をする必要はなかった。金輸出禁止の継続が反動恐慌を惹起したともいえないのである[25]。

木村清四郎の緊縮政策は、積極政策を主張する原内閣蔵相高橋是清の採用するものとはならなかった。高橋是清は通貨膨張抑制の必要は認めたが、「金利引上政策ニ依テ一般的ニ通貨ノ収縮ヲ図ラムトセハ……対外的発展ヲ抑圧シ此ヲ萎縮セシムルノ結果トナルヘク斯クノ如キハ今後来ルヘキ各国経済的競争ニ深刻ナルヘキニ鑑ミ産業政策ノ大局ニ照シ決シテ策ノ得タルモノニ非サルナリ」と主張したのである[26]。このような考えが木村清四郎の金解禁論を高橋蔵相が採用しなかった一因であろう。

当時、金輸出禁止の解除は国内経済に対し、即時に何らかの経済効果をあげることが期待されていなかった。このため、金解禁は民間においてはまったく問題とならなかった[27]。このことは井上準之助が、アメリカの金輸出解禁当時、日本が金解禁をするかどうかについては当局者の間では相当に問題となっていたが、世間ではあまり問題とはなっていなかったと述べていることからも明らかである[28]。井上は、「国民の大多数は、恐らく大正十二年の為替暴落以来初めて金輸出禁止の事実に気がついたであらうと思ふ、何となれば、欧州大戦中四十億の金を儲け其後の輸入超過は、在外正貨を以て支払つて来たのであ

---

24) 宮本憲一［1968］160−161ページ。
25) 寺島一夫［1937］99ページ。小野一一郎［1966］28−29ページ。
26) 高橋是清、前掲「物価調節ト金利政策トニ就テノ私見」4−5ページ。
27) 宮本憲一［1968］160ページ。
28) 井上準之助［1925］205ページ。

る、故に国民は直接の影響を被らなかつたのである」と述べている[29]。いわば、財界や大衆は金解禁問題については無関心というかたちで金輸出禁止継続を黙認したのである。

民間で金解禁問題があまり問題とならなかったのは、当時の我が国の経済状態によるものでもある。当時、好景気の熱はまさに絶頂にあり、しかも円の為替相場はまた、52ドルないし50ドルの高値にあったのである[30]。

1917年9月以来大蔵省の英仏駐在財務書記となっていた青木一男が1920年12月に帰国して1921年1月に理財局大蔵書記官となったが、高橋是清蔵相は洋行帰りの新知識を見込んで、理財局長を通じて青木に、日本が金輸出禁止を解除する必要があるかどうか秘密に調査するように命じた。青木は、欧米の主要国はすでに金本位制に復帰したことでもあるし、我が国も経済が安定し国際収支均衡の見通しが立ち次第、速やかに金の輸出を解除すべきであるが、当時日本は1920年の反動恐慌の創痍がなお癒えておらず、貿易は入超で、為替相場維持のために在外正貨を払い下げなければならない状態にあったので、そのままで解禁に耐えられるとは思われないという報告書を高橋蔵相に提出した[31]。

高橋が1921年以後も金輸出禁止を継続した背景には、このような日本の経済事情が考慮されたと考えられる。高橋是清の金輸出禁止継続の根拠として、日本の経済事情に関する青木の秘密調査があることが看過されるべきではない。

その後も金輸出禁止は継続され、金解禁論争が展開されることとなる。金輸出禁止継続の背景には日本資本主義の脆弱性、矛盾の深刻さと資本主義の全般的危機の存在があった。これが金解禁が遅れ、その断行を挫折せねばならなかった根本的理由であったのである[32]。

---

29) 井上準之助「経済界の改造と金解禁問題」千葉同志新聞社発行『めざまし』第1巻第1号、1929年10月、13ページ。
30) 鈴木武雄［1929］137ページ。
31) 青木一男［1981］57ページ。
32) 宮本憲一［1968］159-160ページ。

第2節　金解禁論の台頭と大蔵省の対応

1　物価調節と金解禁

（1）　物価調節策としての金解禁実施論の台頭

　第1次大戦後に我が国で金解禁論争という大論争が展開された。田中生夫氏は、金解禁論争を、単に貨幣・金融という限られた部門の問題ではなく、より広い経済全般（さらには政治・外交を含む日本資本主義の全生活）にかかわるものであり、落ち込んだ袋小路から脱却するための基本的コースの選択にかかわる問題であったことを指摘されている[33]。

　金解禁論が民間ではじめて登場したのは1920年8月から11月にかけての『東洋経済新報』に掲載された論説であった。だが、これは一般の注目を引くに至らなかった[34]。

　金解禁が一般に関心を持たれるようになったのは、1921（大正10）年頃からである。世界大戦中およびその直後の好況時代に、日本は巨額の正貨を擁するに至った。1919年以後、貿易は一転して入超となったが、なお巨額の正貨が保有されていた。しかも金輸出が禁止されていた。これが通貨膨張の原因となり、物価は騰貴したまま下落せず、財界整理を妨げるという議論が起こった。かくして1921年頃から1923年の関東大震災前にかけて、通貨を縮小し物価の低落を図るために金解禁を実施すべきであるという議論が展開された。これは学者（松崎寿、河田嗣郎、神戸正雄、戸田海市）、新聞、評論、雑誌などによって主張された[35]。1922年から1923年前半にかけては資本家の中にも物価を引き下げて輸出競争力をつけるために金解禁を即行すべきであるという意見が増大した[36]。

　このように物価調節論としての金解禁論が民間で台頭したのである[37]。

　図11－1にみられるように、第1次大戦中から直後にかけて、英米の物価が急上昇し、これに追随するかたちで日本の物価も急激に上昇した。その後、世

---

33)　田中生夫［1980］104ページ。
34)　『東洋経済新報』8月14、28日、9月25日、11月20日号。
35)　日本銀行（調査局）「金輸出解禁史（其一）」『日本金融史資料　昭和編』第20巻、5ページ。伊藤由三郎編［1929］63－64、173－174ページ。
36)　宮本憲一［1960］166ページ。

第11章　金解禁政策

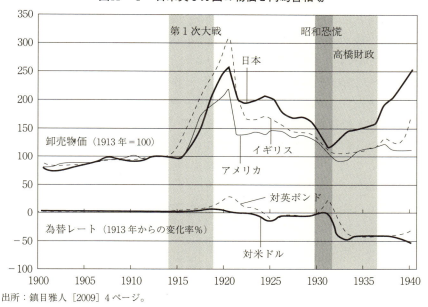

図11－1　日米英3カ国の物価と円為替相場

出所：鎮目雅人［2009］4ページ。

界的に物価が下落したが、日本の下落幅は小さく、日本の物価は割高となっていた。これを是正することが1920年代の日本の政策課題となった。

1919年11月に東京商工会議所が物価調節策を建議し、1921年11月に商業会議所が通貨の収縮と金輸出解禁、国費の節減と税負担軽減を提言した。1922年5月に英米訪問実業団意見書が財政緊縮を要求した。同年8月に設立された日本

---

37)　当時の物価問題については三和良一［2003a］第4章を参照。物価調節が金解禁論の根拠のすべてではなかった。大蔵省財局国庫課「本邦金輸出禁止解除問題ノ研究」（1922年1月）は金解禁論の論拠として次のことを指摘している（National Archives of the United States, R. G. 131, Japanese Financial Commission, Japanese Documents, ＃6）。①経済上からみた理由（金の輸出は国際貸借の決済を円滑にし、貨幣の対外価値を維持する）、②外国為替および貿易上からみた理由（金輸出禁止のために為替取組は円滑を欠き殊に輸入貿易に障害を与えるとともに、国民は輸入品を高価に買入）、③物価政策からみた理由（物価高は国民生活の脅威であるだけでなく輸出貿易発展の根本的障害となるから、金の輸出禁止を解き、通貨の自動的収縮の途を開くことが緊要である）、④金融市場からみた理由（金輸出禁止の場合には、輸入超過などの理由から兌換請求が相次ぎ中央銀行が金利の引上げを余儀なくされるという自動的作用を失い、中央銀行の金利政策の効果が薄弱となる）、⑤金準備擁護の点からみた理由（正貨が豊富で金輸出禁止を解いても兌換の基礎を危くするような恐れはない）、金解禁の論拠の中枢は為替問題および物価政策にある、と。

第5編　第1次世界大戦後の正貨政策

経済連盟会は当初から物価対策の必要を認め、1923年6月に同連盟会は「物価調節に関する建議書」を発表し、財政緊縮を強く要求した[38]。

　典型的な政友会的積極政策を展開した原敬内閣（1918年9月～1921年11月、蔵相は高橋是清）を継承した高橋是清内閣（1921年11月～1922年6月、蔵相は高橋是清）は財政政策を積極財政から緊縮財政に転換した。1922年1月21日に第45回帝国議会衆議院本会議において、物価調節を目的として兌換制度を常道に復して金の輸出を解禁せよと国民党の鈴木梅四郎が主張した。これに対して、高橋是清蔵相は、対外決済は在外正貨の使用により円滑に行われており、「正貨の輸出解禁が必要なりと、私は今日は認めない」、金輸出禁止は通貨あるいは物価に悪影響を与えていないと答弁した[39]。

　1922年6月に加藤友三郎内閣が成立した（1922年6月～1923年9月、官僚・貴族院が母体、立憲政友会が支持、蔵相は市来乙彦）。同内閣は緊縮財政方針を採用した。大蔵大臣となった市来乙彦は、金解禁問題に対する東西民間有力者の意見を聞くために、1922年9月7日、8日の両日、東西の有力実業家を招いて、大蔵省において金解禁問題の懇談会を開催した。そのときの出席者は次のとおりであった。池田謙三（第百銀行）、木村久壽彌太（三菱）、団琢磨（三井）、原富太郎（原合名）、和田豊治（富士紡）、岩井勝次郎（岩井商店）、小山健三（三十四銀行）、武藤山治（鐘紡）、――以上、民間側。井上準之助（日銀総裁）、木村清四郎（日銀副総裁）、児玉謙次（正金銀行）、――以上、中央銀行および特殊銀行側。市来乙彦蔵相、西野元大蔵次官、森賢吾財務官、小野義一理財局長、黒田英雄銀行局長、鶴見左吉雄農商務省商務局長、――以上、政府および官庁側であった[40]。武藤山治は金解禁を強く主張したけれども、金解禁に対しては時期尚早の意見が多く、市来蔵相もはじめから同様の見解であったようである[41]。

　経済政策は、独裁政権を別とすれば、一般的に、経済的基礎過程に規定され

---

38)　三和良一『戦間期日本の経済政策史的研究』東京大学出版会、2003年、91－95ページ。
39)　日本銀行（調査局）「金輸出解禁史（其一）」『日本金融史資料　昭和編』第20巻、7－8ページ。大日本帝国議会誌刊行会編『大日本帝国議会誌』同刊行会、第13巻、1929年、522－523ページ。
40)　伊藤由三郎編［1929］125ページ。『日本金融史資料　昭和編』第20巻、9ページ。
41)　大蔵省昭和財政史編集室編［1955b］162ページ。

第11章　金解禁政策

る諸利害関係に政治的・社会的・文化的諸要因、社会科学的分析力などの諸要因が作用して、諸利害意識（個人、利益集団、国民の意識）が形成され、一定の合意形成のもとに、諸利害意識を総合して、政策当局の政策的選択のもとに決定されるといえる[42]。前述の懇談会が開かれたということは、資本家の意見が政策決定に一定の影響力を与えたことを意味するものである。

（２）　大蔵省の金解禁声明と金輸出禁止の継続

上記懇談会から１週間を経た９月16日、大蔵省は為替相場が金現送点近くまで上昇すれば金解禁を実施するという趣旨の声明書を発表した。これが政府、大蔵省が金解禁に対する態度を明確にした最初のものであった[43]。大蔵省は、世界の経済状態は依然として安定を欠き、金の国際的移動は自由ではなく、日本の経済界の現状は安定していないとして、経済状態が安定化し、解禁のために日本経済の変動が生じると認められる時期が到来すれば金解禁を実行するということを声明したのである。

だが、貿易になかなか出超に転じず、市来の蔵相在任中は金解禁が実行されなかった。これには重金主義者ともいえる政友会総裁高橋是清の反対も影響していたようである[44]。

加藤内閣は物価対策の必要を認め、1922年８月18日に19カ条の物価調節策を発表した。その第１策として、在外正貨を兌換準備から除外することが挙げられていた。だが、その対策としては金解禁に触れない対策が掲げられていた[45]。1923年１月23日、第46回帝国議会衆議院本会議において、憲政会の早速整爾は、徹底的な経済整理を行わなければならないと主張し、物価調節の根本策として金解禁を断行すべきであると論じた。これに対して市来蔵相は、金解禁による物価対策は期待できないと答弁した[46]。ワシントン体制の成立によって金解禁についての政治上の障害はなくなっていたにもかかわらず、物価

---

42)　三和良一、前掲『戦間期日本の経済政策史的研究』など参照。
43)　伊藤由三郎編、前掲書、126－127ページ。
44)　大蔵省の金解禁声明には高橋是清から政府に抗議があり、金解禁が断行できなかったという（伊藤由三郎編、前掲書、127－132ページ）。
45)　日本銀行調査局「世界戦争終了後ニ於ケル本邦財界動揺史」『日本金融史資料　明治大正編』第22巻、667－669ページ。

1117

第 5 編　第 1 次世界大戦後の正貨政策

対策としての金解禁は実施には至らなかったのである。

　政府が金解禁を実施しなかった理由について先に言及しておいたが、この理由を総合的に述べれば、以下のような反対論が存在していたからと考えられる。

　国際的に政治的・経済的不安が残っている。中国投資に備えて金を確保する必要がある（これを重視する高橋是清が1922年 6 月まで大蔵大臣であり、高橋は辞任後も影響力を有しており、後述のように1928年に至っても中国投資に備えての金確保の必要性を主張している）。日本が世界の強国として政治上・経済上国際的に有利の地歩を占めるためには日本が巨額の正貨を有し、国際問題の解決にあたり必要に臨んで自由にこれを使用する必要がある（高橋是清の考えであろう）、対外決済は内地正貨よりも便利な在外正貨で用が足りており、金輸出を行わなければならない理由はない（高橋是清蔵相の国会答弁）。アメリカ以外は解禁をしていないから、日本だけが金解禁をする必要はない。国際収支が赤字で為替相場が金現送点以下に低落したけれども、このようなことは過去に例があり、金現送によってその水準を引き上げるほどのものではない。経済が安定していないから金解禁によって正貨準備を減少させることは危険である。金解禁を実行すれば流出した金が戻ってこない。金流出は財界に不況もたらす恐れがある、など[47]。

　大蔵省理財局国庫課は、一般には知られていないが、「本邦金輸出禁止解除問題ノ研究」（秘、1922年 1 月）の中で、当時の金輸出禁止継続論の 5 つの論拠を挙げている[48]。

---

46)　早速整爾は、金の輸出禁止が直接的には兌換券の収縮を妨げ、間接的には為替相場の拡張（低落）を招いて、輸入貿易に不利を与えた、これらが相俟って日本の物価の低落を阻止し、物価の騰貴を促している、金解禁を断行することが当然の道理である、と主張した。これに対して市来蔵相は、日本は海外に数億の金を保有しており、金解禁を実施しても、在外正貨がなくならないかぎり内地正貨（金）が減少しない、財界の立直しは急激な整理ではなく穏健着実な方法によって行うべきである、と答弁した（日本銀行（調査局）、前掲「金輸出解禁史（其一）」8 － 10ページ。大日本帝国議会誌刊行会編、前掲書、第14巻、1930年、448、452ページ）。

47)　戸田海市「金輸出解禁問題」京都大学『経済論叢』第15巻第 5 号、1922年11月、762－765ページ、日本銀行（調査局）、前掲「金輸出解禁史（其一）」6 － 7 ページ、など。

48)「本邦金輸出禁止解除問題ノ研究」は、金解禁尚早論の論拠として下記のようなことを指摘している。

第1が、経済上の原則からみた金解禁論への反論である。1917年9月当時、上海において日本向け為替相場が同地の金塊相場に比し割安であったことと、同地外国銀行が手許資金逼迫のために日本向為替を売り出し、中国人その他がこれを買い取って金に兌換し、上海に現送し鞘を得ることとの事情から、金が中国方面に流出（1916年末以降1917年上半期において数千万円）したが、1922年1月当時において、中国は国際貸借ならびに銀相場の関係上、むしろ従来蓄積した金を吐き出すような形勢となった。また、アメリカが金の輸出を解禁した。したがって、形式的には日本の金輸出禁止の理由は消滅した。だが、実質的には日本が金解禁をすれば米国への金流出の可能性が多大である。また、為替相場の関係上、日本が金を受け取る関係にある欧州その他の諸国が金輸出を禁止しているから、ここから金が流入する可能性がない。為替銀行に在外正貨を払い下げていることは、金の輸出と同じ効果をあげている。このことは金解禁論の根拠を失わせている。上述の中国の金輸出が日本に向かうとはかぎらない。日本が金解禁を実施すれば、投機取引に長じた中国人が第三国と日本との間で投機的裁定取引を行って日本の金を取り付けることもありうる。

第2が、外国為替および貿易上からみた金解禁論への反論である。国際貸借関係の不利のために為替相場が低落している。これは輸入に不利な反面、輸出に利益を与える。在外正貨の為替銀行への払下げは、内地の金を輸出するのと同一の効果をもたらしているとともに、金現送費を節約している。「正貨ノ払下ニ手加減ヲ加ヘ為替相場ヲ四十八ドル内外ニ維持スル理由ハ貿易政策ニ在リト云フノ外ナシ」、もしも在外正貨の払下げにより為替相場を金輸出点近くに維持しようとすれば、入超傾向はますます助長され、その結果、内外正貨が枯渇するか正貨払下げを停止することになってしまう。48ドルの低位相場（平価に比して約4％安）を維持しているのは輸入を防止し、しかも必要な輸入に対して多大の障害を与えないためである。為替相場低落は、消費者の負担を増大させる一方、輸出業者や在外正貨払下げにおける日本国庫の利益となる。金輸出を禁止し、在外正貨払下げなどの方法で輸入資金を調達させることは輸入の管理にも寄与する。

第3が、内地の物価政策からみた金解禁論への反論である。在外正貨の払下げの物価に及ぼす効果は内地の金を輸出するのとほとんど同じである。また貨幣数量説で日本の物価騰貴を説明することは困難である。日本の物価騰貴の主因は商品にある。また通貨の物価に及ぼす影響を考える場合には、兌換券や硬貨以外の小切手などの信用証券をも考慮する必要がある。したがって、正貨の輸出によって通貨（ことに兌換券）の収縮を図り、物価を引き下げる効果は疑わしい。しかも、これは経済界に悪影響をもたらす恐れがある（金利高騰による生産への打撃）。原料の輸入価格の引下げを図っても、企業者が利益を得て内地物価の低落がもたらされない可能性がある。

第4が、金融市場に及ぼす影響からみた金解禁論への反論である。日本銀行が金利の引上げによって外資の輸入を図らないのは金輸出禁止が障害となっているのではなく、国債市場の発達が欧米市場のように密接になってはいない（日本の金融市場が欧米市場と密接になっていない）ためである。金輸出禁止が具体的障害となるのは中央銀行が金利を引き下げて資金の輸出を図り内地の金融緩慢を調節する場合であるが、内外金利の関係がこれと反対の現状ではその効果はない。金利の関係からみるときは日本の通貨は過剰とはいえない。もしも金解禁によって金を輸出し、通貨の制限外発行を現出させれば、金利はさらに騰貴し、事業は委縮する。

第5が、金準備擁護の点からみた金解禁論への反論である。対米為替相場の現状から推論すれば、金解禁により相当額の金が流出することは疑いがない。在外正貨の余裕が消耗して内地正貨が漸減する日も遠くない。為替銀行の在外資力は枯渇に瀕している、と。

1119

第 5 編　第 1 次世界大戦後の正貨政策

図11－2　日本の対米為替相場の推移（1923～1926年）

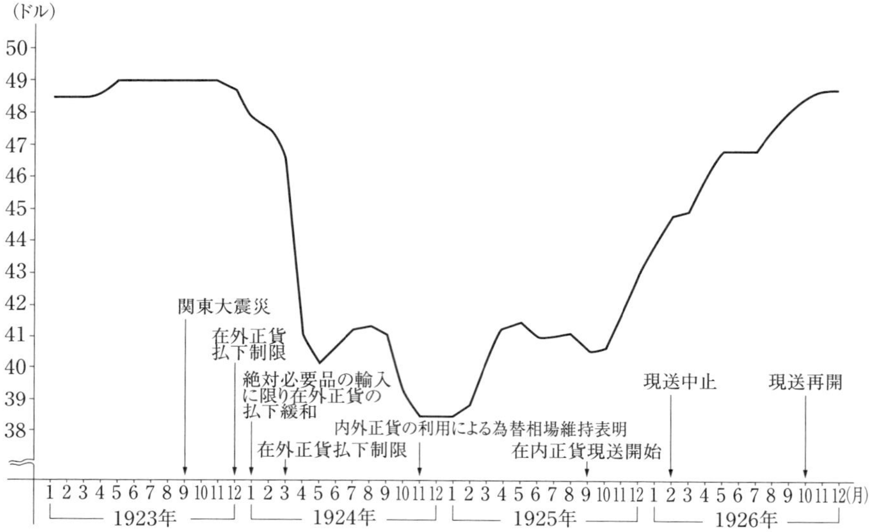

注：100円につき対米ドル相場。
出所：東洋経済新報社編『日本の景気変動（上巻）』同社、1931年、第 3 篇、15ページから作成。

2　関東大震災後の為替相場低落期の金解禁問題

（1）　外国為替相場低落と金解禁論争の積極化

　1923年 9 月に関東大震災が発生した。その後、相次ぐ輸入超過によって、円の為替相場は図11－2 にみられるように低落し、1924年11月には正金銀行の建値は38ドル 2 分の 1 にまで暴落した。このような状況下で1923年 9 月から1925年にかけて金解禁論争が積極的に展開されることとなった。物価調節、財界整理を目的とする従来の金解禁論とは異なり、為替相場の回復を主眼とする金解禁論が主張されるようになったのである。

　『東洋経済新報』は1924年 3 月から新平価解禁論を唱えるようになる。1924年末には、円の対ドル為替相場は100円＝38ドル台にまで下がり、円の対外価値は、 2 割以上も下落した。円の為替相場の下落は、輸入品の価格を騰貴させ、輸入業者や綿花を輸入する紡績をはじめとした産業資本の利潤を削減した。そこで、輸入原料に多く依存する産業資本家は、円為替相場の引上げを目的とし

て、金解禁の断行を、強く政府に要求するようになる[49]。1924年から1925、26年にかけての金解禁論は1922年当時に比べてさらに激しく、その論議も複雑になっている[50]。

鐘淵紡績社長武藤山治を先鋒とする紡績資本（実業同志会）は、為替相場の回復を図るため、即時金解禁を主張した。紡績業者を中心として金解禁が主張されたのは次のような理由からである。為替相場が低落することによって輸出は保護を受けるが、それは主としてもっぱら生糸関係のごとく原料をも国内で生産されるものの場合に限られていた。輸入原料に依存する紡績業においては、為替相場の低落とともに輸入品価格の騰貴は輸出品価格のそれを上回り、かくして綿花輸入者としての紡績資本の利益が阻害された。また最も堅実な資産内容を持つ紡績資本は金解禁の打撃に十分耐えうる実力を持っていたのである[51]。

金解禁即行に真っ向から反対したのは、鈴木商店の金子直吉、川崎造船所の松方幸次郎などの輸出業者および海運業の盛衰に利害を持つ資本家で、為替の無制限的低落を謳歌し、神戸派インフレーショニストと呼ばれていた。このグループの代表者たる両者が、いずれも後に1927（昭和2）年に至って為替が回復し、物価が下落したときに金融恐慌の一環として破産していることは、金解禁反対論者が為替低落による輸出増大と国家支出に支えられた不堅実経営に基礎を置いていたことを物語る[52]。

三菱銀行の山室宗文は、経済に悪影響を与えるとして、基本的に金解禁時期尚早論の立場に立っていた[53]。

---

49) 森七郎［1936］41ページ。
50) 大蔵省昭和財政史編集室編［1955b］174ページ。期限付解禁論（山本達男、武藤山治、吉植庄一郎）、為替相場解禁論（山室宗文）、新平価解禁論（『東洋経済新報』）などが主張された。前掲「金輸出解禁史（其一）」14－19ページ。
51) 大島清『日本恐慌史論　下』東京大学出版会、1955年、224－225ページ。大蔵省昭和財政史編集室編［1955b］第2章第1節。
52) 川合一郎「金輸出禁止前史」大阪商科大学経済研究所編『一般的危機と日本資本主義』蘭書房、1949年。神戸市川崎造船所社長の松方幸次郎は、過度に縮小された通貨を日本の経済事情に適当な程度にまで回復させて行き詰った日本の財政経済を救えと主張し、金利の引下げを求めた。金輸出解禁論を危険であるとみなし、金を保守すべきであると論じ、為替相場の人為的維持策を放棄して為替相場を貿易の自然に放任すべきであると主張した（松方幸次郎『何故お互は馬鹿であるか並に外債募集反対論』私家版、1924年、20－33ページ）。
53) 『エコノミスト』1924年12月1日号。

第 5 編　第 1 次世界大戦後の正貨政策

　金解禁反対論に共通する所論は、正貨流出に伴う兌換制の基礎破壊ならびに財界の急激な悪化を危惧することから出発するということであった。反対論の代表的な見解を表したものは井上準之助［1925］であった。

（2）　金解禁に対する大蔵省の対応

　この間の金解禁に対する政府の対応は以下のとおりである。

　関東大震災後に第 2 次山本権兵衛内閣（1923年 9 月〜1924年 1 月）が成立した。大蔵大臣に就任した井上準之助は、震災に伴う混乱の収拾に全力を傾注しなければならなかった。震災復興のための財政措置が講じられた。為替相場の大幅な低落のもとにおいては金解禁の実施は困難であった。

　1924年 1 月には清浦奎吾内閣（1924年 1 月〜1924年 6 月）が成立し、勝田主計が大蔵大臣に就任した。勝田主計は1924年 4 月 2 日の勅令に基づいて帝国経済会議を設立し、日本経済の振興に関する有識者に調査・審議・提言を求めた。同会議総会は1924年 5 月29日に開催された。金禁解については金融部会の特別委員である池田成彬（三井銀行）、各務鎌吉（東京海上火災保険）、米山梅吉（三井信託）、串田萬蔵（三菱銀行）、佐々木勇之助（第一銀行）、湯川寛吉（住友銀行）、結城豊太郎（安田保善社）の 7 名に答申案の作成が付託され、答申案が部会決定を経て、 5 月29日に総会で帝国経済会議議長（清浦奎吾）から内閣総理大臣（清浦奎吾）への答申案が決定した。これによれば、金解禁は一時に巨額の正貨を流出し為替相場の急激な変動を惹起するなど、一般財界に異常な影響を与えるようなことがない時期において実施することが答申された[54]。

　明治以来、審議会が政策決定に関与していたが、この期についても同様であり、金融界の代表者が審議会を通じて金解禁政策に関与したのである。為替対策をめぐって活発な論議が展開された[55]。

　だが為替相場は容易に回復せず、勝田主計蔵相は金解禁を実施しなかった。

　1924年 6 月には第 1 次加藤高明内閣（護憲 3 派内閣、1924年 6 月〜1925年 8 月）が成立した。浜口雄幸が蔵相に就任した。浜口は第 2 次加藤高明内閣（憲政会単独内閣、1925年 8 月〜1926年 1 月）、第 1 次若槻礼次郎内閣（1926年 1 月〜1927

---

54)　『帝国経済会議要覧』（続）内閣総理大臣官邸、1924年、 3 － 8 ページ。
55)　齊藤壽彦［1987a］235ページ。

年4月)の蔵相にも就任している (1926年6月まで)。浜口は1924年10月から1925年2月までの為替相場の暴落に直面した。このような時期に金解禁によって一挙に為替相場の回復を図れば、国内物価に著しい圧迫を及ぼすだけでなく、輸入業者に予想外の損失を与え、一般産業界を混乱させる恐れがあるとして、金解禁に反対に態度をとった。為替回復の根本策は国際収支の改善にあるとして行政整理、民間消費の節約に努めた。だが都市財政支出は膨張を続けた[56]。

1925年2月中旬以降、為替相場は急回復した。それは外資輸入談、貿易改善、正貨政策、中国およびアメリカ筋の円買い思惑などに刺激されたものであった[57]。だが、浜口は金解禁時期尚早論を保持したのであった。

3 片岡蔵相の金解禁準備への着手とその挫折

1926 (大正15) 年から1927 (昭和2) 年の金融恐慌前にかけて、政府は金解禁の準備に着手する。すなわち、1924年11月に38ドル台まで暴騰した為替相場はその後次第に回復し、1926年6、7月頃には46〜47ドル台になった。一方、主要国が金本位制に復帰してきた。さらに、大戦後のなし崩し的過剰資本整理、独占化も進展した。かくして1926年9月、第1次若槻礼次郎内閣の蔵相に就任した片岡直温は、金解禁準備に着手し、機が熟すのを待って解禁実行に移る趣旨を明らかにした。金解禁の準備として、在外資金の充実策である正貨現送、市債・社債の外債発行の促進、国債償還制度改革(国庫余裕金を公債償還資金に充当)、内地財界対策である日銀金利引下げも行われたが、政府が最も重点を置いたのは財界整理の促進であった。すなわち財政を緊縮し、国債非公募方針を厳守するとともに、民間資本の収支均衡、資産充実、事業基礎確実化を求め、金融制度の改善、震災手形の整理を図った。金解禁による正貨の流出を阻止するためには、入超構造を改善し為替相場を平価に近い水準に維持する必要があるが、そのためには財政の緊縮、財界の整理が必要とされるのである。財界整理においては震災手形の処理と金融制度の改革が注目される。金融機関の整備

---

56) 伊藤由三郎編 [1929] 135-136ページ。大蔵省昭和財政史編集室編 [1955b] 178-180ページ。持田信樹 [1981a] 156、162-164ページ。
57) 横浜正金銀行調査課「最近十年間に於ける我国の対外為替」『日本金融史資料 昭和編』第22巻、118ページ。

に関しては、1926年に金融制度調査会が設けられており、同調査会の審議を経て、普通銀行制度の改善強化を図る目的を持つ銀行法が1927年3月に制定されている。このように片岡蔵相のもとで金解禁準備が着手されたのである[58]。

上記の施策のうち金解禁準備施策として位置づけられた正貨現送は、実際には政府正貨現送による政府在外正貨補充策にほかならなかった。

国債償還制度改革を田中生夫氏は金融市場逼迫回避策と位置づけられた[59]。だがそれは日本財政の信用を増加し、ひいては内外公債の信用度を高めるものでもあったのである。第1次大戦以後に多額の国債が発行されていた。片岡蔵相は1926年11月27日の関西銀行大会において「歳計剰余金の一部を国債償還に充当致しますことは我財政の信用を増加し、延て内外市場に於ける我国債の声価を高め、財政上の効果著しきものがあります」と演説している[60]。国債整理基金特別会計法が改正され、従来の制度にあった前年度初め国債総額の10000分の116以上の繰入れをするほかに、前々年度一般会計の剰余金の4分の1以上の金額を、新たに国債整理基金特別会計に繰り入れることとなった（1927年4月から施行）。これによって政府は財政の信用を高め、内外市場の国債の声価を上げるとともに、民間の資金を潤沢にし、金融を緩和して、金利の低下を招来し、ひいては財界の整理を促進する準備としようとしたのである[61]。金解禁準備施策はこのような意義をも有していたのである。

金解禁に関する論議は1919年以来しばしば台頭したが、政府が金解禁問題を考慮し、はじめて具体的対策を講じたのは、片岡直温が大蔵大臣として在職中（1926年9月～1927年4月）のことであった[62]。片岡直温蔵相が金解禁の準備を決意した理由はなんであろうか。

当時の人々にとって、金本位制度は貨幣制度として当然の制度であると考え

---

58) 日本銀行（調査局）、前掲「金輸出解禁史（其一）」27－33ページ、伊藤由三郎編［1929］143－160ページ、参照。田中生夫［1980］96－99ページは、日銀金利引下げを銀行や企業の財務改善策として注目している。
59) 田中生夫［1980］96ページ。
60) 高橋亀吉編『財政経済二十五年誌』［1932］第6巻、財界篇（上）、163ページ。伊藤由三郎編、前掲書、148－150ページ。
61) 大蔵省昭和財政史編集室編［1954］29ページ。
62) 日本銀行（調査局）「金輸出禁止を中心としたる最近十年間における我財界の展望」『日本金融史資料　昭和編』第20巻、266ページ。

られていた。片岡蔵相もこの制度を信認していた。すなわち、片岡蔵相は1926年11月27日の関西銀行大会において「元来金輸出の禁止は世界大戦に基づく国際経済の変調に応じ臨時的措置として行われたものでありまして、これが解禁は経済の常道に復帰する所以でありますから、出来得るかぎり速にその実行を期すべきことは当然であります」と演説している。翌1927年1月18日の帝国議会衆議院の財政演説においても、金輸出禁止を「変態」であるとし、「元来金輸出の禁止は、世界大戦に基く非常施設〔措置〕でありまして、出来得る限り速にこれが撤廃を期せねばならぬのであります」と述べているのである[63]。金本位制への復帰が「常道」とみなされ、金本位制が内外で一般的に信認されていたことが片岡蔵相の金解禁準備を促したのである。

第1次大戦後に日本の金解禁が遷延された背景には、大戦期に諸外国が金本位制を離脱し、アメリカの金本位制復帰後も多くの国がただちに金本位制に復帰しなかったという事情があった。1922年9月の大蔵省の金解禁時期尚早声明にも、日本が金本位制にただちに復帰しない理由の1つにこのことが挙げられていた。しかし、諸外国が次々と金本位制に復帰してくると、日本がこれに追随して金解禁を実施しない場合には、日本が世界において落伍する恐れがあると考えられた。すなわち、1926年11月17日に蔵相官邸において「正貨収支関係について」の重大会議を開いた際、片岡蔵相は「通貨制度の常道に復帰することを希望する。今日のまま推移すれば世界において落伍者となる恐れがある。適当な時期を見て、金解禁を行いたい、よって、その時期方法等を考究せねばならぬ。国民とともに解禁する方針のもとに準備をすすめたい」と金解禁の意図とその理由を述べているのである[64]。また同月27日の関西銀行大会で片岡蔵相は、「早晩世界各国は金輸出自由の状態に復帰するものと推測せらるるのであります。斯くのごとき時期に際し、我国にして目を曠しうして為す所なくんば、遂に世界経済場裡に落伍者となるの運命を免るることができないのであります」と演説している[65]。

世界が金本位制に復帰する状況でこの流れに逆らうことは、日本が国際的に

---

[63] 高橋亀吉編『財政経済二十五年誌』[1932] 第2巻、政治篇 (中)、252ページ。同書、第6巻、財界篇 (上)、164ページ。
[64] 昭和大蔵省外史刊行会編 [1967] 261ページ。
[65] 高橋亀吉編『財政経済二十五年誌』[1932] 第6巻、165ページ。

孤立し落伍することになるという不安や恐れを片岡蔵相に抱かせたのである。片岡は国際的な観点からの安心を求めたのであった。英米と協調し世界の中の日本として生きようとの考えからも、通貨制度の常道としての金本位復帰が求められたのである。

片岡の金解禁準備施策方針は1926年11月17日の会議で決定されたものであった。この会議の出席者は片岡蔵相、市来乙彦日銀総裁、土方久徴同副総裁、井上準之助前日銀総裁、児玉謙次正金銀行頭取、田昌大蔵次官、冨田勇太郎理財局長、松本脩銀行局長、津島寿一国庫課長であった[66]。つまり、片岡蔵相、大蔵官僚、日本銀行・横浜正金銀行幹部によって決定されたものであり、国内輿論の要請に応じたものとはいえないものであった。

この期に金解禁に正面から反対したのは松方幸次郎で、日銀券の保証発行限度の拡大を主張している。片岡蔵相の金解禁論に対しては、当時の財界では反対の空気も強かった。当時の為替相場の回復を円為替投機によるものと考えて、もし今解禁すると正貨の流出を招き、また物価はあまり下がっていないので輸出不振が続くだろうというものであった[67]。

第1次世界大戦期における不良貸付の顕在化は、1927年3月に至って金融恐慌をもたらした。金解禁準備は頓挫する。その背景には第1次世界大戦後における日本資本主義の脆弱な構造があった。

4　金融恐慌後における金解禁の輿論化の進展とその制約要因

（1）　金解禁に関する経済的利害と金解禁の輿論化の進展

金融恐慌は脆弱資本を淘汰する結果をもたらした。また、世界各国が金本位制に復帰した。こうしたことから、金融恐慌後の1928（昭和3）年頃から1929年にかけて再び解禁問題が起こってきた。

金解禁主張の先頭に立ったのは、従来まで時期尚早論を唱えていた、財閥系銀行資本を中心とする大銀行資本であった。金融恐慌後の不況による金融緩和

---

66)　昭和大蔵省外史刊行会編［1967］261ページ。児玉正金銀行頭取は消極的であったが、井上準之助は積極的態度を示した。市来日銀総裁も台湾銀行を含む銀行整理の方針を述べた（大蔵省財政金融研究所財政史室編［1998b］13ページ）。
67)　宮本憲一［1960］173ページ。

第11章　金解禁政策

および資金の偏在による大銀行の手許遊資の増大が金解禁要求の一因をなしていた。財閥系産業資本自身は豊富な内部留保を持ち、かつ重化学工業の発展は脆弱であることから、銀行貸付資本の需要は脆弱であった。一方、非財閥系資本は、安定的貸付対象とは必ずしもいえなかった。また預金が金融恐慌後に財閥銀行をはじめとする大銀行に集中し、かくして、中小資本の金融難にもかかわらず、大銀行は、過剰遊休資本に悩むこととなったのである。この過剰遊休資本の解決は、金解禁による、日銀特融の回収を中心とする通貨収縮（利子率騰貴）に求められた[68]。また、銀行資本は金解禁による、外国放資、為替不安の撤廃に基づく事業振興を求めたのである。三菱銀行取締役の山室宗文は次のように述べている。金解禁をすると、為替相場の変動の危険がなくなるから、外国投資が盛んとなり、大いに外国から証券を買うだろう。それに今日は米国も英国も日本より金利が高いから、向こうの方がかえって証券が安くなっている。為替の不安がなくなれば、遊資は争ってそれに向かうはずであるし、事業が起こり、貿易も盛んになる、と[69]。極度の金融緩慢で金利が低下していた日本に比べて、アメリカでは1928年初め以来、未曾有のブームで金利が高騰しており、それまでに例のない日米の金利の逆転現象が発生していたため、銀行資本家が国内で遊休化している貨幣資本を海外へ正貨の形態で送ってアメリカに放資しようとして、金解禁を要求する一面はあった。だが銀行資本は単に銀行の利害に立つのではなく、基本的には財政緊縮・金融引締め・生産原価の引下げを図り、財界を確保たる基礎に置く観点から金解禁を要求したのである[70]。東京・大阪両手形交換所組合銀行は、1928年10月22日に東京手形交換所理事長（三井銀行）池田成彬、大阪手形交換所理事長（住友銀行）八代則彦の連名で、「政府は即時金輸出禁止を解除せらるべし」と建議する。

　金解禁は世界資本主義の金本位制への復帰による為替相場の安定を求める産業資本、商業資本からも要望された。従来は国内産業原料による輸出業者とし

---

68) 大島清、前掲書、295、312ページ。朝日新聞経済部編『朝日経済年史』1929年版、大阪朝日新聞社、1929年、371ページ。
69) 山室宗文「金の解禁が必要」『ダイヤモンド』第16巻第24号、1928年8月15日、39ページ。
70) 前掲『朝日経済年史』1929年版、371ページ。山宗宗文『我国の金融市場（続編）』日本評論社、1928年、307－308ページ。池田成彬述［1949］153ページ。森七郎［1986］30－31、104、106、110－111ページ。三井銀行常務取締役の池田成彬は、銀行に海外投資の余地はないと述べている（『東京朝日新聞』1929年11月22日付）。

て低為替の利益を最も多く受けているとみられていた蚕糸業者が、為替相場の動揺・激変による損失は大震災による損失よりもなお大なるものがあるとして、金解禁を主張するに至った。東京商工会議所調査によれば、横浜正金銀行の対米電信為替建値変更回数は、1928年初めから10月までに78回に及び[71]、このような激しい為替相場の動揺のもとでは貿易関係産業では採算がたたず、ここに金解禁への要求を余儀なくされる。すなわち1928年5月25日、蚕糸業同業組合中央会は金解禁を決議し、翌日、大蔵省に建議する。輸入業者も為替の不安定回避のため金解禁を要望する。日本外材輸入協会連合会（会長黒田善太郎、理事三菱商事ほか。三井物産は東京、神戸外国木材輸入協会幹事）は同年10月18日、金解禁の即行を決議し、声明書を蔵相、商相、農相、経済審議会および全国各地商工会議所に提出した。さらに同月25日に日本商工会議所常務会が為替の安定、国民経済の基礎強化を求め、金解禁実行を決議した。

　1928年6月22日には大阪毎日新聞社、大阪朝日新聞社の経済部共同主催のもとに、関西の財界、学界、政界各諸名士の金解禁問題に関する懇談会が開催された。これは世界主要国がおおむね金本位制に復帰し、フランスも近くその実行が予定されている今日、金解禁を挙国一致、遅滞なくこの準備に努めるという機運を醸成するために開催されたのであり、関西における金解禁興論を喚起しようというものであった。この懇談会出席者の大部分は金解禁即時断行論または速行論を主張した[72]。

　1928年9月の勅令に基づいて設立された経済審議会（会長は内閣総理大臣）は、同年12月21日に至り、総会を開催し、第2部特別委員会（14日に首相官邸で開催）が決定した解禁速行の決議を可決するとともに、政府にこれを答申した。同審議会は対外為替の回復安定を図り、国際貸借決済上の不利益を除去し、取引を安全にし、もって国民経済の基礎を強化するためには、金解禁が一時内地産業に及ぼす影響を軽減する措置を講じつつ、周到な用意のもとに速やかに金輸出解禁を実行することが必要であると認めたのである。大蔵省はこの決議

---

71)　伊藤由三郎編［1929］204ページ。
72)　日本銀行（調査局）「金輸出禁止を中心としたる最近十年間における我国財界の展望」（1930年7月）全国経済調査機関連合会編『日本経済の最近十年』改造社、1931年、955ページ。『日本金融史資料　昭和編』第20巻、267ページ。日本銀行（調査局）、前掲「金輸出解禁史（其一）」『日本金融史資料　昭和編』第20巻、44ページ。

を尊重する意向であった73)。

　金融恐慌後の金解禁論の特徴を日本銀行調査書は次のように要約している。貿易状態は一時のように不振でなく、為替相場もまた相当の回復を告げ、さらに金融恐慌前に存在していた金融界の禍根も特別融資によっておおむね一掃され、融資が過剰となるなど、解禁実行上の障害が著しく減退した。為替の動揺が著しくなり、実業家の金解禁運動が具体化した。かくして、主として為替相場の安定を図り、また通貨の減少を図り中間景気（過熱）を防止するとともに日銀通貨統制力を回復させるために、金解禁が求められた、と74)。

　このようにして1928年に「金解禁の輿論化」が進行していったのである。「世上ノ解禁論ハ……漸ク輿論化シ大勢速行論ニ傾」いた75)。金解禁がかなり多くの人々の信認（社会的信認）を得るようになったのである。

　1929年（昭和4）年の新年を迎えると、野党であった立憲民政党（1927年6月に憲政会と政友本党とが合同して結成）は、「輿論ガ解禁ニ漸ク一致スル風アリシ」とみなし、1月21日の同党大会において「速ニ必要ナル準備ヲ整ヘ解禁ノ実現ヲ期スルコト」を政策の1つに掲げた76)。輿論（理性にのっとった多数意見）が政策形式に影響を与えたのであり、この輿論化が浜口内閣の金解禁政策表明の背景をなしたのである。

（2）　金解禁の輿論化の限界
日本工業倶楽部のアンケート調査結果

　しかしながら、金解禁には依然として反対論が存在していた。1928年10月22日、東京および大阪の手形交換所組合銀行が即時金輸出禁止解除を政府に建議した。銀行界多数の意見は金解禁断行に傾いた。産業界にも解禁賛成者はいた

---

73)　日本銀行（調査局）、前掲「金輸出解禁史（其一）」44ページ。高橋亀吉編［1932］第5巻、612-613ページ。『大阪毎日新聞』1928年12月15日付。
74)　日本銀行（調査局）、前掲「金輸出解禁史（其一）」『日本金融史資料　昭和編』第20巻、44ページ。日銀の通貨統制力とは、日本銀行が経済界の形勢をみて、その状態に応じ、金融市場の通貨の数量を調節する作用をいう。日銀の金融市場通貨統制力というべきものである（「金解禁問題の解説」前原久夫編、井上準之助述『国民に訴う』修文社、1929年、63ページ）。
75)　日本銀行調査局「金輸出禁止を中心としたる最近十年間に於ける我国財界の展望」全国経済調査機関連合会『日本経済の最近十年』改造社、1931年、954-956ページ。日本銀行（調査局）、前掲「金輸出解禁史（其一）」50ページ。
76)　日本銀行（調査局）、前掲「金輸出解禁史（其一）」53ページ。

が、その一般の空気は判明を欠いていた。日本工業倶楽部が1928年11月に実施した金解禁アンケート調査結果をみると、銀行・貿易・海運業では即時解禁13、条件付解禁11、解禁反対・尚早4であったが、工鉱業においては即時解禁11、条件付解禁18に対して、解禁反対・尚早は21もあったのである。解禁尚早意見の論拠として挙げられたものは、①金流出に伴う通貨縮小による金融の不円滑・金利高騰・物価下落による産業界の不景気、②労賃の低下困難・金利高騰下の物価下落による工業の萎縮、③国際収支の不均衡による金流出の結果としての金本位制の危機、④内外金利の逆鞘による金流出、⑤特別融通の未回収、⑥金融緩慢・金利安の現状での事業界の整理の必要性、などであった[77]。

金解禁は国内生産者にとって輸入品の安価流入による打撃を受けることとなる。その製品が輸入品との競争の立場にある製鉄鋼業においては、1928年11月、鉄鋼協議会が金解禁時期尚早声明を出している。樺太工業、富士製紙社長の大川平三郎は次のように非解禁論を主張した。金解禁の結果として外国品が1割安く輸入されてくると日本産業は外国品に対抗できない。日本は極度の不景気に陥る。国内産業の保護奨励に対しては、どうしても国民が協力一致してその目的を達するに努めねばならぬので、内国品ならばいくらか高くても我慢する。それによって、国際収支の均衡を回復するのが、日本国家存在の上において、最も必要である、と[78]。

1928年当時、金解禁の条件が十分に満たされたとはいえない。その興論化は不十分であったといえるのである。大蔵省の青木一男は『金解禁問題に付て』（1929年9月）の中で、次のように述べている。「近年迄は解禁尚早論が勢力を持つて居つて、仲々解禁が実行できなかつた。殊に政府当局はいつも大事主義、慎重主義を取つて居つて実行できなかった……。独り政府許りでない、民間の間でも随分尚早論があつた。…未だ解禁し得る時期に行つて居らない、斯う云ふ意見の人が随分ありました。さう云ふ人達は解禁の財界に及ぼす影響と云ふものを非常に重く見て居」たと（40ページ）。

---

77) 日本工業倶楽部調査課『金輸出解禁問題に関する日本工業倶楽部会員の意見』同課、1928年11月。
78) 大川平三郎「非解禁論」『ダイヤモンド』第17巻第14号、1929年5月1日、19－22ページ。

1928年における政友会、政友会内閣の金解禁消極論

政友会内閣は基本的に金解禁実施に消極的であった。

1928年5月15日、大阪中央公会堂における全国手形交換所連合会大会において田中義一立憲政友会内閣の三土忠造蔵相は、「金の輸出禁止を解除することは、安全なる金本位制度の実を挙げ、国際経済の常道に復する所以でありますからして、一日も速かに之が実現を期すべきは、何人も異論の無き所であります。……今や金融機関の整理も進捗して、その基礎鞏固を加へ、又国際貸借の関係も著しく改善せられ、金解禁の障礙は、次第に減少しつゝあることを認めるのであります。併しながら、財界の整理も為替相場の回復も、未だ充分なる程度には達して居りませぬ。加ふるに特別融通等の関係より日本銀行の通貨統制の機能も自ら阻礙されて居りますから、金の解禁を行ふ為には今後とも財界の整理と国際貸借の改善に努力すると共に、特別融通の前後処理を始め、日本銀行の機能回復に就ても、適当の措置を講ずることが緊要であると考えます」と金解禁尚早論を唱えていた[79]。その後も金解禁の輿論化の進展にもかかわらず、三土蔵相はこの方針をとり、11月13日の関西銀行大会でも金解禁には準備が必要であると述べ、金解禁の実行を明らかにしなかったのである[80]。

政友会が地方農村に多くの選挙基盤を持つことから、金解禁後の財政緊縮、物価低落による不況が農村に波及し、地主の利益を損なう危険性が、政友会の金解禁に対する消極的立場を余儀なくさせ、また、中小工業・脆弱大工業に支えられた日本資本主義の脆弱性、国際競争圧力に対して脆弱な日本工業への認識もこれに作用したと考えられる。また対外軍事侵略を企てた状態のもとにおいては、金解禁は不可能であった。

日本銀行調査局の一調査報告書は「金解禁の輿論化」という項目を設けているが、その記述をみると、金解禁の輿論化が1929年前半に進展したと読み取ることができない。むしろ輸入超過は前年より多額にのぼるべき情勢となって、為替は軟調を免れず、また英米金融市場が高金利時代を迎え、日本の金解禁に一抹の暗影を投じたということが書かれている。民間では金解禁論以外に為替の低落に伴い平価切下論も一部で唱えられ、また解禁徐行論も台頭した[81]。

---

79) 高橋亀吉編［1932］第6巻、175ページ。
80) 日本銀行〔調査局〕「金輸出解禁史（其一）」50、52ページ。

第5編　第1次世界大戦後の正貨政策

『東洋経済新報』らの新平価解禁論

　1929（昭和4）年3月16日、『東洋経済新報』は旧平価解禁に反対し、新平価解禁を提唱した。石橋湛山、高橋亀吉、小汀利得、山崎靖純のエコノミスト4人に、武藤山治、宮島清次郎、矢野恒太、各務鎌吉らの実業家もこれに賛同し、新平価解禁論は、同誌が1924年3月にはじめてこれを主張したときに比べて、少数論ながらも社会の1つの見解となった[82]。

　1922年4～5月のジェノア会議は金本位復帰において採用されるべき為替レートを、旧レートによるか新レートによるかは各国の事情によってそれぞれの国が決めるべきことだとした[83]。

　ヨーロッパでは新平価を設定して金本位制に復帰した国が多かった（ドイツ、オーストリア、ベルギー、イタリア、フランス）。

　1929年11月、金解禁後の正貨流出に備えての英米とのクレジット設定交渉に際して、米英の金融業者は津島寿一海外駐箚財務官に新平価での日本の金本位復帰を示唆していた。津島もこの意見に同調した[84]。

　新平価解禁論は、解禁の目的を為替の安定に置き、現在の物価水準にみあった新平価を採用することによって、物価の下落なしにこれを達成しようとするものである[85]。旧平価金解禁即行論を唱えていた『東洋経済新報』が新平価金解禁論を唱え出したのは1924年3月からのことである[86]。

　東洋経済新報社の石橋湛山は、金輸出禁止のために為替相場が絶えず変動し、貿易ないし諸産業の健全な進展を妨げていると論じ、金解禁によって為替相場を安定させ、ひいては日本の財界を安定させようとした[87]。

　1924年末に『東洋経済新報』の第5代主幹に就任した石橋湛山は、1929年7月に『金解禁の影響と対策』において新平価金解禁論をまとめて論じている。

---

81)　日本銀行調査局、前掲「金輸出禁止を中心としたる最近十年間に於ける我国財界の展望」。
82)　田中生夫［1980］110－111ページ。
83)　日本銀行百年史編纂委員会編『日本銀行百年史』第3巻、130－131ページ。
84)　津島寿一［1962］202ページ。安藤良雄編［1972］63ページ。有竹修二『昭和大蔵省外史』上巻、昭和大蔵省外史刊行会、1967年、332ページ。森七郎［1986］114－115ページ。
85)　田中生夫［1980］124ページ。
86)　高橋亀吉［1955a］881ページ。
87)　『東洋経済新報』1928年11月17日号社説「新平価を定め、金解禁を即行せよ」、石橋湛山全集編纂委員会編『石橋湛山全集』第6巻、153－155ページ。

第11章　金解禁政策

　石橋は、その目的は為替相場の安定、すなわち、通貨の対外価値の安定と世界の金本位への結合のほかにはないと考え、金解禁の目的の中に物価の引下げとか、財界の整理とか、財政の緊縮とかを持ち込むことに反対した。金解禁を手段としてこれらを行うことは目的と手段を転倒した議論であると批判した。金解禁の方法は、円の金平価を1897年の貨幣法によって定められた純金2分を1円とする法定平価に求めるのではなく、それは「或期間に事実として社会に成立せる通貨の価値に従って定められる」ものであり、現在の騰貴した日本の物価および下落した為替相場に現れた円の実際価値をとって定めるべきであると論じ、旧平価解禁に反対し、新平価解禁を主張した。もしも旧平価解禁を実行すれば、為替相場が回復し、物価が低落し、この結果、諸事業の利益が減少し、証券の相場は低落し、経済界は不景気に陥ると旧平価解禁を批判した[88]。石橋湛山は、旧平価解禁論を唱える松崎壽大阪商科大学教授の新平価解禁論批判に反論した[89]。

　1926年に東洋経済新報社を退社し経済評論家となった高橋亀吉も為替安定を求め、財界に動揺を与えないための新平価解禁論を主張した。高橋は新平価解禁は旧平価解禁の2つの弊害、物価反落・財界整理と輸出不利・輸入推進・国際収支悪化を完全に除去できるとした。高橋の新平価解禁論は、農業を含む非金融資本部門中心の対内均衡優先、拡大均衡主義の体系にほかならなかった。このことは金解禁後の不況下の1930年6月以降により明確となった[90]。

　石橋や高橋とともに小汀利得（『中外商業新報』経済部長）や山崎靖純（『時事新報』記者）も「新平価解禁四人組」の1人として新平価解禁を主張した。

　西原亀三は日本の経済界匡救策を構想していた[91]。政友会と関係が深かった西原は井上準之助の金解禁施策に反対であり、1929年10月には金解禁反対運動を起こした[92]。すなわち、10月30日には新平価解禁四人組の活動を支援す

---

88)　石橋湛山『金解禁の影響と対策　新平価解禁の提唱』東洋経済出版部、1929年、244、282－287、306－301ページ。
89)　同上書、235、242－244、293、316ページ。石橋湛山については長幸男［1973］162－180ページも参照されたい。
90)　高橋亀吉の新平価解禁論については田中生夫［1980］121－126ページを参照されたい。高橋亀吉は1930年3月には日本銀行の信用をバックとしたインフレーション政策に反対であり、金融引締めを求めていた（高橋亀吉『大不景気襲来及其ノ対策』春陽堂、1930年3月、30－31、324－331ページ）。

ることとしたのである。これには財界首脳の非公然の支持もあったと考えられる[93]。

旧平価解禁を批判したのは「新平価解禁四人組」だけではなかった。財界の有力者の中にも新平価解禁論者が存在した。武藤山治(鐘紡社長、1923年4月に実業同志会会長、1929年4月に国民同志会会長)は旧平価解禁論の急先鋒であったが[94]、新平価解禁論に転換した[95]。武藤は1929年9月に浜口内閣の金解禁政策を中産階級の破滅、知識および筋肉労働者の大失業、国民思想悪化をもたらすと論じて批判している[96]。また武藤は、1929年12月18日の国民同志会第16回大会においても井上蔵相の旧平価解禁論を批判した[97]。

宮島清次郎(日清紡績社長)、矢野恒太(第一生命社長)などの財界人も新平

---

91) 西原亀三は1928年9月に『日本銀行改造論』を刊行し、1929年8月に『経済維新論』を刊行した。1929年5月28日に三井合名会社に常務理事の有賀長文を訪ね、日本銀行改造の急務と三井・三菱協力によるその実行を勧誘した。同月31日には三菱合名会社に総理事の木村久寿彌太を訪ね、三菱・三井を中心とした協力によって財界安定、金解禁の対策を立て、速やかに日本銀行を改造し、金融界の統制力を保有させることを勧誘した。6月9日には各務鎌吉を訪ね、三菱・三井を中心とした協力によって日本銀行を改造し、それによって金融界を統制し、国際貸借の均衡を図ることを勧誘した。11日には三井合名理事長・日本工業倶楽部理事長・日本経済連盟会会長の団琢磨を訪ね、また17日には住友合資会社総理事の湯川寛吉を訪ね、財界匡救策について会談した。7月2日には浜口内閣が成立したが、西原は同内閣を批判していた(山本四郎編『西原亀三日記』京都女子大学、1983年、v、425−426ページ)。

92) 山本四郎編、前掲書、vページ。伊藤隆[1969]37ページ。

93) 西原は1929年9月21日には有賀長文を訪ね、国民諸経済理解の啓蒙運動に関し経費支弁の方法について談じ、有賀はこれを快諾し、団と協議決定することとした(山本四郎編、前掲書、427ページ)。西原は10月30日に日記に次のように記している。「井上大蔵大臣の金解禁に対する施設の余りに軽率にして、国民生活を塗炭の窮地に導くものあり。座視するに忍びず、石橋湛山・高橋亀吉・小汀利得・山崎清〔靖〕純諸氏を鞭撻し、金解禁批判講演会を開催せしめ、以て公衆に金解禁に対する正当なる批判をなす理解を与ふることの計を為せり」(山本四郎編、前掲書、428ページ、伊藤隆[1969]37ページ)。

94) 1922年9月に市来蔵相が東西の有力実業家を大蔵省に招いた懇談会では、武藤が金解禁即行論の急先鋒に立っていた(日本銀行「金輸出解禁史(其一)」『日本金融史資料 昭和編』第20巻、8−9ページ)。武藤山治(実業同志会会長)は1925年2月6日に第五十議会において期限付金解禁決議案を提出した(3月19日決議案討議)(同巻、14−17ページ)。

95) 高橋亀吉[1955a]883ページ。

96) 武藤山治「浜口首相井上蔵相に望む」『経済往来』1929年9月1日号。『日本金融史資料 昭和編』第22巻、494−496ページ。

97) 武藤山治は、浜口内閣は公経済と私経済を混同している、私経済の節約は不景気を誘発し、経済界は破滅する、円価の上昇は物価を低落させて生産者に打撃を与える、と演説した(武藤山治「公私経済を混同した誤れる現内閣の財政政策」高橋亀吉[1932]第3巻、1002−1004ページ)。武藤は1930年4月28日に帝国議会衆議院において、経済界の惨状は旧平価解禁が原因であると政府を批判した(高橋亀吉編[1932]第2巻、796ページ)。

価解禁を主張した。各務鎌吉(東京海上火災保険会長、日本郵船社長)は金解禁を断行して通貨価値の安定化を図ることを主張し、これを旧平価で行うか新平価で行うかは為政者が決断すればよいと「金解禁の弁」において述べた[98]。

このように、浜口内閣の金本位復帰実施政策に対する新平価解禁論に基づく批判がかなり存在していたのである。

高橋亀吉らの新平価解禁論者は金解禁そのものには反対せず、旧平価での解禁を日本に不況をもたらすとして反対した。新平価解禁は旧平価解禁に比べて日本経済に与える打撃は小さかったであろう[99]。だが、鈴木武雄(京城帝国大学助教授)の、新平価解禁が勤労大衆に打撃が生じないことを意味しないという批判もある[100]。新平価解禁論者は、旧平価解禁の真の「目的」が金解禁を「手段」として用いて財界整理、産業合理化による日本の国際競争力の強化による日本経済の立直しを図ることにあったことを認識してはいなかった[101]。

[98] 高橋亀吉[1955a]883ページ。矢野恒太は金解禁を求めたが、旧平価解禁は財界に悪影響をもたらす、すなわちこれが通貨収縮による事業界の萎縮、為替相場の暴騰による物価下落、労賃騰貴、破産失業等を招くと論じた(「再論金解禁是非」(1929年8月)『日本金融史資料 昭和編』第22巻、485－494ページ)。

各務鎌吉は、保険会社の資産、信用の確実安定化を図るために通貨安定をもたらす金解禁を求めていた(『大阪朝日新聞』1928年11月30日付)。各務は通貨価値安定化のために金解禁を求める一方、井上らの金解禁政策が不景気などの犠牲をもたらすことを指摘した(有吉新吾『金解禁——昭和恐慌と人間群像』西田書店、1987年、127－128ページ、各務鎌吉「金解禁の弁 後編」『ダイヤモンド』第17巻第6号、1929年2月21日、10－12ページ)。各務は、金解禁実施が発表されると、これからが大難関であると述べた(『東京朝日新聞』1929年11月22日付)。

新平価解禁論者であった小汀利得は、「はじめのうち解禁論者であった武藤山治、池田成彬、矢野恒太、瀬下清といった財界有力者たちまでわれわれの陣営に加わってくれ、大新聞の論調まで反対論を書くようにさえなっていた」と述べている(小汀利得『私の履歴書』日本経済新聞社、1972年、60ページ)。

[99] 長幸男は、新平価解禁論者の平和経済振興策を当時の河上肇ら左翼が評価しなかったことを誤りであったと批判している(長幸男「恐慌からの脱出」隅谷三喜男編『昭和恐慌』有斐閣、334－336ページ)。

[100] 鈴木武雄[1929]193－224ページ。鈴木は、新平価解禁という資本主義経済の最も打撃の少ない解禁法は有産階級の欲する方法であり、それは物価を下落させないだけでなく、実質賃金の切下げをもたらすと論じ、フランスの平価切下解禁が通貨安定、浮動公債整理を目的とする予算均衡のための増税を招いたことを指摘している。

[101] 森七郎[1986]114－119ページ。森は、金解禁の目的が金融資本の制覇と確立および独占資本の支配と収奪にあることを見失っていると論じている(同書、115ページ)。

第５編　第１次世界大戦後の正貨政策

高橋是清の金解禁反対論

　金解禁に対しては高橋是清のような反対論もあった。高橋是清は『大阪朝日新聞』(1928年７月22日付)の中で、「対支投資などのために金はあくまで保存しなければならない」と語っている。金解禁のためには貿易の改善を考慮に入れなければならないが、日本はこの点において安心というところまでは行っていない、日本に十数億の正貨はあるが、これは外国から借金をしてようやく維持しているのが実情であり、このようなありさまでは到底金解禁などはできない、それに日本の産金高はきわめて微々たるものであって、このような国柄において金が出ていくことがわかっているのに金解禁をすれば、これを補充することは容易ではない、と金解禁時期尚早論を論じた。特別融通の回収は急ぐ必要はないとも主張した。

　高橋是清は1929年５月30日に田中義一首相に次のような金解禁断行反対意見を述べている。「金解禁の如き国民経済上重大なる問題は今日断行することは到底不可能である。我国の財界は一昨年の金融恐慌以来未だ充分に整理が進捗されていない、為替相場は悪く国際貸借も殆ど改善されて居ない、今日若も金解禁を断行したならば、我国の金貨本位制度を覆される虞れがあるのみならず、経済界は大混乱に陥り収拾すべからざる事態になるであろう、金解禁を為さんと欲せば、財界がそれに耐ゆる丈けの力を有するに至る時期まで待たねばならぬし、その為めにあらゆる準備を慎重に講ぜなければならぬ[102]」。高橋は金解禁の前提条件が備わっていないと考えていた。

　金解禁、ことに旧平価解禁の断行に人々の意見は未だ統一してはいなかったのである。財界はその去就に迷い、不安は甚だしくなった。

---

[102]　佐伯陽堂編『高橋是清大論集』帝国政治教育会、1931年、21-22ページ。有吉新吾、前掲書、101-102ページ。高橋是清は、金解禁を断行するためには３つの条件が必要であると考えていた。第１が、日本国民がもっと質実の気風を尊んで、内国製品を尊重すること、第２に、産業に従事する人々が奮励して、能率増進を心がけ、優秀な内国産物を低廉な値段で国民に提供すること、第３に、金融業者が投機的資金と生産的資金とに区別を設け、生産的資金の金利にはなるべく変動をきたさないように努めるということである。日本ではこの３条件が揃っていないので、金解禁は時期尚早であると述べている。なお高橋は、公債については、これを生産的なものと不生産的なものとに分け、生産的公債は無理に償還しようとしなくてよいと考えていた(一記者「高橋是清翁と語る」『週刊朝日』第15巻第25号、1929年６月２日、34-35ページ)。

第11章　金解禁政策

1929年における三土蔵相の金解禁政策のあいまいさ

　ヨーロッパにおいてひとまず撃退された革命的情勢の潮は、植民地ならびに半植民地に移行し、アジアが危機の中心地を形成するに至った。中国の反帝国主義運動は伸張し、日本の重要海外市場である中国は国民的統一運動、反帝国主義運動のために非常な危機にさらされた[103]。戦争の危機がないとはいえず、この場合には一般的購買手段としての金が是非とも必要であった。これが日本の金解禁を抑制、遅延させる要因となったのである[104]。

　政友会の田中義一内閣の金解禁に対する1929年初頭の方針は、近い将来重大な変化が起こらないかぎり解禁を断行するように解釈でき、また中国問題が唯一の未解決問題のようにもみられたが、その方針に確固たる根拠はなかった。4月中頃から金解禁論が再燃し、三土忠造蔵相は、4月12日の手形交換所連合会懇親会の席上、為替相場の安定は金解禁のほかないことを強調したが、その具体的準備については明言を避けた[105]。

　1929年5月、政府に解禁意向ありとの風説による株式界の動揺をみると、非解禁声明を求めていた日本経済連盟会は井上準之助、郷誠之助、団琢磨に委嘱して政府を訪問させ、財界不安の原因は政府の金解禁に対する態度にありとして説明を求めた。三土大蔵大臣は軽々に解禁実行はできぬと回答した[106]。6

---

103)　鈴木武雄［1929］187－188ページ。「資本主義の全般的危機」という概念を用いる者は、1917年のロシアの10月革命と第1次大戦末期のドイツ11月革命によってもたらされた「資本主義の全般的危機」は大戦後の西ヨーロッパにおける革命運動の高揚の終了とともに革命の危機段階を終え、1924年以降1929年の世界恐慌の勃発まで資本主義は「相対的安定期」に入り、世界恐慌以後安定の崩壊期に入ったとする（社会科学辞典編集委員会『社会科学総合辞典』新日本出版社、386ページ、岡崎次郎編集代表『現代マルクス＝レーニン主義辞典』現代思想社、上、1980年、820ページ、下、1981年、1433ページ）。ただし、野々村一雄「資本主義の一般的危機」『一般的危機と日本資本主義』蘭書房、1949年、67－72ページは、ロシア革命以降に資本主義は一般的危機の段階に入ったととらえ、その時期を区分して第1期を1918年から1923年までの「プロレタリアートの直接的行動の時期」とし、1923年のドイツ・プロレタリアートの政治敗北以後については、1923～27年を相対的安定期（第2期の「資本主義の一時的安定期」）、1928年以降を第3期「資本主義的安定の下降線の時期」であり、「戦争と革命の時期」であると述べている。

104)　鈴木武雄［1929］190ページ。金は価値尺度・価格の度量標準、世界貨幣として機能するが、ことに戦争準備金として機能する。櫛田民蔵「資本の現段階に於ける金の意義」『中央公論』第495号、1929年4月、92－106ページ、注139も参照。

105)　日本銀行調査局、前掲「金輸出解禁史（其一）」54－55ページ。

106)　深井英五［1941］236－237ページ。井上は最も強く金解禁に反対した（『日本金融史資料 昭和編』第21巻、158ページ）。池田成彬述［1949］156ページ。

第5編　第1次世界大戦後の正貨政策

月14日の地方長官会議における同蔵相の演説は財界の激動を避け、円滑に金解禁を実現するというものであった。

要するに、政友会内閣の金解禁実行方針は1929年4月頃からようやく定まってきたようにみえたが、それは実現することがなかった。7月に田中内閣は張作霖爆殺事件（6月）の責任問題のために総辞職したのであった。

政友会を与党とする田中内閣の三土忠造蔵相のあいまいな金解禁方針をどのように評価したらよいのであろうか。

青木一男によれば、三土は金解禁についての問題の所在点を把握しており、速やかに金本位制に復帰して経済の常道に復帰したいという考えを初めから持っていたけれども、その経済界への影響を考え、準備工作が必要であることも胆に銘じていた[107]。解禁への足跡を残さなかったのは、積極政策の政友会内閣を緊縮政策に転換することが不可能であることをよく知っていたからである[108]。政党の政治家として政党の選挙基盤をなす国民の意思や与党の意向、内閣の政策を無視できなかったのである[109]。こうしたことが三土蔵相の金解禁への方針をきわめてあいまいなものとした。

財界は、1929年上半期に金解禁問題で終始悩み続けていた[110]。「金輸出解禁史（其一）」も、1929年5月頃に財界は金解禁問題の帰趨に迷っていたと記し

---

107) 青木一男［1981］60-61ページ。三土は、金解禁に先立って大銀行の日本銀行預金の減額を図る必要があることを知っていた。金が解禁されるとこれらの金はただちに外国へ利稼ぎに飛び出すことが必定だからである（山口義一「金解禁と其の財界への影響」『政友』第336号、1928年11月、38ページ）。三土蔵相は津島寿一財務官に対して1929年5月に金解禁準備のためのクレジット設定準備の内意を伝えている（安藤良雄編［1972］59ページ）。

108) 青木一男［1981］60-61ページ。

109) 政友会議員の山口義一大蔵参与官は1928年10月当時、日本の国際貸借は支払超過であり、為替相場は回復しておらず、物価の下落は十分ではなく、財政整理も進捗しておらず、金解禁は時期尚早であると考えていた（山口義一、前掲論文、38-39ページ）。当時、政友会の田辺熊一議員は原則としての金解禁に異論はなかったが、日本経済なり社会がそれに耐えるに至っていないと考えていた。中層以下地方の整理が未完成で、特別融通が未整理で、失業者増加の危険があり、金解禁は時期尚早であるとした（田辺熊一「金解禁に関する私見」『政友』第336号、11-23ページ）。立憲政友会は、1929年9月12日の声明の中で、農村問題は金解禁と対立すべき重要性を有する、金解禁に伴う金融逼迫および物価引下策の影響は疲弊困憊せる農村にいっそう深刻な打撃を与える恐れがあると主張した（「立憲政友会声明書」『政友』緊縮政策批判特集号、1929年10月、4ページ）。

110) 横浜正金銀行調査課山崎啓宇稿『金輸出禁止解除と諸方面に現はれたる影響、諸事象』1930年11月（東京銀行旧蔵、齊藤が原稿のコピー所蔵）、20ページ。

ている[111]）。

　政策決定は政策当局者だけの判断で決まるものではない。ことにすべての人にかかわる貨幣制度においては諸利害関係者間の合意形成が必要であった。

　民政党の浜口内閣が1929年7月早々に金解禁声明を出した時点においては、未だ金解禁の経済条件とその輿論化が成熟してはいなかった。その直前に金解禁に対する人々の見解がさまざまであったことは楠見一正の文章から明らかである[112]）。このことが、金解禁の実施が諸外国と比べて遅れた背景をなしていたのであった。

（3）　日本銀行の通貨統制力回復問題

　政府が金解禁実施に踏み切れない特別の事情として、日本銀行の通貨統制力回復問題と中国をめぐる情勢とがあった。

　金融恐慌後における経済界には、恐慌対策として採用されていた日本銀行の特別融通による通貨の潜在的膨張ならびに日本銀行の通貨統制力（通貨調節力、金融市場通貨統制力）の喪失という重大な問題が存在していた。1928年当時とりわけ問題となったのは日本銀行の通貨統制力の回復（特融回収問題）であった。これは、とくに通貨当局者によって問題とされた。

---

111)　『日本金融史資料　昭和編』第20巻、56ページ。
112)　楠見一正『金輸出解禁問題――その経過と影響――』大阪商科大学経済研究所、1929年6月、124－125ページ。「現今金解禁問題に対する識者の見解は種々に分かたれるが、金解禁を否とする絶対的の金解禁反対論は聞かれない。現今に於ては大体其の根底に於ては金解禁を断行して金本位制の状態に復せしむべきものと是認しているが、只其の時期を何時に定むるかが問題になっているに過ぎない様である。（一）財界の現状のまゝ直ちに金の輸出解禁を断行せよと云ふ純然たる金解禁即時断行論もあれば、（二）適当の時期を見てなるべく速かに金解禁を断行せよとの所謂金解禁速行論者もある。（三）更に解禁の影響を軽微ならしむる為めに相当の準備を整へ、且金解禁の時期を促進せしめて適当なる時期に於いて金解禁を断行せよと叫ぶ準備解禁行論もあれば、（四）金解禁の時期は尚早しと消極的反対の意思表示をする金解禁時期尚早論もある。（五）尚此の外に多少新平価解禁論者もあれば、（六）為替相場解禁論者も見られる。（七）更に又期限付解禁論の主張も存在している。かくの如く現今金解禁問題に対する世人の見解は頗る多岐に亘り、一概に之を論断し得ざるものがある。然し大体に於て金解禁即時断行論及金解禁速行論は相似たものであって、新聞記者銀行家始め実行家の多く主張する所である。準備解禁論には経済審議会並に一部の学者等の主張が之に属し、時期尚早論は政府当局の持する態度である。新平価解禁論は主として東洋経済新報社の説くところであり、為替相場解禁論は従来山室宗文氏の主張する所である。更に期限付解禁論は従来武藤山治氏一派の叫ぶ所であり、又最近為替崩落と共に此の期限付解禁論の主張を聞くに至った」。

第5編　第1次世界大戦後の正貨政策

　金融恐慌対策として実施された特別融通は、2つの重大なる結果を惹起した。その1つは通貨の潜在的膨張であり、他の1つは日銀統制力の喪失である。特別融通による巨額の貸出は直ちに通貨膨張をもたらすものではなく、特融による資金の一部は日銀の手持公債の売出しによって回収され、一部は大銀行の日銀預金の激増となって現れていた。だが、特融は、いつでも通貨が膨張しうる素地をなしていた。民間預金は日銀通貨統制力の圏外にあり、一度に引き出されるときは通貨の膨張を来たすものであった。特別融通による莫大な貸付による銀行券は二、三流銀行に対して預金引出に応ずるための資金として貸し出され、この銀行券は引き出された後はただちに大銀行に預け入れられた。恐慌下で優良な貸出先のない大銀行は、これを日本銀行に預け入れた。

　また、特融による日銀統制力の喪失は、特融による貸出の大部分が固定貸しであることからももたらされた。特融貸出の大部分は固定的であって、日本銀行の金利政策による調節が不可能であった。

　このような状態のもとで金解禁を行った場合、財閥銀行を中心とする大銀行が日銀預金を引き出して海外投資を行い、正貨流出の要因を作り出すことを、日銀金利引上げによって阻止することはできない。また正貨流出にかかわらず、通貨の収縮をみることなく、物価低下が阻止されて不測の災いを残すこととなる。「1927年の金融恐慌後は不良銀行が一応外科的に整理」されたが、「他方補償法融通により巨額の日本銀行貸出が固定したので、解禁に伴ふ通貨調節を妥当にすることは一層困難となったのである」[113]。1926年頃に金解禁準備を講じて金解禁を実現すべきことを力説していた井上準之助は、1928年7月19日には特融の相当額が回収されるまでは金解禁実行が困難である旨を主張するに至った。深井英五も1928年11月26日の講演で、日銀特別融通の結果、日本銀行が通貨統制力を喪失し、もしくはこの機能が薄弱となったのであり、特融の回収が金解禁実行の先行条件である、また特融の結果として大銀行に資金が偏在してこれが多額の日銀預金となっているから、この預金を激減しなければ日銀統制力を回復できない、と主張した[114]。

---

113)　深井［1941］241ページ。深井［1929］124、196－204ページ。
114)　日本銀行（調査局）、前掲「金輸出解禁史（其一）」『日本金融史資料　昭和編』第20巻、45－53ページ。また「第24回全国手形交換所連合会における井上準之助総裁の演説」（1928年5月15日）『井上準之助論叢』第3巻、1935年、55－57ページも参照されたい。

しかし、経済変動を恐れた日銀は、特融回収をただちになしえなかった。遊資回収も公定歩合操作では困難であった。通貨統制力の回復が困難であったことが金解禁の実施を遅延させた一要因となったのである。政府・日銀は未だ金解禁時期尚早を唱えていたのである。

(4) 中国をめぐる国際情勢と金解禁の困難性
中国をめぐる国際情勢

中国情勢も金解禁を遅延させることとなった。金本位制復帰は資本主義の安定を表象するものであるが、この安定は中国をめぐる環境と密接に関係していた。

東アジアにおける日・米・英の国際協調システムであるワシントン体制が1922年初めに成立した。とはいえ、それによる国際秩序の安定は、中国のナショナリズムの進展などによって大きく揺さぶられることとなった。ワシントン会議においては中国の領土および主権の尊重が掲げられたが、中国の代表が要求した関税自主権の回復（ワシントン会議の決議によって1925～26年に開催された特別関税会議で協議）は、日米英の対立、北京政府の地位の変化のために、条約締結に至らず、失敗に終わった[115]。その後、1929年末までに11カ国が中国の関税自主権を承認したが、これらの諸国は最恵国条款を締結していたから、1930年5月に日中関税協定が成立するまでは、中国の関税自主権回復は達成されなかった[116]。治外法権の撤廃、外国の軍隊・警察・郵便・電信の撤去については、これらを原則として承認したものの、具体的全面的権利回復は将来の討議の結果に委ねられた。1921年に創立された中国共産党は、ワシントン体制を、従来の帝国主義の競争的侵略が共同的侵略に変わり、中国人民は生死の関頭に立たされたと評し、厳しい対決の姿勢を示した[117]。ワシントン体制は、中国支配システムの打破を求めるナショナリズムの力の成長とともに変容を余

---

115) 河合秀和「北伐へのイギリスの対応——『クリスマス・メッセージ』を中心として——」細谷千博・斎藤真編［1978］162～167ページ。

116) 東亜経済調査局「最近十年間における我国の対支貿易」全国経済調査機関連合会編『日本経済の最近十年』改造社、1931年、872ページ。

117) 信夫清三郎編、前掲『日本外交史』第2巻、1974年、318ページ。藤井昇三「ワシントン体制と中国」日本国際政治学会『国際政治』1971年第2号、5ページ。

儀なくされた[118]。1924年1月には中国国民党と中国共産党との提携が成立して、反帝国主義、反封建主義、反軍閥を唱える中国民族運動は新たな段階を迎えた。1925年には中国において5・30事件が発生し、反帝国主義運動が広がっていった。1926年7月に広東の国民政府は奉天・直隷軍閥に対する北伐を宣言し、蔣介石を総司令官とする国民革命による北伐が開始された。革命が高揚すると、1927年4月に蔣介石がクーデターを起こして国共合作を破壊した。1926年にはワシントン体制は崩壊し始めた。1928年7月25日にアメリカが米中関税条約を結んで中国の関税自主権を単独承認し、日本はこれに反発していた。だが1928年12月にはイギリスがアメリカに同調し、中国国民党政権との間で新関税条約を締結し、中国の関税自主権を承認し、同時に国民政府を承認した。これは田中義一にとっては打撃であった。1929年には日本の外交的孤立化のパターンが表面化してくる。宇垣一成が米・ソ・中による日本包囲のイメージをその日記に記すのもこの頃である。ワシントン体制での3国協調システムは、とくに中国問題に関するかぎり崩壊に瀕した[119]。

幣原喜重郎の対中国政策

ワシントン会議全権委員であった幣原は、同会議第6回総会において大戦下の中国を対象とする積極的拡大策からの転換、つまりワシントン体制の容認（米英との協調、中国との善隣・協力）に、日本の存立と活路を見出そうとする新しい政策志向を示していた[120]。日本では1924（大正13）年に護憲3派連立の第1次加藤高明内閣（1924年6月～1925年8月）の外相として幣原喜重郎が外務大臣に就任した。幣原はその後第2次加藤高明憲政会内閣（1925年8月～1926年1月）、第1次若槻礼次郎憲政会内閣（1926年1月～1927年4月）、浜口雄幸立憲民政党内閣（1929年7月～1931年4月）、第2次若槻立憲民政党内閣（1931年4月～同年12月）の外相として活躍した。幣原外相は中国の内政不干渉、協調主義、合理主義、平和主義を標榜して、中国における反日感情を和らげ、日本を国際的孤立状態から脱却させ、国家的名声を高めることに努力した[121]。中

---

118) 細谷千博「ワシントン体制の特質と変容」細谷千博・斎藤真編［1978］34ページ。
119) 細谷千博・斎藤真編［1978］32-34、185ページ。
120) 小野一一郎編［1985］52-54ページ。
121) 外務省外交史料館・日本外交史辞典編纂委員会［1992］368-369ページ、など。

第11章　金解禁政策

国に対する内政不干渉政策はすでに原内閣によって採択された路線であった。「幣原外交」の特徴は、この路線を中国における民族運動の高揚、反帝国主義運動の激化、北伐の進行に伴い多発するトラブルという危機的状況の中で堅持したことであろう。中国自立化要求の主要な一環をなす関税自主権獲得へも同調した。幣原も日本の満州における特殊権益、既得権益を擁護する姿勢は有していたが[122]、幣原の協調主義外交は、軍部、政友会、枢密院、右翼の反感を買い、「軟弱外交」と批判されることとなった。幣原が外務大臣に就任していた内閣自体に幣原外交批判者が存在していた[123]。これらの批判の中には、陸軍や国内の言論などにみられた中国の「赤化阻止」という主張があった。また日本の中国権益、とくに満蒙特殊権益擁護などの要求があった。1927年4月8日の陸軍の文書「支那に於ける帝国地歩の擁護に関する研究」[124]にこのことが明記されている[125]。中国に対する制裁手段の行使に反対する幣原外相はアメリカ政府にも同調者を見出していたが、中国に対し、なんらかの実力手段を列国が共同で行使すべしという点で、イギリスと日本陸軍とは共通の立場をとりつつあった[126]。中国内政不干渉主義と権益擁護（在華権益、とくに満蒙特殊

---

[122] 国際協調と対中国不干渉、関税自主権承認に要約される「幣原外交」が1920年代に日本の対外国策として承認され、支持されたのは、日本にとって重要な貿易・投資市場としての中国市場を維持拡大するためには、中国民族運動への干渉を避け、運動の排日貨運動への発展を可能なかぎり抑制し、また直接事業投資に雇用されている労働力の安定的な維持を志向しなければならなかったからである。さらに入超による在外正貨減少の重圧を軽減するために、対米協調路線の選択により、アメリカからの資本流入を図る必要もあった。関税特別会議において日本が率先して中国の関税自主権回復に承認の意向を示したのも、それによって英米側から提出されていた均等関税引上案を退け、我が国に有利な差等（差別）関税率の実施について基礎約束を中国から取りつけるためであった。このような路線によって中国民族運動の矛先が満州へ波及することを防止し、日本の特殊権益を維持することが期待されたからであろう（小野一一郎編［1985］54－57ページ）。

[123] すなわち、宇垣一成陸相は、軍縮を進める一方で、「パリ平和会議、ワシントン会議、山東協定等譲歩に譲歩を重ねたる屈辱外交をも成功なり適当なりとか、手前勝手の宣伝を以て国民の手前を糊塗し来りし外交、人を欺き自らを欺き来りし外交の結果は、今や支那に於いててきめんに暴露し来らんとして居る。失敗外交の清算をなすべき時機が到来しつつある」と記している。信夫清三郎編、前掲『日本外交史』第2巻、1974年、第10章（岡本宏執筆）335ページ。宇垣一成著、角田順校訂『宇垣一成日記』第1巻、みすず書房、470ページ。

[124] 4月7日宇垣陸相より若槻首相に口頭で要旨説明、4月12日畑英太郎陸軍次官持参。

[125] 大畑篤四郎「中国国民革命と日本の対応──不平等条約改正提議を中心に──」入江昭・有賀貞編『戦間期の日本外交』東京大学出版会、1984年、146－148ページ。

[126] 細谷千博・斎藤真編［1978］24ページ。

1143

権益の擁護）の間でジレンマに立たされていた幣原外相は、辞任に追い込まれざるをえなかった。

田中義一内閣の対中国政策

1927年の金融恐慌時（4月20日）に成立した政友会の田中義一内閣は、軍事と関係の深い、満蒙特殊権益と居留民保護に積極姿勢を示した。北伐を進める国民革命軍が山東地方に迫ると、同年5～8月に権益と居留民保護の名目で第1次山東出兵を行った[127]。田中外交は対英接近への傾向において「幣原外交」との色調の差を露にする。田中義一は、対英提携をもとに（2国提携）、満蒙権益擁護政策をさらに積極的に展開していく。これは多国間協調のワシントン体制の変容に向けて作用するものであった[128]。いったん中止された北伐が1928年に再開されると、同年4月に田中義一内閣は第2次山東出兵を断行し、5月3日に済南事件という軍事衝突を引き起こした。さらに同月に第3次山東出兵を断行した。田中義一は、満州の権益を確保するために、中国東北部の支配者張作霖を利用しようとしていた。これを不満とする関東軍は、直接的軍事介入を通して満蒙の分離を図ろうとした。かくして同年6月4日に張作霖を爆殺した。5・30事件以後、中国における反帝運動の矛先がイギリスに向けられていたが、山東出兵と張作霖爆殺は中国全土に排日気運を高めた。

---

127) 第1次山東出兵当時の田中内閣（田中首相が外務大臣を兼務）の対中国強硬主義は、組閣2カ月後に開かれた東方会議（6月27日から7月7日まで）の最終日に田中外相によって訓示された「対支政策綱領」（8項目）によく示されている。この田中の構想は、権益擁護のための積極的介入、すなわち「現地保護主義」、および「満蒙」ことに東三省の分離独立への傾斜・容認の志向という点で、幣原外交方針と異なっていた。だが、この田中内閣の外交方針は、未だ対米英協調主義そのものを根本的に捨て去るものとなっていなかった。山東出兵についてのイギリスの了解もあったようである。1927年当時、イギリスは日本が満州に特権を維持することに反対していなかった。日本が満州にいることは、ソ連の勢力拡大に対する最善の保障であり、イギリスにとってよりよいことに、日本の満州における活動はイギリスに対する中国の敵意をそらすであろう、という見方もあった。イギリスの外交文書にはワシントン体制という観念は存在しなかった。中国問題をめぐってはアメリカとイギリスの考えはまったく同じではなかった。小野一一郎編[1985] 58-61ページ、臼井勝美『日中外交史——北伐の時代——』塙書房、1971年、河合秀和、前掲論文、157、183ページ、などを参照。

128) 細谷千博、前掲論文、24、29-34ページ。

金解禁の遅延──中国問題と戦争準備金

　金解禁を遅延させた為替相場の低落は、中国をめぐる情勢の悪化を大きな要因とするものであった。1928年9月1日の東京府主催の震災記念講演の席上、三土蔵相は「支那問題が解決し、為替相場が回復すれば、我国も金解禁ができやう」と公式に言明している[129]。このことは、中国問題の解決なしには金解禁が困難であったことを意味するものである。

　鈴木武雄は1929年6月に刊行した自著の中で次のように指摘している。「大正十三年十月に於ける三十八弗半の為替低落が、その直接の原因を当時支那に於ける動乱に因る我対支貿易の不振に有して居り、十四年六月の為替反落も、支那各地に於ける労働者の同盟罷業及びそれに続く上海暴動排外主義に基いて居り、また昨年〔1928〕八月における為替惨落も、済南事件〔1928年5月の山東出兵〕に基づく日支紛糾をその原因とするものであり、それは必ずしも上海筋の投機的円売にのみ基くものではなくて、よつて生ずる日貨排斥、更には万一開戦の場合生ずる通商断絶によつて日本が失ふであらう大きな市場従つて貿易に基く国際貸借の著しい逆調が想像せられたからである。爾来所謂日支交渉の懸案は、支那市場に於ける日本資本の英米資本に対する顕著なる敗退となり、日支交渉雲行の険悪化と相俟つて、我が低為替相場の有力な悪材料の一つとなつてゐる。然かも皮肉なことには、支那内地に於いて軍閥者間に戦乱が勃発するときには、因つて生ずる銀需要の増加がまた我が為替相場に対して弱気材料を提供する。かくて、啻に日本の『資本』が、日本の『商品』が支那問題のために一喜一憂してゐるばかりでなく、日本の『為替相場』も亦支那のために愚弄されている」、と[130]。

　鈴木武雄は、前掲書の中で、日本の金輸出解禁を遅延せしめた重要な政治的原因として、中国問題──戦争の気構えを看過することはできない、と主張する。アメリカが金解禁を率先して解禁したときに日本は中国を中心とする一朝有事（戦争）の際の気構えから遂に金解禁をなしえなかった。これは金解禁を不可とする政府の政策の端緒をなすものであったが、今や最近における東洋の

---

[129] 伊藤由三郎編［1929］166ページ。三土蔵相は、民間銀行の日銀無利息預金が巨額なことと「支那問題の未解決」が金解禁の二障害をなしていると考えていた（『大阪毎日新聞』1928年11月16日付）。

[130] 鈴木武雄［1929］188－190ページ。

第5編　第1次世界大戦後の正貨政策

具体的情勢は、再びこのことを政府に強要しつつあるかに見える。さればこそ三土蔵相は、芳澤謙吉公使・中国の王正廷外交部長両氏の日本軍の山東撤兵問題についての日中交渉が停頓し、その結果「結果対支貿易に悪影響をおよぼし惹いて一般財界にも少からぬ打撃が加へられることであらう」、本年の貿易は予想に反して悪化の形勢を示しており、「日支交渉や貿易が何時までもこんな具合だと金解禁は断行出来ない」と嘆息を漏らしたのである[131]。

　1928年下半期の貿易は、中国の排日貨運動のために輸出減を免れなかった[132]。1929年初頭には中国問題の解決が金解禁を行うための残された唯一の問題とみる者もあった。

　1929年3月28日に済南事件が解決し、対中国貿易が好調を呈するに至ったために解禁の障害とみるべきものがここに除去されたとの観測が台頭し、4月中旬頃から解禁論が再燃した[133]。だが、三土蔵相は、4月12日に開かれる全国手形交換所大会を前に、日中間の懸案が解決し日本の対中国貿易は改善されることになったけれども、中国内地の政情不安と動乱の続発は購買力を減退させる結果となるから我が国の財界は好転したとはいえ、金解禁につき何ともいうことはできないと語った。4月23日の大阪クラブにおける経済界主催の懇親会において、三土蔵相は、今日の国際貸借の実勢以下の為替相場では金解禁はできない、対中国関係が今後円滑に進みアメリカの金利高が緩和されるに至れば為替相場が実勢まで漸次回復しうる可能性はある、と言明した[134]。

　山東出兵から受けた日貨排斥、対日ボイコット運動の日本への経済的打撃は予想よりも少なかったが、中国人民の心奥に強く植えつけられた対日感情の悪化は日本にとっての大きなマイナスであった。これは徹底的武力抵抗に転換する可能性を含んでいたからである[135]。

　このような経過は中国の貿易、動乱が金解禁の実施に大きな影響を与えてい

---

131)　同上書、188－191ページ。『大阪毎日新聞』1928年12月2日付。
132)　日本銀行調査局「金輸出解禁を中心としたる最近十年間に於ける我国財界の展望」956ページ。
133)　日本銀行（調査局）「金輸出解禁史（其一）」『日本金融史資料　昭和編』第20巻、54－55ページ。
134)　『日本金融史資料　昭和編』第21巻、766－767ページ。
135)　菊池貴晴『中国民族運動の基本構造──対外ボイコットの研究──』大安、1966年、344－352ページ。

第11章　金解禁政策

たことを示している。

　田中義一外務大臣（兼務）は金解禁問題に関して中国情勢を考慮していた。長春商工会議所が関東庁の諮問に応じて1928年11月13日に作成した「金解禁ノ満州財界ニ及ホス影響」と題する調査が、同月24日に永井清長春領事を通じて田中義一外務大臣に報告されている[136]。

　1929年5月9日には田中義一外務大臣は、ニューヨークの原商務書記官、ロンドンの松山商務参事官とともに上海の横竹平太郎商務参事官に対して、金解禁問題に関する当該地方の事情に基づく商務官としての意見を求める電報を発電している。横竹商務参事官は上海の重光葵総領事を通じて概略を報告するとともに、1929年5月20日に改めて報告している。これは金解禁の上海、中国への経済的影響を考慮したものであった。標金市場における金に対する投資の実需のために3000万円程度の金貨流入が予想される、解禁予想が外れた場合の円貨惨落は警戒を要する、為替高騰に伴う中国の輸入の停頓は一時的とみられるが、急激な変動は輸出入商取引に悪影響を与える、排日、排日貨および中国政局は対日為替回復上の障害となっているということが指摘された。金解禁による急激な変動により生ずるに財界の混乱に伴う危険不利を思えば、相当予告期をおくことが必要であるというものであった。通貨収縮、金利調節、在外クレジット設定など必要な準備を整えるべきであり、速やかに大蔵省令をもって、1年間位の期間を付し、確定時日に解禁励行方公表し、人心の安定を図るということが提案されていた[137]。

　日本の金解禁即行は上海の日本領事からみて困難視されていたのである。

　日本の金解禁問題を資本主義の発展段階における中国貿易の動向と戦争危機の情勢との関連のもとに考察するという視点は看過されるべきではない[138]。中国の反帝国主義運動の伸張に対処するために田中内閣は前述のように対中国積極主義を採用し、山東出兵を行い、対中国関係を悪化させ、この問題に対処することに忙殺されていたから、同内閣は金解禁準備促進どころではなかった。

---

136)　これは、金解禁は一時的に貿易減退をもたらすが、為替相場が安定すれば財界は輸出貿易から立ち直り、金解禁は良好な結果をもたらすというものであった（外務省外交史料館所蔵資料：「本邦金輸出禁止並解禁関係雑件」E.2.3.1.1号）。
137)　上掲資料。
138)　鈴木武雄［1929］187-188ページ。

第5編　第1次世界大戦後の正貨政策

またこのような状況下においては財政緊縮による金解禁準備は困難であった。

また戦争準備金としての金確保の必要もあったであろう。当時において戦争の危機がないとはいえず、この場合には一般的購買手段としての金が是非とも必要となる。これが日本の金解禁を抑制、遅延させる一因となったとも考えられるのである[139]。

朝日新聞記者の有竹修二が1929年5月頃に高橋是清にインタビューしたとき、高橋は、「国と国との間に、平和がいつまでも続くならば文句はないが、戦争といふものは、いつ始まるか知れぬ。一度戦争となると、金がなければ何にもならぬ。金解禁をやつて正貨が流出すると、なかなか容易に還つて来るものではない」と述べている[140]。戦争に備えて国内に金を保有することは明治以来の日本の基本策であった[141]。この金を保有するために金輸出を禁止することまで高橋是清は考えていたのである。伊藤健治郎の指摘（注139参照）によれば、このような考えが高橋是清以外にも保有されていたと考えられる。また、高橋

---

[139] 鈴木武雄［1929］190ページ。ヨーロッパでも金には戦争準備金としての役割があった。金は価値尺度・価格の度量標準、世界貨幣として機能するが、ことに戦争準備金として機能する。金は対外収支の支払手段として役立つほか、天災、凶作、戦争の場合の一般的購買手段としての役割がある。第1次大戦後のヨーロッパでは、金の流通手段としての機能は停止された。だが金の蓄積は進んだ。世界の金保有総計は1913年末から1928年6月末にかけて336億3600万マルクから469億3920万マルクへと増大し、この間に133億マルクと約4割増加した。これは主としてアメリカ合衆国の金保有の増大によるもので、同国の金保有高はこの間に92億7000マルク増加している。しかしスペインとイギリスは戦前よりも多くの金を1928年6月末に保有しているし、フランスとドイツは1927年末から1928年6月にかけて金保有高を著しく増加させている。発券銀行は古い伝統からと将来の戦争の顧慮とから、できるだけたくさんの金を集めようと努力していた（ヴァルガ著、経済批判会訳『世界経済年報』第4輯［1928年下半期］叢文閣、1929年7月、64－66ページ、参照）。資本家が「自国に金の大保有高を集積しやうとする熱求も…戦争準備を示すものだといふことである。金は本来の戦争器具と同じに重要な戦争材料なのである」（ヴァルガ著、邦訳、第5輯［1929年第1四半年］、1929年9月、23ページ）。また櫛田民蔵は、金の戦争準備金としての役割はおいおい高まってくるように見えると述べている（櫛田民蔵、前掲「資本の現段階に於ける金の意義」『中央公論』1929年4月、104－106ページ『櫛田民蔵全集』第2巻、479－481ページ、改造社、1947年）。

　金解禁を不可とする理由として重金論の主張があった。金は世界の軍事、政治、経済の急変しつつある際、将来に備えるために絶対的に必要であるとされた。この主張は国防上の見地に立脚しており、事実上すこぶる強力であった。この説は一朝有事の際における財政的動員を円滑にするために正貨を保持することを必須とするものであった（伊藤健治郎「我が国外国為替相場の歴史【六】」『外国為替』第55号、1952号8月、15－16ページ）。

[140] 有竹修二『昭和財政家論』大蔵財務協会、1949年、40ページ。なお「高橋是清翁と語る」（『週刊朝日』1929年6月2日号）は有竹が執筆したものであろうが、ここには戦争準備金のことは書かれていない。

是清の心の中に深く蔵されたこの考えが高橋是清の金解禁反対論を基礎づけ、高橋の金解禁反対論が社会的に大きな影響力をもっていたことを通じて、戦争準備金確保が金解禁遅延の一因となっていたといえるように思われるのである。

第3節　国際的金本位制復帰とその日本への影響

1　金本位制復帰への一般的潮流

（1）　金本位制に対する一般的信認

　日本の金本位体制への復帰をもたらした背景は、国内における金解禁興論の形成と国際的金本位制復帰の趨勢と在外正貨の枯渇という現象であった。金解禁の興論化については第2節で論じたから、第3節において国際的金本位制復帰について論じ、第4節で在外正貨の枯渇について論ずることとする。

　第1次大戦前に金本位制が継続され、慣行化し、この金本位制の時代にこれに対する一般的な信認（credibility）が築かれた。この金本位制に対する信認が、第1次大戦後における世界経済関係の激変にもかかわらず、国際的金本位制の再建をもたらした大きな要因であった。

　第1次大戦期の古典的国際金本位制の崩壊は戦争という異常事態により生じたものである。それは戦後における復活を予定したものであり、金兌換停止、金輸出禁止もそれに備えるという意味を持っていた。

　商品交換のためには商品の価値が測定されなければならないが、商品の内在的価値尺度としての投下労働は人間の目にはみえないから、商品価値は一般的等価物である金との交換比率で表示される。この金量が金の一定量を単位として表示され、この単位に貨幣法により貨幣名称がつけられ、商品の価値は貨幣

---

141)　深井英五日本銀行理事、副総裁は「中心市場たる国の信用が動くか、若しくは戦争の如き事変の発生するときは、中心市場に保有する資金の価値が減少し、又はこれを回収し得ずして、在外正貨保有国の損失に帰するかもしれぬ」と考え、在外正貨の弱点を指摘し、「一国の通貨の基礎を全く外国の事情に一任するは、出来るだけ避くべきだろう」と論じている（深井英五［1928］365－370ページ）。
　　　飯島幡司は在外正貨の弱点について次のように述べている。「一朝在外正貨を設置しある国と事を構ふるが如き不幸に立ち至らんか、一兵を動かさずして早く国民経済の死命を制せらるる危険がある。況んや戦争中におけるが如く各国共に正貨の自由輸出を許さない場合においては、在外正貨が正貨準備の用をなさないことは議論の余地もない」（飯島幡司『金融経済講義』東京寶文舘、初版、1922年6月、5版、1925年9月、340ページ）。

名を用いて価格として表示される。かくして、金は商品の価値尺度機能を果たし、金の一定単位が価格の度量標準となる。

　金貨の地金への自由熔解、金地金の金貨への自由鋳造を通じて金貨の価値は金地金の価値に安定し、地金の価値も安定した。また金の支払約束に対する信頼という意味での信用に基づく信用貨幣である兌換銀行券は、金との固定比率での自由兌換を通じてその価値が金の価値に安定した。このようなもとで金の一定単位による価格の度量標準の固定制が事実上も維持された。かくして、物価が安定した。また金の自由輸出入のもとで、為替相場は金平価を中心として上下金現送点の間で安定した。

　かくして、金本位制は、金の保有とその運用に基づいて、価値尺度機能を果たすとともに、通貨価値・物価の安定と為替相場の安定をもたらし、これらを通じて経済の安定的発展を支える。金貨の自由熔解、金地金の自由鋳造、銀行券の自由兌換、金の自由輸出入を有する金本位制が価値尺度機能と通貨価値・物価・為替相場の安定機能という経済的役割を果たしたからからこそ、人々は金本位制を一般的に信認した。通貨価値・物価と為替相場の安定は金本位制によってもたらされるということが、金本位制の時代の人々の一般的認識となった。当時は貨幣価値・物価の安定と為替相場の安定という慣行に基づく金本位制への信認が、個人の意識を超えた時代精神（Zeitgeist）、時代思潮となり、金本位制が所与のもの、絶対的なもの、当然のものとして人々に認識されるようになり、このことが個人の意識をこのようなものに拘束することとなった。

　第1次大戦後の国際通貨体制が戦前とまったく同じというわけではなく、金本位制の形態については、金貨本位制が後退して、金地金本位制や金為替本位制的制度が普及し、また旧平価での金本位復帰とともに新平価での金本位復帰がみられることとなる。国際通貨ポンドの役割が後退し、ドルが国際通貨として台頭するようになる。とはいえ、「人心に深く根ざした金本位制への信認」は第1次大戦後も揺るがなかった。金本位制再建そのものに寄せられた社会の期待はきわめて大きかった。第1次大戦後においては戦前の金本位制こそが理想的なものであるとして、政治家、銀行家、経済学者によって支持され、一般大衆も戦前の制度に立ち返ることを当然のこととして疑わなかった。金本位制の再建は当然のこととみなされ、金本位制が国際的通貨制度として最適かどう

第11章　金解禁政策

かについての疑問は、一部の専門家の中で検討されたにとどまり、基本的には生じなかった。「金本位制に対する一般的な信認が、第一次大戦後それがもたらした世界経済関係の激変にもかかわらず、国際的金本位制の激変にもかかわらず、国際的金本位制の再建を可能ならしめた大きな要因であったと言うことができるであろう」142)。

イギリスでは第1次大戦中に金本位制が事実上停止され143)、大戦終了後の1919年4月に金輸出禁止命令が出され、制度的にも特許以外の金輸出が禁止された。だが、1918年1月にイギリスで設置された「戦後通貨および為替問題委員会」(Committee on Currency and Foreign Exchanges after the War)、すなわちカンリフ委員会（Cunliffe Committee）は、「第1次中間報告」を1918年8月に、「最終報告」を1919年12月に提出し、この中で戦前の金本位制を「貿易収支の逆調および信用の過度の拡張に対する唯一の効果的な矯正法であることを長い間の経験が示してきた機構」であるとみなし、金本位制復帰が必要であり、そのための諸条件を早急に回復すべきであると勧告している144)。

もちろん、第1次大戦後において国際金本位制に対する多くの批判が行われている。ことにケインズが『貨幣改革論』を著し、最も鋭く金本位制復帰に反対した。ケインズは、金本位制復帰の可否は国内物価の安定と為替の安定との間に適当な妥協を成立させることができるか否かによるが、その調和を図ることは困難であるとみなし、国内物価、信用および雇用の安定を重視する見地から金本位制復帰に反対した。ケインズは、銀行券発行と金準備との関係を切断して、国内物価の安定を目的とした通貨の管理を行うべきであると主張した。と同時に、為替の面から生じる国内物価の変動を避ける（物価下落を回避する）べきであるとし、これを前提として為替の安定を図るべきであると考え、その方法として、第1次大戦前に行われていたようなイングランド銀行による金の売買価格の調節を挙げている145)。

---

142) 日本銀行（調査局）「国際金本位制の研究」(1954年)『日本金融史資料　昭和編』第20巻、319-320、337ページ、参照。
143) 第1次大戦中にイギリスは法制上兌換を停止せず、金の輸出も禁止されなかったが、戦時下での金の海上輸送ははなはだ危険であり、またイギリス政府が金の輸出を好まず、さらにイギリス人の愛国心と連合国間の協力精神のためにイギリスから金の輸出を企てる者がいなくなった。深井英五『通貨問題としての金解禁』[1929] 6－7ページ。
144) 金井雄一 [2004] 44-45ページ。

1151

しかし、人心に深く根ざした金本位制への信認は、「理論家が之を不可とするからとか、或いは之に反対の書物が書かれたからといって変革」されはしなかったのである[146]。また、戦後の国際経済において為替の不安定が大きな問題となっており、これが金本位破壊に起因するとみなす者も少なくなかった[147]。日本においても金本位制への信認がそれへの復帰の背景をなしていた。

（2）　国際会議における金本位制復帰への国際的合意
ブリュッセル国際金融会議

第1次世界大戦終了後の1920年9月から10月にかけて、国際連盟主催のもとにブリュッセルにおいて国際金融会議（International Financial Conference）が開催され、当時の金融危機について討議された。この会議には国家を代表して実行政策を議定する権限はなかった。すなわち専門家として研究を行い、一致した意見を決議にとどめるにすぎなかった。参加国は日本を含めて39カ国に達し、出席者は各国政府によって任命された86名の専門家であった。世界的名声を有する人々も多く集まった。この会議は、イギリスのピグー、フランスのシャール・ジド、スウェーデンのグスタフ・カッセルなどの学者に委嘱してあらかじめ意見を徴し、また会議の席上において大臣級の人々が長々と演説した、盛んな討論会であった。日本からは森賢吾（大蔵省海外駐箚財務官）、大久保利賢（横浜正金銀行ロンドン支店長）、矢田七太郎（在ロンドン総領事）が出席した。

この専門家会議では、財政、通貨・為替、貿易、国際金融協力に関する委員会が設置され、それぞれの委員会が決議案を採択し、最終総会でそれが承認された。決議の中で最も重きを置かれたのは通貨および為替の決議であった。この中で「諸国が完全なる金本位制を回復することが最も望ましいものとなる」として金本位制復帰が切望されたのであった。これは旧平価での復帰に限らないというものであった。これが第1次大戦後の世界的思潮であった[148]。

---

145)　J. M. ケインズ『貨幣改革論』。
146)　日本銀行（調査局）「国際金本位制の研究」（1954年）『日本金融史資料　昭和編』第20巻、320ページ。
147)　深井英五［1929］17ページ。
148)　深井英五［1929］18－21ページ。日本銀行百年史編纂委員会編［1983b］127－129ページ。

第11章　金解禁政策

ジェノア国際経済会議

　1922年4月から5月にかけてジェノアで31カ国の政府を代表する委員によって構成された国際経済会議（International Econcomic Conference）が開催された。ブリュッセル会議に参加したアメリカは国際政治の渦中に巻き込まれるのを回避し、イギリスの国際戦略に拘束されずに自発的に動こうとして、これに参加しなかった[149]。日本はイギリス、フランス、イタリア、ベルギーとともに発起人（5大国の「招致国」）の一員となった[150]。参加各国全権は首相級閣僚、蔵相、経済相を含み、大物揃いであった。日本の全権委員は石井菊次郎駐仏大使、林権助駐英大使、森財務官であり、このほかに外務省、大蔵省、日本銀行関係者が随員として参加し、日本銀行からは深井理事が全権委員随員としてこの会議に参加した。この会議では政治、金融、通商、交通に関する4つの委員会が設置された[151]。

　この中で最も重要な成果をあげたのは金融問題を取り扱う第2委員会であった。同委員会の中の第1分科会（通貨）の決議は通貨価値安定の必要性を強調し、また金本位制への復帰について強い意思を表明した。同決議はヨーロッパ諸国の通貨を共通の基礎に置くことが望ましいとして、その共通の基礎は金本位制のほかはないと宣言している。ジェノア会議という政府代表による会議において、ヨーロッパを中心にしているとはいえ、通貨安定のための金本位制復帰、「金本位制度の再建」が究極の目標として声明されたのである。同会議は、各国が自国の通貨を一定量の金と交換することの義務を負担することは、通貨流通量を公益上の正当な必要の限度に制限するのに最も有効な手段であり、その結果である為替の安定が世界繁栄のために必要欠くべからざる条件であると考えた。もっとも、同会議の決議はブリュッセルと同様に現実的かつ弾力的であって、金本位制復帰にあたっては平価切下げや金為替本位制が容認され、さらに、各国の中央銀行間協力による金需要統制が採用されることとなった[152]。

---

149)　深井英五［1941］175ページ。
150)　日本銀行百年史編纂委員会編［1983b］129ページ。
151)　津島寿一『芳塘随想　第十二集　森賢吾さんのこと（下・事蹟）』［1964］141−144ページ。
152)　深井英五［1929］41−64ページ。結城豊太郎［1930］、金融経済研究所編［1973b］295、330−333ページ。日本銀行百年史編纂委員会編［1983b］129−131ページ。森七郎［1978］78ページ。

第5編　第1次世界大戦後の正貨政策

　この2つの会議で示されているように、第1次大戦後においては、金本位制再建に対して寄せられた期待はきわめて大きなものがあった。これらの会議を経て、金本位制再建が各国共通の目標となったのである。ジェノア会議の通貨決議は、金本位制の回復によって戦後世界の通貨を整理するという方針を宣言し、その実行の経路を指示したものであった[153]。元海外駐箚財務官の森賢吾や津島寿一はそれを「世界各国の政策に対して、一定の原則、具体的の指針を与えたものとして、重大な意義を齎らしたものである」と評価している。津島は、「ジェノア会議を契機として、各国の通貨安定、金本位復帰（金為替本位を含み）の実践段階に入ったことは、国際通貨史上見のがすべからざるところである」と述べている[154]。

　このような世界の動向、世界思潮が日本にも影響を及ぼしたのである。ジェノア会議の決議は世界的権威、世界的に名声の高い学者や銀行家の意見を取り入れてまとめたものに全権委員が調印したものであって、列国間におおむね意向の一致をみたといえるものであった。それは当時の世界的通念を表現するものであって、その後の数年間にわたり貨幣制度の整理および運用上の指導理念となった。同国際経済会議が金本位制を信認し、それへの復帰への具体的指針を示し、それを勧奨したことは、通貨制度のあり方についてさまざまな論議は行われる状況のなかで、各国の政策当局がその指導理念、指針に従って金本位復帰を進行させる作用をもたらした[155]。元日本銀行理事で日本興業銀行総裁の結城豊太郎は、「金解禁と云ふことは財界に処するものの執るべき一種の国際的動作でありまして」、金本位制復帰はジェノアの国際会議における一種の国際協約であって、日本が金解禁そのものについてかれこれいうべき筋合いのものではない、と金解禁を国際的視点から当然視している[156]。第1次大戦後の日本においては、金本位制復帰そのものに反対する者はほとんどいなかった。日本の金解禁に関する論争点は、日本の金本位制復帰が時期尚早か、それとも金解禁を即時に断行すべきか、金解禁を旧平価で行うべきか、それとも新平価で行うべきかという対立であったのである。つまり、第1次大戦後の日本は基

---

153) 日本銀行百年史編纂委員会編［1983b］131ページ。
154) 津島寿一［1964］144－146ページ。
155) 深井英五［1940］80－86ページ。
156) 結城豊太郎講述［1930］、金融経済研究所編［1973b］295－296ページ。

第11章　金解禁政策

本的には金本位復帰を目指していたのである。ことにジェノア会議によって国際金本位制再建の方向が明確になっただけでなく、同会議では、前記の決議には示されなかったけれども、日本は、イギリス、オランダ、スイスとともに、ただちに金本位制に復帰しうる国の1つに数えられたのであった。

　このようなことから、ジェノア会議後、加藤友三郎内閣の市来乙彦蔵相は、1922年9月に為替相場低落防止の声明を出し、貿易収支均衡、為替相場安定の見通しがつけば金解禁を実施する方向を示唆している。これが金解禁に対する日本の政府の態度を明確に示した最初のものであった[157]。

　もっとも、上述の国際的要因を過大評価することは慎まなければならない[158]。

　日本銀行の深井英五は、ブリュッセル会議が、世界の富は生産によって構成されるものであって、通貨・為替などの事柄は商業的・経済的状態の反映にすぎないということを諸決議の総論中に掲げていることを、「千古不磨の名言である」（ママ）と高く評価している。このことは、金本位制が絶対的なものではなく、経済的条件が成熟しない間は日本の金解禁が困難であるという考えが日本の通貨当局の中にあったことを示唆している。深井は、ジェノア会議の通貨決議は主義を宣明したことにとどまり、これによって各国を拘束しただちに実行に入るようなかたちにはなっていないことに留意している[159]。

---

157)　津島寿一［1964］146ページ。伊藤由三郎編［1929］126－127ページ。伊藤正直［1989］133ページ。

158)　ジェノア会議の通貨決議は、直接的にはヨーロッパの貨幣制度を金本位制にすることを目指したものであった。また、これによって各国を拘束し、ただちに実行に入るようなかたちにはなっていなかった。この会議ではその趣旨を実現する方法として国際貨幣協定を結ぶことと、中央銀行会議を開催することが提議された。だが、貨幣制度は各国の主権に属する重要事項であり、かつ国情により利害を異にする点もあり、フランスなどはこれに軽々しく参加することを肯定せず、アメリカがこれに参加するかどうかは明白ではなかった。また、日本はヨーロッパとは事情が異なっており、日本側は、ある事柄については追って開かれるべき中央銀行会議の議題として承認する旨を言明し、議論の自由を留保しておいた。結局、貨幣協定は締結されなかった。また、中央銀行会議についてはイングランド銀行のノーマン総裁とニューヨーク連邦準備銀行のストロング総裁が中心となって準備を進め、日本銀行がイングランド銀行に好意的態度を示したが、多くの中央銀行は必ずしもそうではなく、中央銀行会議は開催が延期され、ドイツ賠償問題をめぐる複雑な事情も絡んで、結局は実現されなかったのである。国際金融協力は困難を抱えつつも第1次大戦後に進展し、1930年1月のハーグ協定により、同年に国際決済銀行の設立として結実することになるのであるが、これらについては日本銀行百年史編纂委員会編［1983b］342－359ページを参照。

1155

第5編　第1次世界大戦後の正貨政策

前述の金本位制復帰に関する国際的決議は日本の金解禁をただちにもたらすものとはならなかったのである。また実際に、前述の日本が金解禁を実施する方向も、1923年9月の関東大震災以後の為替相場の崩落によって見通しを失っている。その後、昭和金融恐慌などもあり、金解禁の実行は1930年1月まで延期されることとなったのである。

(3) 各国の金本位制復帰

アメリカが第1次世界大戦後間もない1919年6月に金解禁（完全な解禁）をしたことが転機となって、国際的に早晩金解禁をしなければならないという必要を世界が感じ出すようになった[160]。

1922年のジェノア会議以降、金本位制復帰が世界経済の一大潮流となることとなり、まず1924年4月にスウェーデン（金貨の自由鋳造制度は復活せず、金解禁と同時に金貨兌換再開）が金本位制に復帰した。

1924年1月に開催された連合国賠償専門委員会第1部会（ドーズ委員会）が同年4月に報告書を提出してドイツ賠償問題がひとまず解決を告げ、世界経済が堅実な基礎を得、相対的に安定した。これ以降、各国の金本位制復帰が進展した。すなわち、同年にハンガリー（8月）、ドイツ（10月、後述）、1925年にオーストリア（3月、兌換は未開始）、4月にイギリス（後述）・オランダ（金解禁国にのみ商工大臣の免許により金輸出を許し、金貨兌換、1926年1月から完全な金解禁）およびオーストラリア（完全な金解禁）、5月に南アフリカ（完全な金解禁、金解禁と同時に金貨兌換）、1926年にフィンランドおよびチリー（1月）、カナダ（7月、完全な解禁、金解禁と同時に金貨兌換）、ベルギー（10月）、1927年にデンマーク（1月、完全な解禁、金解禁と同時に金地金の売却）、アルゼンチン（25年6月に民間銀行所有金のみ輸出が解禁され、1927年8月に完全に解禁、金貨兌換）、ポーランド（10月）、イタリア（12月）、1928年にノルウェー（5月、完全な解禁、金解禁と同時に金貨兌換）、フランス（6月、後述）、スイス（8月）が金本位制に復帰した。

金本位復帰には旧平価での復帰と新平価での復帰の2形態があった。銀行券

---

159)　深井英五 [1929] 20、61ページ。
160)　結城豊太郎講述 [1930]、金融経済研究所編 [1973b] 278ページ。

の兌換形態には金貨との兌換、金地金との兌換、金為替との兌換・金為替売却があった。

旧平価で金本位に復帰したのはアメリカ、スウェーデン、イギリス、オランダ、オーストラリア、南アフリカ連邦、カナダ、デンマーク、ノルウェー、スイスなどであった。

一方、貨幣価値切下げ（新平価）により金本位制に復帰したのはリトアニア（1922年10月、ドル為替売却）、ラトヴィア（1922年11月、銀行の選択により金または金為替と兌換）、ドイツ（1924年10月、金為替準備制）、ハンガリー（1924年8月、ポンド為替売却）、オーストリア、ベルギー（1926年10月、金貨を兌換せず、銀行の選択により地金銀または外国為替を売却）、エクアドル（1927年6月、金またはニューヨークもしくはロンドン宛為替と兌換）、ポーランド（1927年10月、金または金為替に兌換）、イタリア（1927年12月、銀行の選択により金地金または金為替と兌換）、エストニア（1928年1月、金または金為替と兌換）、ギリシャ（1928年5月、金または金為替と兌換）、フランスなどであった。それらの国の中には金為替本位制、または事実上の金為替本位制を採用するものが多かった[161]。

第1次大戦後の金本位制を大戦前と比較して目立つことは、アメリカを除き世界の主要国が金貨が流通する金本位制を去って、従来弱小国家の幣制であった金貨流通なき金本位制を事実上採用するに至ったことである。イギリスは1925年に金貨兌換の規定を廃して金地金本位制を採用した。フランスは1928年6月に実質金地金本位制に移行するとともに、フランス銀行が多額の金為替を保有していた。金貨兌換の規定はあったが事実上行われなかった。ベルギーは1926年に金為替本位制を採用した。オーストリア、ハンガリー、ドイツ、イタリアなどは金為替本位制、または金核本位制（金地金または金為替による兌換）を採用した[162]。

アメリカに続く主要国の金本位制復帰の事情は以下のようなものであった。
イギリスではカンリフ勧告以来、歴代政府にとって旧平価による金本位制復帰はいわば当然の課題であり、それに好都合な条件が整う（1923年初めの英米

---

161) 大蔵省理財局国庫課『諸外国の金本位復帰事情』1928年10月。伊藤由三郎編［1929］306-307ページ。松岡孝児『金為替本位制の研究』［1936］は、金為替本位制は第1次大戦前にはアジア型、植民地貨幣本位制という特徴を有していたが、第1次大戦後には国際金融資本に支配されたヨーロッパ型という特徴を有するようになったと論じている。

物価差の縮小、ポンド相場回復）に従って、金融政策は復帰を直接目標として引締めに転じた。1923年7月の公定歩合引上げに続いて、24年にポンド強化措置がいっそう具体化し、7月にイングランド銀行は直接市中金利を引き上げるべく圧力をかけ、春頃から海外証券の発行を中断させた[163]。1924年6月に大蔵省覚書によって「政府紙幣およびイングランド銀行券問題委員会」（Committee on the Currency and Bank of England Note Issues：通称チェンバレン委員会、委員長となった大蔵大臣 A. Chamberlain が1924年に外務大臣になった後に Bradbury が委員長となるとブラッドベリー委員会）が設置されていたが、イギリスのポンド相場の回復を背景として、1925年2月5日に大蔵大臣ウィンストン・チャーチル（Winston Churchill）に提出された同委員会の秘密報告書は、カンリフ委員会の結論を是認し、金本位制への復帰を主張するものであった。同年3月20日にボールドウィン首相、チャーチル蔵相、チェンバレン外相、イングランド銀行のノーマン総裁、大蔵省のニーメイヤー理財局長、ブラッドベリー委員長の討議により最終的に金本位制復帰が決定される。同年4月28日にチャーチル蔵相は、イギリス下院における予算演説の中で金輸出解除を宣言し、金本位制への復帰を声明した。この翌日に「金本位復帰の促進およびこれに関連する諸目的のための法律」（An Act to facilitate the return to a gold standard and for purposes connected therewith）、いわゆる1925年金本位法（Gold Standard Act, 1925）が提出され、1925年5月13日に同法が成立した。これにより、金貨兌換・金貨の自由鋳造が停止される一方で、金輸出禁止が解除され、金地金本位制が採用された。4月28日から法律上の解禁期である1925年12月31日までは金輸出はイングランド銀行の特許を要したが、その後は完全な金解禁が実施された。イングランド銀行は、法貨と引換に1標準オンスにつき3ポンド17シリング10ペンス半の価格で、400純オンス以上の金地金を売却する義務を負うこととなった。復帰相場は旧平価すなわち1ポンド＝4.86ドルであった[164]。イ

162）櫛田民蔵、前掲論文、92ページ。第1次大戦後に金鋳貨流通が減少したが、この理由としては、戦後における通貨価値の低落（これは国内的には物価騰貴、国際的には対外的通貨価値としての為替相場の低落に反映）による金貨の隠匿（グレシャムの法則どおり）、第1次大戦中の金貨隠匿の時代に国民が紙券通貨の利便を覚えたことが考えられる（上山満之進『戦争と硬貨』日本評論社、1929年、21－27ページなどを参照）。

163）宇野弘蔵監修『講座 帝国主義の研究 第4巻 イギリス資本主義（森恒夫執筆）』青木書店、1975年、133－134ページ。

第11章　金解禁政策

ギリスの金本位制復帰をめぐる論議では、ケインズやマッケンナを別とすれば、旧平価ということや金本位制復帰そのものが問題になるのではなく、これを前提としたうえで当時一般に認識されていた英米物価水準の差（いわゆるポンドの割高）が産業や雇用に与える影響およびそれとの関連での復帰のタイミングが問題とされた。イギリスの金解禁当時は為替相場の平価接近以外に、経済状態に改善の跡はなかった[165]。モグリッジは1ポンド＝4.86ドルでの金本位制復帰は分析よりもはるかに信念に基づくものであったと評価している[166]。

　このような国際金本位制の再建の進展が日本の金本位制復帰を促す国際的背景となった。日本では海外の情勢について関心が持たれていたが、とくに英ポンドの国際的地位からイギリスの金解禁が注目され、その解禁以後に金解禁をめぐる議論が高まった。この背景にこのような国際条件の変化があったことを見逃すことはできない。新聞や雑誌がイギリスの金解禁実施をしばしば取り上げた。日本銀行は、イギリスの金解禁が世界の主要為替相場の安定と国際金移動の円滑化に寄与するとして、イギリスの金解禁の意義を高く評価した[167]。日本の為替相場が回復したからというだけでなく、イギリスが金解禁を実施したために、1926年9月に大蔵大臣に就任した片岡直温は金解禁準備施策を進めている。もっとも、この施策は1927年に勃発した金融恐慌によって挫折した。

　ドイツは1922年9月に金輸出を解禁したが、金貨兌換は再開されなかった。敗戦国ドイツは破局的なインフレーションに見舞われたが、1923年10月、ドイツ・レンテンバンク（Die Deutsche Rentenbank）を設立し、同行に金マルクと同価のレンテンマルクを発行させることによって、「レンテンマルクの奇跡」と称される通貨の安定を実現した。ドイツの金本位制復帰は賠償問題と密接に関係していた。ドイツの賠償問題解決のために1923年11月に賠償委員会が設置したいわゆるドーズ委員会は、この問題に関して熱心な考究を続けた。この専門委員会は1924年4月に報告書（ドーズ案）を提出した。ドーズ案は、賠償支払いの履行にはドイツ通貨の安定が不可欠であり、そのためには金準備に基づ

---

164)　金井雄一［2004］43−52ページ、など参照。
165)　鈴木武雄「1929」89−92ページ。
166)　D. E. Moggridge, *British Monetary Policy, 1924-1931, the Norman Conquest of $4.86*, Cambridge, 1972, pp. 228-230.
167)　日本銀行百年史編纂委員会［1983b］133、146−147ページ。

く銀行券の発行が必要であると主張し、その具体的方策としてライヒスバンク（Reichsbank）の根本的改造を提議した。ドーズ案は、1924年8月にロンドン会議において関係各国により承認された。かくしてこの計画が着々と進行し、ドイツは同年8月30日付をもって新しく「中央銀行法」および「貨幣法」を制定した。ドイツ新貨幣法はドイツ国に金本位制を施行することを宣言した。その貨幣単位である価格の度量標準を新たにライヒスマルクと称することとした。これは従来の貨幣名であるマルクとの関係でいえば、1金ライヒスマルクは戦前の金マルクと同量の金を含むが、1兆紙券マルクは1ライヒスマルクと引き換えられることとなり、平価切下げが採用されることとなった。「中央銀行法」および新「貨幣法」は同年10月に施行された。新ライヒスバンクの総裁にはシャハトが就任した。ライヒスバンクの発券準備は大幅に改正され、その4割は金および外国手形を保有することとし、その4分の3は金をもって保有することとされた。同行が発行する銀行券の兌換は、自国の法定金貨、金地金、外国通貨払いの為替のいずれでもよく、それはライヒスバンクの選択に従ってよいこととなった。ただし実際には、金兌換の実施は延期された[168]。

フランスでは挙国一致国民連合内閣の支持のもとに首相兼蔵相のポアンカレが奇跡（ミラクル）ともいうべきフラン安定化工作を実施した。これは財政均衡の回復と国債の整理と海外逃避資本を復帰させる方策によるものであった。1926年に25億フラン、1927年に90億フランの増税を行うとともに、償還金庫を設けて流動公債の借換償却にあたり、予算の均衡を図った。その成功により、1926年以降フランの為替相場は安定し、1928年にはフランスは金解禁を実施した。すなわち同年5月のノルウェーの金輸出解禁に続いて6月25日にフランスが新平価により金輸出を解禁し、金本位制に復帰した。従来の金銀跛行本位制という実質金本位制は、完全な金単本位制に移行した[169]。

これにより、同年末に主要国の中で金本位制に復帰していないのは日本とスペインだけとなり、日本は国際的孤立感を深めた。これが金解禁ムード、金解禁を促すプレッシャー感をいっそう高める結果となったのである。同年後半に

---

168) 大蔵省理財局『諸外国における金本位問題』（『調査月報』第15巻特別第2号）1925年10月20日、122－157ページ。同理財局国庫課、前掲『諸外国の金本位復帰事情』49－58ページ。
169) 上掲『諸外国の金本位復帰事情』37ページ。鈴木武雄［1929］113－129ページ。

入ると、三土蔵相の金解禁問題についての発言はかなり前向きになっている[170]。

　各国の金本位制復帰は、金利・物価が世界的に金本位国アメリカの金利・物価と同一水準に達する運動であるといえる。国際的物価水準の平準化傾向が進展するなかで日本が金本位制復帰を遷延すれば、日本は国際競争から取り残されることとなる。かくして、各国の金本位制復帰は日本の金本位制復帰を促すこととなったのである。日本銀行の理事を務めた結城豊太郎は、一国が金本位制に復帰するということは、「一国の経済を国際的水準に持来し、其国の国際的発展の基礎を造る所以である」と同時に、「外国為替の安定を策し、堅実なる商工業の採算を可能ならしむる所以」であって、経済界より投機的分子を排除し、その堅実な発展を図るのに欠くべからざる要件である、産業合理化を行うためには金本位制を確立する必要がある、金本位制復帰を遅延するということは国内経済の不整理を国際的に表明することとなる、国際的に国を建てるものは金本位復帰という世界経済の根本運動の影響を免れることはできない、と述べている[171]。

2　国際的金本位復帰による日本の金解禁の促進

（1）　金本位制への信認

　日本の金本位制への復帰、金解禁（Lifting Embargo on Gold Export）、通貨安定（currency stabilization）がいつになるかについて、海外では第1次大戦後相当早くから関心が持たれていた。伊藤正直氏は金融恐慌後になるとアメリカは日本に金本位制への復帰を要請するようになり、日本はこの問題についての国際的圧力を受けるようになったと論じられている。日本にとって外債依存などの国際的要因は重要である。だが、日本の金本位制復帰は国際的圧力の結果ではなく、基本的には日本自身が選択したものであった。

　前述のように、金本位制の時代には人々の社会的認識が金本位制を信認するという段階であったから、日本においても金本位制への復帰は当然のこととさ

---

170)　日本銀行百年史編纂委員会編［1983b］133－134、153ページ。
171)　結城豊太郎講述［1930］、金融経済研究所編［1973b］278－279ページ。

れていた。それは国際経済の常道に復するものとされていた[172]。金本位制がいわばグローバル・スタンダード（世界標準）であると認識されていたのである。各国の金本位制への移行は日本の金本位制への移行を当然視させるものであった。日本貿易協会調査会も1928年に発行したパンフレットの中で、「金の解禁は経済上の正道なるが故に、これに復帰するのが当然であ」ると認識していた[173]。

（2） 国際的孤立化の不安の回避

また、金本位制に日本が復帰しなければ日本が世界から孤立することになるという恐れを日本の政策当局者に抱かせたことが、日本の金解禁準備またその断行をもたらす要因となった。すなわち、諸外国が次々と金本位制に復帰してくると、日本がこれに追随して金解禁を実施しない場合には日本が世界において落伍する恐れがあると考えられた。1926（大正15）年11月17日に蔵相官邸において重大会議を開いた際、片岡蔵相は、「通貨制度の常道に復帰することを希望する。今日のまま推移すれば世界において落伍者となる恐れがある。適当な時期を見て、金解禁を行いたい、よって、その時期方法等を考究せねばならぬ。国民とともに解禁する方針のもとに準備をすすめたい」と金解禁の意図とその理由を述べている[174]。また同月27日の関西銀行大会に出席したときにも同蔵相は同様のことを演説している[175]。国際的孤立化を恐れ、安心を求め、英米と協調し世界の中の日本として生きようとの考えから通貨制度の常道としての金本位復帰が求められたのである。

（3） 日本の国家的威信の確保と外債借換（国際信用の確保）への考慮

結城豊太郎は「金本位復帰を遅延することは何となく国内経済の不整理を国際的に表明すること、もな」る、と述べている[176]。日本貿易協会調査会も

---

172) 津島寿一［1962］198ページ。
173) 日本貿易協会調査会「解禁実現準備の促進」日本貿易協会、1928年4月、37ページ。鈴木正俊『昭和恐慌史に学ぶ』講談社、1999年、97、104-105ページ。
174) 昭和大蔵省外史刊行会編［1967］261ページ。
175) 高橋亀吉編『財政経済二十五年誌』［1932］第6巻、財界篇上、165ページ。
176) 結城豊太郎講述［1930］、金融経済研究所編［1973b］279ページ。

第11章　金解禁政策

「欧州の各国が多大の犠牲を払いながらも、いづれも通貨の安定について実績を挙げつつある今日、我国のみが依然金輸出を継続し、不換紙幣国、為替不安定国として取扱われていることは、対外経済的信用の点から考ふるもこの上もなき恥辱といはなければならぬ」、「体面上不面目」である、と述べている[177]。

このことは井上準之助蔵相についても同じであった。主要国で金本位制に復帰していないのはスペインと日本だけとなった状況で井上はいう。欧州戦後の財界好況に有頂天となって夢をみて順境国日本が、逆転して経済的苦境に落ち込み、金解禁では世界の中で一番最後に取り残されてしまったのである、世界の強国として誇る日本が、このような「世界的不名誉」のなかにあって、なお安閑としていられるかどうか、私は全日本国民の「愛国心」に訴えてこの問題を解決したいのである、と[178]。井上は、欧州諸国は皆金解禁を行っているのに、「世界の五大強とか三大強国の一だとか云はれる日本が、未だに財政の整理もつかず、消費の節約もされず、金解禁を実施してゐないと云ふことは、全く恥しいことの極みである」と述べている[179]。井上は、日本の外貨公債の市価下落や日本の為替相場の下落にみられるように日本の国の信用が国際的に落ちており、日本の国際政治上の地位を除けば日本の対外的位置は落ちつつあるから、この回復を図らなければ日本の国光を輝かすことはできない、日本の経済を立て直し、日本の「対外的の信用」を回復し、将来国民が発展できるようにしなければならない、富の点においては日本は外国に対して誇ることができない、と述べている[180]。井上は金本位復帰について国民感情に訴えているのであるが、これは井上自身の考えでもある。当時は日本の国家的威信を保つということが大切なものとなっており、金本位復帰についても日本の威信を維持するということが重視されたのである。

金本位制に復帰していないことで、日本が国際的に一人前の国として取り扱われない状況が生じてくる。その１つが、日本が金本位制に復帰しなければ外

---

177)　日本貿易協会経済調査会、前掲パンフレット、18ページ。
178)　井上準之助「金解禁──全日本に叫ぶ──」『日本金融史資料　昭和編』第22巻、516ページ。
179)　井上準之助「経済界の改造と金解禁問題」『めざまし』第１巻第１号、1929年10月１日、11ページ。
180)　井上大蔵大臣講演『国民経済の建直しと金解禁』盛岡商工会議所、1929年10月12日、２−３ページ。

国から金を借りることができないということである[181]。

だが外債発行は日本の金本位復帰のための絶対的条件ではなかった。次章で論ずるように、もしも金本位復帰をしなければならないとしたら、日本の在内正貨保有のもとでは外債募集・外債借換に依存しない金本位復帰の方策もありえたのである[182]。

金本位復帰が井上にとって外債借換のために必要とされたことは確かである。井上は1931年1月1日に満期を迎える四分利債付英貨公債の借換の必要を考慮して金解禁を実施した。すなわち井上準之助は、「借換の事情が切迫しておりました為めに、実は金解禁そのものを、或る程度までは非常な努力をして実行いたしました」と述べている[183]。外債を募集するという国際信用を得るためには金本位制に復帰する必要があるということが金解禁実施の1つの動因となったのである[184]。

---

181) 井上は金解禁実施決定後になってから、金解禁をしておらず財政整理ができていない国に（外国は）心持よく金を貸してくれはしない、ワシントン政府は、金本位に復帰しない国の公債は、アメリカで発行することを許さないと発表しており、2億3000万円の公債を快く借りられる気遣い（配慮）はない、と述べている（井上準之助「金解禁について」（『生命保険会社協会会報』第18巻第2号、1929年12月28日）『日本金融史資料 昭和編』第21巻、489ページ）。井上準之助は1929年12月4日、慶應義塾大学理財学会秋季講演会における講演で、外債募集のための金解禁の必要性を次のように述べている。「外国で日本が金を借るといふことはできませぬ。何故できないかと斯ふ申しますと、御承知のごとく、世界中で今日金解禁の出来て居る国ならば金を貸すが、金の解禁の出来ていない国には金を貸さない、といふのが大体世界の立前でありますす」（井上準之助論叢編纂会編『井上準之助論叢』第3巻［1935］283-287ページ）。
　また、結城豊太郎も同様のことを次のように述べている。「昭和六年一月には第二回四歩利英貨公債二億三千万円の償還期限が到来するので遅くも昭和五年上半期中に是が借換交渉を内定しなければならず、当時財務官の報告に依れば、是は日本の解禁問題が眼鼻の付かぬ以上、無条件にて借換の交渉に応じ兼ねると云ふ英米有力財団の意向であったやうであります。それであるから何とかそれ迄に金解禁問題を解決してしまはなければならぬと云ふ苦しい羽目に立っていたのであります」（結城豊太郎、前掲講述「最近十年間に於ける我財界の動き」280ページ）。
　三土忠造は、四分利英貨公債2億3000万円の借換えの条件として英米の金融業者が日本に金解禁を要求したとは一度も聞いたことがないと述べているが（三土忠造『経済非常時の正視』日本評論社、1930年、90ページ。『日本金融史資料 昭和編』第22巻、665ページ）、日本にとって絶対に必要と政府が考えるこの借換えについて1929年春以来英米銀行首脳部と内々に話し合ってきた財務官の津島寿一は、彼らから日本がまず金解禁を実行し、日本の為替が安定した後に借換えを実行すべきだという意見を聞かされており、日本政府としても金解禁実行後、なるべく早目に借換えを実現しようという打合せになっていた。実際、金解禁断行後の1930年4月中旬に、ロンドン軍縮会議で日英米3国間の軍縮問題に関する妥協案が確定した後に、津島が英米両の銀行団と交渉を始め、5月に借換公債契約を調印している（津島寿一［1982］174ページ。齊藤壽彦「昭和恐慌期の銀行パニック」『信用理論研究』第10号、1993年、72ページ）。

第11章　金解禁政策

　だがそれは、それが外国から押しつけられたというよりも、井上が英米協調路線のもとで主体的に選択した方策であるというべきである。井上は、金解禁実施決定以前は、金解禁による外債募集の意図を秘し、アメリカから外債借換えに金解禁を条件づけられていることを公表しないことで、日本の国家的威信を保とうとしたのであった。

　1930年1月に国際決済銀行が設立されたが、この銀行の参加国（株主）資格についてはヤング委員会では当初同行の参加国は通貨安定国（金本位制国）に限るという制限案が出た。日本にとっては「甚だ不名誉」なことでもあり、また日本が不利な立場に立たざるをえないことになるから、日本から参加していた森賢吾委員はこの案に反対した。日本は通貨不安定国であるが、賠償関係国であるという地位で、同行に参加することとなった[185]。結城豊太郎は「ヤング案に基く国際決済銀行の設立に当っては、其株主たる者は金本位国に限るとし、我が国は近き将来に金本位国たるべしとの諒解の下に其参加を許されたの

---

182)　三土はE本外債の借換について、それは金解禁をしなくても可能であり、日本の信用と英米市場における金融の情勢によって、条件に多少の利益・不利益を生ずるにすぎない、と述べている（三土忠造『経済非常時の正視』日本評論社、1930年、90－92ページ。『日本金融史資料　昭和編』第22巻、665－666ページ）。
　　高橋亀吉も「英貨債借替と金解禁決行時期との関係は、金解禁決行に伴う交渉の有利性と、条件不備のまま金解禁を急ぐ不利との比較秤量の問題であって、無理矢理に金解禁を決行せねばならぬという理由になるべき筋のものでは決してない」、と評している（高橋亀吉［1955a］942ページ。）。三土は四分利外債の半額が邦人所有であることを指摘しているが、また、借換交渉にあたったウェストミンスター銀行のレイは、1930年3月に、日本政府と日本の金融機関が転換対象となる外債の3分の1の額を保有していると述べており（杉山伸也、ジャネット・ハンター編［2001］178ページ）、この日本人所有分は日本円による現金償還の途もあった。1929年6月末には「在外正貨」残高が8340万円と枯渇状態にあったが、このほかに従来の「在外正貨」統計には含まれていなかった有価証券（日銀の外国政府証券および政府・日銀の保有する日本政府外債）があり、1929年6月末に日本銀行・政府の在外金融資産の合計額は2億7874万円に達していた。また、内地正貨（金）はこの時期に日本銀行が10億6423万円、政府が2296万円有しており、この分は金輸出禁止下でも銀行券発行の縮小を前提とすれば許可制による金輸出が可能であった（正貨統計の再検討については岸田真［2003a］61－90ページを参照されたい）。国際金融に精通した高橋是清は、1929年9月に、金解禁は各国がそれぞれの事情に応じて決めることだとして、浜口内閣の金解禁政策を批判して、外債借換えの必要性には言及せずに、金解禁よりもその前提としての国産品奨励（国産品消費、国内産業奨励）により輸入を防遏して国際収支の改善を行うべきだと主張している（高橋是清「金解禁に就て」日本銀行調査局『日本金融史資料　昭和編』第22巻、536－537ページ）。
183)　「経済更斯会創立総会演説」（1929年11月27日）『井上準之助論叢』第3巻、266ページ。
184)　小野一一郎［1963a］382－384ページ。
185)　津島寿一［1964］327ページ。

1165

第5編　第1次世界大戦後の正貨政策

でありまして、体面上よりも金解禁を促進しなければならないような気運を造ったわけであります」と述べている[186]。

　国際連盟の経済委員会は、金本位に復帰していない国の委員は、同委員会においては財政や金融について発言することはできないという決議を行った。同委員会に委員を送っている国で、まだ金本位復帰を実施していないのは日本だけであった。日本の委員は平気な顔をして委員会に出席しなければならなかった[187]。

　このような国家的威信（national prestige）の維持が金本位復帰の目的の1つとなったのである。

　日本は外国資本のいいなりにはなっていなかった。たとえば、英米の金融関係者が日本にとって必要であると考えたのは、新平価解禁論であった。なぜ為替低落国が旧平価によって解禁するのかと、英米金融関係者は津島に問い質し、その結果、津島も新平価解禁を大蔵省に進言するが、大蔵省はこの新平価解禁をまったく問題としていない。これは以下のような理由からである。

　1922年のワシントン軍縮会議を手はじめに、各国とも軍事費を削減して、財政を合理化し、同時に技術革新の成果を取り入れて産業合理化を図った。これを踏まえて、貿易の拡大のために為替相場を安定させようとして、ヨーロッパは金解禁に踏み切った[188]。これに対して日本の金解禁政策は、単に円の価値を金に結びつけることではなく、金解禁という手段を用いることによって、金輸出禁止以来不健全に膨張してきた経済状況を徹底的に整理改革し、国内物価を国際水準にまで引き上げて、やがては海外における日本商品の競争力を増大させ、これによって現状を打開しようという狙いを持っていたのである[189]。

---

186)　結城豊太郎、前掲講述、279ページ。
187)　井上準之助「金解禁について」（『生命保険会社協会会報』第18巻第2号、1929年12月28日）『日本金融史資料　昭和編』第21巻、489ページ。また、ニューヨーク株式取引所では、1927年10月、外国株式（外国貨幣表示証券を引当として発行された預託証書）を上場取引できることとしたが、この場合、そうした外国株式（預託証書）を発行し、ニューヨーク株式取引所で取引できるのは、金解禁を実行した国の証券（金本位貨幣をもって表示された株式）に限ることとされていた。この結果、日本の株式は金解禁が実現をみるまで同取引所で上場できないこととなった（「第一次大戦後の国際金融動向」日本銀行百年史編纂室資料、1980年4月、80ページ。大蔵省理財局「紐育株式取引所ニ於ケル外国株式上場ニ関スル新制度」（11月7日付報告）『米国駐割財務官報告』1927年第9号、25、35ページ）。
188)　宮本健一 [1968] 159ページ。

1166

また、新平価解禁を実行するためには貨幣法を改正しなければならないが、これは当時の議会の政党勢力分布からいって難しかった[190]。一方、旧平価で解禁するという手続きは簡単で、金輸出禁止の大蔵省令を廃止するだけでよく、議会に提案しないで簡便に実行できた。日本の為替相場は平価切下げを必要とするまでに暴落したとは必ずしもいえず、金の解禁によって平価に回復しうると考えられた。平価切下げは債権者に不測の損害を与えるものであり、銀行資本家は旧平価解禁を要求した。

　したがって、日本は金解禁に関して外国のいいなりにはなっていないのである。津島は1929年のクレジット（信用供与）設定交渉にあたって、旧平価解禁を英米金融関係者に説得している[191]。

3　日本の金本位制復帰に関するモルガン商会の対応

　日本の金本位復帰に際してアメリカのモルガン商会がどのような対応をしたかについて考察してみよう。伊藤正直氏は以下のように述べられている。

　日本の金本位への復帰がいつになるかについての関心は、海外では相当早くから持たれていた。すなわち、1922年にはニューヨーク連邦準備銀行でこの問題が取り上げられている。1925年には同銀行の日本の金本位制への復帰についての調査がいっそう詳細となる。金融恐慌後になるとアメリカは日本に金本位制への復帰を要請するようになり、日本はこの問題についての国際的圧力を受けるようになる。国際金融資本の金本位制復帰圧力は、すでに1927年時点でかなり強いものとなっていた。これには、日本が国際的資本にとって安定した投資市場になるという位置づけも含んでいた、と[192]。

---

189) 大蔵省百年史編集室編『大蔵省百年史』下巻、大蔵財務協会、1969年、11−12ページ。井上準之助論叢編纂会編『井上準之助論叢』第4巻、同編纂会、1935年、264ページ。森七郎 [1986] 118−119ページ。

190) 浜口内閣に成立直後に解散を行っておらず、衆議院の勢力分野は前内閣以来のもので、与党の民政党は第2党であった。

191) 津島寿一 [1962] 202ページ。安藤良雄編 [1972] 62−63ページ。東京手形交換所経済調査会「平価切下げ金解禁には次の理由で反対する」(1929年3月27日)『日本金融史資料　昭和編』第21巻、430ページ。昭和大蔵省外史刊行会編（有竹修二著）『昭和大蔵省外史』上巻、1967年、333ページ。

第 5 編　第 1 次世界大戦後の正貨政策

　1927年10月 3 日、モルガン商会の T. W. ラモント（Tomas W. Lamont）が来日する。ニューヨーク連銀総裁ストロング、米国国務長官ケロッグなどとの打合せを済ませたうえでのモルガン商会の基本的な考え方は、次のようなものであった。日本は金本位制に復帰すべきである。この場合、中央銀行の独立性を維持する必要がある。金を維持するために日本銀行が自由に公定歩合を引き上げられるようにする。この金本位制復帰要請に対する日本側の対応は、金本位復帰は不可避であるが、現在の経済状況からみて、 1 、 2 年は困難であるというものであった[193]。

　金本位制復帰への要請はその後も続けてなされている。1928年 9 月には日本が 'world's confidence' を得るためには復帰が不可避であるとアメリカのモルガン商会から要請された[194]。1929年 2 月、ヤング委員会で設立が決定された国際決済銀行への参加資格問題に関して、日本の金本位復帰が必要とされた。さらに1931年 1 月満期の外貨公債借換のためにも、金本位制復帰が海外から要請された。金本位制復帰圧力はいっそう強まり、同年 5 月、田中内閣三土蔵相はひそかに金解禁を決意した、と[195]。

　実際はどうであったのか。

　モルガン商会のラモント一行が森賢吾の招きを受けて（政府の意向を受けたものであろう）来日したときに、モルガン商会は日本の政府財政、外国貿易、銀行、為替、米、紡績業、海運業について日本側に質問し、日本経済の問題を指摘した[196]。日本の金融と金本位制についてのモルガン商会の考え方は同商

---

192)　Benjamin Strong Papers 1914-24, Federal Reserve Bank of New York.（以下 Strong Papers と略記）。伊藤正直 [1989] 134－136ページ。

193)　伊藤正直 [1989] 134－136ページ。森賢吾は、日本が金本位制へ復帰するという政策は決定しているが、その実施時期については熟慮を要すると述べた（Rough Draft Memorandum in answer to Mr. Lamont's questions (by Mr. Kengo Mori), undated, labeled Exhibit "D", Thomas W. Lamont Papers, Baker Library Historical Collections, Harvard Business School, Box 190 Folder 8.（以下 Lamont Papers, 190-8と略記））。日本銀行理事深井英五が伝達した、ラモントの質問書に対する日本銀行総裁井上準之助の解答書では、日本の金本位制復帰の意図は変わらないが、その実施時期を正確に、たとえば 1 年後というように指摘することは不可能であると述べられている（Eigo Fukai to Lamont with the written replies of Junnosuke Inoue, Exhibit "C", October 17, 1927, Lamont Papers, 190-7）。ラモント来日関係資料は Strong Papers, 610. 2にも収録されている。

194)　伊藤正直 [1989] 136ページ。

195)　同上書、136－137ページ。

会のパートナーで財政金融の専門家として知られるR. C. レフィングウェル（Russel C. Leffingwell）の同商会のパートナー、トーマス・ラモントへの1927年9月の書簡によってよくとらえることができる[197]。

レフィングウェルは大戦期に日本の物価が日本の通貨量（circulation）の増大とともに上昇し、世界の物価下落にもかかわらずこの通貨量が戦後も維持されたことが日本の相対的なインフレーションをもたらし、これが日本の為替相場の低落と金流出につながったととらえていた。日本の為替相場の低落や金流出の原因を日本の入超構造の問題点や政府対外支払いよりもむしろ通貨量の増大に求めていたのである。この状態が政府保有正貨の流出によって維持されていたとレフィングウェルは考えていたのであった。

レフィングウェルは、日本がただちに金本位制復帰をすべきことに疑いはないと述べた。彼は日本が金本位制を採用するのを当然視したのである。

彼がとくに問題としたのはその維持方法であった。レフィングウェルはこの金本位制維持のために必要な政策として、第1に、日本銀行が政治的独立性を維持し、金を防衛するために公定歩合を引き上げる必要があることを指摘した。第2に、金流出を防遏するために日本銀行が公定歩合を利用することを余儀なくされたときに生じるであろうデフレーションに銀行や企業や社会的・政治的構造が耐えられるかどうかを問題とした。これは平価の水準にかかっているとみなした。彼は日本の金本位制復帰に際して旧平価解禁を想定した。特別会計の政府債務が増大していることに注目し、日本が安全に金本位制に復帰するためには政府借入や政府保証を避けるべきだとした。これによって減債基金が公

---

196) ＮＨＫ〝ドキュメント昭和〟取材班編［1986］75-82ページ。岸田真［2003b］91-119ページ。ラモントの来日に先立って、モルガン商会は日本への質問状を作成している。この質問書の最初には日本が緊縮政策を行わない理由が質問されている。日本の金本位制復帰に対する方針も問われている。Cf. Questions (made by the statistical department of J. P. Morgan & Company), September 16, 1927, labeled Exhibit "A" (Questionnaire, Lamont to Messrs. J. P. Morgan & Co.), November 1, 1927, Lamont Papers, 190-6. ラモント一行は日本の財界人と会議を行い、10月19日に帰国、11月1日に同商会に報告書を提出している。同報告書は日本の経済的弱点を指摘しつつ、震災と金融恐慌を克服した日本の危機管理能力の高さを評価していた。Cf. Lamont to Messrs. J. P. Morgan & Co., November 1, 1927, Memorandum on Japanese conditions (by Jeremiah Smith Jr.), November 1, 1927, labeled Exhibit "F", Lamont Papers, 190-4. Strong Papers in FRB of New York, 610. 2.

197) Russel C. Leffingwell to Thomas W. Lamont, Sept. 22, 1927, Lamont Papers, 188-29. 伊藤正直［1989］135-136ページ。岸田真［2003b］105-106ページ。

債の減少を開始し、「政府信用」(Government credit) を維持するために中央銀行が紙券通貨を印刷することを余儀なくされなくなるであろうと述べた。レフィングウェルは日本の金本位復帰を当然のこととし、これを維持するために、中央銀行の金防衛のための公定歩合操作と財政緊縮が必要であると考えていたのであった。

ラモントは10月4日に井上準之助と会談し、彼の発言を信頼 (confidence) するとモルガン商会に電信した[198]。ラモントと井上との間に国際的信頼関係が醸成されたのである。

深井英五日本銀行理事が10月17日に届けた井上同行総裁のラモントの質問書に対する回答書や森賢吾前財務官の回答書では、財政や民間金融の緊縮についての必要性は日本で認識されていること、日本が金本位制に復帰する方針に変更はないが、時期は決まっていないことが述べられていた[199]。

モルガン商会のラモントが独立国・主権国である日本に対して直接に金本位制復帰を要求したわけではなかった。彼は日本がいつ金本位制に復帰するのか、対日投資戦略樹立の必要上、その見通しを立てようとしたのであって、日本に圧力をかけるというようなことはなかった。しかし「金本位制復帰についての日本政府の意向はどのようなものか」との質問という形態でモルガン商会が日本の金本位復帰に関心を示していることを井上が認識できたことは、東アジアにおける日米英協調のワシントン体制のもとで生きようとする井上らが金本位制実施の方向性を強める作用を果たしたとはいえるであろう。

1928年9月5日付のラモントの書簡によれば、ニューヨーク連銀のストロングやハリソン (1928年10月に総裁がストロングから副総裁のハリソンへ代わった) は日本銀行が金本位制に戻るのを援助しようとしていた。日本が金本位制に復帰する場合に必要となる場合の地ならしが進んでいたのである。もっとも、ストロング総裁は中国の状況が日本にとって政治的・経済的に深刻な問題であることを指摘していた。森賢吾は日本銀行が割引政策によって金融市場をコント

---

198) Cable: T. W. Lamont to J. P. Morgan & Co., Oct. 5, 1927, Lamont Papers, 189-28. 岸田真 [2003b] 110ページ。

199) Eigo Fukai to Lamont, October 17, 1927, with written replyies of Inouye, Lamont Papers, 190-7, Rough Draft Memorandum in answer to Mr. Lamont's questions (by Mr. Kengo Mori), Lamont Papers, 190-8. 岸田真 [2003b] 111－112ページ。

第11章　金解禁政策

ロールできないことを示唆したが、レフィングウェルはそれを信じたくはなかった。レフィングウェルは前述のように1年前には日本ができるだけ早く金本位制に復帰すべきであると感じていたが、日本銀行が直接ニューヨーク連邦準備銀行と議論し、十分な情報を供与し、助力を求めるべきだと考えるようになった[200]。

レフィングウェルは金本位制の確信者（confirmed believer in the gold standard）であった。信認と中央銀行の独立性、金融市場調制力を重視していた。彼は森賢吾に1928年9月10日に次のような書簡を書き送っている[201]。

どのような大国が金本位制に復帰しても、その国の為替相場を維持する（金本位制の維持）ためには、世界がその国がそれを維持する能力を持っていると信じ、中央銀行が独立して有効に公定歩合を操作する能力と意欲を持つという条件が必要であるとレフィングウェルは考えていた。彼は日本が金本位制を維持するための能力と決断力を持っていると世界が信認する（'world's confidence'：世界的信認）ことに疑いを持っていなかった。しかしその「信認」（confidence）は外国の1行または複数の中央銀行か民間銀行からクレジットを得られることによって証明されるべきである。しかし信認の本質的な要素は世界が日本の財政的名誉（financial honor）と引き受けたことを実行する決断力を信じるということである、と。金本位制復帰が厳しい条件を必要とすると認識していたのである。

レフィングウェルは、日本銀行が政治的干渉から自由であるべきであり、その結果がデフレーションをもたらすとしても割引率を引き上げる自由を持つ必要があると、ラモント宛の書簡で書き記していた。問題は銀行、企業、社会的構造が、日本銀行が金の流出を防ぐために割引率を有効に用いざるをえなくなったときに、それ（公定歩合の引上げ）がもたらすであろうデフレーションに耐えられるかどうかであった。ラモントは訪日報告書の中で日本の中国問題を危惧していたが[202]、レフィングウェルも日本と中国の関係が日本の貿易に非常に密接な関係を有することを認識していた。彼は日本が為替相場を放任し、

---

200) Leffingwell to Lamont, Sept. 5, 1928, Lamont Papers, 188-29.
201) Russel Leffingwell to Kengo Mori, Sept. 10, 1928, Lamont Papers, 188-30.
202) 岸田真［2003b］119ページ。

第5編　第1次世界大戦後の正貨政策

インフレーションと社会的・経済的混乱の道を選ぶのか、それとも為替相場をしっかりと金本位制下において安定させる道を選ぶのか、その選択の日は遠くないとみていた。レフィングウェルは日本に金本位復帰を楽観視してはいなかった。

　レフィングウェルは、日本銀行がニューヨーク連邦準備銀行と直接連絡をとるように森に助言した。ストロングやハリソンが日本銀行に対して非常に友好的であるとも森に伝えた。

　上記の書簡をレフィングウェルからみせられたラモントは、9月13日の森への書簡の中で、日本銀行がニューヨーク連邦準備銀行と直接接触することが望ましいと告げた。また状況が許せば金本位制に迅速に復帰すべきであるというレフィングウェルのアドバイスを森に強調した[203]。

　ラモントは金本位復帰に際しての各国のクレジットの利用も森に想起させた。イギリスが1925年に金本位復帰したときにイングランド銀行が連邦準備銀行にレボルビング・クレジットを設置し、イギリス大蔵省が同様のものをモルガン商会に設置した。イタリアが1927年12月に金本位復帰したとき、イタリア銀行がニューヨーク連邦準備銀行とモルガン商会の両方にクレジットを設置した。それらは公けに発表され、投機家に対する警報として役立ち、それらの地位を守った[204]。ラモントはヨーロッパ各国の金本位制の信認維持のために外国の中央銀行が協力してクレジットを設置した経験を想起させ、日本の金本位制維持の参考に供しようとしているのであり、日本銀行の連邦準備銀行への直接接触は中央銀行間協力の一環としてそのための準備を行わせようとするものであったと考えられるのである。

　1929年6月初めにレフィングウェルは次のようなメモをラモントに呈示した。①日本ができるだけ早く通貨を安定（金本位制に復帰）すべきである。②通貨安定（stabilization）は新平価（円為替相場の実勢またはそれ以下の水準）で実施されるべきである。③クレジットが連邦準備銀行、イングランド銀行、フランス銀行、民間銀行から供与されるべきである。それは使用するというよりも信

---

203)　Thomas Lamont to Kengo Mori, Sept. 13, 1928, Lamont Papers, 188-30．ラモントは金本位制への復帰をより困難にするいかなることが為替相場に起こるか誰にも決してわからないと述べており、日本の金本位体制復帰を楽観視していなかった。
204)　Ibid.

認(confidence)を示すものである。④日本銀行の独立性が保証されるべきである。⑤日本銀行はハリソン総裁(ニューヨーク連銀)、ノーマン総裁(イングランド銀行)、モロー総裁(フランス銀行)の助言を求めるべきである。このような意向は日本の当局者に対する助言として想定されており、欧米金融関係者と意見交換を行っていた津島寿一財務官はその内容を十分理解していた[205]。

ここで注目すべきことは、新平価解禁論が採用されていることである。これはモルガン商会が日本の現実を厳しくとらえ、旧平価解禁には日本経済が耐えられないとみていたためである。

モルガン商会は、日本に金本位制復帰を要求したのではなく、日本の金本位制復帰を当然視したうえで、日本がそれを維持できるかどうかに大きな関心を持っていたのであった。アメリカにとっては、各国の通貨安定、金本位制復帰は貿易・資本取引の安定をもたらすから歓迎すべきものであった[206]。世界に投資を行っていたモルガン商会は、是非とも日本に投資しようとはしていなかった。それゆえに日本に圧力をかける必要はなかった。だが、モルガン商会にとっても日本が金本位制に復帰し、金本位制を維持できるということは、同商会にとって日本が信用できる安全な投資対象となるから望ましいものであった。したがって、その維持の具体的方策について助言しようとしたのである[207]。

ラモントは1927年10月18日に日銀の招待会の席上、きわめて婉曲ではあるが「日本のすべての経済政策を1日も早く金解禁のできるような方向に差し向ける必要がある」と説いたと伝えられている。モルガン商会に日本の金解禁への期待があったことは確かであろう。だが、同商会が実際に日本に投資することは、同商会の願望でもなければ日本への好意でもなかった。同商会が日本に投資するかどうかは、日本が国際的信用(国際的に高い信用)を得るとともに海外の投資家を引き付ける魅力があるかどうかにかかっていた[208]。

---

205) Memorandum: R. C. Leffingwell to Lamont, June 7, 1929, Lamont Papers, 186-31. 伊藤正直［1989］144ページ。岸田真［2003b］106ページ。ここには均衡財政について述べられていないが、1929年11月21日付のレフィングウェルの津島宛の手紙では、金本位制がうまく機能するための条件の1つとして均衡財政が挙げられている(東京銀行編［1980］477ページ)。
206) 小野一一郎［1963a］374ページ。
207) 岸田真［2003b］106、117ページ。
208) 小野一一郎［1963a］379ページ、『朝日経済年史』1928年版、大阪朝日新聞社、329-330ページ。

第 5 編　第 1 次世界大戦後の正貨政策

　モルガン商会はとくに国際信用を重視していた。第 1 次大戦以後アメリカの対外投資が増大し、1924年半ば以降の「相対的安定期」には新規外国証券発行がブームを迎える。しかし、1928年から29年のアメリカの株式ブームによって新規の外国証券発行は急減することになる[209]。その新規外国証券発行ブームにおいても同商会の投資は慎重であり、同商会は外債発行引受に関して厳しい審査基準を設定していた。同商会は借入国の財政が均衡しているかどうかに関心を払い、それが均衡状態からかなり離れていれば引き受けようとはしなかった。また、起債によって調達される資金の使途（建設的なものであるかどうか）などを考慮した[210]。

　ウォール街きっての一流銀行であるモルガン商会は、リスクの高いラテン・アメリカ諸国の証券を大衆投資家にまで無理に売り込むようなことはしなかった。同商会が好んで取引したのは、ヨーロッパの先進工業諸国、英連邦諸国（カナダ、オーストラリア）、周辺部の先進諸国（日本、南アフリカ）であった。同商会は最も堅実な借り手国を選んで、そうした国々にだけ貸し出したのであった。例外的に取引をした唯一の貧しい国はメキシコであった[211]。モルガン商会のパートナー、トーマス・ラモントは、1927年 4 月 2 日にワシントンで開催された国際商業会議所主催晩餐会の席上でアメリカの投資について演説し、アメリカ国民の無謀な対外投資について警告を発している[212]。アメリカの新興中小投資銀行ないし証券会社によってなされた1920年代の海外投資には投機的性格が存在し、そのため多額の債務不履行が発生した[213]。だが1931年時点において、モルガン商会の1920年代の起債引受にはデフォルトはなかった[214]。

　このようなモルガン商会に外債発行を依頼しようとすれば、同商会の厳しい

---

[209] 平岡賢司「経常収支の黒字累積と長期資本収支」熊本消化大学『海外事情研究』第20巻第 2 号、1993年 2 月、15－20ページ。

[210] 中塚晴雄「投資銀行の引受審査──1920年代前半のニューヨーク外債市場におけるデューデリジェンス─」福岡大学『商学論叢』第45巻第 2 号、2000年 9 月、14－15ページ。

[211] Ron Chernow, *The House of Morgan*, London, 1990, pp. 237-238. ロン・チャーナウ著、青木榮一訳『モルガン家』上巻、日本経済新聞社、1993年、296－297ページ。

[212] 「最近米国国外投資ノ趨勢ト之ニ関スルラモント及フーヴァーノ見解ニ就テ」（1927年 6 月 9 日付報告）『米国駐劄財務官報告』1927年第 4 号、29－40ページ。

[213] 安保哲夫『戦間期アメリカの対外投資』東京大学出版会、1984年、193－196ページ。

[214] 中塚晴雄、日本金融学会2000年度秋季大会報告「投資銀行の引受審査」2000年11月 4 日。ただし、1920年以前のメキシコ債にデフォルトはあった（同報告）。

引受審査をクリアしなければならなかった。井上準之助らは、モルガン商会との交流を通じてこのことをよく知っていたといえる。日本が外債借換によって在外正貨や金流出防遏を図ろうとすれば、アメリカ側から要求されるまでもなく、自ら進んで財政緊縮を図らなければならなかった。ことにアメリカが金輸出禁止国に対する投資を好まないという事情においては、外債借換方策を志向するものにとっては、国際信用度を高めるために金解禁を促進するという動機が醸成されることになるのであるし、英米との協調路線を選択するものにとってはますますこの傾向が強まるといえるであろう。アメリカ側が金解禁への圧力をかけたとまではいえないものの、そのことは国際的要因が日本の金解禁の要因となったことを否定することにはならない。経済、通貨の安定の指標とされる金本位制の未採用国に対する投資制限、厳しい引受審査のもとで、外債借換政策の選択者が自ら進んで金解禁を実施する状況が生み出されたといえるのである。

第4節　在外正貨の枯渇

金解禁への直接的要因となったものは、国際収支の悪化による、在外正貨の枯渇であった[215]。1919（大正8）年に13億3400万円を擁した「在外正貨」は、29年3月にはわずか9100万円に落ち込んでいた。井上蔵相自身、在外正貨の枯渇のために金解禁速行を考えたことを1929年11月27日に経済更新会創立総会演説の中で次のように述べている。「浜口内閣が七月二日に出来ましたときに、一番我々が困難を感じ、又金の解禁をなるべく速やかに致さねばならぬと考へましたのは、実は海外に政府、日銀の持って居ります金が非常に減っていたからでございます」[216]。「在外正貨」と国内正貨を切り離し、さらに「在外正貨」と通貨発行とを遮断することによって、国際収支逆調のインパクトを中立化す

---

[215]　森七郎［1986］41ページ。金を対外決済に用いることについては、大蔵省の「今後ノ正貨及為替対策ニ就テ」（1929年3月）において在外正貨枯渇に対する一方策として構想されていた。深井英五も10億7000万円の金準備があるから相当の正貨輸出があっても通貨政策には差し支えないと考えていた（田中生夫［1989］76-78、85-86ページ）。田中生夫［1982a］は、在外正貨が枯渇寸前の状況にあることが、政府に金解禁を迫った直接の原因であることを指摘した（198-213ページ）。

[216]　井上準之助論叢編纂会編『井上準之助論叢』第3巻、同編纂会、1935年、263ページ。

るという政策は、すでに継続不能となっていた。伊藤正直氏は、1929年には金解禁は客観的には不可避の、そして政策的には唯一の道となったと述べられている[217]。

　1928年に政府（田中義一内閣、蔵相は三土忠造）は、円の為替相場に対する従来の自由放任主義（円為替相場の下落）を捨てて、為替対策を実施することとし、横浜正金銀行に、円為替引上政策を採用させることになった。しかし、時すでに、政府所有の在外正貨は、わずかに9600万円（政府所有の在内正貨はほとんどなし）にすぎず、「今後1ヶ年における公館費その他政府の経常費支弁にさへ差し支へを来さんとするほど」であったから、在外正貨の払下げなどは不可能であった。そのため、ついに為替対策も行き詰まり、3月には為替相場が100円＝43ドル台にまで暴落した。政府所有の正貨は在外正貨9100万円となり、残余は、日本銀行所有の在内正貨10億8700万円にすぎなくなった。そのため、政府は1929年4月以降、正貨現在高の発表を禁止することにした。これは、戦時中日本が蓄積した正貨準備をどんどん食いつぶしていった結果にほかならなかった[218]。

　このときの為替対策や、外国為替銀行（主として、横浜正金銀行）の輸入資金調達の方法としては、第1に、預金部および日本銀行所有の在外公債（外貨邦債）を売却して、その売却代金としての外貨を輸入資金に充てるという方法が考慮された。しかし、巨額の輸入資金の不足を十分に補完しうるほど多額の外貨邦債を一時に海外の金融市場で売却することは、外貨邦債の市価を引き下げ、公債借換条件を悪化せしめるだけではなく、民間外債の募集にも悪影響をもたらすから望ましくない。

　第2に、日本銀行所有の在外公債を横浜正金銀行が担保として借り受け、それによって横浜正金銀行が自ら資金を調達するという方法も考慮されたが、これは高い金利を支払わなければならない（日本の金利に比べて、アメリカとイギリスの金利は1929年のブームによる金融梗塞で、極度に高かった）から、不利でもあるし、不可能でもあった。

　その結果、輸入資金の調達は行き詰まり、1929年3月、円の為替相場は100

---

217)　伊藤正直［1989］212－213ページ。
218)　森七郎［1986］32ページ。

円＝43ドル台にまで低落し、政府も為替対策を放棄するしかなかった。その後も為替相場は大きく変動した。

　国際収支の決済として政府がとりうる方法としては、第1には在内正貨の現送、第2には政府外債募集による在外正貨の補充、第3には民間の外債募集による外貨手取金を政府が買い上げて在外正貨を補充すること、第4にはすべての対外支払いを為替による決済とすること、という4つの方法しかなかった[219]。

　だが第2、第3の方法についてみれば、アメリカやイギリスの高金利のために外債募集は困難であったし、アメリカやイギリスが金解禁を外債募集の前提条件として要望していたことから、金解禁をせずには困難であった。第4の方法については、対外支払いをすべて為替によって決済することになれば、円為替相場の動揺と、それに伴う輸入の不利が発生する。これを抑制するためには外国為替管理制度を採用するほかはないということになるが、このようなことは当時は考えられていなかった。

　かくして、在外正貨の枯渇が金解禁による金現送の必要性をもたらすこととなったのである。金解禁政策決定の背景として在外正貨の枯渇が大きな要因となったことは確かである。

　在外正貨の枯渇が金解禁を不可避のものとしたと述べることには、岸田真氏からの批判がある。当時公表されていた正貨統計では確かに在外正貨は枯渇していたが、日銀の外国政府証券や政府・日銀の保有する日本政府外債を含む在外金融資産残高は枯渇しておらず[220]、在外正貨の枯渇だけで金解禁断行を説明することはできないという。追い込まれて金解禁を行ったというだけでなく、金解禁を断行した当局者の積極的な目的や狙いが、改めて問われなければならないことは確かである。

　とはいえ、このことは在外正貨の枯渇が金解禁の要因となったことを否定することにはならない。

　井上準之助は、前述のように在外正貨の枯渇を深刻に受けとめていた。1929年7月以降も政友会の方針どおり毎年公債を発行して予算を組むようでは、対

---

219)　同上書、32－33ページ、など。
220)　岸田真［2003a］86－90ページ。

外関係から必ず破綻をきたしたであろう、為替相場は下がる、在外正貨はなくなる、外国も貸してくれない、こうなれば唯一の方策は金解禁だ、だが準備なしにこれを行えば一時に数千万円の金が流出して財界が破綻に瀕する、こう考えて解禁準備を経て金解禁断行を実施したのである[221]。

　岸田真氏が指摘されたように、日本銀行や政府は1929年12月末に日本政府外債を1億8614億円ほど保有していた。だが、この金額はいわゆる在外正貨勘定には入らない。これらの外貨日本債はいずれも長期のものであるから、預金や大蔵省券のようにいつでも現金と換えうるものとは違うからである。もちろん、外貨日本債といえども海外市場で売り払えば現金に換えることができないわけではない。在外正貨の補充として外貨日本債の売却ということはありうる。しかし、海外市場における日本の公社債の取引範囲はごく狭い範囲に限られていた。一時に多くを売却することは、たちまちその値段が暴落するため、なかなか困難なことであったのである[222]。

　なお、アメリカの金利高を背景とした内地資金流出による金解禁への躊躇もあったが、10月末にはこの懸念も遠のいた[223]。

第5節　浜口内閣の金解禁方針と政策当局者の政策思想

1　浜口内閣の成立と金解禁方針の採用

立憲政友会内閣の田中義一内閣が張作霖爆殺事件（満州某重大事件）の責任

221）　井上準之助「解禁秘話」『大阪毎日新聞』（1929年12月1日付）『日本金融史資料　昭和編』第21巻、774ページ。
222）　「金解禁問題の解説」大蔵大臣井上準之助述、前原久夫編『国民に訴ふ――金解禁問題について――』修文社、1929年10月、58－59ページ。この解説は編者執筆と思われる。
223）　ニューヨーク株式の値上がりのために、8月8日にニューヨーク連邦準備銀行の公定歩合が1％引き上げられて6％となり、日本の公定歩合（5.48％）よりも高くなった。アメリカの金利が高いために、外貨邦債の相場が安く、その利回りは6分7、8厘という高率で、内地市場の公債利回り5分6、7厘と比べて約1分の開きがあった。このため、日本銀行に無利子の資金として寝かせている銀行の遊金が海外に持ち出されて、利回りのよい外貨邦債に投資される可能性があった。この結果、外貨邦債の利回りの高い間は、金解禁後における内地正貨流出の懸念があった。このことは金解禁を躊躇させるものとなった。だが、10月24日にニューヨーク株式市場株価が暴落（暗黒の木曜日）し、ニューヨーク連銀が公定歩合を引き下げた。このために資金流出の懸念が遠のき、金解禁を実施しやすくなったのである（井上準之助、同上書、60ページ。ＮＨＫ"ドキュメント昭和"取材班編［1986］135－142ページ）。

第11章　金解禁政策

をとって1929年7月2日に総辞職した。明治憲法では内閣総理大臣の任命権は天皇に帰せられていたが、実際上は元老の奏薦に基づいて首班決定されるのが憲法制定以来の慣例であった。昭和初期には元老は西園寺公望ただ1人となっていた。西園寺は民政党総裁の浜口雄幸を内閣総理大臣とするよう天皇に奏薦した。これは衆議院第一党の内閣が政治的な理由で辞職した場合、第二党の党首が組閣するというルールに従ったものであった。大蔵大臣には井上準之助が就任した[224]。1929年7月2日に浜口民政党内閣が成立した。

浜口雄幸は、1928年3月の民政党大懇親会において、「輿論の大勢に順応せよ」と演説していた[225]。民政党は、1929年1月に輿論が金解禁にようやく一致する風があったことに鑑み、同月1月21日の同党大会において速やかに必要な準備を整え、金解禁の実現を期すことを政策の1つに掲げていた[226]。浜口内閣は、成立すると間もなく、断固として金解禁を実施することを決定した。深井英五日本銀行副総裁は4日にこのことを井上蔵相から聞いている[227]。

同内閣は9日の「施政方針に関する首相声明」において十大政綱を発表した[228]。その内容は、①政治の公明、②国民精神作興、③綱紀の粛正、④対支外交刷新、⑤軍備縮小の完成、⑥財政の緊縮整理、⑦国債総額の逓減、⑧金解禁の断行、⑨社会政策の確立、⑩その他の政策（教育機能の更新、税制整理、義務教育国庫負担の増額、農漁山村経済の改善、金融機能の整備など）であった。この中で近い将来において金解禁を断行することを期することが声明された[229]。

浜口首相や井上蔵相は日本経済の立直しを国民に訴え、金解禁を実施しようとした。

浜口内閣は金解禁準備に取りかかり、財政緊縮・消費節約、在外正貨補充、クレジット設定、道義的説得の準備を行った。

11月21日に政府は金解禁に関する大蔵省令を公布し、金解禁の実施日を1930年1月11日とすることを発表し（「期限付金解禁」、すなわち予告付金解禁）、その

---

224)　川田稔［2000］623ページ。
225)　同上書、74－75ページ。
226)　日本銀行「金輸出解禁史（其一）」『日本金融史資料　昭和編』第20巻、53ページ。
227)　深井英五［1941］242ページ。
228)　「浜口内閣政綱声明」『日本金融史資料　昭和編』第21巻、393－395ページ。
229)　金解禁が財界を安定させ、その発展をもたらす唯一の方策とされた（同上、394ページ）。

とおりにこれを断行した。

2　浜口雄幸の金本位制復帰への信念

　大蔵官僚であった浜口雄幸は、大蔵次官を経て1915年に衆議院議員となり、大蔵大臣（1924年に就任）、内務大臣を経て内閣総理大臣となった。浜口雄幸首相は「此際万難を排し、一日も速に金の解禁を断行して国際経済の常道に復し、産業貿易の健全なる発達を図り、以て国運の進展に資することが刻下の急務であると深く信ずるのであります」と述べている[230]。浜口は、「大なる決心と大なる覚悟とを以て目下の難局を打開し、国運の発展に貢献せんが為に努力奮闘したいものと思います」と述べ、国民が金解禁を成就することを「心の底から深く深く確信」した[231]。

　新渡戸稲造は著書『Bushido』において、武士道精神、武士道の徳目の中に「義または正義（Rectitude or Justice）」と「勇気、果敢と忍耐の精神（Courage, The Spirit of Daring and Bearing）」があったと論じた[232]。これらは信念の構成要素である。高橋是清は、「正義の観念を持し、常に正しき道を踏み、俯仰天に愧ぢないといふ覚悟が鞏固でなければならぬ。正を踏んで懼れざるところに、そこに初めて難関を突破できる確乎不抜の信念が築かれるのである」と述べている[233]。ここにも正義を勇気をもって貫くことが信念であるとされている。浜口雄幸（や井上準之助）には金解禁の理念を（正しい、正義）と固く信じて、他に心を動かさず、困難を乗り越えて（勇気をもって）これを実現しようという信念（belief, より強い意味を持つconviction）があった。日本経済の将来ビジョンを有するとともに、身命を賭してもそれを実現しようとする強い意志を有していた。このような意味において、金解禁の実施はまさに信念の産物であったということができるのである。

---

[230]　浜口雄幸「全国民に訴ふ」（1929年8月）同上巻、395ページ。
[231]　浜口雄幸「経済難局の打開について」（1929年8月）『日本金融史資料　昭和編』第22巻、535ページ。
[232]　Inazo Nitobe, *Bushido: The Soul of Japan*, New York, 1905, Chapter III & IV. 新渡戸稲造『新渡戸稲造全集』教文館、第12巻、1969年、36－44ページ。齊藤壽彦「武士道と企業再生」財団法人政治経済研究所『政経研究』第83号、2004年11月、2ページ。
[233]　高橋是清［1936b］161－162ページ。同復刻版［2010］129－130ページ。

第11章　金解禁政策

　イギリスの金本位制復帰は旧平価（1ポンド＝4.86ドル）が対ドル割高レートであることを知ったうえで金本位復帰後の物価騰貴に期待をかけて決断したチャーチル蔵相の信念（an act of faith）の産物であった[234]。日本の金解禁も旧平価解禁が経済に厳しい結果をもたらすことを知ったうえで日本経済の立直しを図ろうとした浜口（や井上）の信念の産物であった。

　浜口雄幸内閣総理大臣の金解禁をもとに産業貿易の健全な発達を図るという日本経済への将来ビジョンは、浜口の「全国民に訴ふ」の中にはっきりと示されている[235]。

　浜口は十分に研究し、かつ実行に努力する勇気のある力の強い政治家であった、と井上準之助は浜口を評価している[236]。

　浜口首相（や井上蔵相）は旧平価での金本位復帰が大きな困難を伴うものであり、一時的な不景気、苦痛が生じることを理解していた。そのうえで、緊縮、金解禁、合理化によって経済の基礎を強化して発展を図ろうとしたのである。旧平価解禁にはそのデフレ効果によって経済界の整理を進めるという狙いがあった[237]。

　このような浜口雄幸は信念の人であったということができる。浜口は民政党結党式において、「正しきを踏んで懼れず」と総裁就任挨拶をしている[238]。こ

234）田中生夫［1989］19－20ページ。E. Moggridge, *British Monetary Policy 1924-1931*, Cambridge, 1972, p. 228. ケインズはチャーチル蔵相が金本位復帰にあたって対ドル割高レートを意味する旧平価を選択したことがその後のイギリスの不況の原因であったと解釈したが、チャーチル蔵相はそれが割高であることを知ったうえで、ポンドの割高評価は物価やコストのイギリスでの引下げやアメリカでの引上げによって取り除かれるであろうという信念（belief）をもって旧平価解禁を実行したのである（*Ibid*., p. 228）。

235）浜口雄幸は次のように全国民に訴えた。「我国は世界大戦当時の非常措置として金の輸出禁止を行ひ既に十二年を経て居ります、之が為め為替相場は動揺甚しく、通貨及び物価の調節を妨げられ、且つ産業貿易の堅実なる発達を阻害せられ、公私経済の膨張と相俟って財界今日の不安の状態を惹起して居ることは、諸君御承知の通りであります、諸外国に於ては戦後の疲弊甚しきものありしに拘らず、官民一致非常なる決心を以て財政の整理と消費の節約とに努め、相次いで金の解禁を断行し貨幣制度の基礎を確立して財界を常道に復せしめたのでありまして、今日の処、未だ金の解禁を行はざる国は我国を除いては僅かに二、三の小国に過ぎないのであります故に我国としては此際万難を排し、一日も速に金の解禁を断行…のであります」、金解禁の準備として「公私の経済を極力緊縮し、物価の下落及び輸入超過の減少を図り、その結果として、為替相場をして徐々に回復せしめることが、最も必要であります」（浜口雄幸「全国民に訴ふ」（1929年8月）『日本金融史資料　昭和編』第21巻、395ページ）。

236）井上準之助「徹底的の研究と実行の努力」『民政』浜口前総裁追悼号、1931年10月、6－7ページ。それは井上自身が目指したことでもあろう。

のことはまさに浜口が信念の人であったことをよく表している。浜口は1925年9月に、世に処していくうえで最も必要な根本的信念は自分の力を信ずるということであると講演している[239]。報知新聞社の川口清栄は浜口は「信念の人」であったと回想し、東京大勢新聞も「信念に生きた濱口首相」について述べている[240]。

立憲民政党本部の『第五十八議会報告書』(1930年6月28日) には「経済政策の根本方針」の最初のところに根本的立直しに対する「信念」という用語が用いられており、信念が重視されていたことが明らかである[241]。浜口は1930年1月28日にも「強く正しく」明るい政治を行って国家に貢献すると述べている[242]。

金本位制復帰への信念は金本位制復帰への信認の起動力となりうるものであった。この金本位制復帰が人々に一般的に受け入れられれば、金本位制復帰への信念は一般的信認となるはずのものであった。

3　井上準之助の金本位制復帰への信念

(1)　井上準之助の経歴

井上は1869 (明治2) 年に大分県に生まれた。1896年に東京帝国大学法科大学を卒業し、ただちに日本銀行に入り、1911 (明治44) 年に正金銀行に転じた。日銀在職中に、ロンドンに約1年半、ニューヨークに2年余、2度の海外勤務をしているが、このことは井上の経済思想形成上きわめて重要であったと思われる[243]。

また、正金銀行では取締役、副頭取を経て1913 (大正2) 年に頭取に就任し、

---

237) 川田稔 [2007] 188ページ。金解禁には世界金本位制への復帰による国際的な貿易関係の安定化を図るとともに、その旧平価解禁のもとで日本経済の国際競争力を強化するというという狙いがあった (同書、166-175ページ)。
238) 浜口雄幸「正しきを踏んで懼れず」(1927年6月)、川田稔 [2000] 25ページ。
239) 川田稔 [2000] 509ページ。
240) 『民政』前掲号、108-109、114-115ページ。
241) 『民政』第五十八議会報告書特別号、26ページ。
242) 川田稔 [2000] 224-225ページ。
243) 田中生夫 [1980] 114ページ。

1919年まで頭取を務めた。その後1919〜23年に日本銀行総裁、1923年に第2次山本権兵衛内閣の大蔵大臣となり、1927〜28年に再度日本銀行総裁を務め、1929〜31年に浜口内閣で再度大蔵大臣となるなど、財政・金融の大立物であった。

　井上は元来、積極主義（拡大均衡）をもって知られる高橋是清の知遇を受けてきたので、浜口内閣の大蔵大臣に就任する以前の日本銀行総裁や大蔵大臣としての井上の政策には、その色彩が相当強かった。このことから当時、井上は金解禁反対論者とみられていた。しかし、井上の金本位に対する信頼、信認には不動のものがあり、準備を整えてから旧平価をもって解禁するというその解禁論の一貫性のゆえに、かえって諸条件の推移いかんに応じて、即行論、尚早論と変化したのであった[244]。井上は蔵相就任直前の1929年4月9日には、加藤高明内閣の緊縮政策を評価し、他方で積極主義の政友会内閣には解禁を望みえないとしている[245]。

（2）　井上準之助の信念

井上の金本位制理論

　井上準之助には、長幸男氏が指摘されたように古典的金本位制理論がみられた[246]。これが金本位制復帰への信念の根拠の1つとなった。

　井上準之助は金本位制の自動調節作用を信頼、信奉している。金本位制下においては、物価が上昇し輸入超過になると、金が輸出され、通貨が収縮して、物価は下落し、輸入超過はおのずから止む。これが井上のいう国際金本位制における通貨・物価の「天然自然の調節」である。金の輸出を禁止し、通貨と金との直接的連携を切断していると、入超により金が流出しても、この流出が通貨収縮に結びつかない。金輸出禁止のもとで、収入以上の支出の一般化が物価上昇をもたらし、これが不景気と不安定という日本経済の危機をもたらしたと井上はみる。井上は為替相場の人為的維持を不可能と考えている[247]。

---

[244]　長幸男［1963］152ページ。
[245]　井上準之助論叢編纂会編『井上準之助論叢』第3巻、1935年、132ページ以下。田中生夫［1980］115ページ。
[246]　長幸男［1963］164ページ。同［1973］76−79ページ。
[247]　田中生夫［1980］116−117ページ。

第 5 編　第 1 次世界大戦後の正貨政策

　後に大蔵大臣として金解禁を主導した井上準之助は、1924年2月から8月にかけて欧米に外遊して広く政財界人と交わり、経済情勢を観察している。1922年にジェノア会議が開かれ、1925年にイギリスが金本位制に復帰したという大戦後の金本位再建の気運がもっとも強かった時期における欧米外遊は、井上の金本位制への堅い信条形成に強い影響を与えたと思われる[248]。また井上は大戦後の1920年に成立した対中国新借款団の結成交渉を通じてアメリカのモルガン商会のトーマス・ラモントと親しい関係を持っていた。ラモントは1920年の来日に続いて1927年に再度来日して井上との信頼関係を強化し、その後井上の金解禁政策に協力している。このラモントは投資銀行業者として金本位制を重視しており、井上がラモントの影響を受けたことは確かであろう[249]。

　井上準之助は、世界40以上の国が金解禁にあたって採用してきた定石、すなわち財政整理、国民の消費節約という金解禁準備を日本も行わなければならないと信じていた[250]。井上準之助は「今日吾々のやらんとする所は、即ち世界各国の者が……正しい道、世界の試みた所の定石である」と述べている[251]。井上は金解禁を常道、今日でいう「グローバル・スタンダード」としてとらえている[252]。世界の金本位制に対する信認が井上によっても受け入れられたのである。この金本位制は通貨価値・物価の安定と為替相場の安定と入超の是正という点で日本の利益に合致する。世界の流れに取り残されることは「日本の世界的不名誉」となるとも考えられた。

　だが、井上準之助は単なる古典的金本制主義者、古典的金本制理論家ではなかった。長幸男氏のように井上の大衆向け啓蒙書である『金解禁──全日本に叫ぶ──』に基づいて井上を古典的金本位制論者であるとみることはできないのである。井上は日本の現実を見据えており、金本位制復帰の条件が未成熟の段階でただちに金本位制に復帰すべきであるとは考えていなかった。井上準之

---

248)　長幸男［1973］91ページ、222ページ。
249)　三谷太一郎［2009］92－94、154－155ページ。本書（齊藤著）、第8章第2節参照。
250)　井上準之助「金解禁──全日本に叫ぶ──」（1929年9月18日）『日本金融史資料　昭和編』第22巻、523－524ページ。以下の同論文の引用ページは同巻によるものとする。
251)　井上準之助『国民経済の立直しと金解禁』千倉書房（1929年9月5日）38ページ。『日本金融史資料　昭和編』第22巻、502ページ。
252)　『日本金融史資料　昭和編』第22巻、514ページ。鈴木正俊『昭和恐慌史に学ぶ』講談社、1999年、104－105ページ。

助は1920年恐慌時の日本銀行総裁、関東大震災時の大蔵大臣、金融恐慌時の日本銀行総裁として救済融資を積極的に推進してきた[253]。また金本位維持策として通常採用される公定歩合操作による金流出防遏策を金解禁準備期に採用せず、金解禁実施後もドル買が顕著にならなければ採用しなかった。金解禁期に公開市場操作も採用しなかった。さらに、深井英五は金解禁を通貨問題としてとらえていたが、井上はそうではなかったのであり、井上の金解禁の主張は金本位制復帰そのものを目的としてはいなかったのである。

井上準之助の経済理念

井上には経済ビジョンがあった。

田中生夫氏によれば、井上の経済未来像は次のようなものであった。資本輸入の抑制や保護関税は排斥する。外地産米奨励強化による食料供給を通じての低米価と低賃金の確立を基礎として、海運業による貿易外収入の増加をもって輸入超過をバランスさせ、さらに安価な政府を志向する。井上は金本位制を楽観し、軍事行動は排斥し、東洋のロンドンのような地位を確保することを目標として、国際均衡優先主義のもとに日本経済を再編成することを構想している。

井上は旧平価金解禁を手段として、金解禁準備のための財政緊縮・国債整理・国民消費節約を通じた物価下落を図り、これにより財界整理を達成し、危機的状況から脱出しようとするのである。

要するに田中生夫氏は、井上準之助が国際金本位制のもとで中進国の支配的資本の立場に立ち、「米・英中心の世界体制を楽観し、その中で対外従属と対外的支配との両建て的な地位を確保するために、金融資本を中心に経済を保守的に再構成しようと企図」したと評価される。その構想は、中国において日本の利益追求を求めることに対抗する、貿易という経済的手段に危機からの脱出を求めるものであると主張されるのである[254]。

金本位制への復帰の条件が成熟しない状況下で井上がこれを断行した真の理由、真の目的は財界整理を行うことであって、金本位制復帰そのものが目的ではなかったということが、金解禁が断行された最大の理由を考えるうえでとく

---

253) 三和良一［2003b］94ページ。
254) 田中生夫［1980］118-120、128ページ。

に重要である。緊縮財政は金解禁の準備方策であるとともに、それ自体が目的に包含されるものであった。井上は「八方塞り」といってよい日本の現状を直視し、この「難局」を打開し、「日本が世界に飛躍する」方策を日本経済の合理化に求め、その手段として金解禁を利用しようとしたのである。このことを井上の主張に即してさらに論述しよう。井上が国民に最も訴えたのは以下の点である。

今日における我が国の経済的行詰りは、歴代内閣の放漫な財政にのみその責を帰することはできない。いうまでもなく日本国民全体の自覚のない無駄遣いの結果が、今日の日本を行詰らせているのである。濫費は全日本国民の共同責任である。政府は、借金をして膨張した今日の我が国の財政を根本的に整理するために、不合理で不健全な国家歳計に大斧鉞を加えつつあるのだ。そして政府自ら率先して消費の緊縮節約を断行し、以て国民に範を示し、全日本国民の自覚的熱援を期待しているのである。私はこの難局に当面し、「挙国一致的の緊縮節約こそ、明るき日本への門出である」と叫びたい。財政整理といい、公債整理といい、金解禁というも、期するところ全日本国民の経済的安定と国際的飛躍にあるのである。平和時における国際的経済戦というものは、銃剣の戦争に劣らぬほど激しいものである[255]。この経済戦に臨み、金解禁という一大決戦を行おうとしているのである。

井上は金解禁によって国民一般の緊縮気分を喚起し、公私経済の面目を一新し、産業の経営を合理化し、経済の根本的立直しを行おうとする理想をその中に包蔵していたのである。金解禁をこのための手段として用いた。このためには旧平価解禁を実施するほかはなかった[256]。日本の金解禁政策は、単に円の価値を金に結びつけることではなく、解禁によって金輸出禁止以来不健全に膨張してきた経済状態を徹底的に整理改革し、国内物価を国際水準にまで引き下げて、やがては海外市場における日本商品の競争力を増大させ、これによって現状を打開しようという狙いを持っていたのである[257]。井上にとって金解禁は財界整理のための手段であった[258]。野呂榮太郎は、金の輸出解禁は物価低

---

255) 井上準之助、前掲「金解禁——全日本に叫ぶ——」512－514、529－530ページ。
256) 井上準之助「旧平価解禁論」井上準之助論叢編纂会編［1935］第4巻、264ページ。三和良一［2003b］95ページ。
257) 大蔵省百年史編集室編『大蔵省百年史』下巻、大蔵財務協会、1969年、12ページ。

落および産業合理化の促進による生産費の低下に基づく金融資本の寡頭的支配権を確立し、絶対化するための手段にすぎないと論じている[259]。

井上準之助の信念

井上準之助について、池田成彬は消極的で弱かったと人物評をしている[260]。救済融資のために中央銀行の節度を守りきれなかったことには、井上準之助の弱さがあったといえよう[261]。浜口内閣が成立して井上が事務引継ぎを行っていたとき、井上は「この難局が一体どうなる事かと心配で寝られぬ事さへありました」と高橋是清に漏らしている。井上は傲岸ではなかった[262]。

だが井上は、合理的と評価できる原則や判断に対しては、それを固持する頑固さを持っていた[263]。

高橋は大蔵大臣に就任する直前の井上に、「国家の前途を考へて自分の信念を貫くためには、君も万難を排して進むつもりであらう」と述べているが[264]、まさに金解禁時には井上は信念の人となった。井上準之助は浜口内閣成立直前に、現在の財界を匡正するために緊縮政策によりいじめつけて金解禁をしなければならないことで浜口と意見が一致したから大蔵大臣を引き受けることとなった、と高橋是清に述べている[265]。

大蔵大臣井上準之助は、「死を覚悟して」、「断崖の頂きに直立」している思いで、「進むとも退かぬ大決心をもって」難局を切り抜けようとした。井上は「正道を歩む浜口内閣の財政政策こそ、やがては」「真の好景気をもたらす唯一の方策たるを信じて疑はない」と述べている[266]。井上は理念を貫こうとする

---

258) 森七郎［1986］119ページ。
259) 野呂榮太郎「金解禁と円本位制の確立」『財政経済時報』第15巻第11号、1928年11月。同論文は財政経済時報社編『金輸出解禁問題』1929年8月に収録、『経済』第47号、1968年3月に再録。小野一一郎「金解禁の動因について――野呂榮太郎の金解禁をめぐって――」松井清編［1963］363－384ページ。
260) 池田成彬述、柳澤健編『故人今人』世界の日本社、1949年、124－125ページ。
261) 三和良一［2003b］76ページ。
262) 高橋是清［1936b］60ページ。同復刻版［2010］51ページ。
263) 三和良一［2003b］73ページ。
264) 高橋是清［1936b］60ページ。同復刻版［2010］51ページ。
265) 高橋是清［1936b］59ページ。同復刻版［2010］51ページ。
266) 井上準之助、前掲「金解禁――全日本に叫ぶ――」512、531ページ。

強い意志、勇気を有していたのである。

　日本において金解禁の条件が未成熟であったにもかかわらず金解禁が断行された背景には、金本位制に対する井上準之助の信念があった。「信念」はしばしば変革のために必要な条件となる。新平価解禁論者であった津島寿一は次のように述べている。ヨーロッパでは新平価により金本位制復帰をした国が多かった。浜口内閣は旧平価によって金解禁をしようとして、強力なデフレーション政策をとって、財政経済の整理調整を進めた。それは時期すでに遅く、実行手続き上の難点もあった。国民としては経済立直しに伴う苦難を受けるということは覚悟しなければならなかった。井上の旧平価解禁は「ひとつの信念の所作」である、と[267]。

　だが、貨幣理論と経済ビジョンと強靭な精神に支えられた信念そのものが金解禁断行をもたらしたのではない。井上と同じく高橋是清も信念の人であったが、その抱く理念の内容が異なれば信念の内容が違ってくるのであり、高橋の信念は井上とは違っていた。そこで高橋は、大蔵大臣に就任する直前の井上に、自分の信念を貫くために進むつもりであろうが、「正しい真直ぐな道を歩くことを忘れてはならない」と述べたのであった[268]。

4　金解禁と産業合理化

　金本位制は経済の安定化の指標であるが、日本では金本位制復帰を経済の安定化の結果として行うのではなく、これを産業合理化による国際競争力強化の手段にしようとしたのである。このためには旧平価解禁を実施するほかはなかった[269]。日本の金解禁政策は、前述のように金輸出禁止以来不健全に膨張してきた経済状態を徹底的に整理改革し、国内物価を国際水準にまで引き下げて、やがては海外市場における日本商品の競争力を増大させ、これによって現状を打開しようというねらいをもっていたのである[270]。井上にとって金解禁は財

267）　安藤良雄編［1972］63ページ。
268）　高橋是清［1936b］60ページ。同［2010］51ページ。
269）　井上準之助「旧平価解禁論」井上準之助論叢編纂会［1935］第4巻、264ページ。三和良一［2003b］95ページ。
270）　大蔵省百年史編集室編『大蔵省百年史』下巻、12ページ。

界整理のための手段であった[271]。前述のように野呂榮太郎は、金の輸出解禁は、金融資本の寡頭的支配権を確立し、絶対化するための手段にすぎないと論じている[272]。

福本茂雄氏は、産業合理化運動（1930年5月〜1933年）を、1929年の浜口雄幸内閣の成立とともに国際競争力強化をうたって金解禁政策と並行して着手した企業統制、貿易振興、国産奨励愛用運動などのキャンペーンであると位置づけられているが[273]、産業合理化は金解禁と別のものではなく、また結果としてこれに寄与するというものでもなく、浜口―井上の金解禁政策は当初からこれを目指すものであったのである。このことをよく示すのが、1929（昭和4）年12月31日に作成された「金解禁後ノ対策資料」[274]である。この資料は内容が知られていないから、以下に詳しく紹介しておこう。この資料の第一編が「金解禁ノ影響」となっており、ここでは以下のように述べられている。

第一章　為替相場回復ニ依ル国際収支ノ不利
　為替相場ノ回復ハ輸入品ノ価格低落トナリ輸入ニ有利ナルニ反シ輸出品ハ却テ外国ヨリ見テ割高トナルカ故ニ輸出ヲ継続スル為メニハ其ノ価格ヲ引下ケサルヘカラス茲ニ輸出品ノ価格ノ低落ヲ見ルニ至ルヘキモ輸入ニ有利ナルノ結果ハ国際収支関係ニハ不利ヲ生スル
第一節　正貨ノ流出――右ノ外各種ノ原因ニ依リ正貨ハ勢ヒ流出ヲ余儀ナクセラルル、依テ種々ノ対策ニ依リ、急激ノ流出ハ避ケラレ金解禁ト同時ニ起ラサルニモセヨ結局除々ニ正貨ハ流出シテ通貨ハ収縮サレ其ノ結果ハ金融ノ引締ヲ見ルテアラウ
第二節　物価第二段ノ低落――通貨収縮ニ伴テ物価ハ更ニ下落スル　為替ノ回復ニ依リ輸出入品（国際的商品）ハ下落スルモ内国消費貨物ニハ殆ト影響ヲ及サナイカ此ノ場合ニ於テハ総テノ物価ヲ低落セシムル財政ノ緊縮消費ノ節約モ商品ノ売行ヲ減スルカ故ニ亦物価低落ノ勢ヲ助長スル

---

271)　森七郎［1986］119ページ。
272)　野呂榮太郎、前掲「金解禁と円本位制の確立」（注259）参照。
273)　日本近現代史辞典編集委員会『日本近現代史辞典』東洋経済新報社、1978年、257ページ。
274)　『水町家文書』第6冊第44号。内容から大蔵省が作成したものと考えられる。この資料は枢密顧問官水町袈裟六に提出されている。

第三節　経済界ノ不況——輸入品ノ価格低落ハ輸入品ト対抗ノ立場ニ在ル商品ノ製造事業又ハ代用ヲ生産スル事業ニ明ニ不利益ヲ来ス　輸出品ニテモ又内国需要品ニシテ価格ノ低下ハ生産費ノ低減ヲ伴ハサル限リ不利益ヲ免レナイ、或ハ又折角ノ新興事業ニ対シテハ殊ニ打撃カ甚シテアラウ

此等ノ点カラ遂ニハ事業ノ縮少、休止又ハ破綻ヲ見ナイトモ限ラヌ　是テ失業者モ起ルテアラウ、一般ノ利潤ノ低下ハ消費ヲ抑制シテ商品ノ売行ハ減少シ財界ハ不景気ニナル、不景気トトモニ失業者ハ益々増加シテ遂ニ社会不安ニ陥ラストモ限ラヌ、之ニ対シテハ社会一般ニ非常ノ覚悟ト努力ヲ為スニアラサレハ解禁ハ遂ニ財界ヲ不況ニ導ク丈テ効果ノナイモノトナル

第二章　国際収支ヲ改善スル方策
第一節　産業ノ振興
　一、工業ノ研究
　二、工業ニ関スル研究及発明ノ奨励
　三、産業合理化

　　右ノ如キ手段ニ依リ輸入品ニ対スル対抗品及代用品ノ生産ヲ盛ニシ尚輸出産業ヲ奨励シ大ニ産業ノ振興ヲ図ルニハ産業ノ合理化ヲ必要トスル之ニ依リ優良ナル物品ヲ低廉ナル生産費ヲ以テ多量ニ生産スルコトトセサレハ外国トノ競争ニ耐ヘナイ

　四、海外市場ノ拡張
　五、領事館ノ活動
　六、商業移民ノ奨励
第二節　輸入ノ抑圧
　一、保護関税
　二、必要ナラサル消費物ノ輸入制限
　三、国産品ノ使用奨励
　四、国産奨励ノ宣伝
　五、国産品使用同盟ノ設立
第三節　金融ノ改善
　一、金融業者ノ態度——担保ノ有無良否ニノミ拘泥シ人物本位事業本位カ

却テ有形的担保ニ勝ル点ノアルコトヲ忘レテハ居ラヌカ
　二、銀行合同ト小銀行——中以下ノ銀行ノ存続ヲ計リ中小商工業金融ノ融
　　通ヲ講スルノ要カアル
　三、特殊金融ノ欠陥——船舶金融、漁業金融〔方策を立てる〕
　四、特殊商品ニ対スル金融
　五、月賦販売ノ金融
　六、手持原料ニ対スル金融
第四節　庶民金融
　解禁後ノ不況ハ先第一ニ中小商工業者及ヒ一般民衆ニ打撃ヲ与ヘ然モ其ノ
　程度大ナルモノアルト想像セラルル、従テ庶民金融ノ改善及拡張普及ハ殊
　ニ考量ヲ要スル、茲ニ産業組合、質屋及無尽業ニ付二三ノ卑見ヲ述ヘル
　一、産業組合
　二、組合ノ指導監督
　三、産業組合ノ資金系統
　四、産業組合以外ノ庶民金融機関
　　イ、質屋
　　ロ、無尽
　　ハ、質屋無尽ノ公益的経営
　五、庶民資金ノ還元

続いて第二編「金解禁ト産業合理化」では以下のように述べられている。

第一章　金解禁ト産業合理化
第一　序言
金解禁ハ単ニ金本位制ノ恢復、為替相場ノ平準ノミカ目的テナイ、之ニ依テ
我国ノ産業ヲ刺激シ之ヲ合理化シ延ヒテ一般経済界ノ立テ直シヲ招来スヘキ
結果ヲ期待ス、従テ一面一時多少ノ犠牲カ出ル事アルヘキモ克ク之ヲ忍ヒ之
ヲ巧ニ始末スル事モ解禁ヨリ生スル当然ノ努力テアル
　解禁ノ結果ハ産業カ国際的トナリ、原価カ国際的トナリ金利カ国際的トナ
リ、賃金亦大体ニ於テ輸出品製造賃金ヲ基準トスルコトトナルカラ……漸次

第５編　第１次世界大戦後の正貨政策

二
　　一、産業ノ対外性
　　二、産業ノ合同性
　　三、純対内的産業ノ不振
　　四、虚業、奢侈ノ否定
　　五、中小企業又ハ金融機関ノ合同又ハ没落的傾向
　　六、失業ノ頻出傾向
等ヲ生スル
　合理化即チ産業ノ合理的管理ハ上記各項ヲ巧ク取扱フ方法テアル、故ニ自然
　　一、国家事業ノ合理化
　　二、個々事業ノ合理化
トナル
　此方法ニ就テハ大戦後各国ニ於テ攻究セラレ、実行セラレテ居ルカ各国共未タ満足ナル境域ニ達シテ居ナイ　米国ノ方法カ最モ発達シテ居ルトサレテ居ル

　第二編第二章は「米国ノ産業合理化」について述べている。第三編は「産業合理化ト研究機構」、第四編は「我国ノ産業合理化ニ対スル意見」、第五編は「英国ニ於ケル土地及金融機関ニ対スル意見」、第六編は「失業保険」となっているが、それらは産業合理化についての立ち入った考察であるから、その内容紹介は割愛する。
　上記の中で、金解禁が単なる金本位制の回復を目指すものではなく、これによって我が国の産業を合理化して一般経済界を再構築することが明言されているのである。金解禁の輿論化、条件が未成熟でも金解禁が実施されたのは、それがこのような構想に基づくものであったからである。

5　日本銀行の深井英五の金本位観

（1）　深井英五の金本位観

　日本の金本位復帰は輿論の動向のみによって決まるものではなく、通貨当局者の金本位観によっても決まるものである。第1次世界大戦後、日本銀行理事（1918年4月～1928年6月）、副総裁（1928年6月～1935年6月）として日本銀行の政策運営にあたった深井英五の金本位観は日本の金本位復帰に大きな影響を及ぼすものであった。そこで深井英五の金本位観について一瞥しておこう。

　深井は1901（明治34）年に日本銀行に入行して以来30年にわたって日本で過ごし、自らの通貨観を形成していた。1928～29年当時、深井は金本位制を支持していた。

　深井はパリ講和会議、ワシントン会議、ジェノア会議に参加するなどして海外の金融業者、中央銀行家と交流した[275]。

　深井はジェノア会議に参加したことから、世界的金本位制復帰に努力したニューヨーク連邦準備銀行総裁ベンジャミン・ストロングと密接な関係を持つようになった[276]。日本銀行とアメリカの中央銀行との関わりが生じたのは連邦準備制度が誕生した1913年以降のことである。1918年1月には日本銀行とニューヨーク連邦準備銀行との間に協定が成立し、1920年3月には相互預金取引契約が締結されている。両行の間で情報交換が行われており、両行の間でアメリカの金本位復帰時にみられたような協力関係が存在した[277]。1920年にストロングが来日したときには、深井は東京滞在中ほぼ毎日接触して意見を交換し、1920年に深井がニューヨークへ行ったときには準備銀行でストロングとしばしば会見した[278]。深井は、イングランド銀行総裁モンタギュー・ノーマンと親しく接することができたのはストロングの紹介のおかげであると書き記している[279]。ストロングは1922年に深井に「日本銀行と連邦準備制度との関係はよ

---

275)　深井英五［1941］143－193ページ。
276)　深井英五「金本位の復帰に努力せるストロング氏」［1929］170－178ページ。ストロングは、1920年以降のイングランド銀行総裁を務めたノーマンと手を組んで、大戦後のヨーロッパの復興と通貨安定に積極的に参加した（Ron Chernow, *The House of Morgan*, p. 244. ロン・チャーナウ著、青木榮一訳『モルガン家』上巻、日本経済新聞社、1993年、304ページ）。
277)　日本銀行百年史編纂委員会編［1983a］462－468ページ。今田寛之［1990］159－163ページ。
278)　深井英五［1929］170－171ページ。

りしっかりとした、より親密な関係となるであろう」と書き送っている[280]。ストロングは1922年に深井に日本の金本位復帰を要望した[281]。このときに深井は金本位復帰目標には賛成したが、日本は内外正貨を十分に保有しているが国際収支の状態が不安定であるとして、日本の金本位復帰に留保する立場を示した[282]。

このような海外の金融業者、中央銀行家との国際的交流が深井の金本位観に一定の影響を与えたことは考えられる。

深井は金本位制に絶対的な信頼を置いてはいなかった[283]。だが金本位制が比較的優良であり、それに勝る貨幣制度が見出せないから、深井はそれを認めたのである[284]。

深井は金から離れて通貨を人為的に管理するという通貨管理論が存在することを認識していたが、その支持論者ではなかった[285]。深井は中央銀行による通貨調節の意義を認めており、「中央銀行の主たる職能」は「通貨の調節」であるとみなしていた[286]。この通貨調節は、通貨の価値の安定を図るほかに財

---

279) Letter of Eigo Fukai in London to Benjamin Strong, 12th June 1922, Strong Papers in Federal Reserve Bank Archives, File 1330.1.
280) Letter of Benjamin Strong to Eigo Fukai, 22th June 1922, Strong Papers in Federal Reserve Bank Archives, File 1330.1.
281) 深井英五［1941］168、171ページ。
282) 同上書、168、171-172ページ。
283) 金本位制には通貨の数量が金の数量によって制限されるという欠点があることを深井は指摘している（深井英五［1928］234ページ）。
284) 「私は金本位を金科玉條とするものではない。金本位の欠点は之を認める。然しながら代案として金本位に勝ることの明白なるものを見出さない」と深井は論述している（深井英五［1928］294ページ）。金本位制には通貨乱発の防止、通貨に対する大衆の信用（信認）の維持、為替相場の維持というメリットがあると深井は考えていた（深井英五［1928］292-297ページ）。深井は、後年においても、金本位制の時代には「国民経済の堅実なる開発と国際経済の円滑なる運行とを併進せしむる為めに金本位制が大に役に立った」ことを認めている（深井英五［1940］38-39ページ）。もっとも、深井は金本位制の維持が国際収支の均衡や国内経済の安定を確保する条件ではなく、逆に国内経済の健全な発展こそが金本位制を維持するための不可欠な要件だと考えていた（深井英五［1928］173-174ページ）。
285) 深井は、管理通貨制においては通貨調節の規準を的確に立てることが困難であって、「財政上の圧迫、又は目前の便宜を専念する経済上の要求によりて過多の通貨を発行するの傾向」を持つと論じていた。管理通貨制度が通貨に対する社会大衆の信用（信認）を得るうえでの弱さがあることを指摘していた。また、そのもとでは為替相場が不安定になるという問題があることも認めていた（深井英五［1928］283-295、302ページ）。
286) 深井英五［1928］序。

第11章　金解禁政策

政の必要や産業の発達の必要を加味して行うものと想定された[287]。

深井は金輸出禁止期には「金本位制への復帰を通貨政策の目標として掲揚し、之によって通貨の放漫に流るゝを抑へ、然も金本位再建の実行を急ぐことなく、金本位制の束縛を受けずして必要なる資金需要に応ずるの余地を存し、其の間に実験を重ねて徐ろに貨幣制度の帰趨を考定すべしと云ふ見解に立脚していた」[288]。

金輸出禁止期の日本銀行の政策運営はこのような貨幣観に規定されて実施されるところが大きかったと考えられる。

深井英五は、金解禁を通貨問題としてとらえていた[289]。金解禁は通貨価値の回復、すなわち為替相場の昂騰と解禁後における日本銀行券の抑制とに影響を及ぼすとみていた[290]。

（2）　深井英五の金本位理論と輿論

深井英五は第1次大戦後の事実と貨幣理論研究とにより、金本位制の弱点を認めたが、金本位制に勝る実行可能な代案を容易に発見できなかった。世間一般には、資金供与の便宜に重きを置くという見地から、金本位制の束縛を脱却し、通貨の発行を放漫にせんとする傾向が盛んになってきた。深井は前述のように金本位への復帰を通貨政策の目標として掲揚し、しかも金本位制の束縛を受けずに必要な資金需要に応ずる余地を残すべきであると考えた。深井は金本位制を志向しつつ、その復帰の実現については経済的条件の成熟と金解禁論の輿論化を待ち続けた[291]。「通貨調節の見地より、金本位制の回復を目標とし、只その実行に当りては一時の苦痛を忍ぶべき覚悟を必要とするが故に、その時期に就いては経済の実情と人心の趨向とを慎重に考慮し」た。時期の決定についての自らの判断は別として「世〔輿〕論が大体解禁要望に一致し、政府が断行に邁進することとなりたる上は、其の達成に最善を」尽すのが、深井にとっ

---

287)　深井英五［1929］182-184ページ。
288)　深井英五［1941］240ページ。深井英五の通貨論については田中生夫［1980］39ページ、鈴木恒一「深井英五の貨幣制度論」（信州大学『Staff Paper Series』88-12）1988年12月）、長幸男［1973］75-77ページ、などを参照）。
289)　深井英五［1929］127-128ページ。
290)　同上書、122ページ。
291)　同上書、240ページ。

1195

て当然の途であった[292]。

深井は理論と経済の現実とともに、輿論の動向と政府の意向を考えて政策決定を行った。金解禁が輿論化し、政府がその実施を決定すれば、それに従い、その維持方策の遂行に全力を尽したのであった。

第6節　金解禁準備政策

1　浜口内閣の金解禁準備施策

（1）　財政緊縮、消費節約と国際信用度の回復

財政緊縮、消費節約

1929（昭和4）年7月、民政党浜口内閣は成立直後にいわゆる「十大政綱」を掲げ、この中で財政緊縮、国債整理、金解禁問題などを取り上げた。これらの中心は金解禁であった。金解禁の準備のために財政の整理緊縮、国債の整理、国民の消費節約が求められ、構想としては国際貸借改善・関税の改正・社会政策の確立も考えられていた[293]。このうち、同内閣はとくに整理緊縮と国民の消費節約を推進した。井上蔵相が金解禁準備のために財政緊縮に着手したことはよく知られているが、井上は海外からの借入交渉を開始するのに必要な前提として、緊縮予算の編成を急いだことに注目する必要がある。予算総額を16億円以内にとどめ、公債非公募、減債主義のもとに査定を進め、一般会計において、まったく公債財源を計上せず、我が国において前例が乏しい緊縮予算を編成したのであった[294]。

金解禁準備施策としての公私緊縮の意義、国際信用の維持

井上準之助は財政の整理緊縮、国民の消費節約を金解禁に対する定石ととらえており、これが各国共通の方法であったと述べている。その事例としてポアンカレーの財政緊縮によるフランスの金解禁の経験を挙げている[295]。フランスが行政財政の整理、短期公債の整理を行ってから金解禁を行ったことを大蔵

---

[292]　同上書、241-242ページ。三谷太一郎［2009］は、イングランド銀行理事が輿論に規定されていたことをW. バジェットが指摘していることに着目している（xページ）。
[293]　高橋亀吉［1955a］892-905、958ページ。
[294]　結城豊太郎、前掲講述、282-283ページ。

省はよく知っていた[296]。レフィングウェルは、前述の津島海外駐箚財務官宛の手紙の中で、財政均衡、政府債務の削減が金本位制の機能が成功を収めるために必要な条件であると書き記している[297]。モルガン商会は日本の金本位復帰とその維持のために財政緊縮が必要であるとみていたのである。

井上蔵相は、1914年までは日本が東洋の独立国になれるかどうかが問題であったが、第1次大戦期に日本は五大国の1つとして取り扱われ、経済的にも日本は発展し世界各国に伍していけるという確信がついた、その後日本の暮らしが大きくなり、金使いが荒くなった、政府も国民も借金に依存しているから、財政緊縮と国民の消費節約を図らなければならないと考えていた[298]。

井上準之助は日本経済を国際的視野からとらえていた。「外国から此日本の経済界を見ますと」内地の経済界からみるよりも行き詰っていると考えていた。とくに財政赤字から生ずる国際信用度の低落を深刻に受け止めていた。井上準之助は、日本の公債は浜口内閣が成立するまでは下落する一方であり、ロンドンやニューヨーク市場においてヨーロッパのいかなる小国の公債よりも安く、額面以下であり、日本の「信用」（国際的な（国際社会における）公信用度）はますます地に落ちてしまいつつあったと述べている[299]。

為替相場は一国の国際的支払差額（一定時点でなく期間をとって計算すれば国際収支）や両国通貨の相対的価値変動を反映するが、井上は、それはその国の国際的、対外的信用度を表すと考え、為替相場の低落を「日本の国の信用」が落ちているととらえていた。井上は浜口内閣成立に日本の財界の「対外的の信用は地に堕ちた」と述べている[300]。

井上は10月12日の講演において、浜口内閣が7月2日に成立して以来、海外

---

295) 井上準之助「国民経済の立直しと金解禁の決行に就て国民に訴ふ」（1929年9月5日）『日本金融史資料 昭和編』第22巻、502ページ。会計検査院長の水町袈裟六も財政緊縮は常道であるととらえていた。水町は財政は危機に瀕していたと述べている（水町袈裟六「財政緊縮の意義」『民政』教化運動号、第3巻第10号、1929年10月、21－21ページ）。

296) 大蔵省理財局調査「仏国の金解禁と其の準備」『民政』金解禁号、1929年11月、60－62ページ。

297) 東京銀行編『横濱正金銀行全史』第1巻［1980］477ページ。

298) 井上大蔵大臣講演『国民経済の建直しと金解禁』盛岡商工会議所、1929年10月12日、4－17ページ。

299) 上掲書、2－3ページ。

300) 上掲書、3、47ページ。

第5編　第1次世界大戦後の正貨政策

における公債の相場が上昇し、額面以上となり、為替相場は100円に対して高いものは3ドルも上昇して、「対外から見た信用も上がり為替相場も国際相場が上ってきた」、これは緊縮の努力の成果であって、これを続けなければならない、と述べている[301]。

公私緊縮が採用された背景には財界立直しを図るとともに、日本の対外的、国際的な信用（国際的な公信用を含む）の度合、円に対する国際信認の回復という狙いがあったのである。会計検査院長の水町袈裟六によれば、「負債に次ぐ負債」に依存する財政は「国際的信用」においては第二流の国のものとみられ、信用薄弱なものと遇せられた。巨額の公債を発行することは財政上重要な危機を伴い、内外に対する日本財政の信用、国の信用の失墜となるものであった。水町は、国の財政に対する信用を維持することは国家にとって重要な意義を有するものであり、ポアンカレの財政改革によってフランスの短期公債の借換えは支障なく行われ、為替相場は急速に回復したと述べている[302]。公債の国際信用保持はとくに四分利外債借換えのために必要なことであった。青木一男理財局国庫課長が原稿を執筆した「金解禁問題の解説」においても、財政緊縮の意義として、「政府財政の均衡を図り公債の整理を行ふことは国家の内外の信用を高め為替相場を漸騰せしめるために極めて緊要の事項である」ことを挙げている[303]。

井上準之助は公私消費節約により国際貸借が改善されれば日本の「対外信用」（国際信用）が漸次強固になっていき、為替相場が上昇する、相場が平価近くまで回復したところで金解禁を断行すれば、大きな影響を経済界に与えずに金解禁ができると考えた[304]。

井上は「財政の緊縮、財界の整理を共に行へば」、「為替相場は必ず上がるも

---

301)　上掲書、47ページ。10月8日に井上準之助は、為替相場とともに、諸外国の我が国に対する信用の程度を示す一標準ともいえる日本外債の相場も漸次上がってきている、すなわち、7月1日に六分半利付米貨公債は100ドル125、六分利付英貨公債は94ポンド875であったが、最近では前者は102ドル625、後者は96ポンド755となっていると述べている（井上準之助「経済界の近況と金解禁問題」『民政』金解禁号、第3巻第11号、1929年11月、8ページ）。
302)　水町袈裟六、前掲論文、23－25ページ。
303)　大蔵参与官勝正憲「金解禁問題の解説」井上準之助『国民経済の立直しと金解禁』千倉書房、1929年、81－82ページ。
304)　井上準之助、前掲「全日本に叫ぶ」（1929年9月28日）523ページ。

1198

第11章　金解禁政策

のと」考えていた305)。井上準之助は、浜口内閣が成立すると、浜口内閣は緊縮を行い、国民もこれに歩調を合せるであろう、したがって為替が上がるだろうという確信が世界各国に与えられ、思惑や何かでなく真実に為替は上がったのである、と述べている306)。

民政党は財政整理として公債整理に重点を置いていたが、これには公債価格を維持し、国家の信用を維持し、為替相場を回復させるという狙いがあった307)。

金解禁準備施策としての金融引締政策の不採用

金解禁準備、金本位維持策としては通常は公定歩合政策が活用される。イングランド銀行は金本位復帰を目標として引締政策を採用した308)。モルガン商会のパートナー、R.レフィングウェルは1929年11月19日のクレジット設定調印後、モルガン家の午餐会の席上、横浜正金銀行ニューヨーク支店支配人柏木秀茂に日本銀行が金利政策によって為替ならびに金の出入を統制するよう勧告している309)。その後、レフィングウェルはニューヨーク駐在の津島寿一海外駐箚財務官宛の11月21日付の手紙の中で、日本銀行は政府の干渉から独立して金融政策を行うべきであり、日本銀行の公定歩合政策と貸出政策が有効でなければならない、と述べていた310)。

それにもかかわらず、日本では財政整理緊縮・国債整理・国民の消費節約が金解禁準備施策として採用され、中央銀行の金融引締政策が金解禁準備政策の中からまったく抜け落ちていた311)。金解禁準備施策として金融引締政策が実施されなかったことを日本銀行の深井副総裁は1929年10月8日の講演で「頗る奇異の事相」として批判している312)。中央銀行の金融引締政策が採用されな

---

305) 「金解禁に直面して」（1929年5月）井上準之助『国策経済を語る』実業之日本社、1930年、205ページ。1924年末に為替相場が暴落したが、加藤高明内閣の浜口蔵相が緊縮財政を行うと、日本が金解禁を行うに違いないという観測がアメリカで流れ、為替の投機が起こり、為替相場が回復したと述べている（同書、205ページ）。
306) 井上準之助「経済界の改造と金解禁問題」『めざまし』第1巻第1号、1929年10月、13ページ。
307) 浜口雄幸「金解禁に処する基礎的要件」『民政』第3巻第7号、1929年7月、6ページ。
308) 宇野弘蔵監修『講座　帝国主義の研究』第4巻、青木書店、1975年、133ページ。
309) 東京銀行編『横濱正金銀行全史』第1巻［1980］475ページ。
310) 同上巻、［1980］477ページ。

1199

第5編　第1次世界大戦後の正貨政策

かったのはなぜであろうか。

　井上準之助は金融引締政策ができないために、これに代わる措置として国民消費節約運動を起こしたことを認めている。金融引締政策が実施できなかったのは、1つには日本の金融の実態が、金融恐慌対策として放出された巨額の特融のため、民間の日銀預金が常に数億円に達し、日銀の金融調整力が喪失されていて、金融引締政策を実行しうる状態ではなかったからである[313]。特別融通によって散布された通貨が銀行や郵便貯金に預けられ、余剰資金となって日本銀行に無利子で預け入れられた。その預金額は当時4億円以上に達していた。日本銀行における資金はいつでも引き出せるので、日本銀行はこれを抑えることができなかった。2つには金融恐慌後の日本銀行特別融通及損失補償法に基づく融通の期間が10年とされ、固定貸が行われて特融の回収が困難であったためである[314]。特別融通を金利で調節できないことを井上はよく知っていた[315]。

　井上は中央銀行から借入れを行わない銀行には公定歩合操作の効果が及ばないこと、普通銀行が公定歩合に追随して金利を引き上げない場合に公定歩合操作以外の金融引締操作があること、イングランド銀行の公債市中売却や日露戦争後の政府による大蔵省証券発行とその普通銀行への売却にその事例があることをよく知っていた[316]。だが、金解禁準備期の日本の金融の現実をよく知っており、また公債の市価維持を考慮して金融引締政策を採用しなかったのである。

　深井英五は公定歩合操作以外の遊資回収策（日本銀行所有公債の売却など）を講じようとした[317]。実際に日本銀行は、浜口内閣成立以前に、従来保有して

---

311)　高橋亀吉［1955a］897ページ。高橋亀吉は、井上準之助が外債借換えのための対外事情から経済緊縮政策を採ったようであるが、この政策は不況を深刻化させるとして反対し、1930年3月には、公債支弁事業を起こすとともに金融引締政策を採用し、事業界の弥縫策を排除すべきであると主張した（高橋亀吉『大不景気襲来及其ノ対策』春陽堂、1930年3月、71－78、200－206、324－342、349－356ページ）。

312)　深井英五［1929］136ページ。

313)　高橋亀吉［1955a］897、903ページ。深井英五［1929］163ページ。

314)　深井英五［1929］164ページ。永廣顕「金融危機と公的資金導入」伊藤正直・靎見誠良・浅井良夫編『金融危機と革新』日本経済評論社、2000年、122ページ。

315)　日本銀行（調査局）「金輸出解禁史(其一)」『日本金融史資料　昭和編』第20巻、46ページ。

316)　「経済界の脈拍」（1928年夏）井上準之助『国策経済を語る』実業之日本社、1930年1月、193ページ。

317)　深井英五［1929］164－165、198－203ページ。

いた公債と震災手形損失補償公債法（1927年3月公布、5月施行）および台湾の金融機関に対する資金融通法（1927年5月公布施行）による融通の補償として公布された公債の中から約4億5000万円を市場に売却して、それだけ通貨または預金が日本銀行に引き上げられていた。一時5億2000万円にのぼった日本銀行における民間預金が平時2、3億円に下がり、政府当座預金が最高5億7000万円から1929年10月初めの3億円見当に下がったのはこのためである。このような融資吸収策があるから、深井は特融の大部分が回収された後でなければ金解禁が実施できないとは考えていなかった[318]。だが、井上蔵相のもとで公開市場操作による金融引締策は実施されなかった。大蔵省証券の発行によって一部の融資が引き上げられているというようなことはあったが[319]。日本銀行は長期国債を保有していた[320]。にもかかわらず、原因と公開市場操作による遊資吸収策が金解禁準備施策として実施されなかったのは、日銀の国債売却が国債市価を低落させることを井上蔵相が恐れたからであろう[321]。

なお、外債発行による外貨資金調達が金解禁準備施策として実施されることはなかった。

（2） 在外正貨の補充と中央銀行による為替調節

金解禁準備のためには財政緊縮だけでなく、民間遊資の吸収・在外正貨の補充、クレジット（信用供与）枠の設定なども必要となった。このクレジット契約は、万一の場合、各国が協力して資金を供給する用意のあることを約束することにより、経済に安心感を与え、金本位制の破綻を防止しようとするものである。浜口内閣の成立直後に津島財務官によって作成された「海外所作」についての方針メモには、以下のようなことが記されていた[322]。この路線に沿って準備が進められた。

---

318) 深井英五 [1929] 124-125ページ。
319) 大蔵省百年史編集室編『大蔵省百年史』下巻、13ページ。発行総額7500万円のうち、1月28日に3500万円が売り出された。
320) 1929年末における保有額は1億5504万円であった（『日本銀行百年史　資料編』286ページ）。
321) 何よりも通貨収縮を重視した深井にとって、このことは「奇異なことに」感じられたのであろう。
322) 以下については伊藤正直「金解禁下の正貨問題と政府・日本銀行」『社会科学研究』39巻4号、233-234ページ、を参照。

第5編　第1次世界大戦後の正貨政策

① 当面の在外正貨の補充維持（根本的には「政府カ外債元利払ノ為在外正貨ヲ維持保有シ之ヨリ支出スルノ方法ヲ廃止シテ為替決済ノ常道ニ立帰ルコト」が必要）。
② 四分利英貨公債は借換えのほかない。
③ 来春後半、夏季前に金解禁。
④ 新規外債の発行あるいは短期資金の借入れが困難または不可能なときは約1億円ないし1億5000万円のクレジット設定をすることが適当である。

1929年7月10日、政府・日本銀行・横浜正金銀行の3者間で政府の外貨買入協定が結ばれ、「在外正貨」の補充が行われることになった。この協定に基づいて、横浜正金銀行は7月12日から輸出ビル手形の無制限買漁りに乗り出した。正金銀行は政府、日銀の在外正貨補充策と呼応してドル資金の買上げに従事し、7月12日から9月27日まで外貨買上げを続け、円換算2億1690万円の外貨を買い上げた[323]。この買入れについては第10章第6節3でも述べている。

11月21日に「予告解禁」の大蔵省令が交付された。この交付に際して井上蔵相は「今専ラ日本銀行ヲシテ正貨維持為替調節ノ衝ニ当ラシメ政府ハ原則トシテ正貨ヲ保有セス其海外払ハ為替送金ノ方法ニ拠ルコトトセリ」と述べている。正貨の中央銀行への一元的集中と中央銀行による為替調節の実施、つまり国際収支調整と通貨量調節の中央銀行の手による一元的調整に着手することとなった[324]。

（3）　クレジット設定と国際信認

金解禁準備のためには、海外の中央銀行や金融業者からいつでも資金を引き出せるようにクレジット（信用供与）契約を締結することが必要であった。森賢吾の後を継いだ津島寿一財務官に金解禁実行の際の諸措置、クレジット設定の手続きなどについての調査が命じられた。命を受けた津島は、欧州各国当局、中央銀行、銀行家との意見交換を行い、クレジット設定交渉を行った。クレジットを得ることは、それを使うというよりも日本の貨幣制度、金本位制が外国

---

[323] 結城豊太郎講述、前掲「最近十年間に於ける我財界の動き」282ページ。日本銀行百年史編纂委員会編［1983b］395ページ。
[324] 伊藤正直［1989］238ページ。実際には、在外正貨のみが政府から日本銀行に移管された（日本銀行百年史編纂委員会編［1983b］419ページ）。

の金融機関から信認（confidence, credibility）を得られているというジェスチャー（gesture）を示すために必要とされた。

　クレジット交渉に従事した津島は次のように述べている。クレジットの設定は外国金融界が物心両面の援助協力を表すところにその意義がある。各国が金本位制に復帰する場合に多くの国がそれを設定したのは、「外国金融界がその国の金本位復帰のやり方、内容を十分検討した上、われわれはこれが立派にやれるということを保証する、そして、必要に応じ金を貸そうとするところに非常に意味がある」。英米両中央銀行が同時に我が金解禁に対してモラル・サポートをするという声明を出したのも、同様の意味を持つ、と[325]。

　クレジット契約の成立の前提として、外国の金融業者から日本財政の緊縮が求められた。これに関して結城豊太郎は次の事実を指摘している。「前年米国のモルガン商会のラモント氏が我が国に来朝した際、同氏が日本は金解禁を断行すると言ひながら予算を見ると相変わらず公債で辻褄を合わせて居るが、是は可笑しいではないかとの意向を漏らしたことがあるので、津島財務官は紐育に在って此緊縮予算の経過を待ちつつ財団との交渉を暫く差し控えて居ったのであるが、緊縮予算成立の電報を受取ったので直ちにこれを金融団に報告して本交渉を開始したのであります」[326]。

　日本銀行ニューヨーク代理店監督役の武井理三郎は1929年10月に土方日銀総裁に対し、日本銀行がニューヨーク連邦に対しクレジット（信用）設定を交渉するよう意見具申を行ったが、実際には財務官が主として交渉に従事した。このクレジット契約の実質的当事者である日本銀行は、日本銀行条例上、契約の当事者となることができなかった。このために、形式上は横浜正金銀行が金解禁準備のためのクレジット名義人となって、信用枠設定範囲内で随時借入を行うことができるようになった。当初は日本側に欧米の銀行から借入を行う希望があったが、これにはロンドンの金融業者が拒否した。結局、借入れでなく信用枠設定として協定が締結されたのであった。アメリカ側金融機関は為替低落国である日本が旧平価解禁をすることを問題とした。これに対して、交渉にあたった津島財務官は、英米銀行家との交渉に際して、「浜口内閣の強力な施策

---

325)　安藤良雄編［1972］64ページ。
326)　結城豊太郎講述、前掲「最近十年間に於ける我財界の動き」283ページ。

と井上さんという人、その人を信頼してもらいたい」と主張し、旧平価での金解禁を先方は納得した、と述べている[327]。国際的な信認を得るための条件の1つとして国際的な人間的信頼関係の形成が重要な働きをしていたことに注目すべきである。

1929年11月19日、横浜正金銀行と英米市中銀行団との間に1億円のクレジット（信用）設定契約が調印された。アメリカでは、モルガン商会を首班とするニューヨーク銀行団との間で2500万ドル、イギリスでは、ウェストミンスター銀行を首班とするロンドン銀行団との間で500万ポンドの信用設定契約が締結された。井上準之助蔵相は、1929年11月6日に、最近のように為替相場が平価に近づいてくると、予告付の金解禁を実行しても差し支えないと考えるようになり、大蔵省令を公布してその施行期日を明確に示そうと考えた[328]。井上蔵相は、金解禁準備のための1930年度予算を編成するとともに、7日に蔵相官邸において、小川郷太郎大蔵政務次官、河田烈大蔵次官、冨田勇太郎理財局長、青木一男国庫課長らとともに、津島財務官からの来電に基づき金解禁問題について協議し、クレジットが成立する見込みが立ったので、その成立と同時に解禁予告の大蔵省令を公布することに内定した[329]。クレジット契約が成立すると、11月21日に、金解禁実施のための大蔵省令が公布された（1930年1月11日施行）。クレジット契約の成立が金解禁実施に大きな役割を果たしていたのである。

このクレジット契約は、1930年10月20日には、なんらの実施に至らぬまま解除されている。とはいえ、それは日本の金本位制への信認の維持にかなり大きな役割を果たしたということができるのである。

（4） モラル・サポートとモラル・スェィジョン

モラル・サポートへの依存の背景

金本位制復帰の金融に及ぼす影響としては、まず金流出が生じないかどうかが問題となる。井上準之助蔵相は、財政緊縮と国民の消費節約を通ずる国際貸

---

327) 安藤良雄編［1972］64ページ。クレジット契約の締結過程については日本銀行百年史編纂委員会編［1983b］398－407ページ、東京銀行編［1980］481－513ページ、などを参照されたい。
328) 『東京朝日新聞』夕刊、1929年11月7日付。
329) 『東京朝日新聞』1929年11月8日付、『東京日日新聞』同日付。

第11章 金解禁政策

借の改善によって国際決済のための金流出を防遏できると考えていた。また、金解禁を予想した円騰貴思惑により海外から為替投機資金が流入しており、解禁後にこの資金が回収され正貨が流出する危険もあったが、内地金利が海外金利よりも低利にある間はこの思惑作用の行われる範囲が比較的少ないと井上蔵相はみなしていた[330]。

浜口内閣の金解禁準備の障害となっていたのは、日本銀行に預けられた民間銀行の預金が巨額となっていたことと、日本の金利が1928年以来異常に安く、海外金利高の趨勢が顕著となっていたことであった。このことが海外への資金流出を招き、解禁後に正貨流出を巨額にする恐れがあるものと危惧された[331]。解禁後、日本の資金の海外流出により、日本の金利が高くなり、株券や公社債の価格が下がり、日本経済に打撃を与えることを心配する者もいた[332]。

解禁後に内地資金が海外流出する危険性に関しては、1928年以来ニューヨークの金利が高く、本邦資金の海外投資が行われていたが、井上準之助はヨーロッパからの資金がアメリカに復帰するためにニューヨークの金利高が永続するとは思っていなかった。また、日本からの資金流出は本邦外債への投資に限定されたものであって、日本財政の緊縮と国民の消費節約を通じた日本の国際的信用の向上による日本外貨証券の市価騰貴、利回りの低下が日本資金の対外流出を抑制するとみなしていた[333]。

井上準之助は、日本に遊金があっても、アメリカには株券が上昇するなどして在米日本外貨公債を除けば適当な対外投資物件がなく、またアメリカの金利が低下したから、日本資金の対外資金流出に大きな危惧を抱いていなかった[334]。11月20日頃には、日本の金利が外国の金利よりも高くなったから、資

---

330) 井上準之助、前掲「金解禁――全日本に叫ぶ――」528ページ。
331) 銀行は金解禁に備えて手許資金の充実に努め、資金需要は財界不振により減退し、日本銀行民間預金が1929年7～10月に増大し、ニューヨークの金利は8月に株式買付激増のために暴騰した。当時、日本の金利は低落傾向をたどっていたから、日米金利格差が拡大することが予想された（日本銀行（調査局）「金輸出解禁史（其一）」『日本金融史資料　昭和編』第20巻、60ページ）。
332) 大蔵大臣井上準之助「金解禁の日に当たって」『日本金融史資料　昭和編』第21巻、399ページ。
333) 井上準之助、前掲「金解禁――全日本に叫ぶ――」528ページ。
334) 井上準之助「解禁秘話」『大阪毎日新聞』1929年11月30日、『日本金融史資料　昭和編』第21巻、773ページ。

第5編　第1次世界大戦後の正貨政策

金の海外流出の心配はないと井上は確信するようになった[335]。

しかしながら、井上は金解禁後の日本の対外資金流出を防ぐ対策の必要は認めた。これを日本銀行の公定歩合引上げ、市場金利引上げによって行う方策は産業に及ぼす影響を考慮して回避された。そこで、その対策として日本の銀行が政府の方針に協力する方策が採用されることとなった[336]。

モラル・サポート（道義的支持）

金融恐慌後、大銀行をはじめとする銀行は金解禁を支持していた[337]。井上準之助大蔵大臣は、金本位制の復帰とその維持のために金融業者のモラル・サポート（moral support、道義的支持）に期待した。これにより金本位制に対する信認を補強しようとした。

東京銀行団は、政府の金解禁の発表があったのに伴い、1929年11月21日午後5時半から、池田成彬（三井銀行）、串田萬蔵（三菱銀行）、佐々木勇之助（第一銀行）、森広蔵（安田銀行）、星埜章（川崎第百銀行）、生田定之（昭和銀行）、児玉謙次（横浜正金銀行）、鈴木嶋吉（日本興業銀行）、加藤敬三郎（朝鮮銀行）、島田茂（台湾銀行）という大銀行の代表者（池田は三井銀行筆頭常務取締役で東京手形交換所理事長）が東京銀行集会所に参集し、「金本位制擁護の目的を以て当局の通貨政策を支援し、将来状勢の推移に応じて克く協調を持続し、随時対策を講じ本邦財界の健全なる発達を期す」ことを申し合わせ（金本位制に対するモラル・サポート）、同日午後6時散会した。池田は散会後、日本銀行の土方久徴総裁を訪問して、この東京有志銀行の申合せの件を報告し、あわせて井上準之助蔵相への伝達を依頼した[338]。

11月21日には大阪に本店を有する住友、三十四、山口、鴻池および野村の5銀行代表者も中之島銀行集会所に参集し、「金解禁後に於て政府および日本銀行の執るべき通貨政策に協調し金本位制の目的を達成せんことを期す」ことを

---

335) 井上準之助、前掲「金解禁の日に当たって」399ページ。
336) 井上準之助は「何かの防ぎをつけて置かなくてはならない、それには銀行を自分の味方に抱きこんで、何とかして政府の方針に協力してもらふまでだ、とかう考え」た（井上準之助、前掲「解禁秘話」773ページ）。
337) 1928年10月22日には東京および大阪の手形交換所組合銀行は即時金輸出禁止解禁を政府に建議していた（森七郎［1986］111ページ）。
338)「東京銀行団申合」（1929年11月21日）『日本金融史資料　昭和編』第21巻、435ページ。

第11章　金解禁政策

申し合わせた[339]。

名古屋に本店を有する愛知、名古屋、明治の3銀行の代表者も同日に名古屋銀行集会所に参集し、「正貨の流出なくに努め日銀の通貨調節に賛意を表する」ことを申し合わせた[340]。

上記の申合せを行った銀行は、野村銀行を除いて、いずれも国債引受シンジケート銀行団を構成していた大銀行であった[341]。

井上準之助蔵相は、1929年11月21日の金解禁声明の中で、「我民間大銀行ハ解禁問題ノ解決ニ当タリ政府及日本銀行ノ方針ニ協力ヲ与フルノ決意ヲ有シ内地資金ヲ海外ニ移スカ如キコトヲ敢テセサル旨ノ諒解成リ居レリ、故ニ解禁ニ際シ巨額ノ正貨流出シ之カ為メ直ニ内地金利ノ昂騰スルカ如キ懼ナシト信ス」と述べた[342]。また同月26日にも同様のことを述べている[343]。

有力銀行団の金本位制支持に関する申合せは政府に精神的援助を与えたものとして一般に注目された。その支援の具体的方法については何ら規定されず、具体的な契約も結ばれず、徳義上の申合せ（道義的支持）であった。だがその真意は、銀行が内地資金を海外に移すことをあえてせず、貿易関係の決済資金のほかには「金融関係ヨリスル海外投資又ハ海外借入金ノ返済等ノ目的ヲ以テ」急激な正貨の流出を促すようなことをしないという意味を含んでいた[344]。邦銀は外銀筋よりもモラル・サポートをするものと期待されていた[345]。それは単なる精神的支持にとどまらず、現実的・具体的な金本位制維持施策の一環

---

339) 「大阪有志銀行の申合」同上巻、435ページ。
340) 「名古屋有志銀行の申合」同上巻、436ページ。
341) 1922年時点で国債シンジケート銀行団加盟銀行は申合せをした銀行を含めて22行あった（永廣顕「第一次大戦後の日本における国債流通市場の制度改革」『金融研究』第30巻第2号、2011年4月、5ページ）。申合せに加わらなかった銀行については、1929年11月時点で、十五銀行は金融恐慌による破綻後中小商工業金融機関化しており（三井銀行八十年史編纂委員会編『三井銀行八十年史』三井銀行、1957年、601ページ）、第三・百三十銀行は安田銀行に合併されており、鹿島銀行は鴻池銀行、野村銀行、山口銀行の3行に分割、買収されており（東京銀行協会・銀行図書館編、発行『本邦銀行変遷史』1998年）、近江銀行は昭和銀行に買収されていた。
342) 「井上蔵相の声明」（1929年11月21日）『日本金融史資料　昭和編』第21巻、397ページ。
343) 「第二十八回関西銀行大会演説」（1929年11月26日）井上準之助論叢編纂会編［1935］第3巻、256ページ。
344) 日本銀行（調査局）「金輸出解禁史（其一）」『日本金融史資料　昭和編』第20巻、64ページ。
345) 日本銀行調査局「金解禁下の財政金融事情について」『日本金融史資料　昭和編』第20巻、205ページ。

第5編　第1次世界大戦後の正貨政策

をなすものであったのである。

　井上準之助大蔵大臣は大銀行を信頼し、金本位制維持については、銀行団による金本位制に対するモラル・サポート（道義的支持）に大きな期待をかけていたのである。

　井上蔵相は海外の金融業者に対してもモラル・サポートを期待していた。同蔵相は、1929年11月8日に『ウォール・ストリート』紙などの外国の日本特派員を引見し、津島寿一が日本の経済状態についてモルガン商会のラモントやナショナル・シティ・バンク・オブ・ニューヨークのミッチェル（C. E. Mitchell）と日本の経済状態について協議をしている、と述べた。クレジット（信用）は未だ設定されてはいなかったが、これらの議論の目的は、モルガングループやナショナル・シティ・バンクから、日本の金解禁実施の場合の「モラル・サポート」を得ることにあったのである。井上準之助は、この種のクレジットは確実な借入（definite loan）よりも価値があると特派員に示唆していた。『ウォール・ストリート』紙は、それらのアメリカの銀行が通貨の支持を申し出ることは、それが必要とされる場合、明確なクレジットが設定されない場合でさえもありうるとみなした[346]。『フィナンシャル・タイムズ』紙も、津島のモルガン商会とのクレジット交渉などについてのロイター（Reuter）東京電報を掲載するとともに、井上蔵相が、津島財務官がニューヨークでラモントやミッチェルと会談して、モルガングループやナショナル・シティ・バンク・オブ・ニューヨークの「精神的援助」を得ることを交渉中であるということを語ったという、自社特派員の報告を記載し、さらに社説において、遅くとも1930年2月には金解禁を実施するであろうと述べた[347]。

　『フィナンシャル・タイムズ』の1929年11月11日発東京特電によれば、井上蔵相は金解禁の国内的準備が完了したとみなし、今後は円価の昂騰および外国の大銀行関係者がモラル・サポートを与える旨の保証を希望していた。同紙は、解禁実行の暁には新たな崩壊がないように手配するよう希望し、安定した為替のもたらす信認（confidence）がひとたび崩壊すれば回復することが困難であ

---

[346]　*The Wall Street Journal*, November 9th, 1929. ニューヨーク財務官の井上大蔵大臣宛発電、11月8日発、9日着、齊藤保有『自昭和三年九月　至昭和五年九月　紐育財務官来電』。

[347]　*Financial Times*, November 9th, 1929. ロンドン財務官の井上大蔵大臣宛発電、11月9日発、11日着、齊藤保有『自昭和四年一月　至昭和五年十月　倫敦財務官来電』。

る、円為替昂騰とともに財政的援助も含む外国銀行の「モラル・サポート」を政府が求めている、と報じたのである[348]。

日本銀行は1929年11月21日の期限付金解禁の発表において、イングランド銀行総裁およびニューヨーク連邦準備銀行総裁が日本の金解禁断行を喜び、日本の金解禁に対して「精神上の協力支持」を表明したと述べ、金解禁の実施を確かなものにしようとしたのである。イングランド銀行はこの日本銀行声明の中に、金解禁について同行のモラル・サポート（moral support）を得ている旨を明記させてほしいという日本銀行の依頼に対してきわめて好意的であった。

もっとも、ニューヨーク連邦準備銀行のこれについての回答は賛成を表明するものではなかった。同行のハリソン総裁の明確な賛成を得られないまま、日本銀行が、一方的に同総裁の支持表明を上記声明の中に盛り込んだのである。同総裁はクレジット契約が政府―民間銀行ベースで進められたことに不満を持っていたのであろう[349]。

モラル・スエィジョン（道義的勧告）

国債引受シンジケート銀行団という大銀行は金解禁を支持していた。シンジケート銀行団の前述の金本位制維持支援の申合せは、銀行の自主的行動によるものではなかった。それは政府が日本銀行をして市中銀行団が申合せをするように慫慂せしめた結果にほかならなかった[350]。それは銀行自身が求めたものではなくて、井上準之助大蔵大臣の「道義的勧告（moral suasion）」、すなわち道義的説得（moral persuasion）の結果にほかならなかったのである[351]。

銀行の「徳義上の申合せ」は、井上蔵相が「十月の末に串田〔萬蔵、三菱銀行会長〕、佐々木〔勇之助、第一銀行頭取〕、八代〔則彦、住友銀行専務取締役〕などと秘密のうちに話しあい、かたっぱしから片づけていった」（説得した）結果であった。これは極秘裏に行われ、最初、主な銀行だけに話をしたときには

---

348) *Financial Times*, November 12th, 1929. ロンドン財務官の井上大蔵大臣宛発電、11月12日発、13日着、齊藤保有『自昭和四年一月　至昭和五年十月　倫敦財務官来電』。
349) 日本銀行［1983b］402-403、409ページ。
350) 日本銀行調査局、前掲「金解禁下の財政金融事情について」205ページ。
351) 田中生夫［1989］96-98ページ。同書では「道義的勧告」（moral suasion）という用語が用いられている。

第5編　第1次世界大戦後の正貨政策

外部に一切漏れなかった。大阪、名古屋などの銀行に間接に交渉するようになってから新聞記者に漏れるようになったのであった[352]。

モラル・サポートの限界

だが、そのモラル・サポートは必ずしも強固なものではなかった。民間銀行は投機的利益を追求するという志向性を有していた。深井英五日本銀行副総裁は、すでに1929年10月8日の東京銀行集会所における講演においてこのことを認識していた。すなわち、深井は「現今の為替相場回復には多少円買思惑の加はつて居ることを否定し得ぬ。随て解禁後において円売の起ることなきを保し難い。是らは何れも金流出の原因となるものである」と述べている[353]。

金解禁実施に際して内外の銀行は解禁実施直前に外貨売り投機、解禁直後の外貨買い（解禁前に外国において借入金をもって外貨を入手し、これを高く売っておき、解禁後に円相場が上昇すると日本銀行から外貨を安く買い、これを外国に送金して外国における借入金を返済し、為替差益を入手する）という利益追求の行動に出た[354]。

井上準之助は道義的支持に効果があったと評価していた[355]。だが深井英五は、金解禁実施後、その限界を痛感することとなった。もっとも、このことは土方日銀総裁と井上蔵相に報告しただけで、深井はそのことを深く胸中に秘したままにした[356]。井上蔵相の銀行への信頼、モラル・サポートへの期待、モラル・サポートを通じての金防衛意図は、やがてドル買いの激化によってはっきりと裏切られることになるのである。

（5）　政府決定への追随

政府が意思決定をした後、官僚、役人はその決定に従った。これは津島寿一や青木一男の事例にみられる。日本銀行の深井英五も決定に従った。津島寿一

---

352)　大蔵大臣井上準之助「解禁秘話」『大阪毎日新聞』1929年11月30日付。『日本金融史資料　昭和編』第21巻、773-774ページ。
353)　深井英五［1929］130ページ。
354)　深井英五［1940］244-245ページ。『東洋経済新報』（第1480号、1931年12月）は金解禁に先立って円買投機を行った外国銀行が在外正貨の払下げを要求したと述べている（48ページ）。
355)　『日本金融史資料　昭和編』第21巻、774ページ。
356)　深井英五［1940］245ページ。

は新平価解禁を実施すべきであると考えていたが、旧平価解禁が政府決定となると、「そういう方針が既成事実となった以上、私としては政府の役人ですから、その方針に即応してやった」[357]と述べている。

　財界も政府を批判することとなる金解禁批判を抑制するようになった。政界では政友会幹事長の森恪も「兎も角も政府がすでに解禁を断行したる以上最早如何ともすることは出来ない。吾人は甚だ遺憾ながら不幸なる苦労を出来る限り薄くすることに努力しなくてはならない」と考えた[358]。金解禁断行当時の支配的輿論は、旧平価解禁の断行以外に経済行き詰まり打開の方策はないというものであった。当時、新平価解禁論者として名乗りをあげた者は、高橋亀吉、石橋湛山、小汀利得、山崎靖純の4人のエコノミストであった。財界人の中には、少数の新平価論者もいたが、政府や金融人に「ニラマレる」のを避けて黙していた[359]。

第7節　金解禁への世論操作と金解禁反対行動の取締り

1　公私経済緊縮運動（金解禁世論操作）の開始

（1）　公私経済緊縮運動の背景

　日本経済は昭和初期に非常な難局に直面していた。産業は振るわず、貿易は入超を続け、在外正貨は減少し、国債は累増していた。外債発行も金輸出禁止下では困難であった。国民経済の根本的な立直しと産業貿易の健全な発達のために金解禁が必要であると浜口内閣は考えた。

　金解禁のための準備なくして金解禁を行うことは経済界に容易でない影響を与えることとなる。金解禁実施の条件は成熟していなかった。前述のような金解禁準備施策として金融引締政策を採用することができなかった[360]。金解禁実施以前には償還時期の迫っている四分利付外貨公債の借換えも困難であった。そのために公私経済を極力緊縮し、物価の下落および輸入超過の減少を図り、

---

357)　安藤良雄編［1972］63ページ。
358)　森恪「軽卒不親切なる金解禁」『政友』第349号、1929年12月、11ページ。
359)　高橋亀吉『高橋経済理論形成の60年（上巻）』投資経済社、1976年、147-148ページ。
360)　高橋亀吉［1955a］998ページ。

その結果として為替相場の回復を待つことが必要となった。同内閣はさらに、緊縮、節約によって財政の基礎、国民経済の基礎を強固にし、国民経済の根底を培養して他日躍進の素地を造ろうとした。

だが金解禁、公私経済緊縮は国民に緊縮という痛みをもたらすものであった。その意義は国民に十分理解されていなかった。

（2）　公私経済緊縮運動の検討

上述のような背景のもとで、政府自らが画期的な世論づくりに乗り出すこととなった361)。

第1次大戦後には本書第9章第1節ですでに述べたように、国際収支改善方策の1つとして浜口内閣成立以前から官民消費節約が大蔵省によって提唱されていた。浜口内閣の金解禁準備施策の1つとして、政府は官民を総動員して、「公私経済緊縮運動」（金解禁の政策キャンペーンの正式名称）、消費節約運動を、組織的・全国的に大規模に展開した。この運動は、財政経済の立直しのために、経済緊縮に関する一大国民運動を起こし、一般国民の自覚奮起を促し、挙国一致し、冗費・浪費を排し、これによって当面の難局を打開し、他日躍進の素地を作って国力の充実伸長を図るものとして展開された362)。

内務省は1929年7月上旬以来、その具体的方法を考究していた363)。

8月2日には、公私経済緊縮運動に関する活動方針、運動機関、運動方法の案が下記のように決定された364)。

運動に関する活動方針として、現下我が国が財政ならびに経済の難局にあることを明らかにするとともに、金解禁、貿易の必要を説き、国民の自覚自制を促し、質素、生活簡素を助長する。

---

361)　大野緑一郎（内務省社会局社会部長）「公私経済緊縮運動に就て」『斯民』第24編第9号、1929年9月、中央報徳会、9－11ページ。NHK〝ドキュメント昭和〟取材班編［1986］110ページ。

362)　「第一回公私経済緊縮委員会における会長の挨拶」（1929年8月13日）（内務省)社会局社会部編『公私経済緊縮運動概況』1930年3月、4ページ。

363)　高橋亀吉『大正昭和財界変動史』中巻［1955a］903ページ。内務省、内部大臣は、地方官の人事を握り、それを通じて内政全体とりわけ選挙結果に重大な影響力を及ぼすことができたし、警察を通じて政治的情報を最も豊富に募集することができた（伊藤隆［1969］24ページ）。

364)　『東京日日新聞』1929年8月3日付。高橋亀吉［1955a］903－904ページ。

計画、宣伝、実行促進の中央機関として、公私経済緊縮委員会を設立する。また、同府県庁には地方長官を中心とする公私経済緊縮地方委員会を設置する。この運動には民間団体および民間篤志家の協力を求める。さらに実業団体、教化団体、婦人団体、会社、工場、学者、実業家その他民間篤志家の協力を求める。

公私経済緊縮運動の方法として、第1に、新聞、雑誌などの協力を求める。第2に、ポスター、冊子の作成、配付、講演会、映画の作成および利用なども行う。第3に、学校、男女青年団、在郷軍人その他の団体との連絡を図る。第4に、寺院、教会、劇場、活動写真館、その他大勢の人々が集まる施設を利用する。第5に、公私経済緊縮に関する模範施設およびその実績を調査してこれを一般に推奨する。第6に、国産品の使用を奨励する。

(3) 公私経済緊縮運動の開始

上記の計画要綱がただちに実行に着手されることとなった。8月5日に内閣総理大臣官邸で開催された地方長官会議において、浜口雄幸首相および井上準之助蔵相は、消費節約運動への尽力を求めた[365]。同首相は、「挙国一致緊張したる精神」をもって消費節約、金解禁を行うことを国民に求めた[366]。

公私経済緊縮運動は、「国民全般の理解と共鳴とを基調とする挙国的運動として中央地方の間に連絡を緊密にし、組織あり統制ある運動たらしむることが其の実行を収むる上に於いて最も必要なる条件である」とされた[367]。かくして8月8日の内務大臣の閣議への請議に基づいて、9日の閣議決定により公私経済緊縮委員会が設置された[368]。

金解禁の世論誘導のために設けられた緊縮委員会の会長には、「選挙の神様」

---

365) 高橋亀吉［1955a］904ページ。井上準之助「地方長官会議における訓示演説」(8月5日)『井上準之助論叢』第3巻、188-197ページ。
366) 浜口雄幸「合理的景気回復の基調」『民政』第3巻第9号、1929年9月、5ページ。伊藤隆［1969］36-37ページ。
367) 大野緑一郎、前掲論文、11ページ。埼玉県編『新編埼玉県史 通史編 6』埼玉県、1989年、647ページ。
368) 日本銀行金融研究所編『日本金融年表』［1993a］143ページは同委員会の設置を8日としているが、閣議決定は9日のことである（NHK〝ドキュメント昭和〟取材班編［1986］110ページ。(内務省) 社会局社会部『公私経済緊縮運動概況』1930年3月、1ページ)。

といわれた安達謙蔵内務大臣（当時の内務大臣は副総理格）が就任し、総指揮をとった[369]。同内務大臣は、地方長官の大移動を行い、また内務、大蔵、逓信、農林、商工の各省の次官、局長クラスの高級官僚を同委員会の委員に委嘱した[370]。8月13日に第1回の公私経済緊縮委員会が開かれ、「公私経済緊縮運動ニ関スル計画要綱」が正式決定された[371]。

公私経済緊縮運動の特徴は、第1に、国民の理解共鳴を基礎とする国民運動として展開され、第2に、急速敏活に主旨の徹底が図られ、第3に、中央地方相呼応組織し統制のある挙国的運動とされ、第4に、行政各部が協力提携して運動の実効を収めることに努めたことにある[372]。

8月16日に内務次官ならびに社会局長官は、各省、各地方庁および内務省関係官署その他の関係官署に対し、公私経済緊縮運動に関する計画要綱（2500部作成）を送付し、この要綱に基づき、公私経済緊縮の実行促進方を通牒した。その結果、地方においても地方長官を中心とする官民合同の公私経済緊縮地方委員会が設置され、それぞれ各地方の実情に適応する実行要目を定め、中央地方相呼応して本運動の実効を収めることに努めることとなった[373]。

8月21日には内務次官ならびに社会局長官は、内閣書記官長、内閣官房記録会計各課長、内閣恩給・統計・印刷各局長、法制局・資源局各長官、賞勲局総裁、枢密院書記官長・行政裁判所長官、貴衆両院書記官長・会計検査院長宛に、公私経済緊縮の主旨の徹底を期すよう通牒を発した[374]。

---

369) 伊藤隆［1969］25ページ。安達謙蔵は徹底した、冷厳な候補者の厳選、地盤の協定、人材の登用、選挙作戦の研究を行い、選挙を勝利に導いた（大霞会編『内務省史』第4巻、地方財務協会、1971年、復刻版、原書房、1980年、134－136、141ページ）。安達内務大臣は1929年8月6日に次のように訓示している。「上下相戒めて質実剛健の俗を興し、勤倹力行の風を奨むるは、時弊を匡救し、難局を打開するの基調たり。政府が中央地方の財政に対して一大整理緊縮を断行し、汎く一般に亘りて財界の整理と国民の消費節約とを促進せむとするもの、亦実に興国の基礎を確立し国民生活の安定を庶幾せむとするに外ならず」（同巻、467ページ）。
370) 大霞会編、前掲巻、138ページ。社会局社会部、前掲書、2－4ページ。
371) 社会局社会部、前掲書、2－6ページ。
372) 同上書、4ページ。
373) 同上書、6ページ。
374) 内閣「公私経済緊縮運動ニ関スル件」国立公文書館（2A-014-00）。

国民精神作興、教化総動員運動との連携

　浜口内閣は、国民に挙国一致の緊張した精神を養成する、精神運動としての「教化総動員運動」を展開した。同内閣が成立直後に発表した政綱10項目の中に「国民精神作興」が挙げられていた。公私経済緊縮運動は国民精神作興運動としても展開されたのであった。

　国民精神作興は「国難」とりわけ「経済国難」を乗り切ることを目的とした、全国民を動員するためのイデオロギー運動であるとともに、田中内閣の左翼弾圧政策への批判と政友会側からの民政党「桃色論」に対抗するという両面を持っていた。これは具体的には小橋一太文部大臣の提唱による教化総動員運動として展開された[375]。

　小橋文相は国家の運命を左右するものは国民精神が剛健であるかどうかであると考え、人心を緊張させ、剛健な国民精神を作興しようとした[376]。文部省が率先して全国の教化団体を総動員して国民的大運動を起こし、陸軍大将で明治神宮宮司の一戸兵衛もこの意義を認め、この運動に参加した[377]。

　この教化総動員運動は、国体観念を明徴にし、国民精神を作興すること、経済生活の改善を図り、国力を培養することの2本立てとなっていた。教化総動員運動は「国難打開」という契機によって教化団体を中心に青年、婦人、宗教団体の活動を国政にリンクさせ、他方、それによって「国民思想の悪化」＝左翼運動の過激化を防ぎ、さらに権威主義的な「復古―漸進」的支配層の内閣への同調を期待した運動であった[378]。

　公私経済緊縮運動はこのような教化総動員運動、国民精神作興と結びつけて展開され、また「教化総動員運動」は公私経済緊縮運動としても展開された。すなわち、公私経済緊縮運動に関する計画要綱において、「戦時好況期ニ馴致セラレタル浮華放縦ノ弊習ハ深ク人心ヲ浸シ経済的反動及大震火災ニ遭遇セルモ浪費贅沢ノ風尚更マル所ナク国民精神著シク他面産業ノ萎微不振既ニ久シク……現況ハ真ニ国家ノ深憂タ」りと記されていた。

　また、愛媛県社会課が公私経済緊縮に関して市町村長に発した依命通牒にお

---

375) 伊藤隆［1969］44ページ。
376) 小橋一太「教化動員の主旨」『民政』教化動員号、1929年10月、4－9ページ。
377) 一戸兵衛「教化運動の目的について」同上号、16－20ページ。
378) 伊藤隆、前掲書、45－47ページ。

いても、「我国内外ノ情勢ニ鑑ミ一般国民ノ自覚奮起ヲ促シ国民精神ヲ作興シテ浮華放縦ノ弊習ヲ更メ挙国一致公私ノ経済ヲ緊縮シ以テ当面ノ難局ヲ打開スルト共ニ他日躍進ノ素地ヲ作リ国力ノ充実伸張ヲ図ラントスルハ刻下ノ急務ト認メラレ候」と述べられていたのである[379]。

「国産品愛用運動」が公私経済緊縮運動の一環として展開されたが、これは、国民のナショナリズムに訴え、それを高揚するものでもあった[380]。

国産品使用奨励運動との連携

公私経済緊縮委員会は輸入品消費抑制による国際収支改善に寄与する国産品使用奨励運動も展開した。国産品使用奨励運動は第1次世界大戦後の世界的風潮であって、ドイツ、イギリス、オーストラリアなどで展開された[381]。日本でも公私経済緊縮運動開始以前に第1次大戦後の入超下ですでに国産品愛用運動が実施されていた[382]。浜口内閣のもとで、金解禁が経済安定化のために喫緊の課題となり、この準備のために国際貸借改善が絶対に必要とされ、かくしてその使用奨励運動がさらに推進されることとなったのである。

第1回公私経済緊縮委員会における決定事項の中には、優良な国産品および外国品に代用できる国産品を発表し、その使用を奨励することが含まれていた。

---

379) 愛媛県学務部社会課「公私経済緊縮運動ノ概況」1929年、4ページ。
380) 伊藤隆［1969］34－35、37ページ。埼玉県編、前掲書（注367）、646－647ページ。
381) 公私経済緊縮委員会『国産の使用奨励に就て』（内務省）社会局、1929年12月25日、1－12ページ。
382) 1925年末には東京で国産振興会が生まれ、商工会議所を中心としてその他10以上の商工団体協議会が連合して国産品愛用運動を起こした。同会は、国産の振興と愛用により、日本の産業の基礎を確立するとともに国際貸借の改善を図り、さらに国防ならびに社会問題解決に寄与し、かくして国力を充実するために、政府および官公私諸機関と連携して、日本産品の研究調査を行い、その改良発達の方策を講じ、優良品の愛用を奨励した。大阪や愛知にも同様の団体ができた。政府においても1926年に勅令を発布して、商工大臣の監督のもとに国産振興委員会を設置して民間団体と相呼応して、国産品愛用施策を行った。すなわち、汽車巡回展覧会、講演会、郵便消印の利用などにより国産品愛用の宣伝に努めるとともに、奢侈関税を課して奢侈品の輸入を抑制し、不当廉売品に対しては重税を課し、染料の輸入を制限し、会計法規を改正して官庁用品について国産品優先購入の方途を開き、大蔵省内に海外払節約協議会を設置してできるだけ外国品の購入を抑制して、諸外国と比較して遅れ馳せながら相当官民相互の間で国産品愛用施策を実施した（公私経済緊縮委員会、前掲『国産の使用奨励に就て』、15－16ページ）。1928年12月10日の定例閣議において、商工大臣から各省・各官署に向かって国産品使用の勧告訓令を発することが決定された（高橋亀吉［1955a］961ページ）。

東京府の緊縮運動方法の中には「国産品愛用の趣旨を高潮し、併せて生産品の改良進歩を促し、輸出貿易の促進をはかること」が挙げられていた。大阪、東京、愛知の各府県においては国産品の愛用を奨励するために1930年1〜2月に国産品および輸入品の対照展覧会が開催され、多大の効果を収めた。このほかにさまざまな国産品愛用に関する施策が提起され、励行された[383]。

1929年10月には愛知県主催の公私緊縮講習会において商工省の勝部兵助商工書記官の講演が行われた。同委員会はこの内容を『国産の使用奨励に就て』と題するパンフレットとして印刷し配布している[384]。

金解禁後、日本経済の不況が深刻化するにつれて、国産品愛用運動は、国民消費節約運動に代わって、ますます力が入れられたのであった[385]。

2　公私経済緊縮運動の内容

(1)　中央における公私経済緊縮運動

印刷物の配付

公私経済緊縮委員会は、公私経済緊縮運動の主旨の普及を図るとともにこの運動の指導者の参考資料として印刷物を作成または購入した。政見放送や講演による声での国民への訴えかけも行われた。さらにその記録が印刷され、その趣旨の徹底化が図られた。以下のような印刷物が、中央官庁、道府県、市町村、その他の団体、銀行などに配付された。

公私経済緊縮運動に関する計画要綱が2500部作成された[386]。

政府は、2万余円を支出して、「全国民に訴ふ」という1枚刷りのリーフレットを作成した[387]。この浜口首相の1929年8月における署名入りの宣伝ビラ

---

383)　社会局社会部編、前掲書、16、42、46-47、65-66ページ。
384)　公私経済緊縮委員会、前掲『国産の使用奨励に就て』。勝部兵助商工書記官は1930年6月2日に設置された商工省臨時産業合理局事務官を兼任し（『神戸新聞』1930年6月1日付：神戸大学付属図書館新聞記事文庫デジタルアーカイブ「新聞記事文庫」掲載）、『産業合理化とは何か』（アルス、1930年）を刊行している。
385)　高橋亀吉［1955a］961ページ。
386)　(内務省) 社会局社会部、前掲『公私経済緊縮運動概況』16-19ページ。
387)　横浜正金銀行調査課山崎啓宇（稿）『金輸出禁止解除と諸方面に現はれたる影響、諸事象』（東京銀行旧蔵）1930年11月、28ページ。

が、1350万枚も印刷され、全国各戸に配付された。このビラは「明日伸びむが為に、今日縮むのであります。これに伴ふ目前の小苦痛は前途の光明のために暫くこれを忍ぶの勇気がなければなりませぬ。願はくは、政府と協力一致して、難局打開のために努力せられむことを切望いたします」と、整理緊縮、消費節約第一主義を国民に訴えていた[388]。

8月28日の浜口雄幸首相の後述のラジオ放送の内容を印刷したものは15万部印刷され、配付された[389]。

井上準之助蔵相も金解禁に対する世論誘導を行った。井上蔵相は金解禁の重要性を国民大衆に徹底するために幾度か講演を行い、またパンフレットを作成した。井上首相は7月12日、内閣十大政綱発表の3日後、東京株式取引所で演説し、証券界に金解禁への理解を求め、全国行脚を開始した[390]。7月13日には東京銀行集会所で東西の金融界首脳と時局について懇談した。井上蔵相は全国各地で講演した。すなわち、8月14日に大阪商工会議所懇談会で金解禁問題について演説した[391]。同日に中之島中央公会堂でも5000人の聴衆を前に講演している。井上の熱弁に聴衆は万歳を絶叫した[392]。8月15日に全関西婦人連合会主催の消費経済講演会で婦人にわかるように家庭的にソフトムードで講演している[393]。この内容をパンフレット化した井上大蔵大臣述「台所から見た金解禁」が2万部印刷された[394]。

井上準之助が「国民経済の立直しと金解禁の決行について国民に訴ふ」と題して、金解禁を国民にわかりやすく説明し、財政当局として全国民に訴えたパンフレットが7月24日に発行され、これが5万3000部、各府県を通じて配布さ

---

388) 社会局社会部、前掲書、16－19ページ。
389) 浜口雄幸「経済難局の打開について」『日本金融史資料　昭和編』第22巻、531－535ページ。同講演、井上準之助『金解禁――全日本に叫ぶ――』附録、先進社、1929年9月。「公私経済緊縮運動の経過」『民政』金解禁号、第3巻第11号、1929年11月、50ページ。社会局社会部、前掲書、6－14、16ページ。
390) 井上準之助「財政の緊縮と金解禁」(1929年7月12日)『井上準之助論叢』第3巻、167－187ページ。
391) 井上準之助「大阪商工会議所財政経済に関する懇談会演説」『井上準之助論叢』第3巻、198－219ページ。
392) NHK〝ドキュメント昭和〟取材班編 [1986] 113－114ページ。
393) 「台所から見た金解禁」(1929年講演8月15日)『井上準之助論叢』第3巻、220－233ページ。
394) 社会局社会部、前掲書、16ページ。

れた。9月5日にはこの内容を転載した『国民経済の立直しと金解禁』という本が大蔵参与官勝正憲の「金解禁問題の解説」を付して千倉書房から出版され、広く販売され、15日には第170版が発行された[395)]。政府はこの印刷物を2万部購入し、配付している[396)]。

以上のほかにも各種の印刷物が経済緊縮運動のために作成または購入され、配付された[397)]。

井上準之助は『金解禁――全日本に叫ぶ――』を1929年9月18日に先進社から発行し、全国民に金解禁の必要性を熱烈に訴えかけた。これは初版が20万部であったという[398)]。

前述の全関西婦人連合会主催消費経済講演会における講演の内容が一般婦人の参考のために印刷販売された[399)]。

井上のラジオ放送での講演「金解禁に就て」の要旨を印刷収録した『国民に訴ふ』も発行されている[400)]。「金解禁に就て」の内容は「国民経済の立直しと金解禁の決行について国民に訴ふ」とほぼ同じである。

統計図表の作製

公私経済緊縮運動に関する各種統計を簡易通俗な方法により図示するための

---

395) 「金解禁問題の解説」は実際は青木一男大蔵省理財局国庫課長が執筆したものであった（青木一男『わが九十年の生涯を顧みて』講談社、61－62ページ）。
396) 前掲「公私経済緊縮運動の経過」50ページ。社会局社会部、前掲書、16、20－33ページ。『銀行通信録』第88巻第523号、1929年4月20日、161－170ページ。井上準之助「国民経済の立直しと金解禁」（千倉書房、1929年9月）『井上準之助論叢』第1巻、549－578ページ。高橋亀吉[1995a]899ページ。
397) 梶原仲治述『金解禁と其の影響』2万部、服部文四郎述『金解禁の必要』1万部、森荘三郎述『公私経済緊縮運動に就て』1万部、井上準之助『金解禁』500部（購入）、明石照男『金解禁問題の要諦』2500部（購入）（同パンフレットが1929年9月に社会教育協会から刊行されている）が、印刷、購入されている（社会局社会部、前掲書、16－17ページ）。
398) NHK〝ドキュメント昭和〟取材班編［1986］117ページ。井上準之助「金解禁――全日本に叫ぶ――」『日本金融史資料　昭和編』第22巻、503－531ページ。この中で、井上は浜口内閣の財政経済政策こそが真の好景気をもたらす唯一の方策であると主張し、全日本国民の最後の一人が理解してくれるまでそのことを叫び続けるであろうと論じている（531ページ）。
399) 井上準之助「台所経済から見た金解禁――日本婦人の自覚を望む――」井上準之助『金解禁――全日本に叫ぶ――』先進社、1929年9月18日。井上大蔵大臣講演『婦人と金解禁――婦人の心得――』さゞ波屋書店、1929年10月5日。
400) 井上準之助述、前原久夫編、前掲『国民に訴ふ――金解禁問題について――』1－22ページ。

統計図表の作製も行われた。この図表が地方における展覧会、講演会、講習会の展覧資料として各地方庁に供給された[401]。

ラジオ放送

第１次大戦とともにマス・メディアとプロパガンダの時代が幕を開けた。思想戦の時代に入り、「放送」という言葉が第１次大戦中に生まれ、これが対外的な思想戦の主役となった[402]。新しいメディアは世界の歴史を塗り替える力を秘めており、フランクリン・ルーズヴェルト米大統領は国民に直接語りかける手段として当時のニューメディアだったラジオを活用し、その後の米国覇権の礎を築いたとされる[403]。日本においても音声を通じて具体的なイメージを提供するラジオが世論形成、世論操作に活用された。

1929年８月28日午後７時25分から、浜口雄幸首相の「経済難局の打開について」と題する講演が全国中継放送（愛宕山からラジオ放送）された。同首相はラジオを通じて財政緊縮、消費節約と金解禁を獅子吼し、直接国民に訴えかけた。公私経済緊縮が喫緊の要務であることを高唱し、国民に協力を求めたのであった。このように首相自らがラジオを通じて施政方針を放送するのは初めてのことであった[404]。浜口首相は内地だけで300万人、各植民地を合わせて400万人の人々に呼びかけた（当時ラジオ受信機は100万台以下）[405]。これには反響があった[406]。

井上準之助大蔵大臣も「金解禁に就て」ラジオ放送で講演した[407]。

金解禁実施前夜の1930年１月10日午後７時30分からは土方久徴日本銀行総裁が、金解禁ができるようになった次第をラジオで説いた[408]。

---

401) 同上書、35－36ページ。
402) 佐藤卓己「日本型『世論』の成立」岡田直之ほか『輿論研究と世論調査』新曜社、2007年、92－94ページ。
403) 『日本経済新聞』2011年４月26日付。
404) 尼子止『濱口雄幸』寶文館、1930年、483ページ。
405) NHK〝ドキュメント昭和〟取材班編［1986］111、116ページ。
406) 地方の聴取者から感激の手紙が首相官邸に届けられた（尼子止、前掲書、495ページ）。
407) 井上準之助述、前掲『国民に訴ふ』22ページ。井上蔵相は金解禁実施当日もラジオ放送を行った（井上準之助「金解禁決行に当りて」（『日本金融史資料　昭和編』第21巻、513－516ページ）。

第11章　金解禁政策

講演会、講習会などの開催

　講演会、講習会なども開催された。道府県主催の講演会、講習会、協議会などにはなるべく公私経済緊縮委員会委員、名士および同運動事務関係者が講師として派遣された。小川郷太郎大蔵政務次官、勝正憲大蔵参与官という緊縮委員会委員、青木一男大蔵書記官という緊縮委員会幹事、日本勧業銀行総裁を務めた梶原仲治、早稲田大学教授服部文四郎らが地方に出張して講演した。また、市町村その他各種団体主催のものには、地方委員会委員、地方の名士などを講師として、同運動の徹底を期した[409]。

　井上準之助蔵相は金解禁の重要性を国民大衆に徹底するために数多くの講演を行った。井上首相は7月12日、東京株式取引所で演説し、全国行脚を開始した[410]。7月13日には東西の金融界首脳と時局について懇談した。井上蔵相は8月14日に大阪商工会議所懇談会で金解禁問題について演説した[411]。同日に中之島中央公会堂でも講演している[412]。8月15日に消費経済講演会において講演している[413]。

　井上大蔵大臣の金解禁に関する講演は、10月13日までに、東京ほか12府県内において55回に及び、この聴衆は約17万人に達している[414]。

　1929年8月に公私経済緊縮運動が開始されて以来1930年1月までに派遣した講師の講演会数は171回、この聴衆者数は12万8000人に達した[415]。

　全国46道府県で講演、映画会が8168回開催され、聴衆はあわせて407万人を越えた。当時の有権者数は約1200万人といわれていたので、3人に1人が集会

---

408)　『東京朝日新聞』1930年1月11日付。土方久徴「金解禁後ニ処スヘキ国民の覚悟」1930年1月10日（『日本金融史資料　昭和編』第21巻512－513ページ）。
409)　社会局社会部、前掲書、36ページ。「公私経済緊縮運動の経過」『民政』金解禁号、1929年11月、51ページ。
410)　井上準之助「財政の緊縮と金解禁」（1929年7月12日）『井上準之助論叢』第3巻、167－187ページ。
411)　井上準之助「大阪商工会議所財政経済に関する懇談会演説」『井上準之助論叢』第3巻、198－219ページ。
412)　NHK"ドキュメント昭和"取材班編［1986］113－114ページ。
413)　井上準之助、前掲「台所から見た金解禁」220－233ページ。
414)　社会局社会部、前掲書、36ページ。10月12日には井上蔵相は岩手県公会堂において講演している（井上大蔵大臣講演『国民経済の建直しと金解禁』盛岡商工会議所）。井上準之助の講演については秋田博『凛の人　井上準之助』（講談社、1993年）374－378ページも参照されたい。
415)　社会局社会部、前掲書、36ページ。

第5編　第1次世界大戦後の正貨政策

所などに足を運び、金解禁のキャンペーンに参加したことになる[416]。

大蔵官僚も国民に対する説得活動に乗り出した。青木一男大蔵書記官・国庫課長は1929年9月20日に埼玉県市町村会議において金解禁問題について講演した[417]。青木大蔵書記官は10日8日には神奈川でも講演した。大蔵省出身の勝正憲衆議院議員兼大蔵参与官は8月29日に長野市で、10月2日には北海道で講演した[418]。

レコードの製作

金解禁、経済緊縮キャンペーンのためのレコードが作製され、金解禁、経済緊縮の政治宣伝に活用された。当時、蓄音機は300万台程度普及していたから、多くの人がこれを聴くことができた。浜口雄幸の「国民に愬(うった)う」や井上準之助の「危い哉！国民経済」と題するレコードが作製された。井上準之助は演説の稽古を積んでおり、説得力のある語り口であった。レコードは、声により聴く者の感情に訴え、感動をもたらした[419]。

さらに金解禁の歌まで作りだされた。すなわち1929年にビクターレコードから「緊縮小唄」が発売されている。人気歌手であった藤本二三吉が「緊縮しょ」、「うれし解禁とげるまで」と歌うこの小唄がヒットし、緊縮気分を盛り上げた[420]。

映画筋書の懸賞募集と映画の製作、標語の懸賞募集

公私経済緊縮委員会は、公私経済緊縮の主旨の普及徹底を期するとともに適切な宣伝資料を得るために、緊縮のPR映画の筋書懸賞募集を行った。10月10日締切までに応募のあった1440編の中で「静かなる歩み」（1等）、「道は嶮しくとも」、「金解禁の鍵」など8編を入賞とし、これらを緊縮映画筋書集に集録し、各方面に配付し、さらに映画会社に映画として製作させた[421]。

---

416) NHK〝ドキュメント昭和〟取材班編[1986] 109-110ページ。
417) 青木一男講演筆記『金解禁問題について』埼玉県。
418) 『民政』金解禁号、第3巻第11号、1929年11月、51ページ。
419) NHK〝ドキュメント昭和〟取材班編[1986] 115-116ページ。
420) 同上書、119-120ページ。「金の解禁立直し、来るか時節が手をとって」と「解禁ぶし」も流された（長幸男[1973] 63ページ）。
421) 社会局社会部、前掲書、33ページ。

第11章　金解禁政策

　このほか経済緊縮映画「国難来」2組を購入し、これを貸与することとした。同映画は金解禁の意義を解説したものであった。同映画の借入需要はきわめて多く、地方においてこれを利用して行った講演会の回数は相当数にのぼった。また東京日日新聞社活動写真班に対して映画「日本晴れ」13組を貸与し、同班は全国を巡回して同運動の主旨の徹底を図った[422]。

　映画は映像を通じて具体的に金解禁と緊縮の意義を説明し、大衆の視覚に訴えることができた。

　標語の懸賞募集も行われた。標語は「緊縮は伸びる日本の旗章(はたじるし)」などが採用され、郵便物に押捺するスタンプに利用されるとともに、ポスター、ビラなど各種の方面に利用された[423]。

奨励金の交付

　経済緊縮運委員会は中央報徳会、生活改善同盟会、勤倹奨励婦人同盟委員会などに奨励金を交付し、その事業の助成を図り、経済緊縮運動主旨の普及徹底に資することを期した[424]。

新聞の協力

　新聞はマス・メディアとして重要な役割を果たした[425]。経済緊縮委員会は新聞、雑誌などと連絡を図り、その協力を得ようとした。諸新聞は、「国民に

---

422) 同上書、34ページ。「国難来」の筋書は次のようなものである。金に困った魚屋の主人はアメリカの親戚に送金を依頼するが、円安で手取金が少なかったために、海外からの送金を取り扱った中央郵便局に文句をつけに行く。郵便局長室での会話として、同席した経済雑誌記者は、我らは今、経済国難に直面している、これを救うのは金解禁だけだ、金解禁は、国際経済の動きを自然ならしめ、為替相場を安定し、産業貿易に目安を与え、通貨を縮小し、物価を引き下げ、輸出超過をきたし、受取勘定を増加し、外債償却を容易にし、国民生活を容易にする、と述べる。これを聞いた魚屋の主人は、海外からの送金を取り扱った中央郵便局長に、金解禁を早くやって私たちを幸福にして下さいと述べる。局長はそれには国を挙げての相当の準備と覚悟がいるのです、日本がもっと質実の風を尚(とうと)んで内国製品を尊重することが肝要です、と応える。爾来魚屋の主人は、金解禁の文字を印半天に抜き、金解禁、日本品愛用、消費節約の宣伝をして歩いた（伊藤生「映画国難来（金解禁の解説）」『民政』金解禁号、1929年11月、54−59ページ）。

423) 社会局社会部、前掲書、33−35ページ。

424) 同上書、36ページ。

425) 第1次大戦後に全国紙が台頭し、『大阪朝日新聞』、『大阪毎日新聞』はともに1924年元旦号で100万部達成を宣言している（岡田直之ほか、前掲『輿論研究と世論調査』92ページ）。

訴ふ」と題して国民経済の立直し、金解禁の決行について意見を開陳し、国民の注意喚起に熱心に努力した[426]。新聞も浜口や井上の決意に対して支持を与えた[427]。

もっとも、当時の新聞は政府に追随して、また読者に迎合して、国民大衆の金解禁待望感情を煽り立てるまでには至っていなかった。高橋亀吉は言論機関の大部分は旧平価解禁の熱心な支持者であったと述べているが[428]、これは強すぎる表現のように思われる。

『やまと新聞』（1929年10月4日付）は、高橋是清の金解禁時期尚早論を論評し、これに賛意を表している[429]。1929年10月15日の閣議において決定された財政緊縮のための官吏減奉案には諸新聞は反対した[430]。『時事新報』（1929年11月10日付）は、金解禁準備と称する政府の予算案に減税が考慮されていないことを批判した[431]。『時事新報』（1月11日付）は、抽象的な民心緊張論や道学者流の消費節約の宣伝を国民は聞き飽きている、金解禁後の打開策として国民が十分に納得できる政策を提示できなければ、金解禁実施を無条件に祝福するわけにはいかない、金解禁の前途に、多大の不安を感ぜざるをえない、民間の消費を極度に圧迫して、徒に生産力を沮喪するようなことは緊縮ではなくて萎縮政策である、と述べている[432]。『読売新聞』（1930年1月11日付）は、金解禁

426）　山崎啓宇、前掲稿、30ページ。
427）　伊藤隆［1969］37ページ。『大阪毎日新聞』（1929年8月14日付）は解禁の時期は早い方がよいと論じた。『東京朝日新聞』（同年10月11日付）は今こそ金解禁決行の時期であると論じた。『大阪毎日新聞』（同年11月8日付）は解禁時期の予告を急げと主張した。『東京朝日新聞』（1930年1月11日付）は金解禁のために日本の財界に激動が起こることはない、金本位制というノーマルな基調に立って持続的に堅実なる繁栄に努めることが肝要である、と述べている。金解禁に関する新聞記事は『日本金融史資料　昭和編』第23巻に掲載されている。
428）　高橋亀吉［1955a］974－975ページ。
429）　『日本金融史資料　昭和編』第23巻、502ページ。
430）　『国民新聞』1929年10月16日付。『東京日日新聞』同年10月16、17日付。『時事新報』10月19日、22日付。『報知新聞』10月20日付。『都新聞』10月20日付。『政友』第348号、1929年11月、13－22ページ。
431）　『時事新報』（1929年11月10日付）は、金解禁後の対策として財界に悪影響を及ぼさずに物価の低落を可能にする唯一の方法は生産能率増進であり、このためには政府による産業界への税負担の大軽減と民間の産業合理化の徹底が必要であると論じていた（『日本金融史資料　昭和編』第23巻、507ページ）。『時事新報』（1930年1月11日付）は、民間にのみ緊縮を要求する政府に反省を促した）。
432）　同上巻、516－517ページ。

第11章　金解禁政策

断行の今日は、問題解決の日に非ずして、問題の始まった日である、抜き差しならぬ舞台へ自ら登場した日なのである、と報じた[433]。

（２）　地方における公私経済緊縮活動

前述の８月26日の内務次官ならびに社会局長官の通牒により、北海道ならびに各府県当局はそれぞれ公私経済緊縮地方委員会を設置した。これと同時に会則を規定し、官公吏、名誉職、教育者、実業家、篤志家などの中から委員を委嘱して、緊縮活動を開始した。地方委員会の代表者には地方長官（北海道は北海道長官、他は知事）が就任した。公私経済緊縮地方委員会は８月22日に長崎に設置されて以降、９月24日までに各道府県に設置された[434]。

公私経済緊縮地方委員会の委員数は、群馬県では171名に及んだ[435]。千葉県では８月23日に後藤多喜蔵知事を会長とする公私経済緊縮千葉県地方委員会が設置されたが、同委員会の委員86名は県官公吏、県会議員、市長村長、教育者、実業家、婦人、各種団体代表者など各階層の有識者を網羅したものであった[436]。

---

433)　『読売新聞』（1930年１月11日付）には、金解禁実施はめでたいという見方もできれば不安というのも争われない実感である、我らは今や薄弱なる背水の陣についたのである、と記されている（入江徳郎ほか編『新聞集成　昭和史の証言』第４巻、本邦書籍、1983年、12ページ）。

434)　社会局社会部、前掲書、36－39ページ。

435)　同上書、103－106ページ。

436)　千葉県地方委員会委員として、県庁側では、内務・警察・学務の各部長、庶務・地方・農務・商工水産・会計・学務・警務・衛生・保安・社寺兵事・土木・秘書・耕地・社会の各課長、地方事務官が任命された（18名）。官公署側では、千葉地方裁判所長・同検事正、千葉医科大学長・同大学付属病院長、千葉の税務署長・刑務所長・郵便局長・憲兵分隊長・警察署長、畜産試験場長、千葉運輸事務所長、千葉県農事試験場長、陸軍歩兵学校長が委員として任命された（13名）。県会議員では、議長・副議長、県参事会員10名（計12名）、市町村側では、千葉市長、町村長会長11名が任命された（計12名）。実業家側ではヤマサ醤油社長（濱口儀兵衛）、銚子醤油（後のヒゲタ醤油）社長（濱口吉兵衛）、野田醤油株式会社（後のキッコーマン）社長（茂木七左衛門）、千葉貯蓄銀行頭取（宇佐美敬三郎）、千葉合同銀行専務取締役（古荘四郎彦）が任命された（５名）。各種団体側では農業・産業組合・在郷軍人会・青年団・消防・教育・医師・薬剤士・歯科医・赤十字・愛国婦人会・宗教協会・修養会など15団体の関係者が任命された（15名）。学校側では千葉中学校、千葉高等女学校長、千葉県師範学校長、千葉県女子師範学校長、千葉淑徳高等女学校長、千葉小学校長会長が（６名）、婦人側では銚子高等女学校・千葉女子師範学校教諭が任命された（２名）。宗教家側では成田山新勝寺住職、香取神宮宮司が任命された（２名）。その他陸軍中佐１名が委員に加わった。「公私経済緊縮委員」『めざまし』第１巻第１号（創刊号）、1929年10月、千葉同志新聞社発行、40－43ページ。

1225

第5編　第1次世界大戦後の正貨政策

　地方でも講演会、講習会、映画会、展覧会などが開催された。パンフレット、ポスター、ビラが配付・貼付された。標語の募集なども行われた。これらにより公私経済緊縮運動の主旨の普及徹底が図られたのである[437]。

　公私経済緊縮の開始以来1930年1月末までに道府県主催ならびに市町村その他各種団体の主催で開催された講演会、映画講演会をみれば、講演会は5513回で聴衆204万4746人、映画講演会は2281回で聴衆187万646人、合計7794回で聴衆391万5392人に達している。講演会・映画ならびに講演会の開催には地域差があり、香川県では828回（各学校における訓示講演を含む）、岐阜県では372回開催される一方、長野県では8回、東京府では35回開催されたにすぎなかった[438]。

　このような講演会のほかに、協議会、父兄会、母姉会、講習会などの開催がかなりの数にのぼっている。これらと同時に講演会が開催されたものが多かった[439]。

　5、6の府県において、家庭実務、国産品愛用、廃棄物利用、消費経済改善などの展覧会を開催し、相当の成果を収めた[440]。

　公私経済緊縮に関する各地方の施策は多種多様であった[441]。

　東京府は9月16日に公私経済緊縮東京府委員会を設置し、同運動の計画を立てた。また、東京府小学校長会は教化動員ならびに公私経済緊縮に関する実施要綱を協議した。各町村においては講演会、映画会を開催した。宣伝ポスターおよび標語の募集も相当の成果を収めた。児童の家庭に対しても緊縮節約について協力を求めた。婦人教化団体幹部の会合で標準生活についての印刷物が配布された。東京府庁は庁員貯蓄組合を設け、勤倹貯蓄を奨励した[442]。

　埼玉県は次のように公私経済緊縮運動を展開した。1929年9月1日に「埼玉県公私経済緊縮運動会則」を告示し、運動に関する計画・宣伝と実行促進をその目的とした。委員会は会長に細川長平知事が就任し、委員は知事の任命・委

437）　同上号、40ページ。
438）　同上号、40-41ページ。
439）　同上号、41ページ。
440）　同上号、41ページ。
441）　同上号、42-47ページを参照。
442）　社会局社会部、前掲書、64-79ページ。

嘱する官公吏、学識経験者によって構成された。51名の委員と6名の幹事のうち、19名は県部課長であった。委員は県内の校長、中学校などの校長や商工業者、銀行、郡行政事務会長、司法官などの代表によって構成されていた。9月11日に第1回委員会が開催され、「公私経済緊縮運動要綱」が決定された。文部省、大蔵省、内務省から講師を招き、浦和、川越、熊谷において公私経済緊縮運動の主旨を普及させる講演会を開催した。講演会、映画ならびに講習会は9月から12月までに100回開催され、聴衆は8万9544人に達している。またパンフレット、リーフレット、ポスター、ビラなどの印刷物の配付や映画などによって、経済生活の意義と勤倹を徹底させようとした。また県は教化総動員運動と関連させてこの公私経済緊縮運動を進めるため、翌9月12日に教化団体連合会の理事評議会を開き、活動方法を協議した。その後、県当局は公私経済緊縮に関して市町村長宛に県学務部長名で多くの通牒を行っている[443]。

愛媛県は「公私経済緊縮愛媛県地方委員会々則」を設け、経済緊縮運動の主旨の徹底、同運動の具体的方法を決定するとともに、公私経済緊縮を市町村長、各学校長、各警察署長に依命する通牒を発し、また公私経済緊縮ならびに教化総動員に関する委員会を設置する依命通牒を市町村長に発した。愛媛県庁職員は公私経済緊縮を申し合わせた。公私経済緊縮愛媛県地方委員会調査会はこの運動を徹底するための意見書を提出した。市町村において公私経済緊縮運動の実行方法が検討され、地方の弊風の改善が図られた[444]。1929年9月から1930年1月までに講演会、映画講演会は157回開催され、聴衆は3431人であった。市町村では各自治体において公私経済緊縮についての申合せが行われた[445]。

各地方において公私経済緊縮運動が展開されるとともに、朝鮮、台湾という植民地、樺太という統治地、関東州という租借地、南洋委任統治地域などにおいてもこの運動が展開された[446]。

（3） 金解禁実施決定後の公私経済緊縮運動

1929年7月に浜口内閣が金解禁を将来断行することを期すという声明を出し

---

443) 埼玉県編、前掲書、647－648ページ。社会局社会部、前掲書、103－106ページ。
444) 愛媛県学務部社会課、前掲『公私経済緊縮運動ノ概況』1－129ページ。
445) 社会局社会部、前掲書、234－242ページ。
446) 同上書、59－281ページ。

て以降、同内閣は金解禁準備を進めた。同年11月21日に金貨幣または金地金などの輸出取締令を廃止する大蔵省令（金解禁に関する大蔵省令）が公布され、1930年1月11日に施行されることとなった。これによって同内閣は国民経済立直しの第1関門を通過できた。だが将来ますます日本の経済力の充実発展を図り、国民生活の安定を期するために、その後も公私経済緊縮運動を継続し、国民精神の緊張を持続することが必要緊切であることを政府は認めた。

かくして1929年12月5日に公私経済緊縮委員会は第3回委員会を開催し、「今後ニ於テモ緊縮ヲ以テ財政経済ノ基調ト為シ公私経済緊縮ニ関スル適切有効ナル方途ヲ講シテ国民精神ノ緊張ヲ持続シ消費節約勤倹力行ノ実ヲ収ムルノ要アリ」、この旨を地方に徹底し、「金解禁後ニ於ケル国民ノ覚悟」というパンフレットを作製頒布すること、地方の実情に応じた具体的な消費節約の励行に努めること、国産愛用の気風を盛んにして内地産業の振興を図るとともに国際貸借の改善に資することが決定された[447]。

この決定に基づき、12月9日に内務大蔵両次官名で、内閣書記官長、各省次官、警視総監および各地方長官に経済緊縮継続についての通牒を発した。また1930年1月には安達謙蔵内務大臣述「金解禁後に於ける国民の覚悟」というパンフレット15万部が印刷され、これが全国各府県に配付されたのである[448]。

3　公私経済緊縮運動の効果と限界

（1）　公私経済緊縮運動の効果

輿論と世論

「輿論（よろん）」と「世論（せろん）」は今日同一視されることが多いが、本来両者は異なるものである。輿論（public opinion）は、熟考したうえで形成された、社会の多くの人々に共通する、標準的な理性的意見、理性にのっとった多数意見である。

---

447)　同上書、47-48ページ
448)　同パンフレットの中で安達内相は、中央・地方財政を緊縮し、私経済も緊縮を進めてきた、財界事情は好転し、金解禁も実行することができることとなった、今後は金解禁により常道に復した財界の基礎の上に立って産業の振興、貿易の改善を図り、国民経済の基礎を培養して今後の発展を尽くさなければならない、このためには事業の整理、産業の合理化、能率の増進、資本浪費の防止などにおいて挙国一致の努力が必要であると述べ、このための一大決心と覚悟を国民に求めたのである（社会局社会部、前掲書、48-57ページ）。

第11章　金解禁政策

　それは世間一般にみられる私的な感情としての世論（popular sentiments）とは異なる。輿論は、公的な場で、議論を通じて形成されたパブリック・オピニオンであって、単なる人々の無責任な気分、プライベートな情緒的感情、雰囲気である世論とは峻別されるべきものである[449]。世論調査は世論を調査するものである。世論は雑多で混沌とした意見の寄せ集めである[450]。

　第1次大戦後に金解禁に関する輿論形成が進展したが、それは昭和初期には十分には成熟していなかった。大蔵省は「金輸出解禁ニ対スル準備事項要綱」（1926年5月24日）において、一時的苦痛をもたらす金解禁が所期の効果を収めるためには輿論の後援が必要であるとして、政府日銀などが金解禁の与える一時的苦痛に一般世人が理解を示すような「輿論教育」の手段を講ずるべきであることを指摘していた[451]。輿論が民間で自発的に形成されるのを待つのではなく、これを政策的に育成するという構想が存在していた。金解禁準備として浜口内閣によって実施されたのは、理性的な、思惟能力を育成する輿論教育ではなく、見たり聞いたりするという感覚的知覚、感情に訴える世論操作であった。パンフレット、ラジオ、講演、レコード、映画などを通じて国民大衆の感情に訴えてまでの世論操作、大運動が行われたのである。これによって緊縮ムードが煽り立てられ、金解禁への輿論形成が不十分なもとで金解禁への世論形成が図られたのである。

　世論操作は一部の個人の心情に働きかけるだけでなく、個人の心情を超えた

---

449)　佐藤卓己『輿論と世論――日本的民意の系譜学――』新潮社、2008年、24、32、39ページ。
450)　宮武実知子「世論（せろん／よろん）概念の生成」津金澤聰廣・佐藤卓己編『広報・広告・プロパガンダ』ミネルヴァ書房、2003年、67ページ。明治時代には「輿論」と「世論」とははっきりと区別されており、公論である「輿論」は尊重しても、私情である「世論」の暴走は阻止しなければならない、とされていた（佐藤卓己編著『戦後世論のメディア社会学』柏書房、2003年、15ページ）。「輿論」は可算的な多数意見（定義）、活字メディアによってコミュニケーションを図るもの（メディア）、理性的討議によって合意形成されたもの（公共性）、公的関心に関わるもの（判断基準）、名望家政治の正当性を根拠づけるもの（価値）、タテマエの言葉（内容）である。これに対して「世論」は類似的な全体の気分、電子メディアによってコントロールされるもの、情緒的参加によって共感されるもの、私的心情、大衆民主主義の参加感覚をなすもの、ホンネの肉声をなすものである（同書、16ページ）。輿論、世論研究史については岡田直之「日本における輿論・世論研究の歩み」岡田直之ほか、前掲『輿論研究と世論調査』第1部を参照されたい。論理や史実に依拠しようとする輿論と心情に重きを置こうとする世論とが実体的に区別できないという側面もある（福間良明『「反戦」のメディア史――戦後日本における世論と輿論の拮抗――』世界思想社、2006年、12ページ）。
451)　『日本金融史資料　昭和編』第21巻、338ページ。

第5編　第1次世界大戦後の正貨政策

大多数の人々に共通する心情、時代精神、時代思潮を育成しようとするものでもあった。

政府の宣伝は、耐え忍ぶべき「苦痛」を告げ知らせるよりも、いつ訪れるか定かでない前途の「光明」を謳いあげることにアクセントが置かれ、国民に幻想を与えることとなったのであった[452]。

世論操作の効果

公私経済緊縮運動は、金解禁の準備として一定の成果を収めることができた[453]。精神運動と結びつき、マス・メディアを活用したこの運動によって、国民大衆の世論は金解禁政策支持に固まっていった。緊縮気分が広く人々の間に浸透していったのである[454]。

この世論は政府によって操作されたものであったが、このような世論が政策を動かす要因ともなったことは確かであろう。政府の世論対策に事情をよく知らない大衆は幻惑された。このことは、緊縮に便乗した広告まで現れたことからも明らかである[455]。

三土忠造前蔵相の政友会近畿大会における金解禁反対演説も世論を動かす力はなかった。三土忠造は、大多数の人は解禁さえすれば夜が明けると思っているが、解禁は、経済界の実際が外国製品が安く輸入されても差し支えないほど立ち直ってから断行せねばならぬものであって、井上蔵相の処置は軽率の至りであると、浜口内閣が金解禁を断行しようとしていることに反対していた[456]。しかし、金解禁を躊躇していた政友会も、さしあたりこれを真正面から反対できなくなった。金解禁実施に先立って展開された精神運動、「公私経済緊縮運動」（とくに「国産品愛用運動」）が効を奏して金解禁に対する国民の強い支持を

---

452) 長幸男［1973］62-63ページ。木村昌人［1999］123ページ。
453) 内務省は「私経済緊縮運動は幸に国民全般の共鳴と協力とを得て、当初は多分の困難を想像せられたにも拘らず、事実は寧ろ予期以上に好成績を示し、比較的短日月の間に緊縮節約の風は津々浦々に至る迄波及したのである。公私経済緊縮の徹底は経済界に多大の好影響を与へ、貿易の改善、為替相場の回復、海外における信用の昂上等諸般の情勢茲に全く熟成し最早金解禁を行ふも経済界に何等憂ふべき悪影響を及ぼす虞なきに至つた」と述べている（社会局社会部、前掲『公私経済緊縮運動概況』47ページ）。
454) NHK〝ドキュメント昭和〟取材班編［1986］120ページ。
455) 同上書、117ページ。
456) 山崎啓宇、前掲稿、137-139ページ。

もたらしたのである457)。

井上準之助蔵相などによる金本位復帰は、必ずしも理性的な討議に基づく多数意見としての輿論に追随して実施されたものではなく、民衆感情、世上の情緒的雰囲気という世論に対する操作に支えられたものであったのである。政府は金本位制実施への一般国民の信認をこれによって補強しようとしていたのである。

民政党への信任

第57回帝国議会衆議院は休会明け後の1930年1月21日に再開され、政府の施政方針演説に対して野党にある程度の質問をさせた後、安達内相の思惑どおり同日にただちに解散させられた。同内相は、解散すれば、ただちに地方長官会議、警察部長会議を開き厳正公平な選挙の取締りを行うことを訓示するつもりであると同月10日に述べていた458)。少数与党であった民政党が1930年2月の総選挙（20日実施。21、22両日開票）で大勝し、議会の多数派を占めるに至った。解散当時、民政党173名、政友会237名の勢力分布は完全に逆転し、民政党273名、政友会174名となった（衆議院定員の半数である233名を40名突破）。これは安達内相の選挙戦術の巧みさと政府の選挙干渉（選挙を有利にするための各種疑獄事件の摘発など）があった459)。

だが、民政党の勝利は選挙干渉が実施されたからだけではない460)。これは

---

457) 伊藤隆［1969］37ページ。
458) 『東京朝日新聞』1930年1月11日付。政友会総裁の犬養毅は慌てて解散をしなくてよいと考えていた（『時事報』1930年1月22日付）。
459) 大霞会編、前掲巻（注369）、141－142ページ。選挙違反の起訴総数は20日午前零時現在で政友会346名の多数となり（前回59名の約7倍）、民政党は起訴157名で前回の254名に比して約100名減少した（『報知新聞』1930年2月21日付）。政友会の森恪幹事長は、2月23日に発表した声明の中で、全国的に17、18、19日の間に野党候補者および運動員の自由を拘束し、他面官吏擁護のもとに積極的な買収が行われた事実を指摘し、政府（安達内相など）によって選挙の革正が蹂躙されたと、浜口内閣を批判している。安達によって警保局長に抜擢された大塚惟精が総選挙で手腕を発揮し、貴族院議員に勅選された（大霞会編、前掲巻、142ページ）。
460) 経済学者や社会運動家の中には、不景気で困っているにもかかわらず民政党に投票する国民の無自覚を問題視する者もいた（「総選挙座談会」『政友』第353号、1930年3月、47－55ページ）。政友会の一議員は、選挙結果からの教訓として、日本国民には社会教育と公民教育がすこぶる不徹底であるということを指摘している（安藤正純「政戦を終へて」同上号、2－3ページ）。

政府（安達などの）世論操作が功を奏した結果でもあった。浜口首相は2月23日に声明書を発表し、政局の安定を力説し、「世論の力の偉大なるを感じざるを得ない」と述べ、十大政綱に基づく政策の遂行に精進することを明らかにした[461]。浜口内閣の政策（十大政綱）は国民の了解と共鳴を得て選挙で「信任」された[462]。このような民政党政治への国民の「信任」が金本位制への復帰という貨幣政策への国民の「社会的信認」を助長するものであったといえよう。

（2） 公私経済緊縮運動の限界、問題点

公私経済緊縮運動の展開によってすべての国民が金解禁、金本位復帰の断行を信認するに至ったわけではなかった。浜口内閣期において金本位制復帰そのものに反対する者はほとんどいなかったが、新聞には冷静な報道が存在していたし、旧平価解禁の断行に反対する者、金解禁の時期尚早を主張する者は後述のように存在していたのである。世論操作による金本位制復帰断行に対する社会的信認の育成は、その一般的信認の確立をもたらすには至らなかったのである。

官制の公私経済緊縮運動に対して国民が必ずしもこれを熱烈に支持したわけではなかった。金解禁反対論は後述のように根強く存在していた。埼玉県当局の1930年1月における市町村長宛の公私経済緊縮運動状況調査においては、八幡村ではこの運動に取組んだとのさしさわりない回答をしており、ここにこの運動の官製運動としての性格がわかる[463]。

緊縮委員会の委員の中には解禁の意義を理解せず、金解禁が一時的には不景気を伴うことを忘れ、それが短期的に好景気を出現させると説く者が多かった。日本は「一般社会が金本位制回復の意義と条件とを理解せず、寧ろ錯覚に近い期待を以て」金本位再建に乗り出したのである[464]。

461）『東京日日新聞』1930年2月24日付。
462）『読売新聞』（1930年2月24日付）は、民政党に対する国民現下の信任状は与えられた」と述べている（入江徳郎ほか編『新聞集成 昭和史の証言』第4巻、62ページ）。
463）埼玉県編、前掲書、648ページ。1930年6月の第2回埼玉県公私経済緊縮委員会では、国産品使用の奨励運動を起こすことを決定し、この旨を6月20日付で通牒している。しかし、国産品愛用運動といっても、昭和恐慌下での消費動向を考えれば、その効果ははなはだ疑問であり、それは官制運動としての限界を免れなかったといえよう（埼玉県編、前掲書、649ページ）。
464）深井英五［1941］242－243、251ページ。

金解禁への幻想を振りまくことに対して批判的であった深井英五は、そのことを再建金本位制維持が失敗した大きな原因の1つに挙げている[465]。一般大衆の錯誤に基づく人気が、政府の意図とは逆に、金解禁維持のために取るべき政策を拘束することとなったのである。深井英五は、金解禁後の「金流出に対応し、金本位制の維持に必要なる通貨政策を充分に採り得なかったのは、錯誤に基づく人気の動きを顧慮した為だと云はねばなるまい」と述べている[466]。

4　金解禁反対行動の取締り

浜口内閣成立後、政府は解禁反対派を財界攪乱者とみなして厳重な取締りを行うようになった[467]。1929年11月15日の閣議は、流言蜚語には「厳重に取締りの方法を講ぜねばならぬ」ということを決定している[468]。解禁の結果、財界が動揺すると唱える者を、警察力を動員して厳重に取り締まろうとしたことは、政府に財界大丈夫という自信のないことの表明であった[469]。

だが、流言蜚語取締りの名において金解禁後の財界批判者を露骨に圧迫しはじめたのは、1930年1月11日の金解禁決行前後において財界の前途悲観が刻々と市場に浸透しだしてからであった[470]。

金解禁実施の1930年1月11日の直前に、安達謙蔵内務大臣のもとでの内相下の内務省は、万全を期し、全国各府県警察部に対して財界攪乱についての取締りを厳重にするよう通牒を発した[471]。

安達内相は、浜口内閣期の警視総監として内務官僚の丸山鶴吉（朝鮮の刑務局長を辞めて浪人中であった）を起用した[472]。丸山鶴吉は、非政党論者であったが、同内閣に期待を持っていた[473]。金解禁の前日（1930年1月10日）に警視

---

465)　同上書、251ページ。
466)　同上書、243ページ。
467)　田中生夫［1980］111ページ。
468)　『東京日日新聞』夕刊、1929年11月16日付。高橋亀吉［1955a］973ページ。
469)　高橋亀吉『大不景気襲来及其ノ対策』春陽堂、1930年、296ページ。高橋亀吉［1955a］973ページ。
470)　『東洋経済新報』1930年1月25日号、183ページ。高橋亀吉［1955a］973ページ。
471)　『都新聞』1930年1月11日。入江徳郎ほか編『新聞集成　昭和史の証言』第4巻、1983年、14ページ。
472)　大霞会編、前掲巻、137ページ。

庁における警察署長会議で丸山鶴吉警視総監は、金解禁に関する流言蜚語を取り締まるよう各署長に訓示した[474]。10日に、売屋と目せられた東西の株主仲買店主は、所轄警察署長に召喚され、尋問を受けたという。これは証券市場の動揺を懸念して、売方に官憲が圧迫を加えた結果にほかならなかった[475]。

11日早朝、警視庁は日本銀行を中心として財界攪乱文書撒布について大警戒を行った[476]。金解禁実施前日の10日には、金解禁に際し財界攪乱を謀る文書12万枚を印刷し、11日未明を期して一斉に配付しようとする計画（首謀者は増田一悦）があり、この事実を察知した警視庁は10日にビラの押収を開始し、12日に12万枚を押収した[477]。

1930年に入り、市場が悪化すると、当局は金解禁決行後の財界を悲観する見解に対してあらゆる権力を動員して、財界人の反金解禁言動を抑圧しようとした。高橋亀吉のような経済評論家に対しても、警察的および精神的圧迫を含む圧力を加えてきた[478]。官権のこうした圧迫は、1930年3～4月にかけて財界悪化がいよいよ本格化するに及んでいっそう激化した。4月頃には高橋はそうした圧迫を身近に感じている[479]。金解禁悲観論を唱える高橋亀吉は、当時、知人の新聞記者から、警視庁が高橋を財界攪乱罪で引っ張ろうとしているから悲観論発表を控えるようにとの忠告を受けた。4月29日の『読売新聞』には、警視庁の係刑事が財界攪乱陰謀の主導者として高橋亀吉を摘発する活動を行っていることを示唆する記事が掲載された。高橋は当局が新聞報道でもって威嚇してきたととらえている[480]。当局は悲観論者に有形無形の圧迫を加え、最後

---

473) 「浜口総理大臣は、元日銀総裁井上準之助氏を大蔵大臣に擢用して、金輸出解禁を断行すると同時に、徹底的なデフレ政策を強行して、我国の危機に瀕した経済界の挽回を謀る非常な決意を表明した。……私も浜口氏なら屹度最後まで頑張るだろうと、密かに期待を持った」（丸山鶴吉『七十年ところどころ』同刊行会、1955年、140ページ）。
474) 『中外商業新報』夕刊、1930年1月11日付。
475) 「金解禁実施の声明を読みて」『東洋経済新報』第1383号、1930年1月25日、183ページ。
476) 『中外商業新報』朝刊、1930年1月11日付。
477) 『中外商業新報』朝刊、1930年1月11日付。同夕刊、1月12日付。同朝刊、13日付。『都新聞』1930年1月11日付。『東京朝日新聞』1月11日付。『東京日日新聞』1930年1月13日付。『信濃毎日新聞』14日付。入江徳郎ほか編、前掲書、14－17ページ。
478) 高橋亀吉、前掲『高橋経済理論形成の60年（上巻）』147－148、151－152ページ。木村昌人［1999］137ページ。
479) 高橋亀吉［1955a］974ページ。
480) 高橋亀吉『財界史話』中央経済社、1952年、268－269ページ。高橋亀吉［1955a］974ページ。

には一部の団体、新聞、政界・財界の「名士」、「識者」が彼らを「非国民扱い」するに至った[481]。

このような状況下で、財界が公然と政府の金解禁政策を批判することがはばかれたのであった。数ある実業家の中には自らの事業の現実を通じて、旧平価解禁反対者は少なくなかった[482]。

だが、政府や金融業者ににらまれるのを恐れて、金解禁開始当時、財界人中の旧平価解禁反対論者は矢野恒太ほか2、3人のものにとどまった。旧平価解禁を痛烈に批判したものは、金解禁前後には4人の経済評論家だけであった[483]。

政府の旧平価解禁政策に反対であったにもかかわらず沈黙した財界人がいたのは、当局からの圧迫を恐れたというだけでなかった。1929年4月に田中義一内閣が金解禁即行を中止するに至ったときに勝田主計文相が田中首相に進言した言辞中に述べられていたように、自らの事業が危険状態であるとみなされたり、薄弱を見すかされたりするのを恐れたという事情もあったのである[484]。このような空気が醞醸されたために、鼻柱の強い旧平価解禁即行論が表面上「輿論」を支配して、周到な注意と悲観的用意とを説く者の意見は表面に出ることが少なくなったのである[485]。

5　金解禁準備期における浜口内閣の金解禁政策批判

（1）　高橋是清の金解禁政策批判

深井英五は、次のように回顧している。1929年7月に民政党党首の浜口雄幸

---

481)　高橋亀吉、前掲『大不景気襲来及其ノ対策』342－346ページ。高橋亀吉［1955a］975－976ページ。

482)　証券業者の中には林荘治のように高橋亀吉の金解禁悲観論を信じて株式を売り抜いた者もいた（高橋亀吉、前掲『高橋経済理論形成の60年（上巻）』、149ページ）。

483)　高橋亀吉『私の履歴書』第13集、日本経済新聞社、1961年、272－273ページ。第一生命社長矢野恒太は新平価解禁論を主張していた（矢野恒太『再論金解禁是非』（1929年8月）『日本金融史資料　昭和編』第22巻、485－494ページ。矢野恒太「増税問題と金本位制擁護論」（1931年11月15日）『日本金融史資料　昭和編』第23巻、205－206ページ）。

484)　『中外商業新報』1929年4月26日付。高橋亀吉、前掲『大不景気襲来及其ノ対策』343ページ。高橋亀吉［1955a］975ページ。

485)　高橋亀吉、前掲『大不景気襲来及其ノ対策』343ページ。

第5編　第1次世界大戦後の正貨政策

が内閣を組織し、本腰を入れて金解禁に着手した。11月21日に公布された大蔵省令により翌1930年1月11日から金輸出の取締りを撤廃すべきことを公布した。東京、大阪、名古屋の有力銀行代表者は同日ただちに金本位制擁護に協力すべき旨の申合せを発表した。これを世間で道義的支持（モラル・サポート）と呼んだ。このときに至っては、もはや産業界にも反対を公言するものはほとんどなかった、と[486]。だが、この表現は必ずしも正確ではない。ここからは金解禁政策に対する反対論が当時存在したことが十分に読みとれないのである。金本位制復帰に対する社会的信認は依然として十分なものではなかった。金解禁実施期の金解禁批判論は後述することとして、ここでは金解禁準備期の金解禁即行批判論を取り上げよう。

　1929年7月に民政党内閣が成立し、浜口雄幸―井上準之助ラインで金解禁実施に向けて動き出した直後、高橋是清は9月に雑誌『現代』に「金解禁に就て」という稿を寄せ、以下のように金解禁に対する痛烈な批判を行っている[487]。

　高橋は金解禁を実施する前提として何よりもまず国産品を奨励すべきであると主張し、次のように論ずる。「金解禁の根本は、輸入超過の大勢を圧へ、輸出を奨励して、国際貸借上貸方に廻るやうになる事が先決問題である。……我国の現状を見るに、今日尚年々一億数千万円の輸入超過を続けて居る。……然らば、この際においてとるべき手段は国産品を奨励して、輸入を防遏することの一事にありと云はねばならぬ」。

　高橋は、日本の金解禁実施の大きな障害となっているのは国家財政支出よりもむしろ国際収支の赤字であると考え、次のように述べている。「国内においていくら緊縮節約を徹底せしめても、国際貸借の上に借り多くては、金の輸出解禁は困難である」。国際収支赤字対策として、高橋は、金解禁ではなく国産品奨励をまず実施すべきであると主張するのである。

　1929年10月に高橋是清は、津島寿一に金解禁反対意見を述べている[488]。同月に井上準之助の金解禁政策を激しく批判した『金解禁亡国論』が出版された。

---

486)　深井英五［1941］237ページ。
487)　上塚司編『高橋是清経済論』千倉書房、1936年。『日本金融史資料　昭和編』第22巻、536ページ。有吉新吾［1987］102－105ページ。
488)　安藤良雄編［1960］68ページ。

同書は、金解禁を即行すれば我が財界を衰滅させ亡国の端緒となる、と断言している。高橋は同書に10月5日付で序文を書いている[489]。

高橋是清に1929年11月の「緊縮政策と金解禁」の中でも金解禁に反対した[490]。

（2） 三土忠造の金解禁政策批判

前大蔵大臣であり政友会の財政通として知られた三土忠造は『金解禁と緊縮政策の批判』（寶文館、1929年11月10日発行）というパンフレットを著し、金解禁批判を明確に主張するようになる。このパンフレットは同月15日には30版が発行されており、発行後きわめて注目されたものといえる。三土は、一時、政府が近く金解禁を実行するという声明を発表し、財界もそのつもりで進んでいる以上は、為替相場がある程度まで騰貴してこれに対する騰貴思惑の余地がなくなったときに相当長期を目標として解禁の時期を定め財界をしてこれに順応させるほかはないと考えていたのであったが、当時の取引の停頓、不景気の深刻、失業者の続出、中産以下の窮迫、人心の不安などの状況をみるにつけて、それは採用してはならないという考えになった。三土は浜口内閣が金解禁の準備として財政緊縮と消費節約を行い、物価を引き下げ輸入を抑制して国際収支のバランスをとって金の流出を防ごうとする政策に反対する。この際、政府は無理をして金解禁を行うという計画を断念し、同時に消費節約の宣伝を打ち切って、萎縮した人心を一新し、停頓した経済機能を復活させ、積極的に国際貸借の改善に必要な施策を講じ、経済の実勢によって為替相場がある程度まで回復するのを待って、金解禁を実施すべきである、と主張している[491]。

三土は世間の誤解を次のように批判する。政府は緊縮節約をすれば一時は不景気になるけれどもこれは伸びるために縮むのであると説き、世間多数の人はそれを誤解して不景気は金解禁までのことで、金解禁すればたちまち景気が回復すると考えているが、それはとんでもないことである。国際貸借の実勢により為替相場が平価に近づくのではなく、政府が急に為替相場を吊り上げて金解

---

489) 久保久治（弁護士）『金解禁亡国論――井上準之助氏に與ふ』久保法制経済研究所、1929年10月、序文、11ページ。
490) 高橋是清 [1936b] 252ページ。
491) 『日本金融史資料　昭和編』22巻、563ページ。長幸男 [1973] 97–110ページ。

禁を行うとすれば、次のことが起こる。①外国品が急に安く輸入されるから内地製品が圧迫を受ける。②内地製品が外国品に押されて急に安くなると、一般に事業会社の利益が少なくなって株式の価格が下落する。③輸入が増進し、輸出が減退して正貨が海外へ流出して通貨が縮小し、金利が上がり、生産費が高くつくようになって、これがまた事業界に打撃を与える。したがって、金解禁をすれば不景気は当分の間いっそう甚しくなることを覚悟しなければならないのである、と[492]。

(3) 農林参与官の金解禁政策批判

金解禁の評価については、とくに当時の日本の中心産業であった農業への影響が検討されなければならない。金解禁の影響は、為替相場変動と同様に、工業分野にとどまらず、あらゆる分野に影響を及ぼすのであり、ことに農業に及ぼす影響は深刻であった。この見地からの金解禁に対する激しい反対があった。ここでは政友会所属衆議院議員で前農林参与官であった砂田重政の「金解禁と農村」という論文を紹介しておきたい。この論文は金解禁政策を以下のように激しく批判している[493]。

> 政府は金解禁のために緊縮政策を行っているが、これ以上緊縮の余裕を持たない沢山な民衆が在ることを忘れてはならない、財政緊縮により、物価が下落し、農産物の価格が下落し、「**農漁村に散在する多数者が其犠牲者**たる」事は明瞭である、農村振興費は削減されている、……金解禁の必要なる事は何人もこれを認めていながら、今日までこれが実現しなかったのは農漁村の者の損害と一般経済界に及ぼす打撃が容易ならざるものであり、庶民階級殊に労働者農漁村民に大なる苦痛を与えることがいかにも忍びなかったためである、農漁村民と労働者に金解禁の犠牲を強いるわけにはいかない、金解禁は準備を整え、それによる打撃の排除に細心の注意を払い、産業の振興、輸出の奨励、輸入の防遏に全力を尽して貿易の均衡を図り、国の信用の増進に

---

[492] 三土忠造、前掲「金解禁と緊縮政策の批判」『日本金融史資料　昭和編』22巻、562-563ページ。

[493] この論文は三土忠造『金解禁と緊縮政策の批判』（寶文館、1929年11月）に付録として掲載されている。

努めるべきである、財政緊縮を主張する井上蔵相は国民を欺瞞するものものであって、その主張は虚偽である。

以上のように金解禁準備期にはなお強い金解禁反対論が存在していたのであった[494]。金解禁の実行には、それを支持する輿論化が進展していたとはいえ、未だそれに対する一般的信認は確立していなかったのである。このような状況のもとで金解禁が政策的に断行されることとなったのである。

---

494) 国民経済研究会『井上準之助論』（文修堂書店、1929年9月）も、井上準之助を日本を不景気のどん底に叩き込む者として批判している。

第6編　金輸出の解禁実施と再禁止

第12章　金解禁実施下の正貨政策
——再建金本位制の内実——

第1節　金解禁維持政策

1　金解禁継続支持輿論の維持政策

　1930年1月11日の金解禁断行後、金解禁と世界恐慌による不況のもとで金解禁批判が台頭したが、井上準之助蔵相はこのような金解禁批判に対して防戦した。井上の金解禁論は経済の立直し、産業合理化を目指したものであって、その主張・信念はこのような事態に直面しても揺らぐことはなかった。

　井上蔵相は、1930年8月に発行した一般国民向けの本の中で、アメリカ金解禁後に生じた日本の不景気の事実を認めていた。この不況は物価の暴落、産業貿易の不振、失業の増加に表れていると述べている。世界的不景気による影響と日本の特殊事情から生じたものととらえていた。世界的不景気の直接的原因は主要食糧品・原料品・農産物の生産過剰と、アメリカおよびイギリスの海外投資の激減による後進国の信用梗塞（とくに原料生産国の資金難、各国の購買力の減退）と、各国、ことにアメリカの不況による購買力の減少であるとみなした。各国の剰余生産品の処分や銀相場の低落による中国の購買力の激減も輸出に悪影響を及ぼしたと述べている。日本の特殊事情としては財政・経済の膨張が指摘されていた。これに対しては金解禁の準備として緊縮・消費節約がなされたとした。井上は不景気というものは長く続くものではないと考えていた。金解禁による物価下落は生産費の低減をもたらし、為替相場の上昇による不利はこれによって打ち消される、金解禁によって外債借換もでき、為替相場の低落も阻止できた、物価下落によって輸入を減らすことも可能であったと論じた。

第6編　金輸出の解禁実施と再禁止

農産物生産過剰とアメリカの海外投資激減状態がいつまでも続くとは考えなかった。財界に対する根本策として、企業の根本的整理をして、借入金を整理し、配当金を減じ、経営の立直しを図り、生産過剰に対しては需要の程度に応じて生産制限を行うべきであると主張した。井上は不況下において事業の整理を引き延ばすことに反対し、金の輸出を禁止することは日本経済を破壊させるものとみなした。

金解禁に伴う調整作用と、当時襲来した世界的不況の影響を受けて経済界は困難に陥り、地方の銀行が動揺した。日銀は金解禁実施後、金融引締政策をとっていなかったが、放漫金融政策は採用せず、弾力的貸出を行わない方針をとっていた[1]。だが、このような事態に直面して通貨当局が何も対策を講じなかったわけではなかった。日本銀行は日本興業銀行に対して特別融通を実施し、同行に救済融資を行わせた。また銀行動揺に対する特別融通も実施した[2]。

井上蔵相は、不景気に際して自己のなすべき奮闘努力を続けていくことが国民の信念でなければならないということを国民に訴えたのである[3]。

井上準之助はこのように著書を通じて金解禁の継続を支持する輿論・世論の維持に努め、金解禁実施後の経済立直しと産業合理化を図ったのである。

井上はとくに、金本位制維持に大きな役割を果たす財界における金解禁支持輿論の維持に努めた。イギリスの金本位制停止後、金本位制に対する一般的信認が揺らいでくると、この活動が活発化する。1931年10月10日には、井上蔵相は、郷誠之助（日本商工会議所会頭）を説いて、その肝入りで政府と財界代表者との懇談会を開いた。出席者は若槻礼次郎首相、井上蔵相、桜内幸雄商工相ら政府首脳、中央銀行からは土方久徴日銀総裁、そして団琢磨（三井）、木村久壽彌太（三菱）、池田成彬（東京手形交換所）、各務鎌吉、串田萬蔵（東京銀行

---

1) 日本銀行調査局「金解禁下の財政金融事情について」（1954年6月）『日本金融史資料　昭和編』第20巻、207ページ。
2) 日本銀行百年史編纂委員会編［1983b］475－482ページ。地方の銀行への特別融通に関しては、日本銀行は、更生の見込みのある銀行に対しては、成規融通のほか、成規外有価証券、手形等を担保として特別融通を行って動揺の拡大防止に努めた（日本銀行「金解禁後における金融界動揺と特別融通」『日本金融史資料　昭和編』第24巻、530ページ）。
3) 井上準之助『世界不景気と我国民の覚悟　附録　世界不景気の基本的解説』経済知識社、1930年8月、本篇、1－9、19－21、26－30、39－41、53－54、60－62ページ、附録1－2、41－43ページ。

集会所)、八代則彦(大阪銀行集会所)、岡崎国臣(東京株式取引所)、矢野恒太(保険協会)、郷誠之助(東京)・稲畑(大阪)・岡崎(神戸)・大沢(京都)・伊藤(名古屋)・渡辺(日本)の各商工会議所代表者といった東西の実業家であった。この懇談会で井上は金解禁政策の継続を力説し、財界の協力を求めた[4]。

11月4日に政友会の政務調査会理事会が金輸出再禁止の必要を決定すると、翌5日に民政党はこれに反論し、「金再禁止予断は不謹慎」であるという声明を発表した[5]。政府は金解禁維持について金融界および産業界の協力を求め、11月6日に第2回懇談会が開かれ、席上、大阪商工会議所代表の稲畑勝太郎が、「人心動揺のこの際」我々も再禁止の必要なき旨の声明をしてはどうかと提案し、一同これに賛成し、池田成彬、八代則彦、郷誠之助、稲畑勝太郎を代表する有力者は政府の意を体して金本位制擁護に関する申合せを発表した。もっとも、その影響は大きくはなかった[6]。

井上蔵相は輿論の動向を注視していた。政友会代議士会(議員総会)の金輸出再禁止決議が11月10日になされると、同蔵相は「人心に影響するところあらんことを恐れ」、ただちに(同日に)金本位維持声明を発表したのであった[7]。

また11月10日には井上蔵相は(みたび)財界有力者と懇談会を開き、実業者側が翌日、日本商工会議所常議員会の名をもって「金本位制擁護に関する声明書」を発表するように運ばせた。ただし、東京商工会議所はこの決議に参加しなかった[8]。

11月24日、井上蔵相は大阪財界の有力者のうち最も信頼を寄せていた十数名を日本銀行大阪支店に召集し、秘密懇談会を開いた。席上、金本位制維持は自分の不動の「信念」であること、ドル買いというような非国民的所業に対しては金利引上げ、正金銀行の統制売りなどの対抗策を用意しており、結局、金融政策の圧力でドル買いをなくす自信があると、所信を披瀝した。青木国庫課長

---

4) 大蔵省昭和財政史編集室編『昭和財政史』第10巻[1955b]、287ページ。青木一男[1981] 71ページ。大道弘雄編『朝日経済年史』1932年版、朝日新聞社、29ページ。
5) 『日本金融史資料 昭和編』第21巻、443ページ。
6) 深井英五[1941] 239ページ。青木一男[1981] 71ページ。
7) 朝日新聞社編・刊『朝日経済年史』1932年版、34ページ。『日本金融史資料 昭和編』第21巻、402-403ページ。
8) 大蔵省昭和財政史編集室編[1955b]、290ページ。『日本金融史資料 昭和編』第21巻、444-445ページ。

は蔵相の執念に驚いている[9]。井上蔵相は12月11日の辞表提出後、金輸出再禁止は絶対にしないことを声明した[10]。

このように金本位制維持に対する多くの人々の強い支持（社会的信認）もまだ残っていたのである。これは井上蔵相が財界などに働きかけた結果でもあった。金輸出解禁の維持政策は単に輿論に対応するというようなものではなく、政府からの働きかけ、説得を受けて形成された世論や輿論に支えられていたのである。

1931年11月から12月初めにかけて金輸出再禁止をめぐって政治上の激しい対立が生じていたが、浜口民政党内閣は実際には大衆向けに宣伝していたほどに金解禁に基づく事態を楽観視していたわけではなかった。上述の経済危機は社会不安を醸成させたのであり、すでに1930年9月15日の枢密院の精査委員会（ロンドン海軍軍縮条約をめぐって審議）において、浜口雄幸首相は「今日社会の不安は極度に達して」いることを認めていたのである[11]。浜口内閣の後を受けた若槻民政党内閣は前述の11月10日の政友会による金輸出再禁止決議後も続投の意思を固めていたが、これは若槻礼次郎首相が金解禁政策を楽観視していたからではなく、事態を「非常に心配はして」いたけれども、政変の動きが「資本の逃避が始まるといふ危険千万な結果」をもたらすのを恐れたことが大きな要因となって、辞任の気配をみせなかったのである[12]。

2　金解禁実施下での産業合理化

（1）　金解禁実施と産業合理化

金解禁に産業合理化の意図があったことは、金解禁実施後さらに明らかとなる。浜口雄幸は、金解禁の断行は国際経済の常道に復することだととらえてい

9）　青木一男［1981］72ページ。
10）　『日本金融史資料　昭和編』第21巻、403ページ。
11）　ロンドン海軍軍縮条約の是非をめぐって政変が起きて政府が変われば、金輸出再禁止が行われる可能性があるという噂が立っていることを憂慮していたのであった（原田熊雄『西園寺公と政局』第1巻、岩波書店、1950年、167ページ）。
12）　原田熊雄、同書、第2巻、128、141ページ。同首相は、金輸出再禁止が円に対する信認の崩落を招き、金流出と為替相場の大幅な低落をもたらし、これが輸入と外債に依存する我が国に打撃を与えることを危惧したのであろう。

た[13]。だが浜口は、金解禁を実施することを声明したときに、金解禁は国民経済発展の第一関門を突破したにすぎず、今後はますます国際貸借の関係を改善し金本位制を擁護して、財界の回復とその健全な発展を図らなければならないと述べた[14]。

井上大蔵大臣も金解禁決行当日、「堅実な基礎が出来た以上、其の基礎の上に立って、今後大いに我国の産業、貿易の発達を図って行くことが政府の責務であり、又国民一般の決心で」なければならない、このようにしてはじめて、日本経済は更生することができる、これが「金解禁後の経済界に対する唯一の活路」であると語っている[15]。

浜口は金解禁予告声明後すでに、金解禁は日本経済を常道に復帰させ財界を安定化させる第一歩にすぎないと述べるとともに、産業の合理化、能率の増進に言及している[16]。

浜口雄幸は1929年12月に、金解禁後における国力の培養に関して最も重要なものは産業の合理化であると演説していた[17]。金解禁と産業合理化はまったく同じものではない。浜口は、産業の合理化運動の目的はできるだけ優良な品質の商品をできるだけ安価に生産し、これをできるだけ経済的に需要者に分配することにある、このために一面では、科学的管理方法を採用し、かつ規格の統一や、工場施設の単純化を行い、能率の増進を図るとともに、他面では事業の合同および協定を促進して、無駄排除に全力を尽す必要があると述べていた[18]。

浜口内閣は1930年1月に産業合理化を提唱した[19]。1月20日に臨時産業審

---

13) 浜口雄幸「全国民に訴ふ」(1929年8月)『日本金融史資料　昭和編』第21巻、395ページ。浜口雄幸「強く正しく明るき政治」(1930年1月28日)川田稔[2000]218－219ページ。
14) 浜口雄幸「金解禁に際して」(1929年11月21日)『日本金融史資料　昭和編』第21巻、396－397ページ。
15) 井上準之助「金解禁決行に当たりて」(1930年1月11日ラジオ放送)『日本金融史資料　昭和編』第21巻、516ページ。
16) 浜口雄幸「大阪経済更新会発会式での挨拶」(1929年11月27日)川田稔[2000]191－192ページ。
17) 浜口雄幸民政党関東大会演説「当面の国情と金解禁後の対策」(1929年12月16日)川田稔[2000]198ページ。川田稔[2007]169ページ。
18) 川田稔[2000]198ページ。
19) 浜口雄幸、前掲「強く正しく明るき政治」219ページ。

議会が設置された。同審議会の第1回総会（2月3日）の挨拶の中で浜口首相は、産業立直しのために最も急を要するものは産業の合理化であると述べている[20]。旧平価解禁や産業合理化政策は、ともに国際的な経済競争力強化という総合的な政策目標から設定されたものであった[21]。

産業合理化政策を民政党は金解禁後の政策と位置づけている。産業合理化の目的は廉価優良の商品を多量に生産して、内は国民生活の安定に資し、外は販路を海外に拡張して国際的経済競争に勝つことにあった[22]。だが、金解禁政策に産業合理化の狙いがあったことが看過されてはならない。

金解禁維持論者が産業合理化を求めていたことは、以下のような事実からも明らかである。

井上準之助は1930年4月の衆議院における財政演説で、各事業の合理化を図り、財界全般の整理を行うことが最も急務であると述べている[23]。井上は金解禁後の不景気対策として、根本的整理をして借入金の整理をし配当金を減じ、生産能力が過剰な場合に需要の程度に応じて生産制限をすることを挙げている[24]。

1930年5月に住友銀行専務取締役の八代則彦は、不況の原因を生産過剰と競争激化を背景とする世界的不況と、南洋諸国の関税引上げと銀貨暴落に基づく購買力減退という国際的要因、および経営の不合理という国内的要因に求め、不況の根本的対策としては財界の縦断的整理および横断的統制による経営の合理化を促進し、良品廉価を実現するほかはないと論じた[25]。

1930年6月28日に日本銀行本店においてシンジケート銀行時局懇談会が開催され、各シンジケート銀行代表者および日本銀行の土方久徴総裁・深井英五副総裁・理事・営業局長・名古屋支店長が出席した。臨席した井上蔵相は産業合理化達成について各銀行の協力を希望し、懇談会は銀行が協調して事業会社の整理を促進する（①銀行は産業合理化援助のために現に整理過程にある事業会社の

---

20) 川田稔［2007］170－171ページ。高橋亀吉［1932］第5巻、655－708ページ。
21) 川田稔［2007］170－171ページ。
22) 『民政』特別号（立憲民政党本部「第五十八議会報告書」）1930年6月、31ページ。
23) 井上準之助論叢編纂委員会編［1935］第3巻、362ページ。三和良一［2003b］86－87ページ。
24) 井上準之助、前掲『世界不景気と我国民の覚悟』39－43ページ。
25) 八代則彦「根本的対策は経営合理化の促進」『東洋経済新報』第1400号、1930年5月24日、1198ページ。

第12章　金解禁実施下の正貨政策

整理促進に対して関係銀行間に連盟を作る、②銀行は事業会社に対する金融上の競争を相互に抑制し、協調の精神をもって金融方面より事業の整理を促進し速やかにその安定を図ること、など）という申合せを行った。三井銀行筆頭常務取締役の池田成彬は、同年7月19日の日本銀行における国債借換条件協議会において、産業合理化のための銀行の協調的連盟に関する組織案を示し、出席した銀行家はすべてその趣旨に賛成した[26]。同年10月には銀行団共同出資による企業経営に関する調査機関として産業調査協会が設立され、また京阪電鉄、大日本人造肥料などに対して「連盟融資」（共同融資）が行われたのである[27]。

1931年1月30日の東京手形交換所新年宴会において深井英五は土方久徴日本銀行総裁の挨拶を代言したが、この中で「金解禁に依って我が経済の常道に復帰しました以上は、各々自力本位で我が財界の基礎をかためなければならぬ」、「我国の金解禁の成果を完全に収む為には、どうしても益々産業の根本的整理を遂げて貿易の伸張を図ると云ふの外はない」、日本の経済的地位を確保するためには、産業の根本的整理を行い、生産費を低下させて、収益の基礎を固めるとともに貿易の改善を図るほかはない、と述べたのである[28]。

（2）　商工省主導の産業合理化政策の展開

井上蔵相の意図した金解禁による財界立直し・産業合理化は、金解禁実施後にこれを前提とした商工省主導の産業合理化政策によってさらに推進されるこ

---

26)　「昭和五年日本銀行調査月報」『日本金融史資料　昭和編』第7巻、491ページ、東洋経済新報社編・発行『日本経済年報』第1輯、140-141ページ。

27)　日本銀行百年史編纂委員会編［1983b］472ページ。連盟融資が最初に実施された対京阪電気鉄道融資は、第一、三井、三菱、住友の各銀行ならびに三井、三菱の両信託会社が共同計算をもって1400万円の固定資金の貸出を行い、かつ巨額の貸付金の回収延期を合議した。次いで、大日本人造肥料に対しては日本勧業、日本興業、第一、三井の各銀行ならびに三井信託が年内に300万円の流動資金の貸出を行うことが決定された（前掲「昭和五年日本銀行調査月報」532ページ）。このほか、樺太工業、明治製糖、塩水港製糖、大同電力、東京瓦斯などに対する連盟融資がなされた。共同融資は、産業合理化、銀行界の協調体制樹立のためであった（日本銀行百年史編纂委員会編［1983b］472ページ）。日銀は金解禁実施後、金融引締政策をとっていなかった。日銀は金解禁後に、放漫金融政策の転換を決意し、弾力性のない貸出を行わない方針をとっていた（日本銀行調査局、前掲「金解禁下の財政金融事情について」207ページ）が、当時の不況下において、日本銀行は特別融通を行っており、連盟融資に対しては融資条件整備のための協力をした（伊藤正直［1989］240-241ページ）。

28)　日本銀行副総裁深井英五代読「金輸出解禁後の財界推移と将来の方針に就いて」『銀行通信録』第91巻第541号、1931年2月20日、177-180ページ。

1249

第6編　金輸出の解禁実施と再禁止

ととなる。

　産業合理化とは、国民経済的見地から、産業の振興を図り、あらゆる物資を低廉、豊富かつ優良にして、国利民福を増進するために施設する技術上ならびに組織上の一切の手段方法を総称するものである[29]。

　1927年5月公布の官制により設置された商工審議会が産業合理化を取り上げるようになったが、当時の田中内閣はこの問題に取り組まなかった。浜口内閣が成立すると、1929年9月、商工大臣俵孫一は産業合理化について商工審議会に諮問した。官民の代表者からなる「商工審議会産業合理化に関する特別委員会」が12月6日に産業合理化に関する答申案をまとめた[30]。12日に俵孫一商工大臣および政務次官と商工審議会幹事との協議会が開かれ、商工省の方策が審議されて同審議会特別委員会案が是認され、12月13日に答申案が内定した。この中で産業合理化のための中央案を策定した[31]。産業合理化など産業振興策のため、俵孫一商工大臣の1930年1月9日の閣議への提唱に基づいて、同月20日に臨時産業審議会（会長は浜口雄幸）が設置された[32]。

　同審議会特別委員会は、浜口雄幸に対して産業統制、規格統一、中小企業金融の円滑化、国産品愛用など、さらに調査・審議のための中央機関の設置を要請した。

　これを受けて、1930年6月に商工大臣所管の臨時産業合理局が設置され、以来、経済界立直しのための本格的な産業合理化政策が実施されることとなった。臨時産業合理局には産業合理化の基礎的具体案を審議する常設委員会（生産管理、財務管理・販売管理・消費経済・国産品愛用・統制に関する各委員会）と特定

29）　通商産業省編『商工政策史』第9巻、商工政策史刊行会、1961年、3－4ページ。従来の科学的管理法は私経済的なものであった。なお、臨時産業合理局事務官の岸信介は、自由競争の否定である協調とコスト低下の2つの指導理念に沿って行われる方策として、産業合理化を狭く規定している（同巻、8ページ）。同じく臨時産業合理局事務官だった勝部兵助は、産業合理化の手段として企業の集中、生産品の標準化、生産設備ないし作業方法の改善、配給・財務・事務方面の改善、内外市場の拡張を挙げている（同巻、8－10ページ）。

30）　高橋亀吉『日本資本主義の合理化』春陽堂、1930年、2－4ページ。出席者は俵会長、郷誠之助特別委員長、団琢磨、木村〔久壽彌太〕、湯川寛吉、鈴木、島、秦〔豊助〕、棚瀬一、河田烈の各委員、三井米松商工次官、吉野信次工務局長であった。後藤靖・山本義彦・松野周治編『昭和初期商工・産業政策資料集』第1巻、柏書房、1989年、300－443ページも参照。

31）　通商産業省編、前掲『商工政策史』第9巻、13ページ。

32）　高橋亀吉、前掲『日本資本主義の合理化』4ページ。

第12章　金解禁実施下の正貨政策

企業の合理化の具体的方法を審議する臨時委員会が設置された[33]。

また、日本商工会議所、日本工業協会などを通じて産業合理化の普及活動も実施された[34]。

我が国の産業界の難局を打開するためには過当競争を制限することが必要であると考えられ、1931年4月に重要産業統制法が公布（8月施行）された[35]。同法はカルテルの統制機能を利用して主要産業の安定化を実現し、その結果として雇用の安定化も実現しようとする経済統制法であった[36]。

国産振興は第1次世界大戦以来唱えられ、このための施策を政府が採用していた。1930年1月に臨時産業審議会が開催されると、2月に国産品愛用の普及徹底のために採るべき方策が諮問され、6月に金解禁の難局に処するためにさらに国産品愛用の普及徹底を期するための方策が答申された。臨時産業合理局が産業合理化事務とともに国産品使用奨励事務も取り扱い、同局の計画のもとに国産品使用奨励運動が展開された[37]。

第1次世界大戦以後に我が国で工業品の規格統一が本格的に行われるようになったが、臨時産業合理局が設置されると、同局が工業品の規格統一事業を推進することとなった[38]。

産業合理化は本質的には労働過程の再組織による人間労働力の強化手段であり、労働能率の増進を核心とするものであるが、日本の産業合理化は金解禁に基づく不況と世界恐慌のもとに展開された。このため、日本の合理化は、生産費低下と生産制限とを同時に解決するものとして展開された。大量生産に基づく積極的な技術上の合理化（新機械の採用、新技術の採用）よりも、むしろ賃金引下げ、労働時間延長、人員整理など労働強化に依存した能率増進による合理化として展開されたのである[39]。産業合理化はアメリカをはじめドイツ、イギリス、フランス、イタリア、その他のヨーロッパ大陸諸国、日本で行われたが、その具体的方策は国によって異なる。アメリカのような広大な国内販路を

---

33) 通商産業省編、前掲巻、19-110ページ。
34) 同上巻、111-157ページ。
35) 同上巻、158-170ページ。
36) 平沢照雄『大恐慌期日本の経済統制』日本経済評論社、2001年、78ページ。
37) 通商産業省編、前掲巻、171-186ページ。
38) 同上巻、187-225ページ。
39) 中村静治『日本産業合理化研究』ダイヤモンド社、1948年、87、89-92ページ。

有する国では、大量生産の必要上、諸製品の単純化が最も適切な合理化の方策となった。ドイツではカルテルが盛んに行われた[40]。日本の合理化は、ドイツのように産業の統制の側面に主力を注がなければならなかった[41]。

低廉な労働力の使用と合理化に基づく生産費の低下は、金輸出再禁止に伴う円相場の低落とともに、満州事変後の輸出貿易の飛躍的増大をもたらす基礎的要因となった[42]。金解禁の実行は金の大量流出と恐慌の深化をもたらしたという意味では失敗であったと評価することができる。だが、それを失敗とだけみることはできない。中長期的にみると、それは財界の整理、合理化が満州事変後の為替円安、財政拡大、金融拡大による景気の好転と輸出増進の基盤をなしており、日本資本主義の再編・強化、独占資本主義の最終的確立としての意義をも有していたのである[43]。

第2節　金解禁実施下の正貨吸収政策

1　国際収支の悪化とその改善策

（1）　国際収支の悪化

我が国では明治以来正貨吸収政策が採用されているが、このことは金解禁実施期（金解禁から金輸出再禁止までの時期）においても同じであった。同時期の正貨吸収政策について論ずることとして、これを関係の深い国際収支について最初に考察することとしよう。

---

[40]　吉野信次「我国工業の合理化」（1930年11月）通商産業省編『商工政策史』第9巻、272、277、280－285ページ。中村静治、前掲『日本産業合理化研究』は、日本の合理化は戦後の資本主義の一時的な安定によって増大した市場に適応するためになされたドイツやフランスなどの合理化とは異なると論じているが（91ページ）、満鉄調査部編『世界経済の現勢』（改造社、1940年）は、ドイツの合理化による生産費切下げは競争の排除などを通じて行われ、労働過程の強化、労働強化を伴うものであったと述べている（14－16ページ）。

[41]　高橋亀吉、前掲『日本資本主義の合理化』48ページ。

[42]　中村静治は、低廉な労働力の使用と合理化に基づく生産費の低下、および金の輸出禁止に伴う円相場の低落が輸出貿易の飛躍的増大をもたらしたと論じている（中村静治、前掲書、70ページ）。

[43]　宮本憲一［1968］185ページ。山本義彦［1989a］339－342ページ。浜口、井上の金解禁の意義について、津島寿一は、それが構造改革、企業合理化、コスト引下げの大きな動因となり、試練苦難を経て、金輸出再禁止後の為替低落という国際競争力の増加という条件も加わって、1933年以降の我が国貿易の進展を導いたと評価している（安藤良雄編［1972］70ページ）。

第12章　金解禁実施下の正貨政策

　日本の金解禁実施期には日本の貿易は異常に減退した。すなわち1929年から1931年にかけて輸出額は26億432万円から14億7951万円に、輸入額は27億6483万円から16億8612万円へと減少している[44]。日本は綿花をはじめとする原料品などの輸入に大きく依存し、貿易収支は基本的には入超構造を有していた[45]。1931年度には世界不況の深刻化と世界各国の保護貿易政策の強化（関税引上げ）、満州事変後には中国の排日貨運動の激化が、貿易をさらに減少させた[46]。貿易収支は入超金額が上記の期間に1億6052万円から2億661万円へと増大している。この間に貿易の逆調は依然として続いていたのである。もっとも、この期間に入超構造が深刻化したとはいえない[47]。

　貿易外収支のうちの経常収支をみると、1929年から1931年にかけて、収入が6億874万円から4億4676万円へ、支払いが4億2149万円から3億6314万円へとそれぞれ減少している。この間に貿易外経常収支の受取超過は1億8725万円から8362万円へと減少している。

　かくして、貿易および貿易外収支を含む経常収支が1929年の2673万円の黒字（受取超過）から1931年の1億2299万円の赤字（支払超過）に転化したのである。

　対外投資とその回収を示す貿易外収支の臨時収支（資本収支）については、1929年から1931年にかけて、収入が3億6763万円から4億3957万円へと増大したものの、支払いが4億6005万円から6億7224万円へと激増した。この間にこ

---

[44]　金額は日本銀行統計局編『明治以降　本邦主要経済統計』同統計局、279ページ。この統計数値は本土貿易額が掲げられており（内地・外国間取引、内地・台湾間取引および内地・朝鮮間取引を含む）、大蔵省編『財政金融統計月報』第5号（1950年）所載数値とは違っている。「本土収支」は本土（内地）の対外国および植民地収支を示すものであって、旧帝国の対外収支を示す「帝国収支」（内地・外国間取引、台湾・外国間取引、朝鮮外国間取引を含む）とは異なる。旧日本帝国を調査して日本本土の対外取引が明示されない『財政金融統計月報』の問題点については山澤逸平・山本有造［1979］125、141-142ページを参照。国際収支統計（本土）については山澤逸平・山本有造［1979］226-227ページも参照されたい。これは旧平価解禁と世界恐慌の波及の影響を受けたものであった（大蔵省昭和財政史編集室編『昭和財政史』第13巻［1963］77ページ）。

[45]　輸出の減少は一般的には金解禁不況および世界不況・恐慌による内外物価崩落と為替高による輸出不振の結果であり、特殊的には銀塊相場の崩落による対中国、対インド貿易の不振、アメリカの不況に基づく生糸の売行不振の結果であり、輸入の減退は内地購買力の減退、物価下落などによるものであった。

[46]　大蔵省昭和財政史編集室編『昭和財政史』［1963］77ページ。

[47]　大蔵省編．前掲『財政金融統計月報』第5号、39ページによれば貿易収支が好転しているとさえいえる。

1253

の収支における支払超過が9242万円から2億3266万円に増大し、貿易外収支（臨時収支）は大幅に悪化したのである。この悪化は、1つには外国人本邦投資の回収によるものであった。すなわち、この金額は1929年の2億3496万円から3億6908万円へと激増しているのである。また対外投資もこの間に2億2509万円から3億315万円へと増大し、ことに1931年に増加している。

貿易外収支における臨時収支（資本収支）の支払超過の増大は、金輸出再禁止の不安におびえた金融業者の資本逃避が大量に行われたことを意味するものであった[48]。

かくして国際収支（総合収支）の支払超過は1929年の6569万円から1931年の3億5565万円へと激増し、国際収支（総合収支）は大幅に悪化したのである[49]。このような状況は、我が国の金準備を海外に流出させることとなった。

（2）　国際収支改善策

深井英五は「財政経済上の施設（ママ）によって国際収支を改善し、正貨の輸出を防止するように努めなければならぬ」と述べている[50]。金解禁断行を「金解禁――全日本に叫ぶ――」の中で訴えた井上準之助は、日本の根本的立直しは経済の安定にあると考え、金解禁を手段としてこれを行い、このもとでの財政の緊縮と国民の消費節約の効果によって貿易状態を改善し、正貨の流出を国民の努力によって食い止めようとした。物価を引き下げ、生産費を引き下げて輸出貿易を振興し、産業貿易の基礎を確立し、輸入を減少させ、国際収支を改善し

---

48)　大蔵省昭和財政史編集室編［1963］79ページ。1929、30年頃には収入の側の「外国人本邦投資」における「国債売渡し」、「本邦会社借入金等」が増加している。これは外国銀行による解禁後の円高見越しによる日本への資本持込みが、具体的には我が国の既発債を購入したり、銀行預金を増加させたりコールに放出したり、という形をとったものであろう。これに対して解禁後の2年間に支払側で異常に増加するのは、「海外投資」における「外国債応募および購入」、ないし「外国人本邦投資回収」における「本邦国債買戻し」、「本邦会社銀行借入金預ヶ金返還」等である。この後者は、解禁前に投機的に流入した外国の短期的な資金が、思惑どおり円為替を高く売って引き上げたものであろう。一方、前者は、金融恐慌以来の融資の放資先を求め、かつ金輸出再禁止を見越して銀行・信託・保険会社および個人投資家などによってなされた資本逃避、いわゆるドル買いが、具体的には外国債への応募・購入ないし「本邦外貨債購入」という形をとったものとみることができる（林健久『「慢性不況」下の日本帝国主義』宇野弘蔵監修［1973］第6巻、224ページ）。

49)　日本銀行統計局編、前掲『明治以降　本邦主要経済統計』に基づいて計算。

50)　深井英五［1941］246ページ。

ようとした。日本国民の覚悟と緊張によって国際収支の改善を図ろうとしたのである[51]。そのために合理化を図ろうとし、日本の輸出を盛んにするために能率の増進に注意を払うべきであると主張した[52]。「金の解禁は単に為替相場の安定のみが全目的ではない。之れによって国民一般の緊縮気分を喚起し、公私経済の面目を一新し、産業の経営を合理化し、経済の根本立直しを行はんとする理想を其の中に包蔵して」いたのである[53]。この目的達成のためには旧平価解禁を目標とする外はなかった。これが井上の根本的正貨政策論であった。

金解禁のもとでの緊縮政策と産業合理化政策は、将来における日本商品の飛躍の基礎を形成しつつあった[54]。だが、それは短期的には国際収支改善と金防衛効果を及ぼすものではなかったのである。我が国では伝統的に、日本銀行の横浜正金銀行への外国為替資金供給による輸出奨励と正貨吸収が行われてきた。だが、この政策は金解禁実施期には大きな役割を果たしていなかったと考えられる。

浜口民政党内閣が発表した十大政綱に基づき、1929年に国際貸借審議会が設置された。同審議会は国際収支改善方策を審議した。この審議会の答申に基づき、1930年5月に輸出補償法が公布され、8月から同法が施行された。同法は「当業者に対する輸出金融の便を講し本邦商品の新販路を開拓し以て輸出貿易の振興を図る」ものであり、政府が為替銀行と包括的補償契約を取り結び、銀行が輸出手形を買い取り、政府が損失補償をするものであった[55]。

高橋是清は1929年9月に、輸入超過によって国際収支が逆調となっている状態のもとでは金の流出が避けられないと考え、金解禁を実施する前に国産を奨励して輸入を防遏する方策を採用すべきであると主張した。国内においていくら緊縮節約を徹底しても、国際収支が赤字では金解禁が困難であると述べている[56]。これが井上とは対立する高橋是清の根本的正貨政策論であった。だが、

---

51) 井上準之助「金解禁——全日本に叫ぶ——」『日本金融史資料 昭和編』第22巻、512、514、512、530ページ。
52) 井上準之助「経済更新会創立総会演説」(1929年11月27日) 井上準之助論叢編纂会編 [1935] 第3巻、271-272ページ。
53) 井上準之助「旧平価解禁論」(1929年8月稿) 井上準之助論叢編纂会 [1935] 第4巻、264ページ。
54) 大蔵省昭和財政史編集室編『昭和財政史』第13巻 [1963] 85ページ。
55) 同上巻、85-90ページ。

第6編　金輸出の解禁実施と再禁止

このような方策は金解禁期には基本的には採用されなかったのであった。

2　在外正貨の流出抑制・補充策としての外債発行とその限界

（1）　五分半利付外貨公債発行方針

　我が国の金本位制の維持については、従来から外債募集による内外正貨補充が実施されていた。再建金本位制期においても外債借換や外債募集による在外正貨の減少抑制、在外正貨補充が構想された。1905年11月に発行された第二回四分利付英貨公債（発行総額2500万ポンド）の未償還分2344万ポンドの償還期限が1931年6月1日であり、この償還が大きな問題となった[57]。

　この償還問題については、外債借換ではなく現金償還、あるいは内外債借換を行うべきであるという議論があった。すなわち『東洋経済新報』は、1929年9月28日号において、従来どおり現金償還が得策であると主張するとともに、近来有力者が唱えるようになった内外債借換が傾聴に値すると論じた。同誌は英貨公債約2億3000万円のうち、内地に輸入されているものが8000万～9000万円ある（約3分の1強）、したがって外国にある分は1億5000万円にすぎない、現金償還を行っても、正貨流出上からみるかぎり問題は少ない、と述べている[58]。もっとも、日本の政府や金融機関などが所有する日本外債は、内地に輸入されたのではなくロンドンやニューヨークなどで利払いを受けるために海外で保管されていたであろう。同誌は、金融事情が緊張している欧米市場では良好の募集条件を期待できない、日本では金融が緩慢となっているから新外債の利回りが6.5％以上となれば我が国の遊資がそれに投資されることとなる、もし新外債の大部分が輸入されれば、結局内債を発行して英貨公債を償還するのと同じ結果を招く、しかも無駄な手数をかけて外国の引受業者を儲けさせることとなる、と主張した。同誌は、アメリカで外債発行の許認可権を有してい

56）　高橋是清「金解禁に就て」（上塚司編『高橋是清経済論』千倉書房、1936年）『日本金融史資料　昭和編』第22巻、536ページ。
57）　156万ポンドは1912年以降1930年までの間に償還されていた（大蔵省昭和財政史編集室編『昭和財政史』第6巻「国債」［1954］119ページ）。
58）　「英貨四分利債問題　内外債借換論の抬頭」『東洋経済新報』第1368号、1929年9月28日、539ページ。

第12章　金解禁実施下の正貨政策

る国務長官が外債発行の前に金解禁実施を求めていることが事実であるとすれば、英貨公債借換のために金解禁という国家的大事件の実施時期が定められることとなる、これでは金解禁の実施に伴う打撃を軽微化するために日本が国民経済上最善の時期を自由に選んで金解禁の時期を定めるということが犠牲になると考えた。また同誌は、内外債の借換という方策には長所があることを認めた[59]。

第二回四分利付英貨公債の一部現金償還は不可能ではなかったと思われる。大蔵省は1929年1月に、第二回四分利付英貨公債（発行額2500万ポンド）の借換準備として、その借換条件を良好にするために、その一部（約1億円）の現金償還を考えていた[60]。在外正貨の多くは消尽したが多額の国内正貨が残存しており、1929年末の正貨所有高は13億4322万円もあった[61]。1930年末には正貨は減少しているが、それでも9億5968億円あった。兌換準備率は相当高かったから多少正貨が流出しても通貨政策には差し支えなかった[62]。入超による経常収支赤字は深刻なものではなかった[63]。金解禁後、金流出が生じた場合に保証発行を増加して、通貨の過度の収縮を緩和することは、あらかじめ考慮されていた[64]。したがって1930年には第二回四分利付英貨公債も正貨、金を出す気になれば、ある程度正貨で償還できたはずである[65]。

第二回四分利付英貨公債の一部内外債借換もありえたであろう。大蔵省は

---

59) 『東洋経済新報』は内外債借換により外債を減額させれば、日本の「対外信用」（国際信用）を向上させることができ、日本の在外公社債の値上がりを誘致することができる、市場に2億円内外の遊資があるので、これを公債に振り向ければよい、内債募集にはまれにみる好時機である、と論じた（前掲「英貨四分利債問題」539-540ページ）。せんだ　みのる［1999］881-882、886ページも参照。
60) 大蔵省「正貨補充策」（1929年1月10日）『日本金融史資料　昭和編』第21巻、354ページ。
61) 国内正貨は10億8821万円、在外正貨が2億5501万円あった。政府所有の金が1594万円あったから、兌換のための金準備は10億7227万円（金貨2億5291万円、金地金8億1936万円）であった（日本銀行百年史編纂委員会編［1986］334-335ページ）。
62) 深井英五［1941］246ページ。1929年末の兌換券発行高は16億4185万円であったから、兌換銀行券発行高に対する正貨準備（金準備）の割合は65.3％となる（後藤新一［1970］15ページ）。
63) 「国際収支の状態は、昭和五年に入超の減退を示し、昭和六年にも同じ状勢を続けた」（深井英五［1940］354-355ページ）。
64) 深井英五［1940］347ページ。1929年末の制限外発行高は4億4958万円に達していた（後藤新一［1970］15ページ）。
65) 「借替外債失敗」『東洋経済新報』（第1399号、1930年5月17日）は、「金解禁後の正貨現送程、正貨を出す気になれば、勿論正貨で償還が出来る」と述べている（1055ページ）。

1257

1929年1月に、同公債の現存額2億3000万円のうち、政府、日銀、正金銀行その他本邦人の所有に属するものが約1億2000万円あって、その半額は内債をもって借り換えることが可能である（外債借換あるいは現金償還必要額は1億7000万円）と推定していた[66]。

したがって、1930年当時の日本には外債を償却しうる経済力があったと考えられるのである[67]。また、深井英五日本銀行副総裁は、後述のように外債募集によって金本位制を維持すべきではないと考えていた。

井上準之助蔵相は金解禁実施直前に関西銀行大会において、日本の正貨の地位は安全であると表明していた[68]。日本銀行の正貨準備率は強固であり、解禁後の兌換請求に応ずることが困難ではないと金解禁実施前に国民に訴えていた[69]。

しかし実際には、井上蔵相は内心で金解禁後の金流出を警戒していた。金解禁準備策として英米でクレジット契約を締結し、また金融引締政策が活用できない状況下で銀行に金流出を行わないように説得し、金解禁実施後にも銀行に金現送の自粛を期待したのはその表れであった。金解禁後に円に対する為替投機の処理などのために金が流出すると、井上蔵相は深井日銀副総裁とは異なり、これを甚だしく憂慮したのであった[70]。津島寿一海外駐箚財務官は、1929年

---

66) 大蔵省、前掲「正貨補充策」354、356ページ。ウェストミンスター銀行（Westminster Bank）総支配人ジョン・レイ（John Rae）も、1930年3月中旬に、日本政府と日本の金融機関が転換対象となる第二回四分利付英貨公債外債未償還額の3分の1を保有していると述べていた（鈴木俊夫［2001b］178ページ）。『報知新聞』1930年3月28日付は、日本人保有の第二回四分利付英貨公債は1億3000万円に及ぶと述べている（せんだ みのる［1999］889ページ）。政府は政府海外正貨によって日本政府外債を買い入れて、在外金融資産として保有していた（岸田真［2003a］87-89ページ）。日本人あるいは日本政府保有分については現金償還によって必ずしも日本保有外貨が減少せず（円資金による支払いもありえたであろう）、また、海外投資家の意向を顧慮せずに内外債借換を行うことが、ある程度可能であったと考えられる。

67) せんだ みのる［1999］890ページ。

68) 英米金融市場の金利が低下して内外金利差が縮小するとともに民間銀行が金解禁に際して政府および日銀の方針に協力することを表明して内地の資金を海外に移すことをしないことを了解しているから、金解禁によって巨額の正貨が流出して、またこのために内地金利が昂騰するおそれはないと、井上は金解禁実施を前にして述べている（井上準之助「第二十八回　関西銀行大会演説」（1929年11月26日）井上準之助論叢編纂会編『井上準之助論叢』第3巻、256ページ）。

69) 井上準之助「金解禁──全日本に叫ぶ──」（1929年8月28日、全国中継放送、同年9月18日印刷物化）『日本金融史資料　昭和編』第22巻、522ページ。

70) 深井英五［1941］248ページ。

第12章　金解禁実施下の正貨政策

　当時、第二回四分利外債を現金で返すと在外正貨の底をはたくことになるから、どうしてもこれは借り換えなければならない、「わが国外貨の現状からいって現金償還する力がない」、と考えていた[71]。だが在外正貨が不足していることが問題であるとすれば、一般的に金解禁を行わずとも、政府が特別許可に基づき日本銀行から兌換により金を入手して現送し、政府在外正貨を補充することができたはずである。在外正貨の不足から外債借換えを主張するということは、結局は金準備の確保を重視するという政策を井上が選択したことの反映であると考えられるのである。

　井上準之助は、金の流出を防止し、十分な金準備に裏付けられた信用を維持することをきわめて重視したのであった[72]。井上準之助は、為替で外国に持っている金（在外正貨）と金そのものを日本から持っていかれるのとは、経済界に与える打撃、すなわち人の頭を刺激する点からいうと、大変な差がある、これは学問の理屈ではないが、実際の社会多数の人間の心理状態はそういうものである、したがってなるだけ金貨が急激にとられるような策は、金解禁に対しては避けなければならないと考えていた[73]。児玉謙次正金銀行頭取は、井上準之助大蔵大臣は深井英五日本銀行副総裁と異なり、金を売りたくはなかった、と証言している[74]。

　かくして井上準之助大蔵大臣は外債の借換発行方策を選択した。だが井上は日本が金解禁を声明するまでは、外債募集による金解禁準備に一切言及しなかった。これは金解禁実施以前に外債募集交渉をすることが困難であると考え、また外債募集のために金解禁実施を外国から条件づけられることは日本にとっての恥辱となると考えたからであった。国家の威信を尊重する井上は、1929年12月9日の富山県議会議事堂における講演会において、金解禁のできる前には、金解禁をしなければ2億3000万円の外債借換ができないということを日本の恥を恐れて公表できず、外国の金はいらないといっていた、と述べている[75]。井

---

71)　津島寿一「金解禁実施日の思い出～若槻さんとロンドン軍縮会議～」昭和大蔵省外史刊行会編［1967］付録、5ページ。津島寿一［1982］173－174ページ。安藤良雄編［1972］64ページ。
72)　三谷太一郎［2009］ivページ。
73)　井上準之助「金解禁前後の経済事情に就て」（1929年12月29日）『日本金融史資料　昭和編』第21巻、509ページ。
74)　「児玉謙次氏金融史談」『日本金融史資料　昭和編』第35巻、406ページ。

第 6 編　金輸出の解禁実施と再禁止

上が金解禁しなければ外国が 2 億3000万円の外債借換に応じないということを言い出すのは、金解禁実施を声明した1929年11月21日を過ぎてのことであった。

　国際投資国のイギリスでは過剰な貸出を避け、為替相場の安定を図るために金本位復帰が求められたが、投資受入国も金本位制に忠実であることが健全な財政政策と金融政策を行っていることのシグナルとなり、欧米主要国の資本へのアクセスを容易にするものであった[76]。英米の投資家は、日本が金本位制を採用しなければ前述の公債借換に応じようとはしなかった。金解禁と財政整理ができないような国の公債は引き受けることができないと考えていたのである。経済の安定なしでは、投資受入国が投資国から信認・信用されることが困難であった。井上は、金解禁実施を声明した日に、金解禁をしなければ日本政府外債の借換に外国が応じないという事実を公表しても差し支えないと考え、このことを明らかにした[77]。11月27日には外債借換を実施することが金解禁を実施することの 1 つの理由であると述べるようになった[78]。

　1929年春以来、内々で英米銀行団首脳部と話し合ってきた津島寿一海外駐箚財務官は、彼らは日本が金解禁を実行し、日本の対外為替が安定した後に借換を実行すべきだという意見を有しており、浜口首相、井上蔵相、若槻礼次郎ロンドン軍縮会議日本主席全権もこの点は熟知していたと述べている[79]。日本の金本位制復帰に外債借換の意図が含まれていたことは確かであろう。だが、外債借入のために金解禁が必然化されたというよりも、外債借入のための金本位復帰は金解禁の 1 つの要因にすぎず、それは井上蔵相の金防衛という政策判断によるところが大きいというべきであろう。

---

75)　井上準之助「経済更新会創立総会演説」（1929年11月27日）井上準之助論叢編纂会［1935］第 3 巻、264－266ページ。井上準之助講述『解禁禁事情と其の影響』富山県公私経済緊縮地方委員会、1930年 1 月、28－30ページ。ワシントン政府は金禁解ができない国がワシントンで公債を発行することを許さないということまでいっていると井上は述べている（同書、28ページ）。

76)　Michael D. Bordo and Hugh Rockoff, 'The Gold Standard as a "Good Housekeeping Seal of Approval",' *The Journal of Economic History*, Vol. 56, No. 2, June 1996, pp. 389-428. 鎮目雅人［2009］178ページ。

77)　井上準之助「金解禁に就いて」（1929年11月11日、生命保険協会講演）『日本金融史資料　昭和編』第21巻、489ページ。

78)　井上準之助「経済更新会創立総会演説」（1929年11月27日）井上準之助論叢編纂会［1935］第 3 巻、264－266ページ。『日本金融史資料　昭和編』第21巻、500ページ。

79)　津島寿一［1982］174ページ。

第12章　金解禁実施下の正貨政策

（2）　五分半利付外貨公債発行交渉

　金解禁は日本の外債借換交渉の道を開き、それを容易化した。日本政府は金解禁実施後、なるべく早めに外債借換を実行する打合せをしていた。だが実際には、この交渉はただちには進まなかった。1930年1月21日からロンドンで巡洋艦以下の補助艦艇の制限を中心とした軍縮のための会議が開催され、これに日本・イギリス・アメリカ・フランス・イタリアの5カ国が参加した。日米間の折衝は難航を極めた。外貨公債発行と外交・軍縮とは微妙な関係があった。第1次大戦後にイギリスでは大蔵省とイングランド銀行が海外投資に関して「道義的勧告」として関与するようになっていたが、外務省が影響力を行使することはまれであった。しかし、フランスやアメリカは外債発行の許認可権を外交政策の一環に位置づけていた[80]。「軍縮協定が成立しないと、恐らく借換も実行できないという懸念があった。然しこの借換え所作があるからといって、軍縮について日本の主張を曲げることはできな」かった。そこで若槻礼次郎主席全権は借換問題のあることは絶対におくびにも出さず、会議を続けた。

　軍縮問題の折衝はだんだんと煮詰まった。4月10日に日英米3国間に妥協案の基本が確定すると、若槻礼次郎主席全権は津島財務官に借換の内交渉に入ってよいという内話をした。そこで津島は、急遽この問題で英米両国の銀行団と折衝を始め、5月12日に借換公債契約調印をみるに至ったのである[81]。外貨公債借換は外交・軍縮という国際政治と密接な関係を有していたのである。

　この外債成立の背後には、英米銀行団の日本に対する「好意」、「信頼心」、「日本の海外における信用の向上」（国際信用の向上）があったことにも注目する必要がある。ドイツ賠償問題に関して1930年1月のオランダにおけるハーグ国際会議（ハーグ賠償会議）において、1929年にパリで成立していたヤング案が正式に決定されることとなった。これに基づいて6月にドイツの外債（3億ドル）が英米などで発行される予定になっていた。日本外債の借換はこれと競合することとなった。ドイツ外債が日本の外債借換に先行するとすれば、市場資金がこれに先に吸収される恐れがあったので、日本は外債借換交渉を非常に

---

80)　津島寿一［1982］174ページ。鈴木俊夫［2001a］　131－132ページ。同［2001b］176ページ。
81)　津島寿一「金解禁実施日の思い出——若槻さんとロンドン軍縮会議——」昭和大蔵省外史刊行会編［1967］付録、5－6ページ。津島寿一［1982］174ページ。安藤良雄編［1972］69ページ。

急いだ。英米銀行団は日本の借換公債をドイツ外債（この賠償公債は6月に発行）に先行するように取り計らった[82]。これは高橋是清、若槻礼次郎、水町袈裟六、森賢吾、津島寿一という帝国特派財政委員、海外駐箚財務官が日本の「海外における信用〔国際信用〕の向上」に尽力した結果でもあった[83]。

かくして四分利外債借換のために、1930年5月にニューヨークで五分半利付米貨公債7100万ドル（1億4243万円）が発行された。また同月にロンドンで五分半利付英貨公債1250万ポンド（1億2204万円）が発行されたのである。

借換外債の信用を維持するために減債基金が設けられた。減債基金に関しては、起債5年後から減債を開始し、毎年元利均等償還の方法で、満期までに全額を償還するように設定された[84]。

この外債は発行価格が額面の90％で、35年後に償還されることとなっていた。これらの外債の応募者利回りは6.2％であった。英米市場において日露戦争後に発行された既発の日本外債と比べると震災外債に次ぐ高利回りとなった。海外での応募状況は良好であったが、国内では高利外債に対する批判が生じている[85]。この事実は当時の国際金融市場において外債発行が容易でなかったことを反映するものである。

（3） 外債発行の限界

再建金本位制下の外債募集は第二回四分利付英貨公債の実施だけではなかった。政府は民間会社の外債計画を歓迎し、その実現に努めた。また民間会社においても、大同電力、日本電力および台湾電力などが外債発行交渉を進めている。

だが、当時の海外での起債状況は日本にとって不利であった[86]。第1次大

---

82) 津島寿一［1982］175ページ。大蔵省昭和財政史編集室編［1954］124ページ。鈴木俊夫［2001b］177ページ）。1930年1月20日に各国が調印（日本は帝国全権委員が署名）したハーグ協定は、我が国では1931年9月4日に批准された（『官報号外』1931年9月4日付）。
83) 借換外債の発行を実現した津島は、日本の対外財政が先輩によって強く築かれ、かつ深く培われたことに感謝している（津島寿一［1982］175ページ）。
84) 大蔵省昭和財政史編集室編［1954］131－134ページ。消極的担保条項はつけられなかった。同書、136－137ページ。
85) せんだ　みのる［1999］892ページ。前掲「借替外債失敗」1055ページ。
86) 大蔵省昭和財政史編集室編［1963］105ページ。

戦後、ロンドンの国際的金融センターとしての役割は後退していた[87]。アメリカの金融市場は1930年下半期以来の世界恐慌の波及により警戒を加え、長期起債がほとんど屏息(へいそく)同様で、外国公社債で同市場において募集されるものはほとんどなかった[88]。満州事変後に国際政治環境が悪化し、公募債の発行が困難となった。かくして1931年以後には日本外債の発行はそのほとんどが具体化するに至らなかった。

1931年2月には日本電力が150万ポンド（1464万円）の英貨債を発行している。だが、これは内地の起債難から日銀の在外資金補充に関係なく発行されたものであった[89]。

台湾電力が政府の元利払い保証を得て1931年7月にニューヨークで2280万ドル（4574万円）の外債募集に成功しただけであった。同社債が戦前において発行された、在外資金補充に関する日本外債の最後のものであった[90]。

このように再建金本位制下の正貨維持策としての外債発行には大きな限界があったのである。

3　金吸収策（金政策）

（1）　金吸収の概要

金解禁実施期、再建金本位制下においては金本位制維持のために金吸収が必要とされた。

日本銀行の金兌換準備としての金準備は、国際収支に基づく金の輸出入によって規定される。金解禁実施期には日本の国際収支は赤字であり、金流出をもたらす要因となっていた。したがって金の確保は、内地や植民地からの産金吸収や、国際収支と直接関係のない中国その他の東洋諸国からの金の流入に依存せざるをえなかった。再建金本位制の時期に日本銀行が内地正貨（金）補充策（金政策）を採用し、また特殊要因による金流入があったにもかかわらず、こ

---

87)　鈴木俊夫［2001a］140－141ページ。
88)　日本興業銀行外事部［1948］90ページ。
89)　大蔵省昭和財政史編集室編［1963］105ページ。
90)　日本興業銀行外事部［1948］91ページ。大蔵省昭和財政史編集室編［1963］105ページ。

第6編　金輸出の解禁実施と再禁止

れらは正貨準備の激減を阻止できなかった。とはいえ、それらが金準備補充によって金本位制を支えるのに一定の役割を果たしていたことが無視されるべきではない。

　1930年に日本銀行正貨準備が2億4700円以上激減する一方で、内地産金業者からの買入れ、銀安による中国からの密輸入、台湾・朝鮮・シベリア方面からの輸移入、および政府特殊現金としての金振替による金流入がこの時期に6800万円以上にものぼったのである[91]。

　金解禁実施期に日本銀行が受け入れた金兌換準備の金額は1930年に7031万円、1931年に7250万円となっている。

（2）　内地産地金の吸収

　日本銀行の金吸収策の第1は金地金の吸収であった。同行が兌換準備として受け入れた金の第1は地金であった。金貨買入がそれに次いでいた[92]。日本銀行は総計で1930年に5400万円、1931年に7191万円の金地金を受け入れている。台湾銀行からの特別買入分を除けば、その大部分は大阪支店が買い入れたものであった[93]。

　金地金吸収策としては、まず内地産金の吸収が挙げられる。1930年には日本内地産金額は朝鮮、台湾産金額を凌駕していた[94]。1925年頃から日本銀行の金地金受入れが途絶した後、金解禁実施が迫ってきた時期に産金業者が直接もしくは地金商の手を通して日本銀行に納入し始めていたが、金解禁後はこの傾向がいっそう助長された。1930年に内地産金で日本銀行に納入されたものは960万円以上であり、これは内地産金の約6割に及んだ[95]。

　金政策として日本では中央銀行の金買入価格引上策ではなく、日本銀行の金地金吸収資金融通が実施されていた。この施策が1924年12月にいったん中断されていたが、これが金解禁実施期に再開されることとなった。すなわち、1931年4月以降、内地金産額の4割以上を占めていた日本のトップ産金会社である

---

[91]　大蔵省昭和財政史編纂室編［1963］102−103ページ。
[92]　日本銀行が受入れた兌換準備の内訳は、1930年に金貨34万円、貨幣証書5400万円、米国金貨1596万円、その他1万円、また1931年には金貨55万円、貨幣証書7191万円、その他2万円となっている（日本銀行調査局『本邦の金に就て』［1932］第28表「受入兌換準備内訳調」）。この場合の貨幣証書は金地金を意味する。外国金貨も広義では金地金となる。

第12章　金解禁実施下の正貨政策

日本鉱業株式会社（鮎川義助が1928年に久原鉱業株式会社を引き継ぎ、翌年に日本鉱業株式会社を設立）が金の増産を図るために日本銀行から融通を受け、その産金をすべて日本銀行に納入することとなったのである[96]。

産金業者の日本銀行への金納入額は増加し、1931年中の金地金納入額は総産金の約8割にあたる1362万円に達した[97]。

金本位制が実施され、金の市中相場が造幣価格とほぼ一致する場合において、産金業者がその産金を日本銀行に納入するか市場に売り出すかは、産金業者が金銀分離設備を有しているかどうか、鉱山と大阪造幣局との距離によって決定されていた[98]。

（3）　朝鮮や台湾からの金の受入れ

第2に、朝鮮や台湾からの金流入もあった。その役割は小さかったが、植民地からの金移入の日銀金準備補充効果も無視することはできない。朝鮮から内

---

93) 日本銀行調査局［1932］附録「金に関する統計」第29表。金地金納入業者は、地金を成貨（金本位制下では金貨）に鋳造するために造幣局に輸納し、同局から成貨払渡証書（金貨証書）を受け取り、日本銀行がこれを当初は商業手形とみなして買い入れ、1899年11月以降は地金とみなして買い入れ、鋳造後金貨を取得した。日本銀行はこの金貨証書以外に外国貨幣、旧貨幣、定型金塊、雑金塊も一定の品位を有するものについては金地金として買い入れた。この買入に際しては、分析を要するものについては、東京造幣支局で、同支局が1907年5月に廃止された後は出納局直属の地金分析所で、1924年4月15日に同分析所が廃止された後は大阪造幣局で分析をした後に買い入れた。分析所廃止後は、日本銀行は、売却を申し込まれた地金銀を大坂支店経由で造幣局にいったん輸納し、試験の後、（造幣局が振り出した）貨幣払渡証書（および銀地金預証書）を買い入れることとなった。1930年、1931年に日本銀行が受け入れた兌換準備中の金地金は、米国金貨買入を除けばすべて貨幣払渡証書を同行が買い取ったものであった。これらについては、日本銀行沿革史編纂委員会編『日本銀行沿革史』第1輯［1913、1976］第2巻第7章、第9章、日本銀行審査部『日本銀行沿革史』第2輯［1991］第3巻第11章、第12章、大蔵省編『明治大正財政史』第14巻［1937b］602ページ、本章注93の「金に関する統計」第28表、本章注214の「諸計表」中の「内地保有本行正貨受払高（自大正5年1月11日至同12月31日）」を参照されたい。
94) 1930年における朝鮮の産金額は662万円、台湾の産金額は65万円と、植民地産金額は内地産金額1612万円よりもはるかに少なかった（同上附録、第3表「内地、朝鮮、台湾産金調」）。
95) 日本銀行調査局［1932］64-65ページ、第29表。産金業者が地金問屋に払い下げる地金価格は解禁後5円5厘ないし2銭となり、日本銀行への納入と比較して利益はわずかに5厘ないし2銭となったために金銀分離設備のない山金（鉱床から産出）業者の日本銀行への金納入が増加し、市中への金供給が減少した。金輸出解禁後に金の造幣価格がほぼ一定となってからは、金銀分離設備のない業者は、多くは分析できない金を造幣局納めとした（同上書、29ページ）。
96) 同上書、16ページ。ただし、金輸出再禁止後には同社の金の日本銀行への納入はまったく行われなくなる。
97) 同上書、65ページ、附表第29表。

1265

地(台湾を含む)に流入した金(中国密輸出金を含む)は1930年に2663万円、1931年に3934万円であった[99]。1930年における朝鮮からの金移入額は同年の内地産金額を凌駕していた。したがって、朝鮮からの金移入が金解禁実施期の金確保に寄与していたといえるのである。日本銀行(大阪支店買入分)は朝鮮産金を1930年に563万円、1931年に952万円買い入れている[100]。

台湾から内地(朝鮮を含む)に流入した金はわずかであった。だが、日本銀行が台湾銀行から貨幣払渡証書を通じて特別に買い入れた金があり、その額は1930年に450万円、1931年に599万円となっている[101]。

したがって、植民地(朝鮮、台湾)からの金吸収が日本の金吸収を補完していたのである。

(4) 中国からの金の受入れ

日本銀行における第3の金地金吸収策は中国金の受入れであった。中国は銀貨国であったが、細工用、歯科医用の実需のほかに金銀比価の変動を利用した

---

98) 金銀分離設備の有無に関して述べれば、産金業者が日本銀行に金を納入する目的をもって造幣局に産金を輸納する場合は青金(金銀の合金)のまま輸納し、同局では分析料を徴収することなく金と銀の相当代金を支払った。1897年に金貨鋳造手数料が無料となった(同年制定の造幣規則による)。1897年制定の金銀地金精製及品位証明規則第10条では造幣局へ輸納した金地金を精製する場合に手数料が徴収されることとなっていたが、1899年の勅令第38号により、精製手数料は徴収されないこととなった。1918年には工芸材料としての金に対する金需要の増大に伴い、造幣局は精製手数料を徴するようになったが、貨幣用金を輸納する場合には精製手数料は依然として徴収されなかった(大蔵省造幣局編[1953] 29、31、63ページ)。自山に金銀の分離設備がなく、産金業者が造幣局または他の金山に分金料を支払って分析を依頼するときは、金の卸売値段が1匁5円2銭5厘以上でなければ市中売りは引き合わなかったから、それ以下の場合は5円で造幣局に納入するものが多かった(三井鉱山、住友別子、鯛生金山など)。これに反して、金銀分離設備を有するものは、金価格が5円2銭5厘以下で青金のまま造幣局に輸納するのが有利な場合でも、分金設備を休止できないために、金の市場売りを余儀なくされることがあった(日本鉱業、藤田鉱業など)(日本銀行調査局[1932] 65-66ページ)。鉱山と大阪造幣局との距離に関しては、藤田、古河、日本鉱業など関東に金山を有するものは鉱山から大阪までの金現送費(金利、運賃など)が関西の鉱山よりも割高であったから、日本第一の金消費地である東京に接近し、古くからの慣行もあり、東京金市場で売却を行うことが多かった(日本銀行調査局[1932] 65-66ページ)。小産金業者は採掘金鉱石をそのまま大産金業者に販売するものが多かった。古金も取引されていた(日本銀行調査局[1932] 27、35-36ページ)。

99) 同上書、23ページ。第16表。

100) 同上書、附録第29表。

101) 同上表。台湾銀行は兌換券発行準備として日本銀行から(造幣局発行の)貨幣払渡証書を購入し、準備からそれを外した場合にはその証書を日本銀行に売り戻す特別契約を結んでいた(日本銀行調査局[1932] 69ページ)。

投機的金需要があった。銀価の低落は手持金の利食いのために金の供給を増加させるとともに中国の対金貨国向為替相場を低落させ、中国から日本への金流出をもたらした[102]。中国は1930年5月に金輸出を禁止したが、6月以降、日本へ向けて多額の金の密輸出が行われている[103]。中国から流入した金の一部は直接市中で消費されたが、その流入金の大部分は日本銀行に納入されたと考えられる[104]。日本銀行（大阪支店買入）は1930年中3338万円、1931年4188万円の中国産金を受け入れた。これが当時の日本銀行兌換準備増加の主要原因となった。金解禁実施期に日本銀行が兌換準備として受け入れた金地金のうち、中国の標金の受入額は1930年において地金受入総額の67％、1931年中は63％を占めていた。その他は内地、朝鮮、台湾の産金であった[105]。金解禁実施期に中国からの金の買入が日本銀行の兌換準備としての金の受入れに最も寄与していたのである。

中国からの金が日本に流入した経路には、直接内地に流入する場合と朝鮮や台湾を経由する場合とがあった[106]。

（5） 外国金貨の買入、小口金貨の受入れ

日本銀行の金吸収策の第4は外国金貨の受入れであった。その大部分は1930年1月の金解禁と同時に（同月に）政府から買い取った米国金貨（1596万円）であった。一般から買い入れた外国金貨や交換による金貨の流入はきわめて少

---

102) 日本銀行調査局［1932］58-60ページ。
103) 日本銀行調査局［1932］61-62ページ。中国政府は1930年5月に金輸出を禁止した。金輸出禁止により金の現物相場が暴落したために、金の現物は対金貨国向為替相場に比して割安となり、標金（上海で通貨の代用とした長方形の金塊）の現送による利益が多額にのぼり、金の密輸出が激増した。1930年下半期に銀価安定により現送利益が減少した後、1931年初めに銀価が暴落して現送利益が拡大して、日本に向けて多額の金が再び現送された。満州事変後、中国から日本への金の現送が途絶した。以上については同上書、59-61ページ、同上書、附録、第23、24、26表、参照。
104) 同上書、66-67ページ。
105) 同上書、64、66-67ページ。
106) 同上書、67-68ページ。中国の港から日本内地に直接流入した金は1930年に906万円、1931年に911万円であった。この額は両年とも日本の金輸入額（植民地からの移入額を除く）のほとんどすべてを占めていた。朝鮮経由の中国の金の流入は、直接中国から日本内地に流入するものをはるかに凌駕していた。台湾を経由した中国金の流入は少額であった。以上については同上書、62-63ページ、第15、24、25表、参照。

額であったのである[107]。

　日本銀行の米貨買入価格は、1919年8月1日以降、磨損による減少を見込んで100ドルにつき200円26銭と金平価200円61銭よりも低く定められていた。このために磨損の程度が少ない米国金貨は地金として納入されることが多かった[108]。

　金解禁が実施された後、日本金貨の自由熔解が可能となり、日本銀行において兌換された本邦金貨が金の国内市場供給の一源泉ともなった[109]。

　日本銀行の受入兌換準備の中には小口金貨の受入れもあった[110]。

4　正貨維持、金防衛策としての公定歩合操作

（1）　金解禁実施当初の正貨維持策としての公定歩合引上げの回避

　一般的に正貨維持、金防衛策として重視される公定歩合操作が、再建金本位制下の日本においてどの程度活用されたのであろうか。

　長幸男氏は井上準之助蔵相の金本位理論はイギリスの金本位制復帰への途を導いたカンリフ委員会の伝統的理論に等しいものと解釈された[111]。だが、この解釈は必ずしも正確ではない。カンリフ委員会は、国際収支が悪化して金が流出しイングランド銀行の金準備率が低下した場合には、公定歩合が引き上げられて総需要が低下し、これによって物価が低落し、この結果、国際収支が改善するとされていた。同委員会は、公定歩合の引上げが海外からの短期資本の流入をもたらして国際収支が改善することも認めていた[112]。これに対して井

---

107)　同上書、69ページ、第28表「受入兌換準備内訳調」。本章注214）の「内地保有本行正貨受払高」によれば、外国金貨買入については、1930年には、政府内地所有分1596万円以外には、27万円が買い入れられただけであった。また兌換券との交換による金貨受入は34万円だけであった。

108)　同上書、69-70ページ。大蔵省編『明治大正財政史』第14巻、858ページ。

109)　日本銀行が直接（正金銀行の手を通さず）、その所有米貨を法定平価（100ドルにつき200円61銭）をもって地金商その他の消費者に払い下げることも行われるようになり、再び米国金貨の払下げが開始された。だが当初それは少額にとどまった。イギリスの金本位制停止後は思惑的に日本銀行所有の米国金貨が買い進まれている（日本銀行調査局［1932］40-41ページ、第33表「米国金貨払下調」）。

110)　これは小口の兌換によって市場に出た金貨で再び日本銀行に回帰したものであった。金解禁期中のこの金額は89万円と少なく、この期間中の小口兌換786万円と比較すると、小口金貨は697万円の支払超過となっていた（日本銀行調査局［1932］70ページ）。

111)　長幸男［1973］77ページ。

第12章　金解禁実施下の正貨政策

上準之助は、金解禁実施前後に財政緊縮と国民消費の節約によって国際収支の改善を図り、もって金本位制を維持しようとしており、金融引締めを緊縮政策から抜いてしまったのである[113]。

欧米では金解禁に際しては、金本位制維持のために必要な通貨の収縮または通貨膨張抑制が重視された。前章で記したようにモルガン商会のレフィングウェルは金防衛のために日本銀行の公定歩合引上げが必要であると述べていた。だが、日本においては金解禁準備期に主力を注ぐべき金融緊縮政策がほとんど取り上げられず、通貨収縮回避が要望された。レフィングウェルは日本銀行の政府からの独立性を主張していたが、金解禁実施当時、公定歩合の変更に大蔵省の意見と日本銀行の意見が非常に食い違ったというようなことはなかった[114]。井上準之助蔵相は1929年11月に、「金解禁後、日本銀行が利上をするやうに伝へる向もあるが、自分の考へでは、当分利上をするやうなことはしないつもりだ」と述べていた[115]。

金解禁実施期においても、公定歩合の引上げは1931年10月に至るまで行わなかった。

井上準之助は金本位制維持について公定歩合の引上げよりも銀行のモラル・サポートに期待していた。井上蔵相は「金本位の如きは政府や日本銀行が之を擁護するものではなくして、国民全体が之を擁護しなければならぬと考え」、とくに「金本位を破壊」する力を持っている金融業者がこの擁護にあたらなければならないと1931年11月に演説している[116]。

公定歩合引上げ、金融引締めによる金解禁準備、金本位維持が回避された大きな要因として、民間大銀行の遊資が多額の日銀当座預金を形成していて日本銀行の金融統制力が減退していたことや、特別融通が存在していたことが挙げられる[117]。

日本銀行の民間預金は1929年末に1億4056万円、1930年末に1億1263万円に

112）　春井久志［1991］129ページ。金井雄一［2004］46ページ。
113）　高橋亀吉［1955a］906−917ページ。宮本憲一［1968］183ページ。
114）　深井英五［1929］135−136ページ。日本銀行調査局「中根貞彦氏（日本銀行元理事）金融史談速記録」（1962年12月）『日本金融史資料　昭和編』第35巻、101ページ。
115）　『中外商業新報』1929年11月18日付。
116）　井上準之助「日本商工会議所第4回定期総会懇親会席上に於ける演説」（1931年11月27日）『日本金融史資料　昭和編』第21巻、530ページ。

第6編　金輸出の解禁実施と再禁止

達していた。このような状態では公定歩合引上げの効果が期待できなかった。日本銀行の補償法特別融通額は1927年5月11日から1928年5月8日までで総額7億6192万円に達した。1928年5月8日には日本銀行貸出残高（10億5785万円）の大半（84.3％）を政府補償特別融通（震災手形特別融通、補償法特別融通額、台湾融資法特別融通）残高（8億9176万円）が占めていた。補償法特別融通額の回収は遅々として進捗しなかった。その残高は1930年末に5億8543万円、1931年末に5億7574万円もあった[118]。この特別融通という固定貸しは公定歩合操作による整理回収を期待できなかった。その早期回収を図ることは、日本経済に大きな打撃を与えることとなった。金解禁実施後は不況・恐慌による金融引締め困難という事情が金融引締め困難要因に付け加わった[119]。

　金解禁開始後しばらく、日本銀行は正貨の流出があったにもかかわらず公定

117）　日本においては中央銀行の「最後の貸手機能」はほとんどの場合、「特別融通」（常軌に依らざる貸出）の形で発揮された。これが日本の特徴の1つになっていた。特別融通の中心形態は正規外の担保付貸出や無担保貸出であった。特別融通には政府の介入がしばしば行われた。個別銀行の救済のために特別融通がしばしば利用され、一時的な流動性資金供給だけでなく支払不能（insolvency）銀行への救済融資が頻繁に行われた。特別融通には日本銀行が独自の判断と自己の責任において実施する特融（本行口特融）と政府による損失補償のもとに実施する特融（政府補償口特融）の2つがあった。「本行口特融」は日本銀行の一般貸出の一環として融資されていた。政府補償口特融には「日本銀行ノ手形ノ割引ニ因ル損失ノ補償ニ関スル財政上必要処分ノ件」（略称「手形補償令」）（1923年9月勅令第424号）に基づく震災手形（「別口割引手形」）の割引、「日本銀行特別融通及損失補償法」（略称「補償法」）（1927年5月法律第55号）に基づく手形「第二別口割引手形」の割引、「台湾ノ金融機関ニ対スル資金融通ニ関スル法律」（略称「台湾融資法」）（1927年5月法律第56号）に基づく手形「第三別口割引手形」の割引があった。両大戦間の特融は、大震災後の応急資金供給を除けば、いずれも銀行預金の広範な取付けに対する支払資金の供給であった。

　　特融に対する日本銀行の姿勢は①個別銀行救済ではなく、信用秩序維持、財界の動揺が連鎖的に波及・拡大するのを防止、②自助努力先援助、③損失回避、④固定貸回避という原則に従うというものであった。しかし実際には、日本銀行の救済銀行化といわれる事態が生じてしまった。政府補償特融は、①安易な特融の実行、②貸出の長期化・過大化（金融恐慌時の日本銀行自身による特融は4～5年で回収されているが、手形補償令や補償法に基づく特融の場合は最終決算するまでに24年間もかかっている）、③政治的介入の将来、という問題点を有していた。それは財界の動揺防止だけでなく事後的な預金者救済の役割も果たしていた。以上については日本銀行金融研究所研究資料（納富康充執筆）「戦前期における日本銀行の特別融通について」（1989年）を参照。
118）　日本銀行百年史編纂委員会編［1983b］245－262ページ。永廣顕「金融危機と公的資金導入——1920年代の金融危機への対応——」伊藤正直・靎見誠良・浅井良夫編『金融危機と革新——歴史から現代へ——』日本経済評論社、2000年、第4章。
119）　日本銀行百年史編纂委員会編［1983b］248－259ページ。特別融通の整理回収が軌道に乗ったのは1934年以降のことであり、この回収作業が結了したのは1952年5月のことであった。

第12章 金解禁実施下の正貨政策

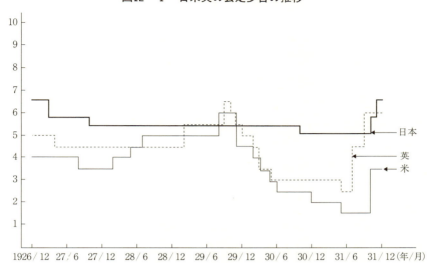

図12−1 日米英の公定歩合の推移

出所:皆藤実［1966b］29ページ。

歩合を引き上げなかった。特融が存在していたほか、景況が不振で金融は緩慢の状態にあったし、不況・恐慌が深刻化しつつあったからである[120]。池田成彬三井銀行常務取締役は、財界整理による日本産業の立直しを主張し、金解禁に即応した金融引締政策を採用すべきであると論じ、工業家の間にこれに対する反対論が強くなって井上準之助も思い切ったことができずに結局中途半端なものになってしまったと、井上準之助の金解禁政策を批判している[121]。井上は一般に考えられているように緊縮政策一辺倒の政策を採用したわけではなかった。それに当時の日本経済の厳しい現状を反映していたのである。図12−1をみると、日本の公定歩合は英米の公定歩合よりも高い水準にあった。

かくして金本位制復帰当初は金流出防遏策、金吸収策の代表的・伝統的な施策である公定歩合（引上）操作、金融引締政策は採用されなかったのである。

---

120) 同上巻、464−467ページ。
121) 池田成彬述［1949］152−153ページ。

（2） 公定歩合引下げの回避

　財界の不安を緩和するため、公定歩合引下論が1930年6月頃から強く台頭するに至った。だが、正貨が流出している状況で利下げを行うことは正貨流出をいっそう促進するという危惧から、政府および日本銀行は公定歩合の引下げを拒否した[122]。金融情勢は変態的にせよ緩慢であるといえるが、金解禁前と比較すれば幾分引き締まっているといえるから市場金利に追随して公定歩合を引き下げる理由もないということも公定歩合が引き下げられなかった理由の1つであった。

　当時は、公定歩合を引き上げて積極的に金流出を防遏し、金を吸収するということには至っていない。当時の公定歩合操作は、正貨吸収策としての積極的意義を有していなかった。だが、正貨流出を招く公定歩合引下げには反対するという意味では、それは正貨政策とまったく無関係ではなく、公定歩合政策が消極的な正貨維持政策としての意義は有していたのである。

（3） 不況対策としての公定歩合引下げとさらなる引下げの回避

不況対策としての公定歩合引下げ

　1930年10月7日、日本銀行は公定歩合を1厘引き下げて1銭4厘とした。我が国の保有正貨が減少したにもかかわらず公定歩合が引き下げられたのは、不況対策が求められたからである。兌換制度維持のための正貨準備の擁護よりも景気対策の方が優先されたのである。すなわち、この利下げに関して土方久徴日銀総裁は、「此不景気では多少の利下をしても之れが為めに通貨の膨脹又は投機思惑等に因る物価の騰貴を促し惹て貿易を悪化せしむるが如き虞なく、寧ろ資金疎通の不円滑より生ずる経済界の困難を緩和し事業の整理を促進する意味から云つて利下げをするが適当であると考へたのである」と述べていた[123]。

　この利下げは当時の世界的低金利の趨勢を反映したものでもあった[124]。その傾向は図12－1に示されているとおりである。

---

122)　日本銀行調査局「金解禁下の財政金融事情について」（1954年6月）『日本金融史資料　昭和編』第20巻、206ページ。
123)　日本銀行百年史編纂委員会編［1983b］471－473ページ。
124)　皆藤実［1966b］31－32ページ。

第12章　金解禁実施下の正貨政策

さらなる公定歩合引下げの回避

　1931年上期には景気対策として公定歩合引下論が再び生じた。日銀は、同行における民間預金が減少していない事実を指摘し、金利引下げを行うことはいたずらに金融緩和を助長し、(資金の海外流出を通ずる)正貨流出を招く恐れがあり、さらに長期金融が梗塞状態であるということを理由に、利下げを「拒否」した[125]。公定歩合政策が消極的な正貨維持政策としての意義を維持していたのである。

　金解禁期にはイギリスの金本位制停止後の正金銀行の為替統制売りが激化する以前に金融は緩和となっていたが、この金融緩慢は土方日銀総裁が1931年5月の本支店事務協議会における演説で指摘したように、「産業其他の方面の縮少とか資金の偏在とかに因る変態的緩慢」であった[126]。金解禁の影響と世界的不況の影響を受けて日本企業は不況に陥り、不況下で国民大衆が中小銀行の経営に不安を感じ、その信用度が低下し、預金が都市大銀行や郵便貯金に集中した[127]。都市大銀行の手許資金は豊富で、その資金の海外流出、資本逃避が生じていた。一方、農産物価格、とくに繭価の暴落などによって農業部門は窮乏となっていた。したがって、金融緩和は主として都市金融に限られていた。地方の銀行の預金・貸出は減少し、農村を背景とした地方の金融は逼塞していた。農村不況、窮乏化によって地方銀行の休業は1930年10月以後に増大した[128]。不況が深刻化し、ことに中小商工業が窮迫化し、資金難に陥っていた[129]。

　このような状態で公定歩合引下げを行うことは、資金の海外流出を促進する恐れがあった。利率の低下によって地方産業、地方銀行、中小企業の窮状を救えるものではなかった。このような事情は公定歩合の引上げを困難にするもの

---

125)　日本銀行調査局、前掲「金解禁下の財政金融事情について」207ページ。
126)　日本銀行百年史編纂委員会編 [1983b] 475ページ。
127)　同上巻、465-467ページ。
128)　東洋経済新報社編・発行『日本経済年報』第3輯、1930年第4四半期、1931年2月、167-177ページ。同書、第4輯、1931年第1四半期、1931年5月、116-129ページ。同書、第7輯、1931年第4四半期、1932年3月、112-113ページ。日本銀行「金解禁後における金融界動揺と特別融通」(1962年)『日本金融史資料　昭和編』第24巻、530-531ページ。
129)　高橋亀吉『金輸出再禁止論——不景気打開の基本対策——』先進社、1930年10月、370-379ページ。

でもあった。不況、中小企業金融難、銀行動揺に対する対策として、日本興業銀行の不況救済融資とこのための日本銀行の興銀に対する特別融通、興銀の中小企業金融、銀行動揺に対する日本銀行の特別融通などが実施されたのであった[130]。このような事情が公定歩合を変更しなかった背景をなしていたのである。

（4） 正貨流出防衛策としての公定歩合引上げ

　1931年9月に満州事変が勃発し、イギリスが金本位制を停止すると、日本も金本位制を停止するのではないかとの予想・思惑が生じ、円資金の海外逃避、正貨流出の激化が生じた。この期に及んで日本銀行は1931年10月6日と11月5日の2度にわたり公定歩合を引き上げた。古典的な正貨擁護、金防衛策として公定歩合引上げが実施されたのである。土方日銀総裁は「金本位制度維持の為め正貨を擁護せんとする所謂正貨政策の定石は即ち金利の引上なるが故に、日本銀行は唯々此定石を打ち立てたるに過ぎず」と述べている[131]。通貨当局には、この公定歩合引上げによって貿易外の理由から生じる資金の海外流失を阻止し、ひいては金現送を阻止するという狙いがあった。これらの利上げについて、当時、井上蔵相は、金融を引き締めてドル買いのための円資金の調達を窮屈にし、外貨債に対する投資を抑制する、あるいはドル買い思惑の受け渡し決済のための円資金調達を困難にし、その解合いを漸次に進行させるという狙いがあった、と語っている[132]。この公定歩合の引上げは「円資金の海外逃避を防止するための一策にほかならなかった」[133]。これによって先物為替の実行期に必要となる円資金の源を断ち切ることによって投機的ドル買契約とその実行を抑制しようとしたのである[134]。

　このように、公定歩合操作は本来の金防衛政策としての意義を有することと

---

130) 日本銀行、前掲「金解禁後における金融界動揺と特別融通」530－625ページ。日本銀行百年史編纂室編［1983b］475－482ページ。日本興業銀行臨時史料室編・発行『日本興業銀行五十年史』1957年、332－337、342－350ページ。
131) 「日銀利子引上事情」『銀行通信録』第549号1931年10月、63ページ。皆藤実［1966b］35ページ。
132) 『銀行通信録』同上ページ。同誌第550号、1931年11月。55ページ。皆藤実［1966b］35－36ページ。
133) 明石照男・鈴木憲久『日本金融史』第3巻（昭和編）、東洋経済新報社、1958年、109ページ。

なったのである。

　だが、その採用は多額の金が流失してしまい、統制売り決済のために金現送をさらに実施しなければならなくなってしまった時期（金輸出再禁止の直前）になってからのことであった。それは金防衛の役割を十分に果たせず、時すでに遅かったといえるのである[135]。

　金防衛策としての公定歩合の急激な引上げは、激しい通貨収縮を惹起し、市中金利を昂騰させ、金融を極度に梗塞させ、事業金融の逼迫をもたらした[136]。

第3節　金解禁実施の基本方針の策定、基本的枠組み

1　旧平価解禁、金現送費・金現送点、正金建値

（1）旧平価解禁

　金解禁政策そのものについて立ち入って検討しよう。

　金本位制の再開期間を貫く正貨政策の基本方針が、金本位制再開時において策定されている。すなわち、第1に、金解禁再開時に貨幣法が改正されず、金本位制復帰期間中における金平価は、旧平価（具体的には、従来使用してきた100円につき49ドル846という、日米両国貨幣の中に含まれる金の純分をもとにした貨幣の交換比率）が採用され、これが継承された。旧平価解禁は為替相場の引

---

[134] 井上準之助もモラル・サポートの限界を認めていた。井上蔵相は10月6日の公定歩合引上げの前日に次のように語っている。「日銀が正々堂々と利上げを決行したことによって、先頃来世間に噂されてゐる我が金本位制に対する種々の憶測は勢を失ひ、従って資本逃避の気勢もそがれて正貨流出防止の一助とならう」と（『中外商業新報』1931年10月6日付）。また、11月5日の公定歩合引上げについて井上蔵相は次のように語っている。「年末も接近して二回も引上げ、一般事業界に対しては極めて遺憾であるが、一銭八厘といへば六分七厘五毛に当り、日本の金利としては必ずしも高いといふほどではない、……日銀としては今迄に相当正貨が出たし、今後も多少出る予定で、もっとも重要な正貨擁護の使命からして止むを得ず断行したものである、これによって過去にドルの思惑買をした人達には金利高によって、円資金調達も困難となり、受渡の約束を履行することがむづかしくなるが、……〔ドル買いの〕解合は追々進行することにならう」（『中外商業新報』1931年11月5日付）。

[135] 日本銀行調査局、前掲「金解禁下の財政金融事情について」205ページ。深井英五はイギリスの金本位停止後、10月4日に至り、井上蔵相に金本位制離脱を進言した（深井英五［1941］252-254ページ）。

[136] 東洋経済新報社編・発行『日本経済年報』第6輯、1931年12月、280-285、293ページ。「金融市場の推移」『東洋経済新報』（第1480号、1931年12月19日）は、金輸出再禁止直前には事業金融は破綻の危機に陥ったと論じている（52ページ）。

第6編　金輸出の解禁実施と再禁止

上げをもたらすものであった。正金建値は1929年6月に100円＝44ドル050であったのが、金解禁後の1930年1月14日に100円＝49ドル375へと約12％切り上げられている137)。

第1次大戦中から直後にかけて、英米の物価が急上昇し、これに追随するかたちで日本の物価も急激に上昇した。その後、世界的に物価が下落したが、日本の下落幅は米英両国と比較して小さく、日本の物価は金解禁実施前において国際的に割高となっていた138)。卸売物価指数は1914年7月を100とすれば1929年12月に東京は163であるのに対し、ロンドンは133、ニューヨークは134となっていた139)。これは国内資源のコスト高、第1次大戦期の好況とその直後の熱狂的好況下における消費拡大下に形成された企業の高コスト体質、第1次大戦後における財政緊縮の立遅れや救済融資による温存、産業合理化の立ち遅れなどを示すものであろう140)。

物価騰貴は金輸出禁止下における日本の通貨価値の下落をも反映していた可能性がないとはいえないが、その論証は困難である。物価水準の割高化は両国貨幣の相対的価値変動を近似的に示すと考えられる通貨の購買力平価を変化させて、それが実際に金解禁実施前に円の為替相場の水準を引き下げていたと考えられる141)。旧平価解禁は為替相場の中心的水準を引き上げ、為替相場を金輸出現送点の水準以上に引き上げることとなるものであった。実際に1929年末に正金建値は49ドルであり、旧平価をもとにして算定される金輸出現送点を約0.5ドル下回る水準にあったが、金解禁後間もなく金輸出現送点の水準にまで引き上げられている。このような為替相場の引上げは、当面は、日本の輸出産

---

137)　日本銀行百年史編纂委員会編［1983b］452ページ。
138)　鎮目雅人「両大戦間期の日本における恐慌と政策対応」『日銀レビュー』2009-J-1、2009年4月、4ページ。
139)　日本銀行百年史編纂委員会編［1983b］390ページ。
140)　高橋亀吉［1954］457-467ページ、同［1955a］852-856ページ、などを参照。
141)　理論的にいえば、為替相場は主として両国通貨の相対的価値変動と国際的支払差額によって規定された為替の需供関係によって決まり、金本位制の為替相場は、為替相場変動の中心点である為替平価を決定する金平価（貨幣価値を規定する、両国貨幣の中に含まれる金の純分をもとに定めた貨幣の交換比率）を中心に、為替需給を反映しつつ上下金現送点の間で決まるが、金本位制停止下では貨幣価値の変化の明示は容易ではなく、国際的一物一価の原則を前提すれば、相対的価値変動は物価変動に反映されると類推されるようになる。日米購買力平価から為替相場を算定すれば、1929年6月の円相場の水準は49ドル85÷176.3（日銀物価指数）×143.4（米国物価指数）＝40ドル55となっていた（高橋亀吉［1955a］965ページ）。

第12章　金解禁実施下の正貨政策

業に悪影響を及ぼすとともに、物価低落（為替相場の上昇に伴う輸入価格の低落や緊縮政策が原因と考えられる）による景気悪化の作用を有するものであった[142]。

（2）　金現送費・金輸出現送点

　第2に、金現送費は次のようになっていた。1929年12月に日本銀行は、金現送費を金平価（100円＝49ドル846）の0.71501％（保険料0.101％、運賃0.376％、年利0.19178％など）と試算した。したがって、金現送費は金貨100円につき0.3564ドルであった。これによれば金輸出現送点（外貨建）は、金平価からこの金現送費を差し引いた49ドル48948、すなわち約49ドル2分の1となる[143]。金現送点は輸送中の金利の見積りが各行によって異なること、保険料、運賃などに差異があることのために一律に決定することができず、ことに本邦銀行と外国銀行との間に見積りの差異がある。1930年7月における外銀系2銀行の現送点は49ドル511ないし49ドル548となっており、いずれも49ドル2分の1以上であった。当時の内地銀行の見積りは49ドル50ないし49ドル55であった[144]。

　したがって、為替相場が49ドル8分の3（正金建値の水準）の場合には、為替の購入に代えて金現送を行えば約1ポイント（8分の1ドル）内外の利益が生ずることとなった[145]。金現送のためには船の手配などの手数がかかり、金現送には送金時間もかかるから、実際にはこの程度の利鞘では金兌換・金現送がただちに行われるとは限らなかったようである[146]。井上準之助蔵相は1930年1月29日に船舶の制限があり正貨流出に限度があると声明している[147]。とはいえ、為替相場がこの水準に決まれば日本の金流出が生じる恐れがあったといえるであろう。

---

142)　日本銀行百年史編纂委員会編［1983b］451－457ページ。
143)　大佐正之「金解禁と為替問題〔2〕」［1969］54ページ。
144)　日本銀行調査局『本邦の金に就て』1932年7月、57ページ。
145)　同上書、57ページ。
146)　井上蔵相は、正貨現送は輸送能力その他に制せられる、と1930年1月下旬に述べている（東京銀行旧蔵：横浜正金銀行調査課（山崎啓宇稿）『金輸出禁止解除と諸方面に現はれたる影響、諸事象』手書き、1930年11月、310ページ）。
147)　大佐正之「金解禁と為替問題〔2〕」『バンキング』第251号、1969年2月［1969］56ページ。

第6編　金輸出の解禁実施と再禁止

（3）　正金建値

　第3に、正金銀行の為替相場である正金建値（電信売相場）が金解禁開始日（1930年1月11日）の49ドル4分の1（0.25ドル）から3日後の14日の49ドル8分の3（0.375）に引き上げられたまま、金輸出再禁止に至るまでこれが維持された（図12－2などを参照）。正金建値が金輸出現送点よりも8分の1ドル（0.125ドル）内外低く設定されていたのである[148]。市中相場も1930年8月以前には図12－2にみられるように金輸出現送点をやや下回る水準にあった。このように金本位制復帰後も為替相場が金現送点を下回るほどの低位の水準にあったことが注目されるべきである。金解禁期の日本は為替相場の面からは絶えず金流出の危険にさらされていたのである。

　正金建値の解禁当初の低位性については以下のことがいえる。

　第1に、正金銀行の外貨資金繰りが、金解禁実施前から金解禁実施直後にかけて輸入決済資金需要や投機的に購入されていた円の利食い売り（外貨買い）などに直面して、かなり苦しくなっていたことによるものである[149]。

　第2に、政府の正貨政策の変更により正金銀行が輸出奨励・輸入抑制の実施を迫られていたから、この方針に沿うものであった。正金銀行は金解禁実施以前から外貨資金が不足していたうえに、政府が原則として在外正貨を保有しないこととなったため、政府対外支払い（外債利払い、海軍関係年額約8000万円）が政府保有在外正貨からではなく正金銀行の為替資金から支払われることとなった。このために同行が輸出奨励・輸入防遏による在外資金の充実に努めなければならなくなったのである[150]。

---

148)　図12－2を参照。
149)　日本銀行百年史編纂委員会編［1983b］415－416ページ。東京銀行編『横濱正金銀行全史』第3巻［1981b］343－344ページ。
150)　1930年1月10日、同行頭取席為替課は内外各店支配人に対して「政府ハ今後原則トシテ在外正貨ヲ保有セザルコトトナリタル結果、従来政府ガ在外正貨中ヨリ支払来リタル外貨債利払並ニ海軍関係支払、合計年額約八千万円モ本行ヨリ売上ヲナスコトト相成可申。要之、本行ハ愈々海外資金充実ノ必要ニ直面スルガ故ニ、専ラ輸出為替買進ミ其ノ他ノ方法ニ依テ買持増加ニ努力致スノ外ナク、自然本行トシテ輸出奨励・輸入防遏ニ傾クコトト相成可申、従テ、海外資金頗ル豊富ナル場合ヲ除クノ外、他銀行ヘハ一切売却致サザルコト勿論ノ事ニ御座候」と通牒している（東京銀行編、同上巻［1981b］、396－397巻）。もっとも、金解禁実施後、1930年3月までは市中相場が正金建値を下回っているから（日本銀行百年史編纂委員会編［1983b］428ページ）、市中相場よりも正金建値を引き下げてまでの輸出奨励・輸入防遏が図られたということはできないであろう。

第12章　金解禁実施下の正貨政策

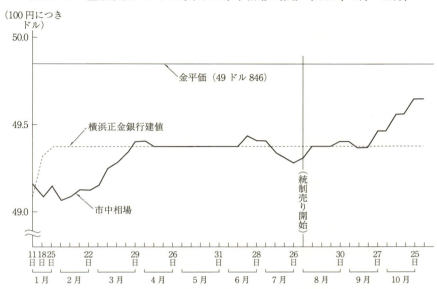

図12-2　金解禁後における対米ドル市中相場の推移（1930年1月〜10月）

注：市中相場は土曜で終わる1週間。相場に幅がついている場合は上下の単純平均。
出所：日本銀行百年史編纂委員会編『日本銀行百年史』第3巻［1983b］428ページ（原資料は『東洋経済新報』第1389号－第1424号）。

　正金建値の低位性は第3に、解禁実施当初の在外正貨払下げ抑制策に起因するものでもあった。日本銀行は政府の（在外）正貨擁護策ならびに輸入抑制策を体して、正貨現送点以下の相場でなければ在外正貨を売却しようとはしなかった[151]。金解禁直後に日本銀行は（在外）正貨擁護に異常なまでの熱意を示した結果、在外正貨の払下げを極力抑制する政策をとっていたのである[152]。また正金銀行が政府から金現送の抑制を迫られていたからでもあった。
　1月14日に正金建値が49ドル8分の3に引き上げられた後も正金建値は図12-2にみられるように正貨現送点を若干下回っているが、これは金平価が日本経済、円相場の実勢よりも高めに決定された結果を示すものである。この時

---

151)　日本銀行「金解禁後における本行の諸施策——内外正貨の処理を中心として——」『日本金融史資料　昭和編』第20巻、155ページ。
152)　日本銀行調査局、前掲「金解禁下の財政金融事情について」205ページ。

1279

期に日本の国際収支は入超であった。また、投機的外貨資金需要も旺盛であった。

1月14日以後正金建値が49ドル8分の3に維持されている。これはまず第1に、金兌換に基づく金現送要求を回避して金流出を抑制して金本位制を維持するためには正金建値を金輸出現送点を下回ることが抑制され、一方、外貨資金需要が旺盛な状況下にあってはそれを金輸出現送点以上に引き上げることができなかったのであろう。1930年7月31日以降の為替統制売り期については正金建値の維持は為替相場維持政策が採用されたことなどによると考えられる。

正金建値が維持されたことは同行が市中相場を維持していたことを意味しない。正金建値と市中相場の推移を示した図12-2によれば、金解禁当初の市中相場は正金建値以下、金現送点以下に低下するほどの軟調を示しているのである。正金銀行は当初、為替相場維持のための為替介入を行ってはいなかった。1930年7月までは正金銀行は「資金の関係上殆ど無力の地位に置かれ、市場は専ら外国銀行の跳梁に委すの外なかった」のである[153]。正金銀行が為替相場維持のための市場介入を行うようになるのは1930年7月31日以降のことである。

2　内地正貨兌換と在外正貨売却の併用による金本位制維持方針

金本位制・為替相場の維持方策には、基本的に金吸収に基づく金兌換と金の対外現送および公的在外資金の確保とその売却の2通りの方策があった。

金本位制の確立後から日露戦争以前においてはこの2方法が併用された。だが、金兌換の金額はそれほど多くはなく、全体として金の輸入額のほうが金輸出よりも多く、日清戦争賠償金という外貨資金が金本位制・為替相場の維持に大きな役割を果たしていた。日露戦争以後には外債手取金などによる在外正貨の確保とその売却（日銀中心）によって、在内正貨（金）の流出を防遏することが重視された。第1次大戦期には在外正貨の売却とは逆に、在外正貨や金を獲得し、それを保有して大戦後に備える政策が重視されるようになっている。

---

153) 横浜正金銀行編・発行『横濱正金銀行史（未定稿）』昭和5年版、1937年頃作成、22ページ（本資料は渋谷隆一・麻島昭一監修、齊藤壽彦編［2005］に所収）。東京銀行編［1981b］404ページ。

だが第1次大戦後の金輸出禁止期には、再び1920年代前半を中心に在外正貨の売却（政府を中心としたという意味では払下げ）が実施されるようになった。それは輸入決済資金の補充とともに為替維持策を図るために活用されたのであって、金兌換、日本銀行保有金の現送の防遏のために実施されたものではなかった[154]。

金解禁（Lifting of Embargo on Export of Gold）は1930（昭和5）年1月11日に実施され、事実上停止されていた兌換が再開されることとなった。金本位の維持・為替相場維持策としては、主として内地正貨の流出を防止するために在外正貨を売却するという方針は採用されないこととなり、金兌換に基づく内地正貨の対外現送と在外正貨売却とをあわせ行うという併用政策が採用されることとなった。金解禁後、日本銀行は金兌換と在外正貨売却を併用按配して金本位の維持と為替調節を行うこととなったのである[155]。日露戦争以後、金兌換回避のための在外正貨売却による金本位制維持が図られたのに対して、金本位制復帰時には金本位制維持策として金兌換・金現送と在外正貨売却との2通りの方策が併用され、しかも多額の金兌換・金現送が実施された時期と特徴づけることができる。

しかしこの時期、実際には金兌換と在外正貨売却のいずれに金本位制維持の重点を置くかで当局の政策は揺れ動いているのである。

3 内外正貨の日本銀行への一元的集中方針とその限界

(1) 内外正貨の日本銀行への一元的集中方針

1920年代には主として政府保有在外正貨の払下げにより為替相場調節、相場維持政策が実施された。金本位制復帰時には正貨の中央銀行（日本銀行）への一元的集中方針が採用されることとなり、日本銀行が日本の正貨維持および為替調節を担当することとなった。1929年11月21日、井上準之助蔵相は金解禁実施を声明したが、この中で「我国ニテハ従来政府自ラ巨額ノ在外正貨ヲ所有シ

---

154) 日本銀行、前掲「金解禁後に於ける本行の諸施策」153ページ。
155) 横浜正金銀行頭取席為替課の内外各店支配人宛通牒（1930年1月10日付）東京銀行編『横濱正金銀行全史』第3巻［1981b］396－397ページ。

之ヲ以テ海外払ノ所要ヲ充セルノミナラス直接正貨ノ買上払下ヲ行ヒ以テ為替調節ヲ実行シタル事例尠カラス斯ノ如キハ特殊ノ事情ニ基ク一時ノ変態ナルヲ以テ今回金ノ解禁ヲ機トシ右ノ如キ慣行ヲ改メ今後専ラ日本銀行ヲシテ正貨維持為替調節ノ衝ニ当ラシメ政府ハ原則トシテ正貨ヲ保有セス其ノ海外払ハ為替送金ノ方法ニ依ルコトトセリ」と述べている[156]。これは中央銀行の独立性強化の動きということができる。

　このような正貨政策方針の変更のもとで、日本銀行と正金銀行は緊密な事前打合せを行った。当初はまさに中央銀行である日本銀行が直接的・一元的為替操作を行うことが構想されていたのである。日銀が金解禁後において在外正貨および在外正貨の一切を統制し、従来政府所有の在外正貨約3億円も漸次日銀所有に移管することに決した趣旨に基づき、正金および一般為替銀行への在外正貨払下げは日銀の手においてなすこと、したがって英、米中央銀行などと同様日本銀行もはじめて（一元的に）外国為替を直接売買することとなった[157]。日本銀行はこの為替取引についてその係を新設することとなった。日本銀行が在外正貨を払い下げる場合は、原則として現物取引で日銀小切手を日銀に渡すとただちにニューヨークでドル貨を為替銀行に引渡す方法を取ることとされた。正貨売却相場は対米金輸出点を基準とし、大体49ドル8分の3とされた。正貨売却手続きは為替銀行が直接日銀の係へ申し込むこととなった。11月26日の関西銀行大会で土方日本銀行総裁も「日本銀行は在外正貨の利用により為替の調節を図る」と述べている[158]。

（2）　在外正貨の日本銀行への一元的集中の限界

　だが、上述の方針はその後修正を受けている。政府は前記の方針に基づき、在内正貨を日本銀行に移管した。すなわち、1929年12月31日に約700万円、

---

156)　「井上蔵相ノ声明」『日本金融史資料　昭和編』第21巻、398ページ。同月26日には同蔵相は「斯ノ如クシテ日本銀行ハ中央銀行タル本来ノ位置ニ復帰シタノデアリマス」と述べている（関西銀行大会における井上蔵相演説『日本金融史資料　昭和編』第20巻、64ページ）。日本銀行が在外正貨の利用によって対外的に為替の調節を図るとともに、金本位維持のための通貨の調節を妥当に実行することとなった（関西銀行大会における土方久徴日銀総裁演説『日本金融史資料　昭和編』第20巻、65ページ）。

157)　大蔵省昭和財政史編集室編『昭和財政史』第10巻［1955b］232ページ。

158)　同上巻、232－233ページ。

第12章　金解禁実施下の正貨政策

1930年に約1600万円を移管した[159]。

　しかしながら、政府保有在外正貨は日本銀行に全面的に移管されることはなかった。このことについて述べておこう。

　そもそも上述の内定の中で、日銀の在外正貨払下げは1930（昭和5）年上半期の入超期限りとし、次の入超期からは在外正貨によって種々の統制をなすことを避け、1930年下半期の出超によって得た在外資金を次の入超決済に充当することが構想されていた[160]。日本銀行の在外正貨払下げによる為替調節は金解禁実施当初から一定の制約を与えられていたのである。このことは日本銀行が政府から在外資金を吸収する必要性を弱めていたと考えられる。

　金解禁実施に先立つ1930年1月8日に、日本銀行と正金銀行は、金解禁後における内外正貨の処理および為替政策に関する基本方針（金解禁後において日本銀行と正金銀行とがいっそう協力して金本位の維持に努めることなどを内容とした「金解禁後ノ大体方針ニ関スル件」）を定めるとともに、在外正貨売却に関する協定（「在外正貨売却ニ関スル協定」）を締結した。横浜正金銀行頭取席為替課は1月10日付をもってこの内容を内外各店支配人に通牒した[161]。

　この協定の中で注目すべきは、日本銀行の外国銀行への在外正貨売却が横浜正金銀行を通じて行う原則が採用されていることである。日本銀行は正金銀行が在外正貨の売却を請求してきたときにはその相談に応ずるとともに、「日本銀行ガ正金銀行以外ヨリ在外正貨ノ請求ヲ受ケタルトキハ、場合ニヨリ其ノ相談ヲ正金銀行ニ移シ、正金銀行ヲ経由シテ実行スルコト」、「正金銀行ガ為替売却ノ相談ヲ受ケタルトキ自己ノ営業トシテ之ニ応ジ難キ場合ニハ、相手方ノ名ト共ニ出来ルダケ取引ノ事情ヲ具シテ日本銀行ニ取次グコトアルベシ。日本銀行ハ其ノ諾否及ビ取引相場ヲ決定シ、実行ハ正金銀行ヲ経由スルコト」とされた[162]。実際に1930年1〜7月の日本銀行の在外正貨払下げをみると、外国銀行に対しては横浜正金銀行を通じて実施されている。正金銀行が日本銀行にたてつくということはなかった[163]。

159)　日本銀行百年史編纂委員会編［1983b］419ページ。
160)　大蔵省昭和財政史編集室編［1955b］232ページ。
161)　日本銀行百年史編纂委員会編［1983b］418−419ページ。東京銀行編［1981b］397−398ページ。
162)　東京銀行編［1981b］397−398ページ。

第 6 編　金輸出の解禁実施と再禁止

　金本位制下の金兌換請求とは異なり、日本銀行の在外正貨売却の場合、その要求に応ずるかどうかは同行の裁量に属することであった。限りある貴重な在外正貨を有効に利用するために、日本銀行は正金銀行を利用してそれが本当に必要なものであるのかどうか（投機資金需要でないかどうか）、為替事情をよく調査したうえでその売却を行う方式を採用したものと思われる。日本銀行が在外正貨売却に慎重となったことは従来の在外正貨売却による国内正貨流出防止や為替相場維持という慣行に拘泥されないことが強調され、「日本銀行ガ在外正貨ヲ売却スル相場ハ、必ズシモ正金銀行ノ建相場ニヨラザルベキコト」となり、正金建値よりも低位の相場での払下げを考慮するようになっていることから明らかである[164]。

　金解禁後の金本位制維持が日本銀行副総裁の深井英五によって為替の売却ではなく金兌換によって行うべきであると考えられたことも、日本銀行への在外正貨集中を弱化させたと考えられる[165]。

　1930年 1 月 8 日に日本銀行と正金銀行が取り決めた「金解禁後ノ大体方針ニ関スル件」においては、政府は原則として在外正貨を保持せず、正金銀行が輸出手形代金その他海外受取勘定の中から政府に外貨を売り上げ、政府がこの外貨で海外支払資金を支払うこととなっていた[166]。正金銀行の外貨資金が為替統制売りなどによって逼迫してくれば、それが困難とならざるをえなかった。このことが政府の在外正貨保有継続の一因であったと考えられる。

　為替相場維持策としては日本銀行の為替売買操作よりも、1930年 7 月31日からの正金銀行の為替統制売りが大きな役割を果たした。これは日本銀行や横浜正金銀行だけでなく政府（大蔵省）の意向によっても実施されたものであった[167]。為替売買操作の直接的担い手として横浜正金銀行が活動し、同行の売為替操作に伴う外貨資金不足に備え、将来の金現送を大蔵省が容認したことが

---

163)　内地の銀行に対しては日本銀行が直接保有在外正貨を売却している（東京銀行編、同上巻、398ページ。日本銀行、前掲「金解禁後に於ける本行の諸施策」165ページ）。正金銀行と日本銀行との関係については、前掲「中根貞彦氏金融史談速記録」94－95ページ参照。
164)　東京銀行編［1981b］396－398ページ。
165)　深井英五［1940］361－362ページ。
166)　日本銀行百年史編纂委員会編［1983b］418ページ。東京銀行編［1981b］397ページ。
167)　深井英五は統制売りは日本銀行自らが行ったのではなくて、政府の命令により横浜正金銀行が担当したものであったと述べている（深井英五［1941］249ページ）。

第12章　金解禁実施下の正貨政策

表12−1　内外正貨（1923〜1937年）

（単位：千円）

年	政府所有			日銀所有			計	内　訳	
	小額紙幣準備	その他	計	正貨準備	正貨準備外	計		海外正貨	内地正貨
1923	68,000	457,482	525,482	1,057,472	69,856	1,127,328	1,652,810	444,499	1,208,311
24	25,887	398,642	424,529	1,059,024	17,532	1,076,556	1,501,085	325,669	1,175,416
25	17,500	325,121	342,621	1,056,999	13,053	1,070,052	1,412,673	257,234	1,155,440
26	14,493	268,857	283,350	1,058,132	15,984	1,074,116	1,357,465	230,353	1,127,113
27	13,189	178,759	191,948	1,062,737	18,807	1,081,545	1,273,493	186,109	1,087,383
28	12,487	102,726	115,212	1,061,636	22,497	1,084,133	1,199,346	114,318	1,085,028
29	—	220,618	220,618	1,072,273	50,331	1,122,604	1,343,222	255,008	1,088,214
30	—	122,395	122,395	825,998	11,286	837,285	959,679	133,660	826,019
31	—	83,667	83,667	469,549	4,073	473,622	557,289	87,739	469,550
32	—	128,025	128,025	425,068	1,346	426,414	554,438	111,702	442,736
33	—	68,334	68,334	425,068	1,515	426,584	494,918	37,632	457,285
34	—	26,824	26,824	466,338	1,674	468,012	494,836	28,497	466,339
35	—	25,562	25,562	504,065	1,823	505,888	531,449	27,383	504,066
36	—	26,473	26,473	548,342	1,969	550,311	576,784	28,441	548,343
37	—	86,660	86,660	801,002	2,124	803,126	889,786	27,913	861,873

注：大蔵省理財局『議会参考書』による。ただし、1935〜41年11月まで、単位千円以下切り捨て。
出所：大蔵省百年史編集室編『大蔵省百年史』別巻、223ページ。

為替統制売りを支えていた。正金銀行の統制売りの結果、不足する外貨資金は政府保有在外正貨によって補充されている。

　金解禁実施期においても金現送は金本位制の理論が想定するように完全に自由なものではなかった。正金銀行の金現送は大蔵省の方針によって左右されていた。すなわち、正金銀行の為替統制売り実施前に同行は大蔵省から金現送自粛を強要され、その現送を行うことができなかった。統制売りは大蔵省の金現送抑制策として採用されたものでもあって、その開始後に金現送が大蔵省によって認められたものの、それは正金銀行が外貨借入によっても外貨資金不足が解消しない場合の最後の手段として実施するという制約を受けており、その未決済額の決済に金を現送することについては大蔵省の承認を必要としていた。日本銀行は1931年12月4日には金現送の一時停止を正金銀行に指示しているが、これは大蔵省の意向を受けてのことであろう。正金銀行は翌日にこれを実施している。同月13日に大蔵省は金輸出再禁止を断行した。

　かくして日銀による正貨・為替一元的管理の方針が「結局は竜頭蛇尾に終わ

った」のである[168]。金本位制復帰時には正貨政策における日本銀行の役割が強化された。だが、それには上述のように限界があったのである。表12－1から明らかなように、1930年以降も在外正貨は主として政府によって保有され続けていたのである。「金輸出解禁ニ関スル諸計表」によれば、政府海外払いのための外貨資金買上げすら行われている。その額は1930年6月から12月までの合計で米貨690万ドル、英貨419万9000ポンド、円換算約5534万円となる。明治期に富田鐵之助日銀総裁が要求していたような中央銀行による為替調節構想がこの時期に実現したわけではなかったのであった。

第4節　金兌換と在外正貨売却による金本位制の維持の重視
（1930年1月〜1930年7月）――統制売り開始前

1　解禁実施当初の金兌換回避のための在外正貨売却

　金兌換と在外正貨売却による金本位制維持策を具体的に考察しよう。正金銀行は政府の意に沿って、対外支払いを奨励しない意味もあって1929年11月頃から為替相場（正金建値）を49ドル4分の1程度とすることが妥当であると考えていた。同行は輸出奨励・輸入防遏の基調をもって進むこととした。正金建値は金解禁直前の1929年12月9日に49ドル、1930年1月8日に49ドル8分の1、11日の解禁日に49ドル4分の1に引き上げられた後、49ドル4分の1の水準にとどめられた[169]。このような状況下で対外支払いは為替決済よりも金現送の方が有利となった。

　だが、このような状況下で為替業務を行う銀行は、金解禁実施後ただちに金兌換要求を日本銀行に対して行うことがなかった。これは第1に、それらが大蔵省から道義的に日本の金本位制支持に協力することを求められており、それは為替投機を行わないというだけでなく、政府が本邦側銀行の金現送を喜ばず、金兌換を遠慮させるということも含んでおり、金解禁当初においては邦銀の兌換請求が実際上困難であったことによるものであった[170]。

　外国為替銀行の金現送の抑制が金の防衛を求める政府の要請によるものであ

---

168)　田中生夫［1989］94ページ。
169)　東京銀行編［1981b］404ページ。大佐正之、前掲「金解禁と為替問題〔2〕」、54ページ。

第12章　金解禁実施下の正貨政策

るということは、横浜正金銀行においてとくに明確に表れている。金解禁実施当初、法律上はともかく同行の立場として金兌換（金流出を伴う）は不可能であった[171]。日本銀行は、資金繰りの苦しくなった横浜正金銀行に対して金現送を認めるべきであると政府に進言した。だが、政府はこれを受け入れなかったのである[172]。正金銀行が金現送を行うことができるようになったのは、その他の銀行よりもはるかに遅れて1930年9月になってからのことであり、それは大蔵省の承認を得てのことであった。

　金解禁といっても日本においてはまったく自由な金現送が行われていたわけではなかったのである。金は税関で手続きとってから海外に輸出された。税関から主税局長宛の報告書には金の輸出を「免許」したという記述が多くみられる。いつ、誰が、どの船で、いくらの金をどこへ輸出したのかを大蔵省は把握していた[173]。金兌換は自由であったが、金現送については、金輸出の動向を監視しているという状況のもとで金現送者は行動したわけであり、このような状況で大蔵省の要請に基づく日本の銀行の金現送に対する自主規制が実施されたのである。

　金兌換要求がただちに生じなかったのは、第2に、過去に日本が在外正貨の売却（払下げ）によって金本位制を維持した歴史があり、また第1次大戦後に金為替本位制の趣旨が広く流布したために、日本の通貨当局が在外正貨を売却

---

170) 横浜正金銀行編、前掲『横濱正金銀行史（未定稿）』1930年版、23ページ。東京銀行編［1981b］404ページ。冨田勇太郎大蔵省理財局長宛土方久徴日本銀行総裁書簡、1932年1月14日付（日本銀行、前掲「金解禁後における本行の諸施策」156ページ）。

171) 正金銀行頭取席為替課の1930年1月10日における内外各店支配人宛通牒（東京銀行編［1981b］397ページ）。

172) 日本銀行百年史編纂委員会編［1983b］425ページ。

173) 大蔵省資料：「金貨及金塊輸出入高報告」『昭和財政史資料』第3号第40冊。1930年1月21日に横浜税関に蘭印商業支店に対し金の「桑港向輸出免許セリ」と主税局長に報告しているが、1931年7月2日に至っても「免許セリ」という表現が用いられている。横浜正金銀行に対しても「免許」が行われている。金輸出については「免許」という言葉を用いない報告もあったが、この場合でも免許がなかったことを意味しないであろう。実際にはこの「免許」は税関手続きにおける承認のことであろうが、金の輸出のたびに税関が大蔵省に電文で報告しており、法的には金現送が自由となったにしても、大蔵省が金輸出を監視していたことは確かであろう。なお1931年12月13日に金輸出再禁止がなされてからの横浜正金銀行の金輸出（1931年12月15日、24日）は大蔵大臣の輸出許可証に基づいて金輸出が免許されている。大蔵省の金輸出記録は金輸出ごとに日本銀行に報告された。この記録をとりまとめた「解禁後金輸出者調」が日本銀行調査局作成の『本邦の金に就て』［1932］に収録されている。

することによって金本位制を維持するであろうと期待したことによるものであった[174]。

　金解禁実施後ただちに金本位制維持の常道である金兌換が政策的に選択されたわけではなかった。金の自由兌換に先立って、金兌換による金の対外現送を回避するための在外正貨売却政策が採用されることとなったのである[175]。

　実際に日本銀行は第二回四分利付英貨公債を政府に売却して取得した外貨の大部分を1月中に3回に分けて正金銀行に売却している[176]。

　金解禁当時開始時には内地銀行は在外正貨の払下げ要求を自重していたが、利益を求める外国銀行の要求はきわめて強烈であった。外国銀行は正貨現送か、為替売却かの両天秤をもって日本銀行に迫った。外国銀行は、日本銀行が金の流出を極力抑制している弱みにつけ入り、外貨売渡交渉においては、あらかじめ船舶の申込みをしておき、好相場での払下げを求め、これが行われない場合には正貨現送を要求し、在外正貨の売却を受ければ船舶の予約を取り消して外貨を市場に売り出すというのが当時の状態であった。外国銀行も内地銀行と同様に精神的サポートをするものと当局者が予想し、正金建値も金輸出現送点以下となっていた。だが、これは迂遠であった。ナショナル・シティ銀行、香港上海銀行などの外国銀行は日本側銀行よりも有利な相場で外貨を輸入商に売却して邦銀の取引先を奪取しようとする態度を示したのであった。外銀の中には日本銀行から49ドル8分の3で外貨を買い受け、さらにブローカーを通じて4分の1で内地銀行に売渡して鞘取りしているものもあった[177]。外銀は政府の意図どおりには動かなかったのである。

---

174)　冨田勇太郎大蔵省理財局長宛土方久徴日本銀行総裁書簡、1932年1月14日付（日本銀行、前掲「金解禁後に於ける本行の諸施策」156ページ）。

175)　当初の日銀の方針は、①現送はできるだけ避けることとし、上期を在外正貨の払下げ（売却）で切り抜け、下期は為替銀行自らの輸出手形の買取りなどによって為替の自給を図らせる。②払下相場は必ずしも正金建値によらず、相手の現送能力に応じ加減し、なるべく低位におくことが内々に決められていた。この方針は外銀との取引の円滑を欠く要因となり、1カ月足らずで修正された（大佐正之、前掲「金解禁と為替問題〔2〕」55ページ）。

176)　1930年1月11日には1527万円の在外正貨を売却した（1月15日に501万円、22日に840万円の在外正貨が売却されているから、1930年1月中に日本銀行は総額2868万円の在外正貨を正金銀行に売却したことになる（日本銀行百年史編纂委員会編［1983b］425ページ）。

177)　横浜正金銀行調査課山崎啓宇稿、前掲「金輸出解除と諸方面に現れたる影響、諸事象」300－305ページ。

2 金兌換回避方針の変更（在外正貨売却の抑制）

　当初かなり自由に在外正貨を売却ようとした日本銀行は、まもなく政府の正貨擁護策ならびに輸入抑制策の意図から在外正貨の売り惜しみに傾いた。とくに為替投機資金需要に応ずるような在外正貨の売却を回避しようとしたのである。同行は正貨現送点をほぼ49ドル2分の1見当におき、それ以下のレートでなければその売却に応じなくなった[178]。在外正貨売却は抑制されたのである。日本銀行の為替売却態度は極端に制限的なものであった[179]。そのため市中相場は内外とも49ドルまで軟化した[180]。

　在外正貨売却が抑制された背景には、日本銀行が多額の在外正貨を所有しておらず、また緊急の対外支払いに備えて在外正貨を保有しておく必要があるという事情もあった[181]。

　上記の事情を詳しく述べよう。金解禁当初、為替相場は金現送点以下に低落していた。これに伴い、対外決済においては為替決済よりも金現送の方が有利となった。このためにサンフランシスコ向け船舶を独占していた外銀筋が日本銀行に対して49ドル8分の3の売値で570万円の正貨（在外正貨であろう）の売却を要求するに至った。この外銀の攻勢に対抗し市場統制力を回復するため、ついに正金銀行も建値を約1ポイント引き上げて49ドル8分の3とせざるをえなくなった。外銀の態度が強硬であり、国内為替市場を独占する勢いさえ示したので、モラル・サポートと輿論の手前、正貨兌換要求を自粛していた邦銀は当局の在外正貨払下売却政策に対する批判を強めた[182]。

---

178) 大佐正之「金解禁と為替問題〔2〕」54ページ。日本銀行、前掲「金解禁後に於ける本行の諸施策」155ページ。金解禁直後日本銀行は正貨擁護に異常なまでの熱意を示した結果、在外正貨の払下げを極力抑制する方針をとっていた（日本銀行調査局、前掲「金解禁下の財政金融事情について」205ページ）。
179) 横浜正金銀行調査課山崎啓宇、前掲稿、312ページ。
180) 大佐正之、前掲「金解禁と為替問題〔2〕」54-55ページ。
181) 横浜正金頭取席調査課は1930年1月10日に「現在日本銀行保有在外正貨ハ僅カニ五千万円位ニ過ギズ」と指摘している（東京銀行編『横濱正金銀行全史』第3巻〔1981b〕397ページ）。また、同月18日に土方久徴日銀総裁は、「在外正貨ハ時宜ニ応シ之ヲ売却スヘキモ臨機急切ナル対外支払ノ準備トシテ留保スル必要アルヲ以テ請求次第ニ之レヲ売却スル能ハス」と述べている（伊藤正直〔1989〕239ページ）。日本銀行総裁も在外正貨が多くないために正貨の現送に代えて在外正貨を売却することを喜んでいなかった（日本銀行、前掲「金解禁後に於ける本行の諸施策」156ページ）。

第6編　金輸出の解禁実施と再禁止

　このような状況のもとで、1月18日国債引受シンジケート団の会合が日銀で開かれた席上において、日銀は金現送回避方針の変更を明らかにしたのである。すなわち、金解禁直後の1930年1月18日の国債引受シンジケート銀行団との会合において土方久徴日本銀行総裁は、「本行ハ金解禁後ノ為替調節及ヒ国際収支決済ノ為メ国内正貨ト在内正貨トヲ適宜併用スヘク必スシモ国内正貨ノ流出ヲ防止スル為メニ在外正貨ヲ売進マス」、「兌換制度ノ維持ハ結局金本位ノ常道ニヨリ主トシテ国内正貨ヲ以テスルノ外ナシ」と発言しているのである。同総裁は、在外正貨の売却は日銀と取引のある為替銀行で輸入資金として必要急を要するものに対して行うのであって、投機の目的または海外投資の目的に使用するものに対しては拒絶する方針である、在外正貨の売却については内外銀行に対し差別をしたことはない、輸入資金の調達については為替の売却だけでなく正貨の現送にも応ずる、為替銀行の在外借入金の返済については急激な返済を避け、漸次これを行うよう希望する、と述べた[183]。

　金本位制維持については、井上準之助大蔵大臣は銀行の金本位制に対する「道義的支持（moral support）」に期待していた。だが、そのモラル・サポートは必ずしも強固なものではなかった。民間銀行は投機的利益を追求するという志向性を有していた。深井英五はすでに1929年10月8日の東京銀行集会所における講演で、このことを認識していた。外国送金を求める外国為替銀行は、道義的支持の精神から金兌換を遠慮するが、在外資金を売ってくれるよう日本銀行に求めた。深井副総裁は、送金需要者は利害を考えて行動するものであると確信した。金解禁直後の為替銀行の在外正貨（外貨）買いは、為替銀行が金解禁前に外貨を借り入れて、そのときの相場で外貨を売って（円相場の値上りを期待した思惑）、金解禁直後に在外正貨を昂騰した円の相場で買って、これで外貨借入れを返済する（して為替差益を得る）という投機的外貨資金需要に基づくものであった。資金の決済は、邦銀の外銀からの外貨買入れによっても行われた。すなわち、投機的為替資金決済のために内地為替銀行の中には外国銀行から外貨を買い入れる者があったのである。かくして深井英五は、在外正貨

---

182)　大佐正之、前掲「金解禁と為替問題〔2〕」54－55ページ。
183)　日本銀行『金解禁関係その2』日本銀行金融研究所保有資料。伊藤正直［1989］238－239ページ。山崎啓宇稿、前掲報告書、314－316ページ。

第12章 金解禁実施下の正貨政策

（在外資金）の売却は日本銀行が任意に裁量すべきものであって、必ずしも在外正貨（在外資金）の売却を応諾しえないとして、漸次その売却を抑制したのであった。深井の在外正貨売却抑制方針は民間銀行の為替投機利益取得と在外正貨流出の抑制を図るものであった。井上蔵相は金流出を甚だしく憂慮したが、在外正貨が豊富でないことを知っていたから、結局は深井のこの態度を是認した[184]。だが、在外正貨売却を制限するということになれば、為替相場が金輸出現送点を下回るほどに低下している状況のもとでは、日本銀行は金兌換要求に応じざるをえない。金兌換請求に応じ、これに基づく金輸出を是認するという政策を日本銀行が採用した。これは銀行の投機的行動に対しては在外正貨を払い下げたくないという考えの結果であったということができる。在外正貨払下げ抑制方針が採用されたのは為替投機利益の排除という狙いによるところが大きかったのである。

もちろん、このように金兌換に日本銀行が応じた背景には土方久徴日銀総裁の「金本位ノ常道」に従うという考えもあったであろう[185]。深井副総裁も金

---

184) 深井英五［1941］244–248ページ。1929年7月以来、政府は金解禁準備の一手段として在外正貨充実のために外貨の買入を行った。この頃は解禁見越しによる円貨の昂騰、換言すれば外貨の低落から生ずる損失を避けるために輸出手形その他の買入が一般に見送られたので、これらのほとんどは政府の手に入った。なかには手持ちの輸出ビルを売り応じただけでなく、さらに進んで海外で極度の借入を行ってその手取金を売った者もあった。このような者は、為替差益を収めるとともに従来の海外借入金については旧平価解禁による多大の利益（二重の利益）を得たのであった。内地為替銀行は新たなる輸入資金を賄う必要に迫られたであろうが、当時の情勢では海外借入金の返済はそれほど緊急のことではなく、これを延期することは困難ではなかった。しかし、旧平価解禁による利得を大ならしめるために、その返済を急ぐ者もあった。その手段として正貨の現送を行うことは金解禁令公布に際してモラル・サポートを声明した手前、これを慎まなければならなかった。ここにおいて内地為替銀行中には外国銀行から内々で外貨を買い入れた者があった。このためにニューヨーク・ナショナル・シティ銀行だけでも、外貨を売却し、円貨を受け入れた額は6000万円以上の巨額に達した。金解禁実施後80日間の財界の推移をみると、最も目立った現象は巨額の正貨流出である。正貨現送額は1億7580万円の巨額に達し、そのうち外国の現送にかかるのは9980万円、内地銀行分は7600万円の巨額にのぼった。2000万～3000万円相当と予想されていた外国銀行の正貨現送がこのように多額にのぼったのは、内地為替銀行が為替投機決済のために外国銀行に円を支払って外貨を買うという「からくり」があったからである。内地為替銀行は短期間に巨額の正貨流出を招来したことに手を下したといえる。外国銀行は内地銀行から円貨を得てこれを金に換えて現送し、利益を得た（〔日本銀行理事・大阪支店長中根貞彦〕「金解禁後の財界」同支店、1930年、齊藤保有『大蔵大臣及日本銀行重役演説』所収）。

185) 1930年1月18日に土方久徴日銀総裁が「世間ニハ在外正貨ノ売却ヲ偏重スルモノアルカ如キモ国内正貨比較的豊富ニシテ外債募集等ニヨル在外正貨ノ補充ヲ多ク期待シ得サル今日ニ於テ兌換制度ノ維持ハ結局金本位ノ常道ニヨリ主トシテ国内正貨ヲ以テスルノ外ナシ」と述べた発言の中にこのことが示されている（伊藤正直［1989］239ページ）。

第6編　金輸出の解禁実施と再禁止

本位の常道を認識していた。深井英五は投機的外貨資金需要に対応するための在外正貨払下げは抑制したが、金本位制下では金兌換請求に応じざるをえず、「国内正貨を基礎として金本位制を維持するの常道は、外国送金需要の起る事情の源に遡り、金融及び一般経済上の施為を以て対処すると同時に、送金需要の起りたる上は兌換の請求を応諾して金本位制の権威と信用とを擁護するにある」と考えていた。ここにいう「信用」は「信認」のことであろう。深井は金兌換によって金本位制に対する「信認」を維持しようとしていたのである[186]。金兌換は金の支払約束を果たすという信用に基づく取引を通じて、通貨に対する一般的信認を確保のために実施されたといえるのである。深井は金兌換請求を批判するのは妥当ではないと述べている[187]。

井上準之助とストロングとの間には親密な関係があったが、また、深井英五は第1次大戦後にニューヨーク連邦準備銀行総裁ベンジャミン・ストロングと親しく接し、意見を交換しており、通貨の健全性の保持に努めて金本位復帰に努力したストロングを高く評価していた。通貨の健全性保持のための金本位制の採用という国際的中央銀行家の政策基調が、日本の中央銀行当局者にどれだけの影響を及ぼしたかははっきりしないが、それがなかったわけではないであろう。

金兌換が実施されたのは、第1次大戦後に外国からの金の対内現送が大規模に行われ、国内金準備、内地正貨準備が豊富であったからであり、一方で緊急の対外決済などの手段として保有しておくべき在外正貨の所有額がきわめて少なくなっていたという事情によるものでもあった[188]。深井英五は在外資金が減少したとはいえ残っていたものもあったが、国際金融の操作上、相当の在外資金を保有することが中央銀行のために便利であるから、日本銀行は全部を挙げて使用することを避けた、それで在外資金売却の請求にことごとく応じなかったから、金兌換・金流出が起こったのである、と述べている[189]。

---

186)　深井英五［1941］246−247、249ページ。日本銀行調査局、前掲「金解禁下の財政金融事情について」204−205ページ。

187)　深井英五［1940］364ページ。伊藤正直氏は日本銀行当局者が金本位の常道を重視した背景として、ストロング、ノーマン、ラモントなどが共通して強調した「中央銀行の独立性の堅持」という理念、金流出による資金の収縮というオーソドックスな通貨政策観が存在したことを指摘されている（伊藤正直［1989］239ページ。日本銀行調査局、前掲「金解禁下の財政金融事情について」204−205ページ）。

第12章　金解禁実施下の正貨政策

　日本銀行の在外正貨売却が抑制されたのは、外債募集による在外正貨の補充に多くを期待することができなかったからでもある[190]。この背景には第1次大戦後の国際金融市場における次のような変化があった。ロンドン金融市場は、第1次大戦前のような規模で対外貸出をする余力がなくなっており、また同市場にとって外国政府債よりも植民地債の発行の方が有利となり、さらに同市場が経済発展のための資金が必要な英領植民地への投資を選好するようになり、外債発行がイギリスの輸出増加に貢献するという考えも見直されはじめた。ロンドン市場が国際金融センターとしての地位を後退させる一方でニューヨーク金融市場が台頭したけれども、ニューヨーク金融市場はロンドンよりも有利な条件で公債を発行できるという水準には到達していなかったのである[191]。1920年代には震災外債発行にみられたように日本の外債発行は容易ではなかった。また、金本位制復帰後の金本位制維持は外債募集に依存しないで達成すべきであると、深井英五日本銀行副総裁は考えていた[192]。

　金兌換回避方針を変更した理由について、井上蔵相は1月29日に以下のように語っている[193]。

① 在外正貨の売却も正貨の現送も内地の通貨関係に及ぼす影響は同様であ

---

188) 土方総裁は「目下国内正貨ノ保有高比較的豊富ナルヲ以テ或ル程度マテノ減少ハ差支ナシト思考」し、「在外正貨ハ時宜ニ応シ之ヲ売却スヘキモ臨機急切ナル対外支払ノ準備トシテ留保スルノ必要アルヲ以テ請求次第ニ之ヲ売却スル能ハス」と述べていた（日本銀行、前掲『金解禁関係その2』。伊藤正直［1989］239ページ）。深井英五日本銀行副総裁も同様であった。深井は「世界戦争中に蓄積し得た所の在外資金は既に大部分消尽した。只戦後の現送輸入によって増加した国内正貨が十億七千万円残って居た。解禁後の金本位制は之を主たる基礎として運営するのほかはなかったのである。而して其の兌換券発行高に対する割合は八割見当の高きを占めて居たから、相当の正貨輸出があっても通貨政策上には差支ない」と述べている（深井英五［1941］246ページ）。
189) 深井英五［1940］363－364ページ。
190) 土方日銀総裁の前述の発言参照（伊藤正直［1989］239ページ）。
191) 鈴木俊夫［2001a］129－144ページ。
192) 深井英五は1929年10月の東京銀行集会所における講演で、金本位の維持の根本条件は国際収支における経常収支（貿易収支および海運等の貿易外収支）が均衡していることであると考えており、外債募集という資本収支の受取りは無限に続きうるものではなく、返済のときには支払勘定となって逆に不均衡をきたすものであるから喜ぶべきものではない、と論じていた（深井英五［1929］142－143ページ）。深井は、「外債によって金本位制を維持せんとする場合に」金本位制維持のために金兌換よりも在外正貨売却が選好されたのであって、「我国が金解禁を計画したときには、最早外債によることを意図したのではない」と述べている（深井英五［1940］362ページ、同［1941］246ページ）。

1293

るが、為替を民間の要求どおりに売却すれば通貨が急激に収縮する一方、正貨現送は輸送能力その他に制約されて一時に多量の現送ができないから、これに基づく通貨の収縮の方が緩和となる。

② 民間銀行にとっては現送によって在外資金を充実することは、日銀から為替を払い下げてもらうことよりも困難であり、時日を要するから、資金調達難から輸入を抑制し、国際収支の悪化を防ぐ。

井上蔵相は、最初金現送を回避させたのは、解禁声明当時に相当多額に達していた外銀の円思惑資金ならびに内地銀行の海外借入金の返送が一時に行われ、この金現送による金流出が財界に衝撃を与えるのを避けるためであり、まずこれらを為替（在外正貨）売却によって取り除くことを必要としたという。このことは為替投機決済のための在外正貨売却を行うべきではないとした日銀（深井）の見解とは異なるものであった。井上蔵相はやがて、上記目的は達せられたとして日本銀行が在外正貨の売却を裁量的に行い、金兌換請求には無制限に応ずるという深井の態度を是認した。

上記のような諸事情から、後述のように金兌換が実施されることとなったのである。

3　金兌換の限界（金兌換請求の抑制）

しかし、その金兌換実施方策には限界があったことも指摘しておかなければならない。金本位制維持のためには、それを支える金の防衛が必要である。この方策として公定歩合操作の活用が考えられる。だが、井上準之助は金解禁開始後しばらくの間、前述のようにこの方策を採用しようとはしなかった。金解禁実施後の日本の公定歩合が世界的な低金利の趨勢のもとでイギリス、アメリカ、フランスという諸外国の公定歩合よりもかなり高くなっていた[194]。また金解禁実施後には国内経済が不況となり、その対策として金利引下要求も登場してくる。同年6月からは公定歩合の引下げが一般的に主張され[195]、10月に

---

193) 横浜正金銀行調査課山崎啓宇、前掲稿、309－311ページ。大佐正之、前掲「金解禁と為替問題〔2〕」56ページ。井上の声明は山崎稿では28日となっているが、大佐論文では29日となっている。井上と深井の見解の違いについては深井英五［1941］246－248ページを参照。

194) 皆藤実［1966b］29、31ページ。

第12章　金解禁実施下の正貨政策

日本銀行は公定歩合を1厘引き下げるのである。このような状況で、日本銀行の公定歩合は引き上げられなかったのである。

　産業の国際競争力強化が早急には期待できない状況で、民間銀行の金兌換要求に応えつつ、公定歩合操作に依拠せず、しかも前述のように在外正貨売却政策に重きを置かないとすれば、金防衛を図るためには、通貨当局者は正金銀行の金兌換要求を抑制する方策を選択せざるをえなかった。井上準之助大蔵大臣は特殊為替機関である正金銀行が正貨現送を行うのを好まなかった[196]。このため半官半民の同行は、為替持高が売持状態で外貨資金不足に苦しんでいたにもかかわらず、金兌換を自粛しなければならなかったのである。正金銀行は金解禁実施後1930年8月まで金兌換を行わなかった。9月にようやく米国金貨買入が認められるようになる。伊藤正直氏は、金解禁実施後「無制限に正貨兌換に応じる」ことによって金本位制を維持するという方針を日本銀行が採用したと述べられているが[197]、このような見解は、正金銀行に対しては当てはまらないのである。同氏もこの事実は認識されているが[198]、井上蔵相のもとでの当時における日本の正貨政策の特徴として、金兌換政策の限界（金兌換抑制政策の採用）を強調しておく必要があるのである。

　さらに日本の民間銀行は大蔵省から金本位制に対するモラル・サポートを求められていたから、正貨現送を遠慮するという行動がみられた。『横濱正金銀行史（未定稿）』は、金解禁後、「政府は本邦銀行の現送を喜ば」なかった、「内地銀行は在外資金極度に窮乏したに拘わらず〔在外〕正貨の払下げは甚だ窮屈で兌換請求も容易で」はなかった、「外国送金を必要とするものも道義的支持の精神に拠り正貨兌換の請求を遠慮し」た、と記している[199]。深井日本銀行副総裁のもとでの日本銀行は兌換請求があれば無制限にこれに応じたであろうが、邦銀には大蔵省への遠慮があったのである。土方久徴日本銀行総裁も「正貨現送ヲ為スハ大蔵大臣ノ好マレサリシ所ニシテ」、「市中銀行ハ一旦多少

---

195)　日本銀行調査局、前掲「金解禁下の財政金融事情について」202ページ。
196)　日本銀行、前掲「金解禁後に於ける本行の諸施策」156ページ。日本銀行は正金銀行に対して金現送を認めるべきであると政府に進言したが、政府はこれを受け入れなかった（日本銀行百年史編纂委員会編［1983b］425ページ）。
197)　伊藤正直［1989］239ページ。
198)　同上書、233ページ。
199)　横浜正金銀行編『横濱正金銀行史（未定稿）』1930年版、23ページ、1931年版、23ページ。

第 6 編　金輸出の解禁実施と再禁止

ノ現送ヲ為セシモ何故カ久シカラスシテ之ヲ回避スルニ至」ったと記している[200]。

　金兌換は金の移動を通じて為替相場の安定に寄与するといわれているが、1〜3月には為替の市中相場が金輸出現送点を大きく下回るという異常現象が生じている。これには邦銀の金現送自粛が影響しているとみられる。金解禁の実施は金兌換自粛のもとで為替相場安定化作用をただちにもたらさなかったのである。

　1929年7月以降、政府および日本銀行は金解禁の準備として、正金銀行に輸出手形を買漁らせ、手取り外貨を買い上げて在外正貨を補充したが、その結果、一般為替銀行の外貨資金が極度の欠乏を生じた。日本の為替資金需要と為替相場は第1次大戦前や大戦後1922年9月頃までは季節的変動を示していた[201]。

　1930年1月の金解禁実施前後にも外国為替取引に季節的変動がみられ、前年の入超期以来、海外から多額の借入までも行っていた内地為替銀行は、金解禁断行後に、海外借入金の返済を計画するとともに、輸入最盛期に入ったことに伴う外貨資金需要にも応じなければならなかった。一方、1929年夏以来、日本の金解禁を見越して多額の円を買持していた外国銀行は、金解禁実施とともに資金を海外に引き揚げて利食いを行おうとした。このために市中では外貨資金買為替需要が殺到するに至った。かくして、市中の円為替相場が正金建値や金輸出現送点を1930年1月に下回ったのである[202]。正金銀行は金兌換自粛のもとで外貨資金の不足に苦しんでいたから、市中相場を維持・回復するために為替市場に介入（銀行向け外貨売り）する余裕はなかった[203]。正金銀行は1930年1月10日には外貨資金の充実を求め、海外資金が豊富な場合を除いて他銀行へ売為替を一切行わない方針を採用している[204]。正金銀行はその後建値を49ドル8分の3に維持したまま、外貨資金不足を考慮して売為替資金需要に対応し

---

200)　冨田勇太郎大蔵省理財局長宛日本銀行総裁書簡、1932年1月14日付（日本銀行、前掲「金解禁後に於ける本行の諸施策」156ページ）。
201)　為替相場は貿易の順逆に約2カ月先走り、9月に最高に達し、その後漸落し、翌年4月に最低となり、5月以降上昇し、9月に最高を回復していた（横浜正金銀行調査課「最近十年間に於ける我国の対外為替」[1931] 1055ページ）。
202)　日本銀行、前掲「金解禁後に於ける本行の諸施策」155ページ。
203)　東京銀行編［1981b］404ページ。
204)　同上書、397ページ。

なかった。正金銀行は正貨現送を自制したから海外資金に著しい窮乏を告げ、常得意先の資金需要にも応じることができなかった[205]。

金現送を図り外貨資金余力のある外国銀行が、金現送を遠慮して外貨資金の不足している日本の市中銀行に対して売為替業務を行った。この場合、外国銀行は独占的な地位を利用して金現送点と売為替相場との差益を求め、市中相場の引下げを図りつつ売為替業務を実施した。正金銀行の無力に乗じて為替マージン拡大のために正金建値以下への為替相場の引下げを図ったのである。為替市場は外国銀行の跳梁に委すほかはなかった[206]。この結果、正金為替相場（正金建値）が7月まで市場への影響力を失ったのである。

4 金解禁開始から為替特別売却開始までの金流出と在外正貨売却の金額

金解禁時点で、在内正貨10億8900万円、在内正貨2億5500万円（実質は1億4000万円）、計13億4400万円の水準にあった内外保有正貨は、解禁後わずか半年の間に3億円近くも減少した。外銀筋の思惑買持ちしていた円の利食い売り、本邦為替銀行の海外借入金返済のための外貨需要、輸入最盛期の到来がその主要因であった。この減少は当初は在外正貨の減少によるものであったが、間もなく主として正貨兌換によって進行することとなった[207]。

1930年1月21日には米系のニューヨーク・ナショナル・シティ銀行が1150万円の正貨の現送を開始し、蘭印商業銀行（80万円）、オランダ銀行（20万円）と米系・オランダ系銀行が現送を行い、26日には香港上海銀行（50万円）、2月16日にはチャータード銀行（150万円）と英系銀行もこれに追随するに至った。外国銀行の正貨現送額は1月以降3月末までに1億280万円に達した。外銀の多額の正貨現送の背景には、本章注184で述べたように、内地為替銀行が外国銀行から外貨を買い入れて、為替投機のために借り入れていた海外借入金を支払うという事情もあった。

---

205) 日本銀行、前掲「金解禁後における本行の諸施策」159ページ。
206) 同上、156−157、159ページ。『横濱正金銀行史（未定稿）』1930年版、22ページ（渋谷隆一、麻島昭一監修、齊藤壽彦編『近代日本金融史文献資料集成』第32巻、56ページ）。
207) 伊藤正直［1989］230−231ページ。

第6編　金輸出の解禁実施と再禁止

　邦銀については当初は金兌換・金現送が抑制されていたようであるが、1930年1月28日に池田成彬（三井銀行代表）、串田萬蔵（三菱銀行代表）が日銀首脳と懇談した際、日銀側は「在外正貨は僅少となったのでその払下げには応じられないが最少限度の兌換現送は認める」態度を示し、翌日に井上蔵相が現送に応じる旨の声明を行った。1月30日には三井銀行が金現送を開始し（400万円）、次いで2月4日に住友銀行、28日に三菱銀行が現送を開始した。1月以降3月末までに内国銀行の正貨現送額は7620万円、外国銀行の正貨現送額は9980万円に達した。表12－2にみられるように、銀行（信託会社を含む）の大口兌換はこの間に1億7880万円に達したのであった[208]。1～3月の小口兌換は382万円にすぎなかった。この間に1億8362円に達した正貨兌換のほとんどは銀行の兌換によるものであった。これが1～3月の正貨（金）流出（1億7600円）の主因をなしたのである[209]。現送高はナショナル・シティ銀行が最も多かった。

　表12－2をみると、外国銀行の兌換は1～2月を中心として行われ、4～6月、8～9月にも行われた。正金銀行以外の日本の銀行の金兌換は1～3月に行われただけであった。

　横浜正金銀行は井上大蔵大臣の要請を受けて、8月まで金現送を自粛していた[210]。この結果、同行はこの時期に海外資金の不足が増大し外貨資金繰りに苦しんだのであり、正金銀行の為替持高は2～3月に2億円以上の売持となっていた[211]。同行は得意先の所要資金にも応じることが困難となり、その為替市場の統制力は著しく低下した[212]。金現送を行った銀行は、正金銀行の無力に乗じ、そのマージンを大きくするために為替相場の引下げを図った。このために1～3月中旬の為替市況は100円につきおおむね49ドル16分の1ないし49

---

[208]　日本銀行、前掲「金解禁後に於ける本行の諸施策」155－156ページ。大佐正之「金解禁と為替問題〔2〕」［1969］55－56ページ。日本銀行百年史編纂委員会『日本銀行百年史』第3巻［1983b］422－424、431ページ。日本銀行保有資料『金輸出解禁に関する計表及び雑書』。

[209]　日本銀行、前掲「金解禁後に於ける本行の諸施策」156ページ。

[210]　同上。

[211]　日本銀行百年史編纂委員会編［1983b］426ページ。1930年中、正金銀行の為替持高は売持であった。

[212]　為替銀行の為替相場統制力は金現送を行う銀行の手中に帰した（大佐正之、前掲「金解禁と為替問題〔2〕」56ページ）。

第12章　金解禁実施下の正貨政策

表12-2　1930年中の大口兌換状況

(単位：千円)

	1月	2月	3月	4月	5月	6月	8月	9月	計
ニューヨーク・ナショナル・シティ銀行	34,800	27,000	3,000	9,000	15,000	2,500	9,200		100,500
蘭印商業銀行	2,700	5,500	3,900	2,700	4,600		3,400	3,700	26,500
香港上海銀行	2,500	7,900	4,000	7,600			2,000		24,000
オランダ銀行	600	3,200	4,700	1,000		500	5,250		15,250
チャータード銀行		1,500	1,500	1,000	1,000	1,000			6,000
外国銀行計	40,600	45,100	17,100	21,300	20,600	4,000	19,850	3,700	172,250
三井銀行	4,000	18,000	10,000						32,000
住友銀行		15,000	10,000						25,000
三菱銀行		5,000	10,000						15,000
三井信託会社		2,000	2,000						4,000
本邦銀行会社計	4,000	40,000	32,000						76,000
合計	44,600	85,100	49,100	21,300	20,600	4,000	19,850	3,700	248,250

注1：7月および10〜12月は大口兌換なし。したがって「計」は年間合計である。
　2：正金銀行への米国金貨売却高（9〜11月）を含む。
出所：日本銀行百年史編纂委員会編『日本銀行百年史』第3巻、423ページ。

ドル4分の1と、金輸出現送点以下の軟弱な相場を示した（横浜正金銀行建値は49ドル8分の3）[213]。

　横浜正金銀行の為替売買持高は、1930年中は常に売持となっていた（各月央、月末）[214]。1929年7月から政府は金解禁準備のために在外正貨補充の目的をもって為替を買い入れていた。その額は同年9月から12月までの合計で2億1690万円であった[215]。同年11月21日の金解禁声明以後には、横浜正金銀行への外貨預け入れや在外正貨の為替銀行への売却が行われるようになった。すなわち、政府は1929年11月、12月、1930年2月に合計1億2250万円の在外正貨を正金銀行に預け入れた[216]。1929年12月には日本銀行は横浜正金銀行に対して200万ポ

213)　日本銀行百年史編纂委員会 [1983b] 425-427ページ。大佐正之、前掲「金解禁と為替問題〔2〕」56ページ。
214)　日本銀行営業局海外代理店係調「金輸出解禁ニ関スル諸計表」（以下「諸計表」と略称、日本銀行作成、齊藤保有『雑書』所収）中の「横浜正金銀行為替売買持高」による。
215)　内訳は米貨が8293万5000ドル、英貨が396万3000ポンドであった（「諸計表」中の「解禁準備ノ目的ヲ以テセル為替買取額」による）。

第6編　金輸出の解禁実施と再禁止

表12-3　政府・日本銀行の為替（在外正貨）売却高（1930年）

(単位：千円)

資金別	日本銀行資金				政府資金			合計
売却先	横浜正金銀行	その他本邦銀行	外国銀行	計	横浜正金銀行	外国銀行	計	
1月	28,675	26,327	7,634	62,637	0	0	0	62,637
2月	0	8,417	0	8,417	0	0	0	8,417
3月	0	1,604	0	1,604	0	0	0	1,604
4月	0	0	0	0	0	0	0	0
5月	15,753	0	0	15,753	0	0	0	15,753
6月	0	0	0	0	36,775	0	36,775	36,775
7月	0	0	28,375	28,375	2,958	12,630*	15,589	43,964
8月	0	0	0	0	6,168*	1,966*	8,135	8,135
計	44,428	36,348	36,009	116,786	45,901	14,597	60,499	177,285

注1：その他本邦銀行の1月のうち2,961千円は買戻条件付。
　2：＊印は買戻条件付。なお8月の対横浜正金銀行売却は市場統制売り決済資金。
　3：9月以降は為替売却なし。
出所：日本銀行百年史編纂委員会編『日本銀行百年史』第3巻、426ページ。

ンド（円換算1994万8000円）の在外正貨を売却している[217]。金解禁実施前に在外正貨の売却が開始されていたのである。金解禁後には在外正貨売却は表12-3にように行われた。これは日本銀行の在外正貨売却を中心として行われた。

1930年1～3月には金兌換だけでなく在外正貨売却も実施された。これは日本銀行によって行われた。だが、1月20日以降に金兌換による金現送が実施されるようになると、日本銀行の在外正貨売却は減少した。すなわち、1月には正金銀行に対して2868万円、その他の本邦銀行に対して2633万円、外国銀行に対して764万円、合計6264万円の在外正貨を日本銀行は売却したが、2月には正金銀行以外の本邦銀行に対して842万円、3月には160万円の在外正貨を売却しただけである。この際、日本銀行は外国銀行への売却については正金銀行を経由したが、本邦銀行への売却については日本銀行が直接行っている。この時期に政府所有在外正貨の払下げは実施されていない[218]。

1930年1～3月には2億4626万円もの日銀所有内外正貨が減少したわけであ

---

216)　内訳は米貨が5300万ドル、英貨が165万ポンドであった（「諸計表」中の「昭和4年11月21日以降横浜正金銀行ニ預ケ入レヲ為シタル金額」による）。
217)　「諸計表」中の「解禁声明（昭和4年11月21日）後本行及政府ノ売却シタル為替」による。
218)　日本銀行百年史編纂委員会編［1983b］426ページ。

第12章　金解禁実施下の正貨政策

るが、この間の貿易の入超は1億9000万円にすぎなかった[219]。このことは正貨流出が貿易入超尻の決済だけでなく思惑外資の引上げや海外借入金の返済によるものでもあったことを示すものである。

　上述のような金兌換に基づく金現送と在外正貨払下げは為替銀行の外貨資金をかなり充足したであろうが、1〜3月に市場相場を回復するという機能を必ずしももたらさなかった。だが、4月以降は五分半利付外貨公債の借換成立、輸入最盛期が過ぎたこと、生糸輸出為替の出回りなどもあって市中相場は正金建値の水準を維持するようになった。内地の銀行・信託・保険会社などが金融緩慢に伴う融資処分として日本外債の買入れに乗り出したこともあったが、英米中央銀行の相次ぐ公定歩合の引下げなどにより、遊資の海外放出は鈍った[220]。

　為替相場が金輸出現送点の水準となっていたために4〜6月に外国銀行が金兌換を実施したが、その額は4590万円と以前よりも減少しており、7月にはそれを実施しなくなった[221]。後述のように日本銀行は外国銀行への在外正貨売却も行っている。この間に内国銀行は大口兌換を行わなかった。チャータード銀行の現送を最後に6月12日以後は正貨現送は8月初めまで途絶した[222]。

5　英米市場におけるクレジットの使用問題と国際信認の確保

　予想外の正貨の流出・減少に直面して、日本銀行では1929年に11月19日付をもって英米両市場において金本位制維持の準備のために設定していた総額1億円、期間1年のクレジット契約（名義人は正金銀行であるが事実上の当事者は日

---

[219]　日本銀行調査局、前掲「金解禁下の財政金融事情について」205ページ。

[220]　日本銀行調査局、前掲「金解禁下の財政金融事情について」206ページ。日本銀行、前掲「金解禁後に於ける本行の諸施策」155−156ページ。

[221]　日本銀行は7月頃に金の大口兌換請求を事実上抑えていたといわれている（日本銀行百年史編纂委員会［1983b］431ページ）。だが、当時の日銀営業局長は兌換請求に猶予を求めたことはないと否定している。日本銀行は外国銀行の金兌換要求に対しては無条件で応じる方策を採用したが、正金銀行が政府および日本銀行から外貨資金の交付を受けて、自己営業として金現送見当の相場で為替を売却し、外国銀行が為替を買い入れたから7月当時金現送が実現しなかったのであろう（日本銀行、前掲「金解禁後に於ける本行の諸施策」160ページ）。

[222]　日本銀行、前掲「金解禁後に於ける本行の諸施策」156ページ。日本銀行百年史編纂委員会編［1983b］423ページ。大佐正之、前掲「金解禁と為替問題〔2〕」54ページ。

本銀行）の使用を1930年1月下旬に検討することとなった。

　日本銀行は1月25日に営業局長名でロンドンおよびニューヨーク両代理店監督役に対し、その使用の得失を判断するための調査、その使用が国際市場の日本に対する「一般信用」を傷つけることにならないかについての調査を依頼した。これに対して1月29日に（着電）ロンドン代理店監督役は、クレジットの使用は一般市場に日本の解禁が早すぎたのではないかと疑わせる恐れがあり、日本の「信用」上影響が生ずるから、できるだけその使用を避けるべきである、と報告した。

　ここにいう信用、一般信用は、支払約束への信頼というよりも通貨制度に対する信認、一般的信認という意味で用いられているといえよう。日本の通貨制度、金本位制に対する国際的信認維持のためのクレジット契約は、それを使用しないことがまた日本の国際信用、国際信認に寄与すると考えられたのである[223]。

　クレジット契約は結局、1930年の期限到来まで使用されずに失効した。金本位制に関しては従来クレジット契約交渉に関心が払われてきたが、その使用に関してこのような日本の通貨制度に対する国際信認保持への配慮が払われたことが看過されるべきではなかろう。

6　在外正貨売却に基づく正金銀行の為替特別売却と金本位制への信認確保の意図

　4月に在外正貨の売却は実施されなかった。正金銀行の為替持高は1月以来売持状態が続いており、5月10日には日銀副総裁の深井英五と正金頭取児玉謙次との打合せで日本銀行保有外貨の売却が決定された。同月に額は多くないが1573万円の日本銀行保有在外正貨が正金銀行に売却された。在外正貨所有の少ない日本銀行は基本的には正金銀行による自己資金調達力の強化を求めており、日銀のこの売却も6月以降には行われなくなった。

　6月には政府保有在外正貨3678万円が正金銀行に払い下げられている。その

---

[223]　日本銀行、前掲「金解禁後に於ける本行の諸施策」158ページ。1月29日にニューヨーク代理店監督役はそれを使用しないに越したことはないと報告している（同資料、159ページ）。

第12章　金解禁実施下の正貨政策

額は同月の外国銀行の大口兌換額400万円よりもはるかに多い[224]。5～6月当時において市中相場の低落は生じておらず、その在外正貨払下げは一般市場に売却するものではなく正金銀行に限定してなされたものであった。『横浜正金銀行史（稿本）』にも言及されていないその払下げは、従来の政策の大きな変更というよりも、ひとまずは金現送を抑制された正金銀行の外貨資金不足を補うものとしてなされたということができるのではなかろうか。

　旧平価解禁と金解禁下の財政緊縮政策の実施、世界恐慌の波及などにより1930年中頃に不況が深刻化する。かくして同年6月下旬から7月にかけて一部の新聞・雑誌や実業家により、金輸出再禁止論や平価切下論が主張されるようになった。為替相場の先安予想から輸入予約取決めや思惑取引が刺激された。一方、国内金融の緩慢、資金需要の減少から海外投資も次第に旺盛となってきた。こうして7月に市中為替相場が金輸出現送点をかなり下回って低落するようになった。このため金流出の気配が窺えるようになった[225]。

　日本銀行は輸出最盛期に海外投資などに起因して在内正貨が流出することは好ましくないと考え、兌換請求者に対して在外正貨を売却して在内正貨の流出を防止することとした。かくして日本銀行はとりあえず7月半ばまでに約1600万円の在外正貨を外国銀行4行に売却した。

　さらに日本銀行は、正金銀行に日本銀行および政府所有在外正貨をやりくりして買い取らせ、自己営業として、正貨現送点付近の相場で、正貨現送の気配のある外国銀行（ニューヨーク・ナショナル・シティ銀行、蘭印商業銀行、オランダ銀行、香港上海銀行の4行）に「為替の特別売却」を行わせることとした[226]。こうして正金銀行は7月中旬、下旬に正貨現送点見当で約4300万円の為替の特別売却を行い、正貨現送を回避したのである[227]。

---

224)　日本銀行百年史編纂委員会編［1983b］423、426ページ。伊藤正直［1989］233、239ページ。
225)　大佐正之、前掲「金解禁と為替問題〔2〕」57ページ。
226)　5月に発行された五分半利付英貨・米貨公債発行手取金（政府保有）の一部を横浜正金銀行に買戻し条件付で正金銀行に売却した。また日本銀行は保有在外正貨（約2300万円）の半額検討を必要に応じて正金銀行に売却することとした。正金銀行はこれを正貨の兌換・金現送を希望する銀行に売却した（冨田勇太郎大蔵省理財局長宛日本銀行深井英五副総裁書簡、1930年7月16日付、日本銀行、前掲「金解禁後に於ける本行の諸施策」159－160ページ）。
227)　日本銀行、同上資料、160ページ。この金額は7月16日以前の外国銀行向在外正貨売却金額を含むと考えられる。

第 6 編　金輸出の解禁実施と再禁止

　7月には日本銀行は2838万円、政府は1263万円（買戻し条件付き）の在外正貨を外国銀行に売却している。また政府は同月に296万円の在外正貨を正金銀行に売却している。同月の政府・日本銀行の在外正貨売却高は4396万円に達した。同月に銀行の大口兌換は行われていない[228]。

　在内正貨（金）所有高は金兌換によって1930年の10億8927万円から同年6月30日の8億7139万円に減少していた。だが、1930年6月30日時点での在内正貨所有高は在外正貨所有高2億511万円（うち日本銀行所有高は3587万円）に比べれば、はるかに多かった。にもかかわらず、従来は資金量に限界があるとして抑制していた在外正貨の払下げを、通貨当局はさまざまのやりくりをしてまでなぜ外国銀行に対して実施したのであろうか。

　深井英五日本銀行副総裁は7月に外国銀行への売却を開始した理由として、「輸出超過最盛タルベキ季節ニ於テ、正貨ノ流出スルハ一見頗ル不自然ニシテ、此際人心ニ及ボス影響ノ面白カラザルモノアル」から正貨（金）の流出を防止する必要があることを挙げている[229]。ここにいう「人心」とは人々の信認のことであろう。ここでは金本位制に対する論議（金輸出再禁止論や平価切下げ論）が主張されている状況で[230]、輸出期の金流出という不自然さが日本の金本位制に対する人々の「信認」に悪影響を及ぼすことを深井が懸念していることが窺える。この懸念をなくすため、輸入の増加する秋頃まで金兌換・金現送を抑止するための在外正貨払下げが企画されたと考えられる。通貨当局者が在外正貨の払下げによって通貨制度、金本位制に対する信認の確保を図ろうとしたことが、ここで確認できるのである。なお、外国銀行に在外正貨が売却されたのは、邦銀はモラル・サポートに従って金現送を自粛していたから在外正貨を払い下げて金現送を抑制する必要はないと考えられたからであろう。邦銀は4月以降、金兌換を行っていなかった。

　こうして7月に在外正貨払下政策が重要性を増すこととなったのである。1月以来金兌換を実施してきた外国銀行が7月に金兌換・金現送を実施しなくなったことは、このことをよく示すものである。

228）　日本銀行百年史編纂委員会編［1983b］423、426ページ。
229）　日本銀行、前掲「金解禁後に於ける本行の諸施策」159ページ。
230）　同上、157－159ページ。

とはいえ、そのことは日本銀行の兌換および正貨現送方針が放棄されたことを意味するものではない[231]。金兌換と在外正貨払下げ併用方針のもとで7月に在外正貨売却政策の役割が向上したといえるのである。その後1930年8月に814万円の政府保有在外正貨が払い下げられている[232]。その後は同年末まで実施されていない。一方金現送は8月に再開されている。

第5節　正金銀行の為替統制売り

1　為替統制売りの開始と展開（1930年7月31日〜1931年9月20日）

（1）円貨、金本位制の信認維持策としての為替統制売りの開始

上記の為替特別売却はその売却先が少数の外国銀行に限られていた。そのために外銀はその独占的な地位を利用して、思うままの差益を得て他に転売したので、正金銀行が為替売却を始めたときよりもさらに相場が軟弱となり、現送と売為替の差益を大きくするよう市場相場を左右して、時としては49ドル16分の1という金本位制度のもとではあるまじき相場を現出したこともあった。その特別売却は為替相場を金現送点以上に維持回復する効果がなかった。日本銀行が自由に在外正貨を売却しないのと市場為替相場が不当に低下したために、日本の金本位制が有効に施行されていない象徴とするものもあった[233]。

この特別売却を継続すれば、第1に、為替相場の金輸出現送点以下への低落を助長する恐れがあった。

第2に、市中為替相場の低落が持続すれば「円貨ノ信用」（この場合は円への信認といえよう）に対して疑惧の念を生じる恐れがあった。円は国際通貨ではなかったが、その信用（信認、一般的信認）が揺らげば「資金ノ海外逃避ヲ誘

---

231) 1930年7月28日の日本銀行営業局長の同行ニューヨーク代理店監督役への電信において「本行ノ兌換及正貨現送ニ対スル態度方針ニハ毫モ変化ナク、兌換請求ニ対シテ猶予ヲ求メタリト云フガ如キハ全然根無」であると述べている（日本銀行、前掲「金解禁後に於ける本行の諸施策」159ページ）。8月4日付でオランダ銀行が日本銀行総裁宛に、日本銀行が兌換を制限していることが海外で円に対する信認（confidence）を揺るがしているとして日本銀行の金現送方針を問うているが、日本銀行は兌換制限を否定している（日本銀行百年史編纂委員会編［1983b］431-432ページ）。
232) 日本銀行百年史編纂委員会編［1983b］426ページ。
233) 「大蔵省理財局長宛日本銀行総裁書簡」1932年1月14日付、日本銀行、前掲「金解禁後に於ける本行の諸施策」156-157ページ。

致スル」恐れがあった。

　第3に、正金銀行の外貨資金に限界があり、同行に為替相場維持のため為替を売却させようとしても、その続行が困難になると予想された。

　金本位制下における為替相場の金輸出現送点以下への低落、ひいては円への信認の低落を回避することは、金の流出を防ぎ金本位制を維持するために不可欠であった。為替の特別売却をやめて外国銀行に正貨を現送させ、為替相場を金輸出現送点近づけようとしても、正貨現送が少数の外国銀行のみによって行われている間は現送点と市場為替相場との開きが不当に大きくなるのを免れなかった[234]。

　日本銀行は、「金本位制維持の決意を示すため」、この対策として、従来の正金銀行による為替特別売却を廃止し、これに代わって正金銀行が「適当ナル相場ヲ堅ク維持」し、同行が特殊の取引だけでなく一般市場に向かって、直物為替、先物為替を問わず為替の売却を行うことが適当であることを認めた。正金銀行のこのための資金としては、同行ができるだけ自力で調達する（外国において一時借入金など）こととされた。万一資金が不足する場合には、同行の手による金現送を認めることが適当であるということが決定された。ここに日本銀行は正金銀行に対し、いわゆる為替統制売りを実施させることとしたのである[235]。

　この統制売りは単なる為替相場維持政策として実施されたものではない。それは日本の金本位制の特殊な現実と深くかかわっていた。深井英五は、金本位制を道義的に支持しようとする者は金兌換請求を遠慮するだけでなく在外正貨払下げをも遠慮しなければならない、と考えていた。日本銀行は金兌換請求には同行の義務であるとしてこれに応じたが、在外正貨の売却は同行が任意に裁量すべきものであるとしてその売却を控えていた[236]。在外正貨払下げの制約の背後には在外正貨が枯渇してきているという事実や為替投機を抑制したいという意図があったと考えられる。

　市場では、外国送金を必要とする者が金兌換に代えて在外資金、在外正貨の

---

234)　同上資料161ページ。
235)　日本銀行、前掲「金解禁後に於ける本行の諸施策」160－161ページ。
236)　深井英五［1941］247－248ページ。日本銀行、上掲資料、160ページ。

第12章　金解禁実施下の正貨政策

売却を求めるのが道義的支持であるという解釈があった。政府の意向を受けて金兌換の請求を遠慮して、これに代えて在外資金の売却を日本銀行に求めても日本銀行が自由に売却しないので、日本の金本位制、日本の金解禁が名目的で擬装であるという感想を生じた。深井はこの考えを錯誤と考えていた。だが、このような考えが存在していたことが日本の金本位制に対する「信用」（信認）を傷つけており、この対策が求められた。前述の横浜正金銀行の特別為替取引（為替統制売り）は、その信用・信認を取り返すために開始されたものであった[237]。深井英五によれば、統制売りも「日本ノ金本位制ニ対スル内外ノ信用ヲ維持スル」ために実施されたものであった[238]。統制売りは外貨の売却という市場介入によって為替相場を維持し、為替相場の低落が円貨の信用〔信認〕に疑惧を生じて資金の海外逃避を招来する〔ひいては金流失を招く〕ことを矯正し、金本位制を維持するために考案された施策である[239]。兌換請求に応諾してこそ金本位制の権威と「信用」（信認）を擁護することになると深井は信じていた。為替相場の維持だけであれば、金兌換とその現送によってできたはずである。にもかかわらず、市場は観念的錯誤に陥っていた。深井は金兌換という常道によれば在外資金の売却を求める市場との摩擦を大きくすると考え、金に代わって在外資金を求める市場に、深井は摩擦を恐れて「已むを得ず」妥協した。「常道」によらない形態で、日本の金本位制に対する「信用」（ここでは信認、一般的信認といえる）を維持しようとして統制売りという便法に賛成し、その施行に努力したのである[240]。

統制売りの動きは、すでに1930年7月18日における児玉謙次正金銀行頭取から土方久徴日本銀行総裁への在外正貨売却要請において出始めていた[241]。

土方日銀総裁は、1930年7月31日付をもって井上準之助大蔵大臣に対して、いわゆる為替統制売りに関する覚書を提出し、ただちに承認を得た。かくして同日午後から統制売りが実施されたのである[242]。

翌8月1日には井上大蔵大臣、土方日銀総裁、深井同副総裁、児玉正金頭取、

---

237)　深井英五［1940］364－365ページ。同［1941］248－249ページ。
238)　高橋大蔵大臣からの「解禁準備ニ於ケル在外正貨等ニ関スル経緯ノ要領」についての照会に対する深井英五日銀副総裁の回答、1931年12月29日付（『日本金融史資料　昭和編』第20巻、155ページ）。
239)　日本銀行、前掲「金解禁後に於ける本行の諸施策」160ページ。

1307

第 6 編　金輸出の解禁実施と再禁止

大久保（利賢）同取締役が統制売りについて協議した。この中で正金銀行は政府資金も使用できることとなった。このとき正金銀行は「円貨ノ信用ヲ樹立スル為ニハ確信アル態度ヲ以テ売リ向ハザルベカラズ」と述べ、日銀側は「為替相場ヲ維持シテ円貨ノ信用ヲ樹立スルハ目下ノ急務」であると述べている。ここには円貨の信用、円への信認を樹立することの重要性が表明されているのであり、為替の統制売りはこれが大きな目的となっていたことが明らかである[243]。

統制売りは、結局は金の現送によって対外送金の需要に応ずるのであるが、中間において在外資金（在外正貨）の売却に似た経路をとるものである[244]。正金銀行の為替の統制売りは、同行が為替市場で無制限に売り応じることにより円相場を維持する方策である。為替市場介入という点では在外正貨の為替銀行への払下げによる為替相場維持策と類似しているが、それはまず正金銀行の資金によって実施するものであるから、在外正貨払下げの場合とは異なっている。統制売りの実行を可能としたのは、海外市場での正金の信用力、および内地と

---

[240]　深井英五［1941］249ページ。『横濱正金銀行史（未定稿）』1931（昭和6）年版は「兌換制度に復帰した以上は外国送金の需要者に正貨を引渡すか、又は其代りに在外資金を売るのが常道であるが、在外資金の売却を以て正貨兌換に代用するのは久しく我国の慣行であり、世間では此旧套が依然行はれるだろうと信じて居た。又外国送金を必要とするものも道義的支持の精神に依り正貨兌換の請求を遠慮し、唯在外資金の売却を得んとした。蓋し現送点見当の為替相場で在外資金を買受けるのは、正貨兌換を受けるよりも寧ろ有利であったからである。併し道義的支持と云ふ以上は成る可く外国送金を少くすべきであったのに拘らず之が努力を為さず、現送では間に合はないとて在外資金の払下を要求して止まなかった。勿論在外資金の売却は日本銀行の任意に裁量すべきものであり、且限度があったから漸次その売却を差控へ、其代り正貨兌換の請求があれば文句なく之に応ずることとした。但し市場では政府の意嚮が正貨現送を喜ばないことを知り、兌換請求を遠慮する者も出で、日本の金解禁は単に名目的に過ぎないという疑惑が起り、市場の為替取引に於て現送点を下回る相場が現出した。之を訂正する為に本行をして売向はしめたのが所謂統制売で」ある（23－24ページ）と記している（渋谷隆一・麻島昭一監修、齊藤壽彦編［2005］99－100ページ）。深井英五もこれと同じことを述べているのである（深井英五［1941］247－248ページ）。

[241]　正金銀行は、正貨現送を防止するために内外の銀行などに在外資金を売り渡す必要が生じた場合に、英貨147万ポンド、米貨387万ドルの範囲において日本銀行が保有する在外正貨を正金銀行に払い下げるよう求め、これを日銀に売り戻す約束を果たすために正貨の現送が必要となると予想されるので、政府にその承認を取り付けるよう日本銀行に依頼したのである（東京銀行編［1981b］399、426ページ）。

[242]　日本銀行、前掲「金解禁後に於ける本行の諸施策」160－161ページ。

[243]　同上、161－162ページ。

[244]　深井英五［1940］365ページ。

第12章　金解禁実施下の正貨政策

海外との間の為替・資金ポジションを迅速かつ効率的に調整する力量であった[245]。

　正金銀行の資金が不足する場合には、同行は金兌換によって金を現送して支払う。正金銀行が無制限な外貨資金の売却によって為替相場を維持するためには金の現送を認められていることが必要であり、政府もしぶしぶこれを認めた。それは、最終的には金現送を伴うという意味で兌換に基づく正貨現送方式と類似している。だが、それは売為替を買い埋めて為替の出合をとり決済することによって金流出を減少させることができる。統制売りによって円相場を金輸出現送点以上に維持することができれば、為替相場低落による金兌換・金現送を回避することもできるというものであった[246]。

　統制売りの結果、正金銀行の外貨資金が不足すれば、政府・日本銀行の了解を得て正貨を現送することとなる。実質として日本銀行の在外資金売却に近似している統制売りは、結局は正貨の流出を抑制することはできなかった。しかし、形のうえでは金為替本位の趣旨によって金本位制を維持するであろう（金兌換ではなく在外資金売却が金本位維持の常套手段となるであろう）という世間の期待（深井にいわせれば錯誤）に沿い、正貨の現送よりも在外資金の取得を便とする市場の希望に応じるものであったのである。この操作を日本銀行自らが行わないで政府の命により正金銀行に担当させたのは、同行が市場と密接な関係を有し、売為替に対して買埋をする便があり、したがって幾分か正貨の流出を減少させることができると思われたからであった[247]。深井は政府の命によりなされたと述べているが、このことは正金銀行に損失が出た場合の責任は政府が負うことをも意味していたのである。

　統制売りは、一般為替市場において、正金銀行が無制限に為替を売り、これによって円相場を維持する（「為替相場ヲ維持シテ円貨ノ信用〔信認〕ヲ樹立スル」）という方針である。正金銀行の外貨資金源としては、一時的には正金銀行ができるだけ外国において借入を行い、政府資金も用い、決済資金が究極的に必要となった場合には大蔵省・日本銀行が正貨の現送を認めるというもので

---

245) 平智之 [1993b] 816ページ。
246) 深井英五 [1941] 248-249ページ。八木慶和 [1986] 69ページ。
247) 前掲『横濱正金銀行史（未定稿）』1931年版、24-25ページ。深井英五 [1941] 247-249ページ。

第6編　金輸出の解禁実施と再禁止

あった。この方策は法律・規則に基づくものではなく、当局者の話し合いや覚書によって決められたものである。

（2）　為替統制売りの実施

　7月31日には為替の特別売却が廃止され、正金銀行が画定した相場で一般市場に向かって直先を問わず為替を売却し、為替相場を維持するという為替統制売りが開始された。横浜正金銀行は1930年8月2日以降、毎日、前日分の統制売りの実施状況を日本銀行に報告した。報告書は正金銀行の大久保利賢担当取締役から日本銀行の深井英五副総裁に提出された[248]。統制売りの月別推移は表12－4のとおりである[249]。売却総額は米貨3億5577万ドル、英貨420万ポンド、合計7億5356万円であった。1931年9月以後の売却は米貨だけであった。直物為替（当月渡しを直物とみなして）の売却は米貨で7994万5500ドル（総額の22.5％）、英貨で246万6500ポンド（総額の58.7％）となっており、米ドルの先物が多かった。

　多額の外貨を正金銀行は売却した。1930年8月には4066万円の外貨が売却された。統制売りは金現送をなくすものにはならなかったが、為替の統制売りと正貨現送によって為替相場は安定した。

　9月にはロンドン海軍軍縮条約の批准問題に関連して政局不安が生じ、金輸出再禁止論が起こった。本邦外貨債市価低落と日本の金融緩漫を背景として1930年上期に始まった本邦外債投資は、資本の海外逃避として甚だしくなっていった。かくして統制売りに対する需要が急増し、統制売りは同月だけで1億812万円に達した。この需要に応ずるために9月には正金銀行が金現送を開始した。同行は9月から11月にかけて日本銀行から米国金貨3000万ドル、円換算6018万5000円の売却を受け、これを現送している[250]。統制売りにより市中相場は正金建値水準に上昇した。

---

248)　8月2日報告は7月31日分を含む（「横浜正金銀行市場統制売為替報告書　その1」）。
249)　この統計は「横浜正金銀行市場統制売為替報告書」（その1）、（その2）に基づくものである。
250)　「諸計表」中の「内地保有本行正貨受払高」および「現送用トシテ正金銀行ヘ米国金貨売却高」による。日本銀行調査局、前掲「金解禁下の財政金融事情について」238ページでは、この金貨売却を兌換とみなしている。日本銀行百年史編纂委員会編［1983b］431ページ。『東洋経済新報』第1480号、1931年12月、48ページ。高橋亀吉［1955a］1064ページも参照されたい。

第12章　金解禁実施下の正貨政策

表12−4　為替統制売りの月別推移

期間		外貨額		邦貨換算
		米貨	英貨	
		ドル	ポンド	円
1930年（昭和5）	7月31日〜8月31日	19,520,000	162,000	40,660,000
	9月中	50,063,500	799,000	108,117,000
	10 〃	300,000	100,000	1,600,000
	11 〃	—	—	—
	12 〃	100,000	—	200,000
	計	69,983,500	1,061,000	150,577,000
1931年	1月中	2,825,000	5,000	5,700,000
	2 〃	150,000	40,000	700,000
	3 〃	29,880,000	135,000	61,110,000
	4 〃	12,125,000	355,000	27,800,000
	5 〃	1,040,000	895,000	11,030,000
	6 〃	9,946,000	1,630,500	36,197,000
	7 〃	41,158,000	20,000	82,516,000
	8 〃	14,525,000	60,000	29,650,000
	9 〃	125,612,200	—	251,224,400
	10 〃	48,955,500	—	97,911,000
	11 〃	△50,000	—	△100,000
	12 〃	△380,000	—	△760,000
	計	285,786,700	3,140,500	602,978,400
合計		355,770,200	4,201,500	753,555,400

注1：△印は買戻しを示す。
　2：1ドル＝2円、1ポンド＝10円として換算。
　3：1931年10月、11月は、上記のほか乗換え取引（change over）があった（10月8,500千ドル、11月10,223.5千ドル）。
出所：『日本銀行百年史』第3巻［1983b］、434ページ。八木慶和［1986］71ページ。

　外国銀行は1930年8〜9月に2355万円の金を現送していた[251]。10月に入ると市中相場は金現送点をはるかに上回った。10月から12月にかけて正金銀行以外の銀行は金を現送しなくなった。金兌換による金本位維持方策は、為替の統制売り方策に転換した[252]。1930年10月の統制売りの金額は160万円に激減し、

---
251)　日本銀行百年史編纂委員会編［1983b］431ページ。

1311

11月にはなくなり、12月には20万円だけであった。1930年における統制売りの金額は1億5058万円であった。

1931年上期には異常な金融緩漫のもとで本邦外貨債への投資がさかんに行われた。大銀行は遊資処分に苦しみ、外債への投資を増加させた。このような状況のもとで、1931年に入り、統制売りが増大し、3月には統制売りの金額は6111万円にのぼった。1931年1～8月の為替統制売額は2億5470万円であった。正金の為替統制売りは1930年8月～1931年8月の期間に4億円に達したのである[253]。

正金銀行が49ドル8分の3という建値で売り応じたために、為替市場は動揺を示さなかった。金本位制に対する市場の疑惑も、統制売りによって大いに緩和した[254]。イギリスの金本位停止以前に統制売りは好成績をあげたといえる。

1931年に入ると外国銀行が1～7月に1515万5000円の金現送を行っており、また正金銀行が7～8月に5015万円の金現送を行っている。為替統制売りは金兌換・金現送を排除するものとならなくなった。だが、銀行の金現送額は1931年1～8月に6530万5000円であり、不安を醸すほどの巨額には至らなかった[255]。金本位制維持策としては、為替統制売りの方が大きな役割を果たしていたのである。

2　ドル買いの殺到と為替統制売りの中止
（1931年9月21日～1931年12月12日）

（1）　ドル買いの殺到

為替相場の安定は1931年9月の満州事変勃発、ことにイギリスの金本位停止によって崩れる恐れが生じた。イギリスが金本位制を停止した1931年9月21日以後、日本も金本位制を停止するであろうというという見方が内外に広まり、正金銀行にドル買い注文が殺到し、統制売りが最高潮に達した。

井上蔵相は金輸出再禁止の意思のないことを表明したが、それでもドル買い

---

252)　伊藤正直［1989］239ページ。
253)　日本銀行百年史編纂委員会編［1983b］434-436ページ。
254)　深井英五［1941］250ページ。
255)　日本銀行百年史編纂委員会編［1983b］431ページ。

第12章　金解禁実施下の正貨政策

はおさまらなかった。正金銀行は日本銀行と協議のうえ、無制限に為替の統制売りを継続した。その額は9～10月に約1億7500万ドル（邦貨換算で9月には2億5122万円、10月には9791万円、合計3億4914万円）の巨額に及んだのである。9～10月の米貨売却額は1931年の米貨売却総額2億8600万ドルの61％に及んでいる。とくに9月21日から9月26日までの営業日5日だけで1億500万ドルが売却されている。

　9月21日以後の直物売却は2046万1500ドルと総額（1億7064万5200ドル）の11.4％にすぎなかった。統制売りの大部分は先物為替の売契約であった[256]。10月1日、土方日銀総裁は為替銀行に対して思惑によるドル買いの中止と既契約先物為替の解合（セット・オフ）を要請したが、その効果はなかった[257]。

　ドル買いの最大手はアメリカのニューヨーク・ナショナル・シティ銀行であって、三井銀行、三井物産、がこれに続いていた[258]。

　正金銀行の為替統制売りは為替市場相場の維持に寄与した。

（2）　為替統制売りの中止

　統制売りの結果、正金銀行の外貨資金繰りが悪化した。10月14日に井上蔵相は日銀正副総裁、児玉正金銀行頭取と対策を協議し、為替統制売りに制限を加えるとの方針を立てた[259]。正金銀行は10月24日、三井系統に対してはたとえ実需であってもドル売りに制限を加えることとし、また、三井系以外についても実需のほかはそれを制限することとした[260]。

　11月4日以降にはドル為替売りは事実上売止めとなったのである[261]。11月、12月には為替売却は行われず、合計86万円の買戻しが行われている。統制売りは12月12日に終了した。

---

256)　日本銀行百年史編纂史料「統制売りの計数について」（八木慶和執筆）1980年5月、10－11ページ。日本銀行百年史編纂委員会編［1983b］500ページ。八木慶和［1986］71－72ページ。
257)　日本銀行調査局、前掲「金解禁下の財政金融事情について」208ページ。
258)　国内での統制売りと海外での統制売りを合計すると、1931年9月21日以降の上位5社は次のようになっていた。ナショナル・シティ銀行1億円、三井銀行4700万円、三井物産3000万円、住友銀行2500万円、三菱銀行1800万円（八木慶和［1986］75ページ）。日本銀行百年史編纂委員会編［1983b］506－507ページも参照。
259)　日本銀行、前掲「金解禁後に於ける本行の諸施策」166ページ。
260)　東京銀行編［1981b］483ページ。
261)　日本銀行、前掲「金解禁後に於ける本行の諸施策」166－167ページ。

第 6 編　金輸出の解禁実施と再禁止

　統制売り制限のもとで、正金建値は49ドル 8 分の 3 を維持していたにもかかわらず、ニューヨークの対日市中相場は10月には48.94ドル、11月には48.90ドルにまで低落している[262]。『中外商業新報』（1931年11月 1 日付）は、正金銀行のドル売惜みのためにニューヨークの対日為替相場は惨落し、我が国の対米為替相場は48ドル台という金本位制国にあるまじき低落を告げるに至ったと報じている。

　日本の再建金本位制は、金兌換により日銀券の信用・信認維持を図る一方で、横浜正金銀行の為替統制売りによる円の為替相場維持を通じて円の信認確保を図ることによって維持されていたのである。

　この統制売りは金現送によって支えられていた。統制売りによって、正金銀行の外貨資金は大いに減少した。同行は外貨借入れを行うとともに、1931年 9 月下旬の政府・日銀・正金の 3 者協議により10月以降に金現送を開始することとした。10月から12月までに 3 億3453万円もの金を正金銀行は現送している。さらに、金輸出再禁止後に統制売りの決済のために正金銀行は金現送を許可されているのである。

　1931年 9 月から12月にかけて、正金銀行以外の銀行は金現送を行っていない[263]。だが、正金銀行が統制売り決済のために多額の正貨兌換・金現送を行っていることを考えると、統制売りは、金兌換・金現送を節約するという効果は実際には大きくなかったといえよう。

---

262)　日本銀行調査局［1932］附録第17表「対米為替相場表」。
263)　日本銀行百年史編纂委員会編［1983b］431ページ。正金銀行以外の邦銀の金現送は1930年 3 月まで、また外国銀行の金現送は1931年 7 月までで終わっている。

第13章　金輸出再禁止と金兌換停止
――日本の金本位制に対する 「一般的信認」の事実上の崩壊――

第1節　恐慌の深刻化と金輸出再禁止輿論の形成

1　恐慌の深刻化

　日本においては産業構造の再編成、産業の国際競争力の強化が遅れ、大資本が存在する一方で脆弱な中小企業と零細土地所有または寄生地主的土地所有に依存した農業が広範に存在し、労働者の賃金は低水準で、国内市場が狭隘であり、日本資本主義は深刻な構造的脆弱性と矛盾を抱えていた。中国における反帝国主義運動の進展もあった。このような状況下で井上準之助蔵相が金解禁を断行した時期、日本においては「資本主義の相対的安定の指標たる金解禁の実施[1]」の条件は成熟してはいなかった[2]。当時の日本資本主義は根本的には金解禁に堪えうるような経済構造にはなっていなかったのである[3]。

　金解禁政策実施後、緊縮政策と為替相場上昇のもとで物価は低落し、これが

---

[1]　野呂栄太郎『日本資本主義発達史』（鐵塔書院、1930年）岩波書店、1954年、266－267ページ。
[2]　同上書、263－291ページ、高橋亀吉［1955a］852－854ページ、三和良一［1973］295、327ページ、本書第8章、など参照。相対的安定期については本書第11章脚注103を参照。
[3]　森七郎氏は、金解禁評価の客観的基準は日本における金解禁の特殊性に求めるべきであると論じ、日本資本主義（帝国主義）は「資本主義的世界体制の最も弱き一環を成してゐ」た（野呂栄太郎、上掲書、265ページ）こと、日本では相対的安定が欠如していたから金解禁実施の必然性は本来ありえなかったしその基盤もなかったのに金解禁が強行されたこと、金解禁の前提となるべき財政緊縮小・金融引締め・輸出増大・産業合理化が金解禁の前になされていなかったことを指摘されている（森七郎［1986］100－102ページ）。

不況・恐慌をもたらした。昭和恐慌の発生である。この影響が最も大きかったのは農業部門であったが、国民の購買力も低下し、物価低落のもとでコストを切り下げて輸出を増進させることができなかった中小企業、一般事業界も不況となった[4]。

1929年秋の株価崩落を契機として勃発したアメリカの恐慌は1930年には世界恐慌に発展した。日本には1930年4〜5月頃からその影響が現れるようになった[5]。これが金解禁による影響に加わって、不況・昭和恐慌を深化させた。物価は解禁による対外為替の変動率をはるかに上回って激落し、農業や事業界全体を猛烈な不況・恐慌に追い込んだ。産業企業は輸出の減退、国内市場の縮減による価格の低落と生産過剰に悩まされ、事業会社の減資・解散が激増した。失業者が激増し、賃金は切り下げられ、ストライキは増大した[6]。農産物価格の低落は著しく、養蚕農家は世界恐慌の影響を直接受け、農村における窮乏は深刻化した。

金解禁下にみられた合理化とは、生産量の増大ではなく、労働賃金引下げとカルテル結成を伴うものであった[7]。合理化と不況の打撃は労働者や農民、中小企業にとって深刻であった。産業合理化は長期的にみれば確かにコストダウンによる国際競争力強化の機能を果たすものであったが、短期的には日本資本主義の国際競争力強化を期待しえなかった。

1931年9月には満州事変が勃発した。これが後述のように日本の輸出に打撃を与えた。また同月にイギリスが金本位制を停止した。この結果、ポンドの相場が大幅に引き下げられ[8]、これが日本の輸出競争力の低下をもたらすものとなった。

このように日本資本主義は、構造的脆弱性と国際的・国内的経済変動による経済的困難のもとにあった。このような状況下で、通貨を膨張させて景気を刺

4） 朝日新聞社編・発行『朝日経済年史』1932年版、20ページ。
5） 大島清［1955］334−390ページ。
6） 同上書、343−364ページ。
7） 日本銀行調査局「金解禁下の財政金融事情について」『日本金融史資料　昭和編』第20巻、214−215ページ。
8） ポンドの対ドル為替相場は1931年9月21日の1ポンドにつき4.68ドルから24日の3.85ドル、12月初旬の3.23ドルにまで低下した（菅原陽心「イギリス為替平衡勘定と景気政策」侘美光彦・杉浦克己編［1982］348−351ページ）。

激し、また為替相場を金輸入現送点以下にして輸出を奨励し、産業発展を助長することが求められるようになった。金本位制を維持して経済の安定を図ることが産業発展にとっての桎梏となってきた。これが日本の金本位制を崩壊させた根本的要因であったのである[9]。

2　金輸出再禁止輿論の形成

（1）　金輸出再禁止論の台頭

　民間では新平価解禁論を主張していた高橋亀吉が1930年1月22日に工業倶楽部の経済研究会における「金解禁の本邦産業に及ぼす影響」と題する講演において金解禁の打撃が甚大であることを具体的に話し、同年3月には『大不景気襲来及其ノ対策』という本を出版し、金解禁後の財界を楽観していた方面に大きな反響を与えた[10]。財界は3月以後、その影響を如実に自覚し始めた[11]。
　『東洋経済新報』1930年5月24日号に早くも経済評論家（石橋湛山、小汀利得、山崎靖純、高橋亀吉）の金輸出再禁止論が登場している。高橋亀吉は1930年6月初めから「金輸出再禁止―新平価解禁出直論」についての論文を発表し（執筆は5月中旬）、大不景気打開策としてこれを提唱するようになった。高橋亀吉は1930年3月には金融引締めを提唱していたが[12]、高城仙次郎慶大教授も金輸出再禁止論を主張した。
　政治の分野では、早くも1930年4月には金解禁政策批判が開始されている。三土忠造前大蔵大臣は、第58帝国議会における1930年4月25日の質問演説で、不況の原因として金解禁政策を批判した。続いて4月28日には同議会において、従来は即時金解禁論を主張していた武藤山治が、不況の原因として金解禁断行を挙げてこれを批判するようになった[13]。
　5月3、4日には第58議会貴族院で、勝田主計は、浜口雄幸内閣の金解禁政

9）　「金解禁政策が挫折せねばならなかった理由は、資本主義の全般的危機にある」（宮本憲一［1968］159ページ）。
10）　高橋亀吉『大不景気襲来及其ノ対策』春陽堂、1930年。
11）　高橋亀吉『高橋経済理論形成の60年』上巻、投資経済社、1977年、150ページ。
12）　高橋亀吉、前掲『大不景気襲来及其ノ対策』224、324-331ページ。高橋亀吉『金輸出再禁止論――不景気打開の基本対策――』先進社、1930年10月、3ページ。同「再禁止提唱の論拠」（1931年1月）『日本金融史資料　昭和編』第21巻、684-698ページ。同［1955b］1324ページ。

策を時期と方法が誤っていたと激しく批判した。旧平価解禁には無理があり、解禁するなら平価切下げを行うべきであったし、また世界恐慌の進行を無視して1月に解禁したことは時期を誤るものであると考えたのである。当面の不況対策としては、公債財源によって積極財政を敷き、また金融についても農業や中小企業のために十分な対策を立てるべきであると主張した[14]。

武藤山治は8月12日に金輸出再禁止を提唱した[15]。

立憲政友会は金解禁批判を強め、1930年5月16日の議員総会で緊縮消極の政策を放棄し、産業振興を主眼とする積極政策を樹立し、国民生活の充実と財界の安定を図ることを決議した[16]。9月16日の立憲政友会難局打開臨時大会で金解禁批判が行われた[17]。三土忠造は11月に『経済非常時の正視』と題する著書を公刊し、井上蔵相の政策を激しく批判した。三土は金輸出再禁止論を検討する必要性を認めた[18]。だが、1930年には三土を含めて政友会は金輸出再禁止を表明するには至っていなかった。

金輸出再禁止論者の主張は当初のうちはほとんど問題にされていなかったが、ロンドン海軍軍縮条約批准問題などから政治が不安定化した頃（9月）から世人の注目をひくようになり、1930年8月から11月にかけて金輸出再禁止論は盛り上がりをみせたのであった[19]。

だが、このような再禁止論に対しては大阪朝日新聞、大阪毎日新聞のような代表的新聞はもとより学界ならびに財界においても相当有力な反対があった[20]。1930年においては一般には財界は井上蔵相の金解禁政策を支持していた。1931年前半においても同様であった[21]。金輸出再禁止論は1930年12月に

---

13) 高橋亀吉編［1932］第2巻、778-781、793-797ページ。武藤山治は1923年に実業同志会を組織し、以後会長となっていた。1929年4月17日に同会が名称を国民同志会と改称して以降、武藤は国民同志会を率いてきた。
14) 勝田龍夫［1972］240-241ページ。
15) 日本銀行（調査局）「金輸出解禁史（其二）」『日本金融史資料 昭和編』第20巻、131ページ。
16) 『日本金融史資料 昭和編』第21巻、438ページ。
17) 高橋亀吉編［1932］第2巻、642-646ページ。
18) 三土忠造『経済非常時の正視』日本評論社、1930年、118-129ページ。
19) 朝日新聞社編『朝日経済年史』1932年版、20-22ページ。高橋亀吉［1955b］1319-1332ページ。1930年11月2日には日本労働総同盟全国大会は金解禁、緊縮政策を実施する浜口内閣を糾弾する決議を行っている（高橋亀吉編［1932］第4巻、801ページ）。
20) 朝日新聞社編、前掲『朝日経済年史』1932年版、21-22ページ。
21) 大島清［1955］369-370ページ。

は影響力を失った[22]。金解禁実施後1931年前半までの時期には金輸出再禁止の輿論は形成されてはいなかったのである。

とはいえ、1930年における金輸出再禁止論が、なんらかの機会が与えられれば金輸出再禁止を考えるということを財界人の脳裏に刻みつけたことは否定できないのである[23]。

（2） 金輸出再禁止論の輿論化

1931年9月にイギリスで金本位制が停止され、満州事変が勃発した後、金輸出再禁止論が再び台頭してくる。『東洋経済新報』1931年9月26日号は「我が国は速に金輸再禁を決行せよ」と主張した[24]。『東洋経済新報』は、その理由として、①イギリスの金本位制停止後のポンド相場の低落によって紡績業などの日本産業が国際競争力を喪失しようとしていること、②ポンドの下落で銀行、信託、保険会社などの在英資産価値が低落しただけでなく、物価低落によって債務者の負担増加か、銀行資産不良化が生じること、③イギリスの金本位停止は世界の通貨制度の変革をもたらす、ということを指摘した[25]。小汀利得らの再禁止論者は、イギリスが金輸出を禁止したときに凱歌をあげた[26]。時事新報経済部長の森田久は、12月3日の東洋経済新報社における座談会において、金本位維持に産業が堪えられないのではないかと述べている[27]。

財界において金本位維持に反対する気勢がすこぶる高くなった[28]。三井銀行外国課長代理であった大矢知昇は、イギリスが金輸出を再禁止したというニュースを受け取った途端に、正金銀行は必ず為替の売止めをするだろうと考えた[29]。住友銀行の専務取締役で取締役会長の八代則彦は、イギリスの金本位制停止直後に、金輸出を再禁止せよとまでは主張しなかったけれども、日本は金輸出禁止の覚悟と準備を怠らないようにしなければならないと述べている[30]。同行の外国取引責任者であった大島堅造（外国課長経験者で1932年3月に

---

22) 高橋亀吉［1955b］1332ページ。
23) 朝日新聞社編、前掲『朝日経済年史』1932年版、22ページ。
24) 『東洋経済新報』第1468号、5ページ。
25) 「金輸出再禁止を必要とする理由」『東洋経済新報』第1469号、1931年10月3日、12-13ページ。『東洋経済新報』（第1474号、1931年11月7日）は、政府は事実上金本位を停止したと述べるとともに、「蔵相は公式に金輸再禁を行ふべし」と主張した（同号、5ページ）。
26) 池田成彬述、柳澤健編［1949］154ページ。

同行常務取締役となる）は、世界最強のポンドが手を挙げたのだから日本の円などは風前の灯火だとして金輸出再禁止を早急に行うよう関係方面に警告した[31]。

　大阪の財界人は公式的には金本位維持を言いながら、裏では早く再禁止をしてもらいたいと言っていた[32]。当時、東京株式取引所や鐘淵紡績の株価が割高であったのは、その背後に金輸出再禁止が見込まれているためであったことは否定できない[33]。統制売りの当事者であった横浜正金銀行取締役の大久保利賢の回顧によれば、若槻礼次郎内閣総辞職の頃にはだいたいの人が金輸出再禁止を予想していた[34]。住友銀行の大島堅造は、金輸出再禁止の決行は国民の要望に応えるものであったと述べている[35]。

---

27)　「昭和七年経済観測座談会」『東洋経済新報』第1480号（新年特輯号）、1931年12月19日、73ページ。この座談会で、時事新報景気研究所長の勝田貞次は、金解禁が必須であると述べた。法政大学世界経済研究所長の小島精一は、世界情勢の悪化化から金本位制維持は困難になると考えた。高橋亀吉は世界経済が良化する見込みはなく、再禁止は必然化すると論じた。読売新聞経済部長の山崎靖純は、金本位の崩壊は悲観材料であるとばかりにはみず、日本が再禁止の必然性をはっきりと認識して政策を講じて財界の活動を喚起すべきであり、金本位停止のときは貿易がさかんになる、と考えた。森田久は、日本は金輸出再禁止で産業に息をつかせるほかに方法はないと主張した。この座談会の司会を務めた東洋経済新報主幹の石橋湛山は、金輸出再禁止が必然であり、必要な政策であると総括した（「昭和七年経済観測座談会」『東洋経済新報』同号、71－91ページ）。

　　石橋湛山は、今日の経済界の不景気ないし恐慌は単なる経済問題の範囲を突破して社会不安の問題に化している、諸事業の収支の不均衡、生産と消費の不均衡、債権債務の不均衡は我が国を根本的に破壊した、これを打開するためには貨幣価値を低落させるほかはない、この方策には、マクミラン委員会が主張するように国際協調により列国がともに物価を上げる方法と、特定の国の処置として金輸出を再禁止して物価を引き上げる方法とがある、前者は実施が困難である、金輸出再禁止の目的は、適当に国内の通貨価値を下げ、物価を騰貴させることによって、経済界の三大失衡を矯正し、産業活動を回復し、国民の生活を安定させるということにある、その目的は国内にある、金輸出再禁止のもとで、国内の通貨の供給を増加させ、物価を騰貴させるのである、と主張した（石橋湛山「金輸出再禁止の目的と其効果（上）」『東洋経済新報』同号、23－27ページ）。

28)　深井英五［1941］239ページ。
29)　池田成彬述、柳澤健編［1949］154ページ。
30)　『東京朝日新聞』1931年9月22日付。
31)　大島堅造［1963］175－176、180ページ。『住友銀行史』付録所載役員異動表。
32)　日本銀行百年史編纂委員会編［1983b］510ページ。
33)　高橋亀吉［1955b］1345ページ。
34)　大久保利賢「大久保利賢氏金融史談」（1952年5月）『日本金融史資料　昭和編』第35巻、431ページ。
35)　大島堅造［1963］176ページ。

第13章　金輸出再禁止と金兌換停止

　国民同志会(実業同志会を1929年に改称)の武藤山治は、イギリスの金本位制停止と満州事変に直面し、金輸出再禁止を求めて1931年9月30日に井上蔵相に対する公開質問状を発表した[36]。政友会では1931年10月頃から金輸出再禁止の意見が強まるようになった。同年11月4日に政友会政務調査会理事会は、金輸出再禁止を行うべきことを決定するに至った[37]。同月10日、政友会は代議士会(議員総会)で金輸出再禁止の決議を行った。「我国現時の経済会は將に萎靡鎖沈の極に陥り、国民の苦難は寧ろ名状すべからざる状態に在る。従つて民心の不安は日に益々深刻味を加へ、しかも何等前途に好転回復の曙光すら見えぬのである」という経済調査報告を発表した[38]。

　かくして、金輸出再禁止への輿論が形成されてきたのである。深井英五はイギリスの金本位制停止後に本位制維持に反対する気勢がすこぶる高くなったと述べ[39]、金輸出再禁止が輿論の大勢であったことを認め、金輸出再禁止直前には後述のように人心がすでに金本位制を去ったとさえ述べるのである。

　1931年後半には前述のように金輸出再禁止論が政友会を中心に盛んに主張されるようになり、それは輿論としてはっきりと確立するには至っていなかったけれども、それが輿論を形成しはじめ、多くの支持を集め、事実上輿論化し、このことが金輸出再禁止実行の促進要因となったといえよう。若槻民政党内閣が総辞職し、犬養毅政友会内閣が発足すると、蔵相に就任した高橋是清は1931年12月13日に金輸出再禁止声明を発表し、これを断行する。この声明の中では政友会の見解を反映して深刻な不況状態を指摘し、時局を匡救するために金輸出再禁止を行うことが明言されている[40]。1932年1月の帝国議会演説でも、高橋是清蔵相は1931年末にこの政策を転換して金輸出再禁止を断行した理由として、金解禁政策が国民経済を極度に困憊させたことを挙げている[41]。

---

36)　武藤山治「井上蔵相に対する公開状」『中外商業新報』1931年10月1日付。『日本金融史資料　昭和編』第21巻、441-442ページ。

37)　政友会政務調査会理事会「金輸出再禁止すべし」(1931年11月4日)『中外商業新報』1931年11月5日付。『日本金融史資料　昭和編』第21巻、443ページ。

38)　『中外商業新報』夕刊、1931年11月11日付。朝日新聞社編、前掲『朝日経済年史』1932年版、32ページ。『日本金融史資料　昭和編』第21巻、444ページ。

39)　深井英五［1941］239-242ページ。

40)　大蔵大臣高橋是清「金輸出再禁止に関する大蔵大臣の声明」『日本金融史資料　昭和編』第21巻、403ページ。

1321

深刻な不況という経済状況が、輿論の一定の形成、政党の意思に反映して、金本位制に対する社会的信認、「一般的信認」を動揺させ、金輸出再禁止、金本位制崩壊をもたらすきわめて大きな要因となったのである。

だが、前述のように井上蔵相はこのような金解禁批判に対して防戦した。

第2節　満州事変の勃発

1　軍事費の膨張

膨大な軍事費の存在もまた、金解禁継続を不可能とした。陸海軍は緊縮政策に全面的に協調する態度をとらなかったために、財政緊縮政策は十分な効果を持ちえなかった。とくに1931年9月18日の満州事変の勃発は、根本的にその政策の維持を困難ならしめた。関東軍は奉天駅北方の柳条湖で満鉄線を爆破し、これを中国軍の仕業と称して、奉天をはじめ南満州の主要都市を占領し、満州事変の口火を切った。政府は不拡大方針をとろうとしたが、関東軍は満州国の建国（1932年3月）に突き進んでいった。

満州事変勃発後の1931年10月に井上蔵相は南次郎陸軍大臣と相談のうえ、大蔵省の中国問題の主務課長でもある青木一男国庫課長を密使として満州に派遣して現地に実情を調査させた。青木は関東軍の実権は板垣征四郎高級参謀、石原莞爾中佐の両参謀が握っており、彼らの目的は王道楽土の新国家の建設であって、中央の圧力でその意図を放棄させることは不可能であると判断し、関東軍の真実を知って日本の外交的孤立化を予想し、帰国後、井上蔵相に対し、次のように報告した。「満州事変の拡大は必至であり、その一つでもわが国の金本位制維持は至難となる、加うるにイギリスの金本位制離脱の影響も深刻であって、事態ここに至っては、わが国の金解禁問題は冷静に再検討すべきである」、「政策を変えても内閣の責任ではない」と。金解禁問題の主務課長として井上蔵相の金解禁政策を実行してきた大蔵省理財局国庫課長の青木一男が、井上蔵相にこの政策の再検討を進言するに至ったのである。井上蔵相は「たちまち色をなして、君までそんなことを考えるのか」と述べ、金本位制維持の信念

---

41)　「1932年1月21日の貴族院における高橋是清の演説」社会問題資料研究会編『帝国議会誌』第1期第12巻、東洋文化社、1976年、8ページ。『日本金融史資料　昭和編』第21巻、151ページ。

を貫き、青木の進言を容れなかったが、青木は執務上もはや解禁当時の金本位制維持の熱意を失っていた[42]。

このように満州事変勃発直後に大蔵官僚の中に金輸出再禁止論をいち早く主張するものが現れるようになったのは、1つには軍事政策の遂行と金本位制の維持が当時の日本経済の実力からいって完全に両立しがたいものであったからであろう[43]。軍事進出は財政の膨張をもたらす。満州事変の勃発はまさに金本位制の維持を困難にするものであった。金本位制を維持するためにはかなり徹底的な緊縮財政が求められるが、満州事変が勃発すると、第2次若槻内閣は1932年度予算編成に際して徹底的な緊縮政策をもって臨んだにもかかわらず、この緊縮政策はひとたまりもなく吹き飛ばされてしまった。

高橋蔵相は緊急勅令を公布し、1932年1、2、3月と3回にわたって満州事変公債6300万円を発行している[44]。満州事変費は1931年度の7000万円から1932年度の2億8200万円へと増加し、総歳出中、軍事費の占める割合は1931年度の30.8％から1933年度の38.7％へと増加した[45]。満州事変の勃発は日本の戦争への道を切り開いた。軍事費は膨張し、1934年度には軍事の比重は43.5％となり、同年度以降財政規律が失われていった。高橋是清蔵相がこの財政膨張を抑制しようとしたが1936年の2・26事件で暗殺され、さらに1937年7月に日中戦争が開始され、かくして軍事費膨張のもとで財政規律は崩壊し、財政歳出が大幅に拡大し、通貨が膨張した[46]。金本位制離脱下でこのような財政膨張が生じたわけであるが、またこのような軍事的進出・侵略、戦争への戦時経済への移行が財政膨張を通じて金本位制への復帰を不可能としたのである。

2 戦争準備金としての金の確保

金は戦争準備金としても機能する。日本で金が保有された一因はここにあり、

---

42) 青木一男［1959］229－234ページ。同［1981］68－72ページ。
43) 日本銀行調査局「金解禁下の財政金融事情について」『日本金融資料』第20巻、214－215ページ。
44) 坂入長太郎『日本財政史』バリエ社、1982年、357－359ページ。
45) 大蔵省百年史編集室編『大蔵省百年史』下巻、大蔵財務協会、1969年、49ページ。
46) 鎮目雅人［2001］213ページ。同［2002］43ページ。同［2009b］147－153、186－187、243－244ページ。

高橋是清は以前から金の戦争準備金としての役割を認識していた（第11章第2節4(4)）。また、元大蔵大臣で貴族院議員の勝田主計も金のこの役割を認識していた。すなわち勝田は、1930年5月、第58帝国議会貴族院で浜口内閣の金解禁政策を時期と方法が間違っていたと批判した。また、満州事変勃発とイギリス金本位制離脱に直面して、戦争準備金としての金確保のための金輸出再禁止を次のように主張した。世界の政治、経済が不安なときは金の保有に努めるべきである、とくに満蒙事変の拡大に対処するために、すなわちアメリカやロシアとの戦争も覚悟して、戦争準備金としての金を確保しておく必要がある、「若し満蒙の事件等が拡大して来るということであれば金が一番大事なので、この金を一文でも逃がしてはいけない」、と[47]。

1937年に日中戦争が勃発すると、このような金の機能が政府にはっきりと認識されるようになり、金輸出再禁止下で産金奨励を伴いつつ蓄えられていた大量の金が日中戦争期に軍需品購入代金を支払うためにアメリカに向けて現送されるようになる。

3　排日貨運動の激化

満州事変の勃発は中国における排日貨運動を激化させ、対中国輸出の著しい減少をもたらした[48]。これが日本の金本位制離脱の一要因となったのである。当時、我が国の対中貿易は貿易額全体の2割を占め、とくに綿織物については中国は重要な輸出市場であったから、産業界は満州事変の勃発によって中国の排日貨運動が激化することを恐れた[49]。満州事変後いち早く金輸出再禁止を主張した青木一男は、満州事変のために日中関係が急激に悪化して中国の日貨排斥運動が激化し、我が国の外交上の立場が著しく窮地に陥るとともに、国内株式市場や商品市場に悪影響を及ぼしたと述べている[50]。また王子製紙社長の藤原銀次郎も満州事変後、日貨排斥運動を危惧して金輸出再禁止を主張した[51]。満州事変の勃発は中国の対日経済絶交を激化させて日本の経済に悪影

---

47) 勝田主計「金輸出再禁止に就いて」（1931年12月26日講演）勝田龍夫［1972］238-270ページ。
48) 高橋亀吉［1955b］1344ページ。
49) 日本銀行百年史編纂委員会編［1983b］496ページ。
50) 青木一男、前掲『聖山隋想』230ページ。

響を与えるものであった。在中国企業の倒壊、貿易の不振が生じた。対中国輸出は対前年比で1931年7月には9.2%の増加、8月には14.0%の減少であったが、満州事変が勃発した1931年9月は対前年比34.7%、10月は59.7%、11月は68.0%、12月は63.9%の減少となっている。このように満州事変の勃発は、対中国輸出の激減をもたらした[52]。

日本は、その活路を満蒙の独占経営に見出すとともに金輸出再禁止に求めたのである。

満州事変の勃発は日本の国際的信用、対外信用を低落させ、日本の欧米での外債発行による外貨資金調達を不可能にした。満州事変後に為替相場の低落ほどには物価が上昇しなかったことなどから貿易収支は好転し、貿易外経常収支も受取超過が増大する。だが、対満投資を中心とする中国投資の増大のために資本収支は支払超過が増大し、国際収支は均衡を達成せず、日中戦争期には大幅な支払超過となる[53]。

4　外債発行の困難化

満州事変後も、英米金融機関は横浜正金銀行など日本の金融機関への相対取引に基づく短期金融を継続している。だが、満州事変による英米との関係悪化は、市場取引に基づく日本外債の発行に関しては、英米金融機関の引受けや投資家の応募を困難したのである。以後、太平洋戦争終結に至るまで、日本外債の発行、これによる外貨補充はまったく行われていない[54]。1931年の満州事

---

51) 藤原は、金解禁後の日本経済が疲弊しているうえに、イギリスの金本位制離脱後、欧州各国の為替相場が2〜3割低落し、欧州の商品が日本に洪水のように流れ込み、また満州事変勃発後に長江筋一体はもちろん、広東地方以外の諸州においても日貨排斥が行われ、その打撃は今後拡大しようとしている、これに対処するために我が国は金輸出を禁止して為替相場を低落させるべきである、と述べている（藤原銀次郎「関税改正と金輸出禁止」『中外財界』第6巻第10号、1931年10月15日。『日本金融史資料 昭和編』第23巻、200－201ページ）。

52) 菊池貴晴『中国民族運動の基本構造――対外ボイコットの研究――』大安、1966年、415－423ページ。東洋経済新報社編『日本経済年報』第6輯も1931年10月に対中国輸出が急激に悪化したと述べている（286－289ページ）。

53) 宇野弘蔵監修［1973］313－335ページ。

54) サイモン・ジェイムス・バイスウェイ［2005］135、196ページ。すでに1927〜28年に行われていた南満州鉄道外債交渉は、1928年10月には中国の反発を恐れた英米の外交当局の反対によって中止されていた（三谷太一郎［2009］120－128ページ。岸田真［2000］25－43ページ）。

変、その翌年の井上準之助、団琢磨の暗殺および上海事変によってアメリカの対日世論が急激に悪化した。モルガン商会のラモントは、満州事変の翌年に上海事変が勃発すると（1932年1月28日に勃発）、日本の対外信用が政治的のみならず、経済的にも致命的に傷つけられたと述べている。すなわち1932年2月3日、ラモントは横浜正金銀行ニューヨーク支店支配人園田三朗に対して、アメリカの世論は緊張しており、またフーヴァー大統領が日本官憲の公約は次から次へと軍事行動によって裏切られ、もはや信頼できないと述べているということを伝え、「日本の対外的経済的信用（Japanese external economical credit）」は阻止され、日本商社、銀行のアメリカ市場における「信用（credit）」は途絶に至る恐れがあると注意したのである[55]。満州事変とその後の日本の軍事行動は、日本の国際信用、対外信用を傷つけ、金防衛のための外資導入を困難にしたという点からも金本位制の維持を困難にしたのである。

満州事変の勃発は本邦外貨債相場の低落と金輸出再禁止思惑を招く一要因となった。これが次節で述べるようにドル買いを促進して正貨流出をもたらし、金本位制維持をより困難にしたのである。

日本が1931年12月に金輸出再禁止を断行した理由として、高橋是清は満州事変を挙げてはいない。だが上述のような事情を考慮するならば、満州事変の勃発という中国に関係する軍事的要因が、日本の金本位制離脱の大きな原因の1つであったといわざるをえないのである。

第3節　イギリスの金本位制離脱後の外貨・金の流出

1　イギリスの金本位制離脱

（1）　オーストリア、ドイツの通貨信認危機

1931年5月にオーストリア最大の銀行クレディット・アンシュタルト（Kredit-Anstalt または Credit-Anstalt）が欠損を抱えて預金者の取付けを受けた。この信用銀行の破綻を契機にオーストリアで金融恐慌（銀行の連鎖的破綻を意味する「信用恐慌」）が発生した[56]。同行は外国人株主の出資、外国からの

55）　三谷太一郎［2009］97－100、182－183ページ。このことが伝えられると、犬養内閣の蔵相高橋是清は強い衝撃を受けた（同書、182－183ページ）。

第13章　金輸出再禁止と金兌換停止

借入金に依存しており、多額の外国短期資金を取り入れ、これを国内産業金融に回していたが、その資金が回収不能に陥ったのであった。オーストリア銀行界の「巨人」であった同行に対する不信は、外国の債権者によるオーストリア諸銀行全体に対する不信（信認、信用の低落）・取付けとなって波及・拡大した[57]。これが資本逃避、外貨喪失、外貨準備激減をもたらした[58]。事実上の中央銀行であるオーストリア国立銀行（Österreichische Nationalbank）の金・外貨準備（銀行券信認の基礎としての兌換準備金以外の外貨を含む）は、クレディット・アンシュタルトの破綻直前には8億5500万シリング（1億2000万ドル）あったが、10月7日には3億5900万シリングにまで激減した[59]。10月にオーストリアは為替管理を実施し、とくに対外支払いに関する外国為替の割当制を実施し、実質的に金本位制を放棄した[60]。金融恐慌がオーストリア通貨に対する信認の崩落につながったわけである[61]。本書では、将来における支払約束に対する信頼に基づく取引を意味する信用が存在するもとでの、現金（金、銀行券）を求めての激しい殺到を「貨幣恐慌」、固定的比率での銀行券と金との交換性について信用が喪失することまたはその恐れから生じる通貨への信認の喪失を「通貨信認危機」（currency confidence crisis）と定義したい[62]。

ドイツでは1930年9月14日の総選挙で左右両党（共産党、ナチス）の勝利に終わった。ヤング案の廃棄を唱える共産党、ナチス両党の台頭によるドイツ国内の政治的危機によってドイツに対する外国債権者の信認が大きく揺らいだ。短資の著しい引揚げ、更新の拒否、外国人保有のドイツ証券の国内外資本市場での売却が生じ、ライヒスバンク（Reichsbank）は大量の金・外貨を喪失した。

---

56)　これは農業恐慌および「産業恐慌」を背景としていた（侘美光彦［1994］621、626ページ）。
57)　侘美光彦［1994］626-627ページ。
58)　馬場宏二「国際通貨問題」宇野弘蔵監修『講座　帝国主義の研究』第2巻、青木書店、1975年、148ページ。
59)　平岡賢司「再建金本位制」上川孝夫・矢後和彦編［2007］52ページ。
60)　侘美光彦［1994］630ページ。
61)　馬場宏二、前掲論文では「信認恐慌」という用語が用いられている（147-148ページ）。米倉茂［1981］89-92ページ。同［2000］19-20ページではポンド信認恐慌という概念が用いられている。
62)　平尾彌五郎（大毎経済部・『エコノミスト』誌、副部長）『金・銀・世界恐慌』（甲文堂、1935年）では、銀行券の金兌換停止、金輸出の禁止、本位貨幣の価値減価という形で現れるものを「本位貨恐慌」と名づけているが（170-172ページ）、「通貨信認危機」はこの「本位貨恐慌」にあたるものである。

第 6 編　金輸出の解禁実施と再禁止

10月には国内資本の逃避が加わり、この傾向をさらに助長した。ただし1930年9～10月の時点ではマルク通貨に対する信認は崩壊するまでには至らなかった[63]。

前述のオーストリアの金融恐慌は国際的不安をかきたてて短資移動を急増させ、ドイツ、イギリス、アメリカと一巡する取付けの連鎖をもたらした。そして、各地で金流出を引き起こすとともに金融危機を加圧した[64]。

1930年末でドイツは145～150億ライヒスマルクの対外短期債務を負っていたが、中央銀行であるライヒスバンクの金・法定外貨準備は26億8500万ライヒスマルクにすぎないという均衡を失した状況下にあった。オーストリアの金融恐慌の勃発とその拡大は対ドイツ債権者にドイツ諸銀行に対する不信の念を高めさせ、預金引出しに導いた。1931年5月半ばから7月半ばにかけてドイツ金融危機が発生した。取付けの主役はアメリカ資本であった。ドイツの中央銀行であるライヒスバンクは1931年5月から6月にかけてのわずか2カ月間で金・外貨準備高の3分の1にあたる8億500万ライヒスマルクを失った。6月におけるドイツからの金純流失は8億6610万ライヒスマルクに達した。7月にドイツ自国の短資流出が始まった。ベルリンの大銀行であったダナート銀行（Danat-Bank，Darmstädter und Nationalbank）は大量の預金引出し（外資のみならず国内資本の逃避も生じた）にみまわれ、7月13日に同銀行は支払いを停止して破綻し、ドイツで全面的な取付け、金融恐慌が開始された[65]。

ドイツの賠償修正要求や国内政治の対立緊張への外国債権者の過敏な反応がアメリカを中心とする外国のドイツに対する信認の低落を助長した。

こうして1931年6月初めから、外国資本のドイツからの引揚げが始まり、金・外貨がドイツから大量に流出した。

さらにドイツ経済・政治、国内通貨に対する不信、信認欠如、高額税負担の回避などのために、6月中頃から、ドイツ資本の逃避が生じた。マルクの金・外国為替との交換を伴う資本逃避は大衆レベルにまで広がっていった。これによっても大量の金・外貨流出が生じた。

---

63) 加藤国彦「1931年ドイツ銀行恐慌とその国際的関連」侘美光彦・杉浦克己編［1986］296－297ページ。
64) 馬場宏二、前掲論文、148ページ。
65) 侘美光彦［1994］630－642ページ等。

第13章　金輸出再禁止と金兌換停止

　かくして7月にマルクに対する信認の崩落が生じたのである[66]。7月15日にドイツは外国為替取引に関する緊急令を施行し、ライヒスバンクに外国為替取引を集中し、18日の資本逃避・租税回避防止に関する緊急令によって為替取引だけでなく為替保有についてもライヒスバンクの管理下に置かれた。こうして、ドイツにおける金の自由輸出と自由な金兌換は事実上、廃止されたのであった。ドイツ金本位制の実質的な停止である。

（2）　通貨信認危機とイギリスの金本位制離脱

　イギリスでは金融恐慌は発生しなかった。だが1931年7月から9月にかけて、ヨーロッパの金融恐慌・国際収支悪化、イギリスの財政危機（大量失業に起因）を背景としてイギリスは「ポンド危機」（sterling's crisis）にみまわれ、金本位制停止に追い込まれた[67]。

　イギリスの金本位制停止の原因に関しては、ヨーロッパの金融恐慌・「信用恐慌」に起因するイギリスの金融機関への不信感の醸成、マクミラン委員会によるイギリスの対外短期債務への過大な依存状況の公表、メイ委員会による財政の打開策を巡る労働党政権内の対立激化、政治危機の発生、国際政治不安などがポンドに対する信認を失墜させ、イングランド銀行にポンド防衛を断念させ、金本位制を決断させたという見解が早くから主張されている。イギリス金本位制停止の重要要因として、第1に、財政悪化とそれに基づく緊縮政策の困難予想などによるポンドに対する信認の崩落を挙げることができよう[68]。

　一方、イギリスの大蔵大臣スノーデン（Philip Snowden）は、財政赤字ではなくて国際収支危機がイギリス地金本位制の崩壊の原因であるとみなしていた[69]。W. A. ブラウンが指摘したように、イギリスの金本位制停止の原因とし

---

66)　加藤国彦、前掲論文、296-309ページ。ドイツの金本位制停止の直接的原因をなしたライヒスバンクの金・外貨喪失は、外国短資の引揚げと国内資本の逃避にあった（平田喜彦「多角決済関係の変転と債務国の金本位制」平田喜彦・侘美光彦編『世界大恐慌の分析』有斐閣、1988年、106ページ）。

67)　ヴァルガはイギリス金本位制度破棄の原因を、国際収支の支払超過とイギリスに投資されていた短期資金の大量引揚げ（国家財政の苦境と艦隊の暴動によるイギリス本位貨への信頼（信認）の失墜、課税関係からのイギリスからの資本逃避、外国預金の動員を行わなかったことによる）とに求めている（ヴァルガ著、経済批判会訳『世界経済年報』(15)、叢文閣、1932年1月、29ページ）。森七郎［1978］361ページ。イギリスの金本位制停止過程、その研究史については平岡賢司［2007］55-58、63-69ページ、などを参照されたい。

第6編　金輸出の解禁実施と再禁止

て、国際収支の悪化とくに貿易外収支の大幅悪化を重視する必要もある[70]。

　イギリス金本位制の停止過程を時系列的に考察しておこう。前述のように、ドイツでは7月13日にダナート銀行が破綻してドイツ銀行恐慌が発生し、また対外短期債権が凍結された。それがロンドン金融市場を不安に陥れた。当時ロンドンの金融機関は外国短資を取り入れ、これをドイツに多大に投資していたからである[71]。同日に公表されたマクミラン委員会報告はイギリスの対外短期信用ポジションの脆弱性を明らかにしたために外国を驚愕させ、ポンド不安を一段と高めた[72]。

　7月13日にポンドへの攻撃が開始され、フランス、オランダ、スイス、ベルギーなどのヨーロッパ大陸諸国は、ロンドンに投資していた短期資金を次々に引き揚げていった。同時に大量の金がこれらの国へ流出した[73]。7月に公定歩合は2度にわたって引き上げられていたが、イギリスの経済困難が世界恐慌以前から生じており、生産と失業の増大を伴う公定歩合の引上げをさらに実施して為替相場の平価水準（1ポンド＝4.8666ドル）維持を図ることは困難であった[74]。

---

68)　平岡賢司［2007］64－65ページ。ウィリアムズは、イギリスの金本位停止とヨーロッパ金融恐慌との関連に注目していたが、イギリスの「信認危機」（crisis of confidence）は、まず第1には主要なイギリスの金融機関の流動性と支払能力に対する信認危機として、第2には固定為替相場でのポンド資産の金交換性に対する信認危機として発現したとしている（D. Williams, "The 1931 Financial Crisis", *Yorkshire Bulletin of Economic and Social Research*, Vol. 15, No. 2, 1963, p. 107. 平岡賢司［2007］65ページ。なお平岡氏は crisis of confidence を「信用恐慌」と訳されている）。アイケングリーンは、緊縮政策困難予想に基づくポンドに対する信認の欠如がイギリスからの大量の短資流出・金流出に作用したことを重視し、とくに投機家のポンドに対する信認の欠如に注目している（Eichengreen, B., *Globalizing Capital: A History of the International Monetary System*, Princeton, 1996, pp. 80-85. *Ibid*., 2nd ed., pp. 78-83. 平岡賢司［2007］67ページ）。ポンドの信認の基礎として財政均衡、財政節度を重視される米倉茂氏は、ポンド危機の主因として財政赤字をあげられている（米倉茂［1993］38－43ページ。同［2000］19－20ページ）。

69)　森七郎［1978］270ページ。

70)　Brown, W. A., Jr., *The International Gold Standard Reinterpreted, 1914-1934*, New York, 1940, Vol. II, pp. 1002-1004. 平岡賢司［2007］65ページ。モグリッジもブラウンの視角を継承している（平岡賢司［2007］65－66ページ）。金井雄一氏も、ポンドの信認の基礎として金兌換よりも国際収支に支えられた安定した相場での外貨交換性の方を重視され、この観点から、ポンド危機の真因として国際収支の悪化を重視されている（金井雄一［2004］101－124ページ）。

71)　米倉茂［1981］89ページ。平岡賢司［2007］55－56ページ。

72)　米倉茂［1981］90ページ。

73)　同上、91ページ。佗美光彦［1994］557、646－647ページ。

第13章　金輸出再禁止と金兌換停止

　8月1日にイングランド銀行はフランス銀行およびニューヨーク連邦準備銀行とそれぞれ英貨と米貨で2500万ポンド相当のクレジットを協定し、さらに同月28日に米仏両国から各4000万ポンドのクレジットを受け、ポンドに対する「信認（conficence）」を維持しようとした。それにもかかわらず、国際通貨ポンドに対する信認は動揺・低落し（「信認恐慌」、通貨信認危機）、ポンド資金が対外流出し、ポンド相場は低落した[75]。

　8月4日にイングランド銀行の金・外貨準備に対する圧力は一段と強まったが、同行は金流出を放任した。このことが「ポンドに対する信頼〔信認〕に回復不能な打撃を与えた」。この日1日だけで450万ポンドの金・外貨が流出した[76]。投機家は経済に打撃を与えた公定歩合の引上げが続くことはないと考え、イングランド銀行が緊縮政策とは逆の政策を採らざるをえなくなると予想し、ポンドに対する信認を低落させ、ポンドを売却し、これがイギリスからの大量の短資流出・金流出を招いた[77]。

　イングランド銀行は、7月13日から8月1日までに金準備3300万ポンドと外貨準備2100万ポンドを失い、8月4日から24日までに金・外貨準備を5488万ポンド喪失した（ただし金準備は132万ポンドの増）。さらに8月25日から9月19日までに金準備117万ポンド、外貨準備8328万ポンドを喪失した[78]。すなわち、7月13日から9月19日までにイングランド銀行は3285万ポンドの金準備を減少させ、外貨準備は1億6048万ポンド減少した[79]。同行の金保有高は1億3000万ポンドにまで減少した。金本位停止に関するイギリス政府発表のコミュニケにみられるように、イギリス政府はこの準備をこれ以上減少させるのは好まし

---

74)　森恒夫「『大恐慌』――管理通貨体制下のイギリス資本主義」宇野弘蔵編『講座　帝国主義の研究』第4巻、1975年、175－189ページ。同「イギリス」入江節次郎・高橋哲雄編『講座　西洋経済史　Ⅳ　大恐慌前後』同文館出版、1980年、154－171ページ。

75)　米倉茂 [1981] 88－99ページ。同 [1993] 38－43ページ。同 [2000] 22ページ。金井雄一 [2004] 101－124ページ。高橋秀直「1931年の「ポンド危機」」『社会経済史学』第75巻第1号、2009年5月、27－45ページ。R. S. Sayers, *The Bank of England 1891-1944*, Vol. 2, London, Chapter 17. 西川元彦監訳『イングランド銀行――1891－1944――』下巻、東洋経済新報社、1979年、第17章。東京銀行編『横濱正金銀行史』第3巻 [1981b] 485ページ。

76)　平岡賢司 [2007] 56ページ。

77)　同上、67ページ。

78)　同上、56－57ページ。

79)　侘美光彦 [1994] 647ページ。

1331

くないと考えた[80]。

かくして、イギリスは1931年9月21日に金本位改正法によりイングランド銀行券の金地金との兌換が停止され（金輸出は禁止されず、金の自由市場は存続）、金地金本位制が放棄され、イギリスは金本位制を離脱したのである。イングランド銀行や大蔵省には旧平価での金本位復帰という意図はなかった[81]。銀行券発行制度は、法律上は1928年以来の準備屈伸制限制度が継続されたが、事実上は最高発行額間接制限制度が採用され、管理通貨制度に転化した。金平価水準に維持されてきたポンド相場はこの後大幅に低落した。1932年7月1日にイギリス政府は為替平衡勘定（為替平衡資金）を設け、イングランド銀行を通ずる為替平衡操作による為替相場の安定を図った[82]。

イギリスの金本位制離脱は国際金本位制という世界的潮流の転換であった[83]。その停止はただちにポンドと連携の深い国の金本位制停止を招いた。イギリスの金本位制停止後、カナダ、インド、スウェーデン、デンマーク、ノルウェー、エジプト、アイルランド、英領マラヤが一斉に金本位を停止した。

金本位制を継続した諸国はポンドに続いてドル為替相場が急落することを恐れ、対アメリカ短期債権を引き揚げた[84]。イギリスの通貨信認危機、ポンド相場崩落はアメリカをも襲い、1931年9～10月にはアメリカから7億ドルの対外金流出を生じさせている[85]。

日本の金解禁政策は、このような国際金融動向の影響を受けざるをえなかったのである。

2　在英資金の凍結とドル買い

（1）　在英資金の凍結

イギリス政府は1931年9月の金本位制停止（21日午前零時）にあたってポン

---

80)　大蔵省昭和財政史編集室編『昭和財政史』第10巻［1955b］282ページ。
81)　菅原陽心、前掲「イギリス為替平衡勘定と景気政策」349－351ページ。
82)　金井雄一［2004］第5章。
83)　深井英五［1941］251ページ、など。
84)　侘美光彦［1994］660ページ。
85)　馬場宏二、前掲論文、154ページ。ここでは「信用恐慌」という概念が用いられている。

第13章　金輸出再禁止と金兌換停止

ド信認維持のために公式声明を発表し（9月20日）、そのなかで財政均衡の姿勢を明らかにし、また英国民に外国為替購入制限を要請した[86]。また、イングランド銀行はポンド通貨価値安定、インフレーション抑制のために公定歩合を4.5％から6％に引き上げた。イギリス大蔵省は9月9日以降に限定的な為替管理を導入していたが、イギリスはポンドの信認保持のために金本位制停止後（22日）に大蔵省令を出し、一時的ではあるが、法的為替管理を行い、ポンドの外貨転換を規制したのであった[87]。

為替リスク回避のためにポンド為替買持の売埋めに努めていた横浜正金銀行は、同行ロンドン店所有英貨公債のポンド相場低落から生ずる損失を回避するために、1931年9月20日にこれを担保として可能なかぎりイギリスの銀行から多額の借入れを行おうとした。同店は各銀行と交渉して、21日朝にはファシリティを総額500万ポンドにまで増額することの了解を得た。ところがその直後（同日）にイングランド銀行は各国為替銀行（日本の銀行全部を含む）の支店長を招集し、為替取引制限に協力を要請し、貿易に基づく為替取引以外の為替取引を規制した[88]。

（2）　在英資金の凍結に伴うドル買い

イギリスの金本位制停止後、アメリカ向け為替の買いが正金銀行へ殺到した。このドル買いは、第1に、上述のようにイギリスでポンドが暴落するとともに為替管理、為替取引制限が行われた結果、ロンドンに相当多額の資金を保有していた日本の銀行が、当面イギリス金本位制停止以前に保有していた資金の引き揚げが困難となり、その代り金をドルに求めたということから起こった[89]。

イギリスの状況の悪さを認識していた住友銀行はロンドンの資金を最小限にとどめていた[90]。だが三井銀行は、金融緩和状勢下で大量の遊金を手持して

---

86)　このコミュニケ全文が『東京日日新聞』（1931年9月22日付）に掲載されている。
87)　通常の貿易の必要、1931年9月21日以前の契約、妥当な旅行を除いて、イギリスにおける外国為替の購入、あるいはこのための対外資金移動が禁じられた（米倉茂［2000］20ページ）。
88)　東京銀行編［1981b］485-488ページ。正金銀行はポンド為替の買持全額を銀行間取引で到底カバーできなくなった。外国銀行は正金銀行へのファシリティ増額を了解したけれども、貸出が固定しないように注意を払い、かつそれを貿易取引に限ることとした（同書、489ページ）。
89)　日本銀行調査局『本邦の金に就て』［1932］、56ページ。『日本金融史資料　昭和編』第20巻、292ページ）。

第6編　金輸出の解禁実施と再禁止

おり、この資金をニューヨークを経由してイギリスに回金し、有利に運用しようとして英国大蔵省証券、インド政府証券、英独銀行預金などに短期運用していた[91]。この在英資金がイギリスの金本位制離脱直後に凍結（缶詰に）されてしまった[92]。同行はロンドンでの投資のための資金をニューヨークで入手しており、この決済をロンドンからニューヨークへの回金によって行うことにしていた。三井銀行はこのために次のような取引を行っていた。①円を売りドルを買う（ドル売り円買い先物売約定による為替リスク回避を伴う）。②ドルを売りポンドを買う（ドルのポンドへの回金）。③ポンド資金を投下し、ポンド短期公債を買う。④公債の償還・売却によりポンド資金を入手する。⑤ポンドを売りドルを買う（ロンドンからニューヨークに回金。ただしポンドに対する強い信認から、また利回りを多く得ようとして、為替リスク回避のためのポンド売りドル買い先物約定を三井銀行は怠っていた）[93]。⑥ドルを売り円を買う（①のドル売円買先物約定を決済）[94]。ポンド資金凍結により、ドル売り決済ができなくなった。

そこで同行は正金銀行から2135万ドル（邦貨換算約4270万円）を買い入れたのである。当時、三井銀行常務取締役であった池田成彬によれば、そのうち1600万ドルはポンド投資に際してドル先売りをカバーするためのものであり、535万ドルは電力外債利払いその他商社引当分であった[95]。

三井銀行は国内の批判をかわすためでもあろうが、1931年9月以後、国内扱い2135万ドルのほかに海外で202万5000ドルを正金銀行から買っている[96]。この資金使途は池田成彬が明らかにした以上のさらなるドル先売りをカバーするためか、それとも国内投資家の外貨邦債投資需要に対抗するためか、その内容は不明である。

三菱銀行は、イギリス金本位制停止当時、170万ポンドのポンド資金を有し

---

90) 大島堅造［1963］178ページ。
91) 池田成彬述、柳澤健編［1949］136ページ。
92) この金額は池田成彬述［1949］では726万ポンド、邦貨換算7146万円とされているが（137－138ページ）、小倉信次［1990］ではポンド為替買持が854万1000ポンドあったとされている（342－345ページ）。
93) ポンドに対する信認については三井銀行八十年史編纂委員会編『三井銀行八十年史』同行、1957年、253－254ページを参照。
94) 池田成彬述、柳澤健編［1949］137－138ページ。小倉信次［1990］341－342、408ページ。
95) 池田成彬述、柳澤健編［1949］135－138ページ。
96) 八木慶和［1986］76－77ページ。

第13章　金輸出再禁止と金兌換停止

ており、これを対米為替資金としてアメリカに回金する予定であったが、金本位制停止によりそれが困難となった。そのためドル為替の売持に対して買埋めを行う必要が生じ、870万ドルのドル為替を正金銀行から買い入れた[97]。

三井物産の輸入貿易は年額約1億5000万円に達し、月額1200～1300万円にのぼっていた。従来、輸入品買入れのための資金は日本から送金せず、積出地の銀行から逆為替をとって日本においてこれを決済していた。ポンド危機下でこの逆為替取組が困難となり、イギリスの金本位制停止後にその情勢が深刻さを増した[98]。輸入代金の確保は法制的には可能であったが、イギリスの銀行が通貨当局の要請に応じて為替取組を制限したのであろう。その結果、三井物産は横浜正金銀行から1484万ドルを買い入れ、輸入代金の支払いに支障が出ないようにした[99]。

三井銀行の国内でのドル買額2135万ドルと三菱銀行の国内でのドル買額（海外でのドル買いはない）870万ドルと三井物産の内外ドル買額1484万ドルを合わせた額は4489万ドルとなる。この額はイギリス金本位離脱後の内外ドル買額1億7064万5000ドルの26.3％となる。三井銀行（国内買入分）、三菱銀行、三井物産のドル買額がイギリスの在外資金凍結に対応したドル買いの総額を表すものとみなせば、その額はイギリス金本位離脱後のドル買総額の4分の1強を占めていたといえるのである[100]。

---

97)　三菱銀行『第二拾五期業務報告書』1931年下半期版（『営業報告書集成』第1集、雄松堂出版、所収）4ページ。
98)　「ドル見越買の風説に対する三井物産会社声明」（1931年6月23日）『日本金融史資料　昭和編』第21巻．447ページ。
99)　金流出防止に協力するために、三井物産は同社の輸入為替に相応する輸出為替を正金銀行に提供し、双方相殺することとした（『日本金融史資料　昭和編』第21巻、447ページ。山崎広明［1988b］371-372ページ）。大久保正金銀行取締役の深井日銀副総裁宛報告「横浜正金銀行市場統制売為替報告書　その2」（1931年）によれば、正金銀行は三井物産に対して国内で9月21日以降同月末までに887万ドル、10月には536万ドル、合計1423万ドル（1422万8000ドル）を12月までに売却している。このほかに海外で63万ドル（62万5000ドル）を売却している（八木慶和［1986］77ページ）。これを合計すると1485万ドル（1485万3000ドル）となり、三井物産資料による金額よりも1万ドル多くなる。
100)　三井銀行による海外でのドル買の中に在外資金凍結に対応したものがあるとすれば、その比率ももっと高まる。

3　国際取引における円に対する社会的信認の低落

　イギリスの金本位制離脱は、日本の金輸出再禁止が必至であるという見解を一般化させたわけではない。国内の日本銀行券に対する一般的信認は喪失（loss of confidence）しなかった。

　だがイギリスの金本位制離脱によって、井上蔵相が否定したにもかかわらず、国内外のかなり多くの人々が日本も遠からず金本位を放棄せざるをえないと考えるようになったことは確かである[101]。

　国際通貨ポンドの価値安定のために金本位制を堅持すると思われていた国際金融の中心国イギリスのような国が金本位制停止に踏み切ったことは、ヨーロッパ諸国、ひいては全世界の諸国がこれにならうとの予想が生じ、世界の金本位制に対する信認を動揺させたと思われる[102]。とくにイギリスの金本位制の停止によるポンド相場の約20％の下落は、日本の紡績業をはじめとする輸出産業の国際競争力を低下させて日本の国内産業をいっそう困難にするものであった[103]。イギリスの金本位制の停止はイギリスだけの問題にとどまらず、第1次大戦後における為替相場再調整（対外的通貨価値のリアジャストメント）の開始を意味するものであった[104]。アメリカもポンドの金本位制離脱から2年遅れてドルの40％切り下げを断行した。それは日本が金輸出を再禁止して為替相場の低落をもたらすことによってポンドの下落に対抗することを必然化するものであった[105]。

---

101)　東京銀行編［1981b］はこのような見方が強まったと述べている（474ページ）。
102)　「金輸出再禁止事情」『朝日経済年史』1932年版、27ページ。「英国の金本位停止と其影響」『経済情報』第6巻第10号、1931年10月1日、『日本金融史資料　昭和編』第23巻、331ページを参照。
103)　「金輸出再禁止を必要とする理由」『東洋経済新報』第1469号、1931年10月3日、972ページ。日清紡社長の宮島清次郎は、イギリスがポンド相場を下げることになれば日本は円を切り下げなければイギリスに市場を奪われると述べている（『東洋経済新報』第1468号、1931年9月26日、917ページ）。
104)　大島堅造［1963］182、191ページ。
105)　住友銀行で国際金融を担当していた大島堅造は、この情勢を見抜いて、イギリスの金本位制停止後日本も速やかに金輸出再禁止を断行すべきであった、と述べている（大島堅造［1963］193ページ）。金輸出解禁政策を批判する武藤山治はイギリスの為替相場の下落が日本の輸出を圧迫することを危惧していた（武藤山治、前掲「井上蔵相に対する公開状」『中外商業新報』1931年10月1日付）。

第13章　金輸出再禁止と金兌換停止

　金輸出再禁止予想は日本の経済状況の深刻さを反映するものでもあった。イギリスの金本位制離脱当時、政友会は緊縮政策を批判攻撃していたので、政変がひとたび起これば金本位制維持は楽観を許さないという不安が一般に抱かれつつあり、極度の不景気で金輸出禁止論がぽつぽつ現れつつあるという事情があった[106]。満州事変の拡大も経済に悪影響を及ぼすと考えられた。

　このような状況は、日本の金輸出再禁止を見越した国際取引における円に対する内外の多くの人々の信認（社会的信認）の低落、円為替相場の低落予想を引き起こした。すなわち、イギリスの金本位制停止という日本ではコントロールできない外的要因によって、内外社会のかなり多くの人々が、両国通貨の交換比率として表示され通貨の対外価値とみなされる外国為替相場に関して円に対する信認を低落させ、国際収支赤字下において金輸出現送点を円為替相場点が下回るという円相場の低落を予想したのである[107]。政友会の山本条太郎政務調査会長は、「円貨に対する不安は英国金本位制停止以来急速にその度を高め」た、と述べている[108]。

　この円に対する信認の低落が、為替相場の低落予想、輸入商の先物予約や円思惑、対外資本逃避をもたらしたのである。大規模なドル買いが行われた背景には、この円に対する内外の社会的信認の低落があったのである[109]。

　外国資本が信認を崩落させた通貨から逃避することが為替市場や金本位制崩壊に大きな役割を果たすことを国際金融の専門家である井上準之助はよく知っていた。井上準之助は、イギリスは財政赤字のためにイギリスが信頼〔信認〕、英語で言えば「コンフィデンス」を失い、イギリスに入っていた短期資金が流出し、これがイギリスの金本位制を崩壊させたと認識していた。これに対し、外国人は日本では短期資金を保有していないから、外国人が日本の金融界に信

---

106)　前掲「金輸出再禁止事情」26-27ページ。
107)　大島堅造［1963］は円に対する「信用」（confidence）が失われたことを指摘しているが（181ページ）、この信用は信認と呼ぶべきであろう。
108)　政友会政務調査会理事会、前掲「金輸出再禁止すべし」（1931年11月4日）『日本金融史資料昭和編』第21巻、443ページ。『日本経済年報』第6輯（東洋経済新報社、1931年12月）もイギリスの金本位停止と満州事変の拡大が円価の将来に少なからぬ不安を投じたと記している（274ページ）。
109)　大島堅造［1963］は「当時のドル買いの原因は理論的にいえば円に対する内外の"Loss of Confidence"（信用喪失）だ」と述べている（181ページ）。

頼〔信認〕を失って、日本から金を持ち出すということは決してないと考えていた[110]。日本では、円に対する信認の低落から外国資本が日本に投資した短資を引き揚げるというようなことはほとんどなかったと考えられる。

4 為替リスク回避のための輸入商の先物取引需要に対応したドル買い──輸入資金の手当

　大規模なドル買いが行われた一因として、円に対する内外信認の低落に基づく輸入先物為替取引需要の増大があったことを認めざるをえないのである。

　その背景には入超構造があった。すなわち1931年においては2億661万円の入超となっていた。入超構造が外国為替銀行の外貨資金繰りを困難にしていたのである[111]。

　イギリスの金本位制離脱直後に日本の金輸出再禁止を予想した輸入商は、円の前途を心配し、円に対する信認を低下させ、円の為替相場の低落を予想し、輸入資金の手当てに狂奔した[112]。為替相場変動に伴う損失の危険性（為替リスク）回避のために輸入商は先物予約（為替予約）を住友銀行などの外国為替銀行に対して行った。為替銀行のカウンターにドルの先物予約が殺到した。住友銀行には同行がかねて信用状を発行していた羊毛・鉄・棉花などの輸入商からの為替取決めの申込みが急増した。この実需に直面した外国為替銀行は、これに応じ、ドル為替を売った。輸出貿易の減少のためにこの売為替の決済資金を輸出為替の買入れによって調達することは困難であった。外国為替銀行は、為替売持によって生じる自らの為替リスク回避のために、為替持高調整策として

110）　井上準之助「日本商工会議所第四回定期総会懇親会席上に於ける演説」（1931年11月27日）『日本金融史資料　昭和編』第21巻、526－532ページ。
111）　輸入に際しては、外国の輸出業者は信用状の発行に基づいて輸出契約を行い、日本向けの輸出手形を振り出した。住友銀行は巨額の英貨・米貨日本債をロンドンとニューヨークの取引銀行に根抵当として預け、必要に応じて低利資金を借り入れ、その金で日本向け輸出手形（輸入手形）を買った。輸入代金の決済に必要な外貨は生糸輸出手形などの輸出手形の買入れによって調達した。入超のもとで住友銀行は1931年上期末に985万円を海外で借りていた。同年下期には輸入激増のために同行の外貨借入れは急増し、同期中の海外での借入高は1億1522万円に達しており、同期末の残高は770万円あった（大島堅造［1963］192－193ページ）。
112）　東京銀行編［1981b］474ページ。大島堅造［1963］は、商人は大局を見誤らなかった、と述べている（178－179ページ）。

第13章　金輸出再禁止と金兌換停止

売為替に対して出合（カバー）をとることとし、正金銀行に対してドルの買注文を行った。井上大蔵大臣は住友銀行の八代則彦専務にドル買いを控えるよう要請したが、同行は、これは実需取引であり為替スペキュレーションではないとしてこの要請を断ってドルを買い続けた。同行は国内で輸入先物取引に対応するために1235万ドルという巨額のドル買いを行っている[113]。

　この額は1931年9月21日以降の統制売り総額の7.2%となる。住友銀行に典型的にみられるように輸入代金支払いのための為替先物取引需要がドル買いの大きな要因の1つであったことを認めざるをえないのである。

　輸入商は手形の期限がくれば、預金あるいは現金で決済した。その金(かね)を集めて取引銀行が横浜正金銀行から先物で買ったドルを引き取った。ドル引取りのための円資金に窮するというようなことは生じなかった。

　もっとも、ドル買い理由として三井銀行や三井物産が為替リスク回避のための輸入先物取引需要への対応に言及していないから、すべての輸入商がそれを求めて行動したわけではなかろう。イギリスの金本位制停止以来、円売り・ドル買いが突如として激増しており、9月21日以降わずか1ヵ月半の間のドル買いが3億4100万円にのぼっているが、1931年のドル決済輸入が3億9100万円にすぎないから、それが貿易関係の実需に対応したものとみるのは困難である[114]。輸入代金支払いのための為替先物取引需要は、結局は貿易構造に規定されており、その額はそれに制約されていた。したがってドル買いの中心は輸入為替需要以外の多額の思惑取引あるいはこれを含む対外証券投資に求めるべきであろう。

---

113)　東京銀行［1981b］474ページ。住友銀行『第四拾期業務報告』1931年下半期版、3ページ。大島堅造［1963］175-176、179、181、192-193ページ。住友銀行は9月21日から30日までに670万ドル、10月中に565万ドルを正金銀行から買い入れた。9月には9月渡し120万ドル、10月渡し110万ドル、11月渡し250万ドル、12月渡し190万ドルであった。10月には10月渡し190万ドル、11月渡し145万ドル、12月渡し230万ポンドの統制売りが実施されている。9月に住友銀行のドル買いはまったくなかったのにイギリスの金本位制離脱後にドル買いが開始され、それが主として先物取引として行われているのは円相場の低落予想を反映するものであろう（「横浜正金銀行市場統制売為替報告書　その2」）。住友銀行はこれ以外に海外で約1265万ドルの統制売りによるドル資金調達を行っている（八木慶和［1986］74-75ページ）。
114)　八木慶和［1986］76ページ。9、10月の2ヵ月の売却額は1億7500万ドルと1931年中ドル貨売却額2億8600万ドルの61%に及び、とくに9月21日から9月26日（営業日5日）までの5日間の売却額（1億500万ドル）だけで9月売却額（1億2600万ドル）の83%に達している（同書、［1986］72ページ）。

第6編　金輸出の解禁実施と再禁止

5　ドル買い思惑

　この円売り・ドル買いは思惑（為替投機）、ドル買い投機（金輸出再禁止を予想して為替相場変動による差益を得ようとするドル為替買入れ）から大規模に起こったものでもあった。イギリスの金本位制停止が報じられると、日本も金輸出再禁止を行うとの風説が流れ、かくして投機的円資金の逃避が行われた。その関係から貿易商社も思惑輸入を行った[115]。

　イギリスの金本位制停止後の円売り・ドル買いが円に対する信認の低落から生じた思惑、投機的性格が強かったことは以下の事実から確かであろう[116]。

　統制売りはその多くが先物取引であった。先物為替それ自体は輸入業者の将来における輸入代金支払上の相場変動リスク回避と為替差益を求めての相場変動リスク引受けの両側面があって、先物取引それ自体を投機的取引と決めつけることはできない。だが、統制売り期間中における米ドルの直物為替の統制売り（当月渡し）は22.5％あったのに対して、イギリス金本位制停止直後の米ドル統制売り為替取引のほとんどすべてが直物取引ではなく先物為替取引によって行われたこと自体、ドル買いが思惑的な取引であることを十分に推測させるものである。9月21日から9月末までの短期間の統制売り（1億2212万ドル）のうち、直物取引（当月渡し）は801万ドルとわずか6.6％にすぎなかった。9割以上が先物取引であったのである[117]。「日本銀行本支店事務協議会書類」（1931年）には当時のドル買いには思惑的な買進みが含まれ、その根拠として先物為替の方がはるかに多額であったことが記されている[118]。

　『横濱正金銀行全史』（第3巻）は、イギリスの金本位制停止後、日本も遠からず金本位を放棄するであろうとの見方が強まり、ドル買いの大思惑が各地市

---

[115]　日本銀行調査局、前掲『本邦の金に就て』55－56ページ。『日本金融史資料　昭和編』第20巻、291ページ。為替相場の下落を見越した輸入取決め急ぎと輸出手形の出惜み（為替相場の変動を見越して輸出入代金支払いを早めたり遅くしたりする leads and lags）が生じた（東京銀行編［1981b］510ページ）。

[116]　横浜正金銀行取締役で為替担当重役であった大久保利賢は思惑でドル買いに来る人がいたことを認めている（「大久保利賢氏金融史談」『日本金融史資料　昭和編』第35巻、430ページ）。

[117]　八木慶和［1986］71ページ。9月渡しが801万ドルに対して、10月渡しが1877万円、11月渡しが3327万円、12月渡しが6207万円であった（「横浜正金銀行市場統制売為替報告書　その2」）。

[118]　日本銀行百年史編纂委員会編［1983b］500－501ページ。

第13章　金輸出再禁止と金兌換停止

場で発生し、「内外銀行は、顧客のたれかれと実需の有無に係わりなく、ひたすらドル売りに邁進し、その買埋めに自己勘定の思惑分を加えて正金にカヴァーを求めた」と述べており、当時思惑的なドル買があったことを記述している[119]。同巻は10月13日に1日に120万ドルの大量申込みがあり、それが三井信託会社など国内特殊筋の勘定による明らかに投機的なものであったことを認めている[120]。

　日本銀行総裁は10月1日には市中銀行に対して、思惑ドル買いの中止と、既契約物の解合い（解約）を要請した[121]。ここに思惑買いが存在したことを日本銀行が識別していたことが示されている。

　三井銀行がイギリス金本位停止直後の9月21、22、25の3日間で2135万ドルという大量のドルを買予約し、しかもその受渡しは9月渡しはわずか80万ドル、10月渡しが150万ドルにすぎず、その後の11月渡しが680万ドル、12月渡しが実に1225万ドルの多額にのぼっている[122]。この取引は前述のように三井銀行がロンドンの資金拘束に対応して行ったものではあるが、それだけが同行のドル買いの目的であったとはいえないように思われる。

　同行はポンド買い、ドル売りという取引に関して、為替リスク対策上で本来必要とされるポンド先物売り、ドル先物買い予約を怠っていた。これは1つには三井銀行がイギリス経済の実力を過信し、ポンドに対する絶対的なまでに近い強い信頼感、信認を置いていたからであった[123]。それは目先為替鞘の損を

---

119)　東京銀行編［1981b］474、482ページ。「内外銀行は顧客の実需如何を問わず、ドル売りを為し、其売埋めとして又自己の思惑をも加味して本行よりドル売をなしたのである」（横浜正金銀行『横濱正金銀行史（未定稿）』1931年版、26ページ。渋谷隆一・麻島昭一監修［2005］101ページ）。
120)　東京銀行編［1981b］483ページ。ただし三井信託会社は実際には9月21日と21日に合計350万ドルを買い入れたにとどまった（「横浜正金銀行市場統制売為替報告書　その2」）。
121)　日本銀行「金解禁後に於ける本行の諸施策」『日本金融史資料　昭和編』第20巻、166ページ。
122)　日本銀行百年史編纂委員会編［1983b］507ページ記載の日付や金額は「横浜正金銀行市場統制売為替報告書　その2」に基づいて訂正。
123)　三井銀行八十年史編纂委員会編、前掲『三井銀行八十年史』、253－254ページ。三井銀行は、円対外貨の為替相場よりも英米為替相場をより安全視してきた習慣から、英米クロス先安の回復を待ってポンド買い、ドル売りをカバーする予定であった。池田成彬は「イギリスは危ないという報道はちょいちょいあったが、少し自信があり過ぎて、イギリスに八千万円という大金を置いていたのです」と述べている（池田成彬述［1949］、151ページ）。三井銀行のドル買いの背景として、同行のポンドへの過信を重視すべきである。

第6編　金輸出の解禁実施と再禁止

避け、同行が高い利回りを求めた結果でもあった[124]。

　三井銀行は約8000万円の資金をブロックされて、ポンドが3割低落したために約2400万円の損失をこうむることとなってしまった。この損害額は、金融恐慌の後だけに取付けが起こると池田成彬が心配したほどの額であった[125]。このような状態のもとでは、三井銀行がポンド買持状態でポンド相場の低落によってこうむる損失（為替差損）を、円に対するドル相場の上昇による為替差益取得によってカバーしようとした（ポンド資金の損失のカバー）可能性を否定できないのである。

　日本銀行や正金銀行は、統制売りの先物予約についてはイギリスの金本位制離脱後に、即契約の解合（取消、ドルの買戻し、to set aside）を一般の銀行に要請したが、乗換えには応じなかった。だが両行、とくに日本銀行当局者は1931年10月以降に三井銀行や三井物産に対しては極秘に先物為替1750万ドルの乗換えを許した[126]。三井銀行や三井物産は1931年10、11月に先物為替を買予約したものを乗り換えて1932年1～3月渡しとした[127]。乗換えが認められて統制売り1～3月渡し先物の売却となったもの（1億9373万5000ドル）の大部分（90.3％）は三井銀行と三井物産が占めていた。三井銀行のドル買いがポンド資金拘束に対応するものであったとしても、この乗換えは円に対するドル相場

---

124)　三井銀行の外国為替部門の担当者であった大矢知昇は、チェンジ・オーバー・オペレーション（乗換操作）を行うと、マージンが1分5厘の損になるから、三井銀行が高い利回りを求めて無カバー取引を行ったと述べている（大矢知昇「ドル買事件、其他」横山敏治編『丁卯会講演記録16』三井銀行、1976年10月、15ページ。浅井良夫「一九二〇年代における三井銀行と三井財閥」『三井文庫論叢』第11巻、1977年、326ページ。小倉進次［1990］344、408ページ）。

125)　池田成彬述［1949］162ページ。三井銀行八十年史編纂委員会編、前掲書、255ページ。

126)　前掲『横濱正金銀行史（未定稿）』1931年、30ページ、渋谷隆一・麻島昭一監修［2005］103ページ。1930年にニューヨーク・ナショナル・シティ銀行（以下ナショナル・シティ銀行と称する）がドル為替先物を買いすぎて円資金が不足し、正金銀行が10月に10月ものを翌年3月ものに乗り換えることを認めたことはあった（東京銀行編［1981b］406－407ページ）。日本銀行の土方総裁は10月1日に市中銀行に対して、思惑ドル買いの中止と既契約物の解合いを要請した（『日本金融史資料　昭和編』第20巻、166ページ）。横浜正金銀行が1931年9月19日から同年12月10日までにドルを買い戻した額は4779万円にのぼった（同巻、172ページ、同資料、第35巻、406－407ページ）。

127)　すなわち三井銀行は1931年10月買予約分750万ドル（12月渡し）を乗り換えて1932年1月渡し200万ドル、2月渡し400万ドル、3月渡し150万ドルとした。三井物産は1931年11月予約分999万8500ドル（11、12月渡し）を乗り換えて1932年3月渡しとした（日本銀行百年史編纂資料「統制売りの計数について」27－28ページ。「横浜正金銀行市場統制売為替報告書　その2」）。

第13章　金輸出再禁止と金兌換停止

上昇による為替差益を求めての思惑によるものであったとみなすことができよう。三井物産の為替取引が実需に基づくものであったとするならば、これを乗り換える必要はないであろうから、この乗換えは思惑としての性格を持つものであるといえよう[128]。金輸出再禁止後、円の対ドル為替相場は大幅に低落し、このようなときに三井銀行や三井物産は統制売り未決済分の決済を行ったから、これによって多額の利益を取得したのである[129]。

　三井信託会社はイギリス金本位離脱後ただちに先物為替350万ドルを買い入れているが（9月21日と22日の合計）、正金銀行はその後同社を特殊筋とみなして同社の為替投機を警戒していた。東洋棉花は、1931年9月20日までは一度もドル買いを行ったことがないのに、イギリス金本位離脱後ただちに先物為替444万ドル（9月22日と25日に買入れ）を買い上げている。これらの三井系列企業のドル買いは思惑買いであったと思われる[130]。

128) 八木慶和［1986］78ページ。日本銀行の深井英五副総裁の指示により、横浜正金銀行は1930年7月31日から1931年12月12日まで実施された横浜正金銀行の市場統制売為替の実施状況を、毎日、前日実施分について報告した。すなわち、正金銀行の大久保利賢取締役が深井副総裁に1930年8月2日から1931年12月10日まで毎日、前日の実施状況を報告した。1930年8月2日報告は7月31日実施分を含んでいた。大久保の報告は統制売りにおける乗換え（change over）の記述を含んでいる。正金銀行は統制売りに関して、三井銀行に対して1931年10月5日に、12月渡し500万ドルを、1932年1月渡し200万ドル、2月渡し300万ドルに乗り換えた。同月15日に同じく三井銀行に対して12月渡し250万ドルを、2月渡し100万ドル、3月渡し150万ドルに乗り換えた。また、正金銀行は、三井物産に対して1931年11月14日に、11月渡し309万5000ドル、12月渡し690万3500ドル、計999万8500ドルを、1932年3月渡しに延期渡しとした。乗換額は三井銀行に対するものが750万ドル、三井物産に対するものが999万8500ドル、両者合計1749万8500ドルであった（10月6日、16日、11月16日の送り状に基づく報告）。
　八木慶和［1986］は、同報告は土方総裁には回覧されなかったと記している（70ページ）。だが上記日報の送り状には、土方総裁、深井副総裁、清水賢一郎、堀越鉄蔵、永池長治の各理事、志賀虎一郎営業局長（志賀の捺印は1930年8月4日から1931年1月30日まで）、1931年2月2日に営業局長となった司城元義（同年2月3日から）の印が押捺されている。同報告書は総裁、理事に回覧されたのである（上記日報を綴った「横浜正金銀行市場統制売為替報告書」その1、その2による）。三井銀行や三井物産の先物為替乗換えは、深井や大久保が秘密に許可したのではなく、日銀総裁や同行理事の承認のもとに深井や大久保が認めたものといえよう。
129) 日本銀行百年史編纂資料「統制売りの計数について」23-34ページ。八木慶和［1986］76-82ページ。三井物産は、1931年11月の乗換契約時の契約に基づいて、米貨約1000万ドル買予約の実行（49ドル8分の3の相場での）を生糸輸出ビルの同額の売渡し（その時の為替相場での）によって行うこととしていた（山崎広明［1988b］366-368ページ）。
130) 東京銀行編［1981b］483ページ。三井銀行出身の前山久吉はこれらのドル買いが思惑買いであったと述べている（鈴木威編『前山久吉翁百話』私家版、1943年、501ページ。八木慶和［1986］77ページ）。

1343

第６編　金輸出の解禁実施と再禁止

　正金銀行の統制売りは海外でも実施された。1931年９月以後の統制売り売却高１億7064万5000ドル（１ドル２円として邦貨換算３億4129万円）のうち、上海における取扱高は330万ドル、邦貨換算660万円（９月26日と28日で300万ドル、10月７日に30万ドル）、ニューヨークにおける取扱高は2697万6000ドル、邦貨換算5395万円（９月中に1872万6000ドル、10月中に825万ドル）あった。海外での統制売り総額3027万6000ドル、邦貨換算6055万円は全体の17.7％を占めていた[131]。上海で思惑取引が行われたことは明らかである[132]。

　ニューヨークでドル買いに出た銀行は日本に支店を持っていない外国銀行が中心であった[133]。これらの銀行が為替投機を行った可能性はある。だが、それがあったとしても、その額はそれほど多くはなかったといえよう[134]。

　表13－１にみられるように、正金銀行の為替統制売りの売却先としてはナショナル・シティ銀行が最も売却額が多かった[135]。

　ナショナル・シティ銀行は、1931年12月28日に、同行のドル買いは思惑からではなく得意先の注文、実需に対応したものであって、日本にはドルに替えて輸出すべき外国の短期資金はほとんどなく、金輸出再禁止に責任はなく、その責任は日本の金融業者に期すべきであるという声明を発表している[136]。ナショナル・シティ銀行は、海外における日本外債への投資（あるいは輸入業者の先物為替取組）のためのドル資金需要に応じたドル買いを行っていたと考えられる。

　だが、実際にはナショナル・シティ銀行は思惑的なドル買いもかなり行っていたようである。正金銀行が1931年９月21日以後に国内で統制売りを行った金

---

131)　「横浜正金銀行市場統制売為替報告書　その２」。八木慶和［1986］74－75ページ。
132)　『横濱正金銀行史（未定稿）』は、1931年９月のイギリス金本位制離脱後「統制売は49　3/8の為替相場で続行されたが、内外市場に於て之を悪用するもの出で、ことに上海市場に於て其傾向が濃厚であった」と記している（前掲、『横濱正金銀行史（未定稿）』1931年版、26ページ。渋谷隆一・麻島昭一監修、前掲巻、101ページ）。
133)　上海やニューヨークでドル買いを行った銀行の名については八木慶和［1986］75ページを参照。
134)　ナショナル・シティ銀行が2572万円、三井銀行・三井物産が530万円と、これらが海外でのドル買いの半分を占めていた（八木慶和［1986］75ページ）。
135)　国内における売却先については日本銀行百年史編纂委員会編［1983b］507ページも参照。
136)　『中外商業新報』1931年12月29日付。ナショナル・シティ銀行「金輸出禁止に責任なし」『日本金融史資料　昭和編』第21巻、447ページ。

第13章　金輸出再禁止と金兌換停止

表13－1　1931年9月21日以後の統制売りの売却先明細

売却先	売却額	邦貨換算	売却先	売却額	邦貨換算
	千ドル	千円		千ドル	千円
National City Bank	37,005	74,010	イリス商会	82	164
香上銀行	4,800	9,600	バイエル商会	75	150
Chartered Bank	3,100	6,200	独乙染料会社	241	482
蘭印商業銀行	2,490	4,980	アンダーソン・クレイトン	70	140
Netherlands Trading Society	1,790	3,580	Siber Hegner	11	22
			Victor 蓄音器会社	125	250
独亜銀行	310	620	片倉製糸	298.75	597.5
日仏銀行	65	130	宇治川電気	150	300
三井銀行	21,350	42,700	Nippon Corn Products Co.	200	400
住友銀行	12,350	24,700			
三菱銀行	8,700	17,400	大同海運	150	300
朝鮮銀行	6,140	12,280	Steward Co.	20	40
川崎第百銀行	2,900	5,800	岸本商店	70	140
第一銀行	850	1,700	Standard Oil	150	300
台湾銀行	1,800	3,600	スェーデン燐寸	50	100
安田銀行	350	700	帝国製糸	52	104
三井物産会社	14,227.7	28,455.4	野村合名	70	140
野村証券	3,670	7,340	フォード会社	220	440
東洋棉花	4,443.75	8,887.5	アーレンス商会	100	200
三井信託会社	3,500	7,000	横浜ゴム製造	34	68
日瑞貿易会社	2,358	4,716	Admiral Line	65	130
大同電力会社	1,090*	2,180*	日本生命	110	220
東京電気会社	2,000	4,000	喜多兵合資	78	156
東邦電力会社	300	600	大正海上保険会社	100	200
中国銀行	200**	400**	ソビエト通商局	100	200
藤本証券会社	300	600	Agfa	40	80
Swan Devin Co.	400	800	Dollar Line	24	48
キャメロン商会	300	600	上海における取扱	3,300	6,600
東洋拓殖会社	520	1,040	紐育における取扱	26,975	53,950
Rising Sun	162.5	325	計	170,645.2	341,290.4

注1：＊印は買戻し38万ドル（76万円）を差し引いた残り。
　2：＊＊印は買戻し5万ドル（10万円）を差し引いた残り。
出所：八木慶和［1986］74ページ。

第6編　金輸出の解禁実施と再禁止

額はナショナル・シティ銀行に対するものが最も多く、その売却額は3701万ドル（邦貨換算7401万円）に達した[137]。ナショナル・シティ銀行に対する1931年内期限の統制売り予約残高は10月10日現在、日本において3520万ドル、ニューヨークにおいて1150万ドルの巨額に達していた。同行は統制売りのドルを買いすぎた結果、円資金が不足していた。正金銀行は、10月10日にナショナル・シティ銀行の本邦4店支配人を呼び、相互の安全を確保するために、ナショナル・シティ銀行に対して今後の予約について約2割のマージン（証拠金）または担保を要求した。また園田三郎正金銀行ニューヨーク支店支配人はナショナル・シティ銀行の幹部に対してその主旨を説明し、ナショナル・シティ銀行は年末に円資金が不足するであろうと注意した。だが、ナショナル・シティ銀行はこれを承諾しなかった。10月13日には同行内地各店はこの日1日だけで120万ドルもの大量のドル買いを正金銀行に申し込んできた。これは正金銀行のドル資金調達に甚だしい支障をきたす恐れがあっただけでなく、それが三井信託会社など国内特殊筋の勘定に応じる明らかに投機的なものと認められた。そこで、10月16日に正金銀行はナショナル・シティ銀行に対して投機的な要因（speculative source）によるものには売り応じない旨を通知している[138]。ナショナル・シティ銀行本店が同行日本支店の行動を掣肘し、正金銀行との協調の精神を示すことがあったが、このことは同行日本支店がとくにドル買いに熱心であったことを示している[139]。ナショナル・シティ銀行に対する横浜正金銀行の内地における統制売りは10月14日が最後であった[140]。

　ナショナル・シティ銀行のドル買いは日本側の日本外債への投資に応じたものでもあろう。しかし、その場合には同行がその決済のための円資金の調達に苦しむということはなかったはずである。だが実際には、同行は積極的なドル

---

[137]　日本銀行百年史編纂委員会編［1983b］507ページ。同行に対する統制売りは9月1〜19日には447万ドルであったが、9月21日以後急増している（「横浜正金銀行市場統制売為替報告書　その2」）。ナショナル・シティ銀行が9月21日から9月30日までに内地で正金銀行に買予約したドル（総額2362万ドル）の受渡期は、9月期が30万ドル、10月期が242万5000ドル、11月期が600万ドル、12月期が1489万5000ドルであった（「横浜正金銀行市場統制売為替報告書　その2」。10月には1338万5000ドルを買予約している）。

[138]　東京銀行編［1981b］483−485、491ページ。

[139]　同上巻、491ページ。

[140]　「横浜正金銀行市場統制売為替報告書　その2」。10月13日には110万ポンド、14日には50万ポンドの統制売りが実施されている。

第13章　金輸出再禁止と金兌換停止

買いを行って、ドル買い後の決済円資金の調達に苦しんでいる。11月11日には同行は内地およびニューヨークにおいて円買いに努めている[141]。12月初めに内地金融は引き締まり、統制売りの実行に困難を感じた外銀は、ドル売り円買いを試み、正金銀行はニューヨークにおいて49.65ドルの相場で徐々に円を売り応じた（ドルの買戻し）。内地における統制売り予約残高の12月23日現在2960万ドル中、ナショナル・シティ銀行分が1369万ドルあり、同行は円資金に窮しており、この決済のために、年利1割2分ないし1割5分の高利で3カ月円定期預金の預け入れる方を各方面に勧誘するほどであった[142]。このようなことはイギリス金本位制停止後にいかに異常な投機的ドル買いが行われていたかをよく示している。

　上述のように、イギリスの金本位制停止後に日本の円に対する信認が疑われ、思惑によるドル買が相当多く行われたことは確かである。通貨当局が求めた解合いもドル買い側が円資金の確保に狂奔し、容易に進まなかった[143]。ドル買投機が金輸出再禁止のきわめて大きな要因となったのである。

　もっとも、思惑によるドル買いは決済資金源としての円資金の確保に制約されていたし、金輸出再禁止も確定的ではなかったから大胆な思惑を行うにはリスクが高かったし、ドル買総額は1億7065万ドルの巨額にのぼったし、在英資金凍結、輸入決済資金需要、対外投資のためのドル資金需要に備えるためのドル需要も確かにあった。したがって、日本の金本位制の維持を困難にさせたドル買いの原因を井上準之助蔵相のようにもっぱら思惑に帰するというようなことはできないのである[144]。

---

141) ナショナル・シティ銀行は11月11日に49.25ドルでは円を買えなかった。正金銀行ニューヨーク支店はナショナル・シティ銀行に対する円融通スワップの円先物売却を拒絶している。ナショナル・シティ銀行は翌12日、正金建値よりも若干円高の49.5ドルの相場で市場においてドルを売ろうとした。正金銀行は、同行上海支店において、市場を弱気にしないように（円相場が低落しないように）注意しながら49.5ドルの相場でドル買い・円売りに応じ、ドル資金不足緩和の一助とすることとした（東京銀行編［1981b］、490ページ）。

142) 前掲『横濱正金銀行史（未定稿）』1931年版、28、30ページ。渋谷隆一・麻島昭一監修［2005］102-103ページ。東京銀行編［1981b］によれば、12月23日朝現在の内地統制売りの12月渡し未実行残高中にはナショナル・シティ銀行分が2250万ドルあり、同行は円資金に窮していた（493ページ）。

143) ドル買銀行は、新規貸出を極度に制限し、既貸出の回収を強行し、コールその他借入れ、手持ちの公社債株式を売却した。銀行以外の者は銀行預金の引出などのあらゆる資金を漁り、さらに債権取立ての強行、所有有価証券の売却を行った（高橋亀吉［1955b］1360ページ）。

1347

第 6 編　金輸出の解禁実施と再禁止

6　ドル買い思惑を含む本邦外債への投資——資本逃避

　日本人の日本外債への投資（海外投資）が、国内の金融緩和と1930年5月における高利回り借換債が既発債市価を圧迫したことなどによる外債市価低落とを背景として、1930年から盛んに行われていた[145]。

　山一證券社長の杉野喜精によれば、日本の外貨邦債への投資は1930年度に7000万〜8000万円くらいあり、1931年度もイギリス金本位制停止前に4000万〜5000万円くらいはあった[146]。

　日本人の日本外債への投資は純投資の形態を持つものであった。満州事変が勃発すると日本の外貨公債が暴落した[147]。イギリスの金本位制停止に伴う海

144）　井上準之助は金本位制維持については日本の銀行家のモラル・サポートに期待していた（井上準之助「日本商工会議所定期総会懇親会席上における演説」（1931年11月27日）『日本金融史資料　昭和編』第21巻、526−532ページ）。井上準之助は当初、イギリスの金本位制停止の我が国に対する影響は大したことはないと思っており、金本位制が脅かされるようなことはないと信じていた（『中外商業新報』夕刊、1931年9月22日、10月6日付）。その後10月28日頃には「無遠慮にまうけのためにのみに思惑をして金を持ちだすような非国民的態度は宜しく反省すべきだと思ふ」と述べており（『東京朝日新聞』1931年10月28日付。『日本金融史資料　昭和編』第21巻、776ページ）、思惑的ドル買いを激しく批判した。井上準之助は10月25、26日以前にはかなり思惑買いが多かったことを認めており、25、26日になると金利が上昇したことや政府に再禁止の考えがない、堂々と金貨を持ち出し、支払準備を備えていることから思惑買いがなくなったと述べている（1932年1月21日、貴族院における井上準之助の質問『日本金融史資料　昭和編』第21巻、155ページ）。井上準之助の部下であった青木一男は、後年、井上を次のように批判している。「在英資金凍結の対策としてのドル貨需要のほかに、一般にわが国も早晩金の輸出再禁止のやむなきに至るであろうと思う人々が、あらゆる機会を通じて、あらかじめドルを買っておこうと考えるのは、経済的常識であって、一国の法制が合法取引としておることを、愛国心や道義心で阻止しようとするのは本来無理なことである」と（青木一男［1959］232ページ）。

145）　高橋亀吉［1955a］1063−1065ページ。同［1955b］1348−1350ページ。外国国債応募および購入は1931年には前年の1億8104万円から2億1972万円へと増大し、巨額に達した。日本の対外債券投資は1930年には1億8901万円、1931年には2億2413万円となり、前年に比べて1930年には4310万円、1931年には3513万円増加した（大蔵省編集『財政金融統計月報』第5号、1950年2月、54ページ）。三井、三菱、住友、安田の4大銀行の外国証券保有額は、1930年上期の2890万円から同年下期の3158万円、1931年上期の5650万円へと増大した（東洋経済新報社編・発行『日本経済年報』第7輯、1932年3月、114ページ。大蔵省昭和財政史編集室編［1963］101ページ）。1930年における経常収支赤字（貿易および貿易外経常収支赤字）は131万円、資本収支赤字は1億4792万円（総合収支赤字は1億4923万円）、1931年における経常収支赤字は1億2299万円、資本収支の赤字は2億3266万円（総合収支赤字は3億5565万円）であり、金解禁実施期の国際収支の赤字は資本収支の赤字によるところが大きかった。この資本流出の中に日本外債への投資が含まれていた。『中外商業新報』（1931年8月3日付）は、融資処分に苦しんだ大銀行および保険会社は、内地の国債利回り低下のもとで外債邦債への投資を6、7月に著しく増加し、1月以降対外投資は6000万円を突破したと述べている。

第13章　金輸出再禁止と金兌換停止

外投資の警戒はいっそうその低落を強めた。この結果、本邦外債への投資が利回り関係から内国債への投資よりも有利となった[148]。このことが日本の外貨邦債への投資を刺激した。米貨邦債が円資金の逃避に好適な条件を有していたのである[149]。『中外商業新報』（1931年9月23日付）は、ニューヨーク市場における六分半利付米貨公債の市価は21日には97ドルと5ドル方一挙に急落したのをはじめ、ドル邦債は甚だしく低落し、これに対して邦人の買物が注がれ、21日ですでに1000万円の指値注文が発せられたほどであると報じている[150]。外貨邦債が下落し、利回りが高まったために、内地公債との利回りとの開きが大きくなった[151]。

『日本経済年報』（第6輯）は、満州事変の拡大が外国市場に不安を抱かせ、外貨邦債を暴落させ、その利回りを上昇させ、一方においてドル買気運を助成

---

146)　『東洋経済新報』第1468号、1931年9月26日、43ページ。第1次若槻内閣の頃には金融恐慌前に日本の外貨公債で日本に入ってきたものは1億円くらいにのぼっていた。金融恐慌時には外国証券の輸入は中断されたが、その後、資金の横溢を背景にそれがまた起こりはじめ、1928年8月までにその額は2億3500万円にのぼった。日本の外貨公債に日本が投下している額はイギリスの金本位制停止の頃は5億円以上で、6億円以上、7億円という見方もあった（同号、919－920ページ）。1930年3月28日付の『報知新聞』は、1928年末の日本の外債残高は総額21億7737万円余であり、そのうち日本人が所有している額は7億5000万円に及び、そのうち政府発行の外貨邦債が大半（6億7000万円）を占めていたと述べている。

147)　ニューヨーク市場で9月18日には103ドル8分の7であった六分半利付米貨公債の市価は9月19日には102ドルに低落した（『中外商業新報』1931年9月21日付）。『中外商業新報』（1931年10月21日付）も満州問題悪化で外貨邦債が惨落したことを報じている。

148)　9月12日から10月末日までに各種債券がいずれも10ドルないし20ドルの激落を示した。その結果、日本外債の利回りが著しく上昇し、10月末には東電6分債は1割1分を超え、5分半利付公債は6分6厘となった。これを同日の内地の公債利回り（甲号5分利）5分9厘2毛、東電担保付7分9厘7毛と対比すると7厘ないし3分2厘の開きが生じた（前掲『日本経済年報』第6輯、275－276ページ）。「本邦外債は満州事変の勃発と英国金本位制度の停止によるわが国の不安を反映しその市価が著しく低落してきた。国内では極度の遊資運用難であったから市価低落による好利回りの邦債の買入に資本が流通する傾向が生じたことは当然であった」（「わが国の貿易為替金融（八）」『外国為替』第57号、1952年9月、38ページ）。

149)　東洋経済新報社編、前掲『日本経済年報』第6輯、275－276ページ。

150)　この外貨邦債の暴落はイギリスの金本位制停止と満州事変の勃発の影響を受けたものである（『東洋経済新報』1931年9月26日号、43ページ。高橋亀吉［1955b］1349ページ。『東京日日新聞』1931年9月23日付）。22日にはニューヨーク市場における六分半利付米貨公債の市価は100ドル8分の3と前日と比較して3ドル8分の3も上昇したがこれは証券会社のニューヨーク支店を仲介としてある内地銀行が同日に1口500万円の買注文を出したからであると伝えられている（『中外商業新報』1931年9月24日付）。

151)　六分半利付米貨公債と甲号五分利公債とを比較すると、利回りは5厘4毛くらい開いていた（「利回りと公債相場」『東洋経済新報』第1471号、1931年10月17日、1142ページ）。

1349

し、正貨流出の要因をなすに至ったと述べている[152]。

国民同志会は思惑と投資を区別すべきであるとして、「今日我国より正貨の流出するのは国内の我国公債の相場より外国の方が5円も安く利回りが国内より6、7厘割が良いから外貨邦債を買うのでこれは立派な投資である」と主張した[153]。

だが、イギリス金本位制停止後に日本も金輸出再禁止を行うのではないかとの予想から円に対する信認の低落が生じ、円相場の低落が予想されるようになり、日本外貨邦債への投資は、純投資と思惑との両方の性格を合わせ持つものとなった[154]。『中外商業新報』（1931年9月24日付）は、22日の邦銀の邦貨外債大口買態度について、単なる割安からの買物とみる説と金輸出再禁止懸念による内地資本の逃避とみる説があるが、金輸出再禁止懸念説が有力となっている、満州事変の前途いかんによっては金輸出が再禁止されるということはきわめてありうべきことである、と報じている[155]。『東京朝日新聞』（1931年10月3日付夕刊）は、六分半利付米貨公債の利回りが6分5厘と内地債22年物の利回りよりも高く、金輸出再禁止を行う場合には為替の低下によりドル公債の価格が騰貴するから、利回りおよび将来の投機思惑の両面からドル貨債買いの傾向が市場に台頭した、と述べている。『東洋経済新報』は、「日本は再禁止をまぬかれぬものとしたら、米貨邦債に放資をしてをくことは最も有利である。……安ければ米貨邦債は好放資物と云ってよい。……資金の流出は止むまい」と論じている[156]。ドル公債は元金および利子ともに発行時における純分比価を持った

---

152) 第一回四分利付英貨公債は9月14〜19日の最高77ポンドから10月中の最低56ポンドの27%も暴落し、六分半利付米貨公債もこの間に最高105ドル4分の1から最低90ドル5分の3に14%余りも暴落した。これは根本的には満州事変の拡大によるものであるが、ポンド相場の低落によるものでもあった（東洋経済新報社編、前掲『日本経済年報』第6輯、1931年12月、268−269、275ページ）。

153) 国民同志会（声明）「血迷ったか井上蔵相」（1931年10月28日）『中外商業新報』同月29日付。『日本金融史資料　昭和編』第21巻、442−443ページ。

154) 高橋亀吉［1955b］1348−1349ページ。

155) 『東京朝日新聞』（1931年9月24日付）は、某銀行（日本の銀行）が約1000万ドルの成行注文を発したと伝えられたことについて、その理由として、ポンド貨によってこうむった損失をいち早く埋めようと策したか、日中衝突、イギリスの金本位停止から財界の前途を悲観し、資本の海外逃避を考慮しはじめたことの2つが考えられるとしている。なお『東洋経済新報』（1931年9月26日号）によれば、22日の1000万ドル（2000万円）の公社債買入注文を出したのは信託保険であって、これは野村と山一を通じて行われたようであると記している（44−45ページ）。

第13章　金輸出再禁止と金兌換停止

ドルをもって支払うことになっており、アメリカが金輸出を再禁止した場合でも安全であり、日本が再禁止をすればいよいよ有利となるものであった[157]。外貨邦債への投資は円資金の海外逃避をも意味するものとなったと考えられるのである。余裕資金を持つ者は外貨国債を買うことによって、ほとんどなんらのリスクを冒すことなく大胆な金輸出禁止思惑を併せてすることが容易にできた。万一その見込みが違って、日本の金本位制が維持されたとしても、失うリスクはまったくないか、あってもきわめて軽微であった。外債市価暴落のもとで高い利回り期待できたのである[158]。

『日本経済年報』（第7輯）はイギリスの金本位停止以来、急激に増加した資金の海外投資は驚くべき巨額にのぼったと記している[159]。注145）にみられるように、日本の対外債権投資の対前年増加額が1931年に3513万円であったことを考えると、この表現は強すぎるといえよう。だが、満州事変の勃発とイギリスの金本位停止以後に本邦外債への投資が増加したことは確かであろう。

日本外貨邦債への投資主体は金融機関から個人投資家へと拡大した。「個人投資家等による資本の海外逃避現象が起こ」った。正金銀行は1931年10月には個人に対するドル売りを制限したが、このことは個人投資家などによる資本の海外逃避現象が生じていたためである[160]。

日本銀行は10月17日以降、日本外債元利払い特別扱い中止を通じて日本外貨公債の買入抑制策を実施している。このことも、日本外貨公債への投資が当時かなり行われていたことを示すものである[161]。

日本銀行は12月2日に日本の外貨公債（四分利付仏貨公債を除く）を抵当品、保証品とする扱いを停止した。これは借入金をもってする外貨邦債への投資も行われており、これによる思惑（円相場の低落予想）を阻止するため（円資金供

---

156)「再禁止と公債」『東洋経済新報』第1470号、1931年10月10日、70ページ。11月2～7日の甲号五分利公債の利回りは5.91%に対して六分半利付米貨公債の利回りは相場の低下により、6.87%となっていた（「内外邦債の背馳」『東洋経済新報』第1475号、1931年11月14日、46ページ）。

157)『東洋経済新報』第1475号、46ページ。

158)高橋亀吉編［1955b］1349-1350ページ。

159)東洋経済新報社編、前掲『日本経済年報』第7輯、198ページ。その正確な金額は不明である。

160)『日本金融史資料　昭和編』第20巻、166ページ。高橋亀吉編［1955b］1348ページ。横浜正金銀行の児玉謙次頭取は、1932年3月1日の監査役会において、金輸出再禁止は資本逃避から起こったと述べている（東京銀行編『横濱正金銀行全史』第1巻、259ページ）。

第6編　金輸出の解禁実施と再禁止

給制限）であったのではないかと思われる[162]。

　個人、あるいは個人の関係会社がイギリスの金本位制離脱直後に日本外債への投資を活発に行ったことは、前山久吉が井上蔵相のもとでの「ドル売」に対抗して米貨債を多量に輸入買付け、巨利を得る基を開いたことから明らかである[163]。

　前山久吉は井上蔵相に何ができるかと、資金を集め、資金の続く限り米貨債を買いつけた。初めはインターナショナル銀行、三井銀行などでドル為替を買い、その為替の範囲内でアメリカから日本の公債社債を買った。政府はこれに対抗して、為替銀行へのドル為替の売止めを命じた。しかし、外国銀行は商売上この命に服しないものがあった。前山はもと米国貿易商会の社員であったテビン氏を使い、外国銀行から30万ドル、50万ドルと為替を買い、毎日電報で公債社債を注文して買い集めた。内地一般に対米為替の売止めが命じられると、上海において毎日対米為替を買い、これで在米の公債社債を買い入れたのである[164]。米貨邦債への投資はその時価の低落や円為替相場の低落予想から投資採算のうえで大変有利であった。

　このように日本外貨邦債への投資需要の増大が、この買付資金に充当するためのドル資金需要をもたらし、これが正金銀行に対するドル買いをもたらす大きな要因の1つとなったのである[165]。日本外貨邦債への投資は円の相場の低

161）　ロンドンおよびでニューヨークにおいて支払われる日本政府外貨債の元金および利子の支払いに関しては正金・第一・住友・藤本ビルブローカーの各銀行に「特別取扱」（特別優遇）が日本銀行から認可されていた。これは投資家の本邦外貨債買入を奨励するためであろう。日本銀行は1931年10月16日限りで正金銀行以外についてはこの特別取扱を中止することを通知した。これは外貨公債の買入れを阻止するためであった。また正金銀行もこの主旨からこの（外貨）買入為替相場を日本銀行の依頼に基づいて49ドル8分の5に引き上げ、また取立て依頼の場合は手数料0.25％を徴収することとした（東京銀行編［1981b］503－504ページ）。

162）　東洋経済新報社編『日本経済年報』第6輯、280ページ。日本銀行百年史編纂委員会編［1983b］504ページ、前掲「わが国の貿易為替金融（八）」40ページ、などを参照。

163）　鈴木威編『前山久吉翁百話』私家版、1943年、584ページ。前山久吉は1872年に生まれ、1937年に死去している。金解禁当時、日本不動産株式会社（東京信託会社が1926年6月に改称）、内国貯金銀行、日本徴兵保険会社などの経営に参画していた（鈴木威編、同上書、582－595ページ）。同書は、前山の関係会社が、1929年から1933年までに2125万円にのぼる米貨邦債を買い入れており、これを1941年末に、当時の為替相場20ドル16分の9で償還を受けたとすると、関係会社は2480万9958円の償還利益を得ていたはずであると推計している（鈴木威編、同上書、502－504、584ページ）。

164）　鈴木威編、同上書、501ページ。

1352

第13章　金輸出再禁止と金兌換停止

落を予想して行われたものであったから、そのためのドル買いは資本逃避として行われたものでもあったのである。

7　ドル買いへの防戦と日本銀行金兌換準備率の大幅減少

上述のような要因からドル買いが大規模に生じた。井上準之助は円売ドル買思惑、資本逃避に対しては、我が国が金本位制を「停止せよとか、停止するだろうなどいふのは、今日における我が国の立場を知らざる暴論である」という立場をとり[166]、ドル買いに対しては金現送を支えとする為替の統制売りで立ち向かい、円の信認を維持しようとした。

ドル買いに応じた正金の統制売りは1930年7月に実施されてから停止までに総額7億5400万円となる。そのうち1931年9月21日以降の約2カ月分が5億1000万円と全体の70％という巨額に達した。これに対する防戦としては統制売りの制限とドル買いに要する円資金の調達を困難にするための公定歩合の引上げ（1931年10月6日および11月5日）が実施された。為替統制売りは11月以降事実上売止めとなった。だが統制売り先物契約は残存しており、その決済の必要性が大量の金流出をもたらすこととなった[167]。

ドル買いの結果、大量の正貨が流出した[168]。1930～31年に日本では7億8593万円の内外正貨が減少した[169]。在内正貨である金準備は6億1866万円、

---

165) 日本銀行調査局、前掲『本邦の金に就て』56ページ。『日本金融史資料　昭和編』第20巻、165、292ページ。金輸出再禁止前後には、内国債に対して非優遇措置考えられたうえに海外邦債の相次ぐ低落により、内国資本のその高利回りに対する強気も弱気と化し、日本外債への日本の投資は小康状態を保つに至った。だが1932年5月以降、政情不安に基づき、ロンドン、ニューヨーク市場における日本外債の市価の下落は激しく（外債利回りの著しい上昇）、一方、公定歩合が1932年3、6月に相次いで引き下げられ、再び外債への投資が増大し、かくして、同年7月1日に資本逃避防止法が公布施行された（前掲「わが国の貿易為替金融（八）」38－41ページ）。資本逃避防止法については、日本銀行百年史編纂委員会編［1984］84－89ページも参照されたい。
166) 井上準之助「わが財界の基礎は堅実」『中外財界』第6巻第10号、1931年10月15日。『日本金融史資料　昭和編』第23巻、201ページ。
167) このような状況下において金本位制維持に対する一般の人気および自信は日々に薄くなっていったと深井英五は述べている（深井英五［1941］254ページ）。
168) 大蔵省昭和財政史室編『昭和財政史』［1955b］280－294ページ。
169) 1929年末には10億8821万円あった在内正貨（金）は1931年末には4億6955円にまで減少し、在外正貨も2億5501万円から8774万円に減少した（日本銀行百年史編纂委員会編［1983b］424ページ。同［1986］334ページ）。

1353

第6編　金輸出の解禁実施と再禁止

表13−2　金解禁中の金流出入

(単位：千円)

	1930年中			1931年中		
	流入	流出	流出(△)入超	流入	流出	流出(△)入超
1月	2	44,802	△ 44,800	1,114	1,504	△ 390
2月	105	85,100	△ 84,995	1,032	1,200	△ 168
3月	0	46,101	△ 46,101	950	5,250	△ 4,300
4月	901	24,300	△ 23,399	773	3,100	△ 2,327
5月	695	20,600	△ 19,905	517	800	△ 283
6月	519	4,000	△ 3,481	1,204	2,500	△ 1,296
7月	2,842	0	2,842	1,322	30,892	△ 29,570
8月	878	19,850	△ 18,972	1,464	20,061	△ 18,595
9月	367	8,715	△ 8,348	236	0	236
10月	666	40,123	△ 39,457	281	135,404	△135,123
11月	957	15,046	△ 14,089	315	146,636	△146,321
12月	1,121	0	1,121	0	52,500	△ 52,500
計	9,055	308,639	△299,584	9,210	399,850	△390,640

資料：前掲『金輸出解禁に関する計表及び雑書』。
出所：『日本銀行百年史』第3巻、424ページ。

在外正貨は1億6727万円減少したのであった。この金準備の減少は6億9022円の金流出によるものである。表13−2の金解禁中の金流出入表によれば、1930年に2億9958万円、1931年に3億9064万円の金が流出した。日本銀行の金兌換準備率は1929年の65.3％から1931年の35.3％へと大幅に低落した[170]。表13−2から明らかなように、この金流出額6億9022万円の48.4％はイギリス金本位停止後の1931年10〜12月のわずか3ヵ月間に生じたものであり、この間の減少額は3億3394万円であった。

　日本の金本位制復帰当時、多量の金を集めたのはアメリカとフランスであった（このほかオランダ、ベルギーなどもその所有額を激増させた）。これに対して日本は、金保有額を著しく減少させたのである（ドイツ、アルゼンチンなども金所有額を減少させた）[171]。

　金本位制は金準備を前提として成立する貨幣制度であるから、これが枯渇すれば金本位制は存続しえない。金準備の減少はこれを基礎とする銀行券信認の

---

[170]　日本銀行百年史編纂委員会編［1986］329ページ。

基礎を揺るがすものである。日本の金輸出再禁止、金本位制崩壊をもたらした直接的原因はドル買いによる金準備の減少であった。日本銀行の金解禁失敗の直接原因はなんといっても資金の対外的移動である、と深井英五は述べている。日本銀行副総裁深井英五は早くも10月4日には統制売りがもたらす正貨準備の前途を憂えて井上準之助蔵相に金本位制維持の再考を促している[172]。深井は統制売りの重圧下で、金本位制維持に対する一般の人気および自信は日々に薄くなったと述べて、金本位制維持が困難になったという自らの考えを正当化している[173]。児玉謙次正金銀行頭取も、1932年2月25日の同行臨時監査役会で「今度の金輸出再禁止は資本逃避から起こったもので」あると述べ、3月1日の同行監査役会でも「金輸出再禁止は資本逃避より起こりしもの」であり、正金銀行は金輸出再禁止後においてもなお8900万円の金現送を必要とすると述べている[174]。

　上述のようにイギリスの金本位制離脱という国際的潮流の変化が、ドル資金需要の増大や金本位制・日本円に対する信認の動揺による正貨準備の減少などを通じて日本の金本位制の崩壊をもたらすことになったのである。

---

171)　1928年末から1931年末にかけて、金保有額が、フランスでは12億5400万ドルから26億8300万ドル、アメリカでは37億4600万ドルから40億5100万ドルへと増大している。これに対して日本では5億4100万ドルから2億3400万ドルへと減少している。1931年末には世界の金（113億8400万ドル）の59%はアメリカとフランスに集中していた。
　　日本の金はとくにアメリカに向けて輸出された。その額は、1930年に1億5700万ドル、1931年に1億9900万ドルであった。1930年から1933年9月までに日本からアメリカに流出した金の量は4億ドル、約600トンに達した。これは明治以来、内地はもちろん、朝鮮台湾のすべてから産した金よりもさらに多かった。この間に米英独からフランスに流れ込んだ金の額は約22億ドル、3300トンであった。これはこの期間に世界全体から産した金の総額2600トンよりもはるかに多かった（以上については渡邊萬次郎『金銀読本』日本評論社、1934年、246－249ページを参照）。
172)　大佐正之「金解禁と為替問題」〔4・完結〕[1969]『バンキング』第253号、60－63ページ。深井英五[1940]358ページ。同[1941]253－254ページ。
173)　深井英五[1940]254ページ。
174)　東京銀行編『横浜正金銀行全史』第1巻[1980]259ページ、同『横浜正金銀行全史』第3巻[1981b]494ページ。同行取締役であった大久保利賢もドル買いの結果金輸出禁止となったことを認めている（「大久保利賢氏金融史談」『日本金融史資料　昭和編』第35巻、430ページ）。伊藤正直氏は、日本の金輸出再禁止をもたらした直接の契機はイギリス金本位制停止であり、これによる金本位停止思惑、本邦外貨債下落による投機的短資流出、ポンド固定化による外貨資金の流動性喪失、その結果としての正貨流出によるデフレが金輸出再禁止を必至化したと述べられている（伊藤正直[1982]36ページ）。

第6編　金輸出の解禁実施と再禁止

第4節　満州事変後の連立内閣構想と民政党内閣の崩壊

1　安達内相の連立内閣構想と民政党内閣の崩壊

　満州事変後、民政党内閣では安達謙蔵内務大臣が政友会と民政党との連立構想を主張し、内部分裂（閣内不統一）した。このことが金輸出再禁止に大きく関係していた。

　満州事変後の政局不安のもとで、10月には橋本欣五郎らが中心となって計画した10月事件と呼ばれるクーデター未遂事件が発覚する（17日）。このような状況のもとで、安達内相は、より軍部に接近した立場での政界再編成を企てていた[175]。1930年4月22日にロンドン海軍軍縮条約が調印された後、軍縮、天皇の陸海軍統帥権干犯問題をめぐって政府・議会・海軍・枢密院の間で対立が生じた。10月2日に浜口内閣が同条約の批准を実現した。この過程で右翼勢力が増大し、浜口雄幸首相は1930年11月にその政策に反対する右翼の一員に銃撃されて重傷を負い、1931年4月に首相の地位を去った[176]。

　かくして1931年4月に若槻礼次郎（第2次）内閣が成立した。同内閣の安達内相は、満州事変をめぐる内外の非常事態を乗り切るために民政、政友両党が力を結集して政局を安定し、超党派的愛国心をもって難局を収拾することを10月28日に若槻礼次郎総理大臣に提唱した[177]。若槻首相は、満州軍を政府の命令に服させるために各政党の連合内閣を作ることを考え、各政党の事情を熟知している安達内相に連立内閣構想について各党の意向を打診するよう依頼した[178]。安達内相は政友会が呼応して起つ見込みが十分にあることを若槻首相に報告した[179]。同内相は軍部の歓心を買った内閣を成立させようという気持で動いていたのであった[180]。

　若槻首相は外務大臣幣原喜重郎、大蔵大臣井上準之助に協力内閣、連立内閣構想のことを話して賛成を求めた。だが両者とも連立構想に反対した。立憲民

---

175)　古屋哲夫「金解禁・ロンドン条約・満州事変」内田健三・金原左門・古屋哲夫編『日本議会史録』3、第一法規出版、1991年、116ページ。
176)　古屋哲夫、同上論文、71−87ページ。
177)　原田熊雄述『西園寺公と政局』第2巻、岩波書店、1950年、139、152ページ。
178)　若槻礼次郎［1950］の復刻版、342ページ。
179)　広瀬英太郎編『三土忠造』三土先生彰徳会、1962年、242ページ。

第13章　金輸出再禁止と金兌換停止

政党が立憲政友会と連合すれば外交政策や財政政策を変更しなければならず、これは国家の不利益この上もないといって若槻首相に翻意を促した[181]。とくに副総理格の大蔵大臣井上準之助は強く反対した。立憲政友会の外交方針は田中義一内閣以来、英米協調、対中国不干渉主義を採る幣原外交を軟弱外交として批判し、対支対満強硬を党是とし、財政（貨幣金融）方針では金輸出再禁止を主張しているのだから、政友会との協力は政策の混乱を招き、時局収拾に益するところはないというのが井上の意見であった。井上蔵相は対英米協調、対中国軍事進出反対の方針をとっていたのである[182]。井上の金解禁政策はこの政策と結びついていた。若槻は井上の主張に従って10月29日に安達に協力内閣樹立構想の打切りを通告した。若槻首相には安達内相が了承したように思われた[183]。井上大蔵大臣は11月17日に近衛文麿（貴族院副議長）、原田熊雄（貴族院議員、西園寺公望の側近）、伊藤文吉（貴族院議員、男爵）に招かれて協力内閣に対する所見を求められた[184]。近衛らは、山県有朋、松方正義死去後ただ1人の元老となり、キャビネット・メーカーとして政界に大きな力を有していた西園寺公望公爵への意見具申を考えたとみられる。南次郎陸軍大臣は閣議において「陸軍の行動を掣肘されては権益の擁護なんかといふことはとてもできない」と述べ、幣原外務大臣は政府が軍の行動を制限した例はあると反論していた[185]。このような状況下で、井上は近衛らとの会見において「挙国一致内閣とか政民連立内閣は軍部を制して統制せんとする強力なものではなくて

---

180) 安達内相は11月4日、原田熊雄に軍部の了解を求めて民政党と政友会を一緒にさせるということを話している。原田熊雄は、11月10日の後、おそらく17日のことであろうが、近衛のところで井上蔵相と食事をともにしたときに、連立内閣運動は軍部の歓心を買い、その助力によって内閣を成立させようという気持ちで動いている、それは国家のために百害がある、内閣ができるとすれば軍部に対して力強いものでなければならない、安達内務大臣の態度はすこぶる不満である、と井上蔵相に対して述べた。この考えを後に西園寺公爵に対しても述べている（原田熊雄述、前掲書、第2巻、116－117、135－136ページ）。11月28日に井上準之助は奉天総領事林久次郎に対して「安達派の連合政府案は、軍部に阿付せんとするものの計画である」と述べている（三谷太一郎［2009］180ページ）。
181) 若槻禮次郎［1950］の復刻版、342ページ。幣原喜重郎については岡崎久彦『幣原喜重郎とその時代』PHP研究所、2003年を参照。
182) 広瀬英太郎編、前掲書、242ページ。政友会は満州における軍事行動を支持していた（信夫清三郎『日本外交史 II』毎日新聞社、1974年、371ページ）。
183) 若槻禮次郎［1950］の復刻版、343ページ。原田熊雄述、前掲書、第2巻、140ページ。
184) 広瀬英太郎編、前掲書、242ページ。
185) 原田熊雄述、前掲書、第2巻、128ページ。

1357

第 6 編　金輸出の解禁実施と再禁止

むしろ軍部にこびんとするものだから国家の前途を考えて賛成できない」と協力内閣論に伏在する親軍的傾向を決めつけて反対したのであった[186]。

　若槻が安達内相に協力内閣構想の打切りを通告したにもかかわらず安達はそれに従わず、11月21日、独断で協力内閣の意図を公表した。民政党は若槻、井上など民政党の主流と安達との間で対立し、連立、非連立をめぐる両派対立は決定的なものとなった。安達内相は、24日にはいったん協力内閣の主張を撤回したが、実際にはその構想を断念してはいなかった[187]。

　衆議院議員、立憲民政党顧問の富田幸次郎（1930年9月1日現在では幹事長であった）は安達内相の協力内閣運動を支持した。12月9日に富田が突然若槻総理のところにきて協力内閣を進言した[188]。富田は10月24、25日頃から政友会幹事長久原房之助とひそかに会見して民政、政友両党の協力の具体案を検討して覚書を作り、若槻に示した。若槻はこれに目も通さず、富田の申し出を断った[189]。

　12月10日に若槻首相は富田の動きを封じるために全閣僚に意見を求めた。安達以外の閣僚は協力内閣に反対であった[190]。しかし安達は若槻の方針に妥協もせず、辞職もせず、閣議に出席もしなかった[191]。当時、松井石根中将が原田熊雄を通じて安達総理、犬養毅副総理の協力内閣を西園寺に提唱するというようなこともあった。これは協力内閣が軍に通ずるとの噂を裏書きするような印象を与えた[192]。ついに12月11日、若槻内閣は閣内不一致のために総辞職したのである。

---

186)　広瀬英太郎編、前掲書、242ページ。
187)　原田熊雄述、前掲書、第2巻、446ページ。
188)　原田熊雄述、前掲書、第1巻、273ページ、第2巻、151ページ。原田熊雄述、前掲書、第2巻、446ページでは富田の進言は10日となっている。
189)　若槻禮次郎［1950］の復刻版、343ページ。原田熊雄述、前掲書、第2巻、152ページ。広瀬英太郎、前掲書、242-243ページ。富田の協力内閣進言と時を同じくして安達内務大臣は井上大蔵大臣のところに行って連立を説いたが、井上大蔵大臣はこれを突っぱねている（原田熊雄述、前掲書、第2巻、151ページ）。
190)　民政党と政友会とは非募債主義と募債主義、金輸出非禁止と再禁止というように政策面で対立しており、政策調整は困難であった（『東京朝日新聞』1931年11月24日付）。
191)　若槻禮次郎［1950］の復刻版、344ページ。原田熊雄述、前掲書、第2巻、152ページ。広瀬英太郎、前掲書、243ページ。
192)　広瀬英太郎編、前掲書、243ページ。

第13章　金輸出再禁止と金兌換停止

2　犬養政友会内閣の成立

　天皇は軍部が国政、外交に立ち入ることの懸念を、犬養を呼ぶ前に犬養に示唆するよう西園寺に洩らしている。西園寺公望は、政友会総裁犬養毅に、軍に対しては自らを犠牲にしても内閣の方針に従わせる決意があることを確認した。その後に、政友会が単独で難局を担当し、犬養を総理大臣とするよう天皇に上奏した[193]。

　政府側には若槻首相への大命降下への期待があった。西園寺公爵が幣原外交を支持し、金輸出再禁止を憂慮し陰謀による政変を嫌うことを期待してのことであった[194]。確かに西園寺は金解禁政策を支持していた[195]。西園寺は、若槻内閣の外交方針に対しては、いかに批判が多くとも、原則としては幣原のやり方がよいと考えていた[196]。犬養への大命降下については、金輸出解禁が失敗を免れぬ情勢にあり、政権を延長しても行き詰まりが予想され、また政友会と民政党との協力内閣を成立させても外交と財政の一致が期待できず、そのために起きる混乱は政党不信の度を深くすると憂慮されことが要因であるという見方がある[197]。だが、西園寺は安達内務大臣の辞職のみを勅許し、あとはことごとく却下して若槻内閣の存続を図ることがよいと考えていたのである[198]。

---

[193]　広瀬英太郎編、前掲書、245ページ。原田熊雄述、前掲書、第2巻、160ページ。
[194]　『中外商業新報』1931年12月12日付。
[195]　1930年10月2日にロンドン海軍軍縮条約批准が裁可され、27日に批准書寄託式挙行された。11月9日には海軍補充計画に関して井上蔵相と安保清種海相との間で了解が成立し、11日には予算案が閣議決定された。西園寺は11月10日に原田熊雄に対して「金解禁も出来たし、ロンドン条約も出来、予算も減税も補充計画もこれで無事に済んで、非常によかった。西園寺はまことに国家のために喜んでゐる。……特に井上大蔵大臣にも、非常な御尽力で西園寺は国家のために頗る欣快に堪へぬ」と述べている（原田熊雄、前掲書、第1巻、217ページ。）1931年11月に強い内閣が欲しいと考えていた宮中の牧野伸顕内大臣も金輸出再禁止には反対であった（原田熊雄、前掲書、第2巻、114ページ）。政友会の金輸出再禁止決議が出た後も、西園寺は、財政は不景気で困る、消極的で浮かばれない、という声がいかに国民の間に多くあっても、大体において井上の方針がとにかくよいのではないかと考えていたようである。西園寺は、原田熊雄によれば、「金解禁後の日本の財政を堅実に立て直すためには、やはり井上のやり方よりほかにはないという風に考へて、寧ろ財政の立て直しを根幹とした見方」に立っていた（原田熊雄述、前掲書、第2巻、168ページ）。
[196]　原田熊雄述、前掲書、第2巻、168ページ。
[197]　広瀬英太郎編、前掲書、244ページ。
[198]　原田熊雄述、前掲書、第2巻、168ページ。

第 6 編　金輸出の解禁実施と再禁止

この考えが実行されていれば金解禁政策は実際に行われたものとは大きく異なり、ドル買政策の結果も大きく変わっていたことであろう。

だが元老西園寺公望は、議会では民政党が絶対多数を占めており、政友会が第 2 党であったにもかかわらず、政友会総裁犬養毅を後継首班に奏請したのであった。イギリス型議院内閣制を理想としていた西園寺は、原則として衆議院で多数を占めた政党の党首が政権を担当し、その内閣が政治的理由によって総辞職した場合は第 2 党が政権を担当すべきであると考えており（第 1 次大戦後の「憲政の常道」）、犬養内閣の成立は田中内閣、浜口内閣発足の例にならったものということができる[199]。

またそれは、西園寺が満州事変の勃発と若槻内閣の存続に対する軍部や右翼の反対を恐れたからでもあった。満州は日本の特殊権益地域で日本帝国主義の生命線とされていた。満州事変勃発後、関東軍は軍事行動を拡大し、満鉄沿線、ついで北満の諸都市を占領していった。国民の排外主義的ナショナリズムも醸成された[200]。このような状況下で協調主義的外交を支持することが宮中に対する批判中傷に波及することを西園寺は恐れた。「側近攻撃、宮中に対する批判中傷が起ることは、頗る憂慮すべき結果を惹起しはしないかという懸念」が強く西園寺の頭を支配していた。西園寺は「財政や外交も重大ではあるけれども、遺憾ながら、この際宮中のことのためには、何ものをも犠牲に供さなければならない」と考えたのであった[201]。政友会への政権移譲は金輸出再禁止をもたらすこととなる。西園寺は、金輸出再禁止の弊害を知っていた。だがそれは「宮中に対する悪声、続いては悪感情と比べれば些細な遺憾である」とみなした。「財政は事態の単なる一部面に過ぎず」考えられた。憲政党の協調外交への支持が天皇制という「国家の核心」に触れ、それを傷つけることになることを西園寺は何よりも心配していたのである[202]。我が国の金、正貨政策は天

---

199)　川田稔［2007］66、128ページ。
200)　信夫清三郎『日本外交史　II』毎日新聞社、1974年、371、377ページ。
201)　原田熊雄述、前掲書、第 2 巻、168－169ページ。1932年 1 月 4 日付の『朝日新聞』紙上で、政治評論家の馬場恒吾は、ドル買を行い、金輸出再禁止で何千万円ももうけることになる財閥の狙いを考慮せずに、西園寺が憲政の常道に立脚して 2 大政党が交代して政権をとるという原則を守るために政友会に政権を委ねたと述べているが、この理由だけで西園寺が犬養を推薦したわけではなかった（原田熊雄述、前掲書、第 2 巻、166－167ページ）。
202)　同上巻、169ページ。

第13章　金輸出再禁止と金兌換停止

皇制国家政策の中に位置づけられていたのである。

　また、民政党総裁若槻礼次郎や政友会総裁犬養毅ら両党主流が連立政権を拒否している状況のもとでは連立政権の樹立は不可能であった[203]。

　加うるに、協力内閣の実現は安達と久原の陰謀を達成させることになるとして、西園寺はこれを警戒していたのである[204]。

　かくして、西園寺は若槻の首相再任や協力内閣の設置を天皇に上奏しなかったのである。12月13日、犬養政友会内閣が成立した。満州事変は民政党内閣の崩壊という政治変革をもたらすことによって金輸出再禁止を促進する特殊要因となり、それが日本の金本位制離脱に大きな役割を果たしたのであった。政治が経済政策に大きな影響を及ぼすこととなったのである。

第5節　金輸出の再禁止と金兌換の停止

1　深井英五の金輸出再禁止と金兌換停止の進言

　日本銀行副総裁深井英五は、金輸出禁止期において「経済の実情と人心の趨向とを慎重に考慮し」て金解禁の時期を決めなければならないと考えていた[205]。金解禁実施期間において、統制売りの先物の累増による正貨準備減少の懸念は通貨政策の再考を促した。また「金本位制維持に対する一般の人気及び自信は日々に薄くなった」（金本位制に対する一般的信認の低下）[206]。深井は

---

203)　犬養政友総裁は1931年11月10日の政友会議員総会での金輸出禁止決議の後、外交に関してだけは民政党を支持することができるかもしれないけれども、他の問題では到底民政党と一致していくことはできないと原田熊雄に述べていた（原田熊雄、前掲書、第2巻、128ページ）。連立内閣派は民政、政友両党内の少数派であり、西園寺は安達や久原がいかにもがいても事ができないのは当然であると考えていた（古屋哲夫、前掲論文、117ページ。原田熊雄、前掲書、第2巻、170ページ）。若槻内閣の総辞職に対しても犬養総裁はじめ多数の政友会党員は単独内閣を確信した。民政党は協力内閣に参加しない方針を明らかにし、安達を含む4名の党員の除名を決定した（『中外商業新報』1931年12月12日付）。また、政友会と民政党との協力内閣を成立させても外交と財政の一致が期待できず、そのために混乱が生じたであろう（広瀬英太郎編、前掲書、244ページ）。

204)　広瀬英太郎編、前掲書、244ページ。原田熊雄述、前掲書、第2巻、154ページ。陰謀は「政治道徳上面白くない」というだけでなく、このような陰謀が天皇側近攻撃、宮中に対する批判中傷と結びつくことを西園寺は憂慮していたのであろう（原田熊雄述、前掲書、第2巻、154、168ページ）。

205)　深井英五［1941］240−242ページ。

206)　同上書、253−254ページ。

「金本位制の回復が一般社会の希求する目標である間は、其の実現の容易ならざるに拘わらず、金と通貨との連携を利用して通貨の堅実性を維持するのが順調なる経済発達の為めに最善の途であろう。……然しながら世界的には英国の金本位制離脱により、我国においては金解禁の失敗により、人心が既に金本位制を去った上は、寧ろ早く金に対する執着を脱却し、他に通貨政策の基準を求めなければならぬ」と考えるに至った。深井の見解はここに転換した[207]。井上のような金本位制論者が存在するものの、深井は金本位制に対する一般的信認が失われたと判断するに至る。深井英五は、「正貨保有額が経済状態に照らして豊富なること、通貨発行高に対する準備率の充分なること、及び国際収支の均衡を保つことは、金本位の維持に必要なる条件であるが、それ等の条件を具備するだけで貨幣制度を安定せしめ得ないことは、我が国の経験によって顕著に証明せられた」と述べているが、これは投機的資金の対外移動、金流出が金本位制の維持を困難にしたことを考えて述べているのであろう[208]。

深井副総裁は金輸出再禁止への一定の輿論形成と自らの通貨に関する認識のもとに、13日午後3時頃に金輸出再禁止と金兌換の停止を大蔵大臣となることが予定されていた高橋是清に進言する[209]。「人心が既に金本位制を去った」と深井が回顧録の中で述べていることは、深井が輿論に大いに配慮したことを示すものである。深井英五はきわめて学究的な人物であったが、具体的な問題については多方面な事情を考慮する実務家としての性格も有していた。通貨問題のように大衆の信認に大きく依存する問題については輿論の動向を慎重に配慮していた。深井の貨幣制度に対する認識は状況に応じて解釈を変えるというきわめて弾力的なものであった。奇抜なアイデアを好まず、結論は平凡なものでも構わないとしていた[210]。

もっとも、深井の上の記述は金輸出再禁止に関する正確な表現ではない。一般的に金本位離脱を支持するほどに輿論は成熟してはおらず、金本位制放棄についての国民の一般的信認は確立してはいなかった。国際的には金本位制再建

---

207) 同上書、258ページ。
208) 深井英五[1940] 357ページ。
209) 深井英五[1941] 258ページ。
210) 鈴木恒一「深井英五の貨幣制度論」信州大学『Staff Paper Series』88-12、1988年12月、9ページ。

第13章　金輸出再禁止と金兌換停止

の考えが残っていた[211]。国内的にも井上前蔵相の金本位維持論が強固に存在していたし、立憲民政党の若槻総裁も金輸出禁止に反対であった。

　深井は従来、金本位制を支持していたが、それを全面的に信認してはいなかった。深井は金本位制を支持していたが、銀行券発行が金保有に厳しく制約される制度を排し、できるだけ銀行券発行の弾力性を保持しうるような制度が望ましいと考えていた。深井英五は管理通貨制度の採用には反対し、保証発行屈伸制度を是認していたが、制限外発行の常態化は問題とせず、通貨供給は中央銀行の裁量的施策によってその適正を確保しなければならないという立場をとっていた[212]。深井は金輸出禁止下において通貨調節を実施し、その経験を重ねていた。深井は海外に金本位制に代わる通貨管理の考え方があることをよく知っており、管理通貨制貨幣観に近い考えを有していた。1928年には『通貨調節論』をまとめていた。このような深井が金本位制離脱を志向するに至ったのである。1931年末の深井の進言は深井個人のこの貨幣制度に対する認識の転換が織り込まれたものでもあった。深井は単純に興論の動向に追随したのではなかったのである。

　深井は、金輸出再禁止後は、通貨の価値を妥当に維持し、通貨に対する信用（信認）の動揺を防ぐために通貨政策上慎重な注意を払い、金本位制の束縛がないからといって通貨発行の節制を忽せにしてはいけないこと、為替相場の成行きによっては為替管理の必要があることを高橋に説明することを忘れなかった[213]。兌換停止下においては、日本銀行は金準備の制約を超えて対政府取引あるいは対市中取引を拡大することができるようになり、通貨価値の安定が損なわれる恐れが生じる。兌換停止を前提として安定的な通貨制度を作り出すこと（通貨管理）が課題となった[214]。

　高橋是清は深井の進言を受け入れた。高橋は13日夜に大蔵大臣となった。1931年12月13日に金輸出再禁止に関する大蔵省令が公布施行され、同17日に金貨兌換停止に関する勅令が公布施行された。

211）　1933年6～7月に開催されたロンドン国際経済会議で、金本位制の再建について議論されている。
212）　鈴木恒一、前掲論文、7ページ。
213）　深井英五［1941］259-260ページ。
214）　三宅義夫『金』岩波書店、1968年、43、51-57ページ。

第 6 編　金輸出の解禁実施と再禁止

　金貨兌換停止については、高橋是清には金と日本銀行券との連携に執着するという考えが残っており、高橋は銀行券の金兌換停止に躊躇した。だが、兌換請求により正貨準備が減少するという深井の主張に押されて結局は金兌換停止という深井提案を承認したのであった[215]。

　かくして金輸出禁止と金兌換停止が断行され、我が国の金本位制は崩壊過程をたどるのである。日本銀行券は兌換文言が銀行券面に記載され続けられた。だが実際には日本銀行の兌換義務はなくなり、日銀券は不換銀行券となった。金本位制に対する「一般的信認」が事実上崩れることとなったのであった。

2　高橋是清による金輸出再禁止、金兌換停止の論拠

　大蔵大臣高橋是清が金輸出再禁止を行ったのは、金本位制を停止して銀行券発行の金からの束縛を弱め、その発行の弾力性を高め、商品に対する需要を増大させ、かくして金解禁に伴う緊縮政策による不況を克服し、国内経済の発達と国民経済の安定を図り、また為替相場の低落を通じて国内産業の発達を奨励するためであった[216]。高橋是清は、国策として自国産業の発達を図ることを第一としていた[217]。

　このようなことは立憲政友会の政策を反映するものであった。政友会は緊縮政策を批判し、産業立国主義、すなわち積極的産業政策を提唱しており、産業5か年計画を含む産業十大政綱を具体的政策として掲げていた[218]。同党の経済、産業貿易発展策は、国防の経済化（平時における陸海軍の兵員の削減、軍備の機械化、軍需品生産の民間製作への移管など）、国家権益を擁護するための対支対満蒙政策を包含していた[219]。

---

215)　深井英五［1941］259－263ページ。
216)　高橋是清「地方長官会議における訓示」（1932年1月14日）『日本金融史資料　昭和編』第21巻、532－533ページ。「総選挙の際における蓄音機吹込原稿」（1932年1月28日）同巻、534－535ページ。
217)　高橋是清「時局匡救の根本対策としての金再禁止」（1932年1月21日の貴族院における高橋是清の演説）高橋亀吉編［1932］第2巻、965ページ。
218)　立憲政友会総務山口義一『金再禁止と我党の主張――「弗(ドル)」問題の真相と十大政綱の解説――』財政経済研究会、1932年、45－139ページ。
219)　同上書、97－103ページ。

第13章　金輸出再禁止と金兌換停止

　高橋是清は、浜口、若槻内閣の金解禁政策により巨額の正貨流出が生じたことを指摘し、これを批判した。高橋は4億～5億円の金をもって長く日本の金本位制を維持することはできないと考えていた[220]。

　高橋是清蔵相の金輸出再禁止声明やこれに関する議会演説では、貨幣に対する信認については言及していない[221]。だが、そのことは高橋是清がそれをまったく無視して通貨膨張、生産奨励を図ろうとしていたことを意味しない。高橋是清は、通貨に対する信認を維持するための通貨調節・通貨管理や、為替相場の大幅な低落が生じた場合には相場維持のために為替管理が必要であるという深井英五の提言を受け入れたうえで、金輸出再禁止や金兌換停止に踏み切っているのである。高橋は金に裏付けられて通貨に対する信用・信認が強固なときには産業発達の幇助に重きを置いていた。だが、通貨価値が変動しうる金本位制離脱後においては、通貨の安定が社会秩序のために必要であることを認識し、通貨の価値と信用・信認を維持するための意識的な通貨調節政策、通貨管理の必要を認めるようになるのである[222]。高橋蔵相のもとで日本銀行（副総裁は深井英五）が生産力と通貨の均衡を図る政策を実施していた。

　生産力に余裕がある間は、低金利政策や財政歳出の増大による有効需要の増大政策が物価騰貴、通貨価値低落を大きな問題とすることはなかった。また高橋是清は財政の健全化の重要性を認識しており、金本位制離脱後も財政規律を守ろうとする努力を行っている。1932年に国債の日銀引受による発行が開始されるが、それによって生じた財政上の資金撒布に対しては、日銀保有国債の市中売却による資金吸収が図られている[223]。

　スメサースト著、鎮目雅人ほか訳［2010］は、高橋がシフから財政の健全性が必要であることを学んだと指摘している[224]。だが、パリのロッチルド・フ

---

220)　第60議会衆議院における高橋蔵相の演説（1932年1月21日）『日本金融史資料　昭和編』第21巻、151－153ページ。第60議会貴族院における高橋蔵相の演説（1932年1月21日）、同上巻、159ページ。
221)　『日本金融史資料　昭和編』第21巻、151、403ページ。
222)　深井英五［1941］259－260、266－268ページ。
223)　深井英五［1940］374－375ページ。鎮目雅人［2009b］188－202、243－246ページ。スメサースト著、鎮目雅人ほか訳［2010］268－373ページ（原書はSmethurst, Richard J.［2007］）。井出英策［2006］各章。
224)　スメサースト著、鎮目雅人ほか訳［2010］383ページ。

第6編　金輸出の解禁実施と再禁止

レール商会の老宰ノイボルヂェルから国家財政の信用を扶植発揮することの重要性を教示されたことが看過されるべきではなかろう[225]。

　金本位制離脱後、我が国は管理通貨制度に移行し、基本的に兌換制度に代わる通貨管理による通貨価値の安定、通貨に対する一般的信認の維持が図られた。だがその後も日本銀行は正貨準備として金を保有し続けている。金は円に対する信認維持機能をまったく失っていたわけではなかったのである。1931年12月の勅令により日銀券と金貨との兌換は停止されたが、兌換銀行券条例における兌換規定は改正されず、日銀券を金貨と引き換える旨の兌換文言の記載はその後も続いていた。

　金本位制離脱後に生じた為替相場の低落に対しては、その後為替管理が行われ、為替相場の安定が図られているのである。すなわち、金輸出再禁止後に一時的に相場変動が放任され、為替相場は大幅低落したが、1932年7月に資本逃避防止法が制定され、さらに1933年3月に外国為替管理法が制定され、かくして我が国は金本位制離脱から数年後に為替管理制度に移行し、日中戦争期に外国為替管理が強化された[226]。これによって為替相場の低位水準での維持、対外的円の信認確保が図られたのである。

　また高橋是清は金輸出再禁止を実施した際には「一国の正貨保有高の大小が外交上に重大なる働きを為す」として、外交政策上からも金の確保を求めていた。金輸出再禁止は外交上自国の国策を有利に遂行するために金を確保しようとして断行されたものでもあったのである[227]。高橋是清は単に国内産業の発展を考えて金本位制を離脱したのではなかった。高橋は依然として金の重要性を認識していた。対中国投資に備えて金を確保するために金輸出禁止を行おうとした高橋是清の従来の考え方は、金輸出再禁止政策採用時においても貫かれ

---

225)　日本銀行金融研究所保有資料『高橋副総裁ヨリノ来信』：高橋是清の内閣総理大臣西園寺公望、大蔵大臣阪谷芳郎宛、第4回報告、1906年11月10日、パリ発。
226)　齊藤壽彦［1991a］33－39ページ。
227)　「総選挙の際における蓄音機吹込原稿」『日本金融史資料　昭和編』第21巻、535ページ。高橋は、「外交上に於て相手国を自国に有利に導く為めに、或は正貨を其国に貸付け或は其相手国が自国に不利なる行動に出でんとする場合には其国に投資しある資金を回収して以て金融上より相手方を苦しめて以て自国の国策に追従せしむるが如き実例は近年頗る多いのでありまして、つまり正貨の欠乏は其国の外交をも非常に不利に陥れ国策の遂行も意の如くなる能はざる次第でありまする」と述べている（同ページ）。

ていたのである。

　ドイツでは、前述のように共産党・ナチスの勝利に終わった1930年9月の総選挙以来、外国債権者の信認が大きく揺らぎ、9～10月にライヒスバンクは大量の金・外貨を喪失した。1931年6～7月にも再び金・外貨が大量流出した。ライヒスバンクのハンス・ルター（Hans Luther）総裁は、国際決済銀行（BIS）の理事会（7月12～13日）の会議を外国援助を受ける出発点にしようと考え、その根回しのためにロンドンに出発し、ノーマン総裁と面談した後フランスに向かい、外貨・金流出防止のための信用供与を要請したが、フランス銀行総裁モレ（Clément Moret）は、政治的前提が整わなければフランス銀行のドイツへの信用供与はありえないとルターに伝え、フランス蔵相フランダン（Pierre Étienne Flandin）が信用供与の前提条件として持ち出したのは、袖珍戦闘艦（ポケット戦艦）製造の中止、ドイツ・オーストリア（独墺）関税同盟の廃棄、ヤング案の堅持、東部領土問題の解決などの政治的条件であった。金が政治的武器としての役割を果たしたのである。実際に独墺関税同盟計画は崩壊した。有澤廣巳は世界恐慌下で金の政治性が高まったと論じた[228]。フランスの鋼鉄と密接な利害関係を持っていた新聞『秩序』（Order）に掲載された「我々の金を流出させてはいけない」という論説は、巨額の金現金の保有はフランスのブルジョアジーにとって外国に対する政治的な圧迫の重要な手段をなしているということを明瞭に述べていた[229]。

　高橋是清はこのような国際政治の現実を注視していたのであろう。前述のように田中義一内閣期に高橋は戦争準備金として金を確保することを考えていた。このようなことも金輸出再禁止の一因となったと思われる。

3　民政党の管理通貨制への信認

　高橋蔵相の金輸出再禁止の断行に対し、井上準之助は1932年1月21日の帝国議会貴族院においてこの政策が通貨膨張、国際収支悪化、為替相場の低落をも

228）　加藤国彦、前掲「1931年ドイツ銀行恐慌とその国際的関連」侘美光彦・杉浦克己編［1986］302－307ページ。有澤廣巳「武力に代わった金の政治性」『東京朝日新聞』1931年9月17日付。三谷太一郎［2009］はこの記事にみられる、当時の金の政治性に注目している（ⅴページ）。
229）　ヴァルガ著、経済批判会訳『世界経済年報』（13）、叢文閣、1931年7月、93ページ。

たらすとして激しく批判し、これに反対した[230]。

　立憲民政党の若槻礼次郎総裁も金輸出再禁止政策を批判した。だが民政党は1932年1月20日の定期大会において、議会対策として、金輸出再禁止政策の撤回を要求せず、それが財界に及ぼす悪影響を極力防止するために通貨膨張の防止ならびに為替相場の安定、財政の基礎確立を求めた。また農漁山村の経済改善についてはその対策を講ずる必要を認め、農漁山村の負債整理、米・繭価格の安定ならびに副業の奨励、肥料政策の確立、農業保険法の創設を同党の議会対策として提唱している[231]。若槻総裁は、1932年3月17日の両院議員連合会においても、「政府が金輸出再禁止を行ひたる以上は洵に遺憾ではあるが、兌換停止そのものは、既存の事実として之を認め」、この悪影響をできるだけ矯正する政策を採るべきであると主張した[232]。同党は金輸出再禁止を承認したのである。

　金輸出再禁止については、新聞論調は放漫な積極政策の発動を排斥すべきであるというものはあったが、金輸出再禁止そのものに反対するというものではなかった[233]。

　かくして金本位制離脱、管理通貨制への移行後にこれまで金輸出再禁止に反対していた民政党などが再禁止を承認し、これが事後的に一般的信認を得ることとなったのである。これは通貨管理（通貨膨張抑制）によって通貨価値が維持され、景気も回復していったという事実によって支えられていたともいえよう。

4　金輸出再禁止後の統制売り事後処理策

　1930年7月31日以降に実施された正金銀行の統制売りは、その外貨資金を正金側においてファシリティをフルに活用してできるだけ借入金によって賄い、その補充が不可能となった場合に金現送を認めるという了解のもとに出発したものである。これは、政府、日銀、正金銀行の三者が話し合ったうえで、正規

---

230)　『日本金融史資料　昭和編』第21巻、153－157ページ。
231)　高橋亀吉編［1932］第3巻、790、792－795ページ。
232)　同上巻、796ページ。
233)　前掲『朝日経済年史』1932年版、42ページ。

第13章　金輸出再禁止と金兌換停止

の手続をとらず、井上蔵相口頭命令で始められたものであった。しかし1931年12月11日に若槻内閣が総辞職すると、同日に、新内閣の金輸出再禁止により正金銀行が損失をこうむることを憂慮した同行の児玉謙次頭取、大久保利賢取締役が青木一男大蔵省理財局国庫課長を訪問し、善処を求めた。青木課長はただちに正金銀行の統制売り未決済残高の処理について、政府の保証を文書で取り付けることとした。すなわち、この統制売りは国策遂行のため井上大蔵大臣が命令したものであり、その決済のために必要があるときは正貨の現送を許すという了解のもとに行わせたものである、という文書を同課長が起草し、この承認書を辞表提出後ながら新内閣成立前に井上蔵相が決済した[234]。『日本金融年表』で12月12日に正金銀行未決済残高について政府が承認したとされているのは、この決裁書が作成されたことを意味するものであろう[235]。

その承認書の交付は閣議の決定を経たものではなかった。とはいえ、統制売りに伴う正金銀行の損失が同行を窮地に陥らせ、「我国ノ信用ヲモ毀損スル」ことを恐れた犬養内閣（高橋是清蔵相）は、金輸出再禁止後の正金銀行の金現送を許可し（1931年12月に5000万円）、その後の統制売り善後策に対して深く考慮を払ったのであった[236]。

1930年7月31日の統制売り開始当初から1931年12月10日までの統制売りの実施状況は総額約7億5400万円（1931年9月21日以降5億1000万円）であった。そのうち金現送は約4億1500万円、市場出合いは約1億3300万円あった[237]。

解合によって処理できない場合には金兌換現送によって処理することとし、12月15日に3000万円、20日に2000万円の2回、アメリカに向けた金現送が特別許可を得て実施された。この結果、日本銀行の正貨準備高（金準備高）は4億6955万円になり、1929年末（10億7227万円）に比べて6億272万円の減少となった。1931年末の正貨準備高は1917年以来の最低記録であった。

234）青木一男［1959］235－237ページ。同［1981］73－75ページ。
235）日本銀行金融研究所編［1993a］150ページ。
236）『日本金融史資料　昭和編』第21巻、153ページ。
237）横浜正金銀行が市場統制売りを行ったドルの買戻額（内外市場で出合を得た額）は、1930年7月31日から1931年9月18日までに8573万6000円、1931年9月19日から12月10日までにニューヨークで2345万円、上海で80万円、内地で2353万6000円、合計4778万6000円、総額1億3352万2000円であった（日本銀行「金解禁後における本行の諸施策」『日本金融史資料　昭和編』第20巻、172ページ。差引で約2億600万円が未決済残高であった。

1369

1931年末の未決済残高は1億5600万円となった。結局、その処理計画は1932年1月30日に金現送3900万円、日銀負担分5620万円、政府協議処理分6080万円と決定された（日本銀行提案を高橋是清蔵相が了承）。金現送は1月中に最終決定前に実行された。日銀負担は2月に実行された（日本銀行保有在外資金および日本銀行が市中から買い入れた外貨の正金銀行への売却）。政府協議処理分は帝政ロシア政府の正金宛預金に消滅時効を認めることによって解決したのであった[238]。

第6節　金輸出再禁止・金兌換停止後の金・外貨政策

1　国際金本位制の崩壊

(1)　イギリスの為替管理とスターリング・ブロックの形成、およびドイツの為替管理

日本の金・外貨政策を世界の金・外貨政策史の中に位置づけ、それとの比較でその特徴を明らかにするために、ここで日本の金輸出再禁止・金兌換停止後の欧米の金・外貨政策史を考察することとする。この時期の欧米の金・外貨政策は、金本位制の崩壊・為替管理の構築過程にあったということができる。金本位制離脱国においては金本位制に対する一般的信認は崩壊した。だが金本位制維持国も存在し、そこでは金本位制に対する一般的信認はなお根強く存在していた。

管理通貨制度が成立した後も、イングランド銀行の発券は金準備にリンクしていた。これは、スターリング・ブロックの基軸通貨であるポンドの信認の維持、インフレ抑制、健全財政維持のためであった。しかし、金準備による発券規制は国内通貨政策を金本位制的に束縛するということはなかった。これは為替平衡勘定を通じて金準備を容易に増大させることができたからである。1930年代には国際金移動と国内信用との直接的関係はなくなった[239]。

イギリスは金本位制の再離脱にあたって兌換を停止したけれども、金の輸出

---

[238] 日本銀行、前掲「金解禁後に於ける本行の諸施策」170－177ページ。大佐正之「金解禁と為替問題〔3〕」[1969]『バンキング』第252号、1969年3月、83－89ページ。日本銀行百年史編纂委員会編［1983b］（『日本銀行百年史』第3巻）513－517ページ。

[239] 米倉茂「イングランド銀行の為替政策」侘美光彦・杉浦克己編［1982］334－336ページ。

にはなんらの制限も加えなかったため、ロンドンには金の自由市場が存続していた。イングランド銀行の準備金である金を市場で利用できなくなるという変化は生じたが、金の輸出には制限がなかったから、金の集散地としてのロンドンの地位は動揺しなかった。貨幣制度は金本位制ではなくなったけれども、金の取引は自由でかつ盛んに行われるという特色をイギリスは持っていたのである。このため、南ア連邦の産金はロンドンを経て他国に売却された[240]。

イギリスは1931年9月に金本位制を停止したときに為替管理を実施した。だが、同国大蔵省は国際通貨ポンドの通貨交換性を維持するために、厳しい為替管理を回避した。イングランド銀行の為替市場介入（1932年3月）を伴いつつもポンド相場の低落・変動を容認し、1932年3月に為替制限令を撤廃した。1932年7月に為替平衡勘定（Exchange Equalisation Account）を開設し、法的規制ではなく為替平衡操作という市場介入によるポンド相場の安定化と外国短資流出入の国内信用への影響の遮断という方策を採用している[241]。為替平衡資金設置の目的はポンド為替の安定を図ることとされたが、とくにポンド為替の高騰抑制が主目的であった（低位安定化）[242]。

イギリスは、1932年にオタワでイギリス連邦経済会議を開催し、オタワ協定を締結して特恵関税制度を採用し、ブロック経済化の道を歩んだ。こうしてスターリング・ブロックが形成された。

イギリス連邦諸国は外貨準備をポンド資産で保有した。このために必要となるポンドの安定化は、管理通貨制度と財政の均衡化と為替平衡操作によって図られた[243]。

ドイツでは厳格な為替管理が実施された[244]。1931年8月1日、21日に為替管理に関する大統領令およびその施行令によって、為替管理の対象範囲が拡大され、11月には為替の割当制が、12月には輸出為替の管理制が導入され、1932年5、6月の管理令・施行令・準則によって為替管理が厳格化された。1933年

---

240) 深井英五［1940］170-174ページ。フランスでは金に対する外国の需要がパリに集中するほどに至らなかった。
241) 菅原陽心「イギリス為替平衡勘定と景気政策」侘美光彦・杉浦克己編［1982］347-368ページ。金井雄一［2004］131-148ページ。
242) 森七郎［1978］269ページ。須藤功「1930年代」上川孝夫・矢後和彦編［2007］80ページ。
243) 米倉茂［2000］第1編。
244) 森七郎［1978］305ページ。

第6編　金輸出の解禁実施と再禁止

　1月にナチスが政権を掌握し、同年に資本取引管理が強化された。ドイツの為替管理は大量の外資流出と資本の逃避に直面して数次の緊急令によって暫定的に導入されたものであったが、貿易管理の手段となるようにもなった。為替管理はすでにブリューニング内閣のもとで、ライヒスマルクの価値を維持するための措置、すなわち通貨政策に資するために実施されていたが、ナチスは為替管理（為替割当）を貿易政策と結合したのであった[245]。1934年9月に「新計画」(Neue Plan) が策定され、対外関係および国内諸領域で統制への道筋が切り開かれた。外国為替管理は貿易管理の強力な武器に転じた。ドイツは外貨不足を補うため、金・外貨を使用せずに国際決済を行う為替清算協定の締結にも乗り出した[246]。

　ライヒスバンク銀行券を金および外国為替に兌換する義務は1931年7月15日から外国為替管理規定によって停止されていたが、法律的・名目的にはなおドイツは金本位制を持続していた。だが1939年6月15日のドイツ・ライヒスバンク法によってその兌換は免除され、法律的・名目的にもドイツの通貨制度は管理通貨制度となったのであった[247]。管理通貨制度が明文で規定されたのは同法をもって嚆矢とする。ドイツ・ライヒスバンクはドイツ国民経済の観点に立って通貨を調節するものとなった[248]。金および外国為替の保有が兌換義務から免れ、対外決済と通貨価値の維持に備えるために同行の自由裁量に委ねられることが明文化された。

（2）　金の重要性の存続と金本位制維持のための国際協調

　だが、世界的特殊商品としての金の重要性は後退しなかった。外貨準備は為替相場変動のために損失を受ける可能性を有するものであった。1931年以後、ヨーロッパの各中央銀行では外国為替・金準備保有高中の外国為替保有高が激

---

[245]　調査研究動員本部（内閣設置の財団法人）作成資料『金本位制の消長』（ガリ版刷り）1945年3月、第3章「ドイツ金本位制の消長」197－198ページ。
[246]　加藤國彦「1931年ドイツ金融恐慌と金融制度改革」安部悦生編『金融規制はなぜ始まったのか』日本経済評論社、2003年、74、86－87ページ。大矢繁夫「為替清算システム・『マルク決済圏』とドイツの銀行」小樽商科大学『研究年報経済学』第55巻第4号、67－80ページ。
[247]　森七郎 [1978] 108、312－313ページ。ライヒスバンクはドイツ・ライヒスバンクと名称を改め、ナチス政府への従属化が明文化された。
[248]　調査動員本部作成、前掲資料、213－216ページ。

減し、金争奪戦が展開された[249]。時間をかけて深く人間の心に刻み込まれた金本位制に対する信認は一挙に崩れるものではなかった。金本位制に対する社会的認識は各国の政治経済状況によって規定されていた。金本位制がイギリスやポンドと連携の深い国、またドイツや日本で崩れたとはいえ、他の国は必ずしもそれに追随しなかった。金本位制に対する国際的信認は、1930年代に入っても全面的に崩壊するには至っていなかったのである。

1930年代に入っても、金本位制維持のための国際協調が試みられた。1932年6月に公表された国際連盟「金委員会」の最終報告書は、国際金本位制の再建のための国際協調を訴えていた。国際連盟専門家準備委員会の最終報告書が1933年1月に提出されたが、それは主要国間の妥協の産物であった。イギリスは金本位制を永久的に放棄して管理通貨制度を導入すべきであると主張し、アメリカ、フランス、イタリア、オランダなどが国際金本位制を不可欠なものであると主張した。その報告書では、国際金本位制への復帰で合意に達した[250]。

(3) アメリカの金本位制離脱、金管理政策

1929年秋の株式ブームの瓦解を契機として始まったアメリカの恐慌は深刻な恐慌へと発展していった。工業恐慌（産業恐慌）、農業恐慌、銀行恐慌がアメリカで発生した。

イギリスの金本位制離脱後も、アメリカでは金本位制が存続していた。だが、イギリスなどの金本位離脱は、アメリカの金本位制維持への疑念を喚起し、諸外国のドル残高の取崩しと金移動を誘発した。さらに、諸外国の通貨切下げや高率関税の導入がアメリカの農業に打撃を与えた[251]。世界恐慌の影響はアメリカにおいて深刻であった。このような現実は政策当局者に大きな影響を及ぼさざるをえなかった。1933年3月6日に、フランクリン・ローズヴェルト（F. D. Roosevelt）大統領は、全国銀行休業・金銀取引禁止を布告した。同月9日に緊急銀行法（Emergency Banking Act）が成立し、大統領布告が法制化して、事実上金本位制が停止された（財務長官は金をすべて財務省に引き渡すことを要

---

249) ヌルクセ著、小島清・村野孝訳『国際通貨』東洋経済新報社、1953年、43-56ページ。
250) 須藤功「1930年代」上川孝夫・矢後和彦編 [2007] 82-83ページ。
251) 同上論文、81ページ。

1373

第6編　金輸出の解禁実施と再禁止

求する権利を与えられ、金の輸出禁止、金の支払制限が延長された)。4月5日には金の国有化が企てられた。同年4月19日にウィリアム・ウッディン財務長官は、「別段の布告あるまでは合衆国の金輸出を許可せず」と布告し、20日にローズヴェルト大統領は金の輸出を禁止する行政命令を発した[252]。かくして金輸出が禁止され、金本位制が法律上も破棄された。これは金融恐慌に関連する金の流出を阻止しようとする緊急措置であった[253]。

アメリカでは金の集中と買上げ、金買入価格の引上げという金管理政策が実施された。政府は1933年8月以降、金を連邦準備銀行または財務省に集中させ、通貨統制を強力にするための措置をとった[254]。

1934年1月15日、大統領は議会に特別教書を送り、金に対するドルの価値引下げ、金の国有、為替安定資金の設定、金本位修正などの権能を要求した。かくして1934年1月30日に金準備法（Gold Reserve Act of 1934）が制定され、連邦準備銀行などの金はすべて国庫に移管された。民間の金保有は禁止され（工業用を除く）、貨幣用金は国有となり、金貨の鋳造は外国に対する場合を除き停止され、その流通は禁止された。金準備法に基づき、ドル為替の安定、為替市場介入のために為替安定基金が設置された（為替管理）。同年1月31日の財務省令で、財務長官の判断により連邦準備銀行は対外決済のための金輸出を行うことができることとなった[255]。

252) 調査研究動員本部作成、前掲『金本位制の消長』第2章「アメリカ金本位制の消長」123-124ページ。
253) 同上資料、125ページ。
254) 8月28日、大統領は行政命令を発し、4月5日ならびに20日の命令に代えて、金貨、金地金および通貨の取得、輸出、退蔵ならびに外国為替取引に関するいっそう包括的な規制を行い、かつ国内保有のあらゆる金貨、金地金、金証券の連邦準備銀行への引渡しを要求した。同月29日、大統領はさらに行政命令をもって財務長官に対し、国内新産金の全部を買い上げる権限を与えた。財務省はこのようにして取得した金を工業用、工芸用、業務用に使用する許可を得た個人、または輸出を行おうとする外国人購入者に売却する地位に立った。10月25日には大統領令により、復興金融会社に国内新産金を買い上げさせるとともに、金は高値で買い入れられ、金に対するドルの相場は引き下げられた。同社は金輸出も許可された。25日に純金1オンス＝31.36ドルの割合で国内新産金の買入が開始された（財務省が24日に決定していた金の公定価格は29.80ドルであった）。30日には金買入れは海外市場にまで拡張した。金買上価格はその後引き上げられ、12月18日には34.06ドルとなった。ドルの為替相場は低落した。12月28日には財務省令により、すべての金貨、金地金、金証券を合衆国国庫勘定に引き渡すことが要求された（調査動員本部作成、前掲資料、127-129ページ。森七郎［1978］282ページ。高橋亀吉「金買上政策」橋爪明男編『金融大辞典』第1巻、日本評論社、1934年、465-466ページ）。

第13章　金輸出再禁止と金兌換停止

　1934年1月31日の大統領布告によってドル貨の金量目が切り下げられ、金価格が純金1オンス＝20.67ドルから35ドルに引き上げられた（平価切下げ）[256]。

　財務長官は、ニューヨーク連邦準備銀行を通じて純金1オンスにつき35ドルの価格から鋳造料・手数料0.25％を差し引いた価格ですべての金を買い上げられることとなり、この意味においてドル貨が金と結びついていた。財務長官は、アメリカの為替相場が金の現送点に達した場合にはいつでも金1オンス35ドルに手数料0.25％を加えた価格で外国中央銀行に対して金を売却することを声明した。ドル貨により、固定価格で無制限に金が買い入れられ、また財務長官の許可のもとで外国中央銀行の勘定において国際決済のための金輸出が可能となり、為替相場の安定も図られたから、アメリカの貨幣制度は一見すると金本位制に復帰したように見えた。アメリカ政府が金を集中し、金価格を引き上げ、集中した金を制限付きながら輸出したことは、金が価格の度量標準として機能し、また為替相場を規定するものであったことを物語る。

　だが、それは制限付金輸出であり、ドル貨の金兌換、金の国内における貨幣的流通は依然として認められなかったから、それは純然たる金本位制とは認めがたいものであった（「制限付金本位制」、「事実上の金本位制」、「修正金本位制」）[257]。

　ローズヴェルト大統領の金準備法による金政策、金集中・金買上政策には、金価格の引上げにより価格の度量標準の引下げを行って物価および為替相場を引き下げ、もって国内景気回復を図るという目的と、ポンドに握られていたドル為替相場の決定権をアメリカの手に取り戻そうという目的があったと考えられる。しかし、その効果には大きな限界があった[258]。

　このような1934年1月末以後のアメリカの「制限付金本位制」も、後述の三国通貨協定成立以後は金の輸出制限の強化により停止された。すなわち1936年

---

255)　森七郎［1978］91、119、279-288ページ。
256)　アメリカの為替相場はすでに低落していたから、この平価切下げは為替相場に激動を生じさせなかった（深井英五［1940］123ページ）。
257)　調査研究動員本部作成、前掲資料、134-135ページ。深井英五［1940］128-129ページ。須藤功、前掲論文、87ページ。
258)　高橋亀吉、前掲「金買上政策」橋爪明男編『金融大辞典』第1巻、465-469ページ。伊藤正直［1980］203-204ページ。すでに貨幣制度の改革が種々行われてきていたから物価等に大きな変動は生じなかった（深井英五［1940］125ページ）。

第6編　金輸出の解禁実施と再禁止

11月、ヘンリー・モーゲンソウ財務長官は1934年1月31日の外国中央銀行に対する「輸出のための金の売却に関する」声明の撤回を声明した（「第2次金本位制停止」）[259]。こうして、金のドル為替相場維持機能は失われていった。

　ただし、金の国際的移動は制限されてしまったけれども、アメリカの貨幣制度が金からまったく離脱したわけではない。ドルの価値が1934年金買上価格の決定によって金に連繋されていたからである[260]。金本位制離脱後も金がドル通貨の信認確保、通貨価値維持に一定の役割を果たしていたのである。

　1934年1月末に決定された1オンス＝35ドルの金買上価格は世界の金をアメリカに吸引する磁石の役割を務めた。それに続く4年間に合計50億ドル以上の金がアメリカに流入した。アメリカは世界の貨幣用金ストックの80％以上を有するに至った。1936年12月からは金不胎化政策が採用され、流入金のインフレ圧力を抑える措置がとられるようになった[261]。

　政府は金集中政策と並行して通貨に対する支配と管理をも確立した。1933年5月20日に成立した救農法中の「貨幣の鋳造とその価値を調整する権限の行使」というトーマス修正条項によって、政府は通貨に対する支配と管理に着手した。同法成立以後、アメリカの不況対策が、防衛的なものから積極的なものへと転換することとなった[262]。物価引上要求の高まりを背景として、アメリカ政府は物価上昇への努力が必要であると考えるようになった[263]。このようなもとでドル貨の価値の引下げ、管理通貨制への移行などの貨幣政策が行われたのである。

　1934年金準備法実施以後、連邦準備券は制度として1934年に「不換銀行券」に転化し、アメリカの通貨制度が管理通貨制度（A System of Managed Currency）となったのであった。もっとも、それは金により発行上の制約を受け、金により信認および通貨価値維持が補強されていた[264]。

259）　調査研究動員本部作成、前掲資料、136－135ページ。
260）　同上、139ページ。
261）　同上、140－146ページ。
262）　島崎久彌［1983］173ページ。
263）　須藤功、前掲論文、85ページなど。

（4） 金本位制継続国の存在

1926年8月7日の法律により、フランス銀行は市場相場で金と外国為替を買い入れる権限を与えられた。だが1928年にフランスは資本引揚げと経常収支から生まれる膨大な受取勘定の決済に、金以外のものは受け取らないと決定した。フランスは激しい金争奪戦を展開した[265]。

ヨーロッパではイギリスやアメリカが金本位制を離脱した後もフランス、イタリア、ベルギー、オランダ、スイスなどが依然として金本位制を維持していたのである[266]。この5か国は債権国であって、これらの国の金準備は1930年から1932年にかけて28億7800万ドルから48億1700万ドルへと19億3900万ドルも増加した[267]。

これらの金ブロック諸国では元来通貨管理・為替管理を行う必要はなかった。

だがアメリカの大幅なドル切下げとその固定化は、金ブロック諸国に決定的な影響を及ぼした。1935年3月にはベルギーが金兌換停止、平価切下げを行い、金本位制を停止した。イタリアは1934年5月に為替管理を導入してわずかに金本位制の形骸を残すのみとなるに至るのである[268]。

---

264) ドルは事実上恒常的に金に兌換されない「不換銀行券」となった。ドル貨の中心は連邦準備券（Federal Reserve Note）であったが、これは、法律上は合衆国政府の債務となっていた。政府の債務とされたのは、それによってその一般的流通性を補強するという狙いが連邦準備法制定者にあったのではないかと思われる（高山洋一「連邦準備法案と準備券の本質」北海道大学『経済学研究』第23巻第2号、1973年8月、165ページ）。1913年連邦準備法第16条によれば、それは連邦準備局（連邦準備制度理事会）が連邦準備代理官を通じて連邦準備銀行へ貸し付けるために発行されるものであった。連邦準備券は政府および連邦準備銀行の連帯債務であって、財務省においては金で、連邦準備銀行においては金または合法貨幣で償還されるとされていた。連邦準備銀行が連邦準備局に対して同額の担保を提供して請求する場合に、政府から連邦準備局を通じて交付されるものであった。1930年代には、アメリカの膨大な金保有を反映して、連邦準備券の担保の大部分は、政府発行の金貨払証券（Gold Certificates）であった。これは、1934年金準備法実施以前は金に兌換されていたが、同法第6条（「一切の合衆国通貨は金に兌換されることなし」）の規定によって、金兌換されなくなった。もっとも、1934年の財務省令によって金証券は100％の金準備を持つこととされていた。したがって、連邦準備券は不換券であったが、金により発行上の制約を受け、金により信認を補強されていたといえる。連邦準備銀行は、金証券を準備として、40％の法定準備率において連邦準備券を発行した。連邦準備券は現在、連邦準備制度理事会が各地の連邦準備銀行を通じて発行している（森七郎[1978] 290-294ページ、調査研究動員本部作成、前掲資料、112-113ページ、など参照）。
265) ヌルクセ著、小島清・村野孝訳、前掲書、41、47、52-53ページ。
266) 深井英五[1940] 129ページ。
267) ヌルクセ著、小島清・村野孝訳、前掲書、54ページ、附録2-5ページ。
268) 須藤功、前掲論文、87-88ページ。深井英五[1940] 136ページ。

第 6 編　金輸出の解禁実施と再禁止

（ 5 ）　ロンドン国際経済会議と金本位再建のための国際協調の崩壊

　1933年 6 ～ 7 月に、ロンドン国際経済会議（World Monetary and Economic Conference）が開催された[269]。この会議で金本位制の再建・修正が検討された[270]。共同宣言案にあった国際通貨の安定化の試み、金本位復帰は、 7 月初めにアメリカのローズヴェベルト大統領によって否定された。会議は中断した[271]。

　同会議の失敗は、第 1 次世界大戦後の金本位再建という国際通貨改革、世界経済における国際的協調を最終的に崩壊させ、フランスを中心とする金ブロック（フランスなどヨーロッパ大陸諸国のGold Block）、イギリスを中心とするスターリング・ブロック、アメリカを中心とするドル・ブロックの形成という、世界経済のブロック経済への分裂を促した[272]。

　ロンドン国際経済会議崩壊後、為替清算協定を締結する国が増加した[273]。

（ 6 ）　三国通貨協定成立以後の国際金本位制の崩壊

　1936年 9 月26日にはアメリカ、イギリス、フランスの間で三国通貨協定（各国の声明）が成立した[274]。これはフラン切下げに伴い、相互に為替の安定に協力しようとするものであった。それは為替管理の廃止の方向を求めるものであったが、その成立は為替管理の撤廃を導くには遅すぎた[275]。ただし、フランスの金本位制再離脱を平穏裏に遂行させるのには効果的であった[276]。同協定の成立した 9 月26日にフランスは金兌換を停止し、 9 月29日には金輸出を禁止し、10月 1 日の貨幣法によって金地金本位制を破棄し、フランの平価を切り下げた。フランスは為替統制を実施することとし、このための為替安定資金を設置した[277]。かくしてフランスが金本位制を停止し、管理通貨制度に移行し、

---

269)　ロンドン国際経済会議と日本との関係については伊藤正直 [1991] 138−158ページを参照。
270)　深井英五 [1940] 102−106ページ。
271)　失敗の原因は、通貨政策上における国民主義と国際主義の間に越えられない溝があったことである（高嶋佐一郎『通貨管理研究』千倉書房、1940年、602−603ページ）。
272)　日本銀行百年史編纂委員会編 [1984] 148ページ。須藤功、前掲論文、85−86ページ。
273)　須藤功、前掲論文、93−94ページ。
274)　深井英五 [1940] 136−140ページ。
275)　須藤功、前掲論文、91、94ページ。
276)　田中金司 [1951] 279ページ。

第13章　金輸出再禁止と金兌換停止

為替管理を行い、これまで金本位制を支えてきた金ブロックは崩壊したのであった[277]。1935年3月にはベルギーが前述のように金兌換停止、平価切下げを行い、金本位制を停止していた。1936年には9月28日にオランダが金輸出を禁止し、金本位制を停止した。9月30日にはスイスが平価切下げ・兌換停止を決定した。イタリアは10月5日に平価切下げを発表した[279]。

かくして国際金本位制は崩壊するに至ったのであった。為替管理は定着し、世界経済のブロック経済化が強化されていった。

2　金管理政策の展開と通貨管理・為替管理の進展

(1)　金管理政策の展開
金の役割

日本の金本位制離脱はイギリスやドイツよりも遅かったが、アメリカやフランスよりも早かった。日本の金本位制復帰は諸外国と比べてきわめて遅かったが、金本位制離脱は国際的にかなり早かったといえる。日本の金本位制廃止はイギリスの金本位制放棄の影響を受けたものであったが、それは国際的金本位制離脱の潮流に乗るものであったとは必ずしもいえず、日本が深刻な政治経済状況のもとで政策的に選択したものでもあった。

日本の金輸出再禁止・金兌換停止後も、金の役割がただちになくなってしまったわけではなかった。金本位制で成立していた価格体系は不換制下で引き継がれた[280]。金本位制下において人々は金の価値を思い浮かべ、商品価値を金価値に換算し、この価値を貨幣名称で表現し、この価格に基づいて商品交換を行い、この交換に人々は慣れてきた。金が観念的に価値尺度機能を果たした。金本位制離脱後も金の価値尺度機能がただちに失われはしなかった。社会の下部構造である経済が上部構造である政治・法律・文化・精神を基本的に規定し、

---

277) 森七郎［1978］130、328－329ページ。調査研究動員本部作成、前掲資料、第4章「フランス金本位制度の消長」1945年3月。
278) 日本銀行百年史編纂委員会編［1984］150－151ページ。深井英五［1940］129－136ページ。
279) 日本銀行金融研究所編［1993a］163、165ページ。
280) 久留間健『貨幣・信用論と現代──不換制の理論』大月書店、1999年、135ページ。慣習の重要性については松井彰彦『慣習と規範の経済学』東洋経済新報社、2002年、を参照。

第6編　金輸出の解禁実施と再禁止

金本位制への信認という時代精神は金本位制という経済システムによって規定されていた。だが、金輸出再禁止、金兌換停止という経済変化にもかかわらず、貨幣の価値尺度機能は必要であり、金に慣れ親しんだ人々の金に対する信認はただちには崩壊しなかった。日本では1931年12月17日に日本銀行券の金兌換が勅令によって停止されたけれども、貨幣法は改正されず、金2分（750ミリグラム）を価格の度量標準とし、これに円という貨幣名を与えるという貨幣法第2条の規定は存続した。不換銀行券が金の章標（symbol）として機能した。

金兌換停止によって通貨制度が事実上管理通貨制に転化した後も、日本銀行は正貨準備（金）資産を保有し続けた。これが無制限法貨規定（強制通用力を付与した銀行券条例第4条）の存在、通貨管理による通貨価値維持政策、日本銀行の財務の健全性とともに日銀券の信認を支えていた。銀行券発行において、正貨準備発行が維持され、保証準備発行を制限した保証発行屈伸制限法が存続していた。兌換銀行券条例第1条の兌換規定は改正されず、日本銀行券の検面上の兌換文言は日本銀行法が施行される1942年まで残っていたのであった。その記載がなくなるのは日銀法制定（1942年2月）により法律上兌換規定が廃止されて、その翌年に発行したものからである。これにより、法制上・名目上も我が国は管理通貨制に移行した。

また金は世界貨幣であり、国際的に一般的購買手段、対外決済手段として機能し続けた。

日本銀行の準備正貨は「対外信用維持」のためにも保有された[281]。

金は戦争準備金としても重要であった。金本位制離脱後に対外決済手段としての金を確保する政策の重要性がさらに増大することとなったのである。

もっとも、日本銀行の金保有を前提とした日本銀行券と金との固定的な比率での交換、兌換は制度としては行われなくなった[282]。かくして通貨価値、物価の安定のために通貨数量を管理することが通貨当局にとって最重要課題となった。金輸出再禁止によって金現送による為替相場の安定機能も失われることとなった[283]。為替相場の安定のためには為替管理政策が必要となった。この

---

281)　1939年3月29日に日本銀行の新木栄吉外国為替局長は、同行の正貨準備を取り崩すことに反対の具申書を結城豊太郎同行総裁に提出し、この中で、同行の準備正貨5億円は「本邦対外信用の最後の指標」であると述べている（日本銀行百年史編纂委員会編［1984］397ページ）。

第13章　金輸出再禁止と金兌換停止

ような意味で金本位制は崩壊し、金本位制に対する信認が崩壊したといえるのである。

政府による産金時価買上げの開始

イギリスでは金本位維持策として、公定歩合操作のほかに、金価格引上策、道義的説得、イングランド銀行の秘密為替操作も活用されていた[284]。日本では金本位維持方策として公定歩合操作に限界があり、外国為替操作がかなり活用されたが、金吸収資金融通、道義的説得も利用された。だが従来、日本では金価格政策による金吸収政策が採用されていなかった。金本位制の確立以来、金買入価格は長く貨幣法に基づく純金1匁5円（750ミリグラム1円）に据え置かれていた。

金輸出再禁止後、金管理政策が我が国で採用されることとなった。そのようなものとして最初に採用されたのが、1932年3月の政府による産金時価買入政策であった。これは産金業者保護・産金奨励と政府財政負担の軽減のために行われた。これは金輸出再禁止下で産金業者の経営が困難となり、産金業者の生産意欲も減退し、一方、為替相場下落下での政府海外支払いが増大したことに対応するために行われたもので、政府は買い入れた金地金を海外支払いに充当しようとした。政府は同月以降、「金地金買上並輸出手続」に基づく政府による金の時価買上政策を新たに実施した。当初政府の金買上価格は金1匁7円25銭であったが、8月下旬には8円台、11月下旬以降は9円台に引き上げられた[285]。政府が金を買い上げ海外に輸出した額は1932年には5万8913トン、1

---

282) このことは、銀行券が貸出金の返済により発行銀行に還流するルートが残されているとはいえ、兌換による銀行券の発行銀行への還流ルートを遮断させ、銀行券が追加的な購買力の創造を伴いつつ、もしも兌換制度が存在していたとすれば流通にとって必要とされたであろう限度を超えて過剰に発行されうることとなった。この結果、銀行券の価値が金価値から乖離して減価する可能性が生じ、これによる物価騰貴（インフレーション）が起こりうることとなった。価格の度量標準は貨幣法の定める固定的基準を事実上離れて変動する可能性が生じることとなった。不換制下の価値尺度機能については齊藤壽彦『信頼・信認・信用の構造』[2014] 76–78ページ、を参照されたい。

283) 政府は産金業者から買い入れた金を海外に現送したが、それは為替相場安定機能を有しなかった（伊藤正直[1980] 187–194ページ）。

284) 1929年1月、イングランド銀行は金の法定価格の純金1オンス＝84シリング10ペンスを1ペニー以上上回る純金1オンス＝84シリング11ペンス8分の3の購入価格で金買上げを行った（D. E. Moggridge, *British Monetary Policy 1924-1931*, 1972, p. 172. 平岡賢司[2007] 61ページ）。

1381

第6編　金輸出の解禁実施と再禁止

億1202万円に達した。

　政府金買入価格の引上げは金の二重価格を公認したものであり、価格の度量標準の固定性が事実上喪失したことを国家が制度的に確認したことを意味した[286]。

　このように、金価格引上げによる金吸収策が我が国で開始されるに至ったのである。

日本銀行金買入法の制定

　アメリカの金準備法制定をはじめとする各国の金集中政策の展開を背景として、1934（昭和9）年4月に「日本銀行金買入法」が制定された。「日本銀行金買入法」は産金奨励と日本銀行の正貨準備の充実を図ろうとするものであった。同法に基づく日本銀行の金買入価格は当初純金1グラムにつき2円95銭となった。日本銀行が買い入れた金は同行の正貨準備に繰り入れられた。買入価格と貨幣法に基づく評価額との差額は政府の負担とされた。このようにして政府に代わって日本銀行が、大蔵省の承認した産金業者から金を買い入れることとなった。金価格はその後引き上げられていく（同法は1938年2月に廃止されている[287]）。金1匁＝5円という公定価格標準は切り下げられ、このことが日本銀行金買入法において法認されたのである[288]。

　この法律は金を国内に保有することを目的としたものであった（第1条）。当時は国際収支の好転を背景として外国為替銀行の外貨資金によって国際決済を行うことができたから、金現送は実施されなかった。日本銀行金買入法が制定されたのは、実際に金現送の必要に迫られた結果ではなかった。

　同法では、日銀買入金は国内正貨準備に充当されるとしている。通貨膨張政策を行い通貨の金基礎を弱めていた通貨当局は、国内正貨を充実させる必要があると考えていた[289]。

---

285)　日本銀行調査局特別調査室編［1948］77－78、142－144ページ。日本銀行百年史編纂委員会編［1984］71－75ページ。渡邊萬次郎、前掲書、250ページ。
286)　浅田政広［1978a］264－269ページ。伊藤正直［1980］194－195ページ。
287)　日本銀行調査局特別調査室編［1948］78－82、148－149ページ。日本銀行百年史編纂委員会編［1984］76－81ページ。日本銀行百年史編纂委員会編［1984］212ページ。
288)　伊藤正直［1980］199ページ。
289)　日本銀行調査局特別調査室編［1948］79ページ。

第13章　金輸出再禁止と金兌換停止

　日本銀行正貨準備は前述のように「本邦対外信用の最後の指標」としての意義を有するものであった。日銀金買入れは日本の対外信用を強化する意義を有していたといえよう。

　高橋蔵相は日銀金買入法の提案理由として、「最近ニ於ケル国際経済ノ情勢ハ、著シク変化致シマシタノミナラズ、我ガ国際収支ハ顕著ナル改善ノ跡ヲ示シテ居リマス、サウ云フ実情ニ鑑ミマシテ、金ハ成ベク之ヲ国内ニ保有シ正貨準備ノ充実ヲ図ルコトガ適当ト認メラレルニ至ッタノデアリマス」と述べている[290]。

　日本銀行金買入法に基づく日本銀行の金買入れが行われるようになった背景には、アメリカの金準備法制定に典型的にみられる国際的な金集中政策の展開があった。同法制定にあたっては、これに対応しようとすることが考慮されたと思われる[291]。

　高橋是清蔵相が日銀金買入法を提案した目的は、世界が金本位制に復帰する可能性が存在し、このような事態に備えておくということであった[292]。我が国において金本位制に対する人々の信認（一般的信認）は崩壊していたが、高橋蔵相は金本位制に対する信認を完全に失ってはいなかったのである。

　当時の国際経済の情勢変化には、日本軍の満州占領と華北への侵入、ヒトラー内閣の成立、日本の国際連盟脱退という、一連の戦争危機の情勢・機運もあった。高橋是清は具体的にこのことを述べてはいないが、有事に備えて金を国内に保有することを重視していた高橋は、このような情勢も考慮していたと思われる[293]。

　日銀金買入法に基づく金買入れは、日銀が自己のためにする金買入であるかのような形式をとっているにもかかわらず、いったん政府に必要が生じた場合には政府が日銀の買い入れた金をいつでも意のままに自己のものとして取り戻しうるようになっていた[294]。すなわち、同法第5条は、政府は海外払いその

---

290)　第65議会衆議院本会議における、高橋是清蔵相による「日本銀行金買入法案提案理由説明」
　　（1934年3月8日）『日本金融史資料　昭和編』第15巻、646ページ。
291)　伊藤正直［1980］200－205ページ。
292)　『日本金融史資料　昭和編』第15巻、653－654、660ページ。伊藤正直［1980］207－208ページ。
293)　森七郎［1986］237ページ。
294)　日本銀行調査局特別調査室編［1948］79ページ。

1383

他特別の必要があると認めた場合は、日本銀行に対し日本銀行が同法により買い入れた資金を国庫金勘定に移すことを命じることができると規定していた。これは戦争準備、戦争拡大に備えたものとしての意義をも持っていたと考えられるのである[295]。

　表面上は同法によって買い上げられた金は兌換券の引換準備に充当されることになっていた（第3条）。しかし実際には兌換は行われなかった。同法によって買い上げられた金は1934年4月から1936年末までに2億8000万円（政府からの移送分を含む）にのぼった。軍事費をはじめとする財政規模の膨張と投資の増大を背景として輸入が増加し、1936年末からの輸入超過によって「正貨準備」の増加分は1937年3月からの金現送によって一挙に海外へ流出してしまった。金現送を行う理由は、「国防の充実等の政策を遂行するため生産力拡充の途上にあるわが国が所要物資の海外調達を図る必要があり、この目的のために在外資金を更に一層拡充することにあった」のである[296]。

金準備評価法、金資金特別会計法、産金法の制定

　1937年には外貨資金が枯渇した。日中戦争期には対外決済に充当する現送金塊確保のために、産金奨励・退蔵金回収・金消費節約について、ほとんどあらゆる政策が動員された。

　1937年8月には「金準備評価法」、「金資金特別会計法」、「産金法」が公布された。「金準備評価法」は貨幣法の規定にかかわらず純金290ミリグラムを1円として日本銀行金準備を評価し、評価益に相当する金額を政府に納付するものであった。「金資金特別会計法」は金準備評価法に基づく政府資金で金を買い入れるものであり、その買入価格は当初1匁につき14円14銭であった。金資金特別会計の保有金は海外に現送され、在外資金を補充し、対外決済に充当され、円為替相場の低落を阻止することに使われた。「産金法」は金の増産と政府への金集中を行うものであった。「産金法」を中心とした戦時産金体制は、金資金特別会計の資金運用によって財政的に支えられていた。これらに基づいて政府の金吸収が図られた。これによって得られた政府保有金の対外金現送が実施

---

[295]　森七郎［1978］346-347ページ。同［1986］237-238ページ。
[296]　『日本銀行沿革史』第3集第5巻、原朗［1972a］第38巻第1号、24ページ。

されたのである[297]。

　金は一般的購買手段として世界貨幣機能を果たすが、その一環として金は戦争準備金としての意義を明治以来有していた。それは対中国侵略戦争やその後の対東南アジア侵略戦争遂行のために必要な軍事資金として機能するものでもあった。日中戦争期に戦争準備金としての金の確保が最も重要な国策の1つとなった。戦争遂行のための金（ゴールド）を獲得するために政府は産金奨励、金増産政策を大々的に展開した[298]。

　日中戦争期には、国際収支危機、外貨不足のもとで、金増産によって得られた大量の金が、軍需品などの輸入代金決済のためにアメリカに向けて現送されていった[299]。1939年中の対米金現送は「金資金特別会計」によるものが100トン772キロ、「日本銀行特別措置」によるものが47トン344キロ、総額148トン116キロであった。1937年3月から太平洋開戦までに605トン170キログラム、時価にして9077億5500万円の金がアメリカに送られ、広義の軍需物資購入に充当されたのである[300]。戦争準備金として蓄えられてきた金が実際に軍需物資購入のための決済資金として機能したのであった。

　金本位制を離脱した後も、金は国際決済手段、軍需物資購入資金として機能した。

（2）　管理通貨制度の完成

　日本銀行は金兌換停止によって事実上の管理通貨制に転化した。銀行券発行において保証発行限度額が1億2000万円（1899年3月決定）から1932年7月1日に10億円（兌換銀行券条例改正施行）、1938年に17億円へと拡張され、銀行券発行の金とのリンクの度合が低下し、銀行券発行の管理通貨制的性格が強められた。通貨管理により通貨価値、物価の安定が図られた。1941年4月1日に発行限度額を大蔵大臣が定める最高発行額制限法が採用されて法制上も管理通貨

---

297)　日本銀行調査局特別調査室編［1948］285－289ページ。柴田善雅［2002］第4章「戦時産金体制と金資金特別会計」。森七郎［1986］266－267ページ。
298)　日本銀行百年史編纂委員会編［1984］212－215ページ。浅田政広［1999］434－441ページ。柴田善雅［2002］第4章。
299)　1937～41年の対外金現送のほとんどすべてはアメリカに対するものであった（原朗［1972a］第38巻第3号、61ページ）。
300)　鯖田豊之［1991］14－31ページ。

制度が完成した[301]。銀行券発行は金準備の制約を受けなくなった。

1942年2月に日本銀行法が公布され、5月1日に同法が施行され、これに基づく中央銀行として日本銀行が新発足した。

金本位制を離脱した後も通貨に対する信認を維持するという通貨政策の課題は変わらなかった。

1932年の5・15事件の後、高橋是清は本格的な拡張政策を採用した。だが高橋是清蔵相が1935年1月に述べているように、有害なインフレーションになれば、「其国の通貨に信用〔信認〕を他の国民が置かなくなる」。高橋是清蔵相は通貨への信認の喪失を危惧していた。当時、高橋蔵相は日本が財政赤字の累積により市場における自国通貨の信認が失われる恐れに直面したのである[302]。財政規律の観点からは、金本位制離脱後の前期高橋財政期（1932年度〜1933年度予算編成期）の予算編成において、金本位制度という財政規律を確保するメカニズムが存在せず、財政規律は高橋是清という個人の能力と意思とに委ねられるところが大きかった。後期高橋財政期（1934年度〜1936年度予算編成期）になって予算編成をめぐる高橋と軍部との対立（公債漸減と軍事費増大との対立）が激化し、1936年に2・26事件が発生して高橋が暗殺された後は、財政規律が完全に喪失し、それが通貨膨張をもたらし、戦時期と戦後のインフレーションにつながった[303]。財政規律の喪失は通貨に対する信認を低落させ、通貨価値の低落、インフレーションはまた通貨に対する信認を低落させるものであったといえよう。

(3) 外国為替管理

満州事変後には外国為替管理が徐々に進展していった。金輸出再禁止後当初、政府は為替相場の低落を放任していた。だが1932年6月に「資本逃避防止法」（7月施行）が公布された。政府の為替政策は同年11月に積極的な為替相場低

---

[301] 管理通貨制の完成については日本銀行百年史編纂委員会編『日本銀行百年史』第4巻［1984］などを参照されたい。

[302] 鎮目雅人［2009b］189ページ。高橋財政については宮本憲一［1968］188−214ページ、井手英策［2006］なども参照されたい。

[303] 鎮目雅人［2001］213−257ページ。同［2009a］7ページ。森七郎［1986］173−222ページ。軍部に対抗し財政規律を守ろうとした高橋是清についてはスメサースト著、鎮目雅人訳［2010］第13章、松元崇『大恐慌を駆け抜けた男』中央公論新社、2009年、第13、14章、などを参照。

第13章　金輸出再禁止と金兌換停止

落阻止政策へと転換した。1933年には外国為替管理法が公布された。日本の為替管理はドイツと同じく為替管理法令によって規制されるものであったが、為替管理法令の運用はドイツのように厳格ではなかった。すなわち、外国為替管理法は実需に基づく自由な輸出入為替取引を当初容認していた。同法は為替管理の具体的内容を省令、命令に委任したが、1933年5月施行の大蔵省令第7号は、貿易の自由を原則としていた[304]。

　為替相場は1933年以後に安定する。高橋蔵相は日本の為替相場をいったん大幅に低落させたうえで、ポンドにリンクさせて固定為替相場を維持した（1円＝1シリング2ペンス）。この固定相場が維持されたのは、安定的な貿易決済を行う必要があったからであり、また国際的な投資家を安心させる必要があったからである。日本は海外から輸入した原料を加工して輸出を行い、外貨を稼がなければならなかった。外債元利金支払いのためにも為替相場の安定が望ましかった。海外の国際的な投資家に対して、自国の政策と通貨の信認を示す必要があった[305]。当時の日本は、貿易面でも、金融面でも、海外市場に依存する度合が高かったから、このような政策が採用されたのである[306]。為替相場の安定は、金現送によるものではなく、外国為替管理とともに、低為替相場下での輸出の好転に基づく国際収支の好転と外国為替銀行の外貨資金の吸収によるものでもあった[307]。

　金本位制離脱下においては、為替相場の安定は金現送によってもたらされるというメカニズムが働くなる恐れがある。高橋是清蔵相は、1935年1月に、為替相場の下落が他の国民の自国通貨への信認を失わせ、これが「日本の通貨の声価を国民に対して落とす原因」となることを強く懸念していた[308]。為替相場維持策は日本の通貨の信認確保のためにも行われたといえよう。前述のように金解禁政策を推進した井上準之助は日本の信認維持のために為替相場の維持回復を求めたが、このような点においては高橋是清と井上準之助には大きな違いがなかったのである。

304)　齊藤壽彦［1991a］33－34ページ。
305)　鎮目雅人［2009b］79－82ページ。
306)　鎮目雅人［2009a］7ページ。
307)　伊藤正直［1980］202－203ページ。
308)　鎮目雅人［2009b］79－82ページ。

第 6 編　金輸出の解禁実施と再禁止

　1936年の 2・26事件の発生以後、政府は外国為替管理を強化するようになり、1936年11月に 7 号省令を全面的に改正して翌月からこれを実施した。また1937年 1 月に輸入為替などを許可制にする大蔵省令第 1 号が公布され、即日施行された。かくして、日本の為替取引は貿易および貿易外収支の全面にわたって為替管理統制に服するようになったのである。為替相場の安定と国家にとって必要な輸入品の確保はこのような為替管理によって図られることとなる。

　1937年 7 月に日中戦争が勃発し、これ以後日本経済は戦時経済へ移行し、経済統制が本格化した。1938年 7 月には、外国為替基金が日本銀行内に設置され、外国為替資金の日銀への集中制度が決定され、日本銀行が強力な為替市場統制権を有するようになった。8 月からは外国為替資金集中制が採用され、日銀に集中された外貨資金を正金銀行に独占的に利用させた[309]。1941年 2 月に外国為替管理法が全面改正され、対外取引は全面的に政府の統制下に置かれたのである[310]。

---

309)　原朗［1972a］第38巻第 3 号、43ページ。原朗［2013］251ページ。
310)　齊藤壽彦［1991a］34－36ページ。

第7編　人物からみた戦前日本の国際金融

第14章　海外駐箚財務官制度成立以前の在外国際金融担当者

第1節　日露戦争以前——海外派遣大蔵官僚とロンドン駐在外交官僚・正金銀行ロンドン支店支配人

1　第1回外国公債（九分利付外国公債）の発行と上野景範特例弁務使の派遣

　通貨・金融の分野においては人間の心理にかかわる信頼・信認・信用が重要な役割を果たし、これに関係する人間の役割がきわめて大きい。金・外貨政策、国際金融行政に関しては、語学力、財政・金融などについての専門知識に加え、国際的な人間的信頼関係を構築できる性格と経験を有する人物の交渉能力に依存するところが大きい。金・外貨政策、国際金融行政を解明するためには、国際交渉と国際実務に携わった人物のあり方について深く研究しなければならない。

　戦前日本の金・外貨に関する国際交渉、金・外貨の取扱いに関しては、海外駐箚財務官制度が成立する以前においては、必要に応じて担当官が海外に派遣されていた。また、海外駐在の外交官や横浜正金銀行ロンドン支店支配人がかなり大きな役割を果たしていた。高橋是清帝国特派財政委員の外債募集活動はよく知られているが、財務官制度設置において高橋の果たした役割など知られていないことも多い。さらに、高橋是清以外にも日露戦争以前に国際金融行政に関して海外で活躍した人物がいたことが無視されてはならない。

　本章においては海外駐箚財務官制度成立以前に海外で活躍した国際金融行政関係者の人物像とその活動について考察する。最初に海外特派財政委員が派遣される以前の時期について考察する。

第7編　人物からみた戦前日本の国際金融

　我が国による最初の公募外国債は1870（明治3）年発行の第1回外国公債（九分利外国公債）である。イギリスの駐日公使パークス（Harry S. Parkes）が大隈らにイギリス人ホレーショ・ネルソン・レイ（Horatio Nelson Lay）を紹介した。パークスを信頼していた政府はレイを信用し、外貨資金調達をレイに委任するに至った[1]。

　大隈らは証券市場を通ずる公募公債の発行という形式でなく、資本家からの個人的・直接的な借入という私的形式による資金調達を希望した。これは公募公債の発行が国際的信用の低下につながることを危惧したからである[2]。1869年12月（太陰暦明治2年11月）に明治政府とレイとの間で2回にわたり鉄道建設借款契約（「命令書」および「約定書」）が締結された[3]。レイは日本との信認関係に反し、1870年4月23日（明治3年3月23日）にロンドンで政府に無断で発行総額英貨100万ポンド（邦貨換算488万円）で担保付（海関税収入および鉄道純益担保）の公債を公募した。

　日本政府からの借入委任を受けていたレイからの依頼を受けてヘンリー・シュレーダー商会（Messrs. J. Henry Schröder & Co.）が日本政府英貨100万ポンド海関税公債目論見書を発表した[4]。

　その利回りは、1870年にイギリスで発行された諸外国の政府債と比較すると高く、西欧の国際資本市場では高利回りであったといえる[5]。もっとも、当時における我が国の資本蓄積の規模と政府の信用という観点からすれば、不当に高いものではなかった[6]。

　発行目論見書にはレイとの借款契約とは異なる条項が含まれていた[7]。しか

1）田中時彦［1963］196ページ。藤村通［1977］25－27ページ。レイについての詳細は林田治男［2009］を参照されたい。
2）佐上武弘［1974］「南蛮銀行渡来記（中）」『ファイナンス』第10巻第4号、1974年7月、44ページ。
3）西暦和歴対照表については国際ニュース事典出版委員会、毎日コミュニケーションズ編『外国新聞に見る日本』第1巻、1989年、付録9－28ページを参照。
4）これによれば、発行総額100万ポンド（日本金貨換算488万円）、表面利率9％、発行価格100ポンドにつき98ポンド、政府手取額100ポンドにつき91ポンド、償還期限12年（1882年＝明治15年8月全額償還）、応募者利回り9.36％（発行者利回り9.95％）という発行条件となっていた（大蔵省編『明治大正財政史』第12巻［1937a］14－23ページ。明治財政史編纂会編『明治財政史』第8巻［1904b］611ページ。戒田郁夫［2003］54－57ページ）。
5）Suzuki, Toshio［1994］p. 56.
6）戒田郁夫［2003］74－77ページ。

第14章　海外駐箚財務官制度成立以前の在外国際金融担当者

も担保については第1命令書で海関税・鉄道収入が担保とされるとともに第1約定書において銅鉛水銀などが償還財源として認められていたが、目論見書では海関税収入および鉄道純益金を挙げて100万ポンドの公債の担保としようとするものであった。そこで政府はレイに対する委任を解くこととし、その事務をオリエンタル銀行（Oriental Bank Corporation：東洋銀行）に委任することとした[8]。

　レイとの代理人変更交渉はロンドンでオリエンタル銀行とレイとの間で行われたが、オリニンタル銀行が訓令を求めてきた場合に日本政府を代表して訓令を発する使節（特例弁務使）の派遣が必要となった。全権委任状を有し、オリエンタル銀行の助力を得つつロンドンで即座に判断し行動を起こす特例弁務使には、レイ契約の経過と内容を熟知し、破棄命令書に至る過程と日本政府の基本政策をわきまえており、できれば英語に堪能の人物があたることが望ましかった。政府上層部は当初、大蔵少輔兼民部少輔の伊藤博文を派遣する意向であったが、民部大輔兼大蔵大輔の大隈重信が三條実美と大久保利通に対してこれに反対し、上野景範が選ばれることになった。これはイギリス外務省宛に上野景範の紹介状をパークス公使に書いてもらえるという見通しが立ち、また、たまたま横浜にいたオリエンタル銀行監査役のカーギル（William W. Cargill）が同行するという内諾もあり、上野で十分に対処できると判断し、また最低半年以上と予想される期間、伊藤が日本を留守にすることは好ましくなかったからであろう[9]。

　政府は1870年7月15日（明治3年6月17日）に大蔵大丞上野景範を特例弁務使（弁務使は日本における公使の最初の名称であって、制度としては1870年11月に発足）としてイギリスに派遣し、オリエンタル銀行やレイとの交渉にあたらせた[10]。鹿児島出身の上野は若くして洋学を修め、英語・蘭語に通じており、

7）　第1約定書によりレイなどに対する年12％の利子の支払いが約束されていたが、目論見書では利率は9％となっており、レイは日本政府から12％の利子を受け取り、公債所持人に9％の利子を支払い、その差額3％を受け取ることとなった。

8）　藤村通［1977］24-35ページ。立脇和夫［1987a］271-300ページ。戒田郁夫［2003］32-116ページ。林田治男［2009］。「九分利付外国公債記事」大内兵衛・土屋喬雄編『明治前期財政経済史料集成』第10巻［1935、1963］解題および9-50ページ、大蔵省編『明治大正財政史』第12巻、13-23ページ。

9）　林田治男［2009］172-174ページ。立脇和夫［1987a］358ページ。

1393

幕末に欧州に留学していた。上野は外交経験があり、1868年2月（明治元年1月）に外国事務御用掛に任命され、1868年2月25日に太政官代に外政関係の政府機関として設置された外国事務局に所属し、1869年9月には民部監督正となり（民部省は同年9月から1870年8月まで大蔵省と合併）、ハワイに赴いて、拉致されていた邦人の釈放を要求する交渉にあたり、1870年6月に民部権少丞(ごんのしょうじょう)に昇進した。同年7月15日に対外的関係を考慮してのこと、すなわち対外的威信を高めるためであろうが、大抜擢されて（少丞、権大丞を飛び越えて）大蔵大丞（卿、大輔(たいほ)、少輔に次ぐ省内のナンバー4）に任ぜられている。外務卿寺島宗則はこの抜擢は海外業務のためにやむをえず行ったものであって、帰国後は大丞を辞するようにと上野に書き送っている[11]。

　上野特例弁務使はレイ契約の書類一式、公債発行関連書類一式、「破棄命令書」とオリエンタル銀行への「委任書簡」などを渡され、大隈や伊藤の説明を受けて日本側の姿勢を確認し、同行横浜支店長ロバートソン（John Robertson）とも面会のうえ、1870年7月22日にアメリカ回りでイギリスに向け出国した。2カ月後にロンドンに到着すると9月19日（明治3年8月24日）にオリエンタル銀行本店を訪問し、同行に日本政府の代理者となることを要請した。同行は1870年10月10日（明治3年9月16日）にこれを承諾した。上野は同行から状況説明を受け、レイとの紛争を裁判ではなく和解によって処理することを了承した。1870年12月6日（明治3年閏10月14日）、正式にレイ解任に関する示談が成立する[12]。かくして募集費および解約金7万ポンドをレイなどに交付し、レイとの関係を断つことに成功する。

　我が国の最初の外債発行は、日本側が直接発行交渉に参加したものではなかった。当時の日本は外債発行交渉に習熟していなかった。明治政府とレイとの代理契約の解約は1870年12月6日に成立したが、この解約交渉においてはオリエンタル銀行の尽力が大きかった[13]。

---

10)　田中時彦［1963］255ページ。
11)　同上、255－256ページ。大蔵省百年史編集室編［1969b］34－35ページ。同［1973］24ページ。外務省外交史料館・日本外交史辞典編纂委員会編『新版　日本外交史辞典』山川出版社、1992年、72ページ。国立国会図書館所蔵『上野景範文書』20の1、上野景範宛寺島宗則書簡、1870年8月20日（明治3年7月24日）付。
12)　林田治男［2009］308－311ページ。立脇和夫［1987a］294、296、350ページ。『大隈文書』C686。

だが大蔵官僚(上野景範)が外交官的身分も得て、間接的ではあるが、レイとの代理契約解約交渉に参加し、外債発行継続に関与していたのであった。国際金融分野において海外で活動した我が国最初の官僚として、上野の役割は無視されるべきではなかろう[14]。

2　第2回外国公債(七分利付外国公債)の発行と吉田清成理事官(発行交渉委員)の派遣

　1873(明治6)年1月、日本政府は第2回外国公債(七分利外国公債)の発行を行った。これは、発行総額240万ポンド(邦貨換算1171万2000円)、表定利率7％、米穀抵当付きというものであった[15]。

　外債の募集は、今度は外国人、外国銀行ではなく大蔵卿に一任された。そこで1872年3月(明治5年2月)に大蔵少輔吉田清成が理事官(発行交渉委員)に任命された。大蔵官僚が発行交渉にあたることは、すでにこのときに実現していたのである。

　吉田清成は幕末にロンドンのユニヴァーシティ・カレッジ、アメリカのラトガス大学に留学し、1871年に大蔵省に出仕して大蔵少丞となり、租税権頭となった後、同年に大蔵少輔に昇進していた[16]。

　吉田はアメリカまたはイギリスにおいて公債を募集することとなった。募集地の第1候補はアメリカであった。これは、1つにはそれまで政府に協力してきたオリエンタル銀行への過度の依存を回避するためであった。吉田はアメリカでの募債に固執し、「東洋銀行の手を経て我政府の栄と信とを失ふは決て良策にあらず」とみなした。吉田は日本政府の信用を確保し、日本政府外債の利子を西洋諸国と同じにしようとした。吉田は1872年3月(明治5年2月)にア

---

13) 田中時彦[1963]259-260ページ。立脇和夫[1987a]296、350ページ。
14) 林田治男[2009]312ページ。
15) 財政的に窮迫していた明治政府は士族以下の者に対して従来の家禄に代えて禄券(公債)を交付するとともに、その買入れによる価格維持のために外債を発行しようとした。
16) 臼井勝美ほか編『日本近現代人名辞典』吉川弘文館、2001年、1136ページ。大蔵省百年史編集室[1973]192ページ。吉田清成関係書簡については京都大学文学部日本史研究室編(吉田清成関係文書研究会編集・解説)『吉田清成関係文書』1～4、思文閣出版、京都大学史料叢書、10～13)、1993、1997、2000、2008年を参照。

メリカに向けて出発した[17]。

しかし実際には、外債発行は非常に困難であり、外債発行交渉に1カ年も要した。これは欧米に日本の存在が認識されていなかったこと、欧米の資本家に日本の財政が理解されていなかったこと、要するに日本の国際的信用が低かったことによるものであった[18]。

吉田はカリフォルニア銀行と交渉した。だが、同行がオリエンタル銀行との共同引受を希望したにもかかわらず、日本政府から無視されていたことに反発していたオリエンタル銀行は、日本政府を信用できないとして、これに応じなかった[19]。このため、カリフォルニア銀行は日本外債を引き受けることができなくなった。アメリカでの外債募集交渉は進展しなかった[20]。

アメリカでの募債において最も大きな障害となったのが、在米の森有礼(ありのり)少弁務使の反対であった[21]。森は、国家の代表者となっている弁務使が外交事務だけでなく外債募集をも取り扱うべきであると考えたのである。森は、14カ条の質問書を吉田に送り、吉田はこれに回答したが、森はこれに納得しなかった。その質問書の中で、日本が諸外国に対して信を失わない方法が問われていた。吉田は、日本が対外信用、国際信用を維持する方法について、「各国との約〔束〕を固守し、下民ヘ対し信を失バす、会計之基礎を確定し、其国民を安寧に保護すれば外国ヘ対し信義を失ふ事決して之なし」と述べていた。吉田は国際信用を維持することの重要性を認識していたのである[22]。

---

17) 「七分利付外国公債発行日記」大内兵衛・土屋喬雄編『明治前期財政経済史料集成』第10巻〔1935、1963〕、57、72ページ。藤村通〔1977〕42ページ。

18) 藤村通〔1977〕39ページ。

19) 大内兵衛・土屋喬雄編、前掲巻、58-60ページ。藤村通〔1977〕40ページ。立脇和夫〔1987a〕306-307、366、373-374ページ。オリエンタル銀行は、カリフォルニア銀行に対して、日本「全体之経済条理不相立、歳出入其他諸税之取調も不行届にて甚信用難成」と日本政府を批判し、また、「日本政府ハ一の『バンクラフト』〔破綻〕政府ニて何も信すべき所なし、会計之目途ハ不立、歳入歳費の算当も不立、借財ハ多数ニ而当時之景況ニてハ二割五分ニても『オリエンタルバンク』ニ而ハ出金致し難し」と報告している（大内・土屋編、前掲巻、58、60ページ。同資料にはカタカナとひらがな表記が混じっているが、そのまま表記した）。この批判は、オリエンタル銀行が日本外債発行引受業務をカリフォルニア銀行に横取りされないための策略でもあったようである（佐上武弘〔1974〕（下）48ページ。立脇和夫〔1987a〕366ページ）。

20) その後の交渉過程については藤村通〔1977〕40-42ページを参照。

21) 森有礼については、臼井勝美ほか編、前掲書、1064ページ、などを参照されたい。

22) 大内兵衛・土屋喬雄編、前掲、第10巻、63-67ページ。藤村通〔1977〕41ページ。立脇和夫〔1987a〕308-309ページ。

第14章　海外駐箚財務官制度成立以前の在外国際金融担当者

　東京の大蔵大輔井上馨は、アメリカで起債が困難であればロンドンまたは他国に赴き、最上最強の会社と交渉するよう吉田清成に打電した[23]。そこで吉田理事官はイギリスに渡ることとなり、1872年6月18日（明治5年5月13日）にロンドンに着いた[24]。同地で吉田は外国金融業者を相手に種々の交渉を行った[25]。

　吉田はビショップシャイム・ゴールドスミス商会（Bishopsheim Goldsmith）を訪問し、公債募集を打診した。同社の申し出た発行条件は表面利率7％、発行価格100ポンドにつき90～91ポンド、償還期限15～20年で、応募者利回りは8.2～8.5％以上（発行者利回りは8.5％以上）となった。フランス駐箚でロンドンに出張してきた鮫島尚信中弁務使（11月に弁理公使となる）がバンクル・モルトン・ローズ社のジョン・ローズを吉田に紹介してきた。同社が発行引受を申し出てきたが、提示された発行条件は、表面利率6％の場合は発行価格100ポンドにつき85ポンド、同社の引受価格は100ポンドにつき78ポンド、償還期限15年、表面利率5％の場合は発行価格100ポンドにつき70ポンド、同社の引受価格は100ポンドにつき64ポンド、償還期限30年あまりで、応募者利回りは表面利率8.2～8.6％（発行者利回りは9.6～9.7％以上）となった[26]。このような高利回りでの外債発行の申し出に対し、吉田はいずれも拒絶した[27]。

　結局、吉田はオリエンタル銀行を引受銀行に選び、同行との外債募集交渉を行った。1873年1月4日（1873年1月1日に太陽暦に移行、明治5年12月3日が1873年＝明治6年1月1日）に同行頭取スチュアート（Charles J. F. Stuart）はこの外債を同行が一手に引き受け、株式ブローカーのシンジケート団による下引受と組み合わせる方式を採用し、利率は7％、発行価格は100ポンドにつき91～92ポンドとすることを提案してきた。6％利付発行を主張していた吉田は7％利付発行を受諾せざるをえなかったけれども、8日には発行価格を92.5ポンドに引き上げることに成功した。1873年1月13日、吉田理事官は、寺島宗則特命全権公使とともにオリエンタル銀行に赴いた。政府から新公債を約定し募

23）同上巻、73ページ。
24）同上巻、64-66ページ。
25）藤村通［1977］43-45ページ。立脇和夫［1987a］309-313ページ。
26）大内兵衛・土屋喬雄編、前掲巻、81、111ページ。
27）同上巻、6ページ。

集することの委任を受けていた吉田理事官は、同行頭取スチュアート、事務弁護士ハッチンス、保証役ドッフの立会のもとに、発行銀行となるオリエンタル銀行との間で外債発行の約定を締結（七分利付外国債募集の公告証書に調印）した[28]。同日、目論見書が公表され、応募が開始された[29]。

九分利付外国公債はいわば他人任せの資金調達であったが、七分利付外国公債は日本人自身の手で外資調達交渉を行ったものであった。日本は外資調達方法を習熟する貴重な経験をしたといえる[30]。日本の外債発行交渉委員は外国銀行、金融業者を相手に主体的に対応し、日本に有利な発行条件を引き出すことにある程度は成功したのであった[31]。そして、第2回外国公債発行交渉は大蔵官僚によって行われた。吉田は我が国で初めて新規発行外債交渉を海外で行った人物であり、日本の外債発行交渉委員である吉田理事官の尽力により外債が成立したのである。

とはいえ、ロンドンの経済専門誌『エコノミスト』（*The Economist*）（1973年1月18日発行）は、日本のこの外債発行に関して、日本はイギリスの金融投資家が安心して金を貸すことのできる国ではない、と厳しい評価をしていた。『モーニング・アドバタイザー』紙（*The Morning Advertiser*）（1973年1月15日発行）が伝えているように、日本の国家社会の信用度はまだ低かった。同紙によれば、日本政府外債の成否は応募者の日本国政府に対する信用よりも、その発行の引受手であるオリエンタル銀行の信用に依存していたのである[32]。さらに、1870年代の日本政府は外債発行についての特別の知識を十分に有していなかった。したがって、海外での金融操作に乗り出そうとすれば、オリエンタル銀行に信頼を置かなければならなかった[33]。加えてオリエンタル・バンクを外債引受幹事としたのは、同行を疎外すれば苦情や妨害が出る恐れがあり、

---

28) 同上巻、145-146、149-164ページ。スチュアートについては立脇和夫［1987a］364-367ページを参照。
29) 大蔵省編『明治大正財政史』第12巻、25-31ページ。
30) 藤村通［1977］46ページ。
31) せんだ みのる［1999］36ページ。
32) 戒田郁夫［2003］148-150ページ。
33) Suzuki, Toshio［1994］p. 63. 外国銀行の役割を重視する同書は、日本政府が外債発行についての特別の知識を有せず、オリエンタル銀行に「全面的な信頼」（full trust）を置いていたとみなしている。

第14章　海外駐箚財務官制度成立以前の在外国際金融担当者

また同行の日本政府へのそれまでの貢献に報いるという取引誠実の原則に日本政府が従おうとしたという事情もあった34)。

3　オリエンタル銀行破綻後の園田孝吉領事による政府外貨資金の取扱い

　七分利付外国公債の発行銀行であってその元利金の支払事務を取り扱ってきたオリエンタル銀行は、1879（明治12）年頃から銀価低落のために巨額の損失をこうむり、1884年5月2日に閉店するに至った35)。その後は一時、七分利付外国公債の元利金支払事務を第2の元利金支払取扱店であるロンドン・ジョイント・ストック・バンク（London Joint Stock Bank, Ltd.）に取り扱わせたが、同年12月以降は横浜正金銀行に取り扱わせることとなった。1880年に設立された正金銀行は、1881年にロンドン出張所を設立し、これが昇格したロンドン支店が同年12月1日に開業し、1885年1月利払い分から同支店が取り扱うこととなり、1897年7月に同公債満期償還に至るまでその任にあたった36)。

　正金銀行ロンドン支店は官庁の外国品代金支払いその他の公的為替業務、在英官金の日本への回送取扱い、日本の官金の海外への回送も一手に引き受けた。政府海外預け金も在外公館が受け取った外貨は外国銀行に寄託されていたが、横浜正金銀行海外支店・出張所の開設に従い、その預け金がそこに預け替えられるようになった37)。

　このロンドンにおける正金銀行への七分利付外債元利金支払いや同行ロンドン支店への海外預け金移管には外交官の園田孝吉領事が尽力している。

　園田孝吉は1848（嘉永元）年に薩摩で生まれた。1871（明治4）年に大学南校を成績優等で卒業すると母校で教鞭をとった後、同年に外務省に入った。1873年12月に万国博覧会事務官に任じられて1874年初めに渡英した。1874年7月にはイギリス公使館勤務を命じられた。6年間のロンドン滞在中に武士道精

---

34)　藤村通［1977］44ページ。
35)　石井寛治［1999］31-43ページ。
36)　横浜正金銀行編『横濱正金銀行史』［1920］30、66ページ。同書、附録甲巻之一、214-215ページ。大蔵省編『明治大正財政史』第12巻、34ページ。
37)　横浜正金銀行編『横濱正金銀行史　附録甲巻之一』216-219ページ。

1399

神のうえに英国精神を身につけ、イギリス巡遊中の井上馨外務卿の知遇も得た。園田は、外交上有用の人物となり国家に尽くしたいと考えていた。1879年に帰国した後、1880年に外務卿輔附書記心得（外務大臣秘書官）となり、同年に外務卿輔附書記に昇進した。能力が高く井上外務卿から熱心さと俊敏さを認められ、井上の随行員として働き、井上の信頼がいよいよ厚くなった園田は、1881（明治14）年に領事に任じられることとなった。園田は英語が得意であり、日本に対するイギリスの理解が乏しい1882年頃、不平等条約改正のために日本の国情をイギリスに紹介し、日本に対するイギリスの理解と好意を高めた[38]。

　松方正義大蔵卿は海外荷為替業務を通じて正貨を回収しようとしたが、そのためにこの面倒な任に堪えることのできる敏腕の人材を求め、園田孝吉在ロンドン領事と高橋新吉ニューヨーク領事に正貨回収の在外任務を委嘱することとした。イギリス在勤領事勤務中だった1882年2月、園田は欧州諸国の財政について調査するために大蔵省参考事項調査報告方を嘱託されている。園田領事はロンドンにおける国庫金出納、銀行取引、政府の命による銀の買集めに奔走し、約3年間に銀の回収5000万円という大成功をみたのであった。外交官が大蔵省の海外業務にも関与していたのである。その頃の領事館は外務省所管ではあったが、外交そのものの事務よりも大蔵省所管の方面に多くの要務を持っており[39]、園田領事によって海外における国際金融行政が担われていたのである。

　園田は正貨（銀）回収事業を通じて松方大蔵卿の信頼を得るとともに、国家の信用を引き上げ、これが大きな理由となって1918年11月に男爵の称号を授けられた[40]。

　園田孝吉領事はオリエンタル銀行倒産の1カ月以上前に、懇意にしていた同行の元行員から同行が破綻の危機にあるという情報を入手し、この信用情報を早速政府に報告した。政府からの訓令が届くと、園田はこれに従ってオリエンタル銀行本店に預けていた七分利付公債の7月元利払いの元金8万8200ポンド（銀貨48万1091円）を保護預けとするよう同行に要求し（利子は6万3878ポンド10

---

[38]　荻野仲三郎『園田孝吉傳』私家版、1926年、17、71－73、77－78、81、86－87、90、92、98－99ページ。
[39]　同上書、93－96ページ。
[40]　ニューヨーク領事として正貨回収に従事した高橋新吉も園田孝吉と同時に男爵となった。同上書、96、357－358ページを参照。

シリング)、同行に1％の手数料を支払って、これを実現した[41]。

　園田領事はオリエンタル銀行が倒産するとただちに（1884年5月3日）大蔵卿に海外預け金や公債支払いの取扱いに関する指図を求めて打電した。5月9日に松方正義大蔵卿は公債元利払いをロンドン・ジョイント・ストック・バンクに依頼するよう園田領事に伝えた。日本政府代理人としての園田領事は、オリエンタル・バンクが同行に保護預けとしておいた日本公債元利払金の返済に応じようとしない（ロンドンの債権者のためにそれを保管しようとする）同行を裁判に訴えた。日本側の弁護士は日本政府が信用を重んじ外債償還の期日を遅らせたことがないことを陳述した。この国家の信用を背景として、園田領事は1884年5月16日に上等裁判所公当法院（chancery division）から日本政府預金の引出し（ロンドン・ジョイント・ストック・バンクへの預替え）命令を得ることに成功し、それを無事回収した[42]。

　井上馨外務卿と松方大蔵卿は1884年5月13日には外債元利払取扱事務を日本領事館が取り扱うことも考慮した。だが5月15日には、園田は7月の公債利子支払いについてはロンドン・ジョイント・ストック・バンクと仮約定したことを松方大蔵卿に伝えた。5月27日には、園田領事は公債事務委託のために日本銀行の支店をロンドンに設立することが必要であると松方大蔵卿に打電した。29日、松方は7月の元利払いのために園田がロンドン・ジョイント・ストック・バンクに8万8200ポンドを移したことを了解するとともに、必要ならばロンドンに日本銀行の支店を設置することを園田に伝えた。しかし、日本銀行では支店を設置することは都合が悪かった。同行は当時未だ海外業務に従事していなかったからである。そこで、同年8月11日には横浜正金銀行ロンドン支店をロンドンに新設して政府海外事務を同店に委任することとなった。8月にこの旨が園田に伝えられた[43]。かくして、横浜正金銀行による政府在外資金取扱いが我が国において定着するに至ったのである。

　園田孝吉は1890（明治23）年3月に外務省を辞して横浜正金銀行頭取に就任

41）『松方家文書』第40冊第34号「七分利付外国債募集及東洋銀行閉店ニ付同公債取扱ヲ横浜正金銀行ヘ命令等ニ関スル書類」。荻野仲三郎、前掲書、105－107ページ。石井寛治［1999］104ページ。

42）『松方家文書』第40冊第34号。荻野仲三郎、前掲書、109ページ。

43）『松方家文書』第40冊第34号。荻野仲三郎、前掲書、110ページ。

1401

し、その後1897年4月まで在職するが、園田領事時代（1880年代）には外交官が海外で国際金融行政事務に従事していたのである。園田は英国通で英語に堪能で、人に対して親切で、在英邦人のみならずロンドンにおいて外国人からも信頼・信用されていた。1886（明治19）年に渡英した高橋是清特許局長はイギリスから特許記録を入手しようとしたが、日本公使館を通じたのではうまくいかなかった。そこで高橋は園田領事に頼むと、英国当局者は園田が取り次ぐのなら承諾するということとなり、かくして高橋是清は特許記録の入手に成功した[44]。このことは日本の外交官一般が国際的信頼を勝ち得ていない1880年代当時においても、国際的に信頼されていた1人の外交官が存在していたことを示すものである。

4 日清戦争賠償金の受取りと公使・正金銀行ロンドン支店支配人の活動、償金取寄せのための日銀局長・正金頭取・大蔵書記官のロンドン派遣

（1） 加藤高明特命全権公使の賠償金受取り

日本における金本位制の確立に大きく寄与した日清戦争賠償金の受取りは大蔵官僚の経験がある外交官の加藤高明の手によって主としてなされた[45]。加藤高明は1860（安政7）年1月に生まれ、1881（明治14）年に東京大学法学部を主席で卒業すると三菱本社に入った。1883年から2年間イギリスに遊学し、この間に陸奥宗光の知遇を得た。1885年に日本郵船に入った後、岩崎彌太郎の長女と結婚し、三菱一門に連なった。1887年に外務省に入り、大隈重信外相のもとで条約改正交渉に参画し、これが挫折すると1890年2月に外務省を去って同年9月に大蔵省に入り、銀行局長、監査局長、主税局長を歴任した。1894年8月に日清戦争が始まると外交多事のために外相陸奥宗光の要請により外務省に復帰し、同年7月に特命全権公使兼外務省政務局長となり、勅任官である高等官1等に叙された。11月に政務局長兼任を免じられて、専任特命公使ロンドン駐箚を命じられた。加藤高明は1894年11月から1900年2月までロンドンに駐在して日英の国交増進に努め、日英同盟を提唱し、1900年10月には外務大臣に

---

44) 荻野仲三郎、前掲書、序（高橋是清稿）、113－117ページ。
45) 明治財政史編纂会編『明治財政史』第2巻［1904a、1926］187－220ページ参照。

第14章　海外駐箚財務官制度成立以前の在外国際金融担当者

就任している[46]。

　1895年4月に日清講和条約が調印された。同年10月に英国駐英清国公使が加藤公使に賠償金支払手続方法について申入れを行い、10月から清国賠償金の受領が開始された。日本は賠償金を（利子を含めて）総額3808万余ポンド領収した。英国駐箚日本特命全権公使加藤高明は、日本政府代理として、第1回賠償金払込分として清国がイングランド銀行に当座預けをしていた預金の支払いを指図した額面822万余ポンドの小切手をイギリス駐在清国特命全権公使から同年10月31日に受け取った。加藤は領収した英貨をただちにイングランド銀行に加藤高明の貸方勘定のもとに当座預けとした。同年11月16日には加藤公使は第2回賠償金支払いとして493万余ポンドの小切手をイギリス駐在清国特命全権公使からイングランド銀行で受け取り、これをただちに同行に加藤高明の貸方勘定のもとに保護預けした[47]。

　日清戦争賠償金は清国がイギリスとドイツで外債を発行して得た資金をもって支払うこととなった[48]。1896年5月7日にはベルリンでドイツ駐箚日本特命全権公使青木周蔵が411万余ポンドの賠償金を清国公使の支払い代理者であるベルリンの割引銀行（Disconto Gesellschaft）を通じて受け取り、そのうち200万ポンドは割引銀行の指図により独亜銀行（Deutsch-Asiatischen Bank）がライヒスバンクの日本銀行勘定に振り込んでいる。

　1896年5月8日、ロンドンで加藤公使が清国賠償金支払いのための440万余ポンドのイングランド銀行宛小切手を同行で受け取った。1897年5月8日には、加藤公使が289余万ポンドを受け取った。同年11月8日、加藤公使は68万余ポンドを領収した。受け取られた英貨は従来どおりイングランド銀行に寄託預けされた[49]。

　1898年3月、中国政府は最後の賠償金支払いのために第2次英独借款契約を締結し、1898年5月7日にはドイツ駐箚宮岡恒次郎臨時代理公使が清国特命全

---

46)　加藤高明傳刊行会編・刊『加藤高明傳』1928年、24-30ページ。臼井克美ほか編、前掲書、282ページ。大蔵省百年史編集室編［1973］43ページ。

47)　明治財政史編纂会編『明治財政史』第2巻、187-193ページ。

48)　1896年3月には中国は日本に対する賠償金支払いのために第1次英独借款を英独両引受銀行との間で締結した。引受銀行は香港上海銀行と独亜銀行で、均等分担で引き受けられた（田村幸策『支那外債史論』外交時報社、1935年、40-44ページ）。

49)　明治財政史編纂会編『明治財政史』第2巻、193-209ページ。

第 7 編　人物からみた戦前日本の国際金融

権公使から賠償金として英貨100万ポンドを受け取った[50]。

　そして同日、イングランド銀行において、香港上海銀行から清国に支払う貨幣の移転をもたらすために振り出され、清国公使が裏書した香港上海銀行の小切手がイングランド銀行の重役に差し出された。次いで日本に対する清国賠償金皆済のために日本の全権公使（加藤高明）宛に振り出され、イギリス駐箚清国特命全権公使の羅豊祿が振出人として署名した額面1100万8857ポンド16シリング9ペンスの1枚の小切手を加藤の代理人である日本公使官書記官山座円次郎外交官補らが受領した。これは世界最高額面の小切手としてロンドンの社会を驚かせた。1898年6月刊行のロンドンの『バンカーズ』誌は、世界最大の小切手としてこのことを取り上げている。この小切手は日本領事館にもたらされ、その裏面に受領者としての加藤高明が署名した[51]。この小切手を通じて賠償金残額すべてをイングランド銀行において日本は受け取ったのである。

　このように、賠償金の受取りには外交官、とくに加藤高明全権公使が大きな役割を果たしていた。外務官僚が国際金融行政の一翼を担っていたのである。加藤公使は1100万余ポンドの小切手を受領した後に、西徳二郎外務大臣宛の報告書の中で、同公使が最初から最後まで正金受取りの任に従事できたことについて満足の情を表した。政府は5月9日付で清国償金が首尾よく完済に至ったのは加藤公使の斡旋の功によるものであると加藤の尽力に深謝し、加藤は西外相に宛てた電信の中でこれに対して感謝している[52]。

　加藤は後述のように内国債の海外売出しをも担当した。

（2）　中井芳楠正金銀行ロンドン支店支配人の賠償金の取扱い

　半官半民の横浜正金銀行関係者の役割も忘れられてはならない。横浜正金銀行は1881（明治14）年に小泉信吉副頭取をロンドンに派遣して出張所を開設させた[53]。同出張所は前述のように1884年12月にロンドン支店に昇格した[54]。同

---

50)　同上巻、209－213ページ。
51)　同上巻、217－218ページ。加藤高明伯伝記編纂委員会編（伊藤正徳編）『加藤高明』上巻、1929年、262－264ページ。
52)　加藤高明伯伝記編纂委員会編、上掲巻、262ページ。
53)　横浜正金銀行編『横濱正金銀行史』［1920］30ページ。同書、附録甲巻之一、98－99、114－115ページ。

第14章　海外駐箚財務官制度成立以前の在外国際金融担当者

行ロンドン支店支配人（支店長）中井芳楠（よしぐす）が償金受領に大きく貢献した。

　中井芳楠は1853年に生まれ、慶應義塾で学んだ。故郷和歌山の銀行に勤務した後、小泉信吉に引き抜かれて1880年10月に横浜正金銀行本店外国為替主任に就任55)、1890年11月にはロンドン支店支配人心得に任命された56)。この時期、山川勇木が1887年5月に正金銀行ロンドン支店勤務を命じられ、その後同支店支配人を経て1891年3月に正金銀行本店副支配人に任命されているから、その頃に中井がロンドン支店支配人に任命されたとみられる57)。日露戦争前においては、大蔵省の財務官も日本銀行の在外代理店（横浜正金銀行ロンドン支店）監督役（ロンドン駐在）も設けられていなかった。日本銀行がロンドン代理店監督役を新設し、現地に常駐させるのは1904年11月（初代監督役は吉井友兄）、同じく日本銀行がニューヨーク代理店監督役を新設するのは1905年2月のことである（初代監督役は柳谷卯三郎）58)。正金銀行ロンドン支店支配人中井芳楠が委任状に基づく日本銀行代理人（Attorney for the Bank of Japan）として日清戦争賠償金の受取りとその日本への回金や金銀の売買実務に従事した59)。青木公使は、前述の領収英貨のうち200万ポンドを日本銀行代理店（正金銀行ロンドン支店）から出張してきた中井芳楠に交付した。日本銀行代理人の中井はロンドンにおいていつでも引き出せるという条件のもとにライヒスバンク（Reichsbank）の日本銀行勘定に振り込んだ。青木公使はベルリンで受け取った残額211万余ポンドをロンドン渡し英貨小切手で受け取った。この英貨はイングランド銀行に保護預け入れされた。この手続きを行ったのは中井芳楠であろう。1898年5月には、第2回賠償金領収のためにロンドンの日本銀行代理店（横浜正金銀行）からベルリンに出張してきた中井芳楠日本銀行代理人に対して、ドイツ駐箚の宮岡代理公使が領収した英貨100万ポンドを交付した。中井はこれをいつでもロンドンで英貨を引き出すことができるという条件付きでライヒスバンクへ日本銀行勘定で無利子当座預けとした。

---

54)　横浜正金銀行編『横濱正金銀行史』71ページ。同書、附録甲巻之一、239－240ページ。東京銀行編『横濱正金銀行全史』第6巻［1984］448－449ページ。
55)　玉置紀夫［1990］70－71ページ。同［2002］201ページ。
56)　東京銀行編［1984］18ページ。
57)　同上、16、18ページ。玉置紀夫［2002］195ページ。
58)　今田寛之［1990］149、159ページ。
59)　中井長三郎「中井芳楠のこと」東京銀行編［1984］532ページ。

1405

中井支配人のもとで、横浜正金銀行従業員は賠償金の日本への送金にも重要な役割を果たした。中井は正金銀行ロンドン支店の業務を成功に導いた。このように日清戦争賠償金の受取りなどで活躍した中井はロンドンでも評価されており、『バンカーズ・マガジン』誌の1896年1月号では写真付で中井芳楠が紹介されている。また1903年2月に中井が不慮の死を遂げたときには、同誌の1903年3月号は追悼文を掲載して中井の業績を認めたのであった[60]。

　このように、中井正金銀行ロンドン支店支配人は海外国際金融行政の一翼を担っていたのである。

（3）　山本日銀局長、園田正金頭取、早川大蔵書記官のロンドン派遣

　政府はロンドンで受け取った巨額の賠償金の一部を軍艦購入代価、その他外国において支払いを要する各省経費の基金に充当し、賠償金の残余は必要に応じて日本に回収することにした。だが、巨額の賠償金を外国為替や銀現送を通じて日本に回送しようとすれば、為替相場や銀相場の変動が生じる恐れがあった。そこで政府は内外各地の状況を精査し、努めて慎重な態度をもってこの回送を図ろうとした。

　そこで、この取寄せのために大蔵書記官兼大蔵省参事官、官房第一課長であり、日本銀行監理官となる早川千吉郎、日本銀行の営業局長である山本達雄（柳谷卯三郎を伴う）、横浜正金銀行頭取である園田孝吉の3名がロンドンに派遣された[61]。彼らは1896（明治29）年5月30日にアメリカ経由でロンドンに向けて出発し、山本と園田は1897年1月29日に帰国している[62]。海外における国際金融行政において外務官僚の役割が大きかったが、大蔵官僚の早川もこれに関与した。これについては後述する。

　日本銀行では川田小一郎総裁のイギリスへの派遣が考慮されたが、病気のためにこの実行は不可能であった。そこで、横浜正金銀行の取締役でもある山本

---

60) "Japanese Banking and Finance," *The Bankers Magazine*, Vol. 61 No. 622, January 1896, p. 71. "The Late Mr. Y. Nakai," *The Bankers Magazine*, March 1903, Vol. 75 No. 708, p. 443. 玉置紀夫［2002］198ページ。
61) 荻野仲三郎、前掲『園田孝吉傳』186ページ。
62) 同上書、186－187ページ。大蔵省百年史編集室編『大蔵省人名録』では、早川の英国出張は4月となっている（140ページ）。

達雄日本銀行営業局長が柳谷卯三郎を伴って海外出張することとなった[63]。賠償金の回収業務を政府は日本銀行に行わせることとしたけれども、実際には横浜正金銀行が日本銀行代理店としてその実務を担っていた。しかし、ようやく日本銀行自体も海外においてこれに関与し始めた。

園田孝吉が今度は正金銀行頭取代理を相馬永胤取締役に託したうえで正金銀行頭取としてイギリスに出張し、ロンドン支店の賠償金取扱事務を指揮監督した[64]。

賠償金保管回収取扱いを命じられてから正金銀行は内外の信用を増進して、海外でもますます有力な銀行と認められるようになった。当時、容易に他国の銀行と直接取引を行おうとしようとせず、正金銀行の預金勘定開設要求を拒絶してきたイングランド銀行も、1896年に至りようやく同行支店の預金勘定開設を認めるようになった。これは園田正金銀行頭取の敏腕、同頭取と山本日銀営業局長の努力の結果でもあった[65]。

外交官僚（加藤）だけでなく、大蔵官僚（早川）、中央銀行や特殊銀行幹部（山本、園田）も国際金融行政に関与していたのである。

5 第3回外国公債（第一回四分利付英貨公債）の発行と在英代理公使監督下の早川大蔵書記官、中井正金ロンドン支店支配人の活動

（1） 内国債の対外売却と加藤高明駐英公使の役割

第2回外国公債発行後、政府は国内における資金調達に力を入れ、1881年に大蔵卿に就任した松方正義は外資排除方針を採用し、金本位制確立に至るまで外貨公債の発行は行われなかった。だが、世界金融の中心地であるロンドン市場に日本の公債を売買させ、かつロンドン株式取引所の価格表に日本公債を掲示することは、日本の対外信用上望ましいことであるだけでなく、日本の金融を世界の金融市場に連絡させ、日本の貿易業者の海外との取引を便利にするこ

---

63) 小坂順造『山本達雄』山本達雄先生伝記編纂会、194－198ページ。横浜正金銀行編『横濱正金銀行史』169ページ。
64) 横浜正金銀行編『横濱正金銀行史』169ページ。
65) 同上書、175ページ。荻野仲三郎、前掲書、187ページ。高橋是清著、上塚司編［1936a］『高橋是清自伝』543ページ。同復刻版［1976］下巻、99ページ。

第7編　人物からみた戦前日本の国際金融

とにもなると考えられた。

　九分利付外国公債は日本財政の信用が未だ外国市場に普及していないときに発行されたものであったが、その海外（イギリスのロンドン）での市場価格は常に平価以上の好況を呈した[66]。このような市価の上昇は、日本政府が元利払いを厳格に履行したことと担保付であったことがその一因であり、日本外債の国際信用がある程度保持されていたことを示すものではある。ただし、1870年代にはイギリスの投資家が低利で安全な自国政府債から高利でリスクを伴う外国政府債へと投資先を移す傾向が生じており、あくまで高利回りを求めて日本外債へ投資したのであって日本外債の国際信用は高くはなかったのである[67]。七分利付外国公債のロンドンでの市場価格は日清間の和議が成立して以降に上昇した[68]。このことは元利払いが確実になされた、担保付きであったという日本政府外債の国際信用に支えられていた結果であろう。だが、その信用は高いものではなかった[69]。日本外債の市価が上昇したのは高利回りや国際的投資環境の変化にも支えられていたからである[70]。経済が発展し、日清戦争賠償金の受取りもあり、日本の対外信用は増進した[71]。

　かくして金本位制度確立直前に、政府外債募集が既発内国債の売却という形態ではあれ、再開されることになったのである[72]。1896（明治29）年夏、西園寺公望外務大臣および渡辺国武大蔵大臣は駐英加藤高明公使に対して内国債のロンドン取引所への上場を訓令し（外相）、照会した（蔵相）[73]。加藤公使は内国債のロンドン証券取引所への上場を折衝した。この交渉には在英の日本銀行理事山本達雄と横浜正金銀行頭取園田孝吉が関与したようである[74]。1896年

---

66)　明治財政史編纂会編『明治財政史』第8巻［1904b］862、864ページ。
67)　戒田郁夫［2003］65-81ページ。
68)　明治財政史編纂会編、同上巻、864-865ページ。
69)　戒田郁夫［2003］149ページ。
70)　Suzuki, Toshio［1994］p. 56. 1873年不況以降、輸出収入の停滞または低落によって中南米諸国の政府や民間の外債利払いが困難となり、多くの債務不履行が発生して、ロンドンの投資家が海外の借り手の債券を警戒するようになった（Roberts, Richard, *Schroders: Merchants & Bankers*, Macmillan, 1992, p. 81. 戒田郁夫［2003］151ページ）。
71)　大蔵省編『明治大正財政史』第12巻、414ページ。
72)　同上巻、413-417ページ。
73)　同上巻、413-417ページ。
74)　浅井良夫［1982］12ページ。

8月にこの交渉がまとまり、同年10月に帝国整理公債のロンドン市場上場が認められた（日本国債の国際市場初上場）。だが、上場された日本公債の額はわずかであった[75]。

政府は財政上、日清戦争戦費調達のために発行した軍事外債で一時的に預金部に引き受けさせていたものを海外に売り出す必要に迫られた。預金部所有の額面4300万円の軍事内国債が海外に売り出されることとなった[76]。しかし、加藤公使は銀本位制下の公債売却は金本位制下のロンドンでは困難だと考えていた。また大蔵省は、財政上の理由だけではなく国内金融と国際金融とを接続させるという意図を理解していなかった[77]。このため、松方正義大蔵大臣は内国債の海外売出しに批判的な加藤駐英公使に訓令を出さず、1897年1月に日本銀行総裁岩崎彌之助にあたらせることとした[78]。日本銀行は加藤公使にはまったく知らせずに横浜で外国金融機関と交渉し、同年5月12日に仮契約が成立した後に加藤公使は連絡を受けた。

日銀が横浜で交渉を進める一方で、加藤公使も政府の訓令を受けて内国債をロンドンで売り出す適当な方策はないか、ロンドンで調査を始めた。加藤公使は外債発行業務の経験のない英国サミュエル商会の実力を疑問視しており、自らの理財的能力を動員して有力な金融界の人々と相談して、好条件で公債を売り出す方法を求めた[79]。しかし、日本銀行は加藤の同意を得ずに5月28日にサミュエル商会を中心とするシンジケートに対し軍事公債を売却する契約を結んでしまった[80]。この過程で、外債募集における外交官の役割が大きく後退することとなったのである。

（2） 高橋是清横浜正金銀行副頭取の海外市場調査

第3次伊藤博文内閣の井上馨蔵相（1898年1月12日から6月29日まで蔵相）は外債発行を計画した。1897年3月に横浜正金銀行副頭取に就任した高橋是清は、

---

75) 大蔵省編『明治大正財政史』第12巻、417ページ。日本銀行金融研究所編『日本金融年表（明治元年〜平成4年）』[1993a] 54ページ。
76) 大蔵省編『明治大正財政史』第12巻、413-417ページ。
77) せんだ みのる [1999] 126-128ページ。
78) 同上書、143ページ。
79) 加藤高明伯伝記編纂委員会編、前掲『加藤高明』上巻、365ページ。
80) 神山恒雄 [1995] 180-184ページ。浅井良夫 [1985] 12-13ページ。本書245-246ページ。

1409

1898（明治31）年1月に在外店視察と金融事情調査のために欧米に出張する命を受けたが、井上蔵相はこの高橋に、どのような条件であれば外債募集が可能かを調査するよう内密に要請した。2月に出発し、4月末にロンドンに着いた高橋は旧知のシャンド（Alexander Allan Shand）などから日本の外債募集の可能性に関する意見を聞き、5月31日付でロンドンから井上蔵相宛に報告書を送付した[81]。高橋是清はこの報告書の写しを1898年11月15日付で松方正義大蔵大臣（同年11月8日に蔵相に就任）に提出している。

この報告書においては「我政府財政上ノ信用今日之如ク持続致居候ハ、別段抵当物ヲ出サズシテ募集シ得ヘキ見込充分ニ有之候」と述べられている。そして外債募集を行うための要諦が示されている。

上記の報告書の中で高橋は、第1に、「政府ニテ外債ヲ起サントセハ一二年前ヨリ適当ノ人物ヲ当国ニ派遣シ常ニ市場ノ有様ニ注目シ其筋ノ人々ト交際セシムル事……兼テヨリ其筋ノ人々ト交際ヲ厚クシ市場ノ関係ヲ常ニ視察シ好時期ニ投シテ忽ニ断行スル事必要ナレバナリ」と論じている。第2に、一時に1億5000万円を募集するのは多すぎるから、これを3回、3年くらいに分けて発行するのがよいとした。第3に、公債の金額は円貨でなく英貨で表示する必要があると指摘した。第4に、公債募集には直接募集もあるが引受人を設けるのがよいと述べた。第5に、引受人の手数料も軍事公債発行の場合のように多額を支払うには及ばないとした。第6に、今日では利率4〜4.5％、額面100ポンドのものを90ポンドで発行できるとした。第7に、公債募集に際しては公衆に将来市価が騰貴余地があることを知らせることが必要であると記した。第8に、「公債募集ノ事ハ其発行スル迄ハ事ノ秘密ナルヲ要ス故ニ日本政府ハ極メテ信用アル適当ノ人物一二名ニ事実ヲ洩スノ外他ニ相談抔（など）受ケザル事ニ注意セザレハ損アリ」ということを指摘した。第9に、起債については着手するまで世間に知られないようにするよう政府は注意した。第10に、「二年ノ后（ママ）ニ外債募集ノ御見込ニ候ハ、新ニ適当ノ人物前以テ御派出有様ヲ研究セシメ要所ノ人々ト交際セシメ好時機ニ投シテ処断セラルル事必要ト奉存候尤モ特派セラル、

---

81) 高橋是清「外国債募集ニ関シ海外出張中取調事項ノ報告」『松方家文書』第40冊第37号。せんだ みのる［1998］209－211ページ。同［1999］163－164ページ。立脇和夫［1987］321－322、392－393ページ。

第14章　海外駐箚財務官制度成立以前の在外国際金融担当者

人物ハ右関係ニ於テ十分ナル資格ヲ備フルノミナラス当地ノ我公使領事抔トノ交際上円滑ヲ欠キ候様ノ無キ人ヲ要シ可候……海外ニ居ル日本人ハ……或ル点ニ於テハ互ニ天狗ヲ気取リ居候故思ハサル所ニ円滑ヲ欠キ右懸念有之候」と論じた。第11に、外債募集についてはイギリスだけでなくフランスも調査すると報告した。この中では2年後に外債募集を行うのであれば、日本から適当な人物を特別に派遣して秘密裏に市場の状況を注視しながら交渉させることを主張している。1898年9月に帰国すると、高橋はただちに松田正久大蔵大臣（同年6月30日から11月7日まで蔵相）に5千万円か1億円くらいまでの外債起債に着手することを提案した[82]。

井上馨蔵相は高橋に外債募集調査を行わせる一方で、上述の高橋の報告書が届く前に、6月16日付け照会で加藤高明公使に内国債売却とこれが不利益と思われる場合の事業的公債7000万円の外債募集交渉を行うよう指示している[83]。加藤公使は1998年6月24日付の井上蔵相宛電報でパーズ銀行が低廉かつ有利な発行を提示してきたことを伝えるとともに、内国債発売よりも純然たる外債発行の報が有利だと伝えている[84]。だが、このような交渉も6月27日の井上蔵相の辞表提出（伊藤内閣の総辞職）によって中断されてしまった[85]。

当時の外債発行方針は確定してはいなかった。

（3）　第3回外国公債（四分利付英貨公債）の発行と加藤高明・松井慶四郎駐英公使の役割

政府は1899（明治32）年6月、外国公債（四分利付英貨公債）1000万ポンドをロンドンで発行した。発行条件は表面利率4％、発行価格は100ポンドにつき90ポンド、政府手取額は100ポンドにつき86ポンド、償還期限55年、応募者利回り4.65％、発行者利回り4.73％で無担保であった。

金本位制度確立後、1898年11月に成立した第2次山県有朋内閣の松方蔵相は「国債を外国において募集する場合に関する法律」（1899年4月に公布）の成立

---

82)　高橋是清著、上塚司編『高橋是清自伝』復刻版［1976］下巻、125ページ。せんだ　みのる［1998］209、215ページ。
83)　『松尾家文書』第45冊第10号。せんだ　みのる［1998］214ページ。同［1999］168ページ。
84)　「倫敦市場ニ於ケル起債ニ関シ在倫敦公使トノ往復電報書類」『松方家文書』第40冊第38号。
85)　せんだ　みのる［1999］169ページ。

を見越して、1899年1月に1000万ポンドの純然たる外債を発行する方針を閣議決定した[86]。

加藤高明特命全権公使は、1988年には市場調査に来た高橋是清に対して、外債募集の場合には自らがその業務の一任を受け、その取扱いを正金銀行に命令するのが最も得策であると考えていると述べ、この旨を関係者に伝言するよう依頼した。9月に帰国した高橋もそのようにした[87]。だが、日英同盟締結を主張していた加藤高明駐英公使は、元老の親露主義が存在するもとで日英提携がうまくいかず、自らの日英協商論が容れられえない以上はイギリスにいる必要はないとして、1898年9月15日に大隈重信首相兼外相に帰国を願い出るに至った[88]。

政府は帰国許可を遅らせていたが、外債募集を加藤公使に託したいと考え、1899年2月24日付で加藤に依頼の電信を発した[89]。2月24日付の電信を受けた加藤はただちに断固として募債辞退と帰国許可願いの電信を青木周蔵外相に発した。青木外相は山県首相に諮ったうえ同日28日で帰国許可を電報した[90]。

1899年1月の閣議以来、政府は加藤高明駐英公使に外債募集交渉を委任しようとしており、『明治財政史』に示されているように最初は加藤公使に委任することとされたが、加藤公使は3月には帰国の準備をしていた。このために募集の事務は同公使のみならず、その後任者または代理公使に委任することに変更された。1899年3月23日に委任状をもって日本政府から同公使に外債募集権限を付与する「委任状」が送付されたが、この委任状には「今般外国市場ニ於テ英貨一千万磅ヲ募集スルノ件ニ関シ日本帝国政府ハ左ノ権限ヲ英国駐在日本特命全権公使加藤高明閣下又其後任者若クハ其代理官ニ委任ス」と記されていたのである。そして、公使への委任権限には制限が加えられ、重要事項は大蔵大臣に電報し、その指揮をもって実施することとなった[91]。なお、この「委任状」には発行条件に関して詳細なガイドラインを設定した「募集心得」が添

---

86) 神山恒雄［1995］185ページ。
87) 高橋是清から松方伯爵宛の書簡「倫敦ニ於テ外債募集ノ場合ハ同地駐在公使ヘ一任サレタシトノ意見」（1989年2月14日）『松方家文書』第40冊第40号。
88) 加藤高明伯伝記編纂委員会編、前掲『加藤高明』上巻、328－361ページ。
89) 同上、361ページ。
90) 同上、361－363ページ。
91) 日本銀行金融研究所所蔵『外債募集に関する命令書・通達類』明治32年。

第14章 海外駐箚財務官制度成立以前の在外国際金融担当者

付されていた[92]。

　1899年4月15日に加藤全権公使はロンドンを出発して帰国の途についた。その後任は容易に見つからず、加藤全権公使が正式に辞任をしたのは1900年2月のことであった。とりあえず1899年4月17日には公使館に勤務していた松井慶四郎が公使館一等書記官の身分を有しつつ駐英臨時代理公使として就任する。加藤に送付されていた委任状および募集心得は松井代理公使に継承された。松井慶四郎は1889年に東京帝国大学を卒業後、外務省に入省し、1890年に在京城公使館への赴任を皮切りに在米国（1895年）、在英国（1898年）各公使館に勤務してきた人物である。従来、公債募に関係したことはなく、外国金融機関と直接外債発行交渉をする準備はできていなかったと考えられる。このような松井に委任状が出されたのは、対外交渉の権威づけ（公使）と実際の交渉者（早川千吉郎）の対外的秘匿の両面があったと考えられる。

　松井は直接シンジケート銀行と協議したわけではなかったが（後述のように松井は公使館で早川や中井と外債募集方針の協議を行っている）、1899年9月15日に松尾臣善大蔵省理財局長が松方大蔵大臣に松井、早川、中井らの功績に対し賞典を与えるよう願い出た際に述べているように、松井代理公使は早川や中井と協議を尽くし、重要な事項は松尾局長に電話して指揮を請い、シンジケート銀行からの担保の提供や年賦済崩償還方法（減債基金方式）採用の要求を退け、無抵当、据置年限経過後随意償還方法を採用することに成功した[93]。松井が正式には日本政府の代理人であった。6月1日に日本政府と引受銀行団との募集契約書が調印された際には、契約書には日本政府を代表して日本臨時代理公使松井慶四郎が署名し、在英日本公使館印を押し、募集される英貨公債券面では松井慶四郎が日本政府の名によって支払いを約束するという文章が印刷された[94]。したがって、このように外債募集に外務官僚が依然として関与していたのである。

　とはいえ、外債発行交渉においては大蔵官僚および正金銀行支店支配人が大きな役割を果たしていた。その意味では国際金融行政における外交官の役割が

---

92) 明治財政史編纂会編『明治財政史』第8巻、174-175ページ。
93) 日本銀行金融研究所所蔵『明治三十二年十月廿一日上程　総理大臣へ報告案』。
94) 大蔵省理財局外債課『本邦外債関係資料』第1編（出版年不詳）、66-73ページ。

(4) 早川千吉郎大蔵書記官兼参事官の派遣

　松方蔵相は政府の意向（とくに松方蔵相の意思）および日本の財政経済その他の状況を詳しく知る者を派遣して事情を公使に伝達し、かつ必要な場合には公使の相談相手となるように、大蔵省の大蔵書記官兼同省参事官の早川千吉郎を起債交渉担当者としてロンドンに派遣することとした[95]。在英公使に委任状を送付する以前の3月15日付で早川にロンドン派遣命令が下された[96]。早川の派遣は公債募集が公になれば取引が不都合となるために「極メテ機密」とし、表向きは「関税事務ニ付米国へ出張」を命じたものとなっていた[97]。

　早川千吉郎は1863年8月5日（文久3年6月21日）に加賀で生まれ、幼くして和漢英の学を修めた。早川は1887（明治20）年に東京帝国大学を卒業後、同大学大学院に進学して1889年12月に農政学研究科修了、時の大蔵大臣松方正義に知られ、1890年1月に大蔵省に出仕した。その後、同省参事官、大蔵書記官、大蔵大臣秘書官などを歴任した。松方正義、渡辺国武の両大蔵大臣を補佐し、各種銀行の設立およびその企画に参与している。1893年に貨幣制度調査会が設置されるとその幹事となり、卓越した持論を述べ、後の金本位制確立の素地を定めた。日清戦争期に大蔵大臣秘書官を務め、軍事財政事務に鞅掌して（忙しく働いて）いる[98]。日清戦争後、早川が日本銀行監理官に命ぜられ（1896年4月）、同年5月にイギリスに出張し（1897年10月に帰国）、日本銀行ロンドン代理店に取り扱わせた償金出納保管運用の事務を監理し、その任務を果たした[99]。早川が選ばれたのはこのような大蔵省内での実績、償金取寄せに際し

---

95) 松方大蔵大臣から駐英公使宛の書簡、1899年3月23日付、前掲『明治三十二年十月廿一日上程　総理大臣へ報告案　附　参考書』所載。
96) 松方正義の早川への派遣命令書、1899年3月15日付、前掲『明治三十二年十月廿一日上程　総理大臣へ報告案　附　参考書』所載。
97) 前掲、松方蔵相の駐英公使宛書簡。
98) 五十嵐栄吉編・発行『大正人名辞典』第4版、東洋新報社、1918年、68ページ（復刻版、日本図書センター、1987年）。大蔵省百年史編集室編『大蔵省人名録』[1973]140ページ。実業之世界社編輯局撰『財界物故傑物傳』下巻、実業之世界社、1936年、245ページ（復刻版、ゆまに書房、1998年）。日本銀行百年史編纂委員会編『日本銀行百年史』第2巻[1983a]105ページ。

第14章　海外駐箚財務官制度成立以前の在外国際金融担当者

ての海外派遣、松方との特別の関係などが考慮されたからであろう。

　松方は交渉を松井、早川、中井の3人に託すこととした。3月23日付の「外国債ノ募集ニ関シ大蔵大臣ヨリ駐英公使ヘノ書翰」（加藤公使出発後に書簡が届いた場合には加藤公使の後任もしくは代理人に本文の事項が引き継がれるという添書付）の中で、「閣下〔加藤公使または後任もしくは代理人〕ト中井及早川トノ関係ハ最モ円満密著ヲ」要すると記していた[100]。実際に3人の関係がおかしくなるということはなかった。

　大蔵書記官兼参事官の早川千吉郎が、特派財政委員という肩書なしで、松井臨時代理公使の補佐という立場で事実上の交渉者となった。早川が募集のためにシンジケート銀行団との交渉に奔走した。早川は横浜正金銀行からの電信を用いて、松方大蔵大臣（あるいは松尾理財局長）と頻繁に連絡を取り合った。早川は中井から得たシンジケート団の意向を松方に伝え、松方の意思を、中井を通じてシンジケート団との交渉に反映させた。

　当時、ロシア政府も外債をロンドンで起債する計画を立てており、早川はロンドンのロシア「財政事務官」を出し抜いて急いでロンドン金融市場で外債募集を成功させなければならなかった。早川はロシアに知られないように交渉を進捗させた。加藤公使が帰国したことは早川にとって都合がよかった。加藤が公債募集を担当するものと考えていたロシア側を油断させることができたからである[101]。

　松方大蔵大臣が1899年10月21日に上呈した報告案によれば、早川は4月21日にイギリスに到着にするとただちに松方大蔵大臣の意思を松井慶四郎および中井芳楠に伝え、この3人が募集に着手する方針を協議した。早川らはまずシンジケートの組織に着手した[102]。

　早川千吉郎は、最初はパーズ銀行（Parr's Bank）、ユニオン銀行、ジョイント・ストック・バンクの3行でシンジケート団を組織しようとしたが、自行を

---

99)　1899年9月に作成された功績調書原稿、『明治三十二年十月廿一日上程　総理大臣へ報告案　附　参考書』所載による。
100)　前掲『総理大臣へ報告案　附　参考書』。
101)　早川千吉郎「外債募集談」（1899年9月13日）『松方家文書』第40冊第45号。せんだ　みのる［1999］194-195ページ。
102)　前掲『総理大臣へ報告案』。上掲「外債募集談」。

1415

第7編　人物からみた戦前日本の国際金融

主とするよう主張する銀行の共同組織化はうまくいかなかった[103]。結局、主として商業活動に従事した英国サミュエル商会（M. Samuel & Co.）やマーチャント・バンクを引受業者に選ばず、後述のような経過から横浜正金銀行やパーズ銀行を中心とするシンジケート団に引き受けさせた。シンジケート団には横浜正金銀行、パーズ銀行、香港上海銀行（Hongkong & Shanghai Banking Corporation）、チャータード銀行（Chartered Mercantile Bank of India, London and China）が参加した。パンミュア・ゴードン商会（Messrs. Panmure Gordon, Hill and Co.）が証券発行仲買人（stockbroker）と定められた[104]。

　松方は利子率4％、発行価格90ポンド（100ポンドにつき）という案が検討されているときに利子率を4.5％に、発行価格を90ポンド以上に引き上げることを考慮したこともあったが、5月16日に早川は松方蔵相に対し、一時手取金を増加するよりも利子率4％、発行価格90ポンドとする方が得策であると松方に述べている。

　発行条件に関して政府と引受銀行との間で対立が生じていた。5月19日に中井、ダン（W. Dun）、キャメロン（Ewen Cameron）、グワイザー、ダンスメーヤー（ゴードン商会）の会議で決定がなされた。この結果を中井が政府に伝えることとなり、中井は公使館に行き、松井、早川と協議をした。この結果、シンジケート銀行団の意見は変わらないだろうということとなった。早川は同日にシンジケート団の次のような見解を松方大蔵大臣に報告している。①シンジ

---

103)　早川千吉郎「外債募集談」（1899年9月13日）『松方家文書』第40冊第45号。
104)　早川がシンジケート銀行を上記4行にしたのは、官僚として松方大蔵大臣や大蔵省の考えに従ったからでもある。松方大蔵大臣が1899年10月21日に山県有朋首相に提出した報告案やそれへの参考書（とくに外債批判への反論）によれば、横浜正金銀行をシンジケートに加えたのは、同行が我が国外国貿易上における唯一の金融機関でロンドンにおいても長く支店を有しており、同行を日本公債の募集に使用することが大変都合がよかったからであった。また大蔵省が、海外における日本の銀行の信用を増し、これによって世界市場に確固たる地位を作ることが必要であり、正金銀行ロンドン支店のロンドン市場における地位を得させる必要があると考えたからである。パーズ銀行はロンドンにおける第一流の銀行であり、信用確実で業務が盛大なだけでなく支店が多くて外債募集上便宜が多かったからである。また同行は正金銀行と取引を行っており、同行と事をともにするのが便利であると考えられたからでもあった。したがって同行をシンジケートの中心とすることとした。香港上海銀行、チャータード銀行は東洋との取引に関係していたから追加してシンジケートに加入させた。ロンドン市場で勢力のあるロスチャイルド商会を参加させなかったのは、同商会が東洋の事情に関係していないだけでなく、日本公債を引き受けるか疑わしく、正金銀行と事をともにするのが困難であると考えたからである（前掲『総理大臣へ報告案附　参考書』）。

第14章　海外駐箚財務官制度成立以前の在外国際金融担当者

ケートは政府手取金86ポンドを変更できない。②発行価格は90ポンド以上にはできない。③シンジケートの手数料を4％以上に引き上げることは困難である。シンジケート団が公債を引き受けるかどうかは政府の返答を得てその翌日から5日以内に決定するが、遅くとも22日までには決定してほしい[105]。

　シンジケート銀行団は日本にさまざまな要求をしてきた。公債の抵当物件を提供すること、公債の元金は据置年限経過後、年賦済崩法（減債基金方式）により償還すること、公債には日本政府の租税を一切賦課しないこと、今後数年間は外国市場において公債を募集しないこと、ロンドン金融市場への影響を緩和するため、一時に巨額の資金を日本へ現送しないこと、同じ目的のために公債募集金は相当の担保を引当てにシンジケートを組織する4銀行へ利付預け入をすること、市価が発行価格以下となれば政府が発行価格で買い上げること、である。しかし、このようなことは財政上の作用を束縛するもので「国家ノ威信」を傷つけるものであった。松方蔵相は山県首相への報告案にみられるように断固これを拒否した。松方は日本の国際信用、「本邦ノ信用ヲ回復スルノ必要ヲ感ジ」、「外国市場ニ於ケル本邦ノ財政及経済ニ関スル信用」の向上に努めていたのである[106]。早川千吉郎は大蔵官僚として松方大蔵大臣の意向に従い、外国銀行の要求を拒否して日本の自主性を貫き、「国家の信用」によって起債することを可能にした。松尾理財局長は、早川は政府の意思に従って松井、中根と協議し、シンジケート団に日本の財政経済に実況を説明してシンジケート団の疑惑を除き、シンジケート団の要求を退けて、無抵当で、据置年限経過後に随意償還とすることを得て、その他の条件においても欧米の上流諸国に劣らない公債募集をすることができた、（このような発行条件を得たことは）早川の功労によるものが少なくない、早川の顕著な功績に対して相当の賞典を与えるべきである、と1899年9月15日に松方蔵相に上申した[107]。

　このように大蔵官僚の早川千吉郎が四分利付外債募集に大きな役割を果たし

---

105) 早川千吉郎から松方正義蔵相宛電信、1899年5月19日発信、『四分利付外債募集報告書』明治32年。発行価格（100ポンドにつき）95ポンド、政府手取88ポンド、手数料3％を要求していた松方はシンジケート団の提案を受諾した（神山恒雄 [1995] 186ページ）。
106) 前掲『明治財政史』第8巻、365-366ページ。立脇和夫 [1987a] 325ページ。前掲『総理大臣へ報告案』。
107) 前掲『総理大臣へ報告案　附　参考書』。ただし日本政府は募集金を一時に日本に取り入れる意向がない旨を『タイムス』の雑報中に記載している（早川千吉郎、前掲「外債募集談」）。

た。早川は当時、名称は用いられなかったものの、事実上の特派財政委員として活動していたのである。もっとも、早川は専門的な国際金融官僚であったわけではない。中井正金銀行ロンドン支店支配人の助力を得てはじめて外国銀行との交渉を行うことができたのである。

（5） 中井芳楠正金銀行ロンドン支店支配人の外国銀行との交渉

上記のとおり、早川が引受銀行団と交渉できたのは中井芳楠正金銀行ロンドン支店支配人（支店長）の助力あってのことである[108]。公債の募集を実行するためには「倫敦金融市場ノ実況ヲ熟知シ且ツ其地ノ資本家等ニ信用アルモノヲシテ其間ニ幹旋セシムルノ必要」があった[109]。そのために、横浜正金銀行ロンドン支店支配人として数年間同地に在勤している中井芳楠をその任にあたらせることとなった。国際金融市場の情報に精通しかつ金融業者から「信用」（信頼）されている者が外債発行交渉にあたるべきであるということが、すでに松方によって認識されていたのである。中井は専門家として国際的に通用する我が国で初めての国際金融家であった。このことが松方によって認められていたといえよう。

3月23日に松方大蔵大臣は日本銀行に対する外債募集事務取扱命令書と「募集心得書」を交付した。松方大蔵大臣は日本銀行に対し、「今般英国倫敦ニ於テ英貨壱千萬磅ノ公債ヲ募集スルノ件ニ関シ英国駐在帝国公使ヘ別紙委任状及募集心得書ノ如ク委任候ニツキテハ右募集ニ関スル事務ハ該公使ノ指揮ヲ受ケ之ヲ取扱フベシ　但本件ハ最モ重大ノ事件ナルニ依リ其行倫敦代理店長中井芳楠ヘ委曲命令シ遺漏ナキ様取計フベシ」と命令した。「募集心得書」の中では、大蔵大臣に電報をする場合には横浜正金銀行ロンドン支店支配人にこれを取り扱わせ、同行の秘密暗号を使用させることが規定されていた。日本銀行総裁山本達雄は、大蔵省から日本銀行への通達に基づき、3月23日に中井正金銀行ロンドン支店支配人に対して外債募集取扱方法を内命した[110]。中井正金銀行ロ

---

[108] 中井芳楠ロンドン支店支配人は、高橋是清正金銀行取締役・副総裁が1899年2月末に日銀副総裁就任のため正金銀行を離れた後、3月に正金銀行の後任取締役に就任している。これが同行の取締役ロンドン常駐の始まりであった。中井は1903年2月に病没するまでロンドン支店支配人を務めた（東京銀行編『横濱正金銀行全史』第6巻［1984］24、27ページ）。

[109] 前掲『総理大臣ヘ報告案』。

第14章　海外駐箚財務官制度成立以前の在外国際金融担当者

ンドン支店支配人・取締役は4月23日付で3月23日の山本日銀総裁の内命を承諾している。

　3月23日に松方大蔵大臣は駐英公使に対して「外国債ノ募集ニ関シ大蔵大臣ノ駐英公使ヘノ書翰」を送り、この中で「公債募集方ニ付テハ万事中井芳楠ニ機密ヲ示シ御使用相成可」と述べている。松方はこの手紙の中で、中井は「シンジケート」に加わる必要があるが、この場合には政府に対して債権者の地位に立ち談判することになるから、公使と中井の関係は今般の取引において外部に対して巧妙を要することを指摘している[111]。中井は外国銀行と交渉できる十分な能力を有していたのである。とはいえ引受銀行となる正金銀行の支店支配人であったから外債を発行する政府の代表者にはなれなかったのであろう。

　中井は日本銀行代理人として1899年の外債発行の衝にあたった。中井はパーズ銀行を発行銀行とすることにしていた。5月4日にパンミュア・ゴードン商会のコッホ（W. M. Koch）やダンスメーヤーと面談している。同商会はロンドン市場屈指の有力な仲買人（証券ブローカー）で、東洋の事情に通暁していたうえに8年間にわたり正金銀行と親密誠実に業務を行っており、将来日本公債が発行される場合にはこれに尽力したいと中井に告げていたから、中井は同社だけを発行仲買人とすることとした。同社は香港上海銀行と誓約を結んでおり、一方が東洋の外債発行に加入する場合には他方をも加入させなければならないことになっており、コッホは同行の参加を求めた。中井は、日本外債はこの誓約の例外であることを指摘したが、東洋で有力な同行が発行銀行とならないことは、日本の外債発行を成功させる障害となると考えた。中井は5日にパーズ銀行においてダン（W. Dun）、と会談し、香港上海銀行を発行銀行の中に入れることとした。同日4時半に香港上海銀行支配人のキャメロンが来店し、発行銀行に加入できることは光栄であると述べるとともに、チャータード銀行を加入させるのが便利であると述べた。5時にコッホが来店し、チャータード銀行を加入させる必要があると述べた。中井は6時に公使館に行き、松井、早川の

---

110) この内容は次のようなものである。「募集心得書」に基づき公使の命令を受け公債の募集に従事すべし、ロンドン市場金融の状況を調査し「シンジケート」その他の募集を引受けるもの等を選定する場合は充分な注意をせよ、公債募集電報は慎重に取り扱え、など（日本銀行金融研究所所蔵『外債募集に関する命令書、通達類』明治32年）。

111) 前掲『総理大臣ヘ報告案　附　参考書』。

1419

両氏と面談し、チャータード銀行を発行銀行に加えることを決定した。6日にはパーズ銀行で横浜正金銀行の中井、パーズ銀行のダン、香港上海銀行のキャメロン（E. Cameron）、チャータード銀行のグワイザー（J. H. Gwyther）、ゴードン商会のコッホが集まり、日本の外債発行について協議した。6日に早川は中井とダンが相談のうえ、正金銀行（ロンドン支店）とパーズ銀行が主となり、香港上海銀行（ロンドン支店）、チャータード銀行（ロンドン支店）が発行引受に参加し、他は加えないことを決定し、ゴードン商会を仲買人とすることを大蔵大臣に報告した。5月10日には中井はパーズ銀行のダンと会合し、政府が発行価格の低さに驚いているとして、コッホ、キャメロンなどと相談して発行価格を90ポンド以上に引き上げるよう要求した。このように、中井が早川と連絡を取りつつ、イギリスの引受銀行と直接交渉を行ったのである[112]。

中井は、秘密保持のために行員を支配人舎宅に缶詰にして、夜昼となく働かせた[113]。中井は専門的に国際金融業務に取り組み、外国金融業者と渡り合える日本最初の国際金融家と言える人物であり、官僚ではなかったが、国際金融行政を補佐していたのであり、四分利付公債の成立に大きな役割を果たしたのである。中井の協力があればこそ、早川は外債発行交渉を進めることができたのであった。四分利付公債の成立には横浜正金銀行がきわめて大きな役割を果たしていたのであった。

ただし、四分利付英貨公債に対する一般からの応募はほとんどなかった[114]。そのため、この発行は失敗であったという評価がある[115]。これは日清戦争後における日本の国際信用度の向上を、国際信用度を重視する政府（とくに松方正義）が過大に評価して発行条件を決めた結果であるといえよう[116]。だが、そのことは外債発行交渉担当者の責任であるということはできない。

---

112) 以上は前掲『四分利付外債募集報告書』明治32年を参照。同資料中に登場するダンはW. Dunのことであると思われる。髙橋是清は1898年4月にW. Dunと会っている（Suzuki, Toshio [1994] p. 69）。
113) 東京銀行編『横濱正金銀行全史』、第1巻［1980］、543–544ページ、第6巻［1984］、532ページ。
114) そのほとんどはシンジケート団が引き受けた。
115) 神山恒雄［1995］187ページ。
116) パーズ銀行は発行価格が高すぎると認めていた（神山恒雄［1995］188ページ）。発行後その市場価格は低迷していた（『明治財政史』第8巻、866ページ）。

日露戦争以前にすでに海外で国際金融業務に従事する官僚が登場していたのである。とはいえ、日露戦争以前には継続的にこれを取り扱う専門的な官僚は存在していなかった。これには日露戦争前において外債が継続的に発行されていなかったという事情がある。

6　帝国五分利公債の海外売却

1902（明治35）年10月、財源確保のために預金部所有帝国五分利公債5000万円（内国債）の海外への売却が行われている。当初はアメリカへの売却が検討されたが、ロンドンへ売却されることとなった。ロンドンへの売却は、1902年夏頃に外国銀行、植民地銀行である香港上海銀行が日本興業銀行に日本の国債の買受けを希望してきて政府がこれに応じ、横浜で興銀と香港上海銀行が交渉を行い、その結果、政府が興銀に同公債を売却し、同行が香港上海銀行を中心とするシンジケート団に売却したという事情がある。桂内閣が横浜正金銀行ではなく新設の日本興業銀行を仲介業者に選んだのは、日本興業銀行を外資導入機関として育成しようという意図が政府にあったためでもある[117]。シンジケート団には香港上海銀行のほかにマーチャント・バンクであるベアリング商会が加わり、さらには正金銀行もこれに参加することとなった。

1902（明治35）年9月30日には預金部が保有する帝国五分利公債5000万円の海外売却契約が成立している。これは同年夏ごろから香港上海銀行が日本興業銀行に対して日本国債の買い入れを希望してきたことに対して、大蔵省が8月21日の内達で了解したことに基づくもので（松尾理財局長の曾禰蔵相、阪谷総務長官宛て上申書、9月）、日本興業銀行経由で香港上海銀行に売却するために、横浜で両行間の交渉が行われたものである。日本興業銀行総裁添田壽一と香港上海銀行のダビット・ジャクソン、トーマス・エス・ベーカーが、大蔵総務長官阪谷芳郎の面前で9月30日に約定書に調印した（両行の約定書）。9月30日に添田壽一興銀総裁が大蔵大臣曾禰荒助にこの公債証書の交付を願い出ている。この交渉からにずされた日本銀行・正金銀行が大蔵省へ抗議した結果、10月に香港上海銀行・横浜正金銀行・ベアリング商会を発行銀行として、五分利付公

117）　浅井良夫［1985］15-17ページ。神山恒雄［1995］188-195ページ。

債が売り出された[118]。「大日本帝国政府五分利公債五千万円売却ニ関スル参考書」『五分利公債売却ニ関スル参考書』および同参考書付属書類（松尾日銀総裁関係資料）。この売出にはパンミュア・ゴードン商会、ロンドンのロスチャイルド商会、カッセル家などが下引受を行った[119]。外債発行にはインスクリプション（イングランド銀行帳簿への登録）が有利となったが、これが認められる外国債は中国政府金貨公債、エジプト政府優先公債、ギリシャ政府保証付金貨公債などイギリス政府と密接な関係のあるものに限られていた[120]。日英同盟下でイギリスのランスダウン（Lord Lansdowne）外相は、外務次官バーディ（F. Bertie）に働きかけ、イギリス大蔵省の斡旋を通じてイングランド銀行に帝国五分利公債のインスクリプションを認めさせた[121]。外務大臣ランスダウンは、イギリス大蔵省がイングランド銀行に登録の手続きを取るよう申し入れたことを10月13日に林董在英特命全権公使に通報している[122]。イングランド銀行は、11月にこの手続をとることにしたことをイギリス大蔵省に伝え、同省はこのことをランスダウン外相に報告し、同外相はこの旨を、東京英国公使館を通じて小村寿太郎外務大臣に通報した[123]。

帝国五分利公債はこのインスクリプションを認められることによって、売出上の便宜を得ることができた。すなわち同公債はインスクリプションによる一般的利益のうち、①証書および利札が不要となり、所有者はその紛失の恐れがない、②利子は保有者が特別の請求をしない場合は所有者またはその指名人に郵送される、③利子は所有者の請求により、所有者の指定銀行勘定に振り込まれる、という利益を享受できることとなった。このほか帝国五分利公債はインスクリプションによって、とくに次のような利益を受けることとなった。①本公債証書は本来内地発行目的で製造されたものであったからロンドンではその

---

118) 神山恒雄［1995］189－195ページ。大蔵省編［1937］424－428ページ。
119) 林董公使の外務大臣小村寿太郎宛報告、1902年10月16日付（『五分利公債売却ニ関スル参考書』)。
120) 「『インスクリプション』ノ概要」「公債売却に関する問答書」前掲『五分利公債売却ニ関スル参考書』。
121) サイモン・ジェイムス・バイスウェイ［2005］86－89ページ。
122) ランスダウンの林董宛内報（同日付）前掲『五分利公債売却ニ関スル参考書』。
123) 東京英国公使館特命全権公使マクドナルドの小村外相宛報告（1902年11月9日付）『五分利公債売却ニ関スル参考書』。

取扱いが不便であったが、この不便を免れることができる。②登録した公債は譲渡の際に印税を免除される。イングランド銀行において登録されたために信用が高まり、人気が増大する[124]。日英同盟による対外信用の上昇と英国政府の積極的協力（日英同盟下の金融協力）で日本は内債の海外売出に成功したのである[125]。

在英国特命全権公使林董は、ランスダウン英国外相がイギリス大蔵省に日本政府のためにイングランド銀行に帳簿記入の手続きをとるよう交渉するように斡旋した事実を小村外相に伝えるとともに、その好意に対して日本政府を代表してランスダウン外相に謝意を表している[126]。また、林公使は、売出公債について説明した書状を10月3日に香港上海銀行、ベアリング商会、横浜正金銀行に送付している[127]。

帝国五分利公債のロンドン売却後、日本興業銀行は外貨地方債や南満州鉄道株式会社の社債発行には取り組んだが、国債の海外発行業務からは完全に排除されることとなった[128]。

帝国五分利公債のロンドン売却については林在英特命全権公使が関与していたが、これ以外に特筆すべき日本の在外官僚はいない。早川千吉郎の後、日露戦争前に顕著な業績を挙げた海外で活躍する国際金融官僚が現れていないのである。

第2節　帝国特派財政委員の派遣

1　高橋帝国特派財政委員の海外派遣と日露戦争期の外債発行交渉

日露戦争が1904（明治37）年2月10日に開始されると、曾禰荒助大蔵大臣は戦費調達のために外債を募集することとし、2月22日に日本銀行副総裁高橋是清に外債募集を一任した。

高橋は少年時代からの豊富な外国人との交際体験および海外体験を有すると

124）　前掲「『インスクリプション』ノ概要」。「公債売却に関する問答書」
125）　神山恒雄［1995］194－195ページ。
126）　林董公使の外務大臣小村寿太郎宛て報告、1902年10月16日付。
127）　「駐英林公使ノシンジケートニ送レル書状」『五分利公債売却ニ関スル参考書　付属書類』。
128）　浅井良夫［1985］17－20ページ。

ともに、農商務省、日銀および正金銀行における経験を通して獲得した国内および国際両面の経済知識を有し、国際金融の専門家としての能力を有していた[129]。

高橋是清には日本銀行秘書役の深井英五が随行した[130]。高橋に随行して終始高橋の外債募債交渉を補佐した深井英五もまた、高橋是清とともに、日露戦争を契機として登場した国際金融家の一人に数えられる[131]。

高橋是清は日露戦争中の1904年5月に第一回六分利付英貨公債1000万ポンド（＝9800万円、ロンドンおよびニューヨーク）、同年11月に第二回六分利付英貨公債1200万ポンド（＝1億1700万円、ロンドンおよびニューヨーク）、1905年3月に第一回四分半利付英貨公債3000万ポンド（＝2億9300万円、ロンドンおよびニューヨーク）、同年7月に第二回四分半利付英貨公債3000万ポンド（＝2億9300万円、ロンドン、ニューヨークおよびドイツ）の外債を成立させた。日露戦争は1905年9月に終結するが、その後も高橋は1905年11月に第二回四分利付英貨公債2500万ポンド（＝2億4407万5000円、ロンドン、ニューヨーク、パリおよびドイツ）、1907年3月に五分利付英貨公債2300万ポンド（＝2億2455万円、ロンドンおよびパリ）の外債を成立させた。こうして合計1億3000万ポンド（邦貨換算約13億円）という巨額の外債募集に直接従事し、これを成功させたのである。高橋是清がこの外債募集交渉に大きな役割を果たした[132]。

高橋是清は同月に特派委員として出発し、3月にロンドンに到着した。高橋是清はロンドン（シティ）の金融業者と接触した。パーズ銀行取締役となった前総支配人のジョン・ダン（John Dun）ならびに同行ロンドン支店長シャンド、香港上海銀行ロンドン支店支配人キャメロン、株式仲買商のパンミュア・ゴードン商会のコッホ（W. M. Koch）、レヴィタ（A. Levita）、マーチャント・バンカーであるベアリング商会（Baring Brothers & Co.）当主のレヴェルストーク卿（Lord Revelstoke）、N. M. ロスチャイルド商会（N. M. Rothschild）のアル

---

129) 三谷太一郎［1974］126ページ。同［2009］40－41ページ。リチャード・J・スメサースト著、鎮目雅人他訳［2010］第1章〜第7章。
130) 深井英五［1939］45ページ。
131) 三谷太一郎［2009］40、44－47ページ。
132) 日露戦争期の外国銀行との外債募集交渉過程については高橋是清著、上塚司編『高橋是清自伝』［1976］下巻、203－206ページ。鈴木俊夫［1990］176－191ページ。同［1999］32－33ページ、などを参照。

第14章　海外駐箚財務官制度成立以前の在外国際金融担当者

フレッド・ロスチャイルド（Alfred Rothschild）、金融業者カッセル（E. Cassel）などと会った。高橋は4月に第一回六分利付英貨公債募集1000万ポンドの外債発行計画を立てた。発行については、ベアリング商会は日本外債発行引受を見会わせた。結局、パーズ銀行、香港上海銀行、横浜正金銀行からなる発行引受団に引き受けさせることとなった。関税担保付となったが、その関税を外国側が管理することは免れた。予定した第一回六分利付英貨公債半額の500万ポンドをロンドンで発行することが5月初めまでにはまとまった[133]。

第一回六分利付英貨公債募集においては残高500万ポンドの外債をニューヨークの有力な投資銀行クーン・ローブ商会（Kuhn Loeb & Co.）の上席パートナー、ジェイコブ・シフ（J. H. Schiff）が引き受けた。この経過は以下のようなものであった。

高橋がA. ヒル（ニューヨークの投資銀行スパイヤー商会のロンドン店のパートナー）の自宅でシフと初めて会ったのは、この1904年5月3日のことである。林公使も招かれた当日の晩餐の席で高橋は「色々日本ノ財政及経済上ノ談話

---

[133]　鈴木俊夫 [1990] 176－191ページ。同 [1999]、同 [2005] 85－92ページ。日露戦争時の外債発行については板谷敏彦 [2012] も参照されたい。
　　　当時、ロンドンにはパーズ銀行、香港上海銀行のような従来小規模の日本公債発行を取り扱った株式銀行があった。高橋はロンドンに到着すると、まず従来日本と関係のある銀行の当事者と接触した。しかし非常時において大胆な外債発行を試みるには自己資力の豊富な個人金融業者の大なるもの、すなわちロスチャイルド商会やカッセル家を相手とすることがよいと考えられた（当初交渉したベアリング商会は、ロシアとの関係を考慮して引受を辞退した）。高橋は、最初に大個人金融業者と交渉して不調になれば株式銀行との交渉が行き詰まり、その指示する条件に屈服しなければならないということを考慮し、まず、前記の株式銀行に対して具体的交渉を進め、同時に、ロスチャイルド商会やカッセル家との接触を続け、もしも銀行の方で応諾しなければロスチャイルド商会やカッセル家に行くとの気勢を示し、銀行当事者の決心を促し、条件を有利にすることに努めた。この二段構えの陣立てで交渉した結果、当初引受を躊躇していた2銀行が引受を決意した（深井英五「高橋翁追悼演説」（1937年2月28日演説）1937年4月にパンフレットとして印刷、3－5ページ）。深井英五 [1941] ではまず、パーズ銀行、香港上海銀行という銀行と交渉を行い、これでだめならロスチャイルド商会やベアリング商会、カッセル家という起債界の大有力者を相手として交渉を行い、最後にカッセル家に頼るという三段構えの陣容をとったとされている（深井英五 [1941] 68－70ページ）。（日露戦争期にはロシアとの関係からロスチャイルド商会の引受参加は困難であった）。
　　　松方正義や井上馨という元老は、関税を担保とすることで議がまとまり、天皇の裁可を経ていることを高橋是清に出発前に伝えていた。高橋は銀行団との交渉の結果、関税を担保とすることを了承した。だが、日本の関税を外国が管理するという外国側の要求には頑強に反対した。これによって、日本が中国のようになってしまう（半植民地化）ことを免れた（一記者〔有竹修二〕「高橋是清翁と語る」『週刊朝日』第15巻第25号、1929年6月2日、35ページ）。

1425

ヲ」行った。高橋是清は上記のことについて当初は「米人加入ノ事柄ハ全ク偶然ノ出来事ニテ天祐ト申シテ宜敷カト存候」と思っていた[134]。だが、このシフと高橋との出会いは「名声とコネクション」を重視するマーチャント・バンカー（カッセルやベアリング商会）によって仕組まれたものであったという[135]。

高橋は後日、シフ自身からその日は「既ニ日本公債引受ノ事ニ心動キ居候ノミナラズ殆ド其事ニ決意シテ仲間ニ対シ電報ヲ発シ意見ヲ徴スル事ニ着手シタル日ナリト」いうことを聞かされている[136]。これはシフが事前に日露戦争外債引受の準備をしており、高橋と会った日にそれを決意したことを示す決定的証拠である[137]。5月3日には高橋はシフにそのような「考アリシ事ハ少シモ知ラズ唯米国ノ一富豪トシテ談話シタルノミ」であった[138]。だが、5月3日にE．キャメロンが高橋是清にアメリカ市場の新開拓のことについて話をしに来ており[139]、陸上戦での最初の勝利ということもあり、シフと日本の財政経済の話をする中で、高橋是清は「アメリカ市場という新しい着想」を得たのであった。そこで高橋はアメリカで公債を発行することについて3日の夜に次のように日本に打電したのである[140]。「確定ノ事ニハ無之候得共　今回ノ残高£5,000,000モ此際米国ニテ発行スル事トシテ同時ニ£10,000,000全額発行ノ相談只今申来リ　尤モ此£5,000,000ニ対シテハ日本政府正味手取金£89位ニ相成可申哉モ難計　右ノ如ク同一時ニ英米市場ニ日本公債募集スルハ将来財政上最好都合ト存候　至急指図有之度」[141]。

---

134)　日本銀行金融研究所保有資料『高橋副総裁ヨリノ来信』：高橋是清の松尾臣善日本銀行総裁宛書簡、1904年5月12日付。高橋是清著、上塚司編『高橋是清自伝』［1976］下巻、203-206ページ。

135)　鈴木俊夫［1990］176-191ページ。Suzuki, Toshio［1994］pp. 97-98. 鈴木俊夫［2007］173-182ページ。藤村欣市朗［1992］133-135ページ。

136)　高橋是清の前掲書簡。

137)　1904年2月上旬にシフ邸で開かれたユダヤ人指導者の会合で、ユダヤ同胞を抑圧するロシア政府を批判していたシフは日本公債引受の問題提起をしている。シフはアメリカでのロシア政府の起債を妨害していた（田畑則重『日露戦争に投資した男　ユダヤ人銀行家の日記』新潮社、2005年、48-49ページ）。シフについてはスメサースト著、鎮目雅人ほか訳［2010］180-190ページ、二村宮國［2006］1-23ページ、なども参照されたい。

138)　高橋是清の前掲5月12日付書簡。

139)　高橋是清記、藤村欣市朗訳・編「外債募集英文日記」藤村欣市朗［1992a］133ページ。

140)　藤村欣市朗［1992a］134ページ。

141)　日本銀行金融研究所保有資料『来電記録（在欧高橋是清との往復電信ほか）』：高橋是清発、松尾臣善日本銀行総裁宛電信、1904年5月3日午後10時10分。

第14章　海外駐箚財務官制度成立以前の在外国際金融担当者

　翌日シャンドが高橋のところにやってきてシフが日本公債の残額500万ポンドを引き受けてアメリカで発行したいとの希望を持っていることを伝えた[142]。E．キャメロンも、4日に高橋のもとを訪れ、クーン・ローブ商会にアメリカにおいて外債を発行させることを提案する[143]。高橋の電信を受けた松尾臣善日銀総裁は、同日にアメリカでの募債が望ましい、発行条件をロンドンの場合と同様にするよう希望すると高橋に返電した（午後9時40分発電）。5日に高橋はアメリカの方も手取金の条件をロンドンと同じにするつもりであり、発行価格を93ポンド半にすることを交渉中であると松尾総裁に打電した（午前2時22分）。6日には日本政府はアメリカにおける公債募集に関する権限を電報で高橋是清に委任した[144]。6日午後5時にはイギリス引受銀行団およびアメリカのクーン・ローブ商会との募債引受契約がまとまった[145]。7日に仮契約書への署名がなされた[146]。

　目論見書は日本政府から在ロンドン特派委員であることを適法に委任された (the Imperial Japanese Government's duly authorized Special Commissioner in London) 日本銀行副総裁高橋是清が承認した[147]。発行に際してはイギリスでは前述の発行引受銀行のほかにパンミュア・ゴードン商会も発行業務に参加した。アメリカではクーン・ローブ商会の全額引受のもとに同商会、ナショナル・シティ銀行およびナショナル・バンク・オブ・コマースが発行業務を行った。こうして1904年5月に第一回六分利付英貨公債（発行総額1000万ポンド）が発行されたのである[148]。発行条件は日本にとって厳しかったが、英米とも応募者は多かった[149]。

　政府は1904年秋にさらに外債募集を高橋是清に命令した。政府は9月に発行条件として総額1億円、無抵当5分利付、政府手取り額面100ポンドにつき90

---

142)　高橋是清著、上塚司編『高橋是清自伝』[1976] 下巻、204ページ。
143)　藤村欣市朗 [1992a] 136ページ。鈴木俊夫、前掲「外債発行の現場から」176ページ。
144)　大蔵省編『明治大正財政史』第12巻、58ページ。
145)　藤村欣市朗 [1992a] 138-139ページ。
146)　同上書、140ページ。大蔵省編『明治大正財政史』第12巻、58ページ。
147)　大蔵省編『明治大正財政史』第12巻、71ページ。
148)　発行条件は、行条件は表面利率6％、発行価格100ポンドにつき93.5ポンド、政府手取り価格90ポンド、償還期限7年、関税担保付、応募者利回り7.41％、発行者利回り7.95％。
149)　大蔵省編『明治大正財政史』第12巻、59-81ページ。

ポンド以上を希望した[150]。だがロンドンの公衆が経済上から「日本政府ノ信用」をみることは9月に入っても第一回六分利付英貨公債発行当時ととくに変化はなかった。戦況の見定めがつかず、経済上「信用」を増進した事情はほとんどなかったために、再び公債を募集しようとすれば前回と同様の発行条件を提示せざるをえなかった。高橋是清が会談した発行関係者は日本が日露戦争に最後に勝利することを疑わなかったけれども、公衆は戦争の結果について不安を抱いていた。公衆が日本の勝利疑いなしという「安心」を抱くまでは、無抵当5％利付で外債を発行できる見込みはなかった[151]。「日露ノ戦争ハ前途有望ナレドモ現在資力ノ乏シキ青年カ富豪ノ老人ト喧嘩ヲ為シ居ル如キモノニテ」、「戦勝ニヨリテ直ニ著シク信用ヲ高メルコトハ遺憾ナガラ期シ難キコト」であった[152]。9月20日に高橋是清から抵当付6％のほかないとの入電があると、政府はこれを承認した[153]。

1904年11月に「在倫敦特派委員」高橋是清は第二回六分利付英貨公債1200万ポンドを発行した。発行条件は表面利率6％、発行価格100ポンドにつき90.5ポンド、政府手取り額86.75ポンド、償還期限7年、関税担保付、応募者利回り8.13％、発行者利回り8.73％であった。高橋はロンドンとニューヨークの銀行団、投資銀行と話を進めた。発行銀行は第一回六分利付英貨公債の発行の場合と同じであった。発行条件はきわめて厳しかった。応募額は募集額を大幅に超過した[154]。

高橋是清は1905（明治38）年1月に帰国したが、1905年に入って日本の信用が増進した。すなわち1月17日にパンミュア・ゴードン商会のコッホが「近来日本政府の信用は著しく増加した」と打電してきた。ここにおいて政府は「帝国日本政府特派財政委員」（Special Financial Commissioner of the Imperial Japanese Government）という資格を高橋是清に与えて、再びロンドンに派遣することとした。このことが2月に閣議決定された[155]。高橋は1905年1月に

---

150) 同上。
151) 前掲『高橋副総裁ヨリノ来信』：高橋是清の松尾臣善日本銀行総裁宛書簡、1904年9月14日付。
152) 同上、9月15日付。
153) 大蔵省編『明治大正財政史』第12巻、59－81ページ。
154) 同上巻、87－114ページ。

第14章　海外駐箚財務官制度成立以前の在外国際金融担当者

帰国後、2月にアメリカに向かい、3月にニューヨークに着くと、高橋と親密な関係を結んでいたシフと募債について相談した。同月にロンドンに向かい、正金銀行、パーズ銀行、香港上海銀行関係者、レヴェルストーク卿などと協議して、3月に外債発行を実現している156)。

日本は3月10日に奉天会戦に勝利し、5月には日本海海戦に勝利した。これらが発行条件好転の一原因となったが、平和回復予想がその最大原因であった157)。

高橋は1905年3月と7月に第一回・第二回四分半利付英貨公債をそれぞれ3000万ポンド発行した。その発行条件は表面利率4.5％、発行価格は100ポンドにつき90ポンド、政府手取り額86.75％、償還期限20年、煙草益金担保付、応募者利回り5.56％、発行者利回り5.77％であった。発行条件は改善され、応募は順調であった158)。第一回四分半利付英貨公債の発行銀行は従来どおりであった。

高橋是清は外債募集に従事したけれども、外債に全面的に依存しようという考えは持っていなかった。高橋は、1905年4月1日に内閣総理大臣桂太郎および大蔵大臣曾禰荒助宛に戦後における我が国財政に関する意見書を、ロンドンから松尾日本銀行総裁への郵送を通じて提出している159)。高橋自身は外国金融業者が注目する国際信用の維持を重視していた。その維持のためには財政的基礎の強化が必要であるとした。また、外債に依存しないですむよう産業奨励に基づく貿易の発展を図るべきであると考えていたのである160)。

高橋は6月に再びニューヨークでシフと外債募集について相談している161)。高橋は7月にロンドンに向かい、ロンドンの銀行団と協議している。第二回四

---

155) 高橋是清著、上塚司編『高橋是清自伝』[1976] 下巻、219-235ページ。『高橋是清自伝』で Commission となっているのは Commissioner と訂正した。1905年3月の第一回四分半利付英貨公債募集目論見書では、the duly authorized special commissioner of the Imperial Japanese Government となっている（上掲『明治大正財政史』第12巻、127ページ）。
156) 高橋是清著、上塚司編『高橋是清自伝』[1976] 下巻、219-235ページ。同書は桂太郎首相が高橋を帝国日本政府特派「財務」委員に任命したと記している（225ページ）。『明治大正財政史』では「財政」委員という用語を用いている。
157) 日本銀行金融研究所保有資料『明治三七、八年　外債募集に関する史料』第2編。
158) 大蔵省編『明治大正財政史』第12巻、115-179ページ。
159) この意見書は『高橋副総裁ヨリノ来信』に所載。この意見書の内容の一部はスメサースト著、鎮目雅人ほか訳 [2010] 213-216ページに紹介されている。

1429

分半利付英貨公債の発行は英米に加え、新たにドイツでも行われた。高橋はドイツのヴァールブルク商会（Messrs. M. M. Warburg & Co.）に発行引受を提案し、イギリスの銀行団の反対も受けたが、結局12のドイツの銀行・金融機関に日本外債発行業務に参加させることに成功した[162]。

日露戦争期の第3回日本外債起債（1905年3月）にシフの親戚であるヴァールブルク商会のマックス・ヴァールブルク（Max Moritz Warburg）が応募しようとした。マックス・ヴァールブルクの『備忘録』によれば、当時の日本の経済・財政事情は決して第一級とはいえず、この投資は大きなリスクを伴うものではあった。だが、クーン・ローブ商会が主幹事となった米銀グループから日本外債の一部をドイツで引き受けるかどうかを照会されたとき、新市場の開拓を求めて、マックス・ヴァールブルクは欣然とドイツでの単独引受に応諾したのである。だが、このときにはイギリスの銀行側から反対があり、同商会の日本外債引受は実現しなかった[163]。1905年7月の第4回日露戦争外債が発行されることとなったとき、ヴァールブルク商会はドイツの発行銀行団の一員と

---

160) 高橋は、日露戦争後になれば外国市場は急にまじめに日本政府の財政状況に注目するようになる、そのときに「財政の基礎確立せず信を外国に買ひ難き様の事」があれば「国の面目地に堕ち」、せっかく戦勝によって獲得した名声も実益を挙げることができなくなる、とこの意見書の中で述べている。今日でも心ある資本家はその点に注目しており、現に過日ニューヨークでシフと会談した際に、シフは戦後に整理がなされることについてどのような成算があるのか、戦後には経費が増加するであろう、との危惧を高橋に示している。これに対して高橋はその心配はない、戦時増税をしたからその一部を戦時に募集した公債の利子に充当し、その大部分を殖産興業の発達を助長する費用に充当するからであると高橋はシフに述べている。高橋は殖産興業の奨励を行えば、産業が興隆して外国貿易が振起し、このため財源が増加し、外債の整理も政（費）の増加も困難なく始末できると考えている。高橋はドイツのヴァールブルク商会の当主（第一回四分半利付英貨公債100万ポンドを引き受けることになっていた）が日本の財政経済を調査して日本の実情を審査したいと述べていることも紹介している。高橋は我が国経済の発展を促進するためには確実強固な財政上の根拠を要するとして、早々に財政事項の調査に着手するよう意見書の中で進言するのである。財政基礎の強固を図るためには国家の生命である殖産興業に手を入れ、産業を奨励助長して外国貿易の振起を促進する道を講ずるのが急であると高橋は主張する。その方策の例として、高橋は①蚕卵紙改良による生糸の増収と輸出の増加、②製糸の改良（生糸の性質改良と生糸の生産組織の改良）、③金銀鉱山の改良、④外国人観光客の誘致を挙げている。
161) 高橋是清著、上塚司編［1976］下巻、246－248ページ。
162) 同上巻、233－257ページ。ヴァールブルク商会、独亜銀行などベルリン、ハンブルグ、ミュンヘン、フランクフルト、ケルンの12の金融機関が参加した（大蔵省編『明治大正財政史』第12巻、146－147ページ）。
163) 及能正男「マーチャント・バンカー研究（1）——M. M. Warburg & Co. Hamburgの運命（1）」西南学院大学『経済学論集』第27巻第4号、1993年3月、108、113ページ。

第14章　海外駐箚財務官制度成立以前の在外国際金融担当者

して応募したのである164)。

　政府は発行条件を前回よりも有利にするために、無担保発行を求め、担保を要するときは発行価格を引き上げるか、利率を引き下げる交渉を行うよう、松尾日銀総裁を通じて高橋是清に求めた。だが高橋は「国家の為め最も有利なるものハ之に外ならすと確信する所に従」って行動した。高橋是清は、当時の状況で募債を行おうとすれば無担保では発行価格を引き下げるか利率を引き上げるほかはなく、担保を提供して前回と同様の条件とする以外に良策はないと考えた。高橋は担保の提供は認めたが、利回りを前回よりも不利にならないように発行銀行に要求し、銀行側は7月4日に前回と同様の条件を承諾した。政府もこれを了承し、その旨7月5日に高橋に打電した165)。かくして1905年7月に第二回四分半利付英貨公債発行交渉がまとまったのである。

　日露戦争外債の成立は高橋是清の尽力だけによるものではなかった。その発行に対する功労者への叙勲として、レヴェルストークに勲一等瑞宝章、シフに勲二等瑞宝章、サー・トーマス・ジャクソン（Thomas Jackson、香港上海銀行）、セシル・P・パー（Cecil P. Parr、パーズ銀行頭取）に勲三等瑞宝章、タウンセンド（香港上海銀行）に勲三等瑞宝章が授与された166)。深井英五は外国人功労者としてサー・ユーエン・キャメロン（香港上海銀行ロンドン支店支配人）、サー・チャールズ・アディス（香港上海銀行支配人級）、ジョン・ダン（パーズ銀行取締役）、ホワレー（R. W. Whalley、パーズ銀行総支配人）、ロスチャイルド、カッセル、コッホの名も挙げている。

　高橋是清は、日本人については、正金銀行取締役兼ロンドン支店支配人山川勇木、同支店副支配人巽孝之丞、日本銀行秘書役深井英五にも同等に勲章授与を願いたいと松尾日銀総裁に要請している167)。

---

164)　同上論文、105、111ページ。
165)　前掲『高橋副総裁ヨリノ来信』：高橋是清の井上馨宛書簡、1905年7月3日付。大蔵省編『明治大正財政史』第12巻、142－143ページ。
166)　高橋是清著、上塚司編［1936］697ページ。同［1976］下巻、222ページ。深井英五『人物と思想』［1939］、63ページも参照。
167)　前掲『高橋副総裁ヨリノ来信』：高橋是清の松尾臣善日本銀行総裁宛書簡、1904年7月7日付。

1431

第 7 編　人物からみた戦前日本の国際金融

2　高橋帝国特派財政委員の日露戦争後の外債発行交渉

　日露戦争が1905（明治38）年9月に終結すると、日露戦争期に発行された高利の内外債を低利の外債に切り替えることが大きな課題となった。政府は9月8日に在欧の高橋是清に対し、六分利付英貨公債および第四回・第五回国庫債券整理のための低利新外債（3～4億円）を英米独仏において募集する交渉を開始するよう訓電した[168]。

　そして同年11月、第二回四分利付英貨公債2500万ポンドが発行された。発行条件は利率4％、100ポンドにつき発行価格90ポンド、政府手取り88ポンド、償還期限25年、無担保、応募者利回り4.89％、発行者利回り4.98％であった。発行条件は大幅に改善された。募集は大成功であった。

　引受銀行についてはアメリカやドイツでは変化がなかったが、イギリスでは3行に加え、新たにロンドンのロスチャイルド商会が引受に参加した。高橋是清は1905年3月28日にコッホを通じ、パリ株式取引所仲買委員長ヴェルヌイユと面会し、フランスの資本家と関係を持つに至った。9月にパリで公債を発行する話が進展した。高橋はパンミュア・ゴードン商会のレヴィタを通じて、ロンドンのロスチャイルド商会（同商会のアルフレッド・ロスチャイルドとレヴィタとは昵懇）にパリのロッチルド商会の歓誘を依頼した。高橋は11月にはパリのロッチルド商会に行き、協議した。かくしてパリでも日本外債募集が行われ、パリのロッチルド・フレール商会（Rothschild Frères）が日本外債引受業務に単独で参加した[169]。

　1907年4月には高利の六分利付英貨公債の据置期限が到来することとなった。政府はこの外債を低利の外債に借り換えることとした。

　1907年3月に五分利付英貨公債300万ポンドが英仏等分で発行された。発行条件は利率5％、100ポンドにつき発行価格99.5ポンド、政府手取り95.5ポンド、償還期限55年、応募者利回り5.04％、発行者利回り5.11％であった。発行条件は1905年11月のときよりも向上した。イギリスでは応募額は募集額を超過した。パリでも金融機関への申込みは定額に達した。高橋是清はロンドンの発

168）　日本銀行金融研究所編［1993a］74ページ。
169）　高橋是清著、上塚司編［1976］下巻（復刻版）、272－300ページ。

第14章　海外駐箚財務官制度成立以前の在外国際金融担当者

行銀行およびパリのロッチルド商会との交渉をまとめた[170]。この交渉過程は高橋是清自伝には記述されていないので、立ち入って考察しておこう。

　高橋是清は日露戦争後に外債整理を提起している[171]。六分利付英貨公債の据置期間の満了が迫ってくると、第1次西園寺公望内閣はこの高利の外債を低利の外債に借り換えることとし、1906年8月21日にこのために高橋是清を欧米に派遣することを閣議決定する。この閣議決定は高橋の希望を取り入れて阪谷芳郎大蔵大臣が西園寺首相に稟議したことに基づくものである。この稟議書では、政府が政費節約の方針を採り、財政収支の均衡を維持し、これによって公債の整理を図り、財政の基礎を強固にすること、対外財政信用を維持すること、内外国債を整理することなどが主張されていた。高橋是清は政府の方針を実行に移す単なる国際金融官僚ではなく、政府に政策を立案する政治的リーダーでもあった。高橋是清は翌22日に特派財政委員を命じられ、9月6日にイギリスに渡航した[172]。

　高橋はイギリスに到着するとただちにイギリスの金融機関と折衝を開始し、市場の趨勢を調査した。当初、政府は四分利付公債の発行を希望していた。だが当時、欧米金融市場は逼迫しており、日本の既発公債は低落の趨勢にあった[173]。公債の低利借換発行は容易ではなかった。

　高橋是清は公債をイギリスとフランスとの共同で発行させることを推進した。当時、フランスに資金余力があったにもかかわらずフランスに単独で募集することとしなかったのは、1つにはフランスが望まないであろうと考えたからである。借換外債募集金のすべてが六分利付公債の償還資金としてフランスから英米に流出することは、フランスが好まないだろうと考えられた。またフランスが内心では一手引受を希望していたとしても、当時のフランスとイギリスとの親交の（親密な）国際関係のためにイギリスの嫉妬を買わないような配慮もフランス側にはあった。イギリス側には、ロンドン市況の不利に乗じてフラン

---

170)　イギリスでは横浜正金銀行、パーズ銀行、香港上海銀行、N. M. ロスチャイルド商会、フランスではパリのロッチルド商会が発行引受を行った。高橋のアメリカ側やドイツ側との発行交渉は実らなかった。
171)　1906年3月に井上馨らに『ロンドン・タイムス』経済主筆フーバルの「戦後公債整理の方法に関する意見書」訳文を提出している（せんだ　みのる［1999］411ページ）。
172)　大蔵省編『明治大正財政史』第12巻、229-240ページ。
173)　同上巻、240ページ。

1433

スが外債引受を独占するのではないかとの心配があった。2つにはフランス単独で募集することは、フランス側が日本に対して過大な要求をすることにつながると懸念されたからである。「仏国ノ経済力ハ強大ナルモノナル故ニ他ニ之ヲ牽制スルモノナケレバ募債引受ヲ機トシ種々ノ注文ヲ提出シ物品ノ売込ハ愚カ甚シキハ国ノ面目ニモ関スル負荷ヲ敢テセシメンコトヲ図ル」恐れがあると考えられたのである[174]。

だが当時、日本の第二回四分利付英公債の時価はフランス（パリ）市場（100ポンドあたり91ポンド）に比してロンドンなどの市場（100ポンドあたり85〜86ポンド）では5ポンドも低かった[175]。これはフランスでは投資家が日本公債を保有したまま市場に売り出そうとはせず（市場取引が少なく）、また、ロスチャイルド商会が公債を買い上げて市価の維持を図るとともに、他国で発行した証券を同国株式取引所が公定相場表に登載せず国内相場の安定を図っていたのに対し、ロンドンでは公開市場で公債が自由に売買され、市場の範囲が広く、市価格の維持が困難であったからである[176]。

外債の英仏共同発行のためには両国の外債市価を一定にする必要があった。そのためにパリのロッチルド商会と交渉して第二回四分利付英貨公債のイギリス発行分をパリ株式取引所の公定相場表に掲載して売買する（上場）許可を受けることで、フランス資本のそれへの投資を促進し、イギリスでの価格を上昇させ、英仏で4％利付の新外債を額面100ポンドにつき発行価格90ポンド程度で英仏で共同発行しようとした[177]。

公定相場表に掲載することについては、パリのロッチルド商会やパリ株式取引所仲買委員長（政府任命）のヴェルヌイユは難色を示したが、1907年1月には高橋の方針を了承した。しかし金流出を危惧するフランス政府がこの掲載を

---

174) 前掲『高橋副総裁ヨリノ来信』：在倫敦特派財政委員・日本銀行副総裁高橋是清の内閣総理大臣西園寺公望、大蔵大臣阪谷芳郎宛報告（第3回渡欧第1回報告、ロンドン発）、1906年10月17日付。同第3回報告（パリ発）1906年11月7日付。
175) 大蔵省編『明治大正財政史』第12巻、240－242ページ。
176) 大蔵省編、同上巻、241ページ。高橋是清の前掲第3回渡欧第1回報告、1906年10月17日付。
177) この上場には、英仏両市場における同公債市場市価を均一ならしめると同時に、多少市価を高め、少なくとも新公債を額面100ポンドにつき発行価格89ポンドの相場で発行するという目的があった（日本銀行保有資料『高橋副総裁外債募集関係書類』：高橋是清からの電信、1907年2月22日発）。

第14章　海外駐箚財務官制度成立以前の在外国際金融担当者

許可しなかった。欧州各国は金準備の多寡に喜憂していたが、とくにフランスが金の蓄積に最も熱心であり、フランス銀行がポンド手形に対して資金をイギリス市場に融通したことに対して批判があったくらいであった。フランス以外の発行にかかわる四分利公債のパリ取引所への上場を認めることはフランスから資金をイギリスなどへ流出させることになるから、これが認められなかったのである[178]。

そこでパリのロッチルド商会は発行価格を86ポンドにすることを提案した。それだけでなく、半額のみを引き受け、残りはその後の市場の動向次第で引き受けるという条件を主張した。募債交渉がなかなかまとまらなかったのである[179]。

このような状況下で高橋は方針を変更し、5％利付公債を英米独で発行することを提唱した。この提案にドイツとアメリカは金融逼迫のために応じなかったが、イギリスとフランスの金融機関はこれに応じた。かくして1907（明治40）年3月に五分利付英貨公債の発行が実現したのである[180]。

高橋是清は、国際金融機関の厳しい要求に対して日本の国家利害を貫きつつ外債募集を実現したのである。またこうした外債募集交渉を通じて、高橋是清は国際的に通用する金融の専門家として中井芳楠に続く我が国で2番目の国際金融家となったのである。三谷太一郎氏は高橋是清を「日本における最初の国際金融家」であり、「外債募集交渉を通して、外国人との間の直接的個人的信頼関係を媒介とする対外金融関係をつくりだした最初の経済専門家であった」と評価されているが[181]、「最初の」を除けばこの説明は妥当である。

1906年11月9日に高橋是清はパリのロッチルド商会の老宰で同商会の意見を代表するノイボルヂェルと会談した。ノイボルヂェルは第5章第2節3（3）で指摘したように、日本の経済財政の信用の基礎を強固にして有利に外債を導入するようにと高橋是清に助言した。ここには国際金融業者の信用重視の姿勢が

---

178) 前掲『高橋副総裁ヨリノ来信』：日本銀行副総裁高橋是清の西園寺首相、阪谷蔵相宛報告（第3回渡欧第13回報告、ロンドン発）、1907年1月15日付。フランス政府が上場を認めるのは1910年に相場が上昇し、英仏の価格差が縮小したときである（神山恒雄［1995］同書、229ページ）。
179) 前掲『高橋副総裁外債募集関係書類』：高橋是清からの電信、1907年2月22日発。
180) 大蔵省編『明治大正財政史』第12巻、240－244ページ。神山恒雄［1995］214－215ページ。
181) 三谷太一郎［2009］40－41ページ。

よく表れている[182]。日本が財政健全化、財政規律の維持に努めることが外債募集の観点からも必要であることが、当時の政策担当者に認識されていたのである。

3　帝国特派財政委員と財政の国際信用維持活動

（1）　日露戦争後の財政代理人（帝国特派財政委員）の役割

　倫敦駐箚日本政府特命全権公使林董は「常任財務官」の必要を認め、1904年1月に小村寿太郎外務大臣にその意見を具申していた。高橋是清は日本財政のためにますますその必要があると信じ、同年5月12日に松尾臣善日銀総裁にその選択を要望した[183]。だが、高橋の「常任財政代理人派遣」の要望は政府に容れられなかった。1904年5月の外債募集の後、政府は再び高橋是清を特派財政委員に任命して外債募集を命令した[184]。

　高橋是清は特派財政委員の交代を願い出ていたが、それが認められないと元老の井上馨伯爵に財政代理人（特派財政委員）について意見を開陳した。1906年8月21日、阪谷芳郎大蔵大臣は高橋是清を財政代理人（特派財政委員）に正式に任命するための西園寺公望総理大臣宛の稟議書を閣議に提出し、決定をみた。この稟議書は財政代理人がその任務の遂行上、承知しておくべき事項を記載したものである。これは高橋是清の意見を取り入れて作成したものである[185]。特派でなく財政代理人という表現が使われているのは、将来に恒常的な役職とすることが考慮されているのであろう。8月23日に阪谷芳郎蔵相は、高橋是清特派財政委員・日本銀行副総裁を「財政代理人」（「特派財政委員」という名称は存続）に任命し、この稟議内容を以下のように訓示した[186]。

---

182)　前掲『高橋副総裁ヨリノ来信』高橋是清の西園寺首相、阪谷蔵相宛報告（第3回渡欧第4回報告、パリ発）、1906年11月10日付。
183)　高橋是清はこの任にあたる者として、従四位勲三等（旭日）以上の待遇を受け、宮中に伺候できる資格を備え、英語ができ、交際社会にも商売人社会にも立ち入ることのできる敬愛された人物の選択を求めた。人物の選択を誤ると有害無益であるとも述べた（『高橋副総裁ヨリノ来信』：高橋是清の松尾臣善日本銀行総裁宛書簡、1904年5月12日付。
184)　大蔵省編『明治大正財政史』第12巻、88ページ。
185)　同上巻、230－240ページ。
186)　同上巻、230－240ページ。任命日は、前掲『高橋副総裁外債募集関係書類』による。

① 政府将来の財政方針に関すること
　　政府は政費節約の方針を採り、歳計上収支の均衡を維持し、もって公債の整理を謀り、財政の基礎を強固にすることに努める。
② 諸般の施設に付対外財政信用を顧慮すること
　　政府は海外における国家の財政的信用に対し悪影響を及ぼさないよう慎重な注意を行う。財政代理人を海外に派遣し、我財政経済の事情を正確に海外の資本家および公衆に伝える。
③ 財政代理人に対する通信ならびに諮問のこと
　　財政に関する要件は速やかに財政代理人に通報するとともに、外国事情に関する財政代理人の意見を徴する。
④ 公債引受の申込みに関すること
　　内地における公債申込は政府が直接受け付けず、財政代理人に知照する。
⑤ 海外資金の運用に関すること
　　海外資金の運用は財政代理人に委託する。
⑥ 国債の整理に関すること
　　国債を整理する。
⑦ 私設鉄道の買収に関すること
⑧ 外資輸入に関すること
　　地方債、民間外資輸入にある程度介入する。
⑨ 南満州鉄道および鴨緑江森林の経営に関すること

　上記中の項目の中に外貨公債募集が挙げられていないのは、項目説明の前に「募債の任務」が挙げられており、それを行うことが大前提とされているからである。この任務を遂行するために承知しておくこととして、各項目（財政上の事情など）が挙げられているのである。財務代理人は政府財政の状況など必要に応じ外国資本家に説明することが求められていた。私設鉄道の買収に言及しているのは、政府が鉄道統一の方針を定めるとともに、鉄道事業が外資濫借の弊を防止する手段をとっていたからである[187]。
　財政代理人の役割としては外債募集交渉に従事することがまず挙げられるが、

---
187) 前掲『高橋副総裁外債募集関係書類』。

「財政上の信用」を対外的に維持(財政の対外信用の維持)することが重要であったことが、上記から明らかである。これは日露戦争以後多額の外債保有を抱えたことから、とくに必要となったのである。財政の基礎強化を対外的に知らせたり、平生日本に対する好意と信用とを培養することに努め、日本の財政経済事情を海外の資本家や個人に正確に伝えたりする(新聞雑誌の誤惑は打ち消す)ことが財政代理人に求められていたのである。

財政代理人の役割は明確となったが、特派財政委員の名称が存続していたことは、常任の財務官の設置は未だ実現していなかったといえよう。

高橋是清は1907年3月末に帰国したが、日露戦争後の対外財政処理や満州経営の資金調達などのために特派財政委員の派遣は存続する必要があり、1907年4月13日付で高橋に代わって大蔵次官の若槻礼次郎が大蔵次官のままで特派財政委員に任命された。同日付で理財局長水町袈裟六が、とりあえず大蔵次官心得となり、間もなく同5月10日付で大蔵次官となった。すなわち、この期間は大蔵次官が2人いたわけである[188]。

(2) 若槻礼次郎帝国特派財政委員による財政の国際信用維持活動

財政代理人(特派財政委員)の仕事は、「日本の財政経済の信用を維持すること、機を見て公債の募集借換を行うことなどであった」。「状況がよかったら、いつでも外資を獲得する機会を捉える」というものであった。高橋是清のときには戦費の調達に努めたり公債を低利のものに借り換えるために外貨公債が募集されたが、若槻が英仏に派遣されたときには外貨公社債の新規募集ということがほとんどなかった。だが、そのことは若槻が外債募集を断念していたことを意味しなかった。若槻はいつでも「募債の好機を狙っていた」。そのためにも「日本の財政経済の実情を海外に明らかにし」てその「日本の財政の信用を高める」こと、日本財政の国際信用・信認を高めることが若槻財政委員の主な仕事となった。したがって若槻の交際範囲は広く、銀行や財界の関係者と接触するとともに、新聞や雑誌の有力者と連絡を保って、始終情報を交換していた。若槻は「日本は大いに発展しつつある。財政も立ち直った。だから新たに公債を募集したりして国費をまかなわなければならないということはない。日本の

---

188) 津島寿一[1963] 27ページ。

財政は堅固に保たれている。すなわちノーローン（非募債）ノータックス（非増税）だということを唱え、これを宣伝した」。「新しい公債が出ないということになれば、今まで出ていた公債は値が上がる。公債の市価が維持されることはてきめんである」。これが若槻の狙いであった[189]。

このように日露戦争後には財政代理人（特派財政委員）の役割としては対外財政信用・財政信認の維持を図ることが、とくに大きくなったのである。

若槻は1年余海外滞在の後、1908年7月に帰国して再び大蔵次官の本務に戻った。同月に水町大蔵次官が次官のままで特派財政委員に任ぜられた。すなわち若槻と水町が入れ替わったわけである。

4　大蔵省高等官の海外派遣

1906年8月の高橋是清の海外渡航に際し、大蔵省高等官をも派遣することとなり、阪谷大蔵大臣は神野勝之助大蔵大臣秘書官を大蔵書記官として8月31日付で公債事務取扱を命じ、その傍ら欧米諸国財政事項調査のため神野を欧米へ派遣することとした[190]。1906年8月、大蔵省または臨時国債整理局の高等官1人を欧米に駐在させるときは、臨時にその官を増設するものとした（1906年勅令第235号）[191]。

神野大蔵書記官は高橋に同行し、政府の指揮に従って公債事務を取り扱った。ロンドン駐在中は大使館付となり（1905年12月に公使館が昇格）、大使（小村寿太郎特命全権大使）の監督を受けた。高橋日本銀行副総裁が帰国した後には、ロンドンに滞在して政府の命令を受けることになっていた（高橋は1907年3月27日にロンドンを出発）。公債事務の傍ら外国日本公債、在外国庫金出納保管、

---

189) 若槻禮次郎［1983］（復刻版）107、116、124ページ。ロンドンで公債を募集して得た資金をロンドンから直接金現送によって日本に回送するとロンドン市場が神経過敏になる恐れがあるから豪州を経て金をロンドン金を回収したこともあったが、その出所は新聞記者に明かさなかった（同書、123ページ）。

190) 大蔵省財政金融研究所財政史室編［1998a］491ページ。神野勝之助の身分は大蔵省百年史編集室編［1973］では当時大蔵大臣秘書官とされているが（1905年5月から1906年9月までこの職にあった）、命令書では大蔵書記官となっている（前掲『高橋副総裁外債募集関係書類』を参照）。

191) 大蔵省財政金融研究所財政史室編［1998a］491ページ。

諸外国の公債事務取扱機関、諸外国の中央銀行・貯蓄制度・株式取引所・手形交換所に関する調査などを行うこととなった。財政代理人との関係は円満親密となることとされた[192]。

1907年4月に若槻大蔵次官が高橋日銀副総裁に代わって特派財政委員に任命されると、神野書記官に代わって森賢吾大蔵大臣秘書官が大蔵書記官として欧米に派遣された。井内勇（税務監督局事務官）、青木道（大蔵属）も部下として所属した[193]。

1908年7月に水町大蔵次官が財政特派委員となった。1909年10月に大蔵省高等官2人体制を追認するために、大蔵省高等官2人を欧米に駐在させるときは、臨時にその官を増設するものとした（勅令第268号）[194]。

高橋是清が求めた常駐の財務官の設置は未だ実現しなかったが、財政代理人（特派財政委員）とともにその補佐としての大蔵省高等官が海外に派遣されることとなったのである。

---

192) 大蔵大臣の命令書（前掲『高橋副総裁外債募集関係書類』）を参照）。
193) 津島寿一［1963］27ページ。井内が帰国後、神鞭常孝（大蔵属）が加わった。
194) 大蔵省財政金融研究所財政史室編［1998a］491ページ。

第15章　戦前日本の国際金融官僚
——海外駐箚財務官を中心として——

第1節　海外駐箚財務官制度の成立

1　高橋是清の海外常駐財務官派遣建議

　財務官は国際金融行政面で財務大臣を補佐する財務官僚（2001年1月6日に財務省が設置される以前は大蔵省に所属）で、国際金融行政における官僚側の総元締めである。今日、英語では Vice Minister of Finance for International Affairs（国際問題担当次官）と呼ばれている。通貨調整、経済政策の国際協調、経済協力、債務累積問題への取組みなどの決定に関与し、このために主要7カ国蔵相・中央銀行総裁会議（G7）、国際通貨基金、2国間金融協議などの会議に参加する。この財務官の前身は第2次世界大戦前の海外駐箚財務官である。この海外駐箚財務官が戦前における我が国の金・外貨政策に関して海外で大きな役割を果たした国際金融官僚であり、この国際金融官僚が国際経済官僚としても活動したのである。国際金融官僚、国際経済官僚のあり方を考えるためには、まず海外駐箚財務官のことを知らなければならない。

　海外駐箚財務官が関与した外債募集や国際会議などの研究はあるけれども[1]、重要な役割を果たした海外駐箚財務官についてのまとまった研究はほとんど存在しない[2]。これは経済史・国際金融史研究者に官僚史研究の視角が乏しく、官僚史研究者に経済史・国際金融史研究の視角が乏しかったためと、資料的制

---

[1]　外債発行の研究史については日本銀行金融研究所編（委託研究報告）[1993b] 55-56、63-64、67-68、72-74、78、133-134ページを参照されたい。同書の増補版は東京大学出版会から刊行された（石井寛治［2001］）。また神山恒雄［1995］、第4章、第5章、Suzuki, Toshio [1994] も参照。

約によるものである。海外駐箚財務官を研究するためには、財務官についてこれまでに指摘されてきた事実の再構成と再評価を行うとともに、資料の発掘に努めなければならない。

高橋是清は、前章で述べたように日露戦争当初から海外常駐の財務官の派遣を主張していたが、1906年におけるフランスとの外債募集交渉を通じてますますそのことが急務であることを痛感するようになった。公債発行が必要になったときに臨時的に特派財政委員を派遣するのではなく、財務官を英仏に常駐させることを政府に求めたのである。

特派財政委員高橋是清は、1906年11月7日に西園寺公望内閣総理大臣および阪谷芳郎大蔵大臣に対して「我財政ノ信用ヲ維持発揚セシメ」るために常住の財政員の早期派遣を要請した[3]。同月10日にも高橋はこのことを要請し、とくに英仏両語に通じた人を求めた[4]。

高橋是清は、11月19日には松尾臣善日銀総裁を通じて西園寺首相および阪谷蔵相宛に以下のような報告書を送付し[5]、その報告書の「複書」（副書）を松方正義、井上馨の両元老に上程するよう松尾日銀総裁に依頼しているのである[6]。高橋の報告書が政策決定に重要な影響を及ぼしていることは明らかである。

高橋は「外資ノ輸入ヲ仰ガントスルノ境遇ニ立ツ我国ニシテ国家財政経済ノ

---

2) これまでに、国際金融官僚としての海外駐箚財務官に関する注目すべき研究がないわけではない。だが、高橋是清に関する研究は財務官に関係するとはいえ、財務官そのものの研究ではない。三谷太一郎 [1974] は国際金融家の登場を明らかにしているが、それは国際金融家の一員として財務官に言及するにとどまる。藤村欣市朗 [1992a, b] は海外駐箚財務官そのものに関する研究であり、第1次資料を発掘した注目すべき研究であるが、高橋是清英文日記やリース・ロス卿などについて多くのページが割かれ、財務官制度の推移、津島寿一財務官、財務官の人事、政策の考察が不十分である。佐上武弘 [1972a, b, c] は森賢吾財務官についての研究にとどまる。NHK"ドキュメント昭和"取材班 [1986] は津島財務官について述べているが、考察の中心は井上準之助と金解禁についてである。

3) 高橋は「常住ノ財政特派員ヲ早ク御派遣相成主トシテ倫敦巴里ノ市況ニ注意シ有力ナル財政関係者ト往復シテ事情ノ視察ヲ努メ時ニ臨ミテ便宜ノ処置ヲ敢テシ以テ我財政ノ信用ヲ維持発揚セシメラル、事」がますます緊要であるとパリから書き送っている（日本銀行金融研究所所蔵『高橋副総裁ヨリノ来信』：高橋是清の第3回渡欧第3回報告、パリ発、1906年11月7日付）。

4) 高橋は「常住的財政特派員早ク簡派サシテ始終英仏金融界ノ形勢ヲ視察シ時ニ及テ臨機ノ建策ト適宜ノ施設トヲ完フセシメラル、事甚ダ緊切」であると述べている（高橋是清の西園寺首相、阪谷蔵相宛第3回渡欧第4回報告、パリ発、1906年11月10日付）。

5) 『高橋副総裁ヨリノ来信』：特派財政委員・日本銀行副総裁高橋是清の内閣総理大臣西園寺公望、大蔵大臣阪谷芳郎宛第3回渡欧第8回報告、1906年11月19日付。

6) 『高橋副総裁ヨリノ来信』：高橋是清から松尾臣善日本銀行総裁宛書簡、1906年11月21日付。

第15章　戦前日本の国際金融官僚

信用ヲ海外ニ維持発展セシメントスルニ其機関ナクンバ有形無形ニ国損失ヲ招ク」と論ずる。その理由は以下のようなものである。

在外財務官ハ決シテ其時ニ臨ミテノミ必要アルモノニアラズ　平時無事ノ際ニ於テ英仏等ノ如キ重ナル市場ニ駐留シ重ナル資本家ト往来交際シテ信用ノ地盤ヲ固メ置クコト非常ニ大切ニ有之候　平常ニ信用ノ地盤固マリ居ラザレバ時ニ及デ急ニ発動セントシテモ其ノ効能薄クシテ遺憾ヲ感ズルコト尠カラズ　又日本ヨリ無責任ノ電報等ハ随時ニ来リ　時トシテハ甚シク市場ヲ惑ハス事モ往々ニ有之候処若シ斯ル場合ニ責任アル財務官在リテ其ノ妄ヲ弁ズレバ大ニ市場ヲ安心セシメ無用ノ疑惑ヲ掃清スル等ノコトモ容易ニ出来テ帰スル所ハ日本ノ利益トナルベク候……常設ノ財務官御選任ノ事実ニ緊急ニシテ殆ド焦眉ノ感無クンバアラズ　依テ前報ニモ申上候通リ相当ノ逸材ヲ御簡抜シテ至急御任選相成候様　為国家不堪希望候。

　高橋が考える財務官の資格とは、普通の資格のほかに以下のような条件を満たしていることであった[7]。

　第1に、少なくとも英仏両国語を自由に操れる人であるということである。通訳を経て談話交渉をするようでは意思が十分に伝わらず、このため微妙な内輪の相談などが覚束なく、またフランスの資本家などの中には英語を理解できない者もいた。高橋は1905年に初めてフランスに行き、ロッチルド家の老宰ノイボルヂェルと会見したときに、英語とフランス語での議論が一向に合致せず困ったという経験をしていた。

　第2に、風釆があがる人でなければならないということである。名声がすでに世に聞こえている人か、もしくはすでに接触してその人の技量がよくわかっている人は風釆など関係がないであろうが、財務官は東西の要地を旅行して種々の人に接する場合が甚だ多いから、風釆があがらない人はそのために損をすることが少なくない、一見して人を圧する容姿をしている者は初めて会ったときから重きを置かれ、何かにつけて利益が多い、と高橋は述べるのである。

7）　前掲『高橋是清副総裁ヨリノ来信』1906年11月19日付。

第3に、少なくとも10年くらいは在外勤務に堪えることができる人であるということである。初めの2、3年間は誰でも信望がなかなか得られるものではない。2、3年の間にしだいにその信用の地盤を固めて交際の範囲を広め、種々の関係を結びつけてしだいにその能力を発揮するようになるのである。どのような適材を簡抜したとしても、2年内外で帰還するようでは役立つようになったときにその任を去ることとなり、国家の不経済このうえない、と高橋はいうのである。

　国際金融官僚は国内官僚とは異なる資質と経験を有することが、すでに高橋によって認識されていたのである。また実際に、このような条件を満たす人物として後に森賢吾や津島寿一が財務官に選ばれるのである。

　高橋の後を受けて、当時の大蔵次官若槻礼次郎が1907年4月13日付で、帝国特派財政委員に任命され、英仏に駐在することとなった。若槻は1906年1月以来大蔵次官であり、次官の地位のままで委員となった。同日付で理財局長水町袈裟六が、とりあえず大蔵次官心得となり、間もなく5月10日付で大蔵次官となった。すなわち、この期間は大蔵次官が2人いたわけである。若槻特派財政委員のロンドン駐在時代には、神野書記官に代わって森賢吾書記官が欧米に派遣された。森のほか、井内勇、青木道が部下として随行した。井内の帰国後、神鞭常孝が加わった[8]。

　財政委員の仕事は、日本の財政経済の信用を維持すること、機をみて公債の募集、借換えを行う（状況がよかったらその機会をとらえて外債を募集する）ことなどであった。高橋是清のときは公債を募集して戦費の調達に努めたが、若槻が海外に行ったときには、公社債の新規募集ということがほとんどなく、日本の財政経済の実情を明らかにしてその信用を高めることが主な仕事となった。日本は大いに発展しつつある、財政も立ち直った、だから新たに公債を募集したり、増税をしたりして国費を賄わなければならないということはない、日本の財政は堅固に保たれている、すなわちノーローン（非募債）、ノータックス（非増税）だといういうことを若槻は唱え、これを宣伝した[9]。

　若槻は1年余り滞在の後、1908年7月に帰国して再び大蔵次官の本務に戻っ

8）　津島寿一［1963］27ページ。
9）　若槻禮次郎［1983］107、116、124ページ。

た。同月に水町大蔵次官が次官のままで特派財政委員に任ぜられた。すなわち若槻と水町が入れ替わったわけである。

2　海外駐箚財務官制度の成立

　1909年10月、特派財政委員の体制を追認するため、大蔵省高等官2人を欧米に駐在させるときは、臨時にその官を増設するものとした（勅令第268号）。高等官は親任官（広義の勅任官に含まれる）、勅任官、奏任官の総称であり、天皇が任免にかかわる官吏である。さらに、この体制を制度化するために、水町特派財政委員の在任中の1910（明治43）年5月、勅令第236号で、「海外駐箚財務官臨時設置制」が定められ、ここに海外駐箚財務官制度が正式に設けられたのである。これにより、海外における帝国の財務に関する事項を処理するため、イギリスまたはフランスに海外駐箚財務官1人、書記官1人を置くこととなったのであった[10]。

　1910年6月に水町袈裟六が初代海外駐箚財務官に任命された。もっとも、役名は変わったが、仕事の内容に変わりはなかった。森は、引き続きこの官制による大蔵書記官として、水町財務官を補佐した。それは実質的には、従来となんら変わるところはなかった。水町は1889年7月に東京帝国大学を卒業し、1891年7月に同大学大学院研究課程を修了した後、大蔵省に入省している。官僚を養成することを大きな目的とする東京帝国大学を卒業した大蔵官僚が財務官になるということは、その後も森、津島、冨田勇太郎、荒川昌二、湯本武雄と継承されているのである。ここに大蔵省の人事政策をみることができる。水町財務官は1911年6月まで財務官の職にあり、10年6月の第三回四分利付公債1100万ポンド発行に寄与した。

---

10)　津島寿一[1963] 26−28ページ。1910年5月に発表された第三回四分利付英貨公債目論見書においては、特派財政委員の英文表記は、Vice-Minister of Finance and Financial Commissioner of the Imperial Japanese Government であった（『明治大正財政史』第12巻、294−295ページ）。

3　森賢吾の財務官任命と活動

(1)　森賢吾の財務官任命

　水町袈裟六は1911（明治44）年6月に日本銀行副総裁となり、財務官を退任した。同月、森賢吾が財務官心得となった。それまでの森賢吾の経歴は次のとおりである[11]。森賢吾は1875年に佐賀鍋島旧藩士森九郎右ヱ門の次男として佐賀市に生まれた。1900年7月に東京帝大法科大学政治科を卒業するとただちに大蔵省に奉職し、大蔵属として主税局に勤務した。森が大蔵省に入ったのは、佐賀出身の先輩水町袈裟六が当時大蔵省参事官を務めていたのと、財政学の松崎蔵之助教授の推挙があったためである。森は同年11月に文官高等試験に合格した。入省わずか5カ月を経たばかりの同年12月にイギリスに出張を命ぜられ、翌年3月から約1年英国に滞在して1902年5月に帰国した。その出張の用務は、主として英国の地方行政、租税制度などの調査であった。この滞在を契機として、森は英国の政治経済全般にわたって勉強した。英語にも磨きをかけた。これが後年の森の活動を基礎づけるものとなる。

　森は英国出張中の1902年3月に司税官兼大蔵書記官に任ぜられ、1903年7月から1905年5月にかけて大蔵大臣秘書官を兼ね、1903年10月に大蔵省参事官となり、1905年5月に専任大蔵大臣秘書官兼大蔵省参事官となった。1906年9月に理財局銀行課長に就任したが、同月から1907年4月にかけて大蔵大臣秘書官を兼任した。要するに、森は4年間にわたって大臣秘書官を務めたわけである。ところが、前述のように若槻が英仏駐在を命じられると、若槻を補佐するために1907年4月から森は大蔵書記官として欧米に派遣されることとなった。これが森の長期在外勤務の序幕となったのである[12]。

　森は若槻に続き、水町も補佐していたが、水町財務官が1911年6月に帰国して日本銀行副総裁となったとき、森が海外駐箚財務官心得となった。森の肩書に「心得」が付けられたのは「勅任」となる必要年限が足りなかったためであり、森の仕事ぶりとは関係のないことであった。当時の官僚制には身分上の制約があり、能力だけではポストを得ることが難しかったのである。

---

11)　津島寿一［1963］1-8ページ。
12)　同上書、6ページ。

ここで官庁の身分制度について述べておこう。もともと官僚制は身分（職階）を絶対条件とする官僚から構成される国家の制度である[13]。戦前には親任官、勅任官、奏任官、判任官、雇員、傭人の身分区別が役所の世界にあった。高等官の身分上の等級についていえば、親任官が最高の官吏で、天皇自らが任命する。大臣、枢密院議長以下の枢密顧問官、特命全権大使などがこれにあたる。親任官は勅任官に含まれることもあるが、この場合には親任官が勅任官の頂点に立つ。勅任官は天皇の勅令によって任用される官吏で、狭義には親任官を含まない。これには高等官1等、2等があり、本省の次官・局長クラスや各県官選知事などがその代表である。奏任官は長官の推薦により勅裁を経て任用される官吏で、高等官3等以下をいう。高等官は8等まであったが、1910年からは9等までとなった。奏任官は課長以下の中堅幹部と幹部候補生を含んでいる。ここまでが高等官である。高等官の下に位置する判任官は属あるいは属官とも呼ばれる。この下級官吏は長官の権限によって任用される。蔭では「半任官」とも呼ばれている。ただ次々とポストの変わることの多い高等官とは違って、おおむね1ヵ所に長くとどまり、実務の現場を押さえていた。判任官は「官吏」の仲間であったが、雇員や傭員は長期の非正規雇用者であった[14]。

　森賢吾は1913（大正2）年6月、正式に海外駐箚（英仏駐在）財務官となる。これは森に勅任官の資格ができたためである。大蔵省は組織の統制がよくとれており、序列が厳しかった。この大蔵省にあっても、国際的に通用する人材が求められる国際金融の分野においては、その制約を受けつつ、能力に基づく一種の抜擢人事が行われたのである。「心得」という名を付したにせよ、森は勅任官となる資格がないのに財務官が行う仕事を与えられたし、一定の年数を経てこの資格が得られるようになると、森は2等官を飛び越えて正式に1等官となり、次官級ポストである財務官に38歳という若さでなったのである。

　森賢吾は1927年5月に海外駐箚財務官を辞任する。森の財務官としての在任は、同月に津島が後任となるまで大蔵省では異例の14年、「心得」の期間を含めれば16年の長きに及んだのである。

---

13) 村川一郎［1994］10ページ。
14) 水谷三公［1999］42-44ページ。

（２）　森賢吾の人物像——国際的信頼を得るための主体的条件

森賢吾はどのような人物であったのか。津島寿一によれば、森は次のような性格、特質（思想、能力、体験）を有していた[15]。

森賢吾は、第１に、非凡な頭脳、秀徹明敏な思考力、判断力の持主であった。津島は森のことを、頭のよさという点ではまさに超弩級品であり、書を読んでは眼光紙背に徹し、人と語っては相手の胸中をとらえる達眼の持主であったと評している。

第２に、英語に堪能で、西洋事情に通暁し、欧米人を深く理解していた。幼少時代から英語を特別に勉強していた森は英語については読み方、書き方、会話・スピーチともに優れていた。フランス語にも熟達していたようである。森の語学力は優秀であり、欧米人の胸に焼きつけるような印象深い用語、表現を自由に駆使し、聴者の理解と共鳴を勝ち取る至妙のテクニックの保持者でもあった。

第３に、（高橋是清が財務官にとって必要であると考えていたような）颯爽とした風姿をしていた。森の風貌は日本人離れした鋭さと叡智とを印象づけ、しかも、その態度、挙措においても世界の大家に伍し、堂々たる構えを示したのであった。

第４に、森は武家の流れを汲み、『葉隠』・『論語』によって鍛えられ、葉隠武士の魂が根強くしみこんでいた。（新渡戸稲造の著書『武士道』（英文）が海外で評価されたように）、武士道で尊重される義（正義）、勇気、仁、礼、誠（誠実）、名誉などの中には欧米人と共通する倫理観があった。森の基本的修養は漢学（四書五経）であり、古典国文であり、端的にいえば、森は和魂漢才の士でもあるということができる。和漢学の素養は森の文章や講演に活かされた。

第５に、森は自己に与えられた職務に忠実で、責任感が強く、仕事ぶりは献身的であった。自分の仕事以外のことには口出ししなかったが、自分の仕事には心身を張って打ち込み、日本の国力発展と国際的地位信用の向上に努め、一身一家の利害などは顧みなかった（このため、長期の海外生活にも耐えることが

---

[15]　津島寿一［1963］60－61、69－119、135－139ページ。*BUSHIDO, The Soul of Japan* については齊藤壽彦「武士道と企業再生」財団法人政治経済研究所『政経研究』第83号、2004年11月、１－４ページを参照。

できた）。

　第6に、森は金銭には淡白で、内外人の接待には惜しみなく金を使い、対外的な対面の保持に意を用いた。このため森は貯蓄ができなくなったが、財務官の仕事を完全に遂行するためには、それが必要とされたのである。

　第7に、森はエチケットに詳しく、またやかましかった。森は万事に几帳面で、約束は忠実に履行し、とくに時間は厳守し、服装身なりはぱりっとするように特別の注意を払った。森は部下にもこれを求め、うるさがられもしたが、森は外人の前に出ても、また会食に参加しても、日本人として恥ずかしくないようにしなければならないと考えていたのである。

　第8に、森は若くして海外に出ており、海外での生活が長く、海外に知己が多かった。国際金融官僚として活動するためには海外の国際金融関係者から人的信頼を得ていることが重要であるが、森はこの条件を満たしていた。森が1934年に死去したとの報が伝わると、海外（とくにロンドン、ニューヨークなど）の旧友から鄭重な弔電が無数に届き、津島は答電を発送するのに繁忙を極めたという。

　第9に、森は多年海外に在住し、第1次大戦前後を通じて国際財政金融の研究に没頭し、とくに実践的な修練を積み上げ、知識・経験ともに諸外国の最高権威者に対し一歩もひけをとらなかった。

　森は能力に対する信頼と相手への配慮から生ずる信頼を得ていたのであり、国際社会で活動するために必要な条件を満たしていた[16]。このように、まさに森は国際金融家、国際金融専門官僚にふさわしい資質を備えていたということができる。このようなことから森が財務官に選ばれ、また長期にわたってその地位を保持することとなったのである。なお、森は自尊心が強く、自信たっぷりであり、人から傲慢だとみなされる場合が多く、人に対しては好き嫌いが強く、したがって味方も多かったが敵も多かった。森にはこのような側面があったことも付言しておく。

---

16) 三谷太一郎氏は、森が卓絶した語学力と経済専門智識との結合によって、深く英米の国際金融家たちの個人的信頼を得ていた、と述べている（三谷太一郎［1974］134ページ）。森は約束を忠実に履行し（誠実）、礼儀を重んじる（相手を不愉快にさせない）という点では相手への思いやりもあったといえよう。能力に対する信頼と人格的信頼を得ていたのである。

(3) 森賢吾の財務官活動

　森財務官は日露戦後外貨公債発行に従事した[17]。すなわち、森は水町特派財政委員のもとで書記官として四分利付仏貨公債（1910年5月、4億5000万フラン）、第三回四分利付英貨公債（1910年5月、1100万ポンド）、また財務官心得として第一回英貨鉄道債券（1913年3月、300万ポンド）、五分利付仏貨国庫債券（1913年4月、2億フラン）、財務官として第二回英貨鉄道債券（1914年2月、250万ポンド）の発行に関与している。

　また当時、会社や都市の債務について政府が元利払いを保証して外貨債券を発行することが行われた。会社や都市がそれ自身の信用では外国市場で資金を調達することが困難な場合でも、政府の支払い保証があれば、この社債や市債を外国市場で売り出すことができる。この政府保証外貨債の場合には、投資家は、会社や都市を当てにするよりも、むしろその債務の保証人となった政府を信用して債券を買い取るのである。戦前においては南満州鉄道、東洋拓殖会社社債、震災復興のための東京・横浜市債などが国家重大の理由のもとに発行されている。このような債券も財務官が依頼を受けて発行交渉を行った[18]。

　森は若槻特派財政委員のもとで書記官として政府保証満鉄社債（①1907年7月、第1回、400万ポンド、②1908年5月、第2回、200万ポンド）、政府保証日本興業銀行債券（1908年11月、200万ポンド、[英仏半額]。発行時点では特派財政委員は水町）の発行に関与した。また森は水町特派財政委員のもとで第三回満鉄社債（1908年12月、200万ポンド）、水町財務官のもとで書記官として第四回政府保証満鉄社債（1911年1月、600万ポンド）、さらに財務官心得として政府保証東洋拓殖社債（1913年2月、5000万フラン）の発行に関与した。

　さらに非政府保証外貨債券も発行された。このような債券発行に財務官がすべて関与したわけではないが、財務官は依頼を受けて発行交渉を行ったのである。このように、国債以外にも財務官が発行に関与したのは発行団が安心できるからであり、財務官が加わることによって発行交渉が円滑に運んだのである。非政府保証外貨債券として戦前に特殊銀行や東京、大阪、横浜、神戸のように海外に名の知れた大都市が地方外債を発行しており、ごく少額を名古屋市が奇

---

17)　津島寿一［1963］44-45ページ。
18)　森賢吾［1930］金融経済研究所編［1973a］345-346ページ。

跡的に発行している[19]。森は水町特派財政委員のもとで北海道拓殖銀行債券（10年6月、500万ポンド）の発行に関与し、また財務官心得として東京市電気事業公債（1912年2月、英貨517万5000ポンド、仏貨1億88万フラン）の発行に関与したのである。

民間社債は民間事業の経済能力のみに立脚して信用を海外に示さなければならないから、その発行はなかなか困難であった。山陽鉄道社債（100万ポンド）を除けば、日本の民間社債が外国市場で最初に発行されたのは1923年のことであり、このときに東京電燈社債（300万ポンド）が発行されている[20]。民間社債の発行にも財務官が従事したが、第1次大戦前にはそれが発行されていないから、当然、森は第1次大戦前には民間外債発行には関与していないことになる。

第2節　海外駐箚財務官制度展開期の財務官とその協力者

1　財務官制度の拡充と整理

（1）　第1次世界大戦期の財務官の拡充

財務官制度は国内の行政制度改革や経済政策の影響を受ける。1914年の大蔵省機構の整理[21]で、財務官のもとでの書記官を廃止して、属（属官）とすることとなり、これが1915年4月から施行された。かくして同月以降は、英仏駐箚財務官の勅任官1人と属官1人という構成となったのである[22]。

寺内正毅内閣期には、勝田主計蔵相は、財政経済に関する根本方針を積極方針、経済的立国主義、日支経済親善、与国財政援助の4点と定めた。また第1次大戦勃発後には国際金融が大きく変化した。さらに、連合国財政援助などに見合う体制をとることが必要であると考えられた。このような背景のもと、海外駐箚財務官制度が増強されることとなったのである。すなわち、寺内内閣の勝田蔵相時代に財務官制度が拡大された（1917年9月、勅令第149号）。英仏の方

---

19)　同上書、346ページ。
20)　金融経済研究所編［1973a］347ページ。
21)　1912年、第2次西園寺内閣は、政財界の期待を担って行政整理の調査を行い、これに基づく行政機構改革が1913年6月、第1次山本内閣の手で実施され、続く第2次大隈内閣はさらに人員の削減を行った（大蔵省財政金融研究所財政史室編［1998a］489－490ページ）。
22)　大蔵省財政金融研究所財政史室編［1998a］491ページ。

はそのままであったが、その他に米国（ニューヨーク）、ロシア（ペトログラード）、中国（北京）駐在の財務官が新設され、1917年9月に財務官は4人となった。そのうち、2人は奏任官であった[23]。財務官事務所勤務者も増員され、事務官（高等官）2人、財務書記（判任官）8人となった。

さらに地域別に財務官の増設理由を指摘しておこう。第1次大戦勃発後にアメリカが国際金融の中心市場として台頭してきた。アメリカはヨーロッパへの資金援助も実施するようになった。これがアメリカに駐箚財務官が置かれるようになった理由であろう。日本とロシアは1907年に第1回日露協約を締結して以来、日露両国の国境に接している満州・蒙古地方の特殊権益を認め合い、共同してイギリス、アメリカの勢力に対抗してきた。第1次大戦勃発後には、ロシア円貨大蔵省証券を発行し、手取金を我が国から購入した兵器代の決済資金に充当させることも行われた。ロシア駐在財務官が設置されたのは、このような背景があったからである。寺内内閣はまた積極的な対中国投資も行った。これは日中経済提携強化のための具体策であると同時に、金融調節策でもあった。このような情勢の中で中国駐在財務官が設置されている。

第1次大戦以後、満州事変前の、英仏駐在以外の財務官は次のとおりである[24]。

米国駐在財務官＝田昌（1917年9月〜22年6月）、松本脩（1922年6月〜23年4月）、勝正憲（23年4月〜24年10月）、ロシア駐在＝今村次吉（17年9月〜19年9月）、草間秀雄（19年9月〜20年9月）、中国駐在＝小林丑三郎（17年9月〜19年4月）、公森太郎（19年9月〜20年9月）（財務官心得）。

公森が財務官心得として選ばれたのは次の事情による。公森は阪谷芳郎（元大蔵次官、大蔵大臣）から、秀才の多い大蔵省に入れば大学の成績のよくない者でも秀才として世に通り、大蔵省課長が銀行の頭取となるようにどこへいっても出世すると助言され、大蔵省に入省したという。地方の税務監督を長く務めていた公森は、第1次大戦期に日本が青島を占領しその税関を押収したときに選ばれて青島の税関事務を担当することとなり、中国との関わりができた。また第1次大戦期に中国幣制改革問題が起こった際、4国借款団に加わってい

---

23) 津島寿一［1963］28ページ。
24) 大蔵省財政史室編［1998b］455ページ。

る日本から阪谷が顧問となって中国に行くことになり、大学生時代に保証人をしてもらった阪谷に公森が随行した。このような経緯から小林丑三郎の財務官辞任後、公森が中国財務官心得となったのである[25]。

（2） 第1次大戦後の財務官の整理

　第1次大戦中に拡充された財務官制度も、大戦後には財務官の整理をこうむることとなる。ロシアでは1917年にロシア革命が起こり、今村財務官が引き揚げて帰るという意外な出来事が起こった。ロシア革命の勃発により、提携を強化してきた日露の同盟関係は瓦解した。1918年に寺内内閣はシベリア出兵さえ実施した。その後も日露間に関係改善の展望が見出せず、1920年9月に駐露財務官が廃止された（勅令第416号）。また同勅令で中国駐在財務官も廃止された。これは大戦後の中国への投資の困難性を反映していると考えられる。なお中国では代わりに事務官を置くこととなり、海外駐箚財務官心得であった公森が大蔵事務官として引き続き中国に駐在している[26]。かくして、1920年9月末には財務官は英仏駐在と米国駐在の2人に縮小されたのである。もっとも、賠償に関する国際会議などによって事務多忙のため、財務官のほか事務官4人、書記10人となっている[27]。

　加藤友三郎内閣（1922年6月成立）および加藤高明内閣（1924年6月）は、行政改革を実施した。加藤友三郎内閣は軍縮に伴う財政の整理緊縮を行った。憲政会総裁加藤高明内閣は、普通選挙、綱紀粛正、行財政整理という憲政会の公約を三大政策として掲げ、これを実行することとなった。経済不況を背景として、行政機関の整理、人員整理を主とする軍縮、特別会計整理、既定継続事業の繰延べなどが実施され、これらの行政、財政整理を通じて、一般会計において1924年度の実行予算の16億1541万円に対し、1925年度の予算は15億2436万円と、9100万円の節減をみた[28]。

　1924年12月、行財政整理の一環として米国駐在の財務官が廃止され、財務官は1人となり、英仏駐在の財務官（森）が米国駐在をも兼ねることとなった

25）　大蔵省大臣官房調査企画課［1980］145－183ページ。
26）　大蔵省財政史室編［1998b］455ページ。
27）　大蔵省財政史室編［1998a］730ページ。
28）　同上書、586－587、625－627ページ。

（勅令第328号）。定員は事務官3人、財務書記官5人となった[29]。

財務官制度は対中国政策の影響も受けている。1927年4月に成立した田中義一内閣は、金融恐慌を切り抜けることに成功すると、対中国積極政策への転換を図った。すなわち同内閣は、蒋介石国民政府軍による北伐が展開されると現地の居留民保護を名目とする3次にわたる山東出兵を行い、また、中央・各関係出先機関の協議・連絡のために第2次東方会議（満支鮮出先官憲連絡会議）を開催し、さらに満鉄社長に山本条太郎を起用しての鉄道交渉、満州の治安維持に関する中国南北両軍に対する警告などの措置に出た。このような背景のもとで、1929年4月に勅令第88号で再び中国駐在財務官を設置することになった。同月から公森が1930年8月まで中国駐在財務官を務めている。もっとも、公森は財務官として特段の成果をあげていない。

1931年4月、勅令第59号で再び中国駐在財務官が廃止されている。以後1938年1月に勅令第2号で再び復活するまで、中国駐在財務官はいなかった。

2　森賢吾財務官の活動

(1)　第1次大戦期の英仏債券の引受など

第1次大戦中には日本は原則として外債募集を行わず、逆に対外投資を行うようになり、森財務官は債務者としての立場よりもむしろ債権者としての立場から活躍している。津島は「財務官」が「財権官」になったと評している[30]。

第1次大戦後には日本は戦勝国の一員としてドイツから賠償金を取り立てる立場となるが、関東大震災後には再び外債を募集するようになるから、財務官は震災後には債務者としての活動と債権者としての活動の両方を行うこととなる[31]。賠償問題についての活動は国際会議での活動として論ずることとし、ここでは第1次大戦期の資本輸出についてみてみよう。

第1次大戦期に国際収支が大幅に好転し、これを背景として日本は対外投資を推進することとなり、この一環として与国、すなわち日本と連合した国に対

---

29)　津島寿一［1963］29ページ。
30)　同上書、55－56ページ。
31)　津島寿一［1964］35－36ページ。

する財政援助を行うようになった。この方策として、日本は連合国政府が発行する債券を引き受けた。このうちロシア政府公債の引受は森財務官の権限外であったが、英仏政府が発行する債券の発行交渉と調印は森財務官の担当するところであった。

第1次大戦中にイギリス政府債券を日本が引き受けたのは3回で、その合計金額は邦貨2億8000万円に及んでいる。英国政府英貨大蔵省証券（1916年7月、英貨1000万ポンド、邦貨換算1億円、日本政府引受）、イギリス政府円貨国庫債券（16年12月、1億円、日本政府の勧奨による、日本民間銀行団引受）、英国政府円貨大蔵省証券（18年1月、8000万円、大蔵省預金部引受の後、日本銀行を通じて一般に売出）を日本が引き受けた。フランス政府債券の引受も3回で、その合計金額は約1億3300万円にのぼっている。仏国円大蔵証券（17年3月～10月、分割発行、合計2624万6000円、大蔵省預金部引受の後、臨時国庫証券特別会計が継承、1918年10月以後に数回の増額があり結局3316万1000円となる）、第1次仏国政府円貨国庫債券（5000万円）、第2次仏国政府円貨国庫債券（18年11月、5000万円、東西銀行団引受）を日本が引き受けたのである。

このほか、大戦中に日本が政府・日銀所有の在外正貨を英仏政府の公債および本邦外債に運用投資したことも、資本輸出であるとともに英仏両国に対する資金的援助として挙げられる。この額は1914年末には皆無であったが、1917年末には政府所有分1億6200万円、日銀所有分約1億9000万円の多額に達した。このうち、イギリス政府が買入れまたは受託したものを日本が買い入れることについては、森財務官がイギリス大蔵省と折衝して実現をみたのであった。

このような連合国への資金援助は日本の国際的地位を強化する大きな支柱となったが、また森財務官の国際的地位を高めることとなり、森の海外での活動を助けることとなったのである。

（2） 第1次大戦以後の外資導入政策

財務官の活動は国内財政金融行政によって制約される。財務官の仕事として重要な外債発行交渉への参加も、外債を発行するかどうかについての国内の方針によって決まる。第1次大戦以後の外資導入は次のような推移をたどっている[32]。

第 7 編　人物からみた戦前日本の国際金融

　第 1 次大戦期における国際収支の大幅黒字のもとで、日本は外資をほとんど導入しなくなる。外債発行が再開されるのは1923年度のことであり、震災外債が発行されている。その後、1924年度から1929年度にかけて外貨国債発行は中断されていたが、1930年に日露戦争時の外債借換えのために再び外貨国債が発行されている。なお、1926年から1927年にかけて外貨市債が発行されている。これは都市財政を支えるとともに、在外正貨を補充するものであった。また長期資金調達のために、1923年から1931年にかけて電力債などの外貨社債も発行されている。

　第 1 次大戦後の外資導入政策は、抑制策を基調としたジグザグの過程をとっている[33]。すなわち、1922年に成立した加藤友三郎内閣は緊縮財政方針を発表しており、1923年に入っても政府は緊縮政策を継続し、外資導入抑制方策をとっていた。だが、同年 9 月に震災が勃発すると第 2 次山本権兵衛内閣が成立し、蔵相となった井上準之助は外債発行方針をとるようになる。護憲 3 派内閣である加藤高明内閣の浜口雄幸蔵相が行った関西銀行大会（1924年11月）における演説では、外資輸入を抑制するのかしないのかはっきりしなくなる。1925年12月には大蔵省は外資導入抑制を省議決定する。ところが、1926年 5 月には外資導入を寛大に取り扱う方針を大蔵省は内示し、さらに同年10月には外資導入が有利と認められる場合はそれを抑制しない方針をとることとなる。そして1927年の金融恐慌後には、外資導入抑制方針は事実上放棄されたのである。

　1925年12月の外資導入抑制方針の大蔵省議決定は憲政会内閣である第 2 次加藤高明内閣のときであり、外資導入抑制方針の事実上の放棄は金融恐慌後に成立した立憲政友会田中義一内閣においてであるから、政党の基本方針により外資輸入方針が左右された可能性を否定するわけにはいかない。積極主義を標榜する政友会に対して、1920年代の憲政内閣期には金解禁政策との関連で緊縮政策と外資輸入抑制が同党の公約となっていた。

　だが、1926年 5 月および10月の外資導入抑制緩和方針は憲政会内閣の第 1 次若槻礼次郎内閣のときであって、同じ憲政会内閣のもとで異なった外資方針が採用されているのであるから、政党の方針によって大蔵省の外資導入方針が決

---

32)　齊藤壽彦［1987］154－161ページ。
33)　伊藤正直［1989］155－157ページ。

定されたとは必ずしもいえない。実際には在外正貨の保有状態が外資政策に大きな影響を与えているのであって、在外正貨の急減・枯渇やその恐れが大震災後や1926年以後の外資導入方針をもたらしたのであり、これによって憲政会の方針は修正を余儀なくされたのであろう[34]。

（3） 森財務官の外債発行への関与
―― 国際的信頼に裏づけられた国際金融官僚としての活動とその限界

国際金融官僚としての活動

森賢吾は英仏駐在財務官であったが、1924（大正13）年12月以来、英米仏3国駐在財務官となり、27（昭和2）年5月まで在任した。内務官僚にみられたような党派的人事異動は大蔵省にはみられず、大蔵省は一般に政党の人事介入を排除していた。入省時の成績を基準とした配属に始まり、育成と選別の累積によって人事の政治的自立性を保とうとする大蔵省の基本的な姿勢は、大正から昭和の時代にも、おおむね保たれていた。

しかし、大蔵官僚の中にも例外はあり、青木得三は政党色が強く、1909年に入省した後、若槻、浜口ら、後に憲政会や民政党の有力者となる人々によって1916年4月に銀行課長に抜擢され、その後左遷されたこともあったが、1929年の浜口内閣の成立とともに主税局長に昇進している[35]。

だが、このようなことは例外であり、ことに国際的に通用する専門家が求められる財務官人事は政党の影響を受けず、しかも海外生活が長いことも加わって森は政党には関与しなかった。1927年4月に森は貴族院議員となっているが、これは国民の選挙によって選ばれるわけではないから、森が貴族院議員になったことは財務官の政党化・代議士化を意味しない。

第1次大戦以後も森財務官は外債発行業務に従事している。第1次大戦当初、森は第三回英貨鉄道債券（1915年3月、300万ポンド）の発行に関与し、さらに

---

34) 外債政策は、一面においては選挙民の利害を反映して立法と内閣の行政に影響力を有する政党の政策に規定されていた。だが、他面においては、天皇または大蔵大臣によって任用され、国家資金を管理する大蔵官僚が、立法府や閣議による決定事項を執行し、政策立案のための基礎資料を作成したり政策立案の選択肢の策定することにとどまらず、政策決定に関与しており、在外正貨の保有状態という客観的事実を直視する大蔵省の方針によって外債政策が規定されていた。募集交渉を担当する財務官の行動は、このような政策決定に従うものであったといえよう。

35) 水谷三公［1999］188－190ページ。

1457

第 1 次大戦後には震災復興・借換併用外貨公債の発行に心血を注いでいる。すなわち、震災復興と四分半利付外債借換のために1924年 2 月に六分半利付米貨国債（ 1 億5000万ドル）と六分利付英貨国債（2,500万ポンド）が発行されているが、これは森賢吾海外駐箚財務官（Special Delegate of the Imperial Japanese Government）が発行交渉に従事した結果である。

　森は政府保証外債の発行にも関与している。このようなものとして第五回満鉄社債（1923年 7 月、400万ポンド）、東京市英貨債（1926年 9 月、600万ポンド）、横浜市米貨債（1926年12月、1974万ドル）、東京市米貨債（1927年 3 月、2064万ドル）を挙げることができる。このほか森は東電米貨社債（1928年 6 月、7000万ドル）、東電英貨社債（1928年 3 月、400万ドル）という非政府保証民間社債の発行にも関与している。

　このように、森は専門的な国際金融家としての役割を果たしたのである。公債だけでなく民間社債発行に従事したという意味でも、森は国際金融家であったということができる。

　津島は高橋是清と森賢吾が「欧米金融業者から絶大の信用と尊敬と、そして賞讃をかちえた人であった」と述べている。日本でも森という欧米の金融業者と互角にわたりあえる国際金融家が登場してきて、活躍した。森が欧米の金融業者から信用（信頼）を得たということが、震災復興・借換併用外債起債交渉にとり有利に作用したと考えられる。外債交渉においては発行者と発行引受業者との利害が激しくぶつかるが、それにもかかわらず取引の基礎は信頼（信用）である。秘密裏に情報を得たり、イングランド銀行総裁などから助言を得るのに信頼関係は重要であった。森とモルガン商会のラモントとの間には「心中を吐露しうる相互信頼」があった。森は単なる国際金融専門家でなく、海外での資金調達活動において国際金融専門官僚として行動し、国際的に絶大な信用・信頼を得て金融界で受け入れられた国際金融家であったということができる[36]。

　もちろん、日露戦争以後に国際金融家、「国際フィナンシャー」（International financer）として活躍したのは森だけではない。日本では森のほかに横

36）　津島寿一［1963］33ページ。同［1964］209ページ。

第15章　戦前日本の国際金融官僚

浜正金銀行の巽孝之丞や一宮鈴太郎や津島寿一がいる[37]。また三谷氏によれば、高橋に同行して外債募集交渉を補佐した日本銀行の深井英五や、1908年11月に日本銀行ニューヨーク代理店監督役に就任した日銀の井上準之助も国際金融家となっていた[38]。

　専門的な国際金融家という言葉は範囲が広く、日本では大蔵省、日本銀行、横浜正金銀行に集中されていたが[39]、巽は、半官半民の金融機関の関係者として、国家の政策に寄与しつつも市場取引に接しており、また長期にわたってもっぱら国際金融業務に従事し、海外の金融業者から高く評価されていた。巽こそが国際金融家というに最もふさわしい。深井や井上は国際金融家という側面以外に中央銀行家という側面を持ち、とくに深井は中央銀行家という方がよい。井上はさらに財政家という側面も持つ。森財務官は長期にわたって専門家

---

37)　横浜正金銀行は対外信用を重んじ、そこに働く者の意識もまた専心して「信用」（信頼）を貫くことにあった（東京銀行編『横濱正金銀行全史』第6巻［1984］498、522ページ）。巽孝之丞は1892年に同行ロンドン支店勤務となり、1903年に同店副支配人、1908年に同店支配人となり、1914年に正金銀行取締役に選任され、また同行ロンドン支店支配人を1919年まで兼務し、1920年に在英実に30年近くを経て帰国している（東京銀行編［1984］571-572ページ）。森賢吾は、巽を評して高橋から若槻、水町を経て森の時代に至る我が国の公債発行に尽力した国家の殊勲者であった、と述べている（森賢吾「外債顛末感想談」（1924年7月24日の大蔵大臣官邸講演）『財務通報』1924年9月号。津島寿一［1964］228-229ページ）。正金銀行元取締役の西山勉は、巽を「達人」（学問でも芸能でも、その奥義を極め、これについて独自の見識なり、何か1つの世界観を持ちながら、資性は恬淡で私欲を離れ、処世は高踏的で俗流に迎合しないような人）であったとみなしている。巽はイギリス流の正統派経済理論を身につけ、この角度からあらゆる経済現象に明快な判断を下し、それに的確な見通しをつけることができ、とくにロンドンの金融市場に深く通暁していた。巽の見解はイギリスの金融業者から尊重されており、とくにロンドンのシティでの巽に対する信用は絶大であり、巽は海外で最も信用を博していた（東京銀行［1984］464、470ページ。津島寿一［1964］228-229ページ。）。震災外債発行に際しても、森がアメリカで発行交渉に尽力しているときに、森財務官の事実上の代理者として巽がイギリス発行団との発行交渉を引き受けた（藤村欣市朗［1992b］39-44ページ）。一宮鈴太郎はアメリカの金融に関する知識とニューヨーク市場における経験において、日本最大の権威であった（津島寿一［1964］228-230ページ）。

38)　井上準之助は1911年に正金銀行副頭取、1913年には同行頭取となる。第1次大戦以後にアメリカのクーン・ロープ商会のモルガン商会に対する相対的地位の低下とともに、クーン・ロープ商会と繋りのある国際金融家としての高橋の比重が低下する一方、1919年3月に日本銀行総裁となった井上は、モルガン商会、とくにそのパートナーであるT. W. ラモントの信頼と支持とを背景として、わが国対外金融の指導者の地位に就き、ラモントと協力して日本を1920年に成立した中国に対する新4国借款団に加入させ、それを媒介として英米の国際金融資本との提携を強化する（三谷太一郎［1974］130-134、141-146ページ）。井上がラモントから信頼されていたことについては岸田真［2003b］110ページを参照。

39)　三谷太一郎［1974］123ページ。

として国際金融業務に従事したのであり、深井や井上よりも森の方が国際金融家と呼ぶにふさわしいといえる。

　もっとも、森財務官は単なる国際金融家(国際フィナンシャー)としてでなく、大蔵官僚として行動したのであり、政策目標は政府・大蔵省によって与えられた。外債募集が必要とされれば、政府・大蔵省の命を受け、大蔵官僚としてその実現に全力を尽くしたのである。また、巽は日常の市場取引を通じて信頼を勝ち得ることが多かったが、森は取引を通じて信用を得つつも、その国際的信用の背後には巽よりも明確に日本国家の国際的信用があった。森財務官を特徴づける言葉として国際金融官僚という概念が考えられる。森財務官は、国際金融官僚であり、国際金融官僚制度の人格的担い手であったのである。

国際金融官僚としての活動の限界

　震災復興・併用外債発行を行おうとした当時のイギリス金融市場は、一般的には緊縮市場、欧州復興資金の涵養市場、不自由市場であり、我が国にとっては八方ふさがりの「災厄市場」(カラミティ・マーケット)となっていた。アメリカの海外投資はきわめて立ち遅れており、アメリカの公衆は未だ外国投資に慣れておらず、カナダ、南米を除き、海外投資には冷淡だった。多額の外債発行を実現しなければならない森財務官の発行交渉は、海外の金融情勢に大きく規定されていた。森の交渉は厳しい事態に直面したのである。

　しかも、外債発行に大きな影響を及ぼす日本の国際信用度が震災後に低下していた。震災外債発行が不可能なほど低くはないまでも、日本は外国の金融業者からきわめて厳しい条件を押しつけられた。すなわち、表定利率はイギリス発行分が6分利、アメリカ発行分が6分半利とされることとなり、また発行価格は英国発行分が100ポンドにつき87半(87ポンド10シリング)、アメリカ発行分が100ドルにつき92半(92ドル52セント)とされることとなったのである[40]。森は「凡そ一国の海外市場に於ける信用は、其国力経済力の測定せられたる結果、市場に定められたる標準があります。如何に有能有力の人と雖も、其国の経済力を代表する一定の信用程度を超越したる仕事は、絶対に不可能でありま

---

40) 佐上武弘 [1972a、b、c]。

す」と述懐している[41]。

　また、国際金融行政は国内行政と深く結びついており、国際金融行政官はいかに有能であろうとも、関係する国内金融行政官や大蔵大臣を説得できなければ、その政策を実行できない。このことは震災外債の成立経過から明らかとなった。1924年2月6日、森財務官は外債の発行条件を前記のように決定するよう、訓令を仰ぐ旨を勝田蔵相に打電した。しかし、1日経っても2日経っても本省からは、なんの応答もない。他方、起債の調印日時は刻々と迫ってくる。森の苦悩は大きかった。大蔵本省では、青木得三国債課長がその発行条件が日本にとって不利であるとして、その発行に対して頑強に反対した。後年度に大きな負担を残すような高利の国債発行にどうしても青木は踏み切ることができなかったと思われる。森の愛弟子ともいうべき冨田勇太郎理財局長も森を支援しなかった。外債発行の成立は危機に陥った。9日に森は勝田蔵相に決断を求める緊急電報を発した。最終的には勝田蔵相が森賢吾の求めた発行条件を飲む決断することによって、ようやく震災外債の発行が決定することとなったのである[42]。

　日本の国際信用度の低さや外国金融機関の対応に対して国内は無理解であり、新聞も批判するようになった。森の海外での功績は、国内では理解されなかったのである。2月14日付朝刊で新聞各紙はいっせいに「国辱外債の成立」などといった見出しで、発行利回りが高い震災復興・借換併用外債に激しい批判を浴びせたのであった[43]。

　森という国際金融官僚は国内官僚ほどの評価を国内では受けず、森は長期にわたって1等官として多大の労苦を重ねても、大蔵次官や大蔵大臣にはなれなかった。森は1927年4月に貴族院議員となり、翌5月に財務官を辞任したが、官界からでなく財界からの推薦によって勅選議員になれたのであった。森は1929年にヤング委員会（1929年2月11日〜6月6日）に日本委員として参加し、海外の参加者や関係諸政府から賞讃を浴びたのであるが。森賢吾は1930年5月の東京商科大学における講演（金融研究会寄付講座）の中で、「諸君の御卒業後

---

41) 金融経済研究所編［1973］293−294ページ。
42) 佐上武弘［1972c］55−56ページ。
43) 同上書、56−57ページ。

如何に就職難に遭遇せられても海外駐箚財務官と云ふ職だけは決して御選びにならぬ様茲に御忠告申し上げて置きます」とこぼしている[44]。内地で働いていた後輩が勲1等をもらっているのに対して、森は1934年に死去するまで勲1等をもらえなかった。こうしたことから、森は悲劇の財務官と呼ばれるのである。

（4） 財政・金融・経済問題に関する国際会議への参加
　　　――国際経済官僚としての活動

　財務官の仕事は外債発行にとどまるものではない。第1次大戦後から1930年代初めにかけて、国際的に重要な問題、とくに財政経済などの問題については国際会議によって処理しようという風潮が強くなり、数多くの国際会議が開催されている。会議の形態も賠償関係国会議、経済専門家会議、広く世界各国が参加した会議、国際連盟が主催した会議とさまざまであった。森財務官は、賠償問題など戦後処理に関する国際会議に参加したほか、財政・金融・経済問題に関する各種の国際会議に列席した。森財務官は、これらの会議に全権委員として、政府代表委員として、全権補佐役として、委員として、あるいは専門家として出席し、「国際会議の花形」として活躍し、大きな足跡を残したのであった[45]。1964年に津島寿一は、日本政府の役人で、各種の主要な国際会議に出席した回数においては、森が記録保持者であろうと述べている[46]。

　以下、重要な国際会議と森の活動を、津島の回顧録や『大蔵省史』に基づきながら述べてみよう[47]。

① 1916年6月　パリ連合国政府経済会議　　第1次大戦後にはドイツ賠償問題が国際的な議題となったが、それ以外の議題も国際会議で取り上げられた。パリ連合国政府経済会議はこのような国際会議のさきがけとなった

---

[44] 津島寿一［1963］65、77ページ、同［1964］287-333ページ。金融経済研究所編［1973］294ページ。
[45] 津島寿一［1963］58-66ページ。
[46] 津島寿一［1964］112ページ。
[47] 津島寿一［1963］58-66ページ、同［1964］60-165、287-333ページ。大蔵省財政金融研究所［1998a］第1巻、591-606ページ。

ものであり、連合国の経済上の連帯を図るための会議であった。日本政府特派委員長は阪谷芳郎元蔵相であった。

② 1919年1〜6月　**パリ平和会議**　第1次大戦が終結し、パリで講和会議が開催された。講和会議全権団の随員として、森賢吾海外駐箚財務官をはじめ財務官事務所勤務の事務官が参加し、会議中に組織された委員会のうち、主として賠償委員会、財政委員会、経済委員会に参加した。森は諸委員から熱い信頼を受けて、多くの知己の間で存分に活躍することができた。賠償委員会には森が第1分科会、正金銀行の巽孝之丞が第2分科会、外務省の長岡春一が第3分科会に出席したが、長岡のフランス語よりも森・巽の金融専門家としての優れた技量を伴った語学能力が相手をして傾聴せしめたため、長岡は段々と出ていかなくなり、賠償問題の主管は外務省でなく大蔵省となっていった[48]。なお、賠償問題は、条約で原則を規定しただけで、賠償の総額、各国への配分および支払方法は、新たに賠償委員会を組織して決定することとなる。

③ 1920〜22年　**パリ賠償委員会**（ロンドン海事委員会を含む）　平和条約の規定に基づく賠償委員会が1920年1月に成立した。委員に森財務官、副委員に関場偵次事務官が任命され、森は議長のもとで重きをなした。賠償委員会では、各国の調整がつかず、結局、各国政府首脳による最高会議の決定を待つことになった。そのために、1920年4月サン・レモ会議、同年6月ブーローニュ会議、同年7月ブリュッセル会議、スパー会議が開催された。1921年パリ会議という最高会議が開かれたが、連合国側の意見は一致しなかった。

④ 1920年4月　**サン・レモ最高会議**　最高会議は首相などが参加するもので、日本からも松井慶四郎駐仏大使が参加したが、森は用務のため出席できなかった。

⑤ 1920年6月　**ブーローニュ最高会議**　この会議は賠償問題にとって重要なものであった。日本から珍田捨巳駐英大使とともに森財務官が出席した。

---

48) 藤村欣市朗［1992b］39ページ。

⑥ 1920年7月　**ブリュッセル最高会議**　スパー会議の議題を協議するこの会議に、森は珍田とともに参加した。

⑦ 1920年7月　**スパー最高会議**　この会議で懸案だった賠償の分配率が決定された。この会議に森財務官は珍田大使とともに参加した。

⑧ 1920年9～10月　**ブリュッセル国際財政会議**　第1次大戦後には、経済の破綻によって生じる社会的危機を救済するため、各国の経済的協力体制を固める必要が広く唱導されることとなった。ブリュッセル国際財政会議はこの種の会議である。日本政府は森財務官（主席代表）ほか2名を代表委員に任命した。森賢吾によれば、この会議では、委員は純粋の専門家として出席し、政府の政策を代表させられることなく自由に私見を披露することを許され、その知識の全幅の利益を会議に貢献するよう取り計らわれた。また代表者は公私にわたって昵懇になり、それぞれの上司である大臣たちの間に意見の相違があっても、友情のこもった言葉で語り合うようになった。森賢吾は正金銀行の巽孝之丞とともに、会議参加諸委員から非常に信頼されて、イギリスのカンリッフ卿やブラッドベリー卿、アメリカのラモントなど有力委員の私的会合にも招かれ、楽屋裏の活動にも参画し、最も優れた国際スタッフとして日本の優位を印象づけ、専門家兼大臣格の実力を示した[49]。この会議では財政、通貨および為替、国際貿易、国際信用について審議され、健全財政主義、金本位制への復帰、通商の自由の漸次回復などが決議され、国際信用機関の組織について検討する専門委員会の設置が建議された。森は国際貿易委員会では決議報告の起草にも加わり、自らの文体を持った国際官僚としても活動した。

⑨ 1921年1月　**パリ最高会議**　この会議で賠償問題をドイツと直接交渉する具体案がまとまった。

⑩ 1921年3月、4～5月　**ロンドン最高会議**（第1回、第2回）　第1次ロンドン会議の結果、賠償委員会は賠償総額を1320億マルクと決定した。これに基づくドイツの賠償支払いは1921年8月から開始されたが、ドイツにはこの支払いが困難であったため、その後も賠償をめぐって国際会議が

49）　藤村欣市朗［1992］19、27ページ。

⑪ 1922年4〜5月 **ジェノア国際経済会議** この会議は欧州経済復興などを討議したものである。日本全権委員には、石井菊次郎駐仏大使・林権助駐英大使および森財務官が任命され、大蔵省、外務省、日銀、財界からなる全権団が出席した。この会議は財政、経済、交通に関する決議を行った。財政・経済に関する決議は、ヨーロッパの経済復興に関するあらゆる問題を包摂し、ブリュッセル会議の内容を具体化したものであった。ブリュッセル会議およびジェノア会議によって金本位制への復帰という世界の体制が定まった。日本は1917年9月に金輸出を禁止した後、これを続けていたが、ジェノア会議によって日本はただちに金本位制に復帰することを国際的に求められることとなった。

⑫ 1926年5月 **ジュネーヴ国際経済会議** ジュネーヴ国際経済会議は国際間の経済問題を平和的に解決するための会議である。我が国は志立鐵次郎元興銀総裁などの代表専門委員を派遣した。1926年4月および12月の準備委員会を経て、1927年5月に国際経済会議が開催されたが、本会議には大蔵省は参加しなかった。

⑬ 1929年2〜6月 **ヤング委員会**（パリ） この会議でドイツの賠償総額が358億1400万マルクと決定された。その額は1921年に決定された額よりも1000億マルク近く削減されたことになる（しかし、時を同じくして世界恐慌が発生することとなり、ドイツは再び賠償支払いに窮することとなる）。同委員会の委員は、民間の経済金融の専門家であることを要し、政府公人は委員となる資格がなかった。同委員会の日本委員には元財務官森賢吾らが任命されている。森の国際会議での花形ぶりはこの委員会で最も顕著であった。

このように経済復興のための国際協調が図られ、金本位制復帰や賠償問題などが議論されたなかで、森の発言は列国代表から傾聴されたという。森は国際会議の花形的役割を演じたのである。森が在世中に参加しなかった賠償・経済に関する重要な国際会議には、サンレモ最高会議やジュネーヴ国際経済会議のほかに、後述のローザンヌ会議やロンドン世界経済会議があるが、後者が開催

されたのは森が退官した後のことである。森財務官は国際金融専門官僚であるとともに、国際経済官僚としても活躍した。日本においても国際的に通用する経済官僚が登場したのであり、財務官はこのような役割も果たしたのであった[50]。

森がこのような役割を演ずることができたのは、森に前述のような資質が備わっていたことによるとともに、第1次大戦以後に日本の国際的地位が向上したからでもあった。

協調的経済外交の展開は日本の国際的地位の向上に寄与するものであり、森がこれに貢献したといえよう。森はとくにドイツ賠償問題の解決とそれに連動した国際通貨安定に寄与し、その要としての国際決済銀行の創設（1930年）に大きく貢献するのである。このような森の活動は外債募集にも寄与したといえよう。

前述の国際金融官僚としての活動と国際経済官僚としての活動には密接な関

---

[50] 藤村欣市朗氏は、第1次大戦後にはリース・ロスが「サーカス」（circus、曲芸団）と呼んだ同じ顔ぶれの専門家集団、ケインズが「彼らは、『国際官僚』とでもいわれるべきものの精鋭の代表であって、皮肉屋で、人情味があり、知的で、事実と現実的処理を重視する強い傾向を持っていた」と特徴づけた、新しいタイプの官僚・エキスパート、ブリュッセル的国際官僚が登場し、思想的広がりと合理的人間らしい冷めた討論を行うようになっていたと述べ、藤村氏は我が国におけるブリュッセル的「国際官僚」として森賢吾と巽孝之丞を挙げている（藤村欣市朗［1992b］17、34、42ページ）。このことについて付言しよう。

第1次大戦後の重要な会議であるワシントン会議やロンドン海軍軍縮会議などには森は参加しなかった。ワシントン会議は1921年11月から翌年2月までワシントンで開催された海軍軍備制限、極東・太平洋問題に関する国際会議で、日本全権は加藤友三郎（海相）、徳川家達（貴族院議長）、幣原喜重郎（特命全権大使）、埴原正直（外務次官）であった。幣原はさまざまな国際会議に出席し、幣原外交と呼ばれる協調外交を展開した。加藤海相が主席全権となったのは、軍縮には海軍部内を統率できる強力な指導者が必要であったからである。1927年6月から8月まで開催されたジュネーヴ海軍軍縮会議には斎藤実朝鮮総督（海軍大将・前海相）、石井菊次郎駐仏大使が日本の全権に選ばれた。1930年1月から4月までロンドンで開催されたロンドン海軍軍縮会議においては日本の全権は元内閣総理大臣若槻礼次郎、海軍大臣財部彪、駐英大使松平恒雄、駐ベルギー大使永井松三であった。したがって、森海外駐箚財務官はすべての分野にわたって国際官僚として活動したのではなく、その分野は賠償・経済分野に限られていたのである。この賠償・経済の分野においてはこの分野の専門知識と英語力が求められ、外交官よりも海外駐箚財務官や正金銀行取締役の方が活躍することができたのである。なお、巽は官僚ではないので、国際官僚というのは適当ではない。また森は一般的な国際官僚ではなく、国際的水準の国際経済専門官僚、国際経済官僚であったのである。

森の発言が列国代表から傾聴されていたことについては澤田廉三『凱旋門廣場』角川書店、1950年、33ページを参照されたい。

第15章　戦前日本の国際金融官僚

係があった。財務官の国際金融官僚としての活動が国際経済官僚としての活動を可能にしたが、国際経済官僚としての活動が国際会議に出席した財務官と英米の国際金融家との相互信頼を醸成し、これが財務官の国際金融家との外債発行交渉に貢献したのである。たとえば、森とラモントとがパリ平和会議における同僚としてお互いに敬愛する間柄になっていたから、モルガン商会がクーン・ローブ商会に発行団への参加を求め、万一クーン・ローブ商会が参加しない場合でもモルガンがこの起債を引き受けるという言質を、森はラモントからとることができたのである[51]。

　だが、第1次大戦後は国際的協調が図られる一方で、国家的対立が激しかった。第1次大戦後に成立したワシントン体制はやがて崩壊した。国際官僚集団と最高政治家たちとの葛藤もみられた。ドイツ賠償問題は容易に決着しなかった。森の国際経済官僚としての能力も、国際経済関係そのものを変えることはできなかったのである。

3　財務官の震災復興・借換併用外債募集活動の協力者

（1）震災復興・借換併用外債募集活動協力者の概要

　震災復興・借換併用外債募集の成立は、財務官の努力だけによるものではなかった。森賢吾駐英仏海外駐箚財務官は、アメリカでは勝正憲駐米海外駐箚財務官および財務官事務所職員、柏木秀茂（横浜正金銀行ニューヨーク支店正金支配人）、星埜章（日本銀行ニューヨーク代理店監督役）、イギリスでは関場偵次（大蔵省事務官）および財務官事務所職員、正金銀行の矢野勘治（ロンドン支店支配人）、鈴木秀實（同副支配人）、日本銀行の中根貞彦（日銀代理店監督役）が尽力・貢献をした、とくに重要な役割を果たしたのが正金銀行の巽孝之丞（取締役）、一宮鈴太郎（副頭取）、大蔵省の津島寿一の3人である、と述べている[52]。津島寿一は相馬敏夫（大蔵省財務書記）、後藤嘉一（大蔵属）も功労者に挙げている[53]。その津島は、森とラモントとの交渉に常に参与し、その交渉における大綱の協調後のモルガン商会の専門家との協議においては直接その衝

---

51)　津島寿一［1964］209ページ。

にあたった。震災復興・借換併用公債の成立には津島の功績が第一であった[54]。

　森財務官はまた、同外債成立に英米両国の「諸友人」が尽力してくれたと論じている。このようなものとして、イギリスにおいては香港上海銀行のチャールズ・アディス、ニュートン・スタッブ、ウェストミンスター銀行のジョン・レイ、パンミュア・ゴードン商会のアラン・キャメロン、ベアリング・ブラザーズ商会のレヴェルストーク卿、アメリカにおいてはモルガン商会のトーマス・ラモントの名をとくに挙げている[55]。

　勝田主計蔵相は併用外債成立に貢献したとして英米の中央銀行家やアメリカの国務長官などに謝意を表している。たとえばイングランド銀行ノーマンが森財務官に非常な（大きな）アドバイスを与えてくれたことや、またアメリカでは国務長官ヒューズや財務長官メロン、ニューヨーク連邦準備銀行総裁ストロングなどが日本を援助してくれたことに感謝している[56]。

　財務官を支えた人々を、併用外債募集活動の進行に沿って日本人を中心にさらに詳しく論じよう。

（2）　イギリスにおける外債募集協力者

　森賢吾は1922年7月に一時帰国していたが、1923年10月5日に日本を出発して米国に向かい、シアトル、モントリオールを経てイギリスに向かった。森に

---

52)　森賢吾「最近の外債成立顛末」『銀行通信録』第78巻第463号、1924年8月20日、42ページ。星埜章は1922年2月18日から1926年3月19日までニューヨーク代理店監督役、中根貞彦は1921年5月26日から1925年1月22日までロンドン代理店監督役であった（日本銀行百年史編纂委員会編『日本銀行職場百年　資料』日本銀行、1982年、100ページ）。中村宗信正金銀行ニューヨーク支店副支配人、伊東愛吉正金銀行ロンドン支店副支配人、西巻畏三郎正金銀行調査課長も外債発行に関与していた（津島寿一［1964］掲載写真（1924年1月）。横浜正金銀行行員の肩書きについては同行『横濱正金銀行行員録』1925年12月1日現在、津島寿一［1963］174ページ、などを参照）。

53)　津島寿一［1964］227ページ。

54)　同上書、230、232ページ。

55)　森賢吾「最近の外債成立の顛末（承前）」『銀行通信録』第78巻第465号、1925年10月20日、24-25ページ。津島は総支配人のレイについて、日本政府外債発行英国銀行団の首脳として、日本財政のために貢献した功績は、英米金融界を通じて最右翼に列する人であると述べている（津島寿一［1964］251ページ）。1927年に日本政府は併用外債発行による貢献として頭取（Director and Chief General Manager）のレイに旭日章を授与し、ウェストミンスター銀行に金杯を授与した（National Westminster Bankが60年後にこの金杯のミニュチュアを複製した際の'NatWest and Japan'という説明書による）。

56)　「勝田大蔵大臣の演説」『銀行通信録』第77巻第458号、1924年3月20日、27ページ。

は津島寿一（大蔵書記官兼大蔵省参事官、大蔵大臣秘書官事務取扱、理財局臨時調査課長）、相馬敏夫（大蔵省財務書記）、高橋幸一（秘書課勤務）が随行した[57]。モントリオールではニューヨークから来た勝正憲駐米海外駐箚財務官、星埜章日本銀行ニューヨーク代理店監督役、正金銀行柏木秀茂横浜正金銀行ニューヨーク支店正金支配人からアメリカの金融事情について詳細な報告を聴いた[58]。

第9章第5節4で言及したように、関東大震災が起こると間もなく、イングランド銀行総裁ノーマン（Montagu Collet Norman）は日本に同情を示し、5000ポンドの寄付を市来乙彦日銀総裁を通じて日本に行っている[59]。中根貞彦ロンドン代理店監督役はイングランド銀行のノーマン総裁に面会し、関東大震災の結果、日本政府がロンドンで外債を発行するかもしれないことについて話をするとともに、外債の発行が必要となった場合にこのことについての思いやりのある考慮を払ってほしいという井上準之助蔵相や東京にいる森賢吾財務官のノーマン総裁への要望を伝える市来乙彦日銀総裁からの電信を1923年9月21日に受け取ると、同日にこの旨をノーマン総裁に手紙で伝えたのである[60]。11月4日と29日には、面会を求めてきた森賢吾に対してノーマン総裁が外債発行に関する助言を行っているが[61]、これには中根監督役の前述の依頼の結果でもあるといえよう。

1923年9月26日にはウエストミンスター銀行で、関東大震災に伴うであろう日本の金融的要請に関する市場の状態を検討するための会合が開かれた。当日の出席者はウェストミンスター銀行のジョン・レイ、香港上海銀行のニュートン・スタッブ、横浜正金銀行の矢野勘治、鈴木秀實、パンミュア・ゴードン商会のフィッツジェラルド、ハート-デイヴィスであった[62]。この会合は巨額の外債至急募集の噂が新聞紙上で毎日伝えられ、日本公債発行銀行団が意思疎

---

57) 佐上武弘 [1972a] 37ページ。
58) 津島寿一 [1964] 179ページ。
59) Bank of England Archives, OV 16/106, Telegraphy from Otohiko Ichiki to Norman, 19th September 1923.
60) Bank of England Archives, OV 16/106, Letter from Sadahiko Nakane to Norman, 21st September 1923.
61) 鈴木俊夫 [2001b] 164ページ。
62) 日本銀行金融研究所保有『大正十三年外債募集関係資料』（以下『外債資料』と略記）：At a meeting of "the Group" held at the Westminster Bank Limited, 26th September 1923.

通をして置くべきであるということから開催されたものであった。この議事録はレイが起草した。この中ではイギリス発行銀行団は日本外貨公債の募集を暫く遅らせることを提言していた。矢野勘治正金銀行ロンドン支店支配人は、イングランド銀行総裁ノーマンが中根監督役に早急な巨額の募集は困難であるとの意向を漏らし、レイが同総裁と打ち合わせたうえで議事録を作成したとみなしている[63]。

　森賢吾は11月3日にイギリスに着いた。1923年11月上旬から12月下旬まで、森はイギリス市場をあらゆる角度から検討するとともに、イギリスの銀行業者（ウェストミンスター銀行総支配人ジョン・レイ、香港上海銀行頭取アディス、同行上席支配人スタッブ）、イングランド銀行総裁ノーマン、大蔵省財政局長ニューメイヤーなどと非公式に懇談した。そして、ロンドン金融市場が外債発行にとって著しく不利な状況にあることを知った[64]。

　11月24日には復興審議会で帝都復興計画案がまとまった。森はロンドンの発行銀行団との交渉を開始し[65]、12月19日には震災復興事業の進捗状況についての回答を井上蔵相に求めている[66]。12月24日には震災復旧・復計画（総額4億6843万円）が公表され、興震災善後公債法（起債限度4億6850万円）、復興事業に伴う支払いに国債証書を交付することができる法律が成立している。

　イギリスでは1923年12月6日に香港上海銀行で非公式の会合が開かれた。この会合では発行総額6億円、利率を6％とし、担保付、発行銀行団にアメリカ側を包含する、交渉の中心をロンドンとするということが提案されていた[67]。香港上海銀行で開かれたこの会合の出席者は同行（Hongkong & Shanghai Banking Corporation）の上席支配人サー・ニュートン・スタッブ（Sir Newton Stabb）（会合の議長）、頭取のチャールズ・アディス（Sir Charles Addis）、ウェストミンスター銀行のジョン・レイ、横浜正金銀行の矢野勘治ロンドン支店支配人、鈴木秀實同副支配人、証券ブローカーのパンミュア・ゴードン商会（Panmure Gordon & Co.）のアラン・キャメロン（Allan Cameron）、ハート－

---

63)　『外債資料』：横浜正金銀行ロンドン支店支配人席から同行頭取席宛書簡、1923年10月2日付。
64)　津島寿一［1964］179ページ。鈴木俊夫［2001b］162－165ページ。
65)　鈴木俊夫［2001b］164－165ページ。
66)　駐英森賢吾財務官の井上大蔵大臣宛電信、1923年12月19日起草、20日着電。
67)　大蔵省編『明治大正財政史』第12巻、［1937a］358－359ページ。

第15章　戦前日本の国際金融官僚

デイヴィス（R. V. Hart-Davis）、エベリン・フィッツジェラルド（Evelyn Fitzgerald）であった[68]。

　当初は日本側では横浜正金銀行の矢野勘治ロンドン支店支配人、鈴木秀實副支配人が発行銀行団の一員としてロンドンでの発行交渉に参加していたのである。

　アメリカに滞在中の巽は1924年1月、併用公債（発行）の実行はイギリスの政局の推移にかかっているが、イギリスの金融業者が併用公債を2月までに実行できるかどうか、もしも2億ドルを新規発行するとすれば新規発行分だけでもその分割負担を（イギリス側が）回避しないかということを横浜正金銀行ロンドン支店に問い合わせてきた。そこで同支店関係者（おそらくは矢野勘治）は1月15日にレノやスタッブと内談し、17日にロンドンの引受銀行団の非公式回答を発電した[69]。その内容は、間もなく労働党政権が成立すると見込まれ、同党の政策が明らかになった後にロンドンの引受銀行団は正確な発行日を決定することができるであろう、ということなどであった。一般の意向では、政局の関係から2月中旬にならなければ起債の予想は難しいと頭取に報告している。

　1924年1月には、同行ロンドン支店関係者がイギリスの金融業者と下交渉を行っていた。ロンドンの銀行家は募集金額の大部分が流出するのではないかとの懸念を示した。同支店関係者はその懸念は無用であると答えた[70]。1月21日には正式にロンドン銀行団に外債発行引受依頼を申し入れる運びとなった[71]。だが、ただちに日本外債の引受受諾には至らなかった。ロンドン側は担保を要求した[72]。

　ロンドンでは1月に旧引受団にベアリング・ブラザーズ商会、ロスチャイルド商会、ヘンリー・シュレーダー商会、モルガン・グレンフェル商会を加えた

---

68)　『外債資料』：Minutes of a Meeting held at the Hongkong & Shanghai Banking Corporation, 6th December 1923.
69)　『外債資料』：横浜正金銀行頭取宛電信、1924年1月16日ロンドン発、17日正金銀行頭取席着電。
70)　『外債資料』：横浜正金銀行頭取宛電信、ロンドン発、1924年1月17日、18日頭取席着電。
71)　『外債資料』：星埜章日本銀行ニューヨーク代理店監督役発電、1月21日起草、28日日本銀行着。
72)　『外債資料』：星埜監督役発電、1924年1月24日起草、30日着、阿部秘書役受取。同監督役来電、同年1月29日起草、2月4日着。

1471

7銀行による日本外債引受銀行団が成立した[73]。同月24日に第1回拡大発行銀行団 (enlarged "London Group") 会議が招集された。この会合には「旧グループ」(Old group) の一員として、ウェストミンスター銀行のジョン・レイ、香港上海銀行のニュートン・スタッブ、証券ブローカーのパンミュア・ゴードン商会のアラン・キャメロン、エベリン・フィッツジェラルド、ハート‐デイヴィスとともに、横浜正金銀行の矢野勘治ロンドン支店支配人および鈴木秀實同副支配人が出席したほか、「新グループ」(New group) の一員として、ベアリング・ブラザーズ商会 (Baring Brothers & Co.) のレヴェルストーク卿 (Lord Revelstoke) およびファーラー (Gaspard Farrer)、ロスチャイルド商会 (エヌ・エム・ロスチャイルド・アンド・サンズ、N. M. Rothschild & Sons) のライオネル・ロスチャイルド (Lionel N. de Rothschild) およびA. ロスチャイルド (Anthony Gustav de Rothschild と思われる)、ヘンリー・シュレーダー商会 (J. Henry Schröder & Co.) のブルーノ・シュレーダー男爵 (Baron Bruno Schröder) およびティアークス (Tiarks)、モルガン・グレンフェル商会 (Morgan Grenfell & Co.) のE. C. グレンフェルおよびウィッガム (C. F. Whigham) も出席している[74]。

1月31日には第2回拡大ロンドングループ (発行銀行団) の会議が開催された。この日の会議の出席者は前回とほぼ同様であったが、ティアークスとハート‐デイヴィスは欠席した。この会議の結果は同日に関場大蔵事務官を通じて森賢吾に伝えられた[75]。

星埜章監督役は、1月21日起草の電信で、同日にロンドン側に正式に外債発行引受を申し入れることとなったことを伝えるとともに、森財務官が併用公債の発行に関して次の4件を本省に照会中であるということを、日本銀行本店に連絡している。①外債に減債基金を設けることの希望を米国側が申し入れているが、差し支えないか、②四分利付英貨公債をロンドンで、額面以上で乗り換

---

73) 『外債資料』：星埜章監督役発電、1924年1月25日起草、30日着。
74) Westminster Bank Archives (以下WBAと略記), File 2469, Imperial Japanese Government 6% Sterling Loan of 1924, Minute of London Group, No. 1, 24th January 1924. ウェストミンスター銀行資料は現在 Royal Bank of Scotland Group Archives が所管している。この資料は鈴木俊夫 [2001b]、Toshio Suzuki [2002] にも利用されている。
75) WBA, File 2469, Minute No. 2, 31st January 1924. From the Group to Kengo Mori via Sekiba, 31st, January 1924.

えさせることは手続き上差し支えないか、③ロンドンが担保を要求し、ニューヨークは必ずしもこれを主張しなかった、担保要求は断固拒否するが、消極担保条項（negative security clause、将来の発行に担保が付された場合には、今回の外債にも担保を設定）要求があった場合にはこれを承諾しても差し支えないか、④ラモントが、米国で応募超過となり英国で応募不足となった場合には米国で増発、英国で減額することを申し出ているが、英国側で同様の希望があればこれに応じて差し支えないか。この電報は森の承認のもとに出されている[76]。星埜章監督役は、1月31日の会合で、ロンドン引受団が担保請求を撤回し、消極担保条項を挿入することを条件として新規引受に応じることになった、と日本銀行総裁副総裁、理事に報告した[77]。

森は、英米同時発行の折衝については時間的関係から渡英する暇もなく、ニューヨークを本拠とし、イギリス側との交渉は旧発行銀行団（後に新旧合同団）と電報によって行い、また不在中ロンドンの財務官事務所の関場大蔵事務官を通じて行うこととした。森の助言者であり、また、旧発行銀行団の一員でもある巽孝之丞が1924年1月26日にニューヨークを出発してロンドンに向かい、これに西巻畏三郎正金銀行調査課長が同行した。巽はイギリスでの発行に重要な役割を果たすこととなった[78]。

2月2日にはウェストミンスター銀行でレイ、キャメロン、矢野、巽、ファーラー、ヴィラース（Arthur Villiers）、ウィッガムが出席した小会合が開かれた。この会合に、ロンドンに到着した巽が出席したのであった。森宛電信に対する森からの電信による返答について検討した。検討案は関場大蔵事務官を通じて森に知らされた[79]。

2月4日に第3回拡大ロンドングループ会議が香港上海銀行で開催された。出席者は前回とほぼ同じであったが、フィッツジェラルドに代わってハート－デイヴィスが参加し、ライオネル・ロスチャイルド、ウィッガム、ティアークスも出席した。また、J. P. モルガン商会のホイットニー（Whitney）も同席し

---

76) 『外債資料』：星埜章監督役発電、1月28日着電、日本銀行秘書役阿部泰二受取。
77) 『外債資料』：星埜章監督役発電、1924年1月31日起草、2月4日着。
78) 津島寿一［1964］214－215ページ。
79) 『外債資料』 Minute of meeting of the Committee (London Group), 2 February 1924. WBA, File 2469, Minute, 2nd February 1924.

た[80]。鈴木秀實にかわって巽孝之丞が横浜正金銀行を代表したが、巽は日本政府代理人である森賢吾の代理でもあった。矢野支配人も出席した。

　2月5日に第4回拡大ロンドングループ会議がウェストミンスター銀行で開催された。日本側では巽孝之丞や矢野勘治が出席した。森からの電信による発行条件案が検討された。ロンドングループの見解は電信で森に伝えられた[81]。

　2月6日に第5回拡大ロンドングループ会議がベアリング商会で開催された。この会議に巽孝之丞と鈴木秀實が参加した[82]。

　2月7日に第6回拡大ロンドングループ会議がウェストミンスター銀行で開催された。この会議に巽孝之丞と矢野勘治が参加した[83]。

　巽はイギリス発行について、利率を6％と考えていた。発行価格は1月24日には100ポンドにつき92ポンドと考えていたけれども、これは困難であることが明らかとなった。2月5日の会合の結果、イギリス側は発行価格を87.5ポンドとすることを申し出た。これに対して日本側は88.5ポンドを主張した。巽は森財務官と協力して奮闘した。アメリカのモルガン商会から特派されたホイットニーがイギリス側の発行価格引上げについては日本と同一の立場で尽力したが、その効果はなかった。森が勝田蔵相宛に起草して報告した「起債ノ大綱」の中では、アメリカ側発行条件は、額面利率6.5％、100ドルにつき発行価格92.5ポンド（利回り7.1％）、消極担保付、英国側発行条件は、表面利率6.0％、発行価格未定、消極担保付となっていた[84]。7日の会議でもロンドングループは87.5ポンド（利回り7％）を要求した[85]。これに対して巽は、森賢吾の電報の主旨を敷衍して、米国は新市場であるから仕方がないが英国は本場市場であるから現存公定利回りを基準として発行価格を88.5ポンドとすべきであると力説した。だが、これはロンドングループの容易に承認するところとはならなかった。巽は88ポンドで折合としたが、力及ばなかった[86]。7日にロンドン

---

80)　WBA, File 2469, Minute No. 3, 4th February 1924.
81)　WBA, File 2469, Minute No. 4, 5th February 1924.
82)　WBA, File 2469, Minute No. 5, 6th February 1924.
83)　WBA, File 2469, Minute No. 6, 7th February 1924.
84)　日本銀行金融研究所保有『震災後外債募集ニ関スル電報』：森賢吾財務官の大蔵大臣宛電信「起債ノ大綱」、2月6日起草、9日着電。
85)　WBA, File 2469, Minute No. 6, 7th February 1924.
86)　『外債資料』：巽孝之丞の正金銀行児玉頭取宛電信、2月8日ロンドン発、9日頭取席着電。

グループは87.5を最終決定し、これが森に電信で伝えられた[87]。巽は8日に、森からは正式承認を得てはいないが87.5ポンドの確定はやむをえないと、児玉正金銀行頭取に伝えた[88]。

この頃、中根貞彦日本銀行代理店監督役がイングランド銀行ノーマン総裁に対する働きかけを行っている。すなわち、2月8日に中根監督役はノーマン総裁を訪問した。中根は外債交渉について森財務官のために同総裁に報告するとともに、イギリス発行銀行団の提示した発行価格87.5ポンドはロンドンの日本公債市価に照らして低すぎるから0.5ポイント（0.5％）でも引き上げる余地なないかと尋ねた。これに対してノーマン総裁は、ニューヨーク発行分はロンドンでも売却されるためロンドン発行分が相当ディスカウントされる恐れがあるから、ロンドン発行分の利回りをニューヨーク発行分とほぼ同様とすべきであり、ニューヨーク発行分の利回りを7.1％とすればロンドンでの発行価格は86ポンドでよいのであって、87.5ポンドは高いといえ、低くはないと述べた。同総裁は、2500万ポンドという巨額の発行を担保なしで発行するのであるから相当の対価を支払うのはやむをえないと中根監督役に語った。同総裁は、日本政府を援助することはできないが、日本銀行の援助は喜んで応ずると述べ、併用公債のディスカウントが過大となり日本銀行が同公債を市場から買い入れ、相当期間（半年または1年等）の後にプレミアム付きで売却することを欲するならば、イングランド銀行が日本銀行のためにブローカーを通じて同公債の市場買入れを行ってもよく、発行前に同行が日本銀行とこのための協定を結んでもよいと提案した。中根は同総裁の好意には感謝したが、日本銀行がイングランド銀行と協定を結んでまでも公債市価維持のために市場買入れを行うことは、発行銀行が日本政府に市場買入れを要求している手前、好ましくはないと考え、これについての日本銀行の意見を求める電報を発した[89]。

森は2月9日に勝田蔵相宛に交渉妥結の許可を求める電報を発した。10日に勝田蔵相はこれを承諾した[90]。

---

87) WBA, File 2469, Minute No. 6, 7th February 1924.
88) 巽孝之丞の頭取宛前掲電信、2月8日発。
89) 『震災善後外債募集ニ関スル電報』：中根貞彦日本銀行ロンドン代理店監督役発、1924年2月8日起草、2月10日日本銀行着。
90) 鈴木俊夫［2001b］171ページ。

2月11日に第7回拡大ロンドングループ会議が香港上海銀行で開催され、巽孝之丞と矢野勘治が参加した。この日の会議で、アメリカでは11日に森が発行銀行団との契約書に調印したことが、モルガン商会やモルガン・グレンフェル商会によって伝えられた。森は6％利付、100ポンドにつき発行価格87.5ポンドを条件とする発行に同意した[91]。この電信は森が10日に発電し、同日に関場事務官によって受け取られていた[92]。

　ロンドンでは財務官事務所の関場事務官がアメリカに出張している森財務官からの電信を受け取る窓口となっていた。関場は1924年2月7日起草の電信において、財務官代理として、『モーニング・ポスト』紙がcity欄において、戦後財政の整理が日本の信用を高め、その公債はロンドンにおいては外国もの中で一流投資証券であると述べているということを勝田主計蔵相に伝えている[93]。イギリスでは、ウェストミンスター銀行、香港上海銀行、横浜正金銀行、ベアリング商会、モルガン・グレンフェル商会、ロスチャイルド商会、ヘンリー・シュレーダー商会と日本側とで調印が行われた。日本側では関場偵次事務官が日本政府代理人としての森財務官の代理として署名し、矢野勘治正金銀行ロンドン支店支配人が発行銀行の1つである正金銀行の代理として署名した[94]。森は、2月末に帰英した後、あらためて署名した[95]。ロンドンで関場事務官がこのような活動を行ったのである。

　また、巽取締役は矢野勘治正金銀行ロンドン支店支配人を指揮して英財界の首脳と接触し、直接発行交渉に参加し、発行団組織に寄与したのであった[96]。

(3) アメリカにおける外債募集協力者

　震災勃発後まもなく、勝正憲ニューヨーク駐在財務官は、アメリカの有力銀行の中に多くある見解として、日本に震災復興外債発行の意思があるならば、

---

91) WBA, File 2469, Minute No. 7, 11th February 1924.
92) WBA, File 2469, Telegram from Mr. Mori dated the 10th February 1924, received by Mr. Sekiba on the 10th February 1924.
93) 関場財務官代理の勝田大蔵大臣宛電信、1924年2月9日着電。
94) 大蔵省理財局外債課編・発行『本邦外貨債関係資料』第1編、135－136ページ。
95) 津島寿一［1964］221ページ。
96) 東京銀行編『横濱正金銀行全史』第3巻［1981b］、49ページ、同書、第6巻［1984］55、470ページ。

第15章　戦前日本の国際金融官僚

アメリカ人の日本への同情心が冷却しないうちに短期物を発行すれば、比較的有利な条件で発行することができるだろうという情報を日本に伝えた[97]。同財務官は、日本財界の信用維持に関し、できるかぎりの努力をした。9月のアメリカの新聞は日本の財政、財界の状態、信用は健全であると好意的にみていた[98]。

しかし、一時熱狂的な状態を呈した対日同情心が冷却すると、冷静にビジネスに基づいて日本をみようとする姿勢が現れ、日本への警戒度が強まった。いたずらに悲惨な状況を伝える報道もあり、これは外債募集に悪影響を及ぼす恐れがあった。勝財務官は、日本財界全体の信用を維持するために細心の注意を怠らないことが肝要であると考え、このような報道の伝播をできるだけ防止しようとした[99]。

関東大震災に対し、海外からは日本は震災復興のためには相当巨額の外債を募集するほかはないとして、外債応募の申込みが日本に続々と到来した[100]。大震災勃発の2週間後に早くもニューヨークのクーン・ローブ商会当主のモーチマー・シフ（Mortimer L. Schiff）が、高橋是清に対して、震災復興外債の発行に応ずる用意があると伝えた。同商会は日本政府が発行交渉を決定する場合に日本政府の役に立つことは非常に光栄であるとみなしていた[101]。

ナショナル・シティ銀行と日本政府の間で外債交渉が懸案となっているとの噂を耳にすると、クーン・ローブ商会は、同商会がその引受を行えないことは残念であると考えた[102]。

同商会のパートナーであったオットー・カーン（Otto Kahn）は、日本政府の外債発行の噂を耳にすると、ロンドンを訪問して、過去に日本政府の外債発行に協力した銀行との共同発行の可能性を模索した[103]。

---

97) 『外債資料』：勝正憲駐米海外駐箚財務官発電、1923年9月7日起草、9月9日着。
98) 『外債資料』：勝財務官発電、1923年9月20日発、24日着。ハースト（Hearst）系新聞までが日本の財政経済状態が健全であるとした。『ジャーナル・オブ・コマース』紙も社説で日本の財界は健全であると述べた。9月19日の全国製造者および銀行業者大会において、幹部は日本の信用は震災によって毀損しなかった、日本に十分な便宜を供与すべきであると宣言した。
99) 『外債資料』：勝財務官発電、9月28日起草、10月1日着。
100) 『東京朝日新聞』1923年10月10日付。
101) 『外債資料』：Letter from Mortimer L. Schiff to Korekiyo Takahashi, 14th September 1923. これに対して高橋是清は、公的に検討する立場にないとシフに回答している（『外債資料』：Letter from Korekiyo Takahashi to Mortimer L. Schiff, 20th October 1923）。

1477

第 7 編　人物からみた戦前日本の国際金融

　モルガン商会のように公債の卸売りを主とするのではなく、多数の小投資家に販売する力のあるアメリカのヒギンソン社（単なる発行引受商会ではない）が、1923年9月に日本外債への応募を深井英五日銀理事や埴原正直駐米特命全権公使に働きかけたが、これは実らなかった104)。

　埴原大使は、募債交渉の内容の大綱を迅速に承知しておくことが職務遂行のうえで必要であると伊集院彦吉外務大臣に伝えた105)。同大使は勝財務官に対し、財務長官アンドリュー・ウィリアム・メロン（Andrew William Mellon）にニューヨークの3銀行をワシントンに招致して同長官に起債の話をさせるのが最も得策であるが、その必要があるかどうか、その利害について考慮する必要があると伝えた106)。

　だが、外務官僚は併用外債募集交渉において活躍することはなかった。

　勝駐米財務官は1923年10月初めに、震災の損害額が多ければ募債が不利になるのでその損害額の発表については特別の配慮が必要であること、星埜章ニューヨーク代理店監督役や柏木秀茂横浜正金銀行ニューヨーク支店支配人などと提携すること、政府から何らかの指図があるまではあくまでも消極的態度を取り、単に将来募債上の障害を排除し、市況などに注意することに止め置くつもりであること、アメリカ証券市場は日本の募債にとって好都合な情勢であると

---

102)　『外債資料』：1923年9月28日、ニューヨーク発電信、29日日本着。ナショナル・シティ銀行となっているところはナショナル・シティ会社のことかもしれないが、ここでは原文どおりとした。この情報が正金銀行頭取席に伝えられると、同行はニューヨークへ向けて、この噂が根拠のないものであるということを、クーン・ローブ商会に伝えるよう発電した（正金銀行のニューヨーク向け発電、10月3日）。

103)　鈴木俊夫［2001b］160－161ページ。ロンドンの関係銀行は日本政府の外債発行に関係した銀行の公式組織は存在しなかったという見解を示した（WBA, File 2469, 17th, October, 1923. 鈴木俊夫［2001b］161ページ）。

104)　リー・ヒギンソン社（Lee Higginson & Co.）理事のグリーン（Jerome D. Green）が9月に深井日銀理事に日本外債への応募を提案できる立場にあることを（電報で）伝えた（『外債資料』：From Mr. Green to Director Fukai, 26th, September 1923）。埴原大使は9月28日に旧知で日本に知人の多いソーヤー氏（Sawyer、ボストンのStone and Webste社の副社長）から、ヒギンソン社を日本外債公債の引受業者とするようにとの推薦を受け、同社が適好の会社であることを井上蔵相に伝達するよう依頼され、この伝達を同大使は快諾した。その後、ヒギンソン社のグリーンが日本政府外債への応募を同大使に申し出てきた。同大使はこの旨を伊集院彦吉外務大臣に依頼した（『外債資料』：駐米埴原大使から伊集院外相宛電信、1923年9月30日着）。

105)　上掲、駐米埴原大使の伊集院外相宛電信。

106)　『外債資料』：勝財務官の井上大蔵大臣宛電信、1923年12月31日着電。

第15章　戦前日本の国際金融官僚

はいえない有り様であることなどを、ニューヨークから井上大蔵大臣に報告した[107]。

　大震災が日本の財政経済に及ぼした打撃の程度と復旧事業の遂行に伴う財政経済政策に関しては内外人が注視しており、ことに復興資材の調達は海外募債と密接な関係があった[108]。また、外債募集の申込みがある一方で、大震災によって日本の財政が根本的に破壊されたように宣伝するものがあった。このため、英米各国新聞社の特派員が続々当局を訪問し種々質問するに至ったので、井上準之助蔵相は、事の真相を明らかにして諸外国の誤解を解く必要があることを認めた[109]。井上準之助蔵相は、1923年10月9日午後4時から丸の内三菱本館内の大蔵省で外国の新聞特派員と会見し、閣議の承認を経て、非公式ながら英文の声明（ステートメント、statement）を海外に向けて発表した。同蔵相は日本の財政経済には断じて不安はないとして、日本の対外信用、国際信用の維持に努めたのである。同蔵相は、震災復興資金を内地だけで調達しようとすれば内地金融を圧迫するから建設資材などの輸入の支払いについては外債募集金をもって充当しようとしたが、市場復興計画が計画されていないから、現在のところどれだけの外債を募集するかは決定していないとした[110]。西野元大蔵次官はこの声明文をロンドン、ニューヨークの財務官に向けて発電した[111]。

　ニューヨーク連邦準備銀行のストロング（Benjamin Strong）総裁は日本に好意的であった。ストロングは深井英五日本銀行理事に、アメリカで金融活動に従事するようになった場合には助言をすることができるから、そのような場合には電話をするようにと伝えた[112]。

　森は正金銀行の巽取締役と一宮副頭取の応援を依頼し、この2人が森賢吾の補佐として1923年12月末に渡米した[113]。当時帰国中であった巽の海外派遣は井上準之助蔵相が命じたものであった[114]。巽、一宮の2人がニューヨーク連

---

107)　『外債資料』：勝財務官の井上大蔵大臣宛電信、1923年10月6日発、9日着。
108)　『東京日日新聞』1923年10月10日付。
109)　『東京朝日新聞』同上日付。
110)　井上準之助論叢編纂会編『井上準之助傳』1935年、242-245ページ。
111)　『外債資料』：1923年10月11日、大蔵次官発電。
112)　『外債資料』：From Mr. Strong to Director Fukai, 26th September 1923.
113)　『横濱正金銀行全史』第3巻、49ページ。佐上武弘［1972c］44ページ。
114)　前掲『井上準之助傳』245ページ。

1479

第 7 編　人物からみた戦前日本の国際金融

銀のストロング総裁、モルガン商会の総支配人トーマス・ラモントなどと秘密裏に起債の下工作を進めた[115]。巽取締役はアメリカ財界と接触し、1923年12月29日にはラモントと会談した。これが発行団組織の萌芽である[116]。

　巽孝之丞は1923年12月28日にストロング総裁に面会した。同総裁は、クーン・ローブ商会は日露戦争の際に日本に対し多大の功績があったから四分半利付公債に関しては同商会の意見を聞くことは当然である、しかし、今回の大地震に対し米国人は日本に大いなる同情を表しており、この際にニューヨークで復興外債を発行するなら全米を代表する大銀行・大会社の後援を受けるのが一番よいと助言していた[117]。この巽へのストロングの助言は、モルガン商会を主幹事とする外債発行の方向性を強めたと思われる。

　ストロングは巽に、今回のような特別の場合には日本政府が駐米特命全権大使埴原正直を通じて大統領ウォレン・ハーディング（Warren G. Harding）または国務長官チャールズ・ヒューズ（Charles Evans Hughes）に大銀行・大会社への日本外債発行引受斡旋を依頼するよう助言した。これに対して埴原大使は勝正憲財務官に対して財務長官アンドリュー・メロン（Andrew William Mellon）にこれを依頼するのが得策である、もっともアメリカ政府に斡旋を依頼する必要があるかどうかは検討する必要があると述べていた[118]。巽へのストロングの助言が実行に移されたかどうかは明らかでないが、森がラモントに起債を依頼したときには、ラモントはただちに電話でヒューズ国務長官に承認を求め、同長官は大いに日本外債募集を支持し、賛成したのである[119]。

　モルガン商会のパートナー、主宰者であるトーマス・ラモント（Thomas Lamont）は、柏木秀茂横浜正金銀行ニューヨーク支店支配人に対して、1923

---

115)　佐上武弘［1972c］44ページ。クーン・ローブ集団の衰退が第 1 次世界大戦前から始まっていた（呉天降『アメリカ金融資本成立史』有斐閣、1971年、343－362ページ）。1920年代にクーン・ローブ商会の地盤は低下していた（西川純子『アメリカ企業金融の研究』東京大学出版会、1980年、347ページ）。
116)　森賢吾「最近の外債成立顚末（承前）」『銀行通信録』第78巻第464号、1924年 9 月20日、41ページ。
117)　『外債資料』：勝正憲駐米海外駐箚財務官の井上大蔵大臣宛電信、1923年12月28日起草、31日着電。
118)　勝財務官の井上大蔵大臣宛電信、1923年12月28日発、31日着電。
119)　森賢吾、前掲「最近の外債成立顚末（承前）」『銀行通信録』第78巻第464号、1924年 9 月20日、42ページ。

第15章　戦前日本の国際金融官僚

年12月17日付書簡において日本政府がアメリカで起債を行おうとするなら、新聞キャンペーンを行う必要はなく、内密に計画の大要をニューヨークの諸友（金融業者など）になるべく早く内示することが必要であり、これに同意するならその書面の写しを井上蔵相に転送するよう助言した[120]。柏木秀茂を通じてアメリカの投資銀行の意向が日本に伝わったのである。また勝財務官はアメリカの状況を大蔵大臣に伝えていたのであった。

　森はロンドンとニューヨークで同時に外債発行を行うことを主張し、井上蔵相は当初はこの意見に賛成していなかったものの、森財務官に渡米を勧める電報を発した[121]。森はこれに応じて12月29日にニューヨークに向かった。森には津島、相馬敏夫財務書記、後藤嘉一（大蔵省属）が同行した。この3人がアメリカで徹夜を厭わず森の外債発行交渉を支えた[122]。森財務官の到着は1月6日の予定であった[123]。

　森賢吾、一宮鈴太郎、巽孝之丞は、ニューヨーク到着後、新内閣の方針を大蔵省に照会すると同時に、ラモントなどと内密に接触し、交渉の下準備を行った[124]。

　1月17日、森賢吾は一宮鈴太郎を伴ってクーン・ローブ商会を訪問した。同商会の当主モーチマー・シフは不在であったが、オットー・カーンからモルガン商会を主幹事とすることの了解を取り付けた[125]。

　巽孝之丞と一宮鈴太郎は児玉謙次正金銀行頭取に対し、1月17日までの行動の結果、米国銀行団の構成はモルガン商会をリーダーとし、クーン・ローブ商会、ナショナル・シティ銀行、さらにファースト・ナショナル銀行も借款契約銀行となるだろうと伝えた[126]。

　1月18日の朝、勝田蔵相から併用公債（Composite Loan）の決行差支えなしという訓令が届いた。そこで森は、英米の引受団の結成に乗り出した[127]。同日、森はモルガン商会に正式に引受依頼を申し入れた[128]。

---

120)　『外債資料』：勝財務官の井上大蔵大臣宛電信、12月19日起草、24日着電。
121)　『井上準之助傳』247-248ページ。
122)　津島寿一［1964］197ページ。佐上武弘［1972c］44ページ。
123)　『外債資料』：勝財務官の井上大蔵大臣宛前掲電信、1923年12月31日着電。
124)　『外債資料』：星埜章日本銀行ニューヨーク代理店監督役の日本銀行総裁・副総裁・理事宛電信、1924年1月16日起草、18日着電。
125)　森賢吾、前掲「最近の外債成立顛末（承前）」42ページ。津島寿一［1964］210-212ページ。

1481

第 7 編 　人物からみた戦前日本の国際金融

　巽孝之丞と一宮鈴太郎は児玉正金銀行頭取に秘密報告を送り、アメリカ側の意見ではイギリス側の参加がアメリカ側起債成立の最大要件である、クーン・ローブ商会、ナショナル・シティ銀行が協力最善を尽くすことを快諾し、ファースト・ナショナル銀行も応諾すると思われ、ことにクーン・ローブ商会がこの銀行団構成に満足の意を表し、難問題が解決し、アメリカにおける最強大の団体が成立したと伝えた[129]。

　1924年1月24日、巽孝之丞と一宮鈴太郎は、公債利率についてロンドン6％、ニューヨーク6.5％、発行価格はロンドンでは約92ポンド、ニューヨークでは約90ドルとせざるをえず、この発行条件は日本にとって重すぎるように思われるが、英米市場の現状ではこれを受諾しなければ起債の成立は難しい、このことを政府に内話してほしいと児玉頭取に依頼している。横浜正金銀行の巽孝之丞と一宮鈴太郎は、森の財務官の補佐をしていたとはいえ、国際金融家として外債募集交渉そのものに深く関与していたのである[130]。

　ニューヨークでは減債基金額が最後の難件となっていた[131]。

　アメリカでは1924年2月11日に、イギリスでは12日に発行銀行団との契約書に調印した。アメリカでは、モルガン・ライブラリーの広間で、J. P. モルガン商会（J. P. Morgan & Co.）、クーン・ローブ商会（Kuhn Loeb & Co.）、ナショナル・シティ会社（National City Co.）、ファースト・ナショナル銀行（First National Bank of New York）と日本政府代理人森賢吾との間で調印が行われた[132]。

---

126) 『外債資料』：巽孝之丞・一宮鈴太郎の児玉正金銀行頭取宛電信、1月17日ニューヨーク発、19日頭取席着。ナショナル・シティ銀行はナショナル・シティ会社のことかもしれないが、ここでは原文どおりとした。星埜監督役も難関と目されていたクーン・ローブ商会がモルガン商会をリーダーとすることを承服したようだと日本銀行に伝えた（星埜章監督役発電、1月18日起草、1月21日着）。

127) 佐上武弘、[1972c] 44ページ。

128) 前掲『震災後外債募集ニ関スル電報』：星埜章監督役からの来電、1924年1月22日日本銀行着（1月19日起草）。

129) 『外債資料』：巽孝之丞・一宮鈴太郎の児玉頭取宛電信、1月17日ニューヨーク発、19日横浜正金銀行頭取席着。実際にはナショナル・シティ銀行ではなくナショナル・シティ会社が引き受けている。

130) 『外債資料』：巽孝之丞・一宮鈴太郎の児玉頭取宛電信、1月24日ニューヨーク発、25日正金銀行頭取席着。

131) 『外債資料』：星埜章監督役発電、2月9日起草、12日日本銀行着。

一宮鈴太郎は1919年に横浜正金銀行取締役・ニューヨーク支店支配人、1922年に副頭取となり、柏木秀茂同行ニューヨーク支店支配人を指揮して米財界の首脳と接触し、発行団組織に寄与した[133]。

星埜章日本銀行ニューヨーク代理店監督役は、募債状況を日本銀行総裁・副総裁・理事に電信で頻繁に伝え、1924年2月13日には募債経過の大要を市来日銀総裁に報告した[134]。星埜は外債募集状況の説明を通じて日本銀行当局者の併用外債募集への理解を深めたといえよう。

上述のように、併用外債の成立は森財務官だけの力によるものではなく、多くの人に支えられていたのであった。それが津島大蔵省国庫課長の支援に支えられていたことはよく知られている。が、また、巽孝之丞、一宮鈴太郎ら国際的信頼を得た正金銀行関係者の尽力によるところがきわめて大きかったのである。森賢吾が認めたように、津島、巽、一宮の助力がなければ併用外債の成立は覚束なかったのである[135]。

4　津島寿一の財務官就任

1927年、津島寿一国庫課長は黒田英雄大蔵次官から呼ばれ、青木秘書課長と2人で、高橋蔵相の意向として財務官就任を要請される。

津島は東京帝国大学法科大学で首位の成績を終始保っていた[136]。この津島が、1912年7月に同大学を卒業し、属官として大蔵省に奉職した。秀才であり、東京帝国大学を卒業し、大蔵省に入省したことは、津島が財務官となる1つの要素であったといえる。

津島は入省後、まず大臣官房参事官室付として勤務した。参事官室とは今日でいえば文書課のようなもので、大臣や次官への回議書類は人事に関するもの

---

132)　ナショナル・シティ会社はナショナル・シティ銀行（National City Bank）が1911年に設立した証券子会社である（中塚晴雄「1920年代の商業銀行の投資銀行業務と証券発行構造」福岡大学『商学論叢』第52巻第3・4号、2008年3月、6ページ）。
133)　東京銀行編『横濱正金銀行全史』第3巻［1981b］、49ページ、同書、第6巻［1984］55、470ページ。
134)　『外債資料』：星埜章監督役の日銀総裁宛報告書、1924年2月13日。
135)　津島寿一［1964］228ページ。
136)　津島寿一［1968］320ページ。

を除いて全部ここへ回付されて審議されることになっており、とくに法的審議に重きを置いたものであった。当時の参事官室は第２次大戦後の文書課よりも大仕掛けで、専任として勅任参事官（１人）、奏任参事官（１人）がおり、ほかに兼任参事官が数名もいるという陣容で、兼任参事官は大臣官房各局などの課長が１名任命されていたから、一種の各局合同審議会のようなものであった。兼任参事官の補助者として大蔵属が配属され、これを参事官室付といった。津島はこの参事官室で1913年１月まで勤務した。短期間ではあったが、津島は大蔵省各部局の仕事をおおむね飲み込むことができたのであった[137]。津島は将来の大蔵省幹部として養成されていたといえる。

　津島は若くして桂首相の女婿であった長島隆二理財局長心得から嘱目されており、長島に呼ばれて1913年１月から兼任参事官国庫課調査掛に勤務するようになった。財務官との連絡を担当する理財局に配属された津島は、後に海外出張に出かけるまでの１年３カ月間を、得がたい修練教養の期間として過ごした。全力を傾けて外国の事情調査や翻訳などに専心した。英米独仏などの幾十の雑誌・新聞に目を通し、退庁後は下宿でもこれらを閲覧しかつ翻訳するなど、昼夜兼行の勤勉ぶりを発揮した。こうして津島は語学力を向上させ、海外事情にも通じ[138]、将来財務官となる基礎能力を養ったのである。

　入省したばかりの若い属官が大臣室に出入りする機会などめったにないはずであった。だが津島は、1913年２月に成立した山本内閣の高橋是清蔵相からの依頼を同年３月初めに受け、多忙な高橋のために、高橋への外国人からの手紙の整理役（また必要に応じて概要を翻訳）を本務のかたわら務めることとなった。こうして津島は、大蔵省のトップで国際金融に通じた高橋と親しく接することができたのである。ここで、津島は強力な人脈を得たのであり、また翻訳力などを磨いたのであった[139]。

　津島は1914年５月、欧州各国への出張を命ぜられ、７月に東京を出発、満州、ペテルブルグ、ドイツ、ベルリンを経てロンドンに到着する。同月28日に第１次世界大戦が勃発すると、フランス、イタリアなどに出張して戦時経済を勉強

137）　津島寿一［1962］68－69ページ。
138）　同上書、68－71ページ。
139）　同上書、72－73ページ。

第15章　戦前日本の国際金融官僚

し、その後ロンドンの森財務官のもとで働き、1916年1月に帰国したのであった。こうして津島は貴重な海外経験を積んだのである。国際関係の基礎となるものは人と人とのつながりであるが、津島が海外に幾多の親しい友人を持つことは、津島の大きな財産というべきものであった[140]。

津島は1917年9月に大蔵書記官となり、1918年6月から24年12月まで大蔵省参事官を兼任する。1920年5月から24年5月までは理財局臨時調査課長も勤めている。寺内内閣が1918年9月に辞表を提出し、同月、後継内閣の首班に政友会総裁の原敬が就任し、ここに初めて政党内閣が成立する。高橋が原内閣の大蔵大臣に就任した。このとき、すでに津島は大蔵書記官となっており、大蔵省参事官、臨時調査局課長などを兼務していたのであるから、省務上も直接高橋の指導を受ける地位にあり、大臣の演説や講演の起草、さらに外国人との往復書信の整理事務なども命じられた。1920年8月から22年6月にかけて津島は高橋蔵相秘書官を兼任する。津島は、政界の大物である高橋といっそう密接な地位につき、直接の指導を受けることとなったのである。津島はその後も1923年9月まで大蔵大臣秘書官を兼務している（1923年9月から1924年1月まで秘書官事務取扱）。

1923年10月から1924年6月にかけて、津島は欧米各国に出張して、森賢吾財務官を補佐して外債発行業務に従事し、外債発行の経験を積んだ。また英、米金融業者に知己を得た。震災復興・借換併用外債の発行に際しての森とモルガン商会のラモントとの交渉には津島が常に参与しただけでなく、大綱の協調ができた後のモルガン商会の専門家との協議は津島がその折衝にあたった。この津島の有能さが同外債の成立に寄与した。津島はアメリカやイギリスの外債発行関係者から称賛を受け、彼らから高い信頼を得たのである[141]。1924年1月から1927年5月にかけて、津島は理財局国庫課長（兼務あり）となり、また1925年10月から26年8月にかけて支那関税特別会議帝国代表随員となっている。

---

140) 根津知好『津島壽一先生の片影』日本経済研究所、1953年（坂出市立大橋記念図書館所蔵）6－7ページ。
141) 森賢吾「外債顛末感想談」津島寿一［1964］230－232ページ。森賢吾が認めたように、津島は第1次大戦後の大蔵大臣の秘書官として日本財政の枢機に参与しており、日本に関する知識の大権威の1人であった（『銀行通信録』1924年8月20日号、43ページ）。森賢吾は1924年の併用外債成立における日本人側の功績において、（森以外では）津島の功績を第一に数えている（津島寿一［1964］232ページ）。

1485

こうして津島は国際金融家、国際金融官僚にふさわしい能力を身につけるようになったのである。

　1927年の金融恐慌後、森賢吾財務官が高橋是清蔵相に辞表を提出した。高橋は大蔵省の序列にとらわれず、能力のある者を抜擢して後任の財務官を決めるべきであると考えた。高橋の意中の人物は津島寿一であった。高橋蔵相の意向を受けた黒田大蔵次官と青木秘書課長は、後任の財務官となるよう津島を説得したが、津島はいったん財務官就任を辞退した。これは財務官の仕事の重大かつ困難なことを熟知し、微力到底その任でないということを痛感していたからでもあるが、また省内の人事行政という見地からもこれを受諾しえないと思われた。当時、大蔵省には有能な多数の先輩が、まだ課長、事務官として奏任の地位にあり、勅任官の有資格者は30数名もいた。1909年卒業者はまだ勅任官になっていなかった。先任者たちを飛び越して津島が一躍財務官になるということは、人事行政上とるべきではないと津島は考えた。海外駐箚財務官の地位は、次官並みの1等官であり、給与も同様であった。津島は大蔵省内の序列を考慮せざるをえなかったのである。

　だが、それが外国に通用するものではないと高橋は考えたのであろう。高橋は、「まだ勅任官に早いというが、年齢とか、地位とかいうものに拘泥すべきでない。自分は津島が財務官の最適任者と信ずるのだから文句を聞くわけには行かぬ」と黒田次官に告げた。津島と同じ香川出身の三土忠造文部大臣も津島を説得した。

　そこで津島は森賢吾の支援を請いつつ、財務官任命を受諾することとなるのである。同時に、津島は財務官が1等官、1級俸給一本の官であるのを格下げの待遇も設けるよう要望した。5月24日の閣議で財務官官制が改正され、財務官は1等官、2等官とされて俸給令も改正された。こうして森賢吾の後任として、津島が1927年5月に海外駐箚財務官に任命される。大蔵省抜擢人事が実現したのである[142]。昇進の遅い大蔵省としては、破格の出世速度であった[143]。39歳という若さで財務官に就任した津島は、「ヤング・ツシマ」としてその令名を内外に馳せ、非常な信用と名声をあげるのである[144]。

---

142)　津島寿一［1962］186－190ページ。
143)　賀屋興宣「忘れがたい先輩津島さん」芳塘刊行会編［1972］87ページ。

津島が財務官になることを躊躇し、待遇の引下げまでも願い出たことにみられるように、大蔵省内の人事では、大正から昭和の政党政治の時代にも、入省時の成績と能力と年次が基本となり、年次の上位者が抜けなければポストに就けないルールができていた。だが、第2次大戦前において専門官僚を必要とする国際金融行政の分野では、高橋是清という実力者の存在もあり、1911年から1933年頃までは、適材適所、能力主義の抜擢人事が実施されていたのである。国際的に通用する専門官僚が求められた財務官の簡抜（抜擢）においては、政党の関与する余地はほとんどなかった。大蔵省は内務省と違って官僚に政党色がなく、このことは津島財務官も同じであった。津島は1934年2月まで海外駐箚財務官を務めている。

5 　津島寿一財務官の活動

（1）　国際金融官僚としての活動とその限界

国際金融官僚としての活動

財務官の任務は、官制によれば「海外に於ける帝国の財務を処理する」となっていた。具体的には、第1に、「外国の事情を内地に成るべく正確に伝へると云ふ所謂通報の機関たることが其一つの任務」であった[145]。海外駐箚財務官事務所が大蔵省に送付してきた海外調査報告書は大蔵省理財局によって印刷されて大蔵省などの業務の参考に供された[146]。また財務官は大蔵大臣宛に海外情報を伝える電信を発電した。たとえばロンドン駐在財務官（津島）は1929年11月12日に発電し、日本の金解禁に関する『Financial Times』の記事を紹介している[147]。

財務官の任務の第2は「内地の事情を正確に海外に通報し説明して、日本の国際的信用を昂めて行く」ことであった[148]。1930年に発行された五分半利付米貨公債の目論見書には金本位制復帰に関する説明がついており、この中で津

---

144) 佐藤栄作「追悼の辞」、綾田整治「津島先生追悼祭式辞」、大平正芳「津島先生を追慕して」。津島寿一［1968］299、312、313、321ページ。根津知好、前掲書、6ページ。
145) 津島寿一、大阪銀行倶楽部講演（1927年6月）（津島寿一［1982］139ページ）。
146) 「米国駐箚財務官報告」や「英仏駐箚財務官報告」としてさまざまな報告書が作成されている。

第 7 編　人物からみた戦前日本の国際金融

島財務官は、この目的の達成は現在の商業および貿易の世界的不振の影響を受けてデフレーションおよびこれに伴う一般取引の沈滞を招来したが、現政府による財政の厳格な整理緊縮政策はやがて国民の経済状態に改善をもたらすと信じられると述べている[149]。

　任務の第 3 は外債発行に従事することであった。第 4 の任務は経済に関係する国際会議に参加して国際協調を図りながら日本の国益を守ることであった。

　津島は森財務官を補佐して震災・借換外債の発行に貢献したが、財務官になってからも外債発行募集交渉を行っている。その実績は次のとおりである。1928年には米国銀行団と交渉し、ニューヨークにおける東洋拓殖会社の1000万ドルの外債発行を行った。また、東京電燈社債の発行交渉に参加し、ニューヨークにおいて7000万ドル、ロンドンにおいて450万ポンドの社債を発行した。また金本位制への復帰のため、1929年11月、米国および英国の銀行団と通貨安定クレジット（ニューヨーク2500万ドル、ロンドン500万ポンド）を設定した。このクレジット（信用供与）契約が財務官の重要業務であったから、これについて立ち入って述べておこう。

　1929年 5 月 4 日、津島は金解禁を準備しようとする三土蔵相から帰国命令を受け、さらに同月16日に冨田理財局長からクレジット方式の調査命令を受けた。津島はパリにおけるヤング委員会の仕事に目鼻がつくころをみはからって、 6 月 1 日にロンドンを出発し、米国を経由して 7 月 5 日に帰国する。津島は帰国に際して各国の金融の専門家と会い、金解禁、クレジット、第二回四分利付外債借換などの問題について懇談した[150]。津島が帰国する直前の1929年 7 月 2 日に浜口雄幸内閣が誕生し、大蔵大臣には井上準之助が就任する。同内閣は金解禁への強い意思を表明し、その準備を積極的に実行するに至る。井上蔵相は

---

[147]　電文は「日本政府ハ今ヤ全国民ノ支持ヲ得テ着手セル金輸出解禁事業ノ困難ナルヲ知悉シ居リ、唯解禁実行ノ暁……ニ崩壊ノ危険ナキ様手配センコトヲ希望ス、安定セル通貨ノ齎ス信用ハ、一度……損ハバ回復スルコト難ク日本ハ今ヤ……近ク短期間ノ予告ヲ以テ実行ノ緒ニ入ラント報ゼラレツツアルガ、……円為替ノ昂騰ト同時ニ政府ハ財政的援助ヲモ含メル外国銀行ノ moral support ヲ要求中ナリ、今ヤ一般的ニハ準備全ク整ヒ成功ヲ期待シウベキ充分ナル理由存ス」と伝えている（『倫敦財務官来電』（自昭和四年一月至昭和五年十月）、齊藤保有資料）。

[148]　津島寿一［1982］140ページ。

[149]　森賢吾［1930］（金融経済研究所編［1973］所収）38ページ。大蔵省理財局外債課編・発行『本邦外貨債関係資料』第 1 編、63ページ。

[150]　昭和大蔵省外史刊行会編［1967］282－283ページ。

第15章　戦前日本の国際金融官僚

緊縮財政を実施するとともに、津島財務官に対して、金解禁準備のために英米の国際資本から日本に対するクレジット（信用供与）の約束を取り付けるよう命令する。津島は11月4日からこの交渉を開始した。津島はニューヨークで直接クレジット設定の交渉を担当した。井上は当初、金解禁は1930年早春に省令を公布すると同時に実施する、クレジットの設定も同日である、と津島に伝えていた。だが、井上は金解禁を実行するのであれば早い方がよいと方針を変更し、11月中に金解禁の大蔵省令を公布することとし（金解禁に関する大蔵省令は11月21日公布、1930年1月11日施行）、津島に電報をもってクレジットの交渉・設定を急がせた。大蔵官僚としての津島はこの命令に従い、モルガン商会を中心とするウォール街の金融業者との交渉を急いだのである。

　津島はイギリスへ渡る間がなく、イギリスの銀行団とは、在英の湯本武雄大蔵事務官などと連絡をとりつつ、ニューヨークから電報・電話でアメリカでの交渉と並行して交渉した。アメリカで株価が暴落し（10月24日）、財界が不安となっているなか、交渉はなかなか進捗しなかったが、ついに契約を成立させた（調印は11月20日、発表は21日）。契約内容は日本に総額1億円の信用供与を約束するというもので、アメリカのウォール街とイギリスのロンドン・シティの銀行団が折半する（アメリカ側2500万ドル、イギリス500万ポンド）形をとっている。契約当事者は日本側が横浜正金銀行（政府・日銀が支払い保証）、アメリカ側がモルガン商会、クーン・ローブ商会、ナショナル・シティ銀行、ファースト・ナショナル銀行、英国側がウェストミンスター銀行を初めとする5大銀行、ロスチャイルド商会、香港上海銀行などであった。契約期間は金解禁省令公布の日より1年間とされた。日銀が直接契約を結べなかったため、契約は形式上が横浜正金銀行、実質は日銀、交渉は政府主導という形で行われた[151]。かくして、津島は金解禁準備に決定的に重要な役割を果たしたのであった。

　1930年5月、津島はニューヨークにおける五分半利付米貨公債（7100万ドル）、ロンドンにおける五分半利付英貨公債（1250万ポンド）の発行を行った。この公債発行は、1905年に英米市場で発行した第二回四分利付外債2500万ポン

---

151)　NHK"ドキュメント昭和"取材班編［1986］96-150ページ。日本銀行の対応については日本銀行百年史編纂委員会編［1983b］398-407ページ、横浜正金銀行関係資料については東京銀行編［1980］481-512ページを参照。

1489

ド（1931年1月満期、現在額2300万ポンド）を借り換えるためのものである。これは、英米銀行団首脳も日本政府も、金解禁の実施によって日本の為替相場が安定した後に実現すべきであると考え、またロンドン軍縮会議（1930年1月開会）で4月中旬に日英米3国間に妥協案の基本が確定した後に、津島海外駐箚財務官（Financial Commissioner of the Imperial Japanese Government）が英米両国の銀行団と折衝を始めて契約調印をみるに至ったものである[152]。きわめて短期間のうちに外債発行が実現したのは、津島の手腕と国際的信頼によるところが大きいと考えられる。

津島はそのほか政府の保証公債に関する交渉および発行も実施している。

津島財務官も森と同じく国際金融家、国際金融官僚として活動したのであり、国際金融の分野で大きな成果をあげたのである。金解禁はクレジットの締結を前提として実施されたものであり、我が国の金本位制への復帰において津島が果たした役割はきわめて大きい。元日本銀行総裁・大蔵大臣の一万田尚登は津島を次のように評している。「明治時代から昭和時代の最近に至る迄、我国の国運の伸長或は敗戦後の経済復興そして今日世界的の産業大国となる迄外資の導入が如何に多く貢献したかは申す迄もないことである。これが衝に当る人は欧米金融業者の絶大なる信用と尊敬をかち得る人でなくてはならぬ、こういう意味に於て私は其の著名の人として高橋是清翁、井上準之助翁、深井英吾翁〔ママ〕、森賢吾さんを挙げるに躊躇しませんが、それに津島寿一さんを加えねばならぬと思う。津島さんはこのことについて高橋翁の前に高橋翁なく森さんの後に森さんなしと謙遜されて居られるが、私は森さんの後に津島さんありと申し度いのです」[153]。金解禁の実施は津島の能力、国際的信頼に負うところが大きい。

ただし、それはまた、金解禁政策を推進した国際金融家としての井上準之助に対するモルガン商会のラモントの信頼が背景としてあったからである[154]。

津島が国際経済、我が国経済の難局時代にともかくも大過なく課題を処理できたのは、高橋や森といった先輩たちの支援があったからでもある。津島はと

---

152) 津島寿一「金解禁実施日の思い出」（昭和大蔵省外史刊行会編［1967］付録所収。津島寿一［1982］に再録）。五分半利付外貨公債の発行については鈴木俊夫［2001b］173－181ページを参照。
153) 一万田尚登「津島さんの思い出」芳塘刊行会編［1972］38ページ。
154) NHK"ドキュメント昭和"取材班編［1986］35、129－130ページ。

第15章　戦前日本の国際金融官僚

くに高橋是清の海外における友人から便宜を受けており、それによって海外の人的ネットワークに入っていけたのである[155]。

また、それは、津島を補佐した財務官事務所の書記官、財務書記の努力の賜物である。権限を有する高級官僚は、優秀な部下を用いて成果を得ることができた。津島が財務官をしていたときにロンドン、パリ、ニューヨークの各財務官事務所で同僚として働いていた大蔵官僚の名前については津島の回顧録を参照されたい[156]。なお、財務官およびその直接関係者以外にさまざまの大蔵官僚が海外に派遣されて、外務省に身分を移して大使館、公使館に勤務して（外交一元化）、国際業務を幅広く行うようになるのは戦後のことである。

津島の活動の成果は日銀、正金銀行の協力によるものでもある。と同時に、満州事変以前の我が国の国際信用が大であったということが、堅固な基盤を与えていたのである。

金解禁準備のために津島が1929年5月から6月にかけて英米の中央銀行や銀行家と意見を交換した際には、新平価解禁が我が国経済にとって打撃が少なく適当であると伝えられた[157]。1929年6月10日、津島財務官はニューヨーク連邦準備銀行のハリソン総裁を訪問している。イギリス大蔵省からイングランド銀行に身を転じていたニューメイヤーから日本は旧平価解禁を実施すべきであると指摘された、と津島がハリソン総裁に伝えると、同総裁はデフレーションが経済的・社会的に重大な問題をもたらすということを強調した。津島は、旧平価解禁か新平価解禁かは政府が決定する重要事項であることを認識していた[158]。また津島は、モルガン商会のラモントから新平価解禁を求められた[159]。英米のフィナンシャー（財政金融専門家）の新平価解禁論に津島も同調した[160]。だが浜口内閣はこのような方策を採用せず、旧平価解禁を断行して、強力なデフレーション政策をとって財政経済の整理調整を図る方針を採用した。そのような方針が既成事実となった以上、津島は「政府の役人」であったから、自分

---

155) 津島寿一 [1962] 190-191ページ。
156) 同上書、190、194ページ。
157) 安藤良雄 [1972] 63ページ。
158) Federal Reserve Bank of New York archives, Office Correspondence from Gorernor Harrison, June 10, 1929, Harrison Collection, Office Memoranda Vol. II, 1928-1931, 3330.0.
159) 伊藤正直 [1989] 136ページ。
160) 安藤良雄 [1972] 63ページ、昭和大蔵省外史刊行会 [1967] 331ページ。

1491

の考えを抑えて、政府の方針に即応して金解禁準備のためのクレジット契約締結交渉を行ったのである[161]。津島は、11月にニューヨークに戻ってモルガン商会の首脳者に日本政府の方針を伝え、当然、「それでは話が違うではないか」という反論を受けたが、津島は自らの新平価解禁構想をその腹中に押し込め、日本政府の解禁方針とそれに対する準備工作について説明したのであった[162]。まさに津島は単なる国際金融家、フィナンシャーとしてでなく、国際金融官僚として行動したのである。

国際金融官僚としての活動の限界

財務官の力には限界がある。関東大震災後に行政の整理を行い、緊縮方針をもって財界整理の促進に資するという日本政府の方針は、外国において好感をもって迎えられ、非常に健全である、日本政府は非常に賢明な方針を執っているということで日本の国際信用、対外信用、国際的信頼、国際信認は向上していった。だが金融恐慌時の財界の混乱は、海外の電報や新聞にみられるように「日本の対外信用に影響を与へ」、「我国の海外に於ける信用を害した」。政府が台湾銀行を支援することを海外に声明してから１～２週間後の1927年４月17日に枢密院本会議が台湾銀行救済案を否決すると、日本政府のいうことはあてにはならないという感を海外に与え、「日本の国際的信用は著しく失墜し」、日本政府の公債担保では金を貸さないという事態まで生じた[163]。財務官の活動はこの国際信認・信用の低落を阻止できなかった。海外における財務官の仕事の難易は結局、内地の事情の反映にすぎなかったのである[164]。

大正時代末期になると、日本の対中国政策に対してイギリスが消極的な態度に傾き、昭和に入ると、津島が満鉄社債の新規発行について努力しても、成立間際になってイギリス政府側から反対が出て、実現することできなかった。また1923年と1928年の満鉄外債のアメリカにおける発行が、日本の中国進出を助

---

161) 安藤良雄［1972］63ページ。
162) 昭和大蔵省外史刊行会編［1967］283-284、331-333ページ。
163) 津島寿一［1982］140-144ページ。日本が金融界ならびに一般経済界の整理に全力を挙げ、非常に「ワイズ」で「サウンド」で「ステディ」なことをやっており、財界の危機から立派に回復することができるということをはっきりと納得できるような方策を採らなかったならば、日本の国際信用の回復はとうてい期待できなかった（同書、143ページ）。
164) 津島寿一［1982］142-145ページ。

けるものであるから好ましくないというアメリカ政府の意向で失敗している。国際外交という歴史の波が金融所作に大きな変動を与えたのである[165]。

（2） 国際経済官僚としての活動

津島はさまざまな国際会議（財政・金融・経済問題に関する国際会議）に参加している。満州事変以前に津島が参加した国際会議は次のとおりである[166]。

① 1924～25年　　　　　支那関税特別会議（帝国代表随員）
② 1927～31年　　　　　国際連盟財務委員会（委員）
③ 1928～30年　　　　　同経済諮問委員会（委員）
④ 1927～30年　　　　　パリ賠償委員会（日本代表）
⑤ 1927年10月、11月、　輸出入禁止および制限撤廃に関する国際会議
　　および1928年2月　　（日本代表）（ジュネーヴにおいて）
⑥ 1929年2～6月　　　　パリにおけるヤング委員会（日本側専門家顧問）
⑦ 1930年　　　　　　　ロンドン海軍軍縮会議（財政関係随員）

津島も森賢吾と同じく国際経済再建を目指す国際協調の枠組み作りに加わった。世界一流の政財界人を相手に日本の立場を主張し日本の国益を守ろうとした。40歳前後の「ヤング・ツシマ」は、第1次世界大戦後における賠償会議などの国際会議の花形として縦横に活躍したのであった。津島の発言は列国代表から傾聴されていた[167]。津島は国際金融官僚として活動するとともに、国際経済官僚としても活動したのである。

ワシントン体制の下での日本と米英との協調が日本の国際信用を維持し、日本の外債募集を可能にした一要因となった[168]。後年、津島は次のように述懐している[169]。

---

165) 津島寿一［1964］343ページ。
166) 「芳塘、津島寿一先生略歴」津島寿一［1968］343－344ページ。
167) 津島寿一［1968］321ページ。森と津島は「対独賠償問題の会議、又は欧州復興に関する各種経済、財政等の会議において、単に日本代表としてのみならず、弘く国際的見地に立ってのその発言は、列国代表の敬意を払って傾聴するところとなってゐた」（澤田廉三『凱旋門廣場』（注50）33ページ）。国際会議における日本の外交官の成熟度については同書、28－34ページを参照。
168) 齊藤壽彦［1993］27－33ページ。

1493

第7編　人物からみた戦前日本の国際金融

（戦間期には）各国の政治家が、大局に着眼せず、個々の国際交渉、自国の立場を主とした国際問題の処理に専念した結果、ついに破局に導いてしまった……いいかえれば世界政治の指導的な地位にあった政治家諸公が、自国を守るの熱意はあったが、世界を守るの聡明さと叡智と勇気とを欠い（ていたのである）……第1次大戦後の賠償問題の取扱い（がその）適例である……第一次大戦の集結として平和の回復を主眼とすべきヴェルサイユ条約（は）ドイツを無力化するため過酷な条件を決定し、懲罰的な賠償を課した結果が、実行の不能に陥り、ドイツ国民……（の）民族的反抗心を燃えたたせた……こういった客観情勢を透視する聡明さを欠き、早めにこれを減額しまたは処理することを躊躇し、紛争に紛争を重ね、遂にヒットラーのごとき独裁政治家がドイツを支配し、平和の全面的崩壊を導くという……結果を招いたのである……ヤング案によってドイツの賠償金額が一挙に1320億マルクから360億マルクに削減したことはフランスその他の大譲歩に……違いはなかろうが、……ドイツの経済情勢から（いって）、この額でも、（ドイツが支払いを）実行（することが）無理であるということは大体想像できたことである、にもかかわらず、フランスその他2、3の国の政治家が世論に引きずられて、中途半端な決定をあえてするにいたったのである、と。

津島の国際舞台での活躍にもかかわらず、財務官の活動は国際的政治環境の悪化のもとでは国際協調の枠組みを維持することができなかったのである。

第3節　海外駐箚財務官制度後退期の財務官

1　金輸出再禁止

1931年12月に犬養内閣が成立し、大蔵大臣には高橋是清が就任した。金流出、満州事変勃発、英国をはじめ欧州諸国の金本位離脱などを背景として、井上準之助がとった金解禁政策を高橋是清は同月に否定した。この結果、ニューヨークで政府の訓令により金解禁維持方針を説いていた津島は、同じ方面に向かって金輸出再禁止の必要性を説かなければならなくなった。津島は、困惑と苦衷

---

169)　津島寿一［1955］232-233ページ。

第15章　戦前日本の国際金融官僚

を感じざるをえず、辞意すら高橋蔵相に伝達したのであった。高橋は津島を慰留する電報を発するとともに、津島に配慮し、ロンドンに渡るよう訓令した。津島はこれに従った[170]。ここに、政策転換期における大蔵大臣に従う官僚の1つの行動様式をみることができる。

2　財政金融・経済国際会議への参加

　ドイツの賠償支払いは困難であり、賠償問題は依然として未解決であった。この解決のために1932年6月から7月にかけてローザンヌ会議（Lausanne Conference）が開催された。津島財務官は、同会議に日本代表として参加した。また代表団員中には、大蔵省からは財務官事務所勤務者が参加している。ローザンヌ会議でドイツ賠償金は一挙に30億マルクに減額された。この会議によって賠償問題に終止符が打たれた。だがそれは遅すぎた、と津島は回想している[171]。

　1929年秋のアメリカの株式恐慌に端を発した世界恐慌は、金本位制の世界的離脱状態と各国の関税引上げ、輸入制限、為替管理などの自国経済優先の傾向をもたらし、1932年7月に開かれたオタワ英帝国会議はブロック経済化への道を踏み出した。こういう情勢の中で、国際的な協力体制によって世界的不況、恐慌を打開し、国際経済の正常な機能を回復させようとの願いが高まった。ローザンヌ会議は7月に、国際経済の正常な機能を復活させるための国際会議を招集するよう国際連盟に要請した。国際連盟理事会は同月、連盟主催のもとに国際的な通貨経済会議を開催することを受諾し、この会議の準備と議題の予備的審議を行うための専門家準備委員会を組織した。

　こうしてジュネーヴで1932年10～11月および33年1月の2回にわたって準備委員会が開催された。委員会は、イギリス、フランス、ドイツ、イタリア、ベルギー、日本の各政府委員2名、国際決済銀行の指名委員2名、国際連盟委員6名などにより構成されていた。日本からは津島財務官が河合博之特命全権公使とともに参加した。津島はこの準備委員会における議論の内容を、河合とと

---

170)　津島寿一［1962］209ページ。
171)　津島寿一［1955］233-234ページ。

もに報告書としてまとめている[172]。準備委員会での議論の焦点は、金本位制復帰問題と関税引下げであった。日本は今後、金本位制に復帰することはきわめて困難であると考えていた。日本の代表委員の津島は、批判を受けながらも意見を変更しなかった。

いよいよ1933年6月、ロンドンにおいて世界経済会議（World Monetary and Economic Conference）が開催された。参加国は66カ国に及び、日本は代表として石井菊次郎枢密顧問官、松平恒雄駐英大使、深井英五日銀副総裁が任命された。大蔵省からは津島海外駐箚財務官が専門委員、日本代表代理として出席した。この会議は関税競争のような経済戦争を、国際協力によって抑制するだけでなく、国際通貨制度を安定させて景気回復を図ることも期待された。この会議は第1次大戦後最大の会議であった。だが各国の利害対立は激しく、会議は失敗に終わった。この会議に表れた傾向は、①金本位制から管理通貨制への移行、②自由貿易から管理貿易への移行、③多国間協議から2国間協議への移行であった[173]。

パリ講和会議以後、経済的国際協力のための国際会議は、この会議で終幕となる。以後、列国は否応なしに自国本位の恐慌対策をとり、経済のブロック化、関税競争が激化する。こうして、世界は第2次世界大戦へ突入するのである。

3　津島退任後の人事と政策

（1）　津島退任後の海外駐箚財務官人事

1934年に津島は理財局長に転任する。後任の財務官は前任の理財局長で、津島より4年も先輩の冨田勇太郎であり、津島はこのような人事政策に異論を唱えたが、大蔵省には受け入れられなかった。財務官の方が理財局長よりも月給が高かったため、津島は減俸を承諾させられる[174]。抜擢人事は中断された。入省年次を重んじるという大蔵省の保守的人事政策の基本方針は、依然として変わっていなかったのである。

---

172)　河合博之・津島寿一［1932、1933］。
173)　伊藤正直［1987c］。同［1991］138ページ。また、ロンドン世界経済会議（国際経済会議）の研究史については木村昌人［1991（a、b）］を参照されたい。
174)　津島寿一［1962］218ページ。

第15章　戦前日本の国際金融官僚

　満州事変頃から官僚の世界では親軍的な新官僚が台頭し、その後、新々官僚、さらには革新官僚が台頭するが、元来、海外駐箚財務官は国際協調路線を推進してきたのであって、満州事変以後にも海外駐箚財務官にはとくにこのような傾向はみられない。英仏駐在財務官となった冨田は1934年2月から1936年11月までこの地位にあった。冨田勇太郎は財務官との連絡を国内で担当する理財局に長く勤務していた。すなわち、1916年に大蔵省理財局国債課長、1918年10月に同国庫課長となり、1924年1月から1934年の10年にわたって理財局長を務める。このような経歴から財務官に選ばれたのである。

　だが、理財局は国内の国家資金を重要業務として取り扱っており、理財局勤務を長く続けたことが国際金融の専門家となることにはならない。冨田は理財局長の頃（1933年2月）には外国為替管理法案審議にあたって満州国中央銀行の位置づけや金円対銀円の問題を取り扱った体験を持っており、満州、中国の幣制に通じており、後述のようにイギリスのリース・ロスに情報提供を行っている。だが、当時の銀問題の我が国における最高権威者は、横浜正金銀行に入行後、1894年から1919年までの25年の長期にわたり、ボンベイ、上海ともっぱら銀為替地域で勤務した児玉謙次（児玉は1922年3月から1936年9月まで正金銀行頭取を務めている）であった[175]。冨田は海外に通用する国際金融専門官僚とは必ずしもいえないであろう。

　冨田勇太郎の後を継いで荒川昌二が1936年11月から1940年3月まで英仏駐在財務官となる。荒川は国際金融専門官僚でなく、さまざまなポストを歴任した後、1936年3月に外国為替管理部長となる。この関係から財務官に選ばれたのである。

　1940年5月から同年12月までは湯本武雄が英仏駐在財務官となる。湯本は国際金融関係部署を歴任しており、この意味では国際金融の専門家といえる。だが英仏駐在財務官としての在任期間は短い。湯本が1940年12月に独伊駐在財務官に転出した後の英仏駐在財務官は空席となっている。これは日本の戦争の拡大に伴う日英関係の悪化、途絶のためであろう。

　米国駐在財務官に関しては、1917（大正6年）年9月勅令第416号で海外駐

---

175) 藤村欣市朗 [1992b] 243ページ、八木慶和 [1988a] 24、30ページ。

箚財務官の米国駐在が決められたが、1924年12月勅令第328号で米国駐在の財務官は英仏駐箚財務官の兼務とすることとされた[176]。1938年1月、勅令第2号で再度米国駐在の専任財務官を置きうることとしたが、実際は1939年4月まで英仏駐箚財務官が兼任した。1939年4月に再び米国駐在の財務官が設けられ、西山勉が米国駐在財務官となり、1943年3月までこのポストにあった。西山勉は横浜正金銀行取締役兼大阪支店支配人からこの地位に移っている。大蔵官僚以外から採用という、このような人事は異例である。西山は正金銀行為替課長、ニューヨーク支店支配人、大阪支店支配人、取締役を務めた国際金融の専門家である。「国家非常時に際し全く当局の懇望に」より西山取締役が駐米財務官に転出したのである[177]。大蔵省は、日英関係が悪化するなかでアメリカとの関係を重視し、このような人事を行ったのであろう。なお西山は日米開戦後、1942年8月に、アメリカに抑留中の横浜正金銀行の行員が日米交換船で帰国したときに帰国している[178]。翌年3月に退任し、5月に満州中央銀行総裁に就任した[179]。西山の後任の米国駐箚財務官は存在しない。

1938年1月には勅令第2号で中国駐在財務官を再び復活した。大野龍太（1938年1月～38年6月）、湯本武雄（1938年6月～40年5月）、木内四郎（1940年5月～41年7月）、小原正樹（1941年7月～43年3月）がそのポストに就任している。小原の後任の中国駐在財務官はいない。

1940年12月には勅令第830号で海外駐箚財務官を同盟国独伊に駐在させることが定められた。湯本武雄（1940年12月～45年10月）がこの任に就いている。湯本は財務官として各地に派遣されたわけである。

（2） 津島退任後の海外駐箚財務官の活動

満州事変以後は外債発行が困難となる。外資導入は1931年7月の台湾電力ドル債募集を最後にほぼ消滅した。1930年代における外債発行は、1933年の満鉄英貨社債40万ポンドの借換発行1件だけである。1933年のロンドン世界経済会議がほとんどなんの成果もあげえないまま幕を閉じた後は、国際協調のための

176）　大蔵省百年史編集室編［1973］付録19ページ。
177）　東京銀行編［1980］388ページ。
178）　東京銀行編［1984］140ページ。
179）　満州中央銀行史研究会［1988］336ページ。

国際会議は開かれず、世界経済はブロック経済への道を歩むこととなる。外資導入と多国間国際会議への参加という海外駐箚財務官の活躍の舞台は失われる。津島の財務官退任後には、海外駐箚財務官は特筆すべき役割を果たさなくなる。

冨田勇太郎財務官の活動で明らかとなる事実は次のようなことである。1935年9月にイギリス政府主席財政顧問リース・ロスが、中国幣制改革のための日英提携について協議するために来日する。だがこれ以前に、リース・ロスが、ロンドンで、冨田財務官や宗像久敬日銀ロンドン代理店監督役、加納久朗正金銀行ロンドン支店長らと会って、中国の幣制改革についての日本側の見解を聞いて日本に赴く前の準備をしており、冨田がリース・ロスへの情報提供の一翼を担った。冨田財務官らがリース・ロスに説明した中国情報の内容は、津島寿一大蔵次官への書簡や加納久朗支店長の正金頭取席宛の報告に記されている。冨田ら在ロンドン日本関係者の見解は、中国全土における幣制統一は困難とするものであった[180]。したがって、1935年11月に実施された中国幣制改革（リース・ロスの幣制改革）に冨田らの情報は影響を与えていない。またロンドンでのこの会見に際しては、加納久朗の覚書と児玉謙次の覚書がリース・ロスに渡されており、これをみても中国の貨幣制度の権威者は冨田財務官よりもむしろ横浜正金銀行関係者であったといえよう[181]。

アメリカの1934年証券取引法に基づき日本が米貨邦債の登録をニューヨーク株式取引所に申請することとなると、1936年2月に冨田財務官が日本政府から委任を受けて本邦米貨国債および政府保証債をニューヨーク株式取引所に登録している[182]。英仏駐在財務官が兼務先のアメリカにいないときには、駐米財務官事務所大蔵事務官が実務を代行していた。たとえば、1937年に宇川春景が自らの名前を用いて日本からアメリカに金を現送したことや、日本の為替相場政策に関する秘密情報を、財務省やニューヨーク連邦準備銀行に伝えている[183]。こうした活動は、日本とアメリカとの信頼関係の維持に一定の役割を果たしたといえるかもしれない。だが、こうした活動が日本の政策立案やその執行に大きな影響を及ぼしたとはいえないであろう。

---

180) 藤村欣市朗［1992b］238-243ページ。八木慶和［1988a］23-24ページ。
181) 八木慶和［1988a］23-24、30ページ。
182) この経過については Japanese Financial Commission #2, 4, 5, 6 in *National Archives RG 131.* 米国公文書所蔵）所載資料を参照。

第 7 編　人物からみた戦前日本の国際金融

　荒川、湯本、西山らの活動を示す資料は国内では現在のところみあたらない。そこでアメリカ公文書館保有資料をみることとしよう。同資料によれば、荒川昌二はイギリスその他のヨーロッパの実情を理財局に通信し、行政の参考に供している。たとえば荒川は1937年6月1日付の英仏駐箚財務官報告「雑感（其の三）」において、シティの知日家の言として、「日英関係は数年来悪化し、日独協定発表の頃どん底に陥りたるも、爾来好転し来れり。元来Cityの人の大部分は日本の経済的実力に信任を失はず、唯満州事件以来日本がなにをするや判らずNervousとなりたるのみ。日本の政策の発露がOne Voiceとなれば何も言ふ事なし」と報告している[184]。日中戦争勃発（1937年7月7日）直前までイギリスの金融界が日本経済に対する信認を失わなかったことが、ここに記されている。専任の駐米財務官が存在するときは財務官が、すなわち西山勉が、アメリカへの金現送の実施などに関する情報をアメリカの財務省などに伝え、日米経済関係の円滑化を図っている。日中戦争後に日英関係が悪化し、日英経済関係が制限される。このような情勢下で西山財務官は日米経済関係の維持に努めたのではないかと思われる。もっとも、上記の情報提供以外にはその活動内容は明らかでない。

　日米関係が険悪化すると、資産凍結問題が浮上する[185]。西山財務官はこの問題の処理に奔走したであろうと推察される。残された資料によれば、西山財務官は在米外国資産の凍結などの情報を大蔵省に伝えるとともに[186]、横浜正金銀行ニューヨーク支店が保管している日本政府（預金部および金資金勘定所有）公社債を、同行サンフランシスコ支店を通じて同行横浜本店に発送するよう指図している[187]。だが、このような活動も一時的なものにとどまる。

　太平洋戦争期には日本と英米との経済関係は途絶する。財務官の活動は英米

---

183)　Letter from Ukawa to Taylor of the Treasury, March 3, 1937, Letter from Ukawa to Knoke of Federal Reserve Bank of New York, March 12, in Japanese Financial Commission #2, in *National Archives RG 131*. Letter from Nisiyama to Hanes of the Treasury, August 9, 1939, Japanese Financial Commission #3.
184)　大蔵省理財局［1937］1ページ。
185)　平智之［1995a］161－169ページ。
186)　西山は大蔵次官広瀬豊作宛の1941年1月8日付書簡において、「在米外国資産ノ凍結及近年実施セラレタル貿易上ノ諸制限ニ関スル件」について、依頼に応じて調査書を送付するとともに、今後その改正や経過等を引き続き報告すると述べている（Japanese Financial Commission #3, in *National Archives RG 131*）。

以外で行われることになるが、その活動を示す資料はほとんどない。

満州事変以降は、まず外債募集の途絶によって戦前の財務官の中心的活動であった外債発行交渉が不要となり、次いでロンドン世界経済会議の閉会以降は財務官が活躍してきたもう1つの分野である多国間の国際会議への参加が不要となり、太平洋戦争期には英米には財務官が存在しなくなっていき、こうして海外駐箚財務官の活動は段階を追って後退を遂げ、ついには1946年2月に海外駐箚財務官制度は廃止されるに至るのである。

本章では第1に、海外駐箚財務官制度の成立、展開、後退という、海外駐箚財務官制度の全過程を考察した。すなわち、海外駐箚財務官の前身が帝国特派財政委員であり、1910年に勅令により海外駐箚財務官制度が設けられたこと、第1次大戦以後は海外駐箚財務官制度の拡充と整理がみられながら、海外駐箚財務官が大きな役割を果たしたこと、満州事変後の外債の停止、ロンドン世界経済会議の失敗、第2次大戦の勃発に伴う英米との経済・外交関係の途絶により海外駐箚財務官の活動の舞台が失われていき、ついに海外駐箚財務官制度が廃止されるに至ったことを明らかにした。

第2に、海外駐箚財務官として望ましい資質としてどのようなものが考えられていたかを明らかにし、大蔵省の保守的人事政策の中でも、森賢吾や津島寿一のような人物を海外駐箚財務官として同省が養成し、選定していった過程を詳しく論じ、制度と人物の両面を述べた。国際金融行政の分野では国際的な人間的信頼関係が重要であることを明らかにした。

第3に、彼らのような海外駐箚財務官が、外債募集や第1次大戦期の連合国への対外投資のための交渉に従事し、国際会議への参加などを通じて国際金融官僚として活躍したこと、さらには国際経済官僚としても活動したということを明らかにした。第4に、財務官の活動は正金銀行関係者等の活動によって支えられていたということ、財務官の活動には限界もあったということを論じた。

こうした考察によって、戦前の国際金融官僚の全体像を明らかにするよう努めたのである。

---

187) 海外駐箚財務官事務所の1941年7月14日付の日本銀行代理店・横浜正金銀行ニューヨーク支店長西井一雄宛書簡参照（Japanese Financial Commission #3, in *National Archives RG 131*）。

終章　各章の要約

1　序章　日本の正貨政策史に関する研究史

　本書はきわめて大部であるから、最後に本書の内容を要約しておこう。序章において日本正貨政策史の研究史を詳しくサーベイした。これによって、この政策について、どこまでが解明され、どこが未解明であるかを整理し、この結果として本書が明らかにすべきことを提示した。

　正貨政策史の研究史はきわめて多岐にわたり、論争点もある。ここではごく簡単に、従来の研究史において検討されたことを略述するにとどめる。

　序章では、第1節で正貨政策に関する鳥瞰的研究を紹介した。その後、明治前期から太平洋戦争期に至る日本の正貨政策を4つの時期に大別して考察し、それぞれの時期における諸研究の成果を検討・整理した。

　金本位制確立以前の第1期については、明治前期の幣制改革や外債をめぐる問題が研究されている。準備金中の在外預け金や横浜正金銀行の業務、同行に対する日銀の手形再割引についても研究者の関心を集めた。これらについては豊富な研究蓄積が存在するので、日清戦争賠償金についての研究に関しては、序章では第2期の金本位制の確立にかかわらせて述べている。

　金本位制が確立していく第2期については、日清戦争以後の金本位制の確立過程について研究をまずサーベイした。次いで正金銀行への手形再割引の役割や外債募集についての研究を取り上げた。金本位制確立後については、とくに日露戦争期および日露戦争後の正貨政策に関する研究を取り上げ、公的為替操作について問題提起が行われた。外債に関する研究は多い。日露戦争後の正貨政策については積極的政策から消極的政策への移行という研究上の整理がなさ

れている。

　第3期の第1次大戦から昭和初期までの時期については、第1次世界大戦期の正貨政策が大きな研究課題となり、正貨吸収政策や正貨処理政策の研究が行われている。第1次大戦後については正貨吸収とその保有、外債発行問題などが検討されている。在外正貨払下問題も関心を持たれている。また、金解禁問題については多くの研究蓄積がある。金解禁実施期の正貨政策も研究上の論点となった。

　満州事変以後の第4期については、金本位制離脱後の管理通貨制度への移行や外国為替管理政策、金管理政策が研究されている。日中戦争期には外貨決済が大きな問題となったが、これについての研究もある。太平洋戦争期には英米との対外取引が途絶しており、この時期の正貨政策が大きく後退したことから、正貨政策についての研究は少ない。

　なお、本研究史サーベイの中に含まれていないものもあるが、主要なものについては各章で取り上げている。

2　第1編　金本位制確立前の正貨政策

　上述の研究史を踏まえて、本書は内外の一次資料の発掘に努めつつ、金本位の時代を中心として6つに大別して正貨政策の推移を詳述し、最後に人物を通して正貨政策を中心に戦前日本の国際金融を見直した。

　第1編では金本位確立前の正貨政策を取り上げた。

　金本位制下の正貨政策の土台はすでに金本位制が確立する以前に築かれていた。そこで、第1章において、金本位制確立以前の正貨政策について論述した。まず第1節で、明治前期の幣制改革について概観した。具体的には金本位法の成立、兌換制度の成立と銀本位制度への移行について略述した。銀本位制下において、松方正義は早くから金本位構想を有していたが、その点についても紹介している。

　この幣制改革は紙幣を整理し、日本銀行兌換券を発行するというものであった。第2節では政府紙幣と「国立銀行紙幣」の不換化およびその整理の過程を通貨制度の社会的信認形成の観点から考察した。松方は政府に対する社会の信

認を取り付けつつ、信念をもって紙幣整理を断行した。松方は財政節度を保つことによって財政に対する社会の信認を得ようとした。松方は正貨兌換制の確立を求め、正貨蓄積を進めた。正貨蓄積と紙幣整理の進捗により、紙幣に対する社会の多くの人々による信認は向上した。

　第3節では兌換銀行券の信用に基づく信認の問題を取り上げた。松方は日本銀行を設立し、同行に兌換銀行券を発行させた。この兌換券は銀貨の支払約束に対する信頼という意味での信用に基づいて信認を維持した。この銀行券発行当初は紙券に対する信認が完全には回復していなかったので、銀行券発行額と同額の銀貨が引換準備として保有された。その後、日銀券が貨幣として受け取られ、社会の信認を得たため、日本銀行券の正貨準備率は引き下げられた。1886年に政府紙幣の正貨兌換が開始され、兌換銀行券が全国流通の基礎となる過程が進行し、日本銀行券を誰もが安心して受け取り、これが紙券通貨として一般的に信認されることがより明確となった。銀行券発行には、信認維持を図る一方で経済発展のために貨幣供給の弾力性が求められたため、やがて保証発行屈伸制度が採用された。この保証発行が認められたことで、中央銀行券と正貨準備の関係が希薄化していったが、日銀券に対する一般的信認は失われなかった。兌換銀行券が日常取引の中に定着するようになると、それに対する信認についての懸念は薄らいでいった。

　明治前期には、準備金の運用が正貨政策として大きな役割を果たしていた。そこで第4節で「準備金」を取り上げた。政府財政における準備金を運用して、在内正貨が吸収され蓄積されていった。そして、準備金の運用により海外では政府海外預け金が形成された。これが政府在外正貨の起源である。だが、その在外正貨としての機能には限界があったのである。

　第5節では、正貨政策の基本として構想されていた、日本銀行からの資金融通に基づく横浜正金銀行の外国為替業務による正貨吸収問題を詳細に検討した。

　政府の準備金を原資とする横浜正金銀行の御用外国荷為替業務により正貨が吸収されていった。準備金が枯渇し、同業務が実施されなくなると、正金銀行は日本銀行と貸付契約を締結し、外国為替業務を継続した。その後、松方蔵相は富田日銀総裁に命じて、日本銀行が正金銀行に資金を供給して正金銀行に外国為替を取り扱わせ、これを通じて正貨を回収させようとした。本章では、こ

の吸収の理由について検討し、正貨支払約束に対する信用が兌換券に対する信頼の基礎であることを松方が認識していたことを指摘した。また、日本銀行が直接正貨吸収を図ることは困難であると、松方が考えた理由についても述べた。松方は正金銀行を日本銀行の責任代理店として為替業務を行わせようとした。本章はこれを、松方がベルギーの制度を日本に持ち込もうとしたのであり、日銀が本人、正金銀行が代理人となって両者の間に信認関係を構築し、代理店が本人のために忠実義務を果たし、リスクは代理店が負担する構想であるととらえた。

　しかし、日銀と正金銀行との間で締結された再割引契約は、松方の構想とはかなり違っていた。たとえば、日銀からの資金を正貨で返済するという規定は盛り込まれなかった。正金銀行の為替リスク回避が考慮されたからである。その割引契約は正金銀行を外国為替・貿易金融機関化していくこととなった。

　それでも輸出超過のときであれば、政府が必要と認めたときには正金銀行に輸出奨励、輸入抑制、正貨吸収を行わせることができた。日銀からの要請に基づく正金銀行の金銀塊購入も行われた。

　とはいえ、日清戦争後の入超構造のもとでは、正金銀行が正貨を吸収することは難しかった。したがって、正貨吸収は他の方策によってもなされなければならなかったのである。そのようなものとして実施されたのが、日本銀行の地金銀購入および地金銀購入資金融通である。本章第6節でこの政策について述べている。

　我が国においては金本位制実施以前においては外資導入が排除されていた。イングランド銀行では公定歩合操作が金防衛手段として用いられたが、金本位制確立以前の日本においてはこのような政策手段が基本的に活用されなかった。これらのことを第7節で論述した。

　第2章は日清戦争賠償金と正貨政策との関係について述べている。周知のように、日清戦争賠償金をもとに日本の金本位制は確立する。研究史のサーベイでは日清戦争賠償金を金本位制の確立と関係づけて取り上げたが、金本位制を主として研究する本書がその実施前の研究を抑制する一方で賠償金の研究が大部となるために、これを金本位制確立前の編の中で詳述することとした。日清

戦争の結果、政府は、賠償金を受領した。これは、正貨増大をもたらす特殊かつ重要な要因となった。ロンドンで賠償金が受け取られた理由について検討し、またその保有形態について述べた。賠償金取寄論争についても紹介した。第1節でこれらについて述べている。

とくに、賠償金を海外で保管した理由について検討している。これはイギリス側の圧力によるものではなかったが、賠償金を急に引き揚げないことはイギリスの利益になることであった。一方、海外で賠償金を保管することは日本にとっても利益のあることであった。在外正貨は対外支払いに充当するために保管されたのであり、ロンドンで保管することは安全かつ便利であった。在外正貨を急に移動できない経済的理由があったのである。

さらに在外正貨としての日清戦争賠償金保管金の機能について第2節で詳しく検討した。これは政府の対外決済手段、横浜正金銀行の輸入為替取組資金として機能した。また、日本銀行の正貨準備に繰り入れられ、在外正貨の取寄せによる円資金の確保として機能したのであった。

3　第2編　金本位制確立期の正貨政策

第3章では金本位制の確立について論述した。第1節では金本位制の確立過程について考察した。まず日本の金本位制確立の背景となる金本位制の国際的普及について述べた。イギリスで金本位制が確立したのは社会一般が金本位制を信認したからである。インドの金為替本位制への移行の動きはイギリスにおける金本位制への信認の進化を意味するものであった。松方はイギリスが信認したものを信認し、阪谷芳郎もこれと同様のことを考えた。日本の金本位制への移行に関しては、このことが強調されなければならない。

金本位制への移行に関しては、利害状況によって意見が分かれた。貨幣制度調査会でそれが検討されていた時点においては、金本制に対する一般的信認は確立していなかった。日清戦争後に金本位制への信認が進展した。この背景として物価騰貴、外資導入容認政策への傾斜、日清戦争賠償金の獲得、海外流出円銀の復帰懸念の低下、金本位実施興論の形成を挙げることができる。この興論の形成は無視されるべきではない。

1507

金本位制の実施においては、松方の主観的な信念の強さをその起動力として高く評価しなければならない。この信念は金本位制への信認が客観的に進展していたことと合わせて考えなければならない。両者が合わさって金本位制に対する一般的信認が確立したといえるのである。松方の金本位制実施論は単なる心情的なものではなく、経済的根拠を有するものであった（通貨価値・物価の安定に基づく経済発展、金本位国との貿易の円滑化、為替相場の安定化、金貨国からの軍需品などの購入による財政上の支払いの増大の回避、外資導入の助長）。

　金本位制の実施にはいくつかの方式があった。実際は金貨単本位制が実施されたのであるが、この案の採用に大きな役割を果たしたのは高橋是清の答申であることを第2節で指摘した。

　貨幣法制定当時、金本位制実施に対する批判があり、それに対する一般的信認は確立していなかった。

　第3節では金本位制への一般的信認の確立について論じている。貨幣法の成立とその金本位制の効果の実績が金本位制実施に対する一般的信認の確立をもたらしたといえるのである。

　第4節では金本位制の確立が日本経済に及ぼした影響について検討した。当時、世界的に物価騰貴が生じており、それが金価値の低下によるものかどうかの論争が起こっている。

　世界的金生産の増大を考慮すれば、金本位制実施の結果、物価が安定したとは断定できない。ただし、金貨国との取引においては為替相場の安定化という効果があった。これは金貨国との貿易の発展をもたらすとともに、財政上も金本位国への支払いの安定化、軍艦などの軍需品輸入に寄与したといえる。金本位制の採用は、金本位制国からの資本輸入における為替リスクを回避させ、また金本位制の実施により経済の安定を対外的に表明して、長期的にみて資本導入に便宜を与えた。だが、日本の国際信用度はまだ低く、資金調達コストの引下げ効果は限定されていた。本章では、日本における金本位制実施の果たした役割や効果に関する国際的論争に対して、筆者の見解を呈示した。

　第4章では確立期金本位制の機構について論述した。

　第1節では確立した日本の金本位制としての特徴を金為替本位制ではなく

「金貨の国内流通なき金本位制」ととらえている。金貨は鋳造されたけれども、これは兌換準備として保有され、あるいは対外支払手段として海外に現送された。それは金本位制下のイギリスのように国内流通することはなかった。国内では日本銀行券が金貨に代わって国内流通した。それは日本銀行券が一般的に信認されていたからである。

第2節では日本銀行金兌換券が一般的に信認された根拠について検討した。銀行券の貨幣にふさわしい属性、銀行券の過剰発行抑制メカニズム、財政規律の維持、金兌換、金準備の確保、保証準備、中央銀行に対する信認、日銀券の法貨性、通貨偽造対策、兌換券を使用する慣行の定着がそれを支えていたことを指摘したのである。

日本の金本位制は在外正貨を基礎とする金本位制であった（第3節）。この在外正貨は日露戦争前において政府保有資金として保有されていた。金本位制維持のためには金の確保が必要となる。そこで金本位制の実施に際して、横浜正金銀行の正貨吸収機関としての性格が強められた。しかし実際には、入超下で同行がこの役割を達成することは困難であった。そこで、日本の金本位制を維持するために外債発行が必要になった。ただし、これが本格的に行われるのは日露戦争以後のことである。入超下で在外正貨は賠償金に支えられていたが、やがて枯渇していった。かくして、在外正貨に依存する貨幣制度は日露戦争以前においては過渡的性格を免れなかったといえるのである。

金本位制を維持するためには金そのものを確保することが必要となり、そこで金施策が展開されることとなった。第4節において、第1次大戦以前のこの政策について詳しく論述した。

国内産金と植民地産金が日本の金の1つの源泉をなした。政府は金銀地金を購入した。日本銀行にもこの購入を求め、同行も金銀地金を購入した。日露戦争期には日本銀行は古金銀購入を行った。同行は金貨購入も行っている。だが、イングランド銀行が行った金価格引上げによる金吸収という金施策は、我が国では例外的に実施されたにすぎなかった。我が国ではイギリスやドイツにみられたような金輸入者に対する無利子貸付という金施策は採用されなかった。また、最軽法定量目を有する金貨の選別売却という方法も採用されなかった。地金銀購入資金融通はまず大蔵省が実施し、1894年以降に日本銀行がこの融通を

開始した。日銀は当初、朝鮮産金購入資金を貸し出した。日露戦争以降に産金購入金融が開始された。本節ではその貸出の内容を紹介している。

地金銀の造幣局への輸納奨励策も採用された。

正貨が重視されたのは、それが兌換制の基礎であったからである。だがそれは戦争準備金としての意義を持つからでもあり、このためにとくに在内正貨としての金の吸収が図られたことも本節で強調した。

金本位制確立期の公定歩合操作が金・正貨維持という役割を果たしたかどうかについて第5節で検討した。公定歩合操作は金本位制確立以降、通貨を政策的に調節する施策としての意義を有するようになった。金本位確立当初には、公定歩合操作が正貨維持吸収策としての役割を果たすようになったが、このような操作は商工業者を圧迫するという批判が生じた。日露戦争直前になると、公定歩合操作の正貨維持吸収策としての意義は大きく後退したのであった。

4　第3編　日露戦争以後の金本位制維持政策

第5章は日露戦争以後の正貨維持吸収策と在外正貨を取り扱っている。日清戦争後から第1次世界大戦開始までの期間、日本の経常収支は赤字基調となり、明治末、大正初期にはこれが正貨流出によって兌換制危機、正貨危機をもたらした。第1節では正貨政策研究の前提として、まず日露戦争から第1次大戦前までにおける国際収支の赤字構造について一瞥した。続いて正貨維持吸収方策について考察し、これを日露戦争直前から日露戦争期にかけて論述した。この政策の基本方針が大蔵大臣から日本銀行総裁への内訓によって示されていることを指摘した。正貨維持吸収策としては、実際には外国への支払いの節約、外国為替の運用、外債募集金の運用、地金銀の吸収（地金銀の買入れ、地金銀買入資金の融通）などが実施されているが、外債募集金の運用については節を改めて考察することとした。地金銀の吸収については前章で述べておいたから、本章で記述することは省略した。外国支払いの節約については略述した。日露戦争開戦直前から開戦当初において、国家のための正貨確保のために横浜正金銀行を通じて輸出為替の買入奨励、輸入為替の取扱抑制が行われた。正金銀行が正貨（金）現送回避、在外正貨吸収のために大きな役割を果たすようになった。

この正貨吸収に際しては為替相場調整政策が採用された。正貨節約とかかわりのある軍票についても、その効果について検討した。

日露戦争以後きわめて大きな役割を果たした外債募集については、第2節で詳細に検討した。外債発行過程（ロンドン・ニューヨーク中心で募集された日露戦争の直前・戦争中とロンドン・パリ中心の戦後期における、発行された外債の種類、その条件、引受金融機関および交渉プロセスなど）、外債発行を可能にした要因（外債発行方針、兌換制の維持、これ以外の国際信用規定要因、国際的政治環境、国際金融市場の動向）、外債募集金の使途について述べた。外債発行においては財政の対外信用、国際信用が重要な役割を果たした。これが重視されていたことを高橋是清の報告書などを用いつつ記述し、国際信用度の変化についても記述した。東アジアをめぐる国際政治関係については章末の補論で説明した。

公定歩合の変更と正貨との関係については第3節で検討した。公定歩合の変さらには正貨維持に配慮が払われ、とくに海外金利情勢が日本の外資導入に悪影響を及ぼさないかどうかが検討されたことを指摘した。だが公定歩合操作による正貨吸収に日本銀行は消極的であった。公定歩合操作中心の正貨維持策が採用されたのは、ようやく1914年になってからのことである。だが、このときの公定歩合の引上げによる貿易逆調の是正効果には限界があった。

外債発行によって在外正貨が増大し、その保有が恒常化した。その保有形態を第4節で内外資料に基づいて詳細に検討し、その実態を明らかにした。在外正貨の構成をみると、所有者は政府および日銀であり、イングランド銀行預金などで保有された。在外正貨の保有地はロンドン、ニューヨーク、パリ、ベルリンであった。政府所有在外正貨の保管形態を詳細にみると、寄託金、利付預金、有価証券などで保有された。利付預金はイングランド銀行以外の信用のある銀行に預金された。日本銀行が所有する在外正貨の保管形態および在外正貨が保有された根拠について、内外資料に基づいて詳細に検討した。対外支払いにおける金現送費の節約、金融収益の確保、外債募集への便宜、金の対外流出の防遏、外国為替相場低落抑制など日本にとって利益をもたらすものであったが、またイギリスの金準備維持、これによるロンドン金融市場の安定化など、投資国にも役立つものであった。在外正貨は通貨価値の安定した国際金融の中心地で保有されたが、公債償還、利払い、外債発行への配慮、募集金移動の為

替相場変動への影響回避も考えて決定された。在外正貨の保有地はロンドンだけではなく、ヨーロッパの金融センターでも保有された。その保有は海外からおしつけられたものではなかった。

第5節では、得られた在外正貨の使途について叙述した。それは対外支払いにおける金現送を回避させ、海外からの金の取寄せに用いられた。さらにそれは金兌換要求による金流出を防遏するものでもあった。使用されなかった在外正貨は準備金として蓄積され、また有利で運用されたのである。

第6節では、在外正貨が日本銀行の外国為替操作に活用されたことを詳細に論じた。この特色を示すために、諸外国の中央銀行の外国為替操作についてまず考察した。それは外国為替の売買操作を通じて外国為替相場を調節し、為替相場変動への悪影響を阻止するとともに、為替相場を金現送点以上に維持して金の対外流出を阻止する施策であり、とくに前者が主目的であった。ベルギー国立銀行やオーストリア・ハンガリー銀行などの外国為替操作はこのようなものであった。これに対して、日本で日露戦争以後に実施された外国為替操作の主目的は、在外正貨の売却によって金兌換を阻止して金防衛を図るというものであった。

日本銀行は創設以来長く在外正貨を保有していなかった（四分利付政府外債を除く）。1903年になってこの保有が開始された。その後、大蔵省は為替相場調節による金防衛の検討を日本銀行に指示した。日露戦争期に政府への円資金貸付の返済金として、あるいは政府からの在外正貨買入れによって多額の在外正貨を所有するようになり、日本銀行の大口為替売却が本格化した。1905年には、これによる金兌換阻止が実現するようになった。この売却は兌換阻止が目的であり、売却相場には決まった水準はなかった。外国銀行に有利な売却相場が、金輸出現送点よりもかなり高めに決定されていた。貿易収支が例外的に黒字となった1909年にこの売却操作はいったん中断され、逆に日本銀行は市場から為替を買う操作を行うようになったが、翌年には日本銀行の大口為替売却が再開された。その売却相場は日本銀行が自主的に決定した。その相場は金輸出現送点にきわめて近い水準に引き下げられた。これは在外正貨消尽の抑制を図りつつ金兌換阻止を狙ったものであったが、為替相場の引下げによる輸出奨励、輸入抑制を図ったものでもあった。為替操作は為替相場政策としての意義を明

確に持つようになったのである。大口為替の売却は在外正貨の枯渇をもたらし、1914年にこの操作は中止される。かくして、日露戦争後の日本銀行の為替売却政策の推移とその政策の為替相場維持策との関係が明らかとなったのである。

第7節では在外正貨の正貨準備繰入れについて論じた。これについても国際比較をもとに論じた。イングランド銀行は第1次大戦前に外国為替を準備金として保持しなかった。ベルギー国立銀行は確実な外国手形を正貨準備の一部として保有した。オーストリア・ハンガリー銀行の貨幣制度は金為替本位制的であった。明確な金為替本位制はインドで成立した。このことを指摘したうえで、日本における在外正貨の正貨準備繰入れの変遷を論述した。1896年に臨時的なこの繰入れが行われた。1903年末、1904年2月にも臨時的にこの繰入れが行われている。日露戦争以後にこれが恒常化した。在外正貨の正貨準備繰入れがただちに通貨膨張をもたらすわけではないが、それは日本銀行の制限外発行税負担を回避させる。かくして、産業界や財政にとって必要な円資金の供給を容易化させたのである。

第8節では在外正貨の資金運用原則とその実態について解明した。その運用原則は①安全性・流動性確保（これが中心）、②収益性確保、③国際金融協力であることを明らかにした。実際には本来の在外正貨ではない在外日本公債への運用も行われていたことを指摘した。それだけでなく固定的資金運用も行われていたと、その問題点も指摘した。

第9節では国際関係と正貨との関係について述べた。日英の協調関係で保証されるロンドンに保管することが安全であると考えられたことが、在外正貨がロンドンで保管された大きな理由の1つであった。在内正貨はいざというときの戦争準備金としての重要性を有していた。このようなことを強調した。

国際関係についての補論として、東アジアをめぐる国際関係について述べた。

明治末・大正初期には、国際収支の悪化により正貨が流出し、深刻な正貨危機が発生した。日本は兌換制の危機に直面した。そのため正貨維持対策がさまざまに構想された。第6章では明治末・大正初期の正貨危機とその対策を検討した。日本銀行、大蔵省、内閣などの政策当局者それ自体の政策理念に立脚する「対策構想」について詳述し、比較検討した。当時の「根本的方策」を積極

的正貨政策と消極的正貨政策とに分類した。前者は低金利政策を採用し、生産奨励によって経済拡大を図り、将来の収支均衡を目指す政策であるが、これは外債に依存するか否かによって２形態に分けられるとした。後者は、外債に依存した国際収支の不健全拡大こそが正貨危機を助長したという認識に立ち、外債非公募・金利引上げなどで経済規模を縮小して収支均衡を目指す政策である。

「政策理念」の出発点は高橋是清の積極的生産奨励と財政健全化による「正貨維持構想」という「意見書」(1905年９月) であった (第１節)。以後、外債に依存しない生産奨励を基調とした日本銀行の上申書 (1906年４月) (第２節) と、これとほぼ同様な内容の西園寺公望内閣の「閣議案」(1907年12月) (第３節) という積極的正貨政策構想が策定されたのであった。

1908年４月には輸入抑制による応急的正貨維持策の日本銀行再上申書が策定された (第４節)。これは積極・消極と明言できない応急的正貨政策案であった。この上申書で、正貨準備額の減少が内外の信用を失墜させると述べ、国際的な観点からも正貨準備の維持が重要であるとみなしていることは注目されるのである。

1910年・1911年になると、日韓併合による朝鮮開発、水害復旧の治水対策などの積極財政への転換要因、従来の外資導入策の結果として生じた元利払いによる正貨支払い、などが国家的課題となった。この時代背景の中で、日本銀行と大蔵省の首脳部が正貨事項に関する会議を開催し (1911年５月、８月)、３つの案件が協議され可決された (第５節)。この会議で外債依存の積極的正貨方策案が登場する。すなわち、松尾日銀総裁は1911年５月に外債募集による生産奨励を正貨維持策として上申した。外資輸入のためには財政信用の維持が重要であることも主張した (1907年12月に、元老井上馨も財政信用の維持が内外信用の維持のため重要であることを認めていた)。1911年７月の高橋日銀総裁の意見書は、外債募集による産業奨励を主張したものである。この中で国債管理政策の考えが登場している。高橋は単に積極策を主張したのではなく、財政信用の重要性も主張していたのであった。1911年８月の大蔵省の正貨に関する応急擁護策という案には、消極的正貨政策の考えが少なからず反映していた。同月に正貨事項会議で採択された大蔵省と日銀との合意案では、正貨準備が１億8000万円に達しないときに初めて外債発行による正貨維持を図るとされた。同会議の

決定の考えは、正貨問題の根本的対策は生産奨励による国際収支黒字にあり、産業発達促進と当面の利払いのためには外資導入に依存せざるをえないというものであった。

このような積極的正貨政策の考えが採択される一方で、大蔵省内部において財界の財政整理見解に呼応した外債非募債の消極的正貨政策が台頭した。そこで、日本銀行は積極的正貨政策の採用を求め、上申案を起案した（1912年8月）（第6節）。同上申案は、積極策（甲）と消極策（乙）を解説し、政策内容の対立を明白にしたうえで、前者の採択を求めた。生産奨励を正貨政策の基本方策とし、当面は外債発行を通じた産業による正貨補充を行うというものであった。だが、このような考えは実行されるには至らなかった。消極的正貨政策の考えが台頭していたからである。

1913年2月には大蔵省内では「正貨吸収二十五策」（1913年2月）が立案された（第7節）。これは政府、日本銀行、横浜正金銀行それぞれの正貨吸収策を検討し、その改善策を提言したものである。外債募集の中止、輸入抑制、公定歩合の引上げを基調とした提言は、「不徹底な消極的正貨政策、在外正貨依存の貨幣制度の改革、政府対外支払資金の確保」という3つの主張に特徴を持つものであった。

この頃より大蔵省内で、外国為替政策による正貨吸収策が構想されていたことを指摘しておきたい。この案は積極・消極と明示できないものである。

正貨危機、とくに政府の外貨支払危機が深刻化した。第1次大戦直前の1914年7月、政府、日本銀行および横浜正金銀行は協議のうえ、正金銀行が為替手取金として得た外貨を日本銀行に納入し、政府がこの外貨を買い上げることとした（第8節）。この案は外債発行に依存せず、金利引上げも認めるものであった。

5　第4編　第1次世界大戦期の正貨政策

第7章では第1次世界大戦期の正貨吸収政策の内容を検討している。第1節では、この政策の全体像を論述した。国際収支の大幅黒字化のもとで、正貨が累積した。日本の正貨政策は国際金融市場の変化に規定されていた。第1節3

でこの時期の正貨吸収政策の全体について論じた。内地産金吸収などについて触れた後に、ロシア金塊輸送に伴う金塊の吸収という特殊要因について言及した。輸出為替買入れの奨励および政府を中心とする在外資金買上げ政策という中心的な政策については節を設けて詳論した。

　第2節では正金銀行を中心とする輸出為替買入れの奨励を取り扱った。第1次世界大戦期の大規模な輸出超過を背景として、日本銀行から正金銀行への資金供給という方策を通じての正貨吸収という、松方が種をまいた正貨政策が大きく花を開いたのである。正金銀行は輸出奨励に従い、外国為替銀行よりも低い為替相場で輸出為替を買い進め、輸出を奨励するとともに正貨の獲得に寄与した。

　日本の為替金融は従来外国銀行と横浜正金銀行に特化されていたが、この時期に外国銀行の役割が後退し、普通銀行、とくに民間大銀行や台湾銀行・朝鮮銀行などの特殊銀行も外国為替業務に積極的に連出してきた。出超による為替資金需要に伴い、コール資金が為替資金として活用されたが、これには限界があった。そこで日本銀行の外国為替資金貸付の役割が増大した。日銀の台湾銀行に対する貸出も行われたが、これには限界があった。日本銀行は巨額の円資金を集中して横浜正金銀行に貸し付け、これにより輸出奨励、正貨獲得を図ったのである。本章では日本銀行の外国為替資金も検討し、政府当座預金の役割の重要性も指摘した。

　こうした輸出為替資金により、為替銀行の外貨資金が増大し、諸外国の金輸出禁止のもとで外国為替銀行の在外資金が累増した。これが為替銀行の円資金不足と為替リスクの増大をもたらした。このための対策として、日本銀行と政府による在外資金の買上げが求められた。第3節で政府を中心とするこの買上政策を論述した。日本銀行の買上げには銀行券の増発、為替リスクなどの懸念があった。そのため豊富な資金を有し、利益勘定に左右されない政府が、外債償還・正貨蓄積・産業奨励・対外投資など日本経済の基礎強化の政策的意図に基づいて、主として在外正貨買上げを引き受けた。本章はこの経緯を説明した。政府の買入低為替相場を横浜正金銀行に誘導しつつ、正貨吸収を行うという公的為替操作でもあったのである。だが、この買上政策には資金源となる国庫剰余金の不十分性から国庫金を補完する預金部資金（郵便貯金に基づく預金部資金

や国債発行の手取金などから構成)が活用されたのであった。

在外資金買上政策は、資金吸収、在外正貨不胎化、為替相場調節という3つの課題を同時に達成しようとするものであった。正金銀行の建値は外国銀行よりも低く設定され、これにより輸出奨励、正貨吸収が図られた。これは日本銀行から正金銀行への円為替資金供給と政府を中心とする在外資金の買上げによって支えられていた。第1次大戦期にはこのような為替政策が展開されたのであった。

為替資金のさらなる累積は在外資金買上げを困難とし、為替相場の高騰を回避することができなくなった。これが輸出萎縮をもたらすこととなった。輸出奨励という政策意図が実現できなくなったのである(第4節)。

第8章では第二次世界大戦期に累積された正貨の処理をめぐる論争を詳しく論述し、実施された施策の内容とその帰結を明らかにした。この処理方策には①外債償還、②正貨蓄積、③正貨の産業資金化、④対外投資、の4つがあった(はじめに)。

外債償還政策は、累積された在外正貨を財政的に運用しようとするもので、多額の外貨公債を抱える日本が在外正貨をその償還に運用して将来の元利払いを減少させるという消極的方策である(第1節)。日本銀行理事木村清四郎は、政府が内国国債を発行して、その手取金で為替銀行から在外資金を買い取り、その資金で(在外正貨となる)外債を償還するという内外債借換えを政府に提案した。実際に、第2次大隈内閣期に7000万円、寺内内閣期に2000万円の内国債が発行され、このほか減債基金も用いられ、これによって外債が一部償還された(約2億円)。だが大隈内閣は減債基金を2000万円削減したし、寺内内閣は内外債借換えを2000万円分行っただけである。また減債基金をもとの金額に戻した寺内内閣は、再び減債基金を削減しようとしたのである。正貨処理政策としては、政府対外債務減額は妥当な施策であるといえるであろうが、実行された外債償還は限定されたものであり、外債の未償還額が多額にのぼったのである。

正貨蓄積政策は正貨を兌換制の強化、将来の正貨争奪戦、戦争などに備えて蓄積しようとするものである(第2節)。寺内内閣は金輸出禁止を行ったが、

これは正貨蓄積政策の一環であるといえる。

　第1次大戦期には在外正貨はロンドンを中心として保管されていたが、第1次大戦以後はロンドンとニューヨークを中心として保有されるようになった。本章では、この背景にある国際決済の中心地の変化について立ち入って述べた。第1次大戦期にはイギリスは在外金準備を保有するようになった。これは日本の在外正貨が金以外で保有されていたのとは異なっている。そこで日本の在外正貨と対比するために、イングランド銀行資料やカナダ銀行資料などを用いつつ、同行の対外金準備を解明した。これらを前提として日本の正貨の保有形態を分析し、その所有者、種類、正貨準備との関係正貨、所有地などを具体的に論述した。これらによって国際的に在外正貨準備、在外金準備の実態が新たに解明できた。また在外正貨の運用原則、資金使途についても明らかにできた。

　「正貨の産業資金化」は、正貨を基礎に日本銀行券を増発して産業資金を貸し出すこと、および機械・原料の輸入代金支払いに正貨を充当して産業発展を促進しようとする政策であり、当時は積極策であるとみなされた（第3節）。第2次大隈内閣の武富蔵相は、このような産業奨励政策に正貨処理政策という意味づけを与え、公定歩合の引下げがその具体的な施策であるとみなされた。だがこの政策は、正貨政策というよりも金融政策にほかならないものであった。武富蔵相はこのような政策を採用したが、実際にはその政策は産業奨励政策として重要な役割を果たさなかった。寺内内閣は第2次大隈内閣よりも積極的に産業を奨励しようとした。公定歩合引下げ政策を単なる金融政策とせず、産業奨励のための正貨政策とみなしてその引下げを実行した。「正貨の産業資金化政策」は第2次大隈内閣期に成立し、寺内内閣期にこれが展開された。日本銀行の内国金融制度改正も行われ、これによってその政策が補完された。だが政府は正貨を輸入代金の支払いに充当して産業を奨励しようとはしなかった。生産資材の輸入が困難であったことは、正貨の産業資金化政策の産業奨励効果を制約した。公定歩合引下げが産業奨励にまったく効果がなかったわけではないが、資金需要上この効果はきわめて限定されていた。しかも、それは物価騰貴をもたらす恐れがあり、やがてその実施は困難になったのであった。

　正貨処理政策としての対外投資政策は、対外投資を目的としたものであったが、兌換券縮小・物価対策としても推進された（第4節）。これは連合国公債

引受・買入政策および対中国借款政策として展開された。

連合国公債への投資は、①輸出奨励、外貨獲得・正貨蓄積、②連合国との国際協調、③投資収益の確保、④金融調節、物価安定を目的としていた。この投資には政府がかかわっており、政府自身が投資したり、投資奨励を行ったりした。連合国公債への投資の形態は、①連合国政府債券引受、②外国公債買入奨励、③在外正貨運用投資という形態で行われた。

この中で連合国証券への政府および日銀所有在外正貨投資が、本来の在外正貨処理といえるものである。他のものは国際的受取勘定を縮小させて通貨当局の在外資金買入れを抑制するという意味で間接的な正貨処理といえるものである。連合国公債への投資にはロシアが元利金を支払わないという問題が生じた。

対外投資は西原借款を中心とする対外中国借款としても実施された。中国借款の中では金券発行借款が構想されていた。これは金を中国に現送することにかかわるもので、本来の正貨政策の関係するものであるから、これについて本章でとくに言及した。中国で金券を発行させ、そのための準備金として日本から金を現送するという西原亀三の意見に対し、金を重視する勝田蔵相が慎重であったことについて、研究史を紹介した。これ以外の中国借款は間接的な正貨処理策といえるものである。だが、通貨当局はこのようなものも正貨処理策とみなしており、また金券発行借款が実現しなかったとはいえ西原借款の一環として構想されていたので、対中国投資について概観し、補論において対中国投資の展開について述べておいた。

対外投資の通貨膨張抑制効果には限界があったことも第4節4項で指摘した。

6　第5編　第1次世界大戦後の正貨政策

第9章では第1次大戦後の正貨吸収と正貨保有、国際信用と日銀券への信認の維持の問題を取り扱った。

正貨収支を規定する国際収支構造と国際収支改善策を最初に考察した（第1節）。第1次大戦後の国際収支は、貿易収支が赤字で貿易外収支が黒字であったが、後者は前者の赤字を埋めるに至らず、それゆえに資本輸出は停滞基調に転じた。このもとでの国際収支改善政策（輸出奨励、輸入抑制、貿易外収支改

善）を検討し、貿易金融改善策や第２次加藤内閣の大蔵省議決定「国際貸借改善ノ方策要綱」（1925年）、田中義一内閣の「経済審議会」答申（1928年）、浜口内閣の「国際貸借審議会」答申（1929年）などを取り上げた。

　第２節では正貨吸収策を検討した。まず外資導入を正貨政策との観点から論じた。第１次大戦後の外資導入の特徴、外資導入の是非に関する政府の政策について述べた後、外債発行手取金による在外正貨補充を解明した。1920年代における在外正貨補充は政府の震災・借換併用外債発行手取金と興銀債、市債、東拓債発行手取金とによって行われ、その額は３億5980万円であった。特殊機関外債（東洋拓殖を含む）・民間外債の発行募集金は外国為替銀行が買い取った。

　第１次大戦後には直接的な金吸収も行われた。本節ではその実態も解明した。金貨・金地金買入れ、アメリカの金本位復帰後のアメリカからの金現送による金吸収が行われた。ロマノフ王朝・ロシア共和国の金貨・金塊の取得も行われた。1899年以来実施されてきた日本銀行の産金吸収のための特別融通は1924年12月にいったんすべて終結することとなった。金吸収とは逆に金貨の払下げも行われた。その払下価格は変更された。公定歩合操作は金吸収策としての意義を有しなかった。

　第３節では日本の正貨保有の特徴を国際的に位置づけた。まず世界各国の金の保有状況を概観した。第１次大戦後も金の重要性は失われず、金準備は戦前に比して増加した。金準備はアメリカとフランスに偏在した。1920年代にイングランド銀行の金保有高は増大せず、1929年や1931年５月から９月21日にかけて、金保有の減少さえ生じている。日本は1920年代にほぼ保有額を維持した。日本の金準備は1922〜27年には世界第４位であった。

　第１次大戦後に世界で金為替準備制度、金為替兌換制度のいずれか一方、また両方を持つ金為替制度が普及した。第１次大戦前には外貨準備は主としてポンドの形態でロンドンに保管されていたが、大戦後にはポンドおよびドルの形態で保有されるようになった。1928年後半以降、フランスが保有外貨を金に転換するようになり、この制度は衰退していった。日本の公的外貨準備の金準備に対する減少率は主要国中で最も高かった。

　正貨に関連して、横浜正金銀行の外貨資金保有状況を詳しく考察した。正金銀行の国際資金循環構造について述べた後、同行の為替持高と英米資金の推移

について詳論した。第1次大戦以後、同行はロンドンだけでなくニューヨークでも外貨資金を保有するようになった。ロンドン支店の資金不足を補充するためにニューヨークからロンドンへの資金回金が行われた。正金銀行の外貨資金が不足した場合には在外資金の払下げを受けたり、金融市場から資金を調達した。

　第4節で日本の正貨保有構造とその使途を詳しく論述した。日本の貨幣制度は、金貨の流通せざる金貨本位であった。第1次大戦後には正貨統計の見直しが行われた。在内正貨（金）の大部分は日本銀行によって保有されていた。金は兌換準備としてのみならず、戦争準備金としても保有されていた。1920年以降は、政府も額は多くないけれども在内正貨を保有するようになり、その一部は小額紙幣引換準備として保有された。在外正貨は主として政府によって保有された。在外正貨は金現送費を節約する国際決済手段であった。外債募集、外債元利払いのためには募集地で在外正貨を保有することが都合よかった。第1次大戦中には輸出奨励のために多額の在外正貨が蓄積され、大戦後には対外支払超過を決済するためにその支払いが増大した。政府対外支払いのためにも在外正貨が支払われたのである。そのため、1920年代に在外正貨の保有は減少していった。日本銀行は在外正貨以外に海外保管有価証券（外国政府証券および日本政府外債）を保有していた。政府も在外正貨（この場合は外国政府証券を含む）以外に海外保管有価証券（日本政府外債）を保有していた。在外正貨は第1次大戦前には主としてロンドンで、第1次大戦後になると、ロンドン（ポンド）、ニューヨーク（ドル）で保有されるようになった。そのいずれが重要であったかは断言できなかったが、1929年になるとアメリカがはっきりと優位を占めるようになる（『内外正貨』）。在外正貨の保有地、保有通貨の種別は保有地の通貨価値の安定性と取引決済需要に規定されていた。在外正貨の保有原則は、第1に安全性と流動性の維持であった。だが、収益性も考慮されていた（『議会国庫金参考書』）。在外正貨の保有にあたっては国際金融協力も考慮されていたのである。

　在外正貨の使途は、外国為替銀行への払下げ、外債元利払い、海軍省経費などの対外支払い、日本政府外債買入れであった。

　第5節では外債募集中、とくに震災復興・借換併用外貨国債の発行を取り上

げ、国際信用との関係を分析した。

　外債発行においては国際的政治環境が大きな役割を果たす。ワシントン体制下の日本と英米との協調関係が、日本の国際信用の維持に寄与した。もっとも、日米関係の将来に危惧を抱く者がいたことは日本外債にとって不利に作用した。国内の政治の安定も外債の信用度を規定する。上記外債発行当時、政治は安定していなかったから、日本の国際信用の度合いを低下させるものとなった。外債の信用にとって最も重要なのは発行者の支払能力である。発行に際しての目論見書において、発行条件のほかに、財政の堅実性、貨幣制度や正貨準備、産業発展の状況、貿易収支構造が具体的に記されていた。財政の緊縮は不十分であり、日本の金本位復帰は立ち遅れていた。これらについては日本の信用度は低下していたといえる。日本は支払精神が強かったことと日本の外債発行交渉者が国際的信頼を得ていたということが、その信用の低下を軽減するということはあったであろうが。日本の国際信用度の低下が英米金融市場の悪化などとあいまって、併用外債の発行条件を不利にしたのである。

　金輸出禁止下で日本銀行券の信認維持が継続された（第6節）。これは第1に金兌換の約束という信用によって信認が維持された。金輸出禁止期には実際には金兌換は実施されなかった。とはいえ、法的には停止されておらず、金準備は依然として保有され続けており、また将来における金解禁による金兌換の再開が期待されていた。

　在外正貨を正貨準備に繰り入れることによる日銀券の信認確保が図られていたが、これは、兌換券の増発を容易にする恐れがあるとの観点から、物価引下策の一環として1922年8月限りで廃止された。1930年に設置された「日本銀行制度改善ニ関スル大蔵省及日本銀行調査会」は正貨準備の4分1以下の在外正貨を正貨準備に繰り入れることを認めた。だが、これは実現しなかった。これは1928年以降の世界の金為替制度の衰退という流れに沿うものであった。

　保証準備発行による日本銀行券の信認の補完は継続された。保証準備発行制限額については、政府は1907年以来しばしばその額の拡張を構想していた。日本銀行臨時調査局も1926年にその拡張を構想した。保証準備発行制限額については、通貨の信認維持のための制限と経済発展のための制限額の拡張の是非が検討されたのである。だが、1899年に1億2000万円と定められた制限額が実際

に引き上げられるのは1932年(10億円)のことである。制限額が据え置かれたまま1922年8月から1932年5月まで毎月制限外発行が継続していたが、これに対しては制限外発行税が課せられていた。これによって銀行券の過剰発行が抑制されており、日銀券への信認は失われなかった。

第10章では金輸出禁止下の在外正貨払下(売却)政策とその転換について検討した。第1節でその概要を明らかにした。1920年から29年までに在外正貨の売却総額は約10億円に及んだ。この払下げは1920年に開始され、1920年代前半に集中していた。

第2節では第1次世界大戦後の在外正貨払下げの開始過程について述べた。当初の在外正貨払下げは直接的には外国為替銀行の外貨資金を補充するものであったが、これには必要な商品の輸入を可能にするという狙いがあった。

第3節では在外正貨払下げによる為替相場維持政策の開始過程について述べた。1921年10月以降、在外正貨払下げが、外国為替銀行の外貨資金補充による必要な輸入品の確保だけでなく、為替相場維持としての性格を持つようになった。為替相場安定による輸入の円滑化のためであった。この相場の安定化は、結果的には金解禁を促進するという作用を有していた。だが、1921年10月～1922年6月の在外正貨払下げはきわめて大きな制約を受けていた。

第4節では在外正貨払下げによる為替相場維持政策の展開過程について述べた。1922年9月、大蔵省は将来に在外正貨払下げを緩和して為替相場の維持・回復を図る方針を明らかにした。これは輸入為替に便宜を与えて物価の安定を図るとともに、金解禁に近い効果を期待したためであった。しかし実際には在外正貨の払下げは少額にとどまった。

関東大震災以後払下額が多くなった。これは生活必需品・復興材料輸入のためであった。1924年1～3月には絶対必要品の輸入と外債発行に備えた国際信用維持のための在外正貨払下げが行われた。

1924年11月には、浜口蔵相は内外正貨を利用して為替相場の維持を図る方針を公表した。在内正貨の払下げは実際には先のこととされた。だが、在外正貨の払下げは用途を問わないで行われることとなり、為替相場維持を主目的とすることとなった。かくして、本格的な為替相場維持政策が採用されることとな

1523

ったのである。もっとも、実際の払下げ額は多くはなかった。

　1925年8月には金解禁準備のための為替相場回復構想が存在した。1925年9月には在外正貨払下げによる為替相場維持構想が存在していた。だが、為替相場の上昇によって在外正貨払下げは不要化していった。

　第5節では在外正貨払下政策から在外正貨補充政策への転換過程について述べた。

　浜口蔵相は1925年11月に国際収支改善方策による為替相場回復構想を明瞭に示すようになった。これより先に1925年9月には政府は政府在内正貨の現送を発表している。これは為替相場維持を目的としたものではなく、この現送によって政府在外正貨を補充し、政府が為替差損を回避しつつ政府対外支払いを行うこととしたものであり、1926年2月までこの現送が実施された。1926年には金解禁準備施策が採用された。1926年10月には政府在内正貨現送が再開された。これは政府対外支払いと為替差損回避と日本の国際信用の向上と金解禁準備のために行われた。在外正貨売却は行われなくなり、逆に在外正貨補充策が検討されるようになった。

　金融恐慌が発生し、国際信用が低下すると、為替銀行の外貨資金補充のための在外正貨払下げが行われた。その後、政府は在外正貨補充策を検討した。1929年7月から9月まで、金解禁準備のために正金銀行の為替の統制買いに基づく政府の特別外貨買入れが行われ、これにより在外正貨が補充された（第6節）。

　このように第10章では、第1次大戦後の在外正貨払下政策の変遷を実証的に明らかにしたのである。

　第11章では金解禁政策を取り扱った。第1節と第2節では浜口内閣成立以前の金解禁政策の変遷過程を考察した。第1節では第1次大戦直後の金輸出禁止継続の根拠を考察した。英米支配の国際秩序の中で東アジアにおける従来の多面的均衡システムが崩壊し、日本は孤立化した。太平洋における戦争の準備として、また対中国投資に備えるために、金受取超過国であった日本も諸外国と同様に金輸出禁止を継続した。高橋是清蔵相には日中経済提携という構想があった。ワシントン体制が成立する以前においては、国際的政治経済情勢が日本

の金輸出禁止継続の背景をなしたのである。日本銀行副総裁の木村四郎は金解禁によって財界善導を果たそうとしたが、積極政策を主張する高橋はこの主張を採用しなかった。金解禁は国内経済に対しては効果を生まなかった。そのため、国民は金解禁問題に対しては無関心であった。このような国民の意識が金輸出禁止継続を黙認することとなったのである。青木一男大蔵書記官が、反動恐慌後の日本の経済事情が金解禁に耐えられないものであると高橋是清に報告したことも金解禁継続の一因となった。

　金輸出禁止は、1921年11月～1922年2月のワシントンでの会議の結果として、いわゆるワシントン体制が成立した後も継続された。政策は政策当局者だけでなく、政治経済状況を背景とする財界、評論界、政界、国民などの意識によっても規定されるから、その動向が考慮されなければならない。1920年以降、民間で金解禁論が台頭した。これに大蔵省はどのように対応したかを考察した（第2節）。1921年頃から金解禁問題が一般に関心を持たれるようになった。これはまず最初に物価調節のための金解禁論として、学者、評論界などで主張された。1922年からは資本家の中にもこのような意見が登場し、金解禁に関する政策決定に影響力を持つようになった。第1次大戦以後、日本の物価が国際的に割高となり、これを是正することが1920年代の政策課題となり、その是正策の一環として金解禁が主張されたのである。だが、市木蔵相は金解禁に踏み切れなかった。当時、政治経済的に金解禁への反対論が存在していたからである。

　1923年9月の関東大震災以後、為替相場が低落した。これを背景として、為替相場引上げのための金解禁論が台頭した。為替相場低落による輸入品価格騰貴から、輸入原料に依存する産業資本家が円為替相場の引上げを目的として金解禁を政府に要求した。だが、このような為替相場引上げに対する反対論も存在していた。正貨流出による兌換制度の基礎破壊ならびに金解禁が財界に悪影響を及ぼすという認識が金解禁時期尚早論者に共通していた。そして、浜口蔵相は金解禁時期尚早論を採用した。

　1926年から1927年の金融恐慌前にかけて、片岡蔵相が金解禁準備に着手した。これは、同蔵相が金本位制を信認していたからであるが、また欧米諸国が相次いで金本位制に復帰するという国際情勢のもとで、日本が孤立化することを同蔵相が恐れたからであった。いわば英米との協調によって日本が生きることに

よる安心を同蔵相は求めたのである。同蔵相の金解禁準備施策は大蔵省、日銀、正金銀行幹部によって決定されたものであり、国内輿論の要請に応じたものとはいえなかった。片岡蔵相の金解禁準備施策は金融恐慌によって挫折する。

　金融恐慌後に、経済的利害状況を反映して、大銀行、産業資本、商業資本などから金解禁が要望されるようになり、経済審議会も金解禁即行を答申した。大銀行は単に銀行の利害に立ったのではなく、基本的には財政緊縮・金融引締・生産原価の引下げを図り、財界を確固たる基礎に置くという観点から金解禁を要求した。学者、政界の中にも金解禁論があった。こうして金解禁の輿論化（理性にのっとった多数意見化）が進行し、金解禁が社会的信認を得るようになったのである。これが、浜口内閣が金解禁を声明するに至る背景をなした。

　ただし、金解禁には依然として反対論が存在していた。これは日本工業倶楽部内などにみられた。輸入価路と競合する産業資本は金解禁を時期尚早とした。1928年当時、政友会も金解禁に消極的であった。『東洋経済新報』などは新平価解禁論を主張した。新平価解禁論にはエコノミスト「四人組」以外にも財界有力者の中に支持者がいた。高橋是清は経済への悪影響をもたらすとして金解禁に反対した。1929年当時、三土蔵相の金解禁政策はあいまいであった。三土は金本位制への復帰を考えていたけれども、自らが属する政友会が金解禁を実施するために必要な緊縮政策をとることができないことをよく知っていたからである。このように、金解禁については人々の意見の一致がみられなかった。浜口内閣が1929年7月に金解禁声明を出す以前においては、金解禁、とくに旧平価解禁の輿論化は成熟してはいなかったのである。このことが、日本における金解禁の実施が諸外国に比べて遅れた背景をなしていたのである。

　このほか、政府が金本位制に踏み切れない特殊事情も存在していた。日本銀行は特別融資を原因として通貨統制力を失っていた。これでは金本位制を維持するための金融調節を行えないことになる。だが通貨統制力の回復は困難であった。また、中国情勢が金解禁政策とかかわっていたことも看過されるべきではない。山東出兵と張作霖爆殺という中国情勢は中国全土に排日気運を勢いづかせ、この中国の排日運動が日本の輸出の減少をもたらした。中国情勢の悪化は戦争への準備としての金確保の必要性ももたらしたと考えられる。ここでも、戦争準備金としての金の役割が無視されるべきではない。このような事情が金

解禁実施を延期させたのである。

　金解禁政策の考察のためには、浜口内閣の金解禁政策を考察することがとくに重要である。同内閣の金解禁政策には国内興論の形成のほかに諸外国の金本位復帰という事情がかかわっていた（第3節）。金本位制度復帰への国際的潮流は、金本位制への一般的信認に基づくものである。この復帰への国際会議（ジェノア国際経済会議など）による国際的合意やイギリスなど各国の金本位制復帰は日本の金解禁政策（市来蔵相の政策など）に影響を及ぼした。もっとも、それを過大評価することはできない。各国はそれぞれの事情に応じて金本位制に復帰した。このような事情が日本の金解禁政策（片岡蔵相や三土蔵相の政策など）に影響を及ぼした。

　こうした国際的な金本位制復帰の潮流が日本への圧力となって日本の金解禁実施をもたらしたわけではないが、次のような事情から日本の金解禁断行を促進したのである。①日本においても金本位制が信認されており、それへの復帰は当然のこととされていた。金本位制復帰への国際的潮流はそれを確認させるものであった。金本位制への復帰は金本位制への一般的信認の回復過程ととらえることができる。②諸外国の金本位制復帰は日本の当局者に国際的孤立化への不安を抱かせた。安心を得るためにも金本位制への復帰が求められた（この場合の「安心」は、相手が自己の利益のために自分を裏切らないであろうという考えから生ずるものではなく、「不安」と対比した用語である）。③外債を発行するためには日本が国際信用を得る必要があった。このために金本位復帰が必要となった。井上蔵相は外債発行という方策を採用し、このことが金解禁の一要因となった。④日本が金本位に立ち遅れていることは日本にとって不名誉なこととなった。国際的威信を確保するためにも日本が金本位制に復帰することが必要であると考えられた。

　日本の金本位制復帰に対するモルガン商会の対応はどうであったのか。モルガン商会関係資料によれば、同商会は日本が安定した投資先かどうかについて関心を抱いていた。同商会は日本が金本位制に復帰することは当然であるとしたうえで、金本位制の維持方策について助言をしようとした。同商会のレフィングウェルは、日本が国際的に信認を得られることが証明される必要があり、そのためには日本が外国銀行からクレジットを得、財政規律を守り、政府の信

用を維持し、中央銀行が政府から独立して有効に公定歩合を操作する必要があると考えていた。また日本が欧米の中央銀行総裁から助言を得る必要があると考えていた。このような考えが森賢吾や津島寿一などを通じて日本側に伝わり、日本銀行のあり方は別として財政緊縮などの日本の金本位制の採用方法に影響を与えたと考えられる。

さらに、浜口内閣の金解禁政策には在外正貨の枯渇が直接要因としてかかわっていた（第4節）。日本銀行の保有する外国政府証券や政府・日銀の保有する日本政府外債を含めた政府日銀保有在外金融資産残高は枯渇しておらず、これらを売却すれば外貨での現金に換えることができないわけではなかった。したがって、在外正貨の枯渇以外の金解禁断行の要因が改めて問われなければならないことは確かである。しかし、長期邦債の多くを一時に外貨現金に換えることはなかなか困難なことであった。したがって、在外正貨の枯渇が金解禁の直接的な要因であったことを否定することはできないのである。

金解禁は1930年1月11日に断行される。これを決定した浜口内閣の金解禁政策そのものを検討することとし、まず同内閣の金解禁方針と政策当局者の政策思想を立ち入って考察した（第5節）。浜口内閣は輿論に従い、金解禁政策を採用した。だが、この政策の採用は浜口雄幸首相や井上準之助蔵相の信念の産物でもあった。この信念は、正しいと思う理念（金解禁の断行）を勇気を持って実行に移すというものである。浜口雄幸は信念の人であり、井上準之助蔵相もまた信念を持って金解禁を断行した。井上には明確な経済理念があった。井上がとくに求めたのは単なる為替相場の安定ではなく、産業の合理化による日本経済の国際競争力の強化であった。金解禁が産業合理化と関係を持っていたことは「金解禁後の対策資料」（1929年12月31日）からも明らかである。

金解禁は輿論の動向だけで決まるものではなく、通貨当局者の金本位観によって決まったものでもある。深井英五は、英米中央銀行総裁と交流しており、金本位制を是認していたが、その弱点も認識していた。通貨価値の安定を図るとともに、産業の必要を考慮する通貨調節の必要をも認めていた。深井は金本位制を志向しつつ、その復帰の実現については経済的条件の成熟と金解禁論の輿論化を待ち続けた。金解禁論が輿論化し、政府が金解禁実施を決定すると、それに従って金本位制の維持方策の遂行に尽力したのであった。

終章　各章の要約

　金本位制の実施のためにはまず金解禁準備施策が必要であった（第6節）。浜口内閣は準備施策として財政緊縮と国民の消費節約（公私緊縮）を実施する。井上はこれを金解禁に対する定石ととらえていた。と同時に、これが日本の国際的信用を高めるとみなし、この観点からもこれを遂行した。財政緊縮を行えば為替相場が上がると考えていた。

　一方、金解禁準備施策として金融引締政策は採用されなかった。これは金融恐慌対策として行われた特別融通が存在していたからであった。また日本銀行保有国債売却も実施されなかったのである。

　在外正貨の補充が行われた。これは正金銀行の為替統制買いに基づく政府の外貨買入れとして行われた。また横浜正金銀行と欧米の銀行との間でクレジット契約が締結され、日本の金本位制への国際的信認の維持が図られた。また、井上蔵相は金本位制維持のためのモラル・サポートを国内の各銀行から取り付けた。これは井上蔵相の道義的説得の結果にほかならなかった。

　しかし、金解禁の意義は国民に十分に理解されていなかった。そこで、第7節で論じたように公私経済緊縮運動の名のもとに金解禁世論操作が大規模に行われた。これは官民を総動員し、中央から地方に至るまで全国的規模で実施された。もっとも、それは理性的多数意見を意味する「輿論」を形成しようとするものではなく、マス・メディアを活用して人間の感情に訴えて「世論」を操作しようとするものであった。これによって国民大衆の世論は金解禁支持に固まっていった。一方で金解禁に反対する者に対する取締りが行われた。だがこのような運動が展開されても高橋是清、三土忠造、新平価解禁論者たちの金解禁政策批判を抑え込むことはできなかった。金解禁準備期には金解禁論の輿論化が進展し、金解禁に対する社会的認認が得られていたとはいえ、金解禁には誰もが支持する一般的信認が成立するには至っていなかったのである。

　第11章では、上述のような金解禁実施に至る過程を新たな視点を取り入れつつ詳論したのである。

7　第6編　金輸出の解禁実施と再禁止

　第12章では金解禁実施下の正貨政策について考察した。

1529

1930年に金解禁が実施されると、翌1931年にかけてその維持政策が展開された（第1節）。金解禁断行後も井上蔵相はこれへの支持を国民に呼びかけ（世論操作）、金本位制支持を財界に訴えた（輿論誘導）。金本位制はイギリスの金本位制停止以前には一般的信認を得ており、停止後も金本位制への社会的信認が存在していたが、これは政府の意思と輿論によって支えられていた。この輿論は井上蔵相によって誘導されたものでもあったのである（第1節）。

　金解禁政策は経済の立直し、産業合理化を目指したものであったが、後者の狙いは金解禁実施後にさらに明らかとなった。産業合理化は商工省主導の産業合理化政策によっていっそう推進されていった。

　金本位制の維持は正貨、金の存在を前提とする。このために正貨吸収策を立ち入って検討する必要がある（第2節）。これとかかわりの深い国際収支は金解禁実施期に悪化し、政府は国際収支改善策を講じた。

　また正貨の流出抑制策として外債借換が実施された。これは正貨流出防遏策として井上蔵相が選択したものであった。借換債の発行は英米銀行団の日本に対する信頼とともに、日本の国際信用の向上と財務官のこの向上への尽力の成果であった。だが英米金融市場の変化と満州事変後の日本の国際政治環境のもとで、日本の外債発行、国際信用には大きな限界があった。

　金解禁実施期にも、国際収支赤字下において金本位制維持のために金吸収策が実施された。金の確保は内地や植民地からの産金吸収や中国などからの金の流入に依存していた。

　一般的に金防衛策の本流とされる公定歩合操作については、金解禁実施後しばらくは活用されなかった。すなわち、金解禁断行当初は公定歩合操作は回避された。不況が進行すると、このための対策として公定歩合が引き下げられた。ようやく1931年10月と11月になって公定歩合が引き上げられた。こうして正貨流出防衛策としての公定歩合操作の活用が実施されるようになったのである。だが、それは多額の金が流出した後のことであった。

　第3節では、金解禁実施政策を立ち入って考察している。金解禁実施の基本方針と基本的枠組は次のようなものであった。

　金解禁は旧平価解禁として行われた。金現送点は約49.5ドルであった。正金建値はこれよりも低く設定され、1930年1月14日に49ドル8分の3に定められ

たまま、解禁実施期間中、これが維持された。理論的想定とは異なる建値決定がなされたのは、正金銀行の外貨資金繰りが困難であったこと、政府が輸出奨励・輸入抑制方針を採用したこと、在外払下げが制限されたこと、通貨当局が兌換に基づく金現送抑制を正金銀行に当面迫ったこと、1930年7月31日以降に為替の統制売りが実施されたことなどによるものであった。

金本位制維持方策として、金解禁実施期には内地正貨の対外現送と在外正貨売却を併用する政策が採用された。そのいずれを重視するかは時期によって異なっていた。

金本位制実施期には内外正貨の日本銀行への一元的集中方針が採用された。だが実際には在外正貨の日本銀行への一元的集中は竜頭蛇尾に終わったのであった。

第4節では、金兌換と在外正貨売却による金本位制維持策を具体的に考察するため、まず統制売り開始前の時期を取り上げた。

金解禁実施当初、通貨当局は金兌換を回避するための在外正貨払下げを行った。内地銀行は当初在外正貨払下げを自粛していたが、外国銀行の払下要求は強烈であった。当初、かなり自由に在外正貨を払い下げようとしていた日本銀行は、間もなく在外正貨払下げを制限するようになった。これは政府の正貨擁護方針に応じたものであったが、とくに為替投機資金需要に応ずることを回避しようとしたためであった。日本銀行は金兌換要求に応じるようになったが、これは金本位制の常道に沿ったもので、金本位制に対する信認を維持するためであった。だが、この金兌換には限界があった。政府は正金銀行が金兌換による金現送を行うことを認めず、邦銀に対しても金本位制に対するモラル・サポートを求めた。金現送を図るなどして外貨資金余力のある外国銀行が市中相場を正金建値以下に引き下げて売為替業務を実施した。この結果、正金銀行の市場への影響力は無力化し、為替市場は外国銀行の跳梁に任すこととなった。1930年1月から3月までに大口兌換は1億7880万円に及んだ。この間に日本銀行所有の在外正貨が7266万円売却された。4月から6月までに外国銀行の金兌換が実施されている。5月には日本銀行、6月には政府所有の在外正貨が売却されている。

予想外の正貨流出に直面して英米市場におけるクレジットの使用が考慮され

たが、この使用は国際的信認を低下させるとして、結局は使用されなかった。

7月には外国銀行に対して正貨現送回避のための為替の特別売却が行われた。これは、輸出期に金が流出したことが日本の金本位制に対する信認に悪影響を及ぼすことを、深井日銀副総裁が懸念したからである。しかし、この施策は為替相場の低落を阻止することができなかった。

1930年7月31日には正金銀行による為替の統制売りが開始された（第5節）。統制売りは正金銀行が無制限に為替を売り、これによって円相場を維持するという方策であり、正金銀行の資源としては、正金銀行ができるだけ外国において借入を行い、政府資金も用い、正金銀行が決済できなかったものについては正貨の現送を認めるというものであった。統制売りは単なる為替相場維持策ではなかった。為替相場を維持して円に対する信認を確保し、もって日本の金本位制に対する信認を維持しようとするものであった。深井は金兌換請求には日本銀行が義務として応じなければならないと考えていたけれども、在外正貨の売却には日本銀行が裁量的に応ずればよいと考えていた。だが、市場では日本銀行が求めに応じて在外正貨を売却すべきであり、これを行わないのは日本の金本位制が偽装であるという疑惑が生じた。深井はこれを錯誤であるとみなしていた。だが金兌換という常道によろうとすれば、在外正貨を求める市場との摩擦が大きくなると考えられた。そこで深井は正金銀行が為替を無制限に売却するという便法に賛成した。これによって円の為替相場を維持し、日本の金本位制に対する信認を維持しようとしたのである。

統制売りは1930年7月31日に開始された。1931年9月にイギリスの金本位制停止後のドル買い殺到により統制売りはピークに達した。正金銀行の外貨資金繰りは悪化し、統制売りは11月に制限され、12月に廃止された。

統制売りは正金建値の維持と円の信認維持に寄与した。その制限は正金建値の低落をもたらした。統制売りは金現送を伴うものであった。したがってこれは、金兌換、金現送を節約するという効果はあまりなかった。

第12章ではこのような金解禁実施下の正貨政策の内実を詳論した。

第13章では1930〜31年の金輸出再禁止と金兌換停止への過程を考察した。この過程は日本の金本位制に対する「一般的信認」の事実上の崩壊過程である。

終章　各章の要約

　金輸出再禁止の背景をなしたのは恐慌の深刻化と金輸出再禁止輿論の形成である（第1節）。金解禁と世界恐慌は日本の恐慌を深刻化した。これを背景として金輸出再禁止論が台頭し、イギリスの金本位制離脱後この見解が輿論化していった。このことが金本位制に対する一般的信認を動揺させ、輸出再禁止をもたらす大きな要因となった。

　金輸出再禁止には満州事変の勃発が大きな影響を与えた（第2節）。これが軍事費の膨張とこれによる財政の膨張をもたらし、金本位制の維持を困難にしたのである。満州事変の勃発は戦争準備金としての金確保のための金輸出再禁止論に論拠を与えるものとなった。満州事変は中国における排日貨運動を激化させ、対中国輸出が激減するという懸念をもたらした。また、満州事変は外債発行を困難化した。このようなことから満州事変の勃発が日本の金本位離脱の大きな要因となったのである。

　イギリスの金本位制離脱後に外貨・金の大量流出が生じた（第3節）。イギリスの金本位制離脱は通貨に対する信認の失遂を意味する「信認危機」が発生したことによるものであり、オーストリア、ドイツで発生した「信認危機」の影響を受けていた。1931年9月のイギリスの金本位制停止は日本の在英資金の凍結をもたらし、これがポンド資金のアメリカへの回金を困難とし、三井銀行などのドル買いを誘発した。イギリスの金本位制停止がただちに日銀券に対する一般的信認を喪失させたわけではなかったが、国際取引において円に対する社会的信認の低落が生じた（すべての人々が円に対する信認を失ったわけではないが）。イギリスの金本位制離脱は日本の金輸出再禁止を予想させ、これが円に対する社会的信認の低落、為替相場の低落予想を引き起こし、これが先物予約や円思惑や資本逃避をもたらす背景をなしたのである。そして、これに伴う為替リスクを回避するための輸入商の先物為替取引需要（為替予約）を生み出し、これに対応したドル買いが生じた。さらにドル買思惑、ドル買投機が大規模に発生した。これは日本の銀行や商社などだけでなく外国銀行によっても行われた（「横浜正金銀行市場統制売り為替報告書」などによる）。本邦外債への投資も行われたが、これは純投資としての性格だけではなく再禁止に伴う円相場の低落を予想した思惑としての性格をも有するものであり、この点で資本逃避を意味するものであった。このようなことからドル買いが大規模に生じたので

あった。これに対して横浜正金銀行の統制売りによる防戦が行われ、円の信認の維持が図られた。だが統制売りの決済のためには対外金現送が必要となり、このことが大量の金流出をもたらし、日本の金本位制を崩壊に至らしめたのである。金輸出再禁止後には統制売決済のためにさらなる金現送が行われている。

　金本位制の崩壊には政治が大きく作用していた（第4節）。金解禁政策を推進した民政党内閣が崩壊したのは閣内不統一によるものであるが、これは満州事変後に軍部の歓心を買う連立政権を発足させようとした安達内相の策動の結果として起こったものであった。その後に成立した犬養内閣は、議員総会で金輸出禁止を決議していた政友会を基盤としていた。同内閣の成立は、政治的理由で内閣が総辞職した場合には第二党が政権を担当するという慣例に従うとともに、天皇と宮中に対する批判を回避するという西園寺の国家政策の結果であった。

　こうして1931年末に金輸出再禁止と金兌換停止が実施され、日本の金本位制は崩壊過程をたどっていった（第5節）。その実施は深井英五日本銀行副総裁の進言によるものであった。この進言は金輸出再禁止輿論（金輸出再禁止に対する社会的信認の形成）と金流出を背景としている。それはまた、金本位制を全面的に信認せず管理通貨制貨幣観に近い考えを持つ深井英五の判断、金本位制離脱への認識の転換に基づくものであった。金輸出再禁止時点では金本位制放棄に対する国民の一般的信認は確立されていなかったが、事後的にこれが承認されることとなった。かくして、金輸出禁止と金兌換停止により、金本位制に対する一般的信認が事実上崩壊することとなったのである。ただし、高橋是清蔵相が深井の金輸出禁止と金兌換停止提言を受け入れたのは、産業の発達を図るためであった。このことは高橋が通貨に対する信認を維持するための政策を放棄したということを意味しない。高橋は金の重要性を認識しており、これを確保して外交政策に有利に利用するためにも金輸出禁止を断行したのである。

　第1～5節では、上記のような金輸出再禁止・金兌換停止、金本位制に対する一般的信認の事実上の崩壊に至る過程を既存研究と資料を踏まえ、総合的かつ詳細に論じた。

　第6節では金輸出再禁止後の日本の金・外貨政策を世界の金・外貨政策史の中に位置づけて考察した。イギリス・ドイツ・日本の金本位制離脱後も国際金

本位制がただちに崩壊したわけではなかった。アメリカはしばらく金本位制を継続した後、1933年に金本位制を離脱した。1934年にアメリカは「制限付金本位制」を採用したが、これも三国通貨協定成立以後に停止された。1933年のロンドン国際経済会議で金本位制再建が検討されたが、この会議の中断以後は金本位制再建のための国際的協調は崩壊した。この後もフランス、イタリア、ベルギー、オランダ、スイス（金ブロック）などが依然として金本位制を維持していたが、1936年の三国通貨協定成立以後、国際金本位制は崩壊した。

　日本の金本位制復帰は諸外国と比べてきわめて遅かったが、日本の金本位制離脱は諸外国と比べて早かったといえる。これは日本の深刻な政治経済状況を反映したものであった。

　第6節では金輸出再禁止後の日本の正貨政策にも言及した。日本の金輸出再禁止・金兌換停止後も、金の役割がただちになくなってしまったわけではなかった。1942年まで日銀券の兌換文言は残り、不換銀行券は金の章票として機能した。日本銀行は金を正貨準備として保有し続けた。金は対外決済手段として機能した。

　金本位制離脱下では次のような金管理政策が展開された。1932年には金価格引上げによる金吸収策が開始された。1934年には産金奨励と日銀正貨準備充実のための日本銀行金買入法が制定された。1937年には金準備評価法、金資金特別会計法、産金法が制定された。これらに基づいて政府の金吸収と政府保有金の対外金現送が実施された。日中戦争期には大量の金がアメリカに向けて現送された。

　金輸出再禁止後に日本銀行券発行において保証準備発行額が増加され、管理通貨制度が強化されていった。1941年に最高発行額制限法が採用されて法制上の管理通貨制度が完成した。銀行券発行額は金準備に制約されなくなった。1942年に日本銀行法が制定されて日本銀行が新発足し、兌換文言も消滅することとなった。

　金輸出再禁止当初は為替相場の低落が放任されていたが、1933年に外国為替管理法が制定され、為替管理が法令によって行われることとなった。1936年の2・26事件の後、為替管理が強化されるようになった。1941年2月に対外取引は全面的に政府の統制下に置かれた。

第6節ではこのような金輸出再禁止以後の金・外貨政策の変化を概観した。

8　第7編　人物からみた戦前日本の国際金融

　第7編では、戦前日本の金・外貨政策、国際金融を人物から考察した。第14章では財務官制度成立以前の海外国際金融担当者を取り上げた。その第1節では日露戦争以前の時期について考察した。この時期は帝国特派財政委員の派遣や海外駐箚財務官制度成立以前であった。海外派遣大蔵官僚やロンドン駐在外交官、横浜正金銀行ロンドン支店支配人が海外において日本関係の金融を取り扱った。

　政府は、まず、第1回外国公債を発行した日本政府代理人のネルソン・レイの代理人変更のために、英語が堪能で外交経験を有する上野景範を大蔵大丞としてロンドンに派遣した。上野がこの交渉にあたった。

　第2回外国公債は日本人自身が発行交渉を担当することとなり、海外留学経験を有する大蔵官僚の吉田清成理事官（発行交渉委員）を派遣した。

　吉田がオリエンタル銀行に外債発行を引き受けさせた。政府外貨資金はオリエンタル銀行が取り扱っていたが、同行破綻後は国際的に信頼されていた外交官である園田孝吉領事がその取扱銀行変更交渉を行った。

　日清戦争後には日清戦争賠償金の受取とその運用が大きな課題となった。大蔵官僚としての経験がある加藤高明特命全権公使が中心となって清国から賠償金を受け取った。中井芳楠横浜正金銀行ロンドン支店支配人が賠償金の取扱いに貢献した。山本達雄日本銀行局長、園田孝吉正金銀行頭取、早川千吉郎大蔵省参事官の3人が、償金取寄せのためにロンドンに派遣された。

　内国債の対外売却が行われたが、この交渉には日本銀行があたり、外債募集における外交官の役割は大きく後退した。第3回外国公債発行に先立って高橋是清正金副頭取の海外市場調査が行われた。第3回外国公債発行は加藤高明特命全権公使・松井慶四郎駐英臨時代理公使という外交官が担当することとなっていた。募集契約書には外交官の松井が署名した。だが実際には早川千吉郎大蔵省参事官および中井芳楠横浜正金銀行ロンドン支店支配人が発行交渉に従事した。早川は事実上の特派財政委員として秘密裏に交渉を行い、日本の国際的

信用維持に努めた。中井は国際的に信頼されていた我が国で初めての国際金融家であり、イギリスの銀行家との交渉には中井が日本銀行代理人として直接あたった。

帝国五分利公債の海外売却には林董特命全権公使が関与していた。

第1節では、帝国特派財政委員の派遣や海外駐箚財務官制度成立以前には大蔵官僚、ロンドン駐在の外交官僚・正金銀行ロンドン支店支配人などが日本の賠償金取扱いや外貨公債発行などの国際金融業務面で貢献したことを評価し、その変遷について論述した。とくに早川千吉郎参事官および中井芳楠正金銀行ロンドン支店支配人の活動を日本銀行所蔵の外債関係資料や『松方家文書』などに基づいて明らかにした。

第2節では海外駐箚財務官の前身である帝国特派財政委員の派遣について考察した。日露戦争期には日本銀行副総裁の高橋是清が帝国特派財政委員として海外に派遣され、戦時外債発行に従事した。第2節1項ではこの交渉経過（シフとの初対面の日の話を含む）を高橋副総裁の松尾臣善日銀総裁宛書簡や電信などに基づいて解明した。高橋が財政的基礎の強化に基づいた国際信用を重視していたことに注目した。

高橋帝国特派財政委員は日露戦争後も外債発行交渉に従事した。第2節2項では、とくにフランスにおける外債交渉の過程について高橋の報告書に基づいて解明している。高橋はパリのロッチルド・フレール商会のノイボルチェルなどから財政の基礎強化に基づく日本の経済財政の信用（信認・信用）強化の必要性を教示されていた。高橋は国際的信頼を得た、中井に次ぐ国際的金融家であった。

第2節3項では帝国特派財政委員の役割について次のように述べた。高橋は国際金融を担当する常任の財務官の選任を求め、阪谷蔵相は高橋の進言を取り入れて財政代理人を選定することとし、その役割について総理大臣に稟議した。財政代理人の役割は明確となった。政府は日銀副総裁兼務のまま高橋を財政代理人に任命し、帝国特派財政委員の名称は存続した。この意味では常任の財務官はいまだ実現していなかったといえる。財政代理人（特派財政委員）の主任務は日本財政経済の信用を維持し、機をみて外貨公債の募集・借換を行うことであった。高橋の特派財政委員辞任後は若槻礼次郎が財政委員となり、その後、

水町袈裟六が財政委員となった。
　第2節4項では大蔵省高等官が財政委員やその補佐として海外派遣されたことについて述べた。

　海外駐箚財務官が、海外で活躍した戦前日本の国際金融官僚であった。戦前日本の国際金融官僚を取り扱った第15章では、正貨政策の海外における実践者であり、外債募集や国際会議などにおいて日本の国際金融行政面で重要な役割を果たした海外駐箚財務官を中心に考察している。すなわち、海外駐箚財務官制度の変遷の全過程、この制度と人事と政策、財務官を補佐した人々について考察している。この研究テーマについて、資料の発掘とともに、経済史・国際金融史・官僚史などの固有の専門分野の研究成果を総合し、事実の再構成と再評価を行った。
　海外における帝国財政事項に関する事務処理を担う海外駐箚財務官制度は1910年に正式に成立した。本章第1節で、この制度が発足したプロセスを解明した。
　海外駐箚財務官制度は、高橋是清日本銀行副総裁の建議に基づいて設けられたものであることを第1節1項で指摘した。高橋は海外常駐の財務官として望ましい資質とは何かを明らかにし、このような資質を備えた人物を財務官として選抜するよう政府に進言した。1910年に財務官制度が正式に成立した。初代の財務官は水町袈裟六であった（第1節2項）。そのあとを引き継ぎ、16年間任用された（財務官心得を含めて）森賢吾について、経歴、人物像、財務官としての活動を、まず第1節3項で述べた。この中で財務官の活動にとっては財務官が国際社会で信頼を得ることが重要であるとして、そのための主体的条件を森が有していたことを明らかにした。
　第2節では財務官制度展開期の財務官とその協力者について論じた。財務官制度は第1次大戦期に拡充され、第1次大戦後にその整理が行われた（第2節1項）。第2節2項でこの時期の森賢吾財務官の活動について考察した。すなわち、まず外債発行活動とその限界について述べた。財務官の外債募集交渉には限界があり、これは日本の国際信用度の低さに規定されていたことに注目した。森財務官は外債発行を担当するだけでなく、財政・金融・経済問題に関す

る国際会議への参加を通じて、国際経済官僚としても活躍したことを明らかにした。外債発行は財務官の活動に基づくだけでなく、その協力者に依拠するところが大きかった。

第2節3項で、ウェストミンスター銀行やモルガン商会のラモントなどの英米の金融業者だけでなく、津島寿一とともに、国際的信頼を得ている国際金融家である横浜正金銀行の巽孝之丞、一宮鈴太郎らが大きな活躍をした。このことをウェストミンスター銀行所蔵資料や日本銀行所蔵資料などに基づいて論証した。政策決定における優れた協力者の存在の重要性を明らかにした。

森と交代して就任した津島寿一財務官についても、大蔵省入省後の経歴と勤務状況、能力も述べた。国際的信頼を得た有能な津島の国際金融官僚としての活動と国際経済官僚としての活動について論じた。国際情勢の悪化に伴うその活動の限界についても論じた。

金輸出再禁止以後、日本の財務官制度は後退した。第3節でこの後退期の財務官の人事と活動について考察した。この時期には公債発行は行われなかった。国際会議への参加は行われたが、1933年のロンドン世界経済会議の閉会でそれも中止された。1934年の津島の財務官退任後には海外駐箚財務官は特筆すべき役割を果たさなくなった。第2次大戦の勃発に伴う英米との経済・外交関係の途絶により、その活動の舞台が失われ、海外駐箚財務官制度は遂に廃止されるに至った。本節ではこうした事情を説明した。

第14、第15章は、いわば人物を通してみた正貨政策史であり、本書の通史的研究というべきものである。

以上が本書の概要である。その結論については冒頭の「本書の論点」を参照されたい。

あとがき

　本書は、2006年3月に慶應義塾大学から授与された博士（商学）号学位の申請論文として提出した「近代日本の金・外貨政策――金本位制下の在外正貨を中心として――」をもとに刊行するものである。その学位論文の基礎となった既発表論文は本書の主要参考文献一覧に掲げたとおりである。

　私が執筆した最初の論文は、1973年に発表した「第一次世界大戦期の正貨獲得政策――日本正貨政策史研究（一）――」である。爾来、日本正貨政策史研究を続けてきたが、その成果を1冊の本にまとめるのに40年以上もかかってしまった。自らの非力を恥じるばかりである。

　博士論文を提出した後、私が大学の学務に追われ、また研究テーマを広げている間に、若手研究者などにより本書に関係する研究が次々と発表された。このため、本書をまとめる段階で、当初の論文の大幅な修正を余儀なくされた。また、研究期間が長期化したために、若いときに発表した論文と年齢を重ねてから発表した論文とで、水準や問題意識にずれが生じ、本としてまとめるときにその調整にかなりの時間をとられてしまった。もっと早い段階で研究成果を本にまとめておけばよかったとの思いはある。

　本書は既発表の論文に大幅な加筆修正を加えて一貫した本としてまとめたものであって、論文集ではない。各論文で取り上げた時期について、論文発表後に入手した資料や新たな問題意識をもとに新たに書き下ろしたページが本書のかなりの部分を占めている。ことに政策決定における人間の役割の重要性について大幅に加筆した。このために本書は大部となった。そこで、読者の便宜を考え、終章として要約を付した。

　本書で、日本がいかにして金本位制を採用し、維持し、離脱していったのか、その全貌が把握できよう。私は、本書が金・外貨政策、国際金融、金融政策、

日本金融史、日本財政史、日本経済史などに関心を持つ内外の研究者に読まれることを願っている。

本書は金融に関する多年の教育・研究における模索を通じてようやくまとめることのできた拙著『信頼・信認・信用の構造』の中で論じた信頼や社会的・一般的信認や国際信認、国際信用を実証的に研究したものということができる。本書で用いた国際的信用、国際信用、対外信用という用語は、意味は同様であるともいえるが、国際的に高い信用という場合には国際的信用という用語を用いた。信用と信認という用語も同じ意味に用いられることが多いが、後での貨幣の支払いが約束されている場合には信用という用語を用いた。

E. H. カーは「歴史は、現在と過去との対話である」と述べているが、本書も現代的問題関心から歴史を研究するとともに、現代が歴史的展開の結果として存在するものであることを明らかにするものである。本書が取り扱っているのは過去の事象であるが、その考察の結果は現在の問題を考える手がかり、インプリケーションを与えてくれると信じている。

たとえば、現在、日本や諸外国の外貨準備は、基軸通貨ドルの形態をもってアメリカで集中的に保有されているが、為替リスク回避のために保有外貨種、保有地の多様化を図るべきではないか、収益性を追求した運用を強めるべきではないか、為替リスク回避、国内財政資金運用のために外貨準備を減少させるべきではないか、という議論が行われているが、実際に日本においてどのような形態で外貨が保有されていたのかを知ることは、このようなことを考えるうえで参考になろう。

歴史研究は、通貨制度にとっては一般国民の通貨に対する信認がいかに重要であるかを改めて我々に思い知らせてくれた。この重要性は金本位制の時代にとどまらない。現在、デフレ対策として日本銀行に過大な期待が寄せられ、同行は通貨膨張をためらうべきではないという議論が行われているが、通貨に対する信認を失わせないようにするという視点が必要であるということを歴史研究は示唆してくれている。

今日、国債の大量発行のもとで財政の維持可能性が問われている。金本位制、外債募集を背景としてではあれ、金本位制下の為政者が財政規律・財政信認の維持に努めていたことが歴史資料の分析から明らかとなった。財政規律・財政

あとがき

信認の維持の重要性を歴史研究は改めて我々に思い知らせてくれるのである。このことは、今日、発展途上国が外資導入を行おうとする場合に、借手の規律に配慮が払われなければならないということを示唆するものでもある。また、正貨危機対策の歴史は、外資導入には限界が存在するということも、現代の人々に示唆してくれている。今日のEUの財政危機、国債相場低落の現状は改めて財政信認維持の重要性を人々に再認識させることとなったが、本書はこの問題の解明に一定の示唆を与えることとなろう。

もちろん、経済発展を図らなければならず、経済的脆弱性を抱えた日本においては、貨幣的・財政的信認の維持だけに政策を特化できず、拡張的な財政政策、裁量的・積極的な金融政策を展開しなければならないという一面もあり、このようなことに関して政策論争が展開されたということも歴史が示している。今日においても、財政金融政策の経済発展への顧慮の必要性は当然存在する。

本書は、政策の担い手の果たす役割が大きかったことを明らかにした。本研究から、今日の国際金融官僚としてどのような人物が望ましいかを考える手がかりが得られよう。

かくして私は、政策のあり方を考える方々にも本書を読んでいただくことを願っている。

ただし、本書で日本正貨政策史研究が完成したとは私は考えていない。金本位制離脱後の立ち入った研究が今後の課題として残されている。本書では、海外で収集した文献を十分に活用することが時間的制約と紙面の都合上できなかった。今後、本研究を海外に紹介する作業を行うなかで、その分析をさらに行っていきたい。本書と関係の深い横浜正金銀行については本書で十分に論じてはいないが、これは同行の重要性に鑑み、今後同行についての独立した本をまとめることを予定しているためである。統計的分析を進めることについても今後の課題としたい。

本書をまとめあげることができたのは、数多くの人々の指導と教示と励ましを受けたおかげである。香川大学附属高松小学校・中学校、香川県立高松高等学校で基礎学力を身につけるよう教育された。1964年4月に慶應義塾大学に入学して、経済学の基礎理論を学んだ。教養課程では田中明先生の自由研究や学

生の研究団体である中国研究会に参加し、経済や政治・国家に関する古典や日本経済史に関する基本書を輪読した。専門課程では井村喜代子先生のゼミに参加し、経済理論を学ぶとともに日本経済に関する卒論をまとめた。大学院修士課程では伊東岱吉(たいきち)先生のゼミに参加し、日本財閥史に関する修士論文をまとめた。博士課程では小竹豊治先生の指導を受け、証券経済について学ぶとともに、日本金融史の研究を行った。小竹先生からは研究者としてのあり方について指導を受けるとともに、人生について非常に多くのことを学んだ。また、渡辺佐平先生の研究会に参加し、金融の古典を輪読し、金融の基本的専門知識を身につけることができた。さらに、赤川元章学兄から学問上の刺激と励ましを受けることができた。同氏の学問的支援は今日まで続いている。学友村田隆三氏には、博士課程修了後、高橋是清の手書きの報告書の解読で支援を受けることとなった。

　1974年4月に千葉商科大学に勤務するようになってからは、多くの同僚との自由な議論を通じて専門領域を超えた知識を得ることができた。日本金融史については田中生夫先生から教示を受けた。渋谷隆一先生の金融立法史研究会に参加するようになり、方法論と研究資料について数多くの教示を受け、また研究のうえでも励まされ、本格的な日本金融史研究を進めることができるようになった。この研究会に参加していた波形昭一氏や迎由理男氏との議論はきわめて有益であった。加藤俊彦先生を中心とする金融論研究会に参加し、加藤先生、渋谷先生のほか、石井寛治、伊藤正直、麻島昭一の各氏などの碩学から日本金融史の研究動向を学ぶことができた。石井寛治先生編の日本金融政策史に関する本の中で執筆したものが本書の序章のもととなっている。また、波形昭一氏が編者の1人であった経済官僚に関する本の中で執筆したものが、本書第15章のもととなっている。

　日本金融学会、同学会歴史部会・中央銀行研究部会、証券経済学会、信用理論経済学会、地方金融史研究会、日本銀行金融研究所金融史研究会などでの報告と討論において、金融研究に関する方法論を深めることができた。日本銀行金融研究所第3課関係者の方々には、資料閲覧などに関して大変お世話になった。すでに挙げた方々のほか、伊弁田敏充、佐藤政則氏らの各先生、諸先輩、学友との議論は有益であった。鈴木俊夫、岸田真氏らの研究からもさまざまの

あとがき

教示を受けた。学位論文審査における赤川元章、金子隆、伊藤正直の各委員のコメントは、本書をまとめるうえできわめて有益であった。イギリス留学中は、フォレスト・キャピー（Forrest Capie）教授の指導を受けた。内閣法制局が法制審査に際して輿論を参考とするとの示唆を同局勤務経験のある中学時代からの友人佐藤英彦氏から得たことは、本書で世論・輿論の動向を考察することとなる手がかりとなった。このほか名前を記さないけれども、ご支援を賜った方々が数多く存在する。以上述べてきたことが本書の完成に大いに役立っており、お世話になったすべての方々に心からの感謝を申し述べたい。

本書で利用した図書、雑誌、資料の閲覧に関しては、千葉商科大学付属図書館、慶應義塾大学図書館、東京大学経済学部図書室、国立国会図書館などの各図書館のほか、参考資料に掲げた資料を保管する史料館などから便宜が与えられた。記して謝意を表したい。

本研究は、千葉商科大学研究関係費、科学研究費補助金、石井記念証券研究振興財団研究助成金等による支援を受けた。

出版事情が厳しいなかで、本書のような大部の本の出版を心よく承諾してくださった慶應義塾大学出版会の方々に厚くお礼を申し上げたい。とりわけ編集部の木内鉄也氏からは、出版に取り組んでから9年もの長きにわたって、編集事務で大変お世話になったばかりでなく、温かい励ましをいただいた。同氏の理解と尽力がなかったならば、本書が日の目をみることはなかったであろう。

本書は千葉商科大学学術図書出版助成金の助成を受けて出版するものである。助成金の支給を許可された千葉商科大学当局、ことに加藤寛元学長、島田晴雄現学長に感謝したい。

最後に、私事にわたって恐縮であるが、私が研究者の道に進むことを望み、これを支援してくれた亡き父壽太郎、時間的・経済的に家庭を顧みることの少なかった私を温かく容認してくれた妻千惠子に対し、感謝の念を記したい。

2014年1月

齊藤　壽彦

主要参考文献一覧

〔Ⅰ〕 日本語文献
〔ア〕

青木一男［1959］,『聖山随想』日本経済新聞社
─── ［1981］,『わが九十年の生涯を顧みて』講談社
明石照男・鈴木憲久［1957］,『日本金融史』第1巻、東洋経済新報社
浅井良夫［1982］,「従属帝国主義から自立帝国主義へ──外資導入を中心とした日本の対外経済関係　1895～1931年──」『歴史学研究』第511号、1982年12月
─── ［1985］,「日清戦後の外資導入と日本興業銀行」『社会経済史学』第50巻第6号、1985年3月
浅田政広［1978a］,「わが国における為替インフレーション論争の背景」松井安信ほか編『信用と外国為替』ミネルヴァ書房
─── ［1978b］,「我国における金政策の変遷について」北海道大学『経済学研究』第28巻第1号、1978年3月
─── ［1980］,「特別円（為替）決済制度について」『旭川大学紀要』第10号、1980年4月
─── ［1999］,『北海道金鉱山史研究』北海道大学図書刊行会
安倍　惇［1996］,「幕末開港後の洋銀問題と横浜正金銀行の成立」『阪南論集　社会科学編』第31巻第4号、1996年3月
新井真次［1958］,「戦前の円為替について」『東京銀行調査部特報』第183号
─── ［1970］,『両大戦間の円と為替の話』上・下、外国為替貿易研究会
有吉新吾［1987］,『金解禁──昭和恐慌と人物群像──』西田書店
安藤良雄編［1972］,『昭和政治経済史への証言』上、毎日新聞社

〔イ〕

池田成彬述、柳澤健編［1949］,『財界回顧』世界の日本社
石井寛治［1968］,「産業資本確立過程における日本銀行信用の意義」山口和雄『日本経済史』別冊、筑摩書房（のちに石井寛治『近代日本金融史序説』へ収録）
─── ［1972］,「日本銀行の産業金融」『社会経済史学』第38巻第2号、1972年7月
─── ［1975］,「金融構造」大石嘉一郎編『日本産業革命の研究』上、東京大学出版会
─── ［1976］,「日清戦後経営」朝尾直弘ほか編『岩波講座日本歴史』第16巻、岩波書店
─── ［1979］,「イギリス植民地銀行群の再編──1870、80年代の日本・中国を中心に──（1）・（2・完）」東京大学『経済学論集』第45巻第1・3号、1979年4・10月（のちに同『近代日本金融史序説』へ収録）
─── ［1983a］,「銀行創立前後の三井組──危機とその克服──」『三井文庫論叢』第17号（のちに同『近代日本金融史序説』へ収録）
─── ［1983b］,「第一次大戦前の日本銀行」加藤俊彦編『日本金融論の史的研究』東京大学出版会

1547

────　［1991］,『日本経済史』第 2 版、東京大学出版会（初版は1976年）
────　［1997］,『日本の産業革命』朝日新聞社
────　［1999］,『近代日本金融史序説』東京大学出版会
────編　［2001］,『日本銀行金融政策史』東京大学出版会
────　［2007］,『経済発展と両替商金融』有斐閣
石川通達［1965］,『やさしい日本金融史──明治・大正・昭和の景気変動を中心に──』文雅堂銀行研究社
泉川　節［1980］,「日本銀行公定歩合制度・政策の推移」（金融経済研究所編［1980］に所収）
板谷敏彦［2012］,『日露戦争、資金調達の戦い──高橋是清と欧米バンカーたち』新潮社
一ノ瀬篤［1990］,「1920年反動恐慌前の過剰流動性対策」『岡山大学経済学会雑誌』第22巻第 2 号、1990年 9 月
井手英策［2006］,『高橋財政の研究──昭和恐慌からの脱出と財政再建への苦闘──』有斐閣
伊藤正直［1979a］,「1910－20年代における日本金融構造とその特質──対外金融連関を軸とする一考察──（一）」東京大学『社会科学研究』第30巻第 4 号、1979年 2 月
────　［1979b］, 同（二）東京大学『社会科学研究』第30巻第 6 号、1979年 3 月
────　［1980］,「日本銀行金買入法小論──管理通貨制移行と金政策覚書──」『立命館経済学』第29巻第 4 号、1980年10月
────　［1982］,「対外経済関係」社会経済史学会編『1930年代の日本経済』東京大学出版会
────　［1983］,「財政・金融」1920年代史研究会編『1920年代の日本資本主義』東京大学出版会
────　［1986］,「日本金本位制の崩壊と中央銀行政策」貝塚啓明ほか編『日本の金融システム』東京大学出版会
────　［1987a］,「金解禁下の正貨問題と政府・日本銀行」東京大学『社会科学研究』第39巻第 4 号、1987年12月
────　［1987b］,「日露戦後の日本金本位制と中央銀行政策」藤瀬浩司・吉岡昭彦編『国際金本位制と中央銀行政策』名古屋大学出版会
────　［1987c］,「1933年ロンドン国際経済会議と日本──予備的検討──」名古屋大学『経済科学』第34巻第 4 号、1987年 3 月
────　［1989］,『日本の対外金融と金融政策──1914～1936──』名古屋大学出版会
────　［1991］,「1933年ロンドン国際経済会議と日本──貿易・通商問題を軸にして──」後藤靖編『日本帝国主義の経済政策』柏書房
伊藤　隆［1969］,『昭和初期政治史研究』東京大学出版会
伊藤由三郎編［1929］,『金輸出禁止史　金解禁問題の理論と実際』銀行問題研究会
井上準之助［1921］,『戦時及戦後に於ける我が国の対外金融』（講演録）
────　［1925］,『戦後における我国の経済及金融』岩波書店
────　［1926］,『我国際金融の現状及改善策』岩波書店
井上準之助論叢編纂会編［1935］,『井上準之助論叢』第 1 ～ 4 巻、附録、同編纂会

主要参考文献一覧

井上　巽［1995］,『金融と帝国――イギリス帝国経済史――』名古屋大学出版会
今田治弥［1966］,「横浜正金銀行の設立」渡辺佐平・北原道貫編著『現代日本産業発達史　第26巻・銀行』交絢社出版局
今田寛之［1990］,「戦前期における日本銀行と欧米中央銀行の国際協調について」日本銀行金融研究所『金融研究』第9巻第2号、1990年7月
伊牟田敏充［1972］,「日本銀行の発券制度と政府金融」『社会経済史学』第38巻第2号、1972年7月
―――［1973］,「明治前期における貿易金融政策」安藤良雄編『日本経済政策史論』上巻、東京大学出版会
―――編著［1991］,『戦時体制下の金融構造』日本評論社
岩武照彦［1990］,『近代中国通貨統一史――十五年戦争期における通貨闘争――』みすず書房
〔ウ〕
上塚司編［1936］.　→　高橋是清著
上山和雄［1992］,「貿易金融と横浜正金銀行紐育出張所」高村直助編著『企業勃興――日本資本主義の形成――』ミネルヴァ書房
宇野弘蔵監修、山崎広明・柴垣和夫・林健久共著［1973］,『講座　帝国主義の研究』第6巻、青木書店
梅津和郎［1963］,『日本の貿易思想』ミネルヴァ書房
〔エ〕
江口英一［1990］,「政策運営と『信認』の問題について――日本銀行設立の背景に関する一検討――」『経済研究』第41巻第4号、1990年10月
ＮＨＫ〝ドキュメント昭和〟取材班編［1986］,『ドキュメント昭和　6　潰え去ったシナリオ』角川書店
江見康一［1965］,「明治・大正・昭和の財政政策」館龍一郎ほか編『経済成長と財政政策』岩波書店
〔オ〕
大内　力［1967］,『日本の歴史　第24巻・ファシズムへの道』中央公論社
大内兵衛［1927］,「金輸出禁止史論」東京大学（旧）『経済学論集』第5巻第4号、1927年3月
大内兵衛・土屋喬雄編［1931］,『明治前期財政経済史料集成』第1巻、改造社（復刻版：明治文献資料刊行会、1962年、原書房、1978年）
―――［1935］, 同、第10巻（復刻版：明治文献資料刊行会、1963年、原書房、1979年）
―――［1932a］, 同、第11巻（復刻版：明治文献資料刊行会、1964年、原書房、1979年）
―――［1932b］, 同、第12巻（復刻版：明治文献資料刊行会、1964年、原書房、1979年）
大蔵省編［1940a］,『明治大正財政史』第1巻、財政経済学会（復刻版：経済往来社、1955年）
―――［1937a］, 同、第12巻（復刻版：1956年）
―――［1939］, 同、第13巻（復刻版：1957年）
―――［1937b］, 同、第14巻（復刻版：1957年）

─── ［1937c］，同、第15巻（復刻版：1957年）
─── ［1938］，同、第16巻（復刻版：1957年）
─── ［1940b］，同、第17巻（復刻版：1957年）
大蔵省財政金融研究所財政史室編［1998a］，『大蔵省史──明治・大正・昭和──』第１巻、大蔵財務協会
─── ［1998b］，同、第２巻
大蔵省主計局編［1890］，「準備金始末」大内兵衛・土屋喬雄編『明治前期財政経済史料集成』第11巻、改造社、1932年
─── ［1890］，「紙幣整理始末」同上巻
─── ［1899］，「明治三十年幣制改革始末概要」同上巻
─── ［1895］，「貨幣制度調査会報告」同『集成』第12巻、改造社、1932年
大蔵省昭和財政史編集室編［1965］，『昭和財政史』第１巻「総説」（大内兵衛執筆）、東洋経済新報社
─── ［1955a］，同、第４巻「臨時軍事費」（宇佐美誠次郎執筆）
─── ［1954］，同、第６巻「国債」（藤崎憲二執筆）
─── ［1956］，同、第９巻「通貨・物価」（西村紀三郎・大島清執筆）
─── ［1955b］，同、第10巻「金融（上）」（大島清執筆）
─── ［1962］，同、第12巻「預金部・政府出資」（吉田震太郎執筆）
─── ［1963］，同、第13巻「国際金融・貿易」（大島清・宇佐美誠次郎執筆）
大蔵省造幣局編［1953］，『造幣局八十年史』同局
─── ［1974］，『造幣局百年史』本編、資料編
大蔵省大臣官房調査企画課編［1980］，『続外地財政金融史』昭和財政史史談会記録、第５号
大蔵省内作成［1913］，『正貨吸収二十五策』（復刻版：渋谷隆一・麻島昭一監修、齊藤壽彦ほか編『近代日本金融史文献資料集成』第33巻、日本図書センター、2005年、に所収）
大蔵省百年史編集室編［1969a］，『大蔵省百年史』上巻、下巻、大蔵財務協会
─── ［1969b］，同、別巻
─── ［1973］，『大蔵省人名録──明治・大正・昭和──』大蔵財務協会
大蔵省理財局［1937］，「英仏駐在財務官報告　昭和十二年　財信第三号」（米国公文書館所蔵資料：Japanese Financial Commission ♯5, in National Archives RG131.）
─── 編［1897］，「幣制改革参考書」（日本銀行調査局『日本金融史資料　明治大正編』第17巻、1958年、に所収）
─── ［1898］，「貨幣法制定及実施報告」同上巻
大佐正之［1969］，「金解禁と為替問題［１］～［４・完結］」『バンキング』第250～253号、1969年１～４月
─── ［1975］，『貿易金融と外国為替』東洋経済新報社
大島　清［1955］，『日本恐慌史論』下巻、東京大学出版会
大島堅造［1963］，『一銀行家の回想』日本経済新聞社
大竹慎一［1977］，「戦時円系通貨と地域決済──戦時下中部中国における円通貨圏構想とその実態的メカニズム──」『金融経済』第165・166号、1977年10月

主要参考文献一覧

大森とく子［1975］,「西原借款について——鉄と金円を中心に——」『歴史学研究』第419号、1975年4月
―――［1976］,「日本の金本位制と朝鮮産金」『歴史学研究』第428号、1976年1月
―――［1989］,「朝鮮における銀本位幣制改革とマネタリー・ユニオン構想」『日本植民地研究』第2号、1989年6月
岡田和喜［1966］,「普通銀行制度の確立」(金融経済研究所編［1966］に所収)
岡田俊平［1958］,『明治前期の正貨政策』東洋経済新報社
小倉信次［1990］,『戦前期三井銀行企業取引関係史の研究』泉文堂
小野一一郎［1958］,「日本におけるメキシコドルの流入とその功罪 (1)～(3)・(完)」京都大学『経済論叢』第81巻第3～6号、1958年3～6月
―――［1959a］,「東亜におけるメキシコドルをめぐる角逐とその本質」京都大学『経済論叢』第83巻第1号、1959年1月
―――［1959b］,「メキシコドルの終焉に関する鬼頭教授の遺稿について」京都大学経済学部（創立四十周年記念）『経済論叢』、1959年7月
―――［1962a］,「東亜におけるメキシコドル終焉の過程」京都大学『経済論叢』第89巻第4号、1962年4月
―――［1962b］,「東亜におけるメキシコドル終焉の論理」京都大学『経済論叢』第90巻第3号、1962年9月
―――［1963a］,「野呂栄太郎の金解禁論」松井清編『近代日本貿易史』第3巻、有斐閣
―――［1963b］,「日本における金本位制の成立（Ⅰ）」京都大学『経済論叢』第92巻第3号、1963年9月
―――［1963c］, 同（Ⅱ）京都大学『経済論叢』第92巻第5号、1963年11月
―――［1964a］,「日清戦争賠償金の領収と幣制改革——日本における金本位制の成立 (3)——」京都大学『経済論叢』第94巻第3号、1964年9月
―――［1964b］,「添田プランと高橋意見書——明治30年貨幣法案の準備過程——」京都大学『経済論叢』第94巻第5号、1964年11月
―――［1966］,「金輸出禁止継続の論理（1917-1919）（Ⅰ）——対外投資の変化に関連して——」京都大学『経済論叢』第98巻第1号、1966年7月
―――［1968］,「第一次大戦前後の外国貿易」狭間源三編『講座 日本資本主義発達史論』第2巻、日本評論社
―――編［1985］,『戦間期の日本帝国主義』世界思想社
―――［2000］,『小野一一郎著作集 1 近代日本幣制と東アジア銀貨圏』ミネルヴァ書房

〔カ〕

戒田郁夫［2003］,『明治前期における日本の国債発行と国債思想』関西大学出版部
皆藤 実［1963a］,「金本位制確立前後の公定歩合」全国銀行協会連合会『金融』第10号、1963年10月
―――［1963b］,「日露戦後より震災までの公定歩合」『金融』第201号、1963年12月
―――［1963a］,「激動期（震災・恐慌・金解禁）における公定歩合（上）」『金融』第234号、1966年9月

─────［1966b］,同（下）『金融』第235号、1966年10月
─────［1967a］,「満州事変より終戦までの公定歩合（上）」『金融』第247号、1967年10月
─────［1967b］,同（下）『金融』第249号、1967年12月
外交史料館・日本外交史辞典編纂委員会［1992］,『新版 日本外交史辞典』山川出版社
外務省編［1953］,『小村外交史』新聞月鑑社（復刻版：原書房、1966年）
外務省特別資料部編［1948］,『日本に於ける外国資本』霞関会
鹿島守之助［1957］,『日英外交史』鹿島研究所
加藤俊彦［1948］,「日本に於ける金本位制度の成立」『文化史研究』第2号
─────編［1983a］,『日本金融論の史的研究』東京大学出版会
─────［1983b］,「第二次大戦後の横浜正金銀行の史的研究」加藤俊彦編『日本金融論の史的研究』東京大学出版会
─────［1988］,「横浜正金銀行の研究史」山口和雄・加藤俊彦編『両大戦間の横浜正金銀行』日本経営史研究所
金井雄一［2004］,『ポンドの苦闘』名古屋大学出版会
─────［2005］,「金本位制はどのように機能していたのか──両大戦間期イギリスの実態から──」『信用理論研究』第23号、2005年6月
金子文夫［1991］,『近代日本における対満州投資の研究』近藤出版社
蒲池　敬［1959］,「日露戦争をめぐる外債問題」信夫清三郎・中山治一編『日露戦争史の研究』河出書房新社（1972年、改訂再版）
上川孝夫・矢後和彦編［2007］,『国際金融史』有斐閣
上坂酉三［1954］,「開国時代における貿易と洋銀の交流関係」早稲田大学『大隈研究』第4号、1954年3月
神谷克巳［1957］,『国際収支と日本の成長』平凡社
神山恒雄［1989］,「日露戦後の正貨政策と財政」『史学雑誌』第98編第1号、1989年1月
─────［1992］,「創業期の日本銀行」高村直助編著『企業勃興の形成』ミネルヴァ書房
─────［1993a］,「日清戦後の外債発行」『地方金融史研究』第24号、1993年3月
─────［1993b］,「横浜市債についての一考察──日清・日露戦後期を対象に──」横浜近代史研究会編『近代横浜の政治と経済──横浜近代史研究会報告第2集──』横浜開港資料館
─────［1995］,『明治経済政策史の研究』塙書房
─────［2000］,「財政政策と金融構造」石井寛治・原朗・武田晴人編『日本経済史　2　産業革命期』東京大学出版会
川合一郎［1949］,「金輸出禁止前史」大阪商科大学経済研究所編『一般的危機と日本資本主義』蘭書房
河合博之・津島寿一［1932］,「経済財政会議準備委員会第一次会合報告」『昭和財政史資料』第4号第190冊
─────［1933］,「経済財政会議準備委員会第二次会合報告」『昭和財政史資料』第4号第190冊
川田　稔［2000］,『浜口雄幸集──講述・講演篇──』未來社
─────［2004］,『浜口雄幸集──議会演説篇──』未來社

――――［2007］,『浜口雄幸――たとえ身命を失うとも――』ミネルヴァ書房
〔キ〕
菊池道男［1984］,「日本資本主義の帝国主義的発展と横浜正金銀行」『中央学院大学論叢』第19巻第2号、1984年12月
――――［1987］,「第一次大戦期植民地金融における朝鮮銀行と横浜正金銀行」『中央学院大学総合科学研究所紀要』第4巻第2号、1987年3月
――――［1988］,「日本資本主義の沈滞・危機と横浜正金銀行」中央学院大学総合科学研究所『現代の諸問題とその分析』研究年報第1号、1988年3月
――――［1989］,「世界経済の分裂と横浜正金銀行」中央学院大学総合科学研究所『現代の諸問題とその分析』研究年報第2号、1989年9月
――――［1990］,「日本の大陸膨張と横浜正金銀行」『中央学院大学総合科学研究所紀要』第7巻2号、1990年3月
――――［1991］,「日中戦争期の横浜正金銀行」『中央学院大学総合科学研究所紀要』第8巻第2号、1991年3月
――――［1992a］,「日中戦争期にいたる朝鮮銀行と横浜正金銀行」『中央学院大学商経論叢』第6巻第2号、1992年3月
――――［1992b］,「太平洋戦争期の横浜正金銀行」『中央学院大学商経論叢』第7巻第1号、1992年9月
――――［1993］,「日本の戦後処理と横浜正金銀行」『中央学院大学商経論叢』第7巻第2号、1993年3月
岸田　真［2000］,「南満州鉄道外債交渉と日本の対外金融政策、1927～1928年」『社会経済史学』第65巻第5号、2000年1月
――――［2002］,「東京市外債発行交渉と憲政会内閣期の金本位復帰政策、1924～1927年」『社会経済史学』第68巻第4号、2002年11月
――――［2003a］,「1920年代日本の正貨収支の数量的検討――「在外正貨」再考――」慶應義塾大学『三田学会雑誌』第96巻第1号、2003年4月
――――［2003b］,「昭和金融恐慌後のアメリカの対日経済認識と日米経済関係――1927年10月、モルガン商会Ｔ．Ｗ．ラモントの訪日を通じて――」慶應義塾大学『三田学会雑誌』第96巻第3号、2003年10月
――――［2012］,「1920年代における日本の対外信用――金本位停止期における公債政策と国際金融市場のリスク・プレミアム――」佐藤政則他［2012］
橘川武郎［1982］,「五大電力と電力外債」『土地制度史学』第96号、1982年7月
――――［1983］,「米国の外国債発行市場における日本の電力外債――1924～1931年――」『青山経営論集』第23巻第1・2合併号、1988年9月
吉川秀造［1953a］,「明治時代の正貨政策」『同志社商学』第5巻第3号、1953年9月
――――［1953b］,「大正初年の正貨吸収論」『同志社大学商学部創立五周年記念論文集』同大学商学会
――――［1954］,「明治時代の正貨政策（続）」『同志社商学』第5巻第6号、1954年2月
――――［1958］,「大正時代の正貨政策」『同志社商学』第10巻第6号、1958年12月
――――［1969］,『明治財政経済史研究』法律文化社

木村清四郎［1927］,「正貨の消長と国際貸借の推移に関する事実及政策の変遷」『銀行通信録』第83巻第494号、1927年3月
木村昌人［1991a］,「ロンドン国際経済（1933年）と日米協調」『国際政治』第97号
─── ［1991b］,「ロンドン国際会議（1933年）再考──日本の対外経済政策の観点から──」近代日本研究会『近代日本研究年報13　経済政策と産業』山川出版社
─── ［1999］,『高橋是清と昭和恐慌』文藝春秋
金融経済研究所編［1965］,『明治前期の銀行制度』東洋経済新報社
─── ［1966］,『日本の銀行制度確立史』東洋経済新報社
─── ［1980］,『わが国金融市場の形成』東洋経済新報社
─── ［1973a］,『金融研究会講演集（復刻）Ⅰ』東洋経済新報社
─── ［1973b］, 同上「Ⅱ」
─── ［1973c］, 同上「Ⅲ」

〔ク〕

久世　了［1969］,「『慢性不況』と金解禁問題」『明治学院経済論集』第12号、1969年11月
─── ［1970］,「金解禁前夜の日本資本主義の動揺」『明治学院経済論集』第13号、1970年3月
黒瀬郁二［1983］,「第一次大戦期・大戦後の植民地金融」加藤俊彦編『日本金融論の史的研究』東京大学出版会
黒羽　茂［1962］,『世界史上よりみたる日露戦争』至文堂
─── ［1968］,『日英同盟の研究』東北教育図書株式会社
桑野　仁［1965］,『戦時通貨工作史論』法政大学出版局

〔コ〕

神戸高等商業学校商業研究所編［1927］,『経済法律文献目録』宝文館（復刻版：上巻、ゆまに書房、1985年）
─── ［1931］, 同（復刻版：下巻）
故阪谷子爵記念事業会編［1951］,『阪谷芳郎伝』同会
小島　仁［1977］,「第1次大戦前の在外正貨制度と横浜正金銀行」札幌大学『経済と経営』第7巻第3・4号、1977年3月
─── ［1978］,「金本位制制定以降の金塊輸出入構造（1897-1914年）」『金融経済』第169号、1978年4月
─── ［1979］,「金本位制と日本の植民地幣制（1897-1920年）」北星学園大学『北星論集』第17号、1979年12月
─── ［1981］,『日本の金本位制時代──1897-1917　円の対外関係を中心とする考察──』日本経済評論社
国家資本輸出研究会編［1986］,『日本の資本輸出──対中国借款の研究──』多賀出版
後藤新一［1970］,『日本の金融統計』東洋経済新報社
後藤田正晴［1994］,『政と官』講談社
小林英夫［1967］,「朝鮮産金奨励政策について──1930年代を中心として──」『歴史学研究』第321号、1967年2月
─── ［1972］,「満州金融構造の再編成過程──1930年代前半期を中心として──」満州

史研究会編『日本帝国主義下の満州』御茶の水書房
―――― [1975],『「大東亜共栄圏」の形成と崩壊』御茶の水書房
―――― [1983],「世界恐慌以降の植民地金融」加藤俊彦編『日本金融論の史的研究』東京大学出版会
―――― [1987],「軍票史研究の現状と課題――日中・太平洋戦争期の華中を中心に――」駒沢大学『経済学論集』第19巻第1・2合併号、1987年10月
―――― [1991],「軍票工作と華興商業銀行」伊牟田敏充編著『戦時体制下の金融構造』日本評論社
―――― [1993],『日本軍政下のアジア――「大東亜共栄圏」と軍票――』岩波書店
〔サ〕
斎藤聖二 [1991],「日本海軍によるロシア金塊の輸送 一九一六年・一七年」日本国際政治学会編『国際政治』第97号、1991年5月
齊藤壽彦 [1973],「第一次世界大戦期の正貨獲得政策――日本正貨政策史研究（一）――」慶應義塾大学『三田商学研究』第16巻第3号、1973年8月
―――― [1974],「第一次世界大戦期の正貨処理政策――とくに外債償還および正貨蓄積政策について――」『千葉商大論叢』第12巻第3号－B、1974年12月
―――― [1976],「第一次世界大戦期における『正貨の産業資金化』政策」慶應義塾大学『三田商学研究』第19巻第4号、1976年10月
―――― [1978a],「大正期の日本正貨政策史研究（Ｉ）」『千葉商大論叢』第16巻第2号、1978年9月
―――― [1978b],同（II）『千葉商大論叢』第16巻第3号、1978年12月
―――― [1981a],「横浜正金銀行」信用理論研究会編『信用論研究入門』有斐閣
―――― [1981b],『金本位制下の在外正貨』国際連合大学
―――― [1982],「金輸出禁止下の在外正貨払下政策――1920年代初期を中心として――」玉野井昌夫ほか編『戦間期の通貨と金融』有斐閣
―――― [1983a],「第二次大戦前の外国為替論と横浜正金銀行論」加藤俊彦編『日本金融論の史的研究』東京大学出版会
―――― [1983b],『外国為替銀行の成立』国際連合大学
―――― [1985a],「『日本銀行百年史』第一巻～第三巻をめぐって」『世界経済評論』第29巻第11号、1985年11月
―――― [1985b],「横浜正金銀行の本来の外国為替銀行化過程」慶應義塾大学『三田商学研究』第28巻第5号、1985年12月
―――― [1986a],「日清戦争以後における横浜正金銀行の外国為替業務の発展と信用」慶應義塾大学『三田商学研究』第28巻第6号、1986年2月
―――― [1986b],「日清戦争以後における横浜正金銀行の資金調達――準備的考察――」『金融経済』第218号、1986年7月
―――― [1987a],「外国為替・貿易金融制度政策の展開」渋谷隆一編著『大正期 日本金融制度政策史』早稲田大学出版部
―――― [1987b],「外資導入と資本輸出」同上書
―――― [1988],「日露戦争以後における東アジアをめぐる国際政治関係と日本の対外金

融」『千葉商大論叢』第26巻第3号、1988年12月
———　[1990]、「日露戦争以後の国際関係と日本の正貨政策」『金融学会報告』第70号、1990年6月
———　[1991a]、「『大東亜共栄圏』と横浜正金銀行」伊牟田敏充編『戦時体制下の金融構造』日本評論社
———　[1991b]、「横浜正金銀行の国家機関的性格と営利機関的性格——日露戦争期を中心として——」金融学会『金融経済研究』創刊号、1991年7月
———　[1993]、「震災復興外貨国債の発行と国際信用（1）」『千葉商大論叢』第31巻第3号、1993年12月
———　[1995]、「震災復興外貨国債の発行と国際信用」『証券経済学会年報』第30号、1995年5月
———　[1998]、「日本銀行考査の成立」『創価経営論集』第23巻第2号、1998年11月
———　[2000]、「国際金融官僚の人事と政策」波形昭一・堀越芳昭編著『近代日本の経済官僚』日本経済評論社
———　[2001]、「国際金融」石井寛治編著『日本銀行金融政策史』東京大学出版会
———　[2002a]、「外国為替・貿易金融機関としての横浜正金銀行の発展過程」『千葉商大紀要』第39巻第4号、2002年3月
———　[2002b]、『信頼・信認・信用の構造——金融核心論——』泉文堂（初版、2002年、改訂版、2005年、第3版第1刷、2007年、第3版第2刷、2010年、第3版第4刷、2013年、第3版第5刷、2014年
———　[2003]、「貨幣、金融政策と社会的信認」財団法人政治経済研究所『政経研究』第81号、2003年11月
崔　柳吉　[1971]、「日本における金本位制の成立と李氏朝鮮」『社会経済史学』第36巻第6号、1971年3月
佐上武弘　[1972a]、「悲劇の財務官（上）——森賢吾秘録——」『ファイナンス』第78号（第8巻第2号）、1972年5月
———　[1972b]、同（中）『ファイナンス』第80号（第8巻第4号）、1972年7月
———　[1972c]、同（下）『ファイナンス』第81号（第8巻第5号）、1972年8月
———　[1974]、「南蛮銀行渡来記（上）・（中）・（下）」『ファイナンス』第103〜105号、1974年6〜8月
坂本忠次　[1982]、「1920年代の外資導入と地方外債問題」玉野井昌夫ほか編『戦間期の通貨と金融』有斐閣
———　[1991]、「わが国戦前の外債処理と大都市外債問題——東京市仏貨公債事件の教訓——」法政大学『経済志林』第59巻第3号、1991年12月
櫻谷勝美　[1976]、「日本資本主義と金解禁政策」『現代と思想』第24号、1976年6月
———　[1992]、「昭和初期における休業銀行の再建と行政指導——四日市銀行の再建をめぐって——」三重大学『法経論叢』第10巻第2号、1992年12月
佐藤政則　[1985]、「明治34年前後における高橋是清の日銀金融政策」『社会経済史学』第50巻第5号、1985年2月
———　[1986]、「明治30年代の日銀金融政策と岩崎弥之助」地方金融史研究会『地方金融

史研究』第17号、1986年6月
——— [1988]、「日露戦後における日銀金融政策の論理構造」金融学会『金融学会報告』第65号
——— [1991]、「日本銀行と髙橋是清：1897〜1913」（東京大学経済学部図書館所蔵）
——— [2006]、「明治経済の再編成——日清戦後の経済構想——」杉山伸也編『岩波講座「帝国」日本の学知』第2巻、岩波書店
——— [2012]、「明治末正貨危機と高橋意見書」佐藤政則他 [2012]
佐藤政則・神山恒雄・岸田真・永廣顕・武田勝・邊英治 [2012]、「内外国債市場と高橋是清：1897〜1931」麗澤大学経済社会総合研究センター『Working Paper』No.43、2012年1月
鯖田豊之 [1999]、『金（ゴールド）が語る20世紀』中央公論新社

〔シ〕

鎮目雅人 [2001]、「財政規律と中央銀行のバランスシート」『金融研究』第20巻第3号、2001年9月
——— [2002]、「戦間期日本の経済変動と金融政策対応——テイラー・ルールによる評価——」日本銀行金融研究所『金融研究』2002年6月
——— [2007]、「第2次大戦前の日本における財政の維持可能性」神戸大学経済経営研究所
——— [2009a]、「両大戦間期の日本における恐慌と政策対応——金融システム問題と世界恐慌への対応を中心に——」日本銀行『日銀レビュー』2009-J-1。
——— [2009b]、『世界恐慌と経済政策』日本経済新聞出版社
信夫清三郎・中山治一編 [1959]、『日露戦争史の研究』河出書房新社（1972年、改訂再版）
柴田善雅 [1977]、「日本の対『満州』通貨金融政策の形成とその機能の実態——第一次大戦から20年代中頃にかけて——」『社会経済史学』第43巻第2号、1977年8月
——— [1981]、「日本帝国主義による中国占領地の通貨金融工作」浅田喬二編『日本帝国主義下の中国——中国占領地経済の研究——』楽游書房
——— [1988]、「日本軍政期香港における通貨金融政策の展開」『日本植民地研究』第1号
——— [1996a]、「戦時産金体制と金資金特別会計」『大東文化大学紀要〈社会科学〉』第34号、1996年3月
——— [1996b]、「香港軍票と通貨金融政策」小林英夫・柴田善雅著『日本軍政下の香港』社会評論社
——— [1997]、「敵産処理と特殊財産資金特別会計」横浜近代史研究会・横浜開港資料館編『横浜の近代——都市の形成と展開——』日本経済評論社
——— [1999]、『占領地通貨金融政策の展開』日本経済評論社
——— [2002]、『戦時日本の特別会計』日本経済評論社
渋谷隆一編著 [1977]、『明治期　日本特殊金融立法史』早稲田大学出版部
——— 編著 [1987]、『大正期　日本金融制度政策史』早稲田大学出版部
渋谷隆一・麻島昭一監修、齊藤壽彦編 [2005]、『近代日本金融史文献資料集成』第32巻、日本図書センター
島崎久彌 [1983]、『金と国際通貨——歴史的・実証的考察——』外国為替貿易研究会

―――[1989]，『円の侵略史――円為替本位制度の形成過程――』日本経済評論社
勝田龍夫［1972］，『中国借款と勝田主計』ダイヤモンド社
昭和大蔵省外史刊行会編（有竹修二著）［1967］，『昭和大蔵省外史』上巻、昭和大蔵省外史刊行会
真藤素一［1953］，「日本における金本位制の成立――金本位制と日本資本主義――」京都大学『経済論叢』第73巻第6号、1954年6月
信用理論研究会編［1981］，『信用論研究入門』有斐閣

〔ス〕

杉山和雄［1997］，「金本位制成立と『東洋経済新報』」森川英正・由井常彦編『国際比較・国際関係の経営史』名古屋大学出版会
杉山伸也、ジャネット・ハンター編［2001］，『日英交流史1600－2000 4 経済』東京大学出版会
鈴木恒一［1986］，「明治期における金属本位制の運営」『信州大学経済学論集』第25号、1986年12月
鈴木嶋吉講述［1935］，「円貨の価値について」『金融研究会講演集（復刻）III』東洋経済新報社、1973年
鈴木武雄［1929］，『世界経済と金解禁問題』新興科学社
―――［1963］，『円』岩波書店
―――監修［1972］，『西原借款資料研究』東京大学出版会
鈴木俊夫［1989］，「ロンドン金融市場における外国政府債の発行（1870－1913年）」中京大学『中京商学論叢』第35巻第3・4合併号、1989年2月
―――［1990］，「ベアリング商会と日露戦時公債発行」慶應義塾大学『三田学会雑誌』第82巻特別号－II、1990年3月
―――［1999］，「第一次世界大戦前イギリスの海外投資とシティ金融機関」『社会経済史学』第65巻第4号、1999年11月
―――［2001a］，「戦間期のロンドン外債市場」『三田商学研究』第43巻第6号、2001年2月
―――［2001b］，「戦間期ロンドン金融市場における日本政府の外債発行」杉山伸也、ジャネット・ハンター編［2001］
―――［2005］，「日露戦時公債発行とロンドン金融市場」日露戦争研究会編『日露戦争研究の新視点』成文社
―――［2007］，「外債発行の現場から」鳥海靖編『近代日本の転機 明治・大正編』吉川弘文館
リチャード・J・スメサースト著、鎮目雅人・早川大介・大貫麻里訳［2010］，『高橋是清』東洋経済新報社

〔セ〕

専修大学相馬永胤伝刊行会編［1982］，『相馬永胤伝』専修大学出版局
千田　稔［1982］，「金札処分と国立銀行――金札引換公債と国立銀行の提起・導入――」『社会経済史学』第48巻第1号、1982年5月
―――［1984］，「明治六年七分利付外債の募集過程」『社会経済史学』第49巻第5号、

1984年2月
――― (「せんだ みのる」と表記) [1998],『国際財政金融家 高橋是清』教育総合出版社
――― [1999],『日本外債(資)史論――日本資本主義と外資――』教育総合出版社

〔タ〕

平 智之 [1984a],「第一次大戦前の国際金本位制下における横浜正金銀行(上)――日銀の兌換制維持政策との関連において――」『金融経済』第208号、1984年10月
――― [1984b],同 (下)『金融経済』第209号、1984年12月
――― [1989],「金解禁前後の横浜正金銀行」『市史研究 よこはま』第3号、1989年3月
――― [1990],「再建金本位制下の横浜正金銀行」横浜市立大学経済研究所『経済と貿易』第152号、1990年3月
――― [1992],「1920年代の銀貨圏における横浜正金銀行」大石嘉一郎編『戦間期日本の対外経済関係』日本経済評論社
――― [1993a],「経済統制下の横浜正金銀行――ニューヨーク支店を中心として――」『横浜市立大学論叢』社会科学系列第44巻第1・2・3合併号、1993年3月
――― [1993b],「横浜正金銀行の貿易金融」横浜市総務局市史編集室『横浜市史 II』第1巻(上)、横浜市
――― [1994],「太平洋戦争下の横浜正金銀行(1)」『横浜市立大学論叢』社会科学系列第45巻第3号、1994年3月
――― [1995a],「経済制裁下の対外経済」原朗編『日本の戦時経済――計画と市場――』東京大学出版会
――― [1995b],「太平洋戦争下の横浜正金銀行(2)」『横浜市立大学論叢』社会科学系列第46巻第1号、1995年3月
――― [1995c],「日中戦争期の日英経済関係と横浜正金銀行ロンドン支店」『横浜市立大学論叢』社会科学系列第46巻第2・3合併号、1995年3月
――― [2000],「金融業の復興と横浜正金銀行の解散」横浜市総務局市史編集室編『横浜市史』第2巻(下)、横浜市

高石末吉 [1974a],『為替波瀾の四十年』時潮社
――― [1974b],『敵産・外貨債始末』上巻・下巻、財務出版
高嶋雅明 [1978],『朝鮮における植民地金融の研究』大原新生社
――― [1993],「戦前期カリフォルニアにおける横浜正金銀行と日系社会――1900～1935――」『大阪大学経済学』第42巻第3・4合併号、1993年3月
高橋亀吉 [1954],『大正昭和財界変動史』上巻、東洋経済新報社
――― [1955a],同、中巻
――― [1955b],同、下巻
――― 編 [1932],『財政経済二十五年誌』全10巻、実業之世界社(復刻版:国書刊行会、1985年)
高橋是清著、上塚司編 [1936a],『高橋是清自伝』千倉書房(復刻版(上)・(下):中央公論社、1976年)
――― [1936b],『随想録』千倉書房(復刻版、中央公論新社、2010年)

高橋　誠［1964］,『明治財政史研究』青木書店
高村直助［1980］,『日本資本主義史論——産業資本・帝国主義・独占資本——』ミネルヴァ書房
高寄昇三［1991］,「地方債制度・運用の歴史（9）——戦前地方外債——」『甲南経済学論集』第32巻第2号、1991年9月
佗美光彦［1994］,『世界大恐慌——1929年恐慌の過程と原因——』御茶の水書房
佗美光彦・杉浦克己編［1982］,『世界恐慌と国際金融』有斐閣
———［1986］,『国際金融——基軸と周辺』社会評論社
武田晴人［2002］,「景気循環と経済政策」石井寛治・武田晴人編『日本経済史　3　両大戦間期』東京大学出版会
武田　勝［2012］,「1920年代における減債基金と国債価格」佐藤政則他［2012］
立脇和夫［1987a］,『在日外国銀行史』日本経済評論社
———［1987b］,「香港上海銀行の対日戦略——戦前期を中心として——」長崎大学『東南アジア研究年報』第29集、1987年12月
———［1992］,『明治政府と英国東洋銀行』中央公論社
———［1994a］,「戦前期の在日外国銀行（上）」『早稲田商学』第358号、1994年2月
———［1994b］,　同（中）『早稲田商学』第360・361合併号、1994年9月
———［1996］,　同（下）『早稲田商学』第366・367合併号、1996年1月
———［1997］,「香港上海銀行の経営戦略（上）」『早稲田商学』第375号、1997年12月
———［2000］,　同（下）『早稲田商学』第387号、2000年12月
———［2002］,『在日外国銀行百年史　1900〜2000年』日本経済評論社
———［2004］,『外国銀行と日本』蒼天社出版
田中生夫［1968］,「大正期の日本銀行金融施策」狭間源三ほか編『講座日本資本主義発達史論』II、日本評論社（のちに同『戦前戦後日本銀行金融政策史』に加筆収録）
———［1980］,『戦前戦後日本銀行金融政策史』有斐閣（1985年、増補改訂）
———［1982a］,「金解禁史の再検討覚書」玉野井昌夫ほか編『戦間期の通貨と金融』有斐閣（のちに同『昭和前期通貨史断章』に大幅加筆のうえ収録）
———［1989］,『昭和前期通貨史断章』有斐閣
田中金司［1929］,『金本位制と中央銀行政策』宝文館
———［1951］,『金本位制の回顧と展望』千倉書房（再版、1955年）
田中時彦［1963］,『明治維新の政局と鉄道建設』吉川弘文館
田畑則重［2005］,『日露戦争に投資した男』新潮社
玉置紀夫［1990］,「福沢諭吉書簡の発見——中井芳楠『福沢諭吉全集』未所収書簡解題——」『三田評論』第916号、1970年7月
———［2002］,「日本の金本位制採用と一八八一——一九〇三年のロンドン金融市場」イアン・ニッシュ著、日英文化交流研究会訳『英国と日本——日英交流人物列伝——』博文館新社
玉野井昌夫・長幸男・西村閑也編［1982］,『戦間期の通貨と金融』有斐閣
〔チ〕
マルチェロ・デ・チェッコ著、山本有造訳［2000］,『国際金本位制と大英帝国・1890-1914

年』三嶺書房
長　幸男［1963］,『日本経済思想史研究』未來社
───　［1973］,『昭和恐慌』岩波書店
───　［1974］,「昭和恐慌（2）──金解禁と昭和恐慌の深化──」隅谷三喜男編『昭和恐慌』有斐閣
───　［1982］,「井上準之助の経済リベラリズム」玉野井昌夫ほか編『戦間期の通貨と金融』有斐閣
朝鮮銀行史研究会編［1987］,『朝鮮銀行史』東洋経済新報社
〔ツ〕
津島寿一［1936］,『我国の国際貸借及び対外金融』（のちに同『芳塘随想』第17集、芳塘随想刊行会、1968年、に収録）
───　［1955］,『聖教序の衝立』（同、第2集）芳塘随想刊行会
───　［1962］,『高橋是清翁のこと』（同、第九集）
───　［1963］,『森賢吾さんのこと（上・概描）』（同、第11集）
───　［1964］,『森賢吾さんのこと（下・事蹟）』（同、第12集）
───　［1966］,『外債処理の旅──国際信用の回復・外資導入への途──』（同、第16集）
───　［1968］,『我国の国際貸借及び対外金融』（同、第17集）
───　［1982］,『津島寿一遺稿集　巻3』（同、第19集）
靎見誠良［1972］,「円為替圏構想とその現実──第一次大戦期における帝国日本の対外政策──」大阪市立大学『経済学雑誌』第67巻第3号、1972年9月
───　［1976］,「日本金融資本確立期における日銀信用体系の再構成」法政大学『経済志林』第44巻第1号、1976年3月
───　［1982］,「金解禁と中央銀行──日本金融思想＝学説史ひとつの試み──」法政大学『経済志林』第50巻第1号、1982年8月（のち加藤俊彦編『日本金融論の史的研究』東京大学出版会、1983年、に加筆収録）
───　［1983］,「両大戦間期の日本銀行」加藤俊彦編『日本金融論の史的研究』東京大学出版会
───　［1991］,『日本信用機構の確立　日本銀行と金融市場』有斐閣
〔テ〕
寺島一夫［1937］,『日本貨幣制度論』白揚社
寺村　泰［1985］,「1920年代の対外為替政策──20年代中葉における政策転換の解明──」『土地制度史学』第108号、1985年7月
〔ト〕
東京銀行編［1980］,『横濱正金銀行全史』第1巻、東京銀行
───　［1981a］, 同、第2巻
───　［1981b］, 同、第3巻
───　［1982］, 同、第4巻
───　［1983］, 同、第5巻
───　［1984］, 同、第6巻
東京銀行調査部［1954a］,「第1次大戦とわが国外国為替（上）」『東京銀行月報』1954年2

　　　　　　月号
―――　［1954b］, 同（中）『東京銀行月報』1954年4月号
―――　［1954c］, 同（下）『東京銀行月報』1954年9月号
富田俊基［2006］,『国債の歴史』東洋経済新報社
I. M. ドラモンド著、田中生夫・山本栄治共訳［1989］,『金本位制と国際通貨システム
　　　　　1900-1939』日本経済評論社
〔ナ〕
長岡新吉［1973］,「日清戦後の財政政策と賠償金――『戦後経営』の政策決定をめぐって
　　　　　――」安藤良雄編『日本経済政策史論』上、東京大学出版会
中塚　明［1968］,『日清戦争の研究』青木書店
中西市郎［1968］,「『金輸出再禁止』以後の貿易・為替問題」狭間源三ほか編『講座日本資
　　　　　本主義発達史論』III、日本評論社
中林真幸［1994］,「製糸資本勃興期の金融」『史学雑誌』第103編第4号、1994年4月
―――　［1997］,「横浜正金銀行の製糸金融――『原資金』供給制度の形成――」横浜近代
　　　　　史研究会・横浜開港資料館編『横浜の近代――都市の形成と展開――』日本経済評
　　　　　論社
―――　［2003］『近代資本主義の組織：製糸業の発展における取引の統治と生産の構造』
　　　　　東京大学出版会
中村隆英［1971］,『戦前期日本経済成長の分析』岩波書店
―――　［1978］,『昭和恐慌と経済政策』日本経済新聞社
―――　［1982a］,「明治日本の経済発展と通貨制度」『季刊現代経済』第47号、1982年4月
―――　［1982b］,「日本の金本位制採用過程――1893～1897年――」朝倉孝吉先生還暦記
　　　　　念論文集『経済発展と金融』創文社
―――　［1985］,『明治大正期の経済』東京大学出版会
中村尚美［1960］,「金本位制の採用と貿易銀」『日本歴史』第140号、1960年2月
中村政則［1970］,「日清『戦後経営』論――天皇制官僚機構の形成――」『一橋論叢』第64
　　　　　巻第5号、1970年11月
中村政則・高村直助・小林英夫編著［1994］,『戦時華中の物資動員と軍票』多賀出版
波形昭一［1983］,「第一次大戦前の植民地金融」加藤俊彦編『日本金融論の史的研究』東京
　　　　　大学出版会
―――　［1985］,『日本植民地金融政策史の研究』早稲田大学出版部
―――　［1987］,「植民地銀行政策の展開」渋谷隆一編著『大正期日本金融制度政策史』早
　　　　　稲田大学出版部
―――　［1991a］,「台湾における金融統制の展開」伊牟田敏充編『戦時体制下の金融構造』
　　　　　日本評論社
―――　［1991b］,「南方占領地の通貨・金融政策」伊牟田敏充編『戦時体制下の金融構造』
　　　　　日本評論社
〔ニ〕
西村閑也［1980］,『国際金本位制とロンドン金融市場』法政大学出版局
―――　［1995］,「金本位制について」『金融構造研究』第17号、1995年6月

日本近現代史辞典編集委員会編［1978］,『日本近現代史辞典』東洋経済新報社
日本銀行沿革史編纂委員会編［1913a］,『日本銀行沿革史』第1輯第2巻、日本銀行（復刻版：日本経済評論社、1976a）
——［1913b］, 同、第3巻、日本銀行（復刻版：1976b）第1輯の編纂期間は1909年10月～1913年11月
日本銀行金融研究所編［1993a］,『日本金融年表（明治元年～平成4年）』同研究所
——［1993b］,『日本銀行制度・政策論史』同研究所
日本銀行審査部編［——］,『日本銀行沿革史』第2輯第3巻（復刻版：クレス出版、1991年）
——［——］, 同、第11巻（復刻版：1993年）第2輯の編纂期間は1924年9月～1939年12月
日本銀行百年史編纂委員会編［1982］,『日本銀行百年史』第1巻、日本銀行
——［1983a］, 同、第2巻
——［1983b］, 同、第3巻
——［1984］, 同、第4巻
——［1986］, 同、資料編
日本銀行調査局［1932］,『本邦の金に就て』同調査局（日本銀行調査局編『日本金融史資料　昭和編』第20巻、1968年、に所収）
日本銀行調査局編［1923年頃］,『世界戦争終了後ニ於ケル本邦財界動揺史』（日本銀行調査局編『日本金融史資料　明治大正編』第22巻、1958年、に所収）
日本銀行調査局編（土屋喬雄・山口和雄監修）［1973］,『図録日本の貨幣　7　近代幣制の成立』東洋経済新報社
——［1975a］,『図録日本の貨幣　8　近代兌換制度の確立と動揺』
——［1975b］,『図録日本の貨幣　9　管理通貨制度下の通貨』
——［1974］,『図録日本の貨幣　10　外地通貨の発行（1）』
日本銀行調査局特別調査室編［1948］,『満州事変以後の財政金融史』（日本銀行調査局編『日本金融史資料　昭和編』第27巻、1970年、に所収）
日本銀行臨時調査委員会編［1918］,『欧州戦争ト本邦金融界』（日本銀行調査局『日本金融史資料　明治大正編』第22巻、1958年、所収）
——［1919］,『戦時ニ於ケル日本銀行ノ施設』（同上、第22巻、に所収）
日本銀行統計局［1966］,『明治以降本邦主要経済統計』同局
日本興業銀行外事部［1948］,『日本外債小史』同部
二村宮國［2006］,「ジェイコブ・シフと日露戦争——アメリカのユダヤ人銀行家はなぜ日本を助けたか——」『帝京国際文化』第19号、2006年2月
〔ノ〕
能地　清［1981］,「日清・日露戦争経営と対外財政1896～1913——在外政府資金を中心に——」『土地制度史学』第92号、1981年7月
能地清遺稿・追悼集編集委員会編［1985］,『日本帝国主義と対外財政：能地清遺稿・追悼集』同編集委員会
野沢　豊編［1981］,『中国の幣制改革と国際関係』東京大学出版会

野村乙二朗［1976］,「ジェーコブ・シフと高橋是清」『国史学』第98号、1976年1月
 〔ハ〕
サイモン・ジェイムス・バイスウェイ［2005］,『日本経済と外国資本　1858－1939』刀水書房
─── ［2013］,「日英同盟下における日英中央銀行間の協力関係──1895年－1921年」『市場史研究』第32号別冊、2013年1月
羽鳥敬彦［1986］,『朝鮮における植民地幣制の形成』未來社
林　健久［1968］,「日露戦争と外債」河出書房新社『唯物史観』第6号、1968年8月
林田治男［2009］,『日本の鉄道草創期──明治初期における自主権確立の過程──』ミネルヴァ書房
原　信［1969］,「円の対外価値（三）──金解禁を中心とする戦前の為替政策──」『東京銀行月報』第21巻第4号、1969年4月
原　朗［1969］,「日中戦争期の国際収支──外貨不足問題と経済統制──」『社会経済史学』第34巻6号、1969年3月
─── ［1972a］,「日中戦争期の外貨決済（1）〜（3）」東京大学『経済学論集』第38巻第1〜3号、1972年4月、7月、10月
─── ［1972b］,「日中戦争期の外国為替基金制度」高橋幸八郎ほか編『市民社会の経済構造』有斐閣
─── ［1976］,「大東亜共栄圏の経済的実態」『土地制度史学』第71号、1976年4月
─── ［2013］,『日本戦時経済研究』東京大学出版会
原田三喜雄［1976］,『日本の近代化と経済政策』東洋経済新報社
春井久志［1991］,『金本位制度の経済学』ミネルヴァ書房
 〔ヒ〕
疋田康行編著［1995］,『「南方共栄圏」──戦時日本の東南アジア経済支配──』多賀出版
肥後和夫［1960a］,「昭和初期までのわが国正貨政策と財政」成蹊大学『政治経済論叢』第10巻第1号、1960年6月
─── ［1960b］,「『準備金』をめぐる明治前期の財政・金融政策」井藤半彌博士退官記念論文集『財政学の基本問題』千倉書房
久光重平［1976］,『日本貨幣物語』毎日新聞社
土方　晋［1980］,『横浜正金銀行史』教育社（復刻版：自費出版〈発行者－土方晋：東京都杉並区梅里1の2の8〉、1999年）
兵頭　徹［1990］,「大正初頭における『正貨問題』とその対策（一）──松方正義の非募債主義を中心として──」大東文化大学東洋研究所『東洋研究』第93号、1990年1月
─── ［1991］,「大正初頭における『正貨問題』とその対策（二）──『正貨吸収二十五策』の分析を中心として──」大東文化大学東洋研究所『東洋研究』第98号、1991年2月
平岡賢司［1993］,「金本位制と基軸通貨ポンド」深町郁彌編『ドル本位制の研究』日本経済評論社
─── ［2007］,「再建金本位制」上川孝夫・矢後和彦編［2007］

主要参考文献一覧

〔フ〕
深井英五 [1916],「国際経済上ヨリ看タル在外正貨」『国家学会雑誌』第30巻第8号、1916年8月
―――― [1928],『通貨調節論』日本評論社（[1938],『新訂通貨調節論』）
―――― [1929],『通貨問題としての金解禁』日本評論社
―――― [1939],『人物と思想』日本評論社
―――― [1940],『金本位制離脱後の通貨政策〔増補〕』千倉書房（初版は1938年）
―――― [1941],『回顧七十年』岩波書店
藤井信幸 [1989],「第一次大隈内閣と日清戦後経営」早稲田大学大学史編集所編『大隈重信とその時代』早稲田大学出版部
藤瀬浩司・吉岡昭彦編 [1987],『国際金本位制と中央銀行政策』名古屋大学出版会
藤村欣市朗 [1992a],『高橋是清と国際金融（上巻）――日露戦争と「外債募集英文日記」――』福武書店
―――― [1992b],『高橋是清と国際金融（下巻）――財務官の系譜とリース・ロス卿――』福武書店
藤村 通 [1973],「七分利付外国公債論」『金融経済』第142号、1973年10月
―――― [1977],『明治前期公債政策史研究』大東文化大学東洋研究所
A. I. ブルームフィールド著、小野一一郎・小林龍馬訳 [1975],『金本位制と国際金融』日本評論社
古沢紘造 [1975],「明治二〇年代の外国為替政策論争」『金融経済』第153号、1975年8月
―――― [1977],「横浜正金銀行条例の制定と為替政策」渋谷隆一編著『明治期 日本特殊金融立法史』早稲田大学出版部

〔ホ〕
芳塘刊行会編 [1972],『津島寿一追想録』同刊行会
朴 埈健 [1992],「産業資本成立期における横浜正金銀行の資金循環構造――利付為替手形の処理問題を中心として――」九州大学大学院『経済論究』第82号、1992年3月
細谷千博・斎藤真編 [1978],『ワシントン体制と日米関係』東京大学出版会
洞 富雄 [1954],「洋銀相場と内国通貨（その一）・（その二）」早稲田大学『大隈研究』第4・5号
―――― [1977],『幕末維新期の外圧と抵抗』校倉書房
堀江保蔵 [1950],『外資輸入の回顧と展望』有斐閣

〔マ〕
前田薫一 [1925],『円為替の研究』白鳳社
牧野純夫 [1960],『円・ドル・ポンド』岩波書店（第2版、1969年）
松井清編 [1959],『近代日本貿易史』第1巻、有斐閣
―――― [1961], 同、第2巻
―――― [1963], 同、第3巻
松岡孝児 [1936],『金為替本位制の研究』日本評論社
松方正義 [1912],『進講 財務経営之一班』私家版
松島春海 [1961],「電力外債の歴史的意義」『社会経済史学』第26巻第6号、1961年6月

松野周治［1977］,「帝国主義確立期日本の対満州通貨金融政策」京都大学『経済論叢』第120巻第1・2号,1977年8月
─── ［1978］,「1910年代東北アジアの経済関係と日本の対満州通貨政策」『経済論叢』第121巻第1・2号,1978年2月
─── ［1979］,「東北アジアの金融連関と対満州通貨金融政策」小野一一郎・吉信粛編『両大戦間のアジアと日本』大月書店
─── ［1997］,「貿易収支不均衡と国際収支の展開」日本貿易史研究会編『日本貿易の史的展開』三嶺書房
松本崇［2009］,『大恐慌を駆け抜けた男　高橋是清』中央公論新社
満州中央銀行史研究会編［1988］,『満州中央銀行史──通貨・金融政策の軌跡──』東洋経済新報社

〔ミ〕

三上隆三［1975］,『円の誕生』東洋経済新報社（1989年、増補改版）
水谷三公［1999］,『官僚の風貌』中央公論新社
水沼知一［1962］,「明治前期横浜正金銀行の外国為替金融」『土地制度史学』第15号、1962年4月
─── ［1968］,「横浜正金銀行の外国為替・貿易金融の展開」『横浜市史』第4巻下
─── ［1976］,「金解禁問題」『岩波講座日本歴史』第19巻、岩波書店
三谷太一郎［1974］,「日本の国際金融家と国際政治」佐藤誠三郎、R.ディングマン編『近代日本の対外態度』東京大学出版会
─── ［2009］,『ウォール・ストリートと極東──政治における国際金融資本──』東京大学出版会
宮島茂紀［1995］,「明治末期・大正初期におけるわが国の累積債務問題とその対応──金本位制下における正貨危機とその対応策について──」日本銀行金融研究所、研究資料（7）研3－4、1995年10月
宮本憲一［1960］,「金解禁政策の構造」『金沢大学法文学部論集（法経編）』第7号、1960年3月
─── ［1968］,「昭和恐慌と財政政策──井上財政と高橋財政──」狭間源三編『講座日本資本主義発達史論』1968年
三吉加代子［1974］,「1920年代の横浜正金銀行と為替政策」『金融経済』第148号、1974年10月
三和良一［1973］,「第一次大戦後の経済構造と金解禁政策」安藤良雄編『日本経済政策史論』上、東京大学出版会
─── ［2003a］,『戦間期日本の経済政策史研究』東京大学出版会
─── ［2003b］,「経済政策史のケーススタディ──井上財政──」『青山経済論集』第54巻第4号、2003年3月

〔ム〕

村上勝彦［1973］,「植民地金吸収と日本産業革命」東京大学『経済学研究』第16号、1973年12月
─── ［1975］,「植民地」大石嘉一郎編『日本産業革命の研究』下、東京大学出版会

村川一郎［1994］,『日本の官僚』丸善
室山義正［1984］,『近代日本の軍事と財政』東京大学出版会
―――［2004］,『松方財政研究――不退転の政策行動と経済危機克服の実相――』ミネルヴァ書房
―――［2005］,『松方正義――我に奇策あるに非ず、唯正直あるのみ――』ミネルヴァ書房

〔メ〕

明治財政史編纂会編［1904a］,『明治財政史』第1巻・第2巻、丸善（復刻版：明治財政史発行所、1926年、吉川弘文館、1971年）
―――［1904b］,同、第8巻（復刻版：明治財政史発行所、1927年、吉川弘文館、1972年）
―――［1904c］,同、第9巻（復刻版：同発行所、1927年、吉川弘文館、1972年）
―――［1905a］,同、第11巻、第12巻（復刻版：同発行所、1927年、吉川弘文館、1972年）
―――［1905b］,同、第13巻（復刻版：同発行所、1927年、吉川弘文館、1972年）
―――［1905c］,同、第14巻（復刻版：同発行所、1927年、吉川弘文館、1972年）

〔モ〕

持田信樹［1981a］,「緊縮期の都市財政膨張について（上）――戦前期日本都市財政を素材に――」日本証券経済研究所『証券経済』第137号、1981年9月
―――［1981b］,同（下）日本証券経済研究所『証券経済』第138号、1981年12月
―――［1993］,『都市財政の研究』東京大学出版会
森 賢吾（講述）［1930］,「国際金融」金融研究会『金融研究会講演集』第4編（金融経済研究所編［1973］に復刻版所収）
森 七郎［1960］,『通貨制度論』文人書房（［1970］改訂5版、［1978］四改訂版）
―――［1986］,『日本通貨制度論』文人書房
森田右一［1988］,「松方財政を支えた田尻・阪谷の業績」大東文化大学東洋研究所『東洋研究』第85号、1988年1月
―――［1990］,『我が国財政制度の近代化』霞ヶ関出版
森山茂徳［1980］,「朝鮮における日本とベルギー・シンディケート」近代日本研究年報2『近代日本と東アジア』山川出版社

〔ヤ〕

八木慶和［1986］,「戦前における為替介入の事例――金解禁下の統制売りについて――」『政経研究』第51号、1986年9月
―――［1988a］,「中国幣制改革と日本銀行――リース＝ロスの訪日をめぐって――」『歴史学研究』第577号、1988年2月
―――［1988b］,「朝鮮における幣制改革の一考察――通貨主権の奪取を中心に――」『日本植民地研究』第1号、1988年11月
―――、齊藤壽彦監修［2007］,『日本銀行総裁 結城豊太郎――書簡にみるその半生――』学術出版社
安冨 歩［1991］,「大連商人と満州金円統一化政策」『証券経済』第176号、1991年6月

─── [1995],「『満洲国』経済開発と国内資金流動」山本有造編『「満洲国」の研究』緑蔭書房
─── [1997],『「満洲国」の金融』創文社
柳澤　健 [1949], → 池田成彬述
山口和雄 [1969],「明治時代における日銀券の増発とその基礎」東京大学『経済学論集』第35巻第1号、1969年5月
山口和雄・加藤俊彦編 [1988],『両大戦間の横浜正金銀行』日本経営史研究所
山口　茂 [1952],「日本金融史の一齣」新庄博ほか編『貨幣理論と貨幣制度』同文館
山崎覚次郎 [1912],『貨幣銀行問題一斑』有斐閣書房（改定増補第4版、1920年）
山崎広明 [1988a],「『金解禁期』の横浜正金銀行──資産・負債構成と内部的信用ネットワーク──」山口和雄・加藤俊彦編『両大戦間の横浜正金銀行』日本経営史研究所
─── [1988b],「『ドル買』と横浜正金銀行」同上書
山崎隆三編 [1978],『両大戦間期の日本資本主義』上、大月書店
山澤逸平・山本有造 [1979],『貿易と国際収支（長期経済統計　14）』東洋経済新報社
山本栄治 [1988],『基軸通貨の交替とドル』有斐閣
山本有造 [1992],『日本植民地経済史研究』名古屋大学出版会
─── [1994],『両から円へ──幕末・明治前期貨幣問題研究──』ミネルヴァ書房
─── [1997],「『大東亜金融圏』論」京都大学人文科学研究所『人文学報』第79号、1997年3月
山本義彦 [1982],「戦間期日本資本主義に関する若干の理論的諸問題」『歴史学研究』第511号、1982年12月
─── [1989a],『戦間期日本資本主義と経済政策』柏書房
─── [1989b],「構造転換期の日本資本主義と金解禁政策──その方法論的諸問題再論──」静岡大学『法経研究』第38巻3・4号、1989年10月

〔ユ〕

結城豊太郎講述 [1930],「最近十年間に於ける我財界の動き」金融経済研究所編『金融研究会講演集（復刻）II』[1973b]

〔ヨ〕

横内正雄 [1984],「第一次大戦前における横浜正金銀行ロンドン支店──準備的考察──」東北大学研究年報『経済学』第46巻第3号、1984年12月
─── [1986],「ポンド体制下の横浜正金銀行ロンドン支店」侍美光彦・杉浦克己編『国際金融──基軸と周辺──』社会評論社
─── [1987],「20世紀初頭における在外正貨とロンドン金融市場」『新潟大学商学論集』第19号、1987年3月
横浜市編 [1961],『横浜市史』第3巻上、同市
横浜正金銀行編 [1918年頃],『横濱正金銀行沿革史』（復刻版：渋谷隆一他監修、齊藤壽彦他編、前掲『近代日本金融史文献資料集成』第28巻、に所収）
─── [1920],『横濱正金銀行史』同行（復刻版：坂本経済研究所、1976年）
横浜正金銀行調査課 [1931],「最近十年間に於ける我国の対外為替」（田中瑞穂執筆）全国経済調査機関連合会『日本経済の最近十年』改造社（日本銀行調査局『日本金融史

資料　昭和編』第22巻、1968年、に所収)

吉岡昭彦 [1999],『帝国主義と国際通貨体制』名古屋大学出版会
吉川光治 [1991],『徳川封建経済の貨幣的機構』法政大学出版局
吉田賢一 [1988],「金解禁（昭和5～6年）の歴史的意義——井上準之助の緊縮財政政策——」北海道大学『経済学研究』38巻3号、1988年12月
────── [1993],「金解禁問題と石橋湛山」北海道大学『経済学研究』第43巻第3号、1993年12月
吉野俊彦 [1955],『円の歴史』至誠堂
────── [1960],「国際収支と金融」鈴木武雄ほか編『金融財政講座』5、有斐閣
────── [1962],『日本銀行制度改革史』東京大学出版会
────── [1974],『忘れられた元日本銀行総裁——富田鐵之助伝——』東洋経済新報社
────── [1975],『日本銀行史』第1巻、春秋社
────── [1976], 同、第2巻
────── [1977], 同、第3巻
────── [1978], 同、第4巻
────── [1979], 同、第5巻
米倉　茂 [1981],「1931年のポンド信認恐慌」東京大学『経済学研究』第24号、1981年12月
────── [1993],「イギリス——『ポンドの崩壊』（？）」『信用理論研究』第10号、1993年5月
────── [2000],『英国為替政策——1930年の基軸通貨の試練——』御茶の水書房

〔ワ〕
若槻禮次郎 [1950],『古風庵回顧録』読売新聞社（復刻版：講談社、1983年。復刻版の書名は『明治・大正・昭和政界秘史——古風庵回顧録——』)
渡辺佐平 [1963],「わが国の金本位制確立をめぐる論争」『バンキング』182号
────── [1965],「明治期日本銀行の発行制度」（金融経済研究所 [1965] に所収）

〔II〕外国語文献

Adler, Cyrus [1928], *Jacob H. Schiff, His Life and Letters*, 2 vols, New York.
Bloomfield, A. I. [1959], *Monetary Policy Under the International Gold Standard, 1880-1914*, Federal Reserve Bank of New York.（A. I. ブルームフィールド著、小野一一郎・小林龍馬共訳『金本位制と国際金融——1880—1914——』[1975]）
────── [1963], "Short-Term Capital Movement Under the Pre-1914 Gold Standard," *Princeton Studies in International Finance*, No. 11.
Bord, Michael D. and Rockoff, Hugh [1996], "The Gold Standard as a 'Good Housekeeping Seal of Approval'," *The Journal of Economic History*, Vol. 56, No. 2, June.
Cecco, Marcello de [1974], *Money and Empire: The International gold standard, 1890-1914*, Oxford.（マルチェロ・デ・チェッコ著、山本有造訳『国際金本位制と大英帝国』[2000]）
Checkland, Olive [1994], "Juichi Soeda, 1864-1929: A Chequered Banking," in Olive

Checkland, Shizuya Nishimura and Norio Tamaki (eds.), *Pacific Banking, 1859-1959*, The Macmillan Press, Hampshire and London.

Drummond, Ian M. [1987], *The Gold Standard and the International Monetary System 1900-1939*, The Economic History Society. (I. M. ドラモンド著、田中生夫・山本栄治共訳 [1989])

Gelber, L. M. [1938], *The Rise of Anglo-American Friendship: A Study in World Politics 1898-1906*, Oxford.

Hatase, Mariko and Ohnuki, Mari [2009], "Did the Structure of Trade and Foreign Debt Affect Reserve Currency Composition? Evidence from Interwar Japan," *IMES Discussion Paper Series*, No. 2009-E-15, June 2009.

Ishii, Kanji [1994], "Japanese Foreign Trade and the Yokohama Specie Bank, 1880-1913," in eds. by Olive Checkland and etc., *op. cit.*.

Keynes, J. M. [1971], "Indian Currency and Finance (1913)," in *The Collected Writings of John Maynard Keynes*, Vol. I, London. (J. M. ケインズ著、則武保夫・片山貞雄訳『インドの通貨と金融』[1997])

King, Frank H. H. [1987], *The Hongkong Bank in Late Imperial China, 1864-1902*, Cambridge University Press, Cambridge.

────── [1988], *The Hongkong Bank in the Period of Imperialism and War, 1895-1918*, Cambridge.

Lindert, Peter H. [1969], "Key Currencies and gold," *Princeton Studies in International Finance* No. 24, august 1969.

Mitchener, Kris James, Shizume, Masato and Weigenmier, Marc D. [2010], "Why Did Countries Adopt the Gold Standard? Lessons from Japan," *The Journal of Economic History*, Vol. 70, No. 1, March.

Saito, Hisahiko [1988a], "The Origins of Japanese Specie Abroad," *The Review of Chiba University of Commerce*, Vol. 25, No. 3, 4.

────── [1988b], "The Formation of Japanese Specie Held Abroad—Concentrating on Chinese Indemnity Deposits in London and Their Functions," *Discussion Paper Series of Department of Banking and Finance* of City University Business School, No. 70, London.

Smethurst, Richard J. [2007], *From Foot Soldier to Finance Minister: Takahashi Korekiyo, Japan's Keynes*, Harvard East Asian Center, Cambridge, Massachusetts. (リチャード・J・スメサースト著、鎮目雅人・早川大介・大貫麻里訳 [2010])

Sussman, Nathan and Yafeh, Yishay, "Institutions, Reforms and Country Risk: Lessons From Japanese Government Debt in the Meiji Era," *The Journal of Economic History*, Vol. 60, No. 2.

Suzuki, Toshio [1994], *Japanese Government Loan Issues on the London Capital Market, 1870-1913*, The Athlone Press, London.

────── [2002], "Japanese Government Loan Issues on the London Capital Market

during the Interwar Period, in Janet Hunter and S. Sugiyama (ed. by), *The History of Anglo-Japanese Relations 1600-2000*, Vol. 4, Hampshire.
Tatewaki, Kazuo [1992], "The Role of Foreign Bankers in Japan during the Ansei Treaty Period 1859-1899," *Waseda Business & Economic Studies*, No. 28.
Warner, Sir Fred [1991], *Anglo-Japanese Financial Relations: A Golden Tide*, Basil Blackwell, Oxford.

〔Ⅲ〕資料

大蔵省『昭和財政史資料』
外務省外交史料館所蔵文書
国立公文書館所蔵文書
国立国会図書館憲政資料室所蔵資料
財務省財政史室所蔵資料、『議会参考書』、『諸家文書』(『勝田家文書』)
東京銀行集会所編『銀行通信録』
日本銀行金融研究所所蔵資料 [1911]、『正貨事項会議覚書』、『正貨政策』、日本銀行百年史編纂室資料
日本銀行調査局編『日本金融史資料 明治大正編』大蔵省印刷局
──── 『日本金融史資料 昭和編』
──── 『日本金融史資料 昭和続編』
イングランド銀行所蔵資料(Bank of England Archives)
ウェストミンスター銀行資料(The Royal Bank of Scotland Group Archives)
カナダ銀行所蔵資料(Bank of Canada Archives)
ニューヨーク連邦準備銀行所蔵資料、ストロング ペーパーズ等(Strong Papers, Federal Reserve Bank of New York Archives)
ハーバード大学ベイカーライブラリー所蔵資料(ラモント・ペーパーズ)(Thomas W. Lamont Papers, Baker Library Histrical Collections, Harvard Business School)
米国公文書館所蔵資料(National Archives of the United States)

人名索引

青木一男　　1322, 1324, 1369
青木周蔵　　1403
青木得三　　983, 1457, 1461
安達謙蔵　　1356, 1358
アディス、チャールズ　　1431, 1468, 1470
荒井賢太郎　　25
荒川昌二　　1445, 1497, 1500
池田謙三　　1116
池田成彬　　1127, 1249
石橋湛山　　36, 1132
市来乙彦　　31, 1044, 1062, 1116, 1126
一宮鈴太郎　　978, 1467, 1481-1483, 1479, 1539
伊藤博文　　55, 228
犬養毅　　1359, 1361
井上馨　　191, 216, 1400, 1409, 1436
井上準之助　　33, 35, 975, 1054, 1108, 1116, 1122, 1126, 1182, 1183, 1185, 1187, 1243, 1326, 1356, 1490
今村次吉　　1452
岩井勝次郎　　1116
岩崎彌之助　　8, 115, 276, 322, 323, 1409
ヴァルガ、オイゲン　　233
ウィッガム、C. F.　　1472, 1473
上野景範　　1391, 1393, 1536
ヴェルヌイユ、M. de　　493, 1432
ヴァールブルク、マックス　　491, 498, 1430
大久保利賢　　1310, 1320
大隈重信　　4, 56, 88, 123 → 事項：大隈内閣もみよ
大島賢造　　1319
大野龍太　　1498
大矢知昇　　1319
小川郷太郎　　680
小野義一　　1044, 1116

小汀利得　　36, 1132, 1319
小原正樹　　1498
カーギル、ウィリアム　　1393
カーン、オットー　　1477, 1481
カウツキー、カール　　233
各務鎌吉　　1134
柏木秀茂　　930, 945, 1467, 1480, 1483
梶原仲治　　689, 1038
片岡直温　　33, 1086, 1123, 1525
カッセル、E.　　1425, 1431
勝正憲　　1452, 1467
加藤高明　　243, 1070, 1074, 1402, 1403, 1407, 1408, 1411, 1453, 1456, 1536
加藤友三郎　　1116, 1453
加納久朗　　1499
河島醇　　191, 217, 218
川田小一郎　　8, 108
河津暹　　665, 715
神野勝之助　　1439
神戸正雄　　712
カンリフ、ウォルター　　602, 604
木内四郎　　1498
公森太郎　　1452
木村久壽彌太　　1116
木村清四郎　　37, 636, 667, 1062, 1116
キャメロン、アラン　　1468, 1470, 1472
キャメロン、ユーエン　　372, 1416, 1420, 1424, 1426, 1431
清浦奎吾　　1052, 1122
草間秀雄　　1452
栗原亮一　　217
グレンフェル、E. C.　　1472
黒田英雄　　1116
グワイザー、J. H.　　1416, 1420
ケインズ、J. M.　　1151
小泉信吉　　1404
児玉謙次　　1038, 1062, 1116, 1126, 1497,

	1499
コッホ、W. M.	1419, 1420, 1424, 1428, 1431
小林丑三郎	805, 1452
小村寿太郎	1436
小山健三	1116
西園寺公望	545, 1359, 1360, 1361, 1433
阪谷芳郎	10, 180, 189, 208, 211, 515, 806
モールス、J. R.	168
重岡薫五郎	217
幣原喜重郎	962, 1142, 1356
シフ、ジェイコブ	1425, 1427, 1429, 1431
シフ、モーチマー	1477
渋沢栄一	216, 228
ジャクソン、トーマス	1431
シャンド、A. A.	1410, 1424, 1427
シュレーダー、ブルーノ	1472
勝田主計	32, 676, 728, 803, 806, 1052, 1122, 1317, 1324, 1451, 1461, 1476
末延道成	133
鈴木秀實	1470, 1472, 1474
スタッブ、ニュートン	1468, 1470, 1472
スチュアート、チャールズ	1397
ストロング、ベンジャミン	1170, 1193, 1468, 1479, 1480
砂田重政	1238
関場偵次	1473, 1476
相馬永胤	340
添田壽一	10, 188, 189, 212, 216, 220, 221, 1421
曾禰荒助	115, 332, 337, 1423
園田孝吉	1399, 1406, 1536
園田三郎	1326
タウンセンド、A. M.	1431
高橋亀吉	36, 1132, 1317
高橋是清	8, 17, 21, 33, 45, 191, 213, 276, 331, 339, 351-353, 509, 528, 530, 544, 545, 563, 959, 1108, 1109, 1116, 1235, 1321, 1364, 1365, 1409, 1424, 1426-1429, 1431-1433, 1436, 1438, 1442, 1484, 1534, 1537
田口卯吉	133, 155, 217, 218, 221
武井理三郎	1203
武富時敏	637, 670, 675, 722
田尻稲次郎	10, 189
巽孝之丞	978, 984, 1069, 1431, 1467, 1474, 1476, 1479-1483, 1539
田中義一	1131, 1144, 1147, 1454
ダン、W.	1416, 1419
ダン、ジョン	1424, 1431
ダンスメーヤー	1416, 1419
団琢磨	1116, 1326
チャーチル、ウィンストン	1158
張作霖	1144, 1526
津島寿一	978, 1445, 1467, 1483, 1487, 1490, 1539
鶴見佐吉雄	1116
ティアークス、F. C.	1472, 1473
寺内正毅	1451
田晶	1062, 1452
富田鐵之助	7, 97, 107
冨田勇太郎	1445, 1496
中井芳楠	12, 162, 353, 1405, 1406, 1418, 1536
長島隆二	1484
中根貞彦	979, 1467, 1469, 1475
西徳二郎	1404
西野元	1116
西原亀三	802, 1133, 1519
西巻畏三郎	1473
西山勉	1498, 1500
ニューメイヤー	1491
ノイボルヂェル	1366, 1435, 1443
ノーマン、モンタギュー	979, 1193, 1469, 1470, 1475
野呂榮太郎	1186
バー、セシル	1431
パークス、ハリー	1392
ハート-デイヴィス、R. V.	1470, 1471
バウアー、オットー	233
埴原正直	1478
浜口雄幸	33, 40, 1017, 1060, 1062, 1074, 1103, 1122, 1179, 1247

索 引

早川千吉郎　　12, 1406, 1414, 1417, 1423, 1536
林薫　　1422, 1436
原敬　　544, 1116
原富太郎　　1116
原六郎　　7, 106
ハリソン、ジョージ L.　　1170, 1491
土方久徴　　1290
ヒューズ、チャールズ　　1468, 1480
ファーラー、ガスパード　　1472
フィッツジェラルド、エベリン　　1471
深井英五　　35, 1016, 1193, 1310, 1321, 1361, 1363, 1424, 1431, 1528
藤原銀次郎　　1324
ポアンカレ、レイモン　　1160
ホイットニー　　1473, 1474
星埜章　　986, 1467, 1472, 1483
ホワイト、トーマス　　698
ホワレー、R. W.　　1431
前山久吉　　1352
松井慶四郎　　1411, 1413, 1536
松尾臣善　　189, 331, 340, 378, 509, 510, 527, 528, 1427, 1442
松方幸次郎　　1121, 1126
松方正義　　7, 57, 68, 83, 89, 123, 178, 197, 198, 206, 255, 259, 290, 318, 319, 322, 326, 572, 1400, 1410
松田正久　　1411
松本脩　　1452
丸山鶴吉　　1233
三崎亀之助　　339
三島彌太郎　　585, 563, 572, 636, 685
水町袈裟六　　20, 670, 1438, 1445, 1446, 1538
ミッチェル、C. E.　　1208
三土忠造　　33, 1131, 1137, 1138, 1237, 1317, 1318
宮島清次郎　　1134
陸奥宗光　　192
武藤山治　　1116, 1121, 1134, 1317, 1318, 1321
メロン、アンドリュー・ウィリアム　　1468, 1478, 1480

森賢吾　　20, 873, 874, 976, 981, 1069, 1116, 1440, 1444-1446, 1448, 1454, 1457, 1481, 1538
モレ、クレマン　　1367
安田善次郎　　217, 229
八代則彦　　1248, 1319, 1339
柳谷卯三郎　　1405
矢野勘治　　1470-1472, 1474, 1476
矢野恒太　　1134
山川勇木　　1431
山崎靖純　　36, 1132
山室宗文　　1127
山本権兵衛　　1456
山本達雄　　327, 328, 542, 1406, 1536
結城豊太郎　　689, 1154
湯本武雄　　1445, 1497, 1498
吉田清成　　1395, 1536
羅豊祿　　1404
ラモント、トーマス　　39, 975, 1170, 1326, 1468, 1480, 1481, 1490, 1491, 1539
ランズダウン，ヘンリー・チャールズ・ケイス・ペティ＝フィッツモーリス　　1422, 1423
ルーヴィエ、モーリス　　493
ルスター、ハンス　　1367
レイ、ジョン　　1468-1470, 1472, 1473
レイ、ホレーショ・ネルソン　　1392
レヴィタ、A.　　1424, 1432
レヴェルストーク卿　　1424, 1429, 1431, 1468, 1472
レフィングウェル、R. C.　　970, 1169, 1269, 1527
ローズヴェルト、フランクリン　　1373
ロス、リース　　1499
ロスチャイルド、アルフレッド　　1424, 1431, 1432, 1472 → 事項：ロスチャイルド商会もみよ
ロスチャイルド、ライオネル　　1472, 1473 → 事項：ロスチャイルド商会もみよ
ロスチャイルド、ナサニエル　　363 → 事項：ロスチャイルド商会もみよ

ロッチルド、アンソニー・グスタフ　　　　ロバートソン、ジョン　　1394
　　1472 → 事項：ロッチルド商会もみ　　若槻礼次郎　　20, 1070, 1260, 1356, 1438,
　　よ　　　　　　　　　　　　　　　　　　　　　　1444, 1456
ロッチルド、エドモン　　365 → 事項：　　和田豊治　　1116
　　ロッチルド商会もみよ　　　　　　　　渡辺国武　　131, 160, 203, 206

事項索引

【あ】

預け合　　11, 151, 156
預入金規則　　85
安心　　xiv, 358, 361, 396, 1126, 1428, 1527
　――感　　944, 1066
安全　　956
　――資産　　907
　――性・流動性の確保　　472, 706

【い】

イギリス政府財務代理人　　695
イギリス連邦経済会議　　1371
威信　　204, 361
イタリア銀行　　153, 897
一等国　　151
一般的危機　　855
一般的受容性　　174
一般的信認　　iii, xvi, 63, 66, 69, 98, 173, 174, 189, 198, 200, 216, 217, 220, 224, 230, 257, 596, 889, 1149, 1151, 1239, 1302, 1305, 1307, 1322, 1336, 1362, 1364, 1368, 1505, 1508, 1527, 1529, 1532-1534, 1542
イングランド銀行　　137, 301, 398, 697, 935, 938, 979, 1403, 1518
　――券　　255
インスクリプション　　1422
インターナショナル銀行　　1013

【う】

ヴァールブルク商会　　1430 → 人名：ヴァールブルクもみよ
ウェストミンスター銀行　　1470, 1472, 1473, 1539
ヴェルサイユ条約（体制）　　1105, 1106
売持　　912

【え】

英墺伊3国同盟　　503
英国大蔵省証券　　646
英仏協商　　502
英仏公債券引受　　1454
英仏露3国協商　　503
英露協商　　502
"A" Account　　938
円
　――買思惑　　1067, 1073, 1075
　――の信認　　1059, 1305, 1306, 1308, 1338, 1355, 1366, 1532, 1534

【お】

応急的正貨維持　　523
大口為替売却　　435, 439, 442, 443, 448, 450, 453, 1512
大隈内閣（第2次）　　663, 680, 716 → 人名：大隈重信もみよ
大蔵省
　――預金部　　945, 955
　――預金部の在外資金運用　　949
　――令第1号　　1388
　――令第7号　　1387
オーストリア・ナショナル・バンク　　897, 1327, 1328
オーストリア・ハンガリー銀行　　153, 424, 425, 432, 459, 1512
オーバーオール・ポジション（総合持高）　　912
オタワ　　601, 603, 604, 697
思惑　　1340, 1343, 1347
　――買い　　1067, 1075, 1343
オリエンタル銀行　　85, 123, 1393, 1399, 1401, 1536

【か】

海外　347
　──預ケ金　5, 81, 85
　──市場調査　1409
　──正貨　923
　──荷為替業務　1400
　──荷為替法　85
　──保管有価証券　923, 1521
　──流出円銀　195
海外駐箚財務官　xvii, 347, 976, 1391,
　　1441, 1445, 1447, 1451, 1462, 1486,
　　1490, 1496-1499, 1538
　──心得　1446, 1447
　──制度　20, 1445, 1451, 1494, 1501
　──の整理　1453
　──臨時設置制　1445
外貨準備　941
　──の通貨別・地域別保有状況　942
　──の保有地　943
外貨邦債　1348
海軍軍縮条約 → ロンドン海軍軍縮条約
外国為替（為換）
　──貸付　621
　──管理　44, 1386
　──管理法　45, 47, 1366, 1387, 1535
　──基金　47, 1388
　──金取扱規程　85, 91
　──資金供給　93, 618, 631
　──資金集中制度　47, 1388
　──資金証券　645
　──政策としての正貨吸収政策　577
　──操作　425, 1512
　──手形再割引　7, 97, 108, 110, 274,
　　621
　──持高　912, 1072
外国金貨　1267
外国銀行　5
外国債
　──償還　661, 663, 665, 678, 1517
　──政策　865
　──手取金　1047
　──発行抑制　868, 869
　──発行抑制方針の転換　870

　──非募債　20, 542
　──募集　1511
外国資本
　──導入　1455, 1506, 1520
　──排除　4, 122, 1407
　──輸入政策の転換　871
　──輸入抑制　868, 1456
買持　912
カウンシル・ビル　625, 689
価格の度量標準　207
確信　63, 197, 198, 200, 1431
過信　1341
価値尺度機能　1379
各国の金本位制復帰　1156
カッセル家　1422 → 人名：カッセルもみよ
加藤高明内閣（第1次）　1059, 1122 →
　　人名：加藤高明もみよ
カナダ銀行　1518
貨幣
　──条例　211, 212
　──条例案　213
　──制度調査会　9, 181, 183, 187
　──法　9, 216, 219, 222
カラミティ・マーケット → 災厄市場
為替
　──インフレーション　46
　──管理　45, 1370, 1372, 1535
　──銀行からの外貨買入れ　1104
　──清算協定　1372, 1378
　──投機　1289-1291, 1340, 1344,
　　1531
　──統制売り　vii, 41, 1284, 1305-
　　1307, 1310, 1312, 1344, 1532, 1354
　──統制売り事後処理策　1368
　──統制買い　1103
　──特別売却　1302, 1303, 1532
　──取引制限　1333
　──の基準相場　592, 593
　──売買操作　107
　──平衡勘定　44, 1371
　──平衡基金　14
　──平衡操作　44, 1332, 1371

索　引

――リスク　241, 249
為替相場
　　――維持　1523, 1532
　　――回復構想　1068, 1073
　　――調節　607, 648
　　――引上げのための金解禁論　1525
　　――放任政策　1095
　　基準外国――　943, 944
韓国銀行　306
慣習・慣行　59, 692, 1149
関東大震災　1049
カントリーリスク　373
管理通貨制度　44, 1366, 1380, 1385, 1535
カンリフ委員会　40, 1151, 1268　→　人名：カンリフもみよ

【き】

基軸通貨　1331, 1542
期待　975
9カ国条約　960
旧グループ　985
宮中に対する批判　1360
旧平価　1156
　　――解禁　1275, 1530
教化総動員運動　1215
強制通用力　272
金
　　――買入価格　299, 1374, 1376
　　――・外貨準備　1331
　　――核本位制　1157
　　――価値論争　233
　　――管理　44
　　――管理政策　1373, 1379
　　――現送費　1277
　　――資金特別会計法　48, 1384, 1535
　　――施策・政策・措置（gold devices）　v, 283, 302, 882, 1509
　　――の章標　1380
　　――不胎化政策　27, 607, 648
　　――ブロック　1377-1379, 1535
　　――平価　222
　　――保有国　891

金貨
　　――購入　296
　　――本位制　xii, 11, 55, 56, 177, 212, 216
　　――本位制（銀貨混用）　208
　　――本位制制定ニ関スル卑見　213
　　――流通なき金貨本位制　ix, xii, 253, 921, 1509, 1521
　　――ヲ民間ニ流通セシムルノ可否　740
金解禁　36
　　――（アメリカ）　877, 1023
　　――（イギリス）　1159
　　――（フランス）　1160
　　――実施　1529
　　――準備　1087, 1123, 1126, 1525
　　――政策　1524
　　――の輿論化　1126, 1129, 1131, 1526
　　――反対行動の取締り　1233
　　――論争　37
　　為替相場引上げのための――　1525
金為替
　　――準備　897, 996
　　――準備制度　460
　　――政策　578
　　――制度　897, 1520, 1522
　　――兌換　897
　　――の正貨準備繰り入れ　897
　　――本位制　ix, 11, 25, 176, 177, 460, 897, 921, 996, 1153, 1157, 1507
金吸収　1520
　　――策　1263
　　――資金融通　880
金銀
　　――塊購入　116
　　――地金銀精製及品位証明規則　315, 316
　　――比価　232
　　――複本位制　56, 57, 261
金券
　　――条例　807
　　――発行　805, 1519
　　――発行問題　801

1579

金庫制度　　630
金地金
　──買上並輸出手続　　302
　──購入　　81, 293
　──本位制　　1157, 1158
金準備
　──の確保　　1259
　──評価法　　48, 1384, 1535
　──法　　1374
金兌換　　260
　──義務の継続　　691
　──停止　　1361, 1364, 1534
　──と在外正貨払下げ併用方針　　1305
金本位制　　55, 173, 335, 1508
　──停止　　1312, 1329, 1332, 1329
　──の再建　　1153
　──に対する信認　　xiv, 173, 181, 206, 1304, 1305, 1361, 1527, 1532
　──の国際的普及　　173
　──復帰　　1149, 1158, 1180
　──復帰への国際的潮流　　1527
　──復帰方針　　1088
　──離脱　　596, 1373
　事実上の──　　175
金融
　──恐慌　　1126
　──制度の改革　　1123
　──動員計画　　691
金輸出　　1023
　──禁止　　37, 686, 1107, 1534
　──現送点　　1277
　──再禁止　　44, 1361, 1364
　──再禁止決議　　1245
銀行
　──売出手形（輸出スタンプ付手形）制度　　860
　──券に対する信認　　270
　──引受手形　　30, 759, 860
銀兌換券　　57
銀地金購入　　292, 293
銀本位制　　56, 57

【く】
クーン・ローブ商会　　16, 350, 977, 986, 1425, 1427, 1430, 1477, 1482
国の信用　　246, 1197
九分利付外国公債　　1391, 1408
クレジット　　40, 1172, 1201, 1202, 1204, 1301, 1331, 1489, 1531
　──契約　　1302, 1529
　──設定　　41
クレディ・リヨネー　　935
クレディット・アンシュタルト　　1326
クレディビリティ　→　信認
グローバル・スタンダード　　1162, 1184
軍艦購入　　xiv
軍事公債　　244
軍票（軍用切符）　　13, 26, 48, 342, 343

【け】
経済
　──財政の信用　　1435
　──審議会　　864, 1128
　──絶交運動　　855, 856
　──的安定度　　965
　──的状態の反映　　1155
減債基金　　664, 674, 676, 874, 989, 1262, 1482, 1517
憲政会　　871, 1070
憲政の常道　　1360
健全な金融財政政策　　205, 359, 1010, 1260

【こ】
公差　　223
公私緊縮　　1196
公私経済緊縮運動　　1211-1213, 1217, 1225, 1227, 1228, 1232
恒常化　　1511
公定歩合
　──操作　　124, 326, 331, 375, 383, 386, 476, 888, 1274, 1530
　──操作中心の正貨維持政策　　1511
公的為替操作　　14, 15, 19, 28, 148, 1062
高等官　　1445, 1447

1580

索　引

ゴールド・デバイス → 金施策
コール・マネー　616
古金銀購入　296
国債
　――管理政策　533
　――整理基金特別会計特例法　672
国際
　――会議　1462, 1495
　――協調　777, 1465, 1467, 1494
　――金本位制の再建　1159
　――経済官僚　1462, 1466, 1467, 1493
　――決済銀行　1165
　――決済センター　904
　――収支　837
　――収支改善　1061, 1254, 1519, 1524
　――信認　xiv, xv, 205, 1104, 1301, 1492
　――貸借改善方策　861, 1073, 1075
　――貸借審議会　1255
　――通貨　394, 1009
　――通貨会議　173, 176
　――的威信　988, 1527
　――的公信用　xvii, 1197
　――的孤立　1125, 1160, 1162
　――的信認　xv, 483, 780, 1009, 1202, 1373, 1532, 1542
　――的信用　132, 393, 397, 398, 405, 408, 987, 1053, 1173, 1325, 1396, 1448, 1542
　――的信頼　xvi, xvii, 976, 1170, 1402, 1449, 1457, 1458, 1483, 1490, 1492, 1537
　――連盟「金委員会」　1373
国際金融
　――家（国際フィナンシャー）　xvi, 977, 1420, 1424, 1435, 1449, 1458, 1459, 1486, 1490, 1492, 1537
　――官僚　xvi, 1418, 1449, 1457, 1460, 1466, 1486, 1487, 1492, 1493, 1543
　――協力　37, 38, 472, 476, 706
　――市場からの資金調達　1048
　――センター　592

国際信用　xv, xvii, 101, 102, 205, 219, 243, 245, 247, 250, 357, 359, 361, 363-365, 481, 523, 536, 869, 870, 959, 964, 967, 969, 972, 973, 988, 1048, 1053, 1054, 1081, 1090, 1093, 1094, 1099, 1162, 1164, 1196-1198, 1261, 1326, 1408, 1417, 1429, 1436, 1438, 1479, 1487, 1491-1493, 1522, 1524, 1527, 1542
　――維持　1052
　――度　122, 241, 247, 250, 368, 369, 537, 910, 918, 965, 969, 971, 990, 1092, 1420, 1460, 1461, 1508, 1522
国産品使用奨励運動　1216, 1251
国産品奨励　1226, 1236
国辱外債　988
国内産金　283
国民精神作興　1215
国民の一般的感情　199
国立銀行券　4, 56, 61
護憲3派内閣　1122
ゴス・バンク（ソ連邦国立銀行）　897
国家
　――最後ノ準備金　317
　――の威信　xiv, 1162, 1163, 1165, 1166, 1259, 1417
　――の信用　646, 665, 979, 1199, 1401, 1417
国庫金　630, 642, 653
五分半利付外貨公債　1256, 1262
五分利付英貨公債　1424, 1435
コペンハーゲン・ナショナル銀行　153
御用外国荷為替　88, 89, 97
コンフィデンス　1337

【さ】

在英資金の凍結　1332, 1333
西園寺内閣（第1次）　515
　　　　　　（第2次）　543
在外金準備　390, 603, 692, 697, 700, 702, 1518
在外資金買上　631

1581

在外正貨　　*ii*, 5, 11, 88, 1509, 1511, 1521
　　——依存の金本位制　　274
　　——買上げ　　1516
　　——の枯渇　　1097, 1175, 1528
　　——の資金運用原則　　472, 706, 945, 1513
　　——の正貨準備繰入れ　　151, 280, 458, 465, 466, 633, 997, 1000, 1001
　　——の正貨準備繰入論争　　997, 1002
　　——の日本銀行への一元的集中　　1282
　　——の保管形態　　1511
　　——売却（払下げ）　　31, 431, 456, 598, 1523, 1043, 1044
　　——不胎化政策　　27, 607
　　——補充　　1098, 1101, 1524
財界
　　——整理　　1123, 1186
　　——善導　　1108
　　——代表者との懇談会　　1244
歳計剰余金　　642
最軽標準量目　　298, 877
最軽法定量目　　882
最高発行額間接制限制度　　1332
最高発行額制限法　　1385, 1535
財政
　　——維持可能性　　*xvii*, 359, 536, 1009
　　——議　　89, 90
　　——危機　　1329
　　——規律　　259, 363, 536, 1008, 1009, 1365, 1386, 1436, 1535, 1542
　　——均衡　　1009
　　——緊縮　　1198
　　——健全化　　271, 361, 468, 537, 965, 967, 1436
　　——上の名声　　970
　　——信認　　*xv*, *xvii*, 260, 362, 368, 529, 533, 536, 1009, 1439, 1542
　　——信用　　*xv*, 191, 245, 363, 364, 529, 536, 1054, 1124, 1366, 1408, 1437, 1438, 1442, 1444, 1514
　　——整理　　1453
　　——節度　　64, 65
　　——代理人　　1436, 1439
在内正貨　　*ii*
済南事件　　856, 1144, 1146
在米政府勘定　　701
財務官　→　海外駐箚財務官
災厄市場　　1460
在倫敦代理店寄託金保管出納事務取扱順序　　132
砂金　　885
サムュエル・サムュエル商会（サムュエル商会横浜支社）　　246, 350
サムュエル商会（英国）　　244-246, 350, 487, 1409
サン・レモ最高会議　　1463
産業合理化　　*xv*, 1187, 1188, 1246-1249, 1251, 1528, 1530
産業奨励　　511, 517
産金
　　——会社　　880, 885
　　——時価買上　　*v*, 1381
　　——奨励　　1535
　　——法　　48, 1384, 1535
三国通貨協定　　1378, 1535
暫定的為替安定　　1038, 1045
山東出兵　　856, 1144, 1526

【し】

General Account　　938
ジェノア国際経済会議　　897, 1153, 1465
地金銀
　　——購入　　120, 288, 1506
　　——購入資金融通　　122, 304, 1506
　　——精製及品位証明規則　　313
　　——の造幣局への輸納　　313
地金精製　　315
地金問屋　　885
資産凍結問題　　1500
時代思潮・精神　　1150
七分利付外国公債　　1395, 1408
支払いの精神　　972
四分利付英貨公債　　1411
紙幣整理　　4, 83

索　引

資本
　——主義の全般的危機　855, 1137
　——主義の相対的安定の指標　970, 1315
　——逃避　1327, 1328, 1348, 1353, 1355, 1533
　——逃避防止法　1366, 1386
社会的信認　63, 74, 174, 189, 1129, 1246, 1322, 1336, 1337, 1504, 1529
　——の一般化　229
　——の低落　1533
上海事変　1326
上海投機筋　1067, 1073
収益確保　472
収益性への配慮　706
自由鋳造　314
重要産業統制法　1251
重要輸出品工業組合法　860, 862, 863
ジュネーヴ国際経済会議　1465
準備金　5, 6, 81, 1503
　——規則　90
小額紙幣　927, 1076
　——在外準備　1033
　——準備金　932
　——の回収整理　1077
　——の信認　932
　——引換準備　926, 1076
　——引換準備在内正貨　1078
消極担保条項　988, 1473
消極的正貨政策　18, 541, 542, 552, 560, 571, 1514
償金特別会計部資金　274
商工省　1249
正直　63, 64, 197
昭和恐慌　1316
植民地金融　23
植民地産金　283, 1509
新貨条例　3, 55, 211
新グループ　985, 1472
新計画　1372
震災手形の処理　1123
信任　1231

信認　xv, xvi, 61, 63-65, 71-74, 98, 103, 105, 154, 173, 174, 177, 179, 183, 188, 197, 214, 220, 265, 343, 344, 458, 468, 484, 523, 706, 865, 878, 895, 993, 994, 1067, 1076, 1086, 1125, 1154, 1161, 1172, 1203, 1206, 1208, 1292, 1302, 1304, 1305, 1307, 1309, 1314, 1327, 1328, 1331, 1337, 1338, 1341, 1347, 1365, 1367, 1380, 1381, 1386, 1500, 1505, 1506, 1535
　——危機　xvi, 1009, 1533
　——恐慌　1327, 1331
　——の一般化　228
　——の崩落　1329
　国民からの——　271
　→　一般的信認、社会的信認、小額紙幣の信認もみよ
信念　xvi, 59, 60, 63, 197, 198, 206, 1159, 1180, 1181, 1183, 1187, 1245, 1505, 1508, 1528
新平価　1156
　——解禁論　36, 1132, 1133, 1166, 1173
　——解禁論者　1134, 1529
信用　xv, 64-98, 214, 219, 241, 262, 317, 343, 344, 401, 910, 1309, 1369, 1398, 1407, 1418, 1450, 1451, 1458, 1460, 1476, 1477, 1505
　——格付　984
　——恐慌　1329
　——度　248, 405, 959, 984
　——の失墜　522
　——リスク　241
信頼　xv, 154, 192, 198, 868, 978, 979, 1170, 1326, 1331, 1418, 1485, 1490, 1538, 1542
　——感　173, 174, 956, 1341
　——関係　981
心理的影響　1067

【す】

スターリング・ブロック　1370, 1378
スタンプ手形　30, 1024

1583

スパー最高会議　　1464
Special Account　　938
住友銀行　　609, 1013

【せ】

正貨　　ii
　――維持吸収策　　1510
　――維持に関する会議　　575
　――危機　　522
　――吸収基本協定　　571, 573
　――吸収に関する特別協定　　640, 641
　――吸収二十五策　　12, 18, 20, 552, 1515
　――事項会議　　18, 526
　――準備　　265
　――準備繰入れ　　1513
　――処理　　29, 660, 1517
　――政策　　18, 511, 514, 531, 541, 542, 552, 560, 571, 1503, 1513, 1514
　――争奪戦　　596, 681
　――蓄積　　81, 661, 680, 684, 1517, 1518
　――統計の見直し　　922
　――ニ関スル応急擁護策　　537
　――の産業資金化　　661, 711, 712, 722-725, 742, 1517, 1518
　――補充策　　1101, 1104
　――流出防衛策としての公定歩合引上げ　　1274
生活必需品・復興材料輸入　　1049
成貨払渡証書　　295
正義を勇気をもって貫く　　1180
制限外発行　　79
制限付金本位制　　1375, 1535
政治的安定度　　964
精神的援助　　1207
政府
　――海外預け金　　86
　――海外支払基金　　143
　――在内正貨現送の再開　　1088
　――紙幣　　4, 56
　――紙幣の正貨兌換開始　　75
　――紙幣引換準備　　879
　――信用　　1170, 1395, 1398, 1428
　――対外支払資金の確保　　568
　――当座預金　　629
　――特別買入れ　　1103
　――内地正貨現送　　1082, 1083
　――補償特別融通　　1270
　――保有在内正貨　　927
政友会　　1138, 1245
整理緊縮　　1074
セール・フレーザー商会　　350
世界各国の金の保有状況　　1520
世界経済会議　　1496
世界最高額面の小切手　　1404
世界的思潮　　1152, 1154
世界の信頼・信認　　970, 1171
責任代理店　　104, 105, 1506
積極的正貨政策　　18, 511, 514, 531, 1513
絶対必要品輸入　　1052
世論　　xvi, 1228, 1244
　――操作　　1211, 1229, 1230, 1529
善後借款　　799
戦時為替調査委員会　　657
戦争準備　　100, 318, 319, 1108, 1506
　――金　　xiv, 281, 318, 486, 681, 686, 688, 921, 926, 1108, 1112, 1145, 1148, 1323, 1367, 1526, 1533

【そ】

相対的安定　　1137, 1156
相場規準　　26
造幣規則　　313
造幣局　　81

【た】

第一国立銀行・第一銀行　　122, 302-306
第一回四分半利付英貨公債　　1424
第一回四分利付英貨公債　　1407, 1424
対外信用　　219, 243, 250, 251, 308, 358, 359, 361, 533, 536, 869, 870, 918, 959, 1048, 1053, 1054, 1081, 1089, 1094, 1099, 1163, 1197, 1198, 1325, 1326, 1380, 1407, 1408, 1423, 1479, 1492, 1542

索　引

対外信用度　　*241, 250, 537*
対外投資　　*770, 1517, 1518*
対華21ヵ条要求　　*819*
大東亜共栄圏　　*48*
大東亜金融圏　　*48-50*
第二回四分半利付英貨公債　　*1424*
第二回四分利付英貨公債　　*1432, 1434*
第二回六分利付英貨公債　　*1424*
対日金現送　　*877*
台湾銀行　　*23, 38, 613, 1013, 1023*
　　――為替資金　　*625*
　　――への外国為替資金貸付　　*859*
台湾産金　　*1265*
兌換
　　――銀行券条例　　*56, 67, 71*
　　――銀行券発行　　*71*
　　――券を使用する慣行の定着　　*273*
　　――手数料制度　　*v, 261, 578*
　　――文言　　*226, 261, 1366, 1535*
太政官札　　*61*
ダナート銀行　　*1328, 1330*
担保　　*1431*

【ち】

チェコ・スロヴァキア・ナショナル・バンク　　*897*
地方債　　*20, 866*
チャータード銀行　　*245, 248, 1416*
中央銀行
　　――間協調　　*11, 17, 38, 1172*
　　――に対する信認　　*270*
中国
　　――金　　*1266*
　　――借款　　*1519*
　　――情勢　　*1141, 1526*
　　――民族運動　　*1142*
鋳造料　　*313, 314*
朝鮮　　*1265*
　　――銀行　　*24, 38, 306, 1013*
　　――産金　　*9, 286, 1510*
勅任官　　*1447*

【つ】

通貨　　*1365*
　　――偽造　　*272*
　　――制度の常道　　*1125, 1126*
　　――統制力　→　日本銀行の通貨統制力
　　――管理　　*1151*
　　――膨張抑制　　*808*
　　――への信認　　*459, 993, 1292, 1542*
　　――への信認危機　　*1326, 1327, 1329, 1331, 1332*
通用最軽量目　　*223, 303*

【て】

低為替政策　　*649, 657*
帝国
　　――銀行　　*138*
　　――経済会議　　*857, 1057, 1122*
　　――国防方針　　*543*
　　――五分利公債　　*1421*
　　――整理公債　　*1409*
　　――日本政府特派財政委員　　*xvii, 17, 20, 1418, 1424, 1427, 1428, 1436, 1439, 1444, 1445, 1537*
手形再割引　→　外国為替手形再割引
敵国資産管理　　*485*
寺内内閣　　*676, 684, 727, 728*
電力外債　　*868, 867*

【と】

ドイツ
　　――銀行恐慌　　*1330*
　　――新貨幣法　　*1160*
　　――賠償問題　　*1156*
東亜経済力樹立ニ関スル意見　　*1109*
道義的勧告　→　モラル・スエィジョン
道義的支持　→　モラル・サポート
東京商工会議所　　*1128, 1245*
東京手形交換所　　*1127*
投資銀行　　*1425*
投資収益の確保　　*786*
統帥権干犯問題　　*1356*
統制売り　→　為替統制売り
東洋円為替決済圏　　*27*

1585

東洋経済新報　　1132
独亜銀行　　166, 1403
特殊機関債　　874
特派財政委員　→　帝国日本政府特派財政委員
特別円　　50, 51
特別融通　　1131, 1200
　　──回収問題　　1139
　　──による日銀統制力の喪失　　1140
特例弁務士　　1391, 1393
解合　　1313, 1342
ドル（米）　　1542
　　──買い　　42, 43, 1312, 1332, 1333, 1338, 1340, 1348, 1533
　　──買投機　　1533
　　──資金のポンド化　　911, 916
　　──・バランス　　694, 902
　　──・ブロック　　1378

【な】

内外債借換　　667, 678
内外信用　　1198, 1514
内国債の対外売却　　1407
内地正貨　　927
　　──による為替維持政策　　1060
　　──の日本銀行への一元的集中　　1281, 1531
　　──現送　　1063
　　──兌換と在外正貨売却の併用　　1280
ナショナル・シティ銀行　　939, 1208, 1313, 1344, 1346, 1347, 1427, 1477, 1482
ナショナル・バンク・オブ・コマース　　935, 1427
ナチス　　1327
南方為替資金　　624, 625

【に】

西原借款　　29, 771, 799, 1519
日英同盟　　139, 489, 490, 492, 497, 503, 505, 1412, 1422, 1423
　　──の廃棄　　960

日英通商航海条約（改正）　　250
日支貨幣混一併用　　802
日仏協約　　501
日仏銀行　　494, 935
日露協約　　502, 505
日貨排斥運動　　504, 855, 1146, 1324, 1533
日清戦争　　129
　　──戦後経営　　159
　　──賠償金　　10, 129, 193, 194, 1506
　　──賠償金取寄論争　　133, 135
　　──賠償金保管金の機能　　143
日中経済同盟　　823
日本
　　──経済連盟会　　1137
　　──興業銀行　　12, 308, 347, 1013, 1421
　　──工業倶楽部　　1130
　　──商工会議所　　1245
　　──の公的外貨準備　　908, 909
　　──の国際信用　　1524
　　──を東洋のロンドンとする構想　　1010
日本銀行　　555
　　──金買入法　　1382, 1535
　　──券への信認　　256, 262, 993, 995, 1006, 1008, 1523
　　──実務の堅実性　　270
　　──創立旨趣ノ説明　　124, 125
　　──代理人　　1405
　　──兌換券　　256, 257
　　──内地正貨　　927
　　──の救済機関化　　887
　　──の金地金吸収資金融通　　1264
　　──の財務の健全性　　270
　　──の通貨統制力　　1129, 1139, 1526
　　──法　　1386
ニューヨーク　　698
　　──・バランス　　694
　　──連邦準備銀行　　939

【の】

乗換え　　1342, 1343

索　引

【は】

ハーグ国際会議　1261
パーズ銀行　248, 347, 1416, 1419, 1420, 1424
賠償金　→　日清戦争賠償金
排日貨運動　→　日貨排斥運動
跛行金本位制　261
浜口内閣　1178, 1526
パリ
　　──株式取引所　1432
　　──金融市場　945
　　──最高会議　1464
　　──賠償委員会　1463
　　──平和会議　1463
　　──連合国政府経済会議　1462
バンカー・トラスト・カンパニー　935
ハンガリー・ナショナル・バンク　897
ハンブルグ振替銀行　153
パンミュア・ゴードン商会　347, 1416, 1419, 1422, 1424, 1470, 1472

【ひ】

東アジアをめぐる国際関係　1511, 1513
引受シンジケート　1207, 1209, 1248
非募債　663
　　──主義　20, 515, 663, 664
　　──主義のもとでの地方外債発行　871
比例準備制度　68, 73

【ふ】

ファースト・ナショナル銀行　986, 1482
ファシリティ　1092, 1093
ブーローニュ最高会議　1463
武士道精神　1399
普通銀行の外国為替業務への進出　609
物価
　　──意見書　1108
　　──・正貨流出入機構　534
　　──調節ト金利政策　886
　　──調節のための金解禁論　1525
　　──騰貴抑制　635, 670

不買同盟　855
不名誉　1165
プライマリー・バランス　359
フランス銀行　898
ブリュッセル
　　──国際金融会議　1152
　　──国際財政会議　1464
　　──最高会議　1464
ブロック経済化　1379

【へ】

ベアリング・ブラザーズ商会　16, 347, 985, 1421, 1424, 1425, 1471, 1472
米貨買入最軽標準量目　599
兵器代借款　799
米国金貨の払下げ　882, 883
別口為替資金　625
ベルギー国立銀行　69, 153, 424, 459, 897, 1512
ヘンリー・シュレーダー商会　985, 1392, 1471, 1472

【ほ】

ボイコット運動　855, 1146
貿易
　　──外収支　837
　　──銀　3, 55
　　──構造　842
法貨性　272
保証準備　268
　　──発行限度額　78, 1535
　　──発行制限　1006, 1007, 1522
　　──発行屈伸制限制度　74, 76, 1380
保有地の通貨の価値　943
保有通貨を規定した要因　943
ポルトガル銀行　897
香港上海銀行　12, 166, 248, 347, 1416, 1419, 1421, 1424, 1470, 1472
ポンド
　　──安定　944
　　──からドル・ポンドへの二元化　594
　　──為替買持の処分　1025

1587

──危機　1329, 1330
　　──相場の維持　777, 781
　　──相場の不安定化　943
　　──の信認　905, 1009, 1370
　　──の対ドル釘打操作　695
　　──・バランス　693, 903
　　──への攻撃　1330

【ま】

マーチャント・バンカー　1426
マクミラン委員会　40, 1329
　　──報告　1330
満州　49
　　──為替特別保護　582
　　──事変　856, 1316, 1322, 1325, 1533, 1534
　　──の幣制統一　46
　　──向け低利為替手形　622

【み】

見返担保の拡張　758
見返担保品　757
三井銀行　43, 609, 1013, 1313, 1341, 1342
三井信託会社　1341, 1343
三井物産　1313, 1342
三菱銀行　609, 1013
三椏　257
南アフリカ連邦　698
民間外債の発行　1068
民政党　1245
　　──内閣の崩落　1356
民族解放運動　1105

【む】

無制限法貨　223

【め】

メイ委員会　1329
名声とコネクション　1426
メキシコ・ドル　4, 55

【も】

目論見書　965
持高調整　912
モラル・サポート　1204, 1206, 1208, 1210, 1269, 1290, 1295, 1529, 1531
モラル・スエィジョン　1204, 1209
モルガン・グレンフェル商会　985, 1471
モルガン商会（J. P. モルガン商会）　39, 695, 700, 701, 978, 986, 1167, 1473, 1474, 1482, 1527, 1539
モントリオール　697

【や】

山金　880, 884
山本権兵衛内閣（第2次）　1122 → 人名：山本権兵衛もみよ
ヤング・ツシマ　1486, 1493 → 人名：津島寿一もみよ
ヤング委員会　1465

【ゆ】

輸出
　　──為替買入れ　606, 1516
　　──組合法　860, 862, 863
　　──補償制度　860
輸入
　　──超過の要因　855
　　──抑制　523

【よ】

洋銀券　4
預金制度　630
預金部　→ 大蔵省預金部
横浜正金銀行　vii, 6, 8, 31, 88, 93, 147, 248, 347, 553, 608, 858, 859, 910, 930, 1013, 1023, 1072, 1092, 1283, 1287, 1416, 1472, 1483, 1505
　　──建値　1278
　　──ニューヨーク支店　935
　　──の国際的資金循環　910, 1520
　　──ロンドン支店　6, 935, 1401, 1418
ヨハネスブルグ　702

索　引

輿論　　*xvi*, 196, 220, 1126, 1129, 1179, 1195, 1228, 1229, 1244, 1245, 1315, 1317, 1319, 1321, 1322, 1362, 1528, 1534
　――化　228, 1085, 1130, 1139, 1239, 1321, 1529, 1533
　――教育　1086, 1087

【ら】

ライヒスバンク　77, 138, 396, 402, 424, 432, 897, 935, 1327, 1328, 1372, 1403, 1405
ラテン通貨同盟　175

【り】

リー・ヒギンソン社　1478
リクス・バンク　153
理事官　1395
利付預け入　14, 144, 146, 156
立憲政友会　1131
立憲民政党　1129
利払い　874
臨時国庫証券　647
臨時産業合理局　1250
臨時産業審議会　1247, 1250

【れ】

連合国公債引受　771, 775
連合国証券　1519
連邦準備券　1376
連盟融資　1249

【ろ】

ロイズ・バンク　935
ローザンヌ会議　1495
ロシア金塊の輸送　601
ロシア国立銀行　424
ロスチャイルド商会（N. M. ロスチャイルド商会）　350, 985, 1422, 1471, 1472
ロッチルド商会（ロッチルド・フレール商会）　*xiii*, 351, 361, 362, 403, 1365, 1432
ロマノフ王朝・ロシア共和国の金貨・金地金　879
ロンドン
　――海軍軍縮会議　1260, 1490, 1493
　――海軍軍縮条約　960, 1318, 1356
　――金融市場　137, 910
　――国際経済会議　1378
　――最高会議　1464
　――・ジョイント・シティ・アンド・ミッドランド・バンク　935
　――・ジョイント・ストック・バンク　1399, 1401
　――世界経済会議　1539
　――取引所への上場　1408
　――・バランス　694

【わ】

ワシントン会議　505, 960
ワシントン体制　960, 1107, 1141, 1493, 1525

1589

齊藤　壽彦（さいとう　ひさひこ）

千葉商科大学商経学部教授、慶應義塾大学非常勤講師。博士（商学）。
1945年香川県生まれ。1968年慶應義塾大学経済学部卒業、70年同大学大学院経済学研究科修士課程修了、74年同大学院商学研究科博士課程単位取得。同年千葉商科大学商経学部専任講師、77年同助教授、83年から現職。2006～10年同学部長、2010～12年同大学大学院経済学研究科委員長。この間、1987～88年に在外研究員としてイギリス、カナダ、アメリカに派遣（ロンドンのシティ・ユニバーシティ・ビジネススクール客員研究員）。日本金融学会理事・幹事、証券経済学会理事・幹事、日本経済学会連合評議員・英文年報編集委員などを歴任。
主要業績には、著書として、『戦間期の通貨と金融』（共著、有斐閣、1982年）、『日本金融論の史的研究』（共著、東京大学出版会、1983年）、『大正期日本金融制度政策史』（共著、早稲田大学出版部、1987年）、『戦時体制下の金融構造』（共著、日本評論社、1991年）、『戦後地方銀行史Ⅱ』（共著、東洋経済新報社、1994年）、『近代日本の経済官僚』（共著、日本経済評論社、2000年）、『日本銀行金融政策史』（共著、東京大学出版会、2001年）、『金融危機と地方銀行』（共著、東京大学出版会、2001年）、『金融ビジネスモデルの変遷』（共著、日本経済評論社、2010年）、『信頼・信認・信用の構造』（第3版第5刷、泉文堂、2014年）その他。論文として、「第一次世界大戦期の正貨獲得政策」（『三田商学研究』第16巻第3号、1973年8月）、「横浜正金銀行の国家機関的性格と営利機関的性格」（『金融経済研究』創刊号、1991年7月）その他。編集・監修として、『近代日本金融史文献資料集成』第28～33巻（共編、日本図書センター、2005年）、八木慶和『日本銀行総裁　結城豊太郎』（監修、学術出版会、2007年）。翻訳として、F. ベアリング『イングランド銀行論』（共訳．日本経済評論社、1988年）、E. ビクター・モーガン『改訂増補　貨幣金融史』（共訳．慶應通信、1992年）。

近代日本の金・外貨政策

2015年1月30日　初版第1刷発行

著　者―――齊藤壽彦
発行者―――坂上　弘
発行所―――慶應義塾大学出版会株式会社
　　　　　　〒108-8346　東京都港区三田 2-19-30
　　　　　　TEL〔編集部〕03-3451-0931
　　　　　　　　〔営業部〕03-3451-3584〈ご注文〉
　　　　　　　　　〃　　　03-3451-6926
　　　　　　FAX〔営業部〕03-3451-3122
　　　　　　振替 00190-8-155497
　　　　　　http://www.keio-up.co.jp/
装　丁―――鈴木　衛
印刷・製本――三松堂印刷株式会社

　　　　　　©2015　Hisahiko Saito
　　　　　　Printed in Japan　ISBN 978-4-7664-1891-0

慶應義塾大学出版会

国際銀行とアジア
1870 〜 1913

西村閑也・鈴木俊夫・赤川元章 編著

19世紀末から20世紀初頭のアジアを舞台に繰り広げられた、国際銀行の活動の実態と経済発展のメカニズムを、類例なき緻密さで解明する。各国に眠る金融機関の1次資料などを発掘して描かれた、国際金融史研究の金字塔。

A5判／上製／1552頁
ISBN 978-4-7664-1890-3
◎50,000円　2014年6月刊行

◆**主要目次**◆

第1編　グローバリゼーションと国際銀行
第1章　第一次グローバリゼーションとアジアにおける英系国際銀行　　西村閑也
第2章　国際資本移動と国際労働移動　1870－1913年　　菅原歩
第3章　海底電信ケーブルの敷設と国際銀行　　鈴木俊夫
第4章　国際銀行とロンドン金融市場　　鈴木俊夫
第5章　銀本位制から金本位制へ——アジア諸国　　西村雄志

第2編　英系国際銀行
第6章　国際銀行の前史　　菅原歩
第7章　東洋銀行　1842－1884年　　鈴木俊夫
第8章　香港上海銀行　1865－1913年　　西村閑也
第8章　補論　香港上海銀行ロンドン店　1875－1889年
　　　　——David McLean Papersの検討を通じて　蕭文嫻
第9章　香港上海銀行ハンブルク支店　1890－1913年
　　　　　　　　　　　　　　　　　蕭文嫻
第10章　チャータード銀行　1858－1890年　　北林雅志
第11章　チャータード銀行　1890－1913年　　西村閑也
第12章　チャータード・マーカンタイル銀行　1853－1892年
　　　　　　　　　　　　　　　　　北林雅志
第13章　マーカンタイル銀行　1892－1913年　　西村閑也
第14章　英系国際銀行のパフォーマンス
　　　　——総資産利益率と株価収益率を中心に　　北林雅志

第3編　非英系国際銀行
第15章　ドイツ銀行・独亜銀行　1870－1913年　　赤川元章
第16章　露清銀行・インドシナ銀行　1896－1913年
　　　　　　　　　　　　　　　　　矢後和彦
第17章　横浜正金銀行　1880－1913年　　西村雄志

表示価格は刊行時の本体価格（税別）です。